Stórchiste

Teasáras Aibítreach na Gaeilge

An Alphabetic Thesaurus of Irish

Nicholas Williams
a thiomsaigh

Michael Everson
a chuir in eagar

evertype
2023

Arna fhoilsiú ag/*Published by* Evertype, 19A Corso Street, Dundee, DD2 1DR, Alba/*Scotland*. evertype.com.

© 2023 Nicholas Williams & Michael Everson.

An chéad eagrán Márta 2023/*First edition March 2023*. Leagan bog Feabhra 2025/*Paperback version February 2025*.

Gach ceart ar cosaint. Ní ceadmhach aon chuid den fhoilseachán seo a atáirgeadh, a chur i gcomhad athfhála ná a tharchur ar aon mhodh nó slí, bíodh sin leictreonach, meicniúil, bunaithe ar fhótachóipeáil, ar thaifeadadh nó eile, gan cead a fháil roimh ré ón bhfoilsitheoir. s
All rights reserved. No part of this publication may be reproduced, stored in a retrieval system, or transmitted, in any form or by any means, electronic, mechanical, photocopying, recording, or otherwise, without the prior permission in writing of the Publisher, or as expressly permitted by law, or under terms agreed with the appropriate reprographics rights organization.

Tá taifead catalóige don leabhar seo le fáil ó Leabharlann na Breataine.
A catalogue record for this book is available from the British Library.

ISBN-10 1-78201-312-1 (crua)
ISBN-13 978-1-78201-312-9 (*hardcover*)

ISBN-10 1-78201-302-4 (bog)
ISBN-13 978-1-78201-302-0 (*paperback*)

Arna clóchur in/*Typeset in* Swift, Helvetica, **Helvetica Black**, & Helvetica Narrow.
Clónna sna boscaí eolais/*Fonts in the info-boxes*: Nassim Arabic; Ceanannas, Ceatharlach, Corcaigh, Doire, Doolish, Duibhlinn, Dumha Goirt, Fearna, Fionnghlas, Lifear, Paras, Teamhair, Glanchló GC, Mionchló GC, Mórchló GC, Seanchló GC; Charter; ITF Devanagari Demi; New Peninim MT; Beith Luis Nion, Ogham Cog, Ogham Craobh Ruadh, Ogham Crosta; BabelStone Runic Beowulf, BabelStone Runic Dotted, BabelStone Runic Elder Futhark, BabelStone Runic Long Branch, BabelStone Runic Short Twig, BabelStone Runic Staveless.

Clúdach/*Cover*: Michael Everson.

CLÁR

Nóta an Tiomsaitheora vii
Compiler's Note. vii
Leabharliosta • Bibliography viii
Nóta an Eagarthóra. xii
Editor's Note xiii
Stórchiste 1
    A 1
    B 32
    C 77
    D 174
    E 223
    F 250
    G 288
    H 323
    I 325
    J 344
    L 345
    M 379
    N 423
    O 432
    P 440
    R 461
    S 483
    T 564
    U 604
    V 613
    Z 613

BOSCAÍ EOLAIS

Aibhneacha na hÉireann 1
Cineálacha **Aeráide**. 5
Tíortha na h**Afraice** 6
Cineálacha **Aigéid**. 8
Téarmaí **Ailtireachta** 9–10
Stíleanna **Ailtireachta** 11
Naoi nOrd na n**Aingeal** 12
Ainmneacha na n**Ainmhithe** Fireanna agus Baineanna. 13
Tíortha na h**Áise** 15
Cineálacha **Amfaibiach** 19
An Aibítir **Arabach** 24
Téarmaí **Araltais** 24–25
Cineálacha **Aráin** 26
Ardeaspaig Ard Mhacha agus Bhaile Átha Cliath 27–28
Ardríthe Éireann 29
An Dáréag **Aspal** 30
Stáit agus Críocha na h**Astráile** 31
Tíortha na h**Astraláise** 31
Cisil **Atmaisféar** an Domhain 31
Banríonacha agus Banimpirí Tábhachtacha. 37
Barúntachtaí na hÉireann 38–40
Na Naoi m**Béithe** 42
Cineálacha **Béir** 44
Beithígh Fhiáine agus a nGaolta (Bovidae) 46
Leabhair an **Bhíobla** 48
Codanna an **Bhlátha** 50
Bláthanna is Plandaí Bláfara 51–58
Bréagáin agus Cluichí 65
Camaill agus a nGaolta (Camelidae) 86
Caonacha agus Aelusanna 90
Cineálacha **Caorach** 90
Dathanna **Capaill** 90
Codanna an **Chapaill** 91
Póir Éagsúla **Capaill** 91
Ungalaigh eile a bhfuil gaol acu leis an g**Capall** (Perissodactyla) 92
Cluichí **Cártaí** 93
Téarmaí a bhaineann le hImirt **Chártaí** 93
Cait Fhiáine 94

Boscaí Eolais

Cait Tí 95
Proibhinsí agus Críocha **Cheanada**. 97
Aicmí **Clófhoirne** Gaelacha 114
Cnidaria (Bundúin Leice, Smugairlí Róin, Coiréil, ⁊rl.). 119
Cogaí. 122
Coiníní, Giorraíocha agus Giorraíocha Luiche. 126
An Aibítir **Choireallach**. 129
Rúndiamhra an **Choróin** Mhuire. 141
Crainn agus Toir. 146–149
Creimirí 153
Crogaill agus Ailigéadair. 156
Crosóga Mara agus Cuáin Mhara (Eicínideirmeacha). 158
Crústaigh. 162
Damháin Alla agus Araicnidí eile 179
Dathanna. 181–182
Deochanna Meisciúla 191
An Aibítir **Devanāgarī**. 193
Dineasáir 197
An Aibítir **Eabhraise** 223
Cineálacha **Éadaigh** agus Fabraicí Eile 224–225
Póir **Eallaigh** 230
Éin Éagsúla 231–240
Easóga, Madraí Uisce, Broic, agus a nGaolta (Mustelidae) 243
Brainsí na h**Eolaíochta** 248
Tíortha na h**Eorpa** 249
Limistéir **Farraige** (Réamhaisnéis do Longa). 257
Brainsí na **Fealsúnachta** 259
Cineálacha Éagsúla **Feamainne**. 260
Féara. 261–262
Cineálacha **Feithide**. 266–269
Fianna (Cervidae, Moschidae, Tragulidae, Antilocapridae) 270
Téarmaí **Fichille** 272
Fíora Cainte agus Cleasanna Reitrice 273
Fungais agus Muisiriúin 286
Garbhógacha agus Lusanna Cleite 292
Geamanna agus Clocha Ornáideacha 295
Gráinneoga, Dallóga, agus Feithiditeoirí Eile 313
Téarmaí **Gramadaí**. 314–315
Gráin Inite 316
An Aibítir **Gréagach**. 318
Ialtóga. 325
Cineálacha Éagsúla **Éisc** 327–331
Laghairteanna, Geiceonna, Caimileoin, is gaolta. 347–348

Boscaí Eolais

Léicin 360
Brainsí an Leighis 361
Logainmneacha Gaeilge ar bhéal na ndaoine 369
Longa agus Báid 372
Luibheanna Cócaireachta agus Luibheanna Leighis 376–377
Madraí Fiáine agus a nGaolta 380
Madraí Tí: Póir Éagsúla 380–381
Mamaigh Éagsúla (nach bhfuil i liosta ar bith eile) 386
Marsúipiaigh agus Monaitréimigh 390
Brainsí na Matamaitice 391
Téarmaí Matamaitice 391–394
Tíortha Mheiriceá Thuaidh, Mheiriceá Láir, ⁊ Mheiriceá Theas . . . 400
Míonna na Bliana (ainmneacha eile) 401
Míolta Móra agus Deilfeanna 408
Moilisc 412–414
Moncaithe, Ápaí, agus a nGaolta 416
Muca agus Picirí (Suidae, Dicotylidae) 419
Nathracha Éagsúla 425
An Oghamchraobh 433
Oifigigh Choimisiúnta i bhFórsaí Cosanta na hÉireann 434
Pápaí agus Frithphápaí 442–443
Péisteanna 445–446
Príomh-airí na Breataine 457
Raithneacha na hÉireann 464
Ríthe na nAlbanach 471
Ríthe na Fraince 472
Ríthe Shasana agus na Breataine Móire 473
Rónta 478
An Rúnscríbhinn 481
Scuaba Eich na hÉireann (Equisetaceae) 509
Cineálacha Spóirt 547
Taoisigh na hÉireann 570
Teangacha Ind-Eorpacha 574
Teiripí Comhlántacha 577
Toirtísí agus Turtair 586
Torthaí Inite 588–589
Tuaisceart Éireann: Limistéir Riaracháin ó 1973 anuas 600
Uachtaráin na hÉireann 604
Uachtaráin na Stáit Aontaithe Mheiriceá 605
Uirlisí Ceoil 609

NÓTA AN TIOMSAITHEORA

Is céim an stórchiste seo chun bearna i bhfoclóireacht na Gaeilge a líonadh. Foilsíodh níos mó na stórchiste Gaeilge amháin roimhe seo ach níl ceann ar bith acu chomh cuimsitheach leis an leabhar thíos. Ina theannta sin is de réir téama a leagadh amach na stórchistí eile atá le fáil cheana féin, ach is in ord aibítre a liostaítear na focail sa saothar seo, rud a éascaíonn go mór a úsáid don té atá ag baint feidhme as.

Taobh istigh de gach iontráil is in ord aibítre a thugtar na focail; ach dealaítear cialla éagsúla go minic trí sraitheanna aibítreacha iomadúla,

Chun saothar den chineál seo a chur le chéile ba ghá a lán foinsí a cheadú. Chomh maith leis na gnáthfhoclóirí idir shean agus nua, baineadh feidhm as mórán sainfhoclóirí. Ina theannta sin fuarthas focail agus leaganacha ó bhéal na ndaoine nó ó bhailiúcháin a tiomsaíodh ó bhéal cainteoirí dúchasacha Gaeilge. Tugtar eolas cuimsitheach sa Leabharliosta ar na leabhair chlóite uile ar baineadh adhmad astu nuair a bhíothas ag cur an stórchiste seo i dtoll a chéile.

Ní mór a mheabhrú freisin thíos i gcás na n-ainmfhocal éagsúla nach luaitear ach tuiseal ainmneach na n-aimfhocal éagsúil. Ní thugtar a n-inscne ná a n-iolra. Sna boscaí eolais, áfach, cuirtear *f.* i ndiaidh ainm nó ainm dhílis más baininscneach dó.

Nicholas Williams
Márta 2023

COMPILER'S NOTE

This thesaurus seeks to fill a gap in Irish lexicography. More than one Irish language thesaurus has been published before now. None, however, is as comprehensive as the present work. Moreover previous thesauri have been compiled thematically. In this work words are arranged in alphabetical order, a feature which will greatly facilitate use of the book.

Within an entry words are ordered alphabetically, though different senses are also often distinguished with multiple alphabetic runs.

To produce a work of this kind many sources had to be consulted. As well as general dictionaries, both old and more recent, a number of specialist dictionaries were used. Furthermore words and phrases were collected from speech or were derived from collections of the language of native speakers of Irish. The Bibliography lists all those printed sources that were consulted during the compiling of this thesaurus.

Notice also that in the case of nouns cited below the nominative case only is given. Neither gender nor plural is cited. In the *boscaí eolais*, however, if a noun or proper noun is feminine, it is followed by the letter *f*.

Nicholas Williams
March 2023

LEABHARLIOSTA • BIBLIOGRAPHY

An Roinn Cosanta. 1958. *Foclóir Béarla-Gaeilge de théarmaí míleata agus de théarmaí gaolmhara. English Irish Dictionary of military and related terms*. 2nd ed. Baile Átha Cliath: Oifig au tSoláthair.

[An Roinn Oideachais]. [c1969]. *Téarmaí Dlí*. Baile Átha Cliath: Oifig an tSoláthair.

An Roinn Oideachais. 1972. *Foclóir Tíreolaíochta agus Pleanála mar aon le Téarmaí Seandálaíochta: Dictionary of geography*. Baile Átha Cliath: Oifig an tSoláthair.

——. 1978. *Ainmneacha Plandaí agus Ainmhithe: Flora anbd fauna nomenclature*. Baile Átha Cliath: Oifig an tSoláthair.

——. 1978. *Foclóir Bitheolaíochta: biological dictionary*. Baile Átha Cliath: Oifig an tSoláthair.

——. 1981. *Fiseolaíocht agus Sláinteachas: Physiology and hygiene*. Baile Átha Cliath: Oifig an tSoláthair.

——. 1981. *Foclóir tíreolaíochta agus pleanála mar aon le téarmaí seandálaíochta*. 2nd ed. Baile Átha Cliath: Oifig an tSoláthair.

——. 1982. *Eacnamaíocht Bhaile*. Baile Átha Cliath: Oifig an tSoláthair.

——. 1985. *Foclóir Ceoil: A Dictionary of Music*. Baile Átha Cliath: An Gúm.

——. 1987. *Foclóir Talmhaíochta: Dictionary of agriculture*. Baile Átha Cliath: Oifig an tSoláthair.

——. 1989. *Foclóir Staidéir Ghnó: A Dictionary of Business Studies*. Baile Átha Cliath: Oifig an tSoláthair.

——. 1992. *Foclóir Ceirdeanna agus Teicneolaíochta: Innealtóireacht, foirgníocht, líníocht, etc = A Dictionary of Trades & Technology: engineering, construction, drawing, etc*. Baile Átha Cliath: An Gúm. ISBN 1-85791-004-4.

——. 1996. *Téarmaí Teilifíse agus Raidió: Television and radio terms*. Baile Átha Cliath: Oifig an tSoláthair.

——. 1996. *Foclóir Réalteolaíochta: Dictionary of astronomy*. Baile Átha Cliath: Oifig an tSoláthair. ISBN 1-85791-175-X.

——. 2008. *Foclóir Seoltóireachta: Dictionary of Sailing*. Baile Átha Cliath: An Gúm. USBN 978-1-85791-745-1.

Comhdháil Náisiúnta na Gaeilge. [c1947]. *Láimhleabhar Siopadóireachta: The Shopkeeper's Reference Book*. Baile Átha Cliath: Comhdháil Náisiúnta na Gaeilge.

de Bhaldraithe, Tomás. 1943. "Cainteannaí as Cois Fhairrge", in *Éigse* 3:245–250.

——. 1945. "Cainteannaí as Cois Fhairrge", in *Éigse* 4:210–219, 292–303.

——. 1948. "Cainteannaí as Cois Fhairrge", in *Éigse* 5:45–58, 108–121, 196–203, 283–289.

——. 1950. "Foclóirín na gcearrúch", in *Béaloideas* 19:125–133.

——. 1954. "Ainmneacha ar chineálacha daoine", in *Béaloideas* 22:120–153.

——. 1959. *English-Irish Dictionary*. Baile Átha Cliath: Oifig an tSoláthair.

——. 1985. *Foirisiún Focal as Gaillimh*. Baile Átha Cliath: Acadamh Ríoga na hÉireann. ISBN 0-901714-44-5.

Leabharliosta • Bibliography

Dinneen, Patrick S. 1927. *Foclóir Gaedhilge agus Béarla*. Dublin: Published for the Irish Texts Society by the Educational Company of Ireland.

Dwelly, Edward. 1911. *Illustrated Gaelic-English Dictionary*. Glasgow: Gairm. ISBN 978-0-90177192-6 (1994).

Fejer, Eva, Steve Frampton, Cecilia Fitzsimons. 1994. *Carraigeach agus Mianraí*. Baile Átha Cliath: An Gúm. ISBN 1-85791-136-9.

Forey, Pamela, & Cecilia Fitzsimons. 1996. *Bláthanna Fiáine*. Dónal Ó Cuill a chuir Gaeilge air. Baile Átha Cliath: An Gúm. ISBN 1-85791-220-9.

——. 1996. *Feithidí*. Nicholas Williams a rinne an leagan Gaeilge. Baile Átha Cliath: An Gúm. ISBN 1-85791-169-5.

——. 1997. *Biaphlandaí*. Nicholas Williams a rinne an leagan Gaeilge. Baile Átha Cliath: An Gúm. ISBN 1-85791-225-X.

——. 1997. *Réaltaí agus Pláinéid*. Máire Nic Mhaolain a chuir i nGaeilge. Baile Átha Cliath: An Gúm. ISBN 1-85791-208-X.

Forey, Pamela, & Peter Forey. 1996. *Dúile Fionnuisce*. Máire Nic Mhaoláin a chuir i nGaeilge. Baile Átha Cliath: An Gúm. ISBN 1-85791-217-9.

Forey, Pamela, & Ruth Lindsay. 1997. *Luibheanna Leighis*. Nicholas Williams a rinne an leagan Gaeilge. Baile Átha Cliath: An Gúm. ISBN 1-85791-216-0.

Fournier d'Albe, Edmund E. 1905. *An English-Irish Dictionary and phrasebook*. Dublin: [s.l.].

Hamilton, J. N. 1974. *A phonetic study of the Irish of Tory Island, Co. Donegal*. Belfast: Institute of Irish Studies, Queen's University of Belfast.

Hogan, Edmund F., John Hogan, & John C. MacErlean. 1900. *Luibhleabhrán: Irish and Scottish Gaelic Name of Herbs, Plants, Trees, Etc.*. Dublin: Gill.

Holmer, Nils M. 1942. *The Irish Language in Rathlin Island, Co. Antrim*. Dublin: Hodges Figgis.

Laoide, Seosamh. 1905–1911. *Post-Ṡeancas: i n-a bfuil cúigí, dúitcí, conntaete, ⁊ bailte puist na h-Éireann*. Baile Áta Cliat: Connraḋ na Gaeḋilge.

Lawrence, Eleanor, & Borin van Loon. 1996. *An Aimsir: Treoir do na feiniméin éagsúla aimsire, a chuideoidh chun iad a aithint agus a mbunchúiseanna a thuiscint*. Breandán S. Mac Aodha a rinne an leagan Gaeilge. Baile Átha Cliath: An Gúm. ISBN 1-85791-189-X.

Lawrence, Eleanor, & Ruth Lindsay. 1996. *Mamaigh*. Nicholas Williams a rinne an leagan Gaeilge. Baile Átha Cliath: An Gúm. ISBN 1-85791-161-X.

Lúcás, Leaslaoi U. 1986. *Cnuasach Focal as Ros Goill*. Baile Átha Cliath: Acadamh Ríoga na hÉireann. ISBN 0-901714-50-X.

Mc Cionnaith, Lambert. 1935. *Foclóir Béarla agus Gaedhilge: English-Irish Dictionary*. Baile Átha Cliath: Oifig Díolta Foilseacháin Rialtais.

Mac Clúin, Seoirse. [1940]. *Caint an Chláir: Imleabhar I ⁊ II*. Baile Átha Cliath: Oifig an tSoláthair.

Mac Domhnaill, Aodh. 1967. *Fealsúnacht Aodha Mhic Dhomhnaill*. Ed. Colm Beckett. Baile Átha Cliath: An Clóchomhar.

Moloney, Michael F. 1919. *Luibh-sheanchus, maille le gearr-chunntas ar shaothar lucht leighis, i nÉirinn: Irish ethno-botany and the evolution of medicine in Ireland*. Dublin: M. H. Gill.

Leabharliosta • Bibliography

Nic Pháidín, Caoilfhionn. 1987. *Cnuasach Focal ó Uíbh Ráthach*. Baile Átha Cliath: Acadamh Ríoga na hÉireann. ISBN 0-901714-57-7.

Ó Conaill, Seán. 1977. *Leabhar Sheáin Í Chonaill: Sgéalta agus seanchas ó Íbh Ráthach*. Ed. Séamus Ó Duilearga. Baile Átha Cliath: Comhairle Bhéaloideas Éireann.

Ó Cróinín, Seán, & Donncha Ó Cróinín, eds. 1985. *Seanachas ó Chairbre I*. Baile Átha Cliath: Comhairle Bhéaloideas Éireann. ISBN 0-901120-90-1.

Ó Cuív, Brian. 1947. *Cnósach Focal ó Bhaile Bhuirne*. Baile Átha Cliath: Institiúid Árd-léighinn Bhaile Átha Cliath.

Ó Doibhlin, Breandán. [c1974]. *Aistí Critice agus Cultúir*. Baile Átha Cliath: Foilseacháin Náisiúnta Teoranta.

Ó Dónaill, Niall. 1977. *Foclóir Gaeilge-Béarla*. Baile Átha Cliath: An Gúm. ISBN 978-1-85791037-7.

O'Donnell, Thomas J. 1960. *Selections from the Zoilomastix of Philip O'Sullivan Beare*. Dublin: Stationery Office.

Ó Droighneáin, Muiris. 1973. *Nua Gach Bia: A dictionary of culinary terms*. Baile Átha Cliath: Sáirséal agus Dill. ISBN 0-902563-27-0.

Ó Dubhda, Seán. 1945. "Foclóir agus Téarmaí Feirmeoireachta", in *Béaloideas* 13:5–39.

Ó Dúlacháin, Liam. 1984. *Téarmaí Cuntasaíochta*. Baile Átha Cliath: Cumann Éireannach na gCuntasóirí Poiblí. Deimhnithe.

Ó hAirt, Diarmaid. 1988. *Díolaim Dhéiseach*. Baile Átha Cliath: Acadamh Ríoga na hÉireann. ISBN 0-901714-76-3.

Ó hEalaoire, Stiofán. 1981. *Leabhar Stiofáin Uí Ealaoire*. Eds Séamus Ó Duilearga, Dáithí Ó hÓgáin. Baile Átha Cliath: Comhairle Bhéaloideas Éireann.Ó hEochaidh, Seán. 1950. "Is iomdha sin duine ag Dia", in *Béaloideas* 20:73–95.

Ó hEochaidh, Seán. 1954. "Cárdaí agus cearrbhachas", in *Béaloideas* 22:83–101.

Ó Huallacháin, Colmán. 1958. *Foclóir Fealsaimh*. Baile Átha Cliath: An Clóchomhar.

Ó Luínse, Amhlaoibh. 1980. *Seanachas Amhlaoibh Í Luínse*. Eds. Seán Ó Cróinín, Donncha Ó Cróinín. Baile Átha Cliath: Comhairle Bhéaloideas Éireann.

Ó Máille, Tomás S. 1974. *Liosta Focal as Ros Muc*. Baile Átha Cliath: Irish University Press. ISBN 0-7165-2238-1. O'Neill Lane, Timothy. 1922. *Larger English Irish Dictionary*. Dublin: Talbot Press.

Ó Monacháin, Ailbhe. [1967]. *Ainmhithe Allta Éireann*. Baile Átha Cliath: Oifig an tSoláthair.

O'Reilly, Edward. 1864. *An English-Irish Dictionary*. Revised by John O'Donovan; Dublin: J. Duffy.

Ó Siadhail, Mícheál. 1978. *Téarmaí Tógála agus Tís as Inis Meáin*. Baile Átha Cliath: Institiúid Ardléinn Bhaile Átha Cliath.

Ó Súileabháin, Amhlaoibh. 1970. *Cín Lae Amhlaoibh*. Ed. Tomás de Bhaldraithe. Baile Átha Cliath: An Clóchmhar.

Scannell, Mary J. P. & Donal M. Synnott. 1987. *Clár de Phlandaí na hÉireann: Census Catalogue of the Flora of Ireland*. 2nd ed. Baile Átha Cliath: Oifig an tSoláthair.

Sheehan, Michael. 1944. *Seana-Chaint na nDéise* I. Dublin: Dublin Institute for Advanced Studies.

──. 1961. *Seana-Chaint na nDéise II: Studies in the vocabulary and idiom of Déise Irish : based mainly on material collected by Archbischop Michael Sheehan (1870–1945)*. Ed. Risteard B. Breatnach. Dublin: Dublin Institute for Advanced Studies.

Stockman, Gerard. 1974. *The Irish of Achill Co. Mayo: A miscellaneous collection of linguistic material from the parish of Achill with a phonetic description of the dialect*. Belfast: Institute of Irish Studies, Queen's University of Belfast.

Tóibín, Seán. 1955. *Blátha an Bhóithrín*. Baile Átha Cliath: Oifig an tSoláthair.

──. 1967. *Troscán na mBánta: Aistí simplí ar na crainn choitianta duchais*. Baile Átha Cliath: Oifig an tSoláthair.

Uí Bheirn, Úna M. 1989. *Cnuasach Focal as Teileann*. Baile Átha Cliath: Acadamh Ríoga na hÉireann. ISBN 0-901714-80-1.

Williams, Nicholas. 2017. *Armas: Sracfhéachaint ar Araltas na hÉireann*. 2nd ed. Port Laoise: Evertype. ISBN 978-1-78201-139-2.

NÓTA AN EAGARTHÓRA

I gcorp an leabhair thíos tugtar ceannfhocal, roinn chainte, agus gluais Bhéarla le socrú brí ghinearálta an fhocail faoi leith. Is iomaí sin focal thíos a bhfuil níos mó ná ciall amháin aige taobh istigh den aon roinn chainte amháin. Dealaítear na bríonna difriúla sin trí uimhreacha i gciorcal, ❶, ❷, ❸, agus mar sin de. Is iad na ranna cainte a liostaítear *ainmfhocal* (**noun**), *briathar* (**verb**), *aidiacht* (**adjective**), *dobhriathar* (**adverb**), *cónasc* (**conjunction**), *réimír* (**prefix**), *iarmhír* (**suffix**), agus *réamhfhocal* (**preposition**). Taobh istigh de na hiontrálacha luaitear *ginideach aidiachtach* (**adjectival genitive**), *frása aidiachtach* (**adjectival phrase**), *frása dobhriathrach* (**adverbial phrase**), agus *frása réamhfhoclach* (**prepositional phrase**).

Tugtar lipéid i mBéarla freisin chun úsáid na bhfocal éagsúil a thagann ina ndiaidh a shoiléiriú. Tríd is tríd is iad na lipéid sin: *literary*, *poetic*, *historical*, *ecclesiastical*, *familiar*, *colloquial*, *child's talk*, *figurative*, *ironic*, *pejorative*, agus *taboo*. Is tar éis an fhocail a mbaineann siad leis a thugtar na lipéid agus is tuairisc iad ar an leagan a dtagann rompu. Má thagann níos mó ná focal amháin tar éis lipéid ar bith, is bailí an lipéad go dtí an chéad leathstad nó lánstad eile. (Ní thagraíonn an lipéad **adjectival genitive** ach amháin don fhocal a thagann go díreach ina dhiaidh.) Nuair atá lipéad idir lúibíní a luann an áit a mbíonn an leagan in úsáid, "(*i gContae Mhaigh Eo*)", cuir i gcás, ní bhaineann an áit idir lúibíní ach leis an bhfocal a luaitear roimhe.

Is beag nach bhfuil 12,000 iontráil i bhfoirm alt sa stórchiste. Tá thart ar 44,000 d'fhocail no de leaganacha in úsáid sna hiontrálacha sin.

Tá 118 *bosca eolais* sa leabhar agus iontu sin feicfear liostaí de théarmaí a bhaineann lena chéile taobh istigh den aon réimse céille amháin. Is beag nach bhfuil 11,000 leagan faoi leith sna hiontrálacha úd. De ghnáth tugtar iad tar éis an téarma Béarla mar is fearr atá eolas air sin agus ansin tugtar an t-aistiúchán cuí Gaeilge. Baineann a lán de na boscaí le plandaí agus le hainmhithe; ar mhaithe le cruinneas luaitear an t-ainm eolaíoch i ngach cás.

Michael Everson
Márta 2023

EDITOR'S NOTE

The structure of entries gives headword, part of speech, and a gloss in English that helps to establish the semantic domain for the words which follow. Some words have multiple senses within a part of speech, and these are separated by circled numbers ❶, ❷, ❸, and so on. Parts of speech listed are **noun**, **verb**, **adjective**, **adverb**, **conjunction**, **prefix**, **suffix**, and **preposition**, and within entries the labels **adjectival genitive**, **adjectival phrase**, **adverbial phrase**, and **prepositional phrase** are used.

A number of register labels are given to help specify the usage of the words which follow them. In general, these are given in the format *literary*, *poetic*, *historical*, *ecclesiastical*, *familiar*, *colloquial*, *child's talk*, *figurative*, *ironic*, *pejorative*, and *taboo*, and in general they are given in this order. These labels are given at the end of an entry and inherit the sense of the words which preceed them. Where more than one word occurs following a label, the label has force until a following semicolon or full stop, or until another label appears. (Unlike these labels, the label **adjectival genitive** applies only to the word immediately following it.) Parenthesized labels which identify the locality in which a word is used, such as "(*i gContae Mhaigh Eo*)", apply only to the word immediately following.

The number of entries appearing as paragraphs in the thesaurus is nearly 12,000. A total number of nearly 44,000 distinct words or phrases is used within these entries.

There are 118 *boscaí eolais* which are largely lists of associated terms within a broad semantic domain. A total number of nearly 11,000 distinct items is used within these entries. They are typically listed following the (often better-known) English term and then glossed with the equivalent in Irish. Many of these involve living creatures in the natural world, and the Latin name is given following the Irish term for precision.

Michael Everson
March 2023

#

ab noun *abbot:* coirneach, luamh, prióir, proibhinseal; manach, bráthair.

abacht noun *abbacy:* ceannas; mainistir, prióireacht.

abair verb ❶ *utter, speak:* caintigh, can, cogair, cuir i bhfriotal, fuaimnigh, gabh, labhair, siosc; *literary* fuighill. ❷ *tell, assert:* admhaigh, aithris, áitigh, ársaigh, cuir i gcéill, cuir in iúl, dearbhaigh, deimhnigh, fág le huacht, fógair, inis, lig do rún, líomhain, luaigh, maígh, mínigh, nocht, tagair, tabhair chun solais, tabhair comhairc, tabhair fianaise, tabhair le fios, tabhair le tuiscint, trácht, tuairiscigh. ❸ *order, command:* achtaigh, aithin, fógair, iarr, mol, ordaigh, tabhair foláireamh, tabhair rabhadh; *literary* foráil. ❹ *promise:* geall, mionnaigh, móidigh, tabhair do bhriathar, tabhair d'fhocal, tabhair gealltanas; *literary* tairngir.

abairt noun *sentence, phrase:* abairtín, aitheasc, clásal, frása, focal, fuigheall, labhra, oideam, rá, ráiteachas, ráiteas, rosc, trácht, uiríoll, urlabhra; gnáthfhocal, nath, seanfhocal, sean-nath, seanrá; *literary* insce.

ábalta adjective ❶ *able, capable:* acmhainneach, bríoch, cumasach, cumhachtach, éifeachtach, fuinniúil, inniúil, tréitheach, tualangach; in ann, in inmhe; is féidir le, tig le. ❷ *able-bodied:* aclaí, infheidhme, láidir, lúfar, slán, urrúnta; cliobaire fir atá ann.

ábaltacht noun ❶ *ability:* bua, acmhainn, cumas, éifeacht, éirim, *pl.* feánna, gus, inmhe, inniúlacht, mianach,ríd, *pl.* tréithe; *literary* tuailnge. ❷ *strength:* acmhainn, brí, bríomhaireacht, brú, cumas, cumhacht, daingne, daingneacht, foirtile, fórsa, fuinneamh, inmhe, láidreacht, lán-neart, lúth, miotal, neart, neartmhaire, neartmhaireacht, oirbheart, sea, sonairte, tréan, tréine, treise, urra, urrúntacht, urrús; *literary* druine, tothacht.

abar noun *boggy ground:* bogach, bogán, boglach, ceachrach, corcach, corrach, criathar, criathrach, láib, lathrach, linntreog, lodar, múilleog, portach, puiteach, riasc, riascach, slodán. **adverbial phrase in abar** *bogged down, in the lurch:* ar bustard, i bponc, i dteannta, i gcantaoir, i gcás, i gceapa, i gcathair ghríobháin, i gcruachás, i gcúngach, i ndol, i ndreapa, i nead ghríbhe, i ngéibheann, in achrann, in adhastar an anró, in aibéis, in aimhréidh, in arán crua, in umar na haimléise, i sáinn, i súil an ribe, i súil an rópa; ar an bhfaraor, ar an trá fholamh, *familiar* bugaráilte, idir ar leac is an losaid, idir dhá cheann na meá, idir dhá chomhairle, idir dhá thine Bhealtaine, sa chúngach, san fhaopach; ina bhaileabhair, ina bhambairne; tá a chos sa trap, tá a lámh i mbéal an mhadra, tá a mhéar i bpoll taratharir; fágadh ar an trá é, fágadh ar an trá fholamh é, fágadh Baile Átha Cliath ar an mbóthar aige, fágadh Trá Lí ar an mbóthar aige.

abartha adjective *witty, given to repartee:* aibí, aicearrach, aisfhreagrach, brasach, briosclabharthach, cabanta, cliste, clóchasach, cocach, cóngarach, deaslabhartha, deiliúsach, deisbhéalach, dosartha, eagnaí, glic, nathánach, nathanta, sonnta, toghail.

Aibhneacha na hÉireann
Is baininscneach gach ainm mura ndeirtear a mhalairt.

Araglin River: an Airglinn
Avoca River: Abhainn Abhóca
Avonbeg River (*County Wicklow*):
  an Abhainn Bheag
  (Contae Chill Mhantáin)
Avonmore River (*County Wicklow*):
  an Abhainn Mhór
  (Contae Chill Mhantáin)
Ballinderry River:
  Abhainn Bhaile an Doire
Bandon River:
  Abhainn na Bandan
Boyle River: an Bhúill
Braid River: Abhainn na Brád
Bush River: an Bhuais
Callan River: an Challáinn
Camlin River: an Chamlinn
Cashen River: an Casán *m.*
Crana River: an Chrannach
Dinin River: an Deighnín
Erriff River: Abhainn Oirimh
Fane River: Abhainn Átha Féan
Glenamoy River:
  Abhainn Ghleann na Muaidhe
Glenelly River:
  Abhainn Ghleann Aichle
Gweebarra River:
  Abhainn Ghaoth Beara
Inny River: an Eithne
King's River: Abhainn Rí
Leannan River: an Leanainn
Little Brosna River:
  An Bhrosnach Bheag

Moyola River: Abhainn na Scríne
Mulkear River: an Mhaoilchearn
Newry River: an Rí
Ow River: an Abha
Owenbeg (*County Sligo*):
  an Abhainn Bheag
  (Contae Shligigh)
Owenduff River (*County Mayo*):
  Abhainn Dubh
  (Contae Mhaigh Eo)
Oweniny River:
  Abhainn Eidhneach
Owenkillew River:
  Abhainn Choilleadh
Owenmore River (*County Mayo*):
  an Abhainn Mhór
  (Contae Mhaigh Eo)
River Aherlow: An Eatharlach
River Allow: Abhainn Ealla
River Bann: an Bhanna
River Barrow: an Bhearú
River Blackwater (*Leinster*):
  an Abhainn Dubh (Laighin)
River Blackwater (*Munster*):
  an Abhainn Mhór (Mumhain)
River Blackwater (*Ulster*):
  an Abhainn Mhór (Ulaidh)
River Boyne: an Bhóinn
River Bride: an Bhríd
River Brosna: an Bhrosnach
River Clare: Abhainn an Chláir
River Corrib:
  Abhainn na Gaillimhe
River Deel: an Daoil
River Derg: Abhainn na Deirge
River Dodder: an Dothra
River Erne: an Éirne

River Faughan: an Fhochaine
River Feale: an Fhéil
River Fergus: an Forghas *m.*
River Finn: an Fhinn
River Flesk: an Fhleisc
River Foyle: an Feabhal *m.*
River Inny: Abhainn na hUíne
River Lagan: Abhainn an Lagáin
River Laune: an Leamhain
River Lee: an Laoi
River Liffey: an Life
River Maigue: an Mhaigh
River Main (*County Antrim*):
  an Mhean (Contae Aontroma)
River Maine (*County Kerry*):
  an Mhaing (Contae Chiarraí)
River Mourne (*County Tyrone*):
  an Mhorn
  (Contae Thír Eoghain)
River Mourne Beg:
  an Mhorn Bheag
River Moy: an Mhuaidh
River Nore: an Fheoir
River Roe: Abhainn na Ró
River Shannon: an tSionainn
River Slaney: an tSláine
River Suck: an tSuca
River Suir: an tSiúir
River Swilly: an tSúileach
Robe River: an Róba *m.*
Roughty River: an Ruachtach
Rye Water: an Rí
Six Mile Water:
  Abhainn na bhFiodh
Strule River: an tSruthail
Sullane River: an Sulán *m.*
Tolka River: an Tulcha

abhac

abhac noun ❶ *midget, dwarf*: abhcán, aircín, arcán, beagadán, beagaidín, bleácach, boiric ó ciú, burdán, ceairliciú, cnádaí, crabadán, cruachán, cruiteachán, draoidín, dúidlín, duine beag, fear beag, fíothal, firín, gilidín, gilmín, hobad, lúircín, pigmí, sceoidín, scidil; bean bheag, beainín, caillichín, gortóg. ❷ *leprechaun*: cluarachán, cluatharachán, fear sí, geancán, geancánach, gréasaí na scillinge, leipreachán, lucharachán, lucharbán, lucharpán, lúchorpán, lucharmán, lúircín; aosán, ealbh, mórphúca, orc, púca, síofra, síóg, síogaí, troll; nóm.

ábhacht noun *jocosity, drollery*: áibhéireacht, áiféis, anstrólaíocht, antlás, breastaíocht, craic, cúis gháire, gáire, gleoiréis, gliadar, greann, greannmhaire, greannmhaireacht, laighce, léaspartaíocht, leithéis, magadh, meidhir, meidhréis, pléaráca, rancás, scige, scigireacht, scléip, spórt, spraoi, suairceas, sult, sultmhaire, tanfairt.

abhaile adverb *home, homewards*: chun an bhaile, 'na bhaile. verb **cuir abhaile ar** *convince*: agair, áitigh, cuir i bhfeidhm ar, cuir ina luí ar, deimhnigh.

ábhailleach adjective *mischievous, contrary*: agóideach, aighneasach, aimhleasta, argóinteach, as a chrann cumhachta, caismirteach, coilgneach, comhlannach, conspóideach, cuileadach, dalba, dána, diabhalta, docheansa, docheansaithe, doriartha, doshrianta, fiáin, fiata, fiatúil, forránach, forránta, gráinneogach, greannach, iargúlta, iomlatach, ionsaitheach, mí-ásach, mí-iomprach, mínósach, mírialta, oilbhéasach, siosmach, trodach.

ábhaillí noun ❶ *playfulness*: áibhéireacht, craic, gleoiréis, greann, greannmhaire, greannmhaireacht, iomlat, laighce, léaspartaíocht, leithéis, magadh, meidhir, meidhréis, pléaráca, pleidhcíocht, rancás, scige, scigireacht, scléip, spórt, spraoi, sultmhaire. ❷ *mischief*: abhlóireacht, amhasóireacht, anmhailís, breathas, crostáil, dalbacht, diabhlaíocht, iarógacht, iomlat, mí-iompar, millteanas, mímhúineadh, mínós, oilbhéas.

abhainn noun *river*: caise, caochán, caológ, cláideach, díobhóg, feadán, gaorthadh, glaise, ribhéar, sreabh, srúill, sruth, sruthán, tuile, tulca; abhantrach, béal na habhann, bun na habhann, cumar, foinse, inbhear, deilt; áth, bruach, clochán, cora, eas, guairneán; caismirneach, camas, camlinn.

ábhalmhór adjective *huge*: ábhal, áibhéalta, aibhseach, áiféalta, an-mhór, arrachtach, dearmháil, dímhór, dochomhairithe, do-ídithe, éigríochta, fathachúil, ollmhór, tamhanda; in ainmhéid; *literary* anba.

abhantrach noun *river basin*: dobharcheantar, gleann, imchuach; abhainn, deilt.

ábhar noun ❶ *matter, material*: coimpléasc, pl. comhábhair, pl. comhdhamhnaí, pl. comhpháirteanna, comhshuíomh, damhna, déanamh, dúil, éadach, fabraic, fíochán, earra, eilimint, mianach, ríd, stuif, substaint. ❷ *makings of*: dalta, printíseach, mac-chléireach, mac léinn, mianach, printíseach, scoláire; údar sagairt; *literary* fealmhac. ❸ *cause, reason*: bun, bunús, ceannfháth, cionsiocair, cúis, cuntar, fáth, máithreach, máthair, siocair, údar; *literary* fachain. ❹ *subject, topic*: brainse, cúrsa, toipic, téama. ❺ *object (of pity, etc.)*: díol. ❻ *matter, pus*: ábhar buí, bánábhar, brachadh, gor, máthair ghor, neascóid, sileadh. adverb *somewhat*: beagán, giota beag, roinnt, rud éigin.

ábhartha adjective ❶ *material*: ábhartha, aiceanta, collaí, corpartha, damhnúil, fisiciúil, nádúrtha, nithiúil, réadach, réadúil, réalta, soladach, talmhaí. ❷ *relevant*: a bhaineann le hábhar, a chuireann leis an ábhar; aibí, ceart, cothrom, cuí, cuibheasach, feiliúnach, fóirsteanach, oiriúnach, tráthúil.

abhcóide noun ❶ *pleader, advocate*: agróir, aighne, eadránaí, fear eadrána, idirghuítheoir, pléadálaí, teagmhálaí; bean eadrána. ❷ *barrister, counsel*: abhcóide sinsir, aighne, cunsailéir; aturnae, dlíodóir, nótaire; Ard-Aighne.

abhlann noun ❶ *wafer*: arán gan laibhín, arán slim, bocaire. ❷ *Eucharist*: an tsacraimint, comaoineach, comaoineach naofa, Corp Chríost; Aifreann, Eocairist, Suipéar an Tiarna; an liotúirge.

abhlóir noun ❶ *buffoon, clown*: airleacán, anstrólaí, cleamaire, crosán, fear grinn, fuaice, fuirseoir, geamaire, geocach, gleacaí, gleacaí milis, lúbaire, óinmhid, peadairín, ráscán, scigire; *literary* drúth. ❷ *fool*: amadán, amadán iarainn, amaid, amal, amhlóir, baileabhair, bobarún, bómán, breallaire, breallán, brealsán, brealscaire, brealsún, ceann cipín, ceann maide, ceap magaidh, clogadán, cloigeann cabáiste, cloigeann cipín, cloigeann pota, dallachán, dallarán, deargamadán, dobhrán, dúdálaí, dúid, dúiripí, dundarlán, dunsa, éagann, faidhfileá, galldúda, gámaí, gamal, gamairle, glaigín, gligín, gogaille, guaig, guaigín, leathamadán, leathbhrín, leathdhuine, leib, leibide, liobar, napachán, óinmhid, pastae de chloigeann, pleib, pleidhce, pleota, sceilfid, simpleoir. ❸ *boor*: amhas, amhlán, bambairne, bodach, breillice, bromach, bromaistín, buailtíneach, búr, cábóg, cábún, cadramán, ceithearnach, ciolartán, closmar, daoiste, dúramán, gamal, gambairne, géibirne, léaspach, leibide, liúdramán, lóma, maistín, mulpaire, pastaire, pleib, pleota, pleotramán, scraiste, smuilcín, smíste, stróinse, teallaire, trumpadóir, tuathalán, túitín, tútachán.

abhlóireacht noun *clowning, buffoonery*: áilteoireacht, cleamaireacht, cleasaíocht, fronsa, fuirseoireacht, geamaireacht, gleacaíocht, scigireacht.

abhóg noun ❶ *jump, bound*: eitleog, geit, léim, pocléim, preab, ruthag, spreang, truslóg, urróg. ❷ *bad impulse*: cathú, drochfhuadar, fuadar, spadhar tobann, taghd, tallann, taom, tapóg, treall.

abhraiseach noun *spinner, spinning woman*: abhrasóir, banabhraiseach, sníomhadóir, sníomhaí.

abhras noun ❶ *handiwork*: obair, obair láimhe, saothar. ❷ *yarn*: corda, ruóg, snáithe, snáth, sreang. ❸ *gainful work*: fostaíocht, job, obair, post, saothar, tasc. ❹ *profit*: brabús, buntáiste, leas, proifid, sochar, sócmhainn, ús; *literary* poinn. ❺ *material*: ábhar, comhdhamhna, cuid, damhna, éadach, earra, eilimint, gné, mianach, ríd, stuif.

abhus adverb ❶ *here, on this side*: anseo, san áit seo, sna bólaí seo. **adverbial phrase thall is abhus** *here and there*: anseo is ansiúd, in áiteanna, in áit nó dhó, i gcorráit, i bhfo-áit.

ablach noun ❶ *carcass, carrion*: conablach, corp, corpán, feoil, graiseamal, muirneach, sceanairt, splíonach. ❷ *hulk (of person)*: amhlán, bambairne, buailtíneach, búiste, cábóg, cadramán, daba, daoiste, dúramán, gamal, gambairne, liúdaí, liúdramán, mulpaire, pleota, pleotramán, pleib, scraiste, smíste, stróinse, tuathalán.

abláil noun *(act of) botching*: amlógacht, amscaíocht, ciotaíl, fuirseadh faisnéise, leotáil, méiseáil, milleadh oibre, praiseach, puitéáil, sceanartáil, sliopárnach, sluaistriú, spoitseáil, sraimleáil, streillireacht, tuaipleáil, tuaipléireacht, úspántacht, útamáil; camalanga, obair a chodail amuigh.

ablálaí noun *botch, poor workman*: ciotóg, gliocsálaí, lapadán, lapaire, méiseálaí, mille bata, mille maide, muclach, muicealach, muicearlach, (i gContae Mhaigh Eo) práibín, práisc, sceanartálaí, scotrálaí, slabálaí, spoitseálaí, tuaipleálaí, tuaipléir, útamálaí, *ironic* gobán, Gobán Saor.

abú interjection *up, up with (e.g.* **Gaillimh abú** *up Galway)*: (Gaillimh) go brách, (Gaillimh) go deo, haidhfear (Gaillimh), mo cheol thú (a Ghaillimh).

acadamh noun *academy*: ardscoil, coláiste, foras, institiúid, ollscoil; Acadamh Ríoga na hÉireann.

acadúil adjective *academic*: éigseach, eolach, eolaíoch, foghlamtha, léannta, oilte, scolártha; saoithiúil, traenáilte.

acaoineadh noun *doleful crying, lamentation*: bascarnach, caoineachán, caoineadh, caointeoireacht, deoiríneacht, deoirínteacht, doghra, donáil, éagnach, gol, golchás, gubha, iachtach, iarmhéil, liacharnach, lógóireacht, mairgneach, marbhna, meacan an chaointe, meacan an ghoil, méala, méalacht, ochlán, ochón, olagón, ong, tuireamh; *literary* lámhchomhairt.

acaointeach adjective *plaintive, doleful*: brónach, caointeach, ceanníseal, croíbhriste, cumhach, dobrónach, dubhach, éagaointeach, fadchumhach, fuachasach, golchásach, iarmhéileach, mairgiúil, maoithneach, ochlánach, olagónach, sianach, truamhéalach; *literary* neimhéalach.

acastóir noun *axle*: agaistéar, aiseal, crann iompair, fearsaid; mol.

achainí noun *request, petition*: achairt, achomharc, aisce, atach, éamh, éileamh, glao, iarraidh, iarratas, impí, ráchairt; bacachas, bacadas, beigéireacht, déirceánacht, déircínteacht, diúgaireacht, stocántacht; *literary* fóchtadh, itche.

achainigh verb *request, beseech*: achair, agair, aisc, *defective verb* aitim, éigh, éiligh, iarr, impigh, lorg, sir; téigh go bog is go crua ar; *literary* fócht.

achainíoch noun *petitioner*: aisceánach, achomharcóir, éilitheoir, iarrthóir, impíoch, sirtheoir; casaoideoir, clamsánaí, gearánaí, pléadálaí.

achar noun ❶ *distance*: fad, foisceacht, gaobhar, raon, réimse, spás, tamall. ❷ *extent, area*: fad, eastát, gabháltas, leathnú, leithead, limistéar, líomatáiste, méad, méid, páirc, raon, réimse, státa, *pl.* tailte, toirt; *literary* forrach. ❸ *period of time*: aga, am, babhta, bomaite, lá, linn, móiméad, nóiméad, paiste, píosa, scaitheamh, seal, soicind, tamaillín, tamall, téarma, tréimhse, uair.

achasán noun *rebuke, insult*: aifirt, aoir, beachtaíocht, béal na ndaoine, cáineadh, cáinseoireacht, caitheamh is cáineadh, cáitiú, cámas, casadh an chorcáin leis an gciteal, ciontú, clúmhilleadh, cnáid, coiriú, crístín, damnú, daoradh, díspeagadh, eascaine, easmailt, easómós, easonóir, fochaid, fonóid, gáirmhagadh, gearrachán, gearradh, glámh, guth, guthaíl, íde béil, íde na muc agus na madraí, imdheargadh, iomard, iomardú, leabhal, lochtú, mallacht, masla, maslú, maslúchán, milleán, priocaireacht, sciolladh, sciolladóireacht, scóladh, spailleadh, spíd, spídiúchán, spídiúlacht, táinseamh, tarcaisne, tarcaisníl, tromaíocht; *literary* aisc, cúrsú.

achoimre noun *summary, précis*: aicearra, an scéal i mbeagán focal, ciorrú, *pl.* cnámha an scéil, cnámharlach an scéil, coimre, coimriú, creatlach an scéil, díolaim, gearrchuntas, gearrthuairisc, giorrú, giorrúchán, laghdú, méanchoimre, *pl.* príomhphointí an scéil, suim an scéil, teaglaim.

achoimriú noun ❶ *summary*: aicearra, an scéal i mbeagán focal, ciorrú, *pl.* cnámha an scéil, cnámharlach an scéil, coimre, coimriú, creatlach an scéil, díolaim, gearrchuntas, gearrthuairisc, giorrú, giorrúchán, laghdú, méanchoimre, *pl.* príomhphointí an scéil, suim an scéil, teaglaim. ❷ *recapitulation*: athlua, athluaiteachas, athrá, athruaill, athrá, dul siar, súil siar.

achomair adjective *concise*: aicearrach, ciorraithe, gairid, gearr, giorraithe, gonta, i mbeagán focal, laghdaithe.

achomaireacht noun ❶ *conciseness*: giorracht, gontacht. ❷ *abstract*: coimre, cnámharlach, creatlach, díolaim, gearrchuntas, gearrthuairisc, suim. adverbial phrase *in achomaireacht close to, near*: cóngarach do, faoi thuairim, gar do, i bhfogas (do), i bhfoisceacht (de), i dtimpeall, i ngáinníocht, i ngaire (do), i ngar (do), i ngiorracht (do), in aice (le), lámh le, le cois; *literary* iongar (do).

achomharc noun *appeal*: achainí, atach, athbhreithniú, athéisteacht, athsmaoineamh, atagra, iarratas, sireadh. verb *appeal*: achainigh, éiligh, glaoigh, iarr, impigh, lorg, sir.

achrann noun ❶ *tangled growth*: caithreáil, cantarna, cascoill, casmhoing, fás rábach, fás uaibhreach, rosán, rosán, scrobarnach, uabhar fáis. ❷ *entanglement*: aimhréidh, aimhréidheas, ascar, builcín, cathair ghríobháin, cíor thuathail, fostú, gréasán gan dóigh, tranglam; *literary* doraidh. ❸ *quarrel, quarreling*: aighneas, argáil, argóint, briatharchath, bruíon, cáiríneacht, caismirt, caitleáil, callóid, cibeal, clampar, cogadh, coinghleic, cointinn, conspóid, construáil, deabhaidh, díospóid, díospóireacht, easaontas, eisíocháin, eisíth, giorac, goineogacht, griobsach, iaróg, imreas, imreasán, maicín, raic, siosma, siúite, troid; bhí gáir faoin roinn, bhí sé ina cheo bóthair eatarthu, bhí siad ag caitheamh crístíní lena chéile, bhí siad ag ithe (is ag gearradh) a chéile, bhí siad in adharc a chéile, bhí siad in árach a chéile, d'éirigh eatarthu; *literary* argaimint, conghail, easard, gleidean, imnise. adverbial phrase *in achrann tangled*: i bhfostú, in aimhréidh, in ascar, ina chíor thuathail, ina ghréasán gan dóigh, trína chéile; in abar.

achrannach adjective ❶ *entangled*: caithreáilte, fite fuaite, i bhfostú, in achrann, in aimhréidh, ina chíor thuathail, trína chéile; *literary* doraidh. ❷ *quarrelsome*: agóideach, aighneasach, aighneastúil, aighneasúil, aranta, argóinteach, bagrach, builteach, callóideach, cancrach, cantalach, clamprach, cochallach, cogúil, coilgneach, comhlannach, comhraiceach, conspóideach, cuileadach, deafach, driseogach, drisíneach, eisítheach, feargach, gairgeach, gioracach, gleoch, goilliúnach, gráinneogach, greannach, iaróigach, imreasach, iomarbhách, ionsaitheach, íortha, siosmach, spairneach, straidhpeach, straidhpiúil, trodach; *literary* dreannach, íorach. ❸ *rocky*: aimhréidh, aimpléiseach, anacrach, anróiteach, carrach, carraigeach, clochach, corrach, creagach, deacair, doiligh, dóingeach, droibhéalach, garbh, inbheach, iomardúil, méirscreach, starragánach.

acht noun ❶ *decree, enactment*: achtú, bille, dlí, fógra, foláireamh, foraithne, forógra, ordú, reacht, reachtaíocht, urghaire. ❷ *compact*: aontú, comhaontú, conradh; *literary* nascaire. ❸ *condition*: agó, agús, codaisíl, coinníoll, comha, conradh, cúinse, cuntar, foráil. adverbial phrase ❶ *ar an acht go on the condition that*: ach go, ar an gcoinníoll go, ar an tuiscint go. ❷ *d'acht is d'áirithe always, constantly*: de shíor, go brách, go buan, go deo na ndeor, go síoraí; ar fad, i dtólamh, i gcónaí, riamh is choíche; gan sos, gan stad; *literary* de ghréas.

achtaigh verb *enact, decree*: dearbhaigh, deimhnigh, fógair, foráil, foraithin, forógair, fuagair, ordaigh, reachtaigh, rialaigh.

aclaí adjective ❶ *supple, agile*: folúthach, leabhair, ligthe, luaineach, lúfar, oscartha, scafánta, slatra, sofhillte, solúbtha. ❷ *smooth*: leabhair, líofa, mín, réidh, sleamhain; *literary* bláith. ❸ *adroit*: aibí, cliste,

aclaigh gasta, deaslámhach, sciliúil, sásta, stuama; *literary* eangnamhach, reabhrach.

aclaigh verb ❶ *exercise:* cleacht, gnáthaigh, saothraigh. ❷ *flex, soften:* fill, lúb; bog, maothaigh, mínigh.

aclaíocht noun ❶ *suppleness, agility:* deaslámhaí, gastacht, leabhaire, leabhaireacht, lúfaireacht, scafántacht, sofhillteacht, solúbthacht, scil, stuaim, umhlóid. ❷ *exercise:* cleachtadh, cleachtas, gnáthú, iomlua, lúthaíocht, lúthchleasaíocht, spórt, suaitheadh coirp.

acmhainn noun ❶ *capacity, endurance:* ábaltacht, bua, ceapaíocht, cumas, éifeacht, inmhe, inniúlacht, láidreacht, neart, neartmhaire, neartmhaireacht, tathag, téagar, toilleadh, tréith, urrús; buaine, buanadas, buanseasamh, buanseasmhacht, cruas, dianseasmhacht, daingne, dianseasmhacht, diongbháilteacht, dochloíteacht, fadaraí, fadfhulaingt, foighde, foighne, foighid, foighidne, foras, fulaingt, seasamh, síoraíocht, staidéaracht, treise; chruthaigh sé cad a bhí sé in ann a dhéanamh. ❷ *pl.* **acmhainní** *means, resources:* áirge, airgead, *pl.* bótháinte, bracht, bruithshléacht, coibhche, Éire gan roinnt, flúirse, gustal, iarmhais, ionnús, maoin, maoin an tsaoil, maoin shaolta, ollmhaitheas, ollmhaitheas an tsaoil, ór na cruinne, rachmall, rachmas, raidhse, rath, rathúnas, saibhreas, sochar, *pl.* sócmhainní, somhaoin, speansas, speilp, spré, strus, tábhacht, teaspach, toice. ❸ *potentialities:* ábaltacht, ábhar, airí, *pl.* airíonna, braon fónta, cáil, cineál, cumas, damhna, *pl.* dea-thréithe, féith, gréithe, mianach, miotal, mórmhaitheas, nádúr, oirbheart, ríd, stuif, *pl.* tréithe; *literary* tuailnge. ❹ *equipment, gear: pl.* aidhlicí, aireagán, airnéis, áis, *pl.* ciútraimintí, cóngar, *pl.* fearais, feisteas, gaireas, *pl.* giuirléidí, gléas, *pl.* gléasanna, gléasra, inleog, sás, tácla, trealamh, *pl.* uirlisí.

acmhainneach adjective ❶ *strong, able to endure:* ábalta, bríomhar, bríoch, calma, ceilméartha, coráisteach, cumasach, éifeachtach, foirtil, fuinniúil, fulangach, inniúil, láidir, meanmnach, misniúil, neartmhar, síoraí, spionnúil, tréan, téagartha, urrúnta, urrúsach; *literary* ruanata. ❷ *substantial, well-to-do:* brachtach, bunúil, cluthar, compordach, cuideach, deisiúil, éadálach, fáltasach, gustalach, iarmhaiseach, láidir, maoineach, neamhghátarach, neamhuireasach, neamhuireaspach, rachmallach, rachmasach, rafar, rathúil, saibhir, rathúil, seascair, sóch, sómhar, tábhachtach, tathagach, téagartha, teann, toiceach, toiciúil, tréan; faoi bhrothall, go maith as, go maith sa saol, i measarthacht den tsaol, ina shuí go te, os cionn a bhuille; tá an saol ar a mhéis aige, tá an saol ar a thoil aige, tá bonn aige, tá brá gill aige, tá brabach air, tá bun air, tá bunús air, tá caoi mhaith air, tá cóir mhaith air, tá deis mhaith air, tá dóigh leacanta air, tá fáltas mór airgid aige, tá lán na lámh aige, tá somhaoin air, tá speilp air, tá treo maith air; tá sé ar a shástacht, tá sé ina racht seoil le deis, tá sé teann in airgead, tá taoscán airgid aige; *literary* foltach, tothachtach.

acra noun *tool, implement: pl.* aidhlicí, aireagán, áis, *pl.* ciútraimintí, cóngar, *pl.* fearais, feisteas, *pl.* giuirléidí, gléas, inleog, sás, trealamh, uirlisí.

adamh noun *atom, smallest part:* blas, cáithnín, ceo, coirpín, corpán, dada, dath, dúradán, fríd, frídín, leid, mír, móilín, pioc, tada.

ádh noun *luck:* ádh dearg, eireaball den ádh, fraisín den ádh, sciorta den ádh, siolla den ádh; amhantar, bail, bláth, caoi, cinniúint, conách, dán, deachinniúint, dea-uain, dea-uair, deis, fortún, pláinéad, rath, rath is rathúnas, séan, séanmhaireacht, seans, só; ar mhuin na muice.

adhain verb ❶ *kindle, ignite:* adaigh, fadaigh, faghair, fionn, forloisc, las; dúisigh, múscail, spreag; cuir ar lasadh, cuir faoi thine, cuir tine le. ❷ *inflame:* athlas, griog, gríosaigh, spreag. ❸ **adhain ar** *grate on:* cuir as do, cuir déistin ar, cuir dioch i, cuir isteach ar.

adhaint n, vn ❶ *inflammation:* aodh thochais, athlasadh, faghairt, galrú, griogadh, gríos, ionfhabhtú, íth, lasadh, urtacáire. ❷ *ignition:* adú, fadú, lasadh; cipín solais, lasán, lastóir, maiste, spile.

adhair verb ❶ *worship:* adhmhol, ardaigh, mol, mór, onóraigh, urramaigh; tá sé ina dhia beag aici; is dóigh léi gur thiar as a éiríonn an ghrian; síleann sí gur as a cheann a fhásann an ghrian; lífeadh sí an cosán ina dhiaidh. ❷ *follow:* greamaigh de, lean, tar i ndiaidh, téigh i ndiaidh; bain na sála dá chéile; *literary* adhair de/do.

adhairt noun *bolster, pillow:* babhstar, bolastar, ceannadhairt, cearchaill, cúisín, piliúr, pillín.

adhall noun *heat in bitch:* éastras, haidheas, láth, óirthí, rachmall; tá sí faoi adhall/éastras/láth/ shoidhir; tá an bhó ar dáir, faoi dháir; tá an chráin ar clíth, faoi chlíth; tá an chaora faoi reith; tá an cat faoi chatachas, faoi chatamas; tá an láir faoi eachmairc/eachmairt/shéasúr/shnafach/stail; tá an t-asal ag spraoi, tá an t-asal thart; tá an gabhar faoi imreas/phoc; tá an giorria baineann faoi phoc; tá an fia faoi ratamas.

adhaltrach adjective *adulterous:* drúiseach, drúisiúil, éadairiseach, mídhílis, neamhdhílis, teaspúil; *literary* drúth. noun *adulterer, adulterous person:* adhaltraí, adhaltranach, adharcachán, ainrianach, ainrianaí, banadóir, biogamach, cliúsaí, craiceann gan choinníoll, Diarmaid Ó Duibhne, dradaire, drúiseach, fuiche, meabhlaire, mealltóir, radaire, ragairneálaí, raibiléir, réice, stail, *literary* táitheach; bean choibhche, cuitléir, drúth, gáirseach, meirdreach, rata, raiteog, ráitseach, ruibhleach, ruibhseach, strabóid, straip, striapach; fualán, sciorrachán; *literary* eachlach.

adhaltranas noun *adultery:* biogamacht, briseadh pósta, cliúsaíocht, dradaireacht, drúis, drúisiúlacht, meirdreachas, mídhílseacht, pósadh coibhche, striapachas, táth; bheith ag fosaíocht le; *literary* éadradh.

adharc noun ❶ *horn (of animal):* adhaircín, adharcán, beann, bior, buadán; *literary* congna. ❷ *feeler, antenna:* adhaircín, adharcán, aintéine, braiteog, galaban, galabán. ❸ *horn vessel, drinking horn:* bodhaing, buabhall, corn, corn eagair, cuach, cupán, eascra, radaire, stópa; *literary* bléidhe, bléidhe buabhaill, cingid, stábh. ❹ *peak:* binn, cúinne, feirc, péac, speic, starraicín, stuaic, stuaicle. ❺ *horn, trumpet:* alpchorn, bonnán, bonnán cóiste, buabhall, corn, déchorn, galltrumpa, gléasbhuabhall, postchorn, sliodtrumpa, stoc, stoc comhraic, túba, troimpéad, trombón, trumpa. ❻ *erection (of penis):* ardú, biachacht; *familiar terms:* fadharcán, meacan, raghas, spiacán, steaind; bod asail Bhealtaine, bod i mbarr píce; bhí breac ar a dhuán, bhí fód ar a phíce, bhí sé ina chead aige; bheannaigh a bhod dó; ní éireoidh sé choíche dó, tá sé ina liobar.

adharcachán noun ❶ *libidinous person:* adhaltrach, ainrianach, ainrianaí, banadóir, boicín, cliúsaí, cluanaí, cluanaire, craiceann gan choinníoll, Diarmaid Ó Duibhne, drúiseach, fear slaite, gliodaí, jacaí, meabhlaire, mealltóir, (*i gContae na Gaillimhe*) pocleandar 'seanbhaitsiléir a ritheann i ndiaidh cailíní óga', radaire, ragairneálaí, raibiléir, réice, stail; *literary* táitheach. ❷ *cuckold:* adharcán, beannachán, cocól, cocól cait, cocóilín; gabhal folamh, riglí, ringear.

adharcáil verb *horn, gore:* brúigh, sáigh, goin, gortaigh, treáigh.

adharcán noun *feeler, antenna:* adhaircín, adharc, aintéine, braiteog, féasóg, galaban, galabán.

adhascaid noun *nausea, morning sickness:* aiseag, bréitse, déistin, éiseal, fonn aisig, fonn caite amach, fonn caite aníos, glonn, masmas, múisc, múisiam, orla, samhlas, samhnas, sléidíocht, urlacadh, urlacan.

adhastar noun *halter:* braighdeach, braighdeachán, braighdeán, buarach, buairichín, buairín, ceangal, ceannrach, coiseagán, cuibhreach, éadanán, iall, igín, laincide, laincis, srian, rópa, tácla, téad, úim; *literary* lomhain.

adhlacadh noun ❶ *burial:* sochraid, tórramh; comhairí. ❷ *sepulchre, old burial ground:* adhlacan, adhnacal, cealdrach, ceallúir, ceallúnach, ceallúrach, cónra, éaglios, feart, leacht, lisín leanbh, lusca, reilig, sarcófagas, tuama, úirleachas, ula; *literary* meamra.

adhlacóir noun *undertaker:* adhlacanach, adhnaclach, comhairíoch, reiligire; sochraideach, tórraiteach.

adhlaic verb *bury:* cuir, cuir sa chré, cuir sa reilig, cuir sa talamh, cuir san uaigh, déan nós a dhúiche leis, feartaigh, talmhaigh; *familiar* caibeáil, trinseáil; chuaigh sé faoin bhfód, chuaigh sé san úir; chuaigh scaob air, chuaigh na seacht sluaiste air, chuaigh trí sluaiste an bháis air; tá sé ag leasú na nóiníní; go dté mé i gcré.

adhmad noun ❶ *timber, wood:* balc, cearchaill, cipín, clár, crann, fiodh, maide, smuta, smután, plabhta, pleainc. ❷ *material, substance:* ábhar, ciall, damhna, éadach, earra, géibhís, mianach,ríd, stuif, substaint, taithneasc.

adhmaint noun ❶ *adamant:* cloch ghaoine, cloch thine, cruadas, cruas, diamant. ❷ *lodestone, magnet:* adhamas, cloch adhmainte, cloch tharraingthe, cloch iúil, maighnéad, sreangart.

adhmhaidin noun *early morning:* aithne an lae, amharc an lae, amhscarnach, amhscarthanach, an bánsolas, bánú an lae, bodhránacht an lae, breacadh an lae, breacsholas na maidine, deargadh an lae, deargmhaidin, dónaing, eascairt an lae, fáinniú, fochraí an lae, *pl.* fuinneoga an lae, lachan, lonrú an lae, maidin, maidneachan, scaradh oíche is lae, *pl.* speartha an lae, *pl.* trátha beaga na maidine; *literary* fáir, foinsiú, foinsiú an lae. **adverb** go moch ar maidin, go luath ar maidin.

adhradh noun *(act of) worshipping, worship:* feacadh glún, moladh, móradh, onóir, onórú, sléachtadh, urraim; cultas.

admhaigh verb ❶ *acknowledge, admit:* aontaigh, dearbhaigh, deimhnigh, géill, glac le, tabhair isteach do. ❷ *confess:* ciontaigh thú féin, déan aithrí, tabhair do chulpa, téigh chun faoistine; *literary* coibhseanaigh.

admháil noun ❶ *admission, acknowledgement:* aithint, aontú, cúiteamh, géilleadh, glacadh, tabhairt isteach; aithreachas, aithrí, coraíocht, faoistin; *literary* coibhse. ❷ *receipt:* comhdhuille, cúiteántas, duillín; foirm admhála, stampa admhála.

aduain adjective *strange, unfamiliar:* **adjectival genitive** aineoil, aisteach, aistíoch, ait, allúrach, coigríochach, coimhthíoch, corr, corraiceach, deorach, deoranta, eachtartha, eachtrannach, iasachtach; éachtach, éagoitianta, éagsamhalta, éagsúil, éagsúlta, groí, nua, núíosach; *literary* diongna.

aduaine noun *strangeness, unfamiliarity:* aisteachas, aistíl, aiteacht, aiteas, coimhthíos, deorantacht; áiféis, áiféiseacht, corraiceacht, éagoitiantacht, éagsúlacht.

aer¹ noun ❶ *air:* aeracht, aeráil, aithleá, aithleá gaoithe, anáil, atmaisféar, bríos, brú aeir, feothain, gaoth, gaothráil, leoithne, miam, puth, séideán. ❷ *sky:* an bogha bán, firmimint, *pl.* firmimintí an aeir, neamh, spéir. ❸ *climate:* aeráid, aimsir, clíoma, síon. ❹ *gaiety, pleasure:* aeráid, aeráil, aermaíocht, áibhéireacht, anstrólaíocht, antlás, craic, cúis gháire, gleoiréis, greann, greannmhaire, greannmhaireacht, laighce, léaspartaíocht, leithéis, meidhir, meidhréis, pléaráca, pléisiúr, rancás, scléip, scódaíocht, siamsa, siamsaíocht, sóchas, spórt, spraoi, suairceas, sult, sultmhaire, tanfairt; *literary* líth.

aer² noun *tune, air:* binneas, ceol, cor, fonn, forsheis, oirfide, séis, tiúin; cornphíopa, port, ríl; geantraí, goltraí, suantraí; *literary* scoth.

aerach adjective ❶ *airy:* aeráilte, éanúil, fairsing, sceirdiúil, scóipiúil, spásmhar. ❷ *light-headed, giddy:* alluaiceach, arduallach, athraitheach, baoth, damhsach, díodánach, éadairiseach, éaganta, éanúil, earráideach, fánach, gaigiúil, giodamach, gligíneach, gogaideach, guagach, luaineach, ruaiseach, scinnideach, seafóideach, spéiriúil. ❸ *lively, cheerful:* bagánta, beo, beoga, croíúil, éadromaigeanta, éirimiúil, gáiriteach, gealchroíoch, gealgháireach, girréiseach, gusmhar, intinneach, meanmnach, meidhreach, meidhréiseach, preabanta, scóipiúil, smiorúil, soilbhir, spleodrach, suairc, subhach, teaspúil; *literary* cluicheachair. ❹ *homosexual:* baineanda, caileanda, homaighnéasach, piteánta, sodamach, sodamaí. **noun** *homosexual:* homaighnéasach, piteachán, piteán, piteog, sodamach, sodamán; *familiar terms* beití, bideach, bleitheog, blióg, buachaill baitín, cábún, cadar, cigire tónach, dul amú, gamhain, gealhata, geospailín, hata bán, lúbadán, péileacán, seanchearc d'fhear, sile, síog.

aerachtúil adjective *eerie:* aerach, iarmhaireach, íogair, neamhshaolta, síúil, uaibhreach, uaigneach.

aeráid noun ❶ *climate:* aer, aer tíre, aimsir, clíoma, plainéad, síon. ❷ *flightiness, airy notion:* aeracht, aeráil, éagantacht, guagacht, luaineacht, luathaigeantacht, ruais, ruaiseacht, ruathaireacht, scinnide.

aeráil verb *air, ventilate:* aeraigh, gaothraigh, téigh; aer úr a ligean isteach (i seomra); (éadach) a chur amach faoin aer.

Cineálacha Aeráide

China-type climate: aeráid *f.* Shíniúil
continental climate: aeráid *f.* ilchríochach
cool temperate climate: aeráid *f.* fhionnuarmheasartha
corn-belt climate: aeráid *f.* chrios an arbhair
cotton-belt climate: aeráid *f.* chrios an chadáis
desert climate: aeráid *f.* fhásaigh
equatorial climate: aeráid *f.* mheánchriosach
hot climate: aeráid *f.* an-te
ice-cap climate: aeráid *f.* oighearchaidhpe
maritime climate: clíoma muirí
Mediterranean climate: aeráid *f.* mheánmhuirí
monsoon climate: aeráid *f.* mhonsúnach
mountain climate: aeráid *f.* shléibhe
oceanic climate: aeráid *f.* aigéanach
polar climate: aeráid *f.* pholach
subpolar climate: aeráid *f.* fhopholach
Sudan-type climate: aeráid *f.* Shúdánúil
temperate climate: aeráid *f.* mheasartha
transition climate: aeráid *f.* idirchriosach
tropical semi-desert climate: aeráid *f.* theochriosach bhreacfhásaigh, aeráid *f.* thrópaiceach bhreacfhásaigh
warm climate: aeráid *f.* the
warm temperate climate: aeráid *f.* theomheasartha

aeraíocht

Tíortha na hAfraice

Algeria: an Ailgéir f.
Angola: Angóla
Benin: Beinin f.
Botswana: an Bhotsuáin f.
Bourkina Faso: Buircíne Fasó
Burundi: an Bhurúin f.
Camaroon: Camarún
Central African Republic: Poblacht f. na hAfraice Láir
Chad: Sead
Comoro Islands: Oileáin Chomóra
Congó (*Brazzaville*): an Congó
Djibouti: Djibouti
Egypt: an Éigipt f.
Equatorial Guinea: an Ghuine f. Mheánchiorclach
Eritrea: an Eiritré f.
Eswatini: Eswatini
Ethiopia: an Aetóip f.
Gabon: an Ghabúin f.
Gambia: an Ghaimbia f.
Ghana: Gána
Guine: an Ghuine f.
Guinea Bissau: Guine f. Bhissau
Ivory Coast: an Cósta Eabhair
Kenya: Céinia f.
Lesotho: Leosóta
Liberia: an Libéir f.
Libya: an Libia f.
Madagascar: Madagascar
Malawi: an Mhaláiv f.
Mali: Mailí
Mauretania: an Mharatáin f.
Mauritius: Oileán Mhuirís
Morocco: Maracó
Mozambique: Mósaimbíc f.
Namibia: an Namaib f.
Niger: Nígir f.
Nigeria: an Nigéir f.
People's Republic of the Congo: Poblacht f. Dhaonlathach an Chongó
Rwanda: Ruanda
São Tomé and Príncipe: São Tomé agus Príncipe
Senegal: an tSeineagáil f.
Seychelles: **plural noun** na Séiséil
Sierra Leone: Siarra f. Leon
Somalia: an tSomáil f.
South Africa: an Afraic f. Theas
Sudan: an tSúdáin f.
Tanzania: an Tansáin f.
Togo: Tóga
Tunisia: an Túinéis f.
Uganda: Úganda
Western Sahara: an Sahára Thiar
Zanzibar: Sainsibear
Zimbabwe: an tSiombáib f.

aeraíocht noun *open-air entertainment*: aonach, carnabhal, féile, feis, fleá, fleá cheoil, oireachtas, panc aonaigh, scoraíoch, seó, taispeántas, tóstal.

aerárthach noun *aircraft*: aerlínéar, aerphlána, balún, balún instiúrtha, déphlána, eitleán, faoileoir, héalacaptar, héileacaptar, ingearán, jumbó, roicéad, scairdeitleán, seipilín; aeráthach troda, buamadóir troda, scairdbhuamadóir, scairdtrodaire.

aerfhórsa noun *airforce*: an tAerchór, an tAerfhórsa Ríoga, *pl*. eitleoirí, *pl*. paratrúpaí; scuadrún.

aerfort noun *airport*: aerionad, aerodróm, aerstáisiún, aerstiall, aerstráice, críochfort, rúidbhealach; Aeradróm Mhic Easmainn.

aerloingseoireacht noun *aeronautics*: aerthrácht, eitilt, eitleoireacht.

aeróstach noun *air-hostess*: banóstach, cailín freastail, fáilteoir, *colloquial* foireann chábáin, freastalaí mná.

áfach adverb *however*: ach, ámh, cibé ar bith, fós, gidheadh, dá ainneoin sin, ina ainneoin sin, ina dhiaidh sin féin, mar sin féin; *literary* iaramh.

agair verb ❶ *plead, entreat*: achair, achainigh, *defective verb* aitim, éigh, éiligh, iarr, impigh, lorg, pléadáil, téigh go bog is go crua ar; *literary* fócht. ❷ *agair ar avenge*: bain díoltas amach, bain éiric amach, díoghail. ❸ *sue*: cuir an dlí ar, éiligh damáistí ar dhuine, tabhair duine chuig an dlí, tabhair duine os comhair na cúirte.

agairt noun ❶ *plea*: achainí, caingean, cás, cúis, éileamh, pléadáil, tagra. ❷ *vengeance*: díoghail, díoltas, éiric, pionós; *literary* inneachadh.

agallamh noun ❶ *discourse, address*: aitheasc, caint, ceiliúr, dioscúrsa, léacht, seanmóir, trácht, tráchtaireacht; *literary* meadhar. ❷ *argument, disputation*: agallamh beirte, aighneas, argáil, argóint, cailicéireacht, cibeal, coinghleic, cointinn, conspóid, construáil, díospóid, díospóireacht, eisíocháin, eisíth, foclaíocht, giorac, griobsach, haigleáil, imreas, imreasán, iomarbhá, sáraíocht, siosma, troid; *literary* argaimint, easard, gleidean, imnise. ❸ *interview*: comhfhuighle, comhlabhairt, comhrá; ceistiúchán, croscheistiú, iniúchadh, scrúdú béil.

aghaidh noun ❶ *face*: aoibh, béal, cár, cealtair, *pl*. ceannaithe, cúinse, cuma, cuntanós, dreach, éadan, éagasc, gné, gnúis, pus, smuilcide, strainc, straois, streill. ❷ *front, aspect*: barr, béal, brollach, broinne, craiceann, dealracht, deisiúr, dromchla, fronta, scraith, screamh, tosach, tuaithiúr, tús, uachtar, uraghaidh. ❸ *dial*: clog, clog gréine, diail, diosca, éadan, grianchlog. ❹ *obverse*: cúl, droim, taobh tuathail. **compound preposition** ❶ *ar aghaidh opposite, facing*: ar aghaidh amach, ar bhéala, le béal, i bhfianaise, os coinne, os comhair. ❷ *in aghaidh against, towards*: d'ionsaí ar, i gcoinne, in araicis, in éadan, ionsar. ❸ *le haghaidh for*: ag, do, fá choinne, faoi choinne, i gcomhair, in ómós. ❹ *near, ready for*: ag bagairt ar, cóngarach do, deas do, gar do, i bhfogas do, i bhfoisceacht de, i ngaire do, i ndán do. **adverbial phrase** *ar aghaidh forwards, onward*: ar tosach, chun cinn, chun tosaigh, i leith, roimhe.

aghaidh fidil noun *mask*: aghaidh bhréige, cealtair, *pl*. ceannaithe púca, clipéad, clúdach, dallacán, folach dubh, masc, masc cosanta, masc marbh, púic, púicín.

agóid noun ❶ *protest, objection*: cur in aghaidh, cur i gcoinne, cur in éadan; banrán, casaoid, ceasacht, ceisneamh, clamhsán, dearbhchasaoid, fuasaoid, gearán; achrann, aighneas, argóint, cointinn, construáil, troid, tromaíocht. ❷ *cantankerous person, scold*: ainciseoir, ainle, ainleog, banránaí, brúisc, brúiscéir, cáinseoir, cancrán, canránaí, cantalachán, cantalán, cantalóir, ceolán, cianaí, ciarsánaí, clamhsánaí, cnádán, cnádánaí, cnáimhseálaí, cnáimhseoir, Conán, Conán críon, drantánaí, gargaire, gearánaí, tormasaí; ainsprid, badhbaire, badhbóir, báiléir, báirseoir, bearrbóir, bearrthachán, cáinseach, callaire, dris, fiacantóir, glámh, heictar, meirgeach, míchaidreamhach, neascóid, sceach, sceachaire, sceimhealtóir, searbhán, speachaire, speig neanta, stiúireachán; báirseach, straip. **verb** *object, protest*: agair, áitigh, diúltaigh, cuir i gcoinne, cuir in aghaidh, cuir in éadan.

agrafóibe noun *agoraphobia*: uamhan sráide.

aguisín noun *addition, addendum*: agús, biseach, breis, clásal breise, codaisil, coinníoll, cuntar, eireaball, farasbarr, fo-fhadhb, forábhar, forlíonadh, iarfhocal, iarscríbhinn, iatán, íce.

aibéil adjective *quick*: aigeanta, anamúil, athlamh, bagánta, beo, beoga, bíogúil, foilscí, fuinniúil, gasta, géar, grod, imeachtach, luascánach, luascánta, luath, lúfar, mear, prap, prapúil, pras, preabanta, scafánta, sciobtha, tapa; deifreach, dithneasach, driopásach, fuadrach, obann, sonnach, sonnasach, tobann. **noun** ❶ *quickness, suddenness*: beocht, cruashiúl, deabhadh, deifir, diaireacht, dithneas, dlús, driopás, drip, eadarluas, foilsceadh, gastacht, gearradh, gearradh siúil, imeacht, luaithe, luas, mire, obainne, práinn, rith, rása, scafaireacht, scafántacht, sciobthacht, séirse, siúl, tapúlacht, tobainne; *literary* daithe. ❷ **aibéil chainte** *back-chat*: aisfhreagra, braobaireacht, cabantacht, clóchas, coc, coc achrainn, *pl.* cóipíos, dailtíneacht, deiliús, dosaireacht, dradaireacht, freasfhreagra, gastóg, géarchaint, gearr-aighneas, gearraíocht, gearrchaint, giodal, glaschaint, ladús, plucaireacht, leasfhreagra, maigiúlacht, nathaíocht, plucaireacht chainte, prapaireacht. *adverb* **go haibéil** *quickly, soon*: ar an hap, ar ball, gan mhoill, go gairid, go luath, i gcionn tamaill, i gcionn tamaill bhig; go beo, go deifreach, go diair, go grod, go luath, go mear, go hobann, go scafánta, go sciobtha, go tapa, go tobann; ar cosa in airde, de phreab, de phlimp, d'urchar; sna featha fásaigh, sna ruarásaí, sna seala babhtaí; i dtréinte, sna tréinte.

áibhéalta *adjective* ❶ *exaggerated*: áibhéalach, áibhéiseach, áiféiseach, gáifeach, iomarcach, péacach, scailéathanach; thar cuimse, thar fóir. ❷ *huge, vast*: ábhal, aibhseach, áiféalta, arrachtach, dímhór, dochomhairithe, do-ídithe, éigríochta, fathachúil, ollmhór, tamhanda; in ainmhéid; *literary* anba, dearmháil, dearmháir.

áibhéil *noun exaggeration*: áibhéis, áibhliú, áiféis, clódóireacht, cumadóireacht, dathadóireacht, dathaireacht, dul thar fóir, gáifeacht, gaotaireacht, plámás, reitric, scailéathan, *literary* forbhann, forbhrí, spleadh; chuir sé craiceann ar an scéal, chuir sé dath ar an scéal, chuir sé leis an scéal, chuir sé seacht gcosa faoin scéal; dhathaigh sé an scéal; rinne sé lán béil de shuarachas, rinne sé míol mór de mhíoltóg, rinne sé mórán de bheagán; dhéanfadh sé scéal de chlocha trá.

áibhéis *noun* ❶ *abyss*: aigéan ifreann, duibheagán, fodhomhain, iomdhomhain, poll, poll tí liabáin. ❷ *the deep*: aigéan, an domhain, domhain na farraige, doimhneacht, eagán, an fharraige mhór, mórmhuir, teiscinn; an tseanfharraige; tóin eagáin, tóin poill; *literary* treathan.

áibhéiseach *adjective* ❶ *abysmal*: dochuimsithe, duibheagánach, duibheagánta, uafásach. ❷ *abyssal*: duibheagánach, duibheagánta, fodhomhain.

aibhinne *noun avenue*: bealach cóiste, bealach isteach, bóithrín, bóthar, búlbhard, cabhsa, céide, cosán, lána, paráid, siúlán, slí.

áibhirseoir *noun adversary, devil, the Devil*: ainspiorad, deamhan; diabhal, eithiar, ginid, ginid ghlinne, ifreannach, orc, púca, púca na mbeann; an Boc Dubh, an Fear atá thíos, an Fear Dubh, an Fear Mór, an Seanbhuachaill, Béalzabúl, Fear na gCrúb, Fear na nAdharc, Fear na Ruibhe, Sátan; ginid, ginid ghlinne, ifreannach, púca na mbeann, Sátan; *euphemistically* deamhas, dear, diach, diar, diúcs, riach.

áibhirseoireacht *noun devilment*: ábhaillí, abhlóireacht, ainghníomh, aingíocht, amhasóireacht, bithiúntacht, bithiúntaíl, bithiúntaíocht, bithiúntas, bligeardacht, bligeardaíocht, claidhreacht, cneámhaireacht, coiriúlacht, coirpeacht, crostáil, dalbacht, diabhlaíocht, drochaigne, drochbheart, droch-chroí, drochintinn, feall, iomlat, mairís, maistíneacht, mallaitheacht, meirleachas, mínáire, mímhúineadh, mínós, mí-iompar, mioscais, míréir, mírún, olc, oilbhéas, oilceas, oilghníomh, peaca, peacúlacht, pleidhcíocht, ropaireacht, urchóid, urchóideacht.

aibhleog *noun coal of fire*: aithinne, aoibheal, brúid, fioghual, gríos, gríosach, gríosóg, gual, smeachóid, sméaróid; splanc, spréach.

aibí *adjective* ❶ *ripe, mature*: aosach, cianaibí, críonna, fásta, foirfe, inphósta, lánfhásta, oirbheartach; in inmhe; *literary* in-nuachair. ❷ *witty*: abartha, aicearrach, aisfhreagrach, brasach, cabanta, cliste, clóchasach, cocach, cóngarach, cunaí, deiliúsach, deaschainteach, deisbhéalach, dosartha, eagnaí, gasta, gearrchainteach, glic, maigiúil, nathánach, nathanta.

aibigh *verb ripen, mature*: aosaigh, bláthaigh, borr, buígh, caithrigh, fás, forbair, tar in inmhe, tar in oirbheart.

aibíocht *noun* ❶ *ripeness, maturity*: aipche, críonnacht, inmhe, oirbheart. ❷ *quickness, cleverness, wittiness*: aibéil, clifearthacht, clisteacht, clistíocht, eagnaíocht, gastacht; abarthacht, aicearracht, cabantacht, dea-chaint, deaschaint, deisbhéalaí, eagnaíocht, nathaíocht, nathaireacht, nathántacht, soilbhreas, tráthúlacht; *literary* tuaichle.

aibítir *noun* ❶ *alphabet*: aibidil, ogham, oghamchraobh; fútharc, rúnscríbhinn; cló gaelach, cló gotach, cló iodálach, cló rómhánach, cló trom; *pl.* iairiglifí, scríbhneoireacht chliarúil, scríbhneoireacht choiteann, scríbhneoireacht dhingchruthach; idéagraf, idéagram, siollara, picteagram. ❷ *rudiments*: *pl.* bunphrionsabail, buntús, céadtosach, *pl.* cnámha, creatlach, uraiceacht.

aibítreach *adjective alphabetical*: alfa-uimhriúil, ortagrafach; in ord aibítre.

aice *noun* ❶ *nearness, proximity*: aice, cóineas, cóngar, cóngaracht, cóngas, deise, deiseacht, fogas, foisceacht, giorracht; *literary* neasacht. ❷ *habitat*: ábhach, adhbha, áfach, aice, brocach, broclach, canachán, cliothar, coinicéar, fuachais, gnáthóg, lonnachán, nead, nideog, rapach, scailp, talmhóg, uachais, uaimh; *literary* fochla. *compound preposition* **in aice (le)** *near, close to*: deas do, faoi thuairim, gar do, i dtimpeall, i bhfogas (do), i bhfoisceacht (de), i ngáinníocht, i ngaire do, lámh le, le cois.

aiceanta *adjective natural*: dúchasach, nádúrtha; de réir nádúir, ó dhúchas, ó ghinealach.

aicearra *noun short-cut*: aichearra, bealach aicearrach, cóngar.

aicíd *noun disease, pestilence*: breoiteacht, calar, éagruas, easláinte, eipidéim, galar, gearán, othras, plá, tinneas, *literary* teidhm; támhghalar, *literary* támh.

aicme *noun* ❶ *genus, class*: cineál, earnáil, fíleam, fine, géineas, gné, grád, saghas, sórt, seort; speiceas. ❷ *family, tribe*: bunadh, cine, cineál, clann, dúchas, fine, fuil, líne, muintir, pobal, pór, síol, síolrach, sliocht, stoc, teaghlach, treibh; *literary* fóir. ❸ *set, clique*: baicle, béinne, buíon, cleaicín, cóip, comhlacht, compántas, complacht, criú, cruinniú, cuallacht, cumann, cuideachta, dream, drong, feadhain, foireann, fracht, gasra, grúpa, meitheal, paca, rang, scaoth, scata, scuaine, slógadh, slua; *literary* cuain.

aicmigh *verb classify*: catalógaigh, cláraigh, códaigh, cogairsigh, córasaigh, eagraigh, grádaigh, innéacsaigh, liostaigh, rangaigh, sórtáil; cuir eagair ar, cuir in ord, tabhair chun eagair, tabhair chun sistéim; calabraigh.

aicmiú *noun classification*: catalóg, clár, clárú, córas, córasú, eagrú, innéacsú, liostú, rangú, rianú; tacsanomaíocht.

aicsean *noun* ❶ *feat, action*: beart, bua, caithréim, cleas, éacht, gaisce, gníomh, gníomh gaile is gaisce, gníomh gaisce, maíomhéacht; *literary* spleadh. ❷ *military action*: báire na fola, brisleach, bruíon, cath, cliathach, cogadh, coimhlint, comhrac, cosaint, crosáid, feacht, feachtas, imruagadh, ionsaí, scirmis, spairn, troid; *literary* conghail, iorghal.

aicsím *noun axiom*: aicsíom, bunphrionsabal, gnáthfhocal, léireasc, nathán, oideam, prionsabal, riail, seanfhocal, seanrá, soiléirse, tairiscint.

aiféala *noun* ❶ *remorse, repentance*: aithreachas, aithrí, briseadh croí, brón, buaireamh, buairt, caoineadh, cathú, croíbhrú, cumha, dobrón, doilíos, iarghnó, mairg, mairgneach, *literary* taithleach; is oth liom, tá brón orm, tá cathú orm, tá mé

áiféis
buartha; níl aon bhreith againn ar ár n-aiféala. ❷ *shame, shamefacedness:* adhnáire, adhnáireacht, aiféaltas, corrabhuais, cotadh, imdheargadh, lasadh, leamhnáire, luisne, náire, spalpas.

áiféis noun ❶ *exaggeration, boasting:* áibhéil, áibhéis, áibhliú, bladhmaireacht, bladhmann, buaileam sciath, clódóireacht, dathadóireacht, dathaireacht, gáifeacht, gaisce, scailéathan; *literary* forbhann, forbhrí, spleadh; laochas, maíomh, mórtas, mórtas thóin gan taca, radamandádaíocht, rá mata, scaothaireacht, scleondar. ❷ *nonsense:* amaidí, baois, baothchaint, baothaireacht, baothántacht, baothántaíocht, brille bhreaille, brilléis, deilín, díth céille, fantaisíocht, fastaím, gaotaireacht, gligíneacht, gliogar, guanacht, leibidínteacht, málóideacht, pápaireacht, pleotaíocht, prislíneacht, raiméis, ráiméis, ramás, rith seamanna, salmaireacht, seafóid, *pl.* seamanna cainte, sifil seaifil, sobalchaint, treillis breillis, truflais. ❸ *drollery:* ábhacht, áibhéireacht, anstrólaíocht, antlás, craic, cúis gháire, gáire, gleoiréis, gliadar, greann, greannmhaire, greannmhaireacht, laighce, leithéis, magadh, meidhir, meidhréis, pléaráca, rancás, scige, scigireacht, scléip, spórt, spraoi, suairceas, sult, sultmhaire, tanfairt.

áiféiseach adjective ❶ *exaggerated:* áibhéalach, áibhéiseach, gáifeach, iomarcach, péacach, scailéathanach; thar cuimse, thar fóir. ❷ *ridiculous, absurd:* amaideach, cluichiúil, guanach, míréasúnta, neamhréasúnach, raiméiseach, ráiméiseach, seafóideach, suaibhreosach; ina shampla saolta. ❸ *droll:* áirid, barrúil, gleoiréiseach, greannmhar, leithéiseach, magúil, meidhréiseach, scigiúil.

aifir verb *rebuke, reproach:* aithisigh, cáin, caith anuas ar, cáithigh, cas le, díbligh, easmail, guthaigh, imdhearg, lochtaigh, mallaigh, mallachtaigh, maslaigh, spaill, tabhair achasán do, tarcaisnigh; *literary* cronaigh, cúrsaigh, glámh tathaoir, tubh.

aifreann noun *mass, Eucharist:* aifreann dúthrachta, aifreann éagnairce, aifreann móideach, Aifreann na Gine, aifreann na marbh; an tSacraimint, ard-aifreann, comaoineach, comaoineach naofa, Eocairist, iarmhéirí an mheán oíche, íobairt naofa, liotúirge, rúndiamhair, Suipéar an Tiarna; Canóin an Aifrinn, Coitiantacht an Aifrinn.

aigéad noun *acid:* géire, searbh, searbhas, seirbhe, vitrial, vitríol; fínéagar, fínéagra, minéigle.

aigéadach adjective *acidic, sharp:* aicéiteach, géar, searbh.

aigéan noun *ocean:* aigéal, an fharraige mhór, an mhórfharraige, an teiscinn mhór, bóchna, domhain na farraige, duibheagán, duibheagán na farraige, eagán, farraige, *pl.* farraigí an domhain, mórmhuir, muir, teiscinn, *literary* treathan.

Cineálacha Aigéid	
acetic acid: aigéad aicéiteach	*linoleic acid:* aigéad línoiléach
amino acid: aimínaigéad	*malic acid:* aigéad malach
carboxylic acid: aigéad carbocsaileach	*nitric acid:* aigéad nitreach
dibasic acid: aigéad débhunata	*organic acid:* aigéad orgánach
fatty acid: aigéad sailleach	*salicylic acid:* aigéad salaicileach
hydrochloric acid: aigéad hidreaclórach	*sulphuric acid:* aigéad sulfarach, aigéad ruibheach
lactic acid: aigéad lachtach	*tribasic acid:* aigéad tríbhunata

aighne noun *pleader, advocate:* abhcóide, agróir, Ard-Aighne, eadránaí, fear eadrána, idirghuítheoir; aturnae, dlíodóir, nótaire; bean eadrána.

aighneas noun ❶ *argument, discussion:* agallamh beirte, áiteoireacht, allagar, anbhroic, argáil, argóint, briatharchath, caismirt, cibeal, coinghleic, cointinn, conspóid, construáil, díospóid, díospóireacht, easaontas, eisíocháin, eisíth, foclaíocht, giorac, griobsach, imreas, imreasán, iomarbhá, plé, pléid, siosma; *literary* argaimint, imnise. ❷ *submission:* aighneacht, aighniú, áiteamh, áitiú, caingean, cás, cúis, pléadáil. ❸ *garrulity:* baothchaint, béalastánacht, bleadracht, bleadráil, breasnaíocht, brille bhreaille, brilléis, briosc-chaint, cabaireacht, cadráil, cafaireacht, clab, clabaireacht, clisiam, dradaireacht, fut fat, futa fata, geab, geabaireacht, geabairlíneacht, geabantacht, geabstaireacht, geocaíl, giob geab, giofaireacht, giolcaireacht, giostaireacht, glafaireacht, glagaireacht, gleoiréis, gleoisíneacht, gliadar, gligíneacht, gliog gleag, gliogar, gliogarnach, glisiam, gobaireacht, gogalach, liopaireacht, pápaireacht, placadh siollaí, plob plab, plobaireacht, rith seamanna, síofróireacht, siod sead, siollaireacht, síorchaint.

aighneasach adjective ❶ *argumentative:* aighneastúil, aighneasúil; achrannach, agóideach, argóinteach, bruíonach, caismirteach, cochallach, coilgneach, cointinneach, comhlannach, conspóideach, cuileadach, deafach, gleoch, goilliúnach, gráinneogach, greannach, imreasach, imreasánach, iomarbhách, siosmach, spairneach, spairniúil, straidhpeach, straidhpiúil, trodach; *literary* dreannach. ❷ *talkative:* béalach, béalchlabach, bélraíteach, béalscaoilte, béalsceitheach, bladhmannach, briosc-chainteach, cabanta, cainteach, canmhar, ceiliúrach, ceolánach, clabach, craobhscaoilte, geabach, geabanta, glafaireach, gleoiréiseach, gliogach, gliograch, inchainte, labharthach, síodrálach; *literary* inscneach.

aighneasóir noun *argumentative person, polemicist:* agóideoir, agróir, áititheoir, argónaí, beachtaí, cailicéir, cáirín, conspóidí, construálaí, díospóir, feannadóir, goineadóir, gunnadóir, imreasaí, imreasánaí, priocaire, sceideálaí, sciolladóir, spochadóir, spochaire, stangaire, trasnálaí; Conán.

aigne noun ❶ *literary nature, character:* airí, aiste, beith, bua, cáil, cló, cuma, cumas, dúchas, féith, foirm, gné, instinn, mianach, nádúr, ríd, saghas, *pl.* saintréithe, samhail, seort, sórt, speiceas, tallann, *pl.* tréithe; *literary* ionnas. ❷ *mind, disposition:* ard-éirim, braistint, cáilíocht, ceann, ciall, cloigeann, coinsias, comhfhios, cuimhne, eagna, éirim, géarchúis, idé, inchinn, intinn, intleacht, machnamh, meabhair, meabhraíocht, méin, meon, midheamhain, mothúchán, réasún, samhlaíocht, smaoineamh, stuaim, toighis, tuiscint. ❸ *spirit, cheerfulness:* aigeantacht, beocht, beogacht, bruithean, croí, croíúlacht, éirí croí, éirí in airde, fóisíocht, gealadhram, gealgháirí, gliondar, intinn, laighce, lainne, lúcháir, macnas, meanma, meidhir, meidhréis, scleondar, scóip, soilbhreas, soirbheas, somheanma, spéiriúlacht, spiorad, spleodar, sprid, subhachas, súgachas, súgaíocht, suairceas, teaspach. ❹ *intention:* aidhm, bara, claonadh, cuspóir, dúil, fonn, intinn, mian, miangas, rún, toil, toisc; cúinse, fíbín, flosc, fuadar, mana. ❺ *strong spirit, stomach:* anam, coimpléasc, coráiste, croí, goile, griongal, gus, mianach, miotal, misneach, neart, spiorad, sponc, spreacadh, spréach, spriolladh, teacht aniar, ugach.

aigneolaí noun *psychologist:* anailísí, anameolaí, síceolaí, síciatraí, síocanailísí; anamchara.

aigneolaíocht noun *psychology:* anailís, anameolaíocht, síceolaíocht, síciatracht, síciteiripe, síciméadracht, síocanailís; anmchairdeas.

áiléar noun ❶ *loft, attic:* cúl-lochta, gairéad, lochta, lofta, lota, táláid, táilleog, tálóid. ❷ *gallery:* dánlann, gailearaí, grianán, lochta, oiréal.

áilleacht noun ❶ *beauty, loveliness:* áille, bláth na hóige, breáthacht, caithis, cantacht, caoimhe, córaí, cruthúlacht, cuannacht, cumthacht, dathúlacht, dea-mhaise, dealraitheacht, dealramh, deiseacht, dóighiúlacht, galántacht, glémhaise, gleoiteacht, gnaíúlacht, gnaoi, grástúlacht, greanadh, loise, macaomhacht, maise, maisiúlacht, meallacacht, scéimh, sciamhacht, slacht, slachtmhaireacht, snúúlacht, tarraingteacht. ❷ *delight:* ábhacht, aiteas, aoibhneas, áthas, bród, gairdeas, lúcháir, meidhir, móraigeantacht, mórgacht, pléisiúr, rímead, sástacht, scóip, seaghais, sonas, suairceas, sult, sultmhaire, taitneamh; *literary* airear.

áilleagán noun ❶ *toy:* áilleagán intreach; áilleacán, breá breá, bréagán, boibín hus, cluiche, deasachán, deasagán, deasaí, fáilleagán. ❷ *trinket:* daighsín, deasachán, deasagán, deasaí, deideagha, deideighe, fáilleagán. ❸ *doll:* bábóg, bréagóg, brídeog, teidí; babliac, puipéad, máireoigín.

ailse noun *cancer:* sarcóma, siad; aincis, meall.

áilteoir noun ❶ *trickster, practical joker:* abhógaí, alfraits, anstrólaí, boc, boc báire, bocaí, bocaileá, bocaileodó, bocailiú, buachaill báire, breastaí, breastaire, ceáfrálaí, ceaifléir, ceardaí, cleasaí, cluanaire, cneámhaire, coileach, cuilceach, draoi, draíodóir, ealaíontóir, geamstaire, gleacaí, gleacaí milis, gleacaire, gliceadóir, lacstar, leábharaic, leidhcéir, leorthóir, lúbaire, meabhlaire, mealltóir, ógánach, paintéar, pasadóir, sciorrachán, sionaglach, sleamhnánaí, slíbhín, slíodóir, slíomadóir, spaisteoir, truiceadóir, truicseálaí, tumlálaí. ❷ *clown:* abhlóir, amhlóir, airleacán, cleamaire, cleasaí, crosán, fear grinn, fuaice, fuirseoir, geamaire, geocach, peadairín, ráscán, scigire.

ailtireacht noun *architecture:* ardshaoirse, bildeáil, cumraíocht, foirgeantóireacht, foirgneoireacht, foirgníocht, leagan amach, múnlóireacht, struchtúr.

aimhleas noun *harm, damage:* aimliú, anachain, ár, bárthainn, bascadh, caill, cailliúint, coscairt, cur isteach, damain, damáiste, diachair, díobháil, díth, dochar, dochracht, dochras, dola, donacht, donas, goimh, goin, gortú, leonadh, lot, máchail, milleadh, mínós, mísc, olc, scrios, slad, teimheal, tionóisc, urchóid; *literary* lochar.

Téarmaí Ailtireachta

abacus: abacas
acanthus: acantas
amphiprostyle: amfapróistíl f.
ancon: ancún
annulet: fáinnín
anthemion: aintéimean
apophyge: apaifigé f.
architrave: imchásáil f.
archivolt: arcbhoghta
astragal: astragal
astylar: gan cholúin; aistíleach
atlas: atlas; piléardheilbh f. fir
baguette: baigéad
bar tracery: fíochán mín
bas-relief: rilíf f. íseal
beading: feirbeadh
billet: billéad
bolection: starrmhúnláil f.
boss: cabhradh
breastsummer: uchtghiarsa
buttress: taca
cable moulding: cáblú
campanile: campainíl f.; clogás
capital: mullach
capstone: cloch f. dhín
cartouche: cartús
caryatid: piléardheilbh f. mná; cairitíd f.
cavetto: cavetto
chevron: rachtán
cincture: caiseal
cinquefoil: cúigdhuille f.
clerestory: cliarstór
colonnade: colúnáid f.
column: colún
conch: leathchruinneachán
console: consól
copestone: cloch f. dhín
corbeil: ciseog f.
corbel: coirbéal
corbie steps: céimeanna préachán
cordon: cordún
cornice: coirnis f.
corona: coróin f.
cove: cuas
coving: cuasú
cradle vault: boghta cliabháin
cresting: cíor
crocket: cróicéad
crow steps: céimeanna préachán
cruck: maide taca
cupola: cobar
cushion capital: mullach cúisín
cusp: cuspa
cyma: cíoma
dado rail: ráille dádó
dancette: déadach
decastyle: deicistíleach
dentil: fiacail f.
dipteral: dipteiriúil
dog-leg stair: staighre fiarláin
dog-tooth: **plural noun** fiacla sáibh
dome: cruinneachán
dosseret: bloc barrchúrsa
double-fronted:
  adjectival genitive dé-éadain
dripstone: silchloch f.
echinus: eicineas
ectype: eistíp f.
egg and anchor: ubh is ancaire
egg and dart: ubh f. is ga
egg and tongue: ubh f. is teangóg f.
embrasure: spré fuinneoige
encrustation: screamhú
engaged: ceangailte; greamaithe
entablature: taibhléadan
entablement: taibhléadan
entasis: iontáis f.
entresol: idirurlár
epistyle: eipistíl f.
exedra: eacsadra
extrados: easdroim
facade: aghaidh f.
fascia: éadan
feathering: mínchaolú
fenestella: feinistrín
fenestration: fuinneogú
festoon: triopall
fillet: filléad
finial: ornáid f. bhuaice
flaunching: síonadh
fleuron: fleuron
flute: cuisle f.
fluting: cuisliú
flying buttress: taca crochta
foil: duillinn f.
foliation: duilliú
fret: cliath f.
frieze: fríos
frontispiece: tulphíosa
fronton: fronton
gable: binn f.; pinniúr
gadron: gadrún
gallery: áiléar f.; gailearaí
gambrel: gambral
gargoyle: geargáil f.; ceann púca
glyph: glif f.
gorgerin: muineál
groin: bléin f.
guilloche: giolóis f.
gutta: braon
half-timbered:
  adjectival genitive creatadhmaid
hammer beam: ordbhíoma
haunch: corróg f.
headpiece: ceannmhaisiú
helix: héilics
herm: heirméas
hexastyle: heicsistíleach
hipped roof: díon gabhail éadain
hood mould: múnla cochaill
hypaethral: gan díon; oscailte
hypostyle: hipistíl f.
hypotrachelium: hipeatraicéileam
impost: barrchúrsa
inglenook: clúid f.
intercolumniation: idirspás
intrados: iondroim
jack arch: seacáirse f.
jerkin head:
  adjectival genitive leathbhinne
keystone: eochair f.

aimhleasta

aimhleasta adjective ❶ *misguided*: ar míthreoir, ar seachrán, ar strae; éidreorach, mísheolta, místuama, míthreothrach. ❷ *wild, unruly*: ábhailleach, agóideach, aighneasach, as a chrann cumhachta, crosta, dalba, dána, docheansa, docheansaithe, dochoiscthe, doriartha, doshrianta, éigeansa, fiáin, fiata, fiatúil, forránach, forránta, greannach, iargúlta, iomlatach, ionsaitheach, mí-iomprach, mínósach, mírialta, ogal éigeansa, oilbhéasach, racánach, siosmach, trodach.

aimhréidh adjective ❶ *entangled (thread), dishevelled (hair)*: aimhréidheach, aimhréiseach, díréitithe, in achrann, trína chéile; ceamach, ceamánta, ciafartach, giobach, gioblach, glibeach, gliobach, leadhbánach, liobarnach, líobóideach, luideach, scifleogach, scothánach, scrábach, slaimiceach, sraoilleach, streachlánach; *literary* doraidh. ❷ *involved, intricate (question)*: achrannach, anróiteach, aimhréidheach, aimhréiseach, aimpléiseach, callóideach, casta, conspóideach, crua, deacair, doiligh, doréidh, doréitithe; *literary* doraidh, eanglamtha. ❸ *difficult, uneven (terrain)*: achrannach, aimhréidheach, aimhréiseach, aimpléiseach, anacrach, anróiteach, carrach, carraigeach, clochach, corrach, creagach, deacair, doiligh, dóingeach, droibhéalach, garbh, iomardúil, méirscreach, starragánach; *literary* inbheach. noun *entanglement*: achrann, aimhréidheas, builcín, caithreáil, cantarna, cathair ghríobháin, cíor thuathail, fostú, gréasán gan dóigh, tranglam; *literary* doraidh. **adverbial phrase** *in aimhréidh entangled*: in achrann, in ascar, ina chamalama, ina chathair ghríobháin, ina chíor thuathail, ina chocstí, ina fut fat, ina mheascán mearaí, ina phraiseach, ina thranglam; as eagar, díréitithe, mearaithe, measctha; ar mhuin mhairc a chéile, trumach tramach.

aimléis noun *wretchedness, misery*: ainnise, ainriocht, anacair, anachain, anás, angar, anó, anró, anróiteacht, bochtanas, boichte, crá croí, cráiteacht, cránán, cránas, cruatan, deacair, dealús, dearóile, díblíocht, dochma, dochracht, dochraide, dócúl, doghra, doghracht, doghrainn, dóing, dóinmhí, dola, donaireacht, dothairne, drámh, drochbhail, duaineis, éagomhlann, fulaingt, gábh, galar, gannchuid, géarbhroid, géarghoin, leatrom, matalang, mí-ádh, mífhortún, ocras, pioláid, suarachas, suaraíocht, trioblóid, truántacht; *literary* cacht, galghad.

aimléiseach adjective *wretched, miserable*: ainnis, ainriochtach, anacair, anacrach, anásta, angarach, anróiteach, bocht, briste, caillte, cásmhar, céasta, dealbh, dealúsach, dearóil, díblí, doghrach, mí-ádhúil, mí-ámharach, míchreatúil, mífhortúnach, millte, ocrach, suarach, trua, truánta, *literary* doim; tá sé in arán crua.

aimpléiseach adjective ❶ *troublesome*: achrannach, anróiteach, brácúil, callóideach, casta, crua, deacair, doiligh, doréidh, doréitithe, droibhéalach, *literary* doraidh. ❷ *complicated*: achrannach, anróiteach, cas, casta, crua, deacair, doiligh, doréidh,

---

Téarmaí Ailtireachta
ar lean

king post: príomhchuaille; ríchuaille
lacunar: lacúnar
lancet arch: áirse *f.* bhiorach; stua biorach
lantern-light: díonléas
lierne: liarn
linenfold: línéadach fillte
lintel: fardoras; líndéar
listel: listéal
loggia: lóiste; stuabhealach
long-and-short work:
  plural noun clocha uainíochta
lunette: lúinéad
machiolation: scáineadh
mansard roof: díon mansardach
manteltree: clabhar
medallion: meadáille
metope: meatóp
mezzanine: idirurlár
modillion: moidillean
moulding: múnláil *f.*; múnlóireacht *f.*
mullion: muillean
multifoil: ilduille *f.*
mutule: mutúl
necking: astragal
obelisk: oibilisc *f.*
octastyle: ochtaistíleach
octofoil: ochtdhuille *f.*
oculus: súileog *f.*
ogee: cíoma
ogive: stua biorach
onion dome:
  cruinneachán rúiseach
order: ord
ovolo: ubhaló
pediment: peidiméid *f.*

pendentive: stua crosach
pent roof: ceann scáthlán
peripteral: peiripteiriúil
peristyle: peiristíl *f.*
perron: stáitse tairsí; staighre seachtrach
pilaster: piléar balla
pillar: piléar
plafond: plafond
plate tracery: fíochán pláta
plinth: plionta
polychromy: polacrómas
porch: póirse
portico: colúnáid *f.*
prostyle: próistíl *f.*
putto: putach
quarter-round: ubhaló
quatrefoil: ceathairdhuille *f.*
queen post: ríonchuaille; ríonphost
quirk: cuireat
quoin: cúinne; cloch *f.* chúinne
reed **noun**: giolcach
reed **verb**: maisigh le giolcacha
reglet: riailéad
respond: leathphiara
reticulated: eangachúil; mogallach
rib: easna *f.*
rope-moulding: téadmhúnláil *f.*; téadmhúnlóireacht *f.*
rosace: rósfhuinneog *f.*; róiséad
rosette: róiséad; rósfhuinneog *f.*
rustication: ainmhíne *f.*
saddleback roof: díon diallaite
scotia: múnla scotach
scrolla: scrolla
scuncheon: scuinsiún
sedilla: seidile *f.*
severy: ascaill *f.* boghta
sexfoil: sédhuille *f.*

skew arch: fiaráirse *f.*; áirse *f.* ar sceabha
skewback: sceabha
socle: bloc; plionta
soffit: tarr
spandrel: ascaill *f.*; spandral
spandrel wall: balla ascaille
splay: spré; beibheal
split-level: scoiltleibhéal
springer: barrchúrsa
squinch: scuinse
stereobate: íochtar; bonn
strapwork: strapornáidíocht *f.*
stria: stríoc *f.*
stringboard: sreangchlár
stringcourse: sreangchúrsa
stucco: stucó
stylobate: stíleabat
taenia: ribín
talon: múnla cíoma
tambour: tambór
telamon: piléardheilbh fir
tensegrity: *tensegrity*
terminus: teirmíneas
tetrastyle: teitristíleach
tie beam: maide ceangail
torus: tóras
trabeated system:
  córas cuaillí agus lindéar
tracery: fíochán
transom: transam
trefoil: trídhuille *f.*
triglyph: trigliof *f.*
trumeau: *trumeau*
truss: trus
tympanum: tiompán
vault: boghta
vignette: fínéad
volute: cuairsce
voussoir: stuachloch *f.*

doréitithe, droibhéalach, gabhlánach, *literary* doraidh, eanglamtha.

aimrid adjective *barren, sterile:* folamh, neamhthorthúil, seasc, steirilithe; creagach, creagánta.

aimsigh verb ❶ *aim:* dírigh ar, diúraic, glinnigh ar, innill, pointeáil; *literary* urmhais. ❷ *hit:* buail, crústaigh, gabh de, lámhach, loisc, péirseáil, scaoil, scinn, steall, tabhair faoi. ❸ *find:* beir ar, faigh, tar ar, tar trasna ar, tar crosta ar. ❹ *attempt:* bain triail as, féach le, tabhair faoi, tabhair iarraidh faoi, tabhair iarracht ar, tairg, triail. ❺ *attack:* ionsaigh, *literary* fóbair, saigh; tabhair faoi, tabhair amas faoi, tabhair breabhaid faoi, tabhair fogha faoi; *literary* tubh. ❻ *tempt:* cathaigh, cealg, griog, gríosaigh, saighid, séid faoi, spreag.

aimsir noun ❶ *weather:* aer, aeráid, aimsir bhog, aimsir chrua, aimsir fhuar, aimsir the, boglach, clíoma, cruashíon, deardal, deardan, doineann, fliuchlach, gailfean, garbhshíon, síon, soineann, uain, uair; cioclón, cuaranfa, dóstacht, frithchioclón, frith-chuaranfa, gála, garbhshíon, garbhshíon na gcuach, stoirm, stoirm shneachta. ❷ *time:* achar, aga, am, am agus taoide, bomaite, cairde, coicís, fad aimsire, ionú, lá, linn, moill, nóiméad, ócáid, píosa, prapadh na súl, ré, scaitheamh, seachtain, sealad, soicind, spás, tamall, téarma, tráth, tréimhse; ó thosach aimsire, ó thús aimsire, le himeacht aimsire; caitheamh aimsire. ❸ *time of year, season:* ionú, ráithe, séasúr, tráth, tréimhse, uain; earrach, samhradh, fómhar, geimhreadh; grianstad, cónocht; dúluachair na bliana. ❹ *period of service, service:* conradh oibre, feidhmeanas, fostaíocht, freastal, oifig, sclábhaíocht, seirbhís, spailpínteacht, téarma oibre; *literary* céilsine. ❺ *period of gestation, pregnancy:* iompar clainne; ionlaos, naoi mí, téarma, toircheas, tréimhse, trí ráithe; go bhfóire Muire Mháthair uirthi go slánadh.

aimsitheoir noun ❶ *marksman:* naoscaire; gunnadóir, fear raidhfil. ❷ *finder, locator:* frítheoir; fionnachtaí, taiscéalaí.

aimsiú noun ❶ (*act of*) *aiming, aim:* amas, diúracadh, leibhéireacht. ❷ *hit (on mark):* amas, béim, buille, cnag, cnaoi, crústa. ❸ *attack:* amas, breabhaid, fóbairt, fogha, forrán, fras, iarracht, iarraidh, ruaig, ruagán, ruathar, treasruathar, turraing; *literary*

ainchreideamh

fuachtain, ruathar rátha, tubha. ❹ *temptation:* cathú, cealg, láinteacht, mealltóireacht, priocadh, teimtéisean.

ainbhios noun *ignorance:* aimhghliceas, aineolas, amaidí, amadántaíocht, amlóireacht, athbhaois, baois, baoithe, bómántacht, breallántacht, brealsacht, brealscaireacht, brealsúnacht, daille, dallacántacht, dallacántaíocht, dallaigeantacht, dallbhach, díchiall, díth céille, dorchadas, dúire, éagantacht, easpa céille, easpa eolais, éigiall, gamalacht, íorthacht, leibideacht, leimhe, leimheas, maolaigeantacht, míghliceas, óinsiúlacht, pleidhcíocht, pleotaíocht, raimhre réasúin, saontacht, seafóid, simplíocht, soineantacht.

ainbhiosach adjective *ignorant, stupid:* aimhghlic, aineolach, amadánta, amaideach, baoiseach, baoth, bómánta, breallach, breallánta, bundúnach, dall, dallacánta, dallaigeanta, dallintinneach, díchéillí, dímheabhrach, dobhránta, dúr, dúramánta, éaganta, gamalach, guanach, lagintinneach, leamh, leamhcheannach, leathmheabhrach, leibideach, mallintinneach, míghlic, mímheabhrach, neamhthuisceanach, óinsiúil, pleidhciúil, ramhar, seafóideach, simplí, spadintinneach.

ainbhiosán noun *ignoramus, stupid person:* aineolaí, amadán, amadán iarainn, amaid, amal, amlóir, baothán, bobarún, bodhrán, bómán, breallaire, breallán, brealsán, brealscaire, brealsún, cadramán, ceann cipín, ceann maide, ceann mailléid, ceap magaidh, clogadán, cloigeann cabáiste, cloigeann cipín, cloigeann pota, dallacán, dallachán, dallán, dallamlán, dallarán, dalldramán, deargamadán, dobhrán, dúdálaí, dúid, dúiripí, dundarlán, dunsa, dúramán, durnánaí, éagann, gámaí, gamairle, gamal, glaigín, gligín, gogaille, graoisín, guaig, guaigín, leathbhrín, leathdhuine, leithéisí, meabhair circe, meabhair sicín, óinmhid, paor, pastae de chloigeann, pleib, pleidhce, pleota, sceilfid, simpleoir, tuathalán, *literary* miodhlach; amlóg, breallóg, cloigis, gamalóg, magarlach, máloid, óinmhid, óinseach, uallóg.

ainchreideamh noun *unbelief, lack of faith:* agnóise, agnóiseachas, aindiachas, aindiagacht, díchreideamh, díreiligiún, éagrábhadh, éagráifeacht, eipiciúrachas, eiriceacht, fuarchrábhadh, míchráif-

---

Stíleanna Ailtireachta	*Early Renaissance*: Luath-Renaissance	*neoclassical*: nuachlasaiceach
Art Deco: Art Deco	*Edwardian*: Éadbhardach	*neo-Gothic*: nua-Ghotach
Art Nouveau: Art Nouveau	*Elizabethan*: Eilíseach	*Norman*: Normannach
baroque: barócach	*Empire*: Impiriúil	*Palladian*: Palláidiach
Bauhaus: Bauhaus	*flamboyant*: gáifeach	*Perpendicular*: Ingearchlóch
beaux-arts: beaux-arts	*functional*: feidhmiúil	*postmodernist*: iar-nua-aoisíoch
brutalist: brúidiúlach	*Georgian*: Seoirseach	*quattrocento*: stíl an *qhuattrocento*
Byzantine: Biosántach	*Gothic*: Gotach	*Queen Anne*: stíl de réimeas na Banríona Anne
Cape Dutch: Rinn-Ollannach	*Gothic Revival*: stíl na hAthbheochana Gotaí	*rayonnant*: gathach
Carolingian: Cairilínseach	*Graeco-Roman*: Gréag-Rómhánach	*Regency*: stíl na Leasríochta
Churrigueresque: Churriguerúil	*Grecian*: Gréagach	*Renaissance*: stíl na Renaissance
cinquecento: stíl an *cinquecento*	*Greek Revival*: stíl na hAthbheochana Gréagaí	*rococo*: rocócó
classical: clasaiceach	*international style*: stíl idirnáisiúnta	*Roman*: Rómhánach
collegiate Gothic: Gotach coláisteach	*Ionic*: Iónach	*Romanesque*: Rómhánúil
colonial: coilíneach	*Islamic*: Ioslamach	*Saxon*: Sacsanach
composite: **adjectival genitive** cumaisc; measctha	*Jacobean*: Seacóbach	*Spanish-Colonial*: Spáinn-Choilíneach
Corinthian: Corantach	*mannerist*: stíl na nósúlachta:	*transitional*: idirthréimhseach
Decorated: Maisithe	*medieval*: meánaoiseach	*Tudor*: Túdarach
Doric: Dórach	*modernist*: nua-aoisíoch	*Tudorbethan*: Túdaireilíseach
Early Christian: Luath-Chríostaí	*Moorish*: Múrach	*Tuscan*: Tuscánach
Early English: Luath-Shasanach	*Mozarabic*: Mósarabach	*vernacular*: dúchasach
		Victorian Gothic: Gotach Victeoireach

ainchreidmheach eacht, mídhílseacht, nihileachas, réasúnachas, saoltachas.

ainchreidmheach adjective *unbelieving:* aindiaga, diashéantach, díchreidmheach, díreiligiúnach, éagráifeach, eiriciúil, neamhchreidmheach, págánach, págánta, saolta, sceipteach. noun *unbeliever, infidel:* agnóisí, ainchríostaí, aindiachaí, aindiagaí, díchreidmheach, Caifearach, eiriceach, *pl.* ginte, neamhchreidmheach, nihilí, págánach, réasúnaí, saoltaí, sceipteach, siosmach.

aincis noun ❶ *malignancy:* ailse, aingíocht, mailís, urchóid. ❷ *peevishness:* aingíocht, ainleoireacht, cancracht, cantal, cantlamh, colg, crostacht, cuil, drisíneacht, fearg, fiarán, goilliúnacht, greannaitheacht, iarógacht, lasántacht, lonn, mícheadfa, míghiúmar, múisiam, stainc, tobainne.

ainciseach adjective ❶ *malignant:* ailseach, aingí, mailíseach, urchóideach. ❷ *peevish:* achrannach, aingí, aranta, borb, cancrach, cantalach, cianach, coilgneach, colgach, confach, crosta, cuileadach, deafach, domlasach, domlasta, do-ranna, dorrga, driseogach, drisíneach, feargach, francaithe, gairgeach, goilliúnach, gráinneogach, greannach, iarógach, íortha, lasánta, meirgeach, splíonach, stainceach, stainciúil, trodach, tuaifisceach, *literary* dreannach, íorach.

aindiachaí noun *atheist:* aindiagaí; agnóisí, ainchreidmheach, ainchríostaí, ainrianaí intinne, díchreidmheach, neamhchreidmheach; Caifearach, dealbh-bhristeoir, easaontóir, eipiciúrach, eiriceach, fear amhrais, íolbhristeoir, míchreidmheach, neamhaontach, nihilí, págán, págánach, réasúnaí, saoltaí, saorintinneach, sceipteach, séantóir creidimh, siosmach, tréigtheoir.

aindiachas noun *atheism:* aindiachas praiticiúil, aindiachas teoiriciúil; agnóise, agnóiseachas, ainchreidmheamh, aindiagacht, daonnachas, díreiligiún, éagrábhadh, éagráifeacht, eipiciúrachas, eiriceacht, fuarchrábhadh, míchráifeacht, míchreideamh, nihileachas, réasúnachas, saoltachas.

aindiaga adjective *impious:* ainchreidmheach, ainchríostaí, baothchreidmheach, diashéantach, díreiligiúnach, éagráifeach, fuarchráifeach, míchráifeach, neamhchráifeach, nihileach, págánach, págánta.

aineolach adjective ❶ *ignorant:* aimhghlic, ainbhiosach, amadánta, amaideach, baoiseach, baoth, bómánta, breallach, breallánta, bundúnach, dall, dallacánta, dallaigeantach, díchéillí, dobhránta, dúr, dúramánta, éaganta, gamalach, lagintinneach, leamh, leamhcheannach, leathmheabhrach, leibideach, mallintinneach, míghlic, neamheolach, neamhthuisceanach, óinsiúil, pleidhciúil, ramhar, seafóideach, simplí, spadintinneach. ❷ *inexperienced:* éigríonna, neamhchleachtach, neamheolach, neamhoilte, núíosach; gan taithí.

aineolaí noun ❶ *ignorant person:* amadán, amaid, amal, amlóir, baothán, bobarún, bóman, breallaire, breallán, brealsán, brealscaire, brealsún, cadramán, ceann cipín, ceann maide, ceann mailléid, clogadán, cloigeann cabáiste, cloigeann cipín, cloigeann pota, dallacán, dallachán, dallán, dallamlán, dallarán, dalldramán, deargamadán, dhobrán, dúdálaí, dúid, dúiripí, dundarlán, dunsa, dúramán, durnánaí, éagann, gámaí, gamal, gamairle, glaigín, gligín, gogaille, graoisín, guaig, guaigín, leathbhrín, leathdhuine, óinmhid, paor, pastae de chloigeann, pleib, pleidhce, pleota, sceilfid, simpleoir, *literary* miodhlach; amlóg, breallóg, cloigis, gamalóg, magarlach, málóid, óinmhid, óinseach, uallóg. ❷ *inexperienced person:* núíosach; gan gan cleachtadh, duine gan taithí.

aineolas noun *ignorance:* amaidí, amadántaíocht, athbhaois, baois, baoithe, daille, dallbhach, díchiall, díth céille, dorchadas, easpa céille, easpa eolais, éigiall, gamalacht, íorthacht, leibideacht, leimhe, óinsiúlacht, pleidhcíocht, seafóid.

aingeal noun *angel:* ardaingeal, aingeal coimhdeachta, Aingil an Uabhair; ceiribín, saraifín, spiorad, teachtaire; Gaibriéil, Mícheál, Rafaéil; Cór na nAingeal.

Naoi nOrd na nAingeal	*principalities:* prionsachtaí
	powers: cumhachtaí
seraphim: saraifíní	*virtues:* suáilcí
cherubim: ceiribíní	*archangels:* ardaingil
thrones: ríochtaí	*angels:* aingil
dominations: tiarnais	

aingí adjective ❶ *malignant:* ailseach, mailíseach, marfach, mioscaiseach, nimhiúil, urchóideach. ❷ *peevish, fretful:* ainciseach, ceasnúil, cancrach, canránach, cantalach, cianach, clamhsánach, coilgneach, cuileadach, fuasaoideach, gearánach, gluaireánach, gráinneogach, greannach, milleánach, splíonach, stainceach, stainciúil, tormasach; buartha, corrabhuaiseach, corrthónach, cráite, doilíosach, duaiseach, dubhach, eaglach, faitíosach, geitiúil, giodamach, giongach, guairneánach, imníoch, mearaithe, mearbhlach, míshuaimhneach, scáfar.

ainglí adjective *angelic:* neamhaí, naofa, sarafach; diaga, flaithiúnasach, flaithiúnta, glórmhar.

ainimh noun *blemish:* anchruth, breall, cabhán, cáim, cithréim, éagruth, éalang, éasc, lear, léasán, locht, lóipín, máchail, meann, míghnaoi, miolam, smál.

ainimheach adjective *blemished, disfigured:* ainriochtach, anchruthach, cabhánach, cáimeach, cithréimeach, éagruthach, éalangach, easnamhach, éislinneach, gránna, lochtach, máchaileach, míchruthach, míghnaíúil, urghránna.

ainm noun ❶ *name:* ainm baiste, ainm bréige, ainm ceana, ainm cleite, ainm crábhaidh, ainm sinsearachta; forainm, leasainm, sloinne, patranaimic, teideal; síniú, *pl.* inisileacha; logainm, áitainm; ainm briathartha, ainmfhocal. ❷ *reputation:* bladh, cáil, clú, dea-ainm, gairm, ionad, ómós, teist, teastas, teist, tuairisc, urraim, *literary* cás, cloth.

ainmhéid noun *hugeness, excessive growth:* áibhle, aibhse, aibhseacht, áibhseacht, arrachtas, neamhmheán, oille, ollmhéid, *literary* dearmháile.

ainmheasartha adjective *immoderate, intemperate:* áilíosach, ainmhianach, ainrianta, ainspianta, amplach, antoisceach, cíocrach, collaí, craosach, cruthanta, díoblásach, diomailteach, dochosanta, do-mhaite, dosmachtaithe, drabhlásach, drúisiúil, éaguimseach, iomarcach, meargánta, míchuibheasach, míchuimseach, mínáireach, meas, ómós, míréasúnta, mírialta, macnasach, míchuibheasach, míréasúnta, neamhchuimseach, neamh-mheasartha, rábach, ragairneach, ragúsach, ráscánta, reibhléiseach, ró-, sáil, santach, teaspúil, trom; as miosúr, as cuimse, thar cuimse, thar fóir, thar meán.

ainmheasarthacht noun *excess, intemperance:* aimirne, ainiomad, ainriantacht, anbharr, anchaitheamh, anlucht, antoil, baothchaitheamh, barraíocht, cíocras, confadh, craos, dásacht, deárcas, déine, díocas, drabhlás, drúis, drúisiúlacht, dul thar fóir, dul thar meán, dúil chráite, dúrúch, faobhar, fíoch, fiuchadh foinn, flosc, gábhair, iomarcacht, iomarcaíocht, lon craois, macnas, míchuibheas, neamh-mheasarthacht, orc, rabairne, ragairne, saint; an iomad, an iomarca; meisceoireacht, druncaeireacht, pótaireacht.

ainmhí noun ❶ *animal:* ainmhí aingiallta; beithíoch, brúid, ceathair, créatúr, dúil, míol, péist; feithid, fríd, frídín. ❷ *brute, monster:* anchúinse, arracht, arrachtach, béist, beithíoch, brúid, brúdach, brúta, ceinteár, ciméara, dúil, fuath, míol, ollphéist, orc, péist, péist mhór; Mionadúr, sfioncs.

Ainmneacha na nAinmhithe Fireanna agus Baineanna

bee: ladrann; cráinbheach *f.*
blackbird: lon dubh; céirseach *f.*
cat: fearchat; cat baineann
cattle: tarbh; bó *f.*
deer: carria, fiaphoc; eilit *f.*
dog: gadhar, madra; bitse *f.*, bitseach *f.*
domestic fowl: coileach; cearc *f.*
donkey: stail *f.* asail; láir asail *f.*
duck: bardal; lacha *f.*
fox: sionnach; sionnach baineann
goat: poc, pocaide; mínseach *f.*
goose: gandal; gé, cráin *f.* ghé
grouse: coileach fraoigh; cearc fhraoigh
horse: stail *f.*; láir *f.*
peacock: coileach péacóige; cearc *f.* phéacóige
pig: collach; cráin *f.*
seal: tarbh; bainirseach *f.*, cráin *f.* róin
sheep: reithe; caora *f.*
swan: gandal eala; cráin *f.* eala

---

ainmhian noun *passion, lust:* pl. ainmhianta na colainne, áilíos, ainriantacht, andúil, anmhacnas, anrachán, antoil, antoil na colainne, cíocras, collaíocht, díocas, diogait, droch-chlaonadh, drúis, drúisiúlacht, macnas, miangas, paisean, rachmall, ragús, sámhas, saobhnós, súnás, teaspach, *literary* éadradh; barbarthacht, biachacht, bugaireacht, draostacht, gáirsiúlacht, gráiscíneach, gráisciúlacht, graostacht, meirdreachas, míchuibheasacht, mígheanas, mínáire, salachar, sailíocht, striapachas, táth.

ainmnigh verb ❶ *name:* baist, gair de, glaoigh ar, tabhair ar, muinnigh, sloinn. ❷ *nominate:* cuir ar aghaidh, luaigh, mol. ❸ *specify:* ainmnigh, luaigh, sainigh, sonraigh, tagair do; cinn, cinn ar, leag amach, léirmhínigh, sainmhínigh, socraigh.

ainmnithe adjective *noted, famed:* ainmniúil, aitheanta, aithnidiúil, ardchéimiúil, ardchéimneach, ardréimeach, cáiliúil, clúiteach, clúitiúil, dea-mheasta, forórga, glórmhar, gradamach, iomráiteach, maorga, mór le rá, nótáilte, oirirc, oirní, tábhachtach, táscmhar, teastúil, *literary* áirmheach, bladhach, ollbhladhach, táscach; ar aithne, ar eolas, i mbéal an phobail, mór le rá.

ainnis adjective ❶ *miserable, wretched:* aimlithe, ainriochtach, anacair, anacrach, anásta, angarach, anróiteach, beo bocht, bocht, caillte, caite, cásmhar, céasta, daibhir, dealbh, dealúsach, dearóil, díblí, doghrach, folamh, gátarach, lag, íseal, lom, mí-ádhúil, mí-ámharach, míchreatúil, millte, ocrach, stéigthe, suarach, trua, truánta, uiríseal, *literary* doim; ar an gcaolchuid, ar an trá fholamh, go holc as, i bhfiacha, i ngátar, sna miotáin, sportha spíonta. ❷ *awkward, ungainly:* amscaí, anásta, bosach, buiniceach, bundúnach, cadramánta, ciotach, ciotógach, ciotrainneach, ciotrúnta, crúbach, driopásach, lapach, leibideach, liobarnach, liopasta, míshlachtmhar, místuama, sliopánta, spágach, sraimlí, strampáilte, tuaisceartach, tuatach, tuathalach, úspánta, útamálach; ordóga uilig atá air, tá sé faoi ordóga uilig.

ainnise noun ❶ *misery, distress:* aimléis, ainriocht, anacair, anás, anchaoi, angar, anró, anróiteacht, anshó, ceasna, crá croí, cráiteacht, díblíocht, dócúl, doghra, doghracht, doghrainn, dola, duainéis, éagomhlann, fulaingt, gábh, géarbhroid, géarghoin, leatrom, mí-ádh, pioslóid, trioblóid, truántacht, *literary* cacht. ❷ *poverty, want:* bochtaineacht, bochtanas, boichte, cruatan, dealús, dearóile, deilbhíocht, easnamh, easpa, gannchúis, ganntanas, gátar, ocras, suarachas, tearc-chuid, teirce, uireasa. ❸ *meanness:* ainnise, ceachaireacht, ceachardhacht, ceacharthacht, cinnteacht, cneámhaireacht, cníopaireacht, cruacht, cruáil, cruálacht, cruas, cúngach croí, ocras, péisteánacht, picéireacht, scanradh, scrabhdóireacht, sprionlaitheacht, sprionlóireacht, suarachas, suaraíocht, truailleachas, tútachas, *literary* neoid. ❹ *awkwardness:* ainnise, amlógacht, amlóireacht, amscaíocht, ciotaí, ciotaíl, driopás, liopastacht, míchaothúlacht, místuaim, slioparnach, spágáil, sraimleáil, tuathalacht, tútachas, úspántacht, útamáil.

ainniseoir noun *miserable, wretched person:* ainriochtán, angarúinneach, bochtán, caiteachán, cealdrach, ceanrachán bocht, cráiteachán, créatúr, cringleach, díothachtách, díthreabhach, dreoilín bocht, eiseamláir, manglam, ocrachán, péisteánach, raispín, sampla bocht, staga, taiseachán, truán, truanaid, truanairt, donóg; *figurative* lomangar; is é an faraor é.

ainriail noun ❶ *lack of discipline:* anord, briseadh riair, dochoiscitheacht, easpa smachta. ❷ *disorder, anarchy:* anord, caismirt, cambús, carabuaic, carabunca, cibeal, cipeadráil, clampar, clibirt, cliobach, cliobaram hob, clisiam, cosair easair, díthreoir, easordú, fothram, fuilibiliú, fuirseadh, fuirseadh má rabhdalam, gáróid, gleadhradh, gleorán, glisiam, greatharnach, griobach, holam halam, hólam tró, hurla harla, hurlama giúrlama, hurlamaboc, liútar éatar, liútar léatar, meidrisc, mírialtacht, pililiú, racán, rachlas, raic, raiple húta, réabadh reilige, rírá, ruaille buaille, tranglam; *literary* eascal, monghar.

ainrialta adjective *undisciplined, anarchical:* bradach, dosmachtaithe, docheansaithe, easordaithe, fiáin, mírialta; guagach, luaineach; as a chrann cumhachta, gan bhac, gan chosc, gan chuing, gan srian, ó smacht.

ainseal noun ❶ *téigh in ainseal become chronic (of illness):* téigh chun ainsil, téigh chun gadhscail, téigh i ngadhscal.

ainsiléad noun *spring-balance:* stilliúr; meá.

ainteas noun ❶ *excessive heat:* breo, bruithne, goradh, teasaíocht, teaspach. ❷ *feverishness:* fiabhras, teas, teasach, teocht; éagruas; maláire, teirsian.

aintín noun *aunt:* aint, deirfiúr athar, deirfiúr máthar; is deirfiúr do m'athair í, is deirfiúr do mo mháthair í.

aíocht noun *hospitality, lodging:* aíochtach, aíochtacht, bheith istigh, bord is leaba, cur faoi, fáilte, fíorchaoin fáilte, iostas, leaba is bricfeasta, leapachas, lóistín, ósta, óstaíocht, óstachas, óstas, *literary* feis, foighe, gart; calbhachas; friotháileamh; *historical* coinmheadh, coinneamh.

aipindicíteas noun *appendicitis:* aicíd na stéigordóige, (i gContae Mhaigh Eo) snaidhm ar stéig.

aird¹ noun *direction, point of compass:* ceard, cearn, taobh, treo; treoshuíomh; bealach, leath, seoladh, slí.

aird² noun ❶ *attention:* airdeall, aire, aireachas, aoidh, beann, crónú, intinn, iúl, sea, sonrú, suntas, úidh, *literary* deithide. ❷ *notice, mention:* ainmneachas, iomlua, iomrá, lua, luaiteachas, tagairt, teacht thar, trácht, *literary* tráchtadh; fógra.

airde

airde noun ❶ *elevation:* airdeacht; ardú, tógáil; crochtacht, doimhneacht. ❷ *high point:* ard, barr, barrphointe, bior, buaic, cíor, círín, lomán, mullach, rinn, splinc, spuaic, uachtar, uasphointe. ❸ *high status:* ardchéim, ardmheas, ardréim, barrchéimíocht, céim, céimíocht, dínit, grád, gradam, meas, oineach, oireachas, oirirceas, onóir, rang, réim, seasamh, stádas, uaisle, uaisleacht, urraim, *literary* oirmhidin, ordan. **adverbial phrase** *in airde up, upwards:* aníos, suas, thuas; san aer, sna harda, *literary* eadarbhuas, san aer eadarbhuas.

airdeall noun *alertness, watchfulness:* aire, aireachas, beann, cronú, cúram, faichill, faire, faireachas, feitheamh, foraireacht, forcamás, friothálacht, garda, griongal, iongabháil, sonrú, suim, suntas, tapaíocht, *literary* friochnamh, úidh.

airdeallach adjective *alert, watchful:* aireach, bunairdeallach, cluinteach, coimhéadach, cúramach, faichilleach, faireach, feifeach, feighlíoch, foraireach, freastalach, friothálach, fuireachair, furchaidh, griongalach, imchoimeádach, triollata, *literary* dulannach, friochnamhach, friothaireach, imchisneach; ar a choimhéad, ar an airdeall.

aire noun ❶ *care, attention:* airdeall, aire na gloine, aireachas, aoidh, cúram, dianchúram, faire, faireachas, fairís, feighil, feighlíocht, feitheamh, foraireacht, freastal, friotháil, giollacht, giollaíocht, ionramh, mineastráil, tindeáil; *literary* deithide, dulann, friochnamh, goire. ❷ *heed, notice:* aird, beann, cronú, griongal, sea, sonrú, spéis, suim, suntas, úidh.

aireach adjective *careful, watchful:* airdeallach, cluinteach, coimhéadach, cúramach, faireach, feifeach, feighlíoch, foraireach, freastalach, friothálach, fuireachair, furchaidh, imchoimeádach, triollata, *literary* dulannach, friochnamhach, friothaireach, imchisneach.

aireagal noun ❶ *oratory:* séipéal, séipéilín, *literary* dairtheach. ❷ *hospital ward:* barda, barda ospidéil.

aireagán noun *invention:* fionnachtain; acra, áis, cóir, cóngar, deis, gléas, intleacht.

áireamh noun ❶ *counting, count, enumeration:* comhaireamh, cuntas, cuntasaíocht, meas, ríomh, ríomhaireacht, suimiú. ❷ *arithmetic:* ealaín comhairimh, eolas ar áireamh, matamaitic, ríomhaireacht, uimhríocht. ❸ *number:* líon, méid, suim, uimhir; athróg, comhéifeacht, cuntas, deilín, fréamh, fréamh chearnach, fréamh chiúbach, liacht, luach, scálach, tairiseach, toradh. ❹ *portion:* cuid, cuibhreann, roinn, roinnt, scair, suim; candam, cion, cóir, cothrom, fáltas, fodhail, breis, tuilleadh. ❺ **cuir san áireamh** *take into account:* cuir i suim; cuimhnigh ar, smaoinigh, meáigh gach uile rud, meas gach uile rud.

áirge noun ❶ *useful article, convenience:* acra, aireagán, airnéis, áis, áisiúlacht, caoi, *pl.* ciútraimintí, cóineas, conláiste, cóir, cóngar, deis, *pl.* fearais, feisteas, fionnachtain, gaireas, *pl.* giuirléidí, gléas, gléasra, inleog, meán, sás, trealamh, uirlis. ❷ *possession:* acmhainn, airgead, bunairgead, coibheche, conách, flúirse, gabháltas, gustal, iarmhais, ionnús, maoin, marbhdhíle, saibhreas, seilbh, sochar, sócmhainn, spré, stór, strus, tábhacht, talamh, *pl.* tailte. ❸ *spaciousness:* aeráil, áirgiúlacht, áit, ceapaíocht, fairsinge, leithne, luchtmhaireacht, méad, scóipiúlacht, spás, toilleadh.

airgead noun ❶ *silver:* airgead bán; ar ór ná ar airgead. ❷ *money:* airgead, airgead buí, airgead crua, airgead páipéir, airgead reatha, airgead rua, airgead tirim; airgeadra, bonn, caidhne, mona, monaíocht, nóta, páipéar punt, páipéar puint, cúig phunt, crann darach *'five-pound note'*; eoró *'euro'*; ceint; franc; marc, marg, coróin, leathchoróin, réal, leathréal; pingin, leithphingin; scilling, flóirín; dollar; cianóg, cianóg na baintrí, sciúrtóg; toistiún; *familiar* an beart *'groat'*. ❸ *wealth, resources: pl.* acmhainní, brabús, bracht, bruithshléacht, bunairgead, coibheche, conách, crodh, éadáil, Éire fré chéile, Éire gan roinnt, gabháltas an tsaoil, gustal, iarmhais, ionnas, ionnús, maoin, maoin an tsaoil, maoin shaolta, ollmhaitheas an tsaoil, ór na cruinne, rachmall, rachmas, rath, rathúnas, saibhreas, saol na bhfuíoll, saoltacht, saoltas, sochar, *pl.* sócmhainní, somhaoin, speansas, speilp, spré, strus, tábhacht, teann ar a chúl, teaspach, toice, toice an tsaoil; creidmheas, *pl.* fiacha, iasacht, morgáiste, ús; *literary* intleamh, ionnlas.

airgeadán noun *agrimony (Agrimonia eupatoria):* agramóinia, barradhroighean, marbhdhraighean, méirín na má, tae fiáin.

áirgiúlacht noun ❶ *spaciousness:* aeráil, áirgiúlacht, áit, ceapaíocht, fairsinge, leithne, luchtmhaireacht, méad, scóipiúlacht, spás, toilleadh. ❷ *utility:* áisiúlacht, feidhm, fiúntas, fóint, fóntas, tairbhe, úsáid.

airí[1] noun *symptom, characteristic:* comhartha, comhartha sóirt, dearbh-airí, déata, saintréith, tréith; beith, cineál, dílseacht, gné, mianach, nádúr, ríd, sainchomhartha, sainiúlacht.

airí[2] noun *desert:* comha, cúiteamh, díol, duais, fís, luach saothair, luaíocht, pá, tuilleamh, tuilliúint, tuillteanas; a bhfuil amuigh aige, a bhfuil tuillte aige, an rud atá ag dul dó, an rud is dual dó; an ceart, corp an chirt; ní hé leathchóir Dé air é.

airigh verb ❶ *perceive, sense:* aithin, bolaigh, braith, consaigh, feic, mothaigh, sonraigh, tabhair faoi deara, tabhair suntas do, tóg ceann de, tuig. ❷ *feel:* braith, láimhsigh, mothaigh, tadhaill, teagmhaigh le. ❸ *hear:* clois, cluin, éist, mothaigh. ❹ *miss, feel the want of:* braith uait, consaigh, cronaigh, crothnaigh, mothaigh uait; is danaid dúinn é, is mór an chumha dúinn é, tá caitheamh ina dhiaidh, tá sé de dhíth orainn.

áirigh verb *count, reckon:* comhair, cuntais, meas, ríomh, suimigh, uimhrigh.

áirithe[1] noun ❶ *certainty, surety: pl.* bannaí, barántas, coraíocht, cruthúnas, geall, giall, siúráil, údarás; údar, urra, urrús. ❷ *certain quantity:* cainníocht, méid, oiread, suim, toise; líon, uimhir. ❸ *allotment, portion:* candal, candam, cantam, ceart, cion, cionmhaire, cionmhaireacht, cuid, earnáil, fáltas, fodhail, mang, páirt, roinn, scair, sciar, *literary* urrann; coibhche, duar, spré. **adverbial phrase** ❶ **d'áirithe, in áirithe** *allotted, certain:* cinnte, i ndán, leagtha amach, siúráilte. ❷ **in áirithe** *reserved, engaged, set aside:* gafa, gnóthach, leagtha amach, luaite; díolta, gearrtha; ar leatbobh, i dtaisce.

áirithe[2] adjective *certain, particular:* áirid, áiriste; ar leith, éigin, faoi leith; ceapáirithe, páirticléartha, sonrach, speiceasach; cinnte, dearfa, dhiúltaí. **adverbial phrase** ❶ **go háirithe** *in particular:* go háirid, go sonrach; an lá seo thar laethanta an domhain. ❷ **ach go háirithe** *anyway, at any rate:* ar aon bhealach, ar aon chuma, ar aon dath, ar aon nós, ar chaoi ar bith, ar chuma ar bith, ar dhóigh ar bith, ar mhodh ar bith, cibé ar bith.

airleacan noun *advance, loan:* creidmheas, dearlaic, iasacht, morgáiste; cairde, gar, tamall.

airleacán noun *harlequin:* fear grinn, peadairín; ailteoir, anstrólaí, cleamaire, crosán, fear grinn, fuaice, fuirseoir, geamaire, geocach, gleacaí, gleacaí milis, lúbaire, óinmhid, ráscán, scigire, *literary* drúth.

airne noun ❶ *sloe (Prunus spinosa):* airneog; crann airne, draighean, draighean donn, draighean dubh. ❷ *gland:* faireog.

airneán noun ❶ *night visiting:* airneál, bothántaíocht, céilí, céilíocht, cuartaíocht, (*i gContae Phort Láirge*) istoícheadóireacht. ❷ *working late at night:* ola na hoíche, ragobair; ragairne.

airnéis noun ❶ *cattle, stock:* pl. ba, pl. beithígh, beostoc, bólacht, buar, eallach, spré, stoc, *literary* slabhra. ❷ *goods, effects:* pl. cleathainsí, díle, pl. earraí, mangarae, pl. mangaisíní, maoin, maoin an tsaoil, maoin shaolta, seilbh, pl. sócmhainní. ❸ *equipment:* pl. ciútraimintí, pl. fearais, feisteas, pl. giuirléidí, pl. gléasanna, stuif, trealamh, pl. uirlisí, pl. úmacha, *literary* innile, intreabh. ❹ *fleas, lice:* pl. dreancaidí, pl. míola, pl. snasáin, pl. sneá, pl. treaghdáin; *familiar* pl. badhdáin, pl. búdáin.

airteagal noun ❶ *item:* ball, ball éadaigh, earra, ní, rud, *literary* réad. ❷ *tenet:* airteagal creidimh, bunalt creidimh, clásal, cré, creideamh, pointe, teagasc. ❸ pl. **airteagail chomhlachais** *articles of association:* bunreacht, conradh, pl. coinníollacha, *literary* cadach.

ais adverbial phrase **ar ais nó ar éigean** *by hook or by crook, at all costs:* go breas nó go treas.

áis noun ❶ *convenience:* áirge, áisiúlacht, caoi, caoithiúlacht, deis, cóir, meán. ❷ *device:* acra, aireagán, cleas, cóngar, deis, gléas, inleog, sás, uirlis, *literary* tacar.

aisce noun ❶ *favour, gift:* ainsile, bronntanas, dearlacadh, dearlaic, deontas, deonú, féirín, gar, tíolacadh. adverbial phrase **in aisce** *for nothing, gratis:* ar anaiste, in aistear, saor, saor in aisce.

aiseag noun ❶ *restoration, restitution:* aischur, aisíoc, cúiteamh, díre, éiric, luach saothair, *literary* eineachlann. ❷ *nausea, vomit:* adhascaid, bréitse, caitheamh amach, caitheamh aníos, glonn, masmas, múisc, múisiam, samhlas, samhnas, sléidíocht, taoisceáil, urlacadh, urlacan.

aiséirí noun *resurrection, resurgence:* an Cháisc; athbheo, athbheochan, athbheoú, filleadh, teacht ar ais ó na mairbh.

aisfhreagra noun *back answer, retort:* beachtaíocht, braobaireacht, cabantacht, coc, coc achrainn, pl. cóipíos, dailtíneacht, deiliús, deaschaint, dosaireacht, freasfhreagra, gastacht, gastóg, géarchaint, gearr-aighneas, gearraíocht, gearrchaint, glaschaint, goineogacht, ladús, leasfhreagra, nathaíocht.

aisfhreagrach adjective *impudent:* abartha, braobanta, cabanta, cocach, cunórach, deiliúsach, deaschainteacht, deisbhéalach, gasta, gearrchainteach, gíománta, maigiúil, nathanta, seiceallach, soibealta, sotalach, streabhógach, teanntásach, téisiúil, uaibhreach, údarásach.

aisghairm noun *abrogation, repeal:* cealú, cur ar ceal, scrios; Reipéil.

aisíoc verb *repay, refund:* aisig, athdhíol, cúitigh, íoc ar ais, tabhair luach a shaothair do.

áisiúil adjective *convenient, handy:* achomair, acrach, caoithiúil, cóiriúil, cóngarach, deas, fearastúil, feiliúnach, fóinteach, fóirsteanach, oiriúnach, soláimhsithe, tairbheach, teachtmhar, úsáideach, *literary* iongar.

aisling noun ❶ *vision, day-dream, dream:* aislingeacht, aislingíocht, amharc, apacailipsis, brionglóid, brionglóideach, taibhreamh, *literary* brionn; Eipeafáine, feiscint, fís, fisíocht, mua, nóisean, radharc, rámhaile, taibhse, taise, taispeánadh. ❷ *vision poem:* dán, duan, tuireamh.

aiste noun ❶ *peculiar quality:* pl. airíonna, bealach, bua, cáil, cáilíocht, comhartha sóirt, cosúlacht, cuma, dealramh, dreach, méin, meon, mianach, miotal, nádúr, ríd, pl. saintréithe, pl. tréithe, tuarascáil, tuairisc. ❷ *way, manner:* áis, bealach, caoi, deis, dóigh, eagar, gléas, inneall, meán, modh, slí, táin. ❸ *state, condition:* bail, caoi, cóiriú, cosúlacht, cruth, cuma, deis, dóigh, eagar, gléas, oidimil, staid. ❹ *pattern, scheme:* beart, comhairle, córas, gúm, plean, scéim, seift; aiste bia. ❺ *composition, literary essay:* caidirne, cuntas, deachtú, dréacht, dreas, gearrscéal, scéal, scríbhneoireacht, sliocht, tráchtas. ❻ *poem, metre:* aircheadal, amhrán, ceathrú, dán, duan, fearsaid, filíocht, gréas, laoi, meadaracht, prosóid, rann, rannaíocht, rannaireacht, reacaireacht, uige, véarsa, véarsaíocht.

aisteach adjective ❶ *peculiar, odd:* aistíoch, aistiúil; aduain, adjectival genitive aineoil, áirid, ait, allúrach, coimhthíoch, corr, corraiceach, deorach, deoranta, éachtach, eachtartha, eachtrannach, éagoitianta, éagsamhalta, éagsúil, éagsúlta, adjectival genitive éigineáil, greannmhar, groí, iasachtach, neamhchoitianta, neamhghnách, urghnách, *literary* diongna; tá cor ann. ❷ *remarkable, surprising:* áiféiseach, iontach, ráiméiseach, seafóideach, suaibhreosach, suaithní. ❸ *droll, funny:* ábhachtach, áiféiseach, áirid, barrúil, greannmhar, leithéiseach, scigiúil.

aisteachas noun ❶ *oddness, oddity:* aduaine, áiféis, áiféiseacht, aistíl, aistiúlacht, aiteas, barrúilteacht, barrúlacht, coimhthíos, corraiceacht, deorantacht, éagoitiantacht, neamhghnáthaí, saoithiúlacht. ❷ *drollery:* áibhéireacht, anstrólaíocht, antlás, barrúilteacht, barrúlacht, craic, cúis gháire, cúis gháire chugainn, gleoiréis, greann, greannmhaire, greannmhaireacht, laighce, léaspartaíocht, leithéis, magadh, meidhir, meidhréis, pléaráca, rancás, scige, scigireacht, scléip, spórt, spraoi, sultmhaire.

aistear noun ❶ *journey, voyage:* bealach, bóthar, coisíocht, conair, imchuairt, imrim, rás, rith, sciuird, séad, siúl, slí, taisteal, traibhléail, traibhléir-

---

Tíortha na hÁise

Afghanistan: an Afganastáin f.
Armenia: an Airméin f.
Bahrain: Bairéin f.
Bangla Desh: an Bhanglaidéis f.
Brunei: Brúiné
Burma: Burma
Butan: an Bhútáin f.
Cambodia: an Chambóid f.
China: an tSín f.
East Timor: an Tíomór Thoir
India: an India f.
Indonesia: an Indinéis f.
Iran: an Iaráin f.
Iraq: an Iaráic f.
Israel: Iosrael

Japan: an tSeapáin f.
Jordan: an Iordáin f.
Kazakhstan: an Chasacstáin f.
Korea: an Chóiré f.
Kuwait: Cuáit f.
Kyrgyzstan: an Chirgeastáin f.
Laos: Laos
Lebanon: an Liobáin f.
Malaysia: an Mhalaeisia f.
Maldives: **plural noun**
   Oileáin Mhaildíve
Mongolia: an Mhongóil f.
Muscat: Muscat
Myanmar: Maenmar
Neipeal: Neipeal
Oman: Oman
Pakistan: an Phacastáin f.

Philippines: **plural noun**
   na hOileáin Fhilipíneacha
Qatar: Catar
Saudi Arabia: an Araib f. Sádach
Singapore: Singeapór
Sri Lanka: Srí Lanca
Syria: an tSiria f.
Tajikistan: an Taidsiceastáin f.
Turkey: an Tuirc f.
Turkmenistan: an Turcmanastáin f.
Thailand: an Téalainn f.
United Arab Emirates: Aontas
   na nÉimíríochtaí Arabacha
Uzbekistan: an Úisbéiceastáin f.
Vietnam: Vítneam
Yemen: Éimin f.

aisteoir

eacht, triall, turas, *literary* uidhe; eitilt, eitleoireacht, seoladh, seoltóireacht; filleadh, frithing na conaire. ❷ *roundabout way, inconvenience:* aistreán, bealach fada, bóthar míchóngarach, ciotaí, míchóngar, seach-chonair, seachród, timpeall; an t-aistear is an cóngar; chuireamar gach timpeall agus míchóngar orainn féin. ❸ **turas in aistear** *pointless journey:* bealach in aisce, seachrán, turas Ruairí Mhóir chun an tSráidbhaile; chuir sé turas góidrisce orm, fuair mé nead gogaille gó, rinne sé gogaille gó díom.

aisteoir noun *actor:* aisteoir cineálach, aisteoir scannán, aisteoir mná, banaisteoir; réalt scannán, traigéadóir; cleamaire, cleasaí, cluicheoir, crosán, fuirseoir, fuirsire, geamaire, geocach, reabhrach, reabhraíoch; banchliaraí, cliaraí.

aisteoireacht noun *play-acting:* cleamaireacht, cluiche, coiméide, dráma, dráma balbh, drámaíocht, fronsa, fuirseoireacht, geamaireacht, goldráma, mionchluiche, sceitse, stáitsíocht, traigéide.

aistíl noun *strangeness, acting strange:* aduaine, aduantas, aisteachas, aisteacht, aiteas, bealach aisteach, corraiceacht, coimhthíos, corrmhéin, *pl.* dóigheanna corra.

aistrigh verb ❶ *move:* aistarraing, bain as, bíog, bog, corraigh, cuir as, cumhscaigh, déan imirce, deasaigh, gluais, siúil, *literary* luaidh. ❷ *transfer, transpose:* athchum, atheagair, athraigh, claochlaigh, imaistrigh, iomalartaigh, malartaigh. ❸ *translate:* iompaigh, iontaigh, tiontaigh; cuir Béarla ar, cuir Gaeilge ar; ciallaigh, mínigh, léirmhínigh.

aistritheoir noun ❶ *remover:* imirceach, imirceoir, malartóir. ❷ *translator, interpreter:* fear friotail, fear teanga, friotaire, iompaitheoir, mínitheoir, teangaire, teangadóir, tiontaitheoir.

aistriú noun ❶ *removal:* aistarraingt, athrú, gluaiseacht, imirce; baint as. ❷ *transposition:* claochlú, imastriú, malairt, malartú, meitéitéis. ❸ *translation:* aistriúchán, aistriúchán comhuaineach, iompú, iontáil, leagan, teangaireacht, tiontú; ciallú, léirmhíniú, míniú.

ait adjective ❶ *pleasant, likeable:* aoibhinn, beannaithe, caithiseach, caoin, caomh, ceansa, cineálta, cneasta, compordach, compordúil, connail, córtasach, cuideachtúil, cuntanósach, deas, fáilí, garúil, geanúil, grámhar, lách, macánta, maitheasach, máithriúil, mánla, maránta, meallach, meallacach, méiniúil, miochair, míonla, oibleagáideach, pléisiúrtha, seaghsach, séimh, sibhialta, soirbh, spórtúil, suairc, taitneamhach, tíriúil, tláith; is mór an spórt é. ❷ *fine, excellent:* aiteasach, álainn, an-, aoibhinn, ar deil, ar fheabhas, ar fónamh, breá, canta, conláisteach, cuanna, dearscnaithe, deas, deismir, diail, fíneáilte, fíor, fiúntach, fónta, galánta, geal, greanta, innealta, iontach, rímhaith, sár-, sármhaith, taitneamhach, tofa, toghaí, *literary* cadhla; d'ardchaighdeán, den scoth, thar barr, thar cionn, thar cionn amach; tá an mianach ceart ann, tá mianach maith ann. ❸ *comical, odd:* áiféiseach, áirid, barrúil, gleoiréiseach, greannmhar, leithéiseach, magúil, meidhréiseach; aduain, aisteach, corr, corraiceach, éagoiteann, éagoitianta, neamhchoitianta, neamhghnách, urghnách.

áit noun ❶ *position:* áit na mbonn; alt, ball, fód, ionad, ionadh, láthair, log, planc, spota, suíomh. ❷ *space:* achar, bealach, bearna, fad, fairsinge, ionad, scóip, scópúlacht, séanas, slí, spás, tamall. ❸ *site:* aice, ionad, ionad tí, ionadh, láithreán, láthair, log, páirc, spota, suíomh. ❹ *locality:* baile, baile dúchais, ball, barúntacht, ceantar, comharsa, comharsanacht, comhfhoisce, cóngaracht, contae, cúige, dúiche, dúthaigh, fearann, fia, fód dúchais, geadán, grian, limistéar, líomatáiste, paiste, réigiún, taobh tíre, *pl.* tríocha céad, *pl.* triúcha, tuath, *literary* déis; ar na gaobhair, sa taobh sin tíre, sna bólaí seo, thart timpeall. ❺ *station, rank:* airde, cáil, cáilíocht, céim, céimíocht, deis, dínit, dóigh, grád, gradam, nead chluthar, oifig, oirmhidin, onóir, ord, post, rang, réim, seasamh, stádas, uaisleacht, *literary* ordan. ❻ *passage in book:* ball, caibidil, ionad, leathanach, líne, rann, sliocht, véarsa. ❼ *dwelling, holding:* aicíocht, áitreabh, áras, brugh, caisleán, cónaí, dún, dúnadh, fearannas, feirm, fineachas, gabháltas, iostas, mainéar, pálás, suíochán, *pl.* tailte, talamh, teach, teach mór, teaghais, treafasí, *literary* damh. ❽ *situation, circumstances:* bail, *pl.* coinníollacha, *pl.* dála, *pl.* imthosca, staid, suíomh, *pl.* tosca; sa chan céanna. **compound preposition in áit** *instead of, in place of:* i gcás, i leaba, in ionad, thar ceann. **conjunction áit, an áit** *since:* de bharr go, nuair, ó, ós rud é go, ó tharla, toisc go.

aiteall noun *fine spell of weather:* aoinle, breaclá, eatramh, lascaine, peata de lá, peata lae, tréimhse ghréine; cith is dealán, múráil ghréine; deibhil.

aiteas noun ❶ *pleasantness, fun:* aeracht, áibhéireacht, anstrólaíocht, antlás, aoibhneas, craic, cuideachta, gleoiréis, greann, greannmhaire, greannmhaireacht, laighce, léaspartaíocht, leithéis, magadh, meidhir, meidhréis, pléaráca, rancás, scléip, scoraíocht, seó, siamsa, spórt, spraoi, suairceas, sult, sultmhaire, taitneamh. ❷ *queerness, oddness:* aduaine, aduantas, áiféis, áiféiseacht, aisteachas, aistíl, aistiúlacht, aiteacht, aiteas, barúilteacht, barrúlacht, coimhthíos, corraiceacht, deorantacht, éagoitiantacht, neamhghnáthaí. ❸ *feeling of apprehension, queer sensation:* aduaine, aduantas, aeráid, aisteachas, amhras, eagla, faitíos, imní, míshuaimhneas, scáth, uaigneas; coimhthíos.

áith noun *kiln:* áith choirce, áith aoil, tiníl, tornóg.

áitheas noun ❶ *success, victory:* ádh, bail, bua, buachas, conách, coscar, rath, rathúnas, ró, séan, seans, *literary* cearn, sola; dul ar aghaidh, dul chun cinn; bhí rith an rása leis, d'éirigh leis, rinne sé an beart, rinne sé éacht; bhain sé ceart den saol. ❷ *literary* **áitheas go n-anáitheas** *Pyrrhic victory:* bua Phiorrach.

aitheasc noun ❶ *address, allocution:* caint, dileagra, foirteagal, forrán, léacht, óráid, searmóin, seanmóir, spéic; comhrá. ❷ *exhortation:* gáir chatha, mana, ráiteas misin, rosc catha, sluaghán, spreagadh, tathant.

aithin[1] verb ❶ *recognize, identify:* aithnigh, sonraigh; is aitheanta dom, tá aithne agam ar, tá eolas agam ar. ❷ *acknowledge:* admhaigh, aontaigh, ceadaigh, lamháil, géill do, glac le, tabhair isteach do, tabhair suas do, tar le; dearbhaigh, deimhnigh, údaraigh. ❸ *distinguish:* dealaigh, dearscnaigh, idirdhealaigh, léirigh, oirircigh, soiléirigh. ❹ *perceive:* airigh, braith, consaigh, feic, mothaigh, sonraigh, tabhair faoi deara, tabhair suntas do, tóg ceann de, tuig.

aithin[2] verb ❶ *command:* abair, achainigh, comhairligh, fógair, foráil, iarr, mol, ordaigh. ❷ *literary commend:* cuir faoi choimirce, cuir faoi chúram.

aithis noun ❶ *reproach:* aifirt, aoir, cáineadh, caitheamh is cáineadh, cáithiú, cámas, casadh an chorcáin leis an gciteal, castóireacht, clúmhilleadh, cnáid, crístín, díspeagadh, eascaine, easmailt, easómós, fochaid, fonóid, gáirmhagadh, glámh, guth, íde béil, íde na muc agus na madraí, imcháineadh, imdheargadh, iomard, leabhal, lochtú, magadh, mallacht, masla, scigireacht, scorn, spailleadh, spíd, spídiúchán, spídiúlacht, steallmhagadh, táinseamh, tarcaisne, tarcaisníl, toibhéim, *literary* aisc, cúrsú, tallann, tubha. ❷ *disgrace:* adhnáire, imdheargadh, masla, míchlú, náire, scannal, táire, táirbhéim, táirchéim, tarcaisne.

aithne¹ noun ❶ *acquaintance:* aitheantas, aontíos, caidreamh, cairdeas, caoifeacht, carthanacht, céilíocht, cleachtadh, coimhdeacht, coimhirse, comhar, comhchaidreamh, comhchairdeas, comhghaol, comhlachas, cumann, cumarsáid, dlúthchairdeas, eolas, fios, gaol, gaol gairid, gaol i bhfad amach, gaol madra Úna le madra Áine, gaolmhaireacht, guaillíocht, lánmhuintearas, lánúnachas, mórtachas, muintearas, páirt, seanaithne, seaneolas, taithí, teagmháil. ❷ *recognition:* admháil, aithint, aithneachtáil, barúil aithne, súilaithne; eolas, fios, idirdhealú, tuiscint.

aithne² noun *commandment:* ceannas, dlínse, foráil, foráileamh, mandáil, ordú, sainordú, smacht, svae, údarás, urghaire; *pl.* Aitheanta Dé agus na hEaglaise, *pl.* na Deich nAithne.

aithnid noun ❶ *acquaintance:* aitheantas, barúil aithne, súilaithne; eolas. ❷ *appearance:* aghaidh, *pl.* airíonna, araíocht, *pl.* ceannaithe, cló, cosúlacht, crot, cruth, cruth agus deilbh agus éagasc, cuma, cuntanós, dealramh, deilbh, dreach, éagasc, féachaint, feic, gotha, gnúis, snua, stiúir. ❸ *is aithnid dom I am acquainted with:* is aitheanta dom, tá aithne agam; is eol dom, tá eolas agam, tá a fhios agam.

aithnidiúil adjective ❶ *familiar:* cleachtach, coiteann, coitianta, déanta, fairsing, gnách, gnáth-, muinteartha, taithíoch. ❷ *well known:* ainmniúil, aitheanta, cáiliúil, clúiteach, dea-mheasta, forórga, glórmhar, iomráiteach, oirirc, oirní, tábhachtach, táscmhar, *literary* bladhach, ollbhladhach, táscach; ar aithne, ar eolas, i mbéal an phobail, mór le rá.

aithreachas noun *repentance:* aithrí, aithrí fhalsa, aithrí thoirní, am na hola, briseadh croí, brón, buaireamh, buairt, caoineadh, cathú, comhbhrú, comhbhrú croí, croíbhrú, dobrón, doilíos, dólás, leasú beatha, mairg, mairgneach, malairt aigne, peannaid, taithleach, *literary* deirbhéile; athghiniúint; mura ngintear duine athuair ní fhéadann sé ríocht Dé a fheiscint.

aithrí noun ❶ *penance:* abstanaid, breithiúnas aithrí, Carghas, caoldeoch, glasmhartra, peannaid, *pl.* peiríocha, píonós, purgadóir, sacéadach is luatha, tréanas, troscadh, *literary* cádhachas, taithleach. ❷ *repentance:* aithrí fhalsa, aithrí thoirní, aithreachas, am na hola, comhbhrú, comhbhrú croí, croíbhrú, dólás, leasú beatha, malairt aigne, peannaid; déanaigí aithrí agus creidigí don soiscéal; déanaigí aithrí, óir tá ríocht na bhflaitheas druidte libh.

aithris noun ❶ *narration:* burdún, craobhscaoileadh, craoladh, cuntas, cur síos, deoiricín, faisnéis, féilíocht, inseacht, insint, iomlua, lua, luaiteachas, miotas, miotaseolaíocht, oireas, reacaireacht, ríomh, scéal, scéala, scéalaíocht, seanchaíocht, seanchas, stair, tagairt, tuairisc, tuarascáil. ❷ *imitation:* aisteoireacht, dráma, dráma balbh, cac ar aithris, cách ar aithris, drámaíocht, fronsa, fuirseoireacht, geáitsíocht, ionadaíocht, leidhchéireacht, lorgaireacht, mím; brionnú, cóip, cóipeáil, cuspa, macasamhail, múnla, rud bréige, rud falsa, samhail; searcleanúint. ❸ *mimicry, mockery:* aithris magaidh, aoir, caracatúr, cnáid, creill, fochaid, fonóid, gáirmhagadh, geoin, glámh, magadh, scigaithris, scige, scigireacht, steallmhagadh. verb ❶ *narrate, recite:* abair, ársaigh, craobhscaoil, craol, cuir síos ar, eachtraigh, faisnéis, inis, luaigh, nocht, reac, reic, ríomh, tabhair cuntas ar, tagair do, tuairiscigh. ❷ *imitate:* comhshamhlaigh, cóipeáil, déan aithris ar, déan cac ar aithris ar, déan cóip de, insamhail, lean lorg; bí ar shála. ❸ *mimic, mock:* aor, athnaisc, bí ag sodar i ndiaidh, déan magadh faoi, déan scigaithris ar.

áitigh verb ❶ *occupy:* áitrigh, coilínigh, cónaigh, cuir fút, fan, feith, gabh, gabh seilbh ar, lonnaigh, mair, seadaigh, sealbhaigh, stad, stop, suigh. ❷ *settle down:* ciúnaigh, deasaigh, deisigh, laghdaigh, réitigh, seadaigh, síothaigh, síothlaigh, socraigh, socraigh síos, *literary* féithigh. ❸ *submit, urge:* agair, cuir ar aghaidh, éiligh, impigh, luaigh, mol, tairg. ❹ *persuade:* brúigh, broid, brostaigh, cuir abhaile ar, cuir i bhfeidhm ar, cuir ina luí ar, dreasaigh, gríosaigh, iomluaigh, maígh, meall, mol do, séid faoi, soinnigh ar, spreag, tathantaigh ar, túin ar; coinnigh an héing le.

áitíocht noun *occupation:* áitiú, áitreabh, coilíneacht, coilíniú, cónaí, gabháil, gabháltas, lonnú, sealbh, sealúchas, stad, stopadh, suí.

áitithe adjective ❶ *confirmed, inveterate:* bunaithe, corónta, corpanta, cruthanta, daingean, daingnithe, dearbh-, dearbhaithe, dearg–, deimhnithe, dian-, diongbháilte, do-bhogtha, docheartaithe, doleigheasta, domhúinte, dosmachtaithe, láidir, saolta, seanbhunaithe, tiomanta, tréan; amach is amach. ❷ *practised, experienced:* beacht, cleachtach, cliste, cnúisciúnach, córasach, cruinn, cumasach, déanta, éifeachtach, fíor-, fuinniúil, gasta, gnách, gnáth-, imeartha, inniúil, láidir, pointeáilte, rianúil, sciliúil, sistéamach, taithíoch, tréan, *literary* eangnamhach.

áitiú noun ❶ *occupation:* áitíocht, áitreabh, coilíneacht, coilíniú, cónaí, gabháil, gabháltas, lonnú, sealbh, sealúchas, seilbh, stad, stopadh, suí. ❷ *farmstead:* cnagaire, feirm, gabháltas, *pl.* tailte, talamh; banrach, dairt, fearann, macha, otrann. ❸ *argument, persuasion:* agra, argóint, cás, cúis, locadh, plé, pléadáil, siollóg, suíomh, tairiscint.

áitreabh noun *habitation, abode:* aice, aicíocht, áit chónaithe, áras, árasán, athbhaile, baile, brugh, caisleán, cónaí, dún, dúnadh, fearannas, fíneachas, gabháltas, gnáthóg, iosta, lonnaíocht, lonnú, mainéar, nideog, palás, suíochán, teach, teachín, teaghais, únacht, *literary* damh.

áitritheoir noun *inhabitant:* áitritheoir, áitreabhach, bundúchasach, dúchasach, feirmeoir, seanfhondúir, talmhaí; coilíneach, cónaitheoir, gnáthóir, lonnaitheoir, saoránach; *colloquial* bunadh na háite, muintir na háite, muintir na dúiche, muintir na tíre.

ál noun *litter, brood:* áilín, dreabhlán, ealbha, éilín, graithan, iall, scuaine, scúd; *pl.* cinn óga, clann, sliocht; *pl.* coileáin, *pl.* bainbh, *pl.* caitíní, *pl.* gasúir, *pl.* leanaí, *pl.* páistí, *pl.* piscíní, *pl.* éin lachan, *pl.* éin ghé, *pl.* éin eala, *pl.* éin chirce, *pl.* sicíní; más ionúin an chráin is ionúin an t-ál.

alabhog adjective *lukewarm:* bog, bogthe, fionnuar, lagspreosach, leamh, patuar, teipliúin, toifliúin.

álainn adjective ❶ *beautiful, lovely:* breá, brionnach, caithiseach, canta, caomh, córach, cruthach, cruthúil, cuanna, cuidsúlach, cumtha, dathúil, deachruthach, dea-mhaisiúil, dealfa, dealraitheach, deas, deismir, dóighiúil, fíortha, galánta, glémhaiseach, gleoite, gnaíúil, gnúiseach, grástúil, greanta, innealta, iomálainn, lachanta, leacanta, maisiúilmeallacach, naíonda, sciamhach, slachtmhar, tarraingteach, *literary* cadhla, mas, sochraidh. ❷ *delightful:* aerach, aiteasach, aoibhinn, binn, áthasach, deas, gairdeach, galánta, gliondrach, lúcháireach, pléisiúrtha, rímhaith, sámh, sármhaith, soilbhir, sólásach, suairc, subhach, taitneamhach; ar fheabhas, thar barr, thar cionn, thar cionn amach.

alaisceach noun *big, strong woman:* alaisceach mná, bambairne mná, bollstaic mná, fairceallach mná, falmaire mná, fámaire mná, graimpéar, grampar,

alcól

grátachán, plíomsach, scafaire mná, stollaire mná, torpóg.

alcól noun *alcohol:* eatánól; tintiúr; biotáille, deoch mheisciúil.

alcólach adjective *alcoholic:* meisciúil. noun *alcoholic:* bachaire, diúgaire, druncaeir, druncaire, geocthóir, meisceoir, pótaire, scloitéir, súgaire, súmaire.

allabhrach adjective *evocative:* dúisitheach; athchuimhnitheach, dodhearmadtha, meabhraitheach, tromchiallach, *literary* síreachtach.

allas noun ❶ *perspiration, sweat:* allas do chnámh, allas d'éadain, allas do ghéag, allas do ghrua, fuarallas, mónóg allais; in allas d'aghaidhe a íosfaidh tú arán. ❷ *damp on walls:* drúcht, fliuchras, fliche, fraighfhliuchas, taise, taisleach, taislobhadh, úire, úireadas. ❸ *allas an diabhail de ghasúr* a limb of Satan, scamp of a boy: áibhirseoir, aisiléir, amhas, arc nimhe, bacach, bligeard, clabhaitéir, cneámhaire, corpadóir, corrchoigilt, crochadóir, crosdiabhal, diabhal, eiriceach, leábharaic, leidhcéir, rifíneach, scaimpéir, sclíotar, sclíutar, scabhaitéir, scuit, scuitsear, sionaglach; tá brainse den áibhirseoir ann.

almóir noun ❶ *wall cupboard:* caibhéad, caibinéad, clóiséad, cófra, cupard, poll an bhaic, poll an iarta, poll an phaidrín, prios. ❷ *niche, recess:* ascaill, cailleach, clúid, cluthair, cuas, cúil, cúilín, cúinne, cúláire, cúlán, cúláis, cúláisean, cúlaon, glota, landair, lúb, lúbainn, póicéad, póirse, puicéad, *literary* imscing.

alpaire noun ❶ *voracious eater:* ailpéir, airceachán, amplachán, amplóir, anrachán, bláistéir, bleadrachán, bleitheach, bleitheachán, bolgadán, calcaire, cíocrachán, cíocrasán, cráisiléad, craosachán, craosaí, craosaire, craosánach, gainéan, geoiseach, gionachán, gliúrach, gliúrachán, glutaire, goileadán, goilíoch, gorb, graoisín, longaire, málaeir, méadlach, méadlachán, ocrachán, ocrasán, peasánach, placaire, póitreálaí, riteachán, slamaire, slogaire, slogamóir, slogánach, suthaire, tomhaltóir. ❷ *grabber, snatcher:* cantálaí, crúcálaí, cúblálaí, glacaire, glámaire, grabáil, graibeálaí, greamaitheoir, láimhsitheoir, sciobaire, scramaire.

alt noun ❶ *joint in body:* ballnasc, glúin, nasc; spóla, úll. ❷ *joint in carpentry etc.:* ceangal, fáiscín, nasc, rádal, siúnta. ❸ *knuckle:* murlán, rúitín. ❹ *hillock:* altán, ard, ardán, cabhán, cnocán, corr, droimín, droimnín, maolán, meall, mullán, tulchán. ❺ *stumpy person:* broicleach, bruilíneach, bruithneog, brúitíneach, buinín, bunán, bundallán, burla, burlóg, lapaire, lapóg, stumpa, stumpán, torpán. ❻ *paragraph:* paragraf, roinn. ❼ *article, clause:* acht, agó, agús, airteagal, clásal, coinníoll, conradh, cúinse, cuntar, foráil, foroinn, *literary* cadach. ❼ *article in newspaper, etc.:* aiste, carúl, colún, dioscúrsa, dréacht, eagarfhocal, gné-alt, tráchtaireacht, tráchtas. adverbial phrase ❶ *as alt* out of joint, dislocated: as áit, as ionad, as riocht, casta; chuir sé a rúitín amach. ❷ *in alt a chéile* articulated, pieced together properly: cóimeáilte, curtha le chéile, nasctha le chéile, snaidhmthe, siúntáilte, siúntaithe, táthaithe.

altach adjective ❶ *articulated:* comhalta, in alt a chéile, siúntáilte, siúntaithe. ❷ *knotty:* cnapánach, corrach, cranrach, crua, fadharcánach, fadhbach, garbh.

altaigh verb *give thanks to God:* beannaigh, mol, beir buíochas, tabhair buíochas.

altóir noun ❶ *altar:* barr na haltóra; bord an Tiarna, imaltóir. ❷ *funeral offering:* ofráil, bailiúchán.

altram noun *fosterage:* altranas, banaltracht, comhaltas, daltachas, oiliúint; comhaltas go céad, cairdeas fola go fiche.

altú noun *grace (before and after meals):* altú roimh bhia, altú tar éis bia, beannacht, beannú, breith buíochais, coisreacan, Dia gráiseas; Bail na gcúig arán agus an dá iasc, a roinn dia ar an gcúig mhíle fear—rath ón Rí a rinne an roinn, go dtige sé ar ár gcuid agus ar ár gcomhroinn; A Mhuire Ógh agus a Mhic, beannaigh an bia, beannaigh an bord; Moladh leis an Rí nach gann, moladh gach am le Dia, céad moladh agus buíochas le hÍosa Críost, ar son ar itheamar agus a n-íosfaimid de bhia.

am noun ❶ *measured time:* am agus taoide, an t-am luath, an t-am nua, an t-am mall; am na gréine, am na réaltaí; am marbh na hoíche, uair mharbh na hoíche; fad aimsire; uair, uair an chloig; bomaite, meandar, nóiméad, prap na súl, soicind. ❷ *period, while:* an t-am atá le teacht, todhchaí; an aimsir chaite, an t-am atá thart; an t-am i láthair; achar, aga, cairde, linn, píosa, ré, scaitheamh, seal, sealad, tamall, tráth, tréimhse; lá, leathlá; coicís, seachtain, mí, ráithe; bliain; aois, céad, mílaois, síoraíocht, stráisiún; *pl.* na laethanta seo, sa lá atá inniu ann; amach anseo; taca an ama seo amárach; choíche, go brách, go deo, trí shaol na saol; lá Philib an Chleite, lá Sheoin Dic, lá Thaidhg na dTadhgann. ❸ *occasion:* ala na huaire, aonuair, cor, feacht, ócáid, tráth, uain; dhá uair, trí huaire, ceithre huaire. ❹ *due season, opportune moment:* am an ghátair, céim thráthúil, ionú, uair na hachainí; in am agus i dtráth; is mithid; más mall is mithid, tá sé in am agat. ❺ *season of year:* séasúr, ráithe; earrach, Lá Fhéile Bríde; cónocht an earraigh; samhradh; grianstad an tsamhraidh, Bealtaine; fómhar, Lúnasa; geimhreadh, grianstad an gheimhridh, Samhain; dúluachair na bliana, *pl.* gearróga dubha na Nollag. ❻ *time of life:* leanbaíocht; óige; barr a mhaitheasa, idir an dá aois, meánaois, ó aois go bás; aois, meath; bunaois, crandacht, críonnacht, crólí, dreoiteacht, feoiteacht, feosaíocht, foirfeacht, seanaois, seandacht, tonnaois. ❼ *lifespan:* aimsir, beatha, linn, ré, saol, saolré. ❽ *term of pregnancy:* aimsir, naoi mí, téarma, toircheas, trí ráithe. ❾ *enjoyable time:* an-oíche, craic, pléaráca, toeim; is lá dár saol é. ❿ *musical time:* amchomhartha, buille, buille anuas; tomhas. conjunction **an t-am** *the time when:* a luaithe is, an dá luas is, a thuisce is, chomh luath is, nuair. adverbial phrase ❶ *ó am go ham* from time to time: corruair, amanta, ó am go chéile, scaití, uaireanta. ❷ *i rith an ama, ar feadh an ama* all the time: an t-am ar fad, de shíor, i dtólamh, i gcónaí. ❸ **san am céanna, ag an am céanna** at the same time: idir an dá linn.

amadán noun *fool, foolish person:* amadán iarainn; abhlóir, amaid, amal, amlóir, baothán, bobaide, bobarún, bómán, breallaire, breallán, brealsán, brealscaire, brealsún, briollaire, búbaí, búbaire, ceann cipín, ceann maide, ceap magaidh, cligear, clogadán, cloigeann cabáiste, cloigeann cipín, cloigeann pota, cloigeanchán, cluasachán, cluasánach, cluasaí, dallachán, dallamlán, dallarán, dobhrán, dúdálaí, dúid, dúiripí, dundarlán, dunsa, éagann, éifid, gámaí, gamal, gamairle, geolamán, glaigín, glaomaire, gligear, gligín, gogaille, guaig, guaigín, leadhb, leadhbaire, leamhsaire, leathcheann, leathleibide, leib, leibide, leibide ó leó, leidhce, leota, leoitéir, mucaire, óinmhid, pastae de chloigeann, péicearlach, pleib, pleidhce, pleota, pleotaire, sceilfid, simpleoir, tuathalán; agóid, amaid, amlóg, breallóg, brilseach, cloigis, gamalóg, magarlach, máloid, óinseach.

amaideach adjective *foolish, silly:* aimhghlic, amadánta, baoiseach, baoth, bómánta, breallach, breallánta, bundúnach, dall, dallacánta, dallaigeanta, díchéillí, diúid, dobhránta, dúr, éaganta, gamalach, guanach, lagintinneach, leadhbach, leadhbánach, leamh, leamhcheannach, leathmheabhrach, leibideach, mallintinneach, míghlic, óinmhideach, óinsiúil, pleidhciúil, ramhar, saonta, seafóideach, sifleáilte, soineanta, simplí, spadintinneach, tútach, uascánta.

amaidí noun *foolishness, silliness:* aimhghliceas, amadántacht, amadántaíocht, amlóireacht, athbhaois, baois, bómántacht, breallántacht, brealsacht, brealscaireacht, brealsúnacht, daille, dallacántacht, dallacántaíocht, dallaigeantacht, diúide, diúideacht, dúire, éagantacht, gamalacht, guanacht, íorthacht, leibideacht, leimhe, leimheas, míghliceas, óinmhidheacht, óinseacht, óinsíneacht, óinsíocht, óinsiúlacht, pleidhcíocht, pleotaíocht, raimhre réasúin, saontacht, seafóid, simpleoireacht, simplíocht, soineantacht, uascántacht.

amainiris adverb *the day after the day after tomorrow:* amairinis, amanairis, arú um an oirthear, um an oirthear arís.

amanathar adverb *the day after tomorrow:* amanarthar, um an óirthear; anóirthear, in oirthear; arú amárach.

amárach adverb *tomorrow:* ar maidin amárach, an lá arna mhárach, an lá dar gcionn, san oíche amárach; seachtain is an lá amárach; seachtain ó amárach.

amas noun ❶ *attack, aim:* crústa, buille, diúracadh, dúdóg, failp, fáiméatar, farra, fóbairt, fogha, ionsaí, ruagán, ruathar, sá, urchar, *literary* tubha. ❷ *opening, opportunity for attack:* áiméar, árach, bearna, caoi, cothrom, deis, éalang, éasc, eitim, failc, faill, ionú, oscailt, seans, uain, *literary* éislinn. ❸ *attempt:* dréim, féachaint, iarracht, iarraidh, ionsaí, triail; obainn. ❹ *guess:* barúil, breithiúnas, buille faoi thuairim, meas, tomhas, tuairim; caith do chrann tomhais.

ambasadóir noun *ambassador:* basadaeir, basadóir; coimisinéir, consal, gníomhaire, fear ionaid, ionadaí, lánchumhachtóir, leagáid, léagáid, léagáideach, nuinteas, taidhleoir, teachta, teachtaire, toscaire, urlabhraí, *familiar* misidear.

ambasáid noun *embassy:* coimisiún, consalacht, ionadaíocht, leagáideacht, nuinteasacht; taidhleoireacht, teachtaireacht, toscaireacht.

amchlár noun *time-table:* clár ama, sceideal, tráthchlár, uainchlár; clár, clár oibre, *pl.* coinní, dialann plean, scéim; catalóg, eagar, fardal, leagan amach; cúrsa, cúrsa staidéir, siollabas.

amfaibiach adjective *amphibious, amphibian:* dábheathach, débheathach, loscánta. noun ❶ *amphibian:* débheathach. ❷ *frog:* boilgín frisc, crónán díge, cruitín díge, fliuchán, frog, froigín, frocs, frosc, laparán, léimeachán, lispín, loisceann, loscann, loscán, luascán, luascán lathaí, lúbán díge, Seán Ó Lapáin. ❸ *tadpole:* eathadán, foloscain, foloscán, gallagún, óglioscann, súmadóir, súmaire, torbad, torbán; *colloquial* pór frogana. ❹ *frogspawn:* glóthach, glóthach fhroig, pór frogana, sceathrach froig, sceith fhroganna, sceith fhroig, síol frogana, síol lispín, slampar. ❺ *toad:* buaf, cnádán, loscann, loscann nimhe, tód. ❻ *newt, salamander (order Caudata):* airc, airc luachra, earc, earc luachra, earc sléibhe, niút; sailimeandar, salamandar, teideallas, tinteog.

amh adjective *raw, uncooked:* dearg, glas, trua, úr; chomh hamh le lot.

amhail preposition *like, as:* ar nós, ar dul, cosúil le, dála, fearacht, mar. conjunction *as:* mar.

amhailt noun *monster, phantom:* airp, alltán, anchúinse, anchúinseacht, arracht, arrachtach, badhbh, basailisc, béist, bocánach, brúid, brúta, ceinteár, ciméara, each uisce, fuath, ginid, greall, gríobh, Mionadúr, ollphéist, onchú, péist, péist mhór, rínathair, séansaí, sfioncs, síofra, vuibhearn, *literary* scál; aisling, aislingeacht, aislingíocht, bréagchéadfa, brionglóid, fantaise, fantaisíocht, fís, fisíocht, taibhse, *literary* brionn.

amhantar noun ❶ *chance, venture:* baol, bearna baoil, contúirt, dainséar, fiontar, guais, guaiseacht, priacal, riosca, seans; dul sa tseans, rith ar thanaíochan. ❷ *lucky find, windfall:* torchaire, torchur; ceallóg, cillín, cuasnóg, éadáil, féirín, folachán, muirchur, snámhraic; seamair na gceithre chluas, seamair Mhuire.

amhantrach adjective ❶ *venturesome, risky:* baolach, contúirteach, dainséarach, guaisbheartach, guaiseach, guaisiúil, priaclach, seansúil; bagrach,

---

Cineálacha Amfaibiach

African bullfrog (Pyxicephalus edulis): tarbhfhrog Afracach
alpine newt (Triturus alpestris): niút alpach
axolotl (Ambystoma mexicanum): acsalatl
bullfrog (féach *African bullfrog*, *North American bullfrog*)
caecilian (order Gymnophiona): caeciliach
cane toad (féach *marine toad*)
clawed toad (féach *platanna*)
common frog (Rana tempararia): frog coiteann
common toad (Bufo bufo): buaf choiteann
crested newt (Triturus cristatus): niút faithneach
eastern newt (Notophthalmus viridescens): niút glas
eft: earc
fire-bellied toad (Bombina bombina): buaf f. lasrach
fire salamander (Salamandra salamandra): salamandar
giant salamander (Andrias davidianus): salamandar ollmhór
goliath frog (Conraua goliath): frog fathachúil
hellbender (Cryptobranchus alleganiensis): cripteabrancas
horned frog (Ceratophrys cornuta): frog adharcach
hyla (féach *tree frog*)
leopard frog (Rana pipiens): frog breac
marine toad (Bufo marinus): buaf f. mhuirí
marsh frog (Rana ridibunda): frog corraigh
midwife toad (Alytes obstetricans): buaf f. chnáimhseach
mudpuppy (Necturus maculosus): neachtúr ballach
natterjack toad (Bufo calamita): cnádán
North American bullfrog (Rana catesbeiana): tarbhfhrog Meiriceánach
olm (Proteus anguinus): salamandar bán
platanna (Xenopus laevis): buaf f. shaotharlainne
poison-arrow frog (Dendrobates sp.): frog nimhe
red eft (Notophthalmus viridescens): earc rua
siren (Siren sp.): síreana f.
smooth newt (Triturus vulgaris): niút sleamhain
spadefoot toad (Pelobates fuscus): buaf thochaltach
spring peeper (Pseudacris crucifer): froigín croise
Surinam toad (Pipa pipa): pípe
tiger salamander (Ambystoma tigrinum): salamandar ballach
tree frog (Hyla arborea): frog crainn
waterdog (féach *mudpuppy*)
Xenopus (féach *platanna*)

ámharach
díobhálach, dochrach. ❷ *lucky*: ádhúil, ámharach, éiritheach, fortúnach, rathúil, séanmhar, sona.

ámharach adjective *lucky, fortunate*: ámhar; ádhúil, amhantrach, éiritheach, fortúnach, rathúil, séanmhar, sona; ar mhuin na muice, go maith as, ina shuí go te; tá an t-ádh leis, tá rith an ráis leis; an té a mbíonn an t-ádh air bíonn sé air maidin agus tráthnóna; tá mil ar chuiseogach acu. adverb **go hámharach** *fortunately*: ar ámharaí an tsaoil; mar ba dheonach, (*i gContae Chorcaí*) mar ba leonaitheach.

amharc noun ❶ *faculty of sight, vision*: amhanc; aithne, dearcadh, feiceáil, feiscint, féachaint, grinniú, léas, radharc, radharc na súl. ❷ *range of sight*: lánléargas, lé, léargas, radharc, raon súl, solas, súil. ❸ *look*: amhanc, breathnú, dearcadh, dreach, féachaint, gliúc, gliúcaíocht, silleadh; mearamharc, spléachadh, sracfhéachaint. ❹ *view, prospect*: deisiúr, feic, fianaise, láthair, lé, radharc, tuathúr. ❺ *thing seen, spectacle*: amhanc; aisling, aislingíocht, brionglóid, feic, feic saolta, fís, pictiúr, radharc, seó, seó bóthair, taispeántas. verb *look*: amhanc, breathnaigh, breithnigh, caith do shuil thar, dearc, féach, feic, grinnigh, iniúch, sill, spléach.

amharclann noun *theatre, playhouse*: amfaitéatar, fáinneán, halla ceoil, halla éisteachta, léiriú, seó, taibhearc, téatar; áiléar, bosca, pl. stallaí.

amhas noun ❶ *hireling, servant*: amhsán, buachaill, cábóg, coimhdire, dáileamh, eachlach, fearóglach, fóinteach, fostúch, giolla, gíománach, searbhónta, seirbhíseach, spailpín, *literary* formálaí. ❷ *hired soldier, mercenary*: amhsán, díolúnach, giliúnach, saighdiúir tuarastail, *literary* seirseanach, suaitreach; gallóglach. ❸ *hooligan*: amhsán, amhsóir, bithiúnach, bligeard, clampróir, coirpeach, creachadóir, loitiméir, mac doscúch, racánaí, ruifíneach, sladaire.

amhrán noun ❶ *song*: ainteafan, aintiún, aintiún náisiúnta, amhránaíocht, bailéad, caintic, cantáid, cantáid eaglasta, cantain, carúl, caslaoi, castraí, ceol, ceol goib, gobcheol, portaireacht, crónán, cuachaireacht, cuaichín ceoil, curfá, dordán, damhs-loinneog, dréachtín, fonn, gadán ceoil, loinneog, nóntraí, rabhcán maraí, reacaireacht, salm, streancán; saranáid, suantraí; abair amhrán, cuir leis an bhfonn. ❷ *kind of stressed metre*: trí rainn agus amhrán, amhrán macarónach, amhrán malartach, ceathrú aon líne dhéag, ochtfhoclach, rabhcán, rócán.

amhránaí noun *singer*: cantaire, ceolaire, ceoltóir, córchantaire, cuachaire, duanaire, fonnadóir, gabhálaí foinn, góileoir, portaire, rabhcánaí, reacaire.

amhránaíocht noun *singing*: cantain, ceiliúr, ceol, ceol goib, cliaraíocht, crónán, cuachaireacht, dántaireacht, duanaireacht, fonnadóireacht, gabháil fhoinn, portaíl, portaíocht, portaireacht, reacaireacht, scolaíocht.

amhras noun ❶ *doubt, uncertainty*: dabht, éidearbhú, éidearfacht, éideimhne, éideimhníocht, éiginnteacht, neamhchinnteacht, sceipteachas, *literary* contúirt; braiteoireacht, eisinnille, folachas, mearbhall, neamhshocracht, oilcheas; buille ann is buille as, hob ann is hob as. ❷ *suspicion*: drochamhras, drochiontaoibh, drochthátal, drochthur, easiontaoibh, easpa muiníne, míchreideamh, mímhuinín, míshuaimhneas, neamh-mhuinín, paranóia, scáth; níl sé le trust. ❸ *opinion, guess*: barúil, breith, breithiúnas, buille faoi thuairim, iomas, oipineon, tomhas, tuaileas, tuairim; caith do chrann tomhais.

amhrasach adjective ❶ *doubtful, suspicious*: amhrasta, amhrastúil, braiteach, ceisteach, dabhtúil, díchreidmheach, éidearfa, éideimhin, éiginnte, éigreidmheach, mishuaimhneach, neamhiontaobhach, paranóiach, sceipteach, tuarthach, tuarúil, *literary* contúirteach; i gcathair ghríobháin, idir an leac is an losaid, idir dhá aigne, idir dhá chomhairle, idir dhá cheann na meá, i ngalar na gcás. ❷ *opinionated*: ansmachtúil, barúlach, biogóideach, borrach, ceannasach, ceanndána, ciotrúnta, claonta, dáigh, daingean, diongbháilte, do-bhogtha, dolúbtha, leataobhach, leatromach, máistriúil, mórchúiseach, mórtasach, mursanta, mustrach, neamhghéilliúil, postúil, réamhchlaonta, róchinnte, ródhearfa, sotalach, teanntásach, strádúsach, tiarnasach, uaibhreach, údarásach.

amhrasán noun ❶ *suspicious person, doubting person*: agnóisí, díchreidmheach, paranóiach, sceipteach, saorintinneach, séantóir creidimh. ❷ *suspect*: ciontóir, coireach, coirpeach, cúisí, duine faoi amhras, géibheannach, príosúnach, *literary* lítheach; níl muinín agam as, níl sé le trust.

ampla noun ❶ *hunger, famine*: gorta, ocras; easnamh, easpa, gainne, gannchar, gannchuid, gannchúis, ganntan, ganntanas, ganntar, gátar, uireasa, uireasbhaidh. ❷ *greed, voracity*: aimirne, ainmheasarthacht, ainriantacht, alpaireacht, anlucht, antoil, cíocras, confadh, craos, craosaireacht, dásacht, dúil, dúil chráite, faobhar, fíoch, flosc, fonn, fraoch fiacla, gionach, íota, méadláil, placamas, saint, santacht, scamhadh, sceimhle ocrais, slogáil, slogaireacht, suthaíocht, suthaireacht.

amplach adjective ❶ *hungry*: caolocrach, gátarach, gortach, ocrach, ocrasach, siolgair, stiúgtha; ar an gcaolchuid, ar an ngannchuid. ❷ *greedy*: amplúil, cíocrach, géarghoileach, gionach, goiliúil, longach, póitreálach, slogach, suthach, tomhaltach; aimirneach.

amplachán noun *greedy person*: ailpéir, alpaire, amplachán, amplóir, anrachán, bláistéir, bleadrachán, bleitheach, bleitheachán, bolgadán, calcaire, cíocrachán, cíocrasán, cráisiléad, craosachán, craosaí, craosaire, craosánach, gainéan, geoiseach, gionachán, glacsam, gliúrach, gliúrachán, glutaire, goileadán, goilíoch, gorb, graoisín, longaire, málaeir, méadlach, ocrachán, ocrasán, peasánach, placaire, póitreálaí, scanróir, slamaire, slogaire, slogamóir, slogánach, suthaire, tomhaltóir.

amscaí adjective ❶ *awkward, maladroit*: ainnis, anásta, bosach, botúnach, buiniceach, ciotach, ciotógach, ciotrainneach, ciotrúnta, crúbach, driopásach, lapach, leibideach, liobarnach, liopasta, míáisiúil, míshlachtmhar, místuama, sliopach, sliopánta, spágach, strampáilte, tuaisceartach, tuatach, tuathalach, úspánta, útamálach; ordóga uilig atá air, tá sé faoi ordóga uilig. ❷ *untidy, slapdash*: draoibeach, eadarluasach, faillíoch, faillitheach, fánach, fuairneálach, fuarspreoireach, giobach, gioblach, gliobach, leadhbach, líobóideach, lóipíneach, luideach, maolscríobach, neamhairdeallach, neamhaireach, neamhchúiseach, neamhchúramach, scrábach, slapach, sraimlí, sramach, sleamchúiseach, sraoilleach; ar nós cuma liom.

anabaí adjective ❶ *unripe, immature*: éigríonna, glas, neamhaibí, táthghlas; anársa, ró-óg. ❷ *premature, untimely*: antráthach, antráthúil, mí-ionúch, míthráthúil, obann, tobann.

anacair adjective ❶ *uneven, unsteady*: barrbhaoiseach, barrthuisleach, corr, corrach, corraiceach, díodánach, éagothrom, éanúil, forbhásach, gingideach, gogaideach, guagach, luaineach, luascánach, luathintinneach, míchothrom, neamhfhuaimintiúil; ar a bhoige bhaige, ar forbhás, ar sínebhogadh; teipeanach. ❷ *uneasy, uncomfortable*: aingí, angarach, anóiteach, anróiteach, buartha, corrabhuaiseach, corrthónach, díothach, dochrach, dochraideach, dócúlach, doghrainneach, doirbh, dólásach, dubhach, imníoch, míshuaimhneach, pioléideach; ar anchaoi, i gcruachás, i mbambairne, i bponc, i sáinn, in abar, in anchaoi, ina bhaileabhair. ❸ *difficult*: achrannach, aimpléiseach, anfhurasta, anróiteach, bundeacair, casta, crosta, crua, deacair, dian, docht, dodhéanta, doiligh, doréidh, doréitithe, droibhéalach, duaisiúil, duibheagánach, fadhbach, iomardúil, strusúil, tónáisteach, *literary* doraidh. **noun** ❶ *unevenness*: corraiceacht, gogaideacht, guagacht, luaineacht, éagothroime, *literary* doraidh. ❷ *unease, discomfort*: anó, corrabhuais, corrthónacht, cotadh, dócúlacht, guaigínteacht, míchompord, míshuaimhneas. ❸ *difficulty, distress*: ainnise, anchaoi, angar, bochtaineacht, cráiteacht, cruatan, deacair, dochracht, dochraide, dócúl, doghrainn, doic, dola, dothairne, drámh, duainéis, éagomhlann, gábh, gannchuid, géarbhroid, géarghoin, pioléid, treabhlaid, trioblóid, *literary* cacht, galghad.

anachain noun ❶ *mischance, disaster*: amaróid, ciotrainn, coscairt, creachadh, donacht, donas, eirleach, longbhriseadh, matalang, mífhortún, mísheoladh, míthapa, timpiste, tionóisc, treabhlaid, treascairt, tubaiste, turraing, *literary* dursan, teidhm; níl maith sa seanchas nuair atá an anachain déanta; níor tháinig anachain riamh ina haonar. ❷ *hurt, harm*: aimhleas, bárthainn, bascadh, ciorrú, cuimil an mháilín, damáiste, díobháil, díoth, díothú, dochar, dochracht, doghrainn, dola, goin, gortú, léirscrios, lomadh, lomairt, lot, milleadh, millteoireacht, nimheachas, nimheadas, pian, scrios, slad, sladaíocht, sladaireacht, urchóid, *literary* lochar.

anacrach adjective ❶ *distressed*: anbhuaineach, buartha, céasta, ciapta, corrabhuaiseach, doghrainneach, dólásach, faitíosach, eaglach, éigeantach, imníoch, míshuaimhneach, pioléideach; i gcruachás, i mbambairne, i bponc, i sáinn, in abar, in anchaoi, ina bhaileabhair. ❷ *distressing*: achrannach, anróiteach, callóideach, callshaothach, crosta, crua, damáisteach, deannachtach, dochrach, dochraideach, doghrainneach, doiligh, doirbh, doithimh, donasach, duainéiseach, duaisiúil, duamhar, éigneach, goilliúnach, goimhiúil, míchompordach, nimheach, peannaideach, pianmhar, pioléideach, treabhlaideach, treascrach, trioblóideach, truamhéalach.

anáil noun ❶ *breath*: anáil na beatha; análú, dé, díogarnach, falrach, fleaim, puth, riospráid, tinfeadh, tinfise; gearranáil, plúchadh, seadán, smúrthacht, snag, snag anála, uspóg; bhí ga seá ann, bhí saothar air. **adverbial phrase faoi d'anáil** *under your breath*: faoi d'fhiacla. ❷ *air*: aeracht, aeráil, aithleá, aithleá gaoithe, atmaisféar, feothain, gaoth, gaothráil, leoithne, miam, puth, séideán. ❸ *influence*: buannacht, coimirce, cumhacht, draíocht, éifeacht, iomartas, máistreacht, scáth, sciath, séideadh faoi, tionchar, údarás.

anailís noun *analysis*: anailísiú, briseadh síos, léirléamh, léirmheas, miondealú, mionscrúdú, parsáil, taifeach.

anailísigh verb *analyse*: bris síos, miondealaigh, mionscrúdaigh, parsáil, taifigh.

anaiste noun ❶ *bad condition, misfortune*: ainnise, ainríocht, anacair, anachain, anás, anchaoi, angar, anró, anróiteacht, anshó, bochtanas, boichte, bochtaineacht, crá croí, cruatan, dealús, dearóile, díblíocht, dochonách, dochracht, dochraide, dócúl, doghrainn, dóing, dóinmhí, dola, drochbhail, droch-chríoch, fulaingt, gábh, leatrom, matalang, mí-ádh, mífhortún, pioléid, teipinn, trioblóid, truántacht. ❷ *ill-treatment*: ainíde, anoircheas, cáibleáil, cargáil, cuimil an mháilín, drochíde, drochláimhseáil, drochúsáid, íde na muc is na madraí, ídiú, íospairt, masla, maslú, mí-úsáid, oidhe, raiceáil, treabhlaid, treascairt, *literary* lochar.

anaithnid adjective *unknown*: allúrach, coimhthíoch, deoranta, eachtrach, eachtrannach, iasachtach, imeachtrach, seachtrach, *literary* duaithní; gan ainm. **adjectival genitives** aineoil, aineolais, ainiúil, doeolais, iasachta.

análach adjective ❶ *spacious, well-ventilated*: aerach, aeráilte, fairsing, oscailte, scóipiúil, spásmhar, spéiriúil. ❷ *aspirated, lenited*: bog, séimh, séimhithe ❸ *voiceless*: neamhghlórach.

análaigh verb *breathe*: cnead, easanálaigh, séid, smúr, tarraing anáil.

anall adverb *hither, from the far side*: go dtí seo, go nuige seo, sonn.

anam noun ❶ *soul*: croí, pearsa, pearsantacht; sícé, spiorad, sprid, taibhse. ❷ *life*: beatha, beo, dé, saol. ❸ *liveliness, spirit*: aigeantacht, anamúlacht, ardaigeantacht, beocht, beogacht, bruithean, croí, éirí croí, dé, éirimiúlacht, flosc, fóisíocht, gairdeas, gealadhram, géim, girréis, giústal, gliondar, gus, laighce, lainne, lúcháir, macnas, meanma, meidhir, misneach, scleondar, scóip, soilbhreas, soirbheas, spéiriúlacht, spiorad, spleodar, spreacadh, spréach, sprid, spriolladh, subhachas, súgachas, súgaíocht, suairceas, teaspach.

anas noun *anus*: átháin, bundún, clais, cráic, geadán, gimide, gúnga, poll, poll na tóna, prompa, reicteam, rumpa, tiarpa, timpireacht, tóin, toll.

anásta adjective ❶ *needy*: ainnis, bocht, beo bocht, dealbh, dealúsach, dearóil, díchairdiúil, díothach, easnamhach, folamh, gátarach, lag, lom, ocrach, sportha, siolgair, spíonta, uireasach; ar an gcaolchuid, ar an ngannchuid, ar an trá fholamh, gan cianóg rua, gan phingin, go holc as, i bhfiacha, i ngátar, sna miotáin; níl ceairliciú aige. ❷ *clumsy, awkward*: ainnis, amhlánta, amscaí, bosach, bundúnach, ciotógach, ciotrúnta, crúbach, driopásach, lámhbhaosach, lapach, liopasta, mágach, mí-áisiúil, místuama, sliopánta, spágach, sraimlí, starrach, tuatach, tuathalach, úspánta, útamálach; ordóga uilig atá air, tá sé faoi ordóga uilig.

anbhainne noun *weakness, feebleness*: anbhainneacht, cloíteacht, fainne, faoine, faoineacht, filleadh féigh, lag, lagachar, lagáisí, lagar, laige, mairbhití, maoithe, marbhántacht, meirtean, meirtne, meirtní, silteacht, sleaic, téiglíocht, tláithe, tlás, tréithe, tréithleachas.

anbhann adjective *weak, feeble*: anbhainneach, caite, cloíte, crólag, éidreorach, fann, fannlag, faon, féigh, lag, meirtneach, míthreorach, sáraithe, sleaiceáilte, spíonta, tláthlag, traochta, tréith, *literary* triamhain; ag titim as a sheasamh; níor fhan sea ná seoladh ann.

anchruth noun *deformity*: ainimh, ainríocht, anchuma, anchúinseacht, arrachtas, breall, cáim, cithréim, éagruth, éalang, éasc, lear, locht, lóipín, máchail, míchuma, míghnaoi, miolam, smál, *literary* meann. **adverbial phrase in anchruth** *deformed, hideous*: ainríochtach, anchúinseach, anchumtha, arrachtúil, dodhealbhach, dodheilbh, doghnúiseach, éagruthach, fiartha, freangach, gránna, míofar, mísciamhach, urghránna, *literary* éidigh; gan chruth, gan déanamh, in ainríocht.

anchuma noun *bad, unnatural appearance*: anchruth, ainríocht, anchúinseacht, arrachtas, dodheilbh, doghnúis, éagruth, mílítheacht, strainc, straois, streill.

anchumtha adjective *mis-shapen*: ainríochtach, anchúinseach, arrachtúil, droch-chruthach, éagruth-

aneas
ach, fiartha, freangach, míchruthach; as riocht, gan chruth, gan déanamh, in ainriocht.

aneas adverb *from the south:* ón deisceart, ó thuaidh; anuas, síos.

anfhorlann noun ❶ *violence:* dásacht, éigean, éigeantas, éigniú, foréigean, forneart, forrachtadh, fórsa, lámh láidir, leatrom, neart. ❷ *oppression:* aintiarnas, anlathas, ansmacht, antrom, cos ar bolg, daoirse, daorbhroid, daordháil, daorsmacht, diansmacht, éagomhlann, forbhrí, forlámhas, forrachtadh, géarbhroid, géarleanúint, géarsmacht, inghreim, meirse, smachtúlacht, tíorántacht, tromas, urlámh, urlámhas, *literary* cacht, daorchíos.

angadh noun *pus, suppuration:* ábhar, ábhar buí, ábhrú, bánábhar, dul chun ainchinn, anagal, angaíocht, braon, garr, garrail, gor, othar, sileadh; carrmhogal, easpa, gor faoi ionga, máthair ghoir, neascóid.

angar noun *want, distress, affliction:* aimléis, ainnise, ainriocht, anacair, anás, anchaoi, anró, anróiteacht, anshó, bochtaineacht, bochtanas, boichte, ceasna, crá croí, crácáil, cráiteacht, cruatan, dealús, dearóile, díblíocht, dócúl, doghrainn, dola, duaineis, éagomhlann, fulaingt, gábh, gátar, géarbhroid, géarghoin, leatrom, mí-ádh, ocras, pioláid, suarachas, suaraíocht, treabhlaid, trioblóid, truántacht, uireasa, *literary* cacht, teidhm.

aniar adverb *from the west:* ón iarthar, soir; amach, anonn, sall.

anios adverb *from below:* suas, in airde; aduaidh, ó dheas.

anlann noun ❶ *condiment, kitchen:* bealaíocht, cineál, cóngar, greim miangasach, *pl.* sólaistí, tarsann; is maith an t-anlann an t-ocras; im le him ní tarsann; milisín. ❷ *condiment, sauce:* blaistiú, blastán, sabhsa.

anlathas noun ❶ *tyranny:* aintiarnas, antrom, cos ar bolg, daoirse, daorbhroid, daordháil, daorsmacht, diansmacht, éagomhlann, forlámhas, géarbhroid, géarleanúint, géarsmacht, géillsine, inghreim, lámh láidir, meirse, smacht, smachtúlacht, tíorántacht, urlámh, urlámhas, *literary* cacht, daorchíos, forbhrí; faoi mhámas. ❷ *usurpation:* forghabháil, forlámhas, urlámhas. ❸ *anarchy:* ainriail, anord, caismirt, díthreoir, easordú, easpa oird, mearú, mí-eagar.

annála plural noun *annals, chronicles:* croinic, leabhar staire, seanchas, stair, *literary* oireas.

annamh adjective ❶ *rare, infrequent:* corr-, dofhaighte, dofhála, easnamhach, fada ó chéile, **adjectival genitive** fáin, fánach, gann, gannchúiseach, neamhchoitianta, scáinte, tanaí, tearc; is beag; an rud is annamh is iontach. ❷ *lonely:* aduain, **adjectival genitive** aonair, aonarach, aonaránach, aonraic, cumhach, cumhthach, cumhúil, éagmaiseach, fadchumhach, iargúlta, iarmhaireach, imigéineach, imigéiniúil, scoite, uaigneach; ina aonarán, ina chadhain aonair, ina chadhain aonraic, ina éan corr, ina éan scoite.

anoir adverb *from the east:* ón oirthear, siar; anall, anonn.

anóirthear adverb *the day after tomorrow:* amanathar, amanarthar, arú amárach, in oirthear, um an óirthear.

anord noun *chaos, disorder:* ainriail, bruíon chanainn, bruíon chaorthainn, caismirt, cambús, caorthainn cárthainn, cibeal, cipeadraíl, clampar, clibirt, cliobach, cliobaram hob, clisiam, cíor thuathail, círéib, círéip, diúra dheabhra, easordú, easpa oird, fuilibiliú, fuirseadh má rabhdalam, giorac, gírle guairle, gleadhradh, gleorán, glisiam, glórmhach, greatharnach, griobach, holam halam, hólam tró, hurlamaboc, hurla harla, hurlama giúrlama, liútar éatar, liútar léatar, mearú, mí-eagar, mí-ordú, mírialtacht, muirthéacht, pililiú, rachlas, raiple húta, réabadh reilige, rírá, ruaille buaille, toirnéis, trachlais, tranglam.

anraith noun *soup:* brat, bróis, sú, súp; prácás, práibín, praiseach, stobhach, súram, sútram, urbhruith; boighreán, cáfraith, sríobún, suán.

anró noun *hardship, wretched condition:* aimléis, ainnise, ainriocht, anacair, anachain, anás, anchaoi, angar, anróiteacht, anshó, bochtanas, boichte, bochtaineacht, crá croí, crácáil, crácamas, cruatan, dealús, dearóile, díblíocht, dochracht, dochraide, dócúl, doghrainn, dóing, dóinmhí, dola, drochbhail, fulaingt, gábh, leatrom, matalang, míádh, mífhortún, ocras, pioláid, síleáil, straimp, trioblóid, truántacht.

ansacht noun ❶ *love:* armacas, bá, caithis, carthain, carthanacht, cion, connailbhe, cumann, dáimh, dáimhiúlacht, dearg-ghrá, dianghrá, dile, dílseacht, dúil, fialchaire, gaolacht, gean, gnaoi, grá, grámhaireacht, greann, ionúine, meargrá, mian, mórghrá, muirn, nóisean, searc, síorghrá, taitneamh, teasghrá, toil, *literary* dailbhe. ❷ *loved one:* anam, caomh, carán, ciallach, cograch, craobhóg, craoibhín, croián, croídín, cúirtéir, dílseog, grá, grá mo chroí, graidhin, lao, leannán, leannán, leoinín, maoin, maoineach, meanmarc, muirneach, muirneog, muirnín, rún, searc, searcóg, seircín, stóirín, stór, taisce, téagar; m'anam, mian mo chroí, mo chuach thú, mo chuid den saol.

antoil noun ❶ *dislike:* adhascaid, casadh aigne, cradhscal, déistin, díchion, dochma, doicheall, drochbhlas, drogall, eascairdeas, fuath, glonn, gráin, masmas, múisiam, samhnas, míthaitneamh, naimhdeas, neamhchion, orla; is é is lú liom, is é púca na n-adharc agam é; chuirfeadh sé madra gan tóin ag cac. ❷ *evil inclination:* craos, drochaigne, droch-chlaonadh, droch-chroí, drochintinn, drúis, saint; áilíos, ainriantacht, andúil, anmhacnas, anrachán, antoil na colainne, collaíocht, dúil chráite, macnas, miangas, paisean, rachmall, ragús, sámhas, saobhnós.

antráth noun ❶ *inopportune time:* anuair, míthráthúlacht; an lá i ndiaidh an mhargaidh. ❷ *late hour:* airneál, airneán, deireadh lae, deireanaí, deireanas, moille; am an doichill, oíche, meán oíche; *pl.* trátha beaga na maidine.

antráthach adjective ❶ *untimely:* anabaí, antráthúil, míchóiriúil, mí-ionúch, míthráthúil, obann, tobann. ❷ *late:* anmhoch, déanach, deireanach, domhain san oíche, mall; amach, amach go maith, amach san oíche, siar amach sa lá, siar amach san oíche.

antuisceanach adjective *inconsiderate:* faillíoch, faillitheach, féinspéiseach, féinspéisíoch, gar dó féin, leithleach, leithleasach, leithleastach, místaidéarach, neamhaireach, neamhchúramach.

anuabhar noun ❶ *overweening pride:* baothuabhar, díomas, dí-umhlaíocht, leithead, leitheadas, méirnéis, móráil, mustar, postúlacht, sotal, steámar, stráice, stróinéis, tóstal, uabhar, uaibhreacht, uaibhreas. ❷ *excess of* (with the genitive): anbharr, anlucht, barraíocht, an iomad, an iomarca, an iliomad.

anuas adverb *from above, from the south:* síos; aneas, ón deisceart, ó thuaidh.

anuasal adjective *low-born, ignoble:* bodachúil, bodúil, comónta, íseal, lábánta, lodartha, prólátaireach, suarach, táir, tútach, uiríseal. noun *low-born person:* amhas, bathlach, bodach, buailtíneach, búr, cábóg, closmar, fleascach, lábánach, lóma, mogh, moghaidh, prólátaireach, sclábhaí, spailpín, tuathalán, tuathánach, tútachán, túitín; *colloquial* cosmhuintir, daoscarshlua, gramaisc na sráide, ísealaicme, prólatáireacht, Clann Lóbais, Clann Tomáis, codraisc; *pl.* na híochtaráin.

aodh noun ❶ *inflammation:* adhaint, athlasadh, deirge, galrú, griogadh, ionfhabhtú, íth, lasadh, séideadh. ❷ **aodh tochais** *nettlerash, hives:* fiolún saith, gríos, íth, urtacáire.

aoi noun ❶ *guest, lodger: historical* coinneamh, geasta, lóistéir, lóistíneach, ósta, óstach; caidéir, coirm gan chuireadh, stocaire, súdaire, táthaire, *literary pl.* tromdhámh. ❷ *knowledgeable person:* eagnaí, eolaí, eolgaiseoir, sainéolaí, saoi.

aoibhinn adjective *delightful, blissful:* aiteasach, álainn, aobhdha, aoibheallach, aoibhiúil, deas, pléisiúrtha, sóch, sólásach, taitneamhach; aerach, áthasach, gairdeach, gealgháireach, lúcháireach, ríméadach.

aoibhneas noun *bliss, delight:* aiteas, áthas, aoibh, gairdeas, gealgháire, gliondar, laighce, lainne, lúcháir, meidhir, meidhréis, pléisiúr, ríméad, sáile, sámhas, sásamh, seaghais, só, sóchas, sólás, subhachas, sult, taitneamh, *literary* fáilte.

aoileach noun *manure, fertilizer:* leas, leasachán, leasú; bualtrach, maothlach, múnlach, otrach, súlach.

aoine noun ❶ *fasting:* abstanaid, bigil, moirtniú, tréanas, troscadh, troscadh is tréanas. ❷ **Aoine** *Friday:* Dé hAoine; Aoine an Chéasta, Na Naoi nAoine.

aoir noun *satire:* aorachas, caracatúr, cleithireacht, cleithmhagadh, crosánacht, fochaid, fonóid, glámh, leithéis, magadh, scigaithris, scige, scigireacht, steallmhagadh.

aoire noun *shepherd, herdsman:* aoire, buachaill, maor, sípéir, sréadaí, tréadaí, *literary* áirgheach.

aois noun ❶ *age, length of life:* aimsir, beatha, glúin, lá, *pl.* laethanta, ré, saol, saolré, téarma, *literary* díne. ❷ *time of life:* naíontacht; leanbaíocht, ógántacht, óige; macaomhacht; feargacht, sóisearacht; barr a mhaitheasa, breacaois, bunaois, clogaois, cnagaois, lomaois, meánaois, scothaois. ❸ *old age:* aois an phinsin, aois chapall na comharsan, aois chapall na malairte, aois chapall na muintire, aoschaiteacht, ársaíocht, athlaochtacht, crandacht, críne, críonadh, críonnacht, foirfeacht, léithe, meath, seanaois, seandacht, seanóireacht, sinsearacht, tonnaois, *literary* sruithe. ❹ *period, era:* aimsir, am, céad, ceannaimsir, ré, linn, tráth, tréimhse; céad bliain, céad; nua-aois, an aimsir óg.

aol noun ❶ *lime:* aol beo, aol sceite, aol teilgthe, aolchloch, aoldath, cailc, cailciam, leamhaol, plástar. verb ❶ *lime, whitewash:* aolaigh, aoldathaigh, aolnigh, cuir aol ar, nigh le haol; tá an teach buailte; teach aolgheal. ❷ *grow white, whiten:* bánaigh, geal, gealaigh, liathaigh, tuar; tréig.

aonach noun ❶ *fair:* margadh, marglann; carnabhal; céide aonaigh. ❷ *assembly:* ardfheis, cóisir, comhdháil, comhthionól, feis, oireachtas, ollchruinniú, parlaimint, seanad, sionad, tiomsú, tionól, *literary* seanadh.

aonar noun ❶ *literary lone person:* ancaire, aonán, aonarán, cadhan aonair, cadhan aonrach, cadhan aonraic, caonaí, caonaí aonair, clochrán, deoraí, díseartach, díthreabhach, duine aonair, éan corr, éan cuideáin, fear singil, indibhid, leathéan, reigléasach; bean shingil, cailín singil, éan cuaiche, éan na cuaiche. ❷ *adjectival genitive* **aonair** *single solitary:* aonánach, aonarach, aonrach, aonraic, singil, uaigneach, uatha, uathúil. prepositional phrase **ina aonar** *alone:* aonánach, aonarach, aonrach, aonraic, singil; ar a chamán féin, as a stuaim féin, as féin, leis féin, uaidh féin.

aonarán noun *single person, solitary person:* baitsiléir, cadhan aonair, cadhan aonrach, caonaí, caonaí aonair, clochrán, díseartach, duine aonaránach, duine singil, éan cuideáin, reigléasach; *familiar*

ancaire, stadhnóir; tá sé ina éan aonair, tá sé ina éan dearg, tá sé ina éan scoite.

aonaránach adjective *single, solitary:* aonadach, aonánach, aonarach, aonartha, aonarúil, aonracánach, aonrach, aonraic, aonta, diamhair, singil, scoite, uaigneach, uatha, uathúil; ar an iargúil, ar an uaigneas; ar a chamán féin, as a stuaim féin, as féin, leis féin, uaidh féin; ina aonar, in aontumha.

aonaránacht noun *solitariness:* aduantas, aonaracht, aonrú, aonta, aontumha, aonchránacht, díseart, díthreabh, díthreabhacht, éagmais, reigléas, singilteacht, uaigneas, uathúlacht, *literary* dearraide.

aontacht noun ❶ *oneness, unity:* aonad, aonta, aontas, aontoil, ceangal, cónaidhm, singilteacht, uathadh, uathúlacht. ❷ *unanimity:* aon intinn, comhaonta; d'aon ghlór, d'aon ghuth, d'aon toil. ❸ *simplicity:* éascaíocht, fusacht, saoráid, simplíocht.

aontachtaí noun *unionist:* dílseoir, ríogaí, monarcaí, Oráisteach; Caomhnóir, Coimeádach, Tóraí; Páirtí Aontachtach Uladh, Páirtí Daonlathach Aontachtach, Páirtí Forásach Aontachtach.

aontaigh verb ❶ *unite:* athaontaigh, ceangail, comáil, cóimeáil, comhaontaigh, cónaisc, cuir i dtoll a chéile, cuir le chéile, tabhair le chéile. ❷ *agree, assent:* cuir do lámh le, cúnantaigh, deonaigh, faomh, freagair do, glac le, luigh le; géill do, réitigh le, socraigh, tar le, toiligh le; bí ar aon fhocal le, bí ar aon intinn le. ❸ *fit:* feil, oir, toill, réitigh le. ❹ **aontaigh le** *cohabit with:* comhaontaigh le, greamaigh de, mair le, bí in aontíos le, déan lánúnachas le.

aontú noun *assent, agreement:* comhaontú, comhréiteach, conradh, coraíocht, cúnant, daingean, deonú, faomhadh, géilleadh, socrú, toil, toiliú, *literary* cadach.

aor verb *satirize, lampoon:* aor, athnasc, déan magadh faoi, déan scigaithris ar, *literary* rionn.

aos noun ❶ *people, folk:* lucht; dream, drong. ❷ **an t-aos óg** *the young people: pl.* na daoine óg, an óige, an t-ógra, *literary* ógbhaidh.

aosach adjective *adult:* fásta, lánfhásta, oirbheartach; in inmhe. noun *adult:* duine fásta, duine mór.

aosaigh verb *come of age:* aibigh, fás suas, tar chun aibíochta, tar in inmhe, tar in oirbheart; tháinig sé ann.

aosán noun ❶ *evil fairy:* bocán, bocánach, cluarachán, cluatharachán, geancachán, gréasaí na scillinge, leipreachán, lucharachán, lucharbán, lucharpán, lúchorpán, luchramán, lúircín, mórphúca, orc, púca, siride, síofra, sióg, síogaí, troll. ❷ *colloquial fairies:* aos sí, *pl.* na daoine beaga, *pl.* na daoine maithe, *pl.* na sióga, *pl.* síogaithe, *pl.* na huaisle, *colloquial* lucht sí; ealbh.

aosta adjective *aged, old:* ársa, cnagaosta, críon, críonna, foirfe, lánaosta, liath, lomaosta, scothaosta, sean-, sean, seanórtha, seargtha.

aothú noun *crisis (in sickness):* aoitheo, faothamh, faothú, géarchéim; ré naomhaí.

ápa noun *ape:* ápa Barbarach; giobún, goraille, orangútan, simpeansaí; piteacantróp, piteacóideach; moncaí, simiach.

ár noun ❶ *slaughter:* bascadh, búistéireacht, coscairt, deargár, doirteadh fola, eirleach, íospairt, lámhach, marfach, martrú, marú, réabadh, sceanach, sceanairt, sceanartáil, scláradh, slad, slascairt, sléacht, sleachtadh. ❷ *havoc:* damáiste, aimhleas, aimliú, anachain, bárthainn, bascadh, creachadh, creachadóireacht, damain, díobháil, díoth, díothú, dochar, donas, léirscrios, lot, matalang, milleadh, millteoireacht, scrios, scriostóireacht, slad, treascairt, *literary* lochar, urbhaidh.

araí noun *bridle:* adhastar, braighdeach, braighdeachán, braighdeán, ceangal, ceannrach, cuibh-

araíocht

An Aibítir Arabach

Aonarán	Críoch	Meánach	Tosach	Ainm	Traslitriú	Fuaim
ء	—	—	أ, إ, ؤ, ئ	Hamza	ʾ	[ʔ]
ا	ـا	—	—	ʾAlif	ā	[aː]
ب	ـب	ـبـ	بـ	Bāʾ	b	[b]
ت	ـت	ـتـ	تـ	Tāʾ	t	[t]
ث	ـث	ـثـ	ثـ	T̠āʾ	t̠	[θ]
ج	ـج	ـجـ	جـ	Ǧīm	ǧ	[dʒ]
ح	ـح	ـحـ	حـ	Ḥāʾ	ḥ	[ħ]
خ	ـخ	ـخـ	خـ	H̱āʾ	ẖ	[x]
د	ـد	—	—	Dāl	d	[d]
ذ	ـذ	—	—	D̠āl	d̠	[ð]
ر	ـر	—	—	Rāʾ	r	[r]
ز	ـز	—	—	Zāy	z	[z]
س	ـس	ـسـ	سـ	Sīn	s	[s]
ش	ـش	ـشـ	شـ	Šīn	š	[ʃ]
ص	ـص	ـصـ	صـ	Ṣād	ṣ	[sˤ]
ض	ـض	ـضـ	ضـ	Ḍād	ḍ	[dˤ] ~ [ðˤ]
ط	ـط	ـطـ	طـ	Ṭāʾ	ṭ	[tˤ]
ظ	ـظ	ـظـ	ظـ	Ẓāʾ	ẓ	[zˤ] ~ [ðˤ]
ع	ـع	ـعـ	عـ	ʿAyn	ʿ	[ʔˤ]
غ	ـغ	ـغـ	غـ	Ġayn	ġ	[ɣ]
ف	ـف	ـفـ	فـ	Fāʾ	f	[f]
ق	ـق	ـقـ	قـ	Qāf	q	[q]
ك	ـك	ـكـ	كـ	Kāf	k	[k]
ل	ـل	ـلـ	لـ	Lām	l	[l]
م	ـم	ـمـ	مـ	Mīm	m	[m]
ن	ـن	ـنـ	نـ	Nūn	n	[n]
ه	ـه	ـهـ	هـ	Hāʾ	h	[h]
و	ـو	—	—	Wāw	w	[w]
ي	ـي	ـيـ	يـ	Yāʾ	y	[j]

reach, iall, igín, rópa, tácla, téad, srian, úim, *literary* lomhain.

araíocht noun ❶ *appearance, semblance*: aghaidh, cló, cóiriú, cosúlacht, creat, crot, cruth, cuntanós, cuma, cumraíocht, cuspa, dealracht, dealramh, déanmhaíocht, deilbh, dreach, dromchla, éadan, eagar, éagasc, féachaint, fíoraíocht, foirm, gnaoi, gné, gnúis, gotha, leagan, riocht, scoth, snua, stiúir, taispeánadh. ❷ *promise*: coraíocht, dealraithí, dóchas, dúil, gealltanas, geallúint, ionchas, súil. ❸ *fitness, strength*: brí, bua, corpacmhainn, cumas, cumhacht, éifeacht, feabhas, fiúntas, foirtile, folláine, láidreacht, lúfaire, lúfaireacht, lúth, mianach, neart, neartmhaire, sea, sonairte, spreacadh, tréan, tréine, treise, urra, urrúntacht, urrús, *literary* druine, tothacht.

aralt noun ❶ *herald (in general)*: bolscaire, callaire, féar fógartha, fógróir, leagáid, postaire, taidhleoir, teachta, teachtaire, toscaire, *literary* clamaire. ❷ *herald (concerned with heraldry)*: araltasóir, maor armais, mórmhaor armais, pursuant, rí-aralt.

Téarmaí Araltais

achievement: armas slán; slánarmas
addorsed: cúl le cúl
affronty: aghaidh chun tosaigh; tulsuite; tultreoch
allusive arms: armas tagrach
amethyst: aimitis *f.*; corcra
annulet: fáinnín
appaumy: bosleata; crobhscaoilte
argent: airgead; airgidí
armed: na fiacla is na hingne…; na starrfhiacla…
armiger: armasach
arms: armas
aversant: cúl chun tosaigh
azure: gorm
badge: suaitheantas
bar: caolbhalc
barwise: cothrománach; go cothrománach
barrulet: lata
barry: balcach; ilbhalcach
barry wavy: cambhalcach
baton: bandáinín glanghearrtha; bastún
bend: bandán
bend sinister: clébhandán
bendlet: bandáinín
bendwise: fiartha; go fiartha
bendy: bandánach; ilbhandánach
bezant: tallann
billet: smután
blazon: craobhscaoileadh; tuairisc *f.* armais
bleu celeste: spéirghorm
bonnet: caipín
bordure: imeallbhord
brisure: comhartha sóisearachta; deachair *f.*
buck's head caboshed: lomaghaidh *f.* fiaphoic
caboshed (*féach buck's head caboshed*)
cabré: ag éirí
cadency: sóisearacht *f.*
caduceus: cadrúca
canting arms: armas tagrach
canton: cúinneán
Catherine wheel: roth céasta
chapeau: caipín
chaplet: bláthfhleasc *f.*
charge: fíor *f.*
charged with: breactha le
chevron: rachtán
chevronel: rachtáinín
chief: barr scéithe; sciathbharr
cinquefoil: cúigdhuille *f.*
coat of arms: armas
cockatrice: baisileasc; rínathair *f.*
compartment: lantán
compony: cearnógach
coney: coinín
cordon: corda baintrí
cotise: caolbhandán
cotised: le feirbíní
couchant: ina luí
counterchanged: lí-aistrithe
couped: glanghearrtha
courant: ag rith
coward: meata
crescent: luanla
crescent decrescent: luanla seanghealaí

crescent increscent: luanla nuaghealaí
crest: círín
cross: cros *f.*
cross botonny: cros *f.* triufach
cross crosslet: cros *f.* chrosógach
cross flory: cros *f.* phlúrach
cross moline: cros *f.* mhiolaireach
cross patonce: cros *f.* lapach
cross patty: cros *f.* leata
dancetty: móreangach
debruise: uraigh
debruised by: … anuas air
devisal of armas: toirbhirt *f.* armais
dexter: deas
difference: deachair *f.*
dimidiation: déroinnt *f.*
diminutive: mion-ríphíosa
displayed: ar leathadh; leata
dormant: faoi shuan
double tressure flory counter-flory: déthrilseán plúrach frithphlúrach
ecartele: ceathair-roinnte
embattled: táibhleach
embowed: cuartha; stuach
enfield: onchú
engrailed: clasach
entire: ar fad; iomlán
erased: stoite
ermine: eirmín
ermines: fritheirmín
erminois: eirmínéis *f.*
escallop: cairbreán; muirín
estoile: camréalta *f.*; stéillín
fess: balc
fess point: balcphointe; lárphointe
field: machaire
fimbriated: imlínithe; tacmhaingthe
fitchy: rinneach
fitchy at the foot: bunrinneach
fleam: cuisleog *f.*
fleur-de-lys: flór de lúis
floretty: plúiríneach
flory: plúrach
fret: fiteán
fusil: camchearn; eiteán
gorged with: … timpeall a mhuiníl; … mar choiléar aige
guardant: breathnaitheach
gules: dearg
gyron: góire
gyronny of eight: ochtghóireach
hauriant: ag análú
honour point: pointe onóra
impalement: deighilt *f.*
indented: eangach
inescutcheon: lárscíath *f.*
invected: dronnógach
inverted: bunoscionn
issuant: ag éirí aníos; ag fás as
langued: an teanga…
Latin cross: cros laidineach
lodged: faoi shuaimhneas
lozenge: muileata
lozengy: muileatach
Maltese cross: cros *f.* Mháltach; cros *f.* ocht rinn
mantling: brat; tuíneach *f.*
marshalling: cogairsiú
martlet: mairléad
mullet: réalta
mural crown: múrmhionn
naiant: ag snámh
naissant: ag éirí aníos
nebuly: néallach
nombril point: imleog *f.*; pointe imleacáin
nowed: snaidhmthe
or: ór; órga
ordinary: ríphíosa
orle: ur
pairle: cuaille
pale: cuaille
palewise: ingearach; go hingearach
pall: gabhal
pallet: cuaillín
paly: cuailleach; ilchuailleach
paly of six: séchuailleach
party: deighilte
party per bend: criosroinnte
party per bend sinister: cléroinnte
party per fess: gearrtha
party per pale: deighilte
party per saltire: crannroinnte; ceathairghóireach
passant: siúlach
patriarchal cross: cros *f.* phatrarcach
pean: fritheirmínéis *f.*
pheon: treá
pile: ding *f.*
point: bior; clib *f.*; pointe; rinn
potent: cathógach; croisíneach
proper: dualdaite; ina dhathanna aiceanta féin
purpure: corcra
quadrate: cearnach
quartering: ceathair-roinnt *f.*; ilroinnt *f.*
quarterly: ceathair-roinnte
rampant: ina cholgsheasamh
raguly: ceapánach
rayonny: gathach
reguardant: aisbhreathnaitheach
reversed: bunoscionn
rising: ag éirí aníos
roundel: cruinneán
rustre: tollmhuileata
sable: dubh
saliant: ag lingeadh
saltire: sailtír *f.*
sanguine: cródhearg
sejant: ina shuí
semy: púdráilte
shield: sciath *f.*
sinister: clé
slipped: gasach; an gas…
statant: ina stad
subordinary: fophíosa
sun in splendour: grian *f.* niamhrach
supporter: tacaí
tau cross: T-chros *f.*
tenny: ciarbhuí
throughout: ar fad
tierced: tríroinnte
tincture: lí
torse: fleasc *f.*
tressure: trilseán
trippant: ar sodar
unguled: na crúba…
vair: véir *f.*
vert: uaine
voided: folmhaithe
volant: ag eitilt; ar eitilt
vulning: ag goin
wavy: camógach
wyvern: vuibhearn

araltas noun *heraldry*: craobhscaoileadh armas; armasóir, eolaire armas, flaithsheanchas, rolla armas; armas, armas slán, slánarmas; sciath, suaitheantas; meirge.

arán noun *bread*: arán tur, ár n-arán laethúil; bairín, bairín breac, bocaire, bríce aráin, builín, bulóg, cáca, caiscín, canta aráin, ceapaire, crústa, gabhdóg, sambó, taos, taos aráin.

áras noun ❶ *habitation*: ábhach, adhbha, áfach, aice, aicíocht, áitiú, áitreabh, áras, baile, brocach, broclach, brugh, canachán, ceanncheathrú, cónaí, congbháil, cuan aoibhnis, cuan síochána, diméin, díseart, fáras, feirm, forba, fuachais, gabháltas, gnáthóg, lonnachán, lonnú, nead, nideog, scailp, suíochán, puball, talmhóg, teallach, tearmann, uaimh, uachais; *literary* cliothar, fochla, maighean. ❷ *house, building*: beannad, both, bothán, bothóg, brácá, caisleán, cró, cróicín, foirgint, foirgneamh, foirgníocht, iostán, mainéar, pailliún, pálás, stáblachán, teach, teach beag, teachín, teaghais, tigh, toigh, tuiní, úirín, únacht; *literary* lann. ❸ *vessel*: ampaill, ancairt, árthach, babhla, báisín, beiste, bleidhe, buicéad, ceaintín, canna, cíléar, cilfing, cingid, ciolarn, clogad, clogaidín, croca, crúiscín, crúsca, cailís, cuach, cupa, cupán, dearbhóg, feadhnach, feircín, giústa, gogán, leastar, méisín, mias, mornán, muga, paol, peaindí, pigín, pota, potán, próca, scála, searróg, séibe, soitheach, stópa, tancard, umar; áras fuail, breallán, fualán, *literary* drochta, síothal, stábh. ❹ *uterus*: bolg, broinn, máithreach, pis, pit, soitheach, útaras; chuir an bhó an t-áras amach 'the cow had a uterine prolapse'; chuir sí a caoláin amach, chuir sí an soitheach amach.

arbhar noun ❶ *corn, cereal*: arbhar Indiach; coirce, coirce faoilleach, coirce faoillí, coirce cuaiche, coirce dubh, coirce préacháin, coirce scilligthe, cuachán; cruithneacht, cruithneacht earraigh,

Cineálacha Aráin

azyme: arán slim
bagel: béigeal
baguette: builín caol; *baguette*
bannock: bonnóg *f.*
bap: bonnóg *f.*; bapa
bara brith: *bara brith*
barmbrack: bairín breac; builín breac
batch loaf: bruthóg *f.*
bialy: biailí
billy-bread: arán bilí
black bread: arán dubh; arán seagail
bloomer: bliúmar
boxty: bacstaí
bread roll: rollóg *f.* aráin
breadstick: cipín aráin
bridge roll: rollóg *f.* brocaire te
brioche: *brioche*
brown bap: bapa donn
brownie: donnchíste
bruscetta: *bruscetta*
bun: borróg *f.*
burger bun: borróg *f.* burgair
challah: arán uibhe
chapati: *chapati*
ciabatta: *ciabatta*
cob: builín cruinn
cornbread: arán buí; arán mine buí
corn pone: cáca buí; cáca mine buí
cottage loaf: builín tuaithe
croissant: *croissant*
crumpet: crompóg *f.*
currant bread: arán cuiríní
damper: deaimpear
farmhouse loaf: builín feirme
flatbread: arán cothrom
focaccia: *focaccia*
French bread: arán francach
French stick: builín caol
fruit loaf: builín toraidh
garlic bread: arán gairleoige
granary bread: arán caiscín; arán gráinsí
hoagie bread: hógaí
hot cross bun: crosbhorróg *f.*
hush puppy: cróicéad mine buí
injera: *injera*
johnnycake: cáca buí; cáca mine buí
kaiser roll: rollóg *f.* cadhsar
kulcha: arán *kulcha*
malt loaf: builín braiche
manchet: mainséid *f.*
matzo: matsó
milk loaf: builín bainne
muffin: muifín; bocaire
naan bread: arán *naan*
pan dulce: *pan dulce*
panettone: *panettone*
panino: painíneo
pan-loaf: panbhollóg *f.*
paratha: *paratha*
petit pain: *petit pain*
pikelet: picléid
piki: picí
pitta bread: arán piota
platzel: platsal
pone: cáca buí
poppadom: papadam
potato bread: arán prátaí
pumpernickel: pumpairnicil
puri: *puri*
quatern loaf: builín ceathrún
roll: rollóg *f.*
roti: *roti*
rye bread: arán dubh; arán seagail
sliced pan: builín slisnithe
soda bread: arán baile; arán sóide
soda farl: ceathrú *f.* sóide
sourdough: géarthaos
spoon bread: arán spúnóige
stollen: *stollen*
stotty: císte stotaí
tea bread: arán tae
unleavened bread: arán slim
white bap: bapa bán
wholemeal bread: arán caiscín; caiscín

cruithneacht gheimhridh; eorna, eorna bheag, eorna nua, gráinne, grán, grán buí, muiléad, rís, seagal, *literary* ioth; barr, dias, fómhar, geamhair, gort; lóchán. ❷ *arbhar an fhómhair* montbretia (*Crocosmia x crocosmiiflora*): (i Reachlainn), feileastram dearg.

arc *noun* ❶ *piglet*: arc, arcán, bainbhín, banbhán, céasóg, céis, céis mhuice, muicín, orc, orc cránach, porcadán, porcán, sabhán, slip, slipeánach, slipín, taircín, torcán. ❷ *diminutive person or animal*: abhac, abhcán, aircín, arcán, beagadán, beagaidín, boiric ó ciú, camhcaid, ceairliciú, céasánach, cnádaí, crabadán, cruachán, cruiteachán, díolúnach, dreancaid, dúidlín, fíothal, gilidín, gilmín, gréiscealachán, meatachán, pigmí, pilibín, sarachán, sceoidín, síogaí.

ard *adjective* ❶ *high, tall*: fada, mór; cnocach, crochta, sléibhtiúil. ❷ *duine ard tall person*: brísteachán, camalóid, cleith, cleithire, cliathramán, clifeartach, cnábaire, cnuachaire, coinnleoir, cuirliún, cuirliúnach, fadaíoch, gágaire, gailléan, gallán, gleidire, ioscadán, langa, léanscach, léanscaire, píle, piléar, pílí, próiste, rúpach, rúplach, reanglamán, sciúirse, scodalach, sconnartach, sínéalach, spíce, spreota, sreangaire; eilit, feadóg. ❸ *elevated*: ceartingearach, crochta, eadarbhuasach, ingearach, rite. ❹ *loud*: ardghlórach, cársánach, fothramach, gágach, garbhghlórach, gárthach, géar, glórach, gluair, míbhinn, mór, mórghuthach, ollghuthach. ❺ *ambitious*: ardaidhmeannach, arduallach, forránach, glóirmhianach, uaillmhianach; is sárachán é. ❻ *of high degree, noble*: maorga, ardchéimiúil, ardchéimneach, ardréimeach, craobhuasal, forórga, glórmhar, oirirc, oirní, sochineálach, uasal, *literary* bladhach, ollbhladhach, séaghainn, triathach. *noun* ❶ *rise, hillock*: altán, ard, ardán, cabhán, cnocán, corr, droimín, droimnín, maolán, maológ, meall, mullán, tulchán, *literary* cnucha. ❷ *high part, top*: barr, buaic, féige, mullach, splinc, spuaic, uachtar, *literary* inn. *prefix* ❶ *high*: mór-, uachtair, uachtarach. ❷ *arch-, chief*: ceann-, for-, mór-, príomh-, rí-, uachtarach. ❸ *excellent, noble*: rí-, sár-, uas-, uasal-, *literary* triathach. ❹ *(academically) advanced*: léannta, oilte; **adjectival genitive** iarchéime. **adverbial phrase os ard** *aloud, publicly*: de ghuth ard, go hard, go hoscailte, go neamhbhalbh, go poiblí, i raon na gcluas, in éisteacht na ndaoine, os comhair na ndaoine.

ardaidhm *noun ambition*: ardmhian, glóirmhian, uaillmhian; aidhm, cuspóir, dúil, fonn, fuadar, intinn, mian, miangas, rún, toil.

ardaidhmeannach *adjective ambitious*: arduallach, forránach, glóirmhianach, uaillmhianach.

ardaigeanta *adjective high-spirited*: beo, beoga, ceolmhar, croíúil, éadromaigeanta, gáiriteach, gealchroíoch, gealgháireach, girréiseach, gusmhar, intinneach, meanmnach, meidhreach, meidhréiseach, scóipiúil, soilbhir, spéiriúil, spleodrach, suairc, subhach, teaspúil, *literary* cluicheachair; bagánta.

ardaigeantacht *noun high spirits*: aeracht, aeraíl, áibhéireacht, aigeantacht, aiteas, aoibhneas, áthas, beocht, beogacht, bruithean, croí, éirí croí, éadroime, éirí in airde, flosc, fóisíocht, gáibhéireacht, gairdeas, gealadhram, gealgháirí, géim, girréis, giústal, gleoiréis, gus, laighce, lainne, leithéis, lúcháir, macnas, meanma, meidhir, meidhréis, misneach, móraigeantacht, pléisiúr, ríméad, *pl.* sceitimíní, scléip, scleondar, scóip, scóipiúlacht, soilbhreas, soirbheas, sonas, spéiriúlacht, spiorad, spleodar, sprid, spriolladh, subhachas, súgachas, súgaíocht, súgradh, suairceas, teaspach, uabhar, *literary* subha; bagántacht.

ardaigh *verb* ❶ *raise*: croch, tarraing aníos, tóg. ❷ *increase*: bachlaigh, bisigh, borr, eascair, fás, forbair, geamhraigh, iolraigh, méadaigh, péac, síolraigh, *literary* fuill; bí bisiúil, bí torthúil, tar as, tar chun cinn. ❸ *promote*: cothaigh, craobhscaoil, craol, cuir chun cinn, cuir chun tosaigh, cuir suas. ❹ *exalt*: adhmhol, ardaigh, mol, mór, oirircigh, oirmhinnigh, onóraigh, urramaigh. ❺ *ascend:* ascain, dreap, téigh suas. ❻ *carry:* beir, iompair, tabhair, tóg.

ardán noun ❶ *small height,: hillock:* altán, ard, ardán, cabhán, cnocán, droimín, droimnín, maolán, meall, mullán, tulchán, *literary* cnucha. ❷ *platform, stage:* cé, clár, fánán, fléig, foradh, lamairne, lantán, leibhéal, léibheann, lochtán, póidiam, pontún, réchaladh, scafall, stáitse, stad. ❹ *stand (at stadium, etc.):* laftán, seastán. ❺ *terrace (in street):* lochtán, ré, sraith. ❻ *uplift:* airde meanman, ardú meanman, pl.

cluaisíní croí, lóchrann ar do chroí, ola ar do chroí, tógáil croí; aiteas, aoibhneas, áthas, eacstais, gairdeachas, gairdeas, gealán, gealchroí, gliondar, lainne, lúcháir, meidhir, riméad, sástacht, séan, soilbhreas, sólás, sonas, suairceas, subhachas.

ardeaglais noun *cathedral:* ardteampall, cill easpaig, suíochán easpaig, *literary* ceallfort, eaglais chaiteadrálta; baisleac, leas-ardeaglais; reigléas.

ardnósach adjective ❶ *grand, pompous:* bogásach, bóibéiseach, borrach, ceartaiseach, clóchasach,

---

Ardeaspaig Ard Mhacha

445–455 Pádraig
455–467 Beneán
467–481 Iarlaith
481–497 Cormac
497–513 Dubhthach
513–526 Ailill I
526–536 Ailill II
536–548 Dubhthach (*Duach*)
548–551 Dáibhí
551–578 Feidhlimidh Fionn
578–588 Caireallán
588–598 Eochaidh
598–610 Seanach
610–623 Mac Laisre
623–661 Tóiméine
661–688 Séighéine
688–715 Flann Feabhla
715–730 Suibhne
730–750 Conghas
Ba abaí iad na daoine a luaitear ó 750–1134
750–758 Céile Peadair
758–768 Fear dá Chrích mac Suibhne
768–778 Cú Dinaisc mac Conasaigh
778–793 Dubh dá Léithe I mac Síonaigh
793–794 Aireachtach ua Faoláin
794–795 Faoinnealach mac Maonaigh
795–806 Gormghal mac Dionnadaigh
795–806 Connmhach (*i bhfreasúra*)
807–808 Torbhach mac Gormáin
808–812 Nuadha
812–823 Flannghas (*Fearghas*) mac Loingsigh
823–833 Artri mac Conchobhair
833–834 Eoghan Mainistreach mac Ainbhthigh
834–852 Forannán mac Muirghile
834–852 Diarmaid Ó Tighearnáin (*i bhfreasúra*)
852–874 Féathna mac Neachtain
874–877 Maol Cobha
877–879 Ainmhire ua Faoláin
879–883 Cathasach mac Robhartaigh
883–888 Maol Cobha (*arís*)
888–927 Maol Brighde mac Tornáin
927–936 Iósaf nac Fathaigh
936–936 Maol Pádraig mac Maol Tuile
936–957 Cathasach mac Doilighéan

957–965 Muireadhach mac Fearghasa
965–998 Dubh Da Léithe II mac Ceallaigh
998–1001 Muireagán mac Ciaragáin
1001–1020 Maol Muire mac Eochadha
1020–1049 Amhalghaidh mac Maol Muire
1049–1064 Dubh Da Léithe III mac Maol Muire
1060–1064 Cumascach Ua hEaradháin (*i bhfreasúra*)
1064–1091 Maol Íosa mac Amhalghadha
1091–1105 Domhnall mac Amhalghadha
1105–1129 Ceallach mac Aodha mic Maol Íosa (*an chéad duine a raibh teideal ardeaspaig aige*)
1129–1134 Muircheartach mac Domhnaill
1132–1136 Maol Mhaodhóg Ua Morghair
1136–1174 Giolla Mic Liag (*Gelasius*) mac Diarmada mic Ruairí
1174–1175 Conchobhar mac Mic Con Caille
1175–1180 Giolla an Choimdheadh (*Gilbertus*) Ua Caráin
1181–1201 Tomaltach (*Thomas*) mac Aodha Ua Conchobhair
1184–1186 Maol Íosa Ó Cearúill (*i bhfreasúra*)
1186–1206 *cathaoir folamh*
1206–1216 Eachdhonn Mac Giolla Uidhir
1217–1227 Luke Netterville
1227–1237 Donatus Ó Fíobhra
1238–1239 Robert Archer (*níor coisriceadh riamh é*)
1240–1246 Albert Suerbeer ó Chologne
1247–1256 Raighneadh
1257–1260 Abram Ó Conalláin
1261–1270 Maol Pádraig Ó Scannail
1270–1303 Nioclás Mac Maol Íosa
1303 Micheál Mac Lochlainn (*níor coisriceadh riamh é*)
1303–1304 Dionysius (*níor coisriceadh riamh é*)
1306–1307 Seán Táth
1307–1311 Walter Jorz
1311–1322 Roland Jorz
1323–1333 Stephen Seagrave

1334–1346 Dáibhí Mag Oireachtaigh
1346–1360 Richard FitzRalph
1361–1380 Milo Suatman
1381–1404 John Colton
1404–1416 Nioclás Pléimeann
1416–1417 Risteard Talbóid (*níor coisriceadh riamh é*)
1418–1439 John Swayne
1439–1443 John Prene
1443–1456 John Mey
1457–1471 John Bole
1471–1475 John Foxhalls
1475–1477 Edmund Connesburgh
1476–1478 *folamh*
1479–1513 Octaviano Spinelli
1513–1521 John Kite
1521–1539 George Cromer

Eaglais na hÉireann
1539–1543 George Cromer
1543–1551 Seoirse Dúdal
1552–1553 Hugh Goodacre
1553–1558 Seoirse Dúdal (*arís*)
1563–1567 Adam Loftus
1568–1584 Thomas Lancaster
1584–1589 John Long
1590–1595 John Garvey
1595–1613 Henry Ussher
1613–1625 Christopher Hampton
1625–1656 James Ussher
1656–1661 *cathaoir folamh*
1661–1663 John Bramhall
1663–1678 James Margetson
1678–1702 Michael Boyle
1703–1713 Narcissus Marsh
1714–1724 Thomas Lindsay
1724–1742 Hugh Boulter
1742–1746 John Hoadly
1747–1764 George Stone
1765–1794 Richard Robinson, Barún Rokeby
1795–1800 William Newcome
1800–1822 William Stuart
1822–1862 an Tiarna John George Beresford
1862–1885 Marcus Gervais Beresford
1886–1895 Robert Bent Knox
1893–1896 Robert Samuel Gregg
1896–1911 William Alexander
1911–1920 John Baptist Crozier
1920–1938 Charles Frederick D'Arcy
1938–1938 Charles Godfrey Fitzmaurice Day
1938–1959 John Allen Fitzgerald Gregg
1959–1969 James McCann
1969–1980 George Otto Simms
1980–1986 John Ward Armstrong

ardú
consaeitiúil, déanfasach, díomasach, gairéadach, gaisciúil, móiréiseach, mórálach, mórtasach, mustrach, postúil, stáidiúil, suimiúil, sotalach, teanntásach, údarásach, uaibhreach, uallach, undrach. ❷ *formal:* cúirtéiseach, deasghnách, foirmeálta, foirmiúil, galánta, nósmhar, nósúil, oifigiúil, searmanasach, searmóineach, stáidiúil, traidisiúnta.

ardú n, vn ❶ *elevation, raising:* crochadh, tógáil, *literary* turgbháil. ❷ *set of horseshoes: pl.* crúite, *pl.* cruifí, foireann crúite, soit crúite. ❸ *increase:* bachlú, biseach, bisiú, borradh, iolru, méadú, síolrú, torthúlacht. ❹ *exaltation:* adhmholadh, moladh, móradh, oirmhinniú, onórú, urramú. ❺ *excitement:* bogadach, bogadh, corraí, corraíl, corraitheacht, driopás, eadarluas, feirbínteacht, fíbín, flosc, foilsceadh, fosaoid, fothragadh, fuadar, fuascradh, fuirseadh, fústar, geidimín, geidimíneacht, gleithreán, griogadh, gríosú, griothalán, líonrith, luas croí, scaoll, sceideal, *pl.* sceitimíní, scleondar, scóip, spreagadh, teaspach; bí a chroí i mbarr a mhéire aige.

argóint noun *argument:* aighneas, áiteoireacht, allagar, argáil, briatharchath, caismirt, cás, cóideabháid, cóid i bhfaid, cúis, conspóid, construáil,

Ardeaspaig Ard Mhacha
ar lean

1986–2007 Robert Robin Henry Alexander Eames
2007–2012 Alan Harper
2012–2020 Richard Clarke
2020–   John McDowell

An Eaglais Chaitliceach Rómhánach
1539–1551 Robert Wauchope
1551–1553 *cathaoir folamh*
1553–1558 Seoirse Dúdal
1560–1562 Donnchadh Ó Taidhg
1564–1585 Risteard Craobhach
1587–1593 Éamann Mag Shamhráin
1601–1625 Peter Lombard
1626–1626 Aodh Mac Aingil
1628–1653 Aodh Ó Raghallaigh
1657–1669 Éamann Ó Raghallaigh
1669–1681 Oilibhéar Pluincéid
1683–1707 Doiminic Mag Uidhir
1715–1737 Aodh Mac Mathúna
1737–1747 Brian Rua Mac Mathúna
1747–1748 Ros Mac Mathúna
1749–1758 Micheál Ó Raghallaigh
1758–1787 Antaine de Bláca
1787–1818 Risteard Ó Raghallaigh
1819–1832 Patrick Curtis
1832–1835 Tomás Ó Ceallaigh
1835–1849 Liam Mac Raghallaigh (*Crolly*)
1850–1852 Pól Ó Cuilinn
1852–1866 Joseph Dixon
1867–1869 Micheál Mac Ciaráin
1870–1887 Dónall Mag Eiteagáin
1887–1924 Micheál Ó Laoghóg
1924–1927 Pádraig Ó Dónaill
1928–1945 Seosamh Mac Ruairí
1946–1963 Seán D'Alton
1963–1977 Liam Mac Con Midhe
1977–1990 Tomás Ó Fiaich
1990–1996 Cathal Ó Dálaigh
1996–2014 Seán Mac Brádaigh
2014–   Eamon Martin

Ardeaspaig Bhaile Átha Cliath

c.1028–1074 Dúnán (*Donatus*)
1074–1084 Giolla Pádraig (*Patricius, Patrick*)
1085–1095 Donnghus (*Donatus*)
1096–1121 Samuel Ua hAingliu
1121–1161 Gréne (*Gregorius*) (an chéad duine a raibh teideal ardeaspaig aige)
1162–1180 Lorcán Ua Tuathail
1182–1212 John Cumin
1213–1228 Henry of London
1230–1255 Luke
1257–1271 Fulk de Sandford
1279–1284 John de Derlington
1286–1294 John de Sandford
1295 Thomas de Chadworth (*níor coisriceadh riamh é*)
1297–1298 William Hotham
1299–1306 Richard de Ferings
1307–1310 Richard de Haverings (*níor coisriceadh riamh é*)
1311–1313 John Lech
1317–1349 Alexander Bicknor
1350–1362 John de St Paul
1363–1375 Thomas Minot
1376–1390 Robert Wikeford
1391–1395 Robert Waldeby
1396–1397 Richard Northalis
1397–1417 Thomas Cranley
1418–1449 Risteard Talbóid
1450–1471 Michael Tregury
1472–1484 John Walton
1484–1511 Uaitéar Mac Síomóin
1512–1521 William Rokeby
1523–1528 Hugh Inge
1530–1534 John Alen

Eaglais na hÉireann
1536–1554 George Browne
1555–1567 Hugh Curwin
1567–1605 Adam Loftus
1605–1619 Thomas Jones
1619–1650 Lancelot Bulkeley
1661–1663 James Margetson
1663–1679 Michael Boyle
1679–1681 John Parker
1682–1693 Francis Marsh
1694–1703 Narcissus Marsh
1703–1729 William King
1730–1742 John Hoadly
1743–1765 Charles Cobbe
1765–1765 William Carmichael
1766–1771 Arthur Smyth
1772–1778 John Cradock
1779–1801 Robert Fowler
1801–1809 Charles Agar, Víocunta Somerton
1809–1819 Euseby Cleaver
1820–1822 An Tiarna John George Beresford
1822–1831 William Magee
1831–1863 Richard Whately
1864–1884 Richard Chenevix Trench
1884–1897 William Conyngham Plunket, Barún Plunket
1897–1915 Joseph Ferguson Peacocke
1915–1919 John Henry Bernard
1919–1920 Charles Fredrick D'Arcy
1920–1939 John Allen Fitzgerald Gregg
1939–1956 Arthur William Barton
1956–1969 George Otto Simms
1969–1977 Alan Alexander Buchanan
1977–1985 Henry Robert McAdoo
1985–1996 Donald Arthur Richard Caird
1996–2002 Walton Newcombe Frances Empey
2002–2011 John Robert Winder Neill
2011–   Michael Jackson

An Eaglais Chaitliceach Rómhánach
1600–1610 Mateo de Oviedo
1611–1623 Eoghan Mac Mathúna (*Matthews*)
1623–1651 Tomás Pléimeann
1669–1680 Peadar Talbóid
1683–1692 Pádraig Ruiséil
1693–1705 Peadar Craobhach
1707–1724 Éamann Ó Broin
1724–1729 Doiminic Éamann Ó Murchú
1729–1733 Lúcás Ó Fágáin
1734–1757 Seán Ó Luinín
1755–1763 Risteard Lincoln
1763–1769 Pádraig Mac Síomóin
1770–1786 Seán Carpenter
1786–1823 Seán Tomás Ó Troithigh
1823–1852 Dónall Ó Muirí
1852–1878 Pól Ó Cuilinn
1879–1885 Éamann Mac Cába
1885–1921 Liam Seosamh Breatnach
1921–1940 Éamann Ó Broin
1940–1971 Seán Cathal Mac Uaid
1971–1984 Diarmaid Ó Riain
1984–1987 Caoimhín Mac Con Mara
1988–2004 Deasún Ó Conaill
2004–2020 Diarmaid Ó Máirtín
2020–   Dermot Farrell

díospóid, díospóireacht, easaontas, foclaíocht, imreas, iomarbhá, pléid, siosma, *literary* argaimint.

arís adverb ❶ *again*: an dara huair, ar ais, as an nua, as úire, ath-, athuair, faoi dhó, iarracht eile, iarraidh eile, uair eile. ❷ *afterwards, at some time in the future*: am éigin, amach anseo, ar ball, go luath, ina dhiaidh, ina dhiaidh sin.

arm noun ❶ *weapon, pl. arms*: armáil, armán, armlón, lón cogaidh, uirlis troda; *colloquial* cleasradh; claíomh, colg, gaisce, glaid; ga, lansa, sleá; bogha, saighead, crosbhogha; airtléire, canóin, gunna, gunnán, meaisínghunna, moirtéar, muscaed, piléar, raidhfil; sliogán; buama, buama adamhach, buama hidrigine, buama núicléach, buama teirminúicléach; diúracán, roicéad. ❷ *implement, tool*: aireagán, áis, *pl.* ciútraimintí, cóngar, fearas, feisteas, gaireas, *pl.* giuirléidí, gléas, gléasra, inleog, ionstraim, máille, sás, trealamh, uirlis; *colloquial* cóiríocht. ❸ *army*: armáil, armshlua, ceithearn, ceithearn choille, *pl.* ceithearnaigh, *pl.* coisithe, cosslua, eachra, fiann, *pl.* fianna, fórsa, *pl.* fórsaí cosanta, *pl.* fórsaí slándála, marcshlua, *pl.* Óglaigh na hÉireann, *pl.* saighdiúirí, slua, *pl.* trúpaí, *literary* coibhdhean; an tSeirbhís, Cabhlaigh cabhlach; an tAerchór, aerfhórsa; cathlán, cór, cór airm, cór seirbhíse, cuire, díorma, rannán, reisimint.

armáil noun ❶ *armament*: arm, armán, armúr, lón cogaidh, uirlis troda. ❷ *army*: arm, armshlua, ceithearn, ceithearn choille, ceithearnaigh, fiann, fianna, *pl.* fórsa, *pl.* fórsaí cosanta, *pl.* fórsaí slándála, neart, *pl.* saighdiúirí, slua, trúpaí.

armas noun *coat of arms*: armas slán, slánarmas, círín, sciath, suaitheantas; feathal, lógó, samhailchomhartha, sainmharc, samhaltán, siombail, stearnal, trádmharc; brat, bratach, bratainn, gonfainne, meirge, onchú.

Ardríthe Éireann

???–453 Niall Naoighiallach (*rí Teamhrach*)
452–463 Laoghaire mac Néill
463–482 Ailill Molt mac Nath Í (*garnia Néill Naoighiallaigh*)
482–507 Lughaidh mac Laoghaire
507–538 Muircheartach Mac Earca (*Cinéal nEoghain*) (*fionnó Néill Naoighiallaigh*)
534–544 Tuathal Maolgharbh (*fionnó Néill Naoighiallaigh*)
544–565 Diarmaid mac Cearbhaill (*fionnó Néill Naoighiallaigh*)
565–566 Forghas mac Muircheartaigh (*Cinéal nEoghain*)
565–566 Domhnall Ilchealgach mac Muircheartaigh (*Cinéal nEoghan*) (*comhrí*)
566–569 Ainmhire mac Séadna (*Cinéal Conaill*) (*dubhó Néill Naoighiallaigh*)
569–572 Baodán I mac Muircheartaigh (*Cinéal nEoghain*)
569–572 Eochaidh mac Domhnaill Ilchealgaigh (*Cinéal nEoghain*) (*comhrí*)
572–586 Baodán II mac Ninneadha (*Cinéal Conaill*) (*dubhó Néill Naoighiallaigh*)
586–598 Aodh mac Ainmhire (*Cinéal Conaill*)
598–604 Aodh Sláine mac Diarmada (*Síol Aodha Sláine*)
598–604 Colmán Rímhidh mac Baodáin I (*Cinéal nEoghain*) (*comhrí*)
604–612 Aodh Uairidhneach mac Domhnaill Ilchealgaigh (*Cinéal nEoghain*)
612–615 Maol Cobha mac Aodha (*Cinéal Conaill*)
615–628 Suibhne Meann mac Fiachna (*Cinéal nEoghain*) (*garnia Muircheartaigh Mhic Earca*)
628–642 Domhnall mac Aodha (*Cinéal Conaill*)
642–654 Conall Caol mac Maol Cobha (*Cinéal Conaill*)
642–658 Ceallach mac Maol Cobha (*Cinéal Conaill*) (*comhrí*)
658–665 Diarmaid II mac Aodha Sláine (*Síol Aodha Sláine*)
658–665 Blathmhac mac Aodha Sláine (*Síol Aodha Sláine*) (*comhrí*)
665–671 Seachnasach mac Blathmhaic (*Síol Aodha Sláine*)
671–675 Ceann Faoladh mac Blathmhaic (*Síol Aodha Sláine*)
675–695 Fínsneachta Fleadhach mac Donnchadha (*Síol Aodha Sláine*) (*garmhac Aodha Sláine*)
695–704 Loingseach mac Aonghasa (*Cinéal Conaill*) (*garmhac Domhnaill*)
704–710 Conghal Ceannmhaghair mac Fearghasa (*Cinéal Conaill*) (*garmhac Domhnaill*)
710–722 Fearghal mac Maol Dúin (*Cinéal nEoghain*) (*fionnó Aodha Uairidhnigh*)
722–724 Foghartach mac Néill (*Síol Aodha Sláine*) (*dubhó Diarmada II*)
724–728 Cionaith mac Íorghalaigh (*Síol Aodha Sláine*) (*iaró Aodha Sláine*)
728–734 Flaithbheartach mac Loingsigh (*Cinéal Conaill*) (*cuireadh as, d'éag 765*)
734–743 Aodh Allán mac Fearghail (*Cinéal nEoghain*)
743–763 Domhnall Midhe mac Murchadha (*Clann Cholmáin*) (*iaró Diarmada mhic Cearbhaill*)
763–770 Niall Frasach mac Fearghail (*Cinéal nEoghain*) (*d'éirigh as; d'éag 778*)
770–797 Donnchadh Midhe mac Domhnaill (*Clann Cholmáin*)
797–819 Aodh Oirnidhe mac Néill Fhrasaigh (*Cinéal nEoghain*)
819–833 Conchobhar mac Donnchadha (*Clann Cholmáin*)
833–846 Niall Caille mac Aodha (*Cinéal nEoghain*)
846–862 Maolseachlainn I mac Maol Ruanaidh (*Clann Cholmáin*) (*nia Conchobhair*)
862–879 Aodh Finnliath mac Néill Chaille (*Cinéal nEoghain*)
879–916 Flann Sionna mac Mhaolsheachlainn I (*Clann Cholmáin*)
916–919 Niall Glúndubh mac Aodha Fhinnléith (*Cinéal nEoghain*)
919–944 Donnchadh Donn mac Flainn (*Clann Cholmáin*)
944–956 Conghalach Cnoghbha mac Maol Mithigh (*Síol Aodha Sláine*) (*iaró Aodha Sláine*)
956–980 Domhnall ua Néill (*Cinéal nEoghain*) (*garmhac Néill Ghlúnduibh*)
980–1002 Maolseachlainn II mac Domhnaill (*Clann Cholmáin*) (*garmhac Donnchadha Dhoinn; cuireadh as*)
1002–1014 Brian Bóraimhe mac Ceinnéidigh (*Dál gCais*) (*rí Mumhan*)
1014–1022 Maolseachlainn II (*i gcumhacht arís*)
1022–1072 an tír gan ardrí

Ardríthe le Freasúra
1072–1086 Toirdhealbhach ua Briain (*rí Mumhan*)
1083–1121 Domhnall Mac Lochlainn (*Cinéal nEoghain; rí Ailí*)
1089–1119 Muircheartach Ua Briain (*Dál gCais*) (*mac Toirdhealbhaigh*)
1121–1156 Toirdhealbhach Ua Conchobhair (*Síol Muireadhaigh; rí Connacht*)
1156–1166 Muircheartach Mac Lochlainn (*Cinéal nEoghain*) (*garmhac Dhomhnaill Mhic Lochlainn*)
1166–1186 Ruairí mac Toirdhealbhaigh (*Síol Muireadhaigh*) (*baineadh an ríocht de; d'éag 1198*)

Tiarnaí áitiúla faoi fhorlámhas na nGall

armúr noun *armour*: cathéide, armúrphláta; culaith chatha, culaith chruach; clogad, iarndóid, loirgneán, lúireach, máille.

arracht noun ❶ *spectre, monster*: arrachta, arrachtach; airp, aisling, alltán, amhailt, anbheithíoch, anchúinse, anchúinseacht, badhbh, basailisc, béist, bleidhmhíol, bocán, bocánach, bréagchéadfa, brúid, brúta, dragan, dragún, each uisce, fuath, ginid, greall, gríobh, Mionadúr, ollphéist, onchú, (*i gContae na Gaillimhe*) ongamhás, orc, péist, péist mhór, rínathair, séansaí, sfioncs, síofra, taibhse, torathar, vuibhearn. ❷ *giant*: aitheach, arrachta, arrachtach, fámaire, fathach, feannaire, fomhórach, gruagach, *literary* scál.

arrachtach adjective ❶ *monstrous, grotesque*: arrachta, arrachtúil; adhfhuafar, ainspianta, anchúinseach, colúil, déistineach, éanormalach, fuafar, gráiniúil, gránna, mínáireach, mínormálta, urghráiniúil, urghránna. ❷ *huge, powerful*: arrachta, arrachtúil; ábhal, ábhalmhór, áibhéalta, áibhéil, aibhseach, dearmháil, dímhór, fathachúil, ollmhór, sléibhtiúil, tamhanda, tréamanta, tréan, tualangach, *literary* anba, dearmháir, tothachtach; in ainmhéid. noun ❶ *monster*: airp, aisling, alltán, amhailt, anbheithíoch, anchúinse, anchúinseacht, arracht, arrachta, badhbh, basailisc, béist, bleidhmhíol, bocán, bocánach, bréagchéadfa, brúid, brúta, dragan, each uisce, fuath, ginid, greall, gríobh, ollphéist, onchú, orc, péist, rínathair, séansaí, sfioncs, síofra, taibhse, torathar, vuibhearn. ❷ *giant*: aitheach, fámaire, fathach, feannaire, fomhórach, gruagach.

arraing noun *pain, stitch*: daigh, deann, diachair, diúracadh, géaróg, greadán, greadfach, greim, greim reatha, grodphian, pian, ríog, saighead reatha, tinneas cléibh, treighdeán, treighid, *literary* gúire, iodha; broidearnach, *pl.* freangaí.

ársa adjective ❶ *ancient, antique*: ársaidh; aosta, cianaimseartha, cianaosta, sean-, sean, seanda, ❷ *aged, veteran*: aosta, ath-, críon, críonna, iar-, foirfe, lánaosta, liath, scothaosta, sean, sean-, seanórtha, seargtha, *literary* sruith. noun ❶ *aged person*: ársach, cnoba, crandúir, crannfhear, créice, créice críon, críonán, críontachán, crunca, dromhlaíoch, feoiteachán, feosachán, foirfeach, giostaire, gogaire, graisíneach, patrarc, pinsinéir, sceoidín, seanduine, seanfhear, seanfhondúir, seanóir, seargán, seargánach, sinsear, *literary* sruith; tuar ceatha de sheanduine; cailleach, cráintín, seanbhean, seanchailín, seanmhaighdean. ❷ *veteran*: athlaoch, iarshaighdiúir, pinsinéir, seancheithearnach, seanlaoch.

ársaigh verb ❶ *grow old*: aosaigh, críon, meath, meathlaigh, liath, searg, téigh in aois. ❷ *advance (of time)*: caith, gluais, imigh, maolaigh, rith, síothlaigh, téigh ar aghaidh.

árthach noun ❶ *vessel, ship*: bád, báda, báta, báirse, bárc, bioracán, birling, carbhal, ciomba, clipéir, cocbhád, coite, curach, curachán, eathar, gaileon, garbhárthach, geolta, gleoiteog, húicéir, leathbhád, long, libheann, liúir, luamh, lugar, nae, naibí, naomhóg, púcán, scúnar, slúp, tríréim, *literary* cnarr, laoidheang, scafa. ❷ *container*: ampaill, babhla, báisín, ballán, beiste, bleidhe, buicéad, buicín, cailís, calán, canna, ceaintín, cíléar, cilfing, ciolarn, crannán, croca, crocán, crúiscín, crúsca, cuach, cupa, cupán, dearbhóg, feadhnach, gabhdán, giústa, gogán, leastar, meadar, mornán, muga, paol, pigín, pota, potán, próca, scála, searróg, séibe, soitheach, stópa, umar. *literary* caileach, cingid, síothal, stábh.

arú! interjection *ah! so! indeed!*: a dhe!, airiú!, arú!, dar an lá beannaithe!, dar an Lámh Dhia!, dar an leabhar!, dar cníosc!, dar críosc!, dar Crom!, dar Dia!, dar Donn!, dar Duach!, dar fia!, dar fia is fiolar!, dar fiagaí!, dar go deimhin!, dar lia!, dar mh'anam!, dar m'fhallaing!, dar m'fhocal!, dar mo bhriathar!, dar príosta!, dar prísce!, dar seo is siúd!, dhera!, dherú!, don daighe!, leoga!, mh'anam!, mhuise!, muise!, ru!

arú amárach adverb *the day after tomorrow*: amanarthar, amanathar, um an oirthear; anóirthear, in oirthear.

asal noun *donkey*: asailín, láir asail, (*i gContae Dhún na nGall*) clibistín, (*i gContae Mhaigh Eo*) púicín 'asal óg', stail asail, béasach; miúil, rannach.

asarlaí noun ❶ *sorcerer*: astralaí, caileantóir deamhnóir, draíodóir, draoi, fáthlia, gliartán, lusrachán, marbhdhraoi, réadóir, réaltóir, *literary* cumhachtach; amaid, bean feasa, bean Ultach, cailleach luibhe, cailleach na luibheanna, cailleach feasa, cailleach phiseogach, cailleach Ultach, fáidhbhean, síofróg, upthóg. ❷ *trickster, conjurer*: abhógaí, áilteoir, alfraits, anstrólaí, boc, bocaí, bocailéa, bocailiú, bocaileodó, boc báire, breastaí, breastaire, buachaill báire, caimiléir, ceáfrálaí, ceaifléir, cleasaí, cluanaire, cneámhaire, coileach, cuilceach, doilfeoir, draoi, draíodóir, ealaíontóir, fleascach, folachadóir, geamstaire, gleacaí, gleacaí milis, gleacaire, gliceadóir, lacstar, leábharaic, leidhcéir, leorthóir, lúbaire, meabhlaire, mealltóir, óganach, paintéar, pasadóir, sciorrachán, sleamhnánaí, slíbhín, slíodóir, slíomadóir, spaisteoir, truiceadóir, truicseálaí, tumlálaí.

asarlaíocht noun ❶ *sorcery*: astralaíocht, breachtradh, briotais, buitseachas, cac an ghandail bháin, ciorrú, diabhlaíocht, diamhracht, dícheadal, doilfeacht, draíocht, drochshúil, dubhealaín, an ealaín dhubh, geasadóireacht, geasrógacht, gintlíocht, marbhdhraíocht, mothú, págántacht, piseogacht, síofrógacht, upthaireacht, *literary* fiothnaise, tuaithe; briocht, ciapóga, *pl.* geasa droma draíochta, geasróg, lusróg, ortha, upa. ❷ *conjuring tricks*: cleasaíocht, *pl.* earmhúintí, folachadóireacht.

asclán noun ❶ *armful*: ascallán, asclann, gabháil, luascán, luchtar, uchtán, uchtóg; beart, eire, lód, lucht, teannaire, ualach. ❷ *gusset*: ascallán, asclann, eang, góire, guiséad; clibín.

aspal noun *apostle*: cara aspail, deisceabal, naomhéarlamh, soiscéalaí; deisceabal, misinéir.

An Dáréag Aspal	
Peter: Peadar	*James son of Alphaeus*: Séamas mac Alfáias
James son of Zebedee: Séamas mac Zeibidé	*Judas/Thaddaeus, son of James*: Iúdás/Tadáias, mac Séamais
John: Eoin	*Simon*: Síomón Díograiseoir
Andrew: Aindrias	*Judas Iscariot*: Iúdás Isceiriót
Philip: Pilib	*Matthias (replaced Judas Iscariot)*: Maitias (*a ghlac ionad Iúdáis Isceiriót*)
Bartholomew: Parthalón	
Matthew: Matha	
Thomas: Tomás	

aspalóid noun *absolution*: éigiontú, logha, loghadh, loghaíocht, maifeachas, maiteachas, maiteanas, maitheamh, maithiúnas, pardún, *literary* díolghadh.

at noun *swelling*: bolgadh, boiric, borradh, comhaille, éidéime, galar uisciúil, giorradán, íorpais; clog, lamhnán, spuaic, cur i mborr, líonadh, loch ascaille, loch bhléine, lochóg, poimp, séideadh. verb *swell*: at, boilscigh, borr, éirigh, líon, méadaigh, séid, séid suas.

athair noun ❶ *father*: daid, daide, daidí, deaide, gineadóir, tuismitheoir, tuiste; athair céile, athair

Stáit agus Críocha na hAstráile

Stát/Críoch — Príomhchathair
New South Wales: Nua-Choimre f. Theas — Sydney
Queensland: Queensland — Brisbane
South Australia: An Astráil f. Theas — Adelaide
Tasmania: An Tasmáin — Hobart
Australian Capital Territory: Limistéar Phríomhchathair na hAstráile — Canberra
Northern Territory: plural noun Críocha an Tuaiscirt — Darwin
Victoria: Victeoiria — Melbourne
Western Australia: An Astráil f. Thiar — Perth

cleamhnais; athair críonna, athair mór, daid mór, daid críonna, daideo, deaideo, seanathair. ❷ *God the Father*: an tAthair, an tAthair Síoraí; an tAthair, an Mac is an Spiorad Naomh, an Tríonóid Ró-Naofa, Dia, Dia an tAthair, ár nAthair, an Tionscnóir, Ollathair; an Coimdhe, an Cruthaitheoir, an Diagacht, an Dúileamh, Dia; Iáivé, Iúpatar, Séas. ❸ **athair baistí** *godfather*: cairdeas Críost, caras Críost, crístín, oide baistí; sheas sé leis chun baiste, choinnigh sé an leanbh le baisteadh. ❹ **athair altrama** *foster-father*: altramaí, athair altrama, athair daltachais, athair oiliúna, oide. ❺ *priest, bishop, pope*: an anamchara, athair faoistine, oide faoistine; biocáire, reachtaire, ministir, viocáire; cruifir, sagart, sagart cúnta, sagart paróiste; an tAthair Beannaithe, an Pápa, Easpag na Róimhe; frithphápa. ❻ *ancestor*: ardathair, patrarc, sean, sinsear, sinsearach, uasalathair; an seachtar dea-athair. ❼ *pl. fathers*: pl. aithreacha na heaglaise, pl. diagairí Gréagacha, pl. diagairí Laidine; Aibhistín, Ambrós, Gréagóir, Iaróm; pl. aithreacha na cathrach, pl. bardasaigh, pl. burgairí, pl. cathraitheoirí, comhairle na cathrach, pl. comhairleoirí.

áthán noun *anus*: anas, bundún, clais, cráic, dorc, geadán, gimide, giorradán, gúnga, más, poll, poll na tóna, prompa, reicteam, rumpa, tiarpa, tiarpóg, timpireacht, tóin, toll.

athaontaigh verb *re-unite*: aontaigh arís, athcheangail, ceangail arís, cuir le chéile arís, cuir i dtoll a chéile arís, tabhair le chéile arís.

athartha adjective *paternal, ancestral*: aithriúil, adjectival genitive athar, oidhreachtúil; sinsearach. noun *fatherland*: dúiche, fód dúchais, talamh dúchais, tír dhúchais, náisiún.

áthas noun *joy, gladness*: ábhacht, aerach, áibhéireacht, aiteas, antlás, aogall, aoibh, aoibhneas, ardú meanman, bród, eacstais, gairdeachas, gairdeas, gealadh croí, gealán, gealchroí, gealgháire, glion-

Tíortha na hAstraláise

Australia: an Astráil f.
Federated States of Micronesia: plural noun Stáit Chónaidhme na Micrinéise
Fiji Islands: plural noun Oileáin Fhidsí
Kiribati: Cireabaití
Marshall Islands: plural noun Oileáin Marshall
Nauru: Nárú
New Zealand: an Nua-Shéalainn f.
Palau: Palá
Papua New Guinea: Nua-Ghuine Phapua
Samoa: Samó
Solomon Islands: plural noun Oileáin Sholamón
Tonga: Tonga
Tuvalu: Tuvalu
Vanuatu: Vanuatú

dar, laighce, lainne, lúcháir, meidhir, meidhréis, móraigeantacht, mórgacht, ollás, pléisiúr, ríméad, sáile, sámhas, sásamh, sástacht, scóip, séan, só, sóchas, soilbhreas, sólás, sonas, suairceas, subhachas, sult, sultmhaire, taitneamh, *literary* airear, subha; lóchrann ar do chroí, ola ar do chroí.

áthasach adjective *glad, joyful*: aerach, aigeanta, aiteasach, aoibhinn, croíúil, gairdeach, gáiriteach, geal, gealchroíoch, gliondrach, intinneach, lainneach, lúcháireach, meanmnach, meidhreach, pléisiúrtha, meidhréiseach, ríméadach, sámh, sásta, scóipiúil, seaghsach, séanmhar, soilbhir, somheanmnach, sólásach, sona, sonasach, spéiriúil, spleodrach, suairc, subhach, súgach, taitneamhach; tá cluaisíní croí air.

athbheochan noun *revival, renaissance*: aiséirí, athbheo, athbheocht, athbheoú, athnuachan, beatha nua.

athbhliain noun *coming year, new year*: bliain nua, bliain úr; Lá Caille, oíche chinn bliana.

athlasadh noun *inflammation*: adhaint, aodh thochais, deirge, galrú, griogadh, gríos, ionfhabhtú, íth, séideadh, urtacáire.

athmhuintearas noun *reconciliation*: athchairdeas, athcharadas, réiteach, síocháin, socrú; maithiúnas, pardún, *literary* cádhachas.

athnuachan noun *renewal*: aiséirí, athbheo, athbheochan, athbheocht, athbheoú, beatha nua.

athrá noun *repetition, reiteration*: aithris, athinsint, athlua, athluaiteachas; iomarcaíocht, macalla, stuáil.

athraigh verb ❶ *change, alter*: aistrigh, cas, claochlaigh, iomalartaigh, iompaigh, malartaigh, tiontaigh. ❷ *move*: aistrigh, bog, corraigh, déan imirce, *literary* luaidh.

athraitheach adjective *changeable*: ceáfrach, corrach, corrmhéineach, corrmhéiniúil, éaganta, éanúil, earráideach, giodamach, gogaideach, guagach, guanach, iompúch, luaineach, luathintinneach, malartach, meonúil, míshocair, neamhsheasmhach, rámhailleach, ríogach, scinnideach, sóinseálach, spadhrúil, taghdach, taomach, tallannach, teidheach.

athrú noun *change, alteration*: aistriú, casadh, claochlú, difear, difríocht, éagsúlacht, éagsúlú, iompú, malairt, malartú, tiontú. ❷ *variation*: breacadh, breacadóireacht, breacaireacht, breachnú, breachtradh, claochlaitheacht, claochlú, difear, difreáil, éagsúlacht, éagsúlú, ilghnéitheacht, ilíocht, iolardhacht, iolarthacht, iolracht, iomadúlacht, malartú.

athsmig noun *double chin*: athsmigead, athsmigín, geolbhach, geolbhach dúbailte, preiceall sceolbhach, seicimín, sprochaille, sprochall, sprogaill, sprogall, tiolar.

aturnae noun *attorney, solicitor*: cumhacht aturnae; abhcóide, dlíodóir, aighne, fear eadrána, nótaire, nótaire poiblí; Ard-Aighne.

Cisil Atmaisféar an Domhain

exosphere: an t-eisisféar
ionosphere: an t-ianaisféar
mesosphere: an méisisféar
ozonosphere: an t-ózónaisféar
stratosphere: an strataisféar
thermosphere: an teirmisféar
troposphere: an trópaisféar

Bb

bá¹ noun ❶ *drowning:* iombhá, snámh na cloiche bró. ❷ *smothering:* lánmhúchadh, múchadh, plúchadh, tumadh; fuarlach.

bá² noun ❶ *bay:* camas, cuan, inbhear, muirascaill; calafort; Inbhear Life, Inbhear Shláine. ❷ *expanse of sea:* achar, craiceann na farraige, crioslach na farraige, cuan, garraí an iascaire.

bá³ noun *sympathy, liking:* atrua, báíocht, báúlacht, cairdeas, caoimhe, caoine, carthanacht, cásamh, cásmhaireacht, cineáltacht, cion, comhbhá, comhbhrón, córtas, gean, grá, láíocht, taitneamh, toil, trua, tuiscint.

babaí noun *baby:* báb, bábán, báibín, bunóc, diúlcachán, diúlcachán, garsúinín, gineog, giorún, giosa, lachtaí, leanbh, naí, naíonán, páiste; imeachtaí linbh, lapadán, lapadán linbh, lapóg, laprachán, luibhdín, mamailín, mamailíneach, pataire, patlachán, priocaisín.

bábánta adjective *babyish, innocent:* leanbaí, páistiúil; cneasta, éigiontach, neamhurchóideach, macánta, saonta, simplí, soineanta.

badhdán noun *bogeyman:* badhbh, badhbh badhbh, bobogha, badhbh chaointe, badhdán, búdán, mórphúca, orc, púca, púca na n-adharc, púca róilí.

babhla noun *bowl, basin:* babhal, báisín, cuach, gogán, méisín, mias, naigín, scála.

babhláil verb *bowl:* caith, crústaigh, tabhair, teilg.

babhstar noun *bolster:* adhairt, bolastar, ceannadhairt, cearchaill, cúisín, piliúr, pillín.

babhta noun ❶ *time, occasion:* am, cor, deis, ionú, ócáid, scaitheamh, seal, sealad, spás, tamall, tráth, tréimhse. ❷ *bout, go:* cúrsa, dreas, geábh, greas, rabhait, ráig, scaitheamh, sciuird, sraith, sea, seal, seans, taom, treas, treall.

babhtáil verb *exchange, swap:* déan iomlaoid, malartaigh; aistrigh, athraigh, imaistrigh.

bábhún noun ❶ *bailey, bawn:* caiseal, caisleán, cúirt, daingean, dún, dúnfort, longfort, port. ❷ *bulwark, breakwater:* bac, bacainn, béalbhach, branra, caiseal, gradhan, muirmhúr, stopainn, tonnchosc, *literary* ime.

bábóg noun *doll:* áilleagán, babliac, máireoigín, puipéad; bréagóg, brídeog, coigealach, ceann púca, cuaille préachán, fear bréige; corp bréige, riochtán.

bac noun *barrier, hindrance:* bacainn, barradh, branra, buarach, cis, cosc, éaradh, gradhan, laincis, ráille, spiara, stad, stop, stopainn. verb ❶ *block, prevent:* barr, blocáil, brúigh faoi, coisc, cros, dambáil, stad, stop, toirmisc, urbhac; cuir bac le, cuir cosc le, cuir deireadh le, cuir faoi chois, cuir stad le, cuir stop le. ❷ *intefere with:* cuir isteach ar, bain do, pléigh le, teagmhaigh le.

bacach adjective ❶ *lame:* cithréimeach, crapchosach, crúbach, daorbhacach, stabhach; ar leathchos; tá céim bhacaí ann, tá coiscéim bhacaí ann, tá éislinn bhacaí ann, tá steip bhacaíola ann, tá tarraingt bhacaíola ann; is bacachán é. ❷ *halting, imperfect:* ainimheach, ainriochtach, anchruthach, briotach, briste, cithréimeach, éagruthach éalangach, easnamhach, easpach, éislinneach, leamh, lochtach, máchaileach, míchruthach, neamhfhoirfe, stadach, stágach, uireasach. noun ❶ *lame person:* bacachán, cithréimeach, cláiríneach, craplachán, leisíneach, máirtíneach, portán. ❷ *beggar:* bacachán, beigéir, beigéir siúil, bóithreoir, déirceach, déirceachán, dilleoir, díothachtach, fear déirce, fear siúil, scramaire, sirtheoir, stocaire, súdaire, súmaire, *literary* foigheach; bochtán, truán; bacach mná, bean déirce. ❸ *sponger:* diúgaire, duine dóchúil, failpéir, geocach, líodrálaí, scramaire, seadán, seipléir, siolpaire, stocaire, súdaire, súmaire, táthaire, tnúthánaí, trumpa; angarúinneach. ❹ *despicable person:* bodach, bromaire, brúisc, ceachaire, cloíteachán, creagaire, dúlaíoch, gortachán, raispín, ruidín gorta, scanrabóid, staga, suarachán, truailleachán, truán, tútachán.

bacachas noun *begging, sponging:* bacadas, beigéireacht, déirceánacht, déircíneacht, déircínteacht, dilleoireacht, diúgaireacht, failpéireacht, iarratas, liostacht, madraíocht, seipléireacht, siolpáil, siolpaireacht, siorriarraidh, stocaireacht, súdaireacht, súmaireacht, táthaireacht, tnúthán, *literary* foighe.

bacadaíl noun *limp, limping:* bacadradh, bacaí, bacaí, céim bhacaí, coiscéim bhacaí, leisíneacht, siúl bacach, steip bhacaíola, stabhaíl; cam reilige; éislinn bhacaí.

bacadh noun *hindering, hindrance:* bac, bacainn, branra, buairichín, buairthín, buarach, cis, cornasc, cosc, cruimeasc, éaradh, glaicín, gradhan, habal, iodh, laincide, laincis, laingeal, ráille, spiara, stad, stop, stopainn, toirmeasc, urchall.

bácáil verb *bake; fire:* bruith, grioll, gríosc, róst, *literary* fuin; breoigh, dóigh, gor.

bacainn noun *barrier, hindrance:* bac, baracáid, béalbhach, bearrán, branra, buarach, caiseal, ciotaí, cis, cosc, cúl, éaradh, gradhan, laincis, ráille, spiara, stad, stop, stopainn, toirmeasc, tonnchosc; ní fál go haer é.

bacán noun *hook, hinge:* crúca, duán, inse, lúdrach, (*i gContae Chorcaí*) siméis, tuisle.

bacánach adjective ❶ *crooked:* bachallach, cam, camtha, cromógach, fiar, fiartha, lúbach, lúbtha. ❷ *hinged:* ar insí; altach, corránach, crúcach.

bách adjective *affectionate:* báúil, búch, cairdiúil, caoin, caoithiúil, caomh, caonrasach, carthanach, ceansa, ceanúil, céiliúil, cineálta, cneasta, coimhirseach, cuiditheach, cuidiúil, cúntach, dáimhiúil, díograiseach, fabhrach, garúil, geanúil, grách, grámhar, lách, máithriúil, mánla, maoithneach, muinteartha, oibleagáideach, páirteach, searcúil, séimh.

bachall noun ❶ *staff, crozier:* bata, cleith, cleith ailpín, crann bagair, liúr, lorga, maide, slat, slat easpaig, staf, steafóg, trostán; cadrúca 'caduceus'. ❷ *ringlet, curl:* búcla, caisne, caschiabh, casdlaoi, cuach, deiseálán, dlaoi, drol, dual, lúb, lúibín; *pl.* táclaí gruaige.

bachallach adjective ❶ *crooked, hooked:* cam, camtha, corránach, crom, cromógach, crúcach, fiar, fiartha, lúbach, lúbtha. ❷ *curled, ringleted:* altach, barrchas, biannach, buadánach, búclach, camarsach, cas, caschiabhach, caslúbach, catach, craobhach, cuachach, dréimreach, droimneach, droimníneach, fáinneach, feamainneach, glúiníneach.

bachlaigh verb *bud:* borr, eascair, fás, forbair, geamhraigh, péac, tar chun cinn.

bachlóg noun ❶ *bud, shoot:* baslóg; buinneán, borradh, millín, péac, péacadh, péacán, spruitín. ❷ *impediment of speech:* barróg, béalmhácháil, briotaireacht, gliscín, luathbhéalaí, stad, stad sa chaint.

báchrán noun *bog-bean (Menyanthes trifoliata):* bearnán lachan, bearnán locháin, caorthann corraigh, pachrán, pónaire capaill, pónaire chorraigh.

baclainn noun *bent arm, armful:* asclán, bacóg, beart, eire, gabháil, ualach, uchtóg, luchtar.

bacstaí noun *boxty, potato-bread:* steaimpí.

bácús noun ❶ *bakehouse:* siopa báicéara, teach báicéireachta. ❷ *pot-oven:* oigheann, sorn.

bád noun *boat*: báda, báta, báirse, bárc, bioracán, birling, carbhal, ciomba, cocbhád, coite, curach, curachán, eathar, geolta, gleoiteog, húicéir, iomlacht, leathbhád, liúir, long, luamh, nae, naibí, naomhóg, púcán, scúnar, slúpa, tríréim; *literary* cnarr, laoidheang, scafa.

badhbaire noun *curser, scold*: mallachtóir, mallaitheoir; agóid, ainciseoir, ainle, ainleog, ainscian mná, ainsprid, badhb, badhbóir, báiléir, báiléir mná, báirseach, báirseoir, banránaí, bearrbóir, bearrthachán, bearrthachán mná, cáinseach, cáinseoir, callaire, callaire mná, cancairt mná, cancrán, canránaí, cantalán, cantalachán, cantalóir, caorthanach, ceolán, cianaí, ciarsánaí, clamhsánaí, cnádán, cnádánaí, cnáimhseálaí, cnáimhseoir, deimheastóir, deimheastóir mná, drantánaí, dris, fia-chailleach, fiacantóir, fuachaid, gearánaí, heictar, laisceach, meirgeach, meirgíneach, míchaidreamhach, neascóid, ráipéar mná, ruibhleach, ruibhseach, sáiteachán, scalladóir, scallaire, scallóid, scamhailéir, scólachán, stiúireachán, stiúireachán mná, tormasaí, *literary* glámh.

badhbh noun **❶** *vulture, carrion crow*: bultúr, caróg, crothóg, feannóg, feannóg charrach, garrfhiach. **❷** *bogeyman, banshee*: badhbh badhbh, bobogha, badhdán, búdán, mórphúca, orc, púca, púca na n-adharc, púca róilí; badhbh chaointe, bean sí, síbhean.

bádóir noun **❶** *boatman*: farraigeach, fear farraige, loingseoir, mairnéalach, seoltóir; farantóir, iomróir. **❷** *water-boatman (family Corixidae)*: fleascóir, scinnire locháin, scairp uisce, cipíneach uisce, corrmhíol uisce.

bádóireacht noun *boating*: farraigeoireacht, loingseoireacht, mairnéalacht, mairnéalaíocht, seoltóireacht; farantóireacht, iomramh.

bagair verb **❶** *brandish*: beartaigh, croith, diúraic, láimhsigh, tomhais. **❷** *beckon*: cuir forrán ar, sméid. **❸** *threaten*: drantaigh, imeaglaigh, scanraigh, sceimhligh; cuir eagla ar, cuir fainic ar, cuir faitíos ar. **❹** *drive*: brúigh, dreasaigh, saighid, tiomáin.

bagairt noun *threat*: bagar, boirbeáil, brathladh, drantú, imeaglú; roillimint.

bagáiste noun **❶** *bags, baggage*: cás taistil, cnapsac, culaithchás, *pl.* málaí, vailíosa. **❷** *junk*: *pl.* baigisíní, *pl.* creanais, *pl.* gleothálacha, *pl.* maingisíní, mangarae; barraíl, barraíolach, brocamas, bruscar, cacamas, cáith, cáithleach, dramhaíl, dríodar, fuílleach, graiseamal, gramaisc, gríodán, sciot sceat, scileach, screallach, scroblach, trachlais, *pl.* traipisí, *pl.* tralaithe, trangláil, treilis, treilis breilis, truflais.

baghcat noun *boycott*: eascoiteannú, cur i bpóna, sligdhíbirt; coinnealbhá, diúltú, éaradh, eiteach, eiteachas.

baghcatáil verb *boycott*: cuir i bpóna, eascoiteannaigh; coinnealbháigh, diúltaigh, éar, eitigh; dúin do shúile ar.

bagrach adjective *threatening, menacing*: adhuafar, contúirteach, dainséarach, millteanach, scáfar, scanrúil, scéiniúil, uamhnach; danartha, díbheirgeach, fíochmhar, fraochmhar, fraochta, guaiseach, urchóideach; ainchríostúil, ainrianta, aintréan, allta, mallaithe, mináireach.

bagún noun *bacon*: *pl. rashers* tinne; ceathrú bhagúin, ceathrú muice shaillte, crománh muice saillte, liamhás, más muice.

báibín noun *baby*: báb, babaí, bábán, bunóc, diúlcach, diúlcachán, garsúinín, gineog, giorún, giosa, lachtaí, leanbh, naí, naíonán, páiste; imeachtaí linbh, lapadán, lapadán linbh, lapóg, laprachán, luibhdín, mamailín, mamailíneach, pataire, patlachán, priocaisín.

baic an mhuiníl noun *nape of the neck*: cuing an mhuiníl, cúl muiníl, cúta an mhuiníl. muineál.

báicéir noun *baker*: bácaeir, bácálaí; fuinteoir.

baicle noun *group, clique*: béinne, buíon, bunadh, cipe, cleaicín, cóip, comhlacht, criú, cruinniú, cuallacht, cumann, cuideachta, dream, feadhain, foireann, fracht, gasra, grúpa, meitheal, muintir, paca, pobal, rang, scaoth, scata, scuad, scuaine, síolrach, sliocht, slógadh, slua, *literary* cuain.

baictéar noun *bacterium, germ*: bitheog, bitheog ghalair, frídín, frídín an ghalair, geirm, gineog, ginidín, miocrób, péistín galair; galrú, infhabhtú.

báigh verb **❶** *drown*: deoch, tum, plúch; caith san uisce, cuir faoi uisce, cuir go grinneall, iombháigh. **❷** *drench*: fliuch, fliuch go craiceann, iombháigh. **❸** *dilute*: caolaigh, lagaigh, uiscigh. **❹** *quench*: maolaigh, múch, plúch; maraigh, stad, stop, treascair; cuir deireadh le, cuir stop le.

bail noun **❶** *manner, way, plight*: aiste, bealach, caoi, cóiriú, cruth, cuma, dála, dóigh, gléas, oidimil, slí, staid, táin. **❷** *blessing, prosperity*: beannacht, beannú, biseach, blás, bláth, caoi, conách, deis, maoin, rath, rathúnas, saibhreas, séan, *literary* sobharthan, sorthan, toice; bail ó Dhia ort, bail ó Dhia ar an obair.

bailbhe noun *dumbness, stammering*: balbhacht, balbhaíocht, balbhántaíocht, bundún teanga, caint na mbodhar is na mbalbhán; amhlabhra, bachlóg, barróg, béalmháchail, briotaireacht, luathbhéalaí, plobaireacht, snagadaíl, snagaireacht, snagarsach, stad, stadaíl, stadaireacht, stadarnaíl, starragánacht chainte, tutáil, tutbhéalaí; bundún teanga, caint na mbodhar is na mbalbhán.

baile noun **❶** *dwelling, home*: áitiú, áitreabh, cónaí, feirm, gabháltas, lonnaíocht, lonnú, nead, teaghlach, teallach, teach, tintéan, treafas, *literary* teaghais. **❷** *settlement*: baile biataigh, baile bó, baile dúchais, baile fearainn, baile talún; fearann, límistéar, ceathrú, seisíoch, táite. **❸** *town*: bruachbhaile, buirg, cathair, codailbhaile, fobhaile, mionbhaile, sráidbhaile; gráig, gráigbhaile, gráigín, grágán, spá, *literary* fíoch.

baileach adjective **❶** *exact (mostly with go)*: go barainneach, go beacht, go cruinn, go cruthanta. **❷** *frugal, thrifty*: bainistíoch, barainneach, cnuaisciúnach, cnuaisciúnta, coigilteach, críonna, féachtanach, meánaitheach, neamhchaifeach, sábhálach, spárálach, taogasach, teilgeach, tíosach, *literary* neoid.

bailéad noun *ballad*: laoi, laoi Fiannaíochta; amhrán, dán, duan, píosa filíochta, rabhcán.

bailí adjective *valid*: bríoch, bríomhar, cumhachtach, dlisteanach, éifeachtach, fiúntach, maith, údarásach; i bhfeidhm.

bailigh verb **❶** *collect, amass*: bain, brobháil, carn, carnaigh, carnáil, cnuasaigh, cruach, cruinnigh, tacair, teaglamaigh, tiomairg, tiomsaigh, toibhigh; cuir i dtoll a chéile, cuir le chéile, tabhair le chéile. **❷** *convene, assemble*: comóir, cruinnigh, tiomairg, tionóil; tar le chéile.

bailíocht noun *validity*: brí, cumhacht, dlisteanacht, éifeacht, éifeachtúlacht, feidhm, feidhmiúlacht, fiúntas, luach.

bailitheoir noun *collector*: cnuasaire, cnuasaitheoir, cruinnitheoir, díolamóir, gráinseoir, teaglamaí, tiomsaitheoir, *literary* toibhgheoir.

bailiúchán noun **❶** *collection*: cnuasach, deascán, díolaim, foirisiún, glac, meall, moll, tacar, teaglaim, tiomsú, tiomargadh. **❷** *collection of things*: burla, carn, carnán, ciste, crobhaing, cruach, maoiseog, stór, tacar, taisce, triopall. **❸** *collection of people*: baicle, béinne, buíon, bunadh, cipe, cóip, comhlacht, comóradh, comhthionól, conlán, criú, cruinniú, cuallacht, cumann, cuideachta, dream

bain
drong, feadhain, foireann, fracht, gasra, grúpa, meitheal, muintir, paca, plód, pobal, rang, scaoth, scata, scuaine, síolrach, sliocht, slógadh, slua, teaglaim slua, tionól, tóstal, *literary* cuain. ❹ *collection of writing(s)*: cnuasach, díolaim, duanaire, gluais, foclóir, foclóirín, stórchiste.

bain verb ❶ *reap, pick, gather*: gearr, lom, pioc, prioc, sábháil; bailigh, carn, cnuasaigh, cruinnigh, slámáil, tacair, teaglamaigh, tiomsaigh. ❷ *release, remove*: aistrigh, fuascail, saor, scaoil, scoir, *literary* taithmhigh; cuir amach, cuir as, lig amach, tóg amach, tóg as. ❸ *shed*: caill, caith, doirt, sil, tál. ❹ *strike, ring*: buail, cling, seinn. ❺ *win*: beir leat, buaigh, buail, gnóthaigh; beir an duais leat, tabhair an geall leat.

bain amach verb ❶ *take out*: bain as, cuir chun bealaigh, díbir, ruaig, tóg. ❷ *achieve, gain*: beir leat, buaigh, faigh, gnóthaigh, tabhair leat, tuill.

bain as verb ❶ *remove*: bain amach, cuir chun bealaigh, díbir, ruaig, tóg. ❷ *prolong*: bain síneadh as, cuir fad le, fadaigh, seadaigh.

bain as a chéile verb *take apart*: bánaigh, déan smidiríní de, déan smionagar de, déan spior spear de, díchóimeáil, scaoil, scrios.

bain de verb *take off, remove*: bain as, glan, nocht, scamh, scoir, struipeáil, tóg.

bain do verb ❶ *touch, interfere with*: bain le, cuir isteach ar, leag lámh ar, leag méar ar, pléigh le, teagmhaigh le. ❷ *happen*: éirigh do, imigh ar, tarlaigh do, teagmhaigh do, tit amach do.

bain faoi verb *settle, stay*: áitrigh, bí ar coinmheadh, cónaigh, cuir fút, fan, feith, lonnaigh, mair, seadaigh, socraigh, socraigh síos, stad, stop, suigh, *literary* féithigh, oiris.

bain le verb *touch, intefere with*: bain do, cuir isteach ar, leag lámh ar, leag méar ar, pléigh le, teagmhaigh le.

bain siar as verb *astonish*: bain geit as, cuir alltacht ar, cuir iontas ar, eaglaigh.

báine noun ❶ *whiteness*: gile, gile na gile, gileacht, gléigile, gléineacht, lítis, soilseacht, tuarthacht; bánsolas. ❷ *paleness*: mílí, mílítheacht, míshnua, tláithe.

baineandacht noun *effeminacy*: bandacht, piteántacht, piteogacht; boige, geospaltacht, tláithe.

baineann adjective *female, feminine*: baininscneach, banda, banúil, caileanda, caileanta; adhnáireach, geanasach, modhmhar, modhúil, *literary* bíthe.

baineannach noun ❶ *female*: bean, caile, cailín, girseach; cailleach, seanbhean. ❷ *female creature*: ainmhí baineann, éan baineann; bainirseach; banchú, bitseach, bleacht, soith, raicleach; bearach, bó, bodóg; cráin, eilit, fóisc, minseach; láir, láireog, láir asail; bainbhreach 'female rat'; cráin eala, cearc, cearc cheannainn, cearc fheá, cearc fhrancach, cearc fhraoigh, cearc ghainimh, cearc ghuine, cearc phéacóige, cearc uisce, céirseach, gé; cráinbheach, faoisceán.

báiní noun *wildness, frenzy*: ainscian, aonach, baosra, buile, buile feirge, caor, cinnmhire, cochall, coilichín, colg, colgaí, confadh, cuthach, dásacht, dobhuile, fearg, fiántas, fíoch, fíochmhaire, fiuch, fiúir, fiúnach, flosc, fraoch, fualang, ginideacht, mearchiall, mire, spadhar, straidhn, taghd, teaspach, treall.

báinín noun ❶ *homespun cloth, flannel*: báinín bán, báinín brocach, báinín glas, bréidín, broicín, ceanneasna, éadach baile, flainín, plainín, raitín, raitín paitín; rabhaisc. ❷ *jacket of white homespun*: beargún, brádóg, bratóg, casóg, cóta.

baininscneach adjective *feminine*: baineann, banda, banúil, caileanda, caileanta; adhnáireach modhúil, *literary* bíthe.

bainis noun ❶ *marriage feast, wedding reception*: pósadh; infear. ❷ *feast, reception*: bainis bhaiste, céilí, clabhsúr, coirm, coirm is ceol, cóisir, fáiltiú, féasta, fleá, infear, méilséara, *literary* urghnamh.

bainisteoir noun *manager*: ceannaire, cinnire, fear ceannais, feighlí, geafaire, geafar, gobharnóir, máistir, maor, riarthóir, saoiste, stiúrthóir, treoraí, *literary* reachtaire; aibhéardaí, airíoch; boc mór, iasc mór, lus mór, piarda mór.

bainisteoireacht noun *management*: aire, aireachas, eagraíocht, eagras, fearachas, feighlíocht, ionramh, lámhsmacht, maoirseacht, mineastráil, mineastrálacht, reachtáil, rialú, rialúchán, riarachán, riaradh, saoistíocht, smacht, stiúir, stiúradh, stiúrthóireacht, treoir, treorú.

bainistíocht noun *thrift, good management*: bainistí; baileachas, barainn, coigilt, coigilteas, fearachas, tábhacht, taogas, tíos, tíosaíocht, tíosúlacht.

bainistíoch adjective *thrifty*: baileach, barainneach, ceachartha, cnuaisciúnach, cnuaisciúnta, críonna, féachtanach, gortach, meánaitheach, sábhálach, spárálach, taogasach, tíosach.

bainne noun ❶ *milk*: barr, bleacht, bleaghdar, bleoghantas, lacht, lacht cíoch, leamhnacht, *literary* loim; climirt, climreadh, climseáil, sniogadh; gruth buí, gruth núis, gruth túis, maothal, nús, úras; gruth, gruthrach; óguachtar, uachtar; *pl.* bánbhianna, bláthach, briodar, bun an bhainne, sceidín, burú-gú, lachtós, meadhg, meadhg dhá bhainne, púdar bainne, sicbhainne, treabhantar; anglais, scileagaílí, uiscealach bainne. ❷ *juice*: bleacht, lacht, laitéis, sú, suán, súlach, súlachas, súram, sútram.

bainne bó bleachtáin noun *cowslip (Primula veris)*: bainne bó bleacht, bainne bó blioscán, bainne bó buí, bóín bleachtáin, buíocán bó bliocht, crúibín cuit, *pl.* crúibíní cuit, fleasc i mbéal bó, luibh na pairilise, lusra na múiseán, pabhsaer Naomh Jósaef, padhcán.

bainne caoin noun *Irish spurge (Euphorbia hyberna)*: bainne cíoch na n-éan, bainne cian, bainne cín éan, bainne léana, bainnicín, dearglaoch, meacan buí, meacan buí an tsléibhe.

bainniúil adjective ❶ *milky*: bleachtach, lachtach; bán, geal, súmhar. ❷ *milk-yielding*: bleacht, bleachtach, lachtmhar; tá bainne is mil ina slaoda ann.

báinseach noun *green, lawn*: báinseog, bán, faiche, féar, lantán, plás, plásán, plásóg, réileán, léana, míodún, móinéar; cluanóg, cluasóg.

baint noun ❶ *connection, relevance*: caidreamh, ceangal, teagmháil, truc. ❷ *(act of) cutting, reaping*: buain, buaint; gearradh, lomadh, sábháil.

bainteach (le) adjective *connected (with), relevant (to)*: a bhaineann le, a roinneann le, ceangailte le.

bainteoir noun *reaper*: bean fhómhair, buanaí, corránaí, fear fómhair, fómharaí; spealadóir.

baintreach noun ❶ *widow*: baintreach mná, breacbhaintreach, baintreach an fhir bheo; *literary* feadhb; baintreach fir, breacbhaintreach fir.

bairdéir noun *warder*: bardach, caomhnach, caomhnóir, coimeádaí, fairtheoir, feighlí, gairdian, garda, séiléir, *literary* saidhleoir; airíoch.

báire noun ❶ *match*: cluiche, cluiche ceannais, cluiche leathcheannais, comórtas, imirt, iomaíocht. ❷ *hurling*: camánacht, camánaíocht, camógaíocht, haca, hacaí, iomáint, iománaíocht; camán, poc, sliotar. ❸ *goal (in sport)*: cúilín, cúl, góraí, scór. ❹ *shoal (of fish)*: cluiche, cluichreán, cóch, páirc, port, rath, scoil.

bairéad noun ❶ *biretta, cap*: birréad, boinéad, caidhp, caipín, ceannbheart, hata. ❷ **bairéad oíche** *nightcap*: deabhaid.

baireoir noun *player, hurler:* báireadeoir, camánaí, imreoir, iománaí.

bairille noun ❶ *barrel:* casca, ceaig, cearnmheadar, oigiséad, scartaire, stainnín, stanna, tobán, tunna; dromhlach. ❷ *barrel of gun:* feadán, lorga, píopán.

bairín noun *loaf:* bollóg, bríce, bríce aráin, builín; borróg, cáca, císte.

bairrín noun *mitre:* ceannbheart easpaig, míteár; tiara.

báirse noun *barge:* bád mór, birling.

báirseach noun *shrew, scolding woman:* ainscian mná, ainsprid, badhb, badhbaire, badhbóir, báiléir mná, bearrthachán mná, cáinseach, callaire mná, cancairt mná, caorthanach, deimheastóir mná, fiacantóir mná, fia-chailleach, fuachaid, heictar, laisceach, raicleach, raip, ruibhseach, ruip, ruipleach, scibhear, scibhéar, scólachán mná, stiúireachán mná, straip.

báirseoir noun ❶ *water-keeper, game-keeper:* coimeádaí, fear coimeádtha, maor géim, maor seilge; aibhéardaí. ❷ *scold, nagger:* agóid, ainciseoir, ainle, ainleog, ainscian mná, ainsprid, badhb, badhbaire, badhbóir, báiléir, báiléir mná, báirseach, banránaí, bearrbóir, bearrthachán, bearrthachán mná, cáinseach, cáinseoir, callaire, callaire mná, cancairt mná, cancrán, canránaí, cantalán, cantalachán, cantalóir, caorthanach, ceolán, cianaí, ciarsánaí, clamhsánaí, cnádán, cnádánaí, cnáimhseálaí, cnáimhseoir, deimheastóir, deimheastóir mná, drantánaí, dris, fia-chailleach, fiacantóir, fuachaid, gearánaí, heictar, laisceach, meirgeach, meirgíneach, míchaidreamhach, neascóid, ráipéar mná, ruibhleach, ruibhseach, sáiteachán, scalladóir, scallaire, scallóid, scamhailéir, sceimhealtóir, scólachán, stiúireachán, stiúireachán mná, straip, tormasaí, *literary* glámh.

báisín noun *basin, vessel:* babhla, bleidhe, crúiscín, crúsca, gogán, méisín, mias, mornán, muga, paol, pigín, scála, searróg, soitheach, stópa, umar, *literary* drochta, síothal.

baist verb *christen, baptize, name:* ainmnigh, gair, glaoigh, muinnigh.

báisteach noun ❶ *rain, shower:* fearthainn; cámar, ceathán, cith báistí, múr báistí, múrail báistí, ráig bháistí, ráig de mhúr, sprais fearthainne; ag báisteach, ag cur, ag cur báistí, ag cur fearthainne. ❷ *light rain, drizzle:* barrchith, brádán, brádarnach, cafarnach, ceobhrán, ceobrán, ceobharnach, ceofrán, craobhchith, craobhmhúr, dramhaíl báistí, draonán báistí, salacharaíl bháistí, síobráil bháistí, spréachaíl báistí, sriabhán báistí; tá an bháisteach ag teacht mín marbh. ❸ *heavy rain:* bailc báistí, bailc fearthainne, balcadh, batharnach, batharnach bháistí, clagar, clagarnach, clagarnaíl, clascairt báistí, díle báistí, doirteán báistí, falc, folc, fraschith, gailbh, gailfean, gailfean báistí, léidearnach chlagair, liagarnach báistí, maidhm bháistí, múirling, péatar báistí, ragáille báistí, rilleadh báistí, sconna báistí, tuairt bháistí, tuile liag; tá an bháisteach ag baint deataigh/toite as an talamh; tá sé ag cur scéana gréasaí, tá sé ina sceana gréasaí; tá sé ag báisteach mar a ligfí tríd an gcriathar í, tá sé ag caidhleadh báistí, tá sé ag clagadh báistí, tá sé ag cloigneadh fearthainne, tá sé ag cur de dhíon is de dheora, tá sé ag doirteadh báistí, tá sé ag gleadhradh báistí, tá sé ag greadadh báistí, tá sé ag lascadh báistí, tá sé ag raideadh báistí, tá sé ag roilleadh báistí, tá sé ag stealladh báistí, tá sé ag taoscadh báistí, tá sé ag teilgean báistí, tá sé ag taomadh fearthainne; tá sé ag dubhfhliuch fearthainne, tá sé ag titim ina tulcaí. ❹ *it's going to rain:* tá báisteach air, tá cosúlacht báistí air, tá cuma bháistí air, tá cuma uisce air, tá dealramh báistí air, tá íor báistí ar an spéir. ❺ *showers and sunny periods:* cith is gealán, múrail ghréine, múr gréine; múr gréine an múr is déine amuigh; *pl.* craobhcheathanna, *pl.* craobhmhúrtha.

baisteadh noun *christening, baptism:* baisteadh le huisce, baisteadh tuata, baisteadh urláir; baisteadh dúile, baisteadh fola, baisteadh le tine; bainis bhaiste; ainmniú, timpeallghearadh; baisteadh easpaig.

báite adjective *drenched:* ar maos, fliuch báite, fliuch go craiceann, ina líbín.

baitsiléir noun *bachelor:* buachaill, fear díomhaoin, fear óg, fear singil, fear singilte, fleascach; leathéan, seanbhuachaill, seanmhaighdean fir, seascachán, seascaire, seascánach, pocleandar.

baitsiléireacht noun ❶ *bachelorhood:* aontumha, díomhaointeas, óige, seascaireacht, singilteacht. ❷ *gallivanting:* aeráil, aermaíocht, áibhéireacht, anstrólaíocht, antlás, laighce, léaspartaíocht, leithéis, meidhir, pléaráca, pléireacht, pocfeáireacht, rancás, scléip, scódaíocht, spórt, spraoi, *literary* líth.

balbh adjective *dumb, mute: literary* maon; bundún teanga go raibh ort; baineadh stangadh asam, ramhraigh mo theanga i mo bhéal, rinneadh stalcadh díom is de mo theanga, rinneadh stoic stárthaí díom. noun *dumb person:* balbhán.

balbhaigh verb ❶ *silence:* cabáil, cuir ina thost, cuir gobán i mbéal duine, cuir gobán i nduine. ❷ *deaden:* bodhraigh, laghdaigh, maolaigh, plúch.

balbhán noun *mute, dumb person:* duine balbh.

balc noun *baulk, beam:* bíoma, boimbéal, cearchaill, crann, giarsa, maide, maide éamainn, maide mór, maide mullaigh, plabhta, rata, sabh, sail, taobhán.

balcaire noun *strong, stocky person:* béinneach, bleitheach, bollatach, bológ, bológ fir, bromach, bunastán, buta, cliobaire, dalcaire, fairceallach, guntán, mullachán, preabaire, puntán, smachtín, sorchán, staicearlach, stiorc, stoipéad, stollaire, strogán, struisire, tolcaire, tollaire, tréanfhear.

balcais noun *clout, garment:* brátóg, *pl.* breacáin, *pl.* breallaigh, *pl.* breallain, bréid, ceamach, ceirt, cifleog, *pl.* círéibeacha, *pl.* crothóga éadaigh, éadach, giobal, leadhb, liobar, luid, *pl.* pacaí, *pl.* paicinéadaí, *pl.* plispíní, *pl.* scóiléadaí; boirdréis, géirín.

balcóin noun *balcony:* áiléar, forfhuinneog, grianán, léibheann, lochta, táláid.

ball noun ❶ *member, limb:* áighe, *pl.* baill bheatha, *literary* meamar; ball éisteachta, cos, crúb, lámh, eireaball, eite, géag, géag coise, géag láimhe, orgán, rí, troigh. ❷ *pl.* **baill ghiniúna** *genitalia: pl.* báltaí, íochtar, náire, náire cnise; clais, grabaid, pis, pit; geadán, meabhal, nádúr, náire, *familiar terms* bogha ceatha, cailín báire, cailleach ribeach, gráta, moirtís, simléar; faighin; tomán. ❸ **ball fearga** *male member, penis:* bachall, biach, bod, bodán, boidín, geineadán, péineas, sceidín, scibirlín, slat, toilfhéith. *familiar terms:* bata, beaignit, bliúcán, capall bán, cara na mban, cleith, coinneal, cóngar, crann clis, crann súgartha, cuideal, diúdlamán, diúidiliom, diúidl, dúid, earc luachra, éinín, falcaire an tinteáin, feam, feirc, fliúit, ga, gimidiúit, giota, gléas, iall, leaid, maide bradach, maide milis, máilléad, maiste, meamar, meana, moncaí, Páidín Ó Raifeartaigh, píce, pilí, pilibín, pionna, píosa, piostal póca, pruic, rógaire, sáfach, sáiteán, scadán, scathachán, scoithín, sconnaire, scothach, slibire, smachtín, snáthaidín táilliúra, stáca, súiste, tailíbhaigear, tairne tiarpa. *pejorative* cuiteog. ❹ *member of society, associate: colloquial* ballra, bráthair, ceann, comhalta, comhbhráthair, comhchealgaire, comhchoirí, comhghleacaí, comhoibrí, comhpháirtí,

balla

comrádaí, duine, fear, *literary* meamar, páirtí. ❹ *place:* áit, fód, ionad, ionadh, láthair, log, spota, suíomh; ar fud an bhaill, ar fud an tí, ar fud na háite; i lár an aonaigh, i lár baill, sa lár. ❺ **ball éadaigh** *item of clothing:* airteagal éadaigh. ❻ **ball troscáin** *item of furniture:* gach aon mháille den troscán. **adverbial phrase ar ball** ❶ *just now:* ar ball beag, ó chianaibh, ó chianaibhín. ❷ *soon:* gan mhoill, go gairid, go haibéil, go luath, i gcionn tamaill, i gcionn tamaill bhig.

balla *noun wall:* ballóg, binn, cladán, claí, fál, fraigh, imfhál, imfhálú, imphort, móta, múr, sconsa, *pl.* táibhle, taobh-bhalla, *literary* ime; deighilt, laindéal, spiara.

ballach *adjective spotted:* alabhreac, bánbhreac, breac, breacbhallach, breacghlas, breachnaithe, breactha, breachtach, breicneach, bricíneach, brocach, cearnógach, crosach, ilghnéitheach, mionbhreac, riabhach, seicear, sliogánach, spotach, títheach, *literary* bomannach.

ballán *noun teat:* brollach, cín, cíoch, did, dide, dideog, faireog mhamach, sine, úth; iomarla.

ballasta *noun ballast:* cobhsaíocht, foras, meáchan, tathag.

ballóg *noun roofless house, ruin:* bathalóg; batálach, bathlach, cabhail, cealdrach, ceallúir, fothrach, raingléis tí, riclín tí, seanchabhail tí, spéalán tí; banrach, manrach.

ballóid *noun ballot:* guthaíocht, guth an phobail, olltoghchán, toghchán, vóta, vótáil; pobalbhreith, reifreann; ionadaíocht, ionadaíocht chionmhar.

ballraíocht *noun membership:* ballra; *pl.* comhaltaí, *pl.* comhghleacaithe, *pl.* comrádaí.

balsam *noun* ❶ *balsam, ointment:* balsam na manach, fobhairt, íle, ola, ungadh. ❷ *balm, soothing agency:* faoiseamh, íocshláinte, leigheas, luibh íce, luibh leighis, ola ar do chroí, sólás, suaimhneas. ❸ *balsam* (Impatiens): balsam buí, balsam gairdín, balsaimín 'busy Lizzy' ❹ *Himalayan balsam (Impatiens glandulifera):* lus na pléisce.

balscóid *noun blotch, blister:* ball breac, ball broinne, ball dearg, ball dobhráin, ball seirce, ball súiche; bricín, bricín gréine, clog, comhartha broinne, comhartha cille; ainimh, aodh thochais, goirín, gríos, íth, léasán, máchail, *pl.* máchailí an tsléibhe, meall gorm, neascóid, smál, spuaic, pusca, treall.

balún *noun balloon:* balún instiúrtha, balún sundála; éadromán, lamhnán gaoithe.

bambairne *noun* ❶ **bambairne fir** *big, strong man:* balcaire, béinneach, bramaire, bromach, bromaire, bromaistín, carraig, cleithire fir, cliobaire fir, crobhaire, Earcail, fairceallach fir, falmaire fir, fámaire fir, fathach fir, gaiscíoch, griolsach, preabaire fir, rábaire, rúscaire, sail, scafaire, scriosúnach, smalcaire, smíste, spalpaire fir, stollaire fir, tolcaire, tolchaire, tollaire fir. ❷ **bambairne mná** *big, strong woman:* alaisceach, alaisceach mná, bollstaic mná, fairceallach mná, falmaire mná, fámaire mná, graimpéar, grampar, grátachán, plíomsach, scafaire mná, stollaire mná, torpóg. ❸ **ina bhambairne** *in a fix, frustrated:* ina bhaileabhair; ar an bhfaraor, i bponc, i gcantaoir, i gcás, i gceapa, i ndreapa, i dteannta, i gcathair ghríobháin, i ladhair an chasúir, in adhastar an anró, in arán crua, i nead ghríbhe, i ngéibheann, in umar na haimléise, i súil an ribe, i súil an rópa; idir an leac is an losaid, idir dhá cheann na meá, idir dhá chomhairle, idir dhá thine Bhealtaine, sa chúngach, san fhaopach; tá a chos sa trap, tá a lámh i mbéal an mhadra, tá a mhéar i bpoll tarathair; fágadh ar an trá é, fágadh ar an trá fholamh é; fágadh Baile Átha Cliath ar an mbóthar aige, fágadh Trá Lí ar an mbóthar aige.

bán *noun fallow land, field:* athghort, bánfhonn, bánsliabh, bántas, branar, fiarach, spallach. **adjective** ❶ *white:* caorgheal, ceannann, ceannbhán, ceanngheal, chomh geal leis an sneachta, fionn, fionnbhán, geal, gealchraiceach, gléigeal, lileach, lilíoch, lilíúil. ❷ *pale:* báiníneach, báiteach, bánchneasach, bánéadánach, bánghnéitheach, bánghnúiseach, bánlíoch, cailceach, ceannbhán, glas, glasbhán, liath, liathbhán, mílítheach, tláith. ❸ *fairhaired:* bán, bánfholtach, barrfhionn, cúileann, cúlbhán, fionn, fionnbhán. ❹ *fallow:* folamh, tréigthe.

banaí *noun womanizer, philanderer:* banadóir; adhaltrach, adharcachán, ainrianach, ainrianaí, boicín, cliúsaí, cluanaí, cluanaire, craiceann gan choinníoll, croián, Diarmaid Ó Duibhne, dradaire, fear slaite, filéardaí, gliodaí, jacaí, meabhlaire, mealltóir, *(i gContae na Gaillimhe)* pocleandar 'seanbhaitsiléir a ritheann i ndiaidh cailíní óga', radaire, ragairneálaí, raibiléir, réice, stail, *literary* táitheach.

bánaigh *verb* ❶ *whiten, bleach:* geal, gealaigh, glan, nigh, tréig, tuar. ❷ *dawn:* foinsigh, breac, bris, eascair, éirigh, fáinnigh, geal, gealaigh, láigh, muscail; tá sé ag bordáil lae, tá sé ag láchaint, tá sé ag maidneachan; tá lonrú an lae ag sméideadh thar chnoc orainn. ❸ *lay waste:* caith, creach, cuir amú, diomail, ídigh, scrios, spíon, *literary* lochair.

banaltra *noun* ❶ *wet-nurse:* banaltra chíche, bean chíoch, bean oiliúna, buime, máthair altrama; oiliúnóir. ❷ *nurse:* banaltra cheantair, banaltra ospidéil, banaltra fir; altra, bean friothála, buime, mátrún, siúr bhanaltrais.

banbh *noun piglet:* bainbhín, banbhán; arc, arcán, céis, céis mhuice, muicín, orc, orc cránach, porcadán, porcán, sabhán, slip, slipeánach, slipín, torcán.

banc *noun* ❶ *bank:* banc cré, banc ceo; bachta, banca, bancán, bruach, dumhach, gruaimhín, méile, oitir, panc, port, taobh; carn, carnán, droim, eiscir, sián. ❷ *bank for money:* banca, beainc; cumann foirgníochta.

banchéile *noun wife:* banchara, bean, bean an tí, caoifeach, céile, céile leapa, cneasaí, leannán, nuachar, donuachar, sonuachar; an mháistreás, an seanchailín, í féin.

banda[1] *adjective womanly, feminine:* baineann, baininscneach, banúil, *literary* bíthe, caileanda, caileanta; adhnáireach, geanasach, mómhar, modhúil.

banda[2] *noun* ❶ *band (fastening):* bindealán, ceangal, ceangaltán, dromach, dromaide, fáisceán, fáiscín, fleasc, fonsa, iarann, nasc.

bándearg *adjective pink:* liathdhearg, pinc, rósdhaite, silíneach; ar dhath an róis; liathchorcra.

bandia *noun goddess:* bé, *pl.* na Naoi mBéithe; driad, hamaidriad, náiad, nimfeach choille, nimfeach uisce, *literary* gailtean; spéirbhean, spéirbhruinneall.

bandraoi *noun witch:* banchumhachtach, bandraíodóir, banfháidh, bean feasa, cailleach draíochta, cailleach feasa, cailleach luibhe, cailleach phiseogach, fia-chailleach, fuachaid, síofróg, upthóg.

banéigean *noun rape:* éigniú, fuadach; drochiarraidh.

bang *noun* ❶ *stroke (in swimming):* oscar, snámh. ❷ *effort, (vigorous) movement:* aicsean, beart, dícheall, éacht, fogha, rábóg, ráib, rúchladh, ruthag, sáriarracht, siota.

banlaoch *noun heroine:* banghaiscíoch; bean óg, cailín óg.

banna[1] *noun bond:* barántas, geallatanas, gealluint, nóta geallatanais, teastas.

banna² noun ❶ *band of musicians:* banna cuisleannach, banna píob, banna práis, banna fífeanna, banna míleata; ceolfhoireann, *pl.* ceoltóirí, *pl.* oirfidigh, racghrúpa. ❷ *company:* baicle, buíon, béinne, cipe, comhlacht, criú, cruinniú, cuallacht, cumann, cuideachta, dream, feadhain, foireann, fracht, grúpa, meitheal, paca, rang, scata, scuaine, slógadh, slua, treibh, *literary* cuain, fóir.

bannadóir noun *bandsman:* ceoltóir, fear ceoil, oirfideach, seinnteoir; drumadóir, trumpadóir.

banóstach noun ❶ *landlady, ale-wife:* bean an tí, bean ósta, banóstóir. ❷ *hostess:* aeróstach, banfhreastalaí, banghiolla, cailín freastail, fáilteoir, freastalaí mná.

banrach noun *cattle-yard:* áirí, bólann, buaile, clós, cúlmhacha, gabhann, garraí, garraí gabhainn, geard, loca, macha, manrach, otrann, urlann, *literary* fasc.

banrán noun *complaint, (act of) complaining:* aingíocht, béalchnáimhseáil, cáinseoireacht, casaoid, ceasacht, ceasachtach, ceasnaí, ceisneamh, ciarsán, clamhsán, cnádánacht, cnáimhseáil, cneáireacht, diúgaireacht, éighdeán, fuarchásamh, fuasaoid, gearán, gluaireán, griothnairt, tormas, tromaíocht, *literary* ionnlach.

banránach a ❶ *plangent, complaining:* ainciseach, canránach, ceasnúil, ciarsánach, clamhsánach, éagnach, fuachasach, fuasaoideach, gearánach, gluaireánach, milleánach, mosánach, tormasach.

banránaí noun ❶ *person given to complaining:* ainciseoir, ainle, ainleog, cáinseoir, canránaí, cearbhálaí, ceolán, ciarsánaí, clamhsánaí, cnádán, cnádánaí, cnáimhseálaí, cnáimhseoir, drantánaí, durdálaí, gearánaí, tormasaí.

banríon noun ❶ *queen:* banfhlaith, banimpire, banmhál, banphrionsa, bansár, bantiarna, bean an rí, ríon, spéirbhean, stáidbhean, stuaire; tá iompar banríona fúithi. ❷ *queen bee:* cráinbheach.

bantracht noun *group of women:* banchuire, bandáil, clochar, ginéicéam, grianán, háram, saraiglí; Bantracht na Tuaithe, Cumann na mBan, mná na hÉireann, Pairlimint na mBan, taobh na mban.

banúil adjective *feminine:* baininscneach, baineann, banda, caileanda, caileanta, *literary* bíthe; adhnáireach, geanasach, modhúil, mómhar.

banúlacht noun *femininity:* baininscne, bandacht; adhnáire, geanas, modhúlacht.

baoi noun *buoy:* baoi sábhála; bulla, fleadrainn, pocán eangaí; bleaindí, bolbóir, buimbiléad, buimléad, géillín, snámhán.

baois noun *folly:* baoithe; amadántaíocht, amaideacht, amaidí, athbhaois, díchiall, díth céille, droch-chiall, easpa céille, éigéille, éigiall, íorthacht, leamhas, leibideacht, míchiall, óinmhideacht, óinsiúlacht, pleidhcíocht, seafóid.

baoite noun *bait:* baoite portáin; bánbhaoite, maghar, péist; tá bia ar an inneall; tá aiste orthu.

baol noun *danger, risk:* bagairt, bearna baoil, contúirt, cuntar, dainséar, fiontar, fiontraíocht, gábh, guais, guaisbheart, guaisbheartaíocht, guaiseacht, priacal, riosca, *literary* éislinn, ing.

baolach adjective ❶ *dangerous:* bagrach, contúirteach, dainséarach, díobhálach, dochrach, gáifeach, guaisbheartach, guaiseach, guaisiúil, priaclach, seansúil. ❷ *probable:* cosúil, dócha, dóigh; ní móide.

baosra noun ❶ *folly, boasting:* amaideacht, amadántaíocht, amaidí, baois, bóibéis, braig, buaileam sciath, éigiall, éirí in airde, gaisce, mórtas, mórtas thóin gan taca, óinsiúlacht, rá mata, seafóid. ❷ *senseless anger:* ainscian, aonach, báiní, buile feirge, caor, cochall, confadh, cuthach, dásacht, fearg, fíoch, fiuch, fiúir, fiúnach, fraoch, mire, spadhar, taghd, teasaíocht, tintríocht, treall; bheith ar an daoraí, bheith ar buile, bheith ar mire, bheith ar steallaí mire, bheith as a chranna cumhachta, bheith le ceangal, bheith sna firmimintí.

baoth adjective *foolish:* aimhghlic, amadánta, amaideach, baoiseach, bómánta, breallach, breallánta, bundúnach, dall, dallacánta, dallaigeanta, díchéillí, dobhránta, dúr, éaganta, gamalach, lagintinneach, leamh, leamhcheannach, leathmheabhrach, leibideach, mallintinneach, míghlic, óinmhideach, óinsiúil, pleidhciúil, ramhar, seafóideach, simplí, spadintinneach, tútach, uascánta.

Banríonacha agus Banimpirí Tábhachtacha

Adelaide bean Liam IV (*An Ríocht Aontaithe*) 1830–1849
Alexandra, banimpire (*An Rúis*)
Alexandra, bean Éadbhaird VII (*An Ríocht Aontaithe*) 1901–1925
Anne (*Sasana*) 1702–1714
Anne Boleyn, bean Anraí VIII (*Sasana*) 1533–1536
Atáilia, bean Jóram (*Júda*) 841–835 RC
Beatrix (*An Ísiltír*) 1980–2013
Boudicca (nó Boudicca) (*Na hIceni, An Bhreatain*) 61–63
Caitríona ó Aragón, bean Anraí VIII (*Sasana*) 1509–1536
Caitríona Mhór, banimpire (*An Rúis*) 1762–1796
Candace (*An Aetóip nó Meroe*; *féach Gníomhartha 8:26–28*) 1ú haois
Caroline, bean Sheoirse IV (*An Ríocht Aontaithe*) 1820–1821
Cleopatra (*An Éigipt*) 51–30 RC
Clotilde, bean Chlovis (*An Fhrainc*) fl. 490
Eileanóir, bean Anraí II (*Sasana*) 1154–1204
Eilís I (*Sasana*) 1558–1603
Eilís, bean Sheoirse VI (*An Ríocht Aontaithe*) 1936–2003
Eilís II (*An Ríocht Aontaithe*) 1952–2022
Emma bean Ethelred agus Chanute (*Sasana*) 1002–1035
Frederica, bean Phól I (*An Ghréig*) 1947–1981
Gertrude, bean Chlaudius (*An Danmhairg*; sa dráma HAMLET)
Gormfhlaith, bean Néill Ghlúndubh (*Éire*) 916?–919
Helena, máthair Chonstaintín (*Impireacht na Róimhe*) fl. 380
Isabella I, bean Fernando (*An Spáinn*) 1451–1504
Ízeibil, bean Acháb (*Iosrael*) 874–853 RC
Jane Grey (*Sasana*) 1553
Jane Seymour, bean Anraí VIII (*Sasana*) 1536–1537
Juliana (*An Ísiltír*) 1948–1980
Lady Macbeth (*Albain*; sa dráma MACBETH)
Máire Stíobhartach (*Albain*) 1542–1587
Máire Thúdarach (*Sasana*) 1553–1558
Máire (*Sasana*) 1689–1694
Máire ó Mhodena, bean Séamas II (*Sasana*) 1685–1718
Máire, bean Sheoirse V (*Sasana*) 1910–1953
Máire Treasa, banimpire (*An Ostair*) 1740–1780
Maitilde (*Sasana*) 1135–1153
Marie Antoinette, bean Laoiseach XVI (*An Fhrainc*) 1755–1793
Margarethe (*An Danmhairg*) 1972–
Meadhbh (*Connachta*) 1ú haois
Nefertiti, bean Akhenaten (*An Éigipt*) †1335 RC
Victoria (*An Ríocht Aontaithe*) 1837–1901
Wilhelmina (*An Ísiltír*) 1890–1948

baraiméadar noun *barometer*: gloine na haimsire; gloine.

barainn noun *thrift, providence*: baileachas, bainistí, bainistíocht, coigilt, coigilteas, fearachas, taogas, tíos, tíosaíocht, tíosúlacht.

barainneach adjective *thrifty, parsimonious*: baileach, bainistíoch, ceachartha, cnuaisciúnach, cnuaisciúnta, críonna, féachtanach, gortach, meánaitheach, sábhálach, spárálach, taogasach, tíosach.

barántas noun ❶ *warrant, written permission*: baránta, cead i scríbhinn, ceadúnas, clóchead, eascaire, lánchumhacht, pas, saorchead, teastas, údarás, urra, urrús.

barántúil noun *trustworthy, authentic*: baileach, beacht, ceart, dílis, dlisteanach, dócha, dóchúil, fíor, **adjectival genitive** fíre, fírinneach, inchreidte, iontaofa, le trust, muiníneach, sochreidte, údarach, údarásach; buanseasmhach, dúshlánach, tathagach; gan bhréag ann; tá cuma na fírinne air.

barbartha adjective *barbaric, barbarous*: ainchríostúil, ainrianta, aintréan, allta, cruálach, danartha, díbheirgeach, fiánta, fiata, fiáin, fíochmhar, fraochmhar, fraochta, mallaithe, mínáireach, turcánta, urchóideach. ❷ *outlandish, coarse*: gáirsiúil, garbh, gráiscíneach, gránna, graosta, mígheanasach, mígheanúil, otair, salach, trom.

bardas noun *corporation*: comhairle, údarás áitiúil; *pl.* aithreacha na cathrach, *pl.* buirgéisigh.

barr noun ❶ *top, summit*: ard, barrphointe, bior, buaic, cíor, círín, dlaoi mhullaigh, dlaíog mhullaigh, droim, lomán, maoileann, mullach, rinn, spuaic, uachtar, uasphointe, *literary* inn. ❷ *the height of (with the genitive)*: barr féile, barr gaisce, barr scéimhe; buaic, plúr, rogha, rogha is togha, scoth, togha, *literary* forgla. ❸ *crop*: fómhar, toradh; cnuasach, tairgeadh.

barra noun ❶ *bar*: balc, bíoma, ceap, cipín, garma, giarsa, maide, sabh, sabh dorais, maide éamainn, sail, trasnán. ❷ *sand bar*: fearsaid, oitir, scairbh, tanalacht.

barrach noun *tow (of hemp, flax)*: ascart; cadás, cotún, flocas.

barradh noun *hindrance*: bac, bacadh, bacainn, branra, buairichín, buairthín, buarach, cis, cornasc, cosc, cruimeasc, éaradh, glaicín, gradhan, iodh, laincide, laincis, laingeal, ráille, spiara, stad, stop, toirmeasc, urchall.

barraicín noun *tip (of foot), toe*: méar, méar coise; ordóg, ladhraicín, lúidín.

barraíocht noun *excess, too much*: ainiomad, anbharr, anlucht, breis, farasbarr, fuílleach; an iomad, an iomarca, an iliomad.

barrchaite adjective *threadbare*: caite, (i gContae Chorcaí) léanaithe, scáinte, sean, smolchaite, spíonta; ar an bhfáithim; bocht, bratógach, ceamach, leadhbach, scrábach, slaimiceach, sraoilleach, streachlánach, suarach.

barrchéim noun *climax*: apaigí, buaic, ardphointe, barr, buacacht, buacán, buaic, cianphointe, dígeann, *literary* forar, formna; bile buaice, mullach, uasphointe.

barrliobar noun *numbness (of fingers)*: barrleathar, eanglach, fuairnimh, fuarthanach, leathadh lúitheach, mairbhe, mairbhití, manaleathar, marbhántacht, marbhfhuacht, marbhleathar, neamhmhothú, sliopach.

barróg noun ❶ *hug*: brásáil, fáisceadh, fáscadh, gráin, gráinteacht; cuachadh, mán mán, muirn, muirnéis, muirniú; greim. ❷ *brogue, impediment of speech*: amhlabhra, bachlóg, béalmháchail, briotaireacht, luathbhéalaí, plobaireacht, snagadaíl, snagaireacht, snagarsach, stad, stadaíl, stadaireacht, stadarnaíl, starragánacht chainte, tutbhéalaí; bailbhe, balbhacht, balbhaíocht, balbhántaíocht, bundún teanga, caint na mbodhar is na mbalbhán.

barrshamhail noun *ideal*: duine gan locht, eiseamláir, grian, ní gan locht, plúr, rud gan locht, sampla, an scoth, an sméar mullaigh, fréamhshamhail, idéal, príomhshamhail, *literary* forgla, gaoine; critéar, cuspa, cuspóir, slat tomhais.

barrthuisle noun *stumble*: iompú, leagan, titim ó chothrom, truip, tuisle; stangadh, stangarnaíl, suaitheadh; bacadradh, guagaíl, longadán, spágáil, stabhaíl; tá sé ar a bhuige bhaige, tá sé ar forbhás; baineadh dá chothrom é.

barrúil adjective ❶ *funny, droll*: ábhachtach, áiféiseach, áirid, greannmhar, leithéiseach, magúil, scigiúil; is cúis gháire é, tá lagú ann. ❷ *odd*: aduain, **adjectival genitive** aineoil, áirid, aisteach, aistíoch, ait, allúrach, coimhthíoch, corr, corraiceach, deorach, deoranta, éachtach, eachtartha, eachtrannach, éagoitianta, éagsamhalta, éagsúil, éagsúlta, groí, iasachtach, neamhchoitianta, neamhghnách, urghnách, *literary* diongna; tá cor ann.

Barúntachtaí na hÉireann

Contae Aontroma
Aontroim Íochtarach: *Lower Antrim*
Aontroim Uachtarach: *Upper Antrim*
Béal Feirste Íochtarach: *Lower Belfast*
Béal Feirste Uachtarach: *Upper Belfast*
Carraig Fhearghais: *Carrickfergus*
Cathraí: *Cary*
Coill Chonmhaí: *Killconway*
Dún Libhse Íochtarach: *Lower Dunluce*
Dún Libhse Uachtarach: *Upper Dunluce*
Gleann Arma Íochtarach: *Lower Glenarm*
Gleann Arma Uachtarach: *Upper Glenarm*
Mása Ríona Íochtarach: *Lower Masserene*
Mása Ríona Uachtarach: *Upper Masserene*
Tuaim Íochtarach: *Lower Toome*
Tuaim Uachtarach: *Upper Toome*

Contae Ard Mhacha
Ard Mhacha: *Armagh*
Na Feá Íochtaracha: *Lower Fews*
Na Feá Uachtaracha: *Upper Fews*
Na hOirthir Íochtaracha: *Lower Orior*
Na hOirthir Uachtaracha: *Upper Orior*
Tuath Threana: *Tiranny*
Uí Nialláin Thiar: *Oneilland West*
Uí Nialláin Thoir: *Oneilland East*

Contae Bhaile Átha Cliath
Baile Átha Cliath: *Dublin*
Baile Ruairí Thiar: *Balrothery West*
Baile an Ruairí Thoir: *Balrothery East*
Caisleán Cnucha: *Castleknock*
An Caisleán Nua: *Newcastle*
An Chrois Íochtarach: *Nethercross*
An Chrois Uachtarach: *Uppercross*
An Chúlóg: *Coolock*
Ráth an Dúin: *Rathdown*

Contae an Chabháin
Caisleán Raithin: *Castlerahan*
Clann Chaoich: *Clankee*
Clann Mhathúna: *Clanmahon*
Loch Tí Íochtarach: *Loughtee Lower*
Loch Tí Uachtarach: *Loughtee Upper*
Teallach Ghairbhith: *Tullygarvey*
Teallach Eathach: *Tullyhaw*
Teallach Dhúnchadha: *Tullyhunco*

Contae Cheatharlach
Ceatharlach: *Carlow*
Fotharta: *Forth*
Ráth Bhile: *Rathvilly*
Tigh Moling Íochtarach: *St Mullin's Lower*

Barúntachtaí na hÉireann: Contae na hIarmhí

Tigh Moling Uachtarach: *St Mullin's Upper*
Uí Dhróna Thiar: *Idrone West*
Uí Dhróna Thoir: *Idrone East*

Contae Chiarraí
Clann Mhuiris: *Clanmaurice*
Corca Dhuibhne: *Corkaguiny*
Dún Ciaráin Theas: *Dunkerron South*
Dún Ciaráin Thuaidh: *Dunkerron North*
Gleann Ó Ruachta: *Glanarought*
Maigh gCoinchinn: *Magunihy*
Oireacht Uí Chonchúir: *Iraghticonnor*
Triúcha an Aicme: *Trughanacmy*
Uíbh Ráthach: *Iveragh*

Contae Chill Chainnigh
Callainn: *Callan*
Ceanannas: *Kells*
Cill Chainnigh: *Kilkenny*
Cill Choilchín: *Kilcullïheen*
Cnoc an Tóchair: *Knocktopher*
Crannach: *Crannagh*
Fásach an Deighnín: *Fassadinin*
Gabhalmhaigh: *Galmoy*
Gabhrán: *Gowran*
Síol Fhaolchair: *Shillelogher*
Uí Dheá: *Ida*
Uíbh Eirc: *Iverk*

Contae Chill Dara
Cairbre: *Carbury*
Cill Chuillinn: *Kilcullen*
Cill Chá agus Maoin: *Kilkea and Moone*
Claonadh: *Clane*
Connail: *Connell*
An Fhorrach agus an Réabán Thiar: *Narragh and Reban West*
An Fhorrach agus an Réabán Thoir: *Narragh and Reban East*
An Léim Theas: *South Salt*
An Léim Thuaidh: *North Salt*
An Nás Theas: *South Naas*
An Nás Thuaidh: *North Naas*
Uíbh Fhailí Thiar: *Offaly West*
Uíbh Fhailí Thoir: *Offaly East*
Uí Chéithigh agus Uachtar Fhine: *Ikeathy and Oughterany*

Contae Chill Mhantáin
Baile na Corra Theas: *Ballinacor South*
Baile na Corra Thuaidh: *Ballinacor North*
Baile an Talbóidigh Íochtarach: *Lower Talbotstown*
Baile an Talbóidigh Uachtarach: *Upper Talbotstown*
An Caisleán Nua: *Newcastle*
An tInbhear Mór: *Arklow*
Ráth an Dúin: *Rathdown*
Síol Éalaigh: *Shillelagh*

Contae an Chláir
Boirinn: *Burren*
Bun Raite Íochtarach: *Bunratty Lower*
Bun Raite Uachtarach: *Bunratty Upper*
Cluain idir Dhá Lá: *Clonderalaw*
Corca Mrua: *Corcomroe*
Inse Uí Chinn: *Inchiquin*
Na hOileáin: *Islands*
Uí Bhreacáin: *Ibrickan*
Maigh Fhearta: *Moyarta*
Tulach Íochtarach: *Tulla Lower*
Tulach Uachtarach: *Tulla Upper*

Contae Chorcaí
Na Bairóidigh: *Barretts*
Barraigh Mhóra: *Barrymore*
Beanntraí: *Bantry*
Béarra: *Bear*
Cionn tSáile: *Kinsale*
Corcaigh: *Cork*
Dúiche Ealla: *Duhallow*
Cairbrigh Thiar (An Roinn Thiar): *West Carbery (West Division)*
Cairbrigh Thiar (An Roinn Thoir): *West Carbery (East Division)*
Cairbrigh Thoir (An Roinn Thiar): *East Carbery (West Division)*
Cairbre Thoir (An Roinn Thoir): *East Carbery (West Division)*
Ciarraí Cuirche: *Kerrycurrihy*
Cineál Aodha: *Kinalea*
Cineál mBéice: *Kinalmeaky*
Condúnaigh agus Clann Ghiobúin: *Condons and Clangibbon*
Cúrsaigh: *Courceys*
Mainistir Fhear Maí: *Fermoy*
Múscraí Thiar: *West Muskerry*
Múscraí Thoir: *East Muskerry*
Orbhraí agus An Choill Mhór: *Orrery and Kilmore*
Coill na Talún: *Kinnatalloon*
Uí Bhána agus Barraigh Rua: *Ibane and Barryroe*
Uí Mhic Coille: *Imokilly*

Contae an Dúin
An Aird Íochtarach: *Lower Ards*
An Aird Uachtarach: *Upper Ards*
An Caisleán Riabhach Íochtarach: *Lower Castlereagh*
An Caisleán Riabhach Uachtarach: *Upper Castlereagh*
Cineál Fhártaigh: *Kinelarty*
An Duifrian: *Dufferin*
Leath Cathail Íochtarach: *Lower Lecale*
Leath Cathail Uachtarach: *Upper Lecale*
Múrna: *Mourne*
An tIúr: *Lordhsip of Newry*
Uíbh Eathach Íochtarach, Leath Íochtair: *Lower Iveagh, Lower Half*
Uíbh Eathach Íochtarach, Leath Uachtair: *Lower Iveagh, Upper Half*
Uíbh Eathach Uachtarach, Leath Íochtair: *Upper Iveagh, Lower Half*
Uíbh Eathach Uachtarach, Leath Uachtair: *Upper Iveagh, Upper Half*

Contae Dhoire
Cianachta: *Keenaght*
Cúil Raithin: *Coleraine*
Libeartaí Thoir Thuaidh Chúil Raithin: *North East Liberties of Coleraine*
Libeartaí Thiar Thuaidh Dhoire: *North West Liberties of Derry*
Loch Inse Uí Fhloinn: *Loughinsholin*
Tír Mhic Caoirthinn: *Tirkeeran*

Contae Dhún na nGall
Baollaigh: *Boylagh*
Báinigh: *Banagh*
Cill Mhic Réanáin: *Kilmacrenan*
Inis Eoghain Thiar: *West Inishowen*
Inis Eoghain Thoir: *East Inishowen*
Ráth Bhoth Theas: *Raphoe South*
Ráth Bhoth Thuaidh: *Raphoe North*
Tír Aodha: *Tirhugh*

Contae Fhear Manach
Clann Amhlaoibh: *Clanawley*
Clann Cheallaigh: *Clankelly*
Cnoc Ninnidh: *Knockninny*
An Chúil: *Coole*
Lorg: *Lurg*
An Machaire Buí: *Magheraboy*
An Machaire Steafánach: *Magherastephana*
Tír Cheannada: *Tirkennedy*

Contae na Gaillimhe
Árainn: *Aran*
Baile Átha an Rí: *Athenry*
Baile Locha Riach: *Loughrea*
Baile na hInse: *Ballynahinch*
Béal Átha Mó: *Ballymoe*
Cill Chonaill: *Kilconnell*
Cill Liatháin: *Killian*
Cill Tartan: *Kiltartan*
Baile Chláir: *Clare*
Cluain Mhac nEoghain: *Clonmacnowen*
Dún Coillín: *Dunkellin*
Dún Mór: *Dunmore*
Gaillimh: *Galway*
Liatroim: *Leitrim*
An Longfort: *Longford*
Maigh Carnáin: *Moycullen*
Ros: *Ross*
Tigh Dachoinne: *Tiaquin*

Contae na hIarmhí
Baile Fobhair: *Fore*
Breámhaine: *Brawny*
Cill Chainnigh Thiar: *Killkenny West*
Cluain Lonáin: *Clonlonan*
Corca Raoi: *Corkaree*
Dealbhna: *Delvin*
Fir Bhile: *Farbil*
Fir Thulach: *Fartullagh*
Maigh Asail agus Machaire Ó dTiarnáin: *Moyashel and Magheradernon*
Maigh Chaisil: *Moycashel*
Ráth Conarta: *Rathconrath*
Uí Mhac gCuais: *Moygoish*

Barúntachtaí na hÉireann: Contae Laoise

Barúntachtaí na hÉireann
ar lean

Contae Laoise
Baile Ádaim: *Ballyadams*
Clann Donnchadha: *Clandonagh*
Clár Maí Locha: *Clarmallagh*
An Choill Uachtarach: *Upperwoods*
Cuileannach: *Cullenagh*
Port Laoise Thiar: *Maryborough East*
Port Laoise Thoir: *Maryborough East*
Port na hInse: *Portnahinch*
Sliabh Mairge: *Slievemargy*
An Sráidbhaile *Stradbally*
Tigh na hInse: *Tinnahinch*

Contae Liatroma
Carraig Álainn: *Carrigallen*
Droim dhá Thír: *Drumahaire*
Liatroim: *Leitrim*
Maothail: *Mohill*
Ros Clochair: *Rosclogher*

Contae an Longfoirt
Ardach: *Ardagh*
Gránard: *Granard*
An Longfort: *Longford*
Maigh Dumha: *Moydow*
Ráth Claon: *Rathcline*
Sruthail: *Shrule*

Contae Loch Garman
An Bealach Caoin Theas: *Ballaghkeen South*
An Bealach Caoin Thuaidh: *Ballaghkeen North*
Beanntraí: *Bantry*
Fotharta: *Forth*
Guaire: *Gorey*
Síol Bhroin: *Shelburne*
Síol Maolúir Thiar: *Shelmaliere West*
Síol Maolúir Thoir: *Shelmaliere East*
Scairbh Bhailis: *Scarawalsh*
Uí Bhairrche: *Bargy*

Contae Lú
Baile Átha Fhirdhia: *Ardee*
Damhliag Íochtarach: *Lower Duleek*
Droichead Atha: *Drogheda*
Dún Dealgan Íochtarach: *Lower Dundalk*
Dún Dealgan Uachtarach: *Upper Dundalk*
Fir Arda: *Ferard*
Lú: *Louth*

Contae Luimnigh
Caonraí: *Kenry*
Cathair Luimnigh: *Limerick City*
Cill Mocheallóg: *Kilmallock*
Clann Liam: *Clanwilliam*
Cois Máighe: *Coshma*
Cois Sléibhe: *Coshlea*
Conallaigh Íochtaracha: *Connello Lower*
Conallaigh Uachtaracha: *Connello Upper*
An Déis Bheag: *Smallcounty*
Gleann an Choim: *Glenquin*
Na Libeartaí Thuaidh: *North Liberties*
Pobal Bhriain: *Pubblebrian*

Seanaid: *Shanid*
Uaithne Beag: *Owneybeg*
Uí Chuanach: *Coonagh*

Contae Mhaigh Eo
Buiríos Umhaill: *Burrishoole*
Ceara: *Carra*
Cill Mheáin: *Kilmaine*
Clann Mhuiris: *Clanmorris*
Coistealaigh: *Costello*
Gaileanga: *Gallen*
Iorras: *Erris*
Muraisc: *Murrisk*
Ros: *Ross*
Tír Amhlaoibh: *Tirawley*

Contae na Mí
Baile Fhobhair: *Fore*
Baile Shláine Íochtarach: *Lower Slane*
Baile Shláine Uachtarach: *Upper Slane*
Ceanannas Íochtarach: *Lower Kells*
Ceanannas Uachtarach: *Upper Kells*
Damhliag Íochtarach: *Lower Duleek*
Damhliag Uachtarach: *Upper Duleek*
Déise Íochtarach: *Lower Deece*
Déise Uachtarach: *Upper Deece*
Droichead Átha: *Drogheda*
Dún Bóinne: *Dunboyne*
Luíne: *Lune*
Machaire Gaileang: *Morgallion*
Maigh Fionnráithe Íochtarach: *Lower Moyfenrath*
Maigh Fionnráithe Uachtarach: *Upper Moyfenrath*
Ráth Tó: *Ratoath*
An Scrín: *Skreen*
An Uaimh Íochtarach: *Lower Navan*
An Uaimh Uachtarach: *Upper Navan*

Contae Mhuineacháin
Críoch Mhúrn: *Cremorne*
Dartraí: *Dartry*
Fearnaigh: *Farney*
Muineachán: *Monaghan*
An Triúcha: *Trough*

Contae Phort Láirge
Cathair Phort Láirge: *Waterford City*
Cill Choilchín: *Kilculliheen*
Cois Abha Móire agus Cois Bhríde: *Coshmore and Coshbride*
Na Déise laistigh den Drom: *Decies-within-Drum*
Na Déise lasmuigh den Drom: *Decies-without-Drum*
An Ghailltír: *Gaultiere*
Gleann na hUidhre: *Glenahiry*
An Trian Meánach: *Middlethird*
Uachtar Tíre: *Upperthird*

Contae Ros Comáin
Áth Luain Theas: *Athlone South*
Áth Luain Thuaidh: *Athlone North*
Baile an Tobair Theas: *Ballintober South*
Baile an Tobair Thuaidh: *Ballintober North*

Béal Átha Mó: *Ballymoe*
An Caisleán Riabhach: *Castlereagh*
Dún Gar: *Frenchpark*
Maigh an Chairn: *Moycarn*
Mainistir na Búille: *Boyle*
Ros Comáin: *Roscommon*

Contae Shligigh
Cairbre: *Carbury*
Cúil Ó bhFinn: *Coolavin*
An Corann: *Corran*
Luíne: *Leyny*
Tír Fhiachrach: *Tireragh*
Tír Oirill: *Tirerrill*

Contae Thiobraid Árainn
Coill na Manach Íochtarach: *Kilnamanagh Lower*
Coill na Manach Uachtarach: *Kilnamanagh Upper*
Clann Liam: *Clanwilliam*
Éile Uí Fhógarta: *Eliogarty*
Gleann na hUidhre: *Glenahiry*
Sliabh Ardach: *Slievardagh*
An Trian Meánach: *Middlethird*
Uachtar Tíre: *Upperthird*
Uaithne agus Ara: *Owney and Arra*
Uíbh Eoghain agus Uíbh Fhathaidh Thiar: *Iffa and Offa West*
Uíbh Eoghain agus Uíbh Fhathaidh Thoir: *Iffa and Offa East*
Uí Chairín: *Ikerrin*
Urumhain Íochtarach: *Lower Ormond*
Urumhain Uachtarach: *Upper Ormond*

Contae Thír Eoghain
Clochar: *Clogher*
An Ómaigh Thiar: *West Omagh*
An Ómaigh Thoir: *East Omagh*
Dún Geanainn Íochtarach: *Lower Dungannon*
Dún Geanainn Meánach: *Middle Dungannon*
Dún Geanainn Uachtarach: *Upper Dungannon*
An Srath Bán Íochtarach: *Lower Strabane*
An Srath Bán Uachtarach: *Upper Strabane*

Contae Uíbh Fhailí
Baile an Bhairínigh: *Warrenstown*
Baile an Bhriotaigh: *Ballybrit*
Baile an Chúlaígh: *Coolestown*
Baile Átha Buí: *Ballyboy*
Baile Mhic Comhainn: *Ballycowan*
Cuill Chuairsí: *Kilcoursey*
Cluain Leisc: *Clonlisk*
An Daingean Íochtarach: *Lower Philipstown*
An Daingean Uachtarach: *Upper Philipstown*
An Eaglais: *Eglish*
Garraí an Chaisleáin: *Garrycastle*
Géisill: *Geashill*

bárthainn noun *hurt, injury:* aimhleas, aimliú, anachain, bascadh, caill, cailliúint, coscairt, diachair, díobháil, díoth, dochar, dochracht, dochras, dola, donacht, donas, goilliúint, goimh, goin, gortú, leonadh, lot, máchail, martrú, milleadh, mínós, mísc, olc, teimheal, tionóisc, urchóid, *literary* lochar.

barúil noun *opinion:* aigne, breith, breithiúnas, buille faoi thuairim, comhairle, creideamh, intinn, iomas, meas, oipineon, seintimint, smaoineamh, tomhas, tuaileas, tuairim; dar leis, is dóigh leis.

barúlach adjective *opinionated:* ansmachtúil, biogóideach, borrach, ceannasach, ceanndána, ciotrúnta, claonta, dáigh, daingean, diongbháilte, do-bhogtha, dolúbtha, leataobhach, leatromach, máistriúil, mórchúiseach, mórtasach, mursanta, mustrach, neamhghéilliúil, postúil, réamhchlaonta, róchinnte, ródhearfa, sotalach, teanntásach, strádúsach, tiarnasach, uaibhreach, údarásach.

barún noun *baron:* duine uasal, fear uasal, piara, tiarna, *pl.* na huaisle, *colloquial* an uasaicme, *colloquial* an uasalaicme.

barúntacht noun *barony:* pl. tríocha céad.

bas noun *boss:* captaen, máistir, ardmháistir, bainisteoir, cathaoirleach, ceann, ceann feadhna, ceann urra, ceannaire, ceannasaí, cinnire, maor, príomhaire, príomhfheidhmeanach, príomhoide, rí, saoiste, stiúrthóir, stiúrthóir bainistíochta, taoiseach, tiarna, tiarna talún, uachtarán, úinéir; é féin, fear an tí; an t-údarás is airde; boc mór, lus mór.

bás noun ❶ *death:* bás beannaithe, bás le hadhairt, bás naofa, bás le sagart, bás obann; anbhás, críoch dhéanach, díothú, éag, éaglach, ídiú, marú, mortlaíocht, oidhe, síothlú, téarnamh, snigeáil, uair dhéanach, *literary* trocha; is ionann an cás an t-éag is an bás. ❷ *bereavement:* bris, brón, caillteanas, cumha, púir. ❸ *moment of death:* glothar an bháis, srannán an bháis; ar leaba an bháis, i bpointí an anama, i bpriacal a anama, idir bás is beatha, in airteagal an bháis, sna céadéaga; ag saothrú an bháis.

básachán noun *dead-and-alive person:* bás ina sheasamh, bás gorm, básadán, braoinseachán, breoiteachán, catamán, duine leathbheo, éagbhás, marbhán, niúdar neádar, niúide neáide, niúidí neáidí, sacshrathair, síománach, seithide, síománaí, smúrthannach, splangadán.

basadóir noun ❶ *familiar go-between:* spéicéir, stócach, eadránaí, fear eadrána, idirbheartaí, idirghabhálaí, teagmhálaí, *familiar* basadaeir; abhcóide, idirghuítheoir. ❷ *ambassador, messenger:* ambasadóir, dioscaire, leagáid, péitse, postaire, taidhleoir, teachta, teachtaire.

básadóir noun *executioner:* básaire, crochadóir, crochaire, *literary* riaghaire; céasadóir, céastúnach, ciapaire, ciústiúnaí, pianadóir.

básaigh verb ❶ *put to death, execute:* croch, cuir chun báis; daor chun báis, dícheann; lámhaigh, cuir os comhair scuad lámhaigh, imir bás ar dhuine le clocha; linseáil. ❷ *die:* éag, faigh bás, síothlaigh, smiog, spéiceáil, stiúg, téaltaigh, téigh chun na cille, téigh i gcré, téigh thar teorainn, tit, *literary* fuin; teastaigh; cailleadh é, d'imigh an séideán as, thit an t-anam as; tá a chosa nite, tá a chaiscín meilte, tá deireadh leis, tá sé ag saothrú báis, tá sé ar an dé deiridh, tá sé sna smeachanna deireanacha, tá sé i ndeireadh na feide; tá sé ar shlí na fírinne, tá sé ar a chuntas; imithe leis an ngleoraitheo.

basár noun *bazaar:* aonach, ceant, ceantáil, ceantáil mhanglaim, díol, díolachán, díolachán saothair, margadh, reic, saor-reic.

basc verb *bash, crush:* batráil, brúigh, buail, cnag, fáisc, goin, gortaigh, gread, lasc, leadair, leadhb,

bathlach

léas, léirigh, liúr, loit, péirseáil, planc, slis, smíoch, smíocht, smiot, smíst, stánáil, súisteáil, teann, tuargain; déan cuimil an mháilín de.

bascadh noun *bashing, severe injury:* aimliú, anachain, bárthainn, batar, batráil, bualadh, caill, cailliúint, ciorrú, coscairt, cuimil an mháilín, díobháil, díoth, dochar, gearradh, goimh, goin, gortú, greasáil, leadhbadh, leadhbairt, leadradh, leonadh, lot, marfach, martrú, milleadh, smál, spóladh, stialladh, treascairt, tionóisc, urchóid.

bascaed noun *basket:* bardóg, cis, ciseán, ciseog, cléibhín, cliabh, giúróg, painnéar, pardóg, sciath, sciathóg.

básmhar adjective *mortal:* díomuan, duthain, gearrshaolach, neamhbhuan, sealadach, somharaithe.

bása noun ❶ *waist:* caol, com, lár, meán, vásta. ❷ *bellyband:* fáscadh faoi, giorta, tarrghad; crios an choim, ruóg bhásta, sursaing.

bastard noun ❶ *illegitimate child:* faigín, garlach, iníon carbaid, leanbh raithní, leanbh tabhartha, mac ar dhíomhaoineas, mac ar thabhartanas, mac bastaird, mac díomhaoinits, mac gréine, mac raithní, mac tabhartais, mac tabhartanais, mac tabhartha, mac tuir, páiste díomhaoin, páiste díomhaoinis, páiste gréine, páiste raithní, páiste seoigh, páiste suirí, páiste tabhartanais, páiste tabhartha, páiste toir, putach raithní, tuilí; *colloquial* clann ar díomhaointeas, *colloquial* clann bhastaird. ❷ *hybrid, mongrel:* ainmhí crosphóraithe, ainmhí crossíolraithe, ainmhí neamhfholúil, bastard cú, bastard madra, bodchú, bodmhadra, croschineálach, crossíolrach, hibrid, mulató. ❸ *despicable man:* áibhirseoir, arc nimhe, bithiúnach, bligeard, buinneachán, buinneán caca, bundún, cac ar oineach, cimleachán, cloíteachán, cneámhaire, coirpeach, coirpeoir, corpadóir, do-dhuine, droch-airteagal, mac mallachta, mac soipín, suarachán, smugachán.

bástchóta noun *waistcoat:* vástcóta; veast coirp, veist coirp, veist, veiste; (i gContae Mhaigh Eo) váscaed; duibhléid.

bastún noun ❶ *cudgel:* bata, cleith, cleith ailpín, cleitheog, lorga, maide, maide coill, maide draighin, smachtín, smíste, smíste maide, sail. ❷ *lout, boor:* amhas, amhlán, amhsóir, bambairne, bathlach, bodach, breoille, buailtíneach, ceamalach, daba, dailtín, daoiste, duine goirt, breillice, bromach, bromaistín, búr, cábóg, cábún, cadramán, ceithearnach, ciolcán, clabhta, closmar, dúramán, gamal, gambairne, glíomán múta, guilpín, lábánach, léaspach, liúdaí, leibide, liúdramán, lóimín, lóimíneach, lóma, maicín, maistín, maol, maolagán, mulpaire, napachán, pleota, pleotramán, pleib, scraiste, siolpach, smuilcín, smíste, stróinse, teallaire, trumpadóir, tuathalán, túitín, tútachán.

bata noun ❶ *stick, cudgel:* bastún, béatar, caillichín, cleathóg, cleith, cleith ailpín, cleitheog, lorga, maide, maide coill, maide draighin, slacán, smachtín, smíste, smíste maide, sail.

bataire noun ❶ *gun battery:* díorma ordanáis. ❷ *electrical battery:* aibhleachán, cadhnra.

bathlach noun *lout, clumsy person:* amhas, amhlán, amhsóir, bambairne, bodach, buailtíneach, daba, dailtín, daoiste, gambairne, breillice, bromach, bromaistín, búr, cábóg, cábún, cadramán, ceithearnach, ciolcán, ciolartán, clabhta, closmar, dúramán, gamal, glíomán múta, léaspach, leibide, liopastán, liúdaí, liúdramán, lóimín, lóimíneach, lóma, maicín, maistín, maol, maolagán, mulpaire, pleib, pleota, pleotramán, railliúnach, scraiste,

41

batráil
sliopachán, smíste, smuilcín, strampálaí, stróinse, teallaire, trumpadóir, tuathalán, túitín, tútachán.

batráil noun (act of) battering: batar, broicneáil, bualadh, burdáil, cnagadh, deamhsáil, dualgas an tslisne, failpeadh, flípeáil, fuimine farc, fuipeáil, giolcadh, gleadhradh, greadadh, greasáil, greidimín, lascadh, leadhbairt, leadradh, léasadh, liúdráil, liúradh, liúradh Chonáin, orlaíocht, plancadh, rabhaiteáil, riastáil, rúscadh, sceilpeáil, slatáil, smeadráil, smíochtadh, smísteáil, spéiceáil, súisteáil, tóileáil, tuairteáil, tuargaint; cuimil an mháilín, tuirne Mháire.

báúil adjective sympathetic, well disposed: búch, cairdiúil, caoin, caoithiúil, caomh, caonrasach, carthanach, cásmhar, ceansa, céiliúil, cineálta, cneasta, coimhirseach, cuiditheach, cuidiúil, cúntach, dáimhiúil, díograiseach, garúil, lách, macánta, máithriúil, mánla, muinteartha, oibleagáideach, páirteach, séimh, sólásach, suáilceach, tuisceanach.

báúlacht noun sympathy, friendliness: atrua, báíocht, cairdeas, caoimhe, caoine, carthanacht, cásamh, cásmhaireacht, cineáltacht, cion, comhbhá, comhbhrón, córtas, gean, grá, láíocht, trua, tuiscint.

bé noun ❶ literary woman, maiden: áilleagán mná, ainnir, bábóigín, baineannach, bánchnis, banscál, banchuire, bantracht, beainín, béasach, brídeach, bruinneall, caile, cailín, cailín, céirseach, cliobóg, cúileann, gearrchaile, gile na gile, girseach, girseach óg, gleoiteog, láireog, leannán sí, maighdean, maighre, maiseog, mangarsach, pabhsae, plúr na mban, plandóg, plúróg, réilteann, spéirbhean, spéirbhruinneall, stáidbhean, stuaire, suib, literary céileann. ❷ na Naoi mBéithe the Nine Muses: na Béithe (féach an bosca).

Na Naoi mBéithe

Calliope—epic poetry: Cailleoipé f.—filíocht eipiciúil
Clio—history: Clío f.—stair
Erato—lyric poetry: Earató f.—filíocht líreach
Euterpe—flute music: Eoiteirpé f.—ceol an fhliúit
Melpomene—tragedy: Mealpóiminé f.—tragéide
Polyhymnia—sacred song: Polaihimnia f.—amhránaíocht naofa
Thalia—comedy: Táilia f.—coiméide
Urania—astronomy: Úráinia f.—réalteolaíocht

---

béabhar noun ❶ beaver: beathóch, dobhrán lisleathan. ❷ beaver hat: ceastar.

beacán noun ❶ mushroom: bolg buachaill, cupán drúchta, fás aon oíche, muisiriún. ❷ beacán bearaigh toadstool: púcán beireach, púca peill; bolg béice, bolg buachair, bolg loscainn, bolgán béice, (i gContae Mhaigh Eo) buíocán; bracfhungas, fungas.

beach noun ❶ bee: beach bhaile, beach fhiáin, beach oibre, beachóg, meach, puch, seileán, smeach; banríon, cráinbheach; beach dhíomhaoin, ladrann, ladrann saithe. ❷ wasp: beach capaill, beachghabhair, beachán, cearnabhán, coinspeach, cornfhoiche, creabhar, faoitheach, foiche, fothach, gaispeadán, meach capaill, puch.

beachlann noun apiary: teach seileán.

beacht adjective exact, precise: baileach, caolchúiseach, ceart, ceartaithe, cruinn, grinn, mionchúiseach, miondealaitheach, mionscrúdaitheach, poncúil, sprioctha; de réir na rúibricí, focal ar fhocal.

beachtaí noun critical person, smart alec: braoibaire, brasaire, bruachaire, bruadaire, coc, cocaire, dosaire, fachmaire, gastaire, gearr-aighneasóir, giostaire, pastaire, plucaire, prapaire, priocaire, stráisiúnaí.

beachtaigh verb ❶ correct: ceartaigh, deisigh, leasaigh, marcáil. ❷ criticize: cáin, lochtaigh, literary cronaigh; déan beachtaíocht ar, déan léirmheas ar.

beachtaíoch adjective critical, captious: bastallach, breithghreamannach, breithiúnach, cáinteach, cinsiriúil, díotálach, iomardach, lochtaitheach, méalach, milleánach, niogóideach, literary tathaoireach.

beachtaíocht noun ❶ exactitude: beaichte, ceart, cruinneas. ❷ fault finding: beachtú, braobaireacht, cáineadh, feannadóireacht, géiríneacht, lochtú. ❸ (literary) criticism: breithiúnas, critic, léirmheas, léirmheastóireacht.

beadaí¹ adjective ❶ fastidious, sweet-toothed: cáiréiseach, cáitiniúil, consaeitiúil, cúirialta, éisealach, éistealach, féata, íogair, lagáiseach, laideanta, meonúil, samhnasach, tormasach; laideanta. ❷ conceited: anbharúlach, blaoscach, bogásach, borrach, bródúil, ceannard, ceartaiseach, clóchasach, consaeitiúil, cuidiúil, gusmhar, gusúil, lánmhar, mórálach, mórluachach, mórmheasúil, mórtasach, postúil, sotalach, stráiciúil, stróúil, suimiúil, teanntásach, tóstalach, uaibhreach, údarásach, undrach; i mborr le mórtas, sna hairdeoga; literary tá sé chomh rud. noun finicky person: duine éisealach, duine féata, tormasaí.

beadaí² noun ❶ (pet name for) goose: gé, gandal, góislín, éan gé; vác vác. ❷ call to goose or geese: hadh sceith, hadh sceith; glig, glog, gleig; cf. bia bia; fíneach fíneach, fín fín, fíne fíne; tiuc tiuc; hurais, hurais.

beadaíocht noun ❶ squeamishness, fastidiousness: cáiréis, consaeit, cúirialtacht, éiseal, éisealacht, lagáisí, samhnas le bia, tormas. ❷ fondness for dainties, sweet tooth: béal milis, minineacht. ❸ dainty food, dainties: béalóg mhilis, pl. billíní beadaí, bonnachán, cineál, curadhmhír, deoladh, pl. deolaíocha, goblach, goblach milis, milisín, mír mhéine, pl. ollmhaitheasaí, rótham, só, pl. sócamais, pl. sólaistí; méataireacht; molaim mo lámhadas.

béadán noun gossip, slander: aithis, athiomrá, athchaint, béadchaint, binb, bitseachas, burdún, cíblis, clúmhilleadh, cúlchaint, cúlghearradh, ithiomrá, leabhal, líomhaint, mailís, míghreann, ráifléis, scéalaíocht éithigh, suainseán, literary guilmne.

béadánach adjective gossipy, slanderous: aithiseach, béadchainteach, binbeach, burdúnach, clúmhillteach, cúlchainteach, leabhalach, mailíseach, suainseánach, literary guilmneach.

béadánaí noun ❶ slanderer: achasánaí, aithiseoir, béadchainteoir, colloquial cléir cháinte, cúlghearrthóir. ❷ one who prates: bladhmaire, bolgán béice, bolscaire, brasaire, cabaire, callaire, ceolán, clab troisc, clabaire, claibéir, claibín muilinn, cuachaire, dradaire, drandailín, geabadán, geabaire, geabstaire, giolcaire, giostaire, glafaire, glagaire, glagbhéal, glaomaire, gleoiseach, gleoisín, gleothálaí, gligín, gliogaire, gliogarnálaí, glór gan aird, glór i gcóitín, gobachán, grabaire, liopaire, meigeadán, meiltire, plobaire, raiméisí, reatháilaí, salmaire, scaothaire, scrathóg, síodráilaí, síofróir, siollaire, siosaire, spalpaire, strambánaí, trumpadóir, familiar gandal.

beag adjective ❶ small (in height): craptha, cranda, gearr, giortach, -ín, íseal. ❷ small (in size): beag bídeach, bídeach, caol, comair, connail, gann, gearr, -ín, lag, leochaileach, mion, mionda, tanaí. ❸ small (in importance): beagchúiseach, beagmhaitheach, beagmhaitheasach, beagthábhachtach, beagthairbheach, diomaibhseach, neafaiseach, neamhbhríoch, neamhshuimiúil, suarach; is beag liom, is beag mo mheas ar, tá drochmheas agam ar; ní lú liom an sioc ná. ❹ **ní beag** *enough*: is leor; tá do dhóthain agam, tá do sháith agam. ❺ **is beag nach** *almost*: ag ionsaí ar, beagnach, bunáite, chomhair a bheith, geall le, i ngar a bheith, ionann is, is beag nach, mórán, nach mór; ar na boghlainní chuige; bordaithe ar.

beagán adverb *a little, somewhat*: ábhairín, ábhar, iarracht, pas beag, rud beag. noun ❶ *a little amount*: beag, beagmhéid, blaiseadh, blaisín, blúire, blogh, bolgam, breacaireacht, breaclach, cainníocht, candal, candam, cantam, giob, giobóg, giota, gráinne, ioscaid, lom, mionrud, písín, roinnt, ruainne, ruainnín, scair, suim, slam, teadhall, traidhfil, *literary* uathadh. ❷ *a little while*: aga, am, atha, babhta, bomaite, lá, móiméad, nóiméad, píosa, rud beag, scaitheamh, seal, soicind, tamall, tamaillín, téarma, tráth, tréimhse, uair.

beagmhaitheas noun *uselessness, worthlessness*: beag-éifeacht, beagthairbhe, dímrí, diomaibhse, díomhaointeas, éadairbhe, easpa brí, easpa éifeachta, éidreoir, fainne, foilmhe, laige, leamhas, míchumas, mí-éifeacht, neafais, neamhbhailíocht, neamhéifeacht, neamhfhiúntas, neamhthairbhe, neamhthoradh, spreasántacht, staigíneacht, suarachas, suaraíocht, tréithe.

beagmhaitheasach adjective ❶ *useless, worthless*: beagmhaitheach; beagthábhachtach, bruite, diomaibhseach, díomhaoin, éadairbheach, **adjectival genitive** éadoraidh, fánach, folamh, fuar, gan bhrí, gan éifeacht, gan tábhacht, leamh, neafaiseach, neamaitheach, neamhéifeachtach, neamhfhiúntach, neamhnitheach, neamhthábhachtach, neamhthairbheach, spreasánta, streabhógach, suarach, uireasach; amú, gan aird, gan bhrí, gan bun ná barr, gan éifeacht, gan feidhm, gan fónamh, gan mhaith, in aisce, in aistear, le sruth, ó chion, ó fheidhm; ní fiú biorán é, ní fiú bogán spideoige é, ní fiú brobh é, ní fiú tráithnín é. ❷ *disobliging*: beagchroíoch, beagmhaitheach, cúngchroíoch, doicheallach, drocháiseach, éarthach, mífhóinteach, mígharach, mígharúil, mí-oibleagáideach, neamaitheach, neamhchúntach, neamhoibleagáideach, suarach, tútach.

beagnach adverb *almost*: ag ionsaí ar, bunáite, chomhair a bheith, geall le, i ndáil a bheith, i ndáil le, i ngar a bheith, ionann is, is beag nach, mórán, nach mór; ar na boghlainní chuige; bordaithe ar.

beagní noun *trifle*: beag is fiú, beagthábhacht, cuid an bheagáin, dada, mionrud, *pl.* mionsonraí, náid, neamhní, *pl.* pointí fánacha, réadán, rud fánach, suarachas, tada; an rud is fánaí, *pl.* na hAindriú Meairtins; *pl.* cumaí beaga.

beaguchtach noun *lack of courage*: beagmhisneach, claidhreacht, eagla, faiteachas, faitíos, lagáisí, lagchroí, meatacht, scáfaireacht, scáithínteacht, scanrúlacht, uamhan; adhnáire, cotadh, cotúlacht, cúthaileacht, cúthaileadas, cúthaltacht, spalpas, náire.

beainín noun ❶ *little woman*: bean bheag, caillichín, eireog, gortóg. ❷ **beainín uasal** *stoat (Mustela erminea)*: bláthnaid, eas, easóg, eirmín, flannóg, iaróg, neas.

beairic noun *barrack(s)*: dúnfort, foslongfort, garastún, longfort; ceanncheathrú, stáisiún na ngardaí, stáisiún na bpóilíní; carcair, cillín, príosún.

béal noun ❶ *mouth*: bleid, cab, cár, clab, draid, gob, gramhas, meill, pus, smut, soc, strainc, straois, streill, strúp, *literary* gibhis, méan, ós, *pl.* ósa; *pl.* beola, corrán, geolbhach, giall, leiceann, liobar, liopa, *literary* gion. ❷ *opening, gap*: bealach, bealach amach, bealach isteach, bearna, comhla, cró, doras, feinistear, fuinneog, gáibéal, gáipéar, geata, gola, mant, oscailt, pasáiste, póirse, puicéad, scabhat, scoilt, sinistir, *literary* méan. ❸ *front, face*: aghaidh, aon, broinne, brollach, éadan, tosach, tul, tús, ucht. ❹ *edge*: broinne, ciumhais, colbha, corr, cúinne, faobhar, géire, imeall, lann, scéimh, sciorta, *literary* braine.

béal bán noun *flattery*: bladaireacht, bladar, blaindéis, bréagadóireacht, bréagaí, bréagaíl, bréagaireacht, *pl.* briathra milse, cluanaireacht, *figurative* gallúnach, gliodaíocht, láinteacht, meallacacht, mealltacht, mealltóireacht, milseacht, milseacht chainte, míolcaireacht, plámas, plás, plásántacht, plásántas, sladarús, slíomadóireacht, spleáchas, súdaireacht, tláithínteacht.

béal bocht noun *poor mouth, persistent complaint of poverty*: truaínteacht.

bealach noun ❶ *way, road*: bealach amach, bealach dúnta, bealach isteach, bealach mór; aibhinne, bóithrín, bóthar, búlbarda, cabhsa, conair, cosán, cúrsa, dorchla, droichead, fithis, lána, mótarbhealach, paráid, pasáiste, póirse, raon, rian, rianán, ród, scabhat, seach-chonair, seachród, siúlóid, sráid, tóchar, tollán. ❷ *manner*: bail, cáilíocht, caoi, cuma, dóigh, imeacht, modh, ráta, slí, táin; *pl.* béasa, *pl.* nósanna. ❸ **Bealach na Bó Finne** *Milky Way*: an Ceann Síne, an Láir Bhán, Bóthar na Bó Finne, claí mór na réaltaí, Eireaball na Lárach Báine, Síog na Spéire.

bealadh noun *grease*: blonag, geir, gréis, gréisc, íle, ionmhar, ola, ola bhealaithe, saill, smearadh, troighean, úsc.

bealaigh verb *grease, lubricate*: cuir bealadh le, cuir ola le, gréisc, íligh, olaigh, ung.

bealaíocht noun ❶ *greasy food*: bloinig, blonag, geir, gréisc, ionmhar, saill; bia olúil. ❷ *condiment*: anlann, cineál, cóngar, greim miangasach, *pl.* sólaistí, tarsann.

béalastán noun *blatherskite, foolish jabberer*: bladhmaire, bleadrachán, bleadrálaí, bleid, bolgán béice, bolscaire, brasaire, breallaire brealsán, brealsún, breastaire, breilleachán, breillire, cabaire, cafaire, cadrálaí, cág, callaire, clab, clab troisc, clabaire, claibéir, claibín, claibín muilinn, claibseach, cleigear, dradaire, drandailín, geabadán, geabaire, geabstaire, giolcaire, giostaire, glafaire, glagaire, glagbhéal, gleoiseach, gleoisín, gleothálaí, gligín, gliogaire, gliogarnálaí, glór i gcóitín, gobachán, grabaire, liopaire, meigeadán, meiltire, plobaire, prislíneach, raiméisí, reathálaí, roiseálaí, scaothaire, scrathóg, síofróir, síodrálaí, siollaire, siosaire, trumpadóir, *familiar* gandal.

béalchrábhadh noun *lip-service, hypocrisy*: bréagchrábhadh, cur i gcéill, draíodóireacht, fimíneacht, fimínteacht, fuarchrábhadh, praeitseáil, saobhchrábhadh.

béaloideas noun *folklore*: béal na ndaoine, béalaithris, litríocht bhéil, seanchas, traidisiún; comhrá, stair.

béalscaoilte adjective *indiscreet, unable to keep a secret*: ardghlórach, béalchlabach, béalsceiteach, bladhmannach, callánach, dícheillí, glórach, míchaothúil, mídhiscréideach, místuama, míthuisceanach, neamhairdeallach, neamhaireach, neamhaithneach, neamhchríonna, scagbhéalach, scaoilteach; ba mhaol an mhaise dó é.

bean noun ❶ *woman (in general)*: bean phósta, bean shingil; baineannach, banscál, banchuire, bantracht, bé, beainín, cailín inphósta. ❷ *female relative*: banchliamhain, banchomhalta, bean ghaoil, deirfiúr, col ceathar mná, iníon, iníon mhic, gariníon, maimí, mama, mamó, máthair, máthair chéile, máthair chleam. ❸ *(beautiful) young woman*:

bean chabhrach

áilleacht, áilleagán mná, ainnir, bábóigín, bánchnis, béasach, brídeach, bé, bruinneall, caile, cailín óg, céirseach, cliobóg, cúileann, gearrchaile, gile na gile, girseach óg, gleoiteog, láireog, maighdean, maighre, maiseog, pabhsae, plúr na mban, plandóg, plúróg, réilteann, sciamhaí, slíomóg, spéirbhean, spéirbhruinneall, stáidbhean, stuaire, suib, *literary* céileann; leannán sí; mangarsach. ❹ *middle-aged woman:* bunbhean, bean an tí, bean mheánaosta, puisbhean. ❺ *old woman:* bean aosta, cabóg, cailleach, cailleoigín, crannbhean, leathéan, ruacán caillí, seanbhean, seanbhéasach, seanchailín, seanmhaighdean. ❻ *wife, partner:* banchara, banchéile, bean an tí, caoifeach, céile, céile leapa, cneasaí, leannán, nuachar, donuachar, sonuachar; an mháistreás, an seanchailín, í féin. ❽ *shameless woman:* banadhaltrach, bean choitianta, bean siúil, bean sráide, bitse, bitseach, cailín pléisiúir, claitseach, cuitléir, *literary* eachlach, gádhairseach, greallóg, léirmheidreach, *pl.* mná maithe, meirdreach, raibiléir, raicleach, raiteog, rálach, rata, rubaits, scuaideog, scubaid, strabalach, strabóid, straip, streabóid, striapach. ❾ *foolish woman:* bodalach óinsí, bodóinseach, bornóg, breallóg, brilleog, brilseach, clíseach, clogóinseach, cloigis, éifid, gamalóg, magarlach, máloid, óinmhid, óinseach, sceilfid, seafóidín, uallóg.

bean chabhrach noun *midwife:* bean chúnta, bean ghlúine, bean tuismí, cailleach, cnáimhseach, gogaide, gogaire, gogaire naíonán, scíopraidh mná.

bean rialta noun *nun:* cailleach, siúr; ban-ab, banphrióir, máthairab.

bean sí noun *fairywoman:* bansióg, bé choille, síofra, síofróg, sióg; maighdean mhara, murúch, siréana; bandia, *pl.* na Fúire, *pl.* na Naoi mBéithe; Amasóin, Cíochloiscneach; banfhathach; banchealgaire.

bean siúil noun *travelling woman:* bean déirce, bean tincéara, taistealaí mná; giofóg.

bean uasal noun *lady, noblewoman:* bandiúc, banfhlaith, banmharcas, banphrionsa, banríon, bansár, bantiarna, bean uasal, bíocuntaois, cuntaois.

beangaigh verb *graft:* nódaigh.

beangán noun ❶ *young branch, shoot:* bachlóg, barr, buinneán, péacán. ❷ *scion:* dias, glas-stócaire, oidhre, planda, slat, slataire. ❸ *prong:* adharc, adharcán, beann, bior, fiacail, ladhair, ladhar, ladhrán, ladhróg.

beann¹ noun *antler, tine:* adharc, adharcán, beangán, bior, buabhall; fiacail, forc, gabhal, gabhlán, ladhar, ladhróg.

beann² noun *respect, concern:* aird, aire, bá, cion, dileagla, dílseacht grá, meas, ómós, onóir, páirt, spéis, suim, toil, urraim, *literary* deithide; táim beag beann ar.

beannacht noun ❶ *blessing, benediction:* beannacht aspalda, beannacht phápúil, beannacht Dé, beannacht na hEaglaise, beannacht na Naomh-Shacraiminte, beannacht an phósta; altú, beannú, *pl.* na hocht mBiaidí, coisreacan, grásta, naomhú, sácráil, *literary* sobharthan. ❷ *prosperity:* bail, bláth, bruithshléacht, conách, dea-chinniúint, deis, éadáil, flúirse, fortún, gustal, raidhse, rath, rathúlacht, rathúnas, saibhreas, séan, *literary* sorthan. ❸ *greeting:* áivé, ceiliúr, fáilte, fíorchaoin fáilte, céad míle fáilte, *pl.* na múrtha fáilte; is é do bheatha, mochean, mochean do theacht.

beannaigh verb ❶ *bless, consecrate:* adhair, coisric, diagaigh, goir, mol, naomhaigh, séan; tabhair beannacht do. ❷ **beannaigh do** *greet:* fáiltigh roimh, buail bleid ar, cuir araoid ar, cuir forrán ar, cuir spéic ar.

beannaithe adjective *blessed, holy:* adjectival genitive coisreacain, coisricthe, cráifeach, diaga, diagaithe, diaganta, diagasúil, naofa, naomh, neamhphecacúil, séanta, *literary* feachtnach; críostúil, grádiaúil.

Cineálacha Béir

American black bear (*Ursus americanus*): béar dubh Meiriceánach
Andean bear (*féach* spectacled bear)
Asian black bear (*féach* Himalayan black bear)
brown bear (*Ursus arctos*): béar donn
cave bear (*Ursus arctos*): béar donn
cinnamon bear (*Ursus americanus*): béar rua
giant panda (*Ailuropoda melanoleuca*): ollphanda
glacier bear (*Ursus americanus*): béar gorm
grizzly bear (*Ursus arctos horribilis*): ollbhéar Meiriceánach
Himalayan bear (*féach* Himalayan black bear)
Himalayan black bear (*Selenarctos thibetanus*): béar dubh Himiléach
honey bear (*féach* sun bear)
Kermode's bear (*Ursus americanus*): béar Mhic Dhiarmada
Kodiak bear (*Ursus arctos middendorffi*): béar donn Alascach
lesser panda (*féach* red panda)
musquaw (*féach* American black bear)
polar bear (*Thalarctos maritimus*): béar bán
red cat-bear (*féach* red panda)
red panda (*Ailurus fulgens*): panda dearg
sloth bear (*Melursus ursinus*): béar spadánta
spectacled bear (*Tremarctos ornatus*): béar spéaclach
sun bear (*Helarctos malayanus*): béar gréine

beár noun ❶ *bar, public house:* ósta, salún, teach leanna, teach ósta, teach tábhairne, tolglann; síbín. ❷ *bar, counter, part of a public house:* cuntar.

béar noun *bear:* béar bán, béar liath, béirín, beithir, mathúin, panda, ursán, ursóg.

bearach noun *heifer, young cow:* bodóg, céileog, colpach, samhaisc, seafaid, seanfach, *literary* dairt; príneo; beithíoch, beithíoch eallaigh, bó, maoilín, maolán, mart.

bearbóir noun *barber, hairdresser:* bearradóir, bearrthóir, lomadóir, lomaire; gruagaire

béarla noun ❶ *dialect, language:* béarla féine, béarleagair, béarleagair na saor, caint, canúint, deilín, friotal, Laidin, nodaireacht, placadh siollaí, teanga; meamraiméis, nuachtánachas. ❷ **Béarla** *English language:* Béarla bacach, Béarla buí, Béarlóireacht, Sacs-Bhéarla, *literary* Anglais.

bearna noun *gap:* béal, bearnán, bearnas, diallas, difríocht, easnamh, easpa, failc, fánas, gáibéal, idirspás, ladhar, lúb ar lár, máchail, mám, mant, oscailt, puicéad, scabhat, scoilt, séanas, spás, uireasa, *literary* ionnlach.

bearna mhíl noun *harelip:* béal ribe, bearna ghiorria, failc, gnás, séanas.

bearr verb *cut, trim:* gearr, lom, scoith, smiot, snas.

bearrán noun *annoyance, nuisance:* aimléis, buairt, ceatán, ciapadh, crá croí, ceirín, deacracht, dochraide, duainéis, fostú, giobadh, griogadh, místá, núis, oighear, oighear an scéil, sciúirse, stancard, straidhn, stró, strus.

bearránach noun ❶ *annoying person:* ceatánaí, ciapadh, clipeadh, crá, crá croí, fadharcán, núis, plá, sciúirse. ❷ *rogue:* áibhirseoir, aisiléir, amhas, arc nimhe, bacach, bithiúnach, bligeard, clabhaitéir, cneámhaire, coireach, coirpeach, corpadóir, crochadóir, diabhal, diabhlánach, diúlúnach, eiriceach, fleascach, pasadóir, rifíneach, scabhaitéir, scaimpéir, sclíotar, sclíutar, scuit, scuitsear, sealánach, *familiar* focaeir, *figurative* corrchoigilt.

beart¹ noun *load, parcel:* ardualach, asclán, bacóg, beartán, eire, gabháil, lasta, lód, luascán, lucht, mang, muirear, olmóid, paclín, pairlicín, ráil (mhóna), taoscán (féir), teanneire, tradán, tradualach, traidín, ualach, uchtán, uchtóg, ultach.

beart² noun *garment, covering (chiefly in compounds):* ceannbheart, cíochbheart, cosbheart, lámhbheart; beart fholaigh, beart troighe; aibíd, ball éadaigh, clúdach, cumhdach, éadach.

beart³ noun *deed, action:* aicsean, beartas, bua, caithréim, cleas, éacht, earmaise, gníomh, gníomh (gaile is) gaisce, iarracht, laochas, sáriarracht.

beartach adjective *scheming, contriving:* brabúsach, calaoiseach, cealgach, claon, cleasach, cliste, cluanach, ealaíonta, fadbhreathnaitheach, fadcheannach, feallta, glic, Maiciaiveillíoch, neamhscrupalach, sionnachúil, sleamhain, slim, slitheánta, stuama.

beartaigh verb ❶ *cast:* caith, crústaigh, diúraic, teilg. ❷ *brandish:* bagair, croith, diúraic, láimhsigh, tomhais. ❸ *plan, plot:* cuir ina shuí, cuir tús le, innill, féach, leag amach, pleanáil, tionscain. ❹ *decide:* cinn, cinntigh, daingnigh, foirceann, leag amach, réitigh, socraigh.

beartaíocht noun ❶ *scheming:* brathadóireacht, caimiléireacht, camastaíl, cleasaíocht, ciolmamúta, cluanaireacht, cneámhaireacht, cúbláil, cúinseacht, draíodóireacht, ealaín, feallacht, gleacaíocht, leidhchéireacht, lúbaireacht, rógaireacht, slíodóireacht, slíomadóireacht, uisce faoi thalamh, *literary* tuaichle. ❷ *ingenuity:* breithiúnas, ceann, ciall, ciall cheannaithe, clifearthacht, clisteacht, clistíocht, críonnacht, cúinseacht, cúinsiúlacht, discréid, eagna, eagnaíocht, éirim, gaois, gastacht, gliceas, guaim, intleacht, intleachtacht, intliúlacht, meabhair, oirbheart, réasún, stuaim, seiftiúlacht, stuaim, tuiscint.

beartán noun *packet, parcel:* birtín, burla, burlóg, ceangaltán, deascán, doscán, luchtóg, mang, olmóid, paca, pacáiste, paicéad, paiclín, pairlicín, tradán, traidín.

beartas noun *policy:* beartaíocht, dúnghaois, oirbheart, *pl.* pleananna, polasaí, straitéis.

béas noun ❶ *habit:* aibíd, *pl.* bealaí, cleachtadh, cleachtas, gnás, gnáthamh, gnáthobair, gnáthchleachtas, nós, nós imeachta, nósmhaireacht, taithí, traidisiún. ❷ *pl.* **béasa** *manners:* béascna, cuntanós, dea-iompar, giúlán, iompar, modh, modh agus múineadh, modhúlacht, múineadh, sibhialtacht, suáilce.

béasach adjective *well-behaved, polite:* caoin, caoinbhéasach, cathartha, ceansa, cneasta, córtasach, cúirtéiseach, cúirtiúil, cúiseach, cuntanósach, deabhéasach, dea-iomprach, dea-labhartha, deamhúinte, fiosúil, galánta, giúlánta, iomprach, macánta, modhúil, múinte, nósmhar, nósúil, ómósach, ridiriúil, séimh, sibhialta, síodúil, sobhéasach, urramach.

béasaíocht noun *politeness: pl.* béasa, *pl.* caoinbhéasa, córtas, cúirtéis, cúirtéiseacht, cuntanós, *pl.* dea-bhéasa, dea-bhéasacht, dea-bhéasaíocht, deaiompar, dea-mhúineadh, modh agus múineadh, múineadh, sibhialtacht, síodúlacht; ceansacht, cneastacht, grástúlacht, mánlacht, meas, measúlacht, modhúlacht, ómós, urraim.

béascna noun ❶ *custom, usage:* aibíd, *pl.* bealaí, cleachtadh, cleachtas, gnás, gnáthamh, gnáthobair, gnáthchleachtas, nós, nós imeachta, nósmhaireacht, taithí, traidisiún. ❷ *culture:* cultúr, *pl.* gnásanna, *pl.* luachanna, *pl.* nósanna; oidhreacht, saíocht, saol na ndaoine, sibhialtacht, slí bheatha, traidisiún.

beatha noun ❶ *life:* beatha shaolta, beatha shíoraí, beatha shuthain; anáil, anáil na beatha, anam, beo, beocht, *pl.* blianta, *pl.* blianta a bheatha, dé, fad saoil, lá, linn, ré, réim, réim nádúrtha, saol, saol fada, saolré; earrach na beatha, geimhreadh na beatha; fiche bliain ag fás, go maire tú an céad. ❷ *existence:* beith, bheith ann, breith, éabhlóid, eiseadh, eisint, teacht chun saoil. ❸ *livelihood:* ceird, ceird nó ealaín, cothú, deis, dóigh bheatha, gairm beatha, gléas, gléas beo, ioncás, ioncam, maireachtáil, maireachtaint, *pl.* riachtanais na beatha, slí cothaithe, slí beatha, slí maireachtála, slí maireachtana, riar do cháis, teacht i dtír. ❹ *food:* ábhar bia, bia, greim, lón, lónadóireacht, lónú, lónú bia, mias, rótham, scamhard, *pl.* sócmhainní, solamar, *pl.* sólaistí, soláthar, tomhaltas, *literary* coth.

beathaigh verb *feed, nourish:* biathaigh, cothaigh, follúnaigh, oil, potbhiathaigh, ramhraigh, *literary* measraigh.

beathaithe adjective *fat, well-fed:* biamhar, feolmhar, ramhar, róramhar, sách; marógach, méadlach, mór, otair, otraithe, plobánta, plobartha, plucach, rite le feoil, staiceáilte, stáidiúil, téagartha, téagrach, toirtiúil, torpánta, trom; ábhalmhór, ollmhór, thar an meáchan ceart.

beathuisce noun *whiskey:* fuisce, uisce beatha; biotáille, bolcán, parlaimint, poitín, síbín; an braon crua, sú na heorna, úsc na heorna.

beibheal noun *bevel:* beiséal, cant, claon, claonadh, claonán, dronn, fána, fiar, fiaréadan, fiarfhaobhar, fiarthrasnán, leathmhaing, leathstuaic, mítéar, mítéaralt, sceabha, sléim, uillinn.

béic noun *shout, cry:* ailleog, béiceach, béicfeach, béicíl, béiciúch, blao, blaoch, faí, fairreach, fuilibliú, gáir, géim, glam, glao, glaoch, goldar, grág, graith, gutháire, liach, liú, liúireach, nuall, scairt, sceamh, scol, scréach, scréach, uaill. verb *shout, cry:* éigh, géim, glam, glaoigh, liúigh, scairt, scol, scréach, scread; cuir béic asat, cuir blao asat, cuir éamh asat, cuir gáir asat, cuir géim asat, cuir glam asat, cuir glao asat, cuir liú asat.

béiceadán noun ❶ *puff-ball (Lycoperdon):* balbhán béic, bolgán béice, bolg séidte, búisceán, muisiriún púca, púca peill. ❷ *glutton:* ailpéir, amplachán, amplóir, anrachán, bláistéir, bleadrachán, bleitheach, bleitheachán, bolgadán, calcaire, cíocrachán, cíocrasán, cráisiléad, craosachán, craosaí, craosaire, craosánach, fursaeir, gainéan, geoiseach, gionachán, gliúrach, gliúrachán, glutaire, goileadán, goilíoch, gorb, graoisín, longaire, málaeir, méadlach, ocrachán, ocrasán, peasánach, placaire, póitreálaí, slamaire, slogaire, slogamóir, slogánach, suthaire, tomhaltóir. ❸ *bawler, yeller:* béalastán, bolgán béice, bolscaire, callaire, cleataire, geocach, glafaire, meigeadán, pápaire, radaire, roiseálaí, siollaire, trumpadán.

béicfeach noun *(act of) shouting:* béiceach, béicíl, béiciúch, bladhrach, casliúireach, éamh, faireach, gárthach, gárthaíl, géimneach, liúireach, scairteadh, scolaíocht, scolfairt, scréachach, scréachaíl, screadach, screadaíl, uallfairt, uallfartach.

béile noun ❶ *meal, repast:* béilín, *pl.* béilíní amach, biaiste, cuid, proinn, pronnlach, sáibhirne, tráth, tráth bia. ❷ *breakfast:* bia na maidine, bricfeast, bricfeasta, briseadh céadlonga, briseadh céalacain, céadbhéile, céadlongadh, céadphroinn, céadtomhailt, cuid mhaidine, cuid na maidine. ❸ *elevenses, lunch, dinner at midday:* bolgam eadra, cuid eadra, dinnéar, giota, loinsiún, lóinse, lón, meán lae, pronnlach, raisín, scroid. ❹ *high tea:* tae beag, tae beag an tráthnóna. ❺ *dinner, supper:* cuid na

beilt
hoíche, cuid oíche, dinnéar, scroid airneáin, séaras, séire, suipéar. ❸ *snack, bite to eat:* béile beag, blaisín, bolgam beag, bonnachán, deoladh, diocán, gogán is spúnóg, gráinseáil, greim is bolgam, mír is deoch, píosa, raisín, roisín, scíobas, scroid, scroig, smailc, snapadh.

beilt noun *belt:* crios, crioslach, sursaing; básta, fáisceadán, fáisceán, geirnín, giorta, vásta.

béim noun ❶ *blow:* buille, cíonán, clabhta, grugam, hap, leadhb, leadhbóg, leidhce, liúr, paltóg, planc, plancadh, pléasc, rúspa, tailm, tuairteáil, tulbhéim. ❷ *notch:* eang, gearradh, iog, loigín, mant, tiocóg. ❸ *emphasis:* beocht, brí, láidreacht, neart, teann, teannadh, treise.

beinsín noun *benzine:* artola, peitreal, peitriliam.

beir verb ❶ *carry:* iompair, croch, tabhair, tóg; bain, buaigh, gnóthaigh. ❷ *produce, give birth, lay an egg:* atáirg, gin, máithrigh, saolaigh, síolraigh, táirg, tuismigh; tháinig sé chun baile 'he was born', tháinig sé i gclúid. ❸ **beir ar** *grab, seize, overtake:* cantáil, faigh, gabh, gabh seilbh ar, glám, grabáil, greamaigh, sciob, scoith, tuig.

beireatas noun ❶ *afterbirth:* broghais, bruán, glanadh, grúdarlach, placaint, salachar, slánadh, slánú, *pl.* smaistí, streachlán. ❷ *birth:* breith, saolú, teacht ar an saol; luí seoil, tinneas clainne, tinneas linbh.

beirfean noun *boiling, heat:* beiriú, bruth, coipeadh, cuilitheáil, fiabhras, fiuchadh, gail, gal, lasadh, scalladh, scóladh, teas, téamh, teocht.

beirigh verb *boil, cook:* bogfhiuch, bruith, fiuch, frioch, gail, gearrfhiuch, gríosc, róst, scall, scól, suanbhruith, *literary* fuin.

beiriú noun ❶ (*act of*) *boiling, cooking:* bogfhiuchadh, bruith, coipeadh, fiuchadh, gail, gearrfhiuchadh, scalladh, scóladh, suanbhruith, *literary* fuineadh; griolladh, gríosc, róst. ❷ (*act of*) *burning:* dó, dó gréine, dó laidhre, dó neantóige, dó seaca, dó talún, gríos, íth, loscadh, loscadh gréine, scalladh, scóladh, urtacáire.

beirt n, num *two, pair:* cuingir, cúpla, dias, dís, lánúin, péire, *literary* déidhe.

beistrí noun *vestry:* sacraistí, *literary* eardhamh.

beith noun ❶ *being, entity (human):* baistíoch, daonnaí, duine, indibhid, neach, neach daonna, pearsa, suibiacht, suibíocht, *literary* daon; indibhidiúlacht, féiniúlacht, pearsantacht. ❷ *being, entity (non-human):* beithíoch, créatúr, míol, ní, réad, rud. ❸ *being, entity (abstract):* aicíd, coincheap, eiseach, eisint, oibiacht, substaint. ❹ *characteristic:* airí, dearbh-airí, féiniúlacht, gné, *pl.* gnéithe, mianach, nádúr, ríd, sainchomhartha, sainréith, tréith.

beithé noun ❶ *laughing-stock:* ceap magaidh, staicín áiféise, ula mhagaidh; ceap milleáin, crann crústa, paor. ❷ *laugh, jeer:* cleithmhagadh, cnáid, cráinmhagadh, creill, drannadh gáire, dranngháire, fachnaoid, fochaid, fonóid, frimhagadh, gáirmhagadh, magadh, scig, scig-gháire, scige, scigireacht, scigmhagadh, steallmhagadh.

beithíoch noun ❶ *animal:* ainmhí, béist, brúid, brúdach, brúta, ceathair, dúil, míol, péist. ❷ *cow,*

Beithígh Fhiáine agus a nGaolta (Bovidae)

addax (Addax nasomaculatus): adasc
African buffalo (Syncerus caffer): buabhall Rinne
African oryx (Oryx gazella): oirisc *f.* Afracach
American bison (Bison bison): bíosún Meiriceánach
argali (Ovis ammon): fia-chaora *f.* Áiseach
Asian water buffalo (Bubalus bubalis): buabhall uisce
Asiatic mouflon (Ovis orientalis): caora *f.* rua
banded duiker (Cephalophus doriae): antalóp séabrach
banteng (Bos javanicus): bantaing *f.*
Barbary sheep (Ammotragus lervia): caora *f.* Bharbarach
bighorn sheep (Ovis canadensis): caora *f.* mhóradharcach
blackbuck (Antilope cervicapra): antalóp Indiach
blue sheep (Pseudois nayaur): caora *f.* ghorm
blue wildebeest (Gorgon taurinus): gnú gorm
bohor reedbuck (Redunca redunca): readunca
bongo (Tragelaphus eurycerus): bongó
bontebok (Damaliscus dorcas): bontaboc
brindled gnu (*féach* **blue wildebeest**)
bushbuck (Tragelaphus scriptus): bosboc
Cape buffalo (*féach* **African buffalo**)
chamois (Rupicapra rupicapra): seamaí
chousingha (Tetracerus quadricornis): antalóp ceathairadharcach
common duiker (Sylvicapra grimmia): dícear
common eland (Taurotragus oryx): mórantalóp
European bison (Bison bonasus): bíosún Eorpach
feral goat (Capra hircus): gabhar fia
gaur (Bos gaurus): bíosún Indiach
gemsbok (*féach* **African oryx**)
gerenuk (Lithocranius walleri): gearanúc
greater kudu (Tragelaphus strepsiceros): cúdú mór
hartebeest (Alcelephas buselaphus): hartaibéist *f.*
Himalayan tahr (Hemitragus jemlahicus): tár Himiléach
ibex (Capra ibex): ibeach
impala (Aepyceros melampus): iompála
Kirk's dik dik (Madoqua kirki): dicdic Kirk
klipspringer (Oreotragus oreotragus): clipspriongar
kob antelope (Kobus kob): cob
kouprey (Bos sauveli): damh coille Ind-Síneach
lechwe (Kobus leche): léitse
lowland anoa (Bubalus depressicornis): anó ísealchríche
markhor (Capra falconeri): marcór
mouflon (Ovis musimon): fia-chaora *f.* Eorpach
mountain anoa (Bubalus quarlesi): anó sléibhe
muskox (Ovibos moschatus): muscdhamh
nilgai (Boselaphus tragocamelus): niolgá
nyala (Tragelaphus angasii): níála
oribi (Ourebia ourebi): órabaí
puku (Kobus vardoni): púcú
red forest duiker (Cephalophus natalensis): dícear rua
roan antelope (Hippotragus equinus): antalóp gríséadach
sable antelope (Hippotragus niger): antalóp dubh
saiga (Saiga tatarica): sadhga
scimitar-horned oryx (Oryx dammah): oirisc *f.* scimiteáir
sitatunga (Tragelaphus spekei): antalóp seascainn
springbok (Antidorcas marsupialis): spriongboc
steenbok (Raphicerus campestris): stíonboc
tahr (*féach* **Himalayan tahr**)
Thomson's gazelle (Gazella thomsoni): gasail *f.* Thomson
topi (Damaliscus lunatus): tóipí
waterbuck (Kobus ellipsiprymnus): antalóp uisce
white-tailed gnu (Connochaetes gnu): gnú earrbhán
wild goat (Capra aegagrus): fiaghabhar
yak (Bos grunniens): geac

head of cattle: beithíoch eallaigh; agh, áirí, *colloquial* airnéis, bó, bearach, bodóg, bólacht, buar, ceartaos, *colloquial* ceathra, céileog, colpach, damh, eallach, gamhain, lao, maoilín, maolán, mart, martán, samhaisc, seafaid. ❸ *horse, equine quadruped:* beathach, capall, capaillín, bromach, caidiún, cairiún, each, gearrán, gearrchapall, láir, láireog, pónaí, searrach, stail, stailín, stalán, stéad; asal, miúil, ráineach, rannach, *literary* gabhar; séabra.

beo adjective ❶ *lively:* aigeanta, anamúil, ardaigeanta, athlamh, bagánta, bainte amach, beoga, bíogúil, biorbach, braiteach, brasach, breabhsach, breabhsánta, breasnaí, brufar, éirimiúil, fuinniúil, lúfar, meanmnach, mear, meidhreach, preabanta, scafánta, smiorúil. ❷ *alive, extant:* ar marthain, ar caomhnú. ❸ *literary on fire:* ar lasadh, lasta, trí thine; ar scoite lasrach. ❹ *live with electric current:* luchtaithe, leictrithe, a bhfuil sruth leictreach ann. noun ❶ *living person:* baistíoch, Críostaí, daonnaí, duine, duine ná deoraí, neach, neach daonna, pearsa. ❷ *life, lifetime:* am, beatha, lá, *pl.* laethanta, linn, marthain, ré, saol, saolré. ❸ *quick:* feoil bheo; idir fheoil is leathar; tá sé á bheoghoin.

beocht noun *liveliness, quickness:* aibíocht, aigeantacht, anamúlacht, ardaigeantacht, beatha, beochadh, beochaint, beogacht, bíogúlacht, brí, bruithean, croí, éirí croí, éirí in airde, éirimiúlacht, flosc, foilsceadh, fóisíocht, fuinneamh, gairdeas, gealadhram, gealgháirí, géim, girréis, giústal, gliondar, gus, laighce, lainne, lúcháir, macnas, meanma, meidhir, misneach, scleondar, scóip, soilbhreas, soirbheas, spéiriúlacht, spionnadh, spiorad, spleodar, spreacadh, spreagadh, sprid, spriolladh, subhachas, súgachas, súgaíocht, suairceas, teaspach.

beoga adjective ❶ *lively, sprightly:* aibéil, aigeanta, anamúil, ardaigeanta, athlamh, bagánta, bainte amach, bíogúil, biorbach, brasach, breabhsach, breabhsánta, breasnaí, éirimiúil, fuinniúil, lúfar, meanmnach, mear, meidhreach, preabanta, scafánta, smiorúil, suairc. ❷ *vivid:* beo, fuinniúil, géar, glé, gléineach, grinn, léir, soiléir.

beoigh verb *animate, enliven, arouse:* adhain, anamaigh, ardaigh, brostaigh, corraigh, cuir beocht i, dúisigh, fadaigh, géaraigh, gríosaigh, múscail, spionn, spreag.

beoir noun *beer:* braichleann, buisinn, coirm, leann, leann dubh, leann éadrom, leann gealbhuí, pórtar, *literary* laith; lágar; bragóid, meá.

beola plural noun *lips:* béal, *pl.* bruasa, *pl.* liobair, *pl.* liobra, *pl.* liopaí, *pl.* puisíní.

beostoc noun *livestock: pl.* ainmhithe, airnéis, *pl.* ba, *pl.* beithígh, bólach, bólacht, eallach, macha, stoc, *literary* innile.

b'fhéidir adverb *perhaps, maybe:* d'fhéadfadh sé, d'fhéadfaí, seans, tharlódh sé, thiocfadh dó, thiocfadh leis, *literary* béas.

bí noun *resin, gum:* guma, gumalacht, pic, roisín, úsc, úsc péine.

bia noun ❶ *food:* ábhar bia, béile, béile beag, bolgam, bolgam beag, cothú, cuid, diocán, fodar, greim, greim is bolgam, lón, mias, rótham, scamhard, smailc, snapadh, *pl.* sócamais, *pl.* sócmhainní, solamar, *pl.* sólaistí, soláthar, tomhaltas, tráth, tráth bia; cócaireacht, lónadóireacht, lónú, lónú bia, marthain, marthanacht. ❷ *edible part, pith, core:* croí, croíleacán, eithne, laíon, meallóg, smior.

biachlár noun *menu:* biacharta, cárta bia.

biaiste noun *season, period (of plenty):* am, aois, lá, linn, píosa, ráithe, ré, scaitheamh, séasúr, seal, sealad, tamall, tráth, tréimhse; flúirse.

bialann noun *restaurant:* caifé, caifitéire, ceaintín, proinnteach, teach bia, teach itheacháin.

bianna noun *ferrule:* fiú, snong; bairbín, fáinne.

biathaigh verb *feed:* beathaigh, coinnigh bia le, cothaigh, oil, potbhiathaigh, ramhraigh, tabhair beatha do, tabhair bia do.

bibe noun *bib, apron:* bib; bairbéal, bráideog, bráidín, práiscín, prioslálaí, rabhlaer, sciúlán, smigéadach.

bídeach adjective *small, tiny:* beag, beag bídeach, bíogach, bíoganach, fíorbheag, mion, neafaiseach, sceidíneach.

bigil noun ❶ *vigil, (act of) staying awake:* airneán, faire, faireachán, oíche chinn féile, tórramh, *literary* cathais, friothaire, friothaireacht. ❷ *abstinence:* abstanaid, aoine, moirtniú, machtú an choirp, tréanas, troscadh, troscadh is tréanas; Turas na Croise, Turas na Cruaiche, Turas Loch Dearg.

bile noun ❶ *large tree, sacred tree:* crann, crann darach, crann iúir, crann sceiche. ❷ *scion:* beangán, buinne, buinneán, oidhre, planda, slat.

bileog noun *leaf, page:* bileoigín, duille, duillín, duilleog, duilleoigín, fóilió, leathanach; cáiteach, síte.

bille noun ❶ *bill, document:* athbhille, barántas, bileog, bílléad, cáipéis, cairt, comhdhuille, duilleog, duillín, reasta, scríbhinn. ❷ *bill, reckoning:* áireamh, comhaireamh, cuntas, reicneáil, scór, scot, sonrasc. ❸ *bill, banknote:* bille airgid; páipéar puint, nóta, nóta airgid; crann darach 'five pound note'.

binb noun *venom, fury:* aicis, ainscian, aonach, báiní, buile, buile feirge, caor, cochall, coilichín, colg, colgaí, confadh, cuthach, dásacht, drochaigne, droch-chroí, fearg, fíoch, fiuch, fiúir, fiúnach, forrach, fraoch, mailís, mioscais, nimh, nimhiúlacht, spadhar, taghd, treall, urchóid.

binbeach adjective *venomous, sharp:* aiciseach, ailseach, aingí, borb, colgach, dásachtach, faobhrach, feannaideach, feanntach, fiata, fíochmhar, fornimhneach, fraochmhar, fraochta, géar, goimhiúil, gonta, mínáireach, nimhiúil, nimhneach, polltach, *literary* féigh.

bindealán noun *bandage:* bréid, cantaoir, ceangal, cneácheangal, fáisceadán, fáisceán, iris, teanntán, teanntrán; ceirín, greimlín, plástar; tuirnicéad.

binn[1] noun ❶ *peak:* barr, cnoc, creig, mullach, sliabh, splinc, starraicín. ❷ *gable:* pinniúir, pinniúr, tóin an tí. ❸ *edge of garment:* boirdréis, ciumhais, corthair, *pl.* fabhraí, fáithim, frainse, frinse, imeall, sciorta. ❹ *lap:* broinne, brollach, *pl.* glúine, ucht.

binn[2] adjective ❶ *melodious, sweet:* ceolmhar, álainn, binnbhéalach, binnbhriathrach, binnghlórach, binnghuthach, bogbhriathrach, duanach, fogharbhinn, milisbhriathrach, oirfideach, portach, séiseach, siansach, siollánach, síreachtach; *pl.* briathra milse. ❷ *splendid, fine:* álainn, breá, diail, galánta, maith, sármhaith **adverb go binn** *splendidly:* go hálainn, go breá, go canta, go deas, go diail, go seoigh.

binneas noun *sweetness of sound:* cairche, caoince, caoinche, ceol, ceol na sféar, ceolchaire, ceolmhaireacht, cór na n-aingeal, oirfide, séis, siansa; milseacht bhréithe, milseacht cainte; níl binneas ná cruinneas ann.

binse noun ❶ *bench, seat:* cathaoir, forma, piú, sáoiste, saoisteog, stalla, stól, suíochán, leaba shuíocháin. ❷ *(work) bench:* bord, bord oibre, clár, cuntar, tábla. ❸ *pl. judges: pl.* breithiúna, *pl.* giúistísí; barra, barra an dlí, cúirt, cúirt dlí, teach cúirte; binse fiosrúcháin, fiosrúchán, fóram. ❹ *bank, ledge:* bord, bruach, ciumhais, claí, claífort, colbha, dreapa, fargán, grua, gruaimhín, guaire, imeall, imeallbhord, laftán, leac, oitir, port, scairbh, taobh.

Bíobla noun ❶ *bible:* briathar Dé, scríbhinn dhiaga, scrioptúr, an Scrioptúr Naofa, *pl.* screaptra; canóin. ❷ *Old Testament:* an dlí, an cúnant, Beitearlach,

biocáire

Seanreacht, Sean-Tiomna. ❸ *New Testament:* soiscéal, *pl.* na soiscéalta sionoptacha; *pl.* na heipistlí. ❹ *Apocrypha:* Apacrafa, *pl.* leabhair dheotracanónta. ❺ *handbook, guide:* eolaí, eolaire, lámhleabhar, treoraí.

biocáire noun ❶ *vicar, minister:* viocáire; reachtaire; aoire, tréadaí; ard-deaganach, canónach, cruifir, curáideach, deaganach, déan, ministir, preibindire, preispitéar, sagart, sagart cúnta, sagart paróiste. ❷ *representative:* fear ionaid, ionadaí, teachta, teachtaire.

bíog noun *squeak, (act of) squeaking:* bícearnach, bíogarnach, ceiliúr, díoscán, díoscarnach, geocaíl, gíoc, gíog, gíog ná míog, giolcaireacht, gíoscán, míog, píopáil, píopaireacht, vác, vác vác.

bíog verb *start, jump:* clis, geit, léim, preab, sceit, scinn; tá tapóga air.

bíogadh noun *(act of) starting, jumping:* bíog, eitilt, geit, geiteadh, laom, preab, preabadh, sceit, scinneadh, tapóg.

biogamacht noun *bigamy:* déphósadh; ilphósadh, polagamas.

biogóid noun *bigot:* ciníochaí, duine claonbharúlach, duine seicteach, eorasceipteach, frithghiúdaí, frithghníomhaí, gallfhuatach, homafóibeach, impireán, seineafóbach, seobhaineach.

biogóideacht noun *bigotry:* ciníochas, claon intinne, éadulaingt, eorasceipteachas, frithghiúdachas, homafóibe, seineafóibe, seicteachas, seobhaineachas; réamhchlaonadh, réamhthuairim.

bíogúil adjective ❶ *jumpy, skittish:* aerach, alluaiceach, arduallach, athraitheach, baoiseach, baoth, barréadrom, corrthónach, dordadh, éadairiseach, éadrom, éaganta, éanúil, earráideach, giodamach, giodramach, giongach, gligíneach, gogaideach, guagach, luaineach, luascánach, luascánta, luathintinneach, mear, míshuaimhneach, neamhsheasmhach, obann, scinnideach, scinniúil, spadhrúil, spéiriúil, taghdach, tallannach, tapógach, treallach, treallánach, uallach. ❷ *lively, sprightly:* aigeanta, anamúil, ardaigeanta, athlamh, bagánta, bainte amach, beo, beoga, biorbach, breabhsach, breabhsánta, éirimiúil, fuinniúil, lúfar, meanmnach, mear, meidhreach, preabanta, scafánta, smiorúil.

biogúlacht noun *liveliness, sprightliness:* aigeantacht, ardaigeantacht, beatha, beocht, beogacht, brí, bruithean, croí, éirí croí, éirí in airde, flosc, fóisíocht, fuinneamh, gairdeas, gealadhram, gealgháirí, géim, girréis, giústal, gliondar, gus, laighce, lainne, lúcháir, macnas, meanma, meidhir, misneach, scleondar, scóip, soilbhreas, soirbheas, spéiriúlacht, spionnadh, spiorad, spleodar, spreacadh, sprid, sprioladh, subhachas, súgachas, súgaíocht, suairceas, teaspach.

biolar noun *cress (Nasturtium):* biolar bréige, biolar garraí, biolar geimhridh, biolar gréagáin, biolar muc, biolar Mhuire, biolar trá, searbh-bhiolar; cladhthach, cladhthach buí.

bíoma noun *beam:* balc, boimbéal, cearchaill, crann, cúpla, giarsa, maide ceangail, maide éamainn, maide mór, maide mullaigh, plabhta, rata, sabh, sabh dorais, sail, taobhán.

bíoma bán noun *whitebeam (Sorbus auria):* fionnchoill, sorb.

bíomal noun *brace (for drilling):* druilire, tarathar.

bior noun *point, spike:* biorán, colg, dealg, gob, péac, pointe, rinn, snáthaid, scoth, soc, spéara, spiacán, spíce, spícéad, *literary* eo; cailg, cealg, ga, lansa.

biorach adjective ❶ *pointed:* barrghéar, barrchaol, caol, gobach, péacach, péacánach, píceáilte, rinneach, spiorach. ❷ *sharp:* áith, aithrinneach, bearrtha, faobhrach, géar, íogair, polltach, rinnghéar, siosúrtha, *literary* féigh.

bioraigh verb *sharpen:* cuir faobhar ar, faobhraigh, géaraigh, líomh.

biorán noun *pin:* bior, snáthaid; crúca, duán, peig, pionna, scorán, stoda.

bíosún noun *bison:* bullán, buabhall, damh, úras; eallach fiáin; bonacan, damh díleann.

biotáille noun *spirits, strong drink:* beathuisce, bolcán, fuisce, parlaimint, poitín, síbín, uisce beatha; an braon crua, an stuif crua, sú na heorna.

Leabhair an Bhíobla

Sean-Tiomna
Genesis: Geineasas *Gein*
Exodus: Eaxodas *Eax*
Leviticus: Léivític *Leiv*
Numbers: Uimhreacha *Uimh*
Deuteronomy: Deotranaimí *Deot*
Joshua: Iósua *Iós*
Judges: Breithiúna *Br*
Ruth: Rút *Rút*
1 Samuel: 1 Samúéil *1 Sam*
2 Samuel: 2 Samúéil *2 Sam*
1 Kings: 1 Ríthe *1 Ríthe*
2 Kings: 2 Ríthe *2 Ríthe*
1 Chronicles: 1 Croinicí *1 Croin*
2 Chronicles: 2 Croinicí *2 Croin*
Ezra: Eazra *Eaz*
Nehemiah: Nihimiá *Nih*
Esther: Eistir *Eist*
Job: Iób *Iób*
Psalms: Leabhar na Salm *Salm*
Proverbs: Seanfhocail *Seanfh*
Ecclesiastes: Cóheileit *Cóh*
Song of Solomon: Laoi na Laoithe *Laoi*
Isaiah: Íseáia *Ís*
Jeremiah: Irimiá *Ir*
Lamentations: Olagóin *Olag*
Ezekiel: Eizicéil *Eiz*
Daniel: Dainéil *Dain*
Hosea: Hóisé *Hóis*
Joel: Ióéil *Ió*
Amos: Amós *Amós*
Obadiah: Obaidiá *Ob*
Jonah: Ióna *Ióna*
Micah: Míocá *Míocá*
Nahum: Nahúmm *Nah*
Habbakuk: Habacúc *Hab*
Zephaniah: Zafainiá *Zaf*
Haggai: Hagaí *Hag*
Zechariah: Zacairia *Zac*
Malachi: Malaicí *Mal*

Tiomna Nua
Matthew: Matha *Mth*
Mark: Marcas *Mc*
Luke: Lúcás *Lúc*
John: Eoin *Eoin*
Acts of the Apostles: Gníomhartha na nAspal *Gníomh*
Romans: Rómhánaigh *Róm*
1 Corinthians: 1 Corantaigh *1 Cor*
2 Corinthians: 2 Corantaigh *2 Cor*
Galatians: Galátaigh *Gal*
Ephesians: Eifisigh *Eif*
Philippians: Filipigh *Fil*
Colossians: Colosaigh *Col*
1 Thessalonians: 1 Teasalónaigh *1 Teas*
2 Thessalonians: 2 Teasalónaigh *2 Teas*
1 Timothy: 1 Tiomóid *1 Tiom*
2 Timothy: 2 Tiomóid *2 Tiom*
Titus: Títeas *Tít*
Philemon: Fileamón *Fileamon*
Hebrews: Eabhraigh *Eabh*
James: Séamas *Séam*
1 Peter: 1 Peadar *1 Pead*
2 Peter: 2 Peadar *2 Pead*
1 John: 1 Eoin *1 Eo*
2 John: 2 Eoin *2 Eo*
3 John: 3 Eoin *3 Eo*
Jude: Iúd *Iúd*
Revelation/Apocalypse: Taispeánadh/Apacailipsis *Apac*

Na hApacrafa/Na Leabhair Dheotrachanónta
Tobit: Tóibít *Tóib*
Judith: Iúidít *Iúid*
Wisdom: Eagna *Eag*
Ecclesiasticus/Sirach: Ecclesiasticus/Síorach *Síor*
Baruch: Barúch *Bar*
1 Maccabees: 1 Macabaeigh *1 Mac*
2 Maccabees: 2 Macabaeigh *2 Mac*

bís noun ❶ *vice*: bís bhinse, clampa, fáiscire, teanntán. ❷ *screw*: scriú, cnó. ❸ *spiral*: bóróiricín, caisirnín, castainn, caorthann cárthainn, coirnín, corna, cuardhual, girle guairle, guairneán, roithleán.

biseach noun ❶ *improvement*: bail, bloscadh, comaoin, feabhas, gnéithiú, teacht aniar, téarnamh; cruinniú nirt, biseach, teacht chuige féin; fainnéirí; do sheanléim; tá mainis air, tá mainis bheag air. ❷ *addition*: bisiú, bloscadh, borradh, breis, corradh, fás, gaimbín, íce, incrimint, neartú, tuilleadh; níl breis ná broghadh ag teacht air.

bisigh verb ❶ *improve, recover*: faigh biseach, gnéithigh, téarnaigh, tar as, tar chugat féin, tar aniar, tar ón tinneas, tar slán, téigh i bhfeabhas; bí ar fainnéirí, bí ar do sheanléim. ❷ *increase, prosper*: cruinnigh neart, déan go maith, iolraigh, iomadaigh, méadaigh, rathaigh, síolraigh, téigh chun cinn, téigh i líonmhaire, *literary* iomdhaigh; tá brabach ar, tá rath ar, tagann rath ar.

bisiúil adjective *productive, fecund*: breisiúil, clannach, cruthaitheach, méiniúil, méith, raidhsiúil, rathúil, saibhir, síolraitheach, suthach, táirgiúil, torthúil, tuillmheach.

bitheolaí noun *biologist*: éiceolaí, eitnibhitheolaí, nádúraí; éaneolaí, feithideolaí, iasceolaí, míoleolaí; luibheolaí, lusrachán, míceolaí.

bitheolaíocht noun *biology*: bitheolas, eitnibhitheolaíocht; míol-bhitheolaíocht, míoleolaíocht; iasceolaíocht, éaneolaíocht, feithideolaíocht; luibhéargna, luibheolaíocht, luibheolas, luibhsheanchas, lusadóireacht, míceolaíocht; dúileolas, eolas ar an dúlra; éiceolaíocht.

bithiúnach noun *villain, scoundrel*: áibhirseoir, aisiléir, amhas, anchúinse, arc nimhe, bacach, bligeard, cneámhaire, coirpeach, coirpeoir, corpadóir, crochadóir, diabhal, diabhlánach, díolúnach, do-dhuine, drochairteagal, eiriceach, feillbhithiúnach, leábharaic, leidhcéir, rifíneach, rógaire, ropaire, ruagaire reatha, scaimpéir, sclíotar, sclíútar, scabhaitéir, scuit, scuitsear, sealánach.

bithiúntas noun *scoundrelism, villainy*: bithiúntacht, bithiúntaíl, bithiúntaíocht; áibhirseoireacht, aingníomh, aingíocht, bastardaíocht, *pl.* bealaí, bligeardacht, bligeardaíocht, camadh, camastaíl, camiléireacht, cealg, cluain, cneámhaireacht, coiriúlacht, coirpeacht, dailtíneacht, díolúnas, drochaigne, drochbheart, droch-chroí, drochintinn, feall, feall ar iontaoibh, fealltacht, fealltóireacht, gangaid, íogán, mailís, maistíneacht, mallaitheacht, meabhlaireacht, meabhlú, meang, meilm, meirleachas, mínáire, míchoinníoll, mioscais, míréir, mírún, olc, oilbhéas, oilceas, peaca, peacúlacht, pleidhcíocht, rógaireacht, ropaireacht, séitéireacht, suarachas, urchóid, urchóideacht.

bitseach noun ❶ *bitch, female dog*: bitse; bleacht, gadhar baineann, madra baineann, madra gabhlóige, soith. ❷ *shameless or nasty woman*: bitse; ainscian mná, báirseach, cailín pléisiúir, cáinseach, ceamach, drochbhean, fuachaid, fuipstar, gadhairseach, laisceach, magarlach, maistín, meirdreach, raibiléir, raicleach, raiteog, ráitseach, rata, ruibhseach, scubaid, speireadóir, sraoill, sraoilleog, stiúsaí, strabalach, straboid, straip, strapairlín, streabóid, striapach, toice, *literary* eachlach.

bladair verb *cajole, coax, wheedle*: bréag, cealg, clasaigh, cuir cluain ar, déan gliodaíocht le, déan láinteacht le, labhair go bladarach le, meall.

bladaire noun *cajoler, wheedler*: blindeog, bréadaire, bréagadóir, cealgaire, leadhbálaí, mealltóir, míolcaire, pláibistéir, plámásaí, súdaire; banaí, fear na Blarnan.

bladar noun *cajolery, flattery*: bladaireacht, blaindéis, bréadaireacht, bréagadóireacht, bréagaí, bréagaíl, bréagaireacht, cluanaireacht, *figurative* gallúnach, gliodaíocht, láinteacht, meallacacht, mealltacht, mealltóireacht, milseacht, milseacht chainte, míolcaireacht, plámas, plás, plásántacht, plásántas, spleáchas, súdaireacht, tláithínteacht, *literary* palámhaireacht.

bladhm noun ❶ *flame*: bladhaire, bléas, bléasóg, breo, coinneal, dó, dóiteán, lasair, lóchrann, tine, tóirse, *literary* sutrall. ❷ *flare-up*: briseadh amach, boilgearnach, brúcht, brúchtadh, maidhm, rabharta, sceith, sceitheadh; téann an lasóg sa bharrach.

bladhmaire noun *boaster, braggart*: baothaire, bóibéisí, bollaire, bolmán, bragaire, bromaire, buaiceálaí, buaileam sciath, bumaire, floscaí, gaisceachán, gaisceoir, galach, gaotaire, glaomaire, scaothaire; bolscaire, duine mórbhéaladóir, trumpadóir; is é an capall is mó marc is airde a chaitheann a thóin; gaoth mhór ag árthach gan tóin.

bladhmann noun ❶ *blaze*: beilteach de thine, bladhaire, bladhm, breo, casair, dó, dóiteán, gléireán, greadhnach thine, lonnbhruth, múr tine; laom, lasair, léaspach, léaspairt, lóchrann, loise, tine, tóirse, *literary* sutrall. ❷ *bombast, rant*: bladhmadóireacht, bladhmaireacht, bóibéis, bollaireacht, bolscaireacht, bolmánacht, bolmántacht, bomannacht, braig, braigeáil, bromaireacht, buaiceáil, buaileam sciath, cacamas, callaireacht, déanfas, gaisce, gaisciúlacht, gláiféisc, glamaireacht, glaomaireacht, laochas, leadram lúireach, maíomh, mórtas thóin gan taca, scailéathan, scaothaireacht, siollaireacht, stocaireacht, toirtéis, trumpadóireacht.

bladhmannach adjective ❶ *blazing*: bolcánach, breoch, breoga, brufar, faghartha, gorthach, gríosach, laomtha, lasánta, lasartha, lasartha, lasúil, lasúnach, loiscneach, scallta, te, tintrí, *literary* lasrach; ar lasadh, trí thine. ❷ *boastful, bombastic*: bastallach, bóibéiseach, borrach, buaiceálach, gaisciúil, glórdhíomhaoineach, laochasach, maíteach, móiréiseach, mórfhoclach, mórtasach, mustrach, poimpéiseach, siollógach, toirtéiseach.

bladrach adjective *cajoling, flattering*: bladarach, bladartha; adhmholtach, bréagach, brionnach, cealgach, cluanach, lúitéiseach, lústrach, meallacach, mealltach, moltach, ómósach, plámásach, plásánta, sladarúsach, slíoctha, slíománta, tláithíneach, *literary* meallach.

bláfar adjective ❶ *blooming, beautiful*: álainn, breá, brionnach, caithiseach, canta, caomh, córach, cruthach, cuanna, cumtha, dathúil, dea-chruthach, dealfa, dealraitheach, dea-mhaisiúil, deas, deismir, dóighiúil, fíortha, galánta, glémhaiseach, gleoite, gnaíúil, gnúiseach, grástúil, greanta, innealta, iomálainn, lachanta, leacanta, maisiúil, meallacach, naíonda, péacach, sciamhach, slachtmhar, tarraingteach, *literary* cadhla, mas. ❷ *neat, tidy*: comair, cuimseach, cúirialta, deas, deismir, néata, ordúil, pioctha, piocúil, pointeáilte, slachtmhar, sprúisiúil, triog, triopallach; gan barr cleite isteach ná bun cleite amach.

bláfaireacht noun ❶ *bloom, beauty*: blás, bláthú, bláth na hóige, áille, áilleacht, breáthacht, caithis, cantacht, caoimhe, córaí, cruthúlacht, cuannacht, cumthacht, dathúlacht, dea-mhaise, dealraitheacht, dealramh, deiseacht, dóighiúlacht, galántacht, glémhaise, gleoiteacht, gnaíúlacht, gnaoi, grástúlacht, greanadh, loise, maise, maisiúlacht, meallacacht, scéimh, sciamhacht, slacht, tarraingteacht. ❷ *neatness, tidiness*: beaichte, críochnúlacht, cóir, conláiste, córaí, cuimseacht, cúirialtacht, deise, deiseacht, deismireacht, innealtacht,

blagaid
néatacht, piocthacht, pointeáilteacht, slacht, slachtmhaireacht, snoiteacht.

blagaid noun *bald head:* (*i gContae Mhaigh Eo*) blagóid, clamhán, maoile, maol, plaicide, plait, plaitín, scead; corann, loime; *familiar* cúl naoi ribe.

blaincéad noun *blanket:* peall, pluid, pluideog, súsa; cuilt, cuilt phíosaí, dúivé, fannchlúmhán.

blais verb *taste:* féach, tástáil, triail; bain bolgam as, bain greim as, bí ag blaisínteacht; snáith.

blaisféim noun *blasphemy:* crístín, dia-aithis, diairmín, diamhasla, *pl.* mionnaí móra, mionnú, naomhaithis; eascaine, mallacht, mallaitheoireacht; cuireadh an scéal go Mac Dé Bhí; bí sé ag gearradh Dé.

blaisféimeach adjective *blasphemous:* dia-aithiseach, diamhaslach, naomhaithiseach.

blaisínteacht noun *(act of) tasting:* blaiseadh, blaismínteacht, blaispínteacht, blaisteoireacht, snáiteoireacht, spiacladh; féachaint, triail.

blaosc noun ❶ *shell, husk:* caithne, craiceann, cochall, crotal, mogall, plaosc, rúsc, slige, sliogán, sliogán. ❷ *skull:* cloigeann, plaosc. verb *puff, inflate:* at, boilscigh, bolg, borr, líon, séid, séid suas.

blár noun ❶ *open space, field:* lantán, léibheann, má, machaire, páirc, réiteach; bán, clár, faiche, plás, plásán, plásóg, míodún, móinéar; fásach; cuibhreann, garraí, gort. ❷ *blaze on animal's forehead:* ceannainne, ceannann, scead; paiste, smál, réalta, réaltóg, spota.

blas noun ❶ *taste:* blastacht, blastanas, dea-bhlas, súiteamas, úrbhlas. ❷ *accent, form of speech:* canúint, canúnachas, cúigeachas, dul na cainte, foghraíocht, *pl.* fuaimeanna, fuaimniú, glór, tiúin cainte, tuin, tuiníocht; tá an crampa gallda ar a theanga.

blasta adjective ❶ *tasty, savoury:* beadaí, caithiseach, dea-bhlasta, goiliúil, goinbhlasta, so-bhlasta, so-chaite, sóil, solamarach, súch, súmhar. ❷ *fine, splendid:* binn, breá, canta, deas, diail, éachtach, galánta, maith, milis, sármhaith; ar fheabhas, thar barr, thar cionn, thar cionn amach.

blastán noun *seasoning:* anlann, blaistiú, blas, blastanas, cineál, séasúr, tarsann.

bláth noun ❶ *flower, inflorescence:* bláithín, blás, bláthra, bláthú, cocán, coróinín, coróla, *literary* flós, plúirín, plúr, plúrú, pabhsae, pabhsaer, pósae, scoth, scothóg. ❷ *beauty, bloom:* bláth na hóige, blás, bláthú; áille, áilleacht, breáthacht, caithis, cantacht, caoimhe, córaí, cruthúlacht, cuannacht, cumthacht, dathúlacht, dea-mhaise, dealraitheacht, dealramh, deiseacht, dóighiúlacht, galántacht, glémhaise, gleoiteacht, gnaíúlacht, gnaoi, grástúlacht, greanadh, loise, maise, maisiúlacht, meallacacht, rath, rathúnas scéimh, sciamhacht, slacht, tarraingteacht.

bláthach¹ adjective ❶ *floral, flowering:* bláthbhreac, plúrach, plúrmhar, scothach; faoi bhláth. ❷ *blooming, beautiful:* álainn, bláfar, breá, brionnach, *literary* cadhla, caithiseach, canta, caomh, córach, cruthach, cuanna, cumtha, dathúil, dea-chruthach, dealfa, dealraitheach, dea-mhaisiúil, deas, deismir, dóighiúil, fíortha, galánta, glémhaiseach, gleoite, gnaíúil, gnúiseach, grástúil, greanta, ninealta, iomálainn, lachanta, leacanta, maisiúil, *literary* mas, meallacach, naíonda, péacach, sciamhach, slachtmhar, tarraingteach.

bláthach² noun *buttermilk:* bláthach ghéar, bláthach mhilis; bainne briste, bainne ramhar, bleaghdar, briodar, briodarnach, gruth, meadhg, treabhantar; anglais, sceidín, sciodar, scileagailí.

bláthadóir noun *florist:* cailín bláthanna; siopa bláthanna.

bláthaigh verb *blossom, bloom:* bisigh, borr, déan go maith, eascair, fás, fás go maith, forbair, tar chun cinn, téigh chun cinn, tar i mbláth; tá bláth ar, tá rath ar, tá rath agus bláth ar, tá rathúnas ar.

bláthfhleasc noun *wreath, garland:* atán, bráisléad, coróin pósaetha, fíochán, fleasc, fleasc bláthanna.

bláthnaid noun *(female) stoat (Mustela erminea):* beainín uasal, eas, easóg, eirmín, flannóg, iaróg, neas.

bláthnaigh verb *smooth, beautify:* áilligh, cóirigh, cuir barr maise ar, cuir bláth ar, deasaigh, leibhéal, líomh, maisigh, mínigh, ornaigh, réitigh, sciamhaigh, slachtaigh, slíoc, slíom.

bleacht noun *milk:* bainne, bainne buí, bainne ramhar, barr, bleaghdar, bleoghantas, lacht, lacht cíoch, leamhnacht, *literary* loim; climirt, climreadh, climseáil, sniogadh; gruth buí, gruth núis, gruth túis, maothal, nús, úras; gruth, gruthrach; óguachtar, uachtar; *pl.* bánbhianna, bláthach, briodar, bun an bhainne, sceidín, burú-gú, lachtós, meadhg, meadhg dhá bhainne, mulchán, púdar bainne, treabhantar; anglais, scileagailí, uiscealach bainne; sú, súlach, súram, sútram.

bleachtaire noun *detective:* cigire bleachtaireachta, póilín; bleidéir, bolaitheoir, cuardaitheoir, fiosraitheoir, fiosróir, lorgaire, ransaitheoir, scrúdaitheoir, taighdeoir; cúistiúnaí.

bleachtmhar adjective *yielding milk, abounding in milk:* bleacht, bleachtach; bainniúil, lachtach, lachtmhar; súmhar; tá bainne is mil ina slaoda ann.

bleadar¹ noun *blather, silly talk:* bleadaracht, bleadracht, bleadráil; áiféis, alamais, amaidí, baothaireacht, baothchaint, baothmhagadh, béalastán-

---

Codanna an Bhlátha

androecium: aindréiciam
anther: antar
bract: bracht
calyx: cailís *f.*
capitulum: ceann
carpel: cairpéal
catkin: caitín
corolla: coróinín *f.*
corymb: coirím *f.*
cyathium: ciaitiam
cyme: cím *f.*
dichasium: déchaisiam
filament: filiméad
floret: bláthóg *f.*
glume: glúma
gynoecium: ginéiciam
hypanthium: hiopaintiam
involucre: tiomchla
lemma: leama
lip: liopa
monochasium: monacaisiam
nectary: faireog *f.* mheala
nucellus: cnóitín
ovary: ubhagán
ovule: ubhúlach
palea: pailéad
panicle: panacal
pedicel: coisín *f.*
peduncle: gasán
perianth: peirianta
petal: peiteal
pistil: pistil *f.*
placenta: placaint *f.*
pollen: pailin
pollen grain: gráinnín pailine
pollinium: pailniam
raceme: raicéim *f.*
rachis: droimín
receptacle: gabhdán
sepal: seipeal
spadix: spáideog *f.*
spathe: spáidín
spike: spíce
spikelet: spícín
spur: spor
stamen: staimín
stigma: stiogma
style: stíl *f.*
tepal: teipeal
torus: tóras
umbel: umbal
whorl: fáinne, rothóg *f.*

Bláthanna is Plandaí Bláfara

Aaron's rod ❶ (*Solidago virgaurea*): slat *f.* óir. ❷ (*Verbascum thapsus*): **plural noun** coinnle Muire
abelia (*Abelia* sp.): aibéilia *f.*
abutilon ❶ (*Abutilon* sp.): mailp *f.* parlúis. ❷ (*A.* x *hybridum*): laindéar Síneach. ❸ (*A. theophrasti*): siúit *f.* Shíneach
acacia (*Acacia* sp.): acáise *f.*
acanthus (*Acanthus* sp.): acantas
achimenes (*Achimenes* sp.): cluanóg *f.* Chúipid
aconite (*Aconitum* sp.): acainít *f.*; dáthabha dubh
African daisy (*Arctotis* sp.): nóinín Afracach
African marigold (*Tagetes erecta*): ceannbhán buí
African violet (*Saintpaulia ionantha*): sailchuach *f.* Afracach
agapanthus (*Agapanthus* sp.): agapantas; lile *f.* Afracach
agave (*Agave* sp.): agáibhe *f.*
agrimony (*Agrimonia eupatoria*): marbhdhraighean
akebia (*Akebia quinata*): acéibia *f.*; fíniúin *f.* seacláide
albizzia (*Albizia* sp.): ailbizia *f.*
alder buckthorn (*Frangula alnus* sp.): draighean fearna
alkanet ❶ (*Alkanna tinctoria*): alcainéad. ❷ (*Pentaglottis sempervirens*): boglus Spáinneach
allamanda (*Allamanda cathartica*): alamanda
aloe (*Aloe* sp.): aló
Alpine azalea (*Loiseleuria* sp.): asáilia *f.*; lus an Albanaigh
alstroemeria (*Alstroemeria* sp.): alstraiméire *f.*; lile *f.* na nInceach
alyssum (*Alyssum* sp.): alasam
amaranth (*Amaranthus* sp.): amarantas; lus an ghrá
amaryllis ❶ (*Amaryllis belladonna*): lile *f* Gheirsí. ❷ (*Hippeastrum* sp.): réaltlile *f* an ridire
anchusa (*Anchusa* sp.): boglas
anemone (*Anemone* sp.): anamóine *f.*; lus na gaoithe
angelica ❶ *garden angelica* (*Angelica archangelica*): ainglice *f.*; lus m na n-aingeal. ❷ *wild angelica* (*A. sylvestris*): gallfheabhrán; gunna pléascáin; pléascán mór
angel's trumpet ❶ (*Datura inoxia*): stoc an aingil. ❷ (*Brugmansia suaveolens*): réalta an aingil
anthurium (*Anthurium* sp.): lus an lasairéin
aquilegia (*Aquilegia* sp.): colaimbín; lus an choilm
arabis (*Arabis* sp.): gas caillí
arbutus (*Arbutus unedo*): caithne *f.*
arnica (*Arnica montana*): airnic *f.*; tobac an tsléibhe
arrowgrass (*Triglochin palustris*): barr an mhilltigh
arum lily (*Zantedeschia* sp.): lile *f.* chala
asphodel ❶ (*Asphodelus* sp.): lus caisil. ❷ *bog asphodel* (*Narthecium ossifragum*): sciollam na móna
aspidistra (*Apidistra elatior*): aspadastra; lus an iarainn mhúnla
aster ❶ (*Aster* sp.): astar. ❷ *China aster* (*Callistephus chinensis*): astar Síneach. ❸ *sea aster* (*A. tripolium*): luibh *f.* bhléine
astilbe (*Astilbe* sp.): aistilbe *f.*
astragalus ❶ (*Astragalus danicus*): bleachtphiseán. ❷ (*A. gummifer*): tragacant
astrantia (*Astrantia major*): mórfhliodh *f.*
aubrieta (*Aubrieta* sp.) [commonly but incorrectly *aubretia]: áibréise *f.*
auricula (*Primula auricula*): lus na mbanríon
autumn crocus (*Colchicum autumnale*): cróch an fhómhair
avens ❶ *wood avens* (*Geum urbanum*): beinidín; machall coille. ❷ *water avens* (*G. rivale*): machall uisce
baby's breath (*Gypsophila muralis*): anáil *f.* bhunóice
bachelor's buttons ❶ (*Centaurea cyanus*): gormán. ❷ (*Tanacetum parthenium*): lus deartán
baldmoney (*Meum athamanticum*): bricín dubh
balsam (*Impatiens* sp.): balsaimín; lus na pléisce
baneberry (*Actaea spicata*): caor *f.* Chríostóra
banksia (*Banksia* sp.): féithleann Astrálach
barberry (*Berberis vulgaris*): barbróg *f.*
barrenwort (*Epimedium alpinum*): lus an phocaide
bauera (*Bauera* sp.): rós na habhann
bauhinia (*Bauhinia blakeana*): báihinia *f.*
bearberry (*Arctostaphylos uva-ursi*): lus na stalóg
bear's breech (*Acanthus mollis*): acantas bog
bedstraw ❶ *marsh bedstraw* (*Galium palustre*): rú corraigh. ❷ *lady's bedstraw* (*G. verum*): boladh cnis. ❸ *heath bedstraw* (*G. saxatile*): luibh *f.* na bhfear gonta
begonia (*Begonia* sp.): beagóinia *f.*
belladonna (*Atropa belladonna*): lus na hoíche
bellflower (*Campanula* sp.): scornlus
bergamot (*Monarda* sp.): beargamat
bergenia (*Bergenia* sp.): beirgéinia *f.*
betony ❶ (*Stachys officinalis*): lus beatha. ❷ *water betony* (*Scrophularia auriculata*): donnlus uisce
bignonia (*Bignonia* sp.): biognóinia *f.*
bilberry (*Vaccinium myrtillus*): fraochán
bindi-eye (*Calotis cuneifolia*): duilleog *f.* dinge
bindweed ❶ *field bindweed* (*Convolvulus arvensis*): ainleog *f.* ❷ *hedge bindweed* (*Calystegia sepium*): ialus fáil
bird of paradise flower (*Strelitzia reginae*): luibh *f.* éan parthais
bird's-eye primrose (*Primula farinosa*): sabhaircín súil éin
bird's-eye speedwell ❶ (*Veronica chamaedrys*): anuallach *f.* ❷ (*V. persica*): lus cré garraí
bird's-foot trefoil (*Lotus corniculatus*): crobh éin
bird's-nest (*Daucus carota*): mealbhacán
birthwort (*Aristolochia* sp.): lus na breithe
bistort (*Polygonum bistorta*): stóinse
bittersweet (*Solanum dulcamara*): fuath gorm; searbhóg *f.* mhilis
black-eyed Susan (*Rudbeckia hirta*): lus coirceoige; nóinín buí
blackthorn (*Prunus spinosa*): draighean; draighean dubh
blazing star (*Liatris spicata*): cleite péacach
bleeding heart (*Dicentra* sp.): croí fuilteach
bloodroot (*Sanguinaria canadensis*): pocún dearg
bluebell ❶ (*Hyacinthoides non-scripta*): **plural noun** coinnle corra; cloigín gorm. ❷ (*Campanula rotundifolia*): méaracán gorm; plúrán cloigneach
blue-eyed grass (*Sisyrinchium bermudiana*): feilistrín gorm
blue-eyed Mary ❶ (*Collinsia verna*): Máire *f.* shúilghorm. ❷ (*Omphalodes verna*): omfalóidéas earraigh
bluets (*Houstonia caerulea*): hústóinia *f.*
bog asphodel (*Narthecium ossifragum*): sciollam na móna
bog rosemary (*Andromeda polifolia*): andraiméid *f.*; lus na móinte
boneset (*Eupatorium perfoliatum*): sabhóg *f.* Mhuire; scabhlus
borage (*Borago officinalis*): borráiste
boronia (*Boronia* sp.): boróinia *f.*
bottlebrush (*Callistemon* sp.): scuab *f.* buidéil

**Bláthanna is Plandaí
Bláfara**
ar lean

bougainvillea (*Bougainvillea* sp.): búgainvile *f*.; bláth an pháipéir
bramble (*Rubus fruticosus*): dris *f*.
brooklime (*Veronica beccabunga*): lochall
brookweed (*Samolus valerandi*): falcaire uisce
broom ❶ (*Cytisus* sp.): giolcach *f*. shléibhe. ❷ (*Genista* sp.): beallaí
broomrape (*Orobanche* sp.): múchóg *f*.
bryony ❶ **black bryony** (*Tamus communis*): crotharnach *f*. dhubh. ❷ **white bryony** (*Bryonia alba*): unach *f*. gheal
buckeye (*Aesculus* sp.): cnó capaill
buckthorn (*Rhamnus catharticus*): paide bréan
buddleia (*Buddleja davidii*): búidlia *f*.; tor an fhéileacáin
bugbane (*Cimicifuga* sp.): lus na bhfrídí
bugle (*Ajuga reptans*): glasair *f*. choille
bugloss ❶ (*Anchusa arvensis*): boglas. ❷ **viper's bugloss** (*Echium vulgare*): lus nathrach
bulrush (*Typha latifolia*): coigeal na mban sí
bunchberry (*Cornus canadensis*): conbhaiscne *f*. Cheanadach
bunchflower (*Melanthium virginicum*): lile *f*. thriopallach
burdock (*Arctium* sp.): cnádán
bur-marigold (*Bidens* sp.): scothóg *f*. Mhuire
burnet (*Sanguisorba* sp.): lus an uille
busy Lizzie (*Impatiens walleriana*): balsaimín
butterbur (*Petasites hybridus*): gallán mór
buttercup (*Ranunculus* sp.): cam an ime; fearbán
butterfly bush (*Buddleja davidii*): búidlia *f*.; tor an fhéileacáin
butterwort (*Pinguicula* sp.): bodán meascáin; leith uisce
buttonbush (*Cephalanthus occidentalis*): tor na gcnaipí
cabbage rose (*Rosa centifolia*): rós cabáiste
cactus (*family* Cactaceae): cachtas
calamint (*Calamintha sylvatica*): cailmint *f*.
calamondin (*Citrofortunella microcarpa*): calamaindín
calceolaria (*Calceolaria* sp.): lus slipéir
calendula (*Calendula officinalis*): ór Muire
California poppy (*Eschscholzia californica*): poipín Calafóirneach
camas (*Camassia* sp.): camais *f*.
camelia (*Camellia* sp.): caiméilia *f*.
campanula (*Campanula* sp.): scornlus
campion (*Silene* sp.): coireán
canary creeper (*Tropaeolum peregrinum*): gleorán reatha
candytuft (*Iberis* sp.): praiseach *f*. chaindiach
canna lily (*Canna x generalis*): cánlile *f*.
Canterbury bell (*Campanula medium*): scornlus garraí
Cape primose (*Streptocarpus rexii*): streipteacarpas
cardinal flower (*Lobelia cardinalis*): lus an chairdinéil
carnation (*Dianthus caryophyllus*): lus gile garraí
carrion flower (*Stapelia gigantea*): lus splíonaigh mór; stáipéilia *f*.
catchfly (*Silene* sp.): coireán
catmint (*Nepeta cataria*): miontas cait
catnip (*féach* **catmint**)
cattleya (*Cattleya* sp.): caitlia *f*.
ceanothus (*Ceanothus* sp.): céanótas; líológ *f*. Chalafóirneach; tae Nua-Gheirsí
celandine ❶ **greater celandine** (*Chelidonium majus*): garra *f*. bhuí. ❷ **lesser celandine** (*Ficaria verna*): grán arcáin
centaury (*Centaurium erythraea*): dréimire Mhuire
chaffweed (*Anagallis minima*): falcare beag
chamomile ❶ (*Chamaemelum nobile*): camán meall; camán míonla; fíogadán. ❷ **wild chamomile** (*Chamomilla recutita*): fíogadán cumhra
champak (*Michelia champaca*): seampac
charlock (*Sinapis arvensis*): praiseach *f*. bhuí; amharag *f*. bhuí
checkerberry (*Gaultheria procumbens*): breacdhearc *f*.
Cherokee rose (*Rosa setigera*): rós na machairí
chervil ❶ (*Anthriscus cerefolium*): lus na ríocach. ❷ **bur chervil** (*Anthriscus caucalis*): peirsil *f*. bhog. ❸ **rough chervil** (*Chaerophyllum temulentum*): camán gall.
chickweed (*Stellaria* sp.): fliodh *f*.
chicory (*Cichorium intybus*): siocaire; lus an tsiocaire
chinaberry (*Melia azedarach*): líológ *f*. Pheirseach
chincherinchee (*Ornithogalum thyrsoides*): sinséirinsí; lus an iontais
Chinese lantern (*Physalis alkekengi*): laindéar Síneach
chionodoxa (*Chionodoxa* sp.): glóir *f*. an tsneachta
chives (*Allium schoenoprasum*): síobhas
choisya (*Choisya* sp.): oráiste Meicsiceach
chokeberry (*Aronia* sp.): aróinia *f*.
Christmas cactus (*Schlumbergera* sp.): cachtas Nollag
Christmas rose (*Helleborus niger*): eileabar dubh
chrysanthemum ❶ (*Dendranthema x grandiflorum*): criosantamam; órscoth *f*. ❷ (*Chrysanthemum segetum*): buíán. ❸ (*Leucanthemum*): nóinín mór
cicely (*Myrrhis odorata*): lus áinleoige
cinchona (*Cinchona officinalis*): cioncón
cineraria ❶ (*Senecio cineraria*): buachalán liath. ❷ (*Pericallis x hybrida*): cineairia *f*.
cinquefoil ❶ (*Potentilla spp*): cúigbhileach. ❷ **creeping cinquefoil** (*P. reptans*): cúig mhéar Mhuire. ❸ **marsh cinquefoil** (*P. palustris*): cnó léana
cistus ❶ (*Cistus* sp.): rós carraige. ❷ **gum cistus** (*C. ladanifer*): ladanam
clarkia (*Clarkia* sp.): cláircia *f*.; slán le hearrach
clematis ❶ (*Clematis* sp.): cleimeatas. ❷ **wild clematis** (*C. vitalba*): gabhrán
clianthus (*Clianthus* sp.): cliantas; pis *f*. ghlórmhar
clivia (*Clivia* sp.): lile *f*. Chaifeareach
cloudberry (*Rubus chamaemorus*): eithreog *f*. shléibhe
clove pink (*Dianthus caryophyllus*): lus na gile
clover (*Trifolium* sp.): seamair *f*.; seamróg *f*.
cockscomb (*Celosia cristata*): cíor *f*. coiligh
coltsfoot (*Tussilago farfara*): sponc adhann *f*.; cluas *f*. liath
columbine (*Aquilegia* sp.): colaimbín; lus an choilm
comfrey (*Symphytum* sp.): compar; luibh *f*. na gcnámh briste; meacan an leonta
coneflower (*Echinacea* sp.): eicinéise *f*.
convolvulus ❶ (*Calystegia* sp.): corrán casta; ialus. ❷ (*Convolvulus* sp.): ainleog *f*.
coralberry (*Symphoricarpos orbiculatus*): caor *f*. choiréil
coral tree (*Erythrina* sp.): crann coiréil
coreopsis (*Coreopsis* sp.): córopsas
corncockle (*Agrostemma githago*): cogal
corn poppy (*Papaver rhoeas*): cailleach *f*. dhearg
corydalis (*Corydalis* sp.): giodairiam
cotoneaster (*Cotoneaster* sp.): cainchín *f*.; cotóinéastar

cottonweed (*Froelichia* sp.): lus cadáis
cow parsley (*Anthriscus sylvestris*): peirsil *f.* bhó
cowslip (*Primula veris*): bainne bó bleachtáin
cranesbill (*Geranium* sp.): geiréiniam; crobh dearg; crobh gorm
creeping Jenny (*Lysimachia nummularia*): lus an dá phingin
crocus ❶ (*Crocus* sp.): cróch. ❷ (*Colchicum* sp.): cróch an fhómhair
crosswort (*Cruciata laevipes*): lus na croise
crowfoot (*Ranunculus* sp.): néal uisce
crown imperial (*Fritillaria imperialis*): coróin *f.* an impire
crown of thorns (*Euphorbia milii*): coróin *f.* spíne
cuckooflower (*Cardamine pratensis*): biolar gréagáin
cuckoo pint (*Arum maculatum*): cluas *f.* chaoin
cupid's dart (*Catananche caerulea*): ga Chúipid
cyclamen (*Cyclamen* sp.): cioclaimeán
cymbidium (*Cymbidium* sp.): magairlín gaoithe
cyphel (*Minuartia sedoides*): gaineamhlus mionsach
daffodil (*Narcissus* sp.): lus an aisig; lus an chromchinn; nairciseas
dahlia (*Dahlia* sp.): dáilia *f.*
daisy ❶ (*Bellis* sp.): nóinín. ❷ *crown daisy* (*Chrysanthemum coronaria*): nóinín mór corónach. ❸ *ox-eye daisy* (*Leucanthemum vulgare*): nóinín mór. ❹ *ox-eye daisy* (*Buphthalmum*): súil *f.* daimh
damask rose (*Rosa xdamascena*): rós damascach
dame's violet (*Hesperis matronalis*): feascarlus; ruachán cumhra
dandelion (*Taraxacum* sp.): caisearbhán
daphne (*Daphne mezereum*): daifne *f.*
datura (*Datura stramonium*): datúra; stoc an aingil
day lily (*Hemerocallis* sp.): lile *f.* lae
deadly nightshade (*Atropa belladonna*): lus na hoíche
deadnettle (*Lamium* sp.): caochneantóg *f.*
delphinium (*Delphinium*): deilfiniam; **plural noun** sála fuiseoige
desert rose (*Adenium obesum*): áidiniam
deutzia (*Deutzia* sp.): dúitsia *f.*
devil's bit scabious (*Succisa pratensis*): odhrach *f.* bhallach; greim an diabhail
devil's fig (*Argemone mexicana*): poipín deilgneach

dianthus (*Dianthus* sp.): lus na gile; pincín
dill (*Anethum graveolens*): lus mín
dittany ❶ (*Dictamnus albus*): diothain *f.* ❷ *Cretan dittany* (*Origanum dictamnus*): oragán hopa
dock (*Rumex* sp.): copóg *f.*
dogbane (*Apocynum cannabinum*): fuath gadhair
dog-rose (*Rosa canina*): feirdhris *f.*
dog's mercury (*Mercurialis perennis*): lus glinne
dog-violet ❶ (*Viola canina*): sailchuach *f.* mhóna. ❷ *common dog-violet* (*V. riviniana*): fanaigse
dropwort (*Filipendula vulgaris*): lus braonach
duckweed (*Lemna minor*): ros lachan; grán tonóg; lus gan athair gan mháthair
Dutchman's breeches (*Dicentra spectabilis*): croí fuilteach
echinacea (*Echinacea* sp.): eicinéise *f.*
edelweiss (*Leontopodium alpinum*): cos *f.* leoin shléibhe; edelweiss
eglantine (*Rosa rubiginosa, R. agrestis*): dris *f.* cumhra
elder (*Sambucus nigra*): trom
enchanter's nightshade (*Circaea lutetiana*): fuinseagach *f.*
escallonia (*Escallonia macrantha*): tomóg *f.* ghlaech; eascalóine *f.*
eschscholtzia (*Eschscholzia californica*): poipín Calafóirneach
eucryphia (*Eucryphia* sp.): eocraifia *f.*
evening primrose (*Oenothera* sp.): coinneal *f.* oíche.
eyebright (*Euphrasia* sp.): glanrosc
felwort (*Gentianella amarella*): muilcheann
feverfew ❶ (*Tanacetum parthenium*): lus deartán. ❷ *American feverfew* (*Parthenium integrifolium*): quinín fiáin
figwort (*Scrophularia* sp.): donnlus
firethorn (*Pyracantha* sp.): pireacant
flax ❶ (*Linum usitatissimum*): líon. ❷ *fairy flax* (*L. catharticum*): líon na mban sí
fleabane ❶ (*Pulicaria dysinterica*): lus buí na ndreancaidí. ❷ *blue fleabane* (*Erigeron acer*): lus gorm na ndreancaidí; eirigearán
flixweed (*Descurainia sophia*): finéal Muire
fluellin (*Kickxia* sp.): buaflíon Breatnach
forget-me-not (*Myosotis* sp.): lus míonla
forsythia (*Forsythia* sp.): líológ *f.* bhuí; foirsítia *f.*

foxglove (*Digitalis purpurea*): lus mór; méaracán dearg; méaracán púca; méaracán na mban sí; méirín dearg; méirín púca; méirín sí
frangipani (*Plumeria rubra*): crann pagóda
fraxinella (*Dictamnus albus*): diothain *f.*
freesia (*Freesia* sp.): fríse *f.*
fritillary (*Fritillaria*): fritileán
frogbit (*Hydrocharis morsus-ranae*): greim an loscáin
fuchsia (*Fuchsia magellanica*): fiúise *f.*; **plural noun** deora Dé
fumitory (*Fumaria*): camán searraigh; deatach talún
furze (*Ulex* sp.): aiteann
gagea (*Gagea* sp.): réaltóg *f.* óir
gaillardia (*Gaillardia* sp.): lus na pluide
gale (*Myrica gale*): raideog *f.*
gallant soldier (*Galinsoga parviflora*): gailinseog *f.*
gardenia (*Gardenia* sp.): gairdéinia *f.*
garlic (*Allium sativum*): gairleog *f.*
gazania (*Gazania* sp.): lus na taisce
geebung (*Persoonia* sp.): gíobang
gelsemium (*Gelsemium sempervirens*): seasmain *f.* bhréige
genista (*Genista* sp.): beallaí
gentian ❶ (*Gentiana* sp.): ceadharlach. ❷ *field gentian* (*Gentianella campestris*): lus an chrúbáin
geranium ❶ *crane's-bill* (*Geranium* sp.): geiréiniam; crobh dearg; crobh gorm. ❷ (*Pelargonium* sp.): peileargóiniam
gerbera (*Gerbera* sp.): geirbire *f.*
gillyflower (*Dianthus*): lus na gile; pincín
gipsywort (*Lycopus europaeus*): feorán corraigh
gladdon (*Iris foetidissima*): glóiriam
gladiolus (*Gladiolus* sp.): glaidiólas; coilgín
globeflower (*Trollius europaeus*): leolach
globe thistle (*Echinops* sp.): feochadán cruinneoige
globularia (*Globularia* sp.): cruinnlus
glory-of-the-snow (*Chionodoxa luciliae*): glóir *f.* an tsneachta
gloxinia ❶ (*Gloxinia* sp.): glocsaíne *f.* ❷ (*Sinningia* sp.): sininge *f.*
goat's beard ❶ (*Tragopogon pratensis*): **plural noun** finidí na muc. ❷ (*Aruncus dioicus*): féasóg *f.* ghabhair
godetia (*Clarkia* sp.): cláircia *f.*; slán le hearrach
gold-of-pleasure (*Camelina sativa*): caimilín
goldenrod (*Solidago* sp.): slat *f.* óir; lus an fhalsaera

Bláthanna is Plandaí: goldilocks

**Bláthanna is Plandaí
Bláfara**
ar lean

goldilocks (*Aster linosyris*): astar órga
goosefoot (*Chenopodium* sp.): blonagán
gorse (*Ulex* sp.): aiteann
grape hyacinth (*Muscari neglectum*): bú fíniúna.
grass of Parnassus (*Parnassia palustris*): fionnscoth *f.*
gratiole (*Gratiola* sp.): íosóip *f.* fáil
gromwell (*Lithospermum officinale*): gormail *f.*
ground ivy (*Glechoma hederacea*): athair *f.* lusa
groundsel (*Senecio vulgaris*): grúnlas
guelder rose (*Viburnum opulus*): caor *f.* chon
gypsophila (*Gypsophila* sp.): lus cailce
harebell (*Campanula rotundifolia*): méaracán gorm; plúrán cloigneach
hare's-foot (*Trifolium arvense*): cos *f.* mhaideach
hawkbit (*Leontodon autumnalis*): crág *f.* phortáin.
hawksbeard (*Crepis vesicaria*): lus cúráin
hawkweed (*Hieracium* sp.): lus na seabhac.
hawthorn (*Crataegus monogyna*): sceach *f.* gheal.
heartsease ❶ (*Viola tricolor*): goirmín searraigh. ❷ (*Veronica officinalis*): lus cré; lus croí
heather (*Calluna, Erica*): fraoch
hebe (*Hebe* sp.): niamhscoth *f.*; *familiar* marainic *f.*
helenium (*Helenium* sp.): lus sraotha
helianthemum (*Helianthemum* sp.): grianrós
helianthus (*Helianthus* sp.): héiliantas; lus na gréine
heliconia (*Heliconia* sp.): ordóg *f.* gliomaigh
heliotrope ❶ (*Heliotropium* sp.): héileatróp. ❷ **winter heliotrope** (*Petasites fragrans*): plúr na gréine
hellebore (*Helleborus* sp.): eileabar
helleborine (*Epipactis helleborine*): ealabairín
hemlock (*Conium maculatum*): moing *f.* mhear
hemlock water-dropwort (*Oenanthe crocata*): dáthabha bán
hemp agrimony (*Eupatorium cannabinum*): cnáib *f.* uisce
henbane (*Hyoscyamus niger*): gafann *f.*
henna (*Lawsonia inermis*): hine *f.*
hepatica (*Hepatica nobilis*): nead *f.* choille ghorm
herb Christopher (*Actaea spicata*): caor *f.* Chríostóra

herb Paris (*Paris quadrifolia*): aondearc *f.*
herb Robert (*Geranium robertianum*): ruithéal rí
heuchera (*Heuchera* sp.): **plural noun** cloigíní coiréil
hibiscus (*Hibiscus* sp.): hibisceas
hobblebush (*Viburnum lantanoides*): caor *f.* chon fearnóige
hogweed (*Heracleum sphondylium*): feabhrán
holly (*Ilex aquifolium*): cuileann
hollyhock (*Alcea* sp.): hocas garraí
honesty (*Lunaria annua*): sailchuach *f.* na gealaí
honewort (*Cryptotaenia canadensis*): criptitéinia *f.* Cheanadach
honeysuckle (*Lonicera periclymenum*): féithleann; féithleog *f.*
honeywort (*Cerinthe minor*): ceirinte *f.*
hop (*Humulus lupulus*): hopa; lus an leanna
horehound ❶ **black horehound** (*Ballota nigra*): grafán dubh. ❷ **white horehound** (*Marrubium vulgare*): orafunt
hosta (*Hosta* sp.): lile *f.* phlantáin
Hottentot fig (*Carpobrotus edulis*): lus milis
hound's tongue (*Cynoglossum officinale*): teanga *f.* chon
houseleek (*Sempervivum tectorum*): tinicín
hoya (*Hoya* sp.): lus céarach
hyacinth (*Hyacinthus orientalis*): bú garraí.
hydrangea (*Hydrangea* sp.): hiodrainsia *f.*
ice plant (*Mesembryanthemum crystallinum*): oighearphlanda
Indian pipe (*Monotropa uniflora*): píopa Indiach
inkberry (*Ilex glabra*): cuileann sleamhain
iris (*Iris* sp.): feileastram
ixia (*Ixia* sp.): lile *f.* arbhair Afracach
jacaranda (*Jacaranda* sp.): crann raithní
Jack-by-the-hedge (*Alliaria petiolata*): bóchoinneal *f.*
Jacob's ladder (*Polemoneum caeruleum*): dréimire Iacóib
japonica (*Chaenomeles speciosa*): cainche *f.* Sheapánach
jasmine (*Jasminum* sp.): seasmain *f.*
jonquil (*Narcissus jonquila*): aoinil *f.*
juneberry (*Amelanchier alnifolia*): sorb fearnóige
Kaffir lily ❶ (*Clivia* sp.): lile *f.* Chaifeareach. ❷ (*Schizotylis coccinea*): feileastram craorag
kelanchoe ❶ (*Kalanchoe beharensis*): tomóg *f.* feilte. ❷ (*K. blossfeldiana*): Cáit *f.* lasánta. ❸ (*K. tomentosa*): **plural noun** cluasa puisín

kalmia (*Kalmia latifolia*): labhras sléibhe
kangaroo paw (*Anigozanthos* sp.): lapa cangarú
karo (*Pittosporum crassifolium*): piteaspóram
kerria (*Kerria japonica*): rós Seapánach
kidney vetch (*Anthyllis vulneraria*): **plural noun** méara Muire
kingcup (*féach* **marsh marigold**)
knapweed (*Centaurea nigra*): mínscoth *f.*
knotgrass (*Polygonum aviculare*): glúineach *f.* bheag
koromiko (*Hebe salicifolia*): niamhscoth *f.* shailí
kudzu (*Pueraria montana* var. *lobata*): kudsú
laburnum (*Laburnum anagyroides*): beallaí francach; labarnam
lady's bedstraw (*Galium verum*): boladh cnis.
lady's finger ❶ **kidney vetch** (*Anthyllis vulneraria*): **plural noun** méara Muire. ❷ **okra** (*Abelmoschus esculentus*): ocra
lady's mantle (*Alchemilla* sp.): dearna *f.* Mhuire; falaing *f.* Mhuire
lady's slipper (*Cypripedium* sp.): slipéar Mhuire
lady's smock (*Cardamine pratensis*): biolar gréagáin; léine *f.* Mhuire.
lady's tresses (*Spiranthes spiralis*): cúilín Muire
larkspur (*Delphinium* sp.): deilfiniam; **plural noun** sála fuiseoige
laurustinus (*Viburnum tinus*): labhraistín
lavatera (*Alcea* sp.): hocas garraí
lavender (*Lavandula* sp.): labhandar
lemon balm (*Melissa officinalis*): lus na meala
leopard lily ❶ (*Lilium pardalinum*): lile *f.* liopaird. ❷ (*Lilium catesbaei*): lile *f.* dhearg péine. ❸ (*Belamcanda chinensis*): lile *f.* na sméar. ❹ (*Dieffenbachia*): cána balbh
lilac (*Syringa vulgaris*): líológ *f*; siringe *f.*
lily (*Lilium* sp.): lile *f.*
lily of the valley ❶ (*Convallaria majalis*): lile *f.* na ngleanntán. ❷ **lily of the valley bush** (*Pieris japonica*): píris *f.* Seapánach
lobelia (*Lobelia* sp.): lóibéilia *f.*
London pride (*Saxifraga spathularis* x *umbrosa*): mórán cathrach
loosestrife ❶ **purple loosestrife** (*Lythrum salicaria*): créachtach. ❷ **yellow loosestrife** (*Lysimachia vulgaris*): breallán léana; lus na síochána
loranthus (*Loranthus* sp.): lórantas
lords and ladies (*Arum maculatum*): cluas *f.* chaoin

Bláthanna is Plandaí: pieris

lotus ❶ (*Nelumbo* sp.): loiteog *f*. **❷ white Egyptian lotus** (*Nymphaea lotus*): bacán bán Éigipteach
lousewort (*Pedicularis sylvatica*): lus an ghiolla
lovage (*Ligusticum scoticum*): sunais *f*.
love-in-a-mist (*Nigella damascena*): nigéal
love-in-idleness (*Viola tricolor*): goirmín searraigh
love-lies-bleeding (*Amaranthus caudatus*): amarantas; lus an ghrá
lungwort (*Pulmonaria officinalis*): lus na scamhóg
lupin (*Lupinus* sp.): lúipín
madonna lily (*Lilium candidum*): lile *f*. an earraigh
magnolia (*Magnolia* sp.): magnóilia *f*.
mahonia (*Mahonia* sp.): mahóinia *f*.
maiden pink (*Dianthus deltoides*): pincín léana
mallow ❶ (*Malva* sp.): hocas. **❷ common mallow** (*M. sylvestris*): lus na meall Muire
malope (*Malope* sp.): hocas bréige; malóip *f*.
mandrake (*Mandragora officinarum*): mandrác
marguerite (*Leucanthemum vulgare*): nóinín mór
marigold ❶ (*Calendula officinalis*): ór Muire. **❷** (*Tagetes*): ceannbhán buí; buíán Afracach.
mariposa lily (*Calochortus*): lile *f*. féileacáin
marjoram (*Origanum majorana*): oragán cumhra
marsh marigold (*Caltha palustris*): lus buí Bealtaine
marshwort (*Apium* sp.): smaileog *f*.
marvel of Peru (*Mirabilis jalapa*): sealap bréige
masterwort ❶ (*Astrantia major*): mórfhliodh *f*. **❷** (*Peucedanum ostruthium*): nuinseanach *f*.
may (*Crataegus monogyna*): sceach *f*. gheal
mayapple (*Podophyllum peltatum*): mandrác Meiriceánach
mayflower ❶ hawthorn (*Crataegus monogyna*): sceach *f*. gheal. **❷** (*Epigaea repens*): caithne *f*. thalún
mayweed ❶ scented mayweed (*Chamomilla recutita*): fíogadán cumhra. **❷ scentless mayweed** (*Matricaria perforata*): lus Bealtaine. **❸ sea mayweed** (*M. maritima*): meá drua
meadow rue (*Thalictrum* sp.): rú léana
meadow saffron (*Colchicum autumnale*): cróch an fhómhair
meadowsweet (*Filipendula ulmaria*): airgead luachra

Michaelmas daisy (*Aster novi-belgii*): nóinín Mhichíl
mignonette (*Reseda* sp.): buí cumhra
milfoil ❶ (*Achillea millefolium*): athair *f*. thalún. **❷ water milfoil** (*Myriophyllum* sp.): líonán
milk-vetch (*Astragalus* sp.): bleachtphiseán
milkweed ❶ spurge (*Euphorbia* sp.): spuirse *f*.; lus na bhfaithní. **❷ sow-thistle** (*Sonchus* sp.): bleachtán. 3 (*Asclepias* sp.): aiscléipias
milkwort ❶ (*Polygala vulgaris*): lus an bhainne. **❷ sea milkwort** (*Glaux maritima*): lus an tsaillte; lus bainne mara
mimosa ❶ (*Mimosa pudica*): miomós. **❷** (*Acacia* sp.): acáise *f*.
mind-your-own-business (*Soleirolia soleirolii*): feabhraíd *f*. bheag
mint (*Mentha* sp.): miontas; mismín; cartlainn *f*.
mistletoe (*Viscum album*): drualus
mock orange (*Philadelphus coronarius*): oráiste bréige
moly (*Allium moly*): oinniún buí
moneywort ❶ (*Lysimachia nummularia*): lus an dá phingin. **❷ Cornish moneywort** (*Sibthorpia europaea*): pingin *f*. Dhuibhneach
monkey flower (*Mimulus guttatus*): buí an bhogaigh
monkshood (*Aconitum napellus*): dáthabha dubh; acainít *f*.
montbretia (*Crocosmia x crocosmiiflora*): feileastram dearg; arbhar an fhómhair
moonflower (*Ipomoea alba*): glóir *f*. mhaidine bhán
morning glory (*Ipomoea* sp.): glóir *f*. na maidine
moschatel (*Adoxa moscatellina*): moscadal
mother-in-law's-tongue ❶ (*Dieffenbachia*): cána balbh. **❷** (*Sansevieria trifasciata*): teanga *f*. mháthair chéile
motherwort (*Leonurus cardiaca*): lus na clainne
mugwort (*Artemisia vulgaris*): liathlus; mongach meisce
mullein (*Verbascum* sp.): coinneal *f*. Mhuire; **plural noun** coinnle Muire
musk rose (*Rosa moschata*): muscrós
myrtle (*Myrtus communis*): miortal
narcissus (*Narcissus* sp.): aoinil *f*.; lus an aisig; nairciseas
nasturtium ❶ (*Rorippa nasturtium-aquaticum*): biolar uisce. **❷** (*Tropaeolum*): gleorán
navelwort ❶ (*Hydrocotyle* sp.): lus na pingine. **❷** (*Umbilicus rupestris*): cornán caisil
nemesia (*Nemesia* sp.): neiméise *f*.
nettle (*Urtica* sp.): neantóg *f*.
nigella (*Nigella damascena*): nigéal

night-scented stock (*Matthiola longipetala*): tonóg *f*. chladaigh chumhra
nightshade ❶ black nightshade (*Solanum nigrum*): fuath dubh. **❷ deadly nightshade** (*Atropa belladonna*): lus na hoíche. **❸ enchanter's nightshade** (*Circaea lutetiana*): fuinseagach *f*. **❹ woody nightshade** (*S. dulcamara*): fuath gorm; searbhóg *f*. mhilis. **❺ yellow nightshade** (*S. rostratum*): fuath buí
nopal (*Opuntia ficus-indica*): piorra deilgneach
num-num (*Carissa* sp.): cairise *f*.
ocotillo (*Fonquieria splendens*): fuip *f*. chóiste
old man's beard (*Clematis vitalba*): gabhrán
oleander (*Nerium oleander*): oiliandar
orchid (*Orchis, Dactylorhiza, Anacamptis*): magairlín
organ pipe cactus (*Stenocereus thurberi*): cachtas píopa orgáin
orpine (*Sedum telephium*): tóirpín
ox-eye (*Leucanthemum vulgare*): nóinín mór
ox-eye daisy ❶ (*Leucanthemum vulgare*): nóinín mór. **❷** (*Buphthalmum*): súil *f*. daimh
oxslip (*Primula elatior*): bainne bó bleachtáin ard
ox-tongue (*Picris hieracioides*): teanga *f*. bhó
oyster plant (*Mertensia maritima*): lus na sceallaí
palo verde (*Cercidium* sp.): circidiam
pansy (*Viola* sp.): goirmín
pasque flower (*Pulsatilla vulgaris*): lus na Cásca; pulsaitile *f*.
passion flower (*Passiflora* sp.): lus na páise
paulownia (*Paulownia tomentosa*): crann an bhanphrionsa
pelargonium (*Pelargonium* sp.): peileargóiniam
pennyroyal (*Mentha pulegium*): borógach *f*.
penstemon (*Penstemon* sp.): peinstéimean
peony (*Paeonia* sp.): piaine *f*.
peppermint (*Mentha x piperita*): lus an phiobair
periwinkle (*Vinca* sp.): fincín
petunia (*Petunia* sp.): peatúinia *f*.
phacelia (*Phacelia* sp.): faiséile *f*.
pheasant's eye ❶ (*Adonis* sp.): adónas. **❷** (*Narcissus poeticus*): nairciseas na bhfilí
phlox (*Phlox* sp.): lasair *f*.
pimpernel ❶ scarlet pimpernel (*Anagallis arvensis*): falcaire fiáin. **❷ yellow pimpernel** (*Lysimachia nemorum*): lus Cholm Cille
pincushion flower (*Scabiosa atropurpurea*): lus pioncáis
pieris (*Pieris* sp.): píris *f*.

Bláthanna is Plandaí
Bláfara
ar lean

pinesap (*Monotropa hypopitys*): buíán sailí
pink (*Dianthus* sp.): lus na gile; pincín
pirri-pirri-bur (*Acaena novae-zelandiae*): lus na holla
pitcher plant (*Sarracenia purpurea*): ascaid *f.*
plantain ❶ (*Plantago* sp.): slánlus; cuach Phádraig. ❷ (*Musa* sp.): plantán; banana
plumbago (*Plumbago* sp.): lualus
poinsettia (*Euphorbia pulcherrima*): réalta *f.* Nollag
pokeweed (*Phytolacca americana*): póclus
polyanthus (*Primula polyanthus*): polantas; príomúl *f.* ilbhláthach
poppy (*Papaver* sp.): poipín; lus an chodlata
potentilla (*Potentilla* sp.): cúigbhileach
prickly pear (*Opuntia ficus-indica*): piorra deilgneach
prickly poppy (*Argemone mexicana*): poipín deilgneach
primrose (*Primula vulgaris*): sabhaircín
primula (*Primula* sp.): príomúl *f.*
privet (*Ligustrum vulgare*): pribhéad
protea (*Protea* sp.): próité *f.*
pulsatilla (*Pulsatilla* sp.): pulsaitile *f.*
purple loosestrife (*Lythrum salicaria*): créachtach
purslane ❶ (*Portulaca oleracea*): puirsleán. ❷ *pink purslane* (*Montia sibirica*): nuaireacht *f.* dhearg. ❸ *water purslane* (*Lythrum portula*): puirpín uisce
pyracantha (*Pyracantha* sp.): pireacant
pyrethrum (*Tanacetum cinerariifolium*): pioratram
Queen Anne's lace
❶ (*Daucus carota*): mealbhacán.
❷ (*Ammi majus*): lus lása
rabbitbrush (*Chrysothamnus* sp.): sciot coinín
rafflesia (*Rafflesia* sp.): raifléise *f.*
ragged robin (*Lychnis flos-cuculi*): lus síoda
ragweed (*Ambrosia artemisiifolia*): lus fiabhras léana
ragwort (*Senecio jacobaea*): buachalán buí
rampion (*Campanula rapunculus*): raipeán
ramsons (*Allium ursinum*): creamh
rape (*Brassica napus*): ráib *f.*
red bartsia (*Odontites verna*): hocas tae
red-hot poker (*Kniphofia*): priocaire dearg
red rattle ❶ (*Pedicularis palustris*): milseán móna. ❷ (*Calathea crotalifera*): lus nathrach sligrí

restharrow (*Ononis repens*): plural noun fréamhach tairne
rhodiola (*Rhodiola rosea*): lus na laoch
rhododendron (*Rhododendron* sp.): ródaideandrón; róslabharas
rhodora: (*Rhododendron canadense*): ródaideandrón Ceanadach
rocket (*Eruca vesicaria*): ruachán
rock rose (*Helianthemum* sp.): grianrós
rose (*Rosa* sp.): rós
rosebay willowherb (*Chamaenerion angustifolium*): lus na tine
rosemary (*Rosmarinus officinalis*): rós Mhuire; marós
rose of Sharon (*Hypericum calycinum*): lus buí Mhanannáin
rudbeckia (*Rudbeckia*): lus coirceoige; nóinín buí
rue (*Ruta graveolens*): rú
rugosa (*Rosa rugosa*): tráta mara
safflower (*Carthamus tinctorius*): cróch bréige
saffron crocus (*Crocus sativus*): cróch
saguaro (*Carnegiea gigantea*): sagáró
sainfoin (*Onobrychis viciifolia*): coirm *f.* choiligh
St John's wort (*Hypericum* sp.): beathnua; lus na Maighdine Muire
St Patrick's cabbage (*Saxifraga spathularis*): cabáiste an mhadra rua
salal (*Gaultheria shallon*): caor *f.* na n-éan
salpiglossis (*Salpiglossis sinuata*): teanga *f.* dhaite
salvia (*Salvia* sp.): sáiste
samphire ❶ *rock samphire* (*Crithmum maritimum*): craobhraic *f.* ❷ *golden samphire* (*Inula crithmoides*): ailleann Pheadair
sandwort (*Arenaria* sp.): gaineamhlus
sarcococca (*Sarcococca* sp.): bosca cumhra
sasanqua (*Camellia sasanqua*): caiméilia *f.* an fhómhair
saw-wort (*Serratula tinctoria*): sábhlus
saxifrage (*Saxifraga* sp.): mórán
scabious ❶ (*Knautia arvensis*): cab an ghasáin. ❷ (*Succisa pratensis*): odhrach *f.* bhallach; greim an diabhail
scarlet pimpernel (féach *pimpernel*)
schizanthus (*Schizanthus*): magairlín an duine bhoicht
scilla (*Scilla* sp.): sciolla *f.*
sea holly (*Eryngium maritimum*): cuileann trá
sedum (*Sedum* sp.): grafán na gcloch
selfheal (*Prunella vulgaris*): duán ceannchosach

shamrock (*Trifolium* sp.): seamróg *f.* [The commonest plants worn in Ireland as shamrock are: ❶ (*Trifolium dubium*): seamair *f.* bhuí. ❷ (*Trifolium repens*): seamair *f.* bhán. ❸ (*Medicago lupulina*): dúmheidic *f.*]
sheep's-bit (*Jasione montana*): duán na gcaorach
shepherd's needle (*Scandix pecten-veneris*): gob an ghoirt
shooting star (*Dodecatheon meadia*): réalta *f.* reatha
shrimp plant (*Justicia brandegeana*): lus séacla
silverberry (*Elaeagnus commutata*): oiléastar airgid
silversword (*Argyroxiphium sandwicense*): claíomh airgid
silverweed (*Potentilla anserina*): briosclán
skimmia (*Skimmia japonica*): scimia *f.*
skullcap (*Scutellaria galericulata*): cochall
skyflower (*Duranta erecta*): drúchtín órga
slipperwort (*Calceolaria* sp.): lus slipéir
snakeroot ❶ (*Ageratina altissima*): luibh nathrach bhán. ❷ (*Aristolochia serpentaria*): stóinse Meiriceánach
snapdragon (*Antirrhinum* sp.): antairíneam; srubh lao
sneezewort (*Achillea ptarmica*): lus corráin
snowdrop (*Galanthus nivalis*): plúirín sneachta
snowflake (*Leucojum aestivum*): plúirín samhraidh
snow-in-summer (*Cerastium tomentosum*): sneachta samhraidh
soapwort (*Saponaria officinalis*): garbhán creagach
soldanella (*Soldanella* sp.): cloigín sléibhe
Solomon's seal ❶ (*Polygonatum multiflorum*): séala Sholaimh. ❷ *false Solomon's seal* (*Maianthemum racemosum*): séala Sholaimh bréige
sorrel (*Rumex* sp.): samhadh
sowbread (*Cyclamen* sp.): cioclaimeán
sowthistle (*Sonchus* sp.): bleachtán
Spanish bayonet (*Yucca aloifolia*): lus miodóige
sparaxis (*Sparaxis* sp.): lus airleacáin
spatterdock (*Nuphar polysepala*): cabhán bó
speedwell (*Veronica* sp.): lus cré
spider flower (*Cleome* sp.): lus damháin alla
spider plant (*Chlorophytum comosum*): plural noun cleití glasa
spiderwort (*Tradescantia* sp.): lile *f.* ghéagach
spignel (*Meum athamanticum*): bricín dubh

spikenard ❶ (*Nardostachys jatamansi*): spíocnard. ❷ *American spikenard* (*Aralia racemosa*): spíocnard Meiriceánach
spiraea (*Spiraea* sp.): brídeach *f.*
spurge (*Euphorbia* sp.): lus na bhfaithní; spuirse *f.*
spurrey (*Spergula arvensis*): corrán lín
squill (*Scilla* sp.): sciolla
stapelia (*Stapelia* sp.): lus splíonaigh mór; stáipéilia *f.*
star of Bethlehem (*Ornithogalum umbellatum*): réalta *f.* Bheithil
starwort (*Callitriche* sp.): réiltín uisce
stephanotis (*Stephanotis floribunda*): lus fir nuaphósta
stitchwort (*Stellaria* sp.): tursarraing *f.*
stock (*Matthiola* sp.): tonóg *f.* chladaigh
stonecrop (*Sedum* sp.): grafán na gcloch
storax (*Styrax* sp.): stórasc
storksbill (*Erodium* sp.): creagach
strawflower (*Helichrysum bracteatum*): lus suthain
streptocarpus (*Streptocarpus* sp.): streipteacarpas
sundrops (*Oenothera fruticosa*): **plural noun** deora gréine
sunflower (*Helianthus* sp.): héiliantas; lus na gréine
sweetbriar (*Rosa rubiginosa*): dris *f.* chumhra
sweet cicely (*Myrrhis odorata*): lus áinleoige
sweet pea (*Lathyrus odoratus*): peasair *f.* chumhra
sweet rocket (*Hesperis matronalis*): feascarlus; ruachán cumhra
sweet sultan (*Centaurea moschata*): sabhdán cumhra
sweet william (*Dianthus barbatus*): pincín na bhfilí
tansy (*Tanacetum vulgare*): franclus
tea rose (*Rosa odorata*): taerós
teasel (*Dipsacus fullonum*): leadán úcaire
thistle (*Carduus, Cirsium*): feochadán

thorn apple (*Datura stramonium*): stoc an aingil; datúra
thrift (*Armeria maritima*): rabhán
thyme (*Thymus* sp.): tím *f.*
tiger lily (*Lilium lancifolium*): lile *f.* bhreac
toadflax (*Linaria* sp.): buaflíon
tobacco plant (*Nicotiana tabacum*): lus an tobac
tormentil (*Potentilla erecta*): néalfartach *f.*
touch-me-not (*Impatiens noli-me-tangere*): balsaimín buí
tradescantia (*féach* spiderwort)
traveller's joy (*Clematis vitalba*): gabhrán
trefoil (*Trifolium* sp.): seamair *f.*; seamróg *f*
trillium (*Trillium* sp.): Beiniaimin bréan
tuberose (*Polianthes tuberosa*): tiúbarós
tulip (*Tulipa* sp.): tiúilip *f.*
turnsole (*Heliotropium* sp.): héileatróp
turtlehead (*Chelone glabra*): ceann turtair
twayblade (*Listera ovata*): dédhuilleog *f.*
valerian ❶ (*Valeriana officinalis*): caorthann corraigh. ❷ *red valerian* (*Centranthus ruber*): slán iomaire
velvetleaf (*Abutilon theophrasti*): siúit *f.* Shíneach
Venus flytrap (*Dionaea muscipula*): gaiste cuileoige
verbena (*féach* vervain)
veronica ❶ (*Veronica* sp.): lus cré. ❷ (*Hebe* sp.): niamhscoth *f.*; *familiar* marainic *f.*
vervain (*Verbena* sp.): beirbhéine *f.*
vetch (*Vicia* sp.): peasair *f.*
viburnum (*Viburnum* sp.): viobarnam
viper's bugloss (*Echium vulgare*): lus nathrach
wallflower (*Cheiranthus cheiri*): lus an bhalla
waratah (*Telopea speciosissima*): teileoipé *f.*

water lily ❶ (*Nuphar lutea*): cabhán abhann. ❷ (*Nymphaea alba*): bacán bán
water lobelia (*Lobelia dortmanna*): plúr an locháin
water violet (*Hottonia palustris*): cleiteán uisce
weigela (*Weigela* sp.): véigile *f.*
willowherb (*Epilobium* sp.): saileachán
wintergreen (*Pyrola* sp.): glasluibh *f.*
winter jasmine (*Jasminum nudiflorum*): seasmain *f.* gheimhridh
wintersweet (*Chimonanthus praecox*): ciomanantas cumhra
wisteria (*Wisteria* sp.): vistéairia *f.*
witch hazel (*Hamamelis* sp.): coll na ndraoithe
wolfsbane (*Aconitum napellus*): dáthabha dubh; acainít *f.*
wood anemone (*Anemone nemorosa*): lus na gaoithe; nead *f.* choille
wood avens (*Geum urbanum*): beinidín; machall coille
woodruff (*Galium odoratum*): lus moileas
wood sage (*Teucrium scorodonia*): iúr sléibhe
wood sorrel (*Oxalis acetosella*): seamsóg *f.*
woody nightshade (*féach* bittersweet)
wormwood (*Artemisia absinthium*): mormónta
yarrow (*Achillea millefolium*): athair *f.* thalún
yellow archangel (*Lamiastrum galeobdolon*): neantóg *f.* Mhuire
yellow loosestrife (*Lysimachia vulgaris*): breallán léana; lus na síochána
yellow rattle (*Rhinanthus minor*): gliográn
yellow-wort (*Blackstonia perfoliata*): dréimire buí
yerba buena (*Satureja douglasii*): garbhóg *f.* Dhúghlais
yucca (*Yucca* sp.): gioca *f.*
yulan (*Magnolia denudata*): magnóilia *f.* lom
zinnia (*Zinnia elegans*): zinnia *f.*

acht, blaoiscéireacht, bolgán béice, breallaireacht, breilliceáil, breilsce, breilscireacht, brille bhreaille, brilléis, buaileam sciath, buinneachántacht, frois frais cainte, geabaireacht, geabairlíneacht, geabstaireacht, geocaíl, gibiris, gleoiréis, gleoisíneacht, gliogar, gliogarnach, ladús, lapaireacht, leibidínteacht, liopaireacht, máloideacht chainte, pápaireacht, pislíneacht, pléiseam, plobaireacht, prislíneacht, radamandádáíocht, raiméis, ráiméis, ramás, rá mata, randamandádáíocht, rith seamanna, scaothaireacht, scloitéireacht, seadráil chainte, *pl.* seamanna cainte, seafóid, sifil seaifil, sifleáil, siod sead, síodráil, síofróireacht, sobalchaint, treillis breillis.

bleadar² *noun* bladder: éadromán, lamhnán, scrathóg, splíuchán; bolg snámha (in fish), bolgán (in fish).

bleadrachán *noun* blatherskite, person given to foolish talk: bleadrálaí; béalastán, bladhmaire, bleid, bolgán béice, bolscaire, brasaire, breallaire, brealsán, brealsún, breastaire, breilleachán, breillire, cabaire, cafaire, cadrálaí, cág, callaire, clab, clab troisc, clabaire, claibéir, claibín, claibín muilinn, claibseach, cleigear, dradaire, drandailín, geabadán, geabaire, geabstaire, giolcaire, giostaire, glafaire, glagaire, glagbhéal, gleoiseach, gleoisín, gleothálaí, gligín, gliogaire, gliogarnálaí, glór i gcóitín, gobachán, grabaire, liopaire, meigeadán, meiltire, plobaire, raiméisí, reathálaí, roiseálaí, scaothaire,

bleán
scrathóg, síofróir, síodrálaí, siollaire, siosaire, trumpadóir, *familiar* gandal.

bleán noun (*act of*) *milking, yield of milk:* blí, crú; bleacht, bleachtanas, bleachtas, bleánach, crúthach, lacht, lachtadh, tál; climirt, climseáil.

bléasar noun *blazer:* casóg, cóta, froc, gearrchasóg, seaicéad, seircín.

bleathach noun ❶ *grist:* mealdar; arbhar, cuachán, gráinne, grán, gránach, síol; caiscín. ❷ *oatmeal cakes, oatmeal and milk:* sruán coirce; brachán, leite, prácás, práibín, práipín, ríobún, sríobán, sríobún, suán.

bleib noun *bulb (of plant):* bleibín, bolgán, bulba, cormán, meacan.

bléin noun ❶ *groin:* gabhal, ladhar; *pl.* baill ghiniúna, *pl.* báltaí, meabhal, nádúr, tomán; *literary* reang. ❷ *cavity:* coguas, com, cuas, cuasán, folúntas, folús, gleann, ioscaid, ísleán, logall, log, logán, loigín, poll, *literary* fochla.

bligeard noun *blackguard:* áibhirseoir, aisiléir, amhas, arc nimhe, bacach, bastard, bithiúnach, cneámhaire, coireach, coirpeach, coirpeoir, corpadóir, crochadóir, diabhal, diabhlánach, díolúnach, do-dhuine, drochairteagal, eiriceach, feillbhithiúnach, fleascach, leábharaic, leidhcéir, rifíneach, rógaire, ropaire, ruagaire reatha, scabhaitéir, scaimpéir, sclíotar, scliútar, scuit, scuitsear, sealánach, smolaire, *familiar* focaeir.

bligeardacht noun *blackguardism, roguery:* bligeardaíocht; áibhirseoireacht, ainghníomh, aingíocht, bastardaíocht, *pl.* bealaí, bithiúntacht, bithiúntas, camadh, camastaíl, camileireacht, cealg, cluain, cneámhaireacht, coiriúlacht, coirpeacht, dailtíneacht, drochaigne, drochbheart, droch-chroí, drochintinn, feall, feall ar iontaoibh, fealltacht, fealltóireacht, gangaid, íogán, mailís, maistíneacht, mallaitheacht, meabhlaireacht, meabhlú, meang, meilm, meirleachas, mínáire, míchoinníoll, mioscais, míréir, mírún, olc, oilbhéas, oilceas, peaca, peacúlacht, pleidhcíocht, rógaireacht, ropaireacht, séitéireacht, suarachas, urchóid, urchóideacht.

bligh verb *milk:* bleacht, climir, crúigh, lacht, sniog; athchrúigh; bain amach, bain as, stoith, úsc.

bliteoir noun *milker:* cailín bainne, crúiteoir; inneall blite, inneall crúite.

bloc noun *block:* blocán, bríce, ceap, cearchaill, cnap, cnapán, crompán, ding, meall, smut, smután, stacán, stoc, tamhan; caor, cipe, drong, falang, moll.

blocáil verb *block:* bac, barr, brúigh faoi, calc, ceap, coisc, cros, cuir bac le, cuir cosc le, cuir deireadh le, cuir faoi chois, cuir stop le, dambáil, oclúidigh, stad, stop, toirmisc, urbhac.

blogh noun *fragment:* beagán, blúire, candam, céatadán, cion, codán, cuid, giota, iongóg, páirt, píosa, roinn, roinnt, scair, smiodar, smidirín, sprúille, suim, *colloquial* brínleach, *literary* boim. verb *fragment, shatter:* bris, bris ina dhá chuid, bris ina chiolaracha, bris ina chonamar, bris ina phíosaí, bris ina smidiríní, scáin, dealaigh, deighil, oirnigh, scaoil, scar, scoir, scoith; meath, tit as a chéile.

blonag noun *lard, blubber:* bloinig, geir, gréis, gréisc, fíochán saille, ionmhar, íoth, saill; bealadh, íle, mucúsc, ola, ola bhealaithe, smearadh, úsc.

blosc noun *explosion, cracking sound:* pléasc, pléascadh, pléascán, plimp, tailm; brioscarnach, cnag, cnagarnach, craic, craoscairt, maidhm, maidhmneach, *literary* gadán. verb *explode:* bris, craiceáil, pléasc; brúcht, scáin, scairt, sceith, scoilt.

blúire noun *bit, fragment:* ailp, baog, beagán, blogh, candam, caob, caorán, céatadán, cion, cnap, cnapán, codán, crompán, cuid, daba, dairt, feadán, gamba, giota, goblach, lab, leota, lóta, maiste,

meall, mealłóg, meascán, moll, páirt, píosa, roinn, roinnt, sáilín, scailp, scair, scaob, scealp, scealpóg, slis, sliseog, smiodar, smidirín, smíste, smut, smután, spreota, sprúille, suim, teascán, torpán, *colloquial* brínleach, brúireach, *literary* boim.

blús noun *blouse:* cabhail, cabhaileog, ceardán, forléine, léine, poilcí, seircín, suimeat, vástchóta, veist.

bó noun ❶ *cow, head of cattle:* bó bhainne, bó mhothais, bó thórmaigh; bearach, beithíoch eallaigh, bodóg, ceartaos, céileog, ciúrach, colpach, loilíoch, maoilín, maolán, mothasán, samhaisc, seafaid; príneo; agh, áirí, *pl.* ceathra, gamhain, lao, mart, *colloquial* airnéis, bólacht, buar, eallach. ❷ **bó mhara** *sea-cow (order Sirenia):* dugang, síréanach; manataí.

bobáil verb ❶ *bob, trim:* bearr, diogáil, gearr, lom, pointeáil, snoigh, teasc. ❷ *blink:* bíog, buail, caoch, léim, preab, sméid.

bobailín noun *tuft, tassel, pompon:* aigilín, badán, bob, bobán, clibín, cocán, crobhaing, cuach, cuircín, curca, dlaíóg, dlaoi, dos, dosán, dosóg, frainse, glib, glibín, mabóg, plispin, pompom, puirtleog, ribeog, scoth, scothóg, siogairlín, stoth, stothóg, struic, struicín, táithín, táth, tom, tor, tortán, tortóg, triopall, *literary* dlochtán.

bobaire noun *practical joker, trickster:* abhógaí, áilteoir, anstrólaí, breastaire, buachaill báire, ceaifléir, cleasaí, cluanaire, doilfeoir, ealaíontóir, fear grinn, fleascach, gleacaí, gleacaí milis, gleacaíre, gliceadóir, leábharaic, leidhcéir, leorthóir, lúbaire, mealltóir, pasadóir, ráscán, sionaglach, spaisteoir, tréitheadóir, truiceadóir, truicseálaí, tumlálaí.

bobaireacht noun *teasing, trickery:* aoir, ciapadh, cleithireacht, cleithmhagadh, fochaid, fonóid, glámh, goin, goineogacht, griogadh, leithéis, magadh, priocadh, scigaithris, scige, scigireacht, spochadh, steallmhagadh; ciolmamúta, cleasaíocht, cluanaireacht, cúbláil, cúinseacht, ealaín, gleacaíocht, grealltóireacht, leidhcéireacht, leorthóireacht, lúbaireacht, paintéaracht, rógaireacht, slíodóireacht, slíomadóireacht, *literary* plaic faoi choim.

bobarún noun *foolish person:* bobaide; ablálaí, amadán, baothán, bastún, bodhrán, brealsán, brealsún, brealscaire, briollaire, búbaí, búbaire, cligear, cloigeann cipín, cloigneachán, cluasachán, cluasánach, cluasánaí, dallarán, éifid, glaigín, gligear, leadhb, leadhbaire, leamhsaire, leathcheann, leathleibide, leib, leibide, leibide ó leó, leidhce, leota, leoitéir, mucaire, péicearlach, pleib, pleotaire, tuathalán; tá lá den tseachtain de dhíth air.

boc noun ❶ *buck, playboy:* bocaí, bocaileá, bocailiú, bocaileodó, boc báire, boicín; banaí, bó, bó aonaigh, bó mhór, brín óg, buachaill báire, boicín, cleasaí, cliúsaí, cliútach, cluanaí, cluanaire, croíán, cuilceach, fleascach, geamstaire, gliodaí, jacaí, lacstar, mealltóir, óganach, piollardaí, pocaide, radaire, ragairneálaí, raibiléir, rampaire, réice, sionaglach, stail.

boc mór noun *important person, bigwig:* ball mór, bodach mór, boicín, cnapán duine uasail, gearrbhodach, glasbhoicín, gróintín, iasc mór, lus mór, *pl.* maithe agus móruaisle, piarda, pluga, ridire an pharóiste, sracdhuine uasal, torclach, *figurative* tapar; is mór an lán béil é.

boc seó noun *showman, show-off:* aibhseoir, baothaire, baothán, bladhmaire, bollaire, bragaire, buaiceálaí, buaileam sciath, fear seó, gaige, gaigín, gaisceachán, gaisceoir, gaotaire, glaomaire, scaothaire.

bocáil verb *toss, bounce*: caith, croith, leag, léim, pramsáil, preab, tosáil, tuairteáil.

bocaire noun *small cake, muffin*: abhlann, bairín, bannach, bonnóg, borróg, cáca beag, císte beag, gabhdóg, gátaire, muifín, sruán.

bocánach noun *goblin*: badhbh badhbh, bobogha, bocán, clutharachán, ealbh, gruagach, ginid, hobad, leipreachán, lúcharachán, lúcharbán, lúchargán, lucharpán, luchramán, mórphúca, orc, púca, síofra, síofróg, sióg, troll, *literary* siride.

bóchna noun *ocean*: aigéal, aigéan, an teiscinn mhór, domhain na farraige, duibheagán, duibheagán na farraige, eagán, farraige, farraige mhór, *pl.* farraigí an domhain, muir, mórmhuir, teiscinn, *literary* treathan.

bocht adjective ❶ *poor, impoverished*: beo bocht; briste as airgead, dealbh, dealúsach, dearóil, folamh, feidheartha, féimheach, gátarach, lag, lom, ocrach, sportha, spíonta, stéigthe, *literary* doim; ar an gcaolchuid, ar an trá fholamh, gan ceairliciú gan cianóg rua, gan phingin, go holc as, i bhfiacha, i ngátar, sna miotáin. ❷ *pitiable*: ainnis, ainriochtach, anacair, anacrach, anásta, angarach, anróiteach, mí-ádhúil, mí-ámharach, millte, suarach, trua, truánta; go dona, in anchaoi; nach tú atá thart! noun ❶ *indigent person*: anás, bacach, bochtán, bochtóg, clisiúnach, dealbhach, díothachtach, lomrachán, seang, uireasach; beigéir, fear déirce, bean déirce, lucht déirce. ❷ *pitiable person*: ainniseoir, angarúinneach, ceanrachán bocht, créatúr, díol trua, dreoilín, *figurative* lom-angar, ocrachán, ruidín, rud, sampla, truán; is mór an trua é.

bochtaigh verb *impoverish, exhaust*: bánaigh, dealbhaigh, folmhaigh, ídigh, scon, seangaigh, spíon, tnáith, traoch; tháinig creach lábáin air.

bochtaineacht noun *poverty, indigence*: bochtaineas, bochtanas, boichte; anacmhainn, anás, ceal, clisiúnas, cruatan, daibhreas, dealús, dearóile, deilbhíocht, díobháil, díth, easnamh, easpa, gainne, ganntanas, gátar, ocras, *pl.* pócaí folmha, tearcchuid, uireasa.

bocóid noun *boss, stud*: bacán, cabhradh, cnaipe, cnaipín, cnap, cnapán, cnoga, crainnín, crúca, dronnóg, figín, meall, mol, pionna, scorán, stoda.

bocsáil verb *box (with fists)*: buail, gread, léas, tabhair cuaifeach do, tabhair dorn do, tabhair dúdóg do; téigh sna doirne, téigh ar na doirne, tiompáil.

bocsáil verb *shuffle (cards)*: déan, measc, pocáil, suaith.

bod noun ❶ *penis*: bachall, ball fearga, biach, bodán, boidín, geineadán, péineas, sceidín, scibirlín, slat, toilfhéith; breall, caiseal; *familiar terms*: bata, beaignit, bliúcán, capall bán, cara na mban, cleith, coinneal, cóngar, crann clis, crann súgartha, cuideal, diúdlamán, diúidiliom, diúidl, dúid, earc luachra, éinín, falcaire an tinteáin, feam, feirc, féith, fliúit, ga, gimidiúit, giota, gléas, iall, leaid, maide bradach, maide milis, máilléad, maiste, meamar, meana, moncaí, Páidín Ó Raifeartaigh, píce, pilí, pilibín, pionna, píosa, piostal póca, pruic, rógaire, sáfach, sáiteán, scadán, scathachán, scoithín, sconnaire, scothach, slibire, smachtín, snáthaidín táilliúra, stáca, súiste, tailí-bhaigear, tairne tiarpa, *pejorative* cuiteog. ❷ **bod bréige** *artificial penis, dildo*: bod tacair, maide suilt, Peadar na Péice; creathaire.

bodach noun *boor, churl*: bodachán, bodaire; aitheach, bathlach, broimseánaí, bromach, bromaire, bromán, búr, cábóg, cadramán, caobach, caobóg, ceamalach, cóbach, codamán, codarmán, connartach, daoi, duadán, dudánach, dúdálaí, fianlachach, gamal, púdarlach, lóimín, lóimíneach, lóma, manglam, péisteánach, raga, rústach, samhairle, spailpín, stollaire, tuaitín, tuathalán,
tuathánach; *colloquial* Clann Lóbais, Clann Tomáis, Tomás mac Lóbais.

bodairlín noun *minnow, pinkeen* (*Phoxinus phoxinus*): bricín, gilidín, líbín, pincín.

bodhaire noun ❶ *deafness*: bodhaire an amadáin, bodhaire Uí Laoire, bodhaire Mhic Mhathúna; alláire, spadchluasaí. ❷ *absence of sensation, numbness*: mairbhití, marbhántacht; codladh driúraic, codladh gliúragáin, codladh grifín; barrliobar, eanglach, fuairnimh, fuarthanach, mairbhe, marbhfhuacht, marbhleathar, neamh-mhothú, sliopach, toirchim. ❸ *dullness, hollowness of sound*: toille, maoile.

bodhar verb ❶ *deaf*: cluasbhodhar, cluasdall, mall san éisteacht, spadchluasach; chomh bodhar le slis, chomh bodhar le sluasaid, chomh bodhar le tuairgín. ❷ *numb*: marbh, marbhánta, gan mhothú, ina chodladh, mairbhiteach, mairbhleach, neamh-mhothálach, sliopach, toirchimeach. ❸ *dull of sound, etc.*: maol, toll. ❹ *stagnant*: mall, marbh, marbhánta, spadánta.

bodhraigh verb ❶ *deafen*: cuir bodhaire ar, cuir clár ar do chluas. ❷ *make numb*: cuir barrliobar ar, cuir eanglach ar, cuir fuairnimh ar, cuir mairbhití ar, cuir marbhfhuacht ar, cuir sliopach ar. ❸ *render dull, muffle*: balbhaigh, laghdaigh, maolaigh, múch, plúch.

bodhraitheach adjective *deafening*: bodhrach; aintréan, ard, ardghlórach, bagrach, callánach, clamprach, clingíneach, garbhghlórach, gártach, géar, glórach, mórghuthach, polltach, racánach, toll, toranda, torannach; a scoiltfeadh do chluasa.

bodhrán noun ❶ *deaf person*: bodhrachán, bodhránach. ❷ *dull-witted person*: abhlóir, amadán, amaid, amal, amlóir, baothán, bobarún, bómán, breallaire, breallán, brealsán, brealscaire, brealsún, cadramán, ceap cipín, ceann maide, ceann máilléid, ceap magaidh, clogadán, cloigeann cabáiste, cloigeann cipín, cloigeann pota, dallacán, dallachán, dallán, dallamlán, dallarán, dalldramán, deargamadán, dobhrán, dúdálaí, dúid, dúiripí, dundarlán, dunsa, dúramán, durnánaí, éagann, éifid, gámaí, gamal, gamairle, glaigín, gligín, gogaille, graoisín, guaig, guaigín, leathdhuine, óinmhid, paor, pastae de chloigeann, pleib, pleidhce, pleota, sceilfid, simpleoir; tuathalán, *literary* miodhlach; amlóg, breallóg, cloigis, gamalóg, máloid, óinmheach, óinseach, uallóg. ❸ *winnowing fan*: feain, gaothrán. ❹ *kind of tambourine*: cearn, tabúr, tambóirín, tiompán; druma.

bodóg noun ❶ *heifer*: bearach, beithíoch, ceartaos, céileog, colpach, dairt, maoilín, maolán, samhaisc, seafaid, seanfach; bó mhothais, bó thórmaigh, ceartaos, mothasán. ❷ *hefty young woman*: braimleog, fámaire cailín, láireog, piarda cailín, pramsach, scafaire mná, torpóg; banghaiscíoch.

bodúil adjective *churlish, surly*: borb, braobanta, brománta, brúidiúil, brúisciúil, brúite, cadránta, cámasach, camphusach, daidhceach, danartha, doicheallach, doilbh, doilbhir, drae, drochbhéasach, drochmhúinte, duairc, duasmánta, dúlaí, dúlionnach, dúr, forghruama, gairgeach, geancach, giorraisc, grusach, mídheas, mígharach, mígharúil, mímhúinte, mínósach, mosánach, mí-oibleagáideach, míthaitneamhach, neamhcharthanach, púcúil, pusach, smuilceach, stalcánta.

bodúlacht noun *churlishness*: bodachúlacht, braobaireacht, cníopaireacht, cúngach croí, daoithiúlacht, dochma, doicheall, doicheallaí, doilíos, draighean, drogall, dubhachas, duairceas, duasmántacht, dúire, éaradh, eascairdeas, eiteach, eiteachas, fuacht, gorta, míbhá, modarthacht, neamhfhiúntas, neamhthoil, obadh, pusaíocht, pusaireacht, sprion-

bog

laitheacht, sprionlóireacht, suarachas, tíos, tíosaíocht, truailleachas, tútachas.

bog adjective ❶ *soft*: anbhann, caomh, lodartha, maoth, mín, séimh, slámach, tláith. ❷ *supple*: aclaí, scafánta, slatra, sodheilbhthe, so-bhogtha, solúbtha, somhúnlaithe. ❸ *soft (in mind)*: aimhleasc, boigéiseach, caomh, cladhartha, falsa, faon, lag, lagáiseach, leisciúil, mánla, marbhánta, meata, mín, moiglí, séimh, spadánta. ❹ *moist*: báite, fliuch, forfhliuch, méith, tais; ar maos, ina líbín. ❺ *drizzly*: béalfhliuch, braonach, ceobránach, ceobhránach, fearthainneach, moiglí, sramach, táirfhliuch. verb ❶ *soften, yield*: cúlaigh, géill, lagadh, maolaigh, maothaigh, meath, meathlaigh, sáimhrigh. ❷ *cause to soften*: aclaigh, maolaigh, séimhigh; bodhraigh. ❸ *soak*: cuir ar maos, déan tais, fliuch, maothaigh. ❹ *shift, budge*: aistrigh, athraigh, corraigh, gluais, gread, suaith.

bogach noun *soft ground, boggy ground*: abar, áit bhog, bogán, ceachrach, clábar, corcach, corrach, criathar, criathrach, easc, easca, féith, láib, lathach, lathrach, lodar, moing, portach, puiteach, riasc, riascach, slogaide, slogaire, talamh bog.

bogadh vn ❶ *(act of) softening*: lagú, séimhiú. ❷ *(act of) softening someone's heart*: mealladh, séimhiú, láinteacht. ❸ *(act of) steeping*: maothú, cur ar maos. ❹ *(act of) moving*: aistriú, dul, gabháil, gluaiseacht, imaistriú, imeacht, imirce; brostú, corraí, deifriú, siúl.

bogadach noun *movement, rocking*: athrú, bogadh, broidearnach, corraí, creafadach, creathadach, creathadh, creathnú, crith, croitheadh, eitilt, foluain, gloinceáil, gluaiseacht, gluaisne, guagadh, imeacht, iompar, léimneach, longadán, luail, luaineacht, luascadh, preabadh, siúl, suaitheadh, teacht agus imeacht, *literary* luaidreán.

bogán noun ❶ *soft ground*: abar, bogach, boglach, ceachrach, corcach, corrach, criathar, criathrach, láib, lathrach, lodar, múilleog, portach, puiteach, riasc, riascach. ❷ *soft substance*: laíon, leircín, liothrach, práib, práibín. ❸ *soft egg*: bogóg. ❹ *soft person*: amadán, amaid, amal, bobarún, bómán, breallán, dallachán, dobhrán, gamal, gligín, leathdhuine, leib, leibide, liobar, óinmhid, pleib, pleidhce, simpleoir.

bogás noun *smugness, self-complacency*: anbharúil, ceartaiseacht, ceartaisí, leithead, móiréis, mórchúis, mórtas, mórtas thóin gan taca, postúlacht, saoithíneacht, sotal; fímíneacht.

bogásach adjective *smug, self-complacent*: anbharúlach, ceartaiseach, leitheadach, móiréiseach, mórtasach, mustrach, postúil, saoithíneach, sotalach, suimiúil, tóstalach; fímíneach.

bogha noun ❶ *bow*: bogha agus saighead, crosbhogha, *literary* fiabhac; áirse, arc, camadh, corrán, cuar, leathghealach, luanla, lúb. ❷ *ring, circle*: ciorcal, fail, fáinne, fáinneán, glóire, lios, garraí, luan, naomhluan; bogóg.

bogha báistí noun *rainbow*: bogha ceatha, bogha frais, bogha leatha, bogha leaca, bogha neimhe, bogha sín, bogha síne, bogha uisce, stua ceatha, tua ceatha, tuar ceatha; tá bogha ar an ngrian; léasán, léas caortha, léas doininne, madra gaoithe.

boghdóir noun *bowman, archer*: boghadóir, fear bogha, gáinneoir, saighdeoir.

boghdóireacht noun *archery*: boghadóireacht, gáinneoireacht, saighdeoireacht, scaoileadh saighead.

boghta noun ❶ *vault*: áirse, cruinneachán, díon, lúb, síleáil, stua, stuara. ❷ *storey*: stór, urlár; airde, leibhéal.

boglach noun ❶ *wet weather*: bailc, báisteach, cith, díle, fearthainn, fliuchadh, fliuchras, múr, múraíl, tuile. ❷ *thaw*: coscairt, lá na coscartha, leá. ❸ *soft ground*: abar, bogach, bogán, ceachrach, clábar, corcach, corrach, criathar, criathrach, easc, easca, láib, lathach, lathrach, lodar, moing, portach, puiteach, riasc, riascach, slogaide, slogaire, talamh bog.

bogthe adjective *lukewarm*: alabhog, bláith, bog, malabhog, patuar; teipliúin, toifliúin.

bóibéis noun *foolish arrogance, boastfulness*: bladhmadóireacht, bladhmaireacht, bladhmann, bogás, bomannacht, braig, braigeáil, buaiceáil, buaileam sciath, cacamas, déanfas, díomas, éirí in airde, gairéadú, gaisce, gaisciúlacht, gláiféisc, glaomaireacht, laochas, leadram lúireach, maíomh, móiréis, mór is fiú, móráil, mórchúis, mórtas, mórtas thóin gan taca, mustar, poimpéis, postúlacht, rá mata, scailéathan, scaothaireacht, scleondar, siollaireacht, sotal, stocaireacht, suimiúlacht, toirtéis, trumpadóireacht, uabhar, uaibhreacht, uaibhreas, uaill, uallachas, *familiar* cóití bhárms.

bóibéiseach adjective *foolishly arrogant, boastful*: baoth, bastallach, bladhmannach, bogásach, borrach, glórdhíomhaoineach, laochasach, maíteach, mórchúiseach, mórfhoclach, móiréiseach, mórtasach, mustrach, poimpéiseach, postúil, siollógach, sotalach, teannfhoclach, toirtéiseach.

boige noun *softness*: bogúire, boigéis, caoine, cineáltas, laige, leibideacht, leochaileacht, mánlacht, maoithe, míne, míneadas, séimhe, tláithe.

boigéiseach adjective ❶ *soft-hearted*: bog, bogúrach, búch, caoin, caonrasach, cineálta, goilliúnach, leochaileach, mánla, maoithneach, maiteach, maoth, maothchroíoch, maothintinneach, mothálach, séimh. ❷ *gullible*: gamalach, leibideach, mothaolach, neamhamhrasach, róchreidmheach, saonta, simplí, soineanta, somheallta.

boilgeog noun *bubble*: bolgán, bloba, clog, cloigín, súil, súileog, súilín; cúr, coipeadh, cúrán, ladar, sobal, sudsa, uanán.

boilscigh verb ❶ *bulge*: at, bolg, borr, brúigh amach, gob amach, líon, méadaigh, seas amach, séid; tagann boiric ar. ❷ *inflate (of currency)*: caill luach; ní fiú dada é.

boilsciú noun *inflation (of currency)*: ardú praghsanna, díluacháil.

bóín Dé noun *ladybird (family Coccinellidae)*: bó Dé, bó shamhraidh, bóín Mhac Dé, bóín shamhraidh, cearc Mhuire, ciaróg na mbeannacht; ciaróg.

boinéad noun *bonnet*: bairéad, beannán, bearád, caidhp, caipín, ceannbheart, hata.

boirbe noun ❶ *fierceness*: ainriantacht, alltacht, buile, cíocras, colg, cuil, díbheirge, faobhar nimhe, fiántacht, fiántas, fíoch, fíochmhaireacht, forrántacht, fraoch, goimh, mire, tréine, uabhar, *literary* díoghaire. ❷ *rudeness, coarseness*: bodachúlacht, bodúlacht, braobaireacht, broimseán, bromannacht, bromántacht, bromántas, brúisciúlacht, daoithiúlacht, dímhúineadh, pl. dobhéasa, pl. drochbhéasa, drochmhúineadh, geancaíocht, pl. míbhéasa, míbhéasaíocht, mícheadfa, míchuntanós, mímhúineadh, mímhúinteacht, mí-iompar, tuaisceartacht, tuathalacht, tútachas; ainmhíne, ainmhíocht, barbarthacht, brocamas, gairbhe, gairfean, gairge, gáirsiúlacht, garbhadas, graostacht, otracht. ❸ *rankness, rank growth*: buacacht, fásach, fás rábach, saibhreas, uabhar, uaibhreacht, uaibhreas.

boirbeáil noun *(act of) threatening, (act of) gathering*: bagairt, brachadh, crónú, cruinniú, dlúthú, fógairt, forbairt, líonadh, teacht chun cinn.

boiric noun *protuberance, swelling*: at, boilgeog, boilsc, bolg, bolgadh, bolgán, borradh, clog, cnap, cnapán, fás, giorradán, líonadh, maróg, méadail, meall, séideadh, spuaic, starr, starraic, starrán.

boiriceach adjective *protruding*: bolg-, bolgach, corrach, feiceálach, placach, stairriceach, starr-, starragánach.

bóiricín noun *bow-legged person*: bóirichín, bórachán, scaireachán, scairíneach; basachán, bosachán.

boiseog noun *slap*: bos, broideadh, clabhta, clabhtóg, cnagaide, cniogaide cnagaide, deamhas, deamhsóg, dorn, flaspóg, leadhbóg, leadóg, leadradh, leandóg, leang, leangaire, leiceadar, leidhce, liúr, priocadh, sceiteadh, smac, smag, smailc, smalóg, smeach, smitín, snag, sonc.

bóitheach noun *byre, cowshed*: bólann, buaile, cró, cró na mbó, teach na mbó; áirí, gabhann, loca, macha, manrach, otrann, urlann.

bóithreoir noun *traveller, vagrant*: bacach, beigéir, beigéir siúil, fear déirce, fear siúil, fálródaí, fámaire, fánaí, feádóir, feamaire, fiaire, fuad, fuaidire, geocach, raimleálaí, rianaí, ródaí, ruathaire, seachránaí, siúlóir, sreothaí, sruthaire, taistealaí, tincéir, tramp, válcaeir, *familiar* foghlaeir.

bólacht noun *cattle, kine*: bólach; *pl.* ainmhithe, airnéis, *pl.* ba, *pl.* beithígh, beostoc, stoc, *pl.* táinte, *literary* crodh, innile, slabhra.

boladh noun ❶ *smell*: boladh borb, boladh bréan, boladh géar, boladh láidir; blas, bolaíocht, boltanas, bréantas, miasma, mos, *literary* mosar. ❷ *pleasant smell, fragrance*: cumhracht, cumhrán, dea-bholadh, musc.

bolaigh verb *perceive a smell*: airigh, braith, faigh boladh, ionanálagh, mothaigh, smúr, tabhair faoi deara.

bolaíocht noun *(act of) smelling, (act of) sniffing*: bolú, smaoisíl, smaoisireacht, smúrthacht, smusaíl, snagaíl, snagaireacht, snagarsach, srónacánacht.

bolb noun *caterpillar*: larbha; ailseog, bratóg, cruimh chabáiste, cruimh chóilís, duillmhíol, luibhphéist, luschnuimh, luschuach, péist cháil, péist chabáiste; cruimh bhán, lámh fhuar, lámh liath; caideog, conach; diairmín clúmhach, Dónall an chlúimh, Seáinín an chlúimh, Máirín an chlúimh, Máirín chlúmháin, Siobháinín an chlúimh, speig neanta, spid neanta, spiorad neantóg, sprid neanta; péist chapaill.

bolcán noun ❶ *volcano*: sliabh tine, tineshliabh. ❷ *fiery spirits, rot-gut*: biotáille, fuisce, poitín, uisce beatha; an stuif crua, sú na heorna.

bolcánach adjective ❶ *volcanic*: pléascach, tintrí. ❷ *fiery*: breoch, breoga, brufar, bruite, craorag, faghartha, lasánta, lasartha, lasartha, *literary* lasrach, lasúil, lasúnach, loiscneach, scallta, tintrí.

bolg noun ❶ *belly*: collaid, corcán, cuadal, feirc, geaitse, geois, glota, goile, maróg, méadail, sceart, stomán, tarr. ❷ *pl.* **boilg** *bellows*: giústún, treifead, treifid. verb *bulge, swell*: at, blaosc, boilsc, bolg, borr, líon, méadaigh, séid suas.

bolgach noun ❶ *smallpox*: galar breac, galar breac na spéire. ❷ **bolgach fhrancach** *syphilis*: gallbholgach, saoth drúise, sifilis.

bolgadán noun ❶ *corpulent person*: ablach, béicheachán, béiceadán, bleadrachán, bleaistéir, bleitheach, bléitheach, bleitheachán, boilgíneach, bó mhagarlach, bolaistín, bolaistrín, bolgaire, bolgairne, bológ, bró, broicealach, broicleach, brúchtíneach, bruileach, bruilíneach, bruithleach, brúitín, brúitíneach, builtéar, builtéir, burla, burlaimín, burlamán, ceaigín, céis, claiséir, clogáiste, collach, cráisiléad, daba, damh, feolamán, geois, geoiseach, gillín, glugaí, glugaire, glugrachán, gluitéir, glutaire, gorb, griollach, griollachán, griollaire, lamhnán, lapaire, leacaí, lodar, luán, lúireach, mart, másach, másaire, méadail mhór,
méadlach, méadlachán, móta, páin, páinseach, páinteach, pánach, pánaí, pántrach, pataire, patalachán, patalán, patán, pataarán, patarún, patlachán, peasánach, plástar, plobaire, plobar, plobrachán, porc, práisiléad, práisléad, prúntach, púdarlach, púdarlán, putrachán, rabhndar, raillíúnach, riteachán, samhdaí, samhdán, sceartán, sceartachán, scraith ghlugair, scrathachán, siotalach, somach, somachán, tioblach, toirt, torc, torcán, torpán, tulcais. ❷ **bolgadán mná** *fat woman*: bruithneog, búis, cearnóg, cleaití, flapóg, geasta ósta, lapóg, leathnóg, múis, patalóg, plobóg mná, rabhndairín, ringiléad, samhdóg, sodóg, taoiseoigín, torpóg.

bolgam noun *mouthful*: béalóg, diurnán, fiúigil, fliúit, gailleog, gáilleog, galmóg, greim, meigeadán, plaic, scalach, scíobas, slogóg, sruthdheoch, *literary* loim.

bolgán noun ❶ *bubble*: boilgeog, bolgóid, bloba, clog, cloigín, spuaic, súil, súileog, súilín; cúr, coipeadh, cúrán, ladar, sobal, sudsa, uanán; blub blub. ❷ *bulb*: bleib, bleibín, bulba, cormán, meacan. ❸ *bladder*: balún, bleadar, bolg snámha, éadromán, lamhnán, lamhnán gaoithe, scrathóg, spliúchán; at, boilgeog, boilsc, boiric, bolg, bolgadh, borradh, clog, cnap, cnapán, fás, líonadh, maróg, méadail, meall, séideadh, spuaic, starr, starraic, starrán. ❹ *quiver*: bolgán saighead; ga-bholg; truaill; cumhdach, deis choinneála, gabhdán.

bolgán béice noun ❶ *puff-ball (Lycoperdon)*: balbhán béic, béiceadán, bolg séidte, búisceán, muisiriún púca, púca peill. ❷ *windbag (person)*: béalastán, bladhmaire, bleadrachán, bleadrálaí, bolmán, bolscaire, brasaire, breastaire, breilleachán, breillire, broimseánaí, broimsilín, bromaire, cabaire, clabaire, claibéir, claibín muilinn, claibín muilinn, cleigear, dosaire, dradaire, geabaire, geabstaire, glafaire, glagaire, glagbhéal, gleoiseach, gleoisín, gleothálaí, gligín, gliogaire, gobachán, leadránaí, liopaire, meigeadán, plobaire, scaothaire, scrathóg, síodrálaí, síofróir siollaire, siosaire, strambánaí, trumpadóir.

bolgshúileach adjective *pop-eyed*: cnapshúileach, gliomshúileach, gogshúileach, mórshúileach, placshúileach; tá súile leata aige, tá súile stánaithe aige, tá súile scaollmhara aige; cránsúileach, glórshúileach.

bolla noun *bowl (game)*: liathróid, mirle; bál, meall, peil, poc, sliotar; cróice.

bollán noun *large stone, boulder*: carraig, cloch, creig, fadhbairne cloiche, fáiméad cloiche, leac, liag, liagán, moghlaeir, mullán, sceilg, splinc, stacán, starróg.

bollóg noun *loaf*: bairín, bríce, bríce aráin; borróg, cáca, císte, gátaire.

bolmán noun *scad, horse-mackerel (Trachurus trachurus)*: gabhar, scadán carraige.

bológ noun *bullock*: damh, damh alla, damh allta, damh comhair, *literary* damh díleann; damhán, bullán, bulóg, mart, martán.

bolscaire noun ❶ *herald, crier*: aralt, callaire, fógróir, giolla, reacaire, scéalaí, scolaí, *literary* clamaire, sumnadóir, teachta, teachtaire. ❷ *propagandist*: oifigeach caidrimh phoiblí, poiblitheoir; buaistí. ❸ *ranter, blusterer*: béalastán, béiceadán, bladhmaire, bolgán béice, callaire, geocach, glafaire, glaomaire, meigeadán, pápaire, radaire, reacaire, roiseálaí, salmaire, scaothaire, siollaire, trumpadóir. ❹ *blubberer*: béiceachán, béiceadán, caointeachán, caointeoir, ceolán, éimheoir, geocach, golspaire, meamhlachán, plobaire, pusachán, sceamhlachán.

bolscaireacht noun ❶ *publicity*: caidreamh poiblí, fógraíocht, poiblíocht, stocaireacht. ❷ *loud crying*: acaoineadh, bascarnach, caoineadh, caointeoir-

61

bolta

eacht, deoiríneacht, deoirínteacht, donáil, gol, golchás, éagnach, glaomaireacht, iachtach, iarmhéil, liacharnach, lógóireacht, mairgneach, marbhna, meacan an chaointe, meacan an ghoil, méala, méalacht, ochlán, ochón, olagón, ong, screadach, screadaíl, tuireamh, *literary* lámhchomhairt.

bolta noun *bolt*: barra, crann dúnta, glas, glas crochta, glas fraincín, laiste, lúb; maide, maide éamainn, sparra.

boltáil verb *bolt*: daingnigh, druid, dún, dún le slabhra, fáisc, glasáil, iaigh, sparr, stop, teann; cuir glas ar, cuir glas fraincín ar, cuir iarainn le, cuir laiste ar, cuir maide éamainn le, cuir slabhra ar, cuir sparra le.

bomán noun *dullard, slow-witted person*: amadán, amaid, amal, amlóir, baothán, bobarún, bodhrán, breallaire, breallán, brealsán, brealscaire, brealsún, búilleach, cadramán, ceann cipín, ceann maide, ceann mailléid, ceap magaidh, clogadán, cloigeann cabáiste, cloigeann cipín, cloigeann pota, dallacán, dallachán, dallán, dallamlán, dallarán, dalldramán, deargamadán, dobhrán, dúdálaí, dúid, dúiripí, dundarlán, dunsa, dúramán, durnánaí, éagann, gámaí, gamal, gamairle, glaigín, gligín, gogaille, graoisín, guaig, guaigín, leathdhuine, óinmhid, paor, pastae de chloigeann, pleib, pleidhce, pleota, sceilfid, simpleoir, stualaire; tuathalán, *literary* miodhlach; amlóg, breallóg, cloigis, gamalóg, magarlach, málóid, óinmhid, óinseach, seafóidín, uallóg.

bománta adjective *slow-witted, unintelligent*: aimhghlic, ainbhiosach, aineolach, amadánta, amaideach, baoiseach, baoth, breallach, breallánta, bundúnach, dall, chomh dall le bonn mo bhróige, dallacánta, dallaigeanta, dícheillí, dímheabhrach, dobhránta, dúr, dúramánta, éaganta, gamalach, lagintinneach, leamh, leamhcheannach, leathmheabhrach, leibideach, mallintinneach, míghlic, neamhthuisceanach, óinsiúil, pleidhciúil, ramhar, seafóideach, simplí, spadintinneach.

bombardaigh verb *bombard*: buamáil, ionsaigh, tabhair fogha faoi, treascair, tuairgneáil, tuargain.

bombardaíocht noun *bombardment*: buamáil, fogha, ionsaí, lámhach, ruathar, treascairt, tuairgneáil, tuargaint.

bóna noun *collar*: cába, coiléar; torc. ❷ *lapel*: liopa, lipéad. ❸ *cuff (of sleeve)*: cufa, rosta; muinchille.

bónas noun *bonus*: barrachas, biseach, breis, corradh, farasbarr, gaimbín, méadú, síntiús láimhe, tuilleadh; babhta, fás, *literary* foráil.

bonn¹ noun ❶ *coin*: bonn airgid, bonn óir, bonn rua, mórbhonn; báin, caidhne, mona, píosa; cianóg, cianóg rua. ❷ *medal*: an Bonn Míorúilteach, meadáille; *pl.* truispleáin.

bonn² noun ❶ *sole of foot*: buimpéis, sáil, trácht. ❷ *basis, foundation*: bun, bunchloch, dúshraith, foras, máithreach, taca, truncáil. **adverbial phrase ina bhonnacha** *in his stocking feet*: ina bhuimpéisí; cosnochta, costarnocht.

bonnaire noun ❶ *walker, trotter*: bacach, bóithreoir, cóstaeir, cóstóir, crágálaí, fánaí, fear siúil, raimleálaí, rianaí, ródaí, ruathaire, seachránaí, siúlóir, siúltóir, sodaire, sodarthóir, sreothaí, sruthaire, taistealaí, tincéir, válcaeir. ❷ *footman, messenger*: giolla, postaire, reacaire, scéalaí, searbhónta, seirbhíseach, teachta, teachtaire, timire; aralt, callaire, fógróir, pursuant.

bonnaireacht noun *walking, trotting*: bogshodar, bóithreoireacht, céimniú, coisíocht, cóstaíocht, crágáil, fánaíocht, raimleáil, ruathaireacht, scódaíocht, seachrán, siúl, siúlóid, sodar, sodarnáil, spaisteoireacht, taisteal, troithíocht, válcaireacht.

bonnán noun ❶ *bittern (Botaurus stellaris)*: béicire, bonnán buí, bonnán léana, buinneán, corr ghrian, stearnal, tarbh corraigh. ❷ *horn, siren*: adharc, aláram, clog, corn, feadóg, gléas rabhaidh, glórfhógairt, rabhchán. ❸ *booming sound*: búir, búireach, fuaim, géim, géimneach, macalla, toirneach, torann, tormán, tuaim.

bonnbhualadh noun *stonebruise*: boinnleac, bonnleac; clog, spuaic.

bonnóg noun *bannock, scone*: bannach, bocaire, borróg, sruán, toirtín; abhlann, bairín, cáca beag, císte beag.

bonsach noun ❶ *javelin*: craoiseach, dairt, deart, ga, lansa, saighead, sleá, *literary* gabhlach, gaithleann. ❷ *rod, switch*: bata, lorga, maide, ríshlat, slat, smachtín. ❸ **bonsach girsí** *strong slip of a girl*: bodóg, braimleog, fámaire cailín, láireog, piarda cailín, pramsach, torpóg.

bórach adjective *bandy-legged*: camchosach, camloirgneach; tá lán ina chosa; is scaireachán é, is scairíneach é; basach, bosach.

bórachán noun *bandy-legged person*: bóiricín, boirichín, gabhlaí, gabhlóg fir, scaireachán, scairíneach; bosachán.

borb adjective ❶ *ill-mannered, rude*: athúlta, bodachúil, bodúil, braobanta, brománta, bromúdarásach, brúisciúil, cámasach, daoithiúil, drochbhéasach, drochmhúinte, gairgeach, geancach, giorraisc, graibhdeach, míbhéasach, míchuntanósach, mímhúinte, mínósach, neamhbhalbh, míshibhialta, otair, tuaisceartach, tuathalach, tútach. ❷ *impetuous, unpredictable*: andána, anfhaiteach, dásachtach, díocasach, díscir, doscaí, doscúch, fiáin, fiata, fíochmhar, lasánta, luascánach, luascánta, mífhoighneach, preabach, preabúil, ríogach, roiseach, ruthagach, taghdach, tallannach, taomach, teasaí, tintrí, tobann, *literary* tuilmhear. ❸ *rich, cloying (of food)*: ceasúch, ceasúil, géar, láidir, masmasach, mótúil, oiltiúil, samhnasach, trom. ❹ *rank, wild*: buacach, rábach, saibhir, uaibhreach.

bord noun ❶ *table, board*: adhmad, clár, leac, mias, tábla, taobh, urlár. ❷ *side of ship*: bord béala, bord cúil, bord na heangaí, bord na sceathraí, bord uachtair. ❸ *board, committee*: *pl.* baill an choiste, coimisiún, *pl.* coimisinéirí, coiste, comhairle, *pl.* comhairleoirí, *pl.* gobharnóirí.

bordáil verb ❶ *board (ship)*: téigh ar bord. ❷ *board, dwell*: áitrigh, bí ar coinmheadh, cónaigh, cuir fút, fan, feith, lonnaigh, mair, socraigh, socraigh síos, stad, stop, suigh, *literary* féithigh, oiris. ❸ *tack*: tacáil, tornáil; bain leathbhord aisti, caith cúrsa, téigh ar cúrsaí, tóg bord.

borr verb *swell, burgeon*: at, blaosc, boilsc, bolg, fás, líon, méadaigh, péac, séid suas.

borradh¹ noun ❶ *(act of) swelling*: at, boilsciú, bolgadh, dronn, méadú, ramhrú, séideadh. ❷ *growth, surge*: biseach, bisiú, fás, péacadh, teacht chun cinn. ❸ *morbid swelling*: ailse, aincis, aineoras, éidéime, eimfiséime, fás, galar uisciúil, giorradán, íorpais; plucamas; fuachtán; carrmhogal, easpa, easpa brád, gad brád; gor faoi ionga, neascóid; loch ascaille, loch bhléine, lochóg, scairt ascaille; siad.

borradh² noun *fulcrum*: buthal, lúdrach, maighdeog, taca.

borrtha adjective *swollen*: ata, beathaithe, boilscithe, bolgtha, feolmhar, íorpaiseach, meilleogach, otair, ramhar, rite le feoil, róramhar, séidte, toirtiúil.

bos noun ❶ *palm of the hand*: lámh, lapa, máigín. ❷ *light blow, slap*: bosóg, deamhas, deamhsóg, flaspóg, leidhce, paltóg, sonc.

bosach adjective *flat-footed*: leifteánach, pasúrach, réchosach, spadchosach, spágach; ta leifteán air, tá pasúr coise aige.

bosachán noun *flat-footed person*: basachán, leifteánach, spágaire, strampálaí; bóirichín, bóiricín, bórachán, scaireachán, scairíneach.

bosca noun ❶ *box*: araid, bocsa, caibhéad, clúdach, cófra, crannóg, gabhdán, scéarda, scipéad, tarraiceán, tiachóg; cumhdach taisí, scrín, *literary* meinistir. ❸ *hub of wheel*: ceap, croí, imleacán, mol.

bosca ceoil noun *melodeon*: ceolbhosca, mileoidean.

boschrann noun *door-knocker*: casúr an dorais, cnagaire, glagán dorais.

boslach noun *handful*: bos, bosóg, crobh, dóid, doirnín, dorn, dornán, gabháil, glac, glacán, glaclach, lámh, mám, slám.

bothán noun *hut, booth*: botaí, both, bothóg, bráca, cábán, cabrach, cró, cróitín, cúb, lóiste, prochlais, prochóg, scailp, scáthlán, teálta.

bothántaíocht noun *visiting houses for pastime*: airneál, airneán, cuairt, bothántaíocht, bothántaíl, céilí, (*i gContae Phort Láirge*) istoícheadóireacht.

bóthar noun ❶ *road, way*: bóthar mór, bóthar iarainn, bóthar trasna; aibhinne, aicearra, aistear agus cóngar, bealach amach, bealach dúnta, bealach isteach, bealach mór, bóithrín, conair, cóngar, cosán, cuarbhóthar, cúrsa, imrim, lána, mótarbhealach, pasáiste, póirse, raon, rian, rianán, ród, scabhat, seach-chonair, seachród, siúlóid, slí, sráid, tóchar.

bóthar iarainn noun *railway*: córas iarnróid, córas traenacha, iarnród, *pl.* ráillí, *pl.* traenacha; trambhealach.

botún noun *mistake, error*: breall, dearmad, dearmad cló, dearmad pinn, dearmhad, dul amú, earráid, fabht, fallás, iomrall, meancóg, mearbhall, mearathal, míthuiscint, seachrán, tuaiplis, tuathal.

brabach noun ❶ *gain, profit*: airgead buaite, balachtáil, brabús, díbhinn, éadáil, fáltas, fís, gnóthachan, gnóthú, ioncam, luach saothair, pá, proifid, sochar, teacht isteach, tuarastal, *literary* poinn, sola. ❷ *benefit, advantage*: áisiúlacht, an craiceann is a luach, brabús, buntáiste, earraíocht, éifeacht, feidhm, fiúntas, fónamh, fóntas, leas, luach, maith, maitheas, sleaint, somhaoin, tairbhe, úsáid.

brabúsach noun *profitable, lucrative*: buntáisteach, éifeachtach, fiúntach, fónta, luachmhar, praeúil, sochrach, somhaoineach, tairbheach, úsáideach.

brabúsaí noun ❶ *opportunist, exploiter*: duine liom leat, fear faille, fiontraí, sárachán, Tadhg an dá thaobh; tá sé ar an mbreis. ❷ *fault-finder*: beachtaí, cáinseoir, cáinteoir, castóir, cinsire, criticeoir, lochtóir, priocaire, stiallaire, tarcaisneoir.

bráca¹ noun *harrow*: cliath fhuirste

bráca² noun ❶ *hovel*: botaí, both, bothainín, bothán, bothóg, bráicín, cábán, cabrach, cró, cróicín, cróitín, cúb, múchán, póicéad, proch, prochán, prochlais, prochóg, púirín, scailp, scáthlán, teach beag, teachín, teálta, tigín, úirín; raingléis tí, riclín tí, speálán tí. ❷ *shed*: claonsiúntán, scáthlán, seantán, seid, siúntán.

brach noun ❶ *suppuration, pus*: ábhar, ábhrú, dul chun ainchinn, anagal, angadh, angaíocht, brachadh, braon, easpa, garr, garrail, gor, gor faoi ionga, máthair ghoir, othar, othras, sileadh. ❷ *discharge from eyes*: sram, sream.

brachán noun *porridge*: brochán; leite; bleathach, boighreán, cáfraith, gráinseachán, prácás, práibín, práipín, praiseach, ríobún, sríobún, sríobán, stearaí; scileagailí, scíobún, sciodar, scioldram, suán.

bradach adjective ❶ *thieving, deceitful*: bealachtach, bréagach, brionnach, caimseach, calaoiseach, cam, cealgach, claon, cluanach, cúinseach, falsa, feallthach, lochtach, lúbach, meabhlach, mealltach, meangach, mícheasta, mí-ionraic, mímhacánta, nathartha, séitéartha, sleamhain, sleamhnánach, slíbhíneach; brionnaithe. ❷ *stolen*: goidte, mailíseach, neamhdhlisteanach.

bradaíl noun ❶ (*act of*) *thieving, pilfering*: bradaíocht, clifeáil, cluicheáil, cúbláil, cúigleáil, gadaíocht, goid, mionbhradaíl, mionfhoghail, mionghadaíocht, mionghoid, scealpaireacht, scealparnach. ❷ (*of animals*) *trespassing on crops*: bradaíocht, foghail, mínós, treaspás; teacht thar teorainn.

bradán noun *salmon* (*Salmo salar*): éigne, maighre, moghna, *literary* eo; bláthán, colgán, corránach, diúilín, liathán, muóg, samhnachán.

bradán fearna noun *sturgeon* (*Acipenser*): stirean.

bráid noun ❶ *neck, throat*: broinne, brollach, clár an uchta, cliabh, cliabhrach, muineál, píb, píobán, sceadamán, scóig, scornach, smiolgadán, ucht; cúláire, diúch, diúlfaíoch, éasafagas, giobús, gionchraos, góilín, laraing, slogaid, slogaide, slogaideach, slogán, súsán. ❷ **faoi bhráid** *in front of, in preparation for*: i bhfianaise, os comhair, roimh; do, faoi choinne, i gcoinne, i gcomhair, le haghaidh. ❸ **thar bráid** *past*: thairis, thar an áit, thart, *literary* seachad.

bráidín noun *child's bib*: bairbéal, bib, bibe, bráideog, práiscín, prioslálaí, prioslóir, rabhlaer, sciúlán, smigéadach.

braighdeanach noun *prisoner*: brá, brá gill, cime, cimeach, géibheannach, geimhleach, príosúnach, *literary* broid; coirpeach, cúisí, daoránach, pianseirbhí; giall.

braighdeanas noun *captivity, bondage*: broid, cimeachas, cimíocht, géibheann, géibheannas, geimheal, pianseirbhís, príosúnacht, príosúntacht, *literary* cacht, géibh; daoirse, daoirseacht, daoirsine, daorbhroid, daorsmacht, moghsaine, sclábhaíocht, *literary* cumhlacht; *literary* géillsine.

braillín noun *sheet*: braitleog; cuilt, súsa; *pl.* éadaí leapa.

brainse noun ❶ *branch*: beangán, beanglán, craobh, craobhóg, craoibhín, gabhal, gabhlán, géag, géagán. ❷ *pl.* **brainsí** *tricks*: *pl.* bearta, *pl.* buanna, calaois, *pl.* ciútaí, *pl.* cleasa, cleasaíocht, ealaín, *pl.* ealaíona, *pl.* earmhúintí, *pl.* geamaí, grealltóireacht; aisiléireacht, caimiléireacht, camastaíl, ciolmamúta, cluanaireacht, cneámhaireacht, cúbláil, cúinseacht, draíodóireacht, feallthacht, gleacaíocht, gliceas, iomlat, iarógacht, leidhchéireacht, lúbaireacht, rógaireacht, slíodóireacht, slíomadóireacht, truiceadóireacht.

braisle noun *cluster*: badán, burla, clibín, cloigín, crobhaing, crothán, cruinneán, cruinneog, mogall, triopall; cocán, curca, scothóg, siogairlín.

bráisléad noun *bracelet*: fail, práisléad; muince; fleasc.

braiteach adjective ❶ *alert, wary*: airdeallach, aireach, bunairdeallach, cluinteach, coimhéadach, cúramach, faichilleach, faireach, feifeach, feighlíoch, foraireach, freastalach, friothálach, fuireachair, furchaidh, imchoimeádach, *literary* dulannach, friochnamhach, friothaireach; ar a choimhéad, ar an airdeall. ❷ *treacherous*: bealachtach, bréagach, calaoiseach, cam, cealgach, claon, cluanach, fealltach, inleogach, lúbach, meabhlach, meangach, míchoinníollach, mí-ionraic, mímhacánta, nathartha, paintéarach, séitéartha, sleabhcánta, tréatúrtha.

braiteoireacht noun *wavering, hesitancy*: amhras, dabht, éadaingne, éideimhneacht, éiginnteacht, galar na gcás, guagacht, guagaíl, guagaíocht, manaois, neamhchinnteacht; bheith idir dhá aigne, bheith idir dhá cheann na meá, bheith idir dhá chomhairle, bheith idir dhá thine Bheltaine,

braith
bheith siar is aniar; buille ann is buille as, hob ann is hob as.

braith verb ❶ *perceive*: airigh, aithin, amharc, breathnaigh, clois, dearc, féach, feic, grinndearc, grinnigh, meabhraigh, rathaigh, tabhair chun grinnis, tabhair faoi deara, tóg ceann de, tuig. ❷ *spy upon*: cúlchoimeád, cúléist le, déan spiaireacht ar. ❸ *betray*: díol, feall, sceith ar, reac, reic, tréig; déan scéal ar; meabhlaigh. ❹ **braith ar** *depend upon*: seas ar; bí i dtuilleamaí, taobhaigh le.

bráithreachas noun ❶ *brotherhood, amity*: bráithreacht, bráithreas, bráithriúlacht; caidreamh, caradradh, caradras, carthanacht, carthanas, céileachas, céilíocht, cion, coimhdeacht, comrádaíocht, córtas, cuidiúlacht, cumann, dáimh, dile, díograis, dlúthchaidreamh, gaol, grá, láchas, láíocht, muintearas, nádúr, páirt, páirtíocht, taithíocht, tláithe. ❷ *brotherhood, society*: ceardchumann, club, coimhirse, comhar, comhchaidreamh, comhchairdeas, comhlachas, comhlacht, cumann, eagraíocht, eagras, gild, guaillíocht.

bráithriúil adjective *brotherly, fraternal*: cairdiúil, caithiseach, caoin, caoithiúil, caonrasach, carthanach, ceansa, ceanúil, céilúil, cineálta, coimhirseach, coimhirseanach, comhluadrach, connail, connalbhach, córtasach, cuidiúil, dáimheach, dáimhiúil, dil, díograiseach, garúil, geanúil, lách, muinteartha, oibleagáideach, páirteach, páirtiúil.

branar noun *broken lea, fallow land*: bréanra; bán, fiarach, spallach.

branda noun *brandy*: brandán, branfhíon, coinneac, sneap.

branra noun ❶ *rest, support*: ball iompair, bonn, seastán, taca, trasnán, tristéal. ❷ *tripod*: tacas, tríchosach, tripéad, tristéal, troiste. ❸ *gridiron, griddle*: greille, grideall, róistín.

braon noun ❶ *drop*: braon allais, braon báistí, braon drúchta, braon bainne, braon coinnle, braon poitín, braon uisce; an braon anuas, an táir anuas; braonán, coirnín, deoir, dil, driog, drúchtín, flip, mónóg, sil, sileán, sniog, smeachán, steall, steallóg, stioc, striog, tomhaisín dí. ❷ *alcoholic drink*: braon crua, deoch mheisciúil, an stuif crua, sú na heorna; alcól, béaláiste; scalach.

braonach adjective ❶ *misty, wet*: braonúil; báite, bog, ceobánach, ceobarnach, ceobhánach, ceobharnach, ceobhránach, ceoch, ceomhar, dobhartha, fliuch, fliuchánach, fliuchánta, frasach, silte, tais, uisciúil, *literary* ciachta; ar bogadh, ar maos. ❷ *tearful*: braonúil, deoirfhliuch, deorach, deorúil, fliuchshúileach, golbhéarach, golchásach, golfartach; acaointeach, brónach, caointeach, ceanníseal, croíbhriste, cumhach, deoirghinteach, deorach, diachrach, dobrónach, doilíosach, duaiseach, dubhach, golchásach, golbhéarach, gruafhliuch, iarmhéileach, mairgiúil, maoithneach, ochlánach, olagónach, taidhiúir, tromchroíoch, truamhéalach; ag caoineadh, ag sileadh na ndeor, agus meacan an chaointe ina ghlór.

brat noun ❶ *cloak*: aimicín, bradhall, brádóg, bratóg, cába, caipisín, casal, casóg, ceardán, clóca, cótán, dolmán, fallaing, imchasal, ionarbhréid, mainte, matal, seaicéad, seál, *literary* céadach, cubhal, leann. ❷ *layer, cover*: cadó, ciseal, clár, clúdach, cumhdach, dídean, díon, éadach boird, fial, foscadh, imchasal, imchumhdach, ladar, púic, scaraoid, slaod, sraith, *literary* araoid. ❸ *carpet*: brat urláir, cairpéad, éadach urláir, taipéis. ❹ *curtain*: cuirtín, dallóg, scáthéadach. ❺ *flag*: bratach, bratainn, fleaige, gonfainne, meirge, onchú, sról, stannard, *literary* earr.

bratach noun *flag*: brat, bratainn, bratainn bheannach, fleaige, gonfainne, meirge, onchú, sraoilleán, sraoilleán brataí, sról, stannard, *literary* earr.

brath noun ❶ *perception*: braistint; aireachtáil, cloisteáil, dearcadh, féachaint, feiceáil, grinndearcadh, grinniú, mothú, mothúchán, *pl.* seintimintí. ❷ *spying*: báillíocht, cúlchoimhéad, néaladóireacht, spiadóireacht, spiaireacht. ❸ *treachery*: anbhrath, brathadóireacht, buille fill, cealg, cealgaireacht, cluanaireacht, cúl le cine, éirí bealaigh, éirí slí, feall, feall ar iontaoibh, fealladh, feallaireacht, feallóireacht, feillbheart, feillghníomh, leathbhróg, meabhlaireacht, sceith, sceithireacht, séanadh, staigeáil, tréas, tréatúireacht, *literary* imdeall.

brathadóir noun ❶ *betrayer, informer*: dúblálaí, feallaire, fealltóir, néaladóir, spiaire, Tadhg an Dá Thaobh, tréatúir. ❷ *detector*: braiteoir. ❸ *index finger*: brathadóir, colgóg, corrmhéar, méar cholbha, méar thosaigh; *familiar* méar na leitean.

bráthair noun ❶ *friar, monk*: ab, bráthair bocht, bráthair bóthair, bráthair siúil, coirneach, manach, prióir. ❷ *brother, kinsman*: bráthair fogas, col ceathar, cara, comhalta, comhbhráthair, comhchliamhain, comhghleacaí, compánach, deartháir, fear gaoil, leathbhádóir, páirtí, páirtnéir. ❸ *pl.* **bráithre bána** *white horses*: *pl.* bráithre bána, *pl.* cuilithíní bána, *pl.* eacha bána, *pl.* tonnta bána, cúr, cáitheadh; *pl.* bristí, maidhm thoinne. ❹ *pl. bee grubs*: *pl.* larbhaí, *pl.* crumhóga.

bratóg noun ❶ *small cloak, covering*: aimicín, bradhall, brádóg, brat, clóca, cába, casal, ceardán, cótán, dolmán, fallaing, imchasal, ionarbhréid, mainte, matal, seál, *literary* céadach, cubhal, leann. ❷ *rag*: balcais, *pl.* breacáin, bréid, ceamach, ceirt, cifle, cifleog, crothóg, éadach, géire, géirín, giob, global, leadhb, lóipéis, lóipín, paiste, píosa éadaigh, *pl.* pacaí, *pl.* paicinéadaí, plispín, preabán, réabach, ribeog, rubar, scifle, scifleog, *pl.* scóiléadaí, scrábán, straboid, streachlán, suán glacach. ❸ *flake*: alóg, cáithne, cáithneog, cáithnín, calóg, cuilithín, lóipín, lubhóg, pleidhce, spiothóg, spitheog; sceall, scealp, scealpóg, screamhóg, sleanntach, sleanntán, sleanntrach, slis, sliseán, sliseog.

breá adjective ❶ *fine*: an-, aoibhinn, ard-, buacach, deas, diail, fiúntach, fónta, galánta, glacach, gleoite, groí, maith, sár-, thar barr, thar cionn; ar fónamh, den scoth. ❷ *sunny*: álainn, deisiúrach, geal, **adjectival genitive** gréine, grianánach, grianda, grianmhar, grianúil, solasmhar, solasta, spéiriúil; tá sé ina aiteall, tá sé ina aoinle, tá sé ina pheata de lá.

breab noun *bribe*: breabadh, breabaireacht, bríob, éilliú, éilneadh; clúdach donn. verb *bribe*: breabáil, bríb, bríbeáil, ceannaigh, éilligh, saobh; *familiar* cuir íle faoi, cuir gallúnach faoi, tabhair alpán do.

breabaire noun *briber*: breabálaí; éilitheoir.

breabaireacht noun *bribery*: *pl.* breabanna, breabadh, *pl.* bríobanna, ceannach, ceannach agus breabaireacht, éilliú, éilneadh.

breabhsaire noun *spruce person, sprightly person*: scafaire, spalpaire, tapaíoch; breabhsóg.

breabhsánta adjective *spruce, sprightly*: breabhsach, breabhsanta; aclaí, aibéil, ardaigeanta, beo, beoga, éirimiúil, fáilbhe, bríomhar, cóirithe, córach, croíúil, éadromaigeanta, fuinniúil, gasta, meannmnach, pioctha, pointeáilte, preabanta, scafánta, sciobtha, scóipiúil, smiorúil, spéiriúil, spleodrach, tapa, teaspúil.

breac adjective ❶ *speckled, dappled*: alabhreac, ballach, bánbhreac, breacghlas, breachnaithe, breactha, breachtach, breicneach, bricíneach, brocach, cearnógach, crosach, eangach, ilghnéitheach, mionbhreac, riabhach, seicear, sliogánach, spotach, títheach, *literary* bomannach. ❷ *marked, written* (on):

marcáilte, smeartha; scríofa. ❸ (as prefix) partial, semi-: fo-, leath-, neamhiomlán, neamhuilíoch. noun trout (Salmo trutta): breac dearg, breac donn, breac locha, iomán; breac bán, breac geal; géiteog, giolla rua, liathán, samhnachán. verb ❶ speckle, dapple: breachnaigh, déan breac, déan ballach, déan ilghnéitheach, smear, fág smál ar. ❷ scribble, write: graf, scríobh, scríobh síos, scrioblál; caith síos. ❸ carve: dealbh, grábháil, grean, snoigh.

breacadh noun ❶ (act of) dappling, marking: breacachán, breacaireacht, breachnú, breicneacht, brice, smearadh. ❷ (act of) writing: breacaireacht, grafadh, grafnóireacht, graifneoireacht, peannaireacht, scríobh, scrioblál. ❸ (act of) carving: dealbhadóireacht, dealbhóireacht, grabháil, greanadh, snoí, snoíodóireacht. ❹ **breacadh an lae** dawn: adhmhaidin, aithne an lae, amharc an lae, amhscarnach, amhscarthanach, bánsolas, bánú an lae, bodhránacht an lae, breacsholas na maidine, camhaoir, deargadh an dá néal, deargadh an lae, deargmhaidin, dónaing, eascairt an lae, fáinne an lae, fáinniú, pl. fochraí, pl. fochraí an lae, foinsiú an lae, pl. fuinneoga an lae, láchan, lonrú an lae, maidin, maidneachan, scaradh oíche is lae, pl. spéartha an lae, pl. trátha beaga na maidine, literary fáir.

breacaire noun ❶ carver, engraver: dealbhóir, grábhálaí, greanadóir, snoíodóir. ❷ scrivener, scribbler: cléireach, grafnóir, nótaire, peannaire, scrábaí, scríbhneoir, scríobhaí, scríobálaí, scrioblálaí.

bréag ❶ lie, falsehood: bras, bréagadóireacht, caimseog, éitheach, fadhbóg, fallás, gailleog, gáilleog, gáilleog bhréige, gó, mionbhréag, móid éithigh, pait bhréige, scaits éithigh, sceireog, spalpaire, spalpaire éithigh, stompa bréige, straiméad, literary tlus; thug tú d'éitheach. ❷ falsification: bréagadóireacht, brionnú, caimiléireacht, camaistíl, camadh, falsaitheacht, falsacht, falsú, meabhlaireacht, meabhlú, séitéireacht; an fhírinne a chur as riocht, bréag a dhéanamh, bréag a insint, cloigeann na muice a chur ar an gcaora. ❸ exaggeration: áibhéil, bladhmann, cumadóireacht, clódóireacht, dathadóireacht, gáifeacht, gaotaireacht, plámás, reitric, scáileathan, literary spleadh; chuir sé craiceann ar an scéal, chuir sé dath ar an scéal, chuir sé leis an scéal, chuir sé seacht gcosa faoin scéal; dhathaigh sé an scéal; rinne sé lán béil de shuarachas, rinne sé míol mór de mhíoltóg, rinne sé mórán de bheagán; dhéanfadh sé scéal de chlocha trá. ❹ **adjectival genitive bréige** false: falsa, saorga, **adjectival genitive** tacair. verb coax, wheedle: bladair, cealg, clasaigh, cuir cluain ar, cuir duine amú, déan gliodaíocht le, déan láinteacht le, labhair go bladarach le, meabhlaigh, meall.

bréagach adjective false, mendacious: bealachtach, bradach, **adjectival genitive** bréige, briollnach, caimseach, calaoiseach, cam, cas, cealgach, claon, cluanach, éigneasta, eisionraic, fallásach, falsa, fealltach, fiar, lúbach, meabhlach, mealltach, meangach, mícheasta, mí-ionraic, mímhacánta, nathartha, neamhfhírinneach, neamhphrionsabálta, neamhscrupallach, sleamhain, sleamhnánach, slítheach, slítheánta.

bréagadóir noun ❶ liar: bréagachán, bréagaire, cluanaí, cumadóir, dathadóir, meangaire, scaitsealaí, séitéir. ❷ cajoler, wheedler: bladaire, bréadaire, cealgaire, cluanaire, gliodaí, leadhbálaí, mealladóir, mealltóir, míolcaire, pláibistéir.

bréagadóireacht noun ❶ lying: bréagadh, caimiléireacht, brionnú, camaistíl, camadh, falsú, meabhlaireacht, meabhlú, mealladh, scaitseáil; an fhírinne a chur as riocht, bréag a dhéanamh, bréag a insint. ❷ cajoling, wheedling: bréagaí, bréagaíl, bréagaireacht, cluanaireacht, cuimilt bhoise, gliodaíocht, láinteacht, meallacacht, mealladóireacht, mealltacht, mealltóireacht, míolcaireacht, plámás, plásántacht, plásántas, tláithíntneacht.

bréagán ❶ toy, plaything: áilleagán, áilleagán, breá breá, boibín hus, cluiche, daighsín, deasachán, deasagán, deasaí, deideagha, deideighe, fáilleagán; bábóg. ❷ useless pretty woman: áilleán, áilleacán, áilleagán, féileacán parlúis, péacóg.

bréagfholt noun wig: brasfholt, folt bréige, peiriúic.

Bréagáin agus Cluichí

Aunt Sally:
   sopóg f. na dtrí n-urchar
backgammon: táiplis f. mhór
battledore: raicéad
beetle: ciaróg f.
bingo: biongó
blind man's buff: cluiche púicín
blocks: plural noun blocáin;
   plural noun bloicíní
buck buck: cniogaide cnagaide
catapult: crann tabhaill
checkers (féach *draughts*)
chess: ficheall f.
conker: cnó capaill
consequences:
   plural noun iarmhairtí
craps (féach *dice*)
cutch-a-cutchoo: cuitse cuitsiú
dice: plural noun díslí
doll: bábóg f.
doll's house: teach bábóige
dominoes: plural noun dúradáin
draughts: táiplis f. bheag
dumb crambo: crambó balbh
fivestones: plural noun
   clocha screaga; póiríní
glove puppet: puipéad láimhe
hangman: cluiche an chrochaire
hide-and-seek: folach cruach,
   folach bíog, plural noun
   folacháin
hobby-horse: capall maide
hoop: fonsa
hopscotch: cleas na bacóide
housey-housey (féach *bingo*)
hunt the slipper: thart an bhróg
jack-in-the-box: giocsaí i mbosca
jigsaw puzzle: plural noun
   míreanna mearaí
kite: eitleog f.;
   préachán ceirteach
ludo: lúdó
mah-jongg: má-jang
marbles: plural noun mirliní
marionette: máireoigín
merry-go-round:
   áilleagán intreach; timpeallán
nim: nim
nine men's morris: mairéal
ninepins: plural noun cibleacháin;
   plural noun pionnaí
noughts and crosses:
   caislean cam; croisí cruinn
pitch and toss: caitheamh pinginí
pop-gun: gunna pléascáin
puppet: puipéad
quoits: plural noun caidhtí
rocking-horse: capall luascáin
rollerblades:
   plural noun scátaí líneacha
roller-skates:
   plural noun scátaí rothacha
scooter: scútar
scotch-hop (féach *hopscotch*)
see-saw: cranndaí bogadaí;
   maide corrach
shuttlecock: cearc f. cholgach
skateboard: clár scátála
skates (féach *roller-skates*)
skipping rope: téad f. léimní
skittles: plural noun scidilí;
   plural noun cibleacháin
sledge: carr sleamhnáin
slide: sleamhnán
snakes and ladders: plural noun
   nathracha is dréimirí
solitaire: solitaire
spinning top: caiseal
string puppet: téadphuipéad
swing: luascán; carr rócháin
tiddlywinks: plural noun licíní.
tig: plural noun leaisteanna
tipcat: cead
toboggan (féach *sledge*)

bréagnaigh

bréagnaigh verb *refute:* baic, cabáil, coisc, frisnéis, sáraigh; cuir gobán i mbéal duine, déan balbhán de, déan Síle chaoch de.

bréagríocht noun *disguise:* ceileatram, cruth folaithe, dealramh bréige, díchealtair, duaithníocht, ganfhiosaíocht; aghaidh fidil, cealtair, masc; athchraiceann, athrú crutha, athrú crutha is éadaigh, athrú deilbhe; mac tíre i gcraiceann caorach.

breall¹ noun ❶ *lump:* ailp, baog, blúire, balc, bruas, candam, canta, caob, crompán, daba, dairt, dalcán, dóid, dóideog, feadán, fód, gamba, goblach, lab, leota, liobar, líota, lionsca, lóta, maiste, meall, meascán, moll, píosa, scailp, scaob, scealp, scealpóg, slaimice, slis, sliseog, smagaire, smiodar, smidirín, smíste, smut, smután, spreota, sprúille, stéig, torpán. ❷ *foolish person:* amadán, amlóg, baothán, bobaide, bobarún, brealsán, brealsún, brealscaire, briollaire, búbaí, búbaire, cligear, cloigeann cipín, cloigneachán, cluasachán, cluasánach, cluasánaí, dallarán, geolamán, gligear, leadhb, leadhbaire, leamhsaire, leathcheann, leathleibide, leib, leibide, leibide ó leó, leidhce, leota, leoitéir, liobar, *pl.* méara maide, mille bata, mille maide, mucaire, péicearlach, pleib, pleotaire, tuathalán; tá lá den tseachtain de dhíth air. ❸ *mistake:* botún, dearmad, dearmhad, dul amú, earráid, fabht, fallás, iomrall, meancóg, mearbhall, mearathal, míthuiscint, seachrán, tuaiplis, tuathal. ❹ *blubber lip: pl.* beola, bruas, liobar, liopa, puisín, pus.

breall² noun ❶ *glans penis:* caiseal. ❷ *clitoris:* brillín.

breallach adjective ❶ *protuberant:* ata, boilscithe, bolg-, bolgach, corrach, feiceálach, placach, stairriceach, starr-, starragánach. ❷ *blubber-lipped:* bruasach, liobrach, liobránta, pusach. ❸ *ragged, tattered:* bratógach, ceamach, ceamánta, cifleogach, giobach, gioblach, glibeach, gliobach, leadhbánach, leadhbógach, liobarnach, líobóideach, luideach, ribeach, ribeogach, ribíneach, scifleogach, scothánach, scrábach, slaimiceach, sraoilleach, streachlánach, stiallach. ❹ *foolish:* aimhghlic, ainbhiosach, amadánta, amaideach, baoiseach, baoth, bómánta, breallach, breallánta, bundúnach, dall, dallacánta, dallaigeanta, díchéillí, dobhránta, dúr, éaganta, gamalach, lagintinneach, leamh, leamhcheannach, leathmheabhrach, leibideach, mallintinneach, míghlic, neamhthuisceanach, óinmhideach, óinsiúil, pleidhcíúil, ramhar, seafóideach, simplí, spadintinneach, tútach, uascánta.

breallaire noun *silly talker, fool:* amadán, baothán, béalastán, bladhmaire, bleadracháin, bleadrálaí, bleid, bobaide, bobarún, bolgán béice, bolscaire, brasaire, brealsán, brealsún, breastaire, breilleachán, breillire, briollaire, búbaí, búbaire, cabaire, cafaire, cadrálaí, cág, callaire, clab troisc, clabaire, claibéir, claibín, claibín muilinn, claibseach, cleigear, cligear, cloigeann cipín, cloigneachán, cluasachán, cluasánach, cluasánaí, dallarán, dradaire, drandailín, geabadán, geabaire, geabstaire, giolcaire, giostaire, glafaire, glagaire, glagbhéal, gleoiseach, gleoisín, gleothálaí, gligear, gligín, gliogaire, gliogarnálaí, glór i gcóitín, gobachán, grabaire, leadhb, leadhbaire, leamhsaire, leathcheann, leathleibide, leib, leibide, leibide ó leó, leidhce, leota, leoitéir, liopaire, meigeadán, meiltire, mucaire, péicearlach, pleib, pleotaire, plobaire, raiméisí, reathálaí, roiseálaí, scaothaire, scrathóg, síodrálaí, síofróir, siollaire, siosaire, trumpadóir, tuathalán, *familiar* gandal.

breallaireacht noun *silliness, silly talk:* áiféis, amaidí, baothaireacht, baothchaint, baothmhagadh, béalastánacht, blaoiscéireacht, bleadaracht, bleadracht, bleadráil, bolgán béice, brealsúnacht, breilliceáil, breilsce, breilscireacht, brille bhreaille, brilléis, buaileam sciath, buinneachántacht, geabaireacht, geabairlíneacht, geabstaireacht, geocaíl, gibiris, gleoiréis, gleoisíneacht, gliogar, gliogarnach, ladús, lapaireacht, leibidínteacht, liopaireacht, máloideacht chainte, pápaireacht, pislíneacht, pléiseam, prislíneacht, radamandádaíocht, raiméis, ráiméis, ramás, rá mata, randamandádaíocht, rith seamanna, scaothaireacht, seadráil chainte, *pl.* seamanna cainte, seafóid, siod sead, sifil seaifil, síodráil, sobalchaint, treillis breillis.

breallán noun ❶ *ragged person:* ceamachán, cifleachán, ciofarlán, ciolartán, círéib, clogán streille, coigealach, cuifeach, cuileachán, cunús, giobachán, giobailín, gioblachán, glibire, gliobachán, leadhbán, leibide, liobairíneach, liobar, liobarnálaí, magarlán, pana, pleibistín, práisc, prioslachán, radalach, ribleachán, scifleachán, scothánach, scrábachán, slaimice, sláimín, slapaire, slibire, sraimle, sraoilleachán, sraoilleán, sraoillín, straboid, straille, straileán, streachaille; breallóg, claimhseog, claitseach, cuachán mná, cuairsce, eachlais, giobóg, leadhbóg, liobóg, lúidseach, múiscealach, peallóg, ruailleach, scleoid, scuaideog, slapóg, slapróg, sraoill, sraoilleog, straileog, strupais. ❷ *blunderer, fool:* ablálaí, amadán, bobaide, bobarún, brealsán, brealsún, brealscaire, briollaire, búbaí, búbaire, cligear, cloigeann cipín, cloigneachán, cluasachán, cluasánach, cluasánaí, dallarán, gligear, leadhb, leadhbaire, leamhsaire, leathcheann, leathleibide, leib, leibide, leibide ó leó, leidhce, leota, leoitéir, mucaire, péicearlach, pleib, pleotaire, tuathalán.

breallóg noun *slattern:* bréantóg, claimhseog, claitseach, cuachán mná, cuairsce, eachlais, giobóg, leadhbóg, liobóg, lúidseach, múiscealach, peallóg, ruailleach, scleoid, scuaideog, slapóg, slapróg, sraoill, sraoilleog, straileog, strupais, suairtle. ❷ *foolish, talkative woman:* bodóinseach, brilleog, brilseach, caibhdeog, clogóinseach, cloigeog, cloigis, gamalóg, magarlach, máloid, óinseachán, óinseog, óinsichín, óinsín, scadhrach.

bréan adjective ❶ *rotten, putrid:* damáisteach, dreoite, fabhtach, gránna, lofa, morgtha, múisiúnta, trochailte, tufar, tuthógach; brocach, broghach, adjectival genitive caca, ceachrach, clábarach, cáidheach, fochallach, lodartha, míchumhra, múisciúil, otair, salach, smeartha. ❷ *sick, tired:* caoch tuirseach (de), dóite (de), dubh dóite (de), lán (de), leamh (de), tuirseach (de).

bréanlach noun *filthy place, cesspool:* brocais, camra, carn aoiligh, leithreas, poll caca, pruibí, séarach, suinc; cacamas, múnlach.

bréantas noun *filth, rottenness:* brach, bréine, brocamas, cac, cacamas, cáidheadas, cainniúr, camras, dreoiteacht, garr, garraíl, liongar, lobhadas, lobhadh, lofacht, morgadh, otrach, otras, roide, salachar, séarachas, súlachas; drochbholadh.

breasal noun *rouge, red stain:* dearg, deirge, ócar dearg, rua, ruachan, ruaim, ruamann, scarlóid; corcair, purpair, purpar; murach.

breáthacht noun ❶ *beauty, excellence:* áille, áilleacht, caithis, cantacht, caoimhe, córaí, cruthaíocht, cruthúlacht, cuannacht, cumthacht, dathúlacht, dealraitheacht, dealramh, dea-mhaise, deise, deiseacht, dathúlacht, dóighiúlacht, feabhas, galántacht, glémhaise, gleoiteacht, gnaíúlacht, gnaoi, greanadh, loise, macaomhacht, maise, maisiúlacht, scéimh, sciamhacht, slacht, slachtmhaireacht, *literary* gaoine; ardchaighdeán, ardcháilíocht, bail, barr a mhaitheasa, dearscnaíocht, dea-staid, fiúntas, foirfeacht, fónamh, luachmhaireacht, luaíocht, maith, maitheas, mórmhaitheas, oirirceas, rímháistreacht, suáilceas, tuillteanas. ❷ *state of being sunny:* deisiúr, gile, grianaíocht, grianmhaire, solasmhaire, spéiriúlacht.

breathnaigh verb ❶ *look:* amhanc, amharc, amharc idir an dá shúil, dearc, féach, sill, spléach, stán; bain lán na súl as, caith súil ar; caith catsúil le, cuir na súile trí, tabhair aghaidh ar, tabhair catsúil ar. ❷ *examine:* breithnigh, géarscrúdaigh, glinnigh, grinndearc, grinnigh, grinnscrúdaigh, iniúch, mionscrúdaigh, scag, scrúdaigh, tástáil; fair, féach. ❸ *consider:* meabhraigh, sonraigh; cuir san áireamh, déan rinnfheitheamh ar, machnaigh ar, meas, tabhair faoi deara.

breathnóir noun *observer, spectator:* breathnadóir, coimhéadaí, féachadóir, gabhgaire, seallach, *colloquial* lucht féachana, *literary* fairgseoir; dearcadóir, dearcaí, dearcaidh, fear faire, gogaí.

breathóireacht noun ❶ *(act of) looking, watching:* breathnadóireacht, breicneoireacht, buille súl, coimhéad, cúlchoimhéad, dearcadh, féachaint, foral, grinndearcadh, iniúchadh, néaladóireacht, rinnfheitheamh, scrúdú, scrúdúchán, silleadh, spléachadh, sracfhéachaint.

bréifneach adjective *perforated:* criathrach, crosach, pollta, toll, tollta, trétholl; faoi phoillíní.

bréine noun *rottenness, stench:* brach, bréantas, cac, camras, dreoiteacht, drochbholadh, garr, garraíl, liongar, lobhadas, lobhadh, lofacht, morgadh, otrach, séarachas; boladh bréan, boladh géar, boladh láidir, bolaíocht, boltanas, drochbholadh, miasma, mos, tuth.

breis noun ❶ *addition:* babhta, barrachas, biseach, bónas, corradh, farasbarr, fás, fuílleach, gaimbín, íce, incrimint, méadú, neartú, tuilleadh. ❷ *excess:* ainiomad, an iomarca, anlucht, barraíocht, ceas, farasbarr, fuílleach, *literary* foráil.

breith[1] noun ❶ *verdict, estimation:* breithiúnas, critic, criticeas, léirmheas, léirmheastóireacht, luacháil, meas, meastachán, measúnóireacht; fíorasc; garmheastachán. ❷ *determination, decision:* cinneadh, comhairle, comhréiteach, réiteach, socrú, *literary* fuigheall.

breith[2] noun ❶ *birth, nativity:* breith clainne, breith linbh; gin, giniúint, saolú, teacht ar an saol, *literary* lámhnadh; breith Chríost, saolú Chríost; an Nollaig; Aifreann na Gine.

breitheamh noun ❶ *judge:* breitheamh dúiche, an Príomh-Bhreitheamh; giúistís; criticeoir, iúidic, meastóir, measúnóir; dall ar lí ní breitheamh fíor. ❷ *adjudicator:* fear eadrána, idirghabhálaí; moltóir, réiteoir; abhcóide, aighne.

breithiúnas noun ❶ *judgement, discrimination:* breith, discréid, ciall, críonnacht, eagna, gaois, fothain, stuaim, toighis, tuiscint. ❷ *judgement, verdict:* breith, breithniú, cinneadh, fíorasc, meá, tuairim. ❸ *the Day of Judgement:* an Breithiúnas Deireanach, bráth na breithe, bruinne an bhrátha, lá an bhrátha, lá an bhreithiúnais, lá an Luain; lá na leac, lá an tsléibhe; lá Philib an Chleite, lá Sheon Dic. ❹ *significance:* brí, bun, bunús, ciall, cúis, intinn, léire, meáchan, meon, míniú, spiorad, substaint, tábhacht, teachtaireacht, téama, tuiscint.

bréitse noun ❶ *breach:* briotais; bris, briseadh, scoilt. ❷ *surf: pl.* barróga bána, *pl.* bráithre bána, briota, *pl.* bristeacha, cáith, cáitheadh, caladh, *pl.* capaill bhána, cúr, cúrán, farraige cháite, *pl.* tonnta; caidhpeog. ❸ *vomit:* adhascaid, aiseag, brúcht, brúchtadh, caitheamh amach, caitheamh aníos, glonn, masmas, múisc, múisiam, samhlas, samhnas, sceith, sconna, sconnóg, taoisceáil, urlacadh, urlacan.

bréitseáil verb ❶ *breach, break:* blogh, bris, dealaigh, deighil, oirnigh, réab, scaoil, scar, scoilt, scoir,

scoith. ❷ *vomit:* brúcht, caith amach, caith aníos, sceith, urlaic.

breo noun ❶ *brand, torch:* branda, lóchrann, soilseán, sop, sopóg, teannáil, tóirse, trilseán, *literary* sutrall. ❷ *glow:* bladhm, bruth, deirge, gile, laom, lasadh, lasair, léaspaire, lóchrann, loinnearthacht, loinnir, loise, luisne, lonrú, ruaim, ruamantacht saighneán. deirge, lasadh.

breoigh verb ❶ *glow:* bladhm, dearg, geal, lonraigh. ❷ *heat:* beirigh, bruith, dóigh, gor, las, scall, téigh. ❸ *sear, sicken:* cráigh, déan tinn, dóigh, forloisc, galraigh, scall, scól; easlánaigh, tolg galar.

breochloch noun *flint:* cloch chreasa, cloch ghaoine, cloch thine, dragart, gallán gaoine.

breoite adjective *sick:* aicídeach, éagrua, easlán, éiglí, eitinneach, fiabhrasach, fiabhrasta, fiabhrasúil, galrach, lag, mífholláin, othrasach, támhbhreoite, tinn, *literary* liúntach, saothach; níl sé ar fónamh.

breoiteachán noun *delicate person, invalid:* breoiteán, donasaí, easlán, easláinteach, galrachán, glaisneach, glasrachán, iarlais, leicneán, lobhar, othar, padhsán, reanglamán duine, séansaí, síofra, síogaí beag; bás ina sheasamh, bás gorm, básachán, duine leathbheo, dúradán, éagbhás, niúdar neádar, niúide neáide, niúidí neáidí, smúrthannach, splangadán.

breoiteacht noun *illness, sickness:* aicíd, calar, cloíteacht, donacht, éagruas, easláinte, galar, gearán, othras, plá, tinneas, *literary* saoth; támhghalar, *literary* támh, teidhm.

breosla noun *fuel:* ábhar tine, dó-ábhar; connadh, cual, fagóid, loiscneach.

brí noun ❶ *vigour, efficacy:* ábaltacht, acmhainn, beocht, bua, cumas, cumhacht, éifeacht, éirim, éitir, *pl.* feánna, feidhm, fuinneamh, gus, inmhe, inniúlacht, láidreacht, luadar, lúth, máistreacht, mianach, neart, sea, séitreachas, séitreacht, séitrí, sitheag, smiorúlacht, spreacadh, sracúlacht, tathag, téagar, treise, *pl.* tréithe, urra, urrús. ❷ *meaning, significance:* breithiúnas, bun, bunús, ciall, cúis, éifeacht, intinn, léire, meáchan, meon, míniú, míniúchán, spiorad, substaint, tábhacht, teachtaireacht, téama, tuiscint. ❸ *influence, merit:* bua, cumas, cumhacht, éifeacht, feidhm, luaíocht, svae, údarás.

briathar noun ❶ *word: pl.* briatha béil, *pl.* briathra díomhaoine, *pl.* briathra móra; focal, friotal, fuigheall, insint, labhra, rá, *pl.* ráite, ráiteas, seanfhocal, uiríoll, urlabhra. ❷ *verb:* (féach **Téarmaí Gramadaí**).

briathrach adjective *wordy, verbose:* athráiteach, béalach, béalchlabach, bladhmannach, brioscchainteach, cabach, cabanta, cainteach, clabach, fadálach, fadchainteach, foclach, geabach, geabanta, glafaireach, gleoiréiseach, gliogach, gliograch, inchainte, iomarcach i bhfocail, labharthach, leadránach, *literary* inscneach.

briathraíocht noun *diction:* foclaíocht, friotal, fuigheall, stíl, uiríoll, urlabhra; blas, canúint, leagan; cor cainte, cur i bhfocail, dul na cainte, leagan cainte, titim chainte.

bríbhéir noun *brewer:* braicheadóir, ceirbhseoir, grúdaire, leannadóir; driogaire, stileálaí, stileáraí, stiléir.

bríbhéireacht noun *brew, brewing:* grúdaireacht; braichleann, braichlis; driogaireacht, stiléireacht.

bríce noun *brick:* brícín; bloc, blocáin, canta, cloch, cloch cheangail, leac, leacán, smut, smután, stiall.

bríceadóir noun *bricklayer:* bricíléir, bríocaire, fear leagtha brící, saor brící.

bricfeasta noun *breakfast:* bricfeast; bia na maidine, céadbhéile, céadphroinn, céadtomhailt, cuid na maidine; briseadh céadlonga, briseadh céalacain.

bricín noun *speckle, freckle:* breicne, bricín gréine, *colloquial* breicneach, bruitíneach bhréige, bruitíneach

bricíneach
ghréine; ainimh, aodh thochais, balscóid, ball breac, ball dobhráin, ball seirce, goirín, gríos, íth, léasán, máchail, scead, smál, treall; urtacáire.

bricíneach adjective *freckled, speckled:* alabhreac, ballach, bánbhreac, breac, breacbhallach, breacghlas, breachnaithe, breactha, breicneach, cearnógach, crosach, ilghnéitheach, mionbhreac, spotach, riabhach, seicear, sliogánach, títheach.

brídeach noun *bride:* banchéile, bean chéile, bean na bainise, bean nua-phósta, bean óg, brídeog, cailín óg, maighdean, nuachar.

brilléis noun *silly talk, nonsense:* áiféis, amaidí, baothaireacht, baothchaint, béalastánacht, blaoiscéireacht, bleadaracht, bleadracht, bleadráil, bolgán béice, breallaireacht, breilliceáil, breilsce, breilscireacht, brille bhreaille, briollamas, buaileam sciath, bundún, geabaireacht, geabairlíneacht, geabstaireacht, gleoiréis, gleoisíneacht, geocaíl, leibidínteacht, máloideacht chainte, pápaireacht, pislíneacht, pléisiam, prislíneacht, radamandádaíocht, raiméis, ráiméis, ramás, rá mata, randamandádaíocht, rith seamanna, seafóid, *pl.* seamanna cainte, sifil seaifil, síodráil, treillis breillis.

brilléiseach adjective *silly, nonsensical:* aimhghlic, ainbhiosach, aineolach, amadánta, amaideach, baoiseach, baoth, bómánta, breallach, breallánta, bundúnach, dall, dallacánta, dallaigeanta, dícheillí, dobhránta, éaganta, gamalach, gligíneach, leadhbach, leadhbánach, leamh, leamhcheannach, leathmheabhrach, leibideach, óinsiúil, pleidhciúil, raiméiseach, ramhar, seafóideach, sifleáilte, simplí.

briocht noun *charm, incantation:* breachtradh, briotais, deismireacht, dícheadal, drochshúil, fiothnaise, geasadóireacht, geasróg, geasrógacht, geis, *pl.* geasa droma draíochta, lusróg, mothú, ortha, piseog, piseogacht, síofrógocht, upa, upaidh, upthaireacht, *literary* eipistil; *love charm:* cac an ghandail bháin; an ealaín dhubh, asarlaíocht, astralaíocht, draíocht, buitseachas, *pl.* ciapóga, ciorrú, diabhlaíocht, diamhracht, doilfeacht, dubhealaín, gintlíocht, marbhdhraíocht, págántacht.

briog verb ❶ *prick:* cailg, cealg, gearr, goin, gortaigh, lansaigh, lansáil, pioc, poll, prioc, réab, rop, sac, sáigh, spíceáil, srac, stampáil, stiall, stróc, toll, treáigh; bain tiocóg as, cuir ar bior, cuir briogún i, cuir maint i, cuir poll i, cuir scian i, cuir sleá i. ❷ *provoke:* adhain, ardaigh, bog, brostaigh, brúigh, corraigh, deifrigh, dúisigh, fadaigh, géaraigh, griog, gríosaigh, las, muscail, sáigh, saighid, séid faoi, spreag, tathantaigh ar, túin ar; tiomáin; coinnigh an héing le, cuir d'fhiacha ar, cuir faoi deara do, cuir iachall ar.

briogadh noun ❶ *(act of pricking) prick:* gearradh, gortú, lansáil, piocadh, polladh, priocadh, réabadh, ropadh, sá, spíceáil, sracadh, stampáil, stialladh, tiocóg, tolladh, treá; bior, briogadán, briogún, cailg, cealg, goin. ❷ *provocation:* adhaint, ardú, bogadh, briogaireacht, brostú, brú, corraí, deifriú, dúiseacht, fadú, géarú, griogadh, gríosú, iachall, inspreagadh, lasadh, muscailt, sá, saighdeadh, séideadh faoi, spreagadh.

briogáid noun *brigade:* arm, cath cathlán, ceithearn, cipe, coimhdeacht, compántas, complacht, cór, díorma, feadhain, fianlach, garda, gasra, grinne, léigiún, míliste, reisimint, scuad, scuadrún, slua, tascar, tionlacan, trúpa, *literary* rúta; baicle, béinne, buíon, cóip, comhghuaillíocht, comhlacht, comhluadar, comhthionól, comrádaíocht, córaid, criú, cruinniú, cuallacht, cuideachta, cumann, díorma, drong, foireann, grúpa, guaillíocht, meitheal, oireacht, paca, páirteachas, páirtíocht, rang, scaoth, scata, scuad, scuaine, slógadh, tréad, *literary* cuain.

briogún noun *skewer:* scibhéar; bior, biorán, snáthaid, spíce; gob, rinn.

bríomhaireacht noun *vigour, energy:* ábaltacht, acmhainn, beocht, bua, cumas, cumhacht, cumas, éifeacht, éirim, éitir, *pl.* féanna, feidhm, fuinneamh, fuinniúlacht, gus, inmhe, inniúlacht, láidreacht, luaíocht, lúth, máistreacht, mianach, neart, oirbheartas, pabhar, sea, séitreachas, séitreacht, séitrí, sitheag, smiorúlacht, spiodal, spreacadh, sracúlacht, sú, svae, tábhacht, tathag, téagar, tionchar, treise.

bríomhar adjective *strong, vigorous:* ábalta, acmhainneach, bailí, bisiúil, bríoch, balcánta, bulcánta balcánta, ceolmhar, cumasach, cumhachtach, éifeachtach, foirtil, fortúil, fuinniúil, inniúil, láidir, látharach, neartmhar, oirbheartach, scafánta, séitreach, spionnúil, sracúil, storrúil, tathagach, torthúil, tréan, tréitheach, urrúnta, urrúsach, *literary* ruanata.

briongloíd noun *dream, vision:* aisling, aislingeacht, brionglóideach, brionn, bruadar, fís, taibhreamh, taibhse, taispeánadh; tromchodladh, tromluí.

brionnaigh verb *forge, counterfeit:* cum, falsaigh, góchum; déan airgead bréige, déan cáipéis bhréige, déan seic bréige.

brionnú noun *forgery:* bréagearra, cumadóireacht, déanamh airgid bréige, falsú; airgead bréige, nóta bréige.

briosc adjective *brittle, friable:* aibrisc, crua, lag, leochaileach, righin, sobhriste, sceiteach, sprusach, tanaí.

briosca noun *biscuit, cracker:* briosca méine, briosca milis, briosca seacláide, brioscarán, brioscóid, craicear, sruán; brioscán, criospa.

brioscarnach noun *crunching, crackling:* bascadh, briseadh, cangailt, cnagadh, cnagaireacht, cnagarnach, cogaint, craoscairt, gleamhscáil, meilt, mungailt, pléascadh, smeachadh, smeachaíl.

briotach adjective *lisping, having a lisp:* gotach, mantach, míshoiléir, stadach, tutbhalbh, tutbhéalach, *literary* meann.

briotaire noun *lisper:* briotachán, gotán, mantachán, mantán, meiliteálaí, mungarlach, stadachán, stadaire; siosaire.

briotaireacht noun *lisp, lisping:* barróg, béalmháchail, gliscín, luathbhéalaí, mantáil, meiliteáil, mungailt, siosarnach, stad sa chaint, stad, stadaíl, stadaireacht, stadarnaíl.

bris noun *loss:* caill, cailleadh, caillteamas, caillteanas, díobháil, díth, ídiú, púir, *literary* diúbairt.
verb ❶ *break:* bearnaigh, blogh, ciorraigh, gearr, giotaigh, mill, mionaigh, pléasc, réab, rois, scoilt, scoith, srac, stiall, stoll, stróic, treascair; dínasc. ❷ *break apart:* dealaigh, deighil, oirnigh, scaoil, scar, scoir, scoith; cuir as alt, cuir as ionad, déan bruar de, déan bruscar de, déan conamar de, déan giotaí de, déan píosaí de, déan smidiríní de, déan smionagar de, déan treascarnach de. ❸ *break, disintegrate:* blogh, bris ina dhá chuid, bris ina chiolaracha, bris ina chonamar, bris ina phíosaí, bris ina smidiríní; meath, scáin, tit as a chéile; claochlaigh; scaip. ❹ *fail to follow:* éignigh, feall ar, loic ar, sáraigh, séan, téigh siar ar. ❺ *bring down, dismiss:* cuir as, cuir ó bhonn, díbir, leag, islígh, ruaig, tabhair anuas. ❻ *tame, lessen:* bréad, ceansaigh, cinnir, cloígh, maolaigh, mínigh smachtaigh, traenáil; tabhair chun míneadais; cuir faoi chos, cuir faoi smacht, cuir srian le, faigh máistreacht ar.

briseadh vn ❶ *(act of) breaking:* bascadh, bearnú, bloghadh, bréadadh, gearradh, giotú, pléascadh, réabadh, roiseadh, ropadh, sá, scoilteadh, sracadh, stialladh, stolladh, stróiceadh, *literary* comach. ❷ *break:* bréitse, gág, maidhm, scáineadh, scoilt; sos.

❸ *defeat:* brisleach, madhmadh, maidhm raon maidhme, rabhaiteáil, ruaig, ruaigeadh. ❹ *pl.* **bristeacha** *breakers: pl.* barróga geala, *pl.* bráithre bána, briota, cáith, cáitheadh, caladh, *pl.* capaill bhána, cúr, cúrán, *pl.* scaileoga, *pl.* tonnta, *literary pl.* gabhra lir, *pl.* gabhra réin.

briseadh an lae noun *daybreak:* adhmhaidin, aithne an lae, amharc an lae, amhscarnach, amhscarthanach, bánsolas, bánú an lae, bodhránacht an lae, breacadh an lae, breacsholas na maidine, camhaoir, deargadh an dá néal, deargadh an lae, deargmhaidin, dónaing, eascairt an lae, fáinne an lae, fáinniú, *pl.* fochraí, *pl.* fochraí an lae, foinsiú an lae, *pl.* fuinneoga an lae, láchan, lonrú an lae, maidin, maidneachan, scaradh oíche is lae, *pl.* spéartha an lae, *pl.* trátha beaga na maidine, *literary* fáir; i gcreapascal na maidine.

briseadh croí noun *heartbreak:* breo croí, brón, buaireamh, buairt, cumha, dobrón, doilíos, dólás, doghrainn, duairceas, iarghnó, léan, tocht, tromchroí.

briseadh gaoithe noun *windbreak:* lastam.

brisleach noun *battle, rout:* bruíon, cath, cliathach, cogadh, comhrac, comhruathar, feacht, feachtas, imreas, imruagadh, ionsaí, scirmis, spairn, troid, *literary* conghail, iorghal, níth; maidhm, raon maidhme, ruaig, scaoll, *literary* scainnear.

briste adjective ❶ *broken, shattered:* basctha, bloghta, coscartha, réabtha, roptha, scriosta, sractha, stróicthe. treascartha. ❷ *broke, bankrupt:* bancbhriste, féimheach. beo bocht, briste as airgead, dealbh, dealúsach, folamh, feidheartha, féimheach, sportha spíonta; ar an gcaolchuid, ar an trá fholamh, gan ceairliciú, gan cianóg rua, gan phingin, go holc as, i bhfiacha, i ngátar, sna miotáin.

bríste noun *trousers:* bríste gairid, bríste gearr, bríste glún; *pl.* brístí, brístín, pantalún, treabhsar, triúis, triús, triúsa, triúsaer, triúsán; éadach mara, *pl.* folacha maraí.

brístín noun *panties, knickers:* blúmar, fobhríste, mionbhrístín, triúisín; *pl.* fo-éadaí; folachán náire; bríste sciota.

bró noun *quern, millstone:* cloch mhuilinn, cloch uachtair, leathbhró; miolaire, tual.

brobh noun *(single) rush (Juncus):* brobh luachra; bogshifín, buigiún, colgrach, feag, feag luachra, *pl.* fíógaí, geaftaire, geataire, geitire, *colloquial* luachair, sibhín, sifín, simhean, úrluachair.

broc noun *refuse, dregs:* barraíl, barraíolach, brocamas, broghaíl, bruscar, cáithleach, conamar, deasca, deascainn, diúra, dramhaíl, drifisc, dríodar, fuílleach, graiseamal, gramaisc, greasmal, gríodán, grúnlach, grúnlais, lathairt, luspairt, maothlach, miodamas, mionrach, moirt, peicín, pracar, práib, scadarnach, scaid, sceanairt, sciot sceat, scileach, screallach, scroblach, spíonach, trachlais, traipisí, treilis, treilis breilis, truflais.

brocach adjective *dirty, filthy:* bréan, broghach, adjectival genitive caca, cáidheach, camrach, camrúil, ceachrach, clábarach, crosach, déistineach, draoibeach, fíniúch, fochallach, gránna, gutach, lodartha, lofa, morgtha, múisciúil, otair, salach, smeartha, súicheach, truaillí.

brocachán noun *dirty person:* baoiteachán, breoille, brocais, broghchán, ciobarlán, crosachán, draoibeog, gruibearlach, guta, gutachán, lábánach, meadrálaí, méiseálaí, muclach, muicearlach, otrachán, pleib, smaoiseachán, smearachán, smugachán, sreaimleachán, sruthlach, tónacán, úis; brocóg, claimhseog.

brocais noun ❶ *den, lair:* ábhach, adhbha, áfach, aice, brocach, broclach, canachán, cathróg, cliothar, coinicéar, foraois, fuachais, gnás, gnáthóg, leaba, lonnachán, nead, rapach, scailp, talmhóg, uaimh, uachais, *literary* fochla. ❷ *dirty, confined space:* caochóg, pluais, póicéad, póicín, prochlais, prochóg, pruais, púirín.

brocamas noun *refuse:* barraíl, barraíolach, broc, bruscar, cacamas, caclach, cáith, cáithleach, dramhaíl, dríodar, fuílleach, graiseamal, gramaisc, greasmal, gríodán, grúdarlach, grúnlach, grúnlais, miodamas, mionrach, pracar, práib, scadarnach, scaid, sceanairt, sciot sceat, scileach, screallach, scroblach, spíonach, trachlais, traipisí, treilis, treilis breilis, truflais.

brod noun *goad:* bior, priocaire; goineog, griog, griogadh, piocadh, priocadh.

bród noun ❶ *pride:* airdiúlacht, ardnós, baothghlóir, bródúlacht, ceartaiseacht, dínit, díomas, éirí in airde, laochas, leithead, méadaíocht, méirnéis, móiréis, móráil, mórchúis, mórgacht, mórluachacht, mórtas, mórtas thóin gan taca, mustar, poimpéis, postúlacht, práinn, sotal, steámar, stró, uabhar, uaill. ❷ *elation, joy:* ábhacht, airear, aiteas, aoibh, aoibhneas, áthas, gairdeas, gealgháire, gliondar, laighce, lainne, lúcháir, meidhir, meidhréis, móraigeantacht, mórgacht, pléisiúr, ríméad, sáile, sámhas, sásamh, scóip, sóchas, sólás, sonas, strólacht, subhachas, sult, taitneamh.

bródúil adjective ❶ *proud (in a good sense):* móraigeanta, móralach, mórtasach, práinneach (as); chomh bródúil le cat a mbeadh póca air. ❷ *arrogant, haughty:* airdiúil, béalteann, bogásach, bóibéiseach, borrach, ceannard, ceartaiseach, consaeitiúil, foruallach, maingléiseach, méirnéiseach, móiréiseach, postúil, smuilceach, sotalach, stróinéiseach, suimiúil, teannfhoclach, teanntásach, teaspúil, teidealach, téisiúil, toirtéiseach, uaibhreach, tóstalach, uaibhreach, uailleach, uallach, údarásach.

bróg noun *shoe:* bonnbheart, buatais, buimpéis, buimpís, coisbheart, cuarán, iallchrann, pampútaí, slipéar; bróg adhmaid, bróg maide, paitín, sútar.

broghach adjective *dirty:* bréan, brocach, adjectival genitive caca, cáidheach, camrach, camrúil, ceachrach, clábarach, crosach, déistineach, draoibeach, fíniúch, fochallach, gránna, gutach, lodartha, lofa, morgtha, múisciúil, otair, salach, smeartha, súicheach.

broghais noun ❶ *afterbirth (of animal):* beireatas, bruán, grúdarlach, placaint, salachar, *pl.* smaistí, streachlán; slánadh, slánú. ❷ *dirty straggling thing:* bruán, clibín, glibín, sraoill, sraoilleán, streachlán.

broic verb *bear, tolerate:* beir, cuir suas le, fulaing; mair trí, téigh trí.

broicéad noun *brocade:* síoda, sróill.

bróicéir noun *broker:* abhcóide, agróir, aighne, fear eadrána, eadránaí, idirghabhálaí, idirghuítheoir, teagmhálaí; ceannaí, hucstaeir, mangaire, ogastóir.

broid noun ❶ *captivity:* anbhroid, braighdeanas, cimeachas, cimíocht, daoirse, daoirseacht, daoirsine, daorbhroid, daorsmacht, géibh, géibheann, géibheannas, géibhinn, géillsine, moghsaine, príosúnacht, príosúntacht, sclábhaíocht, *literary* cacht, *literary* cumhlacht; carcair, cillín, doinsiún, geimheal, píolóid, príosún, an poll dubh. ❷ *distress, misery:* aimléis, ainnise, ainríocht, anacair, anachain, anás, anchaoi, angar, anó, anró, anróiteacht, anshó, bochtanas, bochtaineacht, boichte, crá croí, cráiteacht, cránán, cránas, cruatan, deacair, dealús, dearóile, díblíocht, dochracht, dochraide, dócúl, doghra, doghracht, doghrainn, doic, dóing, dóinmhí, dola, dothairne, drámh, drochbhail, duainéis, duais, éagomhlann, fulaingt, gábh, gábhadh, gannchuid, géarbhroid,

broideadh
géarghoin, léan, leatrom, matalang, mí-ádh, mífhortún, pioloid, treabhlaid, trioblóid, truántacht, *literary* cacht, galghad. ❸ *hurry*: brostú, brú, cruóg, deabhadh, deifir, deifre, dithneas, dlús, driopás, drip, eadarluas, faobach, féirsce, fuadar, fústar, griothalán, luas, práinn, ráchairt, rith, saothar, séirse, struip, tapa, téirim, tinneanas. *verb* ❶ *goad, prod*: broid, brostaigh, corraigh, dreasaigh, dúisigh, faghair, griog, mearaigh faoi, múscail, prioc, rúisc, saighid, séid faoi, spreag, tathantaigh ar, túin ar; coinnigh an héing le. ❷ *nudge*: soncáil, tabhair sonc do, tabhair uillinn do.
broideadh *noun prod, nudge*: brú, deifriú, dogadáil, goineogacht, griogadh, priocadh, sonc, soncáil; séideadh faoi.
broidearnach *noun (act of) pulsating, throbbing*: bíogarnach, bíogarnaíl, borradh is trá, bualadh, caochadaíl, caochadh, cuislíocht, frithbhualadh, greadadh, preabadh, sméideadh, sméidearnach; tá cuisle ann.
broidiúil *adjective busy*: cruógach, cúramach, gafa, geastalach, giurnálach, gnóthach, graitheach, griothalánach, saothrach; ar a dhoirníní ag obair; faoi bhrú.
bróidnéireacht *noun embroidery*: bródáil, fuáil, gréas, gréasobair, gréasú, ilghréas, obair ghréis, obair shnáthaide, *pl.* oibreacha, spruigeáil, *literary* druine, druineachas, imdhéanamh.
broim *noun fart*: gíogóg, ruagán, tufóg, tuthóg.
broimneach *noun (act of) breaking wind*: bromaireacht, tuthaireacht; gaofaireacht.
broinn *noun womb*: áras, bolg, brú, máithreach, máthair, soitheach, útaras, *literary* maclog; pis, pit.
bróisiúr *noun brosure*: bileoigín, eolaí, eolaire, lámhleabhar, leabhrán, leabhrán fuaite, paimfléad, réamheolaire, treoraí.
bróiste *noun brooch*: próiste; biorán, biorán brollaigh, claspa, dealg, *literary* casán, eo, míleach; seoid.
brollach *noun* ❶ *bosom*: bráid, broinne, cliabh, cliabhrach, crioslach, croí, ucht; clár an uchta. ❷ *breast*: ballán, cíoch, cín, dide, dideog, sine, úth, *literary* mama; *familiar* cosán an ghiorria 'cleavage'; *pl.* brollaigh ar ris.
bromach *noun* ❶ *colt*: bromaichín, bromaistín, bromán, clibistín, cliobóg, searrach. ❷ *strong man*: balcaire, bambairne, bambairne fir, béinneach, bramaire, bromaistín, bromán, carraig, cleithire fir, cliobaire fir, crobhaire, Earcail, fairceallach fir, falmaire fir, fámaire fir, fathach fir, gaiscíoch, griolsach, nuta, preabaire fir, pulcachán, puntán, rábaire, rúscaire, sail, scafaire, scriosúnach, siolpach, smalcaire, smíste, stollaire fir, tarbh, tolcaire, tolchaire, tollaire fir; calmfhear, cú, curadh, gaiscíoch, galach, laoch, laochmhíle, laochra, míle, seaimpín, spionntachán, *literary* féinní, láth, leon, mál, nia, omhna, onchú, oscar, ruanaidh, scál. ❸ *boor*: amhas, amhlán, amhsóir, bambairne, bodach, bromaistín, bromán, buailtíneach, daba, daoiste, gambairne, breillice, bromach, bromaistín, búr, cábóg, ceithearnach, ciolartán, closmar, dúramán, gamal, lábánach, léaspach, pleib, leadhbán, leibide, liúdramán, lóma, maistín, mulpaire, pleota, pleotramán, pleib, scraiste, smuilcín, smíste, stróinse, teallaire, tuathalán, túitín, tútachán.
bromaire *noun windbag, talkative person*: béadánaí, bladhmaire, bolgán béice, bolmán, bolscaire, brasaire, broimseánaí, broimsilín, cabaire, clabaire, claibéir, claibín muilinn, dosaire, dradaire, geabaire, geabstaire, glafaire, glagaire, gleoiseach, gleoisín, gleothálaí, gligín, gliogaire, gobachán, leadránaí, meigeadán, plobaire, rífeálaí, scaothaire, scrathóg, siollaire, siosaire, strambánaí, trumpadóir.
bromastún *noun sulphur*: brimstiún, briomstón, ruibh, ruibhchloch, sulfar.
brón *noun* ❶ *sorrow, mourning*: atuirse, briseadh croí, buaireamh, buairt, cian, crá croí, cumha, díomá, dobrón, doilíos, dólás, doghrainn, duairceas, iarghnó, ísle brí, léan, méala, seolán, tocht, tromchroí, *literary* nuar, tuirse. ❷ *regret, contrition*: aiféala, aithreachas, aithrí, buaireamh, buairt, cathú, croíbhrú, díomá, iarghnó, mairg, mairgneach, méala, síreacht, tocht, tromchroí, *literary* taithleach. ❸ *depression, melancholy*: atuirse, beagmhisneach, beaguchtach, briseadh croí, brón, buaireamh, buairt, ceas, ceo, ciach, ciamhaire, cian, clóic, cumha, díomá, dobrón, dochma, doilíos, dólás, domheanmna, drochmhisneach, duairceas, dubhachas, duifean croí, dúlagar, dúlionn, éadóchas, gruaim, gruamacht, lagar spride, lagsprid, lionn dubh, *pl.* lionnta dubha, maoithneachas, meirtne, mídhóchas, mímheanma, mímhisneach, múchna, néal, smúit, tocht, tromchroí, *literary* dearchaoineadh.
brónach *adjective* ❶ *sad, sorrowful*: atuirseach, briseadh-croíúil, bristechroíoch, brúite, buartha, ceanníseal, ciachmhar, ciamhair, cianach, cráite, croíbhriste, cumhach, deorach, diachrach, ceanníseal, ciachmhar, ciamhair, cianach, cráite, croíbhriste, cumhach, deorach, diachrach, dobrónach, doghrach, doilíosach, duaiseach, dubhach, fadchumhach, gubhach, iarghnóch, lagsprideach, lagspridiúil, léanmhar, lionndubhach, mairgiúil, maoithneach, taidhiúir, trom, tromchroíoch, truamhéalach, tuirseach, *literary* triamhain, triamhnach. ❷ *regretful, penitent*: aiféalach, aithreach, aithríoch, buartha, croíbhrúite. ❸ *depressed, gloomy*: brúite, ceanníseal, ciachmhar, dúlionnach, doilbh, doilbhir, doiléir, dorcha, duairc, duaiseach, duasmánta, dubhach, dúchroíoch, dúlagrach, dúlaí, dúlionnach, gruama, mairgiúil, modartha, smúitiúil, smúitiúnta, támhbhreoite, tromchroíoch, tromintinneach, *literary* eimhilt; tá muc ar gach mala aige.
bronn *verb bestow, grant*: dearlaic, deonaigh, ofráil, seachaid, sín, tabhair, tairg, tál, tíolaic, tiomnaigh, *literary* dánaigh, éirnigh.
bronnadh *noun bestowal, grant*: ainsile, aisce, beirín, ciondáil, dámhachtain, dearlacadh, dearlaic, deontas, deolchaire, deonú, dúthracht, féirín, fóirdheontas, lacáiste, lamháil, liúntas, seachadadh, séisín, síntiús, tabhairt, tabhartas, teanntaíocht, tíolacadh, tíolaic, *familiar* síneadh láimhe.
bronntanas *noun* ❶ *present*: ainsile, comaoin, deolchaire, dúthracht, féirín, *pl.* gréithe geanúla, *pl.* gréithe síthe, seachadadh, séad suirí, tabhartas, tairiscint, tál, tíolacadh, tíolaic, *literary* preasanta. ❷ *grant*: ciondáil, dámhachtain, dearlacadh, dearlaic, deontas, deonú, fóirdheontas, lacáiste, lamháil, liúntas, teanntaíocht. ❸ *tip, gratuity*: dúthracht, séisín, síntiús, *familiar* airgead láimhe, luach dráir, síneadh láimhe. ❹ *gift, innate quality*: bua, cumas, féith, gifte, mianach, nádúr, ríd, tallann, tíolacadh, tíolaic, tréith.
bronntóir *noun giver, bestower*: deontóir, ranníocóir, síntiúsóir, tabharthóir; cuiditheoir, cúl taca, cúl toraic, daonchara, *colloquial* lucht tacaíochta, pátrún, tacaí, tíolacthóir, urra.
brosna *noun firewood, bundle of sticks*: ábhar tine, breosla, *pl.* brosnacha, cipíneach, *pl.* cipíní, connadh, cual, cual connaidh, dó-ábhar, glúinín, loiscneach, maide brosna.
brostaigh *verb hasten, urge*: broid, corraigh, dreasaigh, griog, gríosaigh, luathaigh, mearaigh faoi, prioc, saighid, spreag, séid faoi, tathantaigh ar, túin ar; coinnigh an héing le. ❷ *make haste*:

beoigh amach do chos, déan deabhadh, déan deifir, déan dithneas, deifrigh; cuir dlús le; géaraigh ar do luas.

brothall noun ❶ *heat:* ainteas, beirfean, breo, bruithne, galtheas, goradh, lá sceite an rois, lá scilligthe an rois, loscadh, sceitheadh rois, teas, teasaíocht, teaspach, teocht. ❷ *exuberance:* boirbe, borbas, borbracht, gliondar, macnas, pléascántacht, rabairne, scóip, scóipiúlacht, spleodar, teaspach, teaspúlacht, uabhar. ❸ *comfort, prosperity:* cluthaireacht, compord, fóillíocht, macnas, sáimhríocht, sáile, saoráid, seascaireacht, só, sólás, sómas, suáilceas, suaimhneas, teolaíocht; bail, beannacht, biseach, bláth, conách, deis, raidhse, rath, rathúlacht, rathúnachas, rathúnas, ró, saibhreas, séan, toice, *literary* sorthan.

brothallach noun ❶ *hot, sultry:* beirithe, bánbhruithneach, bruithneach, fiuchta, loiscneach, scalltach, scólta, te, teasaí, teasúil; marbh, marbhánta, múchta, plúchta, téiglí, trom. ❷ *exuberant:* aigeanta, anamúil, ardaigeanta, beo, beoga, bíogúil, borb, buacach, croíúil, fuinniúil, gliondrach, macnasach, meanmnach, mear, meidhreach, meidhréiseach, pléascánta, rábach, rabairneach, scóipiúil, spleodrach, teaspúil, uaibhreach. ❸ *comfortable, luxurious:* compordach, maoineach, saibhir, sáil, seascair, sóch, sócúil, sóisealta, sómasach, sómhar, te, toiciúil; ina shá den tsaol, ina shuí go te, go maith as.

brú noun ❶ *crush, pressure:* brú aeir, brú daoine, brú fola; broid, brúdán, brúisc, brúitín, brúscadh, brútam, cruóg, cúngrach, fáisceadh, múch, plód, plúchadh, strus, teannadh, teannas. ❷ *bruise:* ballbhrú, ball gorm, bascadh, liúr, máchail, mairc. ❸ *dent:* claig, ding, eang, loigín, log, logán, mant, meilt, mantú, scór, tiocóg.

bruach noun *bank, edge:* banc, bord, brú, ciumhais, colbha, eochair, feoir, feorainn, gruaimhín, imeall, imeallbhord, oirear, port, taobh, *literary* braine, ur.

bruachaire noun ❶ *lounger:* búiste, caidéir, falsóir, fámaire, feadóir, fear fuar lá te, giolla na leisce, goradh leaindí, langa, leadaí, leadaí na luatha, leadránaí, leiciméir, leisceoir, leisíneach, leoiste, liúdramán, lófálaí, *pl.* loirgne breaca, lorgánach, rainglair, reanglachán, reanglamán, righneacálaí, righneálach, righneálaí, righneálaí, righneartálaí, ríste, scaoinse, scraiste, síománach, síománaí, sínteach, síntealach, slaodaí, smíste, srathaire, stangaire, stróinse, súmaire; tóiteog. ❷ *impudent person:* beachtaí, braobaire, brasaire, bruadaire, coc, cocairé, dosaire, fachmaire, gastaire, gearraighneasóir, giostaire, pastaire, plucaire, prapaire, stráisiúnaí, táthaire, teallaire; streabhóg.

bruachaireacht noun *lounging, hanging about:* búistíocht, caidéireacht, codaíocht, codaíocht thart, falsóireacht, fámaireacht, feadóireacht, leadaíocht, leiciméireacht, leisceoireacht, leoistíocht, liúdramántacht, losaíodóireacht, reanglamánacht, righneacáil, righneadóireacht, righneáil, righnealtaíocht, rístíocht, scraisteacht, scraistíocht, scraistireacht, scraistiulacht, srathaíocht, srathaireacht, stangaireacht; bheith ag coimeád suas na mbeann, bheith ag coinneáil taca leis an mballa.

bruachbhaile noun *suburb:* fo-bhaile, fo-chathair, grágán.

bruar noun *fragments, crumbs:* brablach, brios brún, brioscbhruan, brioscbhruar, bruan, bruscar, brúscar, *pl.* ciolaracha chiot, conamar, cosnach, deannach, dusta, grabhar, *pl.* grabhróga, *pl.* jéiníos, min sáibh, mionbhruar, mionrabh, oirneach, sligreach, *pl.* smidiríní, smiodair, smionagar, smúdar, smutraíl, spruadar, spruáin, sprúileach, *pl.*

sprúilleacha, *pl.* sprúillí, sprúireach, steig meig, steigears, *literary* brúireach.

bruas noun (*thick*) *lip:* *pl.* beola, breall, liobar, liopa, puisín, pus.

bruasach adjective *thick-lipped:* breallach, liobrach, liobránta, pusach.

brúcht noun *belch, eruption:* brúchtach, brúchtaíl; bréitse, briseadh amach, caitheamh amach, caitheamh aníos, maidhm, pléasc, sceathrach, sceith, sceitheadh, urlacan. verb *belch, erupt:* bréitseáil, caith amach, caith aníos, maidh, maidhm, maistrigh, pléasc, sceathraigh, sceith, séid, urlaic.

brúdán noun *crush:* bascadh, brú, brúitín, fáisceadh, meilt, múch, plód, plúchadh, *literary* tuinseamh.

brufar adjective ❶ *ardent, fiery:* bladhmannach, bolcánach, breoch, breoga, deargthe, faghartha, gorthach, gríosach, laomtha, lasánta, lasarta, lasarta, lasúil, lasúnach, loiscneach, scallta, te, tintrí, *literary* lasrach; ar lasadh, trí thine. ❷ *lively:* aigeanta, anamúil, ardaigeanta, athlamh, bagánta, bainte amach, beo, beoga, bíogúil, biorbach, breabhsach, breabhsánta, breasnaí, éirimiúil, friochanta, fuinniúil, lúfar, meanmnach, mear, meidhreach, preabanta, scafánta, smiorúil, spionnúil.

brúid noun ❶ *brute, beast:* ainmhí, beithíoch, brúdach, brúta, ciméara, dúil, míol, ollphéist, orc, péist. ❷ *brutish man:* ainmhí, anchúinse, arracht, arrachtach, barbar, barbarach, béar, béist, beithíoch fir, brúdach, brúisc, brúiscéir, brúta, brútach, brútaí, collach, duine fiáin, gadhar, sádach; áibhirseoir, diabhal, gruagach, mórphúca, orc, púca; bastard, bastún, bithiúnach, bodach, cábóg, dúramán, raispín, rifíneach; clampróir, maistín, racánaí; muc, mucaire, mucais, smolaire.

brúidiúil adjective *brutal, beastly:* ailseach, aingí, ainiochtach, binbeach, coirpe, contráilte, crua, cruálach, cruachroíoch, deamhanta, diabhalta, drochaigeanta, droch-chroíoch, dúr, dúrchroíoch, éadrócaireach, fuilteach, gangaideach, gan trua gan taise, mailíseach, mallaithe, meangach, mícheart, mínádúrtha, mínáireach, mioscaiseach, míshibhialta, míthrócaireach, neamhscrupallach, neamhthrócaireach, nimhneach, olc, peacúil, tubaisteach, urchóideach; ainchríostúil, ainrianta, aintréan, allta, bodachúil, bodúil, brománta, brúisciúil, damanta, danartha, daoithiúil, díbheirgeach, drochbheartach, duáilceach, fiánta, fiata, fiáin, fíochmhar, fraochmhar, fraochta, gairbhéiseach, garbh, grusach, madrúil, mícheádfach, mínáireach, mínósach, míshibhialta, nathartha, otair, tuathalach, tútach.

brúidiúlacht noun *brutality, brutishnes:* ainíocht, cadrántacht, cruachroíocht, cruáil, cruálacht, danarthacht, drochaigne, droch-chroí, dúire, dúrchróí, éadrócaire, fíochmhaire, fíochmhaireacht, fuilteacht, gangaid, mailís, mioscais, míthrócaire, neamhthrócaire, sádachas, turcántacht, urchóid, urchóideacht; amhlántacht, bodachúlacht, bodúlacht, brúisciúlacht, fiáine, mínáirí, mínós, tútáil.

brúigh verb ❶ *thrust, push:* bailc, ding, péac, rop, sac, sáigh. ❷ *squeeze, crush:* basc, comhbhrúigh, comhdhlúthaigh, ding, dlúthaigh, fáisc, léirigh, pulc, teann. ❸ *mash:* maistrigh, measc, meil, mionbhrúigh, oirnigh; déan bruscar de, déan bruar de, déan brúitín de. ❹ *put pressure (on someone):* brúigh ar, cuir anáil faoi, cuir brú ar, oibrigh ar, séid faoi, soinnigh ar, tathantaigh ar, túin ar, *literary* foráil ar; teann na slisní ar; coinnigh an héing le; téigh i gcion ar.

bruinneall noun *fair maiden:* áilleacht, áilleagán mná, ainnir, bábóigín, bamsóigín, bánchnis,

bruíon
béasach, bréagán, brídeach, brídeach mná, bé, caile, cailín óg, céirseach, cliobóg, cúileann, gearrchaile, gile na gile, girseach óg, gleoiteog, guamóg, lachóigín, láireog, láireoigín, leannán sí, maighdean, maighre mná, maiseog, mangarsach, pabhsae, plúr na mban, plandóg, plúróg, réilteann, sciamhaí, spéirbhean, spéirbhruinneall, stáidbhean, stuaire, *literary* céileann.

bruíon[1] noun *brawl, quarrel, uproar:* achrann, afrasc, bachram, borrán, brilsce, bruithshléacht, cáiríneacht, caismirt, caitleáil, cambús, cath, cibeal, cipíneach, clampar, clibirt, cogadh, comhlann, comhrac, easaontas, geamhthroid, glamaireacht, glaschomhrac, greadán, greadáil, greatharnach, griolladh, griolsa, iaróg, maicín, racán, raic, rangaireacht, rúscam raindí, scléip, scliúchas, siúite, spochaireacht, tamhach táisc, troid, tromfháscadh, turlabhait, *literary* eascal, iorghal, treathan, trodán.

bruíon[2] noun ❶ *literary hostel:* áras, brú, brugh, caisleán, pálás. ❷ *fairy dwelling:* lios, sí, sián síbhrugh, síbhruíon, Tír na nÓg. ❸ **bruíon chaorthainn** *uproar:* bruíon chaorthainn; achrann, afrasc, bachram, borrán, bruithshléacht, caismirt, cambús, caorthainn cárthainn, carabóm, carabuaic, carabunca, cibeal, cíor thuathail, cipeadráil, círéib, círéip, clampar, clibirt, cliobach, cliobaram hob, clisiam, cosair easair, diúra dheabhra, fuilibiliú, fuirseadh má rabhdalam, furú, gírle guairle, giorac, glamaireacht, gleadhradh, gleorán, glórmhach, greatharnach, griobach, griolladh, griolsa, holam halam, hólam tró, hurlamaboc, hurla harla, hurlama giúrlama, liútar éatar, liútar léatar, maicín, mearú, pililiú, raiple húta, racán, rachlas, raic, rancás, réabadh reilige, rírá, ruaille buaille, rúscam raindí, scliúchas, toirnéis, trachlais, tranglam, troistneach, trumach tramach, turlabhait, *literary* treathan.

bruis noun ❶ *brush:* rónóg, scuab, scuab bhroic, scuab sháible, scuaibín; cleiteán. ❷ *pubic hair:* caithir, cluimhreadh, clúmh, clúmh cas mion, guaireach, sopachán, stoithín, stothóg, stuifín, tomán, tomóg, *familiar (of a woman)* cluain; ribe an tseabhráin 'ribe áirithe i ngabhal mná'.

bruite adjective ❶ *boiled:* beirithe, fiuchta, galach, scólta. ❷ *boiling, fiery:* breoch, breoga, brufar, cuilitheach, deargthe, faghartha, fiuchta, galach, gríosach, lasánta, lasartha, lasúil, lasúnach, loiscneach, scallta, tintrí, *literary* lasrach.

brúite adjective *crushed, bruised:* ní brúite go dul in aois; briste, cloíte, gruama, éadóchasach, meilte, mionbhrúite; faoi chrann smola, faoi ghéarbhroid, faoi leatrom; ina bhrus, ina bhruscar.

bruith noun ❶ *(act of) boiling:* beiriú, cuilitheáil, fiuchadh, gail. ❷ *(act of) baking, grilling:* bácaeireacht, báicéireacht, bácáil, fuinteoireacht; griolladh, gríoscadh, róstadh, *literary* inneonadh. ❸ *(act of) scorching:* barrdhó, barrloscadh, cráindó, fionnadh, fordhó, loscadh, ruadhó, rualoscadh, scalladh, scóladh, spalladh, tíoradh. verb ❶ *boil:* beirigh, fiuch, gail. ❷ *bake, grill:* bácáil, *literary* fuin; grioll, gríosc. ❸ *scorch:* fionn, forloisc, loisc, ruadhóigh, rualoisc, searg, tíor.

bruithnigh verb *smelt:* comhleáigh, leáigh.

brúitín noun ❶ *mash:* brioscbhruar, brus, bruscar, mionbhruar, oirneach, smionagar. ❷ *pulp:* garr, laíon, leircín, liothrach; brachán, leite, práib, práibín, práipín, praiseach.

brus noun ❶ *fragments:* brablach, brios brún, brioscbhruan, brioscbhruar, bruan, bruar, bruscar, brúscar, *pl.* ciolaracha chiot, conamar, cosnach, *pl.* diomlacha, dramhaíl, dríodar, fuílleach, graiseamal, gramaisc, gríodán, grúnlach, grúnlais, *pl.* lótaí bia, mangarae, maothlach, miodamas, mionbhruar, mionrabh, oirneach, *pl.* séibhíní, *pl.* slisíní, *pl.* smidiríní, *pl.* smiodair, smionagar, smutraíl, snoíogar, spruadar, *pl.* spruáin, sprúilleach, *pl.* sprúilleacha, *pl.* sprúillí, *literary* brúireach. ❷ *dust:* deannach, dusta, luaithreach, luaithreadh, min sáibh, piocadús, smúr, steig meig, steigears.

bruscar noun ❶ *crumbs, fragments:* brúscar; brablach, brios brún, brioscbhruan, brioscbhruar, bruan, bruar, bruscarnach, brútam, *pl.* ciolaracha chiot, conamar, cosnach, deannach, dusta, *pl.* grabhróga, min sáibh, mionbhruar, mionrabh, oirneach, *pl.* smidiríní, *pl.* smiodair, smionagar, smutraíl, spruadar, *pl.* spruáin, sprúilleach, *pl.* sprúilleacha, *pl.* sprúillí, steig meig, steigears. ❷ *rubbish, refuse:* barraíl, barraíolach, bréanóg, brocamas, bruscarnach, cacamas, cáith, cáithleach, dramhaíl, dríodar, fuílleach, graiseamal, gramaisc, gríodán, grúdarlach, grúnlach, grúnlais, miodamas, mionrach, pracar, práib, scadarnach, scaid, sceanairt, sciot sceat, scileach, screallach, scroblach, spíonach, trachlais, *pl.* traipisí, treilis, treilis breilis, truflais, truiféis, truifléis.

bruth noun ❶ *heat:* beirfean, bruithne, gal, goradh, gríos, loscadh, teas, teasaíocht, teaspach, teocht. ❷ *rash, eruption:* aodh thochais, briseadh amach, carr, claimhe, fiolún dearg, fiolún dubh, fiolún saith, galar carrach, gearb, gríos, gríosóg, íth, *pl.* puchóidí, rais, scraith, screamh. ❸ *nap, pile:* bruithnín, caiteog, caitín, cluimhreach, clúmh, *pl.* cnapóga, cóiriú, fabhra, *pl.* gibíní, uairleachán. ❹ *surf:* *pl.* barróga bána, *pl.* bráithre bána, bréitse, briota, *pl.* bristeacha, cáith, cáitheadh, *pl.* capaill bhána, cúr, farraige cháite, *pl.* tonnta; caidhpeog; *literary pl.* gabhra lir, *pl.* gabhra réin.

bruthaire noun *cooker:* cócaire, cócaireán, deis cócaireachta, oigheann, sorn, sorn leictreach; dóire.

bú noun *hyacinth, bluebell (Hyacinthus, Hyacinthoides):* bú fíniúna, bú muc, bú muice, cloigín gorm, *pl.* coinnle corra, coirce gorm, iasaint, lus na gcoinnle corra.

bua noun ❶ *victory:* áitheas, barr, barr bua, buachan, caithréim, comhramh, coscar, gnóthachan, greadlach, maidhm chatha, svae, treise, *literary* cearn; áitheas go n-anáitheas 'Pyrrhic victory'. ❷ *reward of victory:* concas, gabháil, gabháltas, Gabháltas Gall; bonn, corn, craobh, cuach, duais, geall; brabach, éadáil, sochar, tairbhe. ❸ *quality, ability:* ábaltacht, airí, *pl.* airíonna, braon fónta, cáil, cineál, cumas, *pl.* dea-thréithe, gréithe, mianach, mórmhaitheas, nádúr, oirbheart, ríd, stuif, *pl.* tréithe, *literary* tuailnge.

buabhall noun ❶ *buffalo:* bíosún, bullán, damh, úras; eallach fiáin; bonacan, damh díleann. ❷ *bugle:* adharc, alpchorn, bonnán, bonnán cóiste, corn, déchorn, galltrumpa, gléasbhuabhall, postchorn, sliodtrumpa, stoc, stoc comhraic, tiúba, troimpéad, trombón, trumpa. ❸ *drinking-horn:* adharc, ballán, cailís, cuach, cupa, cupán, gogán, scála, *literary* caileach, cingid, stábh.

buacaire noun *cock, tap:* coca, comhla, fóiséad, sconna, soc, spiogóid, stopaide, strúp.

buach adjective *victorious:* buacach, buaiteach, buamhar, caithréimeach, cathbhuach, comhramhach, coscrach, gaisciúil, glóir-réimeach, gnóiteach, laochasach, laochta, niata, raonach, treascrach, *literary* cearnach.

buachaill noun ❶ *boy:* aosánach, bioránach, Brian óg, brín óg, corránach, déagóir, eascartach, fleascach, gasún, garsún, gartaire, gasóg, gasúr, gearrbhodach, gearrbhuachaill, giolla, giollán, giolla um a leithéid, grabaire, leaid, leanbh mic, mac, macadán, macán, macaomh, maicín, malra, malrach, ógánach, páiste fir, putach, scorach, stócach, stóicín, teallaire; bogstócach, glas-stócach, leathstócach. ❷ *herdsman*: áirgheach, aoire, sréadaí, tréadaí. ❸ *manservant*: ára, athbhuachaill, bonnaire, coimhdire, dáileamh, eachlach, fóinteach, fear freastail, fearóglach, feidhmeannach, freastalaí, giolla, gíománach, péitse, sclábhaí, searbhónta, seirbhíseach, seirbhíseach buachalla, *literary* óglach, seirseanach.

buachaill báire noun *playboy, trickster*: abhógaí, bligeard, boc, bocaí, bocailea, bocailiú, bocaileodó, boc báire, bródach, céipreálaí, cleasaí, cliútach, croían, geamstaire, gleacaire, gliceadóir, lacstar, leábharaic, lead, leadaí, leidhcéir, leorthóir, óganach, piollardaí, pocaide, rampaire, sionaglach, spaisteoir, truiceadóir, truicseálaí; banaí, mealltóir.

buachaill bán noun *favourite son*: bródach, peata, úillín óir, *literary* treiteall.

buachailleacht noun *(act of) herding*: buachaillíocht; aoireacht, fosaíocht, tréadaíocht; giollacht, giollaíocht, maoirseacht.

buachalán noun *ragwort (Senecio)*: balcaiseán, balcaiseán buí, baltrán buí, bamhlán, bamhlán buí, bófalán, bófalán buí, bogaiseán, boglas buí, boltán, boltán buí, boltarán, boltarán buí, buabhall, buachailín buí, buachalán, buachaltán, bualtán, buaralán buí, buí mór, buncaiseán, butharlán, caisearbhán buí, cuiseog bhuí, deosadán, fean talún, gaosadán, gaosadán buí, géasadán, geosadán, ginseálán, lus San Séam, *pl.* súile buí.

buaf noun *toad (order Anura)*: cnádán, loscann, loscann nimhe, tód.

buaic noun ❶ *zenith, climax*: apaigí, ardphointe, barr, barrchéim, buacán, cianphointe, dígeann, mullach, uasphointe, *literary* forar. ❷ *ridge, crest*: cíor, círín, coiricín, droim, dromlach, eiscir, iomaire, lomán, muing, mullach, rinn, sceir, scoth, splinc

buaiceáil noun *(act of) showing off, swank*: bladhmadóireacht, bladhmaireacht, bladhmann, bóibéis, bollaireacht, bomannacht, braig, braigeáil, buaileam sciath, bumaireacht, cacamas, déanfas, éirí in airde, gaigíocht, gairéadú, gaisce, gaisciúlacht, gláifeisc, laochas, leadram lúireach, maíomh, móiréis, mórchúis, mórtas thóin gan taca, mustar, poimpéis, postúlacht, scailéathan, scaothaireacht, stocaireacht, toirtéis, trumpadóireacht.

buaiceálach adjective *swaggering, swanky*: bastallach, bladhmannach, bogásach, bóibéiseach, clóchasach, gáifeach, gaigiúil, gairéadach, giodalach, goiciúil, laochasach, maigiúil, maíteach, móiréiseach, mustrach, postúil, spiagaí, toirtéiseach uaibhreach.

buaiceálaí noun *swaggerer, swank*: bladhmaire, bóibéisí, bolscaire, bollaire, bragaire, bromaire, bumaire, floscaí, gaige, gaige na maige, gaigín, gaisceachán, gaisceoir, gaiscíoch, gaotaire, geáitseálaí, geosadán, glagaire, glaomaire, gliogaire, péiceallach, piarálach, scaothaire, siollaire.

buaiceas noun *wick*: buaic, fáideog, fáileog, luideog, sloit, sráilleog.

buaigh verb ❶ *win*: bain, gnóthaigh; beir leat an báire, beir leat an bua, beir leat an chraobh, beir leat an geall; déan éacht. ❷ **buaigh ar** *defeat*: cnag, coscair, cloígh, leag ar lár, treascair; fuair sé an bua ar, fuair sé an ceann is fearr ar, fuair sé an lámh in uachtar ar; rinne siad greadlach orthu.

buail verb ❶ *strike (hard)*: batráil, cnag, gleadhair, gread, greasáil, lasc, leadair, leadhb, léas, léirigh, liúr, péirseáil, planc, pocáil, slis, smíoch, smíocht, smiot, smíst, stánáil, súisteáil, tarraing buille ar, tiompáil, tolg, tuargain. ❷ *strike (lightly)*: baslaigh, calc, clabhtáil, rapáil, snag, smailc, smeach, sonc. ❸ *familiar* **buail craiceann le** *have sexual intercourse with*: ciontaigh le, cláraigh, clíth, cneasaigh le, codail le, luigh le, planc, pleanc, poc, *literary* dúbail, *familiar* déan marcaíocht ar, fáisc, feann, frigeáil, marcaigh, tabhair fad de do shlat do, téigh suas ar, *taboo* focáil; bhain sé anlucht aisti, bhain sé scrabhadh leathair di.

buail le verb *meet*: cas le, casadh orm é, tháinig mé trasna air, tháinig mé crosta air.

buaile noun *shieling, summer pasturage*: bothán, bráca, cró, lantán, púirín. ❷ *cattle yard*: áirí, bólann, clós, cúlmhacha, gabhann, garraí, garraí gabhainn, macha, otrann, *literary* urlann.

buaileam sciath noun *braggadoccio*: baosra, bladhmadóireacht, bladhmaireacht, bladhmann, bláibhéisc, bláiféisc, bóibéis, bollaireacht, bomannacht, braig, braigeáil, buaiceáil, cacamas, déanfas, éirí in airde, gairéadú, gaisce, gaisciúlacht, gláifeisc, laochas, leadram lúireach, maíomh, móiréis, mórchúis, mórtas, mórtas thóin gan taca, mustar, poimpéis, postúlacht, scailéathan, scaothaireacht, stocaireacht, toirtéis.

buailteachas noun *practice of going to summer pasture, boolying*: buaileachas.

buailteoir noun *striker, beater*: buailteán, buailtín, teanga, tuairgnín; baschrann, cnagaire, fairchín; leadarthach.

buaine noun *permanence*: bithbhuaine, buanadas, buanfas, buanseasmhacht, cinnteacht, daingne, diongbháilteacht, do-athraitheacht, do-chlaochlaitheacht, fadsaolaí, marthanacht, neamhbhásmhaireacht, seasmhacht, síoraíocht, suthaineacht, taoisleann, *literary* sith.

buairt noun *sorrow, vexation*: aiféala, aithreachas, aithrí, atuirse, bearrán, bris, brón, buaireamh, caduaic, caoineadh, cathú, ciach, cian, crá croí, croíbhrú, cumha, díomá, dobrón, doilíos, dólás, doghrainn, duainéis, duairceas, dubhachas, gruaim, iarghnó, imní, léan, lionn dubh, mairg, méala, púir, stancard, tocht, tromchroí, *literary* tuirse.

buaiteoir noun *winner, victor*: cloíteoir, curadh, gaiscíoch, laoch, laochmhíle, seaimpín.

bualadh vn ❶ *(act of) striking*: broicneáil, burdáil, cnagadh, cuimil an mhailín, deamhsáil, dualgas an tslisne, failpeadh, flípeáil, fuimine farc, giolcadh, gleadhradh, greadadh, greadlach, greasáil, greidimín, lascadh, leadhbairt, leadradh, léasadh, liúradh, liúradh Chonáin, plancadh, rabhaiteáil, rapáil, riastáil, rúscadh, sceilpeáil, siltáil, smeadráil, smíochtadh, smísteáil, súisteáil, tiomp, tuargaint, tuirne Mháire. ❷ **bualadh craicinn**, **bualadh leathair** *sexual intercourse*: caidreamh collaí, céileachas, collaíocht, comhleapachas, comhluí, comhriachtain, cumasc, cúpláil, dáthadh, feis, gabháil le chéile, gnéas, lánúineachas, lánúnachas, lánúnas, leannántacht, luí le chéile, péiríocht, reithíocht, táth, *literary* innéirí, *familiar* craiceann, déanamh cuiginne, giotaíocht, guicéaracht, guití, joineáil, leathar, marcaíocht, munjí, proit, proiteáil, pumpáil, raighdeáil, scailleog, scrabhadh leathair, slataíocht, steabáil, stialláil.

bualtrach noun *cow-dung*: bualtach; aoileach, buachar, buaithreán, buarán, cac, leasú, otrach, múnlach, súlach.

buama noun *bomb*: buama adamhach, buama hidrigine, buama núicléach; gránáid, pléasc, pléascán, sliogán.

buamáil vn *(act of) bombing, bombardment*: bombardú, fogha, ionsaí, lámhach, ruathar, treascairt, tuairgneáil, tuargaint.

buan noun ❶ *lasting, permanent*: bithbheo, bithbhuan, bithnua, bithshíoraí, buan-, buanfasach, buanúil, fada, fadsaolach, fadtéarmach, leanúnach, ilbhliantúil, marthanach, neamhbhásmhar, saolach, síoraí, sithiúil, suthain, taoisleannach, teilgeach; ar

buanaigh

marthain; is iontach an caitheamh/teilgean atá ann. ❷ *fixed, steadfast*: buanseasmhach, bunúsach, dáigh, daingean, dígeanta, dílis, diongbháilte, do-aistrithe, do-athraithe, dochaite, dochealaithe, doscaoilte, doscriosta, doshannta, dothruaillithe, docht, fulangach, gnách, gnáth-, leanúnach, neamhchorrach, rúndaingean, seasmhach, seasta, stóinseach, teann, tuiní. **adverb go buan** *permanently*: go brách, go deo, go lá a bháis, i gcónaí, i dtólamh, trí bhioth síor, trí shaol na saol; gan críoch gan foirceann; le cuimhne na ndaoine, ó thús suthaineachta.

buanaigh noun *perpetuate*: bunaigh, caomhnaigh, cobhsaigh, coimeád, coinnigh, cuir bun leis, cuir faoi bhuanréim, cuir in áirithe, daingnigh, dearbhaigh, deimhnigh, geall, láidrigh, neartaigh, síoraigh, suigh.

buannacht noun ❶ *billeting*: aíocht, billéad, billéadacht, buannú, calbhachas, coinmheadh, iostas, lonnú. ❷ *squatter's claim*: éileamh, teideal, teideal suiteora.

buannaíocht noun *boldness, presumption*: andóchas, ceanndánacht, clóchas, cunórtas, deiliús, éirí in airde, iarlaitheacht, postúlacht, sotal, stróinéis, suimiúlacht, teann, teanntás, uabhar, údarás; cúram Úna.

buannúil adjective *bold, presumptuous*: aisfhreagrach, andóchasach, cabanta, clóchasach, cocach, consaeitiúil, cunórach, deiliúsach, easurrúsach, gearrchainteach, maigiúil, morálach, mórtasach, nathanta, postúil, slatra, sotalach, suimiúil, teanntásach, téisiúil, uaibhreach, údarásach.

buanseasamh noun *perseverance*: buaine, buanadas, buanfas, buanseasmhacht, daingne, dianseasmhacht, déine, dílse, dílseacht, diongbháilteacht, fad, fadsaol, foighde, foighne, láidreacht, leanúnachas, marthanacht, neamhbhásmhaireacht, neart, neartmhaire, neartmhaireacht, rúndaingne, seasmhacht, urradh, urrús, *literary* sith.

buanseasmhach adjective *persevering, steadfast*: bithbheo, bithbhuan, bithnua, buan, buanfasach, buanúil, bunúsach, cónaitheach, dáigh, daingean, dian, dianseasmhach, dígeanta, dílis, diongbháilte, dlúsach, dlúsúil, do-aistrithe, do-athraithe, dochaite, dochealaithe, dochloíte, doscaoilte, doscriosta, doshannta, dothraochta, dothruaillithe, dothuirsithe, fada, fadfhulangach, fadsaolach, fadtéarmach, foighdeach, foighneach, fulangach, fulangthach, ilbhliantúil, láidir, leanúnach, marthanach, neamhbhásmhar, neamhchorrach, neartmhar, rúndaingean, saolach, seasmhach, seasta, síoraí, sithiúil, stóinseach, suthain, teann.

buarach noun ❶ *stall rope*: árach, ceangal, geimheal, rópa, téad, teaghrán. ❷ *spancel*: buairichín, buairthín, cornasc, cruimeasc, glaicín, habal, laincide, laincis, laingeal, loncaird, urchall, *literary* iodh.

buartha adjective *anxious, sorrowful*: atuirseach, brúite, cianach, cráite, cumhach, deorach, diachrach, dobrónach, doiliosach, duaiseach, dubhach, gubhach, iarghnóch, imníoch, lagsprideach, lagspridiúil, mairgiúil, priaclach, sníomhach, tromchroíoch, *literary* triamhnach.

buatais noun *boot*: buataisín, bróg, bróg tairne; buimpéis, buimpís, coisbheart, cuarán, iallchrann, paitín, pampútaí, sliútar, sútar.

bucainéir noun *buccaneer*: creachadóir, eachtránaí, foghlaí, foghlaí mara, píoráid, robálaí, ruagaire, ruagaire reatha, sealgaire slada, sladaí, smuigléir, uigingeach, *literary* díbheargach.

búcla noun *buckle*: bioràn, ceangal, claspa, crúb, dealg, dúntóir, fáiscín, greamán, lúb, nasc, snaidhm.

búcláil verb *buckle*: ceangail, dún, fáisc, nasc, snaidhm, táthaigh.

buí adjective ❶ *yellow, orange*: fionnbhuí, flannbhuí, ócar, odhar, órga, órbhuí, osbhuí, tláthbhuí; ar dhath an oráiste; buíbhallach, buíbhreac. ❷ *sallow*: bláthbhuí, crón, liathbhuí, múscaí, odhar; drochshnóch, milítheach. ❸ *Protestant, English*: Albanach, Oráisteach, Sasanach, Gallda; Seán Buí. ❹ *pl.* **na Fir Bhuí** *the Orangemen, Protestants*: Albanaigh, *colloquial* Clann Liútair, Dílseoirí, Protastúin, Protastúnaigh, Sasanaigh; Anglacánaigh, Meitidistigh, Modhaigh, Preispitéirigh. noun *yellow, orange or tawny colour*: buíochan, buíocht, cróine, dath buí, dath fionnbhuí, dath flannbhuí, ócar, ócar buí, ór, órdhath.

buicéad noun *bucket*: árthach, beiste, canna, ceaintín, cíléar, croca, crúiscín, crúsca, cupán, feadhnach, giústa, gogán, leastar, muga, paol, peaindí, pigín, pota, potán, próca, searróg, soitheach, stópa, umar, *literary* síothal.

buidéal noun *bottle*: builcín, cilfing, flaigín, fleasc, mealbhóg, naigín, próca, searróg, *literary* idhre.

buígh verb *yellow, tan*: coirtigh, crónaigh, dorchaigh, leasaigh, tonn.

buile noun ❶ *madness*: báiní, deargbhuile, dímhearbhall, éadroime, gabhairéis, gealtachas, gealtacht, gealtas, ginideacht, íorthacht, máine, mearadh, mearú, mire, *literary* dreimhne. ❷ *fury, anger*: buile feirge; ainscian, aonach, báiní, baosra, caor, cochall, confadh, cuthach, dásacht, fearg, fíoch, fiuch, fiúir, fiúnach, forrach, fraoch, mire, ruamantacht, spadhar, stolladh feirge, straidhn, straidhn bhuile, straidhn feirge, taghd, teasaíocht, tintríocht, treall; bheith ar an daoraí, bheith ar buile, bheith ar mire, bheith ar steallaí mire, bheith as a chranna cumhachta, bheith le ceangal, bheith sna firimintí. ❸ *lack of sense*: címeara, dith céille, seachmall, seafóid, speabhraídí, taghd, tallann; síleann fear na buile gurb é féin fear na céille. **adverbial phrase ar buile** *frenzied*: ar buile is ar báiní, ar caorthainn, ar daoraí, ar mire, as a mheabhair, le baosra, le broim, le buile is le báiní, le craobhacha, le cuthach; straidhniúil.

builín noun *loaf*: builín breac; bairín, bollóg, bríce, bríce aráin; bocaire, borróg, cáca, císte.

buille noun ❶ *blow, stroke*: béim, clabhta, cnag, cnagán, habhaistín, halaboc, hap, liúróg, liúspa, sonc, tarraingt, trostal. ❷ (*light*) *blow, slap*: boiseog, bos, broideascán, clabhta, clabhtóg, cnagaide, cniogaide cnagaide, cniogóg, deamhas, deamhsóg, leadhbóg, leadóg, leadradh, leandóg, leang, leangaire, leiceadar, leidhce, liúdar, liúr, priocadh, rap, sceiteadh, smac, smag, smailc, smalóg, smeach, smitín, snag, sonc. ❸ (*heavy*) *blow, thump*: crústa, faic, failm, grugam, leadhb, leadhbóg, liúspa, paltóg, planc, plancadh, pléasc, rúspa, smíste, straimeád, tailm, tiomp, tulbhéim; imíonn focal le gaoth ach téann buille go cnámh.

buillean noun *bullion*: airgead, maoin, mianach, ór, saibhreas, stór, taisce.

buime noun *foster-mother, nurse*: banaltra, bean altrama, cailín páistí, feighlí linbh, leasmháthair, máthair altrama.

buinne¹ noun ❶ *shoot, sprig*: bachlóg, beangán, buinneán, buinneog, craobhóg, géagán, péac, péacán. ❷ *scion*: beangán, bile, buinneán, oidhre, planda. ❸ *torrent, spout*: caise, díle, dobhar, rabharta, railí, scairdeán, sconna, sruth, tuile, tulca, *literary* lia, riathar.

buinne² noun ❶ *wale, hoop*: ciseal, fáinne, fearb, fonasc, fonsa, fuilteach, fústa, lúbán. ❷ *welt*: lasca, léas, riast.

buinneach adjective *shooting, surging, discharging*: brúchtach, caiseach, caisiúil, sconnach, sconnógach, slaodach, sruthach, tulcach.

buinneach noun *diarrhoea, scour:* dinnireacht, dobuan, dobuar, rup rap, sciodar, tinneas boilg; flosc, scaoing.

buinneán noun ❶ *sapling:* crann óg, péacán. ❷ *scion:* glas-stócaire, oidhre, planda, slataire.

buíoch adjective *thankful, grateful:* buíoch beannachtach; altaitheach, baoch, caonbhuíoch, croíbhuíoch, lánbhuíoch, sárbhuíoch; beidh mé ina bhun díot choíche, ní féidir liom bheith fuar ionat, tá buíochas mór agam ort; is buí le bocht an beagán.

buíocháin noun *jaundice: pl.* na buíocháin; buíochair, buíochar, galar buí, liathbhuí, lí bhuí.

buíochas noun ❶ *thanks, gratitude:* altú buí, altú roim bhia, altú i ndiaidh bia, beannacht, baochas, buí; buíochas le Dia, moladh le Dia; a bhuí le Dia. ❷ **tabhair buíochas do** *thank:* altaigh, buíochasaigh, gabh buíochas le.

buíon noun ❶ *company of soldiers:* buíon saighdiúirí; arm, briogáid, cath, cathlán, ceithearn, ceithearn timpill, cipe, coimhdeacht, complacht, cór, díorma, fianlach, garda, gasra, grinne, léigiún, míliste, reisimint, scuad, scuadrún, tascar, tionlacan, trúpa, *literary* rúta. ❷ *group, company:* buíon cheoil, buíon fear, buíon fhómhair, buíon gheimhridh 'winter card school', buíon oibre; baicle, béinne, cipe, cóip, comhlacht, criú, cruinniú, cuallacht, cumann, cuideachta, dream, feadhain, foireann, fracht, gasra, grúpa, meitheal, paca, rang, scata, scuaine, slógadh, slua, treibh, *literary* cuain, fóir. ❸ *herd, flock:* ál, conairt, cuain, ealta, groí, macha, paca, saithe, scaoth, táin, tréad, uail; báire éisc, scoil éisc; stadhan, *literary* speil.

búir noun *bellow, roar:* béic, béicfeach, béicíl, éamh, faí, faíreach, gáir, gárthach, gárthaíl, géim, géimneach, glam, glamaíl, glao, glaoch, goldar, liú, nuall, scairt, scol, scolaíocht, uaill, uallfairt, uallfartach, *literary* géis. verb *bellow, roar:* éigh, géim, glam, glaoigh, liúigh, scairt, scol, *literary* géis; cuir béic asat, cuir blao asat, cuir búir asat, cuir éamh asat, cuir gáir asat, cuir géim asat, cuir glam asat, cuir glao asat, cuir liú asat.

buirg noun *borough:* buirgéis, buirghéis; baile, buirgcheantar, cathair, ceantar, paróiste, sráidbhaile.

buirgléir noun *burglar:* gadaí, robálaí, ropaire; bithiúnach, coirpeach.

buiséad noun *budget:* airgead reatha, cáinaisnéis, ciste, *pl.* costais, cuntas, meastachán; bronnadh, ainsile, ciondáil, dámhachtain, deontas, deolchaire, deonú, fóirdheontas, lacáiste, lamháil, liúntas, seachadadh, séisín, tabhartas, tíolacadh, tíolaic.

búistéireacht noun *butchery, slaughter:* ár, bascadh, coscairt, cuisleoireacht, doirteadh fola, eirleach, marfach, marú, réabadh, scláradh, slad, slascairt, sléacht, sleachtadh; seamlas, *literary* éachat.

bulaí noun ❶ *bully:* ansmachtaí, barraí, bastún, bodach, bolscaire, bragaire, bumaire, bumairlín, ceannasaí, maistín, mursaire, rúscaire, smachtaí; aintiarna, amhas, amhsóir, anlaith, tíoránach; is aigesean atá an maide leitean. ❷ *good fellow:* bulaí fir, togha fir; maith an fear, maith an fear thú féin; dearna leat!

bulaíocht noun *bullying:* batalach, ceannasaíocht, ceanntrom, maistínteacht, máistreacht, máistríocht, mursaireacht, smachtúlacht, údarásacht; anlathas, daoirse, daorbhroid, daorbháil, daorsmacht, forlámhas, géarsmacht, géillsine, *literary* daorchíos.

bulc noun ❶ *bulk, mass:* carn, carnáil, carnán, cladach, cnuasach, cruach, cual, daba, dalladh, fras, lab, lámháil, lasta, lear, líon, luthairt lathairt, mais, maoil, maois, maoiseog, meáchan, méadúlacht, meall, méid, moll, múr, oiread, raidhse, rois, slaod, sruth, suim, tathag, téagar, toirt, tuile, tulca. ❷ *bundle:* baclainn, beart, beartán, burla, corn, corróg, cuachán, gabháil, olmóid, paca, paicéad, rolla, rollóg, traidín, uchtóg. ❸ *cargo, hold:* eire, lasta, lód, lódáil, lucht, teanneire, ualach.

bulla noun *buoy:* baoi sábhála, fleadrainn, pocán eangaí; bleaindí, bolbóir, buimbiléad, buimléad, géillín, snámhán.

bulla báisín noun ❶ *whirligig, roundabout:* bulla bó báisín; áilleagán intreach, caiseal roithleagáin, gírle guairle, guairneán, ré roithleagán, roithleán. ❷ **ina bhulla báisín** *dizzy, spinning:* ag guairneán, ar bóróiricín; barréadrom, meadhránach.

bullán noun *bullock:* bológ, bulóg, damh, mart, martán; agh, áirí, airnéis, beithíoch, beithíoch eallaigh, *colloquial* bólacht, *colloquial* buar, *pl.* ceathra, *colloquial* ellach, gamhain, lao.

bultúr noun *vulture:* badhbh, garrfhiach.

bun noun ❶ *base, bottom:* bonn, bunadh, bunchloch, bunsraith, ceap, cloch bhoinn, dúshraith, foras, fuaimint, íochtar, leaba, leac iompair, máithreach, tamhan, tóin. ❷ *end of journey:* bun cúrsa, ceann scríbe. ❸ *mouth of river:* bun na habhann. ❹ **i mbun** *in charge of:* i gcúram, i bhfeighil. adverbial phrase **ar bun** *going on, in progress* ar bun: ar siúl, sa tsiúl. prefix *basic, medium:* bonn-, fo-, leath-, meán-.

bunábhar noun ❶ *raw material:* ábhar, amhábhar, mianach, ríd, stuif. ❷ *substance, main outlines:* aibítir, buneolas, *pl.* bunphrionsabail, buntús, céadtosach, *pl.* cnámha, cnámharlach, creatlach, imlíne, sceitse, taithneasc, uraiceacht.

bunadh noun ❶ *origin:* bun, bunáit, bunsraith, bunús, foinse, máithreach, máthair, prionsabal, tuismíocht, tús. ❷ *stock, people:* céadbhunadh, cine, clann, dúchas, fine, fuil, ginealach, glúin, líne, muintir, pór, síol, sliocht, stoc, teaghlach, treibh; *colloquial* bunadh na háite, *pl.* na háitritheoirí, *pl.* bundúchasaigh, *colloquial* muintir na háite.

bunaigh verb *found, establish:* cruthaigh, cum, daingnigh, deilbhigh, fódaigh, foirgnigh, foirmigh, plandaigh, suigh, tionscain, tosaigh, tosnaigh, túsaigh, *literary* ordaigh; cuir ar bun, cuir le chéile, cuir tús le.

bunaíocht noun *establishment:* bonn, bun, bunáit, ceannceathrú, foras, gnó, gnólacht, institiúid, teach.

bunairgead noun *capital, principal:* airgead, caipiteal, cnapshuim, infheistíocht, suim.

bunáite noun ❶ *main part, majority:* an chuid is mó, bunús, formhór, móramh, mórchuid. adverb *almost:* ag ionsaí ar, beagnach, chomhair a bheith, geall le, i ngar a bheith, ionann is, is beag nach, mórán, nach mór; ar na boghlainní chuige, bordaithe ar.

bunaitheoir noun *founder:* ceapadóir, cruthaitheoir, cumadóir, déantóir, déantúsóir, dearthóir, fondaire, fondúir, tionscnóir, údar; ailtire, athair, éarlaí, innealtóir, táirgtheoir, tógálaí.

bundún noun ❶ *fundament, anus:* anas, áthán, cairín, cráic, dorc, geadán, gimide, giorradán, gúnga, más, poll, poll na tóna, proimpín, prompa, rumpa, tiarpóg, tiarpóg, timpireacht, tón, toll, *literary* tarbh sliasta. ❷ *silly talk:* áiféis, amaidí, baothaireacht, baothchaint, béalastánacht, blaoiscéireacht, bleadaracht, bleadracht, bleadráil, bolgán béice, breallaireacht, breilliceáil, breilsce, breilscireacht, brille bhreaille, brilléis, buaileam sciath, faoiste fáiste, geabaireacht, geabairlíneacht, geabstaireacht, geocaíl, gleoiréis, gleoisíneacht, leibidínteacht, máloideacht chainte, pápaireacht, pislíneacht, pléisiam, prislíneacht, radamandádaíocht, raiméis, ráiméis, ramás, rá mata, randamandádaíocht, rith seamanna, sifil seaifil, sifleáil, siod sead, síodráil. ❸ *morose person:* brúisc, duasmánaí, durdálaí, gruamachán, gruamaire, grusaí, preicleachán, púca; dúrapóg.

bundún leice

bundún leice noun *sea-anemone (order Actiniaria)*: cac ar leicín, cíoch charraige, hata an tsagairt, sine bó leid, seire; galaban.

bunóc noun *infant*: báb, babaí, bábán, báibín, diúlcach, garlach, garsúinín, gineog, giorún, giosa, lachtaí, leanbh, leanbán, naí, páiste; imeachtaí linbh, lapadán, lapadán linbh, lapóg, laprachán, luibhdín, mamailín, mamailíneach, pataire, patlachán.

bunoscionn adjective ❶ *upside down*: béal faoi, síos suas. ❷ *confused, wrong*: ar mhuin mhairc a chéile, ciafartach, in achrann, in aimhréidh, ina chamalama, ina chéir bheach, ina chíor thuathail, ina chocstí, as eagar, ina fut fat, ina mheascán mearaí, ina phraiseach, ina thranglam, mearaithe, meascaithe, trumach tramach. ❸ *at variance*: contráilte, contrártha, naimhdeach dá chéile.

bunsraith noun *bottom layer, foundation*: bonn, bun, bunaíocht, bunchloch, bunú, bunús, fódú, foras, dúshraith, leaba, leac, máithreach, *literary* fotha.

buntáiste noun *advantage*: ádh, barr, barr tairbhe, brabús, conách, éadáil, earraíocht, farasbarr, féirín, leas, maith, sleaint, sochar, rathúnas, séan, sleaint, somhaoin, tairbhe, toradh.

buntáisteach adjective ❶ *advantageous*: brabúsach, éifeachtach, fiúntach, fónta, luachmhar, maith, praeúil, sochrach, somhaoineach, tairbheach, úimléideach, úsáideach. ❷ *advantage-seeking*: beartach, calaoiseach, cealgach, claon, cleasach, cliste, cluanach, ealaíonta, fadbhreathnaitheach, fadcheannach, fealltach, glic, Maiciaiveillíoch, neamhscrupallach, sionnachúil, sleamhain, slim, slitheánta.

buntús noun *rudiment, rudiments*: aibítir, bunábhar, buneolas, *pl.* bunphrionsabail, céadtosach, *pl.* cnámha, cnámharlach, creatlach, *pl.* cnámha, cnámharlach, creatlach, imlíne, sceitse, uraiceacht.

bunúdar noun ❶ *prime mover*: athair, gineadóir, máthair, tionscnóir, tuismitheoir, údar. ❷ *root cause*: bun, bunrúta, bunús, cad chuige, ceannfháth, cionsiocair, cúis, foinse, fréamh, príomhchúis, réasún, siocair; bunábhar, bundamhna, bunphrionsabal, buntobar, prionsabal.

bunús noun *origin*: bunadh, bunrúta, ceannfháth, cionsiocair, foinse, fréamh, máthair, tionscnamh, tosach, tosú, tuismíocht, tús.

bunúsach adjective ❶ *original, basic*: bun-, bunaíoch, bunata, bunúil, céadrata, eiliminteach, nua, úrnua, as an maide, as an bpíosa. ❷ *substantial*: fairsing, leathmhór go maith, mór, scamhardach, substaintiúil, taosmhar, tathagach, toirtiúil, úimléadach, úimléideach. ❸ *well off*: acmhainneach, brothallach, bunúil, cluthar, diongbháilte, dóighiúil, éadálach, gustalach, iarmhaiseach, láidir, maoineach, neamhuireasach, neamhghátarach, rachmasach, rafar, saibhir, seascair, tábhachtach, teaspúil, toiciúil, tréan, *literary* tothachtach; faoi bhrothall, go maith as, i measarthacht den tsaol, ina shuí go te, os cionn a bhuille; tá an saol ar a mhias féin aige, tá bólacht aige, tá bonn aige, tá caoi mhaith air, tá cóir mhaith air, tá dóigh air, tá gléas maith air, tá gléas maith beo air, tá lán na lámh aige. ❹ *significant*: mór le rá, suaithinseach, suntasach, tábhachtach, úimléideach.

burla noun ❶ *bundle, roll*: baclainn, beart, beartán, bulc, corn, corróg, cuachán, gabháil, olmóid, paca, paicéad, rolla, rollóg, traidín, uchtóg. ❷ *burly person*: allait, allatán, alpán, balcán, bleitheach, boitseachán, bolaistrín, bolastar, bológ, bró, broicealach, broicleach, bróiteoir, bruilíneach, bruithleach, bruithleachán, bruithlín, bunadán, bunán, bundalán, bleaindí, burlamán, burlóg, mullachán, páinseach, páinteach, pánaí, pantar, staiféalach; corróg, doirneog.

burláil verb *bundle, truss*: carn, ceangail, clutharaigh, crap, cuir le chéile, déan beart de, trusáil.

bus noun *bus, omnibus*: carráiste, cóiste, mionbhus, searabanc,

bús noun *buzz, noise*: bús, cnádán, crónán, dordán, dordánacht, drantán, fuaim, geonaíl, seabhrán, seastán, seordán, sian, siansán, siosarnach, sioscadh, siosma, siot, torann, trost, trostal.

buthal noun *fulcrum*: borradh, lúdrach, maighdeog, taca.

Cc

cab noun ❶ *mouth:* bleid, cár, clab, draid, drandal, gob, gola, gramhas, pus, strainc, straois, streill, *literary* gibhis, ós. ❷ *opening:* béal, bealach isteach, bearna, comhla, cró, doras, feinistear, fuinneog, gáipéar, geata, gola, mant, oscailt, pasáiste, póirse, puicéad, scabhat, scoilt, sinistir. ❸ *lip: pl.* beola, bruas, liobar, liopa, puisín.

cába noun ❶ *cape:* aimicín, brádóg, brat, bratóg, caipisín, casal, ceardán, clóca, cótán, dolmán, fallaing, mainte, matal, róba, seál, tuíneach, *literary* céadach, cubhal. ❷ *collar:* bóna, coiléar; muineál.

cabach adjective ❶ *sunken lipped:* cáibíneach, giallach, mantach. ❷ *loquacious:* béalach, béalchlabach, béalráiteach, béalscaoilte, béalsceiteach, bladhmannach, briosc-chainteach, cabanta, cainteach, canmhar, ceiliúrach, ceolánach, clabach, craobhscaoilte, geabach, geabanta, glafaireach, gleoiréiseach, gliogach, gliograch, inchainte, labharthach, scéalach, scilteach, síodrálach, *literary* inscneach.

cabaire noun ❶ *sunken-lipped person:* cabaí, cáibíneach, caibirlín, drandailín, mantachán; cabóg. ❷ *talkative person:* béalastán, bladhmaire, bleid, bolgán béice, bolscaire, brasaire, cadrálaí, cafaire, cág, callaire, clab, clab troisc, clabaire, claibéir, claibín, claibín muilinn, claibseach, clogán streille, dradaire, drandailín, geabadán, geabaire, geabstaire, giolcaire, giostaire, glafaire, glagaire, gleoiseach, gleoisín, gleothálaí, gligín, gliogaire, gliogarnálaí, glór i gcóitín, gobachán, grabaire, liopaire, meigeadán, meilteálaí, meiltire, plobaire, reathálaí, roiseálaí, scaothaire, scrathóg, síofróir, siollaire, siosaire, strambánaí, trumpadóir.

cabaireacht noun (*act of*) *chin-wagging, loquacity:* aighneas, béalastánacht, bleadracht, bleadráil, bothántaíocht, breasnaíocht, brilléis, briosc-chaint, cadráil, cafaireacht, cágaíl, cágaireacht, ceolánacht, clab, clisiam, dradaireacht, geab, geabaireacht, geabairlíneacht, geabantacht, geabstaireacht, geocaíl, giob geab, giofaireacht, giolcaireacht, giostaireacht, glafaireacht, glagaireacht, gleoiréis, gleoisíneacht, gliadar, glígíneacht, gliog gleag, gliogar, gliogarnach, glisiam, gobaireacht, gogalach, lapaireacht, liopaireacht, pápaireacht, placadh siollaí, pléisiam, plobaireacht, plob plab, rith seamanna, síofróireacht, siollaireacht.

cabáiste noun *cabbage* (Brassica oleracea): cál, gabáiste, praiseach; *pl.* bachlóga Bruiséile, cóilis, brocailí.

cábán noun *cabin:* both, bothán, bothóg, bráca, bráicín, cró, cróicín, cróitín, prochlais, prochóg. púirín, teach beag, teachín, tigín, úirín; raingléis tí, riclín tí, spealán tí.

cabanta adjective ❶ *loquacious:* béalach, bladhmannach, briosc-chainteach, cainteach, ceolánach, béalchlabach, béalráiteach, béalscaoilte, béalsceiteach, bladhmannach, briosc-chainteach, cabanta, cainteach, canmhar, ceiliúrach, ceolánach, clabach, craobhscaoilte, geabach, geabanta, glafaireach, gleoiréiseach, gliogach, gliograch, inchainte, labharthach, scéalach, scilteach, síodrálach, *literary* inscneach. ❷ *glib, precocious:* abartha, bioranta, bunáiteach, cocach, crabanta, eagnaí, gaoiseach, luathchainteach, neamhshimplí, seanaimseartha, seanchríonna.

cabhail noun ❶ *trunk, torso, main part, frame:* cliabh, cliath, cliathach, coim, coirpéis. compar, corp, corplach, creat, fonnadh, fráma, greilleach, lár, tamhan. ❷ *bodice:* básta, blús, comchumhdach, ionar, léine, *literary* caimse. ❸ *pl.* **cabhlacha** *ruins: pl.* ballóga, batálach, bathlach, cealdrach, ceallúir, fothrach, raingléis tí, *pl.* seanbhallóga.

cabhair noun *help, assistance:* cuidiú, cúnamh, fóir, fóirithint, fortacht, lámh chúnta, lámhaíocht, taca, tacaíocht, tarrtháil.

cabhlach noun *fleet, navy:* arm farraige, flít, loingeas.

cabhraigh verb **cabhraigh le** *assist, help:* baiceáil, cuidigh le, fóir ar, fortaigh ar, fortaigh do, seas le, tacaigh le; tabhair cabhair do, tabhair cuidiú do, tabhair lámh chuidithe do, tabhair lámh chúnta do, tabhair tarrtháil ar.

cabhróir noun *assistant:* bean chúnta, cuiditheoir, cúlaistín, cúntóir, fear cúnta, lucht cúnta, tacaí.

cabhsa noun *causeway, path:* cara, cora, cis, ciseach, clochán, tóchar; bealach, bóithrín, póirse, cosán, scabhat, scóidín, slí, sráid, teoróid.

cábla noun *cable:* rópa, téad, *literary* lomhain; fleisc, sreang.

cábóg noun ❶ *clodhopper, clown:* abhlóir, amhas, amhlán, bambairne, bodach, buailtíneach, breillice, bromach, bromaistín, búr, cábún, cadramán, ceithearnach, ciolartán, closmar, daoiste, dúramán, fuaice, gamal, gambairne, géibirne, léaspach, leibide, liúdramán, lóma, maistín, mulpaire, pastaire, pleib, pleota, pleotramán, pleib, scraiste, smuilcín, smíste, stróinse, teallaire, trumpadóir, tuathalán, túitín, tútachán. ❷ *migratory worker:* spailpín; buailtíneach; náibhí, sclábhaí; oibrí, crácálaí, síleálach, smísteoir, strácálaí, tiarálaí.

cábún noun ❶ *capon:* cábúnach; seascachán. ❷ *sexually impotent person:* coilltéan, gabhal folamh, gillín, plúithid, riglí, ringear; seascachán.

cac noun ❶ *ordure, droppings:* cac cuile, cac muc, cac péiste, *pl.* cacanna caorach; aoileach, bualtach, bualtrach, bualtrachas, buarán, buinneach, cacamas, cainniúr, camras, crobhar, eiscréidiú, eisfhearadh, eisligeadh, fearadh, garr, giodar, leasú, maothlach, otrach, otras, salachar, saothar, sciodar. ❷ **adjectival genitive caca** *filthy:* bréan, brocach, cáidheach, camrach, camrúil, ceachrach, clábarach, crosach, déistineach, draoibeach, glonnmhar, gránna, gutach, lodartha, lofa, morgtha, múisciúil, otair, salach, smeartha. **verb** *defecate:* déan cac, eisfhear, eiscréidigh, eislig, fear, folmhaigh, salaigh.

cáca noun *cake:* bairín, bairín breac, bocaire, bollóg, bonnóg, bonnóg aráin, borróg, breacán, breachtán, buaisteán, builín, cáicín, císte, feannaire, gabhdóg, gátaire, scóna, sodóg, sruán, toirtín.

cácáil verb *caulk:* calc, corcáil, déan uiscedhíonach, ding, líon, pacáil, pulc, séalaigh, stalc, stop, stuáil.

cacamas noun ❶ *dross, refuse:* barraíl, barraíoloch, brocamas, cáith, cáithleach, cosamar, dramhaíl, dríodar, fuílleach, graiseamal, gramaisc, gríodán, grúdarlach, grúnlach, grúnlais, miodamas, mionrach, otrach, otras, pracar, práib, salachar, scadarnach, scaid, sceanairt, sciot sceat, scileach, screallach, scroblach, slaidhreadh, spíonach, trachlais, traipisí, treilis, treilis breilis, truflais. ❷ *vile, worthless thing:* braich gan leann, *ironic* féirín, iarlais, neamhní, rascalach, rud caca, rud gan éifeacht, rud gan mhaith, rud gan rath gan fónamh, raga, scráidín, scrata; is olc an éadáil é. ❸ *vainglory:* baosra, bladhmadóireacht, bladhmaireacht, bladhmann, bláibhéisc, bláiféisc, bóibéis, bóisceáil, bollaireacht, bolscaireacht, bomannacht, braig, braigeáil, buaiceáil, buaileam sciath, déanfas, díomas, éirí in airde, gairéadú, gaisce, gaisciúllacht, glagaireacht, gláiféisc, gliogaireacht, glóir dhíomhaoin, laochas, leadram lúireach, leithead, maíomh, maíteacht, móiréis, móráil, mórchúis, mórtas, mórtas thóin gan taca, mustar, poimpéis, postúlacht,

cách
scailéathan, scaothaireacht, stocaireacht, toirtéis, trumpadóireacht, uallachas.

cách pronoun ❶ *everybody*: gach duine, gach aon duine, gach uile dhuine. ❷ *you-know-who, so-and-so*: a leithéid, cibé é féin, é féin, Mac Uí Rodaí, Seán Ó Rodaí, Tadhg Ó Rodaí, seo, siúd. noun *literary being, person*: an té, duine, neach, pearsa.

cad pronoun *what?*: cad é, céard, goidé, *literary* créad.

cad chuige adverb *why?*: cad chuige, cad é an chúis, cad ina thaobh, cad uime, canathaobh, cén chiall, cén fáth, cumá (with ná, nach), dé chúis, *literary* créad fá.

cadairne noun *scrotum*: bosán, máilín na magairlí, máilín na radaireachta (*of bull*), spaga, spliúchán, tiachán, tiarpán; *pl.* clocha, *pl.* magairlí, *pl.* uirghí, *pl.* úiríocha; cochall.

cadás noun *cotton*: cadach, canach, caonar, cotún, cotún bán, flocas.

cadhain noun ❶ *pannikin, small cup*: cupa, cupán, cupáinín, muga, séibe; cingid, corn, cuach. ❷ *cell (of honeycomb)*: cadhain mheala, cill, cillín. ❸ *cup-shaped mushroom*: beacán, bolg buachaill, fás aon oíche, fungas, muisiriún; beacán bonnóige, beacán capaill, beacán Sheoirse, caidhp mhosach, cantarnaid, ceap, corcróg choille, cupán drúchta, morchal, triomán uasal, troimpéad an phúca.

cadhan noun ❶ *brent goose*: cadhnóg, gé, gé ghiúrainn. ❷ **cadhan aonair** *lone bird*: cadhan aonrach, caonaí, caonaí aonair, clochrán, díseartach, díthreabhach, éan corr, éan cuideáin, reigléasach, stadhnóir.

cadhnra noun (*electrical*) *battery*: bataire, ceallra.

cad ina thaobh adverb *why?*: cad chuige, cad é an chúis, cad uime, canathaobh, cén chiall, cén fáth, *literary* créad fá, cumá (with ná, nach), dé chúis.

cadráil noun (*act of*) *chattering, gossip*: béadán, béadchaint, bleadráil, brilléis, cabaireacht, cadragáil, cafaireacht, cágáil, cágaireacht, cardáil, cíbils, clabaireacht, clisiam, cúlchaint, dradaireacht, geab, geabaireacht, geabairlíneacht, geabantacht, geabstaireacht, giob geab, giofaireacht, giolcaireacht, giostaireacht, glagaireacht, gleoiréis, gleoisíneacht, gliadar, gligíneacht, gliog gleag, gliogarnach, glisiam, gogalach, plobaireacht, ráifléis, reacaireacht, rith seamanna, síofróireacht, síogaíocht, siollaireacht, suainseán.

cadrálaí noun *chatterbox*: béalastán, bladhmaire, bolgán béice, bolscaire, brasaire, cabaire, cafaire, callaire, clabaire, claibéir, claibín muilinn, dradaire, drandailín, geabadán, geabaire, geabstaire, giolcaire, giostaire, glafaire, glagaire, glagbhéal, gleoiseach, gleoisín, gleothálaí, gligín, gliogaire, gliogarnálaí, gobachán, plobaire, scaothaire, scrathóg, síofróir, siollaire, siosaire; scadhrach.

cadramán noun ❶ *stubborn person*: dúradán, gadrach, gadrálaí, righneálaí, stalcaire, stangaire, stollaire. ❷ *boor*: amhas, amhlán, amhsóir, bambairne, bodach, breillice, bromach, bromaistín, buailtíneach, búr, cábóg, ceithearnach, ciolartán, closmar, daba, daoiste, dúramán, gamal, gambairne, lábánach, leadhbán, leibide, liúdramán, lóma, maistín, mulpaire, pleota, pleotramán, pleib, scraiste, smuilcín, smíste, stróinse, teallaire, trumpadóir, tuathalán, túitín, tútachán.

cadrán noun ❶ *hardness*: cadrántacht, caide, cruáil, cruálacht, crua, cruacht, cruadas, cruas, danarthacht, dígeantacht, doichte, dúire, dúrchroí, éadrócaire, míthrócaire, neamhthrócaire, turcántacht; stálaíocht, stalcacht, stalcaíocht, stalcaíl, stolpacht, stolpadh. ❷ *stubbornness*: ceanndáine, ceanndánacht, ceanntréine, ceapántacht, contráilteacht, diúnas, dodaireacht, easumhlaíocht, mícheansacht, neamhghéilleadh, stailc, stainc, stalcacht, stóinseáilteacht, stóinsitheacht, stollaireacht, stuacacht, stuacánacht, stuaic.

cadránta adjective ❶ *hard, unfeeling*: ainiochtach, codramánta, crua, cruálach, dallchroíoch, danartha, do-mhaite, do-mhaiteach, drochaigeanta, droch-chroíoch, dúr, dúrchroíoch, éadrócaireach, éadruach, fíochasnach, fuarchroíoch, gangaideach, mídhaonna, mínádúrtha, míthrócaireach, neamhbháúil, neamhghoilliúil, neamhthrócaireach, neamhthruamhéalach; gan trua gan taise; tá an chéadrith den iarann ann; tá an chuid is fearr den iarann ann; Iúdás de dhuine atá ann; tá miotal ina chnámha. ❷ *stubborn, obstinate*: buiniceach, bundúnach, ceanndána, ceannláidir, ceanntréan, ceapánta, ciotrúnta, cruamhuineálach, dáigh, dígeanta, diúnasach, dodach, doghluaiste, dolúbtha, dúr, ládasach, muiniceach, neamhghéilliúil, righin, stailciúil, staincíuil, stálaithe, stalcach, stangánach, stuacach; chomh righin le gad; is air atá an muineál.

cafarr noun ❶ *headpiece, helmet*: bairéad, barréadach, beannán, cafairín, caifirín, ceannbheart, caipín cogaidh, clogad, feilm. ❷ *kerchief, bandage (on head)*: bindealán, ciarsúr, gibne, naipcín, pléicín, scaif, scairf. ❸ *cap (of rain, fog)*: cadó, caifirín, caipín, clúdach.

cág noun *jackdaw (Corvus monedula)*: cocbhran.

cágaíl noun ❶ (*act of*) *cawing, caw*: agallach, brácáil, cágaireacht, gárthach, gogalach, grág, grágaíl, tríleach, vácarnach. ❷ *loquacity*: aighneas, béalastánacht, bleadracht, bleadráil, breasnaíocht, brilléis, briosc-chaint, cadráil, cafaireacht, cágaireacht, ceolánacht, clab, clisiam, dradaireacht, geab, geabaireacht, geabairlíneacht, geabantacht, geabstaireacht, geocaíl, giob geab, giofaireacht, giolcaireacht, giostaireacht, glafaireacht, glagaireacht, gleoiréis, gleoisíneacht, gliadar, gligíneacht, gliog gleag, gliogar, gliogarnach, glisiam, gogalach, pápaireacht, placadh siollaí, pléisiam, plobaireacht, plob plab, rith seamanna, síofróireacht, siollaireacht.

caibidil noun ❶ *chapter (of book)*: caibideáil, caibideal; alt, cuid, ionad, mír, páirt, roinn, sliocht. ❷ *chapter (of cathedral, etc.)*: caibideáil, caibideal, comhairle, comhdháil, comhthionól, comóradh, cruinniú, seanadh, sionad, tionól. ❸ *discussion*: argáil, argóint, coinghleic, cointinn, conspóid, construáil, díospóireacht, gnóthaíocht, iomarbhá, plé.

cáibín noun *hat, old hat*: bairéad, caipín, gearrhata, hata.

caibinéad noun *cabinet*: almóir, clóisead, cófra, cófra tarraiceán, *literary* imscing; caibhéad, cupard, prios, vardrús.

cáibleáil noun (*act of*) *knocking about*: ainíde, anoircheas, cargáil, cuimil an mháilín, drochíde, drochláimhseáil, drochúsáid, íde na muc is na madraí, íospairt, raiceáil, treascairt.

caibléir noun *cobbler*: deasaitheoir, deisitheoir, gréasaí; clúdaire, paisteálaí, preabánaí.

caibléireacht noun (*act of*) *cobbling*: athleasú, cóiriú, deasú, deisiú, deisiúchán, gréasaíocht, leasú, paisteáil.

caid noun ❶ *ashlar, stone*: cloch shnoite, eisléir, leac. ❷ *testicle*: cloch, magairle, uirghe, úirí. ❸ *stuffed ball, football*: bál, liathróid, meall, peil; cnag, poc, sliotar. ❹ (*game of*) *football*: peil, peil Ghaelach; rugbaí, sacar.

caidéal noun *pump*: crann taomtha, inneall taosctha, pumpa, taomaire, taomán, taoscaire.

caidéis noun ❶ *inquisitiveness*: cunórtas, fiafraitheacht, fiosracht, físeoireacht, glúcaíocht, gliúmáil, srónaíl. ❷ (*act of*) *accosting*: beannú, bleid, foirteagal, forrán; fairnis, faisnéis.

caidéiseach adjective *inquisitive*: bleidiúil, ceisteach, ceistiúil, cúistiúnach, cunórach, fiafraitheach, fiosrach, srónach. noun *person who inquires*: bleachtaire, bleidéir, ceistitheoir, cúistiúnaí, fiafraitheoir, físeoir, gliúmálaí.

cáidheach adjective ❶ *dirty, filthy*: bréan, brocach, broghach, **adjectival genitive** caca, ceachrach, clábarach, crosach, draoibeach, fochallach, gutach, lodartha, otair, salach, smeartha. ❷ *obscene*: barbartha, brocach, broghach, draosta, draostúil, gáirsiúil, garbh, gráiscíneach, gráisciúil, graosta, míchuibheasach, míchumhra, mígheanasach, mígheanúil, mínáireach, neamhghlan, otair, salach, trom.

cáidheadas noun ❶ *dirt, filth*: bréine, bréantas, brocamas, cacamas, cainniúr, camras, ceachair, ciobar, clábar, draoib, éaglaine, fochall, garr, garraíl, godamat, greallach, guta, láib, lábán, liongar, lodar, otrach, otras, roide, salachar, séarachas, slod, sloda, smeadar, smúit, súicheacht, súlachas. ❷ *obscenity*: barbarthacht, brocamas, draostacht, gairbhe, gáirsiúlacht, gráiscíneacht, gráisciúlacht, gráistiúlacht, graostacht, míchuibheasacht, mígheanas, mígheanmnaíocht, mígheanúlacht, mínáire, sailíocht, salachar.

caidhp noun *coif, lady's bonnet*: beannán, beannóg, boinéad, caipín, curca.

caidhséar noun *mouth of drain, cutting, channel*: béal, caineál, camrachán, canáil, caológ, clais, clasaidh, craosán, gáitéar, gearradh, gropa, léata, lintéar, panc, seoch, silteán, sraoth, suinc, trinse.

caidhte noun ❶ *quoit*: fáinne, leac. ❷ *large thing*: caldar, cránaí, coillearra, fadhb, fadhbairne fáiméad, meallamán, píarda, plíoma, sail, staiféalach, torp, torpa; cnaiste.

caidreamh noun ❶ *intimacy, relations*: aitheantas, aontíos, baint, buannacht, cairdeas, cairdeasaíocht, caoifeacht, carthanacht, céilíocht, coimhdeacht, coimhirse, comhar, comhchaidreamh, comhchairdeas, comhghaol, comhghuaillíocht, comhlachas, comhluadar, comhluadracht, comrádaíocht, conbharsáid, córtas, cuideachta, cuidiúlacht, cumann, cumarsáid, dlúthchairdeas, gaol, guaillíocht, lánmhuintearas, lánúnachas, mórtachas, muintearas, páirt, páirteachas, páirtíocht, plé, rannpháirtíocht, taithíocht, teagmháil, teanntás; níl siad ar na hóí le chéile '*relations are strained between them*'. ❷ **caidreamh collaí** *sexual intercourse, sexual relations*: bualadh craicinn, céileachas, comhleapachas, cúpláil, feis, lánúineachas, lánúnachas, lánúnas, leannántacht, péiríocht, súgradh toill, *familiar* craiceann, giotaíocht, guicéaracht, guití, joineáil, leathar, marcaíocht, proit, pumpáil, raighdeáil, reithíocht, scailleog, slataíocht, steabáil, stialláil.

caidreamhach adjective ❶ *sociable*: cairdiúil, carthanach, céiliúil, coimhirseach, cóisireach, comhluadrach, comrádúil, córtasach, cuideachtúil, cuidiúil, so-ranna, tréadúil; is maith an cuidiúlar é. ❷ *tame*: ceansa, mín, riata, séimh, séimhní. noun ❶ *intimate, companion*: caoifeach, cara, céile, cneasaí, coigéile, comhbhráthair, comhghleacaí, comhleapach, compánach, comráda, comrádaí, guaillí, leacaí, leannán, leannán sí, leathbhádóir, páirtí, páirtnéir, buachaill, buachaillchara, cúirtéir, fear, fear céile, máistir, suiríoch; banchéile, bean, bean chéile, bean choibhche, bean choimhdeachta, máistreás. ❷ *sociable person*: céilíoch.

caidrigh verb ❶ *be on intimate terms with*: bí mór le, connaigh le, cóstáil le, taithigh le; déan cúirtéireacht le, déan suirí le, imir ceaintíní ar a chéile, siúil amach le, téigh amach le. ❷ **caidrigh le** *cohabit with*: aontaigh le, bí in aontíos le, greamaigh de.

caife noun ❶ *coffee*: caifé, caifí. ❷ *café*: bialann, caifé, caifitéire, ceaintín, proinnteach, teach bia, teach itheacháin.

caifeach adjective *prodigal, spendthrift*: baothchaifeach, cailliúnach, caiteach, díobhlachtach, díobhlaiseach, díobhlásach, diomailteach, doscaí, drabhlásach, díobhlachtach, díobhlaiseach, díobhlásach, neamhbharainneach, neamhchoigilteach, rabairneach, railleach, reibhléiseach, scabáistiúil, scaipeach, scaipheach, scaoilteach, silteach. adverb **go caifeach** *prodigally, in spendthrift fashion*: go baothchaifeach, go dreabhlásach, le hanaiste; lán na lámh a thabhairt uait.

caifeachán noun *spendthrift, prodigal person*: cailliúnaí, caiteoir, diomailteoir, drabhlásaí, ragairneálaí, raille, scaiptheoir, slámálaí, spíonadóir; cúl le rath, an mac díobhlásach, mac na míchomhairle, ragaíoch.

caifeachas noun *wastefulness*: caiteachas, cur i bhfaighid, díleá, díobhal, díobhlacht, díobhlas, díobhlás, diomailt, diomailteacht, doscaíocht, drabhlás, míbhainistí, rabairne, raillíocht, reic, scabáiste, scaipeadh, scaipeacht.

caígh verb *weep, lament*: brón, caoin, éagaoin, éigh, goil, *literary* iacht; déan olagón, sil deora.

caighdeán noun ❶ *criterion, standard*: critéar, norm, riail, slat tomhais, tomhas, *literary* díorna.

cáil noun ❶ *reputation*: ainm, alladh, clú, dea-ainm, dea-cháil, gairm, iomrá, meas, oirirceas, teastas, teist, tuairisc, *literary* bladh, cloth, toirm. ❷ *quality*: bua, cáilíocht, cumas, déata, feabhas, fiúntas, mianach, ríd, santréith, tréith. ❸ *amount, portion*: beagán, candam, cion, cuid, cúpla, giota, méid, páirt, píosa, roinn, roinnt, ruainne, sáilín, scair, sciar, slam, slám, smut, suim, *literary* urrann.

cailc noun ❶ *chalk*: aol, aolchloch, cailciam, leamhaol. ❷ *chalked mark, limit*: ceasaí, cuimse, fóir, marc, ríochan, teorainn. ❸ *white substance*: lítis, sneachta.

caileandar noun *calendar*: almanag, caileantóir, féilire, féilire na naomh, martarlaig; cín lae, dialann; annáil, croinic, oireas, stair.

caileannógach noun *green scum*: cailimhineog, coirleannógach, líneáil ghorm, líneáil uaine, líonáil, níonáil, roille bhuí, scannán, scraith, screamh, screamhóg; slaoiste.

caileantóir noun *forecaster of weather, of dates*: aitheantóir, comharthaí, fáidh, fáidheadóir, fáistineach, fear fáistine, réadóir, réamhaisnéiseoir aimsire, tairngire.

caileantóireacht noun (*act of*) *forecasting weather, etc.*: fáidheadóireacht, fáistine, fáistineacht, réadóireacht, tairngireacht.

cailg noun *sting of insect*: cealg, ga, goin, prioc, priocadh. verb *sting*: cealg, goin, prioc; cuir cailg i, cuir cealg i, cuir ga i.

cáiligh verb *qualify*: bain amach do dhintiúir, tarraing do dhintiúir.

cáilithe adjective *qualified*: áitithe, oirbheartach; tá a dhintiúir aige.

cailín noun ❶ *girl, young unmarried woman*: ainnir, ainnirín, brídeach, brídeog, bruinneall, caile, gearrchaile, girseach, girseog, iníon, leanbh iníne, leathchailín, macaomh mná, maighdean, ógbhean, suib, *literary* bríd; bonsach girsí. ❷ *pretty girl*: áille na háille, babóigín, bamsóigín, béasach, breágán, brídeach, brídeach mná, buinneán mná, céirseach, gile na gile, gleoiteog, guamóg, lachóigín, láireog, láireoigín, láithreog, lúibín, maighre, maiseog, néamhann, pabhsae, péacóg, plandóg, plúirín, plúróg, réilteann, ríon, sciamhaí, spéirbhean, spéirbhruinneall, stáidbhean, stuaire; áilleacán, áilleacht, áilleagán, áilleán, féileacán parlúis. ❸ *plump girl*: alaiseach,

cáilíocht

ceailiseog, mangarsach, muirleog, muirneog, patalán girsí, patalóg, puirtleog girsí, samhdóg, sodóg, torpóg. ❹ *large, strong girl:* bodóg, bonsach girsí, cliobóg, scafaire mná, steafóg girsí, torpóg. ❺ *thin girl:* priocóigín, sliseog. ❻ *foolish, skittish girl:* baothóg, céirseach, eitleog, fuaidrimín, gamalóg, giodalóg, giodróg, giofairlín, guagóg, meadhróg, meidhreog, pramsóg, raistéir cailín, ruaiseog, sceidhreog, scinnid, struipear, suaróg, uallóg. ❼ *intelligent girl:* meabhróg. ❽ *untidy girl:* braimilleog, luideog. ❾ *impudent girl:* cailín báire, cailleach an ghiodail, gealtóg, giobstaire, gramhsóg, gustóg, leagaire, méaróg, raiteog, rata, streabhóg, dalbóg, streabóid, toice, toicín. ❿ *maid, servant:* banóglach, banseirbhíseach, cailín aimsire, *literary* cumhal, ionailt.

cáilíocht noun ❶ *quality:* bua, cáil, cumas, déata, feabhas, fiúntas, mianach, ríd, santréith, tréith. ❷ *disposition, temperament:* bealach, coimpléasc, féiniulacht, *pl.* gnéithe, indibhidiúlacht, intinn, mana, méin, meon, mianach, miotal, nádúr, pearsantacht, ríd, sainiulacht, *pl.* saintréithe, *pl.* tréithe. ❸ *qualification:* céim, dintiúr, gradam. ❹ **adjectival genitive** *attributive:* aitreabúideach, **adjectival genitive** cáilíochta.

cailís noun ❶ *chalice:* ballán, corn, cupa, cupán, cupán comaoineach, *literary* caileach, cingid. ❷ *calyx: pl.* caisirníní, *pl.* seipil.

cáiliúil adjective ❶ *famous, celebrated:* ainmniúil, aitheanta, aithnidiúil, ardchéimiúil, ardchéimneach, ardréimeach, clúiteach, clúitiúil, deamheasta, forórga, gartha, glórmhar, gradamach, iomráiteach, maorga, molfach, mór le rá, nótáilte, oirirc, oirní, tábhachtach, táscmhar, teastúil, *literary* áirmheach, bladhach, ollbhladhach, sochla, táscach; ar aithne, ar eolas, i mbéal an phobail, mór le rá. ❷ *of medium quality, middling:* cuibheasach, lagmheasartha, measartha, réasúnta; déanfaidh sé cúis.

caill noun ❶ *loss:* aimhleas, bás, bris, caillteamas, caillteanas, danaid, díobháil, dith, easnamh, easpa, feall, púir, *literary* diúbairt. verb ❷ *lose, miss:* cealaigh, cronaigh, lig amú, tréig; tá an leabhar tar éis dul sa fhraoch orm; tá sé imithe ar seachrán, tá sé imithe ar strae orm. ❸ *suffer defeat:* bí thíos, clis, meath, téigh síos; bristear ar, buailtear, buaitear ar, sáraítear; teilgtear cás; téann an cluiche in aghaidh. ❹ *lose money, spend:* caith, cuir amú; bhí mé faoi de, bhí mé punt briste ann; bhí mé siar; bhí leathcheann orm. ❺ *cailltear die, perish:* básaigh, éag, faigh bás, *literary* fuin, imigh, síothlaigh.

cailleach noun ❶ *nun:* ban-ab, banphrióir, bean rialta, cailleach dhubh, siúr; *pl.* Siúracha na Carthanachta, *pl.* Siúracha na Toirbhirte, *pl.* Siúracha na Trócaire. ❷ *old woman, witch:* banchumhachtach, cailleach feasa, cailleach phiseogach, fia-chailleach, fuachaid; ruacán caillí, seanbhean, seanchailín, seanmhaighdean. ❸ *recess, snuggery:* ascaill, barrbhalla, clúid, cluthair, coirnéal, cuas, cúil, cúilín, cúinne, cúláire, cúláis, cúláisean, culán, cúlaon, glota, landair, lúb, lúbainn, nideog, paidhc, póicéad, puicéad, *literary* imscing.

cailleach dhubh noun *comorant* (*Phalacrocorax carbo*): duibhéan, murúchaill, seaga.

cailleach oíche noun *owl* (*Tyto, Asio, etc.*): ceann cait, corr screácha, corr screachóg, corr screadóige, screáchog, screacho reilige, ulchabhán.

cailleach phiseogach noun *sorceress, witch:* bandraoi, cailleach draíochta, cailleach feasa, cailleach luibhe, fia-chailleach, fuachaid, síofróg, upthóg.

cailliúint noun (*act of*) *losing, loss:* aimhleas, bás, bris, cailleadh, caillteamas, caillteanas, danaid, díobháil, dith, easnamh, easpa, feall, púir.

cailliúnach adjective ❶ *costly, extravagant:* baothchaifeach, caifeach, caiteach, costasach, daor, diomailteach, doscaí, drabhlásach, míchuimseach, rabairneach, scaipeach, scaiptheach. ❷ *defective, worn out:* ainimheach, briste, cáimeach, cithréimeach, éagruthach, éalangach, easnamhach, easpach, éislinneach, fabhtach, fiartha, lochtach, máchailleach, míchumtha, millte, neamhfhoirfe, neamhiomlán, neamhuilíoch, orchrach, saofa, uireasach, uireaspach, *literary* urbhearnach; tá lúb ar lár ann; sáraithe, seanchaite, síleáilte, caite, lag, spíonta, stéigthe, tréigthe.

cailliúnaí noun *spendthrift person, spendthrift:* caifeachán, caiteoir, diomailteoir, drabhlásaí, ragairneálaí, scaiptheoir, slámálaí, spíonadóir; cúl le rath, an mac díobhlásach, mac na míchomhairle, ragaíoch.

caillte adjective ❶ *lost, misplaced:* amú, ar seachrán, ar strae, gan teacht air. ❷ *lost, perished:* básaithe, díofa, éagtha, imithe, marbh, neamhbheo; ar shlí na fírinne, chomh marbh le hart; imithe leis an ngleoraitheo; níl dé ann, níl smeach ann; tá a chaiscín meilte, tá a chosa nite, tá a phort seinnte. ❷ *dreadful:* adhuafar, cradhscalach, creathnach, critheaglach, gáifeach, géibheannach gráiciúil, gráiniúil, gránna, míofar, scáfar, scanrúil, scéiniúil, uaiféalta, uafar, uafásach, uamhnach, urghránna. ❸ *sordid:* bréan, brocach, broghach, cáidheach, caillte, camrach, ceachrach, déistineach, glonnmhar, gránna, íseal, lofa, múisciúil, otair, salach, suarach, táir, táiríseal, truaillí, uiríseal.

caillteanas noun *loss:* aimhleas, bás, bris, caillteamas, danaid, díobháil, dith, easnamh, easpa, feall, *pl.* fiacha, púir.

cailpís noun ❶ *flap, fly of trousers:* flapa, gabhal, plapa. ❷ *flipper:* flípear, lapa, multóg, mutóg.

cáim noun *fault, blemish:* ainimh, anchruth, breall, cithréim, clóic, deamar, diomar, éagruth, éalang, éasc, easpa, easnamh, fabht, lear, locht, lochtaíl, lóipín, máchail, míghnaoi, miolam, smál, uireasa, uireaspa, *literary* meann.

caime noun *crookedness, dishonesty:* caimiléireacht, calaois, camadáil, camastaíl, camastóireacht, camadh, cambheart, camrasáin, cealg, cealgaireacht, cluain, cneámhaireacht, eisionracas, falsú, feall, feall ar iontaoibh, feallaireacht, feallóireacht, feillbheart, feillghníomh, fiar, *figurative* íogán, lúbaireacht, meabhlaireacht, meabhlú, mealltóireacht, meang, meilm, mícheastacht, míchoinníoll, mí-ionracas, mímhacántacht, rógaireacht, séitéireacht, slítheántacht; tá bealaí ann.

caimiléir noun *dishonest person, crook:* brathadóir, bréagadóir, camadán, creachadóir, duine cam, feallaire, feallóir, gadaí, gadaí bradach, Iúdás, lúbadóir, lúbaire, meabhlachán, meabhlaire, nathair, plotaire, robálaí, rógaire, saofóir, séitéir, sliúdrálaí; Tadhg an dá thaobh; dathadóir, dathaire.

caimiléireacht noun *crookedness, dishonesty:* caime, calaois, camadáil, camadh, camastaíl, camastóireacht, cambheart, camrasáin, cealg, cealgaireacht, cluain, cluanaíocht, cneámhaireacht, creachadóireacht, cur i gcéill, dúbláil, éadairse, éigneastacht, eisionracas, falsacht, falsú, feall, feall ar iontaoibh, feallaireacht, feallóireacht, feillbheart, feillghníomh, *figurative* íogán, lúbaireacht, lúbarnaíl, meabhal, meabhlaireacht, meabhlú, mealltóireacht, mícheastacht, míchoinníoll, mí-ionracas, mímhacántacht, séitéireacht.

cáin noun ❶ *tribute:* cíos, cíoscháin, dúchíos, gearradh, mál, *literary* bóramha, daorchíos. ❷ *fine,* *penalty*: díre, éiric, fíneáil, meirse, pionós, scot, airgead scoit, *literary* eineachlann. ❸ *tax*: cánachas, custam, diúité, dleacht, dola, gearradh, mál, *pl.* rátaí, sraith. **verb** ❶ *fine*: cuir fíneáil ar, cuir pionós ar, gearr ar. ❷ *condemn, censure*: aithisigh, aor, bearr, cáinsigh, caith anuas ar, ciontaigh, damnaigh, daor, dímhol, feann, glámh, guthaigh, imcháin, imdhearg, iomardaigh, lochtaigh, milleánaigh, scioll, tarcaisnigh, *literary* tathaoir.

cáinaisnéis noun (*parliamentary*) *budget*: bille airgeadais, buiséad, *pl.* meastacháin bhliantúla.

caincín noun *nose*: cincín, geanc, smut, soc, srón; *pl.* polláirí.

cáineadh noun (*act of*) *comdemnation, censure*: aoir, beachtaíocht, béal na ndaoine, cáinseoireacht, caitheamh is cáineadh, ciontú, coiriú, damnú, daoradh, eascaine, gearrachán, gearradh, guth, guthaíl, imdheargadh, iomard, iomardú, lúdráil, lochtú, mallacht, milleán, priocaireacht, siolladh, siolladóireacht, scóladh, spíd, spídiúchán, spídiúlacht, táinseamh, tarcaisne.

caineál[1] noun *channel*: camracháin, canáil, caolas, caológ, caoluisce, clais, clasaidh, craosán, gáitéar, gearradh, léata, lintéar, panc, silteán, sraoth, suinc, trinse.

caineál[2] noun *cinnamon* (*Cinnamomum zeylanicum*): cineamon.

caingean noun *cause, dispute, plea*: aighneas, cás, cúis, díospóireacht, easaontas, iomarbhá, pléadáil.

cainneann noun *leek, onion* (*Allium*): oinniún, oinniún fiáin, scailliún, síobhas, síobóid; creamh, gairleog, gairleog Mhuire, gairleog léana, glaschreamh.

cainníocht noun ❶ *quantity*: líon, mais, meáchan, méid, oiread, suim, toise, tomhas, uimhir. ❷ *man's estate*: aibíocht, críonnacht, inmhe, inniúlacht, oirbheart, feargacht, fearúlacht, fireannacht, mascaltacht; tháinig sé ann.

cainniúr noun *excrement, dung*: aoileach, bualtrach, buarán, buinneach, cac, cac cuile, cac muc, cac péiste, cacamas, *pl.* cacanna caorach, camras, eiscréidiú, eisfhearadh, fearadh, garr, giodar, leasú, otrach, otras, salachar, saothar, sciodar; cróch na gcaorach, cróch na mbánta.

caint noun ❶ (*act of speaking*), *utterance*: allagar, caintiú, canstan, ceiliúr, focal, forrán, fuigheall, labhairt, labhra, oideam, rá, ráiteas, seanfhocal, seanrá, urlabhra. ❷ *talk, speech*: aighneas, aitheasc, cur síos, cuntas, deilín, léacht, oráid, salmaireacht, seanmóir, spéic, trácht, tráchtaireacht, tuairisc, *literary* meadhar, scoth. ❸ *variety of speech, dialect*: barróg, béarla, blas, canúint, friotal, Laidin, teanga; béal na ndaoine; cúigeachas, Muimhneachas, Ultachas. ❹ *conversation, gossip*: aighneas, béadán, béadchaint, bleadráil, brilléis, cabaireacht, cadragáil, cadráil, cafaireacht, caintiú, cardáil, clabaireacht, clisiam, comhrá, cúlchaint, dradaireacht, futa fata, geab, geabaireacht, geabairlíneacht, geabantacht, geabstaireacht, giob geab, giolcaireacht, giostaireacht, glagaireacht, gleoiréis, gleoisíneacht, gliadar, gligíneacht, gliog gleag, gliogarnach, glisiam, gogalach, imagallamh, plobaireacht, ráifléis, reacaireacht, rith seamanna, siollaireacht, suaineán.

cainteach adjective *talkative, chatty*: bladhmannach, briosc-chainteach, brioscghlórach, cabanta, cágach, caismirteach, canmhar, ceiliúrach, clabach, geabach, geabanta, glafaireach, gleoiréiseach, gligeach, gliograch, labharthach, síodrálach, sprusach.

cáinteach adjective *fault-finding, censorious*: achasánach, aithiseach, beachtaíoch, breithiúnach, cinsiriúil, díotálach, guthánach, iomardach, lochtaitheach, milleánach, mosánach, spídiúil, tarcaisneach; cnáideach, cnáidiúil, drochmheastúil, drochmheasúil, easmailteach, easonórach, fochaideach, fonóideach, frimhagúil, magúil, maslach, scigiúil, searbhasach, *literary* tathaoireach.

cainteoir noun *speaker, talker*: comhráiteach, léachtóir, seanmóirí, spéicéir, urlabhraí; bladhmaire, bleid, bolgán béice, bolgán gaoithe, bolscaire, brasaire, cabaire, cadrálaí, cafaire, cág, callaire, clabaire, claibéir, claibín, claibín muilinn, claibseach, dradaire, drandailín, geabadán, geabaire, geabstaire, giolcaire, giostaire, glafaire, glagaire, glagbhéal, gleoiseach, gleoisín, gleothálaí, gligín, gliogaire, gliogarnálaí, glór i gcóitín, gobachán, grabaire, plobaire, roiseálaí, scaothaire, siollaire, siosaire, strambánaí, trumpadóir.

cáinteoir noun *criticizer, fault-finder*: beachtaí, brabúsaí, cáinseoir, castóir, cinsire, criticeoir, lochtóir, priocaire, tarcaisneoir, tormasaí; ainciseoir, ainle, ainleog, canránaí, ceasnaí, ceolán, clamhsánaí, cnádánaí, cnáimhseálaí, cnáimhseoir, drantánaí, gearánaí, siolladóir, sclamhaire, spídeoir, stiallaire.

caintigh verb ❶ *speak*: abair, can, ceiliúir, cogair, cuir i bhfriotal, fuaimnigh, labhair, gabh, luaigh, siosc, *literary* fuighill. ❷ *address, accost*: beannaigh do; buail bleid ar, cuir caidéis ar, cuir forrán ar.

cáipéis noun *document*: caidirne, cairt, comhad, conradh, doiciméad, eascaire, foirm, litir, meabhrán, meamram páipéar, scríbhinn, taifead, teastas, teistiméireacht, tíolacas tuarascáil; cáiteach de pháipéar.

caipín noun ❶ *cap, cover*: caipín glúine, caipín súile, caipín sonais; ceann, claibín, clúdach, clúid, cumhdach. ❷ *cap, hat*: bairéad, bairrín, beannóg, boinéad, cafarr, cáibín, caidhp, ceannbheart, gearrhata, hata, mítéar. ❸ *hood*: calla, cochall, húda; caipisín. ❹ *crest, top*: barr, buaic, cíor, círín, curca, mullach.

caipiteal noun *capital (money)*: acmhainn, airgead, bunairgead, crodh, éadáil, gustal, iarmhais, ionnas, ionnús, maoin, rachmall, rachmas, saibhreas, saoltacht, sócmhainn, sochar, speilp, spré, stór, strus, tábhacht, toice, *literary* intleamh, ionnlas.

cairb noun *jaw and teeth, rugged set of teeth*: cár, cíor, déad, déadeagar, draid, draidgháire, drannadh, drant

cairbín noun *carbine*: muscaed, raidhfil; gunna.

cairbreach adjective ❶ *ridged, rugged*: achrannach, cleathach, clochach, corrach, garbh, inbheach, iomaireach. ❷ *na cianta cairbreacha ó shin* in remote ages: le fada an lá, leis na himpireacha.

cairde noun ❶ *respite*: aoitheo, aothú, biseach, deibhil, faoiseamh, lagra, lagsaine, laigse, lamháil, lascaine, maitheamh, spás, truáil, *literary* turbhaidh. ❷ *credit*: cíoscheannach, creidiúint, creidmheas, *pl.* fiacha, fruilcheannach, gaimbín, glascheannach; chuir sé sa mharc orm é, chuir sé sa mhuineál orm é; fuair mé ar an strapa é; ní thugann sé mórán trachta uaidh. ❸ *delay*: fadáil, fadálacht, faillí, foighde, foighne, leadrán, mainneachtain, malltriall, moill, righneadóireacht, righneáil, righneas, siléig, strambán, támáilteacht.

cairdeagán noun *cardigan*: geansaí.

cairdeas noun *friendship*: caidreamh, cairdiúlacht, caoifeacht, caradradh, caradras, carthanacht, carthanas, céileachas, céilíocht, cion, coimhdeacht, coimhirse, comhar, comhghuaillíocht, comhluadar, comhluadracht, comrádaíocht, córtas, cuideachta, cuidiúlacht, cumann, dáimh, dile, díograis, dlúthchaidreamh, gaol, grá, guaillíocht, láchas, láíocht, méadaíocht, muintearas, nádúr, páirt, páirtíocht, taithíocht, tláithe, *literary* cairdine; níl

81

cairdeas Críost siad ar na hói le chéile *'relations are strained between them'*.

cairdeas Críost noun ❶ *sponsorship, acting as godparent*: coinneáil linbh le baisteadh, seasamh le leanbh. ❷ *godparent*: athair baistí, cairdeas, cara Críost, caras Críost, crístín, máthair bhaistí, oide baistí; sheas sé liom chun baiste.

cairdiúil adjective *friendly*: caithiseach, caoithiúil, carthanach, ceanúil, céilúil, coimhirseach, coimhirseanach, comhluadrach, comrádúil, connalbhach, córtasach, cuideachtúil, cuidiúil, dáimhiúil, dil, díograiseach, geanúil, grámhar, lách, leanúnach, mór, muinteartha, oibleagáideach, páirteach, páirtiúil, práinneach, preabúil; ag dul i móireacht le chéile.

cairéad noun ❶ *carrot (Daucus carota)*: cearrachán, meacan buí, meacan dearg. ❷ *wild carrot (D. carota)*: bliúcán, burgamán, cairéad fiáin, crallacóg, cuirdín, cuirdín fiáin, mealbhacán, mugamán.

cairéal noun *quarry*: coiléar, coiréal, poll, poll gainimh, poll gairbhéil.

cáiréis noun ❶ *carefulness*: aclaíocht, airdeall, aireachas, barainn, beachtaíocht, cruinneas, cúram, dúthracht, faichill, feighil, feighlíocht, friochnamh, friothálacht, imní, *literary* dulann. ❷ *delicacy, nicety*: beadaíocht, consaeit, cúirialtacht, deismíneacht, éiseal, éisealacht, íogaireacht, mínineacht, pointeáilteacht, tormas.

cáiréiseach adjective ❶ *careful*: aclaí, airdeallach, aireach, barainneach, coimhéadach, críonna, cúramach, dúthrachtach, faichilleach, faireach, feifeach, feighlíoch, foraireach, friochnamhach, friothaireach, friothálach, fuireachair, furchaidh, grinn, imchoimeádach, tíosach, tomhaiste, triollata, *literary* dulannach, imchisneach. ❷ *fastidious, nice*: beadaí, consaeitiúil, cúirialta, éisealach, íogair, lagáiseach, laideanta, pointeáilte, scrupallach, tormasach.

cáirín noun ❶ *grin, grimace*: cab, cár, caradánacht, clab, meill, pus, strabhas, strainc, straois, streill; grainc, gramhas, gruig, grus, iolchaing, mídhreach, místá, púic, pus, scaimh, scaimheog, strabhas, strainc, straois, streill. ❷ *grinner, grimacer*: cáraí, clabaire, draideachán, gramhsaire, pusachán, pusaire, strabhsachán, straínceachán, straoiseachán, streilleachán; gramhsóg. ❸ *bickerer*: agóideoir, aighneasóir, agróir, argónaí, beachtaí, cailicéir, conspóidí, construálaí, díospóir, feannadóir, goineadóir, imreasaí, imreasánaí, priocaire, sceideálaí, sciolladóir, spochadóir, spochaire, stangaire, trasnálaí.

cáiríneacht noun ❶ *grinning, grimacing*: cáradánacht, dradaireacht, gramhsáil, gramhsaíl, pusaíl, pusaireacht, straoisíl, streilleachas, streilleáil, streillireacht. ❷ *bickering*: achrann, agóid, aighneas, argóint, beachtaíocht, cailicéireacht, cnádán, cnádánacht, cointinn, construáil, cráiféal, deargadh beara, feannadóireacht, foclaíocht, géaradas cainte, géiríneacht, goineogacht, íde béil, íde na muc is na madraí, imreas, imreasán, iomarbhá, leadhbairt den teanga, oidhe bhéil, oirbhire, priocaireacht, sciolladóireacht, spallaíocht, spíd, spídiúchán, spídiúlacht, spochadh, spochadóireacht, stangaireacht, tarcaisne, trasnaíocht, troid.

cairiún noun *gelding*: coillteán, gearrán, gearrán coillte, gillín; cábún, cábúnach; riglí, ringear.

cairpéad noun *carpet*: brat urláir, mata, straille, taipéis.

cairt¹ noun ❶ *chart*: cairt eoil, léaráid, sracléaráid, léarscáil, mapa, póstaer, tábla. ❷ *charter*: bintiúr, cáipéis, dileagra, dintiúir, dioplóma, scríbhinn, taifead, teastas, teistiméireacht, tíolacas.

cairt² noun ❶ *cart*: carbad, carr, cóiste, jaint, trucail, trucailín. ❷ *motor-car*: carbad, carr, carráiste, feithicil, feithicil mhótair, gluaisteán, jíp, mótar, salún.

cairtchlár noun *cardboard*: cárta, cartbhord, cartphár, páipéar cárta.

cairteoir¹ noun *carter*: carraeir, carróir, cóisteoir, gíománach, tiománaí.

cairteoir² noun *map-maker, cartographer*: cartagrafaí, suirbhéir.

cáis noun *cheese*: bogcháis, úrcháis; mulchán, tanach; gruth, meadhg; binid, coraid.

caiscín noun *whole-meal, whole-meal bread*: gairbhseach mine, grán, min, plúr; arán buí, arán donn, arán riabhach, cáca, círte riabhach.

caise noun *stream, current*: abhainn, buinne, cainéal, caislín, caochán, cláideach, díobhóg, glaise, glas, ribhéar, sreabh, srúill, sruth, sruthán, tuile, tulca.

caiseach adjective *gushing*: brúchtach, buinneach, caisiúil, scairdeach, sconnach, sconnasach, sconnógach, slaodach, sruthach, steallógach, taoscach, tulcach.

caiseal noun ❶ *stone fort*: briotáis, caisleán, cathair, clochar, daingean, dún, dúnfort, lios, longfort, pailis, *pl.* táibhle, *literary* caistéal. ❷ *boundary wall*: cladán, claí, claí fód, fál, imfhál, imfhálú, imphort, móta, sconsa, *literary* ime. ❸ *spinning top*: cnaipe damhsa, topa. ❹ *glans penis*: breall.

caisearbhán noun ❶ *dandelion (Taraxacum)*: bearnán Bhríde, fiacail leoin, searbhán. ❷ *figurative sour person*: ainciseoir, cancrán, cianaí, deimheastóir, doirbhíoch, domlas, dris, duarcán, duine dáigh, gargaire, gráinneog, míchaidreamhach, nathair, nimheadóir, peasánach, pusaire, sceach, sceachaire, sceimhealtóir, searbhán, smutachán, speachaire, speig neanta, stiúireachán.

caisirnín noun ❶ *kink, twist*: cam, caislimín, caise, cas, casadh, castainn, cor, fiar, lúb, ruaircín. ❷ *wrinkle*: caise, casadh, clais, clupaid, crapadh, cruinniú, fáirbre, filltín, furca, muc ar mala, reang, roc, rocán. ❸ *sepal*: seipeal; *colloquial* cailís.

caisirníneach adjective ❶ *kinky, twisted*: cam, casta, corach, fiar, fiarach, lúbach, ruaircíneach. ❷ *wrinkled*: clupaideach, craptha, fáirbreach, feoite, feosaí, fithíneach, méirscreach, pillte, reangach, rocach, roicneach, rúscach, lán d'fhilltíní.

caisleán noun ❶ *castle*: caiseal, daingean, dún, dúnfort, pailis, *literary* caistéal. ❷ *mansion*: pálás, teach mainéir, teach mór, únacht. ❸ *cumulus (cloud)*: bearradh caorach, cumalas, lomra, moltacháin. ❹ *pl.* **caisleáin óir** *castles in the air*: aisling de réir méine, aislingeacht, aislingíocht, caisleoireacht, fantaisíocht, finscéalaíocht, fís, *pl.* nóisin, *pl.* speabhraídí.

caismirneach noun ❶ *(act of) meandering*: camchuairt, fálróid, fánadóireacht, fánaíocht, fianaíocht, fiarlaoideacht, learaireacht, pléireacht, raimleáil, ránaíocht, rantaeireacht, seachrán, seachránacht, séadaíocht, síománaíocht; bacachas, baitsiléireacht, bóithreoireacht, ródaíocht. ❷ *twisting, torsion*: caismeacht, caismearnacht, camadh, casadh, casmhóimint, imrothlú, lúbadh, lúbarnach, lúbarnaíl, roithleagadh, rothlú, tochras, toirsiún.

caismirt noun ❶ *literary alarm, call to arms*: aláram, creill, forógra, gáir, rabhadh, rabhchán. ❷ *din, commotion*: borrán, cambús, carabuaic, carabunca, cibeal, cipeadraíl, clampar, clibirt, cliobach, cliobaram hob, clisiam, conaghreabhaid, cosair easair, díthreoir, easordú, fuilibiliú, fuirseadh má rabhdalam, gáróid, giordam, gleadhradh, gleorán, glisiam, griobach, holam halam, hólam tró, hurlamaboc, hurla harla, hurlama giúrlama, liútar éatar, liútar léatar, mírialtacht, pililiú, racán, rachlas, ragáille, raic, raiple húta, rírá, ruaille buaille, rúp ráp, stánáil, tamhach táisc, toirnéis, tranglam, troistneach, turlabhait, *literary* eascal, monghar. ❸ *argument, contention*: aighneas, briatharchath, bruíon, cailicéireacht, callóid, callshaoth, cibeal, cipíneach, cogadh, conghail, cointinn, cur i gcoinne, clampar, construáil, díospóid, easaontas, giorac, griobsach, imreas, maicín, raic, scliúchas, siosma, troid, *literary* easard, gleidean. ❹ *chatter*: béalastánacht, bleadracht, bleadráil, brilléis, cadráil, cafaireacht, cágaireacht, clab, clisiam, dradaireacht, futa fata, geab, geabaireacht, geabairlíneacht, geabantacht, geabstaireacht, geocáil, giob geab, giofaireacht, giolcaireacht, giostaireacht, glafaireacht, glagaireacht, gleoiréis, gleoisíneacht, gliadar, glignineacht, gliog gleag, gliogar, gliogarnach, glisiam, gogalach, meilt, pápaireacht, placadh siollaí, plob plab, plobaireacht, rith seamanna, siod sead, siollaireacht.

caismirteach adjective ❶ *disorderly*: ábhailleach, dalba, dána, docheansa, docheansaithe, doriartha, doshrianta, fiáin, fiata, fiatúil, forránach, forránta, greannach, iargúlta, iomlatach, ionsaitheach, mírialta, trodach; as a chrann cumhachta. ❷ *argumentative*: achrannach, agóideach, aighneasach, aighneastúil, aighneasúil, argóinteach, bruíonach, cancrach, cantalach, cochallach, coilgneach, cointinneach, comhlannach, conspóideach, cuileadach, deafach, docheansa, docheansaithe, doriartha, doshrianta, driseogach, drisíneach, driseogach, drisíneach, gleoch, goilliúnach, gráinneogach, greannach, imreasach, imreasánach, iomarbhách, iomlatach, ionsaitheach, iarógach, íortha, siosmach, spairneach, spairniúil, straidhpeach, straidhpiúil, trodach, *literary* dreannach. ❸ *chattering*: bladhmannach, briosc-chainteach, cainteach, clabach, geabach, geabanta, glafaireach, gleoiréiseach, gliogach, gliograch, síodrálach.

caisne noun ❶ *chip, particle*: cáithne, cáithnín, gainmhín, giota, mír, móilín, pairteagal, písín, ruainne, sceall, sceallóg, scealp, scealpóg. ❷ *frizz, curl*: ciabhóg, camóg, coirnín, deiseálan, dlaoi, dual, iosmairt, lúibín.

caisnín noun *splint-light*: fáideog, geataire, geitire, íotharna, lasán, lasóg, maiste, páideog, scolb, trilseán; biríin beo.

caiteach adjective *wasteful*: baothchaifeach, caifeach, cailliúnach, diomailteach, doscaí, drabhlásach, rabairneach, scabáistiúil, scaipeach, scaiptheach.

caiteachán noun *thin, emaciated person*: cnámharlach, cnuachaire, coinnleoir, creatachán, cringleach, cuail cnámh, deilbhéir, geosadán, langa, léanscaire, léanscaire, leathóg, leicneán, loimíneach, loimirceach, lománach, raispín, ránaí, ranglach, ranglachán, ranglamán, reangaide, reangaire, reangartach, reanglach, reanglachán, reanglamán, rúcach, scáil i mbuidéal, scloit, sclotrach, séacla, séaclach, scalcóir, seang, síogaí, síothnaí, speireach, splíota, spreanglachán, taiseachán, truán; níl ann ach a scáth, níl ann ach a chomharthaíocht, níl ann ach na ceithre huaithne; níl deilbh luiche air, níl feoil ná foilse air.

caiteachas noun ❶ *expenditure*: caitheamh, meilt, tomhailt. ❷ *wastefulness*: caifeachas, cur amú, cur i bhfaighid, díleá, diomailt, diomailteacht, doscaíocht, drabhlás, rabairne, raillíocht, scabáiste, scaipeadh, scaipeacht, vásta.

caiteog noun *pile, nap*: bruithnín, bruth, caitín, cluimhreach, clúmh, *pl.* cnapóga, cóiriú, fabhra, *pl.* gibíní, uairleachán.

caiteoir noun ❶ *wearer*: mainicín. ❷ *consumer, spender*: ceannaí, ceannaitheoir, cliant, custaiméir, custamóir, gnáthcheannaitheoir, tomhaltóir, úsáideoir, úsáidire. ❸ *thrower*: leagaire, teilgeoir. ❹ **caiteoir tobac** *smoker*: dóiteoir, dúdaire.

cáiteoir noun *winnower*: fear cáite, *colloquial* lucht cáite.

caith verb ❶ *wear*: buail umat, cleacht, cuir ort, cuir umat, iompaigh; tá siad orm 'I am wearing them'. ❷ *consume*: cealaigh, cnaígh, creim, *literary* ibh, ídigh, ith, ól, meil, tnáith, tomhail. ❸ *smoke (tobacco)*: ól. ❹ *spend (resources)*: bain smúit as, bain deatach as, caill, cuir amach, cuir amú, cuir dlús le, déan flaisc le, leáigh, lig amach, meath, raid, scaip, scaoil uait, scoith, téigh trí; steall le balla. ❺ *pass, spend (time)*: bain as, cnádáil, cnag, cuir díot, fuaraigh, lig tharat, meath, meil, tabhair. ❻ *throw, cast*: bocáil, croch, crústaigh, diúraic, gabh de, raid, rop, rúid, rúsc, scaoil, seadráil, steall, teilg, tlig, tuairteáil, tuargain. ❼ *shed*: doirt, scoir, scoith, sil, tabhair, tál; tit. ❽ *fire, shoot*: aimsigh, diúraic, gabh de, lámhach, loisc, scaoil, scinn, steall, tabhair faoi. ❾ **chaith sí** *she gave birth to still-born offspring*: chaith sí le leanbh mic, scar sí le leanbh; bhí sé marbh ag teacht ar an saol dó, gin mharbh ab ea é, rugadh marbh an páiste; rug sí marbhlao, rug sí marbhuan; mairbheach, mairfeacht, marbhghin. ❿ (*as an auxiliary, mostly future and conditional*) *must, be obliged to, have to*: is éigean do, ní foláir do, ní mór do, tá ar, tá sé de dhualgas ar, tá sé den riachtanas; ba cheart do, ba chóir do; dligh.

caith amach verb ❶ *evict*: cuir as, cuir as seilbh, díshealbhaigh. ❷ *reject*: cuir cos ar, cuir suas do, diúltaigh, éar, eitigh, ob, séan, *literary* dear. ❸ *spit, vomit*: bréitseáil, brúcht, caith aniar, caith aníos, cuir amach, urlaic, sceith, seiligh.

caith aníos verb *vomit*: bréitseáil, caith amach, caith aniar, urlaic, sceith.

caith anuas verb ❶ *throw down, knock down*: bain as a sheasamh, bain dá bhoinn, bain dá chosa, bain dá threoir, bain iompú as, bain síneadh as, bain tuairt as, basc, cuir a chrúibíní os a chionn, cuir dá bhoinn, déan crúbadán de, déan gamhain de, déan pleist de, déan spéice de, déan stolp de, leag, leag anuas, scart, tabhair ar an taobh síos suas do, tóg dá mháithreacha, treascair. ❷ **caith anuas ar** *speak ill of*: aifir, aithisigh, cáin, cáithigh, cas le, díbligh, glámh, guthaigh, imdhearg, lochtaigh, mallaigh, mallachtaigh, maslaigh, spaill, tabhair achasán do, tarcaisnigh.

caith ar verb ❶ *affect*: beir greim ar, corraigh, cuir ar, cuir as do, cuir isteach ar, gabh trí, imir ar, téigh ar, téigh trí. ❷ **caith ort** *throw on, dress quickly*: buail umat, cóirigh tú féin, cuir ort, cuir umat, deisigh thú féin, gabh umat, gléas thú féin, luathaigh umat, teann ort.

caith de verb *strip*: bain de, bain an choirt de, bain na héadaí de, ná fág luid ar, ná fág ribe ar, lom, nocht, scoith, struipeáil.

caith siar verb *swallow*: alp, clab, long, scaoil siar, slog, slog siar, bain bolgam as, bain fliúit as, bain gáilleog as, lig siar.

caith suas verb ❶ *abandon*: cuir uait, éirigh as, fág, leag, lig anuas, lig uaith, scaoil, tabhair suas, tréig. ❷ *reproach*: aifir, aithisigh, cáin, cáithigh, cas le, díbligh, glámh, guthaigh, imcháineadh, imdhearg, lochtaigh, mallaigh, mallachtaigh, maslaigh, spaill, tabhair achasán do, tarcaisnigh, *literary* tathaoir, tubh.

caith tharat verb *cease*: cuir díot, cuir uait, éirigh as, fág uait, lig díot, lig tharat, stad, staon, stop.

caith uait verb *let fall, drop*: leag, lig anuas, lig uait, scaoil; éirigh as, fág.

cáith noun ❶ *chaff*: cáithleach, lóchán. ❷ *waste, rubbish*: barraíl, barraíolach, brocamas, cacamas,

cáitheadh
cáithleach, cosamar, dramhaíl, dríodar, fuílleach, graiseamal, gramaisc, gríodán, grúdarlach, grúnlach, grúnlais, miodamas, mionrach, pracar, práib, scaid, sceanairt, sciot sceat, scileach, screallach, scroblach, spíonach, trachlais, traipisí, treilis, treilis breilis, truflais. verb ❶ *winnow:* glan, scag; bain an lóchán de; dealaigh, scar. ❷ *spray:* plobáil, scaird, spraeáil, steall, steanc, streall, streanc, taosc. ❸ *beat, exhaust:* buaigh ar, buail, cloígh, cnaígh, coir, díscigh, ídigh, pléigh, sáraigh, snoigh, spíon, tnáith, traoch, tuirsigh.

cáitheadh noun *spray, spume:* pl. barróga, brádán, pl. bráithre bána, pl. bristeacha, caladh, pl. capaill bhána, ceobhrán, cúr, cúrán, ladar, sobal; caidhpeog.

caitheamh noun ❶ *wear:* buaine, buanadas, seasamh, teacht aniar. ❷ *consumption:* cealú, ithe, ól, meilt, tomhailt. ❸ *waste:* anaiste, bánú, cailleadh, cnáfairt, cnaí, cur amú, díomailt, dul i léig, dul i vásta, leá, meath, meathlú, scaipeadh, snoí, spíonadh. ❹ *cast, throw:* amas, ceaist, crústa, buille, diúracadh, lámhach, radadh, ropadh, rúspa, urchar. ❺ *(act of) shooting, firing:* crústú, diúracadh, gunnadóireacht, lámhach, ligean, piostáil, saighdeadh, saighdeoireacht, scaoileadh, urchar. ❻ *compulsion:* brú, dualgas, éigean, éigeantas, éigní, gá, géarghá, iallach, oibleagáid, riachtanas. ❼ *hankering, sorrow:* atuirse, buaireamh, buairt, cronú, cumha, díomá, dobrón, doilíos, dólás, doghrainn, duairceas, dúilmhireacht, eall connailbhe, iarghnó, méala, síreacht, taom connailbhe, tocht, tromchroí. ❽ *blame, censure:* aoir, beachtaíocht, béal na ndaoine, cáineadh, cáinseoireacht, ciontú, damnú, daoradh, gearrachán, guth, guthaíl, imcháineadh, imchreachadh, imdheargadh, iomardú, lochtú, milleán, priocaireacht, spíd, spídiúchán, spídiúlacht, tarcaisne.

caitheamh aimsire noun *pastime, recreation:* áibhéireacht, áilteoireacht, pl. cluichí, craic, croíléis, eachmaíocht, fastaim, gáibhéireacht, greann, imirt, scléip, scoraíocht, siamsa, siamsaíocht, spórt, spórtaíocht, spraoi, súgradh, *literary* spleadh; aeracht, aiteas, anstrólaíocht, antlás, aoibhneas, cuideachta, gleoiréis, greann, greannmhaire, greannmhaireacht, laighce, léaspartaíocht, leithéis, meidhir, meidhréis, suairceas, sult.

caithir noun *down, hair on body:* clúmh, fionnadh, guaireach; cluimhreach, pl. ribí; giobarsach; bruis, cluimhreadh, clúmh, clúmh cas mion, sopachán, stoithín, stothóg, stuifín, tomán, tomóg, *familiar* cluain *(of female).*

caithis noun ❶ *fondness, affection:* bá, carthain, carthanacht, ceanas, ceanúlacht, connailbhe, cumann, *literary* dailbhe, dáimh, dáimhiúlacht, dile, dílseacht, díograis, díograisí, dúil, fialchaire, gaolacht, gean, gnaoi, grá, greann, ionúine, luiteamas, luiteanas, taitneamh, toil. ❷ *charm, attraction:* deismireacht, draíocht, meallacacht, tarraingteacht, taitneamhacht.

caithiseach adjective ❶ *affectionate:* búch, caoin, caonrasach, ceanúil, cineálta, connail, dáimheach, dáimhiúil, dil, geanúil, grámhar, lách, lánúnach, leanúnach, práinneach, searcach, searcúil. ❷ *attractive:* cuidsúlach, geanúil, insúl meallacach, rómánsach, taitneamhach, tarraingteach; álainn, breá, canta, córach, cruthach, cuanna, cumtha, dathúil, dea-chruthach, dealfa, dealraitheach, deamhaisiúil, deismir, dóighiúil, dreachúil, dúiliúil, fíortha, galánta, glémhaiseach, gleoite, gnaíúil, gnúiseach, greanta, innealta, sciamhach, slachtmhar, spéisiúil. ❸ *delicious:* álainn, aoibhinn, blasta, dea-bhlasta, milis, so-bhlasta, sóúil.

cáithnín noun ❶ *small particle:* cáithne, cáithnín, gainmhín, giobóg, giota, mír, písín, sceall, sceallóg, scealp, scealpóg, sciobóg. ❷ *(source of) irritation:* dó na geirbe, griogadh, oighear, tinneas. ❸ pl. **cáithníní** *gooseflesh:* colg, cradhscal, craiceann gé, driuch craicinn, driuch fionnaidh, fionnaitheacht; codladh driúraic, codladh gliúragáin, codladh grifín, eanglach, griofadach, griogán, pl. haras, pl. harasaí.

caithreáil noun *tangled growth:* cantarna, caschoill, casmhoing, scrobarnach. verb *become tangled:* téigh i bhfostú, téigh in achrann, téigh in aimhréidh, téigh in ascar; bí i gcíor thuathail; tá sé ina ghréasán gan dóigh.

caithréim noun ❶ *triumph:* bua, bua caoch, comhramh, coscar, éacht, gáir mhaíte, gaisce, glóirréim, gníomh gaisce, lámh in uachtar, ollás, *literary* cearn. ❷ *alliterative run, flourish:* ciúta, cóiriú catha, rithlearg, *familiar* cóití bhárms.

caithréimeach adjective ❶ *triumphant:* buacach, buach, buaiteach, buamhar, cathbhuach, comhramhach, coscrach, gaisciúil, glóir-réimeach, gnóiteach, laochasach, laochta, niata, raonach, treascrach, *literary* cearnach. ❷ *exultant, boastful:* ardghlórach, baoth, bladhmannach, bóibéireach, borrach, buacach, díomasach, gáifeach, gaisciúil, glórdhíomhaoineach, laochasach, maíteach, móiréiseach, mórálach, mórchúiseach, mórfhoclach, mórtasach, mustrach, ollásach, poimpéiseach, postúil, sotalach, toirtéiseach.

caithrigh verb *reach puberty, develop:* aosaigh, fás, forbair, *figurative* tar i gcrann, tar in inmhe, tar in oirbheart.

cál noun ❶ *kale, cabbage (Brassica):* cabáiste, gabáiste, praiseach; bachlóga Bruiséile, cóilis, brocailí. ❷ **cál ceannann** *colcannon:* brúitín, caiblidí, peaindí. ❸ **cál faiche** *nettle (Urtica):* coll faiche, cúl faiche, cúl fáidh, leantóg, neantóg, neantóg loiscneach.

caladh noun ❶ *landing-stage:* cé, céibh, clár, fánán, lamairne, léibheann, pontún, réchaladh, scafall, stáitse, stad. ❷ *harbour:* acarsóid, calafort, cuan, port, ród. ❸ *ferry:* bád fartha, bád farantóireachta; iomlacht. ❹ *river-meadow:* crompán, gaorthadh, inse, inseachas, inseán, sraith, srath; cluain, léana.

calán noun *gallon, vessel:* ancairt, árthach, beiste, braighdeog, buicéad, canna, ceaintín, crúiscín, crúsca, feadhnach, giústa, meadar, paol, peaindí, potán, próca, searróg, soitheach, stópa, tancard, uma, *literary* síothalr.

calaois noun *deceit, fraud:* pl. bealaí, brath, brionnú, caimiléireacht, camastaíl, camadh, camrasáin, cealg, cealgaireacht, claontacht, cluain, cor in aghaidh an chaim (agus cam in aghaidh an choir), falsú, feall, feall ar iontaoibh, feallaireacht, fealltóireacht, feillbheart, feillghníomh, fiar, íogán, laofacht, lúbaireacht, lúbarnaíl, meabhlaireacht, meabhlú, meangán, meang, meilm, míchneastacht, míchoinníoll, mí-ionracas, mímhacántacht, séitéireacht, *literary* imdeall, tangna, tangnacht.

calaoiseach adjective *fraudulent:* bealachtach, béalchráifeach, beartach, bréagach, **adjectival genitive** bréige, cam, cealgach, ciniciúil, claon, cluanach, creipeartha, éadairise, éadairiseach, éagórach, éigneasta, falsa, fealltach, fimíneach, glic, liom leat, lúbach, mealltach, meabhlach, meangach, míchneasta, mídhílis, mí-ionraic, mímhacánta, mímhorálta, nathartha, neamhfhírinneach, neamhphrionsabálta, neamhscrupallach, rógánta, seachantach, séitéartha, sleamhain, slítheach, slítheánta.

calar noun *cholera:* an bhuinneach mhór, an galar dubh, rup rap; dinnireacht, gastaireintríteas; aicíd, eipidéim, plá.

calc noun *dense mass:* ailp, balc, caor, caorán, cnaiste, cnap, cnapán, daba, dlúimh, fadhb, fód, lathairt, maidreall, mais, maiste, meall, pulcadh, scailp, scealp, smíste, spóla, stalc, torpán. verb *caulk:* ding, líon, pacáil, pulc, stalc, stop, stuáil.

calcadh noun ❶ *hardening, obduracy:* aindiúid, cadrántacht, ceanndánacht, cruadas, cruas, doichte, dodaireacht, stálaíocht, stalcacht, stalcaíocht, stalcaíl, stalcaireacht, stolpacht, stolpadh. ❷ *stinginess:* ceachaireacht, ceachardhacht, ceacharthacht, cinnteacht, cneámhaireacht, cníopaireacht, cruacht, crúáil, cruálacht, cruas, cúngach croí, doghracht, doicheall, gainne, gorta, gortaíl, ocras, péisteánacht, spárálacht, sprionlaitheacht, sprionlóireacht, stinsireacht, suarachas, suaraíocht, tíos, tíosaíocht, truailleachas, tútachas, *literary* neoid.

call noun ❶ *need, call:* brú, éigean, gá, géarghá, iallach, mustrún, riachtanas. ❷ *claim:* achainí, buannacht, ceart, comhardadh, cúiteamh, éileamh, glao, glaoch, iarraidh, impí, maíomh, muist, tóir.

callaire noun ❶ *crier, bellman:* bolscaire, scairteoir, scolaí, *literary* sumnadóir. ❷ *loud talker, ranter:* béalastán, béiceadán, bladhmaire, bolgán béice, bolscaire, cleataire, geocach, glafaire, glagaire, glagbhéal, meigeadán, pápaire, radaire, reacaire, roiseálaí, scaothaire, siollaire, trumpadóir. ❸ *loudspeaker:* glórfhógairt.

callán noun ❶ *noise, clamour:* caismirt, cambús, carabuaic, carabunca, cibeal, cipeadráil, clampar, clisiam, fothram, fothramáil, fuilibiliú, gáróid, geoin, glamaireacht, gleadhradh, gleo, gleorán, glisiam, glórmhach, griobach, holam halam, hólam tró, hurlamaboc, hurla harla, hurlama giúrlama, liútar éatar, liútar léatar, pililiú, racán, rachlas, ragáille, raic, raiple húta, rírá, ruaille buaille, siot, toirnéis, tranglam, troistneach, *literary* monghar, nuall, seastán. ❷ *argument, contention:* achrann, aighneas, briatharchath, bruíon, cailicéireacht, callóid, callshaoth, cibeal, cipíneach, cogadh, coinghleic, cointinn, conghail, cur i gcoinne, clampar, conspóid, construáil, díospóid, díospóireacht, easaontas, eisíocháin, eisíth, giorac, griobsach, imreas, imreasán, iomarbhá, maicín, raic, sclíuchas, troid, *literary* easard, gleidean, imnise.

callánach adjective *noisy, clamorous:* ard, ardghlórach, caismirteach, clisiamach, fothramach, fothramánach, gáireachtach, garbhghlórach, gárthach, gioracach, gleoch, gleoránach, glórach, greadhnach, lánghlórach, toirniúil, *literary* géiseachtach.

callas noun *callus:* cranra, creagán, criogán, cruas craicinn, fadhb, fuachtán, leac; faithne, spuaic; boinnleac, bonnbhualadh.

callóid noun ❶ *noise:* caismirt, cambús, carabuaic, carabunca, cibeal, cipeadráil, clampar, clisiam, fothram, fothramáil, fuilibiliú, gáróid, geoin, gleadhradh, gleo, gleorán, glisiam, griobach, holam halam, hólam tró, hurlamaboc, hurla harla, hurlama giúrlama, liútar éatar, liútar léatar, pililiú, racán, ragáille, raic, raiple húta, rírá, ruaille buaille, siot, toirnéis, tranglam, troistneach, *literary* monghar. ❷ *wrangle, quarrel:* achrann, aighneas, briatharchath, bruíon, cáiríneacht, caitleáil, callshaoth, cibeal, cogadh, cointinn, conghail, cointinn, cur i gcoinne, clampar, construáil, díospóid, easaontas, giorac, griobsach, imreas, iaróg, maicín, raic, sclíuchas, siosma, siúite, troid, *literary* easard, gleidean, imnise. ❸ *unease, disquiet:* amhras, buaireamh, caduaic, ceo, *pl.* ciapóga, corrabhuais, corrthónacht, eagla, faitíos, imní, meadhrán, mearaí, mearbhall, míshuaimhneas, scáth, seachmall, seachrán. ❹ *drudgery:* callshaoth, crácamas, dua, duainéis, meirse, obair, obair na gcapall, pádóireacht, saothar, saothraíocht, tiaráil, úspáil, úspaireacht, úspairt; ansclábhaíocht, daoirse, daorbhroid, daorobair, daorsmacht, moghsaine, sclábhaíocht, seirfeachas, tráilleacht, tromdhaoirse.

callóideach adjective ❶ *noisy, troublesome:* ainciseach, araiciseach, aranta, ardghlórach, caismirteach, cancrach, cantalach, clisiamach, coilgneach, cuileadach, driseogach, drisíneach, fothramach, fothramánach, gáireachtach, gairgeach, garbhghlórach, gárthach, gioracach, gleoch, gleoránach, glórach, iarógach, lánghlórach, maslach, míchompordach, mórghuthach, nimhneach, piolóideach, saothrach, tinn, treasrcach, trioblóideach, *literary* dreannach. ❷ *severe, heavy (of work):* achrannach, aimpléiseach, aingí, anacrach, anróiteach, crosta, crua, deacair, dian, dochrach, dochraideach, docht, doghrainneach, doiligh, doirbh, dólásach, duaisiúil, iomardúil, míchompordach, míshócúlach, míshuaimhneach, nimhneach, pianmhar, piolóideach, tinn, treabhlaideach, treascrach.

callshaoth noun ❶ *stress, travail:* ainnise, anchaoi, brú, crá croí, cráiteacht, cránas, cruatan, dócúl, doghrainn, dola, duainéis, éagomhlann, géarbhroid, géarghoin, piolóid, strus, suaitheadh, trioblóid, *literary* cacht. ❷ *contention, trouble:* achrann, aighneas, briatharchath, bruíon, callóid, cibeal, clampar, cogadh, coinghleic, conghail, cointinn, conspóid, construáil, díospóid, díospóireacht, easaontas, eisíocháin, eisíth, giorac, griobsach, imreas, imreasán, iomarbhá, maicín, raic, sclíuchas, siosma, troid, *literary* easard, gleidean, imnise.

calm noun *calm:* ciúnas, ciúnadas, farraige mharbh, lagar, laghdú, leamhach, maolú, marbhchiúnas, míniú, sáimhe, sámhnas, snag, suaimhneas, téigle; d'ísligh an fharraige; tá an fharraige ina báinté, tá an fharraige ina báintéir, tá an fharraige ina leamhach, tá an fharraige ina leamhnacht, tá an fharraige ina léinseach, tá an fharraige ina linn abhann, tá an fharraige ina linn lán; tá craiceann ar an bhfarraige, tá plána ar an bhfarraige; táimid i ngairdín calm.

calma adjective ❶ *stalwart, brave:* bríomhar, coráisteach, coráistiúil, cróga, curata, dána, díolúnta, foirtil, fortúil, gaiscíuil, galach, gusmhar, gusúil, láidir, laochta, laochúil, meanmnach, misniúil, spionnúil, spioradúil, spreacúil, spreagúil, spridiúil, tréan, uchtúil, *literary* ánrata, léideanach, léidmheach. ❷ *fine, splendid:* aiteasach, álainn, aoibhinn, ar fheabhas, breá, canta, conláisteach, cuanna, cumtha, dea-chruthach, dealfa, dealraitheach, dea-mhaisiúil, deas, deismir, dóighiúil, fíortha, galánta, gnaíúil, gnúiseach, greanta, innealta, rímhaith, sármhaith, slachtmhar, suairc, taitneamhach, *literary* cadhla, oscartha.

calmacht noun *bravery, strength:* brí, coráiste, coráistiúlacht, crógacht, croí, dánacht, foirtile, foirtileacht, gal, gaisce, gaiscíocht, gus, láidreacht, laochas, meanma, meanmnacht, misneach, misniúlacht, niachas, oirbheart, oiread Chnoc Mordáin de chroí, scairt láidir, sea, smior, spionnadh, spiorad, sponc, spreacadh, spréach, spreacúlacht, treise, uchtach, uchtúlacht, *literary* druine, tothacht.

calmfhear noun *strong man, hero:* cú, curadh, Earcail, gaiscíoch, galach, laoch, laochmhíle, laochra, míle, seaimpín, smalcaire, spionntachán, *literary* féinní, láth, leon, mál, nia, omhna, onchú, oscar, scál.

calóg noun *flake:* alóg, bratóg, cáithne, cáithneog, cáithnín, cuilithín, lóipín, lubhóg, pleidhce, spiothóg, spitheog; sceall, scealp, scealpóg, screamhóg, sleanntach, sleanntán, sleanntrach, slis, sliseán, sliseog.

calógach

calógach adjective *flaky, flaked:* lóipíneach, lubhógach.

cam[1] noun ❶ *cresset:* slige. ❷ *melting pot:* breogán, corcán leáite, soitheach leáite. ❸ **cam an ime** *buttercup (Ranunculus):* buíóg an tsamhraidh, caimín ime, camán ime, *pl.* cosa préacháin, crobh préacháin, crú préacháin, dúil in im, cearbán, fearbán, gairgín, lasair léana, luibh an ime, ranúnculas.

cam[2] adjective ❶ *bent, crooked:* camtha, casta, claon, crom, cruiteach, cuar, cuartha, diocach, fiar, lúbtha; chomh cam le cam lúbáin. ❷ *distorted, wrong:* as riocht, bunoscionn, cearr, claon, claonach, contráilte, corr, éagórach, fiar, laofa, leatromach, lúbach, mícheart, neamhchruinn, olc, peacach, **adjectival genitive** tuathail; ar leathmhaing, ar leathspleic, ar leathstuaic. noun ❶ *bend:* camadh, casadh, claon, claonadh, cor, coradh, cromadh, cuar, cúinne, dronn, fiar, goic, laobhadh, leathcheann, leathstuaic, lúb, maig. ❷ *crooked object, hook:* corrán, cromóg, crúca, crúcán, cruit, dronnóg, duán, glúin, lúb, lúbán, lúbóg, spaic. ❸ *crookedness, fraud:* caimiléireacht, camadh, camastaíl, camrasáin, cealg, cealgaireacht, claontacht, cluain, cor in aghaidh an chaim (agus cam in aghaidh an choir), falsú, feall, feall ar iontaoibh, feallaireacht, fealltóireacht, feillbheart, feillghníomh, fiar, íogán, laofacht, lúbaireacht, lúbarnaíl, meabhlaireacht, meabhlú, mealltóireacht, meang, meilm, míchneastacht, míchoinníoll, mí-ionracas, mímhacántacht, séitéireacht. verb *bend, crook:* cas, claon, crom, fiar, freang, laobh, lúb, saobh.

cam reilige noun *club foot:* bacadaíl, céim bhacaí, coiscéim bhacaí, leisíneacht; sliútar, spág; tá sé reiligíneach.

camadh noun *(act of) bending, bend:* cam, casadh, claon, claonadh, cor, coradh, cromadh, cuar, dronn, feac, feacadh, fiar, goic, lán, laobhadh, leathmhaing, leathspleic, lúb, maig, maing, speic, spleic.

camall noun *camel (Camelus):* camall baictriach, cámhall; dromadaire, dromadaraí.

Camaill agus a nGaolta (Camelidae)	
alpaca (Lama pacos): alpaca	*dromedary (Camelus dromedarius):* dromadaire
Arabian camel (féach *dromedary*)	*guañaco (Lama guanicoe):* guanácó
bactrian camel (Camelus bactrianus): camall baictriach	*llama (Lama glama):* láma
	vicuña (Vicugna vicugna): viciúna

camán noun ❶ *hurling-stick, hurley:* camóg, maide, slacán, spealóg. ❷ *bent thing, crooked object:* cam, corrán, cromóg, crúca, crúcán, cruit, dronnóg, duán, glúin, lúb, lúbán, lúbóg, spaic.

camánacht noun *hurley-playing:* báire, bualadh báire, camánaíocht, iomáint, iománaíocht; camógaíocht; cluiche corr, deis, haca, hacaí.

camas noun ❶ *small bay:* bá, bléin, cuan, cuas, inbhear. ❷ *bend (in river):* camadh, camlinn, casadh, cor, cúinne, iompú, lúb. **adverbial phrase ina chamas** *curled up:* ar a chromada, corntha, crom, lúbtha.

cámas noun *fault-finding, disparagement:* aifirt, aisc, cáineadh, caitheamh is cáineadh, cáithiú, dímholadh, díspeagadh, easmailt, easómós, fonóid, glámh, guth, imdheargadh, iomard, lochtú, masla, spailleadh, spíd, spídiúchán, spídiúlacht, táinseamh, tairéim, tarcaisne, tarcaisníl.

camastaíl noun *fraud, dishonesty:* caimiléireacht, calaois, camadaíl, camadh, camrasáin, cealg, cealgaireacht, cluain, cluanaíocht, cluanaireacht, cur i gcéill, dúbláil, éadairise, éigneastacht, eisionracas, falsacht, falsú, feall, feall ar iontaoibh, feallaireacht, fealltóireacht, feillbheart, feillghníomh, lúbaireacht, lúbarnaíl, meabhal, meabhlaireacht, meabhlú, meang, míchneastacht, míchoinníoll, mí-ionracas, mímhacántacht, séitéireacht, *figurative* íogán; béalchráifeacht, bréagadóireacht, bréagaí, bréagaíl, bréagaireacht, ceileatram, ceilt, mídhílseacht, mí-ionracas, sleamhaine, slíbhíneacht, slíbhínteacht, slítheántacht, slusaíocht, timpeallaíocht, uisce faoi thalamh.

cambheart noun *dishonest deed:* calaois, camastaíl, camrasáin, dobheart, drochbheart, drochghníomh, éagóir, eisionracas, fabhtóg, feall, feillbheart, feillghníomh, míghníomh, mí-ionracas, urchóid; ainghníomh, coir, mailís, mínáire, mioscais, oilbhéas, oilghníomh, olc, olcas, peaca, *literary* oilbhéim.

cambús noun *commotion:* ainriail, borrán, bruíon chanainn, bruíon chaorthainn, caismirt, caorthainn cárthainn, carabuaic, carabunca, cibeal, ciolar chiot, cíor thuathail, cipeadraíl, círéib, círéip, clamhas, clampar, clibirt, cliobach, cliobaram hob, clisiam, diúra dheabhra, easordú, easpa oird, fuilibiliú, fuirseadh má rabhdalam, giorac, giordam, gírle guairle, gleadhradh, gleorán, glisiam, glórmhach, greatharnach, griobach, holam halam, hólam tró, hurlamaboc, hurla harla, hurlama giúrlama, liútar éatar, liútar léatar, mearú, mí-eagar, mí-ordú, mírialtacht, muin marc, muirtheacht, pililiú, rabhait, racán, rachlas, ragáille, raic, raiple húta, réabadh reilige, rírá, roithleán, ruaille buaille, scliúchas, tamhach táisc, toirnéis, tranglam, troistneach, trumach tramach, turlabhait.

Camchéachta, an noun *the Plough (constellation):* an Céachta, an Céachta Cam, an tSeisreach.

camchosach adjective *bandy-legged:* bórach, camloirgneach, gabhlánach; tá bóraíl ann, gabhlánaí ann; is bóiricín é, is bórachán é, is scaireachán é, is scairíneach é.

camchuairt noun *ramble, tour:* bóithreoireacht, camruathar, fánadóireacht, fánaíocht, fánaireacht, fiarlaoideacht, imchuairt, oilithreacht, raimleáil, ránaíocht, rianaíocht, ródaíocht, turas.

camghaoth noun *whirlwind:* camfheothan, cioclón, cuaifeach, cuaranfa, frith-chuaranfa, gaoth ghuairneáin, hairicín, iomghaoth, tíofún; daighear ghaoithe, sí gaoithe, soinneán cuaifigh, soinneán gaoithe.

camhraithe adjective *tainted:* ainimheach, camhartha, damáisteach, lofa, máchaileach, smálaithe, truaillithe.

camóg noun ❶ *crook, hooked stick:* bachall, corrán, cromóg, crúca, crúcán, duán, lúb, lúbán, lúbóg, spaic. ❷ *camogie stick:* camán, maide, slacán. ❸ *wooden dish:* capán, méisín, mias, pannacar, pigín, placáid; crannán, gogán, meadar. ❹ *wisp:* brobh, dlaoi, dos, loca, scothóg, seamaide, slám, sop. ❺ *ripple:* boiseog, bréitsín, bruth, driúillín, lonnadh, tonn. ❻ **camóg ara** *temple (of head):* ara, uisinn; grua.

camógach adjective *crutched, crooked:* bachallach, cam, corránach, crúcach.

camógaíocht noun *camogie:* báire, bualadh báire, camánacht, camánaíocht, iomáint, iománaíocht; cluiche corr, deis, haca, hacaí.

campa noun ❶ *camp:* foslongfort, longfort, mórlongfort, puball, tint. ❷ *followers: pl.* ceithearnaigh, *pl.* cúláistíní, *pl.* deiscibil, lucht leanúna, lucht tacaíochta, páirtí, *pl.* tacaithe, *literary* tuireann.

campáil verb *camp, encamp*: déan campa, déan foslongfort, gabh longfort, gabh mórlongfort, suigh longfort, téigh i gcampa.

camra noun *sewer*: brocais, camracht, draein, líméar, lintéar, múnlach, píopa bréantais, séarach, séarachas, suinc.

camrach adjective ❶ *dirty, filthy*: bréan, brocach, broghach, **adjectival genitive** caca, cáidheach, camrúil, ceachrach, clábarach, crosach, déistineach, draoibeach, fochallach, gránna, gutach, lodartha, lofa, morgtha, múisciúil, otair, salach, smeartha, smúitiúil, súicheach, teimhleach. ❷ *obscene*: barbartha, brocach, collaí, draosta, draostúil, drúiseach, drúisiúil, gáirsiúil, gnéasach, gráisciúil, graosta, míchuibheasach, míchumhra, mígheanasach, mínáireach, salach, *literary* drúth.

camras noun *filth, sewage*: aoileach, brach, broghais, bualtrach, buinneach, cac, cacamas, cainniúr, dreoiteacht, garr, garraíl, giodar, lobhadas, lobhadh, lofacht, morgadh, morgthacht, morgthas, otrach, salachar, sciodar, séarachas, súlachas.

camruathar noun *ramble, tour*: bóithreoireacht, camchuairt, fánadóireacht, fánaíocht, fánaireacht, fiarlaoideacht, imchuairt, oilithreacht, raimleáil, ránaíocht, rianaíocht, ródaíocht, scódaíocht, turas.

camshúileach adjective *squinting, cock-eyed*: claonbhreathnaíoch, claonsúileach, fiarshúileach, sciathshúileach; tá fiarshúil ann, tá fiarshúilí ann.

camshúilí noun *squint*: claonamharc, claonfhéachaint, claonsúil, fiarshúil, fiarshúilí.

can¹ noun ❶ *sawdust, shavings*: min sáibh, mionrabh; *pl.* diomlacha, *pl.* séibhíní, *pl.* slisíní, snoíogar. ❷ *stain, dirt-mark*: ainimh, ball, béim, cáim, ciobar, cron, draoib, lear, máchail, salachar, smál, smearadh, smol, smól, smúit, teimheal, truaillíocht, truailliú. ❸ *scurf, dandruff*: carr, codam, sail chnis; aicíd an tochais, bruth, carraí, claimheacht, clamh, galar carrach, galar craicinn, galar scrathach, gearb, gríos, grís, salachar rásúir, tochas.

can² verb ❶ *sing, chant*: abair, cas, ceiliúir, ceol, cuir guth le, gabh, seinn; tá sé ag amhrán. ❷ *speak, talk*: abair, caintigh, déan, labhair, luaigh. ❸ *call, name*: ainmnigh, gair de, glaoigh ar, muinnigh, tabhair ar.

cána noun *cane*: bachall, baitín, bata, bata siúil, camóg, cipín, cleith, cuaille, lasc, lorg, maide, maide siúil, slat, smístín; cána siúcra.

canablach noun *cannibal*: fear ite daoine.

canach noun *bog-cotton (Eriophorum)*: ceannbhán, ceannbhán bán, ceannbhán móna, scothóg fionnaidh, síoda móna.

cánachas noun *taxation*: cáin, cíos, cíoscháin, custam, dúchíos, diúité, dleacht, gearradh, mál, sraith, *literary* bóramha, daorchíos.

canáil noun *canal*: caidhséar, cainéal, clais, clasaidh, conair, craosán, gáitéar, gearradh, lintéar, panc, silteán, suinc, trinse.

canbhás noun *canvas*: anairt, anairt bheag, anairt chaol, éadach cnáibe, heiseán, sacannán, sacéadach, siúit.

cancrach adjective ❶ *cankerous*: ailseach, ainciseach, urchóideach. ❷ *cantankerous*: cancarach; achrannach, ainciseach, araiciseach, aranta, cantalach, ciapánta, coilgneach, confach, crosta, cuileadach, deafach, driseogach, drisíneach, feargach, francaithe, frisnéiseach, gadhrúil, gairgeach, goilliúnach, gráinneogach, greannach, iarógach, íortha, meirgeach, míchéadfach, teidheach, trodach, tuaifisceach, *literary* dreannach, íorach.

cancrán noun *cantankerous person*: ainciseoir, ainle, ainleog, ainsprid, anglán, badhbaire, báinseach, banránaí, briogaid, brúisc, brúiscéir, cáinseach, cáinseoir, *figurative* caisearbhán, canránaí, cantalán, cantalachán, cantalóir, ceolán, cianaí, ciarsánaí, clamhsánaí, cnádán, cnádánaí, cnáimhseálaí, cnáimhseoir, drantánaí, dris, fiacantóir, gearánaí, heictar, meirgeach, míchaidreamhach, neascóid, sceach, sceachaire, searbhán, speachaire, speig neanta, stiúireachán; báirseach, straip.

candam noun *quantum, amount*: candal, cantam; beagán, blúire, bolgam, cainníocht, ciondáil, dáileog, giota, gráinne, méid, oiread, páirt, písín, ranntlach, roinnt, ruainne, sáilín, scair, sciar, slam, suim.

canna noun *can, tin*: canna bainne, canna stáin; canna adhmaid, canna cláir; árthach, calán, ceaintín, crúiscín, crúsca, peaindí, potán, próca, searróg, soitheach, stán, stópa, umar. **adverbial phrase ar na cannaí** ❶ *drunk*: ar a chrampa, ar an asal, ar meisce; meidhreach, ólta, súgach; tá braon ar bord aige, tá braon sa chírín aige, tá braon sa chuircín aige, tá braon sa ghrágán aige; tá braon istigh ann. ❷ *very drunk*: ar deargmheisce, ar na stártha, dallta; lán go drad, lán go poll an phaidrín, lán go smig; tá sé ina chamstáca; níl aithne a bheart aige, níl aithne na bhfeart aige; tá sé caoch ar na cannaí, tá sé caochta; tá sé ar a chaor le hól, tá sé ar na caora, tá sé ina chaor le hól; tá a leath san aer, tá sé ag imeacht ar a bhéal is ar a fhiacla, tá sé ag tabhairt dhá thaobh an bhóthair leis, tá sé ar a leathstiúir, tá sé ar leathstuaic, tá sé ina smíste; tá na cosa ag imeacht uaidh.

canta¹ adjective *pretty*: álainn, breá, caithiseach, caomh, córach, cruthach, cuanna, cuidsúlach, cumtha, dathúil, dea-chruthach, dealfa, dealraitheach, dea-mhaisiúil, deas, deismir, dóighiúil, fíortha, galánta, glémhaiseach, gleoite, gnaíúil, gnúiseach, grástúil, greanta, innealta, iomálainn, maisiúil, meallacach, plúrach, sciamhach, slachtmhar, taitneamhach, tarraingteach, *literary* cadhla, sochraidh.

canta² noun *chunk*: ailp, baog, blúire, caob, clabhta, cnap, cnapán, crompán, daba, dailc, dairt, dalcán, fód, gamba, goblach, leamstar, leota, lóta, maiste, meall, meascán, moll, scailp, scaob, scealp, scealpóg, slaimice, slis, sliseog, smíste, smut, smután, spreota, stang, stéig, torpa, torpán.

cantaire noun *chanter, singer*: amhránaí, ceolaire, ceoltóir, cliaraí, córchantaire, crónánaí, cuachaire, duanaire, fonnadóir, gabhálaí foinn, góileoir, popamhránaí, portaire, rabhcánaí, reacaire.

cantaireacht noun *(act of) chanting, singing*: réchantaireacht, amhránaíocht, cantain, ceiliúr, ceol, ceol goib, cliaraíocht, crónán, cuachaireacht, dántaireacht, duanaireacht, fonnadóireacht, gabháil fhoinn, portáil, portaíocht, portaireacht, reacaireacht, scolaíocht, seinm.

cantal noun *irritability, peevishness*: aincis, aingíocht, ainleoireacht, cancracht, cantlamh, colg, crostacht, cuil, drisíneacht, fearg, fiarán, goilliúnacht, greannaitheacht, iarógacht, míchéadfa, míghiúmar, múisiam, stainc, stancard, tobainne, tuaifisc.

cantalach adjective *irritable*: achrannach, ainciseach, araiciseach, aranta, cancarach, cancrach, coilgneach, confach, cuileadach, deafach, driseogach, drisíneach, feargach, francaithe, frisnéiseach, gadhrúil, gairgeach, goilliúnach, gráinneogach, greannach, iarógach, íortha, meirgeach, míchéadfach, neantúil, niogóideach, rocúil, spuaiceach, te, teidheach, trodach, tuaifisceach, *literary* dreannach, íorach.

cantaoir noun ❶ *press*: bís, cailpéir, fáisceán, preas, teanntán. ❷ *stocks*: ceap, pioloíd, piolóir. ❸ *splint*: cleithín, cliath, iris, guailleán, spliota, taca.

canúint noun ❶ *speech*: béarla, caint, friotal, labhairt, labhra, rá, ráiteas, teanga, uiríoll, urlabhra, *literary* meadhar. ❷ *dialect*: canúint áitiúil, canúint

caoch

shóisialta; béal na ndaoine, béarlagair, béarlagair na saor, caint áitiúil, caint na ndaoine, canúnachas, réimse; Gaeilge Uladh, Gaeilge Chonnacht, Gaeilge na Mumhan, Gaeilge Ghaileonach, Muimhneachas, Ultachas. ❸ *accent, manner of speech:* blas, foghraíocht, *pl.* fuaimeanna, tuin; caint chrochta, crochtacht.

caoch adjective ❶ *blind, purblind:* dall, dallradharcach, dorcha, geamhchaoch, goll, leathdhall, mallradharcach, scáthshúileach; ar leathshúil. ❷ *empty:* baothánta, díomhaoin, folamh, gan bhrí, sniogtha, spíonta, tirim, tráite, tur; gliogar atá ann; mogall gan chnó atá ann. ❸ *non-trump (at cards):* drámh. verb ❶ *dazzle, daze:* dall, dallraigh; cuir dallamullóg ar, cuir dalladh púicín ar, cuir púicín ar; tá sé ag baint na súl asam, tá sé ag teacht sna súile orm; cuireann sé léaspáin ar mo shúile, cuireann sé réiltíní ar mo shúile, cuireann sé sclimpíní ar mo shúile; chuirfeadh sé scáthshúilí ort. ❷ *wither:* dreoigh, feoigh, meath, meathlaigh, orchraigh, sceoigh, téigh i léig. ❸ *wink, blink:* caoch leathshúil; gliúmáil, luigh leathshúil, sméid; frithbhuail, preab.

caochadh noun (*act of*) *winking:* caochadaíl, preabadh, sméideadh, sméidearnach.

caochán noun ❶ *purblind creature:* caochóg, dallarán, duine caoch, duine dall, duine geamhchaoch, fear dorcha, gliúcach, gliúcaí, gliúcálaí, gliúmálaí, splincéir. ❷ *mole (Talpa europaea):* dallán, luch chaoch, talpa; caochfhrancach. ❸ *boghole, marsh rill:* báitín, caochpholl, caológ, caoth, poll báite, poll móna, poll portaigh, sruthlán.

caochsholas noun *dim light:* amhscarthanach, breacsholas, clapsholas, coimheascar, coineascar, meathsholas, múchsholas; comhrac lae is oíche, crónachan, cróntráth, dorchadas, fochraí lae is oíche, idir dall is dorchadas, scaradh lae is oíche, smál na hoíche; nuair atá sé ag dul ó sholas.

caochshráid noun *cul-de-sac:* bealach caoch, bealach dúnta, bóithrín caoch, ceann caoch.

caoi noun ❶ *literary way, path:* bealach, bóithrín, bóthar, conair, cosán, eanach, raon, rian, ród, slí, teoróid. ❷ *manner, means:* áis, bealach, deis, dóigh, meán, oidimil, sás, slí, *literary* easrais. ❸ *proper order:* bail, dea-eagar, dóigh, dul, eagar, inneall, léiriú, ord. verb **cuir caoi ar** *mend:* cneasaigh, cuir bail ar, deasaigh, deisigh, leigheas, réitigh, slánaigh.

caoiche noun *blindness, purblindness:* caochshúilí, daille, dallachar, dalladh, dallcheo, éiclips, geamhchaoiche, gearr-radharc, *pl.* léaspáin, scáthshúilí, *pl.* sclimpíní.

caoifeach noun *companion:* caidreamhach, cara, céile, cneasaí, coigéile, comhbhráthair, comhghleacaí, comhleapach, comhpháirtí, compánach, comráda, comrádaí, fear céile, guaillí, leannán, leannán sí, leathbhádóir, leathcheann, nuachar, páirtí, páirtnéir; buachaill, buachaillchara; bean chéile, bean choibhche, bean choimhdeachta, máistreás; an mháistreás, bean an tí, í féin; fear an tí; an máistir, an seanchoc, é féin, *familiar* an seanleaid.

caoifeacht noun *companionship:* aontíos, caidreamh, caradradh, caradras, carthanacht, carthanas, céileachas, céilíocht, cion, coimhdeacht, coimhirse, comhar, comhghuaillíocht, comhluadar, comhluadracht, comrádaíocht, córtas, cuibhreannas, cuideachta, cuidiúlacht, cumann, dáimh, dile, díograis, dlúthchaidreamh, gaol, grá, guaillíocht, láchas, láíocht, méadaíocht, muintearas, nádúr, páirt, páirtíocht, taithíocht, tláithe, *literary* comhthanas.

caoile noun ❶ *narrowness:* cúinge, cúngach, cúngrach, doichte, laghad, riteacht, seinge, teannaireacht, teannas, teanntacht, teinne. ❷ *thinness, slenderness:* éineart, gainne, laige, leabhaire, leabhaireacht, scáinteacht, seangacht, seinge, sláthaí, slime, tanaíocht, teirce, teirceacht.

caoimhe noun *loveliness:* áille, áilleacht, bláth na hóige, breáthacht, caithis, cantacht, córaí, cruthúlacht, cuannacht, cumthacht, dathúlacht, dealraitheacht, dealramh, dea-mhaise, deiseacht, dóighiúlacht, galántacht, glémhaise, gleoiteacht, gnaíúlacht, gnaoi, grástúlacht, greanadh, loise, maise, macaomhacht, maise, maisiúlacht, meallacacht, scéimh, sciamhacht, slacht, slachtmhaireacht, tarraingteacht.

caoin[1] adjective ❶ *smooth, delicate:* bog, goilliúnach, íogair, leochaileach, maoth, mín, so-bhriste. ❷ *gentle, refined:* adhnáireach, banda, banúil, béasach, búch, caointeamhail, caomh, ceansa, cineálta, deismíneach, fíneáilte, léannta, macánta, mánla, maothchroíoch, maránta, mín, miochair, míonla, modhúil, múinte, oilte, sásta, séimh, tláith.

caoin[2] verb ❶ *lament:* cas olagón, déan mairgneach, déan ochón, déan olagón, éagaoin, *literary* iacht. ❷ *weep:* caígh, goil, sil deora; chaoin sí go géar, chaoin sí uisce a cinn, ghoil sí go fuíoch.

caoineachán noun *lamentation, weeping:* acaoineadh, bascarnach, brón, caoi, caoineadh, caointeoireacht, daonán, deoiríneacht, deoirínteacht, doghra, dónáil, éagaoineadh, éagnach, éamh, gol, golchás, golfairt, gubha, iarmhéil, liacharnach, lóg, lógóireacht, mairgne, mairgneach, mairgní, marbhna, meacan an chaointe, meacan an ghoil, méala, ochlán, ochón, olagón, ong, tochtaíl, tuireamh, *literary* iacht, iachtach, lámhchomhairt.

caoineadh noun ❶ (*act of*) *weeping, lamenting:* acaoineadh, bascarnach, caoi, caoineachán, deoiríneacht, deoirínteacht, dónáil, éagaoineadh, éagnach, éamh, gol, golchás, golfairt, iarmhéil, lógóireacht, mairgneach, marbhna, meacan an chaointe, meacan an ghoil, ochlán, ochón, olagón, tuireamh, *literary* iacht, iachtach, ong. ❷ **níl aon mhaith bheith ag caoineadh nuair a imíonn an tsochraid** *there's no use in crying over spilt milk:* ní haon mhaith bheith ag gol i ndiaidh na sochraide, ní haon mhaith bheith ag gol ar an ngar, ní haon tairbhe bheith ag seanchas nuair a bhíonn an anachain déanta, níl maith sa seanchas nuair a bhíonn an anachain déanta. ❸ *elegy:* acaoineadh, éagaoineadh, mairgne, mairgneach, mairgní, marbhna, olagón, tuireamh.

caoineas noun *smoothness, gentleness:* caoimhe, *pl.* caoinbhéasa, caoine, caoithiúlacht, ceansacht, cineáltacht, cineáltas, cneastacht, grástúlacht, láíocht, macántacht, mánlacht, míne, míneadas, miochaire, míonlacht, modhúlacht, séimhe, síodúlacht, tláithe.

caointeach adjective *plaintive, mournful:* acaointeach, brónach, ceanníseal, croíbhriste, cumhach, dobrónach, dubhach, éagaointeach, fadchumhach, fuachasach, golchásach, iarmhéileach, mairgiúil, maoithneach, ochlánach, olagónach, sianach, truamhéalach, *literary* neimhéalach.

caointeoir noun ❶ *mourner:* dobrónach; bean chaointe, bean chumainn, *colloquial* muintir an choirp, sochraideach. ❷ *crier, weeping person:* béiceachán, bolscaire, caointeachán, ceolán, éimheoir, geocach, golspaire, meamhlachán, sceamhlachán, scréachaire, screadachán, screadaire.

caoithigh verb *suit, be convenient:* feil, fóin, fóir, friotháil, luigh le, oir, oiriúnaigh, réitigh le, rith le, tar do, téigh do; bí feiliúnach, bí fóirsteanach, bí oiriúnach.

caoithiúil adjective ❶ *convenient, opportune:* ábhartha, acrach, áisiúil, cóngarach, conláisteach, cuí, éasca, feiliúnach, fóinteach, fóirsteanach, in-, oiriúnach, sásta, sásúil, tacúil, teachtmhar, tráthúil, *literary* iongar. ❷ *pleasant, kindly:* beannaithe, caoideanach, caoin, caomh, caonrasach, ceansa, cineálta, cneasta, connail, duineata, garúil, grádiánta, lách, macánta, maith, máithriúil, mánla, maránta, méiniúil, miochair, míonla, oibleagáideach, seaghsach, séimh, soirbh, suairc, taitneamhach, tíriúil, tláith, *literary* íochtmhar.

caoithiúlacht noun ❶ *convenience:* áis, coibhneas, cóngar, deis, éascaíocht, feiliúnacht, fóint, fóirsteanacht, fónamh, gar, garaíocht, *pl.* mithidí. ❷ *pleasantness, kindliness:* caoimhe, caoineas, ceansacht, cineáltacht, cneastacht, conlacht, daonnacht, duineatacht, láíocht, macántacht, miochaire, séimhe, soilbhreas, suairceas, tláithe. **adverbial phrase ar do chaoithiúlacht** *at your convenience:* ar do mhithidí, chomh luath is a bheidh caoi ann chuige, nuair a gheobhaidh tú an deis.

caol adjective ❶ *slender, narrow:* cúng, éadrom, leabhair, lom, seang, seangchruthach, singil, slisneach, tanaí, *literary* seada. ❷ *fine:* fíneálta, íogair, leochaileach, mánla, mín, mion, míonla, seimh, tláith. ❸ *weak, dilute:* báite, baoth, caite, lag, uisciúil. ❹ *subtle:* amhainseach, caolchúiseach, géar, *literary* áith, féigh. ❺ *shrill:* bíogach, cuachach, géar, scréachach; ardghlórach, garbhghlórach. ❻ *slender (in phonetics):* carballach, pailitiúil. **adverb caol díreach** *straight, without delay:* ar áit na mbonn, ar an ala, ar an bhfód, ar an bpointe, ar an bpointe boise, ar an toirt, ar iompú do bhoise, bog te, den iarracht sin, de sciotán, de thapaigean, gan mhoill, i bhfaiteadh na súl, i bpreabadh na súl, láithreach bonn, láithreach bonn baill, lom díreach, lom láithreach; fad is a bheifeá ag rá 'cuit as sin', fad is a bheifeá ag rá 'in ainm an Athar', sula mbeadh sé d'uain agat 'Dia le m'anam' a rá. noun ❶ *slender part:* caol an droma, caoldroim; alt na láimhe, bunrí, caol na láimhe, rosta, rí; caol na coise, murnán, rúitín. ❷ *narrow water:* camas, caolán, caoluisce, cuas mara, góilín, muinceann, sunda. ❸ **caol imleacáin** *navel-string, umbilical cord:* caolán imleacáin, carcaide, corda an imleacáin, gas, sreang imleacáin, srincne.

caolach noun ❶ *colloquial osiers, twigs:* caol, fualascach, saileán, sailearnach, *pl.* slata sailí, tuige, *pl.* tuigíos. ❷ *wicker, wicker-work:* caoladóireacht, ciseadóireacht, cliathbhair, fíodóireacht slat.

caoladán noun *thin person or animal:* cleiteachán, cleithire, cliathramán, clifeartach, cnámharlach, cuail cnámh, geataire, langa, loimíneach, loimirceach, radalach, railse, ráilse, scáil i mbuidéal, scailleagán, sciollbhach, speireach, spidéalach, spliota, splíota, *pl.* spreangaidí cos, spreanglachán, *familiar* scadán, *figurative* réitheach; brísteachán, cuaille, píle, pílí, radalach, spiacán, spíce, spícéad, stráice.

caoladóir noun *wicker-worker, basket maker:* ciseadóir, fíodóir slat; cliabhadóir.

caoladóireacht noun *(act of) basket making, wickerwork:* caolach, ciseadóireacht, cliabhadóireacht, cliathbhair; fíodóireacht.

caolaigeanta adjective *narrow-minded:* beagaigeanta, cúng, cúngaigeanta, dáigh, dígeanta, gortach, suarach, teoranta; biogóideach, ciníoch, claonta, coimeádach, cúigeach, frithghníomhach, leataobhach, paróisteach, piúratánach, réamhchlaonta.

caolaigh verb ❶ *thin, narrow, reduce:* ísligh, laghdaigh, meath, meathlaigh, seangaigh, snoigh, tanaigh, téigh as. ❷ *dilute:* lagaigh, maolaigh; cuir uisce trí. ❸ *slink, sidle:* éalaigh, glinneáil as, glinneáil leat, sleamhnaigh, snámh.

caolán noun ❶ *creek:* camas, caolsáile, caoluisce, crompán, cuas mara, góilín. ❷ *intestine:* aoineán, drólann, *pl.* gibléid, gipis, *pl.* inní, ionathar, putóg, putóg mhór, stéig, stéig mhór.

caolas noun ❶ *strait, narrow water:* camas, caoluisce, crompán, cuas mara, góilín, muinceann, sunda. ❷ *narrow place, bottle-neck:* bearna, bearnas, caol, caolbhealach, caolrach, cúngach, cúngrach, cúngraíocht, pasáiste, póirse, scabhat, scóig, scóidín, scrogall.

caolchúis noun *subtlety: literary* áithe, amhainse, cúirialtacht, deismíneacht, géire, íogaire, mínínteacht, míníocht; beaichte, cruinneas, grinneas, mionchúis; clifearthacht, clisteacht, críonnacht, eagna, gaois, tuiscint.

caolchúiseach adjective *subtle: literary* áith, *literary* amhainseach, caol, cúirialta, deismíneach, géar, géarchúiseach, íogair; baileach, beacht, cruinn, grinn, mionchúiseach, miondealaitheach, mionscrúdaitheach, pointiúil; clifeartha, cliste, críonna, dearcach, eagnaí, éargnaí, fadbhreathnaitheach, tuisceanach.

caolsráid noun *alley:* bóithrín, cosán, póirse, scabhat, scóidín.

caolú noun ❶ *attenuation, narrowing:* caolúchán, íslíú, laghdú, lagú, meath, meathlú, snoí, tanaíochan; dul as. ❷ *dilution:* caolúchán, lagú, maolú, tanaíochan.

caomh adjective ❶ *dear, gentle:* caoin, caointíneach, caoithiúil, cairdiúil, carthanach, ceansa, céiliúil, coimhirseach, dil, ionúin, séimh, suairc. ❷ *mild, pleasant:* banúil, béasach, bog, búch, cneasta, deas, geanúil, macánta, mánla, míonla, múinte, seaghsach, séimh, *literary* soithimh, suairc, subhach, taitneamhach, tláith. ❸ *lovely, smooth:* álainn, aoibhinn, *literary* cadhla, caithiseach, canta, caoin, cuanna, dathúil, dea-mhaisiúil, deas, dóighiúil, fíortha, galánta, glémhaiseach, gleoite, gnaíúil, grástúil, maisiúil, meallacach, mín, réidh, sciamhach. noun ❶ *literary dear one, companion:* bean choibhche, bean choimhdeachta, buachallchara, caoifeach, caomhnaí, cara, céile, cneasaí, comhghleacaí, compánach, comráda, comrádaí, cúirtéir, guaillí, leannán, leannán sí, leathbhádóir, nuachar, páirtí, páirtnéir, suiríoch; anam, ansacht, craobhóg, croí, croí istigh, cumann, grá, graidhin, muirnín, searc, searcóg, seircín, *figurative* lao, maoin, maoineach, rún, seoid, taisce. ❷ *noble person:* duine uasal, fear uasal, flaith, maith, piara, tiarna, uasal; bantiarna, bean uasal, *literary* donn.

caomhnaigh verb ❶ *preserve, protect:* buanaigh, coigil, coinnigh, coimeád, cosain, foithnigh, sábháil, slánaigh. ❷ *cherish:* beathaigh, coinnigh ag imeacht, coinnigh suas, cothaigh, cuir chun cinn, gráigh, oil, potbhiathaigh, tacaigh le, tabhair tacaíocht do.

caomhnóir noun *guardian, patron:* coimeádaí, coimirceoir, cosantóir, éarlamh, gairdian, pátrún, *literary* custás.

caomhnú noun *(act of) conserving, preservation:* anacal, bardacht, coigilt, coimeád, coimirce, coinneáil, cosaint, cothabháil, cothú, imchosaint, spáráil, sábháil, tarrtháil.

caonach noun ❶ *moss: pl.* crúibíní sionnaigh, liaglus, sfagnam, súsán. ❷ *mildew:* caileannógach, cailimhineog, caonach liath, coincleach; críonlobhadh, lobhadh, taislobhadh; scraith, screamh, screamhóg.

caor noun ❶ *berry:* caor saenna, caoróg, dearc, drúp, fraochán, fraochóg, mogóir, mónann, mónóg, sceachóir, sméar, sú craobh, sú talún. ❷ *ball, sphere:* caid, cnap, cnapán, cruinneán, liathróid, meall, peil, sféar. ❸ *glowing mass:* barr amháin solais, bladhaire, bladhm, breo, casair, dóiteán, laom, lasair, léaspach, léaspairt, loise, lonnbhruth, múr tine, tine. ❹ **an chaor aduaidh** *the Northern Lights, Au-*

caora

Caonacha agus Aelusanna

apple moss (*Bartramia pomiformis*): úllchaonach
bog moss (order Sphagnum): súsán; fionnmhóin *f.*
common cord moss (*Funaria hygrometrica*)
common extinguisher moss (*Encalypta vulgaris*): múch-chaonach
crescent cup liverwort (*Lunularia cruciata*): ae luain
crystalwort (*Riccia glauca*): ae criostail
feather moss (order Isobryales): cleitchaonach
flat-leaved scale moss (*Madotheca platyphylla*): ae gainneach leathach
floating crystalwort (*Riccia fluitans*): ae locháin
fork moss (oird Dicranales, Fissidentales): gabhalchaonach
frilled scale moss (*Fossombronia pusilla*): ae gainneach rufach
great scented liverwort (*Conocephalum conicum*): aelus cumhra
grey cushion moss (*Grimmia pulvinata*): ceapchaonach
hair moss (*Polytrichum sp.*): foltchaonach
inflated scale moss (*Gymnocolea inflata*): ae gainneach bolgach
ladder-like liverwort (*Alicularia scalaris*): aelus dréimreach
leafy liverwort (phylum Hepaticae): aelus duilleach
liverwort (phylum Hepaticae): aelus
ribbon hepatic (*Marchantia polymorpha*): ae abhann
sphagnum (order Sphagnum): sfagnam
screw moss (*Tortula sp.*): caschaonach
thallose liverwort (phylum Hepaticae): aelus tallasach
thread moss (order Eubryales): snáthchaonach
wide-nerved liverwort (*Pellia epiphylla*): tóimín
willow moss (*Fontinalis antipyretica*): sailchaonach
woolly fringe moss (*Rhacomitrium lanuginosum*): glibchaonach

Cineálacha Caorach

black-face mountain sheep: caora *f.* bhrocach; caora *f.* chrosach
Cheviot sheep: caora *f.* Cheviot
Galway sheep: caora *f.* Ghaillimheach
grey-face sheep: caora *f.* liathéadain; liathéadan
hill sheep: caora *f.* shléibhe
horned sheep: caora *f.* adharcach
Kerry hill sheep: cnocaire Chiarraí
Leicester sheep: caora *f.* Leicester
Lincoln sheep: caora *f.* Lincoln
long-wool sheep: caora *f.* fhadlomrach; ollannach fada
lowland sheep: caora *f.* achréidhe
Oxford Down sheep: caora *f.* Oxford Down
Roscommon sheep: caora *f.* Chománach; caora *f.* Ros Comáin
Scotch sheep: caora *f.* Albanach
shorn sheep: lomrachán
shortwool sheep: gearrolannach
Suffolk sheep: caora *f.* Suffolk
Wicklow Cheviot: Cheviot Chill Mhantáin
Wicklow sheep: caora *f.* Mhantánach

rora Borealis: an fáinne ó thuaidh, *pl.* na gealáin thuaidh *pl.* na saighneáin.

caora noun *sheep*: molt, moltachán, moltán, reithe; fóisc, luán, méiligín, róinseach, uaisc, uan, uascán; *colloquial* mioneallach.

caorail noun ❶ *glowing, flashing*: bladhaire, bladhm, bladhmadh, bléas, breo, laom, lasair, léaspach, léaspaire, léaspairt, lóchrann, loise, lonradh, lonrú, luisne, saighneán, scal, scaladh. ❷ *flashes of lightning*: bladhm, laom, lasair, léas, loinnir, saighneán, splanc, spréach, tintreach; *pl.* fosclaidh, *pl.* fosclaíocha; tine ghealáin.

caorán noun ❶ *fragment, lump of turf*: ailp, baog, blogh, blúire, caob, cnap, cnapán, crompán, daba, dairt, feadán, fód, gamba, goblach, lab, leota, lóta, maiste, meall, meallóg, meascán, moll, scailp, scaob, scealp, scealpóg, slis, sliseog, smíste, smut, smután, spreota, torpán. ❷ *moor*: criathrach, fraochach, fraochlach, móin, *pl.* móinte, móinteán, portach, ruaiteach, sliabh.

capall noun ❶ *horse*: (i gContae Dhún na nGall) beathach, bromach, capaillín, clibistín, each, falaire, gearrán, gearrchapall, leathchapall, meainc, pónaí, searrach, stail, stailín, stalán; greallach, greallóg, staga, staigín, *literary* gabhar, marc, peall, *colloquial* scor. ❷ *mare*: láir, láirín; cliobóg; greallóg.

capall maide noun *hobby-horse*: capall tacair, gearrán ard.

capstan noun *capstan*: castainn, crann cnáibe, crann snátha, crann tochrais, glinne, glinnfhearas, puilín, tochard, ulóg, unlas.

capsúl noun ❶ *capsule of drug*: piollaire, táibléad. ❷ *seed case*: cás, clúdach, cochall, cumhdach, easacarp, faighin, faighneog, folaíog, forchlúid, léigiúm, lóchán, mogall, peireacarp. ❸ *space capsule*: árthach, modúl, spásárthach, urrann.

captaen noun ❶ *skipper of ship*: caiftín, caiptín, máistir, scipéir. ❷ *leader of team, boss*: ceann, ceannaire, ceannasaí, ceann feadhna, ceann foirne, ceannfort, ceann urra, cinnire, gobharnóir, máistir, maoirseoir, maor, príomhoifigeach, saoiste, scipéir, stiúrthóir, taoiseach, treoraí, *literary* braine, céadar, léadar.

cár noun ❶ *grin*: cab, cáirín, clab, meill, pus, strabhas, strainc, straois, streill. ❷ *set of teeth*: cairb, cíor, déad, déadeagar, draid, draidgháire, drannadh, drant.

cara noun ❶ *relative, friend*: duine muinteartha, fear gaoil, gaol; bean ghaoil; caidreamhach, comhbhráthair, comhghleacaí, comhghuaillí, compánach, comráda, comrádaí, guaillí, leathbhádóir, páirtí, páirtnéir; céile, leannán, *literary* comthach. ❷ **is cairde iad** *they are friends*: tá siad mór le chéile; tá siad chomh mór le chéile is a bheadh bó agus coca féir, tá siad geallmhar ar a chéile, tá siad luite le chéile; chuaigh sé chun muintearais leo, chuaigh sé chun taithíochta orthu, chuaigh sé chun teaghlachais orthu, rinne sé mórtachas leo, rinne sé suas leo.

Dathanna Capaill

albino: bán
bay: buírua
blue roan: griséadach gorm
chestnut: donnrua
dapple grey: breac
dun: odhar
grey: glas
iron grey: iarannghlas
light chestnut: donnrua éadrom
liver chestnut: dúrua
piebald: ballach
pinto: ballach
red chestnut: deargrua
roan: griséadach
skewbald: buíbhallach; ruabhallach
sorrel: donnrua
strawberry roan: griséadach rua

Codanna an Chapaill

cannon bone: cnámh f. lorga; cnámh f. na lorga
cheek: leiceann
chest: cabhail f.
chin groove: clais f. na smige
coffin bone: cnámh f. crúibe
coronet: teorainn f.
crest: cíor f.
croup: cairín
dock: sciotán an eireabaill
elbow: uillinn f.
ergot: fairchín
feathers: **plural noun** cleití; cleitiú
fetlock: claidhin f.; girín; rúitín
fetlock joint: alt an rúitín
flank: cliathán; taobh
forearm: rí
forelock: glib f.; urla
frog: bradán
gaskin: béim f.
heel: sáil f.
hind quarters: leath f. deiridh
hock: speir f.
hoof: crúb
knee: glúin f.
loin: leasrach
mane: moing f.
navicular bone: cnámh f. longmhar
pastern: rúitín
pedal bone: cnámh f. troitheáin
point of hip: pointe na corróige
point of shoulder: pointe an tslinneáin
poll: mullach an chinn
ribs: **plural noun** easnacha
shank: bun na géige
sheath: truaill f.
shoulder: slinneán
splint bone: meatacarpas
stifle: bun ceathrún
tail: eireaball
tendon: teannán
windpipe: píobán
withers: dronnóg f.

caracatúr noun *caricature*: aithris, aoir, aorachas, fochaid, fonóid, glámh, leithéis, magadh, scigaithris, scige, scigireacht, steallmhagadh.

carachtar noun ❶ *person, personality*: beith, cineál, comhartha, comhartha sóirt, daonnaí, duine, mianach, nádúr, neach, pearsa, pearsantacht, ríd, sainiúlacht, pl. saintréithe, pl. tréithe. ❷ *letter, digit*: comhartha, digit, figiúr, litir, luibhean, méar, nod, picteagram, uimhir.

carbad noun *chariot, vehicle*: cairrín, cairt, carr, carráiste, cóiste, feithicil, hansam; feithicil mhótair, gluaisteán, jíp, leoraí, marbhchóiste, mótaeir, mótar, salún, trucail, veain.

carball noun ❶ *palate*: carbad, cogansach, coguas. ❷ *gum, jaw*: cairb, drandal, drant, geolbhach, giall.

carbhat noun *necktie*: carbhat muiníl, giallbhrat; scaif, scairf; cóirséad.

carbón noun *carbon*: fioghual, gual, gual adhmaid, gual ceárta, gualach; carbónáit, aonocsaíd charbóin, dé-ocsaíd charbóin.

carbuncal noun *carbuncle (stone)*: carrmhogal.

Póir Éagsúla Capaill

American saddle horse: capall diallaite Meiriceánach
Andalusian: capall Andalúsach
Anglo-Arab: capall Angla-Arabach
Appaloosa: capall Palúsach
Arab: capall Arabach
Barb: capall Barbach
Basuto pony: pónaí Basútach
Breton: capall Briotánach
brumby: brumbaí
Camargue: capall Camargach
Caspian: capall Caspach
Cleveland Bay: capall buírua Chleveland
Clydesdale: capall Shrath Chluaidhe
Comtois: Comtois
Connemara pony: pónaí Conamarach
criollo: criól
Dales pony: pónaí Peinníneach
Dartmoor pony: pónaí Dartmoor
Dutch draught: capall tarraingthe Ollannach
Dutch warmblood: capall bogthe Ollannach
Exmoor pony: pónaí Exmoor
Falabella: Falabella
Fell pony: pónaí sléibhe
Fjord: capall Lochlannach
Friesian: capall Freaslannach
Galiceño: Galiceño
Galloway: capall Gall-Ghaelach
Gelderlander: capall Geildearlannach
Gotland: pónaí Gotlannach
Hackney: hacnaí
Haflinger: Haflinger
Hannoverian: capall Hanóvarach
Highland pony: pónaí na nGarbhchríoch
Holstein: Holsteiner
Huçul: pónaí Shléibhte Cairp
hunter: capall seilge
Iceland pony: pónaí Íoslannach
Irish draught: capall tarraingthe Éireannach
Irish hunter: capall seilge Éireannach
Jutland: capall Iútlannach
Kabardin: Cabairdín
Kathiawari: Kathiawari
Kazakh: capall Casacach
Lippizianer: Lippizianer
Lokai: Lokai
Mangalarga: Mangalarga
Manipur pony: pónaí Manapúrach
Mérens: capall Piréineach
miniature Shetland: sealtaí beag
Missouri Fox-trotting Horse: Capall Damhsach Mhissouri
Morgan: Morganach
mustang: mustang
New Forest pony: pónaí de chuid na Nua-Fhoraoise
Nonius: Nonius
Noriker: Noriker
Oldenburger: capall Oldenbúrgach
Orlov trotter: sodaire Orlov
palomino: palaimíneo
Paso Fino: Paso Fino
Percheron: Percheron
Pinto: Piontó
Plateau Persian: Peirseach an Ardchláir
polo pony: pónaí póló
pony of the Americas: pónaí Meiriceánach
Przewalski's horse (Equus przewalskii): capall fiáin Mongólach
Quarter Horse: Capall Ceathrú Mhíle
Russ: pónaí Gotlannach
Russian heavy draught: capall tromtharraingthe Rúiseach
Russian warmblood: capall bogthe Rúiseach
Saddlebred: capall diallaite Meiriceánach
Salerno: Salerno
Sandalwood pony: pónaí Sumbach
Schleswig: Sleisvigeach
Shetland pony: sealtaí
shire horse: capall síre
Standardbred: capall caighdeáin
Suffolk Punch: capall tarraingthe Suffolk
Swedish warmblood: capall bogthe Sualannach
tarpan: tárpan
Tartar pony: pónaí Tartarach
Tennessee Walking Horse: Capall Siúlach Tennessee
Tersky: Tersky
thoroughbread: capall folaíochta
Timor pony: pónaí Tíomórach
Trakehner: Trakehner
trotter: sodaire
Viatka: Viatka
Waler: Waler
warmblood: capall bogthe
Welsh cob: gearrchapall Breatnach
Welsh Mountain pony: pónaí sléibhe Breatnach
Yorkshire coach horse: capall cóiste Shír Eabhrac

carcair

Ungalaigh eile a bhfuil gaol acu leis an gCapall (Perissodactyla)		
African wild ass (*Equus africanus*): fia-asal Afracach	*Grant's zebra* (*Equus burchellii boehmi*): séabra Grant	*mountain tapir* (*Tapirus pinchaque*): taipir *f.* shléibhe
Baird's tapir (*Tapirus bairdii*): taipir *f.* Baird	*Grevy's zebra* (*Equus grevyi*): séabra Grevy	*mule*: miúil *f.*
black rhinoceros (*Diceros bicornis*): srónbheannach dubh	*ass* (*féach donkey*)	*onager* (*Equus hemionus*): fia-asal Áiseach
Brazilian tapir (*Tapirus terrestris*): taipir *f.* Bhrasaíleach	*donkey* (*Equus asinus*): asal	*quagga* (*Equus quagga*): cuaga
Burchell's zebra (*Equus burchellii*): séabra Burchell	*hinny*: ráineach	*Somali wild ass* (*Equus africanus somaliensis*): fia-asal Somálach
Chapman's zebra (*Equus burchellii antiquorum*): séabra Chapman	*Indian rhinoceros* (*Rhinoceros unicornis*): srónbheannach Indiach	*South American tapir* (*féach Brazilian tapir*)
	Javan rhinoceros (*Rhinoceros sondaicus*): srónbheannach Iávach	*Sumatran rhinoceros* (*Dicerorhinus sumatrensis*): srónbheannach Súmatrach
	lowland tapir (*féach Brazilian tapir*)	*white rhinoceros* (*Ceratotherium simum*): srónbheannach bán
	Malayan tapir (*Tapirus indicus*): taipir *f.* Mhalaech	*wild burro* (*Equus asinus*): asal fiáin; fia-asal

carcair noun ❶ *prison*: cillín, géibh, géibheann, doinsiún, príosún; cosacán, geimheal, *pl.* loirgneáin, píolóid; daorsmacht, braighdeanas, géibheannas. ❷ *stall, pen*: banrach, fáiméad, loca, manrach, pionna, póna, stalla, *literary* lias, *familiar* an poll dubh.

carcraigh verb *imprison*: ceangail, craplaigh, cuibhrigh, cuir i ngéibheann, cuir i bpríosún, geimhligh, imtheorannaigh, príosúnaigh, smachtaigh.

cardáil noun ❶ *wool-carding*: cíoradh; siostalú, spíonadh. ❷ *discussion, gossip*: caibidil, cíoradh, cóideabhaid, cuardach, cur is cúiteamh, féachaint, plé, pléid, ransú, scagadh, scrúdú, tástáil. verb ❶ *card*: cíor, scamh, scuab, siostalaigh, spíon. ❷ *discuss, sift*: cíor, cuir faoi chaibidil, cuir trí chéile, pléigh, suaith.

cargáil noun (*act of*) *wrestling, rough treatment*: ainíde, anoircheas, castaíocht, coraíocht, cuimil an mháilín, gleacaíocht, íde, íospairt, lúbarnaíl, raiceáil, rancás, spairníocht, tíortáil, treascairt.

carghas noun *lent, self-denial*: abstanaid, bigil, glasmhartra, peannaid, *pl.* peiríocha, purgadóir, sacéadach is luaith, tréanas, troscadh.

carn noun ❶ *heap, pile*: bulc, burla, carnáil, carnán, ceallamaigh, cnap, cnapán, cnuasach, crocán, cruach, cual, gróigeadh, gróigeán, gruagán, lab, leacht, lionsca, maoil, maois, maoiseog, moll, múr, *literary* dais; ar mhuin marc a chéile. ❷ *great amount*: ainmhéid, anmhórán, dalladh, lab, lámháil, lánchuid, lasta, lóicéad, luthairt lathairt, meall, moll, *pl.* múrtha, neamh-mheán, slaod, tulca, *familiar* an t-uafás. verb ❶ *heap up, pile up*: bailigh, carnáil, cladáil, cnuasaigh, cruach, cruinnigh, cuir i dtoll a chéile, gróig, tacair, teaglamaigh, tionóil. ❷ *pound*: batráil, cnag, gread, lasc, leadair, leadhb, léas, léirigh, liúr, planc, slis, smíoch, smíocht, smiot, smíst, stánáil, súisteáil, tuairteáil, tuargain.

carn aoiligh noun *dung-hill*: otrach; aoileach, bualtrach, leas, leasachán, leasú, maothlach, múnlach; bréinleach.

carn bruscair noun *refuse heap*: bréanóg, carn fuíllígh, carn luatha, cúil spruadair, láithreán fuíllígh; bruscar, brúscar, bruscarnach, cáithleach, cosamar, dramhaíl, dríodar, fuílleach, graiseamal, gramaisc, mangarae, maothlach, screallach, scroblach, smionagar, trachlais, *pl.* traipisí.

carnabhal noun *carnival, fair*: aeraíocht, aonach, féile, feis, fleá cheoil, panc aonaigh, scoraíocht, seó, sorcas, taispeántas, tóstal.

carnadh noun (*act of*) *accumulating, accumulation*: bailiú, carnáil, cnuasach, cruachadh, cruinniú, díolaim, gróigeadh, teaglaim.

caróg noun *crow* (*Corvus*): caróg dhubh, caróg liath; badhbh, cág, cocbhran, cromán, feannóg, fiach, fiach dubh, preachán, rúcach.

carr noun *car, cart*: carbad, cóiste, carráiste, feithicil, hansam, jaint; feithicil mhótair, gluaisteán, mótar, trucail, trucailín.

carraeir noun *carman, carrier*: cairteoir, carróir, cóisteoir, gíománach, tiománaí.

carraig noun *rock*: bollán, cloch, creig, fadhbairne cloiche, fáiméad cloiche, leac, liag, liagán, moghlaeir, mullán, sceilg, splinc, stacán, starróg, *literary* aileach.

carraigín noun *carrageen* (*Chondrus crispus*): creathnach, duileasc, sleabhac; *familiar* clúimhín cait.

carráiste noun ❶ *horse-drawn carriage*: carbad, cóiste, jaint; cairrín, cairt, carr. ❷ *railway car*: carr, vaigín.

carria noun *deer, stag*: fiaphoc, poc; ruabhoc, ruaphoc; fia.

carrmhogal noun ❶ (*medical*) *carbuncle*: bun ribe, tinneas bhun ribe, easpa, goirín, neascóid, pachaille, puchóid. ❷ *carbuncle* (*stone*): carbuncal.

cársán noun *wheeze*: casacht, ciach, cliath, piachán, píoblach, plúchadh, *pl.* putha patha, seadadh, seadán, seordán, siollfarnach, siollfartach, slócht, tocht; broincíteas, eitinn.

cart verb ❶ *tan*: coirtigh, déan súdaireacht ar, déan tonnús ar, leasaigh. ❷ *scrape clean*: glan, scart, sciúr, snasaigh. ❸ *clear away, dig, root*: glan, gortghlan, réitigh, rómhair, rútáil, scart, tóch, tochail.

cárta noun *card*: carda, cairt, cairtchlár, páipéar tiubh.

cartadh noun ❶ *clearance, removal*: glanadh, glantachán. ❷ *cleared material, dump*: bréanóg, bruscar, cáithleach, carn fuíllígh, cosamar, cúil spruadair, dramhaíl, dríodar, fuílleach, graiseamal, gramaisc, láithreán fuíllígh, mangarae, maothlach, screallach, scroblach, smionagar, trachlais, *pl.* traipisí.

cartán noun *carton*: bosca, buidéal, feadán, paca, pacáiste, próca, soitheach, stán, tiúb.

carthanach adjective ❶ *charitable, kind*: beannaithe, caoin, caomh, caonrasach, ceansa, cineálta, cneasta, connail, cuideachtúil, cuidiúil, cúntach, garúil, grádiaúil, lách, macánta, maith, máithriúil, mánla, maránta, méiniúil, miochair, míonla, muinteartha, oibleagáideach, séimh, suairc, tláith, *literary* iochtmhar. ❷ *friendly*: búch, caidreamhach, cairdiúil, caoithiúil, céiliúil, comhluadrach, comrádúil, córtasach, cuideachtúil, cuidiúil, dáimhiúil, díograiseach, lách, muinteartha, páirteach, páirtiúil, tréadúil.

carthanacht noun ❶ *love, charity*: bá, caithis, carthain, ceanúlacht, cion, connailbhe, cumann, dáimh, dáimhiúlacht, dile, dílseacht, díograis, dúil, fialchaire, gaolacht, gean, gnaoi, grá, grámhaireacht, greann, ionúine, lé, muirn, searc, síorghrá, taitneamh, tláithe, *literary* dailbhe. ❷ *friendliness,*

> **Cluichí Cártaí**
>
> *auction bridge*: beiriste ceantála
> *beggar-my-neighbour*: bochtaigh do chomharsa
> *bezique*: beisíc *f.*
> *blackjack* (*féach pontoon*)
> *Black Maria*: Máire *f.* Dhubh
> *bridge*: beiriste
> *booby*: búbaí
> *canasta*: canasta
> *cheat*: séitéir
> *cribbage*: criobáiste
> *happy families*: **plural noun** teaghlaigh shona
> *napoleon*: napóilean
> *old maid*: seanmhaighdean *f.*
> *patience*: cluiche aonair
> *piquet*: picéad
> *poker*: pócar
> *pontoon*: pontún
> *rouge et noir*: dearg agus dubh
> *rummy*: rumaí
> *snap*: snap
> *solitaire*: cluiche aonair
> *solo whist*: fuist aonair
> *strip poker*: pócar struipeála
> *twenty-five*: cúig fichead; cúig is fiche
> *vingt-et-un* (*féach pontoon*)
> *whist*: fuist

friendship: bá, caidreamh, caoifeacht, caradradh, caradras, carthanas, céileachas, céilíocht, coimhdeacht, cairdiúlacht, coimhirse, comhar, comhghuaillíocht, comhluadar, comhluadracht, comrádaíocht, córtas, cuideachta, cuidiúlacht, dea-chroí, dlúthchaidreamhas, gaol, garúlacht, guaillíocht, láchas, láíocht, méadaíocht, muintearas, muintearthacht, nádúr, oibleagáideacht, páirt, páirtíocht, taithíocht, *literary* cairdine.

cartlann noun (*place of*) *archives*: aircív, clárlann, iarsmalann, leabharlann, leabharlann tagartha, oifig taifead, seansaireacht, stór, stóras, *pl.* taifid, taisceadán; comhad, filltéan; *pl.* annála, croinic, oireas, seanchas, stair.

cartún noun ❶ *cartoon, caricature*: aoir, caracatúr, scigaithris, scige, scigireacht, steallmhagadh. ❷ *comic strip*: greannán, stiallghreannán. ❸ *animated film*: anamú, scannán, stiallscannán. ❹ *sketch*: breacaireacht, imlíne, léaráid, líníocht, rianú, sceitse, scriobláil, sracléaráid.

cartús noun ❶ *cartridge, cassette*: caiséad, caisín, cartrais, meagaisín, paca, pacáiste, sorcóir. ❷ *cartridge, bullet*: lánán, piléar, rois, sliogán, sluga, urchar; grán.

> **Téarmaí a bhaineann le hImirt Chártaí**
>
> *ace*: aon; ás
> *banker*: scríbín
> *cardplayer*: cearrbhach
> *clubs*: triuf, triufacha
> *contract*: glaoch
> *cut*: bain díobh; gearr díobh
> *deal*: déan; roinn
> *diamonds*: collective muileata
> *elder hand*: seanlámh *f.*
> *five*: cíonán
> *flush*: lámh *f.* aondathach
> *hearts*: hairt
> *jack* (*féach knave*)
> *joker*: cleasaí; an buachaill mór; fear na gcrúb
> *king*: rí
> *knave*: cuileata
> *lead*: leag
> *leave exposed*: lom
> *meld*: leag
> *non-trump card*: drámh
> *pair*: péire
> *partner*: páirtí
> *penalty card*: cárta pionóis
> *queen*: banríon *f.*
> *renege*: ceil
> *run of three*: sraith *f.* trí chárta
> *shuffle*: suaith
> *spades*: collective spéireata
> *suit*: dath
> *trick*: cúig; cluiche
> *trump*: mámh
> *wild*: *the joker is wild* is fia-chárta an cleasaí
> *wild card*: fia-chárta
> *younger hand*: lámh *f.* óg

carúl noun ❶ *carol*: aintiún, amhrán, caintic, deilín, iomann, rann, salm. ❷ *saying, witty remark*: aisfhreagra, allagar, caint, canstan, ceiliúr, *pl.* cóipíos, comhrá, dea-chaint, dioscúrsa, focal, forrán, fuigheall, gearrchaint, glaschaint, labhairt, oideam, rá, ráiteas, seanfhocal, seanrá, urlabhra, seanrá.

cas adjective ❶ *twisted, curly*: cam, crom, cuar, fiar, lúbtha; altach, bachallach, barrchas, biannach, buadánach, búclach, camarsach, catach, craobhach, cuachach, dréimreach, droimneach, droimníneach, fáinneach, feamainneach, glúiníneach. ❷ *complicated, intricate*: achrannach, aimpléiseach, anróiteach, casta, crua, deacair, doiligh, doréidh, doréitithe, droibhéalach, gabhlánach, ilfhillteach, iltaobhach, *literary* doraidh, eanglamtha. ❸ *devious*: bealachtach, cam, cealgach, claon, cluanach, feallrach, fiar, lúbach, meangach, mí-ionraic, mímhacánta, nathartha, olc. **verb** ❶ *twist, turn*: cam, cor, crom, cuir casadh i, cuir cor i, cuir freang i, cuir snaidhm i, fiar, freang, iompaigh, lúb, saobh, snaidhm, sníomh, tiontaigh. ❷ *wind*: ceirtleáil, crioslaigh, glinneáil, gliondáil, maighndeáil, scriúáil, sníomh, tochrais. ❸ *sing a song, play music*: abair, can, ceol, cuir guth leis, cuir leis an bhfonn, gabh; buail, cas, seinn. ❹ *return*: fill, iompaigh, pill, tar ar ais, tar thar n-ais, téigh abhaile, tiontaigh.

cas ar verb *meet*: cas le, cas do; ráinigh le chéile, tar trasna ar, tar crosta ar, tar i ndáil, teagmhaigh le, téigh d'airicis, téigh in airicis, téigh faoi bhráid.

cas le verb *reproach*: aifir, aithisigh, cáin, caith anuas ar, cáithigh, díbligh, glámh, guthaigh, imcháineadh, imdhearg, lochtaigh, mallaigh, mallachtaigh, maslaigh, spaill, tabhair achasán do, tarcaisnigh, *literary* tathaoir, tubh.

cás¹ noun ❶ *case, state of affairs*: ábhar, bail, *pl.* coinníollacha, *pl.* cúrsaí, dála, dóigh, *pl.* imthosca, scéal, suíomh; faoi mar atá, mar atá; is amhlaidh atá. ❷ *legal case*: caingean, cúis. **adverbial phrase** ❶ *i gcás idir dhá chomhairle in a quandary*: idir dhá cheann na meá, idir dhá chomhairle, idir dhá thine Bhealtaine, i gcruachás, i gcúngach, i gcúnglach, i gcúngrach, ina bhaileabhair, i dteannta, i ndol, i nead gríbhe, i sáinn, san fhaopach. ❷ *cuir i gcás assume*: déan talamh slán, glac le, tóg mar shampla.

cás² noun ❶ *case, box*: araid, bocsa, caibhéad, caighean, clúdach, cófra, crannóg, gabhdán, scéarda, scipéad, tarraiceán, tiachóg. ❷ *frame*: cliath, cliathach, coim, compar, corp, creat, fonnadh, greilleach.

casacht noun *cough*: cársán, casachtach, cátháil, céithireacht, piachán, píoblach, *pl.* putha patha, seordán, slócht, tocht, triuch, triuchaíl.

casadh noun (*act of*) *twisting, turn, spin*: cam, caislimín, caise, camadh, cas, castainn, claon, claonadh, cor, coradh, cromadh, cuar, eang, fiar, goic, guairdeall, guairne, guairneán, iompú, laobhadh, laofacht, leathmhaing, leathspleic, leathstuaic, lúb, lúbadh, maig, ruaircín, tiontú.

cásaigh verb ❶ *lament, deplore*: cáin, caoin, éagaoin; cas olagón, cuir ochlán asat, déan mairgneach, déan ochón, déan olagón, goil, lig ochlán, sil deora; is cás le, is oth le, is trua le, *literary* iacht. ❷ **cásaigh le** *sympathize with*: déan cathú le, déan comhbhrón le, tuig do; is trua liom do bhris, is trua liom do thrioblóid; bíonn bá X le Y; bíonn rud ag X le Y eile.

cásáil noun *casing, jacket*: araoid, blaosc, bosca, cadó, carapás, cás, cealtair, clóca, clúdach, craiceann, cumhdach, dídean, díon, folach, fráma, imchasal, imchumhdach, mogall, púic, púicín, scaraoid, stuáil. **verb** *encase, case*: clúdaigh, cuir cás ar, cuir i mbosca, cumhdaigh, folaigh, líneáil, pacáil, stuáil.

casal

casal noun ❶ *chasuble*: aimicín, casóg, cópa, dalmátach, éide aifrinn, ionairín, léine aifrinn, suirplís. ❷ *mantle*: aimicín, brádóg, bratóg, casóg, cába, ceardán, clóca, cóta, cótán, dolmán, fallaing, imchasal, ionarbhréid, mainte, matal, seál, tuíneach, *literary* cubhal.

cásamh noun ❶ *(act of) grumbling lament*: acaoineadh, aingíocht, cáinseoireacht, caoineadh, casaoid, cearbháil, ceasacht, ceisneamh, clamhsán, cnádánacht, cnáimhseáil, cneáireacht, éagnach, fuasaoid, gearán, gol, iarmhéil, mairgneach, marbhna, ochlán, olagón, sian, tormas, tromaíocht, tuireamh, *literary* iacht, iachtach. ❷ *condolence, sympathy*: cásmhaireacht, comhbhá, comhbhrón, trua, tuiscint.

casaoid noun *(act of) complaining, complaint*: aingíocht, banrán, cáinseoireacht, ceasacht, ceasachtach, ceasnaí, clamhsán, cnádánacht, cnáimhseáil, cneáireacht, diúgaireacht, éamh, éileamh, fuarchásamh, fuasaoid, gearán, griothnairt, tormas, tromaíocht, *literary* ionnlach.

caschoill noun *brushwood, scrub*: casmhoing, caithreáil, cantarna, casarnach, crannlach, mongach, muine, rosán, scrobarnach.

cásmhar adjective ❶ *pitiable*: ainnis, ainriochtach, anacair, anacrach, anásta, angarach, anróiteach, bocht, dealbh, dealúsach, dearóil, díblí, mí-ádhúil, mí-ámharach, mífhortúnach, millte, mírathúil, ocrach, suarach, triamhnach, trua, truamhéalach, truánta, *literary* doim. ❷ *concerned, sympathetic*: buartha, caoin, caomh, caonrasach, ceansa, ceanúil, cineálta, cneasta, connail, dáimheach, dáimhiúil, garúil, geanúil, grámhar, lách, oibleagáideach, práinneach, trócaireach, tuisceanach.

casóg noun ❶ *cassock, soutane*: éide sagairt, sútán; ailb, racaid, suirplís. ❷ *jacket, coat*: aimicín, báinín, beargún, bléasar, brádóg, bratóg, cába, ceardán, clóca, cóta, cótán, dolmán, fallaing, froc, imchasal, ionar, ionarbhréid, mainte, matal, *literary* cubhal.

casta adjective ❶ *twisted, wound*: cam, corach, corntha, fiar, fiarach, lúbach, ruaircíneach, tochraiste. ❷ *complicated, involved*: achrannach, aimpléiseach, anróiteach, crua, deacair, doiligh, doréidh, doréitithe, droibhéalach, gabhlánach, ilfhillteach, iltaobhach, *literary* doraidh, eanglamtha. ❸ *gnarled, wizened*: craptha, críon, dreoite, dualach, feoite, feosaí, meata, meatlach, meathlaithe, sceoite, seargtha, tréigthe.

castacht noun *complexity, intricacy*: aimpléis, aimpléiseacht, cniotáil, crostacht, deacracht, doilíos, doréititheacht, droibhéal, duibheagán, gabhlánacht.

casúireacht noun *(act of) hammering*: broicneáil, bualadh burdáil, cnagadh, cuimil an mháilín, deamhsáil, faidhbáil, failpeadh, flípeáil, fuimine farc, gabháil giolcadh, gleadhradh, greadadh, greasáil, lascadh, leadhbairt, leadradh, léasadh, liúradh, orlaíocht, péirseáil, plancadh, rabhaiteáil, rapáil, riastáil, rúscadh, sceilpeáil, slatáil, smeadráil, smíochtadh, smísteáil, súisteáil, tiomp, tuargaint, tuirne Mháire.

casúr noun *hammer*: casúr ladhrach; ceapord, farcha, farca, lámhord, máillead, máinlead, ord; dingire.

cat noun *cat*: cat fiáin, cat fireann, fearchat, fia-chat, mothchat; caitín, piscín, puisín.

catach adjective *curly*: altach, bachallach, barrchas, biannach, buadánach, búclach, camarsach, cas, craobhach, cuachach, dréimreach, droimneach, droimníneach, fáinneach, feamainneach, glúiníneach.

catachas noun *heat in cats*: catamas, éastras, láth, óirthí.

catalóg noun *catalogue*: aircív, bunachar sonraí, clár, clárlann, eolaí, eolaire, fardal, féilire, innéacs, liosta, rangú, rolla, taifead.

cath noun ❶ *battle*: aighneas, briatharchath, bruíon, cliathach, cogadh, comhrac, cosaint, feacht, feachtas, imreas, imruagadh, ionsaí, scirmis, spairn, troid., *literary* conghail, iorghal, níth ❷ *battalion*: arm, briogáid, cathlán, ceithearn, ceithearn timpill, cipe, coimhdeacht, complacht, cór, díorma, fianlach, garda, gasra, grinne, léigiún, mílíste, reisimint, scuad, scuadrún, tascar, tionlacan, trúpa, *literary* rúta.

cathain adverb *when?*: cá huair, cén uair, cén t-am, *literary* cuin.

cathair noun ❶ *city*: mórchathair, príomhchathair; baile, baile mór, buirg, contaebhuirg. ❷ *enclosed church establishment*: cathrach, clabhstra, clochar, domhnach, lann, lios, mainistir, reigléas, teampall. ❸ *circular stone fort*: briotáis, caisleán, clochar, daingean, dún, dúnfort, lios, longfort, *pl.* táibhle, *literary* caistéal.

cathair ghríobháin noun *labyrinth, maze*: achrannán, coinicéar, gréasán, iarnán gríobháin, líonra, lúbra, *literary* doraidh.

cathaoir noun ❶ *chair, throne, stool*: binse, cathaoir ríoga, cúiste, otamán, piú, ríchathaoir, saoiste, saoisteog, stóilín, stól, stól coise, suíochán, tolg. ❷ *professorial chair*: comhollúntacht, ollúntacht,

---

Cait Fhiáine

African lynx (féach **caracal**)
African wild cat (Felis lybica): fia-chat Afracach
black panther (Panthera pardus): pantar dubh
bobcat (Felis rufus): bobchat; lincse f. rua
caracal (Felis caracal): caracal; lincse f. chluasdubh
catamountain (féach **European wild cat**)
cheetah (Acinonyx jubatus): síota; liopard fiaigh
clouded leopard (Neofelis nebulosa): liopard marmarach
cougar (féach **puma**)
European wild cat (Felis sylvestris): fia-chat Eorpach

eyra (féach **jaguarundi**)
fishing cat (Felis viverrinus): cat iascaigh
Geoffroy's cat (Felis geoffroyi): cat mionbhreac
golden cat (Felis aurata): cat órga
jaguar (Panthera onca): iaguar
jaguarundi (Felis yagouaroundi): cat easóige
jungle cat (Felis chaus): cat dufaire
leopard (Panthera pardus): liopard
leopard cat (Felis bengalensis): cat Beangálach
liger: líogar
lion (Panthera leo): leon
lynx (Felis lynx): lincse f.
manul (Otocolobus manul): manúl
margay (Felis wiedii): osalat crainn
mountain cat (Oreailurus jacobita): cat sléibhe

mountain lion (féach **puma**)
ocelot (Felis pardalis): osalat
ounce (féach **snow leopard**)
Pallas's cat (féach **manul**)
pampas cat (Felis colocolo): cat pampaí
panther (féach **black panther**)
puma (Puma concolor): púma
sand cat (Felis margarita): cat gainimh
serval (Felis serval): seirbheal
snow leopard (Uncia uncia): liopard sneachta
Temminck's golden cat (Catopuma temminckii): cat órga Áiseach
tiger (Panthera tigris): tíogar
tiger (Felis tigrina): cat tíograch
tigon: tíogón
wildcat: cat fia; cat fiáin; fia-chat

Cait Tí

Abyssinian: Aibisíneach
Angora: Angóra
Asian (féach *Burmilla*)
Balinese: Báilíneach
Birman: Biormánach
Blue (féach *Maltese Blue*)
blue point: gormbhiorach
British short Hair:
  lomrachán Briotaineach
Burmese: Burmach
Burmilla: Burmaile *f.*
chinchilla: sinsile *f.*
chocolate point: seacláidbhiorach
colourpoint: dathbhiorach
Cornish Rex: Réics Cornach
Devon Rex: Réics Deavónach
Exotic Short Hair:
  Lomrachán Andúchasach
Japanese Bobtail:
  Sciotánach Seapánach
lilac point: líológbhiorach
lynx point (féach *tabby point*)
Maine Coon: Maine Coon
Maltese Blue: Gorm Máltach
Manx: cat Manannach; stubán
Oriental Short Hair:
  Lomrachán Oirthearach
Persian Longhair: Peirseach;
  Ollachán Peirseach
Ragdoll: Ceiribín
red point: ruabhiorach
Rex: Réics
Russian Blue: Gorm Rúiseach
Russian Longhair:
  Ollachán Rúiseach
seal point: rónbhiorach
Selkirk Rex: Réics Albanach
Siamese: Siamach
Smoke Persian:
  Peirseach Deataigh
Somali: Somálach
Sphynx: Sfioncs
tabby cat: cat breac
tabby point: breacbhiorach
Tiffanie: Tifeanaí
Tonkinese: Toincíneach
tortoiseshell: toirtíseach
Turkish Van: Cat Turcach;
  Snámhóir Turcach

ollúntacht chúnta. ❸ **cathaoir uilleach** *armchair*: cathaoir uilleann, cathaoir shlinneán.

cathaoirleach noun *chairman, chairperson*: ceann comhairle, comhordaitheoir, éascaitheoir, fear cathaoireach, fear cinn coiste, maor, saoiste, treoraí, uachtarán; an chathaoir.

cathartha adjective *civic, civil*: adjectival genitive an bhaile, bardasach, adjectival genitive na cathrach, adjectival genitive stáit, sibhialta. noun *cogadh cathartha civil war*: cogadh na gcarad, cogadh na mbráthar.

cathlán noun *battalion*: arm, briogáid, cath, ceithearn, ceithearn timpill, cipe, coimhdeacht, complacht, cór, díorma, fianlach, garda, gasra, grinne, léigiún, míliste, reisimint, scuad, scuadrún, tascar, tionlacan, trúpa, *literary* rúta.

cathróir noun *citizen*: cathardhach, cathraitheoir, cathránach; áititheoir, áitreabhach, borgaire, buirgéiseach, buirghéiseach, coilíneach, cónaitheoir, géillsineach, gnáthóir, lonnaitheoir, saoránach.

cathú noun ❶ *conflict, battle*: aighneas, briatharchath, bruíon, callóid, callshaoth, cibeal, cogadh, cointinn, clampar, construáil, díospóid, easaontas, giorac, griobsach, imreas, iaróg, maicín, raic, scliúchas, siosma, troid, *literary* conghail, easard, gleidean, imnise, iorghail, níth. ❷ *temptation*: aimsiú, cealg, láinteacht, mealltóireacht, priocadh, séideadh faoi, teimtéisean, tímtáisiún, timtéisean. ❸ *regret, sorrow*: aiféala, aithreachas, aithrí, briseadh croí, brón, buaireamh, buairt, caoineadh, cathú, crá croí, croíbhrú, cumha, dobrón, doilíos, iarghnó, mairg, mairgneach, méala, *literary* tuirse.

catsúil noun *sidelong glance*: claonamharc, cúlamharc, leacam, liathshúil, mearamharc, mearfhéachaint, silleadh, spléachadh, sracfhéachaint, súilfhéachaint, *literary* seall; d'fhéach sé orm le heireaball a shúl.

cé noun *quay*: caladh, céibh, clár, fánán, lamairne, léibheann, pontún, réchaladh, scafall, stáitse, stad.

ceachartha adjective *mean, stingy*: ceachardha; ceapánta, cinnte, cnuasaitheach, cúngchroíoch, díbheach, doicheallach, dúlaí, gann, gortach, greamastúil, greamasúil, lompasach, meánaitheach, ocrach, spárálach, sprionlaithe, suarach, tíosach, truaillí, tútach, *literary* neoid.

ceacht noun ❶ *lesson*: laisín, léacht, rang; múinteoireacht, teagasc. ❷ *episode, passage*: eachtra, mioneachtra, sliocht. ❸ *exercise*: cleachtadh, obair bhaile.

céachta noun ❶ *plough*: céacht, seisreach. ❷ **an Céachta** *the Plough, the Great Bear (constellation)*: an Céachta Cam, an Camchéachta, an tSeisreach.

cead noun ❶ *permission, licence*: aonta, aontú, beannacht, caonfhulaingt, cead raide, ceadúnas, deonú, dispeansáid, faomhadh, lamháil, saoirse, saorchead, toil, údarás. ❷ *pass, permit*: cead seolta, ceadúnas, pas, paspart; ticéad.

ceadaigh verb ❶ *permit, allow*: aontaigh, deonaigh, faomh, lamháil, lig, lig do, tabhair cead, toiligh le. ❷ *consult*: amharc ar, breathnaigh ar, féach ar, téigh i gcead le, téigh i gcomhairle le. ❸ *literary depart*: imigh, síothlaigh; glinneáil as.

céadchosach noun *centipede*: artrapód, gearradh ghionach, ilchosach, mílechosach, sníomhaí snámhaí.

céadfa noun ❶ *sense*: aireachtáil, amharc, blaiseadh, braistint, cloisteáil, cluinstin, féachaint, feiceáil, dearcadh, grinndearcadh, grinniú, mothú, mothúchán, radharc, radharc na súl, tadhall. ❷ *perception, understanding*: ardéirim, breithiúnas, ceann, ciall, clifearthacht, clisteacht, clistíocht, eagna, fadcheann, fios, fios feasa, gaois, gastacht, géarchúis, guaim, inchinn, intinn, meabhair, rathú, réasún, réasúnaíocht, stuaim, stuamacht, tuiscint.

ceadmhach adjective *permissible*: ceadaithe, indéanta, inghlactha, lamháilte, sásúil.

céadar noun ❶ *cedar (Cedrus)*: céadras; céadar Atlais, céadar bán, céadar crón iartharach, céadar Dé, céadar na Liobáine. ❷ *literary chief*: ardrí, ceannaire, ceannasaí, ceann feadhna, ceannfort, ceann urra, cinnire, rí, taoiseach, tiarna, treoraí, *literary* braine.

ceadúnas noun *licence*: aonta, aontú, beannacht, caoinfhulaingt, cead, cead raide, cead seolta, deonú, lamháil, pas, paspart, saorchead, údarás, toil.

ceáfar noun *caper, frisk*: cos bhacóide, damhsa, eitim, foléim, *pl.* geamaí, geamaíl, léim, macnas, pocléim, preab, rancás, rince, truslóg.

ceáfrach adjective *frisky*: beo, beoga, croíúil, damhsach, éaganta, éanúil, earráideach, foléimneach, gáiriteach, gealchroíoch, gealgháireach, giodamach, giústalach, gogaideach, guagach, intinneach, luaineach, macnasach, meanmnach, meidhreach, meidhréiseach, pramsach, scinnideach, scóipiúil, siortógach, spéiriúil, spleodrach, subhach, súgach, teaspúil.

ceaig noun *keg*: bairille, casca, cearnmheadar, dromhlach, oigiséad, stainnín, tobán, tunna.

ceaileacó noun *calico*: cadás, céimric, guingeán, muislín.

ceaintín noun ❶ *can*: árthach, beiste, buicéad, canna, cílear, croca, crúiscín, crúsca, cupán, giústa, gogán, leastar, muga, paol, peaindí, pigín, pota, potán, próca, searróg, séibe, soitheach, stópa, umar, *literary*

ceaist
síothal. ❷ *canteen:* bialann, caifé, caifitéire, proinnteach, teach bia, teach itheacháin.

ceaist noun ❶ *cast, throw:* amas, crústa, buille, diúracadh, lámhach, radadh, ropadh, rúspa, urchar. ❷ *batch:* baicle, baisc, buíon, carn, carnán, cóip, dornán, dream, drong, gróigeán, gruagán, grúpa, lasta, lucht, moll, múr, scata.

ceal noun ❶ *want, lack:* anás, bochtaineacht, bochtaineas, boichte, caill, clisiúnas, cruatan, dealús, dearóile, díobháil, díth, easnamh, easpa, gainne, gannchar, gannchúis, gannchúisí, ganntan, ganntanas, ganntar, gátar, gorta, meathfháltas, ocras, *pl.* pócaí folmha, teirce, teirceacht, uireasa, uireasbhaidh, uireaspa. ❷ *extinction, concealment:* díothú, dul ar ceal, imeacht, marú, scrios; ceileantas, ceilt, ceilteanas, clóicín, coigilt, dul i bhfolach, folach, *literary* cleith, díchealt. **compound preposition de cheal** *for want of:* de dhíobháil, d'uireasa; gan. **prepositional phrase ar ceal** *cancelled, extinct, gone:* ar neamhní, ar shiúl, as, chun bealaigh, díofa, éagtha, imithe, marbh, rite, scriosta.

céalacan noun ❶ *morning fast:* céadlongadh, dúchéalacan, tréanas, troscadh. ❷ **briseadh céalacain** *breakfast:* briseadh céadlonga; bia na maidine, bricfeast, bricfeasta, céadbhéile, céadphroinn, céadtomhailt, cuid na maidine.

cealaigh verb ❶ *abolish, cancel:* cuir ar ceal, cuir ar neamhní, cuir as an saol, cuir cúl le, cuir deireadh le, cuir den saol, díchuir, díobh, maith, scrios, síog. ❷ *eat, consume:* caith, cnaígh, creim, ith, long, ól, meil, tnáith, tomhail, *literary* ibh.

cealg noun ❶ *deceit, treachery:* anbhrath, *pl.* bealaí, brath, caime, caimiléireacht, calaois, camadail, camastaíl, camastóireacht, cambheart, camrasáin, cealgadh, cealgaireacht, cluain, comhcheilg, falsú, feall, feall ar iontaoibh, fealladh, feallaireacht, feillbheart, feillghníomh, leathbhróg, lúbaireacht, meabhal, meabhlaireacht, meabhlú, mealltóireacht, meang, meilm, míchneastacht, míchoinníoll, mí-ionracas, mímhacántacht, séitéireacht, staigeáil, tréas, tréatúireaacht, uisce faoi thalamh, *literary* imdeall, tangna, tangnacht. ❷ *sting (of insect):* cailg, ga, goin, prioc, priocadh **verb** ❶ *beguile, deceive:* bladair, cuir cluain ar, cuir amú, déan gliodaíocht le, déan láinteacht le, labhair go bladarach le, meabhlaigh, meall. ❷ *lull to sleep:* abair seoithín le, abair seoithín seó le, bréag, cuir chun suain, cuir ina chodladh.

cealgaire noun *beguiler, deceiver:* adharcachán, alfraits, banadóir, banaí, bíobán, bréadaire, bréagachán, bréagadóir, buachaill báire, cleasaí, cleithire, cliúsaí, cluanaí, cluanaire, cneámhaire, cnúdánaí, cuilceach, cumadóir, dathadóir, draíodóir, dúblálaí, faladhúdaí, flústar, gleacaí, gleacaí milis, gliodaí, ladúsaí, leadhbálaí, líodóir, lúbaire, lútálaí, meabhlaire, mealltóir, meangaire, piollardaí, pláibistéir, plámásaí, pocaide, ragairneálaí, raibiléir, réice, saofóir, sciorrachán, slíbhín, slíodóir, slíúdrálaí, *literary* táitheach.

cealgaireacht noun *(act of) wheedling, deception:* béal bán, bladaireacht, bladar, blandar, blitsíneacht, bréagadóireacht, cleasaíocht, cluanaíocht, cluanairecht, cuimilt bhoise, falcaireacht, flústaireacht, gleacaíocht, gliodaíocht, ladús, líodóireacht, lúbaireacht, mealltóireacht, paintéaracht, pláibistéireacht, plámás, plásaíocht, plásántacht, plásántas, sladarús, slíbhíneacht, slíomadóireacht, slíodóireacht, súdaireacht, tláithínteacht, *familiar* gallúnach.

ceallach noun *recluse, hermit:* ancaire, aonarán, cadhan aonair, cadhan aonrach, caonaí, caonaí aonair, clochrán, díseartach, díthreabhach, éan corr, éan cuideáin, leathéan, reigléasach.

cealtair noun ❶ *face, visage:* aghaidh, aoibh, béal, cár, ceannaithe, cuntanós, dreach, éadan, éagasc, gné, gnúis, meill, pus, smuilcide, strainc, straois, streill, uraghaidh. ❷ *mask:* aghaidh bhréige, aghaidh fidil, ceannaithe púca, clipéad, clúdach, folach dubh, masc, masc cosanta, masc marbh, púca, púicín. ❸ *covering, cloak:* aimicín, bradhall, bradóg, bratóg, cába, cadó, casal, ceardán, ciseal, clár, clóca, clúdach, cótán, cumhdach, dídean, díon, dolmán, fallaing, imchasal, imchumhdach, ionarbhréid, mainte, matal, scaraoid, seál, *literary* céadach, cubhal, leann.

cealú noun *cancellation:* cur ar ceal, díchur, díobhadh, díothú, maitheadh, scrios, síogadh, *literary* taithmheach.

ceamach adjective *tattered, sluttish:* bratógach, ceamánta, cifleogach, giobach, gioblach, glibeach, gliobach, leadhbánach, leadhbógach, leibéiseach, leibideach, liobarnach, líobóideach, liopasta, lóipíneach, lópach, luideach, ribíneach, scifleogach, scothánach, scrábach, slaimiceach, sraoilleach, stiallach, streachlánach. noun ❶ *rag, clout:* balcais, bratóg, bréid, ceirt, cifle, cifleog, círéib, crothóg, géire, géirín, giob, giobal, leadhb, *pl.* paicinéadaí, paiste, plispín, preabán, scifle, scifleog, *pl.* scóiléadaí, scrábán, straboid, streachlán, strupais, suán glacach. ❷ *ragged person, slovenly person, tatterdemalion:* breallan, ceamachán, cifleachán, ciofarlán, ciolartán, círéib, clogán streille, coigealach, cuifeach, cuileachán, cunús, giobachán, giobailín, gioblachán, glibire, gliobachán, leibide, liarlóg, liobairíneach, liobar, liobarnálaí, magarlán, pana, pleibistín, práisc, prioslachán, radalach, rúisceachán, scifleachán, scothánach, scrábachán, slaimice, sláimín, slapaire, slibire, sraimle, sraoilleachán, sraoilleán, sraoillín, straboid, straille, stráille, streachaille; breallóg, claimhseog, claitseach, giobóg, leadhbóg, liobóg, peallóg, slámóg, slapóg, slapróg, sraoill, sraoilleog, strailleog, strupais, suairtle. ❸ *rustic, lout:* amhas, amhlán, amhsóir, bambairne, bodach, breillice, bromach, bromaistín, buailtíneach, búr, cábóg, cábún, cadramán, ceamalach, ceithearnach, ciolcán, closmar, daba, daoiste, doirneálach, duine goirt, dúramán, gamal, gambairne, glíomán múta, léaspach, leibide, liúdaí, liúdramán, lóimín, lóimíneach, lóma, maistín, mulpaire, pleib, pleota, pleotramán, scraiste, smíste, smuilcín, stróinse, teallaire, trumpadóir, tuathalán, túitín, tútachán.

ceamara noun *camera:* ceamara craenach, ceamara stiúideo; griandealbhán, grianghrafadán.

ceangail verb *tie, bind:* cúpláil, daingnigh, druid, dún, fuaigh, greamaigh, nasc, snaidhm; cuir ceangal ar, cuir corda ar, cuir rópa ar, cuir ruóg ar, cuir téad ar.

ceangal noun ❶ *tie, binding:* acomhal, banda, banna, *pl.* boltaí, ceangal na gcúig gcaol, cónasc, cuibhreach, cuing, géibheann, geimheal, nasc, nascadh, snaidhm; braighdeán, bréadach. ❷ *bond, obligation:* banna, cúram, dualgas, éigean, *pl.* geasa, greim geallúna, iallach, mórualach, riachtanas, ualach. ❸ *envoi (of poem):* amhrán, curfá, dúnadh, loinneog. ❹ **ceangal meáin** *constipation:* calcadh goile, ceangailteacht, cruatan boilg, cruatan goile, glas ar na putóga, iatacht, stolpach, triomach.

ceann noun ❶ *head, top:* ard, baic, baithis, barr, bior, blaosc, buaic, cloigeann, cnoga, cnota mullaigh, feirc, lomán, mothall, muinice, mullach, plaicide, rinn, spuaic, uachtar, *literary* inn. ❷ *front:* aghaidh, aon, béal átha, broinne, brollach, éadan, fronta, tosach, tul, tús, tús cadhnaíochta, ucht. ❸ *end, extremity:* barr, bun, críoch, críochfort, cúl, deireadh, éadan, earr, eireaball, feam, gob, pointe, rinn. ❹

> **Proibhinsí agus Críocha Cheanada — Príomhchathair**
>
> *Alberta*: Alberta — Edmonton
> *British Columbia*: Columbia na Breataine — Victoria
> *Manitoba*: Manitoba — Winnipeg
> *New Brunswick*: Brunswick Nua — Fredericton
> *Newfoundland and Labrador*: Talamh an Éisc agus Labradar — Baile Sheáin
> *Northwest Territories*: Críocha an Iarthuaiscirt — Yellowknife
> *Nova Scotia*: Albain *f.* Nua — Halifax
> *Nunavut*: Núnavút — Iqaluit
> *Ontario*: Ontario — Toronto
> *Prince Edward Island*: Oileán an Phrionsa Éadbhaird — Charlottetown
> *Quebec*: Quebec — Quebec
> *Saskatchewan*: Saskatchewan — Regina
> *Yukon Territory*: Críoch *f.* Yukon — Whitehorse

head, intelligence: ciall, breithiúnas, clifearthacht, clisteacht, clistíocht, eagna, inchinn, intinn, intleacht, meabhair, meabhraíocht, stuaim, tuiscint. ❺ *boss, leader*: bainisteoir, captaen, ceann feadhna, ceann urra, ceannaire, ceannasaí, ceannfort, ceannródaí, cinnire, fear ceannais feitheoir, geafar, giolla cinn eich, máistir, maoirseoir, maor, oifigeach, príomhoifigeach, reachtaire, rialtóir, riarthóir, saoiste, stiúrthóir, taoiseach, treoraí, uachtarás, údarás, *literary* braine, léadar. ❻ *roof*: ceann gabhail, ceann slinne, ceann tuí; caipín, claibín, díon, fuanacht. ❼ *head on liquid*: barr, cúr, uachtar, uanán. ❽ *one (of things, animals and sometimes people)*: ceann amháin, dhá cheann, trí (ceithre, cúig, sé) cinn, seacht (ocht, naoi, deich) gcinn; fear, bean; beirt, dís, *literary* déidhe; triúr; ceathrar; cúigear; seisear; mórsheisear, seachtar; ochtar; naonúr; deichniúr.

ceann cipín noun *blockhead*: ceann maide, ceann mailléid; amadán, amadán iarainn, amaid, amal, amlóir, baileabhair, bobarún, bómán, breallaire, breallán, brealsán, brealscaire, brealsún, ceann maide, ceap magaidh, clogadán, cloigeann cabáiste, cloigeann cipín, cloigeann pota, dallachán, dallamlán, dallarán, dobhrán, dúdálaí, dúid, dúiripí, dundarlán, dunsa, éagann, gámaí, gamal, gamairle, géibirne, glaigín, gligín, gogaille, guaig, guaigín, leathdhuine, óinmhid, paor, pastae de chloigeann, pleib, pleidhce, pleota, sceilfid, simpleoir; ágóid, amaid, amlóg, breallóg, cloigis, gamalóg, máloid, óinseach, óinseachán, óinseog, óinsichín, óinsín.

ceann comhairle noun *speaker, chairman*: cathaoirleach, fear cathaoireach, fear cinn coiste, spéicéir, uachtarán; an chathaoir.

ceann feadhna noun *leader*: captaen, ceann, ceann airm, ceann foirne, ceann treora, ceann urra, ceannaire, ceannasaí, ceannfort, cinnire, feitheoir, *literary* léadar, máistir, maoirseoir, maor, saoiste, scipéir, stiúrthóir, taoiseach, treoraí.

ceann púca noun *gargoyle*: geargáil.

ceann scríbe noun *destination*: bun an bhóthair, ceann aistir, ceann cúrsa, ceann riain, ceann scríbe, ceann sprice, ceann turais, ceannstáisiún, críochfort, deireadh an bhóthair.

ceann tíre noun *headland, promontory*: ceann fearainn, gob, gob rinne, pointe, rinn, ros, scoth.

céanna adjective (*with definite article*) *same*: an t-aon; ceannann céanna. **adjectival phrase mar an gcéanna** *the same, identical*: fíorchosúil; is ionann iad; is mar a chéile iad.

ceannadhairt noun *pillow*: adhairt, babhstar, bolastar, cearchaill, cúisín, piliúr, pillín.

ceannaí noun ❶ *purchaser*: caiteoir, ceannaitheoir, cliant, custaiméir, tomhaltóir. ❷ *merchant, dealer*: díoltóir, gáinneálaí, giurnálaí, gnóthaire, hocstaeir, hucstaeir, huigistéar, jabaire, mangadaoir, mangadóir, mangaire, margálaí, ocastóir, pacaire, peidléir, reacaire, siopadóir, tráchtálaí, trádálaí, triallaire earraí.

ceannaigh verb ❶ *buy, purchase*: faigh ar airgead, tabhair airgead ar, téigh ag siopadóireacht. ❷ *redeem*: fuascail, saor, slánaigh. ❸ *bribe, suborn*: breab, breabáil, bríb, bríbeáil, cuir gallúnach faoi, cuir ola faoi, éilligh, meall, saobh.

ceannairc noun *strife, mutiny*: comhéirí, easumhlaíocht, éirí amach, mícheansacht, míréir, réabhlóid, reibiliún, tréas.

ceannairceach adjective *mutinous, rebellious*: ainriata, docheansaithe, dochomhairleach, domhúinte, dúshlánach, easumhal, easurrúsach, éiritheach, mícheansa, míréireach, neamhghéilliúil, reibiliúnach, tréasúil, tréatúrtha.

ceannaire noun *leader, guide*: anamchara, captaen, ceann, ceann airm, ceann feadhna, ceann foirne, ceann treora, ceann urra, ceannasaí, ceannfort, cinnire, éascaitheoir, feitheoir, gobharnóir, máistir, maoirseoir, maor, múinteoir, oide, oifigeach, príomhoifigeach, saoiste, scipéir, stiúrthóir, taoiseach, teagascóir, tiománaí, treoraí, *literary* léadar.

ceannaireacht noun *leadership*: ardcheannas, ardchumhacht, ardfhlaitheas, ardríocht, ardtiarnas, bainisteoireacht, ceannas, ceannasaíocht, cinnireacht, cumhacht, dlínse, eagraíocht, flaitheas, flaithiúnas, forlámhas, impireacht, máistreacht, maoracht, príomhcheannas, réimeas, riail, rialtas, rialú, ríocht, smacht, stiúir, svae, teann, tiarnas, tiarnúlacht, treoir, tús cadhnaíochta, údarás, urlámhas, *literary* ríghe.

ceannaithe plural noun *features*: aghaidh, aoibh, béal, cár, cuntanós, dreach, éadan, éagasc, forghnúis, gné, gnúis, pus, strainc, straois, streill, uraghaidh; cló, cóiriú, cosúlacht, crot, cruth, cuma, cumraíocht, dealracht, dealramh, deilbh, eagar, fíor, fíoraíocht, foirm, greanadh, leagan, riocht.

ceannaitheoir noun ❶ *purchaser*: caiteoir, ceannaí, custaiméir, tomhaltóir. ❷ *redeemer*: fuascailteoir, slánaitheoir, tairngeartach.

ceannáras noun *headquarters*: ardoifig, bunáit, ceanncheathrú, lárionad, príomháras, príomhbhaile, príomhoifig, rúnaíocht.

ceannas noun *sovereignty, command*: ardcheannas, ardchumhacht, ardfhlaitheas, ardríocht, ardtiarnas, ceannaireacht, ceannasaíocht, cinnireacht, cinseal, coimirce, coimirceas, cumhacht, dlínse, flaith, flaitheas, flaithiúnas, forlámhas, impireacht, máistreacht, maoracht, príomhcheannas, réimeas, riail, rialtas, rialú, ríocht, smacht, stiúir, svae, tiarnas, tiarnúlacht, treoir, údarás, *literary* codhnachas.

ceannasach adjective ❶ *sovereign*: flaithiúnta, impiriúil, ríoga. ❷ *masterful*: anlathach, ansmachtúil, anúdarásach, cumhachtach, diongbháilte, éifeachtach, fuinniúil, máistriúil, mursanta, réimeach, sotalach, tiarnach, teanntásach, tiarnasach, tiarnúil, tíoránta, údarásach, údarásúil, *literary* codhnach.

ceannasaí noun *commander*: ardfheidhmeannach, ardfhlaith, ardghinearál, ardoifigeach, ardtiarna, captaen, ceann, ceann airm, ceann foirne,

ceannasaíocht
ceannfort, ceann treora, ceann urra, ceannaire, cinnire, feitheoir, ginearál, gobharnóir, máistir, maor, oifigeach, príomhoifigeach, saoiste, scipéir, stiúrthóir, taoiseach, tiarna.

ceannasaíocht noun ❶ *leadership, command:* ardcheannas, ardchumhacht, ardfhlaitheas, ardríocht, ardtiarnas, bainisteoireacht, ceannaireacht, ceannas, cinnireacht, coimirce, cumhacht, dlínse, eagraíocht, flaitheas, flaithiúnas, forlámhas, impireacht, máistreacht, maoracht, príomhcheannas, réimeas, riail, rialtas, rialú, ríocht, smacht, stiúir, svae, teann, tiarnas, tiarnúlacht, treoir, treorú, tús cadhnaíochta, údarás, urlámhas, *literary* ríghe. ❷ *self-assertion, tendency to domineer:* andóchas, buannaíocht, ceanndánacht, clóchas, cocaireacht, consaeit, cunórtas, déanfas, deiliús, éirí in airde, iarlaitheacht, móráil, mórchúis, postúlacht, sotal, suimiúlacht, teanntás, treallús, uabhar, údarás, údarásacht, urrúsacht.

ceannbheart noun ❶ *headgear, head-dress:* bairéad, barréadach, caidhp, caipín, gearrhata, hata. ❷ *helmet:* cafairrín, cafarr, caipín cogaidh, ceannbheart, clogad, feilm.

ceanndána adjective *headstrong, stubborn:* buiniceach, bundúnach, cadránta, ceannláidir, ceanntréan, ceapánta, dáigh, dána, dodach, doghluaiste, dolúbtha, dúr, ládasach, muiniceach, neamhghéilliúil, righin, stailciúil, stainciúil, stálaithe, stalcach, stangánach, stuacach, teanntásach, údarásach; chomh righin le gad.

ceanneasna noun *grey homespun cloth:* báinín, báinín bán, báinín brocach, báinín glas, bréidín, éadach baile, flainín, plainín.

ceannfort noun ❶ *commander, leader:* ceann feadhna, ceann urra; ceannaire, ceannasaí, ceannródaí, cinnire, máistir, maor, oifigeach ceannais, saoiste, taoiseach, treoraí, *literary* léadar. ❷ *commandant (in army):* maor, oifigeach, oifigeach ceannais, príomhoifigeach, sirriam. ❸ *superintendent (in police):* cigire, cigire ceantair, oifigeach, príomhchigire, príomhoifigeach.

ceannródaí noun ❶ *leader, guide:* ceann feadhna, ceann urra; ceannaire, ceannasaí, cinnire, giolla, máistir, maor, oide, oifigeach ceannais, saoiste, stiúrthóir, taoiseach, teagascóir, treoraí. ❷ *pioneer:* bunaitheoir, fondaire, fondúir, téisclimí, tiargálaí, tosaitheoir.

ceannscaoilte adjective *untethered, unrestrained:* bogcheangailte, bradach, éaganta, fiáin, guagach, luaineach, saor, scaoilte; gan bhac, gan chosc, gan chuing, gan srian.

ceannsmacht noun *mastery, the upper hand:* ardcheannas, ardchumhacht, ardfhlaitheas, ardríocht, ardtiarnas, an lámh in uachtar, ceannaireacht, ceannas, ceannasaíocht, cinnireacht, cumhacht, flaitheas, impireacht, lámh in uachtar, maide na leitean, maide an phota, máistreacht, maoirseacht, maoracht, ollsmacht, príomhcheannas, riail, rialtas, rialú, ríocht, smacht, stiúir, svae, tiarnas, tiarnúlacht, treoir, uachtaránacht, údarás, *literary* codhnachas.

ceannteideal noun *caption, heading:* ceannlíne, ceannscríbhinn, fotheideal, scríbhinn, teideal.

ceanntréan adjective *wilful, obstinate:* buiniceach, bundúnach, cadránta, ceanndána, ceannláidir, ceapánta, ciotrúnta, cruamhuineálach, dáigh, diúnasach, dodach, doghluaiste, dolúbtha, dúr, ládasach, muiniceach, neamhghéilliúil, righin, stailciúil, stainciúil, stálaithe, stuacach; chomh righin le gad; is air atá an muineál.

ceanntréine noun *obstinacy, wilfulness:* cadrán, ceanndáine, ceanndánacht, ceapántacht, contráilteacht, danartacht, dígeantacht, diúnas, dodaireacht, dúire, easumhlaíocht, ládas, mícheansacht, neamhghéilleadh, saofacht, stailc, stainc, stálaíocht, stalcacht, stollaireacht, stuacacht, stuacánacht, stuaic.

ceanntrom adjective ❶ *top-heavy:* baoth, barrbhaoiseach, barrthuisleach, corrach, éagothrom, giodamach, guagach, luascach; ar a bhoige bhaige, ar forbhás, ar sinebhogadh; teipeanach. ❷ *sluggish, drowsy:* aimhleasc, céimleasc, codlatach, drogallach, faon, leadránach, leasc, leisciúil, liosta, mairbhiteach, mall, malltriallach, marbhánta, marbhintinneach, múisiúnta, néalmhar, neamhaí, neamhaigeanta, neamh-anamúil, righin, sáimhríoch, siléigeach, spadánta, suanach, suanmhar, támáilte, támhach, toirchimeach, torpánta, tuirseach, *literary* laiste. noun *bullying, oppression:* anlathas, antrom, ceannasaíocht, daoirse, daorbhroid, daordháil, daorsmacht, forlámhas, géarsmacht, géillsine, lámh láidir, maistínteacht, máistríocht, mámas, ollsmacht, smacht, smachtúlacht, tiarnúlacht, tíorántacht, tromas, údarásacht, urlámh, urlámhas, vasáilleacht, *literary* cacht, *literary* daorchíos.

ceanrach noun ❶ *headstall, halter:* adhastar, ceangal, cuibhreach, iall, igín, rópa, tácla, téad, srian, úim. ❷ *soft, porous leather:* meannleathar, muilscín, seamaí.

ceansa adjective ❶ *gentle, meek:* beannaithe, bog, boigéiseach, cneasta, connail, lách, macánta, mánla, mín, míonla, modhúil, sásta, séimh. ❷ *tame:* ceansaithe, mín, riata, séimh, séimhní; colúr árais 'tame pigeon'; éan tí, éan tíre, éan tíreachais 'tame bird'.

ceansaigh verb ❶ *appease, pacify:* ciúnaigh, cloígh, coisc, cuir suaimhneas i, giúmaráil, sámhaigh, sásaigh, síothaigh, slíoc, socraigh, suaimhnigh, tabhair chun síochána, tláthaigh. ❷ *tame, control:* bris, coimeád faoi smacht, coinnigh faoi smacht, coscair, faigh an lámh in uachtar ar, measraigh, modhnaigh, séimhigh, rialaigh, sáraigh, smachtaigh, srian, tabhair anuas, tabhair chun tíreachais, tiarnaigh do, treascair, *literary* codhnaigh.

ceansú noun (*act of*) *appeasing, appeasement:* ciúnú, sásamh, síothú, suaimhniú; laghdú, maolú; leorghníomh, síth, síthofráil, *literary* taithleach; athmhuintearas, eadráin, réiteach, síocháin, socrú.

ceant noun *auction:* ceantáil, ceant ollannach, díolachán, marglann, reic; aonach, mangaireacht, margáil, margaíocht.

ceantáil noun ❶ (*act of*) *auctioning, auction, sale, clearance:* aonach, ceant, ceant ollannach, díolachán, díol go fuíoll, mangaireacht, margáil, margaíocht, marglann, ocastóireacht, pacaireacht, reic, reic bliantúil, reic bliantúil samhraidh, saor-reic. verb ❶ *auction:* díol, reic. ❷ *outbid:* tairg praghas níos airde.

ceantálaí noun *auctioneer:* díoltóir, hucstaeir, mangaire, ocastóir, pacaire, tráchtálaí, trádálaí; aibhéardaí, gníomhaire eastáit.

ceantar noun *district:* ball, barúntacht, comharsanacht, contae, cúige, dúiche, dúthaigh, fearann, fia, fód dúchais, geadán, grian, limistéar, líomatáiste, páirt, paiste, réigiún, taobh tíre, *pl.* tríocha céad, *pl.* triúcha, tuath, *literary* déis; sna himeachtaí seo.

ceanúil adjective *loving, affectionate:* búch, cairdiúil, caithiseach, caoin, caonrasach, carthanach, céilúil, cineálta, coimhirseach, connail, connalbhach, dáimheach, dáimhiúil, dil, geanúil, grámhar, lách, lánúnach, leanúnach, maitheasach, páirtiúil, práinneach, searcach, searcúil, teochroíoch.

ceanúlacht noun *affection:* amarac, armacas, ansacht, bá, búíocht, cairdeas, caithis, carthain, carthanacht, ceanas, cion, coimhirse, connailbhe, cumann, *literary* dailbhe, dáimh, dáimhiúlacht, dile, dílseacht, díograis, díograisí, dúil, fialchaire, gaolacht, gean, gnaoi, grá, grámhaireacht, greann, ionúine, méadaíocht, mian, mórghrá, muintearas, muirn, nóisean, searc, taitneamh, toil.

ceap noun ❶ *stock, block, pad*: bloc, blocán, crompán, stoc, smuta, stacán, tamhan. ❷ *(shoemaker's) last*: ceap gréasaí, inneoin. ❸ *nave, hub*: bosca, croí, imleacán, mol. ❹ *compact body*: bloc, caor, cipe, drong, falang, meall, moll. ❺ *literary chief, protector*: ardrí, ceannaire, ceannasaí, ceann feadhna, ceannfort, ceann urra, cinnire, pátrún, rí, taoiseach, tiarna, treoraí; caomhnach, caomhnóir, coimirceoir, cosantóir, éarlamh, pátrún. ❻ *bed, plot of earth*: báinseach, báinseog, bán, cathróg, ceapach, ceapán, ceapóg, cuibhreann, fáiméad, garraí, gead, geadán, goirtín, gort, leaba, mainnear, plásán, plásóg. verb ❶ *fashion, invent*: cruthaigh, cum, déan, deilbhigh, fionn, múnlaigh. ❷ *appoint, assign*: ainmnigh, cinn, fostaigh, fruiligh, leag, pointeáil, postaigh, socraigh, *literary* taisealbh. ❸ *conceive, think*: barúil, coincheap, creid, cuimhnigh, déan, machnaigh, meáigh, meas, samhlaigh, saoil, síl, smaoinigh, taibhrigh, tuairimigh, tuig, *literary* meanmnaigh; is dóigh leis; feictear dó, taibhsítear dó. ❹ *intend*: cinn ar, cuir romhat, meas, socraigh; tá sé ar aigne aige, tá sé ar intinn aige, tá rún aige; *literary* meanmnaigh. ❺ *stop, catch*: beir ar, coisc, fostaigh, gabh, glac, maraigh, rib, stad, stop.

ceapach noun ❶ *plot, flower bed*: báinseach, báinseog, bán, cathróg, ceapán, ceapóg, cuibhreann, fáiméad, garraí, gead, geadán, goirtín, gort, leaba, mainnear, plásán, plásóg; béiltir.

ceapachán noun ❶ *appointment*: ainmniúchán, cinneadh, fostú, fruiliú, postú, socrú. ❷ *composition (in art)*: comhshuíomh, cruthaíocht, cumraíocht, dearadh, deilbhiú, dreach, eagar, leagan amach.

ceapadh noun ❶ *(act of) fashioning, composition*: cruthú, cumadh, cumadóireacht, cumraíocht, dealbhú, déanamh, déanmhaíocht, dearadh, deilbhiú, dréachtadh, eagar, eagrú, leagan amach, monarú, socrú, soláthar, táirgeadh. ❷ *appointment, assignation*: ainmniúchán, fostú, fruiliú, socrú. ❸ *conception, thought*: aidhm, aigne, barúil, ciall, coincheap, coinne, cuimhneamh, dóigh, eagna, intleacht, machnamh, meabhair, mearsmaoineamh, nóisean, smaoineamh, súil, taibhreamh, tuairim, tuiscint. ❹ *interception, stoppage*: bac, bacainn, cosc, fos, fosadh, gabháil, sochtadh, sos, stad, stop, stopadh, stopainn, teacht roimh, tocht.

ceapadóir noun *shaper, composer, inventor*: aireagóir, cruthaitheoir, cumadóir, dealbhóir, déantóir, deilbheadóir, ealaíontóir, fionnachtaí, scríbhneoir, táirgeoir, údar.

ceapadóireacht noun *composition*: aiste, ceapóg, filíocht, meadaracht, rannaireacht, scríbhneoireacht, scríbhneoireacht chruthaitheach, véarsaíocht; gearrscéal, úrscéal; alt, gné-alt, tráchtas; prós.

ceapaíocht noun *capacity*: doimhneacht, fairsinge, fairsingeacht, leithne, luchtmhaireacht, méad, scóipiúlacht, spás, toilleadh; áit, ionad, slí, spás.

ceapaire noun *buttered bread, sandwich*: arán is im, ceapaire oscailte, *smørrebrød*.

ceapánta adjective ❶ *rigid, stiff*: calctha, crua, dolúbtha, dúr, neamhaclaí, righin, stágach, stocach. ❷ *niggardly*: ceachartha, cnuasaitheach, cúngchroíoch, díbheach, doicheallach, dúlaí, gann, gortach, greamastúil, greamasúil, lompasach, meánaitheach, spárálach, sprionlaithe, suarach, tíosach, toimhseach, truaillí, tútach. ❸ *impulsive*: corrthónach, dodach, guagach, luaineach, luathintinneach, obann, ráscánta, ríogach, ruatharach, spadhrúil, spreangach, taghdach, tallannach, tobann.

ceapóg¹ noun ❶ *little plot, level patch*: báinseog, ceapán, geadán, lantán, plás, plásán, plásóg; cluanóg, cluasóg. ❷ *dibble-stick, digger*: baitín, cipín, crainnín, stibhín.

ceapóg² noun *extempore verse*: ceathrú, rabhcán, rann, véarsa.

ceapord noun *small sledge-hammer*: casúr, fairche, lámhord, máillead, ord.

cearbh noun *elk (Alces alces)*: eilc, fia mór; mús.

cearc noun *hen, female bird*: tiucaí, béaróg, céirseach, máthair áil; cráin eala, cráin ghé.

cearchaill noun ❶ *pillow*: ceannadhairt, adhairt, babhstar, bolastar, cúisín, piliúr, pillín. ❷ *beam, girder*: balc, béim, bíoma, boimbéal, crann, crompán, cuaille, fearsaid, garma, giarsa, maide, páil, rachta, rata, sail, seafta, spreota, táláid, *literary* ochtach.

ceardaí noun ❶ *craftsman, artisan*: ceard, fear ceirde, cearpantóir, cumadóir, deileadóir, fairéir, gabha; gabha buí, órcheard, órcheardaí; gabha copair, gabha dubh, gabha geal, gabha iarainn, gabha stáin, gréasaí, lucht ceirde, saor, saor cloiche, siúinéir, snoíodóir. ❷ *artful person*: áilteoir, alfraits, anstrólaí, buachaill báire, breastaí, breastaire, cleasaí, cleithire, cneámhaire, cuilceach, draoi, ealaíontóir, geamstaire, gleacaí, gleacaí milis, geocach, lúbaire, meabhlaire, mealltóir, sciorrachán, sionaglach, slíbhín, slíodóir, sliúdrálaí.

ceardaíocht noun *craft, craftsmanship*: ceardúlacht, cearpantóireacht, ceird, ceirdne, clisteacht, clistíocht, ealaíon, gaois, saoirseacht, saoirseacht adhmaid, saoirse, saoirseacht bháid, saoirseacht loinge, scil, siúinéireacht, snoíodóireacht, stuaim.

ceardchumann noun *trade union*: aontas, comhar, comhlachas, cumann ceardaithe, gild, siondacáint.

ceardlann noun *workshop, workroom*: áiléar, cearta, monarcha, saotharlann, stiúideo.

ceardúil adjective *well wrought, workmanlike*: álainn, blasta, breá, canta, críochnúil, cuanna, cumtha, dealfa, deismir, fíortha, foirfe, galánta, greanta, innealta, líofa, slachtmhar, snasta, snoite, triopallach, *literary* cadhla; ar deiseacht.

cearn noun ❶ *corner, angle*: ascaill, clúid, coirnéal, cor, cúinne, giall, lúb, uille, uillinn. ❷ *geographical quarter*: aird, ceard, cearna, leath, taobh, treo; na ceithre hairde, na ceithre hairde fichead, cúig airde na hÉireann; thuaidh, theas, thiar, thoir.

cearnach adjective ❶ *angular*: leathan, lom, lomchnámhach, uilleach. ❷ *square*: cearnógach, ceartingearach, ceathairchúinneach, comhthreomhar, cothrom, cothrománach, díreach, dronuilleach, dronuilleogach, ingearach.

cearnóg noun ❶ *square*: bosca, cantún, ceathairshleasán, comhthreomharán, dronuilleog. ❷ *(town) square*: faiche, margadh, plás; céide aonaigh

cearr adjective *wrong*: aincheart, amú, breallach, buanearráideach, bunoscionn, cam, coiriúil, contráilte, droch-, éagórach, earráideach, éigeart, fiar, laofa, leatromach, mícheart, neamhcheart, neamhchruinn, olc, peacach, saofa, **adjectival genitive** tuathail; ar seachrán, as an gcosán, as an tslí, as bealach. noun ❶ *injury, wrong*: aimliú, ainimh, anaiste, bárrthain, bascadh, bearrán, buille, caill, cáim, cearr, cithréim, cneá, coir, créacht, díobháil, díth, donacht, dorn dubh, drochbheart, drochiarraidh, drochíde, éagóir, éalang, failc, feall, feall ar iontaoibh, goin, gortú, íospairt, luífín, máchail, masla, mímhaith, mírath, tarcaisne. ❷ *mental derangement*: báiní, deargbhuile, éadroime, gealtachas, gealtacht, gealtas, mearaí, mearbhall, mearchiall, mearú, mire, *pl.* nóisin, saobhadh céille,

cearrbhach seachmall, siabhrán, siabhránacht, *pl.* speabhraídí, *pl.* spéarataí, *literary* dreimhne.

cearrbhach noun *card-player, gambler:* cluicheoir, fear geall, fear imeartha, geaimleálaí, imreoir, poltar.

cearrbhachas noun *card-playing, gambling:* geaimleáil, geallchur, imirt, imirt ar gheall; an muileata maol á mheilt, an cuileata caol á cheilt.

ceart adjective ❶ *right, legal:* bailí, cuí, de réir cirt, dleatanach, dlisteanach, dlíthiúil, reachtúil. ❷ *suitable, proper:* cóir, comhchuí, cothrom, cuí, cuibhiúil, dleatach, dual, feiliúnach, fóirsteanach, freagrach, iomchuí, oiriúnach, óraice, teachtmhar, *literary* dír. ❸ *true, correct:* baileach, beacht, ceartchreidmheach, cneasta, cruinn, dílis, díreach, fíor, fírinneach, foirfe, ionraic, iontaofa, macánta. noun ❶ *right, justice:* ceartas, cóir, dlí, dlisteanacht, dlíthiúlacht, reacht. ❷ *correct statement, truth:* bailíocht, ceartchreideamh, cruinneas, fírinne, foirfeacht. ❸ *rightness, suitability:* cóir, cóiriúlacht, cuibheas, cuibhiúlacht, feiliúnacht, fóirsteanacht, oiriúnacht. ❹ *pl.* **cearta** *rights, human rights:* buannacht, *pl.* dualgais, éileamh, muist, *pl.* piorcaisí, rócham.

ceárta noun *forge, smithy:* ceardlann, monarcha, saotharlann.

ceartaigh verb ❶ *correct, amend, mend:* athleasaigh, coigeartaigh, cuir bail air, cuir caoi ar, cuir dóigh ar, deasaigh, deisigh, leasaigh, leigheas, marcáil, slánaigh. ❷ *compose, arrange:* ceap, cum, eagraigh, socraigh. ❸ *expound:* léirmhínigh, mínigh.

ceartaitheoir noun ❶ *corrector, rectifier:* deisitheoir, marcálaí, scrúdaitheoir. ❷ *reformer, chastiser:* athleasaitheoir, leasaitheoir, slánaitheoir.

ceartaí noun *nervousness, jitters:* cradhscal, creathán, criteagla, éagantacht, eagla, faitíos, falsaer, geit, giongacht, *pl.* haras, *pl.* harasaí, lagáisí, mágra, neirbhís, scanrúlacht, scinnide, tapóg, tinneallaí, trintealach; bheith ar bís, bheith ar tinneall.

ceartaíoch adjective *nervous, jittery:* anbhuaineach, buartha, corraithe, criteaglach, crithir, cúthail, cúthal, cúthalach, éagalma, eaglach, faitíosach, falsaertha, geiteach, giodamach, giongach, guaireánach, imníoch, lagáiseach, míshuaimhneach, neamharach, neirbhíseach, scáfar, scanrúil, scaollmhar, scéiniúil, scinnideach, tapógach, ar bís, ar tinneall.

ceartingearach adjective *vertical:* ard, colgdhíreach, díreach, géar, ingearach, ingearchlóch, rite.

ceartlár noun *exact centre, middle:* básta, bolg, coim, corplár, croí, cuilithe, lár, lár baill, lár báire, meáchanlár, meánlár, vásta.

ceartúchán noun *correction, repairing:* athleasú, caibléireacht, ceartú, coigeartú, deisiúchán, leasú, leigheas, meandáil, paisteáil, slánú.

ceas noun ❶ *surfeit:* anlucht, balcadh, foiscealach, gliúrach, lucht, masmas, pulcadh; bheith i do bhró, bheith lán go smig. ❷ *excess:* ainiomad, an iomarca, anlucht, barraíocht, farasbarr, fuílleach; an craiceann is a luach; barrachas, biseach, bónas, brabach, brabús, breis, corradh, fás, gaimbín, méadú, neartú, proifid, sochar, tuilleadh, uiríoll. ❸ *oppression, sorrow:* antrom, aiféala, atuirse, brón, buaireamh, buairt, cathú, céasadh intinne, ciach, ciamhaire, cian, crá croí, cráiteacht, croíbhriseadh, cumha, diachair, díomá, dobrón, doghra, doghrainn, doilíos, dólás, duáilce, duainéis, duairceas, dubhachas, éadóchas, gruaim, iarghnó, ísle brí, léan, mairg, méala, néal, seolán, tocht, tromas, tromchroí, tromchroíocht, *literary* cacht.

céas verb *torment, crucify:* beophian, cráigh, ciap, clip, goin, gortaigh, griog, páisigh, pian, prioc, scól, scrúd, siortáil, *literary* lochair.

céasa noun *crucifix:* cros, cros chéasta; an Chros Naofa.

ceasacht noun *(act of) complaining, grumble:* aingíocht, banrán, cáinseoireacht, casaoid, ceasachtach, ceasnaí, ciarsán, clamhsán, cnádánacht, cnáimhseáil, cneáireacht, drantán, fuarchásamh, fuasaoid, gearán, gluaireán, gniúdán, griothnairt, tormas, tromaíocht, *literary* ionnlach.

céasadh noun *(act of) tormenting, torment, crucifixion:* beophianadh, ciapadh, clipeadh, cnámhghearradh, cnámhghoin, crá, crá croí, cránas, diachair, *pl.* freangaí, *pl.* íona, martra, oighear, páis, pianadh, pianpháis, *pl.* pianta, *pl.* peiríocha, piolóid, purgadóir, racáil, sciúrsáil.

céasadóir noun *crucifier, tormentor:* céastúnach, ciapaire, ciústiúnaí, pianadóir, sciúrsálaí, *literary* riaghaire; básadóir, básaire, crochadóir, crochaire.

céasla noun *paddle, oar:* bata iomartha, bata rámha, maide iomartha, maide rámha; maide gualann, maide idir dhá sheas, oircéal, rámh; bos maide rámha; lámh maide rámha, doirnín maide rámha, glac maide rámha.

céaslóireacht noun *(act of) paddling:* céaslaíocht, iomramh, rámhachtaint, rámhadh, rámhaíocht.

ceasna noun *affliction:* aimléis, ainnise, ainríocht, anacair, anachain, anás, anchaoi, angar, anró, anróiteacht, anshó, bochtanas, boichte, crá croí, cráiteacht, cránán, cránas, cruatan, daibhreas, deacair, dealús, dearóile, díblíocht, dochma, dochracht, dochraide, dócúl, doghrainn, dóing, dóinmhí, dola, dothairne, drámh, drochbhail, drochstaid, duainéis, éagomhlann, fulaingt, gábh, gannchuid, gátar, géarbhroid, géarghoin, leatrom, matalang, mí-ádh, míbhail, mífhortún, ocras, pioloíd, trioblóid, truántacht, *literary* cacht, galghad, teidhm.

ceasnaí noun *grumbler:* ainciseoir, ainle, ainleog, cáinseoir, canránaí, cearbhálaí, ceolán, ciarsánaí, clamhsánaí, cnádán, cnádánaí, cnáimhseálaí, cnáimhseoir, drantánaí, durdálaí, gearánaí, tormasaí.

ceasnúil adjective *complaining, querulous:* ainciseach, aingí, banránach, cancrach, canránach, cantalach, ceasachtach, ceisneamhach, ciarsánach, clamhsánach, coilgneach, cuileadach, éagnach, fuasaoideach, gearánach, gluaireánach, gráinneogach, greannach, milleánach, mosánach, pioloídeach, spuaiceach, tormasach.

céasta adjective ❶ *crucified, tormented:* ciaptha, clipthe, cráite; faoi bheophianadh, faoi bhráca, faoi léan; i bpioloíd, i mbroid; ite suas; ag cur a pheiríocha de. ❷ *excruciating, miserable:* aimléiseach, ainnis, ainríochtach, anacair, anacrach, anásta, angarach, anróiteach, bocht, briste, cásmhar, cráite, dealbh, dealúsach, dearóil, díblí, doghrach, mí-ádhúil, mí-ámharach, millte, ocrach, pianpháiseach, suarach, trua, truamhéalach, truánta, *literary* doim.

céastóireacht noun *(act of) questioning, interrogation:* ceistiúchán, croscheistiú, cúistiúnacht, géarscrúdú, imchomharc, imscrúdú, iniúchadh, scrúdú.

céastúnach noun *torturer, executioner:* básaire, céasadóir, ciapaire, ciústiúnaí, crochadóir, crochaire, pianadóir, *literary* riaghaire.

céatadán noun *percentage:* codán, cuid, páirt, scair, teascán; faoin gcéad, *literary* fodhail.

ceathach adjective *showery:* béalfhliuch, bog, braonach, breac, cáidheach, ceathaideach, fearthainneach, fliuch, frasach, moiglí, múraíleach, múraíoch, salach, scrábach, scrabhaiteach, slaimiceáilte, sramach, táirfhliuch.

ceathracha numeral *forty:* daichead, dhá fhichid, dhá scór.

ceathrú noun ❶ *quarter*: ceathrú cuid. ❷ *thigh*: láirig, *colloquial* leasrach, leis, sliasaid; corróg, más. ❸ *quarters, billet*: billéad, buannacht, coinmheadh, lóistín. ❹ *mercy*: anacal, cairde, coimirce, taise, trócaire. ❺ *quatrain, stanza*: dréachtín, rann, stéibh, stróf, véarsa.

ceil verb ❶ *conceal, suppress*: brúigh fút, coinnigh faoi rún, coigil, coisc, dícheil, dílsigh, folaigh, toirmisc; cuir cosc le, cuir deireadh le, cuir faoi chois, cuir i bhfolach, cuir stop le. ❷ *deny*: diúltaigh, éar, éimigh, eitigh, loic, ob, séan, *literary* dear.

céile noun ❶ *companion, spouse*: caidreamhach, caoifeach, cara, cneasaí, comhghleacaí, comhleapach, compánach, comráda, comrádaí, guaillí, leannán, leathbhádoir, leathcheann, nuachar, páirtí, páirtnéir; buachaill, buachaillchara, fear, fear céile, stailín, seanchoc, seanleaid, é féin, an máistir; banchéile, bean, bean chéile, bean choimhdeachta; í féin, an mháistreás. pronoun **a chéile** *each other, one another*: frith-, comh-.

céileachas noun ❶ *companionship*: cairdeas, carthanacht, céilíocht, coimhdeacht, coimhirse, comhchaidreamh, comhchairdeas, comhghaol, comhghuaillíocht, comhlachas, comhluadar, comhluadracht, comrádaíocht, conbharsáid, córtas, cuibhreannas, cuideachta, cuidiúlacht, cumann, cumarsáid, dlúthchairdeas, gaol, guaillíocht, lánmhuinteara, mórtachas, muinteara, páirt, páirteachas, páirtíocht, plé, rannpháirtíocht, taithíocht, teagmháil, teanntás, *literary* comhthanas. ❷ *cohabitation*: aontíos, buannacht, caoifeachas, caoifeacht, comhleapachas, lánúineachas, lánúnachas, lánúnas, leannántacht, maireachtáil le chéile, muinteara. ❸ *copulation*: caidreamh collaí, ciontú le, collaíocht, comhluí, comhriachtain, cúpláil, gabháil le chéile, gnéas, lánúineachas, lánúnachas, lánúnas, luí le chéile, cúirtéireacht, dáthadh, *literary* inéirí, *familiar* bualadh craicinn, bualadh leathair, cluiche an toill, cluiche na mball, cluiche na bhfód, craiceann, déanamh cuiginne, giotaíocht, guicéaracht, joineáil, leathar, proit, proiteáil, raighdeáil, scailleog, slataíocht, steabáil, stialláil.

ceileatram noun *disguise, veneer*: aghaidh fidil, athchraiceann, athrú crutha, athrú crutha is éadaigh, athrú deilbhe, bréagriocht, cealtair, ceileantas, cruth folaithe, dealramh bréige, dícheltair, duaithníocht, folach, masc, riocht bréige, screamh.

céilí noun ❶ *visiting*: airneál, airneán, cuairt, bothántaíocht, bothántaíl, (*i gContae Phort Láirge*) istoícheadóireacht. ❷ *Irish dancing session*: damhsa, feis, rince, *pl.* seiteanna.

ceiliúir verb ❶ *warble, sing*: bí ag amhrán, bí ag ceol, can, cas, ceol, seinn. ❷ *celebrate*: coinnigh, coimeád, comóir, déan, déan sollúnaigh; déan an Cháisc, déan an Nollaig; déan adhnua d'ócáid. ❸ *vanish, fade*: imigh, téarnaigh, téigh as amharc, téigh as radharc, tréig.

ceiliúr noun ❶ *warble, song*: amhránaíocht, cantain, cantaireacht, ceol, crónán, cuachaireacht, fonnadóireacht, gabháil fhoinn, portaireacht, reacaireacht, scolaíocht, seinm. ❷ *address, greeting*: agallamh, aitheasc, áivé, beannacht, beannú, bleid, caidéis, dileagra, fáilte, fíorchaoin fáilte, forrán, spéic, spraic; is é do bheatha, mochean, mochean do theacht.

ceiliúradh noun ❶ (*act of*) *celebration, ceremony*: aifreann, deasghnáth, féile, iubhaile, searmanas, sollúnú. ❷ (*act of*) *taking one's leave, farewell*: beannacht, fágáil, imeacht, tréigean; slán, slán agat, slán leat, soraidh duit; go n-éirí an bóthar leat, go dté tú slán, go ngnóthaí Dia duit.

céillí adjective *sensible, rational*: ciallmhar, cliste, connail, críonna, discréideach, eagnaí, fadcheannach, fódúil, foirmniseach, forasta, gaoiseach, gaoisiúil, gaoismhear, meabhrach, praitinniúil, réasúnta, siosmaideach, staidéarach, staidéartha, stuama, tuisceanach; tá an chúileith i bhfad siar aige.

ceilp noun *kelp, seaweed*: feamainn, feamneach; caisíneach, carraigín, casfheamainn, claíomh, coirleach, duileasc, feamainn bhoilgíneach, feamainn bhuí, glasán, míobhán, míoránach, ríseach, ruálach, rufa, scraith bhuí, sleabhac.

ceilpeadóir noun *earwig* (*order Dermaptera*): ailseog, ciaróg lín, colg lín, cuileog lín, dallán lín, dearg gabhlóg, gailseach, gailseog, gearradh gabhláin, geillic, roilseach, Síle an phíce; deargadaol.

ceilt noun ❶ *concealment*: ceileantas, ceileatram, ceilteanas, clóicín, clúdach, cluthaireacht, coigilt, dílsiú, duaithníocht, dul i bhfolach, folach, folachán, scáth, *literary* cleith, díchealt, imchumhdach, inchleith. ❷ (*act of*) *withholding*: bacadh, cosc, diúltú, éaradh, eiteach, séanadh.

ceilteach adjective *secretive, withholding*: béalfhothanúil, cluthar, diamhair, discréideach, druidte, ganfhiosach, gréamúsach, iamhar, príobháideach, rúnmhar, seachantach, sicréideach, uaigneach; coimhthíoch, doicheallach, dúnárasach, leithleach, leithliseach; cotúil, cúlánta, cúthail.

céim noun ❶ *step*: abhóg, coiscéim, steip, truslóg; dreap, dreapa, staighre, strapa. ❷ *degree, rank*: airde, bunchéim, cáilíocht, céimíocht, dínit, grád, gradam, iarchéim, onóir, ord, rang, seasamh, uaisleacht, *literary* ordan. ❸ *ravine*: ailt, ailteán, altán, coire, com, cumar, gleann, gleanntán, mám. ❹ *difficulty, difficult measure*: crostacht, deacracht, doilios, doréititheacht, droibhéal, éigeandáil, fadhb, géarchéim; cruacheist, ponc, sáinn.

céimí noun *graduate*: baitsiléir sna healaíona (BA), baitsiléir san eolaíocht (BSc); máistir sna healaíona (MA), máistir san eolaíocht (MSc); dochtúir san eolaíocht (DSc), dochtúir san fhealsúnacht (PhD, DPhil); bunchéimí; cúntóir taighde, iarchéimí, iardhalta, iarmhac léinn, iarscoláire.

ceimic noun *chemistry*: bithcheimic, ceimic fheidhmeach, ceimic fhisiceach, ceimic neamhorgánach, ceimic orgánach, ceimic theo-adamhach; ceimíocht; ailceimic, cógaseolaíocht, poitigéireacht.

ceimiceán noun *chemical*: ábhar, breiseán, cógas, comhábhar, druga, meascán, substaint, ullmhóid.

ceimiceoir noun *chemist*: ceimicí; bithcheimiceoir, ceimiceoir feidhmeach, ceimiceoir fisiceach, ceimiceoir neamhorgánach, ceimiceoir orgánach; ailceimiceoir, cógaiseoir, cógaseolaí, drugadóir, lusrachán, poitigéir.

céimíocht noun *rank, distinction*: airde, cáilíocht, céim, dínit, feidhm, grád, gradam, oircreas, onóir, ord, rang, réim, seasamh, uaisleacht, *literary* ordan.

céimiúil adjective *distinguished, notable*: ainmniúil, aitheanta, aithnidiúil, ard, ardchéimiúil, ardchéimneach, ardréimeach, cáiliúil, clúiteach, clúitiúil, dea-mheasta, forórga, glórmhar, gradamach, iomráiteach, maorga, mór le rá, oirirc, oirní, suaitheanta, tábhachtach, táscmhar, *literary* bladhach, miadhach, ollbhladhach, táscach; ar aithne, ar eolas, i mbéal an phobail, mór le rá.

céimiúlacht noun *notability*: airde, ardchéimiúlacht, ardréim, cáil, clú, dea-ainm, dea-cháil, dea-chlú, dea-theist, gradam, iomrá, oireachas, oircreas, teist, uaisle, uaisleacht.

céimnigh verb *step*: bí ag siúlóid, bí ag spaisteoireacht, cóstáil, imigh, máirseáil, pramsáil, satail, siúil, spágáil, taltaigh, tar, téigh, tuisligh, *literary* cinn.

céimniú noun ❶ (*act of*) *stepping, tread*: coisíocht, máirseáil, pramsáil, satailt, siúl, siúlóid, snámh,

céimseata

spaisteoireacht, stádar, taltú, traibhleáil, troithíocht, válcaeireacht. ❷ *grading, graduation:* aicmiú, grádán, grádú, rangú, scagadh, sórtáil.

céimseata noun *geometry:* céimheasacht, geoiméadracht, geoiméatracht, geoimeitric; tlacht-tomhas; triantánacht; dlúthchéimseata.

céir noun *wax:* céir bheach, céir mheachan; céir chluaise, céir mhianra, céir phairifín, céir shéalaithe; cíor mheala, snas.

ceird noun *craft, trade:* ábaltacht, clisteacht, clistíocht, cumas, éifeacht, éirim, gus, inmhe, inniúlacht, oilteacht, scil, stuaim; cáilíocht, ceardaíocht, *pl.* dintiúirí, gairm, gairm bheatha, lámhcheird; gild.

ceiribín noun *cherub:* ardaingeal, aingeal coimhdeachta, saraifín, spiorad.

ceirín noun *poultice:* ceirí, plástar, plástra.

ceirnín noun ❶ *shallow dish:* méisín, mias, pannacar, pláta, scála; teasc. ❷ *disc, record:* caiséad, caisín, diosca, dlúthdhiosca, pláta ceoil, taifead, téip; teasc.

céirseach noun ❶ *hen blackbird (Turdus merula):* cearc loin; lon dubh, méire. ❷ *fair maiden, girl:* ainnir, ainnirín, bogchailín, bruinneall, caile, cailín, céirseach, cúileann, druid, gearrchaile, girseach, girseog, guamóg, iníon, leanbh iníne, leathchailín, macaomh mná, maighdean, ógbhean, páiste mná, suib, *literary* bríd, ógh; áille na háille, babóigín, bamsóigín, béasach, brídeach, brídeog, buinneán mná, céirseach, gile na gile, gleoiteog, guamóg, lachóigín, láireog, láireoigín, láithreog, lúibín, maighre mná, maiseog, néamhann, pabhsae, péacóg, plandóg, plúr na mban, plúróg; mamsóg, pramsóg; cuaichín.

ceirt noun ❶ *rag, clout:* braibín, bratóg, bréid, cifle, cifleog, círéib, crothóg, géire, géirín, giob, giobal, leadhb, *pl.* paicinéadaí, paiste, plispín, preabán, scifle, scifleog, *pl.* scóiléadaí, scrábán, strabóid, streachlán; éadach na n-áraistí, éadach na soithí, rubar, suán glacach. ❷ *pl.* **ceirteacha** *clothes:* éadach, *pl.* balcaisí, *pl.* giolcaisí, *pl.* pacaí, *pl.* scóiléadaí.

ceirteachán noun *ragged person, tatterdemalion:* ceamachán, cifleachán, ciofarlán, ciolartán, cuifeach, cuileachán, giobachán, giobailín, gioblachán, glibire, gliobachán, leadhb, leadhbaire, leadhbán, liarlóg, liobairíneach, liobar, liobarnálaí, magarlán, pana, pleibistín, radalach, ribleachán, scifleachán, scothánach, scrábachán, sraoilleachán, sraoilleán, sraoillín, strabóid, straille, strailleán, streachaille; giobóg, leadhbóg, liobóg, peallóg, slámóg, slapóg, slapróg, sraoill, sraoilleog, straillleog, strupais, suairtle.

ceirtlín noun *ball, clew:* bobailín, bobán, cuachóg, roilléire, úllachán.

ceis noun *wattled causeway:* cis, ciseach, tóchar.

céislínteas noun *tonsilitis: pl.* céislíní ata, *pl.* liagracha, sceith aincis, seile seá, sine siáin, sine seá, sine seán.

ceisneamh noun *(act of) grumbling, plaint:* aingíocht, cáinseoireacht, cásamh, casaoid, ceasacht, clamhsán, cnádánacht, cnáimhseáil, cneáireacht, éagnach, fuasaoid, gearán, tormas, tromaíocht.

ceist noun ❶ *question, query:* ceistiúchán, fiafraí, fiosrú, fiosrúchán, scrúdú, scrúdúchán. ❷ *problem, matter under discussion:* ábhar, buille, cruacheist, deacracht, fadhb, oighear, pointe, scéal. ❸ *concern, worry:* aiféala, buaireamh, buairt, doghrainn, duairceas, imní, tocht, tromchroí, *literary* deithide; an chloch is mó ar mo phaidrín.

ceisteach adjective *questioning, interrogative:* bleidiúil, caidéiseach, fiafraitheach, fiosrach, géar, géarchúiseach, grinn, taighdeach.

ceistigh verb *question:* croscheistigh, cuir bun faoi, cuir ceist ar, cuir eolas faoi, fiafraigh, fiosraigh, imscrúdaigh, scrúdaigh, taighd.

ceistiúchán noun *inquiry, questionnaire:* caidéis, céastóireacht, croscheistiú, cúistiúnacht, géarscrúdú, imchomharc, imscrúdú, iniúchadh, scrúdú, tóirínteacht.

ceithearn noun ❶ *historical band of footsoldiers:* fian, *pl.* fianna; baicle, béinne, buíon, cipe, cóip, comhlacht, cuallacht, cumann, cuideachta, dream, feadhain, foireann, fracht, gasra, grúpa, paca, rang, scata, scuaine, slógadh, slua, *literary* cuain. ❷ **ceithearn timpill** *bodyguard:* lucht cosanta colainne. ❸ **ceithearn choille** *woodkern, outlaw:* ceithearnach, ceithearnach coille, éaglann, easurra, eisreachtaí, meirleach, ropaire, tóraí; Éamann an Chnoic, Éamann Bradach, Éamann Mágáine.

ceithearnach noun ❶ *outlaw:* ceithearn choille, ceithearnach coille, éaglann, easurra, eisreachtaí, meirleach, ropaire, tóraí; Éamann an Chnoic, Éamann Bradach, Éamann Mágáine. ❷ *boor:* amhas, amhlán, amhsóir, bambairne, bodach, breillice, bromach, bromaistín, builtíneach, búr, cábóg, cábún, cadramán, ciolartán, closmar, daba, dailtín, daoiste, dúramán, gamal, gambairne, géibirne, léaspach, leibide, liúdaí, liúdramán, lóimín, lóimíneach, lóma, maistín, maol, maolagán, mulpaire, pleota, pleotramán, pleib, scraiste, smíste, smuilcín, stróinse, teallaire, trumpadóir, tuathalán, túitín, tútachán. ❸ *supporter:* cúlaistín, cúntóir, leantóir, *colloquial* campa, lucht leanúna, lucht tacaíochta, páirtí, *figurative* sail, tacaí, taobhaí.

ceo noun ❶ *fog, mist, haze:* múr ceo, ró samh, smúit, smúitcheo, sriabhán, toitcheo; dusma, dustalach; deatach, toit. ❷ *cloud:* clabhta, dlúimh, frasnéal, néal, scamall, slám.

ceobhrán noun ❶ *light drizzle, mist:* barrchith, brádán, brádarnach, cafarnach, ceo, ceobháisteach, ceobharnach, ceobrán, ceofrán, dramhaíl báistí, draonán báistí, ró samh, salacharaíl bháistí, síobráil bháistí, spréachaíl báistí, spreachall báistí, sriabhán báistí; báisteach ag teacht mín marbh. ❷ *thin layer:* ciseal, cóta, craiceann, crústa, scair, scannán, scraith, screamh, screamhóg.

ceobhránach adjective *drizzly, misty:* bog, ceobánach, ceobarnach, ceobhánach, ceobharnach, ceoch, ceomhar, fliuch, fliuchánach, fliuchánta, smúitiúil, tais, *literary* ciachta.

ceoch adjective *foggy, misty, clouded:* ceomhar, ciachmhar, gruama, modarcheoch, múisiúnta, scamallach, smúitiúil, *literary* ciachta.

ceol noun ❶ *music:* ceol na sféar; cairche, cairche cheoil, caoince, caoinche, ceolchaire, ceolmhaireacht, cliaraíocht, cuach, oirfide, séis, siansa. ❷ **ag gabháil cheoil** *singing:* ag amhránaíocht, ag cantain, ag cantaireacht, ag ceol, ag gabháil fhoinn, ag gobcheol, ag portaireacht; ag crónán, ag cuachaireacht, ag dántaireacht, ag reacaireacht, ag salmaireacht.

ceolán noun ❶ *tinkling sound:* cling, clingíneacht, clingireacht, cloigíneacht, gligín, gligíneacht, gligleáil, gliogar, gliográn, siansach. ❷ *incessant, silly talker:* bladhmaire, bolgán béice, bolscaire, brasaire, cabaire, clabaire, claibéir, claibín muilinn, cuachaire, dradaire, geabaire, geabstaire, glafaire, glagaire, gleoiseach, gleoisín, gleothálaí, gligín, gliogaire, gobachán, meigeadán, plobaire, raiméisí, salmaire, scaothaire, scrathóg, síodrálaí, siollaire, siosaire, spalpaire, strambánaí, trumpadóir, *familiar* gandal. ❸ *whimperer:* ainle, béiceachán, bolscaire, caointeachán, caointeoir, éimheoir, golspaire, pusachán, sceamhlachán, scréachán, screadachán, screadaire.

ceolánach adjective ❶ *ringing, chiming:* clingeach, gligíneach. ❷ *talking incessantly:* béalach, bladhmannach, brilléiseach, briosc-chainteach, cainteach, clabach, geabach, geabanta, glafaireach, gleoiréiseach, gliogach, gliograch, inchainte, síodrálach, *literary* inscneach. ❸ *whimpering, squealing:* acaointeach, béiceach, brónach, canránach, caointeach, ceasnúil, éagaointeach, fuasaoideach, gearánach, gluaireánach, golchásach, iarmhéileach, ochlánach, olagónach, pusach, scréachach, sianach.

ceolchoirm noun *concert:* ceadal, coirm cheoil, seisiún ceoil; claisceadal, léiriú, taispeántas.

ceolfhoireann noun *orchestra:* banna, ceolbhuíon, *pl.* ceoltóirí.

ceolmhaireacht noun *melodiousness:* binneas, cairche, caoince, caoinche, ceol na sféar, ceolchaire, ceolmhaire, cór na n-aingeal, oirfide, séis, siansa.

ceolmhar adjective ❶ *musical, tuneful:* álainn, aoibhinn, binn, binnghlórach, binnghuthach, caoinbhinn, milisbhriathrach, oirfideach, portach, séiseach, siansach, síreachtach. ❷ *animated, lively:* beo, beoga, croíúil, éadromaigeanta, gáiriteach, gealchroíoch, gealgháireach, gusmhar, intinneach, meanmnach, meidhreach, meidhréiseach, preabanta, sceidealach, scóipiúil, smiorúil, soilbhir, spleodrach, suairc, subhach, teaspúil, *literary* cluicheachair.

ceoltóir noun ❶ *musician:* fleascach ceoil, oirfideach, seinnteoir, tionlacaí; cláirseoir, cruitire, fidléir, pianadóir, píobaire. ❷ *singer:* amhránaí, cantaire, ceolaire, cliaraí, córchantaire, cuachaire, duanaire, fonnadóir, gabhálaí foinn, góileoir, portaire, rabhcánaí, reacaire, trúbadóir.

choíche adverb *ever (in the future):* a fhad a bheidh an féar ag fás, choíchín, go brách, go bráth na breithe, go broinne na brátha, go deo, go lá an tsléibhe, go lá na leac, go lá Philib an Chleite, go lá Sheon Dic, go rachaidh soir siar.

ciabh noun *hair, tress:* bachall, ceann, ciabhfholt, ciabhóg, *colloquial* ciabhra, cúl, cúl gruaige, dlaoi, dlaíóg, duailín, dual, folt, glib, gruaig, loca, lúibín, mapa gruaige; moing, mothall, mothall gruaige, scoth, stothall, suasán, súisín, trilseán, triopall, urla.

ciach noun ❶ *hoarseness:* cársán, casacht, ciachán, piachán, píoblach, scarbhach, seordán, slócht, tocht. ❷ *gloom, sadness:* aiféala, atuirse, beagmhisneach, buaireamh, buairt, ciamhaire, cumha, cian, clóic, díomá, dobrón, doghrainn, doilíos, dólás, duainéis, duairceas, dubhachas, duifean croí, dúlagar, éadóchas, gruaim, iarghnó, lagar spride, lagmhisneach, léan, lionn dubh, *pl.* na lionnta dubha, mairg, méala, sprocht, tocht, tromchroí.

ciachán noun *hoarseness, huskiness:* cársán, casacht, piachán, píoblach, scarbhach, slócht, tocht.

ciafart noun ❶ *unkempt person:* breallán, ceamach, ceamachán, cifleachán, círéib, cuifeach, cuileachán, giobachán, giobailín, gioblachán, glibire, gliobachán, leibide, liobairíneach, liobar, liobarnálaí, magarlán, pana, pleibistín, prioslachán, radalach, rathlach, scifleachán, scothánach, scrábachán, slaimice, sláimín, slapaire, slibire, sraoilleachán, sraoilleán, sraoillín, straille, strailleán, streachaille; breallóg, claimhseog, claitseach, cuachán mná, cuairsce, giobóg, leadhbóg, liobóg, peallóg, slámóg, slapóg, slapróg, sraoill, sraoilleog, straileog, suairtle. ❷ *confused, bewildered person:* ball séire, bambairne, bolgán béice; níor fhan húm ná hám ann, níor fhan mig ná meag ann; thit an lug ar an lag aige.

ciall noun ❶ *sense, sanity:* ciall cheannaithe; ceann, críonnacht, discréid, eagna, fadcheann, guaim, meabhair, réasún, stuaim, tuiscint. ❷ *perception, understanding:* aireachtáil, braistint, brath, eagna, fios feasa, mothú, mothúchán, rathú, tuiscint. ❸ *meaning:* breithiúnas, brí, ciallú, fuaimint, léirmhíniú, míniú. ❹ *reason, cause:* ábhar, bunús, cad chuige, cionsiocair, cúis, fáth, réasún, siocair, údar. ❺ **cur i gcéill** *make believe:* cumadóireacht, dúmas, ealaíon, ficsean, finscéal, ligean ort féin; mar dhea.

ciallach noun *dear one, friend:* ansacht, caomh, cara, carán, cograch, croí, croián, croídín, cúirtéir, dílseog, duine cléibh, grá, grá mo chroí, meanmarc, muirneach, muirneog, muirnín, *figurative* rún, searcóg, stóirín, stór, taisce, téagar; m'anam, mian mo chroí, mo chuach thú, mo chuid den saol.

ciallaigh verb ❶ *mean, signify:* is brí le, is ciall le. ❷ *explain:* léirigh, soiléirigh, léirmhínigh, mínigh, *literary* éirnigh; bain fuaimint as, bain tuiscint as, inis an brí, inis an chiall, tabhair an bhrí.

ciallmhar adjective *sensible, reasonable:* céillí, cliste, críonna, eagnaí, éargnaí, fadcheannach, fódúil, foirmniseach, gaoiseach, gaoisiúil, gaoismhear, meabhrach, praitinniúil, réasúnta, staidéarach, staidéartha, stuama, tuisceanach; tá an chúiléith i bhfad siar aige.

ciallú noun *(act of) interpreting, interpretation:* brí, breithiúnas, ciall, ciallachadh, léiriú, léirmhíniú, míniú, míníúchán, soiléiriú, tuiscint.

cian[1] adjective ❶ *long:* fada, mór. ❷ *distant:* aonarach, cianda, eascairdiúil, iargúlta, imigéineach, imigéiniúil, scoite, uaigneach; aerachtúil; i bhfad uainn, i bhfad uait, thar lear. noun *length of time:* am, fad aimsire, fad ama, fad gach aon fhaid, píosa, tamall. ❸ **leis na cianta (cairbreacha)** *for ages:* le fada, le fada an lá, leis na ciaróga ama, leis na himpireacha. ❹ **sna cianta (cairbreacha)** *in the distant past:* anallód, fadó, fadó fadó, i bhfad ó shin, sa tseanaimsir. ❺ **i gcéin** *in the distance:* i bhfad uainn, i bhfad uait, in imigéin, thall.

cian[2] noun *sadness, melancholy:* aiféala, atuirse, beagmhisneach, buaireamh, buairt, ciach, ciamhaire, clóic, crá croí, cumha, díomá, dobrón, doghrainn, doilíos, dólás, duainéis, duairceas, dubhachas, duifean croí, dúlagar, éadóchas, gruaim, iarghnó, lagar spride, lagmhisneach, léan, lionn dubh, *pl.* na lionnta dubha, mairg, méala, sprocht, tocht, tromchroí.

cianach adjective ❶ *melancholy:* atuirseach, brúite, buartha, ceannaíseal, ciachmhar, ciamhair, cianúil, cumhach, cumhúil, doghrainneach, doilbh, doilbhir, doilíosach, dólásach, duairc, duaiseach, duasmánta, dubhach, dúchroíoch, dúlagrach, dúlaí, dúlionnach, dúnéaltach, éadóchasach, fadchannach, gruama, imníoch, lagsprideach, lagspridiúil, lionndubhach, mairgiúil, maoithneach, meirtneach, modartha, púiceach, smúitiúil, smúitiúnta, splíonach, támhbhreoite, tromchroíoch, tromintinneach, *literary* dearchaointeach, eimhilt. ❷ *peevish:* ainciseach, araiciseach, aranta, cancrach, cantalach, cochallach, coilgneach, conspóideach, crosta, cuileadach, deafach, driseogach, drisíneach, feargach, gairgeach, goilliúnach, gráinneogach, greannach, iarógach, íortha, meirgeach, mícheadfach, splíonach, spuaiceach, stainceach, stainciúil, trodach, *literary* dreannach, íorach.

cianóg noun *small coin, mite:* ceint, feoirling, leithphingin; níl cabhcainne agam.

ciap verb *harass, annoy:* beophian, cancraigh, céas, clip, cráigh, griog, pian, prioc, sáraigh, *literary* lochair.

ciapadh noun *(act of) annoying, torment:* arraing, beophianadh, broid, ceatán, clipeadh, cnámhghearradh, cnámhghoin, conaphian, crá, crá croí,

ciar
diachair, *pl.* freangaí, goineogacht, martra, páis, pianadh, pianpháis, pianta, *pl.* peiríocha.

ciar adjective *dark, swarthy:* buí, crón, crónghnéitheach, dóisceanta, dorcha, dubh, gorm, griandaite, odhar, smúr-riabhach, umhadhaite.

ciardhuán noun ❶ *dark complexioned person:* buíóg, duine crón; cróinseach. ❷ *black person:* Afracach, duine gorm, fear gorm, Gormach, gormán, gormóideach, *familiar* bleaic.

ciardhubh adjective *jet-black:* chomh dubh le daol, chomh dubh le hairne, chomh dubh leis an gcroch, chomh dubh leis an mbac, chomh dubh le pic, chomh dubh le sméar, chomh dubh leis an súiche, chomh dubh le tóin an phota, chomh dubh le tóin an phúca.

ciaróg noun *beetle:* daol, deargadaol, doirb, gobachán.

ciarsán noun ❶ *(act of) grumbling, grumble:* aingíocht, banrán, cáinseoireacht, casaoid, cearbháil, clamhsán, cnádánacht, cnáimhseáil, cneáireacht, fuasaoid, gearán, tormas, tromaíocht. ❷ *humming, buzzing:* bús, crónán, dántaireacht, déadadh, dordán, dordánacht, drantán, geoin, geonaíl, seabhrán, seastán, seordán, sian, siansán, siosarnach, sioscadh, siosma.

ciarsúr noun *kerchief, handkerchief:* ceirt, éadach, haincearsan, hainceasúr, haincisiúr, naipcín, naipcín póca; bréidín, buadán, cafarr.

cíb noun *sedge:* ciab, cíob, bodán dubh, féar na trí ribe, fiataíl, seascfhéar, seasclach, seisc, tarraingt ar éigean.

cic noun *kick:* cic éirice; barrthruip, buile le cos, preab, preab le cos, speach, truip.

ciceáil verb *kick:* buail barrchos ar, buail le cos, gabh de chos, preab, speach, truipeáil; bleaisteáil.

ciclipéid noun *encyclopaedia:* eolaí, eolaire, uileolasán; foclóir, foras feasa, lámhleabhar, leabhar tagartha, manuail.

cifle noun *tatter, wisp:* bratóg, bréid, brobh, ceirt, cifleog, crothóg, dlaoi, dos, géire, géirín, giob, giobal, láinnéar, leadhb, loca, pana, scifle, scifleog, scothóg, scrábán, seamaide, slaimice, slám, sop, stiallóg, straiméad, streachlán, stróic, strupais.

cifleachán noun *ragged person, tatterdemalion:* breallán, ceamachán, ciofarlán, ciolartán, círéib, cuifeach, cuileachán, giobachán, giobailín, gioblachán, glibire, gliobachán, leadhb, leadhbaire, leadhbán, leibide, liarlóg, liobairíneach, liobar, liobarnálaí, magarlán, pana, pleibistín, prioslachán, radalach, ribleachán, scifleachán, scothánach, scrábachán, slaimice, sláimín, slapaire, slibire, sraoilleachán, sraoilleán, sraoillín, strabóid, straille, stroilleán, streachaille; breallóg, claimhseog, claitseach, cuachán mná, cuairsce, giobóg, leadhbóg, liobóg, peallóg, slámóg, slapóg, sapróg, sraoill, sraoilleog, strailleog, strupais, suairtle.

cifleogach adjective *ragged:* bratógach, ceamach, ceamánta, giobach, gioblach, glibeach, gliobach, leadhbach, leadhbánach, leadhbógach, liobarnach, líobóideach, lóipíneach, lópach, luideach, scifleogach, scothánach, scrábach, slaimiceach, sraoilleach, streachlánach.

cigil verb *tickle:* cuir cigilt i, cuir chugaitín i, cuir chuta chuta ar, cuir dinglis i, cuir giglis i.

cigilt noun ❶ *(act of) tickling, titillation:* chugaitín, chuta chuta, dinglis, frimheardán, gigileas, gigleas, giglis, míolfairt, tochas. ❷ *play of light:* glioscarnach, imirt, lonradh, soilsiú, taitneamh.

cigilteach adjective ❶ *ticklish:* dingliseach, gigliseach. ❷ *touchy:* aingí, cancrach, cuileadach, goilliúnach, íogair, mothálach, niogóideach, stuacach, tógálach; níl sé inbheartha.

cigire noun *inspector:* breitheamh, iniúchóir, maor, monatóir, saoiste, scrúdaitheoir, stiúrthóir, tástálaí.

cigireacht noun ❶ *inspection:* athbhreithniú, binse fiosrúcháin, breithniú, cúistiúnacht, féachaint, fiosrú, fiosrúchán, grinniú, iniúchadh, monatóireacht, scrúdú, scrúdúchán, seiceáil, tástáil, tóiríonteacht.

cíléar noun *keeler, shallow tub:* beiste, dabhach, dromhlach, scartaire, tobán, umar, *literary* drochta.

cill noun ❶ *church:* ardeaglais, baisleac, domhnach, eaglais, reigléas, sáipéal, séipéal, séipéilín, teach Dé, teach pobail, teampall. ❷ *churchyard:* cill, éaglios, reilig; cealdrach, ceallúir, ceallúnach, ceallúrach, cillíneach, lisín leanbh, úirleachas. ❸ *cell:* aireagal, ceallóg, cillín, cubhachail, dairtheach, díthreabh, reigléas, *literary* sealla.

cillín noun ❶ *cell:* aireagal, cill, cubhachail, dairtheach, díthreabh, reigléas. ❷ *hoard, nest-egg:* bonnachán, ceallóg, cnuasach, cuasnóg, folachán, stór, taisce.

cime noun *captive, prisoner:* brá, brá gill, braighdeanach, coireach, coirpeach, daor, daoránach, feileon, géibheannach, geimhleach, giall, príosúnach, sclábhaí, *literary* broid.

ciméara noun ❶ *chimera, monster:* airp, anchúinse, arracht, arrachtach, badhbh, basailisc, béist, bocánach, brúid, brúta, ceinteár, each uisce, ginid, greall, gríobh, Mionadúr, olphéist, olphéist mhara, onchú, péist, péist mhór, rínathair, sfioncs, vuibhearn. ❷ *mirage, delusion:* aisling, aislingeacht, aislingíocht, brionglóid, dalbhadh, éiclips, fantais, fantaise, fantaisíocht, fís, fisíocht, fuath, gealtachas, gealtacht, gealtas, mearaí, mearbhall, mearchiall, mearú, meascán mearaí, mire, *pl.* nóisin, rámhaille, saobhadh céille, saochan céille, seachrán, seachrán céille, *pl.* speabhraídí, *pl.* spéireataí, taibhreamh, taibhse, tógaíocht, *literary* brionn.

cín lae noun *diary:* dialann, féilire, leabhar meabhrán.

cine noun *race:* bunadh, cineál, clann, dúchas, fialas, fine, folaíocht, fuil, líne, muintir, pobal, pór, rás, síol, síolrach, sliocht, stoc, teaghlach, treibh, *literary* díne.

cineál noun ❶ *kind, species, variety:* aicme, cuma, foirm, gné, leithéid, nádúr, saghas, samhail, seort, sórt, speiceas. ❷ *sex, gender:* gnéas, inscne. ❸ *race, family:* bunadh, cine, clann, dúchas, fine, fuil, líne, muintir, pobal, rás, síol, síolrach, sliocht, stoc, teaghlach, treibh, *literary* díne. ❹ *treat, delicacy:* anlann, cóngar, sólaist, tarsann; curadhmhír; milseog.

cineálta adjective ❶ *kind, pleasant:* beannaithe, caoin, caomh, caonrasach, ceansa, cneasta, daonna, garúil, grádiaúil, lách, macánta, maith, máithriúil, mánla, maránta, méiniúil, miochair, míonla, oibleagáideach, seaghsach, séimh, soirbh, suairc, taitneamhach, tíriúil, tláith, *literary* iochtmhar. ❷ *of good quality:* ar fheabhas, d'ardchaighdeán, den scoth, fíor-, fiúntach, sár; tá an mianach ceart ann, tá mianach maith ann.

cineama noun *cinema:* pictiúrlann, scannánaíocht.

ciniciúil adjective *cynical:* amhrasach, cortha den saol, díchreidmheach, diúltach, doscúch, drochiontaobhach, duairc, duasmánta, fonóideach, gruama, mímhuiníneach, righin, searbhasach, sceipteach, spídiúil, tarcaisneach, tuirseach; feiceann súil ghruama saol gruama.

ciníoch adjective *racial, ethnic:* **adjectival genitive** cine, eitneach, náisiúnta, treibheach.

ciníochaí noun *racialist, racist:* biogóid, eorasceipteach, frithghiúdaí, gallfhuathach, seinefóbach, seobhaineach.

ciníochas noun *racialism, racism*: biogóideacht, drocharaí, éadulaingt, eorasceipteachas, frithghiúdachas, seineafóibe, seobhaineachas.

cinn¹ verb ❶ *literary step*: bí ag siúlóid, bí ag spaisteoireacht, cóstáil, máirseáil, pramsáil, satail, siúil, spágáil, taltaigh, tar, téigh, tuisligh. ❷ *surpass, overcome*: buaigh ar, ceansaigh, cloígh, faigh an ceann is fearr ar, faigh an lámh in uachtar ar, faigh máistreacht ar, sáraigh, scoith, smachtaigh.

cinn² verb *fix, determine, decree*: achtaigh, ainmnigh, aithin, ceap, daingnigh, fógair, foráil, foraithin, forógair, fuagair, leag síos, ordaigh, rialaigh, socraigh.

cinneadh noun (*act of*) *determining, determination*: achtú, ceapadh, cinntiú, daingniú, dearbhú, deimhniú, leagan amach, ordú, réiteach, rialú, socrú; forógra, reacht, riail, rialachán.

cinnire noun *leader, attendant*: ceannaire, ceannasaí, ceann feadhna, ceann urra, freastalaí, friothálaí, giolla, maoirseoir, maor, taoiseach, treoraí, *literary* léadar, *colloquial* giollanra.

cinnireacht noun (*act of*) *leading, attending*: ceannaireacht, ceannas, ceannasaíocht, forlámhas, máistreacht, maoracht, príomhcheannas, rialú, stiúradh, stiúrthóireacht, svae, treorú, *literary* codhnachas; bainisteoireacht, eagraíocht, freastal, friotháil, giollaíocht, stiúir, treoir.

cinniúint noun ❶ *fate, destiny*: ádh, cinneadh, crann, dán, deonú Dé, fortún, pláinéad, *literary* diach. ❷ *misfortune, tragedy*: aimléis, ainnis, amaróid, anachain, cat mara, ciotrainn, dochonách, doinmhí, donacht, donas, drochrath, eirleach, iomard, matalang, míádh, mífhortún, mírath, mísheoladh, míthapa, taisme, teipinn, timpiste, tragóid, tubaiste, turraing, umar na haimléise.

cinniúnach adjective ❶ *fateful*: dosheachanta, fáidhiúil, **adjectival genitive** fáistine, ríthábhachtach. ❷ *fatal, tragic*: anacrach, coscrach, damáisteach, diachrach, dobrónach, doiliosach, doleigheasta, duaiseach, dubhach, éagmhar, léanmhar, lionndubhach, mairgiúil, mí-ámharach, marfach, míchinniúnach, mífhortúnach, millteach, mírathúil, oidhiúil, púrach, raonach, taismeach, tragóideach, treabhlaideach, treascrach, truamhéalach, tubaisteach.

cinnte adjective ❶ *certain, definite*: dearbh, dearbhdearfa, dearfach, deimhin, deimhneach, deimhnitheach, lándearfa, seasmhach, seasta, siúráilte; chomh siúráilte is atá bia sa bhfaocha, chomh siúráilte is atá cac san asal, chomh siúráilte is atá Dia sna flaithis. ❷ *mean, stingy*: ceachartha, ceapánta, cnuasaitheach, cúngchroíoch, doicheallach, dúlaí, gann, gortach, greamastúil, greamasúil, lompasach, meánaitheach, spárálach, sprionlaithe, suarach, tíosach, truaillí, tútach. ❸ *constant*: bith-, buan, buan-, daingean, dílis, fíriúil, firmeálta, fódúil, foirmniseach, leanúnach, síor-, staidéarach, staidéartha, tairiseach, *literary* fosaidh.

cinnteacht noun ❶ *certainty*: dearfacht, deimhin, deimhne, deimhneacht, deimhniú, seasmhacht, siúráil, siúráilteacht, siúráltas, tiomantacht. ❷ *stinginess*: calcadh, cníopaireacht, cruacht, cruáil, cruálacht, cruas, cúngach croí, doicheall, gainne, gorta, gortaíl, spárálacht, sprionlaitheacht, sprionlóireacht, stinsireacht, suarachas, suaraíocht, tíos, tíosaíocht, truailleachas, tútachas.

cinntigh verb *make certain, assure*: cinn, daingnigh, déan cinnte, dearbhaigh, deimhnigh, neartaigh, socraigh.

cinntiú noun (*act of*) *confirming, determination*: achtú, ceapadh, cinneadh, daingniú, dearbhú, deimhniú, leagan amach, neartú, réiteach, rialú, socrú; forógra, reacht, riail, rialachán.

cinseal noun ❶ *ascendancy, dominance*: ardcheannas, ardchumhacht, ardfhlaitheas, ardríocht, ardtiarnas, ceannaireacht, ceannasaíocht, cinsealacht, cumhacht, flaitheas, forlámhas, impireacht, maoracht, príomhcheannas, réimeas, riail, rialtas, rialú, ríocht, stiúir, svae, tiarnas, tiarnúlacht, treise, treoir, údarás. ❷ *arrogant inquisitiveness*: buannaíocht, cunórtas, iarlaitheacht, sotal, teanntás, uabhar; cúram Úna.

cinsire noun *censor*: cigire, eagarthóir, iniúchóir, scagaire, scrúdaitheoir, scrúdóir.

cinsireacht noun *censorship*: an peann luaidhe gorm; cigireacht, cinseoireacht, eagarthóireacht, glanadh suas, gortghlanadh, iniúchadh, íonghlanadh, scagadh, scrúdúchán.

cíoch noun *breast*: ballán, bráid, broinne, brollach, brollaigh ar ris, cín, dide, dideog, faireog mhamach, fochras, sine, ucht, úth, *literary* mama; iomarla; clais na gcíoch, *familiar* cosán an ghiorria '*cleavage*'.

cíochbheart noun *brassiere*: dochtóg.

cíocrach adjective *greedy, eager*: áilíosach, aimirneach, amplach, craosach, díocasach, díograiseach, dúilmhear, dúthrachtach, faobhrach, fíochmhar, géar, gionach, ocrach, ocrasach, póitreálach, tnúthánach, santach, suthach, tograch.

cíocras noun ❶ *greed*: aimirne, ainmheasarthacht, ainriantacht, alpaireacht, ampall, ampar, ampla, anlucht, antoil, antlás, craos, craosaireacht, dúil, dúil chráite, fraoch fiacla, gionach, gionachacht, placamas, saint, santacht, sceimhle ocrais, slogáil, slogaireacht, suthaíocht, suthaireacht; íota, íotacht, méadláil. ❷ *eagerness*: airc, confadh, dásacht, deárcas, déine, díbhirce, díocas, díograis, dúrúch, dúthracht, faobhar, fíoch, fiuchadh fola, flosc, fonn, griothal, guilm, ratamas, scamhadh, scóip, teaspach, tnúth, tnúthán, toil, *literary* friochnamh.

cion¹ noun ❶ *love, affection*: ansacht, bá, cairdeas, caithis, carthain, carthanacht, ceanas, ceanúlacht, céileachas, coimhirse, connailbhe, cumann, dáimh, dáimhiúlacht, dile, dílseacht, díograis, díograisí, dúil, fialchaire, gaolacht, gean, gnaoi, grá, grámhaireacht, greann, ionúine, méadaíocht, muintearas, muirn, nádúr, páirt, rún, searc, síorghrá, taitneamh, toil, *literary* dailbhe. ❷ *respect, esteem*: aird, ceanas, creidiúint, dileagla, gairm, gradam, ionracas, meas, ómós, onóir, sea, toradh, urraim, *literary* cás. ❸ *effect, influence*: anáil, buannacht, éifeacht, fabhar, feidhm, máistreacht, oibriú, stiúir, tionchar.

cion² noun *offence, transgression*: ainghníomh, calaois, coir, coiriúlacht, dochar, drochbheart, drochghníomh, éagóir, feall, feileonacht, feillbheart, feillghníomh, léim thar líne agus thar fál amach, locht, masla, míghníomh, mímhodh, oilbhéas, oilbhéim, oilghníomh, olc, peaca, rud as an slí, targhabháil, urchóid.

cíoná noun *five of trumps*: cíonán; *pl.* na méir, *pl.* na cúig méir; cúig muileata, cúig hairt, cúig triuf, cúig spéireata.

ciondáil noun *ration*: candam, ceart, cionmhaireacht, cionroinnt, cuid laethúil, dáileadh, dáileog, fáltas, lón, páirt, ranntlach, riar, scair, sciar; raisneáil. verb *ration*: dáil, cionroinn, roinn, scoilt.

ciondargairdín noun *kindergarden*: naíolann, naíonra; *pl.* báibíní beaga, *pl.* naíonáin sóisir.

cionsiocair noun *primary cause*: ábhar, bunrúta, bunúdar, bunús, cad chuige, ceannfháth, cúis, foinse, fréamh, príomhchúis, réasún, siocair; tionscnamh, tosach, tosú, tuismíocht, tús; bunábhar, bundamhna, buntobar; bunphrionsabal, prionsabal; athair, gineadóir, máthair, tionscnóir, tuismitheoir, údar.

ciontach

ciontach adjective *guilty*: incháinte, inchasaoide, lochtach, peacúil, sáraitheach, urchóideach. noun *offender, guilty person*: bithiúnach, bligeard, cime, ciontaí, ciontóir, coireach, coirpeach, cúisí, feileon, ógchiontóir, oilghníomhaí, príosúnach, rifíneach, sáraitheoir, *literary* lítheach.

ciontaigh verb ❶ *blame, accuse*: bí anuas ar, bí i ndiaidh, cáin, cuir an milleán ar, cuir i leith, éiligh ar, fág an choir ar, faigh méar fhliuch ar, iomardaigh ar, leag ar, lochtaigh, milleánaigh, tagair le, tóg ar, tóg de ghuth ar, *literary* tubh; ní táithriúg air é. ❷ *convict*: damnaigh, daor, teilg. ❸ *transgress*: bris, éignigh, réab, sáraigh, téigh siar ar; bréagnaigh.

ciontóir noun *offender*: cime, ciontach, ciontaitheoir, coireach, coirpeach, coirpeoir, corpadóir, cúisí, damantach, daor, daoránach, feileon, ógchiontóir, oilghníomhaí, príosúnach, sáraitheoir; áibhirseoir, aisiléir, amhas, arc nimhe, bacach, bithiúnach, bligeard, clabhaitéir, cneámhaire, crochadóir, cuilceach, damantán, damantóir, diabhal, diabhlánach, diúlúnach, eiriceach, rifíneach, scabhaitéir, scaimpéir, sclíotar, sclútar, scuit, scuitsear, sealánach.

ciontú noun (*act of*) *convicting, conviction*: breith, breithiúnas, damnú, daoradh.

cíor noun ❶ *comb*: cíor chruach, cíor chúil, cíor mhín, círín, raca, raicín; cíor choiligh, círín, cuircín. ❷ *an chíor a chogaint* to chew the cud: an cír a changailt; athchogaint, athchognadh. verb ❶ *comb*: cardáil, scamh, scuab, siostalaigh, spíon. ❷ *examine minutely, search*: cuardaigh, cuartaigh, féach, géarscrúdaigh, grinnscrúdaigh, iniúch, mionchuardaigh, mionscrúdaigh, piardáil, ransaigh, scag, tástáil.

cíor mheala noun *honeycomb*: criathar meala, faighin mheala, milteog; céir, céir bheach, céir mheachan.

cíor thuathail noun *confusion, bewilderment*: ainriail, anord, bruíon chanainn, bruíon chaorthainn, caismirt, cambús, caorthainn cárthainn, carabóm, carabuaic, carabunca, cibeal, ciolar chiot, cipeadraíl, círéib, círéip, clampar, clibirt, cliobach, cliobaram hob, clisiam, cosair easair, diúra dheabhra, easordú, easpa oird, fuilibiliú, fuirseadh má rabhdalam, furtla fartla, gírle guairle, giorac, gleadhradh, gleorán, glórmhach, greatharnach, griobach, holam halam, hólam tró, hurlamaboc, hurla harla, hurlama giúrlama, imghleo, liútar éatar, liútar léatar, mearú, mí-eagar, mí-ordú, míríaltacht, muin marc, muirthéacht, pililiú, rachlas, raiple húta, réabadh reilige, rírá, roithleán, ruaille buaille, suathrán, toirnéis, trachlais, tranglam, troistneach, trumach tramach.

cíoradh noun ❶ (*act of*) *combing*: cardáil, scamhadh, scuabadh, siostalú. ❷ *discussion, examination*: caibidil, cardáil, cóideabhaid, cuardach, cur is cúiteamh, féachaint, plé, pléid, ransú, scagadh, scrúdú, spíonadh, tástáil. ❸ *quarrelling*: achrann, aighneas, argáil, argóint, briatharchath, bruíon, cáiríneacht, caismirt, caitleáil, callóid, cibeal, clampar, cogadh, coinghleic, cointinn, conspóid, construáil, deabhaidh, díospóid, díospóireacht, easaontas, eisíocháin, eisíth, giorac, goineogacht, griobsach, imreas, imreasán, iomarbhá, maicín, raic, siosma, siúite, troid, *literary* argaimint, conghail, easard, gleidean, imnise; bhí gáir faoin roinn, bhí sé ina cheo bóthair eatarthu, bhí siad ag caitheamh crístíní lena chéile, bhí siad ag ithe (is ag gearradh) a chéile, bhí siad in adharc a chéile, bhí siad in árach a chéile, d'éirigh eatarthu.

ciorcal noun *circle*: ciorcad, compal, compás, cruinn, cruinneán, cuar, cuarbhealach, cuarbhóthar, diosca, fáinne, fáinneán, imchuairt, imfhál, roithleagán, roth, timpeall, timpeallán.

ciorclaigh verb *circle, encircle*: cochlaigh, crioslaigh, cuir faoi léigear, déan léigear ar, fonsaigh, imdhruid, imfhálaigh, imlínigh, iniaigh, tar timpeall ar, téigh timpeall ar, timpeallaigh, *literary* tacmhaing.

ciorclán noun *circular letter*: bróiséar, imlitir, meabhrán, paimfléad, tréadlitir.

ciorclú noun (*act of*) *encircling, encirclement*: crioslú, imchlúdach, imfhálú, imlíne, iniamh, imphort, léigear, timpeallú, *literary* tacmhang.

cíorláil noun ❶ *combing, searching*: cardáil, cuardach, cuartú, mionchuardach, póirseáil, púitseáil, ransú, scagadh, scamhadh, scuabadh, siostalú. ❷ *rough handling*: ainíde, anoircheas, cargáil, clibirt, cluiche garbh, cuimil an mháilín, drochíde, greadadh, griobach, íde, íospairt, mí-úsáid, rabhaiteáil, raiceáil, rancás, ruaille buaille, rúscadh, streachailt, treascairt, tuairteáil. verb ❶ *comb, rummage*: cardáil, cuardaigh, cuartaigh, mionchuardaigh, piardáil, ransaigh, rútáil, saibhseáil, saibhsigh, scag, scamh, scuab, siortaigh, siostalaigh, taighd. ❷ *handle roughly, tousle*: crúbáil, crúcáil, ladhráil, méaraigh, póirseáil; basc, gread, streachail, tuairteáil; beir greim giobúis ar, cuir in aimhréidh, cuir trína chéile, déan cuimil an mháilín de, tabhair mí-úsáid do, tabhair drochíde do.

ciorraigh verb ❶ *cut, hack, maim*: arg, basc, bearr, ciorraigh, cneáigh, dícheann, dochraigh, donaigh, eisc, gearr, goin, gortaigh, leadair, leadhb, martraigh, mill, réab, sáraigh, sclár, scoith, scrios, spól, stiall, teasc, treascair, *literary* leoidh, sléacht. ❷ *curtail*: brúigh faoi chos, cosc, cuir srian le, cuir teorainn le, gairidigh, giorraigh, giortaigh, laghdaigh, múch, smut, *literary* tall, tamhain. ❸ *overlook, cast evil eye on*: cronaigh, mothaigh; cuir faoi dhraíocht, cuir faoi gheasa, imir deismireacht ar, imir draíocht ar.

ciorrú noun ❶ (*act of*) *mutilating, mutilation*: bascadh, coscairt, feannadh, gearradh, goin, gortú, leadhbadh, leadhbairt, leadradh, martrú, milleadh, réabadh, roiseadh, sceanach, sceanairt, sceanartáil, scilligeadh, scrios, slascairt, spóladh, sracadh, stialladh, stolladh, stróiceadh, treascairt, *literary* lochar. ❷ *curtailment*: giorru, giortú, laghdú, maolú, traoitheadh. ❸ (*deformation attributed to*) *evil eye*: drochamharc, drochshúil, mothú, poc aosán, súil chiorraithe, súil mhillte, súil mhillteach, súil trom; luathaíonn súile na ndaoine corp chun cille. ❹ *ciorrú coil incest*: col, corbadh; gnéaschiapadh páistí, mí-úsáid páistí.

cíos noun ❶ *rent*: airgead, féile, gála, gála marbh, suí. ❷ *tax, tribute*: cáin, cánachas, cíoscháin, dola, dúchíos, gearradh, *pl.* rátaí, sraith; custam, diúité, dleacht, mál, *literary* bóramha, daorchíos. ❸ *ar cíos hired, rented*: ar formáil.

cíosaigh verb ❶ *rent, pay rent for*: díol, íoc, suigh. ❷ *compensate for*: aisíoc, cúitigh, díol. ❸ *familiar berate, scold*: aifir, aithisigh, cáin, caith anuas ar, cáithigh, cas le, cluich, díbligh, glámh, guthaigh, imdhearg, lochtaigh, mallaigh, mallachtaigh, maslaigh, sceamh ar, scioll, spaill, tabhair achasán do, tabhair íde béil do, tarcaisnigh, *literary* tabhair tahaoir.

cíoscheannach noun *hire-purchase*: fruilcheannach, glascheannach; cairde, creidiúint, creidmheas, gaimbín.

ciotach adjective ❶ *left-handed*: ciotógach, sciathach, tuathalach, tútach. ❷ *awkward*: ainnis, amhlánta, anásta, bosach, buiniceach, bundúnach, ciotógach, crúbach, driopásach, lapach, leibideach, liobarnach, liopasta, místuama, sliopach, sliopánta, spágach, sraimlí, tuaisceartach, tuatach, tuathalach, úspánta, útamálach; tá sé faoi ordóga uilig; ordóga uilig atá air.

ciotachán noun ❶ *left-handed person*: ciotóg, duine ciotach, giolla na ciotóige. ❷ *awkward person*: amlóir, anás, anastán, bathlach, cadramán, ceamalach, clabhstar, cosarálaí, crúbachán, crúbaire, crúbálaí, geoiste, geolamán, giolla an driopáis, gíoplach, gliúrach, lapadán, lapaire, méiseálaí, mille bata, mille maide, sliopachán, spágaire, sraimle, strampálaí, tuathálaí, tuathalán, tútachán, útamálaí; amlóg, sraimleog.

ciotaí noun ❶ *left-handedness*: ciotaíl, ciotaíocht, tuathalacht. ❷ *awkwardness, inconvenience*: ainnise, amlógacht, amlóireacht, amscaíocht, ciotaíl, driopás, liopastacht, méiseáil, míchaothúlacht, míchóngar, míshásamh, místuaim, sliopa rnach, spágáil, sraimleáil, tuathalacht, tútachas, úspántacht, útamáil.

ciotóg noun ❶ *left hand, left fist*: dorn clé, lámh chlé. ❷ *left-handed person*: ciotachán, duine ciotach, giolla na ciotóige. ❸ *awkward person*: amlóir, anás, anastán, bathlach, cadramán, ceamalach, ciotachán, clabhstar, cosarálaí, crúbachán, crúbaire, crúbálaí, geoiste, geolamán, giolla an driopáis, gíoplach, gliúrach, méiseálaí, mille bata, mille maide, sliopachán, spágaire, sraimle, strampálaí, tuathálaí, tuathalán, tútachán; amlóg, sraimleog.

ciotrainn noun *awkwardness, clumsiness*: ainnise, amlógacht, amlóireacht, amscaíocht, ceatán, ciotaí, ciotaíl, driopás, liopastacht, méiseáil, místuaim, slioparnach, spágáil, sraimleáil, tuathalacht, tútachas, úspántacht, útamáil.

ciotrúnta adjective ❶ *clumsy, maladroit*: ainnis, amscaí, anásta, bosach, botúnach, ciotógach, ciotrainneach, crúbach, driopásach, lámhbhaosach, lapach, leibideach, liobarnach, liopasta, mágach, místuama, sliopánta, spágach, sraimlí, starrach, starragánach, strampáilte, tuaisceartach, tuatach, tuathalach, úspánta, útamálach; tá sé faoi ordóga uilig; ordóga uilig atá air. ❷ *unfortunate*: aimseach, anrathach, cincíseach, mí-ádhúil, mí-amhantrach, mí-ámharach, mífhortúnach, míshéanmhar; ainnis, dearóil, díblí, truamhéilach, tubaisteach; dá dtitfeadh crann sa choill is air a thitfeadh; tháinig a chuid féin d'uisce an cheatha air; bhí sé de chithréim air é sin a dhéanamh.

cipe noun ❶ *rank, phalanx*: arm, briogáid, buíon, cath, cathbhuaile, cathlán, ceithearn, ceithearn timpill, cliath, coimhdeacht, complacht, cór, díorma, fianlach, garda, gasra, grinne, léigiún, rang, scuad, scuadrún, tascar, tionlacan, trúpa, *literary* rúta. ❷ *band of people*: baicle, béinne, cóip, comhlacht, compántas, complacht, criú, cruinniú, cuallacht, cuideachta, cumann, dream, feadhain, foireann, fracht, gasra, grathain, grúpa, meitheal, paca, rang, scaoth, scata, scuaine, slógadh, slua, *literary* cuain.

cipín noun ❶ *little stick*: baitín, bata, briogadán, briogún, ceapóg, cleitheog, crainnín, maide beag, slaitín, slat. ❷ **cipín solais** *match*: lasán, lasán dubh, lasóg, maiste, rógaire, spile. ❸ *pl.* **ar cipíní** *on tenterhooks*: ar bior, ar bís, ar tinneall; tá sceitimíní air.

cipíneach adjective *woody*: adhmadúil, guaireach, righin, snáithíneach. noun ❶ *broken sticks, matchwood*: brios brún, brioscbhruar, brioscbhruar, brosna, bruan, bruar, bruscar, brúscar, caschoill, *pl.* ciolaracha chiot, conamar, connadh, cual, *pl.* diomlacha, mionbhruar, mionrabh, oirneach, *pl.* séibhíní, *pl.* slisíní, *pl.* smidiríní, smiodair, smionagar, snoíogar, spruadar, *pl.* sprúáin, *pl.* sprúilleacha, *literary* brúireach. ❷ *commotion, fighting*: ainriail, argáil, argóint, bruíon chaorthainn, caismirt, cambús, caorthainn cárthainn, carabóm, carabuaic, carabunca, cibeal, ciolar chiot, cíor thuathail, cipeadráil, círéib, círéip, clampar, clibirt, cliobach, cliobaram hob, clisiam, coinghleic, cointinn, conspóid, construáil, cosair easair, diúra dheabhra, easordú, eisíocháin, eisíth, fuilibiliú, fuirseadh má rabhdalam, giorac, giordam, gírle guairle, gleacaíocht, gleadhradh, gleorán, glisiam, glórmhach, greatharnach, griobach, griobsach, holam halam, hólam tró, hurlamaboc, hurla harla, hurlama giúrlama, imreas, imreasán, iomarbhá, liútar éatar, liútar léatar, mearú, mí-eagar, mí-ordú, mírialtacht, muin marc, muirthéacht, pililiú, racán, rachlas, ragáille, raic, raiple húta, réabadh reilige, rírá, ruaille buaille, scliúchas, tamhach táisc, toirnéis, trachlais, tranglam, troistneach, trumach tramach, turlabhait, *literary* imnise.

círéib noun ❶ *riot*: caismirt, cambús, caorthainn cárthainn, carabuaic, carabunca, ceannairc, cibeal, cipeadráil, círéip, clampar, clibirt, cliobach, cliobaram hob, clisiam, diúra dheabhra, easordú, éirí amach, fuilibiliú, glisiam, glórmhach, greatharnach, griobach, holam halam, hólam tró, hurlamaboc, hurla harla, hurlama giúrlama, liútar éatar, liútar léatar, manglait, mearú, mí-eagar, mí-ord, muirthéacht, pililiú, rabhait, racán, ragáille, raic, raiple húta, réabadh reilige, reibiliún, rírá, roithleán, ruaille buaille, scléip, scliúchas, toirnéis, tranglam, troistneach, trumach tramach. ❷ *ragged person, tatterdemalion*: breallán, ceamachán, ciflea chán, ciofarlán, ciolartán, cuifeach, cuileachán, giobachán, giobailín, gioblachán, glibire, gliobachán, leibide, leadhb, leadhbaire, leadhbán, liarlóg, liobar, liobarnálaí, magarlán, pana, pleibistín, prioslachán, ribleachán, scifleachán, scothánach, scrábachán, slaimice, sláimín, slapaire, slibire, sraoilleachán, sraoilleán, sraoillín, straboid, straille, strailleán, streachaille; breallóg, claimhseog, claitseach, cuachán mná, cuairsce, giobóg, leadhbóg, liobóg, peallóg, slámóg, slapóg, slapróg, sraoill, sraoilleog, strailleog, strupais, suairtle. ❸ *pl.*

círéibeacha *shreds*: *pl.* cifleoga, *pl.* giobail, *pl.* giobailíní, *pl.* giotaí, *pl.* leadhba, *pl.* leadhbáin, *pl.* réabaigh, *pl.* riabhóga, *pl.* ribíní, *pl.* scifleoga, *pl.* scioltair, *pl.* scláradh, *pl.* scóiléadaí, *pl.* séibhíní, *pl.* slisíní, *pl.* stiallacha, *pl.* stráicí; brioscbhruar, *pl.* cnamhóga, conamar, mionbhruar, *pl.* ruainní, *pl.* smidiríní, *pl.* smiodair, smionagar.

círéibeach adjective *wild, obstreperous*: achrannach, aincíseach, allta, as a chrann cumhachta, coilgneach, cuileadach, dalba, dána, docheansa, docheansaithe, doriartha, doshrianta, driseogach, éigeanta, fiáin, fiata, fiatúil, fíochmhar, forránach, forránta, gairgeach, greannach, iargúlta, iomlatach, ionsaitheach, mírialta, racánach, trodach, *literary* dreannach.

círín noun ❶ *crest*: cíor, cíor choiligh, círín comhraic, círín troda, cuircín. ❷ *ridge*: droim, droimín, droimne, droimnín, eiscir, maide mullaigh.

cis[1] noun ❶ *wicker basket, crate*: bardóg, bascaed, ciseán, ciseog, cléibhín, cliabh, giúróg, painnéar, pardóg, sciath, sciathóg. ❷ *(twigs as support for) causeway*: ciseach, cliath; cabhsa, tóchar; clochán, cora.

cis[2] noun *handicap*: bac, bacainn, buairichín, buairthín, cornasc, cosc, cruimeasc, glaicín, iodh, laincide, laincis, laingeal, urchall.

ciseach noun ❶ *wattled causeway*: cis, cliath, cliathach, clochán, cora. ❷ **déan ciseach de rud** *make a mess of*: déan brachán de, déan camalanga de, déan ceamraisc de, déan cíor thuathail de, déan cocstí de, déan cosair easair de, déan cuimil an mháilín de, déan cusach de, déan fudairnéis de, déan meascán mearaí de, déan meidrisc de, déan prácás de, déan praiseach de; clamhair, corraigh,

ciseal
cuir in aimhréidh, cuir trína chéile, mearaigh, smeadráil, smear, suaith.

ciseal noun *layer:* brat, bréidín, buinne, cóta, cúrsa, dúshraith, slaod, sraith, truncáil; carr, codam, coirt, cóta, forscreamh, scim, scimeal, scraith, screamh, screamhán, screamhóg.

ciseán noun *basket:* bardóg, bascaed, bindeog, cis, ciseog, cléibhín, cliabh, painnéar, pardóg, sciath, sciathóg.

ciste noun ❶ *chest, coffer:* adac, araid, árthach, bosca, cófra, comhra, pota, potán, soitheach, umar. ❷ *treasure:* órchiste, seoid, *colloquial* seodra, stór, taisce, *literary* intleamh, séad. ❸ *fund:* carthanacht, cuntas, deontas, fóirdheontas, infheistíocht, iontaobhas, sparán, sparántacht, taisce; bonnachán, caipitil, ceallóg, corn na bhfuíoll, cnuasach, cuasnóg. ❹ *burial cist:* comhra, cónra, sarcófagas; adhnacal, feart, leacht, lusca, tuama, *literary* meamra.

císte noun ❶ *cake:* bacstaí, bairín, bairín breac, bannach, bocaire, bollóg, bollóg na bainise, bollóg na bruinnille, bonnóg, borróg, builín, builín breac, cáca, cáca milis, cáca rísíní, flan, gabhdóg, gátaire, sodóg, sruán, sruán coirce, toirtín. ❷ *déan císte de flatten:* fág ar an talamh, fág ina luí, leacaigh, leag.

cisteoir noun *treasurer:* treisinéir; baincéir, scríbín.

cistin noun *kitchen:* cisteanach, *literary* cuchtair, cuchtar; bácús, cocús, cúlchistin.

citeal noun *kettle:* citil, túlán; coire, pota, sciléad, sáspan.

cith noun ❶ *shower of rain:* balcadh, búisteog, fras, gailbh, gailfean, múirling, múr, múráil, ráig bháistí, ráig de mhúr, sprais fearthainne; cith is dealán múráil ghréine. ❷ *shower, hail of stones, bullets:* ceo, fras, ráig, rois, rúisc, sruth, tuile.

cithréim noun *maiming, deformity:* ainimh, bascadh, breall, cabhán, ciorrú, coscairt, éalang, éasc, fabht, gearradh, goin, gortú, leadhbadh, leadhbairt, leadradh, locht, máchail, martrú, míchuma, míghnaoi, milleadh, miolam, smál, spóladh, stialladh, treascairt, *literary* meann.

ciú noun *queue:* líne, scuaine.

ciúáil verb *queue:* déan ciú, déan líne, déan scuaine, seas i gciú, seas i líne, seas i scuaine.

ciúb noun *cube:* bloc, blocán, bosca, bríce, smután.

ciúin adjective ❶ *silent:* balbh, beagfhoclach, béaldruidthe, discréideach, dúnárasach, éaglórach, tostach, *literary* taoitheanach; gan focal ina phluic, gan fhuaim, ina thost. ❷ *calm, placid:* calma, gan chorraí, fuar, luite, maolaithe, marbh, marbhánta, neamhshuaite, réchúiseach, sámh, séimh, síochánta, sítheach, sochma, suaimhneach, *literary* féithiúil. ❸ *bí ciúin be silent:* dún do bhéal, dún do chlab, dún do ghob, éist do bhéal; buail cos air sin, fág é sin faoi do chos; cuir corc ann, cuir gad ar do bhéal; is binn béal ina thost.

ciumhais noun *edge:* béal, binn, boirdréis, bruach, coirnéal, colbha, corr, corthair, críoch, cúinne, eochair, *pl.* fabhraí, fáithim, faobhar, feire, feorainn, fíor, fóir, frainse, frinse, grua, imeall, imeallbhord, scéimh, sciorta, taobh, teorainn, *literary* braine.

ciúnaigh verb ❶ *calm, calm down:* ceansaigh, fuaraigh, ísligh, lagaigh, laghdaigh, maolaigh, síothlaigh, socht, socraigh, suaimhnigh, tost, tláthaigh; ní raibh gíog ná míog as, ní raibh hum ná ham as, ní raibh smid as; d'iaigh sé, ní dúirt sé 'is ea' ná 'ní hea', níor fhan focal aige, tháinig sos ar a bhéal, thit tost ar a bhéal. ❷ *pacify, silence:* cabáil, ceansaigh, cloígh, coisc, cuir suaimhneas i, cuir gobán i, giúmaráil, ísligh, mínigh, sásaigh, síothaigh, socht, socraigh, suaimhnigh, tabhair ar a araíonacha, tabhair chun síochána.

ciúnas noun ❶ *silence:* bailbhe, balbhántaíocht, ciúnadas, socht, sos, tost. ❷ *calm, quiet:* aiteall, calm, ciúnadas, ciúine, ciúnú, deibhil, ísliú, laghdú, maolú, marbhchiúnas, míne, míniú, sáimhe, sámhnas, snag, suaimhneas, téigle, *literary* seitheamh; d'ísligh an fharraige; bhí an fharraige ina báinté, ina báintéir, ina leamhach, ina leamhnacht, ina léinseach, ina linn abhann, ina linn lán; bhá craiceann, plána ar an bhfarraige; farraige mharbh;

ciúta noun ❶ *quip, clever remark:* aisfhreagra, braobaireacht, cabantacht, coc, coc achrainn, *pl.* cóipíos, dailtíneacht, deiliús, deaschaint, dosaireacht, freasfhreagra, gastóg, géarchaint, gearraighneas, gearraíocht, gearrchaint, glaschaint, ladús, leasfhreagra, nathaíocht. ❷ *flourish:* buille craobhach, caithréim, cóiriú catha, *pl.* córacha catha, *pl.* froigisí, *pl.* gréibhlí, *pl.* ornáidí cainte, *pl.* ornáidí ceoil, ornáidíocht, rithlearg, *familiar* cóití bhárms. ❸ *ingenious trick, knack:* *pl.* brainsí, bua, caoi, ceird, cleas, dóigh, eolas; bobaireacht, cleasaíocht, cor, ealaín, inneall, inleadh; tá sé deas ar é a dhéanamh.

clab noun ❶ *mouth, big mouth:* beola, cab, cár, draid, geolbhach, gob, gramhas, liobar, liopa, mant, meill, oscailt, pus, smut, soc, strainc, straois, streill, strúp, *literary* gibhis, *literary* ós. ❷ *garrulous person:* béalastán, bladhmaire, bleid, bolgán béice, bolscaire, brasaire, cabaire, cadrálaí, cafaire, cág, callaire, clab troisc, clabaire, clabóg, claibéir, claibín, claibín muilinn, claibseach, dradaire, drandailín, geabadán, geabaire, geabstaire, giolcaire, giostaire, glafaire, glagaire, glagbhéal, gleoiseach, gleoisín, gleothálaí, gligín, gliogaire, gliogarnálaí, glór i gcóitín, gobachán, grabaire, liopaire, meigeadán, meiltire, plobaire, reathálaí, roiseálaí, scaothaire, scrathóg, síofróir, siollaire, siosaire, strambánaí, trumpadóir. ❸ *garrulity:* baothchaint, béalastánacht, bleadracht, bleadráil, breasnaíocht, brille bhreaille, brilléis, briosc-chaint, cabaireacht, cadráil, cafaireacht, clabaireacht, clisiam, dradaireacht, fut fat, futa fata, geab, geabaireacht, geabairlíneacht, geabantacht, geabstaireacht, geocaíl, giob geab, giofaireacht, giolcaireacht, giostaireacht, glafaireacht, glagaireacht, gleoiréis, gleoisíneacht, gliadar, gligíneacht, gliog gleag, gliogar, gliogarnach, glisiam, gobaireacht, gogalach, liopaireacht, pápaireacht, placadh siollaí, plob plab, plobaireacht, rith seamanna, siod sead, síofróireacht, siollaireacht, síorchaint. **verb** *swallow greedily:* alp, lig siar, long, scaoil siar, slog, slog siar; bain bolgam as, bain fliúit as, bain gáilleog as.

clabach adjective ❶ *open-mouthed:* béaloscailte, béalleata. ❷ *garrulous, loquacious:* béalach, béalchlabach, béalráiteach, béalscaoilte, béalsceiteach, bladhmannach, briosc-chainteach, cabach, cabanta, cainteach, canmhar, ceiliúrach, ceolánach, craobhscaoilte, geabach, geabanta, glafaireach, gleoiréiseach, gliogach, gliograch, inchainte, labharthach, scéalach, scilteach, síodrálach, *literary* inscneach.

clabaire noun ❶ *open-mouthed person:* dradaire, strainceachán. ❷ *garrulous person:* béalastán, bladhmaire, bleid, bolgán béice, bolscaire, brasaire, cabaire, cadrálaí, cafaire, cág, callaire, clab troisc, clabóg, claibéir, claibín, claibín muilinn, claibseach, dradaire, drandailín, geabadán, geabaire, geabstaire, giolcaire, giostaire, glafaire, glagaire, glagbhéal, gleoiseach, gleoisín, gleothálaí, gligín, gliogaire, gliogarnálaí, glór i gcóitín, gobachán, grabaire, liopaire, meigeadán, meiltire, plobaire, reathálaí, roiseálaí, scaothaire, scrathóg, síofróir, siollaire, siosaire, strambánaí, trumpadóir. ❸ *clap-*

per: baschrann, buailteán, buailteoir, cnagaire, teanga.

clabaireacht noun *prattling, garrulity:* béalastánacht, bleadracht, bleadráil, breasnaíocht, brilléis, brioscchaint, cabaireacht, cadráil, cafaireacht, clab, clisiam, dradaireacht, geab, geabaireacht, geabairlíneacht, geabantacht, geabstaireacht, geocaíl, giob geab, giofaireacht, giolcaireacht, giostaireacht, glafaireacht, glagaireacht, gleoiréis, gleoisíneacht, gliadar, gligíneacht, gliog gleag, gliogar, gliogarnach, glisiam, gobaireacht, gogalach, liopaireacht, pápaireacht, placadh siollaí, pléisiam, plobaireacht, plob plab, rith seamanna, siod sead, síofróireacht, siollaireacht.

clábar noun *mud:* abar, clab cáidheach, dóib, draoib, draoibeal, glár, greallach, guta, láib, lábán, lathach, lodar, moirt, múilleog, pluda, puiteach; bogach, corcach, corrach, criathrach, lathrach, portach, riasc, riascach, sloda; pludar pladar.

clabhar noun *mantelpiece:* mantal, matal; clár an mhatail, clár na tine, clár simné.

clabhstra noun ❶ *cumbersome object:* bathlach, ceamalach. ❷ *cumbersome person:* amlóir, anás, anastán, bathlach, cadramán, ceamalach, cosarálaí, crúbachán, crúbaire, crúbálaí, geolamán, giolla an driopáis, gíoplach, gliúrach, lapadán, lapaire, méiseálaí, mille bata, mille maide, sliopachán, spágaire, sraimle, strampálaí, tuathálaí, tuathalán, tútachán, útamálaí; amlóg, sraimleog.

clabhstra noun *cloister:* clochar, mainistir; *historical* cathair.

clabhsúr noun ❶ *closure:* ceann, críoch, críochnú, deireadh, earr, scor; an cipín mín, an tslis mhín, bail, bailchríoch, buille scoir, focal scoir. ❷ *harvest festival:* cóisir, féasta, fleá, infear, méilséara.

clabhta noun ❶ *clout, blow:* béim, boiseog, bos, broideadh, buille, cíonán, clabhtóg, cnag, cnagaide, cnagán, cniogaide cnagaide, leadhbóg, leadóg, leadradh, leandóg, leang, leangaire, leiceadar, leidhce, liúr, priocadh, sceiteadh, smac, smag, smailc, smalóg, smeach, smitín, snag, sonc, trostal. ❷ *chunk:* ailp, baog, blúire, canta, caob, crompán, daba, dairt, dalcán, feadán, fód, gamba, goblach, leota, lóta, maiste, meall, meascán, moll, scailp, scaob, scealp, scealpóg, slaimice, slis, sliseog, smíste, smut, smután, spreota, stéig, torpán. ❸ *clodhopper, lout:* amhas, amhlán, amhsóir, bambairne, bodach, buailtíneach, ceamalach, daba, dailtín, daoiste, duine goirt, gambairne; breillice, bromach, bromaistín, búr, cábóg, cábún, cadramán, ceithearnach, ciolcán, closmar, dúramán, gamal, géibirne, glíomán múta, léaspach, liúdaí, leibide, liúdramán, lóimín, lóimíneach, lóma, maicín, maistín, maol, maolagán, mulpaire, pleib, pleota, pleotramán, scraiste, smíste, smuilcín, stróinse, teallaire, trumpadóir, tuathalán, túitín, tútachán.

clabhta noun *cloud:* ceo, dlúimh, néal, scamall, slám; cúmalas.

clabhtáil verb *clout:* batráil, buail, calc, cnag, gleadhair, gread, lasc, leadair, leadhb, léas, léirigh, liúr, péirseáil, planc, rapáil, slis, smailc, smeach, smíoch, smíocht, smiot, smíst, snag, sonc, stánáil, súisteáil, tarraing buille ar, tiompáil, tuargain.

cladach noun ❶ *shore:* bruach, caladh, cladrach, colbha, colbha cuain, creig, cuan, duirling, feorainn, muirbheach, muiríoch, scairbh, trá, urthrá. ❷ *quantity, heap:* burla, cainníocht, carn, carnáil, carnán, ceallamán, cnap, cnapán, cnuasach, cruach, cual, gróigeadh, gróigeán, lab, líon, lionsca, maoil, meáchan, méid, moll, múr, oiread, suim, teailí, tomhas.

cladhaire noun ❶ *villain, rogue:* áibhirseoir, aisiléir, amhas, arc nimhe, bacach, bithiúnach, bligeard, cneámhaire, coireach, coirpeach, coirpeoir, corpadóir, crochadóir, diabhal, diabhlánach, diúlúnach, do-dhuine, eiriceach, fleascach, leábharaic, pasadóir, rifíneach, scabhaitéir, scaimpéir, scliotar, scliútar, scuit, scuitsear, sealánach, *familiar* focaeir. ❷ *coward:* cailleach fir, cealdrach, claitseach, meatachán, meathlóir, scamhánach; duine gan aird, duine gan bheocht, duine gan bhrí, duine gan chroí, duine gan fearúlacht, duine gan mhisneach, fear meata; boigearán, boigeartán, cúrthachtaí, lagrachán, marla.

cladhartha adjective ❶ *villainous:* bithiúnta, díolúnta, mallaithe, mínáireach, olc, rógánta, urchóideach. ❷ *spineless, cowardly:* beaguchtúil, cloíte, éagalma, eaglach, faiteach, faitíosach, fannchroíoch, lagáiseach, lagchroíoch, lagmhisniúil, lagspridiúil, meata, meatach, míchurata, mífhearúil, míghaiscíúil, mílaochta, scáfar, scallta, scanrúil, suarach, uamhnach; níl croí circe aige.

clag verb ❶ *clack, clatter:* cleatráil, flapsáil, fuaimnigh, gleadhair. ❷ *pelt, strike:* caith, croch, crústaigh, diúrac, gabh de, péirseáil, raid, rop, rúid, rúsc, scaoil, seadráil, steall, teilg, tlig, tuairteáil, tuargain.

clagarnach noun ❶ *(act of) clattering:* cleatráil, clagairt, clascairt, clic cleaic, cliotar cleatar, clisiam, clogarnach, cnúdán, cuacháil, díoscán, flapsáil, fothram, fothramáil, fuaim, geonaíl, gleadhrán, gligleáil, gliog gleag, gliogaireacht, gliogar, gliogram, gliúrascnach, gnúsacht, píopaireacht, pléascadh, sceonaíl, sianaíl, toirnéis, trupás. ❷ **clagarnach bháistí** *pelting rain:* bailc báistí, bailc fearthainne, clagairt báistí, clagar, clagarnaíl, clascairt báistí, díle báistí, doirteán báistí, gailbh, gailfean, gailfean báistí, leidearnach chlagair, liagarnach báistí, maidhm bháistí, péatar báistí, rilleadh báistí, sconna báistí, tuairt bháistí, tuile liag; tá an bháisteach ag baint deataigh, tá an bháisteach ag baint toite as an talamh, tá sé ag cur sceana gréasaí, tá sé ina sceana gréasaí, tá sé ag báisteach mar a ligfí tríd an gcriathar í, tá sé ag cur de dhíon is de dheora, tá sé ag doirteadh báistí, tá sé ag dubhfhliuch fearthainne, tá sé ag gleadhradh báistí, tá sé ag greadadh báistí, tá sé ag lascadh báistí, tá sé ag raideadh báistí, tá sé ag roilleadh báistí, tá sé ag stealladh báistí, tá sé ag taomadh fearthainne, tá sé ag taoscadh báistí, tá sé ag teilgean báistí, tá sé ag titim ina tulcaí.

claí noun *wall, fence:* balla, bunchlaí, cladán, claí fód, fál, falla, imfhál, imfhálú, imphort, móta, múr, páil, sconsa, *literary* cleathchur, ime.

claibín noun ❶ *lid:* barraicín, clár, clúdach, cumhdach, leac; sciathóg. ❷ *clapper:* baschrann, cnagaire, teanga.

claidhreacht noun ❶ *villainy:* áibhirseoireacht, ainghníomh, aingíocht, bithiúntacht, bithiúntas, bligeardacht, bligeardaíocht, cneámhaireacht, coiriúlacht, coirpeacht, dailtíneacht, díolúnas, drochaigne, drochbheart, droch-chroí, drochintinn, feall, feallaireacht, fealltóireacht, fealltacht, feillbheart, feillghníomh, gangaid, mailís, maistíneacht, mallaitheacht, meirleachas, mínáire, mioscais, míréir, mírún, olc, oilbhéas, oilceas, oilghníomh, peaca, peacúlacht, ropaireacht, urchóid, urchóideacht. ❷ *cowardice:* beaguchtach, eagla, faiteachas, faitíos, lagáisí, lagchroí, lagsprid, lagspridiúlacht, meatacht, mífhearúlacht, mílaochas, scáfaireacht, scáithínteacht, scanrúlacht, uamhan.

claimhe noun ❶ *mange, scurvy:* aicíd an tochais, bruth, carraí, claimheacht, clamh, galar carrach, galar craicinn, galar scrathach; cos dhubh, scorbach; gearb, gríos, grís, salachar rásúir, tochas, urtacáire. ❷ *plague, pest:* aicíd, calar, galar mór, plá,,

claimhteoir

támhghalar, *literary* támh, teidhm; bearrán, buairt, crá croí, cránas, othras, trioblóid.

claimhteoir noun *swordsman*: claimhtheoir, claíomhóir, lannaire, pionsóir; máistir pionsa; gliaire.

claíomh noun *sword*: *literary* colg, faobhar, glaid, lann, pionsa.

cláirínéach noun *cripple*: bacach, bacachán, camadán, clipríneach, craiplíneach, craplachán, cruipidín, cruiteachán, cruitíneach, crunca, díoscánaí, duine crapchosach, duine craplaithe, duine craplámhach, duine míchumasach, duine míchumtha, leisíneach, lúircín, lúircíneach, mairtíneach, portán.

cláirseach noun ❶ *harp*: cláirseach aeólach, cláirseach cheolchoirme, cláirseach dhéghníomhach, cláirseach dhéthroitheánach, cláirseach leaththonach, cláirseach throitheánach; cruit, meannchruit. ❷ *flat object*: clár, leac. ❸ *woodlouse* (*order Isopoda*): cailleach chrainn, cailleach an tsagairt, cailleach sagairt, sclátaí, *familiar* críonmhíol, míol críon, míoltóg chríon; cláirseach thrá, míol trá.

cláirseoir noun *harpist*: seinnteoir cláirsí; cruitire.

cláirseoireacht noun (*act of*) *harp-playing*: ceol na cláirsí; cruitireacht.

clais noun ❶ *channel, rut, groove*: caidhséar, cainéal, camrachán, canáil, caológ, clasaidh, clasán, craosán, gáitéar, gearradh, iomaire, léata, lintéar, panc, sclaig, silteán, sloc, sraoth, suinc, trinse. ❷ *deep cut*: forba, gearradh, mant, scláradh, scoradh. ❸ *pit*: folachas, poll; duibheagán, foldomhain, mianach, poll tí liabáin. ❹ *soft mass, large quantity*: ainmhéid, carn, carnáil, carnán, cladach, cnuasach, cruach, cual, daba, dalladh, fras, lab, lámháil, lasta, lear, líon, luthairt lathairt, mais, maoil, maois, maoiseog, meáchan, meall, méid, moll, múr, oiread, raidhse, rois, slaod, sruth, suim, tuile, tulca. ❺ *vulva*: pl. báltaí, geadán, grabaid, grabhaid, pis, pit; *familiar* bogha ceatha, cailín báire, cailleach ribeach, gráta, moirtís, nádúr, siméar; tomán.

claitseach noun ❶ *slut, trollop*: breallóg, bualsach, caidir, caidirseach, claimhseog, cuachán mná, cuairsce, giobóg, leadhbóg, liobóg, luid, peallóg, slámóg, slapóg, slapróg, sraoill, sraoilleog, strailleog; bean choitianta, bean sráide, bitse, bitseach, cailín pléisiúir, cuitléir, gádhairseach, léirmheirdreach, meirdreach, raibiléir, raicleach, raiteog, rálach, rata, rubaits, scuaideog, scubaid, strabalach, straibóid, straip, streabóid, streachaille, striapach, *literary* eachlach. ❷ *unmanly creature, coward*: cealdrach, cladhaire, fear meata, meatachán, meathán, meathlóir, scamhánach; lagrachán, marla.

clamh noun ❶ *mange*: aicíd an tochais, bruth, carraí, claimhe, claimheacht, galar carrach, galar craicinn, galar scrathach, gearb, gríos, grís, salachar rásúir, tochas, urtacáire; can, sail chnis; lobhra. ❷ *mangy person, leper*: carrachán, clamhaire, clamhrán, lobhar, lobhrán; claimhseach; claimhseog.

clamhsán noun (*act of*) *grumbling, complaint*: aingíocht, banrán, cáinseoireacht, canrán, casaoid, ceasacht, ciarsán, cnádánacht, cnáimhseáil, cneáireacht, fuasaoid, gearán, tormas, tromaíocht, *literary* ionnlach.

clamhsánaí noun *grumbler, complainer*: ainciseoir, ainle, ainleog, cáinseoir, canránaí, cearbhálaí, ceasnaí, ceolán, ciarsánaí, cnádán, cnádánaí, cnáimhseálaí, cnáimhseoir, drantánaí, durdálaí, gearánach, gearánaí, glámhánach, tormasaí.

clampa noun ❶ *clamp*: bís, claba, cléata, fáisceán, glaimbín, glamba, lioscán, teanntán, teanntrán. ❷ *built-up stack*: carn, carnán, carnáil, cruach, gróigeán, ricil, stáca, stuca, *literary* dais.

clampar noun *commotion, quarrelling*: argáil, argóint, borrán, cáiríneacht, caitleáil, calabairt, cibeal, coinghleic, cointinn, conspóid, construáil, díospóid, díospóireacht, eisíocháin, eisíth, giorac, giordam, griobsach, imreas, imreasán, iomarbhá, míle murdar, scliúchas, siosma, tamhach táisc, troid, troistneach, turlabhait, *literary* imnise.

clann noun ❶ *children, offspring*: ál, cúram, pl. gasúir, pl. ginte, pl. leanaí, muirear, muirín, pl. páistí, scuaine, sliocht, teaghlach. ❷ *race, decendants*: bunadh, cine, cineál, dúchas, fine, fuil, iarmhairt, líne, muintir, pobal, pór, rás, síol, síolrach, pl. sliochtaigh, sliocht, stoc, teaghlach, treibh, *literary* díne.

claochlaigh verb ❶ *change, alter*: aistrigh, athchum, atheagraigh, athraigh, imaistrigh, iompaigh, tiontaigh. ❷ *deteriorate*: donaigh, dreoigh, feoigh, laghdaigh, meath, meathlaigh, téigh i léig, téigh in olcas, tit; thug an gabhar leis é.

claochlú noun ❶ (*act of*) *changing, change*: aistriú, aistriúchán, athchumadh, atheagrú, athrú, imaistriú, iompú, tiontú. ❷ (*act of*) *deteriorating, deterioration*: donú, dreo, dul ar gcúl, dul i léig, dul in olcas, feo, laghdú, meath, meathlú; is minic a thit caisleán agus a d'éirigh carn aoiligh.

claon adjective ❶ *inclined, sloping*: cam, claonta, crom, fánánach, fiar, laofa, saobh; ar fiarlán, ar fiarsceabha, ar fiarsceo, ar gearra-baghas, ar sceabha, le fána. ❷ *partial*: claonpháirteach, fabhrach, leatromach, páirtiúil, taobhach; tá luí agam le, tá nádúr agam le. ❸ *perverse*: buanearráideach, calctha i bpeaca, cearr, contráilte, crosánta, daingean san earráid, earráideach, frisnéiseach, mícheart, saobh, saofa, urchóideach. noun ❶ *slope, tilt*: bruach na faille, claonán, diarach, fána, fánán, fiar, goic, ísleán, leathmhaing, leathspeic, leathspleic, maig, maing, sceabha, sleabhac, sleaint, sléim, speic, spleic, strapa. ❷ *tendency, partiality*: cion, claonadh, diall, dúil, dúilíocht, fabhar, grá, laofacht, leithcheal, luí, páirt, taobhacht, treocht. ❸ *perversity*: claoine, construáil, contráilteacht, crosántacht, earráid, eiriceacht, frisnéiseacht, saobhachan, saobhadh, saofacht, urchóid, urchóideacht. ❹ **claon adhairte** *crick in the neck*: cam-mhuineál. verb ❶ *slope, slant*: cam, crom, cuir diall, goic ar, cuir maig ar, fiar, saobh, téigh ar fiarlán, téigh ar fiarsceabha, téigh ar sceabha, téigh le fána. ❷ *yield*: bog, gabh leor le, géill, lig le, stríoc, tabhair suas. ❸ *deviate*: diall, fág, laobh, téigh i leataobh, tréig. ❹ *betray*: braith, déan tréas ar, feall ar, sceith ar, téigh i dtréas ar, tréig; meabhlaigh.

claonadh noun ❶ *inclination, trend*: claon, diall, laofacht, seol, taobhacht, treocht. ❷ *perversion*: contráilteacht, earráid, eiriceacht, saobhachan, saobhadh, saofacht, urchóid, urchóideacht.

claonchló noun (*photographic*) *negative*: diúltán.

claonta adjective *prejudiced, partial*: biogóideach, claon, claonbhreitheach, claonpháirteach, eorasceipteach, frithghiúdach, gallfhuatheach, leataobhach, leatromach, seineafóbach, seobhaineach; fabhrach, páirtiúil, taobhach.

clapsholas noun *twilight, dusk*: amhdhoircheacht, amhdhorchacht, amhscarnach, amhscarthanach, breacdhuifean, breacsholas, breacsholas na maidine, breacsholas tráthnóna, coimheascar, coineascar, comhrac lae is oíche, contráth, crónachan an lae, crónú an lae, crónú na hoíche, deireadh lae, dúchrónachan, dul ó sholas, idirsholas, scaradh lae is oíche, tús oíche; nuair is chomhsholas fear le tor um thráthnóna; marbhsholas.

clár noun ❶ *board, table*: adhmad, bord, cliath, cuntar, geaitín, léibheann, planc, pleanc, síleáil, tábla, urlár. ❷ *lid:* barraicín, claibín, clúdach, cumhdach, sciathóg. ❸ *plain:* báinseach, blár, eachréidh, má, machaire, plán, plána, ré, réileán, réiteach. ❹ *list, roll:* áireamh, bunachar sonraí, catalóg, daonáireamh, cuntas, eolaí, eolaire, fardal, féilire, innéacs, liosta, martalaig, rolla, taifead. ❺ *programme:* cúrsa, sceideal, scéim; feidhmchlár.

clár dubh noun *blackboard:* clár dubh cearnógach, clár dubh iniompartha; clár feilte, clár bán.

clár éadain noun *forehead:* clár baithise; camóg ara; baithis.

cláraigh verb ❶ *flatten, knock down:* bain dá bhoinn, buail fút, cuir croibh duine in airde, cuir dá bhoinn, déan crúbádán de, leacaigh, leag, treascair; tá sé ar lár agam. ❷ *beat, belabour:* batráil, cnag, buail duncaisí ar, gread, lasc, leadair, leadhb, léas, léirigh, liúr, planc, slis, smíoch, smíocht, smiot, smíst, stánáil, súisteáil, tarraing buille ar, tuargain; tabhair deasabhaidí do. ❸ *register, enrol:* cuir ar an liosta, cuir ar an rolla, cuir sa chuntas, dearbhaigh, deimhnigh, innéacsaigh, liostaigh, scríobh ainm duine ar an gclár, taifead. ❹ *have sexual intercourse with:* ciontaigh le, cneasaigh le, codail le, luigh le, *familiar* buail craiceann le, carn, cuir an úim ar, déan marcaíocht ar; clíth, planc, pleanc, poc, *literary* dúbail, *familiar* fáisc, feann, frigeáil, marcaigh, tabhair fad de do shlat do, téigh hob ar muin daid ar, téigh suas ar, *taboo* focáil; bhain sé anlucht aisti, bhain sé scrabhadh leathair di.

clárlann noun *registry, registry office:* aircívlann, cartlann, oifig cláraitheora, oifig taifead.

clárú noun ❶ (*act of*) *beating, drubbing:* bascadh, batar, batráil, broicneáil, bualadh, burdáil, cleathadh, clogadadh, cnagadh, deamhsáil, failpeadh, flípeáil, fuimine farc, giolcadh, gleadhradh, greadadh, greasáil, lascadh, leadhbadh, leadradh, léasadh, léidearnach, liúradh, liúradh Chonáin, orlaíocht, plancadh, púráil, riastáil, rúscadh, sceilpeáil, slacairt, slatáil, sliseadh, smeadráil, smíochtadh, smiotadh, smísteáil, spéiceáil, spóiléireacht, stánáil, súisteáil, tóileáil, tuairteáil, tuargaint; cuimil an mháilín, tuirne Mháire. ❷ (*act of*) *registration, enrolment:* dearbhú, deimhniú, innéacsú, liostú, taifeadadh.

clasaiceach adjective *classical:* ársa, Gréagach, Rómhánach, Rómhánúil; Palláidiach; den chéad scoth, den togha. noun *classic:* saothar clasaiceach, saothar eiseamláireach, sárdhréacht.

clásal noun *clause:* fochlásal, príomhchlásal, uaschlásal; abairt, abairtín, frása, focal, fuigheall.

clascairt noun ❶ (*act of*) *clattering, clatter:* cleatráil, clagairt, clic cleaic, cliotar cleatar, clisiam, clogarnach, cnúdán, cuachaíl, díoscán, flapsáil, fothram, fothramáil, fuaim, geonaíl, gleadhrán, gliog gleag, gliogaireacht, gliogar, gliogram, gliúrascnach, gnúsacht, píopaireacht, pléascadh, sceonaíl, sianaíl, toirnéis, trupás. ❷ (*act of*) *pelting:* amas, ceaist, crústa, crústú, buille, diúracadh, lámhach, ligean, péirseáil, radadh, ropadh, rúspa, saighdeadh, scaoileadh, urchar.

claspa noun *clasp:* biorán, bróiste, búcla, ceangal, dealg, dúnadh, fáiscín, fáiscín reatha, glas, greamán, lúbóg, scorán, sip.

clástrafóibe noun *claustrophobia:* uamhan clóis.

clé adjective ❶ *left:* clí, **adjectival genitive** tuathail. ❷ *sinister, evil:* cearr, contráilte, drochghnúiseach, drochthuarach, mailíseach, mioscaiseach, olc, **adjectival genitive** tuathail, urchóideach. noun *left side:* ciotóg, taobh clé, tuathal; bord clé, bord na sceartfual, taobh an chalaidh.

cleacht verb ❶ *perform habitually, be accustomed to:* gnáthaigh; is gnách le, is nós le, tá sé de nós ag. ❷ *practise:* aclaigh, déan, promh, taithigh, tástáil, triail; cuir i ngníomh, déan cleachtadh de, déan de ghnáth, déan go hiondúil.

cleachtadh noun ❶ *habit, wont:* béas, cleachtas, gnás, gnáthbhéas, gnáthamh, gnáthú, nós, taithí; *pl.* buanorduithe, nós imeachta. ❷ *experience:* eispéireas, taithí; buneolas, fios, traenáil, tuiscint; ciall cheannaithe, críonnacht. ❸ *rehearsal, exercise:* aclaíocht, aclú, ceacht, féachaint, praitic, promhadh, réamhléiriú, tástáil, triail.

cleamaire noun *strawboy, mummer:* geamaire, geocach, *colloquial* lucht an dreoilín; abhlóir, áilteoir, cleasaí, cluicheoir, crosán, damhsaire dubh, fuirseoir, geáitseálaí, gliadaire, reabhrach, reabhraíoch; Sir Soipín, Mac Soipín, Nuala agus Dáithí; airleacán, damhsaire dubh, peadairín.

cleamaireacht noun *mumming, play-acting:* aisteoireacht, dráma, dráma balbh, fronsa, fuirseoireacht, fuirsireacht, geáitsíocht, geamaireacht, leidhcéireacht.

cleamhnas noun ❶ *relationship by marriage:* gaol cleamhnais, gaol cleamhnaí; cleamhnaí, cliamhain; athair céile, athair cleamhnais; banchliamhain; deartháir céile; deirfiúr chéile; máthair chéile, máthair chleamhnais. ❷ *arranged marriage, match:* dáil, *pl.* coinníollacha pósta, gealltanas pósta, lua le chéile; bainis, pósadh.

cleas noun ❶ *trick, feat:* beart, bob, bua, calaois, cleasaíocht, cluain, cluicheog, cor, cúig, éacht, ealaín, inleadh, inneall, lúb, port, *literary* spleadh. ❷ *knack:* bua, caoi, ceird, ciúta, dóigh, eolas; tá sé deas ar é a dhéanamh.

cleasach adjective ❶ *playful:* ábhailleach, ceáfrach, cluicheach, fastaímeach, spórtúil, spraíúil, sultmhar, *literary* cluicheachair, *literary* reabhrach. ❷ *tricky, crafty:* bealachtach, beartach, cam, cas, cealgach, cílíonta, claon, cluanach, cúinseach, eadarnaíoch, ealaíonta, fealltach, fiar, glic, imeartha, inleogach, lán castaí, lúbach, lúibíneach, meabhlach, mealltach, meangach, nathartha, sleamhain, sleamhnánach, slíbhíneach, tréitheach.

cleasaí noun ❶ *trickster:* abhógaí, áilteoir, aisiléir, alfraits, anstrólaí, boc, bocaí, bocailéa, bocaileodó, bocailiú, boc báire, buachaill báire, caimiléir, ceáfrálaí, ceailféir, cluanaire, cneámhaire, coileach, cuilceach, draíodóir, drochairleacán, ealaíontóir, geamstaire, gleacaí, gleacaí milis, gleacaire, gliceadóir, lacstar, leábharaic, leidhcéir, leorthóir, lúbaire, meabhlaire, mealltóir, óganach, paintéar, pasadóir, sciorrachán, sleamhnánaí, slíbhín, slíodóir, slíomadóir, sliúcaidéir, sliúcaiméir, sliúdrálaí, spaisteoir, truiceadóir, truicseálaí, tumlálaí. ❷ *juggler, acrobat:* gleacaí, lámhchleasaí, lúthchleasaí, téadchleasaí; crosán. ❸ *joker (in cards):* fear na gcrúb.

cleasaíocht noun ❶ *playfulness:* ábhaille, anstrólaíocht, ceáfraíl, cluichíocht, fastaím, imirt, spóirtiúlacht, spórt, spórtúlacht, spraoi, spraíúlacht, súgracht, súgraíocht, sult. ❷ *trickery:* aisiléireacht, caimiléireacht, camastaíl, ciolmamúta, cluanaireacht, cneámhaireacht, cúbláil, cúinseacht, draíodóireacht, ealaín, *pl.* ealaíona, fealltacht, gleacaíocht, gliceas, grealltóireacht, leidhcéireacht, leorthóireacht, lúbaireacht, rógaireacht, slíodóireacht, slíomadóireacht, truiceadóireacht, *literary* plaic faoi choim. ❸ (*act of*) *juggling:* gleacaíocht, lámhchleasaíocht.

cleatráil noun (*act of*) *clattering, clatter:* bratáil, clagairt, clascairt, cleatar, clic cleaic, cliotar cleatar, clisiam, clogarnach, cnúdán, cuachaíl, díoscán, flapsáil, fothram, fothramáil, fuaim, geonaíl, gleadhrán, gliog gleag, gliogaireacht, gliogar, gliogram, gliúrascnach, gnúsacht, píopaireacht, pléascadh, sceonaíl, sianaíl, toirnéis, troimpleasc, trupás.

cléir

cléir noun ❶ *clergy*: cliarlathas, *pl.* eaglaisigh, *pl.* easpaig, *pl.* ministrí, *pl.* sagairt; an eaglais; cruifearacht, ministreacht, sagartacht, sagartóireacht; easpagóideacht; ord beannaithe; caibidil, comhthionól, seanadh, sionad, tionól. ❷ *band, company*: béinne, buíon, cipe, cóip, comhlacht, criú, cruinniú, cuallacht, cuideachta, cumann, dream, feadhain, foireann, fracht, gasra, grúpa, meitheal, paca, rang, scata, scuaine, slógadh, slua, treibh, *literary* cuain, fóir, tascar.

cléireach noun ❶ *clerk*: cléireach baile, cléireach bainc, cléireach cúirte, cléireach oifige; feidhmeannach, riarthóir; bainisteoir, stiúrthóir. ❷ *cleric*: cruifir, déagánach, ministir, pearsa eaglaise, preispitéir, sagart, sagart cúnta, sagart paróiste; ábhar sagairt, mac-chléireach, mac eaglaise, údar sagairt; canónach, déan, moinsineoir; an tAthair, an tOirmhinneach, an tUrramach; raibí. ❸ *altar-boy*: acalaí, buachaill sagairt. ❹ *sexton*: clogaire, maor eaglaise, reiligire, sacraisteoir.

cléireachas noun ❶ *clerkship*: cléireacht; bainisteoireacht, feidhmeannas, maorlathas, riarachán, riaradh, stiúir, stiúrthóireacht, treoir, treorú.

cleite noun ❶ *feather*: cleiteán, cleiteog, cluimhreach, clúmh, clúmhach, eite, eiteach, eiteog. ❷ *quill*: cleiteog, peann. ❸ *plume*: bobailín, círín, cuirc, cuircín, scothóg.

cleiteach adjective *feathery, feathered*: clúmhach, eiteach. noun *moulting*: foladh, galar cleiteach, galar clúimh; cur an chluimhrigh; tá an chearc ag caitheamh na gcleití; tá an t-asal ag caitheamh an tseanchlúimh.

cleiteachán noun *person of slight build*: abhac, aircín, arc, beagadán, beagaidín, caoladán, ceairliciú, cleiteoigín, cnádaí, crabadán, cruachán, diairmín, draoidín, dúradán, feithid, gilidín, gilmín, pilibín, ruidín, sceoidín, siolrachán, siolraide, *literary* siride, *familiar, figurative* dreancaid.

cleith noun ❶ *rod, pole*: crann, cuaille, geá, laí, páil, sabh, sáiteán, sonn, stacán, staic, taobhán, *literary* ochtach. ❷ *cudgel*: bastún, bata, cleith ailpín, cleiteog, cleithire maide, lorg, lorga, maide, maide coill, maide draighin, smachtín, smíste, smíste maide. ❸ *tall lean man*: brísteachán, cleithire, cliathramán, cnábaire, cnuachaire, coinnleoir, cuirliún, cuirliúnach, gágaire, gailléan, gallán, geosadán, gleidire, ioscadán, langa, píle, pílí, próiste, rúpach, rúplach, reanglamán, scodalach, sconnartach, sínealach, spiacán, spíce, spícead, spreota, sreangaire, *figurative* réitheach.

cléithín noun ❶ *splint*: cantaoir, cliath, iris, guailleán, spliota. ❷ *scallop* (in thatching): camóg, lúb, scolb.

cleithire noun ❶ *tall lean man*: brísteachán, cleith, cliathramán, cnábaire, cnuachaire, coinnleoir, cuirliún, cuirliúnach, gailléan, gallán, geosadán, gleidire, ioscadán, langa, píle, pílí, rúpach, rúplach, reanglamán, scodalach, sconnartach, sínealach, spíce, spreota, sreangaire. ❷ *tricky person, rogue*: áibhirseoir, amhas, bacach, bithiúnach, buachaill báire, clabhaitéir, cneámhaire, corpadóir, crochadóir, diabhal, diabhlánach, díolúnach, eiriceach, leábharaic, leidhcéir, pasadóir, rásaí, rógaire, ruagaire reatha, *figurative* corrchoigilt.

cleithiúnach adjective *dependent*: i dtuilleamaí, spleách; tá sí ag brath air, tá sí ina chleith; tá sí de gheall leis; tá sí ina lacáiste air.

cleithiúnaí noun *dependant*: lánchleithiúnaí; bean is páistí, *pl.* páistí, *colloquial* clann, cúram, muirear, muirín, teaghlach.

cleithiúnas noun *dependence*: iontaobh, muinín, scáth, seasamh, spleáchas, taobhú, tuilleamaí.

cleithmhagadh noun (*act of*) *ribbing, teasing*: aoir, aorachas, cealg, ciapadh, cleithireacht, crá, crá croí, fochaid, fonóid, ga, glámh, goin, goineogacht, griogadh, leithéis, magadh, priocadh, scigaithris, scige, scigireacht, spochadh, steallmhagadh.

cliabh noun ❶ *body, chest*: cabhail, cliabhrach, cliath, cliathach, coim, compar, compar cléibh, compar croí, corp, fonnadh, fráma, greilleach, lár. ❷ *pannier, basket*: bascaed, bardóg, cabhail, ciseán, ciseog, cléibhín, painnéar, pardóg, sciath, sciathóg.

cliabhadóir noun *creel-maker*: caoladóir, ciseadóir; fíodóir.

cliabhán noun ❶ *cradle*: bascaed, leaba linbh, leaba luascáin, seoltán; bugaí, naíchóiste, pram. ❷ *wicker cage*: cás, cis, cliathach.

cliabhrach noun *body, frame*: cabhail, cliabh, cliath, cliathach, coim, compar, corp, fonnadh, fráma, greilleach, lár.

cliamhain noun ❶ *son-in-law*: cleamhnaí. ❷ *relation by marriage*: gaol cleamhnais, gaol cleamhnaí; banchliamhain, cleamhnaí; athair céile, athair cleamhnais; máthair céile, máthair chleamhnais; dearthair céile; deirfiúr chéile; *pl.* cairde gaoil.

cliant noun *client*: custaiméir, gnáthcheannaitheoir, pátrún, taithitheoir, úsáidire; cleithiúnaí, deisceabal, lucht leanúna, móidín, othar.

cliantacht noun ❶ *clientship*: cleithiúnas, spleáchas. ❷ *clientele*: *pl.* custaiméirí, lucht leanúna, *pl.* pátrúin, *pl.* tomhaltóirí, *pl.* úsáidirí.

cliarlathas noun (*ecclesiastical*) *hierarchy*: céimse chléire, comhdháil easpag, comhthionól, *pl.* easpaig, easpagóideacht, prealáideacht, seanadh, sionad, tionól.

cliath noun ❶ *wattled frame, hurdle*: cabhail, ciseach ciseán, ciseog, cliath fuirse, cliathach, spiara, sciath, sciathóg. ❷ *phalanx*: buíon, cath, cathlán, ceithearn, ceithearn timpill, complacht, díorma, fianlach, gasra, grinne, léigiún, rang, scuad, scuadrún, tascar, tionlacan, trúpa, *literary* rúta. ❸ *darn, patch*: paiste, preabán. ❹ *chest*: bráid, cabhail, cliabhrach, cliathach, coim, compar, compar cléibh, compar croí, corp. ❺ *chestiness, wheeze*: cársán, casacht, ciach, piachán, píoblach, seadadh, seadán, seordán, slócht, tocht.

cliathach adjective *ribbed, latticed, criss-cross*: breac, cairbreach, clasach, cleathach, eangach, inbheach, iomaireach, riabhach, rigíneach, seicear, sliogánach. noun ❶ *ribbed frame*: cabhail, ciseach ciseán, ciseog, cliath, spiara, sciath, sciathóg. ❷ *engagement, battle*: cath, cogadh, coinghleic, comhrac, cosaint, feacht, feachtas, imreas, ionsaí, scirmis, spairn, troid, *literary* conghail, imruagadh, iorghal, níth.

cliathán noun *side, flank*: bruach, ceann, ciumhais, cnaiste, colbha, corr, imeall, imeallbhord, leiceann, leis, sciathán, slios, taobh, *literary* braine.

cliathánach adjective *lateral, sideways*: aontaobhach, claon, fiar, fiarlánach, fiarsceabhach, fiarsceoch, leataobhach, sceabhach, sciathánach, taobhach; ar fiar, ar fiarsceabha, ar fiarsceo, ar lorg a thaoibh, ar sceabha.

clibirt noun *scrimmage, scrum*: cargáil, castaíocht, cíorláil, cluiche garbh, conabhrú, cuimil an mháilín, greadadh, griobach, imbhriseadh, iomrascáil, rancás, ruaille buaille, streachailt, tíortáil, treascairt, tuairteáil; ainíde, anoircheas, drochíde, íde, íospairt, mí-úsáid, siortáil.

climirt noun ❶ *strippings*: climreadh, climseáil, sniogadh. ❷ *best of anything*: an chuid is fearr, barr, cíoná, plúr, rogha, rogha is togha, scoth, togha, *literary* forgla, gaoine.

cling noun *clink, tinkle*: bualadh, cleatráil, cliotar cleatar, clogarnach, cloigíneacht, foghar, fuaim, clingireacht, gligín, gligíneacht, gliog, gliog gleag, gliograch, gliogram; draoill ó dró. **verb** *clink, tinkle:* buail, fuaimnigh, gligleáil, séid.

clingireacht noun *(act of) ringing, tinkling:* bualadh, cleatráil, cliotar cleatar, clogarnach, cloigíneacht, foghar, fuaim, glígín, gligíneacht, gliog, gliog gleag, gliograch, gliogram, séideadh.

clinic noun *clinic:* íoclann, ionad sláinte, ospidéal, otharlann, rannóg na n-othar seachtrach, seomra freastail dochtúra, sanatóir; oispís, *historical* spidéal.

cliobach noun *uproarious play, uproar:* achrann, afrasc, borrán, bruíon chaorthainn, bruithshléacht, cambús, caorthainn cárthainn, carabóm, carabuaic, carabunca, cibeal, cíor thuathail, cipeadráil, círéib, círéip, clampar, clibirt, cliobaram hob, cliobrach, cliobram, clisiam, cosair easair, diúra dheabhra, fuilibiliú, fuirseadh má rabhdalam, furú, gírle guairle, giorac, glamaireacht, gleadhradh, gleorán, glórmhach, greatharnach, griobach, holam halam, hólam tró, hurlamaboc, hurla harla, hurlama giúrlama, liútar éatar, liútar léatar, mearú, muin marc, pililiú, raiple húta, rabhait, racán, rachlas, rancás, réabadh reilige, rírá, ruaille buaille, scliúchas, toirnéis, trachlais, tranglam, troistneach, trumach tramach.

cliobaire noun *sturdy man:* balcaire, bambairne fir, béinneach, bleitheach, bramaire, bromach, bromaire, bromaistín, carraig, cleithire, cliobaire, crobhaire, Earcail, fairceallach, falmaire, fámaire, fathach, féithíoch, folcachán, forránach, gaiscíoch, griolsach, heictar, mullachán, preabaire, rábaire, rúscaire, scafaire, scriosúnach, smalcaire, smíste, spalpaire, stollaire, tolcaire, tolchaire, tollaire, tréanfhear, *figurative* damh, sail.

cliobóg noun ❶ *filly:* láir searraigh, searrach, searrach lárach. ❷ *big strong girl:* bodóg, bonsach girsí, scafaire mná, steafóg girsí, torpóg. ❸ *ag caitheamh cliobóg playing leapfrog:* ag caitheamh trí léim táilliúra, ag déanamh cleas a bó dingil.

clíoma noun *climate:* aer, aer tíre, aeráid, aimsir, pláinéad, síon, uain, uair.

clip verb ❶ *tease, torment:* beophian, ciap, cráigh, griog, pian, prioc, spoch as, *literary* lochair. ❷ *tire, wear out:* bánaigh, bochtaigh, coir, dealbhaigh, folmhaigh, ídigh, sáraigh, seangaigh, spíon, tnáith, traoch, tuirsigh.

clipeadh noun *(act of) stinging, torment:* cealg, ciapadh, crá, crá croí, ga, goin, griogadh, pian, prioc, priocadh.

clis verb ❶ *jump, start:* bíog, creathnaigh, crith, geit, preab. ❷ *flinch, fail:* bris, cúb, cúlaigh, déan faillí, géill, loic, meath, meathlaigh, ob, teip, tit.

cliseadh noun ❶ *jump, start:* bíogadh, geit, léim, preab, scinneadh, scinneog, taom, tapaigean, tapóg; cradhscal, creathán, critheagla. ❷ *sudden collapse, failure:* briseadh, cúlú, faillí, loiceadh, meath, meathlú, teip.

clisiam noun *confused talk, din:* baothchaint, béalastánacht, blaoiscéireacht, bleadaracht, bleadracht, bleadráil, bolgán béice, breallaireacht, breilliceáil, breilsce, breilscireacht, brille bhreaille, brilléis, buaileam sciath, cambús, carabóm, carabuaic, carabunca, cibeal, cipeadráil, clampar, clibirt, cliobach, cliobaram hob, clismirt, fuilibiliú, fuirseadh má rabhdalam, gáróid, geabaireacht, geabairlíneacht, geabstaireacht, glafarnach, gleadhradh, gleoiréis, gleoisíneacht, gleorán, glisiam, griobach, holam halam, hólam tró, hurlamaboc, hurla harla, hurlama giúrlama, liútar éatar, liútar léatar, míríaltacht, pililiú, píslíneacht, príslíneacht, racán, radamandádaíocht, ragáille, raic, raiméis, ráiméis, raiple húta, ramás, rá mata, randamandádaíocht, rírá, rith seamanna, ruaille buaille, rúp ráp, stánáil, toirnéis, tranglam, *literary* monghar.

clisiúnach noun ❶ *flincher, failer:* cúl le rath, meatachán, scamhánach; boigeárán, boigeartán, cailleach fir, cladhaire, claitseach, cúrthachtaí, meathán, meathánach, meathlóir; lagrachán, marla de dhuine. ❷ *bankrupt:* duine bancbhriste, féimheach; tá sé báite i bhfiacha, tá sé briste.

clisiúnas noun *bankruptcy:* féimheacht; *pl.* fiacha.

cliste noun *dexterous, clever:* aclaí, ciallmhar, clifeartha, críonna, cunaí, eagnaí, dea-lámhach, deaslámhach, fadcheannach, gaoiseach, gaoisiúil, gaoismhear, gasta, imeartha, innealta, láimhíneach, meabhrach, praitiniúil, sciliúil, seanchríonna, stuama, tuisceanach, *literary* eangnamhach, tuaicheall.

clisteacht noun ❶ *dexterity:* clistíochtcht; aclaíocht, beartaíocht láimhe, deaslámhe, deaslámhachaí, deaslámhacht, deaslámhaí, éascaíocht, gliceas, lámhach, luathlámhacht, oilteacht, scil, stuaim, *literary* eangnamh; ábaltacht, bua, cumas, éifeacht, éirim, inmhe, inniúlacht, *pl.* tréithe, *literary* eangnamh, tuailnge. ❷ *cleverness:* breithiúnas, ceann, ciall, ciall cheannaithe, clifearthacht, clistíocht, críonnacht, discréid, eagnaí, fadcheann, fios, fios feasa, gaois, gastacht, gliceas, guaim, meabhair, réasún, stuaim, toighis, tuiscint, *literary* tuaichle.

cló noun ❶ *form, shape:* cóiriú, cosúlacht, crot, cruth, cuma, cumraíocht, cuspa, déanmhaíocht, deilbh, dreach, eagar, éagasc, foirm, gné, gnúis, leagan, riocht, scoth, stíl. ❷ *impression, mould:* deilbh, lorg, marc, múnla, rian, sliocht, teilgean. ❸ *print, type:* cló gotach, cló gaelach, cló iodálach, cló rómhánach, cló trom; clóchuireadóireacht, clóchur, clófhoireann, prionta.

clóbhuail verb *print:* clóigh, cuir amach, cuir i gcló, priontáil, foilsigh; clóscríobh.

clóca noun *cloak:* aimicín, brat, bratóg, cába, caipisín, casal, ceardán, cochall, cochlán, cótán, dolmán, fallaing, imchasal, ionarbhréid, mainte, matal, seál, *literary* céadach, cubhal, leann.

cloch noun ❶ *stone, rock:* bollán, cab leice, carraig, creig, leac, liag, liagán, moghléir, mullán, sceilg, splinc, stacán, starróg; mianra. ❷ *stone, pebble:* cloch dhuirlinge, cloch gualann, cloichín, doirneog, fadhbairne cloiche, fáiméad cloiche, géarán, méaróg, póirín, púróg, rapa. ❸ *precious stone, jewel:* cloch bhua, cloch lómhar, cloch luachmhar, cloch uasal, geam, seoid, *literary* séad, *literary* uscar; buachloch, obsaidian, ré-sheoid; diamant, rúibín, saifír; smarag, smaragaid, smeargóid; tópás, gairnéad.

cloch bhoinn noun *foundation stone:* bunsraith, dúshraith; truncáil.

cloch fhaobhair noun *whetstone:* cloch speile, faobharchloch, liabró, líomhán.

cloch shneachta noun *hailstone:* *colloquial* casairneach.

cloch thine noun *flint:* breochloch, cloch chreasa, cloch ghaoine, dragart, gallán gaoine.

clochach adjective *stony:* achrannach, aimpléiseach, anacrach, carrach, carraigeach, corrach, creagach, creagánta, droibhéalach, éagothrom, gágach, garbh, iomardúil, lom, méirscreach, sceirdiúil, starragánach; aimrid, anacrach, anróiteach, deacair, doiligh, dóingeach, éadomhain, tanaí.

clochán noun ❶ *stepping stones:* áth, cabhsa, cis, ciseach, cora, tóchar. ❷ *(old) stone structure:* briotáis, caiseal, caisleán, cathair, clochar, daingean, dún, dúnfort, lios, longfort, *pl.* táibhle, *literary* caistéal.

clochar noun ❶ *stony place:* boireann, clochán. ❷ *stone building:* briotáis, caiseal, caisleán, cathair, daingean, dún, dúnfort, lios, longfort, pailis, *pl.* táibhle, *literary* aileach, caistéal. ❸ *convent:* cathrach, clabhstra, coinbhint, domhnach, mainistir.

clóchas

clóchas noun *impertinence, presumption:* andóchas, braobaireacht, brusaireacht, coc achrainn, cocaireacht, *pl.* cóipíos, dailtíneacht, deiliús, dosaireacht, gearr-aighneas, gearrchaint, gíomántacht, glaschaint, ladús, pastaireacht, plucaireacht, prapaireacht, smuigiléireacht, smuigíneacht, smuigirlíneacht, sotal, stráisiún, teanntás, uabhar, údarás.

clóchasach adjective *pert, presumptious:* aisfhreagrach, andóchasach, borrach, braobanta, buannúil, cabanta, cunórach, deiliúsach, deaschainteacht, deisbhéalach, easurrúsach, gasta, gearrchainteach, ladúsach, maigiúil, nathanta, prapanta, soibealta, sotalach, stráisiúnta, stróinéiseach, teanntásach, uaibhreach, údarásach.

clochrán noun ❶ *stonechat (Saxicola):* caipín aitinn, caipín dubh, caislín aitinn, caislín cloch, caislín dearg, caislín faoi chloch, caislín tóinbhán, caistín cloch. ❷ *wheatear (Oenanthe oenanthe):* brúgheal, bogachán, bog an locháin, claochrán, claothrán. ❸ *recluse, bed-ridden person:* ancaire, aonarán, cadhan aonair, cadhan aonrach, caonaí, caonaí aonair, ceallach, díseartach, díthreabhach, éan corr, éan cuideáin, leathéan, reigléasach.

clódóir noun *printer:* printéir; clóchuireadóir, clóeagraí, clóghrafadóir.

clódóireacht noun *printing:* clóbhualadh, printéireacht, priontáil; clóchuireadóireacht, clóchur, clóeagar, clóghrafaíocht.

clog¹ noun ❶ *bell:* clog an aingil, clog easpartan, clog na marbh; clog an dinnéir; cloigín, creill. ❷ *clock:* clog aláraim, clog balla, clog buailte, clog cuaiche, clog gréine, clog grianchloiche; orláiste, uaireadóir. ❸ *clock of dandelion:* gathán gabhainn, papas; cloigneach.

clog² noun *blister:* clogán, léas, pusca, spliúchán, spuaic, spuacán; balscóid, bolg, bolgach, goirín, puchán, puchóid; bonnbhualadh, bonnleac. verb *blister:* bolg, dóigh, éirigh, léas.

clogad noun ❶ *helmet:* barréadach, cafarr, cafairrín, caipín cogaidh, ceannbheart, feilm. ❷ *dunce:* amadán, amaid, amal, amlóir, bobaide, bobarún, bóman, breallaire, breallán, brealsán, brealscaire, brealsún, ceann cipín, ceann maide, ceap magaidh, clogadán, cloigeann cabáiste, cloigeann cipín, cloigeann pota, cloigneach, cloigneachán, dallachán, dallarán, deargamadán, dobhrán, dúdálaí, dúid, duine le Dia, dúiripí, dundarlán, dunsa, éagann, galldúda, gámaí, gamal, gamairle, glaigín, gligín, gogaille, guaig, guaigín, leathamadán, leathbhrín, leathdhuine, liobar, napachán, óinmhid, paor, pastae de chloigeann, pleib, pleidhce, pleota, sceilfid, simpleoir; bodóinseach, clogóinseach, cloigeog, cloigis, gamalóg, magarlach, óinseach.

clogán streille noun ❶ *ragged person, tatterdemalion:* breallán, ceamachán, cifleachán, círéib, cuifeach, cuileachán, giobachán, giobailín, gioblachán, glibire, gliobachán, leibide, liarlóg, liobar, liobarnálaí, magarlán, pleibistín, prioslachán, radalach, scifleachán, scothánach, scrábachán, slaimice, sláimín, slapaire, slibire, sraoilleachán, sraoilleán, sraoillín, strabóid, straille, straillleán, streachaille; breallóg, claimhseog, claitseach, cuachán mná, cuairsce, giobóg, leadhbóg, liobóg, slapóg, slapróg, sraoill, sraoilleog, strailleog, strupais, suairtle. ❷ *loquacious person:* béalastán, bladhmaire, bleid, bolgán béice, bolscaire, brasaire, cabaire, cadrálaí, cafaire, cág, callaire, clab, clab troisc, clabaire, claibéir, claibín, claibín muilinn, claibseach, dradaire, drandailín, geabadán, geabaire, geabstaire, giolcaire, giostaire, glafaire, glagaire, glagbhéal, gleoiseach, gleoisín, gleothálaí, gligín, gliogaire, gliogarnálaí, glór i gcóitín, gobachán, grabaire,

liopaire, meigeadán, meiltire, plobaire, reathálaí, roiseálaí, scaothaire, scrathóg, síofróir, siollaire, siosaire, strambánaí, trumpadóir.

clogás noun *belfry, bell-tower:* clogra, cloigtheach, túr; spuaic.

Aicmí clófhoirne Gaelacha

Manuscript fonts: **Clónna Lamhscríofa**
Angular: **Biorach**

Lifear (Louvain A c.1616; Michael Everson 2010)
Samplaí á b ò ḟ ġ ı ṁ ʀ ɴ ś ŕ ṫ ú ⁊

Mionchló (Vincent Morley 2005)
Samplaí á b ò ḟ ġ ı ṁ ʀ ɴ ś ŕ ṫ ú ⁊

Seanchló (Vincent Morley 1998)
Samplaí á b ò ḟ ġ ı ṁ ʀ ɴ ś ŕ ṫ ú ⁊

Uncial: **Uingeach**

Mórchló (Vincent Morley 2004)
samplaí á b ò ḟ ġ ı ṁ ʀ ɴ ś ŕ ṫ ú ⁊

Páras (John Kearney 1571, Michael Everson 1998)
Samplaí á b ò ḟ ġ ı ṁ ʀ ɴ ś ŕ ṫ ú ⁊

Transitional fonts: **Clónna Idirthréimhseacha**
Angular: **Biorach**

Ceatharlach (Michael Everson 2005)
Samplaí á b ò ḟ ġ ı ṁ ʀ ɴ ś ŕ ṫ ú ⁊

Dumha Goirt (Richard Watts 1818; Michael Everson 2002)
Samplaí á b ò ḟ ġ ı ṁ ʀ ɴ ś ŕ ṫ ú ⁊

Fearna (Edmund Fry 1819; Michael Everson 2010)
Samplaí á b ò ḟ ġ ı ṁ ʀ ɴ ś ŕ ṫ ú ⁊

Fionnghlas (Vincent Figgins 1815; Michael Everson 2010)
Samplaí á b ò ḟ ġ ı ṁ ʀ ɴ ś ŕ ṫ ú ⁊

Uncial: **Uingeach**

Ceanannas (Michael Everson 1993)
Samplaí á b ò ḟ ġ ı ṁ ʀ ɴ ś ŕ ṫ ú ⁊

Modern fonts: **Clónna Nua-aimseartha**
Angular: **Biorach**

Corcaigh (Michael Everson 1999)
Samplaí á b ò ḟ ġ ı ṁ ʀ ɴ ś ŕ ṫ ú ⁊

Doire (clóscríobhán Royal; Michael Everson 1996)
Samplaí á b ò ḟ ġ ı ṁ ʀ ɴ ś ŕ ṫ ú ⁊

Duibhlinn (Monotype c.1906; Michael Everson 1994)
Samplaí á b ò ḟ ġ ı ṁ ʀ ɴ ś ŕ ṫ ú ⁊

Uncial: **Uingeach**

Doolish (Michael Everson 1997)
Samplaí á b ò ḟ ġ ı ṁ ʀ ɴ ś ŕ ṫ ú ⁊

Glanchló (Vincent Morley 1994)
Samplaí á b ò ḟ ġ ı ṁ ʀ ɴ ś ŕ ṫ ú ⁊

Teamhair (clóscríobhán Tower, Michael Everson 1997)
Samplaí á b ò ḟ ġ ı ṁ ʀ ɴ ś ŕ ṫ ú ⁊

cloí¹ noun (act of) subduing, subjection: concas, coscairt, treascairt; an ceann is fearr, an lámh in uachtar.

cloí² noun cloí le (act of) adhering to: adhradh de, adhradh do, greamú de, leanúint, dul i ndiaidh.

cloicheán noun prawn (fo-ord Caridea): piardán, ribe róibéis, ribe róin, ribe rónáin, (i gContae Mhaigh Eo) ribe róráin, séacla; piardóg, pis an ribe; mionghliomach.

cloigeann noun ❶ skull: blaosc, plaosc. ❷ head: baic, baithis, barr, bior, blaosc, buaic, ceann, cnoga, cnota mullaigh, feirc, lomán, mothall, muinice, mullach, plaicide, rinn, spuaic, uachtar, literary inn.

cloígh¹ verb wear down, subdue: clóigh, coscair, ídigh, sáraigh, spíon, tnáith, traoch, treascair, tuirsigh.

cloígh² verb cleave, adhere: adhair de, adhair do, greamaigh de, lean, téigh i ndiaidh, literary glean de.

clóigh¹ verb ❶ tame, domesticate: ciúnaigh, clóigh, coisc, cuir suaimhneas i, giúmaráil, sásaigh, síothaigh, socraigh, suaimhnigh, tabhair chun síochána. ❷ clóigh le accustom to: bí cleachta, bí cleachtach, cleacht duit féin, taithigh.

clóigh² verb print: clóbhuail, cuir i gcló, cuir i bprionta, priontáil; foilsigh; clóscríobh.

cloigín noun ❶ (small) bell: clog. ❷ cluster, pendant: braisle, clibín, crobhaing, crochadán, crothán, mogall, scothóg, siogairlín, triopall, trioplóg.

cloigín gorm noun bluebell (Hyacinthoides non-scripta): bú muc, bú muice, pl. coinnle corra, lus na gcoinnle corra.

cloigtheach noun round tower, belfry: clogás, clogra, spuaic, túr.

clois verb hear: airigh, cluin, éist, mothaigh; cuir cluas le héisteacht ort féin; ghoin a aire é.

clóiséad noun ❶ closet, cabinet: almóir, caibhéad, caibinéad, cófra, cupard, curpad, póirse, prios, literary imscing. ❷ rock-chamber: cuas, lusca, pluais, poll, prochóg, uachais, uaimh.

cloisteáil noun (act of) hearing: aireachtáil, clos, cluas, cluas le héisteacht, cluinstin, éisteacht, mothú; braistint, brath.

clós noun enclosure, yard: áirí, banrach, bólann, buaile, clós, cúlmhacha, gabhann, garraí, garraí gabhainn, geard, loca, macha, manrach, otrann, urlann.

clostrácht noun hearsay: bunscéal, dúirse dáirse, iomrá, luaidreán, ráfla, scéal scéil; dúirt bean liom go ndúirt bean léi.

clú noun reputation, renown: ainm, alladh, dea-ainm, dea-cháil, gairm, iomrá, meas, oineach, oirirceas, tásc, teastas, teist, tuairisc, literary bladh, cáil, cloth, toirm.

cluain¹ noun ❶ meadow: bán, léana, móinéar, móinfhéar; báinseach, báinseog, faiche, féar, féarach, machaire, páirc, plás, plásán, plásóg, réileán; caladh, caológ, crompán, curchas, gaorthadh, inse, inseachas, inseán, léana, sraith, srath, literary iath. ❷ after-grass: athfhás, glaschoinleach, míodún.

cluain² noun deception: bob, bréagadóireacht, calaois, cealg, cealgadh, cealgaireacht, cleas, cleasaíocht, cluanaíocht, cluanaireacht, cor, cúig, dalladh púicín, dallamullóg, ealaín, faladhúdaí, gleacaíocht, leathbhróg, líodóireacht, lúb, lúbaireacht, mealladh, mealltóireacht, paintéaracht, pláibistéireacht, plámás, slíbhíneacht, slíodóireacht, slíomadóireacht.

cluaisín noun tab, lobe, lug: bacán, clib, cluas, cluasóg, cnoga, crainnín, crúca, duán, dúid, feirc, feire, figín, hanla, liopa, lipéad, lúb, maothán, pionna, sabhán, scorán, stoda, tionúr.

cluanach adjective deceitful, beguiling: bealachtach, beartach, bréagach, caloiseach, cam, cas, cealgach, claon, cleasach, cluanach, dúbailte, ealaíonta, fealltach, fiar, glic, inleogach, ladúsach, lán castaí, lúbach, meabhlach, mealltach, meangach, míchoinníollach, mí-ionraic, mímhacánta, nathartha, paintéarach, séitéartha, sleabhcánta, sleamhain, sleamhnánach, slíbhíneach, tréatúrtha.

cluanaire noun deceiver, flatterer: alfraits, banaí, bréadaire, bréagachán, bréagadóir, buachaill báire, cealgaire, cleasaí, cleithire, cluanaí, cneámhaire, cuilceach, cumadóir, dathadóir, draíodóir, dúblálaí, faladhúdaí, flústar, gleacaí, gleacaí milis, gliodaí, ladúsaí, leadhbálaí, líodóir, lúbaire, lústrán, lútálaí, meabhlaire, mealltóir, meangaire, piollardaí, pláibistéir, plámásaí, pocaide, ragairneálaí, raibiléir, réice, saofóir, sciorrachán, slíbhín, slíodóir, sliúdrálaí.

cluas noun ❶ ear: dúdóg, literary ó. ❷ lug, handle, cleat: bacán, clampa, cléata, clib, cluaisín, cluasóg, cnoga, crainnín, crúca, doirnín, feirc, feire, figín, gimseán, glamba, hanla, liopa, lipéad, lúb, scorán, stoda. ❸ corner, margin: binn, ciumhais, clúid, coirnéal, colbha, corthair, críoch, cúinne, feorainn, imeall, imeallbhord, sciorta.

cluas chaoin noun cuckoo pint (Arum maculatum): bod gadhair, boidín geimhridh, pl. caora cuthaigh, cluas an ghabhair, clóbhas an ghadhair, cluas an ghadhair, cluas gadhair.

cluas liath noun mouse-ear hawkweed (Hieracium pilosella) searbh na muc.

cluas luchóige noun mouse-ear chickweed (Cerastium): cluas liath, cluas luch, liathlus beag.

cluasaí noun listener, eavesdropper: cluas le heochair, cúléisteoir, dúdaire, éisteoir, scrogaire; néaladóir, spiadóir, spiaire; tá poll ar an teach.

cluasaíocht noun ❶ (act of) eavesdropping: cluaséisteacht, cúléisteacht, dúdaireacht, liúdaíocht, scrogaireacht; néaladóireacht, spiadóireacht, spiaireacht. ❷ (act of) whispering, talking furtively: cogarnach, cogar mogar, míchogar, sifearnaíl, siosarnach, siosarnaíl, sioscadh, sioscaireacht, siosmaireacht, siosmairt, siosmarnach, siosmarnaíl, údragáil, údramáil.

cluasánach noun listless person, dullard: bás gorm, bás ina sheasamh, básachán, bodhrán, dallarán, daoi, dobhrán, dúdálaí, duine leathbheo, dúramán, éagbhás, fuairnéalach, fuaramán, fuaránach, fuarthé, niúdar neádar, niúide neáide, niúidí neáidí, seithide, síománach, síománaí, smúrthannach, snámhaí, spadaire, spadaí, spadán, spaid, splangadán, stualaire, súm sám.

club noun club: club liteartha, club oíche, club sóisialta; bráithreachas, conradh, cuallacht, cumann, eagraíocht, eagras, léigiún.

clúdach noun covering, cover, envelope: binn, blaosc, bradhach, bradóg, brat, cabhar, cadó, carapás, cás, cásáil, ciseal, claibín, clár, clúid, coirt, craiceann, croitheadh, cumhdach, dídean, díon, éadach, faighin, faighneog, fial, folach, forchlúid, forún, foscadh, imchasal, imchumhdach, ladar, mogall, púic, púicín, rapar, scáth, scaraoid, sceo, screamh, truaill, literary araoid, tlacht.

clúdaigh verb cover, wrap: cásáil, ceil, ciorclaigh, crioslaigh, cuir i bhfolach, cumhdaigh, fialaigh, folaigh, iaigh, imdhruid, imfhálaigh, iniaigh, múch, timpeallaigh.

cluich verb ❶ chase, round up: bailigh, cnuasaigh, cruinnigh, fiach, sealg, téigh sa tóir ar. ❷ harass, scold: bearr, beophian, buair, cancraigh, céas, ciap, clip, cráigh, feann, griog, pian, prioc, sáraigh, scioll.

cluiche noun ❶ game: báire, comórtas, imirt, iomaíocht. ❷ play-acting: aisteoireacht, dráma, dráma balbh, drámaíocht, cleamaireacht, fronsa, fuirseoireacht, geáitsíocht, geamaireacht, leidhcéireacht; cur i gcéill, pl. geamaí, gothaíocht.

cluicheach

cluicheach adjective *fond of games, sporting*: ábhailleach, ceáfrach, cluichiúil, fastaímeach, géimiúil, spórtúil, spraíúil, súgrach, sultmhar; macnasach, rancásach, scléipeach, scóipiúil, teaspúil, *literary* cluicheachair, *literary* reabhrach.

cluicheadh noun ❶ *(act of) rounding up, chase*: fiach, gáir faoi tholl, sealg, seilg, táin, tóir, tóraíocht. ❷ *harassment*: beophianadh, ciapadh, clipeadh, cnámhghearradh, cnámhghoin, crá, crá croí, feannadh, goineogacht, griogadh, pianadh, sciolladh.

cluichíocht noun *gaming, sporting*: cearrbhachas, geaimleáil, imirt, spóirtiúlacht, spórt, spórtúlacht; ábhaille, áibhéireacht, anstrólaíocht, ceáfráil, cleasaíocht, fastaím, gáibhéireacht, piollardaíocht, spraoi, spraíúlacht, súgracht, súgraíocht, sult, sultmhaire, tanfairt.

clúid¹ noun *nook, corner*: ascaill, cailleach, cluthair, coirnéal, cuas, cúbaill, cúil, cúilín, cúinne, cúláire, cúlán, cúláis, cúláisean, cúlaon, glota, landair, lúb, lúbainn, nideog, paidhc, póicéad, póirse, puicéad, sáinn, *literary* imscing.

clúid² noun *cover, covering*: binn, blaosc, bradhall, brat, cabhar, cadó, carapás, cás, cásáil, ciseal, claibín, clár, clúdach, coirt, craiceann, croitheadh, cumhdach, dídean, díon, éadach, faighin, faighneog, fial, folach, forchlúid, forún, foscadh, imchasal, imchumhdach, ladar, mogall, púic, púicín, rapar, scaraoid, sceo, screamh, *literary* araoid, tlacht.

clúidín noun *baby's nappy*: clabhaitín, faicín, naipcín, naipí, pluideog.

cluimhreach noun ❶ *feathers, plumage*: pl. cleiteoga, pl. cleití, clúmh, clúmhach, eiteach, pl. eiteoga, pl. eití. ❷ **cluimhreach féasóige** *scrubby beard*: bruth féasóige, coinleach féasóige, geamhar féasóige, guaireach féasóige, scrobarnach; giobarsach féasóige, giúnachán, greann.

cluimhrigh verb ❶ *pluck (feathers)*: bain, loc, pioc, stoith. ❷ *preen*: pioc, pointeáil, prapáil, prioc, slíoc.

clúiteach adjective *honoured, renowned*: clúmhail, clúmhar; ainmniúil, aitheanta, aithnidiúil, cáiliúil, dea-mheasta, forórga, gartha, glórmhar, iomráiteach, mór le rá, nótáilte, oirirc, oirnítábhachtach, táscmhar, teastúil, *literary* áirmheach, bladhach, ollbhladhach, sochla, táscach; ar aithne, ar eolas, i mbéal an phobail.

clúmh noun ❶ *down, feathers*: pl. cleití, pl. cleiteoga, clúmhín, clúmhach, eiteach, pl. eiteoga, pl. eití. ❷ *hair on body, down*: caithir, clúmhach, fionnadh, giobarsach, guaireach; cluimhreach, pl. ribí, *familiar* bruth an chait; tomán. ❸ *fur*: caitín, eirmín, fionnadh, guaireach, lomra, olann, *literary* bian. ❹ *foliage*: pl. bileoga, *colloquial* duille, pl. duilleoga, pl. duillí, duilliú, duilliúr; fásra.

clúmhach adjective ❶ *downy, feathery*: clúmhúil, eiteach. ❷ *hairy, furry*: clibíneach, cochallach, fionnaitheach, foltach, giobach, glibeach, gliobach, gruagach, guaireach, mongach, mosach, mothallach, peallach, ribeach, scothánach, stothallach. ❸ *fluffy, fleecy*: bruthach, lomrach, olanda, ollach, puirtleogach; coipeach, cúrach, cúránach, uanach.

clúmhilleadh noun *defamation of character, slander*: athiomrá, ithiomrá, leabhal, scéalaíocht éithigh, spíd, spídeoireacht, spídiúchán, *literary* guilmne; béadán, béadchaint, cúlchaint.

clúmhillteach adjective *defamatory, slanderous*: aithiseach, béadánach, béadchainteach, binbeach, cúlchainteach, leabhalach, mailíseach, spídiúil, *literary* guilmneach.

clupaid noun *fold, tuck*: crapadh, cruinniú, filleadh, filleasc, fillicín, filltín, furca, pléata, reang, roc, rocán.

clupaideach adjective *wrinkled, puckered*: caisirníneach, craptha, fáirbreach, fithíneach, reangach, rocach, roicneach, rúscach, scailpeach, scealpach; fillte, lán d'fhilltíní, pillte; cleathach. noun *(act of) clapping, flapping*: bualadh, clagairt, clascairt, cleatráil, cleitearnach, clic cleaic, cliotar cleatar, clogarnach, díoscán, faiteadh, flapsáil, fothramáil, gleadhrán, gliog gleag, gliogaireacht, gliogar, gliogram, gliúrascnach, plabadh, pléascadh, slapar.

cluthair noun ❶ *shelter*: áras, clúid, clúdach, coimirce, cosaint, cumhdach, dídean, díon, fáfall, fóisciún, foscadh, fothain, imchumhdach, scáth, téalta, tearmann, *literary* cliothar. ❷ *recess, covert*: almóir, ascaill, barrbhalla, cailleach, clúid, cuas, cúil, cúilín, cúinne, cúláire, cúlán, cúláis, cúláisean, cúlaon, glota, landair, lúb, lúbainn, nideog, póicéad, poll an bhaic, poll an iarta, poll an phaidrín, puicéad, *literary* imscing.

cluthaireacht noun ❶ *shelter, warmth*: clúid, compord, cumhdach, dídean, díon, fáfall, fóisciún, foscadh, fothain, gor, goradh, imchumhdach, scáth, seascaireacht, téagar, téamh, tearmann, teas, teocht, teolaíocht. ❷ *secrecy*: ceileantas, ceileatram, ceilt, cluthairt, cluthmhaireacht, discréid, duaithníocht, folachántaíocht, foscúlacht, fothain, ganfhiosaíocht, greamús, rún, rúnmhaireacht, seachantacht, sicréideacht, *literary* dearraide, inchleith; discréid, príobháid; cogar mogar, cogarnach, cogarnaíl, comhcheilg, míchogar, sioscadh, sioscaireacht, siosma, siosmaireacht, uisce faoi thalamh, *literary* táidhe.

cluthar adjective ❶ *sheltered, warm*: cluthmhar, compoirdeach, compóirteach, compordach, compordúil, gorach, seascair, sócúil, soirbh, sómasach, sómásach, suaimhneach, suairc, taitneamhach, te, téagartha, teolaí; ar foscadh, ar thaobh na fothana. ❷ *secretive*: ceilteach, discréideach, dorcha, druidte, dúnta, ganfhiosach, greamúsach, iamhar, inrúin, leithleach, leithliseach, mistéireach, príobháideach, rúnda, rúnmhar, seachantach, sicréideach; diamhair, uaigneach.

clutharaigh verb ❶ *shelter, keep warm*: déan foscadh do, déan fothain do, gor, fothainigh, tabhair dídean do, tabhair foscadh do, tabhair fothain do, tabhair tearmann do, téigh. ❷ *keep secret*: ceil, coinnigh faoi cheilt, coinnigh faoi choim, coinnigh faoi rún, déan ganfhiosaíocht ar, déan i modh rúin.

cnádaigh verb *smoulder*: brúideáil, cnád, cráindóigh; bí ag cnáfairt, bí ag smolchaitheamh.

cnádán noun ❶ *bur, card thistle (Arctium)*: cocól, copóg liath, copóg leadáin, copóg tuathail, crann cnádán, crúdán, leadán liosta, liostán liosta, mac an tathó, macan dogha, macan tabha, macan an táthú, máire rúgal, mala rúgal, meacan an chrádáin, meacan an táthabha, meacan dá abha, meacan tuaim, meacan tuain, meacan tuathail, mille bhrúgail, mille riúgail, pealthóirí. ❷ *toad (order Anura)*: buaf, loscann, loscann nimhe, tód. ❸ *bickering*: achrann, agóid, aighneas, argóint, beachtaíocht, cailicéireacht, cáiríneacht, cnádántacht, cointinn, construáil, cráiféal, deargadh beara, feannadóireacht, foclaíocht, géaradas cainte, géiríneacht, goineogacht, íde béil, íde na muc is na madraí, iomarbhá, leadhbairt den teanga, oidhe bhéil, oirbhire, priocaireacht, sciolladh, sciolladóireacht, spochadh, spochadóireacht, stangaireacht, tarcaisne, trasnaíocht, troid.

cnádánaí noun *bickerer, grumbler*: ainciseoir, ainle, ainleog, beachtaí, cáinseoir, canránaí, casaoideoir, cearbhálaí, ceasnaí, ceolán, ciarsánaí, clamhsánaí, cnádán, cnáimhseálaí, cnáimhseoir, drantánaí, durdálaí, gearánach, gearánaí, glámhánach, tormasaí.

cnáfairt noun ❶ *bones, remains of food*: brioscbhruar, bruan, bruar, brúscar, cnámarlach, creatlach, fuílleach, grabhróga, graiseamal, grúdarlach, grúnlach, mionrach, sceanairt. ❷ *emaciated person:* caiteachán, cnámharlach, cuail cnámh, cringleach, deilbhéir, geosadán, langa, leicneán, leathóg, loimíneach, loimirceach, lománach, raispín, ránaí, ranglach, ranglachán, ranglamán, reangaide, reangaire, reangartach, reanglach, reanglachán, reanglamán, rúcach, scáil i mbuidéal, scloit, sclotrach, séacla, séaclach, séaclóir, síofra, síogaí, síothnaí, speireach, splíota, spreanglachán, taiseachán; níl ann ach a chomharthaíocht, níl ann ach a scáth, níl ann ach na ceithre huaithne; níl deilbh luiche air, níl feoil ná foilse air. ❸ *smouldering of fire:* brúideáil, cnádú, cráindó, smolchaitheamh. ❹ *muttering:* briotaireacht, cangailt chainte, cnádáil, cogaint chainte, luathbhéalaí, monabhar, monamar, mungailt, smutraíl, snagaireacht. ❺ *sucking:* cnáimhreadh, cráineadh, diúl, sú, súrac; diúgaireacht. ❻ *fading away, becoming emaciated:* aosú, bánú, cailleadh, cnaí, críonadh, díomailt, dreo, dul i léig, feo, leá, meath, meathlú, scaipeadh, seargadh, snoí, spíonadh.

cnag noun ❶ *knock, blow:* béim, buille, cíonán, clabhta, clabhtóg, cnagaide, cnagán, cnagóg, cnagán, cnaigín, cniogaide cnagaide, faic, grugam, leadhb, leadhbóg, leadóg, leadradh, leandóg, leang, leangaire, leiceadar, leidhce, liúr, paltóg, planc, plancadh, pléasc, priocadh, rúspa, sceiteadh, smac, smag, smailc, smalóg, smeach, smíste, smítín, snag, sonc, straiméad, tailm, tiomp, trostal, tulbhéim. ❷ *crack, crunch:* brioscarnach, cnaigín, cnagadh, cnagarnach, cniog. ❸ *lump, knob:* ailp, baog, blogh, blúire, caob, cnagán, cnap, cnapán, cnoba, cnoga, crompán, daba, dairt, dóid, dóideog, fód, gamba, goblach, lab, leota, lóta, maiste, meall, meallóg, meascán, moll, scailp, scaob, scealp, scealpóg, slis, sliseog, smite, smut, smután, spreota, stoda, torpán. verb ❶ *knock, strike:* batráil, calc, clabhtáil, gread, lasc, leadair, leadhb, léas, léirigh, liúr, péirseáil, planc, rapáil, slis, smailc, smeach, smíoch, smíocht, smiot, smíst, snag, sonc, stánáil, súisteáil, tarraing buille ar, tuargain. ❷ *crack, split:* dluigh, eamhain, eamhnaigh, scáin, scoilt, siosc.

cnagach adjective ❶ *knocking, crunching:* béimneach, buailteach, coscrach, meilteach. ❷ *hardy, tough:* cadránta, cadrasach, calctha, creagánta, crua, cruachaol, cruadhéanta, cuisneach, dian, docht, dúr, miotalach, righin, seochrua, spionnúil, stálaithe.

cnagadh noun (act of) *knocking, striking:* batráil, bualadh, cnagaireacht, cnagarnach, craoscairt, dogadáil, greadadh, lascadh, leadhbairt, leadradh, léasadh, liúradh, liúradh Chonáin, plancadh, rapáil, smeachadh, smíochtáil, smiotáil, smísteáil, soncáil, stánáil, súisteáil, tuargaint.

cnagaosta adjective *elderly, advanced in years:* aosta, ársa, críon, críonna, lánaosta, liath, lomaosta, scothaosta, sean, sean-, seanórtha.

cnaí noun ❶ (act of) *gnawing, corrosion:* cnáfairt, creimeachán, creimeadh, creimirt, crinneadh, meilt, meirg, miongaireacht, síonchaitheamh, síonmheilt. ❷ *wasting, decline:* cnáfairt, críne, críonadh, díomailt, donú, dreo, dul ar gcúl, dul i léig, fánú, feo, laghdú, meath, meathlú, scaipeadh, seargadh, snoí, spíonadh, trá, trálacht; aosú, bánú, cailleadh; coinsinseam, créachta, eitinn, mionaerach, seirglí, tisis.

cnáid noun *jeering, disagreeable talk:* aifirt, aisc, aithris magaidh, aoir, cáineadh, caitheamh is cáineadh, cáithiú, cámas, clúmhilleadh, crístín, díspeagadh, eascaine, easmailt, easómós, fochaid, fonóid, gáirmhagadh, glámh, guth, imdheargadh, iomard, leabhal, lochtú, magadh, mallacht, masla, scigireacht, smachladh, steallmhagadh, spailleadh, táinseamh, tarcaisne, tarcaisníl, *literary* cúrsú, smeirlis.

cnáideach adjective *jeering, disagreeable, sarcastic:* aithiseach, **adjectival genitive** bearrtha, binbeach, cnádánach, cnáidiúil, fochaideach, fonóideach, frimhagúil, gangaideach, géar, géarfhoclach, goibéalta, gránna, magúil, maslach, niogóideach, scigiúil, searbhasach, spídiúil, tarcaisneach.

cnaigh verb ❶ *gnaw, corrode:* ceannchogain, cogain, creim, crinn, ídigh, ith, meil, mionaigh. ❷ *waste away, wear away:* bánaigh, críon, díomail, dochraigh, donaigh, dreoigh, feoigh, laghdaigh, meath, meathlaigh, scaip, searg, snoigh, spíon, téigh ar gcúl, téigh i léig.

cnáimhseach noun *midwife:* bean chabhrach, bean chúnta, bean ghlúine, bean tuismí, gogaide, gogaire, gogaire naíonán, scíopraidh mná; (*i gContae Mhaigh Eo*) aintín '*quack who attended women in labour*'.

cnáimhseáil noun (act of) *grumbling, complaining:* aingíocht, cáinseoireacht, cásamh, casaoid, cearbháil, ceasacht, ceisneamh, clamhsán, cnádánacht, cnáimhseán, cneáireacht, cneáireacht, fuarchásamh, fuasaoid, gearán, gluaireán, gníúdán, griothnairt, ochlán, olagón, tormas, tromaíocht.

cnáimhseálaí noun *grumbler, complainer:* ainciseoir, ainle, ainleog, cáinseoir, canránaí, cearbhálaí, ceasnaí, ceolán, ciarsánaí, clamsánaí, cnádán, cnádánaí, cnáimhseánaí, cnáimhseoir, drantánaí, durdálaí, gearánach, gearánaí, glámhánach, tormasaí.

cnaipe noun ❶ *button, bead:* cloch, cnap, coirnín, paidrín; lúb cnaipe, poll cnaipe. ❷ *stud:* cnap, scorán, stoda. ❷ *ag déanamh pl.* **cnaipí** *running off, hastening away:* ag éalú, ag glinneáil as, ag imeacht, ag síothlú. ❸ *tá a chnaipe déanta it's all up with him:* tá a chaiscín meilte, tá a chosa nite, tá deireadh leis, tá sé réidh. ❹ *scaoil cnaipe answer the call of nature:* déan mún, steall le balla, téigh chuig teach an asail.

cnaipe damhsa noun ❶ *spinning top:* caiseal, topa. ❷ *little dancing-girl:* damhsóir, rinceoir.

cnaiste noun ❶ *side rail (of bed):* bruach, ciumhais, cliathán, colbha, imeall, ráille, taobh. ❷ **cnaiste fir** *big lazy man:* búiste, bulcais, fámaire, giústa, langa, leota, liúdaí, liúdramán, lófálaí, lorgánach, lúmaire, ránaí, scaoinn, scaoinse, síntealach, sliastán, sloitheán, slúiste, smíste. ❸ **cnaiste mná** *big lazy woman:* cuairsce, peallóg; gíobóg, gliobóg, leadhbóg, múiscealach, sraoilleog, strailleog, strupais.

cnaíteach adjective *knawing, consuming:* craosach, creimeach, créimeach, creimneach, díothaitheach, ídeach, íditheach, loiscneach, longach, meilteach, scriosach, seargthach, *literary* urbhadhach.

cnaíteachán noun *weakling, consumptive person:* bás ina sheasamh, bás gorm, básachán, breoiteachán, créachtaí, croithleán, deibhleán, donán, donasaí, éagbhás, earcán, galrachán, glaisneach, glasrachán, lagrachán, leicneán, leicneánaí, meatachán, meathán, meathlóir, niúdar neádar, othar, séansaí, síofra, síogaí beag, súmhaire, súmúrthannach, splangadán.

cnámh noun ❶ *bone:* cnáfairt, cnáimhín, cnáimhín shúgartha, cnámharlach, cnámhlach, creatlach. ❷ **cnámh smiolgadáin** *collar bone:* cnámh an smiolgadáin, dealrachán. ❸ *pl.* **cnámha** *outline:* aibítir, uraiceacht, bunábhar, *pl.* bunphrionsabail, buntús, céadtosach, creatlach; imchruth, imlíne.

cnámhach adjective *bony, coarse-ribbed:* creatach, creatlom, lomchnámhach, scráidíneach, seang; achrannach, claiseach, clasach, cleathach, corrach, eitreach, garbh, iomaireach, riastach, *literary* inbheach.

cnámharlach noun ❶ *skeleton:* cliathramán, cnáfairt, cnámha, cnámhlach, creatlach; níl ann ach na ceithre uaithne. ❷ *very thin person:* caiteachán, cliathramán, clifeartach, cuail cnámh,

cnámhóg
deilbhéir, geosadán, langa, leathóg, leicneán, loimíneach, loimirceach, lománach, padhsán, radalach, railse, ráilse, raispín, ránaí, ranglach, ranglachán, ranglamán, reangaide, reangaire, reangartach, reanglach, reanglachán, reanglamán, rúcach, scáil i mbuidéal, scailleagán, sclotrach, séacla, séaclach, séaclóir, síofra, síogaí, síothnaí, speireach, spidéalach, splíota, spreanglachán, stráice, *familiar* scadán; níl ann ach a chomharthaíocht, níl ann ach a scáth, níl ann ach na ceithre huaithne; níl deilbh luiche air, níl feoil ná foilse air. ❸ *carcass* (*of house, boat*): ballóg, bathlach, cealdrach, conablach, creatlach, fothrach, fráma, raingléis.

cnámhóg noun *remainder, residue:* barraíl, barraíolach, brioscbhruar, bruscar, cáithleach, drámh, drámhaíl, dríodar, *pl.* grabhróga, graiseamal, gríodán, grúdarlach, grúnlach, grúnlais, iarmhar, miodamas, mionrach, sceanairt, scileach, sciot sceat, screallach, scroblach, smionagar, smúdar, sprúilleach, *pl.* sprúillí, *pl.* traipisí, truflais.

cnap noun ❶ *button, boss, stud:* bacán, bocóid, clib, cluas, cluasóg, cnaipe, cnaipín, cnapán, cnoga, crainnín, crúca, duán, dúid, feirc, feire, fígín, hanla, liopa, lipéad, lúb, pionna, scorán, stoda. ❷ *lump:* ailp, baog, blúire, caob, caorán, ceallamán, clabhta, cnaiste, cnapán, crompán, daba, dailc, dairt, dalcán, dóid, dóideog, feadán, fód, gamba, goblach, leota, lóta, maiste, meall, meascán, moll, scailp, scaob, scealp, scealpóg, slaimice, slis, sliseog, smíste, smut, smután, spreota, stéig, torpán. ❸ *heap, dense mass:* balc, burla, caor, cnapán, cnuasach, cruach, cual, dlúimh, fadhb, fód, gróigeadh, gróigeán, gruagán, lab, lathairt, leacht, lionsca, maidreall, mais, maiste, maoil, maois, maoiseog, meall, moll, múr, pulcadh, scailp, scealp, smíste, stalc, torpán. ❹ *knock:* béim, boiseog, bos, broideadh, clabhta, clabhtóg, cnag, cnagaide, cnagán, cniogaide cnagaide, leadhbóg, leadóg, leadradh, leandóg, leang, leangaire, leiceadar, leidhce, liúr, priocadh, sceiteadh, smac, smag, smailc, smalóg, smeach, smitín, snag, sonc, trostal. verb ❶ *gather up, heap:* carn, cnuasaigh, coigil, cruach, cruinnigh, cuir i dtoll a chéile, cuir le chéile, tabhair le chéile, tacair, teaglamaigh, tiomairg, tiomsaigh, toibhigh. ❷ *knock, raise lump:* batráil, calc, clabhtáil, cnag, gread, lasc, leadair, leadhb, léas, léirigh, liúr, péirseáil, planc, rapáil, slis, smailc, smeach, smíoch, smíocht, smiot, smíst, snag, sonc, stánáil, súisteáil, tuargain.

cnapán noun ❶ *lump:* ailp, baog, blúire, caob, caorán, clabhta, cnaiste, cnap, crompán, daba, dailc, dairt, dalcán, dóid, dóideog, feadán, fód, gamba, goblach, leota, lóta, maiste, meall, meascán, moll, scailp, scaob, scealp, scealpóg, slaimice, slis, sliseog, smíste, smut, smután, spreota, stéig, torpán.

cnapán dubh noun *knapweed* (*Centaurea nigra*): *pl.* bataí dubha, bata cogaidh, bodach dubh, *pl.* brealla gorma, *pl.* caipíní dubhacha, ceann dubh, *pl.* ceanna dubha, *pl.* cloigne dubha, cnaipe dubh, *pl.* gasracha dubha, mínscoth, mullach dubh.

cnapánach adjective *lumpy, knarled:* cnapógach, cranrach, dualach, fadhbach, fairbreach, garbh, gruánach, meallach, snaidhmeach, stalcach, stalctha; cnámhógach, stolpánta.

cnapsac noun *knapsack:* maingín, mála, mála droma, mangán, mealbhóg, pocán, púitse, sac, saicín, saitsil, spaga, tiachán, tiachóg, trucaid; bianán, búiste, curraoin, geois, urtlach.

cneá noun *wound, sore:* cithreim, cneamhán, cnámhghoin, créacht, créachtú, drochshá, gáipéar, gearradh, goin, goineog, gortú, gránú, íospairt, leonadh, lot, luifín, othras; arraing, céasadh, ciapadh, pianadh, pianpháis, *pl.* pianta, tréanghoin.

cneách adjective ❶ *wounding:* coscrach, créachtach, crólinnteach, fuilbheartach, fuilchíocrach, fuilchraosach, fuilteach, goineach, goinideach; bascthach, colgach, coscrach, dochrach, faobhrach, feannaideach, feanntach, gangaideach, géar, goimhiúil, nimhneach, pianmhar, polltach, ribeanta, treascrach, urchóideach. ❷ *having wounds:* cneáite, créachtach, crólinnteach, fuilteach, gonta, gortaithe, sclártha, stiallta; basctha, martraithe.

cnead noun ❶ *gasp:* díogarnach, gearranáil, gnúsacht, plúchadh, saothar, séideán, smúrthacht snag, snag anála, súiteadh, tocht, uspóg. ❷ *groan:* acaoineadh, bascarnach, éagnach, éamh, falrach, glam, gol, golchás, grág, iachtach, iarmhéil, lóg, lógóireacht, mairgneach, ochlán, olagón, osna, *literary* ong. verb *pant, groan:* easanálaigh, lig cnead, lig osna, sead, séid, smúr, *literary* iacht; tá ga seá, tá saothar air.

cneadach noun (*act of*) *panting, groaning:* díogarnach, éagnach, gnúsacht, osnaíl, séideánach, séideogacht, snagaíl, snagaireacht, snagarnach, snagarnaíl.

cneáigh verb *wound:* basc, créachtaigh, dochraigh, donaigh, fuiligh, gearr, goin, gortaigh, leadair, leadhb, martraigh, mill, sclár, spól, stiall, treaghd, *literary* lochair, sléacht.

cneáireacht noun (*act of*) *moaning, complaining:* cneáirseáil; acaoineadh, aingíocht, badhbóireacht, banrán, cáinseoireacht, caoi, caoineadh, casaoid, ceasacht, ceasachtach, ceisneamh, clamhsán, cnádánacht, cnáimhseáil, cneadach, deoiríneacht, deoiríntleacht, donáil, diúgaireacht, éighdeán, fuarchásamh, fuasaoid, gearán, gluaireán, gníúdán, gol, golchás, griothnairt, éagnach, éamh, iarmhéil, lógóireacht, mairgneach, osnaíl, snagaireacht, snagarnaíl, tormas, tromaíocht, *literary* iacht, iachtach, ionnlach.

cneámhaire noun ❶ *mean person:* ainriochtán, bochtán, cágaire, ceachaire, ceacharán, cnat, cnatachán, cníopaire, coigleálaí, coigleoir, creagaire, cruaiteachán, crústa, feallaire, gortachán, néigear, ocrachán, péisteánach, raispín, ruidín gorta, scanrabóid, scanrachóid, scanradóir, scanróir, scrabhadóir, scramaire, scríbín, scríobálaí, seangaire, sprionlóir, staga, stiocaire, suarachán, súfartach, taisceoir, toimhseachán, truailleachán, truán, tútachán; sprionlóg. ❷ *rogue, crook:* áibhirseoir, aisiléir, amhas, arc nimhe, bacach, bithiúnach, bligeard, buachaill báire, ciontaitheoir, ciontóir, clabhaitéir, coirpeach, coirpeoir, corpadóir, crochadóir, cuilceach, damantach, damantán, damantóir, daor, daoránach, diabhal, diabhlánach, díolúnach, eiriceach, fleascach, gadaí, gadaí bradach, leábharaic, leidhcéir, pasadóir, peacach, rifíneach, rógaire, scabhaitéir, scaimpéir, sclíotar, sclíutár, scuit, scuitsear, sealánach, sionaglach.

cneámhaireacht noun ❶ *meanness:* ceachaireacht, ceachardhacht, ceacharthacht, cinnteacht, cníopaireacht, cruacht, cruáil, cruálacht, cruas, cúngach croí, doghracht, gorta, ocras, scanradh, sprionlaitheacht, sprionlóireacht, staigíneacht, suarachas, suaraíocht, truailleachas, tútachas. ❷ *roguery:* áibhirseoireacht, ainghníomh, aingíocht, bealaí, bithiúntacht, bithiúntas, bligeardacht, bligeardaíocht, camadh, camastáil, caimiléireacht, cealg, cluain, coiriúlacht, coirpeacht, dailtíneacht, drochaigne, drochbheart, droch-chroí, drochintinn, feall, feall ar iontaoibh, feallíacht, feallóireacht, gangaid, íogán, mailís, maistíneacht, mallaitheacht, meabhlaireacht, meabhlú, meang, meilm, meirleachas, mícheoinníoll, mínáire, mioscais, míréir, mírún, olc, oilbhéas, oilceas, peaca, peacúlacht, rógaireacht, ropaireacht, séitéireacht, suarachas, urchóid, urchóideacht.

Cnidaria (Bundúin Leice, Smugairlí Róin, Coiréil, 7rl.)

beadlet anemone (Actinia aquina): bundún coirníneach
black coral (order Antipatharia): coiréal dubh
bottlebrush hydroid (Thularia thuja): hidróideach scuaibíneach
box jellyfish (féach *sea wasp*)
burrowing anemone (Peachia cylindrica): bundún uachaise
by-the-wind-sailor (Velella velella): smugairle na gaoithe
cloak anemone (Adamsia carciniopados): bundún fallainge
common jellyfish (Aurelia aurita) smugairle róin coiteann; áiréilia *f.*
compass jellyfish (Chrysoara hysocella): smugairle an chompáis
dahlia anemone (Urticina felina): bundún leice dáilia; bundún dáiliach
daisy anemone (Cereus pedunculatus): nóinín mara; bundún nóiníneach
dead man's fingers (Alcyonium digitatum): **plural noun** méara mara; cíoch *f.* charraige
gem anemone (Bunodactis verrucosa): bundún na seod
herring-bone hydroid (Halecium halecinum): hidróideach cnámh scadáin
jellyfish (genus Scyphozoa): smugairle róin; sceith *f.* róin
jewel anemone (Corynactis viridis): smugairle glas na seod
lion's mane jellyfish (Cyanea capillata): smugairle moinge
moon jellyfish (féach *common jellyfish*)
plumose anemone (Metridium senile): bláth mara
Portuguese man-of-war (Physalia physalis): smugairle an tseoil
precious coral (Corallium rubrum): coiréal luachmhar
rhizostome (order Rhizostomeae): riseastómach
scarlet and gold star-coral (Balanophylla regia): coiréal réaltach dearg is órga
sea anemone (order Actiniaria): bundún leice; cac ar leicín; hata an tsagairt; sine *f.* bó leid
sea beard (Nemertesia antennina): féasóg *f.* mhara
sea-fir (Abietinaria abietina): giúis *f.* mhara
sea wasp (Chironex fleckeri): foiche *f.* farraige
snakelocks anemone (Anemonia viridis): bundún nathairiúil
stalked jellyfish (order Stauromedusae): smugairle gasach
stony coral (order Scleractinia): coiréal clochach
strawberry anemone (Actinidia fragacea): bundún na sú talún
tube anemone (order Ceriantharia): bundún feadánach
wartlet anemone (féach *gem anemone*)
whiteweed (Sertularia cupressina): bánluibh *f.* mara

cneas noun ❶ *skin:* craiceann, feoil, leathar, peall, seithe. ❷ *surface:* aghaidh, barr, béal, brollach, broinne, bruth, ciseal, clár, clúdach, craiceann, dromchla, éadan, scim, scimeal, scraith, screamh, screamhóg, uachtar, uraghaidh, *literary* tlacht.
cneasaí noun ❶ *intimate companion, spouse:* caidreamhach, caoifeach, cara, céile, cograch, coigéile, comhghleacaí, comhleapach, compánach, comráda, comrádaí, guaillí, leannán, leathbhádóir, leathcheann, nuachar, páirtí, páirtnéir; buachaill, buachaillchara, fear, fear céile; an máistir, é féin, *familiar* an seanchoc, an seanleaid; banchéile, bean, bean chéile, bean choimhdeachta; bean an tí, *familiar* an mháistreás, í féin. ❷ *healer:* dochtúir, fisige, fisigeach, fisigidh, ící, lia, máinlia, *literary* fisí; luibhlia, lusrachán; bean na luibheanna, fear na luibheanna; bódóir; tréadlia; aitheantóir éagruais.
cneasaigh verb *cicatrize, heal:* bisigh, forchneasaigh; íoc, iomlánaigh, leigheas, slánaigh; athleasaigh, ceartaigh, cóirigh, deasaigh, deisigh.
cneasta adjective ❶ *honest, sincere:* barántúil, ceart, cothrom, cuibhiúil, dílis, dlisteanach, fíor, fíorga, fírinneach, fiúntach, ionraic, iontaofa, macánta, oscailte; gan chlaon gan chealg gan chlaon; gan chleas gan chlaon, gan chor gan cham. ❷ *decent, seemly:* baileach, ceart, cóir, cuí, cuibhe, cuibhiúil, feiliúnach, fiúntach, fóirsteanach, fónta, geanasach, geanúil, iomchuí, modhúil, morálta, oiriúnach, óraice. ❸ *mild-mannered:* beannaithe, caoin, caomh, ceansa, garúil, lách, macánta, maith, máithriúil, mánla, maránta, méiniúil, miochair, míonla, oibleagáideach, séimh, suairc, tláith. ❹ *mild (of weather):* bog, calma, ciúin, gan chorraí, luite, maolaithe, marbh, marbhánta, moiglí, sámh, séimh, síochánta, sítheach, suaimhneach, úrshaillte, *literary* féithiúil.
cneastacht noun ❶ *honesty, decency:* fírinne, ionracas, iontaofacht, macántacht, oscailteacht; ceart, cóir, cuibheas, feiliúnacht, fiúntas, fóirsteanacht, geanasacht, modhúlacht, morálacht, oiriúnacht. ❷ *mildness of manner:* caoimhe, *pl.* caoinbhéasa, caoine, caoithiúlacht, ceansacht, cineáltacht, láíocht, macántacht, mánlacht, míne, míneadas, miochaire, míonlacht, modhúlacht, séimhe, tláithe.
cneasú noun *cicatrization, healing:* forchneasú; biseach, bisiú, íoc, leigheas, slánú.
cniog noun *rap, blow:* béim, buille, cíonán, clabhta, clabhtóg, cnag, cnagaide, cnagán, cnagóg, cnaigín, cniogaide cnagaide, cniogóg, faic, grugam, leadhb, leadhbóg, leadóg, leadradh, leandóg, leang, leangaire, leiceadar, leidhce, liúr, paltóg, planc, plancadh, pléasc, priocadh, rúspa, sceiteadh, smac, smag, smailc, smalóg, smeach, smíste, smitín, snag, sonc, straiméad, tailm, tiomp, trostal, tulbhéim. **verb** *rap, tap:* calc, clabhtáil, rapáil, snag, smailc, smeach, sonc.
cníopaire noun *mean person, miser:* ainriochtán, bochtán, cágaire, ceachaire, ceacharán, cnat, cnatachán, coigléalaí, coigleoir, crústa, gortachán, néigear, ocrachán, péisteánach, raispín, ruidín gorta, sainteoir, santachán, scanrabóid, scanrachóid, scanradóir, scanróir, scrabhaire, scrabhdálaí, scrabhdóir, scramaire, scríbín, scríobálaí, seangaire, sprionlóir, staga, stiocaire, suarachán, taisceoir, toimhseachán, truaillleachán, truán, tútachán; cailteog, cráiteog, scríobog, sprionlóg.
cníopaireacht noun *meanness, miserliness:* ainnise, ceachaireacht, ceachardhacht, ceacharthacht, cinnteacht, cneámhaireacht, cruacht, crúail, cruálacht, cruas, cúngach croí, doghracht, gorta, ocras, péisteánacht, poicéireacht, scanrachdh, scrabhdóireacht, sprionlaitheacht, sprionlóireacht, staigíneacht, stiocaireacht, suarachas, suaraíocht, truailleachas, tútachas, *literary* neoid.
cniotáil noun ❶ *(act of) knitting, knitted material:* cleiteáil; ábhar cniotáilte, *pl.* earraí cniotáilte; cairdeagan, geansaí, *pl.* stocaí, scaif. ❷ *figurative complexity, intricacy:* aimpléis, aimpléiseacht, castacht, crostacht, deacracht, doilíos, doréititheacht, droibhéal, duibheagán, gabhlánacht. **verb** *knit:* cleiteáil; fí, fíochán, fuáil.
cniotálaí noun *knitter:* bean chniotála.
cnó noun ❶ *nut:* cnú, castán, dearcán, *colloquial* meas, measra. ❷ **cnó talún** *pignut* (Conopodium majus): clutharacán, clutharán, cnó arcáin, cnó milis,

cnoc
cúlarán, cutharlán, cutharlán milis, fataí féileacáin, práta clúracán, práta muc, prátaí lorgadáin, préata cuach, préata cuaiche. ❷ *metal nut*: cnó caisealta, cnó eiteach; sealachán, seálán.

cnoc noun *hill*: altán, ard, ardán, brí, cnocán, corr, droimín, droimnín, maoileann, maolán, maolchnoc, maológ, meall, mullán, sliabh, tulchán, *literary* cnucha.

cnocán noun ❶ *hillock*: altán, ard, ardán, cabhán, cnoc, corr, droimín, droimnín, maoileann, maolán, maológ, meall, mullán, tortóg, tulchán, *literary* cnucha. ❷ *heap*: bulc, burla, carnáil, carnán, ceallamán, cnap, cnapán, cnuasach, cruach, cual, gróigeadh, gróigeán, gruagán, lab, leacht, lionsca, maoil, maois, moll, múr, *literary* dais.

cnoga noun *peg, thole-pin*: bacán, clib, cluas, cluasóg, cnaipe, cnaipín, cnapán, crainnín, cranntairne, crúca, dola, duán, dúid, feirc, feire, fígín, hanla, liopa, lipéad, lúb, peig, pionna, sabhán, scorán, stoda.

cnota noun *knot, cockade*: bobailín, cleite, cleiteán, cleiteog, cocán, com, cuachóg, scothóg, snaidhm, snaidhm lúibe.

cnuaisciún noun ❶ *providence, thrift*: baileachas, bainistí, bainistíocht, barainn, coigilt, coigilteas, críonnacht, fadcheann, stuaim, tábhacht, taogas, tíos, tíosaíocht, tíosúlacht. ❷ *tidiness*: beaichte, coimre, cóir, córaí, conláiste, cúirialtacht, deise, deiseacht, deismireacht, innealtacht, néatacht, ordúlacht, piocthacht, piocúlacht, pointeáilteacht, slacht, snoiteacht. ❸ *efficiency*: ábaltacht, críochnúlacht, cumas, cumhacht, éifeacht, éirim, éitir, *pl.* feánna, feidhm, fuinneamh, gus, inmhe, inniúlacht, máistreacht, neart, sea, séitreachas, séitreacht, sitheag, smiorúlacht, spreacadh, treise, *pl.* tréithe.

cnuaisciúnach adjective ❶ *provident, thrifty*: cnuaisciúnta; baileach, bainistíoch, barainneach, ciallmhar, cliste, coigilteach, críonna, dearcach, eagnaí, fadbhreathnaitheach, fadcheannach, fadradharcach, fáiteallach, féachtanach, gaoiseach, gaoisiúil, gaoismhear, grinn, meabhrach, praitinniúil, soláthrach, sábhálach, spárálach, tábhachtach, taogasach, tíosach. ❷ *tidy*: cnuaisciúnta, comair, cúirialta, deas, deismir, néata, ordúil, piochta, piocúil, pointeáilte, slachtmhar. ❸ *efficient*: ábalta, acmhainneach, bailí, bríoch, bríomhar, cumasach, cumasúil, cumhachtach, éifeachtach, éifeachtúil, fearastúil, fíoránta, foirtil, fuinniúil, gusmhar, gusúil, inniúil, máistriúil, sciliúil, spionnúil, spioradúil, spreacúil, spreagúil, spridiúil, stuama, tábhachtach, tréan, tréitheach, údarásach.

cnuasach noun ❶ *food gathered on shore*: cnuasach trá, cnuastar; tráiteoireacht. ❷ *collection*: bailiúchán, brobháil, carnáil, carnán, cruinneagán, cruinniú, deascán, díolaim, foirisiún, glac, stór, stórchiste, tacar, taisce, teaglaim, tiomsachán, tiomsú, tionól.

cnuasaigh verb *pick, gather, collect*: bailigh, bain, carn, cruach, cruinnigh, pioc, prioc, tacair, teaglamaigh, tiomairg, tiomsaigh, toibhigh; cuir i dtoll a chéile, cuir le chéile, tabhair le chéile.

cnuchaire noun ❶ *heap of footed turf*: cnuchairt, gróigeadh, gróigeán. ❷ *hunched person*: camalóid, coirbeach, cruiteachán, cruitíneach, diocach, droimíneach, droimneach, droinníneach, drománach, dronnachán, dronnaire, dronnán, gogadán, gogaire, grogaire.

cnúdán noun *purring*: crónán, dord, dordán, dordánacht.

cnúdánaí noun ❶ *purrer, purring cat*: crónánaí, dúdaire. ❷ *pleasant hoaxer, wheedler*: banaí, blitsín, bréagadóir, buachaill báire, cealgaire, cleasaí, cleithire, cluanaí, cluanaire, cneámhaire, cuilceach, cumadóir, dathadóir, draíodóir, faladhúdaí, flústar,

gleacaí, gleacaí milis, gliceadóir, gliodaí, leadhbálaí, líodóir, lúbaire, lútálaí, mealltóir, meabhlaire, meangaire, pasadóir, piollardaí, pláibistéir, plámásaí, plásaí, plásán, sionaglach, sleamhnánaí, slíbhín, slíodóir, slíomadóir, slusaí.

cobhsaí adjective *stable, firm*: broganta, buan, buanseasmhach, bunúil, daingean, dílis, diongbháilte, do-bhogtha, doscaoilte, dúr, firmeálta, fódach, fódúil, foirmniseach, foisteanach, foistineach, folcanta, fuaimintiúil, righin, seasmhach, seasta, síoraí, stóinseach, stóinsithe, stuama, tairiseach, teann, tuiní, *literary* fosaidh, glinn.

cobhsaíocht noun *firmness, stability*: brogantacht, buaine, buanadas, buanseasmhacht, cinnteacht, daingne, diongbháilteacht, do-aistritheacht, do-athraitheacht, do-chlaochlaitheacht, foras, láidreacht, neart, neartmhaire, neartmhaireacht, sábháilteacht, seasmhacht, sonairte, stóinseacht, tacaíocht, tairise, urradh, urrús, *literary* glinne; comh-ardacht, comhardaíocht, comhardas, cothromaíocht, siméadracht.

coc noun ❶ *cock (of hat)*: cocáil, feirc, goic, leathmhaing, leathspleic, leathstuaic, maig, speic, spleic, stiúir. ❷ *pompom, tuft*: bobailín, cleite, cleiteán, cleiteog, cnota, cocán, cuachóg, cuirc, cuircín, curca, pompom, scothóg, snaidhm, snaidhm lúibe, táithín, táth, *literary* dlochtán. ❸ *impertinent talk*: coc achrainn; aisfhreagra, braobaireacht, cabantacht, *pl.* cóipíos, dailtíneacht, deaschaint, deiliús, dosaireacht, dradaireacht, freasfhreagra, gastóg, géarchaint, gearr-aighneas, gearraíocht, gearrchaint, glaschaint, ladús, leasfhreagra, nathaíocht, plucaireacht, prapaireacht, stráisiún. ❹ *cocky person*: beachtaí, braobaire, brasaire, bruachaire, bruadaire, brusaire, cocaire, deiliúsachán, dosaire, dradaire, fachmaire, gastaire, gearr-aighneasóir, giostaire, ladúsaí, plucaire, prapaire, smugachán, smuilcín, stráisiúnaí.

coca noun ❶ *cock (of hay)*: gogadán, síogán, stuca. ❷ *tap, cock*: buacaire, comhla, sconna, soc, spiogóid, spút, strúp.

cocach adjective ❶ *cocked*: cocáilte, feirceach; ar leathmhaing. ❷ *pointed*: barrchaol, biorach, corr, corr-, feirceach, géar, gobach, goibéalta, spiacánach, spiorach, spuaiceach. ❸ *tufted*: curcach, dosach, ribeach, ribeogach, scothach, scothánach, stothach, tomach. ❹ *cocky*: aisfhreagrach, cabanta, clóchasach, cunórach, cuidiúil, deaschainteacht, deiliúsach, deisbhéalach, gasta, gearrchainteach, maigiúil, nathanta, prapanta, soibealta, sonnta, sotalach, stradúsach, stráisiúnta, teanntásach, téisiúil, toghail, uaibhreach, údarásach.

cocáil verb ❶ *cock*: cuir feirc ar, cuir leathmhaing ar; cuir ar tinneall; caoch ar, caith súil ar. ❷ *point*: biorraigh, pointeáil; dírigh méar ar, sín méar chuig.

cocaire noun *cocky person*: beachtaí, braobaire, brasaire, bruachaire, bruadaire, coc, dosaire, fachmaire, gastaire, gearr-aighneasóir, giostaire, plucaire, prapaire, stráisiúnaí.

cócaire noun *cook*: báicéir, príomhchócaire, *literary* cuchtaire, cuchtróir, luchtaire.

cocaireacht noun *impertinence*: aisfhreagra, braobaireacht, brusaireacht, cabantacht, clóchas, coc achrainn, *pl.* cóipíos, dailtíneacht, deiliús, dosaireacht, freasfhreagra, gastóg, géarchaint, gearr-aighneas, gearraíocht, gearrchaint, gíomántacht, glaschaint, ladús, leasfhreagra, pastaireacht, plucaireacht, prapaireacht, smuigiléireacht, smuigíneacht, smuigirlíneacht, stráisiún, tagracht, teanntás, uabhar, údarás.

cócaireacht noun *cookery, cooking*: bruith, bruitheachán, cócaráil, fiuchadh, friochadh, fulacht, grioscadh, gríosghoradh, rósadh, róstadh, *literary* fuineadh, inneonadh, luchtaireacht.

cócaireán noun *cooker:* bácús, bruthaire, oigheann, oigheann micreathoinne; barbaiciú, fulacht.

cochaille noun *phlegm:* cáithleach, coch, cráisíléad, crannseile, crochaille, múcas, *pl.* muiní réama, prachaille, réama, réamán, ronn, ronna, smaois, smuga, smugairle, sronna; seile, seileog, sram, *pl.* sramaí, sramadas.

cochall noun ❶ *hood, cowl:* boinéad, cába, caidhp, caipín, caipisín, calla, clóca, clúdach, cochaillín, cumhdach, hatán, húda, *literary* cubhal. ❷ *capsule, pod:* capsúl, cás, clúdach, cumhdach, easacarp, faighin, faighneog, forchlúid, léigiúm, lóchán, mogall, peireacarp. ❸ *hackles, anger:* ainscian, aonach, báiní, binb, buile, buile feirge, caor, coilichín, colg, colgaí, confadh, cuthach, dásacht, faghairt, fearg, fíoch, fiuch, fiúir, fiúnach, fraoch, spadhar, taghd, teasaíocht, tintríocht, treall.

cochallach adjective ❶ *hooded:* cábach, faoi chochall. ❷ *hot-tempered:* ainciseach, araiciseach, aranta, cancrach, cantalach, coilgneach, colgach, conspóideach, crosta, cuileadach, deafach, driseogach, drisíneach, feargach, francaithe, frisnéiseach, gadhrúil, gairgeach, goilliúnach, gráinneogach, greannach, iarógach, íortha, lasánta, meirgeach, spuaiceach, straidhpeach, straidhpiúil, te, tintrí, trodach, tuaifisceach, *literary* dreannach, íorach; níl sé inbhearrtha.

cochán noun *straw:* ceannóg, coinleog, coinlín, sifín, sop, sopachán, sopóg, tráithnín, tuí; caolach, tuige, *pl.* tuigíos.

cocól noun *cuckold:* adharcachán, beannachán, cocól cait, cocóilín; cábúnach, plúithid, riglí, ringear.

cód noun *code:* códfhocal, códlitir, rúnscríbhinn, rúnscríobh, rúnscript; *pl.* iairiglifí, *pl.* idéagraif, *pl.* idéagraim, ogham, oghamchraobh, siollara, *pl.* picteagraim.

codaí noun *indolent person, idler:* bruachaire, búiste, caidéir, camán luatha, cnaiste fir, cnaiste mná, crochadóir, crochaire, falsóir, fámaire, feamaire, fear fuar lá te, giolla na leisce, giústa, goróir, langa, leadaí, leadaí na luatha, leadránaí, learaire, leiciméir, leisceoir, leisíneach, leoiste, leota, liairne, liúdaí, liúdramán, lófálaí, loiceadóir, loiciméir, lorgánach, luircín cheann an teallaigh, lúmaire, máinneálaí, maraíodóir, moilleadóir, raingléir, ránaí, righneadóir, righneálaí, ríste, scaoinn, scaoinse, scraiste, sínteach, síntealach, slaodaí, smíste, snámhaí, spadaire, spadalach, spadán, sráidí, srathaire, stangaire, strambánaí, stróinse.

códaigh verb *codify:* aicmigh, catalógaigh, cláraigh, cogairsigh, córasaigh, eagraigh, rangaigh; cuir eagar ar, cuir in ord, tabhair chun eagair, tabhair chun sistéim.

codail verb *sleep:* codail dreas, codail néal, sámhaigh, *literary* tuil; tá sé faoi shuan, tá sé ina chodladh, tá sé ina shámh, ta se ina shámhchodladh; chuaigh sé chun suain, tháinig míog air, thit sé ina chodladh, thit se ina mheig; bhí sé ag diúdarnaíl, bhí sé ag míogarnach; bhí sé faoi chónaí; ní dheachaigh támh ar a shúile, nior dhruid se súil, ní bhfuair se míog chodlata, ní bhfuair se néal codlata, ní bhfuair se splanc codlata.

codam noun *dandruff, scaliness:* can, sail chnis; bruth, carr, carraí, claimheacht, clamh, gríos, grís, tochas; aicíd an tochais, galar carrach, galar craicinn, galar scrathach.

codán noun *fraction:* fíorchodán, fo-chodán, gnáthchodán, leaschodán; céatadán, deachúil; cuid, roinn; earnáil, giota, scair, sciar, páirt, píosa, teascán, teascóg.

codarsnach adjective *contrary, opposite:* contrártha, frisnéiseach, urchomhaireach; frith-, os comhair a chéile, in urchomhair; bunoscionn, cearr, contráilte, mícheart, **adjectival genitive** tuathail; a mhalairt de; comheisiatach, frisnéiseach, naimhdeach dá chéile.

codarsnacht noun ❶ *contrariety, contrast:* contrárthacht, diallas, difríocht, éagsúlacht, frisnéiseacht, frithshuíomh, malairt. ❷ *contrariness, perversity:* achrann, agóid, aighneas, beachtaíocht, cadrán, cailicéireacht, ceannairc, ceanndáine, ceanndánacht, ceanntréine, cointinn, conspóid, construáil, contráilteacht, contracht, crosántacht, cruas, danarthacht, deargadh beara, dígeantacht, diúnas, diúltú, dodaireacht, dúire, éaradh, easumhlaíocht, eiteachas, feannadóireacht, frisnéiseacht, goineogacht, imreas, imreasán, neamhghéilleadh, priocaireacht, pusaireacht, scioladóireacht, smutaireacht, spochadh, spochadóireacht, stailc, stainc, staincíneacht, stalcacht, stalcaíocht, stangaireacht, stuacacht, stuacánacht, stuaic, sulcáil, trasnaíl, trasnaíocht, troid.

codladh noun *sleep:* codladh na Caillí Béarra, codladh mhná Dhoire Né ó Dhéardaoin go Domhnach; dreas codlata, marbhchodladh, míog, míog chodlata, míogarnach, míogarnach chodlata, néal, néal an fhaoileáin, néal an phréacháin, néal codlata, néalfairt, néalfartach, sámh, sámhán, sámántacht, sámhántaíocht, sámhchodladh, suan, suanaíocht, suanán, támh, támhchodladh, támhnéal, támhshuan, toirchim, toirchim suain.

codladh grifín noun *pins and needles, urtication:* codladh driúraic, codladh gliúragáin, diúracas; cradhscal, craiceann gé, fionnachrith, fionnaitheacht; barrleathar, barrliobar, eanglach, fuairnimh, fuarthanach, griofadach, griogán, leathadh lúitheach, mairbhe, mairbhití, marbhántacht, marbhfhuacht, marbhleathar, neamh-mhothú, sliopach, toirchim.

codlaidín noun *opium, opium poppy* (*Papaver somniferum*): lus an chodlata, poipín, poipín bán, poipín geal; deoch suan, *pl.* deora codlata, suanchógas.

codlatach adjective *sleepy, drowsy:* marbhánta, míogach, múisiamach, murtallach, néalmhar, sáimhríoch, sámhánta, spadánta, suanach, suanmhar, támáilte, támhach, támhleisciúil, toirchimeach, tromshúileach, tuirseach; tá mótaí codlata air.

codlatán noun ❶ *sleepy person:* codladh mór, codlatach, codlatánach, codlatóir, sámhaí, sámhánaí, spadaire, suanaí, támhán, traonaí.

códú noun (*act of*) *codifying, codification:* aicmiú, catalóg, catalógú, clár, clárú, cogairse, cogairsiú, córas, córasú, eagrú, innéacs, innéacsú, rangú.

cófra noun ❶ *coffer, chest:* araid, bosca, ciste, crannóg, gabhdán, scéarda, scipéad, tarraiceán, tiachóg. ❷ *press, cupboard:* almóir, caibhéad, clóiséad, cófra tarraiceán, cupard, curpad, prios, vardrús; poll an bhaic, poll an iarta, poll an phaidrín.

cogadh noun *war:* aighneas, báire na fola, brisleach, bruíon, cliathach, coimhlint, comhrac, cosaint, crosáid, ionsaí, scirmis, spairn, troid, *literary* conghail, imruagadh, iorghal.

cogain verb ❶ *chew, masticate:* athchogain, cangail, creim, ith, meil, muirligh. ❷ *gnaw, grind:* ceannchogain, cnaígh, creim, crinn, ídigh, ith, meil, mionaigh.

cogaint noun ❶ (*act of*) *masticating, rumination:* athchogaint, athchognadh, cangailt, creimeadh, creimirt, itheadh, meilt, mionú; gleamhscáil. ❷ *mumbling, muttering:* briotaireacht, cangailt chainte, cnáfairt chainte, cogaint chainte, luathbhéalaí, meiliteáil, monabhar, monamar, mungailt, plucsáil,

cogaíocht
smutraíl, snagaireacht; bachlóg, béalmháchail, stad.

cogaíocht noun *warfare, belligerence*: bagairt, eascairdeas, faltanas, naimhdeas, troid; armáil, feachtas, slógadh, tóstal.

cógaisíocht noun *pharmacy, pharmaceutics*: cógaseolaíocht, *pl.* luibheanna leighis, míochaine, poitigéireacht; eitneacógaseolaíocht; bithcheimic.

cogal noun *corn-cockle, tares*: pis chapaill, piseán, piseánach; roille.

cogar noun *whisper*: cluasaíocht, cogar mogar, focal i gcluas, sanas, seoithín, siosarnach, siosarnaíl, siosc, sioscadh, sioscaireacht, siosma, siosmaireacht, siosmairt, siosmarnach, siosmarnaíl, údragáil, údramáil.

cogar mogar noun *hugger-mugger, secrecy*: ceileantas, ceileatram, ceilt, cluthaireacht, cluthairt, cluthmhaireacht, cogarnach, cogarnaíl, comhcheilg, discréid, duaithníocht, folachántaíocht, foscúlacht, fothain, ganfhiosaíocht, greamús, míchogar, príobháid, rún, rúnmhaireacht, seachantacht, sicréideacht, sioscadh, sioscaireacht, siosma, siosmaireacht, uisce faoi thalamh, *literary* dearraide, inchleith, táidhe.

cogarnach noun (*act of*) *whispering*: cluasaíocht, cogar mogar, cogarnaíl, seoithín, sifearnaíl, siosarnach, siosarnaíl, sioscadh, sioscaireacht, siosmaireacht, siosmairt, siosmarnach, siosmarnaíl, údragáil, údramáil.

cógas noun *medical preparation, medicine*: buidéal, cógas leighis, deoch leighis, instealladh, leigheas, luibh, luibh íce, luibh leighis, olagas, piolla, piollaire, purgóid, snáthaid, táibléad, ullmhóid, *literary* íocluibh, íoclus; insileadh, tintiúr, urbhruith; gearradh an tsionnaigh, vacsaín

cógaseolaí noun *pharmacologist*: cógaiseoir, drugadóir, ící, lusrachán, poitigéir; ceimiceoir, luibheolaí; bean na luibheanna, fear na luibheanna.

Cogaí

Afghan War: Cogadh na hAfganastáine 1978–1992
American Civil War: Cogadh Chatartha Mheiriceá 1861–1865
Anglo-Boer War/2nd Boer War: Dara Cogadh na mBórach 1899–1902
Balkan Wars: Cogaí na mBalcán 1912–1913
Boer War: Cogadh na mBórach 1880–1881, 1899–1902
Bosnian/Yugoslav Civil War: Cogadh Chatartha na hIúgslaive 1991–1995
Chaco War: Cogadh Chaco 1932–1935
Chechen Wars: Cogaí Seitniacha 1994–1996, 1996–
Crimean War: Cogadh na Criméi 1853–1856
Crusades: Na Crosáidí 11ú, 12ú agus 13ú haois
English Civil War: Cogadh Chatartha Shasana 1642–1649
Falklands War: Cogadh Oileáin Fháclainne 1982
First World War/World War I/Great War: an Chéad Chogadh Domhanda/An Cogadh Mór 1914–1918
Franco-Prussian War: an Cogadh Franc-Phrúiseach 1870–1871
French and Indian War: an Cogadh Francach is Indiach 1754–1763
French Indo-China War: Cogadh na bhFrancach san Ind-Sín 1946–1954
French Wars of Religion: Cogaí Creidimh na Fraince 1562–1598
Gallic Wars: na Cogaí Gallacha 58–51 RC
Great Northern War: Cogadh Mór an Tuaiscirt 1700–1721
Gulf War: Cogadh na Murascaille 1991
Hundred Years War: an Cogadh Céad Bliain 1337–1453
Iran-Iraq War/Gulf War: an Cogadh Iaránach-Iarácach/Cogadh na Murascaille 1980–1988
Irish Civil War: an Cogadh Chatartha/Cogadh na gCarad 1922–1923
Irish War of Independence/Anglo-Irish War: Cogadh na Saoirse 1919–1921
Korean War: Cogadh na Cóiré 1950–1953
Kosovo War: Cogadh Chosóva 1999
Macedonian Wars: na Cogaí Macadónacha 214–205 RC, 200–196 RC, 171–168 RC, 149–148 RC
Maori Wars: na Cogaí Maori 1845–1848, 1860–1872
Mexican War: an Cogadh Meicsiceach 1846–1848
Napoleonic Wars: Cogaí Napoleon/ na Cogaí Napoleonacha 1805–1815
Norman Conquest: Ionradh na Normannach 1066
Opium Wars: na Cogaí Codlaidín 1839–1842, 1856–1860
Peloponnesian War: an Cogadh Peilipinéiseach 431–404 RC
Peninsular War: Cogadh na Leathinse 1808–1814
Persian Wars: na Cogaí Peirseacha 5ú haois RC
Punic Wars: na Cogaí Púnacha 264–241 RC, 218–201 RC, 149–146 RC
Russian Civil War: Cogadh Chatartha na Rúise 1918–1921
Russo-Japanese War: an Cogadh Rúis-Seapánach 1904–1905
Russo-Turkish Wars: na Cogaí Rúis-Turcacha 19ú haois
Samnite Wars: na Cogaí Samnacha 343–341 RC, 316–314 RC, 298–290 RC
Second World War/World War: an Dara Cogadh Domhanda II 1939–1945
Seven Years War: an Cogadh Seacht mBliana 1756–1763
Sikh Wars: na Cogaí Síocacha 1845, 1848–1849
Sino-Japanese Wars: na Cogaí Sín-Seapánacha 1894–1895, 1937–1945
Six Day War/June War: Cogadh na Sé Lá 1967
Spanish-American War: an Cogadh Spáinneach-Meiriceánach 1898
Spanish Civil War: Cogadh Chatartha na Spáinne 1936–1939
Suez Crisis: Géarchéim Suaise 1956
Thirty Years War: an Cogadh Tríocha Bliain 1618–1648
Trojan War: Cogadh na Traoi (*finscéalach*)
Vietnam War: Cogadh Vítneam 1954–1975
War of 1812: Cogadh 1812 1812–1814
War of American Independence: Cogadh Shaoirse Mheiriceá 1775–1783
War of Jenkin's Ear: Cogadh Chluas an tSeincínigh 1739
War of the Austrian Succession: Cogadh Chomharbacht na hOstaire 1740–1748
War of the Pacific: Cogadh an Aigéin Chiúin 1879–1884
War of the Sicilian Vespers: Cogadh Easpartana na Sicile 1282–1302
War of the Spanish Succession: Cogadh Chomharbacht na Spáinne 1701–1714
Wars of the Roses: Cogaí na Rósanna 1455–1485
Winter War/Russo-Finnish War: an Cogadh Rúis-Fhionlannach 1939–1940
Yom Kippur War: Cogadh Yom Kippur 1973

cógaseolaíocht noun *pharmacology:* cógaisíocht, pl. luibheanna leighis, míochaine, poitigéireacht; ceimic.

cógaslann noun *pharmacy:* íoclann, siopa poitigéara; clinic; cófra cógais.

cograch noun *confidant, sweetheart:* anamchara, caidreamhach, caoifeach, cara, céile, cneasaí, comhghleacaí, comhleapach, compánach, comráda, comrádaí, dlúthchara, gealghrá, grá, grá geal, guaillí, leacaí, leannán, leannán sí, leathbhádóir, páirtí, páirtnéir; banchéile, bean chéile, bean choimhdeachta, cailín, searc, searcóg, seircín; buachaill, buachaillchara, cúirtéir, fear óg, leaid, suiríoch; anam, ansacht, carán, céadsearc, craobhóg, craoibhín, croí, croí istigh, croídín, cumann, grá, graidhin, lao, maoin, maoineach, muirnín, rún, seoid, taisce.

coguas noun ❶ *soft palate:* ballán, carbad bog, carball, sine siain. ❷ *cavity:* croí, cuas, cuasacht, cuasán, cuasóg, folúntas, folús, log, logán, loigín, poll, sloc, tiocóg.

coguasach adjective ❶ *velar:* carballach, véalárach. ❷ *concave:* cuasach, folamh, folmhaithe, logánach, pollach, toll.

cogús noun *conscience:* coinsias, cúis, pl. scrupaill choinsiasa.

cogúsach adjective *conscientious:* coinsiasach, scrupallach.

coibhche noun ❶ *literary bride-price, dower:* crodh, spré, tochra, *literary* tionscra. ❷ *purchase, purchase price:* ceannach, ceannachán, ceannaíocht, luach, praghas; an phingin is airde.

coibhéis noun *equivalent, equivalence:* cóimhéid, comhbhrí, cómhaith, comh-ard, comhchiallach, comhfhad, comhionann, comhoiread, cothrom, ionann, leithéid, macasamhail, *literary* séad samhail, séad samhla; comhréireacht.

coibhéiseach adjective *equivalent:* comhbhríoch, cosúil, cothrom le, ionann, mar a chéile, mar an gcéanna; ar cóimhéid, ar comhchéim, ar comhdhéanamh.

coibhneas noun ❶ *kinship, amity:* aontíos, caidreamh, cairdeas, caoifeacht, carthanacht, céilíocht, cleamhnas, coimhdeacht, coimhirse, comhar, comhchaidreamh, comhchairdeas, comhghaol, comhlachas, cumann, cumarsáid, dlúthchairdeas, gaol, gaol gairid, gaol i bhfad amach, gaol madra Úna le madra Áine, gaolmhaireacht, guaillíocht, lánmhuinteras, lánúnachas, mórtachas, muinteras, páirt. ❷ *comparative relationship, proportion:* cóimheas, coinnealg, comh-ard, comórtas, comparáid, comhréir, comhréireacht, cosúlacht, cuimse, cuimseacht, gaolmhaireacht, iomaíocht.

coibhneasta adjective ❶ *relative:* comhaicmeach, comhréireach, gaolmhar. ❷ *comparative:* comparáideach, iomaíoch.

cóidiútar noun *coadjutor, curate:* cúntóir, curáideach, sagart cúnta; fear cúnta.

coigeadal noun ❶ *chant, chorus:* amhránaíocht, cantain, cantaireacht, ceiliúr, ceol, ceol goib, claisceadal, cliaraíocht, crónán, cuachaireacht, curfá, dántaireacht, deilín, dord, duanaireacht, fonnadóireacht, gabháil fhoinn, loinneog, portaireacht, reacaireacht, salmaireacht, scolaíocht, seinm. ❷ *clangour, clamour:* blosc, bloscadh, búir, búireach, callán, callóid, clagairneach, clagarnach, clagarnaíl, cleatar, clisiam, clogarnach, dord, dordán, dordánacht, fothram, fuaim, fuilibiliú, gáróid, geoin, geonaíl, glamaireacht, gleadhradh, gleo, gliogar, glisiam, glór, glóraíl, glórmhach, holam halam, hólam tró, hulach halach, hurlamaboc, liú, liútar éatar, pléasc, pléascadh, pléascarnach, racán, rachlas, raic, ragáille, rírá, ruaille buaille, rúscam raindí, scréach, scréachach, scread, screadach, sian, siansán, toirnéis, torann, tormán, troimpléasc, troistneach, trost, trostal, trostar, trup, trupáis, trupás, truplásc, *literary* géis, seastán.

coigeal noun ❶ *distaff:* coigealach, fearsaid, maide sníofa.

coigeal na mban sí noun *bulrush (Typha):* pl. bocaibhní, bodán dubh, bogshifín, buigiún, eireaball cait, eireaball caitín, maide dubh, sifín.

coigealach noun ❶ *wool on distaff:* olann. ❷ *unkempt person:* breallán, ceamachán, ciafart, cifleachán, círéib, clogán streille, cuifeach, cuileachán, giobachán, giobailín, gioblachán, glibire, gliobachán, leibide, liobar, liobarnálaí, magarlán, pana, pleibistín, prioslachán, rathlach, scifleachán, scothánach, scrábachán, slaimice, sláimín, slapaire, slibire, sraoill, sraoilleachán, sraoilleán, sraoillín, straille, strailleán, streachaille; breallóg, cifleog, claimhseog, claitseach, cuachán mná, cuairsce, giobóg, leadhbóg, liobóg, peallóg, slámóg, slapóg, slapróg, sraoilleog, strailleog, strupais, suairtle. ❸ *scarecrow, mock effigy:* babhdán, cuaille préachán, fear bréige, taibhse préachán; bréagóg, brídeog, corp bréige, fear falsa; capall maide, ceann púca, ceann púca ar maide.

coigeartaigh verb *rectify, adjust:* athleasaigh, ceartaigh, cóirigh, deasaigh, deisigh, leasaigh, leigheas, oiriúnaigh, réitigh, slánaigh, socraigh; cuir bail air, cuir caoi ar, cuir coiscreas ar, cuir dóigh ar, cuir in oiriúint.

coigeartú noun (*act of*) *adjusting, rectification:* athleasú, athleasúchán, caoi, ceartú, ceartúchán, cóiriú, deasú, deisiú, deisiúchán, leasú, leasúchán, leigheas, oiriúnú, réiteach, slánú, socrú.

coigil verb ❶ *spare, save:* ainic, caomhnaigh, coimeád, coinnigh, cosain, cothaigh, sábháil, slánaigh, spáráil. ❷ *gather up:* carn, cnuasaigh, cruach, cruinnigh, tacair, teaglamaigh, tiomairg, tiomsaigh, toibhigh; cuir i dtoll a chéile, cuir le chéile, tabhair le chéile. ❸ *conceal:* ceil, coinnigh faoi rún, coisc, cuir i bhfolach, dícheil, folaigh, toirmisc.

coigilt noun ❶ (*act of*) *sparing, conservation:* anacal, bardacht, cairde, caomhnú, coigilteas, coimeád, coimirce, coinneáil, cosaint, cothabháil, cothú, imchosaint, spáráil, tarrtháil. ❷ *raked embers:* gríos, gríosach, luaith, luaithreach. ❸ *concealment:* ceileantas, ceileatram, ceilt, ceilteanas, clóicín, clúdach, cluthaireacht, cur i bhfolach, dílsiú, duaithníocht, dul i bhfolach, folach, folachán, fothain, tearmannú, *literary* cleith, díchealt, imchumhdach, inchleith.

coigilteach adjective *saving, frugal:* baileach, bainistíoch, barainneach, ceachartha, ceapánta, cnuasaitheach, crua, cruinn, cruinneasach, cúngchroíoch, doicheallach, gann, gortach, neamhchaifeach, scrábach, spárálach, sprionlaithe, teilgeach, tíosach.

coigilteas noun *conservation, thrift:* baileachas, bainistí, bainistíocht, barainn, caomhnú, coigilt, coimeád, coimirce, coinneáil, cosaint, cothabháil, cothú, fadcheann, stuaim, tábhacht, taogas, tarrtháil, tíos, tíosaíocht, tíosúlacht. ❷ *raked embers:* gríos, gríosach, luaith, luaithreach.

coigistigh verb *confiscate:* dílsigh, gabh, gabh seilbh ar, leithreasaigh; déan do chuid féin de.

coigistiú noun (*act of*) *confiscating, confiscation:* gabháil, gabháil seilbhe, leithreasú; dílsiú.

coigleoir noun *frugal person:* ceachaire, ceacharán, cnat, cnatachán, coigleálaí, crústa, gortachán, néigear, ocrachán, péisteánach, raispín, scanrabóid, scanrachóid, scanradóir, scanróir, scrabhadóir, scramaire, scríbín, sprionlóir, staga, taisceoir, sprionlóg.

coigríoch

coigríoch noun ❶ *literary neighbouring territory*: limistéar teorannach, limistéar teorantach, talamh teorannach, talamh teorantach, tír theorannach, tír theorantach. ❷ *strange place, foreign country*: pl. críocha aineoil, dúiche choimhthíoch, tír choimhthíoch, tír iasachta; tá sé i dtír éigin amuigh, tá sé in imigéin, tá sé thar lear; thug sé na réigiúin air féin.

coileach noun *cock, rooster*: coilichín, coilichín coc, éan fireann, gall, *familiar* cocaí.

coileán noun ❶ *pup, cub*: *literary* samhairle; ceann beag, éan, lao, oisín; caitín, piscín, puisín; patachán, patalán, patalóg, patán; urán, ursóg. ❷ *youth*: buachaill, aosánach, bioránach, corránach, déagóir, eascartach, fear óg, gasún, garsún, gartaire, gasóg, gasúr, gearrbhodach, gearrbhuachaill, giolla, leaid, mac, macaomh, malra, malrach, ógánach, páiste fir, putach, scorach, spáinnéar, teallaire; bogstócach, glas-stócach, leathstócach, stócach. ❸ *trickster*: abhógaí, áilteoir, alfraits, anstrólaí, boc, bocaí, bocailéa, bocaileoib, bocailiú, boc báire, buachaill báire, caimiléir, ceáfrálaí, ceaifléir, cleasaí, cleithire, cluanaire, cneámhaire, coileach, cuilceach, draíodóir, droch-airleacán, ealaíontóir, geamstaire, gleacaí, gleacaí milis, gleacaire, gliceadóir, lacstar, leábharaic, leidhcéir, leorthóir, lúbaire, meabhlaire, mealltóir, ógánach, sleamhnánaí, slíbhín, slíodóir, slíomadóir, sliúcaidéir, sliúcaiméir, spaisteoir, truiceadóir, truicseálaí, tumláaí.

coiléar noun *collar*: bóna, cába, muineál, rufa.

coilgneach adjective ❶ *prickly, spiny*: briogadánach, colgach, dealgach, deilgíneach, deilgneach, gráinneogach, spíceach, spíonach. ❷ *irascible*: ainciseach, araiciseach, aranta, cancrach, cantalach, cochallach, colgach, conspóideach, crosta, cuileadach, deafach, dorránach, driseogach, drisíneach, feargach, francaithe, frisnéiseach, gadhrúil, gairgeach, goilliúnach, gráinneogach, greannach, iarógach, íortha, lasánta, mícheádfach, spuaiceach, straidhniúil, tintrí, trodach, tuaifisceach, *literary* dreannach, íorach.

coiliceam noun *colic, gripes*: aileacó, arraing, daigh bhoilg, daigh imleacáin, dó croí, greim, *pl.* íona goile, pian sa bholg, tinneas boilg, tinneas goile, treighid.

coilichín noun *cockerel*: coilichín coc, cocaí, coileach, coileach óg, éan fireann, gall.

coilíneach adjective *colonial*: impiriúil. noun ❶ *colonist*: áitritheoir, ceannródaí, coilíní, gabhálaí, plandálaí, plandóir, seadaitheoir; impiriúlaí, impireán, *colloquial* lucht plandála. ❷ *outsider*: eachtrannach, éan corr, éan cuideáin, strainséir. ❸ *black sheep*: cuilthín, cúl le rath, drabhlásaí, leadaí, ragaíoch, ragairnéalaí, *figurative* leá Dia; an millteán mic, mac drabhlásach, mac na míchomhairle.

coilíneacht noun *colony*: áitriú, bunáit, misean, plandáil.

cóilis noun *cauliflower*: cabáiste, cál, gabáiste, praiseach; *pl.* bachlóga Bruiséile, brocailí.

coill[1] noun *wood, forest*: cnóchoill, coillearnach, coilleog, doire, dufair, fáschoill, fiodh, foraois, fothair, mothar, ros, roschoill.

coill[2] verb ❶ *geld, castrate*: bain as, gearr, neodraigh, spoch; aimridigh. ❷ *violate, despoil*: arg, creach, éignigh, plucáil, réab, sáraigh, scrios, *literary* lochair. ❸ *expurgate*: ciorraigh, íonghlan, scag; déan cinsireacht ar, glan suas.

coilleadh noun ❶ *castration*: baint as, coillteoireacht, gearradh, spochadh, spochadóireacht; aimridiú. ❷ *violation, despoliation*: argain, coillteoireacht, creachadh, creachadóireacht, éigean, éigniú, faobach, réabadh, sárú, scrios, spochadh, *literary* lochar,

turbhródh. ❸ *expurgation*: ciorrú, íonghlanadh, scagadh, spochadh.

coillteach adjective *wooded, sylvan*: coilltiúil, crannach, duilleach, duilleogach, foithriúil, foraoiseach, glas.

coillteán noun *eunuch*: coillteánach, fear spoit, spaid, spot, gabhal folamh, gillín, plúithid, riglí, ringear, seascánach.

coillteoir[1] noun *woodman, forester*: foraoiseoir, fear coille, maor coille, maor géim, maor seilge; tuadóir.

coillteoir[2] noun ❶ *castrator*: spochadóir; tréadlia. ❷ *despoiler*: creachadóir, creachaire, foghlaí, gadaí, ídiothoir, ladrann, loitiméir, meilteoir, millteoir, robálaí, scriostóir, sladaí, sladaire; coscróir, treascróir.

coillteoireacht[1] noun *afforestation, forestry work*: coilltiú, foraoiseacht.

coillteoireacht[2] noun ❶ *castration*: baint as, coilleadh, gearradh, neodrú, spochadh, spochadóireacht; aimridiú. ❷ *despoliation*: argain, bánú, coilleadh, creachadh, creachadóireacht, éigean, éigniú, eirleach, faobach, lomadh, milleadh, millteoireacht, réabadh, robáil, sárú, scrios, scriostóireacht, slad, sladaíocht, sladaireacht, struipeáil, treascairt, *literary* lochar.

coim noun ❶ *waist, middle*: básta, béal an ghoile, caol, lár, vásta; imleacán, imlinn. ❷ **i gcoim na hoíche** *in the middle of the night*: i lár na hoíche, i log na hoíche, i mí mharbh na hoíche, in am marbh na hoíche, in uair mharbh na hoíche.

coimeád noun ❶ *observance*: cleachtadh, cleachtas, coinneáil, comhall, comhlíonadh, deasghnátha, gnáthú, nós imeachta, riail, taithí. ❷ *guard, protection*: anacal, bardacht, cabhair, coimirce, cosaint, cumhdach, cúnamh, feitheamh, garda, gardáil, grinnfheitheamh, imchosaint, sábháil, scáth, sciath, *literary* imdheaghail. ❸ *maintenance, retention*: buanú, caomhnú, coigilt, coinneáil, cothabháil, cothú, sábháil, slánú, taifeadadh, taisceadh. ❹ *detention, custody*: bacadh, carcair, cillín, coinneáil, cosc, gabháil, géibheann, poll dubh, príosún, *literary* reasta. verb ❶ *observe*: cleacht, comhaill, comhlíon, déan, gnáthaigh, lean, taithigh. ❷ *guard*: ainic, cosain, cumhdaigh, fair, foithnigh, gardáil, seachain; coinnigh súil ar. ❸ *retain, hold*: beir ar, coinnigh, fostaigh, gabh, sealbhaigh; tá sé ar iall aici, tá sé ar nasc aici; tá an t-airgead agam, tá an t-airgead i mo sheilbh. ❹ *maintain*: caomhnaigh, coinnigh, cuir i dtaisce, cuir i leataobh, gabh, sábháil. ❺ *detain*: bac, beir ar, coinnigh, coisc, sáinnigh, srian, stad, stop, teanntaigh; cuir bac le, cuir srian le, cuir stop le, cuir i sáinn.

cóiméad noun *comet*: réalta (an) eireabaill, réalta mhongach, réalta (na) scuaibe, réiltín an eireabaill.

coimeádach adjective ❶ *conservative*: caomhnach, dígeanta, frithghníomhach; do-bhogtha, dolúbtha, neamhghéilliúil. ❷ *retentive*: buan, coinneálach, daingean, gabhálach, docht, teann. noun *conservative*: caomhnach, caomhnóir, eorasceipteach, frithghníomhach, Tóraí; Daonlathach Críostaí, Liobrálach; (*i Meiriceá*) Poblachtánach.

coimeádaí noun *keeper, custodian*: caomhnach, caomhnóir, coimirceoir, fairtheoir, feighlí, gairdian, garda, *literary* custás; bardach, bairdéir, fairtheoir, feighlí, séiléir, *literary* saidhleoir; airíoch; vaidhtéir, vaidhtéir cuain.

coiméide noun *comedy*: dráma grinn, dráma suilt, fronsa, fuirseoireacht, geamaireacht, geandráma, greann, suairceachdráma; aisteoireacht, leidhcéireacht.

coimhéad noun ❶ *guard*: anacal, bardacht, cabhair, coimirce, cosaint, cumhdach, cúnamh, dídean, díon, faire, feitheamh, garda, gardáil, imchosaint, scáth, sciath, *literary* eineachras, imdheaghail; aire, fosaíocht, tindeáil. ❷ *observation:* breithniú, faire, féachaint, feitheamh, fuireachas, géarscrúdú, grinnfheitheamh, iniúchadh, scrúdú. **verb** ❶ *guard:* ainic, cosain, cumhdaigh, fair, gardáil, seachain, *literary* ionghair; coinnigh súil ar. ❷ *attend to, mind:* feighil, freastail ar; bí ag fosaíocht le, bí i mbun, bí i bhfeighil, coinnigh marc ar, coinnigh súil ar, tabhair aire do, tabhair do d'aire. ❸ *look out for:* ainic, bí san airdeall ar, fainic, seachain; coinnigh do dhá shúil scafa. ❹ *watch, keep under observation:* breithnigh, coinnigh súil ar, fair, féach, géarscrúdaigh, glinnigh, grinndearc, grinnigh, grinnscrúdaigh, iniúch, mionscrúdaigh, scag, scrúdaigh, tástáil; fair, féach. ❺ **coimhéad ar** *look at:* amhanc ar, amharc ar, breathnaigh ar, dearc ar, féach ar, feic, sill ar, spléach ar, stán ar; bain lán na súl as, caith súil ar; caith catsúil le, cuir na súile trí, tabhair aghaidh ar, tabhair catsúil ar.

coimhéadach adjective ❶ *watchful, vigilant:* airdeallach, aireach, cúramach, faichilleach, foraireach, feifeach, fuireachair, furchaidh, imchoimeádach, *literary* cathaiseach, dulannach, imchisneach; san airdeall. ❷ *observant:* cronaitheach, dearcasach, friochanta, géar, géarchúiseach, géarshúileach, glanradharcach, glinnsúileach, grinn, grinnsúileach, radharcach, súilaibí; níl dada le himeacht air.

cóimheas noun ❶ *comparison, collation:* coibhneas, coinnealg, comh-ard, comhghaol, comhionannas, comhréir, comhréireacht, comórtas, comparáid, congruacht, cosúlacht, cuimse, cuimseacht, gaolmhaireacht, iomaíocht, iomchuibheas, ionannas. ❷ *ratio:* coinnealg, comh-ard, comórtas, comparáid, comhréir, comhréireacht, cosúlacht, cuimse, cuimseacht, gaolmhaireacht, iomaíocht, ráta, scála. **verb** *compare:* cuir i gcomórtas, cuir i gcomparáid, cuir i gcontrárthacht, cuir taobh le taobh; cosúlaigh, samhlaigh.

coimheascar noun ❶ *struggle, melée:* aighneas, briatharchath, bruíon, callán, callóid, cambús, carabóm, carabuaic, carabunca, cibeal, cipeadraíl, clampar, cliathach, clibirt, cliobach, cliobaram hob, clisiam, cogadh, coimhlint, cointinn, comhrac, conaghreabhaidh, construáil, cosair easair, easaontas, fuirseadh má rabhdalam, fuilibiliú, giorasach, griobsach, holam halam, hólam tró, hulach halach, hurla harla, ionsaí, liútar éatar, pililiú, racán, rachlas, ragáille, raic, raiple húta, rírá, ruaille buaille, rúscam raindí, scirmis, siosma, scliúchas, spairn, troid, toirnéis, *literary* conghail, easard, gleidean, imruagadh, iorghal.

coimhéid noun *equal size, equal amount:* coibhéis, cómhaith, comh-ard, cothrom, leithéid, macasamhail, oiread.

coimhlint noun *contest, rivalry:* achrann, agóid, aighneas, ceartas, coinghleic, cointinn, comhbhá, comhlann, comhrac, comórtas, conspóid, construáil, dréim, easaontas, formad, géarchoimhlint, imirt, imreas, imreasán, iomaíocht, iomarbhá, rás, sáraíocht, spairn, trasnaíocht, troid, *literary* coinbhleacht, conghail.

coimhlinteach adjective *competitive:* comhraiceach, comórtasach, conghleacach, dréimeach, dréimneach, formadach, imreasach, iomaíoch, iomarbhách, achrannach, agóideach, aighneasach, argóinteach, cogúil, cointinneach, comhlannach, confach, conspóideach, díocasach, díograiseach, dúthrachtach, géar, ionsaitheach, siosmach, spairneach, straidhpeach, straidhpiúil, teagmhálach, trodach.

coimhlinteoir noun *contestant, rival:* céile comhraic, comhraiceoir, conchlann, iarrthóir, iomaitheoir; imreoir, reathaí; comhshuiríoch.

coimhthíoch adjective ❶ *alien, foreign:* allúrach, anaithnid, coigríochach, deoranta, eachtartha, eachtrach, eachtrannach, **adjectival genitive** iasachta, iasachtach, strainséartha; as baile amach, thar loch isteach, thar tír isteach, thar triuchas; gallda, gintlí, págánach, págánta. ❷ *exotic, odd:* aduain, **adjectival genitive** aineoil, **adjectival genitive** aineolais, **adjectival genitive** ainiúil, áirid, aisteach, aistíoch, aistiúil, ait, andúchasach, barrúil, corr, corraiceach, éachtach, éagoitianta, éagsamhalta, éagsúil, éagsúlta, **adjectival genitive** éigineáil, greannmhar, groí, neamhchoitianta, neamhghnách, saoithiúil, urghnách, *literary* diongna. ❸ *unseasonable (of weather):* antráthúil, mínádúrtha, neamhionúch; as séasúr ❹ *wild, remote:* aistreach, aistreánach, allta, cúlráideach, cúlriasach, droibhéalach, fiáin, iargúlta, iartharach, imeachtrach, imigéiniúil, scoite, uaigneach; ar an gcúlráid, ar an iargúil, ar an iargúltacht, ar an uaigneas, i bhfad i gcéin, i bhfad ar shiúl, i bhfad siar, in iarthar dúiche, in imigéin, san iargúltacht, sna hiarthair seo. ❺ *distant, aloof:* cúlráideach, cúthail, deoranta, dorcha, dúnarásach, eascairdiúil, fuaránta, rúnmhar, seachantach, tostach. **noun** *stranger, foreigner:* allúrach, coigríochach, danar, deoraí, eachtraí, eachtrannach, strainséir; duine thar loch isteach, duine thar tír isteach; gall, gintlí, págán, págánach; cuairteoir, cuartaí, fámaire, turasóir.

coimhthíos noun ❶ *strangeness:* aduaine, aisteachas, aistíl, aistiúlacht, aiteacht, aineol, deorantacht, éagoitiantacht, éagoitinne, neamhchoitiantacht. ❷ *aloofness, shyness:* ceilteamas, ceilteanas, cotadh, cúlántacht, cúthaileacht, cúthaileadas, cúthaltacht, deorantacht, dorchadas, dúnarásacht, eascairdeas, faiteachas, faitíos, fuaire, iamhaireacht, leamhnáire, leithleachas, míbhá, príobháideacht, scáfaireacht, scáithínteacht, scinnide, seachantacht, spalpas, strainséarthacht, támáilteacht, *literary* neoid.

coimhthiú noun *estrangement, alienation:* aighneas, difríocht, eascairdeas, titim amach; cúlú, cúlráideacht, leithleachas, leithleas, leithlis, uaigneas; neamhspleáchas, neamhshuim, seachantacht.

coimín noun *common, common pasturage:* cimín, coimíneacht, coiteann; buaile, féarach, innilt.

coimirce noun *protection, guardianship:* anacal, bardacht, cabhair, caomhnú, coigilt, coimeád, coimhdeacht, coimircíocht, cosaint, cumhdach, cúnamh, dídean, díon, fóirithint, foscadh, fothain, garda, imchosaint, patrúnacht, scáth, sciath, tearmann, *literary* coimhdhe, eineachras, imdheaghail.

coimirceach adjective *protecting, tutelary:* **adjectival genitive** caomhnaithe, caomhnaitheach, **adjectival genitive** cosanta, cosantach, dídeanach.

coimirceoir noun *guardian, patron:* caomhnóir, coimeádaí, cosantóir, éarlamh, gairdian, patrún, *literary* custás.

coimisinéir noun *commissioner:* comhairleoir, coisteoir, riarthóir, stiúrthóir; ambasadóir, consal, coimeasár, leagáid, leagáideach, teachta, teachtaire.

coimisiún noun ❶ *commission, special task:* cúram, dualgas, fostaíocht, freagracht, jab, obair, misean, oifig, tasc, tionscnamh, togra, ordú. ❷ *commission, warrant:* barántas, cead, ceadúnas, pas, údarás. ❸ *commission, board:* bord, bord stiúrtha, *pl.* coimisinéirí, coiste, comhairle, leagáideacht, riarachán.

coimpeart noun *conception, procreation:* gabháil, gineadh, giniúint, *literary* geanas; atáirgeadh, breith, iolrú, síolrú, tuismeadh, tuiste.

coimpléasc

coimpléasc noun ❶ *physical constitution*: nádúr, sláinte; colainn, corp, meitibileacht; mianach, miotal, ríd. ❷ *digestive system*: córas díleáite, goile. ❸ *girth, circumference*: compás, giorta, forimeall, imchiorcal, imlíne, méad, timpeall, toise, *literary* tacmhang. ❹ *(architecture) complex*: foirgneamh ilchodach; áras, foirgneamh, siopalann, spórtlann.

coimpléascach adjective ❶ *of strong constitution*: foirtil, folláin, láidir, neartmhar, síoraí, sláintiúil, tarbhánta, tréan; tá coimpléasc capaill aige. ❷ *large of girth*: leathan, murtallach, otair, otartha, otraithe, ramhar, timpeallach, toirtiúil, trom. ❸ *complex*: achrannach, aimpléiseach, anróiteach, casta, crua, deacair, doiligh, doréidh, doréitithe, droibhéalach, gabhlánach, *literary* doraidh, eanglamtha; ilchodach, ilchruthach, ilroinnte, iltaobhach.

coimre noun ❶ *neatness*: beaichte, críochnúlacht, cóir, córaí, cuimseacht, cúirialtacht, deise, deiseacht, deismireacht, fuinteacht, innealtacht, néatacht, ordúlacht, piocthacht, piocúlacht, pointeáilteacht, slacht, snoiteacht. ❷ *brevity*: achomaireacht, aicearracht, cóngar, fuinteacht, giorra, giorracht, giortacht, gontacht; beagmhéid, laghad. ❸ *summary, brief*: aicearra, an scéal i mbeagán focal, athchoimre, athchoimriú, coimriú, ciorrú, creatlach an scéil, *pl.* cnámha an scéil, díolaim, gearrchuntas, gearrthuairisc, giorrú, giorrúchán, laghdú, meánchoimre, *pl.* príomhphointí an scéil, suim an scéil, teaglaim.

coimrigh verb ❶ *sum up, summarize*: déan coimre ar, déan scéal gearr de; suimigh, ❷ *syncopate*: meánchoimrigh, sioncóipigh; ciorraigh, gairidigh, giorraigh.

coimriú noun ❶ *(act of) summarizing, abstract*: aicearra, an scéal i mbeagán focal, athchoimre, athchoimriú, coimre, ciorrú, creatlach an scéil, *pl.* cnámha an scéil, díolaim, gearrchuntas, gearrthuairisc, giorrú, giorrúchán, laghdú, príomhphointí an scéil, suim an scéil, teaglaim. ❷ *(act of) syncopating, syncopation*: comhdhlúthú, meánchoimriú, sioncóipiú; ciorrú, giorrú, giorrúchán.

coinbhinsiún noun *convention*: béas, comhghnás, comhshocrú, conradh, gnás, gnáthaíocht, gnáthbhéas, gnáthnós, gnáthriail, gnáthúlacht, nós, nós imeachta, nósmhaireacht, socrú, taithí.

coinbhint noun *convent*: clabhstra, clochar, *pl.* mná rialta, ord rialta; cathrach, domhnach, lann, lios, mainistir, reigléas, teampall.

coincheap noun *concept*: barúil, creideamh, cuimhneamh, idé, mearsmaoineamh, nóisean, smaoineamh, tuaileas; hipitéis, iomas, teoiric, tuairim, tuiscint; aigne, eagna, intinn, intleacht, machnamh, meabhair, meon, midheamhain, rinnfheitheamh, rún, spéacláireacht; aidhm, comhairle, gliceas, plean, seift. verb *conceive, imagine*: ceap, coincheap, cuimhnigh, machnaigh, samhlaigh; creid, síl, smaoinigh; feictear do, taibhsítear do; táthar á thaibhreamh do.

coincleach noun *mildew, blue mould*: caileannógach, cailimhineog, caonach, caonach liath, críonlobhadh, lobhadh, taislobhadh.

coincréit noun *concrete*: coincréit chruachthacaithe, coincréit láithreáin, coincréit réamhstrusta, coincréit threisithe, maischoincréit; moirtéal, stroighin, suimint.

coincréiteach adjective *concrete*: ábhartha, crua, damhnúil, dearfa, fisiciúil, fuaimintiúil, nithiúil, réadúil, réalta, soladach; aiceanta, collaí, corpartha, nádúrtha.

cóineartaigh verb *strengthen, confirm*: daingnigh, dearbhaigh, deimhnigh, láidrigh, neartaigh, treisigh; buanaigh, cobhsaigh, feistigh.

cóineartú noun ❶ *(act of) confirming, confirmation*: daingniú, dearbhú, deimhniú, neartú, láidriú. ❷ *(ecclesiastical) confirmation*: baisteadh easpaig, lámh easpaig, *literary* criosmadh; lámhchur.

cóineas noun ❶ *nearness, proximity*: aice, cóngar, cóngaracht, cóngas, deise, deiseacht, fogas, foisceacht, gaire, gaireacht, giorracht, *literary* neasacht. ❷ *convenience*: acra, áis, áisiúlacht, caoi, caoithiúlacht, cóngar, conláiste, deis, éascaíocht, feiliúnacht, fóint, fóirsteanacht, fónamh, inghlacthacht, oiriúnacht, sástacht, sástaíocht, sásúlacht, tráthúlacht.

cóineasach adjective ❶ *near*: achomair, in achomaireacht (do), cóngarach do, faoi thuairim, gar do, i dtimpeall, i bhfogas (do), i bhfoisceacht (de), in aice (le), i ngar do, i ngiorracht (do), lámh le, le cois, *literary* iongar. ❷ *convenient*: achomair, acrach, áisiúil, cóngarach, conláisteach, deas, éasca, fearastúil, feiliúnach, fóinteach, fóirsteanach, inghlactha, oiriúnach, soláimhsithe, sásúil, tairbheach, teachtmhar, úsáideach, *literary* neasach.

coineascar noun *evening twilight, dusk*: amhscarnach, amhscarthanach, breacsholas, clapsholas, easparta, lagsholas, meathsholas; comhrac lae is oíche, coimheascar, crónachan an lae, crónú an lae, crónú na hoíche, deireadh lae, dul ó sholas, dúchróna-

---

Coiníní, Giorraíocha, agus Giorraíocha Luiche

Alpine pika (*Ochotona alpina*): giorria luiche Alpach
Amami rabbit (*Pentalagus furnessi*): coinín Amama
American pika (*Ochotona princeps*): giorria luiche Meiriceánach
Arctic hare (*Lepus arcticus*): giorria an Artaigh
black-lipped pika (*féach* plateau pika)
black-tailed jackrabbit (*Lepus californicus*): giorria earrdhubh
brown hare (*Lepus capensis*): giorria gallda
brush rabbit (*Sylvilagus bachmani*): sciotachán scrobarnaigh
Bunyoro rabbit (*Poelagus marjorita*): coinín na hAfraice Láir
cottontail (*Sylvilagus sp.*): sciotachán
desert cottontail (*Sylvilagus audoboni*): sciotachán gaineamhlaigh
Dutch lop-eared rabbit (*Oyctolagus cuniculus*): coinín spadchluasach Dúitseach
European rabbit (*Oyctolagus cuniculus*): coinín
hispid hare (*Caprolagus hispidus*): giorria garbh
Irish hare (*Lepus timidus hibernicus*): giorria; giorria Éireannach
mountain cottontail (*Sylvilagus nuttallii*): sciotachán sléibhe
North American pika (*féach* American pika)
plateau pika (*Ochotona curzoniae*): giorria luiche ardchláir
polar hare (*féach* Arctic hare)
pygmy rabbit (*Brachylagus idahoensis*): coinín bídeach
riverine rabbit (*Bunolagus monticularis*): coinín bruaigh
rock hare (*Pronolagus sp.*): giorria carraige
Sardinian pika (*Prolagus sardus*): míol luiche Sairdíneach
Sumatran rabbit (*Nesolagus netscheri*): coinín Súmatrach
swamp rabbit (*Sylvilagus aquaticus*): sciotachán uisce
tapeti (*Sylvilagus brasiliensis*): sciotachán Brasaíleach
volcano rabbit (*Romerolagus diazi*): coinín bolcáin
white-tailed jackrabbit (*Lepus townsendii*): giorria earrbhán

chan, idirsholas, scaradh lae is oíche, tús oíche; nuair is chomhsholas fear le tor um thráthnóna.

coinghleic noun *struggle:* aighneas, coimhlint, comhrac, comórtas, dréim, easaontas, géarchoimhlint, iomaíocht, rás, sáraíocht, spairn, troid, *literary* coinbhleacht, conghail.

coinicéar noun *rabbit-warren:* rapach, tollán; achrannán, cathair ghríobháin, dufair, *pl.* dumhcha, líonra.

coinín noun *rabbit:* coinín saille, pataire coinín, preabaire poill; scodaí.

coinleach noun ❶ *stubble, stubble field:* connall. ❷ **coinleach féasóige** *stubbly beard:* bruth féasóige, cluimhreach féasóige, geamhar féasóige, guaireach féasóige, scrobarnach; giobarsach féasóige, giúnachán, greann.

coinlín noun ❶ *(cut) stalk of corn:* cos, deocán, foithnín, gas, geocán, sop, stopóg, tráithnín. ❷ *(straw) pipe:* deocán, faidhf, feadán, fíf, geocán, píb, píopa, sop, soipín.

coinmheadh noun *billeting, quartering:* billéad, billéadacht, buannacht, buannú, *pl.* ceathrúna, cóiríocht, cóisireacht, lóistéireacht, lonnú, óstachas, óstaíocht, óstas.

coinne noun *tryst, appointment:* araicis, comhchruinniú, comhdháil, comhrac, cruinniú, dáil, *literary* oiris. **compound preposition do choinne, faoi choinne, i gcoinne** *for, appointed for:* do choinne, faoi chomhair, i gcomhair, le haghaidh; ar mhaithe le. **verb cuir i gcoinne** *oppose:* bac, coisc, cuir in aghaidh, cuir in éadan, cuir stop le, stop, toirmisc.

coinneac noun *cognac:* branda, sneap.

coinneáil noun ❶ *(act of) retaining, maintenance:* buanú, caomhnú, coigilt, coimeád, cothabháil, sábháil, taifeadadh, taisceadh. ❷ *detention:* bacadh, braighdeanas, carcair, cillín, cimeachas, cimíocht, coimeád, cosc, gabháil, géibheann, géibheannas, príosún, príosúntacht, *literary* reasta; an poll dubh. ❸ *observance:* cleachtadh, cleachtas, coimeád, comhlíonadh, deasghnátha, gnáthú, nós imeachta, riail, taithí.

coinneal noun ❶ *candle:* coinneal chéarach, coinneal feaga, coinneal gheire; fáideog, feag, geataire, íotharna, páideog, snabóg, sutrall, sutrall, sútróg, tapar, trilseán. ❷ *torch:* coinneal ghiúise, coicheán, coichín, lasán, lasóg, léaspaire, lóchrann, maiste, soilseán, tóirse, trilseán, *literary* sutrall, sútrall. ❸ *light, glint:* coinnleoireacht, gealán, gealas, glioscarnach, lasair, lasán, lasóg, léas, *pl.* léaspáin, loinnir, solas, splanc, splancarnach, spréach, spréachán, spréacharnach.

coinneal reo noun *icicle:* bior oighreoige, bior seaca, bior seacáin, coinneal bhraonáin, coinlín oighreoige, coinlín reo, cuisne seaca, maide seaca, reodóg, spiacán leac oighir, spincín seaca, spiogóid seaca.

coinneálach adjective ❶ *sustaining, supportive:* cothaitheach, cuidiúil, cúntach, fóinteach, *literary* fothaitheach, garúil, oibleagáideach, tacúil. ❷ *retentive, tenacious:* buan, ceacheartha, ceapánta, cnuasaitheach, coimeádach, daingean, diongbháilte, docht, gabhálach, santach, spárálach, sprionlaithe, teann, tíosach.

coinneálacht noun *retentiveness, tenacity:* buaine, buanadas, buanseasamh, buanseasmhacht, cruas, daingne, dianseasmhacht, diongbháilteacht, doichte, gabhálacht, neart, righneas, teinne, treise; dochlóiteacht, dochorraitheacht, foighde, foighne, leanúnachas, seasmhacht, síoraíocht, teacht abhaile, teacht aniar.

coinnealbhá noun *excommunication:* mallacht, mallacht Dé, mallacht eaglaise; léadh sailm na mallacht air.

coinnigh verb ❶ *maintain, hold:* coigil, coimeád, cosain, cothaigh, gráigh, iompair, oil, sábháil, slánaigh. ❷ *store:* coimeád, coimeád i dtaisce, coinnigh i dtaisce, cuir i dtaisce, stóráil, taisc. ❸ *detain:* bac, beir ar, coimeád, coisc, cuir bac le, cuir srian le, cuir stop le, cuir i sáinn, sáinnigh, srian, stad, stop, teanntaigh. ❹ *observe:* cleacht, coimeád, comhaill, comhlíon, cuir i ngníomh, déan, gnáthaigh, lean, oibrigh, taithigh.

coinníoll noun ❶ *condition:* acht, agó, agús, codaisíl, comha, conradh, cúinse, cuntar, foráil. ❷ *covenant, pledge:* ceangal, comhcheangal, conradh, cúnant, geall, gealladh, gealltán, gealltanas, gealltúint, *pl.* geasa, mionn, móid, snaidhm.

coinníollach adjective ❶ *conditional:* neamhbhuan, sealadach, teoranta; ní gan agó. ❷ *faithful, diligent:* barántúil, déanfasach, dianasach, díbhriceach, dícheallach, dílis, díocasach, díograiseach, diongbháilte, díreach, dúthrachtach, fírinneach, fíriúil, ionraic, iontaofa, macánta, muiníneach, neamhfhalsa, tairiseach; ó chroí.

coinnle corra plural noun *bluebell* (Hyacinthoides non-scripta) bú, bú muc, bú muice, cloigín gorm, lus na gcoinnle corra.

coinnleoir noun ❶ *candlestick, candelabra:* coinnleoir craobhach, coinnealra. ❷ *thin person:* caiteachán, cliathramán, clifeartach, cnámharlach, cnuachaire, coinnleoir, cuail cnámh, cuirliún, cuirliúnach, deilbhéir, geosadán, langa, leicneán, leathóg, loimíneach, loimirceach, lománach, radalach, railse, ráilse, raispín, ránaí, ranglach, ranglachán, ranglamán, reangaide, reangaire, reangartach, reanglach, reanglachán, reanglamán, rúcach, scáil i mbuidéal, scailleagán, sclotrach, séacla, séaclach, séaclóir, sínealach, síogaí, síothnaí, speireach, spidéalach, splíota, spreanglachán, truán, *familiar* scadán; níl ann ach a chomharthaíocht, níl ann ach na ceithre huaithne, níl ann ach a scáth; níl deilbh luiche air, níl feoil ná foilse air.

coinscleoch adjective ❶ *attacking:* agóideach, aighneasach, argóinteach, bagrach, buailteach, coilgneach, conspóideach, cuileadach, foghach, ionsaitheach, siosmach, straidhpeach, straidhpiúil, trodach. ❷ *tumultuous:* ard, ardghlórach, caismirteach, callánach, clisiamach, fothramach, fothramánach, gáireachtach, garbhghlórach, gárthach, gleoch, glórach, lánghlórach, siosmach.

coinscríobh noun *conscription:* preasáil, tógáil; liostáil. verb *conscript:* preasáil, tóg; liostáil.

coinsias noun *conscience:* cogús, cúis, *pl.* scrupaill choinsiasa.

coinsiasach adjective *conscientious:* cogúsach scrupallach; mionchúiseach, pointeáilte.

coinsíneacht noun *consignment:* lasta, lastas, lód, lucht, luchtlach, ráil, ualach, uchtóg; ciseán, leoraí.

coinsínigh verb *consign:* cuir, cuir ar aghaidh, leag, seachaid, seol.

coinsinseam noun *consumption, tuberculosis:* cnaí, cnaíghalar, créachta, eitinn, tisis, traoitheadh; mionaerach, seirglí; cailleadh, cnáfairt, díomailt, donú, dreo, dul ar gcúl, dul i léig, feo, meath, meathanas, meathlú, seargadh, seirglí, snoí, spíonadh, trochlú.

cointinn noun *contention, contentiousness:* achrann, agóid, aighneas, argóint, bagairt, briatharchath, bruíon, cáiríneacht, caitleáil, callóid, callshaoth, cibeal, clampar, cogadh, cogaíocht, conghail, construáil, deargadh beara, díospóid, easaontas, farra, feannadóireacht, géaradas cainte, géiríneacht, giorac, gríobhsach, goineogacht, íde béil, íde na muc is na madraí, iaróg, imreas, imreasán, iomarbhá, ionsaí, maicín, oirbhire, pairlí, priocaireacht, raic, sciolladóireacht, scliúchas, siosma, spairn, spairní-

cointinneach ocht, spochadh, spochadóireacht, stangaireacht, tarcaisne, trasnaíocht, troid, *literary* easard, gleidean, imnise.

cointinneach adjective *contentious, quarrelsome:* achrannach, agóideach, aighneasach, aighneastúil, aighneasúil, aranta, argóinteach, bagrach, buailteach, callóideach, callshaothach, cancrach, cantalach, clamprach, cochallach, cogúil, coilgneach, comhlannach, comhraiceach, conspóideach, cuileadach, deafach, driseogach, drisíneach, eisítheach, feargach, gairgeach, gleoch, goilliúnach, goineach, goinideach, gráinneogach, greannach, imreasach, imreasánach, iomarbhách, ionsaitheach, íortha, siosmach, spairneach, spairniúil, straidhpeach, straidhpiúil, trodach, *literary* dreannach, íorach, tachrach.

coip verb ❶ *ferment, froth:* braich, déan brachadh, déan súilíní, giosáil, siosc. ❷ *whip:* buail, fuipeáil, gread.

cóip¹ noun ❶ *band, company:* baicle, béinne, buíon, cipe, comhlacht, comhluadar, criú, cruinniú, cuallacht, cumann, cuideachta, díorma, dream, drong, feadhain, foireann, fracht, gasra, grúpa, meitheal, paca, rang, scata, scuaine, slógadh, slua, *literary* cuain, fóir, tascar. ❷ *rabble:* brablach, brataing, bratainn, bruscar, codraisc, cóip na sráide, conairt, cuimleasc, daoscar, daoscarshlua, drifisc, glamrasc, gráisc, gramaisc, gramaraisc, gráscar, grathain, luifearnach, luspairt, malra, rablach, scroblach, sloigisc, slua, sprot, trachlais; Clann Lóbais, Clann Tomáis.

cóip² noun *copy:* cóip dheimhnithe, glanchóip, réchóip; athscríbhinn, eiseamláir, macasamhail, sampla, *literary* séad samhail, séad samhla; macleabhar.

coipeach adjective *frothy, foamy:* boilgeogach, broidearnúil, cuilitheach, cúrach, cúránach, sobalach, súilíneach, uanach; agus cúrán leis.

coipeadh noun (*act of*) *fermenting, fermentation, froth:* brachadh, broidearnach, cúr, cúrán, giosáil, gorán, sioscadh, sobal, sudsa, *pl.* súilíní, uan, uanán, uanfadh.

cóipeáil noun (*act of*) *copying:* athscríobh, fótacóipeáil, macasamhlú. verb *copy:* athscríobh, cóipigh, déan cóip de, déan macasamhail de, fótacóipeáil, macasamhlaigh.

cóipire noun *copier, copying machine:* cóipinneall, fótacóipire, gléas cóipeála.

cóipleabhar noun *copy-book:* leabhar cleachta.

coir¹ noun *crime, offence:* ainghníomh, cion, coiriúlacht, drochbheart, feall, feillghníomh, feileonacht, mionchoir, mírún, oilbhéas, oilghníomh, olc, peaca, tromchoir, urchóid, *literary* iomarbhas.

coir² verb *exhaust:* cloígh, cnaígh, díscigh, ídigh, sáraigh, snoigh, spíon, tnáith, traoch, tuirsigh.

cóir adjective *just, proper, decent, honest:* baileach, barántúil, beacht, ceart, cneasta, comhchuí, cothrom, cruinn, cuí, cuibhiúil, dílis, díreach, dleacht, dleachtach, dlisteanach, dlíthiúil, dual, feiliúnach, fial, fíor, fíorga, fírinneach, fiúntach, flaithiúil, foirfe, fóirsteanach, iomchuí, ionraic, iontaofa, macánta, modhúil, oiriúnach, óraice, *literary* dír. noun ❶ *justice, equity:* beaichte, barántúlacht, ceartas, cneastacht, cothroime, cruinneas, cuibheas, dílseacht, dleacht, dlí, dlisteanacht, dlíthiúlacht, fírinne, fírinneacht, reacht. ❷ *proper share:* candam, ceart, cion, cionmhaireacht, cothrom, cuid, cuibhreann, fáltas, roinnt, scair, sciar, suim. ❸ *proper provision, accommodation:* aíocht, bheith istigh, ceathrú, coinmheadh, féile, flaithiúlacht, iostas, lóistéireacht, lóistín, lón, lónadóireacht, óstachas, óstaíocht, óstas, riar, soláthar, teaghlachas; nua gach bídh is sean gach dí; bianna saora so-chaite. ❹ *equipment, requisites: pl.* acmhainní, airnéis, áis, *pl.* ciútraimintí, cóngar, *pl.* fearais, feisteas, gaireas, *pl.* giuirléidí, *pl.* gléasanna, gléasra, inleog, sás, trealamh, *pl.* uirlisí. ❺ *favourable wind:* cóir ghaoithe, cóir sheoil, cothrom na gaoithe, cúlghaoth, gaoth chórach, gaoth fhabhrach; bhí trí ceathrúna córach leo.

coirb¹ noun ❶ *yoke:* ama, cuing, cuingir, cuingeal, greallóg, mám; uarach. ❷ *ridge, arched object:* áirse, cairb, cíor, círín, droim, droimne, eiscir, iomaire, lúb, stua, stuara.

coirb² verb *corrupt:* cuir ó rath, éignigh, éilligh, mill, salaigh, scrios, truailligh.

coirbeach noun *hunched creature, stooped person:* camalóid, cnuchaire, cruiteachán, cruitíneach, crunca, cuan, diocach, droimíneach, droinníneach, drománach, gogadán, gogaire, grogaire.

coirce noun *oats:* min choirce; boighreán, bróis, gráinseachán, leite, piocuaran, prácás, práibín, práipín, praiseach, ríobún, sríobún, sríobán, suán; búiste, greadán; beiltí.

coirceog noun *beehive:* beachaire, cathair seileán, cuasnóg, cruach seileán, pluaisneog, scib sheileán. ❷ *cone:* cón; buaircín, cruach, speir, stuaic.

coirceogach adjective *hive-shaped, conical:* cónach.

coirdial noun *cordial:* deoch athbhríoch, íocshláinte.

coirdín noun *twine, string:* corda, iall, barriall, rópa, ruainseachán, ruóg, sloigín, snáithe, snáth, sreang, sreangán, téad.

coire noun ❶ *large pot, cauldron:* citeal, corcán, pota, sciléad. ❷ *boiler:* bruthaire, dóire, oigheann mór. ❸ *corrie, amphitheatre:* com, fáinneán.

coireach adjective *wicked, guilty:* binbeach, cam, cealgach, ciontach, claon, cluanach, damanta, daor, dobheartach, drochaigeanta, drochbheartach, droch-chroíoch, fealltach, gangaideach, lochtach, mailíseach, meangach, míghníomhach, mínáireach, mioscaiseach, nathartha, neamhscrupallach, nimhneach, olc, peacúil, rógánta, sáraitheach, urchóideach. noun *offender, transgressor:* cime, ciontach, ciontaitheoir, ciontóir, coirpeach, coirpeoir, corpadóir, cúisí, damantach, daor, daoránach, feileon, ógchiontóir, oilghníomhaí, príosúnach, sáraitheoir; áibhirseoir, aisiléir, amhas, arc nimhe, bacach, bithiúnach, bligeard, clabhaitéir, cneámhaire, crochadóir, cuilceach, damantán, damantóir, diabhal, diabhlánach, diúlúnach, eiriceach, rifíneach, scabhaitéir, scaimpéir, sclíotar, sclíutar, scuit, scuitsear, sealánach.

cóireáil noun *treatment:* aire, cóir, cóir leighis, ionramháil, láimhseáil, leasú, leigheas. verb *treat:* cuir cóir ar, ionramháil, láimhseáil, leasaigh, leigheas.

cóirigh verb ❶ *arrange, dress:* buail um, cuir ar, cuir in ord, cuir um, deasaigh, feistigh, gléas, maisigh, ornaigh, réitigh, socraigh. ❷ *mend, repair:* athleasaigh, cuir bail ar, cuir caoi ar, cuir coiscreas ar, cuir dóigh ar, deasaigh, deisigh, leasaigh, leigheas, ordaigh, réitigh, slánaigh.

cóiríocht noun ❶ *fitness, suitability:* ceart, cóir, cuibheas, cuibhiúlacht, fiúntas, feabhas, feiliúnacht, fóirsteanacht, oiriúnacht. ❷ *accommodation:* aíocht, áit, bheith istigh, ceathrú, coinmheadh, dídean, ionad, iostas, lóistéireacht, lóistín, óstachas, óstaíocht, óstas, teaghlachas, tearmann, *literary* fosadh. ❸ *equipment, furniture:* acmhainn tí, airnéis, *pl.* áiseanna, *pl.* ciútraimintí, cóngar, earra, earra tí, *pl.* fearais, feisteas, feistiú, feistiú tí, gaireas, *pl.* giuirléidí, *pl.* gléasanna, gléasra, inleog, *pl.* rothaí tí, sás, trealamh, trioc, troscán, *pl.* uirlisí.

cóiriú noun ❶ (*act of*) *dressing, arrangement:* cóir, deasú, éadach, eagar, eagrú, éide, feisteas, feistiú, gabháil, gabháil éadaigh, gléas, gléasadh, leagan amach, maisiú, ord, ornú, riocht, socrú, stíl, suíomh. ❷ *dressing down*: achasán, cáineadh, cáinseoireacht, ciontú, coiriú, damnú, daoradh, feannadh, gearrachán, guth, guthaíl, imcháineadh, imchreachadh, imdheargadh, iomardú, lochtú, milleán, scalladh, sciolladh, sciolladóireacht. ❸ *repair*: bail, caoi, cló, cuma, dea-bhail, dea-staid, deisiú, dóigh, meandáil, slacht.

coiriúil adjective *criminal*: cam, cealgach, ciontach, ciontaí, claon, cluanach, damanta, daor, drochaigeanta, drochbheartach, droch-chroíoch, fealltach, gangaideach, incháinte, inchasaoide, lochtach, mailíseach, meangach, mínáireach, mioscaiseach, nathartha, neamhscrupallach, nimhneach, olc, peacúil, sáraitheach, urchóideach.

cóiriúil adjective *favourable, suitable*: ábhartha, acrach, áisiúil, buntáisteach, cóngarach, conláisteach, cuí, éasca, fabhrach, fabhrúil, feiliúnach, fóinteach, fóirsteanach, freagrach, in-, luachmhar, oiriúnach, maith, sásta, sásúil, teachtmhar, tráthúil.

An Aibítir Choireallach			Ш ш	š	Ša	12345678
			Щ щ	ŝ	Šta	148
			Ъ ъ	"	Jerŭ	148
A a	a	Azŭ	12345678	Ы ы	y		13
Б б	b	Buky	12345678	Ы́ ы́	ý	Jery	8
В в	v	Vědě	12345678	Ь ь	'	Jerĭ	12348
Г г	g	Glagoli	12345678	Ѣ ѣ	ě	Ětĭ	(1)(4)8
Ǵ ǵ	ǵ	—	6	Э э	è		13
Ґ ґ	ġ	—	2(3)	Ю ю	û	Ju	12348
Д д	d	Dobro	12345678	Ѩ ѩ	jâ	Ja	8
Ђ ђ	đ	—	57	Я я	â		1234
E e	e	—	123567	Ѥ ѥ	jê	He	8
Ё ё	ë	—	13	A a	ę	Ęsŭ	8
Є є	ê	—	28	Ѫ ѫ	ǫ	Ǫsŭ	(4)8
Ж ж	ž	Živěte	12345678	Ѩ ѩ	ję	Ješŭ	8
З з	z	Zemlja	12345678	Ѭ ѭ	jǫ	Jǫsŭ	8
Ź ź	ź	—	7	Ѯ ѯ	ks	Ksi	8
Ż ż	ż	Zemlja	8	Ѱ ѱ	ps	Psi	8
S s	ẑ	Dzelo	68	Ѳ ѳ	f	Fita	(1)8
И и	i	Iže	12345678	Ѵ ѵ	ỳ	Ižica	(1)8
I i	ì	I	(1)2348				
Ï ï	ï	I	28				
Й й	j	—	1234				
J j	ǰ	—	567				
Ђ ђ	ǵ	Djerv	8				
К к	k	Kako	12345678				
Ќ ќ	ḱ	—	6				
Л л	l	Ljudije	12345678				
Љ љ	ľ	—	567				
М м	m	Myslite	12345678				
Н н	n	Naši	12345678				
Њ њ	ň	—	567				
О о	o	Onŭ	12345678				
П п	p	Pokoi	12345678				
Ҁ ҁ	q	Kopa	8				
Р р	r	Rĭci	12345678				
С с	s	Slovo	12345678				
Ć ć	ś	—	7				
Т т	t	Tvrĭdo	12345678				
Ћ ћ	ć	—	57				
У у	u	—					
Ѹ ѹ	ů	Ukŭ	12345678				
Ў ў	ŭ	—	3				
Ф ф	f	Frĭtŭ	12345678				
Х х	h	Xerŭ	12345678				
Ѡ ѡ	ō	Otŭ	8				
Ц ц	c	Ci	12345678				
Ч ч	č	Črĭvĭ	12345678				
Џ џ	đ'	—	567				

Sa liosta seo tugtar na litreacha atá in úsáid ag na teangacha Slavacha; léiríonn na huimhreacha na teangacha faoi leith a mbíonn na litreacha in úsáid acu. Is ar ISO 9, a bunaíodh na traslitrithe, agus cuireann cló iodálach in iúl na háiteanna nach mbaintear feidhm as na litreacha sa chaighdeán áirithe úd. Tugtar ainmneacha traidisiúnta Slavacha, más ann dóibh. Luann uimhreacha idir lúibíní na cleachtais litriúcháin atá imithe i léig.

1 *Rúisis*
2 *Úcráinis*
3 *Bílearúisis*
4 *Bulgáiris*
5 *Seirbis*
6 *Macadóinis*
7 *Montainéigris*
8 *Sean-Slaivis Eaglasta*

coiriúlacht noun *crime, criminality*: ainghníomh, aingíocht, bithiúntacht, bithiúntaíl, bithiúntaíocht, bligeardacht, bligeardaíocht, cneámhaireacht, coirpeacht, drochaigne, drochbheart, droch-chroí, drochintinn, feall, fealltacht, feileonacht, mailís, maistíneacht, mallaitheacht, meirleachas, mínáire, mioscais, míréir, mírún, olc, olcas, peacúlacht, ropaireacht, urchóid, urchóideacht.

cóiriúlacht noun *suitability*: ábharthacht, áisiúlacht, buntáiste, buntáistíocht, conláisteacht, cuibheas, éascaíocht, feabhas, feiliúnacht, fiúntas, fóirsteanacht, oiriúnacht, maitheas, sástacht, tráthúlacht.

coirm noun ❶ *ale*: beoir, buisinn, leann, leann dubh, pórtar; bragóid, meá. ❷ *drinking-party, feast*: cóisir, fáiltiú, féasta, feis, fleá, fleá-ól; bainis, infear, méilséara, *literary* urghnamh; fáilte, fáilte Uí Cheallaigh.

coirm gan chuireadh noun *uninvited guest, unwelcome guest*: caidéir, diúgaire, duine dóchúil, plaibistéir, stocaire, súdaire, táthaire; *literary* tromdhámh.

coirneach noun ❶ *tonsured person, monk*: ab, ancaire, bráthair, bráthair bocht, céile Dé, díthreabhach, manach. ❷ *osprey, fish-hawk (Pandion haliaetus)*: iascaire coirneach, ospróg.

coirnéal noun *corner*: ascaill, cearn, clúid, cor, cúinne, giall, lúb, uille, uillinn.

coirnín noun ❶ *curl, wisp*: camóg, ciabhóg, deisealán, dlaoi, dos, dual, iosmairt, loca, lúibín, scothóg, seamaide, slám, sop. ❷ *bead*: cloch, cloichín; boilgeog, deoir, drúchtín, mónóg, súilín.

coirpeach noun *vicious person, criminal*: áibhirseoir, aisiléir, amhas, arc nimhe, bacach, bithiúnach, bligeard, ciontaitheoir, ciontóir, clabhaitéir, cladhaire, cneámhaire, coireach, corpadóir, crochadóir, damantach, damantán, damantóir, daor, daoránach, diabhal, diabhlánach, diúlúnach, eiriceach, feileon, fleascach, ógchiontóir, oilghníomhaí, peacach, rifíneach, scabhaitéir, scaimpéir, sclíotar, sclíútar, scuit, scuitsear, sealánach, speig neanta.

coirpeacht noun *viciousness, criminality*: ainghníomh, aingíocht, bithiúntacht, bithiúntaíl, bithiúntaíocht, bligeardacht, bligeardaíocht, cneámhaireacht, coiriúlacht, drochaigne, drochbheart, droch-chroí, drochintinn, feall, fealltacht, feileonacht, gangaid, mailís, maistíneacht, mallaitheacht, meirleachas, mínáire, mioscais, míréir, mírún, oilbhéas, oilghníomh, olc, olcas, peacúlacht, ropaireacht, urchóid, urchóideacht.

cóirséad noun ❶ *corset*: bunéadach, cabhláisc, crios crochóg, irischrios, sursaing, teanntán, uchtach. ❷ *wrap, muffler*: cába, cafarr, fallaing, fillteog, muiféad, muince chleití, rapar, scaif, scairf, scriosán, seál, stoil, stóla.

coirt noun ❶ *bark*: cnúmh, craiceann, rúsc, snamh; idirshnamh; cáiteog. ❷ *coating, fur, scale, scum*: brat, cailimhineog, carr, ciseal, codam, coirleannógach, cóta, draoib, leo, forún, ladar, ruamáile, scannán, scim, scimeal, scraith, screamh, screamhán, screamhóg, screamhú.

coirteach adjective ❶ *barky, cortical*: rúscach. ❷ *encrusted, furred, scaled*: brata, cailimhineogach, carrach, scimeach, scrathach, screamhach.

coirtigh verb ❶ *decorticate*: feann, glan, lom, lomair, rúsc, scamh, scil; scrabh, scríob. ❷ *tan*: déan súdaireacht, leasaigh. ❸ *coat, encrust*: clúdaigh, screamhaigh; cuir brat ar, cuir ciseal ar.

cois interjection *shoo!*: (to a cat) scuit!; (to a dog) siliúr!; (to chickens) cuis!, fuisc!, sioc!; (to children) tógaigí oraibh!

coisbheart noun *footwear*: bróg adhmaid, bróg ard, bróg íseal, bróg damhsa, bróg éadroma, bróg iallacha, bróg gréasaí, bróg maide, bróg tairní, bróg

coisc

teallaigh, bróg troma, bróg úrleathair; buatais, buimpéis, buimpís, cuarán, iallchrann, paitín, pampútaí, slipéar, sútar.

coisc verb *check, prevent:* bac, barr, blocáil, brúigh faoi, coimeád ó, coinnigh amach, coinnigh faoi rún, coinnigh ó, coigil, cros, cuir bac le, cuir cosc le, cuir deireadh le, cuir faoi chois, cuir stop le, dambáil, frithbhuail, fuirigh, oclúidigh, toirmisc; cuir duine bunoscionn le rud a dhéanamh, cuir duine ó rud a dhéanamh; cuir rud soir siar ar dhuine, cuir rud suas is síos ar dhuine; tabhair ar dhuine gan rud a dhéanamh; tar roimh dhuine ar rud a dhéanamh.

coiscéim noun *footstep, pace:* coisíocht, céim, céimniú, imeacht, satailt, siúl, siúlóid, spaisteoireacht, taltú, trup cos, truslóg.

coiscín noun *contraceptive:* boidín siopa, frithghiniúnach, gaireas frithghiniúna, póca boid, rubar; corna, piolla, piollaire.

coiscriú noun *alarm, disturbance:* coiscreadh, coiscreamh, creill, gáir, gáir dhearg, geit, scanradh, scanrú, scaoll.

coisctheach adjective *preventive, restraining:* araíonach, **adjectival genitive** forchoimeádta, sriantach.

coisí noun ❶ *walker, pedestrian:* bonnaire, coisíoch, siúlaí, siúlóir, siúltóir, spaisteoir, troitheach, válcaeir; crágálaí. ❷ *foot soldier, infantryman:* saighdiúir coise, troitheach; ceithearnach, saighdiúir singil.

coisigh verb *walk, travel on foot:* crágáil, siúil, siúlaigh; bí ag crágáil, bí ag spágáil; déan siúlóid, déan spaisteoireacht; déan do chosa.

coisíocht noun *pace, gait:* céim, céimniú, coiscéim, géata, imeacht, iompar, siúl, troithíocht. ❷ *foottravel:* bóithreoireacht, falaire, falaireacht, fálróid, fánaíocht, feadóireacht, fianaíocht, fuaidireacht, radaireacht, raimleáil, rámhóireacht, rámhordaíocht, rianaíocht, ródaíocht, seachrán, siúl, siúlóid, spaisteoireacht, srathaireacht, sruthaireacht, tunladh, traibhleáil, traibhléireacht, válcaeireacht, *literary* tairdeal; cosaráil, slabhráil, strampáil.

cóisir noun ❶ *feast, banquet:* bainis, coirm, féasta, fleá, infear, méilséara, scoraíocht, siamsa, *literary* urghnamh. ❷ *retinue, following:* campa, pl. ceithearnaigh, pl. cúláistíní, lucht coimhdeachta, lucht leanúna, lucht tacaíochta, páirtí, pl. rannta, pl. tacaithe. ❸ *large group, assembly:* aonach, comhdháil, comhthionól, oireachtas, ollchruinniú, parlaimint, seanad, sionad, tionól, *literary* seanadh.

cóisireach adjective *festive, fond of parties:* coirmeach, cuideachtúil, féastach, féiliúil, féiltiúil, fleách, scléipeach, meidhreach.

cóisireacht noun ❶ *feasting, party-going:* féastaíocht, féiltiúlacht, fleáchas. ❷ *living on retainers, "coshering":* aíocht, buannacht, coinmheadh, lóistéireacht, óstachas.

coisreacan noun ❶ *consecration:* sácráil; oirniú, oirniú mar easpag; corónú; dílseacht, tiomnú. ❷ *blessing:* beannachadh, beannacht, beannú, biáid, naomhú, *literary* sobharthan.

coisric verb ❶ *consecrate:* cuir faoi ghrádh easpaig, déan easpag de, oirnigh ina easpag; tiomnaigh; oirnigh; corónaigh, rígh. ❷ *bless:* beannaigh, naomhaigh, séan; bain fíor na croise díot féin, gearr fíor na croise díot féin.

coiste noun ❶ *jury:* coiste chúirte, coiste dháréag, giúiré; coiste mór. ❷ *committee:* buanchoiste, coiste feidhmiúcháin, coiste iniúchta, coiste stiúrtha; bord, bord stiúrtha, coimisiún, comhairle, feidhmeannas, fochoiste; pl. gairdiain, pl. gobharnóirí, lucht stiúrtha.

cóiste noun ❶ *coach, carriage:* carr, carráiste, vaigín. ❷ *side-car, jaunting-car:* carbad, cairt, carr, jaint, trucail, trucailín.

coisteoir noun ❶ *juror:* duine den dáréag, giúróir. ❷ *member of committee:* ball, coimisinéir, comhalta, ionadaí, teachta.

cóisteoir noun *coachman:* carraeir, carróir, gíománach, gíománaí, tiománaí; ara, cairbtheach.

coite noun *small boat, cot, wherry:* bád, bád mór, báidín, bioracán, cocbhád, curach, curachán, eathar, geolta, gleoiteog, naibí, naomhóg, púcán, uaircheas.

coiteann adjective *common, general:* coitianta, comónta, fairsing, forleathan, forleitheadach, ginearálta, gnách, gnáth-, gnáthúil, leitheadach, poiblí, uilíoch. noun ❶ *commonalty:* daoine, pobal, sochaí; cách, gach duine, gach uile dhuine; coitiantacht, cosmhuintir, pl. gnáthdhaoine, pl. na híochtaráin; an leas poiblí. ❷ *community:* comhluadar, comhphobal, complacht, cuallacht, cumann, muintir, pobal. ❸ *common (land):* cimín, coimín, coimíneacht, coiteann; buaile, féarach, innilt.

coitianta adjective *common, used by all:* coiteann, comónta, fairsing, forleathan, forleitheadach, ginearálta, gnách, gnáth-, gnáthúil, iondúil, tréitheach; leitheadach, oscailte don phobal, poiblí, uilíoch. adverb **go coitianta** *commonly, generally:* de ghnáth, de réir gnáis, go hiondúil; den chuid is mó; i gcónaí, i dtólamh; de shíor.

coitiantacht noun ❶ *commonalty:* daoine, pobal, sochaí; cách, gach duine, gach uile dhuine; coiteann, cosmhuintir, pl. gnáthdhaoine, pl. na híochtaráin; an leas poiblí.

cóitín noun *little coat, petticoat:* bunchóta, cóta beag, foghúna, fosciorta, peireacót, (*i gContae Mhaigh Eo*) peiteacót; suimeat, veist.

coitinne noun *generality:* coiteann, coitiantacht, ginearáltacht, gnás. **adverbial phrase i gcoitinne** *in general:* de ghnáth, de réir gnáis, go hiondúil; den chuid is mó; i gcónaí, i dtólamh; de shíor.

col noun ❶ *incest:* ciorrú coil, corbadh; gnéaschiapadh páistí, mí-úsáid páistí. ❷ *wicked deed:* ainghníomh, aingíocht, coir, coiriúlacht, dobheart, drochbheart, feall, feallacht, feillbheart, feillghníomh, gangaid; mailís, mínáire, mioscais, mírún, oilbhéas, oilghníomh, olc, peaca, peacúlacht, urchóid, urchóideacht. ❸ *violation:* briseadh, coilleadh, coillteoireacht, éigean, éigniú, réabadh, sárú, scrios, *literary* turbhródh. ❹ *aversion, repugnance:* adhascaid, casadh aigne, cradhscal, déistin, dochma, doicheall, drogall, fuath, glonn, gráin, masmas, mídhúil, míghnaoi, múisiam, orla, samhnas; pl. cáithníní, fionnaitheacht, pl. haras, pl. harasaí.

col ceathar noun *first cousin:* col ceathrair; clann na beirte deartháireacha, clann na beirte deirfiúracha, clann an dá dheartháir, clann an dá dheirfiúr, clann an dearthár is an deirféar; tá siad a dó is a dó de ghaol le chéile.

col cúigir noun *first cousin once removed:* col cúigear; clann is ó; tá siad a dó is a trí le chéile.

col ochtair noun *third cousin:* col ochtar, an dá fhionnó; tá siad a ceathair is a ceathair de ghaol le chéile.

col seachtair noun *second cousin once removed:* col seachtar, ó is fionnó; tá siad a trí is a ceathair de ghaol le chéile.

col seisir noun *second cousin:* col seisear, an dá ó, an dara glúin amach ó dhuine; tá siad a trí is a trí de ghaol le chéile; tá siad ina gclann chlainne den bheirt dheartháireacha.

colach adjective *incestuous, wicked:* cam, claon, coirpe, gangaideach, lochtach, mailíseach, mínáireach, mioscaiseach, nathartha, olc, peacúil, urchóideach. ❷ *repugnant, loathsome:* adhfhuafar, colúil, déistineach, fuafar, glonnmhar, gráiciúil, gráiniúil, gránna, líonritheach, masmasach, millteanach, mínáireach, míofar, múisciúil, scáfar, suarach, uafar, uafásach, uaiféalta, uamhnach, urghráiniúil, urghránna; bréan, brocach, broghach, cáidheach, salach; chuirfeadh sé madra gan tóin ag cac, chuirfeadh sé múisc ar chráin muice.

colainn noun ❶ *living body:* corp, *pl.* na ceithre cnámha, pearsa, úir an duine; daonnaí, deoraí, duine, neach, neach daonna, peacach. ❷ *trunk of body:* cabhail, cliabh, cliabhrach, cliath, coim, compar, corp, tamhan. ❸ *main part:* cliathach, coirpéis, fonnadh, fráma, lár, stoc, tamhan.

coláiste noun *college:* coláiste ollscoile, coláiste oiliúna; coláiste ealaíon, coláiste eolaíochta, coláiste talmhaíochta; coláiste máinlianna; coláiste cléireach; acadamh, ardscoil, institiúid, institiúid ardléinn, institiúid ardoideachais, institiúid taighde, institiúid teicneolaíochta, institiúid tríú leibhéal, ollscoil; An Coláiste Ollscoile, Coláiste na hOllscoile, Coláiste na Tríonóide; cliarscoil, meánscoil.

coláisteánach noun *collegian, student at college:* ábhar dochtúra, ábhar ministir, ábhar múinteora, ábhar sagairt, dalta, iníon léinn, mac léinn, neach léinn, scoláire, údar sagairt.

colbha noun *outer edge, ledge:* binn, boirdréis, bruach, cnaiste, coirnéal, corr, corthair, críoch, cúinne, fabhra, faobhar, feire, feorainn, fíor, fóir, frinse, grua, gruaimhín, imeall, imeallbhord, leac, scéimh, taobh, teorainn, *literary* ur.

colg noun ❶ *literary sword:* claíomh, faobhar, glaid, lann, pionsa. ❷ *blade, point:* barr, bior, faobhar, fiacail, fíor, lann, lansa, ráib, snáthaid. ❸ *bristle, anger:* ainscian, aonach, báiní, buile, buile feirge, cochall, coilichín, colgaí, confadh, cuthach, dásacht, faghairt, fearg, fíoch, fiuch, fiúir, fiúnach, fraoch, spadhar, taghd, teasaíocht, tintríocht, treall.

colgach adjective ❶ *bearded, bristled:* coilgneach, deilgíneach, deilgneach, eiteach, féasógach, fionnaitheach, foltach, gruagach, guaireach, peallach, spíceach, spíonach, ulchach. ❷ *angry, furious:* ainciseach, araiciseach, aranta, buailteach, cancrach, cantalach, cochallach, coilgneach, cuileadach, deafach, diardanach, dorránach, driseogach, drisíneach, feargach, gairgeach, goilliúnach, gráinneogach, greannach, iarógach, íortha, míchéadfach, spuaiceach, straidhniúil, trodach, *literary* dreannach, íorach.

colgdhíreach adjective *straight, erect:* ceartingearach, díreach, dronuilleach, dronuilleogach, ingearach; ina cheartsheasamh, ina cholgsheasamh; crochta, géar.

colgóg noun *familiar index finger:* corrmhéar, méar tosaigh, *familiar* brathadóir, brathaire, puntán, méar na leitean, méaróg.

collach noun ❶ *boar:* torc, torcán; muc fhiáin, muc fhireann. ❷ *fleshy person:* ablach, bleitheach, bléitheach, bleitheachán, bolaistín, bolaistrín, bolgadán, bológ, broicealach, broicleach, bulcais, burla, dailc, damh, feolamán, geois, mart, méadail mhór, mullachán, páinseach, páinteach, pataire, patalachán, patalán, plobaire, praota, prochán, púdarlach, púdarlán, samhdán, sceartachán, somach, somachán, tioblach, toirt, torrc, torcán, tulcais; búis, patalóg, rúbóg.

collaí adjective *carnal, sexual:* adharcach, áilíosach, ainmhianach, brocach, craiceannach, drúiseach, drúisiúil, gnéasach, ragúsach, sámhasach, teaspúil, *literary* suiríoch; barbartha, cáidheach, draosta, draostúil, gáirsiúil, gráisciúil, graosta, míchuibheasach, mígheanasach, mínáireach, salach.

collaíocht noun *carnality, sexuality:* áilíos, ainmhian, *pl.* ainmhianta na colainne, antoil na colainne, diogait, drúis, drúisiúlacht, macnas, ragús, sámhas, súnás, teaspach, *literary* éadradh; barbarthacht, biachacht, bugaireacht, draostacht, gáirsiúlacht, gráiscíneacht, gráisciúlacht, graostacht, meirdreachas, míchuibheasacht, mígheanas, mínáire, salachar, sailíocht, striapachas, táth, *literary* táidhe; bualadh craicinn, caidreamh collaí, céileachas, comhleapachas, cúpláil, feis, lánúineachas, lánúnachas, lánúnas, leannántacht, péiríocht, súgradh toill, *familiar* craiceann, giotaíocht, guicéaracht, guití, joineáil, leathar, marcaíocht, proit, pumpáil, raighdeáil, reithíocht, scailleog, slataíocht, steabáil, stiallail.

colm[1] noun *dove, pigeon:* colmán, colúr, colúr aille, colúr frithinge, colúr teachtaireachta, fearán, féarán, fearán baicdhubh, fearán binne, fearán breac, fear eidhinn, fearán eidhinn.

colm[2] noun *scar:* méirscre, reang; cneamhán, fearb, gág, geadainn, gearb, gearbóg, lorg, rian, riast.

colpa noun ❶ *calf of leg:* meall coise, pluc coise, *literary* orca. ❷ *handle of flail, cudgel:* bastún, bata, cleith, cleith ailpín, cleitheog, crann, lámhchrann, lámhchrann súiste, lorga, maide, sáfach, smachtín, smíste, urla, urlann.

colpach noun ❶ *yearling heifer:* bearach, bodóg, céileog, dairt, gamhain baineann, seafaid; ceartaos, forgach, maoilín, maolán, mothasán, samhaisc, seafaid, seanfach; bó mhothais, bó thórmaigh, ceartaos, mothasán. ❷ *yearling bullock, stirk:* bológ, bullán, gamhain fireann, mart.

colscaradh noun *divorce:* idirscaradh; dealú, deighilt.

colún noun ❶ *column of building:* cuaille, frapa, piara, piléar, uaithne, *literary* ochtach. ❷ *column in paper:* alt, gné-alt, eagarfhocal. ❸ *column of soldiers:* buíon, cipe, cliath, coimhdeacht, complacht, díorma, fianlach, gasra, tascar, tionlacan, trúpa. ❹ *support:* branra, cos fulaing, crann seasta, eallóg, fothú, frapa, seastán, taca, teannta, teanntán, uaithne.

com noun *coomb, cirque:* coire, fáinneán; ailt, ailteán, cumar, gleann, gleanntán, mám, slád.

comáil verb *tie together, interlace:* comhcheangail, ceangail, figh le chéile, fuaigh le chéile.

comair adjective ❶ *neat, trim:* cuimseach, cúirialta, deas, deismir, néata, ordúil, piocta, piocúil, pointeáilte, slachtmhar, tanaí. ❷ *brief, concise:* achomair, aicearrach, ciorraithe, gairid, gearr, giorraithe, gonta, i mbeagán focal, laghdaithe.

comaoin[1] noun ❶ *favour, obligation:* cineáltas, fabhar, gar, mám, oibleagáid. ❷ *return for favour, recompense:* comha, cúiteamh, díol, íocaíocht, luach saothar; díol an chomhair, íoc an chomhair, roinnt an chomhair. ❸ *enhancement, improvement:* ardú, biseach, barr feabhais, feabhas, maisiú, méadú. ❹ *offering, consideration:* ofráil, síntiús, táille, tairiscint.

comaoin[2] noun ❶ *communion, eucharist:* aifreann, comaoineach, comaoineach naofa, eocairist, iarmhéirí an mheán oíche, íobairt naofa, liotúirge, rúndiamhair, sacraifís; seirbhís, Suipéar an Tiarna. ❷ *communion, mystical union:* comaoin na naomh, cumann na naomh; aontacht, aontas, comhaontas, comhcheangal, comhroinnt, cumann, cumarsáid; an Chomaoin Anglacánach.

comaoineach[1] adjective *obliging, kind:* cabhrach, caoin, caonrasach, ceansa, cineálta, comharsanúil, cothaitheach, cuiditheach, cuidiúil, cúntach, fóinteach, garach, garúil, lách, mánla, maothchroíoch, oibleagáideach, séimh, soilíosach, tacúil, tuisceanach.

comaoineach[2] noun *communion, eucharist:* aifreann, comaoin, comaoineach naofa, eocairist, iarmhéirí an mheán oíche, íobairt naofa, liotúirge, rúndiamhair, sacraifís; seirbhís, Suipéar an Tiarna.

comaoineoir noun *communicant*: céad chomaoineoir; aifreannach, aithríoch, comhaoineach, creidmheach, Críostaí, rannpháirtí; *colloquial* pobal Dé.

comard noun *equivalent, equivalence*: leathbhreac, leathcheann, leathchúpla, leithéid, macasamhail; cómhaith, comh-ard, comhbhrí, comhchiallach, cóimhéid, comhfhad, comhionann, comhoiread, cothrom, ionann.

comhábhar noun *component part, stuff, ingredient*: ábhar, comhdhamhna, comhpháirt, mianach, ríd, stuif, táthchuid.

comhad noun ❶ *cover, keeping*: caomhnú, clúdach, coigilt, coimeád, coimirce, cosaint, cumhdach, garda, sábháil, scáth, sciath, taifeadadh, taisce, taisceadán. ❷ *file*: fíl, fillteán, taifead, trodán.

comhaill verb *fulfil, perform*: comhlánaigh, comhlíon, críochnaigh, déan; cuir i bhfeidhm, cuir i gcrích, cuir i ngníomh, tabhair chun críche.

comhaimseartha adjective *contemporary*: **adjectival genitive** comhaoise, **adjectival genitive** comhaimsire, comhaosta, comhshaolach, comhuaineach.

comhair verb *count, calculate*: áirigh, cuntais, déan amach, meas, ríomh; cuir san áireamh.

comhaireamh noun (*act of*) *counting, calculation*: áireamh, cuntas, meastóireacht, measúnú, ríomh, suimiú, uimhriú.

comhairle noun ❶ *advice, counsel*: anamchairdeas, cead, comhairliú, moladh, seoladh, treoir. ❷ *council*: bord, bord stiúrtha, coiste, coiste feidhmiúcháin, coiste stiúrtha, comhchomhairle, comhdháil, dáil, feidhmeannas.

comhairleach adjective *advisory, consultative*: treorach. noun *adviser, counsellor*: anamchara, comhairleoir, cunsailéir, cúntóir, eagnaí, saoi, treoraí.

comhairleoir noun ❶ *adviser, counsellor*: anamchara, comhairleach, cúntóir, eagnaí, gurú, oide, oide múinte, saoi, teagascóir, treoraí; droch-chomhairleach. ❷ *councillor*: ball den bhord, ball den choiste, ball den chomhairle, coimisinéir, teachta.

comhairligh verb *advise, counsel*: cuir comhairle ar, tabhair comhairle do, treoraigh; *literary* crúigh comhairle.

cómhaith noun *equal (in goodness)*: coibhéis, cóimhéid, comh-ard, comhbhrí, comhchiallach, comhfhad, comhionann, cothrom; ionann, leithéid, macasamhail.

comhall noun *fulfilment, performance*: comhlánú, comhlíonadh, críochnú, cur i gcrích, cur i bhfeidhm, cur i ngníomh, déanamh, forlíonadh, gníomhú, oibriú, sásamh, tabhairt chun críche, tabhairt chun deiridh.

comhalta noun ❶ *foster-brother, foster-sister*: bráthair, dalta, leasdeartháir; leasdeirfiúr, siúr. ❷ *fellow, member*: ánra, ball, coisteoir, comhbhráthair, comhghleacaí, comráda, leathbhádóir.

comhaltas noun ❶ *brotherhood, body of people*: bráithreachas, club, comhdháil, conradh, cuallacht, cuideachta, cumann, eagraíocht, eagras, tréad. ❷ *membership*: *pl.* baill, ballraíocht, cliantacht, comhaltacht, páirtí, *colloquial* lucht leanúna.

comhaois noun ❶ *equal age, corresponding age*: comhaimsir. ❷ *person of same age, contemporary*: comhaimsearach, comhdhuine.

comhaontaigh verb ❶ *unite, unify*: aontaigh, ceangail, ceangail le chéile, comhcheangail, comhtháthaigh, cuir le chéile, dlúthaigh le chéile, nasc le chéile, seas le chéile, snaidhm le chéile, tabhair le chéile, tar le chéile. ❷ *agree*: aontaigh, bí ar aon fhocal, bí ar aon tuairim, ceadaigh, géill, lamháil, luigh le, oibrigh as lámh a chéile le, réitigh le, téigh i bpáirt le.

comhaontas noun *alliance, concord*: aontacht, aontas, aontú, cairdeas, ceangal, cleamhnas, comhbhá, comhchaidreamh, comhcheangal, comhghuaillíocht, comhpháirt, comrádaíocht, cónaidhm, conradh, nasc, páirteachas, páirtíocht, síocháin, snaidhm.

comhaontú noun ❶ (*act of*) *unifying, union*: aontacht, aontas, aontú, ceangal, comhtháthú, cónaidhm, comhcheangal, comhghreamú, páirtíocht, *literary* uaithne. ❷ *agreement*: conradh, cor, coraíocht, cúnant, margadh, réiteach, socrú, síocháin, síth, *pl.* téarmaí, *literary* cadach, cairdine.

comhar noun ❶ *mutual assistance, co-operation*: comhar na gcomharsan, comharchumann, comhoibriú, cumannachas, cur le chéile, frithpháirteachas, obair as lámh a chéile, obair i bpáirt lena chéile.

comharba noun *successor*: an t-easpag nua, an pápa nua, an rí nua, an tiarna nua; iarmhairt, iarmhar, iarmharán, sliocht, sliochtach.

comharbacht noun ❶ *succession*: comharbacht aspalda; comharbas, dul ó athair go mac, gabháil chine, leanúnachas, oidhreacht, prímhghintiúr, réim, ríora. ❷ *inheritance*: oidhreacht, dúchas, eastát, gabháltas, iarmhais.

comharchumann noun *co-operative society*: comharchumann creidmheasa, comharchumann feirmeoireachta, comharchumann miondíola, comharchumann mórdhíola, comharchumann táirgeachta, comharchumann tomhaltóirí; comharaíocht, comharghluaiseacht, comharthithíocht; aontas creidmheasa, carachumann, cumann comhshochair, cumann foirgníochta; Cumann Comhareagrais na hÉireann Teoranta.

comh-ard noun ❶ *ar comh-ard le, i gcomh-ard le on a level with*: ar aon airde, ar aon leibhéal le, chomh hard le. ❷ *i gcomh-ard le in comparison with*: i gcomórtas le, i gcomparáid le, i gcosúlacht le, le hais, taobh le.

comhardadh noun *bardic rhyme*: comhardadh briste, comhardadh slán; aicill, uaithne; comhfhuaim, rím.

comhardaigh verb *equalize, adjust, balance*: athchóirigh, cóirigh, cothromaigh, cuir in oiriúint, leasaigh, oiriúnaigh, réitigh, socraigh.

comhardú noun (*act of*) *balancing, equalization*: athchóiriú, cóiriú, cothromú, leasú, oiriúnú, réiteach, socrú.

comharsa noun ❶ *neighbour*: comharsa béil dorais, comharsanach, duine béil dorais, bean na comharsan, fear na comharsan; an fear thall; cách; bean nach leat féin 'thy neighbour's wife'; bíonn blas milis ar phraiseach na comharsan; do mhaide féin is asal na comharsan. ❷ *neighbourhood*: ceantar, comharsanacht, comhfhoisce, cóngaracht, dúiche, dúthaigh; an áit timpeall, thart timpeall; sna bólaí sin; sa taobh sin tíre.

comharsanacht noun *neighbourhood*: ceantar, comharsa, comhfhoisce, cóngaracht; dúiche, dúthaigh; an áit timpeall, thart timpeall; sna bólaí sin; sa taobh sin tíre.

comharsanúil adjective *neighbourly*: cabhrach, caoin, ceansa, cineálta, cuiditheach, cuidiúil, cúntach, fóinteach, garach, garúil, lách, oibleagáideach, soilíosach, tacúil, tuisceanach.

comhartha noun ❶ *sign, symbol*: armas, círín, fíor, lógó, marc, nod, samhlán, siodal, siombail, stearnal, suaitheantas, trádmharc, *literary* sín. ❷ *signal*: fógairt, fógra, nod, rabhadh, sméideadh, sméideog, teannáil, treoir. ❸ *indication, omen*: céalmhaine, cosúlacht, cuma, dreach, leid, lorg, mana, rian, séan, sliocht, taispeánadh, teir, tuar, *literary* sín. ❹ *notice, heed*: aird, aire, beann, cronú, griongal, sea, sonrú, suim, suntas, úidh. ❺ *pl.* **comharthaí aithne**, *pl.* **comharthaí sóirt** *identifying* *marks, symptoms: pl.* airíonna, aithint, aithne, cló, cosúlacht, cuma, cumraíocht, cuntas, dealramh, dreach, gnás, gné, nádúr, *pl.* saintréithe, *pl.* tréithe, tuarascáil, tuairisc.

comharthaí *noun forecaster:* aitheantóir, caileantóir, fáidh, fáidheadóir, fáistineach, fear fáistine, réadóir, taibhseoir, tairngire.

comharthaigh *verb* ❶ *mark, indicate:* fíoraigh, imlínigh, leag amach, léirigh, marcáil. ❷ *signify:* ciallaigh, cuir in iúl, maígh, taispeáin; sméid. ❸ *designate:* ainmnigh, ceap, marcáil, roghnaigh, togh.

comharthaíocht *noun* ❶ *appearance, signs: pl.* airíonna, *pl.* comharthaí, cosúlacht, cuma, cuntanós, dreach, *pl.* saintréithe, *pl.* síneacha, *pl.* tréithe. ❷ *signalling:* drámaíocht bhalbh, geáitsíocht, gotháil, mím; séimeafór, teanga comharthaí.

comharthú *noun (act of) indicating, indication:* ciallú, cur in iúl, fíorú, fógairt, fógra, forógra, imlíniú, léiriú, marcáil, rabhadh, síniú, taispeáint, taispeánadh.

comhbhá¹ *noun* ❶ *fellow-feeling, sympathy:* atrua, báíocht, báúlacht, cairdeas, cásamh, caoimhe, caoine, carthanacht, cásmhaireacht, cineáltacht, cion, comhbhá, comhbhrón, córtas, gean, grá, láíocht, trua, tuiscint. ❷ *close friendship, alliance:* aontacht, aontas, aontú, buannacht, caidreamh, cairdeas, caoifeacht, carthanacht, céilíocht, cleamhnas, coimhdeacht, coimhirse, comhar, comhchaidreamh, comhchairdeas, comhcheangal, comhghaol, comhghuaillíocht, comhluadar, comhluadracht, comhpháirt, comrádaíocht, conbharsáid, córtas, cuideachta, cuidiúlacht, cumann, cumarsáid, dlúthchairdeas, gaol, guaillíocht, lánmhuintearas, lánúnachas, mórtachas, muintearas, nasc, páirt, páirteachas, páirtíocht, plé, rannpháirtíocht, snaidhm, taithíocht, teagmháil, teanntás, *literary* cairdine.

comhbhá² *noun rivalry, contention:* achrann, agóid, aighneas, argóint, coinghleic, cointinn, comhrac, comórtas, construáil, dréim, easaontas, géarchoimhlint, imreas, imreasán, iomaíocht, iomarbhá, rás, sáraíocht, sciolladóireacht, spairn, spochadh, spochadóireacht, stangaireacht, trasnaíocht, troid, *literary* coinbhleacht, conghail.

comhbhách *adjective sympathetic:* caoin, caomh, caonrasach, cásmhar, ceansa, ceanúil, cineálta, cneasta, connail, dáimheach, dáimhiúil, garúil, geanúil, grámhar, lách, oibleagáideach, práinneach, trócaireach, tuisceanach.

comhbhrón *noun sympathy:* atrua, báíocht, báúlacht, comhbhá, cásamh, cásmhaireacht, trua, tuiscint.

comhchaidreamh *noun association:* caidreamh, cairdeas, carthanacht, céileachas, céilíocht, coimhdeacht, coimhirse, comhchairdeas, comhghaol, comhghuaillíocht, comhluadar, comhluadracht, comrádaíocht, conbharsáid, córtas, cuideachta, cuidiúlacht, cumann, cumarsáid, dlúthchairdeas, gaol, guaillíocht, lánmhuintearas, mórtachas, muintearas, páirt, páirteachas, páirtíocht, plé, rannpháirtíocht, taithíocht, teagmháil.

comhchealgaire *noun conspirator:* cogarnach, plotaire; brathadóir, cealgaire, feallaire, plotaire, scéiméir, tréatúir.

comhcheangail *verb bind together, join together:* aontaigh, ceangail le chéile, cóimeáil, comáil, comhaontaigh, comhshnaidhm, comhtháthaigh, cuimsigh, cuir le chéile, dlúthaigh le chéile, nasc, nasc le chéile, pós, snaidhm le chéile, tabhair le chéile, tar le chéile.

comhcheangal *noun combination, coalescence:* aontacht, aontas, aontú, ceangal, cleamhnas, comhaontas, comhbhá, comhchaidreamh, comhghuaillíocht, comhpháirt, comrádaíocht, comhtháth, comhtháthú, cónaidhm, nasc, páirteachas, páirtíocht, teacht le chéile.

comhcheilg *noun conspiracy:* anbhrath, brathadóireacht, cealg, cealgaireacht, cluanaireacht, comhchogar, feall, feall ar iontaoibh, fealladh, feallaireacht, fealltóireacht, feillbheart, feillghníomh, meabhlaireacht, míchogar, plota, plotaireacht, tréas, tréatúireacht, údragáil, údramáil, uisce faoi thalamh, *literary* imdeall.

comhcheol *noun harmony:* binneas, claisceadal, ceol na sféar, ceolchaire, ceolmhaireacht, cór na n-aingeal, oirfide.

comhchoibhneas *noun correlation:* coibhneas, cóimheas, coinnealg, comh-ard, comhghaol, congruacht, comhionannas, comhréir, comhréireacht, comórtas, comparáid, comhréir, comhréireacht, cosúlacht, cuimse, cuimseacht, gaolmhaireacht, iomaíocht, iomchuibheas, ionannas, ráta.

comhchoirí *noun accomplice:* caidreamhach, comhbhráthair, comhghleacaí, cuiditheoir, compánach, comráda, comrádaí, guaillí, leathbhádóir, páirtí, páirtnéir.

comhchruinnigh *verb assemble, congregate:* bailigh, carn, carnáil, cladáil, cnuasaigh, coigil, comóir, conlaigh, cruach, cruinnigh, gróig, tacair, teaglamaigh, teaglamaigh, tiomairg, tiomsaigh, toibhigh, tionóil; cuir i dtoll a chéile, cuir le chéile, tabhair le chéile; tar le chéile.

comhchruinniú *noun assembly, congregation:* aonach, ardfheis, comóradh, comhdháil, comhthionól, cruinniú, cruinniú cinn bhliana, mathshlua, oireacht, oireachtas, ollchruinniú, seanadh, sionad, slógadh, slua, tionól, tionóltas, tóstal; *pl.* na hionadaithe, *pl.* na teachtaí.

comhdaigh *verb file:* taiscigh; cuir ar taifead, cuir i gcomhad, cuir i dtaisce, cuir i dtrodán; catalógaigh, cláraigh, códaigh, sórtáil, táblaigh.

comhdháil *noun* ❶ *meeting, tryst:* araicis, coinne, comhchruinniú, comhrac, cruinniú, dáil, teacht le chéile, teagmháil, *literary* oiris. ❷ *convention, congress:* ardfheis, comhthionól, cruinniú cinn bhliana, oireachtas, ollchruinniú, parlaimint, seanadh, sionad, slógadh, tionól, tóstal.

comhdhéanamh *noun structure, composition:* cóimeáil, coimpléasc, comhshuíomh, déanamh, mianach, nádúr, ríd, struchtúr; *pl.* comhábhair, *pl.* comhdhamhnaí, *pl.* comhpháirteanna, *literary* déanmhas; ábhar, damhna, stuif.

comhdhlúth *adjective compact:* brúite, comhbhrúite, comhdhlúite, comhfháiscthe, conláisteach, dingthe, dlúth, dlúfar, docht, fáiscthe, fuinte, teann; comair, triopallach.

comhdhlúthaigh *verb press together, compact:* comhbhrúigh, comhfháisc, ding, fáisc; comhtháthaigh.

comhdhuille *noun counterfoil:* admháil, cúiteántas, cúpón, dearbhán, duillín, foirm admhála, stampa admhála.

comhfhios *noun consciousness:* aire, aithne, ciall, dúiseacht, intinn, meabhair, stuaim.

comhfhiosach *adjective conscious:* ar a chiall, ar a mheabhair, cuimhneach, ina dhúiseacht, ina lándúiseacht, meabhrach, múscailte.

comhfhortacht *noun consolation, comfort:* ceansú, coráiste, croí, faoiseamh, misneach, ola ar do chroí, sólás, suaimhneas, *literary* díodhnadh; cásamh, comhbhá, comhbhrón, trua, tuiscint.

comhfhortaigh *verb console, comfort:* calmaigh, ceansaigh, meanmnaigh, misnigh, sólásaigh; cuir misneach i, tabhair croí do, tabhair misneach do, tabhair sólás do.

comhfhreagair *verb correspond:* aontaigh, comhaontaigh, freagair, réitigh dá chéile; scríobh chuig a chéile.

comhfhreagrach

comhfhreagrach adjective *corresponding:* coibhéiseach, comhbhríoch, freagrach; comhionann, cothrom le, cosúil, ionann; ar cóimhéid, ar comhchéim, ar comhdhéanamh.

comhfhreagraí noun *correspondent:* iriseoir, nuachtaí, nuachtóir, tuairisceoir; colúnaí.

comhfhreagras noun *correspondence: pl.* litreacha, malartú litreacha; cumarsáid.

comhfhuaim noun *consonance, assonance:* comhardadh briste, uaithne; cosúlacht, rím.

comhghairdeas noun *congratulations:* tréaslú; go maire tú an lá, go maire tú do nuaíocht; go mba sheacht bhfearr a bheidh tú; déanaim comhghairdeas leat.

comhghéilleadh noun *compromise:* comhréiteach, conradh, margadh, margáil, réiteach, síocháin, socrú; ligean chugat is uait; aontú, athchairdeas, athmhuintearas.

comhghleacaí noun ❶ *equal, peer:* coibhéis, cómhaith, leithéid, macasamhail. ❷ *colleague, fellow:* comhbhráthair, comhoibrí, comhpháirtí, compánach, comrádaí, guaillí, leacaí, leathbhádóir, páirtí, páirtnéir.

comhghuaillí noun *ally:* cara, comhalta, comhbhráthair, comhghleacaí, compánach, comráda, cuiditheoir, cúntóir, guaillí, leathbhádóir, páirtí, páirtnéir.

comhionann adjective *equal, identical:* ceannann céanna, coibhéiseach, cómhaith, ionann, mar a chéile, mar an gcéanna; a leithéid, a mhacasamhail.

comhla noun ❶ *door, door-leaf:* comhla ar chonair, comhla bheag, comhla dorais, comhla haiste, comhla shleamhnáin, comhla thógála, leac ar tinneall, doras, scalpán. ❷ *shutter:* comhla fuinneoige, comhla roithleáin, scalpán. ❸ *valve:* buacaire, coca, sconna, spiogóid, teanga.

comhlachas noun *association:* cairdeas, caradradh, caradras, carthanacht, carthanas, céileachas, céilíocht, coimhdeacht, coimhirse, comhchaidreamh, comhchairdeas, comhghaol, comhghuaillíocht, comhluadar, comhluadracht, compánachas, compántas, comrádaíocht, conbharsáid, córtas, cuideachta, cuidiúlacht, cumann, cumarsáid, dlúthchaidreamh, dlúthchairdeas, gaol, guaillíocht, lánmhuintearas, mórtachas, muintearas, páirt, páirteachas, páirtíocht, plé, rannpháirtíocht, taithíocht, teagmháil, teanntás, *literary* comhthanas, fóir.

comhlacht noun *company, firm, body:* comhlachas, corparáid, cuallacht, cuideachta, cumann, gnó, gnólacht, gnóthas.

comhlán adjective ❶ *full up:* iomlán, lán, lán go boimbéal, líonta, lomlán, sách, téagartha, teann; ag brúchtaíl, ag sceith. ❷ *complete, perfect:* críochnaithe, críochnúil, foirfe, lándéanta, *literary* neamh-mhiolamach; ar áilleacht, ar deil, ar deiseacht, gan cháim, gan locht, gan on, gan smál, glan; tá an buinne béil air, tá an cipín mín air, tá an tslis mhín air, tá barr feabhais air.

comhlann noun *match, contest, fight:* achrann, agóid, aighneas, báire, bruíon, cluiche, coinbhleacht, coimhlint, coingleic, cointinn, comhrac, comórtas, conspóid, construáil, díospóid, díospóireacht, dréim, easaontas, easaontas, eisíocháin, eisíth, géarchoimhlint, giorac, griobsach, iaróg, imirt, imreas, imreasán, iomaíocht, iomaraíl, iomarbhá, ionsaí, rás, sáraíocht, scirmis, scliúchas, siosma, spairn, spairníocht, trasnaíocht, troid, *literary* conghail, easard, gleidean, imnise; agallamh beirte.

comhlannach adjective *fond of fighting, contentious:* achrannach, agóideach, aighneasach, aighneastúil, ainciseach, araiceach, aranta, argóinteach, buailteach, caismirteach, cancrach, cantalach, cochallach, coilgneach, cointinneach, colgach, comhraiceach, comórtasach, conghleacach, conspóideach, cuileadach, deafach, dréimeach, dréimneach, driseogach, drisíneach, feargach, friochanta, gairgeach, gleoch, goilliúnach, gráinneogach, greannach, imreasach, imreasánach, iomarbhách, ionsaitheach, iortha, siosmach, spairneach, straidhpeach, straidhpiúil, teagmhálach, trodach, *literary* dreannach, íorach, tachrach.

comhlíon verb ❶ *fulfil, complete:* comhaill, comhlánaigh, críochnaigh, déan forlíon, oibrigh; cuir i gcrích, cuir i bhfeidhm, cuir i ngníomh, déan ó thús deireadh, tabhair chun críche. ❷ *satisfy, repay:* aisíoc, cúitigh, cúitigh an comhar le, déan leorghníomh le, díol, díol an comhar le, íoc, sásaigh.

comhlíonadh noun ❶ *fulfilment, observance, completion:* comhall, comhlánú, críochnú, cur i bhfeidhm, cur i gcrích, cur i ngníomh, déanamh, gníomhú, oibriú, tabhairt chun críche, tabhairt chun deiridh. ❷ *satisfaction, requital:* aiseag, aisíoc, comha, comhardú, cúiteamh, díol, díolaíocht, díoltas, éiric, leorghníomh, luach saothar, ómós, pá, sásamh, táille.

comhluadar noun ❶ (*social*) *company:* caidreamh, cóisir, compántas, cuallacht, cuideachta, *pl.* daoine, dream, drong, pobal, soit, slua, *literary* fóir. ❷ *family, household:* ál, cine, clann, cónaí, fine, líon tí, muintir, muirear, muirín, pór, stoc, scuainín, sliocht, teach, teaghlach, teallach, tíos.

comhoibrí noun *co-operator, fellow-worker:* comhbhráthair, comhghleacaí, comhpháirtí, compánach, comrádaí, guaillí, leacaí, leathbhádóir, páirtí, páirtnéir.

comhoibrigh verb *co-operate, collaborate:* bí ag obair le chéile, bí ag obair i bpáirt, cuir le chéile, gabh i gcomhar le.

comhoibriú noun (*act of*) *co-operating, collaboration:* comhar, comhar na gcomharsan, comharchumann, comharfhiontar, comhfhiontar, comhghuaillíocht, comhpháirtíocht, cur le chéile, frithpháirteachas; obair as lámh a chéile, obair i bpáirt lena chéile.

comhoiread noun *equal amount:* coibhéis, cóimhéid, comhbhrí, cómhaith, comh-ard, comhfhad, comhionann, cothrom, ionann, leithéid, macasamhail; an oiread, an oiread céanna.

comhoiriúnach adjective *matching, compatible:* coibhéiseach, comhfhreagrach, comhréireach, freagrach; a chomard de, a chómhaith de, a chothrom de, a léithéid de, a mhacasamhail de.

comhoiriúnacht noun *compatibility:* comhbhá, comhfhreagracht, freagracht; aontas, aontaontas, comhréiteacht, réiteach; cairdeas, carthanacht, coimhirse, comhghaol, comhluadracht, comhréireacht, comrádaíocht, cuidiúlacht, cumann, dlúthchairdeas, gaol.

comhoiriúnaigh verb *harmonize, match:* comardaigh, comhréitigh, comhshamhlaigh, comhshínigh, meaitseáil; cuir i bhfreagairt dá chéile, cuir i gcomhréir dá chéile, cuir in oiriúint dá chéile, réitigh le, tabhair le chéile, tar le.

comhordaigh verb *co-ordinate:* cogairsigh, coigeartaigh, cóirigh, comhshamhlaigh, córasaigh, cuir ar aonchéim, cuir in eagar, cuir in ord; eagraigh, gléas, rangaigh, reachtáil, réitigh, riar, socraigh, stiúir, tabhair chun córais, tabhair chun eagair, tabhair chun sistéim.

comhpháirt noun *component part:* ábhar, comhdhamhna, cuid, eilimint, gné, mianach, ríd, stuif. *adverbial phrase* **i gcomhpháirt (le)** *in partnership* (*with*)*, jointly* (*with*)*:* i gcomhar le, i bpáirt le, i bpúirt is i bpáirt le; bail, in éineacht le, in éindí le, mar aon le.

comhpháirtí noun *copartner, associate:* comhbhráthair, comhghleacaí, comhoibrí, compánach, comrádaí, guaillí, leacaí, leathbhádóir, páirtí, páirtnéir.

comhpháirtíocht noun *copartnership, association:* cairdeas, céileachas, céilíocht, coimhdeacht, coimhirse, comhar, comharchumann, comhchaidreamh, comhchairdeas, comhfhiontar, comhghaol, comhghuaillíocht, comhluadar, comhluadracht, compántas, comrádaíocht, conbharsáid, córtas, cuideachta, cuidiúlacht, cumann, cumarsáid, dlúthchairdeas, gaol, guaillíocht, lánmhuintearas, mórtachas, muintearas, páirt, páirteachas, páirtíocht, rannpháirtíocht.

comhphobal noun *community:* coiteann, comhlachas, comhluadar, complacht, cuallacht, cumann, *pl.* daoine, dream, drong, grúpa, leas poiblí, muintir, náisiún, pobal; an choitiantacht.

comhrá noun *conversation:* agallamh, allagar, brioscchaint, cabaireacht, cadráil, caint, ceiliúr, clab, clabaireacht, conbharsáid, cumarsáid, dioscúrsa, comhfhuighle, comhlabhairt, imagallamh, pairlí, plé, spruschaint; aighneas, béadán, béalastánacht, bleadar, bleadracht, bleadráil, breasnaíocht, brilléis cainte, buinne cainte, díospóireacht, geab, geabaireacht, geabairlíneacht, geabantacht, geabstaireacht, geocaíl, giob geab, giofaireacht, giolcaireacht, giostaireacht, glagaireacht, gleoiréis, gleoisíneacht, gliadar, gligíneacht, gliog gleag, gliogar, gliogarnach, glisiam, gobaireacht, gogalach, síofróireacht, siollaireacht.

comhrac noun ❶ *fight:* achrann, aighneas, bruíon, callóid, callshaoth, cliathach, cogadh, coighleic, cointinn, cosaint, easaontas, feacht, feachtas, géarchoimhlint, iaróg, imreas, imreasán, iomaíocht, ionsaí, scirmis, spairn, treas, troid, *literary* coinbhleacht, conghail, easard, imnise, imruagadh, iorghal. ❷ *meeting:* aonach, araicis, coinne, comhchruinniú, comhdháil, cruinniú, dáil, ollchruinniú, seanadh, sionad, teacht le chéile, teagmháil, *literary* oiris.

comhraic verb ❶ *fight:* fear cogadh, ionsaigh, seas an fód, tabhair cath, spairn, troid; *literary* sín chun catha. ❷ *encounter, fall in with:* cas le, ráinigh le chéile, tar crosta ar, tar i ndáil, tar trasna ar, teagmhaigh le, téigh d'airicis, téigh in airicis, téigh faoi bhráid.

comhraiceach adjective ❶ *combatant:* achrannach, agóideach, aighneasach, argóinteach, bagrach, buailteach, callóideach, callshaothach, clamprach, cogúil, coilgneach, cointinneach, colgach, conghleacach, conspóideach, cuileadach, dréimeach, dréimneach, gleoch, goineach, goinideach, gráinneogach, greannach, imreasach, iomaíoch, iomarbhách, ionsaitheach, siosmach, spairneach, straidhpeach, straidhpiúil, teagmhálach, trodach. ❷ *meeting, confluent:* comhláithreach.

comhráiteach adjective *conversational:* briosc-chainteach, cabanta, cainteach, clabach, cuideachtúil, geabach, geabanta, glafaireach, gleoiréiseach, gliogach, gliograch, labharthach. noun *conversationalist:* cainteoir; ramscéalaí, scéalaí; cabaire, cadrálaí, clabaire, siollaire.

comhramh noun ❶ *trophy:* bonn, corn, creach, duais, trófaí, *literary* curadhmhír. ❷ *triumph:* bua, bua caoch, buachan, buachtáil, buachtaint, caithréim, coscar, éacht, gáir mhaíte, gaisce, glóir-réim, gníomh gaisce, lámh in uachtar, ollás, *literary* cearn.

comhramhach adjective *triumphant:* buach, buaiteach, buamhar, cathbhuach, caithréimeach, coscrach, gaisciúil, glóir-réimeach, gnóiteach, laochta, niata, raonach, treascrach, *literary* cearnach.

comhréir noun ❶ *accord, congruity:* comhaontú, comhionannas, congruacht, conradh, freagracht, iomchuibheas, ionannas. ❷ *proportion:* coibhneas, cóimheas, comhréireacht, comórtas, comparáid, cosúlacht, cuimseacht, gaolmhaireacht, iomaíocht, ráta. ❸ *syntax:* gramadach, ord na bhfocal; gramadach ghiniúnach, gramadh thransfhoirmitheach.

comhréireach adjective ❶ *proportional:* coibhneasta, i gcomhréir (le rud), de réir (ruda). ❷ *concordant, accordant:* ag aontú le, ag freagairt do. ❸ *syntactical:* **adjectival genitive** comhréire.

comhréireacht noun ❶ *proportionality:* coibhneas, cóimheas, coinnealg, comh-ard, comhghaol, congruacht, comhionannas, comhréir, cuimse, cuimseacht; comórtas, comparáid, iomaíocht. ❷ *concordance:* comhaontú, comhionannas, congruacht, cosúlacht, freagracht, gaolmhaireacht, iomchuibheas, ionannas.

comhréiteach noun ❶ *compromise, settlement:* athchairdeas, athmhuintearas, comhghéilleadh, conradh, ligean chugat is uait, margadh, margáil, réiteach, síocháin, socrú. ❷ *agreement, harmonization:* aontú, comardú, comhaontú, comhardú, comhshamhlú, freagairt dá chéile, comhréir lena chéile, oiriúint dá chéile, réiteach.

comhriachtain noun *coition, copulation:* bualadh craicinn, caidreamh collaí, céileachas, collaíocht, comhleapachas, comhluí, craiceann, cumasc, cúpláil, feis, gabháil le chéile, gnéas, lánúineachas, lánúnachas, lánúnas, leannántacht, péiríocht, reithíocht, striapachas, táth, *literary* innéirí, *familiar* giotaíocht, guicéaracht, guití, joineáil, leathar, marcaíocht, proit, proiteáil, pumpáil, raighdeáil, scailleog, slataíocht, steabáil, stialláil; bugaireacht, sodamacht, *familiar* cigireacht tóna.

comhroinn noun *common share, portion:* cóir, candam, ceart, cion, cionmhaireacht, cothrom, cuid, cuibhreann, fáltas, riar, roinnt, scair, suim, *literary* urrann.

comhshamhlaigh verb *assimilate, make similar:* comhshnaidhm, cuir i gcosúlacht, déan aon chorp de, déan cosúil le, déan do chuid féin de, insealbhaigh, ionannaigh.

comhshamhlú noun *(act of) assimilating, assimilation:* cóimeáil, comhcheangal, comhshnaidhmeadh, comhtháthú, cónasc, ionannú.

comhshnaidhm verb *tie together, combine:* aontaigh, comhaontaigh, comhtháthaigh, cóimeáil, cónaisc, comáil, comhcheangail, ceangail, figh le chéile, fuaigh le chéile, nasc.

comhshó noun *conversion (of funds):* calaois, cúbláil, comhshó calaoiseach, cúigleáil, dúbláil, gadaíocht, goid, mídhílsiú, mionghadaíocht, mionghoid; caimiléireacht, cleasaíocht, cluain, cluanaireacht, cneámhaireacht, feall ar iontaoibh, iarracht cham, lúbaireacht, mealladh, mealltóireacht, míchneastacht, mímhacántacht, scealpaireacht, séitéireacht.

comhshocrú noun *convention, common arrangement:* béas, cleachtas, comhghnás, coinbhinsean, conradh, gnás, gnáthamh, nós, nós imeachta, socrú, traidisiún.

comhsholas noun *twilight:* amhscarnach, amhscarthanach, breacsholas, coimheascar, coineascar, comhrac lae is oíche, crónachan an lae, cróntráth, crónú an lae, crónú na hoíche, deireadh lae, dorchadas, dul ó sholas, fochraí lae is oíche, scaradh lae is oíche, smál na hoíche, tús oíche; idir dall is dorchadas, nuair atá sé ag dul ó sholas.

comhshuigh verb *arrange in position, set:* cóirigh, cuir i dtoll a chéile, cuir i dtreo, cuir in alt a chéile, cuir in eagar, eagraigh, leag amach, réitigh, socraigh, suigh.

comhshuíomh noun *composition:* cóir, cóiriú, cumadh, cumraíocht, déanamh, déanmhaíocht, dearadh, deasú, deisiú, eagar, eagrú, gléas,

comhtháite
gléasadh, leagan amach, réiteach, riocht, socrú, suíomh.

comhtháite adjective *joined together:* cóimeáilte, cónaiscthe, comáilte, comhcheangailte, ceangailte, fite le chéile, fite fuaite le chéile, fuaite le chéile, greamaithe, measctha, nasctha.

comhtharlú noun *coincidence:* comhfhreagracht, comhtheagmhas, comhthitim, teagmhas, teagmhang.

comhtháthaigh verb *join together, fuse:* aontaigh, ceangail, ceangail le chéile, cóimeáil, comáil, comhaontaigh, comhcheangail, comhleáigh, comhshnaidhm, dlúthaigh le chéile, nasc le chéile, snaidhm le chéile, tabhair le chéile.

comhtháthú noun *(act of) fusing, fusion:* comhleá; comáil, comhaontú, comhcheangal, comhdhlúthú, cónasc.

comhthéacs noun *context:* pl. coinníollacha, pl. cúinsí, cúlra, pl. dála, pl. imthosca, timpeallacht, pl. tosca; atmaisféar, cúlra, cultúr, fráma tagartha, timpeallacht.

comhtheagmhas noun *coincidence:* comhfhreagracht, comhtharlú, comhthitim, teagmhas, teagmhang.

comhthionól noun ❶ *assembly, gathering:* ardfheis, caibideáil, caibideal, comhairle, comhdháil, cruinniú, cruinniú cinn bhliana, mustar, oireachtas, ollchruinniú, parlaimint, seanadh, sionad, slógadh, tionól, tóstal. ❷ *(religious) community:* cuallacht, cumann, ord.

comhthíreach noun *compatriot:* comhshaoránach, fear aon tíre, fear mo thíre féin, bean aon tíre, bean mo thíre féin, lucht aon tíre.

comhthreomhar adjective *parallel:* comhdhíreach, comhshínte, parailéalach.

comhthreomharán noun *parallelogram:* comhshínteachán.

comhuaineach adjective *simultaneous:* comhaimseartha; comhaosta; in éineacht.

comóir verb ❶ *convene, assemble:* bailigh, cnuasaigh, comhchruinnigh, cruinnigh, slóg, tiomsaigh, tionóil; cuir le chéile, cuir i dtoll a chéile, tabhair le chéile. ❷ *celebrate:* ceiliúir, coinnigh, coimeád, mór, oirircigh, onóraigh, sollúnaigh; an Cháisc a dhéanamh, an Nollaig a dhéanamh. ❸ *escort:* tionlaic, tionlacaigh; tar in éineacht le, téigh in éineacht le.

comónta adjective *common, ordinary, vulgar:* cábógach, coiteann, coitianta, cothrom, daoscair, drifisceach, forleathan, forleitheadach, gaelach, garbh, gnách, gnáth-, gnáthúil, íseal, lábánta, luarga, moghach, neamhshuntasach, pleibeach, prólatáireach, sclábhánta, suaillmheasta, suarach, tútach, uiríseal, *literary* deargna; beagmhaitheach, beagmhaitheasach, beagthábhachtach, éadairbheach, neafaiseach, neamhbhríoch, neamhfhiúntach, neamhshuimiúil, neamhthábhachtach, smugach.

comóntacht noun *commonness, ordinariness, vulgarity:* cábógacht, coitiantacht, coitinne, forleithne, ísle, lábántacht, luargacht, sclábhántacht, suarachas, táire, tútachas, tútaíocht, uirísle.

comóradh noun ❶ *gathering, assembly:* aonach, ardfheis, caibideáil, caibideal, comhairle, comhchruinniú, comhdháil, comhthionól, cruinniú, cruinniú cinn bhliana, dáil, mustar, oireachtas, ollchruinniú, seanadh, sionad, slógadh, tionól, tóstal. ❷ *celebration:* ceiliúradh; aeraíocht, aonach, bainis, carnabhal, céilí, coirm, coirm is ceol, cóisir, damhsa, féasta, féile, feis, fleá, fleá cheoil, infear, meilséara, rince, scoraíocht, sollúnú. ❸ *escort of honour, accompaniment:* coimhdeacht, garda gradaim, tionlacan; sochraid.

comórtas noun ❶ *comparison:* coinnealg, comh-ard, comparáid, cosúlacht, iomaíocht. ❷ *competition:* báire, cluiche, coimheascar, coimhlint, coinghleic, cointinn, comhlann, comhrac, dréim, géarchoimhlint, imirt, iomaidh, iomaíocht, iomarbhá, iompairc, iompairt, rás, sáraíocht, spairn, troid, turnaimint, *literary* coinbhleacht.

compal noun ❶ *ring, enclosure:* bábhún, bánóg, banrach, clós, coire, cúirt, fáinne, fáinneán, fál, imfhál, imfhálú, imphort, macha, móta, póna, sorcas. ❷ *surroundings, environs:* ceantar, comharsanacht, comhfhoisce, cóngaracht, pl. gaobhair, gnáthóg, imshaol, limistéar, nideog, pl. purláin, timpeallacht. ❸ *traffic roundabout:* timpeallán; cóngar bóithre, fáinne.

compánach noun *companion:* bean choibhche, bean choimhdeachta, caoifeach, cara, céile, coigéile, comhbhráthair, comhghleacaí, comhleapach, comráda, comrádaí, guaillí, leacaí, leannán, leathbhádóir, leathcheann, páirtí, páirtnéir, *literary* comthach.

compántas noun *association, associated body:* comhchaidreamh, comhchairdeas, comhghuaillíocht, comhlacht, comhluadar, complacht, comrádaíocht, conradh, cuallacht, cumann, cuideachta, eagraíocht, eagras, foireann, grúpa, guaillíocht, meitheal, páirteachas, páirtíocht.

comparáid noun *comparison, likeness:* cóimheas, coinnealg, comh-ard, comórtas, comhréir, comhréireacht, cosúlacht, cuimseacht, gaolmhaireacht, iomaíocht, samhail, samhlachas, samhlú, *literary* iontamhail, iontamhlacht.

compás noun ❶ *compass:* compás loinge, snáthaid mairnéalaigh. ❷ *circumference, limit:* forimeall, imchuairt, imlíne, srian, teorainn, *literary* forar, tacmhang.

complacht noun *company, gang:* baicle, béinne, cathlán, ceithearn, ceithearn timpill, cipe, cleaicín, coimhdeacht, cóip, coimhirse, comhchaidreamh, comhchairdeas, comhghuaillíocht, comhlacht, comhluadar, compántas, comrádaíocht, criú, cruinniú, cuallacht, cumann, cuideachta, díorma, dream, feadhain, fianlach, foireann, fracht, gasra, grinne, grúpa, guaillíocht, meitheal, mustar, paca, páirteachas, páirtíocht, rang, scaoth, scata, scuad, scuadrún, scuaine, slógadh, slua, tóstal, trúpa, *literary* cuain, fóir, *pejorative* cleas.

compord noun *comfort:* brothall, cluthaireacht, faoiseamh, gor, goradh, imchumhdach, macnas, sáimhríocht, sáile, saoráid, seascaireacht, só, sólás, sómas, suáilceas, suaimhneas, téamh, teas, teocht, teolaíocht; bheith ar do chraodó, bheith ar do sháimhín só, bheith ar do sháimhín suilt.

compordach noun ❶ *comfortable:* cluthar, cluthmhar, compoirdeach, compóirteach, compordúil, gorach, guamach, sámh, seascair, sócúil, soirbh, sóisealta, sómasach, sómásach, suaimhneach, suairc, taitneamhach, téagartha. ❷ *comforting:* caonrasach, cásmhar, cineálta, comhbhách, comhfhortúil, dáimhiúil, máithriúil, séimh, sólásach, suáilceach, suaimhneasach, suaimhnitheach.

comrádaí noun ❶ *comrade:* caidreamhach, cara, comhbhráthair, comhghleacaí, comhghuaillí, compánach, comráda, guaillí, leacaí, leathbhádóir, máta, páirtí, pairtnéir, *literary* comthach. ❷ *mate:* banchéile, bean, beanchéile, bean choibhche, bean choimhdeachta, caoifeach, cara, céile, cneasaí, cograch, coigéile, comhleapach, fear, fear céile, leannán, leathbhádóir, nuachar, páirtí, páirtnéir. ❸ *match:* coibhéis, cómhaith, comhchiallach, cothrom, ionann, leathcheann, leithéid, macasamhail, maitseáil.

comrádaíocht noun *comradeship, (act of) consorting:* aontíos, buannacht, caidreamh, caoifeachas, caoifeacht, caradradh, caradras, carthanacht, carthanas, céileachas, céilíocht, cion, coimhdeacht, coimhirse, comhar, comhghuaillíocht, comhlachas, comhleapachas, comhluadar, comhluadracht, córtas, cuideachta, cuidiúlacht, cumann, dáimh, dile, díograis, dlúthchaidreamhan, gaol, grá, guaillíocht, láchas, láíocht, lánúineachas, lánúnachas, lánúnas, méadaíocht, muintearas, nádúr, páirt, páirtíocht, suirí, taithíocht, taobhú, tláithe.

comrádúil adjective *comradely:* bráithriúil, búch, caidreamhach, cairdiúil, caoin, caoithiúil, caonrasach, carthanach, ceansa, céilúil, cineálta, cneasta, coimhirseach, coimhirseanach, comhluadrach, connail, córtasach, cuideachtúil, cuidiúil, dáimhiúil, díograiseach, garach, garúil, lách, macánta, méiniúil, miochair, muinteartha, oibleagáideach, páirteach, páirtiúil, séimh, suairc, tláith.

cón noun *cone:* coirceog, cóncheap.

conabhrú noun *mauling, scrimmage:* cambús, carabóm, carabuaic, carabunca, cibeal, cipeadraíl, clampar, clibirt, cliobach, cliobaram hob, cosair easair, cuimil an mháilín, holam halam, hólam tró, hurlamaboc, hurla harla, hurlama giúrlama, liútar éatar, liútar léatar, pililiú, raiceáil, raiple húta, rírá, ruaille buaille, sclíúchas, tranglam, troimpléasc.

conablach noun *carcass, remnants:* ablach, barraíl, barraíolach, brocamas, cáith, cáithleach, corp, corpán, dramhaíl, dríodar, feoil, fuílleach, garr, graiseamal, gramaisc, gríodán, grúdarlach, grúnlach, grúnlais, miodamas, mionrach, pracar, práib, salachar, scaid, sceanairt, sciot sceat, scileach, screallach, scroblach, splíonach, trachlais, *pl.* traipisí, treilis, treilis breilis, truflais.

conách noun ❶ *prosperity, wealth: pl.* acmhainní, áirge, airgead, bracht, bruithshléacht, bunairgead, coibhche, crodh, éadáil, Éire fré chéile, Éire gan roinnt, flúirse, gustal, iarmhais, inmhe, ionnas, ionnús, maoin, maoin an tsaoil, maoin shaolta, ollmhaitheas, ollmhaitheas an tsaoil, ór na cruinne, rachmall, rachmas, raidhse, rath, rathúlacht, rathúnas, saibhreas, sochar, *pl.* sócmhainní, somhaoin, speilp, spré, stór, strus, tábhacht, teaspach, toice, *literary* intleamh, ionnlas, sorthan; tá a chóta bán buailte *'his fortune is made'*. ❷ **a chonách sin air!** *serves him right!:* gura mar sin dó, is maith an díol air é, tá sé sách maith aige.

conaghreabhaid noun *hullaballoo, noisiness:* callán, callóid, cambús, carabuaic, carabunca, cibeal, cipeadraíl, clampar, clibirt, cliobach, cliobaram hob, clisiam, fuilibiliú, gáir faoi tholl, gleo, gliogar, glisiam, holam halam, hólam tró, hulach halach, hurlamaboc, hurla harla, hurlama giúrlama, liútar éatar, liútar éatar, liútar léatar, pililiú, racán, rachlas, ragáille, raic, raiple húta, rírá, ruaille buaille, rúscam raindí, sclíúchas; blosc, bloscadh, búir, búireach, clagairneach, clagarnach, clagarnaíl, clatear, clogarnach, coigeadal, dord, dordán, dordánacht, fothram, fuaim, geoin, geonaíl, gleadhradh, glór, glóraíl, liú, pléasc, pléascadh, pléascarnach, scréach, scréachach, scread, screadach, sian, siansán, toirnéis, torann, tormán, troimpléasc, troistneach, trost, trostal, trostar, trup, trupáis, trupás, truplásc, *literary* géis.

cónaí noun ❶ *dwelling, residence:* aice, aicíocht, áit chónaithe, áitreabh, áras, athbhaile, baile, buanchónaí, gnáthóg, iosta, lonnachán, lonnaíocht, lonnú, mainéar, teach, teach mór, teaghais, treafas; brugh, caisleán, dún, dúnadh, fearannas, fineachas, gabháltas, mainéar, pálás, suíochán, talamh, *literary* damh. ❷ *state of rest:* calm, fosadh, fosaíocht, iamh, oiriseamh, sáimhe, sámh, sámhán, sámhchodladh, scíth, suaimhneas, suan, suanaíocht, suanán, támh, támhchodladh, támhnéal, támhshuan, téigle, toirchim, toirchim suain, *literary* seitheamh. ❸ *stop, stay:* fanacht, feitheamh, fosadh, stad, stopadh. **adverbial phrase i gcónaí** *always, still:* an t-am ar fad, an t-am go léir, go buan, i dtólamh, de ghnáth, de shíor, *literary* de ghréas; ar fad, go fóill, go sea; ar feadh na faide; ar bóthiomáin.

conaifear noun *conifer:* crann buaircíneach.

cónaigh verb ❶ *dwell, settle:* áitrigh, ciúnaigh, cuir fút, deasaigh, deisigh, fan, feith, gabh, lonnaigh, mair, seadaigh, sealbhaigh, síothaigh, síothlaigh, socraigh, socraigh síos, stad, stop, suigh, *literary* féithigh, oiris.

conáil verb *perish, freeze:* cuisnigh, fuaraigh, reoigh, sioc, stiúg.

conair noun *path, passage:* aicearra, bealach, bóithrín, cis, ciseach, clochán, cóngar, cora, cosán, cúrsa, dorchla, eanach, fithis, imrim, lána, paráid, pasáiste, póirse, raon, rian, rianán, ród, scabhat, scóidín, siúlán, siúlóid, slí, sráid, teoróid, tóchar.

conairt noun ❶ *dogs, pack of hounds:* cuain, *pl.* cúnna ealta, *pl.* gadhair, *pl.* madraí, paca, saithe, scaoth. ❷ *rabble:* brablach, brataing, bratainn, bruscar, codraisc, cóip, cóip na sráide, cuimleasc, daoscar, daoscarshlua, drifisc, glamrasc, gráisc, gramaisc, gramaraisc, gráscar, grathain, luifearnach, luspairt, malra, rablach, scroblach, sloigisc, slua, sprot, trachlais; Clann Lóbais, Clann Tomáis.

cónaitheach adjective ❶ *constant, continual:* buan, buan-, buanseasmhach, cobhsaí, daingean, diongbháilte, do-bhogtha, fíriúil, gnách, gnáth-, seasmhach, seasta, síoraí. ❷ *resident, stationary:* cobhsaí, daingean, do-bhogtha, foisteanach, lonnaitheach, marthanach, seasmhach, seasta, stoptha; ina stad.

cónaitheoir noun *dweller, resident:* áitreabhach, aoi, bundúchasach, coilíneach, cónaitheach, dúchasach, duine de mhuintir na háite, lonnaitheoir; cathróir, saoránach, tuathánach.

conamar noun *broken bits, fragments:* barraíl, barraíolach, brablach, brios brún, brioscbhruan, brioscbhruar, brocamas, bruan, bruar, brus, bruscar, brúscar, cáithleach, *pl.* ciolaracha chiot, cosnach, *pl.* diomlacha, dramhaíl, dríodar, fuílleach, graiseamal, gramaisc, gríodán, grúnlach, grúnlais, *pl.* lótaí bia, mangarae, maothlach, miodamas, mionbhruar, mionrabh, mionrach, oirneach, sceanairt, sciot sceat, scileach, screallach, scroblach, *pl.* séibhíní, *pl.* slisíní, *pl.* smidiríní, *pl.* smiodair, smionagar, smutraíl, snoíogar, spruadar, *pl.* spruáin, sprúilleach, *pl.* sprúilleacha, *pl.* sprúillí, trachlais, *pl.* traipisí, treilis, treilis breilis, *literary* brúireach.

conas adverb *how?:* conas go; cad é mar, cé mar, cén bealach, cén chaoi, cén dóigh, cén tslí.

cónasc noun ❶ *conjunction, connection:* aontacht, aontas, aontú, ceangal, cleamhnas, comhaontas, comhbhá, comhchaidreamh, comhcheangal, comhtháth, cónaidhm, nasc, páirteachas, páirtíocht, snaidhm.

cónascadh noun *amalgamation, fusion:* aontacht, aontas, aontú, ceangal, comhaontú, comhcheangal, comhtháth, comhtháthú, cónaidhm, nasc, páirteachas, páirtíocht, snaidhm.

conbharsáid noun *conversation, intercourse:* agallamh, allagar, baint, éadán, bleadar, bleadracht, brioscchaint, cabaireacht, caint, ceiliúr, clab, clabaireacht, comhrá, comhrá, cumarsáid, déileáil, dioscúrsa, comhfhuighle, comhlabhairt, díospóireacht, geab, geabaireacht, imagallamh, pairlí, plé, spruschaint.

concas noun ❶ *conquest:* bua, caithréim, cloí, forbhais, gabháltas, ionramh. ❷ *gloating over, forcing*

conchró
oneself on someone: caithréim, gaisce, maíomh; buannúlacht, cunórtas, teanntás.

conchró noun kennel: cró, teach madra.

confach adjective ❶ rabid: adjectival genitive dúchais, fíochmhar, fraochmhar. ❷ irate, ill-tempered: achrannach, ainciseach, araiciseach, aranta, cancrach, cantalach, cochallach, coilgneach, colgach, crosta, cuileadach, danartha, deafach, driseogach, drisíneach, faghartha, feargach, fraochmhar, gairgeach, goilliúnach, gráinneogach, greannach, grusach, iarógach, íortha, oibrithe, meirgeach, spuaiceach, taghdach, trodach, literary dreannach, íorach. ❸ ravenously hungry: amplach, antoisceach, caolocrach, craosach, díocasach, faobhrach, fíochmhar, géar, géarghoileach, gortach, ocrach, ocrasach.

confadh noun ❶ rabies: dúchas, fíoch, fraoch. ❷ mad eagerness: aimirne, ainmheasarthacht, ainmhian, ainriantacht, ampla, andúil, anlucht, antoil, dásacht, díocas, dúil, dúil chráite, dúrúch, faobhar, fíoch, fiuchadh foinn, flosc, fonn, gábhair, saint, scamhadh, teaspach. ❸ ill temper: aincis, aingíocht, ainleoireacht, aonachas, aonacht, baosra, cancracht, cantlamh, crostacht, drisíneacht, faghairt, fearg, goilliúnacht, greannaitheacht, iarógacht, paisean, paisiún, spadhar, taghd, teasaíocht, tintríocht.

cóngar noun ❶ nearness, vicinity: aice, comharsanacht, cóngaracht, cóngas, deise, deiseacht, fogas, foisceacht, giorracht, literary neasacht. ❷ short cut: aicearra, aichearra, bóthar gearr, timpeall. ❸ terseness of speech: aicearracht, coimre, giorracht, gontacht. ❹ useful appliance: acra, airnéis, áis, áisiúlacht, caoi, caoithiúlacht, pl. ciútraimintí, cóineas, deis, pl. fearais, feisteas, gaireas, pl. giuirléidí, pl. gléasanna, gléasra, inleog, sás, trealamh, pl. uirlisí.

cóngarach adjective ❶ near, convenient: achomair, acrach, áisiúil, cóineasach, cóngarach, conláisteach, cuí, deas, éasca, fearastúil, feiliúnach, fóinteach, fóirsteanach, gairid, gar, gearr, teachtmhar, literary iongar; in-, in achomaireacht (do), faoi thuairim, gar do, i dtimpeall, i bhfogas (do), i bhfoisceacht (de), in aice (le), i ngar do, i ngiorracht (do), lámh le, le cois, sásúil, soláimhsithe, tairbheach, tráthúil, úsáideach, literary iongar. ❷ terse, curt, witty: abartha, aicearrach, aisfhreagrach, brasach, cabanta, cliste, clóchasach, cunaí, deaschainteach, deiliúsach, deisbhéalach, dosartha, eagnaí, gasta, gearblach, gearr-abartha, gearrchainteach, glic, maigiúil, nathánach, nathanta, tráthúil.

cóngas noun ❶ nearness, closeness: aice, cóineas, cóngar, cóngaracht, deise, deiseacht, fogas, foisceacht, giorracht, literary neasacht. ❷ relationship: aitheantas, aontíos, baint, buannacht, caidreamh, cairdeas, caoifeacht, carthanacht, céilíocht, coimhdeacht, coimhirse, comhar, comhchaidreamh, comhchairdeas, comhghaol, comhghuaillíocht, comhlachas, comhluadar, comhluadracht, comrádaíocht, conbharsáid, córtas, cuideachta, cuidiúlacht, cumann, cumarsáid, dlúthchairdeas, gaol, guaillíocht, lánmhuinteáras, lánúnachas, mórtachas, muintearas, páirt, páirteachas, páirtíocht, plé, rannpháirtíocht, taithíocht, teagmháil, teanntás. ❸ relative: bean ghaoil, fear gaoil, cara, pl. cairde gaoil, gaol; is d'aon stoc amháin iad.

congbháil noun ❶ holding, settlement: aicíocht, áitreabh, coilíneacht, cónaí, dúchas, eastát, fearann, fearannas, fineachas, gabháltas, iarmhais, lonnú, oidhreacht, suíochán, talamh. ❷ church establishment: aireagal, ardeaglais, baisleac, cill, clabhstra, clochar, domhnach, eaglais, lann, lios, mainistir, reigléas, séipéal, teampall, historical cathair.

conlaigh verb glean, gather: bailigh, carn, carnáil, cladáil, cnuasaigh, coigil, cruach, cruinnigh, gróig, tacair, teaglamaigh, tiomairg, tiomsaigh, tionóil, toibhigh; cuir i dtoll a chéile, cuir le chéile, tabhair le chéile.

conláiste noun ❶ tidiness: beaichte, coimre, críochnúlacht, cóir, córaí, cuimseacht, cúirialtacht, deise, deiseacht, deismireacht, innealtacht, néatacht, ordúlacht, piocthacht, piocúlacht, pointeáilteacht, slacht, snoiteacht. ❷ compactness: coimre, dlúithe, dlús, doichte, teannas, teinne. ❸ pl. conláistí conveniences, amenities: pl. acmhainní, pl. áiseanna, coibhneas, cóngar, pl. deiseanna, éascaíocht, feiliúnacht, fóint, fóirsteanacht, fónamh, gar, garaíocht, pl. mithidí, pl. taitneamhachtaí.

conláisteach adjective ❶ compact: comair, comhdhlúite, comhdhlúth, connail, cruafháisce, cruafhuinte, cuimseach, dingthe, dlúfar, dlúth, docht, fáiscthe, fuinte. ❷ tidy: connail, cúirialta, deas, deismir, fáiscthe, galánta, néata, oirní, ordanáilte, ordúil, piocha, piocúil, pointeáilte, slachtmhar, triopallach. ❸ handy, convenient: achomair, acrach, áisiúil, cóineasach, cóngarach, deas, fearastúil, feiliúnach, fóinteach, fóirsteanach, oiriúnach, soláimhsithe, tairbheach, teachtmhar, úsáideach, literary iongar.

conlán noun ❶ gleaning, gathering, heap: bailiú, bulc, burla, carn, carnáil, carnán, ceallamán, cnap, cnapán, cnuasach, crocán, cruach, cruachadh, cruinniú, cual, díolaim, gróigeadh, gróigeán, gruagán, lab, leacht, lionsca, maoil, maois, maoiseog, moll, múr, punann, teaglaim, literary dais. ❷ group, band, family: baicle, béinne, buíon, bunadh, cine, clann, cipe, cóip, comhlacht, criú, cruinniú, cuallacht, cumann, cuideachta, dream, dúchas, feadhain, fine, foireann, fuil, gasra, grúpa, líne, meitheal, muintir, paca, pobal, rang, scata, scuaine, síol, síolrach, sliocht, slógadh, slua, stoc, teaghlach, treibh, literary cuain. adverbial phrase **ar do chonlán féin** on one's own: ar do leointe féin, as do stuaim féin, de do leointe féin, go neamhspleách, i d'aonar, leat féin.

conlú noun ❶ (act of) gleaning, gathering: bailiú, carnadh, carnáil, cnuasach, cruachadh, cruinniú, díolaim, gróigeadh, teaglaim. ❷ (act of) tidying: athleasú, ceartú, ceartúchán, coigeartú, cóiriú, feistiú, leasú, leasúchán, prúnáil, réiteach, slachtú, socrú.

connadh noun firewood, fuel: ábhar tine, breosla, brosna, pl. cipíní, cual, fioghual, loiscneach, móin, bruscar móna, grabhar móna, smúdar móna; buarán, cacnaidh.

connaigh verb accustom to: cleacht, gnáthaigh, taithigh.

connail adjective ❶ pleasant, kindly: beannaithe, búch, caoideanach, caoin, caomh, ceansa, cneasta, duineata, garúil, lách, macánta, maith, máithriúil, mánla, maránta, méiniúil, miochair, míonla, oibleagáideach, séimh, soirbh, suairc, tláith. ❷ sensible, discreet: céillí, ciallmhar, cliste, críonna, discréideach, eagnaí, fadcheannach, fothainiúil, gaoiseach, gaoisiúil, gaoismhear, inrúin, meabhrach, praitinniúil, réasúnta, rúnmhar, stuama, tuisceanach; tá an chúiléith i bhfad siar aige. ❸ compact, tidy: comair, connail, cúirialta, deas, deismir, dlúfar, fáiscthe, fuinte, néata, oirní, piocha, piocúil, pointeáilte, slachtmhar, triopallach.

connailbhe noun love of kind, attachment, affection: bá, caithis, carnáil, carthanacht, ceanas, cumann, dáimh, dáimhiúlacht, dile, dílseacht, díograis, díograisí, dúil, fialchaire, gaolacht, gean, gnaoi, grá, greann, ionúine, taitneamh, toil, literary dailbhe.

connalbhach adjective *loving, affectionate, fond of kind:* bráithriúil, caithiseach, caoin, caonrasach, ceanúil, cineálta, connail, dáimheach, dáimhiúil, dil, geanúil, grámhar, lách, lánúnach, leanúnach, práinneach, searcach, searcúil, teochroíoch.

cónocht noun *equinox:* cónocht an earraigh, cónocht an fhómhair; comhréim lae is oíche, eacaineacht, lá leathach.

cónra noun *coffin:* comhra, cónair, sarcófagas; adhnacal, tuama.

conradh noun ❶ *agreement, contract, treaty:* comhaontú, comhréiteach, cor, coraíocht, cúnant, margadh, margáil, réiteach, socrú, síocháin, síth, *pl.* téarmaí, *literary* cadach, cairdine. ❷ *league:* aontas, ceardchumann, comhar, comhchaidreamh, comhlachas, cumann ceardaithe, eagraíocht, gild, páirtíocht, siondacáit. ❸ *bargain:* cúnant, margadh, margáil, socrú, *pl.* téarmaí.

conraitheoir noun *contractor:* bildeálaí, foirgneoir, foirgnitheoir, tógálaí.

conrós noun *dog-rose, wild rose (Rosa canina, etc.):* condris, dris na mogóirí, feirdhris, foirdhris, oirdhris, rós-sceach na mbánta, sceach mhadra.

consaeit noun ❶ *conceit:* anbharúil, buannaíocht, ceartaiseacht, clóchas, cocaireacht, cuidiúlacht, cúisiúlacht, cunórtas, díomas, éirí in airde, giodal, iarlaitheacht, leitheadas, móiréis, mórchúis, mórtas, postúlacht, prapaireacht, sotal, stráice, stróúlacht, suimiúlacht, teanntás, uabhar, údarás; bogás, *pl.* cumaí móra, forcamás, *pl.* froigisí, *pl.* geáitsí, *pl.* gothaí, *pl.* roilsí. ❷ *fastidiousness:* beadaíocht, beadamas, cáiréis, cúirialtacht, deismíneacht, éiseal, éisealacht, íogaireacht, mínineacht, pointeáilteacht, tormas.

consaeitiúil adjective ❶ *conceited:* anbharúlach, beadaí, blaoscach, bogásach, borrach, bródúil, ceannard, ceartaiseach, clóchasach, cuidiúil, cúisiúil, díomasach, foruallach, giodalach, iarlaithe, iarlaitheach, lánmhar, leitheadach, leitheadúil, mórálach, mórchúiseach, mórluachach, mórmheasúil, mórluachach, mórtasach, postúil, sotalach, stradúsach, stráiciúil, stróúil, suimiúil, teanntásach, tóstalach, uaibhreach, údarásach, undrach; *literary* i mborr le mórtas, sna hairdeoga; *familiar* tá sé chomh rud. ❷ *fastidious:* beadaí, cáiréiseach, cúirialta, éisealach, íogair, lagáiseach, laideanta, pointeáilte, samhnasach, scrupallach, tormasach.

consaigh verb *notice the absence of, miss:* cronaigh, crothnaigh; airigh uait, braith uait, mothaigh uait; is danaid dúinn é; is mór an chumha dúinn é; tá caitheamh ina dhiaidh; tá sé de dhíth orainn.

conspóid noun ❶ *argument, controversy:* achrann, agóid, aighneas, argáil, argóint, briatharchath, cailicéireacht, cáiríneacht, caismirt, callóid, callshaoth, cnádán, cnádánacht, coinghleic, cointinn, comhrac, conspóid, construáil, cráiféal, díospóid, díospóireacht, easaontas, eisíth, feannadóireacht, foclaíocht, géaradas cainte, géiríneacht, giorac, goineogacht, imreas, imreasán, iomarbhá, míthuiscint, neamhréiteach, plé, priocaireacht, sciolladóireacht, siosma, siúite, smiolgaireacht, stangaireacht, trasnáil, trasnaíocht, troid, *literary* aimhréiteach, conghail, easard, gleidean.

conspóideach adjective ❶ *argumentative:* achrannach, agóideach, aighneasach, aighneastúil, aighneasúil, ainciseach, allta, aranta, caismirteach, cancrach, cantalach, cochallach, coilgneach, comhlannach, cuileadach, dalba, dána, deafach, docheansa, docheansaithe, doriartha, doshrianta, driseogach, drisíneach, feargach, driseogach, drisíneach, gleoch, goilliúnach, gráinneogach, greannach, imreasach, imreasánach, iomarbhách, iomlatach, ionsaitheach, iarógach, íortha, siosmach, spairneach, spairniúil, straidhpeach, straidhpiúil, trodach, *literary* dreannach. ❷ *(of things) controversial, contentious:* achrannach, aighneasach, aimpléiseach, anróiteach, casta, cointinneach, crua, deacair, doiligh, doréidh, doréitithe.

conspóidí noun *argumentative person, controversialist:* agóideoir, agróir, aighneasóir, áititheoir, argónaí, beachtaí, cailicéir, cáirín, construálaí, díospóir, feannadóir, goineadóir, imreasaí, imreasánaí, priocaire, sceideálaí, sciolladóir, spochadóir, spochaire, stangaire, trasnálaí; Conán.

constábla noun *constable:* garda, péas, pílear, póilí, póilín, síothmhaor.

constáblacht noun *constabulary:* *pl.* na gardaí, *pl.* na péas, *pl.* na póilíní, *pl.* na póilíos, *pl.* na síothmhaoir; an Garda Síochána; Constáblacht Ríoga na hÉireann; Constáblacht Ríoga Uladh; Seirbhís Phóilíneachta Thuaisceart Éireann.

constaic noun *obstacle:* bac, bacainn, branra, buairichín, buairthín, buarach, cis, coisceadh, cosc, cornasc, costadh, cros, cruimeasc, éaradh, gradhan, glaicín, iodh, laincide, laincis, laingeal, ríochan, sochtadh, sos, srian, stad, stop, stopainn, toirmeasc, urchall, *literary* fos, oilbhéim.

construáil noun ❶ *construction, interpretation:* anailís, ciallachadh, ciallú, claonadh, insint, laofacht, léamh, léirmhíniú, míniú, taifeach, tátal, tuiscint. ❷ *argument, bickering:* achrann, agóid, aighneas, argáil, argóint, beachtaíocht, cailicéireacht, cáiríneacht, cnádán, cnádánacht, coinghleic, cointinn, cráiféal, deargadh beara, díospóid, díospóireacht, feannadóireacht, foclaíocht, géaradas cainte, géiríneacht, goineogacht, íde béil, íde na muc is na madraí, imreas, imreasán, iomarbhá, leadhbairt den teanga, oidhe bhéil, oirbhire, priocaireacht, sciolladóireacht, spochadh, spochadóireacht, stangaireacht, tarcaisne, trasnáil, trasnaíocht, troid. verb ❶ *construe:* anailísigh, bain tátal as, léigh, léirmhínigh, mínigh, taifigh, tuig. ❷ *argue, oppose:* áitigh, bac, coisc, stop, toirmisc; cuir i gcoinne, cuir in aghaidh, cuir stop le.

contae noun *county:* scíre, sír, síreacht, sirriamacht; achar, ceantar, limistéar, réigiún, barúntacht, *pl.* tríocha céad, *pl.* triúcha.

contanam noun *continuum:* cointeanóid; aonad, aontacht, claonas, leanúnachas, raon, réimse, sraith, treocht.

contracht noun ❶ *curse:* blaisféim, crístín, dia-aithis, diairmín, diamhasla, drochfhocal, eascain, eascaine focal amh, focal gan chuibheas, *pl.* jioranna agus crístíní, mallacht, mallachtach, mallaitheoireacht, mionn, mionn is móid, mionn mór, slamfhocal, smachladh, *literary* smeirlis. ❷ *contrariness:* achrann, agóid, aighneas, argóint, beachtaíocht, cadrán, cailicéireacht, ceannairc, ceanndáine, ceanndánacht, ceanntréine, codarsnacht, cointinn, conspóid, construáil, contráilteacht, crosántacht, cruas, danarthacht, deargadh beara, dígeantacht, diúnas, diúltú, dodaireacht, dúire, éaradh, easumhlaíocht, eiteachas, feannadóireacht, frisnéiseacht, goineogacht, imreas, imreasán, neamhghéilleadh, priocaireacht, pusaireacht, smutaireacht, stailc, stainc, staincíneacht, stalcacht, stalcaíocht, stangaireacht, stuacacht, stuacanacht, stuaic, sulcáil, trasnáil, trasnaíocht, troid. ❸ *misfortune:* aimléis, ainnise, ainríocht, amaróid, anacair, anachain, anás, anchaoi, angar, anró, anróiteacht, anshó, bochtanas, boichte, bochtaineacht, cat mara, ciotrainn, crá, crá croí, cráiteacht, cránán, cránas, cruatan, deacair, dealús, dearóile, díbhíocht, dochonách, dochracht, dochraide, dócúl, doghrainn, doic, dóing, doinmhí, dola, don, donacht, donas, dothairne, drámh, drochrath, duainéis, éagomh-

contráil
lann, eirleach, gábh, gannchuid, géarbhroid, géarghoin, iomard, leatrom, matalang, mí-ádh, mírath, mísheoladh, mífhortún, míthapa, pioblóid, taisme, teipinn, timpiste, tragóid, trioblóid, truántacht, tubaiste, turraing, umar na haimléise, *literary* cacht, galghad.

contráil noun ❶ *contrary, opposite:* codarsnacht, contráilteacht, contrárthacht, diallas, difríocht, éagúlacht, frithshuíomh, malairt. ❷ *contrariness, perversity:* achrann, agóid, aighneas, argóint, beachtaíocht, cailicéireacht, cointinn, conspóid, construáil, contráilteacht, crosántacht, deargadh beara, feannadóireacht, frisnéiseacht, géaradas cainte, géiríneacht, goineogacht, imreas, imreasán, priocaireacht, sciolladóireacht, spochadh, spochadóireacht, stangaireacht, trasnaíocht, troid. ❸ *unfavourable conditions:* aimléis, ainnis, amaróid, anachain, cat mara, ciotrainn, deacracht, don, donacht, donas, drochrath, eirleach, iomard, matalang, mí-ádh, míbhuntáiste, mífhortún, mírath, mísheoladh, míthapa, taisme, timpiste, tragóid, tubaiste, turraing, umar na haimléise.

contráilte adjective ❶ *contrary:* bunoscionn, contrártha, droim ar ais, frisnéiseach, naimhdeach dá chéile; a mhalairt. ❷ *wrong:* aincheart, amú, breallach, bunoscionn, cam, cearr, éagórach, earráideach, éigeart, mícheart, neamhcheart, olc, peacach, saofa, **adjectival genitive** tuathail; ar seachrán, as an gcosán, as an tslí, as bealach; tá leathlúb ann, tá lúb ar lár ann; chuaigh sé chun mearbhaill, chuaigh sé thar a chuntas.

contrálaí noun *contrary person:* agóideoir, agróir, argónaí, aighneasóir, beachtaí, cailicéir, cáirín, conspóidí, construálaí, díospóir, feannadóir, goineadóir, imreasaí, imreasánaí, priocaire, sceideálaí, sciolladóir, spochadóir, spochaire stangaire, trasnálaí.

contrártha adjective *contrary, opposite:* bunoscionn, comheisiatach, contráilte, droim ar ais, frisnéiseach, naimhdeach dá chéile; a mhalairt.

contrárthacht noun *contrariety, contrast:* codarsnacht, contráil, diallas, difríocht, éagúlacht, frisnéiseacht, frithshuíomh, malairt.

contráth noun *dusk, gloaming:* amhscarnach, amhscarthanach, breacsholas, clapsholas, meathsholas; coimheascar, coineascar, comhrac lae is oíche, crónachan an lae, crónú an lae, crónú na hoíche, deireadh lae, dúchrónachan, dul ó sholas, scaradh lae is oíche, tús oíche; nuair is chomhsholas fear le tor um thráthnóna.

contúirt noun ❶ *literary doubt:* agó, agóid, amhras, dabhta, dhá cheann na meá, éidearbhadh, galar na gcás, mearbhall, mearaí, teannta. ❷ *danger:* bagairt, baol, bearna baoil, cuntar, dainséar, fiontar, fiontraíocht, gábh, guais, guaisbheart, guaisbheartaíocht, guaiseacht, priacal, riosca, *literary* éislinn, ing.

contúirteach adjective *dangerous:* bagrach, baolach, dainséarach, gáifeach, guaisbheartach, guaiseach, priaclach.

conúil adjective *doglike, doggish:* gadhrúil, madrúil.

copóg noun *dock, dock leaf (Rumex):* bileog sráide, bileoga sráide, blí bóin, bó bóiníní, bosa sráide, bun dára, copóg rua, copóg shráide, copógach, duilleog sráide, eireaball an mhadra rua, eireaball mhadra rua, roschopóg.

cor noun ❶ *turn, twist:* camadh, casadh, claon, claonadh, coradh, cromadh, cuar, cúinne, dronn, fiar, goic, laobhadh, leathcheann, leathstuaic, lúb, maig. ❷ *haul of fish:* baisc éisc, gabháil, marú. ❸ *lively air, reel:* ríl; cornphíopa, fonn, gliogram cos, port, scoth. **verb** *turn:* cam, cas, crom, fiar, iompaigh, lúb, saobh, snaidhm, sníomh, tiontaigh; cuir casadh i, cuir cor i, cuir freang i, cuir snaidhm i.

cór[1] noun *chorus, choir:* claisceadal, coigeadal, cór amhránaithe, *literary* clas.

cór[2] noun *corps:* arm, briogáid, buíon, cath, cathlán, ceithearn, ceithearn timpill, cliath, coimhdeacht, complacht, cúltaca, díorma, fianlach, garda, gasra, grinne, léigiún, rang, reisimint, scuad, scuadrún, seirbhís, tascar, tionlacan, trúpa, *literary* rúta.

cora noun ❶ *weir:* cara, damba, *literary* ime. ❷ *steppingstones:* áth, cabhsa, cis, ciseach, clochán, clochrán, tóchar.

córach adjective *shapely, comely:* álainn, breá, caithiseach, canta, caomh, cruthach, cruthúil, cuanna, cuidsúlach, cumtha, dathúil, deachruthach, dealfa, dealraitheach, dea-mhaisiúil, deas, deismir, dóighiúil, fíortha, galánta, glémhaiseach, gleoite, gnaíúil, gnúiseach, grástúil, greanta, innealta, iomálainn, lachanta, leacanta, maisiúil, meallacach, naíonda, péacach, sciamhach, slachtmhar, snúúil, spéiriúil, tarraingteach, *literary* cadhla, mas, seada, sochraidh.

coradh noun *turn, bend:* camadh, casadh, claon, claonadh, cor, cromadh, cuar, cúinne, dronn, fiar, goic, laobhadh, leathcheann, leathmhaing, leathspleic, leathstuaic, lúb, maig.

coraí noun *wrestler:* caraí; gleacaí, gleacaire, iomrascálaí, leagaire, spairní.

córaid noun ❶ *pair, yoke:* ama, coirb, cuing, cuingir, cuingeal, damhra, mám, péire, seisreach; uarach. ❷ *group:* baicle, buíon, béinne, cipe, cóip, comhlacht, criú, cruinniú, cuallacht, cumann, cuideachta, dream, díorma, feadhain, foireann, fracht, gasra, grinne, grúpa, meitheal, paca, rang, scata, scuaine, slógadh, slua, tascar, tionlacan, treibh, trúpa, *literary* cuain. ❸ *herd:* ál, baicle, conairt, cuain, dreabhlán, ealbha, ealbhán, ealta, groí, eilbhín, éillín, grathain, lota, macha, paca, saithe, scaoth, scuaine, scúd, sealbhán, táin, tréad, uail, *literary* speil.

coraíocht noun ❶ *wrestling:* caraíocht; brollaíocht, burlaíocht, castaíocht, gleacaíocht, iomrascáil; gráscar lámh, leagan, spairníocht; babhta leagain. ❷ *turning:* casadh, coradh, iompú, laobhadh, laofacht, lúbadh, lúbarnaíl, sníomh, tiontú, únfairt.

coráiste noun ❶ *courage:* calmacht, coráistiúlacht, crógacht, croí, dánacht, foirtile, foirtileacht, gal, gaisce, gaiscíocht, gus, laochas, laochdhacht, meanma, meanmnacht, misneach, misniúlacht, niachas, oirbheart, oiread Chnoc Mordáin de chroí, scairt, scairt láidir, smior, spiorad, sponc, spreacadh, spriolladh, uchtach, uchtúlacht, *literary* déadlacht, meanmanra. ❷ *boldness, effrontery:* clóchas, coc, dalbacht, dánacht, dásacht, deiliús, sotal, uabhar, teanntás.

coráistiúil adjective *courageous:* calma, calmánta, cróga, dána, dásachtach, gaiscíuil, galach, gusmhar, laochta, meanmnach, miotalach, misniúil, neamheaglach, uchtúil, *literary* déadla.

córas[1] noun *system:* modh, modheolaíocht, sistéim; clár, eagar, eagraíocht, leagan amach, socrú.

córas[2] noun ❶ *chorus:* claisceadal, coigeadal, cór amhránaithe. ❷ *hearing, encouragement:* brostú, éisteacht, gríosú, spreagadh, ugach.

córasach adjective *systematic:* rianúil, sistéamach; eagraithe.

corb verb *corrupt, defile:* éilligh, mill, morg, nimhigh, salaigh, scrios, táir, teimhligh, trochlaigh, truailligh; éignigh, réab, sáraigh, *literary* lochair.

corbadh noun *(act of) corrupting, corruption, defilement:* éilliú, lobhadh, milleadh, morgadh, sail, salachar, salú, scrios, smál, smalairic, teimhliú, trochlú, truailleachas, truailliú; éigniú, réabadh, sárú, *literary* lochar.

corc noun *cork:* dallán, plocóid, pluga, stopallán, stuipéad.
corcach noun *marsh:* corrach, eanach, gaothlach, puiteach, riasc, riascach, riasclach; bogach, ceachrach, criathrach, portach; muireasc.
corcáil verb *cork:* cuir caipín ar, cuir corc i, cuir stopallán i; blocáil, dambáil, druid, dún, oclúidigh, stop.
corcán noun ❶ *pot:* citeal, citil, coire, pota, sciléad. ❷ *familiar pot-belly:* ardbholg, bolg, ceaig, ciseachán, collaid, cuadal, feirc, geois, maróg, méadail, peasán, riteachán, sceart, séibe, stomán, tarr, torp.
corcair noun *purple dye:* purpair, purpar; murach.
corcra adjective *purple:* corcardha, corcrach, purpair; corcairdhearg, corcairghorm; craorac, craorag.
corcraigh verb ❶ *dye purple:* purparaigh. ❷ *bloody:* cneáigh, créachtaigh, dearg, doirt fuil, fuiligh, goin, gortaigh.
corda noun ❶ *cord, string:* braighdeán, coirdín, iall, barriall, rópa, ruainseachán, ruóg, sloigín, snáithe, snáth, sreang, sreangán, srian, suaithne, téad, téadán; sursaing. ❷ *corda an rí corduroy:* cord, cordailiúr, cordragha.
córlann noun *choir, chancel:* caingeal, cór, *pl.* córchantairí, saingeal; crannaíl, crannchaingeal, crann saingil; sanctóir.
corn noun ❶ *(musical) horn:* alpchorn, déchorn, postchorn; adharc, bonnán, bonnán cóiste, buabhall, galltrumpa, gléasbhuabhall, sliodtrumpa, stoc, stoc comhraic, tiúba, troimpéad, trombón, trumpa, trumpa cláirneach, trumpa muirí, trumpa nádúrtha. ❷ *drinking-horn:* adharc, ballán, buabhall, cailís, cuach, cupa, cupán, flagún, giústa, gogán, scála, *literary* caileach, cingid, stábh. ❸ *(sporting) cup:* bonn, comhramh, curadhmhír, duais, fleasc, trófaí, *literary* craobh. verb *roll, coil:* cas, ceirtleáil, cuaileáil, déan ceirtlín de, glinneáil, gliondáil, maighndeáil, roll, rollaigh, rolláil, tochrais.
corna noun ❶ *roll, coil:* ceirtlín, cornán, cuach, cuaile, roll, rolla, rolladh, rolláil, rollán, rollóg, saoiste, spól; castain, eiteán, fuairnín, glinne, glionda, tochard.
cornchlár noun *sideboard:* clár sleasa, drisiúr.
cornphíopa noun *hornpipe:* cor, fonn, port, ríl, scoth.
coróin noun *crown:* coróinéad, mionn, tiara; fleasc.
Coróin Mhuire noun *rosary, rosary beads:* an Choróin Pháirteach, an Paidrín Páirteach, Conóir Mhuire; paidrín; caogaide, caogaidín; deichniúr den Phaidrín; an tÁivé Máiria, Is é do bheatha, a Mhuire; Paidir agus Áivé Máiria; Glóir.
coróinéad noun *coronet:* coróinín, mionn, tiara.
corónaigh verb *crown:* rígh; coisric, cuir i seilbh, insealbhaigh, oirnigh.
corónta adjective *proper, utter:* áitithe, amach is amach, bunaithe, corpanta, cruthanta, daingean, daingnithe, dearbh-, dearbhaithe, dearg–, deimhnithe, dian-, diongbháilte, do-bhogtha, dochearaithe, doleigheasta, domhúinte, dosmachtaithe, láidir, seanbhunaithe, tréan.
corónú noun *coronation:* rí; insealbhú, cur i seilbh; coisreacan, oirniú.
corp noun ❶ *living body:* beo, colainn, pearsa, úir an duine; daonnaí, duine, neach, neach daonna. ❷ *dead body:* ablach, conablach, corpán, sínteach, spéiceadán, stiúgaí. ❸ *bodily frame, trunk:* cabhail, cliabh, cliabhrach, cóiriú, corpéis, collaid, corplach, fíor, stoc, tamhan. ❹ *middle:* corplár, croí, lár, meán.
Corp Chríost noun *Body of Christ, Eucharist:* abhlann, abhlann naofa, naomhabhlann; an tSacraimint, comaoineach, comaoineach naofa, eocairist, íobairt naofa, rúndiamhair, sacraifís, Suipéar an Tiarna; aifreann, ardaifreann.

corpán noun ❶ *dead body:* ablach, conablach, corp, sínteach, spéiceadán, stiúgaí. ❷ *(astral) body:* rinn; *pl.* na reanna neimhe, *literary* réad.
corpanta adjective ❶ *big-bodied, corpulent:* ceilméartha, corpaí, marógach, méadlach; ata, beathaithe, feolmhar, méith, oitriúil, otair, otartha, otraithe, plobartha, ramhar, róramhar, stáidiúil, timpeallach, toirtiúil, trom; rite le feoil. ❷ *total, out and out:* áitithe, amach is amach, bunaithe, corónta, cruthanta, daingean, daingnithe, dearbh-, dearbhaithe, dearg–, deimhnithe, dian-, diongbháilte, do-bhogtha, dochearaithe, doleigheasta, domhúinte, dosmachtaithe, láidir, seanbhunaithe, tréan.
corparáid noun *corporate body, corporation:* corparáid aonair; bardas, coláiste, comhchuallacht, comhlacht, cuallacht, cuideachta, cuideachta theoranta, eagraíocht, eagras.
corpartha adjective *corporal, bodily:* ábhartha, aiceanta, collaí, damhnúil, dearfa, fisiciúil, nádúrtha, nithiúil, réadach, réadúil, réalta, soladach; ó thaobh an choirp, ó thaobh na colainne.
corpeolaíocht noun *physiology:* fiseolaíocht, histeolaíocht; eolas nádúir.
corplár noun *centre, core:* ceartlár, croí, croílár, meánlár.
corpoideachas noun *physical education:* aclaíocht, aclaíocht coirp, corpoiliúint, lúthchleasaíocht, spórt, suaitheadh coirp, traenáil.
corr[1] adjective ❶ *odd:* aduain, aisteach, ait, coimhthíoch, corraiceach, adjectival genitive cuideáin, neamhchoitianta, neamhghnách, strainséartha, urghnách. ❷ *tapering, pointed:* barrchaol, biorach, feirceach, géar, gobach, spiacánach, spiorach,

---

Rúndiamhra an Choróin Mhuire (The Mysteries of the Rosary)

1 The Joyful Mysteries: na Rúndiamhra Sólásacha
The Annunciation: Teachtaireacht *f.* an Aingil
The Visitation: an Fiosrú
The Nativity: Breith *f.* ár dTiarna
The Presentation: Toirbhirt *f.* an Linbh Íosa
The Finding in the Temple: Fáil *f.* an Linbh Íosa sa Teampall

2 The Mysteries of Light: Rúndiamhra an tSolais
The Baptism of Our Lord: Baisteadh ár dTiarna
The Wedding Feast at Cana: an Bhainis *f.* i gCaná
Jesus Proclaims the Kingdom of God: Íosa ag Fógairt Ríocht Dé
The Transfiguration: Claochlú ár dTiarna
The Last Supper: Séire an Tiarna

3 The Sorrowful Mysteries: na Rúndiamhra Dólásacha
The Agony in the Garden: an tAllas Fola
The Scourging at the Pillar: an Sciúrsáil *f.*
The Crowning of Thorns: an Coróin *f.* Dheilgneach
The Carrying of the Cross: Íosa ag Iompar a Chroise
The Crucifixion: an Céasadh

4 The Glorious Mysteries: na Rúndiamhra Glórmhara
The Resurection: an tAiséirí
The Ascension: an Deascabháil *f.*
The Descent of The Holy Spirit: Tuirlingt *f.* an Spioraid Naoimh
The Assumption: Deastógáil *f.* Mhuire
The Coronation of Our Lady in Heaven: Corónú Mhuire ar Neamh

corr

spuaiceach. ❸ *rounded, curved:* cruinn, cuar, cuartha, lúbtha, rabhnáilte, sféarúil. **noun** *projecting point, angle, edge:* bior, ciumhais, coirnéal, colbha, cúinne, droim, faobhar, feire, imeall, scéimh, sciorta, scoth, spéara, speir, spiacán, spiora, spor, spuaic, taobh, uillinn.

corr² noun *heron (Ardea cinerea):* corr bhán, corr éisc, corr ghlas, corr mhóna, corr réisc, corr riasc, corr scréachóg; Cáití fhada, Júiní an scrogaill, Máire fhada, Nóra na bportach, Síle na bportach. ❷ *long-necked person:* scrogartach, scrogláchan.

corr-³ prefix ❶ *odd, occasional:* fo-; anseo is ansiúd, thall is abhus. ❷ *eccentric:* aduain, aisteach, ait, clagfhiáin, coimhthíoch, corraiceach, neamhchoitianta, neamhghnách, siabhránach, strainséartha, urghnách. ❸ *tapering, pointed:* barrchaol, biorach, feirceach, géar, gobach, spiacánach, spiorach, spuaiceach. ❹ *rounded, curved:* cruinn, cuartha, lúbtha, rabhnáilte.

corrabhuais noun *uneasiness, confusion:* aistíl, bulla báisín, caduaic, cailm, ceo, *pl.* ciapóga, corrthónacht, dallcheo, eagla, faitíos, imní, meadhrán, mearaí, mearbhall, míshuaimhneas, náire, scáth, seachmall, seachrán, suathrán.

corrabhuaiseach adjective *uneasy, abashed:* corrthónach, eaglach, faitíosach, imníoch, mearaithe, mearbhlach, measctha, míshuaimhneach, scáfar, strampáilte, trína chéile; baineadh siar as, thit an lug ar an lag aige, thit an trioll ar an treall aige; bhí go dubhach is go deargach aige.

corrabionga plural noun *ar do chorrabionga on one's hunkers:* ar do chorrabiongaidí, ar do chorracip, ar do chorraduanóg, ar do chorraghiob, ar do chorrána, ar do chorrspiogad, ar do ghaireanáta, ar do ghionga, ar do ghogaide, ar do ghogaidí, ar do ghroga, ar do ghrogada, ar do ghrogaide, ar do ghúngaí, ar do ghúngaí beaga, ar do scoróg, ar do speireacha beaga; tá suí an ghiorria ort.

corrach¹ adjective ❶ *uneven, unsteady:* achrannach, aimpléiseach, anacrach, anróiteach, carrach, carraigeach, clochach, corrach, corraiceach, creagach, deacair, doiligh, dóingeach, droibhéalach, éagothrom, garbh, iomardúil, méirscreach, starragánach; baoth, barrbhaoiseach, barrthuisleach, ceanntrom, contúirteach, creathach, díodánach, éadaingean, éagobhsaí, éagothrom, forbhásach, gingideach, gloinceálach, gogaideach, guagach, guairneánach, longadánach, luaineach, luathintinneach, míshocair, neamhbhuan, neamhchinnte, neamhdhaingean, neamhdhiongbháilte, neamhfhuaimintiúil, neamhshocair, treallach, tuisleach; ar a bhoige bhaige, ar forbhás, ar sinebhogadh; teipeanach. ❷ *projecting, angular:* cúinneach, géar, cearnach, spíceach, spiorach, stacánach, starrach, uilleach; ag gobadh amach.

corrach² noun *wet bog, marsh:* corcach, gaothlach, puiteach, riasc, riascach, riasclach; bogach, ceachrach, criathrach, lathrach, portach; muireasc.

corradh noun *addition:* babhta, barrachas, biseach, bónas, breis, farasbarr, fás, fuílleach, gaimbín, íce, incrimint, méadú, neartú, tuilleadh.

corraí noun *(act of) moving, excitement:* ardú, bogadach, bogadh, corraíl, fíbín, flosc, fuadar, geidimín, geidimíneacht, gluaiseacht, guagacht, imeacht, líonraith, loinne, loinneacht, luaineacht, luas croí, luascadh, luascán, mearaí, meisce, preabadh, scaoll, sceideal, *pl.* sceitimíní, sceleondar, siúl, spreagthacht, suaitheadh, teaspach.

corraic noun *projection, obstacle:* bac, bacainn, buarach, cis, cosc, éaradh, gradhan, laincis, scéimh, scoth, spiara, stad, starraicín, starrán, stop, stopainn.

corraiceach adjective ❶ *uneven, rough:* achrannach, aimpléiseach, anacrach, anróiteach, carrach, carraigeach, clochach, corrach, creagach, deacair, doiligh, dóingeach, droibhéalach, éagothrom, garbh, iomardúil, méirscreach, starragánach. ❷ *odd, being the odd one out:* aduain, aisteach, ait, coimhthíoch, corr, **adjectival genitive** cuideáin, neamhchoitianta, neamhghnách, suaithinseach, suntasach, strainséartha, urghnách; as áit, as ionad, i do chadhan aonair; as an ngnách; ar leith, faoi leith; ann féin; is cuid suntais é.

corraigh verb *move, stir:* aistrigh, athraigh, bog, cuir ar siúl, cuir sa tsiúl, cumhscaigh, druid, gread, griog, gríosaigh, luasc, suaith.

corraíl noun *movement, stir, excitement:* ardú, bogadach, bogadh, corraí, eadarluas, feirbínteacht, fíbín, flosc, fuadar, geidimín, geidimíneacht, gluaiseacht, guagacht, imeacht, líonrith, loinne, loinneacht, luaineacht, luas croí, luascadh, luascán, mearaí, meisce, preabadh, scaoll, sceideal, *pl.* sceitimíní, scleondar, siúl, spreagthacht, suaitheadh, teaspach.

corraitheach adjective *exciting:* croíúil, **adjectival genitive** gríosaithe, gríosaitheach, loinneach, spleodrach, spreagthach, spreagúil; allabhrach, dúisitheach.

corrán noun ❶ *hook, sickle:* adhal, bacán, camóg, crúca, duán, grafán, scorán, *literary* searr. ❷ *crescent, lunule:* corrán gealaí, gealach, gealach dheirceach, luanla, ré nua.

corránach noun ❶ *youth:* aosánach, bioránach, déagóir, eascartach, garsún, gartaire, gasóg, gasún, gasúr, gearrbhodach, gearrbhuachaill, giolla, leaid, mac, macadán, macán, macaomh, ógánach, scorach. ❷ *boyo:* bocaileá, croián, leadaí, leadaire.

corrmhéar noun *forefinger:* méar tosaigh, *familiar* brathadóir, brathaire, colgóg, puntán, méar na leitean, méaróg.

corrmhíol noun *midge:* corrmhíoltóg; claig, creabhar capaill, giobán dubh, míoltóg ghéar, muiscít; péarsla, boiteog.

corróg¹ noun *hip:* gorún, cromán, gorún, leis, scoróg; ceathrú, láirig, *colloquial* leasrach, más, sliasaid.

corróg² noun *bundle, faggot:* bacla, baclainn, burla, corna, cornán, cual, foiscealach, gabháil, grinne, punann, rolla, traidín, ualach, uchtóg.

corrthónach noun *restless, fidgety:* corrabhuaiseach, díodánach, dodach, éaganta, eaglach, faitíosach, fuaiscneach, geitiúil, giongach, giurnálach, guagach, luaineach, luathintinneach, míshocair, míshuaimhneach, obann, ráscánta, ríogach, spadhrúil, taghdach, tallannach, tobann.

corruair adverb *sometimes:* amanna, amanta, anois agus arís, ó am go chéile, ó am go ham, scaití, uaireanta.

córtasach adjective ❶ *agreeable, friendly:* beannaithe, búch, caidreamhach, cairdiúil, caoin, caoithiúil, caomh, caonrasach, carthanach, ceansa, céiliúil, cineálta, cneasta, coimhirseach, comhluadrach, comrádúil, connail, cuideachtúil, cuidiúil, cúntach, dáimhiúil, díograiseach, garach, garúil, lách, macánta, maith, máithriúil, mánla, maránta, méiniúil, miochair, míonla, muinteartha, oibleagáideach, páirteach, páirtiúil, séimh, suairc, taitneamhach. ❷ *generous:* cóir, cuidiúil, dáilteach, dathúil, dearlaiceach, dóighiúil, duaiseach, fáilteach, fairsing, fial, fiúntach, flaithiúil, gnaíúil, lách, mórchroíoch, neamh-mhion, oscailteach, preabúil, rábach, sínteach, tabhartasach, teochroíoch, tíolacthach, toirbheartach, *literary* flaithbheartach, gartach.

cortha adjective *tired*: bréan, buailte suas, caite, ídithe, leamh, marbh, sáraithe, spíonta, tnáite, traochta, tuirseach.

corthacht noun *tiredness, exhaustion*: anbhainne, atuirse, cloíteacht, lagar, leimhe, maoithe, marbhántacht, meirbhliú, scíth, spadántacht, spíonadh, suaiteacht, téiglíocht, tnáitheadh, traochadh, tuirse, *literary* scís.

cos noun ❶ *leg, foot*: géag, *pl.* rítheacha, spág, spanla, troigh; clabhca, sliútar; lúth na gcos; barraicín, méar; murnán sáil, rúitín; colpa, lorga, ioscaid, glúin; ceathrú, leis, sliasaid, más; osán. ❷ *infantry*: *pl.* coisithe, cos-slua, *pl.* saighdiúirí coise. ❸ *underling*: bodach, cábóg, cosmhuintir, daoscarshlua, géillsineach, giolla, íochtarán, ísealaicme, lábánach, mionduine, sclábhaí, seirbhíseach, spailpín, tuathalán, túitín, tútachán. ❹ *handle*: adharc, cluas, crann, figín, hanla, lámh, lámhchrann, lorga, maide, sáfach, urla, urlann. ❺ *stem, stalk*: barrann, coinlín, cuiseog, das, deocán, foithnín, fúinín, gas, geocán, seamaide, sifín, sop, stoc, tráithnín. ❻ *pl.* **cosa fuara** *ininvited guests*: *pl.* failpéirí, *pl.* gailíní, *pl.* geocaigh, geocairí, *pl.* sruthairí, *pl.* stocairí, *pl.* súdairí.

cos ar bolg noun *oppression*: aintiarnas, anfhorlann, ansmacht, antrom, ceannasaíocht, daorbhroid, daordháil, daorsmacht, diansmacht, éagomhlann, foréigean, forneart, géarbhroid, géarsmacht, géillsine, inghreim, lámh láidir, leatrom, sclábhaíocht, smachtúlacht, tíorántacht, tromas.

cosain verb ❶ *defend, protect*: ainic, coigil, coimeád, coinnigh, cothaigh, cumhdaigh, foithnigh, gardáil, imchosain, sábháil, sciath, slánaigh, *literary* ionghair. ❷ *earn, merit*: ceannaigh, saothraigh, tabhaigh, tuar, tuill. ❸ *cost*: téigh; rith sé punt orm; chaill mé an chuid airgid air; conas a díoladh as?; bhí costas mór air.

cosaint noun (*act of*) *defending, protection*: anacal, cabhair, coimeád, coimirce, cumhdach, cúnamh, dídean, díon, faire, feitheamh, garda, gardáil, imchosaint, scáth, sciath, seasamh, *literary* eineachras, imdheaghail; imdhíonadh.

cosair easair noun *trampled down mess*: ciolar chiot, cosaráil, cuimil an mháilín, dramhaltach, easair cosáin, gliogar bhuinnéis, greallach, srúsram.

cosamar noun *sweepings, refuse*: barraíl, barraíolach, brios bruar, brocamas, bruan, bruar, bruscar, brúscar, cacamas, cáith, cáithleach, conamar, cosamar, dramhaíl, dríodar, fuílleach, *pl.* grabhróga, graiseamal, gramaisc, gríodán, grúdarlach, grúnlach, grúnlais, lóch, lóchán, luifearnach, miodamas, mionrach, oirneach, pracar, práib, salachar, scadarnach, scaid, sceanairt, scileach, sciot sceat, screallach, scroblach, *pl.* smidiríní, *pl.* smiodair, smionagar, spíonach, spruadar, *pl.* spruáin, sprúilleach, trachlais, *pl.* traipisí, treilis, treilis breilis, truflais, *literary* brúireach.

cosán noun ❶ *footpath, way, passage*: bealach, bóithrín, bóthar, conair, lána, paráid, póirse, raon, rian, ród, scabhat, scóidín, siúlán, siúlóid, slí. ❷ *direction*: aird, bealach, ceard, cearn, cuid, leath, páirt, slí, stiúir, taobh, treo. ❸ **cosán dearg** *beaten track*: cosán buailte.

cosantach adjective *defensive, protective*: caomhnach, coimirceach, **adjectival genitive** cosanta, **adjectival genitive** cumhdaigh, sciath-.

cosantóir noun ❶ *defender, protector*: bairdéir, caomhnach, caomhnóir, coimirceoir, cosantach, gairdian, garda, *colloquial* lucht cosanta. ❷ *defendant*: cúisí, géibheannach, príosúnach, *literary* líitheach.

cosaráil noun (*act of*) *trampling*: satailt, taltú, trampáil; gabháil de chosa, gliogram cos, trost, trúipéireacht; starrfach.

cosc noun *check, restraint*: bac, bacainn, branra, buairichín, buairthín, buarach, cis, coisceadh, cornasc, cros, cruimeasc, éaradh, gradhan, glaicín, iodh, laincide, laincis, laingeal, ríochan, sochtadh, sos, srian, stad, staonadh, stop, stopadh, stopainn, teacht roimh, toirmeasc, urchall, *literary* fos, oilbhéim.

coscair verb ❶ *rend, mangle*: arg, basc, creach, éignigh, íospair, oirnigh, réab, rois, sáraigh, sclár, scotráil, scrios, srac, stróic, *literary* lochair. ❷ *break up, disintegrate*: blogh, bris, clis, teip ar, tit as a chéile. ❸ *defeat, vanquish*: buaigh ar, buail, cloígh, cnaígh, díscigh, ídigh, sáraigh, snoigh, spíon, tnáith, traoch, treascair; beir an barr ar, cuir an báire ar, cuir deireadh le, faigh an lámh in uachtar ar, leag ar lár. ❹ *thaw*: leáigh. ❺ *concuss, shock*: basc, suaith; bain geit as, bain léim as, cuir daigh trí; buail sa cheann, buail sa chloigeann, fág gan aithne gan urlabhra.

coscairt noun ❶ (*act of*) *mangling, slaughter*: ár, bascadh, deargár, eirleach, íospairt, lámhach, marfach, marú, oirneachadh, réabadh, slad, scláradh, slascairt, sléacht, sleachtadh, sracadh, spleotáil, *literary* tuinseamh. ❷ *breaking up, disintegration*: briseadh ó chéile, dealú ó chéile, leá, leá cúráin, titim as a chéile. ❸ *defeat, overthrow*: cloí, concas, greadlach, maidhm chatha, treascairt. ❹ *thaw, slush*: leá, lá na coscartha an lá is fuaire amuigh; bogoighear, spútrach. ❺ *physical distress, shock*: beophian, daigh, geit, pian, suaitheadh, spíonadh, traochadh, turraing.

coscán noun *brake*: coscán banda, coscán fleisce, coscán láimhe, cosc, coscadóir.

coscrach adjective ❶ *cutting, shattering, distressing*: deimheasach, faobhrach, feannta, feanntach, géar, goimhiúil, goinideach, *literary* féigh; achrannach, aimpléiseach, aingí, anacair, anacrach, anróiteach, ármhar, callóideach, crosta, crua, daigheachánach, deacair, deacrach, deannachtach, dian, dochrach, dochraideach, docht, doghrainneach, doiligh, doirbh, dólásach, duaiseach, duaisiúil, iomardúil, léanmhar, míshócúlach, míshólásach, míshuaimhneach, piolóideach, treabhlaideach, treascrach, truamhéalach. ❷ *victorious, triumphant*: buach, buaiteach, buamhar, cathbhuach, caithréimeach, comhramhach, gaisciúil, glóir-réimeach, gnóiteach, laochasach, laochta, niata, raonach, treascrach, *literary* cearnach.

cosmaid noun *cosmetic*: niamhán, péint is pabhdar, smideadh; dreachadh; breasal, dearg, maide béil, mascára, púdar; snua-ungadh, ungadh éadain.

cosmas noun *cosmos*: cruinne, grianchóras, réaltra, spás.

cosmeolaíocht noun *cosmology*: réalteolaíocht; bithghrafadh, bithgraifeacht, domhangrafadh.

cosmhuintir noun ❶ *colloquial dependants, hangers-on*: *pl.* cleithiúnaigh, daoscarshlua, *pl.* gabhgairí, *pl.* geocairí, *colloquial* lucht tréachtais, *pl.* súdairí. ❷ *colloquial poor people, proletariat*: *pl.* bochtáin, *pl.* bodaigh, *pl.* cábóga, codraisc, daoscarshlua, *pl.* íochtaráin, ísealaicme, *pl.* lábánaigh, *pl.* miondaoine, prolatáireacht, *pl.* spailpíní, *pl.* tuathaláin, *pl.* túitíní, *pl.* tútacháin; Clann Lóbais, Clann Tomáis.

cosnochta adjective ❶ *barefoot*: cosnochtaithe, costarnocht, gan bhróga, i do chosa boinn, sna boinn. ❷ *bare, mere, neat*: ar a aghaidh, ar a bhlas, craorag, tur.

cósta noun *coast*: imeall, imeallbhord, oirear; bruach, caladh, ciumhais, cladach, cladrach, colbha, colbha cuain, cuan, duirling, feorainn, muirbheach, muireasc, oirear, port, scairbh, trá; cois cladaigh, cois farraige.

costadh noun ❶ *provisions, support:* bia, cabhair, cothabháil, cotháil, cothú, cúnamh, lón, lónadóireacht, soláthar, tacaíocht, teaghlachas, tomhaltas, *literary* coth. ❷ *partaking, sharing:* comhar, comhroinn, páirtíocht, roinnt. ❸ *check, restraint:* bac, coisceadh, cosc, éaradh, gabháil, rianadh, ríochan, sochtadh, srian, stad, stopadh, toirmeasc, urchall.

costas noun *cost, expense:* caiteachas, ceannach, ceannaíocht, daoire, daoirse, díleá, díobháil, diomailt, diomailteacht, *pl.* fiacha, luach, praghas; an ráta is daoire ar an earra is saoire; dliteanas, *pl.* féichiúnais, *pl.* fiachaisí, freagracht.

costasach adjective *costly, expensive:* daor, luachmhar, mórluachach, praeúil, **adjectival genitive** sóchais.

cóstóir noun ❶ *coaster, coasting vessel:* bád, bád tráchta, long. ❷ *rambler:* bacach, bonnaire, bóithreoir, coisí, coisíoch, fálródaí, fámaire, fánaí, feádóir, feamaire, fiaire, fuaidire, giofóg, jainglóir, raimleálaí, ránaí, rantaeir, rianaí, ródaí, ruathaire, seachránaí, séadaí, siúlaí, siúlóir, siúltóir, spailpín, spaisteoir, srathaire, sreothaí, sruthaire, taistealaí, traibhléir, turasóir,válcaeir.

cóstóireacht noun *coasting, rambling:* seoladh, seoltóireacht; bóithreoireacht, fálróid, fánaíocht, fíbíneacht, fíbínteacht, raimleáil, ránaíocht, rianaíocht, ródaíocht, séadaíocht, siúlóid, spaisteoireacht, sruthaireacht, traibhléireacht, válcaeireacht.

cosúil adjective ❶ *similar, like:* amhail, mar; cuma nó, gan oidhre air ach, dealraitheach le, geall le, ionann is, mar a chéile is; i gcomórtas le, in amhlachas; X ina steille bheatha, pictiúr X. ❷ **is cosúil** *it seems:* dealraíonn sé, taibhsíonn sé; is baolach, is dócha, is dóigh, is é is dóichí, gach uile sheans; de réir dealraimh; ní móide. ❸ *seeming, fair:* cuibheasach, dealraitheach, measartha, réasúnta; coiteann, coitianta, gnách, gnáth-, iondúil, meán-; lagmheasartha.

cosúlacht noun ❶ *similarity:* amhlachas, samhail, samhailt, samhlú, *literary* iontamhail, iontamhlacht; íomhá, grianghraf, pictiúr, portráid. ❷ *appearance:* cló, craiceann, crot, cruth, cuma, cumraíocht, dealramh, déanamh, déanmhaíocht, éagasc, fíor, fíoraíocht, gné, greanadh, imchruth. ❸ *likelihood, promise:* cuma na fírinne, dóchúlacht, geallúint, tuar. ❹ *description:* cuntas, cur síos, tuairisc, tuarascáil; faisnéis, tráchtaireacht. ❺ *fair amount:* a lán, cnap, cuibheasacht, dalladh, flúirse, gearrchuid, lear, mórán, neart, raidhse, suim, roinnt, roinnt mhaith, slám, téagar.

cóta noun ❶ *coat:* brádóg, bratóg, cába, casóg, ceardán, clóca, dolmán, fallaing, froc, matal, seaicéad, seircín, *literary* céadach, cubhal. ❷ *frock, petticoat:* aimicín, cabhail, cótán, cotún, gúna, mainte, racaid, róba, seál; bunchóta, cóitín, cóta beag, foghúna, fosciorta, peireacót, (*i gContae Mhaigh Eo*) peiteacót. ❸ *clerical garb:* aibíd, aimicín, casal, casóg, cópa, éide aifrinn, racaid, róba, suirplis. ❹ *coat, layer:* brat, bréidín, ciseal, clúdach, forún, scair, screamh, screamhóg, sraith.

cotadh noun *bashfulness, shyness:* cúlántacht, cúthaileacht, cúthaileadas, cúthaltacht, faiteachas, faitíos, iamhaireacht, leamhnáire, náire, scáfaireacht, scáithínteacht, scinnide, seachantacht, spalpas, strainséarthacht, támáilteacht, *literary* neoid; adhnáire, corrabhuais.

cothabháil noun ❶ *sustenance, nourishment:* arán, arán laethúil, beatha, bia, bia is deoch, costadh, cotháil, cothú, cuid, follúnú, lón, lónadóireacht, raisín, solamar, *literary* coth; fodar. ❷ *maintenance, subsistence:* buanú, caomhnú, coigilt, coinneáil, cosaint, costadh, cotháil, cothú, gléas, oiliúint, sábháil, slánú, slí bheatha, soláthar, taca, tacaíocht.

cothaigh verb ❶ *sustain, maintain:* beathaigh, coimeád, coinnigh, coinnigh ag imeacht, coinnigh suas, cosain, follúnaigh, oil, potbhiathaigh, tabhair tacaíocht do, tacaigh le. ❷ *promote, incite:* brostaigh, cuir ar aghaidh, cuir chun cinn; calmaigh, dreasaigh, griog, gríosaigh, prioc, saighid, séid faoi, spor, spreac, spreag, tathantaigh, tinneasnaigh, *literary* laoidh; coinnigh an héing le. ❸ *hold fast, stay:* coimeád, coinnigh, coinnigh greim ar, cuir bac le, fostaigh, greamaigh, moilligh, stad, stop.

cothaitheacht noun *fatness, obesity:* beathaitheacht, feolmhaireacht, méithe, murtall, otracht, otráil, otraíocht, raimhre, róraimhre, toirtiúlacht; geir, *pl.* meilleoga geire, saill.

cothrom adjective ❶ *even, level:* comhréidh, cothromúil, leacaithe, leibhéalta, mín, réidh, siméadrach; chomh cothrom le clár; ar lomán. ❷ *fair, average:* coiteann, coitianta, cuibheasach, dealraitheach, gnách, gnáth-, iondúil, lagmheasartha, meán-, measartha, réasúnta. noun ❶ *level, balance:* cothromaíocht; cobhsaíocht, daingne, diongbháilteacht, foistine, foras, fosadh, leibhéal, seasmhacht, siméadracht. ❷ *equal measure, fair measure:* cóimhéid, oiread, urdail, coibhéis, comh-ardacht, comhbhrí, comhfhad, comhionann, cómhaith, comhoiread, ionann, leithéid, macasamhail. ❸ (*of time*) *corresponding day:* comhainm, comhaireamh an lae, lá cuimhneamh an lae, lá cuimhnithe; féile. ❹ *fair play, equity:* cothrom na Féinne; ceart, ceartas, cóir, comhionannas, cothroime, cothromacht, cothromas, *familiar* féar plé; cneastacht, cuibhiúlacht, dírí, dleathacht, dleathaíocht, fírinne, ionracas, macántacht.

cothromaigh verb *equalize, balance:* coinnigh cothrom, comhardaigh, comhcheartaigh, ionannaigh; athchóirigh, cóirigh, cuir in oiriúint, leasaigh, oiriúnaigh, réitigh, socraigh.

cothromaíocht noun *balance, equilibrium:* cobhsaíocht, comh-ardacht, comhardaíocht, comhardas, daingne, diongbháilteacht, foistine, foras, fosadh, seasmhacht, siméadracht.

cothú noun ❶ (*act of*) *sustaining, nourishment:* beatha, beathú, bia, biathú, fodar, fodaráil, oiliúint, potbhiathú, ramhrú, scamhard, solamar, soláthar, *literary* measrú. ❷ *fullness, fatness:* beathaitheacht, cothaitheacht, feolmhaireacht, iomláine, láine, líonadh, méathras, méithe, méitheas, murtall, otracht, raimhre, saibhreas, súmhaireacht, toirt, toirtiúlacht.

cotúil adjective *bashful, shy:* cúlánta, cúthail, éadána, eaglach, faiteach, geitiúil, náireach, obach, scáfar, scáithínteach, scaollmhar, seachantach, scinnideach, támáilteach; adhnáireach, corrabhuaiseach.

cotúlacht noun *tendency to shyness:* adhnáire, cúlántacht, cúthaileacht, cúthaileadas, cúthaltacht, faiteachas, faitíos, leamhnáire, náire, scáfaireacht, scáithínteacht, scinnide, seachantacht, spalpas, strainséarthacht, támáilteacht, *literary* neoid.

cotún noun ❶ *cotton:* cotún bán; cadach, cadás, canach, caonar, flocas. ❷ *tunic, jacket:* cabhail, casóg, cóta, froc, gearrchasóg, ionar, léine, racaid, seaicéad, seircín, tuineach, *literary* fuan.

crá noun *anguish, distress:* aimléis, ainnise, ainriocht, amaróid, anacair, anachain, anás, anchaoi, angar, anró, anróiteacht, anshó, bochtanas, bochtaineacht, boichte, cat mara, ciotrainn, crá croí, cráiteacht, cránán, cránas, cruachás, cruatan, deacair, deacracht, dealús, dearóile, díblíocht, dochracht, dochraide, dócúl, doghrainn, doic, dóing, dóinmhí, dola, don, donacht, donas, dothairne, drámh, drochbhail, drochrath, duainéis, éagomhlann, éigeandáil, eirleach, fulaingt, gá, gábh, gannchuid, gátar, géarbhroid, géarchéim, géarghá, géarghoin, iomard, leatrom, matalang, mí-ádh, míbhuntáiste, mífhortún, mírath, mísheoladh, míthapa, piolóid, ponc, priacal, sáinn, suaitheadh, taisme, timpiste, tragóid, treabhlaid, trioblóid, truántacht, tubaiste, turraing, umar na haimléise, *literary* cacht, galghad.

crábhadh noun *piety, devotion:* beannaíocht, beannaitheacht, caoindúthracht, cráifeacht, creideamh, deabhóid, deabhóideacht, diagacht, diagaitheacht, diagantacht, diagántacht, diagantas, diagasúlacht, díograis, dúthracht, naofacht; carthanacht.

cradhscal noun *shuddering, repugnance:* adhascaid, casadh aigne, col, déistin, dioch, dochma, doicheall, drogall, fuath, glonn, gráin, masmas, mídhúil, míghnaoi, múisiam, orla, samhnas, seanbhlas; *pl.* cáithníní, craiceann gé, fionnaitheacht, *pl.* haras, *pl.* harasaí.

cradhscalach adjective ❶ *shuddering:* masmasach, múisiamach, scanraithe, scaollmhar, searbh. ❷ *repugnant:* adhfhuafar, colúil, déistineach, fuafar, glonnmhar, gráiciúil, gráiniúil, gránna, líonritheach, masmasach, millteanach, mínáireach, míofar, múisciúil, samhnasach, samhnásach, scáfar, suarach, uafar, uafásach, uamhnach, uaiféalta, urghráiniúil, urghránna; bréan, brocach, broghach, **adjectival genitive** caca, cáidheach, salach; domlasach, domlasta, míchumhra, tuthógach; chuirfeadh sé madra gan tóin ag cac, chuirfeadh sé múisc ar chráin muice.

craein noun *crane:* crann tógála, deiric, fearas glinneála, glinnfhearas; croch, seac; castainn, crann tochrais, glinne, tochard, ulóg, unlas.

crág noun ❶ *large hand, claw:* crobh, crúb, crúca, dóid, dorn, ladhar, lámh; ionga, ordóg. ❷ *handful:* bos, bosóg, crobh, dóid, doirnín, dorn, dornán, gabháil, glac, glacán, glaclach, lámh, mám, slám.

crágach adjective ❶ *having large hands:* crúbach, ladhrach; lapach.

crágáil verb ❶ *paw, handle roughly:* crúbáil, crúcáil, ingnigh, ladhráil, méaraigh, póirseáil; basc, gread, streachail, tuairteáil; cuir in aimhréidh, cuir trína chéile, déan cuimil an mháilín de, tabhair mí-úsáid do, tabhair drochíde do. ❷ *walk awkwardly, toil along:* cosaráil, slabhráil, spágáil, strácáil, strampáil, streachail, tiaráil; bain giotaí de.

crágálaí noun ❶ *clawer, pawer:* crúbálaí, crúcálaí, glacaí, glacaire, gliúmálaí, ladhrálaí, paidhceálaí, póirseálaí, prócálaí, útamáil. ❷ *awkward walker:* clabhstráláí, cosaráláí, gladhbóg, gúngaire, lapaire, lúnadán, plapstaire, spágachán, spágaí, spágálaí, spágán, strácálaí, strampálaí, streachlán, tónacánaí.

craic noun ❶ *crack:* brioscarnach, cnag, cnagarnach, craoscairt, gág, scáineadh, scoilt, scolb. ❷ *conversation, chat:* béadán, béadchaint, bleadráil, brilléis, cabaireacht, cadráil, cafaireacht, caintíú, clabaireacht, clisiam, comhrá, cúlchaint, dradaireacht, geab, geabaireacht, geabairlíneacht, geabantacht, geabstaireacht, giob geab, giolcaireacht, giostaireacht, glagaireacht, gleoiréis, gleoisíneacht, gliadar, gligíneacht, gliog gleag, gliogarnach, gogalach, imagallamh, plobaireacht, reacaireacht, siollaireacht. ❸ *crazy person:* ceann na geilte, craiceálaí, duine buile, duine mire, éagann, éan corr, éifid, fear báiní, fear gealaí, fear mire, gealt, gealtach, gealtán, geilt, siabhránach;

cráic noun *buttock, anus:* anas, áthán, bundún, clais, dorc, geadán, gimide, giorradán, gúnga, más, poll, poll na tóna, prompa, rumpa, tiarpa, tiarpóg, timpireacht, tóin, toll, *literary* tarbh sliasta.

craiceáil verb ❶ *crack:* cnag, eamhnaigh, scáin, scoilt. ❷ *drive crazy:* mearaigh, saobh, *literary* siabhair; cuir le buile, cuir as a chiall, cuir as a mheabhair.

craiceáilte adjective *crazy:* ar an daoraí, ar mire, ar na craobhacha, ar na stártha, ar na stártha buile, ar seachrán, ar shiúl leis, as a chiall, as a chraiceann, as a mheabhair, as a stuaim, le báiní, le buile; bán, bán geal, dásachtach, éadrom sa cheann, éadrom sa chloigeann, éaganta, fiáin, gealtach, mear, chomh mear le míol Márta, mearaithe, néaltraithe, seachmallach, seafóideach, siabhránach, splanctha, thairis féin, *literary* dreamhan; tá fleasc air.

craiceálaí noun *cracked person, crazy person:* ceann na geilte, craic, duine buile, duine mire, éagann, éan corr, éifid, fear báiní, fear gealaí, fear mire, gealt, gealtach, gealtán, geilt, íorthachán, siabhránach; scitsifréineach, máindúlagrach.

craiceann noun ❶ *skin:* cneas, feoil, leathar, peall, rúsc, seithe, screamh, snamh. ❷ *surface:* aghaidh, barr, béal, brollach, broinne, bruth, ciseal, clár, dromchla, éadan, scim, scimeal, scraith, screamh, screamhóg, uachtar, uraghaidh, *literary* tlacht. ❸ *finish, polish:* dreach, drithle, gléas, loinnir, luisne, niamh, scáil, slacht, snas, snasán; blaicín. ❹ *sexual intercourse:* caidreamh collaí, céileachas, collaíocht, comhleapachas, comhluí, comhriachtain, cúpláil, cúirtéireacht, dáthadh, gabháil le chéile, gnéas, lánúineachas, lánúnachas, lánúnas, leannántacht, luí le chéile, péiríocht, reithíocht, striapachas, táth, *literary* innéirí, *familiar* bualadh craicinn, bualadh leathair, cluiche an toill, cluiche na mball, cluiche na bhfód, déanamh cuiginne, giotaíocht, guicéaracht, joineáil, leathar, marcaíocht, proit, proiteáil, pumpáil, raighdeáil, scailleog, slataíocht, steabáil, stialláil; bugaireacht, sodamacht, *familiar* cigireacht tóna.

craicneach adjective ❶ *smooth-skinned:* bláith, mín, sleamhain; glémhaiseach, gnaíúil, gnúiseach, maisiúil, snúúil. ❷ *well-finished, polished:* canta, fíneálta, líofa, slíobach, slíochta, snasta; dreachlíofa, glasta, gléasta, gléineach, gleorach, laideanta, lonrach, niamhrach, slíobach, slíochta, snasta.

cráifeach adjective *religious, pious:* beannaithe, caoindúthrachtach, carthanach, creidmheach, deabhóideach, diaga, diagaithe, diaganta, diagasúil, díograiseach, dúthrachtach, grádiaúil, naofa, scrupallach, *literary* iriseach, reibhreansach.

cráifeachán noun *pious person, pietistic person:* paidreachán, vóitín; duine béalchráifeach, fimíneach, praeitseálaí.

cráifisc noun ❶ *crawfish, spiny lobster (Palinurus elephas):* béardóg, cráifis, gabhal mara, gliomach Muire, méardóg, piardóg. ❷ *fresh-water crayfish (Austropotamobius, Astacus pallipes):* gliomach fionnuisce.

cráigh verb *torment, distress:* beophian, céas, ciap, clip, goin, gortaigh, greannaigh, griog, páisigh, pian, pláigh, prioc, scól, suaith, *literary* lochair.

cráin[1] noun ❶ *sow:* cráin mhuice; céis, muc. ❷ *breeding female:* cráin eala, cráin ghé, cráin phortáin, cráin róin; bainirseach, láir, mínseach, soith; máithreach.

cráin[2] verb *suck:* cnámhair, diúl, ionsúigh, siolp, slog, súigh, súraic.

cráindóigh verb *smoulder:* cnád, cnádaigh, ruadhóigh; bí ag brúideáil, bí ag cnádú, ag bí cnáfairt, bí ag smolchaitheamh.

cráinmhagadh noun *(act of) sniggering, derision:* aifirt, aithris magaidh, aoir, cáineadh, caitheamh is cáineadh, cáithiú, cámas, clúmhilleadh, cnáid, crístín, díspeagadh, eascaine, easmailt, easómós, fochaid, fonóid, gáirmhagadh, geoin mhagaidh, glámh, guth, imdheargadh, iomard, lochtú, masla, scigireacht, seitear, seitear gáire, seitgháire, seitireacht, steallmhagadh, spailleadh, táinseamh, tarcaisne, tarcaisníl, *literary* aisc, cúrsú.

crainnín noun *toggle, peg:* bacán, clib, cluas, cluasóg, cnoga, crúca, duán, dúid, feirc, feire, figín, lúb, pionna, scorán.

cráisiléad

cráisiléad noun ❶ *corpulent person*: ablach, béicheachán, béiceadán, bleadrachán, bleaistéir, bleitheach, bléitheach, bleitheachán, boilgíneach, bó mhagarlach, bolaistín, bolaistrín, bolgadán, bolgaire, bolgairne, bológ, bró, broicealach, broicleach, brúchtíneach, bruileach, bruilíneach, bruithleach, brúitín, brúitíneach, builtéar, builtéir, burla, burlaimín, burlamán, ceaigín, céis, claiséir, clogáiste, collach, daba, damh, feolamán, geois, geoiseach, gillín, glugaí, glugaire, glugrachán, gluitéir, glutaire, gorb, griollach, griollachán, griollaire, lamhnán, lapaire, leacaí, lodar, luán, lúireach, mart, másach, másaire, méadail mhór, méadlach, méadlachán, móta, páin, páinseach, páinteach, pánach, pánaí, pántrach, pataire, patalachán, patalán, patán, patarán, patarún, patlachán, peasánach, plástar, plobaire, plobar, plobrachán, porc, práisiléad, práisléad, prúntach, púdarlach, púdarlán, putrachán, rabhndar, raillíúnach, riteachán, samhdaí, samhdán, sceartán, sceartachán, scraith ghlugair, scrathachán, siotalach, somach, somachán, tioblach, toirt, torc, torcán, torpán, tulcais; bolgadán mná, bruithneog, búis, cleaití, flapóg, lapóg, leathnóg, múis, patalóg, plobóg mná, rabhndairín, samhdóg, sodóg, stopóg, taoiseoigín, torpóg. ❷ *large spittle*: cáithleach, coch, cochaille, crannseile, crochaille, prachaille, múcas, *pl.* muiní réama, réama, réamán, seile, seileog, smaois, smuga, smugairle.

cráite adjective *agonized, tortured*: céasta, ciaptha, coscrach, diachrach, dobrónach, doiliosach, duaiseach, dubhach, léanmhar, pianmhar, truamhéalach.

cráiteachán noun *wretch, miser*: ainniseoir, ainriochtán, bochtán, cágaire, ceachaire, ceacharán, cnat, cnatachán, cneámhaire, cníopaire, coigleálaí, coigleoir, cruaiteachán, cruaiteán, crústa, dúlaíoch, gortachán, néigear, ocrachán, péisteánach, raispín, rama, ruidín gorta, sainteoir, santachán, scanraboid, scanrachóid, scanradóir, scanróir, scrabhadóir, scramaire, scríbín, scríobálaí, seangaire, sprionlóir, staga, stiocaire, suarachán, taisceoir, toimhseachán, truailleachán, truán, truanairt, tútachán; sprionlóg.

crampa noun *cramp*: arraing, crapadh, cróilí, fáscadh, freangadh, *pl.* freangaí, greim, strompaíocht, tálach.

crampáil verb *cramp*: calc, crandaigh, crap, stromp.

crampánach noun ❶ *one afflicted with cramps or rheumatism*: craimpín, craplachán, crunca, strompa. ❷ *stunted creature*: aircín, beagadán, beagaidín, crabadán, crandán, créice, críontachán, cruachán, crunca, draoidín, duine beag sceoite, feoiteachán, feosachán, fíothal, graisíneach, gréiscealachán, meatachán, padhsán, sceoidín, scrobaire, séacla, seargán, seargánach, síobhra, síofra, síogaí, sleabhcán.

cránaí noun ❶ *large object*: bulcais, cleithire, daigéad, fáimead, fámaire, piarda, rampaire, sail, staiféalach, tiarpa, tiarpóg, tulcais; bleitheach, bléitheach, bleitheachán. ❷ **cránaí fir** *large man*: ablach, alpán, arrachtach, béinneach, bológ fir, burla, caldar fir, cliabhlach, cliabhrach, cliabhradh, ding, fáiméad mór d'fhear, fairceallach fir, fámaire fir, gíoplach, mart, piarda fir, píle fir, pílí fir, plíoma, sail, staiféalach, tioblach, torpán; bleitheach, bléitheach, bleitheachán, bolgadán, feolamán, geois, púdarlach, sceartachán, seibineach, tiarpa, tiarpóg; bolaistín, bolaistrín, mullachán. ❸ **cránaí mná** *large woman*: bonsach girsí, cliobóg, corróg de bhean mhór, fairceallach mná, fámaire mná, láir mná, plíomsach, rúbóg de ghearrchaile, rúpach, rúplach, steafóg girsí, torpóg, *familiar* láireog; búis.

cranda adjective *stunted, withered*: críon, craptha, cróilí, cróilithe, dreoite, feoite, feosaí, geospalach, rodta, sceoite, scrobanta, seargtha, sleabhcánta, *literary* searg.

crandaí noun *hammock*: ámóg, crochtín, hamóg, leaba loinge, leaba luascáin, spirís.

crandaí bogadaí noun *see-saw*: bata corrach, capall corrach, (*i gContae Mhaigh Eo*) logadán ag bogadán, maide corrach.

crandaigh verb *stunt, become stunted*: crap, crion, dreoigh, feoigh, meath, meathlaigh, searg, sleabhac, téigh i léig.

crandúir noun *withered old man*: cnoba, crandán, crannfhear, créice, créice crion, críonán, críontachán, crunca, doineantach, feoiteachán, feosachán, patrarc, riadaire, ruacán, sceoidín, seanfhear, seanfhondúir, seanóir, seargán, seargánach.

crann noun ❶ *tree*: buinneán, caológ, craobh, cleitheog, fiodh, *colloquial* fiodhradh. ❷ *mast, pole*: barrchrann, cuaille, cuailleán, páil, polla, sabh, stacán, staic, stócach, *literary* ochtach. ❸ *stock, handle*: crannán, hanla, lámhchrann, sáfach, urla, urlann.

Crainn agus Toir

acacia (*Acacia* sp.): acáise *f*.; crann caolaigh; (*Bíobla*) sitim
afara (*Terminalia superba*): limbé
alder (*Alnus* sp.): fearnóg *f*.
alerce (*Fitzroya cupressoides*): cufróg *f*. Phatagónach
almond (*Prunus dulcis*): crann almóinne
Antarctic beech (*Nothofagus* sp.): fáibhile Antartach
apple (*Malus* sp.): abhaill *f*.; crann úll
apricot (*Prunus armeniaca*): crann aibreoige
araucaria (*Araucaria araucana*): arócar
arbutus (*Arbutus unedo*): caithne *f*.
ash (*Fraxinus excelsior*): fuinseog *f*.
aspen (*Populus tremula*): crann creathach
assegai (*Curtisia dentata*): crann asagáí
avocado (*Persea* sp.): crann piorra abhcóide
azalea (= *Rhododendron*): asáilia *f*.
balsa (*Ochroma lagopus*): balsa; crann balsa
bamboo (*Bambusa, Phyllostachys, etc.*): bambú
banksia (*Banksia* sp.): féithleann Astrálach
banyan (*Ficus benghalensis*): fige *f*. Bheangálach
baobab (*Adansonia digitata*): bábab
basswood (*Tilia americana*): teile *f*. Mheiriceánach
bay laurel (*Laurus nobilis*) labhras
bay tree (*Laurus nobilis*) labhras
bebeeru (*Chlorocardium rodiaei*): bibíorú; crann cróighlas
beech (*Fagus sylvatica*): feá *f*.; fáibhile
beefwood ❶ (*Casuarina equisetifolia*): crann iarainn. ❷ (*Manikara bidentata*) crann baláta
belah (*Casuarina* sp.): crann iarainn
birch (*Betula* sp.): beith *f*.
blackthorn (*Prunus spinosa*): draighean
bo tree (*Ficus religiosa*): crann píopal; píopal
bottlebrush (*Callistemon rigidus*): crann scuab buidéal
box (*Buxus* sp.): crann bosca
broom (*Cytisus scoparius*): giolcach *f*. shléibhe
buddleia (*Buddleja davidii*): búidlia *f*.; tor an fhéileacáin
buckthorn (*Rhamnus catharticus*): paide bréan
butterfly bush (*Buddleja davidii*): búidlia *f*.; tor an fhéileacáin

butternut (*Juglans cinerea*): gallchnó bán; imchnó
cacao (*Theobroma cacao*): crann cóco
cajeput tree (*Melaleuca* sp.): miortal meala
calabash (*Crescentia cujete*): crann calbáis
camellia (*Camellia* sp.): caiméilia *f.*
camphor tree (*Cinnamomum camphora*): crann camfair
camwood (*Baphia nitida*): ceamadhmad
candlenut (*Aleurites moluccana*): crann cnó coinnle
carob tree (*Ceratonia siliqua*): crann lócaiste
cassia (*Cassia* sp.): caisia *f.*
cedar (*Cedrus* sp.): céadar; céadras
ceiba (*Ceiba pentandra*): crann capóice
champak (*Michelia champaca*): sápú
cherry (*Prunus avium*): crann silín; silín
cherry plum (*Prunus cerasifera*): miribéal *f.*
chestnut (*Castanea sativa*): castán
chinar tree (*Platanus orientalis*): plána oirthearach
cinnamon (*Cinnamomum zeylanicum*): crann cainéil
citron (*Citrus medica*): ciotrón
coco-de-mer (*Lodoicea maldivica*): cnó cóco mara
coconut palm (*Cocos nucifera*): crann cnó cóco
coffee tree (*Polyscias guilfoylei*): crann fia-chaife
coolibah (*Eucalyptus microtheca*): crann cúlabá
coral tree (*Erythrina* sp.): crann coiréil
corkwood (*Duboisia myoporoides*): corcadhmad
cornel (*Cornus* sp.): conbhaiscne *f.*
cypress (*Cupressus* sp.): crann cúfróige; cúfrog *f.*
deodar (*Cedrus deodara*): céadar dé
dhak (*Butea frondosa*): lasair *f.* na foraoise
divi-divi (*Caesalpinia coriana*): crann diví diví
dogwood (*Cornus* sp.): conbhaiscne *f.*
Douglas fir (*Pseudotsuga menziesii*): giúis *f.* Dhúghlais
dragon tree (*Dracaena* sp.): dracaeine *f.*
dwarf fan palm (*Chamaerops humilis*): mionphailm *f.* fean
eaglewood (*Aquilaria* sp.): crann iolair
eastern strawberry (*Arbutus andrachne*): caithne *f.* ghréagach
ebony (*Diospyros ebenum*): crann éabainn; éabann
elder (*Sambucus nigra*): crann troim; trom
elm (*Ulmus* sp.): leamhán

eucalyptus (*Eucalyptus* sp.): crann eoclaipe; eoclaip *f.*
false acacia (*Robinia pseudoacacia*): crann lócaiste dubh
fatsia (*Fatsia japonica*): faitsia *f.*
fever tree ❶ (*Acacia xanthophloea*): crann fiabhrais. ❷ (*Eucalyptus globulus*): crann guma gorm. ❸ (*Pinckneya bracteata*): crann fiabhrais Sheoirsia
fir (*Abies* sp.) giúis *f.*
fire thorn (*Pyracantha* sp.): pireacant
flame tree (*Delonix regia*): crann craobhlasrach
flowering cherry (*Prunus serrulata, P. subhirtella, P. x yedoensis*): crann silín bláfar
forsythia (*Forsythia* sp.): líológ *f.* bhuí; foirsítia *f.*
fringe tree (*Chionanthus* sp.) crann frainsí
fuchsia (*Fuchsia magellanica*): fiúise
fustic ❶ *old fustic* (*Chlorophora tinctoria*) fustac. ❷ *young fustic* (*Cotinus coggygria*) súmac Veinéiseach
gaboon (*Diospyros crassiflora*): gabún
gean (*Prunus avium*): crann silíní fiáin
genip/genipap tree (*Genipa americana*): ginipeap
gidgee (*Acacia cambagei*): acáise *f.* bhréan
gingko (*Gingko biloba*): ginceo
golden raintree (*Koelreuteria paniculata*): crann báistí órga
gomuti (*Arenga pinnata*): pailm *f.* siúcra
gorse (*Ulex* sp.): aiteann
griselinia (*family* Cornaceae): grisilinia *f.*
guaiacum (*Guaiacum officinale*): guacam
guayule (*Parthenium argentatum*): guaighiúl
gum tree (*Eucalyptus, Liquidambar, Nyssa*): crann guma
gurjun (*Dipterocarpus* sp.): gúirsiún
hackberry (*Celtis occidentalis*): caor *f.* leamháin
handkerchief tree (*Davidia involucrata*): crann ciarsúir
hawthorn (*Crataegus monogyna*): sceach *f.* gheal
hazel (*Corylus avellana*): coll
hemlock spruce (*Tsuga* sp.): himlic *f.*
hickory (*Carya* sp.): crann hicearaí
holly (*Ilex aquifolium*): cuileann
honey locust (*Gleditsia* sp.): crann lócaiste meala
honeysuckle (*Lonicera periclymenum*): féithleann
hornbeam (*Carpinus betulus*): crann sleamhain
horse chestnut (*Aesculus hippocastanum*): crann cnó capall

hydrangea (*Hydrangea* sp.): hiodrainsia *f.*
Indian bean (*Catalpa* sp.): catalpa
iroko (*Clorophora excelsa*): iorócó
ironwood ❶ (*Carpinus caroliniana*): crann sleamhain Meiriceánach. ❷ (*Casuarina equisetifolia*): crann iarainn
jacaranda (*Jacaranda* sp.): crann raithní
jamun tree (*Eugenia jambolana*): crann seamúin
japonica (*Chaenomeles japonica*): crann cainche Seapánach
jarrah (*Eucalyptus marginata*): searrá
jasmine (*Jasminum* sp.): seasmain *f.*
jelutong (*Dyera costulata*): sealútang
Jerusalem thorn (*Parkinsonia aculeata*): sceach *f.* Iarúsailéim
jojoba (*Simmondsia chinensis*): cnó gabhar
Joshua tree (*Yucca brevifolia*): crann Iósua
Judas tree (*Cercis siliquastrum*): crann Iúdáis
juniper (*Juniperus communis*): aiteal
kaffirboom (*Erythrina caffra*): crann cafaireach
kahikatea (*Dacrycarpus dacrydioides*): cahacaté *f.*
kalmia (*Kalmia latifolia*): labhras sléibhe
kamala (*Mallotus philippensis*): camála
kapok (*Ceiba pentandra*): crann capóice
kapur (*Dryobalanops aromatica*): crann cápúir
karri (*Paulownia tomentosa*): crann an bhanphrionsa
kawakawa (*Macropiper excelsum*): crann piobair na Nua-Shéalainne
keaki (*Zelkova serrata*): zeilceova *f.* shábhach
kiaat (*Pterocarpus angolensis*): caghat
kingwood (*Dalbergia cearensis*): crann rí-adhmaid; iacaranda *f.* Bhrasaíleach
koa (*Acacia koa*): cóá
kowhai (*Sophora tetraptera*): cóhái
kurrajong (*Brachychiton populneus*): curraiseang
laburnum (*Laburnum anagyroides*): beallaí francach; labarnam
lacquer tree (*Rhus verniciflua*): crann laicir
lantana (*Viburnum lantana*): craobh *f.* fhiáin
larch (*Larix* sp.): learóg *f.*
laurel (*Laurus nobilis*): labhras
lemonwood (*Psychotria capensis*): crann éanchaor
leylandii (*x Cupressocyparis leylandii*): cufróg *f.* Leyland

Crainn agus Toir: lightwood

Crainn agus Toir
ar lean

lightwood (*Acacia implexa*): caolach *f.* hicearaí
lilac (*Syringa* sp.): líológ *f.*; siringe *f.*
lilly-pilly (*Acmena smithii*): aicméine *f.*
lime (*Tilia* sp.): teile *f.*
linden (*féach* **lime**)
logwood (*Haematoxylum campechianum*): caimpéitse
macadamia (*Macadamia integrifolia*): crann Mhic Adhaimh
madroño (*Rheedia madruno*): madróineo
magnolia (*Magnolia* sp.): magnóilia *f.*
mahogany (*Swietenia mahogoni*): mahagaine
mahua (*Madhuca longifolia*): crann imchnó Indiach
maidenhair tree (*Gingko biloba*): ginceo
makomako (*Aristotelia racemosa*): fíonchaor *f.* na Nua-Shéalainne
mango (*Mangifera indica*): crann mangó
mangrove (*Rhizophora* sp.): mangróbh
manna-ash (*Fraxinus ornus*): fuinseog *f.* siúcra
maple (*Acer* sp.): mailp *f.*
marri (*Eucalyptus calophylla*): crann maraí
matai (*Prumnopitys taxifolia*): matáí
maté (*Ilex paraguariensis*): maité
may (*Crataegus laevigata*): sceach *f.* choille
merbau (*Instia bijuga*): crann cúile
mesquite (*Prosopis chilensis*): algaróba
mimosa (*Mimosa* sp.): míomós
miro (*Prumnopitys ferruginea*): mioró
monkey puzzle (*Araucaria araucana*): arócar
mopane (*Colophospermum mopane*): mópán
mountain ash (*Sorbus aucuparia*): caorthann
mulberry (*Morus nigra*): crann maoildeirge
mulga (*Acacia aneura*): mulga
myrtle (*Myrtus communis*): miortal
ngaio (*Myoporum laetum*): gaidheo
Nigerian pearwood (*Guarea cedrata, G. thompsonii*): guairé
Nipah (*Nypa fruticans*): nípeá
Norway spruce (*Picea abies*): sprús Lochlannach
nutmeg (*Myristica fragrans*): crann noitmige
nux vomica (*Strychnos nux-vomica*): crann cnó aisig
oak (*Quercus* sp.): dair
ocotillo (*Fonquieria splendens*): fuip *f.* chóiste
olearia (*Olearia* sp.): oiléire *f.*
oleaster (*Elaeagnus angustifolia*): oiléastar
olive (*Olea europaea*): crann olóige;ológ *f.*
ornamental pear (*Pyrus calleryana*): crann piorra ornáideach
osier (*Salix viminalis*): saileánach
pagoda tree (*Sophora japonica*): crann pagóda
palm (*family* Palmae): crann pailme
palmetto (*Sabal palmetto*): crann pailme cabáiste
paperbark (*Melaleuca quinquenervia*): miortal páipéir
paulownia (*Paulownia tomentosa*): crann an bhanphrionsa
pawpaw (*Carica papaya*): pápá
pea (*Pisum* sp.): pis *f.*
peepul (*Ficus religiosa*): crann píopal; píopal
pepper tree (*Schinus molle, S. terebinthifolius*): crann piobair.
pine (*Pinus* sp.): crann péine; péine
pistachio (*Pistacia vera*): crann pistéise
plane (*Platanus* sp.): crann plána; plána
podocarp (*Podocarpus* sp.): pódarcarpas
pohutukawa (*Metrosideros excelsa*): crann Nollag na Nua-Shéalainne
ponderosa (*Pinus ponderosa*): péine buí iartharach
poplar (*Populus* sp.): crann poibleoige; poibleog
pride of India (*Koelreuteria paniculata*): crann báistí órga
primavera (*Tabebuia donnell-smithii*): mahagaine bán; órchrann
privet (*Lugustrum vulgare*): pribhéad
puriri (*Vitex lucens*): crann geanmnaí na Nua-Shéalainne
pussy willow (*Salix discolor*): saileach chlúmhach
pyinkado (*Xylia xylocarpa*): pioncádó
quassia (*Quassia* sp.): cuaisia *f.*
quebracho (*Schinopsis lorentzii*): ceabráitseo
rain tree (*Koelreuteria paniculata*): crann báistí órga
ramin (*Gonystylus bancanus*): raimín
rata (*Metrosideros robusta*): ráta
rauli (*Nothofagus procera*): rabhlaí
redbud (*Cercis canadensis*): crann Iúdáis Ceanadach
redwood ❶ (*Metasequoia glyptostroboides*): learóg *f.* uisce. ❷ (*Sequoia sempervirens*): crónghiúis *f.* Chalafoirneach
rewarewa (*Knightia excelsa*): féithleann Nua-Shéalannach
rhododendron (*Rhododendron* sp.): ródaideandrón; róslabharas
ribbonwood (*Idiospermum australense*): idispeirmeam
robinia (*Robinia pseudoacacia*): crann lócaiste dubh
rose apple (*Syzygium jambos*): crann rósúll
rosewood (*Tipuana tipu*): tíopú
rowan (*Sorbus aucuparia*): caorthann
royal palm (*Roystonea regia*): crann pailme ríoga
rubber plant (*Ficus elastica*): crann rubair
sal (*Shorea robusta*): crann sal
sandalwood (*Santalum album*): santal
sandarac (*Tetraclinis articulata*): aiteal guma
sandbox tree (*Hura crepitans*): húra
sapele (*Entandrophragma cylindricum*): mahagaine céadair
sapodilla (*Manilkara zapota*): sapaidile *f.*
sappanwood (*Caesalpina sappan*): sapan
saskatoon (*Amelanchier alnifolia*): sorb fearnóige
sassafras (*Sassafras albidum*): sasafras
savin (*Juniperus sabina*): sabhan *f.*
sea grape (*Coccoloba uvifera*): fíonchaor *f.* mara
sequoia (*Sequoia sempervirens*): crónghiúis *f.* Chalafoirneach
seringa (*Melia azedarach*): líológ *f.* Pheirseach
service tree (*Sorbus torminalis*): crann soirb; sorb
shagbark (*Carya ovata*): hicearaí cifleogach
shea (*Vitellaria paradoxa*): crann ime
silk-cotton tree (*Ceiba pentandra*): crann capóice
silk tassel bush (*Garrya elliptica*): crann scothóg síoda
simarouba (*Simarouba* sp.): simearúba
smoke tree (*Cotinus coggygria*): súmac Veinéiseach
sneezewood (*Ptaeroxylon obliquum*): crann sraotha
snowball tree ❶ (*Ceanothus americanus*): tae Nua-Gheirsí. ❷ (*Dombeya cayeuxii*): cnapán sneachta bándearg. ❸ (*Viburnum opulus*): caor chon
soapbark (*Quillaja saponaria*): crann sópa
sorb (*Sorbus torminalis*): crann soirb; sorb
sorrel tree (*Oxydendrum arboreum*): crann samhaidh
sourwood (*Oxydendrum arboreum*): crann samhaidh
spindle (*Euonymus europaeus*): feoras
spruce (*Picea* sp.): sprús
stinkwood (*Ocotea bullata*): maide bréan

strawberry tree (*Arbutus* sp.): caithne *f.*
storax (*Styrax* sp.): stórasc
sumac (*Rhus* sp.): sumach
sweet chestnut (*Castanea sativa*): castán
sweet gum (*Liquidambar styraciflua*): guma milis
sycamore (*Acer pseudoplatanus*): seiceamar; seiceamóir
tacamahac (*Populus balsamifera*): poibleog *f.* bhalsaim
tallow tree (*Sapium* sp.): crann geire
tallow wood (*Eucalyptus microcorys*): crann geire na hAstráile
tamarack (*Larix laricina*): learóg *f.* Mheiriceánach
tamarisk (*Tamarix* sp.): tamaraisc *f.*
tambotie (*Spirostachys africana*): tambótaí
tawa (*Beilschmiedia tawa*): tává
teak (*Tectona grandis*): téac *f.*
tea tree (*Melaleuca alternifolia*): crann tae na hAstráile
terebinth (*Pistacia terebinthus*): crann tuirpintín
thuja (*Thuja plicata*): céadar crón iartharach
toothache tree (*Zanthoxylum americanum*): crann déididh
toquilla (*Carludovica palmata*): pailm *f.* hata tuí
totara (*Podocarpus totara*): totára
tree of heaven (*Ailanthus altissima*): crann neimhe
tuart (*Eucalyptus gomphocephala*): tuart
tulip (*Liriodendron tulipifera*): crann tiúilipe
tupelo (*Nyssa sylvatica*): túipéileo
turpentine tree ❶ (*féach terebinth*). ❷ (*Syncarpia glomulifera, S. laurifolia*): crann tuirpintín na hAstráile
ulmo (*Eucryphia cordifolia*): ulmó
umbrella tree (*Sankowskya stipularis*): crann scáth báistí
varnish tree (*Firmiana simplex*): crann vearnaise
veronica (*Hebe* sp.): niamhscoth *f.*; [F.] marainic
viburnum (*Viburnum* sp.): craobh *f.* fhiáin
wahoo (*Leucaena retusa*): crann luaidhe
walnut (*Juglans regia*): gallchnó
wandoo (*Euonymus atropurpureus*): feoras corcra
wattle (*Acacia* sp.): acáise *f.*; crann caolaigh
wayfaring tree (*Viburnum lantana*): craobh *f.* fhiáin
wellingtonia (*Sequoiadendron giganteum*): mórghiúis *f.* dhúdach
whitebeam (*Sorbus aria*): fionncholl
wig tree (*Cotinus coggygria*) súmac Veinéiseach
wilga (*Geijera parviflora*): vilge *f.*
willow (*Salix* sp.): saileach *f.*
wine palm (*Caryota urens*): pailm *f.* fíona
winter sweet (*Chimonanthus praecox*): milseog *f.* geimhridh
witch hazel (*Hamamelis* sp.): coll na ndraoithe
yarran (*Acacia omalophylla*): giarrán
yaupon (*Ilex vomitoria*): cuileann aisig
yew (*Taxus baccata*): iúr
ylang-ylang (*Cananga odorata*): cananga
yucca (*Yucca* sp.): gioca *f.*
zebra wood (*Microberlinia brazzavillenis*): crann séabra

❹ *shaft, beam, boom:* balc, béim, bíoma, boimbéal, fearsaid, garma, geá, giarsa, maide, rachta, rata, sabh, sail, seafta, spreota, táláid. ❺ *stick for lots; lot:* crannchur; biorán sop.

crann ceoil noun *woodwind instrument:* craobh cheoil, gaothuirlis adhmaid; basún; cláirnéid, cuisle, feadóg, feadóg mhór, fliúit, fliúit Shasanach, fliúiteog.

crann clis noun *penis:* bachall, ball fearga, biach, bod, bodán, boidín, geineadán, meamar, péineas, slat, toilfhéith. *familiar* bata, beaignit, bliúcán, capall bán, cara na mban, cleith, coinneal, cóngar, crann súgartha, cuideal, diúdlamán, diúidiliom, diúidl, earc luachra, éinín, falcaire an tinteáin, feam, feirc, fliúit, ga, gimidiúit, giota, gléas, leaid, maide bradach, maide milis, maiste, meana, moncaí, píce, pílí, pilibín, pionna, píosa, pruic, rógaire, sáfach, sáiteán, scadán, scathachán, sceidín, scibirlín, scoithín, sconnaire, scothach, slibire, smachtín, snáthaidín táilliúra, súiste, tailí-bhaigear, tairne, tairne tiarpa.

crann tabhaill noun *sling, catapult:* catafalt, clochbhogha, iris, tabhall, tabhallchrann.

crann taca noun *supporter:* crann cosanta, crann seasta, cuiditheoir, cúláistín, cúl taca, cúntóir, sonn, taca, tacaí, taobhaí; ceithearnach.

crann tógála noun *crane:* craein, croch, seac; castainn, crann tochrais, deiric, glinne, glinnfhearas, tochard, ulóg, unlas.

crannchur noun *lottery, sweepstake:* scuabgheall; caitheamh crann, imirt biorán sop; raifeal, raifil.

crannlach noun ❶ *brushwood, withered stalks: pl.* bogshifíní, *pl.* buigiúin, caschoill, casmhoing, caithreáil, cantarna, casarnach, casmhoing, fás rábach, fás uaibhreach, *pl.* gasracha, *pl.* geosadáin, rosach, rosán, scrobarnach, slamás, *pl.* tráithníní, uabhar fáis.

crannlaoch noun *seasoned warrior, old soldier:* athlaoch, seanlaoch, seansaighdiúir.

crannóg noun ❶ *piece of wood, pole:* bíoma, cearchaill, crann, crompán, cuaille, garma, geá, lorg, lorga, páil, polla, sabh, sail, smalán, smután, spreota, stacán, staic, *literary* ochtach. ❷ *wooden frame, box-like structure:* cliath, cliathach, coirpéis, crannail, creatlach, fléig, fonnadh, fráma, greilleach. ❸ *wooden vessel:* braighdeog, crannán, gogán, meadar, pigín, stópa, *literary* ian. ❹ *pulpit:* puilpid; ardán. ❺ *crow's-nest on ship:* crannóg an airdill, ionad faire. ❻ *crannog, lake-dwelling:* teach locha. ❼ *hopper:* tonnadóir, umar. ❽ *winding-frame:* castainn, crann tochrais, glinne, glinnfhearas, glionda, tochard, unlas.

cranra noun ❶ *knot in timber:* alt, caillichín, dual, fadharcán, fadhb. ❷ *callosity:* callas, creagán, criogán, cruas craicinn, fadharcán, fadhb, faithne; boinnleac, bonnbhualadh; clog, spuaic.

craobh noun ❶ *branch, bough, tree:* beangán, beanglán, brainse, craobhach, craobhóg, craobhín, géag; buinneán, cleitheach, crann. ❷ *palm, laurels:* geall; bonn, corn, coróin, curadhmhír, duais, trófaí. ❸ *branch (of organization):* brainse, cumann; gabhal, géag. ❹ *pl.* **craobhacha** *embellishments: pl.* ciútaí, *pl.* froigísí, *pl.* gréibhlí, maisiú, *pl.* maisiúcháin, *pl.* ornáidí, ornáidíocht, oirnéaladh; *pl.* boirdréisí.

craobhabhar noun *stye on eye:* sleamhnán, (*i gContae Mhaigh Eo*) smailcín.

craobhach adjective ❶ *branched, branching:* beangánach, brainseach, gabhlach, gabhlánach, gabhlógach, géagach, géagánach, glacach, ladhrach. ❷ *flowing, spreading:* cúrsach, dualach, géagach, géagánach, mongach, scaoilte, scuabach, slaodach, snítheach, sraoilleach, sreabhach, sruthach, sruthánach, tulcach. noun *branches: pl.* beangáin, *pl.* brainsí, *pl.* craobhacha, *pl.* craobhóga; *pl.* gabhail, *pl.* gabhláin, *pl.* gabhlóga.

craobhaigh verb *branch, ramify:* gabhlaigh; tá beangáin ann; tá gabhláin ann.

craobhchith noun *slight shower*: barrchith, ceobhrán, cith mhín mharbh, craobhmhúr, scráib bháistí; cith is dealán, múraíl ghréine.

craobhchluiche noun *championship game*: cluiche ceannais, cluiche coirn, cluiche comórtais, cluiche leathcheannais, cluiche sraithe.

craobhfholt noun *flowing hair*: ceann craobhach, ciabhfholt, cúl craobhach, gruaig bhachallach, moing, mothall, suasán; tá a cuid gruaige síos léi; cuach, dlaoi, drol, dual, lúb, lúibín.

craobhscaoil verb ❶ *propagate, disseminate*: cuir chun cinn, fógair, leathnaigh, scaip, síolchuir, spréigh. ❷ *blazon a coat of arms*: tabhair cuntas ar armas, tuairiscigh armas.

craobhscaoileadh noun ❶ *propagation, dissemination*: cur chun cinn, fógraíocht, leathnú, scaipeadh, síolchur, spré. ❷ *blazon of arms*: tuairisc armais, tuairisciú armais.

craobhscaoilte adjective *open, frank*: díreach, fírinneach, ionraic, macánta, oscailte, oscailteach; cneasta, iontaofa, neamhamhrasach, neamhurchóideach; neamhbhalbh, scun scan; gan fiacail a chur ann; gan chlaon, gan chealg gan chlaon; gan chleas gan chlaon, gan chor gan cham.

craoibhín noun ❶ *twig*: braidhleog, brainse, craobhán, craobhóg, géagán, slat, slatóg, spreas, spreasán, tuige; beangán, beanglán. ❷ *darling*: anam, ansacht, carán, céadsearc, craobhóg, croí, croí istigh, croídín, cumann, grá, graidhin, lao, leannán, maoin, maoineach, muirnín, rún, rúnsearc, searc, searcóg, seircín, seoid, smóilín, taisce; péarlachán.

craol verb ❶ *announce, proclaim*: craobhscaoil, fógair, foilsigh, fórógair, fuagair, inis, reac, reic; cuir in iúl; ainmnigh, gair, glaoigh, liúigh, scairt; fág le huacht. ❷ *broadcast (wireless, television)*: cuir amach, téigh ar an aer.

craolachán noun *wireless, broadcasting*: craoltóireacht; raidió, teilifís.

craoladh noun *(act of) broadcasting, broadcast*: craolachán, craoltóireacht; clár raidió; clár teilifíse.

craoltóir noun *broadcaster*: craoltóir raidió, craoltóir teilifíse; aisteoir, bolscaire, ceirneoir, siollaire ceirníní, comhfhreagraí, láithreoir, láithreoir nuachta, léitheoir nuachta, óstach seó cainte, tráchtaire.

craorag adjective *crimson, blood-red*: corcairdhearg, corcra, craorac, dúdhearg, partaingdhearg; cródhearg, folúil, fuilbhreach, fuilteach.

craos noun ❶ *gullet, maw*: bolg, díbheachán, diúch, diúgadh, diúlfaíoch, éasafagas, *literary* gibhis, giobús, *literary* gion, gionchraos, goile, góilín, eagaois, méadail, píobán, prócar, sceadamán, scornach, slogaid, slogaide, slogaideach, slogán, súsán. ❷ *deep opening, vent*: altán, *literary* béal, bearna, clais, feinistear, fothair, gág, gearradh, mám, oscailt, ós, poll, sclaig, scoilt, *literary* sinistir. ❸ *breech*: bearna, bearnán, bearnas, clais, failc, fánas, gáibéal, idirspás, mant, oscailt, scoilt, séanas, spás. ❹ *gluttony*: alpaireacht, ampall, ampar, ampla, amplacht, cíocras, craosaireacht, fraoch fiacla, gionach, méadláil, placamas, póitreáil, raobhaíocht, saint, slogáil, slogaireacht, suthaíocht, suthaireacht.

craosach adjective ❶ *open-mouthed, deep-vented*: béalleata, béaloscailte, oscailte, pollta. ❷ *voracious, gluttonous*: alpartha, amplach, amplúil, cíocrach, gionach, goiliúil, longach, ocrach, ocrasán, peasánach, slogach, suthach, tomhaltach.

craosaire noun *glutton*: ailpéir, amplachán, amplóir, anrachán, béiceadán, bláistéir, blaochán, bleadrachán, bleitheach, bleitheachán, bolgadán, calcaire, cíocrachán, cíocrasán, cráisiléad, craosachán, craosaí, craosánach, fursaeir, gainéan, geoiseach, gionachán, gliúrach, gliúrachán, gluitéir, glutaire, goileadán, goilíoch, gorb, graoisín, longaire, málaeir, méadlach, méadlachán, ocrachán, ocrasán, peasánach, placaire, póitreálaí, torpán, riteachán, slamaire, slogaire, slogamóir, slogánach, suthaire, tomhaltóir; d'íosfadh sé an ceathrúsheisiún.

craosaireacht noun *gluttony*: alpaireacht, ampall, ampar, ampla, amplacht, cíocras, craos, fraoch fiacla, gionach, méadláil, placamas, póitreáil, raobhaíocht, saint, slogáil, slogaireacht, suthaíocht, suthaireacht.

craosán noun ❶ *gullet*: diúch, diúgadh, diúlfaíoch, éasafagas, giobús, gionchraos, góilín, eagaois, píobán, sceadamán, scornach, slogaid, slogaide, slogaideach, slogán, súsán, *literary* gibhis. ❷ *gorge, deep rut*: bráid, clais, craoslach, cumar, gleanntán, poll, sclaig.

craoscairt noun *(act of) crunching, (act of) munching*: brioscarnach, cangailt, cnagarnach, cniogadh, creimeadh, creimirt, gleamhscáil, meilt, mionú, mungailt.

craosfholcadh noun *gargle*: gargraisiú.

crap verb *contract, shrink, draw in*: caolaigh, ciorraigh, conlaigh, crion, cúb, giorraigh, giortaigh, laghdaigh, meath, meathlaigh, searg, téigh i laghad, téigh i léig, *literary* tamhain.

crapadh noun *contraction, shrinkage*: caolú, ciorrú, conlú, cúbadh, feascairt, giorrú, giorrúchán, giortú, laghdú, meath, meathlú, seargadh, dul i laghad.

crapall noun ❶ *fetter*: bac, bacainn, buairichín, buairthín, cornasc, cosc, cruimeasc, cuibhreach, cuing, geimheal, glaicín, iodh, laincide, laincis, laingeal, loncaird, urchall, *colloquial* iarnach. ❷ *disablement*: ainimh, bac, bacainn, breall, buairichín, buairthín, ciorrú, cis, cithréim, cosc, cróilí, cruimeasc, éagumas, éalang, éasc, laincide, laincis, laingeal, locht, loncaird, máchail, míchumas, urchall.

crapchosach adjective *crippled in the feet, slow-footed*: bacach, crúbach; mallghluaiste, malltriallach, sionsach, spadánta, spadchosach, tuisleach; bórach, bosach, scrábach.

craplachán noun *cripple*: bacach, bacachán, bacláimhíneach, baclámhach, camadán, cláiríneach, cliprineach, craiplíneach, cruipidín, cruiteachán, cruitíneach, crunca, dioscánaí, duine crapchosach, duine craplaithe, duine craplámhach, duine míchumasach, duine míchumtha, leisíneach, lúircín, lúircíneach, mairtíneach, portán.

craplaigh verb ❶ *fetter*: bac, ceangail, coinnigh siar, coisc, cuibhrigh, geimhligh, iarnaigh; cuir buarach ar, cuir ceangal ar, cuir ceangal na gcúig gcaol ar, cuir corda ar, cuir rópa ar, cuir ruóg ar, cuir téad ar. ❷ *cripple*: creaplaigh, martraigh, míchumasaigh, speir; fág ainimh ar, fág cithréim ar, fág faoi chithréim.

craplámhach adjective *crippled of hand, having a withered arm*: crágach, leathlámhach.

crapshúileach adjective *narrow-eyed, peering*: caoch, caolsúileach, dallradharcach, gairid san amharc, geamhchaoch, gearrbhreathnaitheach, gearrradharcach, mallradharcach, scáthshúileach, sramshúileach.

cré[1] noun *clay, earth*: alúin bhuí, créafóg, dóib, domasach, dúrabhán, gaíon, glár, húmas, ithir, láib, marla, talamh, úir.

cré[2] noun *creed*: Cré an Dáréag, Cré na nAspal; Cré Nís; Cré Atanáis; creideamh; admháil chreidimh, crábhadh, faoistin, fíorchreideamh, reiligiún, *literary* iris.

creabhar[1] noun *gadfly, horsefly*: creabhar capaill; claig, conach, corrmhíol, corrmhíoltóg, foiche, fothach, giobán dubh, míoltóg ghéar, muiscít, puch; boiteog, péarsla.

creabhar² noun *woodcock (Scolopax rusticola):* coileach coille, coileach feá, corr caoch.

creach noun ❶ *foray, raid:* foghail, ionramh, ionsaí, ruathar, sceimhle, *literary* táin, tairdeal. ❷ *booty, plunder:* coscar, éadáil, foghail, fuadán, goid, inghreim, prae, seilg, slad, *literary* brad, curadhmhír, fadhbh, scabáiste, táin, tairdeal. ❸ *loss, ruin:* bascadh, bochtú, briseadh, caillteamas, caillteanas, coscairt, creachadh, díothú, dísciú, eirleach, faobach, foghail, ídiú, léirscrios, *literary* lochar, lomadh, lomairt, míchaoi, milleadh, millteanas, neamhniú, réabadh, reaiceáil, ródach, scrios, treascairt. verb ❶ *raid, plunder:* bánaigh, fásaigh, foghlaigh, inghreim, lom, lomair, plucáil, ransaigh, robáil, *literary* fadhbh, lochair. ❷ *ruin:* bris, buail buille na tubaiste ar, cloígh, coscair, cuir ó chrích, cuir ó rath, déan an donas ar, déan raic de, díothaigh, fásaigh, leáigh, léirscrios, mill, scrios, scuab, slad, tóg ó thalamh na hÉireann.

creachadh noun *plundering, spoliation:* argain, bánú, bochtú, creachadóireacht, creachaireacht, díothú, dísciú, eirleach, faobach, foghail, foghlaíocht, foghlú, fuadach, ídiú, ladrannacht, léirscrios, lomadh, lomairt, milleadh, millteanas, millteoireacht, réabadh, robáil, ródach, scrios, scriostóireacht, slad, sladaíoch, sladaireacht, sléacht, treascairt, trochlú, truailliú, *literary* lochar, scabáiste.

creachadóir noun *spoiler, plunderer, looter:* coillteoir, creachaire, foghlaí, gadaí, ídiheoir, ladrann, loitiméir, millteoir, robálaí, scriostóir, sladaí, sladaire, *literary* díbheargach; uiging, uigingeach.

creachadóireacht noun *spoiling, vandalism:* coscairt, creachadh, foghail, foghlaíocht, léirscrios, loitiméireacht, lomairt, milleadh, millteoireacht, scrios, scriostóireacht, slad, sladaíocht, sladaireacht, treascairt, *literary* lochar, scabáiste.

creachán noun ❶ *small potato:* ginidín, lobhar creacháin, póirín, sceallán, sceamhachóir práta, sciollán, screamhachóir, sriochaide, sriochán. ❷ *puny person:* abhac, abhcán, beagadán, beagaidín, boiric ó ciú, camhcaid, cealdrach, clamhrán, ceairlíciú, céasánach, cnádaí, crabadán, crampánach, crandán, creadal, cringleach, cruachán, crunca, díolúnach, diúilicín, dradaire, draoidín, dreoilín, dúidlín, duine beag sceoite, dúradán, feoiteachán, feosachán, feosaí, fíothal, geospal, geospalán, gilidín, gilmín, ginidín, grabaire, gréiscealachán, lucharachán, lucharbán, lucharpán, meatachán, padhsán, pigmí, priocachán, sceoidín, scidil, scrobaire, séacla, seargán, seargánach, síobhra, síofra, síogaí, sleabhcán, truán. ❸ *small bush:* driseog, drisín, sceachín, tomóg, tor.

créacht noun *gash, wound:* cithréim, cneá, cneamhnán, gáipéar, gearradh, goin, gortú, gránú, íospairt, leonadh, lot, othras, scláradh, stialladh, tréanghoin.

créachta noun *consumption, tuberculosis:* cnaí, cnaíghalar, coinsinseam, eitinn, tisis; mionaerach, seirglí; cailleadh, cnáfairt, díomailt, donú, dreo, dul ar gcúl, dul i léig, feo, meath, meathanas, meathlú, seargadh, seirglí, snoí, spíonadh, trochlú.

créachtach adjective *gashed, wounded:* cneách, gonta, gortaithe, gránaithe, leonta, loite; fuilithe, fuilteach. noun *purple loosestrife (Lythrum salicaria):* breallán léana, Brian breá, créachtach dearg, críochtach, crólus, luibh na síochána, lus na síochána.

créachtaigh verb *wound:* basc, bearr, ciorraigh, cneáigh, dochraigh, donaigh, gearr, goin, gortaigh, íospair, leadair, leadhb, martraigh, mill, sclár, spól, stiall, tinnigh, *literary* sléacht.

creadair noun *literary relic, holy thing:* pl. taisí, *literary* mionn; taiseagán.

créafóg noun *clay, earth:* alúin bhuí, cré, cré mulláin, dóib, domasach, dúrabhán, gaíon, glár, ithir, láib, marla, talamh, úir.

creagach adjective *stony, barren:* achrannach, aimpléiseach, aimrid, anacrach, anróiteach, carrach, carraigeach, clochach, corrach, creagánta, deacair, doiligh, dóingeach, droibhéalach, éadomhain, éagothrom, garbh, iomardúil, lom, méirscreach, scártha, sceirdiúil, starragánach, tanaí.

creagaire noun ❶ *hardy person:* cnagadán, crústa, duine cruadhéanta, gadrach. ❷ *niggard:* ainríochtán, bochtán, cac ar oineach, caillteachán, ceachaire, ceacharán, cnat, cnatachán, cníopaire, coigleálaí, coigleoir, cruálaí, crústa, dúlaíoch, gortachán, gortán, néigear, ocrachán, péisteánach, raispín, ruidín gorta, scanrabóid, scanrachóid, scanradóir, scanróir, scrabhadóir, scramaire, scríbín, scríobálaí, sprionlóir, staga, suarachán, taisceoir, toimhseachán, truailleachán, truán, tútachán; cailteog, cráiteog, scríobóg, sprionlóg.

creagán noun ❶ *rocky eminence, barren ground:* boireann, carraig, clochán, clochar, fásach, garbhchríoch, sceilg, screig, splinc, *literary* aileach. ❷ *callus:* callas, cranra, fadharcán, fadhb, fuachtán, leac, faithne; clog, guaic; bonnbhualadh, bonnleac.

creagánta adjective ❶ *stony, barren:* achrannach, aimpléiseach, aimrid, anacrach, anróiteach, boireannach, carrach, carraigeach, clochach, clocharach, corrach, deacair, doiligh, dóingeach, droibhéalach, éadomhain, éagothrom, garbh, iomardúil, lom, scártha, sceirdiúil, starragánach, tanaí gágach, inbheach, iomaireach, méirscreach. ❷ *hard, callous:* cnapánach, corrach, cranrach, crua, dualach, fadharcánach, fadhbach, garbh. ❸ *small and hardy:* crua, seochrua. ❹ *mean:* beagchroíoch, ceachartha, ceapánta, cnuasaitheach, cruálach, cúngchroíoch, díbheach, doicheallach, dúlaí, gann, gortach, greamastúil, greamasúil, lompasach, meánaitheach, ocrach, spárálach, sprionlaithe, suarach, tíosach, truaillí, tútach, *literary* neoid.

créam verb *cremate:* dóigh, loisc.

créamadh noun *cremation:* dó na gcorp, dó na marbh.

créamatóiriam noun *crematorium:* créamatóir; breocharn, loiscneoir.

crean verb ❶ *obtain:* aimsigh, bain amach, faigh, soláthair, táirg, tar ar. ❷ *bestow, spend:* bronn, caith, deonaigh, ofráil, tabhair, tairg, tomhail, *literary* éirnigh.

creat noun ❶ *frame, shape:* cabhail, cliabh, cliabhrach, cliath, cliathach, coim, cóiriú, coirpéis, compar, corp, creatlach, cruth, cuma, cumraíocht, déanamh, fonnadh, fráma, greanadh, greilleach, imchruth, imlíne. ❷ *rib of roof:* cúpla, easna, pl. fraitheacha, rata, taobhán.

creatachán noun *weak, emaciated person:* caiteachán, cnámharlach, cnuachaire, coinnleoir, croithleán, cuail cnámh, deilbhéir, íomhá, langa, leicneán, leathóg, loimíneach, loimirceach, lománach, raispín, ránaí, ranglach, ranglachán, ranglamán, reangaide, reangaire, reangartach, reanglach, reanglachán, reanglamán, rúcach, scáil i mbuidéal, scloit, scolotrach, séacla, séaclach, séaclóir, síogaí, síothnaí, speireach, splíota, spreanglachán, taiseachán, truán; níl ann ach a chomharthaíocht, níl ann ach a scáth, níl ann ach na ceithre huaithne; níl deilbh luiche air, níl feoil na foilse air.

creathach adjective ❶ *trembling:* cliseach, cradhscalach, creathánach, critheaglach, eaglach, faiteach, faitíosach, falsaertha, geitiúil, neirbhíseach, scáfar, scéiniúil, scinnideach; ar ballchrith, ar crith;

creathán beaguchtúil, cúthail, éadána, éagalma, fuaiscneach, lagáiseach, lagspridiúil, meata, mílaochta, scáithínteach, scanrúil, scaollmhar, tapógach, uamhnach. ❷ *vibrating:* ascalach, creathánach, crothach, díodánach, luascach, preabach.

creathán noun *tremble, quiver:* cibhear, creathadach, crith, falsaer, neirbhís, scinnide; caochaíl, cradhscal, croitheadh, luascadh, preabadh.

creathnach¹ noun *dulse* ❶ (*Palmaria palmata*): duileasc. ❷ (*Chondrus crispus*): carraigín. ❸ (*Gigartina stellata*): clúimhín cait. ❹ (*Porphyra umbilicalis*): sleabhac. ❺ (*Ulva lactuca*): glasán, sleaidí.

creathnach² adjective *frightful, terrifying:* adhuafar, cradhscalach, critheaglach, fuascrach, gáifeach, géibheannach, gráiniúil, líonritheach, millteanach, scáfar, scanrúil, scéiniúil, uafar, uafásach, uaiféalta, uamhnach.

creathnaigh verb *quake, tremble, flinch:* crith, cúb; tá ballchrith air, tá critheagla air, tá falsaer air, tá fionnachrith air, tá neirbhís air.

creatlach noun *framework, skeleton:* cabhail, cnáfairt, *pl.* cnámha, cnámhlach, cnámharlach, creat, fráma, imchruth, imlíne, sceitse; níl ann ach na ceithre uaithne.

creatlom adjective *skinny, scraggy:* caite, creatach, cúng, éadrom, feosaí, lom, reangach, scailleagánta, scáinte, sciotach, scráidíneach, scroigeach, seang, seangchruthach, stéigthe, tanaí, trua.

creatúil adjective *specious, plausible:* craicneach, dealraitheach, inchreidte, meallrach, mórthaibhseach, sochreidte; tá cuma air, tá cuma na fírinne air, tá dath air.

créatúr noun ❶ *created thing, creature:* ainmhí, dúil, feithid, míol. ❷ *poor creature, wretched person:* ainniseoir, ainriochtán, angarúinneach, angarúnach, bochtán, bochtóg, caiteachán, cealdrach, ceanrachán bocht, díol trua, díothachtach, díthreabhach, donán, donóg, dreoilín bocht, eiseamláir, gortachán, íomhá, manglam, ocrachán, raibín, rama, ruidín, rud, sampla bocht, sianaí, taiseachán, truán, truanaid, truanairt, *figurative* lom-angar.

cré-earra noun *earthenware article: pl.* créghréithe, deilf, earra cré, *pl.* jéiníos.

creid verb *believe:* géill, tabhair creideamh do, trust; barúil, ceap, síl, tuairimigh.

creideamh noun *belief, faith:* crábhadh, cráifeacht, cré, fíorchreideamh, géilleadh, reiligiún; creidiúint, iontaoibh, muinín, trust, *literary* iris; baothchreideamh, fuarchreideamh, geasróg, piseog.

creidiúint noun *credit, credence:* géilleadh, iontaoibh, muinín, trust.

creidiúnach adjective *creditable, reputable:* barántúil, diongbháilte, fiúntach, iontaofa, muiníneach, urramach; aitheanta, aithnidiúil, clúiteach, deamheasta; dealraitheach, inchreidte.

creidiúnaí noun *creditor:* iasachtóir, morgáistí; airleacthach.

creidmheach adjective *believing:* caoindúthrachtach, cráifeach, deabhóideach, géilliúil, muiníneach, saonta; beannaithe, diaga, diagaithe, diaganta, diagasúil, díograiseach, dúthrachtach, grádiaúil, naofa, scrupallach, *literary* iriseach, reibhreansach. noun *believer:* cráifeachán, Críostaí, deisceabal, vóitín, *literary* iriseach; aifreannach, paidreachán.

creidmheas noun *credit:* cairde, cíoscheannach, creidiúint, fruilcheannach, gaimbín, glascheannach, trácht; airleacan, iasacht, morgáiste; cuir sa mharc orm é, cuir sa mhuineál orm é '*give it to me on credit*'; fuair mé ar an strapa é.

creig noun ❶ *crag, rocky eminence:* carraig, sceilg, screig, speanc, splinc, spuaic charraige. ❷ *stony, barren ground:* aileach, boireann, clochán, clochar, fásach, garbhchríoch, stéigeach. ❸ *rocky shore:* cladach, duirling.

creill noun ❶ *knell:* clog, clog na marbh. ❷ *alarm:* aláram, rabhchán, scaoll, *literary* caismirt; forógra, gáir.

creim verb ❶ *gnaw:* caith, cangail, ceannchogain, cnaígh, cogain, crinn, ith, meil. ❷ *erode:* cealaigh, cnaígh, crinn, ídigh, lagaigh, laghdaigh, líomh, meil, mionaigh, scrios; bánaigh, coscair.

creimeadh noun *erosion, corrosion:* cnáfairt, cnaí, creimeachán, creimirt, crinneadh, líomhadh, meilt, meirg, síonchaitheamh, síonmheilt; bánú, coscairt, mionú, scrios.

creimire noun ❶ *rodent:* crinnire. ❷ *backbiter, detractor:* beachtaí, béadánaí, cáinseoir, cáinteoir, cinsire, criticeoir, cúlchainteoir, ithiomráiteach, lochtóir, priocaire, spídeoir, stiallaire, tarcaisneoir.

creimneach adjective ❶ *corrosive, erosive:* cnaíteach, creimeach, créimeach, créimeach, díothaitheach, ídeach, íditheach, loiscneach, meilteach, scriosach, seargthach. ❷ *corroded, time-worn, decayed:* caite, cnaíte, críon, dreoite, dreoiteach, feoite, luchartha, lochartha, meilte, meirgeach, scáinte, seanchaite, seargtha, síonchaite, smolchaite, *literary* oirbheárnach, searg.

creimneáil verb *tack, baste:* cuir gúsnáth faoi

creimseáil verb *nibble:* cangail, ceannchogain, cogain, creim, crinn, giob, gráinseáil, pioc, prioc; bain líomóg as; broid.

créúil adjective *earthy, clayey:* adjectival genitive créafóige, dóibiúil, glárach, adjectival genitive ithreach, marlach, úrach.

cré-umha noun *bronze:* umha, *literary* fiondruine; prás.

criadóir noun *potter:* potadóir, potaire.

criadóireacht noun *pottery:* potaireacht; *pl.* créearraí, *pl.* créghréithe, deilf, *pl.* earraí cré, *pl.* jéiníos.

crián noun *crayon:* cailc dhaite, marcóir daite, pionsail dhaite; gualach; cleiteán.

criathar noun *sieve, riddle:* rideal, rilleán, séalán, síothlán, stráinín, *literary* sairse, saírse, sáirse; scagaire, scagán.

criathrach adjective ❶ *pitted, perforated:* bréifneach, crosach, pollta, tollta, trétholl; faoi loigíní, faoi phoillíní; breac, breactha. ❷ *swampy:* báite, bog, féitheach, fliuch, seascann, tais, uisciúil; ar bogadh, ar maos. noun *pitted bog:* criathar, portach, puiteach; seascann.

criathraigh verb ❶ *sieve, sift:* rill, scag, séalaigh, síothlaigh ❷ *winnow:* cáith, scag.

críne noun *old age, decrepitude:* ársacht, ársaíocht, bunaois, crandacht, críonnacht, foirfeacht, scothaois, seanaois, tonnaois, *literary* sruithe; crólí, crólíocht, dreoiteacht, feoiteacht, feosaíocht, meath, meathlaíocht, orchra.

crinn verb ❶ *gnaw:* cangail, ceannchogain, cnaígh, cogain, creim, giob, ídigh, ith. ❷ *contend closely with:* bí ag comórtas le, bí ag iompairc le, bí ag sáraíocht le, coimeád ceann cuinge le duine, téigh ag dréim le, téigh ag iomaíocht le, téigh i dtreis le.

críoch noun ❶ *limit, boundary:* bruach, ciumhais, colbha, corthair, eochair, fóir, imeall, imeallbhord, leathimeall, marc, taobh, teorainn, *literary* forar; cósta, feorainn. ❷ *region, territory:* barúntacht, ceantar, comharsanacht, contae, cúige, dúiche, dúthaigh, fearann, limistéar, líomataíste, oirear, paiste, réigiún, sír, síreacht, *pl.* tailte, talamh, taobh tíre, tír, *pl.* tríocha céad, *pl.* triúcha, *literary* déis, *historical* tuath. ❸ *end, completion:* bailchríoch, clabhsúr, comhall, críochnú, cur i gcrích, deireadh, earr; an cipín mín, an tslis mhín.

críochbheart noun *denouement:* scaoileadh snaidhme; bailchríoch, clabhsúr, comhall, críoch, críochnú, deireadh.

Creimirí

acouchi (*Myoprocta acouchy*): acúitsí
agouti (*Dasyprocta* sp.): agútaí
antelope squirrel (*Ammospermophilus* sp.): iora antalóip
Arctic lemming (*Dicrostonyx torquatus*): leimín Artach
bamboo rat (*Cannomys, Rhizomys*): francach bambú
bandicoot rat (*Bandicota* sp.): ollfhrancach
bank vole (*Clethrionomys glareolus*): vól bruaigh
beaver (*Castor* sp.): béabhar
black rat (*Rattus rattus*): francach dubh
brown lemming (*Lemmus trimucronatus*): leimín donn
brown rat (*Rattus norvegicus*): francach donn
cane rat (*family* Thryonomyidae): francach cána
capybara (*Hydrochaeris hydrochaeris*): capabara
cavy (*féach* **guinea pig**)
chinchilla (*Chincilla lanigera*): sinsile *f.*
climbing mouse (*Dendromus* sp.): luch *f.* dhréimeach
common rat (*féach* **brown rat**)
common vole (*Microtus arvalis*): vól coiteann
cotton rat (*Sigmodon* sp.): francach cadáis
coypu (*Myocastor coypus*): cadhpú
deer mouse (*Peromyscus maniculatus*): fialuch *f.*
degu (*Octodon degus*): déagú
desert rat (*féach* **gerbil**)
dormouse (*family* Gliridae): codlamán; luch *f.* chodlamáin; dallóg *f.* fhéir
earless water rat (*Crossomys moncktoni*): francach uisce éagluasach
European beaver (*Castor fiber*): béabhar Eorpach
fat dormouse (*Glis glis*): codlamán ramhar
field vole (*Microtus agrestis*): vól féir
Florida water rat (*Neofiber alleni*): muscfhrancach earrchruinn
flying squirrel (*subfamily* Pteromyinae): iora eitilte
gerbil (*subfamily* Gerbillinae): seirbil *f.*
giant hutia (*family* Heptaxodontidae): húitia *f.* ollmhór
golden hamster (*Mesocricetus auratus*): hamstar buí
golden-mantled ground squirrel (*Citellus lateralis*): talamh-iora órbhratach
gopher (*Citellus* sp.): gráinseálaí; talamh-iora
grasshopper mouse (*Onychomys leucogaster*): luch *f.* fheoiliteach
grey squirrel (*Sciurus carolinensis*): iora glas
groundhog (*féach* **marmot**)
gundi (*Ctenodactylus gundi*): gundaí
guinea pig (*Cavia cobaya*): cabhaí; muc *f.* ghuine
hamster (*Cricetus cricetus*): hamstar
harvest mouse (*Micromys minutus*): luch *f.* fhómhair
hazel dormouse (*Muscardinus avellanarius*): codlamán coill
hopping mouse (*Notomys* sp.): luch *f.* phreabach
house mouse (*Mus musculus*): luch *f.* tí
hutia (*subfamily* Capromyinae): húitia *f.*
jerboa (*family* Dipodidae): gearbú
jird (*Meriones* sp.): gíord
jumping mouse (*subfamily* Zapodinae): luch *f.* léimneach
kangaroo rat (*Dipodomys* sp.): francach cangarúch
lemming (*féach* **Norwegian lemming**)
long-tailed field mouse (*féach* **wood mouse**)
Malayan giant squirrel (*Ratufa bicolor*): olliora Malaech
mara (*féach* **Patagonian cavy**)
marmot (*Marmota* sp.) marmat
meadow vole (*Microtus pennsylvanicus*): vól móinéir
mole rat (*family* Spalacidae): caochfhrancach
mountain beaver (*Aplodontia rufa*): sualal
mouse (*family* Muridae): luch *f.*; luchóg *f.*
muskrat (*Ondatra zibethica*): muscfhrancach
naked mole rat (*Heterocephalus glaber*): caochfhrancach lom
Norway rat (*féach* **brown rat**)
Norwegian lemming (*Lemmus lemmus*): leimín Lochlannach
nutria (*féach* **coypu**)
paca (*Cuniculus paca*): paca
pacarana (*Dinomys branickii*): pacarána
packrat (*Neotoma* sp.): pacfhrancach
palm squirrel (*Funambulus palmarum*): iora pailme
Patagonian cavy (*Dolichotis patagonum*): cabhaí Patagónach
pine vole (*Pitymys subterraneus*): vól péine
pocket mouse (*family* Heteromyidae): luch *f.* pócaí
porcupine (*Hystrix cristata*): torcán craobhach
pouched rat (*subfamily* Cricetomyinae): francach spaga
rat (*Rattus* sp.): francach; luch *f.* mhór
red-backed vole (*Clethrionomys rutilus*): vól droimrua
red squirrel (*Sciurus vulgaris*): iora rua
rice rat (*Oryzomys* sp.): francach ríse
scaly-tailed squirrel (*family* Anomaluridae): iora earrghainneach
snow vole (*Microtus nivalis*): vól sneachta
southern flying squirrel (*Glaucomys volans*): iora eitilte deisceartach
spiny mouse (*Acomys* sp.): luch spíonach
springhaas (*Pedetes capensis*): springhaas
squirrel (*Sciurus* sp.): iora; madra crainn
steppe lemming (*Lagurus lagurus*): leimín steipe
stick-nest rat (*Leporillus conditor*): francach nead cipíní
swamp rat (*Rattus lutreolus*): francach seascainn
tuco-tuco (*family* Ctenomyidae): tucó tucó
vesper rat (*Nyctomys sumichrasti*): francach feascrach
viscacha (*Lagidium viscacia*): viscáitse
vole (*Clethrionomys* sp.): vól
water rat (*féach* **water vole**)
water vole (*Arvicola amphibius*): vól uisce
white-footed mouse (*Peromyscus leucopus*): luch *f.* chosbhán
wood lemming (*Myopus schisticolor*): leimín coille
white mouse (*Mus musculus*): luch *f.* bhán
white-tailed antelope squirrel (*Ammospermophilus leucurus*): iora antalóip earrbhán
wood mouse (*Apodemus sylvaticus*): luch *f.* fhéir
woodrat (*féach* **packrat**)

críochdheighilt noun *partition*: roinnt talún, roinnt tíre, scaradh, scarúint.

críochnaigh verb *finish, complete*: (i gContae Mhaigh Eo) balaigh, comhaill, comhlíon, déan, léirigh, réitigh, slachtaigh, socraigh; bí réidh le, cuir an cipín mín ar, cuir an tslis mhín ar, cuir an tsopóg cinn ar, cuir deireadh le, cuir dlús le, cuir i gcrích, cuir ó lámh.

críochnaithe adjective ❶ *finished, accomplished*: déanta, fálta, fuirsithe, lándéanta, léirithe, priocha, réidh, síolta; thart; curtha ó lámh, i gcrích. ❷ *complete, utter*: áitithe, amach is amach, ar a bhoinn, beirthe déanta, bunaithe, corónta, corpanta, cruthanta, daingean, daingnithe, dearbh-, dearbhaithe, dearg-, deimhnithe, dian-, diongbháilte, do-bhogtha,

críochnú
docheartaithe, doleigheasta, domhúinte, dosmachtaithe, láidir, seanbhunaithe, tréan.

críochnú noun (*act of*) *completion, accomplishment:* an cipín mín, an tsopóg cinn, bailchríóch, comhall, comhlíonadh, críoch, deireadh, cur i gcrích.

críochnúil adjective *thorough, methodical:* beacht, cnúisciúnach, córasach, cruinn, cumasach, dearbh-, dearg-, éifeachtach, fíor-, fuinniúil, láidir, pointeáilte, rialta, rianúil, sistéamach, tréan; amach is amach, ar a shlacht, ar na hailt, de réir a chéile, ó thalamh.

criogar noun ❶ *cricket* (*family Gryllidae*): coileach na luatha, criocaide, criocar, criocard, criogar iarta, gligear, píobaire teallaigh, preabaire an tinteáin, urchuil; ciocáid. ❷ **criogar féir** *grasshopper* (*family Acrididae*): ceolán, cosach, corr chaol, crucaide caoráin, dorsán, dreoilín teaspaigh, dreolán teaspaigh, finnín feoir, míol féir, pilibín eitre, scadáinín féir; bruch, lócaiste.

críon adjective *old, withered:* aosta, ársa, ársaidh, cianaosta, cranda, craptha, críonna, crólí, cróilithe, dreoite, feoite, feosaí, foirfe, lánaosta, liath, luchartha lochartha, orchrach, sceoite, sean, sean-, seargtha, sleabhcánta. verb *age, wither:* aosaigh, dreoigh, feoigh, meath, meathlaigh, orchraigh, sceoigh; téigh chun críonnachta, téigh in aois, téigh i gcríonnacht, téigh i léig.

críonadh noun *ageing, withering:* aosú, crandacht, críne, dreo, feo, léithe, liathadh, meath, meathlaíocht, meathlú, orchra, seargadh; dul in aois.

críonmhíol noun ❶ *woodworm* (*Anobium punctatum*): ciaróg oíche, cloigín meilge, readán. ❷ *familiar woodlouse* (*order Isopoda*): cailleach chrainn, cailleach an tsagairt, cailleach sagairt, cláirseach, míol críon, míoltóg chríon, sclátaí; cláirseach thrá, míol trá.

críonna adjective ❶ *wise, prudent:* céillí, ciallmhar, cliste, discréideach, eagnaí, éargnaí, fadcheannach, fáidhiúil, foirmniseach, gaoiseach, gaoisiúil, gaoismhear, glic, inrúin, meabhrach, praitinniúil, réasúnta, siosmaideach, stuama, tuisceanach, *literary* gaoth, suadhach. ❷ *thrifty:* baileach, bainistíoch, barainneach, cnuaisciúnach, cnuaisciúnta, coigilteach, féachtanach, meánaitheach, sábhálach, spárálach, tábhachtach, taogasach, tíosach. ❸ *grown up, mature:* aibí, aosach, fásta, inphósta, lánfhásta, oirbheartach, *literary* in-nuachair; in inmhe; tá a chúlfhiacla curtha aige. ❹ *old:* aosta, ársa, ársaidh, cianaosta, cranda, craptha, críon, crólí, cróilithe, dreoite, feoite, feosaí, foirfe, lánaosta, liath, sceoite, scothaosta, sean, sean-, seargtha, tonnaosta.

críonnacht noun ❶ *wisdom:* breithiúnas, ceann, ciall, clisteacht, clistíocht, discréid, eagna, eagnaíocht, éargna, fadcheann, fios, fios feasa, gaois, guaim, intleacht, meabhair, réasún, saoithiúlacht, siosmaid, spárálacht, stuaim, toighis, tuiscint. ❷ *thrift:* baileachas, bainistí, bainistíocht, barainn, cnuaisciúin, coigilt, coigilteas, fadcheann, stuaim, tábhacht, taogas, tíos, tíosaíocht, tíosulacht. ❸ *maturity:* aibíocht, inmhe, oirbheart. ❹ *old age:* aois, aois an phinsin, aois chapall na comharsan, aois chapall na malairte, aois chapall na muintire, aoschaiteacht, ársaíocht, athlaochtacht, crandacht, críne, críne, críonadh, foirfeacht, léithe, liathadh, meath, meathlaíocht, meathlú, scothaois, seanaois, seandacht, seanóireacht, sinsearacht, tonnaois, *literary* sruithe.

crios noun ❶ *girdle, belt:* básta, beilt, crioslach, fáisceadán, fáisceán, geirnín, giorta, sursaing, vásta. ❷ *zone:* ceantar, comharsanacht, crioslach, dúiche, dúthaigh, limistéar, líomatáiste, réigiún, taobh tíre; ball, barúntacht, contae, cúige, fearann, fia, fód dúchais, geadán, grian, paiste, *pl.* tríocha céad, *pl.* triúcha, tuath, *literary* déis.

criosantamam noun ❶ *chrysanthemum* (*Chrysanthemum*): buíán, bile bhuí, buí mór, súilín buí. ❷ (*Leucanthemum*): nóinín mór; easpagán, easpaí bán, neoinín capaill, súil daimh. ❸ (*Tanacetum*): franclus, lus deartán; ansae, luibh an ansae, luibh an tansae, luibh na fola, meá drua, meá druach, tansae. ❹ *florist's chrysanthemum* (*Dendranthema*): órscoth.

crioslach noun ❶ *bosom:* brollach, cabhail, *pl.* cíocha, cliabhrach, cliath, cliathach, coim, compar, colainn, corp, croí, ucht. ❷ *belt:* básta, beilt, fáisceadán, fáisceán, giorta, sursaing, vásta. ❸ *zone:* ceantar, comharsanacht, crios, dúiche, dúthaigh, limistéar, líomatáiste, réigiún, taobh tíre; ball, barúntacht, contae, cúige, fearann, fia, fód dúchais, geadán, grian, paiste, *pl.* tríocha céad, *pl.* triúcha, tuath, *literary* déis.

Críostaí adjective *Christian:* Críostúil; beannaithe, carthanach, diaga, diagaithe, diaganta, diagasúil, díograiseach, dúthrachtach, grádiaúil, naofa, trócaireach. noun *Christian:* anam, duine, duine nó deoraí, peacach; naomh; Crosáidí.

Críostaíocht noun *Christianity, Christendom:* Críostúlacht; carthanacht, trócaire; cró Chríost, an domhan Críostaí; an creideamh Críostaí; Anglacánachas, Cailvíneachas, Caitliceachas, Protastúnachas.

criostal noun *crystal:* gloine, gloine chriostail.

crístín noun *blasphemous expression, swear-word:* *pl.* jioranna agus crístíní; anfhocal, blaisféim, diaaithis, diairmín, diamhasla, drochfhocal, eascaine, focal gan chuibheas, mallacht, mallachtach, mallaitheoireacht, mionn, mionn is móid, *pl.* mionna móra, slamfhocal, smachladh, *literary* smeirlis; breast an focal sin.

crith noun ❶ *shiver, tremor:* ballchrith, cibhear, cradhscal, creathadach, creathán, falsaer, geit, *pl.* na haras, *pl.* na harasaí, mágra, neirbhís, tapóg, tonnchrith; caochaíl, luascadh, preabadh. ❷ **crith talún** *earthquake:* maidhm talún, talamhchrith; sunamaí. verb *tremble, shake:* bíog, clis, creathnaigh, geit, preab; tá ballchrith air, tá critheagla air, tá falsaer air, tá fionnachrith air, tá neirbhís air.

critheagla noun ❶ *quaking fear, terror:* eagla, faitíos, líonrith, scanradh, scard, scáth, scaoll, sceilmis, sceimhle, scéin, uafás, uamhan; cradhscal. ❷ *timidity:* adhnáire, ceartaí, cotadh, creathán, cúthaileacht, éadánacht, eagla, faitíos, geit, lagáisí, lagspridiúlacht, náire, neirbhís, *literary* neoid, scáfaireacht, scáithínteacht, scanrúlacht, scinnide, spalpas, tapóg.

critheaglach adjective ❶ *terrified:* anbhách, anfúil, fuascrach, scanrúil, scaollmhar, scéiniúil, uamhnach, faoi scéin; tá scaoll faoi, tá sceimhle air. ❷ *timid:* beaguchtúil, cearthaíoch, cladhartha, corrabhuaiseach, crithir, cúthail, éadána, eaglach, éagalma, faiteach, faitíosach, geiteach, giongach, glídiúil, lagáiseach, lagspridiúil, meata, mílaochta, neirbhíseach, scáfar, scáithínteach, scinnideach, tapógach, uamhnach; faoi scéin; níl croí circe aige.

crithir noun ❶ *spark:* aibhleog, aithinne, drithle, drithleog, drithlín, splaideog, spré, spréach, spréachán, spréóg, sprinle, sprinlín, splaideog, splanc; tine chreasa. ❷ *particle:* adamh, cáithnín, coirpín, corpán, dúradán, fríd, frídín, gainmhín, mír, móilín.

critic noun *critique, literary criticism:* beachtaíocht, criticeas, léirmheas, léirmheastóireacht; anailís, breithiúnas, meastóireacht, measúnú, moltóireacht.

criticeoir noun *literary critic:* léirmheastóir; breitheamh, meastóir, measúnóir, moltóir; beachtaí.

criticiúil adjective *critical:* breithiúnach, léirmheastach; baolach, cinniúnach, contúirteach, géibheannach, guaiseach, priaclach.

criú noun *crew:* foireann; buíon, gasra; *pl.* mairnéalaigh, cipe, dream, scata, slua, *familiar pl.* na leaids.

cró[1] noun ❶ *eye, socket:* cró, cuas, leaba, lochall, log logall, mogall, slocán, sócad, soicéad, *literary* ionsma. ❷ *ring, enclosure:* bábhún, banrach, bólann, buaile, ciorcal, cliath, cliathach, clós, cúirt, compall, fáiméad, fál, fáinne, fáinneán, gabhann, garraí, geard, imfhál, imfhálú, imphort, loca, macha, manrach, móta, póna; compal, sorcas, timpeallán. ❸ *hut, hovel:* botaí, both, botháinín, bothán, bothóg, bráicín, bráca, cábán, cabrach, cróicín, cróitín, cúb, múchán, póicéad, proch, prochán, prochlais, prochóg, púirín, scailp, scáthlán, teach beag, teachín, teálta, tigín, úirín; raingléis tí, riclín tí, spéalán tí. ❹ *hollow:* cabhóg, cuas, cuasán, cuasóg, easca, gleann, gleanntán, lag, lagán, log, logall, logán, mám, poll.

cró[2] noun *blood, gore:* folracht, fuil; crólinn, deargadh, fuiliú.

crobh noun *hand, paw, talon:* cos, crág, crobhán, crobhóg, croibhín, crúb, crúbán, glac, glacán, ladhair, ladhar, ladhrán, láimhín, lámh, lámhdhóid, lapa, mág, mágán, máigín, *literary* mán.

crobhaing noun *cluster:* braisle, cloigín, crothán, mogall, triopall; burla, cruinneán, cruinneog, meall.

croca noun *crock:* citeal, citil, coire, crocán, crúiscín, crúsca, pota, sciléad.

croch noun ❶ *cross, gallows:* croch chéasta, cros chéasta; cnáib, gad. ❷ *hook, hanger, fire-crane:* bacán, clíce, corrán, craein, crochadh, cromóg, crúca, crúcán, drol, drolamh, duán. ❸ *tall, stooped person:* camalóid, cleithire, cnábaire, coinnleoir, cuan, gailléan, geosadán, langa, píle, reanglamán, scodalach, sconnartach, sreangaire. verb ❶ *hang:* bí ag liobarna, bí ag slapáil, sil, sraoill; básaigh, cuir chun báis, dúnmharaigh, linseáil, maraigh. ❷ *raise, lift:* ardaigh, tóg; cuir suas. ❸ *carry:* beir, iompair, tabhair. ❹ *clear up, clear off:* geal, glan, glan suas, imigh; glinneáil as.

cróch noun *saffron, crocus:* cróch an fhómhair, cróch léana, cróch na mbánta; buí mór.

crochadán noun ❶ *hanger, stand:* aidhleann, cliath éadaigh, cnagadán, seastán, stainnín. ❷ *pendant:* liobar, siogairlín; ígín.

crochadh noun ❶ (*act of*) *hanging:* liobarnach, sileadh. ❷ *erection, raising, suspension:* ardú, éirí, tógáil; bildeáil, foirgniú. ❸ *pitch of roof, etc.:* claon, claonadh, fána, fiar, sceabha, titim, uillinn.

crochadóir noun ❶ *hangman:* básadóir, básaire, céasadóir, céastúnach, ciapaire, ciústiúnaí, crochaire, pianadóir, sealánach, *literary* riaghaire. ❷ *gallows-bird:* bithiúnach, bligeard, cneámhaire, coireach, coirpeach, feileon, oilghníomhaí, ropaire, ropaire gaid, rifíneach, scabhaitéir, scuit, scuitsear, sealánach. ❸ *loafer:* bruachaire, búiste, caidéir, camán luatha, codaí, crochaire, falsóir, fámaire, feádóir, fear fuar lá te, giolla na leisce, gora leaindí, goróir, langa, leadaí, leadaí na luatha, learaire, leisceoir, leisíneach, leoiste, leota, liairne, liúdaí, liúdramán, lófálaí, loiciméir, lorgánach, losadóir, losaí, luircín cheann an teallaigh, lúmaire, meathlóir, ránaí, righneálaí, ríste, scaoinse, scrádaí, scraiste, scúille, sínteach, síntealach, slaodaí, smíste, srathaire, stangaire, stróinse.

crochadóireacht noun *loafing about, loitering:* bruachaireacht, caidéireacht, codaíocht thart, cúinnéireacht, fálróid, fámaireacht, fánaíocht, leadaíocht, leisceoireacht, liúdaíocht, lófáil, losaíodóireacht, piollardaíocht, ránaíocht, rathlaíocht, righneáil, rístíocht, scraisteacht, scraistíocht, scraistireacht, scraistiúlacht, srathaíocht, srathaireacht, sreangaireacht, stangaireacht.

crochaille noun *thick spittle, phlegm:* cáithleach, coch, cochaille, cráisiléad, crannseile, múcas, *pl.* muiní réama, prachaille, réama, réamán, seile, seileog, smaois, smuga, smugairle.

cróchar noun *bier, stretcher:* árach, cleith, eileatram, fuad, leaba shínteáin, palaincín, sínteán.

crochta adjective ❶ *hung, hanged:* ar crochadh. ❷ *raised:* aerach, ardaithe, tógtha, *literary* eadarbhuasach. ❸ *overhanging, steep:* ard, ceartingearach, colgdhíreach, díreach, géar, géarchrochta, ingearchlóch, rite. ❹ *hanging, pendant:* ar crochadh, ar liobarna, ar sileadh, siogairlíneach. ❺ *affected:* ardnósach, galamaisíoch, galánta, giodalach, postúil, suimiúil; **adjectival genitive** bréige.

crochtín noun *hammock, swing:* ámóg, crandaí, hamóg, leaba luascáin, leaba loinge, spairis, spiris; cairt rócáin, carr rócáin, luascán; luascadán.

crodh noun ❶ *wealth:* *pl.* acmhainní, áirge, airgead, bracht, bruithshléacht, bunairgead, coibhche, conách, crodh, éadáil, Éire fré chéile, Éire gan roinnt, flúirse, gustal, iarmhais, ionnas, ionnús, maoin, raidhse, rath, rathúnas, saibhreas, sochar, *pl.* sócmhainní, spré, stór, strus, tábhacht, *literary* intleamh, ionnlas. ❷ *dowry:* coibhche, spré.

códhearg adjective *blood-red:* corcairdhearg, craorac, craorag, dúdhearg, flann, flanndearg, partaingdhearg; folúil, fuilbhreach, fuilteach.

cróga adjective ❶ *brave:* bríomhar, calma, coráisteach, coráistiúil, curata, dána, díolúnta, foirtil, fortúil, gaisciúil, galach, gusmhar, gusúil, láidir, laochta, laochúil, meanmnach, misniúil, spionnúil, spioradúil, spreacúil, spreagúil, spridiúil, tréan, uchtúil, *literary* ánrata, léideanach, léidmheach. ❷ *hardy:* cadránta, cadrasach, calctha, creagánta, crua, cruachaol, cruadhéanta, dian, docht, dúr, miotalach, righin, seochrua, spionnúil. ❸ *lively:* aigeanta, ardaigeanta, beo, beoga, croíúil, crua, éadromaigeanta, gusmhar, meanmnach, meidhreach, meidhréiseach, scóipiúil, smiorúil, soilbhir, spionnúil, spleodrach, suairc, teaspúil, *literary* cluicheachair.

crógacht noun ❶ *bravery, courage:* calmacht, coráiste, coráistiúlacht, croí, dánacht, foirtile, foirtileacht, gal, gaisce, gaiscíocht, gus, laochas, laochdhacht, meanma, meanmnacht, misneach, misniúlacht, niachas, oirbheart, oiread Chnoc Mordáin de chroí, scairt, scairt láidir, smior, spiorad, sponc, spiorad, sprid, spriolladh, uchtach, uchtúlacht, *literary* déadlacht, meanmanra. ❷ *liveliness:* aigeantacht, anamúlacht, ardaigeantacht, beocht, beogacht, bruithean, croí, croíúlacht, éirí in airde, éirí croí, flosc, fóisíocht, gus, macnas, meanma, meidhir, miotal, misneach, scleondar, scóip, spéiriúlacht, spiorad, spleodar, spreacadh, spréach, sprid, subhachas, súgachas, súgaíocht, teaspach. ❸ *hardiness:* buaine, buanadas, buanseasmhacht, cruacht, cruachúis, cruadas, dianseasmhacht, dígeantacht, dochloíteacht, miotal, seochruas, teacht aniar, urrúntacht.

crogall noun *crocodile:* crogall inbhir, crogall Níleach, ailigéadar, cadhman, gaibhial.

croí noun ❶ *heart:* brollach, cliabhrach, ucht. ❷ *love:* ansacht, carthain, carthanacht, connailbhe, cumann, dáimh, dáimhiúlacht, dil, dílseacht, dúil, fialchaire, gaolacht, gean, gnaoi, grá, greann, ionúine, searc, taitneamh, toil, *literary* dailbhe. ❸ *dear, darling:* anam, ansacht, carán, céadsearc, craobhóg, craoibhín, croídín, croí istigh, grá, graidhin, lao, leannán, leoinín, maoin, maoineach, muirnín, rún, rúnsearc, searc, searcóg, seircín, seoid, smóilín, taisce.

croíbhriseadh noun *heart-break:* atuirse, briseadh croí, buaireamh, buairt, cian, crá croí, cronú,

croíbhriste

> **Crogaill agus Ailigéadair**
>
> American alligator (féach Mississippi alligator)
> Australian freshwater crocodile (*Crocodylus johnstoni*): crogall abhann Astrálach
> black caiman (*Melanosuchus niger*): cadhman dubh
> broad-snouted caiman (*Caiman latirostris*): cadhman smutleathan
> Chinese alligator (*Alligator sinensis*): ailigéadar Síneach
> common caiman (féach spectacled caiman)
> Cuban crocodile (*Crocodylus rhombifer*): crogall Cúbach
> dwarf crocodile (*Osteolaemus tetraspis*): crogall beag
> estuarine crocodile (*Crocodylus porosus*): crogall inbhir
> false gharial (*Tomistoma schlegelii*): gairial bréige
> gharial (féach Indian gharial)
> Indian gharial (*Gavialis gangeticus*): gairial Indiach
> jacaré caiman (*Caiman yacare*): cadhman Paraguach
> Mississippi alligator (*Alligator mississippiensis*): ailigéadar Misisípeach
> Morelet's crocodile (*Crocodylus moreletii*): crogall Morelet
> mugger (*Crocodylus palustris*): crogall réisc
> New Guinea crocodile (*Crocodylus novaeguineae*): crogall Nua-Ghuine
> Nile crocodile (*Crocodylus niloticus*): crogall Níleach
> Orinoco crocodile (*Crocodylus intermedius*): crogall Oranócó
> Philippine crocodile (*Crocodylus mindorensis*): crogall Filipíneach
> saltwater crocodile (féach *estuarine crocodile*)
> Siamese crocodile (*Crocodylus siamensis*): crogall Siamach
> spectacled caiman (*Caiman crocodilus*): cadhman spéaclach

cumha, díomá, dobrón, doilíos, dólás, doghrainn, duairceas, dúlagar, eall connailbhe, iarghnó, ísle brí, léan, méala, síreacht, taom connailbhe, tocht, tromchroí, *literary* nuar.

croíbhriste adjective *heart-broken*: aiféalach, atuirseach, briseadh-croíúil, brúite, buartha, ceanníseal, cianach, cianúil, cráite, croíbhrúite, cumhach, deorach, diachrach, dobrónach, doilíosach, doilbh, doilbhir, domheanmnach, dorcha, duairc, duaiseach, dubhach, dúlagrach, dúlaí, dúlionnach, dúnéaltach, éadóchasach, fadchumhach, gruama, gubhach, iarghnóch, in ísle brí, léanmhar, lionndubhach, mairgiúil, mairgneach, maoithneach, smúitiúil, smúitiúnta, taidhiúir, tromchroíoch, truamhéalach; tá a chroí briste, tá a chroí cráite.

croíbhrú noun *contrition*: aiféala, aithreachas, aithrí, briseadh croí, brón, buaireamh, buairt, caoineadh, cathú, cumha, dobrón, doilíos, iarghnó, mairg, mairgneach, *literary* taithleach.

croílár noun *exact centre*: airmheán, ceartlár, corplár, cuilithe, idirmheán, lár, lár baill, lár báire, meáchanlár, meánlár.

croíleacán noun *core*: croí, croíleachán, croíóg, cuilithe.

croílí adjective *bed-ridden, disabled*: cróilíoch, cróilithe, cróilitheach; breoite, crólag, dona, drochshláintiúil, easlán, easláinteach, faonlag, *literary* oirbhearnach; go holc, ina luí. noun ❶ *disablement, infirmity*: aicíd, ainimh, breall, breoiteacht, ceasacht, ciorrú, cis, cithréim, cróilíocht, dolúi, éagruas, éagumas, éalang, éasc, easláinte, locht, máchail, míchumas, tinneas; bac, bacainn, buairichín, buairthín, buarach, cosc, cruimeasc, galar, laincide, laincis, laingeal, loncaird, urchall. ❷ *staggers (in horses, etc.)*: galar cam, meadhrán, saobhnós.

croiméal noun *moustache*: croimbéal, muisteais.

cróinéir noun *coroner*: crónaire.

croinic noun *chronicle*: *pl.* annála, leabhar staire, seanchas, stair, *literary* oireas; finstair na hÉireann, seanstair na hÉireann; Foras Feasa, ar Éirinn Leabhar Gabhála; an Leabhar Brátha.

croiniceoir noun *chronicler*: annálaí, croinicí, cróineolaí, seanchaí, staraí, *literary* oiriseach.

croisín noun ❶ *crutch*: bata croise, maide croise, trasnán; crann taca, camóg. ❷ *pole with hook*: bacán, camóg, corrán bainte, corrán cnuasaigh, cuaille, crúca.

croith verb ❶ *shake*: cuir díot, fáisc, luasc, mothallaigh. ❷ *scatter, sprinkle*: coscair, cuir soir siar, easraigh, forscaoil, leáigh, leath, scaip, scaoil, scar, spréach, spréigh, *literary* eisréidh. ❸ **croith ar, croith chuig, croith le** *wave, brandish*: bagair ar, diúraic, tomhais le.

croitheadh noun ❶ *(act of) shaking, shake*: creathán, crith, crothach, fáisceadh, luascadh, mothallú. ❷ *(act of) sprinkling, scattering*: coscairt, leathadh, scaipeadh, scaoileadh, scaradh, spré.

croíúil adjective *hearty, cheerful*: aigeanta, anamúil, ardaigeanta, beo, beoga, breabhsánta, gáiriteach, gealchroíoch, gealgháireach, greadhnach, intinneach, láidir, macnasach, meanmnach, meidhreach, meidhréiseach, scóipiúil, somheanmnach, seamhrach, spéiriúil, spleodrach, suairc, subhach, súgach, urrúnta.

croíúlacht noun *heartiness, cheerfulness*: aigeantacht, anamúlacht, ardaigeantacht, beocht, beogacht, croí, éirí croí, éirí in airde, fóisíocht, gealadhram, gealgháirí, gliondar, intinn, laighce, lainne, lúcháir, macnas, meanma, meidhir, meidhréis, scleondar, scóip, soilbhreas, soirbheas, somheanma, spéiriúlacht, spiorad, spleodar, sprid, subhachas, súgachas, súgaíocht, suairceas, teaspach.

crom adjective *bent, stooped*: cam, camtha, cromshlinneánach, cruiteach, diocach, dronnach, feactha; ar do chromada. verb *bend, stoop*: feac, ísligh, lúb, umhlaigh.

cromadach noun *crouching*: ar do chorrabiongaidí, ar do chorraicip, ar do chorraduanóg, ar do chorraghiob, ar do chorrána, ar do chorrspiogad, ar do chromada, ar do ghaireanáta, ar do ghionga, ar do ghogaide, ar do ghogaidí, ar do ghroga, ar do ghrogada, ar do ghrogaide, ar do ghúngaí, ar do ghúngaí beaga, ar do scoróg, ar do speireacha beaga; i do chrunca gúngach; tá suí an ghiorria ort.

cromadh noun *(act of) bending, stoop*: camadh, cruit, feacadh, feacadh glúine, ísliú, lúbadh, umhlú.

cromán noun ❶ *hip*: corróg, gorún, leis, scoróg. ❷ *crank*: camán, camóg, uillinn. ❸ *harrier (Circus)*: cromán na gcearc, préachán na gcearc; cromán móna; cromán liath.

crón adjective *dark yellow, tawny*: bláthbhuí, buí, ciarbhuí, lachna, odhar, osbhuí, riabhach. noun *dark yellow colour, tawny colour*: buí, ciarbhuí, dath odhar, ócar, ócar buí.

crónachan noun *dusk, night-fall*: amhscarnach, amhscarthanach, breacsholas, clapsholas, meathsholas; coimheascar, coineascar, comhrac lae is oíche, contráth, crónachan an lae, crónú an lae, crónú na hoíche, deireadh lae, dúchrónachan, dul ó sholas, scaradh lae is oíche, tús oíche; nuair is chomhsholas fear le tor um thráthnóna.

cronaigh verb ❶ *literary find fault with*: cáin, ciontaigh, damnaigh, daor, lochtaigh, milleánaigh; bí míshásta le, cuir an milleán ar, faigh locht ar. ❷ *notice absence of, miss*: airigh uait, braith uait, consaigh,

crothnaigh, mothaigh uait; cuir cronú ann; tá cumha orm ina diaidh, is fada liom ina dhiaidh.

crónán noun ❶ (*act of*) *humming, hum*: bús, cnádán, dántaireacht, déadadh, dordán, dordánacht, drandam, drantán, fuamán, geonaíl, mianán, seabhrán, seastán, seordán, sian, siansán, siosarnach, sioscadh, siosma. ❷ *purr*: crónán cait, cnúdán; dord, dordán, dordánacht.

crónánach adjective *humming, crooning*: dordach, dordánach, drantánach, seastánach, siansánach.

crónú noun ❶ (*act of*) *tanning, browning*: cóiriú, coirtiú, deatú, leasú, tanús. ❷ *dusk*: amhscarnach, amhscarthanach, bánsolas, breacsholas, clapsholas, meathsholas; coimheascar, coineascar, comhrac lae is oíche, contráth, crónachan an lae, crónú an lae, crónú na hoíche, deireadh lae, dul ó sholas, scaradh lae is oíche, tús oíche; nuair is chomhsholas fear le tor um thráthnóna.

cros noun ❶ *cross*: croch, croisín, crosóg, cros chéasta, sailtír; an Chros Naofa. ❷ *trial, affliction*: aimléis, ainnise, ainríocht, amaróid, anacair, anachain, anás, anchaoi, angar, anró, anróiteacht, anshó, brú, callsaoth, cat mara, céasadh, ceasna, ciapadh, crá, crá croí, cráiteacht, cruatan, deacair, díblíocht, dochracht, dochraide, dócúl, doghrainn, dola, dóing, dóinmhí, dothairne, drochrath, duainéis, éagomhlann, géarbhroid, géarghoin, iomard, leatrom, matalang, mí-ádh, mífhortún, mírath, mísheoladh, míthapa, pioióid, strus, suaitheadh, trioblóid, truántacht, tubaiste, turraing, umar na haimléise, *literary* cacht, teidhm. ❸ *prohibition*: bac, bacainn, coisceadh, crosadh, éaradh, fógairt, fógra, gabháil, geas, sochtadh, sos, srian, stad, stop, stopadh, stopainn, toirmeasc, urchall, urghaire. ❹ *pl*. **crosa** *pranks, mischief*: ábhaillí, anmhailís, *pl*. brainsí, *pl*. ceirdeanna, *pl*. cleasa, cluanaireacht, cneámhaireacht, cúbláil, dalbacht, ealaín, *pl*. earmhúintí, fealltacht, gleacaíocht, gliceas, iomlat, iarógacht, leidhcéireacht, lúbaireacht, mí-iompar, mímhúineadh, mínós, rógaireacht, slíodóireacht, slíomadóireacht. verb ❶ *cross*: crosáil, cuir cros ar, trasnaigh. ❷ *forbid, prohibit*: bac, barr, brúigh faoi, coimeád ó, coinnigh amach, coinnigh faoi rún, coinnigh ó, coigil, cros, cuir bac le, cuir cosc le, cuir deireadh le, cuir faoi chois, cuir stop le, toirmisc; cuir duine bunoscionn le rud a dhéanamh, cuir duine ó rud a dhéanamh; cuir rud suas is síos ar dhuine, cuir rud soir siar ar dhuine; tabhair ar dhuine gan rud a dhéanamh; tar roimh dhuine ar rud a dhéanamh. ❸ *contradict*: bréagnaigh, construáil, eitigh, gearr roimh, labhair i gcoinne, labhair in aghaidh, sáraigh, séan, tabhair cor an fhocail do, tabhair an t-éitheach do, tabhair gach re sea do, tar roimh, téigh roimh, tar trasna ar, trasnaigh.

crosach adjective ❶ *cross-wise*: fiar, fiarlaoideach, trasna, trasnánach; ar fiarlaoid, ar fiarsceabh, ar gearrabaghas, i bhfiarlán, thar a chéile. ❷ *crossed, netted*: crosáilte, eangachúil, féitheach, líontánach, máilleach. ❸ *pock-marked*: breac, brocach, goiríneach, meirgeach, pochóideach, pollta, puchánach, tollta. ❹ *black-faced* (*of sheep*)*, streaky*: brocach, ceanndubh, dubh, riabhach, stríocach. ❺ *dirty-faced, grimy*: bréan, brocach, broghach, clábarach, draoibeach, fochallach, gutach, lodartha, modartha, salach, smeartha, smugach, smúitiúil, smúrach, sraoilleach, teimhleach.

crosadh noun (*act of*) *prohibiting, prohibition*: bac, bacainn, bang, coisceadh, cosc, cros, éaradh, fógairt, fógra, geis, srian, stad, stop, stopadh, teir, toirmeasc, urchall, urghaire.

crosáid noun *crusade*: cogadh, cogadh na croise, feachtas, misean, troid.

crosáidí noun *crusader*: croch-churadh, curadh croise, *pl*. curaidh na croise; ridire, saighdiúir, trodaí; ceithearnach.

crosaire¹ noun *cross-bearer, crucifer*: fear croise; croisiféar.

crosaire² noun *crossing, cross-roads*: crosbhealach, crosbhóthar, gabhal dhá bhóthar.

crosán noun *mimic, jester, scurrilous person*: abhlóir, áilteoir, cleamaire, cleasaí, cluicheoir, fear grinn, fuirseoir, geáitseálaí, geamaire, geocach, gliadaire, ráscán, reabhrach, reabhraíoch, scigire, *literary* cáinte; airleacán, damhsaire dubh, peadairín; Mac Soipín, Sir Soipín; Nuala agus Dáithí.

croscheistigh verb *cross-examine, cross-question*: géarscrúdaigh, grinnscrúdaigh, imscrúdaigh, mionscrúdaigh, scrúdaigh; cuir faoi ghéarscrúdú, cuir faoi scrúdú, déan cigireacht ar, déan cúistiúnacht ar, athbhreithnigh, breithnigh, féach, grinnigh, iniúch, seiceáil, tástáil.

croscheistiú noun *cross-examination*: ceastóireacht, ceistiúchán, cúistiúnacht, fiafraí, fiosrú, fiosrúchán, géarscrúdú, grinniú, *literary* imchomharc; athbhreithniú, breithniú, iniúchadh, mionscrúdú, scrúdú, tóiríntheacht.

crosóg noun ❶ *small cross*: croisín. ❷ *starfish* (*class Asteroidea*): crosóg mhara; crosán, crosán mara; crosán briosc, crosán faoileáin, crosán gréine, crosán ladhrach, méadail mhéarach, méarán, *pl*. na cúig méara, réiltín.

crosta adjective ❶ *fractious, difficult*: achrannach, aimpléiseach, aincíseach, aingí, anacrach, anróiteach, brácúil, callóideach, conráideach, conróideach, crua, deacair, dian, dochrach, dochraideach, docht, dócúlach, dodhéanta, doghrainneach, doiligh, dóing, dóingeach, doirbh, dólásach, doréidh, doréitithe, droibhéalach, duaiseach, duaisiúil, iomardúil, pioióideach, strusúil, tónáisteach. ❷ *cross, ill-tempered*: achrannach, aincíseach, araiciseach, aranta, cancarach, cancrach, cantalach, cochallach, coilgneach, colgach, confach, crosánta, cuileadach, danartha, deafach, dodach, driseogach, drisíneach, feargach, francaithe, fraochmhar, gairgeach, goilliúnach, gráinneogach, grusach, iarógach, íortha, meirgeach, míchéadfach, peasánach, pusach, rothánach, smuilceach, spuaiceach, stailceach, stainceach, staincíneach, stalcach, stalcánta, stuacánach, stuacánta, stuaiceach, trodach, tuaifisceach, *literary* dreannach, íorach. ❸ *mischievous, contrary*: ábhailleach, agóideach, aighneasach, aimhleasta, argóinteach, caismirteach, coilgneach, comhlannach, conspóideach, crosánta, cuileadach, dalba, dána, docheansa, docheansaithe, doriartha, doshrianta, fiáin, fiata, fiatúil, forránach, forránta, gráinneogach, greannach, iomlatach, ionsaitheach, mí-ásach, mí-iomprach, mínósach, mírialta, oilbhéasach, siosmach, trodach; as a chrann cumhachta. adverb *across*: anall, anonn, i leith, sall. preposition *across*: thar, trasna, trí; ar feadh, ar fud; os cionn.

crostacht noun ❶ *complication, difficulty*: aimpléis, aimpléiseacht, ainnise, amaróid, anachain, anchaoi, angar, broid, castacht, ciotrainn, crostáil, cruachás, cruacheist, cúngach, cúnglach, cúngrach, deacracht, doilíos, doréititheacht, droibhéal, éigeandáil, fadhb, gá, gáróid, gátar, géarchéim, géarghá, matalang, mí-ádh, mífhortún, mírath, mísheoladh, míthapa, ponc, práinn, priacal, riachtanas, sáinn, taisme, timpiste, tragóid, tubaiste, turraing, *figurative* cniotáil. ❷ *mischief-making*: ábhaillí, abhlóireacht, amhasánacht, anmhailís, crostáil, dalbacht, diabhlaíocht, iarógacht, iomlat, mí-iompar, mímhúineadh, mínáirí, mínós, oilbhéas, pleidhcíocht.

crotach noun *curlew* (*Numenius arquata*): cuirliún, pocaire.
crotal noun ❶ *rind, husk:* cás, clúdach, cochall, craiceann, cumhdach, easarp, faighin, faighneog, forchlúid, léigiúm, lóchán, mogall, peireacarp. ❷ *dyer's moss, lichen:* duilleascar, duilleascar na gcloch, léicean, lus liag, scraith chloch.
crothán noun *sprinkling, light covering:* bradhall, cabhar, ciseal, clúdach, craiceann, folach, forún, scannán, scraith, screamh, screamhóg.
crothóg noun ❶ *thrum:* crúbóg; dlúth, inneach, snáithín, snáth innigh. ❷ *tatter, rag:* balcais, brat, bratóg, bréid, ceamach, ceirt, cifle, cifleog, *pl.* círéibeacha, éadach, géire, géirín, giob, giobal, giolcais, láinnéar, leadhb, liobar éadaigh, paiste, plispín, preabán, réabach, scifle, scifleog, *pl.* scóiléadaí, scrábán, slaimice, stiallóg, strabóid, straiméad, streachlán, strupais, suán glacach.
crú¹ noun *shoe (for animal's hoof):* crú capaill, *colloquial* ardú, soit crúite.
crú² noun *(act of) milking, yield of milk:* bleán, blí; bleacht, bleachtanas, bleachtas, bleánach, crúthach, lacht, lachtadh, lachtas, tál; climirt, climreadh, climseáil, sniogadh.
crua adjective ❶ *hard, firm, solid:* broganta, buan, buan-, buanseasmhach, bunúil, daingean, diongbháilte, dlúth, do-bhogtha, docht, doscaoilte, dúr, firmeálta, fódach, fódúil, láidir, righin, seasmhach, seasta, síoraí, teann, tuiní, *literary* díoghainn, fosaidh, glinn; calctha cranrach, cruánach, fadharcánach, fadhbach, stálaithe, stalcach, stangtha, stóinseach, stóinsithe, stolpach, stolptha, *literary* sonairt. ❷ *difficult:* achrannach, aimpléiseach, anacair, anfhurasta, anróiteach, bundeacair, callóideach, casta, conráideach, conróideach, crosta, deacair, dian, dócúlach, doiligh, dóing, dóingeach, doréidh, doréitithe, droibhéalach, duaisiúil, duibheagánach, fadhbach, iomardúil, piolóideach, strusúil, tónáisteach, *literary* doraidh. ❸ *strenuous, vigorous:* bríoch, bríomhar, ceilméartha, cumasach, cumhachtach, déanfasach, dian, dianasach, díbhirceach, dícheallach, díocasach, díograiseach, dúthrachtach, éifeachtach, fearach, fórsúil, fuinniúil, inniúil, láidir, látharach, matánach, misniúil, móruchtúil, muscalach, neamheaglach, neamhfhaiteach, neartmhar, séitreach, sonnta, spreacúil, teann, tréan, *literary* ruanata. ❹ *tight:* cúng, dingthe, dlúth, pacáilte, rite, róchúng, teann, teannta. ❺ *hard to bear, severe:* achrannach, aimpléiseach, anacair, anacrach, anóiteach, anróiteach, caingneach, callóideach, crosta, daigheachánach, deacair, deannachtach, diachrach, dian, dochrach, dochraideach, docht, dócúil, dócúlach, doghrainneach, doiligh, doirbh, dólásach, duainéiseach, duaisiúil, duamhar, frithir, iomardúil, léanmhar, míchompordach, míshócúlach, míshuaimhneach, nimhneach, peannaideach, pianmhar, piolóideach, strusúil, tinn, treabhlaideach, treascrach. ❻ *unfeeling:* ainiochtach, binbeach, brúidiúil, cadránta, codramánta, cruachroíoch, cruálach, cruálach, dallchroíoch, danartha, díoltaiseach, díoltasach, do-dhuineata, dolúbtha, domhaite, do-mhaiteach, doshásta, drochaigeanta, droch-chroíoch, dúr, dúrchroíoch, éadrócaireach, éadruach, faltanasach, fíochasnach, fíochmhar, fuarchroíoch, fuilteach, gangaideach, mídhaonna, mínádúrtha, míthrócaireach, neamhbháúil, neamhghoilliúil, neamhscrupallach, neamhthrócaireach, neamhthruamhéalach, nimhneach, olc, urchóideach; gan taise gan trócaire, gan trua gan taise; tá an chéadrith den iarann ann, tá an chuid is fearr den iarann ann; tá croí cloiche ann, tá miotal ina chnámha; ní bhogann agairt ná éamh é; Iúdás de dhuine atá ann. ❼ *stingy:* beagchroíoch, ceachartha, ceapánta, cnuasaitheach, cruálach, cúngchroíoch, díbheach, doicheallach, dúlaí, gann, gortach, greamastúil, greamasúil, lompasach, meánaitheach, ocrach, spárálach, sprionlaithe, suarach, tíosach, truaillí, tútach, *literary* neoid. ❽ *hardy:* cadránta, calctha, cnagach, creagánta, crua-

---

Crosóga Mara agus Cuáin Mhara (Eicínideirmeacha)

basket star (genus *Ophiuroidea*): ciseán mara
black brittlestar (*Ophiocomina nigra*): crosóg f. bhriosc dhubh
black sea urchin (*Paracentrotus lividus*): cuán mara dubh
boring sea urchin (féach **black sea urchin**)
brittlestar (genus *Ophiuroidea*): crosóg f. bhriosc
comb starfish (*Astropecten polycanthus*): crosóg f. chíre
common brittlestar (*Ophiothrix fragilis*): crosóg f. bhriosc choiteann
common starfish (*Asterias rubens*): crosóg f. mhara choiteann
common sun star (*Solaster papposus*): crosóg f. ghréine choiteann
cotton spinner (*Holothuria forskali*): sníomhaí cadáis
crown-of-thorns starfish (*Acanthaster planci*): coróin f. spíne mara
cushion star (*Asterina gibbosa*): crosóg f. fhaoilinne
edible sea urchin (*Echinus esculentus*): cuán mara coiteann
Erna's basket star (*Astroboa ernae*): ceann gorgaine
featherstar (*Antedon bifida*): cleiteach f. mhara
goose foot starfish (*Anseropoda placenta*): crosóg f. chos ghé
green sea urchin (*Psammechinus miliaris*): cuán mara glas
heart urchin (féach **sea potato**)
Henry's starfish (féach **scarlet starfish**)
holothurian (féach **sea cucumber**)
Matha's sea urchin (*Echinometra mathaei*): cuán mara Matha
necklace sea star (*Fromia monilis*): crosóg f. mhuince
pineapple sea cucumber (*Thelenota ananas*): anann mara
pointed sea star (*Mithrodia bradleyi*): crosóg f. mhara Bradley
purple sun star (*Solaster endeca*): crosán mín
red cushion star (*Porania pulvillus*): cúisín dearg
sand brittlestar (*Ophiura ophiura* (*O. texturata*)): crosóg f. bhriosc ghainimh
sand dollar (*Echinarachnius parma*): dollar cladaigh
sand star (*Astropecten irregularis*): crosóg f. ghainimh
scarlet starfish (*Henricia oculata*): crosóg f. Anraí
sea cucumber (genus *Holothuroidea*): súmaire cladaigh
sea lily (genus *Crinoidea*): lile f. mhara
sea potato (*Echinocardium cordatum*): croídín buí
sea star (féach **starfish**)
sea urchin (genus *Echinoidea*): cuán mara
serpent star (*Ophiarachna incrassata*): crosóg f. bhriosc ghlas
six-armed Luzon sea star (*Echinaster luzonicus*): crosóg f. mhara fhlannbhuí
spiny starfish (*Marthasterias glacialis*): crosóg f. choilgneach
thorny sea cucumber (*Colochirus quadrangularis*): súmaire cladaigh deilgneach
starfish (genus *Asteroidea*): crosóg f. mhara; crosán mara; méadail f. mhéarach; méarán
starlet (féach **cushion star**)

chaol, cruadhéanta, cuisneach, dian, docht, dúr, miotalach, righin, seochrua, stálaithe, tréan; tá seasamh an fhóid ann, tá teacht aniar ann. ❾ *neat (of liquor), very intoxicating:* ar a aghaidh, ar a bhlas; borb, fíormheisciúil, láidir, meisciúil.

crua-ae noun *liver:* ae, *pl.* aebha, *pl.* aebhaí, *pl.* aenna, *pl.* crua-aegaí, cruóg; *pl.* aenna is scamhóga; tinneas ae, seilide saighead, seilide saigheamh.

cruach[1] noun *stack, pile:* bulc, burla, carnáil, carn, carnán, ceallamán, cnap, cnapán, cnuasach, crocán, cruach, cual, gróigeadh, gróigeán, gruagán, lab, leacht, maoil, maois, maoiseog, moll, múr, ricil, *literary* dais. verb *stack, pile:* bailigh, carn, carnáil, cladáil, cnuasaigh, cruinnigh, cuir i dtoll a chéile, gróig, teaglamaigh, tiomsaigh.

cruach[2] noun *steel:* crua, iarann, miotal; cóimhiotal.

cruachan noun *hardening:* balcadh, calcadh, cruachaint, daingniú, dochtadh, stálú, stangadh, stolpadh, téachtadh.

cruachás noun *predicament, difficulty:* aimpléis, ainnise, amaróid, anacain, anchaoi, angar, broid, cat mara, ciotrainn, crostáil, cruacheist, cúngach, cúnglach, cúngrach, deacracht, doilíos, donacht, donas, doréititheacht, drochrath, droibhéal, éigeandáil, fadhb, gá, gáróid, gátar, géarchéim, géarghá, iomard, leatra, matalang, mí-ádh, mífhortún, mírath, mísheoladh, míthapa, ponc, práinn, priacal, riachtanas, sáinn, taisme, timpiste, tragóid, tubaiste, turraing. adverbial phrase **i gcruachás** *in a difficulty:* ar an bhfaraor, i gcantaoir, i gcás, i gceapa, i ndreapa, i bponc, i gcathair ghríobháin, i nead ghríbhe, i ngéibheann, i dteannta, i súil an ribe, i súil an rópa, idir an leac is an losaid, idir dhá cheann na meá, idir dhá chomhairle, idir dhá thine Bheataine, in adhastar an anró, in arán crua, in umar na haimléise, ina bhaileabhair, sa chúngach, san fhaopach, *familiar* bugaráilte; tá a chos sa trap, tá a lámh i mbéal an mhadra, tá a mhéar i bpoll tarathair; fágadh ar an trá é, fágadh ar an trá fholamh é, fágadh Baile Átha Cliath ar an mbóthar aige, fágadh Trá Lí ar an mbóthar aige.

cruacheist noun *difficult question, conundrum:* cnámh le creimeadh, dubhfhocal, dúcheist, fadhb, géarchéim, tomhas; an t-oighear, oighear an scéil, pointe cruóige.

cruachroíoch adjective *hard-hearted, pitiless:* ainiochtach, binbeach, brúidiúil, cadránta, codramánta, crua, cruálach, cruálach, dallchroíoch, danartha, díoltaiseach, díoltasach, do-dhuineata, dolúbtha, do-mhaite, do-mhaiteach, doshásta, drochaigeanta, droch-chroíoch, dúr, dúrchroíoch, éadrócaireach, éadruach, faltanasach, fíochasnach, fíochmhar, fuarchroíoch, fuilteach, gangaideach, mídhaonna, mínádúrtha, míthrócaireach, neamhbháúil, neamhghoilliúil, neamhscrupallach, neamhthrócaireach, neamhthruach, neamhthruamhéalach, nimhneach, olc, urchóideach; gan taise gan trócaire, gan trua gan taise; tá an chéadrith den iarann ann, tá an chuid is fearr den iarann ann; tá croí cloiche ann, tá miotal ina chnámha; ní bhogann agairt ná éamh é; Iúdás de dhuine atá ann.

cruacht noun ❶ *hardness:* caide, crua, cruadas, cruas, doichte, stálaíocht, stalcacht, stalcaíl, stolpacht, stolpadh. ❷ *stinginess:* ainnise, ceachardacht, ceachartacht, cinnteacht, cneámhaireacht, cníopaireacht, cruáil, cruálacht, cruas, cúngach croí, doicheall, doghracht, gorta, gortaíl, ocras, péisteánacht, picéireacht, scanradh, scrabhaireacht, scrabhdáil, scrabhdóireacht, spárálacht, sprionlaitheacht, sprionlóireacht, stinsireacht, suarachas, suaraíocht, tíos, tíosaíocht, truailleachas, tútachas, *literary* neoid.

crua-earra noun *(article of) hardware:* cruara, earra miotail.

cruaigh verb *become hard, make hard:* calc, righnigh, scarbháil, sioc, stálaigh, stalc, stolp, stromp; triomaigh.

cruáil noun ❶ *hardship, adversity:* aimléis, ainnise, ainríocht, amaróid, anacair, anachain, angar, anró, anróiteacht, anshó, bochtaineacht, bochtanas, boichte, cat mara, ciotrainn, crá croí, crácáil, crácamas, cráiteacht, cránán, cránas, deacair, deacracht, dealús, dearóile, deilbhíocht, díblíocht, dochma, dochonách, dochracht, dochraide, dócúl, doghrainn, dóing, dóinmhí, dola, donacht, donas, dothairne, drámh, drochbhail, drochrath, duainéis, éagomhlann, easnamh, easpa, fuireasa, fulaingt, gábh, gainne, gannchuid, gannchúis, gátar, géarbhroid, géarghoin, iomard, lomadh an Luain, matalang, mí-ádh, míbhuntáiste, mífhortún, mírath, mísheoladh, míthapa, ocras, pioláid, síleáil, straimp, taisme, timpiste, tragóid, trioblóid, truántacht, tubaiste, turraing, uireasa, uireasbhaidh, uireaspa, umar na haimléise, *literary* cacht. ❷ *cruelty:* ainíocht, cadrántacht, croí cloiche, cruachroíocht, cruálacht, cruas croí, danarthacht, dúire, dúrchroí, éadrócaire, fiatacht, fíochmhaire, fíochmhaireacht, cruas croí, mídhaonnacht, mínádúrthacht, míthrócaire, neamhthrócaire, neamhthrua, sádachas, turcántacht, urchóid, urchóideacht. ❸ *stinginess:* ceachaireacht, ceachardhacht, ceacharthacht, cinnteacht, cníopaireacht, cruacht, cruálacht, cúngach croí, doicheall, gainne, gorta, gortaíl, ocras, péisteánacht, picéireacht, scrabhaireacht, scrabhdáil, scrabhdóireacht, spárálacht, sprionlaitheacht, sprionlóireacht, stinsireacht, suarachas, suaraíocht, tíos, tíosaíocht, truailleachas, tútachas, *literary* neoid.

cruaiteachán noun ❶ *hard substance, dry, meagre thing:* balc, stangadh, stalc, stalcán, stolp; turaíocht. ❷ *(act of) hardening:* balcadh, calcadh, cruachaint, daingniú, dochtadh, stolpadh. ❸ *stingy person:* ainríochtán, bochtán, cágaire, ceachaire, ceacharán, cnat, cnatachán, cneámhaire, cníopaire, coigleálaí, coigleoir, creagaire, cruálaí, drochghoilíoch, gortachán, néigear, ocrachán, péisteánach, raispín, ruidín gorta, sainteoir, santachán, scanrabóid, scanrachóid, scanradóir, scanróir, scrabhadóir, scrabhdóir, scramaire, scríbín, scríobálaí, sprionlaitheoir, sprionlóir, staga, stiocaire, suarachán, taisceoir, toimhseachán, truailleachán, truán, tútachán; caillteog, cráiteog, scríobóg, sprionlóg.

cruálach adjective ❶ *cruel:* ainíochtach, barbarach, binbeach, brúidiúil, cadránta, crua, cruachroíoch, cruálach, danartha, díoltaiseach, díoltasach, dolúbtha, do-mhaite, do-mhaiteach, doshásta, drochaigeanta, droch-chroíoch, dúr, dúrchroíoch, éadrócaireach, éadruach, faltanasach, fíochmhar, fíochasnach, fuarchroíoch, fuilteach, gangaideach, mídhaonna, mínádúrtha, míthrócaireach, neamhbháúil, neamhghoilliúnach, neamhscrupallach, neamhthrócaireach, neamhthruamhéalach, nimhneach, olc, sádach, turcánta, urchóideach; gan taise gan trócaire, gan trua gan taise; tá an chéadrith den iarann ann; tá croí cloiche ann; tá an chuid is fearr den iarann ann; Iúdás de dhuine atá ann; tá miotal ina chnámha; ní bhogann agairt ná éamh é. ❷ *stingy:* ceachardha, ceachartha, ceapánta, cinnte, cnuasaitheach, cúngchroíoch, díbheach, doicheallach, dúlaí, gann, gortach, greamastúil, greamasúil, lompasach, meánaitheach, ocrach, spárálach, sprionlaithe, suarach, tíosach, toimhseach, truaillí, tútach, *literary* neoid.

cruálacht

cruálacht noun ❶ *cruelty*: ainiocht, cadrántacht, cruáil, cruachroíocht, cruas croí, danarthacht, dúire, dúrchroí, éadrócaire, fiatacht, fíochmhaire, fíochmhaireacht, gangaid, mídhaonnacht, mínádúrthacht, míthrócaire, neamhthrócaire, neamhthrua, sádachas, turcántacht, urchóid, urchóideacht. ❷ *stinginess*: ceachaireacht, ceachardhacht, ceacharthacht, cinnteacht, cníopaireacht, cruacht, cruáil, cruas, cúngach croí, doicheall, gainne, gorta, gortaíl, ocras, péisteánacht, spárálacht, sprionlaitheacht, stinsireacht, suarachas, suaraíocht, tíos, tíosaíocht, truailleachas, tútachas.

cruálaí noun ❶ *cruel person*: ainchríostaí, barbarach, danarthachán, sádach. ❷ *stingy person*: ainriochtán, bochtán, ceachaire, ceacharán, cnat, cnatachán, cneámhaire, cníopaire, coigleálaí, coigleoir, creagaire, cruaiteachán, drochghoilíoch, gortachán, néigear, ocrachán, péisteánach, raispín, ruidín gorta, scanraboid, scanrachóid, scanradóir, scanróir, scrabhadóir, scramaire, scríbín, scríobálaí, sprionlóir, staga, suarachán, taisceoir, toimhseachán, truailleachán, truan, tútachán, sprionlóg.

cruan noun *enamel*: cruanmhaithne, gloiniú, laicear, líomhnán, snas, *literary* amáille; vearnais. verb *enamel*: cruanphéinteáil, éamáil, gloinigh, glónraigh, líomhnaigh.

cruas noun ❶ *hardness*: caide, cruacht, cruadas, doichte, stálaíocht, stalcacht, stalcaíocht, stalcaíl, stolpacht, stolpadh. ❷ *stinginess*: ceachaireacht, ceachardhacht, ceacharthacht, cinnteacht, cneámhaireacht, cníopaireacht, cruacht, cruáil, cruálacht, cúngach croí, doghracht, doicheall, gainne, gorta, gortaíl, ocras, péisteánacht, spárálacht, sprionlaitheacht, sprionlóireacht, stinsireacht, suarachas, suaraíocht, tíos, tíosaíocht, truailleachas, tútachas, *literary* neoid.

cruatan noun *hardship, want*: aimléis, ainnise, ainriocht, amaróid, anacair, anachain, anás, angar, anró, anróiteacht, anshó, bochtaineacht, bochtanas, boichte, crá croí, crácáil, crácamas, dealús, dearóile, deilbhíocht, díblíocht, dochonách, drochrath, easnamh, easpa, fuireasa, fulaingt, gainne, gannchuid, gannchúis, gátar, géarbhroid, loime beatha, lom, mí-ádh, síleáil, straimp, truántacht, uireasa, uireasbhaidh, uireaspa, *literary* cacht.

crúb noun ❶ *claw, hoof*: cos, crág, crobh, crobhán, crobhóg, croibhín, crúbán, crúca, glac, crúca, ionga, ordóg, teanchair. ❷ *paw, hand*: crobh, crobhán, crobhóg, croibhín, crúbán, crúca, glac, dóid, ladhar, ladhrán, láimhín, lámh, lapa, mág, mágán, máigín, *literary* mán.

crúbach adjective ❶ *clawed, hoofed*: ingneach, ladhrach; fadingneach. ❷ *club-footed, lame*: bacach, cithréimeach, crapchosach, daorbhacach, reiligíneach, stabhach; tá céim bhacaí ann, tá coiscéim bhacaí ann, tá éislinn bhacaí ann, tá steip bhacaíola ann, tá tarraingt bhacaíola ann; is bacachán é. ❸ *awkward*: ainnis, amhlánta, anásta, bosach, bundúnach, ciotach, ciotógach, driopásach, lapach, leibideach, liopasta, sraimlí, tuaisceartach, tuatach, tuathalach, úspánta, útamálach; tá sé faoi ordóga uilig; ordóga uilig atá air. noun ❶ *spider-crab (family Majidae)*: crúbóg, portán crúbach, portán faoilinne, portán iarainn. ❷ *animal with awkward gait*: bacachán, ceamalach, crágaire, crágálaí, crúbachán, crúbaire, crúbálaí, plapstaire.

crúbachán noun ❶ *person with awkward hands or feet*: cosarálaí, crágaire, crágálaí, crúbaire, geolamán, gladhbóg, lapaire, spágachán, spágaí, spágálaí, spágaire, spágán, strampálaí. ❷ *animal with awkward gait*: bacachán, ceamalach, crúbachán, crúbaire, crúbálaí, plapstaire.

crúbáil verb *claw, paw*: crúcáil, ladhráil, méaraigh, póirseáil; ingnigh, scrabh, scríob, stróic.

crúbaireacht noun *(act of) clawing, pawing*: crágáil, crúbáil, crúcáil, dallacáil, glacaíocht, glacaireacht, glíomáil, gliúmáil, ingneadóireacht, ladhráil, láfairt, méaraíocht, póirseáil, scrabhadh, scríobadh, stróiceadh, útamáil.

crúbálaí noun ❶ *clawer, pawer*: crúcálaí, glacaí, glacaire, gliúmálaí, ladhrálaí, paidhceálaí, póirseálaí. ❷ *person with big awkward hands or feet*: clabhstrálaí, cosarálaí, crágaire, crágálaí, crúbaire, flapstar, geolamán, gladhbóg, lapaire, plapstaire, spágachán, spágaí, spágálaí, spágaire, spágán, strácálaí, strampálaí, streachlán.

crúca noun ❶ *crook, hook*: adhal, bacán, camóg, clíce, corrán, duán, grafán, scorán. ❷ *claw, clutch*: cos, crág, crobh, crobhán, crobhóg, croibhín, cos, crúbán, glac, ionga, mám, ordóg, teanchair. ❸ *familiar paw, hand*: crobh, crobhán, crobhóg, croibhín, crúb, crúbán, crúcán, glac, dóid, ladhar, ladhrán, láimhín, lámh, lapa, mág, mágán, máigín, *literary* mán.

crúcáil verb *hook, claw, clutch*: aimsigh, crágáil, crúbáil, glíomáil, gliúmáil, grabáil, greamaigh, ladhráil, láfairt, méaraigh, paidhceáil, póirseáil, sciob, scrabh, scríob, snap, stróic.

crúcálaí noun ❶ *clawer, pawer, grasper*: crúbálaí, glacaí, glacaire, gliúmálaí, greamaitheoir, ladhrálaí, paidhceálaí, póirseálaí.

crúcálaíocht noun *pawing, clawing*: crúbáil, crágáil, crúcáil, glíomáil, gliúmáil, ingneadóireacht, ladhráil, méaraíocht, póirseáil, scrabhadh, scríobadh, stróiceadh, útamáil.

cruib noun *crib*: crib, mainséar, stalla; cliabhán; beithilín.

crúibín noun *little claw, little hoof*: coisín, crobhán, crobhóg, croibhín, crúbán, crúcán, ladhrán, láimhín, mágán, máigín.

crúigh¹ verb *milk, extract*: athchrúigh, bleagh, bligh, climir, lacht, sniog; bain amach, bain as, stoith, úsc.

crúigh² verb *shoe (a horse)*: cuir cruite ar, cuir ardú faoi.

cruimh noun ❶ *maggot, larva, grub: pl.* bráithre bána, bratóg, cruimh chóilís, crumhóg, Dónall an chlúimh, duillmhíol, grugaid, grugaill, larbha, Máirín an chlúimh, péist, péist chabáiste, péist cháil, péisteog, péistín, Seáinín an chlúimh, során, speig neanta, torán. ❷ *tiny insect, worm*: agaill, aithid, caideog, cuiteog, feithid, fíneog, fríd, frídín, míol, péist, péisteog, péistín, sciodamán.

cruimheach adjective *maggoty*: crumhógach, fíneogach, pollphéisteach; ar snámh le cruimheanna, brata le cruimheanna, foirgthe le cruimheanna.

cruinn adjective ❶ *round*: ciorcalach, ciorcalda, ciorclach, comhchruinn, corr, cruinneogach, cuar, cuarlíneach, cuartha, fáinneach, meallach, rabhnáilte, sféarúil, timpeallach. ❷ *gathered*: cruinn cuachta; bailithe, cruinnithe, curtha le chéile, i dtoll a chéile, le chéile. ❸ *exact, accurate*: baileach, barainneach, beacht, ceart, dearbh-, dearfa, díreach, fíor, fírinneach, glan, grinn, léir, mion, mionchúiseach, paiteanta, *literary* urmhaiseach. ❹ *clear, coherent*: baoisceánta, follas, follasach, for-réil, grinn, leanúnach, léir, paiteanta, réalta, soiléir; de réir a chéile. ❺ *frugal, miserly*: baileach, bainistíoch, barainneach, ceachartha, ceapánta, cnuasaitheach, crua, cruinn, cruinneasach, cúngchroíoch, doicheallach, gann, gortach, greamastúil, greamasúil, lompasach, meánaitheach, neamhchaifeach, scrábach, spárálach, sprionlaithe, suarach, taogasach, teilgeach, tíosach, truaillí, tútach.

cruinne¹ noun *roundness:* comhchruinneas, cruinneas, cuar, fáinne, fonsa, sféarúlacht.

cruinne² noun ❶ *world, universe:* ceathairchruinne, domhan, cosmas, grianchóras, *literary* bith. ❷ *orb, globe:* bál, caor, caoróg, coirnín, cruinneán, cruinneog, liathróid, liathróidín, meall, meallán, meallóg, mónann, mónóg, peil, sféar, sféaróideach. ❸ *literary dew-drop:* deoir drúchta, drúchtín, súilín drúchta; braon, braonán, deoir, deoiricín, dil, mónóg.

cruinneachán noun *dome:* cruinnteach, cruit, díon cruinneachánach, dronn; áirse, beannchabar, cabar, leathsféar, stua, stuara.

cruinneagán noun *small heap, collection:* bailiúchán, bulc, burla, carnáil, carnán, ceallamán, cnap, cnapán, cnuasach, crocán, cruach, cruinniú, cruinniúchán, cual, cuasnóg, cúbóg, deascán, díolaim, foirisiún, glac, gróigeadh, gróigeán, gruagán, lab, leacht, maoil, maois, maoiseog, moll, múr, stór, stórchiste, tacar, taisce, teaglaim, tiomsachán, tiomsú, tionól.

cruinneas noun ❶ *exactitude, accuracy:* beaichte, cirte, cirteacht, dearfacht, dírí, fírinne, grinneas, léire, mionchúis. ❷ *accumulation, collection:* bailiúchán, carnáil, cnuasach, crocán, cruach, cruinniú, cual, cuasnóg, cúbóg, deascán, díolaim, gnáthóg, stór, stórchiste, tacar, taisce, teaglaim, tiomsachán, tiomsú, tionól. ❸ *coherence, clarity:* beaichte, cirte, cirteacht, dearfacht, dírí, fírinne, foilse, gléine, glinne, leanúnachas, léire, pointeáilteacht, soiléas, soiléire, soiléireacht, soilseacht, solasmhaire, solasmhaireacht, solastacht, trédhearcacht, tréshoilseacht. ❹ *frugality:* bailéachas, bainistí, bainistíocht, barainn, barainneacht, cnuaisciúin, coigilt, coigilteas, gainne, gorta, spáráil, sprionlaitheacht, suarachas, tíos, tíosaíocht, tíosúlacht, tútachas.

cruinneog noun *round object, orb, globe:* bál, caor, caoróg, coirnín, cruinne, cruinneán, liathróid, liathróidín, meall, meallán, meallóg, mónann, mónóg, peil, sféar, sféaróideach.

cruinnigh verb ❶ *assemble, collect:* bailigh, cnuasaigh, comhchruinnigh, comóir, cuir i dtoll a chéile, cuir le chéile, tabhair le chéile, tacair, tiomsaigh, tionóil, toibhigh. ❷ *recover:* déan bun athuair, faigh biseach, tar chugat féin, tar aniar, téarnaigh; bí ar fainnéirí; bí ar do sheanléim. ❸ *form:* ceap, cruthaigh, cuir le chéile, cum, damhnaigh, déan, dear, deilbhigh, doilbh, foirmigh, leag amach, monaraigh, múnlaigh.

cruinnitheoir noun *gatherer, collector:* bailitheoir, cnuasaire, cnuasaitheoir, díolamóir, gráinseoir, peallacálaí, teaglamaí, tiomsaitheoir, *literary* toibhgheoir.

cruinniú noun ❶ *(act of) gathering:* bailiú, bailiúchán, cnuasach, deascán, díolaim, peallacáil, teaglaim, tiomsú, tionól. ❷ *meeting:* cruinniú cinn bhliana; aonach, ardfheis, caibideáil, caibideal, comhairle, comhchruinniú, comhdháil, comhthionól, comóradh, cruinniúchán, dáil, oireachtas, ollchruinniú, seanadh, sionad, slógadh, teacht le chéile, tionól, tóstal. ❸ *puckering:* pl. clupaidí, cnapadh, pl. fillteacha, rocadh, pl. roic. ❹ *forming:* ceapadh, déanamh, cruthú, cumadh, cumraíocht, déanamh, déanmhaíocht, dearadh, deilbhiú, foirmiú, leagan amach, monarú, múnlú.

crúiscín noun *small jug, small jar:* árthach, ballán, beiste, cailís, calán, canna, ceaintín, cíléar, crocán, crúsca, cuach, cupa, cupán, giústa, gogán, leastar, muga, pigín, pota, potán, próca, scála, searróg, séibe, soitheach, stópa, *literary* caileach, cingid, stábh.

cruit¹ noun *hunch, stoop:* cabha, caime, croime, cromadh, cruití, cuar, dioc, droimín, dronn, dronnóg, forchruit.

cruit² noun *harp:* meannchruit, cláirseach.

cruiteachán noun *hunchback:* cruitíneach, diocach, droimíneach, droimneach, droinníneach, drománach, dronnachán, dronnaire, dronnán; camalóid, coirbeach, gogaire, grogaire.

crúiteoir noun *milker:* bliteoir, cailín bainne; inneall blite, inneall crúite.

cruithneacht noun *wheat:* cruithneacht earraigh, cruithneacht gheimhridh; *literary* tuireann; gráinseachán, pramsa.

cruitire noun *harpist:* cláirseoir, seinnteoir cláirsí.

cruitireacht noun *harp-playing:* cláirseoireacht.

crunca noun *stooping creature, decrepit creature:* crandailín, crandán, crannfhear, créice, créice críon, críonán, críontachán, cruiteachán, cruitíneach, dronnachán, dronnaire, dronnán, feoiteachán, feosachán, gogaire, graisíneach, grogaire, sceoidín, seargán, seargánach.

cruóg noun *urgent need, emergency:* broid, cruachás, cúngach, cúnglach, cúngrach, deacracht, dianghá, éigeandáil, éigeantas, gá, gáróid, gátar, géarbhroid, géarchéim, géarghá, griothal, leatra, práinn, priacal, ponc, riachtanas, sáinn.

cruógach adjective ❶ *pressing, urgent:* deifreach, gáróideach, géibheannach, griothalach, práinneach, téirimeach. ❷ *busy:* broidiúil, cúramach, gafa, geastalach, giurnálach, gnóthach, griothalánach, saothrach; ar a dhoirníní ag obair; faoi bhrú.

crupar noun *crupper:* éiseach, iarach, tiarach; prompa, rumpa.

crúsca noun *jug, jar:* árthach, ballán, beiste, cailís, calán, canna, ceaintín, cíléar, crocán, crúiscín, cuach, cupa, cupán, giústa, gogán, leastar, muga, pigín, pota, potán, próca, scála, searróg, séibe, soitheach, stópa, *literary* caileach, cingid, stábh.

crústa noun ❶ *crust:* blaosc, brat, carr, ciseal, codam, coirt, cóta, forscreamh, forún, scim, scimeal, scraith, screamh, screamhán, screamhóg. ❷ *blow, cast:* amas, buille, cíonán, clabhta, cnag, cniogaide, dorn, faic, failm, grugam, leadhb, leadhbóg, paltóg, planc, plancadh, pléasc, rúspa, smíste, straiméad, tailm, tiomp, tulbhéim.

crústach noun *crustacean:* sliogánach; iasc blaosc, iasc sliogach.

crústaigh verb *pelt:* caith le, rad le; péirseáil, rúisc.

crústáil verb *drub, belabour:* coip, batráil, buail, cnag, gread, lasc, leadair, leadhb, léas, léirigh, liúr, planc, slis, smíoch, smíocht, smiot, smíst, stánáil, súisteáil, tiompáil, tuargain; tabhair deasabhaidí do.

cruth noun ❶ *shape, appearance:* aghaidh, cló, cóiriú, cosúlacht, crot, cuma, cumraíocht, cuspa, dealracht, dealramh, déanamh, déanmhaíocht, deilbh, dreach, éadan, eagar, éagasc, fíor, fíoraíocht, foirm, gné, gnúis, greanadh, imchruth, imlíne, leagan, riocht, scoth, stíl. ❷ *state, condition:* bail, cuma, dóigh, eagar, inneall, ord, riocht, staid. ❸ *manner, mode:* áis, bealach, caoi, deis, dóigh, eagar, gléas, inneall, meán, modh, ord, sás, slí.

cruthach adjective *shapely:* álainn, breá, brionnach, caithiseach, canta, caomh, conláisteach, córach, cruthúil, cuanna, cuidsúlach, cumtha, dathúil, deachruthach, dea-mhaisiúil, dealfa, dealraitheach, deas, deismir, dóighiúil, fíortha, galánta, glémhaiseach, gleoite, gnaíúil, gnúiseach, grástúil, greanta, innealta, iomálainn, lachanta, leacanta, maisiúil, meallacach, naíonda, sciamhach, slachtmhar, tarraingteach, *literary* cadhla, mas, sochraidh.

crúthach noun ❶ *yield of milk:* bleán, blí; bleacht, bleachtanas, bleachtas, crú, lacht, lachtadh, tál. ❷ *large amount:* a lán, an-chuid, an-ladhar, bun maith,

cruthaigh

carn, *pl.* cairn dubha, clais, cothrom, cuid mhaith, cuid mhór, cuimse, dalladh, dreas maith, éacht, foiscealach, iarracht mhaith, iarracht mhór, iontas, lear, lochadradh, maidhm, *pl.* mámannaí, mórán, púir, réimse, roinnt mhaith, scanradh, seó, slám, steancán, stráice, suaitheantas, suim mhór, taoscán, téagar, teailí, tolmas, tonn mhaith, *familiar* an t-uafás.

cruthaigh verb ❶ *create, form:* bunaigh, cuir ar bun, cuir le chéile, cum, damhnaigh, déan, doilbh, fabhraigh, foirmigh, múnlaigh, ordaigh. ❷ *prove:* léirigh, mínigh, mionnaigh, promh, suigh, taispeáin. ❸ *testify, affirm:* dearbhaigh, deimhnigh, éiligh, maígh, suigh.

cruthaíocht noun ❶ *shape, appearance:* cló, cóiriú, cosúlacht, crot, cruth, cuma, cumraíocht, cuspa, déanamh, déanmhaíocht, deilbh, dreach, eagar, éagasc, foirm, gné, gnúis, greanadh, imchruth, imlíne, leagan, riocht, scoth stíl. ❷ *good physique:* áilleacht, cuntanós na sláinte, dea-chruth, deachuma, dealramh, folláine, sláintiúlacht, stá.

cruthaitheach adjective *creative:* bisiúil, dúileach, táirgiúil, torthúil.

cruthaitheacht noun *creativity:* bisiúlacht, táirgiúlacht, torthúlacht.

cruthaitheoir noun *creator:* ceapadóir, cumadóir, tionscnóir, *literary* dréachtach; dúileamh.

cruthanta adjective ❶ *life-like, exact:* baileach, beacht, beoga, réalaíoch; a bhfuil dealramh na beatha air. ❷ *real, complete, utter:* áitithe, amach is amach, ar a bhoinn, beirthe déanta, bunaithe, corónta, corpanta, críochnaithe, daingean, daingnithe, dearbh-, dearbhaithe, dearg-, deimhnithe, dian-, diongbháilte, do-bhogtha, docheartaithe, doleigheasta, domhúinte, dosmachtaithe, fíor, **adjectival genitive** fíre, fírinneach, láidir, seanbhunaithe, tréan.

cruthú noun ❶ *creation, invention:* dúlra, *pl.* na dúile; breith, bunú, bunús, ceapadh, ceapadóireacht, cumadóireacht, geineasas, giniúint, saolú, tionscnamh, teacht ar an saol, tosach, tosnú, tús. ❷ *proof, testimony:* cruthúnas, dearbhú, deimhniú, fianaise, finné, léiriú, míniú, promhadh, taispeántas, teist.

cruthúil adjective ❶ *shapely, beautiful:* álainn, breá, caithiseach, canta, caomh, córach, cruthach, cuanna, cuidsúlach, cumtha, dathúil, dea-chruthach, dea-mhaisiúil, dealfa, dealraitheach, deas, deismir, dóighiúil, fíortha, galánta, glémhaiseach, gleoite, gnaíúil, gnúiseach, grástúil, greanta, innealta, iomálainn, lachanta, leacanta, maisiúil, meallacach, múnlaithe, naíonda, péacach, sciamhach, slachtmhar, tarraingteach, *literary* cadhla, mas. ❷ *of promising appearance, of good physique:* dea-dhéanta, folláin, sláintiúil, snúúil. ❸ *likely, plausible:* barántúil, creatúil, dealraitheach, dócha, dóchúil, inchreidte, iontaofa, sochreidte.

cruthúlacht noun ❶ *shapeliness:* áille, áilleacht, bláth na hóige, breáthacht, caithis, cantacht, caoimhe, córaí, cuannacht, cumthacht, dealraitheacht, dealramh, dea-mhaise, deiseacht, dóighiúlacht, galántacht, glémhaise, gleoiteacht, gnaíúlacht, gnaoi, grástúlacht, greanadh, loise, macaomhacht, maise, maisiúlacht, meallacacht, scéimh, sciamhacht, slacht, slachtmhaireacht, tarraingteacht. ❷ *likelihood:* cosúlacht, cuma na fírinne, dealramh, dóchúlacht.

cruthúnas noun *proof, evidence:* cruthú, dearbhú, deimhniú, fianaise, léiriú, míniú, taispeáint, taispeánadh, teist.

cú noun *hound, greyhound:* cú faoil, cú fola, cú seilge; archú, conairt, gadhar, mada, madadh, madra.

cú allta noun *wolf* (Canis lupus): faolchú, mac tíre, madra alla, madra allta.

cú dobhráin noun *otter* (Lutra lutra): dobharchú, madra uisce.

cuach[1] noun ❶ *cuckoo* (Cuculus canorus): cuaichín; cuach an tsamhraidh, feannóg geimhridh. ❷ *strain of music:* cairche, cairche cheoil, caoince, caoinche, ceol na sféar, ceolchaire, ceolmhaireacht, cliaraíocht, oirfide, séis, siansa, siolla ceoil, streancán. ❸ *whoop, whinny:* agall, cuachaíl, gáir, glao, grág, liú, scairt, scréach, scread, seitreach.

cuach[2] noun ❶ *drinking-cup, bowl:* adharc, ballán, cailís, corn, cupa, cupán, gogán, scála, stópa, *literary* caileach, cingid, stábh.

cuach[3] noun ❶ *ball, bundle:* bál, beart, beartán, bobailín, bobán, braisle, burla, caor, caoróg, ceirtlín, crothán, cruinneán, cruinneog, cuachóg, liathróid, liathróidín, meall, meallán, meallóg, mogall, roilléire, sféar, sféaróideach, traidín, triopall, úllachán. ❷ *roll, tress:* caisne, camóg,

---

Crústaigh

broad-clawed porcelain crab (Porcellana patycheles): portán poircealláin clúmhach
circular crab (Atelecyclus rotundatus): portán cruinn
common acorn barnacle (Semibalanus balanoides): garbhán carraige coiteann
common shore crab (Carcinus maenas): portán glas
common prawn (Palaemon serratus): cloicheán coiteann
common shrimp (Crangon crangon): ribe róibéis; séacla
copepoda (genus Copepoda): cópapód
corophium (Corophium sp.): dreancaid f. slaba
crab (order Decapoda): portán
crawfish (Palinurus elephas): gabhal mara; gliomach Mhuire; piardóg f.
crayfish (Astacus sp.): gliomach fionnuisce
edible crab (Cancer pagurus): portán dearg; portán rua
fish louse (Argulus foliaceus): míol éisc
freshwater shrimp (Gammarus sp.): dreancaid f. uisce
goose barnacle (Lepas anatifera): giúrann
great crab (féach **edible crab**)
green crab (féach **common shore crab**)
gribble (Limnoria lignorum): gribéal
harbour crab (féach **common shore crab**)
hermit crab (family Paguridae): faocha f. ghliomaigh; portán sligreach
lobster (Homarus gammarus): gliomach
masked crab (Corystes cassivelaunus): portán clismín
mussel shrimp (genus Ostracopoda): ribe róibéis síl
pill woodlouse (family Armadillidiidae): cláirseach f. piolla
prawn (Palaemon sp.): cloicheán; piardán; ribe róibéis
sandhopper (family Talitridae): dreancaid f. mhara; dreancaid f. trá; míol trá; tonachán trá
scorpion spider crab (Inachus dorsettensis): portán faoilinne scairpe
sea slater (Ligia oceanica): cláirseach f. thrá
slater (order Isopoda): cláirseach f.
soldier crab (féach **hermit crab**)
spider crab (family Majidae): portán crúbach; portán faoilinne; portán iarainn
squat lobster (family Galatheidae): gliomach gogaideach
velvet swimming crab (Necron puber): luaineachán
water flea (order Cladocera): míol gorm
woodlouse (féach **slater**)

ciabhóg, ceirtlín, coirnín, corna, cornán, cuaile, dlaoi, dual, glinne, glionda, iosmairt, lúibín, rolla, rolladh, rolláil, rollán, rollóg, saoiste. ❸ *hug, embrace:* barróg, ceann croí, fáscadh, gráin, seacht ngrá. **verb** ❶ *bundle, wrap:* burláil, clutharaigh, corn, fáisc, fill, mothallaigh. ❷ *hug, squeeze:* beir barróg ar, déan seacht ngrá le, diurnaigh, tabhair barróg do, tabhair gráin do; brúigh, dlúthaigh, docht, fáisc. ❸ *flatter, praise:* bladair, cuir sópa ar, déan bladar le, déan gliodaíocht le, déan plámás le, giúmaráil, meall, mol.

cuach Phádraig noun *greater plantain (Plantago major):* bileog chruach Phádraig, bileog Phádraig, cál Phádraig, cloch Phádraig, copóg chrua Phádraig, copóg cró Phádraig, copóg Phádraig, cruach Phádraig, duilleog Phádraig, lus bhean an tí, lus Phádraig, naprún Phádraig, slánlus.

cuachadh noun ❶ *(act of) bundling:* burláil, cornadh, filleadh. ❷ *(act of) hugging:* barróg, brásáil, fáscadh, gráin, greim, muirniú.

cuachaíl noun ❶ *(act of) speaking in a falsetto, whining:* caoineadh, cársán, ceolánacht, diúgaireacht, geonaíl, gol, piachán, píopáil, píopaireacht, pusaíl, slócht, tocht, *familiar* píoblach. ❷ *(act of) whinnying:* seitreach, siotar, siotarnach, siotarnaíl.

cuachaire noun ❶ *sweet singer:* cantaire, ceolaire, ceoltóir, cuaichín. ❷ *frisky person:* díodánaí, éadromán, éagann, eitleachán, gealbhan duine, giodam, giolla gan aire, glígín, leithéisí, mearaí, straiméad; fuaidrimín, giodróg, giofairlín, meidhreog, pramsóg, uallóg. ❸ *incessant talker:* bladhmaire, bolgán béice, bolscaire, brasaire, cabaire, ceolán, clabaire, claibéir, claibín muilinn, dradaire, geabaire, geabstaire, glafaire, glagaire, glagbhéal, gleoiseach, gleoisín, gleothálaí, gligín, gliogaire, gobachán, meigeadán, plobaire, scaothaire, scilligeoir, scrathóg, siollaire, siosaire, strambánaí, trumpadóir.

cuachaireacht noun ❶ *sweet singing:* binneas, cantain, cantaireacht, ceiliúr, dántaireacht, duanaireacht, fonnadóireacht, gabháil fhoinn, portaireacht, reacaireacht, scolaíocht, seinm. ❷ *incessant talking:* béalastánacht, bleadracht, bleadráil, breasnaíocht, brilléis, briosc-chaint, cabaireacht, cadráil, cafaireacht, clab, clabaireacht, clisiam, dradaireacht, geab, geabaireacht, geabairlíneacht, geabantacht, geabstaireacht, geocáil, giob geab, giofaireacht, giolcaireacht, giostaireacht, glafaireacht, glagaireacht, gleoiréis, gleoisíneacht, gliadar, gligíneacht, gliog gleag, gliogar, gliogarnach, glisiam, gobaireacht, gogalach, liopaireacht, meilt, pápaireacht, placadh siollaí, pléisiam, plobaireacht, plob plab, rith seamanna, scilligeadh, síofróireacht, siollaireacht.

cuachma noun *whelk (family Buccinidae):* faocha chapaill, faocha choirn, faocha faoileáin, gúgán, pachrán; buaircín trá.

cuachóg noun ❶ *small bundle, ball:* beartán, bobailín, bobán, caoróg, ceirtlín, cruinneán, cruinneog, burla, crothán, liathróidín, lúbán, lúbóg, meallán, meallóg, olmhóid, traidín. ❷ *bow-knot:* bogha, cnota, snaidhm, snaidhm lúibe; bobailín, cocán, scothóg.

cuadal noun *stomach, paunch:* ardbholg, bolg, ceaig, ciseachán, collaid, feirc, geois, maróg, méadail, peasán, riteachán, sceart, séibe, stomán, tarr, torp, *familiar* corcán.

cuaifeach noun ❶ *eddying wind:* camfheothan, camghaoth, cuaranfa, gaotalach, imghaoth. ❷ *swirl:* caise, caislimín, camadh, cas, casadh, cor, guairne, guairneáil, guairneán, iompú, tiontú. ❸ *swipe:* amas, buille, crústa, faidhp, fogha, foighdeán, giordóg, radadh, ropadh, sá, sacadh.

cuaille noun ❶ *pole, stake:* cabar, cleith, crann, geá, páil, polla, sabh, sáiteán, stacán, staic, stoda, stodaire, taobhán, *literary* ochtach, *colloquial* cabrach. ❷ *tall thin person:* brísteachán, camalóid, cleith, cleithire, cliathramán, cnábaire, cnuachaire, coinnleoir, croch, cuirliún, cuirliúnach, gailléan, gallán, geosadán, gleidire, ioscadán, langa, léanscach, léanscaire, liútar, lorgadán, pídéalach, píle, pílí, próiste, radalach, railse, ráilse, ranglach, ranglachán, ranglamán, reangaide, reangaire, reangartach, reanglach, reanglachán, reanglamán, *figurative* réitheach, rúpach, rúplach, scailleagán, scailliúnach, scodalach, sconnartach, scodalach, sconnartach, sínéalach, slibire, snáthadán, spíce, speireach, spidéalach, spreanglachán, spreota, spúinneartach, sreangaire, stráice fir.

cuain noun ❶ *litter, brood:* áilín, clann, dreabhlán, ealbha, éilín, grathain, iall, scuaine, scúd, sliocht; *pl.* bainbh, *pl.* caitíní, *pl.* cinn óga, *pl.* coileáin, *pl.* gasúir, *pl.* leanaí, *pl.* páistí, *pl.* piscíní, *literary pl.* samhairlí; *pl.* éin chirce, *pl.* sicíní, *pl.* éin ghé, *pl.* góislíní; *pl.* éin lachan; *pl.* éin eala. ❷ *pack, band:* béinne, buíon, cipe, club, cóip, comhlacht, comhluadar, complacht, criú, cruinniú, cuallacht, cumann, cuideachta, dream, feadhain, foireann, fracht, gasra, grúpa, meitheal, paca, rang, scata, scuaine, slógadh, slua, tóstal, treibh.

cuairt noun ❶ *circuit, course:* camchuairt, camruathar, ciorcad, cuairt timpill, cúrsa, imchuairt, timchuairt, timthriall, *literary* tacmhang. ❷ *visit:* airneál, airneán, aíocht, bothántáil, bothántaíocht, céilí, (*i gContae Phort Láirge*) istoícheadóireacht. ❸ *occasion, time:* babhta, deis, faill, geábh, ócáid, scaitheamh, sea, seal, seans, uain, uair.

cuairteoir noun *visitor, tourist:* cuartaí, fiosraitheoir, fiosróir; airneánach, aoi, bothánaí, bothántaí, fámaire, strainséir, turasóir; 'lá breá'.

cual noun *faggot, bundle:* bacla, baclainn, brosna, burla, corna, cornán, corróg, cualach, foiscealach, gabháil, punann, rolla, traidín, ualach, uchtóg, *literary* grinne.

cualach noun *heap of sticks, heap of bones:* cainníocht, carn, carnáil, carnán, ceallamán, cnuasach, cruach, cual, gróigeadh, gróigeán, lionsca, maoil, moll.

cuallacht noun ❶ *fellowship, company:* béinne, buíon, cipe, cóip, comhlacht, compánachas, complacht, criú, cruinniú, cumann, cuideachta, dream, feadhain, foireann, fracht, gasra, grúpa, meitheal, paca, rang, scata, scuaine, slógadh, slua, treibh, *literary* comhthanas, cuain, fóir. ❷ *corporation, gild:* bráithreachas, ceardchumann, comhlachas, comhlacht, corparáid, cuideachta, cumann, eagraíocht, eagras, gild, gnó, gnólacht, gnóthas.

cuallaí noun *companion:* caoifeach, cara, céile, coigéile, comhbhráthair, comhghleacaí, comhoibrí, comhpháirtí, compánach, comrádaí, guaillí, leacaí, leathbhádóir, leathcheann, páirtí, páirtnéir.

cuan noun ❶ *haven, harbour:* acarsóid, caladh, calafort, port. ❷ *refuge:* áras, clúid, cluthair, cumhdach, dídean, díon, díseart, dísearthain, díthreabh, fóisciún, foscadh, fothain, imchumhdach, scáth, tearmann. ❸ *bow, curve:* bogha, camadh, casadh, claon, claonadh cor, coradh, cuar, dronn, fiar, goic, laobhadh, leathcheann, leathstuaic, lúb, maig, speic, spleic.

cuán mara noun *sea-urchin (class Echinoidea):* carbhán carraige, cnagán trá, gráinneog dhearg, gráinneog na farraige, gráinneog sáile, gráinneog thrá.

cuanna adjective *comely, graceful:* álainn, breá, caithiseach, canta, caomh, cuanta, cruthach, cruthúil, cuidsúlach, cumtha, dathúil, dea-chruthach, dea-mhaisiúil, dealfa, dealraitheach, deas, deismir, dóighiúil, fíortha, galánta, glémhaiseach,

cuar
gleoite, gnaíúil, gnúiseach, grástúil, greanta, innealta, iomálainn, lachanta, leacanta, maisiúil, meallacach, naíonda, péacach, sciamhach, slachtmhar, snúúil, spéiriúil, tarraingteach, *literary* cadhla, mas, seada, sochraidh.

cuar adjective ❶ *curved*: cam, casta, corach, corr, cruinn, cuartha, lúbach, lúbtha, rabhnáilte, sféarúil. ❷ *bent, slanted*: cam, camtha, casta, claon, corr, crom, cruiteach, cuartha, diocach, fiar, laofa, lúbach, lúbtha, ruaircíneach, **adjectival genitive** tuathail. noun ❶ *curve*: camadh, casadh, ciorcal, claon, claonadh, cor, coradh, cromadh, dronn, fiar, lán, laobhadh, laofacht, lúb, lúbán, lúbóg, maig, speic, spleic. ❷ *hoop, circle*: ciorcad, ciorcal, compal, compás, cró, cruinne, cruinneán, diosca, fáinne, fáinneán, fonasc, fonsa, lúbán, roth, timpeall, timpeallán. verb *curve*: cam, cas, claon, crom, fiar, freang, iompaigh, laobh, lúb, saobh, tiontaigh.

cuarán noun *sandal*: cuaróg, slipéar; buimpéis, buimpís; bróg úrleathair, pampútaí; sútar.

cuaranfa noun *cyclone*: cioclón, frithchioclón, frithchuaranfa; hairicín, imghaoth, séideán, séideán bruithne, séideán sealáin, tíofún.

cuardach adjective *searching*: biorach, faobhrach, feannaideach, géar, sirtheach, tolltach; a théann go smior. noun (*act of*) *searching, search*: cuartú, fiach, fiatáil, paidhceáil, póirseáil, ransú, sealg, sealgaireacht, seilg, tóir, tóraíocht, *literary* súr.

cuardaigh verb *search*: cuartaigh, fiach, iarr, lorg, lorgair, piardáil, ransaigh, seilg, siortaigh, sir, tóraigh.

cuardaitheoir noun *searcher, seeker*: lorgaire, paidhceálaí, piardálaí, póirseálaí, polladóir, ransaitheoir, rianaí, siortaitheoir, siortálaí, taighdeoir, tóraí; bleachtaire.

cuartaíocht noun ❶ (*act of*) *visiting*: airneál, airneán, aíocht, bothántaíl, bothántaíocht, céilí, (*i gContae Phort Láirge*) istoícheadóireacht. ❷ *tourism*: cuairteoireacht, fámaireacht, turasóireacht.

cuas noun ❶ *cavity, hollow*: cabhóg, cró, cuasán, cuasóg, gleann, gleanntán, lag, lagán, log, logán, logall, logán, mám, póca, póicéad, poll, sloc, toll. ❷ *recess*: ascaill, cailleach, clúid, cluthair, cúbaill, cúil, cúilín, cúinne, cúláire, cúláis, cúláisean, cúlán, cúlaon, glota, landair, lúb, lúbainn, nideog, póicéad, puicéad, *literary* imscing. ❸ *cove, creek*: bá, bléin, cam, camas, caolsáile, casla, crompán, cuan, gabhal, gabhlán, góilín, inbhear.

cuasach adjective *cavernous, hollow, concave*: coguasach, criathraithe, folamh, folmhaithe, pollach, toll.

cuasacht noun *concavity*: cabhóg, coguas, cuas, cuasán, folús, gleann, lag, lagán, log, logall, logán, poll, pollán.

cuasán noun *small cavity*: cró, cuasóg, gleanntán, lag, lagán, log, logall, logán, pollán.

cuasnóg noun ❶ *wild bees' nest*: pluaisneog. ❷ *lucky find*: amhantar, ciste fionnta, éadáil, eirigéis, torchaire, torchur; ceallóg, cillín, féirín, folachán.

cuas-súileach adjective *hollow-eyed*: gleannsúileach, slogshúileach.

cúb noun ❶ *coop*: cró, cró na gcearc. ❷ *bend, fold*: cromadh, filleadh, lúb. verb ❶ *bend*: cam, cas, cor, crom, laobh, lúb, stang. ❷ *cower, shrink*: crap tú féin, creathnaigh, cuach tú féin, cúlaigh, tréig.

cúbláil noun *jugglery, cheating*: caimiléireacht, calaois, cleasaíocht, cluain, cluanaireacht, cneámhaireacht, comhshó calaoiseach, cúigleáil, dúbláil, falcaireacht, feall, feall ar iontaoibh, iarracht cham, lúbaireacht, mealladh, mealltóireacht, mícheastacht, mídhílsiú, mímhacántacht, séitéireacht, slópáil, *literary* diúbairt.

cudal noun *cuttle-fish* (*Sepia*): cudal sceitheach, cula sceitheach, scudal; máthair shúigh, scuid.

cufa noun *cuff*: rosta; muinchille, muinille.

cufróg noun *cypress* (*Cupressus, Chamaecyparis, Cupressocyparis*): cufar.

cuí adjective *fitting*: beacht, ceart, cóir, cothrom, cruinn, cuibheasach, cuibhiúil, dual, feiliúnach, fiúntach, fóirsteanach, inrásta, inseolta, óraice, oiriúnach, sásúil, *literary* dír, oircheasach, téachta.

cuibheas noun *seemliness, decency*: ceart, ceartas, cirte, cóir, cothroime, cruinneas, cuí, dea-eagar, dea-ord, feiliúint, feiliúnacht, fiúntas, fóirsteanacht, geanas, modhúlacht, oiriúnacht, *literary* oircheasacht.

cuibheasach adjective ❶ *fair, middling*: coiteann, coitianta, gnách, gnáth-, lagmheasartha, leath-, meán-, meánach, measartha, réasúnta, scoth-. ❷ *decent, decorous*: adhnáireach, ceart, cóir, cothrom, cuibhiúil, cúthail, feiliúnach, fiúntach, fóirsteanach, geanasach, geanmnaí, modhúil, oiriúnach.

cuibhiúil adjective *proper, decent*: adhnáireach, ceart, cóir, comhchuí, cothrom, cuí, cuibheasach, cúthail, feiliúnach, fiúntach, fóirsteanach, geanasach, geanmnaí, modhúil, oiriúnach.

cuibhiúlacht noun *seemliness, decorum*: adhnáire, ceart, cóir, cothroime, cúthaileacht, feiliúnacht, fiúntas, fóirsteanacht, geanas, geanmnaíocht, modhúlacht, oiriúnacht.

cuibhreach noun *binding, fetter*: bac, bacainn, buairichín, buairthín, ceangal, cornasc, cosc, crapall, cruimeasc, cuing, geimheal, glaicín, iodh, laincide, laincis, laingeal, loncaird, urchall, *colloquial* iarnach.

cuibhreann noun ❶ *common table, mess*: mias. ❷ *division, portion*: candam, cion, cionmhaireacht, cothrom, cuid, fáltas, roinn, roinnt, scair, suim, *literary* urrann. ❸ *enclosed field*: fáimead, garraí, gort, léana, macha, míodún, móinéar, páirc, póna.

cuibhreannach noun *messmate, table companion*: comhbhráthair, comhghleacaí, compánach, comráda, leathbhádóir.

cuibhrigh verb *bind, fetter*: ceangail, coinnigh siar, coisc, craplaigh, geimhligh, iarnaigh; cuir buarach ar, cuir ceangal ar, cuir ceangal na gcúig gcaol ar, cuir corda ar, cuir rópa ar, cuir ruóg ar, cuir téad ar.

cuid noun ❶ *share, part*: candam, cion, cionmhaireacht, cothrom, fáltas, páirt, píosa, roinn, roinnt, scair, sciar, suim. ❷ *food, rations*: arán, arán laethúil, beatha, bia, cothabháil, cotháil, cothú, follúnú, lón, lónadóireacht, raisín, soláthar, tomhaltas, *literary* coth.

cuideachta noun ❶ *company*: aontíos, buannacht, cairdeas, caoifeacht, carthanacht, céilíocht, coimhdeacht, coimhirse, comhar, comhchairdeas, comhghaol, comhghuaillíocht, comhlachas, comhluadar, comhluadracht, comrádaíocht, conbharsáid, córtas, cuidiúlacht, cumann, cumarsáid, dlúthchairdeas, gaol, guaillíocht, lánmhuintearas, mórtachas, muintearas, páirt, páirteachas, páirtíocht, rannpháirtíocht, taithíocht, teagmháil, teanntás, *literary* fóir. ❷ (*business*) *company*: comharchumann, comhlachas, comhlacht, corparáid, cuallacht, cumann, eagraíocht, eagras, gnó, gnólacht, gnóthas. ❸ *social amusement, fun*: áibhéireacht, anstrólaíocht, antlás, bainis, coirm, cóisir, craic, croiléis, cúis gháire, féasta, fleá, gleoiréis, greann, greannmhaire, greannmhaireacht, infear, laighce, léaspartaíocht, leithéis, magadh, meidhir, meidhréis, méilséara, pléaráca, rancás, randam, scige, scigireacht, scléip, scoraíocht, seó, siamsa, spórt, spraoi, sultmhaire.

cuideachtúil adjective *companiable, sociable*: caidreamhach, cairdiúil, carthanach, céiliúil, coimhirseach, coimhirseanach, cóisireach, comhluadrach, comrádúil, córtasach, cuidiúil, dáimhiúil, dálach, lách, muinteartha, páirteach, páirtiúil, so-ranna; is maith an comhluadar é.

cuideáin *adjectival genitive* extraneous, strange, odd: aduain, aisteach, ait, coimhthíoch, corr, corraiceach, neamhchoitianta, neamhghnách, strainséartha, urghnách, *literary* diongna; as áit, as ionad.

cuidigh *verb* ❶ *literary* share: roinn; bí leath i bpáirt le chéile, téigh i bpáirt le chéile, téigh i gcuibhreann a chéile. ❷ help: baiceáil, cabhraigh le, fóir ar, fortaigh ar, fortaigh do, seas le, tabhair cúnamh do, tabhair lámh chuidithe do, tabhair lámh chúnta do, tabhair tarrtháil ar. ❸ requite, repay (for misdeed): aisíoc le, díol an comhar le, cúitigh le, déan suas arís do, díol thar n-ais le, íoc an comhar le, tabhair tomhais dá bhanlámh féin do; fuair sé slat dá thomhais féin.

cuiditheoir *noun* helper, supporter, seconder: crann taca, cúláistín, cúl taca, cúl toraic, cúntóir, taca, tacaí, taobhaí; ceithearnach, *colloquial* lucht tacaíochta.

cuidiú *noun* help, assistance: cabhair, comhar, cúnamh, fóir, fóirithint, fortacht, lámh chuidithe, lámh chúnta, lámhaíocht, oirchiseacht, taca, tacaíocht, tarrtháil.

cuidiúil *adjective* ❶ helpful: cabhrach, caoin, caonrasach, ceansa, cineálta, comharsanúil, cothaitheach, cuiditheach, cúntach, fóinteach, garach, garúil, lách, nádúrtha, oibleagáideach, preabúil, tacúil. ❷ cocky, conceited: aisfhreagrach, anbharúlach, bródúil, cabanta, clóchasach, cocach, consaeitiúil, deiliúsach, gearrchainteach, ladúsach, lánmhar, mórálach, mórluachach, mórmheasúil, mórtalach, nathanta, postúil, soibealta, sonnta, sotalach, stradúsach, stráiciúil, stróúil, suimiúil, teanntásach, toghail, tóstalach, tréipéiseach, uaibhreach, údarásach, undrach; *familiar* tá sé chomh rud.

cuidiúlacht *noun* ❶ helpfulness, friendliness: bá, cairdiúlacht, carthanacht, dea-chroí, garúlacht, láíocht, muintearas, oibleagáideacht. ❷ cockiness, conceit: braobaireacht, buannaíocht, clóchas, consaeit, deiliús, dosaireacht, éirí in airde, forcamás, *pl.* froigisí, *pl.* geáitsí, *pl.* gothaí, iarlaitheacht, ladús, leitheadas, maigiúlacht, postúlacht, *pl.* roilsí, sotal, suimiúlacht, teanntás, uabhar, údarás.

cuidsúlach *adjective* eye-catching, good-looking: álainn, amharcach, breá, caithiseach, canta, caomh, córach, cruthach, cuanna, cumtha, dathúil, deachruthach, dea-mhaisiúil, dealfa, dealraitheach, deas, deismir, dóighiúil, dreachúil, fíortha, galánta, glémhaiseach, gleoite, gnaíúil, gnúiseach, grástúil, greanta, innealta, iomálainn, lachana, leacanta, maisiúil, meallacach, naíonda, sciamhach, slachtmhar, tarraingteach, *literary* cadhla, mas; tá cuid súl inti.

cúigbhileach *noun* ❶ marsh cinquefoil (Potentilla palustris): cúigbhileach uisce; cnámh léana, cnó léana, cúigmhéarach corraigh, seamróg chúigbhleach. ❷ silverweed (Potentilla anserina): bainne bó blioscán, bláth briscéan, bliogarán, blioscán, blioscán, brioscán, briosclán, brioscóg, franclus fiáin. ❸ creeping cinquefoil (Potentilla reptans): cúig mhéar Mhuire, luibh na gcúig méar, lus na gcúig méar. ❹ cinquefoil (in heraldry): cúigdhuille, cúigmhéarach.

cúige *noun* province: Cúige Chonnacht, Cúige Laighean, Cúige Mumhan, Cúige Uladh; Cúige na Mí; ceantar, limistéar, réigiún, taobh tíre.

cúigeachas *noun* provincialism: áitiúlachas, canúnachas, paróisteachas, réigiúnachas, tuathúlacht.

cuigeann *noun* ❶ churning, butter-making: déanamh ime, maistreadh; coipeadh, coipeáil, suaitheadh. ❷ churn: cuinneog, cuinneog bhainne, meadar; soitheach bainne.

cúigleáil *noun* (act of) cheating, embezzlement: caimiléireacht, calaois, cleasaíocht, cluain, cluanaireacht, cneámhaireacht, comhshó calaoiseach, cúbláil, dúbláil, falcaireacht, feall, feall ar iontaoibh, iarracht cham, lúbaireacht, mealladh, mealltóireacht, meang, mícheastacht, mídhílsiú, mímhacántacht, mionghoid, séitéireacht, slópáil, *literary* diúbairt. *verb* embezzle: comhshóigh, cúbláil, mídhílsigh, cuileáil; cluicheáil, goid, *literary* téaltaigh.

cuil¹ *noun* fly: cuileog; claig, corrmhíol, corrmhíoltóg, míoltóg ghéar, muiscít.

cuil² *noun* angry appearance, anger: ainscian, aonach, báiní, buile, buile feirge, caor, coilichín, colg, colgaí, confadh, corraí, cuthach, dásacht, faghairt, fearg, fíoch, fiuch, fiúir, fiúnach, fraoch, oibriú, olc, racht feirge, spadhar, taghd, tallann feirge, treall, *literary* grúg.

cuileadach *adjective* irritable, touchy: achrannach, ainciseach, araiciseach, aranta, cancrach, cantalach, cianach, cochallach, coilgneach, cointinneach, colgach, comhlannach, conspóideach, crosta, deafach, dorránach, driseogach, dríshíneach, eascairdiúil, feargach, francaithe, friochanta, frisnéiseach, gadhrúil, gairgeach, goilliúnach, gráinneogach, greannach, iarógach, imreasach, imreasánach, iomarbhách, íortha, lasánta, meirgeach, míchéadfach, neantúil, niogóideach, rocúil, siosmach, spadhrúil, spreangach, spuaiceach, te, teidheach, tintrí, trodach, tuaifisceach, *literary* dreannach, íorach; níl sé inbhearrtha.

cuileann *noun* holly (Ilex): crann cuilinn, craobh chuilinn; caora cuilin; cuileann trá.

cúileann *noun* fair maiden: ainnir, ainnirín, bruinneall, caile, cailín, céirseach, cúileann, druid, gearrchaile, girseach, girseog, guamóg, iníon, leanbh iníne, leathchailín, macaomh mná, maighdean, ógbhean, páiste mná, *literary* bríd, ógh; áille na háille, babóigín, bamsóigín, béasach, brídeach, brídeog, buinneán mná, céirseach, gile na gile, gleoiteog, guamóg, lachóigín, láireog, láireoigín, láithreog, lúibín, maighre mná, maiseog, néamhann, pabhsae, péacóg, plandóg, plúr na mban, plúróg, *familiar* plúirín.

cúilín *noun* ❶ little nook: ascaill, cailleach, clúid, cluthair, coirnéal, cuas, cúbaill, cúil, cúinne, cúláire, cúlán, cúláis, cúláisean, cúlaon, glota, landair, lúb, lúbainn, nideog, paidhc, póicéad, puicéad, sáinn, *literary* imscing. ❷ point (in sport): pointe; scór.

cuilithe *noun* ❶ eddying current, vortex: coire guairdill, coire guairneáin, coire tuathail, guairne, guairneán, linn guairdill, poll guairneáin, poll súraic, poll tuathail, saobhchoire, súmaire. ❷ throes: anacair, *pl.* arraingeacha, *pl.* céadéaga, cróilí, *pl.* cruthanna, dua, duainéis, duais, *pl.* íona, *pl.* pianta, smeach, *pl.* smeachanna. ❸ centre, core: ceartlár coim, corplár, croí, cróióg, croíleacán, croíleachán, lár, lár baill, lár báire, meáchanlár, meánlár.

cuilitheach *adjective* ❶ eddying, vortical: guairdeallach, guairneánach. ❷ rippling, bubbling: boilgeogach, broidearnúil, coipeach, cúrach, cúránach, sobalach, súilíneach, tonnach, tonntach, uanach.

cuilitheáil *noun* (act of) bubbling, boiling: beiriú, beiriúchán, boilgearnach, brachadh, bruith, coipeadh, fiuchadh, gail, giosáil, plobarnach, sioscadh.

cuilt *noun* quilt: brothrach clúmh lachan, colcaidh, cuilce, dúivé, fannchlúmhán, pluid, pluideog, scaraoid leapa, peall, peallóg, pealltóg, súisín, súsa.

cuimhin *adjective* is cuimhin liom I remember: cuimhním ar, meabhraím, smaoiním ar; is cuimhneach liom, is meabhair liom; tá cuimhne agam ar, tá meabhair agam ar; tugaim chun cuimhne.

cuimhne noun *memory:* buanchuimhne, mearchuimhne; cuimhneamh, meabhair, smaoineamh. **adverbial phrase le cuimhne na ndaoine** *since time immemorial:* le fada an lá, le haois duine, le haois gadhair, leis na cianta cairbreacha, leis na himpireacha.

cuimhneach adjective ❶ *recollective, thoughtful:* machnamhach, maranach, meabhrach, smaointeach, stuama, *literary* imchisneach. ❷ **is cuimhneach liom** *I remember:* is cuimhin liom, is meabhair liom; cuimhním ar, meabhraím, smaoiním ar; tá cuimhne agam ar, tá meabhair agam ar; tugaim chun cuimhne.

cuimhneachán noun ❶ *commemoration:* ceiliúradh, comóradh, cuimhne, cuimhneamh, *literary* nás; cothrom an lae, féile. ❷ *souvenir:* bronntanas, cuimhneamh, féirín; séadchomhartha.

cuimhneamh noun ❶ *(act of) recollecting, recollection:* cuimhne, meabhair, meabhrú, mearchuimhne. ❷ *conception, plan:* coincheap, beart, cleas, comhairle, gliceas, plean, seift, slí, smaoineamh.

cuimil verb ❶ *rub, fondle:* bláthnaigh, déan láinteacht le, déan mán mán le, diurnigh, muirnigh, slíoc, smúdáil; crúbáil, láimhseáil, póirseáil. ❷ *wipe:* glan, triomaigh. ❸ **déan cuimil an mháilín de** *toss about, make rag of:* batráil, brúigh, déan suán glacach de.

cuimilt noun ❶ *(act of) stroking, fondling:* bláthnú, láinteacht, mán mán, diurnáil, diurnú, muirniú, slíocadh, smúdáil; crúbáil, láimhseáil, póirseáil. ❷ *wiping:* glanadh, glantóireacht, triomú. ❸ *friction:* athchuimilt.

cuimleoir noun *wiper rubber:* ceirt, cuimleán, glantóir, rubar, scriosán.

cuimse noun ❶ *literary due proportion:* coibhneas, cóimheas, coinnealg, comh-ard, comórtas, comparáid, comhréir, comhréireacht, cosúlacht, cuimseacht, gaolmhaireacht, iomaíocht. ❷ *good amount, goodly number:* a dhóthain, a lán, a sháith, cnap, cosúlacht, dalladh, lear, mórán, neart, riar, roinnt mhaith, taoscán, suim. ❸ *limit:* fóir, marc, ríochan, teorainn, *literary* forar. **adverbial phrase as cuimse, thar cuimse** *exceeding, extreme:* áibhéalta, áibhéalach, áibhéiseach, áiféiseach, áiliosach, ainmheasartha, ainmhianach, ainrianta, amplach, antoisceach, as miosúr, iomarcach, míchuibheasach, míréasúnta, neamh-mheasartha, ró, thar an cheasaí, thar fóir, thar meán, thar míde.

cuimseach adjective ❶ *proportionable, moderate:* coiteann, coitianta, cosúil, cothrom, cuibheasach, cuimseartha dealraitheach, féaráilte, meán-, meánach, measartha, réasúnta, stuama. ❷ *competent:* ábalta, cumasach, éifeachtach, fíoránta, fuinniúil, inniúil, tréitheach, tualangach; in inmhe. ❸ *neat, tidy:* cuimseartha, cúirialta, deas, deismir, fáiscthe, glan, néata, oirní, pioctha, piocúil, pointeáilte, slachtmhar, sprúisiúil, triog, triopallach; gan barr cleite isteach ná bun cleite amach.

cuimsitheach adjective *comprehensive, inclusive:* córasach, críochnúil, fairsing, forleathan, iomlán, lán, lán-, leathan, rianúil, sistéamach, uilefhóinteach, uileghabhálach, uilíoch.

cuing noun ❶ *yoke:* ama, coirb, córaid, cuingeal, cuingir, geoc, geoca, greallóg, mám, péire, seisreach; uarach. ❷ *bond, obligation:* bac, banna, ceangal, *pl.* coinníollacha, comaoin, conradh, dualgas, éigean, *pl.* fiacha, laincis, nasc, oibleagáid, *pl.* téarmaí, ualach. ❸ *tie, beam:* balc, bíoma, boimbéal, cúpla, giarsa, maide ceangail, maide éamainn, maide mór, maide mullaigh, rata, sail. ❹ *narrow neck of land:* caol, caol tíre, caolas, crúbán talún, ros. ❺ *harness, defensive armour:* airnéis, armúr, cathbheart, cathéide, culaith, lúireach, máille; úim. ❻ *literary champion:* barraí, calmfhear, cú, curadh,

gaiscíoch, galach, gríobh, laoch, laochmhíle, laochra, míle, seaimpín, tréan, *literary* caimpear, éigne, féinní, láth, mál, nia, onchú, oscar, ruanaidh, scál.

cúinge noun *narrowness, tightness:* caoile, cúngach, cúngrach, dlús, doichte, laghad, riteacht, seinge, teannaireacht, teannas, teanntacht, teinne.

cuingigh verb ❶ *yoke:* cuir faoi, gabh, gléas, srathraigh. ❷ **cuingigh ar** *enjoin on:* achtaigh ar, aithin ar, fógair ar, gearr ar, ordaigh do.

cuingir noun ❶ *yoke:* ama, coirb, córaid, cuing, cuingeal, mám, péire, seisreach; uarach. ❷ *pair, couple:* beirt, córaid, cúpla, dias, dís, lánúin, péire, *literary* déidhe. ❸ *group, herd:* baicle, béinne, buíon, córaid, críú, cuallacht, díorma, drong, feadhain, fianlach, foireann, fracht, gasra, grinne, grúpa, paca, scaoth, scata, scuad, scuaine, slua, tascar, tréad, trúpa, *literary* cuain.

cuingrigh verb *yoke, couple:* aontaigh, ceangail, ceangail le chéile, comhaontaigh, comhcheangail, comhtháthaigh; cuir le chéile, cúpláil, dlúthaigh le chéile, nasc le chéile, snaidhm le chéile, tabhair le chéile.

cúinne noun *corner, angle, nook:* ascaill, cailleach, clúid, cluthair, coirnéal, cuas, cúbaill, cúil, cúilín, cúláire, cúláisean, cúlán, cúláis, cúláisean, cúlaon, glota, landair, lúb, lúbainn, nideog, póicéad, puicéad, sáinn, uillinn, *literary* imscing.

cúinnéireacht noun *loafing, standing at corners:* bruachaireacht, caidéireacht, codaíocht thart, crochadóireacht, fálróid, fámaireacht, leadaíocht, leisceoireacht, liúdaíocht, lófáil, losaíodóireacht, piollardaíocht, ránaíocht, righneáil, rístíocht, scraisteacht, scraistíocht, scraistireacht, scraistiúlacht, srathaíocht, srathaireacht, sreangaireacht, stangaireacht.

cuinneog noun ❶ *churn:* cuinneog bhainne, cuigeann, meadar; soitheach bainne. ❷ *cell (of honeycomb):* ceall, ceallóg, cill, cillín; cíor mheala, criathar meala, faighin mheala.

cúinse noun ❶ *countenance:* aghaidh, aoibh, béal, cár, cealtair, *pl.* ceannaithe, cuma, cuntanós, dreach, éadan, éagasc, forghnúis, gné, gnúis, pus, strainc, straois, streill. ❷ *pl.* **cúinsí** *show, fuss:* corraí, fíbín, flosc, fuadar, ríf, seó, taibhse, taispeántas, tóstal. ❸ *pl.* **cúinsí** *circumstances:* *pl.* cúrsaí, *pl.* dála, *pl.* imthosca, scéal. ❹ *pretext, condition:* coinníoll, cúis súl, cuntar, iarraim cúis, leithscéal. ❺ *wile, trick:* ábhaillí, *pl.* ceirdeanna, *pl.* cleasa, cluanaíocht, cneámhaireacht, cúbláil, dalbacht, ealaín, *pl.* earmhúintí, feallbhacht, gleacaíocht, gliceas, iomlat, iarógacht, leidhcéireacht, lúbaireacht, rógaireacht, séitéireacht, slíodóireacht, slíomadóireacht.

cúinseach adjective *wily, tricky:* bealachtach, beartach, cam, cas, cealgach, claon, cleasach, cluanach, creipeartha, ealaíonta, feallthach, fiar, glic, ilchleasach, inleogach, lán castaí, lúbach, lúibíneach, meabhlach, mealltach, meangach, nathartha, sleamhain, sleamhnánach, slíbhíneach, tréitheach.

cúinseacht noun *wiliness, trickery:* caimiléireacht, camastaíl, cleasaíocht, ciolmamúta, cluanaíocht, cneámhaireacht, cúbláil, draíodóireacht, ealaín, feallthacht, gleacaíocht, gliceas, grealltóireacht, leidhcéireacht, leorthóireacht, lúbaireacht, lúibíneacht, rógaireacht, sleorthóireacht, slíodóireacht, slíomadóireacht, truiceadóireacht, *literary* plaic faoi choim.

cúipéir noun *cooper:* fonsóir.

cúipéireacht noun *coopering, cooperage:* fonsóireacht.

cuir verb ❶ *sow, set:* leag, plandáil, síolchuir, socraigh, suigh; croith. ❷ *bury:* cuir sa chré, cuir sa reilig, cuir sa talamh, cuir san uaigh; adhlaic, feartaigh, talmhaigh, *familiar* caibeáil, trinseáil; déan nós a dhúiche leis; chuaigh sé faoin bhfód, chuaigh sé san úir; chuaigh scaob air, chuaigh trí sluaiste an bháis air, chuaigh na seacht sluaiste air; tá sé ag leasú na nóiníní; go dté mé i gcré. ❸ *propound*: cuir i dtreis; mol, tairg; tabhair faoi bhráid. ❹ *propel*: cuir ar aghaidh; brostaigh, brúigh chun cinn, corraigh, sáigh chun cinn, tiomáin. ❺ *score, win*: bain, buaigh, gnóthaigh, scóráil. ❻ *bid, estimate*: meas, measúnaigh, tabhair, tairg, tuairimigh. ❼ *use, spend*: bain feidhm as, bain úsáid as, caith, ídigh, spíon. ❽ *cause, get done*: tabhair ar dhuine rud a dhéanamh. ❾ *send*: leag, seachaid, seol. ❿ *rain, snow, etc.*: déan, fear, tit. ⓫ *shed*: caill, fear, doirt, sil.

cuir amach verb ❶ *put forth*: fás, péac. ❷ *eject, expel*: caith amach, díbir, díchuir, ruaig. ❸ *put out, place*: leag, socraigh, suigh, taispeáin. ❹ *launch*: cuir tús le, lainseáil, lansáil, seol, tionscain, tosaigh. ❺ *pour out, empty out*: doirt, folmhaigh, scaird amach. ❻ *send forth, issue*: foilsigh, seol. ❼ *produce*: cuir ar fáil; soláthair, táirg, tuismigh. ❽ *report*: abair, maígh, tabhair cuntas, tabhair tuairisc, tuairiscigh. ❾ *spend*: caith, mair, meil, spíon, tabhair. ❿ *guess*: meas, tomhais, tuairimigh; tabhair buille faoi thuairim; caith do chrann tomhais. ⓫ *vomit, erupt*: bréitseáil, brúcht, pléasc, urlaic, sceith; caith amach, caith aniar, caith aníos.

cuir ar verb ❶ *clothe, cover*: cásáil, ceil, ciorclaigh, clúdaigh, cumhdaigh, cuir i bhfolach, cumhdaigh, fialaigh, folaigh, gléas, múch, timpeallaigh. ❷ *impose on*: brúigh ar, cuir abhaile ar, cuir i bhfeidhm ar, teann ar. ❸ *ascribe to, impute to*: cuir i leith, leag ar, *literary* taisealbh do. ❹ *translate into*: aistrigh go, tiontaigh go; cuir Béarla ar, cuir Gaeilge ar. ❺ *affect adversely*: cuir geastal ar, cuir isteach ar, cuir múisiam ar, cuir stró ar, cuir as do; buair, ciap, cráigh, déan tinneas do, gabh do, goill, suaith, *literary* lochair.

cuir as verb ❶ *put out of, deprive of*: bain de, caith de, creach, díbir, díchuir, robáil, ruaig. ❷ *put out, extinguish*: cuir deireadh le, cuir in éag; báigh, maraigh, múch, plúch, smiog, tacht. ❸ *emit*: brúcht, caith amach, lig amach, leathnaigh, scaip, sead, spréigh amach, tabhair amach. ❹ *have stillbirth*: caith. ❺ *cuir as do disconcert*: cuir geastal ar, cuir isteach ar, cuir múisiam ar, cuir stró ar; buair, ciap, cráigh, déan tinneas do, gabh do, goill, suaith, *literary* lochair.

cuir chuig, cuir chun verb ❶ *interfere with*: cuir isteach ar; bain do, crúbáil, láimhseáil, leag lámh ar, pléigh le. ❷ *set about*: crom ar, cuir tús le, tabhair faoi, tionscain, tosaigh. ❸ *bring into a state or condition*: déan, tabhair chun.

cuir de verb ❶ *remove, take off*: bain de, caith de, lom, nocht, struipeáil. ❷ *get done, accomplish*: cuir i bhfeidhm, cuir i gcrích; cuir an cipín mín ar; (*i gContae Mhaigh Eo*) balaigh, críochnaigh. ❸ *get rid of, recover from*: bisigh, faigh biseach, éalaigh, faigh réidh le, gnéithigh, tar chugat féin, téarnaigh, tar aniar ó, tar as, téigh i bhfeabhas; bí ar fainnéirí. ❹ *declaim*: abair, can, glaoigh, liúigh, scairt, scread.

cuir faoi verb ❶ *sow with*: déan curadóireacht, oibrigh, treabh. ❷ *bind, subjugate to*: ceangail, ceansaigh, ciúnaigh, cloígh, faigh an lámh in uachtar ar, measraigh, modhnaigh, séimhigh, rialaigh, sáraigh, smachtaigh, srian, tiarnaigh do, treascair, *literary* codhnaigh. ❸ **cuir fút** *settle down, stay*: áitrigh, cónaigh, fan, fuirigh, lonnaigh, mair, seadaigh, socraigh, socraigh síos, stad, stop, suigh, *literary* oiris; bí i do chónaí, déan cónaí.

cuir i verb ❶ *inculcate*: múin, oil, teagasc, traenáil; caiticeasmaigh; treoraigh. ❷ **cuir i bhfriotal, cuir i bhfocail** *express*: abair, can, caintigh, cogair, gabh, labhair, luaigh.

cuir isteach verb ❶ *instil*: cuir ina luí, snigh, sil. ❷ *spend (time)*: caith, cuir thart, mair, meil, spíon, tabhair. ❸ **cuir isteach ar** *apply for*: déan éileamh ar, déan iarratas ar; éiligh, iarr. ❹ *interfere with, disturb, interrupt*: bain do, bris isteach ar, buair, ciap, corraigh, cráigh, cuir as do, cuir trí chéile, goill ar, leag lámh ar, suaith, tar aniar aduaidh ar, triosc, *literary* lochair.

cuir le verb ❶ *append to, add to*: ceangail le. ❷ *support*: baiceáil, cabhraigh le, cothaigh, cuidigh le, seas le, tacaigh le; tabhair tacaíocht do. ❸ *accept, agree with*: aontaigh le, géill do, glac le, tar le. ❹ *set to learn*: cuir ag foghlaim, múin, teagasc, traenáil.

cuir ó verb ❶ *prevent*: bac, barr, brúigh faoi, coimeád ó, coinnigh amach ó, coinnigh faoi rún, coinnigh ó, coigil, coisc, cros, cuir bac le, cuir cosc le, cuir deireadh le, cuir faoi chois, cuir stop le, stop, toirmisc; cuir X bunoscionn le rud a dhéanamh, cuir rud soir siar ar, cuir rud suas is síos ar; tabhair ar X gan rud a dhéanamh; tar roimh X ar rud a dhéanamh. ❷ **cuir uait** *give over, give up*: cuir críoch le, cuir deireadh le; éirigh as, lig díot, stad, stop, tabhair suas. ❸ **cuir ó chéile** *sunder, pull apart*: bain as a chéile, bris, coscair, oirnigh, scrios.

cuir romhat verb *decide*: beartaigh, ceap, cinn ar, comhairligh, déan do chomhairle, réitigh ar; tá sé ag brath, tá sé ar aigne aige, tá sé ar intinn aige, tá sé socair ar, tá rún aige.

cuir siar verb ❶ *postpone, set back*: bac, coisc, cuir ar an méar fhada, cuir ar athlá, cuir ar gcúl, déan moill, déan siléig i, moilligh. ❷ **cuir siar ar** *force upon*: cuir d'fhiacha ar, cuir iallach ar; brúigh ar, caith ar, fórsáil ar, soinnigh ar, tabhair ar, tathantaigh ar.

cuir síos verb ❶ *set, lay*: cuir ina luí, cuir ina shuí, leag, suigh. ❷ *set (a fire)*: leag, réitigh, socraigh. ❸ *put (a pot) on*: beirigh, bruith, cuir ar an tine, fiuch, las tine faoi. ❹ **cuir síos ar** *describe*: cuir in iúl, cuir samhail ar; aithris, áitigh, dearbhaigh, deimhnigh, fógair, mínigh, nocht, tagair do, trácht ar, tuairiscigh; déan cur síos ar, léirigh, tabhair cuntas ar, tabhair tuairisc. ❺ **cuir síos do** *impute to, ascribe to*: cuir i leith, leag ar, *literary* taisealbh do.

cuir suas verb ❶ *put up, build*: ardaigh, cuir ina sheasamh, déan, foirgnigh, suigh, tóg. ❷ *give lodging to*: glac ar lóistín, tabhair aíocht do, tabhair bheith istigh do, tabhair cead bheith istigh do, tabhair iostas do, tabhair leaba do, tabhair lóistín do, tóg ar lóistín. ❸ **cuir suas do** *refuse to accept*: diúltaigh do, éar, eitigh, tabhair cluas bhodhar do, tabhair diúltú do, tabhair éaradh do, *literary* dear. ❹ **cuir suas le** *tolerate*: broic, ceadaigh, foighnigh le, fulaing, lamháil, scaoil le, seas, tabhair cead a chinn do, tabhair cead do.

cuir thar verb ❶ **cuir tharat** *put by, save*: coigil, cuir i dtaisce, cuir i leataobh, cuir thart, sábháil, taisc. ❷ **cuir tarat** *scold, 'give out'*: aifir, aithisigh, bearraigh, cáin, caith anuas ar, cáithigh, cas le, déan báirseoireacht, díbligh, éiligh ar, feann, glámh, guthaigh, imcháineadh, imdhearg, lochtaigh, mallaigh, mallachtaigh, maslaigh, scioll, spaill, tabhair achasán do, tarcaisnigh, *literary* tathaoir. ❸ **cuir thar maoil** *spill over*: cuir thar bruacha, bruith amach, sceith, sceith thar béal, sceith thar bruacha, tuiligh.

cuir thart verb ❶ *turn, spin*: cuir casadh i, cuir cor i; cor, iompaigh, roll, rothlaigh, tiontaigh. ❷ *pass round*: cuir sa chúrsaíocht, cuir sa timpeall, cuir timpeall; leathnaigh, scaip. ❸ *put by, save*: cuir i dtaisce, cuir i leataobh, cuir tharat; coigil, sábháil, taisc.

cuir trí chéile verb ❶ *discuss*: cardáil, cíor, cuir faoi chaibidil, pléigh, suaith. ❷ **cuir trína chéile** *confuse*:

cuir um

cuir amú, cuir as eagar, cuir cotadh ar; mearaigh, measc, suaith.

cuir um verb *dress, put round oneself:* cuir ar; buail um, cóirigh, feistigh, gléas.

cuircín noun ❶ *tuft of hair, tuft of feathers:* bobailín, cleite, cleiteán, cleiteog, cnota, cocán, cuachóg, cuirc, scothóg, táithín, táth, *literary* dlochtán. ❷ *comb (of bird):* cíor, cíor choiligh, círín.

cuircíneach adjective *tufted, crested:* círíneach, stothach, tomach.

cuirdín noun ❶ *wild carrot (Daucus carota):* bliúcán, burgamán, cairéad fiáin, cearracán, cearracán fiáin, coirnín, cuirdín fiáin, meacain buí, meacan fiáin, mealbhacán, mil ghaibhrín, mil mhairt, miliúcán, muadhonn, mugamán, murán, murgamán. ❷ *cuirdín bán wild parsnip (Pastinaca sativa):* cuirdín, meacan bán; meacan fiáin, meacan rí, meacan rí fiáin, siúrán. ❸ *horsetail (Equisetum):* brobh i dtóin, cló uisce; cuirdín coille, cuirdín gabhair, cuirdín gadhair, cuiristín, curadán, eireaball an eich, eireaball capaill, eireaball cait, eireaball eich, eireaball searraigh, feadóg, gliogán, gliogar, scuab eich. ❹ *thin, hardy boy:* cnagadán, creagaire; cleithire, geataire, langa, loimíneach, loimirceach, spliota, splíota, spreangaidí cos, spreanglachán, spidéalach.

cuireadh noun ❶ *invitation:* gairm, glao, iarraidh; cuireadh an doichill mar a thug an madra rua do Júidí an scrogaill; cuireadh na ngealbhan chun arbhar na gcomharsana. ❷ *summons:* fógra, gairm, glao, próis, próiseas, seirbheáil, toghairm.

cuireata noun *knave, jack (in cards):* cuileat, cuileata.

cúirialta adjective ❶ *neat:* comair, comhdhlúite, conláisteach, connail, cuimseach, deas, deismir, dlúth, fáiscthe, galánta, néata, oirní, ordanáilte, ordúil, pioctha, piocúil, pointeáilte, slachtmhar, tanaí, triopallach; gan barr cleite isteach ná bun cleite amach. ❷ *dainty, fastidious:* beadaí, cáiréiseach, consaeitiúil, éisealach, íogair, lagáiseach, laideanta, pointeáilte, samhnasach, scrupallach, tormasach.

cuirliún noun *curlew (Numenius arquata):* crotach, pocaire.

cuirliúnach noun *long-legged person:* brísteachán, cleith, cleithire, cliathramán, cnábaire, cnuachaire, coinnleoir, cuirliún, fainge, fuaithneartach, gailléan, gallán, geosadán, gleidire, ioscadán, langa, léanscach, léanscaire, liútar, lorgadán, píle, pílí, próiste, ránaí, railse, ráilse, ranglach, ranglachán, ranglamán, reangaide, reangaire, reangartach, reanglach, reanglachán, reanglamán, rúpach, rúplach, scailleagán, scailliúnach, scodalach, sconnartach, síneálach, slibire, snáthadán, *pl.* spanlaí cos, spealaire, spíce, speireach, spidéalach, *pl.* spreangaidí cos, spreanglachán, spreota, spúinneartach, sreangaire, stráice fir, *figurative* réitheach.

cúirt noun ❶ *court of law:* binse breithimh, cathaoir breithiúnais. ❷ *mansion, palace:* bruíon, caisleán, cathair, mainéar, mainteach, pálás, rítheach, teach mainéir, teach mór, únacht, *literary* brugh. ❸ *courtyard:* bábhún, banrach, cearnóg, clós, cúlán, imphort, macha, móta. ❹ *court (for tennis, etc.):* faiche; báinseach, féar, plásóg, réileán.

cúirtéireacht noun *courting:* suirí, *literary* tochmharc.

cúirtéis noun ❶ *courtesy: pl.* béasa, *pl.* caoinbhéasa, córtas, cúirtéiseacht, cuntanós, *pl.* dea-bhéasa, dea-bhéasacht, dea-bhéasaíocht, dea-iompar, dea-mhúineadh, modh agus múineadh, modhúlacht, múineadh, sibhialtacht, síodúlacht. ❷ *salute:* beannacht, beannú, forrán, gairm; bleid, caidéis, fairnéis, faisnéis.

cúirtéiseach adjective *courteous:* béasach, caoinbhéasach, cathartha, ceansa, cneasta, córtasach, cuirtiúil, cúiseach, cuntanósach, dea-bhéasach, deaiomprach, dea-labhartha, dea-mhúinte, fiosúil, galánta, giúlánta, grástúil, iomprach, modhúil, múinte, nósmhar, nósúil, ómósach, ridiriúil, séimh, sibhialta, síodúil, sobhéasach, urramach; banúil, mánla, modhúil.

cuirtín noun *curtain:* brat, brat fuinneoige, dallóg, feisín, scáth, scáthéadach.

cúirtiúil adjective *courtly:* ardnósach, béasach, córtasach, cúirtéiseach, cúiseach, dea-bhéasach, dea-mhúinte, galánta, mín, modhúil, múinte, ómósach, ridiriúil, sibhialta, síodúil, sobhéasach, uasal, urramach.

cúirtiúlacht noun *courtliness:* ardnós, *pl.* béasa, córtas, cúirtéiseacht, cuntanós, *pl.* dea-bhéasa, dea-bhéasaíocht, dea-mhúineadh, galántacht, múineadh, sibhialtacht, síodúlacht, uaisleacht.

cúis[1] noun ❶ *cause, reason:* ábhar, bonn, bun, bunús, cad chuige, ceannfháth, ciall, cionsiocair, cúis mhaith dhóthanach, leorchúis, réasún, siocair, trúig, údar, *literary* fachain. ❷ *case, charge:* aighneas, cás, díotáil, easaontas, iomarbhá, pléadáil, táinseamh. ❸ *movement, cause to be served:* gluaiseacht, páirtí; fealsúnacht, idé-eolaíocht. ❹ **déanfaidh sé cúis** *it will do:* déanfaidh sé, déanfaidh sé gnó, is leor é; tiocfaidh mé leis. ❺ *merit:* bua, feabhas, fiúntas, grásta, luach, luaíocht, tuillteanas.

cúis[2] noun *conscience:* cogús, coinsias, *pl.* scrupaill choinsiasa.

cuiscreach noun *colloquial reeds (Phragmites):* biorach, cuilc, cuilce, giolcach; deocán, faidhf, fíf, geocán, píb, píopa, rídeanna.

cúiseach adjective ❶ *well-mannered:* béasach, caoinbhéasach, cathartha, ceansa, cneasta, córtasach, cúirtéiseach, cuirtiúil, cuntanósach, dea-bhéasach, dea-iomprach, dea-labhartha, dea-mhúinte, fiosúil, galánta, giúlánta, grástúil, iomprach, macánta, modhúil, múinte, nósmhar, nósúil, ómósach, ridiriúil, séimh, sibhialta, síodúil, sobhéasach, urramach; banúil, mánla, modhúil. ❷ *prim, demure:* banúil, cúisiúil, deismíneach, pointeáilte; adhnáireach, cuibhiúil, cúthail, geanasach, geanmnaí, modhúil.

cúiseamh noun *accusation, charge:* cás, díotáil, éileamh, gearán, ionchúiseamh, milleán, táinseamh, *literary* litheachas, tubha.

cuiseog noun *slender stem, stalk:* barrann, coinlín, cos, cuiseog, das, deocán, foithnín, fúinín, gas, geocán, seamaide, sifín, sop, stoc, stopóg, tráithnín; crann práta.

cúisí noun *accused:* cosantóir, géibheannach, príosúnach; ciontaí, ciontóir, coirpeach, ógchiontóir.

cúisín noun *cushion:* adhairt, ceannadhairt, ceap, cearchaill, piliúr, pillín.

cúisitheoir noun *prosecutor:* díotálaí; éilitheoir, gearánaí; cúistiúnaí, giúistís.

cúisiúil adjective ❶ *prim, demure:* adhnáireach, cuibhiúil, cúirialta, cúiseach, cúthail, deismíneach, geanasach, geanmnaí, modhúil, pointeáilte, tormasach. ❷ *conceited:* anbharúlach, bogásach, bródúil, ceartaiseach, clóchasach, consaeitiúil, cuidiúil, lánmhar, leitheadach, leitheadúil, móiréiseach, mór, mórálach, mórluachach, mórmheasúil, mórtasach, postúil, sotalach, stradúsach, stráiciúil, stróuil, suimiúil, teanntásach, tóstalach, uaibhreach, údarásach, undrach; *familiar* tá sé chomh rud.

cúisiúlacht noun ❶ *primness, demureness:* adhnáire, cuibhiúlacht, cúirialtacht, cúthaileacht, deismíneacht, geanas, geanmnaíocht, modhúlacht, pointeáilteacht. ❷ *conceit:* anbharúil, buannaíocht, clóchas, cocaireacht, consaeit, cunórtas, deiliús, éirí in airde, iarlaitheacht, postúlacht, sotal, stróulacht, suimiúlacht, teanntás, uabhar, údarás.

cuisle noun ❶ *vein, pulse*: artaire, féith, féitheog, fuileadán, gigeán; frithbhualadh, preab, preabadh. ❷ *forearm, wrist*: alt na láimhe, bunrí, caol na láimhe, rosta, rí. ❸ *narrow water, channel*: caol, caolas, caoluisce, clais, claisín, gearradh, grinneall. ❹ *seam, thread (of mineral)*: ciseal, féith, siúnta, snáithe, snáth, sraith. ❺ *flute*: crann ceoil, craobh cheoil, cuisle, fliúit, fliúit Shasanach, fliúiteog; faidhf, fíf. ❻ **a chuisle (mo chroí)** *darling*: a chiallach, a chroí, a chuid, a chumann, a dhílis, a ghrá, a lao, a lao deoil, a mhaoineach, a mhaoinín, a mhuirnín, a rún, a rúnsearc, a shearc mo chroí, a stóirín, a stór, a thaisce, a théagair.
cuisleach adjective ❶ *veined*: féitheach, iomaireach, riabhach, stríocach; easnach, rigíneach. ❷ *channelled*: claiseach, clasach, eitreach; clupaideach, iomaireach, rocach.
cuisleannach noun *flautist*: fliúiteadóir, fífeadóir.
cuisleannacht noun ❶ *playing of wind instruments*: fífeadóireacht, fliúiteadóireacht. ❷ *feeling of pulse*: cuisleoireacht.
cuisleoir noun *blood-letter*: fleibeatómaí, foladóir.
cuisleoireacht noun *blood-letting*: fleibeatómaíocht, foladóireacht, fuiliú, ródach.
cuisne noun *frost, hoar-frost, frosty vapour*: reo, sioc, siocán; oighear, oighreogach.
cuisneach adjective ❶ *frosty*: cuisniúil, fuar, oighreata, reoch, reoite, reoiteach, siocdhóite, siocfhuar, siochta. ❷ *hardy*: cadránta, calctha, cnagach, creagánta, crua, cruachaol, cruadhéanta, dian, docht, dúr, miotalach, righin, seochrua, stálaithe, tréan; tá seasamh an fhóid ann, tá teacht aniar ann.
cuisneoir noun *refrigerator*: fuaraitheoir, reoiteoir.
cuisnigh verb ❶ *freeze*: oighrigh, reoigh. ❷ *refrigerate*: fuaraigh, oighrigh, reoigh.
cuisniú noun *(act of) refrigerating, refrigeration*: fionnuarú, fuarú, oighriú, reo.
cúiste noun *couch*: dibheán, iomaí, leabachán, otamán, saoiste, saoisteog, tolg, *literary* airéal, imscing; binse.
cúistiúnacht noun *inquisition*: binse fiosrúcháin, breithniú, ceastóireacht, ceistiúchán, cigireacht, coiste cróinéara, coiste iniúchta, croscheistiú, fiosrúchán, géarscrúdú, grinniú, imchomharc, imscrúdú, iniúchadh, iomchoisne, measúnóireacht, mionscrúdú, scrúdú.
cúistiúnaí noun *inquisitor*: breitheamh, ceastóir, cigire, cróinéir, giúistís, iniúchóir, measúnóir, scrúdaitheoir; bleachtaire.
cúiteamh noun *requital, recompense*: aisíoc, aisíocaíocht, comha, comhar, comhlíonadh, cíosú, díol, díolaíocht, díre, fís, luach, luach saothair, pá, tuarastal, *literary* eineachlann, inneachadh.
cuiteog noun ❶ *earthworm*: agaill, anglach, caideán, caideog, cailleach na bhfleá, cuideog, péist thalún. ❷ *pejorative penis*: boidín, sceidín, scibirlín.
cúitigh verb *requite, recompense*: aisíoc, cíosaigh, déan suas arís, díol, díol thar n-ais, díol an comhar, íoc an comhar, socraigh an comhar, tabhair díol fiach.
cúitiúc noun *caoutchouc, rubber*: cúitsiúc, cúr-rubar, rubar.
cuitléir¹ noun *cutler*: sceanadóir.
cuitléir² noun *harlot*: banadhaltrach, bean choitianta, bean siúil, bean sráide, bitseach, cailín pléisiúir, gádhairseach, léirmheirdreach, *pl.* mná maithe, meirdreach, raibiléir, raibiléir mná, raicleach, raiteog, rálach, rata, rubaits, scuaideog, scubaid, strabalach, straboid, straip, streaboid, striapach, struipear, *literary* eachlach.
cuitléireacht noun *cutlery*: sceanadóireacht, sceanra.
cúl noun ❶ *back*: ais, beaic, droim, muin. ❷ *reserve*: cúlchosaint, cúltaca. ❸ *head of hair*: ceann, ciabh, cúl gruaige, folt, gruaig, mapa gruaige, moing, mothall, mothall gruaige, suasán, súisín, trilseán, urla. ❹ *goal (in sport)*: báire, góraí; cúilín, scór. ❺ **cúl báire** *goalkeeper*: cúlaí, fear cúil, fear góraí. **adverbial phrase ar gcúl** *backwards*: ar lorg do chúil, ar lorg do thóna, i bhfrithing, siar.
cúlaí noun *back (in sport)*: cúl báire, fear cúil, fear góraí.
cúlaigh verb *retreat, go back*: baiceáil, cúb, imigh leat, imigh leat ar an iargúil, tabhair an iargúil ort féin, téigh ar an iargúil; tarraing siar, téigh siar.
cúláisean noun *secluded place, nook*: cailleach, clúid, cluthair, cúbaill, cúil, cúilín, cúinne, cúláire, cúlaon, cúlráid, dídean, díseart, díseartán, díthreabh, gnáthóg, landair, lúbainn, lúibín, nideog, póicéad, puicéad, *literary* imscing.
cúlaistín noun *backer, henchman*: bean chúnta, cabhróir, cuiditheoir, cúntóir, fear cúnta, páirtí, tacaí, *colloquial* lucht cúnta, lucht leanúna, lucht tacaíochta; amhas, ceithearnach.
culaith noun ❶ *suit, dress*: *pl.* balcaisí, *pl. baill éadaigh, pl.* ceirteacha, culaithirt, do chuid éadaigh, gléas, gléasadh, *pl.* scóileádaí. ❷ *equipment, gear*: *pl.* aidhlicí, airnéis, *pl.* áiseanna, *pl.* ciútraimintí, *pl.* cleathainsí, culaithirt, *pl.* deiseanna, *pl.* fearais, *pl.* gabhálais, gaireas, *pl.* giuirléidí, *pl.* gléasanna, gléasra, trealamh, *pl.* inleoga, *pl.* uirlisí, *pl.* úmacha.
cúlánta adjective ❶ *secluded*: cúlráideach, iargúlta, uaigneach; ar an iargúil. ❷ *retiring, shy*: cotúil, cúthaileach, faiteach, geitiúil, náireach, scáfar, scáithínteach, scaollmhar, seachantach, támáilte, *literary* neoid; adhnáireach, corrabhuaiseach.
cúlchaint noun *backbiting, slander*: athiomrá, béadchaint, clúmhilleadh, cúlcháineadh, cúlghearradh, ithiomrá, leabhal, scéalaíocht éithigh, spídiúchán.
cúlchainteach adjective *given to backbiting, gossiping*: béadánach, béadchainteach, clúmhillteach, iomráiteach, ráflach, reacach, scéalach, suainseánach.
cúlcheadaigh verb *connive at*: ceadaigh, cuidigh le, lamháil, fulaing.
cúlcheadú noun *connivance*: ceadú, cuidiú, cúnamh, lamháil.
cúléisteacht noun *eavesdropping*: cluas le heochair, cluasaí, cluasaíocht, cluaséisteacht, dúdaireacht, scrogaireacht; spiadóireacht, spiaireacht.
cúléisteoir noun *eavesdropper*: cluasaí, dúdaire, éisteoir, scrogaire; spiadóir, spiaire; tá poll ar an teach.
cúlfhiacail noun *back tooth, molar*: fiacail forais.
cúlóg noun *pillion*: pillín, pilliún.
cúlra noun *background*: bunadh, bunús, cultúr, muintir, oiliúint; cleachtadh, eispéireas, taithí; cúl, cúlbhrat, cúlionad, cúlscáthlán.
cúlráid noun *secluded place*: clúid, cúil, cúilín, cúláire, cúláisean, cúlaon, cúláire, cúlaon, dídean, díseart, díseartán, díthreabh, iargúil, uaigneas.
cúlráideach adjective ❶ *secluded*: cúlánta, iargúlta, uaigneach; ar an iargúil. ❷ *retiring*: ciúin, cotúil, cúthaileach, náireach, scáfar, scáithínteach, scaollmhar, seachantach, támáilte, uiríseal, *literary* neoid; faiteach, geitiúil.
cúlráideacht noun *seclusion*: iargúil, iargúltacht, uaigneas; cúláire, cúláisean, cúlaon, dídean, díseart, díseartán, díthreabh, uaigneas.
cúltaca noun *reserve*: fear ionaid, ionadaí, taca, tacaí.
cultas noun *cult*: adhradh, caondúthracht, deabhóid, forchás, ómós; baothchreideamh, creideamh, eiriceacht, reiligiún.
cultúr noun *culture*: béascna, *pl.* béasa, míneadas, múineadh, saíocht, sibhialtacht.
cúlú noun *(act of) retreating, withdrawal*: aisghairm, aistarraingt, cúbadh, culghairm, cúliompú, dul siar, féithiú, tréigean.

cum verb ❶ *form, shape, devise:* bunaigh, céadcheap, ceap, cruinnigh, cruthaigh, cuir ar bun, cuir le chéile, cuir tús le, damhnaigh, déan, deilbhigh, eagraigh, fionn, foirmigh, monaraigh, múnlaigh, ordaigh. ❷ *write, compose:* ceap, cruthaigh, scríobh. ❸ *limit, ration:* ciondáil, teorannaigh; cloígh le, tar i dtír le.

cuma noun *shape, appearance, look:* aghaidh, cló, cóiriú, cosúlacht, crot, cruth, cumraíocht, déanamh, déanmhaíocht, deilbh, dreach, éadan, eagar, éagasc, fíor, fíoraíocht, foirm, gné, gnúis, greanadh, imchruth, imlíne, leagan, riocht, scoth, stíl. compound preposition **ar chuma** *like, in the manner of:* amhail, cosúil le, dála, fearacht, mar, mar a bheadh; ar dul, i gcáil, i gcruth, i riocht.

cuma adjective **is cuma liom** *it is all the same to me:* is beag liom, ní mór liom, táim ar nós cuma liom faoi.

cumadh noun ❶ *(act of) forming, formation:* cló, cóiriú, cruth, cumraíocht, déanamh, déanmhaíocht, deilbh, deilbhiú, foirm, foirmiú, leagan, leagan amach, múnláil, múnlóireacht, múnlú. ❷ *composition:* ceapadóireacht, ceapadh, cruthú, cumadóireacht, déanamh. ❸ *invention:* aireagán, cumadóireacht, fionnachtain, smaoineamh. ❹ *(act of) fitting (clothes):* cóiriú, féacháil, féachaint, feistiú.

cumadóir noun ❶ *maker, composer:* ceapadóir, cruthaitheoir, déantóir, dúileamh, *literary* dréachtach; scríbhneoir, údar. ❷ *inventor, fabricator:* aireagóir, fionnachtaí, fionnachtóir, tionscnóir; dathadóir.

cumadóireacht noun ❶ *invention:* aireagán, cumadh, fionnachtain, smaoineamh, tionscnamh. ❷ *composition:* aiste, filíocht, meadaracht, rannaireacht, scríbhneoireacht, scríbhneoireacht chruthaitheach, véarsaíocht. ❸ *simulation:* cur i gcéill, ligean ort; aithris, samhlú; fíorú.

cumann noun ❶ *friendship, love:* amarac, armacas, ansacht, caithis, carthain, carthanacht, ceanas, ceanúlacht, céileachas, cion, connailbhe, dáimh, dáimhiúlacht, dile, dílseacht, díograis, díograisí, dúil, fialchaire, gaolacht, gean, gnaoi, grá, grámhaireacht, greann, ionúine, muintearas, muirn, nádúr, nóisean, páirt, searc, suirí, taitneamh, toil, *literary* cairdine, dailbhe. ❷ *darling:* anam, ansacht, carán, céadsearc, cnó cnuasaigh, craobhóg, craoibhín, croí, croídín, croí istigh, grá, graidhin, lao, leannán, maoin, maoineach, muirnín, rún, rúnsearc, searc, searcóg, seircín, seoid, smóilín, taisce. ❸ *company, fellowship:* caidreamh, caoifeachas, caoifeacht, caradradh, caradras, carthanacht, carthanas, céileachas, céilíocht, coimhdeacht, coimhirse, comhar, comhghuaillíocht, comhlachas, comhluadar, comhluadracht, compánachas, comrádaíocht, conbharsáid, córtas, cuideachta, cuidiúlacht, cumarsáid, dlúthchaidreamh, dlúthchairdeas, gaol, grá, guaillíocht, láchas, láíocht, méadaíocht, muintearas, nádúr, páirt, páirtíocht, taithíocht, taobhú, tláithe, *literary* comhthanas, fóir. ❹ *association, club:* club, comhar, comharchumann, comhchaidreamh, comhghuaillíocht, compántas, complacht, comrádaíocht, conradh, cuallacht, cuideachta, eagraíocht, eagras, foireann, grúpa, guaillíocht, léigiún, meitheal, páirteachas, páirtíocht.

cumannachas noun *communism:* Boilséiveachas, Marxachas, sóisialachas; siondacáiteachas.

cumannaí noun *communist:* Boilséiveach, Marxach, sóisialaí.

cumar noun ❶ *ravine, steep sided inlet:* altán, bearna, bráid, coire, fothair, gleann, gleanntán, mám, poll, slád. ❷ *channel, rut:* béal, cainéal, canáil, caológ, clais, clasaidh, craosán, gáitéar, léata, lintéar, sclaig, silteán, sraoth, suinc, trinse.

cumarsáid noun *communication:* comhfhreagras, conbharsáid, córas teachtaireachta, eolas, faisnéis, focal, nuacht, scéala, teachtaireacht, teagmháil.

cumas noun ❶ *capability, ability:* ábaltacht, acmhainn, bua, éifeacht, éirim, *pl.* feánna, gus, inmhe, inniúlacht, mianach, ríd, tathag, téagar, *pl.* tréithe, *literary* tuailnge. ❷ *power:* ábaltacht, acmhainn, brí, bríomhaireacht, bua, cumhacht, daingne, daingneacht, éifeacht, feidhm, fuinneamh, inmhe, láidreacht, lán-neart, máistreacht, neart, neartmhaire, neartmhaireacht, oirbheart, sea, tréine, treise, urra, urrúntacht, urrús, *literary* druine.

cumasach adjective *capable, powerful:* ábalta, acmhainneach, bailc, bríoch, bríomhar, ceilméartha, cuisleach, cumasúil, cumhachtach, éifeachtach, fearúil, feilmeanta, foirtil, folcánta, fórsúil, forthréan, fuinniúil, inniúil, láidir, matánach, misniúil, móruchtúil, muscalach, neamheaglach, neamhfhaiteach, neartmhar, oscartha, spreacúil, téagartha, tréamanta, tréan, tréitheach, tualangach, urrúnta, urrúsach, *literary* ruanata, tothachtach.

cumasaigh verb *enable, empower:* cuir ar a chumas, cumhachtaigh, tabhair cumhacht do, údaraigh; láidrigh, neartaigh.

cumasc noun ❶ *mixture, blend:* bolg an tsoláthair, cógas, díolaim, ilchumasc, mála an bhacaigh, manglam, meascán, meascán mearaí, runcalach, tranglam; oideas. ❷ *merger (of companaies):* comhcheangal, comhtháthú.

cumha noun *loneliness, homesickness, parting sorrow:* cronú, eall connailbhe, *literary* eolchaire, taom connailbhe, uaigneas; breo croí, briseadh croí, brón, brónaí, buaireamh, buairt, dobrón, doilíos, dólás, doghrainn, duairceas, iarghnó, léan, tocht, tromchroí.

cumhach adjective *lonely, homesick, nostalgic:* aonaránach, connalbhach, cumhúil, éagmaiseach, fadchumhach, *literary* síreachtach, tnúthánach, uaigneach; ina aonar.

cumhacht noun ❶ *authority, influence:* ardcheannas, ardchumhacht, ardfhlaitheas, ardríocht, ardtiarnas, buannaíocht, ceannaireacht, ceannasaíocht, cinseal, cinsealacht, flaitheas, forlámhas, impireacht, an lámh uachtair, lámh in uachtar, maoracht, oirbheartas, pabhar, príomhcheannas, réim, réimeas, riail, rialtas, rialú, riar, ríocht, smacht, stiúir, svae, tábhacht, tiarnas, tiarnúlacht, tionchar, treoir, údarás. ❷ *might, strength:* acmhainn, brí, bua, cumas, éifeacht, fuinneamh, láidreacht, neart, sea, sonairte, tréan, treise, treise, urrúntacht, urrús, *literary* druine, tothacht. ❸ *(mechanical) energy:* fuinneamh, neart; each-chumhacht.

cumhachtach adjective *powerful:* ábalta, acmhainneach, bríoch, ceannasach, cumasach, éifeachtach, fuinniúil, inniúil, láidir, neartmhar, oscartha, tréamanta, tréitheach, tualangach, *literary* mochta, tothachtach. noun *literary person with supernatural powers, magician:* asarlaí, astralaí, caileantóir, deamhnóir, doilfeoir, dolbhaire, draíodóir, draoi, fáthlia, gliartán, lusrachán, marbhdhraoi, réadóir, réaltóir; amaid, bean feasa, bean Ultach, cailleach luibhe, cailleach na luibheanna, cailleach feasa, cailleach phiseogach, cailleach Ultach, síofróg, upthóg.

cumhdach noun ❶ *cover, protection:* caomhnú, clúdach, coigilt, coimeád, coimirce, comhad, cosaint, garda, imchoimeád, sábháil, scáth, sciath, taisce, taisceadán, *literary* araoid. ❷ *shrine (of relic):* taiseagán; clúdach, scrín. ❸ *ornamental covering, adornment:* caomheagar, maisiú, maisiúchán, oirnéaladh; áiliú, breáthú, cantacht, cóiriú, dathúchán, ornáideacht, oirnimint, oirniú, ornaíocht, ornú, ornáideachas, ornáideacht, ornáidíocht, péinteáil, pointeáil, prapáil, sciamhú.

cumhdaitheoir noun ❶ *coverer, thatcher:* clúdaitheoir, díonadóir, tuíodóir. ❷ *keeper, preserver:* caomhnach, caomhnóir, coimeádaí, coimirceoir, *literary* custás, gairdian, garda; bairdéir, bardach; vaidhtéir. ❸ *founder (of institution):* bunaitheoir, fondaire, fondúir. ❹ *adorner:* maisitheoir, oirneálaí; cóiritheoir, ealaíontóir, péintéir.

cumhra adjective ❶ *fragrant, sweet smelling:* **adjectival genitive** dea-bholaidh, spíosrach; milis. ❷ *pure, fresh:* friseáilte, glan, glas, íonghlan, milis, naíonda, nua, úr. ❸ *green, sappy:* brachtach, glas, méith, súch, súitiúil, súmhar. ❹ *appetizing:* blasta, beadaí, caithiseach, dea-bhlasta, goiliúil, goinbhlasta, so-bhlasta, so-chaite, sóil, solamarach, súch, súmhar.

cumhracht noun ❶ *fragrance, sweetness:* boladh cumhra, boladh deas, dea-bholadh, milseacht, mos. ❷ *sappiness, juiciness:* bracht, glaise, méithe, súiteán, súmhaireacht, úire.

cumhraigh verb *perfume, sweeten, embalm:* balsamaigh, díbholaigh, milsigh, úraigh.

cumhrán noun *scent, perfume:* dea-bholadh, mos, musc.

cumhsanú noun *(act of) resting, repose:* ciúnas, codladh, codladh na hoíche, faoiseamh, fosadh, reasta, reastóireacht, sáimhe, sámhnas, scís, scíth, sos, staonadh, suaimhneas, táimhe, *literary* seitheamh.

cumhscaigh verb *move, shift, agitate:* bog, corraigh, creathnaigh, croith, gluais, luasc, suaith; imigh, siúil, téigh, triall; cuir ar siúl, cuir sa tsiúl.

cumraíocht noun *shape, form, configuration:* amhlachas, cló, cóiriú, cosúlacht, crot, cruth, cuma, cuspa, dealracht, dealramh, déanamh, déanmhaíocht, deilbh, dreach, eagar, éagasc, fíor, fíoraíocht, foirm, gné, gnúis, leagan, leagan amach, riocht, samhail, samhailt, samhlú, scoth, stíl.

cumtha adjective ❶ *shapely, comely:* álainn, breá, caithiseach, canta, caomh, conláisteach, cuanna, cuidsúlach, dathúil, dea-chruthach, dea-mhaisiúil, dealfa, dealraitheach, deas, deismir, dóighiúil, fíortha, galánta, glémhaiseach, gleoite, gnaíúil, gnúiseach, grástúil, greanta, innealta, iomálainn, lachanta, leacanta, maisiúil, meallacach, sciamhach, slachtmhar, tarraingteach, *literary* cadhla, mas, sochraidh. ❷ *invented:* **adjectival genitive** bréige, ceaptha, fionnta, saorga.

cúnamh noun *help, assistance:* cabhair, comhar, comhfhortacht, cuidiú, fóir, fóirithint, fortacht, lámh, lámh chuidithe, lámh chúnta, lámhaíocht, oirchiseacht, taca, tacaíocht, tarrtháil.

cúnant noun *covenant:* comhaontú, comhréiteach, conradh, cor, coraíocht, margadh, margáil, réiteach, socrú, síocháin, síth, *pl.* téarmaí, *literary* cadach, cairdine.

cúng adjective ❶ *narrow:* caol, seang, tanaí; beag. ❷ *tight-fitting:* cneasluite, gortach, giortach, luiteach, rite, teann. ❸ *reduced, poor, indigent:* ainnis, anacair, anacrach, anásta, angarach, anróiteach, bocht, cásmhar, dealbh, dealúsach, dearóil, díblí, míádhúil, mí-ámharach, millte, ocrach, suarach, trua, truánta, *literary* doim. ❹ *narrow-minded:* beagaigeanta, biogóideach, caolaigeanta, ciníoch, claonta, coimeádach, cúigeach, cúngaigeanta, dáigh, dígeanta, frithghníomhach, do-bhogtha, dolúbtha, gortach, homafóibeach, leataobhach, neamhghéilliúil, paróisteach, piúratánach, réamhchlaonta, seineafóbach, seobhaineach, suarach, teoranta.
noun *narrow, narrow part:* caoile, caol, caolán, caolas, góilín, muineál, píopán, scóig, scrogall, sunda.

cúngach noun *narrow space, congestion:* caoile, cúinge, cúnglach, cúngracht, teinne; brú, comhbhrú, dlús, doichte, láine, líonadh, stopainn; srón muice le tóin muice; caochóg, pluais, póicéad, póicín, prochlais, prochóg, pruais, púirín.

cúngaigeanta adjective *narrow-minded:* beagaigeanta, biogóideach, caolaigeanta, ciníoch, claonta, coimeádach, cúigeach, cúng, dáigh, dígeanta, dobhogtha, dolúbtha, frithghníomhach, gortach, homafóibeach, leataobhach, neamhghéilliúil, paróisteach, piúratánach, réamhchlaonta, seineafóbach, seobhaineach, suarach, teoranta.

cúngaigh verb ❶ *narrow, make narrow, restrict:* caolaigh, cúngraigh, teorannaigh, tanaigh; cuir teorainn le; téigh i gcaoile, téigh i gcúinge. ❷ **cúngaigh ar** *encroach upon:* brúigh ar, cúngraigh ar, satail ar, tar thar scríob, téigh thar scríob.

cúngú noun *restriction, encroachment:* coinníoll, cúngrú, cuntar, cur isteach, dul thar scríob, laghdú, teorainn, teorannú.

cunórach adjective *inquisitive, meddlesome:* bleidiúil, caidéiseach, fiafraitheach, fiosrach, gnóthach, griothalach, teagmhálach, teanntásach, téisiúil, tiarnúil.

cunsailéir noun *counsellor:* abhcóide, comhairleoir.

cunta noun *count (Continental nobleman):* duine uasal, fear uasal; iarla.

cúntach adjective ❶ *helpful:* cabhrach, caoin, caonrasach, ceansa, cineálta, comharsanúil, cothaitheach, cuiditheach, cuidiúil, fóinteach, garach, garúil, lách, nádúrtha, oibleagáideach, preabúil, tacúil. ❷ *auxiliary:* **adjectival genitive** cúnta, fo-, leas-.

cuntanós noun ❶ *countenance, appearance:* aghaidh, cló, cóiriú, cosúlacht, crot, cruth, cuma, cumraíocht, cuspa, dealracht, deilbh, dreach, éadan, eagar, éagasc, fíor, fíoraíocht, foirm, forghnúis, gné, gnúis, greanadh, leagan, riocht. ❷ *civility:* pl. béasa, pl. caoinbhéasa, córtas, cúirtéis, cúirtéiseacht, pl. dea-bhéasa, dea-bhéasaíocht, dea-iompar, deamhúineadh, galántacht, modh agus múineadh, modhúlacht, múineadh, sibhialtacht, síodúlacht.

cuntanósach adjective ❶ *pleasant in appearance:* álainn, breá, canta, caomh, córach, cruthúil, cuanna, cuidsúlach, cumtha, dathúil, dea-chruthach, dealfa, dealraitheach, dea-mhaisiúil, deismir, dóighiúil, dreachúil, fíortha, galánta, glémhaiseach, gleoite, gnaíúil, gnúiseach, greanta, innealta, iomálainn, maisiúil, sciamhach, slachtmhar, snúúil, *literary* cadhla, sochraidh. ❷ *civil:* béasach, caoinbhéasach, córtasach, cúirtéiseach, cúirtiúil, cúiseach, dea-bhéasach, dea-mhúinte, fiosúil, mín, modhúil, múinte, sibhialta, síodúil, sobhéasach.

cuntaois noun *countess:* baniarla, bean an chunta, bean an iarla, bean uasal.

cuntar[1] noun ❶ *proviso, condition:* acht, agó, agús, codaisíl, coinníoll, comha, conradh, cosc, cúinse, cuntar, téarma. ❷ *expectation, chance:* deis, dúmas, ionchas, oirchill, seans, síleadh, súil, súilíocht, toimhde, tuaileas, tuiscint, *literary* freiscise.

cuntar[2] noun *counter (of shop):* cabhantar; clár.

cuntas noun ❶ *count, account, reckoning:* áireamh, comhaireamh, meastóireacht, measúnú, ríomh, suimiú; bille, sonrasc. ❷ *account, narration:* cur síos, faisnéis, nuacht, nuaíocht, scéal, scéala, stair, trácht, tráchtaireacht, tuairisc, tuarascáil. ❸ *inquiry:* ceastóireacht, ceist, ceistiú, ceistiúchán, ceistniú, cúistiúnacht, fiosrú, fiosrúchán, iniúchadh, scrúdú, scrúdúchán, tóiríonteacht.

cuntasóir noun *accountant:* cuntasaí; iniúchóir.

cuntasóireacht noun *accountancy:* cuntasaíocht; iniúchóireacht.

cúntóir noun *helper, assistant:* crann taca, cuiditheoir, cúl taca, cúl toraic, tacaí, *colloquial* lucht cabhrach.

cunús noun ❶ *dirt, rubbish:* barráil, barraíolach, bréantas, broc, brocamas, bruscar, cacamas, cáith,

cupán
cáithleach, camras, ceachair, ciobar, clábar, cosamar, dramhaíl, draoib, dríodar, fuílleach, fochall, garr, garraíl, godamat, graiseamal, gramaisc, gríodán, grúdarlach, grúnlach, grúnlais, guta, láib, lábán, liongar, lodar, maothlach, miodamas, mionrach, pracar, práib, roide, salachar, scaid, sceanairt, sciot sceat, scileach, screallach, scroblach, slod, sloda, smeadar, smúit, trachlais, *pl.* traipisí, treilis, treilis breilis, truflais. ❷ *slovenly person, useless person:* amhas, amhlán, amhsóir, bambairne, bodach, breallán, breillice, bromach, bromaistín, buailtíneach, búr, cábóg, cábún, cadramán, ceamachán, cifleachán, ciofarlán, ciolartán, círéib, clabhta, clogán streille, closmar, codaí coigealach, cuifeach, cuileachán, daba, daoiste, duine goirt, gamal, gambairne, giobachán, giobailín, gioblachán, glibire, gliobachán, léaspach, leibide, liobar, liobarnálaí, liúdaí, liúdramán, lóimín, lóimíneach, lóma, magarlán, pleib, pleibistín, pleota, pleotramán, prioslachán, rúisceachán, scifleachán, scothánach, scrábachán, scraiste, slaimice, sláimín, slapaire, slibire, sliomach, smíste, smuilcín, sraoilleachán, sraoilleán, sraoillín, straille, strailleán, streachaille, stróinse, tuathalán, túitín, tútachán; *breall*óg, claimhseog, claitseach, cuachán mná, cuairsce, giobóg, leadhbóg, liobóg, slamóg, slapóg, slapróg, sraoill, sraoilleog, strailleog, strupais, suairtle.

cupán *noun cup:* ballán, cailís, corn, cupa; adharc, eascra, gogán, scála, *literary* bleidhe, caileach, cingid.

cupán drúchta *noun mushroom:* beacán, bolg buachaill, fás aon oíche, fungas, muisiriún; beacán bonnóige, beacán capaill, beacán Sheoirse, caidhp mhosach, cantarnaid, ceap, corcróg choille, morchal, triomán uasal, troimpéad an phúca.

cupard *noun cupboard:* almóir, caibhéad, clóiséad, cófra, cófra tarraiceán, curpad, prios, vardrús, *literary* imscing.

cúpla *noun* ❶ *couple, pair:* beirt, córaid, cuingir, dias, dís, lánúin, péire, *literary* déidhe. ❷ *few:* beagán, cion, corrcheann, cuid, cúpla, giota, glac, méid, (*in Oirialla*) ónaitrí (< *dhó nó trí*), roinnt, ruainne, slam, slám, smut, teadhall. ❸ *couple (of roof timber):* easna, *pl.* fraitheacha, rata, taobhán, *pl.* fraitheacha. ❹ *twin:* beirt chlainne, dá dhuine clainne, duine de chuingir, leathcheann, leathchúpla, *literary* eamhain. ❺ *An Cúpla Gemini:* An Eamhain, Gemini.

cúpláil *noun* ❶ *copulation (of animals):* clíth, comhriachtain, cumasc, dáir, eachmairt, gabháil le chéile, lánúnachas, lánúnas, reithineacht, reithíocht, slataíocht. ❷ *coupling:* aontú, ceangal, comhcheangal, comhtháth, comhtháthú, cónaidhm, cónasc, cuibhreach, cuing, nasc, snaidhm. verb ❶ *couple, link:* aontaigh, athaontaigh, ceangail, cóimeáil, comáil, comhcheangail, cuir i dtoll a chéile, cuir le chéile, tabhair le chéile; greamaigh, nasc, snaidhm. ❷ *copulate (of animals):* clíth, doir, poc, reith, téigh ar, téigh i nglas.

cúpón *noun coupon:* admháil, comhdhuille, cúiteántas, dearbhán, duillín, foirm admhála, stampa admhála, gearrthán.

cur *noun* ❶ *sowing, planting, cultivation:* plandáil, síolchur; curaíocht, saothrú. ❷ *burial:* adhlacadh, adhlacan, adhnacal, sochraid, tórramh; comhairí. ❸ *course, round:* babhta, bealach, buinne, cúrsa, imeacht, raon, rian, slí. ❹ *set (of tools, etc):* foireann, leagan, sraith.

cur amach *noun* ❶ *emission:* brúcht, brúchtadh, brúchtaíl, ligean, scaipeadh, sceathrach, sceith, sceitheadh, spalpadh. ❷ *production:* cruthú, cur ar fáil, déanamh, giniúint, saothrú, saothrúchán, soláthar, táirgeadh, tuismeadh. ❸ **cur amach ar** *knowledge of:* eolas, fios, scil, tuiscint.

cur as riocht *noun perversion, distortion:* anchuma, athchumadh, camadh, casadh, claonadh, díchumadh, dul amú, earráid, éislis, fabht, fiaradh, lúbadh, iomrall, lúb ar lár, mearbhall, mearathal, míthuiscint, mí-úsáid, saobhadh, saofacht, seachmall, seachrán, tuaiplis, tuathal; contráilteacht, earráid, eiriceacht, urchóid, urchóideacht.

cur chun báis *noun execution:* bású, céasadh, crochadh, dícheannadh, ídiú, martra, marú; bascadh, cealú, coscairt, dísciú, díothú, íospairt, múchadh, neamhniú, réabadh, scrios, slad, sléacht, treascairt.

cur i gcás *noun supposition:* barúil, hipitéis, toimhde, tuaileas, tuairim; ceapadh, glacadh, glacan, leagan amach, oipineon, spéacláireacht, teoir, teoiric; iomas.

cur i gcéill *noun pretence:* cur i gcás, dúmas, ligean ort; aisteoireacht, cleamaireacht, drámaíocht, fronsa, fuirseoireacht, geáitsíocht, *pl.* geamaí, geamaireacht, gothaíocht.

cur in iúl *noun notification:* dearbhú, deimhniú, deimhniúchán, eolas, faisnéis, fógra, mioneolas, *pl.* mionsonraí, scéal, scéala, *pl.* sonraí, siúráil, tuairisc, tuarascáil.

cur isteach *noun* ❶ *insertion, fitting:* cóiriú, deasú, ionsá, suíomh, suiteáil. ❷ *interference:* bacadh, éaradh, idirghabháil, toirmeasc, trasnáil; agall, ladar. ❸ *right of entry, possession:* cead isteach, ceadúnas, ceart, ceart dúchais, ceart slí, ceart úsáide, *pl.* cearta, éileamh, lánchead.

cur síos *noun* ❶ *laying, setting:* deasú, ionsá, leagan, leagan síos, suiteáil. ❷ *description:* cosúlacht, cuntas, trácht, tráchtaireacht, tuairisc, tuarascáil; faisnéis.

cur suas *noun* ❶ *erection, (act of) building:* ardú, bildeáil, crochadh, déanamh, foirgniú, tógáil. ❷ *toleration:* caolchead, caonfhulaingt, cead, ceadú, fulaingt, géilleadh, lamháltas, lánchead.

cúr[1] *noun froth, foam:* pl. bráithre bána, cáitheadh, *pl.* capaill bhána, coipeadh, cúrán, gorán, ladar, sobal, sudsa, uan, uanán.

cúr[2] *verb chastise, punish:* ceartaigh, coscair, smachtaigh, srian, tiarnaigh do, treascair, *literary* cúrsaigh; cuir faoi smacht, cuir pionós ar, tabhair an tslat do.

curach *noun curragh, coracle:* cléibhín, curachán, naomhóg.

cúrach *adjective frothy, creamy:* boilgeogach, broidearnúil, coipeach, cúránach, maoth, sobalach, súilíneach, uachtarúil, uanach, uanbhach, uanfach; agus cúrán leis.

curadh *noun warrior, champion:* barraí, calmfhear, cathaí, cathmhíle, comhraiceoir, comhraicí, gaiscíoch, galach, laoch, laochmhíle, míle, seaimpín, spionntachán, *literary* caimpear, cú, cuing, éigne, féinní, láth, mál, nia, oscar, ruanaidh, scál, seabhac, *colloquial* laochra.

cúradh[1] *noun punishment, chastisement:* ceartú, fíneáil, léasadh, pian, pionós, príosúntacht, smachtú, *literary* diach.

cúradh[2] *noun foaming, frothing:* coipeadh, giosáil, oibriú, uanach, uanbhach, uanfach, uanfadh.

curadhmhír *noun champion's portion (for valour):* comhramh, corn, creach, duais, trófaí.

curadóireacht *noun sowing, tilling:* curaíocht, feirmeoireacht, míntíreachas, plandáil, saothraíocht, saothrú, síolchur, talmhaíocht, treabhaire, treabhair, treabhaireacht, treabhrach, *literary* treabhchas.

curáideach *noun curate:* sagart cúnta, sagart óg; séiplíneach; deagánach.

curaíocht *noun* ❶ *sowing, tillage:* curadóireacht, feirmeoireacht, míntíreachas, plandáil, saothraíocht, saothrú, síolchur, talmhaíocht, treabhaire, treabhchas, treabhrach. ❷ *pl. crops:* pl. athbharra, *pl.* barra, tabhairt, toradh.

cúram noun ❶ *care, responsibility, duty:* airdeall, airdeallacht, aire, aireachas, faichill, faire, faireachas, feitheamh, foraireacht, forcamás, freagracht, friothálacht, griongal, *literary* friochnamh; ceangal, comaoin, diúité, dualgas, *pl.* fiacha, iachall, muirear, muirín, oibleagáid, riachtanas; jab, obair, tasc. ❷ *family:* ál, clann, muirear, muirín, sliocht, teaghlach; *pl.* gasúir, *pl.* ginte, *pl.* leanaí, *pl.* páistí.

cúramach adjective ❶ *careful:* aclaí, airdeallach, aireach, barainneach, coimhéadach, críonna, dúthrachtach, faichilleach, faireach, feifeach, feighlíoch, foraireach, friochnamhach, friothaireach, friothálach, fuireachair, furchaidh, grinn, tíosach, tomhaiste, triollata, *literary* dulannach. ❷ *tender:* anbhann, bog, briosc, ceanúil, éidreorach, fann, faon, geanúil, grámhar, leochaileach, maoth, mín, neamhinniúil, óg, teolaí, tréith, tréithlag, úr. ❸ *busy, full of care:* broidiúil, cruógach, gafa, geastalach, giurnálach, gnóthach, graitheach, griothalánach, práinneach, saothrach; ar a dhoirníní ag obair; faoi bhrú.

cúrán noun *foam, froth:* cáitheadh, coipeadh, cúr, gorán, ladar, sobal, sosta, uanán.

curata adjective *brave, heroic:* bríomhar, calma, coráisteach, coráistiúil, cróga, dána, díolúnta, foirtil, fortúil, gaisciúil, galach, gusmhar, gusúil, láidir, laochta, laochúil, meanmnach, misniúil, spionnúil, spioradúil, spreacúil, spreagúil, spridiúil, tréan, uchtúil, *literary* conghalach, léideanach, léidmheach.

curca noun ❶ *crest, top-knot:* ard, baic, baithis, barr, bior, blaosc, buaic, caipín, cíor, círín, mullach, cnoga, cnota, cnota mullaigh, feirc, mothall, muinice, mullach, plaicide, rinn, spuaic, uachtar, *literary* inn. ❷ *cockade:* bobailín, cleite, cleiteán, cleiteog, cnota, cocán, coc ard, cocaod, cuachóg, cuirc, cuircín, scothóg, snaidhm, snaidhm lúibe.

curfá noun *refrain, chorus:* burdún, cuaichín ceoil, damhs-loinneog, deilín, dréachtín, loinneog, gadán ceoil, rabhcán, *literary* dúchann.

curra noun *holster:* bolgán, faighin, gabhdán, iris, truaill.

cúrsa noun ❶ *onward journey, career:* aistear, bealach, bóthar, caithréim, fithis, raon, rian, séad, slí, triall, turas, *literary* uidhe. ❷ *academic course:* cúrsa scoile, cúrsa staidéir; clár, curaclam. ❸ *course (of bricks):* buinne, ciseal, sraith. ❹ *course (of meal):* mias. ❺ *reef (of sail):* barróg, cor, ribín, réif,ríf. ❻ *course (in sport):* imchuairt, raon, rian, timpeall; páirc; machaire, machaire gailf. ❼ **cúrsa spioradálta** *(religious) retreat:* caibidil. ❽ *pl.* **cúrsaí** *matters, circumstances, reasons:* ábhar, cúis, cuntar *pl.* dálaí, *pl.* gnóthaí, *pl.* imthosca, scéal, siocair, údar. ❾ *pl.* **cúrsaí** *menstrual periods:* *pl.* cnúthacha, daonnacht, fuil mhíosta, gabhalshraoth, gabhaltsruth, galar gasta, leabhrú, *pl.* na míosa, míostrú, tréimhse mhíosúil, *literary* bandoirteadh, banfhlosca, bláthdhoirteadh, bláthscaoileadh, mún fola, *familiar* galar na ceirte; *familiar* bheith leagtha sall, bheith sna báid; *familiar* tá Páidín orm, tá mé timpeall arís.

cúrsáil noun ❶ *cruise:* imchuairt, seoladh, seoltóireacht ❷ *course, chase:* fiach, seilg, tóraíocht. verb ❶ *cruise:* déan cúrsáil, seol timpeall, téigh timpeall. ❷ *tack:* bordáil, tornáil ❸ *reef (a sail):* ceangail ribín i, cuir isteach cor, cuir isteach cúrsa, tóg ríf; rífeáil ❹ *course, chase:* cuir tóir ar, seilg, téigh sa tóir ar.

cúrsaíocht noun *circulation, currency:* coitiantacht, dul timpeall, forleithne, leitheadúlacht, rith, rith timpeall, scaipeadh, timthriall; airgeadra.

cúrsóir noun ❶ *cruiser:* cúrsóir catha. ❷ *cursor, messenger:* bonnaire, dáileamh, dáileamh, dioscaire, giolla, giosa, *familiar* giosa gisí, peáitse, péitse, pursuant, teachta, teachtaire, toscaire; reathaí, reathaire; searbhónta, seirbhíseach. ❸ *cursor (in computing):* pointe insáite.

cuspa noun ❶ *object, theme:* ní, oibiacht, réad, rud, téama; ábhar, ball, díol. ❷ *objective:* aidhm, cad chuige, críoch, cuspóir.

cuspóir noun ❶ *aim, objective:* aidhm, cad chuige, críoch, cuspa; ceann cúrsa, ceann scríbe.

cuspóireach adjective *objective, accusative:* áinsíoch. noun *objective, accusative (case):* áinsí, áinsíoch, tochlú, tuiseal áinsíoch, tuiseal cuspóireach.

custaiméir noun *customer:* caiteoir, ceannaí, ceannaitheoir, cliant, custamóir, gnáthcheannaitheoir, pátrún, tomhaltóir.

custam noun ❶ *customs:* dleacht, mál; cáin, muirear, formhuirear. ❷ *custom (of shop):* cliantacht, *pl.* custaiméirí, gnó, *pl.* pátrúin, *pl.* tomhaltóirí, *pl.* úsáidirí.

custard noun *custard:* breachtán, ubhagán.

cuta noun *cut, skein:* giomhán, giomhán snátha, íorna, loca, scáinne, scáinne snátha, urna.

cuthach noun *rage, fury:* ainscian, aonach, báiní, buile, buile feirge, caor, cochall, coilichín, colg, colgaí, confadh, dásacht, fearg, fíoch, fiuch, fiúir, fiúnach, forrach, fraoch, fraochtacht, ruamantacht, spadhar, taghd, treall.

cúthail adjective *bashful, shy:* cotúil, cúlánta, éadána, eaglach, faiteach, geitiúil, náireach, obach, scáfar, scáithínteach, scaollmhar, seachantach, támáilte; adhnáireach, corrabhuaiseach, *literary* neoid.

cúthaileacht noun *shyness, diffidence:* adhnáire, corrabhuais, cotadh, cotúlacht, cúlántacht, cúthaileadas, cúthaltacht, éadánacht, faiteachas, faitíos, leamhnáire, náire, obadh, scáfaireacht, scáithínteacht, scinnide, seachantacht, spalpas, strainséarthacht.

Dd

daba noun ❶ *dab, lump, dollop*: ailp, balc, baog, blúire, calc, caob, caor, caorán, clabhta, cnaiste, cnap, cnapán, crompán, dailc, dairt, dalcán, dóid, dóideog, fadhb, fód, gamba, goblach, lathairt, leota, lóta, maidreall, mais, maiste, meall, meascán, moll, pulcadh, scailp, scaob, scealp, scealpóg, slaimice, smíste, smut, smután, spóla, stalc, stéig, torpán. ❷ *clod, lout*: amhas, amhlán, amhsóir, bambairne, bodach, breillice, bromach, bromaistín, buailtíneach, búr, cábóg, cábún, cadramán, ceamalach, ceithearnach, ciolcán, closmar, daoiste, duine goirt, dúramán, gamal, gambairne, glíomán múta, léaspach, liúdaí, pleib, leibide, liúdramán, lóimín, lóimíneach, lóma, maistín, mulpaire, pleota, pleotramán, pleib, scraiste, smuilcín, smíste, stróinse, teallaire, trumpadóir, tuathalán, túitín, tútachán.

dabhach noun ❶ *vat, tub*: bairille, beiste, bleidhe, casca, cearnmheadar, crúsca, dromhlach, druma, gogán, mornán, oigiséad, pigín, scartaire, scála, sistéal, soitheach, stópa, tobán, tunna, umar, *literary* drochta. ❷ *deep water-hole, pond*: linn, loch, lochán, poll. ❸ *holy well*: fuarán, tobar, tobar beannaithe.

dabhaid noun *piece, section, chunk*: ailp, baog, blúire, caob, clabhta, cnap, cnapán, crompán, daba, dailc, dairt, dalcán, fadhb, feadán, fód, gamba, goblach, leota, lóta, maiste, meall, meascán, moll, scailp, scaob, scealp, scealpóg, slaimice, slis, sliseog, smíste, smut, smután, spreota, stéig, torpán.

dabht noun *doubt*: amhras, éidearbhú, éidearfacht, éideimhne, éideimhníocht, éiginnteacht, eisinnille, folachas, mearbhall, oilcheas, *literary* contúirt; buille ann is buille as, hob ann is hob as.

dada noun *nothing; iota, jot, whit, tittle (all with negative)*: adamh, blas, cáithnín, coirpín, corpán, dath, dúradán, fionna feanna, fríd, frídín, leid, mír, móilín; burral, dada, faic, tada; a dhath, aon ní, aon rud, éinní, rud ar bith, smid ná smeaid, seoid.

daibhir adjective *poor*: ainnis, ainriochtach, anacair, anacrach, anásta, angarach, anróiteach, bocht, caite, dealbh, dealúsach, dearóil, díblí, mí-ádhúil, mí-ámharach, millte, stéigthe, suarach, trua, truánta, *literary* doim.

daibhreas noun *poverty, indigence*: anacmhainn, anás, bochtaineas, bochtanas, boichte, ceal, clisiúnas, cruatan, dealús, dearóile, deilbhíocht, díobháil, díth, easnamh, easpa, gainne, gannchúis, ganntanas, gátar, ocras, *pl.* pócaí folmha, tearcchuid, uireasa.

daid noun *dad*: daide, daidí, deaide, gineadóir, tuismitheoir, tuiste; athair; athair críonna, athair mór, daideo, deaideo; *familiar* an seanchoc, an seanleaid.

daideo noun *grandfather*: athair críonna, athair mór, daid críonna, daid mór, deaideo; ársach, cnoba, crandúir, crannfhear, créice, créice críon, críonán, críontachán, crunca, dromhlaíoch, feoiteachán, feosachán, forifeach, geafar, giostaire, gogaire, patrarc, pinsinéir, riadaire, seanduine, seanfhear, seanfhondúir, seanóir, seargán, seargánach, sinsear; tuar ceatha de sheanduine.

daigéar noun *dagger*: bior, duirc, miodach, miodóg, rinn, scian, scian fhada; lann.

daigh noun ❶ *literary flame, fire*: bladhaire, bladhmann, bléas, bléasóg, breo, daighear, dó, dóiteán, lasair, loscadh, tine. ❷ *stabbing pain*: broidearnach, deann, diachair, diúracadh, *pl.* freangaí, greadán, greim, greim reatha, grodphian, pian, ríog, saighead reatha, tinneas cléibh, treighdeán, treighid, *literary* gúire, iodha. ❸ *pl.* **daitheacha** *rheumatism*: aicíd na gcnámh, airtríteas, *pl.* pianta cnámh, *pl.* na rinntí, *pl.* scoilteacha, tinneas cnámh.

dáigh adjective *unyielding, obdurate*: cadránta, ceanndána, ceannláidir, ceanntréan, ceapánta, chomh righin le gad, dána, dodach, dobhogtha, docheansaithe, dochomhairleach, doghluaiste, dolúbtha, domhúinte, dúr, easumhal, ládasach, muiniceach, neamhghéilliúil, righin, stailciúil, stainciúil, stálaithe, stuacach, stuacánach, teanntásach, údarásach.

daighear noun ❶ *flame, fire*: bladhaire, bladhm, bladhmann, bléas, bléasóg, breo, daigh, dó, dóiteán, gléireán, lasair, lasán, lasóg, loscadh, tine. ❷ *blast*: blosc, bloscarnach, pléasc, rois, sinneán, siorradh, soinneán.

daighsín noun *trinket*: áilleacán, breá breá, bréagán, boibín hus, daighsín, deasachán, deasagán, deasaí, deideagha, deideighe, fáilleagán, *pl.* gréithe, maisiúchán, seoid, seoidín, siogairlín.

dáil noun ❶ *meeting, tryst*: araicis, coinne, comhdháil, cruinniú, *literary* oiris. ❷ *assembly, parliament*: ardfheis, comhairle, comhdháil, comhthionól, cruinniú cinn bhliana, oireachtas, ollchruinniú, parlaimint, seanadh, sionad, slógadh, tionól, tóstal. ❸ *betrothal, match-making*: cleamhnas, déanamh cleamhnais, oidhe pósta; lánúin; tuar mná óige. ❹ *apportionment, distribution*: dáileadh, dáileachán, riaradh, roinnt, scaipeadh. ❺ *pl.* **dála** *affairs, circumstances*: bail, *pl.* coinníollacha, *pl.* cúrsaí, dóigh, *pl.* imthosca, scéal, suíomh; faoi mar atá, mar atá; is amhlaidh atá. verb ❶ *portion out, bestow*: bronn, deonaigh, riar, roinn, scaip, tabhair amach, *literary* éirnigh. ❷ *pour out*: caith, doirt, scaoil, séid, steall.

dailc noun ❶ *thickset person or animal*: ablach, bleitheach, bléitheach, bleitheachán, bolaistín, bolaistrín, bolgadán, bológ, broicealach, broicleach, bulcais, burla, ding, feolamán, geois, giomstaire, mart, mullachán, páinseach, páinteach, pataire, patalachán, patalán, plobaire, púdarlach, púdarlán, samhdán, sceartachán, smachtín, somach, somachán, tioblach, toirt, tulcais; bonsach girsí, búis, patalóg, plíomsach, rúbóg de ghearrchaile, steafóg girsí, torpóg. ❷ *chunk*: ailp, balc, baog, blúire, calc, caob, caor, caorán, clabhta, cnaiste, cnap, cnapán, crompán, daba, dairt, dalcán, fadhb, fód, gamba, goblach, lathairt, leota, lóta, maidreall, mais, maiste, meall, meascán, moll, pulcadh, scailp, scaob, scealp, scealpóg, slaimice, smíste, smut, smután, spóla, stalc, stéig, torpán.

dáilcheantar noun *constituency*: toghcheantar; *pl.* na vótóirí, *colloquial* lucht vótála.

dáileachán noun *distribution*: dáil, dáileadh, riaradh, roinnt, scaipeadh.

dáileadh noun *apportionment, distribution*: bronnadh, dáil, dáileachán, deonú, riar, riaradh, roinnt, scaipeadh, tabhairt amach.

dáileamh noun *cupbearer, server at table*: buitléir, freastalaí, friothálaí, giolla, riarthóir, seirbhíseach; cailín.

dáileog noun *little portion, dose*: codán, cuid, dáil, ranntlach, riar; deoch leighis, miosúr.

dáileoir noun *distributor, dispenser*: dáileamh, rannóir; *historical* spinséir.

daille noun ❶ *blindness*: caochshúilí, caoiche, dallachar, dalladh, dallamullóg, dallcheo, éiclips, geamhchaoiche, gearr-radharc, *pl.* léaspáin, scáthshúilí. ❷ *dimness, stupidity*: aimhghliceas, amadántacht, amadántaíocht, amlóireacht, baois, bómántacht, breallántacht, brealsacht, brealscaireacht, brealsúnacht, dallacántacht, dallacántaíocht, dallaigeantacht, dímheabhair, dúire, éagantacht, gamalacht, íorthacht, leibideacht, leimhe, leimheas, míghliceas, pleidhcíocht, pleotaíocht, raimhre réasúin, saontacht, seafóid, simplíocht, soineantacht.

daillicín noun ❶ *bandage over eyes*: dallamullóg, dallbheart, dallóg, púic, púic, púicín, réasún. ❷ **cluiche daillicín** *blindman's-buff*: cluiche capaill bháin, cluiche púicín, daillicín, dallán dáit, púicín dallanda

dáilteach adjective *open-handed, generous*: cóir, córtasach, cuidiúil, dathúil, dearlaiceach, dóighiúil, duaiseach, fairsing, fial, fiúntach, flaithiúil, gnaíúil, mórchroíoch, neamh-mhion, oscailteach, preabúil, rábach, sínteach, tabhartasach, tíolacthach, toirbheartach, *literary* flaithbheartach, gartach.

dailtín noun ❶ *impudent child, brat*: agóidín, brasaire, contrálaí linbh, crostóir, maicín, plucaire, raispín, rata linbh, smuigín, smuilcín, sotaire, sutach, teallaire. ❷ *impudent fellow, cad*: beachtaí, boicín, braobaire, brasaire, bruadaire, coc, cocaire, dosaire, fachmaire, gastaire, gearr-aighneasóir, gíománach, giostaire, plucaire, prapaire, rud suarach, smeirle, stráisiúnaí, suarachán.

dáimh noun ❶ *natural affection*: bá, caithis, carthain, carthanacht, ceanas, ceanúlacht, connailbhe, cumann, dáimhiúlacht, dile, dílseacht, díograis, díograisí, dúil, fialchaire, gaolacht, gean, gnaoi, grá, greann, ionúine, seanadh, taitneamh, toil, *literary* dailbhe.

dáimhiúil adjective ❶ *friendly, affectionate*: bráithriúil, caidreamhach, cairdiúil, caithiseach, caoin, caonrasach, carthanach, céiliúil, ceanúil, cineálta, comhluadrach, comrádúil, córtasach, connail, connalbhach, cuidiúil, dáimheach, dálach, dil, díograiseach, geanúil, grámhar, lách, lánúnach, leanúnach, muinteartha, páirteach, páirtiúil, práinneach, searcach, searcúil. ❷ *having many relatives*: tá cuid mhór daoine greamaithe de.

dáimhiúlacht noun *affection, friendliness (towards relatives)*: bá, caithis, carthain, carthanacht, ceanas, connailbhe, cumann, dáimh, dile, dílseacht, díograis, díograisí, dúil, fialchaire, gaolacht, gean, gnaoi, grá, greann, ionúine, seanadh, taitneamh, toil, *literary* dailbhe.

daimsín noun *damson (Prunus)*: pluma; airne, baláiste.

daingean adjective ❶ *fortified, strong*: balcánta, bulcánta balcánta, caisealta, do-aimsithe, folcanta, láidir, longfortach, neartmhar, tréan, *literary* díthoghla, sonnda, tailc; armúrtha. ❷ *fixed, firm*: broganta, buan, buan-, buanseasmhach, bunúil, ceangailte, diongbháilte, dlúth, do-bhogtha, docht, doscaoilte, dúr, firmeálta, fódach, fódúil, righin, seasmhach, seasta, síoraí, stóinseach, stóinsithe, teann, tuiní, *literary* fosaidh, glinn; i dtaca. ❸ *steadfast, constant*: buan, buan-, dílis, éifeachtach, fíriúil, firmeálta, fódúil, foirmniseach, foisteanach, foistineach, fuaimintiúil, staidéarach, staidéartha, stuama, tairiseach, *literary* fosaidh. ❹ *intense*: dian, dian-, géar, láidir, marfach, tréamanta. noun ❶ *fortress, citadel*: briotáis, caisleán, cathair, clochar, dún, dúnfort, lios, longfort, pailis, *pl.* táibhle, *literary* caistéal, dionn. ❷ *secure place, fastness*: díseart, díseartán, díthreabh, tearmann. ❸ *strong position*: déine, diongbháilteacht, láidreacht, neart, neartmhaire, neartmhaireacht. ❹ *security, safety*: sábháil, sábháilteacht, slándáil, slánú, *literary* coimhdhe, innille; saoirse ó bhaol, saoirse ó chontúirt; anacal, coimirce, cosaint, cumhdach, daingne, gardáil, imchosaint, scáth, sciath, *literary* glinne. ❺ *assurance, bond*: banna, *pl.* coinníollacha, conradh, cúnant, dearbhú, dearfacht, deimhne, deimhniúchán, siúráil. **prepositional phrase i ndaingean** *firmly fixed,*

dalba

deep seated: ceangailte, cinnte, sáite, seanbhunaithe, socraithe; in achrann; tá suí forais aige ann.

daingne noun *strength, security*: brogantacht, cobhsaíocht, déine, diongbháilteacht, do-aistritheacht, foras, láidreacht, neart, neartmhaire, neartmhaireacht, sábháilteacht, seasmhacht, slándáil, sonairte, tacaíocht, urradh, urrús, *literary* druine, glinne, tothacht.

daingnigh verb ❶ *fortify, strengthen*: cuir taca le, láidrigh, neartaigh, tacaigh le, tabhair misneach do, treisigh. ❷ *consolidate*: buanaigh, cobhsaigh, comhdhlúthaigh, feistigh, neartaigh, tabhair le chéile, táthaigh.

daingniú noun ❶ *fortification*: láidriú, neartú, taca, tacaíocht. ❷ *stabilization, consolidation*: comhdhlúthú, neartú, táthú.

dainséar noun *danger*: bagairt, baol, bearna baoil, contúirt, cuntar, fiontar, fiontraíocht, gábh, guais, guaisbheart, guaisbheartaíocht, guaiseacht, priacal, riosca, *literary* éislinn, *literary* ing.

dainséarach adjective *dangerous*: bagrach, baolach, contúirteach, dainséarach, gáifeach, guaisbheartach, guaiseach, priaclach.

daíocht noun *ignorance, clownishness*: ainbhios, aineolas, amaidí, amadántaíocht, athbhaois, baois, baoithe, dallbhach, daille, díchiall, díth céille, dorchadas, easpa céille, easpa eolais, éigiall, gamalacht, íorthacht, leibideacht, leimhe, óinsiúlacht, pleidhcíocht, pleotaíocht, seafóid.

dair noun *oak (Quercus)*: dair ghaelach, dair ghallda; crann darach, crann dara, daróg, éitheach, rí na coille, *literary* rail, *colloquial* dairbhre.

dáiríre adj, adv *serious, seriously*: dáiríre píre, lom dáiríre; droch-, i gceart, mór, stuama, trom, trom-; chuaigh an scéal dian orthu, chuaigh an scéal crua orthu; ní ag magadh leis atá a thinneas; leis an bhfírinne a dhéanamh, leis an bhfírinne a rá. noun *earnestness, seriousness*: dáiríreacht, stuaim, troime, tromchúis.

dairt noun ❶ *dart*: ga, gáinne, saighead, sleá, *literary* goithne. ❷ *clod (as missile)*: ailp, balc, baog, blúire, calc, caob, caor, caorán, clabhta, cnaiste, cnap, cnapán, crompán, dailc, dalcán, fadhb, fód, gamba, goblach, lathairt, leota, liathróid, lóta, meall, meascán, moll, pulcadh, scailp, scaob, scealp, scealpóg, slaimice, smíste, smut, smután, spóla, stalc, torpán, trioplóg. ❸ *pang*: arraing, broidearnach, cailg, ciapadh, daigh, deann, diachair, ga, goin, griogadh, pian, prioc, priocadh, ríog, saighead reatha, tinneas cléibh, *literary* iodha.

daite[1] adjective *coloured, dyed*: dathach; buí, crón, crónghnéitheach, dorcha, dubh, gorm, griandaite, odhar, ruaimnithe, umhadhaite.

daite[2] adjective *allotted, fated*: cinniúnach, dosheachanta; i ndán; dáilte, leagtha amach, riartha.

dálach adjective ❶ *fond of meetings, fond of company*: caidreamhach, cairdiúil, carthanach, céiliúil, coimhirseach, cóisireach, comhluadrach, comrádúil, córtasach, cuideachtúil, cuidiúil, dáimhiúil, muinteartha, páirteach; is maith an comhluadar é. ❷ *suitable for gatherings*: feiliúnach, fóirsteanach, oiriúnach. noun ❶ *literary day of assembly*: lá an oireachtais, lá an aonaigh. verb **Domhnach is dálach** *Sundays and holidays, without rest*: gach lá den tseachtain, gan sos, gan stad gan staonadh; ó cheann ceann na seachtaine, i dtólamh, i gcónaí, de shíor.

dalba adjective ❶ *bold, naughty*: ábhailleach, aimhleasta, argóinteach, as a chrann cumhachta, coilgneach, comhlannach, dána, docheansa, docheansaithe, doriartha, doshrianta, fiáin, fiata, fiatúil, forránach, forránta, iomlatach, ionsaitheach, míiomprach, mínósach, míriatla, místiúrtha, oilbhéasach, siosmach. ❷ *headstrong*: cadránta,

dalbacht
ceanndána, ceannláidir, ceanntréan, ceapánta, dáigh, dána, dodach, docheansaithe, dochomhairleach, doghluaiste, dolúbtha, dúr, easumhal, ládasach, muiniceach, neamhghéilliúil, righin, stailciúil, stainciúil, stálaithe, stuacach, stuacánach, teanntásach, údarásach; chomh righin le gad; buiniceach, bundúnach. ❸ *great, large, strong:* ábhal, ábhalmhór, áibhéalta, aibhseach, ceilméartha, dímhór, fathachúil, láidir, neartmhar, ollmhór, tréan, *literary* dearmháil, dearmháir.

dalbacht noun *boldness, audacity:* ábhaillí, abhlóireacht, amhasóireacht, crostáil, diabhlaíocht, diorraing, iarógacht, iomlat, mí-iompar, mímhúineadh, mínós, místiúradh, oilbhéas, pleidhcíocht.

dalbhadh noun *delusion, falsehood:* báiní, ciméara, deargbhuile, éadroime, falsacht, gealtachas, gealtacht, gealtas, mearaí, mearbhall, mearchiall, mearú, mire, *pl.* nóisin, saobhadh céille, seachmall, *pl.* speabhraídí, *pl.* spéireataí, tógaíocht, *literary* dreimhne; bréag, éitheach, falsacht, *literary* tlus.

dalcaire noun *stocky person:* balcaire, béinneach, bleitheach, bollatach, bológ, bológ fir, bromach, bunastán, buta, cliobaire, faircheallach, guntán, mullachán, preabaire, puntán, puntánaí, sacadán, smachtín, sorchán, staicearlach, stiorc, stoipéad, stollaire, strogán, struisire, tolcaire, tollaire, tréanfhear, tuairgnín fir.

dall adjective ❶ *blind:* caoch, dorcha, geamhchaoch, goll, leathchaoch, leathdhall, mallradharcach; ar leathshúil; chomh caoch le bonn mo bhróige. ❷ *blinded, dazzled:* dallraithe, dallta, mearaithe; tá speabhraídí air, tá léaspáin ar a shúile, tá mearbhall air, tá sclimpíní ar a shúile. noun ❶ *blind person:* dallacán, duine caoch, duine dall, fear an leathroisc; giollaíocht an daill ar an dall, an dall ag déanamh eolais don dall; and dall is an bacach is an dall ar tosach. ❷ *dull person, uninformed person:* aineolaí, amadán, amaid, amal, amlóir, baothán, bobarún, bómán, breallaire, breallán, brealsán, brealscaire, brealsún, cadramán, ceann cipín, ceann mailléid, ceap magaidh, clogadán, cloigeann cabáiste, cloigeann cipín, cloigeann pota, dallacán, dallachán, dallán, dallamlán, dallarán, dalldramán, daoi, deargamadán, dobhrán, dúdálaí, dúid, dúiripí, dundarlán, dunsa, dúramán, durnánaí, éagann, gámaí, gamal, gamairle, glaigín, gligín, gogaille, graoisín, guaig, guaigín, leathdhuine, óinmhid, paor, pastae de chloigeann, pleib, pleidhce, pleota, sceilfid, simpleoir; tuathalán, *literary* miodhlach; amlóg, breallóg, cloigis, gamalóg, máloid, óinmhid, óinseach, uallóg. verb ❶ *blind:* bain na súile as, bain radharc na súl de, caoch. ❷ *dazzle, stupefy:* bain na súile as, caoch, cuir dallachar ar, cuir sclimpíní ar, cuir speabhraídí ar, cuir spéireataí ar, dallraigh; chuirfeadh sé scáthshúilí ort. ❸ *darken, black, obscure:* ceil, cuir i bhfolach, clúdaigh, dorchaigh, dubhaigh, folaigh, modraigh, scáthaigh.

dallacáil noun (*act of*) *groping:* crágáil, crúbáil, crúbaireacht, crúcáil, fidleáil, fidléireacht, glacaíocht, glacaireacht, gliomáil, gliúmáil, ladhráil, láfairt, méaraíocht, póirseáil, scrabhadh, scríobadh, sméarthacht, útamáil.

dallacán noun ❶ *purblind person:* dall, duine caoch, duine dall, gliúcach, gliúcaí, gliúcálaí, gliúmálaí. ❷ *dim-witted person:* aineolaí, amadán, amaid, amal, amlóir, baothán, bobarún, bómán, breallaire, breallán, brealsán, brealscaire, brealsún, cadramán, ceann cipín, ceann maide, ceann mailléid, ceap magaidh, clogadán, cloigeann cabáiste, cloigeann cipín, cloigeann pota, dall, dallachán, dallán, dallamlán, dallarán, dalldramán, deargamadán, dobhrán, dúdálaí, dúid, dúiripí, dundarlán, dunsa, dúramán, durnánaí, éagann, gámaí, gamal, gamairle, glaigín, gligín, gogaille, graoisín, guaig, guaigín, leathdhuine, óinmhid, paor, pastae de chloigeann, pleib, pleidhce, pleota, sceilfid, simpleoir; tuathalán, *literary* miodhlach; amlóg, breallóg, cloigis, gamalóg, máloid, óinmhid, óinseach, uallóg. ❸ *mask:* aghaidh bhréige, aghaidh fidil, cealtair, *pl.* ceannaithe púca, clipéad, clúdach, folach dubh, masc, masc cosanta, masc marbh, púca, púicín.

dalladh noun ❶ *blinding, dazzlement:* dallachar, dallrú, *pl.* sclimpíní, *pl.* speabhraídí, *pl.* spéireataí. ❷ *plenty, lashings:* a lán, an dubh thar na fionna, carn, clais, cnap, cuimse, dornán, dreas, flúirse, greadlach, iontas, lán mo ladair, lear, lochadradh, maidhm, mórán, múr, *pl.* múrthaí, neart, pór, raidhse, roinnt mhaith, scanradh, scrabhadh, seó, slám, suaitheantas, suim, téagar, tolmas, tonn maith, *familiar* an t-uafás.

dalladh púicín noun ❶ *blind over eyes, blindman's-buff:* daillicín, dallach dubh, dallbheart, púic, púicín. ❷ *deception, delusion:* ceo, ciméara, dalbhadh, dallcheo, mealladh, mearaí, mearbhall, seachrán, *pl.* speabhraídí, *pl.* spéireataí, tógaíocht; ná codail ar an gcluas sin.

dallaigeanta adjective *dull-witted:* aimhghlic, ainbhiosach, aineolach, amadánta, amaideach, baoiseach, baoth, bómánta, breallach, breallánta, bundúnach, dall, dallacánta, dallaigeantach, dallintinneach, dícheillí, dobhránta dúr, dúramánta, éaganta, gamalach, lagintinneach, leamh, leamhcheannach, leathmheabhrach, leibideach, mallintinneach, maolaigeanta, míghlic, neamhthuisceanach, óinsiúil, pleidhciúil, ramhar, seafóideach, simplí, spadintinneach.

dallamlán noun *fool, dimwit:* amadán, amaid, amal, amlóir, baileabhair, bobarún, bómán, breallaire, breallán, brealsán, brealscaire, brealsún, ceann cipín, ceann maide, ceap magaidh, clogadán, cloigeann cabáiste, cloigeann cipín, cloigeann pota, dallachán, dallamlán, dallarán, dobhrán, dúdálaí, dúid, dúiripí, dundarlán, dunsa, éagann, gámaí, gamal, gamairle, glaigín, gligín, gogaille, guaig, guaigín, leathdhuine, óinmhid, paor, pastae de chloigeann, pleib, pleidhce, pleota, sceilfid, simpleoir; ágóid, amaid, amlóg, breallóg, cloigis, gamalóg, máloid, óinmhid.

dallamullóg noun ❶ *blindness:* caochshúilí, caoiche, daille, dallachar, dalladh, dallcheo, geamhchaoiche, gearr-radharc, scáthshúilí. ❷ *confusion, deception:* ceo, ciméara, dallcheo, mealladh, mearaí, mearbhall, seachrán, *pl.* speabhraídí, *pl.* spéireataí, suathrán, tógaíocht; ná codail ar an gcluas sin.

dallán noun ❶ *plug, stopper:* corc, dochtán, dúnstopadh, plocóid, pluga, spiogóid, stoipéad, stopallán. ❷ *hymen, maidenhead:* maighdeanas, ócht, óighe; seicin.

dallán lín noun *earwig* (order Dermaptera): ailseach, ailseog, ceilpeadóir, colg lín, corr gabhlach, dearg gabhlóg, gailseach, gailseog, gearra gabhlán, geillic, roilseach, Síle an phíce; deargadaol.

dallarán noun *dunce, fool:* aineolaí, amadán, amaid, amal, amlóir, baothán, bobarún, bómán, breallaire, breallán, brealsán, brealscaire, brealsún, cadramán, ceann cipín, ceann maide, ceann mailléid, ceap magaidh, clogadán, cloigeann cabáiste, cloigeann cipín, cloigeann pota, cloigeog, cloigneach, cloigneachán, dall, dallacán, dallachán, dallán, dallamlán, dalldramán, deargamadán, dobhrán, dúdálaí, dúid, dúiripí, dundarlán, dunsa, dúramán, durnánaí, éagann, gámaí, gamal, gamairle, glaigín, gligín, gogaille, graoisín, guaig, guaigín, leathdhuine, óinmhid, paor, pastae de chloigeann, pleib, pleidhce, pleota, sceilfid, simpleoir, *literary* miodhlach; tuathalán; amlóg, breallóg, cloigis, gamalóg, máloid, óinmhid, óinseach, uallóg.

dallcairt noun *heavy fall of rain, heavy fall of snow:* bailc, bailc báistí, bailc fearthainne, cadhleadh báistí, clagar, clagarnach, clagarnaíl, clascairt báistí, díle báistí, doirteán báistí, duartan, gailbh, gailfean, gailfean báistí, leidearnach chlagair, liagarnach báistí, maidhm bháistí, péatar báistí, rilleadh báistí, sconna báistí, stealladh, steallfarnach, tuairt bháistí, tuile liag, *literary* forlacht; *pl.* sceana gréasaí; cáitheadh plúchta, cáidhleadh sneachta; titim, *literary* forlacht.

dallchroíoch adjective *unfeeling:* ainiochtach, beagchroíoch, cadránta, crua, cruálach, cúngchroíoch, danartha, dúr, dúrchroíoch, éadrócaireach, fíochmhar, gan trua gan taise, mínádúrtha, míthrócaireach, neamhghoilliúnach, neamhthrócaireach, neamhthrócaireach; tá an chéadrith den iarann ann; tá an chuid is fearr den iarann ann; Iúdás de dhuine atá ann; tá miotal ina chnámha.

dalldramán noun *ignorant, stupid person:* ainbhiosán, aineolaí, amadán, amadán iarainn, amaid, amal, amlóir, baothán, bobarún, bodhrán, bodhránach, bómán, breallaire, breallán, brealsán, brealscaire, brealsún, cadramán, ceann cipín, ceann maide, ceann mailléid, ceap magaidh, clogadán, cloigeann cabáiste, cloigeann cipín, cloigeann pota, dall, dallacán, dallachán, dallán, dallamlán, dallarán, deargamadán, dobhrán, dúdálaí, dúid, dúiripí, dundarlán, dunsa, dúramán, durnánaí, éagann, gámaí, gamal, gamairle, glaigín, glígín, gogaille, graoisín, guaig, guaigín, leathdhuine, meabhair circe, meabhair sicín, óinmhid, paor, pastae de chloigeann, pleib, pleidhce, pleota, sceilfid, simpleoir; tuathalán, *literary* miodhlach; amlóg, breallóg, cloigis, gamalóg, máloid, óinmhid, óinseach, uallóg.

dallintinneach adjective *dull of intellect, unenlightened:* aimhghlic, ainbhiosach, aineolach, amadánta, amaideach, baoiseach, baoth, bodhránta, bómánta, breallach, breallánta, bundúnach, dall, dallacánta, dallaigeantach, díchéillí, dobhránta dúr, dúramánta, éaganta, gamalach, lagintinneach, leamh, leamhcheannach, leathmheabhrach, leibideach, mallintinneach, míghlic, neamhthuisceanach, óinsiúil, pleidhciúil, ramhar sa cheann, seafóideach, simplí, spadintinneach.

dallóg noun *blind:* dallóg ghréine, dallóg lataí, dallóg rolláin; scáileog, scáth, scáthlán.

dallóg fhéir noun *dormouse (family Muscardinidae):* feothán.

dallóg fhraoigh noun *shrew, shrew-mouse (family Soricidae):* criadhluch, dallóg, garluch, luch fhéir, mallán.

dallraigh verb ❶ *blind, dazzle:* bain na súile as, caoch, cuir dallachar ar, cuir sclimpíní ar, cuir speabhraídí ar, cuir spéireataí ar, dall; chuirfeadh sé scáthshúilí ort. ❷ *benumb with cold:* bodhraigh, cuir barrliobar ar, cuir eanglach ar, cuir fuairnimh ar, cuir mairbhití ar, cuir marbhfhuacht ar, cuir sliopach ar.

dallraitheach adjective *dazzling:* dalltach; bhainfeadh sé na súile asat, chaochfadh sé thú, chuirfeadh sé dallachar ort, chuirfeadh sé sclimpíní ort, chuirfeadh sé speabhraídí ort, chuirfeadh sé spéireataí ort, dhallródh sé thú.

dallrú noun *dazzle, glare:* dalladh, dallachar, dealramh, *pl.* léaspáin, mórsholas, *pl.* sclimpíní, soilsiú, *pl.* speabhraídí, *pl.* spéireataí; scáthshúilí.

dalta noun ❶ *foster-child:* mac altrama, dearthair altrama, comhalta, comhlach. ❷ *pupil, disciple:* mac foghlama, mac léinn, iníon léinn, neach léinn, scoláire; deisceabal. ❸ *pet, fondling:* ceanán, muirneog, muirnín, peata, siota; bródach, buachaill bán, grá geal, lao, leanbh cumhra, maoineach, muirnín, péarlachán, seoid linbh, *familiar* gearrcach bhéal neide.

dálta adjective *betrothed, engaged:* geallta; tá siad idir dáil is pósadh, tá lámh is focal eatarthu.

daltachas noun ❶ *fosterage:* altram, altramas, altranas, banaltramacht, comhaltas, oiliúint; comhaltas go céad, cairdeas fola go fiche. ❷ *pupilage, discipleship:* foghlaim, léann, oideachas, oideas, oiliúint, printíseacht.

damáiste noun ❶ *damage, harm:* aimhleas, aimliú, anachain, ár, bárthainn, bascadh, caill, caillteamas, caillteanas, cailliúint, coscairt, damain, díobháil, díth, dochar, dochracht, dochras, dola, donacht, donas, goilleadh, goilliúint, goimh, goin, gortú, leonadh, lot, máchail, milleadh, mínós, mísc, olc, teimheal, tionóisc. ❷ *pl. damages (in law):* aisíoc, cúiteamh, díre, éileamh, éiric; fíneáil; pionós.

damáisteach adjective ❶ *damaging, harmful:* aimhleasach, baolach, contúirteach, dainséarach, coscrach, díobhálach, dochrach, dochraideach, doghrainneach, iarógach, ídeach, íditheach, loiscneach, loiteach, marfach, meilteach, nimhneach, raonach, scriosach, treascrach, tubaisteach, urchóideach, *literary* biniúil, *literary* urbhadhach. ❷ *damaged:* basctha, briste, coscartha, leonta, loite. ❸ *turned, off (of food):* géar, lofa.

damanta adjective ❶ *damned:* daortha. ❷ *damnable, wicked:* ailseach, aingí, ainiochtach, binbeach, cam, cealgach, cearr, ciontach, claon, cluanach, coirpe, contráilte, crua, cruálach, dobheartach, drochaigeanta, drochbheartach, droch-chroíoch, drochthuarach, drochghnúiseach, earráideach, fealltach, gangaideach, incháinte, inchasaoide, lochtach, mailíseach, meangach, mícheart, míghníomhach, mínáireach, mioscaiseach, nathartha, neamhscrupallach, nimhneach, olc, peacúil, saofa, sáraitheach, urchóideach. ❸ *very:* an-, fíor-, iontach, rí-, sár-, *literary* ró-.

damba noun *dam, barrier:* boirleach, cara, cora; áth, cabhsa, cis, ciseach, clochán, clochrán, tóchar; bac, bábhún, bacainn, béalbhach, branra, caiseal, gradhan, stopainn, tonnchosc, *literary* ime.

damh noun ❶ *ox:* damh alla, damh allta, damh comhair, *literary* damh díleann; bullán, bullóg damhán, *colloquial* damhra; tarbh. ❷ *damh (alla) stag:* carria, fia, fiaphoc; cearbh, eilc, fia mór. ❸ *strong man:* calmfhear, cú, curadh, Earcail, gaiscíoch, galach, laoch, laochmhíle, laochra, míle, seaimpín, spionntachán, *literary* féinní, láth, mál, nia, omhna, onchú, oscar, ruanaidh, scál. ❹ *corpulent person:* ablach, béicheachán, béiceadán, bleadrachán, bleaistéir, bleitheach, bléitheach, bleitheachán, boilgíneach, bó mhagarlach, bolaistín, bolaistrín, bolgadán, bolgaire, bolgairne, bológ, bró, broicealach, broicleach, brúchtíneach, bruileach, bruilíneach, bruithleach, brúitín, brúitíneach, builtéar, builtéir, burla, burlaimín, burlamán, ceaigín, céis, claiséir, clogáiste, collach, cráisiléad, daba, feolamán, geois, geoiseach, gillín, glugaí, glugaire, glugrachán, gluitéir, glutaire, gorb, griollach, griollachán, griollaire, lamhnán, lapaire, leacaí, lodar, luán, lúireach, mart, másach, másaire, méadail mhór, méadlach, méadlachán, móta, páin, páinseach, páinteach, pánach, pánaí, pántrach, pataire, patalachán, patalán, patán, patarán, patarún, patlachán, peasánach, plástar, plobaire, plobar, plobrachán, porc, práisiléad, práisléad, prúntach, púdarlach, púdarlán, putrachán, rabhndar, railliúnach, riteachán, samhdaí, samhdán, sceartán, sceartachán, scraith ghlugair, scrathachán, siotalach, somach, somachán, tioblach, toirt, torc, torcán, torpán, tulcais.

177

dámh

dámh noun ❶ *bardic company, retinue:* dámhchuire, dámhscoil, tromdhámh, Tromdhámh Ghuaire; *pl.* aíonna, *pl.* lóistéirí. ❷ *faculty (in university):* aonad, foras, institiúid, roinn, *pl.* ranna, scoil. **verb** ❶ *concede, allow:* aontaigh, ceadaigh, faomh, fulaing, géill, lamháil, lig do, scaoil le, tabhair cead do. ❷ *grant, award:* bronn, dearlaic, deonaigh, ofráil, tabhair, tairg, tíolaic, *literary* éirnigh.

damhán noun ❶ *small ox:* damh alla, damh allta, damh comhair, *literary* damh díleann; bullán, bullóg; tarbh. ❷ *damhán alla spider:* damhán alla, duan alla, ruán alla; damhsaire dubh, fíodóir, Pilib an fhómhair; damhán uisce, damhsaire dubh, tiopal.

damhna noun *substance, material:* ábhar, coimpléasc, *pl.* comhábhair, *pl.* comhdhamhnaí, *pl.* comhpháirteanna, comhshuíomh, déanamh, dúil, éadach, earra, eiliminnt, géibhís, mianach, ríd, stuif, substaint; taithneasc, tathag. ❷ *(of person) makings, eligible person:* ábhar, dalta, printíseach, mac-chléireach, mac léinn, mianach, scoláire, údar, *literary* fealmhac.

damhsa noun *dance:* bál, ceáfráil, córagrafaíocht, rince.

damhsach adjective *dancing, frisky:* rinceach; aerach, ceáfrach, éanúil, earráideach, foléimneach, giodamach, giréiseach, giústalach, gogaideach, guagach, luaineach, meidhréiseach, macnasach, pramsach, scinnideach, scóipiúil, siortógach, spéiriúil, teaspúil.

damhsaigh verb ❶ *dance:* déan damhsa, déan rince, rinc. ❷ *jump about, skip:* caith foléim, déan leipreach, léim, ling, luainigh, pocléim, preab, rad, rinc. ❸ *shimmer:* caoch, crithlonraigh, lonraigh, taitin.

damhsóir noun *dancer:* banrinceoir, cailín bailé, damhsaire, damhsaire dubh, rinceoir, rinceoir bailé.

damnaigh verb *damn, condemn:* aithisigh, aor, cáinsigh, cáin, caith anuas ar, dímhol, guthaigh, imcháin, imdhearg, iomardaigh, lochtaigh, milleánaigh, tarcaisnigh; ciontaigh, cuir ar, daor, gearr ar, tabhair breithiúnas ar, teilg chun báis, teilg chun a chrochta.

damnú noun ❶ *damnation, condemnation:* breith, breith báis, breithiúnas, damantacht, daoradh, daoradh chun báis, teilgean chun báis, teilgean chun a chrochta; aoir, beachtaíocht, béal na ndaoine, cáineadh, cáinseoireacht, ciontú, coiriú, díotálach, eascaine, gearrachán, guth, guthaíl, imcháineadh, imchreachadh, imdheargadh, iomardú, lochtú, mallacht, milleán, priocaireacht, tarcaisne, tromaíocht. ❷ *swearing:* badhbaireacht, badhbóireacht, broimscéalaíocht, damnú, diabhlaíocht, *pl.* diairmíní, eascaíní, *ironic* guíodóireacht, mallachtach, mallachtóireacht, mallachtú, mallaíocht, mallaitheoireacht, mallú, mionnú, oirithis, tiomantóireacht; *pl.* slamfhocail; bhí sé ag caitheamh crístíní, bhí sé ag caitheamh mionnaí marbha, bhí sé ag caitheamh mionnaí móra, bhí sé ag gabháil do na mionnaí móra, bhí sé ag tabhairt mionnaí móra; *ironic* bhí sé ag cur dea-phaidreacha leo, *ironic* bhí siad ag fáil gach dea-phaidir uaidh.

dán noun ❶ *literary gift, offering:* bronntanas, féirín, íobairt, ofráil, tairiscint, tíolacadh. ❷ *art, poetry:* duanaireacht, ealaíon, filíocht, filíocht na scol, filíocht shiollabach, meadaracht, rannaireacht, véarsaíocht, *literary* aiste. ❸ *poem:* aircheadal, aiste filíochta, amhrán, duan, laoi, liric, píosa filíochta, rann; crosántacht; deibhí, rabhán, rabhcán, rannaíocht, rosc. ❹ *lot, fate:* ádh, cinneadh, cinniúint, crann, deonú Dé, fortún, gearróg, ócáid, pláinéad, seans, *literary* diach. **prepositional phrase i ndán** *allotted, fated:* le d'aghaidh, in áirithe duit, geallta duit, i do chomhair, mar chros os do chionn; tá a leithéid de phlainéad ort; cuireann an chinniúint a cos fúithi.

dána adjective ❶ *bold, naughty:* ábhailleach, agóideach, aighneasach, aimhleasta, argóinteach, as a chrann cumhachta, caismirteach, coilgneach, comhlannach, conspóideach, crosta, dalba, docheansa, docheansaithe, doriartha, doshrianta, fiáin, fiata, fiatúil, forránach, forránta, gráinneogach, greannach, iargúlta, iomlatach, ionsaitheach, mí-iomprach, mínósach, mírialta, oilbhéasach, siosmach, trodach. ❷ *daring, audacious:* bríomhar, calma, coráisteach, coráistiúil, cróga, curata, díolúnta, diorraingeach, foirtil, fortúil, gaisciúil, galach, gusmhar, gusúil, láidir, laochta, laochúil, meanmnach, misniúil, muiníneach as féin, spionnúil, spioradúil, spreacúil, spreagúil, spridiúil, tréan, uchtúil, *literary* déadla, láimhtehach, léideanach, léidmheach.

dánacht noun ❶ *boldness, naughtiness:* ábhaillí, abhlóireacht, amhasóireacht, crostacht, crostáil, dalbacht, diabhlaíocht, iarógacht, iomlat, mí-iompar, mímhúineadh, mínós, oilbhéas, pleidhcíocht. ❷ *daring, confidence:* brí, calmacht coráiste, coráistiúlacht, crógacht, croí, dánacht, diorraing, foirtile, foirtiúlacht, gal, gaisce, gaisciocht, gus, láidreacht, laochas, meanma, meanmnacht, misneach, misniúlacht, muinín, neart, niachas, oiread Chnoc Mordáin de chroí, scairt láidir, sea, smior, spionnadh, spiorad, sponc, spreacadh, spréach, spreacúlacht, treise, uchtach, uchtúlacht, ugach, *literary* déadlacht.

danaid noun ❶ *grief, regret:* aiféala, aithreachas, aithrí, atuirse, briseadh croí, brón, buaireamh, buairt, caoineadh, cathú, crá croí, croíbhrú, cumha, díomá, dobrón, doilíos, dólás, doghrainn, duairceas, iarghnó, léan, mairg, mairgneach, méala, taithleach, tocht, tromchroí; is oth liom, tá brón orm, tá cathú orm, tá mé buartha; níl aon bhreith againn ar ár n-aiféala. ❷ *loss:* bris, caill, cailleadh, caillteanas, damain, díobháil, díth, ídiú, púir; luí faoi bhris; rud a dhíol faoi bhris; do bhris a thabhairt isteach; ní maith liom do bhris.

danaideach adjective *grievous, sad:* acaointeach, aithreach, aithríoch, atuirseach, brónach, brúite, buartha, ceanníseal, céasta, ciamhair, cianach, ciaptha, cráite, croíbhriste, cumhach, deorach, diachrach, dobrónach, doilíosach, duaiseach, dubhach, dúlagrach, dúlionnach, fadchumhach, golchásach, gruama, gubhach, iarghnóch, in ísle brí, léanmhar, lionndubhach, mairgiúil, maoithneach, mí-ámharach, mífhortúnach, mírathúil, ochlánach, olagónach, pianmhar, taidhiúir, tromchroíoch, truamhéalach, tubaisteach, *literary* triamhain; tá a chroí briste, tá a chroí cráite.

danartha adjective ❶ *cruel, barbarous:* ainchríostúil, ainiochtach, ainrianta, aintréan, allta, barbartha, cadránta, crua, cruálach, cruachroíoch, díbheirgeach, dúr, dúrchroíoch, éadrócaireach, fiánta, fiata, fiáin, fíochmhar, fraochmhar, fraochta, fuilteach, gan trua gan taise, inghreimteach, mallaithe, mínádúrtha, mínáireach, míthrócaireach, neamhghoilliúnach, neamhthrócaireach, sádach, turcánta, urchóideach; tá an chéadrith den iarann ann; tá an chuid is fearr den iarann ann; Iúdás de dhuine atá ann; tá miotal ina chnámha. ❷ *inhospitable, unsociable:* dofháilteach, doicheallach, dothíosach, **adjectival genitive** drochoinigh, fuarchosach; beagchroíoch, ceachartha, ceapánta, cnuasaitheach, crua, cruálach, cruinneasach, cúngchroíoch, gann, gortach, lompasach, meánaitheach, sparálach, sprionlaithe, suarach, tíosach, truaillí, tútach.

dánlann noun *art gallery:* áiléar, grianán, gailearaí, gailearaí ealaíne, lochta, oiréal.

daoi noun *ignorant person, dullard:* aineolaí, amadán, amaid, amal, amlóir, baothán, bobarún, bómán, breallaire, breallán, brealsán, brealscaire, brealsún, cadramán, ceann cipín, ceann maide, ceann mailléid, ceap magaidh, clogadán, cloigeann cabáiste, cloigeann cipín, cloigeann pota, dall, dallacán, dallachán, dallán, dallamlán, dallarán, dalldramán, deargamadán, dobhrán, dúdálaí, dúid,

Damháin Alla agus Araicnidí eile

ammotrechid (family Ammotrechidae): amaitreicid *f.*
baboon spider (Harpactira): damhán babúin
Australian trap-door spider (Aname): damhán brathlainge Astrálach
beetle mite (Oppia sp.): fíneog *f.* chiaróige
bird-eating spider (féach *tarantula*)
black button spider (Latrodectus indistinctus): damhán cnaipe dubh
black widow (Latrodectus sp.): baintreach *f.* dhubh
burrowing scorpion (Opisthophthalmus carinatus): scairp *f.* tochailte
button spider (Latrodectus sp.): damhán cnaipe
camel spider (féach *sun spider*)
cardinal spider (Tegenaria parietina): damhán cairdinéil
cat mange mite (Demodex cati): fíneog *f.* chlaimhe chait
cattle mange mite (Demodex bovis): fíneog *f.* chlaimhe eallaigh
cattle tick (Ixodes ricinus): sceartán eallaigh
cheese mite (Acarus siro): fíneog *f.* cháiste
cheliferid (family Cheliferidae): ceilifirid *f.*
chigger (féach *red mite*)
cobweb spider (Tegenaria gigantea): damhán alla na dtéad
comb-footed spider (family Theridiidae): damhán cíorchosach
cosmetid (Vonones sp.): cosmaitid *f.*
crab spider (families Thomisidae, Philodromidae): damhán portáin
daddy-long-legs spider (Pholcus phalangioides): damhán snáthadáin
diadem spider (féach *garden spider*)
dog itch mite (Sarcoptes canis): fíneog *f.* thochais mhadra
dog red mange mite (Demodex canis): fíneog *f.* chlaimhe mhadra
dwarf spider (family Linyphiidae): damhán abhcach
false scorpion (order Pseudoscorpiones): scairp *f.* bhréige
flower spider (Misumena vatia): damhán blátha
funnel-web spider (family Hexathelidae): damhán tonnadóra
garden spider (Araneus diadematus): damhán garraí
giant whip scorpion (féach *vinegaroon*)
goldenrod spider (féach *flower spider*)
Goliath tarantula (Therophosa blondi): tarantúla *f.* ollmhór
Greek trapdoor spider (Cyrtocarenum sp.): damhán brathlainge Gréagach
hard tick (family Ixodidae): sceartán
harvest bug (féach *harvest mite*)
harvestman (order Opiliones): Pilib an fhómhair
harvest mite (Leptus autumnalis): míol fómhair
horse itch mite (Sarcoptes equi): fíneog *f.* thochais chapaill
horse mange mite (Demodex equi): fíneog *f.* chlaimhe chapaill
house spider (Tegenaria sp.): damhán tí
hunting spider (families Lycosidae, Ctenidae, Pisauridae, Heteropodidae, Oxyopidae, etc.): damhán seilge
huntsman spider (family Heteropodidae): damhán fiaigh
itch mite (Sarcoptes scabiei): míolcheard *f.*
jockey spider (féach *black widow*)
jumping spider (family Salticidae): damhán léimneach
katipo (Latrodectus katipo): caitíopó
Moggridge's trap-door spider (Cteniza moggridgei): miogal Moggridge
money spider (family Linyphiidae): damhán conáigh
mygalomorph (suborder Mygalomorphae): mioglamorf
nursery web spider (family Pisauridae): piosáirid *f.*
neobisid (suborder Neobisinea): neobaisid *f.*
orb-web spider (féach *orb weaver*)
orb weaver (families Araneidae, Tetragnathidae, Meridae): fíodóir eangaí
phalangid (family Phalangiidae): falaingid *f.*
phrynid (family Phrynidae): frinid *f.*
pig head mange mite (Demodex phylloides): fíneog *f.* chlaimhe mhuice
pig itch mite (Sarcoptes suis): fíneog *f.* thochais mhuice
pink-toed tarantula (Avicularia avicularia): tarantúla *f.* na gcos bándearg
pseudoscorpion (order Pseudoscorpiones): scairp *f.* bhréige
raft spider (Dolomedes sp.): damhán rafta
redback (Latrodectus hasselti): damhán cúldearg
red mite (Trombidium sp.): fíneog *f.* dhearg
retiary spider (féach *orb-weaver*)
scorpion (order Scorpiones): scairp *f.*
scorpionid (family Scorpionidae): scairpinid *f.*
sheep itch mite (Sarcoptes ovis): fíneog *f.* thochais chaorach
sheep tick (Ixodes ricinus): sceartán caorach
six-eyed crab spider (Sicarius testaceus): damhán portáin séshúileach
solifuge (féach *sun spider*)
solpugid (family Solpugidae): solpúigid *f.*
southern cattle tick (Boophilus microplus): sceartán eallaigh deisceartach
spider: damhán alla; fíodóir
spider mite (Tetranychus urticae): teitrinic *f.*; fíneog *f.* shíoda
spitting spider (Scytodes thoracica): damhán seile
Sri Lankan ornamental tarantula (Poecilotheria fasciata): tarantúla *f.* mhaiseach
sun spider (order Solifugidae): damhán gréine
Sydney funnel web (Atrax robustus): damhán tonnadóra Sydney
tangle-web weaver (féach *comb-footed spider*)
tarantula (family Theraphosidae): tarantúla *f.*
tick (family Ixodidae): sceartán; ceartán
varroa (Varroa jacobsoni): fíneog *f.* varó
velvet mite (Trombidium sp.): míol fómhair
vinegaroon (Mastigoproctus giganteus): fínéagrún
violin spider (Loxosceles reclusa): damhán fidile
water spider (Argyroneta aquatica): damhán uisce; speig *f.* uisce
whip scorpion (order Uropyga): scairp *f.* fuipe
whip spider (order Amblypygi): damhán fuipe
white-tailed spider (Lampona cylindrata): damhán earrbhán
wind scorpion (féach *sun spider*)
wolf spider (Lycosa sp.): faoldamhán
wood tick (Dermacentor sp.): sceartán adhmaid
zebra spider (Salticus scenicus): damhán séabrach

daoine maithe
dúiripí, dundarlán, dunsa, dúramán, durnánaí, éagann, gámaí, gamal, gamairle, glaigín, gligín, gogaille, graoisín, guaig, guaigín, leathdhuine, óinmhid, paor, pastae de chloigeann, pleib, pleidhce, pleota, sceilfid, simpleoir, stualaire; tuathalán, *literary* miodhlach; amlóg, breallóg, cloigis, gamalóg, máloid, óinmhid, óinseach, uallóg.

daoine maithe plural noun *little people, fairies:* pl. daoine beaga, pl. daoine sián, pl. púcaí, pl. síofraí, pl. sióga, *colloquial* an t-aos sí, lucht na gcnoc, an slua sí.

daoire noun ❶ *dearness, costliness:* costas, costasacht, costasúlacht, daoirse, luach. ❷ *slavery, bondage:* anfhorlann, ansmacht, daoirse, daorbhroid, daorsmacht, giollacht, leatrom, meirse, moghsaine, sclábhaíocht, seirfeachas, tráilleacht, tromdhaoirse.

daoirse noun ❶ *slavery, bondage:* anfhorlann, ansclábhaíocht, ansmacht, daoire, daorbhroid, daorsmacht, leatrom, meirse, moghsaine, sclábhaíocht, seirfeachas, smachtúlacht, tráilleacht, tromdhaoirse. ❷ *dearness, costliness:* costas, costasúlacht, daoire, luach.

daoirseach noun *serf, slave:* daoirsineach, daor, daoránach, géillsineach, mogh, moghaidh, sclábhaí, seirfeach, tráill; amhas, anuasal, bathlach, bodach, buailtíneach, búr, cábóg, closmar, fleascach, lábánach, lóma, searbhónta, seirbhíseach, spailpín.

daoirsigh verb *make expensive, put up price of:* déan costasach, méadaigh a luach, méadaigh a phraghas.

daoirsiúil adjective *oppressive:* anfhorlannach, antrom, coirpe, crua, cruachroíoch, crualach, damanta, danartha, daordhálach, dásachtach, díbheirgeach, dobhéasach, dúnmharfach, éigneach, fiata, fíochmhar, foghach, foréigneach, fraochmhar, fraochta, fuilteach, gairbhéiseach, gangaideach, garbh, ionsaitheach, leatrom, marfach, mídhaonna, mínádúrtha, mínáireach, míshibhialta, trom.

daoiste noun *boor, clown:* abhlóir, amhas, amhlán, bambairne, bodach, buailtíneach, breillice, bromach, bromaistín, búr, cábóg, cábún, cadramán, ceithearnach, ciolartán, closmar, dúramán, fuaice, gamal, gambairne, géibirne, léaspach, leibide, liúdramán, lóma, maistín, mulpaire, pastaire, pleib, pleota, pleotramán, pleib, scraiste, smuilcín, smíste, stróinse, teallaire, trumpadóir, tuathalán, túitín, tútachán.

daoithiúil adjective *churlish, rude:* athúlta, bodachúil, bodúil, braobanta, brománta, brúisciúil, daidhcheach, drochbhéasach, drochmhúinte, gairgeach, garbh, geancach, giorraisc, míbhéasach, míchuntanósach, mímhúinte, mínósach, míshibhialta, otair, púcúil, tuaisceartach, tuathalach, tútach.

daol noun ❶ *beetle:* ciaróg, deargadaol, doirb, gobachán. ❷ *insect, worm:* agaill, aithid, bratóg, caideog, cruimh, crumhóg, cuiteog, feithid, fíneog, fríd, frídín, grugaid, grugaill, larbha, míol, péist, péisteog, péistín, sciodamán, során, torán. ❸ *sting, sudden start:* bíog, geit, preab, ráig, scinneadh, scinneog, tapóg.

daonáireamh noun *census:* comhaireamh an phobail, móráireamh na ndaoine.

daonchairdeas noun *philanthropy:* daonnacht, daonnachtúlacht, leas na ndaoine, *literary* daonchaire; caoimhe, caoineas, caoithiúlacht, ceansacht, cineáltacht, cneastacht, féile, flaithiúlacht, láíocht, macántacht, miochaire, séimhe, suairceas, tláithe.

daonchara noun *philanthropist:* duine daonnachtúil; bronntóir, cuiditheoir, cúl taca, cúl toraic, deontóir, pátrún, tacaí, tíolacthóir, urra.

daoneolas noun *social studies:* antraipeolaíocht, eolaíocht dhaonna, léann sóisialta, socheolaíocht.

daonlathaí noun *democrat:* daonlathach, daonlathasaí.

daonlathas noun *democracy:* pl. cearta na coitiantachta.

daonna adjective ❶ *human:* adjectival genitive an chine dhaonna, adjectival genitive an duine, saolta. ❷ *humane, kindly:* beannaithe, cabhrach, caoideanach, caoin, caomh, caonrasach, ceansa, ceanúil, cineálta, cneasta, comharsanúil, comhbhách, connail, Críostaí, dáimheach, dáimhiúil, daonnachtúil, duineata, garúil, grádiaúil, grámhar, lách, macánta, maith, máithriúil, mánla, maothchroíoch, maránta, méiniúil, miochair, míonla, oibleagáideach, séimh, suairc, tláith, trócaireach, tuisceanach.

daonnacht noun ❶ *human nature:* nádúr an duine. ❷ *human kind, human race:* Ádhamhchlann, an cine daonna, pl. na daoine, síol Ádhaimh, síol Éabha, sliocht Ádhaimh. ❸ *menstruation:* pl. cnúthacha, pl. cúrsaí, fuil mhíosta, gabhalshraoth, gabhaltsruth, leabhrú, míostrú, tréimhse mhíostúil, *literary* bandoirteadh, banfhlosca, bláthdhoirteadh, bláthscaoileadh, mún fola, *familiar* galar na ceirte; *familiar* bheith leagtha sall, bheith sna báid; *familiar* tá Páidín orm, tá mé timpeall arís.

daonnachtúil adjective *humane, kindly:* beannaithe, bráithriúil, cabhrach, caoin, caomh, ceansa, ceanúil, cineálta, cneasta, comharsanúil, comhbhách, connail, dáimheach, dáimhiúil, daonna, duineata, garúil, grádiaúil, grámhar, lách, macánta, maith, máithriúil, mánla, maothchroíoch, maránta, méiniúil, miochair, míonla, oibleagáideach, séimh, soghníomhach, suairc, tláith, trócaireach, tuisceanach.

daonnachtúlacht noun *kindness, philanthropy:* daonchairdeas, daonnacht, leas na ndaoine, *literary* daonchaire; caoideanas, caoimhe, caoineas, caoithiúlacht, ceansacht, cineáltacht, cneastacht, féile, flaithiúlacht, láíocht, macántacht, miochaire, séimhe, suairceas, tláithe.

daonnaí noun *human being:* anam, bean, carachtar, deoraí, fear, gasúr, duine, leanbh, páiste, neach, neach daonna, peacach, pearsa, pearsantacht.

daonra noun *population:* an choitiantacht, fairsingeacht na ndaoine, líon na ndaoine, muintir, pobal, uimhir an phobail.

daor adjective ❶ *base, servile:* anuasal, cábógach, cloíte, coiteann, coitianta, comónta, cothrom, daoscair, forleathan, forleitheadach, Gaelach, garbh, gnách, gnáth-, íseal, lábánta, lábúrtha, lodartha, luarga, moghach, otair, pleibeach, sclábhánta, suarach, táir, táiríseal, truaillí, uiríseal, umhal. ❷ *hard, severe:* aingí, anacrach, anróiteach, callóideach, crosta, crua, cruálach, daigheachánach, deacair, dian, dianasach, díbhirceach, dícheallach, díocasach, dochrach, dochraideach, docht, dócúlach, doghrainneach, doiligh, doirbh, dólasach, duaisiúil, iomardúil, pioloídeach, treascrach. ❸ *costly, expensive:* costasach, luachmhar, mórluachach, praeúil, adjectival genitive sóchais; an ráta is daoire ar an earra is saoire. noun ❶ *unfree person, slave:* daoirseach, daoirsineach, daoránach, giall, mogh, moghaidh, sclábhaí, seirfeach, tráill; amhas, anuasal, bathlach, bodach, buailtíneach, búr, cábóg, closmar, fleascach, géillsineach, lábánach, lóma, searbhónta, seirbhíseach, spailpín. ❷ *condemned person, convict:* bithiúnach, bligeard, cime cneámhaire, ciontaí, ciontóir, coireach, coirpeach, crochadóir, daoránach, feileon, géibheannach, oilghníomhaí, príosúnach, ropaire, ropaire gaid, rifíneach, scabhaitéir, scuit, scuitsear, sealánach. verb ❶ *enslave:* cuir i mbroid, cuir i ndaoirse, cuir i moghsaine, déan sclábhaí de. ❷ *convict:* ciontaigh, damnaigh, tabhair breithiúnas ar, teilg chun báis, teilg chun a chrochta.

daoradh¹ noun ❶ *enslavement:* anfhorlann, ansmacht, antrom, daoire, daorbhroid, daorsmacht, leatrom, meirse, moghsaine, sclábhaíocht, sclábhaíocht, seirfeachas, smachtúlacht, tromdhaoirse. ❷ *conviction:* breith, breith báis, breithiúnas, ciontú, damnú, daoradh chun báis, daorbhreith, teilgean chun báis, teilgean chun a chrochta.

daoradh² noun *(base in) rounders:* cluiche corr, cluiche dhaor, *pl.* daoracha, thart thart.

daoraicme noun *unfree class of people:* daorchineál, daorchlann, daorthuath; *pl.* aithigh.

daoránach noun ❶ *slave, servile person:* daoirseach, daoirsineach, daor, mogh, moghaidh, sclábhaí, seirfeach; amhas, anuasal, bathlach, bodach, buailtíneach, búr, cábóg, closmar, fleascach, lábánach, lóma, searbhónta, seirbhíseach, spailpín, tráill. ❷ *convict:* bithiúnach, bligeard, cneámhaire, ciontaí, ciontóir, coireach, coirpeach, crochadóir, daor, feileon, géibheannach, oilghníomhaí, príosúnach, ropaire, ropaire gaid, rifíneach, scabhaitéir, scuit, scuitsear, sealánach.

daorbhreith noun *sentence of condemnation, conviction:* breith, breith báis, breithiúnas, ciontú, damnú, daoradh, daoradh chun báis, teilgean chun báis, teilgean chun a chrochta.

daorbhroid noun *dire bondage:* anfhorlann, ansmacht, daoire, daoirse, daorsmacht, éigean, éagomhlann, éagothroime, éagothrom, forneart, lámh láidir, lámh throm, leatrom, meirse, moghsaine, ollsmacht, sárú, sclábhaíocht, seirfeachas, smachtúlacht, splíontaíocht, tráilleacht, tromdhaoirse.

daorghalar noun *piles, haemorrhoids: pl.* boilg an daorghalair; *pl.* fígí, fíocas, nadfuine.

daorsmacht noun *slavery, oppression:* anfhorlann, ansmacht, antrom, daoire, daoirse, daorbhroid, éigean, éagomhlann, éagothroime, éagothrom, forneart, lámh láidir, lámh throm, leatrom, meirse, moghsaine, ollsmacht, sárú, sclábhaíocht, seirfeachas, smachtúlacht, splíontaíocht, tráilleacht, tromas, tromdhaoirse.

daoscar noun *rabble:* brablach, brataing, bratainn, bruscar, codraisc, cóip, cóip na sráide, conairt, cuimleasc, daoscarshlua, drifisc, glamrasc, gráisc, gramaisc, gramaraisc, gráscar, grathain, luifearnach, luspairt, malra, rablach, scroblach, sloigisc, slua, sprot, trachlais; Clann Lóbais, Clann Tomáis.

dara adjective *second, next:* darna, tarna; dóú; an chéad cheann eile.

dásacht noun ❶ *daring, audacity:* brí, calmacht, coráiste, coráistiúlacht, crógacht, croí, dánacht, diorraing, dosca, doscaí, doscaidh, doscaíocht, foirtile, foirtiúlacht, gal, gaisce, gaiscíocht, gus, láidreacht, laochas, meanma, meanmnacht, mearchalmacht, meargántacht, misneach, misniúlacht, muinín, neart, niachas, oiread Chnoc Mordáin de chroí, scairt láidir, sea, smior, spionnadh, spiorad, sponc, spreacadh, spréach, spreacúlacht, teanntás, treise, uchtach, uchtúlacht, *literary* déadlacht. ❷ *madness, fury:* aimirne, ainmheasarthacht, ainmhian, ainriantacht, ampla, andúil, anlucht, antoil, báiní, confadh, díocas, faobhar, fíoch, fiúnach, flosc, fonn, fraoch, gabhairéis, ládas, ládasacht, mearaí, mire, saint, scamhadh, teaspach.

dásachtach adjective ❶ *daring, audacious:* aerach, bríomhar, calma, coráisteach, coráistiúil, cróga, curata, dána, dásach, díolúnta, diorraingeach, doscaidh, doscaí, doscaitheach, doscúch, fiáin, foirtil, fortúil, gaisciúil, galach, gusmhar, gusúil, ládasach, láidir, laochta, laochúil, meanmnach, meardhána, meargánta, misniúil, muiníneach as féin, scléipeach, spionnúil, spioradúil, spreacúil, spreagúil, spridiúil, teanntásach, tréan, uchtúil, *literary* láimhtheach, léideanach, léidmheach. ❷ *mad, furious:* bán, bán geal, **adjectival genitive** craic, éadrom sa cheann, éadrom sa chloigeann, éaganta, fiáin, gealtach, mear, chomh mear le míol Márta, mearaithe, obann, seachmallach, seafóideach, splanctha, straidhniúil, tobann, *literary* dreamhan; ar an daoraí, ar mire, ar na craobhacha, ar na stártha, ar na stártha buile, ar seachrán, ar shiúl

---

Dathanna

Is aidiachtaí nó frásaí aidiachtacha na téarmaí Gaeilge sa liosta seo thíos

almond: ar dhath na halmóinne
almond green: almóinnghlas
amaranth:
  ar dhath an amarantais
amber: ómrach
amethyst: ar dhath na haimitise
apple green: úllghlas
apricot: ar dhath na haibreoige
aqua: gormghlas
aquamarine: gormghlas
ash: ar dhath na luatha
aubergine:
  ar dhath an ubhthoraidh
auburn: órdhonn
avocado:
  ar dhath an phiorra abhcóide
baby blue: éadrom gorm
baby pink: éadrom bándearg
bay: donnrua; buírua
beige: béas; liathbhuí
biscuit: donnbhuí
bisque: donnbhuí
bistre: ar dhath an ghualaigh
black: dubh
blond, blonde: buíbhán; fionn

blue: gorm
blue-grey: liathghorm
bottlegreen: buidéalghlas
brindle: riabhach
bronze: umha-dhaite
brown: donn
buff: bufa; donnbhuí
burgundy: ar dhath na burgúine
burnt ochre:
  ar dhath an ócair dhóite
burnt sienna:
  ar dhath na siaine dóite
burnt umber:
  ar dhath an umbair dhóite
buttermilk: ar dhath na bláthaí
butternut: ar dhath an imchnó
cadmium yellow:
  de bhuí caidmiam
café au lait:
  ar dhath caife bhainniúil
Cambridge blue: bánghorm
camel: buídhonn
canary yellow: glébhuí
caramel: ar dhath an charamail
cardinal red: dúscarlóideach
carmine: cairmíneach
carnation: fionndearg
carnelian:
  ar dhath an choirnéilin

carrot: rua; buírua
celadon: liathghlas
cerise: silíneach
cerulean: spéirghorm
champagne:
  ar dhath an tseaimpéin
charcoal: de dhath an fhioghuail
chartreuse: **adjectival genitive**
  seártrúis
cherry: caordhearg
chestnut: donnrua
chocolate: ar dhath na seacláide
cinnabar: flanndearg
cinnamon: ar dhath an chainéil
citron: ar dhath an chiotróin
clair de lune: ghormghlas
claret: ar dhath an chláiréid
cobalt blue: de ghorm cóbailt
cocoa: ar dhath an chócó
coffee: liathbhuí;
  ar dhath an chaife
Copenhagen blue:
  de ghorm Chópanhágan
copper: ar dhath an chopair
coral: pincdhearg
cornflower blue:
  ar dhath an ghormáin
cream: bánbhuí
crimson: craorag

Dathanna: cyan

Dathanna
ar lean

cyan: cian
cyclamen:
　ar dhath an chioclaimeáin
daffodil:
　ar dhath lus an chromchinn
damask:
　ar dhath an róis damascaigh
damson: ar dhath an daimsín
dark brown: ciardhonn; dúdhonn
dark green: dubhuaine; dúghlas
dark grey: glasdubh
dark red: dúdhearg
dove: ar dhath an cholúir
drab: liathdhonn; lachna
duck-egg blue:
　de ghorm ubh na gé
dun: odhar
eau-de-Nil: liathghlas;
　ar dhath uisce na Níle
ebony: ar dhath an éabainn
ecru: éadrom osbhuí
electric-blue: gléghorm
emerald: smaragaidghlas
fallow: donnbhuí
fawn: osbhuí; buídhonn
flame: buídhearg
flesh: ar dhath an chraicinn
fuchsia: ar dhath an fhiúise
gamboge: de bhuí na Cambóide
gentian:
　ar dhath an cheadharlaigh
ginger: rua
gold: órbhuí; ar dhath an óir
green: glas; uaithne
grey: glas; liath
grey-green: liathghlas
greyish white: liathbhán
gunmetal grey:
　ar dhath an ghunnamhiotail
hazel: glasdonn
heather: fraochdhaite
heliotrope: héileatrópach
henna: ar dhath na hine
honey: ar dhath na meala
ice blue: éadrom bánghorm
incarnadine: fionndearg
indigo: plúiríneach
iron grey: iarannghlas
ivory: ar dhath an eabhair
jade: seádghlas
jasmine: ar dhath na seasmaine
jet-black: daoldubh
khaki: liathbhuí;
　ar dhath an chaicí
kingfisher-blue:
　de ghorm an chruidín
lapis lazuli:
　de ghorm na cloiche lachtaí
lavender: ar dhath an labhandair
leaf green: de ghlas duilleoige
lemon: líomóideach
lilac: liathchorcra;
　ar dhath na líolóige
lily white: ar ghile na lile; lilíoch
lime green: líomaghlas
Lincoln green: d'uaine Lincoln
liver: donndearg
lovat green: bréidghlas

magenta: maigeanta
magnolia: ar dhath na magnóilia
mahogany: ar dhath mahagaine
maroon: marún
mauve: liathchorcra;
　ar dhath an hocais
mazarine blue: mazairíneach
midnight blue: dúghorm
mocha: mocadhonn
mouse: ar dhath na luchóige
mulberry: maoildearg
mushroom:
　ar dhath an mhuisiriúin
mustard: mustardbhuí
nacarat: nacarat
nankeen: naincínbhuí
navy blue: dúghorm
Nile blue: nílghorm
Nile green: nílghlas
nut brown: cnódhonn
nutmeg: ar dhath na noitmige
oatmeal: ar dhath na mine coirce
ocean blue: aigéanghorm
ochre: ar dhath an ócair
off-white: leathbhán
old gold: ar dhath an tseanóir
old rose: ar dhath an tseanróis
olive green: glasbhuí
opal: ópalach
orange: flannbhuí;
　de dhath an oráiste
oxblood: ar dhath fhuil an daimh
Oxford blue: de ghorm Oxford
oyster white: liathbhán;
　oisrebhán
palamino: palaimíneo
pale blue: bánghorm
pale brown: liathdhonn
pale green: bánghlas; glasbhán
pale grey: glasliath
paprika: ar dhath an phaiprice
parchment: párdhaite
peach: ar dhath na péitseoige
peach-bloom:
　ar dhath bhláth na péitseoige
peacockblue: péacóg-ghorm
pea green: pisghlas
pearl: péarlach; néamhannach
periwinkle: gormvialait
petrol blue: peitrealghorm;
　de ghorm an pheitril
pewter: ar dhath an phéatair
pine green: péineghlas
pink: bándearg; pinc
pinkish: liathdhearg
pistachio: ar dhath na pistéise
platinum blonde: fionnbhán
plum: ar dhath an phluma
poppy: ar dhath an phoipín
powder blue: bánghorm;
　liathghorm
primrose:
　ar dhath an tsamhaircín
Prussian blue:
　de ghorm prúiseach
puce: ruachorcra
purple: corcra
putty: ar dhath an phuití
raspberry: ar dhath na sú craobh
raven: ar dhath an fhéich
red: dearg

robin's egg blue:
　de ghorm ubh na spideoige
rose: rósach
royal blue: ríghorm;
　de ghorm ríoga
royal purple: ríchorcra;
　de chorcair ríoga
ruby: rúibíneach;
　ar dhath an rúibín
russet: rua; donnrua
rust: ar dhath na meirge
sable: ciardhubh
saffron: cróchbhuí
salmon: ar dhath an bhradáin
sand: ar dhath an ghainimh
sanguine: fuildearg;
　ar dhath na fola
sapphire: ar dhath na saifíre
saxe blue: sacsghorm
scarlet: scarlóideach
sea green: muirghlas
seal brown: róndonn
sepia: donnrua;
　ar dhath dhúch an chudail
shell pink:
　de bhándearg an tsliogáin
sienna: **adjectival genitive** siaine
silver: airgeadach; geal-liath
sky blue: spéirghorm
slate: slinnliath
slate blue: slinnghorm
snow-white: ar ghile an tsneachta
sorrel: deargrua:
steel blue: glasghorm
steel grey: cruachliath
stone: ar dhath na cloiche
straw: ar dhath na tuí
strawberry: ar dhath na sú talún
strawberry-blonde: fionnrua
tan: crón
tangerine: ar dhath an tainséirín
tawny: ciarbhuí
teak: ar dhath na téice
teal: téalghorm
tea rose: ar dhath an taeróis
tenné: ciarbhuí
terracotta: ar dhath na cré bruite
Titian: glérua
topaz: ar dhath an tópáis
tortoiseshell: toirtíseach
Turkey red: madardhearg
turquoise: turcaidghorm
Tyrian purple:
　de chorcair na Tuíre
ultramarine: ultramairín
umber: ar dhath an umbair
Venetian red:
　de dhearg Veinéiseach
verditer: d'uaine *vert-de-terre*;
　de ghorm *vert-de-terre*
vermilion: flanndearg
violet: vialait; corcairghorm
viridian: gormghlas;
　d'uaine Guignet
walnut:
　ar dhath adhmad an ghallchnó
Wedgwood blue:
　de ghorm Wedgwood
white: bán; geal
wine-coloured: fíondaite
yellow: buí

leis, as a chiall, as a chraiceann, as a mheabhair, as a stuaim, le báiní, le buile, thairis féin.

dáta noun *date, time, period:* an t-am atá thart, an t-am i láthair; an t-am atá le teacht; achar, aga, an aimsir chaite, cairde, ceannaimsir, linn, píosa, ré, scaitheamh, seal, sealad, tamall, tráth, lá, leathlá, seachtain, coicís, mí, tréimhse, ráithe, bliain, aois, céad; na laethanta seo, sa lá atá inniu ann; amach anseo; taca an ama seo amárach; choíche, go brách, go deo, trí shaol na saol; lá Philib an Chleite, lá Thaidhg na dTadhgann, lá Sheoin Dic; le fada an lá; ó na cianta; an t-am luath, an t-am nua, an t-am mall; am na gréine, am na réaltaí; am marbh na hoíche, log na hoíche, uair mharbh na hoíche; fad aimsire, uair.

dátaigh verb *date:* dátáil; cuir dáta leis.

dath noun ❶ *colour:* deann, imir, lí; craiceann, liathadh, loise, luisne, scáil, snua; péint. ❷ *a dhath anything, (with negative) nothing:* aon bhlas, aon cheo, aon ní, aon rud, dada, faic, fionna feanna, ní ar bith, rud ar bith, screatall, scaile, smadal, smid ná smeaid, tada; a bheag nó a mhór.

dathabha noun ❶ **dathabha bán** *hemlock water-dropwort (Oenanthe crocata):* dathó bán, greabhán mín, tréanluibh, tréanlus, tréanlus braonach, tréanlus braonach an chorraigh. ❷ **dathabha dubh** *monk's hood, aconite (Aconitum):* dáthó, fuath an mhadaidh, fuath an mhadra, fuath mhadra, lus na séad.

dathadóir noun ❶ *dyer, painter:* dathaire, pacadaeir; ealaíontóir, líodóir, péintéir; maisitheoir, oirneálaí, cóiritheoir. ❷ *exaggerator:* scailéathan; cailleach an uafáis.

dathadóireacht noun ❶ *dyeing, painting:* bearcáil, clódóireacht, dathaireacht, dathú, dathúchán, líodóireacht, péinteáil, péintéireacht; maisiú, maisiúchán, oirnéaladh, ruaimneoireacht. ❷ *colouring, exaggeration:* áibhéil, áibhéis, áibhliú, bladhmhaireacht, bladhmann, buaileam sciath, clódóireacht, dul thar fóir, gáifeachas, gáifeacht, gaisce, gláiféisc, laochas, maíomh, mórtas, mórtas thóin gan taca, radamandádaíocht, scailéathan, scaothaireacht, scleondar, *literary* spleadh; chuir sé leis an scéal; chuir sé seacht gcosa faoin scéal; dhathaigh sé an scéal; rinne sé míol mór de mhíoltóg, rinne sé lán béil de shuarachas, rinne sé mórán de bheagán; dhéanfadh sé scéal de chlocha trá.

dathaigh verb ❶ *colour, dye, paint:* cuir dath ar, cuir péint ar, deann, déan péinteáil ar, péinteáil; cóirigh, maisigh, oirnéal, ruaimnigh. ❷ *colour, give plausibility to:* cuir craiceann ar, cuir creat ar, cuir cuma ar, cuir cuma na fírinne ar, cuir dreach ar, déan creatúil, déan dealraitheach, déan sochreidte. ❸ *rig (cards):* pacáil; réitigh, socraigh.

dathannach adjective ❶ *multi-coloured, colourful:* ballach, breac, cearnógach, daite, craobhlasrach, gáifeach, gairéadach, ildaite, ildathach, líoga, péacach, riabhach, títheach. ❷ *glowing:* beodhearg, craosach, dearg, lonrach, luisiúil, luisneach, tintrí; ina chaor.

dátheangach adjective *bilingual:* ilteangach, macarónach; tá dhá theanga aige ó dhúchas.

dathú noun ❶ *colouring, coloration:* bearcáil, clódóireacht, cóiriú, dathaireacht, dathúchán, líodóireacht, péinteáil, péintéireacht; maisiú, maisiúchán, oirnéaladh, ruaimniú; cuma, dreach, snua. ❷ *embellishment (of story):* cuma, clódóireacht, dathadóireacht, dealraitheacht, dreach, gáifeacht, maisiú; scéal chailleach an uafáis, scéal madra na n-ocht gcos; cuireann sé cos uaidh féin leis an scéal; cuireann sé cosa faoin scéal, cuireann sé na hocht gcos faoin scéal; cuireann sé eireaball maith leis an scéal. ❸ **dathú cártaí** *rigging of cards:* pacáil.

dathúil adjective ❶ *colourful:* daite, gairéadach, ildaite, ildathach, líoga, péacach; beodhearg, dearg, lonrach, luisiúil, luisneach; ina chaor. ❷ *good-looking, comely:* álainn, breá, *literary* cadhla, caithiseach, canta, caomh, conláisteach, córach, cuanna, cuidsúlach, cumtha, dea-chruthach, dealfa, dealraitheach, dea-mhaisiúil, deas, deismir, dóighiúil, dreachúil, fíortha, galánta, glémhaiseach, gleoite, gnaíúil, gnúiseach, grástúil, greanta, innealta, iomálainn, maisiúil, meallacach, sciamhach, slachtmhar, snúúil, tarraingteach, *literary* sochraidh; tá cuid súl inti. ❸ *generous:* bordach, bronntach, cóir, córtasach, cuidiúil, dáilteach, dathúil, deachroíoch, dearlaiceach, duaiseach, fairsing, fial, fiúntach, flaithiúil, gnaíúil, mórchroíoch, neamhmhion, oscailteach, preabúil, rábach, sínteach, tabhartasach, tíolacthach, toirbheartach, *literary* flaithfhbheartach, *literary* gartach; garúil, oibleagáideach; bog faoina phócaí, go maith faoina chuid airgid.

dathúlacht noun ❶ *good looks, beauty:* áille, áilleacht, bláth na hóige, breáthacht, caithis, cantacht, caoimhe, córaí, cruthúlacht, cuannacht, cumthacht, dealraitheacht, dealramh, dea-mhaise, deiseacht, dóighiúlacht, galántacht, glémhaise, gleoiteacht, gnaíúlacht, gnaoi, grástúlacht, greanadh, loise, macaomhacht, maise, maisiúlacht, meallacacht, scéimh, sciamhacht, slacht, slachtmhaireacht, tarraingteacht. ❷ *generosity:* córtas, croíúlacht, fáilte, fairsinge, féile, féith bhog, fiúntas, flaithiúlacht, mórchroí, oineach, oscailteacht, toirbheartas.

dé noun ❶ *literary smoke:* ceo, deatach, gal, smúid, toit; pluimín. ❷ *puff, breath:* anáil, anáil na beatha, análú, díogarnach, falrach, fleaim, puth, riospráid, tinfeadh, tinfise; gearranáil, plúchadh, smeámh, smúrthacht, snag, snag anála, uspóg; bhí ga seá ann; bhí saothar air. ❸ *glimmer:* coinneal, coinnleoireacht, gealán, gealas, glioscarnach, lasair, lasán, lasóg, léas, *pl.* léaspáin, loinnir, marbhloinnir, solas, splanc, splancarnach, spréach, spréachán, spréacharnach.

dea- prefix *good, well:* an-, fíor-, rí-, ró-; ceart, deas, fiúntach, fónta, maith; ar fónamh, ar fheabhas, i gceart, thar barr, thar cionn, thar cionn amach.

deabhadh noun *haste, hurry:* broid, brostú, corraí, cruóg, deifir, deifre, dithneas, dlús, driopás, drip, eadarluas, faobhach, féirsce, fuadar, fústar, giodar, griothalán, luas, práinn, ráchairt, rith, saothar, séirse, struip, tapa, téirim, tinneanas; tá bruth laidhre ort ag imeacht; bain na cosa asat, beoigh ort, ná fásadh aon bhlas féir faoi do chosa; tá geoc ort.

deabhaidh noun *strife, contention, fight:* achrann, agóid, aighneas, argóint, beachtaíocht, briatharchath, bruíon, cailicéireacht, cáiríneacht, callóid, callshaoth, cibeal, cnádánacht, cogadh, conghail, cointinn, construáil, cur i gcoinne, clampar, construáil, deargadh beara, díospóid, easaontas, feannadóireacht, géaradas cainte, géiríneacht, giorac, goineogacht, gríobsach, iaróg, íde béil, íde na muc is na madraí, imreas, imreasán, iomaraíl, iomarbhá, maicín, oirbhire, priocaireacht raic, sciolladóireacht, sclúchas, siosma, spochadh, spochadóireacht, stangaireacht, tarcaisne, trasnaíocht, troid, *literary* easard, gleidean, imnise; d'éirigh eatarthu, bhí siad in árach a chéile, bhí siad in adharc a chéile, bhí sé ina cheo bóthair eatarthu, bhí gáir faoin roinn, bhí siad ag caitheamh crístíní lena chéile, ag ithe (is ag gearradh) a chéile.

deabhóid noun *devotion:* adhradh, beannaíocht, beannaitheacht, caoindúthracht, crábhadh, cráife-

deabhóideach
acht, creideamh, diagacht, diagantacht, diagas, díograis, dúthracht, géilleadh, naofacht, *literary* iris.

deabhóideach adjective *devotional, devout*: beannaithe, caoindúthrachtach, creidmheach, diaga, diagaithe, diaganta, diagasúil, díograiseach, dúthrachtach, grádiaúil, naofa, rialta, scrupallach, urnaitheach, *literary* iriseach; liotúirgeach, móideach.

deacair adjective ❶ *difficult*: achrannach, aimpléiseach, anacair, anfhurasta, anróiteach, bundeacair, callóideach, casta, conráideach, conróideach, crosta, crua, dian, dócúlach, dodhéanta, doghrainneach, doiligh, dóing, dóingeach, doirbh, doréidh, doréitithe, droibhéalach, duaisiúil, duibheagánach, fadhbach, iomardúil, piolóideach, strusúil, tónáisteach, *literary* doraidh. ❷ **is deacair liom** *I am reluctant*: tá drogall orm. noun *difficulty, distress*: aimléis, ainnise, ainriocht, amaróid, anacair, anachain, anás, anchaoi, angar, anró, anróiteacht, anshó, bochtanas, boichte, bochtaineacht, cat mara, ciotrainn, crá, crá croí, cráiteacht, cránán, cránas, cruachás, cruatan, dealús, dearóile, díblíocht, dochracht, dochraide, dócúl, doghrainn, doic, dóing, dóinmhí, dola, donacht, donas, dothairne, drámh, drochbhail, drochrath, duainéis, éagomhlann, éigeandáil, eirleach, fulaingt, gá, gábh, gannchuid, gátar, géarbhroid, géarchéim, géarghá, géarghoin, iomard, leatrom, matalang, mí-ádh, mífhortún, mírath, mísheoladh, míthapa, piolóid, priacal, sáinn, suaitheadh, taisme, timpiste, tragóid, treabhlaid, trioblóid, truántacht, tubaiste, turraing, *literary* cacht, galghad.

dea-cháil noun *good reputation*: ainm, cáil, clú, deaainm, dea-chlú, gairm, iomrá, meas, oineach, oirirceas, tásc, teastas, teist, tuairisc, *literary* bladh, toirm.

deachtaigh verb ❶ *indict*: cáin, ciontaigh, cúisigh, damnaigh, daor, díotáil, éiligh, gearáin, milleánaigh, táinsigh; cuir an milleán ar, cuir i leith. ❷ *direct, instruct*: aithin, múin, ordaigh, rialaigh, seol, smachtaigh, stiúir, teagasc, treoraigh; cuir ar an eolas. ❸ *dictate*: tabhair deachtaireacht do.

deachtóir noun ❶ *dictator (of text)*: deachtaire. ❷ *(political) dictator*: aintiarna, anlaith, tíoránach, uathlathaí.

deachtóireacht noun *dictatorship*: aintiarnas, anlathas, ollsmachtachas, tíorántacht, uathlathas.

deachtú noun ❶ *composition*: aiste, cumadh, cumadóireacht, saothar, scríbhinn, téacs. ❷ *direction, instruction*: aithne, múineadh, múinteoireacht, ordú, rialú, smachtú, stiúradh, teagasc, treoir, treorú; cur ar an eolas. ❸ *dictation*: deachtaireacht.

deachú noun *tenth part, tithe*: ceart na heaglaise, deichiú cuid.

deachúil adjective *decimal*: deachúlach. noun *decimal*: airgead deachúil, uimhir dheachúil; deachúlú.

deacrach adjective *severe, distressing*: achrannach, aimpléiseach, aingí, anacair, anacrach, angarach, anóiteach, anróiteach, caingneach, callóideach, crosta, crua, daigheachánach, deacair, dian, dochrach, dochraideach, docht, dócúil, dócúlach, doghrainneach, doiligh, doirbh, dólásach, duaiseach, duaisiúil, iomardúil, léanmhar, míshócúlach, míshólásach, míshuaimhneach, piolóideach, treabhlaideach, treascrach, truamhéalach.

deacracht noun ❶ *difficulty*: cruacheist, cnámh le creimeadh, deacair, dóing, dúcheist, éigean, éigeandáil, fadhb, géarchéim, an t-oighear, oighear an scéil, pointe cruóige, stangán, tomhais, treampán. ❷ *distress*: aimléis, ainnise, ainriocht, amaróid, anacair, anachain, anás, anchaoi, angar, anró, anróiteacht, anshó, bochtanas, boichte, bochtaineacht, cat mara, ciotrainn, crá, crá croí, cráiteacht, cránán, cránas, cruachás, cruatan, deacair, dealús, dearóile, díblíocht, dochracht, dochraide, dócúl, doghrainn, doic, dóing, dóinmhí, dola, don, donacht, donas, dothairne, drámh, drochbhail, drochrath, duainéis, éagomhlann, éigeandáil, eirleach, fulaingt, gá, gábh, gannchuid, gátar, géarbhroid, géarchéim, géarghá, géarghoin, iomard, leatrom, matalang, mí-ádh, míbhuntáiste, mífhortún, mírath, mísheoladh, míthapa, piolóid, ponc, priacal, sáinn, suaitheadh, taisme, timpiste, tragóid, treabhlaid, trioblóid, truántacht, tubaiste, turraing, umar na haimléise, *literary* cacht, galghad. ❸ **i ndeacracht** *in a difficulty*: ar an bhfaraor, i bponc, i dteannta, i gcantaoir, i gcás, i gcathair ghríobháin, i gceapa, i ndreapa, i nead ghríbhe, i ngéibheann, i súil an ribe, i súil an rópa, idir an leac is an losaid, idir dhá cheann na meá, idir dhá chomhairle, idir dhá thine Bhealtaine, in adhastar an anró, in arán crua, in umar na haimléise, ina bhaileabhair, ina bhambairne, sa chúngach, san fhaopach, *familiar* bugaráilte; tá a chos sa trap, tá a lámh i mbéal an mhadra, tá a mhéar i bpoll tarathair; fágadh Baile Átha Cliath ar an mbóthar aige, fágadh Trá Lí ar an mbóthar aige, fágadh ar an trá é, fágadh ar an trá fholamh é.

déad noun *tooth*: clárfhiacail, cúlfhiacail, diúlfhiacail, fiacail, fiacail diúil, fiacail forais; géarán, géaránach, gonán, starrfhiacail, stranfhiacail, stran fiacaile, strana fiacaile, *colloquial* cairb, cár, cíor, cíor fiacla, déadchíor, drad, draid.

déagánach noun *deacon*: ábhár ministir, ábhár sagairt, mac-chléireach, údar sagairt; cléireach cúnta, cléireach óg, *literary* deochain, deochan, deochán.

déagóir noun *teenager*: duine sna déaga; bean óg, cailín óg, buachaill óg, duine óg, fear óg; aosánach, dalta, gasún, garsún, gearrbhodach, gearrbhuachaill, giolla, iníon léinn, leaid, mac léinn, macaomh, macaomh mná, óganach, scorach; stócach, bogstócach, glas-stócach, leathstócach; ainnir, bruinneall, cúileann.

dealaigh verb ❶ *part, separate*: bain as a chéile, cuir ar leataobh, cuir eatarthu, cuir óna chéile, deighil, dluigh, gearr óna chéile, idirdhealaigh, idirscar, imscar, roinn, scar, scoir, scoith óna chéile, teasairg ar a chéile, *literary* imdheighil. ❷ *distinguish*: aithin eatarthu, aithin difríocht eatarthu, deighil ó, idirdhealaigh, scar óna chéile. ❸ **dealaigh le** *part with, separate from*: géill, imigh ó, lig uait, scar le, tabhair suas. ❹ *subtract*: bain, bain amach, bain de.

dealbh[1] adjective ❶ *destitute*: ainnis, angarach, bancbhriste, bocht, dealúsach, dearóil, díblí, díchairdiúil, díolba, díothach, féimheach, lomnocht, mí-ádhúil, mí-ámharach, millte, nocht, ocrach, suarach, trua, truánta, *literary* doim; ar an trá fholamh. ❷ *bleak, empty*: aimlithe, aimrid, carraigeach, creagach, diolba, folamh, gaofar, lom, ris, scártha, sceirdiúil, séidte.

dealbh[2] noun *statue*: bráidealbh, deilbh, íomhá, leacht, rilíf ar, rilíf íseal.

dealbhach noun *destitute person*: ainniseoir, ainriochtán, bocht, bochtán, ceanrachán bocht, duine bocht, duine dealbh, duine dealúsach, nocht, truán.

dealbhaigh verb *sculpt, sculpture*: déan dealbhóireacht, gearr, snoigh; cruth, dear, leag amach.

dealbhóir noun *sculptor*: dealbhadóir, snoíodóir; cruthaitheoir, dearthóir, ealaíontóir.

dealbhú[1] noun *impoverishment*: bochtú, dul i ndíblíocht; boichte, bochtaineacht, bochtanas; bánú, dealús, díbliú, folmhú, lagú.

dealbhú[2] noun *sculpturing, sculpture*: cruthú, dealbhadóireacht, dealbhóireacht, dearthóireacht, deilbhiú, gearradh, íomhá, snoí, sníodóireacht.

dealg noun ❶ *thorn, prickle:* bior, briogadán, colg, deilgín, guaire, spíon, *colloquial* coilgne, deilgne, guaireach, spíonlach. ❷ *pin, peg:* biorán, cnoga, cranntairne, peig, pionna, stang, *literary* eo; maide. ❸ *brooch:* biorán, biorán brollaigh, claspa, próiste, *literary* casán, eo, míleach; seoid.

dealgán noun *knitting-needle:* biorán cniotála, snáthadán.

dealraigh verb ❶ *shine forth, illuminate:* lonraigh, saighneáil, soilsigh, sorchaigh, taitin; *literary* ionsorchaigh. ❷ *appear:* amharc, breathnaigh, dearc, féach, nocht, taispeáin tú féin, tar i láthair; feictear dom, is dóigh liom, samhlaítear dom, taibhsítear dom. ❸ *judge by appearance:* meas, tabhair breith, tabhair breithiúnas, tabhair tuairim.

dealraitheach adjective ❶ *shining, resplendent:* coinnleach, crithreach, drilseach, drithleach, drithleánach, galbánach, glasta, glórmhar, loinneartha, lonrach, luisiúil, niamhrach, réaltach, ruitheanta, ruithneach, ruithní, ruithnitheach, snasta, soilseach, solasach, solasta, taitneamhach, taitneamhach, trilseach, *literary* éadracht; grianánach, grianmhar. ❷ *of good appearance, likely-looking:* tá cosúlacht bhreá ar, tá teacht i láthair i. ❸ *apparent, likely:* cosúil, creatúil, creidte, cruthúil, dócha, dóchúil, dóigh, inchreidte, sochreidte; ar an tairne; tá an chosúlacht ar, tá craiceann ar, is maith an seans, seans; sin é an scéal agus a chomhartha lena chos agat.

dealraitheacht noun ❶ *appearance, resemblance:* aghaidh, cló, cóiriú, cosúlacht, crot, cruth, cuma, cumraíocht, cuspa, dealramh, deilbh, dreach, éadan, eagar, éagasc, fíor, fíoraíocht, foirm, gné, gnúis, leagan, riocht, scoth, stíl. ❷ *verisimilitude:* cosúlacht, cosúlacht na fírinne, cruthúlacht, cuma na fírinne, dealramh, dóchúlacht.

dealramh noun ❶ *sheen, splendour:* breáthacht, breo, gealán, gealas, glóir, léar, léas, loinnir, lonradh, lonrú, luan, luisne, naomhluan, niamh, niamhracht, péacacht, soilseacht, soilsiú, solas, taibhse, taibhseacht, *literary* éadrachta. ❷ *look, appearance:* aghaidh, cló, cóiriú, cosúlacht, crot, cruth, cuma, cumraíocht, cuspa, dealramh, deilbh, dreach, éadan, eagar, éagasc, fíor, fíoraíocht, foirm, gné, gnúis, leagan, riocht, scoth, stíl.

dealú noun ❶ *separation:* bearna, deighilt, scaradh, scoilt, siosma; imeacht. ❷ *subtraction:* asbhaint, baint as, baint de; aistriú, cealú, laghdú.

dealús noun *destitution, poverty:* bochtaineacht, bochtaineas, boichte, clisiúnas, dealbhú, dearóile, deilbhíocht, easnamh, easpa, gátar, *pl.* pócaí folmha, tearc-chuid, uireasa; bánú, díbliú, folmhú, lagú; bheith gan blas ná a tointe éadaigh.

dealúsach adjective *destitute:* ainnis, angarach, bancbhriste, bocht, dealbh, dearóil, díblí, díchairdiúil, diolba, díothach, folamh, lom, lomnocht, míádhúil, mí-ámharach, millte, nocht, ocrach, sceirdiúil, suarach, trua, truánta, *literary* doim; ar an trá fholamh.

deamhan noun ❶ *demon:* áibhirseoir, ainspiorad, diabhal, eithiar, ginid, ginid ghlinne, ifreannach, mórphúca, orc, púca, púca na mbeann; an Boc Dubh, an Fear atá thíos, an Fear Dubh, an Fear Mór, an Seanbhuachaill, Béalzabúl, Fear na gCrúb, Fear na nAdharc, Fear na Ruibhe, Sátan; diar, diúcs, riach, *euphemistically* deamhas. ❷ **dheamhan** (*with negative*) *nothing, not:* deamhas; aon, ar bith.

dea-mhéin noun *goodwill:* beannacht, *pl.* beannachtaí, dea-thoil, díograis, dúthracht, toil dheona, toildheona.

deamhsáil noun (*act of*) *beating:* broicneáil, bualadh, burdáil, cleathadh, clogadadh, cnagadh, cuimil an mháilín, deasabhaidí, failpeadh, flípeáil, fuimine farc, giolcadh, gleadhradh, greadadh, greasáil, lascadh, leadhbairt, leadradh, léasadh, liúradh, liúradh Chonáin, plancadh, rapáil, riastáil, rúscadh, sceilpeáil, slatáil, smeadráil, smíochtadh, smísteáil, súisteáil, tiomp, tuargaint, tuirne Mháire.

dea-mhúineadh noun *good manners:* pl. béasa, béascna, cuntanós, dea-iompar, dea-mhúineadh, giúlán, iompar, modh, modh agus múineadh, modhúlacht, múineadh, sibhialtacht, suáilce.

déan¹ noun *dean:* déin; cléireach, ministir, sagart.

déan² verb ❶ *do:* beartaigh, comhaill, críochnaigh, cuir ag obair, cuir i gcrích, cuir i bhfeidhm, cuir i ngníomh, cuir sa siúl, oibrigh, tabhair chun críche. ❷ *keep, observe:* caomhnaigh, ceiliúir, coinnigh, coimeád, comóir, sollúnaigh. ❸ *make, create:* bunaigh, ceap, cruthaigh, cuir ar bun, cuir ar fáil, cuir le chéile, cum, damhnaigh, deilbhigh, foirmigh, monaraigh, múnlaigh, soláthair. ❹ *become:* tar chun bheith, tar chun, téigh chun; rinne sé sagart, rinneadh sagart de, oirníodh ina shagart é; coisriceadh ina easpag é; oileadh, traenáladh, múnlaíodh ina X é. ❺ *cause to be:* cuir X ar; cuir ar X a bheith ina. ❻ *consider, think, believe:* barúil, ceap, coincheap, creid, cuimhnigh, machnaigh, meáigh, meas, samhlaigh, saoil, síl, smaoinigh, taibhrigh, tuig, *literary* meanmnaigh; is dóigh leis, feictear dó, taibhsítear dó.

déan amach verb ❶ *conclude, determine:* beartaigh, cinn, cinntigh, leag amach, oibrigh amach, réitigh, socraigh, tabhair breith. ❷ *shuffle and deal cards:* déan, suaith agus roinn.

déan ar verb *make for, proceed towards:* brostaigh chuig, déan faoi, déan faoi dhéin, deifrigh chuig, rith chuig, siúil chuig, téigh chuig, tiomáin chuig.

déan as verb *go, depart:* imigh, glinneáil as, glinneáil leat, seangaigh as, síothlaigh; fág; fág seo, fágaí seo; breast tú.

déan suas verb ❶ *compose, concoct:* brionn, cuir ar fáil, cuir le chéile, cum, soláthair, tairg, táirg. ❷

déan suas le *make up to, curry favour with:* bí ag plaibistéireacht le, déan gliodaíocht le, déan lúitéis le, lútáil le; cealg, ceansaigh, giúmaráil, ionramháil, meall.

déanach adjective ❶ *last:* deireanach, **adjectival genitive** deiridh, ar deireadh, ar deireadh thiar thall, faoi dheireadh, sa deireadh, sa deireadh thiar thall; taobh thiar i gcónaí agus ag fás síos ar nós eireaball na bó; eisean ba dhéanaí a tháinig. ❷ *late:* mall; ar deireadh, chun deiridh, domhain, fada amach san oíche, an-fhada amach san oíche, i bhfad sa lá, i bhfad san oíche, siar amach san oíche; ag am míthráthúil; tiocfaidh sé luath nó mall, tá sé i ndiaidh an mhargaidh, tá sé i margadh na holla; i ndeireadh na bliana a rugadh é, beidh sé ar deireadh ar an saol eile; tá sé ag rith i ndiaidh an éisc mhairbh. ❸ *recent, latter:* deireanach, nua, nua-aimseartha, úrnua; le deireanas, le tamall anuas, le blianta beaga anuas. noun *last, last person:* an duine deireanach, iarmhar an áil, Oisín i ndiaidh na Féinne.

déanaí noun *lateness:* deireanaí, deireanas, deireanadas, moille; airneál, airneán, (*i gContae Phort Láirge*) istoícheadóireacht, ola na hoíche, ragaireacht; míthráthúlacht; an choinneal airneáin a chaitheamh.

déanamh noun ❶ *doing, making:* beart, beartaíocht, beartas, beartú, bunú, cur ag obair, cur ar bun, cur i bhfeidhm, cur i ngníomh, feidhmiú, gníomhú, oibriú. ❷ *make:* aicme, cineál, déantús, gné, saghas, seort, sórt, *literary* déanmhas. ❸ *deal (of cards):* rann, riar, roinn, roinnt. ❹ *structure:* cóiriú, construáil, cumraíocht, foirgneamh, leagan amach, struchtúr,

deann

tógáil. ❺ *ability to do:* ábaltacht, acmhainn, cumas, cumhacht, éifeacht, mianach, neart.

deann¹ noun ❶ *sting, pang:* arraing, cailg, cealg, dioch, ga, goin, greadadh, pian, preab, ríog, saighead, turraing. ❷ *thrill:* aoibheall, *pl.* drithlíní, *pl.* eiteoga, *pl.* sceitimíní.

deann² noun *colour, paint:* dath, imir, lí, péint. verb *paint, colour:* cuir dath ar, cuir péint ar, déan péinteáil ar; dathaigh, maisigh, oirnéal, péinteáil.

deannach noun *dust:* bóithreán, ceo, dusta, luaithreach, luaithreadh, pailin, piocadús, púdar, smúdar, smúit, snaois.

deannachtach adjective *sharp, severe:* achrannach, ainciseach, aingí, aithrinneach, anacrach, anróch, anróiteach, aranta, bearrtha, binbeach, callóideach, colgach, coscrach, crosta, crua, daigheachánach, dalba, deacair, dian, dochrach, dochraideach, dócúlach, doghrainneach, doicheallach, doiligh, doirbh, dóite, dólásach, dona, duaisiúil, frithir, gangaideach, géarfhoclach, goineach, goiniúil, goirt, míthaitneamhach, pianmhar, piolóideach, rinneach, ruibheanta, searbh, siosúrtha, tinn, tioránta, treascrach, urchóideach, *literary* arnaidh, féigh.

deannachúil adjective *dusty:* ceoch, luaithriúil; clúdaithe le deannach, clúdaithe le dusta.

déanta adjective ❶ *finished, complete:* críochnaithe, curtha i gcrích, curtha i bhfeidhm, curtha i ngníomh, foirfe, iomlán, lándéanta, slachtmhar; a bhfuil bailchríoch air. ❷ **déanta ar, déanta le** *used to, inured to:* cleachta le, cleachtach le, clóite le, taithíoch ar, tuartha le; tá sé ina chleachtadh, tá taithí aige ar; tiocfaidh sé isteach ar. ❸ **déanta na fírinne** *to tell the truth:* chun an fhírinne a rá, leis an bhfírinne a dhéanamh, leis an bhfírinne a rá.

déantóir noun *maker, manufacturer:* cruthaitheoir, déantúsóir, fear a dhéanta, táirgeoir; *colloquial* lúcht déantúis.

déantús noun *make, manufacture:* aicme, cineál, déanamh, gné, saghas, seort, sórt, *literary* déanmhas.

déantúsaíocht noun *manufacturing:* cruthú, cumadh, cur ar fáil, deilbhiú, foirmiú, monarú, múnlú, soláthar, táirgeadh, táirgiúlacht.

déantúsán noun *artefact:* déantán, lámhdhéantúsán.

dear verb *draw, design:* ceap, cruthaigh, cum, damhnaigh, dealbhaigh, deilbhigh, dréacht, leag amach, línigh, múnlaigh, socraigh, sceitseáil, soláthair, táirg, tarraing.

dearadh noun *drawing, design:* ceapadh, cruthú, cumadh, cuspa, dealbhú, deilbhiú, dréachtadh, leagan amach, léaráid, líníocht, múnla, patrún, sceitse, socrú, soláthar, sracléaráid, táirgeadh, tarraingeoireacht, tarraingt.

dearbh adjective *sure, certain:* cinnte, daingean, dearbh-, dearfa, dearfach, deimhin, deimhneach, deimhnitheach, lándearfa, seasmhach, seasta, siúráilte; chomh siúráilte is atá bia sa bhfaocha, chomh siúráilte is atá Dia sna flaithis, chomh siúráilte is atá cac san asal; gan amhras, gan aon agó, gan dabht.

dearbhaigh verb *declare, affirm, prove:* abair, cruthaigh, cuir in iúl, deimhnigh, faisnéisigh, fógair, léirigh, maígh, mínigh, promh, suigh, tabhair comhairc, tabhair d'fhocal, taispeáin.

dearbháil verb *test, check:* féach, promh, scrúdaigh, seiceáil, tástáil, teisteáil, triail.

dearbhán noun *voucher:* admháil, comhdhuille, cruthúnas, cúiteántas, cúpón, dearbhú, duillín, foirm admhála, stampa admhála, gearrthán.

dearbhú noun *declaration, affirmation:* áitiú, cruthú, cruthúnas, dearbhúchán, deimniú, deimniúchán, faisnéis, faisnéisiú, fianaise, fógairt, fógra, léiriú, maíomh, míniú, promhadh, taispeáint.

dearc¹ noun *eye:* rosc, súil, leathshúil, *literary* seall; radharc. verb *behold, consider:* amhanc, amharc, breathnaigh, breithnigh, caith súil ar, coimhéad, féach, grinndearc, grinnigh, sill, spléach, stán ar; cuir san áireamh, machnaigh, meas, scrúdaigh.

dearc² noun *literary berry:* caor, fraochán, fraochóg, mónann, mónóg, sméar; mogóir, sceachóir.

dearcadh noun ❶ *look, gaze:* amharc, amhanc, breathnú, briollacadh, catsúil, coimhéad, grinn-dearcadh, grinniú, féachaint, radharc, scrúdú, seasamh, silleadh, stánadh, mearamharc, spléach-adh, sracfhéachaint. ❷ *outlook, viewpoint:* barúil, creideamh, idé-eolaíocht, intinn, meon, smaoin-eamh, smaointeachas, tuairim. ❸ *foresight, considera-tion:* airdeall, aire, cáiréis, cuimhneamh, cúram, fadbhreathnaitheacht, fadcheann, scrupall, smaoin-eamh, suim; is fearr réamhchonn ná iarchonn.

dearcaí noun *watchman, look-out man:* fear faire, faireoir, fairtheoir, faraire, feighlí, feitheoir, garda; airíoch, coimeádaí.

dearcán noun *acorn:* cnó darach, cnó daraí, darchnó, dearca, measóg, *colloquial* meas darach.

deárcaisiúil adjective *eager, importunate:* buan, cíocrach, confach, déanfasach, dian, dianiarrthach, díbhirceach, díocasach, díograiseach, dúilmhear, dúthrachtach, faobhrach, fíochmhar, fonnmhar, géar, griofadach, griothalach, guilmeach, iarratach, iarratasach, iarrthach, scafa, scamhaite, síoraí, tiarálach, tnúthánach, santach, *literary* friochnamh-ach; ar bior, ar bís, ar buile, ar caorthainn, ar cipíní.

deárcas noun *eagerness, importunity:* ainmheasar-thacht, ainriantacht, airc, antoil, cíocras, confadh, dásacht, déine, díbhirce, díocas, díograis, dúil, dúil chráite, dúrúch, dúthracht, faobhar, fíoch, fiuch-adh foinn, flosc, fonn, griothal, guilm, lainne, saint, scamhadh, teaspach, tnúth, tnúthán, toil, *literary* friochnamh.

dearcasach adjective *observant:* cronaitheach, friochanta, géar, géarchúiseach, géarshúileach, glanradharcach, glinnsúileach, grinn, grinnsúil-each, radharcach, súilaibí; níl dada le himeacht air.

deardan noun *rough weather:* deardain, deardal, déardal; aimsir shalach, aimsir stoirmeach, doin-eann, dóstacht, drochaimsir, gailfean, gaillshíon, garbhadas, garbhshíon, spéirling, stoirm, *pl.* stoirmeacha; lá na seacht síon, síon.

dearfa adjective *certain, sure:* cinnte, dearbh, dearbh-, dearfach, deimhin, deimhneach, deimhníoch, diongbháilte, lándearfa, seasmhach, seasta, siúráilte; chomh siúráilte is atá bia sa bhfaocha, chomh siúráilte is atá Dia sna flaithis, chomh siúráilte is atá cac san asal; gan amhras, gan aon agó, gan dabht.

dearfacht noun *certainty:* cinnteacht, deimhin, deimhne, deimhneacht, deimhníocht, deimhniú, seasmhacht, siúráil, siúráilteacht, siúráltas.

dearg adjective ❶ *red:* breasalach, círíneach, corcra, craorac, flann, flanndearg, folúil, maoldearg, rua, ruaimneach, ruamanta, ruánach; ar dhath na fola. ❷ *glowing:* beo, beodhearg, caordhearg, craosach, dathannach, dearglasta, lasta, lonrach, luisiúil, luisneach; ar dearglasadh, ina chaor. ❸ *raw:* amh, glas, maoldearg. ❹ *bloody:* crólinnteach, flann, fuileata, fuilsmeartha, fuilteach, *literary* fordhearg, ár-. prefix *red, real, intense, utter:* dearbh-, dian-, fíor-, rí-, ró-; áitithe, bunaithe, corónta, corpanta, cruthanta, daingean, daingnithe, dearbhaithe, deimhnithe, diongbháilte, do-bhogtha, docheart-aithe, doleighfheasta, domhúinte, dosmachtaithe, láidir, seanbhunaithe, tréan; amach is amach. noun ❶ *red, the colour red:* breasal, cíl, deargadh, deargán, dearglach, deirge, luisne, ruachan, ruacht, ruadas, ruaim, ruaimneacht, ruamann, ruamantacht;

coitsín. ❷ *rouge*: breasal, deargán; maide béil, smideadh. ❸ *undersoil*: cré, créafóg, deargadh, deargán, ithir, talamh. verb ❶ *redden*: ruaigh, ruaimnigh; éirigh dearg; cuir breasal ar, cuir dath dearg ar. ❷ *blush, flush*: deargaigh, las, luisnigh; bhí allas fola tríom le náire. ❸ *light*: adaigh, adhain, fadaigh, las. ❹ *bloody, wound*: cneáigh, corcraigh, créachtaigh, doirt fuil, fuiligh, goin, gortaigh, íospair, leadair, leadhb, martraigh, mill, sclár, spól, stiall, *literary* sléacht. ❺ *turn up, make fallow*: rómhair, tochail, treabh; déan branar de.

deargadaol noun *devil's coach-horse* (Staphylinus olens): damh daol, dara daol, darbh daol, dearg daol.

deargadh noun ❶ *reddening, blushing*: deargú, deirge, lasadh, luisne, ruamantacht. ❷ *glowing, lighting*: adhaint, adú, fadú, lasadh, loise, lonradh, lonrú. ❸ *wounding, chafing*: cneá, corcrú, créacht, créachtú, doirteadh fola, fuiliú, gágadh, goin, gortú, íospairt, leadhbadh, leadradh, oighear, scláradh, spóladh, stialladh, *literary* sléachtadh. ❹ *soil-turning, digging*: baint, cartadh, clasú, rómhar, sluaisteáil, spreabáil, taoscadh, tochailt.

dearmad noun ❶ *forgetfulness*: díchuimhne, dímheabhair, éaguimhne, éislis, mearathal, mearbhall, neamh-mheabhar, seachmall. ❷ *negligence, mistake*: éislis, faillí, mainneachtain, mípointeáilteacht, neamhaird, neamh-aire, neamart, neamhchúram, neamhshuim, siléig, sleamhchúis; botún, breall, earráid, lúb ar lár, meancóg, mearbhall, seachmall, tuaiplis, tuathal. verb *forget*: caill, déan dearmad ar, dearmhad, failligh, lig i ndearmad, lig do rud fuarú; tá sé ar shiúl as mo cheann, tá sé imithe as mo cheann, tá sé imithe as mo chuimhne.

dearmadach adjective *forgetful, absent-minded*: bóiléagrach, dímheabhrach, faillíoch, lagmheabhrach, mearathalach, mearbhlach, neamhairdeallach, neamhairdiúil, neamh-aireach, seabhraonach, seachmallach; mainneachtnach, neamartach.

dearna noun ❶ *palm of hand*: bos, croí do bhoise, croí do dhearnan. ❷ *ar do dhearnana on your hands and knees, on all fours*: ar do cheithre boinn, ar do cheithre clár, ar do cheithre dhearna. ❸ **dearna Mhuire** *lady's mantle* (Alchemilla): braitín na Maighdine, brat na Maighdine, bratóg Mhuire, crobh leoin, *pl.* crúba leoin, cupán an drúchta, *pl.* duilleoga báis, fallaing Mhuire, luibh tinneas uisce, praiseach mion an rí, troscán.

dearnadóir noun *palmist*: bean chrosach, cailleach feasa; fear feasa.

dearnáil noun *darning*: cóiriú, deasú, deisiú; míndearnáil. verb *darn*: cuir caoi ar, cuir cliath ar, deasaigh, deisigh, iaigh na clabanna ar, dún na poill ar.

dearóil adjective ❶ *puny, frail*: anbhann, beag, caite, crólag, crólóite, éagumasach, easnamhach, easpach, éidreorach, fann, féigh, lag, leochaileach, maoth, míchumasach, neamhábalta, neamhbhailí, neamhéifeachtach, neamhéifeachtúil, neamhinfheidhme, neamhinniúil, ríbheag, scallta, scrobanta, sleaiceáilte, soghonta, soleonta, suarach, tláith, tnáite, tréith, tréithlag, uireasach, *literary* triamhain; ag dul in ísle brí, á ghoid as. ❷ *bleak, cold*: aimlithe, aimrid, carraigeach, creagach, doicheallach, leis, lom, nocht, nochta, ris, sceirdiúil; cuisneach, cuisniúil, fuairneálach, fuar, préachta, reoite. ❸ *poor, wretched*: aimlithe, ainnis, ainriochtach, anacair, anacrach, anásta, angarach, anróiteach, bocht, beo bocht, caillte, caite, cásmhar, céasta, daibhir, dealbh, dealúsach, díblí, folamh, gátarach, lag, íseal, lom, mí-ádhúil, míámharach, millte, ocrach, stéigthe, suarach, trua, truánta, truamhéalach, uiríseal, *literary* doim; ar an gcaolchuid, ar an trá fholamh, go holc as, i bhfiacha, i ngátar, sna miotáin, sportha spíonta.

dearóile noun ❶ *puniness, insignificance*: anbhainne, beagmhaitheas, diomaibhse, diomaibhseacht, díomhaointeas, éadairbhe, éidreoir, laige, leamhas, leochaileacht, míchumas, mí-éifeacht, míthreoir, neamhábaltacht, neamhbhailíocht, neamhchumhacht, neamhéifeacht, neamhéifeachtacht, neamhthábhacht, suarachas, suaraíocht. ❷ *coldness, state of being chilly*: cuisne, fuacht, fuaire, fuargacht, fuarú, glaise, loime, reo, sceirdiúlacht. ❸ *poverty, wretchedness*: ainnise, anás, anchaoi, angar, bochtaineacht, bochtaineas, bochtanas, boichte, caill, ceal, clisiúnas, cruatan, daibhreas, deacair, dealús, deilbhíocht, díobháil, dith, dochraide, doghrainn, donaireacht, easnamh, easpa, gainne, gannchuid, gannchúis, gátar, géarbhroid, meathfháltas, *pl.* pócaí folmha, tearc-chuid, uireasa, *literary* cacht.

dearscnaigh verb ❶ *excel, transcend*: bí ar barr, sáraigh. ❷ *make clear, make distinctive*: déan suntasach, léirigh, mínigh, soiléirigh. ❸ *give prominence to*: cuir chun tosaigh, géill do, cuir iomrá le, tarraing aird ar, tarraing suntas ar.

dearscnaitheach adjective *excellent, pre-eminent*: dearscaitheach, dearscna, dearscnaidh, dearscnach, dearscnaíoch; aitheanta, aithnidiúil, ard-, ardcheannasach, cáiliúil, céimiúil, clúiteach, dochloíte, dosháraithe, feiceálach, fiúntach, iomráiteach, mór, mór-, mór le rá, neamhchoitianta, oirirc, príomh-, rí-, rímhaith, sár-, sármhaith, suaitheanta, suaithinseach, suntasach, tábhachtach, *literary* miadhach. adjectival genitive tosaigh; ar deil, ar fheabhas, gan bhualadh, gan chomhghleacaí, gan sárú, thar barr, thar cionn; nach bhfuil ríochan leis.

deartháir noun *brother*: bráthair; comhbhráthair, cóngas, fear gaoil, gaol, leasdeartháir; cliamhain, comhchliamhain, comhalta, dalta.

dearthóir noun *designer*: cruthaitheoir, cumadóir, dealbhóir, dréachtóir, línitheoir, múnlóir; ealaíontóir, péintéir, sceitseálaí, tarraingeoir.

deas¹ adjective *right, on the right hand*: adjectival genitive deisil, ar thaobh do dheasóige, ar thaobh do láimhe deise.

deas² adjective *close, convenient*: acrach, caothúil, cóngarach, feiliúnach, feilteach, fogas, fóirsteanach, oiriúnach, teachtmhar, *literary* iongar; cois, cois le, in aice, in aice láithreach, in aice le, i gcóngar, i bhfogas do, i bhfoisceacht do, i ngar do, lámh le, le hais, taobh le, suas le.

deas³ adjective ❶ *nice*: álainn, binn, breá, canta, caoin, diail, fiúntach, galánta, geal, gleoite, greanta, lách, maith, néata, taitneamhach; is mór an spórt é. ❷ **bí deas ar rud** *be good at something*: bí cleachtach le, bí go maith ag, bí oilte ar, bí sciliúil i.

deasagán noun *trinket, toy, plaything*: áilleacán, áilleagán, breá breá, boibín hus, bréagán, cluiche, daighsín, deasachán, deasaí, deideagha, deideighe, fáilleagán, *pl.* gréithe, maisiúchán, seoid, seoidín, siogairlín.

deasaigh verb ❶ *dress, attire*: buail um, cóirigh, cuir ar, cuir um, feistigh, gléas, maisigh, ornaigh, réitigh, socraigh, trealmhaigh. ❷ *settle, adjust*: ceartaigh, clóigh, cóirigh, cuir caoi ar, cuir i bhfearas, cuir in ord, cuir in oiriúint, daingnigh, deisigh, feistigh, glan, leag amach, leasaigh, oiriúnaigh, réitigh, socraigh, suaimhnigh, *literary* glinnigh.

deasbhord noun *starboard*: bord béala, bord deas, deiseal, taobh an chaladh; cas an bád deiseal, cas an bád deisealach.

deasc¹ noun *desk*: crinlín, diosc, bord, bord oibre, tábla.

deasc² verb ❶ *settle (of liquids)*: socraigh, seadaigh, tit. ❷ *glean*: bailigh, cnuasaigh, cruinnigh, cuir i dtoll a

deasca
chéile, diasraigh, díolaim, teaglamaigh, tiomairg, tiomsaigh; tá sé ag bailiú as an gcoinleach, tá sé ag ag cruinniú ceannóg. ❸ *thin out:* laghdaigh, tanaigh, scáin, scar, spréigh.

deasca noun ❶ *dregs, sediment:* deascainn, diúra, drifisc, dríodar, lathairt, luspairt, moirt, peicín; graiseamal, grúdarlach, grúnlach. ❷ *barm, yeast:* gabháil, giosta, laibhín. ❸ *after-effects:* iarsma, iardraí, toradh, *pl.* torthaí. **compound preposition de dheasca** *as a result of, in consequence of:* ar ábhar, as siocair, de bharr, de bhrí, i ngeall ar, mar gheall ar.

deascabháil noun *ascension (in theology):* freascabháil; glóiriú.

deascán noun ❶ *deposit, sediment:* deasca, deascainn, dríodar, gríodán, luspairt, moirt; graiseamal, grúdarlach. ❷ *gleanings:* pl. ceannóga, cnuasach, diasra, deascadh, deascainn, díolaim, piocarsach, tacar, teaglaim. ❸ *collection, accumulation:* bailiú, bailiúchán, bulc, burla, carn, carnáil, carnán, ceallamán, cnap, cnapán, cnuasach, crocán, cruach, cruachadh, cruinniú, cual, díolaim, gróigeadh, gróigeán, gruagán, lab, leacht, maoil, maois, maoiseog, moll, múr, tacar, teaglaim, tiomsachán, tiomsú.

deaschaint noun *witty speech:* abarthacht, aibíocht, aicearracht, aisfhreagra, cabantacht, clisteacht chainte, *pl.* carúil, coc, deisbhéalaí, eagnaíocht, nathaireacht, nathaíocht, nathántacht, ráisteachas, tráthúlacht.

deaschainteach adjective *witty, well spoken:* abarta, aibí, aicearrach, cabanta, cliste, cocach, dea-chainteach, dea-labhartha, deisbhéalach, eagnaí, líofa, nathánach, nathanta, soilbhir, solabhartha, tráthúil.

deasghnách adjective *ceremonial, formal:* ardnósach, foirmeálta, foirmiúil, nósúil, searmanasach.

deasghnáth noun *rite, ceremony:* ceiliúradh, foirmiúlacht, nósmhaireacht, searmanas, searmóin.

deaslabhartha adjective *well spoken:* binn, binn blasta, dea-chainteach, eagnaí, solabhartha, tráthúil; tá deis a labhartha aige, tá teanga líofa aige, tá teanga mhaith aige, tá an teanga ar a thoil aige, tá bua na teanga aige, tá bua urlabhra aige, tá urlabhra aige agus rith focal le fuaim; thabharfadh sé caint do Arastatail.

deaslabhra noun *eloquence, elocution:* binneas cainte, bua na cainte, dea-chaint, deaschaint, deis chainte, deis labhartha, deismireacht chainte, gliceas cainte, soilbhreas cainte, urlabhra.

deaslámh noun *right hand:* deasóg, gualainn dheas, lámh dheas, taobh dheas; deiseal.

deaslámhach adjective ❶ *right-handed:* deasach; is deasóg é. ❷ *dexterous, handy:* aclaí, cliste, críonna, dea-lámhach, eolach, gasta, glic, imeartha, innealta, láimhíneach, lannach, luathlámhach, oilte, praitinniúil, sciliúil, stuama, *literary* eangnamhach.

deaslámhaí noun *handiness, dexterity:* aclaíocht, beartaíocht láimhe, clisteacht, clistíocht, deaslaimhe, deaslámhachaí, deaslámhacht, éascaíocht, gliceas, lámhach, luathlámhacht, oilteacht, scil, stuaim, *literary* eangnamh.

deasóg noun *right hand:* deaslámh, gualainn dheas, lámh dheas, taobh dheas; deiseal.

deastógáil noun **Deastógáil Mhuire** *the Assumption of the Blessed Virgin:* Freastógáil na Maighdine Muire, Lá Fhéile Muire Mór san Fhómhar; Lá an Logha.

deasú noun *arrangement, adjustment:* ceartú, cóiriú, daingniú, deisiú, eagar, eagrú, feisteas, feistiú, leagan amach, leasú, oiriúint, réiteach, socrú.

deatach noun ❶ *smoke:* gal soip, plúchadh, smúid, smúit, toit. ❷ *vapour:* ceo, gal, néal, smúid.

deataigh verb *smoke, cure:* saill, leasaigh, leasaigh le deatach; toitrigh.

dea-thoil noun *good will:* dea-mhéin, toil; beannacht, *pl.* beannachtaí, caradradh, caradras, carthanas, carthanacht, cineáltas, coimhdeacht, coimhirse, comhar, comhar na gcomharsan, comhghuaillíocht, comhluadar, comhluadracht, comhoibriú, comrádaíocht, córtas, cuideachta, cuidiúlacht, díograis, dlúthchaidreamh, guaillíocht, láchas, láíocht, méadaíocht, muintearas, nádúr, páirt, páirtíocht, taithíocht, tláithe, toil dheona, toildheona.

deatúil adjective *smoky, vaporous:* ceoch, ceomhar, galach, múchta, néaltach, plúchta, plúchta le deatach, smúiteach, smúitiúil, toiteach, toitiúil.

dea-uair noun *good weather, opportune time:* aimsir mhaith, dea-uain; séasúr. **prepositional phrase ar an dea-uair** *at a lucky time, fortunately:* ar ámharaí an tsaoil, go tráthúil.

débheathach adjective *amphibian, amphibious:* amfaibiach, dábheathach, loscánta. noun ❶ *amphibian:* débheathach. ❷ *frog (order Anura):* boilgín frisc, crónán díge, cruitín díge, fliuchán, frog, froigín, frosc, frocs, laparán, léimeachán, lispín, loisceann, loscann, loscán, luascán, luascán lathaí, lúbán díge, Seán Ó Lapáin. ❸ *tadpole:* eathadán, foloscain, foloscán, gallagún, loscann, óglóscann, súmaire, súmadóir, torbad, torbán; *colloquial* pór froganna. ❹ *frogspawn:* glóthach, glóthach fhroig, pór froganna, sceathrach froig, sceith fhroganna, sceith fhroig, screathaire, síol froganna, síol lispín, slampar. ❺ *toad (order Anura):* buaf, cnádán, loscann nimhe, tód. ❻ *newt, salamander (order Caudata):* airc, airc luachra, earc, earc luachra, earc sléibhe, niút; salamandar, teideallas, tinteog. ❼ *caecilian:* caeciliach.

débhríoch adjective *ambiguous:* amhrasach, athbhríoch, déchiallach, défhiúsach, doiléir, éidearfa, éideimhin, éiginnte, ilchiallach, neamhchinnte.

débhríocht noun *ambiguity:* athbhrí, défhiús, doiléire, éidearfacht, éideimhne, éideimhneacht, éiginnteacht, neamhchinnteacht.

déchéileach adjective *bigamous:* biogamach; mídhílis, neamhdhílis. noun *bigamist:* biogamach; adhaltraí, adhaltranach, banadóir, cliúsaí, dradaire.

déchéileachas noun *bigamy:* biogamacht, ilphósadh; adhaltranas, cliúsaíocht, dradaireacht, mídhílseacht, pósadh coibhche.

déchiallach adjective *equivocal, ambiguous:* amhrasach, athbhríoch, débhríoch, défhiúsach, doiléir, éidearfa, éideimhin, éiginnte, neamhchinnte.

deic noun ❶ *deck (of ship):* bord, clár, léibheann; bord íochtair, bord íochtarach, bord uachtair, bord uachtarach, clár deiridh, clár tosaigh, stráic mara, tile deiridh, tile tosaigh; uachtar na loinge; síos faoin mbord. ❷ *deck of cards:* paca, paca cártaí.

déideadh noun *toothache:* daigh fiacaile, tinneas fiacaile.

déidlia noun *dentist:* dochtúir fiacla, dochtúir na bhfiacla, fiaclóir, lia fiacla.

deifir noun *hurry:* broid, brostú, corraí, cruóg, deabhadh, deifre, dithneas, dlús, driopás, drip, eadarluas, féirsce, fuadar, fústar, futa fata, griothalán, luas, práinn, ráchairt, rith, saothar, séirse, tapa, téirim; bhí bruth laidhre ort ag imeacht; bain na cosa asat, beoigh ort, ná fásadh aon bhlas féir faoi do chosa; tá geoc ort.

deifrigh verb *hurry:* beoigh amach do chos, brostaigh, corraigh ort, cuir dlús le, déan deabhadh, déan deifir, deifrigh, géaraigh ar do luas, gread leat; chuir sé an cnoc amach de, chuir sé an dréimire suas de.

deighil verb *divide, separate, part:* bain as a chéile, cuir ar leataobh, cuir eatarthu, cuir óna chéile, dluigh, gearr óna chéile, idirdhealaigh, idirscar, imscar, roinn, scar, scoith óna chéile, teasairg ar a chéile, *literary* imdheighil.

deighilt noun *partition, separation:* dealú, fál, fálú, idirdhealú, idirscaradh, imscaradh, roinnt, scaradh, scarúint, spiara, *literary* ionnlach.

deil noun *lathe.* **prepositional phrase ar deil** *in good working order, neatly arranged:* ar a chóir féin, i gcóir mhaith, feistithe fáiscthe, i dtreo, i bhfearas, innealta, tinneallach; ar tinneall; tá caoi mhaith air.

déil noun *deal (timber):* déil bhán, déil dhearg; adhmad.

deilbh noun *frame, figure, shape:* aghaidh, cló, cóiriú, cosúlacht, crot, cruth, cuma, cumraíocht, cuspa, dealbh, dealracht, dealramh, dreach, éadan, eagar, éagasc, fíor, fíoraíocht, foirm, gné, gnúis, leagan, leagan amach, riocht, samhail, samhailt, samhlú, scoth, stíl.

deilbhigh verb *frame, shape, fashion:* cruthaigh, cuir ar bun, cuir ar fáil, cuir le chéile, cum, damhnaigh, dealbhaigh, déan, dear, foirmigh, múnlaigh, ordaigh, snoigh, soláthair, táirg.

deilbhíocht noun *accidence, morphology:* gramadach, infhilleadh, morfeolaíocht, *pl.* táblaí.

deilbhithe adjective *thin, shrunken:* cranda, craptha, feosaí, feoite, seang, searga, slim, tanaí.

deilbhiú noun *framing, fashioning:* cruthú, cumadh, cur ar fáil, dealbhú, déanamh, foirmiú, leagan amach, monarú, múnlú, réiteach, soláthar, táirgeadh, ullmhú.

deileadóir noun *turner:* tornálaí, tornóir.

deileadóireacht noun *turnery:* tornóireacht.

déileáil noun *dealing:* baint, caidreamh, friotháileamh, gnó, *pl.* gnóthaí, láimhdeachas, láimhseáil, páirt, plé, roinnt, síos suas, teagmháil; ná bíodh lámh ná cos agat leis. verb *deal:* bain le, déan rud le, friotháil ar, láimhseáil, láimhsigh, roinn le

deilf noun *delft, crockery:* pl. áraistí, *pl.* árthaí, *pl.* créearraí, *pl.* créghréithe, *pl.* earraí cré, *pl.* gréithe, *pl.* gréithre, *pl.* soithí; poirceallán; *pl.* jéiníos.

deilf noun *dolphin (Delphinus delphis):* deilf choiteann; deilf gharbhfhiaclach, deilf ghobgheal, deilf shrónmhar; muc mhara, tóithín.

deilgneach adjective *thorny, barbed:* briogadánach, colgach, dealgach, deilgíneach, gráinneogach, spíceach, spíonach.

deilgneach noun *chicken pox (Varicella):* bolgach na n-éan, bolgach léasrach, dealgnach, deilgíneach.

deilín noun *sing-song, rigmarole:* deilín na mbacach, deilínteacht, futa fata, gliogar, Laidin, paidir chapaill, placadh siollaí, raiméis, ráiméis, ramás, rith seamanna, salmaireacht, *pl.* seamanna cainte, seamsán, sifil seaifil, sráidéigse, streoille cainte.

deiliús noun *sauciness, impertinence:* aisfhreagra, braobaireacht, brusaireacht, cabantacht, clóchas, coc achrainn, *pl.* cóipíos, dailtíneacht, dosaireacht, freasfhreagra, gastóg, géarchaint, gearr-aighneas, gearraíocht, gearrchaint, glaschaint, ladús, leasfhreagra, maigiúlacht, pastaireacht, plucaireacht, prapaireacht, smuigiléireacht, smuigíneacht, smuigirlíneacht, stráisiún, teanntás, uabhar, údarás.

deiliúsach adjective *impertinent, saucy:* abartha, aisfhreagrach, braobanta, brusanta, cabanta, clóchasach, cocach, cunórach, deaschainteacht, deisbhéalach, easurrúsach, gasta, gearrchainteach, ladúsach, maigiúil, nathanta, prapanta, smuilcíneach, soibealta, sonnta, sotalach, stradúsach, stráisiúnta, tagrach, teanntásach, téisiúil, tiarnúil, toghail, uaibhreach, údarásach.

deiliúsachán noun *impertinent person:* beachtaí, braobaire, bruachaire, bruadaire, brusaire, coc, cocaire, dailtín, dosaire, dradaire, fachmaire, gastaire, gearr-aighneasóir, ladúsaí, plucaire, prapaire, smugachán, smuilcín, stráisiúnaí.

deimheas noun ❶ *(pair of) shears:* siosúr; rásúr, píobánsclárach. ❷ **deimheas béil** *sharp tongue:* báirseoireacht, bearradh teanga, bearrthóireacht, cáinseoireacht, callaireacht, clamhairt, gearradh teanga, glámhán, goineogacht, iomardú, priocaireacht, scallaireacht, scalladh, scalladh teanga, scalladóireacht, scallóid, sciolladh, sciolladh teanga, sciollaíocht, sciolladóireacht, sclamhaíl, sclamhaireacht, sclamhairt; thug sí aghaidh a caoraíochta orm, bhí sí ag bardaíocht orm, thug sí sceimhle teanga dom, bhain sí sclamh asam, thug sí sclamh orm.

deimheasach adjective *sharp, cutting:* aithrinneach, bearrtha, biorach, faobhrach, feannta, feanntach, géar, goimhiúil, goinideach, rinneach, rinnghéar, siosúrtha, spiorach, *literary* áith, amhainseach, féigh.

deimheastóir noun ❶ *shearer:* bearrthóir, lomadóir, lomaire. ❷ **deimheastóir mná** *shrew:* ainscian mná, badhb, báilléaraí mná, báirseach, cáinseach, callaire mná, cancairt mná, caorthanach, raicleach, ráipéar mná, ruibhleach, ruibhseach, straip.

deimhneach adjective *certain:* cinnte, dearbh, dearfa, dearfach, deimhin, deimhnitheach, lándearfa, seasmhach, seasta, siúráilte; chomh siúráilte is atá bia sa bhfaocha, chomh siúráilte is atá Dia sna flaithis, chomh siúráilte is atá cac san asal; gan amhras, gan aon agó, gan dabht.

deimhneacht noun *certainty:* cinnteacht, dearfacht, deimhin, deimhne, deimhníocht, deimhniú, seasmhacht, siúráil, siúráilteacht, siúráltas.

deimhnigh verb *certify, assure, check:* cinntigh, dearbhaigh, dearbháil, féach, féach chuige, promh, scrúdaigh, seiceáil, tástáil, teisteáil, triail.

deimhniú noun *certification, certificate:* dearbhú, *pl.* dintiúir, dioplóma, teastas, teist, teistiméireacht.

déin compound preposition **faoi dhéin** *towards, to meet:* d'airicis, chuig, chun, faoi bhráid, go dtí, i dtreo, in airicis, i ndáil, faoi thuairim; crosta ar, trasna ar.

déine noun ❶ *swiftness:* broid, brostú, deabhadh, deifir, deifre, dithneas, dlús, driopás, drip, eadarluas, féirsce, foilsceadh, fuadar, fústar, futa fata, gastacht, géire, griothalán, luas, mire, praipe, práinn, rith, saothar, sciobthacht, sciobthaíocht, séirse, tapa, tapúlacht, téirim, *literary* daithe. ❷ *vehemence:* ainriantacht, alltacht, brí, buile, cíocras, colg, cuil, díbheirge, díocas, díograis, flosc, fórsa, fuinneamh, fiántacht, fiántas, fíoch, fíochmhaire, fíochmhaireacht, forrántacht, fraoch, mire, neart, racht, spreacadh, strócántacht, teaspach, tréine, *literary* díogháire. ❸ *hardness, severity:* ainíocht, cadrántacht, cruáil, cruálacht, danarthacht, dúire, dúrchroí, éadrócaire, faobhar nimhe, fiatacht, fíochmhaire, fíochmhaireacht, goimh, mínádúrthacht, míthrócaire, neamhthrócaire, turcántacht.

deir noun *shingles, herpes (Herpes zoster):* heirpéas, tine fia; mún luchóige.

déirc noun *charity, alms-giving:* almsóireacht, carthain, carthanacht, carthanas, déanamh déirce, *literary* foighe; *historical* mír Mhichíl.

deirceach adjective ❶ *pitted, hollowed:* bréifneach, criathrach, crosach, pollta; faoi loigíní. ❷ *crescent, crescent-shaped:* corránach.

déirceach adjective ❶ *charitable:* carthanach, Críostaí, grádiaúil; caoin, caomh, caonrasach, carthanach, ceansa, cineálta, cneasta, connail, fial, flaithiúil, garúil, lách, macánta, mánla, miochair, míonla, oibleagáideach, séimh, suairc, tláith. ❷ *alms-seeking, mendicant:* bacach, bocht, **adjectival genitive** déirce, geocúil. noun ❶ *almsgiver, charitable person:* duine carthanach; bronntóir, daonchara, duine daonnachtúil; cuiditheoir, cúl taca, cúl

déircínteacht
toraic, deontóir, pátrún, tacaí, tíolacthóir, urra. ❷ *beggar, mendicant*: bacach, bacachán, beigéir, beigéir siúil, bóithreoir, déirceachán, dilleoir, díothachtach, diúgaire, failpéir, fear déirce, fear siúil, scramaire, sirtheoir, stocaire, súdaire, súmaire, *literary* foigheach; bochtán; bacach mná, bean déirce.

déircínteacht noun *begging, importunity*: bacachas, bacadas, déirceánacht, déircíneacht, dilleoireacht, diúgaireacht, failpéireacht, liostacht, madraíocht, scramaireacht, screamhaireacht, siorriarraidh, sirtheoireacht, stocaireacht, súdaireacht, súmaireacht, *literary* foighe.

deireadh noun ❶ *termination, end, ending*: béal, bun, ceann, críoch, críochnú, earr, eireaball, eireabaillín, foirceann, sáil, scaoileadh, scor, toit; bailchríoch, clabhsúr, cur i gcrích, earr; an cipín mín, an tslis mhín. ❷ *stern, rear*: cúl, droim, tóin; ball deiridh. ❸ *posterior*: anas, áthán, bundún, clais, cráic, geadán, gimide, giorradán, gúnga, más, poll, poll na tóna, prompa, rumpa, tiarpa, timpireacht, tóin, tónóg. **adverbial phrase** ❶ **ar deireadh** *left behind, at the end*: ar gcúl, chun deiridh, thiar; as an áireamh. ❷ **ar deireadh** *at death's door*: ar an dé deiridh, ag saothrú báis, ag fáil bháis, ar bhuille an bháis, ar íona an bháis, i mbéal báis, le béala báis, i bponc an bháis, i dteannta an bháis, i dteannta éaga, in airteagal, in airteagal an bháis, sna céadéaga, sna críocha deireanacha; tá a chaiscín meilte, tá a chosa nite, tá an bás air, tá galar an bháis air, tá sé i ndeireadh na preibe, tá sé i ndeireadh an anama, tá sé i ndeireadh na feide, tá sé i ndeireadh na stiúige; tá cos leis san uaigh; táthar ag sméideadh air anall; níl cuid an tsagairt ann, tá an préachán ag faire air, is gearr go nglaofaidh an coileach air; chuaigh sé go ribe an oilc. ❸ **chun deiridh** *in arrears, behindhand*: ar gcúl, déanach, mall; ag cliseadh, ag teip. ❹ **faoi dheireadh** *finally*: faoi dheireadh is faoi dheoidh, i ndeireadh báire, i ndeireadh na cúise, i ndeireadh na dála, i ndeireadh na preibe, i ndeireadh na scríbe, sa deireadh, sa deireadh thiar.

deireanach adjective ❶ *last*: déanach, **adjectival genitive** deiridh; ar deireadh, ar deireadh thiar thall, faoi dheireadh, sa deireadh, sa deireadh thiar thall; taobh thiar i gcónaí agus ag fás síos ar nós eireaball na bó; eisean ba dhéanaí a tháinig. ❷ *late*: déanach, mall; ar deireadh, chun deiridh, domhain, fada amach san oíche, an-fhada amach san oíche, i bhfad sa lá, i bhfad san oíche, siar amach san oíche; ag am míthráthúil; tiocfaidh sé luath nó mall, tá sé i ndiaidh an mhargaidh, tá sé i margadh na holla; i ndeireadh na bliana a rugadh é, beidh sé ar deireadh ar an saol eile; tá sé ag rith i ndiaidh an éisc mhairbh. ❸ *latter, recent*: déanach, nua, nua-aimseartha, úrnua; le déanaí, le deireanas, le tamall anuas, le blianta beaga anuas.

deireanas noun *lateness*: déanaí, deireanaí, moille. **prepositional phrase le deireanas** *recently*: ar ball, ar ball beag, ó chianaibh, ó chianaibhín; an lá faoi dheireadh, ar na mallaibh, le déanaí, le gairid; le tamall anuas, le blianta beaga anuas.

deirfiúr noun ❶ *sister*: deirfiúirín, siúr; leasdeirfiúr, deirfiúr chleamhnais, bean ghaoil. ❷ **a dheirfiúr** (*as a term of address*) *my dear woman*: a shiúr; a bhean chléibh, a bhean chóir, a ghrá, a rún, a thaisce, a théagair.

deirge noun *redness*: breasal, dearg, deargadh, deargán, dearglach, flainne, luisne, ruachan, ruacht, ruadas, ruaim, ruaimneacht, ruamann, ruamantacht.

déirí noun *dairy*: uachtarlann; bleánlann, déiríocht.

deiric noun *derrick*: craein, crann tógála, croch, glinnfhearas, tochard, ulóg, unlas.

deis noun ❶ *right hand side*: deasóg, taobh deas, tuathal. ❷ *southerly aspect*: deisiúr; tá aghaidh an tseomra ó dheas. ❸ *opportunity*: áiméar, árach, caoi, eitim, faill, ionú, riocht, seans; amhantar, fiontar. ❹ *material advantage*: acmhainn, áisiúlacht, an craiceann is a luach, brabús, buntáiste, earraíocht, éifeacht, feidhm, fiúntas, fónamh, fóntas, leas, luach, maith, maitheas, maoin, saibhreas, somhaoin, tairbhe, úsáid.

deisbhéalach adjective *well-spoken, witty*: abartha, aibí, aicearrach, brasach, buafhoclach, cabanta, cliste, cocach, dea-chainteach, dea-labhartha, deaschainteach, eagnaí, luathbhéalach, luathchainteach, nathánach, nathanta, soilbhir, tráthúil.

deisbhéalaí noun *readiness of speech, wittiness*: abarthacht, aibíocht, aicearracht, aisfhreagra, cabantacht, *pl.* carúil, clisteacht chainte, coc, deaschaint, eagnaíocht, luathchaint, nathaireacht, nathaíocht, nathántacht, soilbhreas, tráthúlacht.

deisceabal noun *disciple*: dalta, mac léinn; fear páirte, foghlaimeoir, giolla, leanúnaí, *colloquial* lucht leanúna.

deisceart noun *south, southern part*: an chuid ó dheas, an taobh ó dheas, uachtar; deiseal, deisiúr.

deisceartach adjective *southerly, southern*: uachtarach; theas, ó dheas.

deise noun ❶ *niceness*: áilleacht, binneas, breáthcht, cantacht, caoine, deismíneacht, deismireacht, feabhas, fiúntas, galántacht, gile, gileacht, gleoiteacht, greantacht, láíocht, néatacht, taitneamhacht. ❷ *gear, equipment*: *pl.* acmhainní, airnéis, áis, *pl.* ciútraimintí, cóir, cóngar, *pl.* fearais, feisteas, gaireas, *pl.* giuirléidí, *pl.* gléasanna, gléasra, inleog, sás, trealamh, *pl.* uirlisí.

deiseacht noun *nearness, closeness*: deise; aice, cóineas, comharsanacht, cóngar, cóngaracht, cóngas, fogas, foisceacht, gar, giorracht, *literary* neasacht.

deiseal noun *righthand direction, direction of sun*: bealach na gréine, deas, deasóg. **prepositional phrase ar deiseal** *clockwise*: leis an gclog, de réir an chloig; téann sé bealach na gréine.

deisigh verb *mend, repair*: athleasaigh, bioraigh, cóirigh, cuir bail ar, cuir caoi ar, cuir cóir ar, cuir dóigh ar, cuir scliop ar, deasaigh, leasaigh, tabhair poc do.

deisiú noun ❶ *mending, repairing*: athleasú, cóiriú, deasú, leasú, meandáil; bail, caoi, cóir, dóigh, réiteach, socrú. ❷ *dressing down, scolding*: báirseoireacht, bearradh teanga, bearrthóireacht, cáineadh, cáinseoireacht, callaireacht, clamhairt, gearradh teanga, glámhán, goineogacht, iomardú, priocaireacht, scallaireacht, scalladh, scalladh teanga, scalladóireacht, sciolladh, sciolladh teanga, sciollaíocht, sciolladóireacht, sclamhaíl, sclamhaireacht, sclamhairt.

deisiúchán noun *repairing, putting things in order*: athleasú, caibléireacht, cóiriú, deasú, deisiú, leasú, meandáil, réiteach, socrú.

deisiúil adjective *well equipped, well off*: acmhainneach, brothallach, bunúil, bunúsach, cluthar, diongbháilte, dóighiúil, éadálach, gustalach, iarmhaiseach, láidir, maoineach, neamhuireasach, neamhghátarach, rachmasach, rafar, saibhir, seascair, tábhachtach, teaspúil, toiciúil, tréan, *literary* tothachtach; faoi bhrothall, go maith as, i measarthacht den tsaol, ina shuí go te, os cionn a bhuille; tá an saol ar a mhias féin aige, tá bólacht aige, tá bonn aige, tá caoi mhaith air, tá cóir mhaith air, tá dóigh air, tá gléas maith air, tá gléas maith beo air, tá lán na lámh aige.

deisiúlacht noun *affluence*: acmhainn, áirge, airgead, caoi mhaith, cóir mhaith, conách, deis, dóigh, gustal, iarmhais, ionnús, maoin, rachmas, rath, rathúnas, saibhreas, seascaireacht, sochar, sócmhainn, spré, stór, strus, tábhacht.

deisiúr noun ❶ *southerly aspect:* deis; tá aghaidh an tseomra ó dheas. ❷ *position (overlooking):* tá a aghaidh os comhair X, féachann sé ar X.

deisiúrach adjective *facing south, sunny:* ar dheis na gréine, deisceartach, **adjectival genitive** gréine, grianmhar, ó dheas; tá aghaidh gréine aige, tá grian ann.

deismíneach adjective *refined, precious:* cáiréiseach, caoin, cúirialta, fíneálta, íogair, mín, mínineach, séimh.

deismíneacht noun *refinement, preciosity:* cáiréis, cúirialtacht, fíneáltacht, íogaire, íogaireacht, mínineacht, séimhe, snoiteacht.

deismir adjective ❶ *fine, exemplary:* aiteasach, aoibhinn, ar fheabhas, breá, calma, canta, conláisteach, dea-shamplach, deas, innealta, rímhaith, sármhaith, suairc, taitneamhach, *literary* cadhla, oscartha; togha. ❷ *neat, trim:* beacht, comair, conláisteach, cuimseach, cúirialta, fáiscthe, innealta, néata, ordúil, paiteanta, piocta, piocúil, pointeáilte, slachtmhar. ❸ *refined, pretty:* caithiseach, canta, caomh, conláisteach, cuanna, cuidsúlach, cumtha, dea-chruthach, dealfa, dealraitheach, dea-mhaisiúil, deas, deismíneach, dóighiúil, fíneálta, fíortha, galánta, glémhaiseach, gleoite, gnaíúil, gnéitheach, gnúiseach, grástúil, greanta, innealta, maisiúil, meallacach, mín, mínineach, sciamhach, séimh, slachtmhar, tarraingteach, *literary* cadhla, sochraidh.

deismireacht noun ❶ *example, illustration:* cuspa, eiseamláir, múnla, pictiúr, sampla, solaoid; deashampa. ❷ *neatness, tidiness:* beaichte, coimre, críochnúlacht, cóir, córaí, cuimseacht, cúirialtacht, deise, deiseacht, innealtacht, néatacht, ordúlacht, piocthacht, piocúlacht, pointeáilteacht, slacht, snoiteacht. ❸ *refinement, prettiness:* áilleacht, binneas, breáthacht, cantacht, caoine, deismíneacht, fíneáltacht, fiúntas, galántacht, gile, gileacht, gleoiteacht. deismireacht, feabhas, gleoiteacht, greantacht. ❹ *incantation, spell:* asarlaíocht, astralaíocht, breachtradh, briotais, diamhracht, dícheadal, doilfeacht, draíodóireacht, draíocht, drochshúil, dubhealaín, an ealaín dhubh, geasadóireacht, *pl.* geasa, geasrógacht, gintlíocht, marbhdhraíocht, págántacht, piseogacht, síofrógacht, upthaireacht, *literary* fiothnaise; briocht, *pl.* ciapóga, *pl.* geasa droma draíochta, geasróg, lusróg, ortha, upa; ciorrú, mothú.

déistin noun *nausea, disgust:* adhascaid, aiseag, bréantas, bréine, bréitse, casadh aigne, cradhscal, éiseal, fuath, glonn, gráin, masmas, múisc,

---

Deochanna Meisciúla

absinthe: aipsint *f.*
advocaat: advocaat
aguardiente: aguardiente
akvavit, aquavit: akvavit; uisce beatha Lochlannach
alcopop: alcapap
ale: leann
amaretto: amaretto
anisette: ainíséad
applejack: úllbhranda
Armagnac: Armagnac
arrack (féach raki)
Bacardi™: Bacardi
Baileys™: Baileys
barley wine: fíon eorna
Beaujolais: Beaujolais
Benedictine: Benidictín
blue curaçao: curaçao gorm
bourbon: burbón
brandy: branda
burgundy: burgúin *f.*
Cabernet: Cabernet
Calvados: Calvados
Campari™: Campari
champagne: seaimpéin *f.*
chartreuse: seártrús
Chenin Blanc: Chenin Blanc
cherry brandy: branda silíní
Chianti: Chianti
cider: ceirtlis *f.*; leann úll; saghdar
Cinzano™: Cinzano
claret: cláiréad
cognac: coinneac
Cointreau™: Cointreau
cream liqueur: licéar uachtair
creme de menthe: uachtar miontais
curaçao: curaçao
Drambuie™: Dram Buidheach
Dubonnet™: Dubonnet
fortified wine: fíon neartaithe (le biotáille)
framboise: biotáille *f.* sútha craobh; framboise
French vermouth: mormónta Francach
Galliano™: Galliano
gin: ginéiv *f.*; jin
goldwasser: goldwasser
Grand Marnier™: Grand Marnier
Grande Fine Champagne: Grande Fine Champagne
grappa: grappa
hock: hoch
Irish whiskey: uisce beatha Éireannach
Italian vermouth: mormónta Iodálach
Jungfraumilch: Jungfraumilch
Kahlua™: Kahlua
kirsch: branda silíní; kirsch
kümmel: biotáille *f.* cearbhais; kümmel
kvass: leann seagail
liqueur: licéar
Macon: Macon
Madeira: fíon Maidéarach
makkoli: macóilí
maraschino: maraschino
Martini™: Martini
marc: marc
mead: meá *f.*
Merlot: Merlot
Metaxa™: Metaxa
Moselle: Moselle
Muscadelle: Muscadelle
muscatel: muscfhíon
ouzo: ouzo
pacharán: paitsearán
palm wine: fíon pailme
pastis: pastis
Pernod™: Pernod
Pimm's™: Pimm's
Pinot Blanc: Pinot Blanc
Pinot Grigio: Pinot Grigio
Pinot Noir: Pinot Noir
pisco: pisco
port: portfhíon; pórt
poteen: poitín
pulque: pulque
Punt e Mes™: Punt e Mes
raki: raki
ratafia: ratafia
red wine: fíon dearg
retsina: reitsíne
Ricard™: Ricard
Riesling: Riesling
Rioja: Rioja
rum: rum
sack: sac; fíon saic
sake: sake
sambuca: sambúca
sangria: sangria
Sauvignon: Sauvignon
schnapps: sneap
Scotch whisky: uisce beatha Albanach
scrumpy: scrumpaí; saghdar crua
Sekt: Sekt
sercial: sercial
sherry: seiris *f.*
shochu: shochu
slivovitz: slivovitz
sloe gin: biotáille *f.* airní
Southern Comfort™: Southern Comfort
sparkling wine: fíon súilíneach
spumante: spumante
Strega: Strega
tafia: tafia
tej: fíon meala
tequila: tequila
Tia Maria™: Tia Maria
Tokaj: Tokaj
vermouth: mormónta
vodka: vodca
white wine: fíon glas
wine: fíon

déistineach
múisiam, orla, samhlas, samhnas, seanbhlas, sléidíocht, urlacadh, urlacan.

déistineach adjective *distasteful, nauseating*: adhuafar, bréan, cradhscalach, gráiciúil, gráiniúil, gránna, míofar, samhnasach, uafar, uafásach, uamhnach, urghránna; borb, ceasúch, ceasúil, géar, glonnmhar, láidir, masmasach, oiltiúil.

deoch noun ❶ *drink*: béaláiste, bolgam, braon, deoir, díneach, diurnán, fliúit, gabháil, gailleog, gáilleog, glincín, greagán, meigeadán, ól, olagas, póit, posóid, scalach, scíobas, slog, slogóg, snagaireacht, steancán, streancán, súimín, taoscán, *literary* ibhe; pionta, gloine. ❷ *wash*: bá, deochadh, fliuchadh, fliuchras, ionlach, ní, níochán, sabhsa, taoscán, tumadh.

deochadh noun *immersion*: bá, fliuchadh, fliuchras, ionlach, ní, níochán, sabhsa, tumadh

deoir noun ❶ *tear*: deoiricín, suóg. ❷ *drop*: braon, dil, mónóg, sil, stioc; fiúigil, tomhaisín dí.

deoiríneacht noun *shedding tears, maudlinism*: bascarnach, caoineachán, caoineadh, deoirín-teacht, gol, golchás, lógóireacht, mairgneach, maoithneachas, ochlán, ochón, olagón; caoineadh le teann óil, caoineadh le meisce.

deoise noun *diocese*: cathaoir easpaig, easpagóid-eacht, fairche.

deoladh noun ❶ *favour, bounty*: cineáltacht, cóir, deolchaire, deolaíocht, deontas, deonú, fabhar, féile, fiúntas, flaithiúlacht, fóirdheontas, fordheontas, gar, garúlacht, móraigeantacht, mór-chroí, tíolacadh. ❷ *snack, tidbit*: anlann, *pl*. sócamais, sólaist, tarsann; béile beag, blaisín, bolgam beag, bonnachán, diocán, gogán is spúnóg, gráinseáil, greim is bolgam, mír is deoch, scíobas, scruig, smailc, snapadh.

deonach adjective ❶ *voluntary, willing*: fonnmhar, sásta, toilghnústa, toiliúil, toilteanach; dá dheoin féin, dá leointe féin, le fonn. ❷ *providential*: ádhúil, ámharach, deonaitheach, fortúnach, tráthúil; trí dheonú Dé.

deonaigh verb ❶ *grant*: bronn, dearlaic, ofráil, tabhair, tairg, tíolaic, *literary* éirnigh. ❷ *condescend*: aontaigh, ceadaigh, géill, lamháil, tabhair cead.

deontas noun *grant*: bronnadh, bronntanas, dáileadh, dámhachtain, dearlacadh, deonachán, deonú, díolúine, féirín, fóirdheontas, fordheontas, lacáiste, lamháil, tabhairt amach, tabhartas, teanntaíocht, tíolacadh.

deonú noun ❶ *grant, consent*: bronnadh, bronntanas, ceadú, ceadúnas, dámhachtain, dearlacadh, dearlaic, deoin, deonachán, díolúine, féirín, fóirdheontas, fordheontas, géilleadh, lamháil, tíolacadh, toil. ❷ *condescension*: fáilíocht le miondaoine, ísle, lúitéis, uirísle.

deorach adjective *tearful, lachrymose*: acaointeach, brónach, caointeach, ceannnúiseal, croíbhriste, cumhach, deoirghinteach, diachrach, dobrónach, doilíosach, duaiseach, dubhach, golchásach, golbhéarach, gruafhliuch, iarmhéileach, lachtach, lachtúil, mairgiúil, maoithneach, ochlánach, olagónach, taidhiúir, tromchroíoch, truamhéalach; ag caoineadh, ag sileadh na ndeor, agus meacan an chaointe ina ghlór.

deoraí noun ❶ *stranger*: allúrach, coigríochach, coimhthíoch, danar, eachtraí, eachtrannach, strainséir; duine thar loch isteach, duine thar tír isteach; gall, gintlí, págán, páganach, cuairteoir, cuartaí, fámaire, turasóir. ❷ *aloof person, loner*: ancaire, aonán, aonar, aonarán, cadhan aonair, cadhan aonrach, cadhan aonraic, cailín singil, caonaí, caonaí aonair, clochrán, díseartach, díthreabhach, duine aonair, éan corr, éan cuideáin, fear singil, indibhid, leathéan, reigléasach.

deoraíoch adjective *wandering, exiled*: **adjectival genitive** fáin, fánach, seachránach, iomramhach, ionnarb-thach; ar fán, ar ionnarbadh.

deoranta adjective *strange, unfamiliar*: aduain **adjectival genitive** aineoil, aisteach, aistíoch, ait, allúrach, coimhthíoch, corr, corraiceach, coigríochach, deorach, éachtach, eachtartha, eachtrannach, éagoitianta, éagsamhalta, éagsúil, éagsúlta, gallda, groí, **adjectival genitive** iasachta, iasachtach, strain-séartha, *literary* diongna.

déroinn verb *bisect*: déan dhá leath de, lárghearr.

déroinnt noun *bisection*: gearradh i ndá chuid, roinnt i ndá chuid, lárghearradh.

dia noun ❶ *god*: aindia, dia bréige, diagacht; Iúpatar, Séas. ❷ **Dia** *God*: Dia na bhFeart, Dia Uilea-chumhchtach, an Coimdhe, an Cruthaitheoir, an Diagacht, an Dúileamh, Iáivé, an Tiarna, an Tionscnóir, *familiar* an Fear Thuas; an Rí, Ardrí Neimhe, an tAthair Síoraí, Dia an tAthair, ár nAthair, an tAthair, an Mac is an Spiorad Naomh; Dia an Mac, Mac Dé, an Briathar, Críost, an Meisias; an Spiorad, an Spiorad Naomh, an Tríonóid Ró-Naofa.

dia-aithis noun *blasphemy*: blaisféim, crístín, diairmín, diamhasla, naomhaithis, sacrailéid; eascaine, mallacht, mallatheoireacht, *pl.* mionnaí móra, mionnú; cuireadh an scéal go Mac Dé Bhí; bí sé ag gearradh Dé.

diabhal noun ❶ *devil*: ainspiorad, deamhan; áibhirseoir, eithiar, ginid, ginid ghlinne, ifreannach, mórphúca, orc, púca, púca na mbeann; an Boc Dubh, an Fear atá thíos, an Fear Dubh, an Fear Mór, an Seanbhuachaill, Béalzabúl, Fear na gCrúb, Fear na nAdharc, Fear na Ruibhe, Sátan; *eu-phemistically* deamhas, dear, diach, diar, diúcs, riach. ❷ *wicked person, mischievous person*: áibhirseoir, ainscian, aisiléir, amhas, arc nimhe, bacach, bithiúnach, bligeard, ciontaitheoir, ciontóir, clabhaitéir, cladhaire, cneámhaire, coireach, coirp-each, coirpeoir, corpadóir, crochadóir, crosdiabhal, damantach, damantán, damantóir, daor, daoránach, diabhlánach, diúlúnach, do-dhuine, eiriceach, fleascach, ógchiontóir, oilghníomhaí, peacach, rifíneach, scabhaitéir, scaimpéir, sclíotar, scliútar, scuit, scuitsear, sealánach, speig neanta, tubaisteoir, *literary* éachtach. ❸ *(with negatives) devil the...*: deamhas, dheamhan. ❹ **adjectival genitive an diabhail** *terrible, dreadful*: adhuafar, cradhscalach, creathnach, critheaglach, fuascrach, gáifeach, géibheannach, gráiniúil, gránna, líonritheach, scáfar, scanrúil, scéiniúil, uaiféalta, uafar, uamhnach.

diabhalta adjective ❶ *mischievous*: ábhailleach, agóideach, aighneasach, aimhleasta, argóinteach, caismirteach, coilgneach, comhlannach, conspóid-each, crosta, crosánta, cuileadach, dalba, dána, docheansa, docheansaithe, doriartha, doshrianta, fiáin, fiata, fiatúil, forránach, forránta, gráinneog-ach, greannach, iomlatach, mí-ásach, mí-iomprach, mínósach, mírialta, oilbhéasach, siosmach; as a chrann cumhachta. ❷ *very*: amach is amach, an-, ard-, creathnach, daor-, dearg-, dian-, dochrach, dú-, fíor-, go héag, i gceart, iontach, lán-, rí-, sár-.

diabhlaí adjective *diabolical, devilish*: aibhéiseach, ailseach, aingí, ainiochtach, binbeach, cam, cealgach, cearr, ciontach, claon, cluanach, coirpe, contráilte, crua, cruálach, damanta, deamhanta, diabhalta, drochaigeanta, drochbheartach, droch-mhúinte, droch-chroíoch, drochthuarach, droch-ghnúiseach, earráideach, fealltach, gangaideach, incháinte, inchasaoide, lochtach, mailíseach, meangach, mícheart, mínáireach, mioscaiseach, nathartha, neamhscrupallach, nimhneach, olc,

diabhlaíocht

peacúil, saofa, sáraitheach, tubaisteach, urchóideach.

diabhlaíocht noun ❶ *devilry, wizardry*: asarlaíocht, astralaíocht, breachtradh, briotais, buitseachas, diabhaldán, diabhaldánacht, diamhracht, dícheadal, doilfeacht, draíodóireacht, draíocht, drochshúil, dubhealaín, an ealaín dhubh, geasadóireacht, geasrógacht, gintlíocht, marbhdhraíocht, págántacht, piseogacht, saobh-adhradh, síofrógacht, upthaireacht, *literary* fiothnaise; briocht, *pl.* ciapóga, *pl.* geasa droma draíochta, geasróg, lusróg, ortha, upa; ciorrú, mothú. ❷ *devilment, mischief*: ábhaillí, abhlóireacht, áibhirseoireacht, ainghníomh, aingíocht, amhasóireacht, bithiúntacht, bithiúntaíl, bithiúntaíocht, bithiúntas, bligeardacht, bligeardaíocht, claidhreacht, cneámhaireacht, coiriúlacht, coirpeacht, crostáil, dalbacht, dailtíneacht, drochaigne, drochbheart, droch-chroí, drochintinn, feall, fealltacht, gangaid, iomlat, mailís, maistíneacht, mallaitheacht, meirleachas, mínáire, mímhúineadh, mínós, mí-iompar, mioscais, míréir, mírún, olc, oilbhéas, oilceas, oilghníomh, peaca, peacúlacht, pleidhcíocht, ropaireacht, urchóid, urchóideacht. ❸ *cursing (by using the word "diabhal")*: badhbaireacht, badhbóireacht, contracht, dia-aithis, diamhasla, eascaine, *ironic* guíochaint, *ironic* guíodóireacht, mallacht, mallachtach, mallachtóireacht; caitheamh diairmíní, spalpadh áibhirseoirí, stealladh crístíní.

An Aibítir Devanāgarī

Consain

	Pléascach				Neamhphléascach			
	Neamhghlórach		Glórach		Srónach	Siollaigh	Cuimilteach	Taobhach
	Neamh-análaithe	Análach	Neamh-análaithe	Análach				
Coguasach	क k [k]	ख kh [kʰ]	ग g [g]	घ gh [gʱ]	ङ ṅ [ŋ]			
Pailitiúil	च c [tʃ]	छ ch [tʃʰ]	ज j [dʒ]	झ jh [dʒʱ]	ञ ñ [ɲ]	य y [j]	श ś [ʃ]	
Aisfhillte	ट ṭ [ʈ]	ठ ṭh [ʈʰ]	ड ḍ [ɖ]	ढ ḍh [ɖʱ]	ण ṇ [ɳ]	र r [r]	ष ṣ [ʂ]	ळ ḷ [ɭ]
Déadach	त t [t̪]	थ th [t̪ʰ]	द d [d̪]	ध dh [d̪ʱ]	न n [n]	ल l [l]	स s [s]	
Liopach	प p [p]	फ ph [pʰ]	ब b [b]	भ bh [bʱ]	म m [m]	व v [ʋ]		
Glotach							ह h [ɦ]	

Consain bhreise: क़ q [q], ख़ x [x], ग़ ġ [ɣ], ज़ z [z], ॹ zh [ʒ], फ़ f [f], ड़ ṛ [ɽ], ढ़ ṛh [ɽʱ]; ॻ [ɗə], ॼ [ʄə], ॾ [ɗə], ॿ [ɓə].

Gutaí

Guta neamhspleách		Guta tar éis प pa		Fuaimniú (IPA)
अ	a	प	pa	[ɐ] ~ [ə] ~ [ɔ] ~ [o] ~ [ɵ]
आ	ā	पा	pā	[ɑ:] ~ [a]
इ	i	पि	pi	[i] ~ [ɪ]
ई	ī	पी	pī	[i:] ~ [i]
उ	u	पु	pu	[u] ~ [ʊ]
ऊ	ū	पू	pū	[u:] ~ [u]
ऋ	ṛ	पृ	pṛ	[ɻ] ~ [ɻ̩] ~ [ɾi] ~ [ru]
ॠ	ṝ	पॄ	pṝ	[ɻ:] ~ [ɻ̩:] ~ [ru:]
ऌ	ḷ	पॢ	pḷ	[l̩] ~ [li] ~ [lru]
ॡ	ḹ	पॣ	pḹ	[l̩:] ~ [li:] ~ [lru:]
ऎ	ê	पॆ	pê	[ɛ]
ऍ	ĕ	पॅ	pĕ	[ĕ]
ए	e ~ ē	पे	pe ~ pē	[e:] ~ [e] ~ [ɛ] ~ [æ] ~ [aɪ]
ऐ	ai	पै	pai	[ɛ] ~ [əɪ̆] ~ [aɪ̆] ~ [e:] ~ [æ:] ~ [oɪ̆] ~ [ɔɪ̆] ~ [ɵɪ̆]
ऑ	ô	पॉ	pô	[ɔ]
ऒ	ŏ	पॊ	pŏ	[ŏ]
ओ	o ~ ō	पो	po ~ pō	[o:] ~ [o] ~ [ʊ] ~ [aʊ̆]
औ	au	पौ	pau	[ɔ] ~ [əʊ̆] ~ [aʊ̆] ~ [o:] ~ [ɵʊ̆] ~ [oʊ̆] ~ [ɔʊ̆]
अः	ḥ	पः	paḥ	[h] (arna ghlaoch *visarga*)
अं	ṃ	पं	paṃ	(arna ghlaoch *anusvara*; féach thíos)
अँ	m̐	पँ	pam̐	(arna ghlaoch *candrabindu* [ẽ], [ã:], [ĩ], [ĩ:], ⁊rl.)
		प्	p	(arna ghlaoch *virāma*; maraíonn an guta nádúrtha)

Roimh an gconsan aicme is amhail an srónach aicme a thraslitrítear *anusvara*: ṅ roimh k, kh, g, gh, ṅ; ñ roimh c, ch, j, jh, ñ; ṇ roimh ṭ, ṭh, ḍ, ḍh, ṇ; n roimh t, th, d, dh, n; agus m roimh p, ph, b, bh, m.

diabhlóir noun ❶ *wicked person:* ainscian, aisiléir, anduine, arc nimhe, bithiúnach, bastard, bligeard, ciontaitheoir, ciontóir, clabhaitéir, cladhaire, cneámhaire, coireach, coirpeach, crochadóir, cruálaí, damantach, damantán, damantóir, daor, daoránach, diabhal, diabhlánach, diúlúnach, dodhuine, duine uaiféalta, eiriceach, feileon, oilghníomhaí, peacach, raispín, ropaire, ropaire gaid, rifíneach, scabhaitéir, sclíotar, sclíutar, scloitéir, scrata scuit, scuitsear, sealánach, *literary* éachtach, urchóid, *figurative* nathair nimhe, speig neanta; is olc an t-earra é. ❷ *mischievous person:* áilteoir, áibhirseoir, alfraits, amhas, anstrólaí, bacach, boc, bocaí, bocailea, bocailiú, bocaileodó, boc báire, buachaill báire, caimiléir, ceáfrálaí, ceaifléir, cluanaire, cneámhaire, coileach, crosdiabhal, cuilceach, draíodóir, ealaíontóir, fleascach, gadaí bradach, geamstaire, gleacaí, gleacaí milis, gleacaire, gliceadóir, lacstar, leábharaic, leidhcéir, lúbaire, meabhlaire, mealltóir, óganach, paintéar, pasadóir, scuit, sionaglach, sleamhnánaí, slíbhín, slíodóir, slíomadóir, truiceadóir, truicseálaí, tubaisteoir.

diach noun *devil, deuce* (esp. in oaths): deamhas, dear, diabhal, diar, diúcs, riach, scian, sleabhac.

diachair noun *pain, distress:* arraing, atuirse, bearrán, beophianadh, buaireamh, buairt, broid, brón, cathú, céasadh, ciapadh, clipeadh, cnámhghearradh, cnámhghoin, conaphian, crá, crá croí, cumha, díomá, dobrón, doilíos, dólás, doghrainn, duairceas, *pl.* freangaí, ga, goin, griogadh, imní, martra, páis, pianadh, pianpháis, *pl.* pianta, *pl.* peiríocha, púir, suaitheadh, spíonadh, traochadh, treabhlaid, turraing.

diachaireacht noun *whining, whingeing:* acaoineadh, bladhbóireacht, cnáimhseáil, deoiríneacht, deoirínteacht, diúgaireacht, diúgaireacht chaointe, donáil, fuarchaoineadh, geonaíl, gol, golchás, éagnach, éamh, iachtach, iarmhéil, lógóireacht, mairgneach, meacan an chaointe, ochlán, ochón, olagón, plobaireacht chaointe, sianaíl, streilleachas, streillireacht, *literary* ong.

diachrach adjective *painful, distressing:* aingí, anacair, angarach, anóiteach, anróiteach, buartha, céasta, ciaptha, coscrach, cráite, daigheachánach, daigheartha, dobrónach, dochrach, dochraideach, dócúlach, doghrainneach, doilíosach, doirbh, dólásach, duaiseach, duaisiúil, dubhach, frithir, gangaideach, goineach, goiniúil, leadarthach, léanmhar, pianmhar, pioloideach, tinn, treabhlaideach, treascrach, truamhéalach.

dí-adhlacadh noun *exhumation:* cur aníos, tógáil coirp.

diaga adjective ❶ *godlike, divine:* **adjectival genitive** Dé; diagaithe, diaganta, diagánta, diagasúil. ❷ *holy, pious:* beannaithe, caoindúthrachtach, cráifeach, deabhóideach, diagaithe, diaganta, diagánta, diagasúil, grádiaúil, naofa, neamhach, neamhaí, urnaitheach, *literary* iriseach, reibhreansach. ❸ *theological:* diagaithe, diagach, diaganta, diagánta, diagasúil.

diagacht noun ❶ *godhood, divine nature:* nádúr Dé. ❷ *godliness, piety:* beannaíocht, caoindúthracht, crábhadh, cráifeacht, deabhóideacht, diagaitheacht, diagantacht, diagántacht, diagantas, diagasúlacht, díograis, dúthracht, naofacht. ❸ *theology:* diagacht mhorálta, diagacht nádúrtha, diagacht chórasach, eaglaiseolaíocht; fealsúnacht, meitifisic, spéaclaireacht; rinnfheitheamh, *literary* midheamhain.

diagaire noun *divine, theologian:* cléireach, eaglaiseach, ministir, sagart, seanmóirí; mínitheoir, scoláire bíobalta.

diaganta adjective *godly, pious:* beannaithe, caoindúthrachtach, cráifeach, deabhóideach, diagaithe, diaganta, diagánta, diagasúil, naofa, neamhach, neamhaí, urnaitheach, *literary* iriseach, reibhreansach.

diagram noun *diagram:* léaráid, saorléaráid, scaipléaráid, sracléaráid; sceitse, samhlaoid, tábla.

diaibéiteas noun *diabetes:* diabaetas, eitige craosach, galar craosach.

diail adjective ❶ *terrible:* adhuafar, cradhscalach, creathnach, critheaglach, gáifeach, scanrúil, scanrúil, scéiniúil, uaiféalta, uafar, uafásach. ❷ *remarkable, wonderful:* éachtach, éagoitianta, éagsamhalta, éagsúil, feartach, iontach, míorúilteach, neamhchoitianta, neamhghnách, sonraíoch, suaithinseach, suaithní, suntasach, urghnách; aisteach, gáifeach, seoigh.

diairmín noun ❶ *little thing, little creature:* abhcán, aircín, arcán, beagadán, beagaidín, ceairliciú, créatúirín, dreoilín, diúidlín, dúil bheag, fíothal, gilidín, gilmín, rud beag, ruidín, sceoidín, siolrachán, siolraide, *literary* siride, *figurative* dúradán. ❷ *expletive:* crístín, focal gan chuibheas, mallacht, mionn mór, slamfhocal.

dialann noun *diary:* cín lae; irisleabhar, leabhar cuimhne.

dialannaí noun *diarist:* scríbhneoir cín lae.

diallait noun *saddle:* diallait mná, iallait; pillín, suíochán; srathair.

diallaiteoir noun *saddler:* saidléir.

diallas noun *deviation:* claonadh, diall, féithiú, tréigean.

diamant noun ❶ *diamond* (jewel): adamant, cloch sholais; buachloch, cloch bhua, cloch lómhar, cloch luachmhar, cloch uasal, geam, *literary* séad, uscar. ❷ *diamond* (shape): muileat, muileata.

diamhair adjective ❶ *obscure, hidden, secluded:* anaithnid, **adjectival genitive** aineoil, ceilte, coimthíoch, doiléir, dorcha, dothuigthe, folaithe, mistéireach, mothrach, rúnda, smúitiúil, uaigneach, *literary* dobhar, dolas, duaithní. ❷ *eerie:* aerach, aerachtúil, iarmhaireach, íogair, neamhshaolta, síúil, uaibhreach, uaigneach. noun ❶ *dark place, obscure place:* cluthair, cró folaigh, cúil, cúilín, cúláis, cúláisean, díseart, díthreabh, díthreabhacht, droibhéal, gnáthog, lúb, paidhc, póicéad, póirse, reigléas, uaigneas, *literary* dearraide. ❷ *obscurity, mystery:* dorchacht, dúrún, mistéir, rún, rúndiamhair. ❸ *eeriness, loneliness:* aonaracht, aonaránacht, buairt, éagmais, neamhshocracht, síúlacht, uabhar, uaibhreacht, uaibhreas, uaigneas.

diamhasla noun *blasphemy:* crístín, diairmín, diaaithis, naomhaithis; cuireadh an scéal go Mac Dé Bhí; eascaine, mallacht, mallaitheoireacht, *pl.* mionnaí móra, mionnú; bí sé ag gearradh Dé.

diamhaslaigh verb *blaspheme:* abair dia-aithis, maslaigh Dia; ná bí ag gearradh Dé na ngrást.

diamhaslóir noun *blasphemer:* dia-aithiseoir, diamhaslaitheoir, duine blaisféimeach; eiriceach, págánach, séantóir creidimh, tréigtheoir.

diamhracht noun ❶ *darkness, obcurity, weirdness:* aonaracht, doircheacht, dorchacht, dorchadas, dubh, dubh is dall, dúchan, duibhe, duifean, dothuigtheacht, modarthacht, smúit, teimheal, scáth, síúlacht, uabhar, uaibhreacht, uaibhreas, uaigneas. ❷ *mysteriousness, bewitchment:* asarlaíocht, astralaíocht, breachtradh, briotais, deismireacht, dícheadal, doilfeacht, draíodóireacht, draíocht, drochshúil, dubhealaín, an ealaín dhubh, geasadóireacht, *pl.* geasa, geasrógacht, gintlíocht, marbhdhraíocht, págántacht, piseogacht, siabhradh, síofrógacht, upthaireacht, *literary* fiothnaise; brioct, *pl.* ciapóga, *pl.* geasa, *pl.* geasa droma draíochta, geasróg, lusróg, ortha, upa; ciorrú, mothú.

diamhróireachas noun *obscurantism:* baothchreideamh, ainbhios, aineolas, diabhlaíocht, diamhracht, doilfeacht, gintlíocht, marbhdhraíocht, págántacht, piseog, placadh siollaí, piseogacht, saobh-adhradh.

dian adjective *intense, severe:* an-, crua, daigheachánach, dearg-, díocasach, díograiseach, dócúlach, droch-, géar, guilmeach, láidir, rí-, tréan, trom; chomh dian le cnuimh.

dianseasmhach adjective *persistent, pertinacious:* buan, buanseasmhach, cónaitheach, dígeanta, diongbháilte, dlúsach, dlúsúil, fadfhulangach, foighdeach, foighneach, fulangach, fulangthach, leanúnach, síoraí, tuineanta.

dianseasmhacht noun *pertinacity:* buaine, buanadas, buanseasamh, buanseasmhacht, diongbháilteacht, foighde, foighne, leanúnachas, seasmhacht, síoraíocht, teacht abhaile, teacht aniar.

diansir verb *importune:* achainigh, impigh, síoriarr; bí ag diúgaireacht, bí ag stocaireacht, déan déircínteacht.

diansmacht noun *strict control, firm discipline:* ceannaireacht, ceannas, ceannasacht, ceannasaíocht, comandracht, cumhacht, lánchumhacht, ollsmacht, rialú, ríochan, smacht, srian, tiarnas, toilsmacht; tá sé faoi bhos an chait aici, tá sé faoi ghéilleadh aici, tá slat mhéaraíochta aici air; is aici atá an maide leitean.

diar noun *devil, deuce (esp. in oaths):* deamhas, dear, diach, diúcs, riach, scian, sleabhac; diabhal.

dí-armáil noun *disarmament:* díchoimisiúnú, díshlógadh; airm a thabhairt ar láimh.

dias noun ❶ *ear of corn:* craobh, craobhóg, croithleog, déis, léas; guairneach. ❷ *point of weapon:* barr, bior, rinn; béal, faobhar, géire, lann. ❸ *scion:* beangán, buinne, géag, oidhre, síol, sliocht, sliochtach; planda de phór uasal.

diathair noun *orbit:* conair, fithis, *literary* spéir; cuairt, cúrsa, raon, réim, rian, scóip.

díbeartach noun *banished person, outcast:* díthreabhach, eisreacht, eisreachtaí, ionnarbthach, ropaire, tóraí; dídeanaí, díláithreach, teifeach; cadhan aonair, cadhan aonrach, cadhan aonraic, deoraí, éan corr, éan cuideáin, éan scoite.

díbheirg noun *wrath, vengeance:* agairt, confadh, díoltas, éiric, fearg, fíoch, pionós, *literary* díoghail, inneachadh.

díbhinn noun *dividend:* díbhinn dheiridh, díbhinn eatramhach; díol, íocaíocht.

díbhirce noun *ardour, eagerness, zeal:* ainmheasarthacht, ainriantacht, cíocras, confadh, dásacht, deárcas, déine, díocas, díograis, dúil, dúil chráite, dúrúch, dúthracht, faobhar, fíoch, fiuchadh foinn, flosc, fonn, griothal, guilm, lainne, saint, scamhadh, teaspach, tnúth, tnúthán, toil, *literary* friochnamh.

díbhirceach adjective *ardent, zealous:* cíocrach, confach, déanfasach, deárcaisiúil, dian, díocasach, díograiseach, dúilmhear, dúlaí, dúthrachtach, faobhrach, fíochmhar, fi fl fonnmhar, géar, gorthach, griofadach, griothalach, guilmeach, santach, scafa, scamhaite, síoraí, teasaí, tnúthánach, *literary* friochnamhach; ar bior, ar bís, ar buile, ar caorthainn.

díbir verb *drive out, banish, expel:* cuir amach, cuir as, cuir an ruaig ar, cuir ar ionnarba, cuir i bpóna, díchuir, díláithrigh, díshealbhaigh, eascoiteannaigh, eisreachtaigh, fógair as, fógair ó, ruaig, sligdhíbir, tabhair bata is bóthar do, tabhair an doras do, tabhair tópar do, *literary* ionnarb, loingsigh, tafainn.

díbirt noun *banishment, expulsion:* cur amach, cur as, cur i bpóna díchur, díláithriú, eachtrú, eascoiteannú, ionnarbadh, ruaig, ruaigeadh, sligdhíbirt, tafann; bata is bóthar; sac, tópar.

díblí adjective ❶ *debilitated, dilapidated:* ainnis, bascta, coscartha, imithe chun raice, in anchaoi, ina bhathalóg, ina bhathlach, ina fhochtrach, lag, millte, raiceáilte, scriosta, scuabtha, tite as a chéile, tite i ngabhal a chéile. ❷ *vile, debased:* anuasal, cloíte, comónta, droch-, íslithe, lábánta, lábúrtha, lodartha, millte, otair, suarach, táir, táiríseal, truaillithe, uiríseal.

díblíocht noun ❶ *debility, dilapidation:* ainnise, anchaoi, drochbhail, droch-chaoi, droch-chuma, fothrach, laige, raic, trochlú. ❷ *vileness, abasement:* anuaisleacht, comóntacht, ísle, lábánacht, lodarthacht, mímhoráltacht, peacúlacht, suarachas, táire, táiríseleacht, truaillíocht, uirísle.

dícheall noun ❶ *best endeavour:* croídhícheall, díocas, dúthracht, griongal. ❷ *ar do dhícheall doing one's best:* ar buaic do mheanma, ar do bhionda, i muinín do mhiota, ar saothar.

dícheallach adjective *earnest, diligent:* cíocrach, confach, daingean, déanfasach, dian, díbhirceach, díocasach, díograiseach, diongbháilte, dúilmhear, dúthrachtach, faobhrach, fíriúil, fonnmhar, géar, griofadach, griongalach, griothalach, guilmeach, scafa, scamhaite, síoraí, tnúthánach, *literary* friochnamhach.

dícheann verb ❶ *behead:* bain an ceann de, bain an cloigeann de, sciob an ceann de, teilg an ceann de, *literary* tamhain; básaigh, cuir chun báis. ❷ *leave leaderless:* fág gan ceannaire. ❸ *cut off, destroy:* basc, cloígh, cnaigh, cniog, creach, cuir deireadh le, cuir den saol, díothaigh, díscigh, eisc, ídigh, leag ar lár, múch, neamhnigh, réab, sáraigh, scrios, teasc, treascair.

dícheannadh noun *decapitation:* bású, cur chun báis, dúnbhású, dúnmharú, dúnorgain, marú, treascairt, martra, páis.

dícheillí adjective *senseless, foolish:* aimhghlic, ainbhiosach, aineolach, amadánta, amaideach, baoiseach, baoth, bómánta, breallach, breallánta, bundúnach, dall, dallacánta, dallaigeanta, dobhránta, dúr, dúramánta, éaganta, gamalach, lagintinneach, leamh, leamhcheannach, leathmheabhrach, leibideach, mallintinneach, míghlic, neamhthuisceanach, óinmhideach, óinsiúil, pleidhciúil, ramhar, seafóideach, simplí, spadintinneach, tútach, uascánta.

díchiall noun *want of sense, folly:* amadántaíocht, amaideacht, amaidí, athbhaois, baois, baoithe, díth céille, droch-chiall, easpa céille, éigéille, éigiall, íorthacht, leamhas, leibideacht, míchiall, óinmhideacht, óinsiúlacht, pleidhcíocht, seafóid.

díchoiscthe adjective *unchecked, unrestrained:* ainrianta, cíocrach, doshásta, fíochmhar, lúsáilte, rábach, réidh, scaoilte; gan bhac, gan cheangal, gan chosc, gan laincis, gan sásamh, gan srian.

díchuimhne noun *forgetfulness:* aimnéise, dearmad, dearmhad, dímheabhair, dímheabhráil, éaguimhne, mearathal, mearbhall; éislis, faillí, fuarchúis, neamart, neamhshuim, seachmall.

díchuir verb ❶ *eject, expel:* cuir amach, cuir as, cuir an ruaig ar, díbir, díláithrigh, fógair as, fógair ó, ruaig, tabhair bata is bóthar do, tabhair an doras do, tabhair tópar do, *literary* ionnarb, tafainn, *familiar* tabhair an sac do. ❷ *excrete:* déan cac, déan mún, eisfhear, eiscréidigh, eislig, fear, folmhaigh, salaigh.

díchur noun ❶ *expulsion:* cur amach, cur as, díbirt, díláithriú, ionnarbadh, ruaig, ruaigeadh, tafann; bata is bóthar; an sac, tópar. ❷ *excretion:* aoileach, bualtrach, buarán, buinneach, cac, cacamas,

dide

cainniúr, camras, eiscréidiú, eisfhearadh, eisligeadh, fearadh, garr, giodar, leasú, otrach, otras, salachar, saothar, sciodar.

dide noun *nipple:* ballán, cíoch, did, dideog, sine, úth; faireog mhamach.

dídean noun ❶ *refuge, shelter:* anacal, caomhnú, coimirce, cosaint, díseart, fáfall, foscadh, fothain, teálta, tearmann, *literary* cliothar. ❷ *cover, protection:* brat, clúdach, cumhdach, cosaint, díon, scáth, sciath, *literary* tlacht.

dídeanaí noun *refugee:* deoraí, díbeartach, ionnarbthach, teifeach.

difear noun *difference:* athrach, athrú, bearna, claochlú, difríocht, éagsúlacht, fuílleach, malairt, *literary* saine; ní hé an cás céanna é; is neamhionann iad, ní mar a chéile iad, ní hionann iad.

dífhostaíocht noun *unemployment:* easpa oibre, ganntanas oibre; díomhaoineas, díomhaointeas, díomhnas; an sac, tópar.

difríocht noun noun *difference:* athrach, athrú, bearna, claochlú, difear, éagsúlacht, malairt, *literary* saine; ní hé an cás céanna é.

difriúil adjective *different:* éagsúil, neamhionann; ar leith, faoi leith; ní hionann iad; is mór an difríocht eatarthu; is fada buí óna chéile iad; ní hé X atá ann a thuilleadh

dígeann noun ❶ *extreme, extremity:* ceann, críoch, deireadh, earr, fíordheireadh, foirceann, gob; *pl.* na baill fhorimeallacha. ❷ *acme, climax:* apaigí, barr, barrchéim, buacacht, buacán, buaic, mullach, *literary* forar, formna; bile buaice, uasphointe. ❸ *extreme action:* beart ainmheasartha, gníomh míchuibheasach, míchuibheas; téigh sa bhile buaice, téigh thar fóir.

dígeanta adjective ❶ *pertinacious:* buan, buanseasmhach, cónaitheach, daingean, dianseasmhach, diongbháilte, dlúsach, dlúsúil, fadfhulangach, foighdeach, foighneach, fulangach, fulangthach, leanúnach, síoraí, tuineanta. ❷ *obdurate, die-hard:* biogóideach, cadránta, ceanndána, ceannláidir, ceanntréan, ceapánta, codramánta, crua, dáigh, daingean, diongbháilte, dodach, do-bhogtha, docheansaithe, doghluaiste, dolúbtha, dúr, dúshlánach, ládasach, neamhghéilliúil, righin, chomh righin le gad, stailciúil, stainciúil, stálaithe, stobarnáilte, stobarnta, stóinsithe, stuacach, stuacánach; is air atá an muineál.

dígeantacht noun ❶ *pertinacity:* buaine, buanadas, buanseasamh, buanseasmhacht, déine, dianseasmhacht, diongbháilteacht, foighde, foighne, fonn, leanúnachas, síoraíocht, teacht abhaile, teacht aniar. ❷ *obduracy:* aindiúid, biogóideacht, cadrán, ceanndánacht, ceanntréine, ceapántacht, cruas, dodaireacht, dúire, ládas, stailc, stainc, stalcacht, stuacacht, stuacánacht, stuaic.

díghalrán noun *disinfectant:* dífhabhtán, frithsheipteán; bithnimh, geirmicíd.

díghalraigh verb *disinfect:* dífhabhtaigh, frithsheiptigh; aimridigh, steirligh.

digit noun *digit:* luibhean; carachtar, figiúr, litir, uimhir; eochair, méar; picteagram.

dil¹ noun *drop:* braon, deoir, deoiricín, mónóg, sil, sileán, stioc; fiúigil, tomhaisín dí.

dil² adjective *beloved:* caithiseach, dilghrách, geanúil, grách, inmhianaithe, ionúin, muirneach; **adjectival genitive** croí; mo chroí thú, mo chroí ionat, mo ghrá thú.

díle¹ noun *dearness, affection:* ansacht, caithis, carthain, carthanacht, ceanas, ceanúlacht, cion, cumann, dáimh, dáimhiúlacht, díograis, díograisí, grá, grámhaireacht, ionúine, muirn, searc, síorghrá, taitneamh, *literary* dailbhe.

díle² noun *flood:* díle bháistí; bá, caise, dobhar, duartan, *pl.* frasa, roiseadh, sconna, sruth, tuile, *pl.* tuilte, tuile bháistí, tuile gan trá, tulca, uisce, *pl.* uiscí, *literary* lia, tóla; *literary* an Déirlinn, an Díle.

díleá noun *digestion:* córas díleáite, goile; bolg, diúlfaíoch.

díleáigh verb *digest:* cuir tríot, meil.

dileagra noun *address, memorial:* aitheasc, caint, léacht, óráid.

díleas noun ❶ *personal property:* eastát pearsanta, maoin, maoin phearsanta, sealbh, sealúchas, *literary* tothacht. ❷ *special attribute:* cumas, féith, mianach, meon, nádúr, ríd, saintréith. ❸ *a dhílis my dear, my treasure:* a chroí, a chuisle, a chuisle mo chroí, a ghrá, a lao, a mhaoineach, a mhuirnín, a rún, a stóirín, a stór, a thaisce, a théagair, m'anam, mo ghraidhin, mo chuach, mo chuid den saol.

dílis adjective ❶ *own, proper:* ceart, cóir, cuí, dearbh-, dual, feiliúnach, fíor, fíor-, fírinneach, fóirsteanach, oiriúnach, *literary* dír; dá chuid féin, leis féin. ❷ *genuine, reliable:* ceart, dearbh-, fíor, fírean, fíreanta, fírinneach, macánta, siúráilte. ❸ *loyal, faithful:* bithdhílis, leanúnach, macánta, monagamach, seasmhach, tairiseach. ❹ *dear, beloved:* caithiseach, dil, dilghrách, geanúil, grách, inmhianaithe, ionúin, muirneach; **adjectival genitive** croí; mo chroí thú, mo chroí ionat, mo ghrá thú.

dílleachta noun *orphan:* dílleachta linbh, dílleachtaí, leanbh gan athair ná máthair; tachrán.

dílódáil verb *unload:* díluchtaigh, éadromaigh, folmhaigh.

dílse noun ❶ *ownership, property:* ceart, dílseánacht, eastát, gabháltas, maoin, sealbh, sealúchas, seilbh, úinéireacht, *literary* tothacht. ❷ *security, pledge:* banna, barántas, coinníoll, geall, urradh, urrús, *literary* glinne. ❸ *loyalty, fidelity:* conlacht, dílseacht, seanadh, tairise, tairiseacht. ❹ *love:* amarac, armacas, ansacht, bá, búíocht, cairdeas, caithis, carthain, carthanacht, ceanas, ceanúlacht, céileachas, cion, connailbhe, cumann, dáimh, dáimhiúlacht, dianghrá, dile, dúil, fialchaire, gaolacht, gean, gnaoi, grá, grámhaireacht, greann, ionúine, muintearas, muirn, nádúr, nóisean, páirt, searc, síorghrá, taitneamh, teasghrá, toil, *literary* dailbhe.

dílseacht noun ❶ *ownership:* gabháil seilbhe, sealbh, sealbhaíocht, seilbh, úinéireacht. ❷ *property, attribute:* airí, comhartha sóirt, mianach, ríd, saintréith, tréith. ❸ *genuiness, reliability:* barántúlacht, ceart, cneastacht, dáiríreacht, fíre, fírinneacht, iontaofacht, macántacht. ❹ *loyalty, fidelity:* conlacht, macántacht, dílse, monagamas, seanadh, tairise, tairiseacht.

dílseánach noun ❶ *proprietor:* sealbhaire, sealbhóir, úinéir; tiarna talún; an té ar leis é. ❷ *loyal follower, votary:* ceithearnach, díograiseoir, móideach, páirtí, tacaí, *colloquial* campa, lucht leanúna, lucht tacaíochta; *colloquial* lucht tréachtais.

dílseoir noun *loyalist:* díograiseoir, móideach, tacaí, *literary* pl. tuireann, *colloquial* lucht tacaíochta.

dílsigh verb ❶ *vest:* bronn, deonaigh, tabhair. ❷ *pledge, promise:* geall; bí faoi ghealltanas rud a dhéanamh. ❸ *cede:* ceadaigh, géill, lamháil, lig do. ❹ *secure, appropriate:* bain amach, beir ar, beir greim ar, coigistigh, coimeád, coinnigh, déan do chuid féin de, fostaigh, gabh, glac seilbh ar, leithreasaigh, sciob, snap.

dílsiú noun ❶ *vesting:* bronnadh, deonú. ❷ *appropriation:* gabháil, glacadh seilbhe, leithreasú, sciobadh, snapadh, sealbhú; fostú. ❹ *concealment:* ceileantas, ceileatram, ceilt, ceilteanas, clóicín, clúdach, cluthaireacht, coigilt, cur i bhfolach, dul i bhfolach, folach, folachán, folachántaíocht, tearmannú, *literary* cleith, díchealt, imchumhdach, inchleith.

díluacháil noun *devaluation:* ísliú, laghdú luach X, saoirsiú. **verb** *devalue:* ísligh luach X, laghdaigh luach X, saoirsigh X.

díluchtaigh verb *discharge, unload:* díládáil, dílódáil, folmhaigh; bain amach as, tóg amach as.

dímheas noun *disrespect, contempt:* beagmheas, díomas, díspeagadh, domheas, drochmheas, fonóid, lagmheas, míchás, scorn, seanbhlas, spíd, tarcaisne, *literary* dímhigin.

dímhol verb *disparage, dispraise:* aithisigh, aor, cáin, cáinsigh, caith anuas ar, ciontaigh, damnaigh, daor, guthaigh, imcháin, imdhearg, iomardaigh, lochtaigh, milleánaigh, tarcaisnigh, *literary* tathaoir.

dímhúinte adjective *unmannerly:* athúlta, bodachúil, bodúil, brománta, brúisciúil, daoithiúil, dobhéasach, drochbhéasach, drochmhúinte, garbh, geancach, grusach, míbhéasach, míchéadfach, míchuirtéiseach, míchuntanósach, mí-iomprach, mímhúinte, mínósach, mí-iomprach, míshibhialta, neamhchúirtéiseach, otair, tuaisceartach, tuathalach, tútach.

dímrí noun ❶ *feebleness:* anbhainne, easpa cumhachta, éidreoir, éineart, fainne, faoine, lagáisí, laige, míthreoir, soghontacht, téiglíocht, tréithe. ❷ *state of being ineffectual:* beagmhaitheas, diomaibhse, éadairbhe, éagumas, leamhas, leimhe, leochaileacht, mí-ábaltacht, míchumas, neamhbhailíocht, neamhchumhacht, neamhéifeacht, neamhéifeachtacht, neamhfhiúntas, neamhinniúlacht, suarachas.

dímríoch adjective ❶ *feeble, helpless:* amparach, anbhann, éagrua, éidreorach, fann, faon, lag, lagáiseach, leice, leochaileach, meata, míthreorach, sleaiceáilte, tláith, tréith, tréithlag, *literary* triamhain. ❷ *ineffectual:* díomhaoin, éadairbheach, easnamhach, easpach, éagumasach, éidreorach, maolchúiseach, míchumasach, neamhábalta, neamhbhailí, neamhchúntach, neamhéifeachtach, neamhéifeachtúil, neamhfhiúntach, neamh-infheidhme, neamhinniúil, neamhoilte, neamhthairbheach; gan bhrí, gan bun gan barr, gan chríoch, gan éifeacht, gan mhaith, ó chion.

dineamó noun *dynamo:* dionamó, gineadóir, ginteoir, gluaisneoir leictreach.

ding noun ❶ *wedge:* ging, sáiteán; borradh. ❷ *thickset person:* ablach, bleitheach, bléitheach, bleitheachán, bolaistín, bolaistrín, broicealach, broicleach, bulcais, burla, dailc, feolamán, geois, giomstaire, mart, mullachán, páinseach, páinteach, pataire, púdarlach, púdarlán, samhdán, sceartachán, somach, somachán, tioblach, toirt, tulcais; búis, bonsach girsí, pataióg, rúbóg, steafóg girsí, torpóg. **verb** *wedge, pack tightly:* brúigh isteach, pacáil, pulc, sac isteach, sáigh isteach.

dingeadh noun *wedging, cramming:* brú, pacáil, sacadh, sá.

dinglis noun *tickle:* cigilt, gigilt, gigleas, míolfairt; *familiar* chugaitín, chuta chuta.

dingliseach adjective *ticklish:* cigilteach, gigilteach, gigliseach; goilliúnach, íogair.

dínit noun ❶ *dignity:* bród, cúirtéiseacht, foirmiúlacht, grástúlacht, maorgacht, mórgacht, sollúntacht, stáidiúlacht, uabhar, uaisle, uaisleacht, urramacht. ❷ *high estate:* airde, ardchéim, ardchéimiúlacht, ardréim, céimiúlacht, gradam, oireachas, oirirceas, onóir, ord, rang, réim, seasamh, stádas, uaisle, uaisleacht, urraim, *literary* oirmhidin, ordan.

dinnéar noun *dinner:* béile; giota, loinsiún, lóinse, lón, meán lae, pronnlach, raisín, scroid; cuid na hoíche, cuid oíche, scroid airneáin, séaras, séire, suipéar.

dinnireacht noun *dysentery:* buinneach, fiabhras goile, gaistríteas, gastaireintríteas, ulpóg goile, *familiar* rup rap.

dinnseanchas noun *topography:* logainmníocht, topagrafaíocht; *pl.* áitainmneacha, *pl.* logainmneacha; an tSuirbhéireacht Ordanáis.

dintiúir plural noun *indentures, credentials:* pl. cáilíochtaí, céim, dioplóma, teastas, pl. teastais aitheantais, teistiméireacht, pl. teistiméireachtaí; barántas, údarás.

díobháil noun ❶ *loss, deprivation, want:* caill, ceal, díth, easnamh, easpa, gá; anacmhainn, anás, bochtaineas, bochtanas, boichte, clisiúnas, cruatan, daibhreas, dealús, dearóile, deilbhíocht, gainne, gannchúis, ganntanas, gátar, meathfháltas, ocras, *pl.* pócaí folmha, uireasa. ❷ *injury, damage:* aimhleas, bárthainn, caill, caillteamas, caillteanas, damain,

Dineasáir

Alamosaurus: Alamasáras
Albertosaurus: Ailbeartasáras
allosaur: allasár
Allosaurus: Allasáras
Anchiceratops: Ainchicearatops
Anchisaurus: Aincheasáras
Ankylosaurus: Ainkiolasáras
Apatosaurus: Apatasáras
Barosaurus: Bárasáras
Brachiosaurus: Brachaíosáras
Brontosaurus (*seanfhaiseanta;* féach *Apatosaurus*)
Camarasaurus: Camarasáras
Camptosaurus: Camptasáras
Ceratosaurus: Cearatasáras
Cetiosaurus: Ceitiosáras
Chasmosaurus: Chasmasáras
Ceoleophysis: Céalaifíasas
Coelosaurus: Céalasáras
Compsognathus: Compsagnátas
Deinocheirus: Déinichéaras
Deinonychus: Déininíochas
Dilophosaurus: Diolofasáras
Diplodocus: Dioplodacas
Dromaeosaurus: Dromaesáras
Dryosaurus: Dríasáras
duck-billed dinosaur: dineasár lacha-ghobach
Edmontosaurus: Eadmontasáras
Fabrosaurus: Fabrasáras
Gallimimus: Gaillimímeas
Heterodontosaurus: Heitreadontasáras
ichthyosaur: iochtasár
Iguanadon: Ioguánadon
Kentrosaurus: Ceantrasáras
Leptoceratops: Leipticeireatops
Megalosaurus: Meagalasáras
Melanorosaurus: Mealanorosáras
Microvenator: Micriveanator
Monoclonius: Monoclóneas
Orthinomimus: Oirnitimímeas
Ortholestes: Oirnitiléastas
ostrich dinosaur: dineasár ostraise
Oviraptor: Uibhearaptar
Pachycephalosaurus: Paichiceifealasáras
Parasaurolophus: Parasáralofas
Pentaceratops: Peinticeireatops
Plateosaurus: Plateasáras
Procompsignathus: Procompsagnatas
Protoceratops: Protaiceireatops
Psittacosaurus: Psiteacosáras
pterodactyl: teireadachtalach
raptor (*neamhfhoirmeálta*) raptar
Riojasaurus: Ríojasáras
Saurolophus: Sáralofas
Sauropleita: Sároplelta
Scelidosaurus: Sceilideasáras
Seismosaurus: Seismeasáras
Staurikosaurus: Stáiriceasáras
Stegoceras: Steigicéaras
Stegosaurus: Steigeasáras
Styracosaurus: Stíoracasáras
Syntarsus: Siontarsas
Tarbosaurus: Tarbasáras
Thescelosaurus: Teiscealasáras
Titanosaurus: Tiotanasáras
Torosaurus: Torasáras
Triceratops: Tríceireatops
Troodon: Tróadon
Tyrannosaurus: Tíoranasáras
Ultrasaurus: Ultrasáras
Utahraptor: Utahraptar
Velociraptor: Vealósaraptar

díobhálach
damáiste, díth, dochar, dola, goilleadh, leonadh, lot, máchail, milleadh, olc, scrios, urchóid.

díobhálach adjective ❶ *injurious, harmful*: aimhleasach, baolach, *literary* biniúil, contúirteach, damáisteach, dainséarach, coscrach, dochrach, loiteach, marfach, nimhneach, scriosach, treascrach, tubaisteach, urchóideach, *literary* urbhadhach. ❷ *at a loss, wanting*: ainimheach, bearnach, éalangach, easnamhach, éislinneach, mí-éifeachtach, uireasach; ar iarraidh, in abar, in ascar, in easnamh, in umar na haimléise.

dioc noun *hunch, stoop*: cabha, caime, croime, cromadh, cruit, cruití, cuar, droimín, dronn, dronnóg, forchruit.

díocas noun *eagerness, keenness*: airc, antoil, cíocras, confadh, dásacht, déarcas, déine, dícheall, dúil, dúil chráite, dúrúch, dúthracht, faobhar, fíoch, fiuchadh foinn, flosc, fonn, géire, griothal, guilm, lainne, saint, scamhadh, teaspach, tnúth, tnúthán, toil, *literary* friochnamh.

díocasach adjective *eager, keen*: cíocrach, confach, déanfasach, dian, dianasach, díbhirceach, dícheallach, díograiseach, dúilmhear, dúthrachtach, faobhrach, fíochmhar, fonnmhar, frithir, géar, griofadach, griothalach, guilmeach, santach, scafa, scamhaite, tnúthánach, *literary* friochnamhach; ar bior, ar bís, ar buile.

díog noun *ditch, trench, drain*: caoth, clais, clasaidh, draein, trinse; cainéal, canáil, gáitéar, gropa, léata, lintéar, sconsa, seoch, silteán, suinc.

díogarnach noun ❶ *gasp, breath*: anáil, anáil na beatha, dé, falrach, fleaim, puth, riospráid, súiteadh, tinfeadh, tinfise; gearranáil, plúchadh, smúrthacht, snag, snag anála, uspóg; bhí ga seá ann; bhí saothar air. ❷ *glimmer*: fannléas, léar, léaró, léas, loinnir, lonradh, marbhloinnir, solas.

díogha noun *the worst*: an chuid is measa, an rud is measa; do dhícheall; má théann an scéal go cnámh na huillinne; an togha agus an rotús.

díograis noun ❶ *fervour, zeal*: cíocras, déarcas, díocas, dúthracht, faobhar, flosc, fonn, géire, griothal, scamhadh, teaspach, tnúth, tnúthán. ❷ *fervent love, affection*: amarac, armacas, cairdeas, caithis, carthain, carthanacht, ceanas, ceanúlacht, cion, connailbhe, cumann, dáimh, dáimhiúlacht, dearg-ghrá, dianghrá, dile, dílseacht, díograisí, gaolacht, gean, gnaoi, grá, grámhaireacht, ionúine, meargrá, muintearas, muirn, páirt, searc, síorghrá, taitneamh, teasghrá, toil, *literary* dailbhe. ❸ *beloved, dear friend*: anam, cnó cnuasaigh, croí, duine mo chroí, grá, lao, leannán, maoineach, muirnín, rún, rúnsearc, searc, searcóg, taisce, bráthair, deartháir, deirfiúr, siúr.

díograiseach adjective ❶ *fervent, zealous*: cíocrach, confach, déanfasach, díbhirceach, dícheallach, dúilmhear, dúlaí, dúthrachtach, faobhrach, fíochmhar, fonnmhar, santach, scafa. ❷ *loving*: búch, cairdiúil, caithiseach, carthanach, ceanúil, connail, dáimheach, dáimhiúil, geanúil, grámhar, dil, grámhar, lách, lánúnach, páirteach, páirtiúil, práinneach, searcach, searcúil, teochroíoch. ❸ *literary peerless, splendid*: álainn, breá, éagsamhalta, galánta, gréagach, niamhrach, rímhaith, sármhaith, taibhseach; ar feabhas, thar barr, thar cionn; níl a sharú ann.

díol noun ❶ *selling, sale*: ceannach, ceant, ceantáil, creic, díolachán, reacaireacht, reic. ❷ *payment, recompense*: comhar, comha, cúiteamh, díolaíocht, díre, éiric, fís, íoc, íocaíocht, luach, luach saothair, pá, stípinn, tuarastal. ❸ *deserving object*: ábhar. ❹ *enough*: dóthain, leor, meon, sáith; a bhfuil uait, ní beag sin duit. verb ❶ *sell*: reac, reic; malartaigh. ❷ *pay, requite*: cúitigh, íoc, íoc an comhar, socraigh an comhar, tabhair comhlíon do, tabhair íocaíocht do, tabhair a luach do.

díolachán noun *selling, sale*: ceannach, ceant, ceantáil, díol, reic.

díolaim noun *gleaning, collection*: bailiúchán, cnuasach, cruinneagán, cruinniú, deascán, díolaim, foirisiún, glac, soláthar, stór, tacar, taisce, teaglaim, tiomsú, tiomsachán, tionól.

díolamóir noun ❶ *gleaner*: gráinseoir; cnuasaire, cnuasaitheoir, cruinnitheoir, tiomsaitheoir. ❷ *anthologist*: bailitheoir, teaglamaí, tiomsaitheoir.

díolaíocht noun ❶ *payment*: díol, íoc, íocaíocht, luach. ❷ *instalment*: cuid, gála, glasíoc, glasíocaíocht, síntiús. ❸ *recompense, reparation*: comha, comhar, cúiteamh, díre, éiric, fís, luach saothair, sásamh.

díoltas noun *vengeance, revenge*: agairt, díbheirg, éiric, mioscais, olc, pionós, sásamh, *literary* díoghail.

díoltasach adjective *vengeful, vindictive*: binbeach, caolagrach, díbheirgeach, díchúiseach, díorainneach, drochaigeanta, drochbheartach, droch-chroíoch, fealltach, gangaideach, mailíseach, mínáireach, mioscaiseach, nathartha, nimhneach, olc, spídiúil, urchóideach.

díoltóir noun *seller, dealer*: ceannaí, ceannaí stoic, ceantálaí, fear gaimbín, gáinneálaí, giurnálaí, hocstaeir, hucstaeir, huigistéar, jabaire, mangadaeir, mangadóir, mangaire, margálaí, ocastóir, pacaire, peidléir, reacaire, siopadóir, tráchtálaí, trádálaí, triallaire earraí.

díolúine noun ❶ *exemption, immunity*: faoiseamh, logha, maitheamh, saoirse, saoirseacht, *literary* turbhaidh. ❷ *liberty, licence*: cead, cead do chinn, ceadúnas, liobairtí, pribhléid, saoire, saoirse, saoirseacht, saorchead.

díolúnach noun ❶ *free person, exempt person*: duine faoi dhíolúine, duine saor, saor, saorfhear, saoirseach. ❷ *mercenary*: amhas, amhsán, giliúnach, saighdiúir tuarastail, *literary* seirseanach; gallóglach. ❸ *rogue, rascal*: áibhirseoir, aisiléir, amhas, bacach, bithiúnach, bligeard, buachaill báire, clabhaitéir, ciontaitheoir, ciontóir, cneámhaire, coirpeach, coirpeoir, corpadóir, crochadóir, cuilceach, damantach, damantán, damantóir, diabhal, diabhlánach, eiriceach, fleascach, gadaí, gadaí bradach, leábharaic, leidhcéir, pasadóir, rifíneach, rógaire, ruagaire reatha, scabhaitéir, scaimpéir, sclíotar, sclíútar, scuit, scuitsear, sealánach, sionaglach, *figurative* corrchoigilt. ❹ *puny creature*: abhcán, aircín, arcán, beagadán, beagaidín, boiric ó ciú, camhcaid, ceairliciú, céasánach, cnádaí, crabadán, cruachán, cruiteachán, draoidín, dreoilín, dúidlín, fíothal, gilidín, gilmín, pigmí, sceoidín, scidil, scrobaire, siolrachán, siolraide, *literary* siride, *figurative* dúradán.

díolúnas noun ❶ *immunity, licence*: cead, cead do chinn, ceadúnas, faoiseamh, logha, maitheamh, pribhléid, saoirse, saoirseacht, saorchead. ❷ *licentiousness, rascality*: áibhirseoireacht, ainghníomh, aingíocht, ainmhian, barbarthacht, bithiúntacht, bithiúntas, bligeardacht, bligeardaíocht, claidhreacht, cneámhaireacht, coiriúlacht, coirpeacht, dailtíneacht, drúisiúlacht, macnas, maistíneacht, mallaitheacht, meirdreachas, meirleachas, míchuibheasacht, mígheanas, mínáire, ragús, ropaireacht, sámhas, súnás, urchóid, urchóideacht.

díomá noun *disappointment, sorrow*: aiféala, aithreachas, atuirse, briseadh croí, brón, brónaí, buaireamh, buairt, cathú, cian, ciamhaire, cumha, díomua, dobrón, doilíos, doghrainn, dólás, duairceas, éadóchas, iarghnó, lean, mairg, mairgneach, méala, míchóngar, seirfean, seolán, tromchroí.

díomách adjective *disappointed, sorry*: aiféalach, brónach, ciamhair, cianach, leamh, mairgiúil; thit an droill ar an dreall aige; thit an lug ar an lag aige.

diomaí noun *ingratitude:* diomachas, neamhbhuíochas, míbhuíochas; easpa buíochais.

díomail verb *waste, squander:* bánaigh, caith, caith i vásta, creach, cuir amú, cuir faoi bhruth, cuir i bhfaighid, ídigh, meath, meil, reac, reic, scaoil, snoigh, spíon, tabhair gaoth do, tnáigh.

díomailt noun *waste, extravagance:* caifeachas, cur amú, díobhal, díobhlacht, díobhlas, díobhlás, doscaíocht, drabhlás, frasaíl, ídiú, rabairne, reic, scaipeadh maoine, vásta; mustar, scabáiste, straibhéis, taibhseacht.

díomailte de compound preposition *apart from:* cé is moite de, chomh maith le, i dteannta, le cois, seachas, taobh amuigh de, thar; nach é, nach iad.

diomar noun *defect, flaw:* ainimh, cithréim, clóic, cor, deamar, éalang, éasc, easnamh, easpa, fabht, locht, lochtaíl, máchail, marach, míchumas, teip, uireasa, *literary* éislinn.

díomas noun ❶ *pride, arrogance:* anuaill, bród, bródúlacht, éirí in airde, gaisce, gaisciúlacht, iomarcaíl, leithead, mór is fiú, móráil, mórchúis, mustar, postúlacht, sotal, steámar, suimiúlacht, uabhar, uaibhreacht, uaibhreas, uaill, uallachas, *familiar* cóití bhárms. ❷ *contempt, scorn:* dímheas, díspeagadh, drochmheas, fonóid, lagmheas, scorn, seanbhlas, spíd, tarcaisne, *literary* dímhigin.

díomasach adjective *proud, arrogant, contemptuous:* bródúil, dímheasach, dímheasúil, dímheastúil, drochmheasta, drochmheastúil, dímheasúil, foruallach, gaisciúil, lagmheasúil, leitheadach, méirnéiseach, móiréiseach, mórálach, mórchúiseach, mustrach, postúil, sotalach, spídiúil, tarcaisneach, teannfhoclach, uaibhreach, uailleach, uallach.

díomhaoin adjective ❶ *worthless, vain:* baoth, beagmhaitheach, beagmhaitheasach, beagthábhachtach, beagthairbheach, diomaibhseach, éadairbheach, **adjectival genitive** éadoraidh, easnamhach, fánach, folamh, glóirdhíomhaoineach, leamh, neamhfhiúntach, neamhthairbheach, spreasánta, streabhógach, suarach, uireasach; gan aird, gan bhrí, gan éifeacht, in aisce. ❷ *idle, unemployed:* dífhostaithe, neamhghnóthach, *literary* déinmheach; falsa, leisciúil; ag ligean a scíthe, ag tarraingt cúnamh dífhostaíochta, ar an dól, as obair, gan obair. ❸ *unmarried:* aontumha, maighdeanúil, neamhphósta, singil, singilte; gan bhean, gan fear, gan phósadh.

díomhaointeas noun ❶ *worthlessness, vanity:* baois, beagéifeacht, beagthairbhe, dímrí, diomaibhse, éadairbhe, easpa brí, easpa éifeachta, foilmhe, leamhas, éidreoir, foilmhe, leamhas, míchumas, mí-éifeacht, neafais, neamhbhailíocht, neamhéifeacht, neamhfhiúntas, neamhthairbhe, spreasántacht, staigíneacht, suarachas. ❷ *unemployment:* dífhostaíocht, easpa oibre, ganntanas oibre; bheith as obair, saol ar an dól; falsacht, leisce, leisciúlacht; neamh-aistear. ❸ *unmarried state:* aontumhacht, baitsiléireacht, maighdeanas, singilteas; bheith gan chéile.

díomú noun *displeasure, dissatisfaction:* col, déistin, díomá, fearg, míshásamh, míshástacht, místá, míthaitneamh, múisiam, samhlas, samhnas, searbhas, seirfean.

díomua noun ❶ *defeat:* báire, bris, cliseadh, cloí, concas, coscairt, greadlach, maidhm chatha. ❷ *disability:* ainimh, bacainn, breall, ciorrú, cis, cithréim, crapall, cróilí, éagumas, éalang, éasc, locht, máchail, míchumas, neamhábaltacht, neamhbhailíocht, neamhchumhacht, neamhéifeacht, neamhinniúlacht, neamhfhoirfeacht, uireasa. ❸ *drawback, demerit:* ceataí, cur siar, díluaíocht, easnamh, easpa, fabht, locht, lúb ar lár, míbhuntáiste, treampán.

díomuach adjective *defeated:* buailte, cloíte, sáraithe; buadh orthu, fuarthas an ceann is fearr orthu.

diomuaine noun *impermanence:* duthaine, éadaingne, éiginnteacht, luaineacht, míshocracht, neamhbhuaine, neamhchinnteacht, neamhdhaingne, neamhsheasmhacht, neamhshocracht; ní thugann rud ar bith ach seal.

díomuan adjective *impermanent, transitory:* básmhar, breacshaolach, duthain, gairid, gearr, gearrshaolach, móimintiúil, neamhbhuan, sealadach, somharaithe.

díomúch adjective *displeased, dissatisfied:* buartha, cancrach, cantalach, coilgneach, colgach, crosta, díomách, doshásta, éagóirithe, feargach, mearaithe, míbhuíoch, míchéadfach, míshásta, míshona, múisiamach; i bhfearg.

díon noun ❶ *protection, shelter, covering:* anacal, brat, cabhar, clúdach, coimeád, coimirce, cosaint, cumhdach, dídean, fáfall, foscadh, fothain, scáth, sciath, *literary* cliothar, tlacht. ❷ *roof:* ceann, ceann gabhail, ceann slinne, ceann tuí; boimbéal, caolach an tí, *pl.* creata, *pl.* cúplaí, fuanacht, *pl.* rataí, *pl.* sclátaí, *pl.* slinnte. verb ❶ *protect, shelter:* caomhnaigh, cosain, cumhdaigh, fothainigh, scáthaigh, sciath, tabhair coimirce do, tabhair dídean do, tabhair foscadh do, tearmannaigh. ❷ *make watertight, proof:* calc, déan díonach ar uisce, déan uiscedhíonach. ❸ *roof, thatch:* cuir ceann ar, cuir díon ar, cuir tuí ar; clúdaigh.

díonach adjective *protective, impermeable:* caomhnach, coimirceach, cosantach, díonmhar, heamhscagach, uiscedhíonach, uiscedhiúltach, uisce-obach; síondíonach; dúshlánach ar an aimsir.

díonadóir noun ❶ *protector:* coimirceoir, cosantóir, dídeanóir, fear anacail, garda; gairdian, urra. ❷ *roofer, thatcher:* slinneadóir, tuíodóir; tíleoir.

diongbháil noun ❶ *match, equal:* céile, comhghleacaí, comparáid, cothrom, leathcheann, leithéid, macasamhail; fear atá inchurtha leis, fear a chomórtais, fear a mhúinte, a mháistir; thug sé a mhalairt dó; nach iad an lánúin iad. ❷ *worth, merit:* dea-cháil, feabhas, fiúntas, luach, luachmhaireacht, luaíocht, maitheas. ❸ *assurance, confirmation:* áitiú, cruthú, cruthúnas dearbhúchán, dearbhú, deimhniú, deimhniúchán, faisnéis, faisnéisiú, fianaise, fógairt, fógra, léiriú, maíomh, míniú, promhadh, siúráil, taispeáint.

diongbháilte adjective ❶ *worthy, fitting:* creidiúnach, fiúntach, fóirsteanach, ionraic, ionseolta, iontaofa, iontrust, maith, muiníneach, *literary* téachta; is fiú é, is mór is fiú é. ❷ *steadfast, constant:* buan, buanseasmhach, dílis, daingean, fíriúil, fódúil, foirmniseach, fuaimintiúil, seasmhach, seasta, siosmaideach, staidéarach, staidéartha, stóinseach, stuama, tairiseach. ❸ *confirmed, positive:* bunúil, bunúsach, cinnte, dearbh, dearfa, dearfach, deimhin, deimhneach, deimhnitheach, iontaofa, siúráilte, údarásach. ❹ *well set, solid:* broganta, buan, crua, cruánach, daingean, dalba, dea-dhéanta, doscaoilte, fódach, fuaimintiúil, stóinseach, stóinsithe, teann, *literary* díoghainn, dron, tailc; tá seasamh an fhóid ann, tá teacht aniar ann. ❺ *self-assured, cocky:* cocach, cuidiúil, muiníneach, róchinnte, ródhearfa, soibealta, sotalach, stradúsach, teann as féin, teanntásach, uaibhreach, údarásach.

díonmhar adjective *protective, proof (against weather, etc.):* caomhnach, coimirceach, **adjectival genitive** cosanta, cosantach, díonach, neamhscagach, síondíonach, uiscedhíonach, uiscedhiúltach, uisce-obach; dúshlánach ar an aimsir.

dioplóma

dioplóma noun *diploma*: céim, barántas, *pl.* cáilíochtaí, dearbhú, deimhniú, *pl.* dintiúir, dioplóma, teastas, *pl.* teastais aitheantais, teist, teistiméireacht, údarás.

díorma noun *band, troop*: baicle, béinne, buíon, cathlán, ceithearn, cipe, coimhdeacht, cóip, coimhirse, cóip, comhlacht, compántas, complacht, criú, cruinniú, cuallacht, cuideachta, cumann, dream, feadhain, feadhnach, fianlach, foireann, fracht, gasra, grinne, grúpa, meitheal, paca, rang, scaoth, scata, scuad, scuadrún, scuaine, scuad, scuadrún, slógadh, slua, tascar, tionlacan, trúpa, *literary* cuain, rúta.

díorthaigh verb *derive*: faigh, gabh; fréamhaigh, rianaigh, síolraigh; cuir a lorg is a bhun.

díorthú noun *derivation*: bunús, foinse, fréamh, fréamhú, rianú, rúta, síolrú; sanasaíocht.

díosal noun *diesel*: artola, breosla, ceirisín, dó-ola, paraifín, peitreal, peitriliam.

diosca noun ❶ *disc*: boghaisín, bonn, ciorcal, fáinne, pláitín, roth, teasc. ❷ *disk (in computer)*: cruadhiosca, diosca crua; diosca flapach, discéad; dlúthdhiosca.

díoscán noun *creaking, squeaking*: bícearnach, bíog, bíogarnach, bíogarnaíl, díoscarnach, gíog, gíogaíl, gíogalach, gíogarnach, gíogarnaíl, gíogladh, gíoscán, gliúrascach, gliúrascáil, gliúrascnach, gliúscáil, gliúscairt, scréacháíl, scréachaireacht, *literary* dreasachtach, dreistearnach.

díospóid noun *dispute*: aighneas, briatharchath, bruíon, cailicéireacht, callóid, cibeal, cipíneach, conghail, cointinn, clampar, construáil, díospóireacht, easaontas, eisíocháin, eisíth, giorac, griobsach, imreas, maicín, raic, scliúchas, siosma, troid, *literary* easard, gleidean.

díospóireacht noun *debate, argument*: aighneas, argáil, argóint, briatharchath, caibidil, caismirt, cás, cibeal, cíoradh, cóideabhaid, coinghleic, cointinn, conspóid, construáil, cur trí chéile, díospóid, easaontas, eisíocháin, eisíth, foclaíocht, giorac, griobsach, imreas, imreasán, iomarbhá, iomlua, plé, siosma, *literary* argaimint, *literary* imnise.

díotáil noun *indictment*: agra, caingean, cás, cúiseamh, éileamh, gearán, ionchúiseamh, áinseamh. verb *indict*: cáin, cas le, cuir i leith, cuir an locht ar, cuir an milleán ar, cúisigh, daor, fág ar, ionchúisigh, gearáin, leag ar, táinsigh.

díotálaí noun *prosecutor*: cúisitheoir, inchúisitheoir; agróir.

díothach adjective ❶ *deficient*: easnamhach, easpach, lochtach, máchaileach, neamhimleor, uireasach; anbhann, bacach, beagmhaitheach, beagmhaitheasach, beagthábhachtach, díomhaoin, éadairbheach, éidreorach, fann, faon, faonlag, féigh, lag, lagáiseach, leamh, neafaiseach, neamaitheach, neamhbhailí, neamhchumhachtach, neamhéifeachtach, neamhéifeachtúil, neamhfhiúntach, neamh-infheidhme, neamhinniúil, neamhthairbheach, suarach. ❷ *needy, destitute*: beo bocht, bocht, dealbh, dealúsach, díchairdiúil, díothach, folamh, gátarach, lag, lom, sportha, siolgair, spíonta; ar an gcaolchuid, ar an ngannchuid, ar an trá fholamh, gan phingin, gan cianóg rua, go holc as, i bhfiacha, i ngátar, sna miotáin; níl ceairlíciú aige.

díothachtach noun *destitute person*: bochtán, bochtóg, clisiúnach, dealbhach, seang, uireasach; beigéir, fear déirce, bean déirce, *colloquial* lucht déirce.

díothaigh verb *destroy, eliminate*: básaigh, basc, cealaigh, coscair, cuir ar ceal, cuir ar neamhní, cuir deireadh le, cuir den saol, cuir ó fháil, díscigh, ídigh, loit, maraigh, mill, múch, neamhnigh, réab, scrios, slad, treascair, *literary* sléacht.

díothóir noun *destroyer, exterminator*: básaire, creachadóir, crochadóir, crochaire, marfóir, millteoir, scriosaire, scriostóir.

díothú noun *elimination, extermination*: ár, ármhach, bású, bascadh, cealú, coscairt, dísciú, eirleach, ídiú, íospairt, marú, milleadh, múchadh, neamhniú, réabadh, scrios, slad, sléacht, treascairt.

dip noun ❶ *dip*: fliuchadh, folcadh, fothragadh, ní, níochán, sabhsa, snámh, tumadh. ❷ *gravy*: sú, súlach, súlach feola; anlann, tarsann.

dipeáil verb *dip*: fliuch, folc, fothraig, nigh, snámh, tum.

dírbheathaisnéis noun *autobiography*: *pl.* cuimhní cinn, féinscríbhinn; mo scéal féin.

díreach adjective ❶ *straight, perpendicular*: beacht, ceart, cearnach, ceartingearach, dron, ingearach, rite; ina cheartsheasamh, ina cholgsheasamh, ina sheasamh. ❷ *honest*: ceart, cneasta, cóir, fíor, fírinneach, ionraic, iontaofa, macánta, muiníneach, pointeáilte; gan cháim; tá sé ina cholún díreach. ❸ *just, exact*: baileach, beacht, comair, cothrom, cruinn, glan. adverb **díreach, go díreach** ❶ *exactly*: cruinn, go baileach, go beacht, go neamhbhalbh, go neamhchlaon, lom amach, scun scan. ❷ *straight for, straight towards*: díreach ar aghaidh, caol, caol díreach, go dronlíneach; *literary* téigh gach ndíreach. noun ❶ *straight condition*: ceart, cirte, dírí, díríocht, ingearacht. ❷ *straightforwardness, truth*: ceart, cneastacht, fírinne, an fhírinne ghlan, fírinneacht, ionracas, lomchlár na fírinne, lom na fírinne, macántacht. ❸ *straight course*: cúrsa díreach, dronlíne, líne dhíreach; díreach gach ndíreach.

díreoigh verb *defreeze*: coscair, leáigh, téigh, téigh suas.

dírí noun *straightness, honesty*: ceart, cneastacht, cothrom, díríocht, fírinne, fírinneacht, ionracas, macántacht, macántas.

dírigh verb ❶ *straighten*: bain an cor as, bain an casadh as, cóirigh, cuir bail ar, cuir caoi ar, cuir dreach ar, cuir in eagar, leasaigh, réitigh. ❷ **dírigh ar** *aim at, focus on*: aimsigh, cruinnigh ar aon phointe, dréim le, fócasaigh, pointeáil ar

díritheoir noun *director*: bainisteoir, captaen, ceann, ceannaire, ceannasaí, ceann feadhna, ceann foirne, ceannfort, ceann urra, cinnire, fear ceannais, geafaire, geafar, geaingear, gobharnóir, máistir, maoirseoir, maor, oifigeach, príomhoifigeach, reachtaire, rialtóir, riarthóir, saoiste, scipéir, taoiseach, tiarna, treoraí, uachtarán, *literary* braine, léadar; fear stiúrach.

díriú noun *direction, guidance*: bainisteoireacht, ceannaireacht, ceannas, giollacht, giollaíocht, monatóireacht, múineadh, riar, stiúir, stiúrthóireacht, teagasc, treoir, *pl.* treoracha, treorú.

dís noun *pair, couple*: beirt, dhá cheann, dias, *literary* déidhe; cúpla, lánúin.

dísc noun *dryness, barrenness*: aimride, seisce, seisceacht, triomach, triomacht, tuire.

díscaoil verb *unloose, disintegrate*: bain as a chéile, bánaigh, bog, díscoir, oscail, scáin, scaip, scaoil, scoir, tit as a chéile.

díscaoileadh noun *(act of) dispersion, disintegration*: díbirt, díscor, ruaigeadh, scáineadh, scaipeadh, scaoileadh, titim as a chéile.

díscigh verb *dry up, drain, exhaust*: bánaigh, diúg, draenáil, ídigh, sil, siolp, sniog, snoigh, spíon, súigh, taosc, tnáith, traoch, triomaigh.

dísciú noun ❶ *drying up, exhaustion*: bánú, diúgadh, draenáil, ídiú, siolpadh, sniogadh, snoí, spíonadh, sú, taoscadh, tnáitheadh, traochadh, triomú. ❷ *elimination, extermination*: díothú, bású, bascadh, cealú, coscairt, cur ar ceal, díbirt, ídiú, marú, milleadh, múchadh, neamhniú, réabadh, ruaigeadh, scrios, slad, sléacht, treascairt.

díscoir verb ❶ *unyoke, unloose, detach:* bain de, dícheangail, díscaoil, oscail, scaip, scaoil.

díscor noun ❶ *dismissal, dissolution:* coscairt, dícheangal, díscaoileadh, leá, imleá, scaipeadh, scaoileadh, sacáil, *literary* taithmheach.

discréid noun *discretion:* breith, breithiúnas, ciall, críonnacht, eagna, eagnaíocht, foscadh, fothain, gaois, stuaim, toighis, tuiscint.

discréideach adjective *discreet:* béalfhothanúil, céillí, ciallmhar, cliste, críonna, eagnaí, fadcheannach, fothainiúil, gaoiseach, gaoisiúil, gaoismhear, inrúin, meabhrach, réasúnta, stuama, tuisceanach.

díseart noun ❶ *deserted place, desert:* áit bhánaithe, áit fholamh, bán, fásach, gaineamhlach; clochránacht, uaigneas, *literary* dearraide. ❷ *retreat, hermitage:* clúid, dídean, díseartán, díthreabh, díthreibh, reigléas, tearmann.

díseartach noun *hermit:* ancaire, ceallach, díthreabhach.

díshealbhaigh verb *dispossess, evict:* cuir amach, cuir as, cuir an ruaig ar, díchuir, dílaithrigh, fógair as, fógair ó, ruaig, *literary* ionnarb, tafainn; tabhair an doras do, tabhair bat is bóthar do, tabhair tópar do.

díshealbhú noun *dispossession, eviction:* cur amach, cur as, díbirt, díchur, díláithriú, ionnarbadh, ruaig, ruaigeadh, tafann; bata is bóthar, tópar.

dísle noun ❶ *die:* dísle imeartha; cló, stampa. ❷ *cube:* ciúb; bloc, blocán, bosca.

díspeag verb *despise, belittle:* bí beag beann ar, caith drochmheas ar, déan beag is fiú ar, déan faoiste fáiste de; níl meas agam air, níl meas madra agam air.

díspeagadh noun *belittlement, contempt:* dímheas, díomas, drochmheas, fonóid, lagmheas, scorn, seanbhlas, spíd, tarcaisne, *literary* dímhigin.

díth noun ❶ *loss, destruction:* anachain, bánú, bárthainn, bascadh, bris, briseadh, caill, cailleadh, cailteamas, caillteanas, ciorrú, cíothach, coscairt, damain, damáiste, díbliú, díobháil, dochar, folmhú, ídiú, íospairt, lagú, martrú, marú, matalang, milleadh, múchadh, scrios, spóladh, stialladh, treascairt, tubaiste, *literary* sleachtadh, urbhaidh. ❷ *want, need:* anás, bochtaineas, bochtanas, boichte, caill, ceal, cruatan, daibhreas, dealbhú, dealús, dearóile, díobháil, drochshaol, easnamh, easpa, éigean, éigeantas, gainne, gannchar, gannchúis, gannchúisí, ganntan, ganntanas, ganntar, gátar, géibheann, gorta, meathfháltas, ocras, *pl.* pócaí folmha, riachtanas, teirce, teirceacht, treabhlaid, uireasa. ❸ *díth céille lack of sense, folly:* amadántaíocht, amaideacht, amaidí, athbhaois, baois, baoithe, díchiall, droch-chiall, easpa céille, éigéille, éigiall, íorthacht, leamhas, leibideacht, míchiall, óinmhideacht, óinsiúlacht, pleidhcíocht, seafóid.

dithneas noun *haste, hurry:* broid, brostú, corraí, crúóg, deabhadh, deifir, deifre, dlús, driopás, drip, eadarluas, féirsce, fuadar, fústar, futa fata, giordar, griothalán, luas, práinn, rith, saothar, séirse, tapa, téirim; bhí bruth laidhre ort ag imeacht; bain na cosa asat, beoigh ort, ná fásadh aon bhlas féir faoi do chosa; tá geoc ort.

díthrá noun *low tide:* iarthrá, lag mara, lag trá; tá sé chomh fada síos le híochtar láin, tá sé ina íochtar láin, tá sé ina thaoide; tá sí ina trá; díthrá mallmhara, lag trá mallmhara, trá mallmhara.

díthreabh noun ❶ *waste, wilderness:* áit bhánaithe, áit fholamh, bán, clochránacht, díthreibh, díseart, fásach, gaineamhlach, uaigneas, *literary* dearraide. ❷ *retreat, hermitage:* díthreibh; clúid, dídean, díseart, díseartán, reigléas, tearmann.

díthreabhach noun ❶ *recluse, hermit:* ancaire, aonarán, cadhan aonair, cadhan aonrach, cadhan aonraic, caonaí, caonaí aonair, ceallach, clochrán, díseartach, éan corr, éan cuideáin, leathéan, reigléasach. ❷ *wretched person, puny person:* ainniseoir, ainriochtán, angarúinneach, angarúnach, bochtán, bochtóg, caiteachán, cealdrach, ceanrachán bocht, créatúr, cringleach, cuail cnámh, díothachtach, diúilicín, dreoilín bocht, eiseamláir, geospal, geospalán, gortachán, íomhá, loimíneach, manglam, ocrachán, padhsán, priocachán, raiblín, rama, ruidín bocht, rud, sampla bocht, scáil i mbuidéal, scrobaire, séacla, séaclach, séaclóir, sianaí, síogaí, suarachán, taiseachán, truán, truanaid, truanairt, *familiar* creachán, lom-angar; donóg.

díthreoir noun *disorganized state, lack of organization:* ainriail, anord, cíor thuathail, ciseach, cosair easair, éagruth, easair cosáin, easordú, mí-eagar, mí-ord, praiseach, rúille búille, tranglam, triopall treapall; ag dul chun siobarnaí; tá rudaí bunoscionn, tá rudaí trína chéile.

diúc noun *duke:* diúca; a ghrása; ard-diúc, piara, prionsa, tiarna; barún, bíocunta, marcas, iarla; fear uasal.

diúg noun *drop:* braon, deoir, dil; bolgam, deoch, diurnán, failm, fiúigil, fliúit, gailleog, gáilleog, glincín, meigeadán, scalach, scíobas, sil, slog, slogóg, steancán, stioc, streancán, súimín, taoscán, tomhaisín dí. verb ❶ *drink, drain:* diurn, diurnaigh, diurnáil, folmhaigh, ól, sil, taosc, triomaigh, *literary* ibh.

diúgadh noun ❶ (*act of*) *draining:* diúgaireacht, diurnadh, diurnáil, diurnú, draenáil, folmhú, ól, síothlú, triomú, sileadh, taoscadh, *literary* ibhe. ❷ *gullet:* díbheachán, díuch, diúlfaíoch, éasafagas, giobús, gionchraos, góilín, eagaois, píobán, sceadamán, scornach, slogadh, slogaide, slogaideach, slogán, súsán, *literary* gibhis.

diúgaire noun ❶ *drinker, tippler:* bachaire, druncaeir, druncaire, geochthóir, meisceoir, pótaire, scloitéir, súgaire, súmaire; alcólach. ❷ *leech:* conach, géaraide goinide, súdaire, súmaire; seadán. ❸ *sponger:* bacach, duine dóchúil, failpéir, geocach, líodrálaí, scramaire, seipléir, siolpaire, stocaire, súdaire, súmaire, táthaire, tnúthánaí, trumpa; angarúinneach.

diúgaireacht noun ❶ *draining of liquid:* diúgadh, diurnadh, diurnáil, diurnú, draenáil, folmhú, *literary* ibhe, ól, síothlú, triomú, sileadh, taoscadh ❷ *tippling, drinking:* craosól, druncaeireacht, druncaireacht, *literary* ibhe, meisce, meisceoireacht, ól, ólachán, póit, póitéis, pótaireacht, scloitéireacht. ❸ *sponging, cadging:* bacachas, failpéireacht, madraíocht, screamhaireacht, seipléireacht, siolpáil, siolpaireacht, stocaireacht, súdaireacht, súmaireacht, táthaireacht, tnúthán. ❹ *whimpering:* badhbaireacht, caoineadh, cnáimhseáil, fuarchaoineadh, fuarchásamh, fuarghol, geonaíl, gluaireán, gniúdáil, gniúdán, griothnairt.

diúilicín noun *mussel (Mytilus):* diúilicín capaill, diúilicín coiteann, diúilicín dáta; diúraic, iascán, musla, sliogán dubh.

diúité noun *duty:* cáin, ceangal, comaoin, cúram, dleacht, *pl.* fiacha, mál, oibleagáid.

diúl noun *sucking, suck:* cnáimhreadh, cráineadh, ionsú, slogadh, sú, súchán, súmaireacht, súrac, cnáfairt. verb *suck:* cnámhair, cráin, ionsúigh, siolp, slog, súigh, súraic.

diúlach noun *fellow, chap, lad:* buachaill, duine, fear, garsún, gasúr, giolla, leaid, mac, neach, stócach.

diúlfaíoch noun ❶ *alimentary canal:* conair an bhia; goile, bolg, *pl.* putóga. ❷ *throat:* bráid, cúláire, díuch,

diúltach

giobús, gionchraos, góilín, eagaois, éasafagas, faraing, laraing, píobán, sceadamán, scornach, slogaid, slogaide, slogaideach, slogán, smiolgadán, súsán, *literary* gibhis.

diúltach adjective ❶ *inclined to refuse:* ainneonach, doicheallach, drogallach, éarthach, mífhonnmhar, neamhthoilteanach, obach, obthach; doghluaiste. ❷ *negative:* diúltaidheach, séantach.

diúltaigh verb *refuse:* clis, cuir suas do, éar, éimigh, eitigh, loic, ob, séan, staon, *literary* dear.

diúltú noun *refusing, refusal:* cliseadh, éaradh, éimiú, eiteach, eiteachas, loiceadh, obadh, *literary* freiteach; ainneoin, doicheall, drogall, leisce, neamhthoil.

diúnas noun *self-will, obstinacy, refusal to obey:* cadrán, ceannairc, ceanndáine, ceanndánacht, ceanntréine, cruas, contráilteacht, dáighe, dígeantacht, diúltú, dodaireacht, dolúbthacht, éaradh, easumhlaíocht, eiteachas, ládas, muclaíocht, neamhghéilleadh, obadh, séanadh, stailc, stainc, stálaíocht, stalcacht, stuacacht, stuacánacht, stuaic.

díuraic verb ❶ *cast, shoot:* aimsigh, caith, crústaigh, lámhach, scaoil, teilg. ❷ *brandish:* bagair, beartaigh, cas, croch, croith.

diurnaigh verb ❶ *drain, swallow:* diurn, diurnáil, folmhaigh, ól, long, slog, taosc, triomaigh, *literary* ibh. ❷ *hug, embrace:* beir barróg ar, cuach, déan seacht ngrá le, fáisc, snaidhm thú féin i, tabhair barróg do, tabhair gráin do.

dlaoi noun ❶ *wisp, tuft:* bobailín, bobán, brobh, cuircín, curca, dos, dosán, loca, scoth, scothán, seamaide, slam, slamán, sop, spóg, táithín, táth, *literary* dlochtán. ❷ *tress, lock:* bachall, ciabh, ciabhóg, dlaíóg, duailín, dual, glib, loca, lúibín, scoth, trilseán, triopall, *colloquial* ciabhra. ❸ *strand, strip:* dual, leadhb, leadhbaire, leadhbán, scioltar, stiall, stráice, streoille, tointe, trilseán, trilsín.

dlaoitheach adjective *tressy, tufted:* bachallach, catach, clannógach, curcach, dosach, dualach, géagach, giobach, scothach, scothánach, tomach.

dleacht noun ❶ *due, lawful right:* ceart, ceartas, díre, dleachtanas, dliteanas, éileamh. ❷ *royalty, payment:* cúiteamh, díol, díolaíocht, díre, íoc, íocaíocht, luach saothar, pá, ríchíos, stípinn, táille, tuarastal. ❸ **is dom is dleacht** *it is my due, my lawful duty:* is dom is dual; tá sé ag dul dom, tá sé dlite dom, tá sé tuillte agam.

dleathach adjective ❶ *lawful, valid, genuine:* bailí, barántúil, ceart, dílis, dleachtach, dlisteanach, dlíthiúil, fíor, fírean, fíreanta, fírinneach, iontaofa, macánta, muiníneach, reachtmhar. ❷ *just, proper:* caoithiúil, ceart, cneasta, cóir, comhchuí, cuí, dearbh-, díreach, dleachtach, dual, feiliúnach, fíor, fíor-, fíorga, fírinneach, fíuntach, fóirsteanach, fuaimintiúil, oiriúnach, *literary* dir; beacht, caoithiúil, comhchuí, cothrom, cruinn, cuí, cuibheasach, cuibhiúil, deas.

dlí noun *law:* acht, bille, cúirt, ordú, reacht, riail, rialachán.

dlínse noun *jurisdiction:* ardcheannas, ardchumhacht, ardfhlaitheas, ardríocht, ardtiarnas, ceannaireacht, ceannasaíocht, cinníreacht, coimirce, coimirceas, cumhacht, flaitheas, flaithiúnas, forlámhas, impireacht, máistreacht, maoracht, príomhcheannas, réim, réimeas, riail, rialtas, rialú, ríocht, stiúir, smacht, svae, tiarnas, tiarnúlacht, treoir, údarás, urlámhas.

dlíodóir noun *lawyer:* abhcóide, aighne, fear dlí, nótaire, nótaire poiblí; Ard-Aighne.

dlisteanach adjective ❶ *lawful, legitimate:* bailí, barántúil, ceart, cóir, dílis, díreach, dleathach, dlisteanach, dlíthiúil, fíor, fírinneach, reachtmhar. ❷ *regular, proper:* ceart, cneasta, cóir, cuí, dílis, dleachtach, fíuntach, fuaimintiúil, reigleáilte, rialta. ❸ *loyal, faithful:* dílis, diongbháilte, inrúin, iontaofa, macánta, muiníneach, seasmhach, tairiseach.

dliteanas noun *lawful claim, liability:* ceart, ceartas, díre, dleacht, dleachtanas, éilimh, *pl.* fiacha, oibleagáid.

dlíthiúil adjective ❶ *legal, juridical:* bailí, barántúil, ceart, dílis, dleathach, **adjectival genitive** dlí-eolaíochta, dlisteanach, fíor, fírinneach, indlí, iontaofa, macánta, muiníneach; de réir dlí. ❷ *litigious:* dleathach, éilitheach; is fear mór dlí é.

dlúfar adjective *close set, compact:* comhdhlúth, cóngarach, crua, cruafháiscthe, cruafhuinte, cuimse, dingthe, dlúmhaí, dlúmhdha, dlúth, docht, fáiscthe, fuinte, teann.

dluigh verb ❶ *cleave, split:* gearr, réab, scáin, scar, scoilt, srac, stróic. ❷ *peel, cut in strips:* feann, glan, mionghearr, scamh, scioll, stiall, *literary* lochair.

dlúithe noun *closeness, compactness:* cóineas, cóngar, cóngaracht, cóngas, deise, deiseacht, dlús, doichte, fogas, foisceacht, giorracht, teannas, teinne, *literary* neasacht.

dlús noun ❶ *closeness, compactness:* cóineas, cóngar, cóngaracht, cóngas, deise, deiseacht, dlúithe, fogas, foisceacht, giorracht, teannas, teinne, *literary* neasacht. ❷ *fullness, abundance:* iomad, iomadúlacht, iomláine, láine, líonadh, líonmhaire, líonmhaireacht, luthairt lathairt, méithe, raimhre, rath, saibhreas, toirt, toirtiúlacht, *literary* díoghainne, tóla. ❸ *expedition, speed:* broid, brostú, deabhadh, deifir, deifre, déine, dithneas, driopás, drip, eadarluas, féirsce, foilsceadh, fuadar, fústar, futa fata, gastacht, griothalán, luas, mire, práinn, rith, saothar, sciobthacht, sciobthaíocht, séirse, tapa, tapúlacht, téirim, *literary* daithe.

dlúsúil adjective *industrious:* déanfasach, deárcaisiúil, dian, díbhirceach, díocasach, díograiseach, dúthrachtach, faobhrach, fonnmhar, gnóthach, griofadach, griothalach, ionnasach, saothrach, scafa, scamhaite, tiarálach, tionsclach, treallúsach.

dlúth adjective ❶ *compact, dense:* cóngarach, crua, cruafháiscthe, cruafhuinte, cuimse, dlúfar, dlúmhaí, docht, fáiscthe, fuinte, teann, trom, *literary* díoghainn. ❷ *close, near:* caoithiúil, cóngarach, deas, feiliúnach, feilteach, fogas, fóirsteanach, oiriúnach; cois, cois le, in aice, in aice láithreach, in aice le, i gcóngar, i bhfogas do, i bhfoisceacht do, i ngar do, lámh le, le hais, taobh le, suas le. ❸ *intense, earnest:* cíocrach, deárcaisiúil, dian, dianasach, díbhirceach, dícheallach, díocasach, díograiseach, dúthrachtach, faobhrach, fonnmhar, géar, griofadach, griothalach, santach, scafa, scamhaite, tnúthánach, tréan. noun *warp (in weaving):* deilbh, uige; inneach.

dlúthaigh verb ❶ *compress, tighten, draw together:* brúigh ar chéile, carn, carnáil, cladáil, coimrigh, cnuasaigh, coigil, comhbhrúigh, comhfháisc, conlaigh, cruach, cruinnigh, druid, dún, fáisc, tabhair le chéile, tarraing le chéile, teann. ❷ **dlúthaigh le** *draw close to:* druid le, tar gar do, tar in aice le, téigh in aice le.

dó noun ❶ *burning:* cráindó, dóiteán, greadloscadh, loscadh, ruadhó, scalladh, scóladh; adhaint, beirfean, breo, bruth, cnádú, deargadh, fadú, lasadh. ❷ *burning sensation, sting:* breo, bruth, cailg, cealg, daigh, deann, greadadh, greadhain, loscadh, ríog, scalladh, scóladh; aodh (íth), aodh thochais, briseadh amach, bruth, claimhe, clamhach, fiolún reatha, galar carrach, gearb, gríos, oighear, oighreach, *pl.* puchóidí, tine aodh, tine dhia, urtacáire.

do-aisnéise noun **adjectival genitive** *ineffable:* do-aisnéidhe, **adjectival genitive** dofhaisnéise, do-inste,

doráite; dochreidte, dothuarascála, fantaiseach, finscéalach, iontach, doshamhlaithe.

dóbartaíl noun *hesitation, indecision:* braiteoireacht, doic, doicheall, drogall, éideimhneacht, éiginnteacht, fódóireacht, galar na gcás, guagacht, luaineacht, spreotáil, stangaireacht; bheith idir dhá chomhairle, bheith idir dhá intinn, bheith idir dhá thine Bheataine.

dobharchú noun *otter (Lutra lutra):* cú dobhrán, dobhrán, madadh uisce, madra uisce, péist dhubh, péist dhonn.

dobhareach noun *hippopotamus (Hippopotamus amphibius):* each abhann.

dobheart noun *evil deed:* ainbheart, ainghníomh, caimiléireacht, cam, camastaíl, camadh, camrasáin, cealg, cealgaireacht, cion, coir, cor in aghaidh an chaim (agus cam in aghaidh an choir), doghníomh, drochbheart, drochghníomh, dubh, dúbláil, fabhtóg, feall, feall ar iontaoibh, feallaireacht, feallacht, fealltóireacht, feillbheart, feillghníomh, feileonacht, feileonacht, íogán, laofacht, lúbaireacht, lúbarnaíl, mailís, meabhlaireacht, meabhlú, mealltóireacht, meang, míchoinníoll, míchneastacht, míghníomh, mí-ionracas, mímhacántacht, mínáire, mioscais, mírún, oilbhéas, oilghníomh, olc, peaca, séitéireacht, tromchoir, urchóid, *literary* béad, tuathbheart.

dobhéas noun ❶ *bad habit:* drochbhéas, drochchleachtadh, drochghnáthú, drochnós, duáilce. ❷ pl. **dobhéasa** *bad manners:* bodúlacht, bromántacht, brúisciúlacht, daoithiúlacht, dímhúineadh, pl. drochbhéasa, drochmhúineadh, míchuntanós, mímhúineadh, mí-iompar, tuaisceartacht, tuathalacht, tútachas; boirbe, cocaireacht, dailtíneacht, dailtíneas, dailtíneacht, deiliús, pl. dobhéasa, maistíneacht, plucaireacht, soibealtacht, teallaireacht.

dobhéasach adjective *ill-behaved, ill-mannered:* bodachúil, bodúil, brománta, brúisciúil, daoithiúil, drochbhéasach, drochmhúinte, gairbhéiseach, graibhdeach, grusach, míbhéasach, míchéadfach, míchuntanósach, mí-iomprach, mímhúinte, mínósach, míshibhialta, neamhshibhialta, otair, tuaisceartach, tuathalach, tútach.

do-bhlasta adjective *ill-tasting, unappetizing:* déistineach, dochaite, domlasta, géar, goirt, leamh, míbhlasta, neamhbhlasta, samhnasach, searbh, tur; tá drochbhlas air; níl sú ná seamhar ann.

dobhrán noun ❶ *otter (Lutra lutra):* cú dobhrán, dobharchú, madadh uisce, madra uisce, péist dhubh, péist dhonn. ❷ *stupid person:* ainbhiosán, aineolaí, amadán, amaid, amal, amlóir, baothán, bobarún, bómán, breallaire, breallán, brealsán, brealscaire, brealsún, cadramán, ceann cipín, ceann maide, ceann mailléid, ceap magaidh, clogadán, cloigeann cabáiste, cloigeann cipín, cloigeann pota, dallacán, dallachán, dallán, dallamlán, dallarán, dalldramán, deargamadán, dúdálaí, dúid, duine le Dia, dúiripí, dundarlán, dunsa, dúramán, durnánaí, éagann, gámaí, gamal, gamairle, glaigín, gligín, gogaille, graoisín, guaig, guaigín, leathdhuine, óinmhid, paor, pastae de chloigeann, pleib, pleidhce, pleota, sceilfid, simpleoir; tuathalán, *literary* miodhlach; amlóg, breallóg, cloigis, gamalóg, máloid, óinmhid, óinseach, uallóg.

dobhránta adjective *stupid:* aimhghlic, ainbhiosach, aineolach, amadánta, amaideach, baoiseach, baoth, bómánta, breallach, breallánta, bundúnach, chomh dall le bonn mo bhróige, dall, dallacánta, dallaigeanta, díchéillí, dímeabhrach, dúr, dúramánta, éaganta, gamalach, lagintinneach, leamhcheannach, leathmheabhrach, leibideach, mallintinneach, maol, míghlic, mímheabhrach, neamhthuisceanach, óinsiúil, pleidhciúil,

dochma

ramhar sa cheann, seafóideach, simplí, spadintinneach.

dobrón noun *intense sorrow, grief:* aiféala, aithreachas, aithrí, atuirse, bris, briseadh croí, brón, buaireamh, buairt, caduaic, cathú, ceas, ceas croí, céasadh intinne, ciach, ciamhaire, cian, crá croí, cráiteacht, croíbhriseadh, croíbhrú, cumha, danaid, diachair, díomá, dochma, doghra, doghrainn, doilbhreas, doilíos, dólás, duáilce, duainéis, duairceas, dubhachas, duifean croí, dúlagar, dúlionn, éadóchas, gruaim, gruamacht, iarghnó, imní, ísle brí, léan, lionn dubh, mairg, méala, méalacht, ochlán, púir, seolán, tocht, triamhna, tromchroí, tromchroíocht.

dobrónach adjective *grieving, woe-begone:* atuirseach, briseadh-croíúil, brúite, buartha, ceanníseal, ciamhair, cianach, cianúil, cráite, croíbhriste, croíbhrúite, cumhach, deorach, diachrach, doghrach, doilbh, doilbhir, doilíosach, domheanmnach, dorcha, duairc, duaiseach, dubhach, dúlionnach, dúlagrach, dúnéaltach, éadóchasach, gruama, gubhach, iarghnóch, in ísle brí, léanmhar, lionndubhach, mairgiúil, mairgneach, maoithneach, púrach, smúitiúil, smúitiúnta, taidhiúir, tromchroíoch, truamhéalach; tá a chroí briste, tá a chroí cráite. noun *grieving person:* caointeoir, duine brónach, duine faoi bhrón, sochraideach, tórraiteach, *colloquial* muintir an choirp.

dócha adverb *is dócha it is likely, it is probable:* b'fhéidir, dealraíonn sé, is cosúil, tá an chosúlacht ar an scéal, tá gach seans ann.

dochar noun ❶ *harm, hurt:* aimhleas, aimliú, anachain, bárthainn, bascadh, caill, cailliúint, coscairt, cur isteach, damain, damáiste, diachair, díobháil, díth, dochracht, dochras, donacht, donas, goilliúint, goimh, goin, gortú, leonadh, lot, máchail, má gáinne, milleadh, mínós, mísc, olc, teimheal, tionóisc, urchóid. ❷ *loss, distress:* bris, caill, cailleadh, caillteanas, danaid, díobháil, díth, ídiú, púir, treabhlaid. ❸ *debit:* féichiúnas, pl. fiacha.

dóchas noun ❶ *hope, expectation:* dóigh, dréim, dúil, ionchas, oirchill, síleadh, súil, súil in airde, súilíocht, *literary* freiscise; araíocht, brath, coinne, cuimhne, dealraithí, misneach. ❷ *trust:* brath, creideamh, creidiúint, iontaoibh, muinín, trust.

dóchasach adjective ❶ *hopeful:* lán dóchais, misniúil; adjectival genitive inuchtaigh. ❷ *confident, optimistic:* lán dóchais, muiníneach, soirbh, suairc; dána, pribhléideach, teann.

dochloíte adjective *indomitable, invincible, indefatigable:* buan-, buanseasmhach, dobhuailte, dosháraithe, dothraochta, dothuirsithe; buanseasmhach, daingean, dianseasmhach, dígeanta, diongbháilte, dobhréagnaithe, docheansaithe, dochorraithe, dochoscartha, docht, dofholmhaithe, doghluaiste, doghonta, doghortaithe, do-ionsaithe, dolúbtha, doscaoilte, dúr, gan bhualadh, gan sárú, neamhthraochta, righin, síoraí, stóinseach, stóinsithe.

dochma noun ❶ *privation, hardship:* aimléis, ainnise, ainríocht, anacair, anachain, anás, angar, anró, anróiteacht, anshó, bochtaineacht, bochtanas, boichte, crá croí, crácáil, crácamas, cráiteacht, cránán, cránas, cruatan, deacair, deacracht, dealús, dearóile, deilbhíocht, díblíocht, dochonách, dochracht, dochraide, dócúl, doghrainn, dóing, dóinmhí, dola, donacht, donas, dothairne, drámh, drochbhail, drochrath, duainéis, éagomhlann, easnamh, easpa, fuireasa, fulaingt, gábh, gainne, gannchuid, gátar, géarbhroid, géarghoin, iomard, leatrom, matalang, mí-ádh, míbhuntáiste, mífhortún, mírath, mísheoladh, míthapa, ocras, pioilóid, síleáil, straimp, taisme, timpiste, tragóid, trioblóid, truántacht, tubaiste, turraing, uireasa, uireasbhaidh, uireaspa, umar na haimléise, *literary*

dochomhairleach cacht. ❷ *morosity, gloom:* antrom, beagmhisneach, ceas, ceasacht, ciach, ciamhaire, cian, clóic, cumha, dubhachas, duairceas, duasmántacht, dúlagar, dúrántacht, éadóchas, gruaim, gruamacht, iarghnó, léan, lionn dubh, néal, tocht, tromchroí. ❸ *aversion, reluctance:* adhascaid, casadh aigne, col, cradhscal, déistin, doicheall, drogall, fuath, glonn, gráin, masmas, mífhonn, míghnaoi, míthaitneamh, múisiam, neamhfhonn.

dochomhairleach adjective *wilful, wayward:* ábhailleach, aimhleasta, ainrianta, ceannaireach, ceanndána, ceannláidir, ceanntréan, dáigh, dígeanta, docheansa, docheansaithe, dodach, dosmachtaithe, ládasach, míréireach, neamhghéilliúil, spadhrúil; gan riail, gan smacht.

dochrach adjective ❶ *harmful, hurtful:* aimhleasach, baolach, contúirteach, damáisteach, dainséarach, coscrach, díobhálach, loiteach, marfach, nimhneach, scriosach, treascrach, tubaisteach, urchóideach, *literary* biniúil, *literary* urbhadhach. ❷ *distressing, uncomfortable:* aingí, anacair, angarach, anóiteach, anróiteach, brúite, céasta, cráite, cuibhrithe, dochraideach, dócúlach, dofhulaingthe, doghrainneach, doirbh, dólásach, frithir, léanmhar, míchompordach, míshócúlach, míshólásach, míshuaimhneach, míthaitneamhach, pioslóideach, tinn, treabhlaideach.

dochracht noun *distress, discomfort:* aineascaireacht, ainnise, ainriocht, amaróid, anacair, anachain, anás, anchaoi, angar, anó, anró, anróiteacht, buaireamh, buairt, corrabhuais, corrthónacht, cotadh, crá, crá croí, cráiteacht, cruachás, cruatan, dealús, dearóile, díblíocht, dochar, dochraide, dochraideacht, dócúl, dócúlacht, doghrainn, doic, dóing, dóinmhí, dola, donacht, donas, dothairne, drámh, drochbhail, drochrath, duainéis, frithireacht, géarbhroid, géarghá, géarghoin, mí-ádh, míchompord, mífhortún, mírath, míshócúl, míshuaimhneas, nimhneachas, pian, pianadh, pianmhaireacht, pioslóid, suaitheadh, tinneas, treabhlaid, trioblóid, truántacht, *literary* galghad.

dochraide noun ❶ *literary friendlessness:* aduantas, aonaránacht, clochránacht, díthreabhacht, singilteacht, uaigneas. ❷ *hardship, oppression:* anfhorlann, anó, anró, ansmacht, crácamas, dochar, dochraideacht, dócúlacht, doghrainn, dola, foréigean, fulaingt, leatrom, míchompord, míshócúl, míshuaimhneas, nimhneachas, pian, síleáil, smachtúlacht, straimp, tromas.

dochreidte adjective *incredible:* áiféiseach, amaideach, cluichiúil, (with copula) éadóigh, finscéalach, míréasúnta, neamhchosúil, neamhdhealraitheach, neamhdhóchúil, raiméiseach, ráiméiseach, seafóideach, suaibhreosach; gan mórán dealraimh, ní théann sé i gcion, níl aon chraiceann air, níl aon chruth air, níl aon dealramh air, tá sé ina shampla saolta.

docht adjective *tight, stiff, hard:* ata, calctha, crua, cruánach, daingean, dingthe, diongbháilte, dlúth, do-bhogtha, fáisethe, fuinte, neamhaclaí, righin, seasmhach, seasta, stálaithe, stalcach, stangtha, stocach, stóinseach, stóinsithe, stolpánta, stolptha, teann.

dochtúir noun ❶ *doctor, learned man:* dochtúir le diagacht, dochtúir le fealsúnacht; éigeas, fear léinn, saineolaí, saoi, scoláire, speisialaí, *literary* físí. ❷ *medical practitioner, healer:* dochtúir croí, dochtúir seanliachta, dochtúir súl, dochtúir teaghlaigh, fisigeach, gnáthdhochtúir, lia, lia ban, lia cliabhraigh, lia comhairleach, *literary* físí; coslia, il-lia, leanbhlia, máinlia, súil-lia, tréadlia; saineolaí, speisialtóir; bandochtúir, dochtúir mná; aitheantóir éagruais, cneasaí, fáthlia, fear leighis, ící.

dochtúireacht noun ❶ *doctorate:* dochtúireacht le diagacht, dochtúireacht le fealsúnacht, ardchéim, iarchéim. ❷ *medical practice, healing:* ceird an dochtúra, cóireáil, fisigeacht, leigheas, míochaine; cnáimhseachas, ginéiceolaíocht, máinlíocht, péidiatraic, síciatracht.

dóchúil adjective *likely, promising:* cosúil, cruthúil; is dócha, is dóigh; craicneach, creatúil, inchreidte, sochreidte; a bhfuil cuma na dóchúlachta air, a bhfuil dealramh air, a bhfuil gealladh faoi.

dochuimseacht noun *boundlessness, illimitability:* éaguimseacht, éigríoch, forleithne, infinideacht, neamhtheorantacht, síoraíocht.

dochuimsithe adjective *boundless, illimitable:* dí-áirithe, **adjectival genitive** díthomhais, do-áirimh, do-áirmheach, do-áirithe, dochaite, do-ídithe, éadomhaiste, éaguimseach, éaguimsithe, éigríochta, forleathan, forleitheadach, neamhchuimseach, síoraí, *literary* **adjectival genitive** dírímh, éiginnte; as cuimse, gan áireamh, gan chríoch, gan deireadh, gan sos, gan stad, gan staonadh, gan teorainn.

dóchúlacht noun ❶ *probability:* cosúlacht, cosúlacht na fírinne, cruthúlacht, cuma na fírinne, dealraitheacht, dealramh. ❷ (*act of*) *sponging:* diúgaireacht, failpéireacht, madraíocht, siolpáil, siolpaireacht, stocaireacht, súdaireacht, súmaireacht, tnúthán.

dócúl noun *discomfort, pain, distress:* aineascaireacht, ainnise, ainriocht, amaróid, anacair, anachain, anás, anchaoi, angar, anró, anróiteacht, anshó, buaireamh, buairt, crá, crá croí, cráiteacht, cruachás, cruatan, dealús, dearóile, díblíocht, dochracht, dochraide, doghrainn, doic, dóing, dóinmhí, dola, donacht, donas, dothairne, drámh, drochbhail, drochrath, duainéis, frithireacht, géarbhroid, géarghá, géarghoin, mí-ádh, míchompord, mífhortún, mírath, pian, pianadh, pianmhaireacht, pioslóid, scalladh, suaitheadh, tinneas, treabhlaid, trioblóid, truántacht, *literary* galghad.

dócúlach adjective *painful, distressing:* aingí, anacrach, anróiteach, callóideach, crosta, crua, daigheachánach, daigheartha, deacair, deannachtach, diachrach, dian, dochrach, dochraideach, doghrainneach, doiligh, doirbh, dólásach, donasach, duainéiseach, duaisiúil, duamhar, éigneach, frithir, goilliúnach, goimhiúil, leadartach, míchompordach, nimhneach, pianmhar, pioslóideach, ribeanta, tinn, tinneasach, tinneasmhar, treabhlaideach, treascrach, trioblóideach, truamhéalach.

dod noun ❶ *sullenness, anger:* báiní, buile, colg, danarthacht, dochma, duairceas, duasmántacht, fearg, fíoch, fiuch, fiúir, fiúnach, fraoch, spadhar, spuaic, taghd, treall. ❷ *restiveness:* pl. ciapóga, corrabhuais, corrthónacht, dodaíl, dodaireacht, gearaíl, giongacht, giongaíl, giongaireacht, guagacht, imní, luaineacht, míshuaimhneas.

dodach adjective ❶ *sullen, angry:* colgach, cuileadach, danartha, diardanach, doicheallach, dorránach, drae, dúr, feargach, forghruama, fraochmhar, grusach, gruama, peasánach, púcúil, stalcánta, tromghnúiseach. ❷ *restive:* ceanndána, corrthónach, docheansaithe, giongach, guagach, imníoch, luaineach, míshuaimhneach.

dodaireacht noun ❶ *sullenness:* diúnas, doicheall, dúire, dúrantacht, dúrantas, gruaim, grus. ❷ *jibbing, restiveness:* pl. ciapóga, corrthónacht, dod, dodaíl, gearaíl, giongacht, giongaíl, giongaireacht, imní, luaineacht, míshuaimhneas. ❸ *sputtering, stuttering:* plobaireacht, priosáil, spréachadh, sprúichead, stadaireacht; barróg, béalmháchail, briotaireacht, gliscín, luathbhéalaí, mantáil, meiliteáil, mungailt, plucsáil, siosarnach, stad sa chaint, stad.

dodhéanta adjective *impossible:* áiféiseach, baoth, díomhaoin, dochurtha i gcrích, do-oibrithe, doshamhlaithe, do-shaothraithe, míréasúnta, neamhphraiticiúil, ródheacair, sárdheacair; ní féidir é, ní fiú é a lua.

do-dhuine noun *inhuman person, wicked person:* ainscian, aisiléir, anduine, arc nimhe, barbarach, bastard, bithiúnach, bligeard, ciontaitheoir, ciontóir, clabhaitéir, cladhaire, cneámhaire, coireach, coirpeach, crochadóir, cruálaí, damantach, damantán, damantóir, danarthachán, daor, daoránach, diabhal, diabhlánach, diabhlóir diúlúnach, duine uaiféalta, eiriceach, feileon, oilghníomhaí, peacach, raispín, ropaire, ropaire gaid, rifíneach, sádach, scabhaitéir, sclíotar, scliútar, scloitéir, scrata, scrataí, scuit, scuitsear, sealánach, speig neanta, *literary* éachtach; is olc an t-earra é.

dódóireacht noun *fisticuffs:* bualadh, dornáil, dornálaíocht, griolsa, spairn, speáráil; chuaigh siad ar na doirne, chuaigh siad sna doirne, chuaigh siad sna lámha le chéile; bhí na buillí á mbualadh tiubh téirimeach.

do-earráide adjectival genitive *infallible:* neamhearráideach, neamhiomrallach, neamhlochtach, neamhsheachránach, sárchruinn; gan cháim, gan earráid, gan iomrall, gan locht; beacht, diamhair, diongbháilte, fíor, foirfe, mionchúiseach.

dofhaighte adjective *unobtainable, rare:* dofhála; éagoitianta, fánach, gann, gannchúiseach, neamhchoitianta, tearc.

dofheicthe adjective *invisible:* anaithnid, doaitheanta, ceilte, dobhraite, folaithe, formhothaithe, neamhfheiceálach, neamhshuntasach; faoi cheilt, i bhfolach.

do-ghafa adjective *impregnable:* do-ionsaithe, doscriosta, dosháraithe, dothógtha; daingean, diongbháilte, dobhogtha, dochloíte; buanseasmhach, dianseasmhach, seasmhach, seasta, síoraí.

doghluaiste adjective ❶ *immovable:* buanseasmhach, cónaitheach, crua, cruánach, daingean, dianseasmhach, diongbháilte, do-bhogtha, dochloíte, dochorraithe, leanúnach, neamhchorrach, seasta, síoraí; broganta, gan chorraí. ❷ *stubborn:* cadránta, ceapánta, crua, cruamhuineálach, dáigh, dodach, docheansa, docheansaithe, dolúbtha, dúr, ládasach, neamhghéilliúil, righin, stailciúil, stainciúil, stálaithe, stalcach, stangánach, stuacach, stuacánach; chomh righin le gad; is air atá an muineál, tá leiceann muice aige.

doghníomh noun *forbidden act, evil act:* ainbheart, ainghníomh, aingíocht, caimiléireacht, cam, camastaíl, camadh, camrasáin, cealg, cealgaireacht, cion, coir, coiriúlacht, cor in aghaidh an chaim (agus cam in aghaidh an choir), drochbheart, drochghníomh, dubh, dúbláil, fabhtóg, feall, feall ar iontaoibh, feallaireacht, fealltacht, fealltóireacht, feillbheart, feillghníomh, feileonacht, feileonacht, gangaid, íogán, laofacht, lúbaireacht, lúbarnaíl, mailís, meabhlaireacht, meabhlú, mealltóireacht, meang, míchoinníoll, míchneastacht, míghníomh, mí-ionracas, mímhacántacht, mínáire, mioscais, mírún, oilbhéas, oilghníomh, olc, peaca, séitéireacht, tromchoir, urchóid, urchóideacht, *literary* béad, tuathbheart.

doghnúiseach adjective *ill-featured, sour-faced:* drochghnúiseach, gnúis-searbh, gráiciúil, graifleach, gránna, míchumtha, mímhaiseach, míofar, místiamhach, pusach, smuilceach, strainceach, streilleach, urghránna, *literary* éidigh; anchúinseach, anchumtha, arrachtúil, dodhealbhach, dodheilbh; gan chruth, gan déanamh, in ainriocht, in anchruth.

doghrainn noun *distress, affliction:* angar, ainnise, anchaoi, anshó, brú, callshaoth, céasadh, ceasna, ciapadh, crá croí, cráiteacht, cros, cruatan, dócúl, dola, duainéis, éagomhlann, géarbhroid, géarghoin, léan, leatrom, pioléid, strus, suaitheadh, treabhlaid, trioblóid, *literary* cacht, teidhm.

doghrainneach adjective ❶ *distressful, afflicted:* aimléiseach, ainnis, angarach, céasta, ciaptha, coscrach, cráite, diachrach, dobrónach, dócúlach, doilíosach, duaiseach, dubhach, léanmhar, pianmhar, truamhéalach, *literary* saothach. ❷ *hard to bear, difficult:* achrannach, aimpléiseach, anacrach, anóiteach, anróiteach, caingneach, callóideach, crosta, crua, deacair, deannachtach, diachrach, dian, dochrach, dochraideach, docht, dócúil, dócúlach, doiligh, doirbh, dólasach, duainéiseach, duaisiúil, duamhar, frithir, iomardúil, léanmhar, míchompordach, míshócúlach, míshuaimhneach, nimhneach, peannaideach, pianmhar, pioléideach, strusúil, tinn, treabhlaideach, treascrach.

dóib noun *daub, sticky mud:* cré, créafóg, draoib, glár, láib, lathach, marla, moirt, práib, sláthach, smeadar.

dóibeáil verb *daub, plaster:* aol, dóbáil, plástráil, práib, smeadráil, smear.

doic noun ❶ *difficulty, impediment:* bac, bacainn, branra, buarach, cis, cosc deacair, deacracht, dúcheist, éigean, éigeandáil, fadhb, fostú, géarchéim, laincis, stad, stop, stopainn; an t-oighear, oighear an scéil, pointe cruóige. ❷ *hesitation, reluctance:* braiteoireacht, dóbartáil, doicheall, drogall, éideimhneacht, éiginnteacht, fódóireacht, galar na gcás, guagacht, luaineacht, mífhonn, neamhfhonn, spreotáil, stangaireacht; bheith idir dhá chomhairle, bheith idir dhá intinn, bheith idir dhá thine Bheltaine.

doicheall noun ❶ *churlishness, inhospitality:* bodachúlacht, bodúlacht, daoithiúlacht, doicheallaí, gorta, neamhfhiúntas. dímheas, fuarchúis, míbhá, neamhshuim; éagaoineas, míchineáltas, neamhcharthanacht; eascairdeas, naimhdeas. ❷ *reluctance, unwillingness:* dochma, doicheallaí, doilíos, draighean, drogall, leisce, leisciúlacht, mífhonn, neamhthoil, stangaireacht.

doicheallach adjective ❶ *churlish, inhopitable:* bodachúil, bodúil, ceachartha, ceapánta, cnuasaitheach, cúngchroíoch, daidhceach, daoithiúil, dothíosach, dúlaí, éarthach, gann, gortach, greamastúil, greamasúil, lompasach, meánaitheach, neamhfháilteach, spárálach, sprionlaithe, suarach, tíosach, truaillí, tútach; fuarchúiseach, neamhshuimiúil; éagaoin, míchineálta, neamhcharthanach; eascairdiúil, naimhdeach. ❷ *reluctant:* aimhleasc, ainneonach, diúltach, dochma, dochmach, dochmúil, drogallach, éarthach, leisciúil, mífhonnmhar, neamhfhonnmhar, neamhthoilteanach, obthach, séantach, támáilte; in aghaidh a chos; is leasc leis.

doichte noun ❶ *tightness, hardness:* caide, cruacht, cruadas, cruas, daingne, dlús, stalcánacht, teannaireacht, teannas, teinne, *literary* dúire; ceangal, riteacht, teanntacht; cadrán, cadrántacht. ❷ *rigour:* beaichte, cruinneas, déine, gairge, géire, peannaideacht, pointeáilteacht, scrupall.

doiciméad noun *document:* caidirne, cáipéis, cairt, comhad, conradh, eascaire, foirm, litir, meabhrán, meamram, páipéar, scríbhinn, taifead, teastas, teistiméireacht, tíolacas, tuarascáil.

dóid noun ❶ *hand, fist:* crobh, crúb, crúca, dóideog, dorn, ladhar, lámh. ❷ *handful, lump:* bos, boslach, bosóg, crobh, dóideog, doirnín, dorn, dornán, gabháil, glac, glacán, glaclach, lámh, mám, slám; ailp, baog, blúire, caob, caorán, clabhta, cnaiste,

do-ídithe cnap, cnapán, crompán, daba, dailc, dairt, dalcán, dóideog, feadán, fód, gamba, goblach, leota, lóta, maiste, meall, meascán, moll, scailp, scaob, scealp, scealpóg, slaimice, slis, sliseog, smíste, smut, smután, spreota, stéig, torpán.

do-ídithe adjective ❶ *inexhaustible*: dochaite, dofholmhaithe; dí-áirithe, do-áirimh, do-áirithe, do-áirmheach, do-inste, domheasta, dothomhaiste, éaguimseach, éigríochta, infinideach, neamhchuimseach, neamhtheoranta, síoraí, *literary* **adjectival genitive** dírímh; ábhalmhór, ollmhór, *literary* dearmháil; as cuimse, gan áireamh, gan chríoch, gan chuimse, gan deireadh, gan ídiú, gan insint, gan sos, gan stad, gan staonadh, gan teorainn, gan trá. ❷ *indestructible*: dodhíothaithe, domhillte, doscriosta; buan, buanseasmhach, síoraí.

dóigh¹ noun *way, manner, condition*: áis, bail, bealach, caoi, deis, eagar, gléas, inneall, meán, modh, ord, sás, slí, táin.

dóigh² noun *hope, expectation*: dóchas, dúil, ionchas, *literary* freiscise, iontaoibh, muinín, oirchill, síleadh, súil, súilíocht, tnúthán.

dóigh³ verb *burn, sear, scorch*: adhain, brandáil, breoigh, bruith, cráindóigh, dearg, fionn, forloisc, las, loisc, ruadhóigh, scall, scól.

dóighiúil adjective ❶ *handsome, beautiful*: álainn, breá, *literary* cadhla, caithiseach, canta, caomh, córach, cruthach, cuanna, cuidsúlach, cumtha, dathúil, deachruthach, dealfa, dealraitheach, dea-mhaisiúil, deas, deismir, fíortha, galánta, glacach, glémhaiseach, gleoite, gnaíúil, gnúiseach, grástúil, greanta, innealta, iomálainn, lachanta, leacanta, maisiúil, meallacach, naíonda, péacach, sciamhach, slachtmhar, tarraingteach, *literary* mas. ❷ *generous, decent*: bronntach, cóir, córtasach, cuidiúil, dáilteach, dathúil, dearlaiceach, duaiseach, fairsing, fial, fiúntach, flaithiúil, garúil, lách, mórchroíoch, muinteartha, neamh-mhion, oibleagáideach, oscailteach, preabúil, rábach, sínteach, tabhartasach, tíolacthach, toirbheartach.

dóighiúlacht noun ❶ *handsomeness, beauty*: áille, áilleacht bláth na hóige, breáthacht, caithis, cantacht, caoimhe, córaí, cruthúlacht, cuannacht, cumthacht, dathúlacht, dealraitheacht, dealramh, dea-mhaise, deiseacht, galántacht, glémhaise, gleoiteacht, gnaíúlacht, gnaoi, grástúlacht, greanadh, loise, macaomhacht, maise, maisiúlacht, meallacacht, scéimh, sciamhacht, slacht, slachtmhaireacht, tarraingteacht. ❷ *generosity*: córtas, croíúlacht, fáilte, fairsinge, féile, fiúntas, flaithiúlacht, garúlacht, móraigeantacht, mórchroí, oibleagáideacht, oineach, toirbheartas, úire.

doilbhir adjective ❶ *dark, gloomy*: brúite, ceanníseal, ciachmhar, cianach, dobhartha, doilbh, doiléir, dorcha, duairc, duaiseach, dubhach, dúlagrach, dúlaí, dúlionnach, easolasta, gruama, idirdhorcha, lionndubhach, mairgiúil, modartha, smúitiúil, smúitiúnta, tromchroíoch, *literary* dobhar. ❷ *cheerless, unpleasant*: danaideach, doilbh, duairc, duaiseach, dubhach, gránna, gruama, míchathanach, mídheas, mígharach, mígharúil, míofar, míghnéitheach, mí-oibleagáideach, míthaitneamhach, neamhcharthanach; eascairdiúil, naimhdeach.

doilbhreas noun ❶ *darkness, gloom*: clóic, dorchacht, duairceas, dubhachas, duifean, dúlaíocht, gruaim, mairg, modarthacht. ❷ *unpleasantness, cheerlessness*: doicheall, doineann, drochmhaitheas, duairceas, dúlaíocht, gráinne, míchairdeas, mícharthanacht, mídheise, mígharúlacht, míofaireacht, míghné, mí-oibleagáideacht, míshuaircess, míthaitneamhacht, neamhcharthanacht. ❸ *slowness of speech*: fadálacht, leadrán, liostacht, stadaireacht, strambán, foclachas.

doiléir adjective ❶ *dim, dark*: crón, dorcha, duairc, dubh, easolasta, gruama, lag, modartha, smúiteach, smúitiúil. ❷ *uncertain, indistinct*: athbhríoch, déchiallach, diamhrach, dofheicthe, dofhollasach, dothuigthe, éidearfa, éideimhin, éiginnte, míshoiléir, neamhchinnte, neamhchruinn, neamhléir, *literary* dobhar, dolas, duaithní.

doiléire noun ❶ *dimness, darkness*: crónú, doirche, doircheacht, dorchacht, dorchadas, dúchan, duibhe, smearsholas, smúit, smúitiúlacht, teimheal, teimhliú. ❷ *obscurity, vagueness*: athbhrí, diamhracht, diamhróireacht, dofheictheacht, dothuigtheacht, duaithníocht, éidearfacht, éideimhne, éiginnteacht, míshoiléire, neamhchinnteacht, neamhchruinneas.

doiligh adjective ❶ *hard, difficult*: achrannach, aimpléiseach, ainciseach, aingí, anacair, anfhurasta, anróiteach, bundeacair, callóideach, casta, crosta, crua, deacair, dian, docht, dócúlach, dodhéanta, dóing, dóingeach, doréidh, doréitithe, droibhéalach, duaisiúil, duibheagánach, fadhbach, iomardúil, mearbhlach, strusúil, tónáisteach, treascrach. ❷ *hard to bear, distressing*: aingí, anacrach, anróiteach, callóideach, crosta, crua, cruálach, deacair, dian, dianasach, dibhirceach, dochrach, dochraideach, docht, dócúlach, doghrainneach, doirbh, dólásach, duaisiúil, géar, iomardúil, piolóideach, searbh, tónáisteach, treabhlaideach, treascrach. ❸ *difficult to deal with, intractable*: achrannach, aimpléiseach, casta, coilgneach, crosta, deacair, dian, diúnasach, dobhogtha, docheansaithe, dodach, doghrainneach, doghluaiste, doláimhsithe, dolúbtha, domhúinte, doréitithe, dúr, ládasach, neamhghéilliúil, righin, stailciúil, stainciúil, stálaithe, stobarnáilte, stuacach, stuacánach.

doilíos noun ❶ *sorrow, remorse*: aiféala, aithreachas, aithrí, atuirse, briseadh croí, brón, buaireamh, buairt, caoineadh, cathú, céasadh intinne, ciach, ciamhaire, cian, crá croí, cráiteacht, croíbhriseadh, croíbhrú, cumha, diachair, díomá, dobrón, doghra, doghrainn, dólás, duainéis, duairceas, dubhachas, éadóchas, gruaim, iarghnó, ísle brí, léan, mairg, mairgneach, méala, seolán, taithleach, tocht, tromchroí, tromchroíocht. ❷ *reluctance*: dochma, doicheall, doicheallaí, drogall, leisce, leisciúlacht, mífhonn, neamhfhonn, neamhthoil.

doilíosach adjective ❶ *sorrowful, remorseful, melancholy*: acaointeach, aithreach, aithríoch, atuirseach, brónach, brúite, buartha, ceanníseal, céasta, ciamhair, cianach, ciaptha, cráite, croíbhriste, cumhach, danaideach, deoirghinteach, deorach, diachrach, dobrónach, doghrach, dólásach, duaiseach, dubhach, dúlagrach, dúlionnach, golbhéarach, golchásach, gruama, gubhach, iarghnóch, iarmhéileach, lagsprideach, lagspridiúil, léanmhar, lionndubhach, mairgiúil, maoithneach, mí-ámharach, mífhortúnach, mírathúil, ochlánach, olagónach, pianmhar, taidhiúir, trom, tromchroíoch, tromintinneach, truamhéalach, tubaisteach, *literary* triamhnach.

doimhneacht noun *depth*: doimhne, doimhneas; aibhéis, áibhéis, diamhracht, duibheagán, grinneall, poll, tóin poill.

doimhnigh verb *deepen*: dorchaigh, méadaigh, neartaigh, téigh i ndoimhne, téigh i dtoilleacht.

doineann noun ❶ *storminess, bad weather*: aimsir shalach, aimsir stoirmeach, deardal, deardan, doirteán, dóstacht, drochaimsir gailfean, gála, garbhshíon, lá na seacht síon, síon, spéirling, stoirm, *pl.* stoirmeacha; díogha gach síne an sioc ach is fearr sioc ná síorfhearthainn. ❷ *cheerlessness (of demeanour)*: doicheall, doicheallaí, doilbhreas, drochmhaitheas, duairceas, dúlaíocht, gráinne, míchairdeas, míchartanacht, mídheise, mígharúlacht, míofaireacht, míghné, mí-oibleagáideacht, míshuairceas, míthaitneamhacht, neamhcharthanacht; eascairdeas, naimhdeas.

doineanta *adjective* ❶ *stormy, inclement:* deardanach, dósta, fiáin, gailbheach, gailearánta, gailfeanach, garbh, salach, scuabach, stoirmeach stoirmiúil. ❷ *cheerless (of demeanour):* brúisciúil, daidhceach, dochma, doicheallach, doilbhir, dorrga, duairc, duasmánta, dúlaí, éarthach, fuar, fuaránta, fuarchúiseach, gairgeach, garg, giorraisc, grusach, míchairdiúil, mígharúil, neamhfháilteach, neamhthoilteanach; eascairdiúil, naimhdeach.

doinne *noun brownness:* ciarbhuí, dath buí, dath buídhonn, dath lachna, dath odhar, deirge, donn; buí, buíochan.

doinsiún *noun dungeon:* braighdeanas, carcair, cillín, daorsmacht, géibheann, príosún; *familiar* an poll dubh; cosacán, geimheal, *pl.* loirgneáin.

doire *noun oak-wood, wood:* coill, cnóchoill, coillearnach, coilleog, dufair, fáschoill, foraois, fothair, garrán, mothar, ros, roschoill.

doirnín *noun grip, handle:* bacán, clampa, cléit, clib, cluaisín, cluas, cluasóg, cnoga, crainnín, crúca, feirc, feire, figín, gimseán, glamba, hanla, liopa, lipéad, lúb, scorán, stoda; dornchar, dornchla, dornchúl.

doirseoir *noun door-keeper, porter:* fear an gheata, geatóir, póirtéir.

doirt *verb* ❶ *pour, spill, shed:* brúcht, maidhm, pulc, rill, scáird, sceith, sil, steall.

doirteadh *noun pouring, spilling, effusion:* brúcht, brúchtadh, brúchtaíl, caise, maidhm, pulcadh, rilleadh, scaird, scairdeadh, sceitheadh, sileadh, stealladh, tulcaíl.

do-ite *adjective inedible:* do-bhlasta, dochaite, gan a bheith inite, neamhbhlasta; bréan, brocach, broghach, domlasta, géar, gránna, leamh, lofa, salach, stálaithe, tur.

dóite *adjective* ❶ *burned, burnt:* breoite, bruite, loiscthe, ruadhóite, scallta, scólta. ❷ *withered, dry:* briosc, cranda, críon, dreoite, feoite, leamh, tirim, tur. ❸ *bitter, severe:* aithrinneach, anacrach, anróch, anróiteach, aranta, bearrtha, binbeach, callóideach, colgach, coscrach, crosta, crua, daigheachánach, dalba, deacair, deannachtach, dian, dochrach, dochraideach, dócúlach, doghrainneach, doirbh, dóiteach, dólásach, dona, duaisiúil, frithir, gangaideach, géarfhoclach, goineach, goiniúil, goirt, míthaitneamhach, pianmhar, piolóideach, rinneach, searbh, siosúrtha, tinn, tioránta, treascrach, urchóideach. ❹ **dóite (de rud)** *tired (of something):* bréan (de), caoch tuirseach (de), cortha (de), dubh dóite (de), tuirseach (de); fuair mé an iomarca de, fuair mé barraíocht de, tá an tsáith ghránach agam de.

dóiteán *noun conflagration, fire:* bladhaire, bladhm, breo, falscaí, greadhnach thine, lasair, tine.

dol *noun* ❶ *loop, noose:* casadh, drol, geirnín, lúb, lúbán, lúibín, sealán, snaidhm reatha, snaidhm rothaigh, súil, *familiar* igín. ❷ *haul, batch, lot:* baicle, bruthóg, dornán, greadóg, grúpa, luchtóg, scata, tarraingt ❸ *turn:* babhta, deis, geábh, scaitheamh, sea, seal, tréimhse. *verb* ❶ *loop:* cas, cor, déan lúb, déan lúba, lúb, tochrais. ❷ *snare, ensnare:* beir ar, gabh, gaistigh, meall, rib, sáinnigh.

dola *noun* ❶ *harm, damage:* aimhleas, aimliú, anachain, ár, bárthainn, bascadh, caill, caillúint, coscairt, cur isteach, damain, damáiste, diachair, díobháil, díth, dochar, dochracht, dochras, donacht, donas, goilliúint, goimh, goin, gortú, leonadh, lot, máchail, milleadh, mínós, misc, olc,

domheas

scrios, slad, teimheal, tionóisc, urchóid, *literary* lochar; níl má gáinne ort. ❷ *charge, tax, tribute:* airgead scoit, cáin, cíos, cíoscháin, costas, custam, díre, diúité, dleacht, dualgas, dúchíos, éiric, fíneáil, gearradh, mál, meirse, scot, sraith, ualach, *literary* bóramha, daorchíos, eineachlann.

dólás *noun tribulation, sorrow:* atuirse, briseadh croí, brón, buaireamh, buairt, caoineadh, cathú, céasadh intinne, ciach, ciamhaire, cian, crá croí, cráiteacht, cróibhriseadh, cumha, diachair, díomá, dobhrón, doghra, doghrainn, doilíos, duáilce, duainéis, duairceas, dubhachas, éadóchas, gruaim, iarghnó, ísle brí, léan, mairg, mairgneach, méala, seolán, tocht, treabhlaid, tromchroí, tromchroíocht, *literary* fochaidh.

dólásach *adjective disconsolate, sorrowful:* acaointeach, atuirseach, brónach, brúite, buartha, ceanníseal, céasta, ciachmhar, ciamhair, cianach, ciaptha, cráite, croíbhriste, cumhach, danaideach, deoirghinteach, deorach, diachrach, dobrónach, doghrach, doilíosach, duaiseach, dubhach, dúlagrach, dúlionnach, fadchumhach, golbhéarach, golchásach, gruama, gubhach, iarghnóch, iarmhéileach, léanmhar, lionndubhach, mairgiúil, ochlánach, olagónach, pianmhar, taidhiúir, tromchroíoch, truamhéalach, tubaisteach, *literary* triamhnach.

doleigheasta *adjective incurable:* ainsealach, básúil, dulta chun ainsil, dulta in ainseal, fadtéarmach, gan leigheas, marfach, nimhneach, trom.

doléite *adjective* ❶ *illegible, indecipherable:* diamhrach, doiléir, dothuigthe, éidearfa, éideimhin, éiginnte, iairiglifeach, neamhchinnte, rúnda, rúndiamhair, rúndiamhrach, scrábach, scriobláilte, tréigthe. ❷ *unreadable:* dochreidte, leadránach, neamhspéisiúil, ríleadránach, leamh, rófhada, strambánach, tirim, tuirsiúil, tur.

dolúbtha *adjective inflexible, stubborn:* cadránta, calctha, ceapánta, chomh righin le gad, crua, cruamhuineálach, dáigh, daingean, diongbháilte, dobhogtha, dodach, docheansa, docheansaithe, docht, doghluaiste, dúr, ládasach, láidir, neamhaclaí, neamhghéilliúil, righin, stailciúil, stainciúil, stálaithe, stalcach, stangánach, stangtha, stolpánta, stolptha, stuacach, stuacánach, teann, tréan.

domhain *adjective deep, profound:* aibhéiseach, áibhéiseach, duibheagánach, fodhomhain. *noun depth, inmost part:* aibhéis, áibhéis, croí, croílár, dorchadas, duibheagán, fodhomhain, taobh istigh, uaigneas; poll tí liabáin.

domhan *noun earth, world:* an domhan braonach; bith, an bith cé, an bith braonach, an bith críoch, ceathairchruinne, cruinne, saol, an saol braonach, an saol Fódlach, talamh, tír; Éire gan roinnt.

domhanda *adjective* ❶ *terrestrial:* talmhaí, **adjectival genitive** talún. ❷ *worldly, mundane:* coitianta, gnách, gnáth-, saolta, talmhaí; **adjectival genitive** an tsaoil. ❸ *world-wide, global:* idirnáisiúnta, osnáisiúnta, uilíoch; ar fud an domhain, ar fud na cruinne.

domheanma *noun low spirits, dejection:* ainnise, atuirse, beagmhisneach, beaguchtach, buaireamh, buairt, ciach, ciamhaire, cian, cumha, díomá, dobrón, doilíos, dólás, doghrainn, drochmhisneach, duairceas, dubhachas, duainéis, dúlagar, dúlionn, éadóchas, gruaim, iarghnó, ísle brí, lagar spride, lagchoráiste, lagmhisneach, léan, lionn dubh, mairg, méala, mídhóchas, mímhisneach, sprocht, tocht, tromchroí, *literary* dearchaoineadh.

domheas *noun contempt, disparagement:* beagmheas, cáineadh, dímheas, díomas, díspeagadh, drochmheas, fonóid, lagmheas, scige, scorn, seanbhlas, spíd, spídiúchán, spídiúlacht, tairéim, tarcaisne, *literary* dímhigin.

domhian

domhian noun *evil desire*: ainmhian, *pl.* ainmhianta na colainne, áilíos, ainriantacht, andúil, anmhacnas, anrachán, antoil, antoil na colainne, cíocras, collaíocht, díocas, diogait, droch-chlaonadh, drúis, drúisiúlacht, dúil chráite, dúilmhireacht, dúlaíocht, macnas, miangas, paisean, rachmall, ragús, sámhas, saobhnós, súnás, teaspach, *literary* éadradh.

domlas noun ❶ *gall, bile*: glas-seile, lionn, lionndubh, lionn rua, réam glas. ❷ *bitterness, rancour*: aicis, fala, faltanas, drochaigne, droch-chroí, drochintinn, drochmhana, drochrún, gangaid, géaradas, goimh, mioscais, mírún, nimh, searbhas, seirfean, spídiúlacht; tá a gha aige ionam, tá cnuimh aige chugam, tá nimh san fheoil aige dó. ❸ *bitter person*: deimheastóir, duine dáigh, míchaidreamhach, nathair, nimheadóir, searbhán, speig neanta, *figurative* caisearbhán; tá nimh san fheoil aige.

domlasta adjective ❶ *bilious*: adhascaideach, masmasach, múisiamach; tá glas-seile air, tá múisc air, tá múisiam air, tá síos suas air. ❷ *bitter, rancorous*: aiciseach, ailseach, aingí, binbeach, colgach, cruálach dásachtach, díoltasach, doicheallach, drochaigeanta, drochbheartach, droch-chroíoch, eascairdiúil, feallach, faltanasach, faobhrach, feannaideach, feanntach, fiata, fíochmhar, fraochmhar, fraochta, fuasaoideach, gangaideach, géar, goimhiúil, gonta, íorpaiseach, mailíseach, mallaithe, míchaidreamhach, mináireach, mioscaiseach, mírúnach, naimhdeach, nathartha, nimhiúil, nimhneach, olc, ribeanta, searbh, searbhasach, spídiúil, urchóideach.

dona adjective ❶ *unfortunate, unlucky*: aimseach, anrathach, cincíseach, mí-ádhúil, mí-amhantrach, mí-ámharach, mífhortúnach, mírathúil, mísheánmhar, trua, truánta. ❷ *poor, wretched*: aimlithe, ainnis, ainriochtach, anacair, anacrach, anásta, angarach, anróiteach, bocht, caillte, cásmhar, dealbh, dealúsach, dearóil, díblí, millte, ocrach, suarach, truamhéalach, *literary* doim. ❸ *bad*: ainimheach, bocht, droch-, lofa, máchaileach, míshásúil, neamhbhailí, neamhfhiúntach, neamhfhoirfe, neamhfhónta, neamhfhuaimintiúil, olc, suarach, truaillithe, uafásach; gan mhaith, ó mhaith. ❹ *seriously ill*: cloíte; fuair sé goradh mór ina luí go holc; tá caill air, tá cloíteacht air, tá taom a bháis air.

donacht noun ❶ *bad condition*: ainriocht, anaiste, anaiteas, dochracht, dochraide, dócúl, doghrainn, dóing, dóinmhí, drochbhail, drochbhraon, drochmhianach, lofacht, máchail, mímhoráltacht, míshásamh, neamh-airí, neamhchothroime, neamhfhiúntas, neamhfhoirfeacht, olc, olcas, suarachas, suaraíocht, truaillíocht. ❷ *wretchedness*: aimléis, ainnise, ainriocht, anacair, anachain anás, anchaoi, angar, anró, anróiteacht, anshó, bochtaineacht, bochtanas, boichte, ceasna, crá croí, cráiteacht, cruatan, dealús, dearóile, díblíocht, dócúl, doghrainn, dola, donaireacht, duainéis, éagomhlann, fulaingt, gábh, gátar, géarbhroid, géarghoin, leatrom, matalang, mí-ádh, mífhortún, ocras, piolóid, suarachas, suaraíocht, trioblóid, truántacht, uireasa, *literary* cacht. ❸ *illness*: aicíd, calar, drochruaig, eipidéim, galar, plá, taom, tinneas, ulpóg, *literary* saoth.

donán noun *unfortunate person, wretch*: ainniseoir, ainriochtán, bocht, bochtán, ceanrachán bocht, cincíseach, cráiteachán, créatúr, díothachtach, dreoilín, geospal, gortachán, ocrachán, péisteánach, raispín, rama, sampla bocht, sclábhaí, staga, suarachán, tráill, truailleachán, truán, truanaid, truanairt.

donas noun *bad luck, misfortune, affliction*: aimléis, ainnise, ainriocht, amaróid, anacair, anachain, anás, anchaoi, angar, anró, anróiteacht, anshó, bochtanas, boichte, bochtaineacht, callshaoth, cat mara, céasadh, ceasna, ciapadh, ciotrainn, crá, crá croí, cráiteacht, cránán, cránas, cruatan, deacair, dealús, dearóile, díblíocht, dochonách, dochracht, dochraide, dócúl, doghrainn, doic, dóing, dóinmhí, dola, donacht, dothairne, drámh, drochrath, duainéis, éagomhlann, eirleach, gábh, gannchuid, géarbhroid, géarghoin, iomard, leatrom, matalang, mí-ádh, míchonách, mífhortún, mírath, míshéan, mísheoladh, míthapa, olc, olcas, pioléid, strus, suaitheadh, taisme, teipinn, timpiste, tragóid, trioblóid, truántacht, tubaiste, turraing, umar na haimléise, *literary* cacht, galghad, teidhm.

donn adjective ❶ *brown, brown-haired*: buídhonn, ciardhonn, crón, donnrua, odhar, rua. ❷ *strong, solid*: ceilméartha, crua, cruánach, daingean, diongbháilte, do-bhogtha, foirtil, folcanta, láidir, neartmhar, stóinseach, stóinsithe, talcánta, *literary* díoghainn, dron, ruanata, sonairt, tailc. noun ❶ *brown colour*: dath buídhonn, crón, dath ciardhonn, dath donn, dath donnrua, dath odhar, doinne.

donnaigh verb *brown, tan, rust*: coirtigh, crónaigh, cuir dath donn ar, dathaigh, dorchaigh, griandóigh, meirgigh.

dó-ola noun *fuel oil*: artola, breosla, ceirisín, díosal, paraifín, peitreal, peitriliam.

doraitheacht noun *line-fishing*: dorgacht, draethóireacht, duántacht; iascach, iascaireacht.

do-ranna adjective *difficult, unsociable, peevish*: achrannach, ainciseach, araiceach, aranta, cancrach, cantalach, cianach, cochallach, coilgneach, coimhthíoch, crosta, cuileadach, cúlráideach, deafach, deoranta, dian, doghrainneach, doiligh, dorcha, driseogach, drisíneach, dúnárasach, eascairdiúil, fuaránta, fuarchosach, gairgeach, gleoch, goilliúnach, gráinneogach, greannach, iarógach, íortha, seachantach, splíonach, stainceach, stainciúil, tostach, *literary* dreannach, íorach.

doras noun ❶ *door, doorway*: doras béil bóthair, doras sráide, doras tosaigh, doras cúil, taobhdhoras; doras infhillte; comhla, geata, geafta, halla, imchásáil, póirse, scalpán, tairseach, ursainn. ❷ *opening*: béal, béal uaimhe, bealach amach, bealach isteach, bearna, comhla, cró, feinistear, fuinneog, gáipéar, geata, góilín, gola, mant, oscailt, pasáiste, póirse, puicéad, scabhat, scoilt, sinistir.

dorcha adjective ❶ *dark*: ciarbhuí, ciardhonn, crón, crónghnéitheach, duairc, dubh, easolasta, gorm, gruama, modartha, smúiteach, smúitiúil. ❷ *obscure*: anaithnid, **adjectival genitive** aineoil, ceilte, coimhthíoch, diamhair, diamhrach, **adjectival genitive** do-eolais, doiléir, dothuigthe, folaithe, mothrach, *literary* dobhar, *literary* dolas. ❸ *blind, ignorant*: ainbhiosach, aineolach, caoch, dall, glas, seachránach. ❹ *secretive*: cluthar, discréideach, dorcha, druidte, dúnta, ganfhiosach, greamúsach, iamhar, inrúin, leithleach, leithliseach, mistéireach, príobháideach, rúnda, rúnmhar, seachantach, sicréideach; diamhair, uaigneach.

dorchadas noun ❶ *darkness*: caoiche, cróine, daille, doircheacht, dorchacht, dubh, dubh is dall, dúchan, duibhe, duifean, gruaim, modarthacht, smál, smúit, teimheal. ❷ *secrecy, reserve*: ceileantas, ceilt, cluthaireacht, cluthairt, cluthmhaireacht, discréid, fosclúacht, fothain, ganfhiosaíocht, greamús, príobháid, rún, rúndacht, rúnmhaireacht, seachantacht, sicréideacht, *literary* dearraide, táidhe.

dorchaigh verb ❶ *darken*: crónaigh, donnaigh, dubhaigh, griandóigh, meirgigh, modraigh, múch, smálaigh, smear, smúitigh, téigh i ndorchacht. ❷ *become secretive, reserved*: bí doicheallach, déan coimhthíos, déan gannfhiosaíocht, doicheallaigh, scanraigh, sceit.

dorchla noun *corridor:* bealach, pasáiste, póirse.

dord noun ❶ *hum, buzz, murmur:* bús, ciarsán, cloichreán, cogarnaíl, crónán, dántaireacht, dordán, dordánacht, drandam, drantán, drantánacht, dúdaireacht, fuamán, manrán, monabar, monabhar, seabhrán, seastán, seordán, sian, siansán, siosarnach, sioscadh, siosma. ❷ *chant:* amhránaíocht, cantain, cantaireacht, ceiliúr, ceol, ceol goib, claisceadal, cliaraíocht, coigeadal, crónán, cuachaireacht, curfá, dántaireacht, deilín, dordán, duanaireacht, fonnadóireacht, gabháil fhoinn, loinneog, portaireacht, reacaireacht, salmaireacht, scolaíocht, seinm.

dordánach adjective *humming, murmuring:* banránach, ciarsánach, crónánach, drantánach, monabhrach, monabrach, seordánach, siosach.

dorn noun ❶ *fist:* crobh, crúb, crúca, dóid, dóideog, ladhar, lámh. ❷ *punch:* buille, crústa de dhorn, cuaifeach, dúdóg, paltóg. ❸ *fistful:* bos, boslach, bosóg, crobh, dóid, doirnín, dornán, gabháil, glac, lámh, mám, slám.

dornáil noun *boxing:* bocsáil, bualadh, dódóireacht, dornálaíocht, greadadh, griolsa, léasadh, spairn, speáráil, tiompáil, trodaireacht; brollaíocht; chuaigh siad ar na doirne, chuaigh siad sna doirne, chuaigh siad sna lámha le chéile; bhí na buillí á mbualadh tiubh téirimeach. verb *punch, box:* bocsáil, buail, gread, léas, tabhair cuaifeach do, tabhair dorn do, tabhair dúdóg do; téigh ar na doirne, téigh sna doirne, tiompáil.

dornálaí noun *boxer:* comhraiceoir, trodaí, trodaire; cuil-mheáchan, trom-mheáchan.

dornán noun ❶ *fistful:* bos, boslach, bosóg, crobh, dóid, doirnín, dorn, gabháil, glac, lámh, mám, slám. ❷ *small handle, grip:* bacán, cluaisín, cluas, cluasóg, cnoga, crainnín, crúca, doirnín, dornchla, feirc, feire, figín, gimseán, glamba, greim, hanla, liopa, lipéad, lúb, scorán, stoda; dornchla.

dornasc noun *handcuff:* ceangal, ceangal na gcúig chaol, geimheal, glas is *pl.* geimhle, *pl.* glas lámh; buarach, cornasc, cosacán, laincis, *pl.* loirgneáin, *pl.* slabhraí.

dornásc noun *feeling with hands, groping:* crágáil, crúbaireacht, crúbáil, crúcáil, cuimilt, dallacáil, fidléail, fidléireacht, glacaíocht, glacaireacht, glíomáil, gliúmáil, gráinteacht, ladhráil, mán mán, méaraíocht, muirnéis, muirníneacht, póirseáil, scrabhadh, scríobadh, sméartacht, útamáil.

dornchla noun *hilt:* cos, doirnín, dorn, dorchar, dornchúl, feirc, gimseán, peirc, stoc, urla, urlann.

dortúr noun *dormitory:* suanlios; seomra codlata.

dorú noun *fishing line:* dorg, dorga, dorgha, doruga, drae, ruaim, ruaimneach; glinne, glionda; duán.

dos noun *bush, tuft:* bobailin, bobán, braisle, brobh, cuircín, curca, dlaoi, dosán, loca, sceach, scoth, scothán, seamaide, slam, slamán, sop, sopóg, táithín, táth, tom, tor, triopall, *literary* dlochtán.

dosaen noun *dozen:* duisín; dhá cheann déag, dáréag, dháréag.

doscaí adjective ❶ *extravagant:* baothchaifeach, caifeach, cailliúnach, caiteach, díobhlachtach, díobhlaisúch, díomailteach, díomailteach, doscaidh, doscaidheach, doscaitheach, drabhlásach, míchuimseach, rabairneach, neamhbharainneach, neamhchoigilteach, railleach, reibhléiseach, scabáistiúil, scaipeach, scaiptheach; costasach, daor. ❷ *reckless:* dána, dásach, dásachtach, dúshlánach, meardhána, meargánta, obann, rábach, ráscánta, sconnach; gan chustús.

doscriosta adjective *ineradicable, indestructible:* do-dhíothaithe, do-ídithe, domhillte; buan, buanseasmhach, do-ghafa, seasmhach, síoraí.

doscúch adjective *tough, hard:* cadránta, calctha, cnagach, creagánta, crua, cruachaol, cruadhéanta, cuisneach, daingean, dian, dianasach, dibhirceach, diongbháilte, docht, dúr, dúthrachtach, láidir, miotalach, righin, seochrua, stálaithe, stóinsithe, tréan.

dosheachanta adjective *unavoidable, inevitable:* cinniúnach, cinnte, éigeantach, oibleagáideach, réamhchinnte, réamhordaithe, riachtanach, siúráilte.

dosheánta adjective *undeniable, indisputable:* cinnte, cruthaithe, dearfa, deimhin, deimhnithe, dobhréagnaithe, dofhreagraithe, follas, follasach, léir, neamhamhrasach, siúráilte, soiléir; gan amhras, gan cheist, gan dabht.

dóthain noun *enough, sufficiency:* go leor, leordhóthain, riar, sáith; a lán, dalladh, flúirse, méid chun do shástachta, mórán.

dóthanach adjective **dóthanach de** *sated with, fed up with:* bréan de, caoch tuirseach de, dubh dóite de; fuair mé an iomarca de, fuair mé barraíocht de, tá an tsáith ghránach agam de; teannsáil le.

dothíosach adjective *inhospitable, churlish:* bodachúil, bodúil, daidhceach, danartha, daoithiúil, dofháilteach, doicheallach, **adjectival genitive** drochoinigh, éartach, fuar, fuarchosach, fuarchúiseach, gortach, neamhfháilteach; beagchroíoch, ceachartha, ceapánta, cúngchroíoch, gann, gortach, lompasach, meánaitheach, spárálach, sprionlaithe, suarach, tíosach, truaillí, tútach; eascairdiúil, naimhdeach.

dothuigthe adjective *unintelligible, incomprehensible, inscrutable:* dothuisceana; athbhríoch, déchiallach, diamhrach, dochiallach, doléite, dorcha, dúrúnta, éidearfa, éideimhin, éiginnte, míshoiléir, neamhchinnte, neamhchruinn, neamhléir; ní féidir liom ciall ar bith a bhaint as; téann sé ó thuiscint orm, téann sé sa mhuileann orm.

dothuirsithe adjective *tireless, indefatigable:* dothraochta; bithbhuan, buanseasmhach, dianseasmhach, dígeanta, dochloíte, dosháraithe, fadfhulangach, leanúnach, marthanach, seasmhach, seasta, síoraí.

dothuisceanach adjective *unsympathetic:* éaduiscéanach, fuar, fuarántá, fuarbhruite, fuarchúiseach, neamhbháúil, neamhchásmhar, neamhchúiseach, neamh-mhothálach, tur; is cuma leis; is ríchuma leis; crua, cruachroíoch, deoranta; gan taise, gan trócaire.

drabhlás noun ❶ *carouse, debauch:* ainriantacht, carbhas, craos is carbhas, craosaireacht, drochbheatha, druncaeireacht, meisceoireacht, ragús óil, truaillíocht; banaíocht, *pl.* béasa ainrianta, bodaíocht, macnas, neamhghlaineacht, peacúlacht, radaíocht, radaireacht, ragaireacht, ragairne, ragús, raobhaíocht, slataíocht, teaspúlacht; meirdreachas, striapachas. ❷ *waste, improvidence:* caifeachas, caiteachas, cur i bhfaighid, díleá, diomailt, diomailteacht, doscaíocht, rabairne, scabáiste, scaipeadh, scaipeacht, vásta.

drabhlásach adjective ❶ *dissipated, debauched:* ainmhianach, draosta, drúiseach, drúisiúil, gáirsiúil, graosta, macnasach, neamhghlan, peacúil, ragairneach, reibhléiseach, teaspúil, truaillithe; curtha ó rath, éignithe, millte, sáraithe. ❷ *profligate, wasteful:* baothchaifeach, caifeach, cailliúnach, caiteach, diomailteach, díomailteach, doscaí, rabairneach, railleach, scabáistiúil, scaipeach, scaiptheach, vástúil. ❸ *bitter:* aithrinneach, anacrach, anróch, anróiteach, aranta, bearrtha, binbeach, callóideach, colgach, deannachtach, dian, dochrach, dochraideach, dócúlach, doghrainneach, doirbh, dóite, frithir, gangaideach, goineach, goiniúil, pianmhar, rinneach, searbh. ❹

dradaire

wretched: aimlithe, ainnis, ainriochtach, anacair, anacrach, anásta, angarach, anróiteach, bocht, caillte, cásmhar, dealbh, dealúsach, dearóil, díblí, dona, millte, ocrach, suarach, truamhéalach, *literary* doim.

dradaire noun ❶ *grinner, grimacer:* draideachán, gramhsaire, strabhsachán, strainceachán, straoiseachán, streilleachán. ❷ *gabbler:* bladhmaire, bolgán béice, bolscaire, brasaire, cabaire, ceolán, clabaire, claibéir, claibín muilinn, cuachaire, geabaire, geabstaire, glafaire, glagaire, glagbhéal, gleoiseach, gleoisín, gleothálaí, glígín, gliogaire, gobachán, meigeadán, plobaire, scaothaire, scrathóg, siollaire, siosaire. ❸ *impertinent fellow:* beachtaí, braobaire, bruachaire, bruadaire, brusaire, coc, cocaire, dosaire, fachmaire, gastaire, gearr-aighneasóir, giostaire, plucaire, prapaire, smuilcín, stráisiúnaí. ❹ *philanderer:* adhaltrach, adharcachán, ainrianach, ainrianaí, banaí, banadóir, boicín, clíúsaí, cluanaí, cluanaire, craiceann gan choinníoll, Diarmaid Ó Duibhne, fear slaite, fíléardaí, gliodaí, jacaí, meabhlaire, mealltóir, (*i gContae na Gaillimhe*) pocleandar 'seanbhaitsiléir a ritheann i ndiaidh cailíní óga', radaire, ragairneálaí, raibiléir, réice, stail, *literary* táitheach. ❺ *puny creature:* abhac, clamhrán, creachán, creadal, dradaire, draoidín, gilidín, ginidín, gréiscealachán, lucharachán, lucharbán, lucharpán, padhsán, scrobaire, siolrachán, siolraide.

dradaireacht noun ❶ *grimacing:* cáiríneacht, cáradánacht, gramhsáil, gramhsaíl, straoisíl, streilleachas, streilleáil, streillireacht. ❷ *foolish talk:* aighneas, béalastánacht, bleadracht, bleadráil, breasnaíocht, brilléis, briosc-chaint, cabaireacht, cadráil, cafaireacht, clab, clisiam, geab, geabaireacht, geabairlíneacht, geabantacht, geabstaireacht, geocaíl, giob geab, giofaireacht, giolcaireacht, giostaireacht, glafaireacht, glagaireacht, gleoiréis, gleoisíneacht, gliadar, gligíneacht, gliog gleag, gliogar, gliogarnach, glisiam, gobaireacht, gogalach, liopaireacht, pápaireacht, placadh siollaí, pléisiam, plobaireacht, plob plab, rith seamanna, síofróireacht, siollaireacht. ❸ *impertinence:* aisfhreagra, braobaireacht, cabantacht, coc, coc achrainn, *pl.* cóipíos, dailtíneacht, deiliús, deaschaint, dosaireacht, freasfhreagra, gastóg, géarchaint, gearr-aighneas, gearraíocht, gearrchaint, glaschaint, ladús, leasfhreagra, plucaireacht, prapaireacht, smuigiléireacht, smuigíneacht, smuigirlíneacht, stráisiún, tagracht, teanntás, uabhar, údarás. ❹ *philandering:* adhaltranas, banaíocht, clíúsaíocht, cluanaireacht, craiceann gan choinníoll, meabhlaireacht, radaireacht, slataíocht.

draein noun *drain:* caidhséar, cainéal, díog, gáitéar, gropa, léata, lintéar, séarach, seoch, siltéan, suinc, camra, canáil, caológ, caoth, clais, clasaidh, clasaigh, trinse.

draenáil noun *drainage:* camraíocht, deascadh, dísciú, diúgadh dríodáil, dríodaráil, séarachas, sileadh, silteoireacht, sú, súrac, taoscadh, triomú. verb *drain:* deasc, díscigh, scinceáil, sil, súigh, súraic, taom, taosc, triomaigh; ól, *literary* ibh.

dragan noun ❶ *dragon:* dragan Síneach, dragún, rínathair, vuibhearn, ollphéist, ollphéist mhara; airp, amfaiptéar, amfaispéana, anchúinse, arracht, arrachtach, badhbh, basailisc, béist, bocánach, brúid, brúta, ciméara, dearrais, each uisce, ginid, greall, gríobh, rínathair, sítheare, sfíoncs. ❷ *warrior:* calmfhear, cú, curadh, gaiscíoch, galach, laoch, laochmhíle, laochra, míle, seaimpín, spionntachán, *literary* féinní, iolar, láth, leon, mál, nia, omhna, onchú, oscar, scál.

draganta adjective ❶ *dragon-like:* nathartha, péistiúil. ❷ *warlike:* bríomhar, calma, cogach, coráisteach, coráistiúil, cróga, curata, dána, díolúnta, fíochmhar, foirtil, fortúil, fraochta, gaiscíuil, galach, gusmhar, gusúil, láidir, laochta, laochúil, meannmnach, misniúil, saighdiúrtha, spionnúil, sporadúil, spreacúil, spreagúil, spridiúil, straidhpeach, straidhpiúil, tréan, treasach, trodach, uchtúil, *literary* léideanach, léidmheach, níothach, tachrach.

dragart noun *flint:* breochloch, cloch chreasa, cloch ghaoine, cloch thine.

dráibhéir noun *drover:* seoltóir, seoltóir bó, tiománaí, tiománaí bó.

draid noun ❶ *mouth, grimace:* cab, cár, clab, draid, gob, gramhas, meill, pus, scaimheog, smut, soc, strainc, straois, streill, strúp, *literary* gibhis. ❷ *set of teeth:* cairb, cár, cíor, cíor fiacla, déad, déadchíor, drad, *pl.* fiacla.

draighean noun ❶ *blackthorn* (Prunus spinosa): crann airne, draighean donn, draighean dubh, draighneán donn, draighneog. ❷ *angry appearance:* confadh, cuil, cuma na feirge, driuch, liathshúil, stiúir feirge. ❸ *reluctance:* dochma, doicheall, doicheallaí, doilíos, drogall, fadáil, fadálacht, fuarthé, leadrán, leisce, leisciúlacht, malltriall, marbhántacht, mífhonn, moill, neamhfhonn, neamhthoil, righneadóireacht, righneáil, righneas, siléig, siléigeacht. ❹ *boorishness:* bodachúlacht, bodúlacht, braobaireacht, daoithiúlacht, dímhúineadh, doilíos, drogall, dubhachas, duairceas, duasmántacht, dúire, éaradh, eascairdeas, eiteach, eiteachas, fuacht, modarthacht, neamhfhiúntas, neamhthoil, obadh, pusaíocht, pusaireacht, suarachas; broimseán, broimseanacht, bromántacht, bromántas, brúisciúlacht, *pl.* dobhéasa, *pl.* drochbhéasa, drochmhúineadh, geancaíocht, *pl.* míbhéasa, míbhéasaíocht, mícheádfa, míchuntanós, mímhúineadh, mímhúinteacht, mí-iompar, tuaisceartacht, tuathalacht.

draíocht noun *druidism, magic, witchcraft:* asarlaíocht, astralaíocht, breachtradh, briotais, buitseachas, cac an ghandail bháin, ciorrú, diabhlaíocht, diamhracht, dícheadal, doilfeacht, drochshúil, dubhealaín, an ealaín dhubh, geasadóireacht, geasrógacht, gintlíocht, marbhdhraíocht, mothú, pabhar, págántacht, piseogacht, síofrógacht, upthaireacht, *literary* fiothnaise, tuaithe; briocht, ciapóga, *pl.* geasa droma draíochta, geasróg, lusróg, ortha, upa.

draíochtach adjective *magic, magical:* adjectival genitive asarlaíochta, doilfe, adjectival genitive draíochta, draíochtúil, piseogach, síofrógach, síúil, upthach.

draíodóir noun ❶ *magician:* asarlaí, astralaí, caileantóir, deamhnóir, dearnadóir, doilfeoir, dolbhaire, draoi, fáthlia, gliartán, lusrachán, marbhdhraoi, réadóir, réaltóir, *literary* cumhachtach; amaid, bean chrosach, bean feasa, bean Ultach, cailleach luibhe, cailleach na luibheanna, cailleach feasa, cailleach phiseogach, cailleach Ultach, síofróg, upthóg. ❷ *crafty person, sly person:* alfraits, bréadaire, bréagachán, bréagadóir, buachaill báire, cealgaire, cílí, cleasaí, cleithire, cluanaí, cneámhaire, cnúdánaí, cuilceach, cumadóir, dathadóir, dúblálaí, gleacaí, gleacaí milis, líodóir, lúbaire, lútálaí, mealltóir, meangaire, piollardaí, pláibistéir, plámásaí, pocaide, sciorrachán, slíbhín, slíodóir, sliúdrálaí. ❸ *secretive person:* duine ceilteach, duine ganfhiosach, duine rúnmhar, duine seachantach, rúnaí, seachantóir.

dráma noun *drama, stage-play:* dráma balbh, dráma grinn, dráma míorúilte, dráma mistéire, dráma moráltachta, dráma páise, dráma puipéad, dráma suilt; bróndreama geandráma, geandrámaíocht, méaldráma, suaircdhráma; aisteoireacht, ceoldráma, cleamaireacht, cluiche, coiméide, drámaíocht, fronsa, fuirseoireacht, geáitsíocht, geamaireacht, geantraigéide, leidhchéireacht, traigéide; seó, tóstal.

drámadóir noun *dramatist, playwright:* scríbhneoir dráma, údar dráma, údar traigéide.

drámata adjective *dramatic:* drámatúil, méaldramata; áiféiseach, aoibheallach, corraitheach, feiceálach, gáifeach, gairéadach, mórthaibhseach, péacach, sonrach, suntasach, neamhghnách, spiaga, spiagach, spiagaí, tochtmhar; a bhfuil éirí croí ann.

drámh noun ❶ *poor card, inferior stuff:* bruscar, brúscar, colfairt, díogha, dríodar, mangarae, scadarnach, spruadar, truflais; ní fiú cnaipe gan chos é; ní fiú deich triuf é. ❷ *drawback:* ceataí, cur siar, fostú, locht, míbhuntáiste, míthairbhe, oighear an scéil, treampán; bac, bacainn, cailllteanas, damáiste, dochar, dola, urchóid.

drámhaíl noun *refuse, rubbish:* barráil, barraíolach, brios bruar, brocamas, bruan, bruar, bruscar, brúscar, cacamas, cáith, cáithleach, conamar, cosamar, deannach, dríodar, fuílleach, *pl.* grabhróga, graiseamal, gramaisc, gríodán, grúdarlach, grúnlach, grúnlais, lóch, lóchán, luifearnach, miodamas, mionrach, oirneach, pracar, práib, salachar, scadarnach, scaid, sceanairt, scileach, sciot sceat, screallach, scroblach, *pl.* smidiríní, *pl.* smiodair, smionagar, spíonach, spruadar, *pl.* spruáin, sprúilleach, trachlais, *pl.* traipisí, treillis breillis, truflais, *literary* brúireach.

dramhaltach noun ❶ *(act of) trampling:* cosaráil, pasáil, satailt, strampáil, taltú. ❷ *trampled state:* ciolar chiot, cíor thuathail, ciseach, cosair easair, cosaráil, cuimil an mháilín, easair cosáin, gliogar bhuinnéis, greallach, praiseach, rúille búille, srúsram, tranglam, triopall treapall; tá rudaí bunoscionn, tá rudaí trína chéile.

drandal noun ❶ *gum (in mouth):* carbad, carball, drant. ❷ *mouth, toothless mouth:* béal, cab, cár, clab, drant, gob, gramhas, mant, mantóg, meill, pus.

drandam noun *murmur, hum:* bús, ciarsán, cloichreán, cogarnaíl, crónán, dord, dordán, dordánacht, drantán, drantánacht, fuamán, manrán, monabar, monabhar, seabhrán, seastán, seordán, sian, siansán, siosarnach, sioscadh, siosma.

drann verb ❶ *bare one's teeth, snarl:* cuir draid ort féin, cuir drantán asat, déan gnúsacht, nocht do chuid fiacla, scamh do chuid fiacla. ❷ **drann le** *draw near to, touch:* druid le, teagmhaigh le, téigh in aice le, *literary* tibh le.

drantán noun ❶ *(act of) snarling, growling:* dorr, dorraíl, dorránacht, dorsán, drannadh, drannaireacht, gadhraíl, glam, glamaireacht, gnúsacht, grúscán, scaimh. ❷ *grumbling:* aingíocht, banrán, cáinseoireacht, casaoid, cearbháil, ceasacht, ciarsán, clamhsán, cnádánacht, cnáimhseáil, cneáireacht, fuasaoid, gearán, tormas, tromaíocht. ❸ *humming, buzzing:* bús, ciarsán, cogarnaíl, crónán, dántaireacht, déadadh, dord, dordán, dordánacht, drandam, drantánacht, manrán, monabar, monabhar, seabhrán, seastán, seordán, sian, siansán, siosarnach, sioscadh, siosma.

draoi noun ❶ *druid, magician:* asarlaí, astralaí, caileantóir, deamhnóir, doilfeoir, dolbhaire, draíodóir, fáthlia, gliartán, lusrachán, marbhdhraoi, *literary* cumhachtach. ❷ *augur, diviner:* ágar, dearnadóir, fáidh, fáistineach, *literary* séanaire; bean feasa, bean chrosach, bean Ultach, cailleach luibhe, cailleach na luibheanna, cailleach feasa, cailleach phiseogach, cailleach Ultach, réadóir, réaltóir, síofróg, upthóg. ❸ *trickster:* abhógaí, áilteoir, alfraits, anstrólaí, boc, bocaí, bocaileá, bocailiú, bocaileodó, boc báire, buachaill báire, camiléir, ceáfrálaí, ceaifléir, cleasaí, cluanaire, cneámhaire,

coileach, cuilceach, draíodóir, ealaíontóir, geamstaire, gleacaí, gleacaí milis, gleacaire, gliceadóir, lacstar, leábharaic, leidhchéir, leorthóir, lúbaire, meabhlaire, mealltóir, óganach, painteár, pasadóir, sciorrachán, sleamhnánaí, slíbhín, slíodóir, sliomadóir, sliúcaidéir, sliúcaiméir, spaisteoir, truiceadóir, truiceálaí, tumlálaí.

draoib noun ❶ *mud, mire:* abar, clábar, cré, créafóg, dóib, draoibeal, glár, greallach, guta, láib, lábán, lathach, lodar, marla, moirt, múilleog, pluda, práib, puiteach, slaba, sláthach, sloda; pludar pladar, bogach, corcach, corrach, criathrach, lathrach, portach, riasc, riascach. ❷ *scum:* brat, cailimhineog, carr, ciseal, codam, coirleannógach, coirt, cóta, forún, leo, scannán, scim, scimeal, scraith, screamh, screamhán, screamhóg, screamhú.

draoibeáil verb *bespatter, cover with mud:* salaigh, scuaideáil, smear; bhí sé lán lábáin go dtí a dhá shúil.

draoidín noun *diminutive person, dwarf:* abhac, abhcán, aircín, arcán, beagadán, beagaidín, boiric ó ciú, ceairliciú, cnádaí, crabadán, cruachán, cruiteachán, díolúnach, dúidlín, duine beag, fear beag, fíothal, firín, gilidín, gilmín, gréiscealachán, lucharachán, lucharbán, lucharpán, pigmí, pilibín, sceoidín, *familiar* dreancaid; bean bheag, beainín, caillichín, gortóg.

drár noun ❶ *drawer (of table, etc.):* tarraiceán; cófra tarraiceán; scipéad, scipéad airgid, scipéad litreacha. ❷ *drawers (garment):* blúmar, bríste, *pl.* brístí, brístín, fobhríste, *pl.* fo-éadaí, pantalún, treabhsar, triúisín, triús.

dreabhlán noun *brood, flock, swarm:* ál, baicle, ealbha, ealbhán, ealta, eilbhín, éillín, grathain, lota, saithe, scaoth, scata, scuaine, scúd, sealbhán, tréad, uail, *literary* speil; stadhan.

dreach noun ❶ *appearance, expression:* aghaidh, amharc, breathnú, *pl.* ceannaithe, cló, cóiriú, cosúlacht, crot, cruth, cumraíocht cuma, deilbh, eagar, éagasc, féachaint, fíor, fíoraíocht, foirm, gné, gnúis, leagan, riocht. ❷ *face, surface:* aghaidh, barr, béal, clár, craiceann, dromchla, droim, éadan, forghnúis, taobh, uachtar, *literary* tlacht. ❸ *literary front:* aghaidh, béal, éadan, fronta, tosach, tul, tús.

dreachadh noun ❶ *portrayal:* cuntas, cur i láthair, dathú, léaráid, léiriú, líníocht, líniú, péinteáil, péintéireacht, portráid, portráidíocht, taispeáint, tuarascáil. ❷ *make-up (theatre):* smideadh; cóiriú, gléas, gléasadh

dréacht noun ❶ *part, number:* candam, cion, cothrom, cuid, fáltas, líon, páirt, píosa, roinn, roinnt, scair, suim, uimhir. ❷ *piece, composition:* aiste, caidirne, cuntas, deachtóireacht, deachtú, dialann, dréachtú, dreas, gearrscéal, gréas, páipéar, píosa, scéal, scríbhneoireacht, sliocht, tráchtas, tuairisc, tuarascáil, úrscéal. ❸ *draft:* bunleagan, céad leagan, cnámharlach, creatlach, éirim scéime, fréamhshamhail, imlíne, léaráid, plean, pleanáil, rédhréacht, sceitse, sracléaráid, uraiceacht.

dréachtaigh verb *draft:* cuir i dtoll a chéile, cuir le chéile, cum, déan amach, leag amach, pleanáil, réitigh, sceitseáil, scríobh, tabhair rédhéanamh ar, ullmhaigh.

dreachúil adjective *good-looking, comely:* álainn, breá, caithiseach, canta, caomh, conláisteach, córach, cruthach, cuanna, cuidsúlach, cumtha, dathúil, dea-chruthach, dea-chumtha, dea-dhéanta, dealfa, dealraitheach, dea-mhaisiúil, dreas, deismir, dóighiúil, fíoránta, fíortha, galánta, geanúil, glémhaiseach, gleoite, gnaíúil, gnúiseach, grástúil, greanta, innealta, iomálainn, lachanta, leacanta, maisiúil, meallacach, naíonda, plúrach, sciamhach,

dream
slachtmhar, snúúil, taitneamhach, tarraingteach, *literary* cadhla, mas, sochraidh; tá cuid súl inti.

dream noun *group, set, body of people*: baicle, béinne, buíon, cipe, coimhdeacht, cóip, comhghuaillíocht, comhlacht, comhluadar, comhthionól, compántas, comrádaíocht, córaid, criú, cruinniú, cuallacht, cuideachta, cumann, díorma, drong, feadhain, fianlach, foireann, fracht, gasra, grinne, grúpa, guaillíocht, meitheal, oireacht, paca, páirteachas, páirtíocht, rang, scaoth, scata, scuad, scuaine, slógadh, slua, tascar, tionlacan, tréad, trúpa, *literary* cuain.

dreancaid noun ❶ *flea*: dearnait, *colloquial* airnéis, oirnéis; míol, sniodh, *pl.* sneá, *familiar* babhdán. ❷ *diminutive creature*: abhac, abhcán, aircín, arcán, beagadán, beagaidín, boiric ó ciú, camhcaid, ceairliciú, cnádaí, crabadán, cruachán, cruiteachán, draoidín, dúidlín, duine beag, fear beag, fíothal, firín, gilidín, gilmín, pigmí, sarachán, sceoidín, scidil; bean bheag, beainín, caillichín, gortóg.

dreap verb *climb*: ardaigh, téigh suas, tóg; tar anuas.

dreapa noun ❶ *climb, place for climbing*: áit dreaptha, dreapadh, strapa; cnocadóireacht, dreapadóireacht, dreapaireacht, sléibhteoireacht. ❷ *ledge, crevice*: gág, laftan, leac, scailp, scáineadh, sceir, sliasaid, strapa. ❸ *stile*: céim, coiscéim, coispeán, imstrapa, strapa; bearna.

dreapadóir noun *climber*: cnocadóir, dreapaire, sléibhteoir, strapadóir.

dreapadóireacht noun *(act of) climbing, climb*: cnocadóireacht, dreapa, dreapadh, dreapaireacht, sléibhteoireacht, streapadóireacht, *literary* dréim.

dreas noun ❶ *turn, spell*: babhta, cor, cúrsa, deis, deis istigh, geábh, greas, iarracht, scaitheamh, sea, seal, sealaíocht, spailp, tamall, tréimhse, turas, turn, uain, uainíocht. ❷ *round, heat*: babhta, cluiche, comórtas, geábh, sraith.

dreasaigh verb *incite, urge on*: brostaigh, brúigh, calmaigh, cothaigh, griog, gríosaigh, prioc, saighid, séid faoi, spor, spreac, spreag, tathantaigh, tinneasnaigh, *literary* laoidh; tá meana an diabhail ag cur fút; coinnigh an héing le; choinnigh sé tóiteán liom.

dreasú noun *incitement, urging on*: brostú, dreasacht, greannú, greasacht, griogadh, gríosú, priocadh, saighdeadh, sporaíocht, spreagadh, tathant, tóint; dreasú chun oibre, obairdhreasú.

dreideáil verb *dredge*: cart, glan, réitigh, saibhseáil, scart, tochail.

dreidire noun *dredger*: bád dreidireachta, bád cartála, long cartála.

dreidireacht noun *dredging*: cartadh, cartáil, dreideáil, dríodáil, dríodaráil, glantachán, réiteach, scartadh, scartáil, tochailt.

dreige noun *meteor*: caor thine, dreigeoideach, dreigít, mionphláinéad, réalta reatha.

dréim noun ❶ *literary climb, ascent*: ardú, bealach suas, dreapa, dreapadh, dreapadóireacht, dul suas, slí suas. ❷ *striving, contention*: achrann, agóid, aighneas, argóint, comhbhá, cointinn, coinbhleacht, coinghleic, comhrac, comórtas, construáil, easaontas, géarchoimhlint, géiríneacht, goineogacht, imreas, imreasán, iomaíocht, iomarbhá, oirbhire, priocaireacht, rás, sáraíocht, sciolladóireacht, spairn, spochadh, spochadóireacht, stangaireacht, trasnaíocht, troid, *literary* conghail. ❸ *expectation*: aispiréisean, araíocht, brath, coinne, dealraithí, dóchas, dúil, ionchas, oirchill, síleadh, súil, súil in airde, súilíocht, *literary* freiscise. verb ❶ *literary climb, ascend*: siúil suas, téigh suas, tóg. ❷ **dréim le** *aspire to, strive after*: bí ag tnúthán le, tnúth le, tabhair tréan-iarracht ar.

dréimeach adjective *striving, emulous*: dréimneach; comórtasach, formadach, iomaíoch, iomarbhách, tugtha chun iomaíochta; confach, díocasach, díograiseach, dúthrachtach, géar.

dréimire noun ❶ *ladder*: dréimire infhillte; dréimide, dréimre; áradh, *pl.* céimeanna, staighre. ❷ **dréimire buí** *yellow-wort* (*Blackstonia perfoliata*): deá buí. ❸ **dréimire gorm** *bittersweet* (*Solanum dulcamara*): fuath gorm, lus na hoíche, lus na muc, míog bhuí, miothóg uisce, miotóg bhuí, searbhóg mhilis, slat ghorm. ❹ **dréimire Mhuire** *common centaury* (*Centaurium erythraea*): beairtín Muire, céadbhileach, céaduilleach, común searbh, cróbán Mhuire, crobhán Muire, deá dearg, tobac capaill.

dréimreach adjective ❶ *ladder-like, gradual*: céimseach, mall; céim ar chéim, de réir a chéile, diaidh ar ndiaidh, i leaba a chéile, ina nduine is ina nduine. ❷ *wavy (of hair)*: altach, bachallach, barrchas, buadánach, cam, camarsach, catach, craobhach, crom, cuachach, droimneach, droimníneach, dualach, fáinneach, glúiníneach, lúbtha, triopallach.

dreo noun *decomposition, decay*: dreochan, dreoiteacht, fabht, fochall, lobhadas, lobhadh, lofacht, morgadh, morgthacht, morgthas, trochlú.

dreoigh verb *decompose, decay*: bréan, camhraigh, feoigh, lobh, meath, meathlaigh, morg, trochlaigh.

dreoilín noun ❶ *wren* (*Troglodytes troglodytes*): dreolán; críonóg bhuí. ❷ *diminutive creature*: abhcán, aircín, arcán, beagadán, beagaidín, boiric ó ciú, camhcaid, ceairliciú, céasánach, cnádaí, crabadán, cruachán, cruiteachán, díolúnach, dúidlín, fíothal, gilidín, gilmín, pigmí, sarachán, sceoidín, scidil. ❸ **dreoilín teaspaigh** *grasshopper* (*order Orthoptera*): ceolán cosach, corr chaol, criogar féir, crucaide caoráin, dorsán, dreolán teaspaigh, ficí, máirtín gágach, míol féir, pilibín eitre, píobaire fraoigh, preabaire féir.

dríodar noun *lees, dregs, residue*: deasca, deascainn, deascán, diúra, drifisc, fuílleach, gríodán, iarmhar, lathairt, luspairt, moirt, peicín; *pl.* cnámhóga, grúdarlach, grúnlach, grúnlais; barraíl, barraíolach, bruscar, brúscar, cáithleach; *pl.* cnámhóga, graiseamal, gramaisc, spíonach, spruadar, spruílleach.

driog verb *distill*: déan stiléireacht, déan téamh, scaoil amach braon ar bhraon; thug sé anuas an téamh; sil.

driogadh noun *(act of) distillation*: ailimic, driogaireacht, stileáil, stiléireacht, téamh.

driogaire noun *distiller*: stiléir.

drioglann noun *distillery*: teach stiléireachta; leamóg; grúdlann, teach bríbhéireachta, teach grúdaireachta.

driopás noun *hurry, precipitance*: broid, brostú, bruth laidhre, corraí, cruóg, deabhadh, deifir, deifre, dithneas, dlús, drip, eadarluas, féirsce, flosc, forrú, fuadar, fústar, futa fata, griothalán, luas, meargántacht, práinn, rith, rúchladh, rúid, saothar, séirse, tapa, téirim.

driopásach adjective ❶ *precipitate, bustling*: araiciseach, corraithe, cruógach, deifreach, dithneasach, eadarluasach, fothragach, fuadrach, fústrach, giústalach, griothalánach, meargánta, obann, sceidealach, sconnach, sconnasach, téirimeach, tobann. ❷ *awkward*: amscaí, anásta, ciotach, ciotrainneach, ciotrúnta, lapach, leibideach, liobarnach, liopasta, míshásta, míshlachtmhar, místuama, strampáilte, tuaisceartach, tuatach, tuathalach, úspánta.

dris noun ❶ *bramble, briar* (*Rubus fruticosus*): crann na sméar, dreasán, dreasóg, dris fhiáin, driseog, eachrann, sceach, sceach sméara dubha, sceach talún, tom sméara dubha, *colloquial* drisleach, sceachra. ❷ *prickly person, cantankerous person*: agóid, ainciseoir, ainle, ainleog, ainsprid, badhbaire, báiléir, báirseoir, banránaí, bearrbóir, bearrthachán, brúisc, brúiscéir, cáinseoir, callaire, cancrán, canránaí, cantalán, cantalachán, cantalóir, ceolán, cianaí, ciarsánaí, clamhsánaí, cnádán, cnádánaí, cnáimhseálaí, cnáimhseoir, Conán, Conán críon, deimheastóir, drantánaí, fiacantóir, gargaire, gearánaí, glámh, heictar, meirgeach, míchaidreamhach, neascóid, sceach, sceachaire, sceimhealtóir, searbhán, speachaire, speig neanta, stiúireachán, tormasaí.

driseogach adjective ❶ *brambly*: driseach; briogadánach, deilgneach, deilgíneach, spíonach. ❷ *irritable, peevish*: achrannach, ainciseach, araiciseach, aranta, cancrach, cantalach, cianach, cochallach, coilgneach, colgach, conspóideach, crosta, cuileadach, deafach, doiligh, do-ranna, dorránach, drisíneach, eascairdiúil, francaithe, frisnéiseach, gadhrúil, gairgeach, gleoch, goilliúnach, gráinneogach, greannach, iarógach, íortha, lasánta, meirgeach, míchéadfach, neantúil, niogóideach, rocúil, splíonach, spuaiceach, stainceach, stainciúil, te, teidheach, tintrí, trodach, tuaifisceach, *literary* dreannach, íorach.

drisiúr noun *dresser*: driosúr; caipín, cúntar, teilp; aidhleann, alchaing, cornchlár, raca, seilf.

drithle noun ❶ *spark, sparkle*: breo, dealramh, drithliú, faghairt, gealán, gealas, gealra, glinniúint, glioscarnach, léar, léas, loinnir, lonrú, luan, luisne, niamh, scalladh, snas, soilse, soilsiú, solas, splaideog, splanc, spré, spréachadh, spréachán, spréacharnach, spréóg, sprinle, sprinlín, taibhseacht, taitneamh. ❷ *titillation*: cigilt, dinglis, driuch, griogadh, priocadh, spreagadh.

drithleach adjective ❶ *sparkling*: bladhmach, breoch, crithreach, drithleánach, faghartha, galbánach, laomtha, lasrach, loinneartha, lonrach, luisiúil, ruithneach, ruitheanta, ruithní, ruithnitheach, soilseach, solasmhar, solasta, tintrí. ❷ *excitable*: driopásach, drochruthagach, éadrom, fosaoideach, fuaiscneach, guagach, obann, sceidealach, sochorraithe, so-lasta, soshaigheadta, sothógtha, tintrí, tobann; ar bís, ar tinneall; bhí a chroí i mbarr a mhéire aige, bhí sceitimíní air.

drithligh verb *sparkle, scintillate*: bladhm, dealraigh, déan glioscarnach, déan spréacharnach, las, lonraigh, scal, spréach.

drithlín noun ❶ *gleaming drop, bead*: braon, deoir, dil, mónóg, sil. ❷ *twinge, thrill*: broidearnach, cailg, cigilt, daigh, deann, deannaíl, dinglis, dioth, driuch, ga, griofadach, prioc, priocadh, ríog, saighead reatha.

driuch noun ❶ *creepy sensation*: *pl.* cáithníní, driuch craicinn, driuch fionnaidh; codladh driúraic, codladh gliúragáin, codladh grifín, colg, cradhscal, craiceann gé, éanglach, fionnaitheacht, griofadach, griogán, *pl.* haras, *pl.* harasaí. ❷ *angry appearance*: confadh, cuil, cuma na feirge, liathshúil, stiúir feirge.

droch- prefix *bad, evil, un-*: mí-; bocht, dona, neamhfhiúntach, olc, suarach.

drochaigne noun *evil disposition, malevolence*: aingíocht, bithiúntacht, bithiúntaíl, bithiúntaíocht, bithiúntas, bligeardacht, bligeardaíocht, claidhreacht, cneámhaireacht, coiriúlacht, coirpeacht, dailtíneacht, drochaigeantacht, drochbheart, drochchroí, drochfhuil, drochintinn, drochrún, eascairdeas, feall, fealltacht, gangaid, mailís, maistíneacht, mallaitheacht, meirleachas, mínáire, mioscais, míréir, mírún, naimhdeachas, naimhdeanas, naimhdeas, nimh, olc, oilbhéas, oilceas, oilghníomh, peaca, peacúlacht, urchóid, urchóideacht.

drochamhras noun *misgiving, mistrust*: amhras, dabht, drochbharúil, drochiontaoibh, drochmhuinín, drochthátal, mídhóchas, míshuaimhneas.

drochbhail noun ❶ *bad condition, bad circumstance*: aimléis, ainnise, ainríocht, anacair, anachain, anás, angar, anró, anróiteacht, anshó, bochtanas, bochtaineacht, boichte, crá croí, cráiteacht, cránán, cránas, cruatan, deacair, dealús, dearóile, díblíocht, dochma, dochracht, dochraide, dócúl, doghrainn, doic, dóing, dóinmhí, dola, donacht, dothairne, drámh, droch-chríoch, drochghléas, drochstaid, duainéis, éagomhlann, fulaingt, gábh, galar, gannchuid, géarbhroid, géarghoin, leatrom, matalang, mí-ádh, míbhail, mífhortún, místaid, ocras, piolóid, suarachas, suaraíocht, trioblóid, truántacht, *literary* cacht, galghad. ❷ *ill-treatment, ill-usage*: bascadh, céasadh, ciapadh, cuimhil an mháilín, drochíde, íde na muc is na madraí, mí-úsáid, masla, maslúchán, rácáil.

drochbhéal noun *coarseness of speech, bad language*: barbarthacht chainte, caint mhíghlan, ársaíní, gáirsiúlacht chainte, graostacht, gráiscíneacht; *pl.* crístíní, *pl.* mionnaí móra, *pl.* slamhfhocail, smachladh, *literary* smeirlis.

drochbheart noun *evil deed*: ainbheart, ainghníomh, caiméiléireacht, cam, camastaíl, camadh, camrasáin, cealg, cealgaireacht, cion, coir, coiriúlacht, claontacht, cluain, cor in aghaidh an chaim (agus cam in aghaidh an choir), dobheart, doghníomh, dubh, dúbláil, fabhtóg, feall, feall ar iontaoibh, feallaireacht, fealltóireacht, feillbheart, feillghníomh, feileonacht, íogán, laofacht, lúbaireacht, lúbarnaíl, meabhlaireacht, meabhlú, mealltóireacht, meang, míchoinníoll, míchneastacht, míghníomh, míionracas, mímhacántacht, oilbhéas, oilghníomh, olc, peaca, séitéireacht, tromchoir, urchóid, *literary* béad, tuathbheart.

drochbheartach adjective *evil-doing*: bithiúnta, cam, cealgach, ciontach, cladhartha, claon, cluanach, coiriúil, coirpeach, díolúnta, drochaigeanta, drochbheartúil, droch-chroíoch, fealltach, gangaideach, mailíseach, mallaithe, nathartha, neamhscrupallach, nimhneach, olc, peacúil, sáraitheach, urchóideach; tá drochsheoladh faoi, tá drochstiúir faoi.

drochbhéas noun ❶ *bad habit, vice*: dobhéas, drochchleachtadh, drochghnáthú, drochnós, duáilce. ❷ *pl.* **drochbhéasa** *bad manners*: bodúlacht, brómántacht, brúisciúlacht, daoithiúlacht; *pl.* dobhéasa, drochmhúineadh, míchuntanós, mímhúineadh, mí-iompar, tuaisceartacht, tuathalacht, tútachas.

drochbhéasach adjective ❶ *addicted to vice*: dobhéasach, duáilceach, múchta i bpeaca. ❷ *ill-mannered*: bodachúil, bodúil, brómánta, brúisciúil, daoithiúil, dímhúinte, drochmhúinte, gairbhéiseach, garbh, geancach, graibhdeach, grusach, míbhéasach, míchéadfach, míchuntanósach, mí-iomprach, mímhúinte, mínósach, míshibhialta, neamhshibhialta, otair, tuaisceartach, tuathalach, tútach.

drochbhláth noun *ruination, misuse*: bascadh, briseadh, céasadh, ciapadh, coscairt, creachadh, cuimhil an mháilín, drochíde, éigean, éigniú, léirscrios, lomadh, lomairt, masla, maslúchán, milleadh, millteanas, mí-úsáid, rácáil, réabadh, reaiceáil, ródach, scrios, treascairt, trochlú, truailliú, *literary* lochar.

droch-chríoch noun *badly reduced state, ruin*: ainnise, angar, bascadh, bochtanas, bochtaineacht, boichte, briseadh, cealú, céasadh, ciapadh, coscairt, creachadh, dealús, dearóile, díothú, dísciú, drochbhail, drochghléas, eirleach, ídiú, íospairt, léirscrios, lomadh, lomairt, míchaoi, milleadh, millteanas, múchadh, neamhniú, rácáil, réabadh, reaiceáil,

droch-chroí

scrios, slad, sléacht, treascairt, trochlú, truailliú, *literary* lochar.

droch-chroí noun ❶ *weak heart:* croí lag. ❷ *evil disposition:* aicis, aingíocht, bithiúntacht, bithiúntaíl, bithiúntaíocht, bithiúntas, bligeardacht, bligeardaíocht, claidhreacht, cneámhaireacht, coiriúlacht, coirpeacht, dailtíneacht, domlas, drochaigne, drochaigeantacht, drochfhuil, drochintinn, drochmhana, drochrún, eascairdeas, fala, faltanas, feall, fealltacht, gangaid, géaradas, goimh, mailís, maistíneacht, mallaitheacht, meirleachas, mínáire, mioscais, mírún, naimhdeachas, naimhdeanas, naimhdeas, nimh, tá nimh san fheoil aige dó, olc, oilbhéas, oilceas, peacúlacht, searbhas, seirfean, spídiúlacht, urchóid, urchóideacht; *pl.* seansíomálacha.

drochfhuadar noun *evil activity, mischievous bent:* ábhaillí, abhlóireacht, áibhirseoireacht, ainghníomh, amhasóireacht, aingíocht, bithiúntacht, bithiúntaíl, bithiúntaíocht, bithiúntas, bligeardacht, bligeardaíocht, claidhreacht, cneámhaireacht, coiriúlacht, coirpeacht, crostáil, dailtíneacht, dalbacht, diabhlaíocht, drochbheart, droch-chroí, drochintinn, drochrún, iarógacht, iomlat, maistíneacht, mallaitheacht, meirleachas, mí-iompar, mímhúineadh, mínós, míréir, mírún, olc, oilbhéas, pleidhcíocht, ropaireacht, urchóid, urchóideacht.

drochfhuil noun *enmity:* aicis, binb, doicheall, drochaigne, droch-chroí, eascairdeas, fala, faltanas, feall, fealltacht, freasúra, fuath, gangaid, goimhiúlacht, gráin, mailís, míbhá, míchairdeas, mífhabhar, mioscais, mírún, naimhdeachas, naimhdeanas, naimhdeas, nimh, nimh san fheoil, nimheadas, nimhiúlacht, olc, olcas, searbhas; achrann, bagairt, bruíonachas, cuir in aghaidh, cuir in éadan, cur i gcoinne, fearg, fiamh, fíoch, ionsaí.

drochíde noun *ill-usage, abuse:* bascadh, céasadh, ciapadh, cuimhil an mháilín, drochbhail, íde na muc is na madraí, mí-úsáid, masla, maslúchán, rácáil.

drochintinn noun *bad intention, ill will:* aicis, domlas, drochaigeantacht, drochaigne, droch-chroí, drochfhuadar, drochmhana, drochrún, fala, faltanas, gangaid, géaradas, goimh, mioscais, mírún, nimh, searbhas, seirfean, spídiúlacht; tá nimh san fheoil aige dó.

drochiompar noun *bad behaviour:* ábhaillí, abhlóireacht, amhasóireacht, cearmansaíocht, crostáil, dalbacht, diabhlaíocht, geallamansaíocht, iarógacht, iomlat, mí-iompar, mímhúineadh, mínós, oilbhéas, pleidhcíocht.

drochmheas noun *contempt:* beagmheas, dímheas, díomas, díspeagadh, domheas, fonóid, fuath, gráin, lagmheas, míchás, mímheas, scorn, seanbhlas, smál, spíd, táire, tarcaisne, *literary* dímhigin; níl meas madra agam air, is beag an beann atá agam air.

drochmheasúil adjective ❶ *contemptuous:* achasánach, aithiseach, cáinteach, cnáideach, cnáidiúil, dímheastúil, dímheasach, dímheasúil, díomasach, drochmheasta, drochmheastúil, easmailteach, easonórach, fochaideach, fonóideach, frimhagúil, lagmheasúil, magúil, maslach, scigiúil, searbhasach, sotalach, spídiúil, tarcaisneach, uaibhreach. ❷ *contemptible:* anuasal, beagmhaitheasach, cloíte, comónta, domlasta, gránna, íseal, lábánta, míchlúiteach, míolach, náireach, neafaiseach, neamhfhiúntach, neamhshuimiúil, péisteogach, péistiúil, salach, spreasánta, sramach, suarach, táir, táiriúil, truaillithe, uiríseal, *literary* dímhigneach; neamhchúntach, neamhéifeachtach; gan mhaith; níl sé thar mholadh beirte.

drochmhianach noun *baseness of character, viciousness:* bithiúntacht, claidhreacht, cloíteacht, cneámhaireacht, coiriúlacht, coirpeacht, dailtíneacht, drochaigeantacht, drochaigne, drochbhraon, droch-chroí, drochfhuil, drochintinn, drochrún, fealltacht, gangaid, mailís, mínáire, mínáirí, mioscais, mírún, neamhfhiúntas, olc, oilbhéas, oilceas, oilghníomh, peacúlacht, suarachas, táire, urchóid, urchóideacht; is olc an t-earra é.

drochmhisneach noun *discouragement, despondency:* atuirse, beagmhisneach, beaguchtach, buaireamh, buairt, ceasacht, ciach, ciamhaire, cian, cumha, díomá, diomachroí, dobrón, doilíos, dólás, doghrainn, dochma, domheanma, duainéis, duairceas, dubhachas, dúlagar, dúlionn, éadóchas, gruaim, gruamacht, iarghnó, ísle brí, lagar spride, lagmhisneach, léan, lionn dubh, mairg, méala, mídhóchas, mímhisneach, tocht, tromchroí, *literary* dearchaoineadh.

drochmhúinte adjective ❶ *unmannerly, rude:* athúlta, bodachúil, bodúil, borb, brománta, brúisciúil, cábógach, daoithiúil, dímhúint, drochbhéasach, garbh, geancach, grusach, míbhéasach, mícheadfach, míchuntanósach, mí-iomprach, mímhúinte, mínósach, míshibhialta, neamhshibhialta, otair, tuaisceartach, tuathalach, tútach. ❷ *cross, vicious (of animal):* bradach, coilgneach, contúirteach, crosta, dainséarach, dána, docheansa, docheansaithe, doriartha, doshrianta, fiáin, fiata, fiatúil, mínáireach.

drochobair noun *bad work, mischief:* aimhleas, ainghníomh, aingíocht, anachain, anmhailís, bárthainn, coir, coiriúlacht, damáiste, díobháil, díth, dochar, dochracht, dochras, doghníomh, drochbheart, drochghníomh, feall, fealltacht, gangaid, mailís, milleadh, mínáire, mínós, mioscais, mírún, mísc, oilbhéas, oilghníomh, olc, peaca, urchóid, urchóideacht.

drochrath noun *misfortune:* ainnise, anachain, callshaoth, cat mara, ciotrainn, crá, crá croí, cráiteacht, cránán, cránas, cruatan, deacair, dealús, dearóile, díblíocht, dochracht, dochraide, dócúl, doghrainn, doic, dóing, doinmhí, dola, don, donacht, donas, dothairne, drámh, duainéis, éagomhlann, éigneach, eirleach, feall, gábh, gannchuid, géarbhroid, géarghoin, iomard, leatrom, matalang, mí-ádh, mífhortún, mírath, mírathúnas, míthapa, sceimhle, taisme, teipinn, timpiste, tragóid, trioblóid, tubaiste, *literary* galghad.

drochrún noun *evil intention:* aicis, drochaigne, droch-chroí, drochfhuadar, drochmhana, fala, faltanas, gangaid, géaradas, goimh, mioscais, mírún, nimh, searbhas, seirfean, spídiúlacht.

drochscéal noun *item of bad news:* drocheolas, drochnuacht.

drochshaol noun ❶ *hard times:* ainnise, bochtanas, bochtaineacht, boichte, ceal, dealús, dearóile, díobháil, díth, easnamh, easpa, gá, gainne, gannchuid, gannchúis, gannchúisí, gátar, gorta, ocras, uireasa; lá na coise tinne; gan blas bia ná tointe éadaigh. ❷ **an Drochshaol, aimsir an Drochshaoil** *the Famine:* an Gorta, an Gorta Mór.

drochstaid noun *bad condition, misfortune:* ainnise, ainríocht, anaiste, anás, anchaoi, angar, anró, anróiteacht, anshó, dearóile, díblíocht, dochonách, drochbhail, droch-chríoch, drochghléas, míbhail, místaid; aimléis, bochtanas, bochtaineacht, boichte, crá croí, crácáil, cruatan, dealús, dochracht, dochraide, dócúl, doghrainn, dóing, dóinmhí, dola, easnamh, easpa, fulaingt, gábh, gannchuid, gátar, géarbhroid, géarghoin, gorta, iomard, leatrom, matalang, mí-ádh, mífhortún, ocras, piolóid, teipinn, trioblóid, truántacht, uireasa, *literary* galghad.

drochtheist noun *ill repute*: drochainm, droch-cháil, droch-chlú, easonóir, mícháil, míchlú; is olc an tuairisc atá air.

drochuair noun ❶ *evil hour*: drochaimsir, drocham, drochlá, uair na hanachana. ❷ **ar an drochuair** *unfortunately*: go mí-ádhúil, go mí-ámharach, go mífhortúnach, go tubaisteach; is trua go; is oth liom go.

drogall noun ❶ *reluctance, aversion*: doicheall, éaradh, eiteach, eiteachas, leointíocht, loiceadh, mífhonn, neamhfhonn, neamhthoil, obadh; col, fuath, glonn, gráin. ❷ *laziness*: codaíocht, fadáil, falsacht, leadaíocht, leiciméireacht, leisce, leisciúlacht, leointíocht, leoistíocht; fámaireacht, fuarthé, losaíodóireacht, marbhántacht, siléig, siléigeacht, slaodaíocht, srathaireacht.

drogallach adjective ❶ *reluctant*: aimhleasc, ainneonach, doghluaiste, doicheallach, éarthach, mífhonnmhar, neamhfhonnmhar, neamhthoilteanach, neamhthoiliúil, obthach; diúltach, séantach, támáilte, urleasc. ❷ *lazy*: céimleasc, falsa, leasc, leisciúil, leoistiúil; aimhleasc, faon, leadránach, liosta, lorgánta, mainneachtnach, mairbhiteach, mall, malltriallach, marbhánta, neamhaigeanta, neamh-anamúil, righin, siléigeach, sleamchúiseach, sliastach, spadánta, támáilte, támhach, toirchimeach, tuirseach, urleasc, *literary* laiste.

droichead noun *bridge*: droichead crannaíola, droichead crochta, droichead meáite, droichead tógála; cabhsa, ceasaí, ciseach, tóchar; clochán, cora.

droim noun ❶ *back*: ais, beaic, caoldroim, cnámh droma, cúl, cúl a chinn, muin, slat a dhroma; geidirne, gimide, tóin, prompa, rumpa, tiarpa; deireadh. ❷ *ridge*: barr, cíor, círín, droimín, droimne, droimnín, eiscir, iomaire, mullach, sceir.

drol noun ❶ *loop, ring*: boghaisín, dol, fáinne, fonsa, heits, lúb, lúbán, lúbóg, lúibín, scorán, snaidhm. ❷ *ringlet (of hair)*: bachall, caschiabh, casdlaoi, dlaífóg, dual, glib, loca, lúibín, scoth, trilseán, triopall.

drólann noun *colon, intestines*: caolán, *pl.* inní, ionathar, *pl.* putóga, stéig mhór; bolg.

dromán noun ❶ *camber*: claon, claonán, corr, cruit, cuaire, cuaireacht, cuar, dronn. ❷ *back-band*: giorta, iris, sursaing; crios boilg, tarrghad.

drománach noun *hunch-backed person or animal*: camalóid, cruiteachán, cruitíneach, diocach, droimneach, dronnachán, dronnaire, dronnán; dronnóg.

dromchla noun *top, surface*: barr, cíor, droim, droimín, droimne, droimnín, dromlach, iomaire, mullach, sceir; béal, aghaidh, clár, craiceann, dreach, éadan, forghnúis, pláinéid, taobh, tonn, uachtar.

dromlach noun ❶ *spinal column*: cnámh droma, droim, smior mantach, smior chailleach. ❷ *ridge*: barr, cíor, círín, droim, droimín, droimne, droimnín, eiscir, mullach, sceir.

drong noun ❶ *body of people, group, set*: baicle, béinne, buíon, cathlán, ceithearn, cipe, coimhdeacht, cóip, coimhirse, comhghuaillíocht, comhlacht, comhluadar, comhthionól, compántas, complacht, comrádaíocht, córaid, criú, cruinniú, cuallacht, cuideachta, cumann, díorma, dream, feadhain, fianlach, foireann, fracht, gasra, grinne, grúpa, guaillíocht, meitheal, oireacht, paca, páirteachas, páirtíocht, rang, scaoth, scata, scuaine, grinne, scuad, scuadrún, slua, tascar, tionlacan, trúpa, *literary* cuain. ❷ *crowd, multitude*: drongbhuíon, mathshlua, plód, slógadh, slua; conlán, dreabhlán, éillín, grathain, lota, saithe, scaoth, scata, scúd, sealbhán, tréad; brablach, brataing, bratainn,

bruscar, cloigis, codraisc, cóip, conairt, cuimleasc, daoscar, daoscarshlua, drifisc, glamrasc, gráisc, gramaisc, gramaraisc, gráscar, grathain, luspairt, malra, rablach, scroblach, sloigisc, sprot, trachlais.

dronlíneach adjective *rectilinear*: cearnach, cearnógach, dronuilleach, dronuilleogach; comhleathan, leathan, daingean.

dronn noun *hump, camber*: cabha, claon, claonán, cruit, cuaire, cuaireacht, cuar, dromán.

dronnach adjective *humped, convex, cambered*: claon, claonta, corr, cruinn, cruiteach, cuar, cuartha, diocach, droimneach, rabhnáilte.

dronnachán noun *hunchback*: camalóid, cruiteachán, cruitíneach, diocach, droimneach, drománach, dronnaire, dronnán; dronnóg.

drualus noun *mistletoe (Viscum album)*: draílus, ísealbharr, subh darach, uile-íoc.

drúcht noun *dew, dewdrop*: deoir drúchta, súilín drúchta, siod-drúcht; fliuchras, taise, úire, úireadas.

drúchtín noun ❶ *dewdrop*: deoir drúchta, súilín drúchta. ❷ *(white) slug (family Limacidae)*: seilide, seilmide; púca dubh.

drúchtín móna noun *sundew (Drosera)*: cailís Mhuire, dealtrua, drúcht meala, drúcht na muine, drúchtín gréine, drúchtín meala, drúchtín sléibhe, galar na gcat, lus na fearna, magar móna, rós an tsolais, samhadh fearna.

drúchtmhar adjective *dewy*: bog, tais, fliuch, forfhliuch, maoth, úr.

druga noun *drug*: cócaon, codlaidín, codlaidíneach, hearóin, suaimhneasán, suanchógas, suanlaíoch, támhshuanach; ceimiceán, ábhar breiseán, cógas, cógas leighis, comhábhar, deoch leighis, luibh, luibh íce, luibh leighis, meascán, míochaine, olagas, piolla, piollaire, purgóid, substaint, ullmhóid, *literary* íocluibh, íoclus; insileadh, tintiúr, urbhruith.

drugadóir noun *druggist, chemist*: cógaiseoir, cógaseolaí, poitigéir; luibheolaí, luibhlia, lusrachán; ailceimiceoir, ceimiceoir.

druid[1] noun *starling (Sturnus vulgaris)*: druideach, druideog, sliongán, truideog.

druid[2] verb ❶ *shut, close*: dún, iaigh; coisc, fáisc, múch, tarraing le chéile; stad, stop. ❷ **druid le** *draw near to*: druid i leith; tar in aice le, tar cóngarach do, tarraing isteach ar; ionsaigh; *literary* sín chun.

druidim noun ❶ *closing, closure*: clabhsúr, dúnadh; cosc, fáisceadh, stopadh. ❷ *approach*: teacht i láthair, teacht cóngarach.

druil noun *drill*: aclaíocht, cleachtadh, cleachtas, druileáil, feidhmiú, gnás, gnáthamh, gnáthú, modh oibre.

druileáil verb ❶ *drill (of soldiers)*: aclaigh, cleacht, feidhmigh, gnáthaigh. ❷ *drill (teeth, rocks, etc.)*: criathraigh, poll, tarathraigh, toll, treáigh; cuir poll i.

druilire noun *drill (tool)*: druilire leictreach, druilire láimhe; bíomal, gimléad, tarathar.

drúis noun *lust*: ainmhian, *pl.* ainmhianta na colainne, áilíos, ainriantacht, andúil, anghrá, anmhacnas, anrachán, antoil, antoil na colainne, cíocras, collaíocht, díocas, diogait, droch-chlaonadh, drúisiúlacht, macnas, miangas, paisean, rachmall, ragús, sámhas, saobhnós, súnás, teaspach; barbartacht, biachacht, bugaireacht, draostacht, gáirsiúlacht, gráiscíneach, gráisciúlacht, graostacht, meirdreachas, míchuibheasacht, mígheanas, mínáire, salachar, sailíocht, striapachas, táth, *literary* éadradh, táidhe; biachacht, stocghalar.

drúiseach adjective *lustful*: drúisiúil; adharcach, áilíosach, ainmhianach, anghrách, brocach, collaí, craiceannach, gnéasach, macnasach, ragúsach, sámhasach, teaspúil, *literary* drúth, suiríoch; barbar-

druma
tha, cáidheach, draosta, draostúil, gáirsiúil, gráisciúil, graosta, míchuibheasach, mígheanasach, mínáireach, salach.

druma noun ❶ *drum (musical instrument)*: druma aon chinn, druma beag, druma fada, druma míleata, druma mór, druma teanóir; bodhrán, tabúr, tamtam, tiompán. ❷ *drum (receptacle)*: bairille, casca, ceaig, cearnmheadar, oigiséad, tobán, tunna; adac, araid.

drumadóir noun *drummer*: drumadóir beag, tiompánaí; fear/bean na gcnaguirlisí.

drumadóireacht noun *drumming*: ceol druma; bualadh, casúireacht, cnagadh, cnagaireacht, dordán, greadadh, plabadh, preabaireacht.

druncaeir noun *drunkard*: bachaire, crampaeir, diúgaire, druncaire, fear meisce, fear ólta, geochtóir, meisceoir, póiteoir, pótaire, scloitéir, súgaire, súmaire, súmaire dí; alcólach.

druncaeireacht noun *drunkenness, boozing*: carbhas, craosól, diúgaireacht, drabhlás, druncaireacht, meisce, meisceoireacht, meisciúlacht, ól, ólachán, póit, póitéis, pótaireacht, ragús óil, scloitéireacht, súgachas, *literary* lathairt 'massive hangover'; alcólachas, diopsamáine, raobhaíocht.

dua noun ❶ *toil, labour*: callshaoth, duainéis, obair, saothar, sclábhaíocht, straidhn, stró, strus, *literary* lubhair. ❷ *difficulty, trouble*: cruacheist, deacair, deacracht, doic, doilíos, éigean, éigeandáil, fadhb, géarchéim, trioblóid; abar, achrann, adhastar an anró, aimhréidh, anchaoi, arán crua, caduaic, cantaoir, cathair ghríobháin, cruachás, dúshlán, cúngach, géibheann, nead ghríbhe, ponc, sáinn, straimp, súil an ribe, súil an rópa, umar na haimléise.

duáilce noun ❶ *vice, defect*: dobhéas, drochchleachtadh, drochbhéas, drochghnáthú, drochnós, duáilce; cithréim, clóic, diomar, donacht, éalang, easnamh, éasc, easpa, fabht, locht, lochtaíl, máchail, marach, olc, peaca, peacúlacht, teip, uireasa. ❷ *joylessness, unhappiness*: atuirse, brón, buaireamh, buairt, cathú, ciach, ciamhaire, cian, crá croí, cráiteacht, croíbhriseadh, cumha, diachair, díomá, doghra, doghrainn, doilíos, dólás, duairceas, dubhachas, duainéis, dúlagar, dúlionn, éadóchas, gruaim, iarghnó, ísle brí, lagar spride, lagmhisneach, lagsprid, léan, mairg, méala, tocht, tromchroí, tromchroíocht.

duáilceach adjective ❶ *vicious, wicked*: ailseach, aingí, ainiochtach, binbeach, cam, cealgach, cealgrúnach, cearr, ciontach, claon, cluanach, coirpe, contráilte, crua, cruálach, damanta, deamhanta, diabhalta, dobheartach, drochaigeanta, drochbheathach, drochbheartach, drochmhúinte, droch-chroíoch, drochthuarach, drochghnúiseach, earráideach, fealltach, gangaideach, incháinte, inchasaoide, lochtach, mailíseach, mallaithe, meangach, mícheart, míghníomhach, mínáireach, mioscaiseach, nathartha, neamhscrupallach, nimhneach, olc, peacúil, saofa, sáraitheach, tubaisteach, urchóideach. ❷ *joyless, unhappy*: atuirseach, brónach, brúite, buartha, ceanníseal, cianach, cráite, croíbhriste, cumhach, deorach, diachrach, dobrónach, doghrach, doilíosach, duairc, duaiseach, dubhach, dúlagrach, dúlionnach, fadchumhach, gruama, gubhach, iarghnóch, in ísle brí, léanmhar, lionndubhach, mairgiúil, taidhiúir, tromchroíoch, truamhéalach.

duainéis noun ❶ *labour, toil*: callshaoth, dua, obair, saothar, sclábhaíocht, stró, strus, *literary* lubhair. ❷ *trouble, distress*: aimléis, ainnise, ainríocht, amaróid, anacair, anachain, anás, anchaoi, angar, anró, anróiteacht, anshó, bochtanas, boichte, bochtaineacht, cat mara, ciotrainn, crá, crá croí, cráiteacht, cránán, cránas, cruachás, cruatan, dealús, dearóile, díblíocht, dochracht, dochraide, dócúl, doghrainn, doic, dóing, dóinmhí, dola, donacht, donas, dothairne, drámh, drochbhail, drochrath, éagomhlann, éigeandáil, eirleach, fulaingt, gá, gábh, gannchuid, gátar, géarbhroid, géarchéim, géarghá, géarghoin, iomard, leatrom, matalang, mí-ádh, míchaoi, mífhortún, mírath, mísheoladh, míthapa, piolóid, priacal, sáinn, straimp, suaitheadh, taisme, timpiste, tragóid, treabhlaid, trioblóid, truántacht, tubaiste, turraing, *literary* cacht, galghad; tá sé ar an bhfaraor, tá sé i bponc, tá sé i dteannta, tá sé i gcantaoir, tá sé i gcás, tá sé i gcathair ghríobháin, tá sé i gceapa, tá sé i ndreapa, tá sé i ngéibheann, tá sé i nead ghríbhe, tá sé i súil an ribe, tá sé i súil an rópa, tá sé in adhastar an anró, tá sé in arán crua, tá sé in umar na haimléise; tá sé idir an leac is an losaid, tá sé idir dhá cheann na meá, tá sé idir dhá chomhairle, tá sé idir dhá thine Bhealtaine; tá sé ina bhaileabhair, tá sé ina bhambairne, tá sé sa chúngach, tá sé san fhaopach; tá a chos sa trap, tá a lámh i mbéal an mhadra, tá a mhéar i bpoll tarathair; fágadh Baile Átha Cliath ar an mbóthar aige, fágadh Trá Lí ar an mbóthar aige, fágadh ar an trá (fholamh) é.

duairc adjective *morose, gloomy*: brúite, ceanníseal, ciachmhar, ciamhair, cianach, doilbh, doilbhir, doiléir, dorcha, duaiseach, dubhach, dúlagrach, dúlaí, dúlionnach, gránna, gruama, lionndubhach, mairgiúil, mícharthanach, mídheas, míofar, míshuairc, míthaitneamhach, modartha, smúitiúil, smúitiúnta, tromchroíoch.

duairceas noun *gloominess, joylessness*: antrom, atuirse, beagmhisneach, cathú, ceas, ceas croí, ceasacht, ciach, ciamhaire, cian, crá croí, croíbhriseadh, croíbhrú, cumha, dobhracht, dochma, duais, duasmántacht, dubhachas, dúlagar, dúlionn, dúrántacht, éadóchas, gruaim, gruamacht, iarghnó, imní, ísle brí, lagmhisneach, léan, lionn dubh, mairg, méala, méalacht, néal, púir, tocht, tromchroí, tromchroíocht.

duais noun ❶ *prize, reward*: bonn, bonn airgid, bonn cré-umha, bonn óir, comhramh, corn, curadhmhír, geall, trófaí; comha, cúiteamh, díol, luach saothair. ❷ *stake*: airgead, geall, stáca, táille.

duaiseach[1] adjective ❶ *gloomy, dejected*: atuirseach, brúite, ceanníseal, ciachmhar, ciamhair, cianach, cianúil, díomuach, dobrónach, doilbh, doilbhir, doiléir, domheanmnach, dorcha, duairc, dubhach, dúlagrach, dúlaí, dúlionnach, dúnéaltach, éadóchasach, gránna, gruama, lagsprideach, lionndubhach, mairgiúil, mícharthanach, mídheas, míofar, míthaitneamhach, modartha, smúitiúil, smúitiúnta, tromchroíoch, *literary* dearchaointeach; gan dóchas, in ísle brí. ❷ *grim, repulsive*: adhuafar, bréan, cradhscalach, dásachtach, dearg-ghránna, déistineach, dian, dorrga, dúr, dúrúnta, fíochmhar, glonnmhar, gráiciúil, gráiniúil, gránna, míofar, modartha, neamhtharraingteach, samhnasach, uafar, uafásach, uamhnach, urghránna.

duaiseach[2] adjective *bountiful, generous*: bronntach, cóir, córtasach, cuidiúil, dáilteach, dearlaiceach, fairsing, fial, fiúntach, flaithiúil, mórchroíoch, neamh-mhion, oscailteach, preabúil, rábach, sínteach, tabhartasach, tíolacthach, toirbheartach.

duaiseoir noun *prizewinner*: buaiteoir, buaiteoir boinn, buaiteoir órbhoinn, curadh, seaimpín.

duaisiúil adjective *laborious, troublesome, difficult*: achrannach, aimpléiseach, ainciseach, aingí, anacrach, anróiteach, callóideach, casta, crosta, crua, deacair, deacrach, dian, dochrach, dochraideach, docht, dócúlach, dodhéanta, doghrainneach, doiligh, dóingeach, doirbh, dólásach, doréidh, doréitithe, droibhéalach, iomardúil, piolóideach, strusúil, treascrach.

duaithníocht noun *inconspicuousness, camouflage:* bréagriocht, ceileantas, ceileatram, dofheictheacht, folachántaíocht, ganfhiosaíocht.

dual¹ noun ❶ *lock, tress:* bachall, ciabh, ciabhóg, dlaíóg, duailín, glib, loca, lúibín, scoth, trilseán, triopall, *colloquial* ciabhra. ❷ *wisp, tuft:* bobailin, bobán, brobh, cuircín, curca, dlaoi, dos, dosán, loca, scoth, scothán, seamaide, slam, slamán, sop, sopóg, táithín, táth, *literary* dlochtán. ❸ *ply, strand:* dlaoi, leadhb, leadhbán, stiall, stráice, tointe, trilseán, trilsín. ❹ *spiral, whorl:* bís, bróiricín, cam, caislimín, caise, caisirnín, casadh, castainn, caorthann cárthainn, coirnín, cor, corna, cuardhual, eang, fiar, girle guairle, guairneán, lúb, roithleán, ruaircín. verb *twine, interlace, fold:* cam, cor, crioslaigh, crom, cuir casadh i, cuir cor i, cuir freang i, cuir snaidhm i fiar, figh, figh ina chéile, fill, glinneáil, gliondáil, infhill, iompaigh, lúb, maighndeáil, measc, saobh, snaidhm, sníomh, tiontaigh.

dual² adjective *(used with copula)* ❶ *native:* dúchasach, nádurtha, náisiúnta; ó ghinealach. ❷ *proper:* beacht, caoithiúil, ceart, cóir, comhchuí, cothrom, cruinn, cuí, cuibheasach, cuibhiúil, deas, dleachtach, feiliúnach, fiúntach, fóirsteanach, oiriúnach, óraice, *literary* dír, oircheasach.

dualach adjective ❶ *curled, tressed:* altach, bachallach, barrchas, biannach, buadánach, búclach, camarsach, cas, catach, craobhach, cuachach, dréimreach, droimneach, droimníneach, fáinneach, feamainneach, glúiníneach; curcach, dlaoitheach, dosach, giobach, scothach, scothánach. ❷ *interlaced, twined:* ceangailte, cóimeáilte, comhcheangailte, comhtháite, comáilte, cónaiscthe, crosach, fite fuaite le chéile, fite ina chéile, fuaite le chéile, greamaithe, measctha, nasctha.

dualgas noun ❶ *due, fee:* cáin, ceart, ceartas, cúiteamh, díol, díolaíocht, díre, dleachtanas, dliteanas, éileamh, fís, íoc, íocaíocht, luach saothar, pá, táille, tuarastal, *literary* fochraig, spré. ❷ *duty, obligation:* ceangal, comaoin, cúram, diúité, dleacht, éigean, iachall, oibleagáid; *pl.* fiacha, mál.

duamhar adjective ❶ *troublesome, trying:* aimléiseach, aingí, anacrach, callóideach, crosta, crua, deacair, deannachtach, dian, dochrach, dochraideach, docht, dócúlach, doghrainneach, doiligh, doirbh, dólásach, duaisiúil, dúshlánach, maslach, míchompordach, nimhneach, piolóideach, saothrach, tinn, treascrach, trioblóideach. ❷ *hard-working:* déanfasach, deárcaisiúil, dian, díbhirceach, dícheallach, díocasach, díograiseach, dlúsúil, dúthrachtach, faobhrach, fonnmhar, gnóthach, griofadach, griothalach, ionnasach, saothrach, scafa, scamhaite, tiarálach, tionsclach, treallúsach.

duan noun *poem, song:* aircheadal, aiste filíochta, amhrán, bailéad, dán, fearsaid, laoi, píosa filíochta, rann, uige; crosántacht, deibhí, rabhán, rabhcán, rannaíocht, rosc.

duán¹ noun ❶ *fish-hook, hook:* adhal, bacán, camóg, corrán, crúca, grafán, scorán. ❷ **duán ceannchosach** *selfheal (Prunella vulgaris):* ceannbhán dearg, ceannchosach, duáinín an tseanchais duáinín beag, duán ceannchosach, duán donn, tae an chnoic, tae maide, tae na gcailleach, tae na ngarraithe, tae na ngarrantaí.

duán² noun *kidney:* ára, luan.

duánaí noun *angler:* iascaire.

duanaire noun ❶ *rhymer, songster:* bard, crosán, dréachtach, file, reacaire; amhránaí, cantaire, ceolaire, ceoltóir, córchantaire, cuachaire, duanaire, fonnadóir, gabhálaí foinn, góileoir, portaire, rabhcánaí, trúbadóir. ❷ *verse anthology:* cnuasach dánta, díolaim.

duanaireacht noun ❶ *recitation of poetry:* aithris, aithriseoireacht, reacaireacht. ❷ *crooning:* cnádán, crónán, crónánacht, dordán, dordánacht, drantán. ❸ *whimpering:* caoineadh, deoiríneacht, deoiríntéacht, diúgaireacht, donáil, fuarchaoineadh, fuarghol, geonaíl, gol, gol, golchás, liacharnach, lógóireacht, mairgneach, meacan an chaointe, meacan an ghoil, ochlán, ochón, olagón, pusaíl, pusaíocht, pusaireacht, smutaireacht chaointe, snagaíl, snagaireacht.

duántacht noun *rod-fishing, angling:* dorgacht, draethóireacht, iascach, iascaireacht.

duarcán noun *gloomy person, morose person:* bolstaic, brogús, brúisc, bundún, bundúnaí, doirbhíoch, duasmánaí, duine dáigh, duine gruama, durdálaí, gruamachán, gruamaire, grusaí, preicleachán, púca, pusaire, searbhán, smutachán; dúrapóg.

duartan noun *downpour:* bailc báistí, bailc fearthainne, clagar, clagarnach, clagarnaíl, clascairt báistí, díle báistí, doirteán báistí, gailbh, gailfean, gailfean báistí, leidearnach chlagair, liagarnach báistí, maidhm bháistí, péatar báistí, rilleadh báistí, sconna báistí, spútrach, stealladh, stealltarnach, tuairt bháistí, tuile liag, *literary* forlacht; *pl.* sceana gréasaí.

duasmánta adjective *gloomy, surly:* brománta, brúisciúil, brúite, camphusach, ciachmhar, ciamhair, danartha, dodach, doicheallach, doilbh, doilbhir, dorcha, drae, duairc, duaiseach, dúlaí, dúlionnach, dúr, forghruama, gairgeach, geancach, gránna, gruama, grusach, mícharthanach, mídheas, mígharach, mígharúil, mí-oibleagáideach, míthaitneamhach, modartha, mosánach, neamhcharthanach, púcúil, pusach, smuilceach, stalcánta.

duasmántacht noun *surliness, gloominess:* antrom, beagmhisneach, ceas, ceasacht, ciach, cian, cumha, diúnas, dobhracht, dorchacht, dorránacht, dorrgacht, duairceas, dubhachas, duairceas, duifean, dúire, dúlagar, dúlaíocht, dúrántacht, éadóchas, geancacht, gruaim, gruamacht, iarghnó, léan, lionn dubh, mairg, modarthacht, néal, pusaíocht, pusaireacht, tocht, tromchroí, tromchroíocht.

dúail verb ❶ *double:* dúblaigh, eamhnaigh, iolraigh, méadaigh faoi dhó, téigh i méad. ❷ *fold:* cam, cuar, fiar, fill, infhill, lúb.

dúbailt noun ❶ *doubling:* biseach, dúblú, iolrú, méadú, dul i méad. ❷ *folding:* camadh, cuaradh, fiaradh, infhilleadh, lúbadh.

dúbailte adjective ❶ *doubled:* dúblaithe, iolraithe, méadaithe. ❷ *folded:* cuartha, fiartha, fillte, lúbtha.

dubh adjective *black:* ciar, ciardhubh, daoldubh, dubhach; brocach, crosach; ceanndubh, ceannodhar; dorcha, dúghorm, gorm, modartha, smeartha, smúiteach, smúitiúil; gan liathadh. noun ❶ *blackness, black colour:* cróine, daoldath, dath dubh, dath gorm, dath dúghorm, dath odhar, dúchan, duibhe, goirme, smála, smúit. ❷ *evil deed:* ainbheart, ainghníomh, caimiléireacht, cam, camastaíl, camadh, camrasáin, cealg, cealgaireacht, cion, coir, coiriúlacht, claontacht, cluain, cor in aghaidh an chaim (agus cam in aghaidh an choir), dobheart, doghníomh, drochbheart, dubheart, dúbláil, fabhtóg, feall ar iontaoibh, feallaireacht, fealltóireacht, feillbheart, feillghníomh, feileonacht, íogán, laofacht, lúbaireacht, lúbarnaíl, meabhlaireacht, meabhlú, mealltóireacht, meang, míchoinníoll, míchneastacht, míghníomh, mí-ionracas, mímhacántacht, oilbhéas, oilghníomh, olc, peaca, séitéireacht, tromchoir, urchóid, *literary* tuathbheart. ❸ *darkness:* caoiche, cróine, daille, doircheacht, dorchacht,

dubhach

dorchadas, dubh is dall, dúchan, duibhe, duifean, gruaim, modarthacht, smál, smúit, teimheal.

dubhach adjective ❶ *dismal, gloomy:* brúite, ceanníseal, ciachmhar, ciamhair, cianach, *literary* dobhar, doilbh, doilbhir, doiléir, dorcha, duairc, duaiseach, dúlagrach, dúlaí, dúlionnach, gruama, lionndubhach, mairgiúil, modartha, smúiteach, smúitiúil, smúitiúnta, tromchroíoch. ❷ *black, dark:* ceanndubh, ceannodhar, ciar, ciarbhuí, ciardhonn, crón, crónghnéitheach, dorcha, duairc, dubh, dúghorm, gorm, gruama, modartha, smeartha, smúiteach, smúitiúil.

dubhaigh verb ❶ *blacken, darken:* crónaigh, donnaigh, dorchaigh, griandóigh, meirgigh, múch, smálaigh, smear, smúitigh, téigh i ndorchacht. ❷ *sadden, oppress:* brúigh, buair, cuir brón ar, fáisc, luigh ar, scall.

dúbheart noun *evil deed:* ainbheart, ainghníomh, caimiléireacht, cam, camastaíl, camadh, camrasáin, cealg, cealgaireacht, cion, coir, coiriúlacht, claontacht, cluain, cor in aghaidh an chaim (agus cam in aghaidh an choir), dobheart, doghníomh, drochbheart, dúbláil, fabhtóg, feall ar iontaoibh, feallaireacht, fealltóireacht, feillbheart, feillghníomh, feileonacht, íogán, laofacht, lúbaireacht, lúbarnaíl, meabhlaireacht, meabhlú, mealltóireacht, meang, míchoinníoll, míchneastacht, míghníomh, mí-ionracas, mímhacántacht, oilbhéas, oilghníomh, olc, peaca, séitéireacht, tromchoir, urchóid, *literary* tuathbheart.

dubhéitheach noun *downright lie:* bréag, bréagadóireacht, brionnú, caimiléireacht, camaistíl, camadh, cumadóireacht, dathadóireacht, éitheach, fadhbóg, falsaitheacht, falsacht, falsú, gailleog, gailleog bhréige, gáilleog, gaimseog, gó, meabhlaireacht, meabhlú mionbhréag, móid éithigh, pait, sceireog, séitéireacht, *literary* tlus; caimseog, cnapán bréige, fadhbóg, gáilleog, gáilleog bhréige, pait bhréige, spalpaire éithigh, stompa bréige, scaits éithigh, straiméad; an fhírinne a chur as riocht, cloigeann na muice a chur ar an gcaora; thug tú d'éitheach.

dubhfhocal noun *riddle, enigma:* cruacheist, cnámh le creimeadh, dúcheist, dúthomhas, fadhb, géarchéim, an t-oighear, oighear an scéil, pointe cruóige, tomhais, tomhas.

dúch noun *ink:* dúch dearg, dúch dubh, dúch gorm, dúch cóipeála, dúch clódóireachta, dúch Indiach; dubh, inc, tonóir.

dúchan noun ❶ *blackening, darkening:* crónú, dorchadas, dorchú, dubhú, gruaim, gruamacht, gruamú, smál, smálú, smúit, smúitiú, smúitiúlacht, teimheal, teimhliú. ❷ *sadness, oppression of spirits:* antrom, atuirse, beagmhisneach, brón, buaireamh, buairt, ceas, ceasacht, ciach, ciamhaire, cian, crá croí, cráiteacht, cumha, diachair, díomá, dobrón, dochma, doghra, doghrainn, doilíos, dólás, domheanma, duainéis, dubhachas, duairceas, duasmántacht, dúlagar, dúrántacht, éadóchas, gruaim, gruamacht, iarghnó, ísle brí, lagmhisneach, léan, lionn dubh, mairg, mairgneach, néal, sprocht, tocht, tromchroí, tromchroíocht.

dúchas noun ❶ *hereditary right, hereditary claim:* ceart, ceartas, díre, dleacht, dleachtanas, dliteanas, dualgas, éileamh, oidhreacht. ❷ *traditional connection:* nádúr, oidhreacht, traidisiún. ❸ *kindred, affection:* ansacht, bá, caithis, carthain, carthanacht, ceanas, cine, cineál, cumann, connailbhe, dáimh, dáimhiúlacht, dile, dílseacht, díograis, díograisí, dúil, fialchaire, fine, gaolacht, gean, gnaoi, grá, greann, ionúine, toil, *literary* dailbhe. ❹ *innate quality:* féith, instinn, mianach, ríd, sainréith, tréith. ❺ **adjectival genitive dúchais** *native, inherited:* **adjectival genitive** broinne, dúchasach, nádúrtha, náisiúnta; ó dhúchas, ó ghinealach; sa nádúr.

dúchasach adjective *inherited, native:* **adjectival genitive** dúchais, nádúrtha, náisiúnta, **adjectival genitive** oidhreachta, oidhreachtúil, sinsearach, tíreach; ó dhúchas, ó ghinealach; sa nádúr. noun *native, inhabitant:* áititheoir, áitreabhach, áitritheoir, bundúchasach, feirmeoir, seanfhondúir, talmhaí; coilíneach, cónaitheoir, gnáthóir, lonnaitheoir, saoránach, *colloquial* bunadh na háite, muintir na háite, muintir na dúiche, muintir na tíre.

dúcheist noun *puzzle, riddle:* cruacheist, cnámh le creimeadh, dubhfhocal, dúthomhas, fadhb, géarchéim, an t-oighear, oighear an scéil, pointe cruóige, tomhas, tomhais.

dúchroíoch adjective ❶ *joyless, melancholic:* atuirseach, brónach, brúite, buartha, ceanníseal, cianach, ciaptha, cráite, croíbhriste, cumhach, danaideach, diachrach, dobrónach, doghrach, doilíosach, dólásach, duaiseach, dubhach, dúlagrach, dúlaí, dúlionnach, golbhéarach, golchásach, gruama, gubhach, iarghnóch, iarmhéileach, lagsprideach, lagspridiúil, lionndubhach, mairgiúil, taidhiúir, tromchroíoch, truamhéalach. ❷ *blackhearted, spiteful:* ailseach, aingí, ainiochtach, binbeach, cam, cealgach, claon, crosta, crua, cruálach, damanta, deamhanta, deannachtach, dian, díoltasach, díorainneach, doirbh, dóite, dona, drochaigeanta, drochbheartach, droch-chroíoch, drochghnúiseach, fealltach, fuasaoideach, gangaideach, ináinte, duaisiúil, gangaideach, goineach, goiniúil, goirt, mailíseach, mallaithe, meangach, mínáireach, mioscaiseach, míthaitneamhach, nathartha, neamhscrupallach nimhneach, olc, peacúil, searbh, siosúrtha, spídiúil, tioránta, urchóideach, *literary* miscneach.

dúdaire noun ❶ *long-necked person:* corr éisc, scrogaire, scrogallach, scroglachán. ❷ *eavesdropper:* cluas le heochair, cluasaí, cúléisteoir, éisteoir, scrogaire. ❸ *hummer, crooner:* cnúdánaí, crónánaí. ❹ *dolt:* amhlán, amhsóir, bambairne, bodach, buailtíneach, breillice, bromach, bromaistín, búr, cábóg, cábún, cadramán, ceithearnach, ciolartán, clabhta, closmar, daba, dailtín, daoiste, dúramán, gambairne, gamal, léaspach, liúdaí, pleib, leibide, liúdramán, lóimín, lóimíneach, lóma, maicín, maistín, maol, maolagán, mulpaire, napachán, pleota, pleotramán, pleib, scraiste, smuilcín, smíste, stróinse, tuathalán, túitín, tútachán.

dúdaireacht noun ❶ *eavesdropping:* cluas le heochair, cluasaíl, cluasaíocht, cluaséisteacht, cúléisteacht, dúdaireacht, scrogaireacht; spiadóireacht, spiaireacht. ❷ *gulping, swallowing, puffing on pipe:* slogadh, slogaireacht, slogarnach; ól, caitheamh. ❸ *humming, crooning:* crónán, dántaireacht, déadadh, dordán, dordánacht, drandam, drantán, drantánacht, seabhrán, seastán, seordán, sian, siansan.

dufair noun *jungle:* foraois, foraois bháistí, mothar; coill, coillearnach; caschoill, casmhoing, caithreáil, cantarna, casarnach, casmhoing, crannlach, rosán, scrobarnach.

duga noun *dock, basin (of canal):* duga grabhála, duga dísce, duga tirim; duga seachtarach; duga snámha; calafort, loca, dug, clós long, longlann.

dúgheimhreadh noun *depths of winter, severe winter:* dúlaíocht na bliana, dúlaíocht an gheimhridh, dúluachair, dúluachair na bliana, gairgeadh dubh na bliana, *pl.* gearróga dubha, grianstad an gheimhridh; geimhreadh crua.

dúghorm adjective *dark blue, navy blue:* gorm dorcha.

duibhe noun ❶ *blackness, swarthiness:* cróine, dath dubh, dath gorm, dath dúghorm, dath odhar, doircheacht, dorchacht, dubh, dubh is dall, dúchan, goirme, modarthacht, smál, smúit, teimheal. ❷ *melancholy, gloom:* atuirse, briseadh croí, brón, buaireamh, buairt, cathú, céasadh intinne, ciach, cian, clóic, crá croí, cráiteacht, croíbhriseadh, cumha, diachair, dobrón, dólás, duainéis, duairceas, dubhachas, duifean croí, éadóchas, gruaim, iarghnó, ísle brí, léan, mairg, mairgneach, méala, tocht, tromchroí, tromchroíocht.

duibheagán noun ❶ *abyss, depths, deep:* aibhéis, áibhéis, aigéan, doimhne, doimhneacht doimhneas, diamhracht, duibheagán, farraige, farraige mhór, grinneall, poll, poll tí liabáin, an tseanfharraige, teiscinn, an teiscinn mhór, tóin poill. ❷ *profundity, abstruseness:* aimpléis, aimpléiseacht, castacht, crostacht, deacracht, diamhracht, doilios, doimhneacht, doimhneas, doréititeacht, droibhéal, mistéir, rúndiamhracht, teibíocht.

duibhéan noun *cormorant (Phalacrocorax carbo):* ballaire, broigheall, cabhail scréachóg, cailleach dhubh, corr scréachóg, fiach farraige, fiach mara, gairg, gairgéan, glamhfhiach, murúchaill, scarbh, seaga.

dúiche noun ❶ *heritary land:* comharbacht, dúchas, eastát, gabháil chine, gabháltas, iarmhais, oidhreacht, oireacht. ❷ *native land, home country:* athartha, talamh dúchais, tír dhúchais, náisiún. ❸ *land, estate:* dúchas, eastát, feirm, gabháltas, *pl.* tailte, talamh. ❹ *region, district:* barúntacht, ceantar, comharsanacht, contae, críoch, cúige, dúthaigh, fearann, limistéar, líomatáiste, oirear, paiste, paróiste, réigiún, *pl.* tailte, talamh, taobh tíre, tír, *pl.* tríocha céad, *pl.* triúcha, tuath, *literary* déis.

dúid noun ❶ *stump, stumpy object:* bun, camhcaid, crampóg, dúdóg, grágán, múdán, nuta, sciotán, scoithín, stocán, stopóg, stumpa. ❷ *short-stemmed (clay) pipe:* cutaí, dúdóg, dúidín, píopa; gliúc. ❸ *(craned) neck, throat:* goic, muineál, píb, píobán, sceadamán, scóig, scornach, scrogall, scrogán, scroig, súsán. ❹ *stumpy person:* balcaire, balcán, bloc fir, bollatach, dailc, giortachán, lapadán, lapaire, lapóg, lúrapóg, páideog, patalán, patalóg, patlachán, ringiléad, siotalach, stopóg, stumpa fir, taoiseoigín, toirpín, tonóg, tuairgnin.

dúidín noun *short-stemmed (clay) pipe:* cutaí, dúdóg, dúid.

duifean noun ❶ *darkness, shaddow:* dorchadas, doircheacht, dorchacht, dubh, dubh is dall, dúchan, duibhe, modarthacht, scáth, smál, smúit, teimheal. ❷ *gloomy appearance, scowl:* cnaig, doicheall, doilbhreas, duairceas, dúlaíocht, gruaim, gruig, mícharthanacht, mícharthanacht, mídheise, míghné, místá, míthaitneamhacht, muc ar mala, púic, púicín, strainc.

dúil¹ noun ❶ *element:* cuid, eilimint, gné. ❷ *created thing, creature:* ainmhí, brúid, créatúr.

dúil² noun ❶ *desire, fondness:* ansacht, baothchion, boige, cion, cumann, grá, ionúine, luiteamas, luiteanas, mian, nóisean, páirt, santú, taitneamh, tóir. ❷ *expectation, hope:* araíocht, brath, coinne, dóchas, dealraithí, dréim, fuireachas, ionchas, misneach, oirchill, síleadh, súil, súil in airde, súilíocht, *literary* freiscise.

dúileamh noun *Creator (referring to God):* an Coimdhe, an Cruthaitheoir, an Diagacht, an Tiarna, Dia na bhFeart, Dia Uileachumhchtach, an Tionscnóir; an tAthair Síoraí, Dia an tAthair, Iáivé, *familiar* an Fear Thuas.

duileasc noun *dulse:* ❶ *(Palmaria palmata):* creathnach. ❷ *(Chondrus crispus):* carraigín. ❸ *(Gigartina stellata):* clúmhín cait. ❹ *(Porphyra umbilicalis):* sleabhac. ❺ *(Ulva lactuca):* glasán, sleaidí.

duileascar noun *dyer's moss:* duilleascar na gcloch; crotal, léicean, lus liag, scraith chloch.

dúilíocht noun *tendency, partiality:* cion, claon, claonadh, diall, dúil, fabhar, grá, laofacht, leatrom, leithcheal, luí, páirt, taobhacht, treocht.

duille noun ❶ *leaf:* bileog, duilleog, duilleoigín, duillín. ❷ *colloquial leaves, foliage:* pl. bileoga, pl. duilleoga, pl. duillí, duilliú, duilliúr. ❸ *glory, wealth:* caithréim, glóir, glóire, gradam, onóir, taibhseacht; pl. acmhainní, áirge, airgead, bracht, bruithshléacht, bunairgead, coibhche, conách, crodh, éadáil, Éire fré chéile, Éire gan roinnt, flúirse, gabháltas, gustal, iarmhais, ionnas, ionnús, maoin, raidhse, rath, rathúnas, saibhreas, seilbh, sochar, pl. sócmhainní, spré, stór, strus, tábhacht, *literary* intleamh, ionnlas.

duilleach adjective *leafy:* bileogach, duilleogach; coillteach, fásmhar, glas, plandúil.

duilleog noun *leaf:* bileog, duille, duilleoigín, duillín.

duillinn noun ❶ *leaf, sheet, foil:* bileog, duilleog, duilleoigín, duille, duillín, leathanach; leathán, leac, liarlóg, pláta, síte. ❷ *membrane, caul:* scannán, sreabhann, seicin; bairéad sonais, caipín sonais, droimiall, seol sonais; léine bhán a bhí ar mhac an rí agus í gan ní, gan fí, gan filleadh, gan fua; brat searraigh, scamall.

duilliúr noun *colloquial leaves, foliage:* bileoga, pl. duilleoga, pl. duillí, duilliú, *colloquial* duille; fásra.

duillsilteach adjective *deciduous:* inlomtha, lomach, sealghlas.

dúilmhear adjective *desirous, longing:* cíocrach, díbhirceach, díocasach, díograiseach, dóchasach, dúthrachtach, fonnmhar, mianúil, santach, scafa, scamhaite, síreachtach, tnúthánach, uaillmhianach.

duine noun ❶ *human being, person:* anam, aonar, aonarán, bean, Críostaí, *literary* daon, daonnaí, deoraí, fear, indibhid, neach, neach daonna, pearsa, pearsantacht, saoránach; ní raibh mac an chadhain ann. ❷ *an duine* the human race: an Ádhamhchlann, an cine daonna, daonnacht, síol Ádhaimh, sliocht Ádhaimh, síol Éabha; pl. neacha, pl. neacha daonna. ❸ *duine le Dia* simpleton: amadán, amaid, amal, amlóir, bobarún, bómán, breallán, ceann cipín, ceann maide, clogadán, cloigeann cabáiste, cloigeann cipín, cloigeann pota, dallarán, dobhrán, dúdálaí, dúid, dundarlán, dunsa, éagann, gaimse, gamal, gamairle, glaigín, gligín, gogaille, guaig, guaigín, leathdhuine, paor, pastae de chloigeann, pleib, pleidhce, pleota, sceilfid, simpleoir, stualán, *figurative* glasóg.

duineata adjective *human, kindly:* beannaithe, caoideanach, caoin, caomh, caonrasach, ceansa, cineálta, cneasta, daonna, duiniúil, garúil, grádiaúil, lách, macánta, maith, máithriúil, mánla, maránta, méiniúil, miochair, míonla, oibleagáideach, séimh, suairc, tláith, tuisceanach.

duineatacht noun *humaneness, kindness:* caoideanas, caoimhe, caoineas, ceansacht, cineáltacht, cneastacht, daonnacht, láíocht, macántacht, miochaire, séimhe, suairceas, tláithe, tuiscint, *literary* daonchaire.

duiniúil adjective *human, natural, kindly:* beannaithe, caidreamhach, cairdiúil, caoideanach, caoin, caoithiúil, caomh, carthanach, ceansa, cineálta, cneasta, comhluadrach, comrádúil, connail, cúntach, córtasach, cuideachtúil, cuidiúil, dáimhiúil, daona, díograiseach, duineata, dúthrachtach, garúil, grádiaúil, lách, macánta, maith, máithriúil, mánla, maránta, méiniúil, miochair, míonla, muinteartha, nádúrtha, oibleagáideach, páirteach, séimh, suairc, tláith, tuisceanach.

duirc¹ noun *dirk, dagger*: bior, daigéar, miodóg, rinn, scian, scian fhada; bléid, greilleán, lann.

duirc² noun *morose person, silent person*: bodhrán, brúisc, bundún, duasmánaí, durdálaí, gruamachán, gruamaire, grusaí, preicleachán, púca, púicearlach, púicirliún, púdarlach, splíonach; dúrapóg.

dúire noun ❶ *literary hardness, rigidity*: caide, cruacht, cruadas, cruas, doichte, stálaíocht, stalcacht, stalcaíocht, stalcaíl, stolpacht, stolpadh. ❷ *stubbornness, obduracy*: cadrán, ceannairc, ceanndáine, ceanndánacht, ceanntréine, cruas, dígeantacht, diúltú, diúnas, dodaireacht, éaradh, easumhlaíocht, eiteachas, neamhghéilleadh, obadh, séanadh, stailc, stainc, stalcacht, stuacacht, stuacánacht, stuaic. ❸ *dullness, stupidity*: aimhghliceas, amadántacht, amadántaíocht, amlóireacht, baois, bómántacht, breallántacht, brealsacht, brealscaireacht, brealsúnacht, daille, dallacántacht, dallacántaíocht, dallaigeantacht, dímheabhair, éagantacht, gamalacht, íorthacht, leibideacht, leimhe, leimheas, maolaigeantacht, míghliceas, pleidhcíocht, pleotaíocht, raimhre réasúin, saontacht, seafóid, simplíocht, soineantacht. ❹ *gloominess, sullenness*: antrom, beagmhisneach, ceas, ceasacht, ciach, cian, cumha, diúnas, dobhracht, doicheall, duairceas, duasmántacht, dubhachas, duifean, dúlagar, dúlionn, dúlíocht, dúrántacht, éadóchas, geancacht, gruaim, gruamacht, iarghnó, léan, lionn dubh, mairg, modarthacht, pusaíocht, pusaireacht, tocht, tromchroí, tromchroíocht.

duirling noun *stony beach*: cladach, scaineagán, scaineamh, scairbh, scairbheach, scairbheán; creig.

dúiseacht noun *state of being awake, arousal*: faire, faireachán, geit, muscailt, múscailt, spreagadh; tá sé ar bís.

dúisigh verb *awake, wake, rouse, start*: bioraigh, clis, geit, mothaigh, mothallaigh, muscail, múscail.

dul noun ❶ *going, passing, departure*: bealach, bóthar, conair, cosán, imchuairt, imeacht, marcaíocht, ród, teacht, tiomáint, triall, turas, *literary* toirche; bás, éag, séalú. ❷ *way, method, ability*: bealach, caoi, dóigh, meán, oidimil, sás, slí. ❸ *arrangement, style*: bail, caoi, dea-eagar, dóigh, eagar, gléas, inneall, leagan amach, léiriú, ord, stíl, táin. ❹ *time*: aga, aimsir, ala na huaire, am, nóiméad, ócáid, scaitheamh, seal, tamall, tréimhse, uain, uair.

dúlaíoch noun *niggardly person, churlish person*: ainriochtán, bochtán, brúisc, cac ar oineach, caillteachán, ceachaire, ceacharán, cnat, cnatachán, cníopaire, creagaire, cruálaí, crústa, gortachán, gortán, griobaltach, néigear, ocrachán, péisteánach, raispín, ruidín gorta, scanraboid, scanrachóid, scanradóir, scanróir, scrabhadóir, scramaire, scríbín, scríobálaí, sprionlóir, staga, suarachán, taisceoir, toimhseachán, truailleachán, truán, tútachán; cailteog, cráiteog, scríobóg, sprionlóg.

dúlaíocht noun ❶ *bleak weather, dismal weather*: aimsir shalach, aimsir stoirmeach, deardal, deardan, doineann, doirteán, drochaimsir, dúgheimhreadh, gailfean, gála, lá na seacht síon, síon, stoirm, *pl.* stoirmeacha. ❷ *coldness, churlishness*: bodachúlacht, bodúlacht, daoithiúlacht, doicheall, doicheallaí, drogall, éaradh, eascairdeas, eiteach, eiteachas, fuacht, gorta, míbhá, míchairdeas, naimhdeas, neamhfhiúntas, neamhthoil, obadh.

dúléim noun ❶ *leap in the dark, plunge*: léim an daill, léim chaorach sa duibheagán, urchar an daill faoin abhaill; tumadh, dul san fhiontar. ❷ *great jump, violent start*: bíog, bíogadh, cliseadh, geit, preab, scanradh, scanráil, scaoll, scinneog.

dúlíonach noun *vast number, vast quantity*: ainmhéid, carn, clais, cuimse, dalladh, domhnaíocht, éacht, flúirse, foiscealach, greadadh, iontas, lear, lochadradh, maidhm, *pl.* mílte, morán, *pl.* múrtha, neamh-mheán, púir, réimse, scanradh, scaoth, seó, slua, tolmas, *familiar* an t-uafás.

dúlionn noun *melancholy*: antrom, atuirse, beagmhisneach, brón, buaireamh, buairt, ceas, ceasacht, ciach, cian, clóic, cumha, díomá, dobrón, dochma, doilíos, dólás, doghrainn, domheanma, duainéis, duairceas, duasmántacht, dubhachas, dúlagar, dúlionn, dúrántacht, éadóchas, gruaim, gruamacht, iarghnó, ísle brí, lagar spride, lagmhisneach, léan, lionn dubh, mairg, méala, tocht, tromchroí.

dúlionnach adjective *melancholic*: atuirseach, brónach, brúite, buartha, ceanníseal, cianach, cráite, croíbhriste, cumhach, deorach, diachrach, dobrónach, doghrach, doilíosach, duáilceach, duairc, duaiseach, dubhach, dúlagrach, dúlionnach, fadchumhach, gruama, gubhach, iarghnóch, in ísle brí, lagsprideach, lagspridiúil, léanmhar, lionndubhach, mairgiúil, taidhiúir, tromchroíoch, truamhéalach.

dúlra noun *elements, nature*: an saol aiceanta, an saol nádúrtha, nádúr; an choill, an tuath, an fásach, an timpeallacht; bitheolaíocht, luibheolaíocht, míoleolaíocht.

dúluachair noun *midwinter*: dúgheimhreadh, dúlaíocht na bliana, dúlaíocht an gheimhridh, dúluachair, gairgeadh dubh na bliana, *pl.* gearróga dubha, grianstad an gheimhridh; geimhreadh crua.

dúluí noun *state of being bedridden, long illness*: cróilí, easláinte; tá sé ag coinneáil na leapa.

dumhach noun ❶ *sandhill, dune*: biolla, guaire gainimh, méile; eiscir, mullán. ❷ *sandy ground, links*: gaineamhlach, machaire; coinicéar, rapach.

dúmhál noun *blackmail*: airgead tosta, ceannach clú, dúchíos; bagairt.

dún¹ noun ❶ *fort, fortress*: caiseal, caisleán, daingean, dúnadh, dúnáras, dúnbhaile, dúnfort, longfort, pailis; áras, mainéar, pálás, teach mainéir, teach mór, únacht, *literary* caistéal, dionn. ❷ *haven*: caladh, calafort, clúid, cluthair, cumhdach, dídean, díon, díseart, díthreabh, fóisciún, foscadh, fothain, scáth, tearmann.

dún² verb ❶ *shut, close*: druid, iaigh; coisc, fáisc, múch, tarraing le chéile. ❷ *draw together, fasten*: ceangail, druid, fáisc, dlúthaigh, stop, táthaigh.

dúnadh noun *closing, fastening*: ceangal, clabhsúr, dlúthú, druidim, fáisceadh, stopadh, táthú.

dúnáras noun *reticence, taciturnity*: ciúnas, cotadh, cotúlacht, cúlántacht, cúthaileacht, cúthaltacht, cúthaileadas, dúnárasacht, faiteachas, faitíos, ganfhiosaíocht, iamhaireacht, náire, scáfaireacht, scáithínteacht, scinnide, seachantacht, tost, tostaíl.

dúnárasach adjective *reticent, reserved*: beagfhoclach, béaldruidthe, ciúin, cúlánta, cúthail, discréideach, greamúsach, grusach, inrúin, seachantach, tostach, uaigneach.

dundarlán noun ❶ *thickset person*: alpán, balcaire, balcán, béinneach, bleitheach bloc fir, bollatach, bunán, burla, cleithire, corplach, corránaí, daigéad, dailc, dúid, fairceallach, fámaire, giomstaire, giortachán, lapadán, lapaire, lapóg, lúrapóg, mullachán, páideog, páinseach, páinteach, pánaí, pantar, patalán, patalóg, patlachán, piarda, píle, pílí, plíoma, rampaire, rúbóg, rúpach, rúplach, sail, seibineach, siotalach, staiféalach, stopóg, stumpa fir, toirpín, torpán tuairgnin; bonsach girsí, cliobóg, steafóg girsí, taoiseoigín, tonóg, torpóg. ❷ *dunderhead, blockhead*: amadán, amaid, amal, amlóir, bobarún, brabhán, breallán, ceann cipín, ceann maide, clogadán, cloigeann cabáiste, cloigeann cipín, cloigeann pota, dallarán, dobhrán, dúdálaí, dúid, duine le Dia, dunsa, éagann, gamal, gamairle, glaigín, gligín, gogaille, guaig, guaigín, leathdhuine, maolán, paor, pastae de chloigeann, pleib, pleidhce, pleota, sceilfid, simpleoir. ❸ *resounding blow of the fist*: boiseog, bos, buille, cíonán, clabhta, clabhtóg, leadhb, leadhbóg, leadóg, leandóg, leang, leangaire, paltóg, planc, salamandar, smac, smag, smailc, smalóg, smitín, straiméad, tailm, tiomp.

dúnghaois noun *policy*: beartaíocht, beartas, oirbheart, *pl.* pleananna, polasaí, straitéis.

dúnmharfóir noun *murderer*: marfóir, murdaróir.

dúnmharú noun *murder*: dúnbhású, dúnorgain, marú, murdal, murdar, míle murdar; ár, eirleach, sléacht.

dunsa noun *dunce*: amadán, amaid, amal, amlóir, bobaide, bobarún, bómán, breallaire, breallán, brealsán, brealscaire, brealsún, ceann cipín, ceann maide, ceap magaidh, clogadán, cloigeann cabáiste, cloigeann cipín, cloigeann pota, cloigneach, cloigneachán, dallachán, dallarán, deargamadán, dobhrán, dúdálaí, dúid, duine le Dia, dúiripí, dundarlán, éagann, galldúda, gámaí, gamal, gamairle, glaigín, gligín, gogaille, guaig, guaigín, leathamadán, leathbhrín, leathdhuine, liobar, napachán, óinmhid, paor, pastae de chloigeann, pleib, pleidhce, pleota, sceilfid, simpleoir; bodóinseach, clogóinseach, cloigeog, cloigis, gamalóg, magarlach, óinseach.

dúntóir noun *fastener*: biorán, ceangal, cnaipe, daingniú, dealg, dúnadh, fáiscín, fáiscín reatha, greamú, sip, sipdhúntóir, smeachdhúntóir.

dúr adjective ❶ *rigid, solid*: buan, buan-, buanseasmhach, calctha, ceangailte, crua, cruánach, daingean, dea-dhéanta, diongbháilte, dlúth, dobhogtha, docht, doscaoilte, fódach, fuaimintiúil, láidir, righin, seasmhach, seasta, síoraí, stálaithe, stalcach, stangtha, stocach, stóinseach, stóinsithe, stolpánta, stolptha, teann, tiubh, trén, sonairt, tailc. ❷ *hardy, tough*: cadránta, calctha, cnagach, creagánta, crua, cruachaol, cruadhéanta, cuisneach, dian, dianasach, diongbháilte, docht, láidir, miotalach, righin, seochrua, stálaithe, trén; tá seasamh an fhóid ann, tá teacht aniar ann. ❸ *hard, difficult*: achrannach, aimpléiseach, anróiteach, callóideach, casta, crua, deacair, dodhéanta, doiligh, doréidh, doréitithe, droibhéalach. ❹ *hard to bear*: aingí, anacrach, anróiteach, callóideach, crosta, crua, deacair, dian, dochrach, dochraideach, docht, dócúlach, doghrainneach, doiligh, doirbh, dólásach, duaisiúil, iomardúil, piolóideach, strusúil, treascrach. ❺ *dour, grim*: colgach, cuileadach, danartha, dodach, doicheallach, drae, feargach, fraochmhar, grusach, gruama, stalcánta. ❻ *dense, stupid, blunt*: aimhghlic, ainbhiosach, aineolach, amadánta, amaideach, baoiseach, baoth, bómánta, breallach, breallánta, bundúnach, chomh dall le bonn mo bhróige, dall, dallacánta, dallaigeanta, dallaigeantach, dallintinneach, dímheabhrach, díchéillí, dobhránta, dúramánta, éaganta, gamalach, lagintinneach, lagmheabhrach, leamh, leamhcheannach, leathmheabhrach, leibideach, mallintinneach, maol, míghlic, mímheabhrach, neamhthuisceanach, óinsiúil, pleidhciúil, ramhar sa cheann, seafóideach, simplí, spadintinneach.

dúradán noun ❶ *speck, speckle*: ballóg, bricín, bruth, dúlagán, giobóg, ponc, scead, smál, spota; oiread na fríde. ❷ *puny creature, insignificant creature*: abhcán, aircín, arcán, beagadán, beagaidín, boiric ó cíú, camhcaid, ceairliciú, céasánach, cnádaí, crabadán, cruachán, cruiteachán, draoidín, dreoilín, dúidlín, fíothal, gilidín, gilmín, pigmí, sarachán, sceoidín, scidil, scrobaire, siolrachán, siolraide.

dúramán noun *dull-witted person*: aineolaí, amadán, amaid, amal, amlóir, baileabhair, bobarún, bómán, breallaire, breallán, brealsán, brealscaire, brealsún, cadramán, ceann cipín, ceann maide, ceann mailléid, ceap magaidh, clogadán, cloigeann cabáiste, cloigeann cipín, cloigeann pota, dall, dallacán, dallachán, dallán, dallamlán, dallarán, dalldramán, daoi, dobhrán, dúdálaí, dúid, dúiripí, dundarlán, dunsa, dúradán, durnánaí, éagann, gámaí, gamal, gamairle, glaigín, gligín, gogaille, graoisín, guaig, guaigín, leathdhuine, maol, óinmhid, paor, pastae de chloigeann, pleib, pleidhce, pleota, sceilfid, simpleoir; tuathalán, *literary* miodhlach; amlóg, breallóg, cloigis, gamalóg, málóid, óinmhid, óinseach, uallóg.

dúranta adjective *dour, morose, sullen*: dodach, doicheallach, doilbh, doilbhir, dorcha, drae, duairc, duaiseach, duasmánta, dúr, forghruama, gránna, gruama, grusach, mícharthanach, mídheas, míofar, míshuairc, míthaitneamhach, modartha, púcúil, stalcánta, tromghnúiseach.

dúrchroí noun *hardness of heart*: aindiúid, aindiúide, ainíocht, brúidiúlacht, cadrántacht, croí cloiche, cruachroíocht, cruáil, cruálacht, cruas croí, danarthacht, dolúbthacht, dúire, éadrócaire, faltanas, fiatacht, fíochmhaire, fíochmhaireacht, mídhaonnacht, mínádúrthacht, míthrócaire, neamhthrócaire, turcántacht.

dúrchroíoch adjective *hard-hearted*: ainíochtach, binbeach, brúidiúil, cadránta, codramánta, crua, cruálach, dallchroíoch, danartha, díoltaiseach, díoltasach, do-dhuineata, dolúbtha, do-mhaite, do-mhaiteach, doshásta, drochaigeanta, droch-chroíoch, dúr, éadrócaireach, éadruad, faltanasach, fíochasnach, fíochmhar, fuarchroíoch, fuilteach, gangaideach, mídhaonna, mínádúrtha, míthrócaireach, neamhbháúil, neamhscrupallach, neamhthrócaireach, neamhghoilliúil, nimhneach, olc, urchóideach; gan taise gan trócaire, gan trua gan taise; tá an chéadrith den iarann ann, tá an chuid is fearr den iarann ann; Iúdás de dhuine atá ann; tá croí cloiche ann, tá miotal ina chnámha; ní bhogann agairt ná éamh é.

durdáil noun *cooing*: cantain, cantaireacht, ceiliúr, coracú, tríleach, verb *coo*: can, ceiliúir, déan coracú, déan giolcaireacht.

dúrúch noun *eagerness, frenzy*: airc, antoil, cinnmhire, cíocras, confadh, dásacht, déarcas, déine, díocas, dúil, dúil chráite, dúthracht, faobhar, fíoch, fiuchadh foinn, flosc, fonn, fualang, griothal, guilm, lainne, saint, scamhadh, teaspach, tnúth, tnúthán, toil, *literary* friochnamh.

dúrud noun *a great deal*: ainmhéid, carn, clais, cuimse, dalladh, dúlíonach, éacht, flúirse, foiscealach, foracan, foracún, iontas, lear, lochadradh, maidhm, *pl.* mílte, mórán, *pl.* múrtha, neamhmheán, púir, réimse, scanradh, scaoth, seó, slua, tolmas, *familiar* an t-uafás.

dúrún noun *profound secret, great mystery*: cruacheist, diamhair, diamhracht, dorchacht, dothuigtheacht, doilfeacht, draíodóireacht, draíocht, dubhfhocal, dúcheist, duifean, dúthomhas, gintlíocht, mistéir, rún, rúndiamhair, sicréid.

dúrúnda adjective *deeply secretive, mysterious*: aerach, aerachtúil, anaithnid, ceilte, coimhthíoch, diamhair, doiléir, dorcha, dothuigthe, folaithe, mistéireach, neamhshaolta, rúnda, siúil, uaigneach.

dúshlán noun ❶ *challenge, difficulty*: cruacheist, cnámh le creimeadh, deacair, deacracht, dúcheist, éigean, éigeandáil, fadhb, géarchéim, an t-oighear, oighear an scéil, pointe cruóige, tomhais. ❷ *defiance, bravado*: agóid, dúshlánacht, éileamh, gaisce, gaisciúlacht, laochas, misneach, mórtas, neamhchead; le teann gaisce.

dúshlánach adjective ❶ *challenging*: deacair, dian, doiligh, géar, do-iongabhála, dócúil, do-eadrána,

dúshraith
doriartha, duaisiúil, forránta, scanrúil, tiarálach, tónáisteach, trom, tromaí. ❷ *resistent, unyielding, defiant:* cadránta, ceanndána, ceannláidir, ceanntréan, ceapánta, crua, dáigh, dígeanta, dodach, dobhogtha, docheansaithe, doghluaiste, dolúbtha, dúr, ládasach, neamhghéilliúil, righin, chomh righin le gad, stailciúil, stainciúil, stálaithe, stuacach, stuacánach. ❸ *tight, secure:* buan, buan-, ceangailte, diongbháilte, docht, do-bhogtha, doscaoilte, dúr, fódúil, foirmniseach, fuaimintiúil, stóinsithe, teann, *literary* glinn.

dúshraith noun *base, foundation:* bonn, bun, bunadh, bunchloch, bunsraith, bunú, ceap, cloch bhoinn, foras, fuaimint, íochtar, leaba, leac iompair, máithreach, tamhan, tóin, truncáil.

dúspéis noun *intense interest:* an-spéis, an-suim, fíorshuim.

dusta noun *dust:* bóithreán, ceo, deannach, luaithreamhán, luaithreach, pailin, piocadús, smúdar, smúit, snaois.

dustáil verb *dust:* spréigh; glan an dusta de, glan an deannach de; nigh.

duthain adjective *short-lived, transient:* básmhar, díomuan, gairid, gearr, gearrshaolach, móimintiúil, neamhbhuan, sealadach, so-mharaithe; atá á shíorchaitheamh.

dúthomhas noun *enigma:* cruacheist, dúcheist, dubhfhocal, fadhb, tomhas.

dúthracht noun ❶ *devotion:* beannaíocht, beannaitheacht, caoindúthracht, crábhadh, cráifeacht, creideamh, deabhóid, diagacht, diagantacht, diagas, naofacht. ❷ *fervour:* airc, cíocras, confadh, dásacht, deárcas déine, díbhirce, díocas, dúil, dúrúch, faobhar, fíoch, flosc, fonn, griothal, guilm, saint, scamhadh, teaspach, tnúth, tnúthán, toil. ❸ *goodwill, favour:* beannacht, pl. beannachtaí, caradradh, caradras, carthanas, carthanacht, cineáltas, coimhdeacht, coimhirse, comhar, comhar na gcomharsan, comhghuaillíocht, comhluadar, comhluadracht, comhoibriú, córtas, cuideachta, dea-mhéin, dea-thoil, díograis, dlúthchaidreamh, guaillíocht, láchas, láíocht, méadaíocht, muintearas, nádúr, páirt, páirtíocht, taithíocht, tláithe, toil dheona, toildheona. ❹ *goodwill offering:* bronntanas, féirín, íobairt, ofráil, tairiscint.

dúthrachtach adjective ❶ *devoted, earnest:* cíocrach, confach, deárcaisiúil, dian, díbhirceach díocasach, díograiseach, doirte, dúilmhear, faobhrach, fíochmhar, fonnmhar, géar, griofadach, griothalach, santach, scafa, scamhaite, síoraí, tnúthánach, *literary* friochnamhach. ❷ *generous, kind:* beannaithe, bronntach, caoin, caomh, caonrasach, ceansa, cineálta, cneasta, cóir, córtasach, cuidiúil, dáilteach, daonna, dathúil, dearlaiceach, duaiseach, duineata, duiniúil, fairsing, fial, fiúntach, flaithiúil, garúil, grádiaúil, lách, macánta, maith, máithriúil, mánla, maránta, méiniúil, miochair, míonla, mórchroíoch, muinteartha, neamh-mhion, oibleagáideach, oscailteach, preabúil, rábach, séimh, suairc, tabhartasach, tláith, tuisceanach.

eabhar noun *ivory*: iomóg, íomhóg.
éabhlóid noun *evolution*: fás, forás, forbairt, imeacht, leathnú, dul chun cinn, dul ar aghaidh, teacht ar aghaidh, teacht chun cinn, tionscnamh; athchóiriú, athdhéanamh, athchumadh, atheagrú, athrú, claochlú, oiriúnú.
eacaineacht noun *equinox*: cónocht, cónocht an earraigh, cónocht an fhómhair, lá leathach; comhréim lae is oíche.
each noun *horse, steed*: (i gContae Dhún na nGall) beathach, bromach, capall, capall cogaidh, capaillín, clibistín, gearrán, gearrchapall, leathchapall, meainc, pónaí, searrach, stail, stailín, stalán, *literary* gabhar, marc, *colloquial* scor; láir, láirín; greallach, greallóg, staga, stagún, staigín.
eachaí noun *horseman, jockey*: jacaí, marcach; ridire; baneachlach, banmharcach.
eachaire noun *horse-boy, groom*: buachaill stábla, giolla, giolla capaill, grúmaeir; eachlach, jacaí, oslóir.
eachma noun *eczema*: gríos, grís, íth; *pl.* balscóidí, deargadh, impitíogó, lobhra.
eachmairt noun *heat in mares*: éastras, haidheas, láth, óirthí; tá an láir faoi eachmairt, faoi eachmairc, faoi shéasúr, faoi shnafach, faoi stail, tá sí ag spraoi, tá sí thart; tá an bhó ar dáir, faoi dháir; tá an bhitse faoi adhall/shoidhir; tá an chráin ar clíth, faoi chlíth; tá an chaora faoi reithe; tá an cat faoi chatachas, faoi chatamas; tá an gabhar faoi imreas; tá an gabhar faoi phoc, an giorria baineann faoi phoc; tá an eilit faoi ratamas.
eachra noun ❶ *stud, stable of horses*: groí, stábla, tréad; *pl.* capaill, *pl.* eich. ❷ *colloquial cavalry, horse*: *pl.* cathmharcaigh, marcshlua, *pl.* marcaigh, *pl.* ridirí, *literary* grafainn; eachruathar.
eachréidh noun *level land, plain*: faiche, lantán, léibheann tíre, má, machaire, ré, réileán, réiteach.
éacht noun ❶ *literary slaughter*: ár, bascadh, búistéireacht, coscairt, deargár, doirteadh fola, eirleach, íospairt, marfach, marú, réabadh, scláradh, slad, slascairt, sléacht, sleachtadh, sracadh, spleotáil. ❷ *slain person, casualty*: corp, corpán, duine marbh, éagach, marbh, taismeach. ❸ *feat, achievement*: aicsean, beart, bua, caithréim, curiarracht, earmaise, gaisce, gníomh gaile is gaisce, laochas; conách, oirbheart, rath, sáriarracht, *literary* spleadh, toradh, tréith.
éachtach adjective ❶ *full of prowess*: buach, caithréimeach, calma, coráisteach, coráistiúil, cróga, curata, gaisciúil, galach, gusmhar, gusúil, laochta, laochúil; láidir, meanmnach, misniúil, neamhfhaiteach, tréan, uchtúil. ❷ *wonderful, extraordinary*: áibhéalach, áibhéalta, áibhéiseach, áiféiseach, aisteach, dochreidte, domhínithe, draíochtúil, éagoitianta, éagsamhalta, éagsúil, fabhlach, feartach, finscéalach, gáifeach, iontach, míorúilteach, neamhchoitianta, neamhghnách, scailéathanach, seoigh, sonraíoch, suaithinseach, suaithní, suntasach, urghnách; as cuimse, as an ngnách, as miosúr, gan réamhshampla; an rud is annamh is iontach, is cuid suntais é.
éachtaint noun *inkling, suggestion*: átlamh, leid, leideadh, nod; cogar, gaoth, gaoth an fhocail, iomas, sanas, tuiscint, tuaileas, léargas, léas, léiriú; gearrfhéachaint, mearamharc, sracfhéachaint, spléachadh.
eachtra noun ❶ *adventure, expedition*: eachtraíocht, feacht, feachtas, fiontar, sluaíocht, turas; amhantar, comóradh, slógadh, tóstal, *literary* tairdeal, tinreamh, toisc; baol, contúirt, dainséar, gábh, guais. ❷ *event, occurrence*: amhantar, cás, dáil, *pl.* dálaí, imeacht, ócáid, tarlachtaint, tarlóg, tarlú, teagmhas, teagmháil.
eachtrach adjective *external*: allúrach, coimhthíoch, deoranta, forimeallach, **adjectival genitive** iasachta, iasachtach, imeachtrach, imeallach, seachtrach, strainséartha, aduain, anaithnid, **adjectival genitive** aineoil, **adjectival genitive** ainiúil, éagoitianta; lasmuigh.
eachtraigh verb *relate, narrate*: abair, aithris, ársaigh, inis, ríomh, scaoil chuig; cuir in iúl, déan cur síos ar, tabhair cuntas ar.
eachtrannach adjective *strange, foreign*: aduain, allúrach, **adjectival genitive** aineoil, **adjectival genitive** aineolais, **adjectival genitive** ainiúil, aisteach, aistíoch, anaithnid, annamh, coigríochach, coimhthíoch, deoranta, **adjectival genitive** do-eolais, eachtartha, eachtrach, **adjectival genitive** éigineáil, **adjectival genitive** iasachta, iasachtach, imeachtrach, seachtrach, *literary* diongna; thar loch isteach, thar tír isteach; gallda, gintlí, págánach, páganta. noun *stranger, foreigner*: allúrach, coigríochach, coimhthíoch, danar, deoraí, eachtraí, strainséir; duine thar loch isteach, duine thar tír isteach; gall, gintlí, págán, págánach; cuairteoir, cuartaí, fámaire, turasóir.
eacnamaí noun *economist*: geilleagraí, anailísí eacnamaíochta; eacnaimeádraí.
eacnamaíocht noun ❶ *economics (study)*: eacnamaíocht pholaitiúil, eacnaiméadracht. ❷ *economy, economic system*: geilleagar; talmhaíocht, tionsclaíocht.
éacúiméineach adjective ❶ *of the universal church, ecumenical*: caitliceach, comhchoiteann, Críostaí, domhanda, ginearálta, uilíoch. ❷ *irenic, of inter-faith relations*: idirchreidmheach, idireaglasta, ileaglasta; caoinfhulangach, ceadaitheach, fulangach, síochánta.
éacúiméineachas noun *ecumenism*: caoinfhulaingt, iolrachas, uilíochas; caidreamh idirchreidmheach.
éad noun ❶ *envy, jealousy*: aicis, doicheall, drochaigne, droch-chroí, eascairdeas, fala, faltanas, fíoch, formad, fuath, gangaid, gráin, imthnúth, mailís, maíomh, míbhá, míchairdeas, mioscais, mírún, naimhdeas, tnúth; nimh san fheoil, olc, searbhas. ❷ *emulation*: ceartas, coimhlint, coingbhleic, cointinn, comhlann, comhrac, comórtas, dréim, formad, géarchoimhlint, iomaidh, iomaíocht, iomarbhá, iompairc, iompairt, sáraíocht, sárú, spairn, tnúth, *literary* coinbhleacht.
éadach noun ❶ *cloth*: brat, ceirt, fabraic, faicín, pana, rabhaisc, rubar, scaraoid, suán glacach; biosóir. ❷ *clothing*: *pl.* baill éadaigh, *pl.* balcaisí, *pl.* bordréisí, *pl.* callaí, culaith éadaigh, do chuid éadaigh, éide, *pl.*

An Aibítir Eabhraise		
א	Aleph	ל Lamed
ב	Beth	מ Mem, Memh;
ג	Gimel	ם Mem deiridh
ד	Daleth	נ Nun;
ה	Hé, He	ן Nun deiridh
ו	Vau, Bhau	ס Samek, Samech
ז	Zain, Sain	ע Ayin, Nain, Ain
ח	Heth, Cheth	פ Pé, Pe;
ט	Teth	ף Pé deiridh
י	Iód, Iod	צ Sade, Tsaddi;
כ	Caph;	ץ Sade deiridh
	ך Caph deiridh	ק Qof, Coph
		ר Resh
		ש Sin, Shin, Schin
		ת Tau

éadáil
giobail, *pl.* giolcaisí, *pl.* gréibhlí, *pl.* gréibhíní, ornaíocht, *pl.* pacaí, *pl.* róbaí. ❸ *sail:* anairt, canbhás, culaith, seol.

éadáil noun *riches, spoils:* acmhainn, airgead, ciste, ciste fionnta, conách, creach, flúirse airgid, foghail, foráiste, maingín, maoin, rath, rathúnas, raidhse airgid, saibhreas, taisce; amhantar, cuasnóg, ceallóg, cillín, eirigéis, féirín, folachán, torchaire, torchur, *literary* fadhbh, gaoine, *pl.* séada.

éadaingean adjective ❶ *unsteady, unsafe:* amhantrach, athraitheach, baolach, baoth, barrbhaoiseach, ceanntrom, cleasach, contúirteach, corrach, creathach, cróilí, díodánach, éagobhsaí, éagothrom, forbhásach, gingideach, gloinceálach, gogaideach, guaiseach, longadánach, mallbhreathach, míshocair, neamhbhuan, neamhchinnte, neamhdhaingean, neamhdhiongbháilte, neamhfhuaimintiúil, neamhshocair, stamrógach, teipeanach, treallach, tuisleach; ar a bhoige bhaige, ar bogadh, ar forbhás, ar sinebhogadh. ❷ *fickle, irresolute:* aerach, baoth, cleasach, cluanach, éaganta, earráideach, éideimhin, éiginnte, eitleach, fann, faon, giodamach, giodramach, guagach, iomluath, lag, luaineach, luascánach, luascánta, luathaigeanta, luathintinneach, mealltach, naoscach, neamhchinnte, neamh-mhuiníneach, neamhsheasmhach, neirbhíseach, nuallach, spadhrúil, taghdach, tallannach, taomach, taomannach, treallach, treallánach, uallach, *literary* udmhall; idir dhá chomhairle, idir dhá cheann na meá, idir dhá thine Bhealtaine.

éadaingne noun ❶ *unsteadiness:* diomuaine, éagobhsaíocht, éagothroime, éiginnteacht, guagacht, guagaíl, guagaíocht, guairdeall, guais, laige, longadánacht, luaineacht, luascadh, luascán, míshocracht, neamhbhuaine, neamhchinnteacht, neamhdhaingne, neamhfhuaimint, neamhshocracht, stamrógacht, teaspach. ❷ *irresolution:* éagantacht, earráid, éideimhne, éiginnteacht, fainne, faoine, giodam, giodamaíocht, guagacht, laige, luaineacht, luascán, luathintinneacht, neamhsheasmhacht, ruais, ruaiseacht, ruathaireacht, taghdáil, tobainne, treallaí, uallachas, *literary* eadarbhuas, udmhaille.

éadairbhe noun *uselessness, futility:* baois, beagéifeacht, beagmhaitheas, beagthairbhe, dimrí, diomaibhse, díomhaointeas, éadairbhe, easpa brí, easpa éifeachta, éidreoir, fainne, fánaíocht, leamhas, mí-éifeacht, neafais, neamhbhailíocht, neamhéifeacht, neamhfhiúntas, neamhthairbhe, neamhthoradh, suarachas, suaraíocht; marú míoltóg ar leith a ngeire, braich gan lionn, feadaíl lorg gaoithe, gabháil de ribe ar iarann fuar, bheith ag cur gainimh i ngad.

éadairbheach adjective *useless, futile:* beagmhaitheach, beagmhaitheasach, beagthábhachtach, bruite, diomaibhseach, díomhaoin, **adjectival genitive** éadoraidh, fánach, folamh, fuar, gan brí, gan éifeacht, gan tábhacht, leamh, neafaiseach, neamaitheach, neamhchúntach, neamhéifeachtach, neamhfhiúntach, neamhthairbheach, spreasánta, suarach, uireasach; amú, gan aird, gan bhrí, gan bun ná barr, gan éifeacht, gan feidhm, gan fónamh, gan mhaith, in aisce, in aistear, le sruth, ó chion, ó fheidhm; ní fiú biorán é, ní fiú bogán spideoige é, ní fiú brobh é, ní fiú tráithnín é.

éadairiseach adjective *inconstant, disloyal:* adhaltrach, aerach, ardualach, calaoiseach, cluanach, díomuan, éadrom, éaganta, earráideach, falsa, fealltach, gaigiúil, giodamach, giodramach, guagach, iomluath, luaineach, luascánach, luascánta, luath, luathaigeanta, luathintinneach, mealltach, mídhílis, mídhlisteanach, mísheasmhach, neamhdhílis, neamhdhlisteanach, neamhsheasmhach, neamhthairiseach, treallach; is craiceann gan choinníoll atá ann; is Iúdás atá ann; is é an nathair é.

éadaitheoir noun *clothier, draper:* déantóir éadaigh, ollaire, siopadóir éadaigh; ceannaí éadaigh, ceannaí síoda; cóiritheoir.

éadálach adjective ❶ *acquisitive:* amplach, amplúil, buntáisteach, craosach, díocasach, faobhrach, santach, tnúthánach. ❷ *profitable, prosperous:* brabúsach, buntáisteach, éifeachtach, fiúntach,

---

Cineálacha Éadaigh agus Fabraicí Eile

acetate fibre: snáithín aiceatáite
acrylic: aicrileach
alpaca: alpaca
angora: angóra
astrakhan: astracán
baffity: beaifití
bafta: beafta
baize: baise *f.*
balbriggan: cadás Bhaile Brigín
barathea: baraité *f.*
barrège: *barrège*
batiste: baitís *f.*
Bedford cord: corda Bedford
bengaline: beangailín
bobbinet: boibinéad
bombazine: bombaisín
Botany wool: olann *f.* mheiríonó
bobbin lace: lása eiteáin
bouclé: *bouclé*
brilliantine: brilintín
broadcloth: leathanéadach
brocade: broicéad
brocatelle: broicitéal
brown holland: ollannach donn
buckram: bucram
bunting: buintín

burlap: burlap
butter muslin: muislín ime
byssus: biosas
calamanco: calamancó
calico: ceaileacó
cambric: cáimric *f.*
camel hair: rón camaill
candlewick: sloitchadás
canvas: canbhás
cashmere: caismír *f.*
cavalry twill: corrán marcshlua
challis: seaileas
chambray: seaimbré
Chantilly lace: lása Chantilly
charmeuse: *charmeuse*
cheesecloth: éadach cáise
chenille: seiníl *f.*
cheviot: seibheat
chiffon: sreabhann
chinchilla: sinsile *f.*
chino: síneo
chintz: sions
ciré: *ciré*
cloqué: *cloqué*
coconut matting: mata cnó cócó
coir: caighear
combing wool: olann *f.* chardála
cord: corda
corduroy: corda an rí; cordailiúr; cordragha

cotton: cadás
crêpe: créip *f.*; sípris *f.*
crêpe de Chine: síprisín
crépon: créipeon
cretonne: creiteon
crewel: criúl
crinoline: crinilín
crushed velvet: veilbhit *f.* roctha
damask: síoda damascach
dévoré: *dévoré*
dimity: dimití; dimid *f.*
doeskin: craiceann eilite
Donegal tweed: bréidín Dhún na nGall
drab: lachna
drill: drilic *f.*
drugget: drugaid *f.*
duchesse satin: sról bandiúic
duchesse lace: lása bandiúic
duffel: dufal
dungaree: dungaraí
dupion: dúipeon
elastine: leaistín
faille: *faille*
felt: feilt
filoselle: *filoselle*
fishnet (stockings): **plural noun** stocaí mogallacha
flannel: flainín
flax: éadach lín; línéadach

Cineálacna Éadaigh agus Fabraicí Eile: zari

fleece: éadach lomrach
flock: flocas
floss silk: flas-síoda
foulard: fúlard
frieze: bréid *f.*
fustian: fuistean
gaberdine: gabairdín
galloon: galún
gauze: uige *f.*
georgette: seoirséad
gimp: gimpe
gingham: guingeán
gossamer: leámhán
grasscloth: féaréadach
grenadine: grinidín
grogram: grogram
gros point: *gros point*
guipure: gipiúr
gunny: gunaí
haircloth: rónéadach
Harris tweed: bréidín na Hearadh
hemp: éadach cnáibe
herringbone:
    éadach cnámh scadáin
hessian: heiseán
hodden: hadan
holland: ollannach
Honiton lace: lása Honiton
hopsack: mála leannlus
horsehair: rón
huckaback: anairt *f.*
ikat: iceat
jaconet: seagainéid *f.*
jacquard: seacard
jean: géin *f.*
jersey: geansaí
jute: siúit *f.*
kalamkari: calamcaraí
karakul: caracúl
kenaf: ceanaf
Kendal Green: Uaine Kendal
kente: ceinte
kersey: ceirsí
kerseymere: casaimír
khadi: caidí
khaki: caicí
khanga: canga
kikoi: ciceoighe
kincob: camáb
kitenge: citinge
lace: lása
lambswool: olann *f.* uain
lamé: laimé
lampas: lampas
lawn: péirlín
leather: leathar
leathercloth: éadach leathair
leno: líonó
Lincoln green: uaine Lincoln
linen: línéadach
linsey-woolsey: *linsey-woolsey*
lint: líonolann *f.*
lisle: leighil
loden: ladan
long cloth: éadach fada
lustrine: glónraíoch
madras: madrás
marocain: maracain *f.*
marquisette: marcaiséid *f.*
Marseilles: *Marseilles*
matting: ábhar mata
Mechlin: lása Malines
melton: mealtún
merino: meiríonó
microfibre: micreashnáithín
micromesh: micreamhogall
Milanese silk: síoda Miolánach
modacrylic: modaicrileach
mohair: móihéar
moiré: moire
moleskin: muilscín
moquette: moicéad
moreen: moirín
mousseline: músailín
mungo: mungó
muslin: muislín
nainsook: néansúc
nankeen: naincín
needlecord: cordailiúr caol
net: fial mogallach
ninon: *ninon*
Nottingham lace:
    lása Nottingham
nylon: níolón
oakum: ócam
oilcloth: oléadach
oiled silk: síoda ola
oilskin: oléadach
organdie: orgáinde *f.*
organza: organsa
organzine: orgainsín
osnaburg: osnabúrg
ottoman: otamán
Oxford cloth: éadach Oxford
packthread: snáth paca
paduasoy: pádasóg *f.*
paisley: péaslaí
panne velvet: panaveilbhit *f.*
paper taffeta: tafata páipéir
parramatta: paramata
pashmina: paismíne *f.*
peau-de-soie: *peau-de-soie*
penistone: pineastón
percale: péarcál
Persian silk: síoda Peirseach
petersham: raitín
pillow lace: lása piliúir
pilot cloth: éadach píolóta
piqué: *piqué*
plaid: breacán
plush: pluis *f.*
plush velvet: veilbhit *f.* pluise
point lace: lása snáthaide
polycotton: polachadás
polyester: poileastar
pongee: puinsí
poplin: poiplín
PVC (polyvinyl chloride):
    PVC (polaivinilclóirid *f.*)
poult: púlt
prunella: prúinile *f.*
raffia: raifia *f.*
ramie: ráimí
rayon: réón
rep: asnaid *f.*
ripstop: *ripstop*
rose-point: lása snáthaide róis
sackcloth: sacéadach
sacking: sacéadach
sailcloth: éadach seoil
samite: saimít *f.*
sarsenet: sairsínéad
sateen: saitín
satin: sról
saxony: sacsain *f.*
schappe: seaipe
sea-island cotton:
    cadás na nIndiacha Thiar
seersucker: síorsúcar
sendal: seandal
serge: saraiste *f.*
shahtoosh: seatúis *f.*
shantung: seantúng
sharkskin: seairscin
Shetland lace: lása Sealtlainne
Shetland wool:
    olann *f.* Sealtlainne
shoddy: leámhán
silk: síoda
sisal: siosal
slipper satin: sról slipéir
slub: roithléith *f.*;
    olann *f.* bhogchasta
spun silk: síoda sníofa
stammel: stamal
stockinet: stoicínéad
stroud: *stroud*
suede: svaeid *f.*
surah: sura
swansdown: clúmh eala
tabaret: taibréad
tabby: breacéadach
taffeta: tafata
tailor's twist: casnóg *f.* táilliúra
tapestry: taipéis *f.*
tarlatan: tarlatan
tarpaulin: tarpól
tattersall: tatarsal
tatting: snaidhmlása
terry: éadach gibíneach
terylene: teirilín
ticking: éadach tochta
tiffany: tifeanaí
toile: *toile*
toile de jouy: *toile de jouy*
torchon: tóirseon
towelling: éadach tuáillí
tricot: *tricot*
tulle: fialsíoda
tussore: rabhaiscshíoda
tweed: bréidín
twill: corrán
Utrecht velvet: veilbhit *f.* Utrecht
Valenciennes: *Valenciennes*
Velcro: *Velcro*
velour: veiliúr
velvet: veilbhit *f.*
velveteen: veilbhitín
vicuña: viciúna
viscose: vioscós
Viyella: *Viyella*
voile: voil *f.*
waxcloth: éadach céarach
webbing: caolrabhaisc *f.*
whipcord: lascbhréid *f.*
wild silk: fiashíoda
wincey: vuinsí
winceyette: vuinséad
wool: olann *f.*
worsted: mustairt *f.*
zari: záraí

éadan
  fóinteach, fónta, luachmhar, praeúil, rafar, rathúil, réimeach, séanmhar, sochrach, somhaoineach, strusúil, tairbheach, úsáideach, *literary* sorthanach.

éadan noun ❶ *face, front:* aoibh, béal, cár, cealtair, *pl.* ceannaithe, cúinse, cuma, cuntanós, dreach, éagasc, gné, gnúis, pus, smuilcide, strainc, straois, streill; béal, brollach, broinne, deisiúr, fronta, scraith, screamh, tosach, tuaithiúr, tús, uachtar, uraghaidh. ❷ *flat surface:* clár, diail, dromchla, leac, taobh, *literary* tlacht. **compound preposition in éadan** *against, opposed to:* in aghaidh, in araicis, i gcoinne.

eadarluas noun *flurry, excitement:* bogadach, bogadh, corraí, corraíl, corraitheacht, driopás, feirbínteacht, fíbín, flosc, foilsceadh, fosaoid, fothragadh, fuadar, fuascradh, fuirseadh, fústar, geidimín, geidimíneacht, gleithreán, griogadh, gríosú, griothalán, líonrith, luas croí, preabarnach, scaoll, sceideal, *pl.* sceitimíní, scleondar, scóip, spreagadh, teaspach; bí a chroí i mbarr a mhéire aige.

éadláith adjective *rough, harsh:* aimhréidh, ainmhín, cadránta, cnapánach, crua, dochrach, dorrga, éagaoin, gangaideach, garbh, garbhánta, garg, géar, míchothrom, neamhchóirithe, searbh.

éadlúth adjective ❶ *rare:* annamh, corr-, dofhaighte, dofhála, éagoitianta, fánach, gann, gannchúiseach, neamhchoitianta, scáinte, tanaí, tearc. ❷ *tenuous:* caol, cúng, easnamhach, easpach, éidreorach, lag, scagtha, scáinte, sciotach, suarach, tanaí, tearc, uireasach, uireaspach.

éadmhar adjective *jealous, envious:* amhrasach, amhrasta, amhrastúil, formadach, lán éada, maíteach, tnúthach; doicheallach, neamúch, tnúthach.

éadóchas noun *despair:* ainnise, atuirse, beagmhisneach, beaguchtach, ceas, ciach, ciamhaire, cian, dochma, domheanmna, drochmhisneach, duairceas, dubhachas, duifean, duifean croí, dúlagar, dúlionn, gruaim, gruamacht, lagar spride, lionn dubh, *pl.* lionnta dubha, maoithneachas, meirtne, mídhóchas, mímheanma, mímhisneach, múchna, néal, smúit, sprocht, tocht, tromchroí, *literary* dearchaoineadh; thit an lug ar an lag aige, thit an trioll ar an treall aige.

éadóchasach adjective *despairing, hopeless:* anaoibhiúil, atuirseach, brúite, ceanníseal, ciachmhar, ciamhair, cianach, cianúil, díomuach, doilbh, doilbhir, domheanmnach, duairc, duaiseach, duasmánta, dubhach, dúchroíoch, dúlagrach, dúlionnach, dúnéaltach, gruama, lagsprideach, lagspridiúil, maoithneach, meirtneach, púiceach, smúitiúil, smúitiúnta, tromchroíoch, *literary* dearchaointeach, eimhilt; gan dóchas.

éadóigh noun *unlikelihood:* caolseans, drochsheans, neamhchosúlacht, neamhdhealramh, neamhdhóchúlacht; b'fhéidir, ní móide—níl ann ach drochsheans.

éadoilteanach adjective *involuntary, reluctant:* aimhleasc, ainneonach, doicheallach, drogallach, mífhonnmhar, neamhfhonnmhar, neamhthoilteanach, neamhthoiliúil; diúltach, doghluaiste, éarthach, obthach, séantach, támáilte. **adverb go héadoilteanach** *unwillingly:* dá ainneoin, dá bhuíochas, dá mhíle buíochas, dá neamhthoil, go neamhfhonnmhar, in aghaidh a chos, i gcoinne a chos, in éadan a chos; ba dheacair leis é a dhéanamh, ba dhoiligh leis é a dhéanamh, ba dhona leis é a dhéanamh, ba leasc leis é a dhéanamh, b'olc leis é a dhéanamh; bhí dóing air é a dhéanamh, bhí drogall air é a dhéanamh, bhí leisce air é a dhéanamh, bhí sé drogallach á dhéanamh.

éadoimhne noun *shallowness:* caoile, éadroime, tanaíocht, tanalacht; líonán, sciúnach.

éadomhain adjective *shallow:* caol, dromchlach, éadrom, folamh, mídhomhain, tanaí; gan doimhneacht, gan fód, gan fuaimint.

eadráin noun *mediation, conciliation:* athchairdeas, athmhuintearas, comhréiteach, eadrascáil, eadrascáin, idirghabháil, réiteach, teasargan.

éadrócaire noun *mercilessness, hard-heartedness:* aindiúid, aindiúide, ainíocht, brúidiúlacht, cadrántacht, croí cloiche, cruachroíocht, cruáil, cruálacht, cruas croí, danarthacht, dolúbthacht, dúire, dúrchroí, fiatacht, fíochmhaire, fíochmhaireacht, mídhaonnacht, mínádúrthacht, mithrócaire, neamhthrócaire, sádachas, turcántacht.

éadrócaireach adjective *merciless:* ainiochtach, binbeach, brúidiúil, cadránta, codramánta, crua, cruálach, cruachroíoch, dallchroíoch, danartha, díoltaiseach, díoltasach, do-dhuineata, do-mhaite, do-mhaiteach, doshásta, drochaigeanta, droch-chroíoch, dúr, dúrchroíoch, éadruach, faltanasach, fíochasnach, fíochmhar, fuarchroíoch, fuilteach, gangaideach, mídhaonna, mínádúrtha, mithrócaireach, neamhbháúil, neamhghoilliúnach, neamhscrupallach, neamhthrócaireach, neamhthruamhéalach, nimhneach, olc, urchóideach; gan taise gan trócaire, gan trua gan taise; tá an chéadrith den iarann ann, tá an chuid is fearr den iarann ann; tá croí cloiche ann, tá miotal ina chnámha; ní bhogann agairt ná éamh é; Iúdás de dhuine atá ann.

éadroime noun ❶ *lightness (of weight):* easpa meáchain, easpa substainte, laghad, míthathag, míthéagar. ❷ *lightness (of colour):* gile, soilseacht, tláithe. ❸ *slightness:* beagmhaitheas, beagmhéid, beagní, beagthábhacht, díomaibhse, díomhaointeas, neafais, neamhfhiúntas, neamhthábhacht, suarachas, suaraíocht; easpa brí, easpa tábhachta. ❹ *giddiness, dizziness:* aeracht, aeraíl, áibhéis, áiféis, baois, díth céille, éagantacht, gaotaireacht, gligíneacht, guagacht, luaineacht, roisiúlacht, rómánsaíocht, ruais, ruaiseacht, spadhrúlacht, uallachas; meadhrán mearbhlán, míobhán, roithleán, seabhrán, *pl.* speabhraídí, spearbal, taobhach. ❺ *madness, craziness:* báiní, buile, dímhearbhall, gabhairéis, gealtachas, íorthacht, gealtacht, máine, mearadh, mearaí, mearaíocht, mearbhall, mearbhall aigne, mearbhall intinne, mearbhall céille, mearchiall, mire, rámhaille, réaltóireacht, saobhchiall, saochan céille, seachrán céille.

éadrom adjective ❶ *light:* beag, coséadrom, éadromchosach, éanúil, éasca, folamh, luathchosach, tláith; níl meáchan ar bith ann; ní nimhín sé brobh; ní bhrisfeadh sí ubh faoina cos; is cleiteoigín mná í. ❷ *shallow:* caol, dromchlach, éadomhain, fánach, lag, smear-, tanaí; gan doimhneacht. ❸ *frivolous, light-headed:* aerach, alluaiceach, athraitheach, baoth, éadairiseach, éaganta, fánach, gaigiúil, gealgháireach, giodamach, gligíneach, guagach, neamhthábhachtach, seafóideach.

éadromaigh verb *lighten:* bog, ceansaigh, ciúnaigh, cloígh, coisc, íslígh, lagaigh, laghdaigh, maolaigh, smachtaigh, socraigh; bain an ghoimh as, cuir faoi smacht, cuir srian le; fuaraigh, tabhair faoiseamh.

éadromán noun ❶ *balloon, bladder:* balún, bleadar, bolg snámha (san iasc), bolgán (san iasc), lamhnán gaoithe, scrathóg, splíúchán. ❷ *giddy person, frivolous person:* díodánaí, éagann, eitleachán, gealbhan duine, giodam, gligín, leithéisí, mearaí, rabhdalam, straiméad; fuairdrimín, giodróg, giofairlín, meidhreog, pramsóg, uallóg; giolla gan aire.

éadromchroíoch adjective *light-hearted:* aerach, áthasach, croíúil, éanúil, gealgháireach, gliondrach, intinneach, lúcháireach, meanmnach, meidhreach, riméadach, sásta, scóipiúil, séanmhar, soilbhir, sona, suairc.

éaduairim noun *misunderstanding, misconception:* fallás, loighic bhréige, míbhreithiúnas, míchruinneas, míthuairim, míthuiscint, neamhthuiscint, *pl.* speabhraídí, tuairimíocht chontráilte; botún, dearmad, earráid, meancóg, tuaiplis.

éaduisceanach adjective *uncomprehending, unsympathetic:* crua, dobhogtha, dothuisceanach, neamhbháúil, neamhchásmhar, neamhchorraithe, neamhthuisceanach; gan trua; níor bhog agairt ná éamh é.

éadulaingt noun ❶ *impatience:* easpa foighde, easpa foighne, goráíocht, mífhoighne, mífhriofac, neamhfhoighid, neamhfhoighne, *literary* deinmhne; colg, cuil, driopás, lasántacht, obainne, tobainne. ❷ *intolerance:* réamhchlaonadh, réamhthuairim; biogóideacht, ciníochas, eorasceipteachas, frithghidachas, homafóibe, seineafóibe, seicteachas, seobhaineachas. ❸ *unbearable suffering, unbearable oppression:* aintiarnas, anfhorlann, ansmacht, céasadh, crá croí, daorsmacht, doghrainn, martra, tóiteáil, tíorántacht, treabhlaid, tromas.

éag noun *death:* anbhás, bás, cailleadh, críoch dhéanach, díothú, éaglach, ídiú, lá a bháis, marú, mortlaíocht, oidhe, síothlú, uair dhéanach, *literary* trocha; is ionann an cás an t-éag is an bás. verb *die, become extinct:* básaigh, faigh bás, imigh as, síothlaigh, smiog, snigeáil, spéiceáil, stiúg, téaltaigh as, *literary* teastaigh, *figurative* cuir do bhradán beatha amach; cailleadh é; cuireadh chun báis é, díothaíodh é, cniogadh é; tá a chaiscín meilte, tá a chosa nite; tá sé réidh, tá deireadh leis.

eagal adjective ❶ *literary fearful:* eaglach, faitíosach, scanraithe. ❷ **is eagal liom** *I am afraid:* tá eagla orm, tá faitíos orm, tá uafás orm.

éagalma adjective *not stalwart, unheroic:* beaguchtúil, cladhartha, cloíte, eaglach, faiteach, faitíosach, fannchroíoch, lagáiseach, lagchroíoch, lagmhisniúil, lagspridiúil, meata, meatach, míchurata, mífhearúil, mílaochta, scáfar, scallta, suarach; níl croí circe aige.

éagann noun *senseless person, scatter-brain:* amaid, amal, baileabhair, blaoiscéir, blaoscánach, bobarún, breallaire, breallán, brealsán, brealscaire, brealsún, ceann cipín, ceann maide, ceann mailléid, cloigeann cabáiste, cloigeann cipín, cloigeann pota, dúdálaí, dúid, dúid, gámaí, gamal, gamairle, gealbhan duine, giodam, glaigín, glígín, gogaille, guaig, guaigín, leathdhuine, leithéisí, liobar, liúdaí, mearaí, óinmhid, paor, pastae de chloigeann, pleib, pleota, sceilfid, scloit, scloitéir, simpleoir, straiméad, uaill, *figurative* éan beannaithe; ágóid, amaid, amlóg, breallóg, cloigis, gamalóg, giodróg, giofairlín, guagóg, máloid, meidhreog, óinseach, pramsóg, ruaiseog, scinnid, uallóg.

éaganta adjective *senseless, scatterbrained:* aerach, aimhghlic, alluaiceach, amadánta, amaideach, baoiseach, baoth, barréadrom, blaoscach, breallánta, bundúnach, dall, díchéillí, éadrom, earráideach, éiginnte, fánach, gaigiúil, gamalach, giodamach, giodramach, glígíneach, guagach, lagintinneach, leadhbach, leamh, leamhcheannach, leathmheabhrach, leibideach, luaineach, luascánach, luascánta, luathaigeanta, luathintinneach, maingléiseach, míghlic, neamhsheasmhach, nuallach, obann, óinsiúil, pleidhciúil, rámhailleach, ramhar, roisiúil, ruaiseach, saonta, scaipthe, scinnideach, seafóideach, soineanta, spadhrúil, spéiriúil, tallannach, tobann, treallach, treallánach, uallach.

éagantacht noun *giddiness, silliness, frivolity:* aeráil, áibhéis, áiféis, amadántacht, amaidí, athbhaois,

eaglaigh

baois, baothchaint, baothaireacht, baothántacht, baothántaíocht, brille bhreaille, brilléis, díth céille, fastaím, gaotaireacht, gamalacht, glígíneacht, gliogar, íorthacht, leamhas, leibideacht, leibidínteacht, leimhe, leithéis, máloideacht, mainglléis, mígliceas, pleidhcíocht, pleotaíocht, raiméis, ráiméis, roisiúlacht, rómánsaíocht, ruais, ruaiseacht, scloitéireacht, seafóid, sifil seaifil, spadhrúlacht, taobhach, uallachas.

éagaoin verb *moan, lament:* caoin, cas olagón, cuir ochlán asat, déan mairgneach, déan ochón, déan olagón, *literary* iacht, lig ochlán, lóg; goil, sil deora.

éagaointeach adjective *mournful, plaintive:* acaointeach, brónach, caointeach, ceanníseal, croíbhriste, cumhach, dobrónach, dubhach, fadchumhach, faíoch, fuachasach, golchásach, iarmhéileach, mairgiúil, maoithneach, ochlánach, olagónach, sianach, truamhéalach, *literary* neimhéalach.

eagar noun ❶ *arrangement, order:* bail, caoi, cóir, cóiriú, cuma, dea-eagar, deisiú, dóigh, dul, eagraíocht, foirm, gléas, inneall, leagan amach, leasú, léiriú, ord, socrú. ❷ *state, plight:* bail, caoi, cóiriú, cosúlacht, cruth, cuma, dóigh, gléas, oidimil, slí, staid, táin. ❸ *literary ornamental arrangement, ornamentation:* caomheagar, ornáid, maisiú, maisiúchán, oirnéaladh, oirniú, ornáideachas, oirnáideacht, ornáidíocht, ornaíocht, ornú, *literary* ileagar; áilliú, breáthú, clódóireacht, cóiriú, dathadóireacht, dathúchán, feabhsú, feabhsúchán, péinteáil, pointeáil, prapáil, sciamhú; oirnimint.

eagarfhocal noun *editorial:* alt eagarthóra, príomhalt.

eagarthóir noun *editor, redactor:* fear eagair, foeagarthóir; cinsire, coigeartóir.

éagasc noun *appearance, feature:* aghaidh, *pl.* airíona, amhlachas, caoi, *pl.* ceannaithe, cóir, cóiriú, comhartha, comhartha soirt, cosúlacht, crot, cruth, cruthaíocht, cuma, cumraíocht, dealramh, dreach, éadan, féachaint, fionnachruth, foirm, géata, gné, gotha, leagan amach, méin, mianach, nádúr, ríd, saintréith, samhlachas, samhlú, seasamh, snua, tréith.

éagbhás noun *dead-and-alive person:* bás ina sheasamh, bás gorm, básachán, básadán, braoinseachán, breoiteachán, breoiteán, catamán, duine leathbheo, marbhán, niúdar neádar, niúide neáide, niúidí neáidí, sacshrathair, seithide, silteánach, síománach, síománaí, smúrthannach, splangadán, súm sám.

eagla noun *fear:* anbhá, anfa, critheagla, eagal, faitíos, geit, greadadh na bhfiacal, imeagla, lagspridiúlacht, líonrith, scanradh, scaoll, scard, scáth, sceimhle, scéin, sceon, uafás, uamhan, *literary* guais, guasacht. adverbial phrase **ar eagla na heagla** *just in case:* ar fhaitíos na bhfaitíos, le haghaidh lá na coise tinne.

eaglach adjective *afraid, timid:* anbhách, anfúil, beaguchtúil, cearthaíoch, cladhartha, cliseach, corrabhuaiseach, critheaglach, crithir, cúthail, éadána, éagalma, faiteach, faitíosach, fuascrach, geiteach, glídiúil, lagáiseach, lagspridiúil, meata, míchurata, mílaochta, neirbhíseach, scáfar, scáithínteach, scanrúil, scaollmhar, scéiniúil, scinnideach, tapógach, tim, uamhnach; faoi scéin; tá scaoll faoi, tá sceimhle air; níl croí circe aige.

eaglaigh verb ❶ *fear, become afraid:* scanraigh, sceimhligh, uamhnaigh; is eagal le, is uamhan le, tá eagla ar, tá faitíos ar, tá scaoll faoi, tá scéin ar; chonaic sé Murchadh, baineadh scanradh as, thóg sé scanradh, fuair sé scanradh, ghlac sé scanradh, ghlac scáth é, tháinig líonrith air, thit an t-anam as. ❷ *frighten:* scanraigh, sceimhligh, uamhnaigh; bain geit as, cuir eagla ar, cuir faitíos ar, cuir scanradh

eaglais
ar, cuir sceimhle ar, cuir uafás ar, tabhair sceimhle do.

eaglais noun ❶ *church (community):* comaoin, cumann, comhthionól, *pl.* na naoimh, pobal, pobal Dé. ❷ *church (building):* séipéal, sáipéal, séipéilín, teach pobail, teach an phobail, teach Dé, teaghais, teampall, teampall gallda; ardeaglais, baisleac, mainistir, reigléas, *literary* annóid, domhnach. ❸ *clergy:* cléir, cliarlathas, *pl.* na ministrí, *pl.* na sagairt, *pl.* na heaspaig.

eaglaiseach noun *ecclesiastic, clergyman:* biocáire, viocáire; canónach, cruifir, cúráideach, sagart, sagart paróiste, ministir, pearsa eaglasta, reachtaire; déagánach, ard-déagánach, déan, moinsíneor, preibindire, preispitéar; easpag, easpag cúnta, ardeaspag, modhnóir, oirdeanáire, patrarc, prealáid, préaláid; cairdinéal, pápa.

éaglann noun ❶ *outcast:* easurra, eisreachtaí, deoraí, díbeartach, ionnarbthach, teifeach. ❷ *pariah: colloquial* an t-aos seachanta, duine míchuibhiúil, *pl.* éin scoite, lobhar; colfairt; gabhar tiomanta.

éaglannach adjective *outcast:* díbeartach, ionnarbthach.

eaglasta adjective *ecclesiastical:* eaglaiseach, eaglaisiúil; cráifeach, creidmheach, Críostaí; caitliceach, idirchreidmheach, idireaglasta, ileaglasta.

éagmais noun ❶ *absence, want:* éagnairc, easnamh, easpa, uireasa, uireasbhaidh, uireaspa; bheith as, bheith as cuideachta, bheith as láthair; bheith ar shiúl, bheith imithe. ❷ *sense of absence, longing:* cumha, taom connailbhe, tnúth, tnúthán, uaigneas, *literary* síreacht. **compound preposition** *in éagmais apart from:* cé is moite de, chomh maith le, seachas, taobh amuigh de.

éagmaiseach adjective ❶ *absent:* as baile, as láthair, ar iarraidh, ar shiúl, imithe; easnamhach, uireasach, uireaspach. ❷ *lonesome, longing:* brónach, buartha, cumhach, cumhúil, fadchumhach, síreachtach, tnúthánach, uaigneach.

éagmhar adjective *fatal, causing death:* **adjectival genitive** báis, cinniúnach, damáisteach, doleigheasta, malaiseach, **adjectival genitive** maraithe, marfach, millteach, nimhneach, tragóideach, treascrach, tubaisteach.

eagna noun *wisdom, intelligence:* breithiúnas, ceann, ciall, ciall cheannaithe, clifearthacht, clisteacht, clistíocht, críonnacht, discréid, eagnaíocht, éargna, éirim, fadcheann, fios, fios feasa, gaois, gastacht, géarchúis, géarchúisí, guaim, meabhair, réasún, siosmaid, stuaim, teilgean cinn, toighis, tuiscint.

éagnach noun *moan, groan:* acaoineadh, bascarnach, cnead, díogarnach, éamh, falrach, glam, gnúsacht, gol, golchás, grág, iachtach, iarmhéil, lóg, lógóireacht, mairgneach, ochlán, ochón, olagón, osna, séideán, snag, snag anála, tocht, uspóg, *literary* ong.

eagnaí adjective ❶ *wise, intelligent:* aithneach, ciallmhar, clifeartha, cliste, críonna, éargnaí, fadcheannach, fáidhiúil, gaoiseach, gaoisiúil, gaoismhear, meabhrach, praitinniúil, réasúnta, sciliúil, siosmaideach, stuama, tuisceanach, *literary* suadhach. ❷ *witty:* abartha, aibí, aicearrach, aisfhreagrach, brasach, buafhoclach, cabanta, cliste, clóchasach, cocach, cóngarach, cunaí, deachainteach, dea-labhartha, deaschainteach, deaslabhartha, deiliúsach, deisbhéalach, diongbháilte, dosartha, gasta, gearrchainteach, glic, luathbhéalach, luathchainteach, maigiúil, nathánach, nathanta, soilbhir, solabhartha, tráthúil. **noun** *wise man, sage:* éigeas, eolaí, eolgaiseoir, fáidh, fáidheadóir, fealsamh, fear feasa, fear léinn, físí, máistir, múinteoir, saineolaí, saoi, scoláire, smaointeoir, speisialtóir, taighdeoir, tairngire, teagascóir, tuisceanóir, *literary* sruith, *colloquial* aos léinn, lucht léinn.

eagnaíocht noun *wisdom, cleverness:* breithiúnas, ceann, ciall, ciall cheannaithe, clifearthacht, clisteacht, clistíocht, críonnacht, discréid, eagna, éargna, fadcheann, fios, fios feasa, gaois, gastacht, guaim, intleacht, intlíocht, meabhair, réasún, saoithiúlacht, stuaim, toighis, tuiscint, *literary* sruithe, tuaichle.

éagobhsaí adjective *unstable:* athraitheach, baolach, baoth, barrbhaoiseach, ceanntrom, cleasach, contúirteach, corrach, creathach, cróilí, éadaingean, éagothrom, éideimhin, forbhásach, giodamach, giodramach, gloinceálach, guagach, guaiseach, longadánach, luaineach, luascánach, luascánta, luathintinneach, míshocair, naoscach, neamhbhuan, neamhchinnte, neamhdhaingean, neamhdhiongbháilte, neamhfhuaimintiúil, neamh-mhuinineach, neamhsheasmhach, neamhshocair, scaoilte, taghdach, taomach, taomannach, treallach, treallánach, uallach; ag liobarna, ar liobarna, ar a bhuige bhaige, ar bogadh, ar forbhás, ar sinebhogadh.

éagóir noun *injustice, unfairness:* aincheart, aindlí, ainghníomh, anfhorlann, ansmacht, bithiúntacht, bithiúntas, cáim, calaois, camadh, camastaíl, camiléireacht, cealg, cearr, cluain, cneámhaireacht, coir, coiriúlacht, coirpeacht, díobháil, díth, donacht, drochbheart, droch-chroí, drochiarraidh, drochíde, drochintinn, éagothroime, éagothrom, éigeart, fabhar, feall, feall ar iontaoibh, fealltacht, fealltóireacht, gangaid, idirdhealú, leatrom, leithcheal, mailís, olc, mímhaith, mímhacántacht, mínáire, míchoinníoll, mioscais, míréir, mírún, neamhdhiagacht, neamhfhíréantacht, neamhionannas, olc, oilbhéas, oilceas, peaca, séitéireacht, suarachas, tarcaisne, urchóid, urchóideacht.

éagoiteann adjective *uncommon, unusual:* éachtach, éagoitianta, éagsúil, fánach, gann, gannchúiseach, ócáideach, tearc; iontach, neamhchoitianta, neamhghnách, suaithinseach, suntasach, urghnách; as an ngnách, ar leith, faoi leith, ann féin; is cuid suntais é; an rud is annamh is iontach.

éagoitinne noun *originality, unusualness:* annamhacht, éagoitiantacht, féiniúlacht, gainne, gannchúis, indibhidiúlacht, neamhchoitiantacht, sainiúlacht, suntas, teirce, uathúlacht.

éagomhlann noun *unequal contest, oppression:* aintiarnas, anfhorlann, ansmacht, antrom, cos ar bolg, daorbhroid, daordháil, daorsmacht, diansmacht, foréigean, forneart, géarbhroid, géarsmacht, géillsine, inghreim, lámh láidir, leatrom, sclábhaíocht, smachtúlacht, tíorántacht, tromas.

éagórach adjective *unjust, inequitable:* aincheart, amú, buanearráideach, bunoscionn, cam, cearr, claon, claonach, contráilte, earráideach, éigeart, falsa, fiar, iomrallach, laofa, leatromach, lúbach, mallaithe, mícheart, míchneasta, mí-ionraic, neamhcheart, neamhchóir, neamhchruinn, olc, saofa, **adjectival genitive** tuathail, urchóideach; as bealach, as an gcosán, as an tslí.

éagosúil adjective *unlikely, improbable:* áibhéileach, áiféiseach, andóch, dochreidte, dosmaoinimh, (with copula) éadóigh, fantaiseach, finscéalach, gáifeach, guanach, inargóinte, inchonspóide, míréasúnta, neamhdhealraitheach, neamhdhóchúil, scailéathanach, seafóideach; ní móide, gan craiceann na fírinne air, gan mórán dealraimh.

éagothrom adjective ❶ *uneven, unbalanced:* achrannach, aimpléiseach, ainrialta, anacrach, anróiteach, baoth, barrbhaoiseach, barrthuisleach, carrach, carraigeach, ceanntrom, clochach, corrach, corraiceach, creagach, deacair, doiligh, dóingeach, droibhéalach, forbhásach, giodamach, garbh, gogaideach, guagach, iomardúil, luaineach, luascach méirscreach, míchothrom, míchruthach, mírialta, neamhbhuan, starragánach; ar a bhoige bhaige, ar forbhás. ❷ *unfair, inequitable*: aincheart, amú, buanearráideach, bunoscionn, cam, cearr, contráilte, éagórach, earráideach, éigeart, leatromach, mímhacánta; bunoscionn, cam, cearr, claon, claonach, contráilte, corr, fiar, laofa, lúbach, mícheart, míchneasta, mí-ionraic, neamhchruinn, olc; as riocht, claon, saofa, **adjectival genitive** tuathail, urchóideach. **noun** ❶ *unevenness, imbalance*: aimhréidhe, ainrialtacht, gairbhe, neamhrialtacht, treallaí. ❷ *unfairness, inequality*: neamhionannas, neamhbhuaine, caimiléireacht, camastaíl, camadh, camrasáin, cealg, cealgaireacht, claonadh, cluain, cor in aghaidh an chaim (agus cam in aghaidh an choir), falsú, feall, feall ar iontaoibh, feallaireacht, fealltóireacht, feillbheart, feillghníomh, fiar, íogán, laofacht, lúbaireacht, lúbarnaíl, meabhlaireacht, meabhlú, meang, míchoinníoll, míchneastacht, mí-ionracas, mímhacántacht, séitéireacht.

eagraigh verb ❶ *arrange, organize*: aicmigh, códaigh, cogairsigh, coigeartaigh, cóirigh, córasaigh, cuir eagar ar, cuir in eagar, cuir in ord, gléas, rangaigh, réitigh, socraigh, tabhair chun córais, tabhair chun eagair, tabhair chun sistéim. ❷ *set, ornament*: áilligh, breáthaigh, cóirigh, cumhdaigh, dathaigh, deasaigh, feabhsaigh, feistigh, gléas, maisigh, niamh, oirnigh, óraigh, ornáidigh, ornaigh, péinteáil, pointeáil, prapáil, saibhrigh, sciamhaigh; cuir bláth ar, cuir barr feabhais, cuir caoi ar, cuir an cipín mín ar, cuir an tslis mhín ar, cuir feabhas ar, cuir scliop ar, tabhair poc do.

éagráifeach adjective *impious, irreligious*: ainchreidmheach, aindiaga, blaisféimeach, dia-aithiseach, diamhaslach, diashéantach, díchreidmheach, díreiligiúnach, eiriciúil, míchráifeach, neamhchráifeach, págánta, saofa; cam, ciontach, claon, coirpe, damanta, deamhanta, diabhalta, drochaigeanta, drochbheathach, drochbheartach, mailíseach, mallaithe, mínáireach, mioscaiseach, nathartha, neamhscrupallach, olc, peacúil, saofa, sáraiteach, urchóideach.

éagráifeacht noun *impiety*: ainchreideamh, aindiachas, aindiagacht, díchreideamh, díreiligiún, éagrábhadh, eireas, eiriceacht, fuarchrábhadh, míchráifeacht, mídhílseacht, neamhchráifeacht, nihileachas, págánacht, réasúnachas, saoltachas, saoltacht, sceipteachas, séanadh creidimh; diaaithis, diamhasla, easurraim, mínaomhú, naomhaithis, sacrailéid; ainfhiréantacht, drochiompar, duáilceas, mailís, mímhoráltacht, mioscais, peacúlacht, truaillitheacht, urchóid.

eagraíocht noun *organization*: bainisteoireacht, bunaíocht, bunú, cogairse, cogairsiú, córas, eagras, eagrú, feidhmeannas, feidhmiú, leagan amach, mineastrálacht, ord, rianú, riarachán, socrú, socrúchán.

eagrán noun *edition*: cló, clóbhualadh, foilsiú, foilsiúchán, priontáil, uimhir.

éagrua adjective ❶ *weak, infirm*: coinbhreoite, crólag, crólóite, galrach, íogair, lag, leice, leochaileach, meata, meatach, meath-thinn, mífholláin, míshláintiúil, mothálach, sleaiceáilte, tláith, *literary* triamhain. ❷ *sick, feverish*: aicídeach, breoite, easláinteach, éiglí, eitinneach, tinn, *literary* saothach; gan a bheith ar fónamh; fiabhrasach, fiabhrasta, fiabhrasúil.

éagruas noun ❶ *weakness, infirmity*: aicíd, breoiteacht, doluí, easláinte, galar, gearán, laige, lobhra, loibhre, othras, sleaic, tinneas; támhghalar, tláithe, tlás, tréithe, *literary* támh. ❷ *distemper, fever*: calar, dúchrith, fiabhras, teocht, plá; conslaod.

éagruth noun *shapelessness, disfigurement*: ainimh, ainríocht, anchruth, anchuma, anchúinseacht, arrachtas, breall, cáim, cithréim, drochscéimh, éalang, éasc, gráiniúlacht, gráinne, gráin, gránnacht, lear, locht, lóipín, máchail, mighnaíúlacht, míghnaoi, miolam, míghné, míscéimh, smál, urghránnacht, *literary* meann.

éagruthach adjective ❶ *shapeless, amorphous*: anchumtha, easairíonnach. ❷ *deformed, ugly*: anchúinseach, anchumtha, arrachtúil, dodhealbhach, dodheilbh, doghnúiseach, fiartha, freangach, gráiciúil, graifleach, gránna, mídheas, mímhaiseach, míofar, mísciamhach, neamhsciamheach, urghránna, *literary* éidigh; gan chruth, gan déanamh, in ainríocht, in anchruth. ❸ *ruinous, decayed*: ainríochtach, coscartha, luchartha lochartha, meathlach, meathlaithe, raiceáilte, seargtha; ina fhothrach.

éagsúil adjective ❶ *unlike, dissimilar*: dibhéirseach, difriúil, eile, eisréimneach, idirdhealaithe, neamhionann; athrach X, a mhalairt de X; ní mar a chéile iad. ❷ *various, diverse*: difriúil, ilchineálach, ilfhillteach, ilghnéitheach, iolartha, iomadúil; de gach cineál, de gach saghas, de gach sórt; iliomad.

éagsúlacht noun ❶ *dissimilarity*: contrárthacht, dibhéirseacht, difear, difríocht, easaontas, eisréimneacht, idirdhealú, imreas, malairt, mífhreagracht, neamhionannas, polaraíocht, scoilt, *literary* saine; athrú, bearna, briseadh. ❷ *variation, diversity*: claochlaitheacht, claochlú, ilghnéitheacht, ilíocht, iolardhacht, iolarthacht, iolracht, iomadúlacht, malartacht, malartú, *literary* saine. ❸ *strangeness*: aduaine, aisteachas, aistíl, aiteacht, aiteas, coimhthíos, deorantacht, corraiceacht, éagoitiantacht, éagsúlacht, sainiúlacht.

éaguibheas noun *impropriety, unseemliness*: ainspiantacht, dínáire, drochbhéas, míbhéasaíocht, míchuibheas, míchuibhiúlacht, mídhiscréid, mígheanas, mígheanúlacht, mímhodhúlacht, mímhoráltacht, mímhúineadh, mínáire, mínáirí, mínós, mí-oiriúnacht; barbarthacht, gairbhe, gáirsiúlacht, gairfean, graostacht, gráiscíneateacht, salachar, salachar cainte.

éaguibhiúil adjective *improper, unseemly*: ainspianta, déistineach, dínáireach, domhaiseach, drochbhéasach, gráiniúil, míbhanúil, míbhéasach, míchuibheasach, míchuibhiúil, mídhiscréideach, mífheiliúnach, mífholláin, mígheanasach, mígheanúil, mímhodhúil, mímhorálta, mímhúinte, mínáireach, mínósach, mí-oiriúnach, míshláintiúil, míthráthúil, neamh-mhaorga, scáfar, scannalach; barbartha, brocach, cáidheach, gáirsiúil, garbh, gráiscíneach, gránna, graosta, salach, trom.

éaguimhne noun *forgetfulness, oblivion*: aimnéise, dearmad, dearmhad, díchuimhne, dímheabhair, dímheabhraíl; éislis, faillí, fuarchúis, neamart, neamhshuim.

éaguimseach adjective ❶ *unlimited*: ábhalmhór, dí-áirithe, **adjectival genitive** díthomhais, do-áirimh, do-áirithe, do-áirmheach, dochaite, dochuimsithe, do-ídithe, do-inste, domheasta, dothomhaiste, éadomhaiste, éigríochta, neamhchuimseach, neamhtheoranta, ollmhór, síoraí, *literary* **adjectival genitive** dírímh; as cuimse, gan áireamh, gan chuimse, gan deireadh, gan ídiú, gan insint, gan teorainn, gan trá. ❷ *immoderate*: ainmheasartha, ainmhianach, ainrianta, ainspianta, amplach, antoisceach, cíocrach, collaí, craosach, díobhlásach, diomailteach, dochosanta, do-mhaite, dosmachtaithe, drabhlásach, iomarcach, macnasach, meargánta, míchuibheasach, míchuimseach, mínáireach, míréasúnta, mírialta, neamh-mheasartha, neamh-

éagumas

rialta, rábach, ragairneach, ragúsach, ráscánta, reibhléiseach, ró-, sáil, santach, teaspúil, trom; as miosúr, as cuimse; gan bhac, gan chosc, gan chuing, gan smacht, gan srian; thar cuimse, thar fóir, thar meán, thar míde.

éagumas noun *incapacity, impotence:* beagmhaitheas, ciorrú, cis, cithréim, crapall, cróilí, éadairbhe, éalang, easnamh, easpa, easpa cumhachta, éidreoir, éidreoraí, laige, leimhe, locht, lúb ar lár, míábaltacht, míchumas, neamhábaltacht, neamhbhailíocht, neamhchumhacht, neamhéifeacht, neamhéifeachtacht, neamhinniúlacht, neamhfhoirfeacht, uireasa.

éagumasach adjective *incapable, impotent:* anbhann, bacach, caite, ciotach, díomhaoin, éadairbheach, easnamhach, easpach, éidreorach, fann, lag, lagáiseach, leamh, míchumasach, neamhábalta, neamhbhailí, neamhchumasach, neamhchumhachtach, neamhéifeachtach, neamhéifeachtúil, neamhfhiúntach, neamh-infheidhme, neamhinniúil, neamhoilte, neamhthairbheach, spíonta, suarach, súchaite, tréith; gan chumas, gan éifeacht, gan mhaith, gan tairbhe, gan toradh, in aisce, thar a fhoras.

eala noun *swan:* cráin eala, gandal eala, éan eala; géis, searfán, searpán; *colloquial* Clann Lir.

éalaigh verb *escape, evade, slip away:* cúlaigh, glan leat, glinneáil as, gliondáil as, imigh ó, rith ó, scéipeáil, seachain, sleamhnaigh as, tar slán, téarnaigh, téigh ó, teith; d'imigh sé idir chleith is ursainn; rug sé na cosa leis; is ar éigean báis a thug sé an t-anam leis; thug sé do na boinn é.

ealaín noun ❶ *literary poetic art, minstrelsy:* dán, duanaireacht, éigse, filíocht, oirfideadh, tinfeadh, véarsaíocht. ❷ *art, craft:* ceardaíocht, ceird, *pl.* na dána, *pl.* na míndána, scil; ailtireacht, amhránaíocht, ceol, ceoltóireacht, drámaíocht; líníocht, *pl.* na dearcealaíona, péintéireacht dealbhóireacht, snoíodóireacht. ❸ *pl. ealaíona tricks, capers:* ábhaillí, *pl.* brainsí, *pl.* ceirdeanna, ciolmamúta, *pl.* cleasa, cluanaireacht, cneámhaireacht, cúbláil, dalbacht, *pl.* earmhúintí, fealltacht, *pl.* geamaí, gleacaíocht, gliceas, iomlat, iarógacht, leidhcéireacht, lúbaireacht, mí-iompar, mímhúineadh, mínós, rógaireacht, slíodóireacht, slíomadóireacht.

ealaíonta adjective ❶ *artistic, skilful, graceful:* álainn, allabhrach, breá, bríomhar, cliste, cuanna, dealámhach, deaslámhach, faiseanta, fínéalta, fíor-álainn, galánta, grástúil, maisiúil, ornáideach, sciamhach, sciliúil, toighseach, *literary* eangnamhach, seada. ❷ *artful, tricky:* bealachtach, beartach, cam, cas, cealgach, claon, cleasach, cluanach, creipeartha, cúinseach, fealltach, fiar, glic, inleogach, lán castaí, lúbach, lúibíneach, meabhlach, mealltach, meangach, nathartha, sleamhain, sleamhnánach, slíbhíneach, slíoctha.

ealaíontóir noun ❶ *artist, crafstman:* ceardaí, cruthaitheoir, máistir; dearthóir, líinitheoir, péintéir; dealbhadóir, snoíodóir; criadóir, potaire. ❷ *trickster:* abhógaí, áilteoir, alfraits, anstrólaí, boc, bocaí, bocaileá, bocailiú, bocaileodó, boc báire, buachaill báire, caimiléir, ceáfrálaí, ceaifléir, cleasaí, cluanaire, cneámhaire, coileach, cuilceach, draíodóir, drochairleacán, geamstaire, gleacaí, gleacaí milis, gleacaire, gliceadóir, lacstar, leábharaic, leidhcéir, leorthóir, lúbaire, meabhlaire, mealltóir, ógánach, paintéar, pasadóir, sciorrachán, sleamhnánaí, slíbhín, slíodóir, slíomadóir, sliúcaidéir, sliúcaiméir, sliúdrálaí, spaisteoir, truiceadóir, truicseálaí, tumlálaí.

éalaitheach adjective *absconding, elusive:* **adjectival genitive** fáin, fánach, do-ghabhála, seachantach, teifeach. noun ❶ *escapee, fugitive:* dídeanaí, teifeach,

tórán; duine ar a theitheadh. ❷ *survivor:* fear inste scéil, marthanóir, stadhnóir; *colloquial* fuíoll an áir, iarmhar an áir.

éalang noun *flaw, defect:* ainimh, anchruth, anchuma, breall, cáim, cithréim, clóic, deamar, diomar, éagruth, éasc, easnamh, easpa, laige, lear, locht, lóipín, lúb ar lár, máchail, marach, míchuma, míghnaoi, miolam, neamhfhoirfeacht, neamhiomláine, orchra, smál, toibhéim, uireasa, uireaspa, *literary* éislinn, meann.

éalangach adjective *flawed, defective:* ainimheach, briste, cáimeach, camtha, cithréimeach, claonta, éagruthach, easnamhach, easpach, éislinneach, fabhtach, fiartha, lag, lochtach, máchaileach, míchumtha, millte, neamhfhoirfe, neamhiomlán, orchrach, saofa, uireasach, uireaspach, *literary* urbhearnach; in anchuma, tá lúb ar lár ann.

ealbha noun *flock, herd:* buíon, córaid, díorma, ealbhán, eilbhín, ealta, foireann, fracht, gasra, grinne, grúpa, macha, scaoth, scata, scuaine, sealbhán, táin, tascar, tionlacan, tréad, trúpa, uail. *literary* speil; baicle, ceaist, cóip, dream, drong.

eallach noun ❶ *literary chattels, goods:* airnéis, *pl.* cleathainsí, *pl.* earraí, maoin, maoin an tsaoil, maoin shaolta, ollmhaitheas, rachmall, rachmas, saibhreas, saoltacht, *pl.* sócmhainní, somhaoin, speansas, speilp, spré, strus, tábhacht, teaspach, toice. ❷ *cattle, livestock: pl.* ainmhithe, airnéis, *pl.* ba,

Póir Eallaigh	
Aberdeen Angus: Aberdeen Angus	Limousin: Limousin
Andalusian: Andalúiseach	Lincoln Red: Dearg Lincoln
Ayrshire: Ayrshire	Longhorn: fad-adharcach
beef Shorthorn: gearr-adharcach mairt	Maine Anjou: Maine-Anjou
Belgian Blue: Beilgeach gorm	Meuse-Rhine-IJssel: Meuse-Rhine-IJssel
Belted Galloway: Gallghaelach criosach	Miranda: Miranda
Belted Welsh: Breatnach criosach	Mongolian: Mongólach
Blond d'Aquitaine: Blond d'Aquitaine	Polled Angus: Angus maol
British White: Bán Briotaineach	Polled Hereford: Hereford maol
Brown Swiss: Eilvéiseach Donn	Polled Welsh Black: Dubh Breatnach maol
Charolais: Charolais	Red-and-White Friesian: Freaslannach Dearg-is-Bán
dairy Shorthorn: gearr-adharcach déiríochta	Red Ruby: Rúibín dearg
Danish Red: Dearg Danmhargach	Romagnola: Romagnola
Devon: Devon	Santa Gertrudis: Santa Gertrudis
dexter: bollatach	Shetland: Sealtlannach
Durham: Durham	Shorthorn: gearr-adharcach
Friesian: Freaslannach	Simmental: Simmental
Galician Blond: Bán Gailíseach	South Devon: Devon Theas
Galloway: Gallghaelach	Sussex: Sussex
German Yellow: Buí Gearmánach	Swedish Red-and-White: Sualannach Dearg-is-Bán
Guernsey: Geansóg *f.*	Texas Longhorn: gearr-adharcach Texas
Hereford: Hereford	Welsh Black: Dubh Breatnach
Highland: bó *f.* Gháidhealtachta	West Highland: bó Iar-Gháidhealtachta
Holstein: Holstein	White Galloway: Gallghaelach bán
Jersey: Geirseog *f.*	
Kerry: bó *f.* Chiarraí	
Kyloe: Kyloe	

pl. beithígh, beostoc, bólach, bólacht, buar, stoc, *pl.* táinte, *literary* crodh, innile, slabhra.

ealta noun *flock (of birds):* ealbha, ealbhán, eilbhín, iall, scaoth, scata, scuadrún, scuaine, sealbhán, *literary* speil; baicle, grúpa, stadhan, tréad, uail.

éalú noun ❶ *escape:* dul as, imeacht as, scinneadh, scinnfeadh, teacht as, téarnamh, teasargan, teitheadh; ní raibh anonn ná anall ann. ❷ *emergency exit:* doras éalaithe, doras práinne; bealach amach, slí amach. ❸ *elopement:* athadh, imeacht, *literary* innéirí.

éamh noun ❶ *cry, scream:* béic, béicfeach, béicíl, búir, faí, faíreach, fuachas, gáir, gárthach, gárthaíl, géim, géimneach, glam, glamaíl, glao, glaoch, liú, nuall, scairt, scol, scolaíocht, uaill, uallfairt, uallfartach, *literary* géis; acaoineadh, cnead, díogarnach, donáil, falrach, gnúsacht, gol, golchás, grág, iachtach, iarmhéil, mairgneach, ochlán, ochón, olagón, osna, scol, séideán, snag, snag anála, tocht, uspóg, *literary* ong. ❷ *complaint:* aingíocht, banrán, cáinseoireacht, casaoid, ceasacht, ceasachtach, ceasnaí, clamhsán, cnádánacht, cnáimhseáil, cneáireacht, diúgaireacht, fuasaoid, gearán, tormas, tromaíoch, *literary* ionnlacht.

éan noun ❶ *bird:* éanán, *colloquial* éanlaith; cearc, coileach. ❷ *chick, young:* éanán, éinín, gearrcach, rearagán, scallamán, scalltán, smolachán, *colloquial* ál; ceann beag, coileán, lao.

eanach noun *marsh, swamp:* corcach, corrach, easca, gaothlach, lodar, puiteach, riasc, riascach, riasclach; bogach, ceachrach, criathrach, lathrach, portach, seascann; gaorthadh, muireasc.

eang noun ❶ *track, trace:* comhartha, lorg, rian, sliocht, teimheal, toradh, tréas. ❷ *inset, gusset:* asclán, góire, guiséad. ❸ *notch, groove:* clais, clasán, eag, eitre, fáibre, fáirbre, feag, feire, iog, iomaire, logán, loigín, mant, mantóg, scolb, tiocóg. ❹ *gap, interval:* achar, bearna, bearnán, bearnas, gáibéal, idirspás, ladhar, mám, mant, mantóg, oscailt, scabhat, scoilt, spás, tamall, treall, *literary* ea, ionnlach.

eangach[1] adjective *grooved, indented:* bearnach, claiseach, clasach, cleathach, criathrach, eagach, eitreach, fiaclach, iogach, iomaireach, mantach, móreangach, riastach, scealptha, scolbáilte, *literary* inbheach.

eangach[2] noun *net:* líon, líontán; abadh, bradóg, cochall, saighean, spiléad, spiléar, teilglíon, traimil, trál; dol, lúb, mogall.

Éin Éagsúla

Abdim's stork (*Sphenorhynchus abdimii*): storc Abdim
Abyssinian blue-winged goose (*Cyanochen cyanopterus*): gé *f.* ghormeiteach Aibisíneach
accentor (*Prunella* sp.): acantaire
accipiter (*Accipiter* sp.): seabhac
adjutant storc (*Leptoptilus dubius*): storc aidiúnaigh
African grey parrot (*Psittacus erithacus*): pearóid *f.* liath Afracach
albatross (*Diomedea* sp.): albatras
Alpine swift (*Tachymarptis melba*): gabhlán Alpach
Amazon kingfisher (*Chloroceryle amazona*): cruidín na hAmasóine
American bittern (*Botaurus lentiginosus*): bonnán Meiriceánach
American black duck (*Anas rubripes*): lacha *f.* chosrua
American coot (*Fulica americana*): cearc *f.* cheannann Mheiriceánach
American golden plover (*Pluvialis dominica*): feadóg *f.* bhuí Mheiriceánach
American goldfinch (*Carduelis tristis*): lasair *f.* choille Mheiriceánach
American pipit (*Anthus rubescens*): riabhóg *f.* Mheiriceánach
American redstart (*Setophaga ruticilla*): earrdheargán Meiriceánach
American robin (*Turdus migratoriu*): smólach imirce
American white pelican (*Pelecanus erythrorhynchu*): peileacán bán Meiriceánach
American wigeon (*Anas americana*): rualacha *f.* Mheiriceánach
ani (*Crotophaga* sp.): áiní
Anna's hummingbird (*Calypte anna*): dordéan Anna
antbird (*family* Formicariidae): éan seangán
ant-thrush (*Chamaeza* sp.): smólach seangán
apostlebird (*Struthidea cinerea*): éan aspail
aquatic warbler (*Acrocephalus paludicola*): ceolaire uisce
aracari (*Pteroglossus* sp.): aracáraí
Arctic redpoll (*Carduelis hornemanni*): deargéadan Artach
Arctic skua (*Stercorarius parasiticus*): meirleach Artach
Arctic tern (*Sterna paradisae*): geabhróg *f.* Artach
Arctic warbler (*Phylloscopus borealis*): ceolaire Artach
argus pheasant (*Argusianus argus*): piasún argais
ashy-headed goose (*Chloephaga poliocephala*): gé *f.* luaithcheannach
auk (*féach* great auk, little auk)
Australian shelduck (*Tadorna tadornoides*): seil-lacha *f.* Astrálach
Australian white-eye (*Aythya australis*): póiseard súilbhán Astrálach
avadavat (*Amandava* sp.): avadavat
avocet (*Recurvirosta avosetta*): abhóiséad
babbler (*Turdoides* sp.): plobaire
Bahama pintail (*Anas bahamensis*): biorearrach Bahámach
Baikal teal (*Anas formosa*): praslacha *f.* Bhaikalach
Baillon's crake (*Porzana pusill*): gearr Baillon
Baird's sandpiper (*Calidris bairdii*): gobadáinín Baird
bald eagle (*Haliaeetus leucocephalus*): iolar maol
Balearic shearwater (*Puffinus mauritanicus*): cánóg *f.* Bhailéarach
Baltimore oriole (*Icterus galbula*): óiréal Baltimore
bananaquit (*Coereba flaveola*): beangán meala
barbet (*fine* Capitonidae): bairbéad
bare-eyed cockatoo (*Kakatoe sanguinea*): cocatú lomshúileach
barn owl (*Tyto alba*): scréachóg *f.* reilige
barnacle goose (*Branta leucopsis*): gé *f.* ghiúrainn
barred warbler (*Sylvia nisoria*): ceolaire barrach
bar-tailed godwit (*Limosa lapponica*): guilbneach stríocearrach
bateleur (*Terathopius ecaudatus*): iolar cleasaíochta
baya weaver (*Ploceus philippinus*): fíodóir Filipíneach
becard (*Pachyramphus* sp.): beacard
bee-eater (*family* Meropidae): beachshealgaire
bean goose (*Anser fabalis*): síolghé *f.*
bearded tit (*Panurus biarmicus*): meantán croiméalach
bellbird (*Anthornis melanura*): córamácó
belted kingfisher (*Ceryle alcyon*): cruidín creasa
Bewick's swan (*Cygnus bewickii*): eala *f.* Bewick
bird of paradise (*fine* Paradisaeidae): éan parthais
bishop bird (*Euplectes* sp.): éan easpaig
bittern (*Botaurus stellaris*): bonnán; bonnán buí; bonnán léana
black-and-white warbler (*Mniotilta varia*): ceolaire dubh is bán
black-billed cuckoo (*Coccyzus erythrophthalmus*): cuach *f.* ghobdhubh

Éin Éagsúla: black-browed albatross

Éin Éagsúla
ar lean

black-browed albatross
(*Diomedea melanophris*):
albatras dú-mhalach
blackbird (*Turdus merula*):
lon dubh
black brant (*Branta bernicla nigricans*): cadhan dubh
blackcap (*Sylvia atricapilla*):
caipín dubh
black duck (*Anas rubripes*):
lacha *f* chosrua
black-eared wheatear (*Oenanthe hispanica*): clochrán cluasdubh
black grouse (*Lyrurus tetrix*)
❶ **blackcock**: dúchoileach.
❷ **grey hen**: liathchearc *f*.
black guillemot (*Cepphus grylle*):
foracha *f*. dhubh; bairéadach;
colúr toinne; cúr toinne
black-headed bunting
(*Emberiza melanocephala*):
gealóg *f*. cheanndubh
black-headed gull
(*Larus ridibundus*): sléibhín;
faoileán ceanndubh
black-headed wagtail
(*Motacilla flava feldegg*):
glasóg *f*. cheanndubh
black-headed weaver (*Ploceus cucullatus*): fíodóir ceanndubh
black kite (*Milvus migrans*):
cúr dubh
black-necked crown crane
(*Balearica pavonina*):
grús corónach
black-necked grebe (*Podiceps nigricollis*): foitheach píbdhubh
black-necked screamer (*Chauna chavaria*): screadóg *f*. phíbdhubh
black-necked swan (*Cygnus melancoriphus*): eala *f*. phíbdhubh
blackpoll warbler (*Dendroica striata*): ceolaire dubhéadanach
black redstart (*Phoenicurus ochruros*): earrdheargán dubh
black rosy-finch (*Leucosticte atrata*): rósghlasán dubh
black scoter (*Melanitta nigra americana*): scótar dubh
black stork (*Ciconia nigra*):
storc dubh
black swan (*Cygnus atratus*): eala *f*. dhubh
black-tailed godwit (*Limosa limosa*): guilbneach earrdhubh
black tern (*Chlidonias niger*):
geabhróg *f*. dhubh
black-throated diver
(*Gavia arctica*): lóma Artach
black-throated thrush
(*Turdus ruficollis*) *atrogularis*):
smólach píbdhubh
black vulture (*Coragyps atratus*):
bultúr dubh
black wheatear (*Oenanthe leucura*):
clochrán dubh

black-winged pratincole
(*Glareola nordmanni*):
pratancól dubheiteach
black-winged stilt
(*Himantopus himantopus*):
scodalach dubheiteach
black woodpecker (*Dryocopus martius*): cnagaire dubh
bleeding heart dove (*Gallicolumba* sp.): colm croí fola
blue and yellow macaw
(*Ara ararauna*): macá buíghorm
bluebill (*Spermophaga* sp.):
gormghob
bluebonnet (*Northiella haematogaster*): boinéad gorm
blue crane (*Anthropoides paradisea*): corr *f*. ghorm
blue-eared pheasant (*Crossoptilon auritium*): piasún cluasghorm
blue-fronted Amazon parrot
(*Amazona aestiva*): pearóid *f*.
Amasónach uchtghorm
blue-headed wagtail
(*Motacilla flava flava*):
glasóg *f*. cheannghorm
blue jay (*Cyanocitta cristata*):
scréachóg *f*. ghorm
bluethroat (*Cyanosylvia svecica*):
gormphíb *f*.
blue tit (*Parus caeruleus*):
meantán gorm
blue-winged teal (*Anas discors*):
praslacha *f*. ghormeiteach
Blyth's reed warbler (*Acrocephalus dumetorum*): ceolaire Blyth
boatbill (*Cochlearius cochlearius*):
corr *f*. spúnóige
bobolink (*Dolichonyx oryzivorus*):
bobóilinc *f*.; éan ríse
bobwhite quail (*Colinus virginianus*): gearg *f*. Virginia
bokmakierie (*Telophorus zeylonus*):
bacbaicírí
Bonaparte's gull (*Larus philadelphia*): sléibhín Bonaparte
Bonelli's warbler (*Phylloscopus bonelli*): ceolaire Bonelli
boobook (*Ninox novaeseelandiae*):
búbúc
booby (family Sulidae): búbaí
boubou (*Laniarius aethiopicus*):
scréachán búbú
bowerbird (family Ptilonorhynchidae): éan grianáin
brainfever bird (*Cuculus varius*):
cuach *f*. sheabhaic
brambling (*Fringilla montifringilla*):
breacán
brent goose (*Branta bernicla hrota*):
cadhan
bristlebird (*Dasyornis* sp.):
guaireachán
broadbill (*Cymbirhynchus, Eurylaimus*, etc.): leathanghob
broad-billed sandpiper (*Limicola falcinellus*): gobadán gobleathan
brolga (*Grus rubicunda*): brolga
bronze-winged pigeon (*Phaps chaleoptera*): colm sciathumhaí
brubru (*Nilaus afer*): brúbrú

Brünnich's guillemot (*Uria lomvia*):
foracha *f* Brünnich
brush turkey (*féach* **scrub turkey**)
budgerigar (*Melopsittacus undulatus*): budragár
buffalo weaver (*Bubalornis albirostris*): fíodóir buabhaill
buff-bellied pipit
(*Anthus rubescens*):
riabhóg *f*. tharr-dhonnbhuí
buff-breasted sandpiper
(*Tryngites subruficollis*):
gobadán broinn-donnbhuí
bufflehead (*Bucephala albeola*):
garóid *f*. gheal
bulbul (family Pycnonotidae):
bulbul
bullfinch (*Pyrrhula pyrrhula*):
corcrán coille
Bulwer's petrel (*Bulweria bulwerii*):
peadairín Bulwer
bunting (*Emberiza* sp.): gealóg *f*.
burrowing owl (*Speotyto cunicularia*): ulchabhán tochailte
bushchat (*Saxicola* sp.): caislín toir
bush-hen (*Amaurornis moluccanus*):
cearc *f*. toir
bushtit (*Psaltriparus minimus*):
meantán toir
bustard (*Otis tarda*): bustard
butcher-bird
(*féach* **great grey shrike**)
buteo (*féach* **buzzard**)
button-quail (*Turnix* sp.): tuirnisc *f*.
buzzard (*Buteo buteo*): clamhán
cacique (*Cacicus* sp.): caisíc *f*.
calandra lark (*Melanocorypha calandra*): fuiseog *f*. chalandra
Canada goose (*Branta canadensis*):
gé *f*. Cheanadach
canary (*Serinus canaria*): canáraí
canvasback (*Aythya valisineria*):
lacha *f*. chanbháis
Cape Barren goose
(*Cereopsis novae-hollandiae*):
gé *f*. Thasmánach
Cape hen (*Procellaria aequinoctialis*): peadairín spéaclach
capercaillie (*Tetrao urogallus*):
capall coille
caracara (*Polyborus plancus*):
caracara
cardinal (*Cardinalis cardinalis*):
éan cairdinéalach
Carolina parakeet
(*Conuropsis carolinensis*):
pearaicít *f*. Charóilíneach
Carolina duck (*Aix sponsa*):
lacha *f*. choille
carrion crow (*Corvus corone corone*):
caróg *f*. dhubh
Caspian tern (*Sterna caspia*):
geabhróg *f*. Chaispeach
cassowary (*Casuarius*): casabhara
catbird (*Dumetella carolinensis*):
catéan
cattle egret (*Bubulcus ibis*):
éigrit *f*. eallaigh
Cetti's warbler (*Cettia cetti*):
ceolaire Cetti

chachalaca (*Ortalis vetula*): seaitsealaca
chaffinch (*Fringilla coelebs*): rí rua; bricín beatha; gealbhan cátha; gealbhan gleoránach
chanting goshawk (*Melierax* sp.): seabhac ceoil
chaparral bird (*Geococcyx* sp.): reathaí an bhóthair
chat (*Icteria* sp.): ictire
chickadee (*Poecile* sp.): siceadaí
chiffchaff (*Phylloscopus collybita*): tiuf-teaf
Chilean flamingo (*Phoenicopterus ruber chilensis*): lasaireán Sileach
Chilean teal (*Anas favirostris*): praslacha *f.* Shileach
Chiloé wigeon (*Anas sibilatrix*): rualacha *f.* Shiolóch
chimney swift (*Chaetura pelagica*): gabhlán simléir
Chinese (painted) quail (*Coturnix chinensis*): gearg *f.* Shíneach
chipping sparrow (*Spizella passerina*): gealóg *f.* ghealbhain
chough (*Pyrrhocorax pyrrhocorax*): cág cosdearg; cág dearg-chosach; préachán cosdearg
chuck-will's-widow (*Caprimulgus carolinensis*): tuirne lín Caróilíneach
chukar partridge (*Alectoris chukar*): patraisc *f.* tiucair
cicada bird (*Coracina tenuirostris*): éan ciocáide
cirl bunting (*Emberiza cirlus*): cirlghealóg *f.*
cisticola (*Cisticola* sp.): cisteacól
citril (*Serinus citrinella*): seirín buí
citrine wagtail (*Motacilla citreola*): glasóg *f.* chiotrónach
clapper rail (*Rallus crepitans*): rálóg *f.* sháile
cliff swallow (*Hirundo pyrrhonota*): fáinleog *f.* aille
coal tit (*Parus ater*): meantán dubh
cochoa (*Cochoa* sp.): coitseó
cockatiel (*Nymphicus hollandicus*): cocaitíl
cockatoo (*Cacatua* sp.): cocatú
cock-of-the-rock (*Rupicola* sp.): coileach carraige
collared dove (féach *collared turtle dove*)
collared pratincole (*Glareola pratincola*): pratancól muinceach
collared turtle dove (*Streptopelia decaocto*) fearán baicdhubh
common gull (*Larus canus*): faoileán bán
common peafowl (*Pavo cristatus*): péacóg *f.* choiteann
common redpoll (*Carduelis flammea flammea* (*Acanthis flammea flammea*)): deargéadan coiteann
common rosefinch (*Carpodacus erythrinus*): rósghlasán coiteann
common sandpiper (*Actitis hypoleucos* (*Tringa hypoleucos*)): gobadán coiteann

common scoter (*Melanitta nigra*): scótar
common shelduck (*Tadorna tadorna*): seil-lacha *f.*
common snipe (*Gallinago gallinago*): naoscach *f.*; gabhairín reo, meannán aeir
common tern (*Sterna hirundo*): geabhróg *f.*; scréachóg *f.* thrá
condor (*Gymnogyps californianus*): condar
conure (subfamily Aratinginae): conúr
coot (*Fulica atra*): cearc *f.* cheannann, coileach ceannann
corella (*Cacatua* sp.): cocatú
cormorant (*Phalacrocorax carbo*): broigheall; cailleach *f.* dhubh; fiach mara; murúchaill *f.*
corn bunting (*Emberiza calandra*): gealóg *f.* bhuachair
corncrake (*Crex crex*): traonach; gearr goirt; traona
Cory's shearwater (*Calonectris diomedea*): cánóg *f.* Cory
coscoroba swan (*Coscoroba coscoroba*): eala *f.* choscaróba
cotinga (family Cotingidae): coitinge
coucal (*Centropus* sp.): cúcal
courser (*Cursorius* sp.): cúrsóir
cowbird (*Molothrus* sp.): bó-éan
crab plover (family Dromadidae): pilibín portáin
crake (féach *bush-hen*)
crane (family Gruidae): corr *f.*
cream-coloured courser (*Cursorius cursor*): rásaí bánbhuí
crested auklet (*Aethia cristatella*): falcóigín *f.* chíorach
crested baza (*Aviceda subcristata*): bása cíorach
crested honeycreeper (*Palmeria dolei*): mealachán cíorach
crested screamer (*Chauna torquata*): screadóg *f.* chíorach
crested tit (*Parus cristatus*): meantán cuircíneach
crocodile bird (*Pluvianus aegyptius*): éan crogaill
crombec (*Sylvietta* sp.): ceolairín
crossbill (*Loxia curvirostra*): crosghob
crow (*Corvus corone*): caróg *f.*; préachán
crowned crane (*Balearica regulorum*): corr *f.* chorónach
crow-pheasant (féach *coucal*)
cuckoo (*Cuculus canorus*): cuach *f.*
cuckoo-roller (*Leptosomus discolor*): cúról
cuckoo-shrike (*Coracina* sp.): éan teachtaireachta
curassow (*Crax* sp.): cúrasó
curlew (*Numenius arquata*): crotach; cuirliún
curlew sandpiper (*Calidris ferruginea*): gobadáinín crotaigh
cut-throat weaver (*Amadina fasciata*): fíodóir na scornaí gearrtha

Cuvier's toucan (féach *white-breasted toucan*)
dabchick (*Podiceps ruficollis*): spágaire tonn; lapairín locha
Dalmatian pelican (*Pelecanus crispus*): peileacán Dalmátach
dark-breasted brent goose (*Branta bernicla bernicla*): gé *f.* dhubh
dark-eyed junco (*Junco hyemalis*): luachairín *f.* shúildubh
darter (*Anhinga* sp.): ropaire
Dartford warbler (*Sylvia undata*): ceolaire fraoigh
demoiselle crane (*Anthropoides virgo*): grús coimir
desert wheatear (*Oenanthe deserti*): clochrán fásaigh
diamond dove (*Geopelia cuneata*) colm diamantach
dickcissel (*Spiza americana*): diocsasal Meiriceánach
dipper (*Cinclus cinclus*): gabha dubh
diver (*Gavia* sp.): lóma
diving duck: lacha *f.* thumtha
dodo (*Raphus cucullatus*): dódó
dotterel (*Eudromias morinellus*): amadán móinteach
double-crested cormorant (*Phalacrocorax auritus*): broigheall cluasach
dove (*Columba* sp.): colm; colmán; colúr
duck (family Anatidae): lacha *f.*
dunlin (*Calidris alpina*): breacóg *f.*; cearc *f.* ghainimh; circín *f.* trá
dunnock (*Prunella modularis*): donnóg *f.*; bráthair an dreoilín; gealbhan bruaigh; gealbhan claí
dusky thrush (*Turdus eunomus*): smólach breacdhorcha
dusky warbler (*Phylloscopus fuscatus*): ceolaire breacdhorcha
eagle (*Aquila* sp.): iolar
eagle owl (féach *great eagle owl*)
egret (*Casmerodius albus*): éigrit *f.*
Egyptian goose (*Alopochen aegyptiacus*): gé *f.* Éigipteach
Egyptian plover (*Pluvianus aegyptius*): feadóg *f.* Éigipteach
Egyptian vulture (*Neophron percnopterus*): bultúr Éigipteach
eider (*Somateria mollissima*): éadar
Eleanora's falcon (*Falco eleanorae*): fabhcún Eileanóra
elegant tern (*Sterna elegans*): geabhróg *f.* ghalánta
elephant bird (*Aepyornis maximus*): vúran patra
elf owl (*Micrathene whitneyi*): ulchabhán bídeach
Elliot's pheasant (*Syrmaticus ellioti*): piasún Elliot
emerald toucanet (*Aulacorhynchus prasinus*): túcáinín smaragadach
emperor goose (*Anser canagicus*): gé *f.* impireach
emperor penguin (*Aptenodytes forsteri*): piongain *f.* ollmhór
emu (*Dromiceius novaehollandiae*): éamú

Éin Éagsúla
ar lean

emu wren (*Stipiturus malachrurus*): dreoilín éamú
Eskimo curlew (*Numenius borealis*): crotach Artach
Eurasian thick-knee (*Burhinus oedicnemus*): tiúghlúin *f.* Eoráiseach
fairy bluebird (*Irena puella*): gormóg *f.* shí
fairy penguin (*Eudyptula minor*): piongain *f.* bheag
fairy tern (*Gygis alba*): geabhróg *f.* sí
falcated teal (*Anas falcata*): praslacha *f.* fhalcach
falcon (*Falco* sp.): fabhcún
fantail (*Rhipidura fulginosa*): pabhácabháca
fan-tailed warbler (*Cisticola juncidis*): ceolaire earrfheanach
Fea's soft-plumaged petrel (*Pterodroma feae*): peadairín clúmhach Fea
fernbird (*Megalurus punctatus*): éan raithní
ferruginous duck (*féach white-eyed pochard*)
fieldfare (*Turdus pilaris*): sacán; glaisneach; siocán sneachta
figbird (*Sphecotheres viridis*): éan fige
fig parrot (*Cyclopsitta diophthalma*): pearóid *f.* fige
finch (*family* Fringilliade): glasán
finfoot (*family* Heliornithidae): spágaire gréine
fireback (*Lophura* sp.): piasún lasrach
firecrest (*Regulus ignicapillus*): lasairchíor *f.*
fish eagle (*Haliaeetus* sp.): iolar iascaigh
flamingo (*Phoenicopterus, Phoeniconaias*): lasairéan
flammulated owl (*Otus flammeolus*): ulchabhán lasrach
flatbill (*Rhynchocyclus* sp.): platarainc *f.*
flicker (*Colaptes auratus*): preabaire
flowerpecker (*Dicaeum* sp.): snagaire blátha
flufftail (*Sarothrura* sp.): rálóg *f.* scuaibe
flycatcher (*family* Muscicapidae): cuilire
fody (*Foudia* sp.): fódaí
forktail (*Enicurus* sp.): gabhlach *f.*
Formosan teal (*féach Baikal teal*)
Forster's tern (*Sterna forsteri*): geabhróg *f.* Forster
Franklin's gull (*Larus pipixcan*): sléibhín Franklin
frankolin (*Francolinus* sp.): francailín
friarbird (*Philemon* sp.): fileámón
frigate bird (*family* Fregatidae): éan frigéid
frogmouth (*Podargus* sp.): frogbhéal
fruitcrow (*Gymnoderus, Haematoderus*): préachán toraidh
fruit dove (*Ptilinopus* sp.): colm toraidh
fruit pigeon (*féach fruit dove*)
fulmar (*Fulmarus glacialis*): fulmaire; cánóg *f.* bhán
fulvous whistling duck (*Dendrocygna bicolor*): feadlacha *f.* odhar
gadwall (*Anas strepera*): gadual
galah (*Cacatua roseicapilla*): cocatú ceanndearg
gallinule (*Porphyrula* sp.): galanúl
gannet (*Sula bassana*): gainéad; ogastún
gardener bowerbird (*Amblyornis, Archboldia*): garraíodóir
garden warbler (*Sylvia borin*): ceolaire garraí
garganey (*Anas querquedula*): lacha *f.* shamhraidh
gentoo penguin (*Pygoscelis papua*): piongain *f.* gheintiúch
giant petrel (*Macronectes giganteus*): peadairín ollmhór
gibberbird (*Ashbyia* sp.): caislín fásaigh
glaucous gull (*Larus hyperboreus*): faoileán glas
glossy ibis (*Plegadis falcinellus*): íbis *f.* niamhrach
glossy starling (*Lamprotornis* sp.): niamhdhruid *f.*
gnatcatcher (*Polioptila* sp.): míolaire
goatsucker (*Caprimulgus europaeus*): tuirne lín
godwit (*Limosa* sp.): guilbneach
goldcrest (*Regulus regulus*): cíorbhuí; Diairmín; Diairmín riabhach; Diarmaidín riabhach; dreoilín ceannbhuí; dreoilín easpaig
goldenback (*Dinopium*): snagaire cúlbhuí
golden eagle (*Aquila chrysaetos*): iolar fíréan
golden-eye (*Bucephala clangula*): órshúileach
golden oriole (*Oriolus oriolus*): óiréal órga
golden pheasant (*Chrysolophus pictus*): piasún órga
golden plover (*Pluvialis apricaria*): feadóg *f.* bhuí; feadóg *f.* shléibhe
goldfinch (*Carduelis carduelis*): lasair *f.* choille; coinnleoir Muire
goosander (*Mergus merganser*): síolta *f.* mhór
goose (*Anser, Branta*): gé *f.*
goshawk (*Accipiter gentilis*): spioróg *f.* mhór
grackle (*Quiscalus quiscula*): greaiceal
grassbird (*Megalurulus*): éan muine
grasshopper warbler (*Locustella naevia*): ceolaire casarnaí
grass parrot (*Psephotus haemotonotus*): pearóid *f.* féir
grassquit (*Tiaris* sp.): tiaras
grayling (*Hipparcia semele*): donnóg *f.* aille
great auk (*Pinguinus impennis*): falcóg *f.* mhór
great black-backed gull (*Larus marinus*): droimneach mór; cóbach
great bustard (*Otis tarda*): bustard mór
great crested grebe (*Podiceps cristatus*): foitheach mór; lúnadán
great eagle owl (*Bubo bubo*): rí-ulchabhán
great grey shrike (*Lanius excubitor*): mórscréachán liath
great horned owl (*Bubo virgianus*): mórulchabhán cluasach
great Indian hornbill (*Buceros bicornis*): cornóg *f.* mhór
great northern diver (*Gavia immer*): lóma mór
great reed warbler (*Acrocephalus arundinaceus*): mórcheolaire giolcaí
great shearwater (*Puffinus gravis*): cánóg *f.* mhór
great skua (*Stercorarius skua*): meirleach mór
great snipe (*Gallinago media*): naoscach mór
great spotted cuckoo (*Clamator glandarius*): mórchuach *f.* bhreac
great spotted woodpecker (*Dendrocopos major*): mórchnagaire darach
great tit (*Parus major*): meantán mór
great white egret (*Casmerodius albus*): éigrit *f.* mhór
greater flamingo (*Phoenicopterus ruber*): lasairéan mór
greater yellowlegs (*Tringa melanoleuca*): ladhrán buí
greater hill mynah (*Eulabes intermedia*): mórmhíona sléibhe
greater spotted woodpecker (*Dendrocopos major*): mórchnagaire breac
greater sulphur-crested cockatoo (*Kakatoe galerita*): mórchocatú ruibhchíorach
grebe (*Podiceps* sp.): foitheach
greenbul (*Andropadus, Chlorocichla*): gríonbúl
greenfinch (*Carduelis chloris*): glasán darach
greenlet (*Hylophilus* sp.): hilifileas
green plover (*Vanellus vanellus*): pilibín
green sandpiper (*Tringa ochropus*): gobadán glas
greenish warbler (*Phylloscopus trochiloides*): ceolaire scothghlas
greenshank (*Tringa nebularia*): laidhrín glas; ladhrán glas
green-winged teal (*Anas crecca*): praslacha *f.* ghlaseiteach
green woodpecker (*Picus viridis*): cnagaire glas
grey catbird (*Dumetella carolinensis*): catéan glas
grey-cheeked thrush (*Catharus minimus*): smólach glasleicneach

Éin Éagsúla: laughing thrush

grey crow (*féach* **hooded crow**)
grey hen (= **black grouse**)
(*Lyrurus terix*): liathchearc *f.*
grey heron (*Ardea cinerea*):
corr *f.* réisc
grey jay (*Perisoreus canadensis*):
scréachóg *f.* ghlas
greylag goose (*Anser anser*):
gé *f.* ghlas
grey partridge (*Perdix perdix*):
patraisc *f.*
grey phalarope (*Phalaropus fulicarius*): falaróp gobmhór
grey plover (*Pluvialis squatatrola*):
feadóg *f.* ghlas
grey wagtail (*Motacilla cinerea*):
glasóg *f.* liath
griffon vulture (*Gyps fulvus*):
badhbh *f.* gríofa
grosbeak (*féach* **hawfinch**)
ground dove (*Columbina passerina*):
colm talún
grouse (*féach* **red grouse**, **black grouse**)
guan (*Penelope* sp.): guan
guillemot (*Uria aalge*): foracha *f.*;
éan aille
guinea hen (*family* Numididae):
cearc *f.* ghuine
gull (*féach* **seagull**)
gull-billed tern (*Sterna nilotica*):
geabhróg *f.* ghobdhubh
gyrfalcon (*Falco rusticolus*):
fabhcún mór
hadada (*Bostrychia hagedash*):
íbis *f.* hadáda
hammerkop (*Scopus umbretta*):
storc ceann casúir
hardhead
(*Malacorhynchus membranaceus*):
lacha *f.* na gcluas bándearg
harlequin duck
(*Histrionicus histrionicus*):
lacha *f.* airleacánach
harpy eagle (*Harpia harpyja*):
iolar airpe
harrier (*Circus* sp.): cromán
Harris' hawk (*Parabuteo unicinctus*): seabhac Harris
Hartlaub's turaco (*Tauraco hartlaubi*): túracó Hartlaub
Hawaian goose (*Branta sandvicensis*): gé *f.* Haváíoch
hawfinch (*Coccothraustes coccothraustes*): glasán gobmhór
hawk (*order* Falconiformes):
seabhac; fabhcún
hawk eagle (*Spizaetus* sp.):
iolar seabhaic
hawk owl (*Surnia ulula*):
ulchabhán seabhaic
hazel grouse (*Bonasa bonasia*):
cearc *f.* coill
hedge sparrow (*féach* **dunnock**)
helmet bird (*Euryceros prevostii*):
vanga clogaid
hen blackbird (*Turdus merula*):
céirseach *f.*
hen harrier (*Circus cyaneus*):
cromán na gcearc;
préachán na gcearc

hermit thrush (*Catharus guttatus*):
smólach aonaránach
heron (*féach* **grey heron**)
herring gull (*Larus argentatus*):
faoileán scadán
hillstar (*Oreotrochilus chimborazo*):
druid *f.* chnoic
hoatzin (*Opisthocomus hoazin*):
hótsaín *f.*
hobby (*Falco subbuteo*):
fabhcún coille
honeybird (*Protodiscus* sp.):
éan meala
honey buzzard (*Pernis apivorus*):
clamhán riabhach
honeycreeper ❶ (*Psittirostra psittacea*): óú. ❷ (*féach* **iiwi**)
honeyeater (*family* Meliphagidae):
militeoir
honeyguide (*féach* **honeybird**)
honeysucker (*Moho* sp.): móhó
hooded crow (*Corvus corone cornix*):
caróg *f.* liath; feannóg *f.*
hooded merganser (*Lophodytes cucullatus*): síolta *f.* chochaill
hoopoe (*Upupa epops*): húpú
hornbill (*family* Bucerotidae):
cornóg *f.*
horned owl (*féach* **great horned owl**)
hornero (*Furnarius* sp.): sornaire
Hottentot teal (*Anas punctata*):
praslacha *f.* Hotantatach
houbara (*Chlamydotis* sp.): húbára
house crow (*Corvus splendens*):
préachán binne
house finch (*Carpodacus mexicanus*):
glasán tí
house martin (*Delichon urbica*):
gabhlán binne
house sparrow (*Passer domesticus*):
gealbhan binne;
gealbhan sciobóil; gealbhan tí
huia (*Heteralocha acutirostris*):
húighe
Humboldt penguin (*Spheniscus humboldti*): piongain *f.* Pheiriúch
hummingbird (*family* Trochilidae):
dordéan
ibis (*Ibis ibis*): íbis *f.*
ibisbill (*family* Ibidorhynchidae):
íbisghob
Iceland gull (*Larus glaucoides*):
faoileán Íoslannach
icterine warbler (*Hippolais icterina*): ceolaire ictireach
iiwi (*Vestiaria coccinea*): íobhaí
inca dove (*Columbina inca*):
colm inceach
Indian pond heron (*Ardeola greyii*):
corr *f.* linne Indiach
Indian ring-necked parakeet
(*Psittacula krameri manillensis*):
pearaicít *f.* mhuinceach Indiach
indigo bird (*Cyanospiza cyanea*):
glasán plúiríneach
indigo bunting (*Passerina cyanea*):
gealóg *f.* phlúiríneach
iora (*Aegithina tiphia*): éigitine *f.*
isabelline wheatear (*Oenanthe isabellina*): clochrán gainimh

ivory gull (*Pagophila eburnea*):
faoileán eabhartha
jabiru (*Jabiru mycteria*): seaibíorú
jacamar (*Brachygalba*): seacamar
jacana (*family* Jacanidae): seacána
jackdaw (*Corvus monedula*): cág
jacksnipe (*Lymnocryptes minimus*):
naoscach *f.* bhídeach
Jacky Winter (*Microeca fascinans*):
cuilire donn
jacobin (*Florisuga* sp.):
seacóibíneach
jaeger (*féach* **skua**)
Java sparrow (*Padda* sp.)
gealbhan Iávach
jay (*Garrulus glandarius*): scréachóg *f.*; scréachóg *f.* choille
junco (*Junco hyemalis*): juncó
junglefowl (*Gallus gallus gallus*):
coileach dufair; cearc *f.* dufair
kaka (*Nestor meridionalis*):
neastór deisceartach
kakapo (*Strigops habroptilus*):
cacápó
kea (*Nestor notabilis*):
neastór suntasach
Kentish plover (*Charadrius alexandrinus*): feadóigín *f.* chosdubh
kereru (*Hemiphaga novaeseelandiae*): colm Nua-Shéalannach
kestrel (*Falco tinnunculus*):
pocaire gaoithe; bod gaoithe;
bodaire gaoithe; seabhac buí
killdeer (*Charadrius vociferus*):
feadóg *f.* ghlórach
kingbird (*Tyrannus* sp.): tíoránach
kingfisher (*Alcedo atthis*): cruidín;
murlach mara
kinglet (*Regulus*): rí beag
king penguin (*Aptenodytes patagonica*): piongain *f.* ríoga
king vulture (*Sarcoramphus papa*):
ríbhultúr
kiskadee (*Pitangus* sp.): cioscadaí
kite (*family* Accipitridae): cúr
kittiwake (*Rissa tridactyla*):
saidhbhéar
kiwi (*family* Apterygidae): cíobhaí
knot (*Calidris canutus*): cnota
koel (*Eudynamys scolopacea*):
éan fearthainne
kokako (*Callaeas cinerea*):
préachán sprochailleach
kookaburra (*Dacelo novaeguineae*):
cúcabura
kori bustard (*Ardeotis kori*):
bustard coraí
Lady Amherst's pheasant
(*Chrysolophus pictus*):
piasún an Bhantiarna Amherst
lammergeier (*Gypaetus barbatus*):
bultúr féasógach
landrail (*féach* **corncrake**)
lanner (*Falco biarmicus*): lainnear
Lapland bunting (*Calcarius lapponicus*): gealóg *f.* Laplannach
lapwing (*Vanellus vanellus*): pilibín
lark (*family* Alaudidae): fuiseog *f.*
laughing jackass (*féach* **kukaburra**)
laughing thrush (*Garrulax*):
smólach gáireachtach

Éin Éagsúla
ar lean

Laysan teal (*Anas laysanensis*): praslacha *f.* Laysan
Leach's petrel (*Oceanodroma leucorhoa*): guairdeall gabhlach
Leadbetter's cockatoo (*Kakatoe leadbeateri*): cocatú Leadbetter
leafbird (*Chloropsis* sp.): éan duille
leaflove (*féach* **greenbul**)
leaf warbler (*Phylloscopus* sp.): ceolaire duille
least sandpiper (*Calidris minutilla*): gobadáinín bídeach
leiothrix (*Leiothrix lutea*): filiméala Seapánach
lesser black-backed gull (*Larus fuscus*): droimneach beag
lesser crested tern (*Sterna bengalensis*): miongheabhróg *f.* chíorach
lesser grey shrike (*Lanius minor*): mionscréachán liath
lesser kestrel (*Falco naumanni*): mionphocaire gaoithe
lesser redpoll (*Carduelis flammea*): deargéadan beag
lesser scaup (*Aythya affinis*): mionlacha *f.* iascán
lesser short-toed lark (*Calandrella rufescens*): mionfhuiseog *f.* ladharghearr
lesser spotted woodpecker (*Dendrocopos minor*): mionchnagaire breac
lesser sulphur-crested cockatoo (*Kakatoe sulphurea*): mionchocatú ruibhchíorach
lesser white-fronted goose (*Anser erythropus*): mionghé bhánéadanach
lesser whitethroat (*Sylvia curruca*): gilphíb *f.* bheag
lesser yellowlegs (*Tringa flavipes*): mionladhrán buí
lily-trotter (*féach* **jacana**)
limpkin (*Aramus* sp.): limcín
linnet (*Carduelis cannabina*): gleoiseach *f.*; coinnleoir óir; glasán lín
little auk (*Alle alle*): falcóg *f.* bheag
little bittern (*Ixobrychus minutus*): bonnán beag
little bunting (*Emberiza pusilla*): gealóg *f.* bheag
little bustard (*Tetrax tetrax*): bustard beag
little crake (*Porzana parva*): gearr beag
little egret (*Egretta garzetta*): éigrit *f.* bheag
little grebe (*féach* **dabchick**)
little gull (*Larus minutus*): faoileán beag
little owl (*Athene noctua*): ulchabhán beag
little ringed plover (*Charadrius dubius*): feadóigín *f.* chladaigh
little stint (*Calidris minuta*): gobadáinín bídeach
little swift (*Apus affinis*): gabhlán beag
little tern (*Sterna albifrons*): geabhróg *f.* bheag
loggerhead shrike (*Lanius ludovicianus*): scréachán aistreáin
logrunner (*Orthonyx* sp.): ortainisc *f.*
longbill (*Toxorhamphus*): militeoir gobfhada
long-billed dowitcher (*Limnodromus scolopaceus*): guilbnín gobfhada
longclaw (*Macronyx* sp.): mórionga *f.*
long-eared owl (*Asio otus*): ceann cait
longspur (*Calcarius* sp.): gealóg *f.* sporfhada
long-tailed duck (*Clangula hyemalis*): lacha *f.* earrfhada
long-tailed skua (*Stercorarius longicaudus*): meirleach earrfhada
long-tailed tit (*Aegithalos caudatus*): meantán earrfhada; meantán fada
long-toed stint (*Calidris subminuta*): gobadáinín ladharfhada
loon (*féach* **diver**)
lorikeet (*Trichoglossus, Glossopsitta*): loraicít *f.*
lotusbird (*féach* **jacana**)
lovebird (*Agapornis* sp.): geanphearóid *f.*; éan suirí
lyrebird (*Menura* sp.): liréan
macaroni penguin (*Eudyptes chrysolophus*): piongain *f.* mhacarónach
macaw (*subfamily* Psittacinae): macá
Madeiran petrel (*Oceanodroma castro*): guairdeall Maidéarach
magpie (*Pica pica*): snag breac; meaig *f.*; míogadán breac; préachán breac
malcoha (*family* Cuculidae): malcóha
malimbe (*Malimbus* sp.): mailimbe
mallard (*Anas platyrhynchos*): mallard
malleefowl (*Leipoa ocellata*): lóbhan
manakin (*Pipra* sp.): manacain *f.*
mandarin duck (*Aix galericulata*): lacha *f.* mhandrach
mannikin (*féach* **munia**)
manucode (*Manucodia* sp.): manacód
Manx shearwater (*Puffinus puffinus*): cánóg *f.* dhubh
marabou stork (*Leptoptilus crumeniferus*): marabú
marbled teal (*Anas angustirostris*): praslacha *f.* mharmarach
marsh harrier (*Circus aeruginosus*): cromán móna
marsh sandpiper (*Tringa stagnatilis*): gobadán corraigh
marsh tit (*Parus palustris*): meantán lathaí
marsh warbler (*Acrocephalus palustris*): ceolaire corraigh
martial eagle (*Polemaetus bellicosus*): iolar saighdiúrtha
martin (*family* Hirundinidae): gabhlán
masked lovebird (*Agapornis personata*): geanphearóid *f.* mhasctha
meadowlark (*Sturnella neglecta*): fuiseog *f.* léana
meadow pipit (*Anthus pratensis*): riabhóg *f.* mhóna; banaltra *f.* na cuaiche; fuiseog *f.* mhóna; riabhóg *f.* bheag
mealy redpoll (*féach* **common redpoll**)
Mediterranean gull (*Larus melanocephalus*): sléibhín meánmhuirí
megapode (*family* Megapodiidae): meigeapód
melodious warbler (*Hippolais polyglotta*): ceolaire binn
merganser (*Mergus serrator*): tumaire
merlin (*Falco columbarius*): meirliún
mesia (*féach* **leiothrix**)
minivet (*Pericrocotus* sp.): minibhéad
mistle thrush (*Turdus viscivorus*): liatráisc *f.*; smólach mór
moa (*Dinornis maximus*): móá
mockingbird (*subfamily* Miminae): éan aithrise
monal (*Lophophorus* sp.): mónal
monarch flycatcher (*family* Monarchidae): monarc
Montagu's harrier (*Circus pygargus*): cromán liath
moorhen (*Gallinula chloropus*): cearc *f.* uisce
Mother Carey's chicken (*Oceanites oceanicus*): peadairín Wilson
motmot (*family* Momotidae): mómat
mountain gem (*Lampornis* sp.): seoid *f.* shléibhe
mountain linnet (*Carduelis flavirostris*): gleoiseach *f.* sléibhe
mourning dove (*Zenaida macroura*): colm caointe
mousebird (*Colius* sp.): luchéan
mud-nester: éan nead lathaí
murre (*féach* **guillemot**)
munia (*Lonchura* sp.): mainicín
murrelet (*Brachyramphus*): bracaramfas
Muscovy duck (*Cairina moschata*): lacha *f.* ríoga
musk duck (*féach* **Muscovy duck**)
mute swan (*Cygnus olor*): eala *f.* bhalbh
mutton bird (*Puffinus* sp.): cánóg *f.*
mynah bird (*Acridotheres tristis*): míona
naked-throated bellbird (*Procnias nudicollis*): clingéan píbnocht
needletail (*Hirundapus caudacutus*): gabhlán spíonach
nene (*féach* **Hawaian goose**)

Éin Éagsúla: red-blue-and-green macaw

nighthawk (*Chordeiles minor*): seabhac oíche
night heron (*Nycticorax nycticorax*): corr *f.* oíche
nightingale (*Luscinia megarhynchos*): filiméala
nightjar (*féach* **goatsucker**)
noddy (*Anous stolidus*): nodaí
North African ostrich (*Struthio camelus*) ostrais *f.* Thua-Afracach
northern parula (*Parula americana*): parúl tuaisceartach
northern waterthrush (*Seiurus noveboracensis*): smólach uisce tuaisceartach
notornis (*féach* **takahe**)
nunbird (*Monasa* sp.): barbacú
nutcracker (*Nucifraga caryocatactes*): cnóire
nuthatch (*Sitta europaea*): cnóshnag
occipital blue pie (*Urocissa melanocephala occipitalis*): gorm-mheaig *f.* chúldubh
oilbird (*Steatornis caripensis*): éan ola
olivaceous warbler (*Hippolais pallida*): ceolaire bánlíoch
olive-backed pipit (*Anthus hodgsoni*): riabhóg *f.* dhroimghlas
openbill (*Anastomus* sp.): storc an ghoib oscailte
orangequit (*Euneornis campestris*): éan siúcra Iamácach
oriole (*Oriolus* sp.): óiréal
oropendola (*Psarocolius decumanus*; *Gymnostinops montezuma*): órapandól
ortolan (*Emberiza hortulana*): ortalan
osprey (*Pandion haliaetus*): coirneach; iascaire coirneach; ospróg *f.*
ostrich (*Struthio camelus*): ostrais *f.*
ou (*Psittirostra psittacea*): óú
ouzel (*féach* **ring ouzel**)
ovenbird (*Seiurus aurocapillus*): éan oighinn
owl (*Asio, Bubo, Tyto*): ullchabhán
owlet (*Glaucidium* sp.): ulchabháinín
oxpecker (*family* Buphagidae): piocaire daimh
oyster-catcher (*Haematopus ostralegus*): roilleach
Pacific golden plover (*Pluvialis fulva*): feadóg *f.* bhuí Áiseach
paddy-bird (*féach* **Indian pond heron**)
paddyfield warbler (*Acrocephalus agricola*): ceolaire gort ríse
pale-breasted brent goose (*Branta bernicla hrota*): cadhan
Pallas's grasshopper warbler (*Locustella certhiola*): ceolaire casarnaí Pallas
Pallas's sandgrouse (*Syrrhaptes paradoxus*): gaineamhchearc *f.* Pallas
Pallas's warbler (*Phylloscopus proregulus*): ceolaire Pallas

pallid swift (*Apus pallidus*): gabhlán bánlíoch
paradise shelduck (*Tadorna variegata*): seil-lacha *f.* Nua-Shéalannach
paradise whydah (*Steganura paradisea*): víoda parthais
parakeet (*Psittacula* sp.): pearaicít *f.*
parakeet auklet (*Cyclorrhyncus psittacula*): falcóigín *f.* pearaicíte
pardalote (*Pardalotus* sp.): pardalóid *f.*
parrot (*family* Psittacidae): pearóid *f.*
parrotbill (*family* Panuridae): meantán caróige
partridge (*féach* **grey partridge**)
passenger pigeon (*Ectopistes migratorius*): colm imirce
pauraque (*Nyctidromus albicollis*): púraca
peacock (*Pavo cristatus*): coileach péacóige
peafowl (*Pavo cristatus*): péacóg *f.*
peahen (*Pavo cristatus*): cearc *f.* péacóige
Pechora pipit (*Anthus gustavi*) riabhóg *f.* Pechora
pectoral sandpiper (*Calidris melanotos*): gobadán uchtach
peewee (*Contopus* sp.): píobhaí
peewit (*féach* **lapwing**)
pelican (*Pelecanus* sp.): peileacán
penguin (*family* Spheniscidae): piongain *f.*
pepper-shrike (*Cyclarhis* sp.): scréachán piobair
peregrine falcon (*Falco peregrinus*): fabhcún gorm; seabhac gorm; seabhac seilge
petrel (*féach* **storm petrel**)
phalarope (*Phalaropus* sp.) falaróp
pheasant (*Phasianus* sp.): piasún
Philadelphia vireo (*Vireo philadelphicus*): gláséan Philadelphia
Philippine duck (*Anas luzonica*): lacha *f.* Fhilipíneach
phoebe (*Sayornis* sp.): féibe *f.*
piapiac (*Ptilostomus afer*): pípiac
piculet (*Picumnum innomonatus*): piciléad
pied currawong (*Strepera graculina*): cúrawang breac
pied flycatcher (*Ficedula hypoleuca*): cuilire alabhreac
pied mynah (*Sturnus contra*): míona breac
pied wagtail (*Motacilla alba yarrellii*): glaság *f.* shráide
pied wheatear (*Oenanthe pleschanka*): clochrán alabhreac
pied woodpecker (*féach* **greater spotted woodpecker**)
pied-billed grebe (*Podilymbus podiceps*): foitheach gob-bhreac
piet-my-vrou (*Cuculus solitarius*): cuach *f.* bhroinndearg
pigeon (*Columba* sp.): colm; colmán; colúr
pine bunting (*Emberiza leucocephalos*): gealóg *f.* phéine

pink-footed goose (*Anser brachyrhynchus*): gé *f.* ghobghearr
pintail (*Anas acuta*): biorearrach; lacha *f.* stiúrach
pin-tailed whydah (*Vidua macroura*): víoda biorearrach
pipit (*Anthus* sp.): riabhóg *f.*
plains-wanderer (*Pedionomus torquatus*): fánaí na mánna
plover (*Charadius* sp.): feadóg *f.*
pochard (*Aythya ferina*): póiseard; lacha *f.* mhásach
pomarine skua (*Stercorarius pomarinus*): meirleach pomairíneach
poorwill (*Phalaenoptilus nuttallii*): tuirne lín Nuttall
potoo (*Nyctibius griseus*): potú
powerful owl (*Ninox strenua*): ulchabhán cumhachtach
prairie chicken (*Tympanuchus*): cearc *f.* na machairí
pratincole (*subfamily* Glareolidae): pratancól
prion (*Pachyptila* sp.): prian
prothonotary warbler (*Protonotaria citrea*): prótanótaire
ptarmigan (*Lagopus mutus*): tarmachan
puffback (*Dryoscopus cubla*): cúbla
puffbird (*family* Bucconidae): bolgéan
puffin (*Fratercula arctica*): puifín; éan dearg
purple-crested turaco (*Gallirex porphyreolphus*): túracó cíorchorcra
purple gallinule (*Porphyrio porphyrio*): cearcóg *f.* chorcra
purple heron (*Ardea purpurea*): corr *f.* chorcra
purple martin (*Progne subis*): gabhlán corcra
purple sandpiper (*Calidris maritima*): gobadán cosbhuí
quail (*Coturnix coturnix*): gearg *f.*
Quaker parakeet (*Myiopsitta monachus*): pearaicít *f.* ghlas
quelea (*Quelea quelea*): fíodóir gobdhearg
quetzal (*Pharomacrus mocinno*): cuatsal
racket-tail (*Ocreatus underwoodii*): dordéan raicéadach
Radde's warbler (*Phylloscopus schwarzi*): ceolaire Radde
rail (*féach* **water-rail**)
raven (*Corvus corax*): fiach dubh; Dónall dubh
razorbill (*Alca torda*): crosán
red-backed shrike (*Lanius collurio*): scréachán droimrua
red-billed chough (*Pyrrhocorax pyrrhocorax*): cág cosdearg
red-billed hornbill (*Tockus erethrorhynchus*): cornóg *f.* ghobdhearg
red-billed whistling tree duck (*Dendrocygna autumnalis*): feadlacha *f.* ghobdhearg
red-blue-and-green macaw (*Ara chloroptera*): macá gorm dearg glas

Éin Éagsúla: red-breasted flycatcher

Éin Éagsúla
ar lean

red-breasted flycatcher (*Ficedula parva*): cuilire broinndearg
red-breasted marsh bird (*Leistes militaris*): lon broinndearg
red-breasted merganser (*Mergus serrator*): síolta *f.* rua; tumaire rua
red-crest korhaan (*Eupodotis ruficrista*): eopadótas cíordhearg
red-crested pochard (*Netta rufina*): póiseard cíordhearg
red-crested turaco (*Tauraco erythrolophus*): túracó cíordhearg
red-eared conure (*Pyrrhus cruentata*): conúr cluasdearg
red-eyed vireo (*Vireo olivaceus*): glaséan súildearg
red-footed falcon (*Falco vespertinus*): fabhcún cosdearg
red grouse (*Lagopus lagopus*): cearc *f.* fhraoigh; coileach fraoigh
redhead (*Aythya americana*): lacha *f.* cheanndearg
red-headed lovebird (*Agapornis pullarius*): éan suirí ceanndearg
red kite (*Milvus milvus*): cúr rua
red-legged partridge (*Alectoris rufa*): patraisc *f.* chosdearg
red-necked grebe (*Podiceps grisegena*): foitheach píbrua
red-necked phalarope (*Phalaropus lobatus*) falaróp gobchaol
redpoll (*Carduelis* sp.): deargéadan
redshank (*Tringa totanus*): cosdeargán; ladhrán trá; laidhrín trá
redstart (*Phoenicurus phoenicurus*) earrdheargán
red-throated diver (*Gavia stellata*): lóma rua; foitheach rua
red-vented parrot (*Pionus menstruus*): pearóid *f.* tholldearg
redwing (*Turdus iliacus*): deargán sneachta
reed-bird (*Schoenicola, Eurycercus*): éan giolcaí
reed bunting (*Emberiza schoeniclus*): gealóg *f.* ghiolcaí; Brian na giolcaí; gealbhan giolcaí
reedling (*féach* **bearded tit**)
reed warbler (*Acrocephalus scirpaceus*): ceolaire giolcaí
Reeves pheasant (*Syrmaticus reevesii*): piasún Reeves
rhea (*Rhea americana*): réá
rhinoceros bird (*Buceros rhinoceros*): cornóg *f.* srónbheannaigh
Richard's pipit (*Anthus novaeseelandiae*): riabhóg *f.* Richard
rifle bird (*Ptiloris* sp.): éan raidhfil
rifleman (*Acanthisitta chloris*): fear raidhfil
ringdove (*féach* **wood pigeon**)
ringed plover (*Charadrius hiaticula*): feadóg *f.* chladaigh; feadóg *f.* an fháinne

ringneck pheasant (*Phasianus colchicus*): piasún fáinneach
ring ouzel (*Turdus torquatus*): lon creige
roadrunner (*féach* **chaparral bird**)
robin (*Erithacus rubecula*): spideog *f.*
robin-chat (*Cossypha* sp.): caislín spideoige
rock dove (*Columba livia*): colm aille; colúr aille; fearán binne
rockfowl (*Picathartes*): préachán maol
rockhopper penguin (*Eudyptes chrysocome*): piongain *f.* órfhoilt
rock pipit (*Anthus spinoletta petrosus*): riabhóg *f.* chladaigh
rockthrush (*Monticola* sp.): smólach carraige
roller (*family* Coraciidae): rollóir
rook (*Corvus frugilegus*): rúcach; préachán dubh
roseate cockatoo (*Kakatoe roseicapilla*): cocatú rósach
roseate spoonbill (*Ajaia ajaja*): leitheadach rósach
roseate tern (*Sterna dougallii*): geabhróg *f.* rósach
rose-breasted grosbeak (*Pheucticus ludovicianus*): gobach mór broinnrósach
rose-coloured starling (*Sturnus roseus*): druid *f.* rósach
rosefinch (*Carpodacus* sp.): glasán rósach
rosella (*Platycercus* sp.): róiseál
Ross's gull (*Rhodostethia rosea*): faoileán Ross
rosy-billed duck (*Metopiana peposaca*): lacha *f.* ghobrósach
rough-legged buzzard (*Buteo lagopus*): clamhán lópach
ruby-throated hummingbird (*Archilochis colubris*): dordéan rúibíneach
ruddy duck (*Oxyura jamaicensis*): lacha *f.* dhonnrua
ruddy shelduck (*Tadorna ferruginea*): seil-lacha *f.* rua
ruff (*Philomachus pugnax*): rufachán
rufous bush robin (*Cercotrichus galactotes*): torspideog *f.* ruadhonn
Russian red-breasted goose (*Branta ruficollis*): gé *f.* bhroinnrua
rustic bunting (*Emberiza rustica*): gealóg *f.* thuaithe
Sabine's gull (*Larus sabini*): sléibhín Sabine
sabrewing (*Campylopterus*): dordéan camsciathánach
sacred ibis (*Threskiornis aethiopica*): íbis *f.* bheannaithe
saddleback (*Philesturnus carunculatus*): éan diallaite
sage grouse (*Centrocercus urophasianus*): cearc *f.* sáiste; coileach sáiste
sakabula (*Euplectes progne*): baintreach *f.* earrfhada
saker (*Falco cherrug*): fabhcún sácar

sanderling (*Calidris alba*): luathrán; ladhrán geal; laidhrín geal
sandgrouse (*family* Pteroclidae): ganga
sandhill crane (*Grus canadensis*): grús Ceanadach
sand martin (*Riparia riparia*): gabhlán gainimh
sandpiper (*féach* **common sandpiper**)
Sandwich tern (*Sterna sandvicensis*): geabhróg *f.* scothdhubh
sapsucker (*Sphyrapicus* sp.): snagaire súlaigh
Sardinian warbler (*Sylvia melanocephala*): ceolaire Sairdíneach
sarus crane (*Grus antigone*): grús sárasach
Savi's warbler (*Locustella luscinoides*): ceolaire Savi
saw-whet owl (*Aegolius acadicus*): ulchabhán sáibh
scald crow (*féach* **hooded crow**)
scaly-breasted lorikeet (*Trichoglossus chlorolepidotus*): loraicít *f.* lannbhroinneach
scarlet ibis (*Guara rubra*): íbis *f.* scarlóideach
scarlet tanager (*Piranga olivacea*): pireanga scarlóideach
scaup (*Aythya marila*): lacha *f.* iascán
scimitarbill (*Rhinopomastus cyanomelas*): húpú crainn simeatárach
scissortail flycatcher (*Muscivora forficata*): cuilire siosúrtha
scops owl (*Otus scops*): ulchabhán scopach
scoter (*féach* **common scoter**)
Scottish crossbill (*Loxia scotica*): crosghob Albanach
screamer (*family* Anhimidae): screadóg *f.*
screech owl (*féach* **barn owl**)
scrub owl (*féach* **powerful owl**)
scrub turkey (*Alectura lathami*): turcaí scrobarnaí
sea eagle (*Haliaeetus albicilla*): iolar mara
seagull (*family* Laridae): faoileán
secretary bird (*Sagittarius serpentarius*): rúnaí
sedge warbler (*Acrocephalus schoenobaenus*): ceolaire cíbe
seriema (*Cariama* sp.): cairiama
serin (*Serinus serinus*): seirín
shag (*Phalacrocorax aristotelis*): seaga
shama (*féach* **white-rumped shama**)
sharp-tailed sandpiper (*Calidris acuminata*): gobadán earr-rinneach
shearwater (*Puffinus* sp.): cánóg *f.*
sheathbill (*family* Chionididae): truaillghob
shelduck (*Tadorna tadorna*): seil-lacha *f.*; lacha *f.* bhreac, lacha *f.* chriosrua
shikra (*Accipiter badius*): seabhac siocra
shoebill (*family* Balaenicipitidae): bróg-ghob

Éin Éagsúla: tyrannulet

shore lark (*Eremophila rupestris*): fuiseog *f.* adharcach
short-billed dowitcher (*Limnodromus griseus*): guilbnín gobghearr
short-eared owl (*Asio flammeus*): ulchabhán réisc
short-toed lark (*Calandrella brachydactyla*): fuiseog *f.* ladharghearr
short-toed treecreeper (*Certhia brachydactyla*): snag ladharghearr
shortwing (*Brachypteryx* sp.): sciathán gearr
shoveler (*Anas clypeata*): spadalach; slapaire
shrike (*Lanius* sp.): scréachán
sibia (*Heterophasia* sp.): sibia *f.*
sicklebill (*Epimachus* sp.): corránghob
silvereye (*Zosterops lateralis*): súil *f.* bhán bhroinnliath
silver pheasant (*Lophura nycthemera*): piasún liathgheal
siskin (*Carduelis spinus*): siscín; píobaire
sittella (*Daphoenositta chrysoptera*): snagaire coirte
skimmer (*Rhynchops* sp.): scimeálaí
skua (*Stercorarius* sp.): meirleach mara; faoileán an chaca
skylark (*Alauda arvensis*): fuiseog *f.*; circín *f.* starraiceach
Slavonian grebe (*Podiceps auritus*): foitheach cluasach
smew (*Mergus albellus*): smiú
snakebird (*féach darter*)
snipe (*féach common snipe*)
snow bunting (*Plectrophenax nivalis*): gealóg *f.* shneachta
snowcap (*Microchera albocoronata*): caipín sneachta
snow goose (*Chen caerulescens*): gé *f.* shneachta
snowy owl (*Nyctea scandiaca*): ulchabhán bán
sociable plover (*Vanellus gregarius*): pilibín ealtach
solitary sandpiper (*Tringa solitaria*): gobadán aonarach
song thrush (*Turdus philomelos*): smólach; smólach ceoil
sooty shearwater (*Puffinus griseus*): cánóg *f.* shúicheach
sora (*Porzana carolina*): rálóg *f.* Caróilíneach
South African shelduck (*Tadorna cana*): seil-lacha *f.* Afracach
sparrow (*Passer* sp.): gealbhan
sparrowhawk (*Accipiter nisus*): spioróg *f.*; ruán aille; speirsheabhac
spinetail (*Synallaxis* sp.): eireaball spíonach
spinifexbird (*Emeriornis carteri*): éan spinifisce
splendid glossy starling (*Lamprocolius splendidus*): niamhdhruid *f.* thaibhseach
spoonbill (*Platalea leucorodia*): leitheadach; corr *f.* leitheadach
spot-billed duck (*Anas poecilorhyncha*): lacha *f.* spotghobach

spot-billed toucanet (*Selenidera maculirostris*): túcáinín gob-bhallach
spotted crake (*Porzana porzana*): gearr breac
spotted eagle (*Aquila clanga*): iolar breac
spotted flycatcher (*Muscicapa striata*): cuilire liath
spotted redshank (*Tringa erythropus*): cosdeargán breac
spotted sandpiper (*Tringa maculata*): gobadán breac
sprew (*family* Sturnidae): druid *f.*
spurfowl (*féach francolin*)
squacco heron (*Ardeola ralloides*): corr *f.* rálógach
starling (*Sturnus vulgaris*): druid *f.*
steamer duck (*Tachyeres* sp.): lacha *f.* stiméir
stifftail ❶ (*Erismatura rubida*): lacha *f.* chodlatach. ❷ (*féach sanderling*)
stilt (*féach black-winged stilt*)
stilt sandpiper (*Micropalama himantopus*): gobadán scodalach
stint (*Calidris* sp.): gobadáinín
stitchbird (*Notiomystis cincta*): híhí
stock-dove (*Columba oenas*): colm gorm
stonechat (*Saxicola torquata*): caislín cloch; caislín dearg; Donncha an chaipín; Máirín *f.* an triúis
stone curlew (*féach* Eurasian thick-knee)
stork (*family* Ciconiidae): storc
storm petrel (*Hydrobates pelagicus*): guairdeall; gearr róid; gearr úisc; peadairín na stoirme
subalpine warbler (*Sylvia cantillans*): ceolaire fo-alpach
sugarbird (*family* Promeropidae): éan siúcra
sunbird (*Nectarina* sp.): éan gréine
sunbittern (*Eurypyga helias*): bonnán gréine
sungrebe (*féach finfoot*)
surfbird (*Aphriza virgata*): bruthéan
surf scoter (*Melanitta perspicillata*): scótar toinne
Swainson's lorikeet (*Trichoglossus haematod moloccanus*): loraicít *f.* Swainson
Swainson's thrush (*Catharus ustulatus*): smólach Swainson
swallow (*Hirundo rustica*): fáinleog *f.*
swamphen (*féach purple gallinule*)
swan (*Cygnus* sp.): eala *f.*
swift (*Apus apus*): gabhlán gaoithe
swiftlet (*Collocalia* sp.): gabhláinín
swordbill (*Ensifera ensifera*): dordéan pionsa
tailorbird (*Orthotomus sutorius*): táilliúir
takahe (*Notornis mantelli*): tacahae
tanager (*Piranga* sp.): pireanga
tawny owl (*Strix aluco*): ulchabhán donn
tawny pipit (*Anthus campestris*): riabhóg *f.* dhonn

tchagra (*Tchagra* sp.): seagra
teal (*Anas crecca*): praslacha *f.*
Temminck's stint (*Caladris temminckii*): gobadáinín Temminck
Terek sandpiper (*Xenus cinereus*): gobadán Terek
tern (*féach common tern*)
thickhead (*féach whistler*)
thornbill (*Acanthiza* sp.): dealg-ghob
thorntail (*Discosura* sp.): dordéan earrdheilgneach
thrasher (*Toxostoma* sp.): buailteoir
thunderbird (*Pachycephala gutturalis*): éan toirní
thrush (*Turdus* sp.): smólach
tinamou (*family* Tinamidae): tineamú
tinkerbird (*Pogoniulus* sp.): tincéir
tit (*family* Paridae): meantán
titihoya (*Vanellus melanopterus*): pilibín dubheiteach
titlark (*Anthus pratensis*): riabhóg *f.* mhóna.
titmouse (*féach tit*)
toco (*Ramphastos toco*): tócó
tody (*Todus* sp.): tódaí
toucan (*Ramphastos* sp.): túcán
toucanet (*Aulacorhynchus* sp.): túcáinín
towhee (*Pipilo erythrophthalmus*): spideog *f.* thalún
tragopan (*Tragopan* sp.): tragapan
treecreeper (*Certhia familiaris*): snag; beangán
tree pie (*Dendrocitta* sp.): meaig *f.* crainn
tree pipit (*Anthus trivialis*): riabhóg *f.* choille
tree sparrow (*Passer montanus*): gealbhan crainn
triller (*Lalage* sp.): trílire
trogon (*family* Trogonidae): trógan
tropicbird (*Phaeton* sp.): faetan
troupial (*Icterus icterus*): ictireas
trumpeter (*family* Psophiidae): trumpadóir
tufted duck (*Aythya fuligula*): lacha *f.* bhadánach; lacha *f.* dhubh
tui (*Prosthermadera novaeseelandiae*): túí
turaco (*Tauraco* sp.): túracó
turkey (*Meleagris gallopavo*): turcaí; coileach francach
turkey vulture (*Cathartes aura*): bultúr turcach
turnstone (*Arenaria interpres*): piardálaí trá
turtle dove (*Streptopelia turtur*): feárán; feárán breac; feárán eidhinn
twinspot (*Clytospiza, Euschistospiza, Hypargos, Mandingoa*): glasán débhallach
twite (*féach mountain linnet*)
two-barred crossbill (*Loxia leucoptera*): crosghob báneiteach
two-wattled cassowary (*Casuarius bicarunculatus*): casabhara désprochailleach
tyrannulet (*Camptostoma* sp.): tíoráinín

Éin Éagsúla: tyrant flycatcher

Éin Éagsúla
ar lean

tyrant flycatcher (family Tyrannidae): cuilire tíoránta
umbrellabird (*Cephalopterus* sp.): éan foscadáin
upland sandpiper (*Bartramia longicauda*): gobadán sléibhe
vanga (*Euryceros* sp.): vanga
veery (*Catharus fuscescens*): víoraí
velvet asity (*Philepitta castanea*): asataí veilbhite
velvet scoter (*Melanitta fusca*): sceadach *f.*
verdin (*Auriparus flaviceps*): veirdín
versicolor teal (*Anas versicolor*): praslacha *f.* ildathach
vireo (*Vireo* sp.): víreo
vulture (*Aegypius, Gypaetus, Gyps, Neophron*): bultúr; badhb *f.*
wader (family Scolopacidae): lapaire
wagtail (*Motacilla* sp.) glasóg *f.*; éan beannaithe
waldrapp (*Geronticus eremita*): íbis *f.* mhaol
wallcreeper (*Tichodroma muraria*): reathaire balla
warbler (family Sylviidae): ceolaire
waterhen (*féach* **moorhen**)
water pipit (*Anthus spinoletta spinoletta*): riabhóg *f.* uisce
water rail (*Rallus aquaticus*): rálóg *f.* uisce
waterthrush (*Seiurus* sp.): smólach uisce
wattlebird (*Anthochaera* sp.): éan sprochaille
wattle-eye (*Platysteira* sp.): plaitistíre
waxbill (family Estrildidae): céirghob
waxwing (*Bombycilla garrulus*): síodeiteach
weaver finch (family Ploceidae): fíodóir; éan fíodóra
wedgebill (*Psophodes* sp.): ding-ghob
wedge-tailed eagle (*Uroaetus audax*): iolar dingearrach
weebill (*Smicrornis brevirostris*): mionghob
weka (*Gallirallus australis*): cearc *f.* coille
western sandpiper (*Calidris mauri*): gobadáinín iartharach
wheatear (*Oenanthe oenanthe*): clochrán
whimbrel (*Numenius phaeopus*): crotach eanaigh; crotach samhraidh
whinchat (*Saxicola rubetra*): caislín aitinn
whipbird (*Psophodes* sp.): éan fuipe
whippoorwill (*Caprimulgus vociferus*): tuirne lín glórach
whiskered tern (*Chlidonias hybridus*): geabhróg *f.* bhroinndubh
whistler (family Pachycephalidae): feadaire
whistling swan (*Cygnus columbianus*): feadeala *f.*
white-billed diver (*Gavia adamsii*): lóma gobgheal
white-breasted toucan (*Rhamphastos cuveri*): túcán Cuvier
white-cheeked turaco (*Tauraco leucotis*): túracó bánleicneach
white-crested laughing thrush (*Garrulax leucolophus*): smólach gáiriteach cíorbhán
white-crowned black wheatear (*Oenanthe leucopyga*): clochrán dubh bánchorónach
white-crowned pigeon (*Columba leucocephala*): colm ceannbhán
white eye (*Zosterops* sp.): súil *f.* bhán
white-eyed pochard (*Aythya nyroca*): póiseard súilbhán
white-face (*Aphelocephalav* sp.): aghaidh *f.* bhán
white-faced tree duck (*Dendrocygna viduata*): feadlacha *f.* aghaidhbhán
whitefront (*féach* **white-fronted goose**)
white-fronted goose (*Anser albifrons*): gé *f.* bhánéadanach
whitehead (*Mohoua albicilla*): mohua ceannbhán
white-headed vulture (*Trigonoceps occipitalis*): bultúr ceannann
white pelican (*Pelecanus onocrotalus*): peileacán bán
white-rumped shama (*Copsychus malabaricus*): copsacas tóingheal
white-rumped sandpiper (*Calidris fusicollis*): gobadán bánphrompach
white stork (*Ciconia ciconia*): storc bán
white-tailed eagle (*féach* **sea eagle**)
whitethroat (*Sylvia communis*): gilphíb *f.*
white-throated needletail (*Hirundapus caudacutus*): gabhlán earrspíonach
white-throated sparrow (*Zonotrichia albicollis*): gealbhan píbgheal
white wagtail (*Motacilla alba alba*): glasóg *f.* bhán
white-winged black tern (*Chlidonias leucopterus*): geabhróg *f.* bháneiteach
whooper swan (*Cygnus cygnus*): eala *f.* ghlórach
whooping crane (*Grus americana*): corr Mheiriceánach
whydah (*Steganura, Vidua*): víoda
wigeon (*Anas penelope*): lacha *f.* rua; rualacha *f.*
willet (*Catoptrophorus semipalmatus*): viléad
willow tit (*Parus montanus*): meantán léana
willow warbler (*Phylloscopus trochilus*): ceolaire sailí
Wilson's petrel (*féach* **Mother Carey's chicken**)
Wilson's phalarope (*Steganopus tricolor*): falaróp Wilson
woodchat shrike (*Lanius senator*): scréachán coille
woodcock (*Scolopax rusticola*): creabhar
wood duck (*Aix sponsa*): lacha *f.* bhainise
woodgrouse (*féach* **capercaillie**)
wood ibis (*Tantalus* sp.): íbis *f.* coille
woodlark (*Lullula arborea*): fuiseog *f.* choille
woodpecker (family Picidae): cnagaire
wood-pigeon (*Columba palumbus*): colm coille; colúr coille
wood sandpiper (*Tringa glareola*): gobadán coille
woodstar (*Calliphlox* sp.): calaflasc
woodswallow (family Artamidae): bruilín
wood warbler (*Phylloscopus sibilatrix*): ceolaire coille
wren (*Troglodytes troglodytes*): dreoilín
wrentit (*Chamaea fasciata*): meantán dreoilíneach
wrybill (*Anarhynchus frontalis*): camghob
wryneck (*Jynx torquilla*): cam-mhuin *f.*
yellow-bellied sapsucker (*Sphyrapicus varius*): súdhiúlaí tarrbhuí
yellowbill (*féach* **yellow-billed duck**)
yellow-billed cuckoo (*Coccyzus americanus*): cuach *f.* ghob-bhuí
yellow-billed duck (*Anas undulata*) lacha *f.* ghob-bhuí
yellow-billed egret (*Mesophoyx intermedius*): éigrit *f.* ghob-bhuí
yellow-breasted bunting (*Emberiza aureola*): gealóg *f.* bhroinnbhuí
yellow-browed warbler (*Phylloscopus inornatus*): ceolaire buímhalach
yellow bunting (*féach* **yellowhammer**)
yellowhammer (*Emberiza citrinella*): buíóg *f.*; Siobháinín *f.* bhuí
yellowhead (*Mohoua ochrocephala*): mohua ceannbhuí
yellow-rumped warbler (*Dendroica coronata*): ceolaire buíphrompach
yellowthroat (*Geothlypis trichas*): bráidbhuí
yellow wagtail (*Motacilla flava flavissima*): glasóg *f.* bhuí
yellow warbler (*Dendroica petechia*): ceolaire buí
zebra finch (*Taeniopygia guttata*): glasán séabrach

eangaigh verb *notch, groove, indent:* clasaigh, eitrigh, mantaigh; bain tiocóg as, cuir eang i, cuir iog i, cuir mant i, gearr eang i.

eanglach noun *numbness from cold, pins and needles:* barrleathar, barrliobar, fuairnimh, fuarthanach, griogán, leathadh lúitheach, mairbhe, mairbhití, manaleathar, marbhántacht, marbhfhuacht, marbhleathar, neamh-mhothú, sliopach; codladh driúraic, codladh gliúragáin, codladh grifín; cradhscal, craiceann gé, diúracas, fionnachrith, fionnaitheacht, griofadach.

eangú noun *indentation:* bearna, bearnáil, eang, mant, mantóg, scolb, scolbáil, tiocóg.

éar verb ❶ *refuse, deny:* col, diúltaigh, éalaigh ó, éimigh, eitigh, loic, ob, seachain, séan, staon ó, cuir suas do. ❷ *repel:* coimeád amach, coimeád uait, coinnigh amach, coinnigh uait, díbir, ob, rad ar gcúl, ruaig, ruaig ar ais; saiceáil, tabhair an bóthar do, tabhair an sac do, tabhair tópar do.

éaradh noun ❶ *refusal, denial:* diúltú, éimiú, eiteach, eiteachtáil, loiceadh, obadh, seachaint, séanadh, staonadh, *literary* freiteach. ❷ *hindrance:* bac, bacadh, bacainn, barradh, branra, buarach, cis, col, cosc, gradhan, laincis, ráille, spiara, stad, stop, stopainn.

earc noun ❶ *lizard (reptile):* airc luachra, alp luachra, earc luachra, earc sléibhe, féith fhann, laghairt; caimileon, geiceo, ioguána, latahá, monatóir, scinc, tinseámat. ❷ *newt (amphibian):* airc luachra, alp luachra, earc luachra, earc sléibhe, niút; corra, salamandar, teideallas, tinteog.

earcach noun *recruit:* earca, saighdiúir nua; amhas, díolúnach.

earcaigh verb *recruit:* bailigh, cláraigh, cruinnigh, fostaigh, fruilígh, liostáil, rollaigh, soláthair.

éargna noun *discernment, intelligence:* breithiúnas, ceann, ciall, clifearthacht, clisteacht, clistíocht, críonnacht, discréid, eagna, eagnaíocht, fadcheann, fios, fios feasa, gaois, gastacht, guaim, intleacht, meabhair, réasún, stuaim, toighis, tuiscint.

éargnaí adjective *discerning, intelligent:* céillí, ciallmhar, clifeartha, cliste, connail, críonna, discréideach, eagnaí, fadcheannach, gaoiseach, gaoisiúil, gaoismhear, intleachtach, intleachtúil, meabhrach, praitinniúil, réasúnta, rúnmhar, sciliúil, stuama, tuairimeach, tuisceanach; a bhfuil fios a ghnóthaí aige.

éarlais noun *earnest, deposit:* airgead síos, éarnais, taisce.

éarlamh noun *patron, patron saint:* caomhnóir, coimirceoir, gairdian, pátrún, tearmannaí; cuiditheoir, tacaí, urra.

earnáil noun *branch, division, category:* aicme, brainse, catagóir, cineál, cion, craobh, cuid, gné, rang, rannán, rannóg, rannpháirt, roinn, roinnt, saghas, scair, sciar, sórt, teascán, teascóg, *literary* fodhail.

earra noun ❶ *article of trade, commodity:* ball earra, bunearra, tráchtearra. ❷ *article, thing:* airteagal, cuid, mír, ní, réad, rud. ❸ pl. **earraí** *trappings, apparel:* pl. balcaisí, pl. boirdréisí, pl. callaí, pl. ciúirtimintí, pl. cleathainsí, culaithirt, pl. fearais, feisteas, pl. froigisí, pl. giúirléidí, pl. gréibhlí, pl. traipisí.

earrach noun *spring, springtime:* an Carghas, aimsir na Féile Bríde, aimsir na Cásca; an athbhliain, an bhliain úr.

earráid noun ❶ *error, mistake:* botún, breall, dearmad, dearmad cló, dearmad pinn, dearmhad, dul amú, éislis, fabht, fallás, faillí, iomrall, lúb ar lár, meancóg, mearbhall, mearathal, míthuiscint, seachmall, seachrán, tuaiplis, tuathal. ❷ *wrongheadedness, contrariness:* achrann, agóid, aighneas, argáil, argóint, beachtaíocht, cailicéireacht, ceanndánacht, ceanntréine, ceapántacht, codarsnacht, coinghleic, cointinn, conspóid, construáil, contract, deargadh beara, díospóireacht, dodaireacht, feannadóireacht, géaradas cainte, géiríneacht, goineogacht, imreas, imreasán, priocaireacht, sciolladóireacht, spochadh, spochadóireacht, stailc, stainc, stalcacht, stangaireacht, stuacánacht, stuaic, trasnáil, trasnaíocht.

earráideach adjective ❶ *erroneous, mistaken:* aincheart, amú, breallach, bunoscionn, cam, cearr, contráilte, éagórach, éigeart, iomrallach, mícheart, neamhcheart, neamhchruinn, **adjectival genitive** tuathail. ❷ *errant, erring:* cam, ciontach, ciontaí, claonta, coiriúil, incháinte, inchasaoide, lochtach, peacúil, saobh, saofa, sáraitheach, urchóideach; ar seachrán, as bealach, as an chosán, as an tslí. ❸ *erratic, eccentric:* aduain, aisteach, aistíoch, ait, clagfhiáin, corr, corraiceach, corrmhéineach, corrmhéiniúil, éagoitianta, éagsamhalta, éagsúlta, éanúil, giodamach, gogaideach, guagach, luaineach, neamhrialta, scinnideach, siabhránach, spéiriúil, taomach, taomannach, treallach, treallánach.

earraíocht noun *use, advantage:* adhmad, brabús, buntáiste, buntáistíocht, éifeacht, feidhm, feiliúnacht, fiúntas, fóirsteanacht, fóntas, leas, maith, maitheas, oiriúnacht, seirbhís, sleaint, sochar, tairbhe, úsáid.

eas noun ❶ *waterfall, cataract:* easach, eascar, scairdeán. ❷ *swift current, rapid:* éasca; coire guairneáin, coire guairdil, cuilithe, poll, sconna, slogaide, súmaire, tuile, tulca, *literary* ineasclann.

easáitigh verb *dislocate, displace:* cuir amach, cuir as alt, cuir as áit, cuir as ionad, díbir, díchuir, dílaithrigh, ruaig.

easaontaigh verb ❶ **easaontaigh le** *disagree with:* bí ar mhalairt aigne le, difrigh, ná bí ar aon fhocal le, ná bí ar aon tuairim le, ná haontaigh le, ná réitigh le, ná tar le, téigh chun sleanntracha le, tit amach le; d'éirigh eatarthu. ❷ *disunite:* bain as a chéile, deighil, roinn, scaip, scar, srac óna chéile, tarraing easaontas idir.

easaontas noun *disagreement, dissent:* achrann, aighneas, aimhréiteach, argáil, argóint, briatharchath, caismirt, cibeal, clampar, cocaireacht, coinghleic, cointinn, comhrac, conspóid, construáil, cur i gcoinne, difríocht, díospóid, díospóireacht, éaguibhreannas, éagsúlacht, easaontú, eisíocháin, eisíth, foclaíocht, giorac, goineogacht, imreas, imreasán, iomarbhá, míthuiscint, neamhréiteach, scliúchas, scoilt, siosma, siúite, smiolgaireacht, titim amach, troid, *literary* easard, gleidean.

éasc noun *flaw:* cáim, deamar, diomar, éalang, fabht, fiar, locht, lúb ar lár, máchail, neamhfhoirfeacht, neamhiomhláine, smál, spota, *literary* éislinn.

éasca adjective *swift, fluent, easy:* aosáideach, doloicthe, furasta, géarshiúlach, líofa, luath, mear, neamhchas, pras, réidh, saoráideach, scafánta, sciobtha, scóipiúil, simplí, socair, soghluaiste, tapa, *literary* sodhaing. **adverb go héasca** *easily, comfortably:* ar bogshiúl, ar do bhogadam, ar do bhogstróc, gan deacracht, gan dua, gan mhasla gan bhraodar, go furasta, go haosáideach, go rábach, go saoráideach.

éascaigh verb ❶ *make easy:* bog, ciúnaigh, déan éascaíocht, maolaigh, réitigh, réitigh an bóthar, tabhair faoiseamh. ❷ *hurry, expedite:* brostaigh, cuir deifir le, cuir dlús le, cuir luas le, deifrigh, géaraigh, luathaigh.

eascaine noun *imprecation, swearword:* blaisféim, contract, crístín, dia-aithis, diairmín, diamhasla, drochfhocal, eascain, focal amh, focal gan chuibheas, pl. jioranna agus crístíní, mallacht, mallachtach, mallaitheoireacht, mionn, mionn is móid, mionn mór, slamfhocal, smachladh, tiomna, *literary* smeirlis.

eascainí

eascainí noun (*act of*) *cursing, swearing*: badhbaireacht, badhbóireacht, broimscéalaíocht, damnú, diabhlaíocht, *pl.* diairmíní, mallachtach, mallachtóireacht, mallachtú, mallaíocht, mallaitheoireacht, mallú, mionnú, oirithis, tiomantóir- eacht, *pl.* slamfhocail; bhí sé ag caitheamh crístíní, bhí sé ag caitheamh mionnaí móra, bhí sé ag gabháil do na mionnaí móra, bhí sé ag tabhairt mionnaí móra; *ironic* guíodóireacht; *ironic* bhí sé ag cur deaphaidreacha leo, *ironic* bhí siad ag fáil gach deaphaidir uaidh.

éascaíocht noun *speed, quickness, ease of movement*: aosáid, *literary* daithe, diaireacht, foilsceadh, luas, mire, réidhe, saoráid, saoráil, scafántacht, scóipiúlacht, siúl; socracht, suaimhneas.

eascair verb *spring, shoot*: borr, brúcht, fás, forbair, péac, preab.

eascairdeas noun *enmity, antagonism*: achrann, aicis, bagairt, binb, bruíonachas, cuir in aghaidh, cuir in éadan, cur i gcoinne, doicheall, drochaigne, droch-chroí, drochfhuil, fala, faltanas, fearg, fiamh, fíoch, freasúra, fuath, gangaid, goimhiúlacht, gráin, ionsaí, íorpais, mailís, míbhá, míchairdeas, mífhabhar, mioscais, mírún, naimhdeachas, naimhdeanas, naimhdeas, nimh, nimh san fheoil, nimheadas, nimhiúlacht, olc, olcas, paor, searbhas.

eascairdiúil adjective ❶ *unfriendly, hostile*: ainciseach, ailseach, aingí, binbeach, bruíonach, cealgrúnach, doicheallach, doineanta, drochaigeanta, drochbheartach, droch-chroíoch, eascaradach, foghach, fuaránta, gangaideach, ionsaitheach, íorpaiseach, mailíseach, mallaithe, míchairdiúil, míchineálta, mífhabhrach, mígharach, mímhéiniúil, mímhuinteartha, mínáireach, mí-oibleagáideach, mioscaiseach, mírúnach, naimhdeach, nathartha, neamhbháúil, neamhchásmhar, neamhthuisceanach, nimhiúil, nimhneach, olc, ribeanta, searbh, urchóideach. ❷ *distant, isolated*: aduain, aonarach, cianda, iargúlta, imigéineach, imigéiniúil, scoite, uaigneach; aerachtúil; ar chúl éaga, i bhfad uainn, i bhfad uait, thar lear.

eascann noun *eel*: eascann abhann, eascann choncair, eascann mhara, eascann leictreach; eascú, eascon; corr ghainimh, corr ghobach, corr shéanta, goibíneach, spéirlint, spéirlint ghainimh; corr charraige; luathóg.

eascara noun *enemy*: bíobha, céile comhraic, ionsaitheoir, namhaid, námha, námhaid, *colloquial* lucht ionsaithe.

eascarthach adjective *springing, fast-growing*: bisiúil, bláfar, borb, breisiúil, buacach, clannach, rábach, raidhsiúil, rathúil, síolraitheach, spleodrach, suthach, táirgiúil, torthúil, uaibhreach.

eascra noun *beaker*: ballán, cailís, corn, cupa, cupán; adharc, eascra, gloine, gogán, scála, soitheach, *literary* caileach, cingid.

easláinte noun *ill-health*: aicíd, anfhollaíne, breoiteacht, éagruas, galar, gearán, laige, mífholláine, othras, tinneas; támhghalar. *literary* támh; calar, dúchrith, fiabhras, teocht, plá.

easlán adjective ❶ *sick, morbid*: anfholláin, breoite, coinbhreoite, éagrua, easláinteach, éiglí, eitinneach, fiabhrasach, fiabhrasta, fiabhrasúil, galrach, lag, mífhollán, míshláintiúil, tinn, *literary* saothrach; gan a bheith ar fhónamh; báiteach, bánghnéitheach, bánlíoch, tláith; anaemach, leice, meata, meatach, meath-thinn, neamhfholach. noun *sick person, invalid*: breoiteachán, donasaí, duine breoite, duine easlán, duine tinn, easláinteach, galrachán, glaisneach, glasrachán, othar; duine gortaithe, duine gonta, taismeach; fothrach.

easmail verb *reproach, abuse*: aifir, aithisigh, cáin, caith anuas ar, cáithigh, cas le, ciontaigh, coirigh, damnaigh, daor, díbligh, glámh, guthaigh, imcháin, imdhearg, lochtaigh, mallachtaigh, mallaigh, maslaigh, scioll, spaill, tarcaisnigh, *literary* tathaoir, tubh; tabhair achasán do tabhair íde béil do, tabhair íde na muc is na madraí do.

easmailt noun *reproach, revilement*: aifirt, aithis, aoir, badhbaireacht, badhbóireacht, cáineadh, caitheamh is cáineadh, cáithiú, cámas, casadh an chorcáin leis an gciteal, castóireacht, clúmhilleadh, cnáid, crístín, díspeagadh, eascaine, easómós, fochaid, fonóid, gáirmhagadh, glámh, guth, íde béil, íde na muc agus na madraí, imcháineadh, imdheargadh, iomard, leabhal, lochtú, magadh, mallacht, masla, scalladóireacht, scallaireacht, scallóid, scigireacht, sclaimhínteacht, scóladh, scorn, spailleadh, spíd, spídiúchán, steallmhagadh, táinseamh, tarcaisne, tarcaisníl, toibhéim, *literary* aisc, cúrsú, tallann, tubha.

easmailteach adjective *abusive, reproachful*: achasánach, aithiseach, binbeach, cáinteach, cnáideach, cnáidiúil, drochmheastúil, drochmheasúil, easonórach, fochaideach, fonóideach, frimhagúil, gangaideach, géar, glámhach, goibéalta, iomardach, magúil, maslach, scigiúil, sclamhach, searbhasach, spídiúil, tarcaisneach, *literary* tathaoireach.

easna noun *rib*: cnámh, fáiltín, fonsa, ribe, taobhán, *colloquial* cnámharlach, creat, creatlach.

easnamh noun *deficiency, omission*: ainimh, breall, cáim, cithréim, díth, éagruth, éalang, éasc, easnamh, easpa, fabht, laige, lear, locht, lóipín, lúb ar lár, máchail, míchuma, míghnaoi, miolam, neamhfhoirfeacht, neamhiomláine, orchra, smál, uireasa, uireasbhaidh, uireaspa, *literary* meann.

easnamhach adjective *deficient, incomplete*: ainimheach, briste, cáimeach, camtha, cithréimeach, claonta, éagruthach, éalangach, easpach, fabhtach, fiartha, lag, lochtach, máchaileach, míchumtha, millte, neamhfhoirfe, neamhiomlán, neamhuilíoch, orchrach, saofa, uireasach, uireaspach; in anchuma, tá lúb ar lár ann.

easóg noun *stoat* (Mustela erminea): beainín uasal, bláthnaid, eas, eirmín, flannóg, iaróg, neas; fíréad, pioróid.

easonóir noun *dishonour, affront, indignity*: aifirt, aithis, béim síos, cáineadh, caitheamh is cáineadh, cáithiú, cámas, clúmhilleadh, cnáid, díspeagadh, drochmheas, éagóir, eascaine, easmailt, easómós, easurraim, fochaid, fonóid, glámh, guth, imdheargadh, iomard, ísliú, lochtú, masla, náire, neamhonóir, oilbhéim, scannal, spailleadh, táinseamh, táirbhéim, tarcaisne, tarcaisníl, truailliú, *literary* aisc, dímhiadh.

easonórach adjective ❶ *dishonourable*: eisionraic, míchneasta, mí-ionraic, mímhacánta, náireach, scannalach, suarach, táir, *literary* meabhlach; cam, cealgach, ciniciúil, claon, claonbheartach, cluanach, creipeartha, éagórach, falsa, fealltach, fiméneach, feillbheartach, lúbach, mealltach, meangach, mímhorálta, nathartha, neamhfhírinneach, neamhphrionsabálta, neamhscrupall- ach, rógánta, sleamhain, slítheach, slítheánta. ❷ *disrespectful*: achasánach, aithiseach, cáinteach, cnáideach, cnáidiúil, drochmheastúil, drochmheasúil, easmailteach, fochaideach, fonóideach, frimhagúil, magúil, maslach, neamhómósach, scigiúil, searbhasach, spídiúil, tarcaisneach. ❸ (*of work*) *hard, servile*: anacair, anróch, anróiteach, cloíteach, crua, dian, duaisiúil, marfach, maslach, saothrach.

easonóraigh verb *dishonour, affront*: aifir, aithisigh, cáin, cáithigh, cuir stuaic ar, díbligh, easmail, glámh, goill ar, gortaigh, guthaigh, imcháineadh, imdhearg, lochtaigh, mallaigh, mallachtaigh, maslaigh, spaill, tabhair achasán do, tarcaisnigh.

easpa¹ noun ❶ *abscess:* carrmhogal, fiolún, goirín, neascóid, tinneas bhun ribe, pachaille, puchóid. ❷ **easpa bhrád** *scrofula: pl.* cait bhrád, gad brád, *pl.* gaid bhrád, íbhil, tinneas ríon.

easpa² noun *deficiency, lack:* ainimh, breall, cáim, cithréim, díth, éagnairc, éagruth, éalang, éasc, easnamh, fabht, feasbhaidh, laige, lear, locht, lóipín, lúb ar lár, máchail, *literary* meann, míchuma, míghnaoi, miolam, neamhfhoirfeacht, neamhiomláine, orchra, smál, uireasa, uireasbhaidh, uireaspa; bochtaineacht, bochtaineas, boichte, drochshaol, gainne, gannchar, gannchúis, gannchúisí, ganntan, ganntanas, ganntar, gátar, gorta, meathfháltas, ocras, *pl.* pócaí folmha, teirce, teirceacht.

easpach adjective *wanting, defective:* ainimheach, briste, cáimeach, camtha, cithréimeach, éagruthach, éalangach, easnamhach, fabhtach, fiartha, lag, lochtach, máchaileach, míchumtha, millte, neamhfhoirfe, neamhiomlán, neamhuilíoch, orchrach, saofa, uireasach, uireaspach, *literary* urbhearnach; in anchuma, tá lúb ar lár ann; annamh, fánach, gann, gannchúiseach, giortach, gortach, scáinte, sciotach, tanaí, tearc; táimid siar i.

easpag noun *bishop:* easpag, easpag cúnta, easpag na deoise, oirdeanáire; easpag Protastúnach, easpag Eaglais na hÉireann, an t-easpag ministéara; ardeaspag, ardeaspag oireachais, príomháidh; patrarc, prealáid, préaláid; cairdinéal.

easpagóideach adjective ❶ *episcopal:* easpagaíoch. ❷ *Episcopal, Episcopalian:* Anglacánach, Angla-Chaitliceach, Protastúnach. noun *Episcopalian:* Anglacánach, Angla-Chaitliceach, ball d'Eaglais na hÉireann, ball d'Eaglais Shasana, ball d'Eaglais Easpagóideach na hAlban, ball d'Eaglais Phrotastúnach Easpagóideach Stáit Aontaithe Mheiriceá, ball den Eaglais Anglacánach, Protastúnach, Protastún.

easpagóideacht noun *bishopric, episcopy:* cathaoir easpaig, deoise, prealáideacht, suíochán easpaig, *literary* fairche.

easpórtáil verb *export:* cuir thar lear, onnmhairigh.

eastát noun *estate:* diméin, gabháltas, stát, státa, talamh, *pl.* tailte; achar, limistéar.

easumhal adjective *disobedient:* ábhailleach, aimhleasta, aimhriata, ainrianta, cadránta, caismirteach, callóideach, ceannairceach, ceanndána, ciontach, dígeanta, docheansaithe, dochomhairleach, domhúinte, dúshlánach, earráideach, iomlatach, ládasach, mícheansa, mí-iomprach, míréireach, muiniceach, neamhghéilliúil, reibiliúnach, trioblóideach.

easumhlaíocht noun *disobedience:* ábhaillí, ainriantacht, ceannairc, ceanndánacht, contráilteacht, daingne san earráid, dígeantacht, dísmacht, díriail, drochiompar, iomlat, iomlatacht, mícheansacht, mí-iompar, mínós, míréir, místiúradh, muinceacht, reibiliún, reibiliúnacht, rógaireacht.

easurraim noun *irreverence, disrespect:* achasán, aifirt, *literary* aisc, aithis, cáineadh, caitheamh is cáineadh, cáithiú, cámas, cnáid, díspeagadh, drochmheas, éagóir, easmailt, easómós, easonóir, fochaid, fonóid, masla, glámh, guth, imdheargadh, iomard, masla, míchás, neamhaird, neamhómós, neamhonóir, oilbhéim, spailleadh, táinseamh, táirbhéim, tarcaisne, tarcaisníl.

Easóga, Madraí Uisce, Broic, agus a nGaolta (Mustelidae)

African polecat (Ictonyx striatus): toghán Afracach
African striped weasel (Poecilogale albinucha): easóg *f.* stríocach Afrach
American badger (Taxidea taxus): broc Meiriceánach
American marten (Martes americana): mártan Meiriceánach
American mink (Mustela vison): minc *f.* Mheiriceánach
Asian small-clawed otter (Aonyx cinerea): dobhrán beag-ingneach
beech marten (Martes foina): mártan feá
black-striped weasel (Mustela strigidorsa): easóg *f.* dhústríocach
Chinese ferret-badger (Melogale moschata): broc fíréid Síneach
clawless otter (Aonyx sp.): dobhrán neamhingneach
ermine (Mustela erminea): eirmín
Eurasian badger (Meles meles): broc Eoráiseach
European mink (Mustela lutreola): minc *f.* Eorpach
European pine marten (Martes martes): mártan péine; cat crainn
European polecat (Mustela putorius): cat coille; toghán
European otter (Lutra lutra): madra uisce Eorpach; dobharchú Eorpach
Everett's ferret-badger (Melogale everetti): broc fíréid Everett
ferret (Mustela putorius furo): fíréad
giant otter (Pteronura brasiliensis): olldobhrán
grison (Galictis vittata): gríosan
hairy-nosed otter (Lutra sumatrana): dobhrán croiméalach
hog badger (Arctonyx collaris): broc smutach
hog-nosed badger (féach hog badger)
hog-nosed skunk (Conepatus mesoleucus): scúnc smutach
honey badger (Mellivora capensis): broc meala
hooded skunk (Mephitis macroura): scúnc cochallach
marbled polecat (Vormela peregusna): toghán marmarach
marine otter (Lontra felina): dobhrán muirí
mountain weasel (Mustela altaica): bláthnaid *f.* Altaech
northern river otter (Lontra canadensis): dobhrán abhann tuaisceartach
Palawan stink badger (Mydaus marchei): bréanbhroc Palávach
Patagonian weasel (Lyncodon patagonicus): easóg *f.* Phatagónach
sable (Martes zibellina): sáible
sea otter (Enhydra lutris): dobharchú mara
Siberian weasel (Mustela sibirica): easóg *f.* Shibéarach
small-clawed otter (féach Asian small-clawed otter)
smooth-coated otter (Lutrogale perspicillata): dobhrán sleamhain
spotted-necked otter (Lutra maculicollis): dobhrán muinbhreac
spotted skunk (Spilogale sp.): scúnc ballach
stoat (Mustela erminea): easóg *f.*; beainín *f.* uasal; cailín uasal; eas *f.*; flannóg *f.*
striped polecat (féach African polecat)
striped skunk (Mephitis mephitis): scúnc stríocach
Sunda stink badger (Mydaus javanensis): bréanbhroc Iávach
tayra (Eira barbara): taghra
tropical weasel (Mustela africana): easóg *f.* thrópacach
weasel (Mustela nivalis): bláthnaid *f.* ghallda
wolverine (Gulo gulo): glutan
yellow-bellied weasel (Mustela kathiath): bláthnaid *f.* bholgbhuí

easurramach adjective *irreverent, disrespectful:* achasánach, aithiseach, cáinteach, cnáideach, drochmheasúil, easmailteach, easonórach, fochaideach, fonóideach, frimhagúil, glámhach, iomardach, magúil, maslach, neamhómósach, neamhurramach, scigiúil, scigmhagúil, spídiúil, tarcaisneach.

eatal noun *fit, impulse:* abhóg, cathú, drochfhuadar, fonn, fuadar, priocadh, racht, raig, ráig, ríog, spadhar tobann, spreagadh, spreacadh, spreang, taghd, tallann, taom, tapóg, treall, treallán.

eatramh noun ❶ *interval between showers, lull:* aiteall, deibhil, sámhnas, sánas, snag, turadh, uaineadh. ❷ *cessation, respite:* aoitheo, aothú, cairde, faoiseamh, lagú, staonadh, sos, stopadh, *literary* turbhaidh. ❸ *intervening period, interval:* idirlinn, achar, aga, píosa, scaitheamh, seal, tamall, tréimhse, *literary* ea.

eatramhach adjective *intermittent:* briste, corr-, éagothrom, fánach, fo-, guagach, neamhrialta, ríogach, scaipthe, scaoilte, taghdach, taomach, taomannach, treallach, uaineach. **adverb go heatramhach** *intermittently:* ó am go chéile, ó am go ham, anois is arís, gach re seal, idir amanna, amanna, scaití, uaireanta.

éide noun ❶ *clothes, clothing:* pl. balcaisí, pl. breacáin, pl. breallaigh, pl. brealláin, pl. ceirteacha, pl. cifleoga, pl. círéibeacha, pl. crothóga éadaigh, éadach, pl. éadaí, pl. giobail, pl. giolcaisí, pl. pacaí, pl. plispíní, pl. scóiléadaí. ❷ *uniform, livery:* éide scoile, culaith scoile; culaith shaighdiúra; libhré. ❸ *armour:* cathbheart, cathéide, culaith chatha; armúr, máille.

éide aifrinn noun *Mass vestments:* casal, cópa, léine aifrinn, ionairín, suirplís, stoil; miocht, aimicín, dalmátach.

éidearfa adjective *unconfirmed, uncertain:* éadaingean, earráideach, éideimhin, éiginnte, mídheimhnitheach, neamhchinnte, neamhdhaingean, neamhiontaofa, neamh-mhuiníneach, neamhshocair, sealadach; athbhríoch, débhríoch, ilchiallach, manaoiseach.

éideimhin adjective *unsure, uncertain:* amhrasach, amhrasta, amhrastúil, braiteach, ceisteach, dabhtúil, éidearfa, éiginnte, éigreidmheach, manaoiseach, míchreidiúnach, mídheimhnitheach, mímhuiníneach, neamhchinnte, neamhiontaofa, neamh-mhuiníneach, neamhshocair; gan iontaoibh; amhantrach, baolach, contúirteach, fiontrach, guasach, sceipteach, seansúil.

éideimhne noun *uncertainty:* braiteoireacht, éidearfacht, éiginnteacht, míchreidiúnacht, mímhuinín, neamhchinnteacht, neamhiontaofacht, neamh-mhuinín, neamhshocracht; contúirt, fiontar, guais, guaiseacht, seansúlacht.

eidhneán noun *ivy (Hedera helix):* crann eidhinn, eibheann, eidhneach, feidhneán, iashlat, *literary* gort, gortóg.

éidreoir noun *helplessness, feebleness:* anbhainne, beagmhaitheas, dearóile, éadairbhe, éagumas, easnamh, easpa, easpa cumhachta, éineart, fainne, faoine, goilliúnacht, lagáisí, laige, leamhas, leimhe, leochaileacht, mí-ábaltacht, míchumas, míthreoir, neamhábaltacht, neamhbhailíocht, neamhchumhacht, neamhéifeacht, neamhéifeachtacht, neamhinniúlacht, soghontacht, téiglíocht, tréithe, uireasa, uireaspa.

éidreorach adjective *helpless, feeble:* anbhann, bacach, caite, ciotach, cleithiúnach, diomaibhseach, éadairbheach, éagumasach, easnamhach, easpach, fann, goilliúnach, lag, lagáiseach, leamh, leochaileach, míchumasach, neamhábalta, neamhbhailí, neamhchumhachtach, neamhéifeachtach, neamhéifeachtúil, neamhfhiúntach, neamh-infheidhme, neamhinniúil, neamhoilte, neamhthairbheach, soghonta,

soleonta, tréith, tréithlag, uireasach, uireaspach; gan chaomhnú, gan chumas, gan chosaint, gan dídean, gan éifeacht.

éifeacht noun ❶ *force, significance:* ábaltacht, beocht, brí, bun, bunús, ciall, cúis, cumas, cumhacht, éirim, éitim, feidhm, fuinneamh, gus, inmhe, inniúlacht, intinn, láidreacht, léire, lúth, meáchan, meon, míniú, míniúchán, neart, spreagadh, tábhacht, tathag, treise, urra, urrús. ❷ *achievement, success:* beart, bua, caithréim, earmaise, gaisce, gníomh gaile is gaisce, laochas; conách, rath, rathúnas, *literary* ary sola.

éifeachtach adjective *powerful, significant:* ábalta, acmhainneach, bailí, bisiúil, bríoch, bríomhar, cumasach, cumhachtach, éifeachtúil, foirtil, forthréan, fortúil, fuinniúil, gusmhar, gustúil, gusúil, inniúil, láidir, máistriúil, mór le rá, neartmhar, oirbheartach, spionnúil, spioradúil, spreacúil, spreagúil, spridiúil, tábhachtach, tathagach, tiarnasach, tiarnúil, torthúil, tréamanta, tréan, tréitheach, tromchúiseach, tualangach, údarásach, úimléadach, úimléideach, urrúnta, urrúsach, *literary* tothachtach.

éigean noun ❶ *force, violence:* anfhorlann, cos ar bolg, dásacht, éagomhlann, éigeantas, éigniú, foréigean, forneart, fórsa, géarsmacht, iachall, iallach, inghreim, lámh láidir, leatrom, neart. ❷ *compulsion, necessity, need:* deargriachtanas, díobháil, díth, gá, oibleagáid, riachtanas; bochtaineacht, bochtaineas, boichte, dealús, dearóile, easnamh, easpa, éigeantas, éigní, gannchar, gannchúis, ganntan, ganntanas, ganntar, gátar, meathfháltas, teirce, uireasa, uireaspa. ❸ **is éigean do** *it is necessary:* caithfidh, is gá do, ní foláir do, ní mór do, tá ar, tá dualgas ar; *literary* rigim a leas. **adverbial phrase ar éigean** *hardly, with difficulty:* ar éigean báis, ar inn ar ea, ar inn ar éigean, ní mó ná; is suaill má; is é mo dhícheall é.

éigeandáil noun *emergency:* cruachás, gá, gáróid, gátar, géarchéim, géarghá, lá na coise tinne. matalang, práinn, riachtanas, taisme, timpiste, tionóisc, tubaiste; broid, cruóg, cúngach, cúnglach, cúngrach, deacracht, dianghá; priacal, sáinn; leatra.

éigeansa adjective *wild, untamed:* ábhailleach, agóideach, aighneasach, aimhleasta, as a chrann cumhachta, crosta, dalba, dána, docheansa, docheansaithe, dochoiscthe, doriartha, doshrianta, fiáin, fiata, fiatúil, forránach, forránta, greannach, iomlatach, ionsaitheach, mí-iomprach, mínósach, mírialta, oilbhéasach, racánach; achrannach, ainciseach, araiciseach, aranta, cochallach, coilgneach, colgach, danartha, deafach, dodach, driseogach, drisíneach, feargach, fraochmhar, gairgeach, goilliúnach, gráinneogach, grusach, iarógach, íortha, peasánach, rothánach, stailceach, stainceach, staincíneach, stalcach, stalcánta, stuacánach, stuacánta, stuaiceach, *literary* dreannach, íorach; cadránta, ceanndána, ceannláidir, ceanntréan, ceapánta, cruamhuineálach, dáigh, diúnasach, dobhogtha, doghluaiste, dolúbtha, dúr, ládasach, neamhghéilliúil, ogal, ogal éigeansa, stailcíuil, staincíuil, stálaithe, stobarnta, stóinsithe, stuacach, stuacánta, stuaiceach.

éigeantach adjective ❶ *enforced, compulsory:* dlite, fíorphráinneach, oibleagáideach, riachtanach; den riachtanas; caithfidh, is gá, ní foláir, ní mór; *literary* rigim a leas. ❷ *needy, distressed:* ainnis, anacrach, anásta, angarach, beo bocht, bocht, dealbh, dealúsach, dearóil, díothach, go dona, folamh, gátarach, lag, lom, ocrach, siolgair, truánta, *literary* doim; ar an gcaolchuid, ar an trá fholamh, in anchaoi.

éigeart adjective *wrong, unjust:* aincheart, amú, breallach, buanearráideach, bunoscionn, cam, cearr, contráilte, éagórach, earráideach, fiar, laofa, leatromach, mícheart, neamhcheart, olc, peacach, saofa, **adjectival genitive** tuathail, urchóideach; ar seachrán, as an gcosán, as an tslí, as bealach. **noun** *wrong, injustice:* aincheart, aindlí, ainghníomh, anfhorlann, ansmacht, bithiúntacht, bithiúntas, cáim, calaois, camadh, camastaíl, camiléireacht, cealg, cearr, cluain, cneámhaireacht, coir, coiriúlacht, coirpeacht, donacht, drochbheart, drochchroí, drochiarraidh, drochíde, drochintinn, éagóir, fabhar, feall, feall ar iontaoibh, feallstacht, feallstóireacht, gangaid, idirdhealú, leatrom, leithcheal, mailís, olc, mímhaith, mímhacántacht, mínáire, míchoinníoll, mioscais, míréir, mírún, neamhdhiagacht, neamhfhíréantacht, olc, oilbhéas, oilceas, peaca, séitéireacht, suarachas, tarcaisne, urchóid, urchóideacht.

éigeas noun *sage, poet:* bard, eagnaí, fáidh, fáidheadóir, fear léinn, file, saoi, *literary* dréachtach, sruith; ollamh, *literary* ánradh, clí, cana, dos, mac fuirmhidh, fochlac.

éigh verb ❶ *cry out, call:* béic, glaoigh, lig béic, lig glao, lig scread, liúigh, scairt, scréach, scread, *literary* géis. ❷ *complain:* ceasnaigh, cnáimhseáil, gearáin, soifnigh, *literary* ceis; déan banrán, déan casaoid, déan ceasnaí, déan clamhsán, déan fuasaoid.

éigiall noun *want of sense, imbecility:* amadántaíocht, amaideacht, amaidí, athbhaois, baois, baoithe, díchiall, díth céille, easpa céille, leamhas, leibideacht, míchiall, óinmhideacht, óinsiúlacht, pleidhcíocht, seafóid.

éigiallta adjective *foolish, imbecile:* aimhghlic, ainbhiosach, aineolach, amadánta, amaideach, baoiseach, baoth, breallach, breallánta, bundúnach, dall, dallacánta, dallaigeanta, dúr, éaganta, gamalach, leamh, leamhcheannach, leathmheabhrach, leibideach, míghlic, neamhthuisceanach, óinmhideach, óinsiúil, pleidhciúil, ramhar, seafóideach, simplí, spadintinneach, tútach, uascánta, *literary* easconn.

éiginnte adjective ❶ *uncertain:* athbhríoch, débhríoch, éadaingean, earráideach, éidearfa, éideimhin, ilchiallach, manaoiseach, mídheimhniteach, mímhuiníneach, neamhchinnte, neamhchruthaithe, neamhdhaingean, neamhiontaofa, neamhshocair, neamh-mhuiníneach. ❷ *literary unlimited, infinite:* dí-áirithe, **adjectival genitive** díthomhais, do-áirithe, do-áirmheach, dochaite, dochuimsithe, do-ídithe, éadomhaiste, éaguimseach, éaguimsithe, éigríochta, forleathan, forleitheadach, infinideach, neamhchuimseach, neamhtheoranta, síoraí, *literary* **adjectival genitive** dírímh, éiginnte; as cuimse, gan áireamh, gan chríoch, gan deireadh, gan sos, gan stad, gan staonadh, gan teorainn.

éiginnteacht noun *uncertainty, vagueness:* athbhrí, débhríocht, défhiús, diamhracht, doiléire, doiléireacht, dorchacht, éadarfacht, éideimhne, míchreidiúnacht, mímhuinín, neamhchinnteacht, neamhchruinneas, neamhiontaofacht, neamh-mhuinín, neamhshocracht, seachrán.

éigiontach adjective *guiltless, innocent:* cneasta, díreach, dothruaillithe, ionraic, macánta, maighdeanúil, neamhchiontach, neamhchoireach, neamhchorthach, ógh; gan locht, gan smál, saor ó locht.

éigneach adjective ❶ *violent, outrageous:* ainchríostúil, ainmheasartha, ainrianta, aintréan, allta, anfhorlannach, barbartha, brúidiúil, brúisciúil, coirpe, crua, cruachroíoch, cruálach, damanta, danartha, dásachtach, díbheirgeach, dobhéasach, dúnmharfach, fiánta, fiata, fiáin, fíochmhar, foghach, foréigneach, forneartach, fraochmhar, fraochta, fuilteach, gairbhéiseach, gangaideach, garbh, ionsaitheach, mídhaonna, mínádúrtha, mínáireach, míshibhialta, ropánta, tolgach, tréamanta, tréasúil, *literary* tairpeach, tuilmhear. ❷ *distressing, grievous,* anacrach, anróiteach, damáisteach, dochrach, dochraideach, doithimh, donasach, duainéiseach, duamhar, goimhiúil, nimhneach, peannaideach, pianmhar, treabhlaideach, trioblóideach, truamhéalach. **noun** *violation, outrage:* anfhorlann, banéigean, creachadh, coilleadh, coinscleo, cur isteach, drochiarraidh, feillbheart, fogha, foghail, foréigean, forneart, fuadach, inghreim, ionsaí, sárú, slad, *literary* lochar, turbhródh.

éigneasta adjective *dishonest, insincere:* bealachtach, béalchráifeach, beartach, bradach, bréagach, **adjectival genitive** bréige, caimseach, calaoiseach, cam, cambheartach, cealgach, ciniciúil, claon, cluanach, creipeartha, éadairise, éadairiseach, éagórach, eisionraic, falsa, feallstach, fimíneach, glic, liom leat, lúbach, meabhlach, mealltach, meangach, míchneasta, mídhílis, mí-ionraic, mímhacánta, mímhorálta, nathartha, neamhfhírinneach, neamhphriosábálta, neamhscrupallach, rógánta, seachantach, séitéartha, sleamhain, slítheach, slítheánta.

éigneastacht noun *dishonesty, insincerity:* béalchráifeacht, bréagadóireacht, bréagaí, bréagaíl, bréagaireacht, caimiléireacht, calaois, camadaíl, camastaíl, cealg, cealgaireacht, ceileatram, ceilt, ciniceas, cluanaíocht, cluanaireacht, cur i gcéill, dúbláil, éadairise, eisionracas, falsacht, feall, feillbheart, fimíneacht, fimínteacht, lúbaireacht, lúbarnaíl, meabhal, míchneastacht, mídhílseacht, mí-ionracas, mímhacántacht, seachantacht, sleamhaine, slíbhíneacht, slíbhínteacht, slítheántacht, slusaíocht, timpeallaíocht, uisce faoi thalamh.

éigneoir noun *violator, ravisher:* réabóir, réabthóir, sáraitheoir; airgtheoir, argthóir, creachadóir, creachaire, loitiméir, millteoir, scriostóir, sladaí, sladaire.

éignigh verb ❶ *force, compel:* foréignigh, forsáil, tiomáin, *literary* tiomairg; cuir faoi deara do, cuir iachall ar, cuir iallach ar, tabhair ar. ❷ *violate, ravish:* coill, creach, foréignigh, fuadaigh, gabh le foréigean, léirscrios, mill, sáraigh, *literary* lochair; déan fórsa ar, tabhair drochiarraidh ar.

éigniú noun *rape, violation:* banéigean, banéigniú, drochiarraidh, éigean, éigneach, sárú; creachadh, éigeantas, éagomhlann, fogha, foghail, foréigean, forneart, fuadach, inghreim, *literary* lochar, lot, slad, *literary* turbhródh.

éigríoch noun *infinity:* infinid; anmhéid, *literary* dearmháile, ollmhéid.

éigríochta adjective *infinite:* ábhalmhór, dí-áirithe, do-áirimh, do-áirithe, do-áirmheach, dochaite, dochuimsithe, do-ídithe, do-inste, domheasta, dothomhaiste, éaguimseach, infinideach, neamhchuimseach, neamhtheoranta, síoraí, *literary* dearmháil, **adjectival genitive** dírímh, éiginnte; as cuimse, gan áireamh, gan chríoch, gan chuimse, gan deireadh, gan sos, gan stad, gan staonadh, gan teorainn.

éigríonna adjective *unwise, imprudent:* ainchríonna, dícheillí, neamhchríonna; aimhghlic, ainbhiosach, amadánta, amaideach, baoiseach, baoth, beag de dhearcadh, breallach, breallánta, bundúnach, dall, dallacánta, éaganta, gamalach, leamh, leamhcheannach, leathmheabhrach, leibideach, míghlic, místuama, neamhthuisceanach, pleidhciúil, ramhar, saonta, seafóideach, soineanta, simplí.

éigse noun ❶ *learning, poetry:* eolas, foghlaim, léann, léanntacht, saíocht, seanchas; duanaireacht, ealaín, filíocht, véarsaíocht; *pl.* amhráin, *pl.* dánta, *pl.* duanta. ❷ *learned men, poets:* dámh, *pl.* fáithe, *pl.*

éigsín

fealsúna, *pl.* filí, *pl.* saoithe *pl.* scoláirí, *colloquial* aos dána, aos léinn, lucht foghlama, lucht léinn.

éigsín noun ❶ *poetaster:* fileoir. ❷ *superficial scholar:* bíonn sé ag ligean scile air féin.

eilc noun *elk* (*Alces alces*): cearbh, fia mór; mús.

éileamh noun *claim, demand:* achainí, aisce, buannacht, call, ceart, comhardú, glao, iarraidh, iarratas, impí, maíomh, muist, mustrún, ráchairt, tóir; sciob sceab.

eileatram noun ❶ *bier, litter:* árach, cleith, cróchar, leaba iompair, leaba shínteáin, palaincín, sínteán. ❷ *hearse:* carbad na marbh, crócharn, cróchrann, marbhchóiste.

eilifint noun *elephant* (*Elephas, Loxodonta*): eileafant; trod.

éiligh verb ❶ *claim, demand:* achainigh, glaoigh, iarr, impigh, lorg, ordaigh, pléadáil, sir. ❷ **éiligh ar** *complain about:* déan casaoid faoi, déan gearán faoi, déan fuasaoid faoi, gearáin, gearáin ar. ❸ *ail:* bí ag gearán, bí ag éagaoin, bí breoite, bí tinn.

eilimint noun *element:* comhábhar, comhpháirt, cuid, dúil, giota, gné, páirt, roinn, roinnt, scair, táthchuid.

éilitheach adjective ❶ *demanding, importunate:* achainíoch, dianiarrthach, dígeanta, doriartha, do- shásta, géar, iarratach, iarratasach, iarrthach, impíoch, leanúnach, liosta, righin, síoriarratach, sirtheach, teann. ❷ *solicitous, friendly:* airdeallach, aireach, cabhrach, cairdiúil, cásmhar, comhbhách, cúntach, cúramach, dícheallach, díograiseach, dúthrachtach, garach, garúil, imníoch, oibleagáideach, soilíosach, tuisceanach.

éilitheoir noun *claimant, suppliant:* achainíoch, achomharcóir, casaoideoir, clamsánaí, gearánaí, iarrthóir, impíoch, pléadálaí, sirtheoir.

éillín noun *brood, clutch:* áilín, ál, dreabhlán, ealbha, ealbhán, eilbhín, éillín, éillín, graithan, iall, scuaine, scúd; *pl.* cinn óga, clann, sliocht; *pl.* coileáin, *pl.* bainbh, *pl.* caitíní, *pl.* gasúir, *pl.* leanaí, *pl.* páistí, *pl.* piscíní, *pl.* éin lachan, *pl.* éin ghé, *pl.* éin eala, *pl.* éin chirce, *pl.* sicíní.

éilligh verb *corrupt, defile, suborn:* breab, bríb, ceannaigh, mill, nimhigh, salaigh, scrios, táir, teimhligh, trochlaigh, truailligh.

éilliú noun *corruption, subornation:* breabaireacht, ceannach, ceannach agus breabaireacht, salú, scrios, smál, teimhliú, trochlú, truailleachas, truailliú.

éineacht adverbial phrase **in éineacht** *together, altogether:* i bhfarradh, i dteannta, i gcosamar, in éindí, le chéile, le cois a chéile, mar aon.

éinirtigh verb *enfeeble, weaken:* anbhainnigh, breoigh, cloígh, géill, lagaigh, laghdaigh, loic, maolaigh, meirtnigh, meath, meathlaigh.

eipidéim noun *epidemic:* aicíd, aicíd mharfach, calar, galar mór, plá, ráig, támh.

Eipeafáine noun *Epiphany:* Lá Nollag Beag, Nollaig na mBan, Nollaig Stéille; adhradh na dTrí Ríthe.

eipistil noun ❶ *epistle, letter:* cuntas, focal, imlitir, líne, litir, nóta, nuacht, nuaíocht, post, postas, ríomhphost, teachtaireacht, tréadlitir. ❷ *charm, inscription worn as a charm:* briocht, ortha.

eire noun *load, burden:* asclán, beart, gabháil, lasta, lód, lódáil, luascán, lucht, muirear, muirín, osar, taoscán, teannaire, tiarpa, tiarpán, tiarpóg, traidín, trillín, ualach, uchtán, uchtóg.

Éire propn *Ireland:* Éirinn, Banbha, Ealg, Fál, Fódla; Inis Ealga, Inis Eilge, Inis Fáil.

eireaball noun *tail:* drioball, ruball, *literary* caircheach; earr, feam, feimín, los, raiblín, sciot, sciotachán, sciotán, scothachán, scothán, scuab, scuabóg, triopall.

eireaball capaill noun *horsetail* (*Equisetum*): broibh i dtóin, broimín gan tóin, cló uisce, cuiridín gabhair, cuiridín gadhair, eireaball an eich, eireaball cait, eireaball searraigh, feadóg, gabhar, gliogán, scuab eich.

eireog noun ❶ *pullet, chicken:* cráiscín, éan, éan circe, éinín, eireoigín, puiléad, sicín, sicín circe. ❷ *young girl:* ainnir, ainnirín, bogchailín, bruinneall, caile, cailín, céirseach, cúileann, druid, gearrchaile, girseach, girseog, guamóg, iníon, leanbh iníne, leathchailín, macaomh mná, maighdean, ógbhean, suib; babóigín, bamsóigín, béasach, brídeach, brídeog, céirseach, cuaichín, gleoiteog, guamóg, lachóigín, láireog, láireoigín, láithreog, lúibín, maighre mná, maiseog, mamsóg, muirneog, naí, néamhann, pabhsae, péacóg, plandóg, plúróg, pramsóg, suib, *literary* bríd.

éirí noun ❶ *rising, rise:* ard, ardú, cnoc, dul suas, tógáil. ❷ *sexual excitement, erection:* adharc, áilíos, anmhacnas, galar stacach, macnas, ragús, sámhas, teas, teaspach, *familiar* ard doirnín, dioch, diogait, meacan, raghas, spiacán, steaind.

éirí amach noun *insurrection, revolt:* ceannairc, comhéirí, easumhlaíocht, éiritheacht, reibiliún; muirtheacht, réabhlóid; tréas; suaitheadh, treascairt.

éirí in airde noun ❶ *exuberance:* aeracht, aeraíl, corraí, driopás, eadarluas, éagantacht, fíbín, flosc, fosaoid, fothragadh, fuirseadh, fústar, gleithreán, gríosú, griothalán, guagacht, luaineacht, luathaigeantacht, macnas, mearú, preabarnach, *pl.* sceitimíní, scinnide, scóip, teaspach. ❷ *uppishness:* anbharúil, bogás, buannaíocht, ceartaiseacht, ceartaisí, cinseal, díomas, iarlaitheacht, leithead, móiréis, mórchúis, mórtas, mórtas thóin gan taca, postúlacht, saoithíneacht, sotal.

éiric noun *compensation:* airgead scoir, airgead fola, airgead scoit, cíosú, cúiteamh, díol, díre, fíneáil, ómós, pionós, *literary* eineachlann.

eiriceach noun *heretic:* eiritic; agnóisí, aindiachaí, ainrianaí intinne, dealbh-bhristeoir, diamhaslóir, díchreidmheach, easaontóir, fear amhrais, íolbhristeoir, neamhaontach, saorintinneach, sceipteach, séantóir creidimh, siosmach, tréigtheoir; págán, páganach.

eiriceacht noun *heresy:* eireas, eiriticeacht; aindiachas, blaisféim, dia-aithis, diamhasla, díchreideamh, diúltú, easaontas, heitreadocsacht, saobhchreideamh, séanadh creidimh, sceipteachas, siosma; páganacht, págántacht.

éirigh verb ❶ *rise, go up:* ardaigh, eitil, léim, ling, téigh suas. ❷ *grow, become:* faigh, fás, déan, forbair, iompaigh, tiontaigh.

éirigh amach verb ❶ *go on an outing, take the air:* déan do chosa, siúil amach, téigh ar turas. ❷ *rise in rebellion:* déan ceannairc.

éirigh as verb *give up, relinquish:* caith as do cheann, scar le, tabhair cúl le, tréig.

éirigh do verb *happen to:* bain, imigh ar, tar ar, tarlaigh do, tit amach.

éirigh idir verb **d'éirigh eatarthu** *they fell out, they quarrelled:* tá siad in easaontas le chéile, tá easaontas eatarthu, thit siad amach lena chéile, thug siad malairt chainte dá chéile; ní aontaíonn siad lena chéile, ní réitíonn siad lena chéile, níl siad ar aon fhocal lena chéile, níl siad ar aon tuairim lena chéile, níl siad ar na hóí le chéile; chuaigh siad chun sleanntracha le chéile.

éirim noun ❶ *range, scope:* airde, fad, fairsinge, leithead, leithne, limistéar, ord, rang, raon, réim, réimse, scóip, sraith, sraithraon, toise. ❷ *aptitude, intelligence:* ábaltacht, breithiúnas, ceann, ciall, ciall cheannaithe, clifearthacht, clisteacht, clistíocht, críonnacht, cumas, eagnaíocht, eagna, éargna, éirimiúlacht, fadcheann, fios, fios feasa, gaois, gastacht, guaim, intleacht, intleachtacht, intliúlacht, meabhair, réasún, scil, stuaim, toighis, tuiscint.

éirimiúil adjective ❶ *lively, sprightly:* ardaigeanta, bagánta, bainte amach, beo, beoga, breabhsach, breabhsanta, breabhsánta, croíúil, éadromaigeanta, gáiriteach, gealchroíoch, gealgháireach, gusmhar, intinneach, meanmnach, meidhreach, meidhréiseach, preabanta, scóipiúil, smiorúil, soilbhir, spéiriúil, spleodrach, suairc, subhach, teaspúil, *literary* cluicheachair. ❷ *intelligent:* céillí, ciallmhar, cliste, críonna, eagnaí, éargna, éargnaí, fadcheannach, gaoiseach, gaoisiúil, gaoismhear, intleachtach, intleachtúil, intliúil, machnamhach, meabhrach, praitinneach, praitinnúil, réasúnta, sciliúil, smaointeach, staidéarach, staidéartha, stuama, tuisceanach.

éiritheach adjective ❶ *raised, embossed:* ardaithe, bocóideach, cabhraithe, dronnach; a bhfuil rilíf ann. ❷ *rebellious, insurgent:* ceannairceach, dosmachtaithe, easumhal, easurrúsach, míréireach, reibiliúnach. ❸ *successful:* ámharach, bláfar, buach, buacach, buaiteach, buntáisteach, caithréimeach, éifeachtach, éifeachtúil, rafar, rathúil, réimeach, seabhrach, sochrach, somhaoineach, sona, tairbheach, torthúil, tráthúil; faoi bhláth, faoi rath.

eirleach noun *destruction, havoc:* anachain, bárthainn, bascadh, caill, cailliúint, cealú, ciorrú, cíothach, ciotrainn, clibirt, coscairt, creachadh, creachadóireacht, cuimil an mháilín, díobhadh, díothbháil, díoth, díothú, dochar, drochíde, drochúsáid, gearradh, goin, gortú, greadadh, ídiú, leadhbadh, leadhbairt, leadradh, léirscrios, leonadh, lomadh, lomairt, lot, marfach, martrú, marú, matalang, mífhortún, milleadh, millteoireacht, míthapa, sceanach, sceanairt, sceanartáil, scrios, scriostóireacht, síogadh, slad, sladaíocht, sladaireacht, spóladh, stialladh, streachailt, timpiste, tionóisc, treascairt, tuairteáil, tubaiste, turraing, *literary* lochar, sleachtadh, urbhaidh.

eirmín noun *ermine:* fionnadh, fionnasa; eirmíneis, fritheirmín, fritheirmíneis; bláthnaid, easóg, flannóg.

eisceacht noun *exception:* aimhrialtacht, ainriocht, cás faoi leith, éagoitiantacht, indibhidiúlacht, mínormáltacht, mírialtacht, neamhchoitiantacht neamhfhreagracht, neamhréir, sainiúlacht, suntas.

eisceachtúil adjective *exceptional:* aisteach, ait, difriúil, éachtach, éagoiteann, éagoitianta, éagsúil, eisréimneach, iontach, neamhchoitianta, neamhghnách, suaithinseach, suntasach, urghnách; ar leith, as an ngnách, faoi leith, ann féin.

éiseal noun *averson to food, nausea:* adhascaid, déistin, fonn aisig, fonn caite amach, fonn caite aníos, glonn, masmas, múisc, múisiam, samhlas, samhnas, sléidíocht, tormas.

éisealach adjective *fastidious, squeamish:* beadaí, cáiréiseach, cáitiniúil, consaeitiúil, cúirialta, féata, íogair, lagáiseach, laideanta, meonúil, pointeáilte, samhnasach, samhnásach, scrupallach, tormasach.

éisealacht noun *squeamishness:* beadaíocht, beadamas, cáiréis, consaeit, cúirialtacht, deismíneacht, éiseal, íogaireacht, mínineacht, pointeáilteacht, tormas.

eiseamláir noun ❶ *exemplar, example:* caighdeán, cás, critéar, cuspa, fasach, idéal, léiriú, múnla, patrún, sampla, slat tomhais, solaoid. ❷ *wretch:* ainniseoir, ainriochtán, básachán, bás ina sheasamh, bochtán, caiteachán, ceanrachán bocht, conablach, creachán, créatúr, cringleach, cuail cnámh, díothachtach, díthreabhach, dreoilín, geospal, geospalán, gortachán, íomhá, loimíneach, ocrachán, rama, scáil i mbuidéal, sampla bocht, séacla, séaclóir, síogaí, splangadán, suarachán, taiseachán, tráill, truán, truanaid, truanairt.

eisiach adjective *exclusive, sole:* aon-, **adjectival genitive** aonair, aonarach, aonraic eisiatach, indibhidiúil, leithliseach, pearsanta, príobháideach, singil, speisialta, uaigneach, uathúil; ar leith, faoi leith; ina aonar, in aontumha.

eisiamh noun *exclusion:* bac, cosc, cros, díbirt, eascoiteannú, eisiachtain, eisiatacht, fógra díbeartha, ionnarba, ruaigeadh, sligdhíbirt, toirmisc, urchosc, *literary* loingeas.

eisigh verb *issue:* craobhscaoil, craol, cuir amach, dáil, fógair, foilsigh, leathnaigh, roinn, scaip, scaoil amach, tabhair amach.

eisint noun *essence:* eis, eiseadh, eisinn; aitheantas, anam, céannacht, indibhidiúlacht, ionannas, féiniúlacht, nádúr, pearsantacht, ríd, *pl.* saintréithe, uathúlacht; ábhar, damhna, earra, mianach, stuif, substaint.

eisiúint noun *issue:* cur amach, dáileadh, leathnú, scaipeadh, roinnt; craobhscaoileadh, craoladh, fógairt; eagrán, foilseachán, foilsiú.

éislinn noun ❶ *literary insecurity, danger:* bagairt, baol, contúirt, cuntar, dainséar, eisinnille, fiontar, fiontraíocht, gábh, guais, guaisbheart, guaisbheartaíocht, guaiseacht, priacal, riosca, *literary* ing. ❷ *weak spot, vulnerable spot:* éasc, leannán. ❸ *defect, flaw:* ainimh, breall, cáim, clóic, deamar, diomar, cithréim, éagruth, éalang, éasc, fabht, fiar, lear, locht, lóipín, lúb ar lár, máchail, marach, *literary* meann, miolam, smál.

éislinneach adjective ❶ *insecure, vulnerable:* éidreorach, eisinnill, fann, goilliúnach, lag, leochaileach, neamhdhaingean, neamhdhiongbháilte, sobhuailte, soghonta, soghortaithe, soleonta, soloite; gan chaomhnú, gan chosaint, gan dídean; mar a bheadh coinín i measc conairte. ❷ *unsound, defective:* ainimheach, ainriochtach, anchruthach, briste, cáimeach, camtha, cithréimeach, claonta, éagruthach, éalangach, easnamhach, easpach, fabhtach, fiartha, lag, lochtach, máchaileach, míchruthach, míchumtha, millte, neamhfhoirfe, neamhiomlán, neamhuilíoch, orchrach, saofa, uireasach, uireaspach, *literary* urbhearnach; in anchuma; tá lúb ar lár ann.

éislis noun *negligence:* boigéis, dearmad, faillí, mainneachtain, míphointeáilteacht, neamhaird, neamh-aire, neamart, neamhchúram, neamhshuim, scaoilteacht, siléig, sleamchúis.

eispéireas noun *experience:* cleachtadh, taithí; aibíocht, buneolas, críonnacht, eachtra, eagna, gaois, oideachas, sofaisticiúlacht, stair, traenáil, tuiscint.

eisreachtaí noun *outlaw:* ceithearnach, ceithearnach coille, éaglann, easurra, rapaire, ropaire, tóraí; Éamann Bradach, Éamann an Chnoic, Éamann Mágáine; coirpeach, deoraí, díbeartach, dídeanaí, ionnarbthach, teifeach; sladaí, robálaí.

éist verb ❶ *listen to, hear:* clois, cluin, tabhair aire do, tabhair cluas do; ghoin a aire é. ❷ *be silent:* socht, tost; stad de chaint; bí i do thost; ná habair dada; fuist!, soisc! ❸ *desist, cease to bother:* éirigh as, stad, stop; ná bac le, ná buair, ná cuir isteach ar.

éisteacht noun ❶ (*sense of*) *hearing:* cloisint, cloisteáil, cloistin, cluas, *pl.* cluasa, cluinstin. ❷ *earshot:* raon cluaise, raon na gcluas. ❸ *hearing, trial:* binse fiosrúcháin, cead chainte, cead cosanta, coiste, féacháil, fiosrú, scrúdú, triail. ❷ *silence, patience:* ciúnas, foighde, foighne, foighniú, fulaingt, suaimhneas, tost.

éisteoir noun *listener, hearer:* cluas le héisteacht, *colloquial* lucht éisteachta, luch féachana; cluas le heochair, cluasaí, cúléisteoir, dúdaire, scrogaire, spiadóir, spiaire.

eite

eite noun ❶ *wing, feather:* cleite, eiteog, sciathán, *literary* sciath, *colloquial* eiteach. ❷ *fin, vane:* clipe, easna, eiteog, *colloquial* eiteach. ❸ *wing, side:* cliathán, sciathán, taobh.

eiteach noun *refusal:* diúltú, éaradh, éimiú, eiteach, eiteachtáil, loiceadh, seachaint, séanadh, staonadh, *literary* freiteach.

eiteán noun ❶ *spindle, spool:* fearsaid, fiteán, próiste, smól, spól, *literary* sníomhaire; glinne, glionda, roithleán. ❷ *shuttle:* smól, spól.

éitheach noun *lying, falsehood:* bréag, bréagadóireacht, brionnú, caimiléireacht, camaistíl, camadh, falsaitheacht, falsacht, falsú, gó, meabhlaireacht, meabhlú, mionbhréag, móid éithigh, scaitseáil, séitéireacht; caimseog, cnapán bréige, fadhbóg, gáilleog, gáilleog bhréige, pait bhréige, sceireog, stompa bréige, scaits éithigh, straiméad, *literary* tlus; thug tú d'éitheach; an fhírinne a chur as riocht, cloigeann na muice a chur ar an gcaora.

eithne noun *kernel, nucleus:* einte, éinte, eithneachán, núicléas; cnó, croí, croíleacán, croíleachán, dearcán, faireog, gráinne, pór, sceallán, síol.

eithneach adjective *nuclear:* núicléach; adamhach.

eitic noun *ethics:* moráltacht, prionsabal, *pl.* suáilcí morálta; *pl.* béasa, ceart is mícheart, *pl.* rialacha iompair.

eitil verb ❶ *fly, flutter:* bí ag cleitearnach, bí ag eiteallach, bí ag fáinneáil, bí ag faoileáil, bí ag foluain, gaothraigh; imigh san aer, téigh san aer. ❷ *flicker (of flame):* caoch, preab; crith.

eitilt noun ❶ *flight, flutter:* cleitearnach, eiteallach, eiteogach, faoileáil, flaidireacht, flaghdaireacht, flaighdireacht, flaighdeoireacht, foluain, fuaidreamh, fuascradh, mioneitilt. ❷ *flicker:* caochadh, caochaíl, creathadach, eiteallach, faiteadh, preabadh, preabarnach.

eitinn noun *consumption, tuberculosis:* cnaí, cnaíghalar, cnaíteacht, coinsinseam, créachta, tisis; mionaerach, seirglí; cailleadh, cnáfairt, díomailt, donú,

---

Brainsí na hEolaíochta

acoustics: fuaimeolaíocht *f.*
aerodynamics: aeraidinimic *f.*
agriscience: eolaíocht *f.* talmhaíochta
anatomy: anamataíocht *f.*
anthropology: antraipeolaíocht *f.*
astronomy: réalteolaíocht *f.*
astrophysics: réaltfhisic *f.*
atomic physics: fisic *f.* adamhach
bacteriology: baictéareolaíocht *f.*
behavioural science: eolaíocht *f.* iompair
biochemistry: bithcheimic *f.*
biogeochemistry: bithgheoiceimic *f.*
biogeography: bithgheografaíocht *f.*
biology: bitheolaíocht *f.*
botany: luibheolaíocht *f.*
chemistry: ceimic *f.*
climatology: clíomeolaíocht *f.*
computer science: eolaíocht *f.* ríomhaireachta
conchology: coinceolaíocht *f.*
cosmology: cosmeolaíocht *f.*
cryogenics: crióiginic *f.*
crystallography: criostalagrafaíocht *f.*
cybernetics: cibirnitic *f.*
cytology: cíteolaíocht *f.*
dendrology: deindreolaíocht *f.*
dynamics: dimimic *f.*
earth science: talamheolaíocht *f.*
ecology: éiceolaíocht *f.*
economics: eacnamaíocht *f.*
electrical engineering: innealtóireacht *f.* leictreach
electrodynamics: leictridinimic *f.*
electronics: leictreonaic *f.*
endocrinology: inchríneolaíocht *f.*
engineering: innealtóireacht *f.*
entomology: feithideolaíocht *f.*
epidemiology: eipidéimeolaíocht *f.*
ethnology: eitneolaíocht *f.*
ethology: eiteolaíocht *f.*
evolutionary psychology: síceolaíocht *f.* éabhlóideach
exobiology: eis-bhitheolaíocht *f.*
fluid mechanics: meicnic *f.* shreabhánach
forensics: fóiréinsic *f.*
genetic engineering: innealtóireacht *f.* ghéiniteach
genetics: géinitic *f.*
geochemistry: geoiceimic *f.*
geochronology: geocróineolaíocht *f.*
geography: tíreolaíocht *f.*
geology: geolaíocht *f.*
geomorphology: geomoirfeolaíocht *f.*
geophysics: geoifisic *f.*
glaciology: oigheareolaíocht *f.*
haematology: haemaiteolaíocht *f.*
herpetology: heirpiteolaíocht *f.*
histology: histeolaíocht *f.*
holography: holagrafaíocht *f.*
hydrodynamics: hidridinimic *f.*
hydrostatics: hidreastataic *f.*
ichthyology: iasceolaíocht *f.*
immunology: imdhíoneolaíocht *f.*
information technology: teicneolaíocht *f.* faisnéise
limnology: linneolaíocht *f.*
linguistics: teangeolaíocht *f.*
marine biology: bitheolaíocht *f.* mhuirí
mathematics: matamaitic *f.*
mechanics: meicnic *f.*
medical physics: fisic *f.* leighis
medicine: leigheas
metallurgy: miotalóireacht *f.*
meteorology: meitéareolaíocht *f.*
microbiology: micribhitheolaíocht *f.*
mineralogy: mianreolaíocht *f.*
molecular biology: bitheolaíocht *f.* mhóilíneach
mycology: míceolaíocht *f.*
natural history: stair *f.* nádúrtha
nephology: neifeolaíocht *f.*
neurology: néareolaíocht *f.*
neuroscience: inchinneolaíocht *f.*
nuclear chemistry: ceimic *f.* núicléach
nuclear physics: fisic *f.* núicléach
oceanography: aigéaneolaíocht *f.*
oncology: oinceolaíocht *f.*
ophthalmology: oftailmeolaíocht *f.*
optics: optaic *f.*
ornithology: éaneolaíocht *f.*
palaeobotany: pailéluibheolaíocht *f.*
palaeoclimatology: pailéclíomeolaíocht *f.*
palaeontology: pailéointeolaíocht *f.*
palynology: palineolaíocht *f.*
parasitology: paraisíteolaíocht *f.*
particle physics: fisic *f.* cháithníneach
pathology: paiteolaíocht *f.*; galareolaíocht *f.*
pedology: ithireolaíocht *f.*
petrology: peitreolaíocht *f.*
pharmacology: cógaseolaíocht *f.*
photochemistry: peitriceimic *f.*
physics: fisic *f.*
physiography: fiseagrafaíocht *f.*
physiology: fiseolaíocht *f.*
phytology: fíteolaíocht *f.*
psychiatry: síciatracht *f.*
psychology: síceolaíocht *f.*; aigneolaíocht *f.*
quantum mechanics: meicnic *f.* chandamach
radiochemistry: radaiceimic *f.*
radiology: raideolaíocht *f.*
robotics: róbataic *f.*
seismology: seismeolaíocht *f.*
sociobiology: soch-bhitheolaíocht *f.*
soil science: ithireolaíocht *f.*
spectroscopy: speictreascópacht *f.*
statistics: staitistic *f.*
stratigraphy: stratagrafaíocht *f.*
taxonomy: tacsanomaíocht *f.*
tectonics: teicteonaic *f.*
thermodynamics: teirmidinimic *f.*
toxicology: tocsaineolaíocht *f.*
veterinary science: tréidliacht *f.*
virology: víreolaíocht *f.*
vulcanology: bolcáneolaíocht *f.*
zoogeography: zó-thíreolaíocht *f.*
zoology: míoleolaíocht *f.*; zó-eolaíocht *f.*
zymurgy: síomúirge

dreo, dul ar gcúl, dul i léig, feo, meath, meathanas, meathlú, seargadh, seirglí, snoí, spíonadh, trochlú.

eitinneach adjective *tubercular, consumptive:* créachtach, eitinniúil, tisiúil; cnaíte, meata, meathlaithe.

eitleán noun *aeroplane, aircraft:* aerárthach, aerlínéar, aerlong, aerphlána, bád aeir; déphlána, faoileoir, héalacaptar, héileacaptar, ingearán, jumbó, roicéad, scairdeitleán, seipilín; aeráthach troda, buamadóir troda, scairdbhuamadóir, scairdtrodaire.

eitleog noun ❶ *short flight:* eiteallach, eitilt, eiteogach, faoileáil, foluain, fuaidreamh, mioneitilt. ❷ *flighty girl:* baothóg, fuaidrimín, giodróg, giofairlín, guagóg, meidhreog, pramsóg, ruaiseog, sceidhreog, sceimhleog, scinnid, scodaí, struipear, uallóg; éagann, eitleachán. ❸ *jump, bound:* abhóg, geit, léim, pocléim, preab, ruthag, spreang, truslóg, urróg. ❹ *kite (flying toy):* coileach gaoithe, préachán ceirteach, préachán na gceirteach; faoileoir.

eitleoir noun *flyer:* píolóta, stiúrthóir; faoileoir.

Tíortha na hEorpa
*ballstát de chuid an Aontais Eorpaigh

Albania: an Albáin *f.*
Andorra: Andóra
Austria*: an Ostair *f.*
Belarus: an Bhealarúis *f.*
Belgium*: an Bheilg *f.*
Bosnia-Herzegovina: an Bhoisnia-Heirseagaivéin *f.*
Bulgaria*: an Bhulgáir *f.*
Croatia*: an Chróit *f.*
Cyprus*: an Chipir *f.*
Czech Republic*: an Phoblacht *f.* Sheiceach
Denmark*: an Danmhairg *f.*
Estonia*: an Eastóin *f.*
Finland*: an Fhionlainn *f.*
France*: an Fhrainc *f.*
Germany*: an Ghearmáin *f.*
Greece*: an Ghréig *f.*
Hungary*: an Ungáir *f.*
Iceland: an Íoslainn *f.*
Ireland*: Éire *f.*
Italy*: an Iodáil *f.*
Latvia*: Laitvia *f.*
Leichtenstein: Lichtinstéin *f.*
Lithuania*: an Liotuáin *f.*
Luxembourg*: Lucsamburg
Macedonia: an Mhacadóin *f.*
Malta*: Málta
Moldova: an Mholdóiv *f.*
Monaco: Monacó
Montenegro: Montainéagró
Netherlands*: an Ísiltír *f.*
Norway: an Iorua *f.*
Poland*: an Pholainn *f.*
Portugal*: an Phoirtingéil *f.*
Romania*: an Rómáin *f.*
Russia: an Rúis *f.*
San Marino: San Mairíne
Serbia: an tSeirbia *f.*
Slovakia*: an tSlóvaic *f.*
Slovenia*: an tSlóivéin *f.*
Spain*: an Spáinn *f.*
Sweden*: an tSualainn *f.*
Ukraine: an Úcráin *f.*
United Kingdom: an Ríocht *f.* Aontaithe
Vatican City: Cathair *f.* na Vatacáine

---

eitleoireacht noun *aviation:* aerloingseoireacht, eitilt, eitlíocht; faoileoireacht.

eitre noun *furrow, groove:* clais, clasán, eag, eang, feire, iog, iomaire, logán, loigín, mant, mantóg, tiocóg.

eitseáil noun *etching:* bloc, greanadóireacht, greanadóireacht adhmaid, greanadóireacht leath-thonach, greanadh líneach, greanadh turbheara, múnla, múnlú, prionta. verb *etch:* gearr, grean, inscríobh, riastáil, scor, scríobh, scríob, siséal, stríoc; cuir lorg ar, cuir séala ar, gearr eang i.

eocairist noun *Eucharist:* aifreann, ardaifreann, comaoineach, comaoineach naofa, íobairt naofa, liotúirge, rúndiamhair, sacraifís, seirbhís, Suipéar an Tiarna; abhlann, Corp Chríost, naomhabhlann; an tSacraimint.

eochair[1] noun ❶ *key:* eochair dorais, eochair tí. ❷ *key for turning:* eochair cruite, eochair veidhlín, crann gléasta, pi onna, scorán. ❸ *key of keyboard:* digit, luibhean, méar. ❹ *clef:* gléas, mionghléas, mórghléas. ❺ *key to understanding:* aistriúchán, eolaí, eolaire, míniúchán, réiteach, fuascailt, treoir, *pl.* treoracha, uraiceacht.

eochair[2] noun *border, edge:* banc, béal, binn, boirdréis, bord, bruach, ciumhais, coirnéal, colbha, corr, corthair, críoch, cúinne, fabhra, faobhar, feire, feoir, feorainn, fíor, fóir, frainse, frinse, grua, gruaimhín, imeall, imeallbhord, oirear, port, scéimh, sciorta, taobh, teorainn, *literary* braine.

eochraí noun *roe:* iuchair, iuchraí; lábán, leadhbán, spealt.

eolach adjective *knowledgeable, learned, skilled:* acadúil, cliste, críonna, cultúrtha, dea-aithneach, eagnaí, éargnaí, éigseach, eolasach, eolgasach, eolghasach, feasach, foghlamtha, gaoiseach, intleachtach, intleachtúil, intliúil, léannta, meabhrach, oilte, saoithiúil, sciliúil, scolártha, stuama, traenáilte, tuisceanach.

eolaí noun ❶ *learned man, expert:* aoi, eagnaí, éigeas, eolgaiseoir, fáidh, fealsamh, fear feasa, fear léinn, machnóir, máistir, ollamh, saineolaí, saoi, scoláire, smaointeoir, speisialtóir, údar, *colloquial* aos léinn, lucht ceirde, lucht gairme, lucht léinn. ❷ *guide:* cinnire, fear eolais, garda, píolóta, stiúrthóir, treoraí; béal múinte, comhairleoir, máistir, múinteoir, teagascóir, treoraí, *literary* luamh. ❸ *guidebook:* eolaí aibítre, eolaire; atlas, gasaitéar, lámhleabhar, leabhar eolais, leabhrán eolais, leabhar tagartha, treoir, uraiceacht. ❹ *scientist:* saineolaí, taighdeoir; ceapadóir, fionnachtaí, innealtóir, teicneolaí.

eolaíocht noun *science:* innealtóireacht, matamaitic, teicneolaíocht; ábhar, brainse eolais, disciplín, réimse eolais, staidéar.

eolaire noun *directory:* eolaí, eolaí aibítre; atlas, eochair, gasaitéar, innéacs, lámhleabhar, leabhar eolais, leabhrán eolais, leabhar tagartha, treoir, uraiceacht.

eolas noun ❶ *knowledge:* aithne, barúil, fios, fios feasa, gaois, guaim; ciall, críonnacht, eagna, eagnaíocht, éargna, eolaíocht, faisnéis, fealsúnacht, intleacht, léann, oideachas, oiliúint, scoil, scolaíocht, traenáil, *literary* rús; ábaltacht, acmhainn, cumas, inniúlacht, máistreacht, meabhair, oilteacht, scil, saineolas, stuaim, tuairisc, tuarascáil, tuiscint. ❷ *direction, guidance:* ceannaireacht, cinnireacht, comhairle, múineadh, múinteoireacht, stiúir, stiúrthóireacht, teagasc, treoir, *pl.* treoracha.

eorna noun *barley (Hordeum distichum):* arbhar, grán; min eorna, páirc eorna, sú na heorna, uisce eorna.

Ff

fabhalscéal noun *legendary story, fable:* fabhal, fáthchiall, fáthscéal, finscéal, finscéalaíocht, miotas, miotaseolaíocht, parabal, parabhail, seanscéal, staraíocht, staróg, *literary* tuirtheacht.

fabhar noun ❶ *favour:* cineáltas, comaoin, comhar, gar, garaíocht, soilíos; cion, grá; deontas, deonú. ❷ *favouritism, influence:* bá, claoine, cos istigh, cuimilt boise, fabhraíocht, grá, lámh istigh, lé, leithcheal; cara sa chúirt.

fabhcún noun *falcon:* fabhcún coille, fabhcún gorm, seabhac, seabhac gorm, seabhac seilge; seabhac buí, seabhac gaoithe, pocaire gaoithe; préachán na gcearc; spioróg.

fabhra noun ❶ *eyelash:* abhra, fora, forbha. ❷ *fringe:* boirdréis, feirc, frainse, frinse, glib, ribeog, scothóg.

fabhrach adjective *favourable, partial:* bách, báúil, cairdiúil, cineálta, cuiditheach, cuidiúil, cúntach, garúil, grámhar, muinteartha, oibleagáideach, páirteach, taobhach.

fabhraigh verb *form, develop:* cruthaigh, déan, éirigh, fás, forbair, póraigh, tar ann, tar chun cinn, tar in inmhe, tar in oirbheart, tosaigh.

fabht noun *fault, defect:* ainimh, breall, cáim, cithréim, clóic, deamar, diomar, éagruth, éalang, éasc, easnamh, easpa, éislinn, fiar, fochall, lear, locht, lochtaíl, lóipín, lúb ar lár, máchail, marach, mighnaoi, miolam, smál, *literary* meann.

fabhtach adjective *faulty, unsound:* ainimheach, ainriochtach, anchruthach, briste, cithréimeach, éadaingean, éagruthach, éalangach, easnamhach, éislinneach, lochtach, lofa, máchaileach, míchruthach, mighnaíúil, neamhdhiongbháilte, pollta, uireasach, uireapach.

fabraic noun *fabric:* ábhar, creatlach, damhna, déanamh, éadach, eanglaim, fíochán, mianach, ríd, snáithín, stuif, substaint, uige.

fachnaoid noun *derision, mockery:* aithris magaidh, aoir, beithé, cnáid, cráinmhagadh, díspeagadh, fáireach, fochaid, fonóid, frimhagadh, gáirmhagadh, geoin mhagaidh, imdheargadh, magadh, scig, scige, scig-gháire, scigireacht, scigmhagadh, spailleadh, spochadh, spochadóireacht, spochaireacht, spocharnaíl, steallmhagadh, tarcaisne, tarcaisníl; tá cuideachta agaibh orm.

fachtóir noun *factor:* athróg, cinntitheach, comhábhar, cuid, dáil, eilimint, gné, *pl.* imthosca, ní, pointe, páirt, rud, sonra, saintréith, scéal, tréith.

fad noun *length, distance:* achar, airde, am, fadaíocht, faide, faideacht, feadh, leithead, spás, tamall, tréimhse. adverbial phrase ❶ *ar fad entirely, all along:* uile, uile go léir, uilig; ó stuime go post; i dtólamh, i gcónaí; fós, go fóill. ❸ *i bhfad distant, long:* i gcéin, in imigéin; ar feadh i bhfad, píosa fada, stráisiún, tamall fada; ar feadh na gcianta, ar feadh na síoraíochta. conjunction *fad is, a fhad is as long as, while:* a chomhuain is, comhuain is, chúns; chomh fada is, chóds; nuair, agus.

fada adjective ❶ *long, tall:* ard, leabhair, marthanach, sínte, síoraí, *literary* seada. ❷ *tedious:* fadálach, faidréiseach, leadránach, leamh, sínteach, strambánach, strusúil, tuirsiúil, tur, *literary* eimhilt. adverbial phrase *le fada an lá for a long time:* ar feadh i bhfad, i bhfad, le tamall, le tamall fada, stráisiún; leis na cianta, leis na cianta cairbreacha, leis na himpireacha.

fadaigh verb ❶ *kindle:* adaigh, adhain, athlas, cuir ar lasadh, cuir faoi thine, cuir tine le, faghair, las. ❷ *incite:* beartaigh, broid, brostaigh, corraigh, dreasaigh, dúisigh, faghair, griog, gríosaigh, múscail, prioc, saighid, séid faoi, spor, spreag, tathantaigh ar, túin ar, *literary* laoidh; coinnigh an héing le. ❸ *build:* ardaigh, bunaigh, cuir ar bun, cuir suas, déan, foirgnigh, tóg.

fadáil noun *delaying, procrastination:* drogall, fadálacht, falsacht, fámaireacht, fuarthé, leadaíocht, leadrán, leiciméireacht, leisce, leisciúlacht, leoistíocht, losaíodóireacht, malltriall, marbhántacht, moill, righneadóireacht, righneáil, righneas, rístíocht, siléig, siléigeacht, sionsa, srathaireacht, strambán, támáilteacht.

fadaraí noun *long-suffering, forbearance:* buaine, buanadas, buanseasamh, buanseasmhacht, caoinfhulaingt, dianseasmhacht, diongbháilteacht, foighde, foighne, foighid, foighidne, fadfhulaingt, fulaingt.

fadcheann noun *foresight, shrewdness:* ciall, ciall cheannaithe, dearcadh, éargna, fadradharc, fadbhreathnaitheacht, féachaint romhat, géarchúis, géarchúisí, géire, grinneas, oireas, stuaim, *literary* réchonn; *literary* is fearr réchonn ná iarchonn.

fadcheannach adjective *far-seeing, shrewd:* bainistíoch, barrainneach, cabanta, ciallmhar, cliste, cnuaisciúnach, críonna, dearcach, eagnaí, éargnaí, fadbhreathnaitheach, fadradharcach, gaoiseach, gaoisiúil, gaoismhear, géarchúiseach, grinn, meabhrach, praitinniúil, stuama, tíosach, tuisceanach.

fadfhulaingt noun *endurance, forbearance:* boige croí, boigéis, boigiméis; buaine, buanadas, buanseasamh, buanseasmhacht, caoinfhulaingt, dianseasmhacht, diongbháilteacht, dochloíteacht, fadaraí, foighde, foighne, foighid, foighidne, fulaingt.

fadfhulangach adjective *long-suffering, tolerant:* boigéiseach, boigiméiseach, ceadaitheach, fadaraíonach, foighdeach, foighneach, fulangach, géilliúil, *literary* fuarrach.

fadharcán noun ❶ *knot (in timber), protuberance:* alt, boiric, cnap, cranra, meall. ❷ *corn, callosity:* callas, creagán, criogán, cruas craicinn, fadhb, faithne; boinnleac, bonnbhualadh; clog, spuaic. ❸ *troublesome person:* arc nimhe, bearránach, bundún, ceataí, ceatánaí, ciapadh, cigilteán, clipeadh, crá, crá croí, diabhlánach, diabhlóir, núis, pionós, plá, sciúirse; níl ann ach boboró, níl ann ach bundún; chuirfeadh sé sin oighreacha ar do thóin.

fadhb noun ❶ *knot in timber:* alt, boiric, cranra. ❷ *callosity:* callas, creagán, criogán, cruas craicinn, fadharcán, spuaic. ❸ *knotty problem, poser:* cnámh le creimeadh, cruacheist, dubhfhocal, dúcheist, an t-oighear, oighear an scéil, pointe cruóige, snaidhm le scaoileadh, stangán, tomhas, treampán; éigeandáil, géarchéim.

fadhbairne noun *lumpy object, large object:* ailp, balc, baodhg, baog, caob, caorán, cnaiste, cnaistín, cnap, cnapán, corránaí, crampán, dairt, fadhb, fáiméad, fáiméar, gamba, geampa, goblach, meall, rampaire, scailp, scaob, scaobóg, smíste, spóla, spreota, staiféalach, stalc, taoisleadh, torp, torpa, torpán.

fadó adverb *long ago:* anallód, fadó riamh, i bhfad ó shin, i bhfad sna cianta, i bhfad siar, sa seanam, sa tseanaimsir, sa tseanaimsir fhada fiannachta siar, sna seanlaethanta; na céadta bliain ó shin, na cianta ó shin, na cianta cairbreacha ó shin.

fadradharcach adjective *long-sighted:* fadbhreathnaitheach, cianradharcach, géarchúiseach, géarradharcach, grinn, grinnsúileach; seanradharcach.

fadsaolach adjective *long-lived:* bithbheo, bithbhuan, bithnua, buan, buan-, buanfasach, buanúil, fada, fadtéarmach, leanúnach, ilbhliantúil, marthanach, neamhbhásmhar, saolach, síoraí, sithiúil, suthain; is buan é clann an mhíghrásta.

fadsaolaí noun *longevity*: aois chothrom, aois mhaith, bithbhuaine, buaine, buanadas, buanfas, fad saoil, marthanacht, neamhbhásmhaireacht, seasmhacht, síoraíocht, suthaineacht, *literary* sith.

fág verb ❶ *leave*: leag, lig le, scaoil le. ❷ *go away from, forsake*: fág amach; éirigh as, éirigh ó, fuathaigh, imigh ó, scar le, tabhair cúl do, téigh ó, tréig. ❸ **fágann sin** *it follows from that*: ciallaíonn sé sin, is ionann sin agus a rá.

fág ag verb *bequeath*: fág faoi, fág le huacht, fág mar oidhreacht, tiomnaigh, uachtaigh; bronn, deonaigh, tabhair.

fág amach verb ❶ *leave out, omit*: fág ar lár, fág as, lig ar lár; dearmad, dearmhad, déan dearmad ar. ❷ *go away from*: éirigh as, éirigh ó, imigh ó, scar le, tabhair cúl do, téigh ó, tréig.

fág ar verb *attribute to*: cas le, cuir ar, cuir i leith, cuir síos do, leag ar, luaigh le.

fág faoi verb *commit to, leave to*: cuir faoi chúram X; fág ag, fág le huacht ag, tiomnaigh do, uachtaigh do; bronn ar, deonaigh do, tabhair ar.

fág gan verb *leave without, deprive of*: bain de, bris, coimeád ó, coinnigh ó, cuir as, díbir as, ruaig as.

fágáil noun ❶ *weakness, failing*: ainimh, cáim, cithréim, deamar, diomar, éalang, éasc, easnamh, easpa, fabht, filleadh féigh, laige, locht, lear, lóipín, lúb ar lár, máchail, marach, miolam, neamhfhoirfeacht, neamhiomláine, orchra, uireasa, uireaspa, *literary* meann. ❷ *parting injunction, bequest*: aithne, ordú, parúl; cosc, cros, fainic, toirmeasc; tiomna, tiomnacht, uacht.

fágálach noun ❶ *laggard*: cnuálaí, codaí, fágálaí, fámaire, feamaire, giolla na leisce, langa, leadránaí, leiciméir, leisceoir, liúdramán, lófálaí, loiceadóir, lorgánach, máinneálaí, moilleadóir, raingléir, righneadóir, righneálaí, scaoinse, scraiste, sínteach, síntealach, síománach, síománaí, smíste, snámhaí, stangaire, stróinse. ❷ *changeling*: corpán sí, cosúlacht, iarmhar, iarlais, leanbh malartánach, malartán, síofra, síogaí linbh; scáil, séansaí. ❸ *weakling*: arc, bás ina sheasamh, básachán, básadán, croithleán, deibhleán, donaisín, donán, donasaí, éagbhás, graisíneach, iarlais, lagrachán, marla, meathach, meathán, meathlóir, niúdar neádar, raispín, séacla, séaclóir, séithle, séithleach, silteánach, síofra, síogaí, síothnaí, splangadán, *colloquial* mionbhach.

faghair verb ❶ *temper (metal)*: ainéal, cruaigh, neartaigh, righnigh, treisigh. ❷ *fire, heat*: adaigh, adhain, athlas, breoigh, cuir ar lasadh, cuir tine le, las. ❸ *incite*: beartaigh, broid, brostaigh, corraigh, dreasaigh, dúisigh, griog, gríosaigh, múscail, prioc, saighid, séid faoi, spreag, tathantaigh ar, túin ar, *literary* laoidh; coinnigh an héing le.

faghairt noun ❶ *fire, mettle*: beogacht, brí, calmacht, coráiste, crógacht, croí, dea-mhianach, déine, díbhirce, díocas, dánacht, diongbháilteacht, díograis, dúthracht, faobhar, fiuchadh foinn, flosc, fórsa, fuinneamh, gus, lasair, loinne, loisceantacht, meanma, mianach, miotal, misneach, neamheagla, paisean, pléascántacht, rúndaingne, spionnadh, spiorad, spleodar, sponc, spreacadh, spréach, sprid, teas, teasaíocht, teaspach, tréine. ❷ *anger*: ainscian, aonach, báiní, buile, buile feirge, cochall, coilichín, colg, colgaí, confadh, cuthach, dásacht, fearg, fíoch, fiuch, fiúir, fiúnach, fraoch, greannaitheacht, rothán, spadhar, taghd, teasaíocht, tintríocht, *literary* grúg.

fágtha adjective ❶ *abandoned, forsaken*: tréigthe, arna thréigean. ❸ *backward, helpless*: anbhann, bacach, cotúil, éadairbheach, éagumasach easnamhach, easpach, éidreorach, fann, lag, leochaileach, mall, míchumasach, neamhábalta, neamhbhailí, neamh-

éifeachtach, neamhéifeachtúil, neamhinniúil, soghonta, soleonta, spadánta, tréith; gan chaomhnú, gan chumas, gan chosaint, gan dídean, gan éifeacht. ❹ *good for nothing*: beag de mhaith, beagmhaitheasach, éadairbheach, neamhchúntach, neamhéifeachtach, neamhfhiúntach, spreasánta, suarach; gan aird, gan bhrí, gan bun ná barr, gan mhaith, gan tairbhe, ó chion; is beag an chabhair é, is cúl le rath atá ann.

faí noun ❶ *voice, cry, lament*: béic, béicfeach, béicíl, búir, éamh, faireach, gáir, gárthach, gárthaíl, géim, géimneach, glam, glamaíl, glao, glaoch, glór, grág, guth, liú, liúireach, nuall, scairt, scol, scolaíocht, scréach, scread, uaill, uallfairt, uallfartach; acaoineadh, cnead, díogarnach, falrach, gnúsacht, gol, golchás, iachtach, iarmhéil, mairgneach, ochlán, ochón, olagón, osna, séideán, snag, snag anála, tocht, uspóg, *literary* ong. ❷ *(grammatical) voice*: faí chéasta, briathar saor, saorbhriathar; faí ghníomhach, faí mheáin.

fáibhile noun *beech-tree (Fagus sylvatica)*: feá, crann feá.

faic noun ❶ *whack, blow*: béim, buille, cíonán, clabhta, cnag, cnagán, giordóg, grugam, leadhb, leadhbóg, leadóg, leadradh, leandóg, leang, leangaire, leiceadar, leidhce, liúr, paltóg, planc, plancadh, sleais, smac, smag, smailc, smalóg, smeach, smitín, snag, sonc, tailm, tiomp. ❷ *share, fill*: cion, cuid, dóthain, páirt, roinnt, sáith, scair, sciar, suim. ❸ *(with negative) nothing*: faic na fríde, faic na ngrást; a dhath, a dhuth ná a dhath, aon ní, aon rud, burral, dada, dada le Dia, éinní, maithín ná graithín, rud ar bith, scaile, screatall, smadal, smid ná smeaid, seoid, tada.

faiche noun *green, lawn, playing-field*: báinseach, báinseog, bán, féar, léana, páirc, páirc imeartha, plás, plásán, plásóg, réileán.

faichill noun *care, caution*: airdeall, aire, aireachas, beann, cronú, cúram, faire, faireachas, feitheamh, foraireacht, friochnamh, griongal, iongabháil, sonrú, suim, suntas, uidh.

faichilleach adjective *careful, cautious*: airdeallach, aireach, barainneach, coimhéadach, críonna, cúramach, *literary* dulannach, dúthrachtach, faireach, foraireach, feifeach, friochnamhach, friothaireach, friothálach, fuireachair, furchaidh, imchoimeádach, tíosach, tomhaiste, triollata.

faicín noun ❶ *baby's nappy*: clabhaitín, clúidín, naipcín, naipí, pluideog. ❷ *clout, rag*: balcais, brat, bratóg, bréid, ceamach, ceirt, cifle, cifleog, *pl.* círéibeacha, crothóg, éadach, géire, géirín, giob, global, giolcais, láinnéar, leadhb, liobar éadaigh, *pl.* paicineadaí, paiste, plispín, preabán, réabach, rubar, scifle, scifleog, *pl.* scóiléadaí, scrábán, slaimice, straboid, straiméad, streachlán, strupais, suán glacach.

fáideog noun ❶ *tallow-candle, taper*: coinneal, coinneal feaga, coinneal gheire, geataire, geitire, íotharna, páideog, snabóg, sútróg, tapar, trilseán. ❷ *wick*: buaic, buaiceas, fáileog, luideog, sloit, sráilleog.

fáidh noun ❶ *seer, prophet*: fáidheadóir, fáidheoir, fáisteanach, fáistineach, fear feasa, taibhseoir, tairngire, *literary* físí, mathmharc, séanaire, *colloquial* lucht fáistine; banfháidh, bantairngire. ❷ *wise man, sage*: éigeas, eolaí, eolgaiseoir, fáidhsamh, fealsamh, fear feasa, fear léinn, máistir, múinteoir, saineolair, saoi, scoláire, smaointeoir, speisialtóir, taighdeoir, tairngire, teagascóir, *literary* físí, ollamh, sruith, *colloquial* aos léinn, lucht léinn.

fáidheadóireacht noun ❶ *prophecy, prediction*: aitheascal, célamhaine, fáidheoireacht, fáistine, fáistineacht, fáistiníocht, oireas, oracal, réamhaithris, réamheolas, réamhinsint, tairngireacht,

faidhf

tuar, *literary* mathmharcóireacht, séanaireacht. ❷ *sagacious speech*: discréid, eagnaíocht, gaois.

faidhf noun hogweed, cow-parsnip (Heracleum sphondylium): cos uisce, eabhrán, eibhleán, faidhf na madaí, feabhrán, feabhránach, fíf, fiúrán, fleabhrán, fuarán, gleorán, glórán, labhrán, lórán, luarán, odhrán, pléascán, sabhrán, siúrán, sop na bó, uarán.

fáidhiúil adjective ❶ *prophetic*: céalmhaineach, fáistineach, tairngeartach, tuarthach, tuarúil. ❷ *sagacious*: céillí, ciallmhar, cliste, críonna, eagnaí, éargnaí, fadcheannach, foirmniseach, gaoiseach, gaoisiúil, gaoismhear, glic, meabhrach, praitinniúil, réasúnta, siosmaideach, stuama, tuisceanach, *literary* gaoth.

faigh verb ❶ *obtain, get*: bain, bain amach, gabh, gnóthaigh, soláthair; bronnadh orm, ceadaíodh dom, deonaíodh dom, lamháladh dom, tugadh dom. ❷ *sense, experience*: airigh, blais, fulaing, mothaigh, cuir aithne ar, tar trí, tástáil, téigh trí. ❸ *hit*: aimsigh, buail, cnag, gread, clabhtáil, rapáil, snag, teagmhaigh le. ❹ *find, discover*: faigh amach, faigh romhat; aimsigh, buail le, cas le, fionn, nocht, scaoil, tar crosta ar, tar trasna ar, teagmhaigh le, téigh amach ar. ❺ *be able to*: féad, bí ábalta, bí in ann, bí in inmhe; is féidir liom, tá ar mo chumas, tá acmhainn agam.

faighin noun ❶ *sheath, case*: cás, clúdach, cumhdach, truaill. ❷ *vagina*: pis, pit; *pl.* báltaí, clais, geadán, grabaid, grabhaid; meabhal, nádúr, náire, *familiar* bogha ceatha, cailín báire, cailleach ribeach, gráta, moirtís, siméar.

faighneog noun shell, pod: capsúl, cás, clúdach, cochall, cumhdach, easacarp, faighin, folaíóg, forchlúid, léigiúm, lóchán, mogal, peireacarp.

fail¹ noun ❶ *ring, bracelet*: bráisléad, fáinne, fáinne cluaise, práisléad; muince, seod; fleasc, luanla, torc. ❷ *ring, enclosure*: banrach, bólann, buaile, ciorcal, cliath, cliathach, clós, cúirt, fáiméad, fáinne, fáinneán, gabhann, garraí, geard, imfhál, imfhálú, imphort, loca, macha, manrach, móta, póna; compal, sorcas, timpeallán. ❸ *lair, sty*: ábhach, adhbha, áfach, aice, brocach, broclach, brocais, buaile, canachán, cathróg, cliothar, coinicéar, cró, failín, fáir, foraois, fuachais, gnás, gnáthóg, lonnachán, nead, nideog, prochóg, rapach, scailp, talmhóg, uaimh, uachais, *literary* fochla.

fail² noun hiccup: aileag, snag; tocht.

fáil noun ❶ *getting, finding*: aimsiú, cur ar fáil, fionnachtain, gabháil, soláthar, teacht ar. ❷ *possibility*: deis, faill, féidearthacht, indéantacht, ócáid, seans. prepositional phrase ❶ *ar fáil extant, available*: ar an saol, ar bun, ar siúl, le fáil, infhaighte, inúsáidte. ❷ *le fáil to be had, available*: á chur ar fáil, ar díol, ar fáil, infhaighte, le ceannach; tá teacht air.

failc noun ❶ *opening, gap*: béal, bearna, bearnán, bearnas, cró, difríocht, easnamh, easpa, gáibéal, góilín, idirspás, ionnlach, ladhar, lúb ar lár, mám, mant, oscailt, poll, scabhat, scáineadh, scoilt, spás, uireasa. ❷ *harelip*: bearna mhíl, béal ribe, bearna ghiorria, séanas.

fáilí adjective ❶ *pleasant, agreeable*: cairdiúil, caithiseach, caoin, carthanach, ceansa, ceanúil, céilúil, cineálta, coimhirseach, connail, córtasach, cuideachtúil, cuidiúil, dáimheach, dáimhiúil, dil, díograiseach, garúil, geanúil, lách, muinteartha, oibleagáideach, páirteach, sásta, seaghsach, soirbh, taitneamhach, tíriúil, tláith. ❷ *ingratiatingly friendly*: cúirtéiseach, lúitéiseach, lústrach; tá sé ina mhaidrín lathaí, aige. ❸ *furtive, stealthy*: diamhar, formhothaithe, rúnda, slítheánta; faoi cheilt, faoi choim, faoi chopóg, gan fhios, i ngan fhios; ar chúla téarmaí, i bhfolach, os íseal.

fáilíocht noun ❶ *pleasantness, affability*: cairdiúlacht, caoimhe, caoine, caoineas, caoithiúlacht, ceansacht, cineáltacht, cneastacht, comrádaíocht, córtas, cuideachtúlacht, cuidiúlacht, dile, díograis, láchas, láíocht, mánlacht, miochaire, míonlacht, modhúlacht, muintearas, páirtíocht, séimhe, suairceas, taithíocht, tláithe. ❷ *ingratiating manner*: béal bán, bladaireacht, bladar, blandar, blitsíneacht, flústaireacht, gliodaíocht, láinteacht, lúitéis, lústar, lútáil, plámás, plásaíocht, plásántacht, plásántas, sladaras, slíomadóireacht, súdaireacht, tláithínteacht, *familiar* gallúnach. ❸ *furtiveness*: ceileantas, ceilt, cluthaireacht, fothain, ganfhiosaíocht, rún, rúndacht, rúnmhaireacht, seachantacht, sicréideacht, slítheántacht.

faill noun ❶ *neglect, unguarded state*: failleán, faillí, neamart, neamhchúram, siobarnach, *literary* dícheall. ❷ *chance, opportunity*: áiméar, caoi, deis, eitim, ionú, seans. ❸ *time, occasion*: aimsir, am, cor, deis, feacht, ócáid, tráth, uain, uair; ala na huaire.

faillí noun *neglect, negligence*: ceal cúraim, díobháil aire, drochaire, léig, mainneachtain, moill, moilleadóireacht, neamh-aire, neamhaistear, neamart, neamhchorrabhuais, neamhchúram, réchúis, righneadóireacht, righneáil, righneas, siléig, siléigeacht, siobarnach, sleamchúis, sleamhchúis, *literary* áilseadh, amaoile, dícheall.

faillligh verb *neglect, delay*: bí fuar i, déan a bheag de, déan faillí i, déan neamart i, déan neamhspéis de, fág ar an bhfuaraíocht, lig ar bóiléagar, tabhair neamhthoradh ar; sionsaigh.

failllitheach adjective *negligent*: anaireach, bóiléagrach, faillíoch, leibéiseach, mainneachtach, mainneachtnach, neamartach, neamh-aireach, neamhairdeallach, neamhchúramach, neamhshuimiúil, réchúiseach, siléigeach, sleamchúiseach, sleamhchúiseach, *literary* dícheach, éisleasach, seachmallach; drogallach, eadarluasach, fuarchúiseach, fuarspreosach; ar nós cuma liom.

failm noun ❶ *resounding blow, thump*: béim, buille, cíonán, clabhta, clabhtóg, cnag, crústa, faic, fáiméad, grugam, leadhb, leadhbóg, leadóg, liúr, paltóg, planc, pléasc, rúspa, smíste, straiméad, tailm, tiomp, tulbhéim. ❷ *bumper of whiskey*: bancaire, galmóg, crúiscín lán, gloine lán; bolgam, deoch, diúg, diurnán, fliúit, gailleog, gáilleog, glincín, meigeadán, scalach, scíobas, slog, slogóg, steancán, streancán, súimín, taoscán.

failpéir noun *sponger, toady*: bacach, baoiteálaí, duine dóchúil, diúgaire, líodóir, líodrálaí, míoladóir, míolaire, sáilghiolla, scramaire, seadán, seipléir, Seoinín, siolpaire, stocaire, súdaire, súmaire, táthaire, tnúthánaí, trumpa, *figurative* seabhac cac faoileáin, searrach i ndiaidh gearráin; angarúinneach.

failpéireacht noun (act of) *sponging, toadying*: bacachas, diúgaireacht, líodóireacht, madraíocht, míoladóireacht, seipléireacht, siolpáil, siolpaireacht, stocaireacht, súdaireacht, súmaireacht, táthaireacht, tnúthán; cuimilt leis na huaisle.

fáilte noun ❶ *literary joy, bliss*: aiteas, aoibh, aoibhneas, áthas, gairdeas, gealgháire, gliondar, laighce, lainne, lúcháir, meidhir, meidhréis, móraigeantacht, mórgacht, pléisiúr, ríméad, sáile, sámhas, sásamh, scóip, só, sóchas, sólás, sonas, subhachas, sult, taitneamh, *literary* fáilte. ❷ *welcome*: féile, aíocht, flaithiúlacht, forbhfáilte, forbhfáilteas, iostas, lóistéireacht, lóistín, lón, lónadóireacht, óstachas, óstaíocht, óstas, riar, soláthar, teaghlachas; nua gach bídh is sean gach dí; *pl.* bianna saora so-chaite; céad míle fáilte, fíorchaoin fáilte, *pl.* na múrtha fáilte; Dia do bheatha, is é do bheatha; fochean, mochean, mochean do theacht. ❸ *greeting*:

beannacht, beannú, bleid, fairnéis, forrán; áivé, ceiliúr.

fáilteach adjective ❶ *literary joyous, glad:* aerach, aiteasach, aoibhinn, áthasach, gairdeach, gealchroíoch, gliondrach, loinneogach, lúcháireach, meidhreach, pléisiúrtha, rímhaith, rímeádach, sámh, sásta, séanmhar, soilbhir, somheanmhach, sólásach, sona, suairc, subhach, taitneamhach. ❷ *welcoming:* caoin, cineálta, cóir, fairsing, fial, fiúntach, flaithiúil, forbhfáilteach, iostasach, lách, mórchroíoch, oscailteach, rábach, sínteach, tabhartasach, teochroíoch, *literary* flaithbheartach.

fáiltiú noun *welcoming, reception:* coirm, cóisir, féasta, feis, fleá; bainis, infear, méiséara; fáilte, fáilte Uí Cheallaigh.

fáiméad noun ❶ *bulky object, bulky creature:* alpán, balcán, béinneach, bleitheach, bunán, burla, clabhstar, cleithire, corplach, corránaí, daigéad, fairceallach, fámaire, mullachán, páinteach, pánaí, pantar, piarda, píle, pílí, plíoma, rampaire, rúbóg, rúpach, rúplach, sail, seibineach, staiféalach, torpán. ❷ *heavy blow:* béim, buille, cíonán, clabhta, clabhtóg, cnag, crústa, faic, failm, fáiméatar, grugam, habhaistín, leadhb, leadhbóg, leadóg, liúr, paltóg, planc, pléasc, rúspa, smíste, straiméad, tailm, tiomp, tulbhéim. ❸ *paddock, enclosure:* banrach, bólann, buaile, cliath, cliathach, clós, cúirt, gabhann, garraí, geard, imfhál, imphort, loca, macha, manrach, móta, póna.

fáinleog noun *swallow (Hirundo rustica):* áilleog, áinle, áinleog, bruilín, eilteog, fáinle, leadhbóg.

fáinne noun ❶ *ring:* ciorcad, ciorcal, compal, compás, cruinne, cruinneán, diosca, fail, fáinnín, imchuairt, rótar, roth, timpeall, timthriall, tóras. ❷ *ring for finger:* fail, ordnasc; bráisléad, torc. ❸ *circle, circular space:* áilleagán intreach, cliath, clós, coire, cró, fáinneán, gabhann, compal, imfhál, imphort, roth, sorcas, timpeall, timpeallán; tródam. ❹ *ringlet, curl:* bachall, caschiabh, casdlaoi, cuach, deiseálán, dlaoi, drol, dual, lúb, lúibín; *pl.* táclaí gruaige.

fáinneach adjective ❶ *annular:* ciorcalach, ciorcalda, ciorclach, cruinn, dioscach, rabhnáilte, rothach. ❷ *ringleted:* bachallach, buadánach, cam, camarsach, caschiabhach, caslúbach, craobhach, crom, cuachach, dréimreach, droimneach, dualach, feamainneach, glúinineach, lúbtha, triopallach. ❸ *adorned, beautiful:* álainn, breá, brionnach, caithiseach, canta, caomh, conláisteach, cuanna, dea-chruthach, dealfa, dealraitheach, dea-mhaisiúil, deas, deismir, dóighiúil, fíortha, galánta, glémhaiseach, gleoite, gnaíúil, greanta, innealta, iomálainn, lachanta, maisithe, maisiúil, oirnéalta, ornáideach, sciamhach, slachtmhar, *literary* cadhla, *literary* mas, *literary* sochraidh; faoi iomlán a cuid gréibhlí.

fáinneáil noun (*act of*) *fluttering, circling:* cleitearnach, cluichearnacht, eiteallach, faoileáil, foluain, friotáil, gaothráil, guaireach, mioneitilt, preabarnach; dul thart, dul timpeall, fáinniú, teacht timpeall, timpeallú.

fainnéirí noun *convalescence:* téarnamh; tá sé lag slán, tá sé ag teacht chuige féin; tá sé ina tháinrith chun sláinte.

fáinniú noun ❶ *encirclement:* dul thart, dul timpeall, fáinneáil, teacht timpeall, timpeallú. ❷ *dawn:* adhmhaidin, aithne an lae, amharc an lae, amhscarnach, amhscarthanach, bánsolas, bánú an lae, bodhránacht an lae, breacadh an lae, breacsholas na maidine, briseadh an lae, camhaoir, deargadh an dá néal, deargadh an lae, deargmhaidin, dónaing, eascairt an lae, fáinne an lae, *pl.* fochraí, *pl.* fochraí an lae, foinsiú an lae, *pl.* fuinneoga an lae, láchan, lonrú an lae, maidin, maidneachan, scaradh oíche is lae, *pl.* spéartha an lae, *pl.* trátha beaga na maidine, *literary* fáir; i gcreapascal na maidine.

faíoch adjective ❶ *loud, plaintive:* acaointeach, ard, ardghlórach, brónach, caointeach, croíbhriste, cumhach, dobrónach, dubhach, fuachasach, golchásach, iarmhéileach, mairgiúil, maoithneach, ochlánach, olagónach, sianach, truamhéalach, *literary* neimhéalach. ❷ *fluent, copious:* dobhriste, fairsing, flúirseach, forleitheadach, fras, iomadúil, leanúnach, leitheadach, líofa, líonmhar, rábach, saibhir, saoráideach, silteach, síoraí, slaodach, uaibhreach.

fair verb ❶ *watch, keep watch over:* fan i do dhúiseacht; coimeád súil ar, coinnigh súil ar, feighil, suigh ag, tabhair aire do, *literary* ionghair. ❷ *await, expect:* bí ag dúil le, bí ag súil le, fan ar/le, fionraigh ar/le, fuirigh le.

fáirbre noun ❶ *notch:* clais, clasán, eag, eang, eitre, fáibre, feag, feire, iog, iomaire, logán, loigín, mant, mantóg, méirscre, tiocóg. ❷ *wrinkle:* clupaid, crapadh, crúb ghé, cruinniú, filleadh, fithín, furca, pluc, roc.

fairceallach adjective *strongly-built, chunky:* balcánta, bulcánta balcánta, ceapánach, dea-dhéanta, dingthe, gambach, giortach, láidir, puntánach, storrúil, suite, tacúil, urrúnta. noun ❶ *stump, chunk:* buadán, bun, camhcaid, cnap, dúid, gamba, grágán, múdán, nuta, sciotán, stacán, stocán. ❷ *strongly-built person:* balcaire, bambairne, bambairne fir, béinneach, bramaire, bromaistín, bromán, carraig, cleithire fir, cliobaire fir, crobhaire, Earcail, giortachán, nuta, preabaire fir, pulcachán, puntán, rábaire, rúscaire, sail, scafaire, scriosúnach, siolpach, smalcaire, smíste, stollaire fir, tarbh, tolcaire, tolchaire, tollaire fir.

faire noun ❶ *watch, vigil:* faire na hoíche; airneán, bigil, faireachán, fairís, foraire, neamhchodladh, neamhshuan, *literary* cathais, friothaire. ❷ *wake:* tórramh; sochraid.

faireach adjective *watchful, vigilant:* airdeallach, aireach, coimhéadach, cúramach, faichilleach, foraireach, feifeach, fuireachair, furchaidh, imchisneach, imchoimeádach, *literary* cathaiseach, dulannach; san airdeall.

faíreach noun ❶ *calling, shouting:* béic, béicfeach, béicíl, búir, éamh, faí, gáir, gárthach, gárthaíl, géim, géimneach, glam, glamaíl, glao, glaoch, glór, grág, guth, liú, liúireach, nuall, scairt, scol, scolaíocht, scréach, scread, uaill, uallfairt, uallfartach. ❸ *booing, hooting:* béicfeach, búireach, cnáid, crístín, fochaid, fonóid, frimhagadh, gáir mhagaidh, gáirmhagadh, glámh, glao i dtóin duine, imdheargadh, magadh, scigireacht, scigmhagadh, steallmhagadh, tarcaisne, tarcaisníl.

faireachas noun *watchfulness, vigilance:* airdeall, aire, faichill, faire, faireachán, feitheamh, foraireacht, fuireachas, griongal, tapaíocht, *literary* úidh.

fairsing adjective ❶ *wide, extensive:* domhain, fada, forleathan, forleitheadach, leathan, leitheadach, mór, ollmhór. ❷ *plentiful, abundant:* drongach, fial, flaithiúil, flúirseach, fras, iomadúil, líonmhar, rábach, rabhartach, raidhseach, raidhsiúil, saibhir, ina slaoda, *literary* díoghrainn.

fairsinge noun ❶ *amplitude, spaciousness:* aeráil, áirgiúlacht, ceapaíocht, iomláine, leithead, leithne, líonmhaireacht, raidhse, flúirse, fuíoll na bhfuíoll, láine, lear, méad, saibhreas, scóip, scóipiúlacht, toilleadh. ❷ *open space:* achar, áit mhór, fairsingeacht, fánlach, limistéar, réileán, réiléis, réiteach, spás. ❸ *liberality, generosity:* cóir, córtas, croíúlacht, fáilte, féile, féith bhog, fiúntas, flaithiúlacht, mórchroí, oineach, oscailteacht, toirbheartas, úire.

fairsingigh

fairsingigh verb ❶ *widen, extend:* cuir le, cuir píosa as, fadaigh, forleathnaigh, leathnaigh, méadaigh, neartaigh, sín amach. ❷ *become plentiful:* bisigh, iolraigh, síolraigh, téigh in iomadúlacht, téigh i líonmhaire; tá an-mhéadú ag dul orthu.

fairtheoir noun *watcher, sentry:* fairtheoir oíche; airdeallaí, airíoch, bairdéir, bardach, caomhnach, caomhnóir, coimeádaí, coimhéadaí, fear faire, fear fionraí, feighlí, gairdian, garda, maor coille, maor seilge, vaidhtéir, vaidhtéir cuain.

fairtheoireacht noun *(act of) watching, sentry duty:* airdeall, coimeád, coimhéad, faire, faireachán, fairís, feighlíocht, foral, patról, seiceáil.

fáisc verb ❶ *squeeze, compress:* brúigh, comhbhrúigh, comhdhlúthaigh, ding, pulc, teann. ❷ *tighten, bind closely:* ceangail, ceangail, docht, righ, teann. ❸ **fáisc ar** *attack:* ionsaigh, tabhair amas faoi, tabhair breabhaid faoi, tabhair faoi, tabhair fogha faoi, *literary* fóbair, saigh; *literary* sín chun, tubh.

fáisceán noun ❶ *press:* bís, brúiteoir, cailpéir, cantaoir, preas, teanntán. ❷ *binding, bandage:* banda, bindealán, ceangal, ceanglachán, cneácheangal, cornasc, crios ceangail, cuibhreach, cumhdach, fáiscín, greamachán, greimlín, iris, plástar.

fáiscín noun *clip, fastener:* fáiscín reatha; bíorán, dúntóir, sip, sipdhúntóir, smeachdhúntóir.

fáiscthe adjective ❶ *tight, compact:* comhdhlúth, dingthe, dlúfar, dlúth, fuinte, teann. ❷ *trim, tidy:* beacht, comair, conláisteach, cuimseach, cuimseartha, cúirialta, innealta, néata, ordúil, pioctha, piocúil, pointeáilte, slachtmhar, triog, triopallach; gan barr cleite isteach ná bun cleite amach.

faisean noun ❶ *fashion:* faiseantacht, faisiún, toighis, treocht, an rud is déanaí, an stíl is déanaí. ❷ *habit, mannerism:* bealach, béas, *pl.* beasa is bealaí, cleachtadh, comhghnás, gnás, gnáthamh, modh, nós.

faiseanta adjective *fashionable, stylish:* cuanna, ealaíonta, faisiúnta, gaigiúil, galánta, grástúil, luisiúil, mealltach, nua-aimseartha, nuafhaiseanta, scothúil, tofa; i vóc; níl ann anois ach é, tá an tóir shíoraí anois air, tá an ghnaoi ag na daoine air.

faisisteach adjective *fascist:* ansmachtúil, ciníoch, frithghiúdach, gallfhuathach, náisiúnaíoch, Naitsíoch, ollsmachtach, seineafóibeach, údarásúil, uathlathach.

faisisteachas noun *fascism:* ciníochas, deachtóireacht, éadulaingt, frithghiúdachas, míleatachas, náisiúnachas, Naitsíochas, ollsmachtachas, seineafóibe, seobhaineachas, smachtúlacht, tíorántacht, uathlathas.

faisistí noun *fascist:* ciníochaí, frithghiúdaí, gallfhuathach, impearán, *pl.* na Léinte Donna, *pl.* na Léinte Dubha, *pl.* na Léinte Gorma, Naitsí, seineafóibeach, uathlathaí.

faisnéis noun ❶ *information, report:* pl. cáipéisí, cáipéisíocht, comhairle, doiciméadú, *pl.* doiciméid, eolas, *pl.* figiúirí, *pl.* fíorais, mioneolas, *pl.* mionsonraí, scéala, *pl.* sonraí, *pl.* staitisticí, *pl.* treoracha, tuairisc, tuarascáil, *literary* ris. verb ❶ *relate:* abair, aithris, áitigh, cuir in iúl, cuir scéala chuig, eachtraigh, inis, maígh, ríomh, tabhair le fios. ❷ *enquire:* ceastnaigh, ceistigh, céistnigh, fiafraigh, fiosraigh; cuir caidéis, cuir ceist, cuir faisnéis, cuir tuairisc.

fáistine noun *prophecy, soothsaying:* caileantóireacht, cailleoireacht, céalmhaine, fáidheadóireacht, fáidheoireacht, fáistineacht, fáistiníocht, réamhaithris, réamheolas, réamhinsint, tairngireacht, tuar, *literary* mathmharcóireacht; crann fáistine.

fáistineach adjective ❶ *prophetic:* céalmhaineach, fáidhiúil, tairngeartach, tuarúil; is tuar é. noun ❶ *prophet, soothsayer:* caileantóir, cailleoir, fáidh, fáidheoir, fáidheadóir, fáisteanach, taibhseoir, tairngire, *literary* físí, mathmharc, *colloquial* lucht fáistine; banfháidh, bantairngire; dearnadóir.

faiteach adjective *fearful, timid:* anbhách, anfúil, beaguchtúil, cearthaíoch, cladhartha, cliseach, critheaglach, crithir, cúlánta, cúthail, éadána, éagalma, eaglach, faitíosach, fuascrach, geitiúil, glídiúil, lagáiseach, lagspridiúil, meata, míchurata, mílaochta, neirbhíseach, scáfar, scáithínteach, scanrúil, scaollmhar, scéiniúil, scinnideach, tapógach, uamhnach; faoi scéin; tá scaoll faoi, tá sceimhle ar; níl croí circe aige.

faiteadh noun *(act of) flapping, fluttering:* bualadh, cleiteárnach, cluichearnacht, clupaideach, eiteallach, fáinneáil, flapáil, foluain, friotáil, gaothráil, mioneitilt, preabarnach, slapar.

fáiteall noun ❶ *hunting, foraging:* fiach, foráiste, scroblachóireacht, seilg, soláthar, tóraíocht. ❷ *game, catch, supply:* baisc, creach, éadáil, foghail, foráiste, gabháil, géim, marú, mionseilg, scroblach, seilg, soláthar; amhantar, cuasnóg, féirín, torchaire, torchur, *literary* fadhbh.

fáiteallach adjective ❶ *provident:* bainistíoch, barrainneach, ciallmhar, cliste, cnuaisciúnach, críonna, dearcach, eagnaí, fadbhreathnaitheach, fadcheannach, fadradharcach, gaoiseach, gaoisiúil, gaoismhear, grinn, meabhrach, praitinniúil, soláthrach, stuama, tíosach. ❷ *good at providing food, hunting:* biamhar, biatach, fial, flaithiúil, sealgach, torthúil, *literary* flaithbheartach; ocróir an tsaoil an fómhar.

fáithim noun *hem:* binn, boirdréis, colbha, ciumhais, corthair, cúinne, eochair, fabhra, frainse, frinse, imeall, sciorta, taobh, uaim.

faithne noun *wart:* garta; boinnleac, bonnbhualadh; clog, cnap, cranra, creagán, criogán, cruas craicinn, fadhb, sprochaille, spuaic.

faitíos noun ❶ *fear:* anfa, critheagla, eagal, geit, greadadh na bhfiacal, guais, imeagla, líonrith, scanradh, scaoll, scard, scáth, sceimhle, scéin, sceon, uafás, uamhan, *literary* guasacht. ❷ *shyness:* adhnáire, cotadh, cotúlacht, cúlántacht, cúthaileacht, cúthaileadas, cúthaltacht, éadánacht, faiteachas, leamhnacht, náire, scáfaireacht, scáithínteacht, scinnide, seachantacht, spalpas, strainséarthacht.

fál noun ❶ *hedge, fence, wall:* balla, claí, claí fód, fálú, laindéal, móta, múr, páil, sconsa, spiara, *literary* cleathchur, ime. ❷ *enclosure:* bábhún, banrach, bólann, buaile, ciorcal, cliath, cliathach, clós, cró, fáinne, gabhann, garraí, geard, imfhál, imfhálú, imphort, loca, macha, mainnéar, mainnireach, manrach, pionna, púicín, punt.

fala noun *grudge, feud:* achrann, aicis, binb, deargghráin, doicheall, drochaigne, droch-chroí, drochfhuil, eascairdeas, faltanas, fiamh, fíoch, fuasaoid, fuath, gangaid, gráin, íorpais, mailís, míbhá, míchairdeas, mioscais, mírún, naimhdeachas, naimhdeanas, naimhdeas, nimh, nimh san fheoil, nimheadas, nimhiúlacht, olc, olcas, paor, searbhas.

faladhúda noun *stolen object, swag:* ceallóg, cillín, creach, cuasnóg, éadáil, eirigéis, foghail, folachán, fuadán, *literary* fadhbh; cruit choirce, cruit phrátaí.

faladhúdaí noun ❶ *thief:* creachadóir, creachaire, foghlaí, fuad, gadaí, mionghadaí, peasghadaí, robálaí, síntealach, sladaí, sladaire, *literary* díbheargach, ladrann. ❷ *deceiver:* alfraits, banaí, bréadaire, bréagachán, bréagadóir, buachaill báire, cealgaire, cleasaí, cleithire, cluanaí, cneámhaire, cnúdánaí, cuilceach, cumadóir, dathadóir, draíodóir, gleacaí, gleacaire milis, leadhbálaí, líodóir, lúbaire, lútálaí, mealltóir, meangaire, piollardaí, pláibistéir, plámásaí, pocaide, saofóir, sciorrachán, slíbhín, slíodóir, slíúdrálaí.

faladhúdaíocht noun *stealth, deception:* ceileantas, ceilt, *literary* cleith, cluthaireacht, fáilíocht, fothain, ganfhiosaíocht, rún, rúndacht, rúnmhaireacht, seachantacht, sicréideacht, slítheántacht; bréagadóireacht, cleasaíocht, cluanaíocht, cluanaireacht, gleacaíocht, líodóireacht, lúbaireacht, mealladh, mealltóireacht, paintéaracht, pláibistéireacht, plámás, slíbhíneacht, slíodóireacht, slíomadóireacht.

fálaigh verb *fence, enclose:* clúdaigh, crioslaigh, cuir claí timpeall, cuir claí ar, cuir fál timpeall, cuir cásáil ar, dealaigh, iniaigh.

falaireacht noun *ambling, amble:* caismirneach, fálróid, fánaíocht, gliúmáil, máingeáil, máinneáil, malltriall, moilleadóireacht, raimleáil, fianaíocht, righneadóireacht, righneáil, ródaíocht, siúl, sníomhadóireacht, spaisteoireacht, srathaireacht, sruthaireacht, válcaeireacht.

falcaire noun *deceptive person, cheat:* bréadaire, bréagachán, bréagadóir, cealgaire, cluanaí, cumadóir, dathadóir, falsaitheoir, falsóir, mealladóir, mealltóir, pláibistéir, plámásaí, plucálaí, séitéir.

falcaire fiáin noun *scarlet pimpernel (Anagallis arvensis):* driofúr phinc, eigrim, falcaire, falcaire fuar, glanrosc, luibh na muc, rós óir.

fallaing noun *mantle, cloak:* aimicín, bradhall, brádóg, brat, bratóg, clóca, cába, caipisín, casal, casóg, ceardán, cótán, dolmán, imchasal, ionarbhréid, mainte, matal, seál, tuíneach; cubhal, leann, *literary* céadach.

fallaing Mhuire noun *lady's mantle (Alchemilla):* braitín na Maighdine, brat na Maighdine, bratóg Mhuire, crobh leoin, *pl.* crúba leoin, cupán an drúchta, dearna Mhuire, *pl.* duilleoga báis, luibh tinneas uisce, praiseach mion an rí, troscán.

fálródaí noun ❶ *saunterer, loiterer:* fámaire, fánaí, feádóir, feamaire, fiaire, leadaí, loiceadóir, máinneálaí, moilleadóir, raimleálaí, ránaí, seachránaí, síománaí, siúlóir, spaisteoir, sreothaí, sruthaire, strambánaí, válcaeir, *familiar* foghlaeir.

fálróid noun ❶ *strolling, wandering:* falaire, falaireacht, fánaíocht, feádóireacht, fuaidireacht, radaireacht, raimleáil, rámhóireacht, rámhordaíocht, rianaíocht, ródaíocht, seachrán, siúl, spaisteoireacht, sráideoireacht, srathaireacht, sruthaireacht, válcaeireacht, vardáil. ❷ *loafing:* bruachaireacht, codaíocht thart, crochadóireacht, cúinnéireacht, fámaireacht, leadaíocht, leisceoireacht, liúdáireacht, lófáil, losaíodóireacht, piollardaíocht, ránaíocht, righneáil, rístíocht, scraisteacht, scraistíocht, scraistireacht, scraistiúlacht, srathaíocht, srathaireacht, sreangaireacht, stangaireacht.

falsa adjective ❶ *false:* aincheart, amú, bradach, bréagach, breallach, **adjectival genitive** bréige, brionnach, bunoscionn, caimseach, calaoiseach, cam, cas, cealgach, cearr, claon, cluanach, contráilte, éagórach, éigeart, feallach, fiar, fimíneach, iomrallach, lúbach, meabhlach, mealltach, meangach, mícheart, míchneasta, míchruinn, mí-ionraic, mímhacánta, nathartha, neamhcheart, neamhfhírinneach, sleamhain, sleamhnánach, **adjectival genitive** tuathail. ❷ *lazy:* aimhleasc, céimleasc, drogallach, faon, leadránach, leasc, leisciúil, lorgánta, mairbhiteach, mall, malltriallach, marbhánta, múisiúnta, neamhaigeanta, neamh-anamúil, righin, siléigeach, sliastach, spadánta, támáilte, támh, támhach, urleasc; ar an dól, dífhostaithe, neamhghnóthach.

falsacht noun ❶ *falsity, falseness:* bréagadóireacht, bréagaireacht, brionnú, caimiléireacht, camastíl, camadh, cneámhaireacht, éitheach, falsú, fimíneacht, fimínteacht, meabhlaireacht, meabhlú, míchneastacht, míchruinneas, mí-ionracas, mímhacántacht, mionn éithigh, neamhchruinneas. ❷ *laziness:* bruachaireacht, búistíneacht, búistíocht, caidéireacht, codaíocht, cúinnéireacht, díomhaointeas, falsóireacht, fámaireacht, feádóireacht, leadaíocht, learaireacht, leiciméireacht, leisce, leisciúlacht, leointíocht, leoistíocht, liúdramántacht, loiceadh oibre, loiciméireacht, losaíodóireacht, rístíocht, scraisteacht, scraistíocht, scraistíneacht, scraistiúlacht, spadántacht, srathaíocht, srathaireacht, stangaireacht.

falsaer noun *trembling fits, nervousness:* ceartháí, cradhscal, creathán, criotheagla, éagantacht, eagla, faitíos, geit, giongacht, *pl.* haras, *pl.* harasaí, lagáisí, mágra, neirbhís, scanrúlacht, scinnide, tapóg, tinneallaí, trintealach.

falsaigh verb *falsify:* brionn, cam, cum, dathaigh, góchum, truailligh, truaillmheasc; cuir as riocht, cuir casadh i, cuir cor i, tabhair léargas mícheart ar, tabhair mífhaisnéis ar; cuir cloigeann na muice ar an gcaora.

falscaí noun *mountain fire, fire in heather, etc.:* craos tine, dóiteán, réileán tine.

falsóir noun ❶ *lazy person:* bruachaire, búiste, caidéir, codaí, crochadóir, crochaire, fámaire, feádóir, fear fuar lá te, giolla na leisce, giústa, gora leaindí, goróir, langa, leadaí, leadaí na luatha, leadránaí, learaire, leiciméir, leisceoir, leisíneach, leoiste, leota, liairne, liúdramán, lófálaí, lorgánach, raingléir, righneálaí, ríste, sámhaí, scaoinn, scaoinse, scrádaí, scraiste, sínteach, síntealach, sliastán, sloitheán, smíste, somóg, srathaire, stangaire, straiméad, straipleach, streachaille, stróinse, súmaire, traonaí. ❷ *falsifyer, forger:* bréagadóir, caimiléir, cumadóir, dathadóir, dathaire, góchumadóir.

faltanas noun *spitefulness, grudge:* achrann, aicis, binb, dearg-ghráin, doicheall, drochaigne, drochchroí, drochfhuil, eascairdeas, fala, fiamh, fíoch, fuasaoid, fuath, gangaid, gráin, íorpais, mailís, míbhá, míchairdeas, mioscais, mírún, naimhdeachas, naimhdeanas, naimhdeas, nimh, nimh san fheoil, olc, olcas, paor, searbhas.

faltanasach adjective *spiteful, vindictive:* aiciseach, ailseach, aingí, binbeach, caolagrach, cruálach, díchúiseach, doicheallach, drochaigeanta, drochbheartach, droch-chroíoch, dúchroíoch, eascairdiúil, fealltach, fuasaoideach, gangaideach, géar, íorpaiseach, mailíseach, mallaithe, mínáireach, mioscaiseach, naimhdeach, nathartha, nimhiúil, nimhneach, olc, ribeanta, turcánta, urchóideach, *literary* miscneach.

fáltas noun ❶ *income, profit:* balachtáil, brabach, brabús, díbhinn, éadáil, earraíocht, farasbarr, fís, fuíoll, gnóchan, gnóthú, ioncam, ioncás, luach saothair, pá, proifid, sochar, teacht isteach, tuarastal, táille, ús, *literary* poinn. ❷ *pl.* **fáltais** *takings:* airgead isteach, *pl.* íocaíochtaí, ioncam, ioncás, teacht isteach. ❸ *amount, supply:* cainníocht, cothú, cuid, méid, riar, soláthar, scair, sciar. ❹ *datum: pl.* dálaí, eolas, fíric, fírinne, fíoras, sonra.

fáltasach adjective ❶ *gainful, profitable:* brabúsach, buntáisteach, éifeachtach, fiúntach, fóinteach, fónta, luachmhar, praeúil, sochrach, somhaoineach, tairbheach, úsáideach. ❷ *prosperous:* acmhainneach, bunúil, cluthar, compordach, deisiúil, dóighiúil, éadálach, gustalach, iarmhaiseach, láidir, maoineach, neamhghátarach, neamhuireasach, rachmasach, rafar, saibhir, sealbhach, séanmhar, seascair, sóch, sócúil, strusúil, toiciúil, tréan, *literary* sorthanach; faoi bhrothall, go maith as, i measarthacht den tsaol, ina shá den tsaol, ina shuí go te, os cionn a bhuille; tá bólacht aige, tá bonn aige; tá caoi mhaith air, tá cóir mhaith air, tá dóigh air, tá lán na lámh aige, tá an saol ar a mhias féin aige.

fámaire

fámaire noun ❶ *stroller, idler:* bonnaire, caidéir, codaí, fánaí, feádóir, feamaire, fiaire, langa, leadaí, leisceoir, leoiste, liúdramán, lófálaí, loiceadóir, lorgánach, lúmaire, máinneálaí, maraíodóir, moilleadóir, raimleálaí, raingléir, ránaí, rianaí, righneálaí, ríste, ródaí, scaoinn, scaoinse, scraiste, seachránaí, smíste, sráidí, srathaire, sreothaí, sruthaire, stangaire, strambánaí, stróinse, súmaire, *familiar* foghlaeir. ❷ *tourist:* cuairteoir, turasóir, *colloquial* lucht cuairte; Gaeilgeoir. ❸ *huge person, huge thing:* alpán, balcán, béinneach, bleitheach, bunán, burla, cleithire, corplach, corránaí, daigéad, fáiméad, fairceallach, mullachán, páinteach, pánaí, pantar, piarda, píle, pílí, plíoma, rampaire, rúbóg, rúpach, rúplach, sail, seibineach, staiféalach, torpán.

fan verb *wait, remain:* cónaigh, feith, fuirigh, lonnaigh, mair, seas, stad, stop, *literary* feidhligh, oiris, tairis; buail do chos fút, cuir fút.

fán noun *straying, wandering:* bóithreoireacht, camchuairt, dul amú, dul ar strae, fálróid, fánaíocht, fianaíocht, ródaíocht, seachmall, seachrán, seachránacht, siúl, spaisteoireacht, srathaireacht, sruthaireacht, válcaeireacht.

fána noun ❶ *downward slope, declivity:* claonadh, claonán, diarach, fánán, luí, sléim. ❷ *hollow, depression:* cabhóg, cuas, cuasán, cuasóg, easca, gleann, gleanntán, lag, lagán, log, logán, logall, logán, mám, poll. ❸ *droop:* cromadh, cruit, feo, ísliú, maig, maing, meath, meathlú, sleabhac, sleabhcadh, sleaic, speic, spleic, staon, titim.

fánach adjective ❶ *wandering, vagrant:* corrach, deoraíoch, **adjectival genitive** fáin, imirceach, iomramhach, míshuaimhneach, neamhshocair, ródach, saor, scaoilte, seachránach, siúlach, soghluaiste, taistealach; gan dídean, gan teach gan treabh. ❷ *vain, futile:* beagmhaitheach, beagmhaitheasach, díomhaoin, éadairbheach, fuar, neamhbhailí, neamhchúntach, neamhfhiúntach, neamhéifeachtach, spreasánta, suarach; amú, gan aird, gan bhrí, gan bun ná barr, gan chríoch, gan éifeacht, gan feidhm, gan fónamh, gan mhaith, in aisce, in aistear, le sruth, ó chion, ó fheidhm; ní fiú biorán é, ní fiú bogán spideoige é, ní fiú tráithnín é. ❸ *occasional, haphazard:* ainrialta, corr, corraiceach, corrmhéineach, corrmhéiniúil, éagoitianta, éalaitheach, éanúil, giodamach, gogaideach, guagach, luaineach, mírialta, neamhairdiúil, neamhchúiseach, neamhleanúnach, neamhrialta, ócáidiúil, réchúiseach, sraoilleach, sraoillí, taomach, taomannach, teagmhasach, treallach, treallánach. ❹ *rare:* annamh, éagoiteann, éagoitianta, gann, gannchúiseach, neamhghnách, neamhchoitianta, tanaí, tearc.

fanacht noun *wait, stay:* fanúint; cónaí, cuairt, fionraí, fuireach, fuireachas, moill, stad, staonadh, stop, stopadh.

fánaí noun ❶ *wanderer, vagrant:* bacach, bonnaire, bóithreoir, deoraí, dídeanaí, fear siúil, fiaire, fuad, fuaidire, giofóg, imirceach, jaingléir, luaineadóir, raimleálaí, ránaí, rianaí, seachránaí, siúlóir, spailpín, srathaire, sreothaí, straeire, straedóir, straethaire, taistealaí, teifeach, traibhléir, tramp, turasóir, válcaeir, *literary* loingseach, *colloquial* lucht siúil, lucht taistil. ❷ *casual worker, potterer:* leiciméir, náibhí, potrálaí, sclábhaí, spailpín. ❸ *odd person, occasional person:* corrdhuine, fodhuine; duine anseo is ansiúd, duine anois is arís, duine thall is abhus.

fanaiceach adjective *fanatical:* cíocrach, confach, déanfasach, deárcaisiúil, dian, díbhirceach díocasach, díograiseach, faobhrach, fíochmhar, géar, gorthach, griofadach, griothalach, guilmeach, scafa, scamhaite, síoraí, teasaí, santach, tnúthánach, *literary* friochnamhach. noun *fanatic:* duine díocasach, iméadaire.

fanaiceacht noun *fanaticism:* ainmheasarthacht, ainriantacht, airc, cíocras, confadh, dásacht, deárcas, déine, díbhirce, dreanánacht, dúil chráite, dúrúch, dúthracht, faobach, faobhar, fíoch, fiuchadh foinn, flosc, fonn, saint, scamhadh, teaspach.

fánaigh verb ❶ *disperse:* bánaigh, cealaigh, dealaigh, díbir, ídigh, ruaig, scaip, *literary* eisréidh; tháinig scaipeadh na mionéan orthu. ❷ *dwindle, diminish:* bánaigh, clis, laghdaigh, meath, meathlaigh, téigh as, téigh i laghad, teip, tréig.

fánaíocht noun ❶ *wandering, vagrancy:* bacachas, beigéireacht, bonnaireacht, bóithreoireacht, falaire, falaireacht, fálróid, feádóireacht, fuaidireacht, deoraíocht, fánaí, ráigíocht, raimleáil, rianaíocht, seachrán, siúl, spaisteoireacht, srathaireacht, traibhléireacht, válcaeireacht. ❷ *aimlessness:* beagmhaitheas, díomhaointeas, éadairbhe, mí-éifeacht, neamhéifeacht, neamhfhiúntas. ❸ *diminution, decline:* bánú, clis, cliseadh, dul as, dul i laghad, fánú, ídiú, laghdú, meath, meathlú, scaipeadh, scaipeadh na mionéan, scaipeadh na n-éan fionn, teip, trá, trálacht, tréigean, trochlú.

fánán noun ❶ *slight declivity, slope:* claonadh, claonán, diarach, fána, feirc, goic, maig, maing, sléim. ❷ *chute, ramp:* cainéal, eas, rampa, rúidbhealach, sleamhnán, sloc, uchtán, uchtóg.

fánánach adjective *sloping:* cam, claon, claonta, crom, fiar, laofa, saobh; ar fiarlán, ar gearradh baghas, ar sceabha, ar sliú, le fána.

fánlach noun *open plain, expanse of moorland:* má, machaire, réileán, réiteach, ruaiteach, ruaiteachas, sliabh; fraoch, fraochlach, fraochmhá.

fann adjective *faint, weak:* anbhann, bacach, caite, cloíte, crólag, cróilíte, éagumasach, easnamhach, easpach, éidreorach, fannlag, faon, faonlag, féigh, lag, lagáiseach, leamh, leochaileach, míchumasach, meirtneach, neamhábalta, neamhbhailí, neamhchumhachtach, neamhéifeachtach, neamhfhiúntach, neamh-infheidhme, neamhinniúil, neamhoilte, neamhthairbheach, sáraithe, sleaiceáilte, soghonta, soleonta, spíonta, stéigthe, téiglí, tláthlag, traochta, tréith, tréithlag, uireasach, uireaspach, *literary* triamhain; ag titim as a sheasamh; gan chaomhnú, gan chumas, gan chosaint, gan dídean, gan éifeacht; níor fhan sea ná seoladh ann.

fanntais noun *faint, swoon:* lagachar, lagáisí, lagar, laige, támh, támhnéall, támhshuan.

fantaise noun *phantom, spectre, phantasm:* fantais; aisling, aislingeacht, aislingíocht, brionglóid, *literary* brionn, ciméara, éiclips, fantaisíocht, fís, fisíocht, gealtachas, gealtacht, gealtas, mearaí, mearbhall, mearchiall, mearú, mire, *pl.* nóisin, rámhaille, saobhadh céille, *literary* scál, seachmall, *pl.* speabhraídí, *pl.* sagarataí, taibhreamh, taibhse.

fantaiseach adjective ❶ *phantasmal, spectral:* síofrúil, síogach, siúil, taibhsiúil; aislingeach. ❷ *fantastic:* áiféiseach, fáthchiallach, ficseanúil, guanach, íomháineach, miotasach, miotaseolaíoch, míréasúnta, osréalach, raiméiseach, ráiméiseach, samhailteach, samhalta, samhlaíoch, **adjectival genitive** samhlaíochta, seafóideach, sílteach, suaibhreosach.

fantaisíocht noun *fantasy:* aislingeacht, aislingíocht, diamhracht, ficseanúlacht, íomáineacht, inspioráid, samhlaíocht tinfeadh.

faobhach noun ❶ *spoliation, plunder:* argain, bánú, creachadh, creachadóireacht, éigniú, foghail, foghlaíocht, foghlú, ladrannacht, léirscrios, lomairt, millteoireacht, réabadh, robáil, sárú, scrios, slad, *literary* lochar, scabáiste. ❷ *bustle, haste:*

brostú, brú, cruóg, corraí, deabhadh, deifir, deifre, dithneas, eadarluas, fíbín, flosc, flústar, forrú, fuadar, furú, giodar, líonraith, ruatharach, scaoll, *pl.* sceitimíní, struip, suaitheadh, taparsach, teaspach, téirim, tiomáint. ❸ *eagerness:* airc, antoil, cíocras, confadh, dásacht, deárcas, déine, díocas, dúil, dúil chráite, dúrúch, dúthracht, faobhar, fíoch, fiuchadh foinn, flosc, fonn, griothal, saint, teaspach, tnúth, tnúthán, toil, *literary* friochnamh.

faobhar noun ❶ *sharp edge:* béal, corr, lann, cúinne; corrán, rásúr, scian, speal. ❸ *weapon, sword:* arm, colg, daigéar, ga, géarlann, glaid, lann, lansa, miodóg, pionsa, ráipéar, sleá.

faobhrach adjective *cutting, biting:* aithrinneach, binbeach, colgach, feannta, feanntach, fiamhach, géar, géaránach, géarghoineach, géarlannach, goimhiúil, goineach, gonta, greadánach, nimhneach, polltach, rinnghéar, sceanúil, searbh, *literary* féigh, grodach.

faobhraigh verb *sharpen, whet:* cuir béal ar, cuir faobhar ar, géaraigh, meil; brostaigh, griog, séid faoi, spreag.

faocha noun *periwinkle (family Littorinidae):* faocha bheag, faocha gharbh, faocha leathan; casbhairneach, daoch, daochán, daochóg, faochán, faochóg, faochóg choirn, faochóg mhadra, faofóg; gairidín, gioradán, miongán, préachán, préachán bán, préachán caorach, préachán dubh, seilmide cladaigh; faocha chapaill, faocha choirn, faocha ghliomaigh.

faoileáil verb ❶ *wheel, spin:* cas, crioslaigh, fiar, glinneáil, gliondáil, iompaigh, lúb, maighndeáil, rothlaigh, saobh, sníomh, tiontaigh, tochrais. ❷ *hover:* bí ag braiteoireacht, bí ag eiteallach, bí ag foluain, bí ag cleitearnach, bí ag fuaidreamh, bí ag mioneitilt.

faoileán noun *gull (Larus):* faoileán bán, faoileán glas, faoileán scadán; faoileadán, faoileagán, faoileog, faoileann, faoileannán, faológ; caobach, cóbach, droimneach, droimneach beag, droimneach mór, gulaí.

faoiseamh noun *relief, alleviation:* aothú, biseach, cairde, deibhil, fáfall, fionnuaire, fóirithint, fortacht, fuascailt, laghdú, lagra, lagsaine, laigse, lamháil, lascaine, maolú, spás.

faoistin noun *confession:* admháil, aithreachas, aithrí, coraíocht, géilleadh, glacadh, tabhairt isteach, aontú, *literary* coibhse.

faolchú noun *wolf (Canis lupus):* cú allta, faol, mac tíre, madadh alla, madadh allta, madra alla, madra allta; cliabhach, crian, criún.

faomh verb *accept, concede:* aontaigh, ceadaigh, déan talamh slán de, deonaigh, foighnigh, fulaing, géill, glac le, lamháil, lig do, toiligh le.

faomhadh noun *agreement, concession:* aonta, aontú, beannacht, caonfhulaingt, cead, ceadú, ceadúnas, deonú, fulaingt, géilleadh, lamháil, saorchead, toil, toiliú, údarás.

faon adjective *supine, limp:* aimhleasc, anbhann, drogallach, fann, faonlag, féigh, lag, luite, mairbhiteach, marbhánta, meata, múisiúnta, neamhaigeanta, neamh-anamúil, righin, siléigeach, sínte, spadánta, támáilte, támh, támhach, toirchimeach, tréith, tréithlag.

faonoscailt noun ❶ *slight opening:* bearnán, leathoscailt, oscailt bheag. ❷ *hint:* cogar, cogar i gcluas, cogar scéil, éachtaint, gaoth an fhocail, léas, leathfhocal, leid, lide, lideadh, nod, nod don eolach, oscailt, siodal, údragáil, údramáil.

faopach adverbial phrase **san fhaopach** *in an awkward predicament, in a fix:* ar an bhfaraor, ar an trá fholamh, i bponc, i dteannta, i gcantaoir, i gcás, i gcathair ghríobháin, i gceapa, i gcruachás, i gcúngach, i ladhair an chasúir, i ndol, i ndreapa, i nead ghríbhe, i ngéibheann, i sáinn, i súil an ribe, i súil an rópa, in achrann, in adhastar an anró, in aibéis, in aimhréidh, in arán crua, in umar na haimléise, ina bhaileabhair, ina bhambairne; idir an leac is an losaid, idir dhá cheann na meá, idir dhá chomhairle, idir dhá thine BheaItaine; sa chúngach; *familiar* bugaráilte; tá a chos sa trap, tá a lámh i mbéal an mhadra, tá a mhéar i bpoll taratháir; fágadh ar an trá é, fágadh ar an trá fholamh é, fágadh Baile Átha Cliath ar an mbóthar aige, fágadh Trá Lí ar an mbóthar aige.

farantóir noun *ferryman:* bádóir, calaitheoir, fear aisig, fear an chalaidh.

farantóireacht noun *ferrying:* aiseag, calaitheoireacht, faradh, iomlacht, iomlachtadh, iompar; caladh; seirbhís tointeála.

faraor interjection *alas!:* faraor cráite!, faraor géar!, faraor géar goirt!; ababún!, abhó!, a chiachais!, a Mhuire, is trua!, a thiarcais!, Dia le m'anam!; m'aigh ó!, mo bhrón!, mo chaduaic!, mo chreach!, mo chreach chrua!, mo chreach chrua chráite!, mo chreach is mo léan!, mo chreach nimhneach!, mo chreach nimhneach mhaidine!, mo chreach thinn dóite!, mo chumha!, mo dhiachair!, mo dhíth!, mo dhíth is mo dhothairne!, mo dhoic!, mo ghreadán!, mo lagar!, mo léan!, mo léan cráite!, mo léan géar!, mo léan goirt!, mo léan, mo lom is mo lagar!, mo léan is m'atuirse thraochta!, mo léir!, mo lom!, mo lom dubh dubhach!, mo mhairg!, mo scalladh!, mo sceimhle!, mo scóladh!, mo thrua!, mo thuirse!, monuar!, monuar géar!, och!, ochón!, ochón ó!, ochón ochón ó!, ochóna go deo!; óch óch óch a naoi!; olagón ó!, uileacán!

farasbarr noun *excess, surplus:* barrachas, biseach, bónas, brabach, brabús, breis, corradh, fás, fuílleach, gaimbín, méadú, neartú, proifid, sochar, tuilleadh, uiríoll; ainíomad, an iomarca, anlucht, barraíocht, ceas; an craiceann is a luach.

farcha noun *beetle, mallet:* farca, máilléad, máinléad, slis, tuairgín, tuairgnín; casúr, ceapord, ord.

fardoras noun *lintel:* bardoras, vardoras; féige dorais, lindéar, lintéar.

farraige noun *sea, ocean:* farraige mhór, *pl.* farraigí an domhain; aigéal, aigéan, bóchna domhain na farraige, duibheagán, duibheagán na farraige, eagán, gairdín an iascaire, muir, mórmhuir, sáile, teiscinn, *literary* treathan; an teiscinn mhór.

farraigeoireacht noun *seafaring:* loingseoireacht, mairnéalacht, mairnéalaíocht, seoltóireacht.

Limistéir Farraige (Réamhaisnéis do Longa)

Bailey: Bailey
Biscay: an Bhioscáin
Cromarty: Cromba
Dogger: Dogger
Dover: Dover
Fairisle: Eilean nan Caorach
Faroes: Faró
Fastnet: Carraig Aonair
Finisterre (*féach Fitzroy*)
Fisher: Fisher
Fitzroy: Fitzroy
Forth: Foirthe
Forties: na Daichidí
German Bight: Biochta na Gearmáine
Hebrides: Inse Ghall
Humber: Humber
Irish Sea: Muir Éireann
Lundy: Lundy
Malin: Málainn
North Utsire: Utsira Thuaidh
Plymouth: Plymouth
Portland: Portland
Rockall: Rocal
Shannon: an tSionainn
Sole: Sole
South East Iceland: Íoslainn Thoir Theas
South Utsire: Utsira Theas
Thames: Tamais
Trafalgar: Trafalgar
Tyne: Tyne
Viking: Uiging
Wight: Iocht

fás

fás noun ❶ *(act of) growing, growth*: athfhás, bisiú, borradh, breisiú, dul chun cinn, forbairt, méadaíocht, méadú, teacht chun cinn. ❷ *growth, tumour*: ailse, at, fiolún fuar, meall, sceachaill, siad. verb ❶ *grow, increase*: at, bisigh, borr, breisigh, éirigh, fabhraigh, forbair, méadaigh, tar chun cinn, *literary* iomdhaigh; déan, déan fás, déan athfhás, téigh i méid. ❷ *grow, cultivate*: beir, cuir, cuir ag fás, lig do X fás, saothraigh, tabhair.

fasach noun *precedent*: barántas, caighdeán, critéar, cuspa, eiseamláir, leithéid, macasamhail, nós, réamhshampla, samhail, sampla, slat tomhais, treoir.

fásach noun ❶ *desert, wilderness*: díseart, díthreabh, fiántacht, fia is fiántas, fiántas, gaineamhlach, uaigneas. ❷ *wild growth, luxuriant growth*: boirbe, buacacht, fás rábach, saibhreas, uabhar, uaibhreacht, uaibhreas.

fáscadh noun ❶ *(act of) pressing, squeeze*: barróg, brú, brúdán, comhbhrú, daingniú, plód, plódú, plúchadh, sá, sáinneáil, sáinniú, teannadh. ❷ *tightness*: ceangal, cúinge, daingne, díonaí, dochtadh, doichte, riteacht, teannadh, teannáil, teannaireacht, teanntacht, teinne, teirce. ❸ *exertion*: aclaíocht, aclú, anró, oibriú, saothar, úsáid; camadh, casadh, lúbadh.

fásmhar adjective *growing, thriving*: atáirgeach, bisiúil, borb, borrúil, clannach, inmheach, rábach, rafar, séanmhar, torthach, torthúil, uaibhreach.

fásra noun *vegetation*: pl. bláthanna, pl. crainn, fáschoill, flóra, glasra, pl. luibheanna, pl. plandaí; pl. fiailí, luifearnach.

fastaím noun ❶ *amusement*: áilteoireacht, caitheamh aimsire, pl. cluichí, craic, croíléis, eachmaíocht, fleáchas, greann, imirt, rancás, randam, scoraíocht, siamsa, siamsaíocht, spórt, spraoi, súgradh, sult. ❷ *nonsense*: áiféis, amaidí, baothaireacht, baothchaint, baothmhagadh, béalastánacht, blaoiscéireacht, bleadaracht, bleadracht, bleadráil, bolgán béice, brealsúnacht, breilliceáil, breilsce, breilscireacht, brille bhreaille, brilléis, brocamas, gibiris, gleoiréis, gleoisíneacht, gliogar, gliogarnach, ladús, lapaireacht, leibidínteacht, liopaireacht, máloídeacht, máloídeacht chainte, pápaireacht, pislíneacht, radamandádaíocht, raiméis, ráiméis, ramás, rá mata, randamandádaíocht, rith seamanna, scaothaireacht, seafóid, sifil seaifil, treillis bhriollais.

fáth noun ❶ *cause, reason*: ábhar, bun, bunús, cad chuige, ceannfháth, cionsiocair, cúis, réasún, siocair, údar. ❷ **cuir i bhfáth ar** *impress on*: áitigh ar, cuir abhaile ar, cuir i bhfeidhm ar, cuir i gcion ar, cuir ina luí ar.

fathach noun *giant*: aitheach, arracht, arrachtach, fámaire, feannaire, fomhórach, gruagach, *literary* scál.

fathachúil adjective *gigantic*: ábhal, ábhalmhór, aibhseach, áibhéalta, arrachtach, ollmhór, *literary* dearmháil, dearmháir; in ainmhéid.

fáthchiall noun *allegory, figurative meaning*: fabhal, fabhalscéal, fáthscéal, finscéal, finscéalaíocht, miotas, parabal, parabhail, siombail.

fáthchiallach adjective *allegorical, figurative*: comharthach, fabhlach, fáthach, fíortha, meafarach, miotasach, misteach, samhaltach, siombalach, trópach.

fáthmheas noun *diagnosis*: aithint, aithne, brath, cinneadh, cinntiú, conclúid, cruthú, dearbhú, deimhniú, fionnachtain, fionnadh, nochtadh, tátal. verb *diagnose*: aimsigh, aithin, brath, cinn, cinntigh, déan tátal ar, dearbhaigh, deimhnigh, faigh amach, fionn, meas, nocht, tabhair faoi deara, tar ar.

feá noun *beech, beech-tree* (Fagus sylvatica): crann feá, fáibhile.

feabhas noun ❶ *excellence*: ardchaighdeán, ardcháilíocht, ardéirim, bail, barr a mhaitheasa, dearscnaíocht, dea-staid, fiúntas, foirfeacht, fónamh, luachmhaireacht, luaíocht, maith, maitheas, mórmhaitheas, oirirceas, rímháistreacht, suáilceas, tuillteanas, *literary* gaoine. ❷ *improvement*: athleasú, athchóiriú, biseach, bisiú, dul chun cinn, feabhsú, feabhsúchán, gnéithiú, leasú, teacht chun cinn, téarnamh.

Feabhra noun *February*: mí Feabhra; mí na Féile Bríde, mí na bhFaoilleach, mí na bhFaoillí; coicís faoide agus coicís fáide.

feabhrán noun *hogweed, cow-parsnip* (Heracleum sphondylium): cos uisce, eabhrán, eibhleán, eibhreán, faidhf, faidhf na madaí, feabhránach, fíf, fiúrán, fleabhrán, fuarán, gleorán, glórán, labhrán, lórán, luarán, odhrán, pléascán, sabhrán, siúrán, sop na bó, uarán.

feabhsaigh verb *improve*: bisigh, faigh biseach, gnéithigh, téarnaigh, téigh i bhfeabhas, téigh chun cinn; tagann biseach ar, tagann feabhas ar; tá sé ar a sheanléim.

feac[1] noun *handle of spade*: cos, crann, hanla, lámh, lámhchrann, lorga, lorgán, sáfach; urla, urlann.

feac[2] noun ❶ *bent posture*: camadh, casadh, claonadh, cor, coradh, cromadh, cruit, cuar, dronn, feacadh, feacadh glúine, feirc, fiaradh, goic, ísliú, laobhadh, leathcheann, leathspeic, leathspleic, leathstuaic, lúbadh, maig, maing, staon, umhlú. ❷ *hurry, bustle*: broid, brostú, brú, corraí, corraíl, cruóg, deabhadh, deifir, deifre, dithneas, eadarluas, faobach, fuadar, fústar, giodar, struip, taparsach, téirim. verb *bend*: cam, cas, claon, crom, cuar, fiar, ísligh, laobh, lúb, umhlaigh.

féach verb ❶ *look*: amhanc, amharc, breathnaigh, breithnigh, caith do shuil thar, dearc, féach, feic, grinnigh, iniúch, spléach. ❷ *try, test*: blais, dearbháil, promh, sondáil, tástáil, scrúdaigh, seiceáil, teisteáil; bain triail as.

féachaint noun ❶ *look, glance*: amhanc, amharc, breathnú, catsúil, dearcadh, dreach, gliúc, gliúcaíocht, leacam, súil, *literary* seall; mearamharc, spléachadh, sracfhéachaint. ❷ *appearance*: cló, cóiriú, cosúlacht, crot, cruth, cuma, cumraíocht, cuspa, deilbh, dreach, eagar, éagasc, fíor, fíoraíocht, foirm, gné, gnúis, leagan, riocht, scoth, stíl. ❸ *trial, test*: féacháil; promhadh, scrúdú, seiceáil, tástáil, teist, triail.

feacht[1] noun ❶ *literary journey, expedition*: aistear, bóthar, comóradh, séad, siúl, sluaíocht, táin, toisc, triall, turas, *literary* tairdeal. ❷ *time, occasion*: ala na huaire, aimsir, am, aonuair, cor, deis, faill, ionú, lá, linn, ócáid, píosa, ré, scaitheamh, seal, sealad, tamall, tráth, uain.

feacht[2] noun *flow, current*: cúlsruth, gluaiseacht, líonadh, rith, sileadh, síneadh, sní, sruth, taoide, trá, tuile, tulca.

feachtas noun *campaign*: cath, cogadh, cogaíocht, crosáid, gluaiseacht, slógadh, sluaíocht, straitéis, tóstal, troid, *literary* feacht.

fead noun ❶ *whistle, whistling sound*: feadaíl, feadalach, feadán, giolcadh, píobarnach, píoblach, scol, seabhrán, seordán, sian, sianán, siansán. ❷ *pipe, reed*: deocán, diucán, feadóg, geocán, giolcach, píob, píopa; coinlín ceoil, crann ceoil, faidhf, fíf, fliúit.

féad verb ❶ *be able to*: bí ábalta, bí in ann, bí in inmhe, faigh; is féidir le, tá ar a chumas, tig le, *literary* is tualaing. ❷ *ought to*: ní foláir do, ní mór do; ba cheart do, ba cheart do; tá de dhualgas ar.

feadán noun ❶ *tube*: píobán, sorcóir, tiúb. ❷ *peg, pin*: bacán, biorán, cnoga, cranntairne, peig, pionna, scorán, stang; slaidín, *literary* eo.

feadánach adjective ❶ *tubular, vascular:* cuisleach, sorcóireach. ❷ *whistling, wheezing:* cársánach, piachánach, puthannach, séideánach, séideogach, sianach, smeachach, srannánach.

feadh noun *extent, duration:* achar, aimsir, airde, am, fad, fadaíocht, faide, faideacht, feadh, leithead, spás, tamall, tréimhse. compound preposition **feadh, ar feadh** ❶ *during, throughout:* i gcaitheamh, i rith, le linn, trí. ❷ *along the length of:* le fad, le taobh. ❸ *to the extent of:* chomh fada le, de réir.

feadhain noun *band, troop:* baicle, béinne, buíon, cipe, coimhdeacht, coimhirse, cóip, comhlacht, compántas, complacht, criú, cruinniú, cuallacht, cuideachta, cumann, díorma, dream, feadhnach, fianlach, foireann, fracht, gasra, grinne, grúpa, meitheal, paca, rang, scaoth, scata, scuad, scuadrún, scuaine, slógadh, slua, tascar, tionlacan, trúpa, *literary* cuain, rúta.

feadhnach noun ❶ *band, troop:* baicle, béinne, buíon, cipe, cóip, comhlacht, compántas, complacht, criú, cruinniú,, cuallacht, cumann, cuideachta, díorma, dream, feadhain, fianlach, foireann, fracht, gasra, grinne, grúpa, meitheal, paca, rang, scaoth, scata, scuad, scuadrún, scuaine, slógadh, slua, tascar, tionlacan, trúpa, *literary* cuain, rúta. ❷ *vessel, pail:* ancairt, árthach, beiste, buicéad, calán, canna, ceaintín, cíléar, clogaidín, croca, crúiscín, crúsca, giústa, gogán, leastar, muga, paol, peaindí, pigín, pota, potán, próca, searróg, séibe, soitheach, stópa, tancard, umar, *literary* drochta, síothal. ❸ *large quantity:* an dúrud, carn, clais, cuimse, dalladh, dúlíonach, éacht, flúirse, foracan, foracún, foiscealach, lear, lochadradh, maidhm, *pl.* mílte, mórán, *pl.* múrtha, neart, púir, réimse, scanradh, scaoth, seó, slua, tolmas, *familiar* an t-uafás.

feadóg noun *whistle:* feadóg chnáimhe, feadóg stáin; píob, píopa; coinlín ceoil, crann ceoil, faidhf, fíf, fliúit.

feádóir noun *idler, stroller:* fálródaí, fámaire, fánaí, feamaire, leadaí, leoiste, loiceadóir, lúmaire, máinneálaí, maraíodóir, moilleadóir, raimleálaí, ránaí, rantaeir, rianaí, seachránaí, siúlóir, sreothaí, sruthaire, stangaire, strambánaí, válcaeir, *familiar* foghlaeir.

feádóireacht noun ❶ *plumbing, sounding:* sondáil, tástáil, tomhas. ❷ *idling, strolling:* falaire, falaireacht, fálróid, fánaíocht, fuaidireacht, raimleáil, rantaeireacht, rianaíocht, seachrán, siúl, sníomhóireacht, spaisteoireacht, sráideoireacht, srathaireacht, sruthaireacht, válcaeireacht, vardaíl; caismirneach, feamaíl, gliúmáil, leadaíocht, losaíodóireacht, máinneáil, malltriall, moilleadóireacht, righneadóireacht, righneáil, slúisteoireacht, spadántacht.

feag noun *rush* (Juncus): geaftaire, geitire; brobh, brobh luachra, feag, feag luachra, *pl.* fíógaí, *colloquial* luachair; bogshifín, buigiún, colgrach, sibhín, sifín, simhean, úrluachair.

feall noun *deceit, treachery:* anbhrath, *pl.* bealaí, brath, caime, caimiléireacht, calaois, camadaíl, camastóireacht, cambheart, camrasáin, cealg, cealgadh, cealgaireacht, ciolmamúta, *pl.* cleasa, cleasaíocht, cliútráil, cluain, cluanaireacht, cneámhaireacht, comhcheilg, cúbláil, cúinseacht, draíodóireacht, ealaín, *pl.* earmhúintí, falsú, feall ar iontaoibh, fealladh, feallaireacht, fealltacht, feillbheart, feillghníomh, gleacaíocht, gliceas, leathbhróg, leidhcéireacht, leorthóireacht, lúbaireacht, meabhal, meabhlaireacht, meabhlú, mealladh, mealltóireacht, meang, meangán, meilm, mícheastacht, míchoinníoll, mí-ionracas, mímhacántacht, paintéarach, rógaireacht, séitéireacht, slíodóireacht, slíomadóireacht, slópáil, staigeáil, uisce faoi thalamh, *literary* imdeall, plaic faoi choim, tangna, tangnacht. verb *prove false, betray:* braith, déan scéal ar, díol, feall, sceith ar, tréig, meabhlaigh.

feallaire noun *deceiver, betrayer:* brathadóir, bréagadóir, caimiléir, camadán, dathadóir, dathaire, dúblálaí, duine cam, fealltóir, gadaí, gadaí bradach, Iúdás, lúbadóir, lúbaire, meabhlachán, meabhlaire, nathair, plotaire, plucálaí, saofóir, séitéir, Tadhg an dá thaobh.

feallmharfóir noun *assassin:* básaire, dúnmharfóir, gunnadóir, marfóir, murdaróir.

fealltach adjective *deceitful, treacherous:* bealachtach, braiteach, calaoiseach, cam, cealgach, claon, cleasach, cluanach, dúbailte, fiar, glic, inleogach, lán castaí, lúbach, meabhlach, mealltach, meangach, míchoinníollach, mí-ionraic, mímhacánta, nathartha, paintéarach, séitéartha, sleabhcánta, tréatúrtha.

fealltóir noun *betrayer, traitor:* brathadóir, caimiléir, comhchealgaire, dúblálaí, duine liom leat, feallaire, Iúdás, lúbadóir, lúbaire, meabhlachán, meabhlaire, nathair, plotaire, plucálaí, séantóir, séantóir creidimh, séantóir cúise, séitéir, sliúdrálaí, Tadhg an dá thaobh, tréatúir.

fealltóireacht noun *treachery:* anbhrath, *pl.* bealaí, brath, caime, camadaíl, camastaíl, camastóireacht, cambheart, camrasáin, cealg, cealgaireacht, cluain, falsú, feall, feall ar iontaoibh, fealladh, feillbheart, feillghníomh, lúbaireacht, meabhlaireacht, mealltóireacht, meang, meilm, mícheastacht, míchoinníoll, mí-ionracas, mímhacántacht, séitéireacht, staigeáil, tréas, *literary* imdeall.

fealsamh noun *philosopher:* fealsamh morálta, fealsamh nádúrtha, fealsamh scolaíoch, fealsamh spéacláireach; cosmeolaí, loighceoir, meitifisicí, onteolaí; ábharaí, eisí, idéalaí, nihilí, posatíbhí; agnóisí, aindiachaí, diagaí, diasaí; draoi, eagnaí, eolaí, eolgaiseoir, fáidh, fáidheadóir, fear feasa, fear

---

Brainsí na Fealsúnachta

aesthetics: aeistéitic *f.*
analytical philosophy: fealsúnacht *f.* anailíseach
axiology: fiúntaseolaíocht *f.*
bioethics: bitheitic *f.*
cosmology: cosmeolaíocht *f.*
deontology: dualeolaíocht *f.*
epistemology: eipistéimeolaíocht *f.*
ethics: eitic *f.*
formal logic: loighic *f.* fhoirmiúil
gnosiology: gnóiseolaíocht *f.*
legal ethics: eitic *f.* an dlí
linguistic philosophy: fealsúnacht *f.* teangeolaíochta
logic: loighic *f.*
medical ethics: eitic *f.* an leighis
metaphysics: meitifisic *f.*
metempirics: meiteimpiric *f.*
modal logic: loighic *f.* mhódúil
moral philosophy: fealsúnacht *f.* mhorálta
ontology: onteolaíocht *f.*
phenomenology: feimineáneolaíocht *f.*
philosophy of law: fealsúnacht *f.* an dlí
philosophy of mathematics: fealsúnacht *f.* na matamaitice
philosophy of mind: fealsúnacht *f.* na hintinne
philosopy of psychology: fealsúnacht *f.* na síceolaíochta
philosophy of religion: fealsúnacht *f.* an chreidimh
philosophy of science: fealsúnacht *f.* na heolaíochta
political philosophy: fealsúnacht *f.* pholaitiúil
teleology: teileolaíocht *f.*

fealsúnacht
léinn, físí, machnóir, máistir, múinteoir, saoi, smaointeoir.

fealsúnacht noun *philosophy*: creideamh, dearcadh, diagacht, eagna, eagnaíocht, éargna, eitic, idéeolaíocht, *pl.* luacha, moráltacht, *pl.* prionsabail, seasamh, *pl.* smaointe, smaointeachas, smaointeoireacht, teagasc, teoiric.

feam noun ❶ *tail*: drioball, ruball; earr, eireaball, feimín, los, raiblín, sciot, sciotachán, sciotán, scothachán, scothán, scuab, scuabóg, triopall. ❷ *stalk*: bun, cos, crann, cuiseog, das, foithnín, fúinín, gas, seamaide, sifín, sop, stoc, stopóg, tráithnín; crann práta. ❸ *rod*: bíoma, crann, fearsaid, lorga, lorgán, seafta, slat.

feamach adjective *tailed, stemmed*: eireaballach, fadghasach, gasach; **adjectival genitive** coise, **adjectival genitive** gaise, a bhfuil gas faoi.

feamainn noun *seaweed*: ceilp, faimleach, feam, feamnach, fraileach; barrchonlach, turscar.

fean noun *fan*: gaothadán, gaothóg, gaothrán, scaigneán, seafal, seafnal, séideal.

feann verb ❶ *flay, skin*: bain an craiceann de, bain an tseithe de, bearr, lom, scean, seithigh, *literary* lochair. ❷ *criticize severely*: aithisigh, aor, bearr, cáinsigh, cáin, caith anuas ar, ciontaigh, damnaigh, daor, dímhol, guthaigh, imcháin, imdhearg, iomardaigh, lochtaigh, lom, milleánaigh, rith síos, scall, scean, scioll, scól, tarcaisnigh, *literary* tathaoir. ❸ *strip, rob*: bearr, creach, lom, nocht, robáil, saill, scon, slíob, struipeáil, *literary* fadhbh, lochair.

feannadóir noun ❶ *flayer, skinner*: lomaire, seitheadóir. ❷ *sharp-tongued person*: ainsprid, badhbaire, báirseoir, bearrbóir, bearrthachán, cáinseach, fiacantóir, heictar, stiallaire, stiúracháin; bearrthachán mná, fuachaid, gáirseach, laisceach, raicleach, raip, raiteog, ruibhseach, ruip, ruipleach, scibhear, scubaid, strabóid, strachaille, toice. ❸ *extortioner*: creachadóir, gadaí, robálaí, scramaire, sracaire.

feannadóireacht noun ❶ *flaying*: glanadh, lomadh, sceanach, seithiú. ❷ *severe criticism*: beachtaíocht, cáineadh, cáinseoireacht, ciontú, coiriú, damnú, daoradh, eascaine, gearrachán, géiríneacht, goineogacht, guth, guthaíl, imcháineadh, imchreachadh, imdheargadh, iomardú, lochtú, mallacht, milleán, priocaireacht, roiseadh den teanga, sceanadh, scioladh, scioladóireacht, scóladh, spídiúchán, tairéim, tarcaisne. ❸ *extortion*: creachadh, creachadóireacht, cíos dubh, robáil, robáil sholasta, sailleadh, sracadh, sracaireacht, *literary* lochar.

feanntach adjective *bitter, sharp, severe*: aithrinneach, binbeach, borb, colgach, crua, cruálach, daigheachánach, dásachtach, dian, faobhrach, feannaideach, fiamhach, fiata, fíochmhar, fraochmhar, fraochta, gangaideach, géar, goimhiúil, goineach, gonta, mailíseach, mináireach, mioscaiseach, nimhiúil, nimhneach, polltach, rinneach, sceanúil, searbh, turcánta.

fear-¹ prefix *male, he-*: moth-, fearga, fearúil, **adjectival genitive** fir, fireann, firinscneach, magarlach, mascalach.

fear² verb ❶ *provide*: beir, cruthaigh, cuir ar fáil, gin, riar, soláthair, tabhair, tairg, táirg. ❷ *pour out, shed*: brúcht, caith, doirt, líon, rith, scaird, sceith, sil, steall, tabhair, taosc. ❸ *wage*: cuir, déan, tabhair, troid. ❹ *perform, observe*: ceiliúir, coimeád, coinnigh, comhlíon, comór, déan, gníomhaigh. ❺ *affect, benefit*: cuir ar, téigh i bhfeidhm ar, téigh i gcion ar; cabhraigh le, cuidigh le, déan leas do, déan maitheas do, téigh chun sochair, téigh chun tairbhe. ❻ *excrete*: cac, déan cac, déan mún, eiscréidigh, eisfhear, eislig, folmhaigh, salaigh.

Cineálacha Éagsúla Feamainne

algae: plural noun algaí
bladder wrack (*Fucus vesiculosus*): feamainn *f.* bhoilgíneach; dúlamán na gclog; turscar na gclog
bladder wrack (*Fucus vesiculosus* var. *vadorum*): barrchonlach
brown seaweeds (genus *Phaeophyceae*): feamainn *f.* dhonn; feamainn *f.* rua
carrageen (*Chondrus* sp.): carraigín
carrageen (*Chondrus crispus*): cosáinín carraige
channel wrack (*Pelvetia canaliculata*): caisíneach *f.*; dúlamán; múirín na muc
cladophora (*Cladophora* sp.): slobán
coraline (*Corallina officinalis*): coiréalach; caonach mara; cúnach trá
cuvie (*Laminaria hyperborea* (*L. cloustoni*)): leathach; (an gas) feam; slat *f.* mhara; (na "duillí") plural noun ceanna slat; scothach *f.*
dabberlocks (*Alaria esculenta*): láir *f.* bhán; plural noun láracha; sraoilleach *f.*
dulse (*Palmaria palmata*): duileasc; creathnach *f.*
flat wrack (*Fucus spiralis*): casfheamainn *f.*
furbelows (*Saccorhiza polyschides*): claíomh; plural noun na claimhí
furcellaria (*Furcellaria lumbricalis*): leaba *f.* phortáin
giant sea kelp (*Macrocystis* sp.): ollcheilp *f.*
green seaweeds (genus *Chlorophyceae*): feamainn *f.* ghlas
guiry (aka carrageen) (*Mastocarpus stellatus* (*Gigartina stellata*)): clúimhín cait
gutweed (*Enteromorpha intestinalis*): líneáil *f.* ghorm
Irish moss (*féach* carrageen)
kelp (*Laminaria* sp.): ceilp *f.*
knotted wrack (*Ascophylum nodosum*): feamainn *f.* bhuí
laver (*Porphyra umbilicalis*): sleabhac; sleabhcán
maerl (*Lithophyllum, Lithothamnium*): gruánach
mermaid's tresses (*Chorda filum*): ruálach *f.*; plural noun doruithe Briain
murlins (*féach* dabberlocks)
oarweed (*Laminaria digitata*): coirleach; plural noun ribíní
pepper dulse (*Laurencia pinnatifida*): meadhbhán; míobhán; uisce beatha
podweed (*Halidrys siliquosa*): plural noun crúba préacháin
polysiphonia (*Polysiphonia lanosa*): olann *f.* dhearg
purple laver (*Porphyra umbilicalis*): sleabhac dearg
rainbow bladderwrack (*Cystoseira tamariscifolia*): fraoch freangach
red rags (*Dilsea edulis*): cáithleach *f.*
red seaweed (genus *Rhodophyceae*): feamainn *f.* dhearg
sargasso (*Sargassum* sp.): turscar
saw wrack (*féach* **toothed wrack**)
sea belt (*Laminaria saccharina*): rufa; plural noun madraí rua
sea cauliflower (*Leathesia difformis*): bolgach *f.*
sea laces (*Himanthalia elongata*): ríseach *f.*; imleacán cloch
sea lettuce (*Ulva lactuca*): glasán; sleaidí
sea thong (*féach* sea laces)
sea oak (*féach* **podweed**)
serrated wrack (*féach* **toothed wrack**)
sloke (*féach* **purple laver**)
strap wrack (*féach* **cuvie**)
tangle (*féach* **oarweed**)
thongweed (*féach* sea-laces)
toothed wrack (*Fucus serratus*): míoránach *f.*
witch's hair (*Desmarestia aculeata*): gruagach

fear³ noun ❶ *man:* buachaill, diúlach, duine, giolla, neach; fear cothrom tíre, Tadhg an mhargaidh, Tadhg Ó Rodaí. ❷ *husband:* caoifeach, céile, cneasaí, fear an tí, fear céile, fearchéile, fear pósta, fear tí, máistir, nuachar, páirtnéir, tiarna talún; *familiar* an cinnire, an seanleaid, an seanchoc, é féin; patrarc.

fear bréige noun *scarecrow:* babhdán, breágóg, cuaille préachán, taibhse préachán; coigealach.

fear dlí noun *lawyer:* abhcóide, abhcóide sinsir, abhcóide sóisir, aighne, cunsailéir; aturnae, dlíodóir, nótaire, nótaire poiblí.

fear feasa noun *seer:* fáidh, fáidheadóir, fáidheoir, fáisteanach, fáistineach, tairngire, *literary* físí, *colloquial* lucht fáistine.

fear teanga noun *interpreter:* aistritheoir, fear friotail, mínitheoir, teangadóir, teangaire.

fear tí noun *householder, man of the house:* áitreabhach, áitritheoir, ceann an teaghlaigh, cónaitheoir, máistir, máistir an tí, úinéir, tiarna, tiarna talún; *familiar* an cinnire, an seanchoc, an seanlead, é féin.

féar noun *grass, hay:* brobh féir, seamaide féir; bán, féarach, talamh féaraigh; féar tirim, sadhlas, sicfhéar.

féarach noun *pasture:* féarmhá, iníor, innilt, talamh féir, talamh féaraigh; bán, buaile, cimín, coimín, cluain, fosaíocht, fothair, léana, míodún, móinéar, páirc innilte, tuar.

fearacht noun *(with the genitive as a quasi-preposition) like, as, in manner of:* amhail, ar nós, dála, geall le, in amhlachas, i gcló, i gcosúlacht, i gcuma; mar, mar a bheadh.

fearadh noun ❶ *grant, bestowal:* bronnadh, ciondáil, dámhachtain, dearlacadh, dearlaic, deontas, deonú,

Féara

alpine cat's-tail (*Phleum alpinum*): tiomóid *f.* alpach
alpine hair-grass (*Deschampsia caespitosa alpina*): móinfhéar alpach
alpine meadow-grass (*Poa alpina*): cuise alpach
annual meadow-grass (*Poa annua*): cuise bliantúil; glas léana
barley (*Hordeum vulgare*): eorna *f.*
barren fescue (*féach* **squirrel-tail fescue**)
bearded couch (*Elymus caninus*): broimfhéar colgach
black bent (*Agrostis gigantea*): feorainn *f.* dhubh
blue moor-grass (*Sesleria albicans*): féar Boirne
bog hair-grass (*Deschampsia setacea*): móinfhéar seascainn
Borrer's salt-marsh-grash (*Puccinellia fasciculata*): féar muirisce triopallach
broad-leaved meadow-grass (*Poa chaixii*): cuise leathan
brown bent (*Agrostis vinealis*): feorainn *f.* dhonn
bush grass (*féach* **wood small-reed**)
cocksfoot (*Dactylis glomerata*): garbhfhéar
cockspur (*Echinochloa crus-galli*): sáilín coiligh
common bent (*Agrostis capillaris*): feorainn *f.* mhín
common couch (*Elymus repens*): broimfhéar; féar gaoil; fiorthainn *f.*
common foxtail (*Alopecurus pratensis*): fiteog *f.* léana
common reed (*Phragmites australis*): giolcach *f.*
compact brome (*Bromus madritensis*): brómas dlúth
creeping bent (*Agrostis stolonifera*): feorainn *f.*
creeping soft grass (*Holcus mollis*): mínfhéar reatha
crested dog's tail (*Cynosurus cristatus*): coinfhéar
crested hair-grass (*Koeleria macrantha*): cailcfhéar
curved hard-grass (*Parapholis stricta*): cruafhéar cuar
darnel (*Lolium temulentum*): roille *f.*
downy oat-grass (*Avenula pubescens*): coirce clúmhach
dune fescue (*Vulpia membranacea*): feisciú duimhche
early hair-grass (*Aira praecox*): mionfhéar luath
English common cord-grass (*Spartina anglica*): spairtíneach *f.* ghallda
false brome (*Brachypodium sylvaticum*): brómas bréige
false oats (*Arrhenatherum elatius*): coirce bréige
fern-grass (*Desmazeria rigida*): féar raithní
field brome (*Bromus arvensis*): brómas báin
fine-leaved sheep's fescue (*Festuca tenuifolia*): feisciú sléibhe
flattened meadow-grass (*Poa compressa*): cuise leata
floating sweet-grass (*Glyceria fluitans*): milseán uisce
flying bent (*féach* **purple moor-grass**)
gaudinia (*Gaudinia fragilis*): gáidín
giant fescue (*Festuca gigantea*): feisciú capaill
hairy brome (*Bromus ramosus*): brómas giobach
hard-grass (*Parapholis strigosa*): cruafhéar
heath grass (*Denthonia decumbens*): féar caoráin
highland bent (*Agrostis castellana*): feorainn *f.* na gcaiseal
holy grass (*Hierochloë odorata*): féar Muire
hybrid fescue (x *Festulolium loliaceum*): feisciú roille
Italian rye-grass (*Lolium multiflorum*): seagalach *f.* Iodálach
lyme grass (*Leymus arenarius*): táithean
marram grass (*Ammophila arenaria*): muiríneach *f.*; biríneach *f.*
marsh bent (*Agrostis stolonifera marina*): feorainn *f.* réisc
marsh foxtail (*Alopecurus geniculatus*): fiteog *f.* cham
mat-grass (*Nardus stricta*): beiteán
meadow barley (*Hordeum secalinum*): eorna *f.* mhóinéir
meadow brome (*Bromus commutatus*): brómas móinéir
meadow fescue (*Festuca pratensis*): feisciú móinéir
meadow foxtail (*féach* **common foxtail**)
narrow-leaved meadow-grass (*Poa angustifolia*): cuise caol
narrow small-reed (*Calamagrostis stricta*): giolc beag
oat (*Avena sativa*): coirce
orchard grass (*féach* **cocksfoot**)
pectinate cord grass (*Spartina pectinata*): spairtíneach *f.* chíre
perennial rye-grass (*Lolium perenne*): seagalach *f.* bhuan; coirce préacháin
plicate sweet-grass (*Glyceria plicata*): milseán géagach
prairie grass (*Bromus willdenowii*): brómas machaire
purple moor-grass (*Molinium caerulea*): fionnán; punglas; gruagach an tobair
quaking grass (*Briza media*): féar gortach
rat's-tail fescue (*Vulpia myurus*): feisciú balla
red fescue (*Festuca rubra*): feisciú rua
reed canary-grass (*Phalaris arundinacea*): cuiscreach *f.*
reed fescue (*féach* **wood fescue**)
reed sweet-grass (*Glyceria maxima*): milseán mór; féar milis
reflexed salt-marsh-grass (*Puccinellia distans*): féar muirisce crom
rescue brome (*féach* **prairie grass**)
rough dog's tail (*Cynosurus echinatus*): coinfhéar colgach
rough meadow-grass (*Poa trivialis*): cuise garbh
rye (*Secale cereale*): seagal
rye brome (*Bromus secalinus*): brómas seagail
sand cat's-tail (*Phleum arenarium*): tiomóid *f.* duimhche

féaráilte

fóirdheontas, teanntaíocht, tíolacadh. ❷ *gift, benefit:* ainsile, bronnadh, bronntanas, buntáiste, deolchaire, dúthracht, féirín, gifte, lacáiste, lamháil, liúntas, seachadadh, séisín, síntiús, tabhartas, tíolacadh, tíolaic, *familiar* síneadh láimhe. ❸ *excretion, excrement:* aoileach, bualtrach, buarán, buinneach, cac, cainniúr, camras, eiscréidiú, eisfhearadh, garr, giodar, leasú, otrach, otras, salachar, saothar, sciodar; cróch na gcaorach, cróch na mbánta.

féaráilte adjective *fair, equitable:* baileach, beacht, ceart, cneasta, cóir, cothrom, cuí, cuibhiúil, de réir cirt, dílis, díreach, dleathach, dlisteanach, dual, fíor, fírinneach, iomchuí, ionraic, iontaofa, macánta.

féaráilteacht noun *fairness:* ceart, ceartas, cneastacht, cóir, cothroime, cothrom, cothrom na Féinne, cuibhiúlacht, dírí, dleathacht, dleathaíocht, dlisteanacht, fíre, fírinne, ionracas, iontaofacht, macántacht.

fearann noun ❶ *land, territory:* ceantar, comharsanacht, dúiche, dúthaigh, gabháltas, diméin, eastát, geadán, limistéar, líomatáiste, paiste, réigiún, stát, státa, talamh, *pl.* tailte, taobh tíre, *pl.* triúcha, tuath. ❷ *quarter, portion:* blúire, canda, ceathrú, ciondáil, cuid, daba, earnáil, giota, greim, páirt, píosa, plaic, riar, roinn, roinnt, ruainne, scair, scealp, scealpóg, sciar, stiall, smut, teascán, teascóg.

fearannas noun *landed property, estate, domain:* áitreabh, diméin, eastát, feirm, gabháltas, sealúchas, seilbh talún, stát, státa, talamh, *pl.* tailte, teach agus talamh, *literary* tothacht.

fearas noun ❶ *husbandry, economy:* baileachas, bainistí, bainistíocht, barainn, coigilt, coigilteas, fearachas, tíos, tíosaíocht, tíosúlacht, treabhchas. ❷ *order, management:* aireachas, bainisteoireacht, eagar, eagraíocht, eagras, feighlíocht, ord, lámhsmacht, maoirseacht, mineastráil, mineastrálacht, reachtáil, rialú, rialúchán, riar, riaracháchán, riaradh, saoistíocht, smacht, stiúir, stiúiradh, stiúrthóireacht, treoir, treorú. ❸ *outfit, equipment: pl.* acmhainní, airnéis, áis, *pl.* ciútraimintí, *pl.* cleathainsí, cóir, cóngar, feisteas, gaireas, *pl.* giuirléidí, *pl.* gléasanna, gléasra, inleog, sás, trealamh, *pl.* uirlisí.

fearastúil adjective ❶ *well-equipped:* acmhainneach, áirgiúil, bunúil, dea-chóirithe, deisiúil, iarmhaiseach, neamhuireasach, rachmasach, rafar, saibhir. ❷ *competent, efficient:* ábalta, acmhainneach, bailí, bríoch, bríomhar, cumasach, cumasúil, cumhachtach, éifeachtach, éifeachtúil, fíoránta, foirtil, fuinniúil, gusmhar, gusúil, inniúil, máistriúil, sciliúil, spionnúil, spioradúil, spreacúil, spreagúil, spridiúil, stuama, tábhachtach, tréitheach, údarásach. ❸ *handy, convenient:* achomair, acrach, áisiúil, caoithiúil, cóngarach, feiliúnach, fóinteach, fóirsteanach, oiriúnach, soláimhsithe, tairbheach, teachtmhar, úsáideach, *literary* iongar.

fearb¹ noun ❶ *literary cow:* bearach, beithíoch, beithíoch eallaigh, bodóg, céileog, colpach, maoilín, maolán, samhaisc, seafaid; príneo. ❷ *hind, roe:* eilit, fearbóg.

fearb² noun *weal, welt:* léas, fústa, ústa, riast; balscóid, callas, clog, clogán, creagán, fadharcán, spliúchán, spuacán, spuaic.

fearbán noun *buttercup (Ranunculus):* buíóg an tsamhraidh, caimín ime, cam an ime, camán ime, carbán, cearbán feoir, *pl.* cora préacháin, *pl.* cosa préacháin, crobh an leoin, crobh an phréacháin, crobh préacháin, crúb préacháin, crú préacháin, dúil in im, dúilín im, farbán, fuil talún, gairgín, gora phréacháin, lasair léana, luibh an ime, lus an rócais, neoinín buí, pearbán, tine talún, tuile talún.

fearchat noun *tom-cat:* cat fireann, mothchat.

fearg noun ❶ *anger, wrath:* ainscian, aonach, báiní, buile, buile feirge, cochall, coilichín, colg, colgaí, confadh, cuthach, dásacht, faghairt, fiatacht, fíoch, fiuch, fiúir, fiúnach, fraoch, greannaitheacht, oibriú, olc, rothán, spadhar, taghd, teasaíocht, tintríocht, *literary* grúg; boirrche, boirrche dí. ❷ *irritation, inflammation:* aodh thochais, athlasadh, brachadh, deirge, gor, greadfach, greannú, gríos, íth, rais, urtacáire.

Féara
ar lean

sand couch (*Elymus farctus*): broimfhéar gainimh
sea barley (*Hordeum marinum*): eorna *f.* mhara
sea couch (*Elymus pungens*): broimfhéar mara
sea fern-grass (*Desmazeria marina*): féar trá
sheep's fescue (*Festuca ovina*): feisciú caorach
silver hair-grass (*Aira caryophyllea*): mionfhéar geal
small cord-grass (*Spartina maritima*): spairtíneach *f.* mhara
small sweet-grass (*Glyceria declinata*): milseán beag
smaller cat's-tail (*Phleum pratense bertolonii*): tiomóid *f.* bheag
smooth brome (*Bromus racemosus*): brómas mín
smooth meadow-grass (*Poa pratensis*): cuise mín
soft brome (*Bromus hordeaceus*): brómas bog
spreading meadow-grass (*Poa subcaerulea*): cuise reatha
squirrel-taile fescue (*Vulpia bromoides*): feisciú aimrid
sterile brome (*Bromus sterilis*): brómas aimrid
swamp meadow-grass (*Poa palustris*): cuise réisc
sweet vernal grass (*Anthoxanthum odoratum*): féar cumhra
tall fescue (*Festuca arundinacea*): feisciú ard
timothy grass (*Phleum pratense*): tiomóid *f.*; féar capaill; bodán
tor grass (*Brachypodium pinnatum*): brómas reatha
Townsend's cord-grass (*Spartina x townsendii*): spairtíneach *f.* aimrid
tufted hair-grass (*Deschampsia caespitosa*): móinfhéar garbh
upright brome (*Bromus erectus*): brómas ceannard
velvet bent (*Agrostis canina*): feorainn *f.* shlim
viviparous fescue (*Festuca vivipara*): feisciú beobhreitheach
wall barley (*Hordeum murinum*): cuiseogach *f.* fhionn
wavy hair-grass (*Deschampsia flexuosa*): móinfhéar
wheat (*Triticum aestivum*): cruithneacht *f.*
whorl grass (*Catabrosa aquatica*): casfhéar uisce
wild oats (*Avena fatua*): coirce fiáin
winter wild oat (*Avena sterilis*): coirce fiáin geimhridh
wood barley (*Hordelymus europaeus*): eorna *f.* choille
wood fescue (*Festuca altissima*): feisciú coille
wood meadow-grass (*Poa nemoralis*): cuise coille
wood melic (*Melica uniflora*): meilic *f.*
wood millet (*Milium effusum*): muiléad coille
wood small-reed (*Calamagrostis epigejos*): giolc
yellow oat-grass (*Trisetum flavescens*): coirce buí
Yorkshire fog (*Holcus lanatus*): féar an chinn bháin

fearga adjective *male, virile:* fear-, fearúil, **adjectival genitive** fir, fireann, firinscneach, magarlach, mascalach, **adjectival genitive** mic, moth-.

feargach adjective ❶ *angry:* ainscianta, cochallach, colgach, cuileadach, **adjectival genitive** cuthaigh, dásachtach, diardanach, dorránach, fíochmhar, fraochta, lonn, mear, oibrithe, spadhartha; ar báiní, ar buile, ar caorthainn, sna céadéaga. ❷ *irritated, inflamed:* athlasta, dearg, gortha, séidte; frithir, tinn.

feargacht noun *masculinity, virility:* fearúlacht, fireannacht, oirbheart; acmhainn, bua, cumas, cumhacht, láidreacht, láthar, neart, neartmhaire, sea, spreacadh, tréine, treise, urrúntacht, urrús.

feargaigh verb ❶ *become angry:* lonnaigh, caill do stuaim, téigh le báiní, téigh sna céadéaga; tagann cuthach ar, tagann fearg ar; beireann an fhearg bua ar. ❷ *anger, irritate:* corraigh, greannaigh, oibrigh, spadhar, spréach; bain míthapa as, cuir ar deargbhuile, cuir le cuthach, cuir fearg ar, cuir olc ar, cuir taghd ar.

féarmhar adjective *grassy:* féarúil, fonnghlas, glas, iathghlas; bisiúil, méith, saibhir, torthúil.

fearsaid noun ❶ *spindle, axle:* coirrcheann, maide sníomha, *literary* sníomhaire; acastóir, agaistéar, ais, aiseal, crann iompair, fearsaid. ❷ *ridge of sand in estuary:* brachlainn, guaire, oitir, oitir ghainimh, muc ghainimh. ❸ *verse, ditty:* amhrán, amhrán saothair, loinneog, lúibín, rabhcán.

feart¹ noun *prodigy, miracle:* ionadh, iontas, gníomh míorúilteach, míorúilt, mistéir, sampla; éacht.

feart² noun ❶ *mound, tumulus:* créthulach adhlactha, dumha, sí, sián, tulach. ❸ *grave:* adhnacal, leacht, lusca, tuama, uaigh, *literary* meamra, otharluí.

fearthainn noun *rain:* bailc, báisteach, boglach, cith, díle, fliuchadh, fliuchras, múr, múráil, tuile; barrchith, brádán, brádarnach, cafarnach, ceobhrán, ceobrán, ceobharnach, ceofrán, dramhail báistí, draonán báistí, salacharaíl bháistí, síobráil bháistí, spréachaíl báistí, sriabhán báistí; batharnach bháistí, clagar, clagarnach, clagarnaíl, clascairt báistí, díle báistí, doirteán báistí, gailbh, gailfean, gailfean báistí, leidearnach chlagair, liagarnach báistí, maidhm bháistí, péatar báistí, ragáille báistí, rilleadh báistí, sconna báistí, tuairt bháistí, tuile liag; cith is dealán, cith is gealán, múráil ghréine.

fearthainneach adjective *rainy, showery:* béalfhliuch, bog, braonach, breac, cáidheach, ceathach, ceathaideach, fliuch, frasach, moiglí, múraíleach, múraíolach, salach, scrábach, scrabhaiteach, slaimiceáilte, sramach, táirfhliuch.

fearúil adjective *virile, manly:* fearga, fireann, firinscneach, magarlach, mascalach; calma, cróga, cúirtéiseach, cumasach, cumhachtach, dána, éifeachtach, feilmeanta, laochta, féitheogach, foirtil, gaisciúil, láidir, matánach, misniúil, móruchtúil, muscalach, neamheaglach, neamhfhaiteach, neartmhar, smiorúil, tréan.

feasach adjective *knowledgeable, well-informed:* cliste, críonna, cultúrtha, dea-aithneach, eagnaí, éigseach, eolach, eolasach, eolgasach, eolghasach, foghlamtha, gaoiseach, intleachtúil, léannta, meabhrach, oilte, saoithiúil, sciliúil, scolártha, stuama, traenáilte, tuisceanach.

feascar noun *vesper, evening:* ardtráthnóna, coineascar, deireadh lae, easparta, tráthnóna, tús oíche; clapsholas.

féasóg noun ❶ *beard:* fionnadh, guaireach, meigeall, ulcha; croiméal, mustais. ❷ *awn:* colg; ribe, guaire.

féasrach noun *muzzle:* gobán, mantóg, musal, puisín, pusachán, puslach.

feasta adverb *from now on, henceforth:* feasta agus go brách; amach anseo, as seo amach, uaidh seo amach.

féasta noun ❶ *feast, banquet:* féastaíocht, fleá; bainis, cóisir, infear, meilséara, *literary* urghnamh. ❷ *festival:* ceiliúradh, comóradh, féile, feis, méilséara, saoire, scoraíocht, sollúin.

feic noun *sight, spectacle:* amharc, pictiúr, radharc, seó, spléachadh, taispeántas. verb *see:* aithin, faigh spléachadh ar, faigh súilfhéachaint ar, tabhair faoi deara; amharc ar, breathnaigh ar, dearc ar, féach ar, grinnigh, spléach.

feiceáil noun ❶ *sight, visibility:* amharc, breathnú, dearcadh, féachaint, feiscint; infheictheacht, léargas. ❷ *look, appearance:* cló, cóiriú, cosúlacht, crot, cruth, cuma, dealramh, deilbh, dreach, eagar, éagasc, fíor, fíoraíocht, foirm, gné, gnúis, leagan, riocht, scoth, stíl.

feiceálach adjective ❶ *conspicuous:* dealraitheach, feisceanach, follas, follasach, poiblí, sofheicthe, soiléir, suaitheanta, suaithinseach, suntasach, *literary* airdhirc; is cuid suntais é. ❷ *showy, handsome:* bléascach, cuidsúlach, dathúil, dealraitheach, dóighiúil, feisceanach, gairéadach, galánta, glacach, glé, maingléiseach, maisiúil, péacach, pléascach, spiagaí, straibhéiseach, taibhseach, taispeántach, toirtéiseach.

féichiúnaí noun *debtor:* féichiúnach, fiachóir; mórgaisteoir; duine bancbhriste, duine briste, féimheach; clisiúnach.

féichiúnas noun *indebtedness, liability:* dliteanas, dualgas, *pl.* fiacha, *pl.* fiachaisí, freagracht, morgáiste, mortabháil; tá míle eoró agam air.

féideartha adjective *possible:* féidir, indéanta, inrásta, sodhéanta; tig a dhéanamh; tá sé ar a chumas.

féidearthacht noun *possibility:* indéantacht, rud indéanta, rud intarlaithe, sodhéantacht; deis, seans; níl aon dul aige.

feidhm noun ❶ *function, office:* feidhmeannas, feidhmiú, fóint, fónamh, gairmint, obair, oifig, ról, úsáid; cáilíocht, dualgas, seirbhís, *literary* oifigeacht. ❷ *undertaking, attempt:* beart, dícheall, éacht, geábh, iarracht, iarraidh, sáriarracht, tréaniarracht. ❸ *achievement, prowess:* aicsean, bua, caithréim, éacht, calmacht, conách, crógacht, earmaise, gaisce, gníomh gaile is gaisce, laochas, *literary* eiseamal. ❹ *need:* anás, caill, ceal, daibhreas, díobháil, díth, easnamh, easpa, éigean, éigeantas, gá, gainne, gannchúis, gátar, meathfháltas, riachtanas, uireasa, uireaspa.

feidhmeannach noun *functionary, official:* cléireach, fostaí, oibrí, oifigeach, riarthóir, státseirbhíseach.

feidhmeannas noun *function, employment:* feidhm, feidhmiú, fostaíocht, freagracht, gnó, jab, obair, oifig, post, ról, saothar, seirbhís, tasc, *literary* oifigeacht.

feidhmigh verb ❶ *function, officiate:* bí ag obair, bí i mbun, cuir i gcrích, cuir i ngníomh, comhlíon, déan, gníomhaigh, mineastráil, oibrigh, rialaigh, riar, treoraigh. ❷ *enforce, apply:* brúigh ar, cuir ag obair, cuir i gcion, cuir i gcrích, cuir i bhfeidhm, oibrigh.

feidhmiúil adjective *functional, efficient:* ábalta, bailí, bríoch, bríomhar, cumasach, cumhachtach, diongbháilte, éifeachtach, fearastúil, fiúntach, foirtil, fónta, fuinniúil, inniúil, iontaofa, máistriúil, rafar, rathúil, réimeach, tairbheach, tathagach, tréan, tréitheach, urrúnta, urrúsach, úsáideach; ag obair, ar bun, faoi lán seoil.

féidir adjective (*with copula*) *possible:* féideartha, indéanta, inrásta, intarlaithe, sodhéanta; tig a dhéanamh; cosúil, dealraitheach, dócha, dóchúil; b'fhéidir, thiocfadh leis.

feifeach adjective *watchful, attentive:* airdeallach, aireach, cluinteach, coimhéadach, cúramach, faichilleach, faireach, feighlíoch, foraireach, freastalach,

féige

friochnamhach, friothaireach, friothálach, fuireachair, furchaidh, imchoimeádach, *literary* cathaiseach, dulannach, imchisneach.

féige noun ❶ *roof-tree:* cleith mhullaigh, maide mullaigh; boimbéal, *pl.* fraitheacha. ❷ *top, summit:* barr, buaic, ceann, díon, mullach, uachtar; boimbéal, fraitheacha.

feighil noun *vigilance, attention:* aird, airdeall, aire, aireachas, beann, caomhnú, coimirce, cosaint, cúram, dianchúram, faire, faireachas, fairís, feighlíocht, feitheamh, foraireacht, fosaíocht, freastal, friochnamh, friotháil, giollacht, giollaíocht, griongal, iongabháil, ionramh, mineastráil, sea, sonrú, suim, suntas, tindeáil, úidh, *literary* deithide, dulann. verb *watch, tend:* fair, caomhnaigh, coimeád súil ar, coinnigh súil ar, cosain, déan fosaíocht air, gardáil, suigh ag, tabhair aire do.

feighlí noun *watcher, tender:* airdeallaí, airíoch, bairdéir, bardach, caomhnach, caomhnóir, coimeádaí, coimhéadaí, coimirceoir, fairtheoir, fairtheoir oíche, fear faire, gairdian, garda, maor coille, maor seilge, maor uisce, séiléir, vaidhtéir, vaidhtéir cuain, *literary* custás.

feighlíoch adjective *watchful, vigilant:* airdeallach, aireach, cluinteach, cúramach, faichilleach, faireach, feifeach, foraireach, freastalach, friochnamhach, friothaireach, friothálach, fuireachair, furchaidh, imchoimeádach, *literary* cathaiseach, dulannach, imchisneach.

feighlíocht noun ❶ *vigilance:* aird, airdeall, aire, aireachas, beann, faire, faireachas, fairís, feighil, feitheamh, fosaíocht, freastal, griongal, imghabháil, ionramh, sonrú, suim, suntas, úidh, *literary* dulann. ❷ *guardianship:* bardacht, caomhnú, coimeád, coimirce, cosaint, cúram, dianchúram, foraireacht, fosaíocht, friotháil, gardáil, giollacht, giollaíocht, mineastráil, timireacht, tindeáil, *literary* friochnamh.

feil verb *suit, fit:* caoithigh, fóir, luigh le, oir, oiriúnaigh, sásaigh, téigh do; bí feiliúnach, bí fóirsteanach, bí oiriúnach.

féile¹ noun *generosity:* cuidiúlacht, cóir, córtas, dathúlacht, dóighiúlacht, fialmhaireacht, fialmhaitheas, fiúntas, flaithiúlacht, mórchroí, oineach, oscailteacht, rabairne, toirbheartas, *literary* gart.

féile² noun *festival, feast day:* ceiliúradh, comóradh, féasta, feis, iubhaile, lá croídhílis, méilséara, saoire, scoraíocht, sollúin, *literary* lá líotha, líth; lá aifrinn, lá saoire.

féileacán noun *butterfly:* dealán Dé, féileagán, peidhleacán.

feileastram noun *wild iris, flag (Iris pseudacorus):* alastram, deileastram, duileastram, eileastar, eileastram, feileastar, *pl.* fleaga buí, *pl.* fleaigears, glóiriam, ileastram, ireas, liostram, sealastar, sealastrach, seileastram, seilimeastar, siolastrach, siolastraing, uilliostram; flór de lúis, ireas.

feileon noun *felon:* áibhirseoir, aisiléir, amhas, arc nimhe, bithiúnach, bligeard, ciontaitheoir, ciontóir, clabhaitéir, cladhaire, cneámhaire, coireach, coirpeach, coirpeoir, corpadóir, crochadóir, damantach, damantán, damantóir, daor, daoránach, diabhal, diabhlánach, diúlúnach, eiriceach, fleascach, ógchiontóir, oilghníomhaí, peacach, rifíneach, scabhaitéir, scaimpéir, sclíotar, sclíútar, scuit, scuitsear, sealánach, speig neanta.

feileonacht noun *felony:* ainghníomh, aingíocht, bithiúntacht, bithiúntaíl, bithiúntaíocht, bligeardacht, bligeardaíocht, cneámhaireacht, coir, coiriúlacht, coirpeacht drochaigne, drochbheart, drochchroí, drochintinn, feall, fealltacht, gangaid, mailís, maistíneacht, mallaitheacht, meirleachas, mínáire, mioscais, miréir, mírún, oilbhéas, oilghníomh, olc, olcas, peacúlacht, ropaireacht, urchóid, urchóideacht.

féilire noun *calendar:* almanag, caileandar, caileantáir, féilire na naomh, martarlaig.

feiliúnach adjective *suitable:* beacht, ceart, cóir, cothrom, cruinn, cuí, cuibheasach, cuibhiúil, dual, fiúntach, fóirsteanach, freagrach, inghlactha, inrásta, inseolta, iomchuí, óraice, oiriúnach, sásúil, teachtmhar, *literary* dír, iomaircí, oircheasach.

feiliúnacht noun *suitability, fitness:* beaichte, ceart, ceartas, cirte, cóir, cothroime, cruinneas, cuibheas, cuibhiúlacht, dea-eagar, dea-ord, feiliúint, fiúntas, fóirsteanacht, inghlacthacht, oiriúint, oiriúnacht, sásúlacht, *literary* oircheasacht.

feiliúntas noun *helpfulness:* cabhair, cairdeas, cairdiúlacht, carthanacht, carthanas, comhar, cineáltacht, córtas, cuidiúlacht, cúnamh, díograis, dúthracht, garúlacht, láchas, láíocht, oibleagáideacht, páirtíocht.

feillbheart noun *treacherous deed:* brath, caime, camadaíl, camastaíl, camastóireacht, cambheart, cealg, cealgaireacht, cluain, feall, feall ar iontaoibh, fealladh, feallaireacht, feillghníomh, lúbaireacht, meabhlaireacht, mealltóireacht, meang, meilm, míchneastacht, míchoinníoll, mí-ionracas, mímhacántacht, séitéireacht, sliúdrálaí.

feilmeanta noun *strong, vigorous, forceful:* ábalta, bailc, balcánta, bríoch, bríomhar, bulcánta balcánta, calma, ceilméartha, ceolmhar, cróga, cumasach, cumhachtach, dána, éifeachtach, fearúil, foirtil, fórsúil, fuinniúil, inniúil, láidir, látharach, matánach, misniúil, móruchtúil, muscalach, neamheaglach, neamhfhaiteach, neartmhar, séitreach, sonnta, spreacúil, sracúil, storrúil, teann, tréamanta, tréa, *literary* ruanata, soinnimhn.

féiltiúil adjective ❶ *festive:* cóisireach, féastach, fleách, *literary* litheach. ❷ *regular, punctual:* beacht, pointeáilte, pointiúil, poncúil, reigleáilte, rialta, spriochta, tráthrialta, tráthúil.

féimheach adjective *bankrupt:* bancbhriste, briste, féimheach, féimhithe. noun *bankrupt:* duine briste, clisiúnach; féichiúnach.

féinics noun *phoenix:* tearcéan.

feiniméan noun *phenomenon:* cás, *pl.* cúinsí, *pl.* cúrsaí, dáil, eispéireas, feic, fíoras, fírinne, imeacht, *pl.* imthosca, ní, rud, scéal; amharc, radharc, tarlachtaint, tarlú, teagmhas, *pl.* tosca.

féiniúlacht noun *selfhood, identity:* aitheantas, anam, céannacht, eisint, indibhidiúlacht, ionannas, mianach, nádúr, pearsantacht, ríd, *pl.* saintréithe, uathúlacht.

féinriail noun *autonomy:* ardcheannas, ceannas, cineachadh, déabhlóid, féinrialtas, flaitheas, neamhspleáchas, saoirse.

féinspéis noun *self-love, egotism:* leithleachas, leithleas, leithlis, místaidéar.

féinspéiseach adjective *egotistical:* féinspéisíoch, leithleach, místaidéirach; an-ghairid dó féin, an-ghar dó féin, ar mhaithe leis féin; ag tochras ar a cheirtlín féin.

feirc noun ❶ *peak (of hat):* píce, speic, spleic. ❷ *cock, tilt (of hat):* coc, goic, leathmhaig, leathmhaing, leathspeic, leathspleic, maig, speic, spleic. ❸ *fringe:* boirdréis, fabhra, feirc, frainse, frinse, glib, ribeog, scothóg. ❹ *haft, hilt:* cos, cnap, doirnín, dorn, dornán, dornchla, dornchúl, gimseán, lámh, peirc, urla. ❺ *paunch:* ardbholg, bolg, collaid, ciseachán, cuadal, geois, maróg, peasán, ritheachán, sceart, séibe, stomán, tarr, torp, *familiar* corcán.

feirdhris noun *dogrose (Rosa canina):* braoileog na gcon, condraighean, condris, conrós, feiledhris, sceach mhadra.

feire noun ❶ *furrow, groove*: cainéal, canáil, caológ, clais, clasaidh, clasán, craosán, eag, eang, eitre, fáibre, fáirbre, feag, feire, forba, gáitéar, gearradh, iog, iomaire, léata, lintéar, logán, mant, mantóg, panc, sclaig, scláradh, scoradh, silteán, suinc, tiocóg, trinse. ❷ *projecting rim, flange*: bile, buinne, ciumhais, fleasc, fonsa, imeall.

féirín noun ❶ *gift, present*: ainsile, bronntanas, comaoin, deolchaire, deontas, deonú, dúthracht, *pl.* gréithe geanúla, *pl.* gréithe síthe, iarsma, maitheas, *literary* preasanta, seachadadh, séad suirí, tabhartas, tairiscint, tál, tíolacadh, tíolaic. ❷ *valuable acquisition*: amhantar, cuasnóg, ceallóg, cillín, ciste fionnta, conách, creach, éadáil, eirigéis, féirín, folachán, torchaire, torchur, *literary* fadhbh, gaoine, séad.

feirm noun *farm*: feirm dhéiríochta, feirm mhuintire, feirm theaghlaigh; *pl.* acraí, feilm, gabháltas, talamh, treafas, treibh.

feirmeoir noun *farmer*: criaire, curadóir, feilméara, grásaeir, saothraí, scológ, talmhaí, *literary* treabhach; fear tíre, fear tuaithe, tuatach, tuathánach, *literary* brughaidh; *pl.* trudairí triúch.

feirmeoireacht noun *farming*: curadóireacht, déiríocht, grásaeireacht, rainseoireacht, saothraíocht, saothrú, talmhaíocht, treabhair, treabhaire, treabhaireacht, treabhrach, *literary* treabhchas.

feis noun ❶ *literary sleeping, passing the night*: codladh, codladh na hoíche, suan; aíocht, leaba is bricfeacta, bheith istigh thar oíche, iostas, lóistín. ❷ *literary sleeping together, sexual intercourse*: caidreamh collaíochta, céilíocht, collaíocht, comhriachtain, cumasc, cúpláil, lánúnachas, suirí; péiríocht, *familiar* craiceann, leathar. ❸ *espousal, marriage*: bainis, cleamhnas, dáil is pósadh, pósadh, suirí, *literary* tochmharc. ❹ *festival*: ceiliúradh, comóradh, éigse, féasta, féile, fleá cheoil, infear, scoraíocht.

feisire noun *member of parliament*: Ball Parlaiminte, Feisire Parlaiminte, Feisire de Pharlaimint na hEorpa, Teachta Dála, Comhalta Tionóil; ball, comhalta, teachta.

feiste noun ❶ *arrangement, fastening*: fáiscín, ceangal, eagar, eagrúchán, socrú, socrúchán. ❷ *device, installation*: airnéis, áis, *pl.* ciútraimintí, cóir, cóngar, deise, *pl.* fearais, feisteas, gaireas, *pl.* giuirléidí, gléas, gléasra, inleog, sás, suiteáil, trealamh, *pl.* uirlisí. ❸ *treatment*: aire, cóir, cóireáil, cóiriú, láimhseáil, riar, riaradh, tindeáil, úsáid.

feisteas noun ❶ *fittings, furnishing*: *pl.* córacha, *pl.* fearais, feistiú, feistiúchán, *pl.* gleothálacha, trealamh, troscán, *literary* intreabh. ❷ *arrangement*: cogairse, cogairsiú, cóiriú, eagar, eagrúchán, feistiú, feistiúchán, gléas, gléasadh, leagan amach, socrú, socrúchán.

feistigh verb ❶ *arrange, adjust*: ceartaigh, coigeartaigh, cóirigh, eagraigh, leag amach, leasaigh, réitigh, oiriúnaigh, socraigh; cuir i bhfearas, cuir ar tinneall. ❷ *dress, equip*: clúdaigh, cóirigh, cumhdaigh, gléas, maisigh, trealmhaigh; cuir ar, cuir i. ❸ *fasten, secure*: ceangail, cumhdaigh, daingnigh, fuaigh, greamaigh, láidrigh, nasc, neartaigh, séalaigh, snaidhm, socraigh, sparr, táthaigh, teann, treisigh, *literary* glinnigh.

feistiúil adjective ❶ *well-arranged, tidy*: canta, cúirialta, cumtha, dea-ghléasta, dea-mhaiseach, gléasta, maisiúil, néata, pioctha, piocúil, pointeáilte. ❷ *secure*: buan, buanseasmhach, cobhsaí, dáigh, daingean, diongbháilte, do-aistrithe, do-athraithe, dochaite, dochealaithe, dochlaochlaithe, docht, doscaoilte, doscriosta, doshannta, dothruaillithe, sábháilte, seasmhach, síoraí, seasta, teann, *literary* glinn.

feith verb ❶ *literary look at, observe*: amharc ar, breathnaigh ar, breithnigh, caith do shuil thar, dearc ar, féach, féach ar, grinnigh, iniúch, spléach ar, tabhair faoi deara. ❷ *literary watch over, guard*: caomhnaigh, coimeád súil ar, coinnigh súil ar, cosain, déan fosaíocht air, fair, feighil, gardáil, suigh ag, tabhair aire do, *literary* ionghair. ❸ *ag feitheamh le waiting for*: ag fanacht le, ag fuireach le, ag dúil le, ag súil le.

féith[1] noun ❶ *sinew, muscle*: féitheog, lúitheach, matán, muscail. ❷ *vein*: cuisle, féitheog; artaire, ribeadán. ❸ *streak, strain, natural bent*: cumas, dúchas, instinn, meon, mianach, nádúr, ríd, saintréith, tréith.

féith[2] adjective ❶ *calm, quiet, unruffled*: ciúin, fuar, mánla, réchúiseach, sámh, séimh, socair, sochma, staidéartha, stuama, suaimhneach, téiglí, tostach. ❷ *shy, retiring*: cúthail, cotúil, cúlánta, éadána, eaglach, faiteach, geitiúil, náireach, obach, scáfar, scáithínteach, scaollmhar, seachantach, támáilte; adhnáireach, corrabhuaiseach.

féitheach adjective ❶ *sinewy, muscular*: bailc, cuisleach, féitheogach, láidir, lúitheach, matánach, miotalach, muscalach, tréamanta, trean. ❷ *veined*: cleathach, cuisleach, easnach, iomaireach, riabhach, rigíneach, stríocach. ❸ *swampy*: báite, bog, fliuch, riascach, seascannach; ar bogadh, ar maos.

feitheamh noun ❶ *literary look-out, guard*: coimirce, caomhnú, cosaint, faire, fairtheoir, fairís, fairtheoir, foraire, garda. ❷ *wait, expectation*: cónaí, cuairt, fanacht, fionraí, fuireach, fuireachas, sos, *literary* sosadh, stad, stop, stopadh; dóchas, dúil, *literary* freiscise, ionchas, oirchill, síleadh, síreacht, súil, súilíocht, tnúth, tnúthán.

feitheoir noun *supervisor, overseer*: bainisteoir, feighlí, maor, riarthóir, saoiste, stiúrthóir, treoraí; airíoch, ceannaire, cinnire, fear ceannais, geafaire, geafar, máistir, maor, *literary* reachtaire.

feitheoireacht noun *supervision*: bainisteoir, feighil, feighlíocht, maoirseacht, riaradh, saoistíocht, stiúir, treoir, treorú.

feithicil noun *vehicle*: feithicil inneallghluaiste, feithicil mhótair; carbad, cairt, carr, carráiste, hansam; gluaisteán, jíp, leoraí, mótar, trucail, trucailín, veain.

feithid noun ❶ *insect*: ciaróg, féileacán, fríd, míol, míoltóg, péist. ❷ *puny, insignificant person*: arc, beigeadán, beigaidín, ceairliciú, cleiteachán, cleiteoigín, drabhsóg, geobal, gilidín, gilmín, sceoidín, scidil, scraimíneach, scrobaire, táiseachán. ❸ *wild creature*: ainmhí allta, ainmhí fiáin, aithid, beithíoch, brúid, míol, péist. ❹ *repulsive creature, serpent*: airp, aithidín, anchúinse, arracht, arrachtach, badhbh, basailisc, béist, bocánach, brúid, brúta, ciméara, dragan, dragún, gríobh, nathair, nathair nimhe, ollphéist, péist, rínathair, sfioncs, vuibhearn.

féithleann noun *honeysuckle (Lonicera periclymenum)*: an crann snaidhmthe, bainne gamhna, cas fá chrann, duille féithe, féithlí, féithleog, luibh na meala, lus na meala, mil bhitheogach, mil ghabhair, *pl.* mileanna gabhar, saileog fá chrann, táthfhéithleann.

feo noun *withering, decay*: críon, críonadh, dreo, dreochan, dreoiteacht, feochan, seargadh, trochlú; fabht, fochall, lobhadas, lobhadh, lofacht, morgadh, morgthacht, morgthas.

feochadán noun *thistle*: cnádán, dosadán, deosadán, faofadán, feochanán, feosán, feothanán, fobhlán, fofallán, fofannán, geosadán, ofann.

feoigh verb *wither, decay*: críon, dreoigh, feoigh, imigh, lagaigh, leáigh, meath, meathlaigh, searg, tréig, trochlaigh; bréan, camhraigh, lobh, morg.

feoil noun *flesh, meat*: caoireoil, circeoil, fiafheoil, mairteoil, muiceoil, oiseoil, uaineoil; *pl.* ceibeab-

Cineálacha Feithide

agrion (*Agrion* sp.): aigrian
alderfly (*family* Sialidae): cuil *f.* fearnóige
amazon ant (*Polyergus rufescens*): seangán amasónach
ambrosia beetle (*Xylosandrus crassiusculus*): ciaróg *f.* ambróise
American painted lady butterfly (*Vanessa huntera*): áilleán Meiriceánach
angle shades moth (*Phlogophora meticulosa*): scáth uilleach
animated stick (*Phasma* sp.): ollchipíneach Astrálach
ant (*family* Formicidae): seangán
ant-lion (*family* Myrmeleonidae): moirbleon
aphid (*family* Aphididae): aifid *f.*
Argentine ant (*Iridomyrmex humilis*): seangán Airgintíneach
army ant (*family* Formicidae): seangán slua
army worm (*Leucania unipunctata*): cruimh *f.* shlua
asparagus beetle (*Crioceris asparagi*): ciaróg *f.* asparagais
assassin bug (*family* Reduviidae): aithidín
August thorn moth (*Ennomos quercinaria*): dealg *f.* dharach
backswimmer (*family* Notonectidae): fleascóir
bark beetle (*family* Scolytidae): ciaróg *f.* choirte
bat fly (*families* Nycteribiidae, Streblidae): cuil *f.* ialtóige
Bath white butterfly (*Pontia daplidice*): bánóg *f.* Bath
bedbug (*Cimex lectularius*): míol leapa
bee (*family* Apidae): beach *f.*
bee beetle (*Trichodes apiarius*): ciaróg *f.* beiche
bee fly (*Systoechus vulgaris*): beach-chuil *f.*
bee louse (*Braula caeca*): míol beiche
beetle (*order* Coleoptera): ciaróg *f.*
biscuit beetle (*Stegobium paniceum*): ciaróg *f.* bhrioscaí
biting midge (*fine* Ceratopogonidae): míoltóg *f.* ghéar
black ant (*family* Formicidae): seangán dubh
black beetle (*order* Coleoptera): ciaróg *f.* dhubh
black-fly (*family* Simuliidae): giobán dubh
blackfly aphid (*Aphis fabae*): míol pónaire; cuil *f.* dhubh
blister beetle (*family* Meloidae): ciaróg *f.* spuaice
bloodworm (*family* Chironomidae): cruimh *f.* fola
blowfly (*family* Calliphoridae): carrchuil *f.*
bluebottle (*Calliphora vomitoria*): cuil *f.* ghorm
body louse (*Pediculus humanus*): míol cnis
bookworm: cruimh *f.* leabhair
botfly (*family* Gasterophilidae): boiteog *f.*
braconid (*family* Braconidae): braicinid *f.*
brimstone butterfly (*Gonepteryx rhamni*): buíóg *f.* ruibheach
brimstone moth (*Opisthograptis luteolata*): leamhan ruibheach
bristletail (*order* Thysanura): guaireachán
brown hairstreak butterfly (*Thecla betulae*): stiallach donn
brown house moth (*Hofmannophila pseudospretella*): leamhan tí donn
buffalo gnat (*féach* black-fly)
buff arches moth (*Habrosyne pyritoides*): stuabhuí
buff ermine moth (*Spilosoma lutea*): eirmín buí
buff-tip moth (*Phalera bucephala*): rinnbhuí
bulb fly (*Merodon equestris*): cuil *f.* bleibín
bulldog ant (*subfamily* Myrmeciinae): seangán tairbh
bumblebee (*Bombus* sp.): bumbóg *f.*
burnet moth (*Zygaena* sp.): buirnéad
burnished brass moth (*Plusia chrysitis*): prásach
burying beetle (*family* Silphidae): gailtean *f.*
bush cricket (*family* Tettigoniidae): dorsán
cabbage root fly (*Delia radicum*): cuil *f.* chabáiste
cabbageworm (*Artogeia rapae*): péist *f.* chail bheag
caddis fly (*order* Trichoptera): cuil *f.* chadáin
cadelle (*Tenebroides mauritanicus*): cadaol
Camberwell beauty butterfly (*Nymphalis antiopa*): bé *f.* na fallainge; fallaing *f.* mhór
camel cricket (*Ceuthophilus*): criogar camaill
cankerworm (*Paleacrita vernata, Alsophila pometaria*): péist *f.* chancair
carabid (*family* Carabidae): caraibid *f.*
cardinal beetle (*family* Pyrochroidae): ceardán craorag
carpenter ant (*Camponotus*): seangán siúinéireachta
carpenter bee (*Xylocopa, Ceratina*): beach *f.* shiúinéireachta
carpet beetle (*family* Dermestidae): ciaróg *f.* cairpéid
carrion beetle (*féach* burying beetle)
carrot fly (*family* Psilidae): cuil *f.* mheacain dheirg
chafer (*family* Scarabaeidae): deá

chalcid wasp (*families* Gasterophilidae, Evaniidae, *etc.*): cailcid *f.*
cheese fly (*Piophila casei*): cuil *f.* cháise
chinch bug (*Ischnodemus* sp.): bógas
Chinese character moth (*Cilix glaucata*): comhartha Síneach
Christmas beetle (*Anoplognathus* sp.): ciaróg *f.* Nollag
churchyard beetle (*Blaps mucronata*): ciaróg *f.* reilige
cicada (*family* Cicadidae): ciocáid *f.*
cigarette beetle (*féach* tobacco beetle)
cinnabar moth (*Callimorpha jacobaeae*): leamhan flanndearg
clay moth (*Leucania lythargyria*): leamhan créafóige
click beetle (*family* Elateridae): buail-an-cnag; Máirín *f.* na smeach
cluster fly (*Pollenia rudis*): cnuaschuil *f.*
clouded border moth (*Lomaspilis marginata*): imleog *f.* dhorcha
clouded yellow butterfly (*Colias croceus*): buíóg *f.* chróch
cockchafer (*Melalontha* sp.): cearnamhán; durdalán
cockroach (*suborder* Blattodea): blatóg *f.*
Colorado beetle (*Leptinotarsa decemlineata*): ciaróg *f.* Cholorado
common blue butterfly (*Polyommatus icarus*): gormán coiteann
common clothes moth (*Tineola bisselliella*): leamhan éadaigh
common wasp (*Vespula vulgaris*): foiche *f.* choiteann
conehead (*Conocephalus* sp.): dorsán cónúil
corn beetle (*Stenolophus lecontei, Clivinia impressifrons*): ciaróg *f.* arbhair
corn borer (*Ostrinia nubilalis*): leamhan arbhair
corn earworm (*Heliothis zea*): cruimh *f.* arbhair Indiaigh
cotton-leaf worm (*Spodoptera littoralis*): cruimh *f.* dhuille cadáis
cotton stainer (*Dysdercus suturellus*): fríd *f.* dhearg
crab louse (*Phthirus pubis*): míol ceartáin; míol crúbach; míol gríofa
cranefly (*family* Tipulidae): galán; snáthaid *f.* an phúca
cricket (*family* Gryllidae): criogar
cuckoo bee (*Psithyrus* sp.): beach *f.* cuaiche
cuckoo wasp (*Vespula austriaca*): foiche *f.* chuaiche
curculio (*Conotrachelus nenuphar*): curcaileon
cutworm (*treibh* Agrotini): gearrchruimh *f.*

Cineálacha Feithide: ladybird

daddy-long-legs (*féach* **cranefly**)
damsel bug (*family* Nabidae): ainnir *f.*
damselfly (*suborder* Zygoptera): béchuil *f.*
dark dagger moth (*Aeronicta tridens*): miodóg *f.* dhorcha
dark green fritillary butterfly (*Argynnis aglaia*): fritileán dúghlas
darkling beetle (*family* Tenebrionidae): dúdhaol
darner dragonfly (*family* Aeshnidae): éisnid *f.*
darter dragonfly (*family* Libellulidae, *etc.*): ropaire
death's head hawk moth (*Acherontia atropos*): conach na cealtrach
death-watch beetle (*Xestobium rufovillosum*): ciaróg *f.* oíche
deer fly (*Chrysops* sp.): creabhar fia
demoiselle (*family* Agriidae): brídeog *f.*
devil's coach-horse (*Staphylinus olens*): deargadaol
digger wasp (*family* Sphecidae): foiche *f.* tochailte
dingy skipper butterfly (*Erynnis tages*): donnán
diving beetle (*féach* **water beetle**)
dobsonfly (*family* Corydalidae): coradailid *f.*
dor beetle (*Geotrupes stercorius*): cloigín
dragonfly (*suborder* Anisoptera): snáthaid *f.* mhór
driver ant (*féach* **army ant**)
dronefly (*Eristalis tenax*): drónchuil *f.*
drosophila (*Drosophila* sp.): measchuil *f.*
dung beetle (*Geotrupes* sp.): priompallán; trumpallán
dung fly (*family* Scatophagidae): cuil *f.* aoiligh
dusky brocade moth (*Apamea remissa*): odhróg *f.* chrón
earwig (*order* Dermaptera): gailseach *f.*
elephant hawk moth (*Deilephila elpenor*): conach eilifinteach
elm bark beetle (*Scolytus scolytus*): ciaróg *f.* leamháin
emperor dragonfly (*Anax imperator*): tarbh nathrach
emperor moth (*Saturnia pavonia*): impire
fairy fly (*family* Myrmaridae): sciodamán
field cricket (*Gryllus campestris*): criogar léana
fig wasp (*Blastophaga* sp.): foiche *f.* fige
fire ant (*Solenopsis invicta*): seangán tine
firebrat (*Thermobia domestica*): teallaire tine
firefly (*Luciola lusitanica*): cuileog *f.* shionnacháin

flea (*order* Siphonaptera): dreancaid *f.*
flea beetle (*subfamily* Alticinae): ciaróg *f.* dreancaide
flesh fly (*Sarcophaga* sp.): cuil *f.* fheola
flour beetle (*Tribolium* sp.): ciaróg *f.* phlúir
flower beetle (*family* Scarabaeidae): ciaróg *f.* bhlátha
fly (*order* Diptera): cuil *f.*; cuileog *f*
footman moth (*Eilema* sp.): leamhan libhré
forest fly (*féach* **horsefly**)
frit fly (*family* Chloropidae): fritchuil *f.*
froghopper (*family* Cercopidae): míol seile
fruit fly (*family* Drosophilidae): measchuil *f.*
fungus beetle (*family* Mycetophagidae): ciaróg *f.* fungais
furniture beetle (*Anobium punctatum*): míol críon; (larva) réadán
gadfly (*féach* **horsefly**)
gall midge (*family* Cecidomyiidae): gálmhíoltóg *f.*
gall wasp (*family* Cynipidae): gálfhoiche *f.*
garden chafer (*Phyllopertha horticola*): deá garraí
garden tiger moth (*Arctia caja*): leamhan tíograch garraí
gatekeeper butterfly (*Maniola tithonus*): geatóir
gipsy moth (*Lymantria dispar*): leamhan giofógach
glow-worm (*Lampyris noctiluca*): péist *f.* solais
gnat (*féach* **biting midge**)
gold beetle (*family* Chrysomelidae): chiaróg *f.* órga
goliath beetle (*Goliathus goliatus*): ciaróg *f.* fhathachúil
grain borer (*family* Bostrichidae): tollaire gráin
grain weevil (*Sitophilus granarius*): gobachán gráin
grass emerald moth (*Pseudoterpna pruinata atropunctaria*): smaragaid *f.* ghlas
grasshopper (*family* Acrididae): dreoilín teaspaigh
grayling butterfly (*Eumenis semele*): glasán
great diving beetle (*Dytiscus marginalis*): tumadóir mór
greenbottle (*Lucilia* sp.): carrchuil *f.* ghlas
greenfly (*family* Aphididae): aifid *f.*; cuil *f.* ghlas
green hairstreak butterfly (*Callophrys rubi*): stiallach uaine
greenhead (*Tabanus nigrovittatus*, *Tabanus contenninus*): creabhar ceannghlas
green-veined white butterfly (*Pieris napi*): bánóg *f.* uaine

ground beetle (*family* Carabidae): clotóg *f.*
groundhopper (*family* Tetrigidae): scadáinín talún
gypsy moth (*Lymantria dispar*): leamhan giofógach
hawker (*suborder* Anisoptera): seabhac
head louse (*Pediculus humanus*): treaghdán; babhdaí; babhdán; búdaí
heart and dart moth (*Agrotis exclamationis*): croí-is-dairt
heath fritillary butterfly (*Melitaea athalia*): fritileán fraoigh
Hercules beetle (*subfamily* Dynastinae): ciaróg *f.* eilifinte
Hessian fly (*Phytophaga destructor*): cuil *f.* Heiseánach
hide beetle (*Dermestes* sp.): ciaróg *f.* sheithe
holly blue butterfly (*Celastrina argiolus*): gormán cuilinn
honey ant (*Myrmecocystus melliger*): seangán meala
honeybee (*Apis mellifera*): beach *f.* mheala
honeypot ant (*féach* **honey ant**)
hornet (*Vespa crabro*): cornfhoiche *f.*
horntail (*Uroceros gigas*): foiche *f.* choille
hornworm (*family* Sphingidae): cruimh *f.* adhairce
horsefly (*family* Tabanidae): creabhar capaill; beach *f.* chapaill; dochtúir
housefly (*Musca domestica*): cuil *f.* tí
hoverfly (*family* Syrphidae): beach *f.* ghabhair
ichneumon (*family* Ichneumonidae): icneoman; cruimheog *f.* cruadhéid
iron prominent moth (*Notodonta dromedarius*): starraicín iarainn
Japanese beetle (*Popillia japonica*): ciaróg *f.* Sheapánach
jewel beetle (*family* Buprestidae): ciaróg *f.* sheoide
June bug (*Cotinus nitida*): ciaróg *f.* Mheithimh
katydid (*family* Tettigoniidae): dorsán
ked (*family* Hippoboscidae): sceartán
khapra beetle (*Trogoderma granarium*): ciaróg *f.* chapra
kissing bug (*Triatoma* sp.): fríd *f.* phóige
lace bug (*family* Tingidae): fríd *f.* eangaí
lacewing (*families* Chrysopidae, Hemerobiidae): lásóg *f.*
lac insect (*subfamily* Kerriidae): lacfheithid *f.*
ladybird, ladybug, lady beetle, (*family* Coccinellidae): bóín *f.* Dé

Cineálacha Feithide
ar lean

lantern fly (*Fulgora* sp.): cuil *f.* laindéir
larder beetle (*Dermestes lardarius*): ciaróg *f.* lardrúis
large emerald moth (*Geometra papilionaria*): smaragaid *f.* mhór
large heath butterfly (*Coenonympha tullia*): fraochán mór
large white butterfly (*Pieris brassicae*): bánóg *f.* mhór
large yellow underwing moth (*Noctua pronuba*): fo-eite *f.* bhuí mhór
leaf beetle (*family* Chrysomelidae): duildaol
leafcutter ant (*Atta, Acromyrmex*): seangán buana
leafcutter bee (*family* Megachilidae): mothallóg *f.*
leafhopper (*family* Cicadellidae): lingire duille
leaf insect (*order* Phasmida): faismid *f.*
leaf miner (*Liriomyza* sp.): mianadóir duille
leatherjacket (*family* Tipulidae): cóta leathair
lightning bug (*féach* **firefly**)
locust (*Locusta migratoria*): lócaist *f.*; bruch
longhorn beetle (*family* Cerambycidae): ciaróg *f.* fhadadharcach
louse (*ollord* Phthiraptera): míol; sor
louse fly (*suborder* Pupipara): cuil *f.* mhíl
magpie moth (*Abraxas grossulariata*): breacóg *f.*
malaria mosquito (*Anopheles* sp.): muiscít *f.* mhaláire
mantis (*Mantis religiosa*): maintis *f.* chrábhaidh
Maori bug (*Platyzosteria novae-zelandiae*): blatóg *f.* Nua-Shéalannach
marsh fritillary butterfly (*Euphydryas aurinia*): fritileán réisc
mason bee (*Osmia Lignaria*): beach *f.* shaoirseachta
mason wasp (*family* Eumenidae): foiche *f.* shaoirseachta
May bug (*féach* **mayfly**)
mayfly (*order* Ephemeroptera): cuil *f.* Bhealtaine
meadow brown butterfly (*Maniola jurtina*): donnóg *f.* fhéir
meal beetle (*Tenebrio molitor*): dúdhaol minphéiste
mealworm (*Tenebrio molitor*): minphéist *f.*
mealy bug (*superfamily* Coccoidea): plúrmhíol
meat ant (*subfamily* Dolichoderinae): seangán feola

midge (*family* Chironomidae): corrmhíol
milkweed butterfly (*Danaus plexippus*): bleachtfhéileacán
mining bee (*family* Andrenidae): beach *f.* thochailte
minotaur beetle (*Typhaeus typhoeus*): ciaróg *f.* mhineatáir
mole cricket (*Gryllotalpa, Scapteriscus*): criogar caocháin
monarch butterfly (*féach* **milkweed butterfly**)
mopane worm (*Imbrasia belina*): péist *f.* mhópáin
mosquito (*family* Culicidae): muiscít *f.*
moth (*order* Lepidoptera): leamhan
mother-of-pearl moth (*Pleuroptya ruralis*): leamhan néamhannach
mud dauber (*family* Sphecidae): foiche *f.* lathaí
museum beetle (*Anthrenus museorum*): ciaróg *f.* iarsmalainne
musk beetle (*Aromia moschata*): musc-chiaróg *f.*
northern eggar moth (*Lasiocampa quercus callunae*): ubhóg *f.* thuaisceartach
nostril fly (*Oestrus ovis*): cuil *f.* pholláirí
nut-tree tussock moth (*Colocasia coryli*): dosach coill
oil beetle (*family* Meloidae): ciaróg *f.* íle
onion fly (*Delia cepetorum*): cuil *f.* oinniúin
orange-tip butterfly (*Euchloe cardamines*): barr buí
painted lady butterfly (*Vanessa cardui*): áilleán
pale clouded yellow butterfly (*Colias hyale*): buíóg *f.* liath
paper wasp (*Polistes* sp.): foiche *f.* pháipéir
peach blossom moth (*Thyatira batis*): péitseog *f.*
peacock butterfly (*Nymphalis io*): péacóg *f.*
pearl-bordered fritillary butterfly (*Argynnis euphrosyne*): fritileán péarlach
peppered moth (*Biston betularia*): brocóg *f.*
pharaoh ant (*Monomorium pharaonis*): seangán Fhorainn
phylloxer (*Daktulosphaira vitifoliae*): aifid *f.* fíniúna
pill beetle (*Curimopsis nigrita*): ciaróg *f.* phiolla
pinhole borer (*Platypus cylindrus*): platapas
plant hopper (*family* Delphacidae): lingire planda
plant louse (*family* Psyllidae): silid *f.*
pond skater (*family* Gerridae): scinnire locháin
potato beetle (*féach* **Colorado beetle**)

potter wasp (*family* Eumenidae): foiche *f.* photaireachta
powder-post beetle (*féach* **furniture beetle**)
praying mantis (*féach* **mantis**)
prominent moth (*family* Notodontidae): starraicín
purple hairstreak butterfly (*Thecla quercus*): stiallach corcra
puss moth (*Cerura vinula*): leamhan puisíneach
Queen of Spain fritillary butterfly (*Argynnis lathonia*): fritileán niamhrach
raspberry beetle (*Byturus tomentosus*): ciaróg *f.* shú talún
raspberry moth (*Lampronia rubiella*): leamhan sú talún
rat-tailed maggot (*Eristalis tenax*): cruimh *f.* eireaballach
rhinoceros beetle (*féach* **Hercules beetle**)
riband wave moth (*Idaea aversata*): ribín tonnach
ringlet butterfly (*Aphantopus hyperantus*): fáinneog *f.*
robber ant (*féach* **slave-making ant**)
robber fly (*family* Asilidae): sladchuil *f.*
root fly (*Delia radicum*): cuil *f.* fhréimhe
rose chafer (*Macrodactylus subspinosus*): deá róis
rove beetle (*family* Staphylinidae): fándaol
ruby-tailed wasp (*family* Chrysididae): foiche *f.* rúibíneach
rustic moth (*Apamea secalis*): odhróg *f.*
St Mark's fly (*family* Bibionidae): bibín
sandfly (*subfamily* Phlebotominae): cuil *f.* ghainimh
sand wasp (*Ammophila* sp.): foiche *f.* ghainimh
saucer bug (*Ilyocoris cimicoides*): fríd *f.* shásair
sawfly (*suborder* Symphyta): sábhchuil *f.*
sawyer (*family* Cerambycidae): sábhadóir
scale insect (*suborder* Homoptera): gainneog *f.*
scalloped hooktip moth (*Drepana lacertinaria*): rinncham scolbach
scarab (*family* Scarabaeidae): scarab
scarlet tiger moth (*Callimorpha dominula*): leamhan tíograch dearg
scorpion fly (*order* Mecoptera): cuil *f.* scairpe
screech beetle (*Hygrobia hermanni*): ciaróg *f.* screada
screw worm (*Cochliomyia hominivorax*): scriúchuil *f.*
sexton beetle (*Nicrophorus* sp.): ciaróg *f.* adhnacail
shield bug (*family* Pentatomidae): fríd *f.* scéithe

shuttle-shaped dart moth (*Agrotis puta*): dairt *f.* spóil
silk moth (*Bombyx mori*): leamhan seiriceáin
silverfish (family Lepismatidae): gilín
silver-washed fritillary butterfly (*Argynnis paphia*): fritileán geal
skin beetle (family Trogidae): ciaróg *f.* chnis
slave-making ant (family Formicidae): seangán mursanta
slender brindle moth (*Apamea solpacina*): odhróg *f.* chaol
small blue butterfly (*Cupido minimus*): gormán beag
small white butterfly (*Pieris rapae*): bánóg *f.* bheag
snake fly (family Raphidiidae): cuil *f.* nathrach
snipe fly (family Rhagionidae): cuil *f.* naoscaí
snow flea (*Achorutes nivicola*): preabaire sneachta
soldier beetle (family Cantharidae): moltán
soldier fly (family Stratiomyidae): cuil *f.* mhíleata
spanish fly (*Cantharis vesicatoria*): cuil *f.* Spáinneach
speckled wood butterfly (*Pararge aegeria*): breacfhéileacán coille
spectacle moth (*Abrostola triplasia*): leamhan spéaclach
spider beetle (family Ptinidae): ciaróg *f.* dhamhán alla
spider-hunting wasp (family Pompilidae): gaispeadán
spittlebug (family Cercopidae): seile cuaiche
springtail (order Collembola): preabaire
spruce budworm (*Choristoneura* sp.): tortrach sprúis
squash bug (family Coreidae): fríd *f.* phuimcín
stable fly (*Stomoxys calcitrans*): cuil *f.* stábla
stag beetle (family Lucanidae): giurnán
stick insect (family Phasmidae): cipíneach
stilt bug (family Berytidae): fríd *f.* chosfada

stink bug (family Pentatomidae): fríd *f.* bhréan
stonefly (order Plecoptera): cuil *f.* cloch
stylops (order Strepsiptera): stíleaps
swallowtailed moth (*Ourapteryx sambucaria*): ladhróg *f.*
tapestry moth (*Trichophaga tapetzella*): leamhan taipéise
tarantula hawk (*Hemipepsis* sp.): foiche *f.* tharantúla
tent caterpillar (family Lasiocampidae): bolb pubaill
termite (order Isoptera): teirmít *f.*
thrips (order Thysanoptera): tripeas
thunderbug, thunderfly (*féach* **thrips**)
tiger beetle (subfamily Cicindelinae): ciaróg *f.* thíograch
tiger moth (*Arctia* sp.): leamhan tíograch
timberman (*Acanthocinus aedilis*): coillteoir
tobacco beetle (*Lasioderma serricorne*): ciaróg *f.* thobac
tortoise beetle (family Chrysomelidae): ciaróg *f.* thoirtíseach
treehopper (family Membracidae): ainle
tsetse fly (suborder Cyclorrhapha): seitse *f.*
tumblebug (subfamily Scarabaeinae): scarab aoiligh
turnip flea (*Phyllotreta nemorum*): dreancaid *f.* tornapa
turtle bug (*féach* **stink bug**)
tussock moth (family Lymantriidae): leamhan dosach
vedalia beetle (*Rodolia cardinalis*): bóín *f.* chairdinéil
velvet ant (family Mutillidae): seangán veilbhite
wall butterfly (*Pararge megera*): donnóg *f.* an bhalla
warble fly (*Hyperderma bovis*): péarsla
wart-biter (*Decticus verrucivorus*): dorsán faithní
wasp (family Vespidae): foiche *f.*

wasp beetle (*Clytus arietis*): ciaróg *f.* foiche
water beetle (family Dytiscidae): doirb *f.*
water boatman (family Corixidae): bádóir
water cricket (family Veliidae): criogar uisce
water measurer (family Hydrometridae): corrmhíol uisce
water scorpion (family Nepidae): scairp *f.* uisce
water strider (*féach* **pond skater**)
weaver ant (*Oecophylla* sp.): seangán fíodóireachta
web-spinner (order Embioptera): sníomhadóir
webworm (family Crambidae): cruimh *f.* líontáin
weevil (families Anthribidae, Attelabidae, Apionidae, Curculionidae, *etc.*): gobachán
weta (family Anostostomatidae): veata
whirligig beetle (family Gyrinidae): táilliúir
white ant (*féach* **termite**)
white ermine moth (*Spilosoma lubricipeda*): eirmín bán
whitefly (family Aleyrodidae): bánchuil *f.*
willow beauty moth (*Peribatodes rhomboidaria*): áilleog *f.* shailí
wireworm (family Elateridae): caoch *f.* rua; péist *f.* rua
witchetty grub (*Xyleutus biarpiti*): mácú
wood ant (*Formica rufa*): seangán coille
woodwasp (*féach* **horntail**)
wood white butterfly (*Leptidea sinapis*): bánóg *f.* choille
woodworm (*Anobium punctatum*): réadán
yellow dung-fly (*Scatophaga stercoraria*): cuil *f.* bhuí
yellowjacket wasp (*féach* **common wasp**)
yellow shell moth (*Camptogramma bilineata*): sliogán buí

anna, gríscín, stéig; beatha, bia, feolmhach; ablach, conablach, splíonach; cneas.

feoliteoir noun *carnivore*: carnabhóir.

feoite adjective *decayed, withered*: cranda, críon, dreoite, feosaí, luchartha lochartha, meata, meatach, meathlach, meathlaithe, meirgeach, sceoite, seargtha, speathánach, tréigthe; lofa, morgtha.

feoiteachán noun *withered creature*: aircín, crabadán, crampánach, crandán, craplachán, créice, críontach, críontachán, crunca, draoidín, duine beag sceoite, feosachán, feosaí, fíothal, geosadán, grabaire, graisíneach, gréiscealachán, meatachán, padhsán, sceoidín, séacla, seargán, seargánach, síobhra, síofra, síogaí, sleabhcán, strompa.

feolmhach noun *fleshmeat, raw flesh*: ablach, conablach, feoil, méith, splíonach, spóla; cosair chró, cró, folracht.

feolmhar adjective *fleshy*: beathaithe, biamhar, biata, bog, corpanta, lodartha, meilleogach, méith, otair, otraithe, plucach, ramhar, rite, stáidiúil.

feosaí adjective *wizened, shrivelled*: caite, cranda, craptha, craplaithe, críon, dreoite, feoite, fillte, locartha, rocach, sceoite, scólta, seargtha, speathánach, traoite, tréigthe, trochailte.

feothan noun ❶ *gust, breeze*: aithleá gaoithe, briota gaoithe, bruíos, cuaifeach, deannóid ghaoithe, fleá, fleá gaoithe, fuaramán, gaoth, leoithne, pléata gaoithe, puis ghaoithe, *pl.* réablacha gaoithe, rois ghaoithe, *pl.* roisteacha gaoithe, scailp ghaoithe,

feothanach

seadán, séideán, siolla gaoithe, siota, siota gaoithe, soinneán gaoithe, stolladh gaoithe, tulca gaoithe. ❷ *puff*: ceilpeadh, fleaim, gal, puithín, puth, seadán, séideán, séideog, siollfarnach ghaoithe, smeámh, *literary* tréifid. ❸ *sip*: blaiseadh, blaisín, blas, bolgam beag, fliúit, lom, meigeadán, scíobas, snáthadh, snáthán, sruthdheoch, súimín, súmóg.

feothanach adjective *gusty, breezy*: gaofar, garbh, scuabach, seadánach, séideánach, séideogach, séidte, siotach, stamhlaí, stolltach.

fí noun ❶ *weave, weaving*: dlúth, dlúth is inneach, dualaíocht, éadach, fabraic, fíochán, fíodóireacht, gréasán, inneach, uige; caoladóireacht. ❷ *plait*: pleata, trilseán; cuach, dual.

fia[1] noun *deer*: *literary* os; carria, damh, damh alla, fiaphoc; eilit, fearb; lao fia, oisín.

fia[2] interjection *dar fia! by Jove!*: dar an gCách!, dar an Lámh Dhia!, dar an lá beannaithe!, dar an leabhar!, dar bríce!, dar Crom!, dar Dia!, dar Duach!, dar fia is fiolar!, dar fiagaí!, dar go deimhin!, dar lia!, dar m'anam!, dar m'fhallaing! dar m'fhocal!, dar mo bhriathar!, dar m'uacht!, dar príosta!, dar prísce!, dar seo is dar siúd!

fiabhras noun *fever*: fiabhras ballach, fiabhras breac, fiabhras creathach, fiabhras tíofóideach; ainteas, bruth is fiabhras, cartan, cártan, dúchrith, éagruas, teas, teasach, teirsean, teocht, tíofas.

fiacail noun ❶ *tooth, tusk, cog*: clárfhiacail, cúlfhiacail, diúlfhiacail, fiacail diúil, fiacail forais, déad, géarán, gonán, stáinín 'milk tooth', starrfhiacail; beangán, eang, feag. ❷ *edge, verge*: binn, bruach, ciumhais, colbha, corr, corthair, críoch, cúinne, eochair, fabhra, fáithim, faobhar, feire, feorainn, fóir, frinse, grua, gruaimhín, imeall, imeallbhord, scéimh, sciorta, taobh, teorainn, *literary* braine.

fiach[1] noun *raven (family Corvidae)*: fiach dubh; branéan, branfhiach, cnámhfhiach, faing, préachán cnáimhitheach, *literary* bran, branán; cág, caróg, feannóg, préachán, rúcach.

fiach[2] noun ❶ *hunt, chase*: foráiste, scroblachóireacht, sealg, seilg, tóir, tóraíocht, *literary* táin. ❷ *game*: creach, fáiteall, foráiste, gabháil, géim, mionseilg, sealg, seilg.

fiacha plural noun *debt, debts*: dliteanas, dualgas, *pl.* féichiúnais, *pl.* fiachaisí, freagracht, morgáiste, mortabháil; tá míle eoró agam air.

fiacháil noun *taste, small portion*: blas, blaiseadh, blaisín; beagán, beag, beagmhéid, blogh, blúire, bolgam, giota, gráinne, lom, mionrud, píosa, ruainne, smeachán.

fiachóir noun *debtor*: féichiúnach, féichiúnaí; mórgaisteoir; duine bancbhriste, duine briste, féimheach; clisiúnach.

fiaclach adjective ❶ *toothed, serrated*: déadach, eangach; beangánach, géaránach, starragánach. ❷ *having tusks*: starrfhiaclach; stranfhiaclach.

fiaclóir noun *dentist*: déidlia, ortadontóir.

fiafheoil noun *venison*: oisfheoil, *literary* sidheang, fiach.

fiafraí noun *enquiry, question*: ceastóireacht, ceist, ceistiú, ceistiúchán, ceistniú, cúistiúnacht, fiosrú, fiosrúchán, iniúchadh, scrúdú, scrúdúchán; faisnéis, tuairisc.

fiafraigh verb *ask, enquire*: ceastnaigh, ceistigh, ceistnigh, fiosraigh; cuir caidéis, cuir ceist, cuir faisnéis, cuir tuairisc.

fiafraitheach adjective ❶ *inquisitive*: bleidiúil, caidéiseach, cunórach, fiosrach, fiosraitheach, gnóthach. ❷ *solicitous*: buartha, imníoch; dúilmhear, fonnmhar, garúil, mianach.

fiafraitheoir noun *inquirer*: bleidéir, caidéiseach, ceisteoir, ceistitheoir, fiosraitheoir, fiosróir; bleachtaire, ceastóir, cúistiúnaí, scrúdaitheoir; gobachán, priocsmut, smúiríneach, socadán.

fiagaí noun ❶ *hunter, huntsman*: fáiteallaí, fear fiaigh, fear seilge, riascaire, ruagaire, sealgaire, tóraí, *colloquial* lucht na seilge. ❷ *provider*: fáiteallaí, seifteoir, soláthróir.

fiaile noun *colloquial weeds*: briollamas, brocamas, broghais, cantarna, cantarnaíl, cúrasach, fiaile, fiataíl, luibhearnach, luifearnach, lustan, salachar.

fiáin adjective ❶ *uncultivated*: bán, coimhthíoch, rábach, uaibhreach; ina fhásach. ❷ *undomesticated*: ainriata, allta, éigiallta, éigeansa, fia-, fiánta. ❸ *uncontrolled, tempestuous*: aimhleasta, ainrianta, amhsach, borb, **adjectival genitive** buile, coimhthíoch, díscir, drabhlásach, éigeansa, fiánta, fiata, fiatúil, fíochmhar, forránta, **adjectival genitive** mire, ogal éigeansa, rábach, scaollmhar, **adjectival genitive** scéine, scéiniúil, sceonmhar; ar a bhaothréim baoise agus reabhraidh, as a chrann cumhachta, le buile, le craobhacha, le haer an tsaoil, sna firmimintí.

fial[1] noun *veil*: *literary* caille, clúdach, cochall, folach, líontán, scáil, *colloquial* lucht na seilg.

fial[2] adjective ❶ *literary seemly, noble*: craobhuasal, cuanna, cuibhiúil, fiúntach, geanúil, modhúil,

---

Fianna (families Cervidae, Moschidae, Tragulidae, Antilocapridae)

Alpine musk deer (*Moschus chrysogaster*): muscfhia Alpach
American elk (*féach* **American wapiti**)
American wapiti (*Cervus canadensis*): vaipití
axis deer (*Axis axis*): síotal
caribou (*Rangifer arcticus*): carabú
chevrotain (family Tragulidae): luchfhia
Chinese water deer (*Hydropotes inermis*): dobharfhia Síneach
chital (*féach* **axis deer**)
elk (*Alces alces*): eilcf.; cearbh; fia mór
fallow deer (*Dama dama*): fia buí
giant Irish deer (*Megaceros giganteus*) fia mór na mbeann
greater mouse deer (*Tragulus napu*): luchfhia mór
hog deer (*Axis porcinus*): mucfhia
Indian spotted chevrotain (*Moschiola meminna*): luchfhia breac Indiach
lesser mouse deer (*Tragulus javanicus*): luchfhia beag
marsh deer (*Blastocerus dichotomus*): fia réisc
moose (*Alces americana*): mús
mouse deer (*féach* **chevrotain**)
mule deer (*Odocoileus hemionus*): fia miúile
musk deer (*Moschus moschiferus*): muscfhia
northern pudu (*Pudu mephistophiles*): púdú tuaisceartach
Père David's deer (*Elaphurus davidianus*): eileafúr
pronghorn (*Antilocapra americana*): gabhalphoc
red deer (*Cervus elaphus*): fia rua
Reeves' muntjac (*Muntiacus reevesi*): fia Síneach
reindeer (*Rangifer tarandus*): réinfhia
roe deer (*Capreolus capreolus*): fia odhar
sambar deer (*Cervus unicolor*): fia aondathach
sika deer (*Cervus nippon*): fia Seapánach
southern pudu (*Pudu puda*): púdú deisceartach
wapiti (*féach* **American wapiti**)
water chevrotain (*Hyemoschus aquaticus*): luchfhia uisce
white-tailed deer (*Odocoileus virginianus*): fia earrbhán

oirirc, onórach, sochineálach, uasal, *literary* ealga, miadhach, séaghainn, triathach, uais. ❷ *generous, hospitable:* aíoch, aíochtach, bordach, bronntach, caoin, cineálta, cóir, dáilteach, dearlaiceach, duaiseach, fáilteach, fairsing, fiúntach, flaithiúil, gnaíúil, lách, mórchroíoch, neamh-mhion, oscailteach, preabúil, rábach, soicheallach, tabhartasach, teochroíoch, tíolacthach, toirbheartach, *literary* flaithbheartach, gartach.

fialas noun ❶ *kinship:* cóngas, gaol, muintearas. ❷ *kindred, family:* bunadh, *pl.* cairde gaoil, cine, cineál, clann, fine, fuil, *pl.* gaolta, líne, muintir, pobal, pór, rás, síol, síolrach, sliocht, stoc, teaghlach, treibh.

fianaise noun ❶ *testimony:* dearbhú, deimhniú, faisnéis, fiadhain, finnéacht, fínnéacht, teastas, teist, teistiméireacht, teistíocht. ❷ *presence:* láithreacht, láthair. ❸ *witness:* fiadhain, fianaí, finné, teist, teisteoir; mionnadóir.

fiann noun ❶ *literary roving band of warriors:* fianlach. ❷ *band of soldiers, group:* baicle, béinne, buíon, ceithearn, cipe, cóip, comhlacht, críu, cruinniú, cuallacht, cumann, cuideachta, dream, feadhain, foireann, fracht, gasra, grúpa, meitheal, paca, rang, scata, scuaine, slógadh, slua, treibh, *literary* cuain.

fiannaí noun *romancer, storyteller:* cumadóir, dathadóir, finscéalaí, léaspartaí, ramscéalaí, scéalaí, seanchaí, staraí.

fiánta adjective *fierce, savage:* aimhleasta, ainrianta, ainriata, allta, **adjectival genitive** buile, coimhthioch, éigeansa, fia-, fiáin, fiata, fiatúil, fíochmhar, forránta, gríobhach, **adjectival genitive** mire, *literary* díogháir, onchonta; as a chrann cumhachta, le buile, le craobhacha, le haer an tsaoil.

fiántas noun ❶ *wildness, fierceness:* ainriantacht, alltacht, boirbe, buile, cíocras, colg, cuil, díbheirge, faobhar nimhe, fiántacht, fíoch, fíochmhaireacht, forrántacht, fraoch, goimh, mire, tréine, *literary* díogháire. ❷ *wilderness:* díseart, díthreabh, fásach, fia is fiántas, fiántacht, gaineamhlach, uaigneas; boirbe, buacacht, uabhar, uaibhreacht, uaibhreas.

fiaphoc noun *buck (deer):* carria, damh, damh alla; fia, os.

fiar adjective ❶ *slanting, tilted:* camtha, casta, claon, crom, cruiteach, cuar, cuartha, fiarlánach lúbtha, sceabhach; ar fiarsceabha, ar fiarsceo, ar gearra baghas; chomh cam le cam lúbáin. ❷ *bent, warped, perverse:* aincheart, as riocht, bunoscionn, cearr, claon, claonadh, contráilte, corr, crosánta, éagórach, éigeart, laofa, leatromach, lúbach, mícheart, neamhchruinn, olc, peacach, **adjectival genitive** tuathail; as an tslí. noun ❶ *slant, tilt, bias:* camadh, casadh, claon, claonadh, coc, cor, coradh, cromadh, cuar, cúinne, dronn, feirc, goic, laobhadh, leathcheann, leathmhaig, leathmhaing, leathspeic, leathspleic, leathstuaic, lúb, maig, maing, sleabhac, sleaint, sléim, speic, spleic. ❷ *crookedness, perversity:* caime, caimiléireacht, calaois, camadáil, camastaíl, camastóireacht, camadh, cambheart, camrasáin, cealg, cealgaireacht, cluain, crosántacht, cuaire, falsú, feall, feall ar iontaoibh, feallaireacht, fealltóireacht, feillbheart, feillghníomh, íogán, lúbaireacht, meabhlaireacht, meabhlú, mealltóireacht, meang, meilm, mícheastacht, míchoinníoll, mí-ionracas, mímhacántacht, saobhadh, saofacht, séitéireacht. verb ❶ *slant, tilt:* cam, cas, crom, cuir diall, goic ar, cuir maig ar, saobh, téigh ar fiarlán, téigh ar sceabha, téigh le fána. ❷ *bend, pervert:* bain mí-úsáid as, cam, claon, cuir amú, cuir as riocht, iompaigh, laobh, mill, salaigh, saobh, truaillígh.

fiaradh noun ❶ *slant, tilt:* camadh, casadh, claon, claonadh, cor, coradh, cromadh, cuar, cúinne, dronn, fiar, goic, laobhadh, leathcheann, leathspeic, leathspleic, leathstuaic, lúb, maig, maing, sléim, speic, spleic. ❷ *warping, distortion:* athchumadh, camadh, casadh, claonadh, cor casta, coradh, díchumadh, freangadh, saobhadh, stangadh, stompadh.

fiarán noun *anger, petulance:* aincis, aingíocht, ainleoireacht, cancracht, cantal, colg, crostacht, cuil, drisíneacht, fearg, greannaitheacht, rothán, stailc, stuaic, taghd, teasaíocht, tintríocht.

fiarlán noun *zigzag:* tacáil, tornáil; camsheoltóireacht.

fiarlaoid adverbial phrase *ar fiarlaoid* ❶ *across, athwart:* fiarthrasna, trasna; ar fiar, ar fiarsceabha, ar fiarsceo, ar gearra baghas; cam, cearr. ❷ *wandering, astray:* amú, ar seachrán, ar strae.

fiarsceabha adverbial phrase *ar fiarsceabha askew:* fiarthrasna, trasna; ar fiar, ar fiarlaoid, ar fiarsceo, ar gearra baghas; cam, cearr, contráilte.

fiarshúil noun *squint in eye:* camshúilí, claonamharc, claondearc, claonfhéachaint, claonsúil, fiarshúilí.

fiarshúileach adjective *cross-eyed, squint-eyed:* camshúileach, claonsúileach, saobhshúileach.

fiata adjective ❶ *wild, fierce:* ainchríostúil, ainrianta, aintréan, allta, barbartha, borb, danartha, díbheirgeach, díocasach, díscir, éigeansa, fiáin, fiánta, fiatúil, fíochmhar, fraochmhar, fraochta, garg, gríobhach, mallaithe, mínáireach, urchóideach, *literary* díogháir, onchonta. ❷ *stern, angry:* ailseach, aingí, binbeach, colgach, colgánta, crosta, crua, cruálach, **adjectival genitive** cuthaigh, cuileadach, damanta, deamhanta, deannachtach, dian, diardanach, dígeanta, díoltasach, dorránach, dorrga, drochaigeanta, drochbheartach, droch-chroíoch, drochghnúiseach, dúr, dúrchroíoch, éadrócaireach, feargach, gangaideach, géar, goineach, goiniúil, goirt, mallaithe, míthrócaireach, nathartha, neamhthrócaireach, olc, searbh, siosúrtha, taghdach, tioránta.

fiatacht noun ❶ *wildness:* ainriantacht, alltacht, cíocras, colg, cuil, díbheirge, faobhar nimhe, fiáine, fiántas fíoch, fíochmhaireacht, fraoch, goimh, mire, tréine. ❷ *sternness, anger:* ainíocht, cadrántacht, cruálacht, danarthacht, dúire, dúrchrói, éadrócaire, fíochmhaire, fíochmhaireacht, míthrócaire, neamhthrócaire; ainscian, aonach, báiní, buile, buile feirge, cochall, coilichín, colg, colgaí, confadh, cuthach, dásacht, dorrgacht, faghairt, fearg, fíoch, fiuch, fiúir, fiúnach, fraoch, gairge, lonn, oibriú, olc, spadhar, taghd, teasaíocht, tintríocht.

fíbín noun *gadding, excitement:* aeráid, aeráil, aermaíocht, áibhéireacht, aoibheall, baitsiléireacht, ceáfráil, corraíl, feamaíl, fraecsáil, gleoiréis, macnas, pléaráca, pocléim, pocléimneach, princeam, rampaireacht, rancás, *pl.* sceitimíní, scódaíocht, uallachas.

ficheall noun *chess:* *literary* brannamh; beartrach.

ficsean noun *fiction:* ceapadóireacht, cumadóireacht, clódóireacht, dathadóireacht, finscéal, finscéalaíocht, ramscéalaíocht, úrscéal; scríbhneoireacht chruthaitheach.

fidil noun *fiddle:* veidheal, veidhlín; craobh ceoil, slis ceoil.

fidleáil noun *(act of) fiddling with:* bogadúradh, bogadúram, crágáil, crúbáil, crúbaireacht, crúcáil, dallacáil, fidléireacht, fidlínteacht, giotáil, glacaíocht, glacaireacht, glíomáil, gliúmáil, ladhráil, laidhrínteacht, meandáil, méaraíocht, méirínteacht, póirseáil, pricínteacht, scrabhadh, scríobadh, siústráil, spreotáil, stánadóireacht, stróiceadh, útamáil.

fidléir noun *fiddler:* fidiléara, veidhleadóir.

figh verb ❶ *weave:* déan fíodóireacht; cleacht, cniotáil, fuaigh. ❷ *put together, compose:* ceap, cruthaigh,

Téarmaí Fichille

bishop: easpag
castle: caisligh
centre counter gambit: frithfhiontar láir
check **noun**: sáinn *f.*
check **verb**: sáinnigh
checkmate: marbhshainn *f.*
chess: ficheall *f.*
chess-board: clár fichille
chess-man: fear fichille
chess-player: ficheallaí
chess-set: foireann *f.* fichille
endgame: deireadh an chluiche
en passant: en passant; ag dul thairis
gambit: fiontar
gambit accepted: glactar an fiontar
gambit declined: diúltaítear don fhiontar
gambit pawn: ceithearnach fiontair
king: rí
king's pawn gambit: fiontar cheithearnach an rí
knight: ridire
mate **noun**: marbhshainn *f.*
mate **verb**: marbhshainnigh
middle game: lár an chluiche
opening: tús an chluiche
pawn: ceithearnach; fichillín
promote: ardaigh
queen: banríon *f.*
resign: éirigh as
rook: caiseal
stalemate: leamhshainn *f.*

cum, damhnaigh, tiomsaigh; cuir le chéile, cuir i dtoll a chéile.

figín noun *marker, tag*: ga leabhair, leabharmharc; clib, comhartha, lipéad, marc.

figiúr noun ❶ *figure, digit*: digit, luibhean, uimhir. ❷ *pl.* **figiúirí** *statistics, sums*: áireamh, comhaireamh, matamaitic, ríomhaireacht, *pl.* staisticí, *pl.* sonraí, *pl.* suimeanna, *pl.* uimhreacha, uimhríocht. ❸ *(conspicuous) figure of person*: duine cáiliúil, duine clúiteach, íocón, pearsantacht, piarda, réalta, réaltóg.

file noun *poet*: bard, duanaire, fear laoithe, *literary* dréachtach, éigeas, éigse, *colloquial* cléir; *literary* éigsín, fileoir.

fileata adjective *poetic*: allabhrach, bardach, éigseach, filiúil, filiúlach, filiúnta.

filíocht noun *poetry, poesy*: bairdne, duanaireacht, éigse, rannaíocht, rannaireacht, véarsaíocht; físíocht, inspioráid, tinfeadh, *literary* ealaíon, tréifídeacht.

fill verb ❷ *fold*: athfhill, corn, crap, dúbail, infhill, iompaigh, lúb, pill, trusáil; cuir filleadh i, cuir clupaid i. ❷ *return*: cas, imchlóigh, iompaigh, pill, téarnaigh, till; cas abhaile, cas ar ais, gabh ar ais, tar abhaile, tar ar ais, téigh ar ais.

filleadh noun ❶ *bend, fold*: athfhilleadh, clupaid, cornadh, crapadh, dúbailt, fáithim, filltín, fithín, iompú, puc, roc. ❷ *return*: imchló, dul ar ais, pilleadh, teacht ar ais, téarnamh.

filltín noun *crease, crinkle, pucker*: athfhilleadh, caisirnín, clupaid, cornadh, crapadh, dúbailt, fáirbre, fáithim, fithín, furca, pluc, roc.

fimíneach adjective *hypocritical*: béalchráifeach, bréagchráifeach, fuarchráifeach, saobhchráifeach. noun *hypocrite*: cráifeachán, draíodóir, vóitín; slusaí.

fimíneacht noun *hypocrisy*: fimínteacht; béalchrábhadh, béalchráifeacht, bréagchráifeacht, cráifeacht béil, draíodóireacht, fuarchrábhadh, praeitseáil, saobhchrábhadh, slusaíocht; beannaíocht, beannaitheacht.

fine noun ❶ *family group*: bunadh, *pl.* cairde gaoil, cine, cineál, clann, fialas, *pl.* gaolta, fuil, líne, muintir, pór, rás, síol, síolrach, sliocht, stoc, teaghlach, treibh. ❷ *race*: cine, cineál, fine, pór, stoc, *literary* díne.

finéagar noun *vinegar*: finéagra, fínéagra, fínéigre, fíon searbh, minéigle, searbhfhíon, vinéigre.

fíneáil noun *compulsory payment, fine*: cáin; éiric, pionós, tobhach; díre, meirse, *literary* diach, inneachadh. verb *fine*: cáin, pionósaigh; gearr fíneáil ar.

fíneálta adjective ❶ *fine, delicate*: fíneáilte; caoindéanta, caoindeilbheach, goilliúnach, íogair, leochaileach, mín, mothálach, séimh, sreabhnach, tanaí; comair, conláisteach, cuimseach, cúirialta, deas, deismir, néata, ordanáilte, ordúil, oirní, piocha, piocúil, pointeáilte. ❷ *fine, splendid*: álainn, breá, canta, comair, cuanna, deas, deismir, fáiscthe, galánta, glé, gléineach, grástúil, grianmhar, slachtmhar, triopallach.

finne noun *whiteness*: báine, gile, gile na gile, gileacht, gléigile, gléineacht, lítis, soilseacht, tuarthacht; bánsolas; mílí, mílítheacht, míshnua, tláithe.

finné noun *witness*: fiadhain, fianaí, fianaise, teist, teisteoir; mionnadóir.

finscéal noun *romantic tale, fictitious story*: ceapadóireacht, clódóireacht, cumadóireacht, dathadóireacht, ficsean, ramscéalaíocht, scéal Fiannaíochta, scéal scéil, scéalaíocht staróg, staróg bhréige, *literary* tuirtheacht; comhrá cailleach.

fíoch noun *feud, anger, fury*: achrann, aicis, broimnéis, doicheall, drochaigne, droch-chroí, eascairdeas, fala, faltanas, fiamh, fuath, gangaid, gráin, mailís, mioscais, naimhdeas, nimh san fheoil, olc, searbhas; ainscian, aonach, báiní, buile, buile feirge, cochall, coilichín, colg, colgaí, confadh, cuthach, dásacht, faghairt, fiatacht, fiuch, fiúir, fiúnach, forrach, fraoch, oibriú, olc, ruamantacht, spadhar, taghd, teasaíocht, tintríocht, *literary* grúg; ainriantach, alltacht, cíocras, cuil, díbheirge, faobhar nimhe, fiáine, fiántas, fíochmhaireacht, forrántacht, goimh, mire.

fíochán noun ❶ *weaving, web*: fí, fíodóireacht, uige; dlúth, dlúth is inneach, éadach, inneach; gréasán. ❷ *tissue*: cneas, féith, feoil, matán, *colloquial* féitheach.

fíochmhar adjective *furious, ferocious*: ailseach, aimhleasta, ainchríostúil, aingí, ainrianta, aintréan, allta, barbartha, binbeach, borb, broimnéiseach, **adjectival genitive** buile, colgach, colgánta, crosta, crua, cruálach, cuileadach, **adjectival genitive** cuthaigh, damanta, danartha, deamhanta, deannachtach, dian, díbheirgeach, díocasach, díoltasach, díscir, dorrga, drochaigeanta, drochbheartach, droch-chroíoch, drochghnúiseach, dúr, dúrchroíoch, éadrócaireach, feargach, fiánta, fiata, fiatúil, forránta, fraochmhar, fraochta, gangaideach, garg, géar, goineach, goiniúil, goirt, lonn, mallaithe, mínáireach, **adjectival genitive** mire, míthrócaireach, neamhthrócaireach, olc, rábach, scaollmhar, scéiniúil, sceonmhar, searbh, siosúrtha, straidhniúil, tioránta, turcánta, urchóideach.

fiodh noun ❶ *tree*: buinneán, caológ, craobh, cleitheog, crann. ❷ *wood*: cnóchoill, coill, coillearnach, coilleog, doire, dufair, fáschoill, foraois, fothair, garrán, mothar, ros, roschoill. ❸ *timber*: adhmad, balc, cipín, clár, crann, maide.

fíodóireacht noun *weaving*: fí, fíochán, dlúth, dlúth is inneach, dualaíocht, gréasán, inneach, uige; caoladóireacht.

fiodrince noun *twirl, pirouette*: casadh, rothlam; caisirnín, cor, coradh, lúb, lúbadh.

fíogach noun *dogfish (family Scyliorhinidae)*: cailleach bhreac, fámaire, falmaire, gobóg, madadh fíogach, madadh garbh, madadh glas, madra mór; dallóg, dallóg chaoch, fleangach, freangach.

fioghual noun *(wood) charcoal*: gual adhmaid, gualach, luibhghualach; gual ceárta, gual gabha.

fiolún noun *ulcer, necrosis:* fiolún reatha; ailse, carrmhogal, easpa, fadharcán, fadhb, fiostúl, neascóid, othras, pachaille, puchóid, siad.

fíon noun *wine:* fíon dearg, fíon glas; burgúin, cláiréad, fíon Maidéarach, hoch, portfhíon.

fíonchaor noun *grape (Vitis vinifera):* caor fíniúna, fíondearc, fíonúll.

fíonghort noun *vineyard:* fíniúin, fionúin, fionúir.

fionn[1] adjective ❶ *white, fair:* bán, barrfhionn, geal, gléigeal. ❷ *fair, blond:* bán, buí, buíbhán, ceannbhuí, cúileann, cúlbhán, órga, **adjectival genitive** solais; glé. noun ❶ *white colour:* báine, báineacht, gile, gile na gile, gileacht, gléigile. ❷ *fair-haired person:* bánach, duine bán, duine fionn; cailín fionn, cúileann. verb ❶ *whiten:* bánaigh, geal, gealaigh, tuar. ❷ *clear, brighten:* croch suas, glan, gléghlan, lonraigh. ❸ *scorch, set alight:* adaigh, adhain, breoigh, cráindóigh, dóigh, fadaigh, faghair, fionn, forloisc, las, ruadhóigh, cuir ar lasadh, cuir faoi thine, cuir tine le.

fionn[2] noun *cataract on eye:* cailicín; scamall ar shúil.

fionnachrith noun *goose-flesh, horripilation:* pl. cáithníní, colg, cradhscal, craiceann gé, fionnaitheacht, griofadach, griogán, pl. haras, pl. harasaí, scéin, sceon, uamhan.

fionnachtaí noun *discoverer:* aimsitheoir, aireagóir, frítheoir, tionscnóir; taiscéalaí.

fionnachtain noun ❶ *discovery:* aimsiú, nochtadh; foilsiú. ❷ *invention:* aireagán, ceapadóireacht, cumadóireacht, cumadh, tionscnamh.

fionnadh[1] noun *fur, down:* cluimhreach, clúmh, clúmhach, clúmhchán, clúmhnán, craiceann, féaság, fionnfadh, giúnachán, gruaig, olann, peall, seithe, *literary* bian; *literary* scing.

fionnadh[2] noun ❶ *(act of) whitening:* bánú, gealadh. ❷ *(act of) ripening:* aibiú, bánú, bánaíochan, buíochan, buíochaint, buíochtaint. ❸ *(act of) scorching, singeing:* dó, fordhó, loscadh, ruadhó, scalladh, scóladh, seargadh, spalladh, tíoradh.

fionnadóir noun *furrier: familiar* rónadóir, rónaire; *literary* scingeadóir; seitheadóir.

fionnaitheach adjective *hairy, shaggy:* clibíneach, cochallach, diasach, foltach, giobach, glibeach, gliobach, grágánach, gruagach, guaireach, mongach, mosach, mothallach, peallach, scothánach, stothallach.

fionnuaire noun *coolness, freshness:* friseáilteacht, fuaire, fuaireacht, patuaire, úire, úireacht, úireadas.

fionnuar adjective *cool:* alabhog, bláith, bog, bogthe, bunfhuar, friseáilte, fuar, malabhog, patuar, úr; teipliúin, toifliúin.

fionraí noun ❶ *waiting, wait:* cónaí, fanacht, fanúint, fionraíocht, foral, fuireach, fuireachas, moill, seiceadóireacht, stad, staonadh, stop, stopadh. ❷ *suspense, suspension:* cairde, cosc, fionraíocht, spás.

fiontar noun *venture, enterprise; risk:* amhantar, fiontraíocht, guaisbheart, tionscadal, togra, treallús; baol, dainséar, contúirt, guais, priacal, riosca.

fiontrach adjective ❶ *venturesome, enterprising:* amhantrach, guaisbheartach, guasach, gusmhar, gusúil, ionnúsach, treallúsach, tionscantach. ❷ *risky:* baolach, contúirteach, dainséarach, guaiseach, guaisiúil, priaclach, seansúil.

fíor[1] noun ❶ *figure: pl.* airíona, amhlachas, cóir, cóiriú, comhartha, cosúlacht, crot, cruth, cruthaíocht, cuma, cumraíocht, éagasc, dealramh, éadan, féachaint, fionnachruth, fíoraíocht, foirm, gné, leagan amach, samhlachas, samhlú. ❷ *outline, edge:* coimpléasc, compás, giorta, forimeall, imchiorcal, imlíne, tacmhang, timpeall; ciumhais; binn, boirdréis, bruach, coirnéal, colbha, corr, corthair, críoch, cúinne, eochair, fabhra, fáithim, faobhar, feire, feorainn, fíor, fóir, frinse, grua, imeall, imeallbhord, peiriméadar, scéimh, sciorta, taobh, teorainn, *literary* braine. ❸ *symbol:* armas, círín, comhartha, marc, lógó, nod, samhlán, siombail, stearnal, suaitheantas, trádmharc, *literary* sín.

fíor[2] adjective *true:* barántúil, cneasta, dílis, fírinneach, inmhuiníne, ionraic, iontaofa, macánta. noun ❶ *truth:* barántúlacht, cneastacht, dílse, dílseacht, fíre, fírinne, ionracas, iontaofacht, macántacht; lomchlár na fírinne. ❷ *assurance, pledge: pl.* bannaí, barántas, deimhne, deimhniú, geall, gealladh, geallúint, siúráil, tacaíocht, urradh. urraíocht; morgáiste.

fíoraigh verb ❶ *outline, figure:* comharthaigh, cum, damhnaigh, déan, dear, cruthaigh, imlínigh, leag amach, léirigh, rianaigh, sceitseáil. ❷ *symbolize, portend:* comharthaigh, siombalaigh, réamhinis, samhailchomharthaigh, tairngir, tuar.

fíoránta adjective ❶ *well-made:* ceardúil; álainn, breá, canta, caomh, conláisteach, cuanna, dea-chumtha, dea-chruthach, dea-dhéanta, dealfa, dealraitheach, deas, deismir, fíortha, galánta, gleoite, greanta, innealta, maisiúil, slachtmhar, triopallach. ❷ *capable, competent:* ábalta, acmhainneach, bríoch, cuimseach, cumasach, cumasúil, cumhachtach, éifeachtach, fearastúil, fuinniúil, inniúil, tréitheach, tualangach.

Fíora Cainte agus Cleasanna Reitrice

alliteration: uaim *f.*
anacolouthon: éigeangal
anadiplosis: anadaplóis *f.*
anaphora: anafara *f.*
anastrophe: anastróf *f.*
antiphrasis: frithfhrásaíocht *f.*
antistrophe: frithstróf *f.*
antithesis: fritéis *f.*
aporia: apóiria *f.*
aposiopesis: tobscor
apostrophe: apastróf *f.*
assonance: comhfhuaim *f.*; comhshondas
asyndeton: aisindeatón
bathos: titim *f.* chun áiféise
catachresis: cataicréis *f.*
chiasmus: croseagar
conceit: consaeit *f.*
consonance: uaithne
diacope: diacóip *f.*
enallage: eineálaigé *f.*
epanalepsis: eipinléipse *f.*
epanorthosis: athcheartú
epistrophe: eipeastróf *f.*
epizeuxis: athrá increimínteach
hendiadys: einniad
hypallage: buafhocal aistrithe
hyperbaton: hipearbatón
hyperbole: urtheilgean
hysteron proteron: hysteron proteron
inversion: aisiompú; inbhéartú
isocolon: iseacólan
litotes: liotóid *f.*
meiosis: méóis *f.*
metaphor: meafar
metonymy: meatonaime *f.*
onomatopoeia: fuaimfhoclaíocht *f.*; onamataipé *f.*
oxymoron: ocsamórón
pallindrome: palandróm
paradox: frithchosúlacht *f.*; paradacsa
paralipsis: parailipse *f.*
parallelism: comhthreomhaireacht *f.*; paraileálachas
paranomasia: imeartas focal
pathetic fallacy: iomrall na comhbhá
periphrasis: imlabhra; timchaint *f.*
personification: pearsantú
polyptoton: polyptoton
prosopopeia (féach **personification**)
simile: samhail *f.*
syllepsis: siléipse *f.*
synecdoche: sineicidcé *f.*
transferred epithet (féach **hypallage**)
trope: tróp
zeugma: séagma

fíoras noun *fact*: fírinne, fíric; *pl.* dálaí, *pl.* sonraí.
fíorasc noun *verdict*: breith, breithiúnas, cinneadh, comhairle, réiteach, socrú.
fios noun ❶ *knowledge, information*: fios feasa; aitheantas, aithne, ciall, críonnacht, eagna, eagnaíocht, eolaíocht, eolas, faisnéis, léann, scil, saineolas, *pl.* sonraí, treoir, *pl.* treoracha. tuiscint, *literary* rús. ❷ *second sight*: iomas, réamhchonn, tuaileas, tultreoir. ❸ **tá a fhios agam** *I know*: tá eolas agam ar, tá X ar eolas agam; tá aithne agam ar; fiosaigh, tabhair faoi deara, tuig.
fiosrach adjective *inquiring, inquisitive*: bleidiúil, caidéiseach, ceisteach, ceistiúil, cunórach, fiafraitheach, taighdeach.
fiosracht noun *inquisitiveness*: caidéis, cunórtas, fiafraitheacht; físeoireacht, gliúcaíocht, gliúmáil, srónaíl.
fiosraigh verb *inquire*: ceastnaigh, ceistigh, ceistnigh, faisnéis, fiafraigh; cuir caidéis, cuir ceist, cuir faisnéis, cuir tuairisc.
fiosraitheoir noun ❶ *inquirer, inquisitive person*: bleidéir, cáidéiseach, ceistitheoir, cúistiúnaí, fiafraitheoir; fiosróir, físeoir, gliúcach, gliúcaí, gliúmálaí, priocsmut, smúiríneach. ❷ *visitor*: aoi, cóisire, cuairteoir, fiosróir.
fiosrú noun ❶ *inquiry*: ceastóireacht, ceistiú, ceistiúchán, croscheistiú, cúistiúnacht, fiafraí, fiosrúchán, géarscrúdú, grinniú, mionscrúdú, scrúdú, tóiríntteacht, *literary* imchomharc; athbhreithniú, breithniú, iniúchadh. ❷ *visitation*: cigireacht, cuairt, cuartaíocht, fiosrúchán.
fiosúil adjective ❶ *knowledgeable*: cliste, críonna, cultúrtha, dea-aithneach, feasach, eolach, eolasach, eolgasach, eolghasach, feasach, foghlamtha, gaoiseach, intleachtúil, léannta, meabhrach, oilte, saoithiúil, sciliúil, scolártha, stuama, traenáilte, tuisceanach. ❷ *well-mannered, well-spoken*: caoin, ceansa, cúirtéiseach, cuntanósach, dea-iomprach, dea-labhartha, dea-bhéasach, dea-mhúinte, discréideach, grástúil, iomprach, macánta, múinte, ómósach, ridiriúil, séimh, sibhialta, síodúil, sobhéasach, tuisceanach, uasal, urramach; banúil, mánla, modhúil.
fíre noun ❶ *truthfulness, sincerity*: barántúlacht, cneastacht, dílse, dílseacht, dlisteanacht, fíre, fírinne, fíor, fíréantacht, ionracas, macántacht. ❷ **adjectival genitive** *true, genuine*: barántúil, ceart, dílis, dlisteanach, fíor, fíréan, fíréanta, ionraic, macánta.
fíréad noun *ferret (Putorius putorius)*: pioróid; fial.
fíréan adjective ❶ *righteous, just*: ceart, cneasta, cóir, dlisteanach, fíorga, fíréanta, fíreata, fíriánta, macánta, suáilceach. ❷ *genuine*: barántúil, ceart, dílis, fíor, **adjectival genitive** fíre, fíréanta, fíriánta, ionraic, macánta. noun *just person, true person*: duine cneasta, duine fíréanta, duine ionraic, duine macánta; naomh.
fireann adjective ❶ *male*: fear-, fearga, **adjectival genitive** fir, fireannach, fírinsneach, magarlach, mascalach. ❷ *manly, virile*: fearga, fearúil, fírinsneach, magarlach, mascalach; calma, cróga, cúirtéiseach, cumasach, cumhachtach, dána, éifeachtach, feilmeanta, laochta, féitheogach, foirtil, gaisciúil, láidir, matánach, misniúil, móruchtúil, muscalach, neamheaglach, neamhfhaiteach, neartmhar, smiorúil, tréan.
fíréantacht noun ❶ *justice, righteousness*: ceart, ceartas, cóir, dlisteanacht, fíor, fírinne. ❷ *faithfulness, sincerity*: cneastacht, conlacht, dílse, dílseacht, fírinne, fírinneach, ionracas, iontaofacht, macántacht, seanadh, tairise, tairiseacht.
fíric noun *fact*: fíoras, fírinne; *pl.* dálaí, *pl.* sonraí.
firín noun *mannikin, dwarf*: abhac, abhcán, aircín, arcán, beagadán, beagaidín, boiric ó ciú, ceairlciú, cnádaí, crabadán, cruachán, cruiteachán, draoidín, dúidlín, duine beag, feairín, fear beag, fíothal, gilidín, gilmín, sceoidín, scidil.
fírinne noun *truth*: barántúlacht, beaichte, ceart, ceartas, cneastacht, dílse, dílseacht, dlisteanacht, fíor, fíre, ionracas, iontaofacht, macántacht; lomchlár na fírinne.
fírinneach adjective *truthful*: barántúil, cneasta, dílis, **adjectival genitive** fíre, fíor, fíréan, fíréanta, ionraic, iontaofa, macánta.
firmimint noun *firmament*: an t-aer, an t-aer gorm, an bogha bán, *pl.* fíorghlinnte an aeir, *pl.* glinnte an aeir, neamh, *pl.* speártha, spéir.
fís noun *vision*: aisling, aislingeacht, aislingíocht, amharc, apacailipsis, baothaibhse, brionglóid, *literary* brionn; eipeafáine, feiscint, fisíocht, mua, nóisean, radharc, rámhaille, taibhreamh, taibhse, taise, taispeánadh.
fisiciúil adjective *physical*: ábhartha, coincréiteach, collaí, corpartha, damhnúil, fuaimintiúil, réadúil, soladach, substainteach, tathagach.
fiuch verb *boil*: beirigh, bruith, coip, gail, suanbhruith.
fiúir noun ❶ *fury, bristling anger*: ainscian, aonach, báiní, buile, buile feirge, cochall, coilichín, coirrche, colg, colgaí, confadh, cuthach, dásacht, faghairt, fearg, fioch, fíochmhaireacht, fiuch, fiúnach, forrach, fraoch, *literary* grúg, rothán, spadhar, taghd, teasaíocht, tintríocht. ❷ *prickly edge*: ciumhais deilgneach, ciumhais fhiaclach, colgaí, deilgne, spíonlach.
fiúise noun *fuchsia (Fuchsia magellanica)*: *pl.* crainnte miliní, *pl.* deora Dé, *pl.* deoiríní Dé, *pl.* mileanna dearga, *pl.* mileanna fiúsaí, *pl.* miliní, singirlín, *pl.* siogairlíní, *pl.* smiliní, smug dheag, *pl.* smuga dearga.
fiúntach adjective ❶ *worthy, respectable*: creidiúnach, dlisteanach, feiliúnach, ionraic, macánta, maith, measúil, oiriúnach, onórach, saolta, uasal, urramach, urramúil. ❷ *generous*: bordach, bronntach, caoin, cineálta, cóir, córtasach, cuidiúil, dáilteach, dea-chroíoch, dearlaiceach, duaiseach, fáilteach, fairsing, fial, flaithiúil, gnaíúil, lách, mórchroíoch, neamh-mhion, oscailteach, preabúil, rábach, sínteach, tabhartasach, teochroíoch, tíolactach, toirbheartach, *literary* flaithbheartach; garúil, oibleagáideach; bog faoina phócaí, go maith faoina chuid airgid.
fiúntas noun ❶ *merit, worth*: creidiúint, díol, feabhas, luach, maitheas, meas, measúlacht, oineach, onóir, substaint, tuillteanas, urraim. ❷ *generosity*: cóir, córtas, croíúlacht, dathúlacht, dóighiúlacht, fáilte, fairsinge, féile, fialmhaireacht, fialmhaitheas, flaithiúlacht, gnaíúlacht, mórchroí, oineach, oscailteacht, rabairne, toirbheartas, *literary* gart.
flagún noun *flagon*: adharc, ballán, buabhall, cailís, crúiscín, crúsca, cuach, cupa, cupán, giústa, gogán, scála, stópa, *literary* caileach, cingid, ian, stábh.
flaigín noun *flask*: buidéal, builcín, cilfing, clagún, fleasc, mealbhóg, naigín, próca, puitric, searróg, *literary* idhre.
flainín noun *flannel*: báinín, bréidín, broicín, ceanneasna, plainín, raitín, raitín paitín.
flaith noun *literary lordship, sovereignty*: ardcheannas, ardchumhacht, ardfhlaitheas, ardríocht, ardtiarnas, ceannaireacht, ceannas, ceannasaíocht, cinnireacht, cinseal, coimirce, coimirceas, cumhacht, dlínse, flaitheas, flaithiúnas, forlámhas, impireacht, máistreacht, maoracht, príomhcheannas, réimeas, riail, rialtas, rialú, ríocht, stiúir, smacht, svae, tiarnas, tiarnúlacht, treoir, údarás, *literary* codhnachas. ❷ *prince, lord*: prionsa, taoiseach, tiarna, triath,

literary branán, donn; ardrí, impire, máistir, monarc, piara, rí.

flaitheas noun ❶ *rule, sovereignty*: ardcheannas, ardchumhacht, ardfhlaitheas, ardríocht, ardtiarnas, ceannaireacht, ceannas, ceannasaíocht, cinnireacht, cinseal, cumhacht, dlínse, flaithiúnas, follúnacht, forlámhas, impireacht, máistreacht, maoracht, príomhcheannas, réimeas, riail, rialtas, rialú, ríocht, stiúir, smacht, svae, tiarnas, tiarnúlacht, treoir, údarás. ❷ *kingdom, realm*: ardfhlaitheas, ardríocht, flaithiúnas, impireacht, ríocht, *literary* ríghe. ❸ *pl.* **na flaithis** *heaven*: dún Dé, flaitheas Dé, flathiúnachas, flaithiúnacht, flaithiúnas, *pl.* grianbhrugha pharthais, neamh, parthas, ríocht Dé, ríocht neimhe, *literary* rícheadh; an seanbhaile, slí na fírinne.

flaithiúil adjective *generous, munificent*: bordach, bronntach, caoin, cairdeach, cineálta, cóir, dáilteach, dathúil, dearlaiceach, fáilteach, fairsing, fial, fiúntach, flaithiúlach, gnaíúil, lách, mórchroíoch, neamh-mhion, oscailteach, preabúil, rábach, sínteach, tabhartasach, teochroíoch, tíolacthach, toirbheartach, *literary* flaithbheartach, gartach.

flaithiúlacht noun *munificence, generosity*: cóir, córtas, croíúlacht, dathúlacht, dóighiúlacht, fáilte, fairsinge, féile, fialmhaireacht, fialmhaitheas, fiúntas, gnaíúlacht, mórchroí, oineach, oscailteacht, rabairne, toirbheartas, *literary* gart.

flan noun *flan*: bairín, bocaire, císte, toirtín.

flannbhuí adjective *orange (in colour)*: buí, buídhearg, ar dhath an oráiste.

flapa noun *flap*: clupaid, cluipíd, duille, liopa, lipéad, plapa; cailpís.

flapáil noun *flapping*: bualadh, cleitearnach, clupaideach, croitheadh, faiteadh, greadadh, slapar.

flaspáil noun *(act of) smacking lips*: blasachtach, blascarnach, blaisínteacht, blaisminteacht, blaispínteacht, blaisteoireacht, smeachadh.

flaspóg noun ❶ *smack*: boiseog, bos, broideadh, clabhta, clabhtóg, cnagaide, dúdóg, leadhb, leadhbóg, leadóg, leandóg, leang, leangaire, leiceadar, leidhce, liúr, priocadh, sceiteadh, smac, smag, smailc, smalóg, smeach, smitín, snag, sonc. ❷ *kiss*: fáiméad póige, fámaire póige, smaiseog, plaps póige, plapsóg póige, póg.

fleá noun ❶ *feast*: coirm, cóisir, fáiltiú, féasta, feis, fleá-ól. cóisir, fleá; bainis, infear, méilséara, *literary* urghnamh; fáilte, fáilte Uí Cheallaigh. ❷ *festival of music*: fleá cheoil; ceolchoirm, comórtas, feis, scoraíocht.

fleách adjective *festive, convivial*: cóisireach, féastach, féiltiúil, *literary* lítheach.

fleáchas noun *festivity, conviviality*: áilteoireacht, caitheamh aimsire, *pl.* cluichí, craic, croíléis, fastaím, greann, imirt, scoraíocht, siamsa, siamsaíocht, spórt, spraoi, súgradh, sult.

fleaige noun ❶ *flag, banner*: brat, bratach, bratainn, *literary* earr, gonfaine, meirge, onchú, sról, stannard, suaitheantas. ❷ *flagstone*: cloch, leac, liag, slinn.

fleaim noun *breath, stir*: feothan, gal, puithín, puth, seadán, séideán, séideog, smeámh.

fleasc¹ noun ❶ *rod, wand*: bata, cuaille, maide, ríshlat, slat. ❷ *rim, hoop*: bile, ciumhais, corr, faobhar, fonasc, fonsa, imeall, lúb, lúbán. ❸ *garland, wreath*: binsín, bláthfhleasc, coróin; tribliid. ❹ *splinter, strip*: leadhb, scealp, scealpóg, sciorta, sciotachán, scoilteán, spíontóg, stiall, stráice, straiméad.

fleasc² noun *flask*: buidéal, builcín, cilfing, clagún, flaigín, *literary* idhre, mealbhóg, naigín, próca, searróg.

fleascach noun ❶ *strapling, youth*: aosánach, bioránach, corránach, déagóir, eascartach, fostúch, gasún, garsún, gartaire, gasóg, gasúr, gearrbhodach, gearrbhuachaill, giolla, giollán, grabaire, leaid, mac, macadán, macán, macaomh, maicín, malra, malrach, óganach, scorach, stócach, bogstócach, glas-stócach, leathstócach, teallaire. ❷ *rascal, playboy*: áilteoir, anstrólaí, banaí, bligeard, bobaire, boc, bocaí, bocaileá, boc báire, bocailiú, bocaileodó, boicín, breastaire, buachaill báire, ceaifléir, cleasaí, cliúsaí, cliútach, cluanaire, cneámhaire, croían, cuilceach, ealaíontóir, fear grinn, geamstaire, gleacaí, gleacaí milis, gleacáire, gliceadóir, gliodaí, lacstar, leábharaic, leidhcéir, lúbaire, mealltóir, pasadóir, piollardaí, pocaide, radaire, ragairneálaí, raibléir, rampaire, réice, sionaglach, spóirtín, stail, truiceadóir, truicseálaí, tumlálaí.

fleisc noun *flex*: cábla, seolán, sreang, sreang leictreach.

fleiscín noun *hyphen*: ifín; dais, fleasc, stríoc.

fliche noun *dampness, moisture*: an táir anuas, braon anuas, drúcht, fliuchadh, fliuchán, fliuchras, fraighfhliuchadh, fraighfhliuchas, leacht, sabhsa, sileán, sreabh, sreabhán, taise, taisleach, úire, úireacht, úireadas, uisce, uisciúlacht.

flichshneachta noun *sleet*: coscairt, flichne, slinnshneachta.

flíp noun *flip, heavy blow*: béim, buille, cíonán, clabhta, cnag, cnagán, crústa, faic, failm, fáiméatar, grugam, habhaistín, leadhb, leadhbóg, paltóg, planc, plancadh, pléasc, rúspa, smíste, sonc, straiméad, tailm, tiomp, trostal, tulbhéim.

flít noun ❶ *fleet*: cabhlach, loingeas. ❷ *crowd, large number*: aonach, comhdháil, comhthionól, líon, oireachtas, ollchruinniú, parlaimint, seanadh, sionad, slógadh, slua, tionól; ainmhéid, carn, dalladh, lab, lámháil, lánchuid, lasta, lear, lóicéad, luthairt lathairt, meall, moll, *pl.* múrtha, neamhmheán, slaod, tulca; lán phúirín na háithe.

fliú noun *influenza*: fiabhras, slaghdán, slaghdán mór, ulpóg.

fliuch adjective ❶ *wet*: aimlithe, báite, bog, braonach, braonúil, dobhartha, dubhfhliuch, fliuch báite, fliuchánach, fliuchánta, frasach, tais, leachtach, silte, silteach, sreabhach, tais, uisciúil; ar bogadh, ar maos, ina dhraoibeal, ina líbín. ❷ *well-oiled, drunk*: caoch, caochta, dallta, lán go drad, lán go poll an phaidrín, lán go smig, meidhreach, súgach; ar deoch, ar meisce, ar a leathstiúir, ar na cannaí, ar na stártha, bog; tá braon faoin súil aige, tá braon sa chuircín aige, tá braon sa ghrágán aige, tá círín air; tá a leath san aer, tá sé faoi lán seoil, tá luí seoil aige. verb ❶ *wet*: bog, cuir ar maos, taisrigh. ❷ *ag fliuchadh raining*: ag báisteach, ag cur, ag cur báistí, ag cur fearthainne. ❸ *celebrate with a drink*: ól deoch ar, ceiliúir; ól béaláiste, ól deoch an dorais, ól an pota Phádraig. ❹ *wet (the bed)*: mún fút.

fliuchán noun *wetness, moisture*: an táir anuas, braon anuas, bruisín, dobhracht, drúcht, fliche, fliuchadh, fliuchras, fraighfhliuchadh, fraighfhliuchas, leacht, sileán, sreabh, sreabhán, taise, taisleach, úire, úireacht, úireadas, uisce, uisciúlacht.

flocas noun ❶ *flock, wadding*: ascart, ascartach, cadás, cuiltiú, loca, stuáil. ❷ *bog-cotton (Eriophorum)*: bláth portaigh, buinneán bán, cadús bán, canach, canach an tsléibhe, canach bán, canach móna, ceannán bán, ceannán na móna, *pl.* ceannbháin bhána, ceannbhán, ceannbhán móna, clúimhín cait, *pl.* meigillíní bána, olann an tsléibhe, scothóg fhiáin, síoda móna.

flosc noun ❶ *flux*: caise, scaird, síorathrú; fuiliú, rith fola. ❷ *outpouring, torrent*: caise, dobhar, eas, railí, scaird, scairdeán, sileadh, silt, sreabh, sreabhadh,

flúirse

sruth, tulca, *literary* lia, riathar. ❸ *zest, eagerness:* airc, antoil, cíocras, confadh, dásacht, deárcas, déine, díocas, dúil, dúil chráite, dúrúch, dúthracht, faobach, faobhar, fíoch, fonn, griothal, saint, teaspach, tnúth, tnúthán, toil, *literary* friochnamh.

flúirse noun *abundance, plenty:* a lán, an-chuid, an-ladhar, bleachtanas, bun maith, carn, *pl.* cairn dubha, clais, cothrom, cuid mhaith, cuid mhór, cuimse, dalladh, fairsinge, fairsingeacht, féile, flaithiúlacht, flúirseacht, flúirsí, fuíoll na bhfuíoll, iarracht mhaith, iarracht mhór, iomláine, iontas, láine, lear, líonmhaireacht, lochadradh, luthairt lathairt, maidhm, *pl.* mámannaí, mórán, neart, púir, raidhse, réimse, saibhreas, scanradh, seó, slám, steancán, stráice, suaitheantas, suim mhór, taoscán, téagar, tolmas, tonn mhaith, tréan, *literary* díoghainne, intleamh, tóla, *familiar* an t-uafás.

flúirseach adjective *abundant, plentiful:* bleacht, drongach, fairsing, faíoch, fial, flaithiúil, forleitheadach, fras, iolartha, iomadúil, leanúnach, leitheadach, líofa, líonmhar, rábach, rabhartach, raidhseach, raidhsiúil, saibhir, saoráideach, silteach, síoraí, slaodach, uaibhreach, *literary* díoghainn; ina slaoda.

flúirsigh verb ❶ *multiply, become plentiful:* bisigh, borr, fairsingigh, fás, forbair, iolraigh, iomadaigh, iomdhaigh, méadaigh, síolraigh; téigh i líonmhaire, téigh i méad, téigh i méadaíocht. ❷ *make plentiful:* iolraigh, méadaigh, neartaigh; cuir le.

fluparnach noun *flopping, splashing:* bualadh, cleitearnach, clupaideach, croitheadh, faiteadh, greadadh, slapar, slaparnach, slupar slapar; lapadaíl, lapaireacht, plobáil is plabáil, plobarnach, scairdeadh, slabáil, slabaíl, slabaireacht, slabaráil, slaipistéireacht, slubáil slabáil, sprais, stealladh, steancadh.

flústar noun ❶ *flurry, fluster:* brostú, corraí, deabhadh, deifir, deifre, dithneas, eadarluas, faobach, feac, fíbín, flosc, foilsceadh, fuadar, fuascradh, gleotháil, líonraith, scaoll, *pl.* sceitimíní, splutar, struip, suaitheadh, teaspach, téirim. ❷ *fawning person, cajoling person:* bladaire, bladarálaí, blitsín, cealgaire, gliodaí, gobachán le béal cuaiche, leadhbálaí, lútálaí, maidrín lathaí, mealltóir, pláibistéir, plámásaí, plásaí, plásán, Seoinín, slíodóir, slíomadóir, slusaí, súdaire, táthaire.

fo- prefix ❶ *under-, sub-, secondary:* leas-, neas-. ❷ *occasional:* corr-, fánach.

focal noun ❶ *word:* briathar, *literary* son; maithín ná graithín, gíog, gíog na míog, smid ná smeid. ❷ *phrase, remark, saying:* abairtín, canúint, frása, rá, gnáthfhocal, leagan cainte, nath, nathán, oideam, ráiteachas, ráiteas, seanfhocal, sean-nath, seanrá; buídhuanóg, burdún. ❸ *intelligence, message:* cuntas, cur síos, nod, scéal, scéala, tuairisc, tuarascáil. ❹ *order:* áirithint, ordú. ❺ *promise:* gealladh, gealltanas, gealluint.

fochaid noun *mocking, derision:* aithris magaidh, aoir, cac ar aithris, cách ar aithris, caracatúr, cnáid, creill, fonóid, frimhagadh, gáirmhagadh, geoin mhagaidh, magadh, scigaithris, scige, scigireacht, *literary* sionnadh, steallmhagadh.

fochair compound preposition **i bhfochair** *along with, in the company of:* bail, i gcosamar, i bhfarradh, i dteannta, in éindí, in éineacht le; le chéile, le cois a chéile, mar aon.

fochéimí noun *undergraduate:* dalta, foghlaimeoir, iníon léinn, mac léinn, mac léinn ollscoile.

fochlacht noun *brooklime* (Veronica beccabunga): aghaidh na habhna, biolar íce, biolar Muire, fochlac, folacht, fualachtair, lochall, lochall molair, lochall mothair, lochall uisce, ochall, samhradh fearna.

fochupán noun *saucer:* sásar.

foclach adjective *wordy, verbose:* athráiteach, béalach, bladhmannach, briathrach, briosc-chainteach, cabach, cabanta, cainteach, clabach, fadálach, fadchainteach, geabach, geabanta, glafaireach, gleoiréiseach, gliogach, gliograch, inchainte, iomarcach i bhfocail, labharthach, leadránach, síodrálach, strambánach, *literary* inscneach.

foclaíocht noun ❶ *wordiness, garrulity:* béalastánacht, bleadar, bleadráil, breallaireacht, foclachas, geabaireacht, gibiris, gleoiréis, pápaireacht, randamandádaíocht, rith seamanna, scaothaireacht, seadráil chainte, *pl.* seamanna cainte, strambán, treillis breillis, seafóid, sifil seaifil, sobalchaint. ❷ *wording:* dul na cainte, friotal, leagan cainte, titim cainte; *pl.* cora cainte. ❸ *argumentation:* aighneas, argáil, argóint, briatharchath, caismirt, cás, cóideabháid, cóid i bhfaid, cúis, conspóid, construáil, díospóid, díospóireacht, easaontas, imreas, iomarbhá, pléid, siosma, *literary* argaimint.

foclóir noun *dictionary:* foclóirín, gluais, liosta focal, liosta téarmaí, sanas, sanasán, stór focal; bunachar sonraí.

foclóirí noun *lexicographer:* sanasánaí; gluaiseoir, tiomsaitheoir.

fód noun ❶ *sod:* caorán, dóid, dóideog, fóidín, scailp scraith, scraitheog, torpa, ❷ *layer of earth:* ciseal, scailp, sraith. ❸ *spot of ground, place:* áit, ball, geadán, ionad, paiste, spás, spota.

fodar noun *fodder, provender:* beatha, bia, cothú, farae, féar, forrach, sadhlas, *literary* coth.

fodhomhain adjective *deep, profound:* aibhéiseach, áibhéiseach, domhain, duibheagánach. noun *depth, abyss, deepest part:* doimhne, doimhneacht, doimhneacht, duibheagán, poll, poll tí liabáin, an tseanfharraige; aigéan, an domhain, eagán, tóin eagáin, tóin poill.

fódúil adjective ❶ *well-grounded:* broganta, buan, cobhsaí, daingean, diongbháilte, doscaoilte, dúr, foirmniseach, fuaimintiúil, láidir, neartmhar, stóinsithe, teann, tréan, *literary* fosaidh. ❷ *sensible:* céillí, ciallmhar, cliste, críonna, eagnaí, fadcheannach, foirmniseach, gaoiseach, gaoisiúil, gaoismhear, inrúin, meabhrach, praitinniúil, réasúnta, siosmaideach, staidéarach, staidéartha, stuama, tuisceanach; tá an chúileith i bhfad siar aige.

fo-éadach noun *underwear:* cneaséadach, éadach cnis; brístín, drár, *pl.* dráranna, fobhríste, triúisín; foveist, suimeat, singléad, veist; bunchóta, cóta beag, foghúna, fosciorta, peireacót; cíochbheart, dochtóg.

fógair verb ❶ *proclaim, announce:* fuagair; áitigh, craobhscaoil, craol, dearbhaigh, foilsigh, fórógair, inis, léirigh, tabhair comhairc, tabhair le fios. ❷ *summon:* forghair, gair ar, glaoigh ar, scairt ar; cuir toghairm ar. ❸ *warn:* cuir fainic ar, forógair, tabhair fógra do, tabhair foláireamh do, tabhair rabhadh do.

fogas adjective *near:* achomair, cóineasach, cóngarach, gairid, gar, gearr. cóngarach, in achomaireacht (do), faoi thuairim, gar (do), i dtimpeall, i bhfoisceacht (de), in aice (le), i ngar do, i ngiorracht (do), lámh le, le cois, *literary* iongar. noun *proximity:* aice, cóineas, cóngar, cóngaracht, cóngas, deise, deiseacht, foisceacht, gar, giorracht, *literary* neasacht. prepositional phrase **i bhfogas (do)** *near (to):* achomair (do), in achomaireacht (do), cóineasach (do), cóngarach do, faoi thuairim, gaobhardach (do), gar (do), i dtimpeall, i bhfoisceacht (de), in aice (le), i ngar (do), i ngiorracht (do), lámh le, *literary* iongar (do); cois, de chois, i gcois.

fogha noun ❶ *dart, lunge:* áladh, amas, coinscleo, farra, foighdeán, fras, ionsaí, sá, *literary* fuachtain. ❷ *spurt, quick effort:* rábóg, ráib, rúchladh, ruthag, siota, sitheadh. ❸ *short interval:* achar, aga, píosa, scaitheamh, seal, sos, tamall, *literary* ea. ❹ *pinch, dash:* beagán, blaisín, deannóg, gráinne, gráinnín, niacha, pinse, pinsín, ruainne, smeachán.

foghail noun *plundering, trespass:* argain, bánú, creachadóireacht, creachadh, creachaireacht, foghlaíocht, foghlú, léirscrios, réabadh, robáil, ródach, scrios, scriostóireacht, slad, sladaíocht, treaspás, *literary* fuachtain, lochar, scabáiste.

foghar noun *sound:* callán, clampar, clisiam, fothram, fuaim, glór, torann, tormán, trup, tuaim; béic, blosc, eighdeán, géim, monabhar, rírá, ruaille buaille, seoithín, seothó, siansán, siot, trost, *literary* monghar.

foghlaeir noun ❶ *fowler:* éanadóir, éanlaitheoir, sealgaire. ❷ *familiar idle stroller:* fálródaí, fámaire, fánaí, feádóir, feamaire, fiaire, leadaí, loiceadóir, máinneálaí, moilleadóir, raimleálaí, ránaí, rianaí, seachránaí, siúlóir, sráidí, sreothaí, sruthaire, válcaeir.

foghlaeireacht noun *fowling:* eanach, éanadóireacht, éanlaitheacht, seilg; lámhach.

foghlaí noun *plunderer, trespasser:* coillteoir, creachadóir, creachaire, robálaí, scriosaire, scriostóir, sladaí, sladaire, *literary* díbheargach; ropaire, tóraí.

foghlaí mara noun *pirate:* bucainéir, creachadóir, eachtránaí, foghlaí, robálaí, ruagaire, ruagaire reatha, sealgaire slada, sladaí, smuigléir, uigingeach, *literary* díbheargach.

foghlaim noun *learning, education:* foirceadal, léann, léanntacht, múineadh, múinteoireacht, oideachas, oideas, oiliúint, scoil, scolaíocht, scoláireacht, teagasc, *literary* ionchosc. verb ❶ *learn:* clois, cluin, faigh amach, meabhraigh; cuir eolas ar, tabhair leat, tar isteach ar. ❷ *teach:* múin, teagasc; comhairligh, treoraigh.

foghlaimeoir noun *learner:* dalta, deisceabal, iníon léinn, mac léinn; aineolaí, núíosach.

foghlaíocht noun *plundering, pillaging:* bánú, creachadóireacht, creachadh, creachaireacht, léirscrios, robáil, ropaireacht, scrios, scriostóireacht, slad, sladaíocht, sladaireacht, *literary* scabáiste.

foghraíocht noun *pronunciation:* fóineolaíocht, fuaimniú; blas, canúint.

fógra noun ❶ *notice:* dearbhú, fógairt, fógrán, foilsiú, ordú, tuairisc, scéal; admháil. ❷ *warning:* foláireamh, forógra, leid, rabhadh, tabhairt rabhaidh; céalmhaine, fáistine, tairngireacht, tuar; bagairt, comhairle.

fógraíocht noun *advertising:* bolscaireacht, poiblíocht; craoladh, leathnú, scaipeadh.

fógrán noun *small advertisement, poster:* bille, bróiséar, ciorclán, fógra, imlitir, paimfléad, póstaer.

foiche noun *wasp (Vespa):* beach chapaill, beach gabhair, beachán, coinspeach, creabhar, faoitheach, fothach, gaispeadán, puch, seanánach, teileán.

foighne noun *patience:* fadaraí, fadfulaingt, foighid, foighde, foighidne, friofac, fulaingt.

foighneach adjective *patient:* fadaraíonach, fadfhulangach, foighdeach, fulaigtheach, fulangach, stuama, *literary* fuarrach.

fóill interjection ❶ *easy!, gently!:* fóill ort!, glac do shuaimhneas!, glac go réidh é!, go réidh! ❷ *go fóill still, yet:* ar fad, fós, go sea, i gcónaí.

foilmhe noun *emptiness:* folmhach, folúntas, folús, láthair fholamh, neamhní; báine, bearna, fásach, poll.

foilseachán noun *publication:* imleabhar, leabhar; iris, irisleabhar, nuachtán, nuachtlitir, páipéar, páipéar nuachta, tréimhseachán; bliainiris, míosachán, ráitheachán, seachtanán; catalóg, clár, eolaí, eolaire, greannán, tráchtas.

foilsigh verb ❶ *reveal, make manifest:* craobhscaoil, craol, cuir in iúl, cuir os ard, dearbhaigh, nocht, léirigh, poibligh, soiléirigh, tabhair chun solais, tabhair le fios, taispeáin. ❷ *publish:* clóbhuail, cuir amach, cuir tríd an bpreas, eisigh, priontáil.

fóin verb *serve, be of use:* freastail, friotháil, seirbheáil; bí áisiúil, cuidigh, déan leas, déan seirbhís, déan maitheas, fóir, tabhair seirbhís, tabhair cúnamh.

foinse noun ❶ *fountain, spring:* fobhar, fóinsín, fuarán, tobar; scaird, scairdeán. ❷ *source:* bun, bunadh, bunáit, bunrúta, bunsraith, bunús, ceannfháth, cionsiocair, fréamh, máithreach, máthair, tosach, tuismíocht, tús.

fóinteach adjective *practical, helpful:* áisiúil, céillí, ciallmhar críonna, eagnaí, fadcheannach, foirmniseach, fuaimintiúil, gaoiseach, gaoisiúil, gaoismhear, praiticiúil, praitinniúil, sciliúil, staidéarach, staidéartha, stuama, tuisceanach, úsáideach; cabhrach, cuiditheach, cuidiúil, cúntach, garach, garúil, oibleagáideach, preabúil, tacúil. noun ❶ *practical person:* duine praiticiúil, duine stuama. ❷ *servant:* athbhuachaill, bonnaire, buachaill, coimhdire, dáileamh, eachlach, fear freastail, fearóglach, feidhmeannach, freastalaí, giolla, gíománach, leacaí, péitse, searbhónta, seirbhíseach, *literary* óglach, seirseanach; cailín, cailín freastail, cumhal, *literary* ionailt.

fóir¹ noun ❶ *boundary, limit:* bruach, colbha, corthair, críoch, cuimse, imeall, imeallbhord, marc, ríochan, teorainn, *literary* forar. ❷ *area, site:* achar, ceantar, comharsanacht, dúiche, dúthaigh, fearann, geadán, láithreán, láthair, limistéar, líomatáiste, oirear, paiste, réigiún, spota, suíomh, *pl.* tailte, talamh, taobh tíre, tír, *pl.* triúcha, tuath. ❸ *edge, rim:* béal, bile, binn, boirdréis, bruach, ciumhais, coirnéal, colbha, corr, corthair, críoch, cúinne, eochair, fabhra, fáithim, faobhar, feire, feorainn, fíor, fóir, frinse, grua, imeall, imeallbhord, scéimh, sciorta, taobh, teorainn, *literary* braine. **adverbial phrase thar fóir** *beyond the limit, beyond measure:* as miosúr, thar an ngnách, thar cuimse, thar meán, thar míde, thar na bearta; ainspianta, iomarcach, míchuibheasach, mínósach, neamh-mheasartha.

fóir² noun *help, succour:* cabhair, comhar, cuidiú, cúnamh, fóirithint, fortacht, lámh chuidithe, lámh chúnta, lámhaíocht, oirchiseacht, taca, tacaíocht, tarrtháil. verb *help, relieve:* baiceáil, cabhraigh le, cuidigh le, fortaigh ar, fortaigh do, seas le, tabhair cairde do, tabhair cúnamh do, tabhair faoiseamh do, tabhair lámh chuidithe do, tabhair lámh chúnta do, tabhair tarrtháil ar.

foirceadal noun *teaching, instruction:* múineadh, múinteoireacht, teagasc, *literary* ionchosc.

foireann noun ❶ *band, troop:* aicme, baicle, béinne, buíon, cipe, coimhdeacht, cóip, comhlacht, complacht, criú, cruinniú, cuallacht, cumann, cuideachta, díorma, feadhain, fianlach, gasra, grinne, grúpa, meitheal, paca, rang, scata, scuad, scuadrún, scuaine, slua, tascar, trúpa, turscar, *literary* cuain. ❷ *crew, team, staff:* aicme, ceithearn, complacht, criú, cuallacht. ❸ *set (of pieces):* lán, líon.

foirfe adjective ❶ *complete, perfect:* comhlán, críochnaithe, críochnúil, lándéanta, *literary* neamhmhiolamach; ar áilleacht, ar deil, ar deiseacht, gan cháim, gan locht, gan on, gan smál, glan; tá an buinne béil air, tá an cipín mín air, tá an tslis mhín air, tá barr feabhais air. ❷ *aged, mature:* aibí, aosta, ársa, críon, críonna, lánaosta, liath, sean-, sean, seanórtha.

foirfeacht noun ❶ *completeness, perfection:* beaichte, críochnúlacht, cruinneas, feabhas, glaine, iomláine, láine, léire, sláine. ❷ *age, maturity, old age:*

277

foirgneamh
aibíocht, ársaíocht crandacht, críne, críonnacht, léithe, meath, seanaois, seandacht, seanóireacht, sinsearacht, *literary* sruithe.

foirgneamh noun *building:* foirgint, foirgneadh, tógáil; ceap árasán, ceap oifigí, ceap tithe, teach.

foirgneoir noun *builder:* bildeálaí, conraitheoir foirgníochta, foirgeantóir, tógálaí.

foirgneoireacht noun *building, construction:* bildeáil, foirgeantóireacht, foirgníocht, foirgniú, tógáil.

fóirithint noun *help, succour, relief:* cabhair, comhar, cuidiú, cúnamh, faoiseamh, fóir, fortacht, fuascailt, lámh chuidithe, lámh chúnta, lámhaíocht, oirchiseacht, taca, tacaíocht, tarrtháil.

foirm noun ❶ *form, shape:* cló, cóiriú, cosúlacht, crot, cruth, cuma, cumraíocht, cuntanós, dealramh, déanamh, déanmhaíocht, deilbh, dreach, eagar, éagasc, fíor, fíoraíocht, gné, gnúis, leagan, riocht, scoth, stíl; aghaidh, éadan, imlíne. ❷ *form (to be filled in):* cáipéis, ceistiúchán, comhdhuille, doiciméad, duillín, iarratas.

foirmigh verb ❶ *form, take shape:* cruinnigh, damhnaigh, fabhraigh, forbair, tar chun cinn. ❷ *form, put into shape:* ceap, cruinnigh, cruthaigh, cum, damhnaigh, dealbhaigh, déan, deilbhigh, doilbh, foirmigh, múnlaigh.

foirmiúil adjective *formal:* ardnósach, ceartchreidmheach, coinbhinsiúnach, deasghnách, foirmeálta, nósmhar, nósúil, oifigiúil, searmóineach, stáidiúil, traidisiúnta; ardnósach, cúirtéiseach, galánta, móiréiseach.

foirnéis noun *furnace:* foirnéis soinneáin, foirnéis theallachoscailte; bácús, bruithneach, oigheann, sorn; brothlach, fulacht.

fóirsteanach adjective *suitable:* beacht, ceart, cóir, cothrom, cruinn, cuí, cuibheasach, cuibhiúil, dual, feiliúnach, fiúntach, freagrach, inghlactha, iomchuí, óraice, oiriúnach, sásúil, teachtmhar, *literary* dír, iomaircí, oircheasach.

foirtil adjective *strong:* ábalta, bailc, balcánta, bríoch, bríomhar, bulcánta balcánta, calma, ceilméartha, cróga, cumasach, cumhachtach, dána, éifeachtach, fearúil, feilmeanta, folcanta, fórsúil, fuinniúil, inniúil, láidir, matánach, misniúil, móruchtúil, muscalach, neamheaglach, neamhfhaiteach, neartmhar, oscartha, spreacúil, sracúil, téagartha, tréamanta, tréan, urrúnta, urrúsach, *literary* ruanata.

foirtile noun *strength:* acmhainn, brí, bua, cumas, cumhacht, éifeacht, láidreacht, láthar, neart, neartmhaire, sea, sonairte, spreacadh, sracúlacht, tréan, tréine, treise, urrúntacht, urrús, *literary* druine, tothacht.

foisceacht noun *nearness, proximity:* aice, cóineas, cóngar, cóngaracht, cóngas, deise, deiseacht, foisceacht, gar, giorracht, *literary* neasacht. compound preposition **i bhfoisceacht** *near (to):* i bhfogas (do); achomair (do), in achomaireacht (do), cóineasach (do), cóngarach do, faoi thuairim, gaobhardach (do), gar (do), i dtimpeall, in aice (le), i ngar do, i ngiorracht (do), lámh le, le cois, *literary* iongar (do).

fóiséad noun ❶ *tap:* buacaire coca, comhla, sconna, soc, spiogóid, stopaide, strúp. ❷ *funnel:* fuinil, tonnadóir.

fóisíocht noun *spasmodic effort, fits and starts:* pl. pocairí fuara, pl. ráigeanna, séirse, siolgaireacht, spadhar, pl. taoilí, téidhe, pl. treallanna.

folach noun ❶ *hiding, covering:* cabhar, ceilt, clúdach, cumhdach, folachán, folachántaíocht, fothain, foscadh, *literary* cleith, imchumhdach, inchleith, tlacht. ❷ **folach cruach** *hide-and-seek:* folach bíog, folach fead, folach fíog, pl. folacháin, pl. fológa.

folachán noun ❶ *hiding, concealment:* ceileantas, ceileatram, ceilt, ceilteanas, cluthaireacht, duaithníocht, folach, ganfhiosaíocht, rún, rúnmhaireacht, seachantacht, sicréideacht, *literary* cleith, dícheall, imchumhdach, inchleith. ❷ *covering:* binn, blaosc, bradhall, bradóg, brat, cabhar, cadó, carapás, cás, cásáil, ciseal, claibín, clár, clóicín, clúid, clúdach, cumhdach, dídean, díon, éadach, faighin, forchlúid, forún, foscadh, fothain, imchasal, imchumhdach, ladar, mogall, púic, púicín, rapar, scaoilteog, scaraoid, scáth, sceo, screamh, *literary* araoid, tlacht. ❸ *cache, hoard:* bunachar airgid, bunchúl, carnáil, ceallóg, cillín, cnuasach, crocán, cruinniú, cuasnóg, cúbóg, deascán, díolaim, gnáthóg, stór, taisce, talmhóg, teaglaim, tiomsú.

folachántaíocht noun *concealment, secrecy:* ceileantas, ceilt, cluthaireacht, cluthairt, cluthmhaireacht, fosclaíocht, fothain, ganfhiosaíocht, rún, rúnmhaireacht, seachantacht, sicréideacht, *literary* dearraide, imchumhdach, inchleith, táidhe; discréid, príobháid.

foladh noun *moult, moulting:* cleiteach, galar cleiteach; cur an chluimhrigh.

folaigh verb ❶ *hide, conceal:* ceil, coinnigh faoi rún, coigil, coisc, cuir i bhfolach, dícheil, dílsigh, toirmisc; téigh i gcúlachas. ❷ *cover, include:* áirigh, clúdaigh, cumhdaigh; cuir san áireamh, cuir sa chomhaireamh, cuimsigh.

folaíocht noun *blood, lineage, descent:* bunadh, cine, cineál, dírshliocht, dúchas, fialas, fine, fuil, ginealach, muintir, pór, rás, síol, síolrach, síolrú, sliocht, stoc, teaghlach, treibh.

foláir adjective **ní foláir** *is necessary, it must be:* caithfidh, ní mór; is éigean; tá sé den riachtanas, tá sé riachtanach.

foláireamh noun *command, warning:* fógairt, fógra, foráil, foraithne, ordú, rabhadh; bagairt, comhairle, *literary* tiomna.

folaitheach adjective *secret, clandestine:* ceilte, diamhair, coimhthíoch, dorcha, folaithe, mistéireach, rúnda, uaigneach, *literary* díchealta; faoi cheilt, i bhfolach.

folamh adjective ❶ *empty, vacant:* bánaithe, fásúil, feidheartha. ❷ *destitute:* beo bocht, bocht, dealbh, dealúsach, díothach, díchairdiúil, feidheartha, briste, féimheach, gátarach, lag, lom, sportha spíonta; ar an gcaolchuid, ar an trá fholamh, gan phingin, gan cianóg rua, go holc as, i bhfiacha, i ngátar, sna miotáin; gan ceairliciú. ❸ *barren:* aimrid, fásúil, neamhthorthúil, seasc, tur; creagach, creagánta.

folc noun *downpour, flood:* bailc báistí, bailc fearthainne, balcadh, batharnach, batharnach bháistí, clagar, clagarnach, clagarnaíl, clascairt báistí, díle báistí, doirteán báistí, gailbh, gailfean, gailfean báistí, leidearnach chlagair, liagarnach báistí, maidhm bháistí, péatar báistí, ragáille báistí, rilleadh báistí, sconna báistí, spútrach, tuairt bháistí, tuile liag; caise, dobhar, tuile, tulca. verb ❶ *bathe, wash:* fothraig, ionnail, nigh, tonach, tum. ❷ *pour down, shed:* doirt, scaird, scaoil, sil, steall, tit.

folcadán noun *bath:* dabhach, folcadh, tobán.

folcadh noun ❶ *bath, wash:* folcadán, fothragadh, ionlach, ní, níochán, tonach. ❷ *dipping, immersion:* bá, baiste, baisteadh, tumadh.

folcanta adjective *strong, stout:* ábalta, bailc, balcánta, bríoch, bríomhar, bulcánta balcánta, calma, ceilméartha, cróga, cumasach, cumhachtach, dána, éifeachtach, fearúil, feilmeanta, foirtil, fórsúil, fuinniúil, inniúil, láidir, matánach, misniúil, móruchtúil, muscalach, neamheaglach, neamhfhaiteach, neartmhar, spreacúil, téagartha, tréamanta, tréan, urrúnta, urrúsach, *literary* ruanata.

foléim noun *leap, caper:* ceáfar, cos bhacóide, damhsa, eitim, léim, pl. geamaí, geamaíl, macnas, pocléim, pramsáil, preab, rancás, rince, truslóg.

foléimneach adjective *frisky, frolicsome:* aerach, damhsach, éaganta, éanúil, géimiúil, giodamach, giústalach, gogaideach, guagach, luaineach, macnasach, pramsach, rancásach, scinnideach, scléipeach, siortógach, spéiriúil, spórtúil, teaspúil.

folláin adjective *healthy, wholesome:* leacanta, maith, pramsach, seamhrach, sláintiúil, slán; ar fónamh; aclaí, bríoch, fuinniúil, infheidhme, lúfar, láidir, scafánta.

folláine noun *healthiness, wholesomeness:* coimpléasc, rogha dóighe, sláinte, sláintiúlacht, spreacadh.

follasach adjective *clear, plain, evident:* baoisceánta, follas, for-réil, glé, gléineach, intuigthe, léir, paiteanta, réalta, soiléasta, soiléir, sothuigthe, *literary* eagnach.

folmhaigh verb *empty, exhaust:* díluchtaigh, díog, fásaigh, ídigh, réitigh, súigh, taosc, traoch, spíon.

folt noun *hair, tresses:* bachall, ceann, ciabh, cocán, cuach, cúl, cúl gruaige, dual, gruaig, mong, mothall, stoth, stothall, stothóg, suasán, suasán cinn, súisín, trilseán, urla; *pl.* táclaí gruaige.

folt bréige noun *wig:* brasfholt, bréagfholt, peiriúic.

foltach adjective *hairy, long-haired:* clibíneach, cochallach, cuachach, dualach, fionnaitheach, gliobach, gruagach, mongach, mosach, mothallach, peallach, scothánach, stothallach.

foluain noun *hovering, fluttering, gliding (in air):* ainliú, cleitearnach, eiteallach, eitinneáil, faoileáil, friotáil, gaothráil, guairfeach, mioneitilt.

folúil aj ❶ *thoroughbred:* **adjectival genitive** folaíochta, uasal, uasalaicmeach; tá braon den fhuil mhór ann. ❷ *of rosy complexion:* gruachorcra, rósach, snúúil. ❸ *bloody, bloodthirsty:* cneách, coscrach, créachtach, crólinnte, crólinnteach, flann, fuilbheartach, fuilchíocrach, fuilchraosach, fuilsmeartha, fuilteach, goinideach, treascrach, *literary* fordhearg.

folúntas noun ❶ *vacancy:* post, post folamh. ❷ *emptiness, void:* foilmhe, folmhach, folús, láthair fholamh, neamhní; báine, bearna, fásach, poll.

fómhar noun ❶ *autumn:* titim an duilliúir. ❷ *harvest:* am na buana; barr, cnuasach, toradh.

fómharaí noun *harvester:* bean fhómhair, fear fómhair, buainteoir, buanaí, meithleoir, spealadóir, *colloquial* meitheal.

fómharúil adjective ❶ *pertaining to the harvest:* **adjectival genitive** bainte, **adjectival genitive** buana. ❷ *bustling, diligent:* cíocrach, confach, daingean, dian, díbhirceach, dícheallach díocasach, díograiseach, diongbháilte, dúilmhear, dúthrachtach, faobhrach, fíriúil, fonnmhar, fuadrach, géar, griofadach, griothalach, scafa, scamhaite, séirseach, síoraí, sodrach, taogasach, tnúthánach, *literary* friochnamhach.

fónamh noun ❶ *service, benefit, validity:* áisiúlacht, brabús, buntáiste, buntáistíocht, conláisteacht, cuibheas, éadáil, earraíocht, éascaíocht, éifeacht, feabhas, feidhm, feiliúnacht, fiúntas, fóirsteanacht, fóntas, leas, maith, maitheas, oiriúnacht, seirbhís, sleaint, sochar, tairbhe, toradh, úsáid, *literary* eiseamal. ❷ *ar fónamh fit, excellent:* folláin, sláintiúil, slán, ar deil, ar fheabhas, i gceart, thar barr, thar cionn, thar cionn amach.

fondúir noun *founder of institution:* bunaitheoir, bunfhréamh, bunúdar, ceannródaí, cruthaitheoir, cumhdaitheoir, sinsear, tosaitheoir, údar.

fondúireacht noun *foundation:* bunáit, bunú, foras, fothú, fréamhú, institiúid.

fonn¹ noun *desire, wish, urge:* áilíos, airc, caitheamh, cearbh, cíocras, deárcas, díocas, dúil, dúilmhireacht, dúrúch, dúthracht, éileamh, faobhar, fíoch, fiuchadh foinn, flosc, fuadar, gábhair, goimh, luí, mian, miangas, praeic, ragús, ratamas, saint, santacht, santú, sástacht, scamhadh, teaspach, tnúth, tnúthán, toil.

fonn² noun *tune, melody, song:* ainteafan, aintiún, amhrán, amhránaíocht, bailéad, caintic, cantáid, cantain, cantaireacht, carúl, caslaoi, castraí, ceol, ceol goib, gobcheol, portaireacht; crónán, cuachaireacht, cuaichín ceoil, curfá, dordán, damhs-loinneog, dréachtín, gadán ceoil, iomann, *Lied*, loinneog, nóntraí, rabhcán maraí, reacaireacht, salm, streancán, saranáid, suantraí; cairche, cairche cheoil, caoince, caoinche, ceol na sféar, ceolchaire, ceolmhaireacht, cliaraíocht, cuach, oirfide, séis, siansa, tiúin, *literary* scoth.

fonnadóir noun *singer, lilter:* amhránaí, cantaire, ceolaire, ceoltóir, córchantaire, cuachaire, duanaire, gabhálaí foinn, góileoir, portaire, rabhcánaí, reacaire.

fonnadóireacht noun *singing, lilting:* amhránaíocht, cantain, cantaireacht, dántaireacht, réchantaireacht, ceol goib, gobcheol, portaireacht, crónán, cuachaireacht.

fonnmhar adjective *eager, willing:* cíocrach, confach, déanfasach, dian, dianasach, díbhirceach, dícheallach, díocasach, díograiseach, dúilmhear, dúthrachtach, faobhrach, fíochmhar, frithir, géar, griofadach, griothalach, santach, scafa, scamhairte, tnúthánach, *literary* friochnamhach; ar bior, ar bís, ar buile; tá flosc faoi, tá teaspach air.

fonóid noun *mockery, derision:* aithris magaidh, aoir, beithé, cnáid, cráinmhagadh, díspeagadh, fáireach, fachnaoid, fochaid, frimhagadh, gáirmhagadh, geoin mhagaidh, imdheargadh, magadh, scig, scige, scig-gháire, scigireacht, scigmhagadh, spailleadh, spochadh, spochadóireacht, spochaireacht, spocharnaíl, steallmhagadh, tarcaisne, tarcaisníl; tá cuideachta agaibh orm.

fonóideach adjective *jeering, mocking:* aithiseach, **adjectival genitive** bearrtha, binbeach, cnáideach, cnáidiúil, fochaideach, frimhagúil, gangaideach, géar, géarfhoclach, goibéalta, gránna, laighciúil, magúil, maslach, scigiúil, searbhasach, spídiúil, tarcaisneach. noun *mocker, scoffer:* aithiseoir, aorthóir, magadóir, *literary* driseog, *colloquial* lucht magaidh.

fonsa noun ❶ *circular band, rim, hoop:* banda, bile, bruach, buigiún, buinne, ciumhais, fáinne, feadhán, feire, fiolla, fleasc, forimeall, fonasc, imeall, lúbán. ❷ *(toy) hoop:* lúbán, rabhlaí, rabhlaí babhlaí, rabhlamán, rollóir.

fonsóir noun *cooper:* cúipéir, fonsadóir.

fónta adjective *good, sound, adequate:* breá, dea-, feiliúnach, fiúntach, fóirsteanach, iontach, leor, macánta, maith, oiriúnach; ar feabhas, ar fónamh.

fóntas noun *utility:* áirge, áis, áisiúlacht, cóir, cóngar, deis, fearas, fóint, inleog, meán, sás, uirlis.

foracan noun *large quantity:* ainmhéid, an dúrud, carn, clais, cuimse, dalladh, dúlíonach, éacht, flúirse, foisceallach, foracún, glíúrach, iontas, a lán, lear, lochadradh, maidhm, *pl.* mílte, mórán, *pl.* múrtha, neamh-mheán, púir, réimse, scanradh, scaoth, seó, slua, tolmas, *familiar* an t-uafás; brúcht a ithe.

foraire noun ❶ *literary guard, watch:* bardacht, bigil, coimirce, caomhnú, cosaint, faire, faireachán, fairsí, neamhchodladh, neamhshuan; airdeall, coimeád, coimhéad, feitheamh, feighlíocht. ❷ *literary, colloquial watch, guards: pl.* bairdéirí, ceithearn thimpeall, *pl.* coimeádaithe, *pl.* comhéadaithe, faire, *pl.* fairtheoirí, garda, *pl.* vaidhtéirí, *colloquial* lucht faire.

foráiste noun *forage:* beatha, bia, creach, éadáil, fáiteall, fiach, fodar, gabháil, géim, marú, soláthar; amhantar, cuasnóg, féirín, torchaire, torchur, *literary* fadhbh.

foraois noun *forest:* cnóchoill, coill, *pl.* coillte, coillearnach, dufair, fiodh, fothair, mothar, ros.

foraoiseoir noun *forester:* coillteoir, maor coille.

foras noun ❶ *base, basis:* bonn, bun, bunáit, bunchloch, dúshraith, máithreach, taca, truncáil. ❷ *stability:* brogantacht, buaine, buanadas, buanseasmhacht, cinnteacht, cobhsaíocht, comh-ardacht, comhardaíocht, comhardas, cothromaíocht, daingne, diongbháilteacht, láidreacht, neart, neartmhaire, neartmhaireacht, sábháilteacht, seasmhacht, siméadracht, slándáil, sonairte, stóinseacht, tacaíocht, urradh, urrús, *literary* glinne. ❸ *foundation, institution:* fondúireacht, institiúid; bunáit, bunú, fothú, fréamhú.

forás noun *growth, progress:* borradh, eascairt, dul ar aghaidh, dul chun cinn, fabhraíocht, fabhrú, fás, forbairt, gluaiseacht, imeacht, teacht chun cinn.

forásach adjective ❶ *growing, progressive:* éiritheach, forbarthach, forchéimnitheach, méadaitheach; ag borradh, ag forbairt, ag méadú. ❷ *competent:* ábalta, acmhainneach, bailí, bríoch, bríomhar, cumasach, cumasúil, cumhachtach, éifeachtach, éifeachtúil, fearastúil, fíoránta, foirtil, fuinniúil, gusmhar, gusúil, inniúil, máistriúil, spionnúil, spioradúil, spreacúil, spreagúil, spridiúil, tábhachtach, tréitheach, údarásach. ❸ *tolerably good, well-made:* cuibheasach, maith go leor, measartha, réasúnta; cumtha, dea-dhéanta.

forasta adjective ❶ *well-established:* áitithe, cruthaithe, daingean suite, dearbh, diongbháilte, fréamhach, fuaimintiúil, seanbhunaithe, socraithe. ❷ *stable, steady:* broganta, buanseasmhach, cobhsaí, daingean, diongbháilte, do-bhogtha, éagorrach, foisteanach, foistineach, seasmhach, seasta, síoraí. ❸ *sedate, sensible:* céillí, ciallmhar, críonna, discréideach, eagnaí, fadcheannach, gaoiseach, gaoisiúil, gaoismhear, **adjectival genitive** inrúin, praitinniúil, réasúnta, rúnmhar, staidéartha, státúil, stuama, tuisceanach; tá an chúiléith i bhfad siar aige.

forbair verb ❶ *develop:* aosaigh, bláthaigh, borr, caithrigh, eascair, fabhraigh, fás, feabhsaigh, méadaigh, péac, tar chun cinn, tar i mbláth, tar in inmhe, tar in oirbheart, *figurative* tar i gcrann; *familiar* tabhair i gcrann. ❷ *forbair ar irritate, annoy:* buair, cancraigh, cuir as do, cuir cantal ar, cuir fearg ar, cuir olc ar, déan místáid ar, goin, greannaigh, griog, imir ar, prioc, spreag.

forbairt noun ❶ *development, growth:* aibiú, bláthú, borradh, caithriú, dul chun cinn, forás, inmhe, méadaíocht, méadú, oirbheart, péacadh, teacht chun cinn, *literary* ionnlas. ❷ *irritation, annoyance:* bearrán, ceatán, goineogacht, griogadh, greannú, oighear, priocadh, spreagadh, stancard.

forbhásach adjective *liable to topple, unstable:* baoth, barrbhaoiseach, barrthuisleach, ceanntrom, corrach, éagothrom, gogaideach, guagach, guairneánach, luaineach, luascach, luascánach, luascánta; ar a bhoige bhaige, ar forbhás, ar sinebhogadh.

forc noun *fork:* gabhal, gabhlóg, graeip, graeipe, ladhar, ladhrán, ladhróg, píce, sprang, sprong, spronn; beannach.

forcamás noun ❶ *watchfulness, attention:* airdeall, aire, aireachas, beann, crónú, cúram, faichill, faire, faireachas, feitheamh, foraireacht, friochnamh, griongal, iongabháil, sea, sonrú, suim, suntas, *literary* deithide, úidh. ❷ *airs, affectation:* pl. aeráidí, buaiceáil, cámas, crochtacht, pl. cumaí móra, cur i gcéill, déanfas, éirí in airde, pl. froigisí, gáifeacht, gaigíocht, gairéad, galamaisíocht, galántas, pl. geáitsí, pl. geamaí, giodal, pl. gothaí, leitheadas, maigiúlacht, mustar, postúlacht, pl. roilsí; pl. cleití folmha, gíoscán ag bróga is gan díolta fós astu, mórtas thóin gan taca, pl. putóga gan geir; sotal, suimiúlacht, teanntás, uabhar, *familiar* cóití bhárms. verb **bain an forcamás de dhuine** *take someone down a peg:* cuir cleite i srón duine.

foréigean noun *force, violence:* aintiarnas, anfhorlann, ansmacht, antrom, cos ar bolg, ceannasaíocht, cumhacht, daorbhroid, daordháil, daorsmacht, diansmacht, éagomhlann, forneart, forrach, fórsa, géarbhroid, géarsmacht, inghreim, lámh láidir, leatrom, neart, sárú, spéirling, tíorántacht.

foréigneach adjective *violent, forcible:* aintiarnúil, anfhorlannach, ansmachtúil, antrom, cumhachtach, forránach, forránta, fórsúil, leatromach, tiarnúil, tíoránta, tolgach, tréamanta, *literary* tuilmhear.

forghabháil noun ❶ *hold, grip:* fostú, gabháil, gleic, greim. ❷ *forcible seizure, usurpation:* coigistiú, forlámhas, greamú, urghabháil, urlámhas; sárú.

forlámhas noun *domination, supremacy:* ardcheannas, ardchumhacht, ardfhlaitheas, ardríocht, ardtiarnas, ceannaireacht, ceannas, ceannasaíocht, cinnireacht, coimirce, coimirceas, cumhacht, dlínse, flaith, flaitheas, flaithiúnas, impireacht, lámh in uachtar, máistreacht, maoracht, príomhcheannas, réimeas, riail, rialtas, rialú, ríocht, stiúir, smacht, svae, tiarnas, tiarnúlacht, treoir, údarás.

forleathan adjective *widespread, far-reaching:* coitianta, fairsing, forleitheadach, leathan, leitheadach, mór, ollmhór; flúirseach, ginearálta, gnách, gnáth-, iomadúil, iondúil, líonmhar, poiblí, rábach, raidhseach, raidhsiúil, uilíoch; ina slaoda.

forleithne noun *prevalence:* coitiantacht, flúirse, fuíoll na bhfuíoll, iomláine, iondúlacht, láine, lear, leithead, leithne, líonmhaireacht, méad, raidhse, scóip, scóipiúlacht, uilíocht.

forlíonadh noun ❶ *overfilling, swelling:* bolgadh, borradh, líonadh, séideadh; at, boiric, éidéime, galar uisciúil, íorpais, poimp. ❷ *completion:* comhall, comhlánú, comhlíonadh, críochnú, cur i gcrích, déanamh, sásamh, tabhairt chun críche, tabhairt chun deiridh. ❸ *supplement:* agús, aguisín, biseach, breis, clásal breise, codaisil, coinníoll, cuntar, eireaball, farasbarr, fo-fhadhb, forábhar, iarfhocal, iarscríbhinn, iatán.

forma noun *form, bench:* binse, cathaoir, raca, saoiste, saoisteog, stalla, stól, suíochán.

formad noun ❶ *envy:* aicis, doicheall, drochaigne, droch-chroí, éad, eascairdeas, fala, faltanas, fíoch, formad, fuath, gangaid, gráin, imthnúth, mailís, míbhá, míchardeas, mioscais, naimhdeas, tnúth; faltanas, nimh san fheoil, olc, searbhas. ❷ *emulation, rivalry:* ceartas, coimhlint, comórtas, iomaíocht, sáraíocht; aithris, comparáid.

formadach adjective ❶ *envious:* doicheallach, éadmhar, lán éada, maíteach, tnúthach. ❷ *emulous:* comórtasach, iomaíoch, tugtha chun iomaíochta.

formhór noun *greater part, majority:* an chuid is mó, an mhórchuid, bunáite, cúnamh maith, trom, tromchuid, tromlach, urmhór.

formhothaithe adjective *imperceptible, stealthy:* diamhar, dobhraite, dofheicthe, fáilí, rúnda, slítheánta; faoi cheilt, faoi choim, gan fhios, i bhfolach, i nganfhios, os íseal.

forneart noun *superior strength, violence:* aintiarnas, anfhorlann, ansmacht, antrom, ceannasaíocht, cos ar bolg, cumhacht, daorbhroid, daordháil, daorsmacht, diansmacht, éagomhlann, éigean, foréigean, forrach, fórsa, géarbhroid, géarsmacht, inghreim, lámh láidir, leatrom, neart, smachtúlacht, tíorántacht, *literary* druine.

fornocht adjective *bare, naked:* diolba, féidheartha, folamh, lom, nocht, sceirdiúil.

forógra noun ❶ *proclamation, decree:* dearbhú, fógairt, fógra, ordú, urghaire. ❷ *forewarning:* fógra, foláir-

eamh, leid, rabhadh, tabhairt rabhaidh; fáistine, tairngireacht, tuar; bagairt, comhairle.

forrán noun ❶ *literary attack, violence*: aintiarnas, áladh, amas, anfhorlann, ansmacht, antrom, coinscleo, cos ar bolg, éagomhlann, farra, fóbairt, foighdeán, foréigean, forneart, forrach, fórsa, fras, inghreim, ionsaí, lámh láidir, leatrom, ruagán, ruathar, *literary* fuachtain, saighe, tubha. ❷ **cuir forrán ar** *address, accost*: agaill, beannaigh do, buail bleid ar, cuir caint ar.

forránach adjective ❶ *literary violent, aggressive*: aintiarnúil, anfhorlannach, ansmachtúil, antrom, coinscleoch, cumhachtach, foréigneach, fórsúil, gleacach, leatromach, straidhpeach, straidhpiúil, tiarnúil, tíoránta, tolgach, tréamanta, trodach, *literary* fóbartach, iorghalach, tuilmhear. ❷ *forward, assertive*: aisfhreagrach, buannúil, cabanta, ceannasach, clóchasach, consaeitiúil, cunórach, dána, deiliúsach, gearrchainteach, soibealta, sotalach, teann, teanntásach, téisiúil, treallúsach, tréipéiseach, tréipléiseach, tréipréiseach, uaibhreach, údarásach, urrúsach. noun *assertive person*: beachtaí, braobaire, bruachaire, bruadaire, brusaire, bulaí, coc, cocaire, dosaire, fachmaire, gastaire, pastaire, plucaire, prapaire, sárachán.

fórsa noun *force*: brí, bríomhaireacht, brú, éifeach, éitir, foirtile, fuinneamh, inmhe, inniúlacht, láidreacht, lán-neart, neart, neartmhaire, neartmhaireacht, sea, séitreachas, séitreacht, séitrí, tréine, treise, urrúntacht, urrús; arm, slógadh, slua.

fórsáil verb *force*: bain as, bris leac an díchill ag, brúigh, buaigh ort féin, cuir d'fhiacha ar, cuir iachall ar, cuir ina luí ar, cuir siar ar, loc ar, soinnigh ar, tabhair ar, tathantaigh, túin; chuir sé chuige mé, chuir sé go dtí é mé.

fórsúil adjective ❶ *forceful*: ábalta, acmhainneach, bríoch, ceannasach, cumasach, cumhachtach, éifeachtach, foirtil, fuinniúil, inniúil, láidir, máistriúil, neartmhar, oscartha, réimeach, spionnúil, spioradúil, spreacúil, spreagúil, spridiúil, tréan, tréitheach, údarásach, *literary* soinnimh. ❷ *forcible*: aintiarnúil, anfhorlannach, ansmachtúil, antrom, borb, dásachtach, dian, éigneach, foréigneach, forránach, forránta, sáraitheach, tiarnúil, tíoránta; le lámh láidir.

fortacht noun *aid, succour, relief*: aothú, biseach, cabhair, cairde, comhar, comhfhortacht, cuidiú, cúnamh, fóir, fóirithint, fortacht, fuascailt, lámh chuidithe, lámh, lámh chúnta, lámhaíocht, lascaine, maolú, oirchiseacht, spás, taca, tacaíocht, tarrtháil.

fortaigh verb *succour, comfort*: cabhraigh le, comhfhortaigh, cuidigh le, tabhair faoiseamh do, tabhair dearna do, tabhair lámh do, tabhair sólás do, téigh i dtaca le.

fortún noun *fortune, chance, fate*: ádh, cinneadh, cinniúint, crann, dáil, dán, deis, deonú Dé, fortún, gearróg, ócáid, pláinéad, seans, *literary* diach.

fós adverb *still, yet*: ar fad, go fóill, go sea, i gcónaí; go dtrása, go trásta, gus trásta.

fosadh noun ❶ *stop, stay, cessation*: cónaí, cuairt, fionraí, fanacht, fuireach, fuireachas, moill, stad, staonadh, stop, stopadh, *literary* turbhaidh. ❷ *steadiness, stability*: cobhsaíocht, comh-ardacht, comhardaíocht, comhardas, cothromaíocht, daingne, diongbháilteacht, foistine, foras, láidreacht, neart, neartmhaire, neartmhaireacht, sábháilteacht, seasmhacht, siméadracht, slándáil, sonairte, staidéaracht, tacaíocht, urradh, urrús.

fosaíocht noun ❶ *literary stability, restraint*: cobhsaíocht, comh-ardacht, comhardaíocht, comhardas, cothromaíocht, daingne, diongbháilteacht, foras, láidreacht, neart, neartmhaire, neartmhaireacht, sábháilteacht, seasmhacht, siméadracht, slándáil, tacaíocht, urradh, urrús; bac, cosc, féinsmacht, fguaim, smacht, srian, stuaim. ❷ *herding, attending to*: aireachas, aoireacht, banaltracht, cúram, fóirithint, freastal, friotháil, mineastrálacht, seirbhís, tindeáil, tréadaíocht.

fosaoid noun *fuss, excitement*: aeráid, aeráil, aermaíocht, áibhéireacht, anbhuain, aoibheall, ardú, ceáfráil, corraí, corraíl, cuil, faobach, feac, eadarluas, feamaíl, fraecsáil, fraedóireacht, fíbín, fíbíneacht, flosc, flústar, fothragadh, fuadar, fuaidreamh, fuirseadh, fústar, giústal, gleithearán, griothal, griothalán, líonraith, macnas, neamh-mheabhair, pléaráca, pocléim, princeam, rampaireacht, rancás, ríf, rírá, scaoll, *pl.* sceitimíní, scleondar, scódaíocht, struip, suaitheadh, teaspach, téirim.

fosaoideach adjective *fussy, excitable*: anbhuaineach, corraithe, driopásach, eadarluasach, fothragach, fuadrach, fuaiscneach, fuascrach, fústrach, giústalach, griothalánach, macnasach, meargánta, rancásach, sceidealach, sochorraithe, so-lasta, téirimeach; ar bís, ar tinneall; tá piobar lena thóin.

foscadán noun *(of construction) shelter*: both, scáthlán, seid, teálta; cró folaigh, pailliún, puball, *literary* cliothar.

foscadh noun *shelter*: clúid, clúdach, cluthair, coimirce, cosaint, dídean, díon, fáfall, fóisciún, folach, fothain, imchumhdach, scáth, tearmann, *literary* cliothar.

foscúil adjective ❶ *shady, sheltered*: fothainiúil, fothanúil, scáthach; ar foscadh, faoi dhídean, faoin bhfoscadh. ❷ *(of person) secretive*: ceilteach, diamhair, discréideach, druidte, folachasach, fothainiúil, fothanúil, leithleach, leithliseach, príobháideach, rúnmhar, seachantach, sicréideach, uaigneach.

fosta adverb *also*: freisin, leis, chomh maith; chomh maith leis sin, ina chuideachta sin, ina theannta sin, mar aon leis sin; *literary* archeana.

fostaigh verb ❶ *catch, hold fast, grip*: aimsigh, beir ar, beir greim ar, gabh, greamaigh, tapaigh. ❷ *hire, employ*: faigh ar cíos, faigh ar tuarastal, fruiligh, tóg ar cíos.

fostaíocht noun *employment*: aimsir, feidhmeannas, fostú, gnó, jab, obair, pádóireacht, post, saothar, seirbhís.

fostú noun ❶ *catching, entanglement*: achrann, aimhréidh, greamú, *literary* doraidh. ❷ *hire, employment*: aimsir, feidhmeannas, fostaíocht, gnó, jab, obair, pádóireacht, post, saothar, seirbhís; fruiliú, tógáil ar cíos.

fothain noun ❶ *shelter*: clúid, clúdach, coimirce, cosaint, dídean, díon, fáfall, folach, foscadh, scáth, teálta, tearmann, *literary* cliothar. ❷ *sheltered place*: díseart, díseartán, díthreabh, scairt, teálta, tearmann; clúid, cuan, dídean, fóisciún, foscadh. ❸ *discretion*: breith, breithiúnas, ciall, críonnacht, discréid, eagna, eagnaíocht, fadcheann, fothain, foscadh, gaois, stuaim, toighis, tuiscint.

fothainigh verb *shelter, screen*: caomhnaigh, ceil, clúdaigh, cosain, cumhdaigh, díon, fialaigh, folaigh.

fothrach noun *ruin*: ballóg, bathalach, bathalóg, bathlach, cealdrach, ceallúir, seanbhallóg; raingléis tí, riclín tí, seanchabhail tí, spéalán tí.

fothragadh noun ❶ *(act of) drenching, bath, immersion*: bá, baisteadh braon istigh, fliuchadh, folcadán, folcadh, iombhá, ionladh, ní, níochán, tonach, sabhsa, tumadh; tá sé ina líbín. ❷ *bustle, fuss*: aoibheall, aeráid, aeráil, aermaíocht, áibhéireacht, anbhuain, ardú, broid, brostú, brú, ceáfráil, corraí, corraíl, cruóg, deabhadh, deifir, deifre, dithneas, eadarluas, faobach, feac, feamaíl, fraecsáil, fraedóireacht, fíbín, fíbíneacht, flosc, flústar, fosaoid, fuadar, fuaidreamh, fuirseadh, fústar, giodar, giústal, gleithearán, griothal, griothalán, líonraith, macnas, neamh-mheabhair, pléaráca, pocléim, princeam, rampaireacht, rancás,ríf, rírá, scaoll, *pl.* sceitimíní, scleondar, scódaíocht, struip, suaitheadh, taparsach, teaspach, téirim.

fothram noun *figwort (Scrophularia):* breoinín bróch, brillín bróch, donnlus, fearadh, foradh, foradh dubh, lus na gcnapán.

fothú noun ❶ *foundation, establishment:* bunáit, bunú, fondúireacht, fréamhú. ❷ *support:* brac, branra, cabhair, cos fulaing, cothú, crann seasta, cuidiú, cuingíocht, cúl, cúltaca, cúnamh, eallóg, fear ionad, foras, ionadaí, seastán, taca, tacaíocht, teannta, teanntán.

fraigh noun ❶ *wall:* balla, ballóg, binn, claí, fál, móta, múr, falla, sconsa, *pl.* táibhle; laindéal, spiara. ❷ *pl.* **fraitheacha** *rafters, roof:* boimbéal, ceann, cleith mhullaigh, *pl.* cúplaí, díon, fuanacht, *pl.* giarsaí, maide mullaigh, *pl.* rataí, síleáil.

frainse noun *fringe:* boirdréis, fabhra, feirc, frinse, *pl.* froigisí, glib, ribeog, scothóg.

fráma noun *frame:* cabhail, cliabh, cliabhrach, cliath, cliathach, cnámharlach, compar, corp, creatlach, deilbh, fonnadh, glinne, greilleach.

francach noun *rat:* (i gContae Mhaigh Eo) faoisneán, luch mhór, luchóg, luchóg fhrancach, luchóg mhór, raftán, rata.

fraoch noun ❶ *ling: (Calluna vulgaris):* fraoch dubh, fraoch gorm, fraoch na Lochlannach, fraoch sneách, mínfhraoch. ❷ *cross-leaved heath (Erica tetralix):* fraoch an fhrínse, fraoch an ruinse, fraoch cloigíneach, fraoch francach, fraoch meangach, fraoch naoscaí, mionfhraoch. ❸ *bell heather (Erica cinerea):* biadh na circe fraoich, fraoch broimneach, fraoch cloigíneach, fraoch corcra, fraoch dearg, fraoch fireann, fraoch ghabhair. ❹ *Irish heath (Erica erigena):* fraoch camhógach, fraoch camógach, fraoch Éireannach.

fraochán noun *bilberry, whortleberry (Vaccinium myrtillus): pl.* caora saenna, *pl.* caora sraenna, caora dubha, crúibín, *pl.* fraocha, fraochóg, fraochóg dhubh, mónann, mónóg.

frapa noun *prop:* ball iompair, bonn, borradh, colún, cos fulaing, foras, garma, taca, teannta; crann seasta, cuiditheoir, cúl, cúl taca, tacaíocht.

frapáil verb *prop:* coimeád, coimeád suas, coinnigh, coinnigh suas, fulaing, iompair, neartaigh, taobhaigh le, treisigh, treisigh le.

fras adjective *copious, abundant:* bleacht, fairsing, faíoch, fial, flaithiúil, flúirseach, forleitheadach, iomadúil, leanúnach, leitheadach, líofa, líonmhar, rábach, rabhartach, raidhseach, raidhsiúil, saibhir, saoráideach, silteach, síoraí, slaodach, uaibhreach, *literary* díoghainn; ina slaoda. noun ❶ *shower:* balcadh, búisteog, ceathán, cith, gailbh, gailfean, múirling, múr, múráil, ráig bháistí, ráig de mhúr, sprais fearthainne; cith is dealán múráil ghréine. ❷ *onset, attack:* áladh, amas, coinscleo, farra, fogha, foighdeán, fras, inghreim, ionsaí, ruagán, ruathar, *literary* fuachtain, tubha.

frása noun *phrase:* abairtín, canúint, focal, rá, gnáthfhocal, leagan cainte, nath, ráiteachas, ráiteas, seanfhocal, sean-nath, seanrá.

freacnairc noun *present time:* an aimsir seo, an aois seo, an céad seo, an láithreach, an lá atá inniu ann, an t-am i láthair, an t-aonú haois is fiche, ár linn, na laethanta seo, an saol atá inniu ann.

freacnairceach adjective *of the present time, modern:* láithreach, nua-aimseartha, nua-aoiseach; comh-aimseartha.

freagair verb ❶ *answer, respond:* tabhair freagra do; géill do, tar le; fuascail, réitigh. ❷ *attend to, observe:* freastail, friotháil, tindeáil; ceiliúir, coimeád, coinnigh, comóir.

freagairt noun ❶ *(act of) answering, answer:* freagar, freagra. ❷ *responsibility:* creidiúint, cúram, dualgas, freagracht, mórtabháil, údarás. ❸ *attention, observance:* aire, coimeád, comóradh, freastal, friotháil, giollacht, tindeáil, *literary* deithide. ❹ *regularity, punctuality:* beaichte, cruinneas, pointeáilteacht, poncúlacht, rialtacht, tráthúlacht.

freagra noun *answer:* freagairt; aisfhreagra; fuascailt, réiteach.

freagrach adjective ❶ *answerable, accountable:* géilliúil, umhal; faoi údarás. ❷ *responsive:* cigilteach, géilliúil, goilliúnach, íogair, leochaileach, mothálach, sobhogtha, sofhreagrach, sochorraithe, soghluaiste, tógálach. ❸ *suitable, convenient:* acrach, áisiúil, caoithiúil, cóir, cóngarach, cuí, cuibheasach, cuibhiúil, fearastúil, feiliúnach, fíuntach, fóinteach, fóirsteanach, inghlactha, inrásta, inseolta, iomchuí, oiriúnach, óraice, oiriúnach, sásúil, soláimhsithe, tairbheach, teachtmhar, úsáideach, *literary* iomaircí, oircheasach. ❹ **freagrach do** *corresponding to:* comhfhreagrach do; cosúil le, de réir, ionann is; a fhreagraíonn do, a réitíonn le.

freagracht noun ❶ *responsibility:* ciontacht, creidiúint, cúram, dualgas, freagairt, milleán, mórtabháil, údarás. ❷ *responsiveness:* cigilteacht, géilliúlacht, íogaireacht, leochaileacht, mothálacht, sochorraitheacht, sofhreagracht.

fréamh noun ❶ *root:* bun, pnéamh, préamh, riosóm, rúta, *colloquial* fréamhach. ❷ *rootstock, race:* cine, cineál, fine, muintir, pór, rás, síol, síolrach, sliocht, stoc, teaghlach, treibh, *literary* díne.

fréamhaigh verb ❶ *plant, implant:* cuir, daingnigh, fódaigh, nódaigh, plandaigh, plandáil, sáigh. ❷ *take root:* bunaigh thú féin, daingnigh thú féin, déan bun, fás, fódaigh thú féin, leathnaigh, péac; tagann bun air. ❸ **fréamhaigh ó** *descend from:* síolraigh ó, tar ó; is sleachtach é de X; ba é X a shinsear.

freanga noun *twist, contortion, spasm:* arraing, baspairt, camadh, casadh, claon, claonadh, cor, coradh, cradhscal, creathán, éasc beo, goic, leathcheann, leathspeic, leathspleic, leathstuaic, lúb, maig, preab, rabhán, racht, ríog, snaidhm, spaspas, taom, trítheamh, *literary* riastradh.

freastail verb ❶ *attend to, apply oneself to:* trátháil; friotháil, tabhair aire do, tindeáil; tapaigh do dheis. ❷ *attend, serve:* cabhraigh le, cuidigh le, fóin, fóir ar, friotháil, seirbheáil, tindeáil; déan seirbhís do, déan maitheas, tabhair aire do. ❸ *take advantage of:* tapaigh do dheis; bain adhmad as, bain éifeacht as, bain faic as, bain feidhm as, bain leas as, bain tairbhe as, bain úsáid as. ❹ *be present at:* bí ann, bí ar, bí i láthair, tar i láthair.

freastal noun ❶ *attendance:* bheith i láthair, tinreamh. ❷ *service:* cúram, fóirithint, fónamh, friotháil, friotháileamh, imgabháil, mineastrálacht, riar, seirbhís, tindeáil, tinreamh, *literary* eiseamal, ionaltas.

freastalaí noun *attendant, helper:* bonnaire, buachaill, cúntóir, eachlach, fearóglach, fostúch, giolla, imgabhálaí, leacaí, searbhónta, seirbhíseach, timire, vaidhtéir.

freisin adverb *also:* fosta, leis, chomh maith; ina theannta sin; *literary* archeana.

fríd noun ❶ *flesh-worm, mite:* fíneog, mílcheard, mílcheartán, míol, sceart, sceartán, sciodamán. ❷ *bug:* fríd scéithe, fríd talún; aifid, ainle, ainnir, aithidín, bánchuil, caipsid, carrán, gabha dubh, giolla dearg, lingire duille, míol, míol leapa, míol seile.

frídín noun *germ (of disease):* frídín an ghalair; baictéar, bitheog, geirm, gineog, ginidín, péistín galair; víreas; galrú, infhabhtú.

frighaire noun *slight smile:* draothadh gáire, fáthadh an gháire, fríd an gháire, leafa gáire, leamhgháire, leamhóg gáire, meangadh, meangadh gáire, mothú gáire; aoibh an gháire, gean gáire, miongháire, *literary* tibheadh.

frioch noun *fry:* bruith, cócaráil, grioll, griosc, rós, róst, *literary* fuin.

friochanta adjective ❶ *active, lively:* aigeanta, anamúil, ardaigeanta, athlamh, bagánta, bainte amach, beo, beoga, bíogúil, biorbach, breabhsach, breabhsánta, brufar, croíúil, éadromaigeanta, éirimiúil, fuinniúil, gáiriteach, gealchroíoch, gealgháireach, gusmhar, luadrach, lúfar, meanmnach, mear, meidhreach, meidhréiseach, pléascánta, preabanta, scafánta, scóipiúil, smiorúil, soilbhir, spleodrach, teaspúil, *literary* cluicheachair. ❷ *quick, observant:* coimhéadach, cronaitheach, dearcasach, géar, géarchúiseach, géarshúileach, glinnsúileach, grinn, grinnsúileach, súilaibí; níl dada le himeacht air. ❸ *quick tempered:* achrannach, agóideach, aighneasach, argóinteach, buailteach, caismirteach, coilgneach, cointinneach, colgach, comhlannach, conspóideach, cuileadach, gleoch, goilliúnach, gráinneogach, greannach, imreasach, imreasánach, iomarbhách, siosmach, spadhrúil, taghdach, trodach.

friochnamh noun *literary care, labour, diligence:* airdeall, aireachas, barainn, beachtaíocht, cruinneas, cúram, dícheall, díocas, dúthracht, faichill, fíriúlacht, friothálacht, griongal, taogas, *literary* dulann, lubhair.

friofac noun ❶ *barb (on fish-hook):* feachrán, frídín, freithiún, peithiún. ❷ *restraint:* bac, bacainn, bacainn, branra, buairichín, buairthín, buarach, cis, coisceadh, cosc, cros, cruimeasc, éaradh, fos, gradhan, glaicín, iodh, laincide, laincis, laingeal, gabháil, oilbhéim, ríochan, sochtadh, sos, srian, stad, stop, stopadh, urchall.

friotal noun *speech, utterance:* béarla, caint, canúint, insint, labhairt, labhra, rá, ráiteas, teanga, uiríoll, urlabhra, *literary* meadhar, scoth.

friotháil noun *attention, service:* airdeall, aire, aireachas, cúram, dianchúram, faire, faireachas, fairís, fóir, fóirithint, fónamh, freastal, friochnamh, giollacht, giollaíocht, ionramh, mineastráil, seirbhís, tindeáil, *literary* deithide, dulann, eiseamal, ionaltas. verb ❶ *expect, prepare for:* bí ag dréim le, bí ag súil le, bí réidh chuig, faigh faoi réir, réitigh do, ullmhaigh do. ❷ *receive, entertain:* cuir fáilte roimh, cuir fáilte is fiche roimh, fáiltigh; cuir cóir ar, riar ar. ❸ *minister to, serve:* fóin do, freastail ar, riar ar, déan seirbhís do, déan tindeáil ar, seirbheáil.

friseáilte adjective ❶ *fresh, refreshing:* fionnuartha, suaimhneach, úr. ❷ *fresh, refreshed:* glas, neamhthuirseach, nua, núíosach, suaimhneach, úr; tá athbheocht ann. ❸ *fresh-complexioned, vigorous:* bríoch, bríomhar, ceolmhar, feilmeanta, foirtil, fórsúil, fuinniúil, inniúil, látharach, misniúil, móruchtúil, neartmhar, scafánta, snúúil, spreacúil, súmhar, tréan.

frithghiniúint noun *contraception:* pleanáil chlainne.

frithghiniúnach noun *contraceptive:* coiscín, *familiar* boidín siopa, póca boid; an piolla.

frithghníomhach adjective *reactionary:* beagaigeanta, biogóideach, caolaigeanta, ciníoch, claonta, coimeádach, cúngaigeanta, dáigh, dígeanta, do-bhogtha, dolúbtha, homafóibeach, neamhghéilliúil, piúratánach, réamhchlaonta, seineafóbach, seobhaineach.

frithghníomhaí noun *reactionary:* biogóid, ciníochaí, duine seicteach, eorasceipteach, frithghiúdaí, gall-

fhuathach, homafóibeach, impireán, seineafóbach, seobhaineach.

frithir adjective ❶ *sore, tender:* doghrainneach, feargach, léanmhar, nimhneach, pianmhar, tinn, tinneasnach; goilliúnach, íogair, leochaileach, maoth. ❷ *keen, eager:* cíocrach, confach, dian, dianasach, dibhirceach, dícheallach, díocasach, díograiseach, dúilmhear, dúthrachtach, faobhrach, fíochmhar, fonnmhar, géar, griofadach, griothalach, santach, scafa, scamhaite, tnúthánach, *literary* friochnamhach; ar bior, ar bís, ar buile.

froc noun *frock-coat, jacket:* casóg, casóg eireaball, seaicéad, seircín; cába, cóta, slatchóta.

frog noun *frog:* boilgín frisc, crónán díge, cruitín díge, fliuchán, froigín, frosc, frocs, lapadán lathaí, laparán, léimeachán, lispín, loisceann, loscann, loscán, luascán, luascán lathaí, lúbán díge, Seán Ó Lapáin.

frogaire noun *frogman:* onfaiseoir, tumadóir, tumaire.

froigisí plural noun ❶ *fringes, frills:* pl. boirdréisí, pl. callaí, pl. fabhraí feirc, pl. frainsí, pl. frinsí, pl. glibeanna, pl. gréibhlí, pl. masiúcháin, pl. ornáidí, pl. ribeoga, pl. scothóga. ❷ *affectation, airs:* pl. aeráidí, buaiceáil, cámas, crochtacht, pl. cumaí móra, cur i gcéill, déanfas, éirí in airde, forcamás, gáifeacht, gaigíocht, gairéad, galamaisíocht, galántacht, galántas, pl. geáitsí, pl. geamaí, giodal, leitheadas, maigiúlacht, mustar, postúlacht, pl. roilsí; pl. cleití folmha, gíoscán ag bróga is gan díolta fós astu, mórtas thóin gan taca, pl. putóga gan geir; sotal, suimiúlacht, teanntás, uabhar.

frois frais noun ❶ *mess:* brocamas, cáith, cáithleach, dramhaíl, díodar, méiseáil, prabhait, pracar, prácás, práib, praiseach, salachar, scaid, sceanairt, sciot sceat, scileach, screallach, scrobleach, splíonach, slubáil slabáil, trachlais, pl. traipisí, treilis, treilis breilis, truflais; ainriail, anord, cíor thuathail, ciseach, cosair easair, díthreoir éagruth, easair cosáin, easordú, mí-eagar, mí-ord, tranglam, triopall treapall; tá rudaí bunoscionn, tá rudaí ar muin mairc a chéile, tá rudaí trína chéile. ❷ **frois frais cainte** *nonsensical talk:* áiféis, amaidí, baothreacht, baothchaint, baothmhagadh, béalastánacht, blaoiscéireacht, bleadar, bleadaracht, bleadracht, bleadráil, bolgán béice, breallaireacht, breilliceáil, breilsce, breilscireacht, brille bhreaille, brilléis, buaileam sciath, buinneachántacht, geabaireacht, geabairlíneacht, geabstaireacht, geocaíl, gibiris, gleoiréis, gleoisíneacht, gliogar, gliogarnach, ladús, lapaireacht, leibidínteacht, liopaireacht, máloideacht chainte, pápaireacht, pislíneacht, prislíneacht, radamandádaíocht, raiméis, ráiméis, ramás, rá mata, randamandádaíocht, rith seamanna, scaothaireacht, seadráil chainte, pl. seamanna cainte, treillis breillis, seafóid, sifil seaifil, sobalchaint.

fronsa noun *farce:* cluiche fonóide, coiméide, dráma grinn, fuirseoireacht, fuirsireacht, geamaireacht, geandráma, leidhchéireacht, suaircdhráma.

fruilcheannach noun *hire-purchase:* cíoscheannach, glascheannach; cairde, creidiúint, creidmheas, gaimbín.

fruiligh verb *engage, hire:* faigh ar cíos, faigh ar tuarastal, fostaigh, tóg ar cíos.

fuachaid noun *witch, hag:* banchumhachtach, bandraíodóir, bandraoi, bean feasa, cailleach, cailleach feasa, cailleach phiseogach, fia-chailleach, geasadóir mná, piseogaí, síofrach, síofróg, upthóg; bean Ultach, cailleach Ultach, crónstaic, crónstaig, seanbhean, seanchailín, seanmhaighdean.

fuacht noun ❶ *cold, coldness:* aithreo, cuisne, cuisniú, duibheaca, fuaire, fuargacht, fuarú, glaise, reo, sioc.

fuadach

❷ *chill (ailment)*: fiabhras, fliú, slaghdán, ulpóg. ❸ *indifference, apathy*: fuaraigne, fuaraigeantacht, fuaráil, fuarálacht, fuarchúis, fuarspreosaí, fuarthé, neamhchorrabhuais, neamhchúis, neamhfhonn, neamhiontas, neamhshuim, patuaire, réidhe, spadántacht; bheith ar nós cuma liom.

fuadach noun ❶ *abduction, kidnapping*: gabháil, sciobadh; banéigean, éigniú. ❷ *spoliation, plunder*: bánú, creach, creachadh, creachadóireacht, faobach, foghail, foghlaíocht, foghlú, ladrannacht, léirscrios, lomairt, millteoireacht, robáil, scrios, slad, sladaíocht, sladaireacht, scabáiste, *literary* lochar.

fuadaigh verb *abduct, kidnap*: éignigh, foréignigh, forsáil, gabh, gabh le foréigean, sáraigh, sciob.

fuadar noun ❶ *rush, hurry, bustle*: brostú, brú, cruóg, corraí, deabhadh, deifir, deifre, dithneas, eadarluas, faobach, fíbín, flosc, flústar, fosaoid, fothal, giodar, líonraith, scaoll, struip, suaitheadh, taparsach, teaspach, téirim. ❷ *strong tendency*: andúil, claon, claonadh, dúil, dúil chráite, dúilíocht, praeic, mian, miangas, ratamas, taobhacht, treocht.

fuadrach adjective *bustling, hurried, fussy*: anbhuaineach, corraithe, deabhach, deifreach, dithneasach, eadarluasach, fosaoideach, fothragach, fuascrach, fústrach, giústalach, griothalánach, macnasach, rancásach, sceidealach, sochorraithe, sodrach, téirimeach.

fuafar adjective *hideous, odious*: adhfhuafar, anchúinseach, anchumtha, arrachtach, arrachtúil, colúil, cradhscalach, déistineach, éagruthach, forghránna, gráiciúil, gráiniúil, gránna, líonritheach, masmasach, millteanach, míofar, uafar, uafásach, uaiféalta, uamhnach, urghráiniúil, urghránna.

fuaidire noun *vagrant*: bacach, deoraí, dídeanaí, feádóir, fear siúil, fálródaí, fámaire, fánaí, feamaire, fiaire, giofóg, imirceach, raimleálaí, ránaí, ranaí, seachránaí, siúlóir, spailpín, srathaire, sreothaí, sruthaire, taistealach, taistealaí, teifeach, traibhléir, tramp, triallaire, turasóir, válcaeir, *familiar* foghlaeir, *colloquial* lucht siúil, lucht taistil.

fuaidreamh noun ❶ *wandering, vagrancy*: bacachas, beigéireacht, bóithreoireacht, deoraíocht, falaire, falaireacht, fálróid, fánaí, fánaíocht, feádóireacht, imirce, ráigíocht, raimleáil, ránaíocht, rantaeireacht, rianaíocht, ródaíocht, seachrán, siúl, spaisteoireacht, srathaireacht, sruthaireacht, traibhléireacht, válcaeireacht. ❷ *agitation, fuss*: aeráid, aeráil, aermaíocht, áibhéireacht, anbhuain, aoibheall, ardú, ceáfráil, corraí, corraíl, cuil, faobach, feac, eadarluas, feamaíl, fosaoid, fraecsáil, fraedóireacht, fíbín, fíbíneacht, flosc, flústar, fotharagadh, fuadar, fuirseadh, fústar, giústal, gleithearán, griothal, griothalán, líonraith, macnas, neamh-mheabhair, pléaráca, pocléim, princeam, rampaireacht, rancás, ríf, rírá, scaoll, *pl.* sceitimíní, scleondar, scódaíocht, struip, suaitheadh, teaspach, téirim.

fuaigh verb ❶ *sew*: bróidnigh, cuir greim i, cniotáil, cróiseáil. ❷ *bind, stick, unite*: aontaigh, ceangail, comhcheangail, comhaontaigh, comhtháthaigh, cúpláil, daingnigh, cuir le chéile, dlúthaigh le chéile, druid, dún, greamaigh, nasc, nasc le chéile, pós, snaidhm, tabhair le chéile.

fuáil noun *sewing, needlework*: bróidnéireacht; cniotáil, cróise, obair chróise, táipéis.

fuaim noun *sound*: foghar, fothram, glór, guth, torann, tormán, trup, tuaim; béic, blosc, callán, clampar, clisiam, eighdeán, géim, monabhar, rírá, ruaille buaille, seoithín, seothó, siansán, siot, trost, *literary* monghar.

fuaimint noun *soundness, solidity*: cobhsaíocht, coimpléasc, comh-ardacht, comhardaíocht, comhardas, cothromaíocht, cruinneas, daingne, diongbháilteacht, feabhas, fiúntas, folláine, foras, iontaofacht, láidreacht, neart, neartmhaire, neartmhaireacht, sábháilteacht, seasmhacht, siméadracht, slándáil, sláintiúlacht, sonairte, spreacadh, staidéaracht, substaint, taithneasc, talcantacht, talcántacht, talcmhaireacht, talmhaíocht, tathag, urradh, urrús, *literary* díoghainne, druine, tailce.

fuaimintiúil adjective *solid, substantial, sound*: broganta, buan, cobhsaí, crua, cruánach, daingean, diongbháilte, doscaoilte, fódúil, foirmniseach, láidir, neartmhar, ruthagach, soladach, stóinsithe, substaintiúil, taoisleannach, taosmhar, tathagach, téagartha, teann, toirtiúil, tréan, *literary* dron, fosaidh, sonairt, tailc, tothachtach.

fuaimneach adjective *sounding, resonant*: ard, athshondach, crónánach, domhain, fothramach, gárthach, glórach, sondach, toll, torannach, trostúil.

fuaimnigh verb *sound, pronounce*: buail, cling; can, foghraigh, fógair, labhair.

fuaimniú noun *pronunciation, enunciation*: blas, caint, canúint, foghraíocht, labhairt, urlabhairt, urlabhra, urlabhraíocht.

fuairnéalach adjective *cold, listless, apathetic*: fuar, fuarálach, fuaránta, fuarbhruite, fuarchúiseach, fuarspreosach, lagbhríoch, marbhánta, neamhanamúil, neamhshuimiúil, spadánta. noun *listless person*: bás ina sheasamh, bás gorm, básachán, duine leathbheo, cluasánach, éagbhás, fuaramán, fuaránach, fuarthé, niúdar neádar, niúide neáide, niúidí neáidí, seithide, síománach, síománaí, smúrthannach, snámhaí, spadaí, spadaire, súm sám; bodhrán, dallarán, daoi, dobhrán, dúdálaí, dúramán.

fuairnimh noun *sting of cold, numbness*: barrliobar, bodhaire, eanglach, fuarthanach, mairbhe, mairbhití, marbhántacht, marbhfhuacht, marbhleathar, neamh-mhothú, sliopach.

fuairnín noun *roll*: ceirtlín, corna, cornán, cuach, cuaile, rolla, rollán, rollóg, spól; castainn, eiteán, glinne, glionda, tochard.

fual noun *urine*: mún, múnlach, steámar, uisce.

fuálaí noun *needlewoman, sewer*: bean fuála, bean snáthaide, maintín.

fuar adjective ❶ *cold*: bunfhuar, cuisnithe, duibheacach, fionnuar, féithuar, fuairnéalach, fuaraithe, fuarga, glas, glasfhuar, patuar, reoite, siocánta, siotha. ❷ *apathetic*: fuairnéalach, fuarálach, fuaránta, fuarbhruite, fuarchúiseach, fuarspreosach, lagbhríoch, marbhánta, neamhshuimiúil, spadánta. ❸ *vain, profitless*: beagmhaitheach, beagmhaitheasach, éadairbheach, míthairbheach, neamhchúntach, neamhfhiúntach, spreasánta, suarach; amú, díomhaoin, in aisce, ó chion; gan aird, gan bhrí, gan bun ná barr, gan mhaith, gan tairbhe, ó chion. ❹ *raw, uncooked*: amh, úr; gan bheiriú, gan bhruith.

fuaraigeanta adjective *cool-headed, impertubable*: calma, cróga, dochorraithe, dothógtha, fuarchúiseach, fuarintinneach, misniúil, réchúiseach, staidéarach, stuama.

fuaraigh verb ❶ *make cold, chill*: cuisnigh, préach, reoigh. ❷ *cool down*: lig fút, maolaigh, téigh i bhfuaire, reoigh, suaimhnigh, tráigh. ❸ *become indifferent*: téigh i bhfuaire; bí ar nós cuma liom, bí ar nós na réidhe.

fuarán noun *spring, fountain*: foinse, fóinsín, tobair; scaird, scairdeán.

fuaránta adjective *frigid, indifferent, apathetic*: fuairnéalach, fuar, fuarálach, fuarbhruite, fuarchúiseach, fuarspreosach, lagbhríoch, marbhánta, neamhshuimiúil, spadánta.

fuarchaoineadh noun *(act of) whining, wimpering*: acaoineadh, aingíocht, badhbóireacht, banrán, bascarnach, cáinseoireacht, caoineadh, casaoid, ceasacht, clamhsán, cnádánacht, cnáimhseáil, cneáireacht, deoiríneacht, deoirínteacht, diúgaireacht, donáil, éagnach, éamh, fuarchásamh, fuarghol, gearán, gol, golchás, iachtach, iarmhéil, lógóireacht, mairgneach, osnaíl, snagaireacht, tormas, tromaíocht.

fuarchroíoch noun *callous, unfeeling:* beagchroíoch, cadránta, crua, cruálach, cúngchroíoch, danartha, dúr, dúrchroíoch, mínádúrtha, míthrócaireach, neamhghoilliúnach, neamhthrócaireach, turcánta; gan trua gan taise, tá an chéadrith den iarann ann; tá an chuid is fearr den iarann ann.

fuarchúiseach adjective ❶ *cool, imperturbable:* calma, cróga, dochorraithe, dothógtha, fuaraigeanta, fuarintinneach, misniúil, réchúiseach, staidéarach, stuama. ❷ *apathetic, indifferent:* fuairnéalach, fuar, fuarálach, fuaránta, fuarbhruite, fuarspreosach, lagbhríoch, marbhánta, neamhshuimiúil, spadánta.

fuarthé noun ❶ *apathetic or negligent person:* bás ina sheasamh, bás gorm, duine leathbheo, clisiúnach, éagbhás, faillitheoir, fuaramán, fuaránach, niúdar neádar, niúide neáide, niúidí neáidí, síománach, síománaí, smúrthannach, snámhaí, spadaí, spadaire, súm sám. ❷ *apathy, neglect:* ceal cúraim, díobháil aire, drochaire, fuacht, fuaraigne, fuaraigeantacht, fuaráil, fuarálacht, fuarspreosaí, mainneachtain, moill, moilleadóireacht, neamart, neamh-aire, neamhaistear, neamhchorrabhuais, neamhchúis, neamhfhonn, neamhiontas, neamhshuim, patuaire, réchúis, righneadóireacht, righneáil, righneas, siléig, siléigeacht, spadántacht, sleamchúis, sleamchúis, *literary* dícheall.

fuarú noun *cooling:* cuisniú, préachadh, reo, sioc, siocadh; laghdú, maolú, suaimhniú, trá.

fuasaoid noun ❶ *complaint, complaining:* aingíocht, banrán, cáinseoireacht, casaoid, ceisneamh, ceasacht, ceasachtach, ceasnaí, clamhsán, cnádánacht, cnáimhseáil, cneáireacht, cneáirseáil, diúgaireacht, éighdeán, fuarchásamh, gearán, gluaireán, gniúdán, griothnairt, tormas, tromaíocht, *literary* ionnlach. ❷ *rancour, spite:* achrann, aicis, díorainn, doicheall, drochaigne, droch-chroí, eascairdeas, fala, faltanas, fíoch, fuath, gangaid, gráin, mailís, mioscais, naimhdeas, naimhdeas, nimh san fheoil, olc, searbhas.

fuascail verb ❶ *release, deliver, ransom:* ceannaigh, lámhscaoil, leigheas, lig amach, sábháil, saor, scaoil, slánaigh, *literary* taithmhigh; tabhair saoirse do. ❷ *solve:* freagair, réitigh, téigh amach ar, tuig; aimsigh freagra do, faigh freagra do.

fuascailt noun ❶ *deliverance, ransom:* ceannacht, díol fiach, díre, éiric; éalú, sábháil, saoirse, saoradh, tarrtháil, teacht slán, *literary* taithmheach, tuaslagadh. ❷ *solution:* freagairt, freagar, freagra, réiteach, scaoileadh, tuaslagadh, tuiscint.

fuath noun *hate, hatred:* cais, col, cradhscal, deargghráin, déistin, doicheall, drochaigne, droch-chroí, drogall, fala, faltanas, fuathú, gíonn, gráin, íorpais, mailís, mioscais, naimhdeas, nimh san fheoil, olc, paor, urgháin.

fuath gorm noun *woody nightshade, bittersweet* (Solanum dulcamara): dréimire gorm, lus na hoíche, lus na muc, míog bhuí, miothóg bhuí, searbhóg mhilis, slat ghorm.

fuathaigh verb ❶ *hate:* gráinigh; is fuath le, is gráin le; tá an dearg-ghráin ag X ar Y, tá X lán d'aingíocht do Y, tá X dubh do Y; tá dochma ar X roimh Y, tá ga ag X in Y; níor lú ar X an deamhan ná Y, níor lú ar X an diabhal ná Y, níor lú ar X an donas dearg ná Y, níor lú ar X an fhéith fhann ná Y, níor lú ar X an phlá ná Y, níor lú ar X an sioc ná Y. ❷ *abandon, repudiate:* caith i dtraipisí, diúltaigh do, éirigh as, tréig.

fudar noun *mix-up, confusion:* achrann, aimhréidhe, ainriail, anord, bolgán béice, brachán, bruíon chaorthainn, caismirt, camalama, camalanga, cambús, caorthainn cárthainn, carabuaic, carabunca, cibeal, cíor thuathail, cipeadráil, círéib, círéip, ciseach, clampar, clibirt, cliobach, cliobaram hob, clisiam, diúra dheabhra, easordú, easpa oird, fudairnéis, fuilibiliú, fuile faile, fuirse fairse, fuirseadh má rabhdalam, furtla fartla, gírle guairle, giorac, gleadhradh, gleorán, glórmhach, greatharnach, griobach, holam halam, hólam tró, hurlamaboc, hurla harla, hurlama giúrlama, imghleo, liútar éatar, liútar léatar, mearbhall, mearú, meascán mearaí, meidrisc, mí-eagar, mí-ordú, mírialtacht, muin marc, muirthéacht, pililiú, praiseach, rachlais, ragáille, raiple húta, réabadh reilige, rírá, ruaille buaille, sclíúchas, seachmall, suathrán, toirnéis, trachlais, tranglam, trumach tramach.

fuil noun ❶ *blood, bloodshed:* cró, folracht, folradh, *poetic* flann, *familiar* breasal; crólinn, deargadh, fuildortadh, fuiliú, pónáil; runcalach. ❷ *breeding, family:* bunadh, cine, cineál, clann, dúchas, fialas, fine, folaíocht, líne, muintir, pobal, pór, rás, stoc, síol, síolrach, sliocht, teaghlach, treibh.

fuil mhíosta noun *menstruation:* pl. cnúthacha, pl. cúrsaí, daonnacht, gabhalshraoth, gabhaltsruth, galar gasta leabhrú, míostrú, pl. na míosa, tréimhse mhíostúil, *literary* bandoirteadh, banfhlosca, bláthdhoirteadh, bláthscaoileadh, mún fola, *familiar* galar na ceirte; *familiar* bheith leagtha sall, bheith sna báid; *familiar* tá Páidín orm, tá mé timpeall arís.

fuil shróine noun *nose-bleed:* pónáil.

fuilchíocrach adjective *bloodthirsty:* cneách, coscrach, créachtach, crólinnteach, fuilbheartach, fuilbhreac, fuilchraosach, fuilteach, goinideach, treascrach.

fuilibiliú noun ❶ *hullabaloo:* blosc, bloscadh, búir, búireach, callán, callóid, cambús, carabuaic, carabunca, cibeal, cipeadráil, clagairneach, clagarnach, clagarnaíl, clampar, cleatar, clibirt, cliobach, cliobaram hob, clisiam, clogarnach, coigeadal, conaghreabhaid, fothram, fuaim gáir faoi tholl, geoin, geonaíl, gleadhradh, gleo, gliogar, glisiam, holam halam, hólam tró, hulach halach, hurlamaboc, hurla harla, hurlama giúrlama, glóraíl, liú, liútar éatar, liútar léatar, pililiú, pléasc, pléascadh, pléascarnach, rabhait, racán, rachlas, ragáille, raic, raiple húta, rírá, ruaille buaille, rúscam raindí, sclíúchas, scréach, scréachach, scread, screadach, sian, siansán, toirnéis, torann, tormán, troimpléasc, troistneach, trost, trostal, trostar, trup, trupáis, trupás, truplásc, *literary* géis. ❷ *yell:* ailleog, béic, blao, blaoch, gáir, géim, glam, glao, glaoch, goldar, grág, graith, guthaire, liach, liú, nuall, scairt, sceamh, scol, scréach, scréach, uaill.

fuílleach noun ❶ *leavings, remainder:* farasbarr, fuíoll, iarmhar; pl. blúirí, bruar, bruscar, pl. ciollaracha, conamar, pl. grabhróga, smionagar, pl. smidiríní, pl. sprúilleacha, *literary* brúireach. ❷ *surplus:* barrachas, barraíocht, biseach, brabús, corradh, díbhinn, éadáil, fáltas, farasbarr, fuíoll, gaimbín, gnóthachan, gnóthú, proifid, sochar, tuilleadh.

fuilleamh noun ❶ *increase:* biseach, bisiú, borradh, farasbarr, fás, forbairt, gnóthachan, méadú, tuilleadh, *literary* ionnlas. ❷ *investment:* infheistíocht; an t-airgead a shuncáil sé ann.

fuilteach adjective *bloody, bloodthirsty:* cneách, coscrach, créachtach, crólinnteach, dearg, fuilbheartach, fuilbhreac, fuilchíocrach, fuilchiontach, fuil-

fuin

chraosach, fuilsmeartha, fuilteach, goinideach, treascrach, *literary* fordhearg.

fuin verb ❶ *literary cook, bake, roast*: bácáil, bruith, cócaráil, frioch, grioll, griosc, róst. ❷ *knead, mould, shape*: ceap, cruinnigh, cruthaigh, damhnaigh, dealbhaigh, déan, deilbhigh, foirmigh, múnlaigh, suaith.

fuineadh gréine noun *sunset*: dul faoi na gréine, luí na gréine.

fuinneamh noun *energy, force, vigour*: acmhainn, brí, bríomhaireacht, bua, cumas, cumhacht, éifeacht, éitir, foirtile, fórsa, inmhe, inniúlacht, láidreacht, lán-neart, móiminteam, neart, neartmhaire, neartmhaireacht, sea, séitreachas, séitreacht, séitrí, sitheag, smiorúlacht, spiodal, spreacadh, sracúlacht, tréine, treise, urrúntacht, urrús.

fuinneog noun ❶ *window*: pána fuinneoige; spéirléas. ❷ *pl. patch of light in sky*: léas, léasán; gealán.

fuinniúil adjective *forceful, vigorous*: ábalta, aclaí, acmhainneach, bailí, beoga, bisiúil, breabhsánta, bríoch, bríomhar, ceannasach, ceolmhar, cumasach, cumhachtach, éifeachtach, foirtil, groí, inniúil, láidir, látharach, neartmhar, oirbheartach, oscartha, scafánta, séitreach, *literary* soinnimh, sracúil, tathagach, tréan, tréitheach, urrúnta, urrúsach.

fuinseog noun *ash, ash tree* (Fraxinus): crann fuinseoige, fuinse, fuinseán, uinneas.

fuíoll noun ❶ *remainder, residue*: farasbarr, fuílleach, iarmhar; *pl.* blúirí, bruar, bruscar, *pl.* ciollaracha, conamar, *pl.* grabhróga, sáilín, smionagar, *pl.* smidiríní, *pl.* sprúilleacha, *literary* brúireach. ❷ *surplus*: barrachas, barraíocht, biseach, brabús, corradh, díbhinn, éadáil, fáltas, farasbarr, gaimbín, gnóthachan, gnóthú, proifid, sochar, tuilleadh.

fuip noun *whip*: eachlasc, lasc, sciúirse, *literary* máloid, sroigheall.

Fungais agus Muisiriúin

agaric (order Agaricales): agairg *f.*
anise cap (Clitocybe odora): caidhp *f.* ainíse
bay boletus (Boletus badius): ceap buídhonn
bearded tooth fungus (Hericium erinaceus): déadfhungas féasógach
beefsteak fungus (Fistulina hepatica): feoil *f.* an phúca
bitter boletus (Boletus felleus): ceap searbh
black ink cap (Coprinus atramentarius) caidhp *f.* dhubh
blewits (Tricholoma saevum): corcróg *f.* léana
blue tooth fungus (Hydnellum caeruleum): déadfhungas gorm
blusher (Amanita rubescens): caidhp *f.* luisne
boletus (Boletus sp.): boinéad an loscáin
bracket fungus (Polyporus spp.): bracfhungas; feoil *f.* na caillí
brown birch boletus (Boletus scaber) ceap na beithe
cep (Boletus edulis): ceap inite
chanterelle (Cantharellus cibarius): cantarnaid *f.*
club fungus (Clavaria sp.): beacán cleithe
common earth-ball (Scleroderma aurantium): bolgán talún coiteann
common puffball (Lycoperdon perlatum): bolgán béice; bolg loscainn; mún capaill
cultivated mushroom (Agaricus bisporus albida): muisiriún
cup fungus (Peziza sp.): cuachfhungas
death cap (Amanita phalloides): caidhp *f.* bháis
destroying angel (Amanita virosa): aingeal an bháis
devil's boletus (Boletus satanas): ceap an diabhail
drab tooth fungus (Bankera fuligineoalba): déadfhungas lachna
earpick fungus (Auriscalpium vulgare): fungas buaircíneach
earth star (Geastrum sp.): réalta *f.* thalún
earth tongue (Geoglossum sp.): teanga *f.* thalún
ergot (Claviceps purpurea): eargót
fairy club (Clavaria pistillaris): cleith *f.* na sí
fairy-ring champignon (Marasmius oreades): beacán an fháinne sí
false morel (Helvella, Gyromitra): morchal bréige
field mushroom (Agaricus campestris): beacán coiteann; fás na haon oíche; cupán drúchta
fly agaric (Amanita muscaria): caidhp *f.* chuileoige
giant puffball (Langermannia gigantea): caise *f.* an phúca
greenfoot tooth fungus (Sarcodon glaucopus): déadfhungas cosghlas
green-spored lepiota (Chlorophyllum molybdites): triomán spórghlas
grisette (Amanita vaginata): caidhp *f.* liath
hen-of-the-woods (Grifola frondosa): cearc *f.* na coille
honey fungus (Armillaria mellea): beacán meala.
horn of plenty (Craterellus cornucopoides): troimpéad an phúca
horse mushroom (Agaricus arvensis): beacán capaill
ink cap (féach *shaggy cap*)
Jack-o'-lantern (Omphalotus olearius (Clitocybe illudens)): beacán Sheán na gealaí
jelly fungus (ord Tremellales): glóthfhungas
Jew's ear (Auricularia auricula): arc na cluaise
lawyer's wig (féach *shaggy cap*)
liberty caps (Psilocybe semilanceata): caipíní saoirse
morelle (Morchellus esculenta): morchal coiteann
orange-peel fungus (Peziza aurantia): cuachfhungas oráiste
orange tooth fungus (Hydnellum aurantiacum): déadfhungas flannbhuí
ox-tongue (féach *beefsteak fungus*)
oyster mushroom (Pleurotus ostreatus): arc oisreach
parasol mushroom (Macrolepiota procera): triomán uasal
peppery boletus (Boletus piperatus): ceap piobarach
poor man's beefsteak (féach *beefsteak fungus*)
red-cracked boletus (Boletus chrysenteron): ceap scoilteach dearg.
St George's mushroom (Calocybe gambosa): beacán Sheoirse
scaly tooth fungus (Sarcodon imbricatus): déadfhungas gainneach
shaggy cap (Coprinus comatus): caidhp *f.* mhosach
shaggy parasol (Lepiota rhacodes): triomán mosach
sparassis (Sparassis crispa): laidhrín súgach
stinkhorn (Phallus impudicus): adharc *f.* an phúca.
sulphur shelf (Laetiporus sulphureus): leathar darach
sulphur tuft (Hypholoma fasciculare): dos ruibhe
tawny grisette (Amanita fulva): caidhp *f.* dhonn
toadstool: beacán bearaigh; púca peill
truffle (Tuber aestivum): strufal
wood blewits (Tricholoma nudum): corcróg *f.* choille
wood hedgehog (Hydnum repandum): beacán bonnóige
wood mushroom (Agaricus silvicola): beacán coille
wood woolly foot (Collybia peronata): cos ollach na coille
yellow stainer, yellow-staining mushroom (Agaricus xanthodermus): beacán an smáil bhuí

fuipeáil verb *whip:* buail, coip, gread, lasc, léas, péirseáil, riastáil, sciúirseáil, sciúrsáil; gabh d'fhuip ar, tabhair lascadh do.

fuireach noun *wait, delay:* cairde, cónaí, cuairt, fanacht, fionraí, fuireachas, moill, stad, staonadh, stop, stopadh, strambán.

fuireachas noun ❶ *expectation:* araíocht, brath, coinne, dóchas, dealraithí, dréim, dúil, ionchas, oirchill, síleadh, súil, súil in airde, súilíocht, tnúth, *literary* freiscise. ❷ *watchfulness, vigilance:* airdeall, aire, faichill, faire, faireachán, faireachas, feitheamh, foraireacht, griongal, *literary* úidh.

fuirigh verb ❶ *hold back, delay, restrain:* fan siar, moilligh, sionsaigh; bac, barr, blocáil, brúigh faoi, cis, coimeád ó, coinnigh amach, coinnigh ó, coigil, cros, cuir bac le, cuir cosc le, cuir faoi chois, cuir stop le, dambáil, oclúidigh, toirmisc, *literary* tiomairg; cuir rud suas is síos ar dhuine, cuir rud soir siar ar dhuine; tabhair ar dhuine gan rud a dhéanamh; tar roimh dhuine ar rud a dhéanamh. ❷ *wait, stay:* cónaigh, fan, feith, lonnaigh, mair, seas, stad, stop, *literary* feidhligh, oiris, tairis; buail do chos fút, cuir fút.

fuirseoir noun *jester, comedian:* abhlóir, áilteoir, amhlóir, airleacán, cleamaire, cleasaí, crosán, fear grinn, geamaire, geocach, gliadaire, peadairín, spóirtín, ráscán, scigire.

fuirseoireacht noun *buffoonery, comedy:* abhlóireacht, áilteoireacht, cleamaireacht, cleasaíocht, coiméide, fronsa, geamaireacht, geandráma, gleacaíocht, greann, scigireacht.

fuisce noun *whiskey:* beathuisce, biotáille, bolcán, fuisce, parlaimint, poitín, uisce beatha; an braon crua, sú na heorna; scailtín.

fuiseog noun *lark, skylark* (*Alauda arvensis*): uiseog; circín starraiceach, leábharaic, leathróg, riabhóg mhór.

fulaing verb ❶ *bear, endure:* broic, ceadaigh, cur suas le, foighnigh, lamháil, seas, téigh trí. ❷ *literary support, sustain:* baiceáil, cabhraigh le, coimeád suas, coinnigh suas, cothaigh, cuidigh le, follúnaigh, seas le, tacaigh le, teanntaigh; tabhair tacaíocht do.

fulaingt noun ❶ *suffering:* aimléis, ainnise, ainríocht, amaróid, anacair, anachain, anás, anchaoi, angar, anró, anróiteacht, anshó, bochtanas, boichte, bochtaineacht, cat mara, ciotrainn, crá, crá croí, cráiteacht, cránán, cránas, cruachás, cruatan, dealús, dearóile, díblíocht, dochracht, dochraide, dócúl, doghrainn, doic, dóing, dóinmhí, dola, donacht, donas, dothairne, drámh, drochbhail, drochrath, duainéis, éagomhlann, éigeandáil, eirleach, gá, gábh, gannchuid, gátar, géarbhroid, géarchéim, géarghá, géarghoin, iomard, leatrom, matalang, mí-ádh, mífhortún, mírath, mísheoladh, míthapa, *pl.* peiríocha, pian, piolóid, priacal, sáinn, suaitheadh, taisme, timpiste, tóiteáil, tragóid, treabhlaid, treighid, trioblóid, truántacht, tubaiste, turraing, *literary* cacht, galghad. ❷ *tolerance, forbearance:* boige croí, boigéis, boigiméis, buaine, buanadas, buanseasamh, buanseasmhacht, caoinfhulaingt, dianseasmhacht, diongbháilteacht, dochloíteacht, fadaraí, foighde, foighne, foighid, foighidne, fadfhulaingt, ruspa.

fulangach adjective *patient, tolerant:* boigéiseach, boigiméiseach, caoinfhulangach, ceadaitheach, fadaraíonach, fadfhulangach, foighdeach, foighneach, géilliúil, leathanaigeanta, liobrálach, *literary* fuarrach.

fungas noun *fungus:* beacán, bolg buachaill, cupán drúchta, fás aon oíche, muisiriún; beacán bearaigh, púcán beireach, púca peill; bolg béice, bolg buachair, bolg loscainn, bolgán béice.

furasta adjective *easy (used with substantive verb or copula):* áiseach, bog, doloicthe, éasca, neamhthrioblóideach, réidh, saoráideach, simplí.

furú noun ❶ *hubbub, commotion:* bruíon chaorthainn, cambús, caorthainn cárthainn, carabuaic, carabunca, cibeal, ciolar chiot, cipeadráil, cipíneach, clampar, clibirt, cliobach, cliobaram hob, clisiam, cíor thuathail, círéib, círéip, cosair easair, diúra dheabhra, forrú, fuile faile, fuilibiliú, fuirseadh má rabhdalam, giorac, giordam, gírle guairle, gleadhradh, gleorán, glisiam, glórmhach, greatharnach, griobach, holam halam, hólam tró, hurlamaboc, hurla harla, hurlama giúrlama, liútar éatar, liútar léatar, mearú, muin marc, pililiú, racán, rachlas, ragáille, raic, raiple húta, rancás, réabadh reilige, rírá, ruaille buaille, scliúchas, tamhach táisc, toirm, toirnéis, trachlais, tranglam, troistneach, trumach tramach, turlabhait, *literary* eascal. ❷ *hurry, bustle:* brostú, brú, cruóg, corraí, deabhadh, deifir, deifre, dithneas, eadarluas, faobach, fíbín, flosc, flústar, forrú, fuadar, furú, giodar, líonraith, scaoll, *pl.* sceitimíní, struip, suaitheadh, taparsach, teaspach, téirim. interjection *hurrah!:* forrú!, hurá, husá!; X abú!, haighfear X!, X go deo!; mo cheol thú!, graidhin mo chroí thú!, mo ghraidhin thú!, mo dhá ghraidhin thú!

fusacht noun *easiness:* áisiúlacht, caoithiúlacht, éascaíocht, réidhe, saoráid, simplíocht.

fústaire noun *fussy, fidgety person:* corrthónaí, fuadrálaí, fústrálaí, griothalánaí, rífeálaí, tónacánaí.

fústar noun *fuss, fidgetiness:* ardú, bruith laidhre, ceáfráil, corraí, corraíl, faobach, feac, eadarluas, feamaíl, fraecsáil, fraedóireacht, fíbín, fíbíneacht, flosc, flústar, fosaoid, fotharaga, fothragadh, fuadar, fuaidreamh, fuirseadh, fústráil, fútráil, giústal, gleithearán, griothal, griothalán, líonraith, macnas, neamh-mheabhair, pléaráca, pocléim, pocléimneach, princeam, rampaireacht, rancás, ríf, rírá, scaoll, *pl.* sceitimíní, scleondar, scódaíocht, struip, suaitheadh, teaspach, téirim.

futa fata noun *confused talk, babble of excitement:* fut fat; bleadracht, bleadráil, breasnaíocht, brilléis, cabaireacht, cadráil, cafaireacht, clabaireacht, clisiam, dradaireacht,, geab, geabaireacht, geabairlíneacht, geabantacht, geabstaireacht, geocaíl, giob geab, giofaireacht, giolcaireacht, giostaireacht, glafaireacht, glagaireacht, gleoiréis, gleoisíneacht, gliadar, gligíneacht, gliog gleag, gliogar, gliogarnach, glisiam, gobaireacht, gogalach, liopaireacht, pápaireacht, placadh siollaí, pléisiam, plobaireacht, plob plab, rith seamanna, síofróireacht, siollaireacht.

Gg

ga noun ❶ *dart, sting:* cailg, cealg, clipe, clipeadh, craoiseach, dairt, gabhlach, gáinne, goin, goineog, lansa, prioc, priocadh, saighead, sleá, *literary* goithne. ❷ *ray:* dealramh, gealra, léar solais, léar, léaró, léas, léasán, léaspairt, loinnir, mórsholas, ruithne, soilsiú.

gá noun *need, requirement:* deargriachtanas, díobháil, díth, éigean, éigeantas, *pl.* fiacha, gainne, ganntanas, gátar, lom-angar, riachtanas.

gabh verb ❶ *take hold of, seize:* aimsigh, ardaigh, beir ar, beir greim ar, coigistigh, coimeád, coinnigh, fostaigh, gabh seilbh ar, glac, sciob, snap, tapaigh, tóg. ❷ *put on:* buail um, cuir ar, gléas. ❸ *accept:* glac, glac le, tóg. ❹ *appoint, set:* ceap, cuir, leag amach, socraigh. ❺ *move, go:* bog, corraigh, cumhscaigh, gluais, imigh, siúil, téigh, triall, rothaigh, tiomáin. ❻ *reach, extend:* leath, leathnaigh, sroich, *literary* saigh.

gabh ar verb ❶ *assume, undertake:* glac, glac idir lámha, glac le, tóg. ❷ *suffice for:* bí leor do, feil, oir, oiriúnaigh.

gabh as verb *be extinguished:* éag, imigh, imigh as, múch, síothlaigh.

gabh do verb ❶ *attack, annoy:* cancraigh, cuir as do, cuir fearg ar, cuir isteach ar, déan ionsaí ar, greann, griog, ionsaigh, tabhair amas faoi, tabhair faoi, tabhair breabhaid faoi, tabhair fogha faoi, tabhair iarraidh ar, *literary* tubh. ❷ *suit:* bí feiliúnach do, bí fóirsteanach do, bí oiriúnach do, feil, oir, téigh do.

gabh le verb ❶ *take sides with, support:* baiceáil, cabhraigh le, cuidigh le, cuir le, neartaigh le, tabhair cúnamh do, tacaigh le, taobhaigh le, treisigh le. ❷ *appertain to:* bain le, bí ag; is le. ❸ *match, agree with:* aontaigh le, géill do, meaitseáil, réitigh le, toiligh le.

gabh thar verb *surpass, exceed:* buail, sáraigh, scoith, téigh thar.

gábh noun *danger, peril:* bagairt, baol, bearna baoil, contúirt, cuntar, dainséar, iontar, iontraíocht, guais, guaisbheart, guaisbheartaíocht, guaiseacht, priacal, riosca, *literary* éislinn, ing.

gabha noun *smith:* gabha dubh; gabha buí, gabha óir; gabha geal; gabha iarainn; ceardaí, crúdóir, fairéir, gaibhneoir, miotalóir; céachtaire; an Gobán Saor.

gabháil noun ❶ *capture, seizure:* áladh, aimsiú, amas, gabháltas, glám, greamú, sciobadh, seáp, snapadh, tapú, tógáil, *literary* reast, reasta. ❷ *assumption, occupation:* áitiú, forgabháil, gabháltas, ionradh, lonnú, sealbhú, seilbh. ❸ *acceptance:* aontú, cead, deonú, faomhadh, fulaingt, géilleadh, glacadh, lamháil, toiliú. ❹ *rendering, singing:* amhránaíocht, canadh, cantaireacht, ceiliúr, dántaireacht, rá. ❺ *armful:* asclán, asclann, luascán, luchtar, uchtán, uchtóg; beart, eire, lód, lucht, teanneire, ualach. ❻ *yeast, leaven:* deasca, giosta, laibhín.

gabhal noun ❶ *fork:* forc, gabhlach, gabhlán, gabhlóg, gabhlú, graeip, graeipe, ladhair, ladhar, ladhróg, sprang, sprong, spronn; crosaire, crosbhealach, crosbhóthar. ❷ *crotch:* gabhlóg, ladhair, ladhar; bléin, pis, pit. ❸ *creek, inlet:* bléin, cam, camas, caolsáile, casla, crompán, cuan, cuas, gabhlán, góilín, inbhear.

gabhálach adjective ❶ *receptive:* glacach, soghabhála; íogair. ❷ *contagious:* tógálach; téann X ó dhuine go duine. ❸ *grasping, avaricious:* aimirneach, amplach, cíocrach, craosach, díocasach, faobhrach, fostaíoch, glacach, maoinchíocrach, ocrach, ocrasach, tnúthánach, santach, sealbhach.

gabháltas noun ❶ *seizure, capture:* áladh, aimsiú, amas, gabháil, greamú, sealbhaíocht, sciobadh, snapadh, tapú, tógáil ❷ *occupancy, tenancy:* áitiú, lonnú, sealbhú, seilbh, tionóntacht, tionóntaíocht. ❸ *invasion, conquest:* concas, forghabháil, gabháil, ionradh. ❹ *holding, farm:* áitiú, áitreabh, áras, baile, brugh, cónaí, congbháil, diméin, eastát, fáras, fearann, feirm, forba, lonnú, suíochán, státa, *pl.* tailte, talamh, treafas.

gabhann noun ❶ *(cattle) pound, pen:* áirí, banrach, bólann, buaile, clós, cúlmhacha, póna, garraí gabhainn, geard, loca, macha, manrach, otrann, urlann, *literary* fasc. ❷ *duress, imprisonment:* anbhroid, broid, cimeachas, cimíocht, daoirse, daoirseacht, daoirsine, daorbhroid, daorsmacht, géibh, géibheann, géibheannas, géibhinn, géillsine, géillsineacht, geimheal, moghsaine, príosúnacht, príosúntacht, sclábhaíocht, *literary* cacht, cumhlacht.

gabhar noun *goat:* minseach, binseach, minseog; fuairneach; boc, poc, poc gabhair, pocaide, pocaide gabhair, pocán; meannán; *colloquial* mioneallach.

gabhdán noun ❶ *container, receptacle:* araid, bocsa, bosca, caibhéad, clúdach, cófra, coimeádán, crannóg, gabháltóir, maingín, mála, scéarda, scipéad, taisceadán, tarraiceán, tiachóg, vallait. ❷ *gullible person:* amadán, amaid, amal, baileabhair, bobarún, bómán, breallaire, breallán, brealsán, brealscaire, brealsún, ceann cipín, ceann maide, ceann mailléid, ceap magaidh, clogadán, dallacán, dallachán, dallán, dallamlán, dallarán, dalldramán, deargamadán, diúid, dobhrán, dúdálaí, dúid, dúiripí, dundarlán, dunsa, dúramán, durnánaí, éagann, éifid, gámaí, gamal, gamairle, glaigín, gligín, gogaille, graoisín, guaige, guaigín, leathdhuine, paor, pastae de chloigeann, pleib, pleidhce, pleota, sceilfid, simpleoir, *literary* easconn; tuathalán; amlóg, breallóg, cloigis, gamalóg, máloid, óinmhid, óinseach, uallóg.

gabhlach adjective ❶ *forked, branching:* beangánach, brainseach, craobhach, gabhlánach, gabhlógach, géagach, géagánach, glacach, ladhrach. ❷ *bandy-legged:* bórach, camchosach, camloirgneach, gabhlánach.

gabhrán noun *traveller's joy, wild clematis (Clematis vitalba):* cleimeatas.

gach adjective *every, each:* gach aon, 'chaon, gach uile, 'chuile; ar fad, go léir, uile, uile go léir, uilig, uiliug.

gad noun ❶ *withe:* gadrach, iodh. ❷ *rope:* adhastar, cábla, cadhla, corda, rópa, ruóg, sreang, sreangán, srian, téad, téadán, *literary* lomhain, reifeadh; árach, buairichín, buairthín, ceangal, cornasc, cruimeasc, geimheal, glaicín, igín, iodh, laincide, laincis, laingeal, urchall.

gadaí noun *thief:* gadaí bradach; bradach, bradaí, buirgléir, caimiléir, cúigleálaí, fuad, meirleach, peasghadaí, póitseálaí, robálaí; creachaire, creachadóir, foghlaí, rógaire, scealpaire, séitéir, síntealach, sladaí, sladaire, *literary* díbheargach, ladrann.

gadaíocht noun *theft:* bradaíl, caimiléireacht, comhshó calaoiseach, clifeáil, cluicheáil, creachadh, creachadóireacht, cúigleáil, foghail, foghlú, goid, mionghadaíocht, póitseáil, robáil, scealpaireacht, siolpaireacht, slad, sladaíocht, sladaíreacht, *literary* táidhe.

gadhar noun *dog:* gadhar fiaigh, gadhar gunna, gadhar gairid, gadhar gearr; cainíneach, cú, mada, madadh, madra; measán, measmhadra; archú, bodmhadra, *colloquial* conairt; coilí maistín, míolchú.

Gaelach adjective ❶ *Irish, Gaelic:* Éireannach, **adjectival genitive** na Gaeilge, náisiúnta; Ceilteach. ❷ *gaelach native to Ireland:* dúchasach, Éireannach, **adjectival**

genitive na hÉireann, náisiúnta. ❸ *homely, common:* coiteann, coitianta, comónta, gnách, gnáth-, gnáthúil; garbh, **adjectival genitive** tíre, **adjectival genitive** tuaithe, tuatach.

gafa adjective ❶ *captured, caught:* á choinneáil, ar fasc, faoi ghlas, i bpríosún, i gcoimeád, i ngéibheann; in achrann, i bhfostú. ❷ *occupied:* crúógach, cúramach, gnóthach, saothrach; coinnithe sa siúl; tá feac na hoibre air, tá saothar air, tá an saol ag rith air, tá an chú, an cat agus an giorria ag rith leis. ❸ *fitted, dressed, arrayed:* cóirithe, éidithe, feistithe, gléasta, gafa gléasta; agus a cheart fearas leis; faoi iomlán a cuid gréibhlí.

gág noun ❶ *crack, fissure:* scailp, scáineadh, sclaig, scoilt, scolb. ❷ *crack in skin, chap:* gart, garta, máirtín gágach, méirscre, oighear, oighreach, *pl.* oighreacha; fuachtán.

gágach adjective ❶ *cracked, chapped:* briste, pléasctha, scáineach. ❷ *thin, miserable:* caite, críon, dreoite, feosaí, feoite, scáineach, scáinte, sciotach, seargtha, suarach.

gaibhneacht noun *metal-work:* crúdóireacht, miotalóireacht; ceardaíocht, saoirseacht.

gaibhnigh verb *forge:* cruthaigh, cum, damhnaigh, déan, múnlaigh, saoirsigh.

gaibhnigh verb *impound:* coigistigh, cuir i ngabhann, cuir i bpóna, imtheorannaigh; aonraigh, leithlisigh.

gáifeach adjective ❶ *dangerous, terrible:* adhuafar, bagrach, baolach, contúirteach, dainséarach, fuafar, gráiciúil, gráiniúil, guaisbheartach, guaiseach, líonritheach, priaclach, scáfar, uafar, uafásach, uamhnach, urghráiniúil. ❷ *exaggerated, sensational:* áibhéalach, áibhéalta, áibhéiseach, áiféiseach, cluichiúil, éachtach, iomarcach, péacach, scailéathanach.

gaige noun *dandy:* gaige na maige; boicín, buachaill Domhnaigh, buaiceálaí, coileach péacóige, gaige na feirce, gaigín, gallphoc, scóitséir.

gail noun (*act of*) *steaming,* (*act of*) *boiling:* beiriú, bruith, fiochadh, galú.

gailearaí noun *gallery:* áiléar, dánlann, grianán, léibheann, lochta, lota, táláid, tálóid, oiréal.

gailfean noun *rough, blustery weather:* deardal, deardan, doineann, drochaimsir, gailbh, gairfean, gairbhshíón, garbhadas, géarbhach, lá na seacht síona, síon, *pl.* síona saobha; spéirling, stoirm.

gáilleach noun ❶ *gills:* geolbhach, georlach. ❷ *open mouth, jowl:* cab, clab, geolbhach, georlach, giall, gob, pus.

gáilleog noun ❶ *mouthful, swig:* gailleog; bolgam, béalóg, diurnán, fiúigil, fliúit, galmóg, greim, meigeadán, plaic, scáilléad, scalach, scíobas, slogóg, sruthdheoch, *literary* loim. ❷ *lie:* gáilleog bhréige; bréag, bras, caimseog, fadhbóg, éitheach, falsaitheacht, falsacht, gó, pait bhréige, scait, scaits éithigh, sceireog, spalpaire, spalpaire éithigh, stompa bréige, straimead, *literary* tlus.

gailseach noun *earwig* (order *Dermaptera*): ailseach, ailseog, ceilpeadóir, colg lín, dallán lín, gailseog, galar líon, gearr gabhláin, gearr gabhlóg, geillic, Síle an phíce.

gaimbín noun ❶ *bit:* beag, beagmhéid, blaiseadh, blaisín, blúire, blogh, bolgam, bolgam, canda, candam, canta, cion, codán, cuid, daba, giota, goin, gráinne, greim, iongóg, mionrud, miotóg, páirt, píosa, ruainne, ruainneog, scair, scealp, scealpóg, sciar, smiodar, smidirín, smut, sprúille, stiall, stiallóg, *literary* boim, *colloquial* brínleach. ❷ *additional bit:* babhta, barrachas, biseach, bónas, breis corradh, farasbarr, fás, fuílleach, íce, incrimint, méadú, neartú, sáilín, tuilleadh. ❸ (*exorbitant*) *interest:* biseach, brabús, breis, ús; airgead ag déanamh airgid.

gaineamh noun *sand:* gairbhéal, grean, scaineagán; *pl.* dumhcha, muirbheach, trá bhán.

gaineamhlach noun *desert:* díseart, díthreabh, fásach, fiántas.

gainne[1] noun *scale, scales:* lann; coirt, crotal, scafach, scine, screamh, screamhóg, *colloquial* scineach.

gainne[2] noun *scarcity, paucity:* bochtaineacht, bochtaineas, boichte, dealús, dearóile, easnamh, easpa, gannchar, gannchúis, ganntan, ganntanas, ganntar, gátar, meathfháltas, *pl.* pócaí folmha, tearcamas, teirce, uireasa, uireaspa.

gáinne noun ❶ *reed* (*Phragmites*): geocán, giolcóg, sifín, *colloquial* biorrach, cuiscreach, giolcach, rísheisc. ❷ *dart, arrow:* bior, dairt, ga, rinn, saighead, sleá, *literary* goithne.

gáinneáil noun (*act of*) *dealing,* (*act of*) *trafficking:* ceannaíocht, ceantáil, déileáil, díolachán, díoltóireacht, hácaeireacht, jabaireacht, mangaireacht, margáil, margaíocht, margántaíocht, ocastóireacht, peidléireacht, reacaireacht, trácht, tráchtáil, trádáil.

gáinneálaí noun *huckster, dealer:* ceannaí, díoltóir, fear gaimbín, giurnálaí, hácaeir, hocstaeir, huigistéar, jabaire, joltaeir, mangadaeir, mangadóir, mangaire, margálaí, mionreacaire, ocastóir, peidléir, reacaire, siopadóir, tráchtálaí, trádálaí, triallaire earraí.

gaíon noun *clay, mortar:* cré, créafóg, dóib, marla, moirtéal, stroighin.

gair verb ❶ *call, summons:* glaoigh, scairt, toghair. ❷ **gair de** *name, proclaim:* ainmnigh, baist, tabhair ar; craobhscaoil, fógair, forógair, fuagair.

gáir noun ❶ *cry, shout:* béic, búir, éamh, gáirtheach, glam, glamach, glamaireacht, glao, goldar, grág, grágaíl, liú, liúireach, pililiú, scairt, uaill. ❷ *report, fame, notoriety:* ainm, alladh, cáil, clú, drochainm, droch-cháil, droch-chlú, drochtheist, míchlú, teist, *literary* cloth, toirm. verb ❶ *cry, shout:* béic, búir, éigh, glam, glaoigh, liúigh, scairt, scréach, scread.

gairbhe noun ❶ *roughness, coarseness:* ainmhíne, ainmhíocht, barbarthacht, bodúlacht, boirbe, brocamas, corraiceacht, fiáine, fiántas, gairfean, gairge, gáirsiúlacht, garbhadas, graostacht, mímhúineadh, otracht, tútachas. ❷ *grossness, largeness:* ainmhéid, beathaitheacht, feolmhaireacht, leithe, murtall, ollmhéid, otracht, otraíocht, raimhre, toirtiúlacht.

gairbhéal noun *gravel:* gaineamh, grean, greanach, griothal, scáineamh.

gairbhseach adjective *rough-mannered, boorish:* barbartha, bodachúil, bodúil, brománta, brúisciúil, daoithiúil, dobhéasach, drae, drochbhéasach, drochmhúinte, giorraisc, míchúirtéiseach, míchuntanósach, mí-iomprach, mímhodhúil, mímhúinte, mínósach, míshibhialta, tuaisceartach, tuathalach, tútach.

gairdeas noun *joy, gladness:* ábhacht, aeracht, áibhéireacht, aiteas, antlás, aogall, aoibh, aoibhneas, ardú meanman, áthas, bród, eacstais, gairdeachas, gealadh croí, gealán, gealchroí, gealgháire, gliondar, laighce, lainne, lúcháir, meidhir, meidhréis, móraigeantacht, mórgacht, ollás, pléisiúr, ríméad, sáile, sámhas, sásamh, sástacht, scóip, séan, só, sóchas, soilbhreas, sólás, sonas, suairceas, subhachas, sult, sultmhaire, taitneamh, *literary* airear, subha; lóchrann ar do chroí, ola ar do chroí.

gairdigh verb *rejoice:* bí áthasach, bí ríméadach, déan gairdeas; tá áthas ar, tá gliondar ar, tá lúcháir ar; *literary* subhaigh.

gairdín noun *garden:* ceapach, cathróg, garraí, luibhghort, mainnear, úllord.

gaire noun *nearness, proximity:* aice, cóineas, cóngar, cóngaracht, cóngas, deise, deiseacht, fogas,

gáire
foisceacht, gaobhar, gaobhardacht, gar, giorracht, *literary* neasacht.

gáire noun *laugh:* bolg-gháire, magadh, meangadh gáire, miongháire, pá há gáire, scige, scig-gháire, scigmhagadh, sciotaíl gháire, scolfairt, scol gáire, seitgháire; tá carr gáire ar, tá falrach gáire air, tá pian ina thaobh ag gáire, tá rachtanna gáire air, tá sé ag briseadh a chroí ag gáire, tá sé ag cur a anama amach ag gáire, tá sé ag titim siar le fáscaí gáire, tá sé i dtinneálaí gáire, tá sé in arraingeacha ag gáire, tá sé lag ag gáire, tá sé marbh ag gáire, tá sé sínte ag gáire, tá sé sna trithí gáire; ligeann sé uaill gáire as.

gairéad[1] noun *gaudery, ostentation:* gairéadaí; bladhmaireacht, bladhmann, buaiceáil, gáifeacht, gaigíocht, galamaisíocht, galántacht, galántas, giodal, mustar, péacacht, scaothaireacht, scléip, scléipireacht, straibhéis, stráice, stróúlacht.

gairéad[2] noun *garret, turret:* áiléar, clogás, foradh, lochta, lota, táloid, túirín, túr.

gairéadach adjective *gaudy, ostentatious:* bladhmannach, buaiceálach, gáifeach, gaigiúil, galánta, gréagach, mustrach, péacach, scéiniúil, scléipeach, spiagaí, straibhéiseach, stróúil.

gaireas noun *device, apparatus: pl.* acmhainní, airnéis, áis, *pl.* ciútraimintí, cóir, cóngar, *pl.* fearais, feisteas, *pl.* giuirléidí, *pl.* gléasanna, gléasra, inneall, inleog, sás, trealamh, *pl.* uirlisí.

gairfean noun ❶ *roughness:* ainmhíne, boirbe, corraiceacht, fiáine, fiántas, gairbhe, gairge, garbhadas. ❷ *rough ground:* clochar, creagán, creig, garbhchríoch, garbhlach, latrach, móinteán, ruaiteach, scileach, screabán, screagán, screalbh, screig. ❸ *rough weather:* deardal, deardan, doineann, drochaimsir, gailfean, garbhadas, géarbhach, lá na seacht síona, síon, *pl.* síona saobha, spéirling, stoirm.

gairgeach adjective *surly, irritable:* achrannach, ainciseach, cancrach, coilgneach, cuileadach, dalba, doriartha, driseogach, drisíneach, duairc, forghruama, forránach, forránta, francaithe, frisnéiseach, gadhrúil, garbh, geancach, géar, giorraisc, goilliúnach, gráinneogach, greannach, grusach, iarógach, íorach, meirgeach, mosánach, neamhaoibhiúil, neantúil, púcúil, rocúil, smuilceach, teidheach, tuaifisceach, *literary* dreannach.

gairid adjective ❶ *short:* achomair, aicearrach, ciorraithe, gar, gearr, giortach, gonta, nutach, smutach. ❷ *curt:* gairgeach, gearblach, gearrabartha, giorraisc, gonta, snapach, teasaí, tobann. ❸ *insufficient:* easnamhach, gann, gearr, giortach, íseal, scáinte, sciotach, slim, uireasach, uireaspach. ❹ *near, close:* áisiúil, cóngarach, deas, fogas, gaobhardacht, gar, gearr, *literary* iongar; in aice le, i neas do, de dheas do. ❺ **le gairid** *of late:* le blianta beaga anuas, le déanaí, le deireanas, le tamall, na laethanta seo; an lá cheana.

gáiriteach adjective *laughing, jolly:* aerach, áthasach, croíúil, aiteasach, aoibhinn, gairdeach, gealgháireach, gliondrach, intinneach, lúcháireach, meanmnach, meidhreach, ríméadach, sásta, séanmhar, soilbhir, somheanmnach, sólásach, sona, suairc, subhach, súgach, *literary* tibhreach.

gairleog noun *garlic (Allium):* gaileog fhiáin, gairleog Mhuire; cneamh, creamh; oinniún, síobhas.

gairm noun ❶ *call:* béic, glao, liú, scairt, scread. ❷ *summons:* barántas, forógra, toghairm. ❸ *vocation:* ceird, glao, proifisiún, slí bheatha.

gairmiúil adjective *professional:* ceart, oilte, proifisiúnta, sciliúil, traenáilte.

gairneoir noun *gardener, horticulturist:* garraíodóir, garrantóir.

gairneoireacht noun *gardening, horticulture:* garraíodóireacht, garrantóireacht.

gáirsiúil adjective *obscene:* anghrách, barbartha, brocach, broghach, cáidheach, collaí, drúiseach, drúisiúil, garbh, gráiscíneach, gráisciúil, gránna, graosta, madrúil, míbhanúil, míchumhra, mígheanasach, mígheanmnaí, mígheanúil, peacach, peacúil, salach, trom, *literary* drúth, suiríoch.

gáirsiúlacht noun *obscenity:* anghrá, barbarthacht, brocamas, cáidheadas, drúisiúlacht, gairbhe, gráiscínteacht, gráisciúlacht, gráistiúlacht, graostacht, madrúlacht, míchuibheas, mígheanas, mígheanmnaíocht, mígheanúlacht, salachar.

gairtéar noun *garter:* crochóg, gairtéal, gealas, *pl.* gealasacha, *pl.* guailleáin; crios crochóg.

gaisce noun ❶ *arms, weapons:* armáil, armán, armlón, lón cogaidh, muinisean, uirlis troda; claíomh, colg, glaid; ga, lansa, sleá. ❷ *feat of arms:* beart, éacht, gníomh gaile, gníomh gaile is gaisce. ❸ *boasting, bravado:* bladhmadóireacht, bladhmaireacht, bladhmann, bóibéis, bóisceáil, bolscaireacht, buaiceáil, buaileam sciath, díomas, gairéadú, gaisciúlacht, gaotaireacht, glagaireacht, gliogaireacht, glóir dhíomhaoin, leithead, maíomh, maíteacht, móráil, mórtas, mórtas thóin gan taca, mustar, ollás, scaothaireacht.

gaisceoir noun *swaggerer, swank:* bladhmaire, bóibéisí, bolscaire, buaiceálaí, gaige, gaiscíoch, gaotaire, glagaire, gliogaire, scaothaire.

gaiscíoch noun ❶ *man of prowess, hero:* barraí, calmfhear, cathaí, cathmhíle, comhraiceoir, comhraicí, curadh, fear calma, fear cróga, galach, laoch, laochmhíle, míle, seaimpín, spionntachán, *literary* caimpear, cú, cuing, éigne, féinní, láth, mál, nia, oscar, ruanaidh, scál, seabhac, *colloquial* laochra. ❷ *boaster:* bladhmaire, bóibéisí, bolscaire, buaiceálaí, floscaí, gaisceoir, galach, scaothaire.

gaisciúil adjective ❶ *warlike, valiant:* calma, cogúil, coráistiúil, cróga, curata, galach, laochta, lachúil, míleata, misniúil, neamheaglach, neamhfhaiteach, saighdiúrtha, straidhpeach, straidhpiúil, treasach, trodach, *literary* níothach, tachrach. ❷ *boastful, vainglorious:* ardghlórach, bladhmannach, bóibéiseach, buacach, díomasach, gáifeach, glórdhíomhaoineach, laochasach, maíteach, móiréiseach, mórálach, mórchúiseach, mórfhoclach, mórtasach, mustrach, ollásach, poimpéiseach, postúil, sotalach, toirtéiseach.

gaisciúlacht noun ❶ *heroism, valour:* calmacht, coráiste, coráistiúlacht, crógacht, curatacht, dánacht, gaiscíocht, laochas, laochras, leontacht, meanma, misneach, neamheagla, niachas, spiorad, uchtach, uchtúlacht, *literary* déadlacht, eiseamal. ❷ *boastfulness, vainglory:* baosra, bladhmadóireacht, bladhmaireacht, bladhmann, bóibéis, bóisceáil, bollaireacht, bolscaireacht, bomannacht, braig, braigeáil, buaiceáil, buaileam sciath, cacamas, déanfas, díomas, éirí in airde, gairéadú, gaisce, glagaireacht, gláiféisc, gliogaireacht, glóir dhíomhaoin, laochas, leadram lúireach, leithead, maíomh, maíteacht, móiréis, móráil, mórchúis, mórtas, mórtas thóin gan taca, mustar, poimpéis, postúlacht, scailéathan, scaothaireacht, scleondar, stocaireacht, toirtéis, trumpadóireacht, uallachas.

gaiste noun *snare, trap:* bobghaiste, cliabhán éan, dol, geirnín, inneall, inleog, líon, paintéar, ribe, sás, sás éin, súil ribe, trap, *literary* fiodhchat.

gaisteoir noun *trapper:* dolaire, sealgaire.

gaisteoireacht noun *trapping:* dolaíocht, dolaireacht, páintéaracht; sealgaireacht.

gáitéar noun *gutter, drainpipe, channel:* caidhséar, cainéal, camrachán, canáil, caológ, clais, clasaidh, craosán, gearradh, léata, lintéar, panc, silteán, sraoth, suinc, trinse.

gal noun ❶ *ardour, valour*: buile, calmacht, cochall, colgaí, confadh, coráiste, cuthach, crógacht, curatacht, dásacht, díbheirge, faghairt, fíoch, fiuch, fraoch, laochas, laochras, leontacht, meanma, misneach, neamheagla, niachas, spiorad, uchtach, uchtúlacht, *literary* eiseamal, lonnbhruth. ❷ *vapour, steam*: ceo, deatach, gal, galuisce, néal, ró samh, smúit. ❸ *puff of smoke, whiff*: ceilpeadh, deatach, fleaim, galán, miam, *pl.* mótaí deatagh, pluimín, púir dheatagh, puth, puthaíl, séideán, smeámh.

gála[1] noun *gale, wind*: anfa, briota gaoithe, cuaifeach, dóstacht, feothan, friota gaoithe, gailbh, gal, gaoth, greadadh gaoithe, gaotalach, iomlaíocht, leoithne, pléata gaoithe, *pl.* réablacha gaoithe, roiseadh gaoithe, scailp ghaoithe, scríob, séideadh, séideán, spéirling, stamhladh, stamhladh gaoithe, stoirm.

gála[2] noun *instalment*: codán, cuid, díolaíocht, glasíoc, glasíocaíocht, ranníocaíocht, síntiús, tráthchuid.

galach noun ❶ *valiant man, hero*: calmfhear, cathaí, cathmhíle, curadh, fear calma, fear cróga, gaiscíoch, laoch, laochmhíle, míle, seaimpín, *colloquial* laochra; *literary* anghlonn, cú, féinní, láth, leon, mál, nia, óglach, omhna, onchú, oscar, scál, tor; cnocht na hallóide. ❷ *boaster, blusterer*: bladhmaire, bóibéisí, bolscaire, buaiceálaí, floscaí, gaisceoir, gaiscíoch, glagaire, gliogaire, scaothaire.

galamaisíocht noun *capriciousness, histrionics*: ceáfráil, cur i gcéill, gáifeachas, gáifeacht, galamás, *pl.* geamaí, geáitséiracht, *pl.* geáitsí, geáitsíocht, *pl.* gothaí.

galán noun *crane-fly, daddy-long-legs* (family Tipulidae): brobh i dtóin, corrchuil, creabhar caol, fíodóir, galán gasach, Pilib an gheataire, pilibín eitre, ruamann na gcoinneal, seanduine na gcos, snáthadán, snáthadán cogaidh, snáthadán an diabhail, snáthadóir cogaidh, snáthaid an diabhail, snáthaid an phúca, tuirne Mhuire.

galánta adjective ❶ *fine, elegant*: álainn, breá, comair, cuanna, cúirialta, deas, deismir, fáiscthe, grástúil, mín, néata, ordanáilte, ordúil, oirní, pioctha, piocúil, pointeáilte, sciobalta, slachtmhar, triopallach. ❷ *genteel, posh*: ardnósach, bogásach, bóibéiseach, gaigiúil, gairéadach, gaisciúil, móiréiseach, mórálach.

galántacht noun ❶ *gallantry, courtliness*: *pl.* béasa, *pl.* caoinbhéasa, córtas, cúirtéis, cúirtéiseacht, cuntanós, *pl.* dea-bhéasa, dea-bhéasaíocht, dea-iompar, dea-mhúineadh, modhúlacht, múineadh, sibhialtacht. ❷ *elegance*: áilleacht, breáthacht, cantacht, cuannacht, cúirialtacht, deismireacht, fíneáltacht, gléastacht, grástúlacht, míne, ordúlacht. ❸ *affected gentility, swank*: bladhmann, bóibéis, buaiceáil, gairéadú, gaisciúlacht, galamaisíocht, *pl.* geamaí, geáitsíocht, móiréis, móráil, mórtas, mustar, scaothaireacht.

galar noun ❶ *sickness, disease*: aicíd, breoiteacht, cloíteacht, éagruas, easláinte, gearán, othras, plá, tinneas, *literary* saoth; támhghalar, *literary* támh, teidhm. ❷ *affliction, misery*: aimléis, ainnise, ainriocht, anacair, anachain, anás, angar, anró, anróiteacht, anshó, bochtanas, boichte, crá croí, cráiteacht, cránán, cránas, cruatan, deacair, dealús, dearóile, díblíocht, dochma, dochracht, dochraide, dócúl, doghra, doghracht, doghrainn, doic, dóing, dóinmhí, dola, dothairne, drámh, drochbhail, drochstaid, duainéis, éagomhlann, fulaingt, gábh, gannchuid, géarbhroid, géarghoin, leatrom, matalang, mí-ádh, míbhail, mífhortún, ocras, piolóid, suarachas, suaraíocht, *literary* cacht, galghad, teidhm, trioblóid, truántacht.

galar titimeach noun *epilepsy*: galar Póil, mórshaoth, an tinneas beannaithe, an tinneas mór, tinneas Póil, tinneas talún, titimeas, *literary* galar talmhaí.

Gall noun ❶ *Gaul*: Gailleach; Ceilteach. ❷ *Norseman, Dane*: Dúghall, Lochlannach, Uigingeach; Danar, Ioruach, Íoslannach. ❸ *Englishman*: Sasanach; Angla-Shacsanach; Anglacánach, Easpagóideach, Protastúnach. ❹ **gall** *foreigner*: allúrach, coigríochach, coimhthíoch, danar, deoraí, eachtraí, eachtrannach, strainséir; duine thar loch isteach, duine thar tír isteach; gintlí, págán, páganach.

gallán noun ❶ *standing stone*: cloch seasaimh, lia, liag, liag sheasta, liagán, stocalán, stolla, stollaire; dolmain. ❷ **gallán mór** *butterbur* (Petasites hybridus): borrán, gallán, meacan an phobóil, meacan tóm, pioból, poból.

gallda adjective ❶ *foreign*: allúrach, **adjectival genitive** ainiúil, anaithnid, coigríochach, coimhthíoch, deoranta, eachtartha, eachtrach, eachtrannach **adjectival genitive** iasachta, iasachtach, seachtrach; thar loch isteach, thar tír isteach; gintlí, páganach, páganta. ❷ *English*: Breataineach, Briotaineach, Sacsanach, Sasanach; Angla-Shacsanach; Anglacánach, Protastúnach; Impiriúil, Ríoga; ardnósach, uasal.

gallúnach noun *soap*: gallaoineach, gallaoileach, gallaoireach, sópa, *literary* sóp nite; glantaí, glantóir.

galrú noun ❶ *infection*: galar gabhálach, ionfhabhtú, plá. ❷ *inoculation*: díonadh, gearradh an tsionnaigh, ionaclú, vaicsíniú.

galtán noun *steamer*: stímear; línéar.

gamal noun *lout, simpleton*: amadán, amaid, amal, amlóir, baileabhair, bambairne, bastún, bobarún, bómán, breallaire, breallán, brealsán, brealscaire, brealsún, breillice, bromach, bromaistín, búr, cábóg, cábún, ceamalach, ceann cipín, ceann maide, ceap magaidh, cíolcán, clogadán, cloigeann cabáiste, cloigeann cipín, cloigeann pota, closmar, dallachán, dallamlán, dallarán, dobhrán, dúdálaí, dúid, dúiripí, dundarlán, dunsa, éagann, gaimse, gámaí, gamairle, gambairne, glaigín, gligín, gogaille, guaig, guaigín, léaspach, leathdhuine, leib, leibide, liúdaí, liúdramán, lóimín, lóimíneach, lóma, maicín, maistín, maol, maolagán, mulpaire, óinmhid, paor, pastae de chloigeann, pleib, pleidhce, pleota, sceilfid, simpleoir, smuilcín, smíste, stróinse, tuathalán, tútachán, *figurative* glasóg.

gamhain noun *calf*: gamhain deoil, gamhain óg; lao, lao baineann, lao biata, sucaí.

gan preposition *without*: cheal, de cheal, in éagmais, in easnamh, d'uireasa.

ganfhiosaíocht noun *secrecy, secretiveness*: ceileantas, ceilt, cluthaireacht, cluthairt, cluthmhaireacht, discréid, folachántaíocht, foscúlacht, fothain, príobháid, rún, rúndacht, rúnmhaireacht, seachantacht, sicréideacht, *literary* cleith, dearraide, inchleith, táidhe.

gangaid noun *venom, spite*: aicis, anchroí, binb, díorainn, doicheall, drochaigne, droch-chroí, eascairdeas, fala, faltanas, fiamh, fíoch, fuath, goimhiúlacht, gráin, íorpais, mailís, mioscais, naimhdeas, nimh, nimh san fheoil, nimheadas, olc, searbhas, urchóid, urchóideacht.

gangaideach adjective *spiteful, bitter*: aiciseach, ailseach, aingí, binbeach, cruálach, doicheallach, drochaigeanta, drochbheartach, droch-chroíoch, dúchroíoch, eascairdiúil, fealltach, fuasaoideach, géar, íorpaiseach, mailíseach, mallaithe, mínaireach, mioscaiseach, naimhdeach, nathartha, nimhiúil, nimhneach, olc, ribeanta, searbh, searbhasach, urchóideach, *literary* miscneach.

gann adjective ❶ *scarce, sparse:* annamh, dofhaighte, easnamhach, fánach, gannchúiseach, scáinte, sciotach, tanaí, tearc, uireasach, uireaspach; táimid siar i. ❷ *mean, miserly:* ceachardha, ceachartha, ceapánta, cnuasaitheach, crua, cruinn, cúngchroíoch, doicheallach, dúlaí, gortach, greamastúil, greamasúil, lompasach, meánaitheach, mighnaíúil, spárálach, sprionlaithe, suarach, tíosach, truaillí, tútach.

ganntanas noun *scarcity, want:* bochtaineacht, bochtaineas, boichte, drochshaol, easnamh, easpa, gainne, gannchar, gannchúis, gannchúisí, ganntan, ganntar, gátar, gorta, meathfháltas, ocras, *pl.* pócaí folmha, teirce, teirceacht, uireasa, uireaspa.

ganntarach adjective *needy:* ainnis, bocht, daibhir, dealbh, dealúsach, dearóil, díothach, easpach, folamh, gátarach, ocrach, ocrasach, siolgair, uireasach; ar an mblár folamh, ar an trá fholamh, ar an gcaolchuid, ar an ngannchuid, ar bheagán slí, in anchaoi, go holc as; tá drochdhóigh air, tá sé lom sa saol.

gaofaireacht noun ❶ *windiness:* anfacht, sceirdiúlacht, stalacáil. ❷ *flatulence:* bromaireacht, brúchtach, coiliceam, gaoth, mídhíleá.

gaofar adjective ❶ *windy:* anfach, feothanach, fleách, scártha, sceirdiúil, séideánach, séideogach, séidte, siotach, stamhlaí, stoirmeach, stolltach. ❷ *flatulent:* brúchtach, domlasach; bromannach, tuthógach.

gaois noun *intelligence, sagacity:* breithiúnas, ceann, ciall, ciall cheannaithe, clifearthacht, clisteacht, clistíocht, críonnacht, discréid, eagna, eagnaíocht, éargna, éirim, fadcheann, fios, fios feasa, foirmnis, gastacht, guaim, meabhair, réasún, stuaim, toighis, tuiscint.

gaoiseach adjective *wise, sagacious:* gaoisiúil, gaoismhear; céillí, ciallmhar, cliste, críonna, discréideach, eagnaí, éargnaí, fadcheannach, fáidhiúil, foirmniseach, glic, inrúin, meabhrach, praitinniúil, réasúnta, siosmaideach, stuama, tuisceanach, *literary* gaoth, suadhach.

gaol noun ❶ *relationship, kinship:* baint, báíocht ghaoil, caidreamh, cleamhnas, coibhneas, col fola, cóngas, dáimh, gaolmhaireacht; gaol i bhfad amach; gaol mhadra Úna le madra Áine. ❷ *relative:* bean ghaoil, fear gaoil; *pl.* cairde gaoil, *literary* coibhdhealach, *colloquial* cine, fine, muintir, teaghlach.

gaolmhar adjective *related, akin:* comhaicmeach, cosúil, múinteartha; tá baint aige le, tá gaol aige le; tá gaol eatarthu, níl ach salacharáil gaoil eatarthu.

gaosán noun *nose:* caincín, cincín, smuilc, smut, soc, srón.

gaotaire noun *windbag, bombastic talker:* bladhmaire, bóibéisí, bollaire, bolmán, bragaire, broimseánaí, broimsilín, bromaire, buaiceálaí, buaileam sciath, bumaire, dosaire, floscaí, gaisceachán, gaisceoir, glaomaire, scaothaire, scrathóg, strambánaí, trumpadóir.

gaoth¹ noun ❶ *wind:* anfa, briota gaoithe, brusghála, cuaifeach, feothan, friota gaoithe, gal, gála, gaotalach, greadadh gaoithe, iomlaíocht, leoithne, pléata gaoithe, *pl.* réablacha gaoithe, roiseadh gaoithe, saotrún, scailp ghaoithe, scríob, séideadh, séideán, stamhladh, stoirm; saotrún. ❷ *flatulence:* broimneach, bromaireacht, tuthaireacht; bréitseáil, brúchtadh, brúchtaíl, gaofaireacht.

gaoth² noun *inlet, estuary:* béal abhann, bun abhann, bunán, caolsáile, crompán, cuan, cuas, góilín, inbhear, ribhéar.

gaothraigh verb ❶ *fan:* cáith, fionnuaraigh, fuaraigh, séid, suaith, *literary* foscain. ❷ *flutter (in breeze):* bí ag cleitearnach, bí ag eiteallach, bí ag fáinneáil, bí ag faoileáil, bí ag foluain.

gaothrán noun *fan:* dallán, dallán cáite; geolán, fean.

gar adjective ❶ *short:* achomair, aicearrach, ciorraithe, gairid, gearr, giortach, gonta. ❷ *near, convenient:* áisiúil, caoithiúil, cóngarach, deas, fogas, gaobhardach, gairid, teachtmhar, *literary* iongar; in aice le, i neas do, de dheas do. noun ❶ *nearness, proximity:* aice, cóineas, cóngar, cóngaracht, cóngas, deise, deiseacht, fogas, foisceacht, gaire, gaobhar, gaobhardacht, giorracht, *literary* neasacht. ❷ *good turn:* carthanacht, cineáltas, comaoin, dea-ghníomh, garaíocht, oibleagáid, oiriúntas. ❸ *is mór an gar é it is very fortunate:* is maith mar a tharla; ar an deauair, ar ámharaí an tsaoil, go tráthúil.

garbh adjective ❶ *rough:* achrannach, ainmhín, buiniceach, carrach, carraigeach, cleathach, clochach, cnapánach, cnapógach, corrach, cranrach, creagach, creagánta, fadhbach, fairbreach, fiaclach, greanach, inbheach, iomaireach, iomardúil, méirscreach, rocach, starragánach. ❷ *ungentle:* ainchríostúil, aingí, ainmhín, ainrianta, aintréan, allta, amhchaoin, barbartha, binbeach, borb, ceamach, cadránta, colgach, colgánta, crosta, crua, cruálach, dallchroíoch, damanta, danartha, deamhanta, deannachtach, dian, docrach, dorrga, drochaigeanta, drochbheartach, droch-chroíoch, dúr, dúrchroíoch, éadrócaireach, fiánta, fiata, fiatúil, fíochmhar, forránta, fraochmhar, fraochta, gangaideach, garbhánta, garg, grusach, mallaithe, mímhúinte, mínádúrtha, mínáireach, míthrócaireach, neamhthrócaireach, olc, searbh, siosúrtha, tioránta, turcánta, urchóideach.

garbhghlórach adjective *rough-spoken, raucous:* ardghlórach, broimnéiseach, cársánach, gáireachtach, garg, gáróideach, gárthach, géar, glórach, gluair, grágach, míbhinn, scréachach.

garbhshíon noun *rough weather:* aimsir shalach, aimsir stoirmeach, anfa, deardal, deardan, doineann, doirteán, dóstacht, drochaimsir, gailfean, gála, lá na seacht síon, síon, spéirling, stoirm, *pl.* stoirmeacha.

garda noun ❶ *vigilant state, watch:* airdeall, aire, aireachas, bardacht, coimeád, coimhéad, cosaint, faichill, faire, faireachas, fairís, feighil, feighlíocht, feitheamh, foraireacht, fosaíocht, friochnamh, frithiáil, gardáil, giollacht, giollaíocht imghabháil, *literary* cathais, úidh. ❷ *person on guard:* airdeallaí, bairdéir, bardach, caomhnach, caomhnóir, coimeádaí, coimhéadaí, coimirceoir, fairtheoir, fairtheoir oíche, fear faire, fear fionraí, feighlí, gairdian, maor coille, maor seilge, vaidhtéir, vaidhtéir cuain; constábla, péas, pílear, píléir, póilín. ❸ *body of people on guard:* constáblacht, *pl.* fairtheoirí, foraire, *pl.* forairí, lucht cosanta, lucht faire, lucht foraire; Garda Síochána.

gardáil verb *guard:* ainic, bí san airdeall, coimeád, coimhéad, cosain, cumhdaigh, déan faire, *imperative* fainic!, féach amach (do), *literary* ionghair.

Garbhógacha agus Lusanna Cleite

Alpine clubmoss (Diphasiastrum alpinum): garbhógach *f.* shléibhe
fir clubmoss (Huperiza selago): aiteann Mhuire
Krauss's clubmoss (Selaginella kraussiana): garbhógach *f.* gharraí
lesser clubmoss (Selaginella selaginoides): garbhógach *f.* bheag
marsh clubmoss (Lycopodiella inundata): garbhógach *f.* chorraigh
quillwort (Isoetes lacustris): lus an chleite
spring quillwort (Isoetes echinospora): lus cleite an earraigh
stag's-horn clubmoss (Lycopodium clavatum): garbhógach *f.* na mbeann

garg adjective ❶ *acrid, bitter*: aigéadach, déistineach, fuafar, géar, géarbholaíoch, gránna, masmasach, searbh, *literary* grod. ❷ *rude, harsh, fierce*: ainchríostúil, aingí, ainmhín, ainrianta, aintréan, allta, barbartha, binbeach, borb, ceamach, cadránta, colgach, colgánta, crosta, crua, cruálach, dallchroíoch, damanta, danartha, deamhanta, deannachtach, dian, dochrach, dorrga, drochaigeanta, drochbheartach, droch-chroíoch, dúr, dúrchroíoch, éadláith, éadrócaireach, fiánta, fiata, fiatúil, fíochmhar, forránta, fraochmhar, fraochta, gangaideach, garbh, garbhánta, gríobhach, grusach, mallaithe, mímhúinte, minádúrtha, mináireach, míthrócaireach, neamhthrócaireach, olc, searbh, siosúrtha, tioránta, tuaisceartach, tuathalach, turcánta, tútach, urchóideach, *literary* díogháir, onchonta.

gariníon noun ❶ *grand-daughter*: iníon mic, iníon iníne, ó, ua. ❷ *literary niece*: iníon deartháir, iníon deirféar, neacht.

garlach noun ❶ *child*: buachaill, garsún, gartaire, gasóg, grabaire, imeachtaí linbh, leanbh, leaid, mac, macaomh, malra, malrach, mamailíneach, páiste, pataire, peitirne, putach, scorach, *familiar* gearrcach; cailín, gearrchaile, girseach, girseog, iníon, leanbh iníne. ❷ *brat, urchin*: bromach, ceamachán, cifleachán, dailtín, gealtán, giobachán, grabaire, maistín, peata gan mhúineadh, prioslachán, racaitín, rata linbh, siota, sotach, sotaire, teallaire, *figurative* piollaire.

garmachán noun *stickleback (Gasterosteus aculeatus)*: dealg úcaire, maor an éisc, úcaire.

garmhac noun ❶ *grandson*: mac mic, mac iníne, ó, ua. ❷ *sister's son*: mac deirféar, nia.

garmheastachán noun *rough estimate, approximation*: *literary* fómhas; buille faoi thuairim, tomhas, tomhas garbh.

gáróid noun ❶ *clamour, din*: blosc, bloscadh, búir, búireach, callán, callóid, clagairneach, clagarnach, clagarnaíl, cleatar, clisiam, clogarnach, coigeadal, dord, dordán, dordánacht, fothram, fuaim, fuilibiliú, geoin, geonaíl, glamaireacht, gleadhradh, gleo, gliogar, glisiam, glór, glóraíl, glórmhach, holam halam, hólam tró, hulach halach, hurlamaboc, liú, liútar éatar, pléasc, pléascadh, pléascarnach, racán, rachlas, raic, rírá, ruaille buaille, rúp ráp, rúscam raindí, siansa, siansán, stánáil, toirnéis, torann, tormán, troimpléasc, troistneach, trost, trostal, trostar, trup, trupáis, trupás, truplásc, *literary* géis, seastán. ❷ *urgent call, exigency*: broid, cruachás, cruóg, cúngach, cúnglach, cúngrach, deacracht, dianghá, éigeandáil, gá, gátar, géarchéim, géarghá, griothal, leatra, práinn, ponc, priacal, riachtanas, sáinn.

gáróideach adjective ❶ *clamorous, noisy*: ard, ardghlórach, béiceach, caismirteach, callánach, cársánach, clisiamach, fothramach, fothrannach, gágach, gáireachtach garbhghlórach, gárthach, géar, gioracach, gleoch, gleoránach, glórach, gluair, lánghlórach, mórghuthach, scairteach, siansánach, toirniúil, toranda, torannach, tormánach, *literary* géiseachtach. ❷ *pressing, exacting*: cruógach, deifreach, dian, géibheannach, griothalach, práinneach, riachtanach, téirimeach, tuineanta.

garr noun ❶ *pith, pulp*: garr toraidh; bia, fochraiceann, laíon, liothrach, má gáinne, máthair bhúidh, múscán, prabhait, práib, seamlas, smior, smús, smúsach. ❷ *ordure, filth*: aoileach, brach, bréantas, brocamas, bualtrach, buarán, buinneach, cac, cacamas, cainniúr, camras, eiscréidiú, eisfhearadh, eisligeadh, fearadh, garraíl, giodar, liongar, lobhadas, lobhadh, lofacht, miodamas, morgadh, otrach, otras, salachar, saothar, sciodar, séarachas, súlachas.

garraí noun ❶ *garden*: cathróg, ceapach, gairdín, luibhghort, mainnear, úllord. ❷ *small field*: cuibhreann, gairdín, goirtín, páircín. ❸ *yard, enclosure*: áirí, banrach bólann, buaile, clós, cúlmhacha, gabhann, garraí gabhainn, geard, loca, macha, manrach, otrann, urlann, *literary* fasc. ❹ *ring, halo*: ciorcal, cruinneán, diosca, fail, fáinne, fáinnín, luan, naomhluan, roth, tóras, torc.

garraíodóir noun *gardener*: gairneoir, garrantóir.

garraíodóireacht noun *gardening*: gairneoireacht, garrantóireacht.

garrán noun *grove*: cnóchoill, coill, coillearnach, coilleog, doire, fáschoill, fiodh, fothair, mothar, ros, roschoill.

garsún noun *boy*: aosánach, bioránach, Brian óg, brín óg, buachaill, corránach, déagóir, eascartach, fleascach, gartaire, gasóg, gasún, gasúr, gearrbhodach, gearrbhuachaill, giolla, giollán, giolla um a leithéid, grabaire, leaid, leanbh mic, mac, macadán, macach, macaomh, maicín, malra, malrach, óganach, páiste fir, putach, scorach, stócach, stóicín, teallaire; bogstócach, glas-stócach, leathstócach.

garta noun *wart*: bonnleac, bonnbhualadh, clog, cnap, creagán, criogán, cruas craicinn, fadhb, faithne, spuaic.

garúil adjective *obliging, helpful*: garach; cabhrach, caoin, caonrasach, ceansa, cineálta, comharsanúil, cothaitheach, cuiditheach, cuidiúil, cúntach, fóinteach, lách, mánla, maothchroíoch, oibleagáideach, soilíosach, tacúil, tuisceanach.

garúlacht noun *kindness, helpfulness*: bá, cabhair, caoideanas, cairdiúlacht, carthanacht, cuidiúlacht, cúnamh, dea-chroí, láíocht, muintearas, náisiúntacht, oibleagáideacht, tacaíocht.

gas noun ❶ *stalk, stem*: barrann, coinlín, cos, cuiseog, foithnín, fúinín, gasóg, lorga, sifín, stoc, stopóg, tamhan, tráithnín; crann práta. ❷ *shoot, frond*: bachlóg, beangán, buinneán, buinneog, fronn, gasóg, geamhar, seamaide. ❸ *stripling, scion*: beangán, bile, buinneán, géag, geataire, oidhre, planda, sleachtach, stócach.

gás noun *gas*: geas; éatar, gal, múch, toit; hidrigin, ocsaigin; aonocsaíd charbóin, dé-ocsaíd charbóin.

gasra noun ❶ *literary band of young warriors*: buíon, cath, ceithearn, cipe, complacht, fiann, pl. fianna, fianlach, grinne, tascar, trúpa, *literary* cuain, rúta. ❷ *group of people*: baicle, béinne, cipe, cóip, comhlacht, criú, cruinniú, cuallacht, cumann, cuideachta, dream, feadhain, foireann, gasráil, grúpa, meitheal, paca, rang, scata, scuaine, slógadh, slua, treibh.

gasta adjective ❶ *fast, rapid*: aibéil, beo, deifreach, géar, géarshiúlach, grod, imeachtach, luascánach, luascánta, luath, mear, mearshiúlach, obann, scafánta, sciobtha, tapa, tobann. ❷ *quick, clever*: aclaí, ciallmhar, clifeartha, cliste, críonna, cunaí, eagnaí, éargnaí, dea-lámhach, deaslámhach, fadcheannach, gaoiseach, gaoisiúil, gaoismhear, meabhrach, praitinniúil, sciliúil, stuama, tuisceanach, *literary* tuaicheall. ❸ *neat, tidy*: cuimseach, cuimseartha, cúirialta, deas, deismir, fáisctthe, glan, néata, oirní, paiteanta, pioctha, piocúil, pointeáilte, slachtmhar, sprúisiúil, triog, triopallach; gan barr cleite isteach ná bun cleite amach. adverb *go gasta quickly*: go beo, go deifreach, go grod, go haibéil, go hobann, go luath, go mear, go scafánta, go sciobtha, go tapa, go tobann; ar cosa in airde, de phreab, de phlimp, d'urchar, go diair; sna featha fásaigh, sna gaiseití, sna ruarásaí, sna seala babhtaí; i dtréinte, sna tréinte.

gasúr

gasúr noun ❶ *boy:* aosánach, bioránach, buachaill, corránach, déagóir, eascartach, fleascach, gasún, garsún, gartaire, gasóg, gearrbhodach, gearrbhuachaill, giolla, giollán, grabaire, leaid, leanbh mic, mac, macadán, macán, macaomh, maicín, malra, malrach, óganach, páiste fir, putach, scorach, stócach, bogstócach, glas-stócach, leathstócach, teallaire. ❷ *child:* garlach, garsún, gartaire, gasóg, gilidín, grabaire, imeachtaí linbh, leanbh, leaid, mac, macaomh, malra, malrach, mamailíneach, páiste, pataire, peitirne, putach, scorach, *familiar* gearrcach; cailín, gearrchaile, girseach, girseog, iníon, leanbh iníne.

gátar noun *need, want, distress:* anás, bochtaineacht, bochtaineas, bochtanas, boichte, caill, ceal, cruatan, daibhreas, dealbhú, dealús, dearóile, díobháil, drochshaol, easnamh, easpa, éigean, éigeantas, gainne, gannchar, gannchúis, gannchúisí, ganntan, ganntanas, ganntar, géibheann, gorta, meathfháltas, ocras, *pl.* pócaí folmha, riachtanas, teirce, teirceacht, treabhlaid, uireasa, uireaspa.

gátarach adjective *needy:* ainnis, bocht, daibhir, dealbh, dealúsach, dearóil, díothach, easpach, folamh, ganntarach, ocrach, ocrasach, siolgair, uireasach, uireaspach; ar an mblár folamh, ar an gcaolchuid, ar an ngannchuid, ar an trá fholamh, ar bheagán slí, go holc as, in anchaoi; tá drochdhóigh air, tá sé lom sa saol.

gathach adjective ❶ *stinging:* beachúil, géar, goinideach, goimhiúil, greamannach, loiscneach, neantógach, nimhneach, ribeanta. ❷ *radial:* raidiúil, spréite. ❸ *splay:* leata, spréite.

gathaigh verb ❶ *sting:* cealg, dóigh, goin, prioc; cuir cailg i, cuir cealg i, cuir ga i. ❷ *radiate:* spréigh, leath, leathnaigh; dealraigh, lonraigh, taitin.

gé noun *goose:* beadaí, gogaille, cráin gé, cráin ghé, cráintín ghé; gandal; éan gé, góislín.

geabaire noun *loquacious person:* béalastán, bladhmaire, bleid, bolgán béice, bolscaire, brasaire, cabaire, cafaire, cadrálaí, cág, caibirlín, callaire, clab, clab troisc, clabaire, claibéir, claibín, claibín muilinn, claibseach, clogán streille, dradaire, drandailín, geabadán, geabstaire, giolcaire, giostaire, glafaire, glagaire, glagbhéal, glaomaire, gleoiseach, gleoisín, gleothálaí, gligín, gliogaire, gliogarnálaí, glórachán, glór i gcóitín, gobachán, grabaire, liopaire, meigeadán, meiltire, plobaire, reathálaí, roiseálaí, scaothaire, scrathóg, siollaire, síofróir, siosaire, strambánaí, trumpadóir.

geabaireacht noun *chin-wagging, incessant chatter:* aighneas, béalastánacht, bleadracht, bleadráil, breasnaíocht, brilléis, briosc-chaint, cadráil, cafaireacht, cabaireacht, ceolántacht, clab, clisiam, dradaireacht, drádán, geab, geabairlíneacht, geabantacht, geabstaireacht, geocaíl, giob geab, giofaireacht, giolcaireacht, giostaireacht, glafaireacht, glagaireacht, gleoiréis, gleoisíneacht, gliadar, gligíneacht, gliog gleag, gliogar, gliogarnach, glisiam, gobaireacht, gogalach, liopaireacht, pápaireacht, placadh siollaí, pléisiam, plobaireacht, plob plab, rith seamanna, síofróireacht, siollaireacht.

geábh noun *short run, short spell of activity:* babhta, cúrsa, dreas, greas, ráig, scaitheamh, sciuird, sea, seal, seans, taom, treall, treas.

geadán noun ❶ *patch, bare patch:* áit, ball, ionad, leadhb, paiste, preabán, scead, spás. ❷ *buttocks, bottom:* bundún, cairín, clais, gimide, giorradán, gúnga, *pl.* más, prompa, rumpa, tiarpa, tóin, *literary* tarbh sliasta, *familiar* cráic.

geafaire noun ❶ *gaffer:* geafar; bainisteoir, ceannaire, cinnire, fear ceannais, feighlí, máistir, maor, reachtaire, rialtóir, riarthóir, saoiste, stiúrthóir, treoraí; boc mór, iasc mór, lus mór. ❷ *busybody:* duine cunórach, duine déanfasach, *pl.* gnaithe gan iarraidh, gnó gan iarraidh, gobachán, gobadán, gobaire, griothalánaí, ladhrálaí, lámhsheálaí, péadóir, priocsmut, siopach, sithire, smúiríneach, socadán, socaire, tréipéiseach; siopach.

geafaireacht noun *overseeing:* aire, aireachas, feighlíocht, fosaíocht, lámhsmacht, maoirseacht, mineastráil, mineastrálacht, monatóireacht, reachtáil, rialú, rialúchán, riarachán, riaradh, saoistíocht, smacht, stiúir, stiúradh, stiúrthóireacht, treoir, treorú.

géag noun ❶ *branch, limb:* beangán, beanglán, brainse, cos, craobh, craobhóg, gabhal, géagán, lámh, *literary* meamar. ❷ *offspring, scion:* ball, buinneán, gas, oidhre, ó, planda, sleachtach, stócach, ua.

géagach adjective ❶ *branched, branching:* beangánach, brainseach, craobhach, gabhlach, gabhlánach, gabhlógach, géagánach, ladhrach. ❷ *long-limbed:* ard, cosfhada, fada, fadchosach, ioscadach, leabhair, scailleagánta; brísteachán atá ann, slibire atá ann.

geáitse noun ❶ *gesture:* comhartha, cor, gotha. ❷ *pl.* **geáitsí** *affectation:* buaiceáil, cámas, cur i gcéill, déanfas, forcamás, gáifeacht, gaigíocht, gairéad, galamaisíocht, galántacht, galántas, *pl.* geamaí, giodal, maigiúlacht, maingléis, mustar; crochtacht.

geáitsíocht noun ❶ *gesticulation:* comharthaíocht, geáitseáil, gotháil. ❷ *play-acting, posing:* aisteoireacht, cleamaireacht, cur i gcéill, drámaíocht, fronsa, fuirseoireacht, *pl.* geamaí, geamaireacht, gothaíocht.

geal adjective ❶ *white, bright:* ainglí, án, bán, feiceálach, fionn, glé, gléigeal, gleorach, léir, lileach, lilíoch, liliúil, lonrach, néamhanda, pléisiúrtha, soiléasta, soilseach, solasach, solasmhar, solasta, taitneamhach, trílseach. ❷ *glad, happy:* aerach, aigeanta, aiteasach, aoibhinn, áthasach, beo, beoga, breabhsánta, croíúil, gairdeach, gáiriteach, gealchroíoch, gealgháireach, gliondrach, intinneach, lúcháireach, meanmnach, meidhreach, meidhréiseach, pléisiúrtha, ríméadach, sámh, sásta, scóipiúil, séanmhar, seolta, soilbhir, sólásach, somheanmnach, sona, sonasach, spéiriúil, spleodrach, suairc, subhach, súgach, taitneamhach. verb ❶ *whiten, brighten:* bánaigh, liathaigh, lonraigh, soilsigh, tuar. ❷ *dawn:* bánaigh, breac, bris, eascair, éirigh, fáinnigh, foinsigh, láigh, muscail; tá sé ag bordáil lae, tá sé ag láchaint, tá sé ag maidneachan; tá lonrú an lae ag sméideadh thar chnoc orainn. ❸ *be glad, gladden:* bíodh áthas ort, bíodh lúcháir ort, bíodh rímead ort; bí gealchroíoch, bí gealgháireach, bí gliondrach, bí lúcháireach, bí rímeádach; cuir áthas ar, cuir lúcháir ar, cuir rímead ar.

gealacán noun ❶ *white of egg:* albaimin, gealachán, glé, dealgán. ❷ *white of eye:* gealachán, gealán, gealas.

gealach noun *moon:* éasca, luan, ré; an ré ghealaí; corrán gealaí, gealach na gcoinleach, gealach na gcoinlíní; an ré nua, an ré sholais; tá an ré ginte anocht, tá an ré gointe anocht; tá an ghealach ag teacht chun cinn, tá an ghealach ag tíocht; tá an chéad cheathrú den ghealach ann, tá an ghealach i mbéal ceathrún, tá ceathrún den ghealach ann, tá sí ina leathré; tá an ré lán, tá gealach lán ann, tá iomlán gealaí ann, tá sí ina lánré, oíche réabghealaí; caolú na gealaí, tá an ghealach ag cúlú, tá an ghealach ag dul ar gcúl, tá an ré ag dul chun deiridh, tá cúl ar an ngealach; an duibhré, an ré dhorcha; seanghealach.

gealadh noun ❶ *dawning*: aithne an lae, amharc an lae, bánú an lae, breacadh an lae, briseadh an lae, camhaoir, deargadh an dá néal, fáinne an lae, láchan, láchaint, lonrú an lae, maidin, maidneachan. ❷ *bleaching*: bánú, gealú, glanadh, tréigean, tuar, tuaradh. ❸ *greying of hair*: liathadh. ❹ *gladness, fondness*: ábhacht, aeracht, áibhéireacht, aiteas, antlás, aoibh, aoibhneas, ardú meanman, áthas, bród, gairdeachas, gairdeas, gealán, gealchroí, gealgháire, gliondar, laighce, lainne, lúcháir, meidhir, meidhréis, rímead, suairceas, sástacht, scóip, séan, só, sóchas, soilbhreas, sólás, sonas, suairceas, subhachas, sult, sultmhaire, taitneamh, *literary* subha; bá, cion, connailbhe, cumann, dáimh, dáimhiúlacht, dile, dílseacht, dúil, gean, gnaoi, grá, ionúine, luiteamas, luiteanas, muirn, taitneamh, toil.

gealán noun ❶ *gleam*: breo, dealramh, gealas, gealra, glóir, léar, léas, loinnir, lonrú, luan, luisne, niamh, soilse, soilsiú, solas, splinc, taibhse, taibhseacht. ❷ *bright spell*: aiteall, aoinle, dealán, deibhil, gealas, lascaine, peata lae, tréimhse ghréine.

gealasacha plural noun *suspenders, braces*: pl. brístalacha, crochóg, gairtéal, gairtéar, pl. guailleáin; crios crochóg.

gealbhan noun *sparrow* (Passer): riabhóg, Seán an chaipín.

gealgháireach adjective *sunny, cheerful*: aerach, áthasach, croíúil, aiteasach, aoibhinn, gairdeach, gáiriteach, gliondrach, intinneach, lúcháireach, meanmnach, meidhreach, misniúil, rímeadach, sásta, scóipiúil, séanmhar, soilbhir, somheanmnach, sólásach, sona, suairc, subhach.

geall noun ❶ *pledge, wager*: pl. bannaí, barántas, duais, éarlais, éarnais, mionn, ráthaíocht, stáca, urra, urrús. ❷ *gage, challenge*: agra, dúshlán, rabhadh. ❸ *token, promise*: comhartha, dóchas, focal, gealladh, geallltanas, gealluint, nod. ❹ *asset, assets*: acmhainn, cabhair, cuidiú, cúnamh, sochar, sócmhainn, somhaoin. ❺ **is geall le** *it is the equivalent of*: is ionann agus, is mar a chéile. adverb **geall le** *almost*: ag ionsaí ar, beagnach, bunáite, chomhair a bheith, i ndáil a bheith, i ndáil le, i ngar a bheith, ionann is, is beag nach, mórán, nach mór; ar na boghlainní chuige; bordaithe ar. compound preposition ❶ **geall le, i ngeall le** *dependent upon*: ag brath ar, ag dréim le, taobh le, i gcleith, i leith, i muinín, i dtuilleamaí. ❷ **mar gheall ar** *on account of*: de bharr, de bhíthin, de thairbhe. ❸ **mar gheall ar** *concerning*: dála, faoi, iomthúsa, maidir le, fá dtaobh de, i dtaca le, i dtaobh le. verb ❶ *pledge, promise*: tabhair d'fhocal, tabhair do ghealltanas. ❷ *allot, ordain*: cinn, deonaigh, foraithin, forógair, ordaigh, toiligh.

geallbhróicéir noun *pawnbroker*: geallearbóir; pán.

geallta adjective *betrothed, engaged*: idir dáil is pósadh, luaite (le); tá lámh is focal eatarthu; rinneadh leabhar is lámh eatarthu.

geallmhar adjective *fond (of), desirous (of)*: ceanúil (ar), doirte (do), doirte (i), dúilmhear (i), práinneach (ar), tórtha ar; i ngeall (ar).

gealltanas noun *promise*: briathar, focal, gealladh, gealluint, móid.

gealt noun *mad person, lunatic*: gealtach, gealtán, geilt; craiceálaí, duine buile, duine mire, éifid, fear báiní, fear gealaí, fear mire, íorthachán, siabhránach; scitsifréineach, máindúlagrach.

gealtach adjective *mad, insane*: aerach, aertha, aisteach, bán, baoth, **adjectival genitive** buile, confach, confadhach, **adjectival genitive** craic, craiceáilte, éadrom sa cheann, éaganta, mear, seachmallach,

siabhránach, *literary* dreamhan; chomh mear le míol Márta; ar gabhair, ar mearbhall, ar mire, ar na craobhacha, ar steillmhire, as a chéill, as a chraiceann, as a mheabhair, as a stuaim, imithe dá bhosca, le báiní, le craobhacha, thar bharr a chéille; tá cearr beag air, tá cor ann, tá mearadh air, tá saochan céille air, tá seachrán air.

gealtachas noun ❶ *madness, lunacy*: gealtacht; báiní, buile, dímhearbhall, éadroime, gabhairéis, íorthacht, máine, mearadh, mearaí, mearaíocht, mearbhall, mearbhall aigne, mearbhall intinne, mearbhall céille, mearchiall, mire, néaróis, rámhaille, réaltóireacht, saobhchiall, saochan céille, seachrán céille, taom buile, *familiar* saighleam. ❷ *panic, terror*: anbhá, critheagla, pl. haras, pl. harasaí, histéire, imeagla, líonrith, scanrú, scaoll, scard, sceimhle, scéin, sceon, uafás, uamhan, *literary* fuascar.

gealtlann noun *lunatic asylum*: ospidéal meabhairghalar, ospidéal síciatrach, teach gealt, teach mór.

geam noun *gem*: buachloch, pl. liaga lómhara, seod, *colloquial* seodra; adhmaint, diamant.

geamaireacht noun ❶ *pantomime*: aisteoireacht, cleamaireacht, cluiche, dráma, drámaíocht, fronsa, fuirseoireacht, geamaíl, mionchluiche, pantaimím, sceitse. ❷ **geamaireacht bhalbh** *mime, dumbshow*: dráma balbh, mím, pantaimím.

geamhar noun *springing corn, springing grass, corn or grass in the blade*: bachlóg, barr, buinneán, buinneog, coinlín, cos, cuiseog, fás, gas, gasóg, seamaide, sifín, tráithnín.

geamhchaoch adjective *bleary, purblind*: caoch, dallradharcach, gairid san amharc, gearrbhreathnaitheach, gearr-radharcach, lagshúileach, mallradharcach, scáthshúileach, sramshúileach; crapshúileach.

Geamanna agus Clocha Ornáideacha

agate: agáit f.
alexandrite: alastairít f.
almandine: almaindín
amber: ómra
amethyst: aimitis f.
aquamarine: cloch f. mhuirghorm
beryl: beiril f.
bloodstone: cloch f. fola
bone turquoise (féach *odontolite*)
cairngorm: cloch f. Charn Gorm
carbuncle: carbuncal; carrmhogal
carnelian: coirnéilean
cat's-eye: súil f. chait
chalcedony: calcadóine f.
chrysolite: crisilít f.
chrysoprase: criseapráis f.
citrine: citrín
cornelian (féach *carnelian*)
corundum: corandam
diamond: diamant
emerald: smaragaid f.
false topaz: (féach *citrine*)
fire opal: ópal lasartha
garnet: gairnéad
girasol: gíreasól
greenstone: glaschloch f.
howlite: habhailít f.
jacinth: iasaint f.
jade: séad
jasper: seaspar
lapis lazuli: lapis lazuli; cloch f. lachtach
marcasite: marcaisít f.
moonstone: résheoid f.
moss agate: agáit f. chaonaigh
obsidian: obsaidian
odontolite: ódóntailít f.
onyx: oinisc f.
opal: ópal
opal agate: agáit f. ópail
rhodolite: ródailít f.
ruby: rúibín
sapphire: saifír f.
sardonyx: sardoinisc f.
smoky quartz: grianchloch f. thoiteach
spinel: spinéal
sunstone: cloch f. ghréine
tanzanite: tansáinít f.
topaz: tópás
tourmaline: túrmailín
turquoise: turcaid f.
zircon: siorcón

geamhraigh

geamhraigh verb *spring, sprout*: bláthaigh, buinnigh, caithrigh, eascair, fabhraigh, forbair, péac, tar chun blátha, tar chun cinn.

geamstaire noun ❶ *playboy, womanizer*: banaí, boc, bocaí, bocaileá, bocailiú, bocaileodó, boc báire, buachaill báire, boicín, cleasaí, cliúsaí, cliútach, cluanaí, cluanaire, croían, cuilceach, fleascach, gliodaí, jacaí, lacstar, mealltóir, ógánach, piollardaí, pocaide, radaire, ragairneálaí, raibiléir, rampaire, réice, stail. ❷ *tomboy*: Muireann i mbríste, reithe. ❸ *poseur, attitudinizer*: bladhmaire, bóibéisí, bolscaire, buaiceálaí, gaige, gaige na maige, gaisceachán, gaisceoir, gaiscíoch, gaotaire, geáitseálaí, geamaire, gliogaire, scaothaire.

gean noun *love, affection*: ansacht, carthain, carthanacht, ceanas, ceanúlacht, cion, connailbhe, cumann, dáimh, dáimhiúlacht, dile, dílseacht, díograis, díograisí, dúil, fialchaire, gaolacht, gnaoi, grá, greann, ionúine, rún, searc, suirí, taitneamh, toil, *literary* dailbhe.

geanas noun *purity, chastity*: aontumha, banúlacht, cuibheas, geanmnaíocht, glaineacht, íonacht, ionracas, maighdeanas, modhúlacht, ócht.

geanasach adjective *chaste, modest*: banúil, geanmnaí, geanúil, glan, íon, maighdeanúil, modhúil, *literary* ógh.

geanc noun ❶ *snub nose*: caincín, smúchail, smut. ❷ *chunk*: ailp, baog, blúire, canta, caob, clabhta, cnap, cnapán, crompán, daba, dailc, dairt, dalcán, feadán, fód, gamba, goblach, leota, lóta, maiste, meall, meascán, moll, scailp, scaob, scealp, scealpóg, slaimice, slis, sliseog, smíste, smut, smután, spreota, stéig, torpán.

geancach adjective ❶ *snub nosed*: caincíneach, smutach, smutúil; srónleathan. ❷ *nasal (of voice)*: srónach. ❸ *surly, rude*: brúisciúil, camphusach, cancrach, cantalach, dorrga, forghruama, gairgeach, garg, giorraisc, grusach; dobhéasach, drochbhéasach, drochmhúinte, míbhéasach, mícheadfach, míchuntanósach, míchúirtéiseach, mímhúinte, mosánach, neamhchúirtéiseach, neamhshibhialta; bodachúil, bodúil, brománta, daoithiúil, mí-iomprach, mínósach, púcúil, tuaisceartach, tuathalach, tútach; níl cuntanós na muice aige.

geanmnaí adjective *chaste, pure*: banúil, geanasach, geanúil, glan, íon, maighdeanúil, modhúil, *literary* ógh; glanchroíoch.

geanmnaíocht noun *chastity, purity*: aontumha, banúlacht, cuibheas, geanas, gile, glaine, glaineacht, íonacht, ionracas, maighdeanas, modhúlacht, ócht.

geanúil adjective ❶ *loving, affectionate*: búch, cairdiúil, caithiseach, caoin, caonrasach, carthanach, ceanúil, céiliúil, cineálta, coimhirseach, coimhirseanach, connail, dáimheach, dáimhiúil, dil, grámhar, lách, lánúnach, leanúnach, páirteach, páirtiúil, práinneach, searcach, searcúil, teochroíoch. ❷ *likeable, pleasing*: aiteasach, álainn, aoibhinn, caithiseach, canta, conláisteach, dealraitheach, deamhaisiúil, deas, deismir, dóighiúil, fíortha, galánta, gnaíúil, gnúiseach, greanta, innealta, meallacach, suairc, taitneamhach, tarraingteach. ❸ *decent, seemly*: banúil, ceart, cneasta, cóir, cuibhe, fiúntach, feiliúnach, fóirsteanach, fónta, geanmnaí, geanasach, glan, íon, maighdeanúil, modhúil, morálta, oiriúnach, *literary* ógh.

géar adjective ❶ *sharp, acute*: aithrinneach, bearrtha, biorach, caol, faobhrach, frisnéiseach, goimhiúil, goinideach, íogair, rinneach, rinnghéar, siosúrtha, spiorach, *literary* áith, amhainseach, féigh; géarchúiseach, géarintinneach, grinn, tuisceanach. ❷ *pungent*: creamhach, garg, géarbholaíoch, goinbhlasta, láidir. ❸ *bitter, biting*: ainscianta, bearrtha, binbeach, colgach, dolba, gangaideach, garg, gártha, géarfhoclach, goimhiúil, goirt, gonta, nimhneach, ribeanta, sceanúil, *literary* grod. ❹ *shrill*: bíogach, cuachach, scréachach. ❺ *brisk, quick*: abartha, aibéil, aibí, beo, beoga, cliste, fríochanta, gasta, glic, mear, pras, scafánta, sciobtha, tapa.

géaraigh verb ❶ *sharpen*: bioraigh, cuir faobhar ar, faobhraigh, meil. ❷ *intensify*: cuir bior ar, cuir dlús le, cuir faobhar ar, faobhraigh, méadaigh, neartaigh, tromaigh; cruinnigh neart, téigh i ndéine. ❸ *accelerate*: beoigh, brostaigh, cuir dlús le, deifrigh, luathaigh.

gearán noun ❶ *complaint, grievance*: aingíocht, banrán, cáinseoireacht, casaoid, ceisneamh, ceasacht, ceasachtach, ceasnaí, clamhsán, cnádánacht, cnáimhseáil, cneáireacht, diúgaireacht, éighdeán, fuasaoid, tormas, tromaíocht, *literary* ionnlach. ❷ *ailment*: aicíd, breoiteacht, éagruas, easláinte, galar, tinneas. verb *complain*: bí ag casaoid, bí ag clamhsán, bí ag fuasaoid, déan banrán, déan casaoid, éiligh ar, *literary* ceis.

géarán noun *canine tooth, fang*: géaránach, goineog, gonán; starrfhiacail.

gearb noun *scab*: gearbóg, gearg; aicíd an tochais, bruth, carraí, claimhe, gríos, grís, salachar rásúir, tochas, urtacáire; can, sail chnis; lobhra.

géarbhach noun *stiff wind*: anfa, cuaifeach, doineann, drochaimsir, gailfean, gairfean, gála, gaotalach, garbhadas, iomlaíocht, lá na seacht síona, *pl.* réablacha gaoithe, roiseadh gaoithe, séideadh, séideán, síon, *pl.* síona saobha, spéirling, stamhladh gaoithe, stoirm.

géarchéim noun *crisis*: cruachás, éigeandáil, gátar, géarghá, lá na coise tinne, matalang, práinn, riachtanas, taisme, timpiste, tionóisc, tubaiste.

géarchúis noun *shrewdness, discernment*: géarchúisí; breithiúnas, ciall, clifearthacht, críonnacht, eagna, eagnaíocht, éargna, fadcheann, fadradharc, gaois, géire, grinne, grinneas, stuaim, toighis, tuiscint, *literary* réchonn.

géarchúiseach adjective *astute, shrewd*: bainistíoch, barrainneach, cabanta, ciallmhar, clifeartha, cliste, cnuaisciúnach, coimhéadach, críonna, cruinneach, dearcach, eagnaí, éargnaí, fadbhreathnaitheach, fadcheannach, fadradharcach, fríochanta, gaoiseach, gaoisiúil, gaoismhear, géar, géarshúileach, grinn, meabhrach, praitinniúil, stuama, tíosach, tuisceanach, *literary* gaoth.

geargáil noun *gargoyle*: ceann púca.

géarghoileach adjective *hungry, having a good appetite*: amplach, caolocrach, cíocrach, confach, craosach, dea-ghoileach, goiliúil, ocrach, ocrasach, siolgair, stiúgtha; in aimsir a choda a rugadh é.

géarleanúint noun *persecution*: aintiarnas, anfhorlann, ansmacht, ansmachtú, céasadh, cinedheighilt, ciníochas, clipeadh, cos ar bolg, ciapadh, crá, cur isteach, drochíde, drochúsáid, foréigean, inghreim, leatrom, leithcheal, mí-úsáid, peannaid, píolóid, pionós, smachtúlacht, splíontaíocht, spochadh, tíorántacht.

géaróg noun ❶ *pain, twinge*: arraing, broidearnach, daigh, deann, diachair, dioth, diúracadh, *pl.* freangaí, greadán, greim, greim reatha, grodphian, pian, ríog, saighead reatha, tinneas cléibh, treighdeán, treighid, *literary* gúire, iodha. ❷ *cutting remark*: aisfhreagra, cabantacht, coc, coc achrainn, *pl.* cóipíos, dailtíneacht, deiliús, deaschaint, dosaireacht, freasfhreagra, gastóg, géarchaint, gearraighneas, gearraíocht, gearraíocht chainte, gearrchaint, gearrthóireacht, glaschaint, goineogacht, ladús, leasfhreagra, nathaíocht, sáiteán.

gearr adjective ❶ *short*: achomair, aicearrach, ciorraithe, gar, gairid, giorsanta, giortach, gonta. ❷ *near, close:* áisiúil, cóngarach, deas, fogas, gaobhardach, gar, *literary* iongar; in aice le, i neas do, de dheas do. **verb ❶** *cut:* bain, bearr, ciorraigh, grean, lom, sciot, sclár, scoith, snoigh, teasc, *literary* tall. **❷** *shorten:* achoimrigh, ciorraigh, coimrigh, gairidigh, giorraigh, laghdaigh, meang, *literary* tamhain. **❸** *levy:* toibhigh.

gearradh noun **❶** (*act of*) *cutting, incision:* roiseadh, scoradh, stríocadh, stróiceadh, teascadh. **❷** *keenness:* airc, cíocras, confadh, dásacht, deárcas, déine, díocas, dúil, dúrúch, dúthracht, faobach, faobhar, fíoch, fiuchadh foinn, flosc, fonn, griothal, saint, scamhadh, teaspach, tnúth, toil, *literary* friochnamh. **❸** *castigation:* beachtaíocht, béal na ndaoine, cáineadh cáinseoireacht, ciontú, coiriú, damnú, daoradh, eascaine, gearrachán, guth, guthaíl, imcháineadh, imchreachadh, imdheargadh, iomardú, lochtú, mallacht, milleán, priocaireacht, scioladh, scioladóireacht, scóladh, tarcaisne. **❹** *cess, levy:* cáin, cíos, éiric, fíneáil, táille, tobhach. **❺** *speed:* beocht, cruashiúl, gluaiseacht, imeacht, mire, rith, rása, séirse, sciobthacht, siúl, tapúlacht, *literary* daithe.

gearraíocht noun *curtness, repartee:* aisfhreagra beachtaíocht, braobaireacht, cabantacht, coc, coc achrainn, *pl.* cóipíos, dailtíneacht, deiliús, deaschaint, dosaireacht, freasfhreagra, gastacht, gastóg, géarchaint, gearr-aighneas, gearrchaint, gearrthóireacht, glaschaint, goineogacht, ladús, leasfhreagra, nathaíocht, ráisteachas.

gearrán noun **❶** *gelding, horse:* cairiún, gillín, stagún; (*i gContae Dhún na nGall*) beathach, bromach, capaillín, clibistín, each, falaire, gearrchapall, leathchapall, meainc, pónaí, searrach, *literary* gabhar, marc; staga. **❷** *strong-boned woman, jade:* abarlach, amaid, bollstaic, caldar mná, clíthseach, corúisc, cuairsce, gairmneach, garbhóg, láireachán, magarlach, múiscealach, raicleach, rálach, straip.

gearranáil noun *panting, shortness of breath:* asma, cneadaíl, ga seá, plúchadh, *pl.* putha patha, puthadaíl, puthaíl, puthaíl, puthanaíl, saothar; cársán ciach, cliath, piachán, píoblach, seordán, slócht, tocht.

gearrbhodach noun **❶** *young fellow, youngster:* buachaill, aosánach, bioránach, corránach, déagóir, eascartach, fleascach, fostúch, gadsaide, gasún, garsún, gartaire, gasóg, gasúr, gearrbhuachaill, giolla, giollán, giosa, giotachán, leaid, leanbh mic, mac, macadán, macán, macaomh, maicín, malra, malrach, óganach, páiste fir, putach, scorach, stócach, bogstócach, glas-stócach, leathstócach, teallaire. **❷** *squireling:* boicín duine uasail, fear uasal.

gearrcach noun **❶** *fledgling:* éan, garlach, neadachán, rearagán, scallamán, scalltaire, scalltán, smolachán; botún, éan circe, éan eala, éan gé, góislín, éan lachan. **❷** *familiar child:* buachaill, garlach, garsún, gartaire, gasóg, grabaire, imeachtaí linbh, leanbh, leanbh mic, leaid, mac, macaomh, malra, malrach, mamailíneach, páiste, páiste fir, pataire, peitirne, putach, scorach; cailín, gearrchaile, girseach, girseog, iníon, leanbh iníne, páiste mná.

gearrchapall noun *pony, cob:* capaillín, meainc, pónaí; bromach, clibistín.

gearrshaolach adjective *ephemeral, transitory:* básmhar, breacshaolach, díomuan, duthain, gairid, gearr, móimintiúil, neamhbhuan, sealadach, somharaithe.

gearrthóg noun **❶** *cutting, snippet:* blogh, blúire, ceirt, cifle, cifleog, géire, géirín, iongóg, leadhb, paiste, píosa. **❷** *pl.* **gearrthóga** *trimmings: pl.* ciútaí, *pl.* froigísí, *pl.* géirí, *pl.* géiríocha, *pl.* gréibhlí, *pl.* maisiúcháin, *pl.* ornáidí, ornáidíocht, oirnéalaigh.

geasróg noun *spell, charm, superstition:* an ealaín dhubh, asarlaíocht, astralaíocht, breachtradh, bríocht, briotais, buitseachas, *pl.* ciapóga, ciorrú, diabhlaíocht, diamhracht, dícheadal, doilfeacht, draíoch, drochshúil, dubhealaín, fiothnaise, geasadóireacht, geasrógacht, *pl.* geasa droma draíochta, geis, gintlíocht, lusróg, marbhdhraíocht, mothú, ortha, págántacht, piseogacht, piseog, pisreog, saobh-adhradh, seanchreideamh, síofrógacht, upa, upaidh, upthaireacht.

geata noun *gate:* geata crochta, geata taoide, geata tuile; geafta, póirse, puicéad; comhla, doras; béal, bealach amach, bealach isteach, bearna, oscailt.

géata noun **❶** *gait, walk:* dealramh, dóigh, giúlán, gluaiseacht, gné, gó, goic, gotha, imeacht, iompar, seasamh, siúl, teacht i láthair. **❷** *pl.* **géataí** *manners, peculiarities:* airí, bealach, *pl.* béasa, cáilíocht, dealramh, gothaíocht, iompar, leithleachas, mianach, nádúr, nós, ríd, *pl.* saintréithe, spadhar, treall, *pl.* tréithe.

geataire noun **❶** (*single*) *rush* (*Juncus*): geaftaire, geitire; brobh, brobh luachra, feag, feag luachra, *pl.* fíógaí, *colloquial* luachair; bogshifín, buigiún, colgrach, sibhín, sifín, simhean, úrluachair. **❷** *rush candle:* coinneal feaga, fáideog, geitire, íotharna, páideog, snabóg, sútróg, tapar, trilseán. **❸** *slightly built person:* arc, beigeadán, beigaidín, ceairliciú, cleiteachán, cleiteoigín, feithid, gilidín, gilmín, sceoidín, scidil.

géibheann noun **❶** *bond, fetter: pl.* boltaí, ceangal, cónasc, cosacán, cuibhreach, cuing, geimheal, iodh, laincis, *pl.* loirgneáin, nasc, nascadh, slabhra, snaidhm, urchall, *colloquial* iarnach. **❷** *captivity:* géibh, géibhinn; anbhroid, braighdeanas, cimeachas, cimíocht, daoirse, daoirseacht, daoirsine, daorbhroid, daorsmacht, géibheannas, géillsine, moghsaine, príosúnacht, príosúntacht, sclábhaíocht, *literary* cacht, cumhlacht; carcair, cillín, doinsiún, geimheal, píolóid, príosún, an poll dubh. **❸** *distress, pressing need:* aimléis, ainnise, angar, anó, anró, bochtaineacht, bochtaineas, boichte, cruatan, drochshaol, duainéis, duais, easnamh, easpa, éigeantas, gainne, gannchar, gannchúis, gannchúisí, ganntan, ganntanas, ganntar, gátar, gorta, meathfháltas, ocras, *pl.* pócaí folmha, teirce, teirceacht, treabhlaid, uireasa, uireaspa.

géibheannach adjective *distressing, urgent:* cráite, cruógach, deifreach, dian, dochraideach, faobhrach, garóideach, géar, griothalach, léanmhar, práinneach, riachtanach, téirimeach, treabhlaideach, tuineanta. noun *captive, prisoner:* braighdeanach, cime, cimeach, daoiseach, daoránach, geimhleach, giall, pianseirbhí, príosúnach, sclábhaí.

geidimín noun **❶** *flutter, excitement:* aeracht, aeraíl, aoibheall, ardú, bogadach, bogadh, brostú, brú, corraí, corraíl, deabhadh, driopás, deifir, deifre, dithneas, *pl.* drithlíní, eadarluas, éagantacht, éirí in airde, *pl.* eiteoga, faobach, fíbín, flosc, flústar, fosaoid, fothragadh, fuadar, fuascradh, fuirseadh, fústar, geidimíneacht, girréis, gleithreán, gluaiseacht, gríosú, griothalán, guagacht, líonraith, loinne, loinneacht, luaineacht, luathaigeantacht, luas croí, luascadh, luascán, macnas, mearaí, mearú, preabadh, preabarnach, scaoll, *pl.* sceitimíní, scinnide, scleondar, scóip, spreagadh, spreagthacht, struip, suaitheadh, teaspach, téirim. **❷** *flighty creature:* eitleog, fuaidrimín, giodróg, giofairlín, guagóg, meidhreog, pramsóg, scinnid, struipear, uallóg; éagann, eitleachán.

geidín noun *rump:* anas, áthán, bundún, clais, gaireanáta, geadán, gimide, giorradán, gúnga, *pl.*

geidineáil

más, poll, poll na tóna, prompa, rumpa, tiarpa, timpireacht, tóin, toll, *familiar* cráic.

geidineáil noun *petty chores*: giollacht, gíotáil, giotamáil, giurnáil, gliocsáil, potráil, sibiléireacht, spidireacht, timireacht, útamáil; scamhadh geataírí do dhuine.

géill verb ❶ *yield, submit* (to): bog, lúb, stang, stríoc; bí umhal do, déan rud ar, geall riar do, lig le, scaoil le, tabhair isteach do, umhlaigh do, *literary* staon do. ❷ *give credence to, believe*: aontaigh (le), creid, glac (le); tabhair isteach (do).

géilleadh noun *submission, obedience*: géilliúlacht, géillsine, ómós, tabhairt suas, umhlaíocht, umhlú; adhradh, onóir, stiúraíocht, stríoc, stríocadh, tairise, tairiseacht, urraim.

géilliúil adjective ❶ *obedient*: ceansa, géilliúnach, muiníneach, ómósach, sléachtánach, socheansaithe, sochomhairlithe, soghluaiste, soláimhsithe, somhúinte, spleách, uiríseal, umhal, urramach; lúitéiseach, lústrach. ❷ *credulous*: creidmheach, mothaolach, neamhamhrasach, neamhfhaichilleach, neamhoilte, róchreidmheach, saonta, simplí, sochomhairlithe, soineanta.

géillsine noun ❶ *service, vassalage*: daoirse, daorbhroid, daorsmacht, dualgas, feidhmeannas, fónamh, freastal, sclábhaíocht, seirbhís, uirísle, umhlaíocht, vasáilleacht, *literary* céilsine, eiseamal, ionaltas. ❷ *allegiance*: dílseacht, dúthracht, ómós, tairise, tairiseacht, urraim.

géillsineach noun *subject*: daoirseach, daor, daoránach, mogh, moghaidh, sclábhaí, searbhónta, seirbhíseach, seirfeach, tráill, vasáilleach.

géim¹ noun *low, bellow*: ailleog, blao, blaoch, bonnán, béic, béicfeach, béicíl, búir, búireach, éamh, faí, faíreach, fuaim, gáir, gárthach, gárthaíl, géimneach, glam, glamaíl, glao, glaoch, liú, macalla, nuall, scairt, scol, scolaíocht, toirneach, torann, tormán, tuaim, uaill, uallfairt, uallfartach, *literary* géis. verb *bellow, roar*: búir, éigh, glam, glaoigh, liúigh, scairt, scol, *literary* géis; cuir béic asat, cuir blao asat, cuir búir asat, cuir éamh asat, cuir gáir asat, cuir géim asat, cuir glam asat, cuir glao asat, cuir liú asat.

géim² noun ❶ *game*: fiach, seilg; creach, éadáil. ❷ *gameness*: brí, coráiste, coráistiúlacht, croí, géimiúlacht, meanma, meanmnacht, misneach, misniúlacht, spionnadh, spiorad, sponc, spreacadh, spréach, spreacúlacht, uchtach, uchtúlacht.

geimheal noun *fetter, shackle*: pl. boltaí, ceangal, cónasc, cosacán, crapall, cuibhreach, cuing, géibheann, iodh, laincis, pl. loirgneáin, nasc, nascadh, slabhra, snaidhm, urchall, *colloquial* iarnach.

geimhleach adjective *fettered, captive*: ceangailte, gafa, tógtha; ar slabhraí, i mbraighdeanas, i bpríosún. noun *captive, prisoner*: brá, brá gill, braighdeanach, cime, cimeach, géibheannach, príosúnach, *literary* broid; coirpeach, cúisí, daoránach, pianseirbhí, giall.

geimhligh verb *fetter, chain*: bac, ceangail, ceangail le slabhra, craplaigh, cuibhrigh, iarnaigh, smachtaigh; cuir bacainn ar, cuir buarach ar, cuir ceangal ar, cuir ceangal na gcúig gcaol ar, cuir laincis ar, cuir téad ar.

geimhreadh noun *winter*: dúgheimhreadh, dúluachar na haimsire, dúluachair na bliana, dúluachair an gheimhridh, dúlaíocht na bliana, dúlaíocht an gheimhridh, gairgeadh dubh na bliana, *pl.* na gearróga dubha.

geimhriúil noun *wintry*: crua, duibheacach, feanntach, fuar, geimhreata, glas.

geir noun *fat, suet, tallow*: bealadh, bloinig, blonag, gréis, gréisc, méathras, mucúsc, saill, smearadh, úsc, *literary* ionmhar.

géire noun ❶ *sharpness*: áithe, bior, caoile, faobhar, géaradas, *literary* féighe. ❷ *steepness*: airde, ingearacht, ríteacht. ❸ *keenness*: brí, cíocras, deabhadh, deifir, déine, díocas, díograis, dithneas, dlús, faobach, flosc, fórsa, fuinneamh, luas, mire, mireacht, neart, praipe, teaspach, tréine, treise. ❹ *shrillness*: caoile, gairbhe, míbhinneas; cíochnach. ❺ *sourness*: gangaid, gairge, gontacht, seirbhe. ❻ *briskness*: aibíocht, aigeantacht, anamúlacht, ardaigeantacht, beocht, beogacht, bíogúlacht, brí, flosc, fuinneamh, teaspach.

geireach adjective *fatty, sebaceous*: blonagach, gréisciúil, méith, olúil, sailleach, úscach.

geis noun ❶ *taboo, prohibition*: bang, cosc, cros, srian, teir, toirmeasc, urchall, urghaire. ❷ *binding injunction*: aithne, ordú, parúl, urghaire. ❸ *spell*: pl. geasa droma draíochta; breachtradh, briocht, briotais, pl. ciapóga, ciorrú, dícheadal, drochshúil, fiothnaise, geasróg, lusróg, mothú, ortha, piseog, pisreog, upa, upaidh; asarlaíocht, astralaíocht, draíocht, an ealaín dhubh, buitseachas, diabhlaíocht, diamhracht, doilfeacht, dubhealaín, gintlíocht, marbhdhraíocht.

géis noun *swan* (Cygnus): eala, cráin eala, gandal eala, éan eala, searfán, searpán; *colloquial* Clann Lir.

geit noun ❶ *jump, start*: bíogadh, léim, preab, scinneadh, scinneog, tapaigean. ❷ *fright*: cradhscal, creathán, critheagla, eagla, faitíos, líonrith, scanradh, scaoll, scard, scáth, sceilmis, sceimhle, scéin, sceon, scinnide, uafás, uamhan. verb *jump, start*: preab, scanraigh, scinn; baineadh geit as, baineadh preab as; ghlac faitíos é, ghlac scáth é.

geitiúil adjective *jumpy, easily startled*: beaguchtúil, cliseach, critheaglach, crithir, cúthail, éadána, éagalma, faiteach, faitíosach, fuaiscneach, lagáiseach, lagspridiúil, meata, mílaochta, neirbhíseach, scáfar, scáithínteach, scanrúil, scaollmhar, scéiniúil, scinnideach, tapógach, uamhnach.

geocach noun ❶ *mime, mummer*: abhlóir, áilteoir, cleamaire, cleasaí, cluicheoir, crosán, damhsaire dubh, fuirseoir, geáitseálaí, geamaire, reabhrach, reabhraíoch; Sir Soipín, Mac Soipín, Nuala agus Dáithí. ❷ *shrill-voiced person*: béiceachán, bolscaire, caointeachán, caointeoir, ceolán, golspaire, sceamhlachán, sciúgaire, scréachaire, screadachán. ❸ *mountebank*: áilteoir, alfraits, anstrólaí, boc, bocaí, bocaileá, bocailiú, bocaileodó, boc báire, buachaill báire, caimiléir, ceáfrálaí, ceaifléir, cleasaí, cluanaire, cneámhaire, coileach, cuilceach, draíodóir, ealaíontóir, geamstaire, gleacaí, gleacaí milis, gleacaire, gliceadóir, lacstar, leábharaic, leidhchéir, lúbaire, meabhlaire, mealltóir, ógánach, paintéar, pasadóir, sleamhnánaí, slíbhín, slíodóir, slíomadóir, sliúcadóir, sliúcaiméir, sliúdráláí, truiceadóir, truicseálaí, tumlálaí. ❹ *parasite*: angarúinneach, bacach, diúgaire, duine dóchúil, failpéir, scramaire, seadán, siolpaire, stocaire, súdaire, súmaire.

geocaíl noun ❶ (*act of*) *piping, squeaking*: bícearnach, bíog, bíognarnach, ceiliúr, cliar, díoscán, díoscarnach, gíoc, gíog, gíog ná míog, gíogaíl, giolcaireacht, gíoscán, píopáil, píopaireacht, tríleach. ❷ *silly talk*: áiféis, amaidí, baothaireacht, baothchaint, baothmhagadh, béalastánacht, blaoiscéireacht, bleadar, bleadaracht, bleadracht, beadráil, bolgán béice, breallaireacht, breilliceáil, breilsce, breilscireacht, brille bhreaille, brilléis, buaileam sciath, buinneachántacht, frois frais cainte, geabaireacht, geabairlíneacht, geabstaireacht, gibiris, gleoiréis, gleoisíneacht, gliogar, gliogarnach, ladús, lapaireacht, leibidínteacht, liopaireacht, málóideacht chainte, pápaireacht, pislíneacht, pléiseam, prislíneacht, radamandádaíocht, raiméis, ráiméis, ramás, rá mata, randamandádaíocht, rith seamanna, scaothaireacht, seadráil chainte, *pl.* seamanna cainte, treillis breillis, seafóid, sifil seaifil, sobalchaint.

geocán noun ❶ *reed, pipe:* deocán, diúcán, faidhf, feadán, fíf, giolc, giolcach, léas, píob, píobán. ❷ *windpipe, throat:* cúláire, deocán, diúcán, diúlfaíoch, éasafagas, geoc, giobús, gionchraos, faraing, laraing, píob, píobán, píobán garbh, sceadamán, sciúch, scornach, smiolgadán, stéig, súsán, traicé, *literary* gibhis. ❸ *drinking straw:* coinlín, deocán, diúcán, sifín, sop, sop óil.

geografaíocht noun *geography:* geografie, tíreolaíocht, tíreolas, tlachtghrabhacht; topagrafacht, dinnseanchas; tuatheolaíocht.

geoméadracht noun *geometry:* céimseata, geoimeitric; triantánacht.

geoin noun ❶ *confused noise, hum:* bús, ciarsán crónán, dordán, dordánacht, drandam, drantán, geoin, geonaíl, glafarnach, seabhrán, seastán, seordán, sian, siansán, siosarnach, sioscadh, siosma, siot, troistneach. ❷ *cry, whimper:* diúgaireacht, glao, liú, pusaíl, scairt, sian, snag, snagaíl. ❸ *derision, mockery:* geoin mhagaidh; aithris magaidh, aoir, beithé, cnáid, cráinmhagadh, díspeagadh, faíreach, fachnaoid, fochaid, fonóid frimhagadh, gáirmhagadh, imdheargadh, magadh, scig, scige, scig-gháire, scigireacht, scigmhagadh, spailleadh, spochadh, spochadóireacht, spochaireacht, spocharnaíl, steallmhagadh, tarcaisne, tarcaisnil; tá cuideachta agaibh orm.

geois noun ❶ *bag, satchel:* bianán, búiste, cnapsac, curraoin, maingín, mála, mangán, mealbhóg, pocán, púitse, sac, saicín, saitsil, spaga, tiachán, tiachóg, trucaid. ❷ *belly, paunch:* ardbholg, bolg, collaid, ciseachán, cuadal, feirc, maróg, peasán, riteachán, sceart, séibe, stomán, tarr, torp, *familiar* corcán. ❸ *fat woman:* bruithneog, búis, cearnóg, cleaití, flapóg, geasta ósta, lapóg, leathnóg, múis, pardóg, patalóg, plobóg mná, rabhndairín, ringiléad, samhdóg sodóg, stopóg, taoiseoigín, tonóg, torpóg.

geoiseach noun ❶ *gourmandizer:* ailpéir, alpaire, amplachán, amplóir, anrachán, bláistéir, bleadrachán, calcaire, cíocrachán, cíocrasán, cráisiléad, craosachán, craosaí, craosaire, craosánach, gainéan, gionachán, gliúrach, gliúrachán, gluitéir, glutaire, goileadán, goilíoch, gorb, graoisín, longaire, málaeir, ocrachán, ocrasán, peasánach, placaire, póitreálaí, slamaire, slogaire, slogamóir, slogánach, suthaire. ❷ *paunchy person:* bleitheach, bleitheachán, boglachán, bograchán, boilgíneach, bolgadán, bolgaire, bolmán, bolmán béice, bró, brúchtíneach, bruileach, bruilíneach, brúitín, brúitíneach, builtéar, builtéir, buimbiléad, búiste, búistéir, bumbailéir, burla, burlaimín, burlamán, ceaigín, claiséir, daba, lamhnán, méadlach, méadlachán, móta, páin, pántrach, peasánach, plobaire, plobar, plobrachán, pogaí, pórc, riteachán, sceartachán, torpán.

geolaíocht noun *geology:* tlachteolaíocht, tlachteolas.

geolbhach noun ❶ *gills of fish:* breanc, gáilleach, georlach, giallmhach, *pl.* giúráin, sceolbhach. ❷ *jowl, fleshy jaw:* athsmig, gáilleach, georlach, giall, giallfach, meilleog, pluc, preiceall, sceolbhach, seicimín, sprochaille.

geonaíl noun (*act of*) *whimpering, rumbling:* cnead, cneadach, cneadaíl, diúgaireacht, fuarchaoineadh, fuarghol, gártharí, geoin, glóraíl, meigeallach, och, ochadh, osna, sian, tormáil.

geosadán noun ❶ *soft thistle:* dosadán, deosadán, feochadán, feochanán, feosadán, fothannán, fuafannán. ❷ *withered stalks of ragweed:* bailceasán, buachalán, buafallán, buncaiseán, deosadán, géasadán. ❸ *thin, weedy person:* caiteachán, cnámharlach, cnáfairt, cuail cnámh, cringleach, deilbhéir, langa, léanascach, leicneán, leathóg, loimíneach, loimirceach, lománach, raispín, ránaí, ranglach, ranglachán, ranglamán, reangaide, reangaire, reangartach, reanglach, reanglachán, reanglamán, rúcach, scáil i mbuidéal, sclotrach, séacla, séaclach, séaclóir, síofra, síogaí, síothnaí, speireach, splíota, spreanglachán, taiseachán; níl ann ach a chomharthaíocht, níl ann ach na ceithre huaithne, níl ann ach a scáth; níl deilbh luiche air, níl feoil ná foilse air.

giall¹ noun *jaw:* carball, corrán, gáilleach, geolbhach, georlach, giallfach, mandabal, sceolbhach; béal, clab.

giall² noun *hostage:* braighdeanach, cime, cimeach, géibheannach, geimhleach, príosúnach, *literary* eidire.

giallacht noun *hostageship, bondage:* anfhorlann, ansmacht, cimeachas, cimíocht, daoire, daoirse, daorbhroid, daorsmacht, géillsine, leatrom, meirse, moghsaine, sclábhaíocht, seirfeachas, tráilleacht, tromdhaoirse, *literary* cacht.

giarsa noun *joist, beam:* balc, bíoma, boimbéal, cearchaill, crann, maide, maide éamainn, maide mór, maide mullaigh, rata, sabh, sail.

gibiris noun *gibberish, nonsense:* áiféis, amaidí, alamais, alamais chainte, baois, bleadar, bolgán béice, breilliceáil, brilléis, camalanga, deilín, díth céille, fantaisíocht, fastaím, gaotaireacht, gligíneacht, gliogairnéis, gliogar, Laidin, leibidínteacht, málóideacht, pápaireacht, placadh siollaí, pleotaíocht, prislíneacht, raiméis, ráiméis, ramás, seafóid, sifil seaifil, sobalchaint, treillis breillis, truflais.

gibléid plural noun *giblets:* conamar, gipis, gríscín, *pl.* inní, ionathar, scairt, turscar.

gifte noun *natural gift:* ábaltacht, acmhainn, bua, cumas, giofta, mianach, pribhléid, ríd, tabhartas, tallann, tíolacadh, tréith.

gile noun ❶ *whiteness:* báine, gileacht, soilseacht, gléineacht, lítis, tuarthacht; mílí, mílítheacht, míshnua, tláithe. ❷ *purity:* aontumha, banúlacht, cuibheas, geanas, geamnaíocht, glaineacht, íonacht, maighdeanas, modhúlacht, ócht.

gilidín noun ❶ *fry (of fish):* eochróg, gearraidín, géiteog, gilmín, giolaide, iasc óg, iascán, líbín, maghar, meallóg, sailleán, salán, síol éisc, stuifín. ❷ *diminutive person:* abhac, abhcán, aircín, arcán, beagadán, beagaidín, boiric ó ciú, ceairliciún, cnádaí, crabadán, cruachán, cruiteachán, draoidín, dúidlín, duine beag, fear beag, fíothad, firín, gilmín, sceoidín, scidil; bean bheag, beainín, caillichín, gortóg. ❸ *child:* garlach, garsún, gartaire, gasóg, gasúr, grabaire, imeachtaí linbh, leanbh, leanbh mic, malra, malrach, mamailíneach, páiste, páiste fir, pataire, peitirne, putach, scorach, *familiar* gearrcach; cailín, gearrchaile, girseach, girseog, iníon, leanbh iníne, páiste mná.

gimléad noun *gimlet:* bíomal, bíomlóg, meana, tarathar.

gin noun ❶ *begetting, birth:* breith, giniúint, saolú, teacht ar an saol, tuismeadh. ❷ *foetus:* féatas, ginidín, giniúint, suth. ❸ *child, offspring:* báb, babaí, bábán, báibín, buinne, buinneán, bunóc, leanbh, gasúr, gineog, ginidín, naí, naíonán, páiste, tachrán, *familiar* gearrcach; *colloquial* clann, síol, sliocht. verb *give birth to, generate:* beir, coimpir, déan, saolaigh, tabhair, tuismigh.

gineadóir noun ❶ *begetter:* athair, bunaitheoir, ginteoir, tuismitheoir, tuiste. ❷ *generator:* dineamó, dionamó, ginteoir.

ginealach

ginealach noun ❶ *genealogy, pedigree:* folaíocht, *pl.* géaga ginealaigh, ginealas, ginealeolaíocht, pórtheastas, rian, sloinnteoireacht; craobhuaisleacht, uaisleacht. ❷ *generation:* gin, glúin, saol. *literary* díne.

ginearál noun *general:* ceann airm, ceann feadhna, ceann slua, ceann urra, ceannaire, ceannasaí, cinnire, rífhéinní, taoiseach.

ginearálta adjective *general:* comhchoiteann, coiteann, coitianta, fairsing, forleathan, gnách, gnáth-, iondúil, uilíoch.

giniúint noun ❶ *procreation, conception:* breith, coimpeart, gabháil, gineadh; atáirgeadh, iolrú, síolrú, tuismeadh, tuiste, *literary* geanas. ❷ *generation, production:* cruthú, cur amach, cur ar fáil, déanamh, saothrú, saothrúchán, soláthar, táirgeadh, tuismeadh. ❸ *embryo:* féatas, gin, gineog, ginidín, suth. ❹ *progeny, breed:* bunadh, cine, cineál, clann, dúchas, fialas, fine, folaíocht, fuil, iarmhar, líne, muintir, pobal, pór, rás, síol, síolrach, sliocht, stoc, suth, teaghlach, treibh, *literary* iardraí.

ginmhilleadh noun (*procured*) *abortion:* literary toghluasacht; breith anabaí, mairfeacht.

gintlí adjective *heathen, pagan:* ainchreidmheach, ainchríostúil, barbartha, diashéantach, díchreidmheach, págánach, pagánta, Saraisíneach, uigingeach.

gintlíocht noun ❶ *paganism:* ainchreideamh, ainchríostúlacht, barbarthacht, díchreideamh, págánach, págántacht, págántaíocht, saobhadhradh. ❷ *heathen craft, sorcery:* an ealaín dhubh, asarlaíocht, astralaíocht, breachtradh, briotais, buitseachas, ciorrú, diabhlaíocht, diamhracht, dícheadal, doilfeacht, draíocht, drochshúil, dubhealaín, geasadóireacht, geasrógacht, marbhdhraíocht, mothú, piseogacht, síofrógacht, upthaireacht, *literary* fiothnaise, tuaithe.

giob noun *morsel, bit:* ailp, balc, baog, beag, beagmhéid, blaiseadh, blaisín, blúire, blogh, bolgam, caob, caor, caorán, clabhta, cnaiste, cnap, cnapán, diocán, gamba giobóg, giota, goblach, gráinne, iongóg, meascán, mionrud, ruainne, slam, smut, smután. verb *pick, pluck:* bain, pioc, prioc, sciob.

giob geab noun ❶ *pecking:* giobadh, piocadh, piocaireacht, priocadh, priocadaíl. ❷ *chit-chat:* agallamh, allagar, béadán, béadchaint, béalastánacht, bleadar, bleadracht, bleadráil, breasnaíocht, brilléis cainte, briosc-chaint, buinne cainte, cabaireacht, cadráil, caint, ceiliúr, clab, clabaireacht, comhrá, geab, geabaireacht, geabairlíneacht, geabantacht, geabstaireacht, geocaíl, geab, giofaireacht, giolcaireacht, giostaireacht, glagaireacht, gleoiréis, gleoisíneacht, gliadar, gligíneacht, gliog gleag, gliogar, gliogarnach, glisiam, gobaireacht, gogalach, pairlí, plé, síofróireacht, sifil seaifil, siollaireacht, spruschaint.

giobach adjective *shaggy, unkempt:* bratógach, ceamach, ceamánta, ciafartach, cifleogach, clíbíneach, diasach, gioblach, glibeach, gliobach, guaireach, leadhbánach, leadhbógach, liobarnach, líobóideach, lóipíneach, luideach, mosach, mothallach, scáinte, scifleogach, scothánach, scrábach, slaimiceach, smolchaite, sraoilleach, stothallach, streachlánach.

giobachán noun *unkempt person:* breallán, bruthaire, ceamach, ceamachán, ciafart, cifleachán, círéib, clogán streille, coigealach, cuifeach, cuileachán, giobailín, gioblachán, glibire, gliobachán, leibide, liobar, liobarnálaí, magarlán, pana, pleibistín, prioslachán, rathlach, scifleachán, scothánach, scrábachán, slaimice, sláimín, slapaire, slibire, sraoilleachán, sraoilleán, sraoillín, straille, strailleán, streachaille; braimleog, breallóg, claimhseog, claitseach, cuachán mná, cuairsce, giobóg, gliobóg, leadhbóg, liobóg, peallóg, slámóg, slapóg, slapróg, sraoill, sraoilleog, strailleog, strupais, suairtle.

giobal noun *rag, clout:* balcais, *pl.* bigíní, bratóg, *pl.* breallaigh, *pl.* breallaín, *pl.* breallacáin, bréid, ceamach, ceirt, cifle, cifleog, círéib, crothóg, géire, géirín, giob, leadhb, *pl.* paicinéadaí, paiste, plispín, preabán, scifle, scifleog, *pl.* scóiléadaí, scrábán, strabóid, streachlán, suán glacach.

gioblach adjective *ragged, tattered:* bratógach, ceamach, ceamánta, cifleogach, giobach, glibeach, gliobach, leadhbánach, leadhbógach, liobarnach, líobóideach, luideach, ribeach, ribeogach, ribíneach, scifleogach, scothánach, scrábach, slaimiceach, sraoilleach, streachlánach, stiallach.

gioblachán noun *ragged person, ragamuffin, tatterdemalion:* breallán, ceamach, ceamachán, cifleachán, círéib, clogán streille, coigealach, cuifeach, cuileachán, giobachán, giobailín, glibire, gliobachán, leibide, liarlóg, liobar, liobarnálaí, magarlán, pana, pleibistín, radalach, scifleachán, scothánach, scrábachán, slaimice, sláimín, slapaire, slibire, sraoilleachán, sraoilleán, sraoillín, strabóid, straille, strailleán, streachaille; braimleog, breallóg, claitseach, cuachán mná, cuairsce, giobóg, gliobóg, leadhbóg, liobóg, peallóg, slámóg, slapóg, slapróg, sraoill, sraoilleog, strailleog, strupais, suairtle.

giodal noun *sauciness, conceit:* aisfhreagra, anbharúil, braobaireacht, buannaíocht, cabantacht, clóchas, coc, coc achrainn, *pl.* cóipíos, consaeit, *pl.* cumaí móra, dailtíneacht, deiliús, dosaireacht, drannaireacht, éirí in airde, forcamás, *pl.* froigisí, *pl.* geáitsí, *pl.* gothaí, iarlaitheacht, ladús, leitheadas, maigiúlacht, plucaireacht, prapaireacht, *pl.* roilsí, sotal, stráice, strôúlacht, suimiúlacht, teanntás, uabhar, údarás.

giodalach adjective *saucy, conceited:* abartha, aisfhreagrach, anbharúlach, cabanta, clóchasach, cocach, consaeitiúil, cuidiúil, cunórach, deaschainteach, deisbhéalach, deiliúsach, gasta, gearrchainteach, ladúsach, lánmhar, maigiúil, mórmheasúil, nathanta, soibealta, sonnta, sotalach, stradúsach, strôúil, suimiúil, teanntásach, toghail, tóstalach, tréipéiseach, uaibhreach, údarásach, undrach.

giodam noun ❶ *restlessness, uneasiness:* ardú, bogadach, bogadh, cailm, corrabhuais, corraí, corraíl, corrthónacht, eagla, faitíos, fíbín, flosc, fuadar, gearaíl, giurnáil, gluaiseacht, goraíocht, guagacht, guagaíl, guagaíocht, guairdeall, imeacht, imní, líonraith, luaineacht, luascadh, luascán, míshuaimhneas, obainne, preabadh, scaoll, scleondar, siúl, spadhar, spreagthacht, suaitheadh, taghdáil, teaspach, tobainne. ❷ *giddiness, friskiness:* aeracht, aeraíl, áibhéis, áiféis, amadántacht, amaidí, baois, baothántacht, baothántaíocht, díth céille, éadroime, éagantacht, fastaím, gaotaireacht, gamalacht, giongacht, giústal, gligíneacht, gliogar, iorthacht, leibideacht, leithéis, luaineacht, luas croí, pleidhcíocht, pleotaíocht, raiméis, ráiméis, ruais, ruaiseacht, *pl.* sceitimíní, seafóid, sifil seaifil, taobhach. ❸ *restless person, giddy person:* díodánaí, éagann, eitleachán, fraecsálaí, gealbhan duine, gligín, leithéisí, mearaí, rabhdalam, ruathaire, straiméad, únfartálaí; baothóg, eitleog, fuaidrimín, giodróg, giofairlín, guagóg, meidhreog, pramsóg, scinnid, struipear, uallóg.

giodamach adjective ❶ *restless, unsteady:* corrabhuaiseach, corrthónach, díodánach, dodach, éaganta, eaglach, faitíosach, fuaiscneach, geitiúil, gingideach, giongach, giurnálach, guagach, gúngach, luaineach, luathintinneach, míshuaimhneach, obann, ráscánta, ríogach, spadhrúil, stamrógach, taghdach, tallannach, tobann. ❷ *giddy, jaunty:* aerach, alluaiceach, arduallach, athraitheach, baoth, díodánach, éadairiseach, éaganta, éanúil, earráideach, fánach, gaigiúil, gligíneach, gogaideach, guagach, luaineach, ruaiseach, scinnideach, seafóideach, spéiriúil.

giofaire noun *giddy person, silly person:* ablálaí, amadán, bobaide, brealsán, brealsún, brealscaire, briollaire, bobarún, búbaí, búbaire, ceann cipín, ceann maide, ceap magaidh, cligear, clogadán, cloigeann cabáiste, cloigeann cipín, cloigeann pota, cloigeog, cloigneach, cloigneachán, cluasachán, cluasánach, cluasánaí, dallarán, díodánaí, éifid, gligear, leadhb, leadhbaire, leamhsaire, leathcheann, leathleibide, leib, leibide, leibide ó leó, leidhce, leota, leoitéir, mucaire, pastae de chloigeann, péicearlach, pleib, pleotaire, rabhdalam, sifil, tuathalán; baothóg, gamalóg, giodalóg, giodróg, giofairlín, guagóg, meadhróg, meidhreog, raistéir cailín, scéireoigín, suaróg.

giofaireacht noun *giddy talk, silly chatter:* béadán, béadchaint, bleadráil, brilléis, cabaireacht, cadráil, cafaireacht, cíblis, clabaireacht, clisiam, dradaireacht, drádán, geab, geabaireacht, geabairlíneacht, geabantacht, geabstaireacht, giob geab, giolcaireacht, giostaireacht, glagaireacht, gleoiréis, gleoisíneacht, gliadar, gligíneacht, gliog gleag, gliogarnach, glisiam, gogalach, plobaireacht, reacaireacht, rith seamanna, seafóid, sifil seaifil, síofróireacht, síogaíocht, siollaireacht.

giofóg noun *gipsy:* giobóg, rásach, rásaí, ródaí; tincéir, traibhléir.

gíog noun *cheep, chirp:* bícearnach, bíog, bíogarnach, ceiliúr, cliar, díoscán, díoscarnach, geocaíl, gíoc, gíog, gíog ná míog, gíoglach, giolcadh, giolcaireacht, gíoscán, sceamhlach, sianaíl, vác, vác vác.

giolamas noun ❶ *fondling, carressing:* diurnú, giollamas, glacaireacht, gráín, láchín, láinteacht, mán mán, manaois, muirnéis, muirníneacht, muirniú, peataireacht. ❷ *flirting:* cúirtéireacht, faoileáil, manaois, radaireacht, spallaíocht, suirí, tláithínteacht; imirt ceaintíní ar a chéile.

giolc noun *reed* (Phragmites): deocán, diúcán, faidhf, feadán, fíf, *colloquial* biorrach, cuiscearnach, cuiscireach, cuiscreach, giolcach; seisc, *colloquial* seasclach. verb *beat with rod, cane:* giulc; buail le slat, tabhair an maide do, tabhair an tslat; cnag, gread, lasc, leadair, leadhb, léas, léirigh, liúr, péirseáil, slat, slatáil, smíoch, smíocht, smiot, smíst, stánáil, súisteáil.

giolcaire noun *chirper, chatterer:* cadrálaí; béalastán, cabaire, cafaire, callaire, clabaire, claibéir, claibín muilinn, dradaire, drandailín, geabadán, geabaire, geabstaire, gíogaire, giostaire, glafaire, glagaire, glagbhéal, gleoiseach, gleoisín, gleothálaí, gligín, gliogaire, gliogarnálaí, gobachán, plobaire, scaothaire, scrathóg, síofróir, siollaire, siosaire.

giolcais noun *rag, old item of clothing:* balcais, bratóg, bréid, ceamach, ceirt, cifle, cifleog, círéib, crothóg, géire, géirín, giob, giobal, leadhb, paiste, plispín, preabán, scifle, scifleog, *pl.* scóiléadaí, scrábán, straboid, streachlán, suán glacach.

giolla noun ❶ *youth, boy:* aosánach, bioránach, buachaill, corránach, déagóir, eascartach, fleascach, gasún, gearrán, gartaire, gasóg, gasúr, gearrbhodach, gearrbhuachaill, giollán, grabaire, leaid, leanbh mic, mac, macadán, macán, macaomh, maicín, malra, malrach, óganach, páiste fir, putach, scorach, stócach, bogstócach, glas-stócach, leath-stócach, teallaire. ❷ *man-servant, attendant:* amhas, amhsán, ara, bonnaire, buachaill, cábóg, coimhdire, dáileamh, eachlach, fearóglach, fóinteach, fostúch, giománach, gíománaí, iomgabhálaí, leacaí, searbhónta, seirbhíseach, spailpín, timire, *colloquial*

giollanra. ❸ *fellow:* bearránach, biorannach, buachaill, cábún, cadramán, díolúnach, diúlach, duine, fear, garsún, gasúr, leaid, mac, neach, péisteánach, stócach.

giollacht noun ❶ *literary youth, age of service:* aimsir, macacht, macaomhacht, óige. ❷ *attendance, guidance:* giollaíocht; buachailleacht, ceannaireacht, cinnireacht, comóradh, fosaíocht, freastal, friotháil, seirbhís, stiúir, stiúradh, stiúrthóireacht, taoiseacht, taoisíocht, tindeáil, tionlacan, treoir, treorú.

giollaigh verb *lead, guide:* comóir, tabhair, tionlaic, treoraigh, stiúir.

gíománach noun ❶ *yeoman:* criaire, feilméara, feirmeoir, gíománaí, scológ, talmhaí, tuathánach, *literary* brughaidh; coisí, marcach, milisteoir, óglach, saighdiúir. ❷ *coachman:* cairteoir, carraeir, carróir, cóisteoir, cóistire, gíománaí, tiománaí. ❸ *attendant, lackey:* amhas, amhsán, buachaill, cábóg, coimhdire, dáileamh, eachlach, fearóglach, fostúch, giolla, gíománaí, leacaí, searbhónta, seirbhíseach, spailpín, timire, *colloquial* giollanra. ❹ *tall sinewy man:* brísteachán, cleith, cleithire, cliathramán, cnábaire, cnuachaire, coinnleoir, cuirliún, cuirliúnach, gailléan, gallán, gíománaí, gleidire, ioscadán, langa, léanscach, píle, pílí, próiste, radalach, rúpach, rúplach, reanglamán, scodalach, sconnartach, síneálach, spíce, spreota, sreangaire, *figurative* réitheach. ❺ *impudent fellow:* beachtaí, boicín, braobaire, bruachaire, bruadaire, brusaire, coc, cocaire, dailtín, dosaire, fachmaire, gastaire, gearraighneasóir, gíománaí, giostaire, plucaire, prapaire, rud suarach, smeirle, stráisiúnaí, suarachán.

gionach adjective *greedy, voracious:* amplach, amplúil, cíocrach, géarghoileach, goiliúil, longach, póitreálach, slogach, suthach, tomhaltach; aimirneach. noun *ravenous hunger, greed:* aimirne, alpaireacht, ampall, ampar, ampla, anlucht, cíocras, confadh ocrais, craos, craosaireacht, dúil, dúil chráite, flosc, fraoch fiacla, placamas, saint, santacht, sceimhle ocrais, slogáil, slogaireacht, suthaíocht, suthaireacht; íota, íotacht, méadláil.

gionachán noun *voracious person:* ailpéir, alpaire, amplachán, amplóir, anrachán, bláistéir, bleadrachán, bleitheach, bleitheachán, bolgadán, calcaire, cíocrachán, cíocrasán, cráisiléad, craosachán, craosaí, craosaire, craosánach, gainéan, geoiseach, gliúrach, gliúrachán, glutaire, goileadán, goilíoch, gorb, graoisín, longaire, málaeir, méadlach, ocrachán, ocrasán, peasánach, placaire, póitreálaí, slamaire, slogaire, slogamóir, slogánach, suthaire, tomhaltóir.

giongach adjective *restless, skittish:* aerach, aigeanta, alluaiceach, anamúil, athraitheach, baoth, corrabhuaiseach, corrthónach, dodach, éadairiseach, éaganta, éanúil, earráideach, faitíosach, fánach, fuaiscneach, gaigiúil, geitiúil, giodamach, giurnálach, gligíneach, gogaideach, guagach, luaineach, luathintinneach, míshuaimhneach, obann, ráscánta, ríogach, scinnideach, spadhrúil, spéiriúil, taghdach, tallannach, tobann.

giorracht noun ❶ *shortness, brevity:* aicearracht, cóngar, giorra, giortacht, gontacht. ❷ *closeness, proximity:* aice, cóineas, cóngar, cóngaracht, cóngas, deise, deiseacht, fogas, foisceacht, gaire, gaobhar, gaobhardacht, gar, giorra, *literary* neasacht.

giorraigh verb *shorten, abbreviate:* caolaigh, ciorraigh, conlaigh, crap, cúb, gairidigh, giortaigh, laghdaigh.

giorraisc adjective *abrupt, curt:* colgach, drisíneach, gearblach, gearr-abartha, girréisneach, gonta, grusach, lom, míchúirtéiseach, míchuntanósach, mímhodhúil, mímhúinte, míshibhialta, nathanta, obann, tobann, tútach.

giorria noun *hare (Lepus)*: Brian bearnach, míol buí, míol gearr, míol má; glasmhíol, glasmhíol Mhárta.

giorrúchán noun *abbreviation, contraction*: giorrú, nod.

giorta noun *girth, waist*: básta, beilt, coim, crios, lár, sursaing, vásta; tarrghad.

giortach adjective ❶ *short, skimpy*: achomair, beag, bídeach, caol, comair, connail, easnamhach, eisbheartach, gairid, gann, gearr, gortach, lag, mion, mion-, neamhshubstaintiúil, scáinte, sciotach, tanaí. ❷ *stumpy, low-sized*: beag, ceapánach, dingthe, gearr, íseal; ar bheagán airde.

giortaigh verb *shorten*: caolaigh, ciorraigh, coimrigh, conlaigh, crap, cúb, giorraigh, laghdaigh.

giosáil verb *fizz, sizzle, ferment*: brach, coip, déan broidearnach, déan giosáil, déan broidearnach, déan siosarnach, fiuch, siosc, spréach.

giosán noun *half-hose, sock*: lóipín, máirtín, miotán, osán, stoca.

giosta noun *yeast*: deasca, gabháil, laibhín.

giota noun *bit, piece*: beagán, blogh, blúire, candam, cion, codán, cuid, mír, páirt, píosa, roinn, roinnt, scair, sciota, sciotachán, smiodar, smidirín, sprúille, suim.

giotáil noun *(act of) trifling, fumbling*: ábhaillí, artabháil, cipiléireacht, cipleáil, cliopaireacht, fidléireacht, fidlínteacht, gliúmáil, ladhráil, leiciméireacht, manaois, meandáil, méaraíocht, méiseáil, sibiléireacht, slibreáil, spidireacht, spreotáil, spriongar, tincéireacht, útamáil.

girréis noun *high spirits, friskiness*: aigeantacht, áibhéireacht, ardaigeantacht, beocht, beogacht, bruitheán, croí, éirí croí, éadroime, éirí in airde, flosc, fóisíocht, gairdeas, gealadhram, gealgháirí, géim, giústal, gleoiréis, gliondar, greann, gus, laighce, lainne, lúcháir, macnas, meanma, meidhir, meidhréis, misneach, pléaráca, rachmall, rancás, scléip, scleondar, scóip, scóipiúlacht, scoraíocht, siamsa, soilbhreas, soirbheas, spéiriúlacht, spiorad, spleodar, sprid, spórt, spraíúlacht, spraoi, subhachas, súgachas, súgaíocht, súgradh suairceas, teaspach, uabhar, uaibhreacht, uaibhreas.

girréiseach adjective *high-spirited, frisky*: aerach, ceolmhar, croíúil, damhsach, éadromaigeanta, éaganta, éanúil, earráideach, foléimneach, gáiriteach, gealchroíoch, gealgháireach, giodamach, giústalach, gogaideach, guagach, intinneach, luaineach, meanmnach, meidhreach, meidhréiseach, scinnideach, scóipiúil, siortógach, soilbhir, spéiriúil, spleodrach, suairc, subhach, teaspúil.

girseach noun *young girl*: ainnir, ainnirín, bogchailín, brídeach, brídeog, bruinneall, caile, cailín, céirseach, cúileann, druid, eireog, gearrchaile, girseog, guamóg, iníon, leanbh iníne, leathchailín, macaomh mná, maighdean, ógbhean, suib; *literary* bríd; babóigín, bamsóigín, béasach, céirseach, gleoiteog, guamóg, lachóigín, láireog, láireoigín, láithreog, lúibín, maighre mná, maiseog, muirneog, naí, néamhann, pabhsae, péacóg, plandóg, plúróg, siollaire mná, suib; mamsóg, pramsóg; cuaichín.

Giúdach adjective *Jewish*: Eabhrach, Eabhraíoch, Iosraelach, Iosraeilíteach, Iúdach, Iúdaí, Seimíteach. noun *Jew*: Eabhrach, Eabhraíoch, Iosraelach, Iosraeilíteach, Seimíteach, *pejorative* Iúdas (*pl.* Iúdasacha).

giúiré noun *jury*: coiste, coiste cúirte, coiste dháréag.

giuirléid noun ❶ *implement: pl.* acmhainní, airnéis, áis, cóngar, *pl.* ciútraimintí, *pl.* fearais, feisteas, gaireas, gléas, inleog, sás, uirlis, *colloquial* gléasra, trealamh. ❷ *pl.* **giuirléidí** *knick-knacks, personal belongings: pl.* acmhainní, *pl.* callaí, *pl.* castromhaics, *pl.* cleathainsí, *pl.* deideigheanna, *pl.* ciútraimintí, *pl.*

gréibhlí, *pl.* mangaisíní, *pl.* trucailí, *pl.* trucalacha, *literary* fualas, *colloquial* lumpar agus lampar, turscar.

giúis noun *fir, pine, deal*: déil, giúsach, péine.

giúistís noun ❶ *justice of the peace, magistrate*: breitheamh, iúidic, iúistís, (i gContae Dhún na nGall) iúsa péas. ❷ *pl.* **giúistísí** *judiciary, judicature: pl.* cúirteanna dlí, riaradh cirt.

giúlán noun *carriage, conduct: pl.* béasa, géata, gotha, imeacht, iompar, múineadh, *pl.* nósanna, seasamh, siúl.

giúmar noun *humour, mood*: iúmar; fonn, meanma, méin, meon, mianach, spiorad, sprid, tallann, tiúin.

giúmaráil verb *humour*: cealg, ceansaigh, déan gliodaíocht le, ionramháil, meall.

giurnáil noun ❶ *light work, chores*: geidineáil, giotáil, gliocsáil, jabaireacht, poistíneacht, potráil, sibiléireacht, siobáil, spidireacht, timireacht, toicneáil; creachlaois, *pl.* creachlaoisí oibre. ❷ *restlessness*: ardú, bogadach, bogadh, corrabhuais, corraí, corraíl, fíbín, flosc, fuadar, gearaíl, giodam, gluaiseacht, goraíocht, guagacht, imeacht, luaineacht, luascadh, luascán, obainne, preabadh, scaoll, spadhar, spreagthacht, suaitheadh, teaspach.

giúróir noun *juror*: coisteoir, duine den choiste.

giústa noun ❶ *tankard*: adharc, ballán, buabhall, cailís, corn, cuach, cupa, cupán, flagún, gogán, scála, stópa, tancard, *literary* caileach, cingid, stábh. ❷ *fundament, bottom*: bundún, *pl.* mása, clais, cráic, geadán, gimide, giústach, gúnga, prompa, rumpa, tiarpa, tóin. ❸ *big-bottomed, lazy person*: cráiceachán, giústach, másachán, prompaire; búiste, falsóir, giolla na leisce, leadaí, leadaí na luatha, learaire, leisceoir, liúdramán, lófálaí, ríste, scraiste, sínteach, smíste, somóg, straiméad, straipleach, streachaille, stróinse.

glac noun ❶ *hand, grasp*: crág, crobh, crúb, *pl.* crúcaí, dorn, greim, ládhar, lámh, lapa, mág, mágán, máigín. ❷ *handful*: crág, gabháil, glacán, glaclach, ladhar, lán láimhe, mám; boiseog. verb ❶ *take, accept*: glac le; aontaigh le, ceadaigh, faomh, fulaing, gabh, géill do, lamháil, tóg. ❷ *undertake*: gabh ort, tabhair faoi, tóg cúram ort. ❸ *contract (disease)*: faigh, tóg, tolg. ❹ *experience*: airigh, fulaing, téigh trí; faigh taithí ar; baineann X do Y, tagann X ar Y.

glae noun ❶ *glue*: gliú, greamachán, guma, gumalacht, moirtéal, taos, táthán. ❷ *sticky stuff, slime*: glóthach, glóthán, gumalacht, lathach, leo, oirthí, pic, ramallae, ronn, ronna, slampar, sláthach, smuga, smugairle, sram, sramadh, sronna, *pl.* stalcaisí, úsc.

glafadh noun *(act of) barking, snapping*: amhastrach, amhastraíl, congheoin, glafaireacht, glafarnach, glam, glamaireacht, glamairt, glamar, glamarscáil, gloimneach, sceamh, sceamhaíl, smeach, smeachadh, snap, snapadh, tafann.

glagaire noun ❶ *prater*: béadánaí, bladhmaire, bolgán béice, bolscaire, brasaire, cabaire, ceolán, clabaire, claibéir, claibín muilinn, cuachaire, dradaire, geabaire, geabstaire, glafaire, glaigín, gleoiseach, gleoisín, gleothálaí, glígín, gliogaire, gobachán, meigeadán, plobaire, raiméisí, salmaire, scaothaire, scrathóg, síodrálaí, siollaire, siosaire, spalpaire, strambánaí, trumpadóir, *familiar* gandal. ❷ *fool*: abhlóir, ablálaí, amadán, amaid, amal, baileabhair, bobaide, bobarún, bómán, breallaire, breallán, brealsán, brealscaire, brealsún, brealscaire, briollaire, búbaí, búbaire, ceann cipín, ceann maide, ceap magaidh cligear, clogadán, cloigeann cabáiste, cloigeann cipín, cloigeann pota, cloigneachán, cluasachán, cluasánach, cluasánaí, dallachán, dallamlán, dallarán, dobhrán, dúdálaí, dúid, dúirípí, dundarlán, dunsa, éagann, éifid, gámaí, gamal, gamairle, geolamán, glaigín, glaomaire, gligear, gligín, gogaille, guaig, guaigín, leadhb, leadhbaire, leamhsaire, leathcheann, leathleibide, leib, leibide, leibide ó leó, leidhce, leota, leoitéir, mucaire, pastae de chloigeann, péicearlach, pleib, pleidhce, pleota, pleotaire, sceilfid, simpleoir, tuathalán.

glagarnach noun (*act of*) *cackling:* gliogach, gliogaireacht, glógarsach, gogal, gogalach, grágáil, scolgarnach, sclogaíl, sifearnáil, siosarnach.

gláimínteacht noun ❶ (*act of*) *bawling, squalling:* acaoineadh, béic, béicfeach, béicíl, búir, caoineadh, éamh, faí, faíreach, gáir, gárthach, gárthaíl, géim, géimneach, glam, glamadh, glamaíl, glao, glaoch, gol, golchás, grág, grágáil, liú, nuall, scairt, scol, scolaíocht, scréach, scréach, scréachach, scréachaíl, scréachaireacht, scread, screadach, screadaíl, screadalach, screadarnach, uaill, uallfairt, uallfartach. ❷ *loud-mouthed talk:* bladhmadóireacht, bladhmaireacht, bladhmann, bóibéis, bóisceáil, bolscaireacht, buaiceáil, buaileam sciath, gaisce, gaotaireacht, glagaireacht, glamaireacht, glaomaireacht, gliogaireacht, glóir dhíomhaoin, pápaireacht, scaothaireacht, trumpadóireacht.

glaine noun ❶ *cleanness, cleanliness:* glaineacht, glanachar, glantachas, sláinteachas, sláintíocht. ❷ *purity, chastity:* aontumha, foirfeacht, geanmnaíocht, glaineacht, íonacht, ionracas, maighdeanas, neamhlochtaí, neamhpheacúlacht, neamhthruaillitheacht, ócht.

glaise noun ❶ *greenness, greyness:* léithe, uaine, uaineacht, úire, úireacht. ❷ *steeliness, brightness:* gile, gléine, gléineacht, gléire, glioscarnach, loinnir, lonrachas, lonracht, niamh, snas, soiléas, soilseacht, sorcha, taitneamh, taitneamhacht, *literary* soirche.

glam noun *bay, howl, roar:* acaoineadh, ailleog, béic, béicfeach, béicíl, blao, blaoch, bonnán, béic, béicfeach, béicíl, búir, búireach, éamh, faí, faíreach, fuaim, gáir, gárthach, gárthaíl, géim, géimneach, glamadh, glamaíl, glao, glaoch, golchás, liú, nuall, scairt, scol, scolaíocht, scréach, scréach, scréachach, scréachaíl, scréachaireacht, scread, screadach, screadaíl, torann, tormán, tuaim, uaill, uallfairt, uallfartach, *literary* géis. verb *bay, howl, roar:* béic, éigh, géim, glaoigh, liúigh, scairt, scol, scréach, scread, *literary* géis; cuir béic asat, cuir blao asat, cuir éamh asat, cuir gáir asat, cuir géim asat, cuir glam asat, cuir glao asat, cuir liú asat; lig sé uaill as.

glám noun *grab, clutch:* áladh, aimsiú, amas, gabháil, greamú, sciobadh, seáp, snapadh, tapú, tógáil. verb *grab, clutch:* aimsigh, beir ar, beir greim ar, gabh, sciob, snap, tabhair áladh faoi, tapaigh.

glamaire noun *loud-mouthed person:* bladhmaire, bóibéisí, bolgán béice, bollaire, bolscaire, bragaire, brasaire, buaiceálaí, buaileam sciath, cabaire, clabaire, claibéir, claibín muilinn, dradaire, duine mórbhéalach, geabaire, geabstaire, glafaire, glagaire, glagbhéal, glaomaire, gleoiseach, gleoisín, gleothálaí, gligín, gliogaire, glórachán, gobachán, meigeadán, plobaire, salmaire, scaothaire, scrathóg, síodrálaí, siollaire, siosaire, spalpaire, strambánaí, trumpadóir.

glámaire noun *grabber, snatcher:* alpaire, cantálaí, crúcálaí, cúblálaí, glacaire, graibeálaí, greamaitheoir, láimhsitheoir, sciobaire, scramaire.

glámh noun ❶ *literary lampoon, satire:* aoir, aorachas, caracatúr, cleithireacht, cleithmhagadh, crosánacht, fochaid, fonóid, leithéis, magadh, scigaithris, scige, scigireacht, steallmhagadh. ❷ *literary lampoonist, satirist:* aorthóir, crosán, fear aorachais, fear cáinte, feannadóir, scigaithriseoir, scigire, stiallaire, *literary* cáinte, driseog. ❸ *literary complainer, scold:* ainciseoir, ainle, ainleog, cáinseach, cáinseoir, canránaí, castóir, ceasnaí, ceolán, clamhsánaí, cnádán, cnádánaí, cnáimhseálaí, cnáimhseoir, drantánaí, gearánach, gearánaí, glámhánach, grágaire, scamhailéir, scólachán, tormasaí; ainsprid, badhbaire, báirseoir, bearrbóir, bearrthachán, callaire, fiacantóir, heictar. verb ❶ *literary lampoon, satirize:* aor, bí ag fonóid faoi, déan magadh faoi, déan scigireacht faoi. ❷ *literary abuse, revile:* aithisigh, aor, bearr, cáinsigh, caith anuas ar, cáithigh, ciontaigh, damnaigh, daor, dímhol, feann, guthaigh, imcháin, imdhearg, iomardaigh, lochtaigh, milleánaigh, scioll, tarcaisnigh, *literary* tathaoir.

glan adjective ❶ *clean, pure:* bán, dílis, fíor-, **adjectival genitive** fíre, geal, geanmnaí, glé, gléigeal, íon, maighdeanúil, nuaghlan, *literary* ógh; gan eisíontas, gan locht, gan smál, gan smúit. ❷ *distinct, definite:* áirid, áiriste, áirithe, cinnte, dearfa, deimhin, léir, soléir, socair. ❸ *exact, complete:* baileach, barainneach, beacht, cruinn, cruthanta, iomlán, paiteanta. verb ❶ *clean, cleanse:* aimridigh, cart, díghalraigh, folc, fothraig, íonghlan, ionnail, maraigh, nigh, rinseáil, scart, sciomair, sciúr, snasaigh, taosc, toitrigh; maith, scaoil; tabhair maithiúnas do. ❷ *weed:* gortghlan; déan gortghlanadh ar. ❸ *peel:* feann, scamh, speal; bain an craiceann de, bain an tseithe de. ❹ *pay in full:* díol ar fad, íoc go hiomlán, íoc go huile. ❺ *pass without touching:* fág i do dhiaidh, léim, scoith, tar thar, téigh thar. ❻ *fleece:* bain an iomarca de, bain praghas ró-ard de, *familiar* bearr, dóigh, feann, saill; chuimil sé go crua díom. ❼ *become free of infection:* cneasaigh, faigh biseach, glan suas, téarnaigh. ❽ *brighten:* croch, croch suas, geal, téigh i ngileacht.

glantóir noun ❶ *cleaner, wiper:* bean ghlanta, fear glanta; cuimilteoir, glantaí. ❷ *detergent:* glantaí; gallaoineach, gallaoileach, gallaoireach, sóp nite, sópa.

glantóireacht noun (*act of*) *cleaning:* aimridiú, cartadh, díghalrú, folcadh, fothragadh, ionladh, glanadh, glantachán, mapáil, ní, níochán, rinseáil, scartadh, sciomradh, sciomráil, sciúradh, snasú, taoscadh, toitriú.

glaoch noun (*act of*) *calling, call:* achaíní, ailleog, béic, blao, blaoch, éamh, gáir, gairm, géim, glam, glao, glór, goldar, graith, guth, gutháire, impí, labhairt, liach, liú, nuall, scairt, scairteach, scairteadh, sceamh, scol, scréach, scréach, toghairm, uaill.

glaoigh verb ❶ *call, shout:* agair, éigh, gair, géim, glam, liúigh, scairt, scol, scréach, scread; cuir béic asat, cuir blao asat, cuir éamh asat, cuir gáir asat, cuir géim asat, cuir glam asat, cuir glao asat, cuir liú asat. ❷ *invoke, summon:* achainigh, agair, gair, guigh, impigh, toghair; seirbheáil.

glár noun ❶ *silt, alluvium:* lábán, láib abhann, tuiltreach. ❷ *soft mass:* brúitín, laíon, liothrach, práib, práibín, práipín, praiseach, seamlas.

glas[1] noun *lock:* glas cip, glas dúbailte, glas fraincín, glas reatha; bolta, slabhra.

glas[2] adjective ❶ *green:* bánghlas, dúghlas; dubhuaine, glasuaine, tláthghlas, uaine, *literary* treathanghlas. ❷ *raw, inexperienced:* ainchleachta, ainchleachtach, amh, neamhaibí, nua, núíosach, saonta, soineanta, úr. ❸ *grey, pale:* bánghnéitheach, glasbhán, glasbhuí, glasliath, liathbhán, liathghorm, mílítheach, tláith, tuartha; ar dhath na luatha, ar dhath an bháis. ❹ *steely, bright:* glasghorm, gorm, iarannghlas; glé, gléasta, gléineach, lonrach, snasta. noun ❶ *green, green colour:* glaise, glaiseacht, uaine, uaineacht. ❷ *grey, grey colour:* glaise, léithe; dath na luatha, dath an bháis. ❸ *grey material:* báinín glas, flainín glas.

glasáil verb *lock:* boltáil, daingnigh, druid, dún, dún le slabhra, fáisc, stop, teann; cuir glas ar, cuir glas

glasóg

fraincín ar, cuir laiste ar, cuir slabhra ar; cuir maide éamainn le, cuir iarainn le, cuir sparra le.

glasóg noun *wagtail (Motacilla):* breac an tsíl, éan beannaithe, éan sagailse, glaiseog, iníon sagairt, Siobháinín an bhóthair, Siobháinín an charn aoiligh, Siobhán ghlas, *literary* bualáinle.

glasra noun ❶ *green vegetation:* pl. duilleoga, duilliúr, fásra, glasfhás, úire coille. ❷ *vegetable:* glasluibh, potlus, sailéad, *colloquial* glasarnacht, sancam soncam; léagúm.

glasreo noun *hoar-frost:* cuisne, reo liath, sioc bán, siocán bán, sioc geal, sioc liath.

glé adjective *clear, bright:* baoisceánta, crithreach, dealraitheach, feiceálach, follas, for-réil, geal, glan, gléghlan, gléigeal, gléineach, gleoir, gleorach, greanta, grianánach, léir, lóchrannach, loinneartha, lonrach, niamhrach, réalta, soiléasta, soiléir, soilseach, solasach, solasmhar, solasta, trilseach, *literary* eaglach.

gleacaí noun ❶ *wrestler, fighter:* gleacaire; caraí, coraí, iomrascálaí, leagaire; dornálaí, spairní; cathaí, comhraiceoir, comhraicí, trodaí, trodaire. ❷ *acrobat, gymnast:* cleasaí, lámhchleasaí, lúthchleasaí, téadchleasaí; crosán. ❸ *trickster, dissembler:* gleacaí milis; abhógaí, alfraits, bréadaire, bréagachán, bréagadóir, buachaill báire, cealgaire, cleasaí, cleithire, cluanaí, cneámhaire, cnúdánaí, cuilceach, cumadóir, dathadóir, draíodóir, drochairleacán, faladhúdaí, flústar, leorthóir, líodóir, lúbaire, lútálaí, mealltóir, meangaire, piollardaí, pláibistéir, plámásaí, pocaide, sciorrachán, slíbhín, slíodóir, sliúdrálaí.

gleacaíocht noun ❶ *wrestling, fighting:* achrann, afrasc, bachram, bruíon, caismirt, cambús, cath, cibeal, clampar, clibirt, cogadh, coimheascar, coimhlint, comhlann, comhrac, comhrac aonair, conabhrú, easaontas, gleic, greadán, greadaíl, greatharnach, griolladh, griolsa, iaróg, iomrascáil, iorghal, maicín, racán, raic, rúscam raindí, scléip, scliúchas, spairn, spairníocht, spochaireacht, troid, tromfháscadh. ❷ *acrobatics, gymnastics:* aclaíocht, lámhchleasaíocht, pl. lúthchleasa, lúthchleasaíocht. ❸ *trickery:* caimiléireacht, camastaíl, ciolmamúta, cleasaíocht, cliútráil, cluanaireacht, cneámhaireacht, cúbláil, cúinseacht, draíodóireacht, ealaín, feallrtacht, gliceas, leidhcéireacht, leorthóireacht, lúbaireacht, paintéaracht, rógaireacht, slíodóireacht, slíomadóireacht, *literary* plaic faoi choim.

gleadhair verb *beat noisily, pummel:* batráil, buail, cnag, gread, lasc, leadair, leadhb, léas, léirigh, liúr, péirseáil, planc, sceilpeáil, slis, smíoch, smíocht, smiot, smíst, stánáil, súisteáil, tiompáil, tuargain.

gleann noun ❶ *glen, valley:* ailt, ailteán, com. cumar, gaorthadh, gleanntán, mám, slád. ❷ *hollow, trough:* cabhóg, clais, cuas, cuasacht, cuasán, easca, lag, lagán, log, logall, logán, pollán, umar.

gléas¹ noun *glaze, gloss, polish:* craiceann, drithle, loinnir, luisne, niamh, ruithne, slacht, snas, snasán.

gléas² noun ❶ *order, adjustment:* ceartú, cóir, cóiriú, deasú, deisiú, eagar, eagrú, gléasadh, leagan amach, maisiú, ornú, réiteach, socrú. ❷ *means, facilities:* pl. acmhainní, pl. áiseanna, buntáiste, caoi, pl. deiseanna, dóigh, pl. fearais, feisteas, maoin, pl. meáin, pl. saoráidí, sochar. ❸ *provisions, accommodation:* costadh, lón, lónadóireacht, soláthar, ullmhúchán, *literary* coth; áras, cóir, iostas, lóistín, riar. ❹ *instrument, appliance:* pl. acmhainní, airnéis, áis, pl. ciútraimintí, cóir, cóngar, culaithirt, deise, pl. fearais, feisteas, gaireas, pl. giuirléidí, gléasra, inleog, ionstraim, sás, trealamh, pl. uirlisí. ❺ *dress, attire:* pl. baill éadaigh, pl. balcaisí, pl. bordréisí, pl. callaí, cóiriú, culaith éadaigh, culaithirt, éadach, éadaí, éide, feisteas, gabháil éadaigh, pl. giobail, pl. giolcaisí, gléas, gléasadh, pl. gréibhíní, pl. gréibhlí, inneall, pl. pacaí, pl. róbaí. ❻ *tackle, harness:* airnéis, fearas, tácla, trealamh, pl. úmacha, úmadh. ❼ *familiar penis:* bachall, ball fearga, biach, bodán, boidín, geineadán, péineas, sceidín, scibirlín, slat, toilfhéith. *familiar terms:* bata, beaignit, bliúcán, capall bán, cara na mban, cleith, coinneal, cóngar, crann clis, crann súgartha, cuideal, diúdlamán, diúidiliom, diúidl, dúid, earc luachra, éinín, falcaire an tinteáin, feam, feirc, féith, fliúit, ga, gimidiúit, giota, iall, leaid, maide bradach, maide milis, máilléad, maiste, meamar, meana, moncaí, Páidín Ó Raifeartaigh, píce, pílí, pilibín, pionna, píosa, piostal póca, pruic, rógaire, sáfach, sáiteán, scadán, scathachán, scoithín, sconnaire, scothach, slibire, smachtín, snáthaidín táilliúra, stáca, súiste, tailíbhaigear, tairne tiarpa, *pejorative* cuiteog. verb ❶ *adjust, fit:* coigeartaigh, cóirigh, cuir in eagar, cuir in oiriúint, cuir in ord, deasaigh, deisigh, feistigh, leasaigh, maisigh, ordaigh, ornaigh, réitigh, socraigh. ❷ *dress, array:* cóirigh, cuir ar, cuir um, deisigh, éadaigh, feistigh, leag amach, maisigh, oiriúnaigh, ornaigh, réitigh, socraigh, trealmhaigh. ❸ *prepare, make ready:* cuir faoi réir, déan réid, déan ullamh, réitigh, ullmhaigh.

gléasta¹ adjective *polished, glossy, shining:* dreachlíofa, drithleach, galbánach, glasta, glé, gléineach, gleorach, lonrach, niamhrach, sleamhain, slíobach, slíoctha, snasta, soilseach, solasach, solasmhar, solasta, trilseach, *literary* éadracht.

gléasta² adjective ❶ *equipped:* áirgiúil, deisithe, feistithe, leasaithe, réidh, tinneallach, trealmhaithe, ullamh, ullmhaithe; ar inneall, ar tinneall, in inneall, faoi réir. ❷ *well-dressed:* cóirithe, cóirithe go galánta, **adjectival genitive** dea-éadaigh, déanta suas, deisithe, gafa, gafa gléasta, péacach, pioctha; faoi éide galánta, faoi iomlán a cuid gréibhlí, faoi sheoda; tá ansmais air, tá cló air, tá cló breá air, tá éadach maith air, tá gotha an bhaile mhóir air; is fear breá Domhnaigh é, is breá an bhean Domhnaigh í; is cailín Domhnaigh í, is péacóg mhná í.

gléigeal adjective *pure white, transparently clear:* ainglí, bán, feiceálach, fionn, follas, follasach, for-réil, geal, glé, gléghlan, gleoir, gleorach, glinn, gloiní, greanta, grinn, léir, lileach, lilíoch, liliúil, lonrach, sofheicthe, soiléir, soilseach, solasach, solasmhar, solasta, trédhearcach, tréshoilseach, *literary* eagnach.

gléine noun *lucidity, transparence:* gléineacht; gléacht, léire, soiléireacht, soilseacht, solasmhaire, solasmhaireacht, solastacht, trédhearcacht, tréshoilseacht, *literary* éadrachta.

gléineach adjective ❶ *clear, lucid:* feiceálach, follas, follasach, for-réil, glé, glinn, greanta, grinn, léir, réalta, sofheicthe, soiléasta, soiléir, *literary* eaganach. ❷ *transparent, bright, shining:* ainglí, bán, baoisceánta, coinnleach, crithreach, fionn, galbánach, geal, glasta, gléghlan, gléigeal, gleoir, gleorach, gloiní, lonrach, soiléasta, soilseach, solasach, solasmhar, solasta, trédhearcach, tréshoilseach, trilseach, *literary* éadracht.

gleo noun ❶ *fight, combat:* aighneas, bruíon, cath, cliathach, cogadh, comhrac, conghail, cosaint, feacht, feachtas, imreas, imruagadh, ionsaí, scirmis, spairn, troid, *literary* conabhrú, iorghal. ❷ *clamour, uproar:* borrán, bruíon chaorthainn, bruithshléacht, cambús, caorthainn cárthainn, carabuaic, carabunca, cibeal, cíor thuathail, cipeadraíl, círéib, círéip, clampar, clibirt, cliobach, cliobaram hob, clisiam, conaghreabhaid, diúra dheabhra, fuilibiliú, fuirseadh má rabhdalam, furú, gírle guairle, giorac, glamaireacht, gleadhradh, gleorán, glisiam, glórmhach, greatharnach, griobach, holam halam, hólam tró, hurlamaboc, hurla harla, hurlama giúrlama, liútar éatar, liútar léatar, mearú, muin marc, pililiú, racán, rachlas, ragáille, raic, raiple húta, rancás, réabadh reilige, rírá, ruaille buaille, scliúchas, toirnéis, trachlais, tranglam, troistneach, trumach tramach, *literary* seastán, treathan.

gleoiréis noun *mirthful talk, hilarity:* aiteas, áthas, aoibh, aoibhneas, croíléis, gairdeas, gealgháire, gleois, gliadar, gliondar, greann, laighce, leithéis, meidhir, meidhréis, oireachtas, ollghairdeas, pléaráca, rampaireacht, rancás, sáile, sámhas, scléip, só, sóchas, sólás, suairceas, subhachas, sult, taitneamh, *literary* iontlas, sibheanradh.

gleoiréiseach adjective ❶ *boisterous, talkative:* callánach, canmhar, ceiliúrach, leithéiseach, pléascánta, rancásach, spleodrach; béalach, béalscaoilte, bladhmannach, cabach, cainteach, clabach, craobhscaoilte, geabach, geabanta, glafaireach, gliogach, gliograch, inchainte, síodrálach, *literary* inscneach.

gleoite adjective *pretty, delightful:* álainn, breá, caithiseach, canta, caomh, conláisteach, cuanna, cuidsúlach, cumtha, dathúil, dea-chruthach, dealfa, dealraitheach, dea-mhaisiúil, deas, deismir, dóighiúil, fíortha, galánta, geanúil, glémhaiseach, gnaíúil, gnúiseach, grástúil, greanta, innealta, iomálainn, maisiúil, meallacach, plúrach, sciamhach, slachtmhar, taitneamhach, tarraingteach, *literary* cadhla, sochraidh.

gleoiteacht noun *prettiness, loveliness:* áille, áilleacht, bláth na hóige, breáthacht, caithis, cantacht, caoimhe, córaí, cruthúlacht, cuannacht, cumthacht, dealraitheacht, dealramh, dea-mhaise, deise, dathúlacht, deiseacht, dóighiúlacht, galántacht, glémhaise, gnaíúlacht, gnaoi, grástúlacht, greanadh, loise, maise, maisiúlacht, meallacacht, scéimh, sciamhacht, slacht, slachtmhaireacht, snúúlacht, taitneamhacht, tarraingteacht.

gleotháil noun ❶ *fuss, dash:* aeráid, aeráil, aermaíocht, áibhéireacht, anbhuain, aoibheall, ardú, brostú, brú, ceáfráil, cruóg, corraí, corraíl, cuil, deabhadh, deifir, deifre, dithneas, eadarluas, faobach, feac, feamaíl, fíbín, flosc, flústar, fosaoid, fotharagadh, fraecsáil, fraedóireacht, fuadar, fuaidreamh, fuirseadh, fústar, gleithearán, griothal, griothalán, líonraith, macnas, pléaráca, ríf, scaoll, *pl.* sceitimíní, scleondar, scódaíocht, struip, suaitheadh, teaspach, téirim. ❷ *pl.* **gleothálacha** *odds and ends:* barraíl, bruscar, brúscar, *pl.* cleathainsí, cnámharlach, conamar, dramhaíl, fuílleach, fuíoll, fuíoll agus conamar, *pl.* géiríní, gliogairnéis, *pl.* luideoga, *pl.* mangaisíní, maingléisí, trangláil, tranglam.

gleothálach adjective *noisy, fussy:* béalach, béalscaoilte, bladhmannach, callánach, cabach, cainteach, clabach, fuascrach, geabach, geabanta, giorachach, giústalach, glafaireach, gliogach, gliograch, glórach; fuadrach, fústrach, griothalánach, guairneánach.

gliadar noun *mirth, joviality:* ábhacht, áibhéis, áiféis, aiteas, áthas, aoibh, aoibhneas, croíléis, éagantacht, gairdeas, gealgháire, giodam, girréis, gleoiréis, gleois, gliondar, greann, laighce, leithéis, meidhir, meidhréis, oireachtas, ollghairdeas, pléaráca, rampaireacht, sáile, sámhas, *pl.* sceitimíní, scléip, só, sóchas, soilbhreas, sólás, suairceas, subhachas, sult, taitneamh, *literary* iontlas, sibheanradh.

gliadrach adjective *jovial, jesting:* aerach, aiteasach, aoibhinn, áthasach, croíúil, gairdeach, gealgháireach, gliondrach, intinneach, lúcháireach, meanmnach, meidhreach, meidhréiseach, ríméadach, sásta, séanmhar, soilbhir, somheanmnach, sólásach, sona, suairc, subhach, súgach; áiféiseach, áirid, barrúil, corr, corraiceach, gleoiréiseach, greannmhar, leithéiseach, magúil, rancásach, scigiúil.

glib noun ❶ *fringe of hair, forelock:* bob, casurla, dlaoi, frainse, glibín, urla. ❷ *shaggy, dishevelled hair:* clibín, glibín, grágán, grágán gruaige, larcán, larcán gruaige, moing, mongailt, monglait, monglach, mothall, stothall, stoth gruaige, stothóg, suasán, suasán cinn, súisín.

glibire noun *shaggy, unkempt person:* bruthaire, ceamach, ceamachán, ciafart, cifleachán, círéib, clogán streille, coigealach, cuifeach, cuileachán, giobachán, giobailín, gioblachán, gliobachán, gruagach, mothallachán, pana, rathlach, scifleachán, scothánach, scrábachán, slaimice, sláimín, slapaire, slibire, sraoilleachán, sraoilleán, sraoillín, straille, strailleán, streachaille; cuachán mná, sraoill, sraoilleog, strailleog, strupais, suairtle.

glic adjective ❶ *clever, sagacious:* céillí, ciallmhar, clifeartha, cliste, críonna, cunaí, eagnaí, éargnaí, fadcheannach, fáidhiúil, foirmniseach, gaoisiúil, gaoismhear, intleachtach, intleachtúil, intliúil, meabhrach, praitinniúil, réasúnta, stuama, tuisceanach, *literary* gaoth, tuaicheall. ❷ *crafty, cunning:* bealachtach, beartach, cam, cas, cealgach, cílíonta, claon, cleasach, cluanach, cúinseach, eadarnaíoch, ealaíonta, fealltach, fiar, lúbach, lúibíneach, meabhlach, mealltach, meangach, nathartha, sleamhain, sleamhnánach, slíbhíneach, slim, *literary* tuaicheall.

gliceadóir noun *cute person, crafty person:* alfraits, bréagachán, bréagadóir, buachaill báire, caimiléir, cealgaire, cílí, cleasaí, cleithire, cluanaí, cluanaire, cneámhaire, cumadóir, dathadóir, gleacaí, gleacaí milis, leábharaic, líodóir, lúbaire, lútálaí, meabhlaire, mealltóir, meangaire, pasadóir, pláibistéir, plámásaí, plásaí, sciorrachán, sleamhnánaí, slíbhín, slíodóir, slíomadóir, sliúcaidéir, sliúcaiméir, sliúdrálaí.

gliceas noun ❶ *cleverness, ingenuity, shrewdness:* breithiúnas, ceann, ciall, ciall cheannaithe, clifearthacht, clisteacht, clistíocht, clisteacht, críonnacht, discréid, eagnaí, fadcheann, fios, fios feasa, gaois, gastacht, guaim, meabhair, réasún, stuaim, toighis, tuiscint, *literary* tuaichle. ❷ *cunning, craftiness:* caimiléireacht, camastaíl, cleasaíocht, ciolmamúta, cluanaireacht, cneámhaireacht, cúbláil, cúinseacht, draíodóireacht, ealaín, fealltacht, gleacaíocht, leidhchéireacht, lúbaireacht, lúibíneacht, rógaireacht, slime, slíocaíocht, slíodóireacht, slíomadóireacht, slítheántacht, *literary* tuaichle.

gligín noun ❶ *little bell, rattle, rattler:* cloigín, crothal, glincín, gliográn, goigín. ❷ *rattle, tinkle:* cling, clingireacht, clogarnach, cloigíneacht, cnagadh, cnagarnach, gligíneacht, gligléail, glincín, gliogarnach, gliogarnáil, gliogarnáil, gliogarsnach, gliogram, gliográn, glothar, glotharnach, ruchtáil. ❸ *rattle-brained person:* éagann, eitleachán, gealbhan duine, giodam, glincín, leithéisí, mearaí, straiméad; baothóg, giodróg, giofairlín, guagóg, meidhreog, pramsóg, scinnid, uallóg.

glincín noun *sip of spirits:* bolgam, diúg, diurnán, fiúigil, fliúit, gailleog, gáilleog, meigeadán, scalach, scíobas, slog, slogóg, snáthadh, snáthán, steancán, streancán, súimín, taoscán.

glinn adjective ❶ *clear:* baoisceánta, dealraitheach, feiceálach, follas, follasach, for-réil, geal, glan, glé, gléghlan, gléigeal, gléineach, gleoir, gleoránach, grianánach, léir, lóchrannach, loinneartha, lonrach, niamhrach, paiteanta, réalta, soiléasta, soiléir, soilseach, solasach, solasmhar, solasta, *literary* eagnach. ❷ *vivid:* aigeanta, anamúil, ardaigeanta,

glinne

beo, beoga, bíogúil, biorbach, brufar, fuinniúil, lúfar, meanmnach.

glinne noun ❶ *clarity:* foilse, gléine, léire, soiléas, soiléireacht, soilseacht, solasmhaire, solasmhaireacht, solastacht, trédhearcacht, tréshoilseacht. ❷ *vividness:* beocht, beogacht, dealraitheacht, fuinneamh, gléineacht, grinneas.

glinneáil verb *wind, wind up:* cas, corn, ceirtleáil, gliondáil, maighndeáil, roll, rollaigh, rolláil, tochrais, trusáil.

glinnigh verb ❶ *examine closely, scrutinize:* breathnaigh, fair, féach, breithnigh, grinndearc, grinnigh, iniúch, scrúdaigh, taighd. ❷ *sparkle:* bladhm, dealraigh, déan glioscarnach, déan spréacharnach, drithligh, las, lonraigh, scall.

glinniúint noun ❶ *scrutiny:* breathnú, breithniú, faire, féachaint, fiosrú, fiosrúchán, géarscrúdú, grinndearcadh, grinniú, iniúchadh, mionscrúdú, scrúdú; cigireacht, cúistiúnacht, monatóireacht. ❷ *glint, sparkle:* dealramh, drithle, drithliú, faghairt, gealán, glioscarnach, greadhnán, loinnir, lonrú, scal, soilsiú, solas, spréacharnach, taitneamh.

gliocsáil noun (*act of*) *pottering, dabbling:* breallógacht, geidineáil, gíotáil, giotamáil, giurnáil, poistíneacht, potráil, prócáil, sibiléireacht, sluaistriú, spidireacht, timireacht, toicneáil, útamáil; creachlaois, *pl.* creachlaoisí oibre.

gliocsálaí noun *potterer, clumsy worker:* ablálaí, ciotóg, lapadán, lapaire, méiseálaí, mille bata, mille maide, (*i gContae Mhaigh Eo*) práibín, prócálaí, sceanartálaí, scrábálaí, útamálaí, *ironic* gobán, Gobán Saor.

gliodaí noun *wheedler, coaxer:* blindeog, blitsín, bréagadóir, caimiléir, cealgaire, cleasaí, cleithire, cluanaí, cluanaire, cneámhaire, cnúdánaí, cuilceach, cumadóir, dathadóir, draíodóir, failpéir, faladhúdaí, flústar, gleacaí, gleacaí milis, líodóir, lúbaire, lútálaí, meabhlaire, mealltóir, meangaire, pasadóir, piollardaí, pláibistéir, plámásaí, plásaí, plásán, sciorrachán, sleamhnánaí, slíbhín, slíodóir, slíomadóir, sliúcaidéir, sliúcaiméir, sliúdrálaí, slusaí; maidrín lathaí, seabhac cac faoileáin.

gliodaíocht noun (*act of*) *wheedling,* (*act of*) *coaxing:* bréagadóireacht, cealgaireacht, clasú, cleasaíocht, cluanaíocht, cluanaireacht, cuimilt bhoise, failpéireacht, faladhúdaíocht, gleacaíocht, líodóireacht, lúbaireacht, meabhlaireacht, mealltóireacht, paintéaracht, palámhaireacht, pláibistéireacht, plámás, plásaíocht, plásántacht, slíbhíneacht, sladarús, slíodóireacht, slíomadóireacht, slusaíocht, súdaireacht.

gliog gleag noun ❶ *click clack:* gliog; clagairt, clagar, clascairt, cleatar, cleatráil, clic cleaic, cling, clingireacht, cliotar cleatar, clisiam, díoscán, flapsáil, fothram, fothramáil, fuaim, gleadhradh, gligín, gligíneacht, gligleáil, gliogairéacht, gliogar, gliogarnáil, gliogarnaíl, gliogarsnach, gliogram, glisiam, gliúrascnach, glothar, glotharnach, pléasc, pléascadh, plimp, toirnéis, torann. ❷ *chatter, prattling:* béadán, béadchaint, bleadráil, brilléis, cabaireacht, cadráil, cafaireacht, cíblis, clabaireacht, clisiam, cúlchaint, dradaireacht, drádán, geab, geabaireacht, geabairlíneacht, geabantacht, geabstaireacht, giob geab, giofaireacht, giolcaireacht, giostaireacht, glagaireacht, gleoiréis, gleoisíneacht, gliadar, gligíneacht, gliogáil, gliogaireacht, gliogar, gliogarnach, gliogarnáil, gliogarnaíl, gliogarsnach, glisiam, gogalach, plobaireacht, reacaireacht, rith seamanna, sifil seaifil, síofróireacht, síogaíocht, siollaireacht.

gliogaire noun *prattler, prater:* béalastán, bladhmaire, bolgán béice, bolscaire, brasaire, cabaire, cadrálaí, cafaire, cág, callaire, ceolán, clab troisc, clabaire, claibéir, claibín muilinn, claibseach, clogarán, clogán streille, cuachaire, dradaire, drandailín, geabadán, geabaire, geabstaire, geamhaire, gibide, giolcaire, giostaire, glafaire, glagaire, glagbhéal, glaomaire, gleoiseach, gleoisín, gleothálaí, glígín, gliogaire, gliogarnálaí, glór gan aird, glór i gcóitín, gobachán, grabaire, liopaire, meigeadán, meiltire, plobaire, raiméisí, reathálaí, salmaire, scaothaire, scrathóg, síodrálaí, síofróir, siollaire, siosaire, spalpaire, strambánaí, trumpadóir, *familiar* gandal.

gliogaireacht noun ❶ (*act of*) *clicking, clacking:* clagairt, clagar, clagarnach, clascairt, cleatar, cleatráil, clic cleaic, cling, clingireacht, cliotar cleatar, clisiam, clogarnach, díoscán, flapsáil, fothram, fuaim, gleadhradh, gligín, gligíneacht, gligleáil, gliog gleag, gliogaíl, gliogarnach, gliogarnáil, gliogarnaíl, gliogarsnach, gliogram, glisiam, gliúrascnach, glothar, glotharnach, píopaireacht, pléascadh, sceonaíl, sianaíl, toirnéis, torann, trupáil. ❷ *prattling, prating:* béadán, béadchaint, bleadráil, brilléis, cabaireacht, cadráil, cafaireacht, cíblis, clabaireacht, clisiam, cúlchaint, dradaireacht, geab, geabaireacht, geabairlíneacht, geabantacht, geabstaireacht, giob geab, giofaireacht, giolcaireacht, giostaireacht, glagaireacht, glamaireacht, gleoiréis, gleoisíneacht, gliadar, gligíneacht, gliogáil, gliogar, gliogarnach, gliogarnáil, gliogarnaíl, gliogarnsach, glisiam, gogalach, plobaireacht, reacaireacht, rith seamanna, sifil seaifil, síofróireacht, síogaíocht, siollaireacht; buaileam sciath, bladhmadóireacht, bladhmaireacht, bladhmann, bóibéis, bollaireacht, bomannacht, braig, braigeáil, buaiceáil, gliogáil, scailéathan, scaothaireacht, stocaireacht, toirtéis, trumpadóireacht.

gliograch adjective ❶ *jingling, rattling:* callánach, ceolánach, clingeach, cloigíneach, díoscánach, *literary* dreasachtach, gleoránach, gliogach, torannach, trostánach. ❷ *prattling:* béalach, bladhmannach, briosc-chainteach, cainteach, clabach, geabach, geabanta, glafaireach, gleoiréiseach, gligíneach, gliogach, inchainte, síodrálach. ❸ *rattle-brained:* aerach, alluaiceach, athraiteach, baoth, éadairiseach, éaganta, éanúil, earráideach, fánach, gaigiúil, gligíneach, gliogach, gogaideach, guagach, luaineach, scinnideach, seafóideach, spéiriúil.

gliomach noun ❶ *lobster* (*Homarus gammarus*): gliomóg. ❷ **gliomach fionnuisce** *crayfish* (*Austropotamobius, Astacus pallipes*): cráifis, cráifisc. ❸ **gliomach Muire** *crawfish, spiny lobster* (*Palinurus elephas*): béardóg, cráifis, cráifisc, méardóg, piardóg, gabhal mara.

gliondar noun *gladness, joy:* ábhacht, aeracht, áibhéireacht, aiteas, aoibhneas, ardú meanman, áthas, aoibh, bród, eacstais, gairdeachas, gairdeas, gealadh croí, gealán, gealchroí, gealgháire, laighce, lainne, lúcháir, meidhir, meidhréis, pléaráca, pléisiúr, ríméad, sáile, sámhas, sásamh, sástacht, scóip, séan, só, sóchas, soilbhreas, sólás, suairceas, subhachas, sult, sultmhaire, taitneamh, *literary* airear, fáilte, subha, lóchrann ar do chroí, ola ar do chroí.

gliondrach adjective *glad, joyous:* aerach, aiteasach, aoibhinn, áthasach, croíúil, gairdeach, gealchroíoch, gealgháireach, intinneach, loinneogach, lúcháireach, meanmnach, meidhreach, meidhréiseach, pléisiúrtha, rímhaith, ríméadach, sámh, sásta, scóipiúil, séanmhar, soilbhir, somheanmnach, sólásach, sona, suairc, subhach, taitneamhach.

glioscarnach noun (*act of*) *glistening, sparkle, glitter:* breo, dealramh, drithle, drithliú, faghairt, gealán, gealas, gealra, glinniúint, léar, léas, loinnir, lonrú, luan, luisne, niamh, scalladh, snas, soilse, soilsiú, solas, spréachadh, spréacharnach, sprinlín, taibhseacht, taitneamh.

gliú noun *glue:* glae, greamachán, guma, gumalacht, moirtéal, suimint, taos, táthán.

gliúcach noun ❶ *peering, purblind person:* gliúcaí, gliúncach; caochán, dall, dallacán, duine caoch, duine dall, dallarán, duine caoch, duine crapshúileach, duine dall, duine geamhchaoch, fear dorcha, gliúcaí, gliúcálaí, gliúmálaí, goll, splincéir. ❷ *curious person, prying person:* gliúncach; cáidéiseach, ceistitheoir, cúistiúnaí, fiafraitheoir, fiosraitheoir, fiosróir, físeoir, gliúcaí, gliúmálaí, iniúchóir, priocsmut, smúiríneach, socadán, socán, speiceachán, speiceálaí, speicéir; bleachtaire; cigire, cúistiúnaí, iniúchóir, scrúdaitheoir.

gliúcaíocht noun ❶ *(act of) peering, (act of) prying:* amharcaíl, briollac, briollacadh, caidéis, cunórtas, fiafraitheacht, fiosracht, físeoireacht, gliúcáil, gliúmáil, speiceáil, speicéireacht, splinceáil. ❷ *furtiveness:* ceilt, ceilteamas, ceilteanas, cluthaireacht, cogar ceilge, cogar mogar, fáilíocht, folach, ganfhiosaíocht, greamús, rúnmhaireacht, seachantacht, slítheántacht, *literary* dearraide, inchleith.

gliúmáil noun ❶ *(act of) peering, (act of) prying:* amharcaíl, briollac, briollacadh, caidéis, cunórtas, fiafraitheacht, fiosracht, físeoireacht, gliúcáil; gliúcáil. ❷ *(act of) fumbling, (act of) groping:* bogadúradh, bogadúram, briollac, briollacadh, cliopaireacht, crágáil, crúbáil, crúbaireacht, crúcáil, dallacáil, fidleáil, fidléireacht, fidlínteacht, gíotáil, glacaíocht, glacaireacht, glíomáil, ladhráil, láfairt, meandáil, méaraíocht, méiseáil, paidhceáil, póirseáil, prócálaí, sibiléireacht, siústráil, slibreáil, sméarthacht, spidireacht, spreotáil, tincéireacht, útamáil. ❸ *slow movement:* caismirneach, fadáil, falaireacht, fálróid, fámaireacht, fánaíocht, máinneáil, malltriall, moilleadóireacht, righneadóireacht, righneáil, rístíocht, sníomhadóireacht, spaisteoireacht, srathaireacht, sruthaireacht, tónacáil, tónacán, válcaeireacht.

gliúmálaí noun ❶ *peering, purblind person:* caochán, caochóg, dallarán, fear dorcha, gliúcach, gliúcaí, gliúcálaí; duine caoch, duine dall, duine geamhchaoch, splincéir. ❷ *prying person:* cáidéiseach, ceistitheoir, cúistiúnaí, fiafraitheoir, fiosraitheoir, fiosróir, físeoir, gliúcach, gliúcaí, gliúcálaí, priocsmut, smúiríneach, socadán, socán, bleachtaire; cigire, cúistiúnaí, iniúchóir, scrúdaitheoir. ❸ *furtive, secretive person:* duine ceilteach, duine druidte, duine rúnmhar, duine seachantach, tónacánaí. ❹ *fumbler, groper:* crúbálaí, crúcálaí, glacaí, glacaire, ladhrálaí, lúthartálaí, mútálaí, paidhceálaí, póirseálaí, potrálaí, útamálaí.

gliúrach noun *large quantity:* ainmhéid, an dúrud, carn, clais, cuimse, dalladh, dúlíonach, éacht, flúirse, foiscealach, foracan, foracún, iontas, lear, lochadradh, maidhm, *pl.* mílte, mórán, *pl.* múrtha, neamh-mheán, púir, réimse, scanradh, scaoth, seó, slua, tolmas, *familiar* an t-uafás.

gliúrascnach noun *creaking:* gliúrascach, gliúrascáil, gliúscáil, gliúscairt; bícearnach, bíog, bíogarnach, bíogarnaíl, díoscán díoscarnach, gíog, gíogail, gíogalach, gíogarnach, gíogarnaíl, gíogladh, gíoscán, *literary* dreasachtach, dreistearnach.

gloine noun ❶ *glass:* criostal; scáthán, speaclóir. ❷ *pl.* **gloiní** *spectacles, glasses:* gloiní cosanta, gloiní gréine; *pl.* spéaclaí, *pl.* spéaclairí, *pl.* spéaclóirí. ❸ *glass (for drinking):* timbléar; leathcheann, leathghloine.

gloiní adjective *vitreous, crystalline:* gloineach, gloineata; criostalach, criostalta, trédhearcach, tréshoilseach; loinnireach, lonrach, soilseach.

glóir noun *glory:* glóire, glórdhacht, glórmhaireacht; adhradh, ardchéim, ardú, breáthacht, cáil, clú, gradam, loinnir, lonrachas, lonracht, luise, moladh, móradh, naomhluan, niamhracht, ollás, ollásacht, onóir, soilseacht, taibhse, taibhseacht, taibhsiúlacht.

glóirigh verb *glorify:* adhair, adhmhol, ardaigh, mol, mór, onóraigh, tabhair glóir do, tabhair gradam do, tabhair moladh do, tabhair onóir do, uaisligh; déan a mhór de.

glóirmhian noun *ambition:* ardaidhm, ardmhian, uaillmhian; dúil, fonn, fuadar, intinn, mian, miangas, rún, scóip, toil.

glór noun ❶ *voice:* faí, fáireach, guth, sciúch, scol; éamh, glao, scairt. ❷ *speech, utterance:* agall, agallamh, aitheasc, allagar, caint, canúint, ceiliúr, comhrá, conbharsáid, dioscúrsa, comhfhuighle, focal, labhairt, pairlí, plé, rá, ráiteas, *literary* insce, scoth.

glórach adjective ❶ *sonorous:* binn, ceolmhar, deaslabhartha, gluair, séisbhinn, sonda, taitneamhach. ❷ *vociferous:* ard, ardghlórach, béiceach, cainteach, caismirteach, callánach, callóideach, clisiamach, fothramach, fothramánach, gáireachtach, garbhghlórach, gárthach, glaoiteach, gleoch, gluair, lánghlórach, mórghuthach.

glórachán noun *vociferous person:* béalastán, bladhmaire, bleid, bolgán béice, bolscaire, brasaire, cadrálaí, callaire, clab, clab troisc, clabaire, claibéir, claibín, claibín muilinn, claibseach, cleataire, clogán streille, dradaire, drandailín, geabadán, geabaire, geabstaire, giolcaire, giostaire, glafaire, glagaire, glagbhéal, glaomaire, gleoiseach, gleoisín, gleothálaí, gligín, gliogaire, gliogarnálaí, glór i gcóitín, gobachán, grabaire, liopaire, meigeadán, meiltire, plobaire, roiseálaí, reathálaí, scaothaire, scrathóg, siollaire, síofróir, siosaire, strambánaí, trumpadóir.

glóráil noun *vociferation, noisiness:* blosc, bloscadh, búir, búireach, cabaireacht, caint, callán, callóid, clab, clabaireacht, clisiam, coigeadal, dord, dordán, dordánacht, fothram, fuaim, fuilibiliú, gáróid, geab, geabaireacht, geoin, geonaíl, glamaireacht, gleadhradh, gleo, gliogar, glisiam, glór, glórmhach, racán, raic, rancás, rírá, ruaille buaille, scréach, scréachacht, scread, screadach, sian, siansán, toirnéis, torann, tormán, trumpadóireacht, *literary* géis.

glórmhar adjective *glorious:* ainmniúil, breá, buach, cáiliúil, caithréimeach, cathbhuach, clúiteach, comhranhach, dea-mheasta, forórga, gréagach, iomráiteach, oirirc, oirní, ollásach, niamhrach, taibhseach, taibhsiúil, táscmhar, uasal, *literary* bladhach, ollbhladhach, táscach.

glota noun ❶ *cavity, recess:* cró, cuas, cuasán, cuasóg, gleann, gleanntán, lag, lagán, log, logall, logán, mám, poll; ascaill, cailleach, clúid, cluthair, cúbaill, cúil, cúilín, cúinne, cúláire, cúlán, cúláis, cúláisean, cúlaon, landair, lúb, lúbainn, nideog, póicéad, puicéad, sloc, uachais, *literary* imscing. ❷ *maw, belly:* bolg, ceaig, collaid, corcán, cuadal, feirc, geaitse, geois, goile, maróg, méadail, sceart, séibe, stomán, tarr.

glóthach adjective *gelatinous, viscous:* glóthánach; bealaithe, geilitineach, geilitíneach, glaeúil, glútanach, gréisceach, gumalach, olúil, ramhar, righin, roisíneach, slaodach, támáilte, tiubh, úscach. noun ❶ *jelly:* glóthán, glótharach; geilitin, geilitín, gumalacht; feoil chait, feoil chapaill. ❷ *animal slime:* glae, *pl.* glaenna, *pl.* glaecha, óirthí, ramallae, ronn, ronna, slampar, smuga, smugairle, sram, sramadh, sronna, *pl.* stalcaisí, úsc. ❸ **glóthach fhroig** *frogspawn:* glóthach, (i gContae Mhaigh Eo) pró frogganna, pór frogganna, sceathrach froig, sceith fhroganna, sceith fhroig, screathaire, síol frogganna, síol lispín, slampar.

gluaire

gluaire noun ❶ *clearness, brightness:* gile, gileacht, soilseacht, gléine, gléineacht, léire, paiteantacht, soiléas, soiléireacht, soilseacht, sorcha, solasmhaire, solasmhaireacht, solastacht, taitneamhacht, trédhearcacht, tréshoilseacht, *literary* soirche. ❷ *loudness, resonance:* airde, callán, callóid, coigeadal, dord, dordán, dordánacht, fothram, clisiam, fuaim, fuilibiliú, gáróid, gleo, glisiam, glóráil, glórmhach, racán, raic, rírá, ruaille buaille, toille, toirnéis, torann, tormán. ❸ *harshness, shrillness:* cársán, cársánacht, gairge, gairgeacht, géire.

gluaireán noun *whingeing, complaining:* aingíocht, banrán, cáinseoireacht, casaoid, ceasacht, ceisneamh, clamhsán, cnádánacht, cnáimhseáil, cneáireacht, diúgaireacht, éighdeán, fuarchaoineadh, fuarchásamh, fuarghol, fuasaoid, gearán, gniúdáil, gniúdáil, gniúdán, griothnairt, tormas, tromaíocht.

gluaireánach adjective *whingeing, grumbling:* ainciseach, cancrach, canránach, cantalach, ceasnúil, clamhsánach, coilgneach, cuileadach, fuasaoideach, gearánach, gráinneogach, greannach, milleánach, spuaiceach, tormasach, tormastúil.

gluais¹ noun ❶ *gloss, commentary:* léirmhíniú, míniú, míniúchán, nod, nóta, sanas, tráchtaireacht. ❷ *glossary, vocabulary:* foclóir, foclóirín, innéacs, liosta focal, sanas, sanasán, stór focal.

gluais² verb ❶ *set in motion, stir:* aistrigh, athraigh, bog, cuir ar siúl, cuir sa tsiúl, druid, gread, griog, gríosaigh, suaith. ❷ *go, proceed:* ascain, bog, bonnaigh, corraigh, imigh, lean leat, tar, siúil, taistil, teann, téigh, téigh ar d'aistear, téigh ar do bhealach, téigh ar do shlí, tiomáin leat, triall.

gluaiseacht noun ❶ *motion:* ardú, bogadach, bogadh, bonnaireacht, corraí, corráil, flosc, fuadar, gluaisne, imeacht, ísliú, luascadh, preabadh, rith, suaitheadh. ❷ *movement (of like-minded people):* crosáid, feachtas; cuallacht, cumann, eagraíocht, eagras, fronta, grúpa, páirtí; claonadh, cúrsa, treocht.

gluaisteán noun *motor-car:* cairt, carbad, carr, carráiste, feithicil, feithicil mhótair, jíp, mótar, mótaeir, salún.

glugar noun *plopping sound, gurgling sound:* flap, flapáil, flaspáil, gliog gleag, gliog gliog, gliogáil, gliogaireacht, glotharnach, glug, glugaíl, glugarnach, glugarnaíl, plab, plabaíl, plabaireacht, plimp, plob, plobáil.

glúin noun ❶ *knee:* ioscaid, pláitín, *pl.* plátaí do dhá ghlúin. ❷ *generation:* aos, líne, saol, sliocht, *literary* díne; sinsear.

glúineach noun ❶ **glúineach bheag** *knotgrass (Polygonum aviculare):* féar altach, féar craobhach, féar glúineach, féar glúiníneach, luibh na mbeithíoch chun tinneas uisce, teanga ghealbhain, tóinloisceach. ❷ *redshank (Polygonum persicaria):* cluanach dhearg, clúnach dearg, féar glúiníneach, *pl.* glúine dearga, glúineach mór, glúiníneach, glúinreach, loirgneach dhearg, luanach dhearg, luibh an tinneas uisce, rúta dearg, *pl.* rútaí dearga, *pl.* slata dearga.

glútanach adjective *glutinous:* glaech, glaeúil, greamaitheach, gumach, gumalach, slaodach.

gnách adjective ❶ *customary, usual:* coitianta, **adjectival genitive** gnáith, gnáth-, **adjectival genitive** gnáthaimh, gnáthúil, iondúil, laethúil, normálta, nósmhar, rialta. ❷ *common, ordinary:* coiteann, coitianta, comónta, fairsing, forleathan, forleitheadach, gaelach, ginearálta, gnáth-, gnáthúil, poiblí, suaillmheasta, uilíoch, *literary* deargna.

gnaíúil adjective ❶ *beautiful, comely:* álainn, breá, brionnach, caitheasach, canta, caomh, conláisteach, cuanna, cuidsúlach, cumtha, dathúil, dea-chruthach, dealfa, dealraitheach, dea-mhaisiúil, deas, deismir, dóighiúil, fíortha, galánta, glémhaiseach, gleoite, gnúiseach, grástúil, greanta, innealta, iomálainn, lachanta, leacanta, maisiúil, meallacach, naíonda, sciamhach, slachtmhar, tarraingteach, *literary* cadhla, mas, sochraidh. ❷ *decent, generous:* flaithiúil; caoin, cineálta, cóir, dáilteach, fáilteach, fairsing, fial, fiúntach, flaithiúlach, lách, mórchroíoch, neamh-mhion, oscailteach, preabúil, rábach, sínteach, tabhartasach, teochroíoch, tíolacthach, toirbheartach, *literary* flaithbheartach, gartach.

gnaíúlacht noun ❶ *beauty, comeliness:* áille, áilleacht, bláth na hóige, breáthacht, caithis, cantacht, caoimhe, córaí, cruthúlacht, cuannacht, cumthacht, dathúlacht, dealraitheacht, dealramh, deamhaise, deiseacht, dóighiúlacht, galántacht, glémhaise, gleoiteacht, gnaoi, grástúlacht, greanadh, loise, macaomhacht, maise, maisiúlacht, meallacacht, scéimh, sciamhacht, slacht, slachtmhaireacht, snúúlacht, tarraingteacht. ❷ *decency, generosity:* cuidiúlacht, cóir, córtas, dathúlacht, dóighiúlacht, féile, fialmhaireacht, fialmhaitheas, fiúntas, flaithiúlacht, mórchroí, oineach, oscailteacht, rabairne, toirbheartas.

gnaoi noun ❶ *beauty, comeliness:* áille, áilleacht, bláth na hóige, breáthacht, caithis, cantacht, caoimhe, córaí, cruthúlacht, cuannacht, cumthacht, dathúlacht, dealraitheacht, dealramh, dea-mhaise, deiseacht, dóighiúlacht, galántacht, glémhaise, gleoiteacht, gnaíúlacht, grástúlacht, greanadh, loise, macaomhacht, maise, maisiúlacht, meallacacht, scéimh, sciamhacht, slacht, slachtmhaireacht, snúúlacht, tarraingteacht. ❷ *liking, affection:* bá, cairdeas, caithis, carthain, carthanacht, ceanas, ceanúlacht, céileachas, cion, coimhirse, connailbhe, cumann, dáimh, dáimhiúlacht, dile, dílseacht, díograis, díograisí, dúil, fialchaire, gaolacht, gean, grá, grámhaireacht, greann, ionúine, méadaíocht, muintearas, muirn, nádúr, páirt, searc, síorghrá, taitneamh, toil, *literary* dailbhe.

gnás¹ noun *custom, usage:* béas, cleachtadh, cleachtas, gnáthamh, gnáthbhéas, gnáthú, nós, nós imeachta, taithí, úsáid.

gnás² noun ❶ *fissure, cleft:* bearna, deighilt, gág, scáineadh, scoilt, séanas. ❷ *harelip:* bearna mhíl, béal ribe, bearna ghiorria, failc, séanas.

gnáth noun ❶ *custom, customary thing:* béas, *pl.* buanorduithe, gnáthamh, gnáthbhéas, gnáthú, nós, nós imeachta. ❷ *frequentation:* cleachtadh, freastal, gnáthamh, gnáthú, taithíocht, taithiú, taobhú. ❸ *pl.* **gnátha** *intimates, associates:* *pl.* cairde, *pl.* comhghleacaithe, comhluadar, *pl.* compánaigh, *pl.* comrádaithe, *pl.* leathbhádóirí, lucht aitheantais, *pl.* gaolta, *pl.* páirtithe.

gnáthdhuine noun *ordinary person, man in the street:* fear cothrom tíre, fear mar chách, Tadhg an mhargaidh.

gnáthóg noun ❶ *habitat, haunt:* aicíocht, áitiú, áitreabh, áras, baile, ceanncheathrú, cónaí, cuan aoibhnis, cuan síochána, nideog, suíochán, tearmann, timpeallacht. ❷ *lair, den:* ábhach, adhbha, áfach, aice, brocach, broclach, canachán, foraois, lonnachán, pluais, poll, prochóg, talmhóg, uachais, *literary* fochla. ❸ *cache:* bunchúil, carnáil, cnuasach, crocán, cruinniú, cuasnóg, cúbóg, deascán, díolaim, stór, taisce, talmhóg, teaglaim, tiomsú.

gnáthóir noun *frequenter, habitué:* cliant, custaiméir, gnáthcheannaitheoir, pátrún, taithitheoir.

gné noun ❶ *species, kind:* aicme, cineál, cuma, foirm, leithéid, nádúr, saghas, samhail, seort, sórt, speiceas. ❷ *form, appearance:* aghaidh, *pl.* airíona, amhlachas, caoi, *pl.* ceannaithe, cóir, cóiriú, comhartha, comhartha sóirt, cosúlacht, craiceann, crot, cruth, cruthaíocht, cuma, cumraíocht, dealramh, dreach, éadan, éagasc, féachaint, fionnachruth, foirm, leagan amach, mianach, nádúr, ríd, saintréith, samhlachas, samhlú, simleadh, snua, tréith. ❸ *aspect:* cuid, dreach, mionphointe, *pl.* mionsonraí, páirt, pointe, roinnt, *pl.* sonraí, taobh, treo.

gnéas noun *sex:* cineál, inscne, saghas; collaíocht, craiceann, leathar.

gnéasach adjective *sexual:* ainmhianach, anghrách, collaí, **adjectival genitive** collaíochta, drúiseach, drúisiúil, gáirsiúil, **adjectival genitive** gnéis, graosta, macnasach, teaspúil.

gníomh noun ❶ *work, function:* bua, ceird, feidhm, gnó, *pl.* gnóthaí, obair, ról, saothar, tasc. ❷ *deed, act:* aicsean, beart, beartaíocht, caithréim, cleas, éacht, earmaise, gaisce, gnó, iarracht, obair, saothar, sáriarracht, *colloquial* gníomhra.

gníomhach adjective *active, acting:* aclaí, aigeanta, beartach, beo, beoga, éasca, feidhmeach, feidhmiúil, fuinní, fuinniúil, **adjectival genitive** gníomha, láidir, luadrach, tréan.

gníomhaíocht noun *activity, performance:* beartaíocht, cur i bhfeidhm, cur i gcrích, *pl.* cúrsaí, feidhm, feidhmeannas, gníomhaireacht, gníomhú, gnó, *pl.* gnóthaí, gó, *pl.* imeachtaí, iomlua, mangairt, obair, oibriú, ról, saothar.

gníomhaire noun *agent:* aibhéardaí, áidsint, athmháistir, bainisteoir, fear ionaid, feidhmeannach, ionadaí, maor, stíobhard, teachta, teachtaire, toscaire.

gníomhaigh verb ❶ *act:* beartaigh, bí ag obair, déan, feidhmigh, oibrigh. ❷ *activate:* dúisigh, gníomhachtaigh, múscail, spreag, tosaigh; cuir ar bun, cuir sa tsiúl, cuir tús le.

gniúdán noun *complaining, whimpering:* gniúdáil, gniúdáil; aingíocht, banrán, cáinseoireacht, casaoid, ceasacht, ceisneamh, clamhsán, cnádánacht, cnáimhseáil, cneáireacht, diúgaireacht, éighdeán, fuarchaoineadh, fuarchásamh, fuarghol, fuasaoid, gearán, gluaireán, griothnairt, tormas, tromaíocht.

gnó noun *business: pl.* gnaithe, *pl.* gnóthaí; ceird, cruóg, cúram, feidhm, gníomh, gníomhaíocht, gnóthaíocht, jab, obair, oibriú, ról, saothar, tasc.

gnólacht noun *commercial firm:* comhlacht, compántas, cuideachta, teach gnótha, teach tráchtála.

gnóthach adjective ❶ *busy:* graitheach; broidiúil, cruógach, cúramach, gafa, geastalach, giurnálach, griothalánach, práinneach, saothrach; ar a dhoirníní ag obair. ❷ *officious:* cunórach, fiafraitheach, fiosrach, griothalach, postúil, róchúramach, teanntásach, tiarnúil, tionsclach.

gnóthachan noun (*act of*) *winning, gain:* gnóthú; balachtaint, brabach, brabús, buachan, buachtáil, buachtaint, éadáil, fáltas, proifid, sochar, tairbhe; airgead buaite.

gnóthaigh verb *win:* bain, buaigh, buail, gabh, glan, goin, tóg; rinne sé bun; rug sé an bua leis, rug sé an cluiche, rug sé an chraobh leis, rug sé an geall leis; chuaigh leis, d'éirigh leis, tá leis, tá an lá leis; fuair sé an lámh in uachtar orthu.

gnúis noun ❶ *face, mien:* aghaidh, amharc, aoibh, béal, breathnú, cealtair, *pl.* ceannaithe, cló, craiceann, cuntanós, dreach, éadan, éagasc, féachaint, gné. ❷ *sour face, frown:* cár, duifean, grainc, gruig, grus, iolchaing, meill, mídhreach, místá, púic, pus, scaimh, smuilcide, strainc, strabhas, straois, streill.

gnúsacht noun *grunt, grunting:* gnúiseacht, gnús, gnúsachtach; cnead, cneadaíl, graithíl, griotháil,

griothaíl, griotharnáil, griothnairt, grúscán, uaill, *literary* grith.

gó noun *lie, falsehood:* bras, bréag, bréagadóireacht, gáilleog bhréige, pait bhréige, stompa bréige; éitheach, falsaitheacht, falsacht, móid éithigh, scaits, scaits éithigh, séitéireacht; caimseog, fadhbóg, galóg, mionbhréag, sceireog, spalpaire, spalpaire éithigh, straiméad, *literary* tlus.

gob noun ❶ *beak, mouth:* béal, *pl.* beola, cab, cár, clab, pus, smut, soc, *literary* ós. ❷ *point, tip:* bior, biorán, colg, dealg, gobán, pointe, rinn, snáthaid, soc, spíce, *literary* eo; cailg, cealg, ga, lansa. verb ❶ *project:* croch, cuir amach, rith amach, sín amach. ❷ *spring, shoot:* borr, eascair, fás, forbair, péac; bláthaigh, bolg, líon, méadaigh.

gobachán noun ❶ *sharp-featured person:* gobaí, gobóg, sceanartach, socadán, socán; duine lomghnúiseach. ❷ *inquisitive person:* cáidéiseach, ceistitheoir, cúistiúnaí, fiafraitheoir, fiosraitheoir, fiosróir, físeoir, gliúcaí, gliúcaí, gliúmálaí, iniúchóir, priocsmut, smúiríneach, socadán, socán; bleachtaire, cigire. ❸ *chatterer, gossip:* béalastán, bladhmaire, bleid, bolgán béice, bolscaire, brasaire, cabaire, cafaire, cadrálaí, cág, callaire, clab troisc, clabaire, clabóg, claibéir, claibín, claibín muilinn, claibseach, dradaire, drandailín, geabadán, geabaire, geabstaire, giolcaire, giostaire, glafaire, glagaire, glagbhéal, gleoiseach, gleoisín, gleothálaí, gligín, gliogaire, gliogarnálaí, glór i gcóitín, grabaire, leagaire, liopaire, meigeadán, meiltire, plobaire, roiseálaí, reathálaí, scaothaire, scrathóg, siollaire, síofróir, siosaire, staraí.

gobaireacht noun (*act of*) *pecking,* (*act of*) *picking:* gobadh, greamadáil, piocadh, piocadóireacht, piocadradh, piocaireacht, priocadh, priocaireacht, spiacladh. ❷ *chatter, gossip:* aighneas, béalastánacht, bleadracht, bleadráil, breasnaíocht, brilléis, brioscchaint, cadragáil, cadráil, cafaireacht, cabaireacht, cardáil, cíblis, clab, clisiam, dradaireacht, drádán, geab, geabaireacht geabairlíneacht, geabantacht, geabstaireacht, geocaíl, giob geab, giofaireacht, giolcaireacht, giostaireacht, glafaireacht, glagaireacht, gleoiréis, gleoisíneacht, gliadar, gligíneacht, gliog gleag, gliogar, gliogarnach, glisiam, gogalach, liopaireacht, pápaireacht, placadh siollaí, pléisiam, plobaireacht, plob plab, ráifléis, reacaireacht, rith seamanna, síofóireacht, siollaireacht, suainseán; athiomrá, béadán, béadchaint, cúlchaint.

gobán[1] noun *gag:* bearach, féasrach, mantóg.

gobán[2] noun ❶ *Jack-of-all-trades:* duine ildánach, ilbhéartóir, ilcheardaí, Seán le gach uile cheird. ❷ *incompetent tradesman, botch:* ablálaí, ciotóg, gliocsálaí, lapadán, lapaire, méiseálaí, mille bata, mille maide, (*i gContae Mhaigh Eo*) práibín, práisc, sceanartálaí, scotrálaí, spoitseálaí, tuaipleálaí, tuaipléir, útamálaí, *ironic* Gobán Saor.

gobharnóir noun *governor:* bainisteoir, cathaoirleach, ceannaire, ceannasaí, ceann feadhna, ceann urra, cinnire, coimisinéir, fear ceannais, geafaire, geafar, máistir, maoirseoir, maor, prionsa, reachtaire, rialtóir, riarthóir, saoiste, stiúrthóir, taoiseach, treoraí, uachtarán, *literary* braine, léadar; boc mór, iasc mór, lus mór; ard-diúc, banimpire, banphrionsa, banríon, piara, prionsa, tiarna; barún, bíocunta, marcas, iarla, impire, rí; bean uasal, fear uasal.

goblach noun ❶ *mouthful, choice morsel:* béalóg, bolgam, diocán, diurnán, fliúit, gailleog, gáilleog, galmóg, greim, loim, plaic, scíobas, slog, slogóg, *literary* lán béil; beadaíocht, béalóg mhilis, cineál, curadhmhír, deoladh, *pl.* deolaíocha, goblach milis, mír mhéine, *pl.* ollmhaitheasaí, só, sócamais, *pl.* sólaistí; méataireacht. ❷ *chunk:* ailp, baog, blúire,

gocach

canta, caob, clabhta, cnap, cnapán, crompán, daba, dailc, dairt, dalcán, feadán, fód, gamba, geanc, leota, lóta, maiste, meall, meascán, moll, scailp, scaob, scealp, scealpóg, slaimice, slis, sliseog, smíste, smut, smután, spreota, stéig, torpán.

gocach adjective *cocked, slanted*: claon, claonta, cocach, cocáilte, **adjectival genitive** coic, fiarsceabhach, fiarsceoch, goiciúil; ar fiar, ar fiarsceabha, ar gearradh baghas, ar a leathcheann, ar leathstuaic, ar sceabha, ar sliú, ina chamstarrán, ina chamstáca; tá coc air, tá feirc air, tá goic air, tá leathmhaing air, tá leathspleic air, tá speic air, tá spleic air.

gocarsach noun ❶ (*act of*) *clucking, chucking*: glágaíl, glugarnach, gocarnach, gogalach, gogarlach, grágaíl, grágaíl, grágalach, grágalaíocht, sclogaíl, scolgarnach, scolgnach. ❷ (*act of*) *whimpering*: caoineadh, diúgaireacht, fuarchaoineadh, fuarghol, geonaíl, gol, goldaracht, golsparnach, plobaireacht, plobarnach, pusaireacht, pusaíl, pusaíocht, sceamhaíl, smutaireacht chaointe, streilleachas, streilleáil, streillireacht.

góchum verb *counterfeit*: brionnaigh, cum, déan airgead bréige, déan cáipéis bhréige, déan seic bréige, falsaigh, slus.

gogaide noun *ar do ghogaide on one's hunkers*: ar do chorrabionga, ar do chorrabiongaidí, ar do chorraicip, ar do chorraduanóg, ar do chorraghiob, ar do chorrána, ar do chorrspiogad, ar do ghaireanáta, ar do ghionga, ar do ghogaide, ar do ghogaidí, ar do ghroga, ar do ghrogada, ar do ghrogaide, ar do ghúngaí, ar do ghúngaí beaga, ar do scoróg, ar do speireacha beaga; tá suí an ghiorria ort; tá tú ag gogaireacht.

gogaille noun ❶ *goose*: beadaí, gé, gogaille; cráin gé, gandal; éan gé, góislín. ❷ *déan gogaille gó de dhuine send someone on a fool's errand*: cuir turas góidrisc ar dhuine, cuir toisc góidrisc ar dhuine; cuir duine ar fuaraistear.

gogal noun *gobble, cackle*: glágaíl, glugarnach, gocarsach, gocarnach, gog, gogalach, gogarlach, grágaíl, grágaíl, grágalach, grágalaíocht, sclogaíl, scolgarnach, scolgnach.

gogán noun *wooden vessel, pail*: braighdeog, crannán, crannóg, meadar, pigín, stópa, *literary* ian; árthach, beiste, buicéad, calán, canna, ceaintín, cíléar, croca, crúiscín, crúsca, feadhnach, giústa, leastar, paol, peaindí, pota, potán, próca, searróg, soitheach, umar, *literary* drochta, síothal.

goic noun *cock, slant, tilt*: claon, claonadh, coc, deois, doic, feirc, fiarsceabha, fiarsceo, maig, maing, máing, leathmhaig, leathmhaing, leathspeic, leathspleic, sceabh, sceabha, sleaint, speic, spleic, stuaic.

goiciúil adjective ❶ *cocked, slanted*: claon, claonta, cocáilte, **adjectival genitive** coic, fiarsceabhach, fiarsceoch, gocach; ar fiar, ar fiarsceabha, ar gearradh baghas, ar a leathcheann, ar leathstuaic, ar sceabha, ar sliú, ina chamstarrán, ina chamstáca; tá feirc air, tá goic air, tá leathmhaing air. ❷ *swaggering, perky*: bíogúil, buaiceálach, clóchasach, deiliúsach, gáifeach, gaigiúil, gairéadach, giodalach, ladúsach, maigiúil, mustrach, postúil, soibealta, sotalach, spiagaí, teanntásach, uaibhreach, údarásach.

goid noun ❶ (*act of*) *stealing, larceny*: bradaíl, bradaíocht, caimiléireacht, comhshó calaoiseach, clifeáil, cluicheáil, creachadh, creachadóireacht, cúigleáil, foghail, foghlú, gadaíocht, mionghadaíocht, póitseáil, robáil, scealpaireacht, siolpaireacht, slad, sladaíocht, sladaireacht, *literary* brad, táidhe. ❷ *thing stolen*: creach, éadáil, foghail, maingín, seilg, slad, *literary* táin. verb *steal*: clifeáil, cluicheáil, creach, foghlaigh, póitseáil, robáil, slad, sliop, *literary* gad, tall, téaltaigh; buail do mhéar faoi; ní raibh ann ach na bráithre agus d'imigh na bróga.

goil verb *weep, cry*: brón, caígh, caoin, éagaoin, éigh, goil; déan olagón, sil deora; bí ag sileadh na súl.

goile noun ❶ *stomach*: goile na bhfeoirlingí; goile an leabhair, goile duilleach; bolg, ceaig, collaid, corcán, craos, cuadal, feirc, geois, glota, maróg, méadail, sceart, séibe, stomán, tarr. ❷ *appetite*: ampla, cíocras, craos, ocras, tothlú; caitheamh a choda, dúil ina bhéile, dúil i mbia, faobhar chun bia, fonn itheacháin, fonn ite, mian chun bia; níl ídiú na beatha ann, níl aon leagan aige leis an mbia.

góilín noun ❶ *inlet, creek*: aircín, bléin, caisle, camas, caolsáile, casla, cuaisín, cuas, crompán, gabhlán, géagán mara, góilíneach. ❷ *gullet*: bolg, craos, díbheachán, diúch, diúgadh, diúlfaíoch, éasafagas, giobús, gionchraos, goile, eagaois, méadail, píobán, sceadamán, scornach, slogaid, slogaide, slogaideach, slogán, súsán, *literary* gibhis.

goiliúil adjective ❶ *having a good appetite*: dea-ghoileach, dea-ghoiliúil; amplach, cíocrach, craosach, ocrach, ocrasach. ❷ *appetizing*: blasta, neamúil, sobhlasta, sochaite; beadaí, milis.

goill (ar) verb *afflict, grieve*: beophian, céas, ciap, clip, cráigh, goin, griog, pian, prioc, *literary* lochair; céas, clip, cráigh, pian.

goilliúnach adjective ❶ *painful, distressing*: anacrach, anróiteach, daigheachánach, daigheartha, damáisteach, dochrach, dochraideach, doithimh, donasach, duainéiseach, duamhar, éigneach, goimhiúil, leadarthach, nimhneach, peannaideach, pianmhar, ribeanta, treabhlaideach, trioblóideach, truamhéalach. ❷ *sensitive, touchy*: aingí, cigilteach, cuileadach, íogair, mothálach, niogóideach, stuacach, tógálach.

goimh noun *sting, venom*: cailg, cealg, ga, goin, prioc, priocadh; aicis, binb, gangaid, íorpais, nimh, nimh san fheoil, nimhiú, nimhneacht.

goimhiúil adjective *stinging, venomous*: goimheach; aiciseach, binbeach, colgach, faobhrach, feannaideach, feanntach, fiata, fíochmhar, fornimhneach, fraochmhar, fraochta, gangaideach, géar, goilliúnach, goineach, goinideach, gonta, greamannach, mínáireach, nimhiúil, nimhneach, polltach, ribeanta, úrchóideach.

goin[1] noun *bit, scrap*: beag, beagmhéid, blaiseadh, blaisín, blúire, blogh, bolgam, gaimbín, giota, gráinne, mionrud, ruainne, sprúille.

goin[2] noun *wound, stab, hurt*: arraing, cithreim, cnámhghoin, cneá, cneamhán, conaphian, crá, crá croí, créacht, gáipéar, gearradh, goineog, gortú, gránú, leonadh, lot, luifín, miolam, othar, pianadh, pianpháis, *pl.* pianta, sá, tréanghoin. verb *wound, stab*: gortaigh, lot, poll, sáigh, rop, treáigh; tinnigh.

goineach adjective *wounding, hurtful*: aiciseach, binbeach, cnáideach, colgach, coscrach, dochrach, faobhrach, feannaideach, feanntach, gangaideach, géar, goimhiúil, goinideach, gonta, greamannach, mínáireach, mioscaiseach, nimhneach, olc, pianmhar, polltach, ribeanta, úrchóideach.

goineog noun ❶ *stab, sting*: arraing, cithreim, cnámhghoin, cneá, crá, crá croí, créacht, gearradh, goin, gortú, gránú, leonadh, lot, pianadh, pianpháis, *pl.* pianta, sá; cailg, cealg, ga, goin, prioc, priocadh. ❷ *wounding remark, cutting remark*: aifirt, cáineadh, caitheamh is cáineadh, cáithiú, cámas, cnáid, crístín, díspeagadh, easmailt, fochaid, fonóid, gáirmhagadh géarchaint, gearr-aighneas, gearraíocht, gearraíocht chainte, gearrchaint, glámh dígeann, glaschaint, goineogacht, guth, imdheargadh, iomard, leasfhreagra, magadh, mallacht, masla, spailleadh, steallmhagadh, táinseamh, tarcaisne, tarcaisnigh, *literary* aisc, cúrsú, glámh. ❸ *fang*: géarán, géaránach, gonán, starrfhiacail.

goinideach adjective *wounding, stinging, biting:* aiciseach, beachúil, binbeach, cailgeach, colgach, borb, coscrach, dochrach, faobhrach, feannaideach, feanntach, gangaideach, gathach, géar, goilliúnach, goimheach, goimhiúil, gonta, greamannach, loiscneach, mínáireach, neantógach, nimhiúil, nimhneach, olc, polltach, sceanúil, urchóideach.

goirín noun ❶ *pimple, pustule:* goirín adhairce, gorán neascóide; balscóid, bolg, bolgach, bun ribe, tinneas bhun ribe, carrmhogal, easpa, gunna adhairce, *pl.* léasrach, neascóid, pachaille, puchóid. ❷ **goirín dubh** *blackhead:* goirín adhairce, gunna adhairce.

goirme noun *blueness:* bánghorm, dath gorm, dúghorm, glaise, goirmeacht, gorm, gormgheal, gormrua, odharghorm.

goirmín noun ❶ *pansy (Viola):* curach cuaiche, goirmín searc, goirmín searraigh, luibh na Tríonóide, lus cré, pansae, sail chuach, sailchuach, tae an chnoic, tae maide. ❷ *dyer's woad (Isatis tinctoria):* buí mór.

goirt adjective ❶ *saline, salted:* saillte, salanda; tá blas salainn air, tá blas an tsáile air. ❷ *bitter:* géar, searbh, searbhánta, searbhasach; goibéalta, goimheach, goimhiúil, goineach, goinideach, adjectival genitive neanta, nimheanta, nimhiúil, nimhneach, ribeanta, *literary* grod.

goirteamas noun ❶ *salinity, saltiness:* goirte, goirteacht, goirteas, sáile, sailteacht, salandacht. ❷ *bitterness:* géaradas, géire, searbhacht, searbhadas, searbhas, seirbhe, seirfean. ❸ *salt food:* bia saillte, picil, saill. ❹ *loutishness:* bligeardacht, bligeardaíocht, bodachúlacht, bodúlacht, bromántacht, brúisciúlacht, cabógacht, cabógaíocht, dailtíneacht, daoithiúlacht, *pl.* drochbhéasa, drochmhúineadh, mí-iompar, mímhúineadh, maistíneacht, pleidhcíocht, pleotaíocht, tuaisceartacht, tuathalacht, tútachas.

góislín noun *gosling:* éan gé, éinín gé, gé óg.

gol noun *weeping:* acaoineadh, bascarnach, borrchaoineadh, caoineachán, caointeoireacht, deoiríneacht, deoiríneacht, donáil, golchás, golfairt, gológ, éagnach, iachtach, iarmhéil, liacharnach, lóg, lógóireacht, mairgneach, marbhna, meacan an chaointe, meacan an ghoil, méala, nuallán caointe, ochlán, ochón, olagón, ong, tuireamh, *literary* lámhchomhairt, nuallghubha, nuar; anuaill chaointe.

goldar noun *loud cry, roar:* béic, béicfeach, béicíl, búir, éamh, faí, faíreach, gáir, gárthach, gártháil, géim, géimneach, glam, glamaíl, glao, glaoch, liú, nuall, scairt, scol, scolaíocht, uaill, uallfairt, uallfartach, *literary* géis.

golspaire noun ❶ *crier, bawler:* béiceachán, bolscaire, caointeachán, caointeoir, éimheoir, geocach, sceamhlachán. ❷ **golspaire linbh** *crybaby:* ainle, ceolán, clabaire linbh, geocach linbh, liopa, meamhlachán, plobaire linbh, sciúgaire linbh, scréachán, scréachán linbh, screadachán, screadaire.

gonta adjective ❶ *succint, terse:* achomair, aicearrach, beacht, beagfhoclach, fuinte, gairid, gearr. ❷ *unsound:* fabhtach, foirgthe, lochtach, lofa, morgtha, truaillithe.

gontacht noun ❶ *sharpness:* áithe, bior, faobhar, géaradas, géire, giorraisce, seirbhe, *literary* féighe. ❷ *terseness:* achomaireacht, beaichte, coimre, fuinteacht, giorra, giorracht, loime. ❸ *piquancy, pungency:* blastacht, gairge, géire, goinbhlastacht, seirbhe.

gor noun ❶ *(act of) hatching, incubation:* goradh, goróocht, ligean amach; tabhairt amach. ❷ *inflammation, pus:* ábhar, ábhrú, brach, anagal, angadh, angaíocht, brachadh, braon, dul chun ainchinn, easpa, garr, garrail, máthair ghoir, othar, othras, sileadh.
❸ **gor faoi ionga** *whitlow:* (*i gContae na Gaillimhe*) cor faoi iongain, rosaid. verb ❶ *heat, warm:* tabhair goradh do, téigh; ábhraigh. ❷ *incubate, hatch:* lig amach, tabhairt amach.

goradh noun ❶ *heating, warming:* beirfean, bruithne, bruth, gor, téamh, teas, teocht. ❷ *hatching, incubation:* gor, goraíocht, síolrú.

gorm adjective ❶ *blue:* bánghorm, búch, dúghorm, glas, glasghorm, gormgheal, gormrua, odharghorm, tláthghorm. ❷ *black, negro:* dubh, Afracach, Gormach, Gormóideach. noun *blue colour, blue dye:* dath gorm, dathú gorm, goirme; bánghorm, dúghorm, glaise, goirmeacht, gormgheal, gormrua, odharghorm.

Gormach noun *Negro, African:* Afracach, ciardhuán, duine gorm, fear gorm, gormán, gormóideach, *familiar* bleaic, *pejorative, taboo* nigear; cróinseach.

gormán noun *bluebottle, cornflower (Centaurea cyanus):* coirce gorm, currach na cuaiche, goirmín, goirmín searc, lus gormáin.

goróir noun *sit-by-the-fire:* gora leaindí, leadaí na luatha, *pl.* lorgaí breaca, *pl.* lorgaí dóite, luircín cheann an teallaigh.

gort noun ❶ *cultivated field:* cuibhreann, fáiméad, garraí, goirtín; páirc. ❷ *standing crop:* barr, curaíocht, fómhar, toradh, tairgeadh.

gorta noun ❶ *hunger, famine:* ampla, easnamh, easpa, gainne, gannchar, gannchuid, ganntan, ganntanas, ganntar, gátar, ocras, uireasa, uireasbhaidh; an Drochshaol, aimsir an Drochshaoil, bliain an Drochshaoil. ❷ *meanness, niggardliness:* ainnise, ceachaireacht, ceachardhacht, ceacharthacht, cinnteacht, cneámhaireacht, cníopaireacht, cruacht, cruáil, cruálacht, cruas, cúngach croí, doghracht, gortáil, ocras, péisteánacht, picéireacht, scrabhaireacht, scrabhdáil, scrabhdóireacht, spárálacht, sprionlaitheacht, sprionlóireacht, staigíneacht, suarachas, suaraíocht, tíos, tíosaíocht, truailleachas, tútachas, *literary* neoid.

gortach adjective ❶ *hungry:* caolocrach, géarghoileach, ocrach, ocrasach, siolgair, stiúgtha; ar an gcaolchuid, ar an ngannchuid. ❷ *scanty, skimpy:* easnamhach, eisbheartach, gann, gannchúiseach, gearreireaballlach, giortach, scáinte, sciotach, tanaí, tearc, uireasach, uireaspach. ❸ *mean, niggardly:* beagchroíoch, ceachartha, ceapánta, cnuasaitheach, cruálach, cúngchroíoch, díbheach, doicheallach, dúlaí, gann, gramastúil, greamasúil, lompasach, meánaitheach, ocrach, spárálach, sprionlaithe, suarach, tíosach, toimhseach, truaillí, tútach, *literary* neoid.

gortachán noun ❶ *hungry person, starved person:* gortán, ocrach, ocrachán, ocrasán, siolgaire; cnámharlach, créice; níl ann ach an creatlach, tá dreach an ocrais air. ❷ *niggard:* ainriochtán, bochtán, cac ar oineach, caillteachán, ceachaire, ceacharán, cnat, cnatachán, cníopaire, coigléalaí, coigleoir, creagaire, cruálaí, dúlaíoch, gortán, néigear, ocrachán, péisteáách, raispín, ruidín gorta, scanrabóid, scanrachóid, scanradóir, scanróir, scrabhadóir, scramaire, scríbín, scríobálaí, sprionlóir, staga, suarachán, taisceoir, toimhseachán, truailleachán, truán, tútachán; caillteog, cráiteog, scríobóg, sprionlóg.

gortaigh verb *wound, injure:* basc, bearr, ciorraigh, cneáigh, créachtaigh, dochraigh, donaigh, gearr, goin, íospair, leadair, leadhb, loit, máchailigh, martraigh, mill, sclár, spól, stiall, tinnigh, *literary* sléacht.

gortú noun *hurt, injury:* arraing, céasadh, ciapadh, cithreim, cnámhghoin, cneá, cneamhán, crá, créacht, créachtú, drochshá, gáipéar, gearradh,

gorún

goin, goineog, gránú, leonadh, lot, luifín, pianadh, pianpháis, *pl.* pianta.

gorún noun *haunch, hip*: corróg, cromán, gorún, leis, scoróg.

gósta noun ❶ *ghost*: amhail, samhail, samhailt, samhlaoid, spiorad, sprid, taibhse, támhas; aisling, fís, siúlacht, *pl.* speabhraídí, *pl.* speabhraoidí, *pl.* spéireataí. ❷ *reflection*: scáil, scáile, scáth.

gotha noun ❶ *appearance*: *pl.* airíona, amharc, amhlachas, breathnú, caoi, *pl.* ceannaithe, cló, cóiriú, comhartha, comhartha sóirt, cosúlacht, crot, cruth, cruthaíocht, cumraíocht, cuma, dealramh, deilbh, dreach, eagar, éagasc, féachaint, fionnachruth, fíor, fíoraíocht, foirm, gné, gnúis, leagan, riocht, samhlachas, snua. ❷ *attitude*: cor, dóigh, geáitse, *pl.* géataí, goic, imeacht, iompar, seasamh, stiúir, suíomh, teacht i láthair. ❸ *pl.* **gothaí** *affectation, airs*: *pl.* aeráidí, buaiceáil, cámas, crochtacht, *pl.* cumaí móra, cur i gcéill, déanfas, éirí in airde, forcamás, *pl.* froigisí, gáifeacht, gaigíocht, gairéad, galamaisíocht, galántacht, galántas, *pl.* geáitsí, *pl.* geamaí, giodal, leitheadas, maigiúlacht, mustar, postúlacht, *pl.* roilsí; *pl.* cleití folmha, gíoscán ag bróga is gan díolta fós astu, mórtas thóin gan taca, *pl.* putóga gan geir; sotal, suimiúlacht, teanntás, uabhar.

gothaíocht noun *mannerism*: *pl.* airíona, *pl.* bealaí, *pl.* béasa, gaigíocht, galamaisíocht, galamás, *pl.* geáitsí, *pl.* geamaí, *pl.* géataí, giodal,*pl.* gothaí, iompar, *pl.* nósanna, *pl.* saintréithe, seápáil, *pl.* tréithe.

grá noun *love*: amarac, armacas, ansacht, bá, búíocht, cairdeas, caithis, carthain, carthanacht, ceanas, ceanúlacht, céileachas, cion, connailbhe, cumann, dáimh, dáimhiúlacht, dearg-ghrá, dianghrá, dile, dílseacht, díograis, díograisí, dúil, fialchaire, gaolacht, gean, gnaoi, grámhaireacht, greann, ionúine, mearghrá, muintearas, muirn, nádúr, nóisean, páirt, searc, síorghrá, taitneamh, teasghrá, toil, *literary* cairdine, dailbhe.

grabáil verb *grab*: beir ar, cantáil, faigh, gabh, gabh seilbh ar, glám, graibeáil, greamaigh, sciob, scoith.

grabaire noun ❶ *puny person*: abhcán, aircín, arcán, beagadán, boiric ó ciú, camchróit, ceairlicíú, céasánach, cnádaí, crabadán, crampánach, crandán, creachán, creadal, créice, cringleach, cruachán, crunca, díolúnach, diúilicín, dradaire, draoidín, dreoilín, dúidlín, duine beag sceoite, dúradán, feoiteachán, feosachán, feosaí, fíothal, geospal, geospalán, gilidín, gilmín, ginidín, gréiscealachán, lucharachán, lucharbán, lucharpán, meatachán, padhsán, pigmí, priocachán, sceoidín, scidil, scrobaire, séacla, seargán, seargánach, síobhra, síofra, síogaí, sleabhcán, truán. ❷ *brat, urchin*: agóidín, brusaire, dailtín, putach, raispín, rata linbh, smuilcín, sotaire, teallaire, *familiar* gráinneog, *figurative* piollaire. ❸ *prattler*: bladhmaire, bolgán béice, bolscaire, brasaire, cabaire, ceolán, clabaire, claibéir, claibín muilinn, cuachaire, dradaire, geabaire, geabstaire, geamhaire, gibide, glafaire, glagaire, glagbhéal, gleoiseach, gleoisín, gleothálaí, gligín, gliogaire, gobachán, meigeadán, plobaire, scaothaire, scrathóg, siollaire, siosaire, strambánaí, trumpadóir.

grabhar noun *crumbled matter, crumbs*: *pl.* blúirí, bruar, brablach, brios brún, brioscbhruan, brioscbhruar, bruan, bruscar, brúscar, ciolar chiot, *pl.* ciolaracha chiot, conamar, deannach, dusta, grabhar, *pl.* grabhróga, gráscar, min sáibh, mionbhruar, miongrach, mionrabh, oirneach, *pl.* smidiríní, smiodair, smionagar, smúdar, spruadar, spruáin, sprúileach, sprúilleach, *pl.* sprúillí, sprúireach, *pl.* steigears, *pl.* steigearás, *pl.* steigíní, *literary* brúireach.

grabhróg noun *crumb*: blúire, ruainne, sprúille, sprúilleog.

grád noun *grade, class*: aicme, cineál, cuma, earnáil, fíleam, fine, foirm, géineas, gné, grád, leithéid, nádúr, rang, saghas, samhail, sórt, seort, speiceas.

grádaigh verb *grade, calibrate*: aicmigh, calabraigh, cláraigh, códaigh, cogairsigh, córasaigh, cuir eagar ar, cuir in ord, eagraigh, innéacsaigh, liostaigh, rangaigh, tabhar chun eagair, tabhair chun sistéim.

gradam noun *esteem, mark of honour*: ardchéim, ardmheas, barrchéimíocht, céim, céimíocht, dínit, grád, meas, oineach, oireachas, oirirceas, onóir, ord, rang, réim, seasamh, stádas, uaisle, uaisleacht, urraim, *literary* oirmhidin, ordan; armas, suaitheantas.

gradamach adjective *esteemed, held in high regard*: cáiliúil, cátúil, clúiteach, fiúntach, measúil, miadhach, oirirc, onórach, sochineálach, uasal, urramach, urramúil, *literary* ealga.

graeipe noun *grape, digging fork*: graeip; forc, gabhlóg, grápa, grápán, píce, sprang, sprong, spronn.

grafadh noun (*act of*) *hoeing*, (*act of*) *grubbing*: grafadóireacht, grafáil; baint, cartadh, cartáil, glanadh, rútáil, tochailt.

grafán¹ noun *hoe*: grafóg, scríobán.

grafán² noun ❶ **grafán bán** *white horehound (Marrubium vulgare)*: grabhán, grafán, liath chroí, orafunt, púrhabhnd, tarafunt. ❷ **grafán dubh** *black horehound (Ballota nigra)*: bréanlus. ❸ **grafán na gcloch** *biting stonecrop (Sedum acre)*: eireaball luchóige, *pl.* fataí seangán, garbhán cloch, garbhán na gcloch, garbhchloch, glifín na gcloch, graibhe na gcloch, grifín, griofán na gcloch, lus na seangán, lusra an tsionnaigh, lusra na seangán, piobar chaisil, póirín seangán, *pl.* póiríní seangán.

grafnóir noun *penman*: peannaire, scríbhneoir, scríobhaí.

grafnóireacht noun *penmanship*: lámh, lámh litreach, lámhscríbhneoireacht, peannaireacht, scríbhneoireacht, scríobh; lorg a láimhe.

grág noun *raucous cry, croak*: ailleog, béic, búir, gáir, géim, glam, glao, glaoch, gluaire, graith, liú, nuall, scairt, sceamh, scol, scréach, scréach, scread, uaill.

grágaíl noun (*act of*) *cawing*, (*act of*) *braying*: grágaíl, grágarnach, grágarsach; béicfeach, béicíl, béiciúch, bladhrach, bladhrúch, bloscadh, búireach, éamh, gáirtheach, gárthaíl, géimneach, scolaíocht, scréachach, scréachaíl, screadach, screadaíl, uallfairt, uallfartach.

grágaire noun *raucous person*: grágarlach; béiceadán, bolgán béice, bollaire, bolscaire, bragaire, cág, callaire, cleataire, duine mórbhéalach, glagaire, glagbhéal, glamaire, glórachán, radaire, roiseálaí, scréachaire, screadachán, siollaire, trumpadóir.

grágán noun ❶ *stump of tree or bush*: bun, crampóg, stoc, stocán, stumpa, tamhan. ❷ *bushy head of hair*: clibín, glib, moing, mothall, stoth gruaige, suasán, súisín.

grágánach adjective *bushy, shaggy*: clíbíneach, diasach, foithriúil, giobach, gioblach, glibeach, gliobach, guaireach, mosach, mothallach, peallach, scothánach, stothallach, tomach. noun *person with shaggy hair*: gioblachán, glibire, gliobachán, gruagach, mothallachán, scothánach.

graí noun *colloquial horses, stud*: *pl.* capaill, eachra, marcra.

graifleach adjective ❶ *coarse, rugged*: ainmhín, borb, ceamach, dorrga, garbhánta, garg; achrannach, ainmhín, cnapánach, cnapógach, corrach, cranrach, creagánta, fadhbach, fairbreach, fiaclach, greanach, inbheach, iomaireach, rocach, starrach. ❷ *ugly, ill-favoured*: dochra, dochraí, dodhealbhach, doghnúiseach, do-mhaiseach, éagruthach, gráiciúil, gráiniúil, gránna, míchumtha, mídheas, míghnaíúil, mímhaiseach, míofar, mísciamhach, neamhsciamhach, urghránna, *literary* éidigh; adhfhuafar, fuafar, glonnach, glonnmhar, gráiciúil, gráiniúil, uafar, uafásach, urghráiniúil.

gráig noun *village, hamlet:* baile, baile beag, clachan, clochán, grágán, sráidbhaile.

gráigh verb *love:* adhair, tabhair cion do, tabhair grá do, tabhair gean is cumann do; tá an-rud aige léi, tá bá mhór aige di, tá caithis aige di, tá cion aige uirthi, tá grá aige di, tá greann mór aige uirthi, tá taitneamh aige di, tá toil aige di; is í mian a chroí í, is ise a ghrá; tá sé i ngrá léi; is aoibhinn leis í, is breá leis í, is ionúin leis í; tá sé an-tugtha di, tá sé báite inti, tá sé ceanúil uirthi, tá sé doirte di, tá sé lán de chion uirthi; tá luí aige léi, tá lúb istigh aige di, tá nóisean aige di; tá sé sa chiall is aigeantaí uirthi; níl aon duine is ansa leis ná í, níl aon duine is gile leis ná í; tá a chroí istigh inti, tá sé ina chodanna beaga timpeall uirthi.

graiméar noun *grammar book:* leabhar gramadaí, priméar, uraiceacht.

gráin noun ❶ *hatred, abhorrence:* col, cradhscal, déistin, doicheall, dearg-ghráin, drochaigne, drochchroí, drogall, fala, faltanas, fuath, fuathú, glonn, íorpais, mailís, mioscais, nimh san fheoil, olc, paor, urghráin. ❷ *ugliness, disfigurement:* ainimh, anchruth, breall, cáim, cithréim, dochraíocht, éagruth, gráiciúlacht, gráiniúlacht, gráinne, gránnacht, máchail, meann, míghnaoi, míofaireacht, míscéimh, urghráiniúlacht, urghránnacht.

gráin noun *cuddle:* barróg, cochlú, cuach, cuachadh, croídín, gráinteacht, mán mán, muirn, muirnéis, muirniú; bhí sí ag déanamh croí isteach leis.

grainc noun ❶ *literary disgust, loathing:* ceas, col, cradhscal, déistin, dearg-ghráin, drochaigne, droch-chroí, fuath, glonn, gráin, iompú goile, masmas, múisiam, samhnas, orla. ❷ *frown, grimace:* cab, cáirín, cár, caradánacht, clab, gnúis, gramhas, gruig, grus, iolchaing, meill, mídhreach, místá, púic, pus, scaimh, scaimheog, strabhas, strainc, straois, streill.

gráinigh verb *hate, loathe:* fuathaigh; is fuath le, is gráin le; tá an dearg-ghráin aige ar, tá dochma air roimh, tá ga aige i, tá sé dubh do, tá sé lán d'aingíocht do; níor lú air an deamhan ná, níor lú air an diabhal ná, níor lú air an donas dearg ná, níor lú air an fhéith fhann ná, níor lú air an phlá ná, níor lú air an sioc ná.

gráiniúil adjective ❶ *hateful, abhorrent:* adhfhuafar, colach, colúil, déistineach, duaiseach, fuafar, glonnmhar, masmasach, mínáireach, samhnasach, urghráiniúil. ❷ *ugly, disfiguring:* dearg-ghránna, dochra, dochraí, éagruthach, gráiciúil, gráifleach, gránna, míchumtha, mídheas, mímhaiseach, neamhsciamhach, urghránna, *literary* éidigh. ❸ *fearful, terrible:* adhuafar, cradhscalach, creathnach critheaglach, fuascrach, gáifeach, géibheannach, líonriteach, millteanach, scáfar, scanrúil, scéiniúil, uafar, uafásach, uaiféalta, uamhnach.

gráiniúlacht noun *hatefulness, ugliness, frightfulness:* adhfhuafaire, adhfhuafaireacht, col, déistin, doch-

---

Gráinneoga, Dallóga, agus Feithidiyeoirí Eile

Alpine shrew (Sorex alpinus): dallóg f. shléibhe
armoured shrew (Scutisorex somereni): dallóg f. laochta
Asian mole (Euroscaptor micrura): caochán Áiseach
bicoloured white-toothed shrew (Crocidura leucodon): dallóg f. dhéadgheal riabhach
cape golden mole (Chrysochloris asiatica): órchaochán na Rinne
Chinese shrew-mole (Uropsilus sp.): caochán dallógach Síneach
common tenrec (Tenrec ecaudatus): tinric f. choiteann
Cuban solenodon (Solenodon cubanus): almící
Etruscan shrew (Suncus etruscus): dallóg f. Éatrúscach
European shrew (Sorex araneus): dallóg f. choiteann
European water-shrew (Neomys fodiens): dallóg f. uisce
European mole (Talpa europaea): caochán; caoch láibe; talpa
forest musk shrew (Sylvisorex megalura): muscdhallóg f. fhoraoise
giant Mexican shrew (Megasorex gigas): olldallóg f. Mheicsiceach
giant otter shrew (Potamogale velox): dallóg f. dhobhránach mhór
Grant's golden mole (Eremitalpa granti): órchaochán Grant
greater Cuban nesophontes (Nesophontes major): neasafóntas mór Cúbach
greater hedgehog tenrec (Setifer setosus): tinric f. ghráinneogach mhór
greater white-toothed shrew (Crocidura russula): dallóg f. dhéadgheal mhór
Haitian nesophontes (Nesophontes zamicrus): nasafóntas Háitíoch
Hispaniolan solenodon (Solenodon paradoxus): sólanadan Háitíoch
house musk shrew (Suncus murinus): muscdhallóg f. thí
Indian hedgehog (Paraechinus micropus): gráinneog f. Indiach
large-eared tenrec (Geogale aurita): tinric f. chluasmhór
lesser hedgehog tenrec (Echinops telfairi): tinric f. ghráinneogach bheag
lesser moonrat (Hylomys suillus): giomnúr beag
lesser white-toothed shrew (Crocidura suaveolens): dallóg f. dhéadgheal bheag
long-eared desert hedgehog (Hemiechinus auritus): gráinneog f. chluasfhada gaineamhlaigh
lowland streaked tenrec (Hemicentetes semispinosus): tinric f. stríocach ísealchríche
Malayan water shrew (Chimarrogale hantu): dallóg f. uisce Mhalaech
Mediterranean water shrew (Neomys anomalus): dallóg f. uisce Mhéanmhuirí
Mindanao moonrat (Podogymura truei): giomnúr Mindanao
moonrat (family Erinaceidae): giomnúr
Nimba otter-shrew (Micropotamogale lamottei): dallóg f. dhobhránach Nimba
North African hedgehog (Atelerix algirus): gráinneog f. Ailgéarach
northern short-tailed shrew (Blarina brevicauda): dallóg f. earrghearr thuaisceartach
piebald shrew (Diplomesodon pulchellum): dallóg f. bhallach
Pygmy shrew: (Sorex minutus): dallóg f. fhraoigh
pygmy white-toothed shrew (féach Etruscan shrew)
Pyrenean desman (Galemys pyrenaicus): deasman Piréineach
Russian desman (Desmana moschata): deasman Rúiseach
Somali golden mole (Chlorotalpa tytonis): órchaochán Somálach
star-nosed mole (Condylura cristata): caochán srónréaltach
steppe hedgehog (Mesechinus sp.): gráinneog f. Rúiseach
Tibetan water shrew (Nectogale elegans): dallóg f. uisce Thibéadach
web-footed tenrec (Limnogale mergulus): tinric f. chos-scamallach
West European hedgehog (Erinaceus europaeus): gráinneog f.; gráinneog f. Eorpach
yellow golden mole (Calcochloris obtusirostris): órchaochán buí

gráinne
raíocht, fuafaire, fuafaireacht, glonn, gráiciúlacht, gráinne, gránnacht, míofaireacht, míscéimh, samhnas, scáfaireacht, scanrúlacht, uafaire, uafaireacht, uafás, uamhnacht, urghráiniúlacht, urghránnacht.

gráinne noun ❶ *(single) grain*: gráinnín, grán, síol; *literary* sceallán. ❷ *grain (in timber, etc.)*: snáithe; fionnadh, fíora, siúnta, stuif. ❸ *small quantity*: beag, beagán, beagmhéid, blaiseadh, blaisín, blúire, blogh, bolgam, giob, giobóg, giota, lom, mionrud, ruainne.

gráinneog noun ❶ *hedgehog*: gráinneog fhéir, gruin, rutha. ❷ *short-tempered person*: agaill, anglán, anglóir, arc nimhe, cancrán, cantalóir, driseog, easóg, gargaire, sceach, speachaire, speig neanta, spleantar, sprid neanta, stiúireachán, trodaí, tuaifisc.

gráinseach noun ❶ *grange*: teach feirme. ❷ *granary*: gairnéal, iothlainn, sabhall, scioból.

gráinseáil noun *small repast, nibble*: béile beag, blaisín, bolgam beag, bonnachán, diocán, gogán is spúnóg, greim is bolgam, mír is deoch, scíobas, scruig *'refreshment for night workers'*, smailc, snapadh.

graiplín noun *grapnel*: graiféad, greamaire.

gráiscíneach adjective *foul-mouthed, obscene*: barbartha, brocach, broghach, gáirsiúil, garbh, gráisciúil, graosta, mígheanasach, mígheanúil, neamhghlan, salach.

gráiscínteacht noun *obscenity, tendency to be foul-mouthed*: barbarthacht, brocamas, gairbhe, gáirsiúlacht, gráisciúlacht, gráistiúlacht, graostacht, mígheanas, mígheanúlacht, salachar

gráisciúil adjective *vulgar, obscene*: gráiscíneach; barbartha, brocach, broghach, collaí, drifisceach, gáirsiúil, garbh, gránna, graosta, lábánta, luarga, míchumhra, mígheanasach, mígheanmnaí, mígheanúil, oitir, salach.

gramadach noun *(science of) grammar*: gramadach giniúnach; comhréir, deilbhíocht, parsáil, taifeach; díochlaonadh, infhilleadh, déanamh na bhfocal, ord na bhfocal, réimniú.

Téarmaí Gramadaí

ablative: ochslaíoch
ablative absolute: ochslaíoch leithliseach
absolute: neamhnasctha; leithliseach
accidence: deilbhíocht *f.*
accusative: áinsíoch
active: gníomhach
active voice: faí *f.* ghníomhach
active participle: rangabháil *f.* ghníomhach
adessive: aideiseach
adjectival: aidiachtach
adjective: aidiacht *f.*
adverb: dobhriathar
adverbial: dobhriathartha
affix: foirceann
allative: alaiteach
anaphora: iarthagra
anaphoric: iarthagrach
antecedent: réamhtheachtaí
aorist: éigríochta
apocope: coimriú deiridh
apodosis: iarbheart
apposition: comhaisnéis *f.*
aspect: gné *f.*
attributive: aitreabúideach
autonomous verb: briathar saor; saorbhriathar
auxiliary verb: briathar cúnta
back vowel: guta cúil
broad: leathan
cardinal: bunuimhir *f.*
case: tuiseal
causal: **adjectival genitive** cúise
causative: cúisitheach
classification: rangú; **adjectival genitive** aicme
clause: clásal
clitic: claonán
cognate: gaolmhar
collective noun: cnuasainm
common noun: gnáthainm
comparative: comparáideach
comparative degree: comhchéim *f.*
complement: comhlánú
conative: dréimeach
conditional tense: aimsir *f.* choinníollach; modh coinníollach
conjugation: réimniú
conjunct: cónasctha
conjunction: cónasc
continuous tense: aimsir *f.* leanúnach
copula: copail *f.*
countable: **adjectival genitive** inchomhairimh
dangling participle: rangabháil *f.* chrochta
dative: tabharthach
declension: díchlaonadh
decline: díochlaon
defective verb: briathar uireasach
definite: cinnte
definite article: an t-alt; an t-alt cinnte
degree: céim *f.*
deictic: deicseach
deixis: deicsis *f.*
delative: déalaiteach
demonstrative: taispeántach
dependent: spleách
deponent: diúscartach
determiner: cinntitheach
deuterotonic: deotratonach
diminutive adjective: díspeagthach
diminutive noun: díspeagadh
direct object: cuspóir díreach
disjunctive: deighilteach
distributive: dáileach
dual: déach
durative: marthanach
echo word: focal macalla
eclipse: uraigh
eclipsis: urú
elative: éalaiteach
enclitic: iarchlaonán
equative degree: céim *f.* chothrom
ergative: eirgeach
expletive: spalla
feminine: baininscneach
final clause: clásach aidhme
finite: finideach
frequentative: gnáthaíoch
fricative: cuimilteach
front vowel: guta tosaigh
future perfect: iarfhoirfe
future tense: aimsir *f.* fháistineach
gender: inscne *f.*
genitive: ginideach
gerund: geireann
gerundive: geireannach
govern: rialaigh
government: rialú
habitual: gnáth-
habitual past: gnáthchaite
habitual present: gnáthláithreach
historic present: láithreach stairiúil
hypotaxis: fo-ordú
imperative: ordaitheach
imperfect: neamhfhoirfe
impersonal: neamhpharsanta
inchoative: tionscantach
indeclinable: dodhíochlaonta
indefinite article: alt éiginnte
indirect object: cuspóir indíreach
indirect relative: coibhneasta neamhdhíreach
inessive: ineiseach
infinitive adjective: infinideach; neamhfhinideach
infinitive noun: infinid *f.*
infix: inmhír *f.*
infixed pronoun: forainm intáite
inflect: infhill
inflection: infhilleadh
injunctive: urghaireach
instrumental: uirliseach; gléasach
intensifier: treiseoir
interjection: intriacht *f.*
interrogative: ceisteach
intransitive: neamhaistreach
irregular: neamhrialta
irregular verb: briathar neamhrialta
iterative: athráiteach
jussive subjunctive: foshuiteach ordaitheach
lenition: séimhiú

lexical: leicseach;
   adjectival genitive foclóra
lexis: leicseach
locative: áitreabhach;
   adjectival genitive áite
main clause: príomhchlásal
main verb: príomhbhriathar
masculine: firinscneach
mass noun: ainmfhocal maise
medio-passive:
   adjective meánchéasta
middle voice: faí *f.* mheánach
modal verb: briathar caoi
modifier: modhnóir
mood: modh
morpheme: moirféim *f.*
morphology: moirfeolaíocht
nasalization: srónaíl *f.*;
   (*morphonemics*) urú
negative: diúltach
neuter: neodrach
nominal: ainmfhocal
nominalization: ainmfhoclú
nominative: ainmneach
noun: ainmfhocal
number: uimhir *f.*
object: cuspóir
objective case: tuiseal cuspóireach;
   tuiseal áinsíoch
oblique: claon-
oblique case: claontuiseal
optative: guítheach
palatal: carballach
palatalized: caol
palate: carball
paratactic: taobhréireach
parataxis: taobhréir *f.*
parsing: parsáil *f.*
participle: rangabháil *f.*
participle adjective:
   rangabháil *f.* aidiachtach
particle: mír *f.*
partitive: rannaíoch
passive participle:
   rangabháil *f.* chéasta
passive voice: faí *f.* chéasta
passivize:
   cuir briathar san fhaí chéasta
past: caite
past habitual: gnáthchaite
past historic: caite stairiúil
past participle:
   rangabháil *f.* chaite
perfect: foirfe

perfect tense: aimsir *f.* fhoirfe
perfective: foirfeach
periphrasis: timchaint *f.*
periphrastic: timchainteach
person: pearsa *f.*
personal pronoun:
   forainm pearsanta
phone: fón
phoneme: fóinéim *f.*
phonetics: foghraíocht *f.*
phonology: fóineolaíocht *f.*
phrasal verb: briathar frásach
phrase: frása; abairtín
plosive: pléascach
pluperfect: ollfhoirfe
plural: iolra
possession: sealbhas
possessive: sealbhach
postmodifier: iarmhodhnóir
postposition: iarfhocal
postpositive: iarfhoclach
predeterminer:
   réamhchinntitheach
predicate: faisnéis *f.*
predicative: faisnéiseach
prefix: réimír *f.*
premodifier: réamh-mhodhnóir
preposition: réamhfhocal
prepositional object:
   cuspóir réamhfhoclach
prepositional pronoun:
   forainm réamhfhoclach
present: láithreach
present habitual: gnáthláithreach
present tense: aimsir *f.* láithreach
preterite: aimsir *f.* chaite
principal parts: príomhranna
proclitic: réamhchlaonán
pronominal: forainmneach
pronoun: forainm
protasis: réamhbheart
prototonic: prótatonach
punctuation: puncaíocht *f.*
qualifier: cáilitheoir
qualify: cáiligh
qualitative: cáilitheach
reciprocal: cómhalartach
reflex: *is a reflex of*: síolraíonn ó
reflexive: aisfhillteach
regular: rialta
relative clause: clásal coibhneasta
relative pronoun:
   forainm coibhneasta
restrictive: teorantach

resulatative: torthaíoch
root: fréamh *f.*
sandhi: *sandhi*
segment: teascán
segmental: teascánach
segmentalize: teascánaigh
semideponent: leathdhiúscartach
sentence: abairt *f.*
sentence adverb:
   dobhriathar abairte
singular: uatha
sonant: sondach
stative: statach
stem: stoc; tamhan
strong plural: tréaniolra
strong verb: tréanbhriathar
subject: ainmní
subjective case:
   tuiseal ainmneach
subjunctive: foshuiteach
sublative: sublaiteach
submodifier: fomhodhnóir
subpredicate: fofhaisnéis *f.*
substantive; **adjective & noun**
   substainteach
suffix: iarmhír *f.*
superlative degree: sárchéim *f.*
suppletive: comhlántach
syncopate: coimrigh
syncope: coimriú
tag: eireabaillín
tag question: ceist *f.* eireabaillín
tense: **adjective** teann
tense: **noun** aimsir *f.*
terminative: teirminiteach
tmesis: tméisis *f.*
transitive verb: briathar aistreach
uncountable noun:
   ainmfhocal díchomhairthe
velar: coguasach
velum: coguas
verb: briathar
verbal adjective:
   aidiacht *f.* bhriathartha
verbal noun: ainm briathartha
vocative: gairmeach
voice noun: faí *f.*
voice verb: glóraigh; guthaigh
voiced: glórach
voicing: glórú; guthú
weak plural: lagiolra
weak verb: lagbhriathar

gramaisc noun *rabble, mob*: brablach, brataing, bratainn, bruscar, cloigis, codraisc, cóip, cóip na sráide, conairt, cuimleasc, daoscar, daoscarshlua, drifisc, glamrasc, gráisc, gramaraisc, gráscar, grathain, luifearnach, luspairt, malra, rablach, scroblach, sloigisc, slua, sprot, trachlais; Clann Lóbais, Clann Tomáis.

grámhar adjective ❶ *loving, affectionate*: búch, caithiseach, ceanúil, croíúil, geanúil, grách, greannmhar, lách, nádúrtha, teochroíoch, *literary* búidh. ❷ *lovable, amiable*: caithiseach, carthanach, cineálta, geanúil, grách, inmhianaithe, lách, meallacach, soghrách, tarraingteach.

gramhas noun *grin, grimace*: cab, cáirín, cár, caradánacht, clab, gnúis, grainc, pus, scaimh, scaimheog, strabhas, strainc, straois, streill.

grán noun ❶ *grain*: arbhar, cuachán, gránach, gránlach, min, plúr; coirce, cruithneacht, eorna, seagal. ❷ *ball, shot, pellet*: meall, millín, piléar, sluga. ❸ **grán arcáin** *lesser celandine* (Ficaria verna): aonscoth, crann arcáin, lus na gcnapán, réaltán órga, suán buí.

gránach adjective *cereal*: arbhar, cuachán, grán, gránlach, min, plúr; coirce, cruithneacht, eorna, seagal

gránna adjective ❶ *ugly, unpleasant*: dochra, dochraí, dóisceanta, doithimh, do-mhaiseach, éagruthach, gráiciúil, graifleach, gráiniúil, míchumtha, mídheas, mímhaiseach, míofar, mísciamhach, neamhsciamhach, urghránna, *literary* éidigh; adhfhuafar, fuafar, glonnach, glonnmhar, gráiciúil, gráiniúil, mígheanúil, uafar, uafásach, urghráiniúil. ❷ *poor,*

gránnacht

> **Gráin Inite**
>
> African rice (*Oryza glaberrima*): rís *f.* Afracach
> barley (*Hordeum vulgare*): eorna *f.*
> broomcorn millet (*féach proso*)
> finger millet (*Eleusine coracana*): muiléad méarach
> fonio (*féach funde*)
> foxtail millet (*Setaria italica*): muiléad Iodálach
> funde (*Digitaria exilis*): rís *f.* ghortach
> hungry rice (*féach funde*)
> maize (*Zea mays*): arbhar indiach
> millet (*Panicum* sp.): muiléad
> oats (*Avena sativa*): coirce
> pearl millet (*Pennisetum glaucum*): muiléad Afracach
> proso (*Panicum miliaceum*): prósó
> rice (*Oryza sativa*): rís *f.*
> rye (*Secale cereale*): seagal
> sorghum (*Sorghum bicolor*): sorgam
> tef (*Eragrostis tef*): teif *f.*
> wheat (*Triticum aestivum*): cruithneacht *f.*

wretched: aimlithe, ainriochtach, ainnis, anacair, anacrach, anásta, angarach, anróiteach, bocht, caillte, cásmhar, dealbh, dealúsach, dearóil, díblí, mí-ádhúil, mí-ámharach, millte, ocrach, suarach, trua, truánta, uireasach, *literary* doim.

gránnacht noun *ugliness:* ainimh, anchruth, breall, cáim, cithréim, dochraíocht, éagruth, gráiciúlacht, gráiniúlacht, gráinne, gráin, máchail, míghnaíúlacht, míghnaoi, míofaireacht, míscéimh, urghráiniúlacht, urghránnacht.

gránaigh verb ❶ *granulate:* meil, mionaigh. ❷ *scratch, graze:* crúcáil, grean, rois, scinn de, scrabh, scríob, stríoc, tochais.

gránúll noun *pomegranate:* greanúll, úll gráinneach.

graosta adjective *lewd, obscene:* adharcach, áilíosach, ainmhianach, barbartha, brocach, broghach, cáidheach, collaí, draosta, drúiseach, drúisiúil, gáirsiúil, garbh, gnéasach, gráiscíneach, gráiscíúil, gránna, míchuibheasach, míchumhra, mígheanasach, mígheanmnaí, mígheanúil, mínáireach, ragúsach, salach, sámhasach, trom, *literary* drúth, suiríoch.

graostach noun *lewd person:* adhaltraí, adhaltranach, adharcachán, ainrianach, ainrianaí, banadóir, cliúsaí, craiceann gan choinníoll, Diarmaid Ó Duibhne, dradaire, fuiche, gáirseoir, gráiscín, meabhlaire, radaire, ragairneálaí, raibiléir, réice, stail, *literary* táitheach; bean choibhche, cuitléir, drúth, gáirseach, meirdreach, raiteog, ráitseach, rata, ruibhleach, ruibhseach, strabalach, strabóid, straip, streabóid, striapach, *literary* eachlach, táitheach; fualán, sciorrachán.

graostacht noun *obscenity, smutty talk:* barbarthacht, brocamas, draostacht, gairbhe, gáirsiúlacht, gráiscínteacht, gráiscíúlacht, gráistiúlacht, mígheanas, mígheanúlacht, salachar; caint gháirsiúil, caint ghraosta, caint ghráiscíneach.

gráscar noun ❶ *disorderly mob:* brataing, bratainn, cloigis, daoscarshlua, grathain, scroblach, sloigisc. ❷ *scuffle, affray:* achrann, aighneas, bruíon, cambús, clibirt, giotam, gíotam, griolsa, racán, scirmis, spairn.

grásta noun *grace:* beannacht, caoimhe, caoine, carthanacht, ceansacht, cineáltacht, cineáltas, cneastacht, comaoin, galántacht, grás, grástúlacht, láíocht, logha, macántacht, maitheas, maithiúnas, mánlacht, míne, míneadas, miochaire, míonlacht, modhúlacht, séimhe, suáilce, taise, tláithe, trócaire.

grástúil adjective ❶ *graceful:* aiteasach, álainn, aoibhinn, breá, brionnach, caithiseach, canta, caomh, conláisteach, cruthúil, cuanna, cumtha, dathúil, dea-chruthach, dealfa, dealraitheach, deamhaisiúil, deas, deismir, dóighiúil, fíortha, galánta, glémhaiseach, gleoite, gnaíúil, maiseach, maisiúil, meallacach, modhúil, múnlaithe, naíonda, sciamhach, seolta, slachtmhar, taitneamhach, tarraingteach, triopallach, *literary* cadhla, seada. ❷ *gracious, merciful:* beannaithe, caoin, caomh, caonrasach, ceansa, cineálta, cneasta, daonna, garúil, grádiaúil, lách, macánta, maiteach, maith, máithriúil, mánla, maránta, méiniúil, miochair, míonla, oibleagáideach, séimh, soilíosach, somhaiteach, suairc, taisiúil, tláith, trócaireach, truachroíoch, úrchroíoch, *literary* íochtmhar.

grástúlacht noun ❶ *graciousness, gracefulness:* áille, caithis, cantacht, caoimhe, cruthúil, cuannacht, dea-mhaise, deiseacht, dóighiúlacht, galántacht, glémhaise, gleoiteacht, gnaíúlacht, gnaoi, grásta, loise, maise, maisiúlacht, modhúlacht, scéimh, sciamhacht. ❷ *mercy:* caoine, carthanacht, ceansacht, cineáltacht, cineáltas, grás, grásta, maitheas, mánlacht, miochaire, séimhe, taise, tláithe, trócaire.

gráta noun *grate, grating, grid:* cliath, criathar, eangach, grátáil, greille, gríl, grille, treilis.

grátáil verb *grate:* díslígh, scríob, mionghearr; déan díoscán, díosc, díoscarnaigh, fáisc.

grathain noun ❶ *swarm:* saithe, scaoth, scuad, scuaid, scuaine, slua, tréad. ❷ *rabble:* brablach, brataing, bratainn, bruscar, codraisc, cóip, cóip na sráide, conairt, cuimleasc, daoscar, daoscarshlua, drifisc, glamrasc, gráisc, gramaisc, gramaraisc, gráscar, luifearnach, luspairt, malra, rablach, scroblach, sloigisc, slua, sprot, trachlais; Clann Lóbais, Clann Tomáis.

gread verb ❶ *strike hard:* batráil, buail, cnag, gleadhair, lasc, leadair, leadhb, léas, léirigh, liúr, péirseáil, planc, slis, smíoch, smíocht, smiot, smíst, stánáil, súisteáil, tarraing buille ar, tuargain. ❷ *cause to smart, sting, scorch:* beophian, cealg, ciap, clip, cráigh, gortaigh, griog, pian, prioc; breoigh, bruith, dearg, dóigh, las, loisc, ruadhóigh, scall, scól.

greadadh noun ❶ *(act of) beating, trouncing:* greadlach, greadóg; broicneáil, bualadh, burdáil, cleathadh, clogadadh, cnagadh, cuimil an mháilín, deamhsáil, failpeadh, flípeáil, fuimine farc, giolcadh, gleadhradh, greasáil, lascadh, leadhbairt, leadradh, léidearnach, liúradh, liúradh Chonáin, plancadh, rapáil, riastáil, rúscadh, sceilpeáil, slatáil, smeadráil, smíochtadh, smísteáil, stánáil, súisteáil, tiomp, tuargaint, tuirne Mháire. ❷ *lashings, plenty:* ainmhéid, carn, clais, cuimse, dalladh, dúlíonach, éacht, flúirse, foiscealach, foracan, foracún, greadlach, iontas, lear, lochadradh, maidhm, *pl.* mílte, mórán, *pl.* múrtha, púir, réimse, scanradh, scaoth, seó, slua, tolmas, *familiar* an t-uafás.

greadfach noun *stinging pain, smart:* arraing, broidearnach, cailg, cealg, daigh, deann, diachair, dioch, diúracadh, dó, *pl.* freangaí, géaróg, greadán, grodphian, pian, ríog, saighead, treighdeán, treighid, *literary* gúire, iodha.

greadhain noun ❶ *noise, clamour:* blosc, bloscadh, búir, búireach, callán, callóid, clagairneach, clagarnach, clagarnaíl, cleatar, clisiam, clogarnach, dord, dordán, dordánacht, fothram, fuaim, gáróid, geoin, geonaíl, glamaireacht, gleadhradh, gleo, gliogar, glisiam, glór, glóráil, pléasc, pléascadh, pléascarnach, racán, raic, scréach, scréachach, scread, screadach, sian, siansán, siot, toirnéis, torann, tormán, troimpléasc, troistneach, trost, trostal, trostar, trup, trupáis, trupás, truplásc, *literary* géis, seastán. ❷ *shouts of revelry:* cambús, clampar, cliob, cliobach, cliobrach, cliobram, cliobar hob, cliobram

bob, fuilibiliú, fuirseadh má rabhdalam, holam halam, hólam tró, hulach halach, hurlamaboc, liú, liútar éatar, pléaráca, ragairne, rancás, rírá, ruaille buaille, rúscam raindí.

greadhnach adjective ❶ *noisy, clamorous:* ard, ardghlórach, béiceach, caismirteach, callánach clisiamach, fothramach, fothramánach, gáireachtach, garbhghlórach, gáróideach, gárthach, gioracach, glaoiteach, gleoch, gleoránach, glórach, grágach, lánghlórach, mórghuthach, scréachach, siansánach, toirniúil, *literary* géiseachtach. ❷ *merry, cheerful:* aigeanta, beo, beoga, breabhsánta, gáiriteach, gealchroíoch, gealgháireach, intinneach, láidir, macnasach, meanmnach, meidhreach, meidhréiseach, scóipiúil, somheanmnach, spéiriúil, spleodrach, suairc, subhach, súgach.

greagán noun *drop (of spirits):* bolgam, braon, deoir, diurnán, failm, fiúigil, fliúit, gabháil, gailleog, gáilleog, glincín, meigeadán, scalach, scíobas, sil, slog, slogóg, steancán, stioc, streancán, súimín, taoscán, tomhaisín dí.

greallach noun *mire, slush, puddly ground:* abar, clab cáidheach, clábar, dóib, draoib, glár, guta, láib, lábán, lathach, lodar, moirt, múilleog, pluda, puiteach; bogach, corcach, corrach, criathrach, lathrach, portach, riasc, riascach, sloda, spútrach.

greamaigh verb ❶ *attach, fix:* ceangail, dlúthaigh, fáisc, feistigh, neartaigh, táthaigh, *literary* glinnigh. ❷ *stick, adhere:* adhair, adhair, cloígh, *literary* glean. ❸ *grasp, seize, obtain:* beir ar, faigh, gabh, gabh seilbh ar, grabáil, sciob.

greamaitheach adjective *sticky, adhesive:* ceangailteach, glaech, glaeúil, glútanach, gumach, gumalach, smeartha; dóibiúil.

grean¹ noun *gravel, grit:* gaineamh, gairbhéal, graidiléis, greanach, griothal, scaineagán, scaineamh.

grean² verb *engrave:* breac, gearr, grábháil, graf, rionn, snoigh.

greanadh noun ❶ *engraving:* breacadóireacht, breacaireacht, grábháil, rionnaíocht, snoíodóireacht. ❷ *shapeliness:* áille, áilleacht, bláth na hóige, breáthacht, caithis, cantacht, caoimhe, córaí, cruthúlacht cuannacht, cumthacht, dealraitheacht, dealramh, dea-mhaise, deiseacht, dóighiúlacht, galántacht, glémhaise, gleoiteacht, gnaíúlacht, gnaoi, grástúlacht, loise, macaomhacht, maise, maisiúlacht, meallacacht, scéimh, sciamhacht, slacht, slachtmhaireacht, snúúlacht, tarraingteacht. ❸ *shape, figure:* cló, cóiriú, cosúlacht, crot, cruth, cumraíocht, deilbh, dreach, eagar, éagasc, fíor, fíoraíocht, foirm, gné, gnúis, leagan, riocht, scoth, stíl.

greanadóir noun *engraver:* breacadóir, breacaire, grábhálaí, rionnaí.

greann¹ noun ❶ *humour, mirth:* ábhacht, áibhéireacht, anstrólaíocht, antlás, craic, croíléis, cúis gháire, gleoiréis, greannmhaire, greannmhaireacht, greanntaíocht, laighce, léaspartaíocht, leithéis, magadh, meidhir, meidhréis, pléaráca, rancás, saoithiúlacht, scige, scigireacht, scléip, spórt, spraoi, sultmhaire, *literary* iontlas, sibheanradh. ❷ *love, affection:* ansacht, bá, cairdeas, caithis, carthain, carthanacht, ceanas, ceanúlacht, céileachas, cion, coimhirse, connailbhe, cumann, dáimh, dáimhiúlacht, dile, dílseacht, díograis, díograisí, dúil, fialchaire, gaolacht, gean, gnaoi, grá, grámhaireacht, ionúine, méadaíocht, muintearas, muirn, nádúr, páirt, rún, searc, síorghrá, taitneamh, toil, *literary* dailbhe.

greann² noun *bristly hair, bristly beard:* bruth féasóige, coinleach féasóige, cluimhreach, guaire, colg, guaireach féasóige, scrobarnach; giúnachán.

greannach adjective ❶ *hairy, bristly:* colgach, féasógach, gráinneogach, guaireach, ribeach, ribeogach,

greasáil

ruainneach, stuacach, ulchach. ❷ *bristling, combative:* ainciseach, araiciseach, aranta, cancrach, cantalach, coilgneach, colgach, cuileadach, deafach, driseogach, drisíneach, feargach, gairgeach, gleacach, gleoch, goilliúnach, gráinneogach, iarógach, íortha, straidhpeach, straidhpiúil, trodach, *literary* dreannach, íorach, iorghalach.

greannaigh verb ❶ *irritate, taunt:* aithisigh, beophian, céas, ciap, clip, cráigh, caith achasán le, cuir as do, cuir isteach ar, goill ar, goin, gortaigh, greannaigh, griog, pian, prioc, tabhair dúshlán do, tarcaisnigh.

greannmhar adjective ❶ *funny, comical:* ábhachtach, áiféiseach, barrúil, leithéiseach, magúil; is cúis gháire é, tá lagú ann. ❷ *odd, strange:* aduain, **adjectival genitive** aineoil, áirid, aisteach, aistíoch, ait, corr, corraiceach, deorach, deoranta, éachtach, éagoitianta, éagsamhalta, éagsúil, éagsúlta, **adjectival genitive** éigineáil, groí, neamhchoitianta, neamhghnách, saoithiúil, urghnách, *literary* diongna. ❸ *loving, affectionate:* caithiseach, ceanúil, croíúil, geanúil, grách, grámhar, lách, nádúrtha, teochroíoch.

greanta adjective ❶ *graven:* breactha, grábháilte, rionnta, snoite. ❷ *polished, shapely:* dreachlíofa, líofa, glé, gléasta, gléineach, lonrach, slíobach, snasta; álainn, breá, canta, córach, cruthach, cruthúil, cuanna, cuidsúlach, cumtha, dathúil, dea-chruthach, dealfa, dealraitheach, dea-mhaisiúil, deas, deismir, dóighiúil, fíortha, galánta, glémhaiseach, gleoite, gnaíúil, gnúiseach, grástúil, innealta, iomálainn, lachanta, leacanta, maisiúil, sciamhach, slachtmhar, slíobach, tarraingteach, *literary* cadhla, mas. ❸ *clear-cut, distinct:* cinnte, dearfa, dearfach, deimhin, deimhneach, deimhnitheach, follas, follasach, for-réil, glé, gléineach, léir, paiteanta, réalta, siúráilte, soiléasta, soiléir, suaithní, suntasach.

gréas noun ❶ *ornament, ornamentation:* feisteas, *pl.* froigisí, gréagán, greanadh, gréasobair, gréasornáid, gréasú, maisiú, maisiúchán, oirnéaladh, oirnimint, ornáid, ornáideachas, *literary* ileagar. ❷ *pattern:* gréasán, patrún. ❸ *needlework, embroidery:* bródáil, bróidnéireacht, spruigeáil, *literary* druine, druineachas; fuáil, gréasobair, gréasú, ilghréas, obair ghréis, obair shnáthaide, *pl.* oibreacha, *literary* imdhéanamh. ❹ *literary composition, artistic composition:* aircheadal, caidirne, cuntas, deachtú, dréacht, dreas, gearrscéal, scéal, scríbhneoireacht, sliocht, tráchtas; aircheadal, amhrán, ceathrú, dán, duan, duanaireacht, fearsaid, filíocht, laoi, meadaracht, prosóid, rann, rannaíocht, rannaireacht, reacaireacht, véarsa, véarsaíocht; dealbh, lámhdhéantúsán, péinteáireacht, pictiúr, saothar ealaíne.

gréasach adjective ❶ *patterned, embroidered:* gréasta; breac, breactha, damascach, maisithe, ornáideach. ❷ *skilled in embroidery: literary* druineach.

gréasaí noun *shoemaker, bootmaker:* fear bróg a dhéanamh, fear déanta bróg; caibléir, *literary* caireamh.

gréasaigh verb *ornament, pattern:* breac, damascaigh, déan breacadh ar, déan breacadóireacht ar, déan breacaireacht ar, déan ornáideachas ar, déan ornáideacht ar, déan ornáidíocht ar, maisigh, oirnéal, ornáidigh.

greasáil noun *beating, drubbing:* bascadh, batar, batráil, broicneáil, bualadh, burdáil, cleathadh, clogadadh, cnagadh, deamhsáil, failpeadh, flípeáil, fuimine farc, giolcadh, gleadhradh, greadadh, greidimín, lascadh, leadhbairt, leadradh, léasadh, léideárnach, liúradh, liúradh Chonáin, orlaíocht, plancadh, púráil, riastáil, rúscadh, sceilpeáil, slacairt, slatáil, smeadráil, smíochtadh, smísteáil, spéiceáil, spóiléireacht, stánáil, súisteáil, tóileáil, tuairteáil, tuargaint; cuimil an mháilín, tuirne

317

gréasán

Mháire. **verb** *beat, trounce:* basc, batráil, buail, buail duncaisí ar, cnag, gleadhair, gread, lasc, leadair, leadhb, léas, léirigh, liúr, péirseáil, planc, slis, smeadráil, smíoch, smíocht, smiot, smíst, stánáil, súisteáil, tarraing buille ar, tuargain.

gréasán noun ❶ *woven fabric, web:* fí, fíochán, fíodóireacht, líonra, uige; dlúth, dlúth is inneach, éadach, inneach. ❷ *network:* eangach, líon, líonra, mogallra. ❸ *tangle, tangled problem:* achrann, achrannán, aimhréidhe, cathair ghríobháin, cíor thuathail, fostú, iarnán gríobháin, líonra, lúbra, tranglam; ceist, cruacheist, deacracht, fadhb.

gréibhlí plural noun *knick-knacks, trinkets:* *pl.* áilleacáin, *pl.* castramhaics, *pl.* daighsíní, *pl.* deasacháin, *pl.* deasagáin, *pl.* deasaíthe, *pl.* deideaghanna, *pl.* deideigheanna, *pl.* fáilleagáin, *pl.* giuirléidí, *pl.* gréithe, *pl.* maisiúcháin, *pl.* seoda, *pl.* siogairlíní, *colloquial* breá breá.

greille noun *grill, grid, gridiron:* branra, gideall, róistín; crannaíl, eangach, líon, líonra, treilis.

greilleach noun *frame, harrow:* cabhail, cliabh, cliabhrach, cliath, cliathach, cnámharlach, compar, corp, creatlach, deilbh, fráma, fonnadh.

greim noun ❶ *grip, grasp:* áladh, aimsiú, amas, gabháil, glám, greamán, greamú, sciobadh, seáp, snapadh. ❷ *bite, morsel:* ailp, béalóg, bolgam, diocán, greimín, plaic, mant, miota, miotóg, ruainne, scíobas, smeachán, *literary* loim. ❸ *stitch:* fuáil, *literary* uaim. ❹ *stabbing pain:* greim reatha; arraing, broidearnach, daigh, deann, diachair, diúracadh, *pl.* freangaí, géaróg, greadán, greadfach, grodphian, pian, ríog, saighead reatha, tinneas cléibh, treighdeán, treighid, *literary* gúire, iodha.

gréisc noun *grease:* blonag, geir, gréis, ionmhar, íoth, saill; bealadh, íle, ola, ola bhealaithe, olar, smearadh, úsc.

gréithe plural noun ❶ *ornaments, trinkets:* *pl.* boirdréisí, *pl.* castramhaics, *pl.* daighsíní, *pl. pl.* deasacháin, *pl.* deasagáin, *pl.* deasaíthe, *pl.* deideaghanna, *pl.* deideigheanna, *pl.* fáilleagáin, *pl.* froigisí, *pl.* gréibhínl, *pl.* gréibhlí, *pl.* giuirléidí, *pl.* maisiúcháin, *pl.* ornáideachas, *pl.* ornáideacht, *pl.* ornáidí, *pl.* ornáidíocht, *pl.* seoda, *pl.* siogairlíní, *colloquial* breá breá. ❷ *natural endowments:* *pl.* giftí, mianach,ríd, *pl.* saintréithe, *pl.* tallainn, *pl.* tíolacthaí, *pl.* tréithe. ❸ *crockery, delft:* *pl.* árais, *pl.* árthaí, *pl.* créghréithe, deilf, *pl.* soithí, *pl.* soithí cré.

grian[1] noun ❶ *sun:* solas na gréine; éirí na gréine; buíochan na gréine, claonadh na gréine, fuineadh na gréine, luí na gréine; neartlá. ❷ *paragon:* eiseamláir, sampla; plúr, scoth; bláth. **verb** *sun:* gor, grianaigh, tabhair an grian do; déan bolg le gréin.

grian[2] noun ❶ *bottom (of sea):* grinneall, grúnta, tóin, tóin farraige, tóin na farraige, tóin poill. ❷ *earth, ground:* cré, créafóg, ithir, talamh, tír, tonn talún, úir. ❸ *surface:* aghaidh, craiceann, dromchla, éadan, tonn, uachtar, *literary* tlacht.

grianadh noun *sunning, basking:* bolg le gréin, grianaíocht, grianghoradh, grianú; buíochan.

grianán noun ❶ *solar, gynaecium:* áiléar, crannóg, seomra uachtarach, táláid, túirín radhairc. ❷ *summer house:* bothóg, bráca, cluanóg, crannteach, lóiste, páilliún, teálta, úirín. ❸ *person with sunny disposition:* duine meidhreach, duine pléisiúrtha, duine suairc.

grianánach adjective ❶ *sunny, pleasant:* aerach, aiteasach, aoibhinn, caithiseach, caoin, caomh, ceansa, connail, córtasach, deas, fáilí, gairdeach, geanúil, gliondrach, grianmhar, lúcháireach, maitheasach, mánla, maránta, meallach, meallacach, méiniúil, miochair, míonla, oibleagáideach, pléisiúrtha, seaghsach, soilbhir, soirbh, sólásach, suairc, taitneamhach.

grianghraf noun *photograph:* cló, íomhá, pictiúr, portráid, solasghraf; claonchló, diúltán.

grianghrafadóir noun *photographer:* ceamaradóir.

grianghrafadóireacht noun *photography:* grianghrafadh, grianghrafaíocht.

grinn adjective ❶ *perceptive, discerning:* ciallmhar, cliste, críonna, eagnaí, éargnaí, fadcheannach, fáidhiúil, gaoiseach, gaoisiúil, gaoismhear, géarchúiseach, géarintinneach, léirsteanach, meabhrach, praitinniúil, réasúnta, stuama, tuisceanach. ❷ *clear, accurate:* feiceálach, follas, follasach, for-réil, glé, gléineach, léir, paiteanta, réalta, sofheicthe, soiléasta, soiléir, *literary* eagnach; baileach, beacht, ceart, ceartaithe, cruinn, poncúil, spriochta, *literary* urmhaiseach; de réir na rúibricí, focal ar fhocal.

grinneall noun *bottom (of sea):* grian, grúnta, tóin, tóin farraige, tóin na farraige, tóin poill. **verb** *sound, fathom:* grúntáil, saibhseáil, sondáil.

grinneas noun ❶ *perspicacity:* breithiúnas, ceann, ciall, clifearthacht, clisteacht, clistíocht, críonnacht, discréid, eagnaí, eagnaíocht, fadcheann, fios, fios feasa, gaois, gastacht, géarchúis, guaim, meabhair, réasún, stuaim, toighis, tuiscint. ❷ *clearness, accuracy:* gléine, glinne, léire, soiléireacht, soilseacht, solasmhaire, solasmhaireacht, solastacht, trédhearcacht, trésholseacht; beaichte, cirte, cruinneas, dearfacht, dírí, fírinne, mionchúis.

gríobh noun ❶ *griffon:* airp, alltán, amhailt, anchúinse, anchúinseacht, arracht, arrachtach, badhbh, basailisc, béist, bocánach, brúid, brúta, ciméara, each uisce, fuath, ginid, greall, ollphéist, onchú, péist, rínathair, séansaí, sfioncs, síofra, vuibhearn, *literary* scál. ❷ *fierce warrior:* calmfhear, cathaí, cathmhíle, comhraiceoir, comhraicí, cú, cuing, curadh, gaiscíoch, galach, laoch, laochmhíle, laochra, míle, *literary* féinní, láth, mál, nia, onchú, oscar, scál.

gríodán noun *dregs, remains:* barraíl, barraíolach, bruscar, brúscar, cáithleach, deasca, deascainn, deascán, diúra, drifisc, dríodar, fuílleach, grúdarlach, grúnlach, grúnlais, lathairt, luspairt, moirt, peicín; *pl.* cnámhóga, graiseamal, gramaisc, spíonach, spruadar, *pl.* spruáin, sprúilleach.

griofadach noun *stinging sensation, tingle:* codladh driúraic, codladh gliúrágáin, codladh grifín; cigilt, dinglis, drithle, driuch, fionnaitheacht, griogadh, priocadh, tochas.

griog noun *slight, irritating pain:* broideadh, dinglis, greannú, griofadach, oighear, priocadh, tochas; daigh, deann, greadfach, ríog. **verb** ❶ *tantalize, annoy:*

beophian, bodhraigh, buair, cancraigh, cuir as do, cuir isteach ar, cuir oighear ar.

grioll verb *grill, broil:* bácáil, bruith, gríosc, róst.

griolladh noun ❶ *broiling, broiled meat:* bácáil, bruith, cócaireacht, cócaráil, gríoscadh, gríscín, rósadh, róstadh, *literary* inneonadh; feoil bhruite, feoil ghríosctha, feoil rósta, griolladh measctha, spóla. ❷ *grilling, severe treatment:* beophianadh, céasadh, ciapadh, clipeadh, conabhrú, crá, cuimil an mháilín, leatrom, mí-úsáid, pianadh, splíontaíocht. ❸ *fight, quarrel:* achrann, aighneas, argáil, argóint, bruíon, cáiríneacht, caitleáil, cath, cibeal, clampar, cogadh, conabhrú, conghail, coinghleic, cointinn, conspóid, construáil, eisíocháin, eisíth, gioraic, griobsach, iaróg, imreas, imreasán, iomarbhá, maicín, raic, siosma, siúite, troid, *literary* gleidean, imnise.

griolsa noun ❶ *brawl, commotion:* achrann, afrasc, bachram, brilsce, bruíon, bruithshléacht, caismirt, cath, cibeal, cipíneach, clampar, clibirt, cogadh, comhlann, comhrac, easaontas, geamhthroid, giordam, glaschomhrac, greadán, greadaíl, greathharnach, griolladh, iaróg, maicín, raic, rangaireacht, rúscam raindí, scléip, scliúchas, spochaireacht, siúite, tamhach táisc, troid, tromfháscadh, turlabhait, *literary* eascal, iorghal, trodán. ❷ *merry-making, jamboree:* áibhéireacht, aeraíocht, anstrólaíocht, antlás, aonach, bainis, carnabhal, céilí, ceiliúradh, coirm, coirm is ceol, cóisir, craic, damhsa, féasta, féile, feis, fleá, fleá cheoil, gleoiréis, greann, greannmhaire, greannmhaireacht, infear, laighce, léaspartaíocht, leithéis, magadh, meidhir, meidhréis, méilséara, pléaráca, rancás, rince, scige, scigireacht, scléip, scoraíocht, siamsa, spórt, spraoi, sultmhaire.

gríos noun ❶ *hot ashes, embers:* aoibheal, brúid, gríosach, gríosóg, luaith dhearg, *pl.* smeachóidí, *pl.* sméaróidí; luaithreach, smur, smúr. ❷ *heat, ardour:* beirfean, bruth, bruithne, gal, goradh, lasarthacht, loscadh, teas, teasaíocht, teaspach, teocht, tine, *literary* lonnbhruth. ❸ *rash, blotches on skin:* aodh thochais, barr dearg, briseadh amach, carr, borrphéist, bruth, bruthán, claimhe, clamhach, fiolún dearg, fiolún dubh, fiolún reatha, fiolún saith, galar carrach, gearb, íth, gríosóg, oighear, *pl.* puchóidí, rais, an rua, saimhín oighreach, sáimhín oighreach, scraith, screamh, tine aodh, tine dhia, urtacáire; ball breac, ball broinne, ball dearg, ball dobhráin, ball seirce, ball súiche, balscóid, bricín, bricín gréine, clog, comhartha broinne, comhartha cille, goirín, léasán, máchail, *pl.* máchailí an tsléibhe, meall gorm, neascóid, oighreach, *pl.* oighreacha, salachar craicinn, salachar rásúir, scead, smál, spuaic, treall.

gríosach noun *hot ashes, embers:* brúid, gríos, gríosóg, luaith dhearg, luaithreach, *pl.* smeachóidí, *pl.* sméaróidí; smur, smúr.

gríosaigh verb ❶ *inflame:* adhain, athlas, gor, las, séid. ❷ *incite:* broid, brostaigh, brúigh, calmaigh, cothaigh, cuir chun cinn, deifrigh, dreasaigh, dúisigh, fadaigh, géaraigh, griog, meanmnaigh, muinnigh, saighid, séid faoi, spreag, tathantaigh ar, túin ar, *literary* laoidh; coinnigh an héing le.

gríosc verb *broil, grill:* bácáil, bruith, grioll, róst.

gríoscadh noun *(act of) grilling, grill:* bácáil, bruith, cócaireacht, cócaráil, griolladh, gríscín, rósadh, róstadh; feoil bhruite, feoil ghríosctha, feoil rósta, griolladh measctha, spóla, *literary* inneonadh.

griotháil noun *grunt, grunting:* griothail, griotharnáil, griothnairt; cnead, cneadaíl, gnúiseacht, gnús, gnúsacht, gnúsachtas, graithíl, grúscán, *literary* grith.

griothal[1] noun *gravel:* gaineamh, gairbhéal, grean, greanach, scaingeagán.

griothal[2] noun ❶ *fuss, impatience:* broid, bruith laidhre, corraí, corráil, eadarluas, éadulaingt, fíbín, fíbíneacht, flosc, fotharaga, fothragadh, fuadar, fuaidreamh, fuirseadh, fústráil, fútráil, giongacht, giústal, gleithearán, goraíocht, griothalán, mífhoighid, mífhoighde, mífhoighne, mífhriofac, neamhfhoighid, neamhfhoighne, ríf, *pl.* sceitimíní, suaitheadh, téirim, *literary* deinmhne; bheith ar bior, bheith ar beara nimhe, bheith ar bís, bheith ar iarainn teo, bheith ar sceana; bhí tine ar a chraiceann. ❷ *anxiety:* anbhuain, buaireamh, buairt, cailm, corráil, cumhán, giodam, guairdeall, guairneán, imní, imníthí, imshníomh, líonraith, míshuaimhneas, neirbhís, *pl.* peiríocha, pianpháis, scaoll, scim, trintealach; an chloch is mó ar mo phaidrín.

griothalach adjective *fussy, impatient:* corrthónach, éadulangach, fuascrach, giodamach, giongach, giústalach, luaineach, mífhoighdeach, mífhoighneach, míshuaimhneach, míshuaimhneasach, neamhshocair, pioleóideach, priaclach, *literary* deinmhneach.

grísc noun *raw meat, raw flesh:* feoil amh, feoil dhearg, feolmhach, splíonach.

gríscín noun *slice of meat, chop:* gearrthóg, greim, stéig, stiall; *pl.* gibléadaí, *pl.* gibleataí, *pl.* gibléid, slis, slisín.

grod adjective ❶ *sudden, prompt:* obann, tobann; beo, mear, luath, prap, prapúil, sciobtha, tric. ❷ *early:* dea-mhoch, luath, moch, *literary* daith. ❸ *literary sharp, tart:* blasta, gairg, géar, goinbhlasta, searbh.

groí adjective ❶ *strong, vigorous:* ábalta, aclaí, acmhainneach, bailí, balcánta, beoga, bisiúil, breabhsánta, bríoch, bríomhar, bulcánta balcánta, ceannasach, ceilméartha, ceolmhar, cumasach, cumhachtach, éifeachtach, féitheach, foirtil, fuinniúil, inniúil, láidir, látharach, matánach, neartmhar, oirbheartach, oscartha, scafánta, séitreach, sracúil, storrúil, tathagach, tréan, tréitheach, urrúnta, urrúsach, *literary* ruanata. ❷ *strange:* aduain, **adjectival genitive** aineoil, aisteach, aistíoch, ait, allúrach, coimhthíoch, corr, corraiceach, coigríochach, deorach, deoranta, éachtach, eachtartha, eachtrannach, éagoitianta, éagsamhalta, éagsúil, éagsúlta, iasachtach, *literary* diongna.

grósaeir noun *grocer:* díoltóir, gáinneálaí, lóncheannaí, mangadaeir, mangadóir, mangaire, siopadóir; hocstaeir, huigistéar, ocastóir; biatach.

grua noun ❶ *(upper part of) cheek:* leiceann, pluca; camóg ara, uisinn. ❷ *brow (of hill), edge:* bruach, fabhra, mala, mullach.

gruagach adjective *hairy, shaggy:* clibíneach, cochallach, diasach, fionnaitheach, foltach, giobach, glibeach, gliobach, guaireach, mongach, mosach, mothallach, peallach, ruainneach, scothánach, stothallach. noun ❶ *hairy goblin, brownie:* badhbh badhbh, bobogha, bocán, bocánach, clutharachán, ealbh, ginid, hobad, leipreachán, lúcharachán, lúcharbán, lúchargán, lucharpán, luchramán, mórphúca, orc, púca, síofra, síofróg, síóg, troll, *literary* siride. ❷ *shaggy, uncouth person:* bruthaire, ceamach, ceamachán, cifleachán, círéib, clogán streille, coigealach, cuifeach, cuileachán, giobachán, giobailín, gioblachán, glibire, gliobachán, mothallachán, pana, scifleachán, scothánach, scrábachán, slaimice, sláimín, slapaire, slibire, sraoilleachán, sraoilleán, sraoillín, straillen, streachaille. ❸ *ogre, giant:* aitheach, arracht, arrachtach, fámaire, fathach, feannaire, fomhórach, torathar, *literary* scál.

gruagaire

gruagaire noun *hairdresser*: bearbóir, bearradóir, bearrthóir, lomadóir, lomaire.

gruaig noun *hair of head*: ceann, ciabh, folt, mong, mothall; bachall, cocán, cuach, dual, suasán, súisín, trilseán, urla.

gruaim noun *gloom, despondency*: ainnise, atuirse, beagmhisneach, beaguchtach, ceo, cian, clóic, cumha, diomachroí, dochma, domheanmna, drochmhisneach, duairceas, dubhachas, duifean, dúlagar, dúlionn, éadóchas, gruamacht, lagar spride, lionn dubh, *pl.* lionnta dubha, mídhóchas, mímhisneach, néal, púic, smál, smúit, tocht, tromchroí.

gruaimhín noun *(grassy) verge*: banc, bord, bruach, ciumhais, colbha, eochair, feoir, feorainn, imeall, imeallbhord, oirear, port, taobh, *literary* braine.

gruama adjective ❶ *gloomy, morose*: anaoibhiúil, atuirseach, brónach, brúite, bundúnach, ceanníseal, ciachmhar, ciamhair, cianach, cianúil, doilbh, doilbhir, domheanmnach, dorcha, duairc, duaiseach, dubhach, dúlagrach, dúlaí, dúlionnach, dúnéaltach, éadóchasach, lagsprideach, mairgiúil, maoithneach, meirtneach, míshuaimhneach, múiceach, smúitiúil, smúitiúnta, tromchroíoch; gan dóchas. ❷ *sombre, dark, overcast*: dorcha, duairc, dubh, duibheacúil, duibheagánach, dúnéaltach, easolasta, idirdhorcha, modarcheoch, modartha, smúiteach, smúitiúil, teimhleach, *literary* dobhar; ceoch, moirtiúil, murtallach, múscaí.

gruamacht noun *sadness, despondency*: ainnise, atuirse, beagmhisneach, beaguchtach, ciamhaire, cian, cumha, diomachroí, dochma, domheanmna, drochmhisneach, duairceas, dubhachas, duifean, dúlagar, dúlionn, éadóchas, gruaim, lagar spride, lionn dubh, *pl.* lionnta dubha, mídhóchas, mímhisneach, sprocht, tocht, tromchroí.

gruamaire noun *gloomy person*: bolstaic, brogús, bundún, bundúnaí, doirbhíoch, duarcán, duine dáigh, duine gruama, gruamachán, púca, púdarlach, pusaire, searbhán, smutachán.

gruán noun *coagulated mass, lump*: téachtadh; ailp, blúire, burla, canta, caob, caor, caoróg, cnap, cnapán, cruinneán, cruinneog, daba, dailc, dalcán, dóid, dóideog, gamba, goblach, leota, lóta, meall, meallán, meallóg, scaob, smíste, smut, smután, stalc, torpa, torpán.

gruánach adjective *coagulated, clotted, lumpy*: ramhar, téachta; cnámhógach, cnapánach, cnapógach, dualach, garbh, meallach, scaobach, stalcach, stalctha.

grúdaire noun *brewer*: braicheadóir, bríbhéir, ceirbhseoir, leannadóir; driogaire, stileálaí, stiléaraí, stiléir.

grúdaireacht noun *brewing, brew*: bríbhéireacht; beoir, braichleann, braichlis, buisinn, coirm, leann, leann dubh, leann éadrom, leann gealbhuí, pórtar, *literary* laith; lágar; meá.

grúdarlach noun *swill, slops, inferior ale*: anglais, briodarnach, caoldeoch, griollam, scileagailí, uiscealach; leann éadrom, séibín.

grúdlann noun *brewery*: teach bríbhéireachta, teach grúdaireachta, teach leanna.

gruig noun *frown, scowl*: cár, cnaig, duifean, gnúis, grainc, grus, mídhreach, místá, púic, pus, scaimh, strainc, strabhas, straois, streill.

grúm noun *ice-floe, iceberg*: oighearshlaod; cnoc oighir.

grúm noun *bridegroom*: an buachaill óg, fear na bainise, fear nuaphósta, an fear óg, an t-ógfhear, an t-óganach.

grúmaeir noun *(stable) groom*: eachlach, giolla stábla.

grúnlann noun *dregs, refuse*: barraíl, barraíolach, brios bruar, broc, brocamas, bruan, bruar, bruscar, brúscar, cáithleach, *pl.* ciolaracha, ciolar chiot, *pl.* ciolaracha chiot, *pl.* cnámhóga, conamar, deasca, deascainn, deascán, diúra, drifisc, dríodar, fuílleach, fuíoll, *pl.* grabhróga, graiseamal, gríodán, grúdarlach, grúnlais, lathairt, luspairt, miodamas, mionrach, moirt, peicín, scadarnach, scaid, sceanairt, sciot sceat, scileach, sceallach, scroblach, *pl.* smidiríní, *pl.* smiodair, smionagar, spíonach, spruadar, *pl.* sprúáin, sprúilleach, *pl.* sprúillí, trachlais, *pl.* traipisí, treilis, treilis breilis, truflais, *literary* brúireach.

grúpa noun *group*: baicle, bailiúchán, béinne, buíon, carn, carnán, cipe, cnuasach, cóip, comhlacht, comhluadar, comhthionól, comóradh, compántas, conlán, córaid, criú, crobhaing, cruinniú, cuallacht, cuideachta, cumann, deascán, díolaim, díorma, dream drong, feadhain, fianlach, foireann, foirisiún, gasra, grinne, meitheal, oireacht, paca, páirteachas, páirtíocht, plód, rang, scaoth, scata, scoil, scuad, scuaine, slógadh, slua, tacar, tascar, teaglaim, tiomsú, tionlacan, tionól, tóstal, tréad, triopall, trúpa, *literary* cuain.

grúpáil verb *group*: aicimigh, bailigh, cogairsigh, córasaigh, cruinnigh, cuir eagair ar, cuir i ngrúpaí, cuir in ord, eagraigh, innéacsaigh, liostaigh.

grus noun *frown, scowl*: cár, cnaig, duifean, gnúis, grainc, gruig, mídhreach, místá, púic, pus, scaimh, strainc, strabhas, straois, streill.

grusach adjective *gruff, laconic*: béalstóinsithe, dorránach, dorrga, gairgeach, garg, giorraisc; aicearrach, cóngarach, gearr-abartha, gearrchainteach, gonta, iamhar, nathanta, turchainteach.

gruth noun ❶ *curds*: bainne briste, bainne gruthach, bainne téachta, dríodar, dríodarnach, mulchán, *literary* treamhanta; eogart, íogart. ❷ *gruth buí beestings*: bainne buí, gruth núis, gruth thúis, maothail, maothal, nús.

guagach adjective ❶ *unsteady, unstable*: barrbhaoiseach, barrthuisleach, ceanntrom, corrabhuaiseach, corrthónach, díodánach, dodach, éaganta, eaglach, éagothrom, faitíosach, forbhásach, geitiúil, gingideach, giodamach, giongach, gogaideach, guairneánach, gúngach, luaineach, mallbhreathach, míshuaimhneach, obann, ráscánta, ríogach, spadhrúil, stamrógach, taghdach, tallannach, tobann; ar a bhoige bhaige, ar forbhás, ar sinebhogadh; teipeanach. ❷ *capricious, fickle*: aerach, alluaiceach, athraitheach, baoth, éadairiseach, éaganta, éanúil, earráideach, fánach, gaigiúil, gligíneach, gogaideach, iomluath, luaineach, luathaigeanta, luathintinneach, mídhilis, saobh, scinnideach, seafóideach, spadhrúil, spéiriúil, teidheach.

guagaire noun ❶ *unsteady person, wobbler*: giodam, liongán. ❷ *capricious person, fickle person*: éagann, eitleachán, gealbhan duine, giodam, giodamán, gligín, leithéisí, liongán, mearaí, straiméad; baothóg, eitleog, fuaidrimín, giodróg, giofairlín, guagóg, meidhreog, pramsóg, scinnid, struipear, uallóg.

guailleáil verb ❶ *jostle with shoulder*: bulcáil, tuairteáil. ❷ *saunter, swagger*: siúil ar do bhogstróic, maingeáil, máinneáil, meallac, slimideáil; bí ag buaiceáil, déan bladhmann, déan mórtas, déan mustar, siúil go giodalach, siúil go postúil; tá maing an mhustair ag imeacht, tá stiúir mhustrach faoi.

guailleáin plural noun *braces*: crochóg, gairtéal, gairtéar, gealasacha; crios crochóg.

guailliocht noun *companionship*: aontíos, buannacht, caidreamh, cairdeas, caoifeachas, caoifeacht, caradradh, caradras, carthanacht, céileachas, céilíocht, cion, coimhdeacht, coimhirse, comhar, comhchairdeas, comhghaol, comhghuaillíocht, comhlachas, comhleapachas, comhluadar, comhluadracht, comrádaíocht, conbharsáid, córtas, cuibhreannas, cuideachta, cuidiúlacht, cumann, cumarsáid, dáimh, dile, díograis, dlúthchaidreamh, dlúthchairdeas, gaol, grá, láchas, láíocht, lánmhuintearas, lánúineachas, lánúnachas, lánúnas, méadaíocht, mórtachas, muintearas, nádúr, páirteachas, páirtíocht, rannpháirtíocht, taithíocht, teagmháil, teanntás, tláithe, *literary* comhthanas.

guaim noun *self-restraint, self-control:* féinsmacht, friofac, smacht, stiúir, stuaim, toilsmacht.

guairdeall noun ❶ *circling movement:* caismeacht, caismearnacht, caismirneach, casadh, eiteallach, fáinneáil, fáinniú, faoileáil, gaothráil, roithleadh, roithleagadh, roithleáil, rolladh, rothlú; dul timpeall, teacht timpeall, timpeallú. ❷ *restlessness, uneasiness:* ardú, bogadach, bogadh, cailm, corrabhuais, corraí, corraíl, corrthónacht, eagla, faitíos, fíbín, flosc, fuadar, gearaíl, giodam, giurnáil, gluaiseacht, goraíocht, guagacht, imeacht, imní, imshníomh, líonraith, luaineacht, luascadh, míshuaimhneas, preabadh, scaoll, spadhar, suaitheadh, taghdaíl, teaspach.

guairdeallach adjective ❶ *circling, hovering, moving:* foluaineach, guairneánach, gluaisteach, imeachtach, imirceach, roithleánach, rothlach, *literary* eadarbhuasach. ❷ *restless, uneasy:* corrabhuaiseach, corrthónach, dodach, éaganta, eaglach, faitíosach, fuaiscneach, geitiúil, giodamach, giongach, giurnálach, guagach, guairneánach, imníoch, luaineach, mearaithe, mearbhlach, míshuaimhneach, obann, ráscánta, ríogach, scáfar, spadhrúil, taghdach, tallannach, tobann.

guaire noun *bristle:* briogadán, colg, dealg, gaoisid, ribe.

guaireach adjective *bristly, setaceous:* briogadánach, colgach, dealgach, deilgíneach, deilgneach, gráinneogach, greannach, ribeach, rinneach, ruainneach, ulchach. noun *rough hair, bristles:* guaireach féasóige; bruth féasóige, coinleach féasóige, cluimhreach, colg, greann, scrobarnach; giúnachán.

guairne noun (*act of*) *whirling, spinning, spin:* guairneáil, guairneán; casadh, cor, coradh, cuilithe, fáinneáil, guairdeall, imchasadh, laobhadh, laofacht, rince, roithleadh, roithleagadh, roithleáil, roithleán, rolladh, rothlam, rothlú.

guairneán noun ❶ (*act of*) *whirling, spinning:* guairneáil; caismeacht, caismearnacht, caismirneach, casadh, fáinneáil, fáinniú, faoileáil, gaothráil, guairdeall, imchasadh, roithleacán, roithleadh, roithleagadh, roithleagán, roithleáil, rolladh, rothlú; dul timpeall, teacht timpeall, timpeallú. ❷ *eddy:* caise chúil, coire guairdill, coire guairneáin, coire tuathail, cuilithe, guairne, linn guairdill, poll guairneáin, poll súraic, poll tuathail, saobhchoire, súmaire. ❸ *restlessness, uneasiness:* ardú, bogadach, bogadh, cailm, corrabhuais, corraí, corraíl, corrthónacht, eagla, faitíos, fíbín, flosc, fuadar, gearaíl, giodam, giurnáil, gluaiseacht, goraíocht, guagacht, imeacht, imní, imshníomh, líonraith, luaineacht, luascadh, míshuaimhneas, preabadh, scaoll, spadhar, suaitheadh, taghdaíl, teaspach.

guairneánach adjective ❶ *whirling, spinning:* cuilitheach, guairneach, roithleánach, rothlánach. ❷ *restless, uneasy:* anbhuaineach, buartha, corrabhuaiseach, corrach, corrthónach, cotúil, dodach, eaglach, faitíosach, geitiúil, giodamach, giongach, giurnálach, guagach, imníoch, luaineach, luathintinneach, míchompordach, míshuaimhneach, míshuaimhneasach, neamhshocair, obann, ráscánta, ríogach, spadhrúil, taghdach, tallannach, tobann.

guais noun ❶ *danger:* bagairt, baol, bearna baoil, contúirt, cuntar, dainséar, fiontar, fiontraíocht, gábh, guaisbheart, guaisbheartaíocht, guaiseacht, priacal, riosca, *literary* éislinn, ing. ❷ *fear, dismay:* anfa, critheagla, eagal, eagla, faitíos geit, greadadh na bhfiacal, líonrith, scanradh, scaoll, scard, scáth, sceimhle, scéin, sceon, uafás, uamhan; anbhá, anbhuain, buaireamh, buairt, corraíl, corrthónacht, cotadh, imní, imshníomh, míchompord, míshocracht, míshuaimhneas, neamhshocracht.

guaiseach adjective *dangerous:* bagrach, baolach, contúirteach, dainséarach, gáifeach, guaisbheartach, priaclach.

gual noun ❶ *coal:* antraicít, lignít; *pl.* gualchnónna; aibhleog, smeachóid, sméaróid, splanc; ceantar guail, gualpholl, sloc guail. ❷ *charcoal:* fioghual, gual adhmaid, gual ceárta, gualach, luibhghualach.

gualainn noun ❶ *shoulder:* formna, slinneán; coirb, lámhdhóid, uachtar ❷ *shoulder (of mountain):* coirb, formna, mala, mullach, uachtar.

gualda adjective *coal-black, charred:* ciar, ciardhubh, dubh, dubhach, dúghorm, gorm, gualdubh; gualaithe, ruadhóite, smeartha; chomh dubh le hairne, chomh dubh le sméar, chomh dubh le tóin an phota; chomh dubh leis an mbaic, chomh dubh leis an súiche.

gúgán noun *whelk (Buccinum):* cuachma, faocha chapaill, faocha choirn, faochóg chapaill, faochóg mhadra.

guí noun ❶ *prayer:* paidir, ortha, urnaí, urnaí pháirteach; coimpléid, *pl.* na tráthanna, urnaí na maidine, urnaí na nóna; Coróin Mhuire, an paidrín, an paidrín páirteach; cráifeog, éagnairc. ❷ *entreaty:* achaíní, achairt, achomharc, agairt, atach, éileamh, iarratas, impí, ráchairt, *literary* fóchtadh, itche.

guigh verb *pray, petition:* abair do phaidreacha, bí ag guíodóireacht, bí ag paidreáil, bí ag paidreoireacht, bí ag urnaí; bí ag ceiliúradh na dtráthanna, bí ag canadh na dtráthanna; achainigh, achomharc, éiligh, iarr, impigh, *literary* fócht.

guíodóir noun *prayer, petitioner:* guítheoir; achainíoch, agróir, iarrthóir, impíoch, vóitín.

guíodóireacht noun ❶ *praying, petitioning:* paidreachas, paidreáil, paidreoireacht, *pl.* tráthanna; caoindúthracht, deabhóid; agairt, bacachas, déircínteacht, diúgaireacht. ❷ *ironic cursing, swearing:* badhbaireacht, badhbóireacht, broimscéalaíocht, damnú, diabhlaíocht, eascainí, mallachtach, mallachtóireacht, mallachtú, mallaíocht, mallaitheoireacht, mallú, mionnú, oirithis; bhí sé ag caitheamh crístíní, bhí sé ag caitheamh mionnaí móra, bhí sé ag gabháil do na mionnaí móra, bhí sé ag tabhairt mionnaí móra; *ironic* bhí sé ag cur deaphaidreacha leo, bhí siad ag fáil gach dea-phaidir uaidh.

guiséad noun *gusset:* ascallán, asclán, eang, góire; clibín.

gúm noun *plan, scheme:* córas, beart, beartaíocht, plean, scéim, seift.

guma noun *gum:* bí, gliú, roisín, gumalacht, pic, úsc, úsc péine.

gumach adjective *gummy:* ceangailgeach, glaech, glaeúil, greamaitheach, greamannach, gumalach, roisíneach, smeartha.

gúna noun ❶ (*woman's*) *dress:* cóta, cótán, mainte, racaid, róba; culaith. ❷ *robe, gown:* aimicín, bradhall, brádóg, brat, bratóg, cába, casal, casóg, ceardán, clóca, dolmán, fallaing, imchasal, ionarbhréid, matal, seál, *literary* céadach, cubhal.

gúnadóir noun *dressmaker:* bean fuála, bean snáthaide, maintín, róba.

gúnadóireacht noun *dressmaking:* maintíneacht.

gunail noun *gunwale:* béalbhach, clár béil, garadhmad, slat an bhéil, slat bhéil, slat bhoird

gúnga noun ❶ *posterior:* bundún, clais, geadán gimide, giorradán, *pl.* más, prompa, rumpa, tiarpa, tóin, toll, tónóg, *familiar* cráic. ❷ *pl.* **gúngaí** *hunkers:*

gunna
ceathrúna, geadán, gorún. ❸ **tá gúnga air, tá sé ar a ghúngaí** *you are crouching*: tá sé ar a chorrabionga, tá sé ar a chorrabiongaidí, tá sé ar a chorraicip, tá sé ar a chorraduanóg, tá sé ar a chorraghiob, tá sé ar a chorrána, tá sé ar a chorrspiogad, tá sé ar a ghaireanáta, tá sé ar a ghionga, tá sé ar a ghogaide, tá sé ar a ghogaidí, tá sé ar a ghroga, tá sé ar a ghrogada, tá sé ar a ghrogaide, tá sé ar a ghúngaí beaga, tá sé ar a scoróg, tá sé ar a speireacha beaga, tá suí an ghiorria air; tá an giorria ar a ghrot.

gunna noun *gun*: canóin, gunna mór, píosa ordanáis; measínghunna; muscaed, raidhfil; gunnán, piostal; cairbín; habhatsar.

gunnadóir noun ❶ *gunner*: gunnaire. ❷ *rapid talker*: clabaire, dradaire, glagaire, gleoisín, gleoisín, gliogaire, píopaire, salmaire, siollaire, spalpaire. ❸ *sharp-tongued person*: agóideoir, agróir, aighneasóir beachtaí, cailicéir, conspóidí, construálaí, feannadóir, goineadóir, imreasaí, imreasánaí, leadhbálaí aighnis, priocaire, sceanadóir, sciolladóir, spochadóir, spochaire, stangaire, trasnálaí. ❹ *cuttle-fish (Sepia)*: cudal, cula sceitheach, scudal; máthair shúigh, scuid.

gunnadóireacht noun ❶ *gunnery*: gunnaeireacht, gunnaireacht. ❷ *rapid-fire speech*: cabaireacht, clabaireacht, geabaireacht, glagaireacht, gleoisíneacht, rith cainte, rith seamanna, salmaireacht, sclaibéireacht, *pl.* seamanna cainte.

gus noun ❶ *force, vigour*: brí, bríomhaireacht, brú, dus, fórsa, éitir, fuinneamh, inmhe, láidreacht, lánneart, neart, neartmhaire, neartmhaireacht, sea, séitreachas, séitreacht, séitrí, sitheag, smiorúlacht, spiodal, spreacadh, sracúlacht, tapa, tréine, treise, urrús. ❷ *enterprise, gumption*: dul ar aghaidh, dul chun cinn, éifeacht, fiontar, gustal, inniúlacht, seiftiúlacht, tathag, tionscal, treallús. ❸ *self-importance*: buannaíocht, clóchas, cocaireacht, consaeit, cunórtas, déanfas, deiliús, éirí in airde, iarlaitheacht, móráil, mórchúis, mórtas, postúlacht, sotal, suimiúlacht, teanntás, treallús, uabhar, údarás.

gusmhar adjective ❶ *forceful*: gusúil; ábalta, acmhainneach, bailc, bríoch, bríomhar, ceannasach, cumasach, cumhachtach, dána, éifeachtach, fearúil, feilmeanta, foirtil, folcánta, fórsúil, fuinniúil, inniúil, láidir, máistriúil, misniúil, móruchtúil, neamhaglach, neamhfhaiteach, neartmhar, oscartha, réimeach, spionnúil, spioradúil, spreacúil, spreagúil, spridiúil, teann, tréan, údarásach, *literary* ruanata, soinnimh. ❷ *enterprising*: gusúil; amhantrach, eachtrúil, fiontrach, guasach, gustalach, ionnúsach, seiftiúil, treallúsach. ❸ *self-important*: gusúil; anbharúlach, beadaí, borrach, bródúil, clóchasach, consaeitiúil, déanfasach, díomasach, gustalach, morálach, mórtasach, postúil, sotalach, suimiúil, teanntásach, toirtéiseach, treallúsach, tromchúiseach, uaibhreach, údarásach.

gusta noun *gust*: bruíos, feothan, fleá, fleaim, gal, gaoth, leoithne, pléata gaoithe, puis ghaoithe, puithín, puth, seadán, séideán, séideog, smeámh, tréifid.

gustal noun ❶ *belongings, chattels*: airnéis, *pl.* cleathainsí, dílse, dílseacht, earra, *pl.* earraí, *pl.* earraí agus airnéis, *pl.* giuirléidí, maoin, sealbh, sealúchas, *literary* crodh, fualas, innile; idir chlaíomh agus each. ❷ *resources, wealth*: *pl.* acmhainní, airgead, bracht, bruithshléacht, bunairgead, caipiteal, coibhche, conách, crodh, éadáil, Éire fré chéile, Éire gan roinnt, flúirse, inmhe, iarmhais, ionnas, ionnús, maoin, maoin an tsaoil, maoin shaolta, ollmhaitheas, ollmhaitheas an tsaoil, ór na cruinne, rachmall, rachmas, raidhse, rath, rathúnas, saibhreas, sochar, *pl.* sócmhainní, somhaoin, speansas, speilp, spré, stór, strus, tábhacht, teaspach, toice, *literary* intleamh, ionnlas; tá a chóta bán buailte *'his fortune is made'*. ❸ *enterprise, resourcefulness*: dul ar aghaidh, dul chun cinn, éifeacht, fiontar, inniúlacht, ionnús, seiftiúlacht, tathag, tionscal, treallús.

gustalach adjective ❶ *rich, wealthy*: acmhainneach, bunúil, deisiúil, diongbháilte, éadálach, iarmhaiseach, ionnúsach, láidir, neamhuireasach, neamhuireaspach, rachmallach, rachmasach, rathúil, saibhir, séadach, sómhar, strusúil, tábhachtach, tathagach, téagartha, toiceach, toiciúil, tréan, *literary* foltach; faoi bhrothall, go maith as, go maith sa saol, i measarthacht den tsaol, ina shuí go te, os cionn a bhuille; tá an saol ar a mhéis aige, tá an saol ar a thoil aige, tá bonn aige, tá brabach air, tá bun air, tá bunús air, tá caoi mhaith air, tá cóir mhaith air, tá deis mhaith air, tá dóigh leacanta air, tá fáltas mór airgid aige, tá lán na lámh aige, tá somhaoin air, tá speilp air, tá taoscán airgid aige, tá treo maith air; tá sé ar a shástacht, tá sé ina racht seoil le deis, tá sé teann in airgead. ❷ *resourceful, enterprising*: amhantrach, eachtrúil, fiontrach, guasach, gusmhar, gusúil, ionnúsach, seiftiúil, treallúsach. ❸ *self-important*: anbarúlach, beadaí, borrach, bródúil, clóchasach, consaeitiúil, déanfasach, díomasach, gusmhar, gusúil, morálach, mórtasach, postúil, sotalach, suimiúil, teanntásach, uaibhreach, údarásach.

guta¹ noun ❶ *filth, mire*: aoileach, brach, broghais, bualtrach, buinneach, cac, cacamas, cainniúr, camras, dreoiteacht, garr, garraíl, giodar, lobhadas, lobhadh, lofacht, morgadh, otrach, otras, salachar, sciodar, séarachas, súlachas; abar, clábar, cré, créafóg, dóib, draoib, draoibeal, glár, greallach, guta, láib, lábán, lathach, lodar, marla, moirt, múilleog, pluda, pludar pladar, práib, puiteach. ❷ *filthy place*: bréanlach, brocais, cacamas, camra, carn aoiligh, leithreas, múnlach, poll caca, pruibí, séarach, suinc. ❸ *dirty creature*: broc, brocachán, ceamach, claitseach mná, drabóg, duine cáidheach, lábánach, ruidín salach, ruidín smeartha, slapaire, smuilcín salach, smúrlóg, sraoill, sraoilleog, strailleog, strupais, suairtle.

guta² noun *vowel*: guthaí.

gúta noun ❶ *gout*: gúd, gút, tinneas alt. ❷ *goutweed, ground elder (Aegopodium podagraria)*: gútluibh, gútlus, lus an easpaig, lus an ghúta.

gutach adjective *muddy, filthy*: bréan, brocach, broghach, **adjectival genitive** caca, camrúil, ceachrach, clábarach, draoibeach, fochallach, glárach, lodartha, modartha, otair, salach, smeartha, smúitiúil, sraoilleach, teimhleach.

guth noun ❶ *human voice*: faí, faíreach, glór, guthaíocht, sciúch, scol; cliar, éamh, glao, scairt. ❷ *note, sound*: fuaim, foghar, fothram, glór, guth, siolla, torann, tormán, trup, tuaim; béic, blosc, eighdeán, géim, monabhar, seoithín, seothó, siansán, siot, trost. ❸ *vote*: vóta; guthaíocht, vótáil. ❹ *blame, censure*: aoir, beachtaíocht, béal na ndaoine, cáineadh, cáinseoireacht, ciontú, coiriú, damnú, daoradh, eascaine, gearrachán, gearradh, guthaíl, imcháineadh, imchreachadh, imdheargadh, iomardú, lochtú, mallacht, milleán, priocaireacht, sciolladh, sciolladóireacht, scóladh, tarcaisne, trom.

guthán noun *telephone*: cianfhuaim, teileafón; guthán póca, teileafón póca, teileafón soghluaiste; cianfhoghraíocht, teileafónaíocht.

Hh

habal noun ❶ *hobble*: glaicín, bac, bacadh, bacainn, branra, cis, cornasc, cosc, cruimeasc, éaradh, glaicín, gradhan, igín, iodh, laincide, laincis, laingeal, loncaird, stopainn, urchall. ❷ *fix, difficulty*: abar, achrann, adhastar an anró, aimhréidh, anchaoi, arán crua, cantaoir, cathair ghríobháin, cruachás, cúngach, géibheann, nead ghríbhe, ponc, sáinn, súil an ribe, súil an rópa, umar na haimléise.

hácaeir noun *hawker*: ceannaí, díoltóir, gáinneálaí, giurnálaí, jabaire, joltaeir, mangadaeir, mangadóir, mangaire, pacaire, peidléir, reacaire, tráchtálaí, trádálaí, triallaire earraí; hocstaeir, huigistéar, ocastóir, siopadóir.

hácaeireacht noun *hawking*: déileáil, díolachán, díoltóireacht, gáinneáil, pacaireacht, peidléireacht; hocstaeireacht, huigistéar, jabaireacht, mangaireacht, margáil, margaíocht, margántaíocht, ocastóireacht, reacaireacht, tráchtáil, trádáil.

hagaois noun *haggis*: drisín, mionbhrúmann, proinseach; lúbán dubh, maróg dhubh, putóg, scéag, *literary* inreachta, inreachtán.

háilléar noun *halyard*: lainnéar, lainnéir, scriúta, scrúta; cábla.

haingear noun *hangar*: bothán, scáthlán, scioból, seantán, seid.

hairicín noun *hurricane*: airicín, anfa, camchuaifeach, camfheothan, cuaifeach, gaoth ghuairneáin, géarbhach, iomghaoth, iomlaíocht, sárshiorradh, séideán sí, soinneán cuaifigh, stoirm, *familiar* bailicehín, hearaicéin.

haisis noun *hashish*: cnáib, *familiar* raithneach.

haiste noun ❶ *hatch*: comhla, comhla bheag, póirse, scáthdhoras, taiste. ❷ *floodgate*: comhla uisce, geata tuile.

haitéir noun *milliner*: banhaitéir, bean hataí a dhíol, díoltóir hataí, maintiméir.

haitéireacht noun *millinery*: pl. hataí, maintiméireacht.

halla noun ❶ *mansion*: áras, caisleán, pálás, teach mór. ❷ *large building*: foirgint mhór, foirgneamh mór, ilstórach, teach spéire, únacht, únachta. ❸ *hallway*: dorchla, pasáiste, póirse, *literary* eardhamh.

halmadóir noun *helm, tiller*: failm, maide stiúrach, stiúir.

hanla noun ❶ *handle*: adharc, cos, crann, crannán, cuaille, lámhchrann, lorga sáfaí, sáfach, urla, urlann. ❷ *long limb, long leg*: pl. fuaithní cos, pl. loirgíní, pl. loirgne píopaí, pl. spéicí cos, spreangaide, pl. spreangaidí cos.

hap noun ❶ *hop*: ceáfar, coiscéim, cos bhacóide, eitim, foléim, léim, pocléim, preab, truslóg. ❷ *blow*: béim, buille, cíonán, clabhta, cnag, cnagán, flíp, giordóg, grugam, habhaistín, halaboc, leadhb, leadhbóg, leidhce, liúr, liúróg, liúspa, paltóg, planc, plancadh, sonc, tailm, tulbhéim. **adverbial phrase de hap** *suddenly*: de mhíthapa, de phlap, de phléasc, de phreab, de sciotán, go hobann, go mear, go tobann.

hapáil verb *hop*: ceáfráil, damhsaigh, léim, pocléim, preab, rinc, scinn.

haras plural noun *horrors, delirium*: pl. harasaí, mágra, mearaí, mearbhall dí, rámhaille, rámhaille óil, rámhaille póite, rámhailleach, rámhaillí, rámhailligh, rámhaillíocht, pl. speabhraídí, spearbal; pl. cáithníní, cradhscal, craiceann gé, fionnaitheacht.

haspa noun *hasp*: clibín, fáiscín, glas; biorán, bróiste, búcla, ceangal, dealg, greamán, lúbóg, scorán.

hata noun *hata*: bairéad, bairrín, beannóg, boinéad, cafarr, cáibín, caidhp, caipín, ceannbheart, gearrhata, hatán, mítéar.

hearóin noun *heroin*: codlaidín, codlaidíneach, moirfín.

heicseagán noun *hexagon*: séshlisneog.

heicseagánach adjective *hexagonal*: séchúinneach, séshlisneogach.

héileacaptar noun *helicopter*: ingearán

heits noun *hitch, noose, knot*: com, dol, drol, geirnín, lúb, lúbán, lúbóg, lúibín, snaidhm, *figurative* igín.

hiatas noun *hiatus*: bearna, bearnán, bearnas, easnamh, easpa, eatramh, failc, fánas, idirspás, lúb ar lár, mám, mant, oscailt, scoilt, séanas, spás, uireasa, *literary* ionnlach.

hibrid noun *hybrid*: bastard, bastard cú, bastard madra, bodchú, bodmhadra, croschineálach, crossíolrach; ainmhí crosphóraithe, ainmhí crossíolraithe, ainmhí ilmhianaigh, ainmhí neamhfholúil, planda cros-síolraithe, planda ilmhianaigh; mulató.

hibrideach adjective *hybrid*: croschineálach, crosphóraithe, cros-síolrach, cros-síolraithe, **adjectival genitive** ilmhianaigh, measctha, mulatach, neamhfholúil.

hidreafóbach adjective *hydrophobic*: confach, **adjectival genitive** dúchais (*used with* **madra**), **adjectival genitive** mire (*used with* **madra**).

hidreafóibe noun *hydrophobia*: confadh, dúchas, tinneas na ngadhar.

hipitéis noun *hypothesis*: barúil, ceapadh, cur i gcás, glacadh, glacan, leagan amach, oipineon, spéacláireacht, teoir, teoiric, tuaileas, tuairim.

histéire noun *hysteria*: anbhá, báiní, buile, fiabhrasacht, pl. haras, pl. harasaí, líonraith, máine, mearaí, mearbhall, mearbhall aigne, mearbhall intinne, mearbhall céille, mearchiall, mire, nearóis, rámhaille, saobhchiall, saochan céille, scaoll, seachrán céille, taom buile.

hocas noun ❶ *mallow (Malva)*: hocas fiáin, hocas mór; hocas francach; grobais, luibh an mhíl mhóir, lus na meall Muire, lus na mí mór, ocas, ocas fiáin, trombhód. ❷ *hocas gairdín hollyhock (Alcea)*: lus na míol mór, rós mall.

homaighnéasach adjective *homosexual*: aerach, baineanda, caileanda, piteánta, sodamach, sodamaí; leispiach. noun *homosexual*: piteachán, piteán, piteog, sodamach, sodamán, *familiar* beití, bideach, bleitheog, blióg, bod salach, buachaill baitín, cábún, cadar, cigire tónach, dul amú, gamhain, gealhata, geospailín, hata bán, lúbadán, péileacán, seanchearc d'fhear, síle, sióg; leispiach, *familiar* Muireann i mbríste, reithe mná.

húda noun *hood*: cába, caidhp, caipín, calla, clóca, clúdach, cochall, cochaillín, cumhdach, hatán, húda.

húicéir noun *hooker (kind of boat)*: húcar, húicéar, púcán.

húmas noun *humus*: cré, créafóg, dóib, domasach, dúrabhán, gaíon, glár, húmas, ithir, láib, marla, talamh, úir.

hurá interjection *hurrah!*: forrú!, furú!, husá!; X abú!, haighfear X!, X go deo!; mo cheol thú!, graidhin mo chroí thú!, mo ghraidhin thú!, mo dhá ghraidhin thú!

hurlamaboc noun ❶ *commotion, uproar*: borrán, bruithléacht, cambús, carabuaic, carabunca, cibeal, cipeadraíl, cipíneach, clampar, clibirt, cliobach, cliobaram hob, clisiam, conaghreabhaid, fuilibiliú, fuirseadh má rabhdalam, gáróid, giordam, glamaireacht, gleadhradh, gleorán, glisiam, griobach,

hurlamaboc
holam halam, hólam tró, húirte háirte, hulach halach, hurla harla, hurlama giúrlama, liútar éatar, liútar léata, pililiú, rabhait, racán, rachlas, ragáille, raic, raiple húta, rancás, réabadh reilige, rírá, ruaille buaille, tamhach táisc, *literary* eascal, treathan, turlabhait. ❷ *noise of chase*: gáir faoi tholl, gáir seilge, hulach halach, teailí hó.

Ii

iaigh verb ❶ *close, shut:* druid, dún, iaigh; fáisc, tarraing le chéile. ❷ *stop, dam:* bac, barr, brúigh faoi, calc, ceap, coisc, cros, múch, oclúidigh, stad, stop, toirmisc, urbhac; cuir bac le, cuir cosc le, cuir deireadh le, cuir faoi chois, cuir stop le.

iall noun ❶ *strap, lace, leash:* barriall, coniall, iall madra, iallóg, igín, iris, strap, strapa, stropa, *colloquial* iallach; adhastar, slabhra, téad. ❷ *flight, flock:* ealbha, ealbhán, ealta, eilbhín, líne, scaoth, scata, scuadrún, scuaine, sealbhán, stadhan, *literary* speil; baicle, grúpa, tréad, uail.

iallach noun *compulsion:* ceangal, cuing, éigean, éigní, *pl.* fiacha, *pl.* geasa, greim geallúna, iachall, muist, oibleagáid, riachtanas; tá sé d'fhiacha ort é a dhéanamh.

ialtóg noun *bat, flittermouse* (order Chiroptera): amadáinín, bás dorcha, éan dall, éinín an dá chluas, éinín na gcluas, eitleog, eitleog leathair, feascarluch, ialtán, ialtán leathair, ialtóg leathair, míoltóg leathair; leadhbán leathair, leadhbóg, leadhbóg leathair, líomán múta, púca na hoíche, sciathán leathair.

iamh noun ❶ *closure, enclosure:* compall, dúnadh, fál, imphort, timpeallú. ❷ *confinement, stop:* bac, bacainn, barradh, cónaí, cosc, éaradh, laincis, stad, stop, stopainn.

iamhaireacht noun *reticence, taciturnity:* ciúnas, cotadh, cotúlacht, cúlántacht, cúthaileacht, cúthaltacht, cúthaileadas, dúnáras, dúnárasacht, faiteachas, faitíos, ganfhiosaíocht, náire, scáfaireacht, scáithínteacht, scinnide, seachantacht, spalpas, tostaíl.

iamhar adjective *close, reticent:* beagchainteach, ceilteach, diamhair, druidte, dúnárasach, ganfhiosach, gonta, grusach, leithleach, leithliseach, príobháideach, rúnmhar, seachantach, sicréideach, tostach, turchainteach, *literary* taoitheanach.

iarann noun ❶ *iron:* cruach, miotal; cóimhiotal. ❷ *iron tool:* iarann dearg, iarnachán; gléas, uirlis; fáisceochair, greamaire, pionsúr, rinse, scriúire, teanchair; iarann smúdála. ❸ *fetter:* pl. boltaí, ceangal, cónasc, cosacán, cuibhreach, cuing,

---

Ialtóga

Australian false vampire bat (Macroderma gigas): ialtóg f. thaibhsiúil na hAstráile
barbastelle bat (Barbastella barbastellus): bás dorcha
Bechstein's bat (Myosotis bechsteinii): ialtóg f. Bhechstein
black mastiff bat (Molossus ater): ialtóg f. mhaistíneach dhubh
Blasius' horshoe bat (Rhinolophus blasii): crú-ialtóg f. Bhlasius
Common long-eared bat (Plecotus auritus): ialtóg f. chluasach choiteann
Daubenton's bat (Myotis daubentoni): ialtóg f. Daubenton
Davy's naked-backed bat (Pteronotus davyi): ialtóg f. dhroimnocht Davy
Geoffroy's bat (Myotis emarginatus): ialtóg f. Geoffroy
European free-tailed bat (Tadarida teniotis): ialtóg f. earrshaor Eorpach
Egyptian fruit bat (Rousettus aegyptiacus): measialtóg f. Eigipteach
false vampire bat (Vampyrum spectrum): vaimpír f. bhréige
epauletted fruit bat (Epomophorus wahlbergi): measialtóg f. ghuailleogach
flying fox (féach *fruit bat*)
Franquet's epauleted bat (Epomops franqueti): ialtóg f. ghuailleogach Franquet
free-tailed bat (family Molossidae): ialtóg f. earrshaor
fringe-lipped bat (Trachops cirrhosus): ialtóg f. fhrogiteach
fruit bat (family Pteropodidae): ialtóg f. na meas; measialtóg
Geoffroy's tailless bat (Anoura geoffroyi): ialtóg f. neamheireaballach Geoffroy
greater bulldog bat (Noctilio leporinus): ialtóg f. iascaigh mhór
greater horshoe bat (Rhinolophus ferrumequinum): crú-ialtóg f. mhór
greater mouse-eared bat (Myotis myotis): ialtóg f. luiche mhór
greater noctule bat (Nyctalus lasiopterus): púca mór na hoíche
grey long-eared bat (Plecotus austriacus): ialtóg f. chluasach ghlas
hairy-armed bat (Nyctalus leisleri): ialtóg f. Leisler
Hemprich's long-eared bat (Otonycteris hemprichi): ialtóg f. chluasach Hemprich
Kuhl's pipistrelle (Pipistrellus kuhli): feascarluch f. Khuhl
Leisler's bat (féach *hairy-armed bat*)
large slit-faced bat (Nycteris grandis): ialtóg f. chlasach mhór
lesser horshoe bat (Rhinolophus hipposideros): crú-ialtóg f. bheag
lesser mouse-eared bat (Myotis blythi): ialtóg f. luiche bheag
lesser mouse-tailed bat (Rhinopoma hardwickei): ialtóg f. luchearrach bheag
little brown bat (Myotis lucifugus): ialtóg f. bheag dhonn
long-fingered bat (Miniopterus schreibersii): ialtóg f. fhadmhéarach
Mauritian tomb bat (Taphozous mauritianus): ialtóg f. thuama Mhuiriseach
Mediterranean horshoe bat (Rhinolophus euryale): crú-ialtóg f. Mheánmhuirí
Mexican funnel-eared bat (Natalus stramineus): ialtóg f. thunnadórach
Mehely's horshoe bat (Rhinolophus mehelyi): crú-ialtóg f. Mhehely
Natterer's bat (Myotis natteri): ialtóg f. Natterer
Nathusius's pipistrelle (Pipistrellus nathusii): feascarluch f. Nathusius
noctule bat (Nyctalus noctula): púca na hoíche
Northern Bat (Eptesicus nilssoni): ialtóg f. thuaisceartach
pallid bat (Antrozous pallidus): ialtóg f. bhánlíoch
particolored bat (Vespertilio murinus): ialtóg f. ildathach
pipistrelle (Pipistrellus pipistrellus): feascarluch f. choiteann
pond bat (Myotis dasycneme): ialtóg f. linne
proposcis bat (Rhynchonycteris naso): ialtóg f. shrónfhada
Rodriguez flying fox (Pteropus rodricensis): measialtóg f. Rodriguez
Savi's pipistrelle (Pipistrellus savii): feascarluch f. Savi
serotine bat (Eptesicus serotinus): airneánach
Schneider's leaf-nosed bat (Hipposideros speoris): ialtóg f. dhuilleach Schneider
Schreiber's bat (Miniopterus schreibersi): ialtóg f. Schreiber
sheath-tailed bat (family Emballonuridae): ialtóg f. earrthruailleach
short-tailed fruit bat (Carollia perspicillata): measialtóg f. earrghearr
Spix's disc-winged bat (Thyroptera tricolor albiventer): ialtóg f. dhioscsciathánach Spix
tent-building bat (Uroderma bilobatum): ialtóg f. phubaill
vampire bat (Desmodus rotundus): vaimpír f.
whiskered bat (Myotis mystacinus): ialtóg f. ghiobach

iar-bhunoideachas
géibheann, geimheal, iodh, laincis, *pl.* loirgneáin, nasc, nascadh, slabhra, snaidhm, urchall, *colloquial* iarnach.

iar-bhunoideachas noun *post-primary education:* meánoideachas, meánscolaíocht, oideachas dara leibhéil; meánmhúinteoireacht.

iarfhocal noun *epilogue:* aguisín, iarscríbhinn; agús, codaisil, eireaball; ceangal.

iarghaois noun *hindsight:* iarchonn; ciall cheannaithe.

iarghnó noun *grief, vexation:* aiféala, aithreachas, aithrí, atuirse, bearrán, bris, brón, buaireamh, buairt, caduaic, cathú, ceas, ceas croí, céasadh intinne, ciach, ciamhaire, cian, crá croí, croíbhriseadh, croíbhrú, cumha, diachair, díomá, dobrón, doghrainn, doilíos, dólás, duáilce, duainéis, duairceas, dubhachas, éadóchas, gruaim, imní, léan, ísle brí, lionn dubh, mairg, méala, méalacht, púir, seolán, stancard, tocht, tromchroí, tromchroíocht.

iargúil noun *remote place, out-of-the-way place:* aistreán, áit aistreach, áit aistreánach, áit scoite, iargúltacht, iarthar dúiche, imeachtar, uaigneas, *literary* díchealt; baile i bhfad siar; cúlriasc.

iargúlta adjective *remote, isolated:* aistreach, aistreánach, eascairdiúil, iartharach, imeachtrach, imigéiniúil, ionadach, scoite, uaigneach; ar an iargúil, ar an iargúltacht, san iargúltacht; ar chúl éaga, in iarthar dúiche, sna hiarthair seo; ar leathimeall, ar na leathimill, i bhfad siar.

iarla noun *earl:* cunta, piara, tiarna; duine uasal, fear uasal; flaith.

iarlacht noun *earldom:* iarlaíocht; flaith, tiarnas, uaisleacht; contae.

iarlais noun ❶ *elf-child, changeling:* corpán sí, cosúlacht, fágálach, iarmhar, leanbh malartánach, malartán, síofra, síogaí; scáil, séansaí. ❷ *chronically ailing person:* breoiteachán, easlán, fágálach, galrachán, glaisneach, glasrachán, iarmhar, lobhrán, meathlóir, othar, síofra, síogaí, síothnaí, *literary* lobhair. ❸ *worthless person:* duine gan mhaith, duine gan rath gan fónamh, fágálach, fear gan aird, fear gan chríoch, rabhdalam, raga, ragaíoch, ragairneálaí, raipleachán, scraiste; bruachaire, caifeachán, cailliúnaí, caiteoir, codaí, cuaille, diomailteoir, drabhlásaí, giolla na leisce, leadaí, leadaí na luatha, learaire, liairne, liúdaí, lúmaire, mac mallachta, mac soipín, péist, sceathrachán, sciodar, sciotrachán, scuaille, sliomach, smeathaire, smugachán, spreas, staic, staic gan mhaith, staic i dtalamh; coilíneach, cuilthín, cúl le rath, mac drabhlásach, mac na míchomhairle, mogall gan chnó, *figurative* leá Dia; ainniseoir, créatúr, suarachán, troch, truán. ❹ *worthless thing:* braich gan leann, cacamas, neamhní, rascalach, rud caca, rud gan éifeacht, rud gan mhaith, rud gan rath gan fónamh, raga, scráidín, scrata, *ironic* féirín; is olc an éadáil é.

iarmhaireach adjective *eerie, lonely:* aerach, aerachtúil, aonarach, aonaránach, íogair, neamhshaolta, síúil, uaigneach.

iarmhairt noun ❶ *result, consequence:* deasca, iaróg, iarsma, toradh, *literary* iardraí; is é rud a tharla dá bharr, is é rud a tharla dá thairbhe. ❷ *issue, progeny:* clann, clann clainne, clannmhaicne, iardraí, iarmhar, síol, síolrach, sliocht, *pl.* sliochtaigh.

iarmhais noun ❶ *valuable possessions, heirlooms:* airnéis oidhreach, ionnas, ionnús, *pl.* liaga lómhara, maoin, *pl.* séada, *pl.* séada fine, *pl.* seoda, *pl.* seoda fine, seodra; *pl.* seandachtaí. ❷ *furnishings, appointments:* acmhainn tí, *pl.* acmhainní, airnéis, airnéis tí, *pl.* áiseanna, *pl.* ciútraimintí, *pl.* cleathainsí, cóiríocht, earra tí, *pl.* fearais, feisteas, *pl.* giuirléidí,

gléas tí, *pl.* gléasanna, iarmhais tí, iolar tí, leagan tí, trealamh, troscán, *literary* intreabh. ❸ *affluence, wealth:* pl. acmhainní, *pl.* áirgí, airgead, bracht, bruithshléacht, bunairgead, coibhche, conách, crodh, éadáil, Éire fré chéile, Éire gan roinnt, flúirse, gustal, ionnas, ionnús, maoin, maoin an tsaoil, maoin shaolta, ollmhaitheas, ollmhaitheas an tsaoil, ór na cruinne, rachmall, rachmas, raidhse, rath, rathúnas, saibhreas, sochar, *pl.* sócmhainní, somhaoin, speansas, speilp, spré, strus, tábhacht, teaspach, toice, *literary* intleamh, ionnlas; tá a chóta bán buailte 'his fortune is made'.

iarnaí adjective *made of iron, iron-hard:* **adjectival genitive** iarainn, iarn-, iarnach, iarnúil; crua, cruachphlátáilte, cruaite, cruánach; calctha, cranrach, daingean, diongbháilte, dobhogtha, docht, righin, stálaithe, stalcach, stangtha, stolpánta, stolptha.

iarnáil verb *smooth with flat-iron:* smúdáil; cuir iarann ar; preasáil.

iarnóin noun *afternoon:* nóin, ardtráthnóna, tráthnóna, tráthnóna beag.

iarnóir noun *ironmonger:* iarnmhangaire; ceannaí iarnra.

iarnra noun *hardware:* *pl.* crua-earraí, *pl.* earraí iarainn, *pl.* earraí miotail.

iaró noun (later) *descendant:* fionnó, iarmhó, ó, sliochtach; de shliocht X é.

iaróg noun ❶ *quarrel, row:* achrann, aighneas, argáil, argóint, briatharchath, bruíon, cáiríneacht, caitleáil, callóid, callshaoth, cibeal, clampar, cogadh, coinghleic, cointinn, conghail, conspóid, construáil, cur i gcoinne, deabhaidh, díospóid, easaontas, eisíocháin, eisíth, foclaíocht, giorac, griobsach, imreas, imreas, imreasán, iomarbhá, maicín, raic, siosma, siúite, troid, *literary* argaimint, easard, gleidean, imnise; d'éirigh eatarthu, bhí siad in árach a chéile, bhí siad in adharc a chéile, bhí sé ina cheo bóthair eatarthu, bhí gáir faoin roinn, bhí siad ag caitheamh crístíní lena chéile, ag ithe (is ag gearradh) a chéile. ❷ *after-effect, complication:* deasca, iarsma, toradh, *literary* iardraí; fadhb, seachghalar.

iarógach adjective ❶ *quarrelsome:* achrannach, agóideach, aighneasach, aighneastúil, aighneasúil, ainciseach, araiciseach, aranta, argóinteach, bagrach, buailteach, callóideach, callshaothach, cancrach, cantalach, clamprach, cochallach, cogúil, coilgneach, cointinneach, comhlannach, comhraiceach, conspóideach, cuileadach, dalba, dána, deafach, docheansa, docheansaithe, doriartha, doshrianta, driseogach, drisíneach, eisítheach, feargach, forránach, forránta, gairgeach, gleoch, goilliúnach, goineach, goinideach, gráinneogach, greannach, imreasach, imreasánach, iomarbhách, ionsaitheach, íortha, siosmach, spairneach, spairniúil, straidhpeach, straidhpiúil, tarcaisneach, trodach, *literary* dreannach, íorach. ❷ *injurious, hurtful:* baolach, contúirteach, coscrach, dainséarach, damáisteach, díobhálach, dochrach, goilliúnach, nimhneach scriosach, treascrach, tubaisteach, urchóideach, *literary* biniúil, urbhadhach.

iarr verb ❶ *request, demand:* achainigh, achair, agair, aisc, **defective verb** aitim, éigh, éiligh, iarr, impigh, lorg, sir, téigh go bog is go crua ar, *literary* fócht. ❷ *attempt:* féach le, tabhair faoi, tabhair iarraidh faoi, tabhair iarracht ar, triail; bain triail as.

iarracht noun ❶ *attempt, effort:* amas, geábh, iarraidh. ❷ *quantity, portion:* beagán, blaiseadh, blaisín, dreas, giota, greas, méid ruainne, slam, teailí. ❸ *turn, time:* am, babhta, cor, dreas, geábh, greas, ionú, ócáid, ráig, sciuird, sea, seal, seans, taom, treall.

iarraidh noun ❶ *request, demand:* achaíní, achairt, aisce, call, éamh, éileamh, glao, iarratas, impí, muist, ráchairt, *literary* fóchtadh, itche. ❷ *attempt, attack:* amas, coinscleo, fóbairt, fogha, iarracht, ionsaí, ruagán, ruathar, *literary* tubha. **adverbial phrase** *ar iarraidh missing:* as áit, as láthair, in easnamh, imithe; ar seachrán, ar strae.

iarratach adjective *importunate, begging:* iarratach, iarratasach; achaíníoch, dianiarrthach, impíoch, liosta, síoriarratach, sirtheach; geocúil.

iarratas noun ❶ *begging, importunity:* bacachas, bacadas, beigéireacht, déirceánacht, deircíneacht, déircínteacht, diúgaireacht, failpéireacht, liostacht, scramaireacht, siorriarraidh, stocaireacht, súdaireacht, súmaireacht, *literary* foighe. ❷ *application:* achaíní, éileamh, glao, iarraidh, impí.

iarrthóir noun ❶ *suppliant, petitioner:* achaíníoch, impíoch, sirtheach. ❷ *candidate, entrant:* coimhlinteoir, iomaitheoir, rannpháirteach.

iarsma noun ❶ *remainder, remnant:* farasbarr, fuíoll, iarmhar. ❷ *survivor, surviving progeny:* fear inste scéil, stadhnóir, *colloquial* iarmhar, fuíoll; clann dá éis, sliocht dá éis. ❸ *after-effects, (evil) consequence:* deasca, drochthoradh, iarmhairt, iaróg, toradh, *literary* iardraí. ❹ *mark, trace:* lorg, rian, séala, sliocht, teimheal, tréas, tuairisc.

iarsmalann noun *museum:* músaem, seodlann.

iarthar noun ❶ *west, western part:* an aird thiar, an chuid iartharach. ❷ *back part, remote part:* aistreán, áit aistreach, áit aistreánach, áit scoite, ciandacht, iargúil, iargúltacht, iarthar dúiche, uaigneas; baile i bhfad siar; cúlriasc.

iartharach adjective ❶ *western, westerly:* adjectival genitive an iarthair, fuineata, fuiníoch, adjectival genitive iarthair bheatha; ar an taobh thiar. ❷ *backward, remote:* aistreach, aistreánach, cianda, cúlriascach, iargúlta, imeachtrach, imigéiniúil, scoite, uaigneach; ar an iargúil, ar an iargúltacht, san iargúltacht, in iarthar dúiche, sna hiarthair seo, i bhfad siar.

iasacht noun ❶ *borrowing, loan:* airleacan, airleagadh, tamall. ❷ *adjectival genitive iasachta foreign, strange:* allúrach, anaithnid, andúchasach, coigríochach, coimhthíoch, deoranta, eachtartha, eachtrach, eachtrannach, strainseártha; as baile amach, thar loch isteach, thar triuchas.

iasaint noun ❶ *hyacinth (Hyacinthus Hyacinthoides):* bú, bú muc, cloigín gorm, *pl.* coinnle corra, coirce gorm, fuath muice, *pl.* méaracáin phúca. ❷ *jacinth:* siorcón; gairnéad, tópás.

iasc noun *fish:* bolgóg, breac, iascán, *colloquial* iascra; mioniasc; gilibín, gilicín, gilide, gilidín, stuifín.

iascach noun ❶ *fishing:* iascaireacht; achladh, achlaíocht, doraitheacht, duántacht, líontóireacht, seoráil. ❷ *fishery:* bráite iascaireachta, meá iascaireachta; lán mara.

iascaire noun *fisherman:* duánaí, iascaire duáin.

iascán noun ❶ *small fish:* bricín, mioniasc; gilibín, gilicín, gilide, gilidín, sprot, stuifín ❷ *mussel (Mytilus):* diúilicín, diúilicín capaill, diúilicín coiteann, diúilicín dáta, diúraic, musla, sliogán dubh.

Cineálacha Éagsúla Éisc

acara (Aequidens pulcher): acára
aholehole (Kuhlia sandvicensis): cúilia *f.*
albacore (Thunnus alalunga): albacór
alewife (Alosa pseudoharengus): sead *f.* órga
allis shad (Alosa alosa): sead *f.* alósach
amberfish (Seriola sp.): earr ómrach
amberjack (*féach* amberfish)
anchoveta (Engraulis ringens): ainsibhín
anchovy (Engraulis encrasicolus): ainseabhaí
anemone fish (Amphiprion sp.): iasc bundún leice
angelfish (*féach* angel shark)
angel shark (Squatina squatina): bráthair
anglerfish (order Lophiiformes): láimhíneach; anglá; anglait *f.*
arapaima (Arapaima gigas): arapáma
archerfish (Toxotes sp.): saighdeoir
argentine (family Argentinidae): airgintín
argus fish (Scatophagus argus): argas
asp (Aspius aspius): asp *f.*
ballan wrasse (Labrus bergylta): ballach breac; ballán
balloon fish (Diodon holocanthus): borriasc
bandfish (Cepola sp.): iasc ribíneach
barbel (Barbus barbus): barbal
barracuda (Sphyraena sp.): baracúda
barramundi (Lates calcarifer): ollphéirse *f.*
barrelfish (Hyperoglyphus perciformis): breac giúrainn
basking shark (Cetorhinus maximus): liamhán gréine; ainmhí seolta; cearbhán; liopadaileap; seoltóir
bass (Dicentrarchus labras): bas; basán; doingean
basslet (family Grammatidae): baisléad
beaconfish (Hemigrammus ocellifer): iasc teannála
beardfish (Polymixa nobilis): iasc féasóige
beluga (Huso huso): bealúga
bib (Trisopterus luscus): troscán stopóige
bichir (Polypterus sp.): bitsir *f.*
bigeye (Priacanthus arenatus): priacantas
bitterling (Rhodeus sericeus): bitirlín
black bass (Micropterus dolomieu): bas dubh
black durgon (Melichthys niger): dúrgan dubh
blackfish (Centrolophus niger): dubhiasc
bleak (Alburnus sp.): gilmín
blenny (family Blenniidae): ceannruán; ceann crua
bloodfin (Aphyocharax anisisti): fuileite *f.*
bluefish (family Pomatomidae): gormán mara
bluegill (Lepomis macrochirus): péirse *f.* gréine
bluehead (Thalassoma bifasciatum): ballach ceannghorm
blue shark (Prionace glauca): siorc gorm
boarfish (Capros aper): torc mara
bonefish (family Albulidae): cnámhiasc
bonito (Sarda sarda): sard
bonnethead (Sphyrna tiburo): siorc boinéadach
bonnetmouth (Emmelichthyops atlanticus): boigíte
bowfin (Amia calva): cameite *f.*
boxfish (Ostracion cubicus): iasc ciúbach
bramble shark (Echinorhinus brucus): siorc driseach
bream (Abramis brama): bran; bréan
brill (Scophthalmus rhombus): broit *f.*
brisling (*féach* sprat)
brown trout (Salmo trutta): breac donn; breac rua
buffalo fish (Ictiobus sp.): buabhall uisce
bullhead (family Ictaluridae): cat ceann tairbh
bull trout (Salvelinus sp.): tarbh-bhreac
bumblebee fish (Brachygobius xanthozona): iasc bumbóige
bummalo (Saurus ophidon): bumaló
burbot (Lota lota): breac beadaí

Cineálacha Éagsúla Éisc: burrfish

Cineálacha Éagsúla Éisc
ar lean

burrfish (*Chilomycterus schoepfii*): iasc cnádánach
butterfish ❶ (*Poronotus triacanthus*): iasc ime. ❷ (*féach* **gunnel**)
butterfly fish (*family* Chaetodontidae): aingeal mara
butterfly ray (*Gymnura marmorata*): roc féileacánach
cabezon (*Scorpaenichthys marmoratus*): sculpín ollmhór
callop (*Macquaria ambigua*): péirse *f.* órga
candiru (*Vandellia cirrhosa*): vaimpír *f.* uisce
candlefish (*Thaleichthys pacificus*): fáideog *f.* uisce
capelin (*Mallotus villosus*): caipilín
cardinalfish (*Apogon imberbis*): cairdinéal
carp (*Cyprinus carpio*): carbán
carpet shark (*order* Orectolobiformes): siorc cairpéid
catfish (*order* Siluriformes): cat mara
cat shark (*family* Scyliorhinidae): catsiorc
cavefish (*family* Amblyopsidae): iasc uaimhe
cero mackerel (*Scomberomorous regalis*): rímhaicréal
channel cat (*Ictalurus punctatus*): cat mara cainéil
characin (*family* Characidae): cairicín
charr (*Salvelinus alpinus*): ruabhreac
chinook salmon (*Oncorhynchus tshawytscha*): bradán Alascach
chub (*Leuciscus cephalus*): plobán
chum salmon (*Oncorhynchus keta*): bradán céata
cisco (*Coregonus artedii*): scadán locha
climbing perch (*Anabas testudineus*): iasc siúlach
clingfish (*féach* **sucker**)
clownfish (*féach* **anemone fish**)
coalfish (*Pollachius virens*): glasán; blocán; crothóg *f.*; liúdar
cobia (*Rachycentron canadum*): rí-iasc dubh
cockabully (*Tripterygion nigripenne*): cocabulaí
cod (*family* Gadidae): trosc
coelacanth (*Latimeria chalumnae*): céalacant
coho (*Oncorhynchus kisutch*): cóhó
comber (*Serranus cabrilla*): searrán
combfish (*Zaniolepis* sp.): iasc raca
coney (*Cephalopholis fulva*): cónaí
conger eel (*Conger conger*): eascann *f.* choncair; eascann *f.* mhara
Connemara sucker (*Lepadogaster candollei*): súmaire Chonamara
corkwing wrasse (*Crenilabrus melops*): bochar
cornetfish (*family* Fistulariidae): coirnéad mara
Cornish sucker (*Lepadogaster lepadogaster*): súmaire Cornach
cowfish (*Lactoria cornuta*): bó-iasc
cow shark (*order* Hexanchiformes): bó-shiorc
crappie (*Pomoxis* sp.): creapaí
crestfish (*Lophotus* sp.): iasc círíneach
crucian carp (*Carassius carassius*): carbán carasach
cuckoo wrasse (*Labrus mixtus*): ballach Muire; deargadh bear; splanc
cunner (*Tautogolabrus adspersus*): cunar
cusk (*Brosme brosme*): torsc
cutlassfish (*Trichiurus* sp.): claíomh mara
dab (*Limanda limanda*): daba; leatha *f.* riabhach
dace (*Leuciscus leuciscus*): déas
daggertooth (*family* Anotopteridae): fiacail *f.* mhiodóige
damselfish (*family* Pomacentridae): bé-iasc
danio (*Danio, Brachydanio*): daineo
darter fish (*Percina* sp.): péirsín
dealfish (*Trachypterus arcticus*): tracaiptéar
devil ray (*Manta birostris*): manta
discus (*Symphysodon* sp.): dioscas
dogfish (*family* Scyliorhinidae): fíogach; freangach
Dolly Varden (*féach* **bull trout**)
dolphinfish (*Coryphaenas hipparus*): dorád
dorado (*féach* **dolphinfish**)
dory (*féach* **John Dory**)
Dover sole (*Solea solea*): sól; teanga *f.* chait
dragonet (*Callionymus* sp.): iascán nimhe; scailpín
dragonfish (*family* Idiacanthidae): dragan mara
driftfish (*family* Nomeidae): síobiasc
drumfish (*family* Sciaenidae): drumiasc
eagle ray (*Aetobatus narinari*): roc iolarach
eel (*Anguilla anguilla*): eascann *f.*
eelpout (*family* Zoarcidae): puteascann *f.*
electric eel (*Electrophorus electricus*): eascann *f.* leictreach
electric ray (*family* Torpedinidae): craimpiasc
elephant fish (*Callorhinchus milii*): iasc eilifinteach
elephant-snout fish (*family* Mormyridae): mórmairid *f.*
escolar (*féach* **oilfish**)
espada (*Aphonopus carbo*): spéireata
fallfish (*Semotilus corporalis*): seimitíleas
father lasher (*Myxocephalus scorpius*): scairpiasc spíonghearr
featherback (*Chitala chitala*): scianiasc abhlóra
ferox (*Salmo trutta*): ollbhreac
fighting fish (*Betta splendens*): comhraiceoir
filefish (*family* Monacanthidae): monacaintid *f.*
fingerfish (*family* Monodactylidae): aonmhéarach
firefish (*Nemateleotris magnifica*): lasairiasc
five-bearded rockling (*Ciliata mustela*): donnán cúig ribe
flagfish (*Jordanella floridae*): iordáinín
flatfish (*order* Pleuronectiformes): leathóg *f.*
flathead catfish (*Pylodictis olivaris*): cat buí
flounder (*Platichthys flesus*): leith *f.*; dúleatha *f.*; leadhbóg *f.*
fluke (*féach* **flounder**)
flying fish (*family* Exocoetidae): iasc eitilte
flying gurnard (*Dactylopterus volitans*): cnúdán eitilte
four-eyed fish (*Anableps anableps*): iasc ceathairshúileach
freshwater catfish (*Silurus* sp.): cat fionnuisce
frilled shark (*Chlamydoselachus anguineus*): siorc rufach
frogfish (*Histrio histrio*): geocach mara
fugu (*féach* **balloon fish**)
galjoen (*Coracinus capensis*): gaileon
gambusia (*Gambusia* sp.): gambúise *f.*
garden eel (*Heteroconger hassi*): eascann *f.* gairdín
garfish (*Belone belone*): corr uaine; ronnach Spáinneach; spéirlint *f.* fharraige; spéirlint *f.* mhara
garibaldi (*Hypsypops rubicundus*): gearbaldaí
garpike (*family* Lepisosteidae): cornliús
glassfish (*Ambassis, Chanda*): iasc gloine
globefish (*féach* **balloon fish**)
goatfish (*Pseudupeneus* sp.): gabhariasc
goby (*family* Gobiidae): mac siobháin; seamhróg *f.*
goggle-eye (*Selar crumenophthalmus*): bolmán súilmhór
goldfish (*Carassius auratus*): iasc órga
goldsinny (*Ctenolabrus rupestris*): bod gorm
goosefish (*féach* **anglerfish**)
gourami (*Osphronemus goramy*): gurámaí
grass carp (*Ctenopharyngodon idella*): orf airgid
grayling (*Thymallus thymallus*): giosán
great white shark (*Carcharodon carcharias*): ollsiorc bán

greater pipefish (*Syngnathus acus*): snáthaid *f.* mhara mhór
greater spotted dogfish (féach *huss*)
greeneye (family Chlorophthalmidae): iasc súilghlas
greenling (family Hexagrammidae): grínlín
grenadier (family Macrouridae): gránádóir
grey mullet (*Crenimugil labrosus*): lannach glas; milléad glas
grouper (*Epinephelus*): grúpaire
grunion (*Leuresthes*): gruineon.
grunt (family Haemulidae): grunta
gudgeon (*Gobio gobio*): brannóg *f.*; guistiún
guitarfish (*Rhinobatos rhinobatos*): giotár mara
gulper eel (*Eurypharynx pelecanoides*): eascann *f.* pheileacánach
gummy shark (*Mustelus antarcticus*): siorc drandail
gunnel (*Pholis gunnellus*): sleamhnóg *f.*; malrach Cháit; searróg *f.*
guppy (*Poecilia reticulata*): gupaí
gurnard (family Triglidae): cnúdán
gwyniad (*Coregonus lavaretus*): pollán Eorpach
haddock (*Melanogrammus aeglefinus*): cadóg *f.*
hagfish (*Myxine glutinosa*): cailleach *f.*
hake (*Merluccius merluccius*): colmóir
halfbeak (family Hemiramphidae): leathghob
halibut (*Hippoglossus hippoglossus*): haileabó; alabard; leathóg *f.* Mhuire
hammerhead shark (family Sphyrnidae): ceann casúir
harlequin fish (*Othos dentex*): airleacán mara
hatchetfish (family Sternoptychidae): tua-iasc
hawkfish (family Cirrhitidae): seabhac mara
headstander (family Anostomidae): anastamas
herring (*Clupea harengus*): scadán
high hat (*Equetus acuminatus*): drumiasc ribíneach
hogfish (féach *pigfish*)
hoki (*Macruronus novaezeelandiae*): hócaí
horse mackerel (*Trachurus trachurus*): bolmán; gabhar; scadán carraige
houndfish (féach *smooth hound*)
houting (*Coregonus oxyrinchus*): pollán gobghéar
huchen (*Hucho hucho*): ollbhradán
humpback salmon (*Oncorhynchus gorbuscha*): bradán bándearg
huss (*Scyliorhinus stellaris*): fíogach mór; cailleach *f.* bhreac; madra mór
icefish (*Champsocephalus gunnari*): oigheariasc
ide (féach *orfe*)
inanga (*Galaxias maculatus*): ineanga
inconnu (*Stenodus leucichthys leucichthys*): inconnu
jackfish (*Caranx hippos*): caraing *f.*
jackknife fish (*Equetus lanceolatus*): drumiasc lansach
jack mackerel (*Trachurus symmetricus*): bolmán siméadrach
jawfish (family Opisthognathidae): gialliasc
jewelfish (*Hemichromis bimaculatus*): seoidiasc
John Dory (*Zeus faber*): deoraí; Donncha na súl mór
kaapenaar (*Argyrozona argyrozona*): bran siúinéireachta
kabeljou (*Argyrosomus inodorus*): lománach mín
killifish (*Aphyosemion* sp.): cilí
kingclip (*Genypterus capensis*): ríchlip *f.*
kingfish (féach *amberfish*)
klipfish (*Pavoclinus* sp.): clipiasc
knifefish (oird Gymnotiformes agus Osteoglossiformes): scianiasc
kob (*Argyrosomus hololepidotus*): lománach deisceartach
koi carp (*Cyprinus carpio*): carbán Seapánach
kokanee (féach *sockeye salmon*)
labyrinth fish (suborder Anabantoidei): iasc laibirinte
ladyfish (*Elops saurus*): bean *f.* uasal mhara
lake trout (*Salvelinus namaycush*): breac locha
lampern (*Lampetra fluviatilis*): loimpre *f.* abhann
lamprey (family Petromyzonidae): loimpre *f.*; péist *f.* an dá shúil déag
lanternfish (*Myctophum* sp.): iasc laindéir
leaf fish (*Monocirrhus polyacanthus*): iasc duilliúir
leatherjacket (family Monacanthidae): monacaintid *f.*
leervis (*Lichia amia*): leathariasc
lemon sole (*Microstomus kitt*): leathóg *f.* mhín; leith *f.* bhallánach; sól sleamhain
lesser sand eel (*Ammodytes tobianus*): corr *f.* ghainimh bheag
lesser spotted dogfish (*Scyliorhinus caniculus*): fíogach beag; dallóg *f.*
ling (*Molva molva*): langa; bod mór
lingcod (*Ophidon elongatus*): trosc buabhaill
lionhead (*Carassius auratus*): iasc órga ceann leoin
lizardfish (*Synodus foetens*): iasc laghairte
loach (*Noemacheilus barbatulus*): cailleach *f.* rua
louvar (*Luvarus imperialis*): lúbhar
luderick (*Girella tricuspidata*): lúdraic *f.*
lumpsucker (*Cyclopterus lumpus*): léasán leice
lungfish (*Protopterus dolloi*): iasc scamhóige
lyrefish (féach *killifish*)
mackerel (*Scomber scombrus*): maicréal; ronnach; murlas
mado (*Atypichthys latus*): mádó
madtom (*Noturus* sp.): notúras
mahimahi (féach *dolphinfish*)
mahseer (*Barbus mosal*): carbán abhann
mako (*Isurus oxyrhinchus*): siorc mácó
man-of-war fish (*Nomeus gronovii*): iasc smugairle an tseoil
manta (*Manta birostris*): manta
margate (*Haemulon album*): margáid *f.*
marlin (*Makaira* sp.): mairlín
medaka (*Oryzias latipes*): meadáca
medusa fish (*Medusa* sp.): meadúsa *f.*
megamouth shark (*Megachasma pelagios*): siorc craosmhór
megrim (*Lepidorhombus whiffiagonis*): scoilteán; sciolltán
menhaden (*Brevoortia tyrannus*): pógaí
midshipman (*Porichthys notatus*): meánloingseach
milkfish (*Chanos chanos*): iasc bainne
miller's thumb (féach *bullhead*)
minnow (*Phoxinus phoxinus*): bodairlín; bricín; geasán; líbín; pincín
mirror carp (*Cyprinus carpio*): carbán scátháin
mojarra (*Eucinostomus argenteus*): mochára airgid
molly (*Poecilia* sp.): malaí
monkfish (féach *angel shark*)
moon-eye (*Hiodon tergisus*): réshúil *f.*
moonfish (*Selene peruviana*): ré-iasc
Moorish idol (*Zanclus cornutus*): íol Múrach
morwong (*Nemadactylus*): mórvang
mosquito fish (féach *gambusia*)
mudfish (*Neochanna*): pludiasc
mudminnow (family Umbridae): pincín lathaí
mudskipper (family Gobiidae): lingire lathaí
mullet (féach *grey mullet*)
mulloway (féach *kob*)
mummichog (*Fundulus heteroclitus*): mumaitseac *f.*

Cineálacha Éagsúla Éisc: Murray cod

Cineálacha Éagsúla Éisc
ar lean

Murray cod (*Maccullochella peelii peelii*): gúdú
muskellunge (*Esox masquinongy*): muscaí
musselcracker (*Sparodon durbanensis, Cymatoceps nasutus*): bristeoir diúilicíní
nannygai (*Centroberyx affinis*): nanagáí
nurse hound (*féach* **huss**)
nurse shark (*Ginglymostoma cirratum*): siorc gainimh
oarfish (*Regalecus glesne*): iasc maide rámha
oilfish (*Ruvettus pretiosus*): iasc ola
old wife (*Enoplosus armatus*): seanbhean *f.* mhara
opah (*Lampris guttatus*): ópá
orfe (*Leuciscus idus*): orf
oscar (*Astronotus ocellatus*): oscar
pacu (*Piaractus brachypomus*): pácú
paddlefish (*Polyodon spathula*): iasc céasla
paradise fish (*Macropodus opercularis*): iasc parthais
parrotfish (*family* Scaridae): iasc pearóide
pearleye (*Scopelarchus sp.*): súil *f.* phéarlach
pearlfish (*family* Carapidae): iasc péarlach
perch (*Perca fluviatilis*): péirse *f.*; paidhleach
pickerel (*Esox americanus*): liús Meiriceánach
pigfish (*Bodianus sp.*): muciasc
pike (*Esox lucius*): liús; gailliasc
pikeperch (*Stizostedion lucioperca*): péirse *f.* liúsach
pilchard (*Sardina pilchardus*): pilséar; seirdín
pilotfish (*Naucrates ductor*): píolóta
pipefish (*Syngnathus sp.*): snáthaid *f.* mhara
piranha (*Pygocentrus nattereri*): pireána
plaice (*Pleuronectes platessa*): leathóg *f.* bhallach; leathóg *f.* bhreac; leathóg *f.* na mball dearg; leith *f.* bhallach; plás
platy (*Xiphophorus maculatus*): plátach
poenskop (*family* Sparidae): bran mara
pogge (*Agonus cataphractus*): muiricín
pollan (*Coregonus albula*): pollán
pollock (*Pollachius pollachius*): mangach; pollóg *f.*
pomfret (*Schuetta sp.*): pomfrait *f.*
pompano (*Trachinotus carolinus*): pompánó
porbeagle (*Lamna nasus*): craosaire
porcupine fish (*family* Diodontidae): iasc gráinneogach
porgy (*fine* Sparidae): porgaí
pout (*Gadiculus argenteus*): troscán stopóige
prickleback (*Cebidicthys violaceus*): droim spíneach
prowfish (*Neopataecus waterhousii*): iasc tosach loinge
puffer fish (*féach* **balloon fish**)
pumpkinseed (*Lepomis gibbosus*): iasc puimcíneach
pupfish (*Cyprinodon sp.*): coileán uisce
queenfish (*Scomberoides commersonnianus*): banríon *f.* mhara
rabbitfish ❶ (*family* Chimaeridae): ciméara mara. ❷ (*family* Siganidae): coinín mara
ragfish (*family* Icosteidae): ragiasc
rainbow trout (*Salmo gairdneri*): breac dea-dhathach
rascasse (*féach* **scorpion fish**)
ratfish (*Hydrolagus sp.*): francach mara
ray (*Raja sp.*): roc; rotha *f.*
razorfish (*Centriscus scutatus*): rásúr mara
redfin (*féach* **perch**)
redfish (*Sciaenops ocellatus*): druma dearg
red mullet (*Upeneus sundaicus*): milléad dearg
red snapper (*Lutjanus campechanus*): snapaire dearg
remora (*Remora sp.*): reamóra
requiem shark (*family* Carcharhinidae): siorc éagnairce
ribbonfish (*Trachipterus jacksonensis*): iasc ribíneach
rivulus (*Rivulus marmoratus*): riovalas
roach (*Rutilus rutilus*): róiste
rock bass (*Ambloplites rupestris*): bas carraige
rockfish (*Morone saxatilis*): bas riabhach
rock goby (*Gobius paganellus*): mac siobháin carraige
rockling (*family* Gadidae): donnán; donnóg *f.*
ronquil (*Rathbunnella alleni*): roncail *f.*
rosefish (*Helicolenus dactylopterus*): rósiasc
rouget (*féach* **goatfish**)
roughie (*Hoplostethus atlanticus*): garbhiasc
rudd (*Scardinius erythrophthalmus*): ruán
ruffe (*Gymnocephalus cernuus*): rufa
sablefish (*Anoplopoma fimbria*): trosc dubh
sailfin molly (*Poecilia latipinna*): malaí leathaneiteach
sailfish (*Istiophorus platypterus*): iasc seoil
saithe (*féach* **coalfish**)
salmon (*Salmo salar*): bradán
salmon trout (*féach* **sea trout**)
sand dab (*Citharichthys sordidus*): daba gainimh
sand eel (*family* Ammodytidae): corr *f.* ghainimh; corr *f.* ghobach; corr *f.* shéanta; scadán gainimh; spéirlint *f.*
sandfish (*Gonorhynchus gonorhynchus*): bradán gobach
sand goby (*Pomatoschistus minutus*): mac siobháin gainimh
sand shark (*family* Odontaspidae): siorc gainimh
sardine (*Sardina pilchardus*): sairdín
sargassum fish (*Histrio pictus*): geocach daite
sauger (*Stizostedion canadense*): liús glas
saury (*family* Scomberosocidae): scipéir
sawfish (*Pristis pristis*): sábhiasc
scabbardfish (*Aphanopus sp.*): iasc truaille
scad (*féach* **horse mackerel**)
scaldfish (*Arnoglossus laterna*): scalliasc
scat (*family* Scatophagidae): scatafagas
schelly (*féach* **gwyniad**)
scorpion fish (*family* Scorpaenidae): scairp *f.* mhara
sculpin (*family* Cottidae): sciulpín
scup (*Stenotomus chrysops*): scup
sea bream (*Archosargus rhomboidalis*): bran mara
sea horse (*Hippocampus sp.*): each uisce
sea moth (*family* Pegasidae): leamhan mara
sea robin (*Prionotus carolinus*): spideog *f.* mhara
sea scorpion (*family* Cottidae): scairpiasc; ceann crua; gréasaí cladaigh
sea stickleback (*Spinachia spinachia*): garmachán farraige
sea trout (*Salmo trutta*): breac geal
sergeant major (*Abudefduf saxatilis*): sáirsint mhara
sevruga (*Accipenser stellatus*): seavrúga
sewin (*féach* **salmon trout**)
shanny (*féach* **blenny**)
shark (*order* Pleurotremata): siorc
shark-sucker (*Echeneis naucrates*): súmaire siorca
sheepshead (*Archosargus probatocephalus*): ceann caorach
shiner (*Notemigonus, Notropis, Pteronotropis*): bodairlín Meiriceánach
shore clingfish (*féach* **Cornish sucker**)
short-spined sea scorpion (*féach* **father lasher**)
shovelhead (*féach* **bonnethead**)
sild (*féach* **herring**)
silverside (*Menidia beryllina*): iasc taobhgheal
skate (*Raja batis*): sciata; scolabard
skilfish (*Erileps zonifer*): sciliasc
skipjack tuna (*Katsuwonus palamis*): túna riabhach

skipper (féach *saury*)
smelt (*Osmerus eperlanus*): smealt
smooth hound (*Mustelus asterias*): scoirneach; madra glas
snake mackerel (*Gempylus serpens*): maicréal nathrach
snaggle-tooth (*Astronesthes psychrolutes*): strabhsachán mara
snailfish (*Careproctus* sp.): iasc seilideach
snakehead (family Channidae): ceann nathrach
snapper (family Lutjanidae): snapaire
snipe eel (*Nemichthys scolopaceus*): eascann f. naoscach
snipefish (*Macroramphosus scolopax*): naoscach f. mhara
snook (*Centropomus undecimalis*): snúc
soapfish (*Diplopion bifasciatum*): impire buí
sockeye salmon (*Oncorhynchus nerka*): bradán dearg
soldierfish (*Myripristis* sp.): saighdiúir mara
sole (*Solea solea*): sól; teanga f. chait
spadefish (family Ephippidae): spáid f. uisce
Spanish mackerel (*Scomber japonicus*): maicréal Spáinneach
sparling (féach *smelt*)
splake (féach *lake trout*)
sprat (*Sprattus sprattus*): salán; stuifín
spur-dogfish (*Squalis acanthus*): fíogach gobach
squawfish (*Ptychocheilus* sp.): pincín liúsach
squirrelfish (*Holocentrus* sp.): iasc iorach
stargazer (*Astroscopus* sp.): réadóir mara
steelhead (*Onchorhynchus mykiss*): breac ceann cruach
steenbras ❶ *white steenbras* (*Lithognathus lithognathus*): stéanbras geal.
❷ *red steenbras* (*Petrus rupestris*): peadar carraige
sterlet (*Acipenser ruthenus*): steirléad
stickleback (*Gasterosteus aculeatus*): garmachán; biorach lodáin; dealg úcaire
stingray (family Dasyatidae): roc goinideach
stockfish (= salted cod): stociasc
stonefish (*Synanceia verrucosa*): clochiasc
striped bass (*Morone saxatilis*): bas stríocach
stumpnose (*Rhabdosargus* sp.): trosc carraige
sturgeon (*Acipenser sturio*): bradán fearna
sucker (family Gobiesocidae): súmaire

surmullet (*Mullus surmuletus*): milléad dearg stríocach
swallower (*Chiasmodon* sp.): slogaire mara
sweeper (family Pempheridae): scuabaire mara
sweetlips (*Plectorhinchus* sp.): iasc liopach
swordfish (*Xiphias gladius*): colgán
swordtail (*Xiphophorus helleri*): eireaball claímh
tai (féach *snapper*)
tailorfish (*Pomatomus saltatrix*): táilliúir mara
taimen (*Hucho hucho taimen*): téaman
tang (*Zebrasoma* sp.): tang
tarakihi (*Cheilodactylus macropterus*): taraicíhí
tarpon (*Tarpon atlanticus*): tarpan
tarwhine (*Rhabdosargus sarba*): bran mara órlíneach
tautog (*Tautoga onitis*): tátóg f.
tench (*Tinca tinca*): cúramán
tenpounder (*Elops* sp.): bean f. uasal
tetra (*Hyphessobrycon* sp.): teatra
thornback (*Raja clavata*): roc garbh; rotha f. gharbh; sciata garbh
threadfin shad (*Dorosoma petenense*): sead snáithíneach
thresher shark (*Alopias vulpinus*): siorc súisteála
tiger fish (*Hoplias malabaricus*): iasc tíograch
tiger shark (*Galeocerdo cuvieri*): siorc tíograch
tilapia (*Oreochromis* sp.): tioláipia f.
tilefish (*Lopholatilus chamaeleonticeps*): snapaire órga
toadfish (*Opsanus* sp.): buafiasc
tomcod (*Microgradus* sp.): moth-throsc
tonguefish (*Symphurus* sp.): iasc teangach
toothcarp (*Aphanius* sp.): carbán teanga
tope (*Galeorhinus galeus*): gearrthóir; gobóg f.; madra gorm
topminnow (*Fundulus* sp.): fundalas
torpedo ray (*Torpedo californica*): toirpéad
torsk (*Brosme brosme*): torsc
triggerfish (family Balistidae): truiceariasc
trout (*Salmo trutta*): breac
trumpeter (*Pelates* sp.): trumpadóir
trumpetfish (*Aulostomus chinensis*): troimpéad mara
trunkfish (*Lactophrys* sp.): trunciasc
tub gurnard (*Trigla lucerna*): cnúdán gorm; cnúdán soilseach
tubesnout (*Aulorhynchus flavidus*): tiúbshoc

tullibee (féach *cisco*)
tuna (*Thunnus* sp.): túna
tunny (féach *tuna*)
turbot (*Scophthalmus maximus*): turbard; scolabard
twaite shad (*Alosa fallax*): sead f. fhallacsach
two-spotted goby (*Gobiusculus flavescens*): mac siobháin buí
unicorn fish (*Naso* sp.): aonbheannach mara
vendace (*Coregonus albula*): pollán gallda
viperfish (*Chauliodus* sp.): nathairiasc
wahoo (*Acanthocybium solandri*): váhú
walleye (*Stizostedion vitreum*): péirse f. chránsúileach
warbonnet (*Chirolophis* sp.): clogaidín
warehou (*Seriolella*): savóirín
weakfish (*Cynoscion regalis*): lagiasc
weatherfish (*Misgurnus anguillicaudatus*): cailleach f. aimsire
weever ❶ *greater weever* (*Trachinus draco*): goineadóir mór. ❷ *lesser weever* (*Trachinus vipera*): goineadóir; deilgín úcaire; iascán an gha nimhe; maor an éisc
wels (*Silurus glanis*): siolúras
whale shark (*Rhincodon typus*): siorc fathachúil
whitebait (féach *inanga*)
white bass (*Morone chrysops*): bas geal
whiting (*Merlangius merlangus*): faoitín
witch (*Glyptocephalus cynoglossus*): leathóg f. bhán
windowpane (*Scophthalmus aquosus*): broit f. fuinneoige
winter flounder (*Pleuronectes americanus*): leathóg f. Mheiriceánach
wobbegong (*Orectolobus maculatus*): vabagang
wolf fish (féach *tiger fish*)
wormfish (*Gunnellichthys* sp.): iasc péisteach
worm pipefish (*Nerophis lumbriciformis*): pis f. an ribe
wrasse (family Labridae): ballach
wreckfish (*Polyprion americanus*): clochbhas
wrymouth (*Delopesis gigantea*): cambhéal mara
X-ray fish (*Pristella maxillaris*): pristéal órga
yellowfin (*Thunnus albacares*): túna na heite buí
yellowtail kingfish (*Seriola lalandi*): rí-earr ómrach
zander (féach *pikeperch*)
zebra fish (*Brachydanio rerio*): daineo séabrach

iata adjective ❶ *closed, shut:* dlúthaithe, druidte, dúnta, fáiscthe, séalaithe, stoptha, táite. ❷ *secured, fastened:* ceangailte, daingean, daingnithe, feistithe, fite fuaite, gafa; i bhfostú. ❸ *full, sated:* dóthanach, lán, lán go boimbéal, líonta, sách, sáithithe, sásta, teannsách, torrach; tá a choiseadh ite aige. ❹ *constipated:* calctha, crua sa chorp, crua sa bholg, stolptha, triomaithe; tá a ghoile dúnta.

iatacht noun *constipation:* calcadh goile, ceangailteacht, ceangal meáin, cruatan boilg, cruatan goile, glas ar na putóga, stolpach, triomach.

íceach adjective *healing, curative:* íciúil, íocshláinteach, íocshláintiúil, leigheasach, leigheasúil. **adjectival genitive** leighis.

íde noun ❶ *ill usage, wretched state:* íde na muc, íde na muc is na madraí; bascadh, drochíde, drochláimhsiú, drochúsáid, íospairt, masla, maslú, mí-úsáid; aimléis, ainnise, ainríocht, amaróid, anacair, anachain, anás, anchaoi, angar, anró, anróiteacht, anshó, cat mara, ciotrainn, crá, crá croí, cráiteacht, cránán, cránas, cruachás, cruatan, deacair, dearóile, díblíocht, dochracht, dochraide, dócúl, doghrainn, doic, dóing, dóinmhí, dola, don, donacht, donas, dothairne, drámh, drochbhail, droch-chaoi, drocheagar, drochrath, duainéis, éagomhlann, éigeandáil, eirleach, fulaingt, iomard, leatrom, matalang, mí-ádh, míbhuntáiste, mífhortún, mírath, mísheoladh, míthapa, pioláid, ponc, priacal, raiceáil, sáinn, suaitheadh, taisme, timpiste, tragóid, trioblóid, truántacht, tubaiste, turraing. treascairt, umar na haimléise, *literary* cacht.

idéal noun ❶ *ideal:* barrshamhail, eiseamláir, duine gan locht, grian, ní gan locht, plúr, rud gan locht, sampla, an scoth, an sméar mullaigh, *literary* gaoine. ❷ *pl.* **idéil** *ideals:* pl. airteagail chreidimh, pl. barúlacha, pl. caighdeáin, cneastacht, coinsias, creideamh, cuibheas, dogma, eitic, fiúntas, oirceadal, idé-eolaíocht, ionracas, macántacht, moráltacht, pl. prionsabail, pl. rialacha, scrupaill, suáilce, teagasc.

idéalach adjective *ideal:* an-, ard-, clasaiceach, críochnaithe, cruthanta, dea-shamplach, foirfe, gan cháim, gan locht, is fearr, iomlán, sár-.

idéalachas noun *idealism:* aislingeacht, comhairle in aice le do thoil, fantaisíocht, neamhphraiticiúlacht, rómánsachas, rómánsaíocht, soirbheachas, soirbhíochas.

idé-eolaíocht noun *ideology:* pl. airteagail chreidimh, pl. áitiúis, pl. barúlacha, bolscaireacht, creideamh, dearcadh, dogma, dúnghaois, eitic, foirceadal, pl. idéil, leagan amach, moráltacht, polasaí, pl. prionsabail, pl. smaointe, smaointeachas, smaointeoireacht, teagasc, teoir, teoiric, pl. tuairimí, pl. tuairimí láidre.

ídigh verb ❶ *consume, expend:* caill, caith, cealaigh, cnaígh, creim, cuir amach, cuir amú, ith, leáigh, lig amach, ól, meath, meil, scaip, scaoil uait, spíon, téigh trí, tnáith, tomhail, *literary* ibh. ❷ *destroy:* mill; arg, basc, blogh, bris, buail buille na tubaiste ar ciorraigh, cloígh, cnaígh, cneáigh, coscair, creach, cuir ó chrích, cuir ó rath, déan an donas ar, déan raic de, díothaigh, dochraigh, donaigh éignigh, fásaigh, gearr, goin, gortaigh, íospair, leáigh, léirscrios, martraigh, mill, oirnigh, réab, rois, sáraigh, sclár, scrios, scuab, slad, snoigh, spíon, spól, srac, stiall, stróic, tnáith, tóg ó thalamh na hÉireann, traoch, treascair, *literary* lochair, sléacht.

idirchreidmheach adjective *interdenominational:* éacúiméineach, idireaglasta, ilchreidmheach, ileaglasta; caoinfhulangach, ceadaitheach, fulangach, síochánta.

idirdhealaigh verb *discriminate, distinguish:* aithin idir, aithin difríocht idir, cuir ar leataobh, cuir ar leithligh, cuir idir, cuir ó chéile, deachair, dealaigh, deighil, déan difríocht idir, difreáil, imdhealaigh, scar óna chéile.

idirdhealú noun ❶ *differentiation, distinction, separation:* deachrú, dealú, deighilt, difreáil, difríocht, leithreachas; idirscaradh, imdhealú, leithleachas, leithleas, scaradh.

idirghabháil noun ❶ *intervention, mediation:* comhréiteach, eadaraiscín, eadarascáin, eadráin, réiteach, teasargan; athchairdeas, athmhuinteáras. ❷ *interference:* cur isteach, cúram Úna, éaradh, idirláimhsiú, péadóireacht, teagmháil.

idirghabhálaí noun *intermediary, go between:* basadaeir, basadóir, eadránaí, fear eadrána, idirbheartaí, idirghuítheoir, stócach, teagmhálaí; abhcóide, ambasadóir, dioscaire, leagáid, péitse, postaire, taidhleoir, teachta, teachtaire, toscaire.

idirlinn noun *interval, intermission:* achar, eatramh, idirchéim, idirspás, seal, sos, stad, *literary* ea.

idirmheán noun *middle:* airmheán, ceartlár, corplár, croílár, cuilithe, idirmheán, lár, lár baill, lár báire, meáchanlár, meán, meánlár.

idirnáisiúnta adjective *international:* comhchoitianta, domhanda, ilchríochach, iltaobhach, iltireach, uilíoch; ar fud na cruinne, ar fud an domhain.

íditheach adjective *consuming, destructive:* cnaíteach, coscrach, craosach, creimeach, creimneach, damáisteach, díobhálach, díothaitheach, dochrach, dochraideach, doghrainneach, foghlach, ídeach, loiscneach, longach, marfach, meilteach, millteach, nimhneach, scriosach, seargthach, treascrach, tubaisteach, urchóideach, *literary* urbhadhach; baolach, contúirteach, dainséarach, fíorchontúirteach.

íditheoir noun ❶ *consumer:* caiteoir, ceannaitheoir, custaiméir, tomhaltóir. ❷ *destroyer:* creachadóir, creachaire, foghlaí, loitiméir, meilteoir, millteoir, robálaí, scriostóir, sladaí, sladaire, *literary* ladrann.

ídiú noun ❶ *consumption, wear:* caitheamh, cnáfairt, creimeachán, creimirt, creimneadh, crinneadh, meilt, síonchaitheamh, síonmheilt, tomhailt. ❷ *abuse, destruction:* argain, bánú, bascadh, drochíde, drochláimhsiú, drochúsáid, íde na muc, íde na muc is na madraí, íospairt, masla, maslú, mí-úsáid; cíothach, coscairt, creachadh, creachadóireacht, léirscrios, lomairt, milleadh, millteoireacht, sceanach, sceanairt, scrios, scriostóireacht, slad, sladaíocht, sladaireacht, treascairt, *literary* lochar, sleachtadh, urbhaidh.

ifreanda adjective *hellish, infernal:* damanta, deamhanta, diabhalta, diabhlaí, ifreannach.

ifreann noun *hell, Hades:* an Bhráchthine, an Bhráthtine, Háidéas, poll tí liabáin, Seól; an dream damnaithe, *pl.* pianta ifrinn.

ifreannach noun ❶ *demon, fiend:* áibhirseoir, ainspiorad, deamhan, diabhal, *literary* eithiar; ginid, ginid ghlinne; *euphemistically* deamhas, diar, diúcs. ❷ *fiendish person:* áibhirseoir, ainscian, aisiléir, amhas, arc nimhe, bacach, bithiúnach, bligeard, ciontaitheoir, ciontóir, clabhaitéir, cladhaire, cneámhaire, coireach, coirpeach, coirpeoir, corpadóir, crochadóir, damantach, damantán, damantóir, daor, daoránach, diabhal, diabhlánach, diúlúnach, drochdhuine, duine urchóideach, eiriceach, oilghníomhaí, scabhaitéir, sclíotar, sclíutar, scuit, scuitsear, sealánach, speig neanta.

ilbhliantúil adjective *perennial* (*of plant*): buan, marthanach, síoraí.

ilchaiteachas noun *general expenditure:* caitheamh, pl. forchostais, pl. ilchostais, pl. imchostais.

ilcheardaí noun *Jack-of-all-trades, factotum:* gobán, duine ildánach, duine iltréitheach, ilbheartóir, Seán le gach uile cheird.

ilchiallach adjective *polysemous, ambiguous:* amhrasach, athbhríoch, débhríoch déchiallach, défhiúsach, doiléir, éidearfa, éideimhin, éiginnte, ilfhiúsach, neamhchinnte.

ilchineálach adjective *varied, heterogeneous:* éagsúil, difriúil, ilfhillteach, ilghnéitheach, iolartha, iomadúil, measctha; de gach cineál, de gach saghas, de gach sórt.

ilchleasach adjective *full of tricks, wily:* bealachtach, beartach, cam, cas, cealgach, claon, cleasach, cluanach, creipeartha, cúinseach, ealaíonta, fealltach, fiar, glic, inleogach, lán castaí, lúbach, meabhlach, mealltach, meangach, nathartha, sleamhain, sleamhnánach, slíbhíneach, tréitheach.

ilchodach adjective *compound, composite:* adjectival genitive cumaisc, ilroinnte, ilpháirteach, aimpléiseach, casta, gabhlánach, *literary* eanglamtha.

ilchreidmheach adjective *multidenominational:* éacúiméineach, idirchreidmheach, idireaglasta, ileaglasta; caoinfhulangach, ceadaitheach, fulangach, síochánta.

ilchríoch noun *continent:* mór-roinn.

ilchríochach adjective *continental:* mór-roinneach.

ilchruthach adjective *multiform, polymorphic:* ilchineálach, ildathach, ilghnéitheach, iolartha; éagsúil, gabhlánach, ilfhillteach, iomadúil, measctha, *literary* eanglamtha.

ilchumas noun *versatility:* iléirimiúlacht, seiftiúlacht, solúbthacht.

ilchumasach adjective *versatile:* cumasach, ilbheartach, ilbhuach, ildánach, iléirimiúil, iltréitheach, seiftiúil, solúbtha.

ilchumasc noun *assortment:* bolg an tsoláthair, díolaim, éagsúlacht, ilchnuasach, ilíocht, iolarthacht, mála ceirteacha, mangarae, manglam, meascadh, meascán, meascra, meidrisc, runcalach, tranglam.

ildánach adjective *versatile, accomplished:* ilbheartach, ilbhuach, iléirimiúil, iltréitheach, seiftiúil, solúbtha; áitithe, cleachta, cruthanta, múinte, oilte, saoithiúil; fadbhreathnaitheach, fadcheannach, fadradharcach, fiontrach, glic, guasach, gusmhar, gustalach, gusúil, ionnúsach, praitinniúil, seiftithe.

ilbheartach adjective *versatile:* ilbhuach, ilchumasach, ildánach, iléirimiúil, iltréitheach, seiftiúil, solúbtha.

ildathach adjective *multicoloured, iridescent:* ballach, breac, breacbhallach, dathannach, ilathraitheach, ilbhreachtach, ildaite, riabhach, sceadach, sliogánach, stríocach; ar dhathanna an tua ceatha.

ildiachas noun *polytheism:* anamachas, baothchreideamh, gintlíocht, íolacht, íoladhradh, págánacht, págántacht, págántaíocht.

íle noun *oil:* bealadh, ola, ola bhealaithe, ola mhíl mhóir, smearadh, troighean, úsc; blonag, geir, gréis, gréisc, saill.

ílearraí plural noun *general goods:* pl. earraí éagsúla, pl. earraí ilchineálacha, pl. earraí ilghnéitheacha, pl. gnáthearraí, manglam, meascán, meascra; éadaitheoireacht, pl. earraí éadaitheora; pl. earraí góiséara, góiséireacht; pl. earraí grósaera, grósaeireacht; iarnra, pl. crua-earraí, pl. earraí iarainn, pl. earraí miotail.

ilghnéitheach adjective *diverse, heterogeneous:* éagsúil, difriúil, ilchineálach, ilfhillteach, iolartha, iomadúil, measctha; de gach cineál, de gach saghas, de gach sórt.

ilghnéitheacht noun *diversity, heterogeneity:* éagsúlacht, ilchnuasach, ilchumasc, ilíocht, iolarthacht, iolracht, iomadúlacht, *literary* iolar.

iliomad noun ❶ *great number, great variety:* dúlíonach, éagsúlacht, ilghnéitheacht, ilíocht, iolardhacht, iolarthacht, iolracht, iomadúlacht, líonmhaire, líonmhaireacht, pl. na mílte, milliún, billiún; anmhórán, flít, flúirse, flúirsí, lear, lochadradh, mórán, pl. na múrtha, neart, raidhse, scata, scuaine, seó, pl. slaoda, slua, tréan, *familiar* an t-uafás. ❷ *great amount:* ainmhéid, a lán, an dúrud, carn, clais, cuimse, dúlíonach, ollmhéid, *familiar* an t-uafás; dalladh, éacht, flúirse, flúirsí, foiscealach, greadadh, iontas, lear, maidhm, pl. na múrtha, mórán, neart, neamh-mheán, púir, raidhse, scaoth, seó, pl. slaoda, tolmas, tréan, *familiar* scanradh.

ilphósadh noun *polygamy:* polagamas; biogmhacht, déphósadh; craiceann gan choinníoll.

ilroinnt noun *fragmentation:* deighilt, scáineadh, scaipeadh, scaradh; briseadh, bearnú, bloghadh, gearradh, giotú, pléascadh, réabadh, roiseadh, ropadh, scoilt, scoilteadh, sracadh, stialladh, stolladh, stróiceadh.

ilroinnte adjective *divided into many parts, fragmented:* ilchodach, ilfhillte, ilpháirteach; aimpléiseach, breac, casta, páircíneach; réabtha, scaipthe, scoilte, seicear, stróicthe; ina chiolaracha, ina chonamar, ina mhionrabh, ina smidiríní, ina smionagar, ina phíosaí.

ilsleasach adjective *many-sided, multilateral:* iltaobhach, sleasach.

iltíreach adjective *cosmopolitan:* domhanda, idirnáisiúnta, ilchultúrtha, iolraíoch, measctha, uilíoch.

iltréitheach adjective *of many capabilities:* cumasach, ilbheartach, ilbhuach, ilchumasach, ildánach, iléirimiúil, seiftiúil, solúbtha; cliste, glic, gusmhar, gustalach, gusúil, praitinniúil, seiftithe.

im noun *butter:* bealadh ime, briolla ime, gruán ime, meascán ime, prionta ime; bealadh, gréis, gréisc, saill.

imagallamh noun *conversation:* agallamh, allagar, briosc-chaint, comhfhuighle, comhlabhairt, comhrá, conbharsáid, geab, imagallamh, pairlí, plé, spruschaint; aighneas, béadán, béalastánacht, bleadar, bleadracht, bleadráil, breasnaíocht, brilléis cainte, buinne cainte, cabaireacht, cadráil, caint, ceiliúr, clab, clabaireacht, dioscúrsa, díospóireacht, geabaireacht, geabairlíneacht, geabantacht, geabstaireacht, geocáil, giob geab, giofaireacht, giolcaireacht, giostaireacht, glagaireacht, gleoiréis, gleoisíneacht, gliadar, gligíneacht, gliog gleag, gliogar, gliogarnach, glisiam, gobaireacht, gogalach, síofróireacht, siollaireacht.

imbhualadh noun ❶ *collision:* brúdán, teagmháil, timpiste, tionóisc, tuairteáil. ❷ *exchange of blows:* dódóireacht, dornáil, dornálaíocht, troid; achrann, afrasc, bruíon, clibirt, comhrac, greadán, greadaíl, troid, tromfháscadh.

imdhearg verb ❶ *shame:* bain lasadh as, cuir náire ar, náirigh, tabhair náire do. ❷ *revile:* aifir, aithisigh, aoir, cáin, caith anuas ar, cáithigh, cas le, ciontaigh, coirigh, damnaigh, daor, díbligh, easmail, glámh, guthaigh, imcháin, iomardaigh, lochtaigh, mallachtaigh, mallaigh, scioll, spaill, tarcaisnigh, *literary* tathaoir, tubh; tabhair achasán do tabhair íde béil do, tabhair íde na muc is na madraí do.

imdheargadh noun ❶ *blush of shame:* deirge, lasadh, luisne, ruaim, ruamantacht, *literary* eall. ❷ *reproach, revilement:* aifirt, aoir, beachtaíocht, béal na ndaoine, cáineadh, cáinseoireacht, caitheamh is cáineadh, cáithiú, cámas, casadh an chorcáin leis an gciteal, castóireacht, ciontú, clúmhilleadh, cnáid, coiriú, damnú, daoradh, díspeagadh, eascaine, easmailt, focal cáinte, focal maslach, fochaid, fonóid, gáirmhagadh, gearrachán, gearradh, gearrthóireacht, guth, guthaíl, íde béil, íde na muc agus na madraí, iomard, iomardú, leabhal, lochtú, mallacht, masla, maslú, milleán,

imeacht
priocaireacht, sciolladh, sciolladóireacht, scóladh, spailleadh, tarcaisne, tarcaisnil, *literary* aisc, cúrsú, glámh, tallann, tubha.

imeacht noun ❶ *going, departure:* aistear, dul, fágáil, gabháil, scaradh, taisteal, *literary* toirche. ❷ **imeacht ar** *demand for:* éileamh ar, glaoch, ar, ráchairt ar. ❸ *elopement:* athadh, éalú, *literary* innéirí. ❹ *gait, demeanour:* airí, bealach, *pl.* béasa, cáilíocht, coiscéim, céim, céimniú, coisíocht, dealramh, dóigh, *pl.* géataí, giúlán, gluaiseacht, gó, goic, gotha, gothaíocht iompar, meon, mianach, nádúr, nós, ríd, seasamh, siúl, siúlóid, spaisteoireacht, teacht i láthair, válcaeireacht. ❺ *proceeding, transaction:* beart, déileáil, gnó, *pl.* gnóthaí, láimhdeachas, láimhseáil, obair, teagmháil.

imeachtach adjective ❶ *moving, travelling:* aistreach, aistreánach, gluaisteach, imirceach, **adjectival genitive** reatha, roithleánach, rothlach, sogluaiste, **adjectival genitive** siúil, **adjectival genitive** taistil. ❷ *speedy:* aibéil, beo, beoga, bíogúil, foilscí, gasta, géar, grod, luascánach, luascánta, luath, mear, obann, scafánta, sciobtha, tapa, tobann; deifreach, dithneasach, driopásach, fuadrach, obann, sconnach, sconnasach, tobann; ar cos in airde, go diair, de phreab, de phlimp, d'urchar.

imeachtaí noun ❶ *goer, traveller:* fear siúil, siúlóir, taistealaí, taistealaí, traibhléir, triallaire, turasóir; bonnaire, coisí, ródaí, siúlaí, siúlóir, siúltóir, spaisteoir, taistealaí, traibhléir, turasóir, válcaeir; giofóg, *colloquial* lucht taistil. ❷ **imeachtaí linbh** *toddler:* diúidlín, flapóg, lapadán, lapadán linbh, lapaire, lapóg, laprachán, laprachánaí, lapróg, lucharachán, lucharachán linbh, luibhdín, mamailín, mamailíneach, pataire, patlachán, puntaire.

imeachtrach adjective ❶ *outer, external:* eachtrach, forimeallach, imeallach, lasmuigh, seachtrach. ❷ *further, remote:* aistreach, aistreánach, cúlriascach, cúlriascmhar, cúlriascúil, iargúlta, iartharach, imigéiniúil, scoite, uaigneach; ar an iargúil, ar an iargúltacht, i bhfad siar, in iarthar dúiche, san iargúltacht, sna hiarthair seo.

imeagla noun *terror, dread:* anbhá, anfa, critheagla, eagla, faitíos, gealtachas, geit, greadadh na bhfiacal, líonrith, scanradh, scaoll, scard, scáth, sceilmis, sceimhle, scéin, sceon, uafás, uaifealtas, uamhan, uamhnacht, *literary* fuascar, guasacht; cradhscal, *pl.* haras.

imeaglaigh verb *intimidate:* eaglaigh, scanraigh, sceimhligh; cuir eagla ar, cuir faitíos ar, cuir sceon ar, cuir uamhan ar, tabhair sceimhle do.

imeall noun *border, edge:* banc, bile, binn, boirdréis, bord, bruach, ciumhais, cnaiste, coirnéal, corr, corthair, críoch, cúinne, eochair, fabhra, faobhar, feire, feoir, feorainn, fíor, fóir, frinse, grua, gruaimhín, imeallbhord, imeallchríoch, oirear, port, scéimh, sceimheal, sciorta, taobh, teorainn, *literary* braine.

imeallach adjective ❶ *marginal, peripheral:* forimeallach, imeachtrach, **adjectival genitive** imill; beagthábhtach, tadhlaíoch, tánaisteach, teagmhasach. ❷ *bordered, fringed:* ciumhsach, cortharach, frainseach, ribeogach, scothógach, *literary* eochrach.

imeartas noun ❶ *play, playfulness:* ábhaillí, áibhéireacht, anstrólaíocht, ceáfráil, cleasaíocht, cluichíocht, fastaím, gleoiréis, greann, greannmhaire, greannmhaireacht, imirt, laighce, léaspartaíocht, leithéis, magadh, meidhir, meidhréis, pléaráca, rancás, scige, scigireacht, scléip, spóirtiúlacht, spórt, spórtúlacht, spraoi, spraiúlacht, súgracht, súgraíocht, sult, sultmhaire. ❷ *machination, trickery:* caimiléireacht, calaois, camastaíl, cealg, cealgadh, ciolmamúta, *pl.* cleasa, cleasaíocht, cliútráil, cluain, cluanaireacht, cneámhaireacht, cúbláil, cúinseacht, draíodóireacht, ealaín, *pl.* earmhúintí, feallthacht, gleacaíocht, gliceas, leathbhróg, leidhcéireacht, leorthóireacht, lúbaireacht, meabhal, mealladh, meang, meilm, mícneastacht, míchoinníoll, mí-ionracas, mímhacántacht, paintéaracht, rógaireacht, séitéireacht, slíodóireacht, slíomadóireacht, slópáil, *literary* imdeall, plaic faoi choim. ❸ **imeartas focal** *wordplay, pun:* cleasfhocal, comhfhoclacht.

imeartha adjective ❶ *tricky:* bealachtach, beartach, cam, cas, cealgach, cilíonta, claon, cleasach, cluanach, cúinseach, ealaíonta, feallthach, fiar, glic, inleogach, lán castaí, lúbach, lúibíneach, meabhlach, mealltach, meangach, nathartha, sleamhain, sleamhnánach, slíbhíneach, tréitheach. ❷ *practised, clever:* áitithe, beacht, cleachtach, cliféartha, cliste, cnúisciúnach, córasach, cruinn, cumasach, cunaí, éifeachtach, fíor-, fuinniúil, gasta, gnách, gnáth-, imeartha, inniúil, láidir, pointeáilte, rianúil, sciliúil, sistéamach, taithíoch, tréan, *literary* eangnamhach; aclaí, ciallmhar, críonna, eagnaí, dealámhach, deaslámhach, fadcheannach, gaoiseach, gaoisiúil, gaoismhear, gasta, glic, meabhrach, praitinniúil, sciliúil, stuama, tuisceanach, *literary* gaoth, tuaicheall.

imigéin noun *a remote distance.* **adverbial phrase in imigéin** *far away:* an-slí le fad as seo, i bhfad as seo, i bhfad i gcéin, i bhfad ó láthair, i bhfad uainn.

imigéiniúil adjective *far-away, remote:* aistreach, aistreánach, cúlriascach, cúlriascmhar, cúlriascúil, iargúlta, iartharach, imeachtrach, scoite, uaigneach; ar an iargúil, ar an iargúltacht, i bhfad siar, in iarthar dúiche, san iargúltacht, sna hiarthair seo.

imigh verb ❶ *go away, leave:* buail amach, buail an bóthar, ciorraigh, coisigh ort, crap leat, croch leat, cuir díot, éirigh luaim, fág an áit, fág sin, glan leat, glinneáil as, glinneáil leat, gliondáil as, gliondáil leat, gluais ort, gread leat, imigh leat, imirc, lasc leat, scrios leat, scuab leat, sín leat, siúil leat, tóg ort; bain as na boinn é, tabhair do na boinn é; as go brách leis, siúd chun siúil é; bhí coisíocht Sheáin Uí Raghailligh faoi; bhain sé geatar astu. ❷ *go, travel:* corraigh, cuir díot, eitil, gluais, siúil, taistil, téigh, téigh ar do bhealach, téigh ar do shlí, téigh ar d'aistear, téigh ar muin capaill, téigh ag marcaíocht, téigh de shiúl cos, tiomáin, tiomáin leat, traibhleáil, triall; bí ag marcaíocht, bí ag marcaíocht, bí ag siúlóid, marcaigh, rothaigh. ❸ *escape:* éalaigh, téigh as, téigh saor as; tháinig sé slán, tháinig sé as, thug sé a aebha leis, thug sé a mhaidí go maith leis; rug sé na cosa leis, thug sé na cosa leis; ar éigean báis a thug sé an t-anam leis, rug sé na cosa leis ach ba ar éigean é. ❹ *move, work (of mechanism):* bí ag feidhmiú, bí ag obair, corraigh, feidhmigh, gluais, oibrigh. ❺ *fail, be spent:* clis, cúb, cúlaigh, lagaigh, loic, meath, meathlaigh, teip, tit; cailltear, caitear, cealaítear, cnaítear, creimtear, cuirtear amach, cuirtear amú, ídítear, itear, ligter amach, leáitear, meiltear, óltar, scaiptear, spíontar, tnáitear, tomhailtear. ❻ *pass away, die:* imigh as; básaigh, éag, imigh as, síothlaigh, smiog, snigeáil, spéiceáil, stiúg, téaltaigh as, *literary* fuin, teastaigh; faigh bás; *figurative* cuir do bhradán beatha amach.

imigh ar verb *happen to:* bain do, éirigh do, gabh le, tarlaigh do, tit amach do, teagmhaigh do; ghabh críoch é.

imigh le verb *make off with:* beir leat, cluicheáil, croch leat, ealaigh le, goid, tabhair leat.

imir[1] noun *tint, tinge:* daithin, dath, lí, deann, fordhath; ábhar, beagán, iarracht.

imir[2] verb ❶ *play (game, cards):* bí ag fianscoraíocht, bí ag spórt, bí ag spraoi, bí ag súgradh, déan greann, déan sult; buail cuir, leag. ❷ *ply, wield:* ainligh, bain feidhm as, bain úsáid as, beartaigh, cuir abhaile, cuir i bhfeidhm, ionramháil, láimhseáil, láimhsigh, oibrigh. ❸ *wreak, inflict:* agair, cuir i bhfeidhm, cuir in éifeacht, déan, ídigh, lig amach, tabhair chun críche.

imirce noun *change of abode, migration:* aistriú tí, buailteachas, eisimirce, inimirce; fánaíocht, rianaíocht, spailpíneacht, *literary* toirche.

imleacán noun *navel:* imleog, imlinn; básta, béal an ghoile, caol, coim, lár, scairt, vásta.

imlíne noun *outline, perimeter:* creatlach, imchruth, peiriméadar, scáthphictiúr, tacmhang, teorainn.

imní noun *anxiety:* anbhuain, buaireamh, buairt, cailm, corraíl, cumhán, giodam, griothal, guairdeall, guairneán, imníthí, imshníomh, líonraith, mishuaimhneas, mishocracht, neirbhís, *pl.* peiríocha, pianpháis, scaoll, trintealach; an chloch is mó ar mo phaidrín.

imníoch adjective *anxious:* aingí, buartha, corrabhuaiseach, corrthónach, cráite, doilíosach, duaiseach, dubhach, eaglach, faiteach, faitíosach, fuaiscneach, geitiúil, giodamach, giongach, guairneánach, giurnálach, mearaithe, mearbhlach, míshocair, míshuaimhneach, priaclach, scáfar, sníomhach, tromchroíoch.

impí noun *entreaty, intercession:* achainí, achairt, achomharc, agairt, atach, éileamh, iarratas, impí; guí, idirghuí, urnaí.

impigh verb *entreat, supplicate:* achair, achainigh, agair *defective verb* aitim, éigh, éiligh, iarr, lorg, pléadáil, téigh go bog is go crua ar.

impíoch adjective *entreating, suppliant:* achainíoch, iarratach, síoriarratach, sirtheach. noun *supplicant, petitioner:* achainíoch, achomharcóir, éilitheoir, guíodóir, guítheoir, iarrthóir, impíoch, pléadálaí, sirtheoir; agróir, casaoideoir, clamsánaí, gearánaí.

impire noun *emperor:* ardrí, cailif, impir, impireoir, sabhdán, sár, uathlathaí.

impiriúil adjective *imperial:* maorga, ríoga, ríúil, sáruasal; coilíneach, Briotaineach, gallda, Sasanach.

imreas noun *strife, quarrel:* achrann, aighneas, argóint, briatharchath, bruíon, cáiríneacht, caitleáil, callóid, callshaoth, cibeal, clampar, cogadh, conghail, cointinn, cur i gcoinne, construáil, deabhaidh, díospóid, easaontas, eisíocháin, eisíth, foclaíocht, giorac, griobsach, iaróg, imreasán, iomaraíl, iomarbhá, maicín, raic, siosma, siúite, troid, *literary* argaimint, easard, gleidean, imnise; d'éirigh eatarthu, bhí siad in árach a chéile, bhí siad in adharc a chéile, bhí sé ina cheo bóthair eatarthu, bhí gáir faoin roinn, bhí siad ag caitheamh crístíní lena chéile, ag ithe (is ag gearradh) a chéile. adverbial phrase **in achrann** *tangled:* i bhfostú, i gcíor thuathail, ina ghréasán gan dóigh, in aimhréidh, in ascar, trína chéile; díréitithe.

imreasach adjective *contentious, quarrelsome:* achrannach, agóideach, aighneasach, aighneastúil, aighneasúil, ainciseach, allta, aranta, argóinteach, bagrach, buailteach, callóideach, callshaothach, cancrach, cantalach, clamprach, cochallach, cogúil, coilgneach, cointinneach, comhlannach, comhraiceach, conspóideach, cuileadach, dalba, dána, deafach, docheansa, docheansaithe, doriartha, doshrianta, dréimeach, dréimneach, driseogach, drisíneach, eisítheach, feargach, fiáin, fiata, fiatúil, fíochmhar, formadach, gairgeach, gleoch, goilliúnach, goineach, goinideach, gráinneogach, greannach, iarógach, imreasánach, iomaíoch, iomarbhách, ionsaitheach, íortha, siosmach, spairneach, spairniúil, spídiúil, tarcaisneach, teagmhálach, trodach, *literary* dreannach, forránach, forránta, tachrach.

imreasc noun *iris (of eye):* inteachán, *literary* seall.

imreoir noun *player:* cearrbhach, cluicheoir, fear geall, fear imeartha; báireoir, iománaí, peileadóir.

imrothlú noun *revolution (of wheel, etc.):* caismeacht, caismearnacht, caismirneach, camadh, casadh, casmhóimint, roithleagadh, rothlú, tochras, toirsiún.

imshaol noun *environment:* áitreabh, *pl.* coinníollacha beatha, comharsanacht, gnáthóg, timpeallacht; ceantar, ceantar máguaird, dúiche, fearann, limistéar; an chruinne, an domhan, an dúlra, bithsféar, éiceachóras; an saol nádúrtha, an tuath, an tírdhreach; *pl.* ainmhithe agus *pl.* plandaí, fiadhúlra.

imshuí noun *encompassment, siege:* forbhais, forbhas, foslongfort, léigear, suí forbhaise.

inbhear noun *estuary, firth:* béal abhann, bun abhann, bunán, camlinn, caolsáile, cuan, cuas, gaoth, góilín, muirghéag, ribhéar.

inbhraite adjective *perceptible, palpable, tangible:* infheicthe, inláimhsithe, inmhothaithe, insonraithe, intadhaill, intuigthe, intugtha chun grinnis, intugtha faoi deara, so-aitheanta, sofheicthe; aithnidiúil, feiceálach, idirdhealaithe, inaitheanta; follasach, léir, soiléir, suntasach; diongbháilte, fódach, fuaimintiúil, soladach.

inchinn noun *brain:* ceireabram, ceirbrín; ceann, ciall, clisteacht, clistíocht, críonnacht, eagna chinn, éargna, éirim, éirimiúlacht, fadcheann, gaois, géire intinne, grinneas, guaim, intinn, intleacht, meabhair, réasún, réasúnaíocht, stuaim, tuiscint.

inchreidte adjective *credible:* craicneach, creatúil, creidte, cruthúil, dóchúil, sochreidte; tá craiceann na fírinne air, tá cuma na dóchúlachta air, tá dealramh air.

inchurtha adjective **inchurtha le** *comparable with, equal to:* ar aon dul le, chomh maith le, inchomórtais le, inchomparáide le, insamhlaithe le, insamhalta le, insamhaltach le, síos is suas le, suas is anuas le; aon mhaith amáin iad, is cuma eatarthu é, is ionann iad, is iad an dá mhar a chéile iad, is mar a chéile iad.

indéanta adjective *practicable:* inchurtha i gcrích, inchurtha i bhfeidhm, inoibrithe, inrásta, sodhéanta; cosúil, dealraitheach, dócha, dóchúil; is féidir é, tá gealladh faoi; tig a dhéanamh.

indéantacht noun *feasibility:* féideartacht, sodhéantacht; deis, faill, seans.

indibhidiúil adjective *individual:* **adjectival genitive** aonair, ar leith, pearsanta, príobháideach, speisialta.

indibhidiúlacht noun *individuality:* céannacht, eisint, féiniúlacht, ionannas, nádúr, pearsantacht, ríd, *pl.* saintréithe, sainiúlacht, uathúlacht.

indíreach adjective *indirect:* camchuardach, claon-, claonta, fiar, fiar-, lúbach, míchóngarach, sceabhach, timpeallach; impleachtaithe, intuigthe, tagrach.

inearráide adjective *fallible:* earráideach, easpach, fabhtach, leochaileach, lochtach, uireasach; anbhann, bacach, éidreorach, fann, lag, faon.

infheistigh verb *invest:* caith airgead, ceannaigh scaireanna, cuir airgead isteach, suncáil airgead; frithgheall, maoinigh, soláthair airgead, tabhair tacaíocht airgid.

infheistíocht noun *investment:* amhantraíocht, caiteachas, frithgheallladh, maoiniú, tacaíocht.

ingearach adjective *perpendicular, vertical:* ard, ceartingearach, colgdhíreach, díreach, géar, rite; ingearchlóch.

inghlactha adjective *acceptable, admissible:* bailí, ceadaithe, ceadmhach, ceart, dlisteanach, inmholta, intofa, lámháilte, sásúil; barántúil, feiliúnach,

ingneach

fiúntach, fóirsteanach, fónta, iontaofa, muiníneach, oiriúnach, so-ghlactha.

ingneach adjective *nailed, taloned*: crúbach, fadingneach, ladhrach; biorach, faobhrach, géar.

ininste adjective *tellable, expressable*: inráite; inchurtha i bhfriotal, inchurtha in iúl, infhuaimnithe.

iníon noun ❶ *daughter*: cailín, girseach, leanbh iníne, páiste mná; *colloquial* iníonra. ❷ *girl, maiden*: ainnir, ainnirín, bogchailín, bruinneall, caile, cailín, céirseach, cúileann, druid, gearrchaile, girseach, girseog, guamóg, iníon, leanbh iníne, leathchailín, macaomh mná, maighdean, ógbhean, páiste mná, suib, *literary* bríd, ógh; babóigín, bamsóigín, béasach, brídeach, brídeog, buinneán mná céirseach, cúileann, gleoiteog, guamóg, lachóigín, láireog, láireoigín, láithreog, lúibín, maighre mná, mamsóg, maiseog, néamhann, pabhsae, péacóg, plandóg, plúr na mban, plúróg, pramsóg; cuaichín; bonsach girsí.

iníor noun *grazing, pasturage*: féarach, féarmhá, innilt, talamh féir, talamh féaraigh; bán, buaile, cimín, coimín, cluain, fosaíocht, léana, míodún, móinéar, páirc innilte.

inis verb ❶ *tell, relate*: admhaigh, aithris, áitigh, ársaigh, dearbhaigh, deimhnigh, fógair, líomhain, luaigh, maígh, mínigh, nocht, tagair, trácht, tuairiscigh; cuir i gcéill, cuir in iúl, lig do rún, tabhair comhairc, tabhair fianaise, tabhair le fios, tabhair le tuiscint. ❷ *inis ar inform on*: aithris ar, déan scéala ar, sceith ar.

inite adjective *edible*: inchaite, blasta, so-bhlasta, sochaite; le hithe; maorach.

iniúchadh noun *scrutiny, audit*: breithniú, cigireacht, féachaint, grinniú, meastóireacht, measúnú, monatóireacht, scrúdú, scrúdúchán, seiceáil, tástáil; cúistiúnacht.

iniúchóir noun *examiner, auditor*: breitheamh, cigire, measúnóir, scrúdaitheoir, seicire, tástálaí; cúistiúnaí.

inleadh noun *adjustment, arrangement*: cogairse, cogairsiú, deasú, eagar, eagrú, feistiú, gléasadh, leagan amach, léiriú, ornú, réiteach, socrú; fearas, inneall.

inleithscéil adjective *excusable*: ceadaithe, ceadmhach, inmhaite, intuigthe, solathach, sologhtha; beag, beagthábhachtach, mion-, neafaiseach.

inleog noun ❶ *device, contrivance*: airnéis, áis, acra, *pl.* ciútraimintí, cóir, cóngar, deis, fearas, feisteas, gaireas, gléas, gléasra, sás, trealamh, uirlis, *colloquial* acmhainn. ❷ *snare, trap*: bobghaiste, cliabhán éan, dol, eangach, gaiste, geirnín, inneall, líon, painteár, ribe, sás, sás éin, súil ribe, *literary* fiodhchat.

inmhaite adjective *pardonable*: inleithscéil, intuigthe, solathach, sologhtha; ceadaithe, ceadmhach, intuigthe; beag, beagthábhachtach, mion-, neafaiseach.

inmhe noun literary ❶ *wealth*: airgead, bunairgead, *pl.* acmhainní, bracht, bruithshléacht, bunairgead, coibhche, conách, crodh, éadáil, Éire fré chéile, Éire gan roinnt, flúirse, iarmhais, ionnas, ionnús, maoin, maoin an tsaoil, maoin shaolta, ollmhaitheas, ollmhaitheas an tsaoil, ór na cruinne, rachmall, rachmas, raidhse, rath, rathúnas, saibhreas, sochar, *pl.* sócmhainní, somhaoin, speansas, speilp, spré, stór, strus, tábhacht, teaspach, toice, *literary* intleamh, ionnlas; tá a chóta bán buailte 'his fortune is made'. ❷ *position in life, condition*: aiste, bail, caoi, cóiriú, cruth, cuma, dála, dóigh, gléas, oidimil, staid; ardchéim, ardmheas, céim, céimíocht, dínit, grád, gradam, meas, oineach, oirirceas, onóir, ord, rang, seasamh, uaisleacht, urraim, *literary* ordan. ❸ *maturity, strength*: cainníocht fir, críonnacht, fearantas, oirbheart; acmhainn, brí,

bríomhaireacht, bua, cumas, cumhacht, éifeacht, fórsa, fuinneamh, inniúlacht, láidreacht, lán-neart, neart, neartmhaire, neartmhaireacht, sea, tréan, tréine, treise, urrúntacht, urrús, *literary* druine, tothacht.

inmheánach adjective *interior, internal*: adjectival genitive intíre, istigh, istír, taobh istigh; adjectival genitive láir, lárnach.

inmhianaithe adjective *desirable*: caithiseach, dealraitheach, geanúil, insantaithe, meallacach, tarraingteach; ceart, cóir, cothrom, cruinn, cuí, cuibheasach, cuibhiúil, dual, feiliúnach, fiúntach, fóirsteanach, inghlactha, óraice, oiriúnach, sásúil, *literary* dír, oircheasach.

inmholta adjective *commendable, praiseworthy*: breá, cneasta, creidiúnach, dea-shamplach, dlisteanach, fiúntach, inghlactha, ionraic, macánta, maith, measúil, onórach, sármhaith, sásúil, thar barr, tofa, toghaí, tuillteanach.

inní plural noun *innards, bowels*: inmheánach, ionathar, *pl.* putóga, *pl.* stéigeacha; aoineán, caolán, drólann, putóg mhór, stéig mhór; *pl.* gibléid, gipis, scairt; conair an bhia, diúlfaíoch.

inneach noun *weft*: eanglaim, fí, fíochán, fíodóireacht, uige; dlúth, dlúth is inneach, éadach, gréasán.

inné adverb *yesterday*: innéanas; arú inné; ullastráth 'three days ago'.

innéacs noun *index*: aircív, bunachar sonraí, catalóg, clár, clárlann, eagar, eolaí, eolaire, fardal, féilire, innéacsú, liosta, rangú, rolla, taifead.

innéacsaigh verb *index*: aicmigh, cláraigh, códaigh, cogairsigh, cóirigh, comhordaigh, eagraigh, grúpáil, liostaigh, rangaigh, rianaigh, socraigh, sórtáil, srathnaigh, táblaigh; cuir in eagar, cuir in ord, tabhair chun córais.

inneall noun ❶ *arrangement, adjustment*: cogairse, cogairsiú, deasú, eagar, eagrú, fearas, feistiú, gléasadh, inleadh, leagan amach, léiriú, ornú, réiteach, socrú. ❷ *furnishings, trappings*: cóiríocht, *pl.* córacha, culaithirt, *pl.* fearais, feisteas, feistiú, feistiúchán, *pl.* gleothálacha, trealamh, troscán, *literary* intreabh. ❸ *dress, attire*: baill éadaigh, *pl.* balcaisí, *pl.* boirdréisí, cóiriú, culaith éadaigh, culaithirt, éadach, éadaí, éide, feisteas, gabháil éadaigh, gléas, gléasadh, *pl.* gréibhíní, *pl.* gréibhlí, *pl.* róbaí; ceirteacha, *pl.* cifleoga, *pl.* círéibeacha, *pl.* giobail, *pl.* giobailíní, *pl.* giolcaisí, *pl.* giotaí, *pl.* leadhba, *pl.* leadhbáin, *pl.* pacaí, *pl.* réabaigh, *pl.* riabhóga, *pl.* ribíní, *pl.* scifleoga, *pl.* scóiléadaí, *pl.* stráicí. ❹ *contrivance*: airnéis, áis, *pl.* ciútraimintí, cóir, cóngar, deis, fearas, feisteas, gaireas, gléas, gléasra, inleog, sás, trealamh, uirlis, *colloquial* acmhainn. ❺ *trap*: bobghaiste, cliabhán éan, dol, eangach, gaiste, geirnín, inleog, líon, painteár, sás, sás éin, súil ribe, *literary* fiodhchat. ❻ *machine, engine*: gléas, inleán, innealra, meaisín, meicníocht, mótar, sás, sáslach, scruinge.

innealra noun *machinery, (mechanical) equipment*: airnéis, *pl.* áiseanna, *pl.* ciútraimintí, cóir, *pl.* deiseanna, *pl.* fearais, feisteas, gairis, *pl.* giuirléidí, *pl.* gléasanna, gléasra, *pl.* inleoga, *pl.* meaisíní, *pl.* sásanna, sáslach, *pl.* trealamh, *pl.* uirlisí.

innealta adjective ❶ *ordered, arranged*: cóirithe, eagraithe, leagtha amach, réidh, réitithe, socair, socraithe, ullamh, ullmhaithe; faoi réir, in eagar, in ord. ❷ *elegant, smart*: breá, álainn, breá, comair, cuanna, cúirtialta, deas, deismir, fáiscthe, galánta, grástúil, mín, néata, ordanáilte, ordúil, oirní, pioctha, piocúil, pointeáilte, sciobalta, slachtmhar, triopallach. ❸ *deft, skilled*: aclaí, cliste, críonna, dealámhach, deaslámhach, eolach, foghlamtha, gasta, imeartha, lannach, meabhrach, oilte, praitinniúil,

sciliúil, seolta, solámhach, stuama, traenáilte, tuisceanach, *literary* eangnamhach, séaghainn.

innealtóir noun *engineer:* gléasadóir, meicneoir, sásaire, scruingeadóir

innealtóireacht noun *engineering:* meicníocht, sásaireacht.

inneoin noun ❶ *anvil:* ceap, ceap inneona, inneoir. ❷ *base, support:* bonn, bunadh, bunchloch, bunsraith, ceap, cloch bhoinn, dushraith, foras, fuaimint, íochtar, leaba, leac iompair, máithreach, taca, tacaíocht, tamhan.

innill verb ❶ *set in order, arrange:* aicmigh, caighdeánaigh, cláraigh, códaigh, cogairsigh, cóirigh, comhordaigh, cruinnigh, eagraigh, gléas, grúpáil, leag amach, mineastráil, múnlaigh, rangaigh, rianaigh, riar, socraigh, sórtáil, srathnaigh, stiúir, suigh, táblaigh, tionóil, treoraigh; cuir ar bun, cuir ar siúl, cuir caoi ar, cuir cóir ar, cuir i dtoll a chéile, cuir in eagar, cuir in ord, tabhair chun córais. ❷ *plan, plot:* beartaigh, pleanáil, réitigh, seiftigh, tionscain, ullmhaigh; déan uisce faoi thalamh.

innilt noun *grazing, pasturage:* féarach, féarmhá, iníor talamh féir, talamh féaraigh; bán, buaile, cimín, coimín, cluain, fosaíocht, léana, míodún, móinéar, páirc innilte.

inniúil adjective ❶ *able, fit:* ábalta, acmhainneach, bríoch, bríomhar, ceilméartha, cumasach, cumasúil, cumhachtach, éifeachtach, fuinniúil, tréitheach; aclaí, folláin, folúthach, gasta, infheidhme, láidir, ligthe, lúfar, lúitheach, mear, oscartha, scafánta, slán, urrúnta. ❷ *equipped, ready:* cóirithe, eagraithe, feistithe, innealta, leagtha amach, réidh, réitithe, socair, socraithe, tinneallach, ullamh, ullmhaithe; ar inneall, ar tinneall, faoi réir, i gcaoi is i gcóir, i gcóir, in eagar, in ord; beartaithe chun gnímh.

inniúlacht noun *ability, competence:* ábaltacht, acmhainn, brí, bua, cumas, éifeacht, éirim, *pl.* feánna, gus, inmhe, inniúlacht, mianach, ríd, tathag, téagar, *pl.* tréithe; cumhacht, feidhm, fuinneamh, láidreacht, lúth, máistreacht, neart, treise, urra, urrús, *literary* tuailnge.

inphósta adjective *marriageable:* tá aois a pósta aici, tá sí aibí chun a comóraidh; *literary* iníon in aontumha.

inráite adjective *mentionable, pronounceable:* inchurtha i bhfriotal, inchurtha in iúl, infhuaimnithe.

inscne noun *gender:* cineál, gnéas, inscne.

inscribhinn noun *inscription:* eitseáil, feartlaoi, *pl.* focail, foclaíocht, greanadh, scríbhinn, snoíodóireacht.

inse[1] noun *hinge:* bacán, hainse, lúdrach, (*i gContae Chorcaí*) siméis, tuisle.

inse[2] noun *water-meadow, holm:* caladh, caológ, crompán, curchas, gaorthadh, inseachas, inseán, léana, sraith, srath.

inseamhnú noun *insemination:* toirchiú; gabháil gine, giniúint.

insileadh noun *infusion:* tae, *literary* siosan; urbhruith.

insint noun ❶ *utterance, narration:* aithris, aithriseoireacht, béarla, caint, canúint, friotal, inseacht, labhairt, labhra, scéalaíocht; rá, ráiteas, reacaireacht, teanga, uiríoll, urlabhra, *literary* scoth. ❷ *version:* craiceann, dul, foclaíocht, leagan; aistriú, eagrán, téacs.

inspéise adjective *interesting:* spéisiúil, suimiúil; meallacach, tarraingteach.

inspioráid noun *inspiration:* aisling, ardintleacht, bua, bua na cumadóireachta, ceardúlacht, cruthaitheacht, ealaín, inspreagadh, léargas, samhlaíocht, tinfeadh, tuiscint, *literary* treifeadacht.

instealladh noun *injection:* snáthaid; gearradh na bolgaí, vaicsíniú; ionaclú.

insteoir noun *narrator:* scéalaí, fear inste an scéil, radaire; croiniceoir, gearrscéalaí, scríbhneoir, staraí, údar, úrscéalaí.

instinn noun *instinct:* dúchas, dúil, fonn, griogadh, nádúr; fios, iomas.

institiúid noun *institute:* fondúireacht, foras, institiúid.

insúl adjective *eye-catching, attractive:* cuidsúlach, meallacach, tarraingteach; álainn, breá, canta, caithiseach, caomh, córach, cruthach, cuanna, cumtha, dathúil, dea-chruthach, dealfa, dealraitheach, dea-mhaisiúil, deas, deismir, dóighiúil, dreachúil, fíortha, galánta, glémhaiseach, gleoite, gnaíúil, gnúiseach, greanta, innealta, iomálainn, maisiúil, meallacach, plúrach, sciamhach, slachtmhar, spéisiúil, taitneamhach, tarraingteach, *literary* cadhla, sochraidh.

inteachán noun *iris (of eye):* imreasc, *literary* seall.

intinn noun ❶ *mind:* aigne, braistint, cáilíocht, ceann, ciall, cloigeann, coinsias, comhfhios, cuimhne, cuimhneamh, eagna, éirim, gaois, gastacht, géarchúis, idé, inchinn, intleacht, machnamh, meabhair, meabhraíocht, méin, meon, midheamhain, mothú, mothúchán, réasún, réasúnaíocht, samhlaíocht, smaoineamh, stuaim, stuamacht, toighis, tuiscint. ❷ *spirits:* aigeantacht, beocht, beogacht, bruithean, croí, éirí croí, croíúlacht, éirí in airde, fóisíocht, gealadhram, gealgháirí, gliondar, laighce, lainne, lúcháir, macnas, meanma, meidhir, scleondar, scóip, soilbhreas, somheanma, soirbheas, spéiriúlacht, spiorad, spleodar, sprid, subhachas, súgachas, súgaíocht, suairceas, teaspach. ❸ *intention:* aidhm, bara, claonadh, cúinse, cuspóir, dúil, fíbín, flosc, fonn, fuadar, mana, méin, meon, mian, miangas, rún, toil, toisc.

intinneach adjective ❶ *intentional:* beartaithe, toilghnústa, toiliúil. ❷ *strong-willed:* ceanndána, ceannláidir, ceanntréan, dígeanta, doghluaiste, dolúbtha, ládasach, neamhghéilliúil, rúndaingean. ❸ *spirited, in high spirits:* aigeanta, ardaigeanta, beo, beoga, ceolmhar, croíúil, éadromaigeanta, gáiriteach, gealchroíoch, gealgháireach, gusmhar, meanmnach, meidhreach, meidhréiseach, scóipiúil, soilbhir, spleodrach, suairc, subhach, teaspúil, *literary* cluicheachair.

intíre adjectival genitive *inland, internal, domestic:* adjectival genitive baile, inmheánach.

intleacht noun ❶ *intelligence:* breithiúnas, ceann, ciall, clifearthacht, clisteacht, clistíocht, críonnacht, discréid, eagna, eagnaíocht, éargna, fadcheann, fios, fios feasa, gaois, gastacht, guaim, meabhair, réasún, stuaim, toighis, tuiscint. ❷ *ingenuity:* beartaíocht, cúinseacht, cúinsiúlacht, gliceas, intleachtacht, intliúlacht, seiftiúlacht, stuaim.

intleachtach adjective ❶ *intelligent:* céillí, ciallmhar, cliste, críonna, eagnaí, éargnaí, fadcheannach, gaoiseach, gaoisiúil, gaoismhear, gasta, intleachtúil, meabhrach, praitinniúil, sciliúil, stuama, tuisceanach, *literary* gaoth. ❷ *ingenious:* beartach, cliste, cúinseach, gasta, glic, ilchleasach, sciliúil, seiftiúil, stuama. noun *intellectual:* céimí, duine foghlamtha, duine léannta, duine oilte, saoi; *colloquial* lucht léinn.

intriacht noun *interjection:* agall, diairmín, uaillbhreas; crístín, glao, liú, mallacht, slamfhocal.

intuigthe adjective ❶ *understandable, intelligible:* sothuigthe; follas, follasach, glé, gléineach, intuigthe, léir, paiteanta, soiléasta, soiléir. ❷ *implied, implicit:* impleachtaithe, indíreach, tagrach; faoi thost, gan lua.

inveirteabrach adjective *invertebrate:* gan cnámh droma. noun *invertebrate:* ainmhí gan cnámh droma;

íobair
artrapód, feithid, araicnid, crústach, ilchosach; moileasc; eicínideirmeach.

íobair verb *sacrifice:* maraigh, ofráil; diúltaigh do, éirigh as, séan, tabhair suas, tréig; chaill sé é féin leis.

íobairt noun *sacrifice:* ofráil, *literary* sacraifís; géilleadh, séanadh, tabhairt suas, tréigean; moirtniú, smachtú coirp.

íobartach adjective *sacrificial:* **adjectival genitive** ofrála. noun *victim:* sceilpín gabhair; gabhar tiomanta.

íoc¹ noun ❶ *payment, tax:* cáin, díol, dola, gearradh, íocaíocht, luach, praghas, pá, stípinn, tuarastal. ❷ *requital, atonement:* comha, comhar, cúiteamh, díre, éiric, fíneáil, fís, luach saothair, pionós. verb ❶ *pay:* díol, réitigh, socraigh. ❷ *requite, atone:* cúitigh le, díol an comhar le, íoc an comhar le, roinn an comhar le, tabhair luach saothair do.

íoc² noun ❶ *healing, cure:* cóireáil, faoiseamh, fóirithint, leigheas, íocluibh, luibh. ❷ *salvation, redemption:* fuascailt, sábháil, saoradh, sláinte, slánú, tarrtháil. verb ❶ *heal, cure:* leigheas, slánaigh. ❷ *save, redeem:* fuascail, sábháil, saor, slánaigh, tarrtháil.

íocaíocht noun *payment:* díol, díolaíocht, éarlais, gála, íoc.

íochtar noun ❶ *lower part, bottom:* bonn, bun, bunadh, bunchloch, bunsraith, ceap, cloch bhoinn, dúshraith, foras, fuaimint, leaba, leac iompair, máithreach, tamhan, tóin. ❷ *northern part:* aird ó thuaidh, cuid íochtarach, cuid tuaisceartach, taobh ó thuaidh, tuaisceart.

íochtarach adjective ❶ *low, low-lying:* inseach, íseal, riascach. ❷ *humble, inferior:* anuasal, comónta, sclábhánta, uiríseal, umhal; beagmhaitheasach, dona, íseal, lábánta, lábúrtha, lodartha, neamhfhiúntach, oitir, otair, otartha, suarach, táir, táiriúil, truaillithe, tútach, *literary* dímhigneach.

íochtarán noun *lowly person, subordinate:* bocht, bochtán, bochtóg, lábánach, suarachán; fostaí, giolla, íseal, mionduine, sclábhaí, searbhónta, seirbhíseach, seirfeach, *familiar* maidrín lathaí; an ísealaicme.

íoclann noun *dispensary:* clinic, cógaslann, ionad sláinte, ospidéal, otharlann.

íocón noun *icon:* dealbh, deilbh, íomhá, léiriú, pictiúr; *literary* lámhdhia.

íocshláinte noun *healing balm, balsam:* balsam, balsam na manach, leigheas, luibh íce, luibh leighis; fobhairt, íle, ola, ungadh.

íocshláinteach adjective *balmy, remedial:* balsamach, íceach, icíúil, íocshláinteach, íocshláintiúil, leigheasach, leigheasúil, **adjectival genitive** leighis.

íogair adjective ❶ *sensitive, touchy:* cáiréiseach, cigilteach, cuileadach, goilliúnach, mothálach, niogóideach, tógálach. ❷ *airy, lofty:* aeráilte, éanúil, fairsing, sceirdiúil, scóipiúil, spásmhar; ard, crochta, eadarbhuasach. ❸ *eerie:* aerach, aerachtúil, diamhair, iarmhaireach, neamhshaolta, síúil, uaigneach.

íogaireacht noun *sensitivity, touchiness:* cigilteacht, goilliúnacht, íogaire, mothálacht, uabhar.

íógart noun *yoghurt:* eogart; bainne briste, bainne gruthach, bainne téachta, bláthach, gruth.

íol noun *idol:* dealbh, íomhá, *literary* lámhdhia; dia bréige.

íoladhradh noun *idolatry:* anamachas, baothchreideamh, gintlíocht, íolacht, págánacht, págántacht, págántaíocht.

iolar noun *eagle:* iolar fíréan, iolar mara; iolra, iolrach; éan creiche.

iolartha adjective ❶ *varied, manifold:* éagsúil, difriúil, ilfhillteach, ilchineálach, ilroinnte, ilpháirteach, measctha; de gach cineál, de gach saghas, de gach sórt; aimpléiseach, **adjectival genitive** cumaisc, gabhlánach, *literary* eanglamtha. ❷ *abundant, numerous:* coitianta, dí-áirithe, drongach, fairsing, flúirseach, fras, iomadúil, líonmhar, *literary* díoghainn, leardha.

iolra noun *multiplicity, plurality:* éagsúlacht, ilghnéitheacht, iliomad, iolarthacht, iolracht, iomadúlacht, líonmhaire, líonmhaireacht, lochadradh, *pl.* na mílte, milliún, billiún, *literary* iolar; an dúrud, flít, flúirse, flúirsí, lear, mórán, *pl.* na múrtha, neart, raidhse, scata, scuaine, seó, *pl.* slaoda, slua, tréan, *familiar* an t-uafás.

iolraigh verb *multiply:* clannaigh, iomadaigh, leitheadaigh, méadaigh, *literary* iomdhaigh; téigh i líonmhaireacht.

iolrú noun *literary multiplication, increase:* ardú, iomadú, leitheadú, líonmhaireacht, méadú.

íolteach noun *heathen temple:* teampall, teampall Gréagach, teampall Rómhánach, teampall Éigipteach, pagóda.

íoltóir noun *idolator:* baníoltóir, duine íoladhrach, ildiachaí, páganach, *literary* íol.

iomad noun ❶ *great number, great quantity:* carn, clais, cuimse, dúlíonach, flúirse, flúirsí, foiscealach, foracan, foracún, greadadh, iontas, lear, líonmhaire, líonmhaireacht, *pl.* na mílte, *pl.* na múrtha, milliún, billiún; an dúrud, dalladh, éacht, flít, flúirse, flúirsí, lear, *pl.* na múrtha, neart, ollmhéid, púir, raidhse, scata, scaoth, scuaine, seó, *pl.* slaoda, slua, tolmas, tréan, *familiar* an t-uafás, scanradh. ❷ *great amount:* ainmhéid, a lán, anmhórán, a sheacht sáith, dúlíonach, *familiar* an t-uafás; an dúrud, lochadradh, maidhm, mórán, neart, neamh-mheán, raidhse, seó, *pl.* slaoda, teailí, tréan. ❸ *an iomad many, much:* a lán, cuid mhaith, go leor, mórán, roinnt mhaith; is iomaí.

iomadaigh verb *multiply, proliferate:* iomadaigh, leitheadaigh, méadaigh, síolraigh, téigh i líonmhaireacht, *literary* iomdhaigh.

iomadúil adjective ❶ *numerous, abundant:* coitianta, drongach, fairsing, flúirseach, fras, iolartha, líonmhar, rábach, rabhartach, *literary* díoghainn, leardha. ❷ *excessive:* ainmheasartha, míchuibheasach, míréasúnta neamh-mheasartha, ró-; de bharraíocht, thar fóir, thar meán; as cuimse, thar cuimse. ❸ *exceptional:* corr, corraiceach, éagoiteann, éagoitianta, éagsúil, eisceachtúil, neamhchoitianta, neamhghnách, suaithinseach, suntasach, urghnách; as an ngnách, ar leith, faoi leith, ann féin; an rud is annamh is iontach, is cuid suntais é.

iomáin noun ❶ *literary driving, droving:* bagairt, dreasú, tiomáint, *literary* táin. ❷ *game of hurling, hurling:* báire, báireoireacht, bualadh báire, iománaíocht; camógaíocht.

iomaíocht noun *vying, competition:* báire, cluiche, coimheascar, coimhlint, coinghleic, cointinn, comhlann, comhrac, comórtas, dréim, géarchoimhlint, imirt, iomaidh, iomarbhá, iompairc, iompairt, rás, sáraíocht, spairn, troid, turnaimint, *literary* coinbhleacht.

iomair verb *row a boat:* rámhaigh, tarraing buille; bí i rás iomartha, bí i rás rámhaíochta, téigh ar na maidí rámha.

iomaire noun *ridge, furrow:* clais, clasán, droimín, droimne, droimnín, mullach, sceir; clais, clasaidh, craosán, gearradh, panc, trinse.

iomaireach adjective *ridged, corrugated:* claiseach, clasach, cleathach, clupaideach, cuisleach, easnach, eitreach, féitheach, iomaireach, rigíneach, rocach, *literary* cladhach.

iomaitheoir noun *competitor:* céile iomaíochta, coimhlinteoir, iarrthóir, rannpháirteach; comhshuiríoch.

iománaí noun *hurler:* báireadóir, báireoir, camánaí; imreoir.

iománaíocht noun *game of hurling, hurling:* báire, báire iomána, báireoireacht, bualadh báire, cluiche iomána, iomáin, iomáint; camógaíocht.

iomann noun *hymn:* ainteafan, aintiún, amhrán diaga, caintic, cantaireacht, cantaireacht eaglasta, carúl, salm.

iomarbhá noun *dispute, controversy:* achrann, agóid, aighneas, argáil, argóint, briatharchath, cailicéireacht, cáiríneacht, caismirt, callóid, callshaoth, cnádán, cnádánacht, coinghleic, cointinn, comhrac, conspóid, construáil, cráiféal, deargadh beara, díospóid, díospóireacht, easaontas, eisíth, feannadóireacht, foclaíocht, giorac, goineogacht, imreas, imreasán, neamhréiteach, plé, priocaireacht, siosma, siúite, smiolgaireacht, stangaireacht, trasnaíl, trasnaíocht, troid, *literary* aimhréiteach, conghail, easard, gleidean.

iomarca noun ❶ *excess, superfluity:* ainiomad, anbharr, anlucht, barrachas, barraíocht, biseach, brabús, corradh, éadáil, fáltas, farasbarr, fuílleach, fuíoll, gaimbín, gnóthachan, gnóthú, proifid, sochar, tuilleadh, *literary* forcra. ❷ **an iomarca** *too much:* ainiomad, an iomad, barraíocht, *literary* foráil, forbhann, forcra, ró. ❸ *advantage, superiority:* barr, barr tairbhe, brabús, bua, buntáiste, conách, éadáil, earraíocht, farasbarr, leas, maith, sochar, rathúnas, séan, sleaint, somhaoin, tairbhe, toradh.

iomarcach adjective ❶ *excessive:* ainmheasartha, iomadúil, míchuibheasach, míréasúnta neamhmheasartha, ró-; de bharraíocht, thar fóir, thar meán, thar míde; as cuimse, thar cuimse. ❷ *arrogant, overbearing:* bóibéiseach, bladhmannach, bogásach, borrach, clóchasach, consaeitiúil, foruallach, gustalach, gusúil, maíteach, mórchúiseach, móiréiseach, mórtasach, mustrach, poimpéiseach, postúil, sotalach, stróinéiseach, teannfhoclach, teanntásach, téisiúil, tiarnúil, toirtéiseach, uaibhreach, údarásach.

iomarcaíocht noun ❶ *superfluity, redundancy:* brabach, brabús, éadáil, fáltas, flúirse, gnóthachan, proifid, raidhsiúlacht, sochar; barrachas, barraíocht, corradh, farasbarr, fuílleach, gaimbín, tuilleadh. ❷ *exorbitance:* ainmheasarthacht, dul thar fóir, dul thar meán, míchuibheas, míréasúntacht, míthrócaire, neamhthrócaire, ró-airde, róchostas, rómhéid, saint; creachadóireacht, robáil sholasta.

iomard noun ❶ *reproach:* achasán, aifirt, aoir, beachtaíocht, béal na ndaoine, cáineadh, cáinseoireacht, caitheamh is cáineadh, cáithiú, cámas, casadh an chorcáin leis an gciteal, castóireacht, ciontú, clúmhilleadh, cnáid, coiriú, crístín, damnú, daoradh, díspeagadh, eascaine, easmailt, focal cáinte, focal maslach, fochaid, fonóid, gáirmhagadh, gearrachán, gearradh, gearrthóireacht, guth, guthaíl, íde béil, íde na muc agus na madraí, imdheargadh, iomardú, leabhal, lochtú, mallacht, masla, maslú, milleán, priocaireacht, sciolladh, sciolladóireacht, scóladh, spailleadh, tarcaisne, tarcaisníl, *literary* aisc, cúrsú, glámh, tallann, tubha. ❷ *affliction, misfortune:* aimléis, ainnise, ainriocht, anacair, anachain, anás, anchaoi, angar, anró, anróiteacht, anshó, bochtaineacht, bochtanas, boichte, ceasna, crá croí, crácáil, cráiteacht, cránán, cránas, cruatan, deacair, dealús, dearóile, díblíocht, dochma, dochonách, dochracht, dochraide, dócúl, doghrainn, doic, dóing, doinmhí, dola, dothairne, drochbhail, duainéis, éagomhlann, fulaingt, gábh, gannchuid, gátar, géarbhroid, géarghoin, leatrom, matalang, mí-ádh, mífhortún, ocras, piolóid, suarachas, suaraíocht, teipinn, trioblóid, truántacht, uireasa, *literary* cacht, galghad, teidhm. ❸ *evil influence, evil consequence:* deasca, drochanáil, drochthionchar, iarmhairt, iaróg, iarsma, toradh, *literary* iardraí.

iomardaigh verb *reproach, accuse:* aithisigh, aor, bearr, cáinsigh, caith anuas ar, cáithigh, cas le, ciontaigh, damnaigh, daor, dímhol, feann, guthaigh, imcháin, imdhearg, lochtaigh, milleánaigh, scioll, tarcaisnigh, *literary* glámh, tubh; bí anuas ar, bí i ndiaidh, cuir an milleán ar, cuir i leith, fág an choir ar, faigh méar fhliuch ar, leag ar, tagair le, tóg ar, tóg de ghuth ar.

iomardúil adjective ❶ *difficult, troublesome:* achrannach, aimpléiseach, ainciseach, aingí, anacrach, anróiteach, brácúil, callóideach, casta, conráideach, conróideach, crosta, crua, deacair, dian, dochrach, dochraideach, docht, dócúlach, dodhéanta, doghrainneach, doiligh, dóing, dóingeach, doirbh, dólásach, doréidh, doréitithe, droibhéalach, duaiseach, duaisiúil, piolóideach, strusúil, tónáisteach, treascrach. ❷ *rough, rugged:* achrannach, aimpléiseach, ainmhín, anacrach, anróiteach, carrach, carraigeach, cleathach, clochach, cnapánach, cnapógach, corrach, cranrach, creagach, creagánta, deacair, doiligh, dóingeach, droibhéalach, fadhbach, fairbreach, fiaclach, garbh, graifleach, greanach, inbheach, iomaireach, méirscreach, rocach, starrach, starragánach.

iomartas noun *weird, supernatural influence:* asarlaíocht, astralaíocht, cumhacht, draíocht, draíodóireacht, drochshúil, *pl.* geasa, geasadóireacht, geasrógacht, marbhdhraíocht, síofrógacht, upthaireacht, *literary* fiothnaise; ciorrú, mothú.

iomas noun *intuition:* céadfa, dúchas, imfhios, instinn, tuaileas, tuiscint.

iomasach adjective *intuitive:* dúchasach, imfhiosach, instinneach, instinniúil.

iombhá noun *submersion, drenching:* bá, fliuchadh, fliuchán, iombhá, sabhsa, tumadh.

iomchuí adjective *appropriate, fitting:* ceart, cóir, cothrom, cuí, cuibheasach, cuibhiúil, dual, feiliúnach, fiúntach, feiliúnach, fóirsteanach, inghlactha, inrásta, inseolta, óraice, oiriúnach, sásúil, *literary* dír, iomaircí, oircheasach, téachta.

iomchuibheas noun *fitness:* ceart, ceartas, cirte, cóir, cothroime, cruinneas, cuibheas, cuibhiúlacht, dea-eagar, dea-ord, feabhas, feiliúint, feiliúnacht, fiúntas, fóirsteanacht, fónamh, inghlacthacht, oiriúnacht, sásúlacht, *literary* oircheasacht.

iomghaoth noun *whirlwind, eddying wind:* anfa, camchuaifeach, camfheothan, camghaoth, cuaifeach, gaotalach, gaoth ghuairneáin, géarbhach, iomlaíocht, séideán sí, soinneán cuaifigh, stoirm; airicín, *familiar* bailicehín, hearaicéin.

íomhá noun ❶ *image, statue:* bráidealbh, dealbh, deilbh, íomhá, leacht, rilíf ar, rilíf íseal; cuspa, múnla. ❷ *likeness, reflection:* amhlachas, cló, cosúlacht, craiceann, crot, cruth, cuma, cumraíocht, dealramh, éagasc, fíor, fíoraíocht, friothamh, gné, gósta, greanadh, imchruth, samhail, samhailt, samhlachas, samhlú, *literary* iontamhail, iontamhlacht; íomhá, grianghraf, pictiúr, portráid; friothamh, scáil, scáile, scáth. ❸ *puny, insignificant creature, mere semblance:* abhac, abhcán, aircín, arcán, beagadán, beagaidín, boiric ó ciú, ceairliciú, clamhrán, cnádaí, crabadán, creachán, creadal, cruachán, dradaire, draoidín, dúidlín, fíothal, firín, gilidín, gilmín, gréiscealachán, hobad, lucharachán, lucharbán, lucharpán, padhsán, pigmí, sceoidín, scrobaire; fágálach, iarlais, scáil, séansaí, síofra, síogaí, *familiar* dreancaid; níl ann ach a chomharthaíocht, níl ann ach na ceithre huaithne, níl ann ach a scáth; níl deilbh luiche air, níl feoil ná foilse air.

íomháineach adjective *imaginary*: bréagach, **adjectival genitive** bréige, cumtha, fantaiseach, fáthchiallach, ficseanúil, miotasach, miotaseolaíoch, osréalach, samhailteach, samhalta, samhlaíoch, **adjectival genitive** samhlaíochta, sílteach; mar dhea.

íomáineacht noun *imagination*: cur i gcéill, fantasíocht, fáthscéal, ficseanúlacht, inspioráid, intleachtacht, intliúlacht, léargas, samhlaíocht, tinfeadh.

iomlacht noun *ferry, passage*: aiseag, calaitheoireacht, faradh, farantóireacht, iomlachtadh.

iomláine noun *fullness, entirety*: fairsinge, fairsingeacht, fás iomlán, flúirse, foirfeacht, forás iomlán, iomlán, láine, lánmhaireacht, líonmhaire, líonmhaireacht, raidhse, raidhsiúlacht, saibhreas.

iomlán adjective *full, complete*: aibí, críochnaithe, críochnúil, déanta, fásta, foirfe, lán, lándéanta. noun *the whole, total, aggregate*: lánsuim, suim iomlán, tionól, *literary* tóit; gach rud san áireamh.

iomlánaigh verb *complete*: (i gContae Mhaigh Eo) balaigh, críochnaigh comhaill, comhlíon, críochnaigh, déan, foirbhigh, léirigh, réitigh; cuir an cipín mín ar, cuir an tslis mhín ar, cuir an tsopóg cinn ar, cuir i gcrích, cuir ó lámh, tabhair chun foirfeachta, tabhair poc do.

iomlaoid noun ❶ *change, exchange*: aistriú, athrú, babhtáil, imaistriú, malartú. ❷ *fluctuation*: athrú, braiteoireacht, claochlú, éadarfacht, éagsúlacht, éideimhne, éideimhneacht, éiginnteacht, giodam, gluaiseacht, guagacht, guaireall, luaineacht, luascadh, malartú, neamhchinnteacht, neamhshocracht.

iomlaoideach adjective *changing, alternating*: ailtéarnach, athraitheach, giodamach, guagach, luaineach, luathintinneach, míshocair, míshuaimhneach, neamhshocair.

iomlasc noun *rolling, wallowing*: casadh, imchasadh, lodairt, rolladh, rolláil, únfairt, únfartach, únartáil.

iomlat noun ❶ *literary change, instability*: athrú, corraí, corraíl, diomuaine, éadaingne, éagothroime, éiginnteacht, geidimíneacht, giodam, giodamaíocht, guagacht, guagadh, guaigínteacht, luaineacht, míshocracht, neamhbhuaine, neamhchinnteacht, neamhdhaingne, neamhfhuaimint, neamhsheasmhacht, neamhshocracht. ❷ *literary plying of weapon*: beartú, imirt, ionramháil, láimhseáil, láimhsiú, oibriú. ❸ *playfulness, mischievousness*: ábhaillí, ábhéireacht, anmhailís, anstrólaíocht, ceáfráil, cleasaíocht, cluichíocht, fastaím, gleoiréis, greann, greannmhaire, greannmhaireacht, laighce, léaspartaíocht, leithéis, magadh, meidhir, meidhréis, pléaráca, rancás, scige, scigireacht, scléip, spóirtiúlacht, spórt, spórtúlacht, spraoi, súgracht, súgraíocht, sultmhaire; abhlóireacht, amhasóireacht, crostáil, dalbacht, diabhlaíocht, iarógacht, mí-iompar, mímhúineadh, mínós, oilbhéas, pleidhcíocht.

iomlatach adjective *playful, mischievous*: ábhailleach, ceáfrach, cleasach cluicheach, fastaímeach, spórtúil, spraíúil, sultmhar, *literary* cluicheachair; aibéiseach, aimhleasta, dalba, dána, diabhalta, docheansa, docheansaithe, doriartha, doshrianta, mí-ásach, mí-iomprach, mínósach, mírialta, oilbhéasach.

iomlatáil noun ❶ *incoherence, inconsistency*: aimhréir, contráilteacht, contrárthacht, éadáthú, éadlús, earráid, guagacht, guagaíocht, luaineacht, mí-eagar, mífhreagracht, míréasúnacht, mírialtacht, neamhbhuaine, neamhfhreagracht, neamhleanúnachas, neamhréir, neamhrialtacht, neamhsheasmhacht, scaiptheacht; lúb ar lár. ❷ *slovenliness*: ceal cúraim, ceamachas, cifleogacht, díobháil aire, faillí, giobacht, gioblachas, gioblacht, gioblaíocht, leadhbaireacht, liobarnacht, liopastacht, neamhaire, neamart, salachar, slapaireacht, sleamchúis, sleamhchúis, sraoilleachas, sraoilleacht.

iomlua noun ❶ *movement, activity*: bogadach, bogadh, corraí, corraíl, flosc, fuadar, giústal, gluaiseacht, gluaisne, luascadh, mangairt, preabadh, rith, suaitheadh; gníomhú, gníomhaíocht, *pl.* imeachtaí, iomluail, obair, *pl.* oibreacha, oibriú, saothar. ❷ *agitation, disturbance*: anord, callóid, círéib, clampar, clibirt, cliobach, corraí, corraíl, easordú, easpa oird, mearú, mí-eagar, mí-ordú, mírialtacht, racán, suaitheadh. ❸ *exercise, performance*: aclaíocht, aclú, cleachtadh, cleachtas, gnáthú, gníomhú; cur i bhfeidhm, cur i gcrích. ❹ *mention, discussion*: iomrá, lua, luaiteachas, tagairt, teacht thar, trácht, *literary* tráchtadh; caibidil, díospóireacht, cíoradh, cur trí chéile, díospóireacht, plé.

iompaigh verb ❶ *turn*: cam, cas, cor, cuir casadh i, cuir cor i, cuir freang i, cuir snaidhm i, fiar, freang, lúb, saobh, snaidhm, sníomh, tiontaigh. ❷ *avert*: brúigh faoi, coimeád ó, coinnigh amach coisc, cuir bac le, cuir cosc le, cuir deireadh le, cuir faoi chois, cuir i leataobh, cuir stop le. ❸ *return*: cas, fill, pill, tar ar ais, tar thar n-ais, téigh abhaile. ❹ *change*: athraigh, aistrigh, cas, claochlaigh, iomalartaigh, malartaigh, tiontaigh.

iompair verb ❶ *convey, transport*: beir, seol, seachaid, tabhair, *literary* luaidh. ❷ *transmit*: fág, leag, aiseol, cuir ar aghaidh, seachaid, seol, tíolaic. ❸ *wear*: buail umat, caith, cleacht, cuir ort, cuir umat. ❹ *gestate*: bí ag iompar chlainne, bí ionlao, bí torthach, gor. ❺ *support, sustain*: baiceáil, coigil, coimeád, coinnigh, coinnigh suas, cosain, cothaigh, follúnaigh, oil, sábháil, slánaigh, tabhair tacaíocht do, tacaigh le.

iompar noun ❶ *carrying, transport*: iompar earraí, iompar paisinéirí; carraeireacht, iompras, paisinéireacht; *pl.* iarnróid, *pl.* bóithre iarainn; loingeas; eitleoireacht. ❷ *gestation*: aimsir, gor, toircheas, tréimhse iompair. ❸ *toleration, endurance*: boigéis, boigiméis, buaine, buanadas, buanseasamh, buanseasmhacht, caoinfhulaingt, dianseasmhacht, diongbháilteacht, dochloíteacht, fadaraí, foighde, foighne, foighid, foighidne, fadfhulaingt, fulaingt. ❹ *behaviour*: *pl.* béasa, géata, giúlán, gotha, imeacht, múineadh, *pl.* nósanna, seasamh, siúl.

iompórtáil noun *importation*: allmhairiú. verb *import*: allmhairigh, tabhair isteach.

iompórtálaí noun *importer*: allmhaireoir.

iompróir noun ❶ *carrier, bearer*: osaróir; seachadóir, sealbhóir. ❷ *carrier (vehicle)*: leoraí iompair; iomprán.

iompú noun *turning, turn*: camadh, cas, casadh, claon, claonadh, cor, coradh, fiar, goic, guairdeall, guairne, guairneán, laobhadh, laofacht, lúb, lúbadh, ruaircín, tiontú.

iomrá noun ❶ *rumour, report*: bunscéal, clostrácht, cuilithe cainte, dúirse dáirse, luaidreán, ráfla, scéal scéil, siomóid, údragáil, údramáil, *literary* deilm, ris; dúirt bean liom go ndúirt bean léi; tuarascáil, tuairisc. ❷ *mention, discussion*: ainmneachas, lua, luaiteachas, tagairt, teacht thar, trácht, *literary* tráchtadh; caibidil, díospóireacht, cíoradh, cur trí chéile, díospóireacht, plé. ❸ *repute*: ainm, cáil, clú, dea-ainm, gairm, meas, teastas, teist, tuairisc, *literary* bladh, cloth.

iomráiteach adjective ❶ *notable, famous*: ainmniúil, aitheanta, aithnidiúil, cáiliúil, clúiteach, clúmhail, clúmhar, dea-mheasta, forórga, gartha, glórmhar, iomráiteach, molfach, mór le rá, nótáilte, oirirc, oirní, tábhachtach, táscmhar, teastúil, *literary* áirmheach, bladhach, ollbhladhach, sochla, táscach; ar aithne, ar eolas, i mbéal an phobail. ❷ *literary talkative, gossipy*: bladhmannach, briosc-chainteach, cabanta, cainteach, canmhar, ceiliúrach, clabach, craobhscaoilte, geabach, geabanta, glafaireach, gleoiréiseach, gliogach, gliograch, labharthach, síodrálach; béadánach, béadchainteach, cúlchainteach, míghreannach.

iomrall noun ❶ *aberration, error*: botún, breall, dearmad, dearmhad, dul amú, earráid, éislis, fabht, fallás, faillí, lúb ar lár, meancóg, mearbhall, mearathal, míthuiscint, seachmall, seachrán, tuaiplis, tuathal. ❷ *literary missed throw, miss*: urchar iomraill, urchar iomrallach, cúl tuathail.

iomrallach adjective *straying, mistaken*: aincheart, amú, breallach, bunoscionn, cam, cearr, éagórach, earráideach, easnamhach, éigeart, **adjectival genitive** iomraill, lochtach, mícheart, neamhcheart, saobh, **adjectival genitive** tuathail, urchóideach; ar seachrán, ar strae.

iomramh noun ❶ *rowing*: rámhachtaint, rámhadh, rámhaíocht; céaslaíocht, céaslóireacht. ❷ *literary voyage, voyage tale*: eachtra, seoladh, seoltóireacht, turas farraige. ❸ *riding, journeying*: aistear, bealach, bóthar, cuairt, cúrsa, fánaíocht, fianaíocht, gluaiseacht, imrim, marcaíocht, slí, taisteal, trácht, traibhléireacht, turas.

iomramhach noun *rower*: iomramhaí, rámhaí, rámhadóir, rámhóir; céaslóir.

iomrascáil noun *wrestling*: brollaíocht, burlaíocht, caraíocht, castaíocht, coraíocht, gleacaíocht, spairníocht; gráscar lámh, leagan; babhta leagain.

iomrascálaí noun *wrestler*: caraí, coraí, gleacaí, gleacaire, leagaire, spairní.

íon adjective *pure, sincere*: bán, dáiríre, dílis, fíor-, **adjectival genitive** fíre, fíreata, fírinneach, geal, geanmnaí, glan, glanchroíoch, glé, gléigeal, maighdeanúil, *literary* ógh; gan eisíontas, gan locht, gan smál, gan smúit, gan teimheal.

íona plural noun *pains*: arraing, beophianadh, broid, broidearnach, ciapadh, clipeadh, cnámhghearradh, cnámhghoin, conaphian, crá, daigh, deann, diachair, diúracadh, *pl.* freangaí, géaróg, greim reatha, martra, páis, pian, pianadh, pianpháis, *pl.* pianta, *pl.* peiríocha, ríog, saighead, *literary* iodha.

ionaclú noun *(act of) inoculation*: imdhíonadh; díonacht ar ghalar, gearradh na bolgaí, vacsaíniú.

ionad noun ❶ *place*: áit, áit na mbonn, alt, fód, ionadh, láthair, leaba, log, paiste, spota, suíomh. ❷ *place in book*: mír, sliocht. ❸ *space*: achar, áit, bealach, bearna, fad, fairsinge, rúm, rúma, scóip, scópúlacht, séanas, slí, spás, tamall. ❹ *rank, post*: áit, cáilíocht, céim, céimíocht, dínit, feidhm, grád, gradam, jab, oirirceas, onóir, post, rang, réim, seasamh, suíomh, uaisle, uaisleacht, *literary* ordan. **compound preposition in ionad** *instead of*: in áit, in éagmais, i leaba, ar mhalairt, seachas, thar ceann.

ionadach adjective ❶ *substitute, vicarious*: in ionad, amhail ionadaí, mar ionadaí, trí ionadaí, thar ceann duine; leas-. ❷ *out of the way, inaccessible*: aistreach, aistreánach, iargúlta, iartharach, imeachtrach, imigéiniúil, scoite, uaigneach; ar an iargúil, ar an iargúltacht, san iargúltacht, in iarthar dúiche, sna hiarthair seo, i bhfad siar.

ionadaí noun *representative, deputy*: fear ionaid, teachtaire, toscaire; ball parlaiminte, feisire, teachta.

ionadaíocht noun *representation*: *pl.* feisirí, *pl.* baill parlaiminte, *pl.* teachtaí; córas toghchánaíochta, córas vótála, vótáil.

ionadh noun *wonder, astonishment*: alltacht, iontas, iontas an domhain, iontas an tsaoil; baineadh stangadh as, rinneadh staic de.

ionadú noun *replacement, substitution*: athsholáthar, *pl.* athsholáirtí, ionad, ionadaí, ionadaíocht, malairt; X in áit Y, X in ionad Y; sop in áit na scuaibe.

ionann adjective ❶ *same, identical, equal*: comhbhríoch, comhionann, cosúil, cothrom le, inchomórtais; ar an gcaoi chéanna, ar aon dul, mar a chéile, mar an gcéanna; ar cóimhéid, ar comhchéim, ar comhdhéanamh; is cuma X nó Y, is geall X le Y; is é an t-aon rud amháin é, is mar a chéile iad, ní hé a mhalairt é, is é an dá mhar a chéile é, is caora mhaol fhionn nó caora fhionn mhaol é, is dearthair do Thadhg Dónall, is dearthair do Thadhg Riabhach Dónall Gránna; mo dhála féin, m'fhearacht féin, mise mar sin, an scéal céanna anseo, is ionua agamsa é. ❷ **murab ionann** *is unlike*: tá sé difriúil, tá sé éagsúil, eile, tá sé neamhchosúil, ní mar a chéile iad; ní hionann is X, is neamhionann an dá chás, is beag is ionann iad, is beag is ionann bodach is Dia.

ionannas noun ❶ *sameness, uniformity*: aonghné, comhionannas, cosúlacht, macasamhail. ❷ *identity*: aitheantas, céannacht, féiniúlacht, indibhidiúlacht, *pl.* saintréithe.

ionar noun ❶ *tunic, vest*: blús, cabhail, léine, singléad, (*i gContae Mhaigh Eo*) suimit, tuineach, veist, *literary* caimse, fuan. ❷ *jerkin*: aimicín, brádóg, bratóg, casóg, clóca, cába, casóg, ceardán, cótán, dolmán, fallaing, imchasal, ionarbhréid, mainte, *literary* cubhal, matal.

ionas go conjunction *so that*: sa chaoi is go, sa chruth go, chun go; ar nós go.

ionathar noun *entrails, bowels*: inmheánach, *pl.* inní, *pl.* putóga, *pl.* stéigeacha; aoineán, caolán, drólann, putóg mhór, stéig mhór; *pl.* gibléid, gipis, scairt.

ioncam noun *income*: cothú, deis, dóigh bheatha, gairm beatha, gléas, gléas beo, ioncás, slí cothaithe, slí beatha, slí maireachtála, slí maireachtana, riar do cháis, teacht i dtír, teacht isteach; maireachtáil, maireachtaint, *pl.* riachtanais na beatha.

ionchas noun *expectation, prospect*: araíocht, brath, coinne, dóchas, dréim, dúil, oirchill, síleadh, súil, súil in airde, súilíocht, tnúth, tnúthán, *literary* freiscise; dóigh saoil.

ionchollú noun *incarnation*: cruthaíocht chorpartha, an X i gcolainn dhaonna.

ionchúiseamh noun *prosecution*: cúiseamh, díotáil, éileamh, gearán, táinseamh.

ionchúisitheoir noun *prosecutor*: cúiseoir, cúisitheoir; cúistiúnaí; gearánaí.

iondúil adjective *customary usual*: cleachta, cleachtaithe, coitianta, gnách, **adjectival genitive** gnáith, gnáth-, **adjectival genitive** gnáthaimh, gnáthúil, normálta; is é an gnás é, is é an nós é. **adverb go hiondúil** *usually*: go coitianta, de ghnáth, de réir gnáis; den chuid is mó, gach uile lá beo.

ionga noun ❶ *nail, claw, talon*: crúb, crúca, ordóg, teanchair. ❷ *hoof*: cos, crág, crobh, crobhán, crobhóg, croibhín, crú, crúb, crúbán.

ionghabháil noun ❶ *careful handling, attention*: airdeall, aire, aire na gloine, aireachas, cúram, dianchúram, faire, faireachas, fairís, feighil, feighlíocht, feitheamh, foraireacht, freastal, friochnamh, friotháil, giollacht, giollaíocht, giúmaráil, ionramh, mineastráil, tindeáil, *literary* deithide, dulann. ❷ *restraint, prudence*: cobhsaíocht, cothromaíocht, daingne, diongbháilteacht, féinsmacht, fosaíocht, friofac, guaim, seasmhacht, smacht, srian, stuaim; breith, breithiúnas, críonnacht, discréid, eagnaíocht, fadcheann, gaois, toighis, tuiscint.

íonghlan verb *purify*: aimridigh, díghalraigh, folc, fothraig, ionnail, nigh, rinseáil, saorghlan, úraigh; cumhraigh.

íonghlanadh noun *purification*: aimridiú, díghalrú, folcadh, fothragadh, ionladh, íonú, níochán, rinseáil, úrú.

ionlach

ionlach noun *wash, lotion*: deochadh, dip, fliuchadh, folcadh, fothragadh, ní, níochán, tonach, sabhsa, tumadh.

ionlann noun *lavatory*: clóiséad uisce, fiailteach, ionnaltán, leithreas, losán, pruibí, teach beag, *familiar* teach an asail.

ionlao adjective *in calf*: ag déanamh mothais, ag iompar, **adjectival genitive** mothais, torthach.

ionnarbadh noun *expulsion, banishment*: díbirt, cur amach, cur as, díchur, díláithriú, eachtrú, ruaig, ruaigeadh, tafann, *literary* loingeas; bata is bóthar; tópar, *familiar* an sac; cur i bpóna, eascoiteannú, sligdhíbirt.

ionnús noun ❶ *wealth, goods*: acmhainn, *pl.* acmhainní, *pl.* áirgí, airgead, bracht, bruithshléacht, bunairgead, coibhche, conách, crodh, éadáil, Éire fré chéile, Éire gan roinnt, flúirse, gustal, iarmhais, ionnas, maoin, maoin an tsaoil, maoin shaolta, ollmhaitheas, ollmhaitheas an tsaoil, ór na cruinne, rachmall, rachmas, raidhse, rath, rathúnas, saibhreas, sochar, *pl.* sócmhainní, somhaoin, spré, stór, strus, tábhacht, teaspach, toice, *literary* intleamh, ionnlas; tá a chóta bán buailte 'his fortune is made'. ❷ *resourcefulness, enterprise*: dul ar aghaidh, dul chun cinn, éifeacht, fiontar, gus, gustal, inniúlacht, seiftiúlacht, tathag, tionscal, treallús.

ionnúsach adjective ❶ *rich, productive*: acmhainneach, bunúil, deisiúil, diongbháilte, éadálach, gustalach, iarmhaiseach, láidir, neamhuireasach, neamhuireaspach, rachmallach, rachmasach, rathúil, réimeach, saibhir, sómhar, suthach, tábhachtach, tathagach, téagartha, toiceach, toiciúil, tréan, *literary* foltach; atáirgeach, bisiúil, borrúil, clannach, fásmhar, inmheach, rábach, rafar, séanmhar, síolmhar, sliochtach, strusúil, táirgiúil, torthach, torthúil, tuillmheach, uaibhreach. ❷ *resourceful, enterprising*: amhantrach, eachtrúil, fiontrach, guasach, gusmhar, gustalach, gusúil, seiftiúil, treallúsach.

ionracas noun ❶ *honesty, integrity*: cneastacht, fírinne, fiúntas, iontaofacht, macántacht, oscailteacht. ❷ *artlessness, guilelessness*: macántacht, neamhurchóid, saontacht, simplíocht, soineantacht. ❸ *favour, compliment*: cineáltas, comaoin, comhar, fabhar, gar, garaíocht, soilíos; moladh.

ionradh noun ❶ *incursion, invasion*: ionsaí, ruaig, ruathar, sciuird. ❷ *pillaging, plunder*: argain, coilleadh, coillteoireacht, creachadh, creachadóireacht, éigniú, réabadh, sárú, scrios, slad, sladaíocht, sladaireacht, *literary* lochar, scabáiste. ❸ *rush, flow (of tide)*: gluaiseacht, líonadh, rith, sní, sruth, sruthú, tuile.

ionraic adjective ❶ *upright, honest*: ceart, cneasta, cóir, cothrom, fírinneach, fiúntach, fónta, iontaofa, macánta, morálta, oscailte; gan chlaon gan chealg gan chlaon; gan chleas gan chlaon, gan chor gan cham. ❷ *artless, guileless*: beannaithe, leanbaí, neamhamhrasach, neamhurchóideach, saonta, simplí, soineanta.

ionramh noun ❶ *management*: aire, aireachas, bainistíocht, eagraíocht, eagrú, feighlíocht, ionramháil, maoirseacht, mineastráil, mineastrálacht, reachtáil, rialú, rialúchán, riarachán, riaradh, saoistíocht, smacht, stiúir, stiúradh, stiúrthóireacht, tindeáil, treoir, treorú. ❷ *treatment, attention*: airdeall, aire, aireachas, cúram, dianchúram, faire, faireachas, fairís, feighil, feighlíocht, feitheamh, foraireacht, freastal, friochnamh, friotháil, giollacht, giollaíocht, giúmaráil, mineastráil, tindeáil, *literary* deithide, dulann.

ionróir noun *invader*: buaiteoir, cloíteoir, creachadóir, creachaire, foghlaí, gabhálaí, ionsaitheoir, sladaí, *literary* díbheargach, *historical* concaire.

ionsaí noun ❶ *attack*: aimsiú, amas, breabhaid, coinscleo, fóbairt, fogha, forrán, fras, iarracht, iarraidh, ruaig, ruagán, ruathar, treasruathar, turraing, *literary* fuachtain, ruathar rátha, tubha. ❷ *attempt*: amas, geábh, iarraidh, iarracht, triail; obainn. ❸ **ionsaí mígheanasach** *indecent assault*: drochiarraidh.

ionsaigh verb ❶ *attack*: déan ionsaí ar, leag ar, léim ar, tabhair amas faoi, tabhair faoi, tabhair breabhaid faoi, tabhair fogha faoi, *literary* fóbair, tubh. ❷ *approach, reach*: druid i leith, tar cóngarach do, tar in aice le, tarraing isteach ar, téigh cóngarach do, téigh in aice le, *literary* saigh; bain amach, sroich, tar fad le, teagmhaigh le; *literary* sín chun.

ionsaitheoir noun *attacker, aggressor*: *literary* saightheach; trodaí.

ionsar preposition *to, towards*: d'ionsaí ar; chuig, go dtí, i dtreo; a fhad le, fad le.

ionstram noun *instrument*: *pl.* acmhainní, airnéis, áis, *pl.* ciútraimintí, cóir, cóngar, deise, *pl.* fearais, feisteas, gaireas, *pl.* giuirléidí, gléas, gléasra, inleog, sás, trealamh, uirlis.

iontach adjective ❶ *wonderful, remarkable*: éachtach, éagsamhalta, feartach, míorúilteach, neamhchoitianta, neamhghnách, suaithinseach, suaithní, suntasach, urghnách; aisteach, éagoitianta, éagsúil, gáifeach, seoigh; as cuimse, as an ngnách, as miosúr; ar leith, faoi leith, ann féin; is cuid suntais é, an rud is annamh is iontach.

iontaofa adjective *trustworthy, reliable*: barántúil, cneasta, creidiúnach, dílis, diongbháilte, díreach, fiúntach, fónta, **adjectival genitive** inrúin, ionraic, macánta, muiníneach, seasmhach, tairiseach, trustúil, urramach; beacht, creatúil, dealraitheach, dócha, dóchúil, fíor, fírinneach, inchreidte, sochreidte, tacúil.

iontaofacht noun *reliability*: barántúlacht, cneastacht, creidiúnacht, dílse, diongbháilteacht, dírí, fiúntas, ionracas, macántacht; dealramh, dóchúlacht, fírinne, fíor, fírinneach, inchreidteacht.

iontaoibh noun *trust, confidence*: creideamh, creidiúint, géilleadh, muinín, taobhacht, trust, *literary* tairise.

iontas noun ❶ *wonder, astonishment*: alltacht, ionadh, iontas an domhain, iontas an tsaoil; suaithinseacht, suntas. ❷ *wonder, strange thing*: ábhar iontais, cuid suntais, éacht, feart, ionadh, míorúilt

iontráil noun ❶ *entry (into house)*: briseadh isteach, dul isteach. ❷ *entry (in book)*: cuntas, meabhrachán, nod, nóta, taifead. **verb** *enter*: bris isteach, téigh isteach; breac síos, cuir isteach, scríobh isteach, taifead.

ionú noun *proper season, favourable opportunity*: áiméar, caoi, deis, deis iontach, eitim, faill, seans, an nóiméad ceart, uair na faille, uair na cinniúna; uair na hachainí.

ionúin adjective *beloved*: caithiseach, dil, dilghrách, dílis, geanúil, grách, inmhianaithe, ionúin, muirneach; **adjectival genitive** croí; mo chroí thú, mo chroí ionat, mo ghrá thú.

iora noun *squirrel*: cat crainn, easóg, fearóg, mada crainn; (*Sciurus vulgaris*) iora rua, iara rua; (*S. carolinensis*) iora glas.

íorna noun ❶ *hank, skein*: cuta, giomhán, giomhán snátha, loca, scáinne, scáinne snátha, spingle, urna. ❷ *tangled skein, tangle*: achrann, achrannán, aimhréidh, aimhréidheas, cathair ghríobhán, cíor thuathail.

íoróin noun *irony*: aoir, aoradh, ciniceas, cnáid, cráinmhagadh, fachnaoid, fochaid, fonóid, frimhagadh, gáirmhagadh, magadh, scig, scige, scigireacht, scigmhagadh, spochadh, spochadóireacht, searbhas.

íorpais noun ❶ *dropsy, oedema:* at, borradh, drapsaí, éidíme, galar uisciúil, *literary* comhaille; séideadh, séideadh óil. ❷ *venom, malice:* aicis, binb, díorainn, doicheall, drochaigne, droch-chroí, eascairdeas, fala, faltanas, fiamh, fíoch, fuath, gangaid, gráin, mailís, mioscais, naimhdeas, nimh san fheoil, olc, paor, searbhas.

ioscadach adjective ❶ *long-legged, spindle-shanked:* ard, cosfhada, fada, fadchosach, leabhair, reangach, scailleagánta, scodalach, spreangaideach. ❷ *weak-kneed:* beaguchtúil, cloíte, creathach, creathánach, éagalma, eaglach, faiteach, faitíosach, lagáiseach, lagspridiúil, meata, mílaochta, suarach, uamhnach; fann, lag; níl croí circe aige, tháinig fanntais air.

ioscadán noun ❶ *spindle-shanks, long-legged person:* brísteachán, cleith, cleithire, cliathramán, cnábaire, cnuachaire, coinnleoir, cuirliún, cuirliúnach, fainge, fuaithneartach, gailléan, gallán, geosadán, gleidire, langa, léanscach, léanscaire, liútar, lorgadán, píle, pílí, próiste, ránaí, ranglach, ranglachán, ranglamán, reangaide, reangaire, reangartach, reanglach, reanglachán, reanglamán, rúpach, rúplach, scodalach, sconnartach, sínealach, slibire, snáthadán, *pl.* spanlaí cos, spealaire, spíce, speireach, spidéalach, *pl.* spreangaidí cos, spreanglachán, spreota, spúinneartach, sreangaire, *figurative* réitheach.

ioscaid noun ❶ *hollow at back of knee:* colpa, glúin, ioscad, sáil. ❷ *tiny amount:* beag, beagmhéid, blaiseadh, blaisín, blúire, bolgam, candal, cantam, giob, giobóg, giota, gráinne, gráinnín, lom, mionrud, písín, ruainne, ruainnín.

íoslach noun *basement:* urlár faoi thalamh, urlár íochtair, urlár íochtarach; doinsiún, lusca, siléar.

Ioslam noun *Islam:* Ioslam, Ioslamachas; Mathamadachas, Mahamadachas.

Ioslamach adjective *Islamic:* Mahamadach, Mathamadach, Moslamach, Saraistíneach. noun *follower of Islam, Muslim:* Mahamadach, Mathamadach, Moslamach, Saraistín; deirbhíseach.

íospairt noun *mistreatment, abuse:* ainíde, anoircheas, bascadh, drochíde, drochúsáid, íde na muc, íde na muc is na madraí, ídiú, masla, maslú, mí-úsáid, oidhe, raiceáil, treabhlaid, treascairt; coscairt, creachadh, creachadóireacht, léirscrios, lomairt, milleadh, millteoireacht, sceanach, sceanairt, scrios, scriostóireacht, slad, sladaíocht, sladaireacht, *literary* lochar.

iosta noun ❶ *literary abode, dwelling:* aice, aicíocht, áit chónaithe, áitreabh, áras, árasán, athbhaile, baile, brugh, caisleán, cónaí, dún, dúnadh, fearannas, gabháltas, gnáthóg, lonnaíocht, lonnú, mainéar, nideog, pálás, suíochán, teach, teach beag, teach mór, teachín, teaghais, treafas, únacht, *literary* damh, fineachas. ❷ *store, treasury:* ciste, earralann, stór, stóras, taisce, teach stórais.

iostas noun *lodging, accommodation, residence:* ábhach, adhbha, áfach, aice, aicíocht, aíocht, áit chónaithe, áitiú, áitreabh, áras, baile, both, bothán, bothóg, bráca, brocach, broclach, brú, brugh, caisleán, cónaí, congbháil, cró, cróicín, cuan aoibhnis, cuan síochána, diméin, díseart, dún, dúnadh, fáras, feirm, forba, fuachais, gabháltas, gnáthóg, iostán, lóistín, lonnú, mainéar, nead, nideog, óstán, óstlann, paillíún, pálás, scailp, suíochán, puball, tábhairne, talmhóg, teach, teach aíochta, teach bordála, teach lóistín, teach ósta, teachín, teaghais, teallach, tearmann, tuiní, uaimh, uachais, úirín, únacht, *literary* cliothar, fochla, foighe.

iostasach adjective *hospitable:* aíoch, aíochtach, bordach, bronntach, caoin, cineálta, cóir, fairsing,

fial, fiúntach, flaithiúil, forbhfáilteach, lách, mórchroíoch, oscailteach, rábach, soicheallach, tabhartasach, teochroíoch, *literary* flaithbheartach, gartach.

íota noun ❶ *great thirst:* íota tarta, spalladh, spalladh an bháis, spalladh íota, tart mór, tartmhaireacht, turaireacht, úthach, úthach tarta. ❷ *ardent desire, avidity:* aimirne, ainmheasarthacht, ainriantacht, ampla, anlucht, antoil, cíocras confadh, craos, dásacht, díocas, díograis, dúil, dúil chráite, dúthracht, faobach, faobhar, fíoch, fiuchadh foinn, flosc, fonn, saint, santacht, santú, scamhadh, teaspach, tnúth, tnúthán, toil.

íotach adjective ❶ *thirsty, parched:* calctha leis an tart, íotmhar, píopáilte leis an tart, sclogtha leis an tart, spallta leis an tart, spalptha, spalptha leis an tart, stiúgtha leis an tart, tachta leis an tart, tartmhar, tirim ❷ *avid:* áilíosach, aimirneach, amplach, antoisceach, confach, cíocrach, craosach, díocasach, díograiseach, dúilmhear, dúthrachtach, faobhrach, fíochmhar, géar, ocrach, ocrasach, tnúthánach, santach. noun *thirsty person:* slogaire, slogánach, slogamóir, suthaire; meisceoir, pótaire, súmaire.

iothlainn noun *haggard, rick-yard:* agard, gairnéal, iothla, iothlann, sabhall, scioból.

iris[1] noun *strap, sling:* muiciris, strapa, stropa; iall, sreang, *literary* tailm; cantaoir.

iris[2] noun *journal, magazine:* blianiris, irisleabhar, míosachán, seachtanán, tréimhseachán; nuachtán, páipéar, páipéar nuachta, páipéar nuaíochta; foilseachán.

iriseoir noun *journalist:* nuachtaí, nuachtóir; comhfhreagraí, colúnaí, tuairisceoir.

iriseoireacht noun *journalism:* nuachtaíocht, nuachtóireacht, tuairisceoireacht.

íseal adjective ❶ *low:* beag, ciúin, gearr, lag, lagbhríoch; an-fhada síos, ar lár, i ndísc. ❷ *low, base:* anuasal, cloíte, comónta, lábánta, lábúrtha, lodartha, oitir, otair, otartha, prólátaireach, suarach, táir, uiríseal. noun ❶ *lowly person:* anuasal, bocht, bochtán, bochtóg, lábánach, suarachán; fostaí, giolla, íochtarán, miondaoine, sclábhaí, searbhónta, seirfeach, seirbhíseach, *familiar* maidrín lathaí; *colloquial* an ísealaicme, an lucht oibre, an phrolatáireacht. ❷ *low-lying place:* crompán, gleann, ísealchríoch, ísleacht, íslean, inseachas, inseán, logán, machaire, sraith, srath, talamh íseal; gaorthadh.

ísealaicme noun *lower class, lower order:* pl. anuaisle, pl. na bochtáin, cosmhuintir, daoscarshlua, pl. na fostaithe, pl. gnáthdhaoine, gramaisc na sráide, pl. na híochtaráin, an lucht oibre, pl. miondaoine, pl. na hoibrithe, pl. seirbhísigh, pl. seirfigh, an phrolatáireacht.

ísleacht noun ❶ *lowness:* beagmhéid, ciúine, ciúineadas, ciúnas, ísle, lagbhrí, laghad, laige, mine. ❷ *baseness, lowliness:* anuaisleacht, cloíteacht, ísle, lábánacht, uirísle, suarachas, suaraíocht, táire, truailleachas. ❸ *low-lying ground:* crompán, gleann, íseal, ísealchríoch, ísleán, inseachas, inseán, logán, machaire, sraith, srath, talamh íseal; gaorthadh.

ísligh verb ❶ *lower, depress:* bain anuas, brúigh faoi, brúigh síos, crom, leag, lig anuas, maolaigh, stríoc, tabhair anuas, uirísligh. ❷ *alight (from horse):* éirigh, tar anuas, tuirling. ❸ *subside:* laghdaigh, lig faoi, maolaigh, socraigh, síothlaigh, téigh i ndísc, téigh i léig, tit, tost, tráigh; fuaraigh.

ispín noun *sausage:* mionispín, sábhlóg. salami, samhdóg; lúbán dubh, putóg bhán, putóg dhubh.

ith verb *eat, chew:* alp, caith, cealaigh, long, plac, slog; (irregular preterite) 1sg. duas, 3sg. duaidh, 3pl. duadar; cangail, cogain, creim, ídigh, meil, mionaigh, tomhail.

ithe

ithe noun *(act of) eating*: alpadh, blaiseadh, caitheamh, cangailt, cealú, cogaint, creimeadh, ídiú, itheachán, meainistíl, meilt, mionú, placadh, slogadh.

itheachán noun ❶ *eating*: alpadh, blaiseadh, caitheamh, cangailt, cealú, cogaint, creimeadh, ídiú, ithe, meainistíl, meilt, mionú, placadh, slogadh; béile, béilín, raisín, scroid, scruig, smailc, snapadh. ❷ *backbiting*: athiomrá, béadchaint, clúmhilleadh, cúlcháineadh, cúlchaint, cúlghearradh, ithiomrá, leabhal, scéalaíocht éithigh.

ithir noun *soil, arable land*: cré, créafóg, dúrabhán, gaíon, glár, húmas, láib, marla, talamh cuir, talamh, úir; talamh beatha, talamh curaíochta, talamh insaothraithe, talamh treafa.

iubhaile noun *jubilee*: carbhas, carnabhal, ceiliúradh, comóradh, féasta, féile, feis, fleá, fleáchas, lá saoire, saoire, scléip, siamsa, sollúnú.

Iúdás noun *Judas, traitor*: brathadóir, bréagadóir, caimiléir, camadán, dathadóir, dathaire, duine cam, feallaire, fealltóir, gadaí bradach, lúbadóir, lúbaire, meabhlachán, meabhlaire, nathair, plotaire, séitéir, Tadhg an dá thaobh.

iúl noun ❶ *direction, guidance*: aire, aireachas, feighlíocht, geafaireacht, lámhsmacht, maoirseacht, mineastráil, mineastrálacht, monatóireacht, reachtáil, rialú, rialúchán, riarachán, riaradh, saoistíocht, smacht, stiúir, stiúradh, stiúrthóireacht, treoir, treorú. ❷ *attention*: airdeall, aire, aire na gloine, aireachas, cúram, dianchúram, faire, faireachas, fairís, feighil, feighlíocht, feitheamh, foraireacht, freastal, friochnamh, friotháil, giollacht, giollaíocht, ionghabháil, ionramh, mineastráil, sea, tindeáil, *literary* deithide, dulann. **verb cuir in iúl** *inform*: abair, admhaigh, aithris, áitigh, ársaigh, cuir i gcéill, dearbhaigh, deimhnigh, fógair, inis, lig do rún, líomhain, luaigh, maígh, mínigh, nocht, tagair, tabhair comhairc, tabhair chun solais, tabhair comhairc, tabhair fianaise, tabhair le fios, tabhair le tuiscint, trácht, tuairiscigh.

iúr noun ❶ *yew (Taxus baccata)*: eo, sabhan, saibhín. ❷ **iúr creige** *juniper (Juniperus)*: aiteal, bearnán Bríde, *pl.* biora leacra, iúr binne. ❸ **iúr sléibhe** *wood-sage (Teucrium scorodonia)*: athair liath, eimhear sléibhe, lus na fia, lus na bhfeá, lus na bhFiann, sáiste an chnoic, sáiste choille, sáiste fhiáin, sáiste muice.

Jj

jab noun *job, work, employment*: aimsir, feidhmeannas, fostaíocht, fostú, gnó, laisín, obair, pádóireacht, post, saothar, seirbhís, tasc; pádóireacht, spailpíneacht.

jabaire noun *(cattle-)jobber*: jabaeir, jabóir; braigléir, ceannaí, ceannaí stoic, díoltóir, gáinneálaí, giurnálaí, grásaeir, mangaire, margálaí, ocastóir, tráchtálaí, trádálaí.

jabaireacht noun ❶ *cattle-jobbing*: jabaeireacht, jabóireacht; braigléireacht, ceannaíocht, ceantáil, déileáil, díolachán, díoltóireacht, gáinneálaíocht, grásaeireacht, mangaireacht, margáil, margaíocht, margántaíocht, ocastóireacht, trádáil, tráchtáil, ❷ **jabaireacht oibre** *doing jobs*: giurnáil, geidineáil, gíotáil, poistíneacht, potráil, sibiléireacht, siobáil, spidireacht, timireacht.

jacaí noun *jocky*: eachaí, marcach; baneachlach, banmharcach; duine ar dhroim capaill, duine ar mhuin capaill.

jacaíocht noun *jockying*: eachaíocht, marcaíocht, *literary* éarmaíocht.

jaingléir noun ❶ *straggler, vagrant*: bacach, fánaí, fear siúil, fiaire, fuad, fuaidire, giofóg, raimleálaí, ránaí, rantaeir, rianaí, sciontachán, seachránaí, siúlóir, spailpín, srathaire, sreothaí, taistealaí, traibhléir, tramp, válcaeir, *colloquial* lucht siúil, lucht taistil.

jéiníos plural noun *shards, fragments, 'chanies'*: bruscar, brúscar, *pl.* ciolaracha chiot, conamar, cosnach, mionbhach, *pl.* píosaí, sligreach, *pl.* smidiríní, *pl.* smiodair, smionagar, smutraíl, sprúilleach, *pl.* sprúilleacha, *pl.* sprúillí, sprúireach, steig meig, *pl.* steigears.

jioranna plural noun *curses*: *pl.* crístíní, *pl.* eascainí, mallachtach, *pl.* mallachtaí, mallachtóireacht, mallaíocht, mallaitheoireacht, mallú, *pl.* mionnaí móra, mionnú, *ironic* guíodóireacht; slamfhocal, smachladh.

jíp noun *jeep*: feithicil, feithicil inneallghluaiste, feithicil mhíleata, feithicil mhótair, feithicil neamharmúrtha; carbad, cairt, carr, carráiste, gluaisteán, leoraí, mótaeir, mótar.

joltaeir noun *person selling from cart, hawker*: ceannaí, díoltóir, gáinneálaí, giurnálaí, hácaeir, jabaire, mangadaeir, mangadóir, mangaire, pacaire, peidléir, reacaire, tráchtálaí, trádálaí, triallaire earraí; hocstaeir, huigistéar, ocastóir.

joltaeireacht noun *hawking goods from cart*: ceannaíocht, ceantáil, déileáil, díolachán, díoltóireacht, gáinneáil, hácaeireacht, jabaireacht, mangaireacht, margáil, margaíocht, margántaíocht, ocastóireacht, peidléireacht, tráchtáil, trádáil.

júdó noun *judo*: iomrascáil Sheapánach; karaté.

lá noun ❶ *day*: lá féile, lá saoire; lá an aonaigh, lá an oireachtais; ceithre huaire fichead an chlog, dálach, Domhnach is dálach; am, ócáid, uain, uair. ❷ *daytime*: solas an lae, uaireanta an lae; aithne an lae, amharc an lae, breacadh an lae, camhaoir, deargadh an dá néal, fáinne an lae, lonrú an lae, maidneachan; an bánsolas. ❸ *lifetime*: aimsir, am, beatha, glúin, linn, aois, ré, saol, saolré, tréimhse.

lab noun *considerable sum, lump*: carn, *pl.* cairn dubha, clais, cothrom, cuid mhaith, cuid mhór, cuimse, dalladh, dreas maith, éacht, foiscealach, iarracht mhaith, iarracht mhór, iontas, lear, lochadradh, maidhm, *pl.* mámannaí, mórán, púir, réimse, roinnt mhaith, scanradh, seó, slam, slám, slama, steancán, stráice, suaitheantas, suim mhór, taoscán, téagar, tolmas, tonn mhaith, *familiar* an t-uafás.

lábach adjective *muddy, miry*: ceachrach, clábarach, draoibeach, glárach, gutach, lábánach, lábánta, lodartha, marlach, moirtiúil, pludach, práibeach.

lábán noun ❶ *mud, mire*: abar, clábar, cré, créafóg, dóib, draoib, draoibeal, glár, greallach, guta, láib, lathach, lodar, marla, moirt, múilleog, pluda, pludar pladar, práib, puiteach, sláthach. ❷ *soft roe, milt*: leadhbán, péire, spealt.

lábánach adjective ❶ *muddy, miry*: ceachrach, clábarach, draoibeach, glárach, gutach, lábach, lábánta, lodartha, marlach, moirtiúil, pludach, práibeach. ❷ *having soft roe*: leadhbánach, leadhbánta. noun ❶ *muddy, grimy person*: brocachán, brocais, ciobarlán, crosachán, gutachán, muclach, muicearlach, práibeachán, smearachán; brocóg, draoibeog, slapóg, sraoilleog. ❷ *boor*: amhas, amhlán, amhsóir, bambairne, bastún, bathlach, bodach, buailtíneach, daba, dailtín, daoiste, duine goirt, breillice, bromach, bromaistín, búr, cábóg, cábún, cadramán, ceithearnach, ciolartán, clabhta, closmar, dúramán, gamal, gambairne, guilpín, léaspach, liúdaí, leibide, liúdramán, lóimín, lóimíneach, lóma, maicín, maistín, maol, maolagán, mulpaire, pleota, pleotramán, pleib, scraiste, smuilcín, smíste, stróinse, teallaire, trumpadóir, tuathalán, túitín, tútachán. ❸ *male fish*: iasc fireann.

labarnam noun *laburnum* (*Laburnum anagyroides*): beallaí francach, bile francach, órnasc, slabhra óir.

labhair verb *speak, utter*: abair, can, caintigh, ceiliúir, cogair, cuir i bhfriotal, fuaimnigh, gabh, luaigh, siosc, *literary* fuighill.

labhairt noun ❶ *speech, utterance*: aitheasc, allagar, canstan, ceiliúr, cuntas, cur síos, deilín, dioscúrsa, focal, forrán, fuigheall, labhra, léacht, óráid, rá, ráiteas, salmaireacht, seanmóir, seanfhocal, seanrá, spéic, trácht, tráchtaireacht, tuairisc, urlabhra, *literary* scoth. ❷ *voice, call*: achaíní, ailleog, béic, blao, blaoch, éamh, gáir, gairm, géim, glam, glao, glaoch, glór, goldar, graith, guth, guthaire, impí, liach, liú, nuall, scairt, sceamh, scol, scréach, scréach, toghairm, uaill.

lacáiste noun *rebate, discount*: aisíoc, aisíocaíocht, cúiteamh, séisín; deontas, díolúine, lamháil, fóirdheontas, fordheontas.

lách adjective *sociable, friendly*: caidreamhach, cairdiúil, caoithiúil, carthanach, céiliúil, coimhirseach, coimhirseanach, cóisireach, comhluadrach, comrádúil, córtasach, cuideachtúil, cuidiúil, dáimhiúil, dálach, díograiseach, muinteartha, oibleagáideach, páirteach, páirtiúil, so-ranna.

lacha noun *duck*: lacha fhiáin, lacha tí, lacha tíre; tonóg; bardal, éan lachan.

láchan noun *dawning, daybreak*: aithne an lae, amharc an lae, breacadh an lae, camhaoir, deargadh an dá néal, fáinne an lae, lonrú an lae, maidneachan; an bánsolas.

lachna adjective *dull grey, dun*: glas, glasliath, glasodhar, liathdhonn, riabhach; buídhonn, ciarbhuí, crón, donn, odhar.

lacht noun *milk, yield of milk*: bainne, bainne buí, bainne ramhar, barr, bleaghdar, bleachtanas, bleachtas, bleán, bleánach, bleoghantas, climirt, climreadh, climseáil, gruth, gruthrach, lacht cíoch, lachtadh, lachtas, leamhnacht, maothal, meadhg, meadhg dhá bhainne, nús, óguachtar, sniogadh, tál, treabhantar, uachtar, úras.

lachtach adjective ❶ *milky*: bainniúil, bleacht, bleachtach, bleachtmhar, lachtmhar, lachtúil, súmhar; tá bainne is mil ina slaoda ann. ❷ *tearful*: lachtúil; acaointeach, brónach, caointeach, ceannísael, croíbhriste, cumhach, deoirghinteach, deorach, dobrónach, dubhach, golchásach, golbhéarach, gruafhliuch, iarmhéileach, maoithneach, ochlánach, olagónach, truamhéalach; agus meacan an chaointe ina ghlór.

ládáil noun *boatload, cargo*: bulc, gabháil, lasta, lastas, lód, lucht, ualach, ualach loinge.

ladar¹ noun ❶ *ladle, scoop*: liach, scúp; cnáiscín, spúnóg; taomán. ❷ *small serving*: ciondáil, dáileog, ladhar, liach, spúnóg. ❸ *do ladar a chur i rud* intervene in something: bain do, bain cor de, cuir cor ar, cuir do bhata isteach i, cuir do chleite comhrá isteach, cuir do ladhar i, cuir isteach ar, sáigh thú féin isteach i; ná bíodh lámh ná cos agat leis.

ladar² noun ❶ *lather*: coipeadh, cúr, cúrán, sobal, sudsa, uanán. ❷ *thick coating*: carr, ciseal, cóta, craiceann, crústa, scraith, screamh, screamhán, screamhóg, screamhú.

ladhar noun ❶ *space between fingers or toes*: ladhair. ❷ *toe*: ladhrán, ladhróg, méar, méar coise; laidhricín, lúidín, ordóg. ❸ *claw*: crobh, crúb, crúca, dóid, dorn, ladhrán, ladhróg lámh; ionga, ordóg. ❹ *prong*: adharc, adharcán, beangán, beanglán, beann, bior, fiacail, ladhair, ladhrán, ladhróg, spiacán. ❺ *fork, crotch*: forc, gabhal, gabhlach, gabhlán, gabhlóg, gabhlú, ladhair, ladhrán, ladhróg, sprang, sprong, spronn; pis, pit. ❻ *hand*: cos, crág, crobh, crobhán, crobhóg, croibhín, crúb, crúbán, glac, ladhair, ladhrán, ladhróg, láimhín, lámh, lapa, mág, mágán, máigín, *literary* mán. ❼ *handful*: bos, bosóg, crág, crobh, dóid, doirnín, dorn, dornán, gabháil, glac, glacán, glaclach, lámh, mám, slám.

ladhráil noun ❶ *pawing, fumbling with*: cliopaireacht, crágáil, crúbáil, crúbaireacht, crúcáil, dallacáil, fidleáil, fidléireacht, fidlínteacht, gíotáil, glacaíocht, glacaireacht, glíomáil, gliúmáil, laidhrínteacht, lapaireacht, manaois, méaraíocht, méirínteacht, paidhcseáil, póirseáil, prócáil, scrabhadh, scríobadh, spreotáil, stróiceadh, útamáil.

ladhrálaí noun ❶ *pawer, fumbler*: crúbálaí, crúcálaí, glacaí, glacaire, gliúmálaí, mútálaí, paidhcseálaí, póirseálaí, prócálaí, útamálaí. ❸ *meddler*: gobachán, gobadán, gobaire, láimhseálaí, méiseálaí, péadóir, socadán, socaire, teagmhálaí, útamálaí.

ladhróg noun *forked stick*: forc, gabhal, gabhlán, gabhlóg.

ladús noun ❶ *pert talk, sauciness*: aibéil chainte, aisfhreagairt, aisfhreagra, braobaireacht, cabantacht, clóchas, coc, coc achrainn, *pl.* cóipíos, dailtíneacht, deiliús, dosaireacht, dradaireacht, giodal, glaschaint, plucaireacht, plucaireacht chainte, prapaireacht. ❷ *wheedling*: cealgaireacht, cleasaíocht, cluanaíocht, cluanaireacht, gleacaíocht,

ladúsach
gliodaíocht, líodóireacht, lúbaireacht, mealltóireacht, paintéaracht, pláibistéireacht, plámás, plás, plásaíocht, plásántacht, sladarús, slíbhíneacht, slíomadóireacht, slíodóireacht. ❸ *silly talk, nonsense:* áiféis, amaidí, baothaireacht, baothchaint, baothmhagadh, béalastánacht, blaoiscéireacht, bleadaracht, bleadracht, bleadráil, bolgán béice, brealsúnacht, breilliceáil, breilsce, breilscireacht, brille bhreaille, brilléis, brocamas cainte, fastaím, geocaíl, gibiris, gleoiréis, gleoisineacht, gliogar, gliogarnach, lapaireacht, leibidínteacht, liopaireacht, málóideacht chainte, pápaireacht, pislíneacht, pléiseam, radamandádaíocht, raiméis, ráiméis, ramás, rá mata, randamandádaíocht, rith seamanna, scaothaireacht, seafóid, sifil seaifil, sifleáil, siod sead, síodráil, treillis breillis.

ladúsach *adjective* ❶ *pert, cheeky:* aisfhreagrach, braobanta, cabanta, cocach, cunórach, deaschainteach, deiliúsach, deisbhéalach, gasta, gearrchainteach, maigiúil, nathanta, soibealta, sonnta, sotalach, stráisiúnta, tagrach, teanntásach, téisiúil, tiarnúil, uaibhreach, údarásach. ❷ *wheedling:* bealachtach, beartach, cam, cas, cealgach, claon, cleasach, cluanach, cúinseach, ealaíonta, feallrach, fiar, glic, imeartha, lúbach, meabhlach, mealltach, meangach, plámásach, plásánta, sladarúsach, sleamhain, sleamhnánach, slíbhíneach. ❸ *foolish, silly:* aimhghlic, ainbhiosach, aineolach, amaideach, amadánta, amaideach, baoiseach, baoth, bómánta, breallach, breallánta, bundúnach, dall, dallacánta, dallaigeanta, dícheillí, dímeabhrach, diúid, dobhránta, dúr, dúramánta, éaganta, gamalach, guanach, lagintinneach, leadhbach, leamh, leamhcheannach, leathmheabhrach, leibideach, mallintinneach, míghlic, neamhthuisceanach, óinsiúil, óinmhideach, pleidhciúil, ramhar sa cheann, saonta, seafóideach, simplí, spadintinneach, tútach, uascánta.

ladúsaí *noun* ❶ *pert talker:* beachtaí, braobaire, brasaire, bruachaire, bruadaire, coc, cocaire, dosaire, dradaire, fachmaire, gastaire, gearr-aighneasóir, giostaire, plucaire, prapaire, stráisiúnaí. ❷ *silly talker:* béalastán, bladhmaire, bleadrachán, bleadrálaí, bolgán béice, bolscaire, brasaire, breallaire, brealsún, breastaire, breilleachán, breillire, cadrálaí, cafaire, cág, callaire, ceolán, clab troisc, clabaire, claibéir, claibín muilinn, claibseach, cleigear, clogarán, clogán streille, cuachaire, dradaire, drandailín, geabadán, geabaire, geabstaire, giolcaire, giostaire, glafaire, glagaire, glagbhéal, glaomaire, gleoiseach, gleoisín, gleothálaí, glígín, gliogaire, gliogarnálaí, glór i gcóitín, gobachán, grabaire, liopaire, meigeadán, meiltire, plobaire, raiméisí, reathálaí, scaothaire, scrathóg, síodrálaí, síofróir, síodrálaí, síofróir, siollaire, siosaire, strambánaí, trumpadóir, *familiar* gandal. ❸ *wheedler:* alfraits, banaí, boicín, bréagadóir, buachaill báire, cealgaire, cleasaí, cleithire, cliúsaí, cluanaí, cluanaire, cneámhaire, cnúdánaí, cuilceach, cumadóir, dathadóir, draíodóir, faladhúdaí, flústar, gleacaí, gleacaí milis, gliodaí, líodóir, lúbaire, lútálaí, meabhlaire, mealltóir, meangaire, piollardaí, pláibistéir, plámásaí, plásaí, sciorrachán, slíbhín, slíodóir.

laethúil *adjective daily:* gnách, **adjectival genitive** gnáith, gnáth-, gnáthúil; coiteann, coitianta, iondúil tréitheach; comónta, leanúnach, normálta, rialta.

laftán *noun* ❶ *ledge (of rock):* dreapa, fargán, leac. ❷ *grassy terrace:* lantán; ceap, ceapach, mínleog; tamhnach, tamhnóg.

lag *adjective weak, faint:* anbhann, bacach, caite, ciotach, cleithiúnach, crólag, crólaoite, éadairbheach, éagumasach, easnamhach, easpach, éidreorach, fann, féigh, goilliúnach, lagáiseach, lagbhríoch, leamh, leochaileach, maoth, marbhánta, meirtneach, míchumasach, neamhábalta, neamhbhailí, neamhchumhachtach, neamhéifeachtach, neamhéifeachtúil, neamhfhiúntach, neamh-infheidhme, neamhinniúil, neamhoilte, neamhthairbheach, sleaiceáilte, soghonta, soleonta, téiglí, tláith, tláthlag, tnáite, tréith, tréithlag, uireasach, *literary* triamhain; chomh lag le héan i mbarrach. *noun* ❶ *weak person:* ainnseoir, bocht, bochtán, créatúr, croithleán, dealbhach, deibhleán, díothachtach, díthreabhach, díthriúch, dreoilín, duine anbhann, duine cloíte, duine cróilí, duine dearóil, duine lag, marla, marla de dhuine, meathán, meathlóir, seang, síogaí, síothnaí, truán; cídeog. ❷ *weakness:* anbhainne, cloíteacht, fainne, lagachar, lagáisí, lagar, laige, mairbhití, maoithe, marbhántacht, míneart, sleaic, taise, téiglíocht, tláithe, tlás, tréithe. ❸ *lag trá low tide:* aife, díthrá, iarthrá, taoide, taoide aife, taoide thrá, trá.

lagachar *noun weakness, faintness:* anbhainne, anbhainneacht, cloíteacht, fainne, faoine, faoineacht, filleadh féigh, lag, lagáisí, lagar, laige, mairbhití, maoithe, marbhántacht, meirtean, meirtne, meirtní, míneart, silteacht, sleaic, téiglíocht, téiglíocht, tláithe, tlás, tréithe, tréithleachas.

lagaigh *verb weaken, fail:* anbhainnigh, éinirtigh, géill, laghdaigh, loic, maolaigh, meath, meathlaigh, meirtnigh, sil, síogaigh; bris, clis, cúb, cúlaigh, teip, tit.

lagáiseach *adjective* ❶ *faint, feeble:* anbhainneach, anbhann, caite, cloíte, cortha, crólag, éidreorach, fann, fannlag, faon, lag, marbhánta, meirtneach, sáraithe, sleaiceáilte, spadánta, spíonta, támh, támhach, támhlag, téiglí, traochta, tréith, tréithlag, trochailte, *literary* triamhain; ag tit sna a sheasamh; níor fhan sea ná seoladh ann. ❷ *squeamish:* beadaí, cáiréiseach, cáitiniúil, consaeitiúil, cúirialta, éisealach, féata, íogair, laideanta, meonúil, samhnasach, samhnásach, scrupallach, tormasach.

lagáisí *noun* ❶ *faintness, feebleness:* anbhainne, cloíteacht, fainne, faoine, faoineacht, filleadh féigh, lag, lagachar, lagar, laige, mairbhití, maoithe, marbhántacht, téiglíocht, tréithe. ❷ *squeamishness:* beadaíocht, cáiréis, consaeit, cúirialtacht, éiseal, éisealacht, samhnas le bia, tormas.

lagchroíoch *adjective faint-hearted:* beaguchtúil, cloíte, éagalma, eaglach, faiteach, faitíosach, fannchroíoch, lagáiseach, lagspridiúil, meata, mílaochta, scallta, suarach; níl croí circe aige.

laghad *noun smallness, fewness:* beagmhéid, bige, caoile, easnamh, easpa, gainne, gannchar, gannchúis, ganntan, ganntanas, ganntar, mine, scáinteacht, teirce, uireasa.

laghairt *noun lizard:* airc luachra, alp luachra, earc, earc luachra, earc sléibhe, féith fhann; caimileon, geiceo, ioguána, latahá, monatóir, scinc, tinseámat.

laghdaigh *verb lessen, diminish:* clis, imigh as, maolaigh, meath, meathlaigh, tráigh; fuaraigh; tagann laghdú ar, tagann meath ar; téigh i laghad, téigh i léig; bain ó, lig i léig, maolaigh ar.

laghdú *noun decrease, reduction:* cliseadh, lagra, lagú, léig, maolú, meath, meathlú, mionú, tearcú, teip, titim, trá, traoitheadh, turnamh, *literary* oirbhearnadh.

lagmheabhrach *adjective* ❶ *feeble-minded:* aimhghlic, ainbhiosach, amadánta, amaideach, baoiseach, baoth, bómánta, breallach, breallánta, bundúnach, dall, dallacánta, dallaigeanta, dallaigeantach, dallintinneach, dícheillí, dímeabhrach, dobhránta, dúr, dúramánta, éaganta, gamalach, lagintinneach, leamh, leamhcheannach, leath-

Laghairteanna, Geiceonna, Caimileoin, is gaolta

ajolote (*Bipes biporus*): laghairt f. chaocháin
African fat-tailed gecko (*Hemitheconyx caudicinctus*): geiceo Afracach earr-ramhar
African fire skink (*Lygosoma fernandi*): scinc f. lasrach Afracach
African flat lizard (*Platysaurus broadleyi*): laghairt f. chothrom Afracach
African skink (*Mabuya* sp.): scinc f. Afracach
African striped skink (*Mabuya striata*): scinc f. stríocach Afracach
agama lizard (*féach* **common agama lizard**)
amphisbaenian (suborder Amphisbaenia): amfasbaenach
Arizona alligator lizard (*Elgaria kingii*): laghairt f. ailigéadrach Arizona
armadillo lizard (*Cordylus cataphractus*): laghairt f. armadailín
banded gecko (*Coleonyx* sp.): geiteo bandach
barking gecko (*Ptenopus garrulus*): geiceo glamach
basilisk lizard (*Basiliscus basiliscus*): baisileasc
bearded dragon (*Pogona vitticeps*): dragan féaságach
black and white amphisbaenian (*Amphisbaena fuliginosa*): amfasbaenach dubh is bán
blue-tailed skink (*Eumeces* sp.): scinc f. earrghorm
Borneo earless lizard (*Lanthanotus borneensis*): laghairt f. éagluasach Bhoirneo
Bosc's monitor (*Varanus exanthematicus*): monatóir Bhosc
Broadley's flat lizard (*féach* **African flat lizard**)
brown anolis (*Anolis sagrei*): agról donn
Caiman lizard (*Dracaena* sp.): laghairt f. chadhmain
chameleon (family Chamaeleonidae): caimileon
Chilean swift (*Liolaemus tenuis*): laghairt f. thanaí
Chinese crocodile lizard (*Shinisaurus crocodilurus*): laghairt f. chrogaill Shíneach
Chinese water dragon (*Physignathus cocincinus*): dragan uisce Síneach
chuckwalla (*Sauromalus obesus*): siucbhalla
collared lizard (*Crotaphytus collaris*): laghairt f. mhuinceach
common agama lizard (*Agama agama*): agama coiteann
common ameiva (*Ameiva ameiva ameiva*): aiméava coiteann
common house gecko (*Hemidactylus frenatus*): geiceo tí coiteann
common wall lizard (*Podarcis muralis*): laghairt f. bhalla choiteann
cone-head lizard (*Laemanctus longipes*): laghairt f. choirceogach
crocodile skink (*Triblonotus gracilis*): scinc f. chrogaill
desert monitor (*Varanus griseus*): monatóir gaineamhlaigh
desert night lizard (*Xantusia vigilis vigilis*): laghairt f. oíche an ghaineamhlaigh
earless lizard (*Holbrookia* sp.): laghairt f. éagluasach
elegant sand gecko (*Stenodactylus sthenodactylus*): geiceo gainimh bandach
emerald tree skink (*Lamprolepis smaragdina*): scinc f. chrainn smaragaidghlas
European glass lizard (*Pseudopus apodus*): laghairt f. éagosach na hEorpa; seilteapúisic f.
European leaf-toed gecko (*Euleptes europaea*): geiceo duillmhéarach na hEorpa
European worm lizard (*Blanus cinereus*): péistlaghairt f. Eorpach
eyed skink (*Chalcides ocellatus*): scinc f. shúileach
fence lizard (*Sceloporus* sp.): laghairt f. chlaí
flying gecko (*Ptychozoon kuhli*): geiceo eitilte
flying lizard (*Draco* sp.): laghairt f. eitilte
frilled lizard (*Chlamydosaurus kingii*): laghairt f. rufach
garden lizard (*Galotes versicolor*): laghairt f. ghairdín
gecko (forfhine Gekkota): geiceo
giant blue-tongued skink (*Tiliqua gigas*): ollscinc f. na teanga goirme
Gila monster (*Heloderma suspectum*): ollphéist f. Gila
girdled lizard (*Cordylus warreni depressus*): laghairt f. chriosach
glass lizard (*Ophisaurus* sp.): laghairt f. ghloine
granite night lizard (*Xantusia henshawi*): laghairt f. eibhreach oíche
great plated lizard (*Gerrhosaurus major*): mórlaghairt f. lannach
green anolis (*Anolis carolinensis*): anól glas
green iguana (*Iguana iguana*): ioguána glas
helmeted iguana (*Corytophanes cristatus*): ioguána clogaid
hispid lava lizard (*Tropidurus hispidus*): laghairt f. laibhe gharbh
Iberian worm lizard (*féach* **European worm lizard**)
Ibiza wall lizard (*Podarcis pityusensis*): laghairt f. bhalla Ibiza
iguana (*Iguana* sp.): ioguána
inland bearded dragon (*féach* **bearded dragon**)
Jackson's chameleon (*Chameleo jacksonii xantholophus*): caimileon Jackson
Jacky dragon (*Amphibolurus muricatus*): dragan jeaicí
Komodo dragon (*Varanus komodoensis*): dragan Chomódó
Kuhl's flying gecko (*féach* **flying gecko**)
legless lizard (*Anniella* sp.): laghairt f. éagosach
leopard gecko (*Eublepharis macularius*): geiceo ballach
Lilford's lizard (*Podarcis lilfordi*): laghairt f. Lilford
long-tailed skink: (*Trachylepis megalura*) scinc f. earrfhada
Madagascan day gecko (*Phelsuma madagascarensis*): geiceo lae Mhadagascar
marine iguana (*Amblyrhynchus cristatus*): ioguána muirí
Mexican bearded lizard (*Heloderma horridum*): laghairt f. fhéaságach Mheicsiceo
monitor lizard (*Varanus* sp.): monatóir
Moorish gecko (*Tarentola mauritanica*): geiceo Múrach
mountain horned dragon (*Acanthosaura* sp.): dragan adharcach sléibhe
New Caledonian gecko (*Rhacadactylus leachianus*): geiceo Nua-Chaladónach
night lizard (*féach* **desert night lizard**)
Nile monitor (*Varanus niloticus*): monatóir Níleach
northern leaf-tailed gecko (*Phyllurus cornutus*): geiceo duilleach an tuaiscirt
Oustalet's chameleon (*Chamaeleo oustaleti*): caimileon Oustalet
panther chameleon (*Purcifer pardalis*): caimileon pantair
Parson's chameleon (*Calumma parsonii cristifer*): caimileon Parson
pink-tailed skink (*Eumeces lagunensis*): scinc f. Lagúnach
plumed basilisk (*Basiliscus plumifrons*): baisileasc cleiteach
rainbow lizard (*féach* **common agama lizard**)
rhinoceros iguana (*Cyclura cornuta*): ioguána srónbheannaigh
rough-scaled plated lizard (*féach* **great plated lizard**)
rock lizard (*Petrosaurus mearnsi*): laghairt f. leice
sailfin lizard (*Hydrosaurus* sp.): laghairt f. dhroimeiteach

Laghairteanna, Geiceonna, Caimileoin, is gaolta
ar lean

sand lizard (*Lacerta agilis*): laghairt *f.* ghainimh
skink (*forfhine* Scincomorpha): scinc *f.*
slow-worm (*Anguis fragilis*): earcán caoch
snake lizard (*Liasis* sp.): laghairt *f.* nathrach
Solomon Islands tree skink (*Corucia zebrata*): scinc *f.* crainn Oileáin Sholamón
spiny dab lizard (*Uromastyx aegypticus*): dablaghairt *f.* Éigipteach
southern angle-headed dragon (*Hypsilurus spinipes*): dragan ceannspeancach an deiscirt
stump-tailed skink (*Tiliqua rugosa*): scinc *f.* stumpearrach
sungazer lizard (*Cordylus giganteus*): stánaí gréine
tegu (*Tupinambis* sp.): téagú
Thai water dragon (*féach* Chinese water dragon)
thorny devil (*Moloch horridus*): diabhal deilgneach
tokay gecko (*Gekko gecko*): geiceo tócae
viviparous lizard (*Zootoca vivipara*): earc luachra
wall lizard (*féach* **common wall lizard**)
web-footed gecko (*Palmatogecko rangei*): geiceo lapach
western fence lizard (*Sceloporus occidentalis*): laghairt *f.* chlaí iartharach
worm lizard: péistlaghairt *f.*
Zimbabwe girdled lizard (*Cordylus rhodesianus*): laghairt *f.* chriosach na Siombáibe

mheabhrach, leibideach, mallintinneach, maol, míghlic, neamhthuisceanach, óinsiúil, pleidhciúil, ramhar sa cheann, seafóideach, simplí, spadintinneach. ❷ *forgetful:* bóileagrach, dearmadach, dímheabhrach, faillíoch, lagmheabhrach, mearathalach, mearbhlach, neamhairdeallach, neamhairdiúil, neamhaireach, seabhraonach, seachmallach; mainneachtnach, neamartach.
lagmheas *noun disrespect, contempt:* beagmheas, dímheas, díomas, díspeagadh, domheas, drochmheas, fonóid, míchás, scorn, seanbhlas, spíd, tarcaisne, *literary* dímhigin.
lagmheasartha *adjective rather poor, indifferent:* leathchuibheasach, leathmheasartha; cuibheasach, cuíosach, leamh, measartha, réasúnta.
lagmhisneach *noun lowness of spirits:* aiféala, atuirse, beagmhisneach, briseadh croí, brón, buaireamh, buairt, cathú, céasadh intinne, ciach, cian, crá croí, cráiteacht, croíbhriseadh, cumha, diachair, díomá, dobrón, doghra, doghrainn, doilíos, dólás, duáilce, duainéis, duairceas, dubhachas, dúlagar, dúlionn, éadóchas, gruaim, iarghnó, ísle brí, lagar spride, lagsprid, léan, lionn dubh, mairg, méala, seolán, tocht, tromchroí, tromchroíocht.
lagú *noun weakening, abatement:* aothú, bogadh, caolú, dul i laghad, éineart, éinirtiú, faoiseamh, laghdú, lagra, laigse, lascaine, maolú, meathlú, sleaic, socrú, tanaíochan, titim, trá.
laí *noun pole, shaft:* cleith, crann, cuaille, fearsaid, geá, leathlaí, páil, sabh, sáfach, sáiteán, seafta, stacán, staic, taobhán, *literary* ochtach, sithbhe.
láí *noun loy, spade:* rámhainn, spáid; sluasaid.
láib *noun* ❶ *mud, mire:* abar, clábar, cré, créafóg, dóib, draoib, draoibeal, glár, greallach, guta, lábán, lathach, lodar, marla, moirt, múilleog, pluda, práib, puiteach, slaba, sláthach, sloda; pludar pladar; bogach, corcach, corrach, criathrach, lathrach, portach, riasc, riascach. ❷ **láib abhann** *silt:* glár, tuiltreach.
laibhe *noun lava:* magma; bláithliag, sliogart, slíogart.
laibhín *noun* ❶ *leaven:* deasca, gabháil, giosta. ❷ **arán gan laibhín** *unleavened bread:* arán slim.
laidhricín *noun* ❶ *little finger:* méar bheag, lúideog, lúidicín, lúidín, lúirín; bainbhín. ❷ *little toe:* ladhair bheag, lúidicín, lúidín, ladhar na coise.
laidhrínteacht *noun (act of) fingering, (act of) fiddling with:* bogadúradh, bogadúram, crágáil, crúbáil, crúbaireacht, crúcáil, dallacáil, fidleáil, fidléireacht, fidlínteacht, gíotáil, glacaíocht, glacaireacht, glíomáil, gliúmáil, ladhráil, manaois, meandáil, méaraíoch, méirínteacht, póirseáil, prócáil, prícínteacht, scrabhadh, scríobadh, siústráil, spreotáil, strócadh, útamáil.
láidir *adjective* ❶ *strong, forceful:* ábalta, acmhainneach, bailc, balcánta, bríoch, bríomhar, bulcánta, balcánta, calma, calmánta, ceannasach, ceilméartha, cróga, cumasach, cumhachtach, dána, éifeachtach, fearúil, feilmeanta, foirtil, folcánta, fórsúil, fuinniúil, gusmhar, gusúil, inniúil, máistriúil, matánach, misniúil, móruchtúil, muscalach, neamheaglach, neamhfhaiteach, neartmhar, oscartha, réimeach, scolbánta, spionnúil, spreacúil, spreagúil, téagartha, teann, tréan, urrúnta, urrúsach, soinnimh, *literary* ruanata. ❷ *numerous:* iolartha, iomadúil, líonmhar, sluamhar, *literary* leardha; coitianta, fairsing, flúirseach, fras, ilghnéitheach, rábach. ❸ *well-to-do:* acmhainneach, brachtach, bunúil, cluthar, compordach, cuideach, deisiúil, éadálach, fáltasach, gustalach, iarmhaiseach, ionnúsach, láidir, maoineach, neamhghátarach, neamhuireasach, neamhuireaspach, rachmallach, rachmasach, rafar, rathúil, saibhir, seascair, sóch, sócúil, sócúlach, tábhachtach, toiceach, toiciúil, tréan, *literary* foltach; faoi bhrothall, go maith as, i measarthacht den tsaol, ina shá den tsaol, ina shuí go te, os cionn a bhuille; tá an saol ar a mhias féin aige; tá bólacht aige, tá bonn aige; tá caoi mhaith air, tá cóir mhaith air, tá dóigh air, tá lán na lámh aige. ❹ *durable:* bithbheo, bithbhuan, bithnua, buan-, buanfasach, buanúil, fada, fadsaolach, fadtéarmach, leanúnach, ilbhliantúil, marthanach, ar marthain, neamhbhásmhar, saolach, síoraí, sithiúil, suthain; is iontach an caitheamh, an teilgean atá ann. ❺ *loud, penetrating:* ard, ardghlórach, cársánach, fothramach, gágach, garbhghlórach, gárthach, géar, glórach, gluair, míbhinn, mórghuthach.
láidreacht *noun strength:* acmhainn, brí, bríomhaireacht, cumas, cumhacht, daingne, daingneacht, éifeacht, foirtile, fórsa, fuinneamh, inmhe, lán-neart, neart, neartmhaire, neartmhaireacht, oirbheart, sea, sonairte, stóinseacht, tréan, tréine, treise, urra, urrúntacht, urrús, tothacht, *literary* druine.
láidrigh *verb strengthen:* athneartaigh, breisigh, cuir taca le, cuir tacaíocht le, daingnigh, neartaigh, tacaigh le, tabhair misneach do, táthaigh, treisigh.
laige *noun* ❶ *weakness:* anbhainne, anbhainneacht, cloíteacht, fainne, faoine, faoineacht, filleadh féigh, lag, lagachar, lagáisí, lagar, mairbhití, maoithe, marbhántacht, meirtean, meirtne, meirtní, míneart, silteacht, sleaic, téiglíocht, tláithe, tlás, tréithe, tréithleachas. ❷ *tender youth:* anaostacht, aosánacht, leanbaíocht, leanbhaois, macaomhacht, naíonacht, naíondacht, naíonacht, óige, óigeantacht. ❸ *faint, swoon:* fanntais, lagachar, lagáisí, lagar, támh, támhnéall, támhshuan.
laigse *noun* ❶ *abatement:* aothú, bogadh, caolú, dul i laghad, faoiseamh, laghdú, lagra, lascaine, maolú, meathlú, socrú, tanaíochan, titim, trá. ❷ *rebate:*

aisíoc, cúiteamh, lacáiste, liúntas, maolú. ❸ *mitigation:* laghdú, lamháil, liúntas, maolú.

láimhdeachas noun *(act of) handling, manipulation:* ainliú, beartú, cogairsiú, déileáil, eagrú, feistiú, gléasadh, imirt, inleadh, ionramháil, láimhseáil, láimhsiú, oibriú, ornú, socrú.

láimhíneach adjective *nimble with hands:* ábalta, aclaí, cliste, deas, deaslámhach, glic, lannach, praitinniúil, sciliúil, stuama, *literary* eangnamhach. noun ❶ *dexterous person:* ceardaí, duine deaslámhach, duine sciliúil, duine stuama, ealaíontóir, máistir, máistir ar a cheird, sástaí. ❷ *one-armed person:* duine ar leathlámh. ❸ *angler fish* (*Lophius piscatorius*): anglá, anglait, bráthair, deilgín deamhain.

láimhseáil noun *management, handling:* aire, aireachas, bainisteoireacht, bainistíocht, cóireáil, cur chuige, eagrú, feighlíocht, ionramh, láimhdeachas, láimhsiú, lámhsmacht, maoirseacht, reachtáil, rialú, rialúchán, riarachán, riaradh, saoistíocht, smacht, stiúir, stiúradh, stiúrthóireacht, tindeáil, treoir, treorú. verb *manage, handle:* ainligh, cóireáil, eagraigh, innill, ionramháil, láimhsigh, reachtáil, rialaigh, riar, rith, smachtaigh, stiúir, stiúraigh, treoraigh.

láimhsigh verb ❶ *handle, manipulate:* ainligh, eagraigh, innill, ionramháil, láimhseáil, reachtáil, rialaigh, smachtaigh, stiúir, stiúraigh, treoraigh. ❷ *grapple with, seize:* aimsigh, téigh i nglacamas le, téigh i ngleic le, téigh i ngreim le; téigh in achrann, téigh chun spairne le, tabhair fogha faoi; beir ar, beir greim ar, coinnigh, fostaigh, gabh, gabh seilbh ar, glac, glac seilbh ar, sciob, snap, tóg.

laincis noun *fetter, hobble, spancel:* bac, bacainn, branra, buairichín, buairthín, buarach, cis, cornasc, cosc, cruimeasc, cuibhreach, éaradh, glaicín, gradhan, habal, igín, iodh, laincide, laingeal, loncaird, stopainn, urchall, *colloquial* iarnach.

laindéar noun *lantern:* lampa, léaspaire, lóchrann; branda, coicheán, coichín, lasán, lasóg, soilseán, solas, sop, sopóg, teannáil, tóirse, trilseán, *literary* sutrall.

láine noun *fullness:* borradh, fairsinge, fairsingeacht, fás, flúirse, foirfeacht, forás iomlán, iomláine, iomlán, lánmhaireacht, líonmhaire, líonmhaireacht, raidhse, raidhsiúlacht, riocht, saibhreas, toircheas, torthúlacht.

láinnéar noun ❶ *lanyard:* corda, iris, rópa, sreangán, sursaing, téad. ❷ *tatter:* balcais, bratóg, bréid, ceamach, ceirt, cifle, cifleog, círéib, crothóg, géire, géirín, giob, giobal, giolcais, leadhb, paiste, plispín, preabán, scifle, scifleog, *pl.* scóiléadaí, scrábán, stiallóg, straiméad, streachlán, strupais, suán glacach. ❸ *tattered person:* breallán, ceamach, ceamachán, cifleachán, círéib, clogán streille, coigealach, cuifeach, cuileachán, giobachán, giobailín, gioblachán, glibire, gliobachán, leibide, liarlóg, liobar, liobarnálaí, magarlán, pana, pleibistín, radalach, scifleachán, scothánach, scrábachán, slaimice, sláimín, slapaire, slibire, sraoilleachán, sraoilleán, sraoillín, straille, strailleán, streachaille; braimleog, breallóg, claimhseog, claitseach, cuachán mná, cuairsce, giobóg, gliobóg, leadhbóg, liobóg, peallóg, slámóg, slapóg, slapróg, sraoill, sraoilleog, strailleog, strupais, suairtle.

lainseáil verb *launch:* cuir ar poll, sáigh amach; seol.

láinteacht noun ❶ *blandishment:* bréadóireacht, bréagadóireacht, bréagaí, bréagaíl, bréagaireacht, cluanaireacht, gallúnach, gliodaíocht, ladús, meallacacht, mealltacht, mealltóireacht, plámás, plás, plásánaíocht, plásántacht, plásántas, súdaireacht, tláithínteacht. ❷ *fondling:* croídín, diurnú, giolamas, giollamas, giolacaireacht, gráin, láchín, mán mán,

manaois, muirnéis, muirníneacht, muirniú, peataireacht.

láíocht noun ❶ *kindness, pleasantness, affability:* caoimhe, *pl.* caoinbhéasa, caoine, caoithiúlacht, ceansacht, macántacht, mánlacht, míne, míneadas, miochaire, míonlacht, modhúlacht, séimhe, taitneamhacht, tláithe; bá, cairdiúlacht, caoideanas, caradradh, caradras, carthanacht, carthanas, cineáltacht, cineáltas, cneastacht, córtas, cuideachta, cuideachtúlacht, cuidiúlacht, dea-chroí, garúlacht, láchas, muintearas, oibleagáideacht, nádúr, páirt, páirtíocht, taithíocht, *literary* daonchaire.

laíon noun *pith, pulp:* bia, fochraiceann, garr, garr toraidh, liothrach, má gáinne, máthair bhúidh, múscán, práib, seamlas, smior, smúsach.

láir noun ❶ *mare:* cliobóg, láirín; searrach lárach; capall. ❷ **láir mná** *big woman, well-built woman:* bonsach girsí, cliobóg, corróg de bhean mhór, steafóg girsí, siollaire mná, torpóg, *familiar* láireog. ❸ **láir bhán** *hobby horse:* capall maide, ceann púca ar bata, ceann púca ar maide. ❹ **an Láir Bhán** *the Milky Way:* an Ceann Síne, Bealach na Bó Finne, Bóthar na Bó Finne, claí mór na réaltaí, Eireaball na Lárach Báine, Síog na Spéire.

láireog noun ❶ *little mare, filly:* cliobóg, láirín, searrach lárach. ❷ *well-built girl:* bonsach girsí, cliobóg, láir, steafóg girsí, siollaire mná, torpóg.

láirig noun *thigh:* ceathrú, leis, más, sliasaid; corróg, gorún.

láirigeach adjective *having large thighs:* másach, sliastach; prompach, tiarpach, tónach. noun *large-thighed person:* másach, másaire, prompaire.

laiste noun ❶ *latch:* claibín, maide; glas. ❷ *string-piece, binding:* corda ceangail, ceangal, sreang, suaithne; gairtéar.

laisteas adjective *on the south side:* deisceartach, theas. adverb *on the south side:* ar an taobh ó dheas, ar an taobh theas.

laistiar adjective ❶ *on the west side:* iartharach, taobh thiar, thiar. ❷ *behind:* ar gcúl, taobh thiar. adverb ❶ *on the west side:* ar an taobh thiar. ❷ *behind:* ar gcúl, i bhfad ar ais, siar.

laistigh adjective *within, indoors:* inmhéanach, istigh, adjectival genitive tí; sa teach. adverb *within, indoors:* istigh, taobh istigh; sa teach.

laistíos adjective *below:* adjectival genitive íochtair, íochtarach, íseal, thíos. adverb *below:* taobh thíos, thíos.

lait noun *lot, number:* carn, clais, cuimse, dalladh, dúlíonach, éacht, flúirse, foiscealach, foracan, foracún, iontas, lear, líon, réimse, roinnt, scaoth, seó, slua, uimhir; an dúrud.

láithreach adjective *present, immediate:* comhaimseartha, freacnaireach, nua-aimseartha; i láthair, sa láthair; de chuid na haoise seo, de chuid na linne seo. adverb *immediately:* ar an bpointe, ar an toirt, ar hap an tairne, gan mhoill, láithreach bonn, tur te. noun ❶ *place, location:* áit, áit na mbonn, alt, ball, fód, ionad, ionadh, láthair, láithreán, láithreog, leaba, log, páirc, spota, suíomh. ❷ *ruined site:* ballóg, bathlach, cealdrach, ceallúir, fothrach, seanbhallóg. ❸ *trace, imprint:* cló, comhartha, eang, lorg, marc, múnla, rian, rianán, sliocht, teilgean, teimheal, tréas, *literary* foilleacht.

láithreán noun *piece of ground, site:* áit, áit na mbonn, alt, ball, fód, ionad, ionadh, láithreán, láithreog, láthair, leaba, log, páirc, spota, suíomh.

láithrigh[1] verb *present oneself, appear:* nocht; bí i láthair, taispeáin thú féin, tar i láthair; feictear é, tugtar faoi deara é.

láithrigh[2] verb *literary demolish, destroy:* bánaigh, basc, cart, cealaigh, coscair, díláithrigh, díothaigh,

laitís díscigh, ídigh, leag, léirscrios, loit, maraigh, mill, múch, neamhnigh, réab, scrios, slad, treascair, *literary* sléacht; cuir ar ceal, cuir ar neamhní, cuir deireadh le, cuir den saol, cuir ó fháil.

laitís noun *lattice, lattice-work:* cliathrach, crannaíl, eangach, greille.

láma noun *llama (Lama):* alpaca, guanacó, viciúna.

lámh noun ❶ *arm, hand:* crág, crobh, crobhán, crobhóg, croibhín, crúb, crúbán, glac, ladhair, ladhar, ladhrán, láimhín, lámhdhóid, lapa, mág, mágán, máigín, *literary* mán; bacán, bacán láimhe, cuisle, géag, rí, sciathán, *literary* brac. ❷ *handwriting:* grafnóireacht, lámh litreach, lámhscríbhneoireacht, peannaireacht, scríbhneoireacht, scríobh; lorg a láimhe. ❸ *handle:* adharc, cluas, cos, crann, hanla, lámhchrann, lorga, maide, sáfach, urla, urlann. ❹ *skill, ability:* ábaltacht, bua, cumas, éifeacht, éirim, *pl.* feánna, gus, inmhe, inniúlacht, mianach, scil, stuaim, *pl.* tréithe, *literary* eangnamh, tuailnge. ❺ **lámh chúnta** *assistance:* cabhair, comhar, comhfhortacht, cuidiú, cúnamh, fóir, fóirithint, fortacht, lámh, lámh chuidithe, lámhaíocht, oirchiseacht, taca, tacaíocht, tarrtháil. ❻ **lámh láidir** *force, violence:* aintiarnas, anfhorlann, ansmacht, antrom, cos ar bolg, cumhacht, daorbhroid, daordháil, daorsmacht, dansmacht, éagomhlann, foréigean, forneart, forrach, fórsa, géarbhroid, géarsmacht, inghreim, leatrom, neart, smachtúlacht, tíorántacht. ❼ **lámh fhuar** *white caterpillar:* cruimh bhán, cruimh chabáiste, cruimh chóilís, duillmhíol, lámh liath, péist cháil, péist chabáiste; bolb, bratóg, larbha, luibhphéist, luschnuimh, luschuach, péist chapaill.

lámhacán noun *(act of) creeping, (act of) crawling:* dromadaíl, éalú, ionshnámh, sleamhnnú, snámh, snámhaíocht, sníomhadaíocht, téaltú.

lámhach noun ❶ *literary dexterity:* aclaíocht, beartaíocht láimhe, clisteacht, deasláimhe, deaslámhachaí, deaslámhacht, deaslámhaí, éascaíocht, gliceas, luathlámhacht, oilteacht, scil, stuaim, *literary* eangnamh. ❷ *literary hurling of missile:* aimsiú, amas, caitheamh, crústach, díuracadh, radadh, rúisc, scaoileadh, teilgean. ❸ *shooting:* aimsiú, lámhachas, loscadh, rúisc urchar, scaoileadh, scaoileadh urchar. ❹ *slaughter:* ár, bascadh, búistéireacht, coscairt, deargár, eirleach, íospairt, marú, réabadh, scrios, slad, scláradh, slascairt, sléacht, sleachtadh, sracadh, spleotáil, *literary* lochar. **verb** *shoot:* caith, gabh de philéir ar, lámhaigh, loisc, scaoil, scaoil le, tabhair faoi.

lamháil noun ❶ *allowance, grant:* dearlacadh, dearlaic, deolad, deolchaire, deolaíocht, deontas, deonú, fabhar, fóirdheontas, fordheontas, lamháltas, liúntas; cabhair airgid. ❷ *remission, discount:* aisíoc, cúiteamh, lacáiste, laghdú, laigse, liúntas, logha, maolú.

lámhainn noun *glove:* dornóg, miotán, mitín, miotóg; *historical* molard.

lámhdhéanta adjective *handmade:* déanta le lámh; **adjectival genitive** baile, ceardúil, cniotáilte, gaibhnithe, lámhscríofa.

lámhleabhar noun *handbook, manual:* eolaí, eolaire, glacleabhar, treoirleabhar, *pl.* treoracha, *literary* manuail.

lamhnán noun ❶ *bladder:* bleadar, éadromán, fuallamhnán, scrathóg. ❷ *familiar bloated person:* alpaire, béiceadán, bleadrachán, bleaistéir, bleitheach, bleitheachán, bó mhagarlach, boglachán, bograchán, bolgadán, bolgaire, boilgíneach, bolmán, bolmán béice, bró, broicleach, bromachán, brúchtíneach, bruileóta, bruilíneach, brúitín, brúitíneach, builtéar, builtéir, buimbiléad, búiste, búistéachán, burla, burlaimín, burlamán, ceaigín,

claiséir, daba, damh, gillín, glugrachán, gluitéir, griollach, griollachán, lapaire, luán, ludar, luireach, másaire, méadlach, méadlachán, páin, pántrach, plástar, plobaire, plobar, plobrachán, pórc, práisiléad, púdarlach, puic, puicearlach, rabhndar, riteachán, scraitheachán, scraith ghlugair, spreoille, stoipéad, torpán.

lámhscríbhinn noun *manuscript:* lámhscríbhneoireacht, leabhar lámhscríofa, téacs lámhscríofa; coidéacs, meamram, pár, *literary pl.* screaptra; clóscríbhinn, ríomhphrionta.

lámhscríbhneoireacht noun *handwriting:* grafnóireacht, lámh, lámh litreach, peannaireacht, scríbhneoireacht, scríobh; lorg a láimhe.

lámhscríofa adjective *handwritten:* scríofa le lámh.

lampa noun *lampa:* laindéar, laomlampa, lóchrann; branda, coicheán, coichín, lasán, lasóg, léaspaire, soilseán, sop, sopóg, teannáil, tóirse, trilseán, *literary* sutrall.

lán adjective *full:* lán go béal, lán go boimbéal, lán go bruach, lán go drad, lán go heireaball; barclán, bruachlán, forlán, lánmhar; cab ar cab, cab ar cab agus cab os a chionn, líonta, líonta amach ar an tsúil, líonta fá mhaoil, luchtmhar; ag brúchtaíl, ag cur thar maoil; ata, borrtha, plúchta, pulctha, róbhrúite, téagartha. **adverb** *just, every bit:* gach pioc, gach uile mhíle, gach uile orlach, glan, go díreach, go maith, slán. **noun** ❶ *full, fullness:* dlús, fairsinge, flúirse, iomláine, iomlán, láine, lánmhaireacht, líonmhaire, mion-iomláine, raimhre, saibhreas, tathag, téagar, téagarthacht. ❷ *contents, charge:* ábhar, lánán, lasta, líon, lód, lucht, luchtlach, toilleadh, ualach. ❸ **a lán** *great deal, much, many:* ainmhéid, an dúrud, carn, clais, cuimse, dalladh, dúlíonach, éacht, flúirse, foiscealach, foracan, foracún, gliúrach, iontas, lasta, lear, maidhm, *pl.* mílte, mórán, *pl.* múrtha, neamh-mheán, púir, réimse, roinnt mhaith, scanradh, scaoth, seó, slua, tolmas, *familiar* an t-uafás. ❹ **lán mara** *high tide:* airde mara, ardlán, barr taoide, barrlán; rabharta, taoide rabharta, taoille rabharta.

lána noun *lane, narrow street:* bóithrín, cabhsa, caolsráid, cúlsráid, pasáiste, póirse, scabhat, (i gContae na Gaillimhe) scóidín, sráidín.

lánábalta adjective *fully able:* lánchumhachtach, mórchumhachtach, uilechumhachtach.

lánaigh verb *fill out, give volume to:* leathnaigh, líon, sac, stuáil; cuir tathag ann, cuir téagar ann.

lánaimseartha adjective *full-time:* buan, buanseasmhach, leanúnach, seasta. **adverb** **go lánaimseartha** *full-time:* de ló is d'oíche, go síoraí, i gcónaí, i dtólamh, ó dhubh go dubh, ó mhaidin go faoithin; gan sos, gan stad; an t-am ar fad, an t-am go léir, ar feadh na faide.

láncháilithe adjective *fully qualified:* cáilithe, lánoilte, oilte, traenáilte; a bhfuil a dhintiúir aige.

landair noun ❶ *partition:* deighilt, laindéal, landa, landaíl, landaoir, síleáil, spiara, *literary* fochra; balla, cliath, sconsa. ❷ *recess:* almóir, ascaill, cailleach, clúid, cluthair, cuas, cúil, cúilín, cúinne, cúláire, cúlán, cúláis, cúláisean, cúlaon, glota, landa, landaíl, landaoir, lúb, lúbainn, nideog, póicéad, poll an bhaic, poll an iarta, poll an phaidrín, puicéad, *literary* imscing. ❸ *store-room, pantry:* bialann, landa, landaíl, landaoir, lardrús, lóncha, pantrach, stóras, *literary* iarlann.

lann noun ❶ *thin plate, lamina:* leacán, pláta. ❷ *scale (of fish):* gainne, gainneach, *colloquial* lanntrach. ❸ *blade:* béal, corr, faobhar; corrán, rásúr, scian, speal. ❹ *weapon:* arm, arm faobhair, arm géar, colg, claíomh, daigéar, ga, géarlann, glaid, lansa, miodóg, pionsa, ráipéar, rinn, sleá, uirlis troda.

lannach adjective ❶ *laminated, scaly*: gainneach, gainniúil, lán de ghainní. ❷ *bladed*: colgach, feannaideach, feannta, fiamhach, faobhrach, géar, géaránach, géarghoineach, géarlannach, goineach, gonta, polltach. ❸ *dexterous (with sword, etc.)*: aclaí, cliste, deaslámhach, praitinniúil, sciliúil, stuama, *literary* eangnamhach.

lansa noun ❶ *lance*: bior, bonsach, craoiseach, ga, rinn, sleá, treá, *literary* cleath, manaois. ❷ *lancet*: cuisleog, scian fola, lainse, lainsín. ❸ *blade*: béal, corr, faobhar, lann; corrán, rásúr, scian, speal.

lansaigh verb *lance*: lansáil, scoráil.

lánsaíocht noun *lance-fighting*: sleádóireacht; giústáil.

lánsásta adjective *fully satisfied*: an-sásta, fíorshásta, lántoilteanach, sóch, toilteanach; le lántoil.

lánseol adverbial phrase *under full sail, in full swing*: faoi lán seoil; ar lánluas, faoi lánréim, faoi lánrith, faoi lánsiúl, ina réim ruathair.

lantán noun ❶ *level place*: ardán, ceapóg, clár, laftán, geadán, lamairne, lantán, léibheann, lochtán, má, machaire, plás, plásán, plásóg, réileán, talamh réidh. ❷ *grassy place, grazing patch*: báinseach, báinseán, bán, cluanóg, cluasóg, faiche, féar, féarach, mínleog, plás, plásán, plásóg; léana, míodún, móinéar; tamhnach, tamhnóg.

lántoil noun *full consent.* adverbial phrase **le lántoil** *with full consent, wilfully, willingly*: go lántoilteanach, go toilteanach.

lánúin noun *married couple, engaged couple*: beirt, cúpla, *literary* déidhe, dias, dís, fear is bean, fear óg is bean óg, péire.

lánúnas noun ❶ *partnership in marriage*: caoifeachas, caoifeacht, céileachas, coimhdeacht, comhleapachas, comrádaíocht, cuideachta, cumann, gaol, muintearas, páirt, páirteachas, páirtíocht. ❷ *cohabitation*: aontíos, buannacht, caoifeachas, caoifeacht, céileachas, comhleapachas, lánúineachas, lánúnachas, maireachtáil le chéile, muintearas. ❸ *mating*: caidreamh collaí, collaíocht, comhluí, comhriachtain, cúpláil, gabháil le chéile, gnéas, lánúineachas, lánúnachas, luí le chéile, *literary* inéirí; cúirtéireacht, dáthadh, péiríocht, *familiar* bualadh craicinn, bualadh leathair, cluiche an toill, cluiche na mball, cluiche na bhfód, craiceann, déanamh cuiginne, giotaíocht, guicéaracht, joineáil, leathar, marcaíocht, proit, proiteáil, raighdeáil, scailleog, slataíocht, steabáil, stialláil.

lao noun ❶ *(young) calf*: lao deoil, lao diúil, lao baineann, lao biata, lao fireann; gamhain, gamhain deoil, gamhain óg; progaí, sucaí. ❷ **a lao** *my dear*: a chiallach, a chroí, a chuid, a chuisle, a chumann, a ghrá, a lao deoil, a mhaoineach, a mhaoinín, a mhuirnín, a rún, a shearc mo chroí, a stóirín, a stór, a thaisce, a théagair.

laobh verb *literary bend, bias*: cam, cas, claon, crom, fiar, freang, lúb, saobh.

laoch noun ❶ *literary layman*: tuata. ❷ *warrior, hero*: calmfhear, cathaí, cathmhíle, cniocht na hallóide, comhraiceoir, comhraicí, curadh, gaiscíoch, galach, laochmhíle, míle, seaimpín, *literary* anghlonn, cú, féinní, laochra, láth, leon, mál, nia, óglach, omhna, onchú, oscar, scál, tor.

laochas noun ❶ *heroism, valour*: calmacht, coráiste, coráistiúlacht, crógacht, croí, oiread Chnoc Mordáin de chroí, dánacht, gal, gaisce, gaiscíocht, laochras, leontacht, meanma, meanmnacht, misneach, misniúlacht, niachas, scairt láidir, sea, smior, spionnadh, spiorad, sponc, spreacadh, spréach, spreacúlacht, uchtach, uchtúlacht, *literary* eiseamal. ❷ *gratification, pride*: airdiúlacht, baothghlóir, bród, bródúlacht, ceartaiseacht, díomas, éirí in airde, leithead, méadaíocht, méirnéis, móiréis, móráil, mórchúis, mórgacht, mórluachacht, mórtas, mórtas thóin gan taca, mustar, poimpéis, postúlacht, sásamh, sástacht, sotal, steámar, uabhar. ❸ *boastfulness, bravado*: bladhmadóireacht, bladhmaireacht, bladhmann, bóibéis, bollaireacht, bomannacht, braig, braigeáil, buaiceáil, buaileam sciath, cacamas, déanfas, éirí in airde, gairéadú, gaisce, gaisciúlacht, gláiféisc, leadram lúireach, maíomh, móiréis, mórchúis, mórtas, mórtas thóin gan taca, mustar, poimpéis, postúlacht, rá mata, scailéathan, scaothaireacht, scleondar, siollógacht, stocaireacht, toirtéis, trumpadóireacht.

laochasach adjective *boastful*: baoth, bastallach, bladhmannach, bogásach, bóibéiseach, borrach, glórdhíomhaoineach, maíteach, móiréiseach, mórfhoclach, mórtasach, mustrach, poimpéiseach, siollógach, toirtéiseach.

laochta adjective *valorous, heroic*: bríomhar, calma, calmánta, coráisteach, coráistiúil, cróga, curata, dána, díolúnta, foirtil, fortúil, gaisciúil, galach, gusmhar, gusúil, láidir, laochúil, meanmnach, misniúil, móruchtail, oscartha, saighdiúrtha, spionnúil, spioradúil, spreacúil, spreagúil, spridiúil, tréan, uchtúil, *literary* ánrata, conghalach, léideanach, léidmheach.

laoi noun *lay, narrative poem*: amhrán, bailéad, dán, duan; rann, uige; aiste filíochta, píosa filíochta.

laom noun ❶ *flash, blaze*: bladhaire, bladhm, bléas, breo, bruth, coinneal, dó, dóiteán, gléireán, lasair, léaspaire, lóchrann, loinnir, loise, luisne, lonrú, saighneán, scal, splanc, tine, tóirse, *literary* sutrall. ❷ *fit, start*: bíog, eitilt, geit, geiteadh, preab, preabadh, sceit, scinneadh, scinneog, tapóg, *literary* eall.

laomtha adjective ❶ *glowing, brilliant*: bladhmach, crithreach, dealrach, drithleach, drithleánach, galbánach, lonrach, luisiúil, ruitheanta, ruithneach, ruithní, ruithnitheach, soilseach, solasmhar, solasta. ❷ *splendid*: álainn, breá, buach, cáiliúil, caithréimeach, cathbhuach, forórga, galánta, glórmhar, gréagach, niamhrach, oirirc, oirní, ollásach, taibhseach, taibhsiúil, uasal. ❸ *fiery*: bolcánach, breoch, breoga, brufar, bruite, deargthe, faghartha, gríosach, lasánta, lasartha, lasartha, lasúil, lasúin, lasúnach, loiscneach, scallta, te, tintrí, *literary* lasrach; ar lasadh, trí thine.

lapa noun ❶ *paw*: cos, crág, crobh, crobhán, crobhóg, croibhín, crúb, crúbán, dóid, ladhar, ladhrán, láimhín, lámh, lámhdhóid, lapóg, mág, mágán, máigín. ❷ *flipper, webbed foot*: cailpís, flípear, multóg, mútóg.

lapadaíl noun ❶ *(act of) paddling*: laparnach, slabáil, slabaíl, slabaireacht, slabaráil, slaparnach, slubáil slabáil, stealladóireacht, steallaireacht. ❷ *lapping (of water)*: cuilitheáil, cuilithín, laparnach, lupadán lapadán, monabhar srutháin, slaparnach.

lapadán noun ❶ *toddling (of child), waddling*: lapadánacht, leisíneacht, luibhdíneacht, luipearnach, siúl na lachan. ❷ *floundering, flapping about*: laparnach, luibhdíneacht, slabáil, slabáil, slabaireacht, slabaráil, slaparnach, slubáil slabáil, truipeáil, truisliú, tuisliú; clagairt, cleatráil, cleitearnach, clogarnach, flapáil, plabadh. ❸ *waddler, short-legged person*: flapstar, lapaire, laprachán, laprachánaí, leastar, mamailíneach, móta, tobán, tóin le talamh; flapóg, lapóg, lapróg, lúrapóg. ❹ *toddler*: lapadán linbh; diúidlín, flapóg, imeachtaí linbh, lapaire, lapóg, laprachán, laprachánaí, lapróg, lucharchán, lucharchán linbh, luibhdín, mamailín, mamailíneach, pataire, patlachán, puntaire.

lapaire noun ❶ *waddler, clumsy person*: bulcais, ciolcán, flapóg, lapóg, lapróg, laprachán, laprachánaí, liopastán, mamailíneach, sliopachán, strampálaí, tóin le talamh, tulcais. ❷ *wader, paddler*: lapaire, lapadálaí. ❸ *babbler*: béalastán, bladhmaire, bleid,

lapaireacht
bolgán béice, bolscaire, brasaire, cabaire, cafaire, cadrálaí, cág, callaire, clab, clab troisc, clabaire, claibéir, claibín, claibín muilinn, claibseach, clogán streille, dradaire, drandailín, geabadán, geabaire, geabstaire, giolcaire, giostaire, glafaire, glagaire, glagbhéal, gleoiseach, gleoisín, gleothálaí, gligín, gliogaire, gliogarnálaí, glór i gcóitín, gobachán, grabaire, liopaire, meigeadán, meiltire, plobaire, roiseálaí, reathálaí, scaothaire, scrathóg, siollaire, síofróir, siosaire, strambánaí, trumpadóir.

lapaireacht noun ❶ *(act of) pawing:* crágáil, crúbáil, crúbaireacht, crúcáil, fidleáil, fidléireacht, fidlínteacht, gíotáil, glacaíocht, glacaireacht, glíomáil, gliúmáil, ladhráil, laidhrínteacht, méaraíocht, méaríntacht, póirseáil, scrabhadh, scríobadh, útamáil. ❷ *(act of) paddling:* lapadáil, laparnach, slabáil, slabaíl, slabaireacht, slabaráil, slaparnach, stealladóireacht, steallaireacht. ❸ *babbling:* béalastánacht, bleadracht, bleadráil, breasnaíocht, brilléis, briosc-chaint, cabaireacht, cafaireacht, clab, clabaireacht, dradaireacht, geab, geabaireacht, geabairlíneacht, geabantacht, geabstaireacht, geocáil, giob geab, giofaireacht, giolcaireacht, giostaireacht, glafaireacht, glagaireacht, gleoiréis, gleoisineacht, gliadar, gligíneacht, gliog gleag, gliogar, gliogarnach, glisiam, gobaireacht, gogalach, liopaireacht, pápaireacht, placadh siollaí, pléisiam, plobaireacht, plob plab, rith seamanna, síofróireacht, sifil seaifil, siollaireacht.

lapóg noun ❶ *little paw:* lapán, máigín. ❷ *toddler:* diúidlín, imeachtaí linbh, lapadán, lapadán linbh, lapóg, laprachán, luibhdín, mamailín, mamailíneach, pataire, patlachán, puntaire. ❸ *fat, low-sized woman:* búis, braimleog, bunbhean, flapóg, leathnóg, múis, pataóg, plobóg mná, rabhndairín, ringiléad, samhdóg, sodóg, taoiseoigín, tonóg, torpóg.

lár noun ❶ *ground, floor:* talamh, urlár; *pl.* cláir an urláir. ❷ *middle, centre:* bonnlár baill, lár báire; airmheán, bolg, ceartlár, corp, croí, lárionad, meán.

larbha noun *larva:* bolb, bratóg, cruimh, cruimh chóilís, crumhóg, duillmhíol, grugaid, grugaill, lámh bhán, lámh liath, péist, péist chabáiste, péist cháil, péist chapaill, péisteog, péistín, során, speig neanta, torán; Dónall an chlúimh, Máirín an chlúimh, Seáinín an chlúimh; *pl.* bráithre bána.

lardrús noun *larder:* bialann, butrach, landa, landáil, landair, landaoir, lóncha, pantrach, stóras, *literary* iarlann.

larionad noun *centre:* lár baill, lár báire; airmheán, bolg, ceartlár, corp, croí, meán.

lárnach adjective *central, innermost:* meánach, **adjectival genitive** láir, príomh-; istigh, is faide isteach, is uaigní inár gcroí.

las verb ❶ *light, ignite:* adaigh, adhain, dúisigh, fadaigh, faghair, fionn, múscail, spreag. ❷ *inflame:* athlas, griog, gríosaigh, spreag. ❸ *blush, flush:* dearg, dearg go bun na gcluas, deargaigh, luisnigh; bhí allas fola tríom le náire.

lasadh noun ❶ *lighting, ignition:* adhaint, adú, fadú. ❷ *inflammation:* aodh, athlasadh, faghairt, galrú, griogadh, grios, ionfhabhtú, íth, urtacáire. ❸ *blush, blushing:* deargadh, deirge, luisne, ruaim, ruamantacht, *literary* eall.

lásáil noun *(act of) lacing, (act of) lashing:* ceangal, daingniú, fuáil, greamú, lásadh, nascadh, snaidhmeadh.

lasair noun *flame, blaze:* bladhaire, bladhm, bléas, bléasóg, breo, dó, dóiteán, lasair, lasóg, tine; léaspaire, loinnir, loise, luisne, lonrú, saighneán, scal, splanc, tine. ❷ *match:* birín beo, cipín solais, lasán dubh, lasóg, maiste, meathán, rógaire, scráibín, spile, sponc.

lasánta adjective ❶ *flaming, fiery:* bolcánach, breoch, breoga, brufar, bruite, bruthach, deargthe, faghartha, gríosach, lasartha, lasúil, lasúin, lasúnach, loiscneach, scallta, te, tintrí, *literary* lasrach; ar lasadh, trí thine. ❷ *irritable, irascible:* ainciseach, araiciseach, aranta, cancrach, cantalach, cochallach, coilgneach, colgach, conspóideach, crosta, cuileadach, deafach, driseogach, drisíneach, faghartha, feargach, francaithe, frisnéiseach, gadhrúil, gairgeach, gleoch, goilliúnach, gráinneogach, greannach, iarógach, íortha, neantúil, niogóideach, rocúil, spuaiceach, straidhniúil, te, teidheach, trodach, tuaifisceach, *literary* dreannach, íorach.

lasbhus adjective *on this side:* áitiúil, ceantrach, deas do, fogas, logánta, neas-, *literary* sonn. **adverb** *on this side:* abhus, anseo, ar an taobh seo; sna bólaí seo.

lasc noun ❶ *lash, whip:* eachlasc, fuip, máloid, sciúirse, *literary* sroigheall. ❷ *switch:* lasc ama, lasc dhérialaithe, lasc dhúisithe, lasc luchtaithe, lasc thuisle, lasc thruslógach. **verb** ❶ *whip, flog:* buail, coip, fuipeáil, gread, léas, péirseáil, riastáil, sciúrseáil, sciúrsáil; gabh de fhuip ar, tabhair lascadh do. ❷ *lash out at, strike:* aimsigh, buail, crústaigh, gabh de, lámhach, loisc, péirseáil, tabhair faoi. ❸ *dash, rush:* beoigh amach do chos, brostaigh, cuir dlús le, déan deabhadh, déan deifir, deifrigh, géaraigh ar do luas, gread leat, rith. ❹ *switch:* aistrigh, athraigh, cas, las, malartaigh; dúisigh, tosaigh; cuir as, múch, stop.

lascadh noun *(act of) lashing, flogging:* bualadh, fuipeáil, greadadh, lásáil, léasadh, péirseáil, sciúrseáil, sciúrsáil.

lascaine noun ❶ *abatement, discount:* aisíoc, bogadh, caolú, cúiteamh, lacáiste, laghdú, lagra, laigse, maolú, meathlú, titim, trá. ❷ *easement, respite:* cairde, éadromú, faoiseamh, scíth, sos, staonadh, *literary* turbhaidh; éasúint.

lasmuigh adjective *outside:* imeallach, forimeallach, seachtrach, *literary* seachtair; ar an taobh amuigh. **adverb** *on the outside:* aneachtar, ar an imeall, ar na leathimill, ar an taobh amuigh.

lasnairde adjective *above, overhead:* in airde, eadarbhuasach, thuas, in uachtar, **adjectival genitive** uachtair, uachtarach. **adverb** *overhead, above:* in airde, in uachtar, suas, thuas, *literary* eadarbhuas.

lasta¹ adjective ❶ *lit, inflammed:* ar lasadh, trí thine; ar scoite lasrach. ❷ *at high speed:* ar luas lasrach, ar teaintiví, ar tinneanas, i do sheanrith, i dtréinte, sna featha fásaigh, sna gáinní, sna gáinní báis, sna ruarásaí, sna seala babhtaí, sna tréinte.

lasta² noun ❶ *freight, cargo, load:* beart, bulc, eire, lastas, lód, lódáil, lucht, teanneire, ualach. ❷ *large quantity:* ainmhéid, an dúrud, carn, clais, cuimse, dalladh, dúlíonach, éacht, flúirse, foiscealach, foracan, foracún, gliúrach, iontas, a lán, lear, maidhm, *pl.* mílte, mórán, *pl.* múrtha, neamhmheán, púir, réimse, roinnt mhaith, scanradh, scaoth, seó, slua, tolmas, *familiar* an t-uafás.

lastáil verb *lade, load:* ládáil, lódáil, luchtaigh, stuáil; cuir lasta ar, cuir lód ar, cuir meáchan ar.

lastall adjective ❶ *on the far side, beyond:* thall, thar lear. ❷ *on the other side, overleaf:* thall, ar an taobh thall, ar an taobh eile, ar an gcéad leathanach eile. **adverb** ❶ *on the far side, beyond:* ar an taobh thall, thar lear, thar sáile. ❷ *overleaf:* ar an taobh eile, ar an gcéad leathanach eile.

lastoir adjective *on the east side:* oirthearach, thoir. **adverb** *on the east side:* thoir, san oirthear.

lastóir noun *lighter:* adhantaí, lasán, lasóg, maiste.

lastuaidh adjective *on the north side:* tuaisceartach, thuaidh; íochtarach, thíos. **adverb** *on the north side:* ó thuaidh, ar an taobh ó thuaidh; síos, thíos.

lastuas adjective *above, overhead:* eadarbhuasach, **adjectival genitive** uachtair, uachtarach; in airde, in uachtar, thuas. **adverb** *above, overhead:* in airde, in uachtar, suas, thuas, *literary* anuasana, eadarbhuas. **verb téigh lastuas de** *get the better of:* beir buntáiste ar, cloígh, faigh an bua ar, faigh an ceann is fearr ar, glac buntáiste ar; buail bob ar, imir cleas ar dhuine, téigh i mbarr ruda ar.

lata noun ❶ *lath:* cleith, slat, slis, taobhán. ❷ *barrel-hoop:* ciorcal, fonsa, séama, síoma. **verb fáisc lata barróige ar** *hug, come to body-grips with:* beir barróg ar, beir greim ar, déan iomrascáil le, fáisc, fostaigh, greamaigh, láimhsigh, téigh i ngreamanna le.

lathach noun ❶ *mud:* abar, clábar, cré, créafóg, dóib, draoib, draoibeal, glár, greallach, guta, láib, lábán, lodar, marla, moirt, múilleog, pluda, pludar pladar, práib, puiteach, sláthach, sloda. ❷ *slime:* glae, *pl.* glaenna, *pl.* glaech, glóthán, glóthach, gumalacht, liongar, ramallae, slampar, smuga, smugairle, sram, sramadh, úsc; feoil chait, feoil chapaill.

láthair noun ❶ *site, location:* áit, alt, ball, fód, ionad, ionadh, láithreán, láithreog, láthair, leaba, log, páirc, paiste, spota, suíomh. ❷ **i láthair** *present, in the presence:* i bhfianaise, os coinne, os comhair.

lathairt noun ❶ *literary drinking, drunkenness:* carbhas, craosól, diúgaireacht, drabhlás, druncaeireacht, druncaireacht, meisce, meisceoireacht, meisciúlacht, ól, ólachán, póit, póitéis, pótaireacht, ragús óil, scloitéireacht, súgachas; alcólachas, diopsamáine, raobhaíocht. ❷ *inferior drink, dregs:* deasca, diúra, drifisc, dríodar, gríodán, grúdarlach, grúidealach, grúidil, lathairt, moirt, peicín. ❸ *formless mass, pap:* brúitín, brúitín gogáin, liothrach, maistreán, múscán, práib, prácás, seamlas, smúsach.

lathrach noun *muddy ground, puddle:* abar, bogach, bogán, boglach, ceachrach, corcach, corrach, criathar, criathrach, láib, linntreog, lodar, múilleog, portach, puiteach, riasc, riascach, slaprach, slodán.

latrach noun *rough ground, scrubby ground:* garbhlach, scrobarnach, fásach, fia, fia is fiántas, móinteán, ruaiteach, scileach, screabán, screalbh, screallach; clochar, creagán, creig, garbhchríoch, screagán, screig.

leá noun *melting, dissolution:* leátán; briseadh, briseadh suas, coscairt, dealú ó chéile, imeacht, scaoileadh, titim as a chéile, titim ó chéile, *literary* taithmheach.

leaba noun ❶ *bed:* ámóg, iomaí, luíochán, sráideog; long lánúnais, *literary* airéal, seol; *literary* crann seoil, crann siúil. ❷ *lair, den:* ábhach, adhbha, áfach, aice, brocach, brocais, broclach, canachán, cathróg, cliothar, coinicéar, foraois, fuachais, gnás, gnáthóg, nead, rapach, scailg, talmhóg, uaimh, uachais, *literary* fochla. ❸ *seed-bed, tillage plot:* cathróg, ceap, ceapach, ceapóg, garraí, paiste, plásán, plásóg.

leabhair adjective ❶ *long and slender:* caol, cúng, fada, seang, seangchruthach, slisneach, tanaí, *literary* seada; fínealta, leochaileach, mín, mion, míonla. ❷ *lithe, supple:* aclaí, folúthach, gasta, ligthe, líofa, lúbach, lúfar, oscartha, scafánta, scaoilte, scolánta, slatra, sleamhain, solúbtha, *literary* reabhrach.

leabhaireacht noun ❶ *slenderness:* caoile, cúinge, fad, seinge, sláthaí, slime, tanaíocht, fínéaltacht, leabhaire, leochaileacht, míne. ❷ *suppleness, pliancy:* leabhaire; aclaíocht, folúthacht, líofacht, lúfaire, lúfaireacht, scafántacht, sofhillteacht, solúbthacht.

leabhal noun *libel:* athiomrá, béadán, béadchaint, clúmhilleadh, ithiomrá, líomhain, scéalaíocht éithigh.

leabhar noun *book:* coidéacs, lámhscríbhinn, téacs, scríbhinn; atlas, beathaisnéis, ciclipéad, dírbheathaisnéis, duilleachán, eolaí, foclóir, gasaitéar, graiméar, lámhleabhar, leabhar cócaireachta, leabhar eolais, leabhrán, leabhrán eolais, leabhar staire, leabhar tagartha, stórchiste; leabhar aifrinn, leabhar urnaí, portús; cnuasach filíochta, cnuasach gearrscéalta, úrscéal.

leábharaic noun ❶ *lark (Alauda arvensis):* circín starraiceach, fuiseog, leathróg, riabhóg mhór, uiseog. ❷ *rogue:* áibhirseoir, aisiléir, amhas, arc nimhe, bacach, bithiúnach, bligeard, clabhaitéir, cneámhaire, corpadóir, crochadóir, diabhal, diabhlánach, diolúnach, eiriceach, leidhcéir, pasadóir, rifíneach, rógaire, ruagaire reatha, scaimpéir, sclíotar, scliútar, scabhaitéir, scuit, scuitsear, sealánach, *figurative* corrchoigilt.

leabharlann noun ❶ *library (building, room):* halla staidéir, seomra léitheoireachta, seomra staidéir, teach screaptra, *literary* seathar. ❷ *library (collection of books, etc.):* aircív, bailiúchán, bunachar sonraí, cartlann, cnuasach, díolaim, teaglaim, tiomsachán, tiomsú.

leabhragán noun *bookcase:* prios leabhar, *literary* seathar.

leabhraigh verb *mark out, measure:* marcáil, meáigh, meas, rianaigh, tomhais.

leabhraigh verb ❶ *swear:* cruthaigh, dearbhaigh, mionnaigh, móidigh, tiomain, *literary* luigh; dearbhaigh ar mhóid an leabhair, dearbhaigh ar mhóid an phortúis dhiaga, glac móid, tabhair comhairc, tabhair do Dhia, tabhair an leabhar, tabhair an Bíobla, tabhair Dia agus dúile; tabhair mionn, tabhair mionnaí móra, tabhair na mionnaí dubha; tabhair móid, tabhair do mhóid is do mhionn; seo mo lámh duit ar; bhí mé ar an leabhar, cuireadh ar mo leabhar mé. ❷ *administer oath to:* cuir mionn ar, mionnaigh.

leabhrú noun *menstruation:* pl. cnúthacha, pl. cúrsaí, daonnacht, fuil mhíosta, gabhalshraoth, gabhaltsruth, galar gasta, leabhrú, míostrú, pl. na míosa, tréimhse mhíostúil, *literary* bandoirteadh, banfhlosca, bláthdhoirteadh, bláthscaoileadh, mún fola, *familiar* galar na ceirte; *familiar* bheith leagtha sall, bheith sna báid; *familiar* tá Páidín orm, tá mé timpeall arís.

leac noun ❶ *flat stone, flagstone, slab:* leacán, leacóg, licín, scláta, slinn, *colloquial* slinnteach. ❷ *flat and hardened surface:* balc, dromchla, éadan, *literary* tlacht. ❸ *lid:* barr, barraicín, claibín, clár, clúdach, cumhdach, sciathóg. ❹ *kitty:* báin, carnán, ciste, taisce; scríbín.

leac oighir noun *ice:* oighear, oighreatacht, oighreog, oighriú, reo, reoiteacht.

leac tine noun *hearthstone:* leac teallaigh, leac tinteáin.

leacaí noun ❶ *lackey, attendant:* amhas, amhsán, bonnaire, buachaill, cábóg, coimhdire, dáileamh, eachlach, fearóglach, fostúch, giolla, giománach, giománaí, péitse, searbhónta, seirbhíseach, spailpín, timire, *colloquial* giollanra. ❷ *companion:* caoifeach, cara, céile, coigéile, comhbhráthair, comhghleacaí, comhleapach, compánach, comráda, comrádaí guaillí, leacaí, leannán, leathbhádóir, leathcheann, páirtí, páirtnéir, *literary* comthach. ❸ *stout person:* alpaire, béiceadán, bleadrachán, bleaistéir, bleitheach, bleitheachán, bó mhagarlach, boglachán, bograchán, boilgíneach, bolgadán, bolgaire, bolmán, bolmán béice, bró, broicleach, bromachán, brúchtíneach, bruileach, bruilíneach, brúitín, brúitíneach, builtéar, buimbiléad, búiste, búistéir, bumbailéir, burla, burlaimín, burlamán, ceaigín, claiséir, daba, damh, gillín, glugrachán, gluitéir, griollach, griollachán, lamhnán, lapaire, luán, ludar, luireach, másaire, méadlachán, móta, páin, pántrach, plástar, plobaire, plobar, plobrachán,

leacán
pórc, práisiléad, púdarlach, puic, puicearlach, puinseachán, rabhndar, riteachán, scraitheachán, scraith ghlugair, spreoille, stoipéad, torachán, torpán.

leacán noun ❶ *small flat stone:* leacóg, licín, scláta, slinn, slinnteog, *colloquial* slinnteach. ❷ *tile:* licín, scláta, slinn, tíl.

leacht¹ noun ❶ *grave, memorial:* carn, feart, leachtán, tuama, uaigh. ❷ *heap:* bulc, burla, carn, carnáil, carnán, ceallamán, cnap, cnapán, cnuasach, crocán, cruach, cual, gróigeadh, gróigeán, gruagán, lab, lionsca, maoil, maois, maoiseog, moll, múr; ar mhuin marc a chéile. ❸ *great amount:* ainmhéid, anmhórán, dalladh, lab, lámháil, lánchuid, lasta, lóicéad, luthairt lathairt, meall, moll, *pl.* múrtha, slaod, tulca. ❸ *large amount:* ainmhéid, carn, dalladh, lab, lámháil, lánchuid, lasta, lóicéad, luthairt lathairt, meall, moll, *pl.* múrtha, neamh-mheán, slaod, teailí, tulca.

leacht² noun *liquid:* leachtú, slaod, sreabh, tál; bainne, uisce.

léacht noun *lecture, lesson:* aitheasc, caint, óráid, seanmóir; laisín, léamh, sliocht, *literary* liachtain.

leachtach adjective *liquid:* bainniúil, báiteach, fliuch, silteach, slaodach, uisciúil.

leadaí noun *idler, good-for-nothing:* leadaí na luatha; bruachaire, caifeachán, cailliúnaí, caiteoir, codaí, cuaille, diomailteoir, drabhlásaí, giolla na leisce, learaire, liairne, liúdaí, lúmaire, maraíodóir, scaiptheoir, scraiste, slámálaí, slúiste, spíonadóir, sráidí, stangaire, stróinse; coilíneach, cuilthín, cúl le rath, duine gan mhaith, duine gan rath gan fónamh, fágálach, fear gan aird, fear gan chríoch, iarlais fir, iarlais mná, *figurative* leá Dia; an millteán mic, mac drabhlásach, mac na míchomhairle; raga, ragaíoch, ragairneálaí.

leadair verb ❶ *smite, beat:* batráil, buail, cnag, gleadhair, gread, greasáil, lasc, leadhb, léas, léirigh, liúr, péirseáil, planc, slis, smíoch, smíocht, smiot, smíst, stánáil, súisteáil, tarraing buille ar, tuargain. ❷ *hack, lacerate:* arg, basc, coscair, creach, éignigh, íospair, oirnigh, réab, rois, sclár, sáraigh, scrios, spleantráil, srac, stróic, teasc, *literary* leoidh, lochair.

leadarthach adjective ❶ *lacerating:* aingí, aithrinneach, bearrtha, biorach, faobhrach, géar, nimhneach, rinneach, siosúrtha, treascrach, *literary* áith. ❷ *smarting, sharp (of pain):* ainscianta, anacrach, anróiteach, bearrtha, binbeach, colgach, crua, deannachtach, dian, dochrach, dochraideach, doghrainneach, dolba, frithir, gangaideach, garg, gártha, géar, goimhiúil, goirt, gonta, nimhneach, ribeanta, searbh, tinn, *literary* féigh, grod.

leadhb noun ❶ *strip, piece cut off:* gearrthóg, géire, géirín, gríscín, leadhbán, ribe, ribeog, slis, slisín, slisne, sracadh, stiall, straiméad, streoille; blogh, blúire, ceirt, cifle, cifleog, iongóg, paiste, píosa. ❷ *hide, pelt:* craiceann, fionnadh, peall, seithe, *literary* bian. ❸ *tattered thing, rag:* bratóg, bréid, ceirt, cifle, cifleog, círéib, crothóg, géire, géirín, giob, giobal, láinnéar, leadhbóg, liobar, paiste, plispín, preabán, radalach, réabach, sceidín, scifle, scifleog, *pl.* scóiléadaí, scrábán, stiallóg, straboid, straiméad, streachlán, strupais, suán glacach. ❹ *tattered person, slattern:* ceamachán, ceirteachán, cifleachán, cuifeach, cuileachán, giobachán, giobailín, gioblachán, glibire, gliobachán, leadhbaire, leadhbán, liobar, liobarnálaí, magarlán, pana, pleibistín, radalach, scifleachán, scothánach, scrábachán, sraoilleachán, sraoilleán, sraoillín, straille, strailleán, streachaille; braimleog, breallóg, bréantóg, claimhseog, claitseach, cuachán mná, cuairsce, eachlais, giobóg, gliobóg, leadhbóg, liobóg, lúidseach, múiscealach, peallóg, ruailleach, scleoid, scuaideog, slapóg, slapróg, sraoill, sraoilleog, strailleog, strupais, suairtle. ❺ *silly person, clown:* amadán, ablálaí, abhlóir, amadán, amaid, amal, baileabhair, bobaide, bobarún, bómán, breallaire, breallán, brealsán, brealscaire, brealsún, brealscaire, briollaire, búbaí, búbaire, ceann cipín, ceann maide, ceap magaidh cligear, clogadán, cloigeann cabáiste, cloigeann cipín, cloigeann pota, cloigeog, cloigneach, cloigneachán, cluasachán, cluasánach, cluasánaí, dallachán, dallamlán, dallarán, diúid, dobhrán, dúdálaí, dúid, dúiripí, dundarlán, dunsa, éagann, éifid, fuaice, gámaí, gamal, gamairle, glaigín, glaomaire, gligear, gligín, gogaille, guaig, guaigín, leadhbaire, leadhbán, leadhbaire, leamhsaire, leathcheann, leathleibide, leib, leibide, leibide ó leó, leidhce, leota, leoitéir, mucaire, pastae de chloigeann, péicearlach, pleib pleidhce, pleota, pleotaire, sceilfid, simpleoir, tuathalán; agóid, amaid, amlóg, breallóg, cloigis, gamalóg, máloid, óinseach. ❻ *stroke, blow:* béim, buille, cíonán, clabhta, cnag, cnagán, flíp, giordóg, habhaistín, halaboc, hap, sonc, trostal; boiseog, bos, broideadh, clabhta, clabhtóg, cnagaide, cniogaide cnagaide, leadhbóg, leadóg, leadradh, leandóg, leang, leangaire, leiceadar, leidhce, liúdar, liúr, priocadh, sceiteadh, smac, smag, smailc, smalóg, smeach, smitín, snag, sonc; crústa, faic, failm, grugam, leadhbóg, paltóg, planc, plancadh, pléasc, rúspa, smíste, straiméad, tailm, tiomp, tulbhéim. verb ❶ *tear in strips, rend asunder:* réab, rois, sclár, scoilt, srac, stiall, stróic, *literary* lochair. ❷ *beat, thrash:* batráil, buail, cnag, gleadhair, gread, greasáil, lasc, leadair, léas, léirigh, liúdráil, liúr, péirseáil, planc, slis, smíoch, smíocht, smiot, smíst, stánáil, súisteáil, tarraing buille ar, tuargain. ❸ *lap, lick:* ligh, slog, smailc; bí ag slamairt, bí ag slumairt.

leadhbach adjective *tattered, shabby:* bocht, bratógach, ceamach, ceamánta, ciafartach, cifleogach, clíbíneach, giobach, gioblach, glibeach, gliobach, leadhbánach, leadhbógach, liobarnach, líobóideach, lóipíneach, luideach, mosach, mothallach, ribeach, ribeogach, ribíneach, scáinte, scifleogach, scothánach, scrábach, slaimiceach, smolchaite, sraoilleach, streachlánach, stiallach, suarach.

leadhbairt noun *(act of) beating, thrashing:* broicneáil, bualadh, burdáil, cleathadh, cnagadh, cuimil an mháilín, deamhsáil, failpeadh, flípeáil, fuimine farc, fuipeáil, giolcadh, gleadhradh, greadadh, greadlach, greadóg, greasáil, lascadh, leadradh, léasadh, liúradh, liúradh Chonáin, péirseáil, plancadh, rapáil, riastáil, rúscadh, sceilpeáil, sciúirseáil, sciúrsáil, slatáil, smeadráil, smíochtadh, smísteáil, spóiléireacht, súisteáil, tiomp, tuargaint, tuirne Mháire.

leadhbálaí noun *cajoler, sycophant:* bladaire, blindeog, blitsín, bréadaire, bréagadóir, cealgaire, cluanaire, gliodaí, lústaire, lútálaí, meabhlaire, mealltóir, míolcaire, pláibistéir, plámásaí, plásaí, plásán, sciorrachán, sleamhnánaí, slíbhín, slíodóir, slusaí, súdaire; maidrín lathaí, seabhac cac faoileáin.

leadhbóg noun ❶ *shred, tatter:* bratóg, bréid, ceirt, cifle, cifleog, círéib, crothóg, géire, géirín, giob, giobal, láinnéar, leadhb, liobar, paiste, plispín, preabán, radalach, sceidín, scifle, scifleog, scioltar, *pl.* scóiléadaí, scrábán, scríd, stiall, stiallóg, straiméad, streachlán, strupais, suán glacach. ❷ *untidy woman:* braimleog, claitseach, cuachán mná, cuairsce, giobóg, gliobóg, leadhbóg, liobóg, luid, peallóg, slámóg, slapóg, slapróg, sraoill, sraoilleog, strailleog, strupais. ❸ *clout, blow:* béim, buille, cíonán, clabhta, clabhtóg, cnag, cnagaide, cnagán, cnagóg, cnaigín, clabhta, cnag, cnagán, cniogaide cnagaide, faic, giordóg, grugam, leadhb, leadóg, leadradh, leandóg, leang, leangaire, leiceadar, leidhce, liúr, paltóg, planc, plancadh, pléasc, priocadh, rúspa, sceiteadh, smac, smag, smailc, smalóg, smeach, smíste, smitín, snag, sonc, straiméad, tailm, tiomp, trostal, tulbhéim. ❹ *flatfish* (order *Pleuronectiformes*): leatha, leathóg; leathóg bhallach, leathóg mhín, sól, sól sleamhain; leathóg bhreac, leathóg na mball dearg, leith bhallach, plás; dúleatha; leith; leathóg bhán; alabard, bóleatha, bóleathóg, bóleith, haileabó, leathóg Mhuire.

leadhbóg leathair noun *bat* (order *Chiroptera*): leadhbóg; amadáinín, bás dorcha, éan dall, éinín an dá chluas, éinín na gcluas, eitleog, eitleog leathair, feascarluch, ialtán, ialtán leathair, ialtóg leathair, míoltóg leathair, leadhbán leathair, líomán múta, púca na hoíche, sciathán leathair.

leadóg noun ❶ *slap, clout*: béim, boiseog, bos, broideadh, buille clabhta, clabhta, clabhtóg, cnag, cnagaide, cniogaide cnagaide, cnagán, deamhas, deamhsóg, habhaistín, halaboc, hap, leadhbóg, leadradh, leandóg, leang, leangaire, leiceadar, leidhce, liúr, priocadh, sceilp, sceiteadh, smac, smag, smailc, smalóg, smeach, smitín, snag, sonc, trostal. ❷ *big, stout person*: balcaire, bambairne fir, béinneach, bramaire, bromach, bromaire, bromaistín, carraig de dhuine, cleithire fir, cliobaire fir, fairceallach fir, falmaire fir, fámaire fir, fathach fir, gaiscíoch, griolsach, preabaire fir, puinseachán, rábaire, rúscaire, sail, scafaire, scriosúnach, smalcaire, smíste, stollaire fir, tolcaire, tolchaire, tollaire fir, torachán; alaisceach, alaisceach mná, bambairne mná, bollstaic mná, fairceallach mná, falmaire mná, fámaire mná, gairmneach, graimpéar, grampar, grátachán, heictar, scafaire mná, stollaire mná, torpóg. ❸ *tennis*: leadóg bhoird; badmantan.

leadradh noun ❶ *beating, thrashing*: broicneáil, bualadh, burdáil, cleathadh, clogadadh, cnagadh, cuimil an mháilín, deamhsáil, failpeadh, flípeáil, fuimine farc, giolcadh, gleadhradh, greadadh, greadlach, greadóg, greasáil, lascadh, leadhbairt, leadradh, léasadh, liúradh, liúradh Chonáin, plancadh, rapáil, riastáil, rúscadh, sceilpeáil, slatáil, smeadráil, smíochtadh, smísteáil, spóiléireacht, súisteáil, tiomp, tuargaint, tuirne Mháire. ❷ *laceration*: bascadh, coscairt, íospairt, oirneachadh, réabadh, roiseadh, sceanadh, scláradh, spreotaíl, sracadh, stialladh, stolladh, stracadh, stróiceadh, treascairt, *literary* lochar.

leadrán noun ❶ *(act of) lingering, dilly-dallying*: máinneáil, moilleadóireacht, rathlaíocht, righneacáil, righneadóireacht, righneáil, righnealtaíocht, seilmideáil, siléig, siléigeacht, snámhacáil, snámhaíocht. ❷ *slowness*: leisce, mallachar, malltriall, moille, righne, righneas, righneacht, spadántacht, stág, támáilteacht; teacht an tseagail. ❸ *boredom, tedium*: bailitheacht, cian, fadáil, leamhas, leamhthuirse, liostacht, tuirse.

leadránach adjective ❶ *dilatory*: adhastrach, céimleasc, falsa, leisciúil, mallbheartach, malldícheallach, malltriallach, siléigeach; drogallach, fuarchúiseach, fuarspreosach. ❷ *slow, tedious*: bómánta, fada, fadálach, faidréiseach, leamh, liosta, mall, mallacharach, mallghluaiste, marbhánta, réidh, righin, síneach, sionsach, spadánta, támáilte, tuirsiúil, *literary* eimhilt.

leadránaí noun ❶ *lingerer, loiterer*: cnualaí, codaí, fágálach, fágálaí, fámaire, feádóir, feamaire, giolla na leisce, langa, leiciméir, leisceoir, leisíneach, leoiste, leota, liairne, liúdramán, lófálaí, loiceadóir, mágaí, máinneálaí, malltriallach, moilleadóir, raingléir, righneadóir, righneálaí, ríste, scaoinse, scraiste, síntneach, síntealach, síománaí, slabhrálaí, smíste, snámhaí, srathaire, stangaire, straigléir, stróinse, súmaire, trataí, tratanálaí. ❷ *tedious person, bore*: liostachán, strambánaí.

leafaos noun *paste*: brúitín, leite, liothrach, práib, seamlas, smeadar, smúsach, taos; gliú, greamachán, guma, gumalacht, moirtéal, suimint, táthán.

leag verb ❶ *knock down*: basc, múr, scartáil, scrios, treascair; bain anuas, caith chun talaimh, cart, gearr anuas. ❷ *lower*: crom, ísligh, laghdaigh, maolaigh, stríoc; lig anuas, tabhair anuas; bain as, bain de. ❸ *lay, set*: cuir, cuir ina luí, cuir ina shuí, cuir suas, socraigh, suigh; ceartaigh, cogairsigh, coigeartaigh, cóirigh, deasaigh, gléas.

leag amach verb ❶ *lay out, arrange*: cóirigh, deasaigh, feistigh, gléas, leasaigh, maisigh, ornaigh, réitigh, socraigh, suigh; cuir bail ar, cuir caoi ar, cuir coiscreas, cuir dóigh ar. ❷ *lay low, fell*: basc, cart, maraigh, scartáil, scrios, treascair; bain anuas, caith chun talaimh, gearr anuas, leag ar lár, tabhair anuas, tarraing anuas. ❸ *prescribe, allocate*: ceap, dáil, mol, ordaigh, roinn.

leag anuas verb *reduce*: ísligh, lagaigh, laghdaigh, maolaigh, stríoc; bain anuas, cuir síos, díothaigh, tabhair anuas.

leag ar verb ❶ *apply to*: coinnigh le, cuir ag obair ar, cuir i bhfeidhm ar, cuir le. ❷ *impute to*: cas le, cuir i leith, cuir síos do, leag ar. ❸ *lay into*: déan ionsaí ar, ionsaigh, luigh isteach ar, tabhair amas faoi, tabhair faoi, tabhair fogha faoi. ❹ *bestow upon*: bronn ar, crean do, deonaigh do, ofráil do, sín chuig, tabhair do, tairg do, tíolaic do, tiomnaigh do.

leag suas verb ❶ *lay up (in bed)*: fág ina luí, fág sa leaba. ❷ *familiar leave pregnant*: déan máthair de, tabhair páiste do, toirchigh, *familiar* cuir i ngéibheann, cuir suas an cnoc.

leagáid[1] noun *legate*: ambasadóir, coimisinéir, consal, gníomhaire, ionadaí, lánchumhachtóir, léagáid, léagáideach, misidear, nuinteas, taidhleoir, teachta, teachtaire, toscaire, urlabhraí.

leagáid[2] noun *legacy*: fágáil, oidhreacht, oidhríocht, tiomnacht, *familiar* iarmairt.

leagáideacht noun *legation*: ambasáid, coimisiún, consalacht, dealagáideacht, *pl.* dealagáidí, ionadaíocht, *pl.* ionadaithe, misean taidhleoireachta, *pl.* taidhleoirí, *pl.* teachtaí, *pl.* teachtairí, toscaireacht, *pl.* toscairí.

leagan noun ❶ *(act of) demolition*: bris, briseadh, cartadh, leagarnach, léirscrios, neamhniú, scartáil, scrios, treascairt, *literary* comach, lochar. ❷ *fall, tumble*: titim, treascairt, truisle, truisleadh, truisleáil, tuisle, tuisleach. ❸ *(act of) lowering*: baint anuas, cromadh, ísliú, laghdú, ligean anuas, maolú, stríocadh, tabhairt anuas, tarraingt anuas, teacht anuas. ❹ *laying, setting, arrangement*: ceartú, cogairse, coigeartú, cóiriú, cur in áit, cur ina luí, dearadh, deasú, feistiú, gléasadh, socrú. ❺ *leaning, partiality*: bá, báíocht, cion, claoine, claonadh, comhbhá, cos istigh, cuimilt boise, fabhar, fabhraíocht, gean, grá, láíocht, lámh istigh, lé, taitneamh, toil, tuiscint. ❻ *bearing, appearance*: *pl.* airíona, amharc, amhlachas, breathnú, caoi, *pl.* ceannaithe, cló, cóiriú, comhartha, comhartha sóirt, cor, cosúlacht, crot, cruth, cruthaíocht, cumraíocht, cuma, dealramh, deilbh, dóigh, dreach, eagar, éagasc, féachaint, fionnachruth, fíor, fíoraíocht, foirm, geáitse, *pl.* géataí, gné, gnúis, goic, gotha, imeacht, iompar, riocht, samhlachas, seasamh, snua, suíomh, teacht i láthair. ❼ *form, version*: cló, cóiriú, dréacht, dréachtadh, dul, eagrán, foirm, inseacht, insint, léamh, malairt, teilgean; aistriú, aistriúchán, tiontú.

leagan amach noun *lay-out, arrangement*: ceartú, cló, cogairse, coigeartú, cóiriú, dearadh, deasú, eagar,

leáigh

eagrúchán, fearas, feisteas, feistiú, feistiúchán, gléas, gléasadh, ord, ordú, socrú, socrúchán.

leáigh verb ❶ *melt:* coscair, tagann leá ar; bris, bris suas, tit as a chéile; leachtaigh; téigh suas. ❷ *fade away, evaporate:* ceiliúir, clis, galaigh, imigh, imigh as, imigh as amharc, imigh ina ghal, meath, sleabhac, téigh as, teilg, teip, tréig.

leaisteach adjective *elastic:* aclaí, athléimneach, athscinmeach, géilliúil, inrite, inteannta, lingeach, sofhillte, somhúnlaithe, soshínte, solúbtha.

leaisteachas noun *elasticity:* athléimneacht, athscinmeacht, lingeacht, lúfaireacht, solúbthacht, somhúnlaitheacht, teacht aniar.

leaistic noun *elastic:* athscinmeán, cúitiúc, cúitsiúc, rubar.

leáite adjective ❶ *melted:* coscartha, leachtach, leachtúil; tá leá tagtha air. ❷ *useless, incompetent:* beagmhaitheach, beagmhaitheasach, éadairbheach, éagumasach, éidreorach, easnamhach, easpach, fann, lagáiseach, leamh, **adjectival genitive** leathmhagaidh, míchumasach, mí-éifeachtach, neamaitheach, neamhábalta, neamhbhailí, neamhchumhachtach, neamhéifeachtach, neamhéifeachtúil, neamhfhiúntach, neamh-infheidhme, neamhinniúil, neamhoilte, neamhthairbheach, suarach, tréith, tréithlag, uireasach; gan éifeacht, gan mhaith.

leamh adjective ❶ *tasteless, insipid:* aimlithe, dobhlasta, neamhbhlasta, tur; gan bhlas. ❷ *lifeless, uninteresting:* fadálach, leadránach, marbhánta, neamhspéisiúil, tuirsiúil, tur. ❸ *inane, silly:* aerach, aimhghlic, alluaiceach, amadánta, amaideach, baoiseach, baoth, bómánta, breallach, breallánta, bundúnach, dall, díchéillí, éadrom, éaganta, earráideach, éiginnte, fánach, gaigiúil, gamalach, giodamach, giodramach, gligíneach, guagach, guanach, lagintinneach, leadhbach, leamhcheannach, leathmheabhrach, leibideach, luaineach, nuallach, óinsiúil, pleidhciúil, ramhar, scinnideach, seafóideach, spéiriúil, treallach, treallánach, uallach.

léamh noun ❶ *reading:* léitheoireacht; insint, leagan, malairt, téacs. ❷ *interpretation:* insint, ciallachadh, ciallú, léirmhíniú, míniú, tuiscint.

leamhan noun *moth:* léamán, liún; féileacán oíche; cana; dealán Dé.

leamhán noun *elm (Ulmus):* leamh, liobhán, sleamhan, sleamhán.

leamhas noun ❶ *tastelessness, insipidity:* leimhe, míbhlastacht, neamhbhlas, támáilteacht, tuire. ❷ *incompetence:* beagéifeacht, beagthairbhe, dímrí, éadairbhe, éagumas, éidreoir, fainne, laige, míchumas, mí-éifeacht, neamhéifeacht, neamhfhiúntas, neamhthairbhe, suarachas, suaraíocht, tréithe, uireasa; easpa éifeachta. ❸ *silliness, inanity:* áibhéis, áiféis, aimhghliceas, amadántaíocht, amaideacht, amaidí, athbhaois, baois, baoithe, baothchaint, baothaireacht, baothántacht, baothántaíocht, brille bhreaille, brilléis, díchiall, díth céille, diúide, diúideacht, éagantacht, easpa céille, éigiall, fastaím, gaotaireacht, gamalacht, gligíneacht, guanacht, íorthacht, leibideacht, leibidínteacht, leimhe, leimheas, leithéis, máloideacht, maingléis, míghliceas, óinmhideacht, óinseacht, óinsíneacht, óinsiúlacht, pleidhcíocht, pleotaíocht, raiméis, ráiméis, raimhre réasúin, ramás, seafóid, sifil seaifil, simplíocht.

leamhnacht noun *new milk:* leamhlacht; bleacht, bleaghdar, bleoghantas, climirt, climreadh, climseáil, lacht, lacht cíoch, maothal, nús, sniogadh, *literary* loim.

lean verb ❶ *follow:* bí sna sála ar, tar i ndiaidh, téigh i ndiaidh; déan tóraíocht ar, téigh sa tóir ar; tar as, tar de. ❷ *continue, remain:* lean ar, lean de, lean le; fan, fuirigh, mair, seas; coinnigh, coinnigh ar bun.

léan noun *grief, woe:* aimléis, ainnise, ainríocht, anacair, anachain, anás, anchaoi, angar, anró, anróiteacht, anshó, brón, cat mara, ceasna, ciotrainn, crá, crá croí, cráiteacht, cránán, cránas, cruachás, cruatan, dealús, dearóile, díblíocht, dochracht, dochraide, dócúl, doghrainn, doic, dóing, dóinmhí, dola, donacht, donas, dothairne, drámh, drochbhail, drochrath, duainéis, éagomhlann, éigeandáil, eirleach, fulaingt, gá, gábh, gannchuid, gátar, géarbhroid, géarchéim, géarghá, géarghoin, iomard, leatrom, mí-ádh, mífhortún, mírath, mísheoladh, míthapa, pioláid, priacal, sáinn, suaitheadh, taisme, timpiste, tragóid, trióblóid, truántacht, tubaiste, turraing, *literary* cacht, galghad.

léana noun ❶ *water-meadow:* caladh, caológ, crompán, curchas, gaorthadh, inse, inseachas, inseán, sraith, srath. ❷ *greensward, lawn:* báinseach, báinseog, bán, faiche, féar, páirc, plás, plásán, plásóg, réileán.

leanbaí adjective ❶ *child-like, innocent:* beannaithe, éigiontach, mothaolach, neamhamhrasach, neamhurchóideach, saonta, simplí, soineanta. ❷ *childish, puerile:* anabaí, páistiúil; baoth, díchéillí, seafóideach; amaideach, leamh.

leanbaíocht noun ❶ *childhood:* aois bheag, aois an ghasúir, aois linbh, aois na hóige, *pl.* laethanta a óige, leanbhaois, macacht, macántacht, macnacht, naíonacht, óige. ❷ *childishness, puerility:* anabaíocht, páistíocht, páistiúlacht, saontacht, soineantacht, soineantas; díríocht, easpa taithí, oscailteacht.

leanbh noun *child:* bonsaire, garlach, garsún, gartaire, gasóg, gilidín, grabaire, imeachtaí linbh, leaid, leanbh mic, leanbán, leanbhán, mac, macaomh, malra, malrach, mamailíneach, páiste, páiste fir, páiste mná, pataire, peitirne, putach, scorach; cailín, gearrchaile, girseach, girseog, iníon, leanbh iníne, *familiar* gearrcach; *colloquial* mionbhar páistí.

léanmhar adjective *grievous, woeful:* acaointeach, aiféalach, aithreach, aithríoch, atuirseach, briseadh-croíúil, brónach, brúite, buartha, ceanníseal, céasta, cianach, cianúil, ciaptha, cráite, croíbhriste, cumhach, danaideach, deoirghinteach, deorach, diachrach, dobrónach, dochrach, dócúlach, doghrach, doghrainneach, doilbh, doilbhir, doilíosach, dólasach, domheanmnach, duainéiseach, duairc, duaiseach, dubhach, dúlionnach, dúnéaltach, éadóchasach, golbhéarach, golchásach, gruama, gubhach, iarghnóch, iarmhéileach, lionndubhach, mairgiúil, mairgneach, maoithneach, mí-ámharach, mífhortúnach, míratúil, ochlánach, olagónach, pianmhar, taidhiúir, tromchroíoch, truamhéalach, tubaisteach.

leann noun ❶ *ale, beer:* beoir, buisinn, coirm, leann dubh, lionn, pórtar; meá. ❷ **leann úll** *cider:* ceirtlis, saghdar, úllúsc.

léann noun *learning, education:* éigse, foghlaim, léanntacht, múinteoireacht, oideachas, oideas, oiliúint, saoithiúlacht, scoil, scolaíocht, scoláireacht, teagasc.

leannán noun ❶ *lover, sweetheart:* ansacht, buachallchara, cailín, caoifeach, cúirtéir, cumann, gealghrá, grá, grá geal, muirnín, nuachar, searc, searcóg, seircín, suiríoch, bean acrach, bean choibhche, bean leapa, bean luí, leannán leapa, mios. ❷ *chronic sickness:* galar ainsealach, galar buan, gnáthghalar. ❸ *chronic failing, besetting sin:* bráca, ceannpheaca, drochnós, gnáthlocht, gnáthpheaca; an peaca is troime, trompheaca, *familiar* an caiptín.

leannán sí noun ❶ *fairy lover, phantom lover:* síbhean; maighdean mhara; amhailt tromluí. ❷ *baleful influence:* tionchar míchuí; tá sé ar teaghrán aici.

léannta adjective *learned, scholarly:* ardintleachtúil, ardléannta, cultúrtha, eagnaí, éargnaí, éigse, foghlamtha, gaoiseach, gaoisiúil, gaoismhear, intleachtach, intleachtúil, leabhrach, liteartha, oilte, saoithiúil, scolártha, sofaisticiúil; saoithíneach.

leanúnach adjective ❶ *continuous, successive:* buan, buanseasmhach, cointeanóideach, seasta, síoraí; i ndiaidh a chéile. ❷ *persistent, importunate:* achainíoch, dianiarrthach, dígeanta, doriartha, doshásta, éilitheach, géar, iarratach, iarratasach, iarrthach, impíoch, leanúnach, righin, síoraí, síoriarratach, sirtheach, teann, tuineanta. ❸ *attached, faithful:* dílis, fírinneach, macánta, seasmhach, spleách, tairiseach, tairismheach, tairisneach; inmhuiníne, inrúin, iontaofa. noun ❶ *follower, pursuer:* ceithearnach, leantóir, leanúnaí, *colloquial* campa, lucht leanúna, páirtí; tóraitheoir. ❷ *successor:* comharba; an té a tháinig ina dhiaidh.

leanúnachas noun ❶ *continuity:* cointeanóid, comhleanúint, contanam, leanúntas, seicheamh. ❷ *faithfulness:* dílse, dílseacht, seanadh, tairise, tairiseacht.

leapachas noun *bedding:* pl. córacha leapa, éadach leapa, línéadach leapa, *pl.* pluideanna.

lear[1] noun *sea, ocean.* adverbial phrase **thar lear** *overseas, abroad:* thar loch amach, thar sáile, trasna na farraige; i gcríocha aineoil, in imigéin.

lear[2] noun *fault, failing:* ainimh, breall, cáim, cithréim, éagruth, éalang, éasc, fabht, fochall, focham, locht, lóipín, máchail, míghnaoi, miolam, smál, *literary* meann.

lear[3] noun *great number, great amount:* ainmhéid, an dúrud, anmhórán, carn, clais, cuimse, dalladh, dúlíonach, éacht, flúirse, foiscealach, foracan, foracún, gliúrach, iontas, a lán, lasta, maidhm, mathshlua, *pl.* mílte, mórán, *pl.* múrtha, neamhmheán, púir, réimse, roinnt mhaith, scanradh, scaoth, seó, slua, tolmas, *familiar* an t-uafás.

léaráid noun *diagram, illustration:* bhocléaráid, píléaráid; diagram, graf, plan; figiúr, fíor, maisiúchán, pictiúr.

learaire noun *lounger, loafer:* bruachaire, crochaire, crochadóir, falsóir, giolla na leisce, gora leaindí, goróir, leadaí na luatha, leisceoir, leoiste, liairne, liúdaí, liúdramán, lófálaí, lorgánach, losadóir, losaí, luircín cheann an teallaigh, lúmaire, ránaí, ríste, scaoinse, scraiste, síntheach, síntealach, sloitheán, slúiste, smíste, stangaire, stróinse.

learg noun *slope, side of hill:* ard, ardán, diarach, fána, leiceann, mala, strapa, taobh, uchtán, uchtóg.

léargas noun ❶ *sight, insight:* amharc, breathnú, dearcadh, féachaint, feic, feiceáil, feiscint, léar, léaró, léas, radharc, solas; iarchonn, iomas, léirstean, réchonn, tuiscint. ❷ *visibility:* amharc, féachaint, feiceáil, radharc, infheicteacht.

léaró noun *glimmer, gleam:* dealramh, ga, gealra, glioscarnach, léar, léar solais, léas, léasán, léaspairt, loinnearthacht, loinnir, lonrachas, lonracht, lonrú, marbhloinnir, mórsholas, niamhracht, ruithne, scáile, soilseacht, soilsiú, taitneamh.

léarscáil noun *map:* cairt, mapa, plean; léaráid.

leas noun ❶ *well-being, benefit:* ádh, áis, áisiúlacht, brabach, brabús, buntáiste, conách, éadáil, earraíocht, éifeacht, feidhm, féirín, fiúntas, fónamh, fóntas, luach, maith, maitheas, sochar, rathúnas, séan, somhaoin, tairbhe, úsáid; an craiceann is a luach. ❷ *manure, fertilizer:* aoileach, leas, leasachán, leasú; bualtrach, múnlach, otrach, súlach, tuar.

léas noun ❶ *ray of light, radiance:* breo, dealán, dealramh, drithle, drithliú, faghairt, ga, gealán,

gealas, gealra, glioscarnach, glóir, léar, léar solais, léaró, léasán, léaspairt, loinnearthacht, loinnir, lonrú, luan, luisne, mórsholas, niamh, ruithne, scalladh, soilsiú, solas, spréachadh, spréacharnach, taibhseacht, taitneamh. ❷ *weal, welt:* colm, fearb, fonsa, fústa, léasán, reang, rian, riast, stiall, ústa, *colloquial* léasrach. ❸ *blister:* clog, clogán, spuacán, spuaic; balscóid, callas, creagán, fadharcán, spliúchán. verb *thrash, flog:* batráil, buail, cnag, gleadhair, gread, lasc, leadair, leadhb, léirigh, liúr, péirseáil, planc, sciúirseáil, sciúrsáil, slis, smíoch, smíocht, smiot, smíst, stánáil, súisteáil, tuargain; gabh de fhuip ar, tabhair lascadh do tarraing buille ar.

léasadh noun *thrashing, flogging:* batar, batráil, broicneáil, bualadh, burdáil, cnagadh, deamhsáil, failpeadh, flípeáil, fuimine farc, fuipeáil, giolcadh, gleadhradh, greadadh, greasáil, greidimín, lascadh, leadhbairt, leadradh, léasadh, liúradh, liúradh Chonáin, orlaíocht, péirseáil, plancadh, riastáil, rúscadh, sceilpeáil, sciúirseáil, sciúrsáil, slatáil, smeadráil, smíochtadh, smísteáil, spéiceáil, súisteáil, tóileáil, tuairteáil, tuargaint; cuimil an mháilín, tuirne Mháire.

leasaigh verb ❶ *amend, reform:* athleasaigh, ceartaigh, coigeartaigh, cóirigh, deasaigh, deisigh, leigheas, slánaigh; cuir bail ar, cuir caoi ar, cuir cóir ar, cuir dóigh ar, cuir scliop ar, tabhair poc do. ❷ *cure, preserve:* picil, saill; cuir ar salann. ❸ *manure, fertilize:* cuir leas ar, cuir leasú ar, déan leas do; athleasaigh, marlaigh.

leasainm noun *by-name, nickname:* ainm cleite, ainm peata, forainm; bhaist sé an t-ainm sin air.

leasc adjective ❶ *lazy, indolent:* díomhaoin, drogallach, falsa, leiscúil, siléigeach, urleasc, *literary* laiste, liúntach. ❷ *slow, sluggish:* aimhleasc, céimleasc, leadránach, malltriallach, marbhánta, múisiúnta, neamhaigeanta, neamh-anamúil, righin, sionsach, sliastach, slogánta, spadánta, támáilte, támhach, torpánta, *literary* ionmhall, laiste. ❸ *reluctant:* aimhleasc, ainneonach, diúltach, dochma, dochmach, dochmúil, doicheallach, drogallach, éarthach, mífhonnmhar, neamhfhonnmhar, neamhthoilteanach, obthach, séantach, urleasc; dá ainneoin, dá bhuíochas, in aghaidh a thola.

leasmháthair noun *stepmother:* bean nua an athar.

léaspáin plural noun *coloured lights before eyes:* pl. pl. gliomóga, *pl.* speabhraídí; (i Mumhain) gleams.

léaspaire noun ❶ *lantern, torch:* laindéar, lampa, lóchrann; branda, coicheán, coichín, lasán, lasóg, soilseán, sop, sopóg, teannáil, tóirse, trilseán, *literary* sutrall. ❷ *luminary:* crann solais, réalta eolais, tóirse. ❸ *person of scintillating wit:* gastaire, nathaí, nathaire; duine an bhéil bháin, duine deisbhéalach, duine tagrach, duine tráthúil.

léaspairt noun *sparkle, flash of wit:* carúl, dea-chaint, deisbhéalaí, deisbhéalaíocht, glíceas béil, tráthúlacht.

leasrí noun *regent, viceroy:* fear ionaid, fear ionaid an rí, gobharnóir, gobharnóir ginearálta, ionadaí, leifteanant; *historical* giúistís; tánaiste.

leastar noun ❶ *vessel, firkin:* ampaill, ancairt, árthach, babhla, báisín, beiste, bleidhe, buicéad, ceaintín, canna, cíléar, cilfing, cingid, ciolarn, clogad, clogaidín, croca, crúiscín, crúiscláir, cuach, cupa, cupán, dearbhóg, feadhnach, feircín, giústa, gogán, méisín, mias, mornán, muga, paol, peaindí, pigín, pota, potán, próca, scála, searróg, séibe, soitheach, stópa, tancard, tobán, umar, *literary* drochta, síothal, stábh. ❷ *punt, tub (boat):* árthach, báirse, birling, punta, soitheach, tobán, tuga. ❸ *squat person, dumpy person:* balcaire fir, bloc fir, blocán fir, bollatach, ceaigín, crúsca fir, dailc fir, flapstar, lapaire, laprachán, laprachánaí, leastar,

leasú

mamailíneach, móta, sadall, stumpa fir, stuimpíneach, tobadán, tobán, toimidín, tóin le talamh, tóirpeachán, toirpín, tóirpín, tóithín, torachán, tuairgín fir; balcaire mná, dailc mná, flapóg, lapóg, lapróg, lúrapóg, páideog, ringiléad, saoisteog, stopóg, stumpa mná, taoiseoigín, tonóg.

leasú noun ❶ *improvement, reform:* athchóiriú, athleasú, ceartú, coigeartú, cóiriú, deasú, deisiúchán, feabhsú, feabhsúchán, leigheas, paisteáil, slánú. ❷ *manuring, manure:* aoileach, leas, leasachán; bualtrach, múnlach, otrach, súlach.

leataobh noun ❶ *one side of two:* taobh amháin. ❷ *slouch, lopsided appearance:* coc, feirc, goic, leathcheann, leathmhaig, leathmhaing, leathspeic, leathspleic, maig, speic, spleic, stuaic. **adverbial phrase i leataobh, do leataobh** *aside:* ar leith, ar leithlí, ar leithrigh, faoi leith, i leith; i bhfód ar leith, ar fhód faoi leith.

leataobhach adjective ❶ *one-sided:* aontaobhach. ❷ *lopsided, tilted:* claonta, goiciúil; ar leathmhaing, ar leathstuaic. ❸ *partial, biased:* claon, claonpháirteach, claonta, fabhrach, leatromach, páirtiúil, taobhach; biogóideach, eorasceipteach, frithghiúdach, gallfhuathach, seineafóbach, seobhaineach.

leath noun ❶ *side, part, direction:* aird, bealach, ceard, cearn, cuid, páirt, slí, stiúir, taobh, treo. ❷ *half, portion:* cuid, dara cuid; leath-. **adverbial phrase** ❶ **ar leith** *apart, separate, special:* faoi leith, ar fhód faoi leith, speisialta; ina gceann is ina gceann, ina nduine is ina nduine. ❷ **i leith** *hither:* anseo, go nuige seo, *literary* sonn. ❸ *henceforth:* anuas; ó shin. **compound preposition i leith** ❶ *towards, tending towards:* go dtí, cuig, i dtreo. ❷ *for, for the sake of:* ar mhaithe le, ar son, i gcomhair, le haghaidh, thar ceann. ❸ *depending upon:* i dtuilleamaí, ag brath ar, i muinín. **verb** ❶ *spread:* gluais, leathnaigh, rith, scaip, scar, srathnaigh; téigh i leithne, téigh thart, téigh timpeall. ❷ *open wide:* fairsingigh, leathnaigh, foscail, nocht, oscail, scaoil.

leathadh noun *spreading, expansion:* fairsingiú, foscailt, leathnú, nochtadh, oscailt, scaipeadh, scaradh, spré, srathnú; dul amach, dul i leithne, dul thart, dul timpeall.

leathan adjective *broad, wide:* fada, fairsing, leata, leitheadach, mór, oscailte, scaipthe, scartha, spásmhar, toirtiúil; ar deargleathadh, ar dianleathadh; tá trácht maith inti. noun *broad part:* bolg, cabhail, cliabhrach.

leathanach noun *page, sheet:* bileog, duille, duilleog, fóilió, leathán; cáiteach; síte.

leathanaigeanta adjective *broad-minded:* boigéiseach, boigiméiseach, caoinfhulangach, ceadaitheach, foighdeach, foighneach, fulangach, géilliúil, liobrálach, *literary* fuarrach.

leathantas noun *wide extent, wideness:* fairsinge, forleithne, leithe, leitheadh, leithne, méad, méid; aeracht, aeráil, oscailteacht, scóipiúlacht, síne.

leathar noun ❶ *leather:* muilscín, stainnín, úrleathar. ❷ *skin, hide:* craiceann, peall, seithe, *literary* bian; lomra. ❸ **bualadh leathair, leathar** *sexual intercourse:* bualadh craicinn, caidreamh collaí, céileachas, collaíocht, comhleapachas, comhluí, comhriachtain, cumasc, cúpláil, dáthadh, feis, gabháil le chéile, gnéas, lánúineachas, lánúnachas, lánúnas, leannántacht, luí le chéile, marcaíocht, péiríocht, reithíocht, táth, *literary* innéirí, *familiar* craiceann, déanamh cuiginne, giotaíocht, guicéaracht, guití, joineáil, munjí, proit, proiteáil, pumpáil, raighdeáil, scailleog, slataíocht, scrabhadh leathair, steabáil, stialláil.

leathbhádóir noun *shipmate, colleague:* comhbhráthair, comhghleacaí, comhoibrí, comhpháirtí, compánach, comrádaí, guaillí, leacaí, páirtí, páirtnéir.

leathbhreac noun *counterpart, equivalent:* coibhéis, cómhaith, comhghleacaí, cothrom, ionann, leithéid, macasamhail.

leathchéad noun ❶ *fifty:* caoga; deich is daichead, deich is ceatharcha, deich is dhá scór. ❷ *half-century:* caoga bliain, deich mbliana is ceatharcha, deich mbliana is daichead, deich mbliana is dhá scór.

leathcheann noun ❶ *tilt of head, slant:* coc, feirc, goic, leathmhaig, leathmhaing, leathspeic, leathspleic, maig, sleaint, speic, spleic, stuaic. ❷ *half-glass (of spirits):* leathghloine. ❸ *one of a pair:* ceann amháin, duine amháin; leathchúpla, leathdhuine cúpla, leithéid, macasamhail. ❹ *familiar half-wit:* amadán, ablálaí, abhlóir, amadán, amaid, amal, baileabhair, bobaide, bobarún, bómán, breallaire, breallán, brealsán, brealscaire, brealsún, brealscaire, briollaire, búbaí, búbaire, ceann cipín, ceann maide, ceap magaidh cligear, clogadán, cloigeann cabáiste, cloigeann cipín, cloigeann pota, cloigneachán, cluasachán, cluasánach, cluasánaí, dallachán, dallamlán, dallarán, diúid, dobhrán, dúdálaí, dúid, dúiripí, dundarlán, dunsa, éagann, éifid, gámaí, gamal, gamairle, glaigín, glaomaire, gligear, gligín, gogaille, guaig, guaigín, leadhb, leadhbaire, leadhbán, leadhbaire, leamhsans, leathleibide, leib, leibide, leibide ó leó, leidhce, leota, leoitéir, mucaire, pastae de chloigeann, péicearlach, pleib pleidhce, pleota, pleotaire, sceilfid, simpleoir, straiméad, tuathalán, *literary* easconn; amaid, amlóg, breallóg, cloigis, gamalóg, máloid, óinseach.

leathchúpla noun *one of twins, twin:* leathchúpla deartháir, leathchúpla deirféar; leathcheann, leathdhuine cúpla.

leathdhosaen noun *half-dozen:* leathdhuisín, sé cinn, seisear.

leathéan noun ❶ *one of a pair of birds:* cearc, coileach. ❷ *figurative bachelor:* baitsiléir, buachaill, fear díomhaoin, fear singil, fear singilte, fleascach, seanbhaitsiléir, seanbhuachaill, seanmhaighdean fir, seascachán, seascaire, seascánach. ❸ *old maid:* cailín stálaithe, puisbhean, seanchailín, seanmhaighdean; cailleach, cráintín, seanbhean.

leathfhocal noun *half-expressed statement, hint:* cogar, leid, leide, leideadh, nod, nod don eolach, sanas, sanas cogair, siodal, údragáil, údramáil.

leathimeall noun *border on one side:* bruach, ciumhais, colbha, corthair, críoch, eochair, feorainn, fíor, imeall, imeallbhord, sciorta, taobh, teorainn. **adverbial phrase ar leathimeall** *off the beaten track:* ar an iargúil, ar an iargúltacht, san iargúltacht, in iarthar dúiche, sna hiarthair seo, i bhfad siar, ar na leathimill.

leathinis noun *peninsula:* glasoileán; caol tíre, crúbán talún, scóig talún, scrogall talún.

leathlaí noun *shaft of cart, etc.:* cleith, crann, cuaille, fearsaid, laí, páil, sabh, sáfach, sáiteán, seafta, stacán, staic, taobhán, *literary* ochtach.

leathmhaig noun *lopsidedness, tilt:* coc, feirc, goic, leataobh, leathcheann, leathmhaing, leathspeic, leathspleic, maig, speic, spleic, stuaic.

leathóg noun ❶ *flatfish (order Pleuronectiformes):* leadhbóg, leatha, leathóg; leathóg bhallach, leathóg mhín, sól, sól sleamhain; leathóg bhreac, leathóg na mball dearg, leith, leith bhallach, plás; dúleatha; leith; leathóg bhán: alabard, bóleatha, bóleathóg, bóleith, hailebó, leathóg Mhuire. ❷ *flat, flaccid thing:* cailpís, clupaid, flapa, liobar, liopa, meilleog, plapa, radalach, sceidín.

leathrann noun *half-quatrain, distich:* dhá líne filíochta, leathcheathrú, leath stróife.

leathsféar noun *hemisphere*: leathchruinne.
leathuair noun ❶ *half an hour*: deich nóiméad fichead, tríocha nóiméad. ❷ *little while*: aga, am, atha, babhta, bomaite, lá, móiméad, nóiméad, píosa, rud beag, scaitheamh, seal, soicind, tamaillín, tamall, tamall gearr, téarma, tráth, tréimhse, uair.
leatrom noun ❶ *uneven weight, uneven balance*: éagothrom, éagothroime, míchothrom. ❷ *inequality*: aimhréidhe, éagóir, éagothroime, éagothrom, éigeart, míchothrom, mímhacántacht, neamhionannas. ❸ *oppression*: aintiarnas, anfhorlann, ansmacht, antrom, cos ar bolg, daorbhroid, daordháil, daorsmacht, diansmacht, drochíde, drochúsáid, éagomhlann, foréigean, forneart, forrachtadh, géarbhroid, géarleanúint, géarsmacht, inghreim, lámh láidir, neart, smachtúlacht, splíontaíocht, tíorántacht, tromas.
leatromach adjective ❶ *uneven, lopsided*: ainrialta, baoth, barrbhaoiseach, barrthuisleach, ceanntrom, claonta, corrach, corraiceach, éagothrom, forbhásach, giodamach, gogaideach, goiciúil, guagach, guairneánach, leataobhach, leatrom, luaineach, míchothrom, mírialta, starragánach; ar leathmhaing, ar leathstuaic. ❷ *one-sided, partial*: claon, claonpháirteach, claonta, éagórach, fabhrach, leataobhach, leatrom, mímhacánta, páirtiúil, taobhach; biogóideach, eorasceipteach, frithghiúdach, gallfhuathach, seineafóbach, seobhaineach. ❸ *oppressive*: ainchríostúil, ainmheasartha, ainrianta, aintiarnúil, aintréan, allta, anfhorlannach, barbartha, brúidiúil, brúisciúil, coirpe, crua, cruachroíoch, cruálach, damanta, danartha, daoirsiúil, daordhálach, dásachtach, díbheirgeach, dobhéasach, dúnmharfach, éigneach, fíata, fíochmhar, foghach, foréigneach, fraochmhar, fraochta, fuilteach, gairbhéiseach, gangaideach, garbh, ionsaitheach, leatrom, meirsiúil, mídhaonna, mínádúrtha, mínáireach, míshibhialta, tíoránta. ❹ *oppressed*: faoi ansmacht, faoi chos, faoi chos ar bolg, i ndaoirse, i ndaorbhroid, faoi dhaorsmacht, faoi leatrom, faoi leithcheal, i dtromdhaoirse, i moghsaine, i sclábhaíocht. ❺ *heavy, pregnant*: ag iompar chloinne, (*i gContae Chorcaí*) fé shlí, leagtha suas, muiríneach, taobhthrom, *familiar* i ngéibheann, suas an cnoc, **adjectival genitive** tórmaigh, torrach, trom.
leibéiseach adjective *careless, slovenly*: eadarluasach, faillitheach, faillíoch, gibléideach, lóipíneach, mainneachtach, mainneachtnach, neamartach, neamh-aireach, neamhairdeallach, neamhchúramach, neamhshuimiúil, réidh, réchúiseach, siléigeach, sleamchúiseach, sleamhchúiseach; ar nós cuma liom; bratógach, ceamach, ceamánta, cifleogach, gibléideach, giobach, gioblach, glibeach, gliobach, leadhbánach, leadhbógach, liobarnach, líobóideach, lóipíneach, lópach, luideach, scifleogach, scothánach, scrábach, slaimiceach, slapach, slibrí, sraoilleach, streachlánach, tuathalach.
leibhéal noun *level*: airde, caighdeán, céim, cothrom, grád, gradam, ionad, rang, réimse, seasamh, staid, suíomh. verb *level*: cláraigh, cothromaigh, leacaigh, leag, réitigh, treascair; déan cothrom, déan leibhéalta, déan réidh.
leibhéalta adjective *level*: comhréidh, cothrom, cothromúil, leacaithe, líofa, mín, réidh, siméadrach, sleamhain; chomh cothrom le clár; ar lomán.
léibheann noun ❶ *level surface*: clár, craiceann, dreach, droim, droimín, droimne, droimnín, dromchla, dromlach, éadan, pláinéid, plána, uachtar, urlár, *literary* tlacht. ❷ *terrace, platform, stage*: ardán, cé, clár, fánán, fléig, foradh, laftán, lamairne, lantán, leibhéal, lochtán, póidiam, pontún, réchaladh, scafall, stáitse, stad.
leibide noun ❶ *careless, slovenly person*: breallán, ceamach, ceamachán, cifleachán, círéib, clogán streille, coigealach, cuifeach, cuileachán, cunús, giobachán, giobailín, gioblachán, glibire, gliobachán, liobar, liobarnálaí, magarlán, pana, pleibistín, prioslachán, radalach, rúisceachán, scifleachán, scothánach, scrábachán, slaimice, sláimín, slapaire, slibire, sraoilleachán, sraoilleán, sraoillín, straille, strailleán, streachaille; braimleach, breallóg, claimhseog, claitseach, giobóg, gliobóg, leadhbóg, liobóg, peallóg, slámóg, slapóg, slapróg, sraoill, sraoilleog, strailleog. ❷ *softy, fool*: abhlóir, amadán, amaid, amal, amlóir, baileabhair, bobarún, bómán, breallaire, breallán, brealsán, brealscaire, brealsún, ceann cipín, ceann maide, ceap magaidh, clogadán, cloigeann cabáiste, cloigeann cipín, cloigeann pota, dallachán, dallarán, deargamadán, diúid, dobhrán, dúdálaí, dúid, dúiripí, dundarlán, dunsa, déagann, galldúda, gámaí, gamal, gamairle, glaigín, gligín, gogaille, guaig, guaigín, leathamadán, leathbhrín, leathdhuine, liobar, napachán, óinmhid, pastae de chloigeann, pleib, pleidhce, pleota, sceilfid, simpleoir.
leibideach adjective ❶ *slack, slovenly*: eadarluasach, faillíoch, faillitheach, leibéiseach, lóipíneach, mainneachtach, mainneachtnach, neamartach, neamh-aireach, neamhairdeallach, neamhchúramach, neamhshuimiúil, réchúiseach, siléigeach, sleamchúiseach, sleamhchúiseach; ar nós cuma liom; bratógach, ceamach, ceamánta, cifleogach, gibléideach, giobach, gioblach, glibeach, gliobach, leadhbánach, leadhbógach, leibéiseach, leibideach, liobarnach, líobóideach, lóipíneach, lópach, luideach, scifleogach, scothánach, scrábach, slaimiceach, sraoilleach, streachlánach. ❷ *soft, foolish*: aimhghlic, amadánta, amaideach, baoiseach, baoth, bómánta, breallach, breallánta, bundúnach, dall, dallacánta, dallaigeanta, díchéillí, dobhránta, dúr, éaganta, earráideach, gamalach, gligíneach, lagintinneach, leadhbach, leamh, leamhcheannach, leathmheabhrach, mallintinneach, míghlic, óinmhideach, óinsiúil, pleidhciúil, ramhar, saonta, seafóideach, simplí, soineanta, spadintinneach, tútach, uascánta.
leibideacht noun ❶ *carelessness, slovenliness*: ceal cúraim, díobháil aire, faillí, neamh-aire, neamart, neamhchorrabhuais, neamhchúram, réchúis, siléig, siléigeacht, sleamchúis, sleamhchúis; cifleogacht, gioblachas, gioblacht, giobaíocht, slapaireacht, sraoilleachas, sraoilleacht. ❷ *softness, foolishness*: aimhghliceas, amadántacht, amadántaíocht, amaidí, amlóireacht, baois, bómántacht, breallántacht, brealsacht, brealscaireacht, brealsúnacht, daille, dallacántacht, dallacántaíocht, dallaigeantacht, dúire, éagantacht, gamalacht, guanacht, íorthacht, leibideacht, leimhe, leimheas, míghliceas, óinmhideacht, pleidhcíocht, pleotaíocht, raimhre réasúin, saontacht, seafóid, simplíocht, soineantacht, uascántacht.
leice adjective *sickly, delicate*: coinbhreoite, galrach, goilliúnach, leochail, leochaileach, meata, meaththinn, mífholláin, míghnéitheach, mílítheach, mothálach, teolaí, tláith.
léicean noun *lichen* (*fíleam Lichenes*): crotal, duilleascar, duilleascar na gcloch, lus liag, scraith chloch.
leiceann noun ❶ *cheek*: grua, leaca, pluc. ❷ **leiceann cnoic** *side, slope of hill*: ard, ardán, diarach, fána, learg, mala, strapa, taobh.

leiciméir

leiciméir noun ❶ *idler, shirker:* bruachaire, búiste, caidéir, camán luatha, codaí, falsóir, fámaire, feádóir, fear fuar lá te, giolla na leisce, langa, leadaí, learaire, leisceoir, leisíneach, leoiste, leota, liairne, liúdaí, liúdramán, lófálaí, loiciméir, lorgánach, lúmaire, maraíodóir, meathlóir, ríste, scaoinse, scraiste, sínteach, slúiste, smíste, sráidí, srathaire, stangaire, stróinse; gora leaindí, goróir, leadaí na luatha, luircín cheann an teallaigh. ❷ *pretended fool:* amadán iarainn.

leiciméireacht noun *idling, shirking of work:* bruachaireacht, caidéireacht, codaíocht, falsóireacht, fámaireacht, feádóireacht, leadaíocht, learaireacht, leisceoireacht, leoistíocht, liudaíocht, liúdramántacht, lófáil, loiceadh oibre, loiciméireacht, losaíodóireacht, rístíocht, scraisteacht, scraistíocht, scraistíneacht, scraistiúlacht, sínteoireacht, slúisteoireacht, srathaíocht, srathaireacht, stangaireacht.

Léicin

beard lichen (Usnea sp.): léicean meigeallach
black shields (Lecanora atra): scála dubh
black tar lichen (Verrucaria sp.): léicean dubh tarra
black tufted lichen (Lichina pygmaea): léicean dosach dubh
common cup lichen (Cladonia pyxidata): cupán móna
crab's-eye lichen (féach crawfish lichen)
crawfish lichen (Ochrolechia parella): léicean cráifisce
crottle (Parmelia saxatilis): crotal cloiche
crustose lichen (phylum Lichenes): léicean crústúil
Cudbear lichen (Ochrolechia tartarea): léicean Chudbear
dog lichen (Peltigera canina): lusra an chonaigh
foliose lichen (phylum Lichenes): léicean duilliúil
fruticose lichen (phylum Lichenes): léicean dosach
lichen (phylum Lichenes): léicean; crotal; duilleascar; duilleascar na gcloch; lus liag; scraith *f.* chloch
light crottle (féach crawfish lichen)
map lichen (Rhizocarpon geographicum): mapán na gcloch
matchstick lichen (Cladonia macilenta): caipín dearg
orange leafy lichen (Xanthoria sp.): léicean duilleach flannbhuí
orange lichen (Caloplaca marina): léicean flannbhuí
reindeer moss (Cladonia rangiferina): léicean réinfhia
rock tripe (Umbilicata pistulata): ruipleog *f.* leice
sea ivory (Ramalina siliquosa): eabhar mara
tree lungwort (Lobaria pulmonaria): crotal coille
tufted lichen (féach fruticose lichen)

---

leicneach noun *mumps, parotitis:* pl. meallta, pl. mealltracha, plucamas; pl. na cnapáin, galar pluice, pl. na pucháin.

leicneán¹ noun ❶ *wedge, cotter:* ding, ging; leicnín. ❷ *washer:* sealán; gaiscéad.

leicneán² noun *sickly, delicate person:* breoiteachán, donasaí, easlán, easláinteach, galrachán, glaisneach, glasrachán, leidhce, othar, reanglamán duine, séansaí, síofra, síogaí beag; bás ina sheasamh, bás gorm, básachán, duine leathbheo, dúradán, éagbhás, niúdar neádar, niúide neáide, niúidí neáidí, síománach, síománaí, smúrthann-`ach, splangadán; fothrach.

leictreach adjective *electrical:* aibhléiseach, leictriciúil.

leictreachas noun *electricity:* aibhléis, tintreas; tintreach.

leitreoir noun *electrician:* tintreachán.

leid noun ❶ *hint, inkling, clue:* átlamh, cogar, gaoth, gaoth an fhocail, leideadh, nod, sanas, siodal, tuaileas, údragáil, údramáil.

léidearnach noun ❶ *beating, pelting:* bascadh, batar, batráil, broicneáil, bualadh, burdáil, cnagadh, deamhsáil, failpeadh, flípeáil, fuimine farc, giolcadh, gleadhradh, greadadh, greasáil, greidimín, lascadh, leadhbairt, leadradh, léasadh, liúradh, liúradh Chonáin, orlaíocht, plancadh, riastáil, rúscadh, sceilpeáil, slatáil, smeadráil, smíochtadh, smísteáil, spéiceáil, spóiléireacht, súisteáil, tóileáil, tuairteáil, tuargaint; cuimil an mháilín, tuirne Mháire. ❷ *driving rain:* bailc báistí, bailc fearthainne, balcadh, batharnach, batharnach bháistí, clagar, clagarnach, clagarnaíl, clascairt báistí, díle báistí, doirteán báistí, falc, folc, fraschith, gailbh, gailfean, gailfean báistí, léidearnach chlagair, liagarnach báistí, maidhm bháistí, péatar báistí, ragáille báistí, rilleadh báistí, sconna báistí, tuairt bháistí, tuile liag; ag clagadh báistí, ag cloigneadh fearthainne, ag cur de dhíon is de dheora, ag doirteadh báistí, ag gleadhradh báistí, ag greadadh báistí, ag lascadh báistí, ag raideadh báistí, ag roilleadh báistí, ag stealladh báistí, ag taoscadh báistí, ag teilgean báistí, ag taomadh fearthainne, ag dubhfhliuch fearthainne; tá an bháisteach ag baint deataigh, tá an bháisteach ag baint toite as an talamh, tá sé ag báisteach mar a ligfí tríd an gcriathar í, tá sé ag cur sceana gréasaí, tá sé ag titim ina tulcaí, tá sé ina sceana gréasaí.

leidhce noun ❶ *limp flaccid thing:* bratóg, ceirt, cifle, cifleog, crothóg, giobal, leadhb, leadhbóg, liobar, paiste, plispín, preabán, radalach, sceidín, scifle, scifleog, scrábán, streachlán, suán glacach. ❷ *weak, delicate person:* breoiteachán, croithleán, donasaí, easlán, easláinteach, galrachán, glaisneach, glasrachán, leicneán, othar, reanglamán duine, séansaí, síofra, síogaí beag; bás ina sheasamh, bás gorm, básachán, duine leathbheo, dúradán, éagbhás, niúdar neádar, niúide neáide, niúidí neáidí, smúrthannach, splangadán. ❸ *blow, slap, buffet:* boiseog, bos, broideadh, cíonán, clabhta, clabhtóg, cnagaide, cniogaide cnagaide, deamhas, deamhsóg, dorn, flaspóg, giordóg, leadhbóg, leadóg, leadradh, leandóg, leang, leangaire, leiceadar, liúr, priocadh, sceiteadh, smac, smag, smailc, smalóg, smeach, smitín, snag, sonc.

léig noun *decay, neglect:* clis, cliseadh, dreo, dreochan, dreoiteacht, dul ar gcúl, dul in éag, dul i léig, feo, feochan, imleá, leá, meath, meathlú, trochlú; ceal cúraim, díobháil aire, drochaire, faillí, mainneachtain, moill, moilleadóireacht, neamh-aire, neamhaistear, neamart, neamhchorrabhuais, neamhchúram, réchúis, reiléig, neamhaoireacht, righneáil, righneas, siléig, siléigeacht, siobarnach, sleamchúis, sleamhchúis, *literary* dícheall.

léigear noun *siege:* forbhais, forbhas, foslongfort, imshuí, suí forbhaise.

léigeartha adjective *beleaguered:* faoi ionsaí, faoi léigear, imdhruidte; tá naimhde ina thimpeall, tá naimhde ar gach taobh de.

léigh verb *read:* breithnigh, grinn, grinnscrúdaigh, iniúch, scrúdaigh, tabhair spléachadh ar, tabhair sracfhéachaint ar, treabh trí; aithin, bain meabhair as, tuig.

leigheas noun ❶ *science of medicine, medicine:* cóir leighis, cóireáil, dochtúireacht, liacht, máinliacht, miochaine, teiripe, teiripic. ❷ *remedy, medicine:*

Brainsí an Leighis

anaesthesia: ainéistéise *f.*
allopathy: alapaite *f.*
audiology: éisteolaíocht *f.*
cardiology: cairdeolaíocht *f.*
chemotherapy: ceimiteiripe *f.*
chemotherapeutics: ceimiteiripic *f.*
chiropody: cosliacht *f.*
community medicine: míochaine *f.* phobail
cosmetic surgery: máinliacht *f.* chosmaideach
dermatology: deirmeolaíocht *f.*
embryology: sutheolaíocht *f.*
endocrinology: inchríneolaíocht *f.*
epidemiology: eipidéimeolaíocht *f.*
gastroenterology: gastaireintreolaíocht *f.*
geriatrics: seanliacht *f.*
gerontology: seaneolaíocht *f.*
gynaecology: ginéiceolaíocht *f.*
haematology: haemaiteolaíocht *f.*
hepatology: heipiteolaíocht *f.*
histology: histeolaíocht *f.*
histopathology: histeapaiteolaíocht *f.*
immunology: imdhíoneolaíocht *f.*
laryngology: laraingeolaíocht *f.*
nephrology: neifreolaíocht *f.*
neurology: néareolaíocht *f.*
neuropathology: néarphaiteolaíocht *f.*
neuroradiology: néar-raideolaíocht *f.*
neurosurgery: néar-mháinliacht *f.*
nuclear medicine: míochaine *f.* núicléach
obstetrics: cnáimhseachas
oncology: oinceolaíocht *f.*
ophthalmology: oftailmeolaíocht *f.*
orthopaedics: ortaipéidic *f.*
otorhinolaryngology: ótai-rínea-laraingeolaíocht *f.*
paediatrics: péidiatraic *f.*
parasitology: seadeolaíocht *f.*; paraisíteolaíocht *f.*
pathology: paiteolaíocht *f.*
pharmacology: cógaseolaíocht *f.*
physiology: fiseolaíocht *f.*
physiotherapy: fisiteiripe *f.*
plastic surgery: máinliacht *f.* phlaisteach
prosthetics: próistéitic *f.*
psychosurgery: sícmháinliacht *f.*
psychiatry: síciatracht *f.*
radiology: raideolaíocht *f.*
surgery: máinliacht *f.*
therapeutics: teiripic *f.*
urology: úireolaíocht *f.*
venereology: véinéireolaíocht *f.*
veterinary medicine: tréidliacht *f.*
virology: víreolaíocht *f.*

faoiseamh, fóirithint, íoc; buidéal, ceirín, íocluibh, luibh, oideas, piolla, ungadh. verb *heal, remedy*: bisigh, cneasaigh, cóireáil, déan biseach do, fóir, leasaigh, slánaigh; cuir cóir ar, cuir biseach ar.

léim noun *jump, leap*: abhóg, beannóg, boc, eitim, eitleog, eitreog, foléim, geit, oscar, pocléim, preab, truslóg, urróg. verb ❶ *leap, bound*: damhsaigh, éirigh, geit, ling, preab, rinc; éirigh de léim, éirigh d'fholéim, éirigh de rúchladh, téigh d'abhóg, téigh d'oscar; tá an t-iasc ag peilteáil. ❷ *miss*: fág amach, fág ar lár, gabh thar, lig ar ceal, lig ar lár. ❸ **léim ar attack**: déan ionsaí ar, ionsaigh, leag ar, rith ar, tabhair amas faoi, tabhair breabhaid faoi, tabhair faoi, tabhair fogha faoi, *literary* tubh.

leimhe noun ❶ *insipidity*: leamhas, míbhlastacht, tuire. ❷ *silliness, inanity*: áibhéis, áiféis, amadántaíocht, amaideacht, amaidí, athbhaois, baois, baoithe, baothchaint, baothaireacht, baothántacht, baothántaíocht, brille bhreaille, brilléis, díchiall, díth céille, diúide, diúideacht, éagantacht, easpa céille, éigiall, fastaím, gaotaireacht, gamalacht, gligíneacht, gliogar, íorthacht, leamhas, leibideacht, leibidínteacht, leithéis, máilóideacht, maingléis, míghliceas, óinmhideacht, óinsiúlacht, pleidhcíocht, pleotaíocht, raiméis, ráiméis, seafóid, sifil seaifil, simplíocht.

léine noun ❶ *shirt*: blús, *literary* caimse; bástchóta, cabhail, ionar, suimeat, tuineach, veist. ❷ **léine aifrinn** *surplice, alb*: ailb, léine an tsagairt, suirplís; casal.

leipreachán noun *leprechaun, elf*: clúracán, clúrachán, clutharachán, ealbh, geancán, geancánach, gréasaí na scillinge, hobad, lucharachán, lucharbán, luchargán, lucharpán, luchramán, lúircín; badhbh badhbh, bobogha, bocán, bocánach, gruagach, ginid, mórphúca, orc, púca, síofra, síofróg, sióg, troll, *literary* siride; nóm.

léir adjective ❶ *clear, lucid*: baoisceánta, dealraitheach, feiceálach, follas, follasach, for-réil, geal, glan, glé, gléghlan, gléigeal, gléineach, gleoir, gleorach, greanta, griananach, intuigthe, lóchrannach, loinneartha, lonrach, niamhrach, paiteanta, réalta, soiléasta, soiléir, soilseach, solasach, solasmhar, solasta, sothuigthe, *literary* eagnach. ❷ **is léir go** *it is clear that*: dealraíonn sé, feictear dom go, is cinnte go, is dearbh go, is deimhin go, is féidir linn talamh slán a dhéanamh go, is follas go, samhlaítear dom go, táim siúráilte go, táim suite go; ná bíodh eagla ort nach, ná bíodh faitíos ort nach.

léire noun ❶ *clearness, distinctness*: gléine, gléineacht, soiléire, soiléireacht, trédhearcacht, tréshoilseacht. ❷ *accuracy*: beaichte, cruinneas, dearfacht, dírí, fírinne, géire, glaine, grinneas, mionchúis, pointeáilteacht.

léireasc noun *commonplace, truism*: amhlaíocht; aicsím, gnáthfhocal, leagan cainte, nath, nathán, ráiteas, seanfhocal, sean-nath, seanrá, soiléirse.

léirigh verb ❶ *explain, illustrate*: ciallaigh, maisigh, léirmhínigh, mínigh, réal, soiléirigh, *literary* éirnigh; bain fuaimint as, bain tuiscint as, tabhair an bhrí, inis an bhrí, inis an chiall. ❷ *set in order, arrange*: aicmigh, caighdeánaigh, catalógaigh, cláraigh, códaigh, cogairsigh, cóirigh, comhordaigh, comhshuigh, cruinnigh, eagraigh, gléas, grúpáil, innill, leag amach, mineastráil, múnlaigh, rangaigh, rianaigh, riar, socraigh, sórtáil, srathnaigh, stiúir, suigh, táblaigh, tionóil, treoraigh; cuir ar bun, cuir ar siúl, cuir caoi ar, cuir cóir ar, cuir i dtoll a chéile, cuir in eagar, cuir in ord, tabhair chun córais. ❸ *produce, stage*: cuir ar an ardán, cuir ar bun, cuir ar an stáitse, stáitsigh, taispeáin.

léiriú noun ❶ *clarification, illustration*: ciallú, maisiú, maisiúchán, léargas, léirmhíniú, soiléiriú, solas. ❷ *representation*: athlaithriú, comharthú, samhailchomharthú, samhlú, siombalú; beophictiúr, deilbh, íomhá, pictiúr. ❸ *order, arrangement*: aicmiú, athchóiriú, caighdeánú, catalógú, clárú, códú, cogairse, cogairsiú, cóiriú, comhordú, comhshuíomh, córasú, cruinniú, eagraíocht eagrú, gléasadh, grúpáil, leagan amach, múnlú, ord, rangú, rianú, socrú, socrúchán, sórtáil, stiúradh, suíomh, táblú, tionól, treorú, *literary* srathnú. ❹ (*theatrical, cinematic*) *production*: stáitsiú, taispeántas, taispeáint.

léirmheas noun ❶ *critical assessment*: beachtaíocht, breithiúnas, breithniú, luacháil, meá, meas, meastóireacht, measúnacht, measúnóireacht, measúnú, *literary* midheamhain. ❷ *review*: beachtaíocht, critic,

léirmheastóir
criticeas, léirmheastóireacht; anailís, breithiúnas, meastóireacht.

léirmheastóir noun *critic, reviewer:* beachtaí, criticeoir.

léirmheastóireacht noun *(art of) criticism:* beachtaíocht, critic, criticeas; anailís, breithiúnas, meastóireacht.

léirmhínigh verb *explain fully, interpret:* caith léas solais ar, ciallaigh, cuir i léire, léirigh, mínigh, mínigh focal ar fhocal, simpligh, tabhair mioninsint ar, taifigh, *literary* éirnigh, idircheart.

léirmhíniú noun *interpretation:* ciallachadh, ciallú, léiriú, míniú, simpliú, taifeach, *literary* idircheart, idircheirt.

léirscrios noun *total destruction, devastation:* bánú, bascadh, coscairt, creachadh, creachadóireacht, ídiú, lomairt, lomscrios, milleadh, sceanach, sceanairt, scrios, sciosadh, scriostóireacht, slad, sladaíocht, sladaireacht, treascairt, *literary* lochar, sleachtadh, urbhaidh.

léirsiú noun *(political) demonstration:* agóid, cruinniú, mórshiúl, máirseáil, picéad, sluachorraíl, tabhairt amach; stailc.

léirsmaoineamh noun *deep consideration, meditation:* cuimhneamh, dianmhachnamh, domhainmhachnamh, marana, meabhair, meabhrú, rinnfheitheamh, smaoineamh, spéacláireacht, staidéar, *literary* midheamhain.

léirstean noun *perception, insight:* aireachtáil, breithiúnas, caolchúis, cruinneas, doimhneacht, eagna, eagna chinn, éargna, éirim, fadcheann, fios, fios feasa, géarchúis, géire, grinne, grinneas, iarchonn, intleacht, íogaireacht, iomas, mothú, rathú, réchonn, soiléireacht, tuiscint.

leis¹ noun **❶** *thigh:* ceathrú, corróg, ioscaid, láirig, más, sliasaid, *colloquial* leasrach. **❷** *leg (of meat), haunch:* ceathrú, cos, spóla.

leis² adverb *too, also:* fosta, freisin, chomh maith; anuas air sin, chomh maith leis sin, ina chuideachta sin, ina theannta sin, *literary* archeana.

leis³ adjective *uncovered, exposed:* argail, lom, lomnocht, nocht, nochta, ris, rite, stéigiúil, struipeáilte; ar aird, ar an diolb, ar taispeáint, gan chlúid, ina chraiceann, ina chraiceann dearg.

leisce noun **❶** *laziness, sloth:* bruachaireacht, búistíneacht, búistíocht, caidéireacht, codaíocht, díomhaointeas, falsacht, falsóireacht, fámaireacht, feadóireacht, leadaíocht, learaireacht, leiciméireacht, leisciúlacht, leointíocht, leoistíocht, liúdramántacht, loiceadh oibre, loiciméireacht, losaíodóireacht, rístíocht, scraisteacht, scraistíocht, scraistíneacht, scraistiúlacht, spadántacht, srathaíocht, srathaireacht, stangaireacht. **❷** *disinclination, reluctance:* dochma, doicheall, doicheallaí, doilíos, draighean, drogall, fadáil, fadálacht, fuarthé, leadrán, leisciúlacht, malltriall, marbhántacht, mífhonn, moill, neamhfhonn, neamhthoil, righneadóireacht, righneáil, righneas, siléig, siléigeacht, srathaireacht, támáilteacht.

leisceoir noun *lazy person, idler:* búiste, caidéir, codaí, falsóir, giolla na leisce, giústa, gora leaindí, goróir, leadaí, leadaí na luatha, learaire, liairne, liúdramán, lófálaí, lorgánach, losadóir, losaí, luircín cheann an teallaigh, lúmaire, maraíodóir, ránaí, righneálaí, ríste, scrádaí, scraiste, scúile, síntealach, síntealach, sliastán, sloitheán, slúiste, smíste, somóg, sráidí, srathaire, stangaire, straiméad, straipleach, streachaille, stróinse, traonaí.

leisciúil adjective **❶** *lazy:* aimhleasc, céimleasc, faon, leasc, leisciúil, lorgánta, mairbhiteach, mall, malltriallach, marbhánta, múisiúnta, neamhaigeanta, neamh-anamúil, neamhghnóthach, righin, siléigeach, spadánta, támáilte, támh, támhach, urleasc, *literary* laiste. **❷** *reluctant, loath:* aimhleasc, ainneonach, doghluaiste, doicheallach, drogallach, éarthach, mífhonnmhar, neamhthoilteanach, obthach; diúltach, séantach. **❸** *shy:* cotúil, cúlánta, cúthail, éadána, eaglach, faiteach, geitiúil, náireach, obach, scáfar, scáithínteach, scaollmhar, seachantach, támáilte; adhnáireach, corrabhuaiseach.

leispiach adjective *lesbian:* safach; aerach, homaighnéasach. noun *lesbian:* cailín báire, safach, *familiar* cábún, cairiún, Muireann i mbríste, Neil, reithe mná.

leite noun **❶** *porridge, stirabout:* bleathach, boighreán, brachán, cáfraith, gráinseachán, prácás, práibín, práipín, praiseach, ríobún, sríobún, sríobán, stearaí, suán; scileagailí, sciobún, sciodar, scioldram. **❷** *paste:* brúitín, leafaos, liothrach, práib, seamlas, smúsach, taos; gliú, greamachán, guma, gumalacht, moirtéal, suimint, táthán.

leithcheal noun **❶** *exclusion:* cosc, eisiamh, toirmeasc. **❷** *invidious distinction:* éagóir, éagothroime, éagothrom, éigeart, fabhar, fabhraíocht, idirdhealú, míchothrom, leatrom, neamhionannas.

leithe noun **❶** *broadness, stoutness:* ainmhéid, cun, fairsinge, leathantas, leithead, leithne, méad, méid, ollmhéid; beathaitheacht, feolmhaireacht, gairbhe, murtall, otracht, raimhre, róraimhre, toirtiúlacht. **❷** *stout low-sized woman:* balcaire mná, flapóg, lapóg, lapróg, lúrapóg, mabhdóg, páideog, patalóg, rabhndairín, ringiléad, samhdóg, saoisteog, sodóg, taoiseoigín, tortóg.

léithe noun **❶** *greyness:* báine, glaise, liath, liathacht, tláithe. **❷** *mouldiness:* domoladh, fuarbholadh; críonlobhadh, lobhadas, lobhadh, lofacht, taislobhadh.

leithead noun **❶** *breadth, width:* ainmhéid, fairsinge, leathantas, leithe, leithne, méad, méid, ollmhéid; raimhre, tibhe, tiús; trasna. **❷** *overweening pride:* bogás, buannaíocht, ceartaiseacht, ceartaisí, cinseal, díomas, iarlaitheacht, leitheadas, méirnéis, móiréis, mórchúis, mórtas, mórtas thóin gan taca, postúlacht, sotal, teanntás, stróinéis, uabhar.

leitheadach adjective **❶** *broad, wide:* fada, fairsing, leata, leathan, leitheadúil, mór, oscailte, scaipthe, scartha, spásmhar, toirtiúil; ar deargleathadh, ar dianleathadh; tá trácht maith inti. **❷** *widespread, prevalent:* coiteann, coitianta, comónta, fairsing, forleathan, forleitheadach, ginearálta, gnách, gnáth-, leitheadúil; uilíoch; faoi réim. **❸** *conceited, vain:* anbharúlach, bogásach, bródúil, ceartaiseach, clóchasach, consaeitiúil, cuidiúil, lánmhar, leitheadúil, móiréiseach, mórálach, mórluachach, mórmheasúil, mórtasach, postúil, sotalach, stradúsach, stráiciúil, stróuil, suimiúil, teanntásach, tóstalach, uaibhreach, údarásach; *familiar* tá sé chomh rud.

leitheadas noun *conceit, self-importance:* anbharúil, bogás, buannaíocht, ceartaiseacht, ceartaisí, cinseal, díomas, éirí in airde iarlaitheacht, leithead, móiréis, mórchúis, mórtas, mórtas thóin gan taca, postúlacht, saoithíneacht, sotal, stráice, stróuil.

leithéid noun *like, equal, counterpart:* leathbhreac, leathcheann, leathchúpla, macasamhail; comard, cómhaith, comh-ard, comhbhrí, comhchiallach, cóimhéid, comhfhad, comhionann, comhoiread, cothrom, ionann, *literary* séad samhail, *literary* séad samhla.

leithéis noun *jesting, trivial talk:* ábhacht, áibhéireacht, áiféis, anstrólaíocht, antlás, breastaíocht, craic, cúis gháire, gáire, gleoiréis, gliadar, greann, greannmhaire, greannmhaireacht, laighce, léaspartaíocht, magadh, meidhir, meidhréis, pléaráca, rancás, scige, scigireacht, scléip, spórt, spraoi, suairceas, sult, sultmhaire.

leithéiseach adjective *joking, trivial:* ábhachtach, áiféiseach, barrúil, gleoiréiseach, greannmhar, magúil, meidhreach, meidhréiseach, rancásach, seafóideach.

leithéisí noun ❶ *joker, jester, droll person:* abhlóir, áilteoir, airleacán, amhlóir, anstrólaí, cleamaire, cleasaí, cluicheoir, crosán, fear grinn, fuirseoir, geáitseálaí, geamaire, geocach, gliadaire, peadairín, ráscán, scigire. ❷ *silly person:* ainbhiosán, aineolaí, amadán, amaid, amal, amlóir, baothán, bobarún, bodhrán, bómán, breallaire, breallán, brealsán, brealscaire, brealsún, cadramán, ceann cipín, ceann maide, ceann mailléid, ceap magaidh, clogadán, cloigeann cabáiste, cloigeann cipín, cloigeann pota, cloigeog, cloigneach, cloigneachán, dallacán, dallachán, dallán, dallamlán, dallarán, dalldramán, deargamadán, diúid, dobhrán, dúdálaí, dúid, dúiripí, dundarlán, dunsa, dúramán, durnánaí, éagann, gámaí, gamal, gamairle, glaigín, gligín, gogaille, graoisín, guaig, guaigín, leathbhrín, leathdhuine, meabhair circe, meabhair sicín, óinmhid, paor, pastae de chloigeann, pleib, pleidhce, pleota, sceilfid, simpleoir, straiméad, tuathalán, *literary* miodhlach; amlóg, breallóg, cloigis, gamalóg, málóid, óinmhid, óinseach, uallóg.

léitheoir noun ❶ *reader, lector:* léachtaí, léachtóir, *literary* réadaire. ❷ *reader* (*school-book*): bunleabhar, leabhar, priméar; An Cat Breac.

léitheoireacht noun *reading:* léamh; laisín; léacht, sliocht.

leithleach adjective ❶ *peculiar, distinct:* aisteach, ait, corr, difriúil, éachtach, éagoiteann, éagoitianta, éagsúil, iontach, neamhchoitianta, neamhghnách, speisialta, suaithinseach, suntasach, urghnách; ann féin, as an ngnách, ar leith, faoi leith, ar leithligh, ar leithrigh, *literary* suaithní; is cuid suntais é, is díol suntais é. ❷ *stand-offish, distant:* ceilteach, diamhair, discréideach, greamúsach, iamhar, leithliseach, príobháideach, rúnmhar, seachantach, sicréideach, uaigneach. ❸ *selfish, egotistic:* féinspéiseach, féinspéisíoch, místaidéarach; an-ghairid dó féin, an-ghar dó féin, gar dó féin, ar mhaithe leis féin, ag tochras ar a cheirtlín féin.

leithleachas noun ❶ *peculiarity, distinctiveness:* aistíl, contrárthacht, dibhéirseacht, difear, difríocht, éagsúlacht, easaontas, eisréimneacht, féiniúlacht, indibhidiúilacht, leithlí, leithleas, leithlis, sainiúlacht, *pl.* saintréithe. ❷ *aloofness:* ceilteamas, ceilteanas, coimhthíos, cúlántacht, deorantacht, diamhracht, ganfhiosaíocht, greamús, iamhaireacht, leithleas, leithlis, príobháideacht, seachantacht. ❸ *selfishness, egotism:* féinspéis, leithleas, leithlis, místaidéar.

leithne noun *broadness, breadth:* ainmhéid, fairsinge, leathantas, leithe, leithead, méad, méid, ollmhéid.

leithreas noun *privy, lavatory:* clóiséad uisce, fiailteach, ionnaltán, ionlann, losán, pruibí, teach beag, tigín, *familiar* teach an asail.

leithscéal noun ❶ *excuse, apology:* iarraim cúis; pardún. ❷ **leithscéal de rud** *a poor specimen of something: pl.* comharthaí sóirt ruda, sceach i mbéal bearna, an sop in ionad na scuaibe; trua Mhuire de rud.

leithscéalach adjective *apologetic:* lúitéiseach, lústrach, uiríseal.

leitís noun *lettuce:* bileog mhaith, sailéad.

leo noun ❶ *slush, slime:* coscairt, spútrach, troighean; glae, glóthach, glóthán, gumalacht, lathach, liongar, pic, ramallae, ronn, ronna, slampar, sláthach, smuga, smugairle, sram, sramadh, sronna, úsc. ❷ **leo ola** *oil slick:* barr, screamh; troighean.

leochaileach adjective ❶ *frail, fragile:* anbhann, briosc, cigilteach, éagrua, éidreorach, fann, faon, lag, lagáiseach, lagbhríoch, leice, maoth, meata, meatach, meirtneach, neamhhinniúil, sobhriste, tréith, tréithlag. ❷ *susceptible* (*to pain, cold, etc.*): cigilteach, goilliúnach, íogair, mothálach, soghonta, soleonta.

leointe plural noun *wishes.* adverbial phrase **de do leointe féin, ar do leointe féin** *on one's own accord:* ar do chonlán féin, as do stuaim féin, go neamhspleách, i d'aonar, leat féin.

leoiste noun *idler, drone:* bruachaire, búiste, caidéir, camán luatha, cnaiste fir, cnaiste mná, codaí, falsóir, crochadóir, crochaire, falsóir, fámaire, feádóir, fear fuar lá te, giolla na leisce, goróir, langa, leadaí, leadaí na luatha, learaire, leiciméir, leisceoir, leisíneach, leota, liairne, liúdramán, lófálaí, loiceadóir, loiciméir, lúmaire, máinneálaí, maraíodóir, raingléir, ránaí, righneadóir, righneálaí, ríste, scaoinn, scaoinse, scrádaí, scraiste, sínteach, síntealach, slaodaí, sliastán, sloitheán, slúiste, smíste, snámhaí, somóg, spadaire, spadalach, spadán, sráidí, srathaire, stangaire, straiméad, straipleach, streachaille, stróinse, traonaí.

leoithne noun *light breeze:* aithleá gaoithe, briota gaoithe, bruíos, deannóid ghaoithe, feothan, fleaim, gaoth cháite, míobhán gaoithe, pléata gaoithe, puithín, puth, seadán, séideán, séideog, siolla gaoithe, siota gaoithe, smeámh, steifir, *literary* tréifid.

leomh verb *dare, presume:* leomhaigh; tá de dhánacht ann é a dhéanamh, tá de mhisneach ann é a dhéanamh, fuair sé ann féin é a dhéanamh.

leon verb *sprain:* gortaigh, sníomh; chuir sé a rúitín amach, thug a chos léim rúitín; tinnigh.

leonadh noun *sprain:* léim ailt, léim rúitín, lot; damáiste, goin, gortú, spreangadh.

leor adjective ❶ *is leor é it is enough:* déanfaidh sé cúis, ní beag sin, tá do dhóthain agat, tá do leordhóthain agat, tá riar do cháis agat, tá do sháith agat. ❷ **go leor** *enough, plenty:* a bhfuil uait, do sháith, do dhóthain. adverb **go leor** *enough, fairly:* sách, a dhóthain.

leordhóthain noun *sufficiency, plenty:* a lán, an-chuid, an-ladhar, bun maith, carn, *pl.* cairn dubha, clais, cothrom, cuid mhaith, cuid mhór, cuimse, dalladh, dóthain, fairsinge, fairsingeacht, féile, flaithiúlacht, flúirse, fuíoll na bhfuíoll, iarracht mhaith, iarracht mhór, iomláine, iontas, láine, lear, líonmhaireacht, maidhm, *pl.* mámannaí, mórán, púir, raidhse, réimse, saibhreas, do sháith, scanradh, seó, slám, steancán, stráice, suaitheantas, suim mhór, taoscán, téagar, tolmas, tonn mhaith, *literary* intleamh, *familiar* an t-uafás.

leorghníomh noun *full amends, reparation:* cúiteamh, sásamh.

lí noun ❶ *colour, complexion, sheen:* craiceann, dath, imir, loinnir, luisne, snó, snua. ❷ *colouring, pigment:* ábhar datha, dath, dathú, dathúchán, péint.

lia¹ noun *stone, pillar-stone:* cloch seasaimh, gallán, lia, liag, liag sheasta, liagán, stocalán; dolmain.

lia² noun *healer, physician:* lia ban, lia cliabhraigh, lia comhairleach; dochtúir teaghlaigh, fisigeach, gnáthdhochtúir; coslia, il-lia, leanbhlia, máinlia, súil-lia, tréadlia, *literary* fisí; saineolaí, speisialtóir; bandochtúir, dochtúir mná; aitheantóir éagruais, cneasaí, fáthlia, fear leighis, ící.

liach noun ❶ *sorrow, depression:* atuirse, briseadh croí, brón buaireamh, buairt, cumha, díomá, dobrón, doilíos, dólás, doghrainn, duairceas, iarghnó, léan, tocht, tromchroí; beagmhisneach, ciach, cian, dubhachas, duainéis, dúlagar, éadóchas, gruaim, lagspridí, lionn dubh, *pl.* na lionnta dubha, méala,

liacht

liacht tocht, triamhna, tromchroí. ❷ *cry of lamentation:* acaoineadh, bascarnach, caoineachán, caointeoireacht, deoiríneacht, deoirínteacht, doghra, gol, golchás, golfairt, gológ, gubha, éagnach, iachtan, iarmhéil, liacharnach, liú, lógóireacht, mairgneach, marbhna, meacan an chaointe, meacan an ghoil, méala, méalacht, ochlán, ochón, olagón, ong, scréach, scread, screadach, screadaíl, seolán, tuireamh, *literary* lámhchomhairt.

liacht noun ❶ *medicine:* cóir leighis, cóireáil, dochtúireacht, leigheas, máinliacht, miochaine, teiripe, teiripic. ❷ **liacht bhan** *gynaecology:* ginéiceolaíocht; cnáimhseachas.

liairne noun *lazy person, idler:* bruachaire, búiste, caidéir, camán luatha, cnaiste fir, cnaiste mná, codaí, crochadóir, crochaire, falsóir, fámaire, feádóir, fear fuar lá te, giolla na leisce, giústa, gora leaindí, goróir, langa, leadaí, leadaí na luatha, leadránaí, learaire, leiciméir, leisceoir, leisíneach, leoiste, leota, liúdaí, liúdramán, lófálaí, loiceadóir, loiciméir, lúmaire, máinneálaí, mainneálaí, maraíodóir, moilleadóir, raingléir, ránaí, righneadóir, righneálaí, ríste, scaoinn, scaoinse, scrádaí, scraiste, sínteach, síntealach, slaodaí, sliastán, sloitheán, slúiste, smíste, snámhaí, somóg, spadaire, spadalach, spadán, sráidí, srathaire, stangaire, straiméad, straipleach, streachaille, stróinse, traonaí.

liamhán gréine noun *basking shark (Cetorhinus maximus):* ainmhí na seolta, cearbhán, liamhán mór, liopadaileap, seoltóir.

liamhás noun *ham:* bagún; ceathrú bhagúin, ceathrú muice shaillte, cromán muice saillte, más muice, tinne.

liarlóg noun ❶ *strip, sheet:* bileog, blúire, ceirt, cifle, cifleog, duille, duilleog, duilleoigín, duillín, gearrthóg, géirín, giobal, leadhb, píosa, síte, stiall, stráice, streoille. ❷ *ragged, untidy person:* breallán, ceamach, ceamachán, cifleachán, ciofarlán, ciolartán, círéib, clogán streille, clupais, coigealach, cuifeach, cuileachán, giobachán, giobailín, gioblachán, glibire, gliobachán, lainnéar, leibide, liobar, liobarnálaí, magarlán, pana, pleibistín, radalach, scifleachán, scothánach, scrábachán, slaimice, sláimín, slapaire, slibire, sraoilleachán, sraoilleán, sraoillín, sruthlach, stoithneachán, straille, strailleán, streachaille; braimleog, breallóg, claimhseog, claitseach, giobóg, gliobóg, leadhbóg, liobóg, peallóg, slámóg, slapóg, slapróg, sraoill, sraoilleog, strailleog. ❸ *pejorative rag (newspaper): pl.* nuachtáin lathaí, páipéar suarach.

liath adjective *grey:* glas; bán, bricliath, brocach, gealliath, mílítheach, tláith. noun ❶ *grey colour:* bán, báine, glas, glaise, léithe, liath, liathacht, mílí, tláithe. ❷ *grey-haired person:* crandúir, crannfhear, créice, créice críon, críonán, críontachán, feoiteachán, feosachán, patrarc, riadaire, seanduine, seanfhear, seanóir, seanfhondúir, cailleach, seanbhean. verb ❶ *turn grey:* éirigh liath; téann i léithe, tagann léithe ar. ❷ *put milk in (tea):* cuir bainne trí.

liathadh noun ❶ *greyness:* bán, báine, glas, glaise, léithe, liath, liathacht, tláithe. ❷ *milk for tea:* bainne.

liathróid noun ❶ *ball, sphere:* bál, caor, caoróg, coirnín, cruinne, cruinneán, cruinneog, liathróidín, meall, meallán, meallóg, mónann, mónóg, sféar, sféaróideach. ❷ *ball (in games):* bál, caid, cnag, liathróidín, peil, sliotar.

líbín noun ❶ *dripping wet object:* líob, slíbeog, slíobán; suán glacach. ❷ *minnow, 'pinkeen' (Phoxinus phoxinus):* bodarlín, bricín, geasán, gilidín, pincín.

lig verb ❶ *allow, permit:* lig do; aontaigh, ceadaigh, deonaigh, faomh, lamháil, tabhair cead, toiligh le. ❷ *let go, release:* fuascail, lig amach, saor, scaoil, scaoil amach, tabhair saoirse do, *literary* taithmhigh. ❸ *let, hire:* cuir ar cíos, suigh, suigh ar cíos. ❹ *emit:* brúcht, caith amach, cath aníos, cuir as, lig as, maidhm, sceathraigh, sceith, sead, séid, urlaic.

lig díot verb *put aside, desist from:* cuir díot; éirigh as, lig as, scar le, stad, stop.

lig do verb ❶ *allow, permit:* lig; aontaigh, ceadaigh, deonaigh, faomh, lamháil, tabhair cead, toiligh le. ❷ *let be:* éist le, fág, lig i síocháin; ná bain do.

lig isteach verb *let in, admit:* tabhair cead isteach do, oscail an doras do, oscail an geata do, oscail an tslí do.

lig le verb ❶ *concede, yield:* bí umhal do, déan rud ar, geall riar do, géill do, scaoil le, tabhair isteach do, umhlaigh do. ❷ *let rest upon:* leag ar, lonnaigh ar. ❸ *abandon to:* fág ag.

lig ort verb *pretend:* cuir i gcéill; bhí iontas air, mar dhea.

lig siar verb *throw back:* caith siar, cuir siar.

lig síos verb ❶ *let down:* lig anuas, scaoil anuas. ❷ *fail somebody:* clis ar, teip ar.

lig tharat verb *let pass:* scaoil tharat; dún súil ar, ná bac le, ná tabhair aird ar, ná tabhair beann ar, ná tabhair faoi deara.

ligean noun ❶ *releasing:* fuascailt, ligean amach, ligean saor, saoradh, scaoileadh. ❷ *extending:* cur leis, fadú, síneadh. ❸ *casting:* caitheamh, crústach, radadh, teilgean. ❹ **ligean amach** *releasing:* fuascailt, ligean, ligean saor, saoradh, scaoileadh. ❺ *discharge, discharging:* brúcht, brúchtadh, brúchtaíl, cur amach, scaipeadh, sceathrach, sceith, sceitheadh, spalpadh. ❻ *play, scope:* bogadh, boige, dus, fairsinge, géilleadh, gus, liobairne, scaoilteacht, scóip, sobhogthacht, tabhairt.

ligh verb *lick:* bí ag slamairt, bí ag slumairt; cuimil do theanga de.

ligthe adjective ❶ *loose-limbed, lithe:* aclaí, éasca, folúthach, lúfar, oscartha, scafánta, scóipiúil, scolbánta, sofhillte, solúbtha. ❷ **ligthe le, ligthe ar** *addicted to, given to:* luiteach le, luiteanach le, tugtha dó; tá dúil chráite aige i.

líle noun *lily:* feileastram, seileastram; flór de lúis; bláth, pabhsae, plúr, scoth.

limistéar noun *area:* achar, ball, barúntacht, ceantar, comharsanacht, contae, críoch, cúige, dúiche, dúthaigh, eastát, fad, fearann, fia, fód dúchais, geadán, grian, líomataiste, oirear, páirc, paiste, raon, réigiún, réimse, státa, taobh tíre, tír, tríocha céad, *pl.* triúcha, tuath, *literary* déis, forrach.

lindéar noun *lintel:* lintéar; bardoras, fardoras, féige dorais, vardoras.

líne noun ❶ *line, drawn line:* filléad, fleasc, fleiscín, lorg, marc, riabh, riast, stiall, stríoc, teorainn. ❷ *line, wire, rope:* corda, dorú, ingear, rópa, ruaiseachán, ruóg, sreang, sreangán, strapa, suaithne, téad, téadán, trilseán. ❸ *line, queue:* ciú, comhshraith, eireaball, rang, scuaine, seicheamh, sraith, sreang, treas; tródam. ❹ *shipping line, airline:* comhlacht, comhlacht loingis; aerlíne, comhlacht eitleoireachta. ❺ *railway line:* bóthar iarainn, iarnród, *pl.* ráillí. ❻ *lineage:* bunadh, bunús, céadbhunadh, cine, clann, dírshliocht, dúchas, fine, fuil, ginealach, glúin, muintir, pór, rás, síol, sliocht, stoc, teaghlach, treibh.

líneádach noun *linen:* éadach lín, líon, líonéadach; anairt, líonanairt.

líneáil noun *lining:* líonáil, líonán; cuilteáil, cuiltiú, cúláil, fásáil, inleagadh, líonadh, painéaladh, stuáil.

línéar noun *liner:* bád paisinéirí, long paisinéirí.

lingeán noun *(mechanical) spring:* sprionga, tuailm.

línigh verb ❶ *line, rule:* breac, marcáil, rianaigh, tarraing le riail. ❷ *draw:* breac, sceitseáil, tarraing, *literary* graf; dreach.

liníocht noun (line-)drawing: cartún, dearadh, fíor, imlíne, léaráid, léiriú, maisiúchán, pictiúr, plean, sceitse, sceitseáil, stríocáil, tarraingeoireacht, tarraingt, *literary* grafadh; grafaic.

linn¹ noun pool, pond: *collective* lintreach, linntreog, loch, lochán, poll, pollaide, pollán, slodán.

linn² noun time, period: aga, am, babhta, bomaite, cairde, lá, móiméad, nóiméad, píosa, rás, ré, scaitheamh, seal, sealad, soicind, tamaillín, tamall, téarma, tráth, tréimhse, uair.

linseáil verb lynch: básaigh, croch, cuir chun báis, dúnmharaigh, maraigh.

lintéar noun drain, drain-pipe, culvert: caidhséar, cainéal, camra, canáil, clais, clasaidh, clasaigh, díog, draein, gáitear, gropa, léata, séarach, seoch, silteán, suinc, trinse.

lintile noun lentil: pis, pónair, pónaire, *colloquial* piseánach.

líob noun wet rag: líbín, slíbeog, siobán, suán glacach.

liobairne noun ❶ looseness, flabbiness: feoil mharbh, liobarnacht, lodarthacht, lúsáil, *pl.* meilleoga feola, *pl.* meilleoga geire, otracht, raimhre, scaoilteacht. ❷ clumsiness: amscaíocht, driopás, liopastacht, *pl.* méara maide, tuathalacht, tútachas, tútaíocht, úspántacht; ordóga uilig atá air.

liobar noun ❶ loose, hanging thing: crochadán, radalach, siogairlín, siogarla. ❷ hanging lip, lip: béal, *pl.* beola, breall, bruaisín, bruas, cab, liopa, meill, puisín, pus. ❸ flabby person: bleitheach, bleitheachán, bolgadán, bruilíneach, búiste, burla, burlaimín, burlamán, claiséir, daba, flabaid, gillín, glugaí, glugaire, glugrachán, gluitéir, glutaire, lodar, luán, másaire, méadlachán, muscaire, páinteach, pánaí, plobaire, plobar, plobrachán, pogaí, praota, rabhndar, riteachán, torpán, *familiar* lamhnán. ❹ tattered person: breallán, ceamach, ceamachán, cifleachán, círéib, clogán streille, coigealach, cuifeach, cuileachán, giobachán, giobailín, gioblachán, glibire, gliobachán, leadhbóg, leibide, liobairneach, liobarnálaí, magarlán, pana, pleibistín, prioslachán, scifleachán, scothánach, scrábachán, slaimice, sláimín, slapaire, slibire, sraoilleachán, sraoilleán, sraoillín, straille, strailleán, streachaille; braimleog, breallóg, claimhseog, claitseach, giobóg, gliobóg, leadhbóg, liobóg, peallóg, slámóg, slapóg, slapróg, sraoill, sraoilleog, straillleog, strupais. ❺ silly person: amaid, amal, baileabhair, bobarún, breallaire, breallán, brealsán, brealscaire, brealsún, ceann cipín, ceann maide, ceann mailléid, cloigeann cabáiste, cloigeann cipín, cloigeann pota, cloigeog, cloigneach, cloigneachán, diúid, dúdálaí, dúid, éagann, gámaí, gamal, gamairle, gealbhan duine, giodam, glaigín, gligín, gogaille, guaig, guaigín, leathdhuine, leithéisí, mearaí, óinmhid, paor, pastae de chloigeann, pleib, pleota, sceilfid, simpleoir; amaid, amlóg, breallóg, cloigis, gamalóg, máilóid, óinseach, scinnid.

liobarnach adjective ❶ hanging loose: crochta, faon, neamhtheann, silteach, siogarlach; ar crochadh, ar sileadh. ❷ tattered, slovenly: bratógach, ceamach, ceamánta, cifleogach, gibléideach, giobach, gioblach, glibeach, gliobach, leadhbach, leadhbánach, leadhbógach, líobóideach, lóipíneach, luideach, lúsáilte, scaoilte, scifleogach, scothánach, scrábach, slaimiceach, sraoilleach, stiallach, streachlánach. ❸ lubberly, clumsy: aibhéiseach, ainnis, amscaí, anásta, ciotach, ciotógach, ciotrainneach, ciotrúnta, crúbach, driopásach, lámhbhaosach, lapach, leibideach, liopasta, mágach, míshlachtmhar, místuama, sliopánta, spágach, starrach, starragánach, strampáilte, tuaisceartach, tuatach, tuathalach, úspánta, útamálach. ❹ blubbering, crying: acaointeach, caointeach, golchásach, ochlánach, olagónach, smeachach, snagach.

liobrálach adjective liberal: boigéiseach, boigiméiseach, caoinfhulangach, ceadaitheach, fadfhulangach, forchéimnitheach, fulangach, géilliúil, leathanaigeanta, forásach.

líochán noun (act of) licking: lí, líorac, líorú, líreac, líreacas.

liodán noun litany: liodán na naomh, liodán na marbh; achainí, caoindúthracht, deabhóid, impí, paidir, urnaí; deilín na mbacach, salmaireacht.

líofa adjective ❶ polished: snasta; blasta, canta, ceardúil, críochnúil, cuanna, cumtha, dealfa, deismir, fíortha, foirfe, galánta, greanta, innealta, loinneartha, slachtmhar, slíobach. ❷ fluent: cliste, dea-chainteach, dea-labhartha, deisbhéalach, éasca, glinn, pras, réidh, nathánach, nathanta, solabhartha, sothuigthe, tráthúil.

líomanáid noun lemonade: deoch líomóide, sú líomóide; deoch bhog, deoch ghlas, deoch oráiste.

liomatáiste noun area, district: achar, ball, barúntacht, ceantar, comharsanacht, contae, críoch, cúige, dúiche, dúthaigh, eastát, fad, fearann, fia, fód dúchais, geadán, grian, limistéar, oirear, páirc, paiste, raon, réigiún, réimse, státa, taobh tíre, tír, *pl.* tríocha céad, *pl.* triúcha, tuath, *literary* déis, forrach.

líomh verb ❶ grind, sharpen: faobhraigh, géaraigh, snoigh; cuir béal ar, cuir faobhar ar. ❷ smooth, polish: locair, maolaigh, mínigh, slachtaigh, sleamhnaigh, slíob, slíom, snasaigh. ❸ erode, destroy: bánaigh, cealaigh, cnaígh, coscair, creim, crinn, ídigh, lagaigh, laghdaigh, meil, mionaigh, scrios, *literary* lochair.

líomhán noun file (tool): gaoin, oighe, oighe chuimilte; raspa.

liomóg noun pinch, nip: miotóg, niopóg, scealp, scealpóg.

liomóid noun lemon: líomón; líoma.

líon¹ noun ❶ flax (Linum usitatissimum): barrach, bunach. ❷ líon na mban sí fairy flax (L. catharticum): caolmhíosach, líon beag, líon purgóideach, mionsach, míonsach, mionúch, míosach.

líon² noun ❶ net: eangach, líontán; abadh, bradóg, cochall, saighean, spiléad, spiléar, teilglíon, traimil, trál; dol, lúb, mogall. ❷ líon damháin alla spider's web, cobweb: (i gContae Phort Láirge) bréidín, gréasán damháin alla, leaba damháin alla, líonra damháin alla, nead damháin alla, snáth damháin alla, sreangadh, *pl.* téada damháin alla, *pl.* téadracha damháin alla; (i gContae na Gaillimhe) téadán.

líon³ noun ❶ full number, complement: fairsinge, fairsingeacht, fás iomlán, flúirse, foirfeacht, forás iomlán, fotha, iomlán, láine, lánmhaireacht, lánsuim, líonadh, líonmhaire, líonmhaireacht, raidhse, raidhsiúlacht, suim iomlán, tionól. ❷ great number, great deal, much, many: ainmhéid, an dúrud, carn, clais, cuimse, dalladh, dúlíonach, éacht, flúirse, foiscealach, foracan, foracún, gliúrach, iontas, a lán, lasta, lear, lochadradh, maidhm, *pl.* mílte, mórán, *pl.* múrtha, neamh-mheán, púir, réimse, roinnt mhaith, scanradh, scaoth, seó, slua, tolmas, *familiar* an t-uafás. verb fill: sáithigh, sásaigh; luchtaigh, pacáil, pulc, teann, tuil; tá sé lán aige; bolgaigh, borr, leathnaigh.

líonmhar adjective numerous, abundant: drongach, fairsing, faíoch, fial, flaithiúil, flúirseach, forleitheadach, fras, iomadúil, leanúnach, leitheadach, líofa, rábach, rabhartach, raidhseach, raidhsiúil, saibhir, saoráideach, silteach, síoraí, slaodach, sluamhar, uaibhreach, *literary* díoghainn, leardha; ina slaoda.

lionn

lionn noun ❶ *lionn dubh melancholy:* antrom, beagmhisneach, ceas, ceasacht, ciach, ciamhaire, cian, clóic, cumha, dochma, dubhachas, duairceas, duasmántacht, duifean croí, dúlagar, dúlionn, dúrántacht, éadóchas, gruaim, gruamacht, iarghnó, léan, néal, tocht, tromchroí. ❷ *lionn fionn lymph:* limfe.

lionndubhach adjective *melancholy, depressed:* brúite, ceanníseal, ciachmhar, ciamhair, cianach, cianúil, doilbh, doilbhir, duairc, duaiseach, duasmánta, dubhach, dúchroíoch, dúlagrach, dúlaí, dúlionnach, dúnéaltach, éadóchasach, gruama, lagsprideach, lagspridiúil, mairgiúil, maoithneach, meirtneach, modartha, púiceach, smúiteach, smúitiúil, smúitiúnta, támhbhreoite, tromchroíoch, tromintinneach, *literary* dearchaointeach, eimhilt.

líonra noun *network, web:* eangach, gréasán, líon, mogallra, uige.

líonrith noun ❶ *excitement:* corraí, corraíl, fíbín, flosc, fuadar, scaoll, *pl.* sceitimíní, scleondar, spreagthacht, suaitheadh, teaspach. ❷ *panic, terror:* anbhá, anfa, critheagla, eagla, faitíos, gealtachas, geit, greadadh na bhfiacal, imeagla, scanradh, scaoll, scard, sceilmis, sceimhle, scéin, sceon, uafás, uamhan, uamhnacht, *literary* fuascar, guasacht.

lionsa noun *lens:* cuarghloine, gloine.

liopa noun ❶ *lip, hanging lip:* béal, *pl.* beola, breall, bruaisín, bruas, cab, liobar, puisín, pus. ❷ *blubberer:* ainle, ceolán, golspaire, meamhlachán, plobaire, pusachán, sceamhlachán, screadachán, streilleachán. ❸ *tag, hanging shred:* clib, clibín, cluaisín, fígín, giobal, glibín, liobar, sabhán, scioltar. ❹ *flap:* leadhb, leidhce, liobar, plapa.

liopaire noun ❶ *thick-lipped person:* bruasaire, liobrachán. ❷ *foolish talker:* béalastán, bleadrachán, bleadrálaí, breallaire, brealsún, breastaire, breilleachán, breillire, claibín muilinn, cleigear, glafaire, glagaire, glagbhéal, meigeadán, síodrálaí, síofróir.

liopasta adjective ❶ *untidy:* bratógach, ceamach, ceamánta, cifleogach, giobach, gioblach, glibeach, gliobach, leadhbánach, leadhbógach, leibéiseach, leibideach, liobarnach, líobóideach, lóipíneach, lópach, luideach, maolscríobach, neamhshlachtmhar, scifleogach, scothánach, scrábach, slaimíceach, sleamhchúiseach, sleamhchúiseach, sraoilleach, streachlánach. ❷ *clumsy:* amscaí, anásta, aibhéiseach, amscaí, breallmhéarach, bústa, ciotach, ciotrainneach, ciotrúnta, driopásach, lámhbhaosach, leibideach, liobarnach, mágach, míshlachtmhar, místuama, starrach, starragánach, strampáilte, tuaisceartach, tuatach, tuathalach, útamálach.

lios noun ❶ *enclosed ground, ring-fort:* lisín, ráithín, rath; fail, fál, lann; imphort. ❷ *fairy mound:* sí, sián. ❸ *ring, halo:* ciorcal, fail, fáinne, luan.

liosta¹ noun *list:* aircív, bunachar sonraí, catalóg, clár, eolaí, eolaire, fardal, féilire, innéacs, liodán, rolla, sceideal, sraith, tábla, taifead.

liosta² adjective ❶ *tedious, tiresome:* fada, fadálach, faidréiseach, leadránach, leamh, mall, mallacharach, mallghluaiste, marbhánta, réidh, righin, sáraitheach, spadánta, strusúil, támáilte, tuirsiúil, *literary* eimhilt. ❷ *persistent, importunate:* achainíoch, dianiarrthach, dígeanta, doshásta, iarratach, iarratasach, iarrthach, impíoch, leanúnach, síoriarratach, sirtheach, tuineanta.

liostaigh verb *list, enumerate:* aicmigh, áirigh, catalógaigh, cláraigh, códaigh, cogairsigh, eagraigh, innéacsaigh, iontráil, rangaigh, scríobh síos, sórtáil, táblaigh, taifead, uimhrigh.

liostáil verb *enlist:* coinscríobh, earcaigh, preasáil, slóg; liostáil de do dheoin féin, téigh san arm, téigh ar slógadh.

liotúirge noun *liturgy: pl.* urnaithe poiblí; aifreann, ardaifreann, comaoineach, comaoineach naofa, eocairist, íobairt naofa, rúndiamhair, seirbhís, Suipéar an Tiarna; coimpléid, easparta, iarmhéirí, iarmhéirí an mheán oíche, urnaí na maidine, urnaí na nóna.

lipéad noun *label:* brat, duillín, fígín, greamóg, marcálaí, nóta, stampa, ticéad.

líreac noun *(act of) licking:* lí, líochán, líorac, líorú, líreacas.

líreacán noun *lollipop:* maide milis, milseán cipín, steotar; candaí, milseán.

liric noun *lyric:* aiste filíochta, amhrán, dán, duan, filíocht, píosa filíochta, duan, laoi, rann; crosántacht, deibhí, rabhán, rabhcán, rannaíocht, rosc.

liriceach adjective *lyrical:* allabhrach, fileata, bardach, éigseach, filíúil, filiúlach, filiúnta; binn, binnghlórach, binnghuthach, ceolmhar, duanach, milisbhriathrach, oirfideach, séiseach, síreachtach.

liteartha adjective ❶ *literary:* drámata, drámatúil, fileata, filiúil, leabhrach; ardintleachtúil, ardléannta, cultúrtha, eagnaí, éargnaí, intleachtach, intleachtúil, saoithiúil, scolártha, sofaisticiúil. ❷ *literate:* foghlamtha, leabhrach, léannta, oilte, a bhfuil léamh is scríobh aige, a fuair scolaíocht.

litir noun ❶ *letter of the alphabet:* litir bheag, litir mhór; carachtar, digit, luibhean; figiúr, uimhir, picteagram. ❷ *letter, epistle:* cuntas, eipistil, focal, imlitir, líne, nóta, nuacht, nuaíocht, post, postas, ríomhphost, teachtaireacht, tréadlitir.

litríocht noun *literature:* nualitríocht, *pl.* foilseacháin, *pl.* saothair fhoilsithe, *pl.* scríbhinní, scríbhneoireacht, scríbhneoireacht chruthaitheach, *pl.* téacsanna liteartha; filíocht, gearrscéalaíocht, prós, úrscéalaíocht.

litriú noun *spelling, orthography:* litriú caighdeánach; ceartlitriú, ortagrafaíocht, *familiar* speileáil.

liú noun *yell, shout:* ailleog, béic, béiceach, blao, blaoch, fuilibiliú, gáir, géim, glam, glao, glaoch, goldar, grág, graith, gutháire, liach, liúchtaint, liúireach, liúireacht nuall, scairt, sceamh, scol, scréach, scréach, uailliúch.

liúdaí noun ❶ *idler, shirker, good-for-nothing:* bruachaire, búiste, caidéir, codaí, falsóir, fámaire, feadóir, fear fuar lá te, giolla na leisce, goróir, langa, leadaí, leadaí na luatha, learaire, leicméir, leisceoir, leisíneach, leoiste, leota, liairne, liúdramán, loicméir, lorgánach, lúmaire, maraíodóir, meathlóir, ríste, scaoinse, scraiste, sínteach, smíste, sráidí, srathaire, stangaire, stróinse; cailliúnaí, caiteoir, coilíneach, cuilthín, diomailteoir, drabhlásaí, maraíodóir, raga, ragaíoch, ragairneálaí, scaiptheoir, sámálaí, spíonadóir; cúl le rath, mac na míchomhairle. ❷ *leering person:* gliúcach, gliúcaí, gliúmálaí, straincéachán, straoiseachán, streilleachán. ❸ *silly-looking person, lout:* amaid, amal, amhlán, baileabhair, bathlach, bobarún, breallaire, breallán, brealsán, brealscaire, brealsún, breillice, buailtíneach, cábóg, cadramán, ceamalach, ceann cipín, ceann maide, ceann mailléid, ciolcán, clabhta, cloigeann cabáiste, cloigeann cipín, cloigeann pota, closmar, daba, daoiste, dúdálaí, dúid, dúramán, éagann, gámaí, gamal, gamairle, gealbhan duine, giodam, glaigín, gligín, glíomán múta, gogaille, guaig, guaigín, guilpín, leathdhuine, leib, leibide, leithéisí, liobar, lóma, maolagán, mulpaire, óinmhid, paor, pastae de chloigeann, pleib, pleoitire, pleota, pleotramán, sceilfid, simpleoir, straiméad.

liúdaíocht noun ❶ *idling, shirking:* bruachaireacht, caidéireacht, codaíocht, falsóireacht, fámaireacht, feadóireacht, leadaíocht, learaireacht, leicméireacht, leisceoireacht, leoistíocht, liúdramántacht, lófáil, loiceadh oibre, loiciméireacht, losaíodóireacht, rístíocht, scraisteacht, scraistíocht, scraistíneacht, scraistiúlacht, síneatoireacht, srathaíocht, srathaireacht, stangaireacht. ❷ *moping*: rístíocht, síománacht, síománaíocht, síothnaíl. ❸ *eavesdropping*: cluasaíocht, cluaséisteacht, cúléisteacht, dúdaireacht, scrogaireacht.

liúdar noun *stroke, blow*: béim, buille, cíonán, clabhta, cnag, cnagán, habhaistín, halaboc, hap, sonc, trostal; boiseog, bos, broideadh, clabhta, clabhtóg, cnagaide, cniogaide cnagaide, leadhb leadhbóg, leadóg, leadradh, leandóg, leang, leangaire, leiceadar, leidhce, liúr, priocadh, sceiteadh, smac, smag, smailc, smalóg, smeach, smitín, snag, sonc; crústa, faic, failm, giordóg, grugam, leadhbóg, paltóg, planc, plancadh, pléasc, rúspa, smíste, straiméad, tailm, tiomp, tulbhéim.

liúdráil noun ❶ *beating, trouncing*: broicneáil, bualadh, burdáil, cleathadh, clogadadh, cnagadh, cuimil an mháilín, deamhsáil, failpeadh, flípeáil, fuimine farc, giolcadh, gleadhradh, greadadh, greadlach, greadóg, greasáil, lascadh, leadhbairt, leadradh, léasadh, léidearnach, liúradh, liúradh Chonáin, plancadh, rapáil, riastáil, rúscadh, sceilpeáil, slatáil, smeadráil, smíochtadh, smísteáil, spóiléireacht, súisteáil, stánáil, tiomp, tuargaint, tuirne Mháire. ❷ *castigation*: beachtaíocht, béal na ndaoine, cáineadh, cáinseoireacht, ciontú, coiriú, damnú, daoradh, eascaine, gearrachán, gearradh, guth, guthaíl, imdheargadh, iomard, iomardú, lochtú, mallacht, milleán, priocaireacht, scíolladh, scíolladóireacht, scóladh, spídiúchán, tarcaisne.

liúdramán noun *lazy person, loafer*: bruachaire, búiste, caidéir, codaí, crochadóir, crochaire, falsóir, fámaire, feádóir, fear fuar lá te, giolla na leisce, giústa, gora leaindí, goróir, leadaí, leadaí na luatha, leadránaí, learaire, leiciméir, leisceoir, leoiste, leota, liairne, lófálaí, lorgánach, losadóir, losaí, rainglréir, righneálaí, ríste, sámhaí, scaoinn, scaoinse, scrádaí, scraiste, sínteach, síntealach, sliastán, sloitheán, smíste, somóg, srathaire, stangaire, straiméad, straipleach, streachaille, stróinse, súmaire, traonaí.

liúigh verb *yell, shout*: béic, búir, éigh, gáir, glam, glaoigh, scairt, scréach, scread.

liúit noun *lute*: mandailín, reibeic, siotar, tiompán.

liúntas noun *allowance*: deoladh, deolchaire, deolaíocht, deontas, deonú, fabhar, fóirdheontas, fordheontas, lamháil, lamháltas; cabhair airgid.

liúradh noun (*act of*) *beating, trouncing*: liúradh Chonáin; broicneáil, bualadh, burdáil, cleathadh, clogadadh, cnagadh, cuimil an mháilín, deamhsáil, failpeadh, flípeáil, fuimine farc, giolcadh, gleadhradh, greadadh, greadlach, greadóg, greasáil, lascadh, leadhbairt, leadradh, léasadh, léidearnach, liúdráil, plancadh, rapáil, riastáil, rúscadh, sceilpeáil, slatáil, smeadráil, smíochtadh, smísteáil, spóiléireacht, stánáil, súisteáil, tiomp, tuargaint, tuirne Mháire.

liús noun *luce, pike* (*Esox lucius*): gailliasc, geasán, giosán, giosóg, lúis, lús.

liútar noun *big, ungainly man*: amlóir, béinneach, bromach, bromán, búiste, cábóg, clabhta, collach, fámaire, gamaí, gamal, geolamán, glíomán múta, lathartach, líomán, luireach, piarda, púdarlach, railliúnach, sliastán, smíste, spágaire, strampálaí.

liútar éatar noun *hullabaloo*: bruíon chaorthainn, caismirt, cambús, caorthainn cárthainn, carabuaic, carabunca, cibeal, cíor thuathail, cipeadraíl, círéib, círéip, clampar, clibirt, cliobach, cliobaram hob, clisiam, cosair easair, diúra dheabhra, easpa oird, fuilibiliú, fuirseadh má rabhdalam, gírle guairle,

giorac, gleadhradh, gleorán, glisiam, glórmhach, greatharnach, griobach, holam halam, hólam tró, hurlamaboc, hurla harla, hurlama giúrlama, liútar léatar, mearú, pililiú, racán, rachlas, ragáille, raic, raiple húta, rírá, ruaille buaille, réabadh reilige, toirnéis, trachlais, tranglam, troistneach, trumach tramach.

lobh verb *rot, decay*: ábhraigh, bréan, camhraigh, morg, trochlaigh; déan ábhar, déan brachadh, déan othras, tagann cor ann, tit le lobhadh; creim, críon, dianscaoil, dreoigh, feoigh, leáigh, meath, meathlaigh, orchraigh; téigh i léig.

lobhadh noun *rot, decay*: cáiréas, críonlobhadh, taislobhadh; domoladh, fuarbholadh; ábhar, ábhrú, brachadh, camhrú, fiolún, fiolún cnámha, fochall, lobhadas, lofacht, morgadh, morgthacht, neacróis, seipseas.

lobhar noun ❶ *leper*: duine lobhrach, lobhrán, loibhreachán. ❷ *literary weak, ailing person*: breoiteachán, croithleán, donasaí, easlán, easláinteach, galrachán, glaisneach, glasrachán, iarmhar, leicneán, lobhrán, othar, reanglamán duine, séansaí, síofra, síogaí beag; bás ina sheasamh, bás gorm, básachán, duine leathbheo, dúradán, éagbhás, niúdar neádar, niúide neáide, niúidí neáidí, smúrthannach, splangadán; fothrach. ❸ **lobhar creacháin** *small, worthless potato*: creachán, ginidín, lobhar creacháin, póirín, sceallán, screamhachóir práta, scriochaide, scriochán.

lobhra noun ❶ *leprosy*: lobhracht, loibhre. ❷ *weakness, infirmity*: aicíd, breoiteacht, doluí, éagruas, easláinte, galar, gearán, laige, lobhra, lobhracht, loibhre, othras, tinneas; támhghalar; calar, fiabhras, plá, *literary* támh.

loca[1] noun ❶ *pen, fold*: banrach, cluipíd, cró, loc, mainnear, manrach, panc, pionna, póna. ❷ *park, parking-place*: clós, clós páirceála, locadh.

loca[2] noun ❶ *lock of hair*: bachall, dlaoi, dlaíóg, duailín, dual, glib, lúibín, scoth, trilseán, triopall, urla; céas. ❷ *lock of wool*: giomhán, giomhán snátha, íorna, scáinne, scáinne snátha, urna; céas. ❸ *tuft, handful*: bobailín, bobán, brobh, cuircín, curca, dos, dosán, ribe, ribeog, scoth, scothán, seamaide, slam, slamán, sop, sopóg, stoth, táithín, táth, *literary* dlochtán. ❹ *pl.* **locaí** *side-whiskers*: féasóg leicinn.

locadh noun ❶ *penning* (*of sheep, cattle*): cuibhriú, cur i loca, cur i bpionna. ❷ *parking*: páirceáil. ❸ *pressure, persuasion*: áiteamh, áitiú, argóint, brú, cás, teannadh, tuineadh.

lócaiste noun *locust* (*Locusta migratoria*): bruch, luschuach; dreoilín teaspaigh.

locar noun *plane* (*tool*): plán, plána, ruincín.

locartha adjective *worn out, emaciated*: caite, craplaithe, críon, dóite, dreoite, feoite, feosaí, lom, lomchaite, ocrach, pléite, rocach, scólta, seargtha, síleáilte, snoite, speathánach, spíonta, tnáite, traochta, traoite, tréigthe, trochailte, trua, truánta.

locarthacht noun *emaciation*: caiteacht, críonadh, dreo, dreochan, dreoiteacht, feo, feochan, feoiteacht, feosaíocht, seargadh, seargthacht, snoí, snoiteacht, tanaíocht, trochailteacht, trochlú, truántacht.

loch noun ❶ *lake*: linn, lochán, turlach. ❷ *arm of sea, fjord*: inbhear, murlach, ribhéar. ❸ *bubo*: loch ascaille, loch bhléine; búbón, lochóg, lochóg bhrád, scairt ascaille.

lochán noun *pond*: linn, *collective* lintreach, linntreog, loch, poll, pollán, slodán.

lóchán noun ❶ *chaff*: bráighe, bronnach, cabha, cáith, cáithleach, lóch; barraíl. ❷ *light, wind-blown grass, etc.*: geosadán, speathán. ❸ *worthless stuff, dross*: barraíl, barraíolach, bríos bruar, brocamas, bruan, bruar, bruscar, brúscar, cacamas, cáith, cáithleach,

lóchrann
pl. ciolaracha chiot, conamar, deannach, drámhaíl, dríodar, fuílleach, *pl.* grabhróga, graiseamal, gramaisc, gríodán, grúdarlach, grúnlach, grúnlais, lóch, miodamas, mionrach, oirneach, pracar, práib, salachar, scaid, sceanairt, sciot sceat, scileach, screallach, scroblach, slaidhreadh, *pl.* smidiríní, *pl.* smiodair, smionagar, spíonach, spruadar, *pl.* spruáin, sprúilleach, trachlais, *pl.* traipisí, treilis, treilis breilis, truflais, *literary* brúireach, tuireann.

lóchrann noun ❶ *lantern, light:* laindéar, lampa, léaspaire, solas; branda, coicheán, coichín, lasán, lasóg, soilseán, sop, sopóg, teannáil, tóirse, trilseán, *literary* sutrall. ❷ *figurative guiding light:* réalta eolais; solas treorach.

locht noun *fault:* ainimh, breall, cáim, cithréim, clóic, deamar, diomar, éagruth, éalang, éasc, easnamh, easpa, éislinn, fabht, fochall, lear, lochtaíl, lóipín, lúb ar lár, máchail, marach, míghnaoi, miolam, smál, *literary* meann.

lochta noun ❶ *loft:* áiléar, cúl-lochta, gairéad, lofta, lota, táilleog, tálóid, táláid. ❷ *gallery:* grianán, gailearaí, oiréal.

lochtach adjective ❶ *faulty, defective:* ainimheach, briste, cailliúnach, cáimeach, camtha, cithréimeach, claonta, éagruthach, éalangach, easnamhach, easpach, éislinneach fabhtach, fiartha, lag, máchaileach, míchumtha, millte, neamhfhoirfe, neamhiomlán, orchrach, saofa, uireasach, uireaspach, *literary* urbhearnach; in anchuma, tá lúb ar lár ann. ❷ *false, erroneous:* aincheart, amú, breallach, bunoscionn, cam, cearr, éagórach, earráideach, easnamhach, éigeart, **adjectival genitive** iomraill, iomrallach, mícheart, neamhcheart, neamhchruinn, saobh, **adjectival genitive** tuathail; ar seachrán, ar strae. ❸ *blameworthy, wicked:* cam, ciontach, claon, damanta, dobheartach, drochaigeanta, drochbheartach, droch-chroíoch, fealltach, gangaideach, ionchainte, inchasaoide, lochtach, mailíseach, mínáireach, mioscaiseach, nathartha, neamhscrupallach, nimhneach, olc, peacúil, sáraitheach, urchóideach.

lochtaigh verb *fault, blame:* aithisigh, aor, bearr, cáinsigh, cáin, ciontaigh, damnaigh, daor, dímhol, feann, guthaigh, imcháin, imdhearg, iomardaigh, milleánaigh, scioll, tarcaisnigh, *literary* glámh; caith anuas ar, cuir an locht ar, cuir an milleán ar; ní táithriúg air é.

lochtaitheach adjective *fault-finding, censorious:* achasánach, aithiseach, beachtaíoch, breithiúnach, cáinteach, cinsiriúil, díotálach, guthánach, iomardach, milleánach, mosánach, spídiúil, tarcaisneach; cnáideach, cnáidiúil, drochmheastúil, drochmheasúil, easmailteach, easonórach, fochaideach, fonóideach, frimhagúil, magúil, maslach, scigiúil, searbhasach, *literary* tathaoireach.

lochtán noun *terrace:* ardán, ceapóg, clár, laftán, lamairne, lantán, léibheann, lofán, plás, plásán, plásóg.

lochtú noun *blame, censure:* aifirt, aisc, cáineadh, caitheamh is cáineadh, cáithiú, cámas, dímholadh, díspeagadh, easmailt, easómós, fonóid, guth, imdheargadh, iomard, iomardú, masla, spailleadh, táinseamh, tarcaisne, tarcaisníl, *literary* glámh.

lód noun ❶ *load:* beart, eire gabháil, lasta, lódáil, lucht, muirear, muirín, taoscán, teanneire, traidín, ualach, uchtán, uchtóg. ❷ *pannier (basket):* bardóg, cléibhín, cliabh, feadhnach, feadhnóg, painnéar, painnéir, pardóg, *pl.* úmacha.

lódáil noun *loading, load:* ládáil, lastáil, lódáil, luchtú, ualú; beart, bulc, eire gabháil, lasta, lastas, lód, lucht, muirear, muirín, taoscán, teanneire, ualach, uchtán, uchtóg. verb *load:* ládáil, lastáil, líon, luchtaigh, ualaigh; cuir ualach ar.

lofa adjective *rotten, decayed:* bréan, camhraithe, dreoite, fabhtach, fochallach, foirgthe, morgtha, múisiúnta, seipteach, trochailte, tufar.

lofacht noun *rot, decay:* ábhar, ábhrú, brachadh, camhrú, críonlobhadh, fiolún, fiolún cnámha, fochall, lobhadas, lobhadh, morgthacht, neacróis, seipseas, taislobhadh, trochlú.

log noun ❶ *literary place:* áit, áit na mbonn, alt, ball, fód, ionad, ionadh, láthair, leaba, paiste, spota, suíomh. ❷ *hollow:* cabhóg, cró, croí, cuas, cuasán, cuasóg, eagán, easca, gleann, gleanntán, lag, lagán, logall, logán, mám, poll, prochóg.

logainm noun *place-name, toponym:* áitainm, ainm áite.

logainmníocht noun *naming of places, toponymy:* pl. áitainmneacha, dinnseanchas, *pl.* logainmneacha.

logall noun *socket:* cró, cuas, leaba, mogall, poll, slocán, soicéad, sócad, *literary* ionsma.

logán noun ❶ *pit, depression:* clais, cuas, cuasán, cuasóg, gleann, gleanntán, lag, lagán, log, logall, logán, loigín, mám, poll, sloc. ❷ *low-lying place, low-lying country:* caladh, caológ, crompán, gaorthadh, inse, inseachas, inseán, íoslach, ísleán, léana, loglach, sraith, srath, tír íseal; corrach, puiteach, riasc, riascach, riasclach. ❸ **logán baithise** *fontanelle:* logán na baithise; cró an chinn, cró na baithise.

logánta adjective *local:* áitiúil, **adjectival genitive** na háite, **adjectival genitive** ceantair, ceantrach, cúigeach, paróisteach; máguaird.

logha noun ❶ *(ecclesiastical) indulgence:* loghadh, maithiúnas, pardún, *colloquial* loghra. ❷ *allowance, concession:* deoladh, deolchaire, deolaíocht, deontas, deonú, fóirdheontas, fordheontas, lamháil, lamháltas, liúntas; lacáiste, laghdú, laigse, liúntas, maolú.

lógóireacht noun *crying, lamentation:* acaoineadh, bascarnach, caoineachán, caointeoireacht, deoiríneacht, deoirínteacht, doghra, donáil, éagnach, gol, golchás, golfairt, gológ, gubha, iachtach, iarmhéil, liacharnach, lóg, mairgne, mairgneach, mairgní, marbhna, meacan an chaointe, meacan an ghoil, méala, nuallghubha, ochlán, ochón, olagón, ong, tuireamh, *literary* lámhchomhairt.

loic verb ❶ *flinch, fail:* bris, clis, cúb, cúlaigh, déan faillí, géill, meath, meathlaigh, teip, tit. ❷ *shirk, refuse:* diúltaigh, éalaigh ó, éar, éimigh, eitigh, ob, seachain, séan, staon ó; cuir suas do.

loiceadh noun ❶ *failure, refusal:* diúltú, éaradh, éimiú, eiteach, eiteachtáil, seachaint, séanadh, staonadh. ❷ *default:* faillí, mainneachtain.

loiceadóir noun *dawdler, loiterer:* bruachaire, cnuálaí, codaí, fágálach, fágálaí, fámaire, feadóir, feamaire, giolla na leisce, langa, leadránaí, leiciméir, leisceoir, leisíneach, leoiste, leota, liairne, liúdaí, liúdramán, lófálaí, mágaí, máinneálaí, malltrialla, moilleadóir, rainglléir, righneadóir, righneálaí, ríste, scaoinn, scaoinse, scraiste, sínteach, síntealach, síománaí, slabhrálaí, smíste, snámhaí, srathaire, sreangaire, stangaire, straigléir, stróinse, súmaire, trataí, tratanálaí.

loiceadóireacht noun *(act of) dawdling, loitering:* bruachaireacht, codaíocht thart, cúinnéireacht, falsóireacht, fámaireacht, feadóireacht, leadaíocht, learaireacht, leiciméireacht, leisceoireacht, leoistíocht, liudaíocht, liúdramántacht, lófáil, loiceadh oibre, loiciméireacht, losaíodóireacht, mágaíocht, rathlaíocht, reanglamánacht, rístíocht, scraisteacht, scraistíocht, scraistíneacht, scraistiúlacht, srathaíocht, srathaireacht, sreangaireacht, stangaireacht, tratanáil.

loighciúil adjective *logical:* áititheach, déaduchtach, infeireach, ionduchtach, leanúnach, réasúnach, réasúnta, siollógach, soiléasta, soiléir, tuisceanach; de réir loighce, de réir réasúin; córasach, rianúil.

loighic noun *logic:* argóinteacht, déaduchtú, dialachtaic, ionduchtú, réasúnaíocht, réasúnú, tátal; breithiúnas, ciallmhaireacht, eagna, eagnaíocht, éargna, fáidhiúlacht, tuiscint.

loigín noun *dimple:* tibhre, tobairín.

loime noun *bareness, bleakness:* creagacht, fainne, lomaíocht, maoile, nochtacht, sceirdiúlacht, tarnochtacht.

loimíneach noun *skinny creature:* caiteachán, cliathramán, cnuachaire, créice, créice críon, cringeach, crincleach, duine caite, cuail cnámh, geataire, geosadán, geospal, geospalán, gortachán, loimirceach, ocrachán, reangaide, reangaire, reangartach, sceanartach, sciollbhach, scólachán, scruta, séacla, séaclach, séaclóir, taiseachán, truán, *familiar* creachán; nil air ach an craiceann.

loine noun *churn-dash:* clagaire.

loingeas noun ❶ *fleet, navy:* cabhlach, flít. ❷ *literary exile:* díbirt, ionnarbadh, deoraíocht, díchur, éalú, teitheadh.

loingseach noun *literary* ❶ *mariner, seaman:* farraigeach, fear farraige, loingseoir, mairnéalach, maraí, seoltóir. ❷ *pirate:* foghlaí mara, píoráid; bucainéir, foghlaí, uigingeach; smuigléir. ❸ *exile, wander:* deoraí, fánaí, imirceach, rianaí, seachránaí, teifeach.

loingseoir noun *mariner, navigator:* farraigeach, fear farraige, *literary* loingseach, mairnéalach, maraí, seoltóir.

loingseoireacht noun *seamanship, seafaring:* farraigeoireacht, máirnéalacht, mairnéalaíocht, maraíocht, seoltóireacht.

loinneog noun *refrain (of song):* burdún, curfá, damhsloinneog, deilín, dréachtín, *literary* dúchann; cuaichín ceoil, deilín, gadán ceoil, rabhcán.

loinneartha adjective ❶ *bright, resplendent:* bladhmach, breoch, coinnleach, crithreach, dealrach, drilseach, drithleach, drithleánac, galbánach, glasta, glórmhar, lonrach, luisiúil, niamhrach, réaltach, ruitheanta, ruithneach, ruithní, ruithnitheach, soiléasta, soilseach, solasmhar, solasta,

---

Logainmneacha Gaeilge ar bhéal na ndaoine

Achonry (County Sligo): Achadh Conaire: Ach 'Onaire (Contae Shligigh)

Ardee (County Louth): Baile Átha Fhirdhia: Boil' á Ria (Contae Lú)

Athy (County Kildare): Baile Átha Í: Bleá hÍ (Contae Chill Dara)

Ballyferriter (County Kerry): Baile an Fheirtéaraigh: an Buailtín (Contae Chiarraí)

Ballysakeerey (County Mayo): Baile Easa Caoire: Baile-sa-Cuíre (Contae Mhaigh Eo)

Binghamstown: an Geata Mór (County Mayo): an Geat' (Contae Mhaigh Eo)

Blackrock (County Dublin): an Charraig Dhubh; an Dúcharraig (Contae Bhaile Átha Cliath)

Castlederg (County Tyrone): Caisleán na Deirge: ar an Deirg 'in Castlederg' (Contae Thír Eoghain)

Castleknock (County Dublin): Caisleán Cnucha: Caisleán Cnoc (Contae Bhaile Átha Cliath)

Clogh (County Laois): an Chloch: Cloch a' tSionna' (Contae Laoise)

Collooney (County Sligo): Cúil Mhuine: Cúil Úine (Contae Shligigh)

Costello (County Galway): Casla: Doire Né (Contae na Gaillimhe)

Creggs (County Galway): na Creaga: na Criogú (Contae na Gaillimhe)

Crossmolina: Crois Mhaoilíona (County Mayo): Crois 'Líona (Contae Mhaigh Eo)

Currane: an Corrán (County Mayo): a' Crán (Contae Mhaigh Eo)

Doaghbeg (County Donegal): Dumhach Bheag: Dú Bhig (Contae Dhún na nGall)

Doolin (County Clare): Dúlainn: Sráid na nIascairí (Contae an Chláir)

Drogheda (County Louth): Droichead Átha: a' Droitheat (Contae Lú)

Dromahair (County Leitrim): Droim dhá Thiar: Druim-á-Thiar (Contae Liatroma)

Drumcondra (County Dublin): Droim Conrach: Driseog (Contae Bhaile Átha Cliath)

Dundalk (County Louth): Dún Dealgan: a' Sráidbhaile (Contae Lú)

Dunmore (County Galway): Dún Mór: Dún Mhór (Contae na Gaillimhe)

Falcarragh (County Donegal): Fál Carrach: na Croisbhealaí (Contae Dhún na nGall)

Giants' Causeway (County Antrim): Clochán an Aifir; a' *Causey* (Contae Aontroma)

Holywood (County Down): Ard Mhic Nasca: Ard Mhic Criosc (Contae an Dúin)

Kells (County Meath): Ceanannas; Ceannadas (Contae na Mí)

Kilfenora (County Clare): Cill Fhionnúrach: Cill Fhúrlach (Contae an Chláir)

Kilkenny (County Kilkenny): Cill Coinnigh: an Chathair (Contae Chill Chainnigh)

Kilmacow (County Kilkenny): Cill Mhic Bhúith: Cille Cú (Contae Chill Chainnigh)

Lawderdale (County Leitrim): Droim Raithin: Droim Ráin (Contae Liatroma)

Leixlip: Léim an Bhradáin (County Kildare): Leaspaic (Contae Chill Dara)

Lisdoonvarna (County Clare): Lios Dún Bhearna: an Spá (Contae an Chláir)

Lough Allen (County Leitrim): Loch Aillionn: Locha Liunn (Contae Liatroma)

Loughrea (County Galway): Baile Locha Riach: Ba' Loch Riach (Contae na Gaillimhe)

Lucan (County Dublin): Leamhcán; Liúcán (Contae Bhaile Átha Cliath)

Manulla (County Mayo): Maigh Nulla: Ma' Nulla (Contae Mhaigh Eo)

Mount Bellew (County Galway): an Creagán: a' Criogán (Contae na Gaillimhe)

Moycullen (County Galway): Maigh Cuilinn: Ma' Cuilinn (Contae na Gaillimhe)

Moytirra (County Sligo): Maigh Tuireadh: Maíotra (Contae Shligigh)

Ramelton (County Donegal): Ráth Mealtain: Rámaltan (Contae Dhún na nGall)

Roonah Point (County Mayo): Rú an Átha: Rú Ná (Contae Mhaigh Eo)

St Mullin's (County Carlow): Tigh Moling: Ti-ma-Ling (Contae Cheatharlach)

Shrule: Sruthair (County Mayo): Srufair (Contae Mhaigh Eo)

Slane (County Meath): Baile Shláine: Boil' Áinne (Contae na Mí)

Templeforum (County Kilkenny): Teampall Fhothram: Teaumpall Óram (Contae Chill Chainnigh)

Thomastown (County Kilkenny): Baile Mhic Andáin: Baile Cúndáin (Contae Chill Chainnigh)

Virginia (County Cavan): Achadh Lir: Beirdsíní (Contae an Chabháin)

loinnearthacht
trilseachh, *literary* éadracht; álainn, breá, buach, caithréimeach, canta, cathbhuach, cuanna, cumtha, dealfa, deismir, fíortha, forórga, galánta, gréagach, greanta, innealta, laomtha, oirirc, oirní, ollásach, slachtmhar, taibhseach, taibhsiúil, uasal. ❷ *burnished, polished:* faghartha, líofa, niamhghlanta, lonrach, slíobach, snasta.

loinnearthacht noun *brightness, resplendence:* gile, gléine, gléineacht, gléire, glioscarnach, loinnir, lonrachas, lonracht, lonrú, niamh, niamhracht, snas, soiléas, soilseacht, soilse, solasmhaire, solasmhaireacht, solastacht, sorcha, spréacharnach, taitneamh, taitneamhacht, *literary* éadrachta, soirche.

loinnir noun *brightness, radiance:* breo, gile, gileacht, gléine, gléineacht, gléire, glioscarnach, gluaire, léire, loinnearthacht, lonrachas, lonracht, lonrú, niamh, niamhracht, soiléas, soilse, soilseacht, solasmhaire, solasmhaireacht, solastacht, sorcha, spréacharnach, taitneamh, taitneamhacht, *literary* éadrachta, soirche.

loinsiún noun *luncheon:* bolgam eadra, cuid eadra, dinnéar, giota, lóinse, lón, meán lae, pronnlach, raisín, scroid.

lóipín noun ❶ *leg-warmer, vampless stocking:* máirtín, miotán, lópa, troithín. ❷ *defect:* ainimh, breall, cáim, cithréim, clóic, deamar, diomar, éagruth, éalang, éasc, fabht, lear, locht, lochtaíl, máchail, marach, míghnaoi, miolam, smál, *literary* meann.

loirgneach noun ❶ *long-legged woman:* bean chosfhada, bean fhadchosach, géagachán mná, géagaí mná, reanglamán mná. ❷ **loirgneach dhearg** *persicaria (Polygonum persicaria):* cluanach dhearg, glúineach, glúineach dhearg, glúiníneach, luibh an tinneas uisce, rúta dearg, *pl.* rútaí dearga, *pl.* slata dearga.

loirgneán noun ❶ *shin-guard, greave:* asán, coséide, lorgbheart. ❷ *leg-shackle: pl.* geimhle cos.

loisc verb ❶ *burn, scorch:* adhain, brandáil, breoigh, bruith, cráindóigh, dearg, fionn, las, ruadhóigh, scall, scól, tíor. ❷ *sear, sting:* athlas, beophian, céas, cealg, cráigh, dóigh, goin, gortaigh, greannaigh griog, pian, prioc. ❸ *fire (shot):* caith, lámhach, lámhaigh, scaoil.

loiscneach adjective ❶ *burning, fiery:* bolcánach, breoch, breoga, forloiscneach, laomtha, lasánta, lasartha, lasartha, lasúil, lasúnach, scallta, tintrí. ❷ *fiery, fierce:* ainrianta, aintréan, allta, barbartha, borb, danartha, díbheirgeach, díocasach, díscir, faghartha, fiáin, fiánta, fiatúil, fíochmhar, fraochmhar, fraochta, garg, mallaithe, mínáireach, urchóideach, *literary* díoghair. ❸ *scorched, arid:* ruadhóite, rualoiscthe, scólta, tíortha; lom, spallta, tirim. noun *firewood:* ábhar tine, breosla, brosna, *pl.* cipíní, connadh, cual, fagóid.

lóiste noun *lodge:* both, cillín, teach geata.

lóisteáil verb *lodge:* taisc, taiscigh; cuir sa bhanc, cuir i gcuntas, cuir i dtaisce, cuir i leataobh, leag tharat; sábháil.

lóistéir noun *lodger:* aoi, geasta, lóistíneach, ósta, óstach, *historical* coinneamh; caidéir, coirm gan chuireadh, stocaire, súdaire, táthaire, *literary pl.* tromdhámh.

lóistín noun *lodging, accommodation:* ábhach, adhbha, áfach, aice, aicíocht, áit chónaithe, áitiú, áitreabh, áras, baile, both, bothán, bothóg, bráca, brocach, broclach, brú, brugh, caisleán, cónaí, congbháil, cró, cróicín, cuan aoibhnis, cuan síochána, diméin, díseart, fáras, feirm, forba, fuachais, gabháltas, gnáthóg, iostas, iostán, lonnú, mainéar, nead, nideog, óstán, óstlann, pailliún, pálás, scailp, suíochán, puball, tábhairne, talmhóg, teach, teach beag, teach bordála, teach lóistín, teach ósta,

teachín, teaghais, teallach, tearmann, tuiní, uaimh, uachais, úirín, únacht, *literary* cliothar, fochla.

loit verb *wound, damage:* basc, batráil, bearr, brúigh, ciorraigh, cneáigh, créachtaigh, dochraigh, donaigh, gearr, goin, gortaigh, gread, íospair, leadair, leadhb, martraigh, mill, péirseáil, planc, sclár, slis, smíoch, smíocht, smiot, smíst, spól, stiall, súisteáil, teann, tuargain, *literary* lochair, mudh, sléacht; déan cuimil an mháilín de.

loiteach adjective *injurious, damaging:* aimhleasach, baolach, contúirteach, coscrach, dainséarach, damáisteach, díobhálach, dochrach, ídeach, ídítheach, loiscneach, marfach, meilteach, nimhneach, scriosach, treascrach, urchóideach, *literary* biniúil, urbhadhach.

loitiméir noun ❶ *destroyer:* creachadóir, creachaire, foghlaí, ídítheoir, meilteoir, millteoir, scriostóir, sladaí, sladaire, *literary* ladrann. ❷ *botcher:* ablálaí, ciotóg, gliocsálaí, lapadán, lapaire, méiseálaí, mille bata, mille maide, (*i gContae Mhaigh Eo*) práibín, práisc, sceanartálaí, slibire, slibreálaí, sliopachán, tuaipleálaí, tuaipléir, útamálaí, *ironic* gobán, Gobán Saor.

loitiméireacht noun *destructiveness, destruction:* argain, bánú, bascadh, cealú, cíothach, coscairt, creachadh, creachadóireacht, díothú, foghail, foghlaíocht, ídiú, léirscrios, lomairt, milleadh, millteoireacht, mínós, múchadh, neamhniú, scrios, scriostóireacht, slad, sladaíocht, sladaireacht, sléacht, treascairt, *literary* fuachtain, lochar, sleachtadh, urbhaidh.

lom adjective ❶ *bare, bleak:* aimrid, carraigeach, creagach, leis, lomartha lamartha, lomnocht, nocht, nochta, ris, sceirdiúil, tarnocht, tarnochta; aimlithe. ❷ *thin, spare:* caite, caol, creatlom, cúng, feosaí, gágach, scáinte, seang, seangchruthach, tanaí, trua. ❸ *close, cropped (of hair):* bearrtha, gearr, lombhearrtha, maol. noun ❶ *bareness:* fainne, loime, maoile, nochtacht, sceirdiúlacht, tarnochtacht. ❷ *openess, exposure:* aimliú, oscailteacht, ris. ❸ *nakedness, poverty:* loime, lomnochtacht, nochtacht, tarnochtacht; bochtaineacht, bochtaineas, boichte, clisiúnas, dealús, dearóile, deilbhíocht, easnamh, easpa, fuireasa, gainne, ganntanas, gátar, *pl.* pócaí folmha, tearc-chuid, uireasa, uireasbhaidh, uireaspa. verb ❶ *lay bare, become bare, strip:* bain de, creach, lomair, meang, scamh, scoith, struipeáil, *literary* fadhbh; bain díot, bánaigh, nocht. ❷ **lom ar** *close in on, attack:* dlúthaigh le, druid i leith, druid le, tar gar do, tar in aice le, tar cóngarach do, tar in aice le, tarraing isteach ar, teagmhaigh le, téigh cóngarach do, téigh in aice le; déan ionsaí ar, ionsaigh, leag ar, léim ar, tabhair amas faoi, tabhair breabhaid faoi, tabhair faoi, tabhair fogha faoi; *literary* sín chun, tubh.

lomadh noun ❶ *stripping, despoliation:* bánú, creachadh, creachadóireacht, eirleach, milleadh, millteoireacht, robáil, scamhadh, scrios, scriostóireacht, slad, struipeáil, sladaíocht, sladaireacht, treascairt. ❷ *impoverishment:* bánú, bochtú, dealbhú, folmhú, ídiú, spíonadh, tnáitheadh, traochadh. ❸ **lomadh an Luain** *unlucky undertaking, misfortune:* aimléis, ainnis, amaróid, anachain, cat mara, ciotrainn, cruáil, deacracht, dochonách, doinmhí, don, donacht, donas, drochrath, iomard, matalang, mí-ádh, míbhuntáiste, mífhortún, mírath, mísheoladh, míthapa, taisme, timpiste, tragóid, tubaiste, turraing, umar na haimléise.

lomaire noun ❶ *shearer:* bearrthóir, lomadóir, lomthóir. ❷ *figurative fleecer, shark:* creachadóir, feallaire, fealltóir, feannadóir, gadaí, gadaí bradach, robálaí, rógaire, séitéir.

lomairt noun ❶ *shearing:* bearradh, lomadh. ❷ *denudation, spoliation:* argain, bánú, creachadh, creachadóireacht, faobhach, foghail, foghlaíocht, foghlú, fuadach, léirscrios, *literary* lochar, lomadh, milleadh, millteoireacht, robáil, scamhadh, scrios, scriostóireacht, slad, sladaíocht, sladaireacht, struipeáil.

lom-angar noun ❶ *hard necessity:* bochtaineacht, bochtaineas, boichte, dealús, deargriachtanas, dearóile, díobháil, díth, easnamh, easpa, éigean, gá, gainne, gannchar, gannchúis, ganntan, ganntanas, ganntar, gátar, riachtanas, teirce, uireasa, uireasbhaidh, uireaspa. ❷ *figurative needy person:* ainniseoir, ainriochtán, bochtán, díol trua, díothachtach, díthreabhach, díthriúch, dreoilín, gortachán, ocrachán, rud, sampla, siolgaire, truán, uireasach; oilithreach.

lomaosta adjective *fairly old, getting on in years:* cnagaosta, meánaosta, scothaosta.

lomlán adjective *filled to capacity, brim-full:* barclán, forlán, lán, lán go boimbéal, lán go bruach, líonta; ag cur thairis, ag cur bruach, ag cur thar maoil.

lomnocht adjective *stark naked, nude:* leis, lom, lomtharnocht, nocht, nochta, ris, struipeáilte, tarnocht, tarnochta; ina chraiceann.

lomra noun *fleece:* mothall, olann; giobarsach.

lomrach adjective *woolly, fleecy:* bruthach, lómhar, olanda, ollach; clibíneach, cochallach, fionnaitheach, foltach, giobach, glibeach, gliobach, gruagach, guaireach, mosach, mothallach, peallach, scothánach, stothallach; coipeach, cúránach, uanach, *literary* mongach.

lomscrios noun *total destruction, utter ruin:* ár, argain, bánú, bascadh, cíothach, coscairt, creachadh, creachadóireacht, ídiú, léirscrios, lomairt, lomscrios, milleadh, sceanach, sceanairt, scrios, scriostóireacht, slad, sladaíocht, sladaireacht, sléacht, treascairt, *literary* lochar, sleachtadh, urbhaidh.

lon noun ❶ *blackbird (Turdus merula):* an t-éan dubh, gobadán buí, lon dubh; *(female)* céirseach, cearc loin. ❷ *ouzel (Turdus torquatus):* lon creige lon abhann, lon uisce.

lón noun ❶ *provision, victuals:* beatha, bia, bia is deoch, cothú, *pl.* earraí bia, *pl.* earraí grósaera, rótham, soláthar, *literary* coth; arán laethúil, lónadóireacht. ❷ *repast, luncheon:* bolgam eadra, cuid eadra, dinnéar, giota, lóinse, loinsiún, meán lae, pronnlach, raisín, scroid. ❸ *lón cogaidh war stores, munitions:* múinisean.

lónadóir noun *caterer, provisioner:* biatach; grósaeir.

lónadóireacht noun *catering, provisionment:* biatachas, cócaireacht, cothú, lónroinn, soláthar, soláthar bia; grósaeireacht.

lónaigh verb ❶ *supply, provision:* beathaigh, biathaigh, cothaigh, oil, potbhiathaigh, ramhraigh, soláthair, cuir ar fáil, *literary* measraigh. ❷ *lay in, put by:* cuir i dtaisce, leag tharat, sábháil.

long noun ❶ *ship:* long cogaidh, long paisinéirí; árthach, carbhal, clipéar, cúrsóir, frigéad, gaileon, húicéir, iompróir aerárthach, línéar, luamh, scriostóir, scúnar, slúpa, soitheach, tríréim, *literary* cnarr, scafa; bád, báirse, bárc, bioracán, birling, ciomba, cocbhád, coite, curach, curachán, eathar, geolta, gleoiteog, iomlacht, leathbhád, línéir, liúir, nae, naibí, naomhóg, púcán, soitheach, *literary* laoidheang, scafa. ❷ *long lánúnachais matrimonial bed:* leaba an phósta.

longadán noun *swaying, swaying motion:* bogadach, bogadh, broidearnach, corraí, creathadach, creathadh, creathán, creathnú, crith, croitheadh, foluain, giodam, giodamaíocht, gloinceáil, guagacht, guagadh, guagaíl, liongadán, liongáil, luail, luain, luaineacht, luascadh, suaitheadh, tornáil, *literary* luaidreán.

longadánach adjective *swaying, unsteady:* baoth, barrbhaoiseach, barrthuisleach, ceanntrom, corrach, corrthónach, creathánach, díodánach, dodach, gingideach, giongach, gloinceálach, gogaideach, guagach, guairneánach, gúngach, luaineach, mallbhreathach, míshuaimhneach, stamrógach; ar a bhoige bhaige, ar forbhás, ar sinebhogadh; teipeanach.

longbhriseadh noun ❶ *shipwreck:* briseadh loinge, scrios loinge. ❷ *ruin, disaster:* ár, argain, bárthainn, bascadh, ciorrú, ciotrainn, coscairt, creachadh, cuimil an mháilín, díobhadh, díobháil, díoth, díothú, eirleach, léirscrios, lomadh, lomairt, marfach, martrú, marú, matalang, mífhortún, milleadh, millteoireacht, scrios, scriostóireacht, slad, sladaíocht, sladaireacht, timpiste, tionóisc, treascairt, tubaiste, turraing, *literary* dursan, lochar, teidhm. ❸ *fall from grace:* béim síos, céim síos, ísliú, náire, táirchéim, titim, treascairt, turnamh.

longfort noun ❶ *camp:* campa, foslongfort, mórlongfort, puball, tint. ❷ *stronghold, fortified residence:* caiseal, caisleán, daingean, dún, dúnadh, dúnáras, dúnbhaile, dúnfort, pailis, *literary* caistéal.

lonn adjective ❶ *fierce, vehement:* ailseach, aingí, ainrianta, aintréan, allta, barbartha, binbeach, borb, **adjectival genitive** buile, colgach, colgánta, crua, cruálach, damanta, deamhanta, deannachtach, dian, díoltasach, díscir, dorrga, drochaigeanta, drochbheartach, droch-chroíoch, drochghnúiseach, dúr, dúrchroíoch, éadrócaireach, fiánta, fiata, fiatúil, fíochmhar, forránta, fraochmhar, fraochta, gangaideach, garg, géar, goineach, goiniúil, goirt, gríobhach, **adjectival genitive** mire, míthrócaireach, neamhthrócaireach, scaollmhar, scéiniúil, sceonmhar, searbh, siosúrtha, tioránta, urchóideach, *literary* díoghair, onchonta. ❷ *ardent, bold:* cíocrach, confach, dána, danartha, deárcaisiúil, dian, díbhirceach, díocasach, díograiseach, dúilmhear, dúthrachtach, faobhrach, fíochmhar, fonnmhar, géar, gorthach, griofadach, griothalach, guilmeach, tnúthánach, santach, slatra, slatra, *literary* fríochnamhach. ❸ *angry, irascible:* ainciseach, ainscianta, aranta, cancrach, cantalach, cochallach, coilgneach, colgach, crosta, cuileadach, **adjectival genitive** cuthaigh, dásachtach, deafach, diardanach, díbheirgeach, dorránach, driseogach, drisíneach, feargach, fíochmhar, fraochta, gairgeach, gráinneogach, greannach, iarógach, íortha, lasánta, oibrithe, spadhartha, spuaiceach, straidhniúil, trodach, *literary* dreannach, íorach; ar báiní, ar buile, ar caorthainn, sna céadéaga. noun ❶ *fierceness, vehemence:* ainriantacht, alltacht, buile, cíocras, colg, cúil, díbheirge, éadrócaire, faobhar nimhe, fiántacht, fiántas, fíoch, fíochmhaire, fíochmhaireacht, forrántacht, fraoch, goimh, mire, strócántacht, tréine, *literary* díoghaire. ❷ *boldness, eagerness:* brí, calmacht, coráiste, coráistiúlacht, crógacht, croí, dánacht, fortile, fortiúlacht, gal, gaisce, gaiscíocht, gus, láidreacht, laochas, meanma, meanmnacht, misneach, misniúlacht, muinín, neart, niachas, oiread Chnoc Mordáin de chroí, scairt láidir, sea, smior, spionnadh, spiorad, sponc, spreacadh, spréach, spreacúlacht, treise, uchtach, uchtúlacht; ainmheasarthacht, ainriantacht, airc, antoil, cíocras, confadh, dásacht, deárcas, déine, díocas, dúil, dúil chráite, dúrúch, dúthracht, faobhach, faobhar, fíoch, fiuchadh foinn, flosc, fonn, griothal, guilm, saint, scamhadh, teaspach, tnúth, tnúthán, toil, *literary* fríochnamh. ❸ *anger, irascibility:* ainscian, aonach, báiní, boirrche, buile, buile feirge, cochall, coilichín, colg, colgaí, confadh, cuthach, danar-

Longa agus Báid

Longa agus Báid

aircraft carrier: iompróir aerárthach
amphibious landing craft: árthach amfaibiach lándála
argosy: mórlong *f.* tráchta
barge: báirse; birling *f.*
battlecruiser: cúrsóir catha
battleship: long *f.* chogaidh
boatel: óstán ar muir
brig: bruig *f.*
bulk carrier: iompróir mórlasta
bumboat: bád lóin
cabin cruiser: cúrsóir caibíní
cable ship: long *f.* chábla
canal boat: bád canálach
canoe: canú
capital ship: mórlong *f.* chogaidh
cargo boat: bád tráchta
cargo ship: long *f.* tráchta; lastlong *f.*
caravel: carbhal
carrack: carrac
catamaran: catamarán
coaler (*féach* collier)
coal ship (*féach* collier)
coaster: cóstóir
coble: cobal
cockboat: cocbhád
cockle (*féach* cockboat)
cockleshell: ruacán
cog: cog
collier: long *f.* ghuail
container ship: long *f.* gabhdán
coracle: curach *f.*
corvette: coirbhéad *f.*
crabber: bád portán
cruiser: cúrsóir
cruise ship: long *f.* chúrsála
cutter: cuitéar
dahabeeyah: dathabaíá
destroyer: scriostóir
dinghy: báidín calaidh
dory: deoraí
double-ender: bád déthosaigh
dragon boat: bád dragain
dragon ship: draganlong *f.*
dreadnought: oll-long *f.* chatha
dredger: dreidire
drifter: driftéar
dromon: dromann
DUKW/duck: DUKW
E-boat: E-bhád
factory ship: long *f.* monarchan
ferry: bád farantóireachta
flag boat: bratbhád
flagship: bratlong *f.*
flat boat: bád réthónach
fore-and-aft schooner: scúnar faoi seolta ar fad
freighter: long *f.* iompair; frachtaire
frigate: frigéad
galleon: gaileon
galley: rámhlong *f.*
galliass: gaileas
galliot: gaileoid *f.*
gig: curachán
gleoiteog: gleoiteog *f.*
gondola: gondala
gunboat: bád gunnaí móra
hooker: púcán; húicéir
houseboat: bád cónaithe
hovercraft: árthach foluaineach
hydrofoil: duillárthach
hydroplane: hidreaphlána
iceboat: bád oighir
ice-breaker: oighearbhristeoir
inboard: bád innill inmheánaigh
Indiaman: soitheach trádála Indiach
inflatable dinghy: báidín éadromáin
ironclad: long *f.* phlátáilte
jet-boat: bád scairdeáin
johnboat: johnboat
jolly boat: jalaí
junk: siunca
kayak: caigheac
keelboat: bád cíle
ketch: cits *f.*
laker: bád locha
landing craft: árthach landála
lapstrake: bád scairdhéanta
lateen: bád laidineach
launch: lainse *f.*
liberty boat: bád saoirse
lifeboat: bád tarrthála
light-boat: bád solais
lighter: lictéar
liner: línéar
longboat: bád fada
longship: long *f.* fhada
lugger: liúir *f.*
mailboat: bád poist
man-of-war: long *f.* chogaidh
merchant ship: árthach ceannaigh
minehunter: sealgaire mianach
minelayer: mianadóir
minesweeper: bád bainte mianach
monitor: monatóir
monkey boat: moncaí
monohull: árthach aonchabhlach
mosquito boat: luathlong *f.* bheag; míoltóg *f.* mhara
motorboat: bád innill
motorsailer: bád seoil is innill
motor yacht: luamh innill
multihull: árthach ilchabhlach
narrowboat: caolbhád
oiler (*féach* oil tanker)
oil tanker: tancaer ola
outboard: bád innill sheachtraigh
outrigger: bád bacáin amuigh
packet boat: bád poist
paddle boat: bád rotha
paddle steamer: galtán rotha
passenger ship: long paisinéirí
pilot boat: bád píolótaíochta
pink: pinc *f.*
pinnace: pionais *f.*
pirogue: píoróg *f.*
pitpan: piotpan
pocket battleship: long *f.* chogaidh bheag
police launch: lainse *f.* póilíní
pontoon: pontún
powerboat: bád innill
pram: pram
privateer: soitheach foghla
proa: práú
punt: punta
quinquireme: cuinciréim *f.*
Q-ship: Q-long *f.*
racing yacht: luamh rásaíochta
raft: rafta
randan: randán
revenue cutter: cuitéar máil
RIB (rigid inflatable boat): RIB
riverboat: bád abhann
roll-on roll-off: róró
rowing boat: bád rámhaíochta
sailing boat: bád seoil
sailing ship: long *f.* seoil
sampan: sampán
school ship: long *f.* scoile
schooner: scúnaer
scow: scó
scull: bád céasla
sculler (*féach* scull)
shallop: sealap
shell: sliogán rámhaíochta
ship of the line: long *f.* chomhraic
ship's boat: bád loinge
side-wheeler: galtán dhá roth
single-hander: bád aonair
skiff: coite
skipjack: scipseac
sloop: slúpa
smack: púcán; slúpa
sneakbox: slíodóir
speedboat: bád luais
stake boat: bád stáca
steamboat: bád gaile
steamship: galtán; long *f.* gaile
sternwheeler: galtán roth cúil
submarine: fomhuireán
submersible: árthach intumtha
supertanker: olltancaer
supply ship: long *f.* soláthair
surfboat: bád brutha
tall ship: long *f.* ard
tanker: tancaer
tartan: tartán
tender: bád freastail
three-decker: long *f.* trí dheic
three-mast schooner: scúnar trí chrann
torpedo boat: bád tóirpéad
trader: long *f.* thrádála
training ship: long *f.* oiliúna
tramp steamer: galtán fáin
trawler: trálaer
trimaran: tríomarán
trireme: triréim *f.*
troop carrier: iompróir trúpaí
troopship: long *f.* trúpaí
tub: seantobán de bhád
tugboat: tuga
umiak: úimiac
warship: long *f.* chogaidh
weekender: bád deireadh seachtaine
whaleboat (*féach* whaler)
whaler: bád míol mór
wherry: coite
windjammer: tráchtlong *f.* seoil
workboat: bád saothair
yacht: luamh
yawl: geolta

lonnaigh verb *stay, settle:* áitrigh, cónaigh, cuir fút, fan, feith, fuirigh, mair, neadaigh, seadaigh, sealbhaigh, seas, socraigh síos, stad, stop, suigh, *literary* oiris.

lonnaitheoir noun *squatter, settler:* áitritheoir, coilíneach, cónaitheoir, gabhálaí; *literary pl.* tromdhámh.

lonnú noun ❶ *sojourn, stay:* cónaí, cuairt, fanacht, fuireach, fuireachas, moill, stad, stop, stopadh. ❷ *settlement:* aicíocht, áitreabh, baile, coilíneacht, cónaí, congbháil eastát, fearann, fearannas, gabháltas, suí, talamh.

lonrach adjective *bright, luminous, resplendent:* breoch, crithreach, dealraitheach, feiceálach, follas, geal, glan, glé, gléghlan, gléigeal, gléineach, greanta, griánánach, laomtha, léir, lóchrannach, loinneartha, niamhrach, paiteanta, soiléasta, soiléir, soilseach, solasach, solasmhar, solasta, trilseach, *literary* éadracht, luchair.

lonradh noun *brightness, radiance:* breo, gile, gileacht, gléine, gléineacht, gléire, glioscarnach, gluaire, laomthacht, léire, loinnir, lonrachas, lonracht, lonrú, niamh, niamhracht, soiléas, soiléireacht, soilse, soilseacht, solasmhaire, solasmhaireacht, solastacht, sorcha, spréacharnach, taitneamh, taitneamhacht, *literary* éadrachta, soirche.

lonraigh verb *shine, light up, illumine:* dealraigh, las, niamh, saighneáil, soilsigh, taitin.

lorán noun ❶ *weak, young creature:* ceann óg, gearrcach, gréisceálach, scallamán, scalltán; éan circe, sicín; éan gé, góislín; éan lachan. ❷ *child, youngster:* aosánach, biorránach, buachaill, eascartach, fleascach, gadsaide, garlach, garsún, gartaire, gasóg, gasúr, gearrbhuacaill, gearrbhodach, gilidín, giosa, giotachán, grabaire, imeachtaí linbh, leanbh, leaid, mac, macadán, macán, macaomh, maicín, malra, malrach, óganach, páiste, páiste fir, pataire, peitirne, putach, scorach, stócach, bogstócach, glas-stócach, leathstócach, teallaire, *familiar* gearrcach; cailín, gearrchaile, girseach, girseog, iníon, leanbh iníne, páiste mná.

lorg noun ❶ *mark, trace:* iarsma, rian, marc, séala, sliocht, teimheas, tréas. ❷ *progeny, issue:* clann, clann clainne, iarmhair, maicne, *pl.* páistí, síol, *pl.* sliochtaigh, sliocht, sliocht sleachta, teaghlach, treibh. ❸ *rear, rearguard:* cuid deiridh, cúl, cúlgharda, deireadh. verb *trace, seek:* cuardaigh, cuartaigh, fiach, iarr, rianaigh, sir, *literary* saigh; bí ag tóraíocht; níor chuir mé tiaradh ar bith orthu.

lorga noun ❶ *staff, club:* bastún, bata, béatar, cleith, cleith ailpín, cleitheog, liúr, lorg, maide, maide coill, maide draighin, smachtín, smíste, smíste maide, staf, steafóg, trostán. ❷ *shin:* lorg; cnámh na lorga, cnámh na lorgan. ❸ *shank, stem:* coinlín, cos, cuiseog, gas, gasóg, lorga, sifín, stoc, tamhan, tráithnín.

lorgadán noun *long-shanked person:* brísteachán, cleith, cleithire, cliathramán, cnábaire, cnuachaire, coinnleoir, cuirliún, cuirliúnach, gailléan, gallán, geosadán, gleidire, ioscadán, langa, léanscach, léanscaire, píle, pílí, ránaí, ranglach, ranglachán, ranglamán, reangaide, reangaire, reangartach, reanglach, reanglachán, reanglamán, rúpach, rúplach, scaoinn, scaoinse, scodalach, sconnartach, sinéalach, slibire, spíce, speireach, spidéalach, spreanglachán, spreota, sreangaire, *figurative* réitheach.

lorgaire noun ❶ *pursuer, seeker:* cuardaitheoir, paidhceálaí, piardálaí, póirseálaí, ransaitheoir, rianaí, siortaitheoir, siortálaí, taighdeoir, tóraí, tóraitheoir. ❷ *detective:* bleachtaire, cigire bleachtaireachta, póilín; bleidéir, bolaitheoir, cuardaitheoir, fiosraitheoir, fiosróir, ransaitheoir, scrúdaitheoir, taighdeoir; cúistiúnaí. ❸ *follower, adherent:* gabhgaire, leantóir, leanúnaí, *pl.* páirtí, *colloquial* campa, lucht leanúna, lucht tréachtais; acalaí, ceithearnach, deisceabal, fear páirte, tacaí, *familiar* cúláistín.

lorgaireacht noun ❶ *pursuing, searching:* cuardach, cuartú, fiach, fiataíl, paidhceáil, póirseáil, ransú, rianaíocht, seilg, tóir, tóraíocht, *literary* súr. ❷ *detection:* bleachtaireacht, bolaíocht, bolaitheoireacht, ceistiúchán, fiosrú, fiosrúchán, taighde.

loscadh noun ❶ *burning, searing:* cráindó, dó, dóiteán, greadloscadh, ruadhó, scalladh, scóladh; adhaint, beirfean, breo, bruth, cnád, cnádú, deargadh, fadú, lasadh, lasarthacht, teas. ❷ *stinging:* breo, bruth, cailg, cealg, daigh, deann, greadadh, greadhain, loscadh, ríog, scalladh, scóladh; aodh, aodh thochais, briseadh amach, bruth, claimhe, clamhach, fiolún reatha, galar carrach, gearb, gríos, íth, oighear, oighreach, *pl.* puchóidí, tine aodh, tine dhia, urtacáire. ❸ **loscadh daighe** *heartburn:* dó croí, mídhíleá, tinneas bhéal an ghoile.

loscann noun ❶ *frog:* boilgín frisc, crónán díge, cruitín díge, fliuchán, frog, froigín, frosc, frocs, laparán, léimeachán, lispín, loisceann, loscán, luascán, luascán lathaí, lúbán díge, Seán Ó Lapáin. ❷ *tadpole:* eathadán, foloscain, foloscán, gallagún, loscán, óglosccann, súmaire, súmadóir, torbad, torbán; *colloquial* pór froganna.

lot noun ❶ *hurt, wound:* cithreim, cneá, cneamhán, créacht, gáipéar, gearradh, goin, gortú, gránú, íospairt, leonadh, lot, othras; *child's talk* path. ❷ *damage:* aimhleas, bárthainn, caill, caillteamas, caillteanas, damain, damáiste, díobháil, díth, dochar, dola, goilleadh, leonadh, milleadh, olc, scrios, urchóid. ❸ *violation, breach:* argain, bearnú, briseadh, coilleadh, coillteoireacht, coinscleo, creachadh, creachadóireacht, éigean, éigeantas, éigniú, fogha, foghail, foréigean, forneart, réabadh, sárú, scrios, spochadh, *literary* lochar, turbhródh.

lotnaid noun *pest:* péist dhíobhálach, plá; crá croí.

lua noun *mention, citation, reference:* *literary* ailléideach, ainmneachas, ainmniú, cuntas, insint, tagairt, trácht, tráchtadh, tuairisc.

luach noun ❶ *value:* feabhas, fiúntas, luachmhaireacht; creidiúint, maitheas, meas, oineach, onóir, suim, tuillteanas, urraim. ❷ *price:* costas, praghas; caiteachas, daoire, daoirse, dliteanas. ❸ *reward, recompense:* aisíoc, cúiteamh, díol, díolaíocht, éiric, fís, luach saothair, pá, tuarastal.

luacháil noun *valuation, appraisal:* breith, breithiúnas, critic, criticeas, léirmheas, léirmheastóireacht, meas, meastachán, garmheastachán, meastóireacht, measúnóireacht. verb *value, evaluate:* breithnigh, meáigh, meas, scrúdaigh, tástáil; cuir luach ar, déan anailís ar, tabhair tuairim de.

luachair coll. *rushes (Juncus):* geaftaire, geitire; brobh, brobh luachra, feag, feag luachra, *pl.* fíógaí; bogshifín, buigín, colgrach, sibhín, sifín, simhean, úrluachair.

luachmhar adjective *costly, precious:* costasach, daor, mórluachach, praeúil, **adjectival genitive** sóchais, uasal, *literary* lómhar.

luadar noun *movement, vigour:* ardú, bogadach, bogadh, corraí, corraíl, flosc, fuadar, fuinneamh, gluaiseacht, gluaisre, imeacht, ísliú, luail, luascadh, lúth, preabadh, rith, suaitheadh; ábaltacht, acmhainn, beocht, bua, cumas, cumhacht, éifeacht,

luadráil

éirim, éitir, *pl.* feánna, feidhm, fuinneamh, gus, inmhe, inniúlacht, láidreacht, lúth, máistreacht, mianach, neart, sea, séitreachas, séitreacht, séitrí, sitheag, smiorúlacht, spreacadh, tathag, téagar, treise, *pl.* tréithe, urra, urrús.

luadráil noun *gossiping, gossip:* athiomrá, béadán, béadchaint, bleadracht, bleadráil, briosc-chaint, cabaireacht, cadragáil, cadráil, cafaireacht, cardáil, cíblis, clab, cúlchaint, cúlghearradh, dúirse dáirse, geab, geabaireacht, geabairlíneacht, geabantacht, geabstaireacht, giob geab, gliog gleag, gliogar, gliogarnach, glisiam, gobaireacht, gogalach, mionchaint, ráfla, ráfláil, ráifléis, reacaireacht, scéal reatha, scéal scéil, scéalaíocht, suainseán.

luaidhiúil adjective *leadlike, leaden:* trom, tromaí; ar dhath na luaidhe; costrom, marbhshúileach.

luaidreán noun ❶ *literary movement:* bogadach, bogadh, corraí, corraíl, gluaiseacht, gluaisne, gníomhaíocht, gníomhú, imeacht, luascadh, lúth, preabadh, rith, suaitheadh, teacht agus imeacht. ❷ *fluctuation:* aistriú, babhtáil, casadh, claochlú, difríocht, éagsúlacht, éagsúlú, iompú, malartú, sealaíocht, uainíocht. ❸ *rumour, gossip:* athchaint, béadán, béadchaint, cuilithe cainte, cúlchaint, dúirse dáirse, ráfla, ráfláil, ráifléis, scéal reatha, scéal scéil, siomóid, suainseán, údragáil, údramáil, *literary* deilm; clostrácht.

luaigh verb ❶ *mention, cite:* ainmnigh, áirigh, mol, sainigh, sonraigh, tagair do, tar thar, *literary* ailléidigh do. ❷ **luaigh le** *affiance to:* geall do, pós le.

luail noun *motion, activity:* bogadach, bogadh, corraí, corraíl, flosc, fuadar, fuinneamh, giústal, gluaiseacht, gluaisne, *pl.* gníomhartha, gníomhaíocht, gníomhú, luaidreán, luascadh, lúth, mangairt, preabadh, rith, suaitheadh.

luaineach adjective ❶ *fast, nimble:* aclaí, aibéil, beoga, breabhsánta, fuinniúil, gasta, géarshiúlach, ligthe, mear, scafánta, sciobtha, tapa. ❷ *restless, vacillating:* corrabhuaiseach, corrthónach, dodach, éaganta, giodamach, giongach, giúrnálach, guagach, gúngach, luathintinneach, míshuaimhneach, obann, ráscánta, ríogach, spadhrúil, taghdach, tallannach, tobann.

luaíocht noun *merit:* airí, bua, creidiúint, dearscnaíocht, *pl.* dea-thréithe, feabhas, fiúntas, foirfeacht, maith, maitheas, mórmhaitheas, oirirceas, suáilce, *pl.* tréithe, tairbhe.

luaiteachas noun ❶ *mention, report:* ainmneachas, cuntas, cur síos, faisnéis, nuacht, nuaíocht, scéal, scéala, teist, trácht, tráchtaireacht, tuairisc, tuarascáil, *literary* ris. ❷ *(reported) engagement:* dáil, gealltanas

luaith noun *ashes:* luaithreamán, luaithreamhán, luaithreán, smúr, *colloquial* créalach, luaithreach; aibhleog dhóite, athghual, bocsóg, brúdar, brúid, cnámhóg ghuail, marbhsméaróid, smeachóid mhúchta, sméaróid dubh; gríos, gríosach.

luaithe noun *swiftness:* aibéil, beocht, deabhadh, deifir, dithneas, dlús, driopás, drip, eadarluas, gastacht, luas, mire, obainne, práinn, scafaireacht, scafántacht, tapúlacht, tobainne.

luaithreach noun *ashes, dust:* luaith, luaithreamán, luaithreamhán, luaithreán; aibhleog dhóite, cnámhóg ghuail, marbhsméaróid, smeachóid mhúchta, sméaróid dubh; gríos, gríosach; ceo, deannach, dusta, smúdar, smúid, smúit, snaois.

luamhán noun *lever:* cnaipe, eochair, lámh, lasc, maide giaranna, murlán; crann, cos, cromán, dorn, fearsaid, gró, sáfach, seafta.

luan noun *aureole, nimbus, halo:* luan laoich; fáinne solais, garraí, glóir, glóire, naomhluan.

luas noun ❶ *speed, velocity:* aibéil, beocht, deabhadh, deifir, dithneas, dlús, driopás, drip, eadarluas, gastacht, luaithe, mire, obainne, práinn, scafaireacht, scafántacht, tapúlacht, tobainne, *literary* daithe. ❷ *state of being early, earliness:* luaithe, luathacht, luathadas, moiche; tráthúlacht.

luasc noun *oscillation:* ascalú, bogadaíl, bogadh, broidearnach, creathán, crith, dul anonn is anall, luascadh, luascadh anonn is anall, luascán, preabadh, tonnchrith, luascán; athrú, claochlú malartú. verb *swing, oscillate:* luasc anonn is anall; ascalaigh, bog, corraigh, crith; athraigh, claochlaigh, malartaigh.

luascadh noun *oscillation, swing:* luascadh anonn is anall; ascalú, bogadaíl, bogadh, broidearnach, creathán, crith, dul anonn is anall, luasc, luascán, preabadh, tonnchrith; athrú, claochlú, malartú.

luascán noun ❶ *swinging, swaying:* ascalú, bogadaíl, bogadh, broidearnach, creathán, crith, dul anonn is anall, gloinceáil, longadán, luasc, luascadh, luascadh anonn is anall, máinneáil, preabadh, tonnchrith. ❷ *impetuosity:* deabhadh, deifir, dithneas, driopás, drip, éagantacht, luathaigeantacht, luathintinneacht, meargántacht, neamhaireadallach, neamhaireach, obainne, roisiúlacht, spadhrúlacht, taghdáil, teasaíocht, tobainne, tintríocht. ❸ *play swing:* cairt rócáin, carr rócáin, crochtín. ❹ *armful (of hay, etc.):* asclán, asclann, gabháil, luchtar, uchtán, uchtóg; beart, eire, lód, lucht, teanneire, ualach.

luascánach adjective *swinging, unsteady:* luascánta; ascalach, creathach, díodánach, luascach; baoth, barrbhaoiseach, barrthuisleach, ceanntrom, corrach, éagothrom, forbhásach, gingideach, gogaideach, guagach, guairneánach, luaineach, stamrógach; ar a bhoige bhaige, ar forbhás, ar sinebhogadh; teipeanach. ❷ *hasty, impetuous:* luascánta; andána, anfhaiteach, dásachtach, díocasach, díscir, doscaí, doscúch, díscir, driopásach, éaganta, grod, luathintinneach, meargánta, obann, ríogach, roisiúil, spadhrúil, taghdach, tallannach, tobann, *literary* tuilmhear.

luath adjective ❶ *quick, speedy:* aibéil, beo, deifreach, foilscí, géar, grod, imeachtach, luascánach, luascánta, mear, scafánta, sciobtha, tapa; deifreach, dithneasach, driopásach, fuadrach, obann, sconnach, sconnasach, tobann. ❷ *early, soon:* deamhoch, grod, moch, *literary* daith; **adjectival genitive** maidine, **adjectival genitive** tosaigh. ❸ *fickle:* aerach, díomuan, éadairiseach, éadrom, éaganta, earráideach, giodamach, giodramach, guagach, iomluath, luaineach, luascánach, luascánta, luathaigeanta, luathintinneach, mídhílis, neamhdhílis, neamhsheasmhach, treallach. **adverb go luath** *early, soon:* go moch; ar ball, go haicearrach, go gairid, gan mhoill, gan mórán achair, i ngiorracht aimsire, sula i bhfad, tamall gearr ina dhiaidh; faoi cheann tamaill; a thúisce agus is féidir, chomh luath agus is féidir; is leor a luaithe (luas, luathacht) a thiocfaidh sé.

luathbhéalach adjective ❶ *quick of speech:* abartha, aibí, aicearrach, cabanta, cliste, cocach, dea-chainteach, dea-labhartha, deaschainteach, deisbhéalach, eagnaí, luathchainteach, nathánach, nathanta, tráthúil. ❷ *indistinct, stammering:* briotach, doiléir, gotach, mantach, *literary* meann.

luathlámhach adjective ❶ *dextrous, deft:* ábalta, aclaí, cliste, deas, deaslámhach, glic, lannach, praitinniúil, sciliúil, solámhach, stuama, *literary* eangnamhach, reabhrach. ❷ *light-fingered:* bradach, lámhéadrom.

luathlámhacht noun ❶ *dexterity:* aclaíocht, beartaíocht láimhe, clisteacht, deasláimhe, deaslámhachaí, deaslámhacht, deaslámhaí, éascaíocht, gliceas, lámhach, oilteacht, scil, stuaim, *literary* eangnamh. ❷ *jugglery*: cleasaíocht, gleacaíocht, lámhchleasaíocht; caimiléireacht, cúbláil, lúbaireacht, lúbarnaíl. ❸ *tendency to steal*: bradaíl, bradaíocht.

luathscríbhneoireacht noun *shorthand writing, stenography*: gearrscríobh, gearrscríbhneoireacht.

luathú noun *quickening, acceleration*: brostú, deifriú, géarú, géarú luais, méadú luais.

lúb noun ❶ *loop, link*: dol, lúbóg, lúibín, máille, sealán, *colloquial* lúbra; ceangal, nasc, scorán, sine. ❷ *curve*: camadh, casadh, ciorcal, claon, claonadh, cor, coradh, cromadh, cuar, dronn, fiar, lán, laobhadh, laofacht, lúbán, lúbóg, maig. ❸ *recess, nook*: ascaill, cailleach, clúid, cluthair, cuas, cúbaill, cúil, cúilín, cúinne, cúláire, cúlán, cúláis, cúláisean, cúlaon, cúbaill, glota, landair, landaoir, lúbainn, lúibín, nideog, póicéad, puicéad, *literary* imscing. ❹ *mesh in net*: máile, mogall. ❺ *(plain) stitch in knitting*: lúb dheas, lúb ar deiseal, lúb shleamhain. ❻ *(purl) stitch in knitting*: lúb chlé, lúb ar gcúl, lúb ar tuathal, lúb iompaithe, lúb rigín, piocadh na circe. ❼ *lúb ar lár dropped stitch, omission, flaw*: ainimh, breall, cáim, cithréim, deamar, diomar, éalang, éasc, easnamh, easpa, fabht, lear, locht, lóipín, máchail, míghnaoi, miolam, smál, *literary* meann. ❽ *craft, deceit*: calaois, cealg, cealgadh, cleas, cleasaíocht, cluain cor, cúig, éacht, ealaín, leathbhróg, lúbaireacht, mealladh, meang, meangán, meilm, mícheastacht, míchoinníoll, mí-ionracas, mímhacántacht, séitéireacht, *literary* imdeall, tangna, tangnacht. verb ❶ *loop*: cam, cas, cor, corn, cuir casadh i, cuir cor i, cuir freang i, cuir snaidhm i, fiar, freang, iompaigh, laobh, saobh, sníomh, tiontaigh. ❷ *bend*: cam, cas, cor, cúb, fiar, laobh, stang.

lúbach adjective ❶ *looped, coiled*: cam, camtha, casta, comhchasta, corntha, cuar, cuartha, lúbánach, tochraiste, maighndeáilte. ❷ *tricky, crafty*: bealachtach, beartach, cam, cas, cealgach, cíliónta, claon, cleasach, cluanach, cúinseach, eadarnaíoch, ealaíonta, feallchtach, fiar, glic, imeartha, inleogach, lán castaí, lúibíneach, meabhlach, mealltach, meangach, nathartha, sleamhain, sleamhnánach, slíbhíneach, tréitheach.

lúbaire noun *crafty person, trickster*: abhógaí, áilteoir, alfraits, anstrólaí, boc, bocaí, bocaileá, bocailiú, bocaileodó, boc báire, buachaill báire, caimiléir, ceáfrálaí, ceaifléir, cílí, cleasaí, cluanaire, cneámhaire, coileach, cuilceach, draíodóir, drochairleacán, ealaíontóir, geamstaire, gleacaí, gleacaí milis, gleacaire, gliceadóir, lacstar, leábharaic, leidhcéir, leorthóir, meabhlaire, mealltóir, óganach, paintéar, pasadóir, plucálaí, sciorrachán, sleamhnán, sleamhnánaí, slíbhín, slíodóir, slíomadóir, sliúcaidéir, sliúcaiméir, slúdrálaí, spaisteoir, truiceadóir, truicseálaí, tumlálaí.

lúbaireacht noun *deceit, trickery*: anbhrath, pl. bealaí, brath, caime, caimiléireacht, calaois, camadaíl, camastaíl, camastóireacht, cambheart, camrasáin, cealg, cealgadh, cealgaireacht, ciolmamúta, pl. cleasa, cleasaíocht, cliútráil, cluain, cluanaireacht, cneámhaireacht, comhcheilg, cúbláil, cúinseacht, draíodóireacht, ealaín, pl. earmhúintí, falsú, feall, feall ar iontaoibh, fealladh, feallaireacht, feallacht, feillbheart, feillghníomh, gleacaíocht, gliceas, leathbhróg, leidhcéireacht, leorthóireacht, meabhal, meabhlaireacht, meabhlú, mealladh, mealltóireacht, meang, meangán, meilm, mícheastacht, míchoinníoll, mí-ionracas, mímhacántacht, paintéaracht, rógaireacht, séitéireacht, slíodóireacht, slíomadóireacht, slópáil, uisce faoi thalamh, *literary* imdeall, plaic faoi choim, tangna, tangnacht.

lúbán noun ❶ *loop*: casadh, cuar, cuaradh, lúb, lúbóg. ❷ *coil, ball*: ceirtlín, corna, cornán, cuach, cuaille, rolla, rollán, rollóg, spól; bál, caid, caor, caoróg, coirnín, cruinne, cruinneán, cruinneog, liathróid, liathróidín, meall, meallán, meallóg, mónann, mónóg, peil, sféar, sféaróideach. ❸ *hoop (toy)*: fonsa, rabhlamán, roithleagán, rollamán, rollóir. ❹ *buttonhole*: lúibín, poll cnaipe. ❺ **lúbán dubh** *black pudding*: drisín, inreachtán, maróg dhubh, putóg, scéag; hagaois, proinseach.

lúbarnaíl noun ❶ *twisting, writhing*: caismeacht, caismirlíneacht, caismirneach, camadh, casadh, claonadh, coradh, cromadh, laobhadh, lúbadh, iompú, tiontú; sníomh, únfairt. ❷ *trickery*: caimiléireacht, camastaíl, ciolmamúta, cluanaireacht, cneámhaireacht, cúbláil, cúinseacht, draíodóireacht, ealaín, feallchacht, gleacaíocht, gliceas, leidhcéireacht, leorthóireacht, lúbaireacht, paintéaracht, rógaireacht, slíodóireacht, slíomadóireacht, *literary* plaic faoi choim.

luch noun ❶ *mouse (Mus)*: luch bheag, luchóg, luichín. ❷ **luch mhór** *rat (Rattus)*: (i gContae Mhaigh Eo) faoisneán, francach, luch fhrancach, luchóg mhór; (*male rat*) cat francach, (*female rat*) banbhreach; luch uisce.

lúcháir noun *gladness, exultation*: ábhacht, aeracht, áibhéireacht, aiteas, antlás, aoibh, aoibhneas, áthas, bród, eacstais, gairdeachas, gairdeas, gealadh croí, geálan, gealchroí, gealgháire gliondar, laighce, lainne, meidhir, meidhréis, móraigeantacht, mórgacht, pléisiúr, rímead, sáile, sámhas, sásamh, sástacht, scóip, séan, só, sóchas, soilbhreas, sólás, sonas, suairceas, subhachas, sult, sultmhaire, taitneamh, *literary* airear, subha.

lucharachán noun ❶ *pigmy, dwarf*: abhac, abhcán, aircín, arcán, beagadán, beagaidín, boiric ó ciú, ceairliciú, cnádaí, crabadán, cruachán, cruiteachán, draoidín, dúidlín, duine beag, fear beag, fíothal, firín, gilidín, gilmín, lúircín, sceoidín, scidil; bean bheag, beainín, caillichín, gortóg. ❷ *elf*: cluarachán, clúracán, clúrachán, cluthcharachán, ealbh, fear sí, geancachán, gréasaí na scillinge, hobad, leipreachán, lucharachán, lucharbán, lucharcán, lucharpán, lúchorpán, luchramán, lúircín; badhbh badhbh, bobogha, bocán, bocánach, gruagach, ginid, mórphúca, orc, púca, síofra, síofróg, síóg, troll, *literary* siride.

lucht noun ❶ *charge, load*: iomlán, láine, lánsuim, líonadh; beart, eire gabháil, lasta, lódáil, luchtóg, muirear, muirín, taoscán, teannaire, traidín, ualach, uchtán, uchtóg. ❷ *class of people (with following genitive)*: pl. daoine, dream, muintir, pobal.

luchtaigh verb ❶ *charge, fill*: líon, sáithigh, sásaigh; pacáil, pulc, teann. ❷ *load, lade*: ládáil, lastáil, líon, lódáil, ualaigh; cuir ualach ar.

luchtmhar adjective ❶ *well filled*: lán, lán go boimbéal, lán go bruach, líonta, lomlán, teann; ag cur thar bruach, ag cur thairis, ag cur thar maoil. ❷ *capacious*: domhain, fada, leathan, leitheadach, mór, ollmhór, scóipiúil, spásmhar, toirtiúil. ❸ *emotional*: deorach, maoithneach, maoth, mothúchánach, rachtúil, sochorraithe, tochtach, tochtmhar.

lúdrach noun *hinge, pivot*: bacán, hainse, inse, (i gContae Chorcaí) siméis, tuisle; maighdeog.

lúfaireacht noun *agility, suppleness*: aclaíocht, deaslámhaí, folúthacht, gastacht, leabhaire, leabhaireacht, lúfaire, scafántacht, sofhillteacht, solúbthacht, scil, stuaim.

lúfar adjective *agile, athletic*: bríoch, bríomhar, folláin, folúthach, fuinniúil, gasta, glacláidir, ligthe, luaineach, lúitheach, lúthghníomhach, mear, oscartha, scafánta, sláintiúil, slán, sofhillte, solúbtha.

luí noun ❶ *state of rest, lying down*: cónaí, reast, reasta, scíth, sos, stad, *literary* seitheamh. ❷ *setting (of sun)*: buíochan, claonadh, dul siar, fuineadh. ❸ *slope,*

luibh *slant:* claon, claonadh, claonán, diarach, fána, fánán, sleaint, sléim, slios. ❹ *inclination, tendency:* claon, claonadh, diall, dúil, dúilíocht, fabhar, grá, laofacht, páirt, taobhacht, treocht. ❺ *luí seoil confinement, childbirth:* aistear clainne, leaba luí seoil, pian linbh, priacal, priacal linbh, taisteal clainne, tinneas clainne.

luibh noun *herb, plant:* luibh leighis; lus, lusán, lustan, planda, *colloquial* fásra, lusarnach, lusra, lusróg.

luibheolaí noun *botanist:* plandeolaí; éiceolaí; eitnibhitheolaí, míceolaí, nádúraí; cailleach na luibheanna, luibhlia, lusadóir, lusrachán.

luibheolaíocht noun *botany:* plandeolas; éiceolaíocht, eolas ar an dúlra, míceolaíocht.

luibhiteach adjective *herbivorous:* fiteafagach; feoilséantach.

luid noun ❶ *scrap, rag, tatter:* balcais, bratóg, bréid, ceamach, ceirt, cifle, cifleog, círéib, crothóg, géire, géirín, giob, giobal, láinneog, leadhb, leadhbóg, luideog, paiste, plispín, preabán, scifle, scifleog, *pl.* scóiléadaí, scrábán, stiall, stiallóg, strabóid, straiméad, streachlán, strupais. ❷ *ragged woman:* braimleog, breallóg, claimhseog, claitseach, giobóg, gliobóg, leadhbóg, liobóg, luideog, múiscealach, peallóg, slámóg, slapóg, slapróg, sraoill, sraoilleog, strailleog, strupais.

lúidín noun ❶ *little finger:* méar bheag, laidhricín, lúideog, lúidicín, lúirín; bainbhín. ❷ *little toe:* ladhair bheag, lúidicín, laidhricín, lúidín na coise.

Luibheanna Cócaireachta agus Luibheanna Leighis

aloe (*Aloe vera*): aló
angelica (*Angelica archangelica*): ainglice f.; lus m na n-aingeal
anise (*Pimpinella anisum*): aínís f.
balm (*féach* myrrh)
basil (*Ocimum basilicum*): lus mic rí
bay laurel (*Laurus nobilis*): labhras
bee balm (*féach* bergamot)
bergamot (*Monarda didyma*): beargamat cumhra.
borage (*Borago officinalis*): borráiste
broom (*Cytisus scoparius*): giolcach f. shléibhe
butcher's broom (*Ruscus aculeatus*): giolcach f. nimhe; brusclach f.
caraway (*Carum carvi*): cearbhas
cassia (*Cinnamomum aromaticum*): cainéal Síneach
castor bean (*Ricinus communis*): pónaire f. ricne
catmint (*Nepeta cataria*): miontas cait
celery (*Apium graveolens*): soilire
chamomile (*Chamaemelum nobile*): camán meall; camán míonla; fíogadán
charlock (*Sinapis arvensis*): praiseach f. bhuí; amharag f. bhuí
chervil (*Anthriscus cerefolium*): lus na ríocach
chaste tree (*Vitex agnus-castus*): crann geanmnaí
chicory (*Cichorium intybus*): siocaire f.; lus an tsiocaire
chives (*Allium schoenoprasum*): síobhas
cicely (*Myrrhis odorata*): lus áinleoige
cinnamon (*Cinnamomum zeylanicum*): cainéal
coltsfoot (*Tussilago farfara*): sponc; adhann f.; cluas f. liath
comfrey (*Symphytum officinale*): compar; luibh f. na gcnámh briste; meacan an leonta
coriander (*Coriandrum sativum*): lus an choire
costmary (*Tanacetum balsamita*): gormshúileach
cumin (*Cuminum cyminum*): coimín
dill (*Anethum graveolens*): lus mín
dittander (*Lepidium latifolium*): piobracas
dittany ❶ (*Dictamnus albus*): diothain f. ❷ *Cretan dittany* (*Origanum dictamnus*): oragán hopa
eaglewood (*Aquilaria* sp.): agar
echinacea (*Echinacea angustifolia*): eicinéise f.
elder (*Sambucus nigra*): trom
elecampane (*Inula helenium*): meacan aillinn
eucalyptus (*Eucalyptus* sp.): eoclaip f.
fennel (*Foeniculum vulgare*): finéal
fenugreek (*Trigonella foenum-graecum*): pis f. Ghréagach; lus na nGréagach
feverfew (*Tanacetum parthenium*): lus deartán
foxglove (*Digitalis purpurea*): lus mór; méaracán dearg; méaracán púca; méaracán na mban sí; méirín dearg; méirín púca; méirín sí
frankincense (*Boswellia sacra*): túis f.
galbanum (*Ferula gummosa*): galbanam
garlic (*Allium sativum*): gairleog f.
ginger (*Zinziber officinale*): sinséar
ginseng (*Panax ginseng*): ginseing f.
gourd (*Citrullus colocynthis*): gurd
goutweed (*Aegopodium podagraria*): lus an easpaig
ground ivy (*Glechoma hederacea*): athair f. lusa
heartsease (*Viola tricolor*): goirmín searraigh
hedge mustard (*Alliaria petiolata*): bóchoinneal f.
henbane (*Hyoscyamus niger.*): gafann f.
hop (*Humulus lupulus*): hopa; lus an leanna
horehound ❶ *black horehound* (*Ballota nigra*): grafán dubh. ❷ *white horehound* (*Marrubium vulgare*): orafunt
horse-radish (*Raphanus raphanistrum*): meacan raidigh
horse tail (*Equisetum* sp.): scuab f. eich
houseleek (*Sempervium tectorum*): tinicín
hyssop (*Hyssopus officinalis*): íosóip f.
juniper (*Juniperus communis*): aiteal
ladanum (*Cistus incanus*): ladanam
lavender (*Lavandula angustifolia*): labhandar
lemon balm (*Melissa officinalis*): lus na meala
lemon grass (*Cymbopogon citratus*): féar líomóide
lemon mint (*Monarda citriodora*): miontas líomóide
licorice (*Glycyrrhiza glabra*): liocras
lovage (*Liguisticum scoticum*): sunais f.
lungwort (*Pulmonaria officinalis*): crotal coille
mace (*Myristica fragrans*): maicis f.
madder (*Rubia tinctorium*): madar
mandrake (*Mandragora officinarum*): mandrác
marjoram (*Origanum majorana*): oragán cumhra
marshmallow (*Althaea officinalis*): leamhach
meadowsweet (*Filipendula ulmaria*): airgead luachra
mint (*Mentha* sp.): miontas; mismín; cartlainn f.
motherwort (*Leonurus cardiaca*): lus na clainne
mullein (*Verbascum thapsus*): coinneal f. Mhuire; *plural noun* coinnle Muire
mustard (*Brassica nigra*): praiseach f. dhubh; mustard
myrrh (*Commiphora* sp.): miorr
nasturtium ❶ (*Rorippa nasturtium-aquaticum*) biolar uisce. ❷ (*Tropaeolum majus*) gleorán
nettle (*Urtica dioica*): neantóg f.
nutmeg (*Myristica fragrans*): noitmig f.
oregano (*Origanum vulgare*): máirtín fiáin
orris (*Iris germanica*): oiris f.
paprika (*Capsicum annum*): paiprice
parsley (*Petroselinum crispum*): peirsil f.

passionflower (*Passiflora incarnata*): lus na páise
pennyroyal (*Mentha pulegium*): borógach *f.*
pepper (*Capsicum annum*): piobar
peppermint (*Mentha* x *piperita*): lus an phiobair
pyrethrum (*Pyrethrum cinerariifolium*): pioratram
rocket (*Eruca vesicaria*): ruachán
rosemary (*Rosmarinus officinalis*): rós Mhuire; marós
rue (*Ruta graveolens*): rú
saffron (*Crocus sativus*): cróch
sage (*Salvia officinalis*): sáiste *f.*
St John's wort (*Hypericum* sp.): beathnua; lus na Maighdine Muire
savory (*Satureja hortensis*): garbhóg *f.* gharraí
selfheal (*Prunella vulgaris*): duán ceannchosach
sorrel (*Rumex acetosa*): samhadh bó
southernwood (*Artemisia abrotanum*): lus an tseanduine; surramunt
spearmint (*Mentha spicata*): cartlainn *f.* gharraí
spikenard (*Aralia* sp.): spíocnard
storax (*Liquidambar orientalis*): guma cumhra
sweet cicely (*Myrrhis odorata*): lus áinleoige
tansy (*Tanacetum vulgare*): franclus
tarragon (*Artemisia dracunculus*): dragan
thyme (*Thymus* sp.): tím *f.*
tragacanth (*Astralagus gummifer*): tragacant
turmeric (*Curcuma longa*): tuirmeiric *f.*
valerian (*Valeriana officinalis*): caorthann corraigh
vervain (*Verbena officinalis*): beirbhéine *f.*
witch hazel (*Hamamelis* sp.): coll na ndraoithe
yarrow (*Achillea millefolium*): athair *f.* thalún
yerba buena (*Satureja douglasii*): garbhóg *f.* Dhúghlais

luifearnach noun ❶ *colloquial weeds:* colloquial brocamas, cantarna, cantarnaíl, fiaile, fiataíl, luibhearnach, luifearnach, lustan, salachar. ❷ *dross, refuse:* barraíl, barraíolach, brios bruar, brocamas, bruan, bruar, bruscar, brúscar, cacamas, cáith, cáithleach, *pl.* ciolaracha chiot, conamar, deannach, drámháil, dríodar, fuílleach, *pl.* grabhróga, graiseamal, gramaisc, gríodán, grúdarlach, grúnlach, grúnlais, lóch, lóchán, miodamas, mionrach, oirneach, pracar, práib, scadarnach, scaid, sceanairt, sciot sceat, scileach, screallach, scroblach, slaidhreadh, *pl.* smidiríní, *pl.* smiodair, smionagar, spíonach, spruadar, *pl.* spruáin, sprúilleach, trachlais, *pl.* traipisí, treilis, treilis breilis, truflais, *literary* brúireach. ❸ *rabble:* brablach, brataing, bratainn, bruscar, codraisc, cóip, cóip na sráide, conairt, cuimleasc, daoscar, daoscarshlua, drifisc, gráisc, gramaisc, gramaraisc, gráscar, grathain, luspairt, malra, rablach, scroblach, sloigisc, slua, sprot, trachlais; Clann Lóbais, Clann Tomáis.

luigh verb *lie, lie down:* lig do cheann tharat, sín, téigh a luí.

luigh amach ar verb *set about:* crom ar, luigh isteach ar, tosaigh ar.

luigh ar verb *lean on, exert pressure on:* brúigh ar, cuir anáil faoi, cuir brú ar, oibrigh ar, séid faoi, soinnigh ar, tathantaigh ar, téigh i gcion ar, *literary* foráil ar; coinnigh an héing le.

luigh faoi verb *submit, bear burden of:* broic, cuir suas le, foighnigh, fulaing, géill do, seas, tar trí, téigh trí.

luigh le verb ❶ *lie with:* caith an oíche le, codlaigh le; buail craiceann le, buail leathar le, cúpláil le; bhain sé anlucht aisti, bhain sé scrabhadh leathair di. ❷ *agree with:* glac le, réitigh le, socraigh, tar le, tarraing le, toiligh le; bí ar aon fhocal le, bí ar aon intinn le.

luíochán noun ❶ *lying abed, confinement:* luí seoil, pian linbh, priacal, priacal linbh, tinneas clainne, *literary* saothar. ❷ *lying in wait:* eadarnaí, oirchill. ❸ *inclination:* claonadh, dúil, mian, miangas, taitneamh, toil.

lúircín noun *dwarfish creature, stunted creature:* abhcán, aircín, arcán, beagadán, beagaidín, boiric ó ciú, ceairliciú, cnádaí, crabadán, cruachán, cruiteachán, draoidín, dúidlín, duine beag, fear beag, fíothal, firín, gilidín, gilmín, sceoidín, scidil; bean bheag, beainín, caillichín, gortóg.

luisne noun *blush, glow:* breo, bruth, deirge, laom, lasadh, lasair, léaspaire, lóchrann, loinnearthacht, loinnir, loise, lonrú, ruaim, ruamantacht, *literary* eall.

luisniúil adjective *glowing, flushed:* beodhearg, dathannach, dearg, laomtha, lasta, lonrach, luisiúil, luisneach, luisniúil; ina chaor.

luiteach adjective ❶ *tight, well fitting:* cneasluite, cúng, rite, teann. ❷ *attached to, addicted to* (with *le*): dúilmhear (i), gafa (ag), ligthe (le), tugtha (do); tá dúil chráite aige ann.

luiteamas noun *attachment, fondness:* luiteanas, ansacht, baothchion, cion, dúil, grá, luiteachas, luiteacht, mian, miangas, páirt, tóir, spéis, taitneamh, toil.

lúitéis noun *fawning, obsequiousness:* béal bán, bladaireacht, bladar, blandar, blitsíneacht, fáilíocht, flústaireacht, gliodaíocht, láinteacht, lústar, lútáil, plámás, plásaíocht, plásántacht, plásántas, sladarús, slíomadóireacht, súdaireacht, *familiar* gallúnach.

lúitéiseach adjective *fawning, obsequious:* béalbhinn, bladrach, cealgach, cluanach, lústrach, mealltach, plámásach, plásánta, sladarúsach, slíománta, tláithíneach.

lúitheach noun *tendon, sinew:* féith, féitheog, matán, muscail.

lumbágó noun *lumbago:* airtríteas, *pl.* daitheacha, fibrisíteas, sciaitíce, *pl.* scoilteacha, tinneas caoldroma, tinneas droma.

lus noun *herb, plant* (used only in plant-names): luibh, luibh leighis, lusra, lusróg, lustan, planda, *colloquial* fásra, lusán, lusarnach.

lúsáilte adjective *loose:* bog, ceannscaoilte, corrach, liobarnach, marbh, réidh, saor, scaoilte, sraoilleach.

lusca noun *underground chamber, crypt, vault:* clóiséad, cuas, pluais, poll, prochóg, uachais, uaimh; adhlacadh, adhlacan, adhnacal, *pl.* catacómaí, tuama, ula, *literary* meamra.

lútáil noun *fawning, toadying:* béal bán, bladaireacht, bladar, blandar, blitsíneacht, flústaireacht, gallúnach, gliodaíocht, líodóireacht, lústar, madraíocht, plámás, plásaíocht, plásántacht, slíomadóireacht, súdaireacht; cuimilt leis na huaisle. verb *fawn:* bí ag bladar le lucht na céimíochta, bí ag cuimilt mheala do dhuine, bí ag sodar i ndiaidh na n-uasal, cuir ola faoi.

lútálaí noun *cringer, toady:* bladaire, bladarálaí, blitsín, gliodaí, gobachán le béal cuaiche, leadhbálaí, líodóir, lústrán, maidrín lathaí, plámásaí, plásaí, plásán, sáilghiolla, Seoinín, slíomadóir, sliúcaidéir, sliúcaiméir, táthaire.

lúth noun *agility, vigour:* deaslámhaí, gastacht, leabhaireacht, lúfaireacht, scafántacht, sofhillteacht, solúbthacht, scil, stuaim; ábaltacht, acmhainn, beocht, brí, bua, cumas, cumhacht, éifeacht, éirim,

lúthaíocht
éitir, *pl.* feánna, fuinneamh, gus, inmhe, inniúlacht, láidreacht, luadar, máistreacht, mianach, neart, sea, séitreachas, séitreacht, séitrí, sitheag, smiorúlacht, spreacadh, tathag, téagar, treise, *pl.* tréithe, urra, urrús.

lúthaíocht noun *exercise, exercising:* aclaíocht, cleachtadh, *pl.* cleasa lúith, cluichíocht, gleacaíocht, lúithnireacht, lúthchleasaíocht, rásaíocht, spórt, suaitheadh coirp.

lúthchleas noun *athletic exercise:* aclaíocht, cleachtadh, *pl.* cleasa lúith, cluichíocht, gleacaíocht, lúithnireacht, lúthaíocht, lúthchleasaíocht, spórt, suaitheadh coirp; triail, comórtas, cluiche, iomaíocht.

lúthchleasaí noun *athlete:* fear cluichíochta, fear lúthchleasaíochta, gleacaí, imreoir, léimneoir, lúithnire, rábálaí, rásaí, reathaí; iomaitheoir.

Mm

má noun *plain:* machaire, plána; fásach féir, sabhána, steip, tundra.

mabóg noun *tassel:* aigilín, bobailín, plispin, scothóg; badán, bob, bobán, clibín, cocán, crobhaing, cuach, curca, dlaíóg, dlaoi, dos, dosán, dosóg, frainse, glib, glibín, puirtleog, ribeog, scoth, siogairlín, stoth, stothóg, táithín, triopall.

mac noun ❶ *son:* leanbh, leanbh mic, macán, maicín, páiste, páiste fir, *literary* scoth. ❷ *boy, fellow:* aosánach, biorránach, brín óg, buachaill, corránach, déagóir, eascartach, fleascach, gasún, garsún, gartaire, gasóg, gasúr, gearrbhodach, gearrbhuachaill, giolla, giollán, grabaire, leaid, macán, macaomh, malra, malrach, óganach, putach, scorach, stócach, bogstócach, glas-stócach, leathstócach, teallaire.

mac an daba noun *ring finger:* mac an abair, mac an dada, deaidí, droma, méar an fháinne.

mac imrisc noun *pupil of eye:* mac airmis, mac eilmistín, mac imleasáin, mac imreasa, mac imris; amharc, imreasc, tinteán na súile.

mac léinn noun *student:* dalta, deisceabal, foghlaimeoir, iníon léinn, neach léinn; ábhar dlíodóra; ábhar múinteora; ábhar sagairt, mac-chléireach, mac eaglaise, údar sagairt.

mac tíre noun *wolf (Canis lupus):* cú allta, faol, faolchú, madadh alla, madadh allta, madra alla, madra allta; *literary* cliabhach, crian, criún.

macalla noun *echo:* allabhair, athlabhair; athfhuaimniú, frithchaitheamh, frithspré; athbhuille, athlua; comhartha, cuimhne, cuimhneachán, iarsma, leid, rian.

macán noun *young boy, child:* leanbh, leanbh mic, maicín, páiste, páiste fir; buachaill, gasún, garsún, gartaire, gasóg, gasúr, gearrbhodach, gearrbhuachaill, giolla, giollán, grabaire, leaid, macaomh, malra, malrach, óganach, peitirne, putach, scorach, stócach, bogstócach, glas-stócach, leathstócach, teallaire, *familiar* gearrcach.

macánta adjective ❶ *gentle, mild:* adhnáireach, banda, banúil, beannaithe, béasach, búch, caoin, caomh, caonrasach, ceansa, cineálta, lách, maith, máithriúil, mánla, maothchroíoch, maránta, méiniúil, miochair, míonla, modhúil, múinte, sásta, séimh, suairc, tláith, *literary* soithimh. ❷ *honest:* cneasta, cóir, cothrom, fírinneach, fiúntach, fónta, inrúin, iontaofa, morálta, oscailte; gan chlaon, gan chealg gan chlaon; gan chleas gan chlaon, gan chor gan cham; beannaithe, leanbaí, neamhamhrasach, neamhurchóideach, saonta, simplí, soineanta.

macántacht noun ❶ *boyhood, childhood:* leanbaíocht, aois bheag, aois an ghasúir, aois linbh, aois na hóige, *pl.* laethanta a óige, leanbhaois, macacht, macnacht, óige. ❷ *gentleness, meekness:* caoimhe, *pl.* caoinbhéasa, caoine, caoineas, caoithiúlacht, ceansacht, cineáltacht, cineáltas, cneastacht, láíocht, mánlacht, míne, míneadas, miochaire, míonlacht, modhúlacht, séimhe, síodúlacht, tláithe. ❸ *honesty:* cneastacht, fírinne, ionracas, iontaofacht, macántacht, oscailteacht.

macaomh noun *youth, boy:* aosánach, buachaill, corránach, déagóir, eascartach, fleascach, gasún, garsún, gartaire, gasóg, gearrbhodach, gearrbhuachaill, giolla, giollán, grabaire, leaid, mac, macadán, macán, maicín, malra, malrach, óganach, ógfhear, páiste fir, putach, scorach, stócach, bogstócach, glas-stócach, leathstócach, teallaire.

macasamhail noun *like, counterpart:* leathbhreac, leathcheann, leathchúpla, leithéid; comard, cómhaith, comhbhrí, comhchiallach, cóimhéid, comhfhad, comhionann, comhoiread, cothrom, ionann, *literary* séad samhail, séad samhla.

macha noun ❶ *cattle-field, cattle-yard:* áirí, banrach, bólann, buaile, clós, cúlmhacha, gabhann, garraí, garraí gabhainn, geard, loca, manrach, otrann, urlann. ❷ *herd:* táin, tréad; *pl.* ainmhithe, airnéis, *pl.* ba, *pl.* beithígh, beostoc, bólach, bólacht, eallach, stoc, *literary* innile, speil.

máchail noun ❶ *blemish, defect:* ainimh, breall, cáim, cithréim, clóic, deamar, díomar, éagruth, éalang, éasc, easpa, easnamh, fabht, lear, locht, lochtaíl, lóipín, marach, míghnaoi, miolam, smál, *literary* meann. ❷ *injury, harm:* aimhleas, aimliú, anachain, ár, bárthainn, bascadh, caill, caillteamas, cailtteanas, cailliúint, coscairt, damain, damáiste, díobháil, díth, dochar, dochracht, dochras, dola, donacht, donas, goilleadh, goilliúint, goimh, goin, gortú, leonadh, lot, máchail, milleadh, mínós, mísc, olc, scrios, teimheal, tionóisc, urchóid; níl má gáinne air.

machaire noun ❶ *plain:* má, plána; fásach féir, sabhána, steip, tundra. ❷ *field:* cuibhreann, fáiméad, garraí, goirtín, gort, léana, míodún, móinéar, páirc, póna.

machnamh noun *reflection, contemplation:* athmhachnamh, athsmaoineamh, cuimhneamh, marana, meabhrú, rinnfheitheamh, scáthántacht, smaoineamh, *pl.* smaointe, spéacláireacht, staidéar, *literary* midheamhain, teoir.

machnamhach adjective *thoughtful, contemplative:* céillí, maranach, meabhrach, smaointeach, spéacláireach, staidéarach, staidéartha, tuisceanach.

machnóir noun *thinker:* fealsamh, loighceoir, meitifisicí, onteolaí, smaointeoir; ábharaí, eisí, idéalaí, nihilí, posatíbhí; agnóisí, aindiachaí, diagaí, diasaí; cosmeolaí, físí; draoi, eagnaí, eolaí, eolgaiseoir, fáidh, fáidheadóir, fear feasa, fear léinn, saoi.

macnas noun ❶ *playfulness, frolicking:* áibhéireacht, cabhlachas, eachmaíocht, gleoiréis, greann, meidhir, meidhréis, pléaráca, pocdamhas, pocfeáireacht, princeam, rachmall, rancás, scléip, scoraíocht, siamsa, spórt, spraíulacht, spraoi, súgradh, sult, uabhar, *literary* muirn. ❷ *wantonness, voluptuousness:* ainmhian, *pl.* ainmhianta na colainne, áilíos, anmhacnas, antoil, antoil na colainne, collaíocht, drúis, drúisiúlacht, miangas, paisean, rachmall, ragús, sáile, sámhas, teaspach, *literary* éadradh. ❸ *ease, luxury:* compord, sáile, sáimhín, sáimhín ó, sáimhín suilt, sáimhríocht, só, sócúl, sócúlacht, sómas, sóulacht.

macnasach adjective ❶ *playful, sportive:* géimiúil, rancásach, scléipeach, scóipiúil, spórtúil, spraíúil, súgrach, teaspúil, *literary* reabhrach. ❷ *wanton, voluptuous:* adharcach, áilíosach, ainmhianach, collaí, craiceannach, drúiseach, drúisiúil, gnéasach, rachmallach, ragúsach, sáil, sámhasach, teaspúil, *literary* suiríoch. ❸ *luxurious, pampered:* compordach, costasach, saibhir, sócúlach, sóúil; rabairneach, róchaiteach, sácráilte, sáil, sibiriteach, sómasach, teolaí.

macra noun *colloquial boys, youths:* *pl.* buachaillí, *pl.* garsúin, gasra, *pl.* gasúir, malra, *pl.* stócaigh.

madhmadh noun ❶ *eruption:* briseadh amach, brúchtach, brúchtaíl, maidhm, sceathrach, sceith, sceitheadh, *literary* tomhaidhm. ❷ *rout:* briseadh, brisleach, comhruathar, rabhaiteáil, raon maidhme, ruaig, ruaigeadh, *literary* scainnear. ❸ *detonation:* maidhm; blosc, bloscadh, pléasc, pléascadh.

madra

Madraí Fiáine agus a nGaolta

African wild dog (Lycaon pictus): fiaghadhar Afracach
Arctic fox (Vulpes lagopus): sionnach Artach
bat-eared fox (Otocyon megalotis): sionnach ialtógach
Blanford's fox (Vulpes cana): sionnach Blanford
black-backed jackal (Canis mesomelas): seacál droimdhubh
bush dog (Speothos venaticus): madra feá
coyote (Canis latrans): cadhóit f.
crab-eating fox (Cerdocyon thous): sionnach portán
Culpeo fox (Pseudalopex culpaeus): sionnach culpeoch
dhole (Cuon alpinus): fiaghadhar Áiseach
dingo (Canis dingo): diongó
Ethiopian wolf (Canis simensis): faolchú Aetópach
fennec fox (Vulpes zerda): sionnach feinneach
golden jackal (Canis aureus): seacál órga
grey fox (Urocyon cinereoargenteus): sionnach glas
grey wolf (Canis lupus): mac tíre; faolchú
kit fox (Vulpes macrotis): sionnach cluasmhór
maned wolf (Chrysocyon brachyurus): faolchú mongach
red fox (Vulpes vulpes): sionnach; madra rua
red wolf (Canis rufus): faolchú rua
raccoon dog (Nyctereutes procyonoides): sionnach Seapánach
Rueppell's fox (Vulpes rueppeli): sionnach Rueppel
side-striped jackal (Canis adustus): seacál taobhstríocach
small-eared dog (Atelocynus microtis): madra cluasghearr
swift fox (Vulpes velox): sionnach mear

madra noun *dog*: cainíneach, cú, gadhar, mada, madadh; measán, measmhadra; árchú, cú fola, cú seilge, maistín; coilí; *colloquial* conairt.
madra crainn noun *squirrel*: cat crainn, easóg, fearóg, iora, mada crainn; (Sciurus vulgaris) iora rua, iara rua; (Sciurus carolinensis) iora glas.
madra éisc noun *dogfish* (Scyliorhinus): feangach, fíogach, fleangach, freangach, gobóg, madadh fíogach, madadh garbh, madadh glas, learmhadadh, madra scadán, scailpín; (Scyliorhinus caniculus) fíogach beag, dallóg; (Scyliorhinus stellaris) fíogach mór, cailleach bhreac, cailleach an tsáile, fámaire, madra mór, palmaire.
madra rua noun *fox* (Vulpes vulpes): mada rua, madadh rua, madra alla, sionnach; Donnchadh rua, *literary* Reynard; lois, loise.
madra uisce noun *otter* (Lutra lutra): cú dobhráin, dobharchú, dobhrán.
madraíocht noun ❶ (*act of*) *sponging*: bacachas, bacadas, déircínteacht, diúgaireacht, failpéireacht, liostacht, scramaireacht, seipléireacht, siolpáil, siolpaireacht, siorriarraidh, sirtheoireacht, stocaireacht, súdaireacht, súmaireacht, táthaireacht, tnúthán. ❷ (*act of*) *toadying*: béal bán, bladaireacht, bladar, blandar, blitsíneacht, flústaireacht, gallúnach, lúitéis, líodóireacht, lústar, lútáil, plámás, plás, plásaíocht, plásántacht, sladarús, slíomadóireacht, súdaireacht, táthaireacht; cuimilt leis na huaisle.
madrúil adjective ❶ *doglike, doggish*: cainíneach, conúil, gadhrúil. ❷ *brutish, unmannerly*: ailseach, aingí, ainiochtach, binbeach, coirpe, contráilte, crua, cruálach, cruachroíoch, deamhanta, diabhalta, drochaigeanta, droch-chroíoch, dúr, dúrchroíoch, éadrócaireach, fuilteach, gangaideach, gan trua gan taise, mailíseach, mallaithe, meangach, mícheart, mínádúrtha, mínáireach, mioscaiseach, míshibhialta, míthrócaireach, neamhscrupallach, neamhthrócaireach, nimhneach, olc, peacúil, tubaisteach, urchóideach; ainchríostúil, ainrianta, aintréan, allta, bodachúil, bodúil, brománta, brúisciúil, damanta, danartha, daoithiúil, díbheirgeach, dobhéasach, drochbheartach, drochbhéasach, drochmhúinte, duáilceach, fiánta, fiata, fiáin, fíochmhar, fraochmhar, fraochta, gairbhéiseach, garbh, grusach, míbhéasach, míchéadfach, míiomprach, mímhúinte, mínáireach, mínósach, míshibhialta, nathartha, otair, tuaisceartach, tuathalach, tútach. ❸ *coarse, obscene*: anghrách, barbartha, brocach, broghach, collaí, drúiseach, drúisiúil, gáirsiúil, garbh, gráiscíneach, gráisciúil, gránna, graosta, míchumhra, mígheanasach, mígheanmnaí, mígheanúil, peacach, peacúil, salach, trom, *literary* suiríoch.
madrúlacht noun ❶ *doggishness*: gadhrúlacht. ❷ *coarseness, obscenity*: anghrá, barbarthacht, brocamas, cáidheadas, drúisiúlacht, gairbhe, gairbheacht, gairbheadas, gáirsiúlacht, gráiscínteacht, gráisciúlacht, gráistiúlacht, graostacht, mígheanas, mígheanmnaíocht, mígheanúlacht, salachar.

Madraí Tí: Póir Éagsúla

Aberdeen terrier: brocaire Obair Dheadhain
affenpinscher: pinséir ápúil
Afghan hound: cú Afghanastánach
Airedale terrier: brocaire Airedale
Akita: aicíte f.
alsatian: alsáiseach
American cocker spaniel: spáinnéar feá Meiriceánach
American pit bull terrier: tarbh-bhrocaire Meiriceánach
Anatolian shepherd dog: sípéir Anatólach
Australian cattle dog: gadhar stoic Astrálach
Australian silky terrier: brocaire slím Astrálach
Australian terrier: brocaire Astrálach
basenji: brocaire Congóch
basset hound: baiséadach
beagle: pocadán
bearded collie: cóilí féasógach
Bedlington terrier: brocaire Bedlington
Belgian sheepdog: sípéir Beilgeach
Bernese mountain dog: madra sléibhe Bheirn
bichon frise: measán catach
black and tan (*féach* English toy terrier)
Blenheim spaniel: spáinnéar Blenheim
bloodhound: madra fola
Border collie: cóilí teorann
Border terrier: brocaire teorann
borzoi: cú faoil Rúiseach
Boston terrier: brocaire Bostúnach
bouvier: gadhar stoic Flóndrach
boxer: boscaeir
Briard: Brióir
Brussel griffon: madra gríofa Bruiséalach
bulldog: bulladóir; tarbhghadhar
bull mastiff: tarbhmhaistín
bull terrier: tarbh-bhrocaire
cairn terrier: brocaire carn
Cardiganshire corgi: corchú Chairdeagain
carriage dog (*féach* dalmatian)
cavalier King Charles Spaniel: spáinnéar ridiriúil Shéarlais
Chesapeake Bay retriever: aimseadóir Chesapeake
chihuahua: sí-abhabha

chow chow: seabha seabha
Clumber spaniel:
    spáinnéar Clumber
Clydesdale:
    brocaire Ghleann Chluaidhe
coach dog (*féach dalmatian*)
cocker spaniel: spáinnéar feá
collie: cóilí
coonhound: cú racúin
corgi: corchú
curly-coated retriever:
    aimseadóir fionnachas
dachshund: broc-chú
dalmatian: dalmátach
Dandle Dinmont:
    brocaire *Dandle Dinmont*
Doberman pinscher:
    pinséir Dobermann
elk hound: cearbhchú
English setter: sotar Gallda
English springer:
    spáinnéar preabach Sasanach
English toy terrier:
    measbhrocaire Sasanach
field spaniel: spáinnéar fiaigh
Finnish spitz: spitse Fionlannach
foxhound: gadhar sionnach
fox terrier: brocaire sionnach
French bulldog:
    bulladóir Francach
German Shepherd (*féach Alsatian*)
Glen of Imaal terrier:
    brocaire Uí Mháil
golden retriever: aimseadóir buí
Gordon setter: sotar Gordon
Great Dane: Danar mór
greyhound: cú
griffon: madra gríofa
Groenendael: *Groenendael*
hairless Chinese crested dog:
    círíneach slim Síneach
harrier: gadhar fiaigh
husky: husky
Ibizan hound: cú Ibíteach
Irish setter (*féach red setter*)
Irish terrier:
    brocaire rua Éireannach
Irish wolfhound: cú faoil
Istrian pointer: pointéir Istriach
Jack Russell terrier: Ruiséalach
Japanese chin: sin Seapánach
Japanese spitz: spitse Seapánach
keeshond: caesmhadra
kelpie: sípéir Astrálach
Kerry blue: brocaire gorm
King Charles spaniel:
    spáinnéar Shéarlais
komondor: comandar
kuvasz: cúvas
Labrador retriever: labradóir
Laekenois: *Laekenois*
Lakeland terrier:
    brocaire na Lochanna
Lancashire heeler:
    sáiléir Lancashire
Leonberg: Leoinbeirgeach
Lhasa apso: brocaire Lásach
long-haired Chinese crested dog:
    círíneach gliobach Síneach
malamute: malamútach
Malinois: *Malinois*
Maltese terrier: measán Máltach
Manchester terrier:
    brocaire Mhanchain
mastiff: maistín
Mexican hairless:
    Meicsiceach maol
miniature pinscher:
    pinséir bídeach
miniature poodle: púdal bídeach
miniature schnauzer:
    sneabhsar bídeach
Munsterlander: *Munsterlander*
Neapolitan mastiff:
    maistín Napoli
Newfoundland:
    madra Thalamh an Éisc
Norfolk terrier: brocaire Norfolk
Norwegian buhund:
    búmhadra Ioruach
Norwich terrier:
    brocaire Norwich
Old English sheepdog:
    sípéir Gallda
otter dog: madra dobharchú
papillon: féileacánach
peke (*féach Pekinese*)
Pekinese: Picíneach
Pembrokeshire corgi:
    corchú Phembróc
Pharaoh hound: cú Faró
pointer: pointéir
Pomeranian: madra Pomaerach
poodle: púdal
Portuguese water dog:
    uisceadóir Portaingéalach
pug dog: smutmhadra
puli: púilí
Pyrenean mountain dog:
    madra sléibhe na bPiréiní
Pyrenean sheepdog:
    sípéir na bPiréiní
Pyrenean wolfhound:
    cú faoil na bPiréiní
Queensland blue heeler
    (*féach Australian cattle dog*)
redbone: *redbone*
red setter: sotar rua
retriever: aimseadóir
Rhodesian ridgeback:
    dronnach Róidéiseach
Rottweiler: Rótvaidhléir
rough collie: cóilí garbh
St Bernard dog: ailpíneach
saluki: salúcaí
Samoyed: madra Samóideach
schipperke: scipéirín
schnauzer: sneabhsar
Scottish terrier:
    brocaire Albanach
Sealyham terrier:
    brocaire Sealyham
setter: sotar
shar pei: seár-pé
sheepdog: sípéir
sheltie (*féach Shetland sheepdog*)
Shetland sheepdog:
    sípéir Sealtlannach
shih-tzu: síotsú
Skye terrier:
    brocaire Sgiathanach
sleuth hound (*féach blood hound*)
smooth-coated retriever:
    aimseadóir mín
spaniel: spáinnéar
Spinone: spionóna *f*. Iodálach
spitz: spitse
springer spaniel:
    spáinnéar preabach
Staffordshire bull terrier:
    tarbh-bhrocaire Staffordshire
staghound: fiachú
terrier: brocaire
Tervueren: *Tervueren*
Tibetan mastiff:
    maistín Tibéadach
Tibetan spaniel:
    spáinnéar Tibéadach
Tibetan terrier:
    brocaire Tibéadach
tosa: tósa
vizsla: viosla
Weimeraner:
    madra fiaigh Weimar
Welsh corgi: corchú Breatnach
Welsh hound: cú Breatnach
Welsh springer spaniel:
    spáinnéar preabach Breatnach
West Highland white terrier:
    brocaire bán na nGarbhchríoch
wolfhound: cú faoil
wheaten terrier: brocaire buí
whippet: fuipéad
Yorkshire terrier:
    brocaire Yorkshire

magadh noun *ridicule, joking*: aithris magaidh, aoir, beithé, cnáid, cráinmhagadh, díspeagadh, faíreach, fachnaoid, fochaid, fonóid, frimhagadh, gáirmhagadh, geoin, imdheargadh, scig, scige, scigghaire, scigireacht, scigmhagadh, spailleadh, spochadh, spochadóireacht, spochaireacht, spocharnaíl, steallmhagadh, suaibhreos, tarcaisne, tarcaisníl; ábhacht, áibhéireacht, áiféis, anstrólaíocht, antlás, craic, cúis gháire, gáire, gleoiréis, gliadar, greann, greannmhaire, greannmhaireacht, laighce, meidhir, meidhréis, pléaráca, rancás, scléip, spórt, spraoi, suairceas, sult.

magairle noun *testicle*: magarla; caid, cloch, uirghe, úirí.

magarlach noun *doltish woman*: amaid, amlóg, bodalach óinsí, bodóinseach, bornóg, breallóg, brilleog, brilseach, clogóinseach, cloigis, gamalóg, magarlach, máloid, óinseach, óinseachán, óinseog, óinsichín, óinsín, sceilfid, seafóidín, uallóg.

máguaird adverb *around about, on every side*: thart timpeall, timpeall, timpeall na háite; ar fud na háite, ar fud an bhaill, ar gach aon taobh; deiseal agus treiseal.

magúil

magúil adjective *mocking, jesting:* aithiseach, cnáideach, cnáidiúil, fochaideach, fonóideach, frimhagúil, gangaideach, laighciúil, scigiúil, searbhasach; ábhachtach, áiféiseach, barrúil, gleoiréiseach, greannmhar, leithéiseach, meidhréiseach, rancásach, seafóideach.

maicín¹ noun ❶ *pet child:* bródach, buachaill bán, grá geal, lao, leanbh cumhra, maoineach, muirnín, péarlachán, peata, seoid linbh, *familiar* gearrcach bhéal neide. ❷ *spoilt child, brat:* agóidín, brasaire, contrálaí linbh, crostóir, dailtín, pastaí, pastaire, pastrachán, plucaire, raispín, rata linbh, siota, smuigín, smuilcín, somachán, sotachán, sotaire, teallaire, *figurative* piollaire.

maicín² noun *noisy quarrel, brawl:* achrann, afrasc, bachram, briatharchath, bruíon, caismirt, caitleáil, cath, cibeal, clampar, clibirt, cogadh, comhlann, comhrac, easaontas, geamhthroid, glaschomhrac, greadán, greadáil, greatharnach, griolladh, griolsa, iaróg, iorghal, maicín, raic, rangaireacht, rúscam raindí, scléip, scliúchas, siúite, spochaireacht, troid, tromfháscadh, *literary* trodán.

maicréal noun *mackerel (Scomber scombrus):* murlas, murlasc, reanga, ronnach.

maide noun ❶ *stick, beam:* maide coill, maide draighin; bastún, bata, béatar, bráicín, cleathóg, cleith, cleith ailpín, cleitheog, lorg, lorga, smachtín, smíste; maide éamainn, maide mór, maide mullaigh; balc, bíoma, boimbéal, cearchaill, crann, giarsa, rata, sabh, sail, taobhán. ❷ adjective *wooden:* **adjectival genitive** admhaid, **adjectival genitive** crainn, **adjectival genitive** crannaíola.

maide corrach noun *sea-saw:* bata corrach, capall corrach, crandaí bogadaí; (*i gContae Mhaigh Eo*) logadán ag bogadán, (*i gContae Mhaigh Eo*) maide corrach cam.

maide croise noun *crutch:* bata croise, croisín, trosnán, trostán.

maide lústair noun *treadle (of spinning-wheel):* maide cos, maide tuirne; cosán, éilic, troitheán, tromán; satailt; troithín.

maide mullaigh noun *ridge-pole:* maide buaice, maide droma; cleith mhullaigh, féige, féige tí.

maide rámha noun *oar:* maide gualann, maide idir dhá sheas, maide iomartha; bata iomartha, bata rámha, céasla, rámh; bos maide rámha, lámh maide rámha, doirnín maide rámha, glac maide rámha.

maide stiúrach noun *tiller:* failm, halmadóir, stiúir.

maide taca noun *prop:* maide mianaigh, taca, teannta, teanntar, uaithne, ursain; *figurative* Earcail.

maidhm noun ❶ *break, burst, eruption:* briseadh amach, brúchtach, brúchtail, madhmadh, sceathrach, sceith, sceitheadh, *literary* comach, tomhaidhm. ❷ *explosion:* blosc, bloscadh, maidhmneach, pléasc, pléascadh, *literary* gadán. ❸ *defeat, rout:* madhmadh; briseadh, brisleach, comhruathar, raon maidhme, rabhaiteáil, ruaig, ruaigeadh, *literary* scainnear. ❹ **maidhm sheicne** *hernia, rupture:* clochar seicne, eirnia, madhmadh, seicne.

maidin noun *morning:* adhmhaidin, athmhaidin, maidneachan, moiche an lae; eadarshuth, eadartha, eadra; aithne an lae, amharc an lae, amhscarnach, amhscarthanach, an bhánsoilse, bánú an lae, bodhránacht an lae, breacadh an lae, breacsholas na maidine, camhaoir, camhaoir an lae, deargadh an lae, deargmhaidin, dónaing, eascairt an lae, fáinniú, *pl.* fochraí, *pl.* fochraí an lae, foinsiú an lae, *pl.* fuinneoga an lae, láchan, lonrú an lae, scaradh oíche is lae, scread na maidine, *pl.* spéartha an lae, *pl.* trátha beaga na maidine, *literary* fáir; i gcreapascal na maidine.

maidir le preposition *as for, as regards:* i dtaca le, i dtaobh, i dtimpeall, mar gheall ar; chomh fada is a bhaineann le; *literary* dála, iomthúsa.

maidneachan noun *dawning, dawn:* aithne an lae, amharc an lae, amhscarnach, amhscarthanach, an bhánsoilse, bánú an lae, bodhránacht an lae, breacadh an lae, breacsholas na maidine, camhaoir, camhaoir an lae, deargadh an lae, deargmhaidin, dónaing, eascairt an lae, fáinniú, *pl.* fochraí, *pl.* fochraí an lae, foinsiú an lae, *pl.* fuinneoga an lae, láchan, lonrú an lae, scaradh oíche is lae, scread na maidine, *pl.* spéartha an lae, *pl.* trátha beaga na maidine, *literary* fáir; i gcreapascal na maidine.

maidrín lathaí noun ❶ *guttersnipe, bedraggled person:* grabaire, gutachán, maistín lathaí, ruidín lathaí; clogán streille, ceamach, ceamachán, cifleachán, gioblachán, glibire, liobarnálaí, scrábachán, slibire, sraoill, sraoilleachán, streachaille. ❷ *menial:* eachlach, giolla, leacaí, sclábhaí, searbhónta, seirbhíseach, spailpín, timire; seadán, *figurative* seabhac cac faoileáin.

maig noun *cock, slant, tilt:* claon, claonadh, coc, doic, feirc, fiarsceabha, fiarsceo, goic, maing, máing, leathmhaig, leathmhaing, leathspeic, leathspleic, leathstuaic, sceabh, sceabha, sleaint, speic, spleic, stuaic.

maígh verb ❶ *state, claim:* abair, agair, áitigh, cuir ar aghaidh, luaigh, mol; achainigh, éiligh, iarr, lorg, pléadáil, sir. ❷ *boast:* bí ag móradh; déan gaisce, déan maíomh, déan mórtas. ❸ *begrudge, envy:* bí ag móradh, imthnúth, tnúth; tá éad agam leis faoi, tá formad agam leis faoi, tá mé ina dhiaidh air, is mór liom dó é.

maighdean noun *maiden, virgin:* banógh, ógh; iníon in aontumha; ainnir, bruinneall, cailín, cailín óg, céirseach, cúileann, gearrchaile, girseach, ógh, plúróg, réilteann, *literary* bríd; seascbhean.

maighdean mhara noun *mermaid:* brúch, muruach, murúch, murúchaill, siréana.

maighdeanas noun *maidenhood, virginity:* aontumha, iníonacht, ócht; geanas, geamnaíocht, gile, glaine, glaineacht, íonacht; leanbaíocht, óige, páistiúlacht.

maighdeanúil adjective *maidenlike, virginal:* caileanda, caileanta, mánla; adhnáireach, banúil, glan, geanasach, geanmnaí, modhúil, náireach, neamhthruaillithe.

maighdeog noun *pivot:* bacán, borradh, lúdrach, lúndrach, míolaire, mol, udalán.

maighnéad noun *magnet:* adhamas, admhaint, cloch admhainte, cloch tharraingthe, cloch iúil, maighnéad, *literary* sreangart.

maighre noun ❶ *salmon (Salmo salar):* bradán, éigne, eo, moghna; bláthán, colgán, corránach, diúilín, liathán, muóg, samhnachán. ❷ *handsome person:* coileach péacóige, duine dathúil, duine deaghnúiseach, duine dóighiúil, duine maisiúil; áille na háille, babóigín, bamsóigín, béasach, brídeach, brídeach mná, buinneán mná, céirseach, cúileann, gile na gile, gleoiteog, guamóg, lachóigín, láireog, láireoigín, láithreog, lúibín, maiseog, mamsóg, néamhann, pabhsae, péacóg, plandóg, plúróg, sciamhaí, sciamhaí mná, spéirbhean, spéirbhruinneall, stáidbhean, stuaire, *familiar* plúirín; áilleacán, áilleacht, áilleagán, áilleán, féileacán parlúis.

máilíneach adjective *baggy:* clupaideach, sprochailleach; tá an bríste ina mhála; tá sé ag dul amú ina chuid éadaigh; tá bogóga faoi na súile aige, tá sprochaillí faoi na súile aige.

mailís noun ❶ *malice:* aicis, aingíocht, anchroí, binb, díorainn, doicheall, drochaigne, droch-chroí, eascairdeas, fala, faltanas, fiamh, fíoch, fuath, gangaid, goimhiúlacht, gráin, íorpais, mioscais,

naimhdeas, nimh san fheoil, nimheadas, olc, searbhas, urchóid, urchóideacht. ❷ *malignancy (of disease):* aingíocht, contúirt, damáiste, gangaid, marfacht, nimhiúlacht, tromchúis, urchóid.

mailíseach adjective ❶ *malicious:* aingí, anchroíoch, binbeach, cruachroíoch, deamhanta, drochaigeanta, droch-chroíoch, gangaideach, mallaithe, mínáireach, mioscaiseach, nathartha, nimhneach, olc, urchóideach. ❷ *malignant:* ailseach, aingí, contúirteach, damáisteach, doleigheasta, marfach, nimhiúil, tromchúiseach, urchóideach, *literary* miscneach.

maille le preposition *with, along with:* bail, i bhfarradh, i bhfochair, i dteannta, i gcosamar, in éindí le, in éineacht le, mar aon le.

máilléad noun ❶ *mallet:* farca, farcha, máinléad; casúr, ceapord, ord. ❷ *pounder:* brúiteoir, smíste, tuairgnín.

mainéar noun *manor, manor-house:* diméin, dúiche, gabháltas, sealúchas; caisleán, pálás, teach mór, teach tiarna.

maingin noun ❶ *little bag, bundle:* beart, birtín, máilín, mála, mang. ❷ *swag:* creach, éadáil, eirigéis, foghail, folachán, foráiste, *literary* fadhbh; cruit choirce, cruit phrátaí.

maingléis noun ❶ *frippery: pl.* castromhaics, *pl.* deideigheanna, *pl.* ciútraimintí, *pl.* cleathainsí, *pl.* froigisí, *pl.* giuirléidí, *pl.* gréibhlí, *pl.* mangaisíní. ❷ *frivolity:* aeraíl, áibhéis, áiféis, amadántacht, amaidí, baois, baothchaint, baothaireacht, baothántacht, baothántaíocht, breastaíocht, brille bhreaille, brilléis, díth céille, éagantacht, fastaím, gaotaireacht, gamalacht, gligíneacht, gliogar, íorthacht, leamhas, leibideacht, leimhe, leibidínteacht, leithéis, málóideacht, pleidhcíocht, pleotaíocht, raiméis, ráiméis, roisiúlacht, seafóid, sifil seaifil, spadhrúlacht. ❸ *ostentation:* buaiceáil, forcamás, gáifeacht, gaigíocht, gairéad, gairéadaí, galamaisíocht, galántacht, galántas, mustar, scléip, scóid, straibhéis, stró, stróúlacht, taibhseacht, toirtéis.

maingléiseach adjective ❶ *frivolous:* aerach, baoiseach, baoth, éadrom, éaganta, earráideach, gaigiúil, giodamach, giodramach, gligíneach, guagach, leithéiseach, luaineach, luathaigeanta, luathintinneach, scinnideach, uallach. ❷ *ostentatious:* buaiceálach, gáifeach, gaigiúil, gairéadach, galánta, mustrach, mustrúnta, scléipeach, scléipiúil, straibhéiseach, stróúil, taibhseach, toirtéiseach.

mainistir noun *monastery, abbey:* eaglais mainistreach; clabhstra, clochar, reigléas, *historical* cathair.

máinlia noun *surgeon:* dochtúir, táthlia; cneasaí.

máinneáil noun ❶ *swaying motion, rolling gait:* bogadáil, bogadh, broidearnach, dul anonn is anall, gloinceáil, longadán, luasc, luascadh, luascadh anonn is anall, luascán. ❷ *(act of) dawdling, dilly-dallying:* fadáil, fálróid, feamaíl, gliúmáil, leadaíocht, liúdaíocht, lófáil, losaíodóireacht, mágaíocht, máinneáil, malltriall, moilleadóireacht, rathlaíocht, reanglamánacht, righneacáil, righneadóireacht, righneáil, righnealtaíocht, seilmideáil, siléig, siléigeacht, spadántacht, sreangaireacht.

mainséar noun ❶ *manger:* bainséar, crib, cruib, grib, *literary* creasca. ❷ *(Christmas) crib:* beithilín.

maintín noun *dressmaker, seamstress:* maintiméir; bean fuála, gúnadóir.

maintíneacht noun *dressmaking:* gúnadóireacht, maintiméireacht.

maíomh noun ❶ *statement, assertion:* áiteamh, áitiú, argóint, dearbhú, deimhniú, faisnéis, ráiteas, tairiscint, téis, tuairisc. ❷ *boast:* bladhmann, bóibéis, buaiceáil, buaileam sciath, díomas, gairéadú, gaisce, glóir dhíomhaoin, leithead, maíteacht, mórtas, mórtas thóin gan taca, mustar, rá mata, scaothaireacht. ❸ *begruding, envy:* doicheall, drochaigne, droch-chroí, éad, eascairdeas, fala, faltanas, formad, fuath, gangaid, gráin, imthnúth, mailís, mioscais, naimhdeas, tnúth.

mair verb *live, last:* bí i do bheatha, bí beo, cónaigh; fan, fuirigh, lean, seas, *literary* tairis.

mairbhe noun ❶ *sluggishness, dullness:* falsacht, leisce, liostacht, mairbhití, malltriall, marbhántacht, moille, murtall, righne, spadántacht, táimhe, támáilteacht, torpántacht. ❷ *numbness:* barrliobar, bodhaire, eanglach, fuairnimh, fuarthanach, mairbhití, marbhántacht, marbhfhuacht, marbhleathar, neamh-mhothú, sliopach; *pl.* cáithníní seaca, craiceann gé, griofadach, griogán.

mairbhiteach adjective ❶ *languid, torpid:* céimleasc, falsa, lagspreosach, leasc, leisciúil, mall, malltriallach, marbhánta, spadánta, torpánta. ❷ *numb:* bodhar, marbh, marbhánta, mairbhiteach, mairbhleach, neamh-mhothálach, sliopach, toirchimeach; gan mhothú, ina chodladh.

Máire fhada noun *heron (Ardea cinerea):* corr bhán, corr éisc, corr ghlas, corr mhóna, corr réisc, corr riasc, corr scréachóg; Cáití fhada, Júiní an scrogaill, Nóra na bportach, Síle na bportach.

maireachtáil noun *living, livelihood, subsistence:* maireachtaint, mairstean, mairstin, marthain; beatha, beo, beith, bheith beo, cónaí, cothú; gléas, ioncam, teacht isteach.

máireoigín noun *marionette:* puipéad, téadphuipéad; bábliac, bábóg, brídeog, gairlín, gilleagán.

mairg noun ❶ *woe, sorrow:* aiféala, aithreachas, aithrí, atuirse, bearrán, bris, briseadh croí, brón, buaireamh, buairt, caduaic, cathú, céasadh, ciach, cian, crá croí, croíbhrú, cumha, danaid, diachair, díomá, dobrón, dochma, doilíos, dólás, doghrainn, doilbhreas, duaineís, duairceas, dubhachas, duifean, dúlagar, dúlionn, éadóchas, gruaim, gruamacht, iarghnó, imní, léan, lionn dubh, méala, méalacht, ochlán, púir, seolán, tocht, triamhna, tromchroí. ❷ *woeful, sorrowful person:* ainniseoir, caointeachán, caointeoir, cealdrach, ceanrachán bocht, ceolán, créatúr, díol trua, díthreabhach, díthriúch, dreoilín, eiseamláir, manglam, ocrachán, oilithreach, ruidín, rud, sampla, sceamhlachán, scréachaire, screadachán, truán, *figurative* lom-angar. interjection **mo mhairg!** *alas!:* ababún!, abhó!, a chiachais!, a Mhuire, is trua!, a thiarcais!, Dia le m'anam!, faraor, faraor cráite!, faraor géar!, faraor géar goirt!; m'aigh ó!, mo bhrón!, mo chreach!, mo chreach chrua!, mo chreach chrua chráite!, mo chreach is mo léan!, mo chreach nimhneach!, mo chreach nimhneach mhaidine!, mo chreach thinn dóite!, mo chumha!, mo dhiachair!, mo dhíth!, mo dhíth is mo dhothairne!, mo dhoic!, mo ghreadán!, mo lagar!, mo léan!, mo léan cráite!, mo léan géar!, mo léan goirt!, mo léan is m'atuirse thraochta!, mo léan, mo lom is mo lagar!, mo léir!, mo lom!, mo lom dubh dubhach!, monuar!, monuar géar!, mo sceimhle!, mo scóladh!, mo thuirse!, mo thrua!, och!, óch óch óch a naoi!, ochón!, ochón ó!, ochón ochón ó!, ochóna go deo!, olagón ó!, uileacán!

mairgiúil adjective ❶ *woeful, sorrowful:* acaointeach, aiféalach, atuirseach, briseadh-croíúil, brónach, brúite, buartha, ceanníseal, céasta, cianach, cianúil, ciaptha, cráite, croíbhriste, croíbhrúite, cumhach, danaideach, deorach, diachrach, dobrónach, dochrach, dócúlach, doghrach, doghrainneach, doilbh, doilbhir, doilíosach, dólásach, domheanmnach, duairc, duaiseach, dubhach, dúlionnach, dúlagrach, dúnéalach, éadóchasach, golbhéarach, golchásach, gruama, gubhach, iarghnóch, iarmhéileach, in ísle brí, lagsprideach, lagspridiúil, léanmhar, lionndubhach, mairgneach, maoith-

mairgneach
neach, ochlánach, olagónach, pianmhar, púrach, smúitiúil, smúitiúnta, taidhiúir, tromchroíoch, truamhéalach; tá a chroí briste, tá a chroí cráite. ❷ *dull, dismal*: doilbh, doilbhir, doiléir, dorcha, duairc, duaiseach, dubhach, dúnéaltach, dúthuirsiúil, gránna, gruama, leadránach, liosta, mairgneach, marbhánta, míthaitneamhach, modartha, múscraí, smúitiúil, smúitiúnta, tuirsiúil.

mairgneach noun *lamentation, wailing*: acaoineadh, bascarnach, caoi, caoineachán, caoineadh, caointeoireacht, deoiríneacht, deoirínteacht, doghra, donáil, éagaoineadh, éagnach, éamh, fuachas, gol, golchás, golfairt, iachtach, iarmhéil, gubha, liacharnach, lógóireacht, mairgne, mairgní, marbhna, meacan an chaointe, meacan an ghoil, méala, méalacht, ochlán, ochón, olagón, ong, triamhain, tuireamh, *literary* dearchaoineadh, déarchaoineadh, iacht, lámhchomhairt.

Máirín an chlúimh noun *hairy caterpillar*: diairmín clúmhach, Dónall an chlúimh, Máirín chlúmháin, Seáinín an chlúimh, Siobháinín an chlúimh, speig neanta, spiorad neantóg, sprid neanta.

mairnéalach noun *mariner, sailor*: farraigeach, fear farraige, loingseach, loingseoir, maraí, seoltóir.

mairnéalacht noun *sailing, seamanship*: farraigeoireacht, loingseoireacht, mairnéalaíocht, maraíocht, seoltóireacht.

máirseáil noun *march, parade*: mórshiúl, paráid, próisisiam, siúl, siúl slua, siúlóid, slógadh, tóstal, valcaeireacht; agóid; léirsiú. verb *march, parade*: coisigh, gluais, imigh, siúil, téigh, téigh ar paráid.

máirseálaí noun *marcher*: coisí, siúlóir, valcaeir; agóideoir.

máirtín noun ❶ *leg-warmer, vampless stocking*: lóipín, miotán, lópa, troithín.

máirtín fiáin noun *wild marjoram (Origanum vulgare)*: aragán, oragán, orgánas, pl. siomsóga, pl. suimsóga.

máirtín gágach noun *wind-gall*: gág, gart, garta, méirscre, oighear, oighreach, pl. oighreacha; fuachtán.

mairtíneach noun *cripple*: bacach, bacachán, camadán, cláiríneach, cipríneach, craipíneach, craplachán, cruipidín, cruiteachán, cruitíneach, crunca, díoscánaí, duine crapchosach, duine craplaithe, duine craplámhach, duine míchumasach, duine míchumtha, leisíneach, lúircín, lúircíneach, lúiridín, portán.

mairtíreach noun *martyr*: mairtír.

mairtíreacht noun *martyrdom*: martra.

maise noun ❶ *adornment, beauty*: breáthán, cóiriú, feisteas, feistiú, maisiú, maisiúchán, ornáid, ornáideacht, ornáidiú, ornú; áille, áilleacht, breáthacht, caithis, cantacht, caoimhe, córaí, cuannacht, dathúlacht, dealraitheacht, dealramh, dea-mhaise, deiseacht, deismireacht, dóighiúlacht, fíneáltacht, galántacht, glémhaise, gleoiteacht, gnaíúlacht, gnaoi, grástúlacht, loise, macaomhacht, maisiúlacht, meallacacht, míne, ordúlacht, scéimh, sciamhacht, slacht, slachtmhaireacht. ❷ **faoi mhaise** *flourishing, beautiful*: faoi bhláth, faoi rath, faoi shéan, faoi shó, faoi smais; faoi iomlán a cuid gréibhlí, cóirithe, gafa gléasta; álainn, breá, comair, cuanna, deas, deismir, fáiscthe, feisteasach, galánta, glémhaiseach, grástúil, maisiúil, ordanáilte, ordúil, oirní, pioctha, piocúil, pointeáilte, slachtmhar, triopallach.

maisigh verb *adorn, decorate*: áilligh, breáthaigh, cóirigh, cumhdaigh, dathaigh, deasaigh, feabhsaigh, feistigh, gléas, niamh, oirnigh, óraigh, ornáidigh, ornaigh, péinteáil, pointeáil, prapáil, saibhrigh, sciamhaigh; cuir an cípín mín ar, cuir an tslis mhín ar, cuir barr feabhais, cuir bláth ar, cuir caoi ar, cuir feabhas ar, cuir scliop ar, tabhair poc do.

maisitheoir noun ❶ *beautifier, decorator*: oirneálaí; cóiritheoir, gléastóir. ❷ *illustrator (of book)*: dathadóir, ealaíontóir, líinitheoir, péinteálaí, sceitseálaí.

maisiúchán noun *adornment, decoration*: áilliú, bláfairínteacht, breacadh scéimhe, breáthú, cantacht, clódóireacht, cóiriú, dathadóireacht, dathúchán, maisiú, oirnéaladh, ornáideacht, feabhsú, feabhsúchán, oirnimint, oirniú, ornaíocht, ornú, ornáideachas, ornáideacht, ornáidíocht, péinteáil, pointeáil, prapáil, sciamhú.

maisiúil noun *elegant, beautiful*: álainn, bráisléadach, bráisleogach, breá, comair, cuanna, cúirialta, deas, deismir, fáiscthe, feisteasach, galánta, glémhaiseach, grástúil, mín, néata, ordanáilte, ordúil, oirní, pioctha, piocúil, pointeáilte, slachtmhar, triopallach.

maisiúlacht noun *beauty, comeliness*: áille, áilleacht, breáthacht, caithis, cantacht, caoimhe, córaí, cuannacht, cúirialtacht, dathúlacht, dealraitheacht, dealramh, dea-mhaise, deiseacht, deismireacht, dóighiúlacht, fíneáltacht, galántacht, glémhaise, gleoiteacht, gnaíúlacht, gnaoi, grástúlacht, greanadh, loise, macaomhacht, meallacacht, míne, ordúlacht, scéimh, sciamhacht, slacht, slachtmhaireacht, snúúlacht.

maiste noun *match, spill*: birín beo, cipín solais, lasán, lasán dubh, lasóg, meathán, rógaire, scráibín, smeatairín, spile, sponc.

maistín noun ❶ *mastiff*: maichtín; árchú. ❷ *tyke, ruffian*: áibhirseoir, amhas, bithiúnach, bligeard, bodach, breillice, bromach, buailtíneach, búr, cadramán, ceithearnach, clabhta, cladhaire, closmar, cneámhaire, coirpeach, coirpeoir, corpadóir, crochadóir, daba, dailtín, damantán, damantóir, diabhal, diabhlánach, diolúnach, guilpín, lábánach, léaspach, liúdaí, lóma, mulpaire, rifíneach, rógaire, scabhaitéir, smíste, speig neanta, teallaire. ❸ **maistín mná** *virago*: ainsprid, badhbaire, badhbóir, báirseach, bearrthachán mná, cáinseach, cancairt mná, caorthanach, fia-chailleach, fuachaid, heictar, laisceach, raicleach, raip, rálach, ruibhseach, stiúireachán mná. ❹ **maistín linbh** *unruly child, brat*: crostóir, dailtín, deiliúsachán, maicín, plucaire, raispín, rata linbh, smuigín, smuilcín, soibealtán, sutach, teallaire.

maistíneacht noun *rudeness, deliberate misbehaviour*: boirbe, braobaireacht, cocaireacht, dailtíneacht, dailtíneacht, dailtíneas, dalbacht, deiliús, dímhúineadh, pl. dobhéasa, plucaireacht, soibealtacht, teallaireacht.

máistir noun ❶ *master, controller*: bainisteoir, captaen, ceann, ceannaire, ceannasaí, ceann feadhna, ceann foirne, ceannfort, ceann urra, cinnire, fear ceannais, geafaire, geafar, geaingear, gobharnóir, maoirseoir, maor, oifigeach, príomhoifigeach, reachtaire, rialtóir, riarthóir, saoiste, scipéir, stiúrthóir, taoiseach, tiarna, treoraí, uachtarán, *literary* braine, léadar; boc mór, bodach mór, iasc mór, lus mór. ❷ *teacher*: máistir scoile; múinteoir, oide, oide múinte, teagascóir; léachtóir, oiliúnóir, traenálaí; anamchara, gurú, raibí.

máistreacht noun ❶ *office of master*: ardcheannas, bainisteoireacht, ceannaireacht, ceannas, ceannasaíocht, ceannsmacht, cinnireacht, eagraíocht, smacht, stiúir, stiúradh, treoir, tús cadhnaíochta, údarás, *literary* codhnachas. ❷ *mastery*: ábaltacht, bua, cumas, cumhacht, éifeacht, eolas, éirim, greim, inniúlacht, oilteacht, saíocht, scil, taithí, tuiscint.

maistreadh noun *churning*: cuigeann, meadráil; déanamh ime.

máistreás noun ❶ *mistress, woman in charge:* máistreás an tí; bainistreás, bantiarna, bean an tí, máthair áil, mátrún. ❷ *school mistress:* máistreás scoile; banoide, múinteoir, múinteoir mná, múinteoir scoile. ❸ *wife, missus:* bean an tí, an bhean, mo bhean, an seanchailín, í féin.

maistrigh verb *churn:* buail bainne, déan cuigeann, déan im, déan maistreadh.

máistriúil adjective *masterful, imperious:* anlathach, ansmachtúil, anúdarásach, fuinniúil, mursanach, mursanta, mursantach, réimeach, sotalach, tiarnach, tiarnasach, tiarnúil, tíoránta, údarásach, údarásúil, *literary* codhnach.

maiteach adjective ❶ *forgiving:* atruach, bog, bogchroíoch, boigéiseach, boigiméiseach, caonrasach, cineálta, fadfhulangach, foighneach, móraigeanta, mórintinneach, so-mhaiteach, trócaireach, truach, truachroíoch, tuisceanach, *literary* díolghadhach. ❷ *forgiven:* maite, arna mhaitheamh; dearmadta, arna dhearmad.

maíteach adjective ❶ *boastful:* baoth, bastallach, bladhmannach, bogásach, bóibéiseach, borrach, gaisciúil, glórdhíomhaoineach, laochasach, maingléiseach, mórálach, mórfhoclach, mórtasach, mustrach, ollásach, poimpéiseach, postúil, taibhseach, toirtéiseach. ❷ *begrudging, envious:* doicheallach, éadmhar, faltanasach, formadach, lán éada, mífhonnmhar, neamúch, tnúthach.

maith adjective ❶ *good, benevolent:* beannaithe, cabhrach, caoin, ceansa, cineálta, cneasta, cóir, comharsanúil, córtasach, cothaitheach, cuiditheach, cuidiúil, cúntach, dea-chroíoch, fiúntach, flaithiúil, fóinteach, fónta, garúil, lách, mórchroíoch, naofa, oibleagáideach, preabúil, soilíosach, tacúil. ❷ *satisfactory, valid:* bailí, barántúil, bríoch, bríomhar, ceart, cumhachtach, dílis, dlisteanach, éifeachtach, feiliúnach, fiúntach, fóirsteanach, fónta, inchreidte, iontaofa, muiníneach, oiriúnach, sásúil, údarásach; ar fheabhas. ❸ *wholesome:* folláin, fónta, leacanta, seamhrach, sláintiúil, slán; ar fónamh. ❹ *agreeable, gratifying:* sásúil, sólásach, taitneamhach; is mór an sólás é. ❺ *substantial:* fódúil, ruthagach, substainteach, substaintiúil, taoisleannach, taosmhar, tathagach, toirtiúil, trom, *literary* tothachtach. noun ❶ *goodness, kindness:* caoideanas, caoimhe, caoine, caoithiúlacht, ceansacht, cineáltacht, cneastacht, creidiúint, feabhas, fiúntas, láíocht, macántacht, maitheas, mánlacht, míne, míneadas, miochaire, míonlacht, modhúlacht, séimhe, suáilce, tláithe, urraim, *literary* daonchaire. ❷ *benefit, profit:* barr, barr tairbhe, buntáiste, éadáil, earraíocht, proifid, rathúnas, sochar, séan, somhaoin, tairbhe, *literary* poinn, sola. ❸ *usefulness, value:* feabhas, fiúntas, fóint, fónamh, luach, luachmhaireacht, maitheas, úsáid. ❹ *produce:* soláthar, suth, táirge, táirgeadh, toradh, tuismeadh; *literary* ionnlas. ❺ pl. **maithe agus móruaisle** *important people, VIPs:* bodaigh mhóra, boic mhóra, gróintíní, uaisle; iasc mór, lus mór, oirirceach, piarda, pluga, sracdhuine uasal, *figurative* tapar; ridire an pharóiste. verb *forgive:* logh, tabhair maithiúnas do, tabhair maiteachas, tabhair maiteanas do, tabhair pardún do.

maitheamh noun ❶ *forgiveness, pardon:* logha, loghadh, maiteachas, maiteanas, maithiúnas, pardún, *literary* díolghadh, síth. ❷ *remission, abatement:* cairde, faoiseamh, lagra, lagsaine, laigse, lamháil, lascaine, logha, loghadh, loghaíocht.

maitheas noun ❶ *excellence, goodness:* barr a mhaitheasa; ardchaighdeán, ardcháilíocht, ardéirim, bail, dearscnaíocht, dea-staid, feabhas, fiúntas, foirfeacht, fónamh, luachmhaireacht, luaíocht, maith, mórmhaitheas, oirirceas, rímháistreacht, suáilce, suáilceas, tuillteanas, *literary* gaoine. ❷ *day's work:* lá oibre. ❸ *kindness, gift:* ainsile, bronntanas, comaoin, deolchaire, deontas, deonú, dúthracht, féirín, iarsma, seachadadh, séad suirí, tabhartas, tairiscint, tíolacadh, tíolaic.

maithiúnas noun *forgiveness, pardon:* loghadh, maiteachas, maiteanas, maitheamh, pardún, *literary* díolghadh, síth.

máithreach noun ❶ *matrix, rocky bed:* broinn, maitrís, mátharlach; buncharraig, máthaircharraig. ❷ *foundation:* bonn, bunchloch, dúshraith, foras, taca; truncáil. ❸ (*mother-*)*source:* bun, bunadh, bunáit, bunphrionsabal, bunrúta, bunsraith, bunús, ceannfháth, cionsiocair, foinse, fréamh, máthair, máthairábhar, prionsabal, tosach, tuismíocht, tús.

máithreachas noun *maternity, motherhood:* máithreacht, mátharthacht; tuismeadh, tuismíocht.

máithriúil adjective ❶ *motherly, maternal:* máthartha; caoin, caomh, ceansa, cneasta, daonna, lách, mánla, maránta, méiniúil, miochair, míonla, séimh, tláith. ❷ *like her mother:* ar aon dul lena máthair, cosúil lena máthair; is í pictiúr a máthar í, is í a máthair ina steilibheatha í.

mál noun *excise:* custam, dleacht; cáin, muirear, formhuirear.

mala noun ❶ *eyebrow, brow:* abhra, braoi, fabhra. ❷ *brow of hill, slope:* ard, ardán, diarach, fána, learg, leiceann cnoic, taobh.

mála noun ❶ *bag:* bolg, curraoin, geois, mang, mealbhóg, pocán, púitse, sac, sacán, saitsil, spaga, tiachán, tiachóg, tiarpán, tiarpóg, trucaid. ❷ *stomach, appetite:* bolg, collaid, corcán, cuadal, geois, glota, goile, maróg, méadail, sceart, stomán, tarr; dúil, dúil sa bhia, ocras, tothlú.

malairt noun ❶ *change, alternative:* aistriú, athrú, casadh, claochlú, difear, difríocht, éagsúlacht, malartú, tiontú. ❷ *exchange, barter:* babhtáil, malartú.

malartach adjective *fluctuating, variable:* athraitheach, earráideach, giodamach, gogaideach, guagach, luaineach, neamhbhuan, scinnideach, sóinseálach.

malartaigh verb ❶ *change:* aistrigh, cas, claochlaigh, tiontaigh. ❷ *exchange, barter:* babhtáil, déan iomlaoid; aistrigh, athraigh, imaistrigh.

mall adjective ❶ *slow, sluggish:* adhastrach, céimleasc, falsa, leasc, leisciúil, mairbhiteach, mallbheartach, mallghluaiste, malltriallach, marbhánta, murtallach, neamhéasca, sionsach, spadánta, támhach, torpánta, *literary* ionmhall; is é teacht an tseagail agat é. ❷ *late:* déanach; ar deireadh, chun deiridh, thar am, thar téarma.

mallachar noun ❶ *slowness:* leadrán, leisce, liostacht, máinneáil, malltriall, moille, murtall, righne, righneas, righneacht, seilmideáil, siléig, siléigeacht, snámhacáil, snámhaíocht, spadántacht, stág, támáilteacht, torpántacht; teacht an tseagail. ❷ *dullness, dimness:* dorchacht, duaithníocht, doiléire, éidearfacht, éiginnteacht, laige, maoile, míshoiléire, murtall, neamhchruinneas, smúitiúlacht.

mallacht noun *curse:* blaisféim, crístín, dia-aithis, diairmín, diamhasla, drochfhocal, eascain, eascaine, focal gan chuibheas, mallachtach, mallaitheoireacht, mionn, mionn mór, slamfhocal, smachladh.

mallachtach adjective ❶ *maledictory:* damnaithe, diabhlaí. ❷ *accursed:* adhfhuafar, anchúinseach, bithiúnta, colúil, cradhscalach, damanta, deamhanta, déistineach, diabhalta, díolúnta, domlasta, fuafar, gráiciúil, gráiniúil, gránna, ifreanda, ifreannach, líonritheach, masmasach, mínáireach, míofar, pláúil, suarach, táir, uafar, uafásach,

mallaigh
uamhnach, urghráiniúil, urghránna; mí-ámharach, míchinniúnach, mífhortúnach, míshéanmhar, teiriúil. noun *cursing*: badhbaireacht, badhbóireacht, damnú, diabhlaíocht, eascaíní, mallachtóireacht, mallachtú, mallaíocht, mallaitheoireacht, mallú, mionnú, oirithis; bhí sé ag caitheamh crístíní, bhí sé ag caitheamh diairmíní, bhí sé ag caitheamh mionnaí móra, bhí sé ag gabháil do na mionnaí móra, bhí sé ag spalpadh áibhirseoirí, bhí sé ag stealladh crístíní, bhí sé ag tabhairt mionnaí móra; *ironic* guíodóireacht; *ironic* bhí sé ag cur deaphaidreacha leo, bhí siad ag fáil gach dea-phaidir uaidh; cuireadh an scéal go Mac Dé Bhí.

mallaigh verb *curse*: damnaigh, eascainigh, mallachtaigh, tiomain; bí ag diabhlaíocht, caith diairmíní le; abair mionnaí móra, luaigh mionnaí, tabhair mionnaí móra; déan oirithis ar, déan oirithisí ar; is minic a fhaigheann badhb a guí chun í féin a dhamnú.

mallaithe adjective *accursed*: adhfhuafar, anchúinseach, bithiúnta, colúil, cradhscalach, damanta, deamhanta, déistineach, diabhalta, díolúnta, domlasta, fuafar, gráiciúil, gráiniúil, gránna, ifreanda, ifreannach, líonritheach, mallachtach, masmasach, mínáireach, míofar, pláúil, suarach, táir, uafar, uafásach, uamhnach, urghráiniúil, urghránna; mí-ámharach, míchinniúnach, mífhortúnach, míshéanmhar, teiriúil.

mallaitheacht noun *wickedness, viciousness*: áibhirseoireacht, ainghníomh, aingíocht, binb, bithiúntacht, bithiúntaíl, bithiúntaíocht, bithiúntas, bligeardacht, bligeardaíocht, claidhreacht, cneámhaireacht, coir, coiriúlacht, coirpeacht, dailtíneacht, drochaigne, drochbheart, droch-chroí, drochintinn, eascairdeas, fala, faltanas, feall, fealltacht, fiamh, fíoch, fuath, gangaid, goimhiúlacht, gráin, mailís, maistíneacht, meirleachas, mínáire, mioscais, míréir, mírún, naimhdeas, nimheadas, nimhiúlacht, olc, oilbhéas, oilceas, oilghníomh, olc, olcas, peaca, peacúlacht, pleidhcíocht, ropaireacht, urchóid, urchóideacht.

mallghluaiste adjective *slow-moving*: adhastrach, aimhleasc, céimleasc, fadálach, falsa, leadránach, leasc, leisciúil, liosta, mall, mallacharach, mallbheartach, malldícheallach, malltriallach, marbhánta, murtallach, neamh-anamúil, righin, siléigeach, sionsach, slógánta, spadánta, támáilte, támhach, torpánta, *literary* laiste.

mallmhuir noun *neap-tide*: taoide mhallmhara, taoide mhallmhuireach; díthrá mallmhara, lag trá mallmhara.

malltriallach adjective *slow-moving, sluggish*: adhastrach, aimhleasc, céimleasc, fadálach, falsa, leadránach, leasc, leisciúil, liosta, mall, mallacharach, mallbheartach, malldícheallach, mallghluaiste, marbhánta, murtallach, neamhaigeanta, neamh-anamúil, righin, siléigeach, sionsach, slógánta, spadánta, támáilte, támhach, torpánta, *literary* laiste. noun *dilatory person, slow-coach*: cnuálaí, codaí, fágálach, fágálaí, fámaire, feadóir, feamaire, gadrálaí, giolla na leisce, langa, leadránaí, leiciméir, leisceoir, leisíneach, leoiste, leota, liairne, liúdramán, loiceadóir, lófálaí, máinneálaí, malluaireach, moilleadóir, rainglèir, righneadóir, righneálaí, ríste, scaoinse, scraiste, scrathachán, sínteach, síntealach, síománach, síománaí, slabhrálaí, smíste, snámhaí, srathaire, stangaire, stróinse, súmaire, táimhín; *ironic* Diarmaid an reatha.

malrach noun *young lad, youngster*: garlach, garsún, gartaire, gasóg, gasúr, gilidín, giosa, giotachán, grabaire, imeachtaí linbh, leanbh, leanbh mic, malra, malrach, mamailíneach, páiste, páiste fir, pataire, putach, scorach.

mamach noun *mammal*: sineach; placainteach, marsúipiach.

mamaí noun *mum, mammy*: maime, maimí, maimín, mam, máthair.

mámh noun *trump (at cards)*: cíoná, cíonaí; scilteán.

mamó noun *grandmother, granny*: máthair chríonna, máthair mhór, móraí, seanmháthair, *literary* geamar.

mana noun ❶ *portent, sign*: comhartha, fáistineacht, gealltanas, leid, meanma, nod, rabhadh, réamhaisnéis, réamhaithris, réamhinsint, siodal, taispeánadh, tairngreacht, tuar; dea-thuar; drochamhras, drochthátal, drochthuar, tuar oilc; údragáil, údramáil. ❷ *attitude, outlook*: aigne, barúil, creideamh, cur chuige, dearcadh, intinn, leagan amach, meanma, meon, míniú, peirspictíocht, seasamh, *pl.* smaointe, tuairim.

manach noun *monk*: manach bán, manach dubh; ab, bráthair, coirneach, prióir; ancaire, ceallach, díthreabhach.

Mamaigh Éagsúla (nach bhfuil i liosta ar bith eile)

aardvark: (*Orycteropus afer*): arcán talún
aardwolf (*Proteles cristatus*): cú talún
African elephant (*Loxodonta africana*): eilifint *f.* Afracach
ant bear (*féach aardvark*)
Asian elephant (*Elephas maximus*): eilifint *f.* Áiseach
brown hyena (*Parahyena brunnia*): hiéana donn
bushy-tailed olingo (*Bassaricyon gabbi*): ólangó scuabach
coatimundi (*Nasua nasua*): cótamundaí
crab-eating racoon (*Procyon cancrivorus*): racún portán
dugong (*Dugong dugon*): dugang
earth pig (*féach aardvark*)
elephant shrew (family Macroscelidea): singí
flying lemur (family Cynocephalidae): léamar eitilte
giant anteater (*Myrmecophaga tridactyla*): móralpaire seangán
giant armadillo (*Priodontes maximus*): ollarmadailín
giraffe (*Giraffa camelopardalis*): sioráf
hairy armadillo (*Chaetophractus villosus*): armadailín gruagach
hippopotamus (*Hippopotamus amphibius*): dobhareach
hyrax (family Procaviidae): hireasc
kinkajou (*Potos flavus*): cinceasú
manatee (*Trichechus* sp.): manataí
nine-banded armadillo (*Dasypus novemcinctus*): armadailín naoibhandach
okapi (*Okapia johnstoni*): ocáipe *f.*
pangolin (family Manidae): pangailin *f.*
pichi (*Zaedyus pichiy*): pitsí
pygmy hippopotamus (*Cheoropsis liberiensis*): dobhareach beag
racoon (*Procyon lotor*): racún
reticulated giraffe (*Giraffa camelopardalis reticulata*): sioráf mogallach
ringtail (*Bassariscus astutus*): basaraisc *f.*
silky anteater (*Cyclopes didactylus*): alpaire seangán síodúil
spotted hyena (*Crocuta crocuta*): hiéana breac
striped hyena (*Hyaena hyaena*): hiéana riabhach
tamandua (*Tamandua tetradactyla*): tamandua
three-toed sloth (*Bradypus variegatus*): spadán trímhéarach
two-toed sloth (*Choloepus didactylus*): spadán démhéarach
tree shrew (*Tupaia* sp.): túpá

manaois noun (act of) dallying, (act of) toying: cealgaireacht, cleasaíocht, cliútráil, cluanaireacht, cluanaíocht, gliodaíocht, ladús, líodóireacht, lúbaireacht, mealltóireacht, pláibistéireacht, plámás, slíomadóireacht, spriongar; starrógacht, stilí steailí.

manaoiseach adjective *shilly-shallying*: amhrasach, athraiteach, éiginnte, athbhríoch, débhríoch, déchiallach, éadaingean, éadarfa, earráideach, éideimhin, guagach, ilchiallach, longadánach, luaineach, malartach, mídheimhnitheach, mímhuiníneach, neamhchinnte, neamhdhaingean, neamhiontaofa, neamhshocair, neamh-mhuiníneach, seachantach; idir an leac is an losaid, idir dhá aigne, idir dhá cheann na meá, idir dhá chomhairle, i gcathair ghríobháin, i ngalar na gcás.

mangach noun *pollock (Pollachius pollachius)*: bodach buí, bodaire beag, deargóg, mágach, mongach; gréasaí.

mangaire noun ❶ *hawker, peddlar*: gáinneálaí, giurnálaí, joltaeir, pacaire, peidléir, triallaire earraí. ❷ *small dealer, huckster*: braigléir, ceannaí, díoltóir, jabaire, mangadaeir, mangadóir, margálaí, mionreacaire, ocastóir, siopadóir, tráchtálaí, trádálaí. ❸ *haggler*: braigléir, margaire, margálaí, stangaire.

mangaireacht noun ❶ *hawking, peddling, petty dealing*: ceannaíocht, ceantáil, déileáil, díolachán, díoltóireacht, gáinneálacht, hácaireacht, jabaireacht, joltaeireacht, margáil, margaíocht, margántaíocht, ocastóireacht, pacaireacht, peidléireacht, tráchtáil, trádáil. ❷ *haggling*: braigléireacht, margáil, margáintíocht, margaireacht, stangaireacht, strucáil.

mangaisíní plural noun *knick-knacks, rags, trumpery*: pl. acmhainní, pl. castromhaics, pl. ciútraimintí, pl. cleathainsí, pl. deideigheanna, pl. giuirléidí, pl. gréibhlí, lumpar agus lampar, maingléis; pl. balcaisí, pl. bratóga, pl. bréideanna, pl. ceamacha, pl. ceirteacha, pl. cifleoga, pl. géiríní, pl. giobailí, pl. giolcaisí, pl. paicínéadaí, pl. preabáin, pl. ribíní, pl. scóiléadaí, pl. stiallacha, pl. stiallóga.

mangarae noun *assorted items, junk*: brios bruar, bruan, bruar, bruscar, brúscar, pl. ciolaracha chiot, conamar, drámhaíl, dríodar, fuílleach, lumpar agus lampar, oirneach, sciot sceat, pl. smidiríní, pl. smiodair, smionagar, spíonach, spruadar, pl. spruáin, sprúilleach, trachlais, pl. traipisí, treillis breillis, truflais, *literary* brúireach.

manglam noun *jumble, hotchpotch*: ciseach, clamhairt, cnuasach, fuile faile, furú, graiseamal, ilchumasc, meascán, meascán mearaí, meidrisc, prácás, praiseach, runcalach, trachlais, tranglam, *literary* measc, meascra.

mánla adjective *gentle, gracious, pleasant*: beannaithe, béasach, búch, caoin, caomh, caonrasach, ceansa, cineálta, cneasta, connail, daonna, garúil, grádiaúil, grástúil, lách, macánta, maith, máithriúil, maothchroíoch, maránta, méiniúil, mín, miochair, míonla, modhúil, oibleagáideach, preabúil, sásta, séimh, soibhir, soilíosach, soirbh, somhaiteach, suairc, tíriúil, tláith, trócaireach.

mant noun ❶ *gap in teeth*: bearna, mantóg, séanas; gáibéal. ❷ *bite, indentation*: bearnáil, eang, greim, mantóg, mantú, scolb, tiocóg. ❸ *toothless gums, jaw*: cab, drandal, drant; giall.

mantach adjective ❶ *gap-toothed, toothless*: bearnach, grabach, scagfhiaclach, séanasach. ❷ *gapped, chipped, indented*: bearnach, eangach, failceach, scealptha, scolbáilte, *literary* oirbhearnach.

mantachán noun ❶ *gap-toothed person*: cabaí, duine mantach, duine séanasach, grabaí, mantán. ❷ *inarticulate, indistinct speaker*: briotachán, briotaire, glafaire, gotán, iomlatálaí, mantán, mantánaí, mantaire, meiliteálaí, meiliteoir, múincíneach, mungarlach, plucsálaí, stadachán, stadaire, trudaire, tútaire.

mantaíl noun ❶ *toothlessness*: mantú gáire. ❷ *inarticulate speech, mumbling*: amhlabhra, barróg, béalmhácháil, briotaireacht, bundún teanga, cogaint cainte, glafaireacht, luathbhéalaí, meiliteáil, mungailt, mungailt focal, plobaireacht, plucsáil, snagadáil, snagaireacht, snagarsach, stadáil, stadaireacht, stadarnáíl, starragánacht chainte, teanga bhachlógach, trudaireacht, trudarsach, tutáil, tutbhéalaí.

maoil noun ❶ *rounded summit, hillock, knoll*: ard, ardán, cabhán, céide, cnocán, droimín, droimnín, maoileann, maolán, maológ, meall, mullán, tortóg, tulach, tulchán, *literary* cnucha. ❷ *bare top, bald crown*: loime, lomaíocht; blagaid, calbh, maoile, plait; *familiar* cúl naoi ribe. ❸ *ag cur thar maoil* overflowing: ag cur amach, ag cur thairis, ag cur dá bhruacha, ag cur thar a bharr, ag cur thar a bhruach, ag cur thar a shúile ag dul thar bhéal; lán go béal, lán go boimbéal, lán go doras, lán go snaidhm; bruachlán, forlán, lomlán.

maoile noun ❶ *bareness*: loime, lomaíocht, lomnochtacht, sceirdiúlacht, tarnochtacht. ❷ *baldness*: blagaid, calbhacht, plait, plaitín; *familiar* cúl naoi ribe. ❸ *bluntness*: easpa faobhair. ❹ *dullness, obtuseness (of sound)*: bodhaire, toille.

maoileann noun ❶ *rounded summit, hillock, knoll*: ard, ardán, céide, cnocán, droimín, droimnín, maoil, maolán, maológ, meall, mullán, tortóg, tulach, tulchán, *literary* cnucha. ❷ *top, ridge, crest*: barr, bior, buaic, círín, droim, droimne, lomán, mullach, rinn, spuaic, scoth, uachtar, *literary* inn.

maoin noun ❶ *literary gift, benefit*: ainsile, aisce, bronntanas, dearlacadh, dearlaic, deontas, deonú, éadáil, féirín, gar, tíolacadh. ❷ *property, wealth*: pl. acmhainní, áirge, airgead, bracht, bruithshléacht, bunairgead, coibhche, conách, crodh, éadáil, Éire fré chéile, Éire gan roinnt, gustal, iarmhais, ionnas, ionnús, ollmhaitheas, ollmhaitheas an tsaoil, ór na cruinne, rachmall, rachmas, raidhse, rath, rathúnas, saibhreas, sochar, pl. sócmhainní, somhaoin, speansas, speilp, spré, stró, strus, tábhacht, teaspach, toice, *literary* intleamh, ionnlas, tothacht; tá a chóta bán buailte 'his fortune is made'.

maoineach adjective *propertied, rich*: acmhainneach, bunúil, deisiúil, diongbháilte, éadálach, gustalach, iarmhaiseach, ionnúsach, láidir, neamhuireasach, neamhuireaspach, rachmallach, rachmasach, rathúil, saibhir, séadach, sómhar, strusúil, tábhachtach, tathagach, téagartha, toiceach, toiciúil, tréan, *literary* foltach. noun *a mhaoineach* darling: a chiallach, a chroí, a chuid, a chuisle, a chuisle mo chroí, a chumann, a dhílis, a ghrá, a lao, a lao deoil, a mhaoinín, a mhuirnín, a rún, a rúnsearc, a shearc mo chroí, a stóirín, a stór, a thaisce, a théagair.

maoinigh verb *finance, endow*: cuir an t-airgead ar fáil do, íoc as, tabhair airgead do, tacaigh le; bronn, dáil, dearlaic, deonaigh.

maoinlathas noun *plutocracy*: plútacrátachas; pl. na daoine saibhre, pl. na rachmasaithe.

maoirseacht noun ❶ *stewardship*: maoracht, stíobhardacht. ❷ *(act of) surpervising, superintendence*: aire, ardcheannas, bainisteoireacht, ceannaireacht, ceannas, ceannasaíocht, cinnireacht, eagraíocht, feighlíocht, ionramh, lámhsmacht, luamhaireacht, mineastráil, mineastrálacht, riail, rialú, riarachán, riaradh, rialúchán, saoistíocht, smacht, stiúir, stiúradh, stiúrthóireacht, treoir, treorú, údarás.

maoirseoir noun *superviser, superintendent*: ardcheannaire, bainisteoir, captaen, ceannaire, ceannasaí, cinnire, feighlí, geafaire, geafar,

maoithe
geaingear, maor, oifigeach, saoiste, stiúrthóir, treoraí.

maoithe noun ❶ *softness, tenderness:* boige, bogúire, boigéis, caoine, míne, míneadas, séimhe, tláithe, tlás. ❷ *feebleness, enervation:* anbhainne, cloíteacht, fainne, faoine, faoineacht, lag, lagachar, lagáisí, lagar, mairbhití, marbhántacht, téiglíocht, tréithe, tréithleachas. ❸ *moistness:* drúcht, fliche, fliuchadh, fliuchán, fliuchras, fraighfhliuchadh, fraighfhliuchas, leacht, sabhsa, sileán, siod-drúcht, sreabh, sreabhán, taise, taisleach, úire, úireacht, úireadas, uisce, uisciúlacht. ❹ *tearfulness, sentimentality:* bogúir, bogúire, deoiríneacht, deoirínteacht, maoithneachas.

maoithneach adjective ❶ *emotional, sentimental:* bogúrach, caointeach, corraitheach, deorach, maoth, mothúchánach, paiseanta, rachtúil, rómánsach, sochorraithe, tochtach, tochtmhar. ❷ *melancholic, despondent:* atuirseach, brúite, ceanníseal, ciachmhar, ciamhair, cianach, cianúil, díomuach, doilbh, doilbhir, domheanmnach, duairc, duaiseach, duasmánta, dubhach, dúchroíoch, dúlagrach, dúlionnach, dúnéaltach, éadóchasach, gruama, lagsprideach, lagspridiúil, meirtneach, púiceach, smúitiúil, smúitiúnta, tromchroíoch, *literary* dearchaointeach, eimhilt; gan dóchas.

maol adjective ❶ *bare:* fornocht, leis, lom, lomnocht, nocht, nochta, ris, scártha, sceirdiúil, tarnocht, tarnochta. ❷ *bald:* blagadach, blagaideach, calbhach, clamhach, plaiteach, plaitíneach, scafa. ❸ *hornless:* gan adharca. ❹ *cropped:* bearrtha, lom, lomartha lamartha, lomcheannach, lomtha; catach. ❺ *edgeless, blunt:* gan faobhar, maolfhaobhrach. ❻ *dense, obtuse:* aimhghlic, ainbhiosach, aineolach, amadánta, amaideach, baoiseach, baoth, bómánta, breallach, breallánta, bundúnach, dall, dallacánta, dallaigeanta, dallaigeantach, dallintinneach, díchéillí, dímheabhrach, dobhránta, dúr, dúramánta, éaganta, gamalach, lagintinneach, lagmheabhrach, leamh, leamhcheannach, leathmheabhrach, leibideach, mallintinneach, míghlic, neamhthuisceanach, óinsiúil, pleidhciúil, ramhar sa cheann, seafóideach, simplí, spadintinneach. noun ❶ *dense, obtuse person:* amadán, amaid, amal, amlóir, baileabhair, bobarún, bómán, breallaire, breallán, brealsán, brealscaire, brealsún, cadramán, ceann cipín, ceann maide, ceann mailléid, ceap magaidh, clogadán, cloigeann cabáiste, cloigeann cipín, cloigeann pota, dall, dallacán, dallachán, dallán, dallamlán, dallarán, dalldramán, daoi, dobhrán, dúdálaí, dúid, dúiripí, dundarlán, dunsa, dúradán, dúramán, durnánaí, éagann, gámaí, gamal, gamairle, glaigín, gligín, gogaille, graoisín, guaig, guaigín, leathdhuine, óinmhid, paor, pastae de chloigeann, pleib, pleidhce, pleota, sceilfid, simpleoir; tuathalán, *literary* miodhlach, amlóg, breallóg, cloigis, gamalóg, máloid, óinseach, uallóg.

maolaigeanta adjective *dull-witted, undiscerning:* aimhghlic, ainbhiosach, aineolach, amadánta, amaideach, baoiseach, baoth, bómánta, breallach, breallánta, bundúnach, dall, dallacánta, dallaigeanta, dallaigeantach, dallintinneach, díchéillí, dobhránta, dúr, dúramánta, éaganta, gamalach, guanach, lagintinneach, leamh, leamhcheannach, leathmheabhrach, leibideach, mallintinneach, míghlic, neamhthuisceanach, óinsiúil, pleidhciúil, ramhar sa cheann, seafóideach, simplí, spadintinneach.

maolaigeantacht noun *stupidity, idiocy:* aimhghliceas, amadántacht, amadántaíocht, amlóireacht, athbhaois, baois, baoithe, bómántacht, breallántacht, brealsacht, brealscaireacht, brealsúnacht, daille, dallacántacht, dallacántaíocht, dallaigeantacht, dallbhach, díchiall, dímheabhair, díth céille, dorchadas, dúire, éagantacht, easpa céille, easpa eolais, éigiall, gamalacht, íorthacht, leibideacht, leimhe, leimheas, míghliceas, pleidhcíocht, pleotaíocht, raimhre réasúin, saontacht, seafóid, simplíocht, soineantacht.

maolaigh verb ❶ *bare, make bald:* nocht, rúisc, struipeáil; cluimhrigh, pioc; bain an clúdach de, bain an clúmh de, bain an ghruaig de, fág gan chlúdach. ❷ *blunt:* bain an faobhar de. ❸ *lower, flatten:* bain anuas, brúigh faoi, brúigh síos, crom, ísligh, leacaigh, leag, lig anuas, stríoc, tabhair anuas ísligh. ❹ *abate, lessen:* caolaigh, cnaígh, cúb, cuir srian le, cúlaigh, fuaraigh, géill, lagaigh, laghdaigh, loic, meath, meathlaigh, múch, scoir, sleabhaic, stad, stop, téigh ar gcúl, téigh as, teilg, teip, tit, tréig.

maolaisnéis noun *understatement:* liotóid; caolchúis, sofhriotal.

maolán noun *bald person:* blagadán, maoilín dod, plaiteachán, plaitíneach; *familiar* cúl naoi ribe. ❷ *hillock, knoll:* ard, ardán, cabhán, céide, cnocán, droimín, droimnín, maoileann, maolán, maológ, meall, mullán, tortóg, tulach, tulchán, *literary* cnucha. ❸ *hornless cow:* maoilín. ❹ *dull-witted person:* amadán, amaid, amal, amlóir, bobarún, bómán, breallán, ceann cipín, ceann maide, clogadán, cloigeann cabáiste, cloigeann cipín, cloigeann pota, dallarán, dobhrán, dúdálaí, dúid, dundarlán, dunsa, éagann, gamal, gamairle, glaigín, gligín, gogaille, guaig, guaigín, leathdhuine, maolagán, paor, pastae de chloigeann, pleib, pleidhce, pleota, sceilfid, simpleoir.

maolchluasach adjective ❶ *crop-eared:* gearrchluasach, smiotach. ❷ *crestfallen, subdued, sheepish:* búidíneach, ceansaithe, cloíte, mímheanmnach, uascánta; agus a chleití síos leis.

maolú noun *alleviation, reduction:* bogadh, caolú, faoiseamh, lacáiste, laghdú, lagra, lagú, laigse, lascaine, meánaíocht, tanaíochan, titim, trá, traoitheadh.

maor noun ❶ *steward, bailiff, warden:* maor coille, maor seilge, maor uisce; aibhéardaí, áidsint, athmháistir, báille, bairdéir, bardach, caomhnach, caomhnóir, coimeádaí, coimhéadaí, formán, gairdian, garda, mórmhaor, stíobhard, vaidhtéir, vaidhtéir cuain, *literary* custás. ❷ *supervisor, superintendent:* bainisteoir, captaen, ceann, ceannaire, ceannasaí, ceann feadhna, ceann foirne, ceannfort, ceann urra, cinnire, coimirceoir, fairtheoir, fear ceannais, feighlí, geafaire, geafar, geaingear, gobharnóir, maoirseacht, oifigeach, príomhoifigeach, reachtaire, rialtóir, riarthóir, saoiste, scipéir, stiúrthóir, taoiseach, treoraí, uachtarán, *literary* léadar; boc mór, iasc mór, lus mór. ❸ *(army) major:* ceannfort.

maoracht noun ❶ *stewardship, wardenship:* báillíocht, coimirce, maoirseacht, stíobhardacht. ❷ *superintendence:* bainisteoireacht, ceannaireacht, ceannas, ceannasaíocht, cinnireacht, fairtheoireacht, feighlíocht, geafaireacht, saoistíocht, seiceáil, stiúir, stiúrthóireacht, treoir, uachtaránacht.

maorga adjective ❶ *dignified, imposing:* ardaigeanta, ardchéimiúil, ardchéimneach, biliúil, céimiúil, cuibhiúil, cúirtéiseach, cúirtiúil, díniteach, foirmiúil, grástúil, mómhar, mórga, mórgach, nósúil, oirirc, réimiúil, ríoga, ríogúil, ríthiúil, ríúil, ríonaí, síodúil, sollúnta, stáidiúil, statúil, tiarnúil, uasal, *literary* miadhach, séaghainn. ❷ *sedate, quiet:* céillí, ciúin, cuibhiúil, daingean, maránta, neamhbhuartha, neamhchorrach, neamhchorraithe, neamhshuaite, réchúiseach, sámh, seasta, séimh,

sítheach, síthiúil, socair, staidéartha, stuama, suaimhneach.

maorgacht noun ❶ *stateliness, dignity*: céimiúlacht, cúirtéiseacht, dínit, foirmiúlacht, grástúlacht, mórgacht, oirirce, oirirceas, réimiúlacht, ríogacht, riúlacht, sollúntacht, stáidiúlacht, stát, tiarnúlacht, uaisle, uaisleacht.

maorlathas noun *bureaucracy*: riarachán, rúnaíocht, státseirbhís; *pl.* feidhmeannaigh, *pl.* na húdaráis, oifigiúlachas; an córas, an rialtas, *pl.* na ranna stáit, ríocht na n-oifigeach; *pl.* na poirt oireachais; miníteacht oifigiúil, ró-oifigiúlacht; meamraiméis.

maos noun *saturation*: maothú, sáithiú. **adverbial phrase ar maos** *saturated, soaked, soaking*: dubhfhliuch, báite, fliuch báite, maosta, sabhsáilte; ar bogadh, ina líb, ina líbín.

maoth adjective ❶ *soft, tender*: bog, bogúrach, boigéiseach, caoin, maothlach, mín, séimh, tim, tláith. ❷ *weak, enervated*: anbhnn, cloíte, crólag, fann, faon, lag, lagáiseach, marbhánta, sleaiceáilte, tréith, tréithlag, *literary* triamhain. ❸ *moist*: ar bogadh, fliuch, forfhliúch, maosta, tais, uisciúil; fliuch báite, ina líbín. ❹ *soppy, sentimental*: bogúrach, deoiríneach, mothúchánach.

mapa¹ noun *map*: cairt, léarscáil plean; léaráid.

mapa² noun *mop*: mop, strailleán, strilleán. ❷ **mapa gruaige** *mop of hair*: ceann, ciabh, cúl, cúl gruaige, folt, gruaig, moing, mothall, mothall gruaige, stoth, stothall, stothóg, suasán, suasán cinn, súisín, urla.

mapáil¹ verb *map*: línigh, rian, rianaigh, sceitseáil, tarraing; dear, dréacht, eagraigh, leag amach, leag síos.

mapáil² verb *mop*: glan, nigh, rinseáil, sciomair, sciúr, scuab, sruthlaigh.

maraí noun *mariner, seaman*: farraigeach, fear farraige, loingseach, loingseoir, mairnéalach, seoltóir.

maraigh verb ❶ *kill*: básaigh, cuir chun báis, cuir deireadh leis, dúnmharaigh, neamhnaigh, *literary* slaidh; croch, daor chun báis, dícheann, lámhaigh, cuir os comhair scuad lámhaigh, imir bás ar dhuine le clocha, linseáil. ❷ *neutralize*: mill, neamhnigh, neodraigh; cuir ó éifeacht, cuir ó rath.

maraíocht noun *seafaring, sailing*: farraigeoireacht, loingseoireacht, mairnéalacht, mairnéalaíocht, seoltóireacht.

marana noun ❶ *contemplation*: athmhachnamh, athsmaoineamh, cuimhneamh, machnamh, meabhrú, rinnfheitheamh, scáthántacht, smaoineamh, spéacláireacht, staidéar, *literary* midheamhain, teoir. ❷ **ar a mharana** *rapt in thought*: ar maos ina chuid smaointe.

maránta noun *bland, gentle, unperturbed*: banda, banúil, béasach, búch, caoin, caomh, caonrasach, ceansa, cineálta, deismíneach, féithchiúin, fíneáilte, macánta, mánla, maothchroíoch, mín, miochair, míonla, modhúil, múinte, oilte, sásta, tláith; ciúin, cuibhiúil, daingean, maránta, neamhbhuartha, neamhchorrach, neamhchorraithe, neamhshuaite, réchúiseach, sámh, séimh, socair, staidéartha, stuama, suaimhneach.

marbh adjective ❶ *dead*: básaithe, caillte, díofa, imithe, maraithe, mín marbh, neamhbheo, stiúgtha; níl spréachán ann; tar éis bháis, ag iompar na bhfód, ar shlí na fírinne, ar shlua na marbh; imithe leis an ngleoraitheo; tá a chaiscín meilte, tá a chosa nite; níl flip ann. ❷ *inert, exhausted*: cloíte, pléite, sáraithe, seangaithe, síleáilte, spíonta, tnáite, traochta; caothtuirseach; ina chnap; níor fhan sea ná seoladh ann. ❸ *slack*: bog, corrach, liobarnach, lúsáilte, scaoilte, sraoilleach; ar crochadh, ar liobarna. ❹ *unused, idle*: díomhaoin, neamhghnóthach, *literary* déinmheach; ar scor, ina chónaí, ina stad. ❺ *dull, dead (of sound, colour)*: balbh, bodhar, toll; murtallach, neamhlonrach. **noun** *dead person*: corpán, éagach, marbhán; duine nach maireann; íobartach.

marbhán noun ❶ *dead person, corpse*: corpán, éagach, marbh, stiúgaí; duine nach maireann; íobartach. ❷ *dead-and-alive person*: bás ina sheasamh, bás gorm, básachán, básadán, braoinseachán, catamán, duine leathbheo, duine neamhbheo, éagbhás, niúdar neádar, niúide neáide, niúidí neáidí, sacsrathair, seithide, síománach, síománaí, smúrthannach, splangadán; níl ann ach fuílleach an bháis.

marbhánta adjective *lifeless, lethargic*: bómánta, céimleasc, falmharánta, fuarbhruite, leadránach, leasc, liosta, mairbhiteach, mall, mallacharach, malldícheallach, mallghluaiste, meirbh, múisiúnta, réidh, righin, sionsach, slogánta, spadach, spadánta, támáilte, támhach, torpánta, *literary* laiste; gan spionnadh.

marbhna noun *elegy*: acaoineadh, caoineadh, éagaoineadh, mairgne, mairgneach, mairgní, olagón, tuireamh.

marc noun ❶ *target, goal*: aidhm, ceann sprice, cuspóir, sprioc, targaid. ❷ *mark, sign*: comhartha, leid, lorg, mana, nod, pitseach, rian, siodal, *literary* sín. ❸ *pl.* **marcanna** *(school)* *marks*: *pl.* gráid, *pl.* torthaí, *pl.* torthaí sna scrúduithe, *pl.* pointí, *pl.* pointí san Ardteistiméireacht.

marcach noun *rider, horseman*: eachaí, jacaí; duine ar dhroim capaill, duine ar mhuin capaill; fiagaí, sealgaire; ridire; baneachlach, banmharcach.

marcaigh verb *ride (horse)*: téigh ar muin capaill, *literary* graifnigh.

marcáil verb ❶ *mark*: breac, cuir comhartha ar, cuir rian ar. ❷ *correct*: ceartaigh, cóirigh, leasaigh. ❸ *mark out, plot*: déan plean de, leag amach, mapáil, rian, rianaigh.

marcaíocht noun ❶ *riding, horsemanship*: eachaíocht, *literary* éarmaíocht; rothaíocht. ❷ *ride, lift*: síob, cúlóg.

marcshlua noun ❶ *horsemen, cavalry*: *pl.* cathmharcaigh, *pl.* eachaithe, eachra, *pl.* marcaigh, marcra, *literary* grafainn. ❷ *cavalcade*: colún, máirseáil, máirseáil thar bráid, mórshiúl, paráid, próisisiam, siúl, siúl slua, slógadh, sochraid, tóstal.

marfach adjective ❶ *deadly, fatal*: baolach, básúil, contúirteach, coscrach, dainséarach, damáisteach, dochrach, éagmhar, loiteach, millteach, púrach, sriosach, treascrach, tubaisteach. ❷ *intense, distressing*: aingí, ainscianta, anróiteach, bearrtha, binbeach, colgach, cráite, crua, cruálach, danaideach, diachrach, dian, dochrach, dochraideach, doghrainneach, dolba, duaiseach, gangaideach, garg, gártha, géar, goimhiúil, goirt, gonta, léanmhar, mallaithe, nathartha, nimhneach, olc, pianmhar, ribeanta, treabhlaideach, tréan, *literary* grod. **noun** *carnage, slaughter*: ár, argain, bascadh, búistéireacht, coscairt, deargár, eirleach, íospairt, lámhach, marú, réabadh, slad, scláradh, slascairt, sléacht, sleachtadh.

marfóir noun *killer*: básaire, búistéir, crochaire, dúnmharfóir, feallmharfóir, fear gunna, gunnadóir, murdaróir, neamhnitheoir, scriostóir, sriosúnach, sladaí, sladaire, *literary* marfach; athairmharfóir, fionaíolach.

margadh noun ❶ *market*: aonach, basár, marglann, siopalann; ollmhargadh. ❷ *bargain, agreement*: comhaontú, conradh, cor, coraíocht, cúnant, réiteach, socrú, *pl.* téarmaí.

margaíocht noun *bargaining*: margáil, margaireacht, margáintíocht, ocastóireacht, stangaireacht, strucáil; cailicéireacht.

margairín noun *margarine*: buíoc.

margálaí

margálaí noun ❶ *bargainer, haggler:* braigléir, mangaire, margálaí, stangaire, strucálaí; cailicéir. ❷ *temporizer:* lúbaire, moilleadóir, righneálaí, seachantóir, stangaire.

maróg noun ❶ *pudding:* maróg bhainne, maróg rise, maróg risíní; milseog; drisín, inreachtán, lúbán dubh, putóg, putóg bhán, putóg dhubh, scéag; hagaois, proinseach. ❷ *paunch:* ardbholg, bolg, ceaig, ciseachán, collaid, cuadal, feirc, geois, méadail, peasán, riteachán, sceart, séibe, stomán, tarr, torp, *familiar* corcán.

marós noun ❶ *rosemary (Rosmarinus):* crann Mhuire, marbhdhrúcht, mardhrúcht, rós Mhuire. ❷ *bog rosemary (Andromeda polifolia)* andraiméid, fraoch corraigh, lus na móinte.

mart noun ❶ *carcass of beef:* ablach, conablach, splíonach. ❷ *fattened heifer or bullock:* ainmhí, beithíoch, martán; bodóg, bearach, colpach, dairt; bológ, bullán, bulóg, damh, damhán.

mártan noun *pine marten (Martes martes):* cat crainn, crannchú na coille, madadh crainn; othmann, toghán, tothán.

martarlaig noun *martyrology:* pl. beathaí na naomh, féilire na naomh, naomhsheanchas.

marthain noun ❶ *existence, subsistence:* beatha, beith, beith ann, eiseadh, eisint. ❷ *sustenance, food:* beatha, beathú, *pl.* béilí, bia, cothú, fodar, follúnú, greim, greim is bolgam, lón, lónadóireacht, lónú, marthanacht, rótham, scamhard, soláthar bia, tomhaltas.

marthanach adjective *lasting, enduring:* bithbheo, bithbhuan, bithnua, buan-, buanfasach, buanúil, domharfa, fada, fadsaolach, fadtéarmach, leanúnach, ilbhliantúil, neamhbhásmhar, saolach, seasmhach, seasta, síoraí, sithiúil, suthain, teilgeach; ar marthain; buanseasmhach, daingean, dígeanta, dílis, diongbháilte, do-aistrithe, do-athraithe, dochaite, dochealaithe, dochlaochlaithe, doscaoilte, doscriosta, doshannta, dothruaillithe, taoisleannach, teann.

martra noun ❶ *martyrdom:* mairtíreacht. ❷ *relics:* pl. taisí, *literary* creadair, mionn; taiseagán.

martraigh verb ❶ *martyr:* déan mairtíreach de. ❷ *cripple:* craplaigh, creaplaigh, míchumasaigh, speir; fág ainimh ar, fág cithréim ar, fág faoi chithréim.

marú noun *killing, slaughter:* ár, argain, bascadh, búistéireacht, coscairt, deargár, eirleach, íospairt, lámhach, marfach, marfadh, slad, scláradh, slascairt, sléacht, sleachtadh, *literary* slaidhe.

más noun *buttock, ham, thigh:* bundún, dorc, geadán, gimide, giorradán, gúnga, más, prompa, rumpa, tiarpa, tóin, *familiar* cráic; ceathrú, corróg, láirig, leis, sliasaid, *literary* tarbh sliasta, *colloquial* leasrach.

másach adjective *having big buttocks, big thighs:* prompach, tiarpach, tónach; láirigeach, sliastach. noun *big-bottomed person, big-thighed person:* láirigeach, láirigeán, másaire, prompaire, tiarpa.

másailéam noun *mausoleum:* adhlacadh, adhlacan, adhnacal, *pl.* catacómaí, lusca, tuama, *literary* meamra.

masc noun *mask:* aghaidh fidil, aghaidh bhréige, cealtair, *pl.* ceannaithe púca, clipéad, dallacán, dallachán, folach dubh, púic, púicín.

mascalach adjective *manly, vigorous:* ábalta, acmhainneach, bíogúil, bisiúil, bríoch, bríomhar, calma, calmánta, ceolmhar, cróga, cumasach, cumhachtach, éifeachtach, fearúil, feilmeanta, féitheach, féitheogach, foirtil, fórsúil, fuinniúil, inniúil, láidir, látharach, matánach, misniúil, móruchtúil, muscalach, neartmhar, oirbheartach, scafánta, séitreach, smiorúil, spreacúil, sracúil, tathagach, torthúil, tréan, treisiúil, tréitheach, urrúnta, urrúsach. noun *masculine, vigorous person:* cliobaire, crobhaire, féithíoch, forránach, gaiscíoch, laoch, preabaire, scafaire.

masla noun ❶ *insult, opprobrium:* achasán, aifirt, cáithiú, cámas, cnáid, díspeagadh, eascaine,

---

Marsúipiaigh agus Monaitréimigh

antechinus (*Antechinus flavipes*): mardó
bandicoot (*family* Paramelidae): bandacút
Bennett's wallaby (*Protemnodon rufogrisea*): valbaí Bennett
bettong (*Bettongia penicillata*): beiteang
billby (*Macrotis lagotis*): bilbí
brushtail possum (*Trichosurus vulpecula*): pasam scuabach
cuscus (*family* Phalangeridae): cúscas
dasyure (*family* Dasyuridae): dasúr
dibbler (*Parentechinus apicalis*): dibléir
duck-billed platypus (*Ornithorhynchus anatinus*): platapas
dunnart (*Sminthopsis crassicaudata*): dunart
eastern grey kangaroo (*Macropus giganteus*): cangarú glas oirthearach
greater glider (*Petauroides volans*): faoileoir mór
flying phalanger (*Petaurus sp.*): peatáras
honey possum (*Tarsipes sp.*): pasam meala
kangaroo (*family* Macropodidae): cangarú
koala (*Phascolarctos cinereus*): cóála
kowari (*Dasycercus byrnei*): cóbháraí
kultarr (*Antechinomys laniger*): cúltár
long-nosed echidna (*Zaglossus bartoni*): eicidneach srónfhada
marsupial cat (*Dasyurus albopunctatus*): cat marsúpiach
marsupial mole (*Notoryctes typhlops*): caochán marsúipiach
marsupial mouse (*family* Dasyuridae): luch f. mharsúipiach
marsupial rat (*féach* **kowari**)
mouse opossum (*Marmosa sp.*): apasam luiche
mulgara (*Dasycercus cristicaudata*): mulgára
numbat (*Myrmecobius fasciatus*): numbat
opossum (*family* Didelphidae): apasam
pademelon (*Thylogale sp.*): padamalan
phalanger (*féach* **cuscus**)
phascogale (*Phascogale sp.*): fascagál
planigale (*Planigale maculata*): planagál
possum (*families* Pseudocheiridae, Phalengeridae, *etc.*): pasam
potoroo (*Potorous sp.*): potarú
pygmy possum (*family* Burramyidae): pasam bídeach
quokka (*Setonix brachyurus*): cuóca
quoll (*féach* **marsupial cat**)
rabbit-eared bandicoot (*féach* **bilby**)
rat kangaroo (*Aepyprymnus rufescens*): beiteang rua
ringtail possum (*Pseudocheirus peregrinus*): pasam eireaballach`
rock wallaby (*Petrogale*): valbaí leice
short-nosed echidna (*Tachyglossus aculeatus*): eicidneach srónghearr
sminthopsis (*féach* **dunnart**)
sugar glider (*Petaurus breviceps*): faoileoir siúcra
Tasmanian devil (*Sarcophilus harrisii*): diabhal Tasmánach
Tasmanian wolf (*Thylacinus cynocephalus*): tíolaicín
thylacine (*féach* **Tasmanian wolf**)
wallaby (*family* Macropodidae): valbaí
wallaroo (*Macropus robustus*): valarú
western grey kangaroo (*Macropus fulginosus*): cangarú glas iarthach
wombat (*Vombatus ursinus*): vambat

fochaid, fonóid, guth, guthaíl, íde béil, íde na muc agus na madraí, iomard, iomardú, maslú, maslúchán, sciolladh, sciolladóireacht, scóladh, spailleadh, táinseamh, tarcaisne, tarcaisníl, tromaíocht, *literary* glámh. ❷ *strain, overstrain*: anró, éigean, maslú, maslúchán, sníomh, straidhn, strus; cur thar acmhainn, cur thar fulaingt.

maslach adjective ❶ *insulting, abusive*: achasánach, aithiseach, cáinteach, cnáideach, cnáidiúil, drochmheastúil, drochmheasúil, easmailteach, easonórach, fochaideach, fonóideach, frimhagúil, gadhrúil, gairgeach, gangaideach, garg, glámhach, goibéalta, iomardach, magúil, scigiúil, sclamhach, sclamhógach, searbhasach, spídiúil, tarcaisneach. ❷ *overstrenuous, overtaxing*: anacair, anróch, anróiteach, cloíteach, duaisiúil, marfach, saothrach.

maslaigh verb ❶ *insult, abuse*: aifir, aithisigh, cáin, caith anuas ar, cáithigh, díbligh, easmail, guthaigh, imdhearg, mallaigh, mallachtaigh, tarcaisnigh, *literary* glámh; tabhair achasán do, tabhair íde béil do, tabhair íde na muc is na madraí do. ❷ *overstrain, overtax*: cloígh, ídigh, sáraigh, spíon, tnáith, traoch; cuir thar a acmhainn, cuir thar a fhulaingt, tabhair bogmharú do; tá sé buailte amach, tá sé buailte suas; tá sé i ndeireadh an anama, tá sé i ndeireadh na feide, tá sé i ndeireadh na péice, tá sé i ndeireadh na preibe; níl fonn na fiach ann.

masmas noun *nausea*: adhascaid, aiseag, bréitse, casadh aigne, cradhscal, déistin, éiseal, fuath, glonn, gráin, múisc, múisiam, orla, samhlas, samhnas, sléidíocht, urlacadh, urlacan.

mata noun *mat*: cáiteog, pardóg, sráideog; brat urláir, cairpéad.

máta noun *mate, pal*: caidreamhach, cara, compánach, comrádaí, guaillí, leathbhádóir, páirtí, páirtnéir; cuiditheoir, cúntóir, giolla.

matal noun ❶ *literary mantle, cloak*: aimicín, bradhall, brádóg, brat, bratóg, cába, casal, casóg, ceardán, clóca, cótán, dolmán, falaing, imchasal, ionarbhréid, mainte, róba, seál, tuíneach, *literary* céadach, cubhal, leann. ❷ *mantlepiece*: clabhan, clabhar, clár matail.

matalang noun *disaster, calamity*: amaróid, anachain, cat mara, cinniúint, ciotrainn, doinmhí, donacht, donas, drochrath, eirleach, longbhriseadh, mí-ádh, mífhortún, mírath, mísheoladh, míthapa, taisme, tapaigean, teipinn, timpiste, tionóisc, tragóid, treabhlaid, treascairt, tubaist, tubaiste, turraing, *literary* dursan, teidhm.

matamaitic noun *mathematics*: áireamh, comhaireamh, eolas ar áireamh, uimhríocht; céimseata, geoiméadracht; ailgéabar; triantánacht; calcalas, mionáireamh.

Brainsí na Matamaitice

algebra: ailgéabar
analysis: anailís f.
applied mathematics: matamaitic f. fheidhmeach
arithmetic: uimhríocht f.
calculus: calcalas
catastrophe theory: teoiric f. catastróife
category theory: teoiric f. na gcatagóirí
chaos theory: teoiric f. an anoird
combinatorics: **plural noun** teaglamaí
differential calculus: calcalas difreálach
discrete mathematics: matamaitic f. dhiscréideach
game theory: teoiric f. cluiche
geodesy: geodasaíocht f.
geometry: céimseata f.
integral calculus: calcalas suimeálach
mechanics: meicnic f.
nomography: nomagrafaíocht f.
number theory: teoiric f. na n-uimhreacha
numerical analysis: anailís f. uimhriúil
probability theory: teoiric f. na dóchúlachta
pure mathematics: glanmhatamaitic f.
set theory: teoiric f. na dtacar
statics: staitic f.
statistics: staitistic f.
topology: toipeolaíocht f.
trigonometry: triantánacht f.

Téarmaí Matamaitice

Abelian: Aibéalach
abscissa: aibsíse f.
acute angle: géaruillinn f.
addition: suimiú
algebra: ailgéabar
algorithm: algartam
analysis: anailís f.
analytical function: feidhm f. anailíseach
antilogarithm: frithlogartam
Apollonius' theorem: teoirim f. Apallóiniais
area: achar
Argand diagram: léaráid f. Argand
arithmetic mean: meán uimhríochtúil
arithmetic progression: seicheamh uimhríochtúil
array: eagar
artinian: airtineach
ascent: ardaitheacht f.
associative: comhthiomsaitheach
associative law: dlí na comhthiomsaitheachta
asymptote: asamtóit f.
autocorrelation: uath-chomhchoibhneas
average: meán; meán-
Banach space: spás Banach
base: bun; bonn
Bayes' theorem: teoirim f. Bayes
bell curve: cuar clogchruthach
Bernoulli numbers: uimhreacha Bernoulli
Bessel functions: feidhmeanna Bessel
bi-: dé-
bijective: détheilgeach
bijective function: feidhm f. dhétheilgeach
binomial: déthéarmach
binomial distribution: dáileadh déthéarmach
binomial theorem: teoirim f. dhéthéarmach
binormal vector: veicteoir dénormalach
bivariate: **adjective** dé-athráideach
bivariate: **noun** dé-athráid f.
Boolean algebra: ailgéabar Boole
boundary: teorainn f.
bounded: cuimsithe
bounded function: feidhm f. chuimsithe
box plot: boscbhreacadh
box and whisker plot: breacadh bosca is ribe
bra: bra
bra-ket notation: nodaireacht f. bra-ket
Briggsian logarithm: logartam Briggs
calculus: calcalas
Cantor set: tacar Cantor
cardinal number: bunuimhir f.
Cartesian: Cairtéiseach
Cartesian coordinates: comhordanáidí Cairtéiseacha
category: catagóir f.
Cauchy dispersion formula: spréfhoirmle f. Cauchy
Cauchy sequence: seicheamh Cauchy
central limit theorem: teoirim f. na teorann lárnaí
central tendency: claonadh lárnach
chain condition: coinníoll slabhrúil
characteristic equation: sainchothromóid f.
characteristic function: sainfheidhm f.

Téarmaí Matamaitice
ar lean

Chinese remainder theorem: teoirim *f.* Shíneach an fhuílligh
class interval: eatramh aicme
closure (*in topology*): druidim *f.*
co-: comh-
codimension: comhthoise *f.*
coefficient: comhéifeacht *f.*
collection: cnuasach
common denominator: comhainmneoir
commutative: cómhalartach
commutative law: dlí na cómhalartachta
commutator: cómhalartán
compact: comhdhlúth; cruinn
compact metric space: spás comhdhlúth méadrach
compact topological space: spás comhdhlúth toipeolaíochta
complementary subspace: comhspás
complete metric space: spás méadrach iomlán
complete number: uimhir *f.* iomlán
complex: **adjective** coimpléascach
compression: comhchúngú
conditional probability: dóchúlacht *f.* choinníollach
confidence interval: eatramh muiníne
confidence limit: teoirim *f.* muiníne
conjugacy: comhchuingeas
conjugate: comhchuingigh
constant **noun**: tairiseach
constant number: buanuimhir *f.*
contingency table: tábla teagmhasachta
continuous function: feidhm *f.* leanúnach
contour integration: cuarshuimeáil *f.*
contraction: crapadh
contravariant: frithathraitheach
converge: inréimnigh
convergent: inréimneach
coordinate geometry: céimseata *f.* chomhordanáideach
coproduct: comhiolrach
correlation coefficient: comhéifeacht *f.* comhghaolúcháin
cosecant:
  (*Geometry*) comhtheascaí;
  (*Trigonometry*) comhsheiceant
cosine: comhshíneas
cotangent:
  (*Geometry*) comhthadhlaí;
  (*Trigonometry*) comhthangant
countable: ináirithe; inchomhairthe
countable set: tacar inchomhairthe
covariance: comhathraitheas
covariant: comhathraitheach
cross product: trasiolrach
cube: ciúb
cube root: fréamh *f.* chiúbach

cumulative distributive function: feidhm *f.* dáileacháin charnaigh
cumulative error: earráid *f.* charnach
curvature: cuaire *f.*
decile: deicíl *f.*
decimal point: pointe deachúil
definite: cinnte
definite integral: suimeálaí cinnte
deformation: díchumadh
de Moivre's formula: foirmle *f.* de Moivre
denominator: ainmneoir
dense: dlúth
dense range; *of dense range*: dlúthraonach
denumerable set: tacar inchomhairimh
derivative: díorthach; díorthaíoch
derived: díorthaithe
determinant: deitéarmanant
difference: difríocht *f.*
differentiable function: feidhm *f.* indifreálaithe
differential calculus: calcalas difreálach
differential equation: cothromóid *f.* dhifreálach
differentiation: difreáil *f.*
digit: digit *f.*
dimension: toise *f.*
diophantine analysis: anailís *f.* dhiafaintíneach
diophantine equation: cothromóid *f.* dhiafaintíneach
direct integral: dírshuimeálaí
direct product: iolrach díreach
Dirichlet series: sraith *f.* Dirichlet
discrete: discréideach
discriminant: **noun** idirdhealaitheach
discriminant function: feidhm *f.* idirdhealaitheach
distributive: dáileach
distributive law: dlí an dáilte
divergence: dibhéirseacht *f.*
dividend: rannann *f.*
division: roinnt *f*
divisor: roinnteoir
domain: fearann
eigenfunction: dualfheidhm *f.*
eigenvalue: dual-luach *f.*
eigenvector: dualveicteoir
element: ball
empty: bán; folamh
enumeration: áireamh
epimorphism: eipeamorfachas
equation: cothromóid *f.*
equivalence: coibhéis *f.*
Eratosthenes, sieve of: criathar Earatóstainéis
Euclidean geometry: céimseata *f.* Eoclaideach
Euclid's axioms: aicsímí Eoclaid
Euler's constant: tairiseach Euler
Euler's formula: foirmle *f.* Euler
exact sequence: seicheamh cruinn
expansion: forbairt *f.*

exponent: easpónant
exponential function: feidhm *f.* easpónantúil
exterior product: iolrach seachtrach
extrapolation: eachtarshuíomh
factor: fachtóir
factor analysis: anailís *f.* fachtóirí
factorial: **adjective** iolránach
factorial **noun**: iolrán
family: teaghlach
Fermat's last theorem: teoirim *f.* dheireanach Fermat
Fibonacci numbers: uimhreacha Fibonacci
Fibonacci series: seicheamh Fibonacci
field: réimse; (Alg.) machaire
filter: **noun** scagaire
filter: **verb** scag
filtered: scagtha
finite: críochta
finite rank: *of finite rank* rangchríochta
finite set: tacar críochta
flux: flosc
foirm: foirm *f.*
formula: foirmle *f.*
four-colour problem: fadhb *f* ceithre dhath
Fourier analysis: anailís *f.* Fourier
Fourier series: sraith *f.* Fourier
fractal **noun**: codach
fractal set: tacar codach
fraction: codán
frequency distribution: dáileadh minicíochta
function: feidhm *f.*
functor: feidhmeoir
fuzzy set: tacar doiléir
Galois group: grúpa Galois
game theory: teoiric *f.* cluiche
gaussian: **adjectival genitive** Gauss; gabhsach
gaussian distribution: dáileadh Gauss
Gauss's theorem: teoirim *f.* Gauss
geometric mean: meán geoiméadrach
geometric progression (*féach geometric sequence*)
geometric sequence: seicheamh iolraíoch
Gödel numbers: uimhreacha Gödel
googol: gúgal
googolplex: gúgalpléasc
graded: grád-
gradient: grádán
Green's theorem: teorim *f.* Green
group: grúpa
group theory: teoiric *f.* na ngrúpaí
harmonic progression: seicheamh armónach
Hausdorff topological space: spás toipeolaíoch Hausdorff
hermitian matrix: maitrís *f.* Hermite
hessian matrix: maitrís *f.* Hess
highest common factor: fachtóir coiteann is airde

Hilbert space: spás Hilbert
Hilbert's problems:
  fadhbanna Hilbert
histogram: histeagram
holomorphic function:
  feidhm *f.* holamorfach
homeomorphism:
  hoiméamorfacht *f.*
homomorphism: homamorfacht *f.*
homotopy: homatopaíocht *f.*
hyperbolic cosine:
  comhshíneas hipearbóileach
hyperbolic sine:
  síneas hipearbóileach
hyperbolic tangent:
  tangant hipearbóileach
identity: céannacht *f.*; ionannas
imaginary number:
  uimhir *f.* shamhailteach
improper fraction: leaschodán
inaccessible set:
  tacar neamh-inrochtana
indefinite integral:
  suimeálaí éiginnte
induction: iondúchtú
inequality: éagothroime *f.*;
  éagothromóid *f.*
infinite: **adjective** éigríochta
infinitesimal calculus:
  calcalas rímhion
inner product:
  iolrach inmheánach
injective: inteilgeach; cuingrithe
injective function:
  feidhm *f.* inteilgin
integer: slánuimhir *f.*
integrable function:
  feidhm *f.* insuimeálaithe
integrand: ionsuimeáil *f.*
integration: suimeáil *f.*
intercept: idirlíne *f.*
interpolation: idirshuíomh
interquartile: idircheathairíle *f.*
interval estimate:
  meastachán eatraimh
invariant:
  adjective do-athraitheach
invariant: **noun** do-athraitheach
inverse: **adjective** inbhéartach
inverse: **noun** inbhéarta
invertible function:
  feidhm *f.* in-inbhéartaithe
irrational number:
  uimhir *f* éagóimheasta
isometry: isiméadracht *f.*
isomorphism: iseamorfacht *f.*
iteration: atriall
Julia set: tacar Julia
ket: ket
Klein bottle: buidéal Klein
kurtosis: cúrtóis *f.*
Lagrange's theorem:
  teoirim *f.* Lagrange
lagrangian function:
  feidhm *f.* Lagrange
Laplace operator:
  oibreoir Laplace
least squares method:
  modh na n-íoschearnóg
Legendre polynomials:
  iltéarmaigh Legendre

Leibniz's theorem:
  teoirim *f.* Leibniz
lemma: áisín
leptokurtic: leipteacúrtach
L'Hopital's rule: riail *f.* L'Hopital
Lie group: grúpa Lie
limit: teorainn *f.*
limit point: carnphointe
linear equation:
  cothromóid *f.* líneach
linear space: spás líneach
Lobachevskian geometry:
  céimseata *f.* Lobachevski
locus: lócas
logarithm: logartam
logistic curve: cuar loighisticiúil
log-normal: log-normalach
long division: roinnt *f.* fhada
lowest common multiple:
  comhiolraí is lú
Maclaurin series:
  sraith *f.* Maclaurin
magic square:
  cearnóg *f.* dhraíochta
Mandelbrot set: tacar Mandelbrot
Mann-Whitney U-test:
  U-thástáil *f.* Mann-Whitney
Markov model: samhail *f.* Markov
matrix: maitrís *f.*
maximum: uas-
mean: **adjective** meánach
mean **noun** meán
measurable space:
  spás intomhaiste
measure space: spás miosúir
median: **adjective** meánach
median (Geometry): meánlíne *f.*;
  (*Statistics*) airmheán
meromorphic function:
  feidhm *f.* mhíreamorfach
Mersenne numbers:
  uimhreacha Mersenne
mesokurtic: méiseacúrtach
metric space: spás méadrach
metrizable topological space: spás
  toipeolaíoch inmhéadraithe
midpoint theorem:
  teoirim *f.* an lárphointe
minimal: íos-
Möbius strip: stiall *f.* Möbius
mode: modh. (*statistics*) mód
module: modúl
modulus: modal
monoid: monóideach
monomorphism: monamorfacht *f.*
Monte Carlo method:
  modh Monte Carlo
morphism: morfacht *f.*
moving average: meán luaileach
multiple: iolraí
multiplicand: iolrann *f.*
multiplication: iolrú
multiplicative function:
  feidhm *f.* iolraitheach
multiplier: iolraitheoir
multivariate: ilathráideach
mutually orthogonal:
  comhingearach
Napierian logarithm:
  logartam Napier

natural logarithm:
  logartam aiceanta
natural numbers:
  uimhreacha aiceanta
net: líon
Newman-Keuls test:
  tástáil *f.* Newman-Keuls
Newton method: modh Newton
node: nód
noetherian module:
  modúl Noether
non-empty: neamh-fholamh
non-parametric:
  neamh-pharaiméadrach
normal distribution:
  dáileadh normalach
normal vector:
  veicteoir normalach
normed linear space:
  spás líneach normaithe
null hypothesis:
  hipitéis *f.* nialasach
nullity: nialasacht *f.*
numerator: uimhreoir
obtuse angle: maoluillinn *f.*
ogive: rinnstua *f.*
one-tailed test:
  tástáil *f.* aonfhoircneach
operator: oibreoir
opposite (*of angles*):
  urchomhaireach
orbit: fithis *f.*
ordinal number: orduimhir *f.*
origin: bunphointe
orthogonal: ortagánach;
  dronuilleach; ingearach
outlier noun: asluiteach
para-: para(i)-
parallel: comhthreomhar
parallelogram:
  comhthreomharán
parameter: paraiméadar
partial derivative:
  páirtdhíorthach
Pascal's triangle: triantán Pascal
Pearson's correlation coefficient:
  comhéifeacht *f.* comhghaolaithe
  Pearson
percentile: peircintíl *f.*
perfect number: uimhir *f.* fhoirfe
perfect square: cearnóg *f.* fhoirfe
permutation: iomalartú
platykurtic: platacúrtach
plot noun: breacadh
plot verb: breac
point estimate:
  garmheastachán pointe
point of inflection:
  pointe infhillte
Poisson distribution:
  dáileadh Poisson
polar coordinates:
  comhordanáidí polacha
polynomial: iltéarmach
population: pobal
positive: dearfa
power: cumhacht *f.*
power series: cumhachtsraith *f.*

Téarmaí Matamaitice
ar lean

prime number: uimhir *f.* phríomha
principal component analysis: anailís príomh-chomh-pháirteanna
probability: dóchúlacht *f.*
probability density function: feidhm *f.* dhlús na dóchúlachta
probability distribution: dáileadh dóchúlachta
product: iolrach; toradh
projection: teilgean
projective: teilgeach
proof: cruthúnas; cruthú
proper function: dualfheidhm *f.*
pseudo-: súd-; bréag-; **adjectival genitive** bréige
punctured: pollta
Pythagoras' theorem: teorim *f.* Phíotágaráis
quadrilateral: adjective ceathairshleasach
quadrilateral: noun ceathairshleasán
quantile: cainníl *f.*
quartile: ceathairíl *f.*
quasi-: cuasa(i)-
quintile: cuintíl *f.*
quaternion: ceathairníon
queuing theory: teoiric *f.* na scuainí
quota sample: sampla cuóta
quotient: líon
random: randamach
random error: earráid *f.* randamach
range: raon
rank: rang
rank correlation: rang-chomhghaolú
ratio: cóimheas
rational number: uimhir *f.* chóimheasta
real number: réaduimhir *f*; uimhir *f.* réadach
reciprocal: adjective deilíneach
reciprocal: noun deilín
rectangle: dronuilleog *f.*
recurrence: athfhilleadh
recurring decimal: deachúil *f.* athfhillteach
reflex angle: uillinn *f.* athfhillteach
reflexive: aisfhillteach
regression: cúlú
remainder: fuílleach
repeating decimal (*féach* **recurring decimal**)
represent: léirigh
resolvent set: réiteam
restriction: cúngú
retraction: astarraingt *f.*
rhombus: rombas
Riemannian geometry: céimseata *f.* Riemann
right angle: dronuillinn *f.*
ring: fail *f.*
root: fréamh *f.*
root-mean-square value: luach fhréamh mheán na gcearnóg
rotation: rothlú; rothlúchán
Russell's paradox: paradacsa Russell
sample: sampla
sample point: pointe samplach
sample space: spás samplach
sampling error: earráid *f.* samplála
sampling frame: fráma samplála
scalar adjective: scálach
scalar noun: scálach
scalar product: iolrach scálach
scatter: scaip
scatter diagram: scaipléaráid *f.*
secant (*Geometry*): teascaí; (*Trigonometry*) seiceant
semi-: leath-
semidirect product: iolrach leathdhíreach
semigroup: leathghrúpa
separable metric space: spás méadrach indeighilte
separable topological space: spás toipeolaíoch indeighilte
sequence: seicheamh
series: sraith *f.*
sesquilinear form: foirm *f.* sheiscilíneach
set: tacar
signed: le sín
signed measure: miosúr le sín
signed-rank test: tástáil *f.* ranga le sín
significant figure: figiúr suntasach
similarity: cosúlacht *f.*
Simpson's rule: riail *f.* Simpson
simultaneous equation: cothromóid *f.* chomhuaineach
sine: síneas
smooth function: feidhm *f.* shlim
solution: réiteach
Spearman's rank correlation: rang-chomhghaolú Spearman
spectral: speictreach
spinor: spíonór
split-half method: modh scoilt na leithe
square: adjective cearnach
square: noun cearnóg *f.*
square: verb cearnaigh
square number: uimhir *f.* chearnach
square root: fréamh *f.* chearnach
standard deviation: diall caighdeánach
standard error: earráid *f.* chaighdeánach
stationary point: pointe cónaitheach
Stirling's approximation: garmheastachán Stirling
Stokes' theorem: teoirim *f.* Stokes
stratified sample: sampla srathaithe
stratum: sraith *f.*
strongly inaccessible set: tacar neamh-inrochtana go tréan
Student's t-distribution: dáileadh-t Student
sub-: fo-
sub-group: foghrúpa
subset: fothacar
subspace: fospás
subtraction: dealú
subtractive: adjectival genitive dealúcháin; dealaitheach
sum noun: suim *f.*
sum verb: suimigh
summation: suimiú
surd: surda
surjective: barrtheilgeach: lánraonach
surjective function: feidhm *f.* bharrtheilgeach
symmetric: siméadrach
systematic error: earráid *f.* chórasach
tangent: (*Geometry*) tadhlaí; (*Trigonometry*) tangant
tangent vector: veicteoir tadhaill
Taylor series: sraith *f.* Taylor
tensor: teinseoir
tensor product: iolrach teinseora
time series: amshraith *f.*
torsion: toirsiún
topological space: spás toipeolaíoch
transcendental function: feidhm *f.* tharchéimniúil
transfinite number: uimhir *f.* thrasfhinideach
transform: noun trasfhoirm *f.*
transform: verb trasfhoirmigh
transformation: trasfhoirmiú
transitive: aistreach
translation: aistriú
trigonometric function: feidhm *f.* thriantánúil
trinomial: tríthéarmach
two-tailed test: tástáil *f.* dhéfhoircneach
ultra-: ultra(i)-
unity: aontacht *f.*
unknown: anaithnid
unsigned: gan sín
unweighted: neamhualaithe
variable: athróg *f.*
variance: athraitheas
variate: adjective athráideach
variate: noun athráid *f.*
variation: comhathrú
vector: veicteoir
vector field: réimse veicteoireach
vector-space: spás veicteoireach
Venn diagram: léaráid *f.* Venn
volume: toirt *f.*
vulgar fraction: gnáthchodán
weakly inaccessible set: tacar neamh-inrochtana go lag
weighted average: meán ualaithe
whole number: slánuimhir *f*
wreath product: iolrach fleisce
Yates's correction: ceartúchán Yates
zero: náid *f.*; neamhní

matán noun *muscle:* féith, féitheán, féitheog, féithleog, *pl.* lúitheacha, lúth, *pl.* lúthracha, muscail, snáithín matáin, *colloquial* féitheach.

matánach adjective *muscular:* féitheach, féitheogach, féithleogach, lúitheach, mascalach, muscalach.

máthair noun ❶ *mother:* maime, maimí, máithrín, mam, mamaí; tuismitheoir, tuiste. ❷ *source:* bunadh, bunrúta, bunús, ceannfháth, cionsiocair, foinse, fréamh, máithreach, rúta, tosach, tuismíocht, tús.

máthair altrama noun *foster-mother:* buime, muime.

máthair bhaistí noun *godmother:* cairdeas, cara Críost, caras Críost, crístín; sheas sí liom chun baiste.

máthair chéile noun *mother-in-law:* máthair chleamhnais, máthair mo mhná céile, máthair m'fhir chéile.

máthair chríonna noun *grandmother:* mamó, máthair mhór, móraí, seanmháthair, *literary* geamar.

máthairab noun *abbess:* an Mháthair-Uachtarán.

máthartha adjective *maternal:* máithriúil; caoin, caomh, ceansa, cneasta, daonna, lách, máithriúil, mánla, maránta, méiniúil, miochair, míonla, séimh, tláith.

mathshlua noun *large crowd, multitude:* bailiúchán, brúdán, bulc mór daoine, coifeálán, comhthionól, cruinniú, drongbhuíon, lear, ollslua, plód, plód daoine, pobal, *pl.* scaotha, scata mór, slua, *pl.* na sluaite, sochaí, tionól, tóstal, tréad.

mathúin noun *bear:* béar, béar bán, béar liath, béirín, beithir, ursán, ursóg; panda; cóala.

meá noun ❶ *balance, scales:* pl. scálaí; ainsiléad, stilliúr, tuilmheá. ❷ *weight, measure:* meáchan; miosúr, tomhas, *literary* díorna. ❸ *equivalent, match:* comard, cómhaith, comh-ard, comhbhrí, comhchiallach, cóimhéid, comhfhad, comhionann, comhoiread, cothrom, ionann, leathbhreac, leathcheann, leathchúpla, leithéid, macasamhail, *literary* séad samhail, séad samhla. **adverbial phrase idir dhá cheann na meá** *in a quandary:* idir dhá chomhairle, idir dhá thine Bheáltaine; amach as na muineacha, isteach san driseacha; tá rogha an dá dhíogha aige; in abair, i bponc, i sáinn.

meabhair noun ❶ *mind, memory, awareness:* aigne, ceann, cloigeann, coinsias, cuimhne, cuimhneamh, inchinn, intinn, machnamh, meabhraíocht, méin, meon, midheamhain, mothú, mothúchán, samhlaíocht, spiorad; aireachtáil, aithne, braistint, comhfhios, midheamhain. ❷ *intellect, understanding:* ardéirim, breithiúnas, ceann, ciall, clifearthacht, clisteacht, clistíocht, eagna, éirim, fadcheann, gaois, gastacht, géarchúis, guaim, intleacht, réasún, réasúnaíocht, stuaim, stuamacht, toighis, tuiscint. ❹ *sense, meaning:* breithiúnas, brí, bun, ciall, ciallú, míniú, míniúchán, substaint, tábhacht, teachtaireacht, tuiscint. **adverbial phrase as a mheabhair** *out of his mind, mad:* ar an daoraí, ar buile ar mire, ar buile is ar báiní, ar caorthainn, ar daoraí, ar mire, ar na craobhacha, ar na stártha, ar na stártha buile, ar seachrán, ar shiúl leis, as a chiall, as a chraiceann, as a stuaim, le báiní, le baosra, le broim, le buile is le báiní, le craobhacha, le cuthach; éadrom sa cheann, éadrom sa chloigeann; chomh mear le míol Márta; mear, mearaithe, néaltraithe, seachmallach, seafóideach, splanctha, thairis féin.

meabhrach adjective ❶ *thoughtful, intelligent:* céillí, ciallmhar, cliste, críonna, eagnaí, éargnaí, fadcheannach, gaoiseach, gaoisiúil, gaoismhear, intleachtach, intleachtúil, intliúil, machnamhach, maranach, praitinneach, praitinniúil, réasúnta, smaointeach, staidéarach, staidéartha, stuama, tuisceanach. ❷ *conscious, aware:* comhfhiosach, ina dhúiseacht; tá aithne ann, tá meabhair ann, tá mothú ann.

meabhraigh verb ❶ *remember, recall:* cuimhnigh; tá cuimhne aige ar, is cuimhin leis, is cuimhneach leis. ❷ *remind:* cuir i gcuimhne do; chuimhnigh sé sin dom é, thug sé sin chun mo chuimhne é, thug sé sin thar n-ais chugam é. ❸ *apprehend, perceive:* airigh, aithin, braith, mothaigh, sonraigh, tabhair faoi deara, tabhair leat, tuig; clois, cluin, feic.

meabhraíocht noun ❶ *consciousness, awareness:* aireachtáil, aireachtaint, aithne, braistint, meabhair, meabhrú, meabhrúchán, mothú, tuiscint. ❷ *thought, intelligence:* smaoineamh, *pl.* smaointe; breithiúnas, ciall, clifearthacht, clisteacht, clistíocht, críonnacht, discréid, eagna, eagnaíocht, éargna, éirim, fadcheann, fios, fios feasa, gaois, gastacht, guaim, intleacht, meabhair, réasún, stuaim, tuiscint.

meacan noun *tuberous root:* meacan bán, meacan rí; cairéad, meacan dearg; meacan ráibe, tornapa; biatas, meaingeal.

meacan noun *whining note, whimper:* meacan an chaointe, meacan an ghoil; cnead, fuarchaoineadh, geoin, snag.

meáchan noun *weight:* meá, tomhas, troime, tromacht, tromán; oiread, toirt; eire, ualach.

méadaigh verb ❶ *increase:* at, borr, fás, formhéadaigh, fairsingigh, leathnaigh, neartaigh, ollaigh, oscail, treisigh, *literary* fuill; cuir le, lig amach; téigh i méad; tagann borradh faoi. ❷ *multiply:* atáirg, iolraigh, iomadaigh, síolraigh, téigh i líonmhaire, *literary* iomdhaigh.

méadail noun *paunch, stomach:* ardbholg, bolg, collaid, ciseachán, cuadal, feirc, geois, maróg, peasán, riteachán, sceart, séibe, stomán, tarr, torp, *familiar* corcán.

meadar noun ❶ *wooden cup, wooden pail:* braighdeog, clogaidín, crannán, crannóg, gogán, pigín, stópa. ❷ *churn:* cuigeann, cuinneog, cuinneog bhainne; soitheach bainne.

meadaracht noun ❶ *(poetic) metre:* aiste, meadar. ❷ *metrics:* prosóid, rannaíocht.

meadhrán noun ❶ *dizziness, vertigo:* éadroime, mearbhlán, míobhán, roithleán, seabhrán, *pl.* speabhraídí, spearbal; tá mé barréadrom. ❷ *intoxication, exhilaration:* aoibhneas, ardmheanma, ardú meanman, *pl.* drithlíní áthais, fiuchadh foinn, gliondar, loinne aoibhnis, lúcháir, meidhir, meidhréis, meisce, meisciúlacht, néal aoibhnis, *pl.* sceitimíní áthais, támhnéal áthais. ❸ *bewilderment, perplexity:* pl. ciapóga, dallach dubh, dallamullóg, fóidín mearaí, mearaíocht, mearathal, mearbhall, mearú, seachrán; tá mé i dteannta, tá mé i sáinn, tá mé idir dhá chomhairle, tá mé idir dhá cheann na meá, *familiar* meascán mearaí.

méadú noun ❶ *increase, enlargement, growth:* at, borradh, fairsingiú, fás, leathnú, méadaíocht, neartú, treise, treisiú. ❷ *multiplication:* iolrú, iomadú; dul i líonmhaire; atáirgeadh, síolrú.

méadúil adjective *massive, bulky:* ábhal, ábhalmhór, aibhseach, áibhéalta, arrachtach, fathachúil, ollmhór, tarbhánta, téagartha, téagrach, toirteach, toirtiúil, *literary* dearmháil, dearmháir; in ainmhéid.

meafar noun *metaphor:* analach, comparáid, consaeit, fáthchiall, fáthscéal, íomhá, leagan cainte, parabal, samhail, samhlaoid, siombail, tróp.

meafarach adjective *metaphorical:* analachúil, comharthach, fáthchiallach, finscéalach, fíortha, samhlaíoch, siombalach, trópach.

meaig noun *magpie (Pica pica):* snag breac, *familiar* éan péan, preabaire na mbánta.

meáigh verb ❶ *balance, weigh:* tomhais. ❷ *estimate, judge:* luacháil, meas, measúnaigh, tuairimigh; déan

meaisín

beachtaíocht ar, déan léirmheas, déan meastóireacht ar, tabhair breith ar, tabhair breithiúnas ar, tabhair tuairim ar; barúil, ceap, creid, síl.

meaisín noun *machine:* maisín; gléas, inleán, inneall, mótar, sás, sáslach, scruinge; innealra, meaisíneachas, meicníocht.

meáite adjective *resolved, decided (ar):* socair; cinnte, daingean, diongbháilte, siúráilte, socraithe.

méala noun ❶ *literary humiliation, ignominy:* béim síos, céim síos, ísliú, míchlú, náire, náiriú, neamhonóir, oilbhéim, táirchéim, tarcaisne; briseadh teastais. ❷ *grief, sorrow:* aiféala, aithreachas, aithrí, atuirse, bearrán, bris, briseadh croí, brón, buaireamh, buairt, caduaic, cathú, ceas, ceas croí, céasadh intinne, ciach, ciamhaire, cian, crá croí, cráiteacht, croíbhriseadh, croíbhrú, cumha, danaid, diachair, díomá, dobrón, dochma, doghra, doghrainn, doilbhreas, doilíos, dólás, duáilce, duainéis, duairceas, dubhachas, duifean croí, dúlagar, dúlionn, éadóchas, gruaim, gruamacht, iarghnó, imní, ísle brí, léan, lionn dubh, mairg, méalacht, ochlán, púir, seolán, tocht, triamhna, tromchroí, tromchroíocht.

méalach adjective ❶ *lamentable:* brónach, cásmhar, diachrach, doghrach, inaiféala, tubaisteach. ❷ *lamenting, sorrowful:* atuirseach, briseadh-croíúil, bristechroíoch, brónach, brúite, buartha, ceanníseal, ciachmhar, ciamhair, cianach, cráite, croíbhriste, cumhach, deorach, diachrach, dobrónach, doghrach, doilíosach, duaiseach, dubhach, fadchumhach, gubhach, iarghnóch, lagsprideach, lagspridiúil, léanmhar, lionndubhach, mairgiúil, maoithneach, taidhiúir, trom, tromchroíoch, truamhéalach, tuirseach, *literary* triamhain, triamhnach. ❸ *humiliating, fault-finding:* náireach; beachtaíoch, breithiúnach, cáinteach, cinsiriúil, díotálach, iomardach, lochtaitheach, milleánach, mosánach.

mealbhacán noun *wild carrot (Daucus carota):* bliúcán, bliúchán, cairéad fiáin, coirnín, cuirdín, cuirdín fiáin, meacain buí, meacan fiáin, mugamán, murgamán.

mealbhóg noun *small bag, pouch:* bolg, curraoin, geois, máilín, mála, mang, pocán, púitse, púitsín, spaga, sparán, tiachán, tiachóg, tiarpán, tiarpóg.

meall¹ noun ❶ *ball, globe:* bál, caid, caor, caoróg, coirnín, cruinne, cruinneán, cruinneog, liathróid, liathróidín, meallán, meallóg, mónann, mónóg, peil, sféar, sféaróideach, úll. ❷ *protuberance:* boiric, bolg, cnaipe, cnaipín, cnap, cnapán, cnoga, dúid, fadharcán, meallamán, starr, starragán, starrán, stoda. ❸ *tumour, swelling:* ailse, at, boilsc, boilsce, bolgadh, borradh, bradán, clog, fiolún fuar, giorradán, meall, sceachaill, séideadh, siad, spuaic.

meall² verb ❶ *beguile, charm, entice:* bladair, cealg, clasaigh, cuir faoi dhraíocht, déan gliodaíocht le, déan láinteacht le, labhair go bladarach le. ❷ *delude, deceive:* cealg, cuir cluain ar, cuir amú, cuir dallamullóg ar, feall ar, meabhlaigh, *literary* siabhair.

meallacach adjective *beguiling, charming:* béalbhinn, bladrach, caithiseach, cealgach, cluanach, draíochtach, draíochtúil, mealltach, milisbhriathrach, plámásach, plásánta, tarraingteach, *literary* meallach.

meallacacht noun *allure, charm:* bladar, bladaireacht, bréagaí, bréagaíl, bréagaireacht, caithis, cluain, cluanaireacht, draíocht, gliodaíocht, láinteacht, mealladh, mealladóireacht, mealltacht, mealltóireacht, plámás, plámás, plásántacht, plásántas, taitneamh, taitneamhacht, tarraingt, tarraingteacht, tláithíntacht.

meallach adjective ❶ *globular:* comhchruinn, cruinn, cruinneogach, rabhnáilte, sféarúil. ❷ *lumpy, knobbly:* cnapánach, cnapógach, cranrach, dualach, fadhbach, fairbreach, garbh, meallach, snaidhmeach.

mealladh noun ❶ *beguilement, enticement:* asarlaíocht, bladar, bladaireacht, bréagaí, bréagaíl, bréagaireacht, cluain, cluanaireacht, draíocht, gliodaíocht, meallacacht, mealladóireacht, mealltacht, mealltóireacht, míolcaireacht, plámás, plásántacht, plásántas, taitneamh, taitneamhacht, tarraingt, tarraingteacht, tláithíntacht. ❷ *deception, disappointment:* bréagadh, caimiléireacht, brionnú, camaistíl, camadh, díomá, falsú, meabhlaireacht, meabhlú, mealltacht, mealltóireacht.

mealltach adjective ❶ *beguiling, coaxing:* bladrach, brionnach, cealgach, cluanach, draíochtach, draíochtúil, milisbhriathrach, plámásach, plásánta, tarraingteach, tláithíneach, *literary* meallach. ❷ *deceptive, deceitful, disappointing:* bradach, bréagach, brionnach, caimseach, calaoiseach, cam, cealgach, claon, falsa, míchneasta, mí-ionraic, mímhacánta, séitéartha, sladarúsach.

mealltóir noun ❶ *beguiler, coaxer:* banaí, bréadaire, bréagadóir, bréagaire, buachaill báire, cealgaire, cluanaí, cluanaire, cnúdánaí, cuilceach, gleacaí milis, líodóir, meallaidóir, míolcaire, piollardaí, pláibistéir, plámásaí, plásán. ❷ *deceiver:* bréadaire, bréagachán, bréagadóir, bréagaire, cleasaí, cleithire, cluanaí, cluanaire, cneámhaire, cumadóir, dathadóir, gleacaí, lúbaire, meangaire, saofóir, séitéir, sliúdrálaí.

meamhlach noun *(act of) mewing, (act of) miaowing:* miamhaíl, miamhlach; sceamhaíl, sceamhlach.

meamraiméis noun *officialese:* béarlagair, gibiris, nuachtánachas, placadh siollaí.

meamram noun ❶ *parchment, writing on parchment:* cairt, pár, praitinn; párpháipéar; lámhscríbhinn, lámhscríbhneoireacht; cáiteach de litir. ❷ *memorandum:* achoimre, coimre, dréacht, gearrchuntas, gearrthuairisc, meabhrachán, miontuairisc, nóta, tuairisc.

meán noun ❶ *middle:* airmheán, ceartlár, lár, lár baill. ❷ *medium, means:* idirmheán; bealach, caoi, dóigh, gléas, sás, slí. ❸ *average:* cothrom, gnáthmhéid, muirchaill. ❹ *waist:* básta, caol, com, lár, vásta. ❺ **meán lae** *midday, noon:* lár an lae, nóin. ❻ **meán oíche** *midnight:* lár na hoíche, am marbh na hoíche, log na hoíche, uair mharbh na hoíche; i gcoim na hoíche, i mí mharbh na hoíche.

meana noun *bodkin, awl:* bradmheana, meanaithe; snáthaid mhór, snáthaid ramhar; gimléad.

meánaicme noun *middle class, bourgeoisie:* buirgeoiseacht.

méanar adjective ❶ **is méanar dó** *happy is he:* is beannaithe an té. ❷ **ba mhéanar dom** *I should like to:* b'áil liom, b'aoibhinn liom, b'ionúin liom, ba mhaith liom, bheadh áthas orm, bheadh lúcháir orm, bheadh ríméad orm.

meancóg noun *mistake, blunder:* botún, breall, dearmad, dul amú, earráid, fabht, fallás, iomrall, mearbhall, mearathal, míthuiscint, seachrán, tuaiplis, tuathal, tubaisteoireacht, tubaistíocht.

meandar noun *instant, second:* bomaite, móiméad, móimint, nóiméad, soicind; faiteadh na súl, iompú do bhoise, prapadh na súl.

méanfach noun *yawn:* méanfaíoch, méanfaíl; braosadh, geant.

meang noun *wile, guile, deceit:* pl. bealaí, bob, caime, caimiléireacht, calaois, camadáil, camastaíl, camastóireacht, cambheart, camrasáin, cealg, cealgadh, cleas, pl. cleasa, cleasaíocht, cluain, cluanaireacht, cneámhaireacht, comhcheilg, cúinseacht, cúinsiúlacht, ealaín, falsú, feall, feall ar iontaoibh, feallaireacht, feillbheart, feillghníomh, leathbhróg, lúbaireacht, meabhal, meabhlaireacht, meabhlú, mealladh, meaIltóireacht, meangán, meilm, míchneastacht, míchoinníoll, mímhacántacht, séitéireacht, slíodóireacht, uisce faoi thalamh, *literary* imdeall, tangna, tangnacht.

meangach adjective *guileful, deceitful:* bealachtach, beartach, bradach, brionnach, caimseach, calaoiseach, cam, cealgach, claon, cleasach, cluanach, cúinseach, ealaíonta, falsa, fealltach, fiar, glic, imeartha, lán castaí, lochtach, lúbach, meabhlach, mealltach, míchneasta, mí-ionraic, mímhacánta, nathartha, séitéartha, sleamhain, sleamhnánach, slíbhíneach.

meangadh, meangadh gáire noun *faint smile:* fáth an gháire, fríd an gháire, frigháire, meangaireacht.

meanma noun ❶ *mind, attention:* aigne, aird, aithne, braistint, ceann, cloigeann, comhfhios, inchinn, intinn, machnamh, meabhraíocht, meon, sea, *literary* deithide, meanmanra. ❷ *courage, morale:* calmacht, coráiste, coráistiúlacht, crógacht, croí, dánacht, foirtile, foirtileacht, gal, gaisce, gaiscíocht, gus, laochas, laochdhacht, meanmnacht, misneach, misniúlacht, niachas, oirbheart, oiread Chnoc Mordáin de chroí, scairt, scairt láidir, smior, spiorad, sponc, spiorad, sprid, spriolladh, uchtach, uchtúlacht, *literary* déadlacht, meanmanra. ❸ *inclination, desire:* airc, antoil, cíocras, claon, claonadh, díocas, dúil, dúilmhireacht, dúthracht, faobhar, fonn, luiteamas, mian, miangas, rachmall, santú, teaspach, tnúth, toil, *literary* meanmanra. ❹ *presentiment:* fáistineacht, leid, mana, rabhadh, réamhaisnéis, réamhaithris, réamhinsint, tairngreacht, tuar.

meanmnach adjective ❶ *courageous:* calma, calmánta, coráisteach, coráistiúil, cróga, curata, dána, dásachtach, gaiscíuil, galach, gusmhar, gusúil, laochta, laochúil, miotalach, misniúil, neamheaglach, spionnúil, spioradúil, sponcúil, spreacúil, spreagúil, spridiúil, uchtúil, *literary* déadla. ❷ *cheerful:* aerach, áiléideach, aiteasach, aoibhinn, áthasach, croíúil, gairdeach, gáiriteach, gealchroíoch, gealgháireach, gliondrach, intinneach, loinneogach, lúcháireach, meidhreach, misniúil, ríméadach, sásta, séanmhar, soilbhir, somheanmnach, sólásach, sona, suairc, subhach.

meanmnaigh verb *hearten, encourage:* calmaigh, misnigh, spreag; cuir misneach i, tabhair croí do, tabhair misneach do; séid faoi.

meánúil adjective *moderate, temperate:* cáiliúil, cothrom, fuaraigeanta, inghlactha, measartha, neamhchorraithe, neamhthoirtéiseach, réasúnta, réchúiseach, socair, srianta, staidéarach, staidéartha, stuama, teoranta; faoi smacht.

mear adjective ❶ *fast, nimble, lively:* aibéil, aigeanta, anamúil, athlamh, bagánta, beoga, bíogúil, fuinniúil, géarshiúlach, lúfar, meanmnach, pras, preabanta, scáfánta, smiorúil, tapa. ❷ *precipitate, hasty:* deifreach, dithneasach, driopásach, fuadrach, grod, luascánach, luascánta, obann, sconnach, sconnasach, tobann. ❸ *crazed, mad:* **adjectival genitive** buile, **adjectival genitive** craic, **adjectival genitive** mire, néaltraithe, seachmallach; ar báiní, ar buile, ar caorthainn, as a mheabhair. ❹ *furious, angry:* feargach; ainsciánta, cochallach, coilgneach, colgach, cuileadach, **adjectival genitive** cuthaigh, dásachtach, diardanach, dorránach, feargach, fíochmhar, fraochta, lonn, oibrithe, spadhartha, straidhniúil,; ar báiní, ar buile, ar deargbhuile, ar mire, ar steillmhire. **adverb go mear** *fast, quickly:* go beo, go deifreach, go diair, go gasta, go grod, go luath, go haibéil, go hobann, go scafánta, go sciobtha, go tapa, go tobann, ar cosa in airde, de phlimp, de phreab, d'urchar, i dtréinte, sna featha fásaigh, sna ruarásaí, sna seala babhtaí, sna tréinte.

méar noun ❶ *finger, toe:* méirín; ordóg; méar coise, barraicín, laidhricín coise, lúidín coise, ordóg coise.

❷ *digit:* carachtar, digit, luibhean. ❸ **méar eolas** *finger-post, signpost:* comhartha, comhartha bóthair, craobh eolais, cuaille eolais.

méaracán noun ❶ *thimble:* méirín. ❷ **méaracán gorm** *harebell (Campanula rotundifolia):* bó muc, *pl.* coinnle corra, curach na cuaiche, líon na mná tí, méaracán, méaracán púca. ❸ **méaracán púca** *foxglove (Digitalis purpurea):* coinneal Mhuire, *pl.* creaics, féirín sí, gaosadán na bpúcaí, líon na mná sí, lus an mhadaidh rua, lus mór, lus mór na mban sí, *pl.* méara dearga, méaracán an diabhail, méaracán an mhadaidh rua, méaracán dearg, méaracán gorm, méaracán púca, méaracán síogaí, méaracán sionnaigh, *pl.* méaracáin na mban sí, *pl.* méaracáin taibhsí, méirín dearg, méirín púca, méirín sí, *pl.* méiríní, *pl.* méiríní madra ruaidh, *pl.* méiríní na dtaibhsí, *pl.* méiríní púca sí.

mearadh noun *madness, insanity:* báiní, buile, éigiall, gabhairéis, gealtachas, gealtacht, histéire, meabhairghalar, mearaí, mearú, mire, rámhaille, saobhchiall, siabhrán, scitsifréine, síocóis.

mearaí noun *crazed person, distracted person:* craiceálaí, duine buile, duine mire, éifid, fear buile, gealt, scitsifréineach, síceapatach.

mearaí noun *distraction, bewilderment:* dallach dubh, dallamullóg, fóidín mearaí, mearaíocht, mearathal, mearbhall, mearú, saochan céille, seachmall, seachrán céille, siabhrán, siabhránacht, *familiar* meascán mearaí; ar míthreoir, i do habal, i dteannta, i sáinn, idir dhá cheann na meá, idir dhá chomhairle in abar, in ascar.

mearaigh verb ❶ *derange, bewilder:* cuir dallach dubh ar, cuir dallamullóg ar, cuir mearbhall intinne ar, cuir saochan céille ar, cuir trína chéile; *literary* siabhair. ❷ *become bewildered, become infuriated:* téigh le báiní, téigh ar mire; bhí go dubhach is go deargach aige, bhí sé ina chiafart, chaill sé a stuaim, chuaigh sé ar an bhfóidín mearaí, chuaigh sé as a mheabhair, chuaigh sé dá mheabhair, chuaigh sé le báiní, cuireadh fóidín mearaí air, rinne cíor thuathail de, rug an fheang bua air, tháinig mearbhall air.

méaraigh verb *finger:* bí ag crágáil, bí ag crúbáil, bí ag crúbaireacht, bí ag crúcáil, bí ag fidleáil le, bí ag fidléireacht le, bí ag ladhráil le, bí ag méaraíocht ar/le, bí ag méiríntheacht ar/le, bí ag útamáil le, crúbáil.

méaraíocht noun *(act of) fingering, playing, toying with:* artabháil, crioscáil, crúbáil, crúbaireacht, dallacáil, fidleáil, fidléireacht, fidlínteacht, gíotáil, glacaíocht, glacaireacht, laidhrínteacht, ladhráil, manaois, méarnáil, méiríntheacht, póirseáil, siústráil, útamáil.

mearbhall noun ❶ *bewilderment, confusion:* pl. ciapóga, dallach dubh, dallamullóg, dallcheo, dímhearbhall, fóidín mearaí, mearaí, mearaíocht, mearathal, mearú, neamh-mheabhair, saochan céille, seachrán, seachrán céille, siabhrán, siabhránacht, suaiteacht, suathrán, *familiar* meascán mearaí. ❷ *dizziness, giddiness:* éadroime, meadhrán, mearbhlán, míobhán, roithleán, seabhrán, *pl.* speabhraídí, spearbal; galar cam, taobhach. ❸ *error, mistake:* botún, breall, dearmad, dul amú, earráid, fabht, fallás, iomrall, meancóg, mearathal, míthuiscint, seachrán, tuaiplis, tuathal; tubaisteoireacht, tubaistíocht.

mearbhlach adjective ❶ *bewildered, confused:* buartha, mearaithe, measctha; amú, i dteannta, i ngalar na gcás, trí chéile; baineadh an anáil de, buaileadh bob air, cuireadh dallach dubh air; cuireadh dá chothrom é, cuireadh dá threo é, cuireadh thar a shnáithe é, rinneadh staic de, rinneadh stangaire de; tá an scéal ag dul sa mhuileann air, tá sé ina

mearcair

bhambairne. ❷ *bewildering, confusing:* achrannach, aimhréidh, buartha, casta, deacair le tuiscint, diamhair, diamhair dothuigthe, domhínithe, dothuigthe, mearaithe, mearaitheach, mistéireach, rúndiamhrach; os cionn m'acmhainne; chuirfeadh sé duine amú go mór. ❸ *dizzy, giddy:* barréadrom, éaganta, meadhránach; barrthuisleach, creathach, éadaingean, giodamach, gogaideach, guagach, lagáiseach, luaineach, ruaiseach, starragánach, tuisleach; ar bóróiricín, ina bhulla báisín.

mearcair noun *mercury:* airgead beo, bíchearb.

méarchlár noun *fingerboard, keyboard:* eochairchlár, luibheanchlár.

meargánta adjective *reckless, foolhardy:* andána, anfhaiteach, dána, deifreach, dícheíllí, dithneasach, doscaí, doscúch, driopásach, dúshlánach, éigiallta, éigríonna, fuadrach, místuama, móruchtúil, neamhairdeallach, neamhairdiúil, neamhaireach, neamhchúiseach, obann, réchúiseach, ríogach, roiseach, ruthagach, sconnach, sconnasach, spadhrúil, taghdach, tallannach, taomach, teasaí, tintrí, tobann; gan chustás.

méaróg noun ❶ *pebble:* cloch, cloch dhuirlinge, póirín, póirín cloiche, púróg, púrthóg, rapa, spalla.

meas¹ noun *mast:* pl. cnóite, pl. cnóithe, pl. cnónna, dairmheas, toradh, *colloquial* measra; pl. castáin, pl. dearcain, pl. dearcáin, meas fáibhile, meas feá, pl. measóga.

meas² noun ❶ *estimation, judgement:* barúil, breith, breithiúnas, breithniú, fíorasc, meastóireacht, measúnóireacht, tuairim. ❷ *esteem, respect:* ardchéim, ardmheas, barrchéimíocht, ceanas, céim, céimíocht, dileagla, dínit, grád, gradam, modh, oineach, ómós, onóir, sea, urraim, *literary* miadh, oirmhidin. verb *estimate, judge, consider:* luacháil, meáigh, measraigh, measúnaigh; déan meastóireacht ar, tabhair breith ar, tabhair breithiúnas ar, tabhair tuairim ar; an aimsir a bharraíocht; barúil, ceap, creid, síl, tuairimigh.

measartha adjective ❶ *moderate, temperate:* céillí, cothrom, fulangach, fuaraigeanta, meánúil, neamhchorrach, neamhchorraithe, neamhthoirtéiseach, réasúnta, réchúiseach, socair, srianta, staidéarach, staidéartha, stuama, teoranta; faoi smacht. ❷ *fair, middling:* caighdeánach, cáiliúil, coitianta, cuibheasach, cuíosach, gnách, gnáth-, inghlactha, lagmheasartha, leamh, leathmheasartha, meán-, normálta, réasúnta, scoth-, seanchaite, teoranta.

measarthacht noun *moderation, temperance:* cáiliúlacht, fuaraigeantacht, meánaíocht, meánúlacht, modh, réasúntacht, socracht, sriantacht, staidéaracht, staidéarthacht, stuamacht.

measc noun *confusion.* compound preposition *i measc in the midst of, among:* idir, trí; i lár, ar fud. verb *mix, mix up:* clamhair, corraigh, mearaigh, suaith; cuir in aimhréidh, cuir trína chéile; déan brachán de, déan camalanga de, déan ceamraisc de, déan cíor thuathail de, déan ciseach de, déan cocstí de, déan cuimil an mháilín de, déan cusach de, déan fudairnéis de, déan meascán mearaí de, déan meidrisc de, déan prácás de, déan praiseach de, déan sciot sceat de.

meascadh noun *mixture, confusion:* ciseach, clamhairt, fuile faile, furtla fartla, furú, ilchumasc, mangarae, manglam, meascán, meascán mearaí, meidrisc, prácás, praiseach, runcalach, suathrán, trachlais, tranglam, *literary* measc.

meascán noun ❶ *mass, lump:* ailp, baog, blúire, caob, clabhta, cnap, cnapán, crompán, daba, dailc, dairt, dalcán, dóid, dóideog, fód, gamba, goblach, meall, moll, scailp, scaob, scealp, scealpóg, slis, sliseog, smíste, smut, smután, spreota, stéig, torpán. ❷ *mixture, jumble, muddle:* meascán mearaí; ciseach, clamhairt, fuile faile, furú, ilchumasc, mangarae, manglam, meascadh, meidrisc, prácás, praiseach, trachlais, tranglam, *literary* measc.

meascán mearaí noun ❶ *bewilderment, confusion:* pl. ciapóga, dallach dubh, dallamullóg, dallcheo, dímhearbhall, éidreoir, fóidín mearaí, mearadh, mearaí, mearaíocht, mearathal, mearbhall, mearú, míthreoir, suathrán. ❷ *hallucination:* bréagchéadfa, pl. ciapóga, éiclips, fantais, fantaise, fantaisíocht, pl. haras, pl. harasaí, mearchiall, mire, pl. nóisin, rámhaille, rámhailleach, rámhaillí, rámhailligh, rámhaillíocht, saobhadh céille, saochan céille, seachmall, seachrán, seachrán céille, pl. speabhraídí, pl. spéireataí, taibhse, tógaíocht; báiní, buile, éigiall, gealtachas, gealtacht, histéire, meabhairghalar, scitsifréine, síocóis.

measraigh verb ❶ *moderate, temper:* ceansaigh, coisc, ciúnaigh, cuir suaimhneas i, cuir srian le, cúlaigh, faigh an lámh in uachtar ar, giúmaráil, lagaigh, laghdaigh, rialaigh, sáraigh, sásaigh, séimhigh, síothaigh, smachtaigh, socraigh, srian, suaimhnigh, tabhair chun síochána. ❷ *estimate, judge:* luacháil, meáigh, meas, measúnaigh; déan meastóireacht ar, tabhair breith ar, tabhair breithiúnas ar, tabhair tuairim ar; barúil, ceap, creid, síl, tuairimigh.

meastachán noun *estimate:* luacháil, meastóireacht, measúnacht, measúnú, tástáil.

meastóir noun *valuer, assessor:* luachálaí, measúnóir, tástálaí; breitheamh, measúnóir, moltóir, scrúdaitheoir.

measúil adjective ❶ *estimable, esteemed:* ardchéimneach, cáiliúil, cátúil, clúiteach, creidiúnach, fiúntach, gradamach, oirirc, onórach, uasal, urramach, *literary* miadhach. ❷ *respectful:* béasach, cúirtéiseach, cúramach, géilliúil, ómósach, sclábhánta, soiliosach, tuisceanach, umhal, urramach; garúil, oibleagáideach.

meata adjective ❶ *pale, sickly:* anaemach, báiteach, bánghnéitheach, coinbhreoite, galrach, leice, meatach, meath-thinn, mífholláin, míghnéitheach, mílítheach, neamhfholach, snoite, tarraingthe, tláith. ❷ *craven, cowardly:* beaguchtúil, cladhartha, cloíte, éagalma, eaglach, faiteach, faitíosach, fannchroíoch, lagáiseach, lagchroíoch, lagmhisniúil, lagspridiúil, meatach, míchurata, mífhearúil, míghaisciúil, mílaochta, scáfar, scallta, scanrúil, suarach, uamhnach; níl croí circe aige.

meatachán noun ❶ *pale, sickly person:* bás ina sheasamh, bás gorm, básachán, breoiteachán, croithleán, donasaí, éagbhás, galrachán, glaisneach, glasrachán, graisíneach, lagrachán, leicneán, leicneánaí, leicneánaí, meathán, meathlóir, niúdar neádar, othar, séansaí, síofra, síogaí beag, síothnaí, smúrthannach, splangadán; fothrach. ❷ *craven, coward:* cailleach fir, cealdrach, cladhaire, claitseach, meathán, meathlóir, scamhánach; duine gan aird, duine gan bheocht, duine gan bhrí, duine gan chroí; duine gan fearúlacht, duine gan mhisneach, fear meata; boigearán, boigeartán, cúrthachtaí, lagrachán, marla.

meatacht noun *decline, decay:* cliseadh, crapadh, cúlú, giorrú, ísliú, laghdú, lagú, léig, meath, meathlaíocht, meathlú, meathlúchán, seargadh, sleabhcadh, teip, titim, trá, trálacht, turnamh; dul ar gcúl, dul i laghad, dul i léig. ❷ *cowardice:* claidhreacht, beaguchtach, eagla, faiteachas, faitíos, lagáisí, lagchroí, lagsprid, lagspridiúlacht, mífhearúlacht, mílaochus, scáfaireacht, scáithínteacht, scanrúlacht, uamhan.

meath noun ❶ *decline, decay:* bileastar, crapadh, cúlú, dul i laghad, dul i léig, giorrú, ísliú, laghdú, lagú, léig, meathlaíocht, meathlú, meathlúchán, seargadh, sleabhcadh, titim, trá, trálacht, turnamh. ❷ *failure:* briseadh, clis, cliseadh, coscairt, meathlaíocht, meathlú, meathlúchán, titim as a chéile, tubaiste, turraing. verb ❶ *decline, decay, fail:* clis, íslígh, lagaigh, laghdaigh, meathlaigh, sleabhac, teip, tráigh; téigh i léig, téigh ar gcúl. ❷ *waste, fritter away:* caith, diomail, ídigh, meil, smiot, spíon; cuir amú.

meathán noun ❶ *sucker, shoot, sapling:* buinneán, péacán, slat. ❷ *splinter:* fleasc, scealp, scealpóg, sleá, spíontóg.

meathlaigh verb ❶ *decline, degenerate:* clis, íslígh, lagaigh, laghdaigh, meath, sleabhac, teip, tráigh; téigh i léig, téigh ar gcúl. ❷ *grow weak, sicken:* lagaigh; éirigh breoite, éirigh tinn, téigh in ísle brí, téigh i laige.

meathlóir noun ❶ *sickly person, weakling:* bás ina sheasamh, bás gorm, básachán, breoiteachán, croithleán, donasaí, éagbhás, galrachán, glaisneach, glasrachán, graisíneach, lagrachán, leicneán, leicneánaí, meatachán, meathán, niúdar neádar, othar, séansaí, síofra, síogaí beag, síothnaí, smúrthannach, splangadán; fothrach. ❷ *malingerer:* leiciméir, loiciméir, othar bréige. ❸ *coward:* cailleach fir, cealdrach, cladhaire, claitseach, meatachán, meathán, scamhánach; duine gan aird, duine gan bheocht, duine gan bhrí, duine gan chroí, duine gan fearúlacht, duine gan mhisneach, fear meata; boigeárán, boigeártán, cúrthachtaí, lagrachán, marla.

méathras noun *fat, fattiness:* bealadh, bloinig, blonag, geir, gréis, gréisc, saill, smearadh, *literary* ionmhar.

meathsholas noun *fading light, wan light:* breacsholas, clapsholas, lagsholas, smearsholas; amhdhoircheacht, amhdhorchacht, amhscarnach, amhscarthanach, breacdhorchadas.

meicneoir noun *mechanic:* gléasadóir, innealtóir, sásaire, scruingeadóir; deisitheoir.

meicniúil adjective *mechanical:* cumhacht-tiomáinte, féinghluaiste, inneallghluaiste, mótarghluaiste, uathoibríoch, uathoibritheach.

meicniú noun *mechanization:* mótarú, tionsclú, uathoibriú; ríomhairiú.

méid noun ❶ *amount, quantity:* cainníocht, cuid, méad, oiread. ❷ *extent:* achar, doimhne, doimhneacht, fad, fairsinge, leithead, méad. ❸ *number:* líon, uimhir. ❹ *size, magnitude:* méad, oiread, ollmhéid, saghas, scála, toirt, tomhas.

meidhir noun ❶ *mirth, gaiety:* ábhacht, áibhéireacht, anstrólaíocht, antlás, craic, croíléis, cúis gháire, gleoiréis, greann, greannmhaire, greannmhaireacht, laighce, léaspartaíocht, leithéis, magadh, meidhréis, muirn, pléaráca, rancás, scige, scigireacht, scléip, spórt, spraoi, súgachas, sult, sultmhaire, tanfairt, *literary* iontlas, sibheanradh. ❷ *friskiness:* aeráid, aeráil, áibhéireacht, aoibheall, ceáfráil, corráil, feamaíl, fíbín, fíbíneacht, fraecsáil, girréis, giústal, gleoiréis, greann, macnas, meidhréis, pléaráca, pocléim, pocléimneach, princeam, rachmall, radadh, rampaireacht, rancás, scléip, scódaíocht, scoraíocht, siamsa, spórt, spraíúlacht, spraoi, subhachas, súgradh.

meidhreach noun ❶ *mirthful, merry:* ábhachtach, aerach, áiféiseach, barrúil, croíúil, gairdeach, gáiriteach, gealgháireach, gleoiréiseach, gliadrach, gliondrach, intinneach, leithéiseach, loinneogach, lúcháireach, meanmnach, meidhréiseach, ríméadach, sásta, scóipiúil, séanmhar, soilbhir, sólásach, sona, suairc, subhach, súgach. ❷ *frisky:* ceáfrach, croíúil, damhsach, éaganta, éanúil, earráideach, foléimneach, giodamach, girréiseach, giústalach, gogaideach, guagach, intinneach, luaineach, macnasach, meanmnach, pramsach, rancásach, scinnideach, scóipiúil, siortógach, soilbhir, spéiriúil, spleodrach, spórtúil, spraíúil, suairc, subhach, súgach, teaspúil.

meig noun ❶ *bleat:* méileach, miongéimneach. ❷ *ní raibh meig as he did not utter a sound:* ní dúirt sé drud ná drandam, ní dúirt sé dur ná dar, ní dúirt sé hum ná ham, ní dúirt sé huth ná hath, ní dúirt sé maithín ná graithín, ní dúirt sé sea ná ní hea, ní raibh gíocs ná míocs as, ní raibh gíog ná míog as.

meigeall noun *goat's beard, goatee:* cab, cab féasóige, caibín féasóige, meigead; féasóg, ulcha.

meigeallach noun ❶ *(act of) bleating:* méileach, miongéimneach. ❷ *(act of) whimpering:* cneadach, cneadaíl, deoiríneacht, deoirínteacht, diúgaireacht, donaíl, fuarchaoineadh, fuarghol, geonaíl, glóraíl, liacharnach, lógóireacht, mairgneach, osnaíl, pusaíl, pusaíocht, pusaireacht, smutaireacht chaointe, snagaíl, snagaireacht. ❸ *chattering:* béalastánacht, bleadracht, bleadráil, breasnaíocht, brilléis, cabaireacht, cadráil, cafaireacht, clabaireacht, clisiam, dradaireacht, geab, geabaireacht, geabairlíneacht, geabantacht, geabstaireacht, geocáil, giob geab, giofaireacht, giolcaireacht, giostaireacht, glafaireacht, glagaireacht, gleoiréis, gleoisíneacht, gliadar, gligíneacht, gliog gleag, gliogar, gliogarnach, glisiam, gobaireacht, gogalach, lapaireacht, liopaireacht, pápaireacht, plobaireacht, plob plab, rith seamanna, síofróireacht, siollaireacht.

meil verbnoun ❶ *grind:* brúigh, mionaigh, mionbhrúigh, muirligh, múr, púdraigh; déan mionbhruar de, déan plúr de, déan púdar de. ❷ *sharpen, polish:* faobhraigh, géaraigh; cuir béal ar, cuir faobhar ar; slachtaigh, snasaigh; cuir snas ar. ❸ *crush, oppress:* basc, brúigh faoi, coscair, *literary* lochair; cuir faoi chois. ❹ *chew, eat:* athchogain, cangail, cealaigh, cogain, creim, crinn, ídigh, ith, long.

méileach noun *(act of) bleating, bleat:* meig, meigeallach, miongéimneach.

meiliteáil noun *(act of) gabbling, mumbling:* alamais, alamais chainte, amhlabhra, briotaireacht, camalama, camalanga, cangailt chainte, cnáfairt chainte, cogaint cainte, futa fata, glafaireacht, luathbhéalaí, mantaíl, monabhar, monamar, mungailt, mungailt focal, plucsáil, smutraíl, stadaíl, stadaireacht, stadarnaíl, teanga bhachlógach; briotaireacht, stad sa chaint.

meiliteálaí noun ❶ *garbler, gabbler, mumbler:* glafaire, iomlatálaí, mantachán, mantachánaí, mantaire, mantán, meiliteoir, monabhrach, mungarlach, plucsálaí; briotachán, briotaire, stadachán, stadaire; drádán. ❷ *incessant talker:* béalastán, bladhmaire, bleid, bolgán béice, bolscaire, brasaire, cabaire, cafaire, cadrálaí, cág, callaire, clab, clab troisc, clabaire, claibéir, claibín, claibín muilinn, claibseach, clogán streille, dradaire, drádán, drandailín, geabadán, geabaire, geabstaire, giolcaire, giostaire, glafaire, glagaire, glagbhéal, gleoiseach, gleoisín, gleothálaí, gligín, gliogaire, gliogarnálaí, glór i gcóitín, gobachán, grabaire, liopaire, meigeadán, meiliteoir, meiltire, plobaire, roiseálaí, reathálaí, scaothaire, scilligeoir, scrathóg, siollaire, síofróir, siosaire.

meilt noun ❶ *(act of) grinding, crushing:* mionbhrú, mionú; gleamhscáil. ❷ *(act of) consuming, spending:* caitheamh, cealú, cogaint, creimeadh, crinneadh, ídiú, ithe, spíonadh, tomhailt.

meilteoir noun *grinder, crusher:* meiltire, muileann, tuairgín, tuairgnín.

méin noun ❶ *mind, disposition:* aigne, barúil, breithiúnas, cáilíocht, ceann, cloigeann, coimpléasc,

méiniúil

comhfhios, coinsias, cuimhne, dearcadh, eagna, éirim, géarchúis, idé, inchinn, intinn, intleacht, machnamh meon, meabhair, mianach, *pl.* mothúcháin, nádúr, réasún, samhlaíocht, smaoineamh, *pl.* smaointe, *pl.* spiorad, stuaim, *pl.* tréithe, tuairim, tuiscint. ❷ *mien, bearing*: cló, cóiriú, cosúlacht, cruth, cuma, cumraíocht, dealramh, deilbh, dóigh, dreach, éagasc, geáitse, géata, gné, gnúis, gotha, imeacht, iompar, seasamh, teacht i láthair.

méiniúil adjective ❶ *kindly, friendly*: caoideanach, caoin, caomh, caonrasach, ceansa, cineálta, cneasta, daonna, duineata, garúil, grádiaúil, lách, maith, mánla, maránta, miochair, míonla, oibleagáideach, séimh, suairc, tláith; caoithiúil, cairdiúil, carthanach, céilúil, coimhirseach, coimhirseanach, comhluadrach, comrádúil, córtasach, cuidiúil, dáimhiúil, díograiseach, muinteartha, páirteach, páirtiúil, preabúil, sochroíoch. ❷ *fruitful, fertile (of land)*: bisiúil, borrúil, fásmhar, rábach, rafar, saibhir, síolmhar, suthach, táirgiúil, torthúil, uaibhreach.

méiniúlacht noun ❶ *kindliness, friendliness*: caoimhe, *pl.* caoinbhéasa, caoine, caoineas caoithiúlacht, ceansacht, cineáltacht, cineáltas, cneastacht, conlacht, láíocht, mánlacht, míne, míneadas, miochaire, míonlacht, modhúlacht, séimhe, tláithe; cairdiúlacht, carthanacht, cuidiúlacht, deachroí, garúlacht, láíocht, muintearas, oibleagáideacht, tuiscint. ❷ *fruitfulness, fertility*: bisiúlacht, méithe, méitheas, saibhre, saibhreas, síolmhaireacht, táirgiúlacht, torthúlacht.

meirbh adjective ❶ *languid, weak*: anbhainneach, anbhann, cloíte, cortha, crólag, fann, fannlag, faon, fuarchúiseach, lag, lagáiseach, marbhánta, meirtneach, sleaiceáilte, spadánta, spíonta, támh, támhach, támhlag, traochta, tréith, tréithlag. ❷ *airless, sultry*: brothallach, dúntach, marbh, marbhánta, múchta, plúchta, téiglí, trom; múisciúil.

meirfean noun ❶ *weakness, faintness*: anbhainne, anbhainneacht, fainne, faoine, faoineacht, filleadh féigh, lag, lagachar, lagáisí, lagar, laige, mairbhítí, maoithe, marbhántacht, meirbhe, míneart, sleaic, spadántacht, táimhe, téiglíocht, tláithe, tlás, tréithe, tréithleachas. ❷ *sultry weather, oppressive heat*: brothall, marbhántacht, meirbhe, meirtean, meirtne, meirtní, plúchadh, téigle, troime.

meirg noun *rust*: cnaí, creimeadh, meirgiú, ocsaídiú, smál, teimheal.

meirgeach adjective ❶ *rusty*: creimthe, meirgithe, smálaithe, teimhleach. ❷ *pitted, pock-marked*: breac, brocach, crosach, goiríneach, pochóideach, pollta, puchánach, tollta. ❸ *withered-looking*: cranda, críon, dreoite, feoite, feosaí, meata, meatach, meathlach, meathlaithe, sceoite, seargtha, speathánach, tréigthe. ❹ *irritable*: ainciseach, araiciseach, aranta, cancrach, cantalach, cochallach, coilgneach, colgach, conspóideach, crosta, cuileadach, deafach, driseogach, drisíneach, faghartha, feargach, francaithe, frisnéiseach, gadhrúil, gairgeach, goilliúnach, gráinneogach, greannach, iarógach, íortha, neantúil, niogóideach, rocúil, spuaiceach, te, trodach, meirgeach, míchéadfach, neantúil, te, teidheach, tuaifisceach, *literary* dreannach, íorach.

méirínteacht noun (*act of*) *fingering, meddling, fiddling*: artabháil, cipiléireacht, crioscaíl, crúbáil, crúbaireacht, crúcáil, dallacáil, fidleáil, fidléireacht, fidlínteacht, giotáil, glacaíocht, glacaireacht, glíomáil, gliúmáil, ladhráil, laidhrínteacht, manaois, meandáil, méaraíocht, méarnáil, méiseáil, póirseáil, pricínteacht, siústráil, scrúdáil, útamáil.

meirleach noun *thief, robber*: bradaí, foghlaí, fuad, gadaí, peasghadaí, robálaí; creachaire, creachadóir, cúigleálaí, póitseálaí, scealpaire, síntealach, sladaí, sladaire, *literary* díbheargach, ladrann.

meirleachas noun *banditry, villainy*: áibhirseoireacht, amhasóireacht, argain, bithiúntacht, bithiúntaíl, bithiúntaíocht, bithiúntas, bligeardacht, bligeardaíocht, bradaíl, cneámhaireacht, coiriúlacht, creachadóireacht, creachaireacht, díolúnas, foghail, foghlaíocht, foghlú, gadaíocht, póitseáil, robáil, rógaireacht, ropaireacht, scealpaireacht, slad, sladaíocht, sladaireacht; coiriúlacht, coirpeacht, eisreachtaíocht, feallthóireacht, mallaitheacht, meabhlaireacht, meabhlú, míréir, peacúlacht, urchóideacht; ainghníomh, coir, oilbhéas, peaca, urchóid.

méirscre noun ❶ *scar*: colm, cneamhán, geadainn, reang; fearb, gearb, gearbóg, lorg, rian, riast. ❷ *chap, crack, fissure*: gág, máirtín gágach, oighear, oighreach, *pl.* oighreacha; scailp, scáineadh, sclaig, scoilt, scolb.

meirtne noun ❶ *weakness, enfeeblement*: meirtean, meirtní; anbhainne, anbhainneacht, cloíteacht, fainne, faoine, faoineacht, filleadh féigh, lag, lagachar, lagáisí, lagar, laige, mairbhítí, maoithe, marbhántacht, míneart, sleaic, spadántacht, táimhe, téiglíocht, tláithe, tlás, tréithe, tréithleachas. ❷ *weariness, dejection*: ainnise, atuirse, beagmhisneach, beaguchtach, ceas, ciach, cian, cloíteacht, corthacht, dobrón, dochma, domheanmna, drochmhisneach, duairceas, dubhachas, duifean, dúlagar, dúlionn, éadóchas, gruaim, gruamacht, ísle brí, lagar spride, leimhe, lionn dubh, *pl.* lionnta dubha, maoithneachas, mídhóchas, mímhisneach, spíonadh, sprocht, tnáitheadh, tocht, traochadh, tromchroí, tuirse.

meirtneach adjective ❶ *weak, enfeebled*: anbhainneach, anbhann, caite, cloíte, cortha, crólag, éidreorach, fann, fannlag, faon, lag, lagáiseach, marbhánta, sáraithe, sleaiceáilte, spadánta, spíonta, támh, támhach, támhlag, téiglí, traochta, tréith, tréithlag, trochailte, *literary* triamhain; ag titim as a sheasamh; níor fhan sea ná seoladh ann. ❷ *dispirited, dejected*: atuirseach, brúite, ceanníseal, ciachmhar, ciamhair, cianach, cianúil, díomuach, dobrónach, doilbh, doilbhir, domheanmnach, duairc, duaiseach,

---

Tíortha Mheiriceá Thuaidh, Mheiriceá Láir, agus Mheiriceá Theas

Antigua and Barbuda: Antigua agus Barbúda
Argentina: an Airgintín *f.*
Bahamas: na Bahámaí
Barbados: Barbadós
Belize: an Bheilís *f.*
Bolivia: an Bholaiv *f.*
Brazil: an Bhrasaíl *f.*
Canada: Ceanada
Chile: an tSile *f.*
Colombia: an Cholóim *f.*
Costa Rica: Cósta Ríce
Cuba: Cúba
Dominica: Dominice
Dominican Republic: an Phoblacht *f.* Dhoiminiceach
Ecuador: Eacuadór
El Salvador: an tSalvadóir *f.*
Grenada: Grenada
Guatemala: Guatamala
Guyana: an Ghuáin *f.*
Haiti: Háití *f.*
Honduras: Hondúras
Jamaica: Iamáice *f.*
Mexico: Meicsiceo
Nicaragua: Nicearagua
Panama: Panama
Paraguay: Paragua
Peru: Peiriú
St Kitts and Nevis: San Críostóir agus Nimheas
St Lucia: St Lucia
St Vincent: St. Vincent
Surinam: Suranam
Trinidad and Tobago: Oileán na Tríonóide agus Tobága
United States of America: Stáit Aontaithe Mheiriceá
Uruguay: Uragua
Venezuela: Veiniséala

dubhach, dúlagrach, dúlionnach, dúnéaltach, éadóchasach, gruama, lagsprideach, lionndubhach, mairgiúil, maoithneach, smúitiúil, smúitiúnta, tromchroíoch, *literary* dearchaointeach; gan dóchas, in ísle brí.
meirtnigh verb ❶ *weaken, enfeeble*: anbhainnigh, breoigh, cloígh, éinirtigh, lagaigh, laghdaigh, maolaigh. ❷ *weary, dispirit, deject*: buair, céas, ciap, clip, cráigh, sáraigh, spíon, tnáith, traoch; bain an dóchas de, cuir atuirse ar, cuir drochmheanma ar, cuir drochmhisneach ar.
meisce noun ❶ *drunkenness, intoxication*: bóidéis, carbhas, craosól, diúgaireacht, drabhlás, druncaeireacht, druncaireacht, meisceoireacht, meisciúlacht, ól, ólachán, póit, póitéis, pótaireacht, ragús óil, scloitéireacht, súgachas, *literary* lathairt; alcólachas, diopsamáine, raobhaíocht. ❷ *daze, befuddlement*: dallach dubh, dallamullóg, mearaíocht, mearathal, mearbhall, mearbhall aigne, mearbhall céille, mearbhall intinne, meascán mearaí, mearchiall, mearú, meisciúlacht, rámhaille, réaltóireacht, saobhchiall, saochan céille, seachrán, siabhrán, siabhránacht, *pl.* speabhraídí, spearbal, támhnéal. **adverbial phrase ar meisce** ❶ *drunk, inebriated*: ólta, óltach; ar bóidéis. ❷ *slightly drunk, tipsy*: bog, meidhreach, súgach; ar leathmheisce; tá braon sa chuircín aige, tá círín dearg air. ❸ *blind drunk, legless*: lán, lán go drad, lán go poll an phaidrín, lán go smig; ar a chrampa, ar buile le meisce, ar deargmheisce, ar na cannaí, ar na stártha, báite i bhfíon, caoch, caochta, dall, dallta; níl aithne a bheart aige, níl aithne na bhfeart aige, tá a chosa ag imeacht uaidh, tá sé ag imeacht ar a bhéal is ar a fhiacla, tá sé ar leathstuaic, tá sé ar leathstiúir, tá sé faoi lántseol, tá sé ina chamstáca, tá sé ina smíste.
meisceoir noun *drunkard*: bachaire, crampaeir, diúgaire, druncaeir, druncaire, fear meisce, fear ólta, geocthóir, póiteoir, pótaire, scloitéir, súgaire, súmaire, súmaire dí; alcólach.
meisciúil adjective ❶ *intoxicating*: alcólach, crua, láidir, a éiríonn sa chloigeann. ❷ *drunken, addicted to drink*: ólta, óltach, póiteach; alcólach, tugtha don ól; tá dúil chráite san ól aige.
méiseáil noun *(act of) messing, slopping*: brocadh, lapadaíl, lapaireacht, plobáil is plabáil, plobarnach, práisceáil, puiteáil, scairdeadh, slabáil, slabáil, slabaireacht, slabaráil, slabarnaíl, slaimiceáil, slubáil slabáil, slapar, slaparnach, slupar slapar, stealladh, steancadh, únfairteach; bróis, sprais.
Meisias noun *Messiah*: Críost, an tUngthach; an Fuascailteoir.
meitéar noun *meteor*: caor thine, dreige, dreigeoideach, dreigít; mionpháinéad, réalta reatha.
meitéareolaí noun *meteorologist*: clíomeolaí; féilí, néaladóir, réadóir.
meitéareolaíocht noun *meteorology*: clíomeolaíocht; féilíocht, néaladóireacht, réadóireacht.
méith adjective ❶ *fat, fatty*: bealaithe, blonagach, geireach, gréisciúil, olúil, ramhar, sailleach. ❷ *rich, fertile*: bisiúil, diasach, rábach, raidhsiúil, saibhir, síolmhar, síolraitheach, torthúil, uaibhreach. ❸ *juicy*: blasta, brachtach, séasúrach, suánach, súch, súiteánach, súitiúil, súmhar. noun ❶ *fat, fat meat*: bloinig, blonag, fíochan saille, geir, gréis, gréisc, méathras, saill. ❷ *richness, fertility*: bisiúlacht, méathras, torthúlacht. ❸ *abundant yield*: flúirse, raidhse, raidhsiúlacht, saibhreas, *literary* díoghainne.
méithe noun ❶ *fatness*: bealaitheacht, beathaitheacht, cothaitheacht, feolmhaireacht, gréisceacht, méitheas, raimhre, smearthacht. ❷ *richness, fertility*: bisiúlacht, méathras, saibhreas, síolmhaireacht, torthúlacht. ❸ *succulence*: blastacht, bracht, dea-bhlas, dea-bhlastacht, súiteán, súmhaireacht.
meitheal noun ❶ *working party*: grúpa gníomhaíochta, taschórsa. ❷ *contingent*: buíon, cipe, coimhdeacht, complacht, díorma, grúpa, scuad, scuadrún, trúpa, *literary* tascar.
meitifisiciúil adjective *metaphysical*: fealsúnach, fealsúnta, meath-thuairimeach, meafarach, neamhábhartha, neamhchorpartha, neamhdhamhnach, Platónach, spéacláireach. fáthchiallach, impriseanaíoch, neamhphictiúrtha, samhaltach, siombalach, spioradálta.
meon noun ❶ *mind, outlook*: aigne, barúil, breithiúnas, ceann, ciall, cloigeann, coinsias, comhfhios, cuimhne, dearcadh, éirim, inchinn, intinn, intleacht, machnamh, meabhair, meabhraíocht, méin, mianach, *pl.* mothúcháin, réasún, samhlaíocht, *pl.* smaointe, spiorad, stuaim, toighis, tuairim, tuiscint. ❷ *character, temperament*: cáilíocht, coimpléasc, déata, féiniulacht, *pl.* gnéithe, indibhidiúlacht, mianach, nádúr, pearsantacht, ríd, sainiulacht, *pl.* saintréithe, *pl.* tréithe.
meonúil adjective ❶ *whimsical, fanciful, capricious*: corrach, corrmhéineach, gogaideach, guagach, guanach, luaineach, luathintinneach, malartach, míshocair, neamhsheasmhach, rámhailleach, ríogach, saobh, spadhrúil, taghdach, taomach, tallannach, teidheach, treallach. ❷ *particular, fastidious*: beadaí, cáiréiseach, consaeitiúil, cúirialta, éisealach, íogair, laideanta, nósúil, pointeáilte, suimiúil, toighseach, tormasach, triollata; mionchúiseach, miondealaitheach, mionscrúdaitheach.
mí-ádh noun *bad luck, misfortune*: ainnise, amaróid, anachain, anrath, callshaoth, cat mara, ciotrainn, crá, crá croí, cráiteacht, cránán, cránas, cruatan, deacair, dealús, dearóile, díbhlíocht, dochonách, dochracht, dochraide, dócúl, doghrainn, doic, dóing, doinmhí, dola, don, donacht, donas, dothairne, drámh, drochrath, duainéis, éagomhlann, éigneach, eirleach, feall, gábh, gannchuid, géarbhroid, géarghoin, iomard, leatrom, matalang, mí-ádh, míchonách, mífhortún, mírath, mírathúnas, míshéan, míthapa, sceimhle, taisme, teipinn, timpiste, tragóid, trioblóid, tubaiste, turraing, *literary* galghad.
mí-ámharach adjective ❶ *unfortunate, unlucky*: aimseach, anrathach, cincíseach, mí-ádhúil, mí-amhantrach, mífhortúnach, míshéanmhar, díobhálach, dochrach, míshéanmhar, míthráthúil,

---

Míonna na Bliana: (ainmneacha eile)

Eanáir:
Mí na Bliana Úire
Feabhra:
Mí na Féile Bríde;
Mí na bhFaoilleach; an Chéad Mhí d'Earrach; Mí Faoide
Márta: Mí na Bó Riabhaí; Mí Fuaide
Aibreán:
Mí fá Cháisc; Abrán
Bealtaine: Mí Aoibhill; *literary* Céideamhain
Meitheamh:
Mí na Féile Eoin
Iúil: Mí Bhuí;
Mí na gCos Buí;
Mí na Súl mBuí;
Mí an Albanaigh;
Mí na hIlle;
Mí na Mealbhóg;
Mí Meagán;
Mí an Ocrais;
Mí Chraite na Sac
Lúnasa: Lúnas;
Mí Lúnasna;
Buí Troghain
Meán Fómhair:
Mí na Féile Michíl; Meitheamh an Fhómhair;
literary Seachtmhí
Deireadh Fómháir:
Mí an Fhómhair
Samhain:
Mí na Samhna
Nollaig:
Mí Mheán Geimhridh;
Mí na Nollag

mian

tubaisteach; aimléiseach, aimlithe, ainnis, anacrach, caillte, dearóil, díblí, taomach, tréigthe, truamhéalach. ❷ *mischievous, vexatious:* ábhailleach, aighneasach, aimhleasta, dalba, dána, diabhalta, docheansa, docheansaithe, doriartha, doshrianta, fiáin, fiata, fiatúil, forránach, forránta, iomlatach, mí-ásach, mí-iomprach, mínósach, mírialta, oilbhéasach; anacrach, bearránach, ciapálach, piolóideach, trioblóideach.

mian noun ❶ *desire, longing:* claon, claonadh, díograis, dúil, dúil chráite, dúilmhireacht, fonn, guí, luíochán, mianchumha, miangas, mianú, rogha, santú, taitneamh, tnúthán, toil, tothlú. ❷ *concupiscence:* ainmhian, *pl.* ainmhianta na colainne, áilíos, ainriantacht, andúil, anmhacnas, anrachán, antoil, antoil na colainne, baothmhian, cíocras, collaíocht, díocas, diogait, droch-chlaonadh, drúis, drúisiúlacht, macnas, miangas, paisean, rachmall, ragús, sámhas, saobhnós, súnás, teaspach; biachacht, stocghalar, *literary* éadradh; adhall, catachas, catamas, clíth, dáir, eachmairc, eachmairt, éastras, haidheas, imreas, láth, ratamas, snafach.

mianach noun ❶ *ore:* amhiarann, bruithniú; mianra. ❷ *mine:* poll; meall guail. ❸ *material, quality:* ábhar, cáilíocht, *pl.* comhábhair, *pl.* comhdhamhnaí, damhna, earra, ríd, stuif, substaint; *pl.* buntréithe, *pl.* saintréithe, *pl.* tréithe.

mianadóir noun *miner:* mianachóir, mianaí; tochaltóir.

miangas noun ❶ *desire, craving:* andúil, claon, claonadh, díograis, dúil, dúil chráite, dúilmhireacht, fonn, gábhair, guí, luíochán, mian, mianchumha, mianú, rogha, taitneamh, tnúthán, toil, tothlaíocht, tothlú, *literary* éadradh. ❷ *concupiscence:* ainmhian, *pl.* ainmhianta na colainne, áilíos, ainriantacht, andúil, anmhacnas, anrachán, antoil, antoil na colainne, cíocras, collaíocht, díocas, diogait, droch-chlaonadh, drúis, drúisiúlacht, macnas, mian, paisean, rachmall, ragús, sámhas, saobhnós, súnás, teaspach; biachacht, stocghalar; adhall, catachas, catamas, clíth, dáir, eachmairc, eachmairt, éastras, haidheas, imreas, láth, ratamas, snafach

miangasach adjective ❶ *desirous:* cíocrach, confach, dian, dianasach, dibhirceach, dícheallach, díocasach, díograiseach, dúilmhear, dúthrachtach, faobhrach, fíochmhar, fonnmhar, griofadach, griothalach, santach, scafa, scamhaite, tnúthánach, *literary* friochnamhach. ❷ *concupiscent:* adharcach, áilíosach, ainmhianach, collaí, craiceannach, drúiseach, drúisiúil, gnéasach, macnasach, ragúsach, sámhasach, teaspúil, *literary* drúth, suiríoch; tá fonn súgartha uirthi.

mias noun ❶ *literary board, slab, table:* bord, clár, leac, tábla. ❷ *dish:* méisín, placáid, pláta, porainséar, trinsiúr; paiteana, teasc; babhla, cuach, scála; *pl.* na gréithe, *pl.* na soithí.

míbhéas noun ❶ *bad habit:* dobhéas, drochbhéas, droch-chleachtadh, drochghnáthú, drochnós, drochthaithí, duáilce, gnáthlocht, míghnás, mínós, oilbhéas; leannán peaca. ❷ *pl.* **míbhéasa** *bad manners:* bodachúlacht, bodúlacht, bromannacht, bromántacht, bromántas, brúisciúlacht, daoithiúlacht, *pl.* dobhéasa, *pl.* drochbhéasa, drochmhúineadh, míbhéasaíocht, míchéadfa, míchuntanós, mímhúineadh, mímhúinteacht, mí-iompar, mínós, tuaisceartacht, tuathalacht, tútachas.

míbhéasach adjective *ill-mannered:* athúlta, bodachúil, bodúil, brománta, brúisciúil, daoithiúil, dobhéasach, drochbhéasach, drochmhúinte, geancach, graibhdeach, míchéadfach, míchuntanósach, míchúirtéiseach, mí-iomprach, mínósach, neamhchúirtéiseach; níl cuntanós na muice aige.

míbhinn adjective *unmelodious, cacophonous:* díchordach, docheolta, mícheolmhar, neamhcheolmhar; ard, callánach, díoscánach, fothramach, garbhghlórach, garg, garg-ghlórach, géar, gleoránach, gluair, scréachach, *literary* dreasachtach.

míbhuíoch adjective ❶ *unthankful, ungrateful:* diomaíoch, díomuíoch, dobhuíoch, doicheallach, míchuntanósach, righin chun molta, righin chun buíochais. ❷ *displeased, dissatisfied:* buartha, cancrach, cantalach, coilgneach, colgach, crosta, dímheasach, díomheasúil, díomách, diomúch, doshásta, éagóirithe, feargach, mearaithe, míchéadfach, míshásta, míshona, múisiamach, spuaiceach, stuacach; i bhfearg.

míbhuíochas noun *ingratitude:* diomuíochas, díomuíochas, neamhbhuíochas; easpa buíochais; beagchúiteamh, doicheall.

míbhuntáiste noun *disadvantage:* bac, ceataí, cis, cur siar, deacracht, éasc, fadhb, fabht, locht, treampán; breac sa bhainne, ceap tuisle, dris chosáin.

míchaoithiúil adjective *inconvenient, inopportune:* ciotach, mí-áisiúil, mí-oiriúnach, neamháiseach; is mór an chiotaí orm é; aistreánach, míchóngarach; antráthúil, míchóiriúil, mífheiliúnach, mífhreagrach, mí-ionúch, míthráthúil, neamhfhóinteach, neamhionúch, neamhoiriúnach, neamhshéasúrach.

míchéadfach adjective ❶ *ill-humoured, peevish:* ainciseach, araiciseach, aranta, cancrach, cantalach, cianach, cochallach, coilgneach, conspóideach, crosta, cuileadach, deafach, driseogach, drisíneach, feargach, gairgeach, goilliúnach, gráinneogach, greannach, iarógach, íortha, meirgeach, splíonach, spuaiceach, staineach, stainciúil, trodach, *literary* dreannach, íorach. ❷ *insensate, rude:* athúlta, bodachúil, bodúil, brománta, brúisciúil, dall, dallintinneach, daoithiúil, dobhéasach, drochbhéasach, drochmhúinte, dúr, geancach, graibhdeach, grusach, míbhéasach, míchúirtéiseach, míchuntanósach, mí-iomprach, neamhchúirtéiseach, neamhshibhialta, tuaisceartach, tuathalach, tútach.

mícheart adjective *incorrect, wrong:* amú, breallach, buanearráideach, bunoscionn, cam, cearr, contráilte, contrártha, droim ar ais, earráideach, éigeart, fallásach, fiar, frisnéiseach, laofa, neamhcheart, *adjectival genitive* tuathail.

míchiall noun *senselessness, folly:* amadántaíocht, amaideacht, amaidí, athbhaois, baois, baoithe, díchiall, díth céille, droch-chiall, easpa céille, éigéille, éigiall, íorthacht, leamhas, leibideacht, óinmhideacht, óinsiúlacht, pleidhcíocht, seafóid.

míchlú noun *ill repute:* drochainm, droch-cháil, droch-chlú, drochtheist, easonóir, mícháil; aithis, masla, náire, tarcaisne; is olc an tuairisc atá air.

míchlúiteach adjective *disreputable, infamous:* cloíte, *adjectival genitive* droch-chlú, easonórach, mícháiliúil, míchreidiúnach, mímhacánta, mínáireach, mínósach, neamhfhiúntach, neamhscrupallach, olc le clú, rógánta, scannalach, suarach, táir, uiríseal, urchóideach.

míchomhairle noun ❶ *evil counsel:* comhairle d'aimhleasa, droch-chomhairle. ❷ **mac na míchomhairle** *erring son, scapegrace:* coilíneach, cuilthín, cúl le rath, fuairnéalach, mac dreabhlásach, raga, ragaíoch, raimsce, spreasán; mac mallachta, an millteán mic; caifeachán.

míchomhairleach adjective *unamenable to persuasion:* ceanndána, ceanntréan, dáigh, dígeanta, dobhogtha, dochomhairleach, dolúbtha, doriartha, neamhghéilliúil, righin; buanearráideach, daingean san earráid, docheansaithe, domhúinte, dosmachtaithe, easumhal, mícheansa, neamhurramach.

míchompord noun *discomfort:* crampa, nimhneachas, nimhní, pian, tinneas; anacair, anó, anró, crá croí, cruatan, dochraide, dochraideacht, dólás, léan, míshócúl; anbhuain, buaireamh, buairt, imní, mishuaimhneas.

míchompordach adjective *uncomfortable:* anóiteach, brúite, céasta, cráite, cuibhrithe, dofhulaingthe; tinn, frithir, léanmhar; dochraideach, míshócúlach, míthaitneamhach; buartha, imníoch, mishuaimhneach.

míchothrom adjective ❶ *uneven, unbalanced:* aimhréidh, corrach, corraiceach, éagothrom, starrach, starragánach; baoth, barrbhaoiseach, barrthuisleach, ceanntrom, forbhásach, gogaideach, guagach, guairneánach, luaineach, luathintinneach. ❷ *unequal, unfair:* claon, claonpháirteach, claonta, éagórach, éagothrom, éigeart, fabhrach, leataobhach, leatrom, leatromach, mímhacánta, páirtiúil, taobhach; gan a bheith féaráilte. noun ❶ *uneven surface, unevenness:* corraiceacht, corraicíocht, éagothrom, éagothroime, leatrom, leatromacht, starragán. ❷ *unfairness, inequality:* aimhréidhe, aincheart, anfhorlann, ansmacht, calaois, camastaíl, camiléireacht, éagóir, éagothroime, éagothrom, éigeart, fabhar, idirdhealú, leatrom, leatromacht, leithcheal, neamhionannas.

míchruthach adjective ❶ *misshapen:* ainriochtach, anchumtha, dodhealbhach, dodheilbh, doghnúiseach, éagruthach, fiartha, freangach, gránna, míofar, mísciamhach, urghránna; gan chruth, gan déanamh, in ainriocht, in anchruth. ❷ *asymmetrical:* corr, corrach, corraiceach, éagothrom, míchothrom, mírialta, starrach, starragánach, taobhthrom; cearr, claon, claonach, laofa, leatromach, neamhrialta, neamhshiméadrach; ar leathmhaing, ar leathspleic, ar leathstuaic.

míchuibheas noun ❶ *unseemliness, indecency:* míbhéasaí, míbhéasaíocht, mínáire, barbarthacht, brocamas, gairbhe, gáirsiúlacht, gráiscínteacht, gráisciúlacht, míchuibheasacht, míchuibhiúlacht, mígheanas, mígheanmnaíocht, mígheanúlacht, pornagrafaíocht, salachar. ❷ *immoderation:* ainmheasartacht, ainriantacht, anchaitheamh, baothchaitheamh, rabairne, ragairne; dul thar cuimse, dul thar fóir; craos, drabhlás, macnas, meisceoireacht, druncaeireacht, pótaireacht, teaspach.

míchuibheasach adjective ❶ *unseemly, indecorous:* ainspianta, déistineach, dínáireach, domhaiseach, drochbhéasach, drúisiúil, éaguibhiúil, gráiniúil, míbhanúil, míbhéasach, míchuibhiúil, mídhiscréideach, mífheiliúnach, mífholláin, mígheanasach, mígheanmnaí, mígheanúil, mímhodhúil, mímhorálta, mímhúinte, minaireach, mínósach, mí-oiriúnach, míshláintiúil, míthráthúil, neamhmhaorga, scannalach; gáirsiúil, garbh, gráiscíneach, gránna, graosta, salach, trom. ❷ *immoderate:* ainmheasartha, ainmhianach, ainrianta, ainspianta, amplach, antoisceach, cíocrach, collaí, craosach, díobhlásach, diomailteach, dochosanta, do-mhaite, dosmachtaithe, drabhlásach, éaguimseach, iomarcach, macnasach, meargánta, míchuibheasach, míchuimseach, mínáireach, míréasúnta, mírialta, neamh-mheasartha, neamhrialta, rábach, ragairneach, ragúsach, rascánta, reibhléiseach; gan bhac, gan chosc, gan chuing, gan smacht, gan srian; thar cuimse, thar fóir, thar meán.

míchumas noun ❶ *incapacity, disablement:* daorbhacaí, éagumas, éalang, mí-ábaltacht, neamhábaltacht, neamhbhailíocht, neamhchumacht, neamhéifeacht, neamhéifeachtacht, neamhinniúlacht, neamhfhoirfeacht, uireasa; ainimh, bac, bacainn, buairichín, buairthín, ciorrú, cis, cithréim, cosc, crapall, cróilí, cruimeasc, éasc, laincide, laincis, laingeal, locht, loncaird, máchail, urchall; beagmhaitheas, éadairbhe, easnamh, easpa, easpa cumhachta, éidreoir, éidreoraí, laige, leimhe, locht, lúb ar lár.

míchumasach adjective *incapable, disabled:* anbhann, bacach, caite, ciotach, cróilíoch, cróilithe, cróilitheach, daorbhacach, díomhaoin, éadairbheach, éagumasach, faonlag, neamhábalta, neamhbhailí, neamhchumasach, neamhchumhachtach, neamhéifeachtach, neamhéifeachtúil, neamhfhiúntach, neamh-infheidhme, neamhinniúil, neamhoilte, neamhthairbheach; easnamhach, easpach, éidreorach, fann, lag, lagáiseach, leamh, spíonta, suarach, súchaite, tréith; breoite, crólag, drochshláintiúil, easlán, easláinteach, *literary* oirbhearnach; gan chumas, gan éifeacht, gan mhaith, gan tairbhe.

míchumhra adjective *evil-smelling, fetid:* bréan, tuthógach; adjectival genitive caca, cáidheach, gránna, lofa, morgtha, múisciúil, salach; tá boladh bréan uaidh.

mídhaonna adjective *inhuman:* do-dhuineata, mínádúrtha; ainiochtach, brúidiúil, cadránta, codramánta, crua, cruálach, cruachroíoch, do-mhaite, do-mhaiteach, doshásta, drochaigeanta, droch-chroíoch, dúrchroíoch, éadrócaireach, éadruach, faltanasach, fíochmhar, fíochasnach, fuarchroíoch, fuilteach, gangaideach, mínádúrtha, míthrócaireach, neamhbháúil, neamhghoilliúnach, neamhscrupallach, neamhthrócaireach, neamhthruamhéalach, nimhneach, olc, turcánta, urchóideach; gan taise gan trócaire.

mídhílis adjective *disloyal, unfaithful:* adhaltrach, calaoiseach, cluanach, éadairiseach, falsa, feallach, mealltach, míchoinníollach, mídhlisteanach, neamhdhlisteanach, neamhdhílis, neamhthairiseach, treallach; guagach, luaineach; calaoiseach, cealgach, claon, cluanach, dúbailte, feallach, meabhlach, mealltach, meangach, mí-ionraic, mímhacánta, nathartha, neamhfhírinneach, neamhphrionsabálta, paintéarach, séitéartha, tréatúrtha; is craiceann gan choinníoll atá ann; is é an nathair é, is Iúdás atá ann.

mídhílseacht noun *unfaithfulness, disloyalty:* éadairise, falsacht, meirdreachas, míchoinníoll, neamhdhlisteanacht; adhaltranas, biogamacht, briseadh pósta, cliúsaíocht, dradaireacht, striapachas, táth; anbhrath, brathadóireacht, buille fill, cealg, cealgaireacht, cluanaireacht, feall, feallaireacht, fealltóireacht, feillbheart, feillghníomh, meabhlaireacht, séanadh, tréas, tréatúireacht, *literary* imdeall; dúbláil, éigneastacht, mí-ionracas, mímhacántacht.

mídhleathach adjective *illegal:* aindleathach, coiriúil, feileonach, neamhcheadaithe, neamhdhlisteanach, neamhdhlíthiúil; gan cheadúnas, coiscthe, contrabhannach, **adjectival genitive** margaidh dhuibh, neamhoifigiúil, toirmiscthe; inchaingne, inchúisithe, indíotáilte.

mídhlisteanach adjective ❶ *illegitimate:* aindleathach, coiriúil, feileonach, mídhleathach, míghinte, neamhcheadaithe, neamhdhlisteanach, neamhdhlíthiúil; gan cheadúnas, coiscthe, contrabhannach, **adjectival genitive** margaidh dhuibh, neamhoifigiúil, toirmiscthe; inchaingne, inchúisithe, indíotáilte. ❷ *illegitimate, born out of wedlock:* **adjectival genitive** díomhaointis, neamhdhlisteanach, **adjectival genitive** suirí, tabhartha, **adjectival genitive** raithní, **adjectival genitive** toir; **adjectival genitive** adhaltranais. ❸ *disloyal:* éadairiseach, mealltach, mídhílis, neamhdhílis, neamhdhlisteanach, neamhsheasmhach, neamhthairiseach, treallach; adhalt-

mífhoighne
rach, aerach, arduallach, calaoiseach, cluanach, éaganta, earráideach, falsa, fealltach, gaigiúil, guagach, iomluath, luaineach; Iúdás atá ann; is é an nathair é.

mífhoighne noun *impatience:* éadulaingt, easpa foighde, easpa foighne, mífhoighid, mífhoighde, mífhriofac, neamhfhoighid, neamhfhoighne *literary* deinmhne; ceartaí, cíocras, corraí, corraíl, corraitheacht, díocas, goraíocht, míshuaimhneas, imní, *pl.* sceitimíní, tnúthán; cancracht, cantal, colg, lasántacht.

mífhoighneach adjective *impatient:* mífhoighdeach; cíocrach, díbhirceach, díocasach, éadulangach, *literary* deinmhneach; ar bís, ar iolchaing, ar tinneall; cantalach, cochallach, coilgneach, colgach, crosta, cuileadach, driseogach, drisíneach, goilliúnach, gráinneogach, greannach, meirgeach, *literary* dreannach.

mífholláin adjective *unhealthy, unwholesome:* breoite, coinbhreoite, éagrua, easláinteach, easlán, éiglí, eitinneach, fiabhrasach, fiabhrasta, fiabhrasúil, galrach, lag, míshláintiúil, tinn, gan a bheith ar fónamh; báiteach, bánchneasach, bánghnéitheach, bánghnúiseach, bánlíoch, tláith; anaemach, leice, meata, meatach, meath-thinn, míshnuach, neamhfholach, snoite, tarraingthe.

mífholláine noun *unhealthiness, unwholesomeness:* aicíd, breoiteacht, éagruas, easláinte, galar, gearán, laige, mífholláine, mílí, mílítheacht, míshnua, othras, tinneas;.

mífhonn noun *disinclination, reluctance:* doicheall, drogall, fuath, leointíocht; diúltú, éaradh, eiteach, eiteachas, loiceadh, neamhfhonn, neamhthoil, obadh, *literary* freiteach.

mífhonnmhar adjective *reluctant:* aimhleasc, ainneonach, doghluaiste, doicheallach, drogallach, éadoilteanach, éarthach, neamhfhonnmhar, neamhthoilteanach, neamhthoiliúil, obthach; diúltach, séantach. adverb **go mífhonnmhar** *unwillingly:* dá ainneoin, dá bhuíochas, dá mhíle buíochas, dá neamhthoil, go héadoilteanach go neamhfhonnmhar; i gcoinne a chos, in aghaidh a chos, in éadan a chos; ba dheacair leis é a dhéanamh, ba dhoiligh leis é a dhéanamh, ba dhona leis é a dhéanamh, ba leasc leis é a dhéanamh, b'olc leis é a dhéanamh; bhí dóing air é a dhéanamh, bhí drogall air é a dhéanamh, bhí leisce air é a dhéanamh, bhí sé drogallach á dhéanamh.

mífhortún noun *misfortune:* ainnise, amaróid, anachain, anrath, callshaoth, cat mara, ciotrainn, crá, crá croí, cráiteacht, cránán, cránas, cruatan, deacair, dealús, dearóile, díblíocht, dochonách, dochracht, dochraide, dócúl, doghrainn, doic, dóing, doinmhí, dola, don, donacht, donas, dothairne, drámh, drochrath, duainéis, éagomhlann, éigneach, eirleach, feall, gábh, gannchuid, géarbhroid, géarghoin, iomard, leatrom, matalang, mí-ádh, mírath, mírathúnas, míthapa, sceimhle, taisme, teipinn, timpiste, tragóid, trioblóid, tubaiste, turraing, *literary* galghad.

mífhortúnach adjective *unfortunate:* aimseach, anrathach, cincíseach, mí-ádhúil, mí-ámharach; díobhálach, dochrach, míthráthúil, tubaisteach; aimléiseach aimlithe, ainnis, anacrach, caillte, dearóil, díblí, tréigthe, truamhéalach.

mígheanas noun *indecency, immodesty:* barbarthacht, gáirsiúlacht, gráiscíneacht, gráisciúlacht, gráistiúlacht, graostacht, míchuibheas, míchuibheasacht, mígheanmnaíocht, mígheanúlacht; brocamas, cáidheadas, draostacht, éaglaine, gairbhe, mínáire, sailíocht, salachar.

mígheanasach adjective *indecent, immodest:* mígheanúil; dínáireach, macnasach, míbhanúil, míchuibhiúil, mígheanmnaí, mímhodhúil, mínáireach, mí-oiriúnach, scannalach, teaspúil, truaillithe; anghrách, barbartha, collaí, drúiseach, drúisiúil, gáirsiúil, garbh, gráiscíneach, gráisciúil, gránna, graosta, madrúil, peacach, peacúil, *literary* drúth; brocach, broghach, cáidheach, salach; thug sé drochiarraidh uirthi.

mígheanmnaí adjective *unchaste, impure:* anghrách, barbartha, collaí, drúiseach, drúisiúil, gáirsiúil, garbh, gráiscíneach, gráisciúil, gránna, graosta, madrúil, míbhanúil, míchuibhiúil, míchumhra, mígheanasach, mígheanmnaí, mígheanúil, mímhodhúil, mínáireach, mí-oiriúnach, peacach, peacúil, scannalach, truaillithe, *literary* drúth; brocach, broghach, cáidheach, neamhghlan, salach.

mígheanmnaíocht noun *impurity, unchastity:* barbarthacht, gáirsiúlacht, gráiscíneacht, gráisciúlacht, gráistiúlacht, graostacht, míchuibheasacht, mígheanas, mígheanmnaíocht, mígheanúlacht; brocamas, cáidheadas, draostacht, éaglaine, gairbhe, mínáire, sailíocht, salachar.

míghiúmar noun *ill humour:* aincis, aingíocht, ainleoireacht, cancracht, cantal, cantlamh, colg, crostacht, cuil, drisíneacht, fearg, fiarán, goilliúnacht, greannaitheacht, iarógacht, míchéadfa, spadhar, taghd.

míghnaíúil adjective ❶ *ill-favoured, unprepossessing:* dochra, dochraí, dodhealbhach, doghnúiseach, domhaiseach, graifleach, gránna, míchumtha, mídheas, míofar, mísciamhach, míshlachtmhar, neamhshlachtmhar, urghránna; in anchruth. ❷ *ungenerous, mean:* ceachardha, ceachartha, ceapánta, cnuasaitheach, cúngchroíoch, díbheach, doicheallach, dúlaí, gann, gortach, greamastúil, greamasúil, lompasach, meánaitheach, ocrach, spárálach, sprionlaithe, suarach, tíosach, toimhseach, truaillí, tútach, *literary* neoid.

míghnaoi noun ❶ *ugliness, disfigurement:* ainimh, anchruth, dochraíocht, éagruth, gráiciúlacht, gráiniúlacht, gráinne, grán, gránnacht, máchail, míghnaíúlacht, míghné, míofaireacht, míscéimh, míshlacht, urghránnacht. ❷ *disfavour, dislike:* col, cradhscal, déistin, díchion, dochma, doicheall, drogall, fuath, glonn, gráin, masmas, mídhúil, mífhabhar, míthaitneamh, múisiam, neamhchion, neamhthoil, samhnas.

mígreann noun *mischievous talk, ill-natured gossip:* aithis, athiomrá, béadán, béadchaint, binb, bitseachas, cíblis, clúmhilleadh, cúlchaint, cúlghearradh, ithiomrá, mailís, ráifléis, scéalaíocht éithigh, suainseán, *literary* guilmne.

mí-iompar noun *misconduct, misbehaviour:* ábhaillí, abhlóireacht, amhasóireacht, cocaireacht, crostáil, dailteoireacht, dailtíneas, dalbacht, diabhlaíocht, dímhúineadh, *pl.* dobhéasa, drochiompar, iarógacht, iomlat, maistíneacht, mímhúineadh, mínós, oilbhéas, plucaireacht, soibealtacht, teallaireacht.

mí-ionracas noun *dishonesty:* míchneastacht, mímhacántacht; *pl.* bealaí, bréagadóireacht, caime, caimiléireacht, calaois, camaistíl, camastóireacht, camadh, cambheart, camrasáin, cealg, cealgaireacht, cluain, cneámhaireacht, eisionracas, falsú, feall, feall ar iontaoibh, feallaireacht, fealltacht, fealltóireacht, feillbheart, feillghníomh, lúbaireacht, meabhlaireacht, meabhlú, mealltóireacht, meang, meilm, míchoinníoll, rógaireacht, séitéireacht, slítheántacht, *figurative* íogán.

mí-ionraic adjective *dishonest:* míchneasta, mímhacánta; bealachtach, béalchráifeach, beartach, bradach, bréagach, **adjectival genitive** bréige, caimseach, calaoiseach, cam, cambheartach, cealgach, claon, cluanach, creipeartha, éadairise, éadairiseach, éagórach, eisionraic, falsa, fealltach,

fimíneach, lúbach, meabhlach, mealltach, mídhílis, nathartha, neamhfhírinneach, neamhphrionsabálta, neamhscrupallach, sleamhain, slítheánta, slítheach.

mil noun *honey*: neachtar; cíor mheala, criathar meala, milteog; milse, milseacht.

míle noun ❶ *thousand*: *pl.* na céadta, céad míle. ❷ *mile*: míle slí; míle Éireannach, míle gaelach, míle mór; muirmhíle; léig.

míleata adjective *military, martial*: **adjectival genitive** airm, **adjectival genitive** saighdiúireachta, **adjectival genitive** saighdiúra; calma, cróga, curata, laochta, laochúil, oscartha, saighdiúrtha.

míleatacht noun ❶ *militancy*: cogaíocht, teanntás, treallús. ❷ *martial prowess*: gal, gaisce, gaisciocht, laochas, laochras, míleatas, niachas, *literary* eiseamal, míltne, míltneacht, míltníocht; calmacht, coráiste, coráistiúlacht, crógacht, croí, leontacht, meanma, meanmnacht, misneach, misniúlacht, spionnadh, spiorad, sponc, spreacadh, spreacúlacht, uchtach, uchtúlacht.

mílechosach noun *millipede* (*order Diplopoda*): mílechosach ceirtlíneach; ilchosach.

milis adjective ❶ *sweet*: **adjectival genitive** meala, neamúil, siúcrúil; beadaí; cumhra, spíosrach. ❷ *honeyed, flattering*: milisbhriathrach; bladarach, bladartha, bladrach, bréagach, brionnach, cluanach, meallacach, mealltach, plámasach, plásánta, slíománta.

mílí noun *bad colour, sickly pallor*: báiteacht, bánlí, mílítheacht, míshnua, tláithe; anaemacht, coinbhreoiteacht, leiceacht, mífholláine, míshnua, neamhfholacht.

mílítheach adjective *pale, pallid, sickly-looking*: báinineach, báiteach, bánchneasach, bánéadánach, bánghnéitheach, bánghnúiseach, bánlíoch, cailceach, drochdhathach, tláith; anaemach, coinbhreoite, galrach, leice, meata, meatach, meaththinn, mífholláin, míghnéitheach, míshnuach, neamhfholach, snoite, tarraingthe.

mill verb ❶ *mar, ruin*: arg, basc, bris, brúigh, coscair, creach, díothaigh, goin, gortaigh, íospair, leirigh, léirscrios, loit, raiceáil, réab, rois, sclár, sáraigh, scrios, srac, stróic, treascair, *literary* lochair, mudh; déan brachán de, déan camalanga de, déan ceamraisc de, déan cíor thuathail de, déan ciseach de, déan cocstí de, déan cusach de, déan cuimil an mháilín de, déan fudairnéis de, déan meascán mearaí de, déan meidrisc de, déan prácás de, déan praiseach de. ❷ *spoil* (*a child*): loit. ❸ *ravish*: éignigh, foréignigh, sáraigh; fuadaigh, gabh le foréigean, tabhair drochiarraidh ar; coill, creach, léirscrios, mill, *literary* lochair.

milleadh noun ❶ *impairment, ruination, destruction*: aimhleas, aimliú, anachain, ár, argain, bánú, bárthainn, bascadh, boidiarmáil, cíothach, coscairt, creachadh, creachadóireacht, damain, damáiste, diachair, díobháil, díth, dochar, ídiú, léirscrios, lomairt, lomscrios, lot, millteanas, sceanach, sceanairt, scrios, scriostóireacht, slad, sladaíocht, sladaireacht, sléacht, treascairt, urchóid, *literary* lochar, sleachtadh, urbhaidh.

milleán noun *blame, censure*: aifirt, beachtaíocht, béal na ndaoine, cáineadh, caitheamh is cáineadh, cáithiú, cámas, ciontacht, ciontú, damnú, daoradh, dímholadh, dispeagadh, easmailt, easómós, fonóid, guth, imcháineadh, imdheargadh, iomard, iomardú, locht, lochtú, maslú, milleánú, táinseamh, tarcaisne, tarcaisníl, trom, tromaíocht, *literary* aisc, glámh; ní táithriúg air é.

milleánach adjective *fault-finding, censorious*: achasánach, aithiseach, beachtaíoch, breithiúnach, cáinteach, cinsiriúil, díotálach, guthánach, iomardach, lochtaitheach, mosánach, spídiúil, tarcaisneach; cnáideach, cnáidiúil, drochmheastúil, drochmheasúil, easmailteach, easonórach, fochaideach, fonóideach, frímhagúil, magúil, maslach, scigiúil, searbhasach, *literary* tathaoireach.

millín noun ❶ *pellet, small ball*: liathróidín, meallán, piolla, piollaire. ❷ *small eminence, knoll*: ard, ardán, céide, cnocán, droimín, droimnín, maoil, maoileann, maolán, maológ, meall, mullán, tortóg, tulach, tulchán, *literary* cnucha. ❸ *bud*: bachlóg, buinneán, péac, péacadh, péacán, spruitín.

milliún noun *million*: deich gcéad míle; *pl.* na mílte dubha.

milliúnaí noun *millionaire*: billiúnaí, ilmhilliúnaí; caipitlí, rachmasaí, toicí.

millteach adjective ❶ *destructive, pernicious*: baolach, contúirteach, coscrach, dainséarach, damáisteach, díobhálach, díothaitheach, dochrach, dochraideach, fíorchontúirteach, foghlach, ídeach, ídítheachloiteach, loiscneach, mailíseach, marfach, nimhneach, scriosach, treascrach, tubaisteach, urchóideach, *literary* urbhadhach. ❷ *enormous, extreme*: an-, an-mhór, dú-, fíor-, millteanach, ollmhór, rí-, *literary* dearmháil, dearmháir; as cuimse, thar na bearta. adverb *very, extremely*: an-, dú-, fíor-, iontach, rí-. noun *malignant person*: aincisneir, ainle, arc nimhe, bithiúnach, bastard, coirpeach, coirpeoir, corpadóir, crochadóir, diabhlóir, gráinneog, scabhaitéir, smolaire, *literary* urchóid, *figurative* nathair nimhe, speig neanta; is olc an t-earra é.

millteanas noun ❶ *destruction, havoc*: aimhleas, aimliú, anachain, ár, bárthainn, bascadh, caill, cailliúint, cíothach, coscairt, creachadh, creachadóireacht, damain, damáiste, diachair, díobháil, díth, dochar, léirscrios, lomairt, lomscrios, lot, milleadh, sceanach, sceanairt, scrios, scriostóireacht, slad, sladaíocht, sladaireacht, sléacht, treascairt, urchóid, *literary* lochar, sleachtadh, urbhaidh. ❷ (*of child*) *mischief*: abhlóireacht, amhasóireacht, anmhailís, crostáil, dalbacht, diabhlaíocht, iarógacht, iomlat, mí-iompar, mímhúineadh, mínós, oilbhéas, pleidhcíocht.

millteanach adjective ❶ *terrible, horrible*: adhfhuafar, colúil, déistineach, fuafar, gráiniúil, gránna, mínáireach, scáfar, uafar, uafásach, uaiféalta, urghráiniúil, urghránna. ❷ *enormous, extreme*: an-, an-mhór, dú-, fíor-, millteach, ollmhór, rí-, dearmháir, dearmháir, *literary* anbháil; as cuimse, thar na bearta. adverb *very, extremely*: an-, dú-, fíor-, iontach, rí-.

millteoir noun *spoiler, destroyer*: airgtheoir, argthóir, creachadóir, creachaire, foghlaí, ídítheoir, loitiméir, millteoir, scriostóir, sladaí, sladaire; éigneoir, réabóir, réabthóir, sáraitheoir.

millteoireacht noun ❶ *spoiling, destruction*: argain, bánú, cíothach, creachadh, creachadóireacht, ídiú, léirscrios, loitiméireacht, scrios, scriostóireacht, slad, sladaíocht, sléacht, *literary* sleachtadh. ❷ *baneful influence, pernicious illness*: drochanáil; cnaíghalar, donacht, donas.

milseacht noun ❶ *sweetness, blandness*: milse, milsiú; siúcrúlacht; caomhúlacht, séimhe; cumhracht. ❷ *flattery*: milseacht chainte; béal bán, bladar, bréagadóireacht, bréagaí, bréagaíl, bréagaireacht, *pl.* briathra milse, cluanaíocht, gliodaíocht, láinteacht, meallacacht, mealltacht, mealltóireacht, míolcaireacht, plámás, plás, plásántacht, plásántas, sladarús, slíomadóireacht, spleáchas, súdaireacht, tláithínteacht, *figurative* gallúnach.

milseán noun *sweet, bon-bon*: losainn, losainséir, *colloquial* candaí, milsíneacht, milseogra, *child's talk* neam neam.

milsigh verb *sweeten*: siúcraigh; balsamaigh, cumhraigh, díbholaigh.

milseog

milseog noun *sweet dish, dessert*: maróg, iarbhéile, sólas.

mímhorálta adjective *immoral*: aincheart, cam, cearr, claon, claonach, deamhanta, drochaigeanta, drochchroíoch, éagórach, éigeart, falsa, fiar, leatromach, lúbach, mailíseach, mallaithe, mícheart, míchneasta, mí-ionraic, mínáireach, mioscaiseach, nathartha, neamhcheart, neamhscrupallach, olc, peacúil, scannalach, urchóideach; *as bealach, as an gcosán, as an tslí*.

mímhuinín noun *distrust*: amhras, drochamhras, drochiontaoibh, easaiontaoibh, easpa muiníne, paranóia, scáth.

mímhuiníneach adjective *distrustful*: amhrasach, amhrasta, amhrastúil, ceisteach, dabhtúil, díchreidmheach, drochiontaobhach, éigreidmheach, mishuaimhneach, paranóiach, sceipteach, *literary* contúirteach.

mímhúineadh noun *rudeness, bad manners*: bodachúlacht, bodúlacht, boirbe, braobaireacht, broimseán, bromannacht, bromántacht, bromántas, brúisciúlacht, daoithiúlacht, dímhúineadh, *pl.* dobhéasa, *pl.* drochbhéasa, drochmhúineadh, geancaíocht, *pl.* míbhéasa, míbhéasaíocht, míchéadfa, míchuntanós, mímhúinteacht, mí-iompar, tuaisceartacht, tuathalacht, tútachas.

mímhúinte adjective *unmannerly, rude*: athúlta, broimseánta, dobhéasach, drochbhéasach, drochmhúinte, geancach, míbhéasach, míchéadfach, míchuntanósach, míchúirtéiseach, mínósach, neamhchúirtéiseach, neamhshibhialta; bodachúil, bodúil, brománta, brúisciúil, daoithiúil, mí-iomprach, tuaisceartach, tuathalach, tútach; níl cuntanós na muice aige.

min noun ❶ *meal*: min bhuí, min choirce, min rois; plúr; mealdar mine. ❷ *powdered matter*: brioscbhruan, brioscbhruar, ceo, deannach, dusta, mionrabh, múrán, plúr, púdar, smionagar, smúdar, snaois. ❸ **min sáibh** *sawdust*: cáitheadh sáibh, mionrabh, *pl.* séibhíní, snoíogar.

mín adjective ❶ *smooth, polished*: caoin, cothrom, leibhéalta, réidh, sleamhain, slíobach, snasta; feannta. ❷ *soft, delicate*: anbhann, bog, caoin, caomh, fíneálta, leochail, leochaileach, maoth, mothálach, séimh, slámach, tláith, *literary* bláith. ❸ *fine, small*: fíneálta, mion, beag, beag bídeach. ❹ *gentle, courteous*: béasach, caomh, córtasach, cúirtéiseach, cúirtiúil, cúiseach, cuntanósach, dea-bhéasach, dea-iomprach, dea-labhartha, dea-mhúinte, fiosúil, giúlánta, grástúil, iomprach, macánta, mánla, múinte, nósmhar, nósúil, ómósach, ridiriúil, séimh, sibhialta, síodúil, sobhéasach, urramach; banúil, modhúil. noun *level land*: ardán, ceapóg, clár, faiche, lantán, má, machaire, plás, plásán, plásóg, réileán, talamh réidh; céide, céide aonaigh.

mínádúrtha adjective *unnatural, unfeeling*: beagchroíoch, cadránta, crua, cruálach, cruachroíoch, cúngchroíoch, danartha, dúrchroíoch, éadrócaireach, fuarchroíoch, míthrócaireach, neamhghoilliúnach, neamhthrócaireach, neamhscrupallach, *literary* diongna; gan trua gan taise; tá an chéadrith den iarann ann, tá an chuid is fearr den iarann ann.

mínáire noun ❶ *shamelessness*: dínáire, easpa náire, mínáire, mínáirí, neamhnáire, sciolamar, téisiúlacht, *familiar* leiceann muice. ❷ *crossness, viciousness*: aicis, ainscian, binb, bithiúntacht, coirpeacht, drochaigeantacht, drochaigne, drochbhraon, droch-chroí, drochfhuil, drochintinn, drochmhianach, drochrún, gangaid, mínáirí, mioscais, mírún, nimh, nimhiúlacht, olc, urchóid, urchóideacht.

mínáireach adjective ❶ *shameless*: dínáireach, macnasach, míbhanúil, míchuibhiúil, mígheanasach, mígheanmnaí, mígheanúil, mímhodhúil, mí-oiriúnach, scannalach, teaspúil, téisiúil, truaillithe; buannúil, clóchasach, dána, follasach, míbhéasach, teanntásach; gan cheilt, gan folach, gan mhairg, gan náire, gan scáth, gan spalpas gan náire. ❷ *vicious*: aiciseach, ailseach, ainciseach, aingí, binbeach, cealgrúnach, cruálach, doicheallach, drochaigeanta, drochbheartach, droch-chroíoch, eascairdiúil, feallach, gangaideach, géar, íorpaiseach, mailíseach, mallaithe, mioscaiseach, naimhdeach, nathartha, nimhiúil, nimhneach, olc, ribeanta, urchóideach.

míne noun ❶ *smoothness, softness*: bogúire, boige, boigéis, caoine, cineáltas, laige, leibideacht, leochaileacht, mánlacht, maoithe, míneadas, séimhe, tláithe, *literary* bláithe; réidhe. ❷ *fineness, delicacy*: caoile, fíneáltacht, míneáltacht, míneacht, *literary* áithe. ❸ *mildness, gentleness*: caoimhe, *pl.* caoinbhéasa, caoine, caoithiúlacht, ceansacht, cineáltacht, cneastacht, láíocht, macántacht, mánlacht, míneadas, miochaire, míonlacht, modhúlacht, séimhe, tláithe; banúlacht. ❹ *quietness, placidity*: ciúnadas, ciúnas, ciúine, ciúnú, sáimhe, sáimhríocht, sámhántacht, sámhnas, suaimhneas, táimhe.

minic adjective *frequent*: coitianta, comónta, fairsing, forleathan, gnách, gnáth-, iondúil. adverb ❶ **go minic** *often, frequently*: arís agus arís eile, coitianta, go coitianta, go tiubh; de ghnáth, go hiondúil, i gcónaí, i dtólamh, de shíor, seasta. ❷ **is minic** *it is often that*: is iomaí uair; ní lia ribe ar mo cheann ná mar, agus a liachtaí uair; tá mé bodhar ag éisteacht leis, tá mo chluasa bodhar leis; tá an litir léite agus seanléite agam. noun **minic a thig** *frequent visitor*: cuairteoir gan fáilte, cuairteoir agus doicheall roimhe.

minicíocht noun *frequency*: gnáthaíocht, iondúlacht; coitinne, fairsinge, iomadúlacht, líonmhaireacht.

mínigh verb ❶ *smooth, polish*: líomh, locair, maolaigh, slíob, slíom, snasaigh; cuir snas ar, slachtaigh. ❷ *explain, interpret*: ciallaigh, léirigh, léirmhínigh, soiléirigh; bain fuaimint as, bain tuiscint as, tabhair an bhrí, inis an bhrí, inis an chiall, *literary* éirnigh, idircheart; aistrigh, déan teanga, déan teangaireacht ar, tiontaigh.

mínéineacht noun ❶ *daintiness, refinement*: cáiréis, caoile, cúirialtacht, deismíneacht fíneáltacht, íogaire, íogaireacht, míneáineacht, snoiteacht. ❷ *gentleness, quietness*: caoimhe, *pl.* caoinbhéasa, caoine, caoithiúlacht, ceansacht, cineáltacht, cneastacht, láíocht, macántacht, mánlacht, míneadas, miochaire, míonlacht, modhúlacht, séimhe, tláithe; ciúnadas, ciúnas, ciúine, sáimhe, sámhnas, suaimhneas, táimhe. ❸ *subtlety, precision*: caolchúis, cúirialtacht, géire, íogaire; beaichte, cruinneas, dearfacht, dírí, fírinne, grinneas, léire, mionchúis, *literary* áithe, amhainse. ❹ *niggling, splitting hairs*: cailicéireacht, caolagróireacht, sceidintleacht, stangaireacht. ❺ *dainty, delicacy*: béalóg mhilis, curadhmhír, deoladh, *pl.* deolaíocha, goblach, goblach milis, mír mhéine, *pl.* ollmhaitheasaí, só, sócamais, *pl.* sólaistí, *colloquial* beadaíocht, cineál.

ministir noun *minister (of religion)*: ministéir; cléireach, cruifir, déagánach, pearsa eaglaise, preispitéir, sagart; an tOirmhinneach, an tUrramach.

mínitheoir noun ❶ *smoother, polisher*: líofóir, snastóir. ❷ *pacifier, assuager*: ciúnaitheoir, síothadóir; maolaitheoir; eadránaí, fear eadrána. ❸ *explainer, expounder*: fear teanga, teangaire; tráchtaire.

míniú noun ❶ *explanation, interpretation*: ciallachadh, ciallú, míniúchán, teangaireacht; heirméineotaic, heirméiniúitic, tráchtaireacht. ❷ **míniú agus réiteach an scéil** *the upshot of the story*: bun agus barr an scéil, críoch agus deireadh an scéil; a fhad ar a ghiorracht.

mínós noun ❶ *bad habit*: dobhéas, drochbhéas, drochchleachtadh, drochghnáthú, drochnós, drochthaithí, duáilce, gnáthlocht, míbhéas, míghnás; leannán peaca. ❷ *rudeness, insolence*: bodachúlacht, bodúlacht, braobaireacht, broimseán, bromannacht, bromántacht, bromántas, brúisciúlacht, daoithiúlacht, dímhúineadh, *pl.* dobhéasa, *pl.* drochbhéasa, drochmhúineadh, geancaíocht, *pl.* míbhéasa, míbhéasaíocht, mícheádfa, míchuntanós, mímhúineadh, mímhúinteacht, mí-iompar, tuaisceartacht, tuathalacht, tútachas; aisfhreagra, braobaireacht, cabantacht, clóchas, coc achrainn, cóipíos, dailtíneacht, deiliús, dosaireacht, freasfhreagra, gastóg, géarchaint, gearr-aighneas, gearraíocht, gearrchaint, glaschaint, ladús, leasfhreagra, maigiúlacht, plucaireacht, prapaireacht; sotal, teanntás. ❸ *mischief, vandalism*: anmhailís, argain, bánú, coscairt, creachadh, creachadóireacht, foghail, foghlaíocht, loitiméireacht, lomairt, milleadh, millteoireacht, scrios, scriostóireacht, slad, sladaíocht, sladaireacht, treascairt, tubaisteoireacht, *literary* fuachtain, léirscrios, lochar. ❹ *trespass (by animals)*: bradaíl, bradaíocht, foghail, treaspás; teacht thar teorainn.

mínósach adjective ❶ *rude, insolent*: bodachúil, bodúil, borb, broimseánta, brománta, brúisciúil, cábógach, daoithiúil, dímhúint, dobhéasach, drochbhéasach, drochmhúinte, garbh, geancach, míbhéasach, mícheádfach, mí-iomprach, mímhúinte, míshibhialta, oirair, prapanta, tuaisceartach, tuathalach, tútach; aisfhreagrach, braobanta, clóchasach, deiliúsach, gearrchainteach, ladúsach, soibealta, sotalach. ❷ *mischievous*: ábhailleach, aimhleasta, dalba, dána, diabhalta, docheansa, docheansaithe, doriartha, doshrianta, mí-ásach, mí-iomprach, mírialta, oilbhéasach. ❸ *trespassing (of animals)*: bradach; foghlach.

mínscoth noun *knapweed (Centaurea nigra)*: bata cogaidh, *pl.* bataí dubha, bodach dubh, *pl.* breall gorma, *pl.* caipíní dubhacha, ceann dubh, *pl.* ceanna dubha, cloigeann dubh, *pl.* cloigne dubha, cnaipe dubh, cnapán dubh, *pl.* gasrachaí dubha, mullach dubh, tobac capaill.

minseach noun *nanny-goat*: binseach, minseog; gabhairín, gabhar; fuairneach.

míntír noun ❶ *level country, arable land*: má, machaire, talamh réidh, talamh mín; talamh air, talamh cuir, talamh curaíochta, talamh insaothraithe, talamh treafa; tamhnach. ❷ *mainland*: mórthír, tír mór.

míntíreachas noun ❶ *cultivation*: saothrú, feirmeoireacht, talmhaíocht, treabhair, treabhaire, treabhaireacht, treabhrach, *literary* treabhchas; ar, treabhadh; curadóireacht, curaíocht, plandáil, síolchur. ❷ *reclamation of land*: míntíriú, saothrú.

míobhán noun ❶ *dizziness*: éadroime, meadhrán, mearbhlán, roithleán, *pl.* speabhraídí, spearbal. ❷ *ringing in head*: ceol sna cluasa. ❸ **míobhán gaoithe** *slight breeze*: briota gaoithe, bruíos, feothan, friota gaoithe, leoithne, pléata gaoithe, siolla gaoithe, steifir.

miochair adjective ❶ *tender, kind*: bog, búch, caoin, caoithiúil, caomh, caonrasach, carthanach, ceansa, cineálta, cneasta, coimhirseach, cúramach, daonna, deas, dil, garúil, geanúil, grádiúil, ionúin, lách, macánta, maith, máithriúil, mánla, maránta, méiniúil, miochair, míonla, múinte, oibleagáideach, preabúil, séimh, tláith. ❷ *affable, courteous*: béasach, cairdiúil, caoinbhéasach, caoithiúil, carthanach, céiliúil, coimhirseanach, coimhirseach, comhluadrach, comrádúil, córtasach, cuidiúil, cúirtéiseach, cúirtiúil, cúiseach, dáimhiúil,

mionaigh

dea-bhéasach, dea-mhúinte, díograiseach, lách, mín, múinte, muinteartha, páirteach, páirtiúil, sibhialta, solabhartha, suairc.

miocrób noun *microbe*: baictéar, bitheog, fíneog, frídín, frídín an ghalair, geirm.

miodóg noun *dagger*: bior, daigéar, duirc, miodach, rinn, scian, scian fhada; botún, lann.

míodún noun *meadow*: bán, cluain, léana, móinéar, móinfhéar; báinseach, báinseog, faiche, féar, féarach, páirc, plás, plásán, plásóg, réileán, *literary* iath; caladh, crompán, gaorthadh, inse, inseachas, inseán, léana, sraith, srath.

míofaireacht noun *ugliness*: anchruth, dochraíocht, drochscéimh, éagruth, gráiciúlacht, gráiniúlacht, gráinne, gráin, gránnacht, míghnaíúlacht, míghnaoi, míghné, míscéimh, urghránnacht; ainimh, máchail.

míofar adjective *ugly*: dochra, dochraí, do-mhaiseach, éagruthach, gráiciúil, graifleach, gráiniúil, gránna, míchumtha, mídheas, míghnaíúil, mímhaiseach, mísciamhach, neamhsciamhach, urghránna, *literary* éidigh; in anchruth.

míog noun *cheep*: bícearnach, bíog, bíogarnach, ceiliúr, cliar, díoscán, díoscarnach, geocaíl, gíoc, gíog, gíog ná míog, giolcaireacht, gíoscán, tríleach.

míogarnach noun *dozing, drowsiness*: codladh, codlatacht, míogarnach codlata, míog, míog codlata, néal, néal codlata, néalfairt, néalfartach, snapáil, srúmáil; sáimhríocht, sámhán, sámhán codlata, sámhántacht, sámhántaíocht, suan, suanán, táimhe.

mí-oibleagáideach adjective *disobliging*: beagchroíoch, beagmhaitheach, beagmhaitheasach, cúngchroíoch, doicheallach, drocháiseach, migharach, mígharúil, neamaitheach, neamhchúntach, neamhoibleagáideach, suarach, tútach.

míol noun ❶ *animal, creature*: ainmhí, ainmhí aingiallta, ainmhí allta, ainmhí fiáin, beithíoch, brúid, créatúr, dúil. ❷ *insect*: aithid, ciaróg, cuil, cuileog, fríd, míoltóg. ❸ *louse*: sceartán crúbach, *familiar* badhdán, búdán; sniodh, treaghdán.

míolach adjective ❶ *lousy*: sneách. ❷ *contemptible, mean*: domlasta, gránna, míchlúiteach, náireach, neafaiseach, neamhfhiúntach, péisteogach, péistiúil, salach, spreasánta, suarach, uiríseal, táir, *literary* dímhigneach.

míolachán noun *low, contemptible person*: cloíteachán, duine gan mhaith, duine gan rath gan fónamh, fágálach, loiceach, míolán, raga, ragaíoch, ragairneálaí, sceathrachán, scraiste, spreasadán, spreasán, suarachán.

míol buí noun *hare (Lepus)*: Brian bearnach, giorria, míol gearr, míol má; glasmhíol, glasmhíol Mhárta.

míol críon noun *woodworm (Anobium punctatum)*: ciaróg oíche, cloigín meilge, críonmhíol, réadán. ❷ *teredo (Teredo)*: giúrainn, giúrann, gríorac, rincs. ❸ *familiar woodlouse (order Isopoda)*: cailleach chrainn, cailleach an tsagairt, cailleach sagairt, críonmhíol, míoltóg chríon, sclátaí; cláirseach thrá, míol ítí.

míol mór noun *whale*: bleidhmhíol, orc, péist mhór.

míoleolaíocht noun *zoology*: zó-eolaíocht; dúileolas, eolas ar an dúlra; bitheolaíocht, bitheolas, éiceolaíocht, eitnibhitheolaíocht; iascolaíocht, éaneolaíocht, feithideolaíocht.

míoltóg noun *midge*: corrmhíol, corrmhíoltóg, giobán, míol corr, muiscít.

mion adjective *small, tiny, diminutive*: beag, beag bídeach, bídeach, mion-, mionda, sceidíneach.

mionaigh verb ❶ *mince, powder*: brúigh, meil, mionbhrúigh, muirligh, oirnigh, púdraigh; déan grabhróga de, déan mionbhruar de, déan plúr de, déan púdar de, déan sligreach de, déan smionagar de. ❷ *diminish, grow small*: imigh as, laghdaigh,

mionbhach

meath, meathlaigh, maolaigh, téigh i laghad, téigh i léig, tráigh; tagann laghdú ar, tagann meath ar. ❸ *crumble, disintegrate:* dealaigh ó chéile, tit as a chéile, tit i do chrithir, tit i do snaois.

mionbhach noun ❶ *small pieces, fragments:* pl. blúirí, bruar, brablach, brios brún, brioscbhruan, brioscbhruar, bruan, bruscar, brúscar, ciolar chiot, pl. ciolaracha chiot, conamar, cosnach, deannach, dusta, grabhar, pl. grabhróga, gráscar, pl. jéiníos, min sáibh, pl. mionacha, mionachar, mionbhruar, miongrach, mionrabh, oirneach, sligreach, pl. smidiríní, smiodair, smionagar, smúdar, smutraíl, spruadar, spruáin, sprúileach, sprúilleach, pl. sprúillí, sprúireach, pl. steigears, pl. steigearás, pl. steigíní, *literary* brúireach.

mionchaint noun *small talk, tittle-tattle:* briosc-chaint, cabaireacht, cadráil, dúirse dáirse, geab, giob geab, gliog gleag, gobaireacht, ráfláil, scéal reatha, scéal scéil, sithe seatha, spruschaint, suainseán.

miondealaigh verb *distinguish minutely, parse:* anailísigh, bris síos, mionscrúdaigh, parsáil, taifigh.

miondíol noun *retail:* díolachán, díolachán i siopa, mionreic; siopadóireacht. verb *retail:* díol, díol i siopa, díol le tomhaltóirí.

mionéadach noun *haberdashery:* pl. creanais éadaitheora, góiséireacht.

mionéadaitheoir noun *haberdasher:* éadaitheoir, góiséir.

mionghadaíocht noun *(act of) pilfering:* bradaíl, bradaíocht, clifeáil, cluicheáil, mionbhradaíl, mionfhoghail, mionghoid, scealpaireacht, scealparnach; cúigleáil, gadaíocht, goid.

miongháire noun *smile, soft chuckle:* aoibh an gháire, bruaisín gáire, cáiríneacht, cár, draothadh gáire, fáthadh an gháire, fríd an gháire, frigháire, gean gáire, leafa gáire, leamhgháire, leamhóg gáire, meangadh gáire, mothú gáire, tibheadh; maolgháire, sclogaíl.

miongán noun *periwinkle (family Littorinidae):* faocha, faocha bheag, faocha gharbh, faocha leathan; casbhairneach, daoch, daochán, daochóg, faochán, faochóg, faochóg choirn, faochóg mhadra, faofóg, gairidín, gioradán, pachrán, préachán, préachán bán, préachán caorach, préachán dubh, seilmide cladaigh; faocha chapaill, faocha choirn, faocha ghliomaigh.

mionn noun ❶ *literary halidom, precious thing:* pl. taisí, *literary* creadair, neimheadh; pl. seandachtaí, seod. ❷ *crown, diadem:* coróin, coróinéad, tiara; fleasc. ❸ *oath:* mionn marbh, mionn mort, mionn is móid, móid; briathar móide; an leabhar, an Bíobla. ❹ **mionn mór** *swearword, curse:* mionn is móid; anfhocal, crístín, diairmín, drochfhocal, eascaine, focal gan chuibheas, pl. jioranna agus crístíní, mallacht, mallachtach, mallaitheoireacht, slamfhocal, smachladh, tiomna; blaisféim, dia-aithis, diamhasla.

mionnaigh verb *swear:* cruthaigh, dearbhaigh, dearbhaigh ar mhóid an leabhair, dearbhaigh ar mhóid an phortúis dhiaga, leabhraigh, móidigh, tiomain, *literary* luigh; glac móid, tabhair comhairc, tabhair Dia agus dúile, tabhair do Dhia, tabhair an leabhar, tabhair an Bíobla, tabhair mionn, tabhair mionnaí móra, tabhair na mionnaí dubha; tabhair do mhóid is do mhionn, tabhair móid; seo mo lámh duit ar; bhí mé ar an leabhar, cuireadh ar mo leabhar mé.

Míolta Móra agus Deilfeanna

Arnoux's beaked whale (Berardius arnuxii): míol gobach Arnoux
Atlantic humpbacked dolphin (Sousa teuszii): deilf f. dhronnach an Atlantaigh
Atlantic spotted dolphin (Stenella frontalis): deilf f. bhallach an Atlantaigh
Atlantic whiteside dolphin (Lagenorhynchus acutus): deilf f. bhánchliathánach an Atlantaigh
beluga whale (Delphinapterus leucas): míol geal
black dolphin (Cephalorhynchus eutropia): deilf f. dhubh
Blainville's beaked whale (Mesoplodon densirostris): míol gobach Blainville
blackfish (féach *pilot whale*)
blue whale (Balaenoptera musculus): míol mór gorm
bottlenose dolphin (Tursiops truncatus): deilf f. shrónmhar
bottle-nosed whale (Hyperoodon ampullatus): míol mór bolgshrónach
bowhead (Balaena mysticetus): fíormhíol mór na Graonlainne
caa'ing whale (féach *pilot whale*)
cachalot (féach *sperm whale*)
common dolphin (Delphinus delphis): deilf f. choiteann
common porpoise (Phocoena phocoena): muc f. mhara; tóithín
Cuvier's beaked whale (Ziphius cavirostris): míol gobach Chuvier
false killer whale (Pseudorca crassidens): caisealóid f. bhréige
fin whale (Balaenoptera physalus): droimeiteach
franciscana (Pontoporia blainvillei): deilf f. Phroinsiasach
Ganges river dolphin (Platanista gangetica gangetica): deilf f. chaoch
grey dolphin (Sotalia fluviatilis): deilf f. ghlas
grey whale (Eschritus gibbosus): míol mór glas
humpback whale (Megaptera novaeangliae): míol mór dronnach
Indo-Pacific humpbacked dolphin (Sousa chinensis): deilf f. dhronnach Shíneach
Irrawaddy dolphin (Orcaella brevirostris): deilf f. mhaoileiteach
killer whale (Orcinus orca): grampar; cráin f. dhubh
Longman's beaked whale (Indopacetus pacificus): míol gobach Longman
melon-headed whale (Peponocephala electra): deilf f. mhealbhacánach
minke whale (Balaenoptera acutirostris): droimeiteach beag
narwhal (Monodon monoceros): narbhal
northern right whale (Eubalaena glacialis): fíormhíol mór tuaisceartach
northern right whale dolphin (Lissodelphis borealis): deilf f. shleamhain thuaisceartach
pink river dolphin (Inia geoffrensis): deilf f. abhann bhándearg
pygmy killer whale (Feresa attenuata): grampar beag
pygmy sperm whale (Kogia breviceps): caisealóid f. bheag
pilot whale (Globicephalus melaena): píolótach
Risso's dolphin (Grampus griseus): deilf f. Risso
Rorqual whale (family Balaenopteridae): míol mór dromeiteach
rough-toothed dolphin (Steno bredanensis): deilf f. gharbhfhiaclach
sei whale (Balaenoptera borealis): dromeiteach an tuaiscirt
Sibbald's rorqual (féach *blue whale*)
sperm whale (Physeter macrocephalus): caisealóid f.
tucuxi (féach *grey dolphin*)
white-beaked dolphin (Lagenorhynchus albirostris): deilf f. ghobgheal

mionrabh noun *tiny bits, fragments*: pl. blúirí, bruar, brablach, brios brún, brioscbhruan, brioscbhruar, bruan, bruscar, brúscar, ciolar chiot, pl. ciolaracha chiot, conamar, cosnach, deannach, dusta, grabhar, pl. grabhróga, gráscar, pl. jéiníos, min sáibh, pl. mionacha, mionachar, mionbhach, mionbhruar, miongrach, oirneach, sligreach, pl. smidiríní, smiodair, smionagar, smúdar, smutraíl, spruadar, sprúáin, sprúileach, sprúilleach, pl. sprúillí, sprúireach, pl. steigears, pl. steigearás, pl. steigíní, *literary* brúireach.

mionsamhail noun *model*: samhail; múnla, múnláil, múnlú; cuspa; dealbh, deilbh, deilbhín.

miontas noun *mint (Mentha)*: cartlainn, meanta, meantas, miont, mismín, (*i gContae na Gaillimhe*) sméarbait, (*i gContae na Gaillimhe*) sméaraimint; borógach.

mionú noun ❶ *diminution*: cliseadh, dul i laghad, dul i léig, laghdú, lagra, lagú, léig, maolú, meath, meathlú, teip, titim, trá. ❷ *disintegration*: bascadh, bearnú, bloghadh, briseadh, coscairt, dealú ó chéile, gearradh, giotú, ídiú, leá, leá cúráin, pléascadh, réabadh, roiseadh, scoilteadh, sracadh, stialladh, stolladh, stróiceadh, titim as a chéile, *literary* comach.

mionúr adjective *minor*: **adjectival genitive** na sóisear, sóisearach, **adjectival genitive** sóisir.

mí-ordú noun ❶ *disorder, disarray*: ainriail, cíor thuathail, díthreoir, easordú, easpa oird, fuile faile, gírle guairle, holam halam, hólam tró, hurlamaboc, hurla harla, hurlama giúrlama, mearú, mí-eagar, míríaltacht, rachlas, raiple húta, ruaille buaille, réabadh reilige, trachlais, tranglam, triopall treapall. ❷ **ar mí-ordú** *in disorder, in confusion*: ar mhuin marc a chéile, in achrann, in aimhréidh, ina bholgán béice, ina bhruíon chaorthainn, ina chiolarchiot, ina chíor thuathail, ina chíréib, ina chiseach, ina chocstí, ina chosair easair, ina dhiúra dheabhra, ina fhuile faile, ina fhuta fata, ina phraiseach, ina rachlas, ina thrachlais, trína chéile; tromach tramach, deiseal agus treiseal; traiseáilte.

míorúilt noun *miracle*: feart, gníomh míorúilteach, ionadh, iontas, mistéir, sampla.

míorúilteach adjective *miraculous*: dochreidte, domhínithe, draíochtúil, feartach, iontach; éachtach, éagsamhalta, éagoitianta, éagsúil fabhlach, finscéalach, neamhchoitianta, neamhghnách, suaithinseach, suntasach, urghnách; gan réamhshampla; is cuid suntais é, an rud is annamh is iontach.

mioscais noun *spite, malice*: aicis, binb, díorainn, doicheall, drochaigne, droch-chroí, eascairdeas, fala, faltanas, fiamh, fíoch, fuath, gangaid, goimhiúlacht, gráin, mailís, mírún, naimhdeas, nimh san fheoil, nimheadas, oilbhéas, olc, olcas, searbhas.

mioscaiseach adjective *spiteful, malicious*: aiciseach, ailseach, aingí, binbeach, cruálach, doicheallach, drochaigeanta, drochbheartach, droch-chroíoch, dúchroíoch, eascairdiúil, fealltach, fuasaoideach, gangaideach, géar, íorpaiseach, mailíseach, mallaithe, mínáireach, naimhdeach, nathartha, nimhiúil, nimhneach, olc, ribeantach, urchóideach, *literary* miscneach.

míostrú noun *menstruation*: pl. cnúthacha, pl. cúrsaí, daonnacht, fuil mhíosta, gabhalshraoth, gabhaltsruth, galar gasta, leabhrú, míostrú, *literary* bandoirteadh, banfhlosca, bláthdhoirteadh, bláthscaoileadh, gnáth na mban, mún fola, *familiar* galar na ceirte, tréimhse mhíostúil; *familiar* bheith leagtha sall, bheith sna báid; *familiar* tá Páidín orm, tá mé timpeall arís.

miosúr noun ❶ *measurement*: miosúireacht, toise, tomhas, *literary* díorna. ❷ *measuring device*: gléas tomhaiste, treoir; ribín tomhais, tomhas; riail, rialóir, slat tomhais; caighdeán. ❸ *unit of measurement or capacity*: scála, tomhas; cainníocht, cion, ciondáil, cuóta, méad, méid. ❹ **as miosúr** *immoderate, extraordinary*: as cuimse, thar fóir; éachtach, éagoitianta, suaithní, suntasach, urghnách; ar leith, faoi leith, ann féin.

miota noun ❶ *bite, bit, morsel*: ailp, béalóg, bolgam, diocán, greim, greimín, miotóg, plaic, mant, miotóg, niacha, ruainne, scíobas, sclamh, smeachán, *literary* loim. ❷ **i muinín a mhiota** *doing his best*: ar a dhícheall, ar a chroídhícheall, ar a lándícheall, ar a mhine ghéire.

miotaigh verb ❶ *bite, pinch*: bain giobóg as, bain greim as, bain sclamh as, bí ag gobaireacht ar; cogain, pioc; bain liomóg as, bain miotóg as, bain scealpóg as. ❷ *whittle away*: scamh, snoigh; déan sceanach ar.

miotal noun ❶ *metal*: bánmhiotal, cóimhiotal, cruach, iarann, stán. ❷ *mettle, spirit*: aigeantacht, anamúlacht, beocht, beogacht, brí, bruithean, croí, flosc, fuinneamh, géim, gus, meanma, misneach, scleondar, scóip, spionnadh, spiorad, spleodar, spreacadh, spréach, sprid, spriolladh, sracúlacht, teaspach. ❸ *hardihood, hardiness*: buaine, buanadas, buanseasmhacht, cruacht, cruachúis, dianseasmhacht, dígeantacht, dochloíteacht, seochruas, teacht aniar, urrúntacht.

miotalach adjective ❶ *metalic*: cruachach, iarnúil. ❷ *mettlesome, spirited*: buanseasmhach, bríomhar, calma, calmánta, ceolmhar, coráisteach, coráistiúil, cróga, curata, dána, díolúnta, foirtil, fortúil, gaisciúil, galach, gusmhar, gusúil, láidir, laochta, laochúil, meanmnach, misniúil, spionnúil, spioradúil, spreacúil, spreagúil, spridiúil, sracúil, tréan, uchtúil, *literary* léideanach, léidmheach. ❸ *hardy, wiry*: crua, cruachúiseach, cruadhéanta, daingean, dianseasmhach, dígeanta, diongbháilte, dobhuailte, docheansaithe, dochorraithe, dolúbtha, dosháraithe, dothuirsithe, dúr, neamhthraochta, righin, seochrua, síoraí, stóinsithe, urrúnta.

miotán noun ❶ *mitten*: miotóg, mitín. ❷ *leg-warmer, vampless stocking*: lóipín, lópa, máirtín, troithín.

miotaseolaíocht noun *mythology*: déscéalaíocht; béaloideas, finscéalaíocht, miotas, seanchas, traidisiún; cosmagnaíocht.

miotóg¹ noun *mitten, glove*: miotán, mitín; dornóg, lámhainn.

miotóg² noun ❶ *little pinch*: liomóg, scealpóg; giobóg, gráinne, gráinnín, greim, niacha, niopóg, sclamh. ❷ *little bite, little bit*: beagán, blaiseadh, blaisín, blúire, blogh, bolgam, giota, gaimbín, goin, gráinne, greim, mír, mírín, ruainne, smeachán.

miotóg bhuí noun ❶ *black nightshade (Solanum nigrum)*: fuath dubh. ❷ *bittersweet (S. dulcamara)*: fuath gorm, dréimire gorm, lus na muc, míog bhuí, miothóg bhuí, miothóg uisce, searbhóg mhilis, slat ghorm.

mír noun ❶ *bit, piece*: blogh, blúire, candam, cantam, cion, codán, cuid, dabhaid, giota, píosa, scair, smiodar, smidirín, sprúille. ❷ *section, portion*: caibidil, cuid, dabhaid, imleabhar, páirt, rannóg, roinn, roinnt, sliocht, sraith, teascán, teascóg, *literary* urrann. ❸ *point, particular*: ábhar, pointe, ponc, toipic. ❹ **mír churaidh** *champion's portion, prize for valour*: comhramh, geall, mír mhéine, trófaí. ❺ pl. **míreanna mearaí** *jigsaw puzzle*: tomhas míreanna mearaí, puzal.

mírath noun ❶ *lack of success*: cliseadh, drochrath, loiceadh, mífhortún, mírathúnas, míthapa, taisme, teip, teipinn. ❷ *misfortune*: ainnise, amaróid,

mire
anachain, callshaoth, cat mara, ciotrainn, crá, crá croí, cráiteacht, cránán, cránas, cruatan, deacair, dealús, dearóile, díblíocht, dochonách, dochracht, dochraide, dócúl, doghrainn, doic, dóing, doinmhí, dola, don, donacht, donas, dothairne, drámh, drochrath, duainéis, éagomhlann, éigneach, eirleach, feall, gábh, gannchuid, géarbhroid, géarghoin, iomard, leatrom, matalang, mí-ádh, mírathúnas, míthapa, sceimhle, taisme, timpiste, tragóid, trioblóid, tubaist, tubaiste, tuisle, turraing, *literary* galghad.

mire noun ❶ *quickness, rapidity*: aibéil, athlaimhe, beocht, cruashiúl, deabhadh, deifir, diaireacht, dithneas, dlús, driopás, drip, eadarluas, foilsceadh, gastacht, gearradh, gearradh siúil, luaithe, luas, obainne, práinn, rith, rása, scafaireacht, scafantacht, sciobthacht, siúl, tapúlacht, tobainne, *literary* daithe. ❷ *frenzy, rage*: ainscian, aonach, báiní, baosra, buile, buile feirge, caor, cinnmhire, cochall, coilichín, colg, colgaí, confadh, cuthach, dásacht, dobhuile, fearg, fiántas, fíoch, fíochmhaire, fiuch, fiúir, fiúnach, flosc, fraoch, fualang, ginideacht, mearchiall, ruamantacht, spadhar, stoirm, straidhn, taghd, teaspach, treall. **adverbial phrase ar mire** *mad, infuriated*: ar báiní, ar buile, ar caorthainn, ar deargbhuile, ar gealtacht, ar gealtacht is ar ginideacht, ar steillmhire, as a mheabhair; le broim, le cuthach; oibrithe.

miréasún noun *unreason, absurdity*: amaidí, amadántaíocht, athbhaois, baois, baoithe, daille, daíocht, díchiall, díth céille, easpa céille, éigiall, fastaím, gamalacht, íorthacht, leibideacht, leimhe, óinsiúlacht, saochan céille, seafóid; áibhéis, áiféis, fantaisíocht, raiméis, ráiméis.

miréasúnta adjective *unreasonable, absurd*: áiféiseach, amaideach, cluichiúil, fantaiseach, guanach, neamhréasúnach, raiméiseach, ráiméiseach, seafóideach, suaibhreosach; ina shampla saolta.

miréir noun *disobedience, insubordintion*: ceannairc, dísmacht, díriail, easumhlaíocht, easurraim, mícheansacht, místiúradh; ainriantacht, ceanndánacht, contráilteacht, éirí amach, éiritheacht, réabhlóid, reibiliún, reibiliúnacht, tréas.

miréireach adjective *disobedient*: ceannairceach, dúshlánach, easumhal, easurramach, neamhghéilliúil, reibiliúnach; ábhaillleach, aimhleasta, aimhriata, ainrianta, cadránta, caismirteach, callóideach, ceanndána, ciontach, docheansaithe, dochomhairleach, domhúinte, earráideach, iomlatach, ládasach, mícheansa, mí-iomprach, muiniceach, sáraitheach, trioblóideach.

míriar noun *mismanagement*: drochstiúradh, mírialú; mí-eagar, mí-eagrú, mí-iompar, mí-úsáid, neamhéifeacht; camalanga, ciotaíl, ciseach, praiseach, puiteach.

mírún noun *ill will, malice*: aicis, binb, díorainn, doicheall, drochaigne, droch-chroí, eascairdeas, fala, faltanas, fanrais, fiamh, fíoch, fuath, gangaid, goimhiúlacht, gráin, mailís, mioscais, naimhdeas, nimh san fheoil, nimheadas, olc, searbhas.

misean noun *mission*: coimisiún, dealagáideacht, leagáideacht, toscaireacht; aidhm, cuspóir, feidhm, gairm; cúram, dualgas, gnó, fiontar, freagracht, tasc; sluaíocht, turas.

míshásamh noun ❶ *displeasure, dissatisfaction*: alltacht, anbhá, anbhuain, buairt, cancar, col, crostacht, déistin, dímheas, díomú, doicheall, faltanas, fearg, gráin, mífhabhar, míshástacht, místá, míshuaimhneas, míthaitneamh, múisiam, olc, samhlas, samhnas, seirfean, stainc, straidhn, stuaic, uafás. ❷ *awkwardness*: ainnise, amlógach, amlóireacht, amscaíocht, ceatán, ciotaí, ciotaíl, driopás, liopaisteacht, méiseáil, míchaothúlacht, míchóngar, místuaim, slioparnach, spágáil, sraimleáil, tuathalacht, tútachas, úspántacht, útamáil.

míshásta adjective *displeased, dissatisfied*: buartha, cancrach, cantalach, coilgneach, colgach, crosta, dímheasach, dímheasúil, díomách, díomúch, doicheallach, éagóirithe, feargach, míbhuíoch, mícheadfach, míshuaimhneach, múisiamach, olc, spuaiceach, stuacach. ❷ *awkward*: amscaí, anásta, ciotach, ciotrainneach, ciotrúnta, driopásach, lapach, leibideach, liobarnach, liopasta, míshlachtmhar, místuama, strampáilte, tuaisceartach, tuatach, tuathalach, úspánta, útamálach.

míshlachtmhar adjective ❶ *untidy, badly finished*: bratógach, ceamach, ceamánta, cifleogach, clíbíneach, giobach, gioblach, glibeach, gliobach, liobarnach, líobóideach, lóipíneach, lópach, luideach, scifleogach, scothánach, scrábach, slaimiceach, sraoilleach, streachlánach; easnamhach, easpach, lochtach, míchumtha, neamhchríochnaithe, neamhchríochnúil, traiseáilte; gan chóiriú, gan chríochnú, trína chéile. ❷ *unsightly, uncomely*: domhaiseach, graifleach, gránna, míchumtha, mídheas, míghnaíúil, míofar, mísciamhach, míshlachtmhar, urghránna; in anchruth.

míshocair adjective ❶ *uneasy, restless*: buartha, cliseach, corrabhuaiseach, corrthónach, cráite, dodach, doilíosach, duaiseach, eaglach, faitíosach, fuaiscneach, geitiúil, giodamach, giongach, giurnálach, guairneánach, mearaithe, mearbhlach, míshuaimhneach, neirbhíseach, ríogach, scáfar scáithínteach, spadhrúil, tallannach, tapógach, tobann, trintealach. ❷ *unsteady, unstable*: athraitheach, baoth, barrbhaoiseach, ceanntrom, corrach, creathach, díodánach, éadaingean, éaganta, éagobhsaí, éagothrom, forbhásach, gingideach, giodamach, giongach, gloinceálach, guagach, guaiseach, longadánach luaineach, luathintinneach, neamhbhuan, neamhchinnte, neamhdhaingean, neamhdhiongbháilte, neamhfhuaimintiúil, neamhshocair, stamrógach, treallach; ar a bhuige bhaige, ar bogadh, ar forbhás, ar sinebhogadh; teipeanach.

míshocracht noun ❶ *unease, restlessness*: anbhuain, buaireamh, buairt, corrthónacht, corráil, gearaíl, giodam, giurnáil, goraíocht, griothal, guairdeall, guairneán, imní, imníthí, imshníomh, líonraith, míshuaimhneas, scaoll, suaitheadh, trintealach. ❷ *unsteadiness, instability*: diomuaine, éadainge, éagantacht, éagobhsaíocht, éagothroime, éiginnteacht, guagacht, guagaíl, guagaíocht, guairdeall, guais, laige, longadánacht, luaineacht, luascadh, luascán, neamhbhuaine, neamhchinnteacht, neamhdhaingne, neamhfhuaimint, neamhshocracht, stamrógacht, taghdáil, teaspach, tobainne.

míshuaimhneach adjective *uneasy, restless, perturbed*: aingí, buartha, cliseach, corrabhuaiseach, corrthónach, cráite, doilíosach, duaiseach, eaglach, faiteach, faitíosach, geitiúil, giodamach, giongach, giurnálach, guairneánach, imníoch, mearaithe, mearbhlach, míshocair, neirbhíseach, scáfar, scáithínteach, spadhrúil, tallannach, tapógach, tobann, trintealach; trí na chéile.

míshuaimhneas noun *uneasiness, perturbation*: anbhuain, buaireamh, buairt, cailm, corráil, giodam, giurnáil, giurnálaíocht, griothal, guairdeall, guairneán, imní, imníthí, imshníomh, líonraith, míshocracht, neirbhís, *pl.* peiríocha, pianpháis, scaoll, trintealach.

misneach noun ❶ *courage*: calmacht, coráistiúlacht, crógacht, croí, dánacht, fortile, foirtileacht, gal, gaisce, gaiscíocht, gus, laochas, laochdhacht, laochtach, meanma, meanmnacht, misniúlacht, niachas, oirbheart, oiread Chnoc Mordáin de chroí, scairt, scairt láidir, smior, spiorad, sponc, spreacadh, spriolladh, uchtach, uchtúlacht, *literary* déadlacht, meanmra. ❷ *hopefulness, cheer, feeling of well-being:* dea-chroí, dea-thuar, dóchas, dóchasúlacht, gairdeas, gus, meanma, soilbhreas, soirbhíochas, spiorad, *literary* meanmra.

misnigh noun *encourage, cheer up:* meanmnaigh, spreag; brostaigh, griog; cuir misneach i, tabhair croí do, tabhair misneach do; séid faoi.

misniúil adjective ❶ *courageous:* calma, calmánta, coráisteach, coráistiúil, cróga, curata, dána, dásachtach, gaisciúil, galach, gusmhar, laochta, laochúil, meanmnach, miotalach, misniúil, neamheaglach, spionnúil, spioradúil, sponcúil, spreacúil, spreagúil, spridiúil, uchtúil, *literary* déadla. ❷ *cheerful:* aerach, croíúil, gairdeach, gáiriteach, gealgháireach, meanmnach, meidhreach, ríméadach, sásta, séanmhar, soilbhir, soirbh, somheanmnach, sólásach, sona, suairc, subhach; dóchasach, **adjectival genitive** inuchtaigh, lán dóchais, muinineach.

místá noun *disapproving look, frown:* duifean, gnúis, grainc, gruig, grus, iolchaing, púic; cab, cáirín, cár, caradánacht, clab, meill, mídhreach, muc ar mhala, múchna, pus, scaimh, strabhas, strainc, streill.

miste a ❶ **is beag is miste** *it is no harm,* **ní miste** *it matters little:* is beag an bhrí é, is beag an tábhacht é, is cuma, níl brí ann; chan a dhath domsa é, ní dada domsa é, ní haon ní domsa é, ní fiú bioran é, ní fiú trácht air; cad é an tábhacht é?, cér chás é?, cén dochar? cén éadáil é sin? nach cuma?, is é an cás céanna é, is é an dá mhar a chéile é, is mar a chéile é, is é an rud céanna é; *ironic* muise, caillfear mé, is caillte atáim; *ironic* och, is mór sin. ❷ **ní miste liom** *I don't mind:* is áil liom, is breá liom, is maith liom; is cuma liom.

mistéir noun *mystery:* cruacheist, diamhair, diamhair agus dorchacht, diamhracht, doiléire, dúcheist, dúrún, dúthomhas, fadhb, rún, rúndiamhair; athbhrí, dothuigtheacht, doilfeacht, draíodóireacht, draíocht, dubhfhocal, duifean, éiginnteacht, gintlíocht.

místuaim noun ❶ *thoughtlessness, imprudence:* aimhghliceas, díth céille, éigríonnacht, neamhchríonnacht; éagantacht, míghliceas, neamhstaidéar. neamhthuiscint. ❷ *clumsiness:* ainnise, amlógacht, amlóireacht, amscaíocht, ciotaíl, driopás, liopastacht, *pl.* méara ime, *pl.* méara maide, méiseáil, míchaothúlacht, míchóngar, míshásamh, slabáil, slioparnach, spágáil, sraimleáil, tuathalacht, tútachas, úspántacht, útamáil.

místuama adjective ❶ *impractical, imprudent:* aimhghlic, dícheíllí, éigríonna, neamhchríonna, neamhstaidéarach; ainbhiosach, amadánta, amaideach, baoiseach, baoth, beag de dhearcadh, breallach, breallánta, bundúnach, dall, éaganta, éigríonna, gamalach, leamh, leamhcheannach, leathmheabhrach, leibideach, neamhthuisceanach, pleidhciúil, ramhar, saonta, seafóideach, soineanta, simplí. ❷ *clumsy:* ainnis, amhlánta, amscaí, anásta, bosach, breallmhéarach, bundúnach, busta, ciotógach, cadramánta, crúbach, driopásach, lámhbhaosach, lapach, liopasta, mágach, sliopach, sliopánta, spágach, sraimlí, starrach, starragánach, tuatach, tuathalach, úspánta, útamálach; ordóga uilig atá air, tá sé faoi ordóga uilig.

mítéar noun *mitre:* bairrín, ceannbheart easpaig; tiara.

míthapa noun *mishap, mischance:* drochrath, matalang, mí-ádh, mífhortún, mísheoladh, mírath, óspairt, taisme, tapaigean, teipinn, tionóisc, tubaist, tubaiste, tuisle; aimléis, ainnis, amaróid, anachain, bárthainn, cat mara, cinniúint, ciotrainn,

moch

doinmhí, donacht, donas, eirleach, iomard, tragóid, turraing.

mithid adjective ❶ **is mithid** *it is high time:* rómhithid; más mall is mithid, tá an coirce in úd a bhainte, tá an t-am agat é a dhéanamh, tá sé in am duit é a dhéanamh, tháinig sé de mhitheas duit; ba cheart duit, tá ceart agat.

míthráthúil adjective *untimely, inopportune:* antráthúil, éaguibhiúil, míchaoithiúil, míchóiriúil, míchuibheasach, míchuibhiúil, mífheiliúnach, mífhreagrach, mí-ionúch, mínádúrtha, mí-oiriúnach, neamhfhóinteach, neamhionúch, neamhoiriúnach, neamhshéasúrach.

míthreoir noun ❶ *misguidance, confusion:* dallach dubh, dallamullóg, dímhearbhall, éidreoir, fóidín mearaí, mearadh, mearaí, mearaíocht, mearathal, mearbhall, mearú, meascán mearaí, saochan céille, seachmall, seachrán céille, suathrán. ❷ *shiftlessness, feebleness:* anbhainne, beagmhaitheas, diomaibhse, éadairbhe, éagumas, easnamh, easpa, easpa cumhachta, éidreoir, éineart, fainne, faoine, goilliúnacht, lagáisí, laige, leamhas, leimhe, leochaileacht, míábaltacht, míchumas, neamhábaltacht, neamhbhailíocht, neamhchumhacht, neamhéifeacht, neamhéifeachtacht, neamhinniúlacht, soghontacht, tréithe, uireasa. ❸ **ar míthreoir** *confused, helpless:* ciafartach; ar anchaoi, i do bhaileabhair, i do bhambairne, i do habal, i gcás, i gceap, i gcruachás, i gcúngach idir an namhaid agus an mhuir, i ndreapa, i nead ghríbhe, i sáinn, i dteannta, idir dhá chás, idir dhá chomhairle, idir dhá cheann na meá, idir dhá thine Bhealtaine, in abar, in ascar, in anchaoi, sa chúngach, san fhaopach; amach as na muineacha isteach sna driseacha; tá do lámh i mbéal an mhadra.

míthrócaireach adjective *merciless, pitiless:* ainiochtach, binbeach, brúidiúil, cadránta, codramánta, crua, cruálach, cruachroíoch, dallchroíoch, danartha, díoltaiseach, díoltasach, do-dhuineata, dolúbtha, do-mhaite, do-mhaiteach, doshásta, drochaigeanta, droch-chroíoch, dúrchroíoch, éadrócaireach, éadruach, faltanasach, fíochasnach, fíochmhar, fuarchroíoch, fuilteach, gangaideach mídhaonna, mínádúrtha, neamhbháúil, neamhghoilliúnach, neamhscrupallach, neamhthrócaireach, neamhthruach, neamhthruamhéalach, nimhneach, olc, urchóideach; gan taise gan trócaire; tá an chéadrith den iarann ann, tá an chuid is fearr den iarann ann; tá croí cloiche ann, tá miotal ina chnámha; ní bhogann agairt ná éamh é; Iúdás de dhuine ata ann.

míthuiscint noun *misunderstanding, mistake:* botún, breall, dearmad, dearmhad, dul amú, éaduairim, earráid, fabht, fallás, iomrall, meancóg, mearbhall, mearathal, seachrán, tuaiplis, tuathal.

miúil noun *mule:* múille; ráineach, ránach, rannach; asal.

mí-úsáid noun *misuse, abuse:* ansmacht, ansmachtú, céasadh, clipeadh, cos ar bolg, ciapadh, crá, drochíde, drochúsáid, dúshaothrú, foréigean, géarleanúint, íospairt, leatrom, leithcheal, maslú, racáil, splíontaíocht; cur amú, diomailt, scaipeadh; comhshó calaoiseach, cúbláil, mídhílsiú.

mocaisín noun *moccasin:* bróg úrleathair, pampúta; cuarán.

moch adjective *early:* dea-mhoch, luath, *literary* daith; tráthúil. **adverbial phrase le moch na maidine, i moch an lae** *early in the morning:* ar chéad ghlao an choiligh, ar mhochóirí, go daith, go dooich, go deamhoch, le giolcadh an éin, le giolcadh an ghealbhain, leis an éan, leis an gcéad scairt a rinne an coileach, leis an gcoileach, leis an ngiolcadh, leis

mochóirí
an lá, mós moch, san adhmhaidin; ó mhoiche maidine

mochóirí noun ❶ *early rising*: mochéirí, mochóireacht. ❷ *early riser*: mochánach, mochóir, mochóireach; is é an ceannaí moch a dhéanann an margadh.

modartha adjective ❶ *dark, murky*: dorcha, duairc, dubh, dúnéaltach, easolasta, gruama, idirdhorcha, modarcheoch, smúiteach, smúitiúil, teimhleach, *literary* dobhar. ❷ *muddy, cloudy*: ceoch, ceomhar, clabach, moirtiúil, murtallach, múscaí. ❸ *gloomy, morose*: anaoibhiúil, brúite, bundúnach, ceannfseal, ciachmhar, cianach, doilbh, doilbhir, domheanmnach, dorcha, duairc, duaiseach, dubhach, dúlagrach, dúlaí, dúlionnach, dúnéaltach, éadóchasach, gan dóchas, gruama, lagsprideach, lionndubhach, mairgiúil, míshuairc, púiceach, smúiteach, smúitiúil, smúitiúnta, tromchroíoch.

modarthacht noun ❶ *murkiness, cloudiness*: cróine, doirche, doircheacht, dorchacht, dorchadas, dubh, dúchan, duibhe, gruaim, gruamacht, scamallacht, smál, smearsholas, smúit, smúitiúlacht, teimheal, teimhliú. ❷ *gloominess*: atuirse, brón, buaireamh, buairt, ciach, cian, cumha, diachair, dobhracht, dobrón, dólás, duainéis, duairceas, dubhachas, duifean, dúlagar, dúlionn, dúlaíocht, dúrántacht, éadóchas, gruaim, iarghnó, ísle brí, léan, mairg, mairgneach, méala, tocht, tromchroí, tromchroíocht.

modh noun ❶ *mode, manner, procedure*: bail, caoi, cuma, cúrsa, dóigh, dul, gléas, imeacht, ráta, slí, táin; modh oibre, nós imeachta, próiseas; *pl.* béasa, *pl.* nósanna. ❷ *honour, respect*: dileagla, gradam, meas, oineach, ómós, onóir, urraim, *literary* miadh. ❸ *moderation, measure*: meánaíocht, meánúlacht, measarthacht, réasúntacht, staidéaracht, staidéarthacht, stuamacht.

modhnaigh verb *modulate, modify*: athchum, atheagraigh, athleasaigh, athraigh, claochlaigh, leasaigh, maolaigh, mionathraigh, tiontaigh; fuaraigh.

modhúil adjective ❶ *well-behaved, mannerly*: béasach, córtasach, cúirtéiseach, cúirtiúil, cúiseach, deabhéasach, dea-iomprach, dea-mhúinte, fiosúil, giúlánta, múinte, séimh, sibhialta, síodúil, sobhéasach. ❷ *gentle, modest*: búch, caoin, caomh, ceansa, cineálta, cneasta, connail, daonna, garúil, geanúil, grádiúil, grástúil, lách, macánta, maith, máithriúil, mánla, maothchroíoch, maránta, méiniúil, mín, miochair, míonla, séimh, tláith; adhnáireach, banúil, geanasach, geanmnaí, mómhar.

modhúlacht noun ❶ *good behaviour, good manners*: *pl.* béasa, *pl.* caoinbhéasa, córtas, cúirtéis, cúirtéiseacht, cuntanós, *pl.* dea-bhéasa, dea-bhéasaíocht, dea-iompar, dea-mhúineadh, modh agus múineadh, múineadh, sibhialtacht, síodúlacht. ❷ *mildness, modesty*: caoimhe, caoine, caoineas, mánlacht, míne, míneadas, miochaire, míonlacht, mómhaireacht, náire, séimhe, tláithe; banúlacht, geanas, geanmnaíocht.

mogall noun ❶ *mesh*: lúb, máille. ❷ *husk, shell, pod*: capsúl, cás, clúdach, cochall, cumhdach, easacarp, faighin, faighneog, folaíóg, forchlúid, léigiúm, lóchán, peireacarp. ❸ *cluster*: braisle, cloigín, crobhaing, crothán, triopall; burla, cruinneán, cruinneog, meall. ❹ *compact body, cluster of people*: béinne, buíon, cipe, cóip, comhlacht, criú, cruinniú, cuallacht, cuideachta, dream, feadhain, foireann, fracht, gasra, grúpa, meitheal, paca, rang, scata, scuaine, slógadh, slua. ❺ **mogall súile** *eyeball*: cloch na súile, croí na súile, meall súile.

mogallach adjective ❶ *meshed, reticular*: eangachúil, líontánach. ❷ *clustered, clustering*: cnuasaithe, crobhaingeach, drongach, triopallach.

mogalra noun *network, plexus*: eangach, líonra.

mogóir noun *rose-hip*: *pl.* corróga dearga, *pl.* mochóirí, muchóid, muchóg, puchóid, *pl.* sceachóidí madra, *pl.* sceachóirí mhadra, *pl.* sciorthógaí muc.

moiche noun *earliness*: luaithe, luathacht, luathadas; tráthúlacht.

móid noun *vow*: briathar móide, ceangal, mionn, mionn is móid.

móide adverb ❶ *more, plus*: plus; agus, mar aon le. ❷ **ní móide go** *probably not, hardly*: ní dócha go; is ar éigean go, ní mó ná go; beidh sé dian má.

móidigh verb *vow*: cuir thú féin faoi cheangal, tabhair móid; mionnaigh, mionnaigh is móidigh.

moiglí adjective *soft, mild, placid*: bog, boigéiseach, caomh, mánla, mín; búch, caoin, ceansa, macánta, maothchroíoch, maránta, méiniúil, miochair, míonla, modhúil, séimh, sochma, *literary* soithimh; ciúin, réchúiseach, sámh, sásta, suaimhneach.

moileasc noun *mollusc*: faoisce, iasc sliogánach, sliogánach; báisín; *colloquial* cnuasach, cnuasach trá; maorach; muireachaoin.

Moilisc

abalone (*féach ear shell*)
angular ark shell (*Arca tetragona*): sliogán cúinneach na háirce
aplacophoran (*genus Aplacophora*): aplacafór
arctic cowrie (*Trivia arctica*): fínicín tuaisceartach
ark shell (*Arca noae*): sliogán na háirce
Atlantic bubble (*Bulla striata*): bolgóid *f.* riabhach
Atlantic yellow cowrie (*Erosaria acicularis*): fínicín buí Eorpach
auger shell (*Turritella communis*): cuach coirn
Baltic tellin shell (*Macoma balthica*): teilíneach Baltach
banded carpet-shell (*Paphia rhomboides*): breallach croise bandach
banded chink shell (*Lacuna vincta*): sliogán eitreach bandach
banded Venus shell (*Clausinella fasciata*): maighdeog *f.* bhandach
banded wedge shell (*Donax vittatus*): sliogán dinge bandach
bearded horse mussel (*Modiolus barbatus*): diúilicín capaill féasógach
beer barrel (*Actaeon tornatilis*): ceaig
bivalve: débhlaoscach
black slug (*Arion ater*): púca dubh
blue mussel (*féach common mussel*)
blue-rayed limpet (*Patina pellucida*): bairneach mín
blunt gaper (*Mya truncata*): breallach maol
blunt tellin shell (*Tellina crassa*): teilíneach maol
brown Venus shell (*Callista chione*): maighdeog *f.* mhín
cancellate nutmeg (*Cancellaria cancellata*): noitmig *f.* mhogallach
Cardita calyculata: cairdíte *f.* eitreach
cephalopod: ceifileapód
chequered carpet-shell (*Tapes decussatus*): breallach croise crosghearrtha
Chinaman's hat (*Calyptraea chinensis*): hata Síneach
chiton (*aicme Polyplacophora*): ciotón
clam (*féach sand gaper*)
coat-of-mail chiton (*Lepidochitona cinerea*): ciotón máille
common Bithynia snail (*Bithynia tentaculata*): seilide na Bitíne
common cerith (*Cerithium vulgatum*): ceirit *f.* choiteann
common cockle (*Cerastoderma edule*): ruacan; ruán; cocas

Moilisc: pullet carpet-shell

common cuttlefish
(*Sepia officinalis*): cudal coiteann
common ear-shell (*Haliotis lamellosa*): cluas *f.* mhara
common keyhole limpet (*Diodora graeca*): bairneach iascáin
common limpet (*Patella vulgata*): bairneach coiteann
common mussel (*Mytilus edulis*): diúilicín coiteann
common necklace shell
(*Natica millepunctata*): bráisléad coiteann
common northern whelk
(*Buccinum undatum*): cuachma *f.* thuaisceartach choiteann
common nut-shell (*Nucula nucleus*): cnóshliogan coiteann
common octopus (*Octopus vulgaris*): ochtapas coiteann
common oyster (*Ostrea edulis*): oisre coiteann
common ormer
(*féach* common ear-shell)
common otter shell (*Lutraria lutraria*): breallach dobharchú; sliogán dobharchú coiteann
common periwinkle
(*féach* edible periwinkle)
common piddock (*Pholas dactylus*): pideog *f.*
common razor shell (*Ensis ensis*): scian *f.* mhara chuar
common tortoiseshell limpet
(*Tectura tessulata*): bairneach breac
common wentletrap (*Epitonium clathrus*): faocha *f.* bhiorach
curled octopus (*Eledone cirrhosa*): ochtapas beag
cuttlefish (*Sepia* sp.): cudal; cudal sceitheach; scudal
date mussel (*Lithophaga lithophaga*): diúilicín dáta
dog cockle (*Glycymeris glycymeris*): ruacan con
dog whelk (*Nucella lapillus*): cuachma *f.* chon
dove shell (*Pyrene rustica*): muirleog *f.*
duck mussel (*Anodonta anatina*): diúilicín lachan
dwarf pond snail (*Limnaea truncatula*): seilide locháin
edible periwinkle
(*Littorina littorea*): gioradán; faocha *f.* dhubh
egg cockle (*Leavicardium laevigatum*): ruacan uibhe
fallow cowrie (*Cypraea lurida*): fínicín crón
false simnia (*Pseudosimnia carnea*): simnia *f.* bhréige
fan mussel (*Pinna fragilis*): cleiteog *f.*
Faroe sunset shell (*Gari fervensis*): fuineadh Faró
file shell (*Lima lima*): sliogán líomhánach
flat periwinkle (*Littorina obtusata*): faocha *f.* leathan

flat top shell (*Gibbula umbilicalis*): faochán Muire corcra
freshwater limpet
(family Ancylidae): bairneach fionnuisce
freshwater mussel
(family Margaritiferidae): diúilicín fionnuisce
freshwater periwinkle (*Viviparus viviparus*): seilide abhann
garden snail (*Helix aspersa*): seilide garraí
gastropod: gastrapód
giant squid (*Architeuthis dux*): máthair *f.* shúigh mhór
giant worm-shell (*Serpelorbis arenarius*): péistsliogán mór
golden carpet-shell (*Paphia aurea*): breallach croise órga
great pond snail (*Limnaea stagnalis*): mórsheilide locháin
great scallop (*Pecten maximus*): muirín mór
green ear-shell
(*Haliotis tuberculata*): cluas *f.* mhara ghlas
green ormer (*féach* green ear-shell)
grey sea slug (*Aeolidia papillosa*): bodalach glas
grey top shell (*Gibbula cineraria*): faochán Muire glas
grooved razor shell
(*Solen marginatus*): scian *f.* mhara eitreach
grooved top shell
(*Jujubinus striatus*): faochán Muire eitreach
hairy dog cockle (*Glycymeris pilosa*): ruacan con clúmhach
harp shell (*Harpa* sp.): harp
heart cockle (*Glossus humanus*): ruacan croí
helmet-shell (*Cassidaria echinophora*): clogad cnapánach
horny orb-shell (*Sphaerium corneum*): ruacan cruinneánach
horse mussel (*Modiolus modiolus*): diúilicín capaill
Hungarian cap shell (*Capulus ungaricus*): bairneach boinéid
Italian keyhole limpet
(*Diodora italica*): bairneach iascáin Iodálach
jewel box (*Chama gryphoides*): seodbhosca Meánmhuirí
lagoon cockle (*Cerastaderma glaucum*): ruacan murlaigh
large necklace shell (*Natica catena*): bráisléad mór
large sunset shell (*Gari depressa*): fuineadh mór
laver spire shell (*Hydrobia ulvae*): cuachma *f.* shleabhcáin
limpet (family Patellidae): bairneach; bairneog *f.*
little cuttlefish (*Sepiola atlantica*): cudal beag
marsh snail (*Limnaea palustris*): seilide réisc

Mediterranean carrier shell
(*Xenophora crispa*): bruscrán Meánmhuirí
Mediterranean cone shell
(*Conus mediterraneus*): sliogán coirceogach Meánmhuirí
Mediterranean limpet
(*Patella caerulea*): bairneach Meánmhuirí
Mediterranean mussel
(*Mytilus galloprovincialis*): diúilicín Meánmhuirí
mitre shell (*Mitra ebena*): bairrín
monoplacophoran (genus Monoplacophora): monaplacafór
mussel (family Mytilidae): diúilicín; iascán; musla; sliogán dubh
needle whelk (*Bittium reticulatum*): buaircín trá
netted dog whelk
(*Nassarius reticulatus*): cuachma *f.* chon mhogallach
northern lucine (*Lucinoma borealis*): lúcainia *f.* thuaisceartach
northern squid (*Loligo forbesii*): máthair *f.* shúigh an tuaiscirt
octopus (family Octopodidae): ochtapas; láimhíneach; láir *f.* bhán
Olla volute: measra toinne
oval piddock (*Zirfaea crispata*): pideog *f.* ubhchruthach
oyster (family Ostreidae): oisre; oistre; oisreagán
painted top shell
(*Calliostoma zizyphinum*): faochán Muire dathannach
painter's mussel (*Unio pictorum*): diúilicín na bpéintéirí
Pandora shell (*Pandora* sp.): sliogán Phandóra
paper nautilus (*Argonauta argo*): nátalas páipéir
Parthenope's triton
(*Cymatium parthenopeum*): tríotón Phartanóipe
pear cowrie (*Cypraea* (*Zonaria*) *pyrum pyrum*): fínicín piorra
pearl mussel
(*Margaritifer margaritifer*): diúilicín na bpéarlaí
pelican's foot shell (*Aporrhais pes-pelecani*): lapa peileacáin
peppery furrow shell (*Scrobicularia plana*): clais-sliogán piobarach
periwinkle (or winkle) (*Littorina* sp.): faocha *f.*; faochóg *f.*; miongán; seilmide cladaigh; caochóg *f.*; gairidín
petricola (*Petricola lithophaga*): peitreacóla
pod razor shell (*Ensis siliqua*): scian *f.* mhara chochallach
Portuguese oyster (*Crassostrea gigas*): oisre Portaingéalach
prickly cockle (*Acanthocardium echinata*): ruacan coilgneach
pullet carpet-shell
(*Venerupis senegalensis*): breallach croise eireogach

moill

moill noun ❶ *delay, hindrance:* fuireach, sos, stad, staonadh, stop, stopadh, strambán. ❷ **gan mhoill** *shortly, soon:* ar ball, ar ball beag, go gairid, go luath, i gcionn tamaill, i gcionn tamaill bhig.

moille noun *slowness, lateness:* malltriall, marbhántacht, righneachas, righneacht, righneadas, righneadóireacht, righneas, seilmideáil, spadántacht, támáilteacht; déanaí, deireanas, fadálacht, leadrán, siléig, siléigeacht, slaodaíocht.

moilleadóir noun *dawdler, procrastinator:* cnuálaí, codaí, fágálach, fágálaí, fámaire, feadóir, feamaire, gadrálaí, giolla na leisce, langa, leadránaí, leiciméir, leisceoir, leisíneach, leoiste, leota, liairne, liúdramán, loiceadóir, lófálaí, mágaí, máinneálaí, malluaireach, malltriallach, ráingléir, righneacálaí, righneadóir, righneálach, righneálaí, righneartálaí, ríste, scaoinse, scraiste, sínteach, síntealach, síománach, síománaí, slabhrálaí, slaodaí, smíste, snámhaí, srathaire, sreangaire, stangaire, stróinse, súmaire, táimhín, trataí, tratanálaí.

moilleadóireacht noun *dawdling, procrastination:* fadáil, fálróid, lófáil, losaíodóireacht, mágaíocht, máinneáil, malltriall, reanglamáncht, righneacáil, righneadóireacht, righneáil, righnealtaíocht, seilmideáil, siléig, siléigeacht, snámhacáil, snámhaíocht, spadántacht, sreangaireacht.

moilligh verb *delay, stop on journey:* fan, fuirigh, sionsaigh, stad, stop; déan moill, glac sos.

móimint noun *moment:* bomaite, meandar, móiméad, nóiméad; soicind; faiteadh na súl, iompú do bhoise.

móin noun ❶ *turf, peat:* portach; clochmhóin, donnmhóin; scileach; spadar, spairt mhóna, spairteach; bruscar móna, grabhar móna, smúdar móna. ❷ *bogland, moor:* caorán, criathrach, móinteán, móintín, portach, riasc, sliabh.

móinéar noun *meadow:* bán, cluain, léana, móinfhear, míodún; báinseach, báinseog, faiche, féar, féarach, páirc, plás, plásán, plásóg, réileán, *literary* iath; caladh, caológ, crompán, gaorthadh, inse, inseachas, inseán, léana, sraith, srath.

moing noun ❶ *mane, thick hair:* grágán, grágán gruaige, monglait, monglach, mothall, suasán, súisín. ❷ **moing mhear** *hemlock (Conium maculatum):* binmhear, buinmhear, dathabha bán, mil mhear, min mhara, moing mheara, moing mhara, moing na bioraí, mongach mhear.

móinteán noun *bogland, moor:* caorán, criathrach, móin, móintín, riasc, portach, sliabh.

Moilisc
ar lean

purple murex (*Murex brandaris*): muireachaoin f. na corcra
queen scallop (*Chlamys opercularis*): cluaisín
ramshorn snail (*Planorbarius corneus*): mórsheilide adharc an reithe
rayed artemis (*Dosinia exoleta*) artaimís f. ghathach
rayed trough shell (*Mactra stultorum*): sliogán trach gathach
red triton (*Charonia rubicunda*): tríotón cnapánach
river limpet (*Ancylastrum fluviatile*): bairneach abhann
rock shell (*Thais haemastoma*): sliogán creagach
rough cockle (*Acanthocardia tuberculata*): ruacan garbh
rough pen shell (*Pinna nobilis*): cleiteog f. gharbh
rough periwinkle (*Littorina saxatilis*): faocha f. gharbh
rough star-shell (*Astraea* (*Turbo*) *rugosa*): réaltsliogán garbh
saddle oyster (*Anomia ephippium*): sligín slámach
sand gaper (*Mya arenaria*): breallach; breallach gainimh; breallacán; breallán buí; bodaire
sea hare (*Aplysia punctata*): giorria mara
sea slug (*order* Nudibranchia): bodalach; bodairseach; bodalán
sea snail (*Liparis* sp.) gnamhán
slipper limpet (*Crepidula fornicata*): slipéar mara
slit limpet (*Emarginula reticulata*): bairneach mantach
slug (*family* Limacidae): drúchtín; seilide drúchta
small cockle (*Parvicardium exiguum*): ruacan beag
small periwinkle (*Littorina neritoides*): faocha f. bheag
small rissoa (*Rissoa parva*): riosó beag
smooth artemis (*Dosinia lupinius*): artaimís f. mhín
snail (*genus* Gastropoda): seilide seilchide; seilmide; seilcheog f.
Solecurtus strigillatus: sólan stríocach
spindle shell (*Fusinus rostratus*): fearsaid f.
spiny cockle (*Acanthocardia aculeata*): ruacan deilgneach
spotted cowrie (*Trivia monacha*): fínicín Eorpach
spotted flask (*Ampulla priamus*): próca breac
squid (*Loligo vulgaris*): máthair f. shúigh
sting periwinkle (*féach* sting winkle)
sting winkle (*Ocenebra erinacea*): feannadóir
striped Venus shell (*Chamelea gallina*): maighdeog f. riabhach
swan mussel (*Anodonta cygnea*): diúilicín eala
tellin shell (*family* Tellinidae): sliogán teilíneach; teilíneach
teredo (*Teredo* sp.): **plural noun** rincs; gríorac
thick-lipped dog whelk (*Hinia incrassata*): cuachma f. chon bhruasach
thick top shell (*Monodonta lineata*): faochán Muire tiubh
thick trough shell (*Spisula solida*): sliogán trach tiubh
thin tellin shell (*Tellina tenuis*): teilíneach tanaí
thorny oyster (*Spondylus gaederopus*): oisre deilgneach
toothed topshell (*Monodonta lineata*): faochán Muire tiubh
trumpet shell (*Planorbis* sp.): sliogán trumpa
trumpet triton shell (*Charonia tritonis*): tríotón
tulip shell (*Fasciolaria tulipa*): sliogán tiúilipe
tun-shell (*Tonna galea*): tonna mór
tuscan helmet (*Pentapora foliacea*): clogad mara
tusk-shell (*family* Dentaliidae): starrshliogán
valve snail (*Valvatus piscinalis*): seilide linne
variegated scallop (*Chlamys varia*): muirín breac
velvet shell (*Velutina velutina*): sliogán mín
Venus shell (*family* Veneridae): maighdeog f.
violet snail (*Janthina janthina*): gnamhán corcra
wandering snail (*Limnaea peregra*): seilide fáin
warty Venus shell (*Venus verrucosa*): maighdeog f. fhaithneach
white slug (*Arion ater*): púca geal
white tortoiseshell limpet (*Tectura virginea*): bairneach breac geal
wing shell (*Pteria hirundo*): oisre sciathánach
wood-grained canoe bubble (*Scaphander lignarius*): coite
worm-shell (*Vermetus triqueter*): péistsliogán
zebra mussel (*Dreissena polymorpha*): diúilicín riabhach

móiréis noun *haughtiness, pretension:* anbharúil, bogás, borrachas, bród, bródúlacht, bromuabhar, buannaíocht, ceartaiseacht, ceartaisí, cinseal, díomas, éirí in airde, iarlaitheacht, leithead, méirnéis, móráil, mórchúis, mórtas, mórtas thóin gan taca, mustar, postúlacht, saoithíneacht, sotal, toirtéis, steámar, stráice, uabhar, uaill, uallachas, *familiar* cóití bhárms.

móiréiseach adjective *haughty, pretentious:* anbharúlach, blaoscach, bogásach, borrach, ceannard, ceartaiseach, cinsealach, díomasach, foruallach, iarlaithe, iarlaitheach, leitheadach, méirnéiseach, móralach, mórchúiseach, mórluachach, mórtasach, mustrach, postúil, saoithíneach, sotalach, stráiciúil, teidealach, toirtéiseach, uaibhreach, uallach, *literary* borr; i mborr le mórtas, sna hairdeoga.

moirfín noun *morphine:* codlaidíneach; codlaidín; támhshuanach.

moirt noun ❶ *lees, dregs:* deasca, deascainn, diúra, drifisc, dríodar, lathairt, luspairt, peicín; graiseamal, grúdarlach. ❷ *heavy clay, mire:* dóib, draoib, gaíon, glár, láib, lathach, marla, móta, muirín, práib.

moirtéal noun *mortar:* stroighin, suimint, táthán; glíú, greamachán.

mol¹ noun ❶ *hub, nave:* bosca, ceap, croí, imleacán. ❷ *pivot, spindle:* bacán, lúdrach, lúndrach, maighdeog, míolaire, udalán; crann iompair, fearsaid, maide sníomha, *literary* sníomhaire; acastóir, agaistéar, ais. ❸ *top, crown:* barr, bior, buaic, círín, dlaoi mhullaigh, lomán, maoileann, mullach, rinn, spuaic, uachtar, *literary* inn. ❹ *(geographical) pole:* pol.

mol² verb ❶ *praise, commend:* adhmhol, formhol, *literary* clothaigh; can moltaí do, déan comhghairdeas le, síl an dúrud de, tabhair bualadh bos do, tréaslaigh le; bíodh meas agat ar, ceadaigh, glac le. ❷ *recommend, propose:* comhairligh, cuir ar aghaidh; ainmnigh, tacaigh le, taobhaigh le. ❸ **mol le** *agree with, humour:* aontaigh le, géill do, giúmaráil, riar, sásaigh, suaimhnigh; déan gar do, tabhair pléisiúr do, tabhair sásamh do.

moladh noun ❶ *praise, commendation:* adhmholadh, bualadh bos, comhghairdeas, dea-mheas, formholadh, gáir mholta, meas, ómós, onóir, tréaslú, *literary* clothú, molbhadh; bladar, béal bán; teasmholadh. ❷ *recommendation, proposal:* plean, rún, scéim, tairiscint, togra; aighniú, áitiú. ❸ *adjudication:* breith, breithiúnas, léirmheastóireacht, meastóireacht, measúnóireacht.

molás noun *molasses:* triacail, triacla; siúcra cána.

moll noun ❶ *heap:* bulc, burla, carn, carnáil, carnán, ceallamán, cnap, cnapán, cnuasach, crocán, cruach, cual, gróigeadh, gróigeán, gruagán, lab, leacht, lionsca, maoil, maois, maoiseog, múr, *literary* dais. ❷ *large amount, large number:* ainmhéid, an dúrud, carn, clais, cuimse, dalladh, dúlíonach, éacht, flúirse, foisceallach, foracan, foracún, gliúrach, iontas, lab, lámháil, a lán, lánchuid, lasta, lear, lóicéad, luthairt lathairt, meall, maidhm, mathshlua, *pl.* mílte, mórán, *pl.* múrtha, neamh-mheán, púir, réimse, roinnt mhaith, scanradh, scaoth, seó, slaod, slua, teailí, tolmas, tulca, *familiar* an t-uafás; lán phúirín na háithe.

molt noun *wether:* moilteog, moltachán, moltán.

moltach adjective *laudatory, approving:* adhmholtach, dea-measúil, ómósach, sásta; bladarach, lústrach, plámásach.

moltóir noun ❶ *praiser, panegyrist:* adhmholtóir. ❷ *proposer, nominator:* ainmnitheoir. ❸ *adjudicator, umpire:* breitheamh, criticeoir, léirmheastóir, meastóir, measúnóir; fear na feadóige, réiteoir.

moltóireacht noun *umpiring, adjudication:* obair réiteora; meastóireacht, measúnóireacht; criticeas, léirmheastóireacht.

mómhar adjective ❶ *mannerly, gentle:* béasach, caomh, córtasach, cúirtéiseach, cúirtiúil, cúiseach, deabhéasach, dea-iomprach, dea-mhúinte, mánla, modhúil, múinte, séimh, sibhialta, síodúil, sobhéasach. ❷ *graceful, dignified:* álainn, breá, caithiseach, canta, caomh, céimiúil, cuibhiúil, cúirtéiseach, cúirtiúil, díniteach, foirmiúil, galánta, grástúil, maorga, miochair, mórga, mórgach, modhúil, nósúil, oirirc, ríoga, ríogúil, ríthiúil, ríúil, ríonaí, síodúil, sollúnta, stáidiúil, tiarnúil, uasal, *literary* cadhla, seada, séaghainn.

mona noun ❶ *coins, coinage:* pl. boinn, pl. caidhní, monaíocht; airgeadra. ❷ *figurative stamp, kind:* cló, cruth, cuma, foirm, gné, marc, múnla, samhail, teilgean; aicme, cineál, leithéid, nádúr, saghas, seort, sórt.

monabhar noun *murmuring, murmur:* cíblis, cloichreán, cogar, cogarnaíl, crónán, dordán, seabhrán, siosarnaíl, srannán; banrán.

monarc noun *monarch:* uathlathaí; rí, impire, sár, tiarna; banríon, banimpire, bansár.

monarcha noun *factory:* ceardlann, ceárta, gléasra, ionad déantúsaíochta, muileann; líne chóimeála; eastát monarchan, eastát tionsclaíoch.

moncaí noun *monkey:* ápa, príomháidh, simiach; léamar.

mongach adjective ❶ *maned, long-haired:* cuachach, dualach, fionnaitheach, foltach, grágánach, gruagach, mothallach, peallach, scothánach, stothallach; clibíneach, cochallach, glibeach, gliobach, mosach. ❷ *covered with vegetation:* dosach, muineach, tomógach, uaibhreach; coillteach, crannach, muineach; ina fhásach, foircthe le fásra, ligthe chun raice. ❸ *mossy, marshy:* **adjectival genitive** caonaigh, **adjectival genitive** súsáin; eascach, riascach. noun *uncultivated country, bush:* díthreabh, dufair, fiántacht, fiántas, iargúltacht, moing, mothar, muineach; pl. na coillte iargúlta.

mónóg noun ❶ *cranberry (Vaccinium oxycoccos):* blainsneog, móineog, mónadán, mónóg sléibhe, muineog, múnóg sléibhe, plainseog, *literary* mónann. ❷ *bead (of sweat, etc.), drop:* braonán, coirnín, deoir, dil, driog, drúchtín, sil, siléan, sniog, stioc, striog.

monuar interjection *alas!:* monuar géar!; ababún!, abhó!, a chiachais!, a Mhuire, is trua!, a thiarcais!, Dia le m'anam!, faraor!, faraor cráite!, faraor géar!, faraor géar goirt!; m'aigh ó!, mo bhrón!, mo chreach!, mo chreach chrua!, mo chreach chrua chráite!, mo chreach is mo léan!, mo chreach nimhneach!, mo chreach nimhneach mhaidine!, mo chreach thinn dóite!, mo chumha!, mo dhiachair!, mo dhíth!, mo dhíth is mo dhothairne!, mo dhoic!, mo ghreadán!, mo lagar!, mo léan!, mo léan cráite!, mo léan géar!, mo léan goirt!, mo léan is m'atuirse thraochta!, mo léan, mo lom is mo lagar!, mo lom!, mo lom dubh dubhach!, mo mhairg!, mo sceimhle!, mo scóladh!, mo thuirse!, mo thrua!, och!, ochón!, ochón ó!, ochón ochón ó!, ochóna go deo!, óch óch óch a naoi!, olagón ó!, uileacán!

mór adjective ❶ *large, big:* fairsing, fuaimintiúil, méadmhar, méadúil, téagartha, téagrach, toirtiúil, *literary* anba; domhain, fada, fásta, groí, leathan, ramhar, trom; tá méid ann, tá téagar ann, tá toirt ann. ❷ *important:* ballastach, céimiúil, fuaimintiúil, mór le rá, práinneach, tábhachtach, tromaí, úimléadach, úimléideach. ❸ *proud, conceited:* anbharúlach, bogásach, borrach, bródúil, buaiceálach, ceartaiseach, clóchasach, consaeitiúil, cuidiúil,

móradh

díomasach, iarlaithe, lán de féin, leitheadach, leitheadúil, maigiúil, méirnéiseach, móiréiseach, mórálach, mórchúiseach, mórtasach, mustrach, postúil, sotalach, stradúsach, stráiciúil, stróúil, suimiúil, teanntásach, tóstalach, uaibhreach, údarásach, undrach; *familiar* tá sé chomh rud. ❹ *friendly:* cairdiúil, carthanach, céiliúil, coimhirseach, coimhirseanach, comhluadrach, comrádúil, córtasach, cuidiúil, dáimhiúil, díograiseach, muinteartha, páirteach, páirtiúil; i móireacht le chéile. **adverb go mór** *greatly, very:* an-, fíor-, mór-, rí-; amach, amach is amach, go hiontach, go maith. **verb** ❶ *magnify, exalt:* adhair, adhmhol, mol, oirircigh, oirmhinnigh, onóraigh, uaisligh, urramaigh; ardaigh i gcéim, tabhair adhmholadh do, tabhair moladh do.

móradh noun *magnification, praising:* adhmholadh, adhradh, moladh; gáir mholta, ómós, onóir, onórú, *literary* miadh.

móráil noun *pride, vanity:* bogás, bóibéis, ceartaiseacht, ceartaisí, déanfas, díomas, éirí in airde, iarlaitheacht, leithead, méirnéis, móiréis, móráil, mórchúis, mórtas, mórtas thóin gan taca, mustar, poimpéis, postúlacht, sotal, steámar, stráice, toirtéis, uabhar, uaill, uallachas.

mórálach adjective *proud, boastful, vain:* ardúallach, bladhmannach, bogásach, borrach, ceartaiseach, díomasach, gaisciúil, glóirdhíomhaoineach, iarlaithe, lán de féin, leitheadach, leitheadúil, maíteach, méirnéiseach, móiréiseach, mór, mórálach, mórchúiseach, mórfhoclach, mórtasach, mustrach, postúil, sotalach, stradúsach, stráiciúil, stróúil, suimiúil, teanntásach, tóstalach, uaibhreach, uallach, undrach; *familiar* tá sé chomh rud.

morálta adjective *moral:* eiticiúil; ceart, cneasta, deaiomprach, fíréanta, ionraic, macánta.

móramh noun *majority:* bunáite, bunús, an chuid is mó, formhór, mórchuid, tromlach, urmhór; barraíocht, breis, farasbarr.

mórán adverb *much, greatly:* go mór, go maith; amach, amach is amach. noun *much, many:* ainmhéid, an dúrud, carn, clais, cuimse, dalladh, dúlíonach, éacht, flúirse, foiscealach, foracan, foracún, gliúrach, iontas, a lán, lasta, lear, maidhm,

---

Moncaithe, Ápaí, agus a nGaolta

agile gibbon (Hylobates agilis): giobún aclaí
aye-aye (Daubentonia madagascariensis): aighe-aighe
baboon (Papio sp.): babún
Barbary ape (Macaca sylvanus): ápa Barbarach; meacaic f. Bharbarach
bonobo (Pan paniscus): simpeansaí beag
brown capuchin monkey (Cebus apella): moncaí cochallach donn
bushbaby (féach galago)
capuchin monkey (Cebus sp.): moncaí cochallach
Celebes macaque (Macaca sp.): meacaic f. na Ceilibéise
chacma baboon (Papio ursinus): babún madrúil
chimpanzee (Pan troglodytes): simpeansaí
colobus monkey (Colobus polykomos): moncaí colabach
diana monkey (Cercopithecus diana): moncaí dianach
dourocouli (Aotus sp.): dúrúcúlaí
drill (Mandrillus leucophaeus): drill f.
dwarf lemur (family Cheirogaleidae): léamar bídeach
galago (family Galagonidae): galágó
gelada baboon (Theropithecus gelada): babún gealádach
gibbon (Hylobates sp.): giobún
golden lion tamarin (Leontopithecus rosalia): tamairín leonta órga
gorilla (Gorilla gorilla): goraille
green monkey (Cercopithecus callitrichus): moncaí glas
grivet guenon (Cercopithecus griseoviridis): gribhéad
hamadryas baboon (Papio hamadryas): babún naofa
hanuman langur (Semnopithecus entellus): langar coiteann
hoolock (Bunopithecus): húlac
howler monkey (Alouatta sp.): moncaí glamaireachta
Humboldt's woolly monkey (Lagothrix lagothricha): moncaí lomrach Humboldt
indri (Indri indri): indrí
langur (subfamily Colobinae): langar
lar gibbon (Hylobates lar): giobún lámhgheal
leaf monkey (Trachypithecus sp.): moncaí duillí
lemur (family Lemuridae): léamar
lion-tailed monkey (Macaca silenus): moncaí leonearrach
loris (family Loridae): lóras
lowland gorilla (Gorilla gorilla gorilla): goraille ísealchríche
macaque (Macaca sp.): meacaic f.
mandril (Mandrillus mormon): maindrill f.
mangabey (Cercocebus sp.): mangabaí
marmoset monkey (Callithrix jacchus): moncaí marmaisíneach
Martin's spot-nosed monkey (Cercopithecus nictitans martini): moncaí sceadsrónach an Mháirtínigh
mona monkey (Cercopithecus mona): moncaí mónach
mouse lemur (family Cheirogaleidae): léamar luiche
New World monkey: moncaí de chuid an Domhain Nua
night monkey (féach *dourocouli*)
Old World monkey: moncaí de chuid an tSean-Domhain
orang-utan (Pongo pygmaeus): órang-útan
owl-faced monkey (Cercopithecus hamlyni): moncaí ulchabhánach
patas monkey (Erythrocebus patas): moncaí patach
proboscis monkey (Nasalis larvatus): moncaí srónmhar
red-ruffed lemur (Lemur variegatus rubra): léamar rua-rufach
rhesus monkey (Macaca mulata): moncaí rhesus
saki (Pithecia pithecia): sáicí
samango (Cercopithecus mitis): samangó
siamang gibbon (Hylobates syndactylus): giobún siamang
sifaka (Propithecus, Sifaka): siofáice
sooty mangabey (Cercocebus atys): mangabaí dúliath
spider monkey (Ateles belzebuth): moncaí géagach
sportive lemur (Lepilemur sp.): léamar spórtúil
spot-nosed monkey (Cercopithecus nictitans): moncaí sceadsrónach
squirrel monkey (Saimiri sciureus): moncaí iorach
talapoin (Miopithecus talapoin): talapón
tamarin (Leontopithecus, Saguinus): tamairín
tarsier (Tarsius sp.): tarsaire
three-banded douroucouli (Aotus trivirgatus): dúrúcúlaí tríshíogach
titi monkey (Callicebus sp.): moncaí tití
Uakari monkey (Cacajao sp.): moncaí Uakari
vervet (Cercopithecus aethiops): veirbhéad
wanderoo (Macaca silenus): meacaic f. earrfhada
woolly lemur (Avahi laniger): léamar lomrach
woolly monkey (féach *Humboldt's woolly monkey*)
woolly spider monkey (Brachyteles arachnoides): moncaí géagach lomrach

pl. mílte, mórchuid, *pl.* múrtha, neamh-mheán, púir, réimse, roinnt mhaith, scanradh, scaoth, seó, slua, tolmas, *familiar* an t-uafás.

mórchóir adverbial phrase **ar an mórchóir** *on a large scale, in bulk:* ar an mórgóir, ar fud na háite; go coitianta, go fairsing, go forleathan.

mórchríoch noun *continent:* mór-roinn; an Afraic, an Áise, an Astraláise, an Eoraip, Meiriceá Theas, Meiriceá Thuaidh.

mórchroí noun *large-heartedness, generosity:* cóir, córtas, dathúlacht, dóigiúlacht, fairsinge, féile, fialmhaireacht, fialmhaitheas, fiúntas, flaithiúlacht, gnaíúlacht, oineach, oscailteacht, rabairne, toirbheartas, *literary* gart.

mórchroíoch adjective *generous:* cóir, dáilteach, fáilteach, fairsing, fial, fiúntach, flaithiúil, flaithiúlach, gnaíúil, lách, neamh-mhion, oscailteach, preabúil, rábach, sínteach, tabhartasach, teochroíoch, tíolacthach, toirbheartach, *literary* flaithbheartach, gartach.

mórchuid noun ❶ *large amount, great number:* ainmhéid, an dúrud, carn, clais, cuimse, dalladh, dúlíonach, éacht, flúirse, foiscealach, foracan, foracún, gliúrach, iontas, a lán, lasta, lear, maidhm, *pl.* mílte, *pl.* múrtha, neamh-mheán, púir, réimse, roinnt mhaith, scanradh, scaoth, seó, slua, teaílí, tolmas, *familiar* an t-uafás. ❷ *greater part, greater number:* bunáite, bunús, an chuid is mó, cúnamh maith, formhór, móramh, tromlach, urmhór.

mórchúis noun *self-importance, pride:* bogás, ceartaiseacht, ceartaisí, déanfas, díomas, éirí in airde, iarlaitheacht, leithead, méirnéis, móiréis, móráil, mórdháil, mórtas, mórtas thóin gan taca, postúlacht, steámar, uabhar, uaill, uallachas.

mórchúiseach adjective *self-important, pompous:* anbharúlach, ardnósach, beadaí, bogásach, borrach, ceartaiseach, clóchasach, consaeitiúil, déanfasach, díomasach, leitheadach, iarlaithe, lán de féin, móiréiseach, mórálach, mórtasach, móiréiseach, mórtasach, mustrach, postúil, stáidiúil, suimiúil, sotalach, teanntásach, údarásach, uaibhreach, uallach, undrach.

mórdhíol noun *wholsale:* gnó ar an mórchóir; dáileachán, imdháileadh.

mórdhíoltóir noun *wholesaler:* díoltóir ar an mórchóir, soláthraí; allmhaireoir, dáileoir allmhairíochta, imdháileoir, iompórtálaí.

mórga adjective ❶ *august:* biliúil, céimiúil, cuibhiúil, cúirtéiseach, cúirtiúil, díníteach, foirmiúil, grástúil, impiriúil, maorga, mórga, mórgach, nósúil, oirirc, ríoga, ríogúil, ríthiúil, ríúil, ríonaí, síodúil, sollúnta, stáidiúil, tiarnúil, uasal, *literary* séaghainn. ❷ *high-minded, lofty:* ardaigeanta, ardaigeantach, oirirc, uasal.

mórgacht noun ❶ *greatness, majesty:* maorgacht, oirirce, oirirceas, ríogúlacht, riúlacht, soilseacht, uaisle, uaisleacht. ❷ **A Mhórgacht** (*His Highness, His Majesty, Your Highness, Your Majesty*): A Shoilse; A Mhórgacht Ríoga; a Phrionsa, a Bhanphrionsa; a Rí, a Bhanríon, a Impire, a Bhanimpire; a Ghrásta, a Oirirceas, a Onóir.

morgadh noun *putrefaction, gangrene:* ábhrú, brachadh, camhrú, fiolún, fochall, gor, lobhadas, lobhadh, lofacht, moirtniú, morgthas, neacróis, othras, seipseas, seipticéime.

morgtha adjective *putrefactive, gangrenous:* bréan, camhartha, fabhtach, fochallach, lofa, múisiúnta, seipteach.

morgáiste noun *mortgage:* iasacht, airleacan, fiachurrú.

mórintinn noun *magnanimity:* féile, fiúntas, flaithiúlacht, móraigeantacht, mórchroí, mórintinneacht, oineach, carthanacht, cineáltas, cúirtéis, daonchairdeas, daonnacht, daonnachtúlacht, dea-chroí, dea-mhéin, fairsinge aigne, uaisle, uaisleacht; boige, boigéis, maithiúnas, taise, trócaire; féiníobairt, neamhleitheas, soilíos.

mórintinneach adjective *magnanimous:* carthanach, cineálta, daonchairdiúil, dea-chroíoch, duineanda, duineata, fial, flaithiúil, móraigeanta, mórchroíoch, oscailteach; bog, boigéiseach, daonna, maiteach, maiteanach, maothchroíoch, taisiúil, trócaireach; neamhleitheasach, garúlach, oibleagáideach, preabúil, soilíosach.

mórluachach adjective ❶ *valuable:* luachmhar, praeúil, *literary* lómhar; is fiú a lán. ❷ *important:* bunúsach, céimiúil, cumhachtach, fiú le rá, mór le rá, riachtanach, suntasach, tábhachtach, tromaí, tromchiallach, tromchúiseach, úimléadach, úimléideach, úsáideach, *literary* tothachtach; éifeachtach, fuaimintiúil, géibheannach, práinneach. ❸ *self-important:* anbharúlach, blaoscach, bogásach, borrach, ceartaiseach, cinsealach, cuidiúil, déanfasach, díomasach, iarlaithe, iarlaitheach, leitheadach, móiréiseach, mórchúiseach, mórtasach, mustrach, poimpéiseach, postúil, saoithíneach, sotalach, stradúsach, stróúil, tóstalach, undrach; i mborr le mórtas, sna hairdeoga; *familiar* tá sé chomh rud.

mórmhaor noun ❶ *high steward:* ardoifigeach, reachtaire, seanascal, stíobhard, visír. ❷ **mormhaor armais** *king of arms:* rí-aralt; aralt, pursuant.

mórmhuir noun *ocean:* aigéal, aigéan, an fharraige mhór, an mhórfharraige, an teiscinn mhór, bóchna, domhain na farraige, duibheagán, duibheagán na farraige, eagán, farraige, *pl.* farraigí an domhain, muir, *literary* treathan.

mormónta noun *wormwood (Artemisia absinthium):* barramótar, bormónta, borramótar, lus na bpiast, mormont, searbhlus, urmont, vormont.

mór-roinn noun *continent:* mórchríoch.

mórshiúl noun *procession:* próisisiam, traighean.

mortabháil noun *charge, responsibility:* cúram, dualgas, freagracht, muirear, muirín, ualach, trillín; feidhm, gnó.

mórtas noun ❶ *pride, haughtiness:* anbharúil, bogás, borrachas, bród, bródúlacht, bromuabhar, buannaíocht, ceartaiseacht, ceartaisí, cinseal, díomas, éirí in airde, iarlaitheacht, leithead, méirnéis, móiréis, móráil, mórchúis, mórtas thóin gan taca, mustar, postúlacht, sotal, steámar, stráice, toirtéis, uabhar, uaill, uallachas, *familiar* cóití bhárms. ❷ *swell (of sea):* borradh farraige, farraige mhéith, oibriú farraige, suaitheadh farraige; múisceán.

mórtasach adjective *proud, boastful:* bóibéiseach, bladhmannach, bogásach, borrach, bródúil, buaiceálach, clóchasach, consaeitiúil, foruallach, gaisciúil, glórdhíomhaoineach, iomarcach, laochasach, leitheadach, maíteach, méirnéiseach, móiréiseach, mórálach, mórchúiseach, mustrach, postúil, siollógach, sotalach, teaspúil, téisiúil, toirtéiseach, tóstalach, uaibhreach, uailleach, uallach, undrach.

mórthimpeall adverb *all around:* ar fud na háite, ar fud an bhaill, ar gach taobh, máguaird. noun ❶ *circuit:* imchuairt, timchuairt, timthriall, turas timpeall, *literary* tacmhang. ❷ *circuitous route, long way round:* an bóthar timpeall, *pl.* na bealaí neamhdhíreacha, míchóngar, timpeall. ❸ *surrounding country:* comharsanacht, timpeallacht; an ceantar máguaird. preposition *around:* timpeall, thart ar; ar gach taobh de.

mórthír noun *mainland:* míntír, tír mór.

mortlaíocht noun ❶ *mortality, death-rate:* éagráta, ráta báis. ❷ *deadliness:* contúirt, cumhacht scriosta, díobháil, dochar, gangaid, marfacht, nimhiúlacht, nimhneacht, urchóid.

mos noun *musk, scent, smell*: boladh, boltanas, *literary* mosar; cumhracht, dea-bholadh, musc.

mosach adjective ❶ *shaggy, bristly*: clíbíneach, diasach, foltach, giobach, gioblach, glibeach, gliobach, grágánach, greannach, gruagach, mongach, mothallach, peallach, scothánach, stothallach, ulchach; colgach, deilgíneach, deilgneach, spíonach, guaireach, rinneach; driseach, driseogach. ❷ *grumpy, surly*: ainciseach, araiciseach, aranta, camphusach, cancrach, cantalach, cochallach, coilgneach, colgach, cuileadach, deafach, dorrga, driseogach, drisíneach, feargach, forghruama, gairgeach, garg, geancach, giorraisc, goilliúnach, gráinneogach, greannach, grusach, iarógach, íortha, mosánach, púcúil, púiceach, spuaiceach, *literary* dreannach, *literary* íorach.

Moslamach adjective *Muslim*: Mahamadach, Mathamadach, Saraistín. noun *Muslim*: Mahamadach, Mathamadach, Saraistíneach; deirbhíseach.

móta noun ❶ *moat*: díog, sconsa, trinse. ❷ *earthen embankment, dyke*: banc cré, bancán, claí, claí fód, múr, pancán, port, ráth, ráthach, sconsa. ❸ *rotund, podgy person*: boilgíneach, bolgadán, bolgaire, bruileach, bruilíneach, ceaigín, flapstar, lapaire, laprachán, laprachánaí, leastar, páinseach, páinteach, pánaí, pantar, pataire, patalachán, patalán, patalóg, patlachán, sarachán, seibineach, siotalach, steotar, tobán; bruithneog, flapóg, lapóg, lapróg, leathnóg, lúrapóg, rabhndairín, ringiléad, samhdóg, sodóg, torpóg.

mótar noun *motor*: gléas, inleán, inneall, innealra, meaisín, meicníocht, sás, sáslach, scruinge.

mothaigh verb ❶ *feel, sense, perceive*: airigh, aithin, bolaigh, braith, consaigh, sonraigh, tabhair faoi deara, tabhair suntas do, tóg ceann de, tuig. ❸ *hear*: airigh, clois, cluin, éist. ❹ **mothaigh uait** *miss*: braith uait, consaigh, cronaigh, crothnaigh; tá caitheamh ina dhiaidh; is danaid dúinn é; is mór an chumha dúinn é; tá sé de dhíth orainn. ❺ *bewitch, overlook*: ciorraigh, cronaigh, déan drochamharc ar, déan drochshúil de, lig drochshúil ar, tabhair drochshúil do; cuir asarlaíocht ar, cuir draíocht ar, imir deisimireacht ar, *literary* siabhair.

mothálach adjective *sensitive, responsive*: cigilteach, íogair, goilliúnach, leochaileach, sofhreagrach, soghonta, soleonta.

mothall noun ❶ *mop of hair, shaggy fur*: grágán, grágán gruaige, larcán, larcán gruaige, moing, mongailt, monglait, monglach, muirearfholt, stoth gruaige, stothall, stothóg, suasán, suasán cinn, súisín; peall.

mothallach adjective *bushy-haired, shaggy*: clíbíneach, cochallach, diasach, fionnaitheach, foltach, gioblach, glibeach, gliobach, grágánach, gruagach, mongach, mosach, peallach, scothánach, stothallach, tomach.

mothaolach adjective *simple, unsophisticated, gullible*: bábánta, cneasta, leanbaí, maol, neamhamhrasach, neamhghlic, neamhurchóideach, páistiúil, saonta, simplí, soineanta, somheallta.

mothar noun ❶ *thicket, tangled undergrowth, jungle*: cascoill, casmhoing, caithreáil, cantarna, casarnach, casmhoing, crannlach, díthreabh, dufair, fiántacht, fiántas, moing, muineach, rosán, scrobarnach. ❷ *large mass*: bulc, burla, carn, carnáil, carnán, ceallamán, cnap, cnapán, cnuasach, crocán, cruach, cual, gróigeadh, gróigeán, gruagán, lab, leacht, maoil, maois, maoiseog, moll, múr; cuimse, dalladh, éacht, flúirse, foiscealach, foracan, foracún, gliúrach, lab, lámháil, lánchuid, lasta, lear, lóicéad, luthairt lathairt, meall, maidhm, *pl.* múrtha, púir, pulcadh, réimse, scaoth, seó, slaod, slua, tolmas, tulca. ❸ *dark clouds, darkness*: mothall dubh, *pl.* scamaill mhodartha dhubha, *pl.* dúscamaill, *pl.* múrabháin, smúr báistí; gruaim, smúid.

mothas noun *springing, pregnancy in cattle*: ionlaos, mothú, tormach, tórmach; ta gamhain inti, tá sí ag iompar, tá sí ionlao, tá sí le haghaidh lao.

mothú noun ❶ *feeling, perception*: aireachtáil, aithne, braistint, brath, mothúchán. ❷ *sensation, consciousness*: aithne, comhfhios, cuimhne, machnamh, meabhair, meabhraíocht, midheamhain, rathú, smaoineamh, tuiscint. ❸ *overlooking, bewitchment*: ciorrú; béim súil, drochamharc, drochshúil, súil mhillte; asarlaíocht, draíocht, deisimireacht.

mothúchán noun *feeling, emotion*: aireachtáil, braistint, brath, mothú; corraí, tocht.

mótúil adjective ❶ *rich, heavy (of soil)*: créúil, méith, saibhir, taosmhar, trom, úrach. ❷ *rich, queasy (of food)*: borb, ceasúch, ceasúil, géar, láidir, masmasach, oiltiúil; samhnasach, trom.

muc noun ❶ *pig*: fiamhuc, *colloquial* mucra; cráin, cráin mhuice; collach, fiachollach, torc, torc allta; arc, arcán, bainbhín, banbh, banbhán, céis, céis mhuice, muicín, orc, orc cránach, porcadán, porcán, sabhán, slip, slipeánach, slipín, torcán. ❷ **muc ghainmh** *sandbank, sandhill*: oitir ghainimh, guaire; dumhach, dumhaigh, eiscir; biolla gainimh. ❸ **muc shneachta** *snowdrift*: ráth sneachta, ráthach sneachta; cáitheadh sneachta. ❹ **muc ar mala** *scowl*: cár, cnaig, duifean, gnúis, grainc, gruig, grus, iolchaing, místá, púic; cár, meill, mídhreach, múchna, pus, scaimh, strabhas, strainc.

muc ghuine noun *guinea-pig (Cavia)*: cabhaí.

muc mhara noun *porpoise (Phocoena phocoena)*: searrach gorm, toithín, tóithín; cráin mhara.

múcas noun *mucus*: cáithleach, coch, cochaille, cráiséad, crannseile, crochaille, *pl.* muiní réama, prachaille, réama, réamán, seile, seileog, smaois, smuga, smugairle, sram, *pl.* sramaí, sramadas.

múch noun *fumes, suffocating vapour*: deatach, múchán, plúchadh, smúit, smúiteán, toit, toitcheo, tútán. verb ❶ *smother, suffocate*: plúch, smiog, tacht. ❷ *quench, extinguish*: cuir as, cuir deireadh le, fuaraigh; báigh, cuir uisce ar, steall uisce ar. ❸ *dull, deaden*: bodhraigh, balbhaigh, laghdaigh, maolaigh; fuaraigh. ❹ *suppress, obliterate*: brúigh faoi, coisc, toirmisc; ceil, clúdaigh, coinnigh síos, folaigh; díothaigh, scrios.

múchadh noun ❶ *smothering, suffocation*: lánmhúchadh, plúchadh, smiogadh, tachtadh. ❷ *quenching*: cosc, cur as, bá, fuarú. ❸ *obliteration, obscurement*: brú faoi, cosc, toirmeasc; ceilt, clúdach, folach, díothú, scrios. ❺ *asthma*: asma, gearranáil, plúchadh.

múchán noun ❶ *chimney-flue*: deatachán, simléar, simné, toiteachán; poll deataigh. ❷ *smoky house, hovel*: both, bothán, bothóg, bráca cábán, cró, cró tí, proch, prochán, prochlais, prochóg, púirín, scailp, seantán, siúntán; sluma.

muclach¹ noun ❶ *piggery*: cró muice, fail muice, falaigh muice. ❷ *drove of pigs*: tréad muc, mucra.

muclach² noun ❶ *pig, swine (of person)*: broghchán, muicealach, muicearlach, muc, otrachán, rud salach, slaba, slupairt, smugachán, smugaire, smuigín, smuigirlín, túitín; bastard, bithiúnach, buinneachán, buinneán caca, bundún, cac ar oineach, cloíteachán, mac mallachta, mac soipín, suarachán. ❷ *messer, slovenly worker*: meadrálaí, méiseálaí, mucaire, plabaire, práibeachán, práisc, práisceálaí, praiseachán, puiteálaí, scrábálaí, slabálaí, slamiceálaí, slibreálaí, slupairt, smeadrálaí, smearachálaí, únfartálaí.

muclaíocht noun *obstinacy, truculence*: ceanndánacht, ceanntréine, contráilteacht, dáighe, dígeantacht, diúnas, dodaireacht, dolúbthacht, éaradh, easumhlaíocht, eiteachas, ládas, mícheansacht, místiúradh,

> **Muca agus Picirí (Suidae, Dicotylidae)**
>
> babirusa (*Babyrousa babyrousa*): babarúsa
> bearded pig (*Sus barbatus*): muc *f.* fhéasógach
> bush pig (*Potamochoerus porcus*): muc *f.* abhann Afracach
> Chacoan peccary (*Catagonus wagneri*): picire Seácóch
> collared peccary (*Tayassu tajacu*): picire muinceach
> crested wild boar (*féach* Indian wild boar)
> giant forest hog (*Hylochoerus meinertzhageni*): muc *f.* mhór coille
> Indian wild boar: (*Sus cristatus*): torc allta Indiach
> Javan warty pig (*Sus verrucosus*): muc *f.* fhaithneach Iávach
> javelina (*féach* collared peccary)
> musk hog (*féach* collared peccary)
> Philippine warty pig (*Sus philippensis*): muc *f.* fhaithneach Fhilipíneach
> pygmy hog (*Sus salvanius*): muc *f.* bhídeach
> warthog (*Phacochoerus aethiopicus*): torc na bhfaithní
> white-lipped peccary (*Tayassu pecari*): picire béalbhán
> wild boar (*Sus scrofa*): torc allta

neamhghéilleadh, neamhurraim, stailc, stainc, stálaíocht, stalcacht, stollaireacht, stuacánacht, stuaic.

muga noun *mug*: ciota, cupa, cupán, eascra, meadar, pigín, séibe; ballán, cailís, corn, *literary* caileach, cingid.

muifín noun *muffin*: bocaire, gabhdóg; bairín, bannach, bonnóg, borróg, cáca beag, císte beag, gátaire, sruán; abhlann.

muileann noun ❶ *mill*: muileann gaoithe, muileann uisce; bró, muileann láimhe. ❷ *grinding apparatus*: bró, meiltire, meilteoir; moirtéar agus tuairgnín; miontóir.

muin noun (*upper*) *back*: ais, droim, gualainn, *pl.* guaillí, *pl.* slinneáin. **adverbial phrase muin ar mhuin** *in quick succession*: ag leanúint a chéile, as a chéile, go tiubh ar shála a chéile. **adverbial phrase ar mhuin na muice** *fortunate, in luck*: go maith as, ina shuí go te; tá an t-ádh leis, tá rith an ráis leis; tá mil ar chuiseogach aige. **compound preposition ar mhuin** *on top of*: os cionn; ar bharr, ar mhullach; anuas ar.

múin verb ❶ *teach, instruct; direct*: oil, teagasc, traenáil; caiticeasmaigh; treoraigh. ❷ *train (animal)*: traenáil; bris, ceansaigh.

muince noun *necklace*, (*metal*) *collar*: bráisléad brád, slabhra brád; coiléar, iodh, muntorc, torc.

muinchille noun *sleeve*: bruichille, muilchinne, muinilte, muinirtle; cufa.

muine noun *thicket, brushwood*: caithreáil, caschoill, casmhoing, casarnach, crannlach, doire, drischoill, mongach, mothar, rosán, scairt, scrobarnach.

muineach adjective *thicketed, covered with scrub*: mothrach, rosánach, screabach, faoi scrobarnach. noun *scrubland, scrub*: scrobarnach.

múineadh noun ❶ *teaching, instruction*: oideachas, oiliúint, scolaíocht, teagasc, traenáil, treoir, treorú; anamchairdeas. ❷ *good behaviour, manners*: *pl.* béasa, *pl.* caoinbhéasa, córtas, cúirtéis, cúirtéiseacht, cuntanós, *pl.* dea-bhéasa, dea-bhéasacht, dea-bhéasaíocht, dea-iompar, dea-mhúineadh, modh agus múineadh, modhúlacht, sibhialtacht, síodúlacht. ❸ *moral, lesson*: bunchiall, teagasc.

muineál noun *neck*: bráid, píb, scóig, scrogall, scroig; diúlfaíoch, píb, sceadamán, scornach; baic an mhuiníl, cuing an mhuiníl, cúl muiníl, cúta an mhuiníl.

muinín noun *trust, confidence*: iontaoibh, trust; creideamh, creidiúint, géilleadh, taobhacht. **compound preposition i muinín** *relying upon, depending upon*: ag brath ar, i dtuilleamaí.

muiníneach adjective ❶ **muiníneach (as)** *trusting* (*in*), *relying* (*on*): iontaobhach, i dtuilleamaí, ag brath ar, spleách ar. ❷ *trustworthy, reliable*: barántúil, cneasta, creidiúnach, dílis, diongbháilte, díreach, fiúntach, fónta, **adjectival genitive** inrúin, ionraic, iontaofa, macánta, seasmhach, tairiseach, trustúil, urramach; beacht, creatúil, dealraitheach, dócha, dóchúil, fíor, fírinneach, inchreidte, sochreidte, tacúil.

muinisean noun ❶ *munition*: lón cogaidh. ❷ *ammunition*: armlón, lón lámhaigh; *pl.* piléir; *pl.* sliogáin.

muinnigh verb ❶ *call, name*: ainmnigh, baist, gair de, glaoigh ar, tabhair ar, sloinn. ❷ *call, summon*: glaoigh ar, scairt ar; cuir fios ar, cuir toghairm ar, seirbheáil, toghair. ❸ *urge, incite*: broid, brostaigh, calmaigh, cothaigh, dreasaigh, griog, gríosaigh, meannnaigh, saighid, spreag, tathantaigh, *literary* laoidh; séid faoi; cuir chun cinn.

múinte adjective *well-behaved, polite*: béasach, caoinbhéasach, cathartha, ceansa, cneasta, córtasach, cúirtéiseach, cúirtiúil, cúiseach, cuntanósach, deabhéasach, dea-iomprach, dea-labhartha, deamhúinte, fiosúil, galánta, giúlánta, grástúil, iomprach, macánta, modhúil, nósmhar, nósúil, ómósach, ridiriúil, séimh, sibhialta, síodúil, urramach.

muintearas noun ❶ *friendliness, friendship*: bá, cairdiúlacht, carthanacht, cuidiúlacht dea-chroí, garúlacht, láíocht, nádúr, oibleagáideacht, *literary* cairdine; caidreamh, cairdeas, cuíofeacht, caradradh, caradras, carthanas, céileachas, céilíocht, cion, coimhdeacht, coimhirse, comrádaíocht, córtas, cuideachta, cuidiúlacht, cumann, dáimh, dile, díograis, dlúthchaidreamh, gaolacht, grá, guaillíocht, láchas, láíocht, méadaíocht, muintearas, páirt, páirtíocht, taithíocht. ❷ *relationship, kinship*: báíocht ghaoil, col fola, dáimh ghaoil, gaol.

muinteartha adjective ❶ *friendly*: caithiseach, cairdiúil, caoithiúil, carthanach, ceanúil, céilúil, coimhirseach, coimhirseanach, comhluadrach, comrádúil, connalbhach, córtasach, cuideachtúil, cuidiúil, dáimhiúil, dil, díograiseach, garúil, geanúil, grámhar, lách, leanúnach, mór, oibleagáideach, páirteach, páirtiúil, práinneach, preabúil; ag dul i móireacht le chéile. ❷ *related*: comhaicmeach, gaolmhar; tá gaol acu lena chéile.

muinteartacht noun *friendliness*: bá, caidreamh, cairdiúlacht, caradradh, caradras, carthanacht, carthanas, céileachas, céilíocht, coimhdeacht, cairdiúlacht, coimhirse, comhar, comhghuaillíocht, comhluadar, comhluadracht, comrádaíocht, córtas, cuideachta, cuidiúlacht dea-chroí, dlúthchaidreamh, gaol, garúlacht, guaillíocht, láchas, láíocht, méadaíocht, muintearas, nádúr, oibleagáideacht, páirt, páirtíocht, taithíocht, *literary* cairdine.

múinteoir noun *teacher, tutor*: múinteoir bunscoile, múinteoir meánscoile; banoide, máistréas, máistreás scoile; máistir, máistir scoile, oide, teagascóir; léachtóir, oiliúnóir, traenálaí.

múinteoireacht noun *teaching*: múineadh, oideachas, oiliúint, teagasc, traenáil, treorú.

muintir noun ❶ *literary household, community*: cuallacht, cumann, teaghlach, treabhlach, treabhlacht. ❷ *kinsfolk, family*: *pl.* cairde gaoil, *pl.* gaolta. ❸ *parents*: athair is máthair, *pl.* tuismitheoirí, *pl.* tuistí. ❹ *folk, people*: comhluadar, criú, cuideachta, *pl.* daoine, dream, drong, grúpa, náisiún, pobal, pór, sliocht, stoc.

muir

muir noun ❶ *literary sea*: bóchna, farraige. ❷ **an mhuir mhór** *the open sea, the ocean*: an t-aigéal, an t-aigéan, an fharraige mhór, an linn dochuimsithe, an mhórfharraige, an mhórmhuir; an duibheagán, domhan na farraige, duibheagán na farraige, *pl.* farraigí an domhain; an teiscinn mhór, teiscinn, *literary* treathan. **adverbial phrase** ❶ **ar muir** *at sea*: amuigh ar an domhain, amuigh ar an bhfarraige, ar an bhfarraige, ar farraige, ar an tsnámh, ar an teiscinn mhór. ❷ **thar muir** *over the sea, beyond the sea*: thar bóchna, thar lear, thar loch amach, thar sáile.

muirear noun ❶ *charge, encumbrance*: bac, buairichín, cúram, dualgas, laincis, mortabháil, muirín, trillín, ualach. ❷ *family*: clann, cúram, muirín, teaghlach. ❸ *burden, load*: asclán, beart, eire, gabháil, lasta, lód, luascán, lucht, muirín, teanneire, traidín, trillín, ualach, uchtán, uchtóg.

muirí adjective *marine, maritime*: **adjectival genitive** farraige, **adjectival genitive** mara; **adjectival genitive** loinge, **adjectival genitive** trá.

muirín noun ❶ *family*: ál, clann, cúram, muirear, teaghlach;; *pl.* gasúir, *pl.* ginte, *pl.* leanaí, *pl.* páistí. ❷ *charge, encumbrance*: bac, buairichín, cúram, dualgas, laincis, mortabháil, muirear, trillín, ualach. ❸ *burden, load*: asclán, beart, eire, gabháil, lasta, lód, luascán, lucht, muirear, teanneire, traidín, trillín, ualach, uchtán, uchtóg.

muiríneach noun *marram (Ammophila arenaria)*: biníneach, bingíneach, biríneach, miléarach, muirín, muráineach, murán.

muirn noun ❶ *gaiety, festive mirth*: aeracht, áibhéireacht, antlás, aoibhneas, baitsiléireacht, croíléis, gairdeas, gealgháire, gleoiréis, gliadar, greann, meidhir, meidhréis, oireachtas, ollghairdeas, pléaráca, pléireacht, pocféaireacht, ragairne, rampaireacht, rancás, rírá, ruaille buaille, sáile, scléip, scoraíocht, siamsaíocht, spórt, spraíúlacht, spraoi, suairceas, subhachas, súgradh, sult, sultmhaire, tanfairt, *literary* iontlas, sibheanradh. ❷ *affection, tenderness*: ansacht, armacas, bá, caithis, carthain, carthanacht, carthanas, ceanas, ceanúlacht, cion, connailbhe, cumann, dáimh, dáimhiúlacht, dile, dílseacht, díograis, díograisí, dúil, fialchaire, gaolacht, gean, gnaoi, grá, grámhaireacht, greann, ionúine, mian, mórghrá, searc, síorghrá, taitneamh, teasghrá, toil, *literary* dailbhe. ❸ *fondling, caressing*: diurnú, giolamas, giollamas, glacaireacht, gráin, láchín, láinteacht, mán mán, manaois, muirnéis, muirníneacht, muirniú, peataireacht, pógadh.

muirneach adjective ❶ *affectionate, loving*: búch, cairdiúil, caithiseach, ceanúil, céilúil, croíúil, dáimheach, dáimhiúil, geanúil, grách, grámhar, greannmhar, lách, lánúnach, leanúnach, muirnéiseach, nádúrtha, páirteach, páirtiúil, práinneach, searcach, searcúil, te, teochroíoch. ❷ *beloved, dear*: caithiseach, dil, dilghrách, geanúil, grách, inmhianaithe, ionúin; **adjectival genitive** croí; mo chroí thú, mo chroí ionat, mo ghrá thú.

muirnigh verb ❶ *fondle, caress*: cochlaigh, diurnaigh, póg, slíoc; beir barróg ar, bí ag gráinteacht le, déan bánaí le, déan giolamas le, déan mán mán le. ❷ *cherish*: diurnaigh; caomhnaigh, cumhdaigh, bí ag tindeáil ar, déan peataireacht ar; cosain, cothaigh.

muirtheácht noun *(political) revolution*: réabhlóid; ceannairc, éirí amach, éiritheacht, reibiliún; suaitheadh, treascairt.

múisc noun ❶ *vomit*: aiseag, bréitse, orla, sceathrach, urlacan. ❷ *nausea*: adhascaid, aiseag, casadh aigne, déistean, déistin, éiseal, masmas, múisiam, samhlas, samhnas, samhnás, sléidíocht. ❸ *loathing*: cais, col, cradhscal, dearg-ghráin, drochaigne, droch-chroí, fala, faltanas, fuath, fuathú, glonn, gráin, samhlas, samhnas, urghráin.

múisciúil adjective ❶ *nauseating*: déistineach, glonnmhar, masmasach, samhnasach, samhnásach, urlacach; cradhscalach, gráiniúil. ❷ *dank, oppressive (of air, weather)*: múscánta, smúitiúil, smúitiúnta, tais; dúntach, marbhánta, meirbh, trom.

múisiam noun ❶ *upset, perturbation*: anbhuain, atuirse, bearrán, buaireamh, buairt, cailm, crá croí, imní, léan, mairg, mishuaimhneas, neirbhís, púir, scim, suaitheadh aigne, tocht, trintealach. ❷ *peevishness, pique*: aincis, aingíocht, ainleoireacht, cancracht, cantlamh, colg, crostacht, cuil, drisíneacht, fearg, fiarán, goilliúnacht, greannaitheacht, iarógacht, mícheadfa, míghiúmar, stainc, stancard, tobainne. ❸ *feeling of sickness, nausea*: adhascaid, aiseag, casadh aigne, déistean, déistin, éiseal, masmas, múisc, samhlas, samhnas, samhnás, sléidíocht. ❹ *heaviness, drowsiness*: codlatacht, míogarnach, sáimhríocht, sámhántacht, sámhántaíocht, suanmhaire, suanmhaireacht, táimhe; liostacht, mairbhe, mairbhítí, marbhántacht, murtall, spadántacht, támáilteacht, torpántach.

múisiamach adjective ❶ *upset, irritated*: buartha, cráite suaite, trí chéile; bodhraithe, ciaptha, feargach, colgach, cuileadach. ❷ *nauseated*: adhascaideach, masmasach, samhnasach. ❸ *heavy, drowsy*: codlatach, liosta, marbhánta, míogach, murtallach, néalmhar, sáimhríoch, sámhánta, spadánta, suanach, suanmhar, támáilte, támhach, támhleisciúil, toirchimeach, torpánta, trom, tromshúileach, tuirseach.

muisiriún noun *mushroom*: beacán, bolg buachaill, (i gContae Mhaigh Eo) buíocán, cupán drúchta, fás aon oíche.

múisiúnta adjective ❶ *heavy, sultry (of weather)*: marbhánta, meirbh, trom. ❷ *dull, drowsy*: codlatach, liosta, marbhánta, murtallach, sáimhríoch, spadánta, suanmhar, támáilte, támhach, torpánta, trom, tromshúileach. ❸ *heavy, musty, frowsy (of smell)*: dreoite, stálaithe, trom; bréan, míchumhra morgtha, múchta, plúchta.

múitseáil noun ❶ *(act of) mooching*: bruachaireacht, codaíocht thart, cúinnéireacht, fámaireacht, feadóireacht, leoistíocht, liúdaíocht, lófáil, losaíodóireacht, rístíocht. ❷ *playing truant, mitching*: maidhtseáil; chaitheadh sé an lá faoin tor.

mullach noun *top, summit*: barr, bior, buaic, círín, dlaoi mhullaigh, dlaíóg mhullaigh, lomán, maoileann, rinn, spuaic, uachtar, *literary* inn. **adverbial phrase** ❶ **ar mhullach a chéile, i mullach a chéile** *on top of each other, helter skelter*: ar fud fad a chéile, ar mhuin a chéile, ar mhuin mhairc a chéile. ❷ **sa mhullach ar** *on top of, overwhelming*: aniar aduaidh ar, anuas ar; tá sé báite ann, tá sé thar a fhoras ann, tá sé thar a riocht ann.

mún noun ❶ *urine*: fual, steámar, uisce. **verb** *urinate*: déan mún, folmhaigh do lamhnán, sil thú féin.

mungail verb ❶ *munch, chew*: cangail, creim, ith, meil, muirligh; ídigh, mionaigh. ❷ *slur, mumble*: cogain, slog; sciorr sé thar na focail, thug sé lapaireacht ar na focail, thug sé slapaireacht ar na focail.

mungailt noun ❶ *chewing, mastication*: cangailt, cogaint, creimeadh, creimirt, ithe, meilt, mionú, muirliú. ❷ *indistinct speech, mumbling, muttering*: alamais, alamais chainte, amhlabhra, briotaireacht, camalama, camalanga, cangailt chainte, cnáfairt chainte, cogaint cainte, futa fata, glafaireacht, luathbhéalaí, mantaíl, meiliteáil, monabhar, monamar, plucsáil, smutraíl, stadaíl, stadaireacht,

stadarnaíl; teanga bhachlógach; briotaireacht, stad sa chaint

mungarlach noun *mumbler*: glafaire, iomlatálaí, mantachán, mantachánaí, mantaire, mantán, meiliteálaí, meiliteoir, monabhrach, plucsálaí; briotachán, briotaire, stadachán, stadaire; drádán.

múnla noun *mould; impression, shape*: deilbh; cló, cosúlacht, crot, cruth, cuma, cumraíocht, dreach, éagasc, fíoraí, foirm, gné, greanadh, imchruth, imlíne, riocht.

múnlach noun *liquid manure, putrid water*: sciodar; aoileach; bodharuisce.

múnlaigh verb *mould, form, shape*: cruthaigh, cum, damhnaigh, dealbhaigh, déan, deilbhigh, doilbh, fabhraigh, foirmigh.

múnlaithe adjective **múnlaithe go deas** *well-formed, shapely*: álainn, breá, caithiseach, canta, caomh, córach, cruthach, cruthúil, cuanna, cuidsúlach, cumtha, dathúil, dea-chruthach, dealfa, dealraitheach, dea-mhaisiúil, deas, deismir, dóighiúil, fíortha, galánta, glémhaiseach, gleoite, gnaíúil, gnúiseach, greanta, innealta, lachanta, maisiúil, meallacach, péacach, sciamhach, slachtmhar, tarraingteach, *literary* cadhla, mas.

múnlú noun *(act of) moulding, casting, shaping*: cruthú, cumadh, dealbhú, déanamh, deilbhiú, foirmiú, greanadh, múnláil, teilgean.

múr¹ noun ❶ *wall, rampart*: balla, dúnchla, imphort, rampar, sceimheal, sconsa. ❷ *bank, mound*: banc, bancán, claí, claí fód, pancán, port, ráth, ráthach. ❸ *heap, mass*: bulc, burla, carn, carnáil, carnán, ceallamán, cnap, cnapán, cnuasach, crocán, cruach, cual, gróigeadh, gróigeán, gruagán, lab, leacht, lionsca, maoil, maois, maoiseog, moll, *literary* dais. ❹ *shower*: balcadh, búisteog, cámar, ceathán, cith, craobhcith, craobhmhúr, fras, gailbh, gailfean, múirling, ráig bháistí, ráig de mhúr, scráib, sprais fearthainne, *colloquial* múráil; cith is dealán, *colloquial* múráil ghréine. verb *wall in, immure*: cuir ballaí timpeall, cuir isteach i bpríosún, glasáil isteach.

múr² verb ❶ *raze, demolish*: bain anuas, basc, caith chun talaimh, cart, díláithrigh, gearr anuas, leag, scartáil, scrios, treascair, *literary* láithrigh. ❷ *pulverize*: brúigh, meil, mionaigh, mionbhrúigh, muirligh, púdraigh; déan mionbhruar de; déan plúr de, déan púdar de, déan smionagar de.

múraíolach adjective *showery*: béalfhliuch, bog, braonach, breac, cáidheach, ceathach, ceathaideach, fearthainneach, fliuch, frasach, moiglí, múráileach, salach, scrábach, scrabhaiteach, slaimiceáilte, sramach, srathach, táirfhliuch.

murascaill noun *gulf (geographical feature)*: bá, cuan, fiord, inbhear.

murdar noun ❶ *murder*: dúnmharú, dúnbhású, dúnorgain, marú, treascairt. ❷ **murdar dearg** *terrible row*: achrann, afrasc, bachram, briatharchath, bruíon, caismirt, cath, cath na bpunann, cibeal, cipíneach, clampar, clibirt, cogadh, cogadh dearg, comhlann, comhrac, easaontas, greadán, greadaíl, greatharnach, griolladh, griolsa, iaróg, iorghal, maicín, mosán, raic, racán, rúscam raindí, scléip, spochaireacht, troid, tromfháscadh. ❸ **chuir sé míle murdar as** *he cried blue murder*: thóg sé callán millteanach, bhí sé ag cur na ndiabhal den Chruach.

murlán noun *knob (of door, etc.)*: bailcimín, bailcín, cnap, lámh. ❷ *button*: cnaipe, cnaipín; giltín. ❸ *tiny ball*: coirnín, grán, millín, mirlín. ❹ pl. **murláin knuckle bones (toy)**: pl. clocha péire, pl. clocha screaga, pl. clocha screige, pl. faochain, pl. póiríní.

murlas noun *mackerel (Scomber scombrus)*: maicréal, murlasc, reanga, ronnach.

múrmhaisiú noun *mural, mural decoration*: freascó.

murnán noun *ankle*: murlán, rúitín; bonnaid; seir.

mursaire noun *domineering person, tyrant*: aintiarna, anlaith, ansmachtaí, barraí, bulaí, rúscaire, smachtaí, tíoránach; is aigesean atá an maide leitean.

mursanta adjective *domineering, tyrannical*: aintiarnúil, anlathach, brúiteach, cinsealach, forlámhach, máistriúil, tiarnasach, tíoránta.

mursantacht noun *tyranny, domination*: ainneart, aintiarnas, aintreise, anchumhacht, anlathas, ansclábhaíocht, ansmacht, anstró, bardaíocht, basaíl, basaíocht, buannaíocht, bulaíocht, ceannasaíocht, cinsealacht, cos ar bolg, daoirse, daorbhroid, daordháil, daorsmacht, diansmacht, éagomhlann, forlámhas, forrachtadh, géarbhroid, géarleanúint, géarsmacht, inghreim, máistreacht, máistríocht, meirse, sclábhaíocht, smachtúlacht, tíorántacht, urlámh, urlámhas, *literary* daorchíos, forbhrí.

murtall noun ❶ *obesity*: beathaitheacht, cothaitheacht, feolmhaireacht, méithe, otracht, otráil, otraíocht, raimhre, róraimhre, toirtiúlacht; geir, *pl.* meilleoga geire, saill. ❷ *sluggishness*: falsacht, leisce, liostacht, mairbhe, mairbhití, malltriall, marbhántacht, moille, righne, spadántacht, táimhe, támáilteacht, torpántacht.

murtallach adjective ❶ *obese*: bealaithe, biata, blonagach, dabhchach, feolmhar, lodartha, marógach, méadlach, méith, mór, otair, otartha, otraithe, páinteach, plobánta, plobartha, ramhar, rite le feoil, róramhar, sailleach, sách, stáidiúil, téagartha, téagrach, toirtiúil, trom. ❷ *turbid, muddy (of colour, etc.)*: ceoch, modartha, moirtiúil, mothrach, salach, tiubh.

murúch noun ❶ *mermaid*: brúch, maighdean mhara, muruach, murúchaill; banchealgaire, siréana. ❷ **murúch fir** *merman*: muruach fir, peallán.

murúchaill noun *cormorant (Phalacrocorax carbo)*: broigheall, cailleach dhubh, duibhéan, fiach mara; seaga.

músaem noun *museum*: iarsmalann, seodlann; dánlann, gailearaí.

múscail verb ❶ *wake, awake*: dúisigh, clis suas, mothaigh, mothallaigh. ❷ *rouse, stir, awaken*: ardaigh, bog suas, brostaigh, corraigh, dreasaigh, dúisigh, fadaigh faoi, gríosaigh, séid faoi, spreag.

múscailt noun *awakening*: dúiseacht, faire, faireachán.

múscán noun ❶ *spongy substance, sponge*: spúinse, machdual, sponc. ❷ *ooze*: láib, láisteadh, priosla, púscadh, sileadh, síothlú, sní, tál, úsc, úscadh; an táir anuas, braon anuas, braon anuas. ❸ *mould (fungus)*: caonach, caonach liath, clúmh liath, coincleach, snas liath; caileannógach, cailimhineog.

mustar noun ❶ *muster, assembly*: ardfheis, comhdháil, comhthionól, cruinniú, ollchruinniú, parlaimint, seanadh, sionad, slógadh, tionól, tóstal. ❷ *display, ostentation*: buaiceáil, forcamás, gáifeacht, gaigíocht, gairéad, gairéadaí, galántacht, galántas, maingléis, mustar, scóid, straibhéis, strólacht, taibhse, taibhseacht, toirtéis. ❸ *arrogance*: anuaill, bogás, bród, bródúlacht, ceartaiseacht, ceartaisí, cinseal, díomas, éirí in airde, gaisce, gaisciúlacht, iarlaitheacht, iomarcaíl, leithead, méirnéis, mór is fiú, móráil, mórchúis, mórtas, mórtas thóin gan taca, postúlacht, sotal, suimiúlacht, uabhar, uaibhreacht, uaibhreas, uaill, uallachas, undradh, *familiar* cóití bhárms.

mustrach adjective ❶ *ostentatious, vain*: buaiceálach, craobhlasrach, flasach, gáifeach, gaigiúil, gairéadach, maingléiseach, scléipeach, straibhéiseach,

mustrach

stróúil, taibhseach, taispeántach, toirtéiseach. ❷ *swaggering, arrogant:* anuaibhreach, bastallach, bladhmannach, bogásach, bóibéiseach, buaiceálach, ceartaiseach, cinsealach, díomasach, foruallach, gáifeach, goiciúil, iarlaithe, iarlaitheach, laochasach, leitheadach, maíteach, méirnéiseach, móiréiseach, mórchúiseach, mórluachach, mórtasach, postúil, saoithíneach, sotalach, suimiúil, teannfhoclach, toirtéiseach, uaibhreach, uailleach, uallach, undrach.

nádúr noun ❶ *nature, essential qualities*: bealach, béas, beatha, beith, bunbhrí, cáilíocht, éirim, eiseadh, eisint, féiniúlacht, gnás, gnáthamh, indibhidiúlacht, mianach, pearsantacht, ríd, sainiúlacht, *pl.* saintréithe, *pl.* tréithe, uathúlacht, *literary* ionnas. ❷ *natural feeling, kindness*: ansacht, bá, cairdeas, caithis, caoideanas, carthain, carthanacht, céileachas, cion, coimhirse, connailbhe, cumann, dáimh, dáimhiúlacht, dile, dílseacht, dúil, fialchaire, gaolacht, gean, gnaoi, grá, grámhaireacht, greann, ionúine, méadaíocht, muintearas, muirn, páirt, taitneamh, *literary* dailbhe, daonchaire. ❸ *material world*: an domhan, *pl.* na dúile, dúlra, an saol beo, an saol nádúrtha, timpeallacht. ❹ *reproductive organs*: bléin, gabhal, ladhar; *pl.* baill ghiniúna, *pl.* báltaí, meabhal, náire; faighin, pis, pit, tomán; bod, péineas; *pl.* magairlí, *pl.* uiríocha.

nádúrtha adjective ❶ *natural*: aiceanta; amh, fíor, friseáilte, orgánach, pléineáilte, úr; dúchasach, instinneach, instinniúil; coitianta, comónta, gnách, gnáth-, óraice. ❷ *good-natured, kindly*: beannaithe, cabhrach, caoideanach, caoin, caonrasach, ceansa, cineálta, comharsanúil, cothaitheach, cuiditheach, cuidiúil, cúntach, duineata, fóinteach, garach, garúil, grádiúil, lách, macánta, maith, máithriúil, mánla, maránta, méiniúil, miochair, míonla, oibleagáideach, preabúil, seaghsach, séimh, tacúil, tláith.

naíchóiste noun *baby-carriage, pram*: bugaí, pram.

náid noun *nought, nothing*: neamhní, nialas; dearbhnialas; (all with negative) a dhath, a dhuth ná a dhath, aon ní, aon rud, burral, dada, dada le Dia, éinní, faic, faic na fríde, faic na ngrást, maithín ná graithín, rud ar bith, scaile, screatall, smadal, smid ná smeaid, seoid, tada.

naimhdeach adjective *hostile, malevolent*: ainciseach, ailseach, aingí, binbeach, bruíonach, cealgrúnach, cruálach, doicheallach, doineach, drochaigeanta, drochbheartach, droch-chroíoch, eascairdiúil, eascaradach, feallrach, foghach, fuaránta, gangaideach, géar, ionsaitheach, íorpaiseach, mailíseach, mallaithe, míchairdiúil, míchineálta, mífhabhrach, mígharach, míméiniúil, mímhuinteartha, mínáireach, mí-oibleagáideach, mioscaiseach, mírúnach, nathartha, neamhbháúil, neamhchásmhar, neamhthuisceanach, nimhiúil, nimhneach, olc, ribeanta, searbh, urchóideach.

naimhdeas noun *hostility, malevolence*: achrann, aicis, aincis, bagairt, binb, bruíonachas, cur in aghaidh, cur in éadan, cur i gcoinne, doicheall, drochaigne, droch-chroí, drochfhuil, eascairdeas, fala, faltanas, fearg, fiamh, fíoch, freasúra, fuath, gangaid, goimhiúlacht, gráin, ionsaí, mailís, míbhá, míchairdeas, mífhabhar, mioscais, mírún, nimh san fheoil, nimheadas, nimhiúlacht, olc, olcas, searbhas, urchóid, urchóideacht.

naíonán noun *infant*: báb, babaí, bábán, báibín, bunóc, diúlcach, garlach, garsúinín, gineog, giorún, giosa, lachtaí, leanbh, leanbán, naí, páiste; imeachtaí linbh, lapadán, lapadán linbh, lapóg, laprachán, luibhdín, mamailín, mamailíneach, pataire linbh, patlachán linbh, priocaisín.

naíonacht noun *infancy*: aois bheag, aois an ghasúir, aois linbh, aois na hóige, *pl.* laethanta a óige, leanbaíocht, macacht, macántacht, macnacht, óige.

naíonda adjective ❶ *childlike*: beannaithe, leanbaí, mothaolach, neamhamhrasach, neamhurchóideach, saonta, simplí, soineanta. ❷ *young, fresh, beautiful*: nua, núíosach, óg, óigeanta; friseáilte, glas, úr; álainn, caithiseach, canta, caomh, conláisteach, cuanna, cuidsúlach, cumtha, dathúil, dea-chruthach, dealfa, dealraitheach, dea-mhaisiúil, deas, deismir, dóighiúil, fíortha, galánta, glémhaiseach, gleoite, gnaíúil, gnúiseach, grástúil, greanta, innealta, iomálainn, lachanta, leacanta, maisiúil, meallacach, sciamhach, slachtmhar, *literary* cadhla, mas, sochraidh, tarraingteach.

naíonra noun *nursery, playgroup*: ciondargairdín, naílann, naíolann, naíscoil.

naipcín noun ❶ *napkin*: brat láimhe, éadach lámh, tuáille. ❷ *baby's nappy*: clabhaitín, clúidín, faicín, naipcín, naipí, pluideog. ❸ **naipcín póca** *handkerchief*: ciarsúr, haincearsan, hainceasúr, haincisiúr; bréidín, buadán, cafarr.

nairciseas noun *narcissus (Narcissus)*: aoinil, lus an chromchinn, lus an aisig.

náire noun ❶ *shame, embarrassment*: adhnáire, adhnáireacht, aiféaltas, imdheargadh, lasadh, leamhnáire, náiriú, spalpas. ❷ *modesty, decency*: adhnáire, adhnáireacht, banúlacht, cúthaileacht, geanas, geanmnaíocht, geanúlacht, modhúlacht, mánlacht, míne, míneadas, miochaire, míonlacht, mómhaireacht, séimhe, tláithe. ❸ *private parts*: bléin, gabhal, ladhar; *pl.* baill ghiniúna, *pl.* báltaí, meabhal, nádúir, nádúr; faighin, pis, pit, tomán; bod, péineas; *pl.* magairlí, *pl.* uiríocha.

náireach adjective ❶ *shameful*: aithiseach, scannalach; ainspianta, bithiúnta, brocach, díolúnta, doleithscéil, domhaite, easonórach, fuafar, gráiniúil, míchuibheasach, míchlúiteach, mígheanasach, mígheanmnaí, mígheanúil, mímhacánta, mínáireach, mínósach, salach, táir, urchóideach. ❷ *bashful, modest*: adhnáireach, aiféalach, cotúil, cúlánta, cúthail, éadána, eaglach, faiteach, geanúil, geitiúil, modhúil, náireach, obach, scáfar, scáithínteach, scaollmhar, seachantach, uiríseal, umhal.

náirigh verb *shame*: adhnáirigh, cuir aiféaltas ar, cuir cotadh ar, cuir náire ar, tabhair náire do.

náisiún noun *nation*: dúthaigh, dúiche, tír, tír dhúchais; ballstát, náisiúnstát, stát, stát neamhspleách; athartha, cine, comhluadar, daonra, fine, pobal, sibhialtacht; comhlathas, cónaidhm, impireacht, poblacht, ríocht.

náisiúnachas noun *nationalism*: dílseacht don náisiún, dílseacht don tír, grá tíre, tírghrá, náisiúntacht; bladhmann tírghráthóra, ciníochas, eitnealárnacht, impireánacht, seineafóibe, seobhaineachas; leithliseachas.

náisiúnta adjective ❶ *national*: adjectival genitive baile, cathartha, náisiúnach, feidearálach, inmheánach, adjectival genitive intíre, adjectival genitive pobail, poiblí, adjectival genitive rialtais, sibhialta, adjectival genitive stáit; adjectival genitive cine, ciníoch, dúchasach, adjectival genitive dúchais, eitneach, eitnealárnach, adjectival genitive treibhe, tírghrách; adjectival genitive na hÉireann. ❷ *homely, natural*: dúchasach, adjectival genitive dúchais, gaelach, nádúrtha, tíriúil.

náisiúntacht noun ❶ *nationality*: saoránacht; eadóirseacht; bunús eitneach, comhluadar, eitneacht, grúpa eitneach, mionlach eitneach; cine, fine, náisiún, pobal, treibh. ❷ *homeliness, good nature*: nádúr, tíriúlacht; cairdiúlacht, carthanacht, cineáltas, cuidiúlacht, dea-aoibh, dea-chroí, garúlacht, láíocht, muintearas, oibleagáideacht.

namhaid noun *enemy, foe*: námha, námhaid; bíobha, eascara, ionsaitheoir, *colloquial* freasúra, lucht ionsaithe; céile comhraic.

naofa adjective ❶ *holy, sanctified*: beannaithe, *literary* cáidh, adjectival genitive coisreacain, coisricthe,

naofacht
cráifeach, diaga, diagaithe, diaganta, diagasúil, naomh, neamhpheacúil; críostúil, grádiaúil. ❷ *sacred*: diaga, **adjectival genitive** eaglaise, eaglasta, naomh, **adjectival genitive** na naomh.

naofacht noun *holiness, sanctity*: beannaíocht, beannaitheacht, caoindúthracht, crábhadh, cráifeacht, creideamh, deabhóid, diagacht, diagantacht, diagas, díograis, dúthracht, *literary* cáidhe.

naomh adjective *holy, blessed*: beannaithe, **adjectival genitive** coisreacain, coisricthe, cráifeach, diaga, diagaithe, diaganta, diagasúil, fíréanta, naofa, neamhpheacúil, séanta; críostúil, grádiaúil. noun *saint*: ancaire, díthreabhach, duine naofa, *pl.* na fíréin, mairtír, mairtíreach, *literary* feachtnach.

naomhaigh verb *hallow, sanctify*: beannaigh, coisric, séan, tabhair suas do Dhia; naomhainmnigh.

naomhaithis noun *profanity, blasphemy*: blaisféim, crístín, dia-aithis, diairmín, diamhasla, sacráiléid; eascaine, mallacht, mallaitheoireacht, *pl.* mionnaí móra, mionnú; cuireadh an scéal go Mac Dé Bhí.

naomhóg noun *currach, coracle*: currach, curachán.

naoscach noun ❶ *snipe* (*Gallinago gallinago*): bodachán, naosc, naosca, naoscán, naoscrán; (*male bird*) gabhairín reo, gabhar deorach, gabhar reo, meannán aeir. ❷ **naoscach bhídeach** *jack snipe* (*Lymnocryptes minimus*): cuachán, gabhairín bainne beirithe, gabhairín reatha, gabhairín reo.

naprún noun ❶ *apron*: naprann; aprún, bairbéal, bibe, bráideog, bráidín, bráiscín, broinnéadach, bruaintín, bruan, pilirín, práiscín, prioslálaí, rabhlaer, smigéadach.

nasc noun *link, clasp, bond*: acomhal, árach, braighdeán, bréadach, ceangal, cónasc, cuibhreach, cuing, geimheal, nascadh, sine, snaidhm. verb *bind, link, tether*: ceangail, cúpláil, daingnigh, cumhdaigh, druid, dún, fuaigh, greamaigh, snaidhm; cuir ceangal ar, cuir corda ar, cuir rópa ar, cuir ruóg ar, cuir téad ar.

nascadh noun ❶ *binding, bond*: ceangal, cónasc, cuibhreach, cuing, geimheal, nasc, snaidhm. ❷ *obligation*: banna, cúram, dualgas, éigean, *pl.* geasa, greim geallúna, iallach, mórualach, mortabháil, muirear, muirín, muist, oibleagáid, trillín, riachtanas, ualach.

nath noun *proverbial saying, adage*: gnáthfhocal, leagan cainte, oideam, ráiteachas, ráiteas, nathán, seanfhocal, sean-nath, seanrá; buídhuanóg, burdún, dánfhocal, eipeagram.

nathaí noun *wiseacre, witty person*: duine nathanta, fear mór léaspairtí, gastaire, léaspaire, nathadóir, nathaire, *familiar* bearrthóir.

nathair noun ❶ *snake, serpent*: athair nimhe, nathair nimhe; borrnathair, oifidiach, ollphéist, péist ghliogair, *literary* foiléasán; dragan, dragún, draig, péist. ❷ *cunning, treacherous person*: brathadóir, caiméiléir, cílí, feallaire, feálltóir, Iúdás, lúbadóir, lúbaire, meabhlachán, meabhlaire, plotaire, tréatúir.

neach noun ❶ *person*: Críostaí, deoraí, duine, pearsa. ❷ *mysterious being, incorporeal being*: bean sí, leannán sí, síofra, síofróg, sióg; amhailt, gósta, spiorad, sprid, taibhse, támhas.

neachtar noun *nectar*: mil, milse, milseacht; éilicsir, íocshláinte, sláníoc.

neachtlann noun *laundry*: teach níocháin; neachtlainnín.

nead noun ❶ *nest*: neaidín, nidín, sead, *pl.* soipíní; ábhach, adhbha, áfach, aice, brocach, brocais, broclach, canachán, cathróg, cliothar, coinicéar, fuachais, gnás, gnáthóg, leaba, lonnachán, nideog, rapach, scailp, talmhóg, uaimh, uachais, *literary* fochla. ❷ *snug abode, home*: áitreabh, áras, baile, clúid, cónaí, nead chluthair, teallach, tinteán. ❸

nead choille *anemone* (*Anemone nemorosa*): anamóine, lus na gaoithe, plúr na gaoithe.

neadaigh verb ❶ *nest*: déan do nead, lonnaigh; bí ag seadachan. ❷ *nestle*: soiprigh; bí cuachta, clutharaigh thú féin, suigh go cluthair. ❸ *lodge, settle*: áitrigh, cónaigh, cuir fút, fan, feith, fuirigh, lonnaigh, mair, seadaigh, sealbhaigh, socraigh síos, stad, stop, suigh, *literary* oiris.

neafais noun *triviality*: baois, beagmhaitheas, beagní, beagthábhacht, díomaíbhse, díomaidhbhseacht, díomhaointeas, éadairbhe, leamhas, mí-éifeacht, neamhfhiúntas, neamhthábhacht, suarachas, suaraíocht; easpa brí, easpa maitheasa, easpa tábhachta; éadroime, éagantacht.

neafaiseach adjective *trivial, trite*: beagmhaitheach, beagmhaitheasach, beagthábhachtach, díomhaoin, éadairbheach, leamh, neamhbhríoch, neamhéifeachtach, neamhfhiúntach, neamhthábhachtach, suarach; gan aird, gan bun ná barr, gan éifeacht, gan tábhacht, ní fiú biorán é, ní fiú bogán spideoige é, ní fiú tráithnín é.

néal noun ❶ *cloud*: ceo, clabhta, dlúimh, frasnéal, scamall, slám; bearradh caorach, caisleán, *pl.* caisleáin bhána, cumalas, lomra, moltacháin; búirthé deataigh, búirthé gaile. ❷ *gloom, depression*: ainnise, atuirse, beagmhisneach, beaguchtach, ceas, ceo, ciach, ciamhaire, cian, clóic, cumha, dochma, domheanmna, drochmhisneach, duairceas, dubhachas, duifean, duifean croí, dúlagar, dúlionn, éadóchas, gruaim, gruamacht, lagar spride, lagsprid, lionn dubh, *pl.* lionnta dubha, maoithneachas, meirtne, mídhóchas, mímheanma, mímhisneach, múchna, smúit, tocht, tromchroí, *literary* dearchaoineadh. ❸ *gloomy expression, sullen look*: anaoibh, duifean, gnúis, grainc, gruig, grus, iolchaing, mistá púic; cár, meill, mídhreach, muc ar mhala, múchna, pus, scaimh, strabhas, strainc. ❹ *fit, spasm*: freang, racht, ragús, ríog, taom, tocht, tritheamh. ❺ *nap, snooze*: néal codlata; codladh, dairt, dairt chodlata, míog, míog codlata, míogarnach, míogarnach codlata, néalfairt, néalfartach, sáimhríocht, sáimhríocht chodlata, sámhán, sámhán codlata, sámhántacht, sámhántaíocht, snapáil, suan, suanán, táimhe, támh codlata, tionnúr.

néalfartach noun *doze, dozing, disturbed sleep*: dairt, dairt chodlata, diúdarnaíl, míog, míogarnach, múisiam codlata, múisiúm codlata, múisiún codlata, néalfairt, snapáil, srúmáil, srúmataíl, srumatáil, tionnúr; dreas codlata, néal codlata; codladh an ghiorria, codladh cnapánach, codladh corrach, codladh gan suan, codladh míshocair, codladh suaite, meabhrán codlata.

néalfartach noun *tormentil* (*Potentilla erecta*): an éifide, éanfart, éanthartach, lanfairt, luibh na héifide, lus an chodlata, neamhnaid, neamhnann, neonaid, niamhnaid.

néalmhar adjective ❶ *nebulous*: ceomhar, moirtiúil, murtallach; athbhríoch, débhríoch, éadaingean, éadarfa, éideimin, éiginnte, mídheimhnitheach, neamhchinnte, neamhshocair. ❷ *clouded, gloomy*: ceoch, ceomhar, ciachmhar, dorcha, duairc, duaiseach, dúnéaltach, gruama, idirdhorcha, modarcheoch, modartha, moirtiúil, murtallach, múscaí, scamallach, smúiteach, smúitiúil, smúitiúnta, teimhleach. ❸ *sleepy*: leiscíuil, marbhánta, míogach, sámhánta, spadánta, suanach, suanmhar, támhach, támhleisciúil, toirchimeach, torpánta, tromshúileach, tuirseach.

neamaiteach adjective *unforgiving*: cadránta, crua, cruálach, cruachroíoch, díoltaiseach, díoltasach, do-mhaite, do-mhaiteach, doshásta, drochaigeanta, droch-chroíoch, dúrchroíoch, éadruach, faltanasach, fíochasnach, fuarchroíoch, míthrócaireach, neamhthrócaireach.

neamaitheach adjective ❶ *disobliging:* beagmhaitheasach, drocháiseach, mígharach, mí-oibleagáideach, neamhchúntach, neamhoibleagáideach. ❷ *useless, fruitless:* beagmhaitheach, beagmhaitheasach, beagthábhachtach, díomhaoin, éadairbheach, **adjectival genitive** éadoraidh, fánach, fuar, neafaiseach, neamhchúntach, neamhéifeachtach, neamhfhiúntach, suarach; amú, gan aird, gan bun ná barr, gan éifeacht, gan feidhm, gan fónamh, gan mhaith, in aisce, in aistear, le sruth, ó chion, ó fheidhm; ní fiú biorán é, ní fiú tráithnín é.

Nathracha Éagsúla

adder (*Vipera berus*): nathair *f.* nimhe
Aesculapian snake (*Elaphe longissima*): nathair *f.* Aescalápach
African house snake (*Boaedon lineatus lineatus*): nathair *f.* thí Afracach
African sharp-nosed snake (*Rhamphiophis rubropunctatus*): nathair *f.* bhiorshrónach Afracach
anaconda (*Eunectes murinus*): anacanda
asp (*Vipera aspis*): asp *f.*
asp viper (*féach* **asp**)
Australian tiger snake (*Notechis scutatus*): nathair *f.* thíograch Astrálach
bandy-bandy (*Vermicella annulata*): nathair *f.* bhandach
black mamba (*Dendroaspis polylepis*): mamba dubh
black racer snake (*Coluber constrictor*): rás-nathair *f.* dhubh
black tree snake (*Thrasops jacksonii*): crann-nathair *f.* dhubh
blind snake (*forfhine* Scolecophidia): caochnathair *f.*
boa (*féach* **boa constrictor**)
boa constrictor (*Boa constrictor constrictor*): buachrapaire
boomslang (*Dispholidus typus*): boomslang
brown snake (*Storeria dekayi*): odhar-nathair *f.*
bull snake (*Pituophis catenifer*): tarbh-nathair *f.*
bullmaster snake (*Lachesis trigonocephalus*): lacaesas
carpet python (*Morelia spilota*): píotón cairpéadach
carpet snake (*féach* **carpet python**)
cerastes (*féach* **horned rattlesnake**)
coachwhip snake (*Masticophis flagellum*): nathair *f.* fuipe
cobra (*Naja naja*): cobra
colubrid (*family* Colubridae): colúibrid *f.*
constrictor (*féach* **boa constrictor**)
copperhead snake (*Agkistrodon contortix*): nathair *f.* choprach
coral snake (*Micrurus fulvius*): nathair *f.* choiréalach
cornsnake (*Elaphe guttata*): nathair *f.* arbhair
cottonmouth (*féach* **water moccasin**)
death adder (*Acanthophis* sp.) nathair *f.* bháis
desert rosy boa (*Lichanura roseofusca gracia*): bua rósach gaineamhlaigh
diamondback rattlesnake (*Crotalus adamanteus*): nathair *f.* shligreach dhiamantach
diamond python (*Moralia spilota spilota*): píotón diamantach
dugite (*Pseudonaja affinis*): dúigit *f.*
egg-eating snake (*Dasypeltis* sp.): nathair *f.* uibheacha
Egyptian cobra (*Naja haje*): cobra Éigipteach
false coral snake (*Anilius scytale*): nathair *f.* choiréalach bhréige
fer de lance (*Bothrops atrox*): rinn *f.* sleá
file snake (*féach* **wart snake**)
flowerpot snake (*Ramphotyphlops braminus*): caochnathair *f.* bhláthphota
flying snake (*Chrysopelea* sp.): nathair *f.* eitilte
Gaboon viper (*Bitis gabonica*): nathair *f.* ghabúnach
garter snake (*Thamnophis sirtalis*): nathair *f.* ghairtéir
gopher snake (*féach* **pine snake**)
grass snake (*Natrix natrix*): nathair *f.* fhéir
green snake (*Opheodrys*): glasnathair *f.*
hamadryad snake (*Ophiophagus bungarus*): hamaidriad *f.*
highland moccasin (*féach* **copperhead snake**)
hognose snake (*Heterodon* sp.): nathair shrón *f.* mhuice
horned rattlesnake (*Cerastes* sp.): adharcnathair *f.*
horned snake: nathair *f.* adharcach
horseshoe snake (*Coluber hippocrepis*): crú-nathair *f.*
Indian cobra (*féach* **cobra**)
Indian python (*Python molurus*): píotón Indiach
indigo snake (*Drymarchon cordis coreperi*): nathair *f.* phlúiríneach
keelback (*Xenochrophis trianguligerus*): nathair *f.* chíleach
king cobra (*Opiophagus hannah*): ríchobra
king snake (*Lampropeltis getulis*): rínathair *f.*
krait (*Bungarus* sp.): cradhat
mamba (*Dendroapsis* sp.): mamba
massasauga (*Sistrurus catenatus*): masasága
milk snake (*Lampropeltis triangulum*): nathair *f.* bhainniúil
night snake (*Hypsiglena torquata*): nathair *f.* oíche
pine snake (*Pituophis melanoleucus*): nathair *f.* phéine
pipe snake (*family* Cylindrophidae): nathair *f.* phíopa
pit viper (*family* Crotalidae): nathair nimhe *f.* logáin
puff adder (*Bitis arietans*): borrnathair *f.*
python (*Python* sp.): píotón
racer (*féach* **coachwhip snake**)
rat snake (*Elaphe obsoleta*): nathair *f.* francach
rattlesnake (*Crotalus* sp): nathair *f.* shligreach
reticulated python (*Python reticulatus*): píotón eangachúil
rinkhals (*Haemachatus haemachatus*): cobra seile
rock python (*Python sebae*): píotón leice
royal python (*Python regius*): píotón ríoga
rubber boa (*Charina* sp.): buachrapaire rubair
Russell's viper (*Vipera russelii*): nathair *f.* nimhe an Ruiséalaigh
sea krait (*Laticauda* sp.): cradhat mara
sea snake (*family* Hydrophiidae): nathair *f.* mhara
sidewinder (*féach* **horned rattlesnake**)
skaapsteker (*Psammophylax* sp.): skaapsteker
smooth snake (*Coronella austriaca*): nathair *f.* shleamhain
spitting cobra (*féach* **rinkhals**)
swamp snake (*Seminatrix* sp.): nathair *f.* réisc
taipan (*Oxyuranus* sp.): tadhpan
tiger snake (*féach* **Australian tiger snake**)
tree snake (*féach* **flying snake**)
viper (*féach* **adder**)
wart snake (*family* Acrochordidae): nathair *f.* fhaithneach
water moccasin (*Agkistrodon piscivorus*): macaisín uisce
water snake (*Nerodia* sp.): nathair *f.* uisce
whip snake (*Spilotes pullatus*): nathair *f.* sciúirse
wolf snake (*family* Colubridae): nathair *f.* fhaolchonda
woma (*Aspidites ramsayi*): vóma
worm snake (*Carphophis amoenus*): nathair *f.* chuiteogach

neamart

neamart noun *neglect*: ceal cúraim, díobháil aire, drochaire, faillí, leibéis, léig, mainneachtain, moill, moilleadóireacht, neamh-aire, neamhaistear, neamhchúram, réchúis, righneadóireacht, righneáil, righneas, siléig, siléigeacht, siobarnach, sleamchúis, sleamhchúis, *literary* dícheall.

neamartach adjective *neglectful, negligent*: anaireach, bóiléagrach, faillíoch, faillitheach, leibéiseach, mainneachtach, mainneachtnach, neamh-aireach, neamhairdeallach, neamhchúramach, neamhshuimiúil, réchúiseach, siléigeach, sleamchúiseach, sleamhchúiseach, *literary* dícheall, éisleasach, seachmallach; drogallach, eadarluasach, fuarchúiseach, fuarspreosach; ar nós cuma liom.

neamh noun ❶ *heaven*: dún Dé, flaitheas Dé, *pl.* na flaithis, flathiúnachas, flaithiúnacht, flaithiúnas, *pl.* grianbhrugha pharthais, parthas, ríocht Dé, ríocht neimhe, *literary* rícheadh; an seanbhaile, slí na fírinne. ❷ *sky, firmament*: an t-aer, an t-aer gorm, an bogha bán, *pl.* fíorghlinnte an aeir, firmimint, *pl.* glinnte an aeir, *pl.* spéartha, spéir; aimsir.

neamhaí adjective ❶ *heavenly, celestial*: flaithiúnasach, flaithiúnta, adjectival genitive neimhe, spéartha; ainglí, diaga. ❷ *monotonous, apathetic*: aonghnéitheach, aontonach, leadránach, liosta; fuairnéalach, fuar, fuarálach, fuaránta, fuarbhruite, fuarspreosach, leamh, marbhánta, neamhshuimiúil, spadánta.

neamhaibí adjective *unripe, immature*: anabaí, anársa, éigríonna, glas, neamhaibí, ró-óg; antráthach, antráthúil, míthráthúil, táthghlas.

neamhaird noun *heedlessness, inattention*: ceal cúraim, díobháil aire, drochaire, faillí, leibéis, léig, mainneachtain, neamart, neamhaire, neamhchúram, siléig, siléigeacht, sleamchúis, sleamhchúis.

neamhairdiúil adjective *inattentive, heedless*: anaireach, bóiléagrach, neamh-aireach, neamartach, neamhairdeallach, neamhbhraiteach, neamhchoimhéadach, neamhchúramach, neamhfhaichilleach; faillíoch, faillitheach, leibéiseach, mainneachtach, mainneachtnach, neamhshuimiúil, réchúiseach, siléigeach, *literary* dícheall, éisleasach, seachmallach.

neamh-aistear noun ❶ *inactivity, idleness*: dífhostaíocht, díomhaointeas, falsacht, leisce, leisciúlacht. ❷ *thoughtlessness, irresponsibility*: baoithe, díchiall, díth céille, éagantacht, easpa céille, éigiall, meargántacht, místuaim, neamhairdeall, neamhaire, neamhchúram, neamhfhreagracht, neamhstaidéar, neamhthuiscint. ❸ *mischief*: ábhaillí, anmhailís, damáiste, díobháil, díth, dochar, dochracht, dochras, doghníomh, drochobair, drochbheart, drochghníomh, feall, fealltacht, gangaid, mailís, milleadh, mínáire, mínós, mioscais, mírún, mísc, oilbhéas, oilghníomh, olc, tubaisteoireacht, urchóid, urchóideacht.

neamhbhalbh adjective *outspoken, forthright, blunt*: díreach, oscailte, stóinseach, teannfhoclach. adverb *plainly, straight out*: go cruinndíreach, go díreach, go tur; gan fiacail a chur ann, plinc pleainc, scun scan; suas leis, suas agus anuas leis.

neamhbhrí noun *ineffectiveness, nullity*: aineifeacht, beagéifeacht, beagmhaitheas, beagthairbhe, dímrí, éagumas, éidreoir, fainne, laige, míchumas, míthreoir, neamhbhailíocht, neamhéifeacht, neamhéifeachtúlacht, neamhfhiúntas, tréithe.

neamhbhuan adjective *impermanent, transient*: básmhar, díomuan, duthain, gairid, gearr, gearrshaolach, móimintiúil, sealadach, soghluaiste, somharaithe.

neamhbhuartha adjective *untroubled, carefree*: aerach, aigeantach, alluaiceach, ciúin, éagorrach, gliondrach, neamhchorrabhuaiseach, neamhchúiseach, sámh, sonaídeach, suaimhneach; gan bhuaireamh.

neamhcheart adjective *incorrect*: amú, breallach, buanearráideach, bunoscionn, cam, cearr, contráilte, éagórach, earráideach, éigeart, mícheart, adjectival genitive tuathail; ar seachrán, ar strae.

neamhchinnte adjective *uncertain*: athbhríoch, débhríoch, éadaingean, éadarfa, earráideach, éideimhin, éiginnte, ilchiallach, manaoiseach, mídheimhnitheach, mímhuiníneach, neamhdhaingean, neamhiontaofa, neamhschocair, neamh-mhuiníneach, trialach.

neamhchinnteacht noun *uncertainty*: athbhrí, débhríocht, défhiús, diamhracht, doiléire, doiléireacht, dorchacht, éadarfacht, éideimhne, éiginnteacht, míchreidiúnacht, mímhuinín, neamhchiontach, neamhchruinneas, neamhiontaofacht, neamh-mhuinín, neamhshocracht, seachrán.

neamhchiontach adjective *not guilty, guiltless, innocent*: cneasta, díreach, dothruaillithe, éigiontach, ionraic, macánta, maighdeanúil, neamhchiontach, neamhchoireach, neamhchorthach, ógh; gan locht, gan smál, saor ó locht. noun *innocent person*: duine cneasta, duine éigiontach, duine ionraic, duine macánta, neamhchoireach.

neamhchiontacht noun *innocence*: cneastacht, éigiontacht, ionracas, macántacht, neamhchiontaíl, saontacht, soineantacht, neamhurchóid.

neamhchlaon adjective *impartial, fair-minded*: cóir, féaráilte, neamhleatromach, réasúnta.

neamhchodladh noun *sleeplessness, insomnia*: easpa codlata, neamhshuan.

neamhchoitianta adjective *uncommon, unusual*: éagoiteann, éagoitianta, neamhghnách, neamhchoiteann; éachtach, éagsúil, fánach, gann, gannchúiseach, tearc; iontach, neamhchoitianta, suaithinseach, suntasach, urghnách; as an ngnách, ar leith, faoi leith, ann féin; is cuid suntais é, an rud is annamh is iontach.

neamhchorrach adjective ❶ *steady, stable*: diongbháilte, doscaoilte, dúr, éagorrach, fódach, fódúil, stóinsithe; buan, dílis, éifeachtach, firmeálta, foirmniseach, staidéarach, staidéartha, stuama, tairiseach, *literary* fosaidh, fuaimintiúil. ❷ *easy, untroubled*: aerach, aigeantach, alluaiceach, ciúin, gliondrach, neamhbhuartha, neamhchorrabhuaiseach, neamhchúiseach, sáimhríoch, sámh, sonaídeach, suaimhneach, *literary* sodhaing; gan bhuaireamh.

neamhchostasach adjective *cheap, inexpensive*: beagluachach, neamhchailliúnach, neamhchostasúil, saor; ar bheagán costais, ar sladmhargadh, fíorshaor.

neamhchosúil adjective ❶ *unlike*: difriúil, éagsúil; dibhéirseach, eisréimneach, idirdhealaithe, neamhionann; athrach X, a mhalairt de X; ní mar a chéile iad. ❷ *unlikely, improbable*: andóch, (with copula) éadóigh, éagosúil, neamhdhealraitheach, neamhdhóchúil; áibhéileach, áiféiseach, dochreidte, dosmaoinimh, fantaiseach, finscéalach, gáifeach, guanach, inargóinte, inchonspóide, míréasúnta, scailéathanach, seafóideach; ní móide, gan craiceann na fírinne air, gan mórán dealraimh.

neamhchríochnúil adjective *unmethodical, badly finished*: amscaí, draoibeach, eadarluasach, faillitheach, faillíoch, leibéiseach, maolscríobach, míphointeáilte, mírianúil, neamartach, neamhairdeallach, neamh-aireach, neamhchúiseach, neamhchúramach, siléigeach, sleamchúiseach, sleamhchúiseach; ceamach, easnamhach, easpach, giobach, liobarnach, líobóideach, lóipíneach, lópach, luideach, neamhiomlán, neamhshlachtmhar, scrábach, slapach, **adjectival genitive** srama, sramach, sraoilleach, streachlánach.

neamhchruinn adjective *inexact, inaccurate:* amú, breallach, bunoscionn, cam, cearr, contráilte, earráideach, éigeart, éigrinn, iomrallach, mícheart, neamhcheart, **adjectival genitive** tuathail; ar seachrán, ar strae.

neamhchuimseach adjective *disproportionate, immoderate:* ainmheasartha, ainrianta, neamhrialta, iomarcach, míchuibheasach, míréasúnta, neamh-mheasartha, ró-; as miosúr, as cuimse, thar cuimse, thar fóir, thar meán.

neamhchúramach adjective *unconcerned, negligent:* faillíoch, faillitheach, leibéiseach, mainneachtach, mainneachtnach, neamartach, neamh-aireach, neamhairdeallach, neamhchúramach, neamh-shuimiúil, réchúiseach, siléigeach, sleamchúiseach, sleamhchúiseach, *literary* díchleach, éisleasach, seachmallach; drogallach, eadarluasach, fuarchúiseach, fuarspreosach; ar nós cuma liom.

neamhdhíobhálach adjective *harmless:* neamh-dhochrach, neamhurchóideach; gan díobháil, gan dochar; éadrom, folláin, lách.

neamhdhlisteanach adjective ❶ *unlawful, illegitimate:* aindleathach, coiriúil, feileonach, mí-dhleathach, míghinte, neamhcheadaithe, neamh-dhlisteanach, neamhdhlíthiúil; gan cheadúnas, coiscthe, contrabhannach, **adjectival genitive** margaidh dhuibh, neamhoifigiúil, toirmiscthe; inchaingne, inchúsithe, indíotáilte. ❷ *disloyal, unfaithful:* adhaltrach, calaoiseach, cluanach, éadairiseach, falsa, fealltach, mealltach, míchoinníollach, mídhílis, mídhlisteanach, neamh-dhílis, neamhthairiseach, treallach; guagach, luaineach; is craiceann gan choinníoll atá ann; calaoiseach, cealgach, claon, cluanach, dúbailte, fealltach, meabhlach, mealltach, meangach, mí-ionraic, mhacánta, nathartha, neamhfhírinneach, neamhphrionsabálta, paintéarach, séitéartha, tréatúrtha; is é an nathair é, is Iúdás atá ann.

neamhdhóchúil adjective *unlikely, improbable:* andóch, éagosúil, neamhchosúil, neamhdheal-raitheach; dochreidte, (with copula) éadóigh, gan craiceann na fírinne air, gan mórán dealraimh; ní móide ar bith é; áibhéileach, áiféiseach, dochreidte, dosmaoinimh, fantaiseach, finscéalach, gáifeach, guanach, inargóinte, inchonspóide, míréasúnta, scailéathanach, seafóideach.

neamhdhuine noun *nobody, nonentity:* duine gan aird, *familiar* mogall gan chnó, neamhní, pearsachán.

neamheaglach adjective *fearless, intrepid:* calma, coráisteach, coráistiúil, cróga, curata, dána, díolúnta, fortúil, gaisciúil, galach, gusmhar, gusúil, laochta, laochúil, *literary* léideanach, *literary* léidmheach, meanmnach, miotalach, misniúil, neamhfhaiteach, saighdiúrtha, spionnúil, spioradúil, uchtúil; gan eagla, gan scáth.

neamhéasca adjective ❶ *slow, sluggish:* ceanntrom, céimleasc, leadránach, leasc, liosta, mairbhiteach, mall, mallbheartach, mallghluaiste, malltriallach, marbhánta, sionsach, spadánta, torpánta; falsa, leiscíúil. ❷ *awkward:* amscaí, anásta, aibhéiseach, ciotach, ciotrainneach, ciotrúnta, driopásach, leibideach, liobarnach, liopasta, míshlachtmhar, místuama, strampáilte, tuaisceartach, tuatach, tuathalach, útamálach.

neamhéifeachtach adjective *ineffectual, inefficient:* dimríoch, díomhaoin, éadairbheach, easnamhach, easpach, éagumasach, éidreorach, fuar, maol-chúiseach, míchumasach, neamhábalta, neamh-bhailí, neamhchumhachtach, neamhéifeachtach, neamhéifeachtúil, neamhfhiúntach, neamh-infheidhme, neamhinniúil, neamhoilte, neamh-thairbheach; gan bhrí, gan bun gan barr, gan chríoch, gan chumas, gan éifeacht, gan mhaith, gan tairbhe, gan toradh, ó chion.

neamheolach adjective ❶ *ignorant, uninformed:* neamhcháilithe, neamhlitreartha, neamhoilte, neamhthuisceanach; aimhghlic, ainbhiosach, amadánta, amaideach, baoiseach, baoth, bómánta, breallach, breallánta, bundúnach, dall, dallacánta, dallaigeantach, díchéillí, dobhránta, dúr, dúra-mánta, éaganta, gamalach, lagintinneach, leamh, leamhcheannach, leathmheabhrach, leibideach, mallintinneach, míghlic, neamheolach, neamh-thuisceanach, óinsiúil, spadintinneach. ❷ *inexperienced:* anársa, éigríonna, neamhchleachtach, neamhoilte, núíosach; gan oiliúint, gan taithí, gan traenáil.

neamhfhoirmiúil adjective *informal:* cairdiúil, nádúrtha, neamhchúiseach, neamhfhoirmeálta, neamh-mhóiréiseach, oscailte, réchúiseach, so-ranna, simplí; compordach, sócúlach.

neamhfhóirsteanach adjective *unsuitable, inappropriate:* éaguibhiúil, míchuibheasach, míchuibhiúil, mífheiliúnach, mífhreagrach, mí-oiriúnach, mí-thráthúil, neamhfhóinteach, neamhoiriúnach.

neamhfhonnmhar adjective *disinclined, reluctant:* aimhleasc, ainneonach, doghluaiste, doicheallach, drogallach, éarthach, mífhonnmhar, neamh-thoilteanach, obthach; diúltach, séantach.

neamhghéilliúil adjective *unsubmissive, insubordinate:* ainriata, ceannairceach, ceanndána, ceannláidir, ceanntréan, docheansaithe, dochomhairleach, do-mhúinte, dúshlánach, easumhal, éiritheach, ládasach, mícheansa, miréireach, muiniceach, reibiliúnach, sotalach, stailciúil, stainciúil, stuacach, stuacánach, teanntásach.

neamhghnách adjective *unusual, extraordinary:* corr, corraiceach, éagoiteann, éagoitianta, éagsúil, eisceachtúil, neamhchoitianta, neamhghnách, suaith-inseach, suaithní, suntasach, urghnách; éachtach, fánach, gann, ganncháiseach, iontach, tearc; as an ngnách, ar leith, faoi leith, ann féin; an rud is annamh is iontach, is cuid suntais é.

neamhghnóthach adjective *unoccupied, idle, slack:* dífhostaithe, díomhaoin, neamh-aistearach, neamh-fheidhmeach, neamhghníomhach, *literary* déin-mheach; ciúin, ina stad, stadta, stoptha.

neamhiomlán adjective *incomplete:* ainimheach, éagruthach, éalangach, easnamhach, easpach, éis-linneach, fabhtach, lochtach, máchaileach, neamh-chríochnaithe, neamhfhoirfe, neamhuilíoch, páirteach, uireasach; gan chríochnú, tá lúb ar lár ann.

neamhionann adjective *dissimilar, unequal:* éagsúil, ní hionann iad, is mór an difríocht eatarthu, is fada buí óna chéile iad; ní hé X atá ann a thuilleadh; éagothrom, míchothrom

neamhiontach adjective *unsurprising, unexciting, ordinary:* coiteann, comónta, coitianta, ginearálta, gnách, gnáth-, *literary* deargna; lagmheasartha, leamh, liosta, marbhánta, neamhshuntasach, suaill-mheasta; nach bhfuil thar moladh beirte.

neamhiontaofa adjective *untrustworthy, unreliable:* amhrasach, míchreidiúnach, mímhuiníneach, neamhchoinníollach, neamhchruinn, neamh-mhuiníneach; nach bhfuil le trust; cealgach, claon, cluanach, cleasach, fealltach, glic, lán castaí, lúbach, mealltach, meangach, sleamhain, sleamh-nánach, slíbhíneach.

neamhiontas noun déan neamhiontas de *ignore, pay no attention to:* ná bac le, ná tabhair aird ar, ná tabhair beann ar, dún súil ar, scaoil tharat; ná cuir chuige ná uaidh.

neamhláithreach

neamhláithreach adjective *absent*: as láthair; níl sé ann.

neamhleithleach adjective *unselfish*: fial, fiúntach, flaithiúil, móraigeanta, mórchroíoch; cúntach, garach, garúil, oibleagáideach, uasal, uiríseal.

neamhliteartha adjective *unlettered, illiterate*: gan léamh ná scríobh; neamhfhoghlamtha, neamhléannta, neamhoilte; gan foghlaim, gan léann, gan oideachas, gan scolaíocht.

neamh-mheabhair noun ❶ *forgetfulness*: aimnéise, dearmad, dearmhad, díchuimhne, dímheabhair, dímheabhraíl, éaguimhne, mearathal, mearbhall, seachmall; éislis, faillí, fuarchúis, neamart, neamhshuim. ❷ *unconsciousness, unawareness*: ainbhios, bheith gan aithne gan urlabhra, bheith gan mhothú, cailleadh na haithne, fanntais, neamhaithne. ❸ *distraction, madness*: dallach dubh, dallamullóg, fóidín mearaí, gabhairéis, mearadh, mearaí, mearaíocht, mearathal, mearú, saobhchiall, saochan céille, seachrán, seachrán céille, *familiar* meascán mearaí; báiní, buile, confadh, gealtachas, gealtacht, mire, rámhaille, taom buile.

neamh-mheasartha adjective *immoderate, excessive*: ainmheasartha, ainrianta, ainspianta, antoisceach, iomarcach, míchuibheasach, mínósach, míréasúnta, neamhrialta; as cuimse, thar cuimse, thar fóir, thar meán.

neamh-mheisciúil adjective ❶ *non-intoxicating, non-alcoholic*: bog. ❷ *not addicted to drinking, sober*: céillí, sóbráilte, staidéarach, stuama; ar a chiall.

neamh-mheontach adjective *forward, presumptuous*: andóchasach, baothdhóchasach, buannúil, cabanta, clóchasach, cocach, consaeitiúil, cunórach, deiliúsach, dána, easurrúsach, iarlaitheach, mórálach, mórtasach, neamh-chúthail, postúil, sotalach, suimiúil, teanntásach, téisiúil, uaibhreach, údarásach, urrúsach.

neamh-mheontaíocht noun *forwardness, presumption*: andóchas, baothdhóchas, buannaíocht, ceanndánacht, clóchas, deiliús, éirí in airde, iarlaitheacht, postúlacht, teanntás, téisiúlacht, uabhar, údarás, údarásacht, urrúsacht.

neamh-mhothú noun *lack of sensation, numbness*: barrliobar, bodhaire, eanglach, fuairnimh, fuarthanach, mairbhe, mairbhití, marbhántacht, marbhfhuacht, marbhleathar, neamh-mhothú, sliopach; craiceann gé, griofadach, griogán.

neamhnáire noun *shamelessness, effrontery*: dalbacht, dánacht, easpa náire, mínáire, mínáirí, sciolamar, soibealtacht, téisiúlacht, *familiar* leiceann muice; dínáire.

neamhnáireach adjective *shameless, audacious, flagrant*: buannúil, clóchasach, dána, dínáireach, diorraingeach, míbhanúil, míchuibhiúil, mímhodhúil, mí-oiriúnach, scannalach, soibealta, téisiúil, truaillithe; dalba, dána, míbhéasach, teanntásach, téisiúil; follasach, gan cheilt, gan folach, gan mhairg, gan náire, gan scáth.

neamhní noun ❶ *nothing*: (all with negative) a dhath, a dhuth ná a dhath, aon ní, aon rud, burral, dada, dada le Dia, éinní, faic, faic na fríde, faic na ngrást, maithín ná graithín, rud ar bith, scaile, screatall, smadal, smid ná smeaid, seoid, tada. ❷ *nought*: náid; nialas.

neamhnigh verb *nullify, quash, annihilate*: basc, cealaigh, cloígh, cnaígh, cniog, dícheann, díothaigh, díscigh, ídigh, múch, réab, sáraigh, scrios, treascair; cuir ar ceal, cuir ar neamhní, cuir deireadh le, cuir den saol, leag ar lár.

neamhoifigiúil adjective *unofficial*: neamhfhoirmiúil, gan údarás.

neamhoilte adjective *untrained, inexperienced*: anársa, neamhchleachtach, neamheolach, núíosach; gan oiliúint, gan taithí, gan traenáil.

neamhoiriúnach adjective *unsuitable*: éaguibhiúil, míchuibheasach, míchuibhiúil, mífheiliúnach, mífhreagrach, mí-oiriúnach, míthráthúil, neamhfhóinteach, neamhfhóirsteanach.

neamhphearsanta adjective *impersonal*: cliniciúil, coimhthíoch, deoranta, dúnárasach, foirmiúil, fuar, fuaraigeantach, fuarchúiseach, neamhmhothálach.

neamhphósta adjective *unmarried*: aontumha, maighdeanúil, singil; gan phósadh.

neamhréir noun *inconsistency*: aimhréir, contráilteacht, contrárthacht, earráid, guagacht, guagaíocht, luaineacht, mí-eagar, mífhreagracht, míréasúnacht, mírialtacht, neamhbhuaine, neamhfhreagracht, neamhleanúnachas, neamhrialtacht, neamhsheasmhacht, scaiptheacht; lúb ar lár.

neamhréireach adjective *inconsistent*: athraitheach, contrárta, éanúil, earráideach, giodamach, gogaideach, guagach, luaineach, mírialta, neamhbhuan, neamhrialta, neamhfhreagrach, neamhsheasmhach; míloighciúil; ar neamhréir; tá lúb ar lár ann.

neamhriachtanach adjective *unnecessary*: iomarcach; gan ghá, gan riachtanas; de bharraíocht, sa bhreis, le cois.

neamhrialta adjective *irregular*: corr, corraiceach, earráideach, guagach, luaineach, mífhéiltiúil, mírialta, taomach, taomannach, treallach, treallánach, uaineach; cnapánach, cnapógach, cranrach, dualach, fadhbach, fairbreach, garbh, meallach, snaidhmeach, stalcach; aindleathach, midhleathach, neamhcheadaithe, neamhdhlisteanach, neamhdhlíthiúil, neamhoifigiúil.

neamhscrupallach adjective *unscrupulous*: aincheart, cam, cearr, deamhanta, drochaigeanta, droch-chroíoch, éagórach, éigeart, leatromach, mailíseach, mallaithe, mícheart, mímhorálta, mínáireach, mioscaiseach, nathartha, neamhcheart, olc, peacúil, rógánta, urchóideach.

neamhshaolta adjective ❶ *unworldly*: beannaithe, dáiríre, leanbaí, macánta, mothaolach, nádúrtha, neamhamhrasach, neamhchiontach, neamhurchóideach, saonta, simplí, soineanta. ❷ *unearthly, ethereal*: aerga, diamhair, neamhaí, osnádúrtha, taibhsiúil; aerachtúil, uaigneach.

neamhshibhialta adjective *uncivil*: athúlta, bodachúil, bodúil, brománta, brúisciúil, daoithiúil, dobhéasach, drochbhéasach, drochmhúinte, gairbhseach, míbhéasach, míchéadfach, míchuntanósach, míchúirtéiseach, mí-iomprach, mímhúinte, mínósach, míshibhialta, neamhchúirtéiseach, tuaisceartach, tuathalach, tútach.

neamhshlachtmhar adjective ❶ *unfinished, untidy*: amscaí, draoibeach, eadarluasach, faillitheach, faillíoch, leibéiseach, maolscríobach, mípointeáilte, mírianúil, neamartach, neamh-aireach, neamhairdeallach, neamhchúiseach, neamhchúramach, siléigeach, sleamhchúiseach, sleamhchúiseach; bratógach, ceamach, easnamhach, easpach, giobach, liobarnach, líobóideach, lóipíneach, luideach, neamhiomlán, scrábach, slapach, **adjectival genitive** srama, sramach, sraoilleach, streachlánach. ❷ *ill-favoured*: dochra, dochraí, dodhealbhach, doghnúiseach, do-mhaiseach, graifleach, gránna, míchumtha, mídheas, míghnaíúil, míofar, mísciamhach, míshlachtmhar, urghránna; in anchruth.

neamhshuim noun *lack of interest, indifference*: fuacht, fuaraigne, fuaraigeantacht, fuaráil, fuarálacht, fuarchúis, fuarspreosaí, fuarthé, neamhchorrabhuais, neamhchúis, neamhfhonn, neamhiontas, neamhspéis, patuaire, réchúis, spadántacht; bheith ar nós cuma liom.

neamhshuimiúil adjective ❶ *unimportant, insignificant:* beagmhaitheach, beagmhaitheasach, beagthábhachtach, diomaibhseach, díomhaoin, éadairbheach, fánach, neafaiseach, neamhbhríoch, neamhfhiúntach, neamhthábhachtach, smugach, suarach; gan aird, gan tábhacht; ní fiú biorán é, ní fiú tráithnín é. ❷ *uninterested, indifferent, disdainful:* fuarálach, fuarbhruite, fuarchúiseach, fuarspreosach, neamhchorrabhuaiseach, patuar, réchúiseach, réidh; dímheastúil, dímheasúil, drochmheasta, drochmheastúil, drochmheasúil, srónach.

neamhspéis noun *lack of interest, indifference:* fuacht, fuaraigne, fuaraigeantacht, fuaráil, fuarálacht, fuarchúis, fuarspreosaí, fuarthé, neamhchorrabhuais, neamhchúis, neamhfhonn, neamhiontas, neamhshuim, patuaire, réchúis, spadántacht; bheith ar nós cuma liom.

neamhspleách adjective *independent:* ceannasach, flaithiúnta, saor; muiníneach as féin, neamhacrach; cothrom, féaráilte, neamhchlaon, neamhleatromach, neodrach, oibiachtúil; ar neamhcheist le.

neamhspleáchas noun *independence:* ceannas, féinriail, flaitheas, saoirse; neamhthuilleamaí; cothroime, neamhchlaontacht.

neamhthairbheach adjective *unavailing, fruitless:* beagmhaitheach, beagmhaitheasach, beagthábhachtach, díomhaoin, éadairbheach, fánach, fuar, neafaiseach, neamaitheach, neamhchúntach, neamhéifeachtach, neamhfhiúntach, suarach; amú, gan aird, gan bun ná barr, gan éifeacht, gan feidhm, gan fónamh, gan mhaith, in aisce, in aistear, le sruth, ó chion, ó fheidhm; ní fiú biorán é, ní fiú tráithnín é.

neamhtheann adjective *flaccid:* bog, faon, liobarnach, silteach, siogarlach, sleabhcánta.

neamhthoil noun *unwillingness, reluctance:* doicheall, drogall, éaradh, eiteach, eiteachas, mífhonn, neamhfhonn, obadh.

neamhthoilteanach adjective *unwilling, reluctant:* aimhleasc, ainneonach, doghluaiste, doicheallach, drogallach, éarthach, mífhonnmhar, neamhfhonnmhar, neamhthoilteanach, obthach; diúltach, séantach.

neamhthoradh noun *fruitlessness, lack of effect:* beagmhaitheas, díomhaointeas, éadairbhe, fánaíocht, leamhas, mí-éifeacht, neafais, neamhfhiúntas, suarachas, suaraíocht.

neamhthorthúil adjective ❶ *unfruitful, infertile:* aimrid, éadorthach, folamh, seasc. ❷ *profitless:* beagmhaitheach, beagmhaitheasach, beagthábhachtach, díomhaoin, éadairbheach, fánach, fuar, míthairbheach, neafaiseach, neamaitheach, neamhchúntach, neamhéifeachtach, neamhfhiúntach, neamhthairbheach; in aisce, in aistear. ❸ *heedless:* faillíoch, faillitheach, neamartach, neamhairdeallach, neamhairdiúil, neamhaireach, siléigeach, sleamchúiseach, sleamhchúiseach.

neamhthrócaireach adjective *merciless, ruthless:* éadrócaireach; binbeach, brúidiúil, cadránta, crua, cruálach, cruachroíoch, díoltaiseach, díoltasach, dolúbtha, do-mhaite, do-mhaiteach, doshásta, drochaigeanta, droch-chroíoch, dúrchroíoch, éadruach, faltanasach, fíochmhar, fíochasnach, fuarchroíoch, fuilteach, gangaideach, mídhaonna, mínádúrtha, míthrócaireach, neamhbháúil, neamhscrupallach, neamhthruamhéalach, nimhneach, olc, urchóideach; gan taise gan trócaire; tá croí cloiche ann; níor bhog agairt ná éamh é.

neamhthruamhéalach adjective *pitiless:* éadrócaireach; binbeach, brúidiúil, cadránta, crua, cruálach, cruachroíoch, díoltaiseach, díoltasach, dolúbtha, do-mhaite, do-mhaiteach, doshásta, drochaigeanta, droch-chroíoch, dúrchroíoch, éadruach, faltanasach, fíochmhar, fíochasnach, fuarchroíoch, fuilteach, gangaideach, mídhaonna, mínádúrtha, míthrócaireach, neamhbháúil, neamhthrócaireach, neamhthruach, nimhneach, olc, urchóideach; gan taise gan trócaire.

neamhthuisceanach adjective ❶ *uncomprehending, unappreciative:* gan tuiscint; neamhbháúil, righin chun buíochais, righin chun molta. ❷ *inconsiderate:* féinspéiseach, féinspéisíoch, leithleach, leithleachasach, leithleasach, leithleastach, leithliseach, místaidéirach, neamhchásúil, neamhchúramach; an-ghar dó féin, an-ghairid dó féin, ar mhaithe leis féin, ag tochras ar a cheirtlín féin.

neamhthuiscint noun ❶ *incomprehension:* easpa tuisceana. ❷ *thoughtlessness:* neamhchúram; éagantacht, místuaim, neamhstaidéar; féinspéis, féinspéiseachas, leithleachas, leithleas.

neamhurchóideach adjective *harmless, inoffensive:* neamhdhíobhálach, neamhdhochrach; gan díobháil, gan dochar; éadrom, folláin, lách.

neamhurramach adjective *disrespectful:* achasánach, aithiseach, cáinteach, cnáideach, drochmheasúil, easmailteach, easonórach, easurramach, fochaideach, fonóideach, glámhach, iomardach, maslach, neamhómósach, spídiúil, tarcaisneach.

neamúch adjective *begruding:* doicheallach, drogallach, éadmhar, maíteach, neamhthoilteanach, tnúthach.

neantóg noun ❶ *nettle, stinging nettle (Urtica):* cál faiche, coll faiche, cúl faiche, leantóg, neantóg loiscneach. ❷ **neantóg chaoch** *dead nettle (Lamium):* caochneantóg, neantóg chaoch, neantóg mharbh, neantóg Mhuire, teanga mhion.

néaróis noun *neurosis:* dúghabháil, dúlagar, fóibe, galar síceapatach, histéire, mí-eagar meabhrach, neamhord síceapatach, saobhadh céille, saochan céille, seachrán céille.

neart noun ❶ *strength, force, power:* acmhainn, brí, bríomhaireacht, bua, cumas, cumhacht, daingne, daingneacht, éifeacht, feidhm, fortile, fórsa, fuinneamh, inmhe, láidreacht, lán-neart, neartmhaire, neartmhaireacht, oirbheart, sea, sonairte, stóinseacht, tréan, tréine, treise, urra, urrúntacht, urrús, *literary* druine, tothacht. ❷ *plenty:* a lán, an-chuid, an-ladhar, bun maith, carn, *pl.* cairn dubha, clais, cothrom, cuid mhaith, cuid mhór, cuimse, dalladh, fairsinge, fairsingeacht, féile, flaithiúlacht, flúirse, fuíoll na bhfuíoll, iarracht mhaith, iarracht mhór, iomláine, iontas, láine, lear, líonmhaireacht, lochadradh, maidhm, *pl.* mámannaí, mórán, neart, púir, raidhse, réimse, saibhreas, scanradh, seó, slám, steancán, stráice, suaitheantas, suim mhór, taoscán, téagar, tolmas, tonn mhaith, *literary* intleamh, *familiar* an t-uafás. ❸ *power to remedy:* leigheas.

neartaigh verb ❶ *strengthen, fortify:* athneartaigh, breisigh, daingnigh, láidrigh, stóinsigh, treisigh. ❷ **neartaigh le** *support:* baiceáil, cuidigh le, cuir taca le, cuir tacaíocht le, tabhair misneach do, tacaigh le.

neartmhar adjective *strong, vigorous, powerful:* ábalta, bailc, balcánta, bríoch, bríomhar, bulcánta balcánta, calma, calmánta, ceilméartha, ceolmhar, cróga, cumasach, cumhachtach, dána, éifeachtach, fearúil, feilmeanta, foirtil, folcánta, fórsúil, forthréan, fuinniúil, inniúil, láidir, látharach, matánach, misniúil, móruchtúil, muscalach, neamheaglach, neamhfhaiteach, séitreach,

neascóid
spreacúil, sracúil, storrúil, téagartha, tréamanta, tréan, treisiúil, tualangach, urrúnta, urrúsach, *literary* mochta, ruanata, tothachtach.

neascóid noun ❶ *boil*: carrmhogal, easpa, goirín, pachaille, puchóid; bun ribe, tinneas bhun ribe. ❷ *cantankerous person, tormentor*: ainciseoir, ainle, ainleog, ainsprid, anglán, badhbaire, báirseach, báirseoir, banránaí, briogaid, brúisc, brúiscéir, cáinseach, cáinseoir, canránaí, cantalán, cantalachán, cantalóir, ceolán, cianaí, ciarsánaí, clamhsánaí, cnádán, cnádánaí, cnáimhseálaí, cnáimhseoir, drantánaí, dris, fiacantóir, gearánaí, heictar, meirgeach, míchaidreamhach, sceach, sceachaire, searbhán, speachaire, speig neanta, stiúireachán; céasadóir, céastúnach, ciapaire, clipire, ciústiúnaí, sciúrsálaí, *literary* riaghaire, *figurative* caisearbhán; básadóir, básaire, crochadóir, crochaire, pianadóir.

néata adjective *neat*: beacht, bláfar, comair, conláisteach, cuimseach, cuimseartha, cúirialta, fáiscthe, innealta, ordúil, oirní, pioctha, piocúil, pointeáilte, slachtmhar, triopallach; gan barr cleite isteach ná bun cleite amach.

néatacht noun *neatness*: bláfaireacht, coimre, conláiste, cúirialtacht, innealtacht, ordúlacht, piocúlacht, piocthacht, pointeáilteacht, slachtmhaireacht.

neirbhís noun *nervousness*: anbhuain, buaireamh, buairt, cearthaí, corraíl, cradhscal, creathán, critheagla, éagantacht, eagla, faitíos, falsaer, geit, giodam, giongacht, griothal, guairdeall, guairneán, *pl.* haras, *pl.* harasaí, imní, lagáisí, líonraith, mágra, míshuaimhneas, scáithínteacht, scanrúlacht, scaoll, scinnide, suaitheadh intinne, tapóg, teannas, tinneallaí, trinteallach; bheith ar tinneall, bheith ar bís.

neirbhíseach adjective *nervous*: anbhuaineach, buartha, cearthaíoch, corraithe, critheaglach, crithir, cúthail, cúthal, cúthalach, éagalma, eaglach, faitíosach, falsaertha, geiteach, giodamach, giongach, guairneánach, imníoch, lagáiseach, míshuaimhneach, neamharach, scáfar, scanrúil, scaollmhar, scéiniúil, scinnideach, tapógach, trintealach; ar bís, ar tinneall.

neodrach adjective ❶ *neutral*: neamhchlaon, neamhleatromach, neamhspleách, oibiachtúil; gan réamhchlaonadh; fuaraigeantach, fuarchúiseach, neamhchúiseach, neamhphearsanta; cothrom, féaráilte. ❷ *neuter*: éighnéasach, neamhinscneach, seasc; gan inscne.

ní¹ noun *washing*: níochán, folcadh, fothragadh, ionladh, tonach; díghalrú, glantachán, rinseáil; *literary* osaic.

ní² noun *thing, something*: ní éigin, réad, rud, rud éigin; ábhar, earra, mír.

nia noun *nephew*: mac dearthár, mac deiféar, mac deirfíre; garmhac.

nialas noun *zero*: náid, neamhní.

niamh noun *brightness, lustre*: dealramh, drithle, drithliú, gealán, gile, gléine, gléineacht, glioscarnach, gluaire, greadhnán, loinnir, lonrú, loise, luisne, scal, scaladh, soiléas, soilseacht, soilsiú, solasmhaire, solasmhaireacht, solastacht, sorcha, spréacharnach, taitneamh, taitneamhacht, trédhearcacht, tréshoilseacht, *literary* éadrachta, soirche. verb *burnish, gild, adorn*: sciomair, líomh, niamhghlan, snasaigh; áilligh, breáthaigh, cóirigh, dathaigh, deasaigh, feabhsaigh, feistigh, gléas, maisigh, oirnigh, óraigh, ornáidigh, ornaigh, péinteáil, pointeáil, prapáil, saibhrigh, sciamhaigh.

niamhrach adjective *bright, lustrous, resplendent*: crithreach, drilseach, drithleach, galbánach, geal, glé, gléineach, gluair, líoga, lonrach, luisiúil, slíobach, soiléas, soilseach, solasach, solasmhar, taibhsiúil, taitneamhach, trilseach, *literary* éadracht.

nigh verb *wash*: folc, fothraig, ionnail, tonach; díghalraigh, glan, mapáil, rinseáil, sciúr, scuab.

nimh noun ❶ *poison*: goimh, tocsain; airsnic, stricnín. ❷ *venom, virulence*: binb, goimh, goimhiúlacht, nimheadas, nimhneadas, nimhneas, nimhní, ruibh.

nimhigh verb *poison*: cuir nimh i, truailligh; maraigh le nimh.

nimhiúil adjective ❶ *poisonous, toxic*: tocsaineach; airsneach. ❷ *virulent*: aiciseach, beachúil, binbeach, colgach, faobhrach, feannaideach, feanntach, fiata, fíochmhar, fraochmhar, fraochta, gangaideach, géar, goilliúnach, goimheach, goimhiúil, goineach, goinideach, gonta, greamannach, nimhneach, polltach, ribeanta, úrchóideach.

nimhiúlacht noun ❶ *toxicity, virulence*: nimheadas, tocsaineacht.

nimhneach adjective ❶ *painful, sore*: daigheachánch, daigheartha, doghrainneach, frithir, leadarthach, pianmhar, tinn, tinneasach, tinneasmhar. ❷ *venomous, spiteful*: aiciseach, binbeach, colgach, dúchroíoch, faobhrach, feannaideach, feanntach, fiata, fíochmhar, fornimhneach, fraochmhar, fraochta, fuasaoideach, gangaideach, géar, goimheach, goimhiúil, goineach, goinideach, gonta, greamannach, mínáireach, mioscaiseach, nimhneach, polltach, ribeanta, úrchóideach, *literary* miscneach.

nimhneachas noun ❶ *painfulness, soreness*: frithireacht, nimheadas, nimhneadas, nimhneas, nimhní, pianaí, pianmhaireacht, tinne, tinneas, *literary* gúire. ❷ *toxicity, virulence*: nimheadas, tocsaineacht; goimhiúlacht, nimheadas, nimhneas, nimhní. ❸ *spitefulness*: aicis, binb, doicheall, drochaigne, droch-chroí, eascairdeas, fala, faltanas, fíoch, fuath, gangaid, goimhiúlacht, gráin, íorpais, mailís, mioscais, mírún, naimhdeas, nimh, nimh san fheoil, nimheadas, nimhneadas, nimhneas, nimhní, olc, searbhas, úrchóideacht.

níochán noun ❶ *washing, wash*: ní, folcadh, fothragadh, ionladh, tonach; díghalrú, glantachán, rinseáil; *literary* osaic. ❷ *clothes to be washed, laundry*: éadach nite, éadach nuanite, tuar, tuaradh.

nithiúil adjective *concrete, corporeal*: coincréiteach, réadúil, réalta; corpartha, fisiceach, fisiciúil, inbhraite, inláimhsithe, inmhothaithe, intadhaill.

nocht adjective ❶ *naked, bare*: lomartha lamartha, lomnocht, nochta, tarnocht, tarnochta. ❷ *exposed*: leis, lom, lomartha lamartha, lomnocht, nochta, ris, scártha, sceirdiúil, stéigiúil, séidte, tarnocht, tarnochta; aimlithe, aimrid, carraigeach, creagach. noun *naked person, scantily clad person*: nochtach; breoille, lomnochtán; gioblachán. verb ❶ *strip, uncover*: bearr, feann, glan, lom, scamh, scon, seithigh, snamh, struipeáil, *literary* fadhbh, lochair; bain a chuid éadaigh de, bain a dhuilliúr de; cluimhrigh, pioc, *literary* slíob. ❷ *become visible, appear*: taispeáin, tar chun solais, tar i láthair, tar leis.

nod noun ❶ *abbreviation, contraction*: giorrú, giorrúchán. ❷ *hint*: átlamh, leid, leideadh, nod don eolach; cogar, gaoth, gaoth an fhocail, sanas, údragáil, údramáil.

nódaigh verb *graft, transplant*: trasphlandáil.

nóiméad noun *minute, moment*: bomaite, meandar, móiméad, móimint; soicind; faiteadh na súl, iompú do bhoise.

nóin noun ❶ *afternoon, evening*: iarnóin, tráthnóna; ardtráthnóna, tráthnóna beag; deireadh lae, easparta, feascar, tús oíche. ❷ *noon*: lár an lae, meán lae.

nóinín noun ❶ *daisy (Bellis perennis)*: lusra na neoiníní, lusra na nóiníní, neoinín. ❷ **nóinín mór** *oxeye daisy (Leucanthemum vulgare)*: aispeog bán, bréanán brothach, damhrosc, easpagán, easpag speatháin, easpaí bán, easpaig buí, móinín bhán, neoinín capaill, neoinín capall, súil daimh.

nóisean noun ❶ *fanciful idea*: baois, baothaibhse, baothchreideamh, baothmhian, spadhar, finscéal, samhlaíocht. ❷ *pl.* **nóisin** *delusions*: bréagchéadfa, ciméara, éadroime, gealtachas, gealtacht, gealtas, mealladh, mearaí, mearbhall, mearchiall, mearú, mire, saobhadh céille, saochan céille, seachrán céille, *pl.* speabhraídí, *pl.* spéarataí, *literary* dreimhne. ❷ *fancy, liking*: ansacht, baothchion, boige, cion, cumann, dúil, grá, ionúine, luiteamas, mian, páirt, taitneamh, tóir.

Nollaig noun *Christmas, Nativity*: Oíche Nollag; Lá Nollag, Lá Nollag Mór; breith Chríost, an tIonchollú, saolú Chríost; mí na Nollag.

norm noun *norm*: caighdeán, critéar, riail, slat tomhais, tomhas.

normálta adjective *normal*: coiteann, coitianta, gnách, **adjectival genitive** gnáith, gnáth-, **adjectival genitive** gnáthaimh, iondúil.

nós noun *custom, manner, style*: bealach, caoi, cleachtadh, cleachtas, dóigh, gnás, gnáthamh, módh, nós imeachta, slí, stíl. **compound preposition** *in the manner of, like*: amhail, dála, fearacht, mar, mar a bheadh; geall le, in amhlachas; i gcló, i gcosúlacht, i gcuma.

nósmhar adjective ❶ *customary*: coiteann, coitianta, gnách, **adjectival genitive** gnáith, gnáth-, **adjectival genitive** gnáthaimh, gnáthúil, iondúil, normálta. ❷ *formal*: ardnósach, ceartchreidmheach, coinbhinsiúnach, deasghnách, foirmeálta, foirmiúil, nósúil, searmóineach, stáidiúil, traidisiúnta; ardnósach, galánta, móiréiseach. ❸ *polite*: béasach, córtasach, cúirtéiseach, cúirtiúil, cúiseach, cuntanósach, deabhéasach, dea-mhúinte, fiosúil, modhúil, múinte, nósúil, sibhialta.

nósúil adjective ❶ *particular, fastidious*: beadaí, cáiréiseach, consaeitiúil, cúirialta, éisealach, íogair, laideanta, meonúil, pointeáilte, toighseach, tormasach, triollata; mionchúiseach, miondealaitheach, mionscrúdaitheach. ❷ *stylistic, mannered*: cáiréiseach, cúirialta, deismíneach, fínéalta, galamaisíoch, mínádúrtha, miníneach, stíleach.

nóta noun ❶ *note, record*: meabhrachán, nod, taifead, teist. ❷ *bank-note*: airgead páipéir, páipéar puint.

nótáil verb *note, note down*: breac síos, cláraigh, cuir ar phár, cuir i scríbhinn, déan nóta de, scríobh síos.

nótáilte adjective *notable*: ainmniúil, aitheanta, cáiliúil, clúiteach, dea-mheasta, iomráiteach, oirirc, oirní, tábhachtach, táscmhar, *literary* bladhach, ollbhladhach, táscach; ar aithne, ar eolas, i mbéal an phobail, mór le rá.

nua adjective *new, fresh, recent, novel*: nódh; friseáilte, nuaghlan, núíosach, úr, úrnua; nuabhainte, nuabheirthe, nuadhéanta, nuafhaiseanta, nuaghinte, nuaghlas, nuanósach; as an maide; amach ón deil, amach as an bhfilleadh, amach ón tsnáthaid. noun *newness, new thing*: athrú, athrú nua, nuacht, nuaidheacht, nuáil, nuaíocht, úire, úrnuacht; ní nua, rud nua; an rud is déanaí.

nua-aimseartha adjective *modern*: nua-aoiseach; comhaimseartha, deireanach, nua, nua-, úrnua; de chuid na linne seo, de chuid ár linne, de chuid an aonú haois fichead; i láthair, sa láthair; faiseanta, nósúil, nuafhaiseanta, nuanósach; suas chun dáta.

nua-aois noun *modern period*: an aimsir seo, an t-aonú haois is fiche, an t-aonú haois fichead, an linn seo, an ré seo, nuaré, *pl.* na saolta deireanacha seo; an aimsir óg, an mhílaois.

nuachar noun *spouse*: céile, cneasaí, banchéile, bean, bean chéile; fear, fear céile, fearchéile; caoifeach do leapa; an mháistreás, bean an tí, í féin; fear an tí, an máistir, an seanchoc, é féin, *familiar* an seanleaid.

nuacht noun *news*: nuadas, nuaidheacht, nuaíocht; scéal, scéala; focal, teachtaireacht.

nuachtán noun *newspaper*: páipéar, páipéar laethúil, páipéar nuachta, páipéar nuaíochta; liarlóg; seachtanán, míosachán; iris, irisleabhar, nuachtlitir.

nuachtóir noun *reporter, journalist*: iriseoir, nuachtaí, nuachtóir; comhfhreagraí, colúnaí, tuairisceoir.

núicléach adjective *nuclear*: eithneach.

nuíosach adjective ❶ *new*: nódh, nua; friseáilte, nuaghlan, úr, úrnua; nuabhainte, nuabheirthe, nuadhéanta, nuafhaiseanta, nuaghinte, nuaghlas, nuanósach; as an maide. ❷ *green, inexperienced*: aineolach, anársa, glas, neamhchleachtach, neamhoilte, óg; gan taithí. ❸ *strange*: aduain, **adjectival genitive** aineoil, aisteach, aistíoch, ait, allúrach, coimhthíoch, corr, corraiceach, deorach, deoranta, éachtach, eachtartha, eachtrannach, éagoitianta, éagsamhalta, éagsúil, éagsúlta, groí, iasachtach. noun *novice, beginner*: aineolaí, duine anársa, duine neamhchleachtach, duine neamhoilte, duine gan taithí, foghlaimeoir, mac léinn, nóibhíseach, printíseach, rúcach, tosaitheoir, *literary* diongna; glas-stócach.

núis noun *nuisance*: bearrán, bundún, ceataí, clipeadh, crá croí, cur isteach, pionós, strambán.

nuta noun ❶ *stump, stub*: buadán, bun, bunán, camhcaid, dúid, grágán, múdán, rúta, sciotán, smut, stacán, stocán, stumpa, stupa. ❷ *stumpy person*: balcaire, buinín, bunastán, bundalán, buta, guntán, puntán, sacadán, staicearlach, stoipéad, tolcaire.

Oo

ó noun *grandson, descendant:* ua; duine dá shliocht, sliochtach; garmhac, mac mic, mac iníne; *colloquial* clann clainne, sliocht sleachta.

ob verb ❶ *refuse, reject:* cuileáil, cuir suas do, diúltaigh, éar, éimigh, eitigh, loic, séan, staon, *literary* dear. ❷ *fail:* loic, teip; bris, cúb, cúlaigh, déan faillí, géill, tit.

obadh noun *refusal, rejection:* diúltú, éaradh, éimiú, eiteach, eiteachtáil, loiceadh, obadh, seachaint, séanadh, staonadh, *literary* dearadh, freiteach.

obair noun *work:* oibriú, pádóireacht, saothar; bráchlam, callshaoth, dua, duainéis, iarracht, sclábhaíocht, straidhn, stró, strus, tiaráil; cúram, diúité, dualgas, feidhm, ról.

obráid noun *surgical operation:* dul faoi scian, oscailt ar dhuine, sceanairt.

ócáid noun *occasion:* aimsir, am, deis, faill, seal, seans, tráth, uain, uair; lá, oíche; cóisir, féasta, féile, fleá.

ócáideach adjective *occasional:* annamh, éagoiteann, éagoitianta, earráideach, fánach, gann, gannchúiseach, mírialta, neamhchoitianta, neamhrialta, taomach, taomannach, treallach, treallánach, uaineach.

ocastóir noun *huckster:* ocaistéir; ceannaí, díoltóir, fear gaimbín, giurnálaí, hácaeir, hocstaeir, huigistéar, jabaire, joltaeir, mangadaeir, mangadóir, mangaire, margálaí, mionreacaire, peidléir, reacaire, siopadóir, tráchtálaí, trádálaí, triallaire earraí.

ochlán noun *sigh, groan:* cnead, éagnach, glam, iachtach, liach, liú, ochón, olagón, ong, osna, scréach, scread, snag, snag anála, tocht; díogarnach, falrach, gnúsacht, grág, saothar, séideán, uspóg.

ócht noun *virginity:* aontumha, maighdeanas; geanas, geamnaíocht, gile, glaine, glaineacht, íonacht; iníonacht.

ochtapas noun *octopus (order Octopoda):* láimhíneach, láir bhán; cudal, cudal méarach, cudal sceitheach, scudal; máthair shúigh, scuid.

ocrach adjective ❶ *hungry:* ocrasach, siolgair, stiúgtha; amplach, caolocrach, confach, craosach, géarghoileach, gortach; tá cailleach ina ghoile le hocras, tá déidín tite aige le hocras, tá sé stiúgtha leis an ocras. ❷ *lean, poor:* ainnis, beo bocht, dealbh, dealúsach, dearóil, folamh, gátarach, lag, lom, sportha spíonta; ar an gcaolchuid, ar an ngannchuid, ar an trá fholamh, gan ceairliciú, gan cianóg rua, gan phingin, go holc as, i bhfiacha, i ngátar, in anchaoi, sna miotáin. ❸ *miserly, mean:* ceachartha, ceapánta, cnuasaitheach, crua, cruinn, cúngchroíoch, doicheallach, dúlaí, gann, lompasach, meánaitheach, ocrasach, spárálach, sprionlaithe, suarach, tíosach, truaillí, tútach, *literary* neoid. noun *hungry person:* ocrachán, ocrasán; gortachán, gortán, siolgaire; cnámharlach, créice; níl ann ach an creatlach, tá dreach an ocrais air.

ocras noun ❶ *hunger:* easnamh, easpa, gainne, gannchar, gannchuid, ganntan, ganntar, gátar, gorta; bheith ar chuid an ghadhair. ❷ *poverty, scarcity:* anacmhainn, bochtaineacht, bochtaineas, boichte, clisiúnas, dealús, dearóile, deilbhíocht, easnamh, easpa, fuireasa, gainne, gannchar, gannchúis, ganntanas, ganntar, gátar, meathfháltas, *pl.* pócaí folmha, tearc-chuid, teirce, uireasbhaidh, uireaspa, uireasa. ❸ *meanness:* ainnise, ceachaireacht, ceachardhacht, ceacharthacht, cinnteacht, cneámhaireacht, cníopaireacht, cruacht, cruáil, cruálacht, cruas, cúngach croí, gorta, doghracht, péisteánacht, picéireacht, scrabhaireacht, scrabhdáil, scrabhdóireacht, spárálacht, sprionlaitheacht, sprionlóireacht, staigíneacht, suarachas, suaraíocht, truailleachas, tútachas, *literary* neoid.

odhar adjective *dun, greyish brown, dark:* ciarbhuí, ciardhonn, crón, donn, lachna, glasodhar, liathdhonn; buídhonn.

odhrán noun *hogweed, cow-parsnip (Heracleum sphondylium):* cos uisce, eabhrán, eibhleán, eibhreán, faidhf faidhf na madaí, feabhrán, feabhránach, fíf, fiúrán, fleabhrán, fuarán, gleorán, glórán, labhrán, lórán, luarán, pléascán, sabhrán, siúrán, sop na bó, uarán.

ofráil noun ❶ *offering, offertory:* almsa, déirc, deontas, sínteanas, síntiús, síontús láimhe, tairiscint, toirbhirt. ❷ *charity:* carthain, carthanacht, carthanas, oirchiseacht, trócaire. verb *offer:* deonaigh, tairg, toirbhir.

óg adjective *young, youthful:* anaosta, anársa, ógánta, óigeanta, óigíneach, *literary* amhulchach. ❷ *junior, minor:* mionúr, sóisearach, **adjectival genitive** sóisir. noun *young person, youth:* aosánach, boiteallach, brusaire, buachaill, buachaill óg, fear óg, duine óg, ógánach, ógfhear; déagóir, glas-stócach, scorach, stócach; nagadán, nagaidín; bean óg, cailín, cailín óg, girseach, girseach óg.

ógánach noun ❶ *young man, youth:* aosánach, boiteallach, bromach, brusaire, buachaill óg, dalta, déagóir, duine óg, duine sna déaga, fear óg, gasún, garsún, gearrbhodach, gearrbhuachaill, giolla, leaid, macaomh, óg, ógánach, ógfhear, scorach, stócach, *literary* óglach; bogstócach, glas-stócach, leathstócach. ❷ *crafty person, boyo, trickster:* abhógaí, áileoir, alfraits, anstrólaí, boc, bocaí, bocaileá, bocailiú, bocaileodó, boc báire, buachaill báire, caimiléir, ceáfrálaí, ceaifléir, cílí, cleasaí, cluanaire, cneámhaire, coileach, cuilceach, draíodóir, drochairleacán, ealaíontóir, geamstaire, gleacaí, gleacaí milis, gleacaire, gliceadóir, lacstar, leábharaic, leidhcéir, leorthóir, lúbaire, meabhlaire, mealltóir, paintéar, pasadóir, plucálaí, sciorrachán, sleamhnánaí, slíbhín, slíodóir, slíomadóir, sliúcaidéir, sliúcaiméir, spaisteoir, truiceadóir, truicseálaí, tumlálaí.

ógbhean noun *young woman:* ainnir, bábóigín, béasach, brídeach, bruinneall, caile, cailín óg, céirseach, cliobóg, cúileann, gearrchaile, girseach óg, gleoiteog, láireog, maighdean, maighre, maiseog, muirneog, pabhsae, plúr na mban, plandóg, plúróg, réilteann, spéirbhean, spéirbhruinneall, stáidbhean, suib, *literary* céileann.

ógfhear noun *young man:* aosánach, boiteallach, bromach, brusaire, buachaill óg, dalta, déagóir, duine óg, duine sna déaga, fear óg, gasún, garsún, gearrbhodach, gearrbhuachaill, giolla, leaid, macaomh, ógánach, scorach, stócach, *literary* óglach; bogstócach, glas-stócach, leathstócach.

ógh noun *virgin:* banógh, maighdean; iníon in aontumha; ainnir, bruinneall, cailín, cailín óg, céirseach, cúileann, gearrchaile, girseach, girseach óg, ógh, *literary* bríd; seascbhean.

óglach noun ❶ *literary young man:* aosánach, buachaill óg, dalta, duine óg, fear óg, garsún, gearrbhodach, gearrbhuachaill, giolla, leaid, macaomh, ógánach, ógfhear, scorach; bogstócach, glas-stócach, leathstócach, stócach. ❷ *literary young warrior:* calmfhear, curadh, gaiscíoch, galach, laoch, laochmhíle, míle, *literary* cú, féinní, láth, leon, mál, nia, onchú, oscar, scál, *colloquial* laochra. ❸ *volunteer:* deonach.

ógra ncoll. *young people:* an t-aos óg, *pl.* daoine óga, an ghlúin óg, *literary* ógbhaidh.

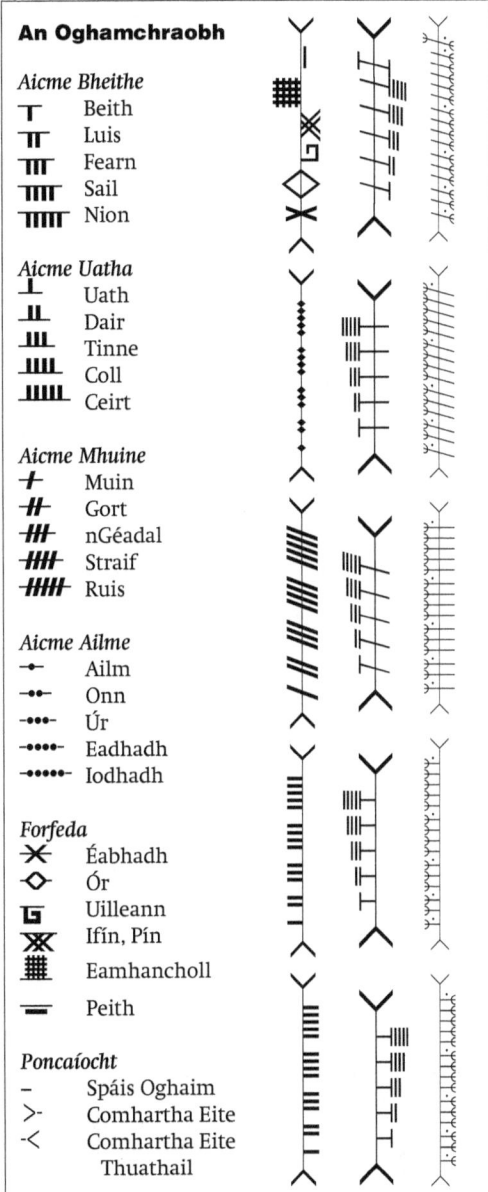

An Oghamchraobh

Aicme Bheithe
- Beith
- Luis
- Fearn
- Sail
- Nion

Aicme Uatha
- Uath
- Dair
- Tinne
- Coll
- Ceirt

Aicme Mhuine
- Muin
- Gort
- nGéadal
- Straif
- Ruis

Aicme Ailme
- Ailm
- Onn
- Úr
- Eadhadh
- Iodhadh

Forfeda
- Éabhadh
- Ór
- Uilleann
- Ifín, Pín
- Eamhancholl
- Peith

Poncaíocht
- Spáis Oghaim
- Comhartha Eite
- Comhartha Eite Thuathail

Tá an oghamchraobh á taispeáint anseo aníos agus ón taobh clé go dtí an taobh deas i gclófhoireann chaighdeánach agus ansin in dhá chlófhoireann rúnda ar a dtugtar Ogham Crosta agus Cog-Ogham.

oibiachtúil adjective *objective*: cothrom, féaráilte, neamhchlaonta, neamhleatromach, neamhspleách, neodrach; gan réamhchlaonadh; fuaraigeantach, fuarchúiseach, neamhchúiseach, neamhphearsanta.

oibilisc noun *obelisk*: liagán; gall, gallán.

oibleagáid noun ❶ *obligation, duty*: ceangal, comaoin, cúram, diúité, dleacht, dualgas, éigean, *pl.* fiacha, iachall, iallach, muist. ❷ **déan oibleagáid do** *oblige (someone)*: déan cineáltas, déan deaghníomh, déan gar, déan garaíocht, déan oiriúntas; cuir comaoin ar.

oibleagáideach adjective ❶ *obligatory*: dlite, éigeantach, fíorphráinneach, oibleagáideach, riachtanach, den riachtanas; caithfidh, is gá, ní foláir, ní mór; *literary* rigim a leas. ❷ *obliging*: cabhrach, caoin, caonrasach, ceansa, cineálta, comharsanúil, cothaitheach, cuiditheach, cuidiúil, cúntach, fóinteach, garach, garúil, lách, preabúil, tacúil, tuisceanach.

oibrí noun *worker*: bean oibre, fear oibre, fostaí, gnóthadóir, saothraí, síleálach, strácálaí, tailmeálaí, tiarálaí; buailtíneach, sclábhaí, spailpín, *colloquial* lucht oibre, *pejorative* cábóg.

oibrigh verb ❶ *labour*: saothraigh; bí ag obair, déan saothar, déan sclábhaíocht, déan tiaráil. ❷ *work, cultivate*: cuir, saothraigh; treabh; déan curadóireacht; mínigh, míntírigh, tabhair chun míntíreachais, tabhair chun tíreachais. ❸ *operate*: cuir ag obair, feidhmigh, gníomhaigh; bí ag obair. ❹ *agitate*: coip, corraigh, croith, suaith, tóg; cuir colg ar, cuir fearg ar, cuir olc ar; ardaigh, comhghríosaigh, dreasaigh, gríosaigh, séid faoi, spreag. ❺ *ferment*: coip, déan brachadh, giosáil.

oibriú noun ❶ *working, action, operation*: feidhmiú, gníomhaíocht, gníomhrú, gníomhú, obair, saothrú, sclábhaíocht, tiaráil. ❷ *agitation*: coipeadh, corraí, corraíl, croitheadh, suaitheadh, tógáil; gríosú, spreagadh. ❸ *fermentation*: brachadh, coipeadh, giosáil.

oíche noun ❶ *night, night-time*: doircheacht, dorchacht, dorchadas, dubh na hoíche, uair mharbh na hoíche; meán oíche. ❷ *evening*: deireadh lae, easparta, feascar, tús oíche. ❸ *nightfall*: deireanaí, deireanas, doircheacht, dorchacht, dorchadas, drúcht is deireanas, dubh, dubh na hoíche; clapsholas, comhrac lae is oíche, cróntráth, crónú na hoíche.

oide noun ❶ *literary foster-father*: altramaí, athair altama, athair altranais. ❷ *tutor, teacher*: oide múinte; máistir, máistir scoile, múinteoir, oiliúnóir, teagascóir, traenálaí, treoraí; anamchara, gurú.

oideachas noun *education*: cianoideachas, gairmoideachas, oideachas aosach; múineadh, oiliúint, scolaíocht, teagasc, traenáil; bunscolaíocht, meánscolaíocht, ollscolaíocht.

oideachasóir noun *educationalist, pedagogue*: oideolaí, oideoir.

oideas noun ❶ *instruction, teaching*: múineadh, múinteoireacht, oideachas, oiliúint, scolaíocht, teagasc, traenáil, treoir, treorú; caiticeasma, teagasc Críostaí. ❷ *prescription*: díriú, liachomhairle, liariail, ordú, ortha. ❸ *recipe*: *literary* reiseapta; teagasc.

oidhe noun ❶ *slaying, violent death*: ár, bás, dúnmharú, eirleach, slad. ❷ *tragic tale*: oidheadh, tragéide, tragóid. ❸ *fate*: cinneadh, cinniúint, crann, dán, deonú Dé, fortún, pláinéad, *literary* diach. ❹ *ill usage*: bascadh, drochíde, drochláimhsiú, drochúsáid, íde na muc, íde na muc is na madraí, ídiú, íospairt, masla, maslú, mí-úsáid íde; coscairt, creachadh, creachadóireacht, léirscrios, lomairt, milleadh, millteoireacht, sceanach, sceanairt, scrios, scriostóireacht, slad, sladaíocht, sladaireacht, treascairt, *literary* lochar. ❺ *deserts*: airí, an rud is airí air; tuilleamh, tuillteanas; a bhfuil tuillte aige.

oidhre noun ❶ *heir*: feitheoir, mac oidhreachta, mac oidhríochta; comharba. ❷ **níl aon oidhre ar a athair ach é** *he is the living image of his father*: is aithriúil an mac é, is é mac a dhaid é, is é a athair ina steillibheatha é, is é pictiúr a athar é.

oidhreacht noun ❶ *inheritance, heredity*: dúchas, oidhríocht, comharbacht, comharbas; oidhreachtúlacht. ❷ *heritage, patrimony*: atharthacht, dúchas, oidhríocht. ❸ *legacy*: fágáil, leagáid, tiomnacht, *familiar* iarmairt, iarmhairt; tiomna, uacht.

oifig

Oifigigh Choimisiúnta i bhFórsaí Cosanta na hÉireann

The Army **An tArm:**
second lieutenant: dara leifteanant *2/Lt*
lieutenant: leifteanant *Lt*
captain: captaen *Capt*
commandant: ceannfort *Cft*
lieutenant colonel: leifteanantchornal *Lt Cor*
colonel: cornal *Cor*
brigadier general: briogáidireghinearál *Br Gin*
major general: maorghinearál *Maor Gin*
lieutenant general: leifteanantghinearál *Lt Gin.*

The Naval Service **An tSeirbhís Chabhlaigh:**
ensign: meirgire *Meir*
sub-lieutenant: foleifteanant *Fo Lt*
lieutenant: leifteanant(SC) *Lt*
lieutenant commander: leifteanantcheannasaí *Lt Ceann*
commander: ceannasaí *Csaí*
captain: captaen *Capt*
commodore: ceannasóir *Csóir*

The Air Corps **An tAerchór:**
second lieutenant: foleifteanant *2/Lt*
lieutenant: leifteanant *Lt*
captain: captaen *Capt*
commandant: ceannfort *Comdt*
lieutenant colonel: leifteanantchornal *Lt Col*
colonel: cornal *Col*
brigadier general: briogáidireginearál *Br Gin*

oifig noun ❶ *tenure of office, function*: aimsir, seal, tréimhse; diúité, *pl.* dualgais, feidhm, ról, *literary* oifigeacht. ❷ *office, bureau*: biúró, seomra, seomra staidéir.

oifigeach noun ❶ *officer, functionary*: cléireach, feidhmeannach, cléireach, fostaí, oibrí, riarthóir, státseirbhíseach. ❷ *military officer*: captaen, ceannfort, taoiseach.

oifigiúil adjective *official*: bailí, barántúil, ceadaithe, ceadúnaithe, dearbhaithe, deimhnithe, dleathach, dlisteanach, dlíthiúil, údaraithe, údarásach; deasghnách, foirmeálta, foirmiúil, maorlathach, sollúnta.

óige noun *youth*: anaostacht, aosánacht, laige, leanbaíocht, leanbhaois, macaomhacht, naíonacht, naíondacht, naíontacht; óigeantacht.

óigeanta adjective *youthful, youthful-looking*: anaosta, anársa, aosántacht, óg, ógánta; tá cuma na hóige air.

oigheann noun *oven*: bácús; sorn, sornóg; foirnéis.

oighear[1] noun *ice*: leac oighir, oighreatacht, oighreog, oighriú, reo, reoiteacht.

oighear[2] noun ❶ *windgall, chaps*: *pl.* gága, máirtín gágach, oighreach, *pl.* oighreacha. ❷ *irritation*: bearrán, buaireamh, buairt, céasadh, ciapadh, clipeadh, corraí, crá croí, dóiteacht, greadfach, greannú.

oighreata adjective *icy*: cuisneach, fuar, oighriúil, reoite, siocdhóite, siocfhuar, siocta; geimhreata, geimhriúil.

oil verb ❶ *nourish, rear, foster*: beathaigh, biathaigh, cothaigh, follúnaigh, máithrigh, potbhiathaigh, ramhraigh, *literary* measraigh; tabhair aníos, tóg. ❷ *train, educate*: múin, teagasc, traenáil; treoraigh; caiticeasmaigh.

oilbhéas noun ❶ *evil habit*: dobhéas, drochbhéas, droch-chleachtadh, drochghnáthú, drochnós, drochthaithí, duáilce, gnáthlocht, míbhéas, míghnás, mínós, oilbhéas; leannán peaca. ❷ *mischief*: ábhaillí, abhlóireacht, amhasóireacht, anmhailís, crostáil, dalbacht, diabhlaíocht, iarógacht, iomlat, míiompar, millteanas, mímhúineadh, mínós, pleidhcíocht. ❸ *viciousness*: aicis, binb, drochaigne, droch-chroí, drochintinn, drochmhana, drochrún, eascairdeas, fala, faltanas, fiamh, fíoch, fuath, gangaid, goimhiúlacht, íorpais, mailís, mínáire, mínáirí, mioscais, mírún, naimhdeas, nimh san fheoil, nimheadas, oilbhéas, olc, searbhas, urchóid, urchóideacht.

oilbhéim noun ❶ *literary humiliation, disgrace*: béim síos, céim síos, ísliú, míchlú, náire, náiriú, neamhonóir, smál, táirchéim, tarcaisne, *literary* méala; briseadh teastais. ❷ *offence, scandal*: aithisiú, scannal; *pl.* seanchairteacha.

oilbhéimeach adjective ❶ *humiliating*: easonórach, náireach; cáinteach, cinsiriúil, díotálach, iomardach, lochtaitheach, milleánach, mosánach, salach, táir. ❷ *scandalous*: aithiseach, béadánach, béadchainteach, binbeach, burdúnach, clúmhillteach, cúlchainteach, leabhalach, mailíseach, míghreannach, mioscaiseach, *literary* guilmneach. ❸ *vile*: adhuafar, aincheart, ainspianta, bithiúnta, brocach, cam, cearr, deamhanta, díolúnta, doleithscéil, domhaite, drochaigeanta, droch-chroíoch, éagórach, easonórach, éigeart, fuafar, gráiniúil, leatromach, mailíseach, mallaithe, mícheart, míchuibheasach, míchlúiteach, mímhacánta, mímhorálta, mínáireach, mínósach, mioscaiseach, nathartha, neamhcheart, neamhscrupallach, olc, peacúil, salach, scannalach, táir, urchóideach.

oileán noun *island*: inis.

oileánach adjective *insular*: inseach. noun *islander*: *colloquial* muintir an oileáin, lucht an oileáin.

oilithreach noun ❶ *pilgrim*: *colloquial* lucht oilithreachta. ❷ *homeless wander, wretched person*: deoraí, díbeartach, dídeanaí, díothachtach, díthreabhach, díthriúch, fánaí, rianaí, teifeach; ainniseoir, ainriochtán, bochtán, caiteachán, cealdrach, ceanrachán bocht, conablach, creachán, créatúr, cringleach, cuail cnámh, eiseamláir, geospal, geospalán, gortachán, íomhá, loimíneach, manglam, ocrachán, raiblín, scáil i mbuidéal, sampla bocht, séaclóir, síogaí, suarachán, truán; donóg.

oilithreacht noun *pilgrimage*: oilithre; turas.

oiliúint noun ❶ *nutrition, nourishment*: beatha, beathú, bia, biatachas, biathú, cothabháil, cotháil, cothú, farae, lón, lónú, scamhard, solamar, soláthar. ❷ *nurture, fostering care*: banaltracht, altram, altramacht, altramas, aire, aireachas, cúram, tindeáil. ❸ *upbringing*: tabhairt suas, tógáil; oideachas, scolaíocht.

oiliúnach adjective ❶ *nutritive, nourishing*: beathúil, biatach, cothaitheach, scamhardach, scamhardúil, taoisleannach. ❷ *nurturing, fostering*: adjectival genitive altrama; máithriúil. ❸ *instructive*: oideasach, teagascach, treorach.

oilte adjective *well-bred, educated, skilled*: foghlamtha, léannta, saoithiúil, a bhfuil oideachas ar, a bhfuil scolaíocht aige, *literary* séaghainn; cliste, meabhrach, sciliúil.

oineach noun ❶ *honour, good name, reputation*: céim, céimíocht, gradam, onóir, uaisle, uaisleacht, urraim; ainm, alladh, cáil, clú, dea-ainm, dea-cháil, dea-chlú, gairm, iomrá, meas, oirirceas, teastas, teist, tuairisc, *literary* bladh, cloth. ❷ *generosity, hospitality*: cóir, córtas, dathúlacht, dóighiúlacht, fairsinge, féile, fialmhaireacht, fialmhaitheas, fiúntas, flaithiúlacht, mórchroí, oscailteacht, toirbheartas, *literary* gart. ❸ *bounty, favour*: comaoin, deontas, fabhar, gar, garaíocht, oibleagáideacht; cineáltas, córtas, láíocht, fiúntas, flaithiúlacht, mórchroí.

óinmhid noun ❶ *simpleton, fool:* amadán, amaid, amal, amlóir, baileabhair, bobarún, bomán, breallaire, breallán, brealsán, brealscaire, brealsún, ceann cipín, ceann maide, ceap magaidh, clogadán, cloigeann cabáiste, cloigeann cipín, cloigeann pota, dallachán, dallarán, deargamadán, dobhrán, dúdálaí, dúid, dúiripí, dundarlán, dunsa, déagann, gaimse, galldúda, gámaí, gamal, gamairle, glaigín, gligín, gogaille, guaig, guaigín, leathamadán, leathbhrín, leathdhuine, leib, leibide, liobar, napachán, pastae de chloigeann, pleib, pleidhce, pleota, sceilfid, simpleoir, stualán, *figurative* glasóg. ❷ *jester, buffoon:* abhlóir, amhlóir, airleacán, anstrólaí, cleamaire, crosán, fear grinn, fuirseoir, geamaire, geocach, gleacaí, gleacaí milis, gliadaire, lúbaire, peadairín, ráscán, scigire, *literary* drúth.

oinniún noun *onion:* inniún; scailliún, síobhas, síobóid; creamh, gairleog.

óinseach noun *foolish woman, fool:* óinseachán, óinseog, óinsichín, óinsín; amaid, amlóg, bodalach óinsí, bodóinseach, breallóg, brilleog, brilseach, clogóinseach, cloigis, gamalóg, magarlach, máloid, sceilfid, seafóidín, uallóg.

óinsiúil adjective *foolish, silly:* aimhghlic, amadánta, baoiseach, baoth, bómánta, breallach, breallánta, bundúnach, dall, dallacánta, dallaigeanta, dícheillí, dímheabhrach, diúid, dobhránta, dúr, éaganta, gamalach, guanach, lagintinneach, leadhbach, leamh, leamhcheannach, leathmheabhrach, leibideach, mallintinneach, míghlic, pleidhciúil, ramhar sa cheann, saonta, seafóideach, soineanta, simplí, spadintinneach, tútach, uascánta.

óinsiúlacht noun *foolishness, silliness:* óinseacht, óinsíneacht, óinsíocht; aimhghliceas, amadántacht, amadántaíocht, amaidí, amlóireacht, baois, bómántacht, breallántacht, brealsacht, brealscaireacht, brealsúnacht, daille, dallacántacht, dallacántaíocht, dallaigeantacht, diúide, diúideacht, dúire, éagantacht, easpa céille, éigiall, gamalacht, gligíneacht, guanacht, íorthacht, leibideacht, leamhas, leibidínteacht, leimhe, leimheas, máloideacht, míghliceas, óinmhideacht, pleidhcíocht, pleotaíocht, raimhre réasúin, seafóid, simplíocht, uascántacht.

oir verb ❶ *fit, suit, become:* caoithigh, luigh le, oiriúnaigh, sásaigh, téigh do; bí feiliúnach, bí fóirsteanach, bí oiriúnach. ❷ **oireann do** *needs, wishes:* b'áil le, ba mhaith le; is gá do, ní mór do, ní foláir do; caithfidh.

oirbheart noun ❶ *(act of) wielding, (act of) brandishing, (act of) casting:* caitheamh, diúracadh, ionramh, láimhseáil, láimhsiú, plé, úsáid; crústú, diuracadh, saighdeadh, saighdeoireacht, scaoileadh, teilgean. ❷ *plan, expedient, effort:* beart, beartaíocht, beartas, cleas, dúnghaois, plean, polasaí, scéim, seift. ❸ *deed, exploit:* aicsean, beart, bua, caithréim, curiarracht, éacht, earmaise, gaisce, gníomh gaile is gaisce, iarracht, laochas, conách, sáriarracht. ❹ *prowess, valour:* brí, calmacht, coráiste, coráistiúlacht, crógacht, croí, dánacht, foirtile, foirtileacht, gal, gaisce, gaiscíocht, gus, láidreacht, laochas, laochras, leontacht, meanma, meanmnacht, misneach, misniúlacht, niachas, scairt láidir, sea, smior, spionnadh, spiorad, sponc, spreacadh, spréach, spreacúlacht, treise, uchtach, uchtúlacht, *literary* eiseamal. ❺ *manhood, maturity:* cainníocht fir, fearantas, feargacht, fearúlacht, fireannacht, mascaltacht; aibíocht, críonnacht, inmhe, inniúlacht.

oirchill noun ❶ *preparation, readiness:* réidhe, réiteach, stócáil, téisclim, tiargáil, ullmhacht, ullmhú, ullmhúchán, *literary* foimhdin; fúr; bheith faoi réir. ❷ *expectation:* araíocht, dóchas, dréim, dúil, ionchas, síleadh, súil, súil in airde, súilíocht, *literary* freiscise. ❸ *ambush:* eadarnaí, luíochán.

oireachas noun ❶ *precedence, pre-eminence:* airde céime, ardcheannas, ardchéim, barrchéimíocht, cáil, ceart tosaíochta, céimíocht, dearscnaíocht, feabhas, oirirceas, príomhaíocht, príomhcheannas, sinsearacht, suntasacht, tábhacht, tosaíocht, tús cadhnaíochta, *literary* ordan. ❷ *rank, status:* ardchéim, ardmheas, barrchéimíocht, céim, céimíocht, dínit, grád, gradam, meas, oineach, oirirceas, onóir, ord, rang, seasamh, stádas, uaisle, uaisleacht, urraim, *literary* ordan.

oireachtas noun ❶ *deliberative assembly:* comhdháil, comhthionól, parlaimint, seanad, sionad, tionól, *literary* seanadh. ❷ *gathering, festival:* aeraíocht, aonach, ardfheis, carnabhal, féile, feis, fleá, fleá cheoil, scoraíocht, seó, taispeántas, tóstal.

oiread noun ❶ *amount, quantity:* cainníocht, fairsinge, fairsingeacht, meáchan, toise, tomhas, troime, tromacht, urdail. ❷ *number:* lánsuim, líon, líonmhaire, líonmhaireacht, raidhse, raidhsiúlacht, suim, uimhir. ❸ *size:* mais, meáchan, méad, méid, ollmhéid, toirt, tomhas.

oirfide noun ❶ *minstrelsy, music:* pl. amhráin, cairche, cairche cheoil, caoince, caoinche, ceol, ceol na sféar, ceolchaire, ceolmhaireacht, cliaraíocht, cuach, séis, siansa. ❷ *entertainment:* siamsa, siamsaíocht; aeracht, áibhéireacht, aiteas, anstrólaíocht, antlás, aoibhneas, craic, cuideachta, gáibhéireacht, gleoiréis, greann, greannmhaire, greannmhaireacht, laighce, léaspartaíocht, leithéis, meidhir, meidhréis, pléaráca, rancás, scléip, spórtaíocht, spraoi, suairceas, sult, sultmhaire, taitneamh, *literary* spleadh.

oirfideach adjective *musical, harmonious:* álainn, binn, ceolmhar, cliarach, duanach, milisbhriathrach, portach, séiseach, siansach, síreachtach. noun ❶ *minstrel, musician:* ceoltóir, cliaraí, fleascach ceoil, portaire, seinnteoir, tionlacaí; cláirseoir, cruitire, fidléir, pianadóir, píobaire; amhránaí, cantaire, ceolaire, cliaraí, córchantaire, cuachaire, duanaire, fonnadóir, gabhálaí foinn, góileoir, portaire, rabhcánaí, reacaire. ❷ *entertainer, player:* abhlóir, áilteoir, cleamaire, cleasaí, cluicheoir, crosán, damhsaire dubh, fuirseoir, geáitseálaí, geamaire, geocach, reabhrach, reabhraíoch; Sir Soipín, Mac Soipín.

oiriúint noun ❶ *suitability:* beaichte, ceart, ceartas, cirte, cóir, cothroime, cruinneas, cuibheas, cuibhiúlacht, dea-eagar, dea-ord, feiliúint, feiliúnacht, féilteacht, fiúntas, fóirsteanacht, inghlacthacht, oiriúnacht, sásúlacht, tráthúlacht, *literary* oircheasacht. ❷ pl. **oiriúintí** *fittings, accessories:* airnéis, pl. córacha, pl. ciútraimintí, pl. fearais, feisteas, pl. gabhálais, pl. trealaimh.

oiriúnach adjective ❶ *suitable, fitting:* beacht, ceart, cóir, cothrom, cruinn, cuí, cuibheasach, cuibhiúil, dual, fiúntach, feiliúnach, fóirsteanach, freagrach, inghlactha, inrásta, inseolta, iomchuí, óraice, sásúil, teachtmhar, *literary* dír, iomaircí, oircheasach, téachta. ❷ *fit, ready:* ábalta, cuí, infheidhme, tinneallach, ullamh, ullmhaithe, réidh, réitithe; in ann, in inmhe.

oiriúnaigh verb ❶ *fit, adapt:* cuir in oiriúint; déan oiriúnach, déan feiliúnach, déan feilteach; ceartaigh, cóirigh, réitigh, socraigh; cuir i bhfearas. ❷ *fit, suit:* caoithigh, feil, luigh le, oir, sásaigh, téigh do; bí feiliúnach, bí fóirsteanach, bí oiriúnach.

oiriúnú noun *adaptation:* athchóiriú, athleasú, ceartú, cóiriú, leasú, mionleasú, socrú; cur in oiriúint.

oirmhinneach adjective *reverend:* oirmhidneach, róoirmhinneach, sároirmhinneach, urramach. noun

oirnimint

an tOirmhinneach *the Reverend:* an tOirmhidneach, an Ró-Oirmhinneach, an Fíor-Oirmhinneach, an Sár-Oirmhinneach, an tUrramach; an tAthair; a Ghrása.

oirnimint noun *ornament:* áilleacán, áilleagán, daighsín, deasachán, deasagán, deideighe, failleagán, fáilleagán, *pl.* gréibhín, *pl.* gréibhlí, ornáid, maisiú, maisiúchán, oirnéaladh, oirniú, ornáideachas, ornáideacht, ornáidíocht, ornaíocht, ornú, seoid, siogairlín; áilliú, breáthú, cóiriú, dathadóireacht, dathúchán, ornáideacht, feabhsú, feabhsúchán, péinteáil, pointeáil, prapáil, sciamhú.

oirnigh verb ❶ *ordain:* déan ministir de, déan sagart de, tabhair ord beannaithe do; coisric. ❷ *inaugurate, enthrone:* insealbhaigh, rígh; cuir ina sheilbh, cuir ina shuíochán. ❸ *order, arrange:* aicmigh, códaigh, cogairsigh, cóirigh, córasaigh, cuir eagar ar, cuir in eagar, cuir in ord, eagraigh, gléas, rangaigh, réitigh, socraigh, tabhair chun córais, tabhair chun eagair, tabhair chun sistéim. ❹ *bedeck, adorn:* áilligh, breáthaigh, cóirigh, cumhdaigh, dathaigh, deasaigh, eagraigh, feabhsaigh, feistigh, gléas, maisigh, niamh, óraigh, ornáidigh, ornaigh, péinteáil, pointeáil, prapáil, saibhrigh, sciamhaigh; cuir bláth ar, cuir barr feabhais, cuir caoi ar, cuir an cipín mín ar, cuir an tslis mhín ar, cuir feabhas ar, cuir scliop ar, tabhair poc do.

oirniú noun ❶ *ordination:* coisreacan; aifreann oirnithe, seirbhís oirnithe; lámhchur. ❷ *inauguration:* rí; insealbhú. ❸ *arrangement:* aicmiú, códú, cogairse, cogairsiú, cóiriú, córas, córasú, eagar, eagrú, gléas, gléasadh, rangú, réiteach, socrú. ❹ *ornamentation:* áilliú, breáthú, cóiriú, cumhdach, dathú, dathúchán, feabhsú, feabhsúchán, maisiú, maisiúchán, oirnéaladh, ornáideacht, oirnimint, ornaíocht, ornú, ornáideachas, ornáideacht, ornáidíocht, péinteáil, pointeáil, prapáil, sciamhú, *literary* ileagar.

oirthear noun ❶ *literary front, front part:* aghaidh, béal, brollach, éadan, tosach, tús. ❷ *east, eastern part:* an aird thoir, an chuid thoir, an chuid oirthearach, an réigiún oirthearach. adverb ❶ **in oirthear** *the day after tomorrow:* anóirthear; amanathar, amanarthar, arú amárach. ❷ **um an oirthear arís** *the day after the day after tomorrow:* amainiris, amairinis, amanairis, arú um an oirthear, um an oirthear arís.

oiseoil noun *venison:* oisfheoil; fiafheoil.

oitir noun *sandbank, bank:* oitir ghainimh, banc, banc gainimh, barra gainimh, biolla, guaire; bachta, banc cré, banca, bancán, bruach, dumhach, gruaimhín, méile, port, taobh.

ól noun ❶ *drink, drinking:* díneach, diúgadh, diúgaireacht, diurnadh, diurnáil, diurnú, draenáil, folmhú, slogadh, sú, súrac, taoscadh, triomú, *literary* ibhe. ❷ *drinking intoxicating drink, booze:* craosól, diúgaireacht, druncaeireacht, druncaireacht, meisce, meisceoireacht, ólachán, póit, póitéis, pótaireacht, scloitéireacht. verb *drink:* diúg, diurn, diurnaigh, diurnáil, folmhaigh, slog, súigh, súraic, taosc, triomaigh, *literary* ibh.

ola noun *oil:* ola bhealaithe, ola mhíl mhóir; bealadh, íle, ola, smearadh, troighean, úsc.

olagón noun *lamentation, lament, dirge:* acaoineadh, bascarnach, brón, caoineachán, caoineadh, caointeoireacht, daonán, deoiríneacht, deoirínteacht, doghra, donáil, éagaoineadh, éagnach, éamh, gol, golchás, golfairt, gubha, iarmhéil, liacharnach, lóg, lógóireacht, mairgne, mairgneach, mairgní, marbhna, meacan an chaointe, meacan an ghoil, méala, ochlán, ochón, ong, tochtaíl, tuireamh, *literary* iacht, iachtach, lámhchomhairt.

olann noun *wool:* fionnadh, fionnfadh, peall; cluimhreach, clúmh, clúmhach, clúmhnachán, clúmhnán, féasóg, giúnachán, gruaig, seithe.

olar noun ❶ *fat, grease:* blonag, geir, gréis, gréisc, ionmhar, íoth, saill; bealadh, íle, mucúsc, ola, ola bhealaithe, smearadh, úsc. ❷ *oiliness:* bealaíocht, bealaitheacht, slaodacht; sleamhaine, slime, slítheántacht.

olartha adjective ❶ *greasy:* bealaithe, geireach, smeartha, úscach. ❷ *oily, unctuous:* olúil, slaodach; plámásach, sladarúsach, sleamhain, slim, slítheánta.

olc adjective (with copula)**is olc** *it is evil:* is bocht, is dona; ní maith. noun ❶ *evil, harm:* aimhleas, aimliú, anachain, bárthainn, bascadh, caill, cailliúint, coscairt, damáiste, diachair, díobháil, díth, dochar, dochracht, dochras, dola, donacht, donas, goilliúint, goimh, goin, gortú, leonadh, lot, máchail, milleadh, mínós, mísc, oidhe, teimheal, tionóisc, urchóid. ❷ *grudge, ill-will:* aicis, binb, doicheall, drochaigne, droch-chroí, eascairdeas, fala, faltanas, fiamh, fíoch, fuath, gangaid, goimhiúlacht, gráin, mailís, míbhá, mioscais, mírún, naimhdeas, nimh san fheoil, nimheadas, oilbhéas, olcas, paor, peacúlacht, searbhas.

olcas noun ❶ *badness, bad state:* donacht, donas, olc; aimléis, ainnise, ainríocht, anacair, anachain, anás, angar, anró, anróiteacht, anshó, bochtanas, boichte, crá croí, cráiteacht, cránán, cránas, cruatan, deacair, dealús, dearóile, díblíocht, dochma, dochracht, dochraide, dócúl, doghrainn, doic, dóing, dóinmhí, dola, donacht, dothairne, drámh, drochbhail, drocheagar, drochstaid, duainéis, éagomhlann, fulaingt, gábh, galar, gannchuid, géarbhroid, géarghoin, leatrom, matalang, measacht, mí-ádh, míbhail, mífhortún, ocras, piolóid, suarachas, suaraíocht, trioblóid, truántacht, *literary* cacht, galghad. ❷ *evil nature, spite:* aicis, binb, díorainn, doicheall, drochaigne, droch-chroí, eascairdeas, fala, faltanas, fiamh, fíoch, fuath, gangaid, goimhiúlacht, gráin, mailís, mioscais, mírún, naimhdeas, nimh san fheoil, nimheadas, oilbhéas, olc, searbhas.

ollamh noun ❶ *literary master poet, expert, learned man:* dochtúir léinn, éigeas, eolaí, eolgaiseoir, fáidh, fáidheadóir, fealsamh, fear feasa, fear léinn, máistir, múinteoir, saineolair, saoi, scoláire, smaointeoir, speisialtóir, taighdeoir, tairngire, teagascóir, *literary* físí, aos léinn, *colloquial* lucht léinn. ❶ *university professor:* ceann roinne; léachtóir.

ollás noun ❶ *magnificence, pomp:* breáthacht, céimiúlacht, galántacht, galántas, maorgacht, mórgacht, mustar, niamhracht, poimp, ríogacht, riúlacht, soilseacht, stáidiúlacht, taibhse, uaisle, uaisleacht. ❷ *exultation, rejoicing:* aiteas, antlás, áthas, gairdeachas, gairdeas, gliondar, lúcháir, meidhir, meidhréis, ollghairdeas, rímead, urghairdeas.

ollásach adjective ❶ *magnificent:* breá, céimiúil, galánta, maorga, niamhrach, ríoga, ríúil, soilseach, taibhseach, uasal. ❷ *exultant:* aiteasach, áthasach, gairdeach, gliondrach, lúcháireach, meanmnach, meidhreach, ollghairdeach, ríméadach, séanmhar, sólásach, somheanmnach, subhach, taitneamhach. ❸ *boastful:* baoth, bastallach, bladhmannach, bogásach, bóibéiseach, borrach, gaisciúil, glórdhíomhaoineach, laochasach, maingléiseach, maíteach, mórálach, mórchúiseach, mórfhoclach, mórtasach, mustrach, poimpéiseach, postúil, siollógach, taibhseach, toirtéiseach.

ollchruinniú noun *mass meeting:* comóradh, comhdháil, comhthionól, cruinniú, slógadh, tóstal.

ollghairdeas noun *great rejoicing, jubilation:* aiteas, antlás, áthas, gairdeachas, gairdeas, gliondar, lúcháir, meidhir, meidhréis, ollás, ríméad, urghairdeas.

ollmhaitheas noun ❶ *wealth, luxury*: pl. acmhainní, áirge, bracht, bruithshléacht, bunairgead, coibhche, conách, crodh, éadáil, Éire fré chéile, Éire gan roinnt, gustal, iarmhais, ionnas, ionnús, ór na cruinne, rachmall, rachmas, raidhse, rath, rathúnas, saibhreas, sochar, pl. sócmhainní, somhaoin, speansas, speilp, spré, strus, tábhacht, teaspach, toice, *literary* intleamh, ionnlas; compord, sáile, só, sóchas, sócúl, sócúlacht. ❷ pl. **ollmhaitheasaí** *good things, delicacies*: beadaíocht, pl. béalóga milse, cineál, pl. deolaíocha, goblaigh mhilse, pl. sócamais, pl. sólaistí.

ollmhargadh noun *supermarket*: formhargadh; ilsiopa, ilstóras, siopa ilrannach; siopa, stóras.

ollmhéid noun *great size, immensity*: áibhle, aibhse, aibhseacht, áibhseacht, ainmhéid, neamh-mheán, oille, toirtiúlacht, *literary* dearmáile, dearmháire.

ollmhór adjective *huge, immense*: ábhal, ábhalmhór, áibhéalta, áibhéil, aibhseach, arrachta, arrachtach, arrachtúil, dímhór, fathachúil, sléibhtiúil, tamhanda, toirtiúil, tréamanta, tréan, tualangach, *literary* anba, dearmháil, dearmháir; in ainmhéid.

ollphéist noun *serpent, serpentine monster*: athair nimhe, nathair, nathair nimhe, oifidiach; dragan, dragún, draig, orc, péist, péist chon, péist ghliogair, péist mhara, péist mhór.

ollscoil noun *university*: coláiste, coláiste ollscoile, institiúid ardléinn, institiúid teicneolaíochta, institiúid tríú leibhéil, polaiteicnic.

ollscolaíocht noun *university education*: oideachas tríú leibhéil.

ollúnacht noun *professorship*: comholluntacht; cathaoir, cathaoir phearsanta.

ológ noun ❶ *olive*: ola. ❷ **crann ológe** *olive tree*: olachrann.

óltach adjective ❶ *addicted to drink*: tugtha don ól. ❷ *drunk, inebriated*: ar meisce, ólta; bog, meidhreach, súgach; báite i bhfíon, ar buile le meisce, ar na cannaí, caoch, caochta, ar a chrampa, dall, dallta, ar deargmheisce. ❸ *absorbent*: súiteach, *literary* ibheach.

olúil adjective *oily, oleaginous*: bealaithe, olartha, smeartha, úscach; geireach, slaodach.

ómós noun *homage, reverence, respect*: ómáid; ardchéim, ardmheas, barrchéimíocht, céim, céimíocht, díleagla, dínit, grád, gradam, meas, modh, oineach, onóir, urraim, *literary* miadh, oirmhidin. **compound preposition in ómós** *in honour of, in consideration of*: i bhfianaise, i ngeall ar, in onóir, le honóir do; i ndilchuimhne ar, i gcuimhne ar.

ómósach adjective *respectful, dutifully obedient*: béasach, cúirtéiseach, measúil, scláhbánta, urramach; ceansa, géilliúil, géilliúnach, spleách, stríocach, uiríseal, umhal, garúil, oibleagáideach.

ómrach adjective *amber-coloured*: buí, buídhearg, buídhonn, **adjectival genitive** ómra, **adjectival genitive** óir, órbhuí, órga.

onnmhaire noun *export, exported article*: earra easpórtáilte, *colloquial* easpórtáil.

onnmhairigh verb *export*: easpórtáil.

onóir noun ❶ *honour*: ardchéim, ardmheas, barrchéimíocht, céim, céimíocht, dínit, grád, gradam, meas, modh, oineach, ómós, urraim, *literary* oirmhidin. ❷ pl. **onóracha** *honours (in academic course)*: ardchúrsa, ardleibhéal; pl. marcanna arda, pl. pointí arda.

onórach adjective ❶ *honourable, upright*: cneasta, fírinneach, **adjectival genitive** inrúin, ionraic, iontaofa, macánta, oscailte; gan chlaon gan chealg gan chlaon; gan chleas gan chlaon, gan chor gan cham. ❷ *honoured, esteemed*: ardchéimneach, cáiliúil, cátúil, clúiteach, creidiúnach, fiúntach, gradamach, measúil, oirirc, uasal, urramach, *literary* miadhach; faoi mheas, faoi onóir.

onóraigh verb *honour*: oirmhidnigh, oirmhinnigh, urramaigh, *literary* miadhaigh; tabhair gradam do, tabhair ómós do, tabhair onóir do, tabhair urraim do; taispeáin meas do.

ór noun *gold*: buillean, deargór, *literary* bronnóir.

oracal noun *oracle*: aitheascal, céalmhaine, fáistine, fáistineacht, fáistiníocht; aitheascal, céalmhaine, crann fáistine, réamhaithris, réamheolas, réamhinsint, tairngireacht, tuar.

oragán noun *wild marjoram (Origanum vulgare)*: aragán, máirtín, máirtín fiáin, orgánas.

óraice adjective ❶ *natural, normal*: aiceanta; amh, fíor, friseáilte, nádúrtha, orgánach, pléineáilte, úr; dúchasach, instinneach, instinniúil; coitianta, comónta, gnách, **adjectival genitive** gnáith, gnáth-, **adjectival genitive** gnáthaimh, iondúil, normálta. ❷ *right, proper*: bailí, cuí, de réir cirt, dleachtach, dleathach, dlisteanach, dlíthiúil, reachtúil; cóir, comhchuí, cothrom, cuibhiúil, dual, feiliúnach, fóirsteanach, iomchuí, oiriúnach, *literary* dír; baileach, beacht, ceartchreidmheach, cneasta, cruinn, dílis, díreach, fíor, fírinneach, foirfe, ionraic, iontaofa, macánta.

óráid noun *oration, speech*: aitheasc, caint, léacht, seanmóir; aithris, aithriseoireacht, insint, monalóg, óráidíocht, reitric, roscaireacht, spéic; callaireacht, roiseadh cáinte, rosc feannta, *literary* scoth.

óráidí noun *orator, speech-maker*: cainteoir, cainteoir poiblí, léachtóir, seanmóirí; reitricí, tuathghríosóir.

óráidíocht noun *oratory, speech-making*: callaireacht, deisbhéalaí, foclachas, foclaíocht, gaotaireacht, reitric, roscaireacht, solabharthacht; pápaireacht, seanmóireacht, strambán.

oráiste noun ❶ *orange (Citrus aurantium, C. sinensis)*: cleimintín, mandairín, táinséirín. ❷ **dath oráiste** *orange colour*: buí, buídhearg, flannbhuí.

Oráisteach adjective *Orange*: Buí, Protastúnach. noun *Orangeman*: Fear Buí; Dílseach, Dílseoir, Protastúnach; Printíseach; Aontachtaí.

ord[1] noun *sledge-hammer*: ceapord; casúr, farcha, farca, lámhord, máilléad, máinléad.

ord[2] noun ❶ *order (of monks, knights, etc.)*: buíon, comhthionól, cuallacht, cumann, eagraíocht, grúpa, pobal. ❷ *sequence, arrangement*: cogairse, cóiriú, deaeagar, eagar, gléas, inneall, leagan amach, leanúint, seicheamh, socrú, sraith, tacar. ❸ *rule*: leagan amach, reacht, riail; ceannaireacht, ceannas, ceannasacht, ceannasaíocht diansmacht, follúnacht, ollsmacht, rialú, smacht, tiarnas. ❹ **as ord** *out of order*: briste; as seirbhís; ar ainghléas, in ainghléas.

ordaigh verb ❶ *command, prescribe*: abair, achtaigh, aithin, fógair, cuir d'fhiacha ar, tabhair ar, tabhair foláireamh, tabhair rabhadh; mol. ❷ *order, request*: achainigh, agair, éiligh, iarr, impigh, lorg, sir; téigh go bog is go crua ar.

ordanás noun *ordnance*: pl. canónacha, pl. gunnaí mór, pl. píosaí ordanáis.

órdhonn adjective *auburn*: donnrua; buírua, rua.

ordóg noun ❶ *thumb*: orda, orda láimhe; méar mhór. ❷ *big toe*: ordóg na coise; ladhar mhór, orda, orda coise. ❸ *pincer of crustacean*: crúb, crúca, ionga, teanchair.

ordú noun ❶ *command, injunction*: aithne, fógra, foráil, foráileamh, forógra, sainordú, urghaire; ceannas, dlínse, mandáil, riail, rialú, smacht, svae, údarás. ❷ *order, request*: éileamh, iarratas; achainí, achomharc, impí, *literary* itche. ❸ *normal state, proper condition*: bail, caoi, cóiriú, cuma, dóigh, gléas, fearas, ord, socrú.

ordúil

ordúil adjective *orderly, neat*: beacht, comair, conláisteach, cuimseach, cuimseartha, cúirialta, fáiscthe, innealta, néata, oirní, piocha, piocúil, pointeáilte, slachtmhar, triog, triopallach; gan barr cleite isteach ná bun cleite amach.

órga adjective *golden*: forórga, ómrach, **adjectival genitive** óir, óraithe, órbhuí, órloiscthe, órphlátáilte; glé, gléineach.

orla noun *vomit*: aiseag, bréitse, múisc, urlacan; brúcht.

orlaíocht noun *sledging, hammering*: broicneáil, bualadh, burdáil, cnagadh, casúireacht, cuimil an mháilín, deamhsáil, faidhbáil, failpeadh, flípeáil, fuimine farc, gabháil giolcadh, gleadhradh, greadadh, greasáil, lascadh, leadhbairt, leadradh, léasadh, liúradh, orlaíocht, pabhndáil, péirseáil, plancadh, rapáil, riastáil, rúscadh, sceilpeáil, slatáil, smeadráil, smíochtadh, smísteáil, súisteáil, tiomp, tuargaint, tuirne Mháire.

ornáid noun *ornament*: áilleacán, áilleagán, daighsín, deasachán, deasagán, deideighe, failleagán, fáilleagán, *pl.* gréibhín, *pl.* gréibhlí, maisiú, maisiúchán, oirnéaladh, oirnimint, oirniú, ornáideachas, ornáideacht, órnáidíocht, ornaíocht, ornú.

ornáidigh verb *ornament*: áilligh, breáthaigh, cóirigh, cumhdaigh, dathaigh, deasaigh, feabhsaigh, feistigh, gléas, maisigh, niamh, oirnigh, óraigh, ornaigh, péinteáil, pointeáil, prapáil, saibhrigh, sciamhaigh; cuir bláth ar, cuir barr feabhais, cuir caoi ar, cuir an cípín mín ar, cuir an tslis mhín ar, cuir feabhas ar, cuir scliop ar, tabhair poc do.

ortha noun ❶ *literary prayer*: paidir, urnaí, urnaí pháirteach. ❷ *incantation, charm*: breachtraíocht, briocht, deismireacht, dícheadal, geasróg, piseog, pisreog, *literary* eipistil, *colloquial* breachtradh; drochshúil, mothú, *literary* fiothnaise; lusróg, upa, upaidh.

osán noun *leg of trousers*: cos, cos bríste.

osánacht noun *hosiery*: góiséireacht; *pl.* níolóin, *pl.* riteoga, *pl.* stocaí.

oscail verb *open*: foscail, leathnaigh, lig amach, méadaigh, nocht, réitigh, scar; bain an corc as, scil; bain ceann de, cuir tús le; cuir ar bun.

oscailt noun ❶ *opening*: baint coirc; leathnú amach, méadú. ❷ *aperture*: béal, bearna, réiteach; áiméar, deis, faill. ❸ *opening, beginning*: tionscnamh, tosach, tosú, tús, urthosach.

oscailte adjective *open*: glanoscailte, lánoscailte, leata; ar oscailt; ina bhéal uile.

oscailteach adjective *open, frank*: craobhscaoilte, díreach, fírinneach, ionraic, macánta, oscailte; cneasta, iontaofa, neamhamhrasach, neamhurchóideach; neamhbhalbh, scun scan; gan fiacail a chur ann; gan chlaon, gan chealg gan chlaon; gan chleas gan chlaon, gan chor gan cham. ❷ *open-handed, generous*: cóir, dáilteach, fáilteach, fairsing, fial, fiúntach, flaithiúil, gnaíúil, mórchroíoch, neamh-mhion, preabúil, rábach, sínteach, tabhartasach, teochroíoch, tíolacthach, toirbheartach, *literary* flaithbheartach, gartach.

oscailteacht noun ❶ *openness, frankness*: dírí, fírinneacht, neamhbhailbhe; cneastacht, iontaofacht, macántacht, neamhurchóid. ❷ *open-handedness, generosity*: cóir, córtas, dathúlacht, dóighiúlacht, fairsinge, féile, fialmhaireacht, fialmhaitheas, fiúntas, flaithiúlacht, gnaíúlacht, mórchroí, oineach, rabaire, toirbheartas, *literary* gart.

oscartha adjective ❶ *martial, heroic*: bríomhar, calma, calmánta, coráisteach, coráistiúil, cróga, curata, dána, díolúnta, fóirtil, fortúil, gaisciúil, galach, gusmhar, gusúil, láidir, laochta, laochúil, meanmnach, misniúil, saighdiúrtha, spionnúil, spioradúil, spreacúil, spreagúil, spridiúil, tréan, uchtúil, *literary* ánrata, conghalach, léideanach, léidmheach. ❷ *strong, powerful*: ábalta, bailc, balcánta, bríoch, bríomhar, bulcánta balcánta, calma, ceilmheach, cróga, cumasach, cumhachtach, dána, éifeachtach, fearúil, feilmeanta, fóirtil, folcánta, fórsúil, forthréan, fortúil, fuinniúil, inniúil, láidir, matánach, misniúil, móruchtúil, muscalach, neamheaglach, neamhfhaiteach, neartmhar, spreacúil, téagartha, tréamanta, tréan, tualangach, urrúnta, urrúsach, *literary* mochta, ruanata, sonnda, tothachtach.

osclóir noun *opener*: deis oscailte; cnóire, corcscriú.

osna noun *sigh*: cnead, éagnach, iachtach, liach, liú, ochlán, ochnadh, ochón, olagón, ong, snag, snag anála, tocht; díogarnach, falrach, saothar, séideán, uspóg.

osnádúrtha adjective *supernatural*: diamhair, domhínithe, dothuigthe, osnormálta, rúnda; aerach, aerachtúil, **adjectival genitive** asarlaíochta **adjectival genitive** draíochta, draíochtúil, neamhshaolta, síúil, uaigneach; diaga, neamhaí.

osnaíl noun ❶ *sighing*: tocht sa ghlór; cumha, éagnach, iachtach, iarmhéil, liacharnach, liú, lógóireacht, ochadh, síreacht, tnúth, tnúthán, *literary* lámhchomhairt. ❷ *osnaíl ghoil* *sobbing*: borrchaoineadh, smeacharnach, snagaíl, tocht; meacan an chaointe, meacan an ghoil, méala, méalacht, ochlán, ochón, olagón, ong, tuireamh.

óspairt noun *mishap, injury*: amaróid, anachain, anrath, cat mara, matalang, mí-ádh, mífhortún, míshéan, mísheans, míthapa, teipinn, timpiste, tubaist, tubaiste, turraing; arraing, céasadh, ciapadh, cithreim, cnámhghoin, cneá, crá, créacht, créachtú, gearradh, goin, goineog, gortú, gránú, leonadh, lot, luifín, pianadh, pianpháis, *pl.* pianta.

ospidéal noun *hospital*: clinic, íoclann, ionad sláinte, otharlann, sanatóir; oispís; *historical* spidéal.

ósta noun ❶ *lodging*: aíocht, bheith istigh, cónaí, iostas, lóistín, óstachas, óstas, óstaíocht, teaghais, tearmann. ❷ **teach ósta** *inn, public house*: óstán, óstlann, teach aíochta, teach bordála, teach lóistín; tábhairne, teach beorach, teach leanna, teach an óil, teach ólacháin, teach tábhairne; síbín.

óstach noun ❶ *host, entertainer of guests*: fear an tí, fear an leanna, óstóir, tíosach, *literary* brughaidh. ❷ *hostess*: banóstach; bean an tí.

óstaíocht noun *lodging, entertainment for travellers*: ósta, óstachas, óstas; aíocht, bheith istigh, cónaí, iostas, lóistín, teaghais, tearmann

óstlann noun *hotel*: óstán, teach aíochta, teach bordála, teach lóistín, teach tábhairne, teach ósta.

óstóir noun *inkeeper, publican*: fear an leanna, fear an tí, tábhairneoir; bean an leanna; fíoncheannaí; óstach.

otair adjective ❶ *gross, filthy, vulgar*: otraithe; bréan, broghach, brocach, **adjectival genitive** caca, camrach, camrúil, ceachrach, clábarach, cáidheach, crosach, déistineach, draoibeach, drifisceach, fochallach, gránna, gutach, lodartha, lofa, morgtha, múisciúil, salach, smeartha; barbartha, cábógach, comónta, daoscair, gaelach, gáirsiúil, garbh, gráiscíneach, gránna, graosta, íseal, lábánta, luarga, mígheanasach, mígheanúil, moghach, sclábhánta, suarach, tútach, uiríseal. trom. ❷ *obese*: otraithe; beathaithe, biamhar, feolmhar, marógach, méadlach, mór, plobánta, plobartha, plucach, ramhar, rite le feoil, róramhar, sách, staiceáilte, stáidiúil, téagartha, téagrach, toirtiúil, trom; ábhalmhór, ollmhór, thar an meáchan ceart.

oth adjective (*with copula*)**is oth liom** *I regret:* is mairg liom; tá aiféala orm, tá brón orm, tá mé buartha; gabhaim pardún agat, maith dom é.

othar noun ❶ *patient, invalid:* duine breoite, duine coinbhreoite, duine easlán, duine éagrua, duine tinn, easlán, easláinteach, galrachán, glaisneach, glasrachán, iarlais; duine gortaithe, duine gonta, taismeach; leicneán, lobhar, reanglamán duine, séansaí, síofra, síogaí beag; braoinseachán, breoiteachán, donasaí, bás ina sheasamh, bás gorm, básachán, duine leathbheo, dúradán, éagbhás, niúdar neádar, niúide neáide, niúidí neáidí, padhsán, smúrthannach, splangadán; fothrach. ❷ *sickness, wound:* aicíd, anfholláine, breoiteacht, éagruas, easláinte, galar, gearán, laige, mífholláine, othras, tinneas; támhghalar; calar, fiabhras, teocht, plá, *literary* támh, *literary* teidhm; arraing, cithreim, cnámhghoin, cneá, cneamhán, crá, crá croí, créacht, gearradh, goin, goineog, gortú, gránú, leonadh, lot, luifín, miolam, pianadh, pianpháis, *pl.* pianta, sá.

otharlann noun *infirmary:* íoclann, ionad sláinte, ospidéal, rannóg na n-othar seachtrach, sanatóir; oispís, *historical* spidéal.

otharluí noun *invalid state, sick-bed:* breoiteacht, easláinte, tinneas; cróilí, leaba bhreoiteachta.

othras noun ❶ *sickness, illness:* aicíd, anfholláine, breoiteacht, donacht, éagruas, easláinte, galar, gearán, laige, mífholláine, othar, tinneas, *literary* saoth; támhghalar, *literary* támh; calar, fiabhras, teocht, plá. ❷ *ulcer:* ábhrú, brachadh, camhrú, fiolún, fiolún reatha, fochall, gor, morgadh, moirtniú, morgthas, neacróis; ailse, seipseas.

otrach noun ❶ *dung, ordure:* cac, cac cuile, cac muc, cac péiste, *pl.* cacanna caorach; buarán, buinneach, cacamas, cainniúr, camras, eiscréidiú, eisfhearadh, eisligeadh, fearadh, garr, giodar, leasú, maothlach, otras, salachar, saothar, sciodar. ❷ *dung-hill:* carn aoiligh; aoileach, bualtrach, leas, leasachán, leasú, maothlach, múnlach.

otrann noun *dungyard, farmyard:* áirí, banrach, bólann, buaile, buailtín, clós, cúlmhacha, gabhann, garraí, garraí gabhainn, geard, loca, macha, manrach, urlann.

otras noun *filth:* otrach; brach, bréine, brocamas, buarán, buinneach, cac, cacamas, cainniúr, camras, dreoiteacht, drochbholadh, eiscréidiú, eisfhearadh, eisligeadh, fearadh, garr, giodar, garr, garraíl, leasú, liongar, lobhadas, lobhadh, lofacht, maothlach, morgadh, salachar, saothar, sciodar, séarachas, súlachas; barraíl, barraíolach, broc, bruscar, cáith, cáithleach, dramhaíl, dríodar, fuílleach, graiseamal, gramaisc, greasmal, gríodán, grúdarlach, grúnlach, grúnlais, miodamas, mionrach, pracar, práib, scaid, sceanairt, sciot sceat, scileach, screallach, scroblach, trachlais, traipisí, treilis, treilis breilis, truflais.

pá noun *pay, wages:* airgead, fís, formáil, luach saothair, saothrú, stípinn, tuarastal, tuilleamh; dleacht, dliteanas, táille; aisíoc, cion, comha, cúiteamh, díol, díolaíocht, íoc, íocaíocht.

pábháil noun *paving, pavement:* pábhaile; clochán, clochrán, cosán. verb *pave:* cuir síos pábháil, cuir síos pábhaile, déan pábháil, déan pábhaile. leag pábháil, leag pábhaile.

paca noun ❶ *pack:* beart, beartán, burla, burlóg, olmóid, pacáiste, paicéad, paiclín, pocán. ❷ *crowd, group:* baicle, béinne, buíon, cipe, coimhdeacht, cóip, comhghuaillíocht, comhlacht, comhluadar, comhthionól, compántas, comrádaíocht, conairt, córaid, criú, cruinniú, cuallacht, cuideachta, cumann, deascán, díorma, dream, drong, feadhain, fianlach, foireann, fracht, gasra, grinne, grúpa, guaillíocht, meitheal, oireacht, páirteachas, páirtíocht, rang, scaoth, scata, scuad, scuaine, slógadh, slua, tascar, tionlacan, tréad, trúpa, *literary* cuain. ❸ *pl.* **pacaí** *old clothes: pl.* balcaisí, ceirteacha, *pl.* cifleoga, *pl.* círéibeacha, *pl.* giobail, *pl.* giobailíní, *pl.* giolcaisí, *pl.* giotaí, *pl.* leadhba, *pl.* leadhbáin, *pl.* réabaigh, *pl.* riabhóga, *pl.* ribíní, *pl.* scifleoga, *pl.* scóiléadaí, *pl.* stráicí.

pacáil noun *packing, packaging:* ábhar pacála, stuáil; páipéar, cairtchlár. verb *pack:* brúigh, ding, líon, pulc, sac, sáigh, stuáil, truncáil; cuir i málaí, déan beartáin de.

pacáiste noun *package:* beart, beartán, birtín, boiscín, ceangaltán, ceanglachán, olmóid, paiclín, pairlicín.

páganach noun *pagan, heathen:* págán; ainchreidmheach, ainchríostaí, aindiachaí, barbarach, díchreidmheach, eiriceach, *pl.* ginte, neamhchreidmheach, Saraisíneach, uigingeach.

pagánta adjective *pagan, heathen:* ainchreidmheach, ainchríostúil, aindiaga, barbartha, díchreidmheach, éagráifeach, páganach, uigingeach; diamhaslach, diaséantach, díchreidmheach, díreiligiúnach, eiriciúil, míchráifeach, neamhchráifeach.

pagántacht noun *paganism, heathenism:* ainchreidmheamh, ainchríostúlacht, aindiachas, aindiagacht, barbarthacht, díchreideamh, díreiligiún, éagrábhadh, éagráifeacht, eiriceacht, gintlíocht, míchráifeacht, neamhchráifeacht.

paidir noun ❶ *Pater Noster, prayer:* Ár nAthair; guí, ortha, urnaí, urnaí pháirteach; *pl.* na tráthanna, easparta, urnaí na maidine, urnaí na nóna; cráifeog. ❷ **paidir chapaill** *long story:* rann, rann righin, scéal fada, scéal an chaipín deirg, scéal an ghamhna bhuí, scéal mhadra na n-ocht gcos, scéal ó Shamhain go Bealtaine, seanbhailéad; deilín, deilín na mbacach; dul chun seanbhróg.

paidreachán noun *person given to praying:* cráifeachán, vóitín.

paidreoireacht noun *incessant prayer:* guíodóireacht, paidreachas, paidreáil; caoindúthracht, deabhóid.

paidrín noun ❶ *rosary, rosary beads:* an paidrín páirteach, coróin Mhuire. ❷ *rosary bead, bead:* cloch, cnap, coirnín.

páil noun ❶ *paling, stake:* balla, fál, claí, laindéal, móta, múr, pailis, ráille, sconsa, sonn, sonnach, spiara, cabar, cleith, crann, cuaille, geá, polla, sáiteán, stacán, staic, standal maide, stoda, stodaire, taobhán, *literary* ime, ochtach, *colloquial* cabrach. ❷ **an Pháil** *the Pale:* Baile Átha Cliath, Fine Gall, *pl.* na Gaill.

pailis noun ❶ *palisade:* balla, fál, claí, laindéal, móta, múr, ráille, sconsa, sonnach, spiara, *literary* cleathchur, ime. ❷ *fortress:* caiseal, caisleán, daingean, dún, dúnadh, dúnáras, dúnbhaile, dúnfort, longfort, *literary* caistéal, dionn. ❸ *castle, palace:* caiseal, caisleán, daingean, dún, dúnfort; cúirt, mainéar, pálás, ríteach, teach mainéir, teach mór, únacht, *literary* caistéal.

painéal noun *pannel:* bord, clár, léibheann, planc, pleanc.

painnéar noun *pannier:* bardóg, cléibhín, cliabh, feadhnach, feadhnóg, lód, painnéir, pardóg, *pl.* úmacha.

páinteach adjective *plump, fat:* bealaithe, biamhar, biata, bláfar, blonagach, dabhchach, feolmhar, lodartha, marógach, méadlach, méith, mór, otair, otraithe, plobánta, plobartha, plucach, ramhar, rite le feoil, róramhar, sách, sailleach, staiceáilte, téagartha, téagrach, toirtiúil, trom. noun *plump creature:* balpóg, bleitheach, bleitheachán, boglachán, bograchán, boilgíneach, bolgadán, bolgaire, bolmán, bolmán béice, bró, brúchtíneach, bruileach, bruilíneach, brúitín, brúitíneach, builtéar, builtéir, buimbiléad, búiste, búistéir, bumbailéir, burla, burlaimín, burlamán, ceaigín, claiséir, daba, lamhnán, méadlach, méadlachán, móta, muscaire, páin, páinseach, panaí, pánaí, pántrach, pataire, patalachán, patalán, patán, pataran, patarún, patlachán, peasánach, plobaire, plobar, plobrachán, plumaire, pluspa, pórc, praota, prochán, progaí, sarachán, seibineach, siotalach; muirleog, páideog, patalán girsí, patalóg, samhdóg, siotalach, sodóg, torpóg.

paintéar noun *trap, snare:* bobghaiste, cliabhán éan, dol, eangach, gaiste, geirnín, inleog, líon, ribe, sás, sás éin, súil ribe, *literary* fiodhchat.

paintéarach adjective ❶ *ensnaring:* gaisteach; gabhálach; cealgach, cleasach, fealltach, sleabhcánta, sleamhain, sleamhnánach, slíbhíneach. ❷ *treacherous:* bealachtach, braiteach, bréagach, calaoiseach, cam, cealgach, claon, cluanach, dúbailte, fealltach, inleogach, lúbach, meabhlach, mealltach, meangach, míchoinníollach, mí-ionraic, mímhacánta, nathartha, séiteartha, sleabhcánta, tréatúrtha.

páipéar noun ❶ *paper, document:* caidirne, cáipéis, cairt, cáiteach de pháipéar, doiciméad, dréacht, dréachtpháipéar, foirm, meabhrán, meamram; aiste, scríbhinn, teastas, teistiméireacht, tíolacas, tráchtas, tuarascáil. ❷ *note (of money):* nóta. ❸ *newspaper:* nuachtán, páipéar laethúil, páipéar nuachta, páipéar nuaíochta; liarlóg; seachtanán, míosachán; iris, irisleabhar, nuachtlitir.

páipéarachas noun *stationery:* stáiseanóireacht; *pl.* litreacha, *pl.* clúdaigh litreach; cáipéisíocht, litríocht.

páirc noun ❶ *field, park:* ceapach, cuibhreann, diméin, gairdín, garraí, gort, luibhghort, mainnear, úllord, páircín; faiche, léana, míodún, móinéar, plasán, plásóg, réileán. ❷ *large shoal of fish:* báire, cluichreán, scoil. ❸ *pl.* **páirceanna** *check pattern (in cloth):* seicear, gréasán títheach, patrún títheach; breacán.

páirceáil verb *park (vehicle):* fág, loc, moilligh.

pairilis noun *paralysis:* fairithis, falsaer, leitís mharbh, leitís mharfach, spasmas, spaspairt, spaspas; orchra, orchra slua sí; paraipléige.

páirt noun ❶ *part, portion:* blogh, blúire, canda, candam, canta, céatadán, ceathrú, cion, ciondáil, codán, cuid, daba, earnáil, fáltas, giota, greim, leath, páirt, píosa, roinn, roinnt, ruainne, scair, scealp, scealpóg, sciar, stiall, smut, teascán, teascóg, trian, *literary* urrann. ❷ *region:* ball, barúntacht, ceantar, comharsanacht, contae, cúige, dúiche, dúthaigh, fearann, fia, fód dúchais, geadán, grian, limistéar, líomatáiste, paiste, réigiún, taobh tíre, *pl.* tríocha céad, *pl.* triúcha, tuath, *literary* déis. ❸ *component*: ábhar, comhábhar, comhdhamhna, comhpháirt, mianach, ríd, stuif, táthchuid. ❹ *side (in argument)*: baicle, campa, cleaicín, dream, drong, grúpa, páirtí, taobh. ❺ *participation*: lámh, rannpháirtíocht; cabhair, cúnamh, lámh chúnta. ❻ *role*: dualgas, feidhm, feidhmeannas, feidhmiú, fónamh, gnó, obair, oifig, ról, saothar, seirbhís, úsáid. ❼ *partnership*: comrádaíocht, cuideachta, cumann, páirteachas, páirtíocht. ❽ *friendship, affection*: caidreamh, cairdeas, cairdiúlacht, caoifeacht, caradradh, caradras, carthanacht, carthanas, ceanas, ceanúlacht, céileachas, céilíocht, cion, coimhdeacht, coimhirse, comhar, comhghuaillíocht, comhluadar, comhluadracht, comrádaíocht, córtas, cuideachta, cuidiúlacht, cumann, dáimh, dile, díograis, díograisí, dlúthchaidreamh, gaol, grá, guaillíocht, láchas, láíocht, méadaíocht, muintearas, nádúr, páirtíocht, taithíocht, tláithe, *literary* cairdine. **compound preposition i bpáirt** *with regard to*: dála, maidir le, mar gheall ar, fá dtaobh de, i dtaca le, i dtaobh le; chomh fada is a bhaineann scéal le.

páirtí noun ❶ *political party*: bloc, cácas, comhghuaillíocht, conlán, dream, drong, gluaiseacht, grúpa, grúpa polaitiúil, taobh. ❷ *associates, followers*: campa, cleaicín, lucht leanúna, lucht tacaíochta, *pl.* tacaithe, *literary* tuireann; *pl.* ceithearnaigh, *pl.* deisceabail. ❸ *partner, associate*: comhbhráthair, comhghleacaí, leathbhádóir, cneasaí, comhoibrí, comhpháirtí, compánach, comrádaí, guaillí, leacaí, páirtnéir. ❹ *supporter, well-wisher*: ceithearnach, cúlaistín, cúntóir, leantóir, leanúnaí, tacaí, taobhaí, *colloquial* campa.

páirtíocht noun *partnership, association*: caidreamh, cairdeas, carthanacht, céileachas, céilíocht, coimhdeacht, coimhirse, comhchaidreamh comhchairdeas, comhghaol, comhghuaillíocht, comhluadar, comhluadracht, comrádaíocht, conbharsáid, córtas, cuideachta, cuidiúlacht, cumann, cumarsáid, dlúthchairdeas, gaol, guaillíocht, lánmhuintearas, mórtacas, muintearas, páirt, páirteachas, plé, rannpháirtíocht, taithíocht, teagmháil. **adverbial phrase i bpáirtíocht liomsa de** *as far as I am concerned*: i dtaca liomsa de, maidir liomsa, mar gheall ormsa, ó mo thaobhsa de; chomh fada is a bhaineann sé liomsa.

páis noun *passion, suffering*: aimléis, ainnise, ainriocht, amaróid, anacair, anachain, anás, anchaoi, angar, anró, anróiteacht, anshó, beophianadh, céasadh, ciotrainn, conaphian, crá, crá croí, cráiteacht, cránán, cránas, diachair, díblíocht, dochracht, dochraide, dócúl, doghrainn, doic, dóing, dóinmhí, dola, donacht, donas, dothairne, drámh, duainéis, éagomhlann, éigeandáil, eirleach, *pl.* freangaí, fulaingt, *pl.* íona, martra, *pl.* peiríocha, pian, pianadh, pianpháis, piolóid, priacal, racáil, purgadóir, tóiteáil, tragóid, treabhlaid, treighid, trioblóid, truántacht, tubaiste, turraing, *literary* cacht.

paisean noun ❶ *passion, strong emotion*: áilíos, airc, andúil, caitheamh, cearbh, cíocras, deárcas, díocas, dúil, faobhar, fíoch, flosc, fonn, fuadar, gábhair, goimh, luí, mian, miangas, *pl.* mothúcháin, ratamas, saint, scamhadh, teas, teasaíocht, teaspach, tnúth, tnúthán, toil. ❷ *anger*: ainscian, aonach, báiní, buile, buile feirge, cochall, coilichín, colg, colgaí, confadh, cuthach, dásacht, faghairt, fearg, fiatacht, fíoch, fiuch, fiúir, fiúnach, fraoch, greannaitheacht, oibriú, reitheach, rothán, ruamantacht, spadhar, straidhn, taghd, teasaíocht, tintríocht, *literary* grúg.

paisinéir noun *passenger*: pasantóir, taistealaí, traibhléir, turasóir.

paiste noun ❶ *patch*: cliath, preabán; taoibhín. ❷ *place*: áit, alt, ball, fód, ionad, ionadh, láthair, leaba, limistéar, log, spota, suíomh. ❸ *spell, period*: achar, aga, am, babhta, bomaite, lá, linn, móiméad, nóiméad, píosa, scaitheamh, seal, sealad, snap, soicind, tamaillín, tamall, taoide, téarma, tráth, tréimhse, uair.

páiste noun ❶ *child*: bonsaire, dorcán, garlach, garsún, gartaire, gasóg, gilidín, grabaire, imeachtaí linbh, leaid, leanbh, leanbh mic, leanbán, leanbhán, luibhdín, mac, macaomh, malra, malrach, mamailíneach, pataire, peáitse, peitirne, péitse, putach, scorach, *familiar* gearrcach; cailín, gearrchaile, girseach, girseog, iníon, leanbh iníne; *colloquial* mionbhar páistí. ❷ **páiste ceo** *illegitimate child*: faigín, garlach, iníon carbaid, leanbh raithní, leanbh tabhartha, mac tabhartha, mac tabhartais, mac tabhartanais, mac ar thabhartanas, mac bastaird, mac díomhaointis, mac ar dhíomhaoineas, mac gréine, mac tuir, mac raithní, páiste díomhaoin, páiste díomhaointis, páiste gréine, páiste raithní, páiste seoigh, páiste suirí, páiste tabhartha, páiste tabhartanais, páiste toir, putach raithní, tuilí.

paisteáil noun *patching*: caibléireacht, deasú, deisiú, deisiúchán; athleasú, cóiriú, leasú. verb *patch*: cuir paiste air, cuir preabán air; athchóirigh, cóirigh, deasaigh, deisigh, leasaigh, píosáil; cuir bail ar, cuir caoi ar.

pait noun ❶ *plump creature*: ablach, bleitheach, bléitheach, bleitheachán, bolaistín, bolaistrín, bolgadán, bolgaire, bolgairne, bológ, broicealach, broicleach, burla, clogáiste, collach, feolamán, geois, geoiseach, gorb, mart, méadail mhór, méadlach, méadlachán, páideog, páinseach, páinteach, pataire, patachán, patalán, patán, pataráin, patarún, patlachán, plobaire, plobar, plobrachán, pluicín, praota, prúntach, púdarlach, púdarlán, samhdaí, samhdán, sceartán, sceartachán, seibineach, siotalach, somach, somachán, tioblach. ❷ **pait bhréige** *whopping lie*: bréag mhór, caimseog, fadhbóg, gailleog, gailleog bhréige, gáilleog, stompa bréige; éitheach, scaits éithigh, spalpaire, spalpaire éithigh, straiméad, *literary* tlus.

paiteanta adjective ❶ *patent, clear*: baoisceánta, cruinn, follas, follasach, for-réil, grinn, léir, leanúnach, paiteanta, réalta, soiléir, *literary* eagnach. ❷ *neat*: comair, conláisteach, cuimseach, cuimseartha, cúirialta, deas, deismir, fáiscthe, gasta, glan, innealta, néata, oirní, ordúil, paiteanta, pioctha, piocúil, pointeáilte, slachtmhar, triopallach; gan barr cleite isteach ná bun cleite amach. ❸ *exact*: baileach, barainneach, beacht, cruinn, ceart, dearbh-, dearfa, díreach, fírinneach, fíor, foirfe, glan, grinn, léir, mion, mionchúiseach.

pálás noun *palace*: bruíon, caisleán, cúirt, mainéar, mainteach, pailis, rítheach, teach mainéir, teach mór, únacht, *literary* brugh.

paltóg noun *wallop*: boiseog, bos, buille, clabhta, clabhtóg, dundarlán, leadhb, leadhbóg, leadóg, leandóg, leang, leangaire, planc, smac, smag, smailc, smalóg, smitín, straiméad, tailm, tiomp.

pampúta noun *pampoutie*: bróg úrleathair; cuarán, cuaróg, slipéar; buimpéis, buimpís.

pana noun ❶ *piece of cloth*: brat, ceirt, éadach, fabraic, faicín, scaraoid; biosóir. ❷ *rag*: balcais, brat, bratóg, bréid, ceamach, ceirt, cifle, cifleog, crothóg, éadach, faicín, géirín, giob, global, leadhb, paiste, plispín, preabán, réabach, rubar, scifle, scifleog, straboid, suán glacach. ❸ *ragged person*: breallán, ceamachán, cifleachán, círéib, clogán streille, cuifeach, cuilea-

panna

chán, giobachán, giobailín, gioblachán, glibire, gliobachán, leibide, liarlóg, liobairíneach, liobar, liobarnálaí, magarlán, pleibistín, prioslachán, radalach, ribleachán, scifleachán, scothánach, scrábachán, slaimice, sláimín, slapaire, slibire, sraoilleachán, sraoilleán, sraoillín, straille, strailleán, streachaille; braimleog, breallóg, bulsach, claimhseog, claitseach, giobóg, gliobóg, leadhbóg, liobóg, slapóg, slapróg, sraoill, sraoilleog, strailleog.

panna noun *pan:* coire, friochtán, pota, sciléad, sáspan, soitheach.

pantaimím noun *pantomime:* cleamaireacht, geamaireacht, fronsa, fuirseoireacht; aisteoireacht, cluiche, dráma, drámaíocht, mionchluiche, sceitse, stáitsíocht; geamaíl; dráma balbh, mím.

pápaire noun *papist:* Caitliceach, Caitliceach Rómhánach, Fínín, Gael, pápaiste, pápánach, Rómhánach.

pápaireacht noun ❶ *popery:* Caitliceachas, Caitliceachas Rómhánach, Ultramontánachas; cléiriúlachas. ❷ *pontificating, talking nonsense:* díomas, údarásacht; áiféis, amaidí, badhbaiséireacht, baothaireacht, baothchaint, baothmhagadh, bolgán béice, geabaireacht, geabairlíneacht, geabstaireacht, geocaíl, gliogar, gliogarnach, ladús, radamandádaíocht, raiméis, ráiméis, ramás, rá mata, randamandádaíocht; bladhmadóireacht, bladhmaireacht, bladhmann, bóibéis, bóisceáil, bolscaireacht, buaiceáil, buaileam sciath, gaisciúlacht, gaotaireacht, glagaireacht, gliogaireacht, glóir dhíomhaoin, leithead, maíomh, maíteacht, móráil, mórtas, mórtas thóin gan taca, mustar, ollás, rá mata, scaothaireacht.

pár noun *parchment:* meamram, páipéar párach, praitinn.

parabal noun *parable:* parbal, parbhal; apalóg, fáthchiall, fáthscéal, scéal.

pardóg noun ❶ *mat:* cáiteog, mata, sráideog; brat urláir, cairpéad. ❷ *pannier:* bascaed, bardóg, cabhail, ciseán, ciseog, cliabh, cléibhín, painnéar, sciath, sciathóg, *pl.* úmacha. ❸ *figurative small, thickset woman:* bruithneog, búis, cleaití, flapóg, geois, lapóg, leathnóg, múis, patalóg, plobóg mná, rabhndairín, ringiléad, samhdóg, sodóg.

pardún noun *pardon:* loghadh, maiteachas, maiteanas, maitheamh, maithiúnas, síth, *literary* díolghadh.

parlaimint noun ❶ *parliament:* comhdháil, comhthionól, dáil reachtais, oireachtas, reachtas, seanadh, sionad, teach na dteachtaí, teach íochtarach, teach uachtarach, tionól. ❷ *familiar legally distilled whiskey:* beathuisce, biotáille, fuisce, uisce beatha; an braon crua, sú na heorna; bolcán; scailtín.

parlús noun *parlour, sitting-room:* seomra caidrimh, seomra suí, seomra suite.

paróiste noun *parish:* paráiste, pobal; ceantar, comharsanacht, comhfhoisce, compal, cóngaracht, *pl.* críocha, *pl.* gaobhair, timpeallacht, *literary* fairche; cúram anamacha.

paróisteach noun *parishioner:* paróisteánach, *colloquial* pobal.

parsáil verb *parse:* anailísigh, ciallaigh, léirmhínigh, miondealaigh, mionscrúdaigh, taifigh.

partalóideach noun *valetudinarian:* breoiteachán, duine teolaí, easláinteach, easlán, galareaglach.

Pápaí agus Frithphápaí			
Ba fhrithphápaí na daoine a dtugtar a n-ainmneacha i gcló iodálach.	283–296 Cáias	537–555 Vigilias	752 Stiofán II
	296–304 Maircilíneas	556–561 Peileagias I	(níor coisriceadh é)
	308–309 Maircileas I	561–574 Eoin III	752–757 Stiofán II (III)
	309 nó 310 Eosaeibias	575–579 Beinidict I	757–767 Pól I
	311–314 Miltiaidéas	579–590 Peileagias II	767–769 *Constaintín*
	314–335 Sailbheastar I	590–604 Gréagóir I Mór	768 Pílib
32–67 Peadar Naofa	336 Marcas	604–606 Saibiniánas	767–772 Stiofán III (IV)
67–76 Líneas	337–352 Iúilias I	607 Bonafás III	772–795 Haidrián I
76–88 Anaclaetas	352–366 Libéirias	608–615 Bonafás IV	795–816 Leon III
88–97 Cleimint I	*355–365 Féilix II*	615–618 Deusdedit	816–817 Stiofán V
97–105 Eiviristeas	366–383 Damasas I	(Adeodatus)	817–824 Pascal I
105–115 Alastar I	*366–367 Úirsíneas*	619–625 Bonafás V	824–827 Eoigéinias II
115–125 Sixtus I	384–399 Siricias	625–638 Honóirias I	827 Vailintín
125–136 Teilisfeoras	399–401 Anastáisias I	640 Seiviríneas	827–844 Gréagóir IV
136–140 Higíneas	401–417 Innocentius I	640–642 Eoin IV	844–847 Seirgias II
140–155 Pius I	417–418 Zósamas	642–649 Téadóir I	*844 Eoin*
155–166 Ainicéatas	418–422 Bonafás I	649–655 Máirtín I	847–855 Leon IV
166–175 Sóitéar	*418–419 Eoláilius*	655–657 Eoigéinias I	855–858 Beinidict III
175–189 Eileotéirias	422–432 Ceilistín I	657–672 Vitiliánas	*855 Anastáisias*
189–199 Victeor I	432–440 Sixtus III	672–676 Adeodatus II	*Bibliothecarius*
199–217 Zeifiríneas	440–461 Leon I Mór	676–678 Dónas	858–867 Nioclás I Mór
217–222 Caillisteas I	461–468 Hioláras	678–681 Agatón	867–872 Haidrián II
217–c.235 Hipealatas	468–483 Simplicias	682–683 Leon II	872–882 Eoin VIII
222–230 Urbánas I	483–492 Féilix III (II)	684–685 Beinidict II	882–884 Mairíneas I
230–235 Pointiánas	492–496 Gealáisias I	685–686 Eoin V	884–885 Haidrián III
235–236 Aintéaras	496–498 Anastáisias II	686–687 Conón	885–891 Stiofán VI
236–250 Faibiánas	498–514 Siomacas	*687 Téadóir*	891–896 Formósas
251–253 Coirnéilias	*498, 501–505 Labhrás*	*687 Pascal*	896 Bonafás VI
251 Nováitiánas	514–523 Hoirmisdeas	687–701 Seirgias I	896–897 Stiofán VII
253–254 Lúicias I	523–526 Eoin I	701–705 Eoin VI	897 Rómánas
254–257 Stiofán I	526–530 Féilix IV (III)	705–707 Eoin VII	897 Téadóir II
257–258 Sixtus II	530–532 Bonafás II	708 Sisinias	898–900 Eoin IX
260–268 Dinisias	*530 Diascoras*	708–715 Constaintín	900–903 Beinidict IV
269–274 Féilix I	533–535 Eoin II	715–731 Gréagóir II	903 Leon V
275–283 Eoiticiánas	535–536 Agapaetas I	731–741 Gréagóir III	*903–904 Críostóir*
	536–537 Sailvéirias	741–752 Zacairias	904–911 Seirgias III

911–913 Anastáisias III
913–914 Landó
914–928 Eoin X
928 Leon VI
929–931 Stiofán VIII
931–935 Eoin XI
936–939 Leon VII
939–942 Stiofán IX
942–946 Mairíneas II
946–955 Agapaetas II
955–963 Eoin XII
963–964 Leon VIII
964 Beinidict V
965–972 Eoin XIII
973–974 Beinidict VI
974, 984–985 Bonafás VII
974–983 Beinidict VII
983–984 Eoin XIV
985–996 Eoin XV
996–999 Gréagóir V
997–978 Eoin XVI
999–1003 Sailbheastar II
1003 Eoin XVII
1003–1009 Eoin XVIII
1009–1012 Seirgias IV
1012–1024 Beinidict VIII
1012 Gréagóir
1024–1032 Eoin XIX
1032–1045 Beinidict IX
1045 Sailbheastar III (*frithpápa dar le daoine áirithe*)
1045 Beinidict IX (*den dara huair*)
1045–1046 Gréagóir VI
1046–1047 Cleimint II
1047–1048 Beinidict IX (*den tríú huair*)
1048 Damasas II
1049–1054 Leon IX
1055–1057 Victeor II
1057–1058 Stiofán X
1058–1059 Beinidict X
1058–1061 Nioclás II
1061–1073 Alastar II
1061–1072 Honóirias II
1073–1085 Gréagóir VII
1080, 1084–1100 Cleimint III
1086–1087 Victeor III
1088–1099 Urbánas II
1099–1118 Pascal II
1100–1102 Teodraic
1102 Ailbeirt
1105–1111 Saibheastar IV
1118–1119 Gealáisias II
1118–1121 Gréagóir VIII
1119–1124 Caillisteas II
1124–1130 Honóirias II
1124 Ceilistín II
1130–1143 Innocentius II
1130–1138 Anaclaetas
1138 Victeor
1143–1144 Ceilistín II
1144–1145 Lúicias II
1145–1153 Eoigéinias III
1153–1154 Anastáisias IV
1154–1159 Haidrián IV
1159–1181 Alastar III
1159–1164 Victeor IV
1164–1168 Pascal III
1168–1178 Caillisteas
1179–1180 Innocentius III
1181–1185 Lúicias III
1185–1187 Urbánas III
1187 Gréagóir VIII
1187–1191 Cleimint III
1191–1198 Ceilistín III
1198–1216 Innocentius III
1216–1227 Honóirias III
1227–1241 Gréagóir IX
1241 Ceilistín IV
1243–1254 Innocentius IV
1254–1261 Alastar IV
1261–1264 Urbánas IV
1265–1268 Cleimint IV
1271–1276 Gréagóir X
1276 Innocentius V
1276 Haidrián V
1276–1277 Eoin XXI
1277–1280 Nioclás III
1281–1285 Máirtín IV
1285–1287 Honóirias IV
1288–1292 Nioclás IV
1294 Ceilistín V
1294–1303 Bonafás VIII
1303–1304 Beinidict XI
1305–1314 Cleimint V
1316–1334 Eoin XXII
1228–1330 Nioclás V
1334–1342 Beinidict XII
1342–1352 Cleimint VI
1352–1362 Innocentius VI
1362–1367 Urbánas V
1370–1378 Gréagóir XI
1378–1389 Urbánas VI
1378–1394 Cleimint VII
1389–1404 Bonafás IX
1394–1423 Beinidict XIII
1404–1406 Innocentius VII
1406–1415 Gréagóir XII
1409–1410 Alastar V
1410–1415 Eoin XXIII
1417–1431 Máirtín V
1439–1449 Cleimint VIII
1425–1430 Beinidict XIV
1431–1447 Eoigéinias IV
1439–1449 Féilix V
1447–1455 Nioclás V
1455–1458 Caillisteas III
1458–1464 Pius II
1464–1471 Pól II
1471–1484 Sixtus IV
1484–1492 Innocentius VIII
1492–1503 Alastar VI
1503 Pius III
1503–1513 Iúlias II
1513–1521 Leon X
1522–1523 Haidrián VI
1523–1534 Cleimint VII
1534–1549 Pól III
1550–1555 Iúilias III
1555 Maircileas II
1555–1559 Pól IV
1559–1565 Pius IV
1566–1572 Pius V
1572–1578 Gréagóir XIII
1585–1590 Sixtus V
1590 Urbánas VII
1590–1591 Gréagóir XIV
1591 Innocentius IX
1592–1605 Cleimint VIII
1605 Leon XI
1605–1621 Pól V
1621–1623 Gréagóir XV
1623–1644 Urbánas VIII
1644–1655 Innocentius X
1655–1667 Alastar VII
1667–1669 Cleimint IX
1670–1676 Cleimint X
1676–1689 Innocentius XI
1689–1691 Alastar VIII
1691–1700 Innocentius XII
1700–1721 Cleimint XI
1721–1724 Innocentius XIII
1724–1730 Beinidict XIII
1730–1740 Cleimint XII
1740–1758 Beinidict XIV
1758–1769 Cleimint XIII
1769–1774 Cleimint XIV
1775–1799 Pius VI
1800–1823 Pius VII
1823–1829 Leon XII
1829–1830 Pius VIII
1831–1846 Gréagóir XVI
1846–1878 Pius IX
1878–1903 Leon XIII
1903–1914 Pius X
1914–1922 Beinidict XV
1922–1939 Pius XI
1939–1958 Pius XII
1958–1963 Eoin XXIII
1963–1978 Pól VI
1978 Eoin Pól I
1978–2005 Eoin Pól II
2005–2013 Beinidict XVI
2013– Proinsias

parthas noun *paradise*: Gairdín Pharthais, *pl.* Grianbhrugha Pharthais, *pl.* na Grianbhrugha, Tír Tairngire.

parúl noun ❶ *parole*: cead, ceadúnas, focal, onóir; lamháil. ❷ *injunction, prohibition*: pearúl; bac, cosc, foráil, foráileamh, smacht, smachtbhanna, urbhac, urghaire; rabhadh.

pas noun ❶ *pass (in examination)*: rath. ❷ *leave to go*: cead, cead imeachta. ❸ *passport*: clóchead, paspart. ❹ *bit, spell*: aga, aimsir, am, atha, babhta, bomaite, móiméad, nóiméad, paiste, píosa, scaitheamh, seal, sealad, soicind, tamaillín, tamall, tamall gearr, téarma, tráth, treall, tréimhse, uain, uair.

pasáil[1] verb *press down, tread, trample*: gabh de chosa i, satail, taltaigh; déan cis ar easair de; seas ar, siúil ar.

pasáil[2] verb *pass (examination)*: éiríonn liom; déan go maith, faigh pas.

pasáiste noun ❶ *passage, sea-crossing*: aistear, aistear farraige, muirbhealach, turas farraige; *literary* tairmtheacht. ❷ *passage-way, corridor*: dorchla, halla, póirse; áiléar, clabhstra, stuabhealach.

pastae noun *pasty, pie*: pí, pióg, toirtín; maist.

pastaire noun *cheeky fellow, brat*: agóidín, brasaire, dailtín, deiliúsachán, gastaire, maicín, pastaí, pastrachán, plucaire, raispín, smuigín, smuilcín, somachán, stráisiúnaí, sutach, teallaire, *figurative* piollaire.

patachán noun ❶ *leveret*: patachán giorria, pataire giorria; giorria óg, glasmhíol. ❷ *plump person*: pataire, patalach, patalachán, patalán, patalóg, patán, patarán, patarún, patlachán; bleitheach, bleitheachán, boglachán, bograchán, boilgíneach, bolgadán, bolgaire, bolmán, bolmán béice, bró, brúchtíneach, bruileach, bruilíneach, brúitín, brúitíneach, builtéar, builtéir, buimbiléad, búiste, búistéir, bumbailéir, burla, burlaimín, burlamán, ceaigín, claiséir, daba, geoiseach, lamhnán, méadlach, méadlachán, móta, páin, páinseach, páinteach, pántrach, peasánach, plobaire, plobar, plobrachán, plumaire, pluspa, pogaí, pórc, praota, prochán, siotalach; alaisceach, mangarsach, muirleog, samhdóg, sodóg, torpóg.

patról noun *patrol*: aire, coimeád, coimhéad, faire, faireachán, fairís, fairtheoireacht, feighlíocht, fosaíocht, garda, monatóireacht, póilíneacht, seiceáil, stádar, taiscealaíocht.

patrún

patrún noun ❶ *pattern, design:* pátrún; dearadh, gréas, gréasán; faisean. ❷ *model, sample:* cuspa, eiseamláir, fréamhshamhail, mionsamhail, múnla, samhail, sampla.

pátrún noun ❶ *patron:* coimirceoir, cosantóir, urra; custaiméir, gnáthóir; banphátrún. ❷ *patron saint:* éarlamh, naomhéarlamh; banéarlamh. ❸ *pattern, saint's day:* féile, lá fhéile, turas; coimhthiolán.

patuaire noun ❶ *tepidity:* boige, fionnuaire, leamhfhuaire, toifliúine, toifliúineacht. ❷ *apathy:* dímhothú, easpa suime, fuacht, fuaraigne, fuaraigeantacht, fuaráil, fuarálacht, fuarchúis, fuarspreosaí, fuarthé, marbhántacht, neamhchorrabhuais, neamhchúis, neamhfhonn, neamhiontas, neamhshuim, spadántacht; bheith ar nós cuma liom.

patuar adjective ❶ *lukewarm:* alabhog, bog, bogthe, fionnuar, lagspreosach, leamhfhuar, teipliúin, toifliúin. ❷ *apathetic, indifferent:* fuairnéalach, fuar, fuarálach, fuaránta, fuarbhruite, fuarspreosach, lagspreosach, leamh, marbhánta, neamhaí, neamhshuimiúil, réchúiseach, spadánta; ar nós cuma liom.

péac noun ❶ *peak, point:* bior, biorán, colg, dealg, gob, pointe, rinn, snáthaid, soc, spíce, splinc, *literary* eo; cailg, cealg, ga, lansa; speic, stuaic. ❷ *sprout, shoot:* bachlóg, beangán, buinne, buinneán, buinneog, craobhóg, géagán, péacán. ❸ *thrust, dig:* buille, priocadh, rop, sá, sacadh, sáiteán, sonc, tolgán, truilleán, turraing, *literary* tuinseamh. ❹ *spurt, effort:* iarracht, rábóg, ráig, ríog, rúchladh, rúid, rúideog, ruthag, sacadh, sciuird. verb ❶ *sprout, germinate:* borr, fabhraigh, geamhraigh, gin, ginidigh; fás, forbair, póraigh. ❷ *thrust, prod:* brúigh, broid, griog, prioc, sac, sáigh; brostaigh, corraigh, dreasaigh, dúisigh; soncáil, tabhair sonc do.

peaca noun *sin:* olc, donas; coir, coiriúlacht, colaí, drochiompar, tuisle; gangaid, mailís, mímhorálacht, mínós, mioscais, urchóid, *literary* tairmtheacht.

peacach adjective *sinful:* ciontach, coiriúil, gangaideach, gránna, olc, mailíseach, mínáireach, mímhorálta, mioscaiseach, nimhiúil, nimhneach, peacúil, peacúlach, saobh, saofa, sáraitheach, urchóideach, urghránna. noun *sinner:* duine peacach, duine peacúil, sáraitheoir; daonnaí, duine.

péacach adjective ❶ *peaked, pointed:* barrghéar, barrchaol, biorach, gobach, péacánach, rinneach, spiorach, stuacach. ❷ *showy, gaudy:* craobhlasrach, gáifeach, gairéadach, mórthaibhseach, péacógach, scéiniúil, spiaga, spiagach, spiagaí, straibhéiseach, taibhseach, taibhsiúil, taispeántach. noun *showily-dressed girl:* péacóg; áilleán, áilleacán, áilleagán, bean Domhnaigh, boirdréis mná, bréagán, cailín Domhnaigh, féileacán parlúis, péacóg.

péacadh noun *germination:* fabhraíocht, fabhrú, geamhrú, giniúint, ginidiú; fás, forbairt, teacht chun cinn.

peacaigh verb *sin:* ciontaigh, déan coir, déan olc, déan rud as an tslí, iompair thú féin go dona, mí-iompair thú féin; téigh amú, téigh chun drabhláis, téigh ar seachrán; bris an dlí, sáraigh an dlí.

péacóg noun *peacock* (Pavo cristatus): coileach péacóige; géiseanán, peabhchoileach.

peacúil adjective *sinful:* peacach, peacúlach; ciontach, coiriúil, gangaideach, gránna, olc, mailíseach, mínáireach, mímhorálta, mioscaiseach, nimhiúil, nimhneach, saobh, saofa, sáraitheach, urchóideach, urghránna.

peadairín na gaoithe noun *storm petrel* (Hydrobates pelagicus): foithnín feothain, súipín.

peaindí noun ❶ *tin mug:* canna, canna stáin, ceaintín, muga, sáspan, séibe. ❷ *mashed potatoes:* brúitín; caiblidí, cál ceannann.

peall noun ❶ *skin, hide:* craiceann, leathar, seithe; cneas. ❷ *rug, blanket:* ruga; blaincéad, peallóg, pealltóg, pluid, pluideog, sráideog, súisín, súsa.

peann noun ❶ *pen:* cleite, peann cleite; badhró, peann gránbhiorach, peann tobair; marcálaí, marcóir. ❷ **peann luaidhe** *pencil:* pionsail, pionsail daite, pionsail gluaiste; crián.

peannaid noun ❶ *penitence, penance:* aithrí, breithiúnas aithrí, carghas, caoldeoch, glasmhartra, sacéadach is luaith, tréanas, troscadh, *literary* abstanaid, cádhachas, taithleach. ❷ *pain, punishment:* ainnise, crá, crá croí, cráiteacht, doghrainn, doic, dóing, dóinmhí, fulaingt, pian, pianadh, pioloíd, treighid, *literary* cacht, diach, inneachadh; éiric, *pl.* peiríocha, píonós, purgadóir, purgadóireacht.

peannaideach adjective *penal, painful:* pianúil, pionósach, smachtúil; anacrach, anróiteach, daigheachánach, daigheartha, deacair, deannachtach, diachrach, dian, dochrach, dochraideach, doghrainneach, doirbh, dólásach, donasach, duainéiseach, duamhar, éigneach, frithir, goilliúnach, goimhiúil, leadarthach, míchompordach, nimhneach, pianmhar, piolóideach, ribeanta, tinn, tinneasach, tinneasmhar, treabhlaideach, treascrach, trioblóideach, truamhéalach.

peannaireacht noun *penmanship:* grafnóireacht, graifneoireacht; grafadh, breacadh, breacaireacht, scríobh.

péarla noun *pearl:* mairgréad, néamhann; geam, *pl.* liaga lómhara, seod, *colloquial* seodra.

pearóid noun *parrot:* pearaicít, pioróid; budragár.

pearsa noun ❶ *person:* anam, aonar, aonarán, Críostaí, daonnaí, deoraí, indibhid, neach, neach daonna, pearsantacht, saoránach; bean, duine, fear. ❷ *character* (in play, story): carachtar, duine; fear, bean; páirt, ról.

pearsanta adjective ❶ *personal, private:* pribhléideach, príobháideach, **adjectival genitive** rúin, rúnda, sicréideach. ❷ *personal, individual:* indibhidiúil, príobháideach, sain-, sainiúil, sonrach, tréitheach; ar leith, faoi leith; idirdhealaithe. ❸ *personable:* cairdiúil, caithiseach, cuidsúlach, dathúil, deas, dóighiúil, geanúil, meallacach, slachtmhar, suáilceach, taitneamhach, tarraingteach.

pearsantacht noun *personality:* anam, carachtar, céannacht, eisint, féiniúlacht, indibhidiúlacht, ionannas, mianach, nádúr, ríd, sainiúlacht, *pl.* saintréithe, *pl.* tréithe, uathúlacht.

péarsla noun *warble, warble-fly* (Hypoderma): fárthainn, féirseog, péarsalán, péirseog, péirsil, péirsle; bhéirsil, bhiarsail; damhdhaol.

péas noun ❶ *policeman:* constábla, garda, pílear, póilí, póilín, síothmhaor; bleachtaire, cigire, sáirsint, sirriam. ❷ *colloquial police:* pl. póiliní, pl. póilíos, pl. síothmhaoir; an Garda Síochána, Constáblacht Ríoga na hÉireann, Constáblacht Ríoga Uladh, Seirbhís Phóilíneachta Thuaisceart Éireann.

peasán noun ❶ *purse:* bosán, curraoin, peas, póca, púitse, púitsín, spaga, sparán, splíúchán, tiach, tiachán, tiagh, treaspac, treaspag, *literary* peillic. ❷ *paunch:* ardbholg, bolg, ceaig boilg, ciseachán, collaid, cuadal, feirc, geois, maróg, méadail, riteachán, sceart, séibe, stomán, tarr, torp, torpa, *familiar* corcán.

peasánach adjective ❶ *paunchy:* bolgach, collaideach, geoiseach, marógach, méadlach, stománach, torpach. ❷ *gluttonous:* alpartha, amplach, amplúil, cíocrach, craosach, gionach, goiliúil, longach, ocrach, ocrasach, slogach, suthach, tomhaltach. ❸ *petulant:* achrannach, ainciseach, araiciseach, aranta, cancrach, cantalach, cochallach, coilgneach, colgach, crosta, cuileadach, danartha, deafach, dodach, driseogach, drisíneach, feargach, fraochmhar, gairgeach, goilliúnach, gráinneogach, grusach, iarógach, íortha, pusach, rothánach, smuilceach, spuaiceach, stailceach, stainceach, staincíneach, stalcach, stalcánta, stuacach, stuacánach, stuacánta, stuaiceach, *literary* dreannach, íorach. noun ❶ *paunchy person:* bleitheach, bleitheachán, boglachán, bograchán, boilgíneach, bolgadán, bolgaire, bolmán, bolmán béice, bró, brúchtíneach, bruileach, bruilíneach, brúitín, brúitíneach, builtéar, builtéir, buimbiléad, búiste, búistéir, bumbailéir, burla, burlaimín, burlamán, ceaigín, ceailis, claiséir, daba, geoiseach, lamhnán, méadlach, méadlachán, móta, páin, pántrach, plobaire, plobar, plobrachán, pórc, praota, prochán, riteachán, sceartachán. ❷ *greedy eater, glutton:* ailpéir, alpaire, amplachán, amplóir, anrachán, bláistéir, bleadrachán, calcaire, cíocrachán, cíocrasán, cráisiléad, craosachán, craosaí, craosaire, craosánach, fursaeir, gainéan, gionachán, gliúrach, gliúrachán, gluitéir, glutaire, goileadán, goilíoch, gorb, graoisín, longaire, málaeir, ocrachán, ocrasán, placaire, póitreálaí, scloitéir, slamaire, slogaire, slogamóir, slogánach, suthaire, tomhaltóir. ❸ *petulant person:* ainciseoir, cancrán, cantalóir, cnádán, cnádánaí, cnáimhseálaí, cnáimhseoir, deimheastóir, drantánaí, dris, gargaire, gráinneog, grusaí, nimheálaí, duine dáigh, nathair, sceach, searbhán, speig neanta, staincín, stuacachán, stuacán, tormasaí, tuaifisc.

peata noun ❶ *pet:* bródach, buachaill bán, leoinín, muirnín a mháthar, úillín óir, *literary* treiteall, rob. ❷ **peata gan mhúineadh** *unmannerly child:* dailtín, garlach, gealtán, grabaire, maistín, rata linbh, teallaire; bromach, peata caillí. ❸ **peata lae** *fine day (in spell of bad weather):* aiteall, aoinle, dealán, gealán, gealas, lascaine.

peataireacht noun ❶ *petting, fondling:* croídín, diurnú, giolamas, giollamas, glacaireacht, gráin, láchín, láinteacht, mán mán, manaois, muirnéis, muirníneacht, muirniú. ❷ *pettish, childish behaviour:* cantal, leanbaíocht, páistiúlacht, pleidhcíocht, pusaíl, pusaireacht, siotaíocht, smutaireacht.

peidléir noun *peddlar:* ceannaí, díoltóir, gáinneálaí, giurnálaí, hácaeir, jabaire, joltaeir, mangadaeir, mangadóir, mangaire, pacaire, tráchtálaí, trádálaí, triallaire earraí.

peidléireacht noun (*act of*) *peddling:* gáinneáil, hácaeireacht, pacaireacht; hocstaeireacht, huigistéar, jabaireacht; déileáil, díolachán, díoltóireacht, mangaireacht, margáil, margaíocht, margántaíocht, ocastóireacht, reacaireacht, tráchtáil, trádáil.

peig noun *peg:* bacán, cnioga, cranntairne, crúca, maide, pioga, pionna, tairne, stacán.

peil noun ❶ *football:* caid, liathróid. ❷ *large potato, large turnip:* fadhb, fáiméad, fairceallach, meallamán, piarda.

peileadóir noun *footballer:* fear caide, imreoir; cúl báire; báireoir.

péine noun *pine, pine tree:* déil, giúis, giúsach.

péineas noun *penis:* bachall, ball fearga, biach, bod, bodán, boidín, feam, geineadán, sceidín, scibirlín, slat, toilfhéith, *pejorative* cuiteog; breall, caiseal. *familiar terms:* bata, blúcán, capall bán, cara na mban, cleith, coinneal, cóngar, crann clis, cuideal, diúdlamán, diúidiliom, diúidl, earc luachra, éinín, falcaire an tinteáin, feirc, fliúit, ga, gimidiúit, giota, gléas, leaid, maide bradach, maide milis, maiste, meamar, meana, moncaí, píce, pílí, pilibín, pioga, pionna, píosa, pruic, rógaire, sáfach, sáiteán,

scadán, scathachán, scoithín, sconnaire, scothach, slibire, smachtín, snáthaidín táilliúra, stáca, súiste, tailí-bhaigear, tairne.

peinicillin noun *penicillin:* antaibheathach, frithbheathach; einreoflacsasain.

péint noun *paint:* dath, dathú, dathúchán, imir, lí.

peinteagán noun *pentagon:* cúigeán.

péinteáil verb ❶ *paint, decorate:* dathaigh, maisigh; clúdaigh le péint, cuir dath ar, cuir péint ar, deann, déan péinteáil ar; cóirigh, maisigh, oirnéal, ruaimnigh. ❷ *paint, do painting of:* déan pictiúr de, déan portráid de, déan muirdhreach, déan tírdhreach, línigh.

péintéir noun ❶ *painter, decorator:* fear péinteála, maisitheoir. ❷ *painter, artist:* ealaíontóir, línitheoir, múnlóir, portráidí, sceitseálaí, tarraingeoir portráidí.

péintéireacht noun *painting:* líodóireacht; canbhás, pictiúr; portráid; ábhar neamhbheo, muirdhreach, tírdhreach.

péire noun ❶ *pair:* cúpla, dias, dís. ❷ *couple (of persons):* beirt, cúpla, dias, dís, lánúin, *literary* déidhe.

péireáil verb *pair:* comhcheangail, ceangail, cuir le chéile, cúpláil, meaitseáil.

peiriméadar noun *perimeter:* fad faoi gcuairt, forimeall, imchiorcal, imlíne, tacmhang, timpeall.

peiriúic noun *peruke, wig:* brasfholt, bréagfholt, folt bréige.

peirsil noun ❶ *parsley (Petroselinum crispum):* eigrim, fionnas, fionnas garraí, pearsáil, peirse garraí, peirsile, peirsille, pirsile. ❷ **peirsil bhó** *cow parsley (Anthriscus sylvestris):* cos uisce, cuiseog, dathabha, faidhf, gleorán séacach, gleorán séagach, pléascán.

peirspeictíocht noun *perspective:* amharc, dealramh, deisiúr, lánléargas, léargas, radharc, radharc aníos, radharc anuas; aigne, dearcadh, fráma tagartha, intinn, leagan amach, meon, seasamh, suíomh.

péist noun ❶ *beast, reptile, monster:* airp, alltán, amhailt, anchúinse, anchúinseacht, arracht, arrachtach, badhbh, basailisc, béist, bocán, bocánach, brúid, brúta, ciméara, dragan, dragún, each uisce, ginid, greall, ollphéist, onchú, rínathair, séansaí, sfioncs, síofra, vuibhearn, *literary* scál. ❷ *worm:* agaill, caideog, cuiteog, péisteog, péistín, piast; cruimh, crumhóg, larbha. ❸ *worm (used in distillation):* cam stile, vorm.

peitreal noun *petrol:* artola, dó-ola, peitriliam; ceirisín, díosal, paraifín; hidreacarbón.

péitse noun *page, errand-boy:* bonnaire, dáileamh, giolla, peáitse, pursuant, searbhónta, seirbhíseach, teachta, teachtaire.

péitseog noun *peach:* neachtairín.

piachán noun *hoarseness, throatiness:* cársán, ciach, ciachán, cliath, gearranáil, píobarnach, píopáil, píopaireacht, rúcach, scarbhach, sceach i scornach, seordán, slócht, *familiar* píoblach; casacht, cliath, plúchadh, *pl.* putha patha, seordán, tocht; asma, cneadaíl, plúchadh; bhí ga seá ann, bhí saothar air.

piachánach adjective *hoarse, throaty:* cársánach, ciachánach, píobtha, scornúil, slóchtach.

pian noun ❶ *pain:* pianadh; arraing, broidearnach, deann, diachair, diúracadh, *pl.* freangaí, greadán, greadfach, greim, greim reatha, ríog, saighead reatha, tinneas, tinníocht, treighdeán, treighid, *literary* gúire, iodha. ❷ *punishment:* ceartú, cúradh, éiric, peannaid, pianadh, pionós, pionús, *literary* diach, inneachadh; díre, éiric, fíneáil, fíneáil, léasadh, meirse, pionósú, príosúnacht, príosúntacht, smachtú, *literary* eineachlann, inneachadh; díoghail, díoltas. verb ❶ *pain:* beophian, cneáigh, cráigh, créachtaigh, donaigh, gearr, goill, goin, gortaigh, íospair, martraigh, mill, sclár, spól, stiall,

pianadóir
literary sléacht. ❷ *punish:* ceartaigh, cuir faoi smacht, cuir pionós ar, cúr, smachtaigh, srian, tabhair an tslat do, tiarnaigh do.

pianadóir noun *tormentor, punisher:* céasadóir, céastúnach, ciapaire, clipire, ciústúnaí, sciúrsálaí, *literary* riaghaire; básadóir, básaire, crochadóir, crochaire, neascóid.

pianmhar adjective *painful:* daigheachánach, daigheartha, deannachtach, diachrach, dochrach, dochraideach, doghrainneach, donasach, duainéiseach, duamhar, éigneach, frithir, gangaideach, goimhiúil, goineach, goiniúil, leadarthach, míchompordach, nimhneach, peannaideach, piolóideach, ribeanta, tinn, tinneasach, tinneasmhar, treabhlaideach, treascrach, trioblóideach, truamhéalach.

pianmhúchán noun *pain-killer:* anailgéiseach, cógas faoisimh; aspairín; suaimhneasán, suanchógas, suanlaíoch, támhshuanach.

Péisteanna

acanthocephalan (*féach* **spiny-headed worm**)
acorn worm (genus *Enteropneusta*): péist *f.* dearcáin
annelid (phylum *Annelida*): anailid *f.*
arrow worm (phylum *Chaetognatha*): saighead *f.* mhara
ascarid (*Ascaris lumbricoides*): ascairid *f.*
bamboo worm (family *Maldanidae*): péist *f.* bambú
beard worm (phylum *Pogonophora*): péist *f.* fhéasógach
bladder worm (genus *Cestoda* [larva]): péist *f.* lamhnáin
blood fluke (*Schistosoma* sp.): puchán fola; scisteasóma
bloodworm (*Tubifex costatus*): péist *f.* fola
bootlace fluke (*féach* **blood fluke**)
brandling worm (*féach* **redworm**)
bristle worm (genus *Polychaeta*): péist *f.* ghuaireach
candy striped worm (*Prosthecereaus vittatus*): leithphéist *f.* stríoca candaí
catworm (family *Nephtyidae*): catphéist *f.*
chaetognath (*féach* **arrow worm**)
coiled tube worm (*Spirobis* sp.): tiúbphéist *f.* chorntha
common earthworm (*Lumbricus terristris*): cuiteog *f.*; agaill *f.*
dungworm (*féach* **redworm**)
earthworm (order *Terricolae*): péist *f.* talún
estuary ragworm (*Nereis diversicolor*): raga inbhir
eye worm (*Loa loa*): péist *f.* súile
fan worm (family *Sabellidae*): feanphéist *f.*
feather duster worm (*Sabellastarte* sp.): péist *f.* chleiteoige
filaria (*Filaria medinensis*): péist *f.* fhioláireach
fireworm (family *Amphinomidae*): péist *f.* loiscneach
flatworm (phylum *Platyhelminthes*): leithphéist *f.*
fluke (*Trematoda, Monogenea*): puchán
gapeworm (*Syngamus trachea*): péist *f.* scornaí
gardian worm (genus *Gordioidea*): péist *f.* shnaidhme
greenleaf worm (*Eulalia viridis*): phéist *f.* ghlasduille
green paddle-worm (*Phyllodoce* sp.): rámhach glas
Guinea worm (*Dracunculus medinensis*): nathair *f.* loiscneach
hairworm (*féach* **horsehair worm**)
heartworm (*Dirofilaria immitis*): croíphéist *f.*
helminth: péist *f.* sheadánach; péist *f.* bhoilg
honeycomb worm (*Sabellaria alveolata*): péist *f.* mhilteogach
hookworm (family *Ancylostomidae*): péist *f.* chrúcach
horsehair worm (*Gordius* sp.): péist *f.* ribeach
horse leech (*Haemopis sanguisuga*): súmaire capaill
keel worm (*Pomatoceros lamarcki*): cílphéist *f.*
kidney worm (*Dioctophyme renale*): péist *f.* duáin
king rag (*Nereis virens*): ríraga
leech (genus *Hirudinea*): súmaire; géaraide goinide
liver fluke (*Fasciola hepatica*): puchán ae; leith *f.* uisce
lobworm (*féach* **lugworm**)
lugworm (family *Arenicolidae*): lugach; luga
lungworm (*Dictyocaulus viviparus*): péist *f.* scamhóige
mesozoan (phylum *Mesozoa*): méasasóch
mopane worm (*Imbrasia belina*): mópáine *f.*
nematode (*féach* **roundworm**)
nemertine worm (phylum *Nemertea*): péist *f.* neimirtíneach
nereid (family *Nereidae*): raga; ruarámhach
oligochaete (genus *Oligochaetae*): olagacaetach
paddle worm (family *Phyllodocidae*): rámhach
palolo worm (family *Eunicidae*): eoinicid *f.*
parchment worm (*Chaetopterus variopedatus*): péist *f.* mheamraim
peacock worm (*Sabella pavonina*): péist *f.* phéacóige
peanut worm (phylum *Sipuncula*): péist *f.* phis talún
phoronid (phylum *Phoronida*): fóranid *f.*
pinworm (*Enterobius vermicularis*): snáthphéist *f.*
platyhelminth (*féach* **flatworm**)
pogonophoran (*féach* **bearded worm**)
polychaete (*féach* **bristleworm**)
pot worm (family *Enchytraeidae*): potphéist *f.*
proboscis worm (phylum *Priapulida*): péist *f.* phróboscais
pterobranch (genus *Pterobranchia*): teireabrancach
ragworm (*Perinereis cultrifera*): raga baoite
rainworm (*féach* **earthworm**)
red ribbon worm (*Lineus ruber*): péist *f.* dhearg neimirtíneach
redworm (*Eisenia foetida*): ruaphéist *f.*
rhombozoan (phylum *Rhombozoa*): rombasóch
ribbon worm (*féach* **nemertine worm**)
roundworm (phylum *Nematoda*): cruinnphéist *f.*
sand mason (*Lanice conchilega*): péist *f.* fheadáin trá
scale worm (family *Aphroditidae*): péist *f.* ghainneach
sea mouse (*Aphrodita aculeata*): luch *f.* mhara
serpulid worm (family *Serpulidae*): péist *f.* sheirpíneach
sludge worm (family *Tubificidae*): péist *f.* láibe
spiny-headed worm (phylum *Acanthocephala*): péist *f.* cheannspíonach
spoonworm (phylum *Echiura*): péist *f.* spúnóige
strongyle (*Strongylus* sp.): strongail *f.*
tapeworm (genus *Cestoda*): péist *f.* ribíneach
thorny-headed worm (*féach* **spiny-headed worm**)
threadworm (*féach* **pinworm**)
tongueworm (genus *Pentastomida*): péist *f.* teanga
toxocara (*Toxocara canis*): cruinnphéist *f.* mhadra
trematode (*féach* **fluke**)
trichinia (*Trichinia spiralis*): tricíne *f.*
tube worm (family *Spirobidae*): tiúbphéist *f.*
tubifex (*féach* **bloodworm**)
vinegar eel (*Turbatrix aceti*): cruinnphéist *f.* fínéagair
whipworm (*Trichocephalus trichiura*): fuip-phéist *f.*

pianó noun *piano:* mionphianó, mórphianó, pianó cearnógach, pianó ingearach, pianó troitheánach; clárchruit, virgineal; luibheanchlár, orgán.

pianpháis noun *anguish, agony of suspense:* anbhuain, buaireamh, buairt, conaphian, imní, imníthí, imshníomh, líonraith, mishuaimhneas, neirbhís, scaoll, trintealach.

pianseirbhís noun *penal servitude:* cimeachas, cimíocht, géibh, géibheann, géibheannas, géibhinn, príosúnacht, príosúntacht; anbhroid, broid, daoirse, daoirseacht, daoirsine, daorbhroid, daorsmacht, géillsine, géillsineacht, moghsaine, sclábhaíocht, *literary* cacht.

piara[1] noun *peer:* flaith, prionsa, tiarna, triath; barún, bíocúnta, diúc, iarla, marcas; bantiarna; banbharún, bandiúc, banmharcas, bíocúntaois, cúntaois.

piara[2] noun ❶ *pier, support:* colún, cuaille, frapa, piléar, taca, uaithne. ❷ *pier, jetty:* cé, céibh; lamairne, réchaladh.

piarálach noun *pompous person, panjandrum:* duine mórálach, duine mórchúiseach, piaránach; bladhmaire, bóibéisí, buaiceálaí, buaileam sciath, gaige, gaigín, gaisceachán, gaisceoir; saoithín.

piarda noun ❶ *huge person, huge thing:* alpán, béinneach, bleitheach, bléitheach, bleitheachán, burla, cleithire, corránaí, daigéad, fáiméad, fairceallach, fámaire, mullachán, páinteach, pánaí, pantar, píle, pílí, plíoma, rampaire, rúbóg, rúpach, rúplach, sail, seibineach, staiféalach, tiarpa, torpán. ❷ *important person:* ball mór, boc mór, boicín, ceithearnach, ceithearnach duine uasail, cnapán duine uasail, gearrbhodach, glasbhoicín, gróintín, iasc mór, lus mór, pl. maithe agus móruaisle, oirirceach, pluga, ridire an pharóiste; pl. bodaigh mhóra, pl. daoine mór le rá, pl. saoithe an pharóiste, sracdhuine uasal, torclach, *figurative* tapar; is mór an lán béil é.

piardáil verb *rummage, ransack:* cíorláil, cuardaigh, cuartaigh, ransaigh, rútáil, saibhseáil, saibhsigh, scag, siortaigh, taighd.

piardóg noun *crawfish (Palinurus elephas):* béardóg, cráifis, cráifisc, méardóg, piardóg, gabhal mara, gliomach Muire.

piasún noun *pheasant (Phasianus colchicus):* coileach feá, cearc feá, feasan, gailléan.

píb noun ❶ *(musical pipe):* píb uilleann, pl. píoba; coinlín ceoil, cuisle, feadán, feadóg, píob, píopa. ❷ *windpipe:* píob, píobán, píopán, stéig, stéig bhráid; faraing. ❸ *throat, neck:* píob, píobán, bráid, brollach, cúláire, diúlfaíoch, laraing, muineál, píopán, sceadamán, scornach, scrogall, scroig, smiolgadán, súsán; giobús, gionchraos, *literary* gibhis.

pic noun *pitch:* tarra; biotúman, bitiúman; bí.

píce noun ❶ *pike:* sleá, *literary* manaois. ❷ *fork, hayfork:* forc, gabhal, gabhlóg, graeip, graeipe, ladhar, ladhrán, ladhróg, sprang, sprong, spronn. ❸ *peak (of cap):* feirc, speic, spleic.

picnic noun *picnic:* cóisir faoin aer, féasta, scot; barbaiciú, fulacht.

pictiúr noun ❶ *picture, painting:* íomhá, líníocht, péintéireacht, portráid, sceitse; cosúlacht, dreachadh, grianghraf. ❷ *film, cinema:* scannán; pictiúrlann, pl. na pictiúir. ❸ *is í an pictiúr mná í she is a remarkably fine woman:* is spéirbhean í, is álainn an bhean í, is breá an bhean í, is dóighiúil an bhean í; tá gnaoi uirthi, tá sí insúl, ní de shúil shalaigh ba chóir breathnú uirthi. ❹ *is é pictiúr a athar é he is the image of his father:* is aithriúil an mac é, is é a athair ina steilibheatha é, níl aon oidhre ar a athair ach é.

pictiúrlann noun *cinema:* cineama, pictiúr, pl. na pictiúir.

pigín noun *piggin, pail:* árthach, beiste, buicéad, calán, canna, capán, ceaintín, cíléar, clogaidín, croca, crúiscín, crúsca, feadhnach, giústa, gogán, leastar, muga, paol, peaindí, pota, potán, próca, searróg, soitheach, stópa, umar, *literary* síothal.

pigmí noun *pygmy:* abhac, beagadán, beagaidín, ceairliciú, cnádaí, crabadán, cruachán, draoidín, dúidlín, duine beag, fear beag, fíothal, gilidín, gilmín.

piléar noun *bullet:* urchar; millín, sliogán, sluga; rois, grán.

piléar noun ❶ *pillar, support:* áighe, colún, cuaille, frapa, piara, stóinse, taca, uaithne, *literary* ochtach. ❷ **piléar de dhuine** *tall man:* brísteachán, camalóid, cleith, cleithire, cliathramán, cnábaire, cnuachaire, coinnleoir, cuirliún, cuirliúnach, fadaíoch, gailléan, gallán, gleidire, ioscadán, langa, léanscach, léanscaire, píle, pílí, próiste, rúpach, rúplach, reanglamán, scodalach, sconnartach, sínéalach, spíce, spreota, sreangaire.

Pilib an gheataire noun *crane-fly, daddy-long-legs (family Tipulidae):* brobh i dtóin, corrchuil, creabhar caol, fíodóir, galán, galán gasach, Pilib an gheataire, pilibín eitre, ruamann na gcoinneal, seanduine na gcos, snáthadán, snáthadán cogaidh, snáthadán an diabhail, snáthadóir cogaidh, snáthaid an diabhail, snáthaid an phúca, tuirne Mhuire.

pilibín noun ❶ *plover (Charadrius):* feadóg. ❷ *lapwing, peewit (Vanellus vanellus):* adhaircín, filibín, pilibín míog, saotharcán, saothorcóg. ❸ *tiny person:* abhac, abhcán, aircín, arcán, beagadán, beagaidín, boiric ó ciú, ceairliciú, cnádaí, crabadán, cruachán, cruiteachán, draoidín, dreancaid, dúidlín, duine beag, fear beag, fíothal, firín, gilidín, gilmín, sceoidín, scidil, sprúille, triuchaide, *figurative* fíodóir; bean bheag, beainín, caillichín, gortóg. ❹ *penis:* bachall, ball fearga, biach, bodán, boidín, feam, geineadán, péineas, sceidín, scibirlín, toilfhéith. *familiar terms:* bata, bliúcán, capall bán, cara na mban, cleith, coinneal, cóngar, crann clis, cuideal, diúdlamán, diúidiliom, diúidl, earc luachra, éinín, falcaire an tinteáin, feirc, fliúit, ga, gimidiúit, giota, gléas, leaid, maide bradach, maide milis, maiste, meamar, meana, moncaí, píce, pílí, pionna, píosa, pruic, rógaire, sáfach, sáiteán, scadán, scathachán, scoithín, sconnaire, scothach, slat, slibire, smachtín, snáthaidín táilliúra, tailí-bhaigear, tairne. *pejorative* cuiteog.

piliúr noun *pillow:* adhairt, babhstar, bolastar, ceannadhairt, cearchaill, cúisín, pillín.

pillín noun ❶ *pillion:* cúlóg, pilliún. ❷ *small cushion, pad:* ceap, cochall, cúisín.

pinc adjective *pink:* bándearg, liathdhearg, pinc, rósdhaite, silíneach; ar dhath an róis; liathchorcra.

pincín noun *minnow, "pinkeen" (Phoxinus phoxinus):* bodairlín, bricín, geasán, gilidín, líbín.

pincín noun *gillyflower, carnation (Dianthus):* caoróg léana, lus na gile; lus síoda.

pingin noun *penny:* biblical déanáir, biblical déanar; airgead rua, bonn rua, ceint, cianóg, cianóg rua, feoirling, leathphingin, leithphingin, screaball, screapall; (with negative) dath an rí rua.

pinniúr noun *gable, gable-end:* pinniúir; binn, tóin an tí.

pinse noun *pinch (a small amount):* beagán, blaisín, deannóg, gráinne, gráinnín, pinsín; fogha, niacha, ruainne, smeachán, teadhall.

pinsean noun *pension:* liúntas, *familiar* bunchíos; íocaíocht, lamháltas; leas sóisialta.

pinsinéir noun *pensioner:* aostach, ársach, duine aosta, riadaire, seanduine, seanfhear, seanfhondúir, seanóir; seanbhean; cnoba, crandúir, crannfhear, créice, créice críon, críonán, críontach,

píobaire
críontachán, crunca, dromhlaíoch, feoiteachán, feosachán, foirfeach, patrarc, sinsear, sinsearach; cailleach, cráintín, seanchailín, seanmhaighdean.

píobaire noun ❶ *piper:* cuisleannach, feadánach, píopaire. ❷ **píobaire fraoigh** *grasshopper (family Acrididae):* ceolán, cosach, corr chaol, criogar féir, crucaide caoráin, dorsán, dreoilín teaspaigh, dreolán teaspaigh, finnín feoir, míol féir, pilibín eitre, scadáinín féir; bruch, lócaiste. ❸ **píobaire teallaigh** *cricket (family Gryllidae):* coileach na luatha, criocaide, criocar, criocard, criogar, criogar iarta, gligear, preabaire an tinteáin, urchuil; ciocáid.

píobaireacht noun *pipe-playing, bagpipe music:* cuisleannacht, feadánacht; ceol na bpíob.

píobán noun ❶ *pipe:* feadán, píb, píob, píopa. ❷ *windpipe:* píb, píob, píopán, stéig, stéig bhráid. ❸ *throat:* bráid, brollach, cúláire, diúlfaíoch, éasafagas, geocán, giobús, gionchraos, laraing, muineál, píb, píob, píopán, sceadamán, scornach, scrogall, scroig, smiolgadán, súsán, *literary* gibhis.

píoblach noun *pip (in fowl):* dioc.

pioc¹ noun *bit, jot, whit, iota:* adamh, blas, cáithnín, ceo, coirpín, corpán, cuid, dada, dath, dúradán, fríd, frídín, leid, mír, móilín, pioc, tada.

pioc² verb ❶ *pick, pluck:* prioc; cluimhrigh, sciob, snap, tarraing. ❷ *select, choose:* prioc, roghnaigh, togh; buail crann ar. ❸ *gather:* bailigh, bain, cnuasaigh, cruinnigh, gearr, lom, prioc, sábháil, teaglamaigh, tiomairg, tiomsaigh. ❹ *preen, spruce:* prioc; ceartaigh, cluimhrigh, coigeartaigh, cóirigh, eagraigh, feistigh, glan, íonghlan, leasaigh, pointeáil, réitigh, oiriúnaigh, sciomair, socraigh; cuir an cipín mín ar, cuir an tslis mhín ar, cuir bailchríoch ar, cuir barr feabhais ar, cuir dreach ar, cuir sclíop ar, cuir slacht ar.

piocadh noun *picking, pick:* rogha, rogha agus togha, togha, toghadh; cróch na craoibhe, piocarsach, plúr, scoth, *literary* gaoine; an sméar mhullaigh.

pioctha adjective *neat, spruce:* piocúil; comair, comhdhlúite, conláisteach, cúirialta, deas, deismir, dlúth, fáiscthe, galánta, néata, ordanáilte, ordúil, oirní, pointeáilte, slachtmhar, tanaí, triopallach; gan barr cleite isteach ná bun cleite amach.

píóg noun *pie:* pastae, pí, toirtín; maist.

piollaire noun ❶ *pill:* piolla, táibléad. ❷ *pellet:* meall, millín, piolla. ❸ *figurative brat:* agóidín, brasaire, contrálaí linbh, dailtín, maicín. pastaí, pastaire, pastrachán, raispín, smuigín, smuilcín, somachán, sutach, teallaire.

piollaire noun *bung, stopper:* corc, dallán, dochtán, dúnstopadh, plocóid, pluga, spiogóid, stoipéad, stopaide, stopallán.

piolóid noun ❶ *pillory:* píolóid, píolóir; cantaoir, ceap, goincheap, muincheap. ❷ *torture:* beophianadh, céasadh, ciapadh, clipeadh, cnámhghearradh, cnámhghoin, conaphian, crá, cránas, diachair, *pl.* freangaí, *pl.* íona, martra, oighear, páis, pianadh, pianpháis, *pl.* pianta, *pl.* peiríocha, racáil, scóladh.

piolóideach adjective ❶ *agonizing, tormenting:* coscrach, cráite, deannachtach, diachrach, dochrach, dochraideach, doghrainneach, frithir, gangaideach, goineach, goiniúil, léanmhar, míchompordach, nimhneach, pianmhar, ribeanta, tinn, urchóideach. ❷ *fretting, querulous:* ainciseach, aingí, banránach, cancrach, canránach, cantalach, ceasachtach, ceasnúil, ceisneamhach, ciarsánach, clamhsánach, coilgneach, cuileadach, éagnach, fuasaoideach, gearánach, gluaireánach, gráinneogach, greannach, imníoch, milleánach, mosánach, spuaiceach, tormasach.

píolóta noun *pilot:* stiúrthóir, treoraí, tiománaí, *literary* luamh, *literary* luamhaire.

pioncás noun *pincushion:* bioránach, puncás.

pionna noun ❶ *pin, peg:* bacán, biorán, cnioga, cranntairne, crúca, maide, peig, stang, tairne, *literary* eo; slaidín. ❷ *pl.* **pionnaí** *ninepins:* *pl.* cibleacháin, *pl.* scidilí

pionós noun *penalty, punishment:* ceartú, cúradh, peannaid, pian, pianadh, pionús, *literary* diach, inneachadh; díre, éiric, fíneáil, meirse, pionósú, *literary* eineachlann; díoghail, díoltas.

pionsail noun *pencil:* pionsail daite, pionsail gluaiste; peann luaidhe; crián.

pionsóir noun *fencer, swordsman:* claimhteoir, claimhtheoir, lannaire; máistir pionsa; gliaire.

pionsóireacht noun *fencing (with sword):* claimhteoireacht, claimhtheoireacht, pionsa, pionsaíocht

pionsúr noun *pincers:* peansúr, pionsar, castaire, greamaire, spíoladóir, teanchair, teangas; pionsúirín.

píopa noun *pipe:* feadán, feadóg, píb, píob, píobán, píopán.

píopáil noun ❶ *wheezing:* cársán, ciach, piachán, píobarnach, píopáil, píopaireacht, slócht; casacht, cliath, *pl.* putha patha, seordán, tocht, *familiar* píoblach. ❷ *choking, stifling:* lánmhúchadh, múchadh, plúchadh, scornaíl, tachtadh.

píoráid noun *pirate:* foghlaí mara, *literary* uiging.

piorra noun *pear (Pyrus):* péirín.

píosa noun ❶ *piece, portion:* codán, cuid, earnáil, giota, páirt, roinn, scair, sciar, teascán, teascóg, *literary* urrann.

píosáil verb *piece together, patch:* cuir le chéile, cuir i dtoll a chéile; cuir paiste air, cuir preabán air, déan caibléireacht ar, déan paisteáil air, deasaigh, deisigh, paisteáil; cuir bail ar, cuir caoi ar.

piostal noun *pistol:* piostal uathoibritheach; castóir, gunnán, gunna.

pis noun *pea, pea-plant (Pisum, Lathyrus):* pischineálach; peasair, pis chumhra, *colloquial* piseánach; glasra pischineálach, léagúm, pónaire.

piscín noun *kitten:* piscín cait; caitín, pisín, puisín.

piseog noun ❶ *charm, spell:* pisreog; breachtraíocht, briocht, dícheadal, *pl.* geasa grá, geasróg, ortha, *literary* eipistil, *colloquial* breachtradh; lusróg, upa, upaidh; ciorrú, drochshúil, mothú, *literary* fiothnaise. ❷ *pl.* **piseoga** *superstitions:* baothchreideamh, comhrá cailleach, *pl.* geasróga, geis, saobhchreideamh.

piseogach adjective ❶ *practising spells:* pisreogach; geasrógach, upthach. ❷ *superstitious:* baothchreidmheach, geasrógach, pisreogach, saobhchreidmheach.

pit noun *vulva:* *pl.* báltaí, *literary* bolgtholl, clais, grabaid, grabhaid, pis; geadán, meabhal, nádúr, náire, *familiar* bogha ceatha, cailín báire, cailleach ribeach, gnás, gráta, leidhbín, moirtís, portús, séanas, siméar; faighin; tomán.

piteog noun *effeminate man, cissy:* duine baineanda, geospailín, piteachán, piteán, *familiar* beití, bideach, bleitheog, blióg, cábún, péileacán, seanchearc d'fhear, Síle, sióg, *figurative* gamhain garraí, gamhain samhraidh.

piteogacht noun *effeminacy:* baineandacht, bandacht, piteántacht; boige, geospaltacht, tláithe.

pitséar noun *pitcher:* pitséir; crocán, crogán, crúiscín, crúsca, pigín, soitheach; árthach, beiste, calán, canna, ceaintín, cíléar, cuach, gogán, leastar, próca, scála, searróg, soitheach, stópa.

piúratanach adjective *puritanical:* caolaigeantach, ceartaiseach, cráifeach, cúisiúil, diaga, maothchráifeach, róchúisiúil, saoithíneach, **adjectival genitive** seanchailín, **adjectival genitive** seanmhaighdine; aiséitiúil, dian, diantréanach, gann, géar, lom, Spartach. noun *puritan:* cráifeachán, duine ceartaiseach, morálaí, seanchailín, seanmhaighdean, seargánach, saoithín, vóitín, aiséiteach, Spartach.

plá noun ❶ *plague, pestilence*: aicíd, calar, galar, galar mór, támh, támhghalar, *literary* teidhm. ❷ *(of person) pest*: bearránach, ceatánaí, ciapadh, clipeadh, crá, crá croí, fadharcán, núis, sciúirse.

plab noun *plop, splash*: flap, pleist, plimp, spleais, spreachall, steall, steallóg. verb ❶ *plop*: déan pleist, déan plimp, tit de flap, tit de phleist, steall. ❷ *slam, bang*: buail, buail amach, buail isteach, buail pléasc, buail tailm, pleanc, pléasc

plac verb *eat greedily, gobble*: alp, pramsáil, slog; ith go cíocrach.

placadh noun *(act of) gobbling*: alpadh, slaimiceáil, slamairt, slóbairt, slogadh, smalcaireacht.

placadh siollaí noun ❶ *gobbledegook*: gibiris, alamais, alamais chainte, breilliceáil, brille bhreaille, brilléis, camalanga, deilín, gaotaireacht, glígíneacht, gliogairnéis, gliogar, meamraiméis, pápaireacht, raiméis, ráiméis, ramás, seafóid, sifil seaifil. ❷ *cajolery*: bréagadóireacht, cealgaireacht, cleasaíocht, cluanaíocht, cluanaireacht, failpéireacht, faladhúdaíocht, gleacaíocht, gliodaíocht, líodóireacht, lúbaireacht, meabhlaireacht, mealltóireacht, pláibistéireacht, plámás, plás, plásaíocht, plásántacht, sladarús, slíbhíneacht, slíomadóireacht, slusaíocht.

placaint noun *placenta*: beireatas, broghais, bruán, glanadh, grúdarlach, salachar, slánadh, slánú, pl. smaistí, streachlán.

plaic noun *large bite, mouthful*: bealóg, bolgam, gáilleog, galmóg, greim, scíobas, *literary* loim.

pláigh verb *plague, pester*: beophian, céas, ciap, clip, cráigh, goin, greannaigh, griog, páisigh, pian, prioc, scrúd, *literary* lochair.

pláinéad noun ❶ *planet*: ardreann, réalt shiúlach. ❷ *unlucky star, bad luck*: anachain, anchaoi, cat mara, dealús, dearóile, donas, drochrath, mí-ádh, míchonách, mífhortún, mírath, míshéan, mísheoladh, míthapa, piolóid, tubaiste, umar na haimléise.

plaistéir noun *plasterer*: plástraeir, plástrálaí, plastróir; teilgeoir.

plaistéireacht noun *plaster-work, plastering*: aoladóireacht, liántacht, plástráil; stucó.

plait noun ❶ *bald head*: blagadán, blagaid, calbh, maoile, maolán, plaicide, plaitín; loime, lomaíocht, *familiar* cúl naoi ribe; molcheann. ❷ *scalp*: craiceann an chinn, scairt an chinn.

plaiteach adjective *bald, patchy*: blagadach, lom, maol, maolsceadach, plaitíneach, scafa; ballach, clamhach, sceadach; tá sé ag lomadh, tá sé ag éirí maol.

plaiteachán noun *bald person*: plaitíneach; blagadán, maolán, *familiar* cúl naoi ribe.

plámás noun *soft talk, cajolery, flattery*: béal bán, bladar, bréagadóireacht, cealgaireacht, cleasaíocht, cluanaíocht, cluanaireacht, failpéireacht, faladhúdaíocht, gleacaíocht, gliodaíocht, líodóireacht, lúbaireacht, meabhlaireacht, mealltóireacht, míolcaireacht, moladh bréige, placadh siollaí, pláibistéireacht, plás, plásaíocht, plásántacht, sladarús, slíbhíneacht, slíomadóireacht, slusaíocht, spleáchas, tláithínteacht, *figurative* gallúnach.

plámásach adjective *flattering, cajoling*: adhmholtach, lúitéiseach, lústrach, moltach, ómósach; bladarach, bladrach, cealgach, cluanach, draíochtach, mealltach, plásánta, sladarúsach, slíochta, slíománta, tláithíneach, *literary* meallach.

plámásaí noun *flatterer, cajoler*: bladaire, bréadaire, bréagadóir, cealgaire, cluanaire, lústrán, melladóir, mealltóir, míolcaire, pláibistéir; banaí, blindeog, faladhúdaí, fear na Blarnan, súdaire.

plána¹ noun *flat surface, plain*: clár, báinseach, blár, eachréidh, má, machaire, pláinéid, plán, plána, ré, réileán, réiteach.

plána² noun *plane (tool)*: locar, plán, ruincín; céimphlána.

plánáil verb *plane*: scamh, snoigh, tabhair plánáil do; líomh, líomhaigh, mínigh.

planc noun *plank*: pleanc; bord, clár, cliath, clord, stangairt; adhmad. verb *beat, pommel*: basc, batráil, buail, cnag, gleadhair, gread, greasáil lasc, leadair, leadhb, léas, léirigh, liúr, péirseáil, slis, smíoch, smíochtadh, smiot, smíst, stánáil, súisteáil, tarraing buille ar, tuargain.

plancadh noun *(act of) beating, trouncing*: bascadh, batar, batráil, broicneáil, bualadh, burdáil, cleathadh, clogadadh, cnagadh, deamhsáil, failpeadh, flípeáil, fuimine farc, giolcadh, gleadhradh, greadadh, greasáil, greidimín, lascadh, leadhbairt, leadradh, léasadh, léidearnach, liúradh, liúradh Chonáin, orláiocht, riastáil, rúscadh, sceilpeáil, slatáil, smeadráil, smíochtadh, smísteáil, spéiceáil, spóiléireacht, stánáil, súisteáil, tóileáil, tuairteáil, tuargaint; cuimil an mháilín, tuirne Mháire.

planda noun *plant*: bláth, crann, craobh, luibh, pabhsae, plúirín, plúr, pósae, sceach, scoth, scothóg, tom, tor, *colloquial* fásra.

plandáil verb ❶ *plant (in ground)*: plandaigh; cuir, cuir sa talamh, suigh. ❷ *settle (colony)*: áitigh, áitrigh, bain fút, bunaigh, cónaigh, lonnaigh, seadaigh.

plandóir noun *planter*: áitritheoir, ceannródaí, coilíneach, coilíní, lonnaitheoir, plandálaí; impiriúlaí.

plandúil adjective *plant-like, vegetable*: glas, glasrúil, adjectival genitive planda.

plapa noun ❶ *flap*: clupaid, cluipíd, duille, flapa, liobar, liopa, lipéad. ❷ *trouser-flap, fly*: flapa, cailpís, gabhal.

plás¹ noun *level place, smooth patch*: ardán, báinseog, ceapán, ceapóg, clár, laftán, geadán, lantán, léibheann, lochtán, má, machaire, plás, plásán, plásóg, réileán, talamh réidh.

plás² noun *plaice (Pleuronectes platessa)*: bóleathóg, leathóg bhallach, leathóg bhreac, leathóg na mball dearg, leith bhallach, plás, pláisín.

plás³ noun *flattery, wheedling speech*: béal bán, bladar, bréagadóireacht, *pl.* briathra milse, cealgaireacht, cleasaíocht, cluanaíocht, cluanaireacht, gliodaíocht, láinteacht, líodóireacht, lúitéis, meallacacht, mealltacht, mealltóireacht, milseacht, milseacht chainte, míolcaireacht, moladh bréige, placadh siollaí, pláibistéireacht, plámás, plásaíocht, plásántacht, sladarús, slíbhíneacht, slíomadóireacht, slusaíocht, spleáchas, tláithínteacht, *figurative* gallúnach.

plásánta adjective *plausible, ingratiating*: béalbhinn, bladrach, cealgach, cluanach, cúirtéiseach, fáilí, lúitéiseach, lústrach, meallacach, mealltach, plámásach, sladarúsach, tláithíneach, *literary* meallach.

plásántacht noun *blandness, cajolery*: béal bán, bladar, bréagadóireacht, cealgaireacht, cleasaíocht, cluanaíocht, cluanaireacht, failpéireacht, gleacaíocht, gliodaíocht, líodóireacht, meabhlaireacht, meallacacht, mealltacht, mealltóireacht, moladh bréige, placadh siollaí, pláibistéireacht, plámás, plás, plásaíocht, sladarúsach, slíbhíneacht, slíomadóireacht, slusaíocht, tláithínteacht.

plásóg noun *level spot, lawn*: ardán, báinseach, báinseog, bán, faiche, laftán, geadán, lantán, léibheann, lochtán, machaire, plás, plásán, réileán.

plastaicín noun *plasticine*: marla.

plástar noun ❶ *plaster (for wound)*: banda, bindeálán, ceangal, ceanglachán, greamachán, greimlín; fáisceán, fáiscín. ❷ *plaster (for wall, etc.)*: plástar Pháris; brat cré, dóib, smearadh, aol, aoltadh.

plástráil verb *plaster*: aol, dóbáil, práib, smear; cuir plástar ar; cuir brat cré ar, cuir dóib ar.

plástrálaí

plástrálaí noun ❶ *plasterer*: pláistéir, plástraeir, plástrálaí, plastróir; eiligeoir, teilgeoir. ❷ *dauber, sloppy worker*: ablálaí, ciotóg, gliocsálaí, lapadán, lapaire, méiseálaí, mucaire, plabaire, práibeachán, (*i gContae Mhaigh Eo*) práibín, praiseachán, scrábálaí, slabálaí, slaimiceálaí, slupairt, smeadrálaí, smearthóir, útamálaí.

pláta noun ❶ *plate, flat piece of metal, etc.*: claibín, cláirín, clár, diosca, lann, leac, leacán, leacóg, licín, pláitín, tábla. ❷ *plate (in cooking, etc.)*: méisín, mias, paiteana, poráinséar, placáid, trinsiúr.

plé noun ❶ *discussion, disputation*: aighneas, anbhroic, argáil, argóint, briatharchath, caibidil, caismirt, caitleáil, cibeal, coinghleic, cóideabhaid, cointinn, conspóid, construáil, cur is cúiteamh, díospóid, díospóireacht, easaontas, eisíocháin, eisíth, giorac, imreas, imreasán, iomarbhá, sáraíocht, siosma, soiscéal. ❷ *dealings*: baint, caidreamh, cairdeas, ceangal, comhar, comrádaíocht, conbharsáid, cumarsáid, dlúthchairdeas, páirt, páirteachas, páirtíocht, rannpháirtíocht, taithíocht, teagmháil.

pléadáil noun ❶ *pleading (in law)*: caingean, cás, cúis. ❷ *disputation, wrangle*: achrann, aighneas, argáil, argóint, briatharchath, bruíon, cailicéireacht, caismirt, callóid, callshaoth, cibeal, cipíneach, clampar, coinghleic, cointinn, conspóid, construáil, díospóid, díospóireacht, easaontas, eisíocháin, eisíth, foclaíocht, giorac, griobsach, imreas, imreasán, iomarbhá, maicín, raic, siosma, troid, *literary* imnise. verb ❶ *plead*: agair; áitigh. ❷ *dispute, wrangle*: bí ag argóint, cuir i gcoinne, cuir in aghaidh, déan achrann, déan clampar, déan imreas, troid.

plean noun *plan*: beart, beartaíocht, beartas, sceideal, scéim, tionscadal, tionscnamh, togra.

pleanáil verb *plan, scheme*: beartaigh, innill, féach, tionscain, *literary* meanmnaigh; cuir ina shuí, cuir tús le, leag amach.

pléaráca noun ❶ *revelry, boisterous merrymaking*: aeracht, áibhéireacht, anstrólaíocht, antlás, aoibhneas, baitsiléireacht, croíléis, gairdeas, gealgháire, gleoiréis, gliadar, meidhir, meidhréis, oireachtas, ollghairdeas, pléireacht, pocfeáireacht, ragairne, rampaireacht, rancás, rírá, ruaille buaille, sáile, scléip, scoraíocht, siamsaíocht, spleodar, spórt, spraíúlacht, spraoi, suairceas, subhachas, súgradh, sult, *literary* iontlas. ❷ *reveller, gallivanter*: drabhlásaí, ragaire, ragairneálaí, raibiléir, raille, railleachán, rastaire, ráistéir, ráistéir mná, réic, réice, ríobóid, scléipeach, scléipire, *colloquial* lucht an tsiamsa; druncaeir, meisceoir.

pléasc noun *explosion, bang, crash*: blosc, bloscadh, maidhm, maidhmneach, plab, plabadh, pléascadh, pleist, plimp, rois, rúisc, troimpléasc, trost, tuairt, turlabhait, *literary* gadán. verb ❶ *explode, burst*: blosc, bris. ❷ *bang, thump*: buail, cnag, gread, planc, smiot, tiompáil.

pléascach adjective ❶ *explosive*: bloscach, bolcánach, faghartha, inlasta, lasánta, lasartha, lasartha, lasúil, lasúnach, soghalaithe, so-lasta; corrach, spleodrach, tintrí, treallach. ❷ *loud, flashy (of clothes)*: flasach, gáifeach, gairéadach, mórthaibhseach, péacach, péacógach, scéiniúil, spiaga, spiagach, spiagaí. ❸ *protruding (of eyes)*: boiriceach, bolg-, bolgach, placach, stairriceach, starr-, starragánach.

pléascán noun ❶ *explosive, explosive shell*: ábhar pléasctha; buama, sliogán; geilignít, púdar gunna. ❷ *hogweed, cow-parsnip (Heracleum sphondylium)*: cos uisce, eabhrán, eibhleán, eibhreán, faidhf, faidhf na madaí, feabhrán, feabhránach, fíf, fiúrán, fleabhrán, fuarán, gleorán, glórán, labhrán, lórán, luarán, odhrán, sabhrán, siúrán, sop na bó, uarán.

pléascánta adjective *breezy, exuberant*: aerach, aigeanta, anamúil, ardaigeanta, beo, beoga, bíogúil, croíúil, éadromaigeanta, fuinniúil, gáiriteach, gealgháireach, macnasach, meanmnach, mear, meidhreach, meidhréiseach, scafánta, scailleagánta, scóipiúil, soilbhir, spleodrach, teaspúil, uaibhreach.

pléata noun ❶ *pleat, fold*: clupaid, crapadh, filleadh, filltín, reang. ❷ *strip (of land)*: leadhb, paiste, stang, stráice.

pléatach adjective *pleated, plicate*: athfhillte, clupaideach, fillte.

pléatáil verb *pleat*: fill, infhill; cuir fillteacha i, cuir pléataí i.

pleidhce noun *simpleton, fool*: abhlóir, amadán, amaid, amal, baileabhair, bobaide, bobarún, bómán, breallaire, breallán, breallsán, brealscaire, brealsún, briollaire, búbaí, búbaire, ceann cipín, ceann maide, ceap magaidh cligear, clogadán, cloigeann cabáiste, cloigeann cipín, cloigeann pota, cloigneachán, cluasachán, cluasánach, cluasánaí, dallachán, dallamlán, dallarán, dobhrán, dúdálaí, dúid, dúiripí, dundarlán, dunsa, éagann, éifid, gaimse, gámaí, gamal, gamairle, geolamán, glaigín, glaomaire, gligear, gligín, gogaille, guaig, guaigín, leadhb, leadhbaire, leamhsaire, leathcheann, leathleibide, leib, leibide, leibide ó leó, leidhce, leota, leoitéir, mucaire, pastae de chloigeann, péicearlach, pleib, pleota, pleotaire, sceilfid, simpleoir, stualán, tuathalán, *figurative* glasóg; agóid, amaid, amlóg, breallóg, brilseach, cloigis, gamalóg, magarlach, máloid, óinseach.

pleidhcíocht noun *fooling, tomfoolery*: aimhghliceas, amadántacht, amadántaíocht, amaidí amlóireacht, baois, bómántacht, breallántacht, brealsacht, brealscaireacht, breálsúnacht, cliútráil, éagantacht, gamalacht, guanacht, íorthacht, leibideacht, leimhe, leimheas, míghliceas, óinseacht, óinsíneacht, óinsíocht, óinsiúlacht, pilibínteacht, pleotaíocht, raimhre réasúin, seafóid, simplíocht.

pleidhciúil adjective *silly, stupid*: aimhghlic, amadánta, amaideach, baoiseach, baoth, bómánta, breallach, breallánta, bundúnach, dall, dallacánta, dallaigeanta, dícheillí, dímheabhrach, diúid, dobhránta, dúr, éaganta, gamalach, guanach, lagintinneach, leadhbach, leamh, leamhcheannach, leathmheabhrach, leibideach, mallintinneach, míghlic, mímheabhrach, óinsiúil, ramhar sa cheann, saonta, seafóideach, soineanta, simplí, spadintinneach.

pléigh verb ❶ *plead, discuss*: agair, pléadáil; cíor, cuir trí chéile, suaith, tar thar, trácht. ❷ *dispute*: bí ag achrann, bí ag aighneas, bí ag argóint; déan argóint, déan conspóid. ❸ **pléigh le** *deal with, occupy oneself with*: bain le, bí ag obair le, déileáil le; cuir i gcrích, déan, oibrigh, réitigh, saothraigh.

pléineáilte noun *plain, unadorned*: nádúrtha, neamhgháifeach, neamhghairéadach; leis, lom, lomartha lamartha, lomnocht; gan mhaisiú; gránna, mímhaiseach, míofar.

pléireacht noun *revelry, gallivanting*: aeracht, aeraíl, aermaíocht, áibhéireacht, aoibheall, aoibhneas, baitsiléireacht, feamaíl, fíbín, gairdeas, gealgháire, gleoiréis, gleois, gliadar, meidhir, meidhréis, oireachtas, ollghairdeas, pléaráca, pocfeáireacht, ragairne, rampaireacht, rancás, rírá, ruaille buaille, sáile, sámhas, scléip, scódaíocht, siamsaíocht, só, sóchas, suairceas, subhachas, sult, taitneamh, tanfairt; bheith ar an dúidín réice; tá gob an phocáin ar a caipín aici.

pléiseam noun ❶ *foolery*: aimhghliceas, amadántacht, amadántaíocht, amaidí, amlóireacht, baois, bómántacht, breallántacht, brealsacht, brealscaireacht, brealsúnacht, éagantacht, gamalacht, guanacht, íorthacht, leibideacht, leimhe, leimheas, míghliceas, óinseacht, óinsíneacht, óinsíocht, óinsiúlacht, pilibínteacht, pleidhcíocht, pleotaíocht, raimhre réasúin, seafóid, simplíocht. ❷ *fool:* abhlóir, amadán, amaid, amal, baileabhair, bobaide, bobarún, bómán, breallaire, breallán, brealsán, brealscaire, brealsún, briollaire, búbaí, búbaire, ceann cipín, ceann maide, ceap magaidh cligear, clogadán, cloigeann cabáiste, cloigeann cipín, cloigeann pota, cloigneachán, cluasachán, cluasánach, cluasánaí, dallachán, dallamlán, dallarán, dobhrán, dúdálaí, dúid, dúiripí, dundarlán, dunsa, éagann, éifid, gámaí, gamal, gamairle, geolamán, glaigín, glaomaire, gligear, gligín, gogaille, guaig, guaigín, leadhb, leadhbaire, leamhsaire, leathcheann, leathleibide, leib, leibide, leibide ó leó, leidhce, leota, leoitéir, mucaire, pastae de chloigeann, péicearlach, pleib, pleidhce, pleota, pleotaire, sceilfid, simpleoir, tuathalán; agóid, amaid, amlóg, breallóg, brilseach, cloigis, gamalóg, magarlach, máloid, óinseach.

pléisiúr noun *pleasure:* ábhacht, aercht, aeraíl, aermaíocht, áibhéireacht, aiteas, anstrólaíocht, antlás, aoibhneas, áthas, craic, cúis gháire, gairdeas, gealgháire, gleoiréis, greann, greannmhaire, greannmhaireacht, laighce, léaspartaíocht, leithéis, lúcháir, meidhir, meidhréis, pléaráca, rancás, rímead, sásamh, sástacht, scléip, scódaíocht, scóip, seaghais, siamsa, siamsaíocht, sóchas, sonas, spórt, spraoi, suairceas, sult, sultmhaire, taitneamh, tanfairt, *literary* airear, líth.

pléisiúrtha adjective ❶ *pleasurable, enjoyable:* aiteasach, álainn, aobhdha, aoibheallach, aoibhinn, aoibhiúil, áthasach, binn, compordúil, deas, gairdeach, galánta, gliondrach, lúcháireach, rímeadach, sármhaith, sóch, soilbhir, sólásach, suairc, subhach, taitneamhach; ar fheabhas, thar barr, thar cionn, thar cionn amach. ❷ *pleasant, affable:* ait, aoibhinn, beannaithe, caithiseach, caoin, caomh, ceansa, cineálta, cneasta, connail, córtasach, cuideachtúil, cuntanósach, deas, fáilí, garúil, gealgháireach, geanúil, grámhar, lách, macánta, maitheasach, mánla, maránta, meallach, meallacach, méiniúil, miochair, míonla, oibleagáideach, seaghsach, séimh, sibhialta, soirbh, spórtúil, suairc, taitneamhach, tíriúil, tláith.

pleist noun ❶ *flop, flopping sound:* flap, plab, pleist, plimp, spleais, steall. ❷ *limp, flaccid object:* bratóg, ceirt, cifle, cifleog, crothóg, giobal, leadhb, leadhbóg, leidhce, liobar, paiste, plispín, preabán, radalach, sceidín, scifle, scifleog, scrábán, streachlán, suán glacach.

pléite adjective *played out, exhausted:* caite, cloíte, craplaithe, críon, dóite, dreoite, feoite, locartha, lom, lomchaite, ocrach, rocach, scólta, sáraithe, seangaithe, seargtha, síleáilte, snoite, speathánach, spíonta, tnáite, traochta, traoite, tréigthe, trochailte; níor fhan sea ná seoladh ann.

pleota noun *stupid person, fool:* abhlóir, amadán, amaid, amal, baileabhair, bobaide, bobarún, bómán, breallaire, breallán, brealsán, brealscaire, brealsún, briollaire, búbaí, búbaire, ceann cipín, ceann maide, ceap magaidh cligear, clogadán, cloigeann cabáiste, cloigeann cipín, cloigeann pota, cloigneachán, cluasachán, cluasánach, cluasánaí, dallachán, dallamlán, dallarán, dobhrán, dúdálaí, dúid, dúiripí, dundarlán, dunsa, éagann, éifid, gámaí, gamal, gamairle, geolamán, glaigín, glaomaire, gligear, gligín, gogaille, guaig, guaigín, leadhb, leadhbaire, leamhsaire, leathcheann, leathleibide, leib, leibide, leibide ó leó, leidhce, leota, leoitéir, mucaire, pastae de chloigeann, péicearlach, pleib, pleidhce, pleotaire, sceilfid, simpleoir, tuathalán; agóid, amaid, amlóg, breallóg, brilseach, cloigis, gamalóg, magarlach, máloid, óinseach.

plimp noun ❶ *plump, sudden fall:* titim, titim thobann, tuairt, tuairteáil. ❷ *crash, bang:* plab, pléasc, pleist, turlabhait; torann, tormán.

pliúraisí noun *pleurisy: literary* pléarais.

plobaire noun ❶ *blubberer:* béiceachán, béicedán, bolscaire, caointeachán, caointeoir, ceolán, éimheoir, geocach, golspaire, meamhlachán, pusachán, sceamhlachán, screadachán. ❷ *incoherent, excessive talker:* béalastán, bladhmaire, bleadrachán, bleadrálaí, bolgán béice, bolscaire, brasaire, breallaire, brealsún, breastaire, breilleachán, breillire, cadrálaí, cafaire, cág, callaire, ceolán, clab, clab troisc, clabaire, claibeár, claibín muilinn, claibseach, cleigear, clogarán, clogán streille, cuachaire, dradaire, drandailín, geabadán, geabaire, geabstaire, giolcaire, giostaire, glafaire, glagaire, glagbhéal, glagbhéal, glaomaire, gleoiseach, gleoisín, gleothálaí, gligín, gliogaire, gliogarnálaí, glór i gcóitín, gobachán, grabaire, ladúsaí, liopaire, meigeadán, meiltire, plucsálaí, reathálaí, scaothaire, scrathóg, síodrálaí, síofróir, síofróir, siollaire, siosaire, strambánaí, trumpadóir. ❸ *puffy-cheeked person, flabby person:* bleitheach, bleitheachán, bolgadán, bruilíneach, búiste, burla, burlaimín, burlamán, claiséir, flabaid, gillín, glugaí, glugaire, glugrachán, gluitéir, glutaire, lodar, luán, másaire, méadlachán, muscaire, páinteach, pánaí, plobaire, plobar, plobrachán, plucaire, pogaí, práib, rabhndar, riteachán, *familiar* lamhnán.

plobaireacht noun ❶ *blubbering:* caoineachán, caointeoireacht, deoiríneacht, deoiríntreacht, gol, golchás, golfairt, gológ, meacan an chaointe, meacan an ghoil, méala, ochlán, ochón, olagón, plobarsach, snagaíl, snagaireacht. ❷ *incoherent speech, excessive talk:* áiféis, amaidí, badhbaiséireacht, baothaireacht, baothchaint, baothmhagadh, béalastánacht, blaoiscéireacht, bleadar, bleadaracht, bleadracht, bleadráil, bolgán béice, breallaireacht, breilliceáil, breilsce, breisteachán, brille bhreaille, brilléis, buaileam sciath, buinneachántacht, frois frais cainte, geabaireacht, geabairlíneacht, geabstaireacht, geocaíl, gibiris, gleoiréis, gleoisíneacht, gliogar, gliogarnach, ladús, lapaireacht, leibidínteacht, liopaireacht, máloideacht chainte, meiliteáil, pislíneacht, plob, plobarsach, plucsáil, prislíneacht, radamandádaíocht, raiméis, ráiméis, ramás, rá mata, randamandádaíocht, rith seamanna, scaothaireacht, scloitéireacht, seadráil chainte, *pl.* seamanna cainte, treillis breillis, seafóid, sifil seaifil, sobalchaint.

plobarnach noun *(act of) bubbling, gurgling:* beiriú, beiriúchán, boilgearnach, bruith, coipeadh, cuilitheáil, fiuchadh, giosáil, sioscadh; flap, flapáil, flaspaíl, gliog gleag, gliogaíl, gliogaireacht, glotharnach, glug, glugaíl, glugarnach, glugarnaíl, plab, plabaíl, plabaireacht, plimp, plob, plobáil, sclugaíl.

plobartha adjective *fat-cheeked, bloated:* gáilleach, plucach; ata, borrtha, séidte.

plocóid noun *plug, bung:* dochtán, piollaire, pluga, spiógóid, stoipéad, stopaide, stopallán.

plód noun *crowd, throng:* drong, plódú, slógadh, slua; conlán, dreabhlán, éillín, grathain, lota, saithe, scaoth, scata, scúd, sealbhán, tiubh, tréad.

plota noun ❶ *plot, story:* creatlach an scéil, scéal; eachtra, *pl.* na heachtraí. ❷ *conspiracy, intrigue:* anbhrath, brathadóireacht, cealg, cealgaireacht, cluanaireacht, comhcheilg, comhchogar, feall, feall ar iontaoibh, fealladh, feallaireacht, feallióireacht, feillbheart, feillghníomh, meabhlaireacht, míchogar,

pluais
plotaireacht, tréas, tréatúireacht, údragáil, údramáil, uisce faoi thalamh, *literary* imdeall.

pluais noun ❶ *cave:* uachais, uaimh, *literary* fochla, fotholl. ❷ *den:* ábhach, adhbha, áfach, aice, brocach, broclach, canachán, gnáthóg, lonnachán, talmhóg, uachais, *literary* fochla.

pluc noun ❶ *rounded cheek, cheek:* grua, leaca, leiceann. ❷ *bulge:* at, bolg, dronn. ❸ *gathering, pucker (in dressmaking):* cruinniú; clupaid, crapadh, filltín, fithín, furca, roc, rocadh. verb ❶ *puff out, bulge:* at, boilscigh, bolg, borr, brúigh amach, gob amach, líon, méadaigh, seas amach, séid; tagann boiric ar. ❷ *stuff, cram:* ding, líon, pulc; brúigh isteach, pacáil, sac isteach, sáigh isteach, stánáil.

plucach adjective ❶ *chubby, large-cheeked:* gáilleach, plobartha; ata, borrtha, séidte. ❷ *puckered, gathered:* clupaideach, cruinnithe, fillte, roctha.

plucachán noun *chubby child:* mamailíneach, páinteach, pataire linbh, patlachán, plobóg, plucaí, pluicín, seibineach, somachán, somóg.

plucáil verb ❶ *pluck:* cluimhrigh, pioc; bain an clúmh de; rúisc, struipeáil. ❷ *swindle:* imir caimiléireacht ar, imir calaois ar; cealg, meall, plucáil. ❸ *despoil:* bánaigh, creach, fásaigh, foghlaigh, lom, lomair, plucáil, robáil, *literary* lochair.

plucamas noun *mumps, parotitis: pl.* na cnapáin, galar pluice, leicneach, *pl.* meallta, *pl.* mealltracha, *pl.* na pucháin.

plúch verb ❶ *smother, stifle:* múch, smiog, tacht. ❷ *throng:* plódaigh, pulc, trangláil, truncáil; bailigh i sluaite, cruinnigh i sluaite.

plúchadh noun ❶ *suffocation:* lánmhúchadh, múchadh, smiogadh, tachtadh. ❷ *heavy downfall:* titim throm; bailc, folc, díle, doirteán, tuairt, tuile. ❸ *asthma:* asma, gearránáil; cneadáil, ga seá, *pl.* putha patha, puthadaíl, putháil, puthaíl, puthanaíl, saothar; cársán ciach, cliath, piachán, píoblach, seordán, slócht, tocht.

plúchtach adjective *suffocating, stifling, stuffy:* dúntach, múchta, plúchta; marbhánta, meirbh.

pluda noun *mud, slush:* abar, clábar, cré, créafóg, dóib, draoib, draoibeal, glár, greallach, guta, láib, lábán, lathach, lodar, marla, moirt, múilleog, pludar pladar, práib, puiteach; bogach, corcach, corrach, criathrach, portach, riasc, riascach, slaba, sláthach, sloda, spútrach, troighean.

pludach adjective *muddy, slushy:* ceachrach, clábarach, draoibeach, glárach, gutach, lábach, lábánach, lábánta, lodartha, marlach, moirtiúil, práibeach.

pluga¹ noun *plug:* piollaire, plocóid, spiogóid, stoipéad, stopaide, stopallán.

pluga² noun *big shot, important person:* boc mór, bodach mór, boicín duine uasail, glasbhoicín, gróintín, iasc mór, lus mór, oirirceach, piarda, sracdhuine uasal, torclach, *figurative* tapar; ridire an pharóiste.

plúirín noun ❶ *little flower:* bláithín, bláthóg, pabhsae, pósae. ❷ *anil, indigo:* dúghorm. ❸ *figurative pretty girl:* áille na háille, babóigín, bamsóigín, béasach, bréagán, brídeach, brídeach mná, buinneán, céirseach, cúileann, gile na gile, gleoiteog, guamóg, lachóigín, láireog, láireoigín, láithreog, leannán sí, lúibín, maighre mná, maiseog, néamhann, pabhsae, péacóg, plandóg, plúróg, réilteann, sciamhaí, spéirbhean, spéirbhruinneall, stáidbhean, stuaire; áilleacán, áilleacht, áilleagán, áilleán, féileacán parlúis.

pluma¹ noun *plum (Prunus domestica):* baláiste, daimsín, pluimís, prúna.

pluma² noun *plumb, plummet:* aigeach, luaidhe feádóireachta.

plúr noun ❶ *flour:* min bhuí, min choirce. ❷ *flower:* bláithín, blás, bláth, bláthóg, bláthra, bláthú, cocán, coróinín, coróla, plúirín, pabhsae, pabhsaer, pósae, scoth, scothóg, *literary* flós. ❸ *choice, pick:* cróch na craoibhe, fíorscoth, rogha, rogha is togha, scoth, togha, *literary* gaoine; climirt, cíoná, an chuid is fearr, an sméar mullaigh, sméar mhullaigh an chiseáin.

plúrach adjective ❶ *flour-like, farinaceous:* plúrmhar. ❷ *flower-like, pretty:* bláthach, bláfar, scothach; álainn, breá, caithiseach, canta, caomh, conláisteach, cuanna, cuidsúlach, cumtha, dathúil, deachruthach, dealfa, dealraitheach, dea-mhaisiúil, deas, deismir, dóighiúil, fíortha, galánta, geanúil, glémhaiseach, gleoite, gnaíúil, gnúiseach, grástúil, greanta, innealta, iomálainn, maisiúil, meallacach, sciamhach, slachtmhar, taitneamhach, tarraingteach, *literary* cadhla, sochraidh.

pobal noun ❶ *people: pl.* daoine, dream, muintir, treibh. ❷ *people of parish, congregation:* pobal Dé; *pl.* paróisteánaigh; cúram, cúram anamacha. ❸ *population: pl.* daoine, daonra, muintir, muintir na háite; *pl.* na dúchasaigh, *pl.* na saoránaigh; an phoiblíocht.

pobalbhreith noun *plebiscite:* reifreann, suirbhé; ballóid, vóta, vótáil; guth an phobail.

poblacht noun *republic:* saorstát; comhlathas, poiblíocht.

poc noun ❶ *buck (of deer):* carria, fiaphoc; ruabhoc, ruaphoc. ❷ *buck (of goat):* boc, pocaide, poc gabhair, pocaide, pocaide gabhair, pocán. ❸ *butt (from goat, etc.):* sonc; buille. ❹ *bout of illness:* babhta, gabhlán tinnis, taom, teog, turn, ulpóg.

póca noun ❶ *pocket, pouch, purse:* bosán, peas, peasán, pocán, púitse, púitsín, spaga, sparán, spliúchán, tiach, tiachán, tiagh, treaspac, treaspag, *literary* peillic.

pocáil verb *butt, puck, strike:* buail, cnag, gread, lasc, planc, soncáil; tabhair buille do, tabhair poc do.

pocléimneach noun *(act of) frolicking, gamboling:* aermaíocht, áibhéireacht, aoibheall, baitsiléireacht, cabhlachas, ceáfráil, corraíl, feamaíl, fíbín, fibíneacht, fraecsáil, giústal, gleoiréis, greann, macnas, meidhir, meidhréis, pléaráca, pocléim, princeam, rachmall, radadh, rampaireacht, rancás, *pl.* sceitimíní, scléip, scódaíocht, scoraíocht, spórt, spraíúlacht, spraoi, sugradh, sult, *literary* muirn.

póg noun *kiss:* fáimead póige, fámaire póige, flaspóg, smaiseog, plaps póige, plapsóg póige, póg; pács, pácsa. verb *kiss:* tabhair póg do.

poiblí adjective *public:* adjectival genitive pobail, **adjectival genitive** rialtais, **adjectival genitive** stáit; don phobal, oscailte; aitheanta, aithnidiúil, cáiliúil, clúiteach, i mbéal an phobail.

poibligh verb *make public, public:* fógair, foilsigh; dírigh aird an phobail ar, tabhair comhairc.

poiblíocht noun ❶ *publicity:* fógraíocht; aird an phobail, spéis na meán cumarsáide, bheith os comhair an phobail. ❷ **an phoiblíocht** *the public:* an pobal; *pl.* na daoine; muintir an cheantair, muintir na comharsanachta, muintir na tíre.

póicéad noun ❶ *pocket, cavity:* cró, cuas, cuasán, cuasóg, gleann, gleanntán, lag, lagán, log, logán, logall, logán, mám, póca, poll, sloc. ❷ *dark recess, poky place:* ascaill, cailleach, clúid, cluthair, cuas, cúbaill, cúil, cúilín, cúinne, cúláire, cúlán, cúláis, cúláisean, cúlaon, glota, landair, lúb, lúbainn, nideog, puicéad, *literary* imscing.

poigheachán noun *shell (of snail):* sliogán; seilchide, seilide, seilmide, slimide.

póilín noun *policeman:* constábla, garda, péas, pílear, póilí, síothmhaor; bleachtaire, cigire, oifigeach, sáirsint, sirriam.

póilínigh verb *police:* caomhnaigh, cosain, gardáil, rialaigh, smachtaigh; déan faire aire, déan fosaíocht air, fair, tabhair aire do; coinnigh faoi smacht, coimeád súil ar, coinnigh súil ar, déan monatóireacht ar.

poimp noun *pomp*: breáthacht, céimiúlacht, galántacht, galántas, maorgacht, mórgacht, mustar, niamhracht, ollás, ríogacht, ríúlacht, soilseacht, stáidiúlacht, taibhse, uaisle, uaisleacht.

poimpéis noun *pomposity*: bogás, ceartaiseacht, ceartaisí, déanfas, díomas, éirí in airde, iarlaitheacht, leithead, móiréis, móráil, mórchúis, mórdháil, mórtas, mórtas thóin gan taca, postúlacht, sotal, suimiúlacht, uabhar, uaill, uallachas, *familiar* cóití bhárms.

poimpéiseach noun *pompous*: anbharúlach, beadaí, bogásach, borrach, ceartaiseach, clóchasach, consaeitiúil, déanfasach, díomasach, leitheadach, iarlaithe, lán de féin, móiréiseach, mórálach, mórchúiseach, mórtasach, postúil, stáidiúil, suimiúil, sotalach, teanntásach, údarásach, uaibhreach, uallach.

pointe noun ❶ *point, dot*: ponc, lánstad, spota. ❷ *exact spot*: áit, áit na mbonn, fód, ionad, spota. ❸ *extremity, tip*: bior, biorán, ceann, colg, deireadh, gob, péac, rinn, soc, spíce. ❹ *point of argument*: argóint, cás, cuid d'argóint, cúis, mír, mír argóinte. ❺ *pl. points* (in sport): scór.

pointeáil¹ verb ❶ *aim*: aimsigh, dírigh ar, glinnigh ar, innill. ❷ *point*: taispeáin, taispeáin le méar, dírigh méar ar, sín méar chuig.

pointeáil² verb ❶ *fix, appoint*: ainmnigh, ceap, cinn, fostaigh, fruiligh, leag, postaigh, socraigh. ❷ *clean, tidy*: ceartaigh, coigeartaigh, cóirigh, eagraigh, feistigh, glan, íonghlan, leasaigh, réitigh, sciúrúnaigh, sciomair, socraigh; cuir an cipín mín ar, cuir an tslis mhín ar, cuir bailchríoch ar, cuir barr feabhais ar, cuir dreach ar, cuir scliop ar, cuir slacht ar.

pointeáilte adjective ❶ *well-kept, tidy, spruce*: bláfar, breabhsach, breabhsanta, cóirithe, comair, córach, cúirialta, deas, deismir, fáiscthe, néata, oirní, ordúil, pioctha, piocúil, slachtmhar, triopallach. ❷ *punctilious, scrupulous*: beacht, cogúsach, coinsiasach, cruinn, mionchúiseach, prionsabálta, scrupallach. ❸ *punctual*: féiltiúil, pointiúil, poncúil, rialta, sprioctha, spriocúil, tráthúil; go tráthrialta.

pointeáilteacht noun ❶ *neatness, tidiness*: beaichte, bláfaireacht, críochnúlacht, cóir, conláiste, córaí, cuimseacht, cúirialtacht, deise, deiseacht, deismireacht, innealtacht, néatacht, piochtacht, slacht, slachtmhaireacht, snoiteacht. ❷ *scrupulosity*: cogús, coinsias, coinsiasacht, mionchúis, scrupall, *pl.* scrupaill choinsiasa. ❸ *punctuality*: féiltiúlacht, rialtacht, spriocúlacht; feidhmiú tráthrialta, oibriú feidhmiú tráthrialta, teacht tráthrialta.

pointiúil adjective *punctual*: féiltiúil, pointeáilte, poncúil, rialta, spriocúil; go tráthrialta.

poipín noun ❶ *poppy* (Papaver): codlaidín, lus an chodlata. ❷ *opium poppy* (P. somniferum): codlaidín, lus an chodlata, poipín bán, poipín geal. ❸ **poipín dearg** *common poppy* (P. rhoeas): barróg rua, beilbheog, bláth na mbodach, bláth na mbodóg, cailichín, cailicín, cailleach dhearg, cáithleach, cáithleach dhearg, cocán dearg, codlán, codlaineán, codlaineán fiáin, cogal dearg, cromlus, galar súl, iothrós, loirgneach dearg, *pl.* pobhsaí dearga, pibín ealla, pipín eallaidh, poipín rua.

póirín noun ❶ *small potato*: creachán, ginidín, lobhar creacháin, sceallán, scriochaide, scriochán. sciollán, sceamhachóir, screamhachóir. ❷ *pebble*: póirín cloiche; cloch, cloch dhuirlinge, méaróg, púróg, púrthóg, rapa. ❸ *pl.* **póiríní** *jackstones*: *pl.* clocha péire, *pl.* clocha screaga, *pl.* clocha screige, *pl.* faochain, *pl.* murláin. *pl.* rúitíní. ❹ *pl.* **póiríní** **seangáin** *English stone-crop* (Sedum anglicum): bia an tsionnaigh, *pl.* fataí seangán, pabhsaer na seangán, plúirín seangán, plúirín sliogán, púirín seangán, púr aille.

póiriúil adjective *porous*: piochánach, scagach; bréifneach, pollach, pollta, spúinsiúil.

póirse noun ❶ *porch*: doirseagán, fordoras, hál. ❷ *covered approach, archway*: áirse, boghta, clabhstra, stuabhealach, stua, stuara. ❸ *entrance-hall, lobby, anteroom*: dorchla, eardhamh, forsheomra, halla, urdhamh. ❹ *passage, laneway*: bóithrín, cabhsa, caolsráid, cúlsráid, lána, pasáiste, scabhat, (i gContae na Gaillimhe) scóidín, sráidín. ❺ *aperture in wall, hatch*: comhla, comhla bheag, haiste, scáthdhoras, taiste. ❻ *confined space, hole, closet*: almóir, ascaill, cailleach, clúid, cluthair, cuas, cúil, cúilín, cúinne, cúláire, cúlán, cúláis, cúláisean, cúlaon, glota, landa, landaíl, landair, landaoir, lúb, lúbainn, nideog, póicéad, póirse, poll an bhaic, poll an iarta, poll an phaidrín, puicéad, *literary* imscing.

póirseáil noun *(act of) rummaging, groping*: crágáil, crúbáil, crúbaireacht, crúbáil, crúcáil, dallacáil, dornásc, glacaíocht, glacaireacht, gliomáil, gliúmáil, gráinteacht, ladhráil, méaraíocht, ransú, scrabhadh, scríobadh, séirseáil, sméarthacht, stróiceadh, útamáil.

póirseálaí noun *rummager, groper*: cíorlálaí, crúbálaí, crúcálaí, glacaí, glacaire, gliúmálaí, ladhrálaí, lúthartálaí, paidhceálaí, piaráití, potrálaí, ransaitheoir, útamálaí.

póirtéir noun *porter*: fear iompair, giolla, iompróir, osaróir; doirseoir, fear an gheata, geatóir, póirtéir.

poit noun *poke, nudge*: buille, ding, poc, priocadh, sonc. verb *poke, nudge*: broid, rúisc, soncáil, tabhair buille do, tabhair ding do, tabhair poc do, tabhair priocadh, tabhair sonc do.

póit noun ❶ *excessive amount of drink, excessive drinking*: craosól, diúgaireacht, druncaeireacht, druncaireacht, meisce, meisceoireacht, ól, ólachán, póitéis, pótaireacht, scloitéireacht. ❷ *hangover (from drink)*: breoiteacht, *pl.* daitheacha póite, *pl.* haras, *pl.* harasaí.

póiteach adjective *addicted to drinking, bibulous*: meisciúil, ólta, óltach; alcólach, tugtha don ól; tá dúil chráite san ól aige.

poitigéir noun *pharmaceutical chemist*: cógaiseoir, cógaiseolaí, drugadóir; lusadóir, lusrachán; cailleach na luibheanna; ailceimiceoir.

poitín noun *home-distilled whiskey, poteen*: an braon crua, síbín, sú na heorna; bolcán.

póitseáil noun *(act of) poaching*: póitséaracht; fiach thar dlí; dó; duántacht amhrais, saighdú, coinnleoireacht.

póitseálaí noun *poacher*: póitséara; fiagaí thar dlí, saighdeoir, sladaí abhann.

polagamas noun *polygamy*: ilphósadh; biogamacht, déphósadh; craiceann gan choinníoll.

polagán noun *polygon*: ilsleasán, iolgán.

polaiteoir noun *politician*: teachta dála; seanadóir; ball parlaiminte, feisire, ionadaí, ionadaí tofa; achtóir, reachtóir; aire, aire stáit, stataire.

polaitíocht noun *politics*: rialtas, rialtas áitiúil; *pl.* gnóthaí poiblí, *pl.* gnóthaí stáit, polaitíocht na tíre; *pl.* gnóthaí eachtracha, polaitíocht eachtrannach, státaireacht, taidhleoireacht; idirbheartaíocht, roinnt na cumhachta; brabúsaíocht.

polaitiúil adjective *political*: achtúil, bunreachtúil, parlaiminteach, poiblí, reachtach, reachtúil, **adjectival genitive** stáit; **adjectival genitive** aire, **adjectival genitive** rialtais, **adjectival genitive** riaracháin, riarthach; **adjectival genitive** taidhleoireachta.

polasaí noun *policy*: beartas, beartaíocht, dúnghaois, oirbheart, *pl.* pleananna, straitéis; clár, cód, córas,

poll
cur chuige, dearcadh, seasamh, teoiric, *pl.* treoirlínte.

poll noun ❶ *hole, pit:* toll; clais, folachas, sloc, mianach; duibheagán, fodhomhain, poll tí liabáin. ❸ *burrow, lair:* ábhach, adhbha, áfach, aice, brocach, broclach, canachán, coinicéar, foraois, lonnachán, pluais, rapach, talmhóg, uachais, *literary* fochla. ❹ *pond, pool:* linn, linntreog, *collective* lintreach, loch, lochán, pollaide, pollán, slodán. ❺ *orifice, cavity:* béal, cab, clab, gola, góilín, oscailt, sloc, toll; cuas, cuasán. **verb** *pierce, perforate:* puinseáil, saighid, tarathraigh, toll, treáigh; cuir poll i.

polla noun *pole, pillar:* áighe, cabar, cleith, crann, cuaille, geá, páil, sabh, sáiteán, stacán, staic, *colloquial* cabrach; colún, frapa, piara, piléar, taca, uaithne, *literary* ochtach.

polltach adjective *piercing, penetrating:* áith, aithrinneach, bearrtha, biorach, colgach, faobhrach, feannaideach, feannta, géar, géaránach, géarghoineach, géarlannach, goimhiúil, goineach, goinideach, gonta, íogair, nimhneach, ribeanta, rinneach, ropánta, sceamhach, siosúrtha, tolltach, *literary* féigh, goithneach.

pomagránait noun *pomegranate (Punica granatum):* gránúll, úll gráinneach.

póna noun *cattle-pound:* banrach, cró, fáiméad, gabhann, loca, mainnéar, mainnireach, manrach, pionna, púicín, punt.

pónaire noun *bean (Phaseolus):* póire, pónar, pónar.

ponc noun ❶ *point, dot:* pointe, spota. ❷ *full stop:* lánstad.

poncúil adjective *punctual:* féiltiúil, pointeáilte, pointiúil, rialta, sprioctha, spriocúil, tráthúil; go tráthrialta.

pór noun ❶ *seed:* síol, síolbhach; *pl.* gráinní, grán, *pl.* spóir. ❷ *breed, offspring:* cine, cineál, clann, dúchas, fialas, fine, folaíocht, fuil, gin, líne, síol, síolaicme, síolrach, sliocht, stoc, teaghlach, treibh.

póraigh verb *grow from seed, propagate:* borr, fabhraigh, geamhraigh, gin, ginidigh; fás, forbair, péac; iolraigh, méadaigh, síolraigh.

porainséar noun *porringer:* méisín, mias, paiteana, pláta, placáid, trinsiúr.

pórghlan adjective *pure bread:* adjectival genitive folaíochta; uasal.

pornagrafaíocht noun *pornography:* ábhar pornagrafaíoch, *pl.* leabhair choiscthe, *pl.* leabhair shalacha, *pl.* leabhair gháirsiúla, litríocht phornagrafaíoch; an tInnéacs; gáirsiúlacht, graostacht; cainéal gnéis, cainéal pornagrafach; fís ghnéasúil, scannán craicinn; suíomh gnéis.

port¹ noun *tune:* aer, ceol, fonn, *literary* scoth; cairche, cairche ceoil, caoince, caoinche, cuach cheoil, oirfide, séis, siamsa.

port² noun ❶ *landing-place, harbour:* acarsóid, caladh, calafort, cé, céibh, cuan. ❷ *bank, embankment:* banc, bord, brú, ciumhais, colbha, eochair, feoir, feorainn, gruaimhín, imeall, imeallbhord, oirear, taobh, *literary* braine.

portach noun ❶ *bog:* corrach, puiteach, riasc, riascach, riasclach, seascann; bogach, criathrach; muireasc; ruaiteach. ❷ *turf-bank:* bachta móna, bruach mhóna, oitir mhóna.

portaireacht noun *lilting:* portaíl, portaíocht, portanacht; amhránaíocht, crónán, dordán, dordánacht, duanaireacht, gabháil fhoinn.

portán noun *crab (fo-ord Brachyura):* portán dearg, portán rua; portán glas; portán crúbach, portán faoilinne, portán iarainn; bodach, collach, crúbán, crúbóg, faoisceán, faoiscne, luaineachán, portán síle; faocha ghliomaigh, pit.

portráid noun *portrait:* íomhá, líníocht, péintéireacht, pictiúr, portráid, sceitse; cosúlacht, dreachadh, grianghraf.

portráidí noun *portrait painter:* ealaíontóir, líintheoir, múnlóir, péintéir, sceitseálaí, tarraingeoir; líodóir.

portús noun *breviary:* leabhar tráth, leabhar urnaí; saltair.

pórú noun *breeding, propagation:* borradh, fabhrú, geamhrú, giniúint, ginidiú; fás, forbairt, péacadh; iolrú, méadú.

pós verb *marry:* gabh bean, téigh chuig; greamaigh de, tabhair le chéile; cuir i gcrích.

pósadh noun *marriage:* cleamhnas; bainis, aifreann pósta; tochmharc; céilíocht, lánúineachas, lánúnachas, lánúnas.

pósae noun *posy, flower:* pabhsae, pabhsaer, pósaí; bláithín, blás, bláth, bláthóg, bláthra, bláthú, cocán, coróinín, coróla, plúirín, plúr, plúrú, scoth, scothóg, *literary* flós; flór de lúis, lile, nóinín, rós, sabhaircín, salchuach.

post¹ noun *post, stake:* colún, cuaille, páil, piléar, polla, sáiteán, stáca, stacán, staic, standal maide, *literary* ochtach.

post² noun ❶ *letter post, postman:* posta, postas; seirbhís poist; fear poist, fear an phoist. ❷ *post, position:* áit, ionad, seasamh, staid, suíomh. ❸ *post, job:* dualgas, feidhm, feidhmeannas, feidhmiú, fostaíocht, gairm, gairmint, obair, oifig, ról, saothar, seirbhís, úsáid.

pósta adjective *married:* tá fear aici; tá bean aige; tá glaicín air, tá sé in úim.

póstaer noun *poster:* fógra, fuagra; forógra.

postúil adjective *self-important, conceited:* anbharúlach, blaoscánta, bogásach, borrach, ceartaiseach, cinsealach, cuidiúil, déanfasach, díomasach, iarlaithe, iarlaitheach, leitheadach, móiréiseach, mórchúiseach, mórluachach, mórmheasúil, mórtasach, mustrach, poimpéiseach, saoithíneach, sotalach, stradúsach, stráiciúil, stróúil, tóstalach, undrach, *literary* borr; i mborr le mórtas, sna hairdeoga; *familiar* tá sé chomh rud.

postúlacht noun *self-importance, conceit:* bogás, ceartaiseacht, ceartaisí, *familiar* cóití bhárms, déanfas, díomas, éirí in airde, iarlaitheacht, leithead, móiréis, móráil, mórchúis, mórdháil, mórtas, mórtas thóin gan taca, poimpéis, stráice, stróúlacht, uabhar, uaill, uallachas.

pota noun ❶ *pot:* árthach, citeal, coire, corcán, croca, crocán, crúiscín, crúsca, potán, scileád, soitheach. ❷ *tub (ship):* seantolas de bhád.

potaire noun *potter:* criadóir.

pótaire noun *drunkard, toper:* bachaire, crampaeir, diúgaire, druncaeir, druncaire, fear meisce, fear ólta, geochtóir, meisceoir, póiteoir, scloitéir, súgaire, súmaire, súmaire dí; alcólach.

potaireacht noun *pottery:* criadóireacht; *pl.* créearraí, *pl.* créghréithe, deilf, *pl.* earraí cré, *pl.* jéiníos.

potrálaí noun ❶ *potterer:* fánaí, gíotálaí, leiciméir, locadóir, loiceadóir, prócálaí, útamálaí. ❷ *quack:* dochtúir bréige, potanálaí; aitheantóir éagruais, bódóir, cúipinéir; soidéalach.

prabhait noun *pulp, mess:* bia, garr, laíon, liothrach, máthair bhúidh, múscán, práib, seamlas, smior, smúsach; brocamas, cáith, cáithleach, cosair easair, dramhaíl, dríodar, easair cosáin, frois frais, méiseáil, pracar, prácás, práib, práisc, praiseach, salachar, scaid, sceanairt, sciot sceat, scileach, screallach, scroblach, splíonach, slabáil, slabaireacht, slabaráil, slabarnaíl, slubáil slabáil, trachlais, *pl.* traipisí, tranglam, treilis, treilis breilis, triopall treapall, truflais.

prácás noun ❶ *hotchpotch, medley:* manglam, meascán, meascra, prácás, tranglam, treilis, treilis breilis, triopall, treapall. ❷ *mess*: práib, seamlas, smior, smúsach; brocamas, cáith, cáithleach, cosair easair, dramhaíl, dríodar, easair cosáin, frois frais, méiseáil, pracar, prácás, práib, praiseach, salachar, scaid, sceanairt, sciot sceat, scileach, screallach, scroblach, splíonach, slubáil slabáil, trachlais, *pl.* traipisí.

prae noun ❶ *prey*: coscar, creach, éadáil, foghail, fuadán, seilg, slad, *literary* brad, díochmharc, táin. ❷ *acquisition, thing of value*: ciste fionnta, éadáil, maingín; amhantar, cuasnóg, ceallóg, cillín, eirigéis, féirín, folachán, torchaire, torchur, *literary* fadhbh, gaoine, séad.

praghas noun *price*: costas, luach; caiteachas, daoire, daoirse, dliteanas.

pragmatach adjective *pragmatic*: praiticiúil, réalaíoch, réasúnach, réasúnta; céillí, praitinniúil, stuama.

práib noun ❶ *soft lump, daub, mush*: dóib, draoib, glár, láib, lathach, marla, moirt; brocamas, brúitín, dríodar, frois frais, laíon, liothrach, prabhait, pracar, prácás, práibín, práipín, práisc, praiseach, scaid, sceanairt, sciot sceat, scileach, screallach, scroblach, seamlas, smeadar, splíonach, slubáil slabáil, trachlais, *pl.* traipisí, treilis, treilis breilis, truflais. ❷ *soft, fat person*: bleitheach, bleitheachán, bolgadán, bruilíneach, búiste, burla, burlaimín, burlamán, claiséir, flabaid, gillín, glugaí, glugaire, glugrachán, gluitéir, glutaire, lodar, lúin, másaire, méadlachán, muscaire, páinteach, pánaí, plobaire, plobar, plobrachán, pogaí, práisléad, praota, prochán, rabhndar, railliúnach, riteachán, *familiar* lamhnán. verb *daub*: dóbáil, dóibeáil, plástráil, smeadráil, smear.

práibeach adjective *soft, mushy*: bog, laíonach, lodartha, maoth, slámach, tais, uisciúil.

práinn noun ❶ *hurry, rush*: broid, brostú, brú, cruóg, deabhadh, deifir, deifre, dithneas, eadarluas, faobach, fuadar, griothal, scabhait, struip, téirim, tinneanas. ❷ *urgent need, emergency*: cruóg, cruachás, cúngach, cúnglach, cúngrach, dianghá, éigeandáil, éigeantas, gá, gáróid, gátar, géarchéim, géarghá, ponc, priacal, riachtanas, sáinn; lá na coise tinne; leatra.

práinneach adjective *urgent, pressing*: cruógach, deifreach, gáróideach, géibheannach, téirimeach.

práiscín noun *apron of coarse fabric*: aprún, bairbéal, bibe, bráideog, bráidín, bráiscín, broinnéadach, bruaintín, bruan, naprún, pilirín, rabhlaer, smigéadach.

praiseach noun ❶ *pottage, gruel*: anraith, brat, sciobún, sú, súp; brachán, bleathach, boighreán, cáfraith, gráinseachán, leite, prácás, práibín, práipín, ríobún, sríobán, sríobún, suán, *literary* meanadhach. ❷ *mess*: brocamas, cosair easair, dramhaíl, dríodar, easair cosáin, frois frais, laíon, liothrach, múscán, prabhait, práib, méiseáil, pracar, prácás, práib, práisc, scaid, sceanairt, sciot sceat, scileach, screallach, scroblach, seamlas splíonach, slubáil slabáil, trachlais, *pl.* traipisí, tranglam, treilis, treilis breilis, triopall treapall, truflais. ❸ *wild cabbage, kale* (Brassica oleracea): cabáiste fiáin, cál, garbhán bodaigh, garbhóg. ❹ **praiseach bhuí** *charlock* (Sinapis arvensis): borráiste, borráiste buí, bráiste, bráiste buí, cál gortach, carrán buí, garbhóg, garbhógach, lus na súl buí, praiseach gharbh, práiste, sceallagach.

praiseachán noun *messer, bungler*: meadrálaí, méiseálaí, mucaire, mucálaí, muclach, plabaire, práibeachán, práibín, práisc, práisceálaí, puiteálaí, scrábálaí, slabálaí, slaimiceálaí, slupairt, smeadrálaí, smearachálaí, ciotóg, gliocsálaí, lapadán, lapaire, mille bata, mille maide, sceanartálaí, sliopachán, únfartálaí, útamálaí.

praiticiúil adjective *practical*: acrach, céillí, feidhmeach, fíriúil, fóinteach, fuaimintiúil, **adjectival genitive** oibre, stuama; pragmatach, praitinniúil, réalaíoch, réasúnach, réasúnta.

praitinniúil adjective ❶ *quick, clever*: aclaí, ciallmhar, clifeartha, cliste, críonna, cunaí, eagnaí, éargnaí, dea-lámhach, deaslámhach, fadcheannach, gaoiseach, gaoisiúil, gaoismhear, gasta, meabhrach, sciliúil, stuama, *literary* tuaicheall. ❷ *wise, sensible*: céillí, ciallmhar, críonna, fódúil, eagnaí, fadcheannach, foirmniseach, gaoiseach, gaoisiúil, gaoismhear, meabhrach, praiticiúil, réasúnta, staidéarach, staidéartha, stuama, tuisceanach, *literary* suadhach; tá an chúiléith i bhfad siar aige.

pram noun *pram*: bugaí, naíchóiste.

pramsa noun *prance*: ceáfar, ceáfráil, cos bhacóide, damhsa, eitim, foléim, léim, macnas, pocléim, pocléimneach, pramsáil, preab, preabadh, princeam, radadh, rancás, rince, truslóg.

pramsach adjective *capering, frisky*: aerach, beo, beoga, ceáfrach, croíúil, damhsach, éadromaigeanta, éaganta, éanúil, earráideach, foléimneach, giodamach, girréiseach giústalach, gogaideach, guagach, intinneach, luaineach, macnasach, meanmnach, meidhreach, meidhréiseach, rancásach, scinnideach, scóipiúil, siortógach, soilbhir, spéiriúil, spleodrach, spórtúil, spraíúil, suairc, subhach, súgach, teaspúil.

pramsáil verb *prance, caper, frolic*: damhsaigh, pocléim, preab, rinc; bí ag ceáfráil, bí ag princeam, déan ceáfráil, déan macnas, déan princeam, déan súgradh, déan sult.

prap adjective *prompt, sudden*: grod, obann, tobann; beo, gasta, luath, mear, prapúil, sciobalta, sciobtha, tapa, tric.

prapáil verb *smarten, titivate*: feistigh, cóirigh, pointeáil; cuir caoi ar, cuir dreach ar, cuir scliop ar, cuir slacht ar; cuir an cipín mín ar, cuir an tslis mhín ar.

prapaire noun *uppish person, insolent person*: beachtaí, braobaire, bruachaire, bruadaire, brusaire, coc, cocaire, dailtín, deiliúsachán, dosaire, fachmaire, gastaire, gearr-aighneasóir, ladúsaí, maicín, plucaire, raispín, smuilcín, soibealtán, stráisiúnaí, teallaire.

prapaireacht noun *uppishness, insolence*: aisfhreagra, braobaireacht, cabantacht, clóchas, coc achrainn, cóipíos, dailtíneacht, deiliús dosaireacht, freasfhreagra, gastóg, géarchaint, gearr-aighneas, gearraíocht, gearrchaint, glaschaint, ladús, leasfhreagra, maigiúlacht, mínós, plucaireacht; sotal, teanntás.

prapanta adjective *pert, insolent*: abartha, aisfhreagrach, brusanta, cabanta, clóchasach, cunórach, deaschainteacht, deiliúsach, deisbhéalach, gasta, gearrchainteach, ladúsach, maigiúil, nathanta, neamhnáireach, smugach, soibealta, sonnta, sotalach, teanntásach, téisiúil, toghail, uaibhreach, údarásach.

pras adjective *quick, prompt*: beo, gasta, grod, mear, luath, prap, prapúil, preabúil, sciobtha, tapa, tapúil, tric.

prásach adjective *brassy, brazen*: brasach, dalba, dána, dínáireach, soibealta.

práta noun *potato*: fata, préata; creachán, ginidín, lobhar creacháin, póirín, sceallán, screamhachóir práta, scriochaide, scriochán.

preab noun ❶ *start, bound*: abhóg, eitleog, geit, léim, pocléim, preabadh, preabóg, ruthag, scinneadh, scinneog, truslóg, urróg. ❷ *bounce, hop*: eitim, foléim, hap, léim, pocléim, preabadh, preabóg,

preabach
truslóg; céafar, coiscéim, cos bhacóide. ❸ *throb, twitch*: arraing, broid, broidearnach, daigh, deann, freang, preabadh, ríog, saighead. ❹ *kick*: cic, preab le cos, radadh, speach, truip; barrthruip, buile le cos. ❺ *spadeful*: lán spáide, lán sluaiste, spreab. **verb** ❶ *start, jump*: bíog, scanraigh; baineadh geit as, baineadh preab as; ghlac faitíos é, ghlac scáth é. ❷ *bounce, hop*: damhsaigh, hapáil, léim, pocléim, rinc, scinn. ❸ *throb, twitch*: buail, frithbhuail, gread, déan broidearnach, déan frithbhualadh, déan preabadh.

preabach adjective ❶ *jumping, jerky*: corrach, giongach, giorraisc, gogaideach, guagach, luaineach, rábach, snagach, spleodrach, tapógach, treallach. ❷ *throbbing*: freangach, ríogach; aingí diachrach, dofhulaingthe, frithir, géar, léanmhar, pianmhar, piolóideach, tinn.

preabaire noun ❶ *dashing person*: fear breá rábach, rábaire, ruagaire reatha, sárachán; bocaileá, bocailiú, bocaileaidí, scóitséir, slaisire. ❷ **preabaire mná óige** *dashing young woman*: rábaire mná.

preabaire na mbánta noun *familiar magpie (Pica pica)*: meaig, snag breac, *familiar* éan péan.

preabaireacht noun ❶ *jumping, bouncing*: broidearnach, guagadh, léimneach, luaineacht, preabadh, preabarnach, scinneadh. ❷ *liveliness, dash*: beocht, beogacht, bruithean, croí, éirí croí, croíúlacht, éirí in airde, macnas, meanma, meidhir, scleondar, scóip, spéiriúlacht, spiorad, spleodar, sprid, spriolladh, subhachas, súgachas, súgaíocht, teaspach.

preabán noun ❶ *patch (on cloth)*: cliath, geadán, paiste. ❷ *patch of ground*: áit, ball, ionad, leadhb, paintéar, paiste, preabán, spás, stiall, stráice.

preabanta adjective *quick, lively*: aigeanta, anamúil, ardaigeanta, athlamh, bagánta, bainte amach, beo, beoga, bíogúil, biorbach, braiteach, brasach, breabhsach, breabhsánta, breasnaí, brufar, éirimiúil, fuinniúil, lúfar, meanmnach, mear, meidhreach, scafánta, smiorúil.

preabúil adjective ❶ *lively, dashing*: aigeanta, anamúil, ardaigeanta, athlamh, bagánta, bainte amach, beo, beoga, bíogúil, biorbach, braiteach, brasach, breabhsach, breabhsánta, breasnaí, brufar, éirimiúil, friochanta, fuinniúil, lúfar, meanmnach, mear, meidhreach, preabanta, scafánta, smiorúil, spionnúil; rábach, spleodrach, scóipiúil. ❷ *prompt, quick*: beo, gasta, grod, mear, luath, prap, prapúil, pras, sciobtha, tapa, tric. ❸ *helpful, generous*: cabhrach, caoin, caonrasach, ceansa, cineálta, comharsanúil, cothaitheach, cuiditheach, cuidiúil, cúntach, dáilteach, fóinteach, garach, garúil, lách, nádúrtha, oibleagáideach, óraice, tacúil; cóir, córtasach, dáilteach, dearlaiceach, duaiseach, fairsing, fial, fiúntach, flaithiúil, flaithiúlach, gnaíúil, mórchroíoch, neamh-mhion, oscailteach, rábach, sínteach, tabhartasach, teochroíoch, tíolacthach, toirbheartach, *literary* flaithbheartach, gartach.

préachta adjective **préachta leis an bhfuacht** *perished with cold*: conáilte, conáilte leis an bhfuacht, dallraithe leis an bhfuacht, leata leis an bhfuacht.

préachán noun *crow (Corvus)*: caróg, caróg dhubh, caróg liath; badhbh, cág, cocbhran, cromán, feannóg, fiach, fiach dubh, rúcach.

prealáid noun *prelate*: préaláid; easpag, easpag cúnta, ardeaspag, oirdeanáire, patrarc, príomháidh; modhnóir; cairdinéal, pápa.

preas noun ❶ *printing-press, press*: clóphreas; fáisceáin. ❷ *colloquial journalists*: pl. iriseoirí, pl. na meáin, pl. na meáin chumarsáide, pl. na nuachtáin.

preasáil[1] noun *impression*: coinscríobh; liostáil. **verb** *press (conscript)*: coinscríobh; liostáil.

preasáil[2] verb *press (garment)*: smúdáil; cuir iarann ar, iarnáil.

preiceall noun ❶ *dewlap*: clibín, meilleog, slapar, sprochaille, sprochall, sprogall. ❷ *double chin*: athsmig, athsmigead, athsmigín, geolbhach, geolbhach dúbailte, preiceall, sceolbhach, seicimín, sprochaille, sprochall, sprogaill, sprogall, tiolar.

preicleach noun *double-chinned*: preiceallach, sprochailleach, sprogailleach, sprogallach.

preicleachán noun ❶ *double-chinned person*: preiceallachán, préicleálaí; geolbhachán. ❷ *heavy-jowled, morose person*: brúisc, duasmánaí, durdálaí, gruamachán, gruamaire, grusaí, púca.

priacal noun ❶ *peril, risk*: bagairt, baol, bearna baoil, contúirt, cuntar, dainséar, fiontar, fiontraíocht, gábh, guais, guaiseacht, riosca, *literary* éislinn, ing. ❷ **bean i bpriacal** *woman in childbirth*: bean i luí seoil, bean seoil, bean i dtinneas clainne, *literary* bean seolta.

priaclach adjective ❶ *perilous, risky*: baolach, contúirteach, dainséarach, fiontrach, guaiseach, guaisiúil, seansúil. ❷ *troubled, anxious*: aingí, buartha, corrabhuaiseach, corrthónach, cráite, doilíosach, duaiseach, dubhach, eaglach, faitíosach, fuascrach, geitiúil, giodamach, giongach, guairneánach, imníoch, mearaithe, mearbhlach, míshuaimhneach, scáfar, snómhach, tromchroíoch.

pribhléid noun ❶ *privilege*: onóir, pléisiúr; cúis áthais; buntáiste, cead, ceadúnas, ceart, saoirse; deonú, lámháltas. ❷ *special endowment, gift*: ábaltacht, acmhainn, bua, cumas, gifte, giofta, mianach, ríd, tabhartas, tallann, tíolacadh, tréith.

pribhléideach adjective ❶ *privileged*: acmhainneach, bunúil, deisiúil, diongbháilte, éadálach, gustalach, iarmhaiseach, ionnúsach, láidir, neamhuireasach, neamhuireaspach, rachmallach, rachmasach, rathúil, saibhir, sómhar, tathagach, téagartha, toiceach, toiciúil, tréan; faoi rún, príobháideach, **adjectival genitive** rúin, rúnda. ❷ *gifted, articulate*: ábalta, áitithe, bríoch, bríomhar, cumasach, cumasúil, cumhachtach, éifeachtach, inniúil, sciliúil, tallannach, tréitheach. ❸ *bold, self-assured*: buannúil, clóchasach, consaeitiúil, cunórach, móralach, mórtasach, muiníneach, réimeach, slatra, stradúsach, teann, teanntásach, téisiúil, uaibhreach, údarásach.

priméar noun *primer*: aibidil, aibítir, buntús, uraiceacht, graiméar, leabhar gramadaí.

princeam noun *(act of) gambolling, frolicking*: aeráid, aeráil, aermaíocht, áibhéireacht, aoibheall, baitsiléireacht, cabhlachas, céafráil, corraíl, feamaíl, fíbín, fraecsáil, gleoiréis, greann, macnas, meidhir, meidhréis, pléaráca, pocdamhas, pocléim, pocléimneach, rachmall, rampaireacht, rancás, pl. sceitimíní, scléip, scoraíocht, scódaíocht, spórt, spraíúlacht, spraoi, sugradh, sult, *literary* muirn.

printéir noun ❶ *printer*: clódóir, priontóir, priontaire. ❷ *printer (for computer)*: meaisín priontála; cóipire.

printéireacht noun *printing*: clódóireacht, priontáil.

printíseach noun *apprentice*: ábhar gréasaí, ábhar siúinéara; dalta, foghlaimeoir, mac léinn.

príobháid noun ❶ *privacy*: príobháideacht; aonarachas, clochránacht, cúlráideacht, iargúltacht, suaimhneas, uaigneas, *literary* dearraide. ❷ *private place*: cúlráid, díseart, díthreabh, díthreabhach, iargúil, *literary* dearraide; áit iargúlta, áit phríobháideach, fód ar leith, fód faoi leith.

príobháideach adjective *private*: pearsanta, pribhléideach, sain-, sainiúil, uathúil; discréideach, ganfhiosach, **adjectival genitive** inrúin, rúnda, sicréideach.

prioc verb *prick, prod, goad*: broid, brostaigh, corraigh, dreasaigh, dúisigh, faghair, griog, mearaigh faoi, múscail, prioc, rúisc, saighid, séid faoi, spreag, tathantaigh ar, túin ar; coinnigh an héing le.

priocadh noun *prick, prod, sting:* broideadh, cailg, cealg, ga, goin, goineog, griogadh, prioc, priocadh.

priocaire noun ❶ *teasing person, tease:* ciapaire, ciapálaí, clipire, griogaire; bearránach, crá croí. ❷ *fault-finder:* beachtaí, braobaire, brasaire, bruachaire, bruadaire, coc, cocaire, dosaire, fachmaire, gastaire, gearr-aighneasóir, giostaire, pastaire, plucaire, prapaire. ❸ *poker (for fire):* bior gríosaí, bior tine, crann teallaigh, prócar, *familiar* timire teallaigh.

priocsmut noun *nosy-parker, snoop:* duine cunórach, duine déanfasach, geafaire, *pl.* gnaithe gan iarraidh, gnó gan iarraidh, gobachán, gobaire, péadóir, smúiríneach, socadán, socaire, speicéir.

príomh- prefix *chief, principal:* príomha, ard-, mór-, rí-.

príomh-aire noun *prime minister:* taoiseach; cathaoirleach chomhairle na n-airí, céadaire, ceann an rialtais.

príomhalt noun *editorial (in newspaper, magazine, etc.):* alt eagarthóra, eagarfhocal.

príomhoide noun *principal, head teacher:* ardmháistir, ardmháistreás.

príomhoifig noun *head office:* ardoifig, ceannáras, ceanncheathrú, príomháras, rúnaíocht.

priompallán noun *dor, dung-beeetle (Geotrupes):* plumbarlán, triompallán, trumpallán.

prionsa noun *prince:* flaith, piara, taoiseach, tiarna, triath, *literary* branán, *literary* donn; ardrí, impire, máistir, monarc, rí.

prionsabal noun ❶ *fundamental truth, principle:* coincheap, dlí, fírinne, postaláid, teoiric, toimhde; caighdeán, canóin, critéar, foirmle, nath, riail, rosc, slat tomhais. ❷ *moral principle:* ardchaighdeán morálta, cneastacht, cogús, coinsias, díríocht, eitic, *pl.* idéil, ionracas, macántacht, moráltacht, *pl.* scrupaill, suáilce.

prionsabálta adjective ❶ *high-principled:* cneasta, coinsiasach, díreach, fírinneach, ionraic, macánta, idéalach, morálta. ❷ *scrupulous, punctilious:* beacht, cogúsach, coinsiasach, cruinn, mionchúiseach, pointeáilte, scrupallach. ❸ *dogmatic:* barúlach, ceartaiseach, ceannasach, dáigh, daingean, diongbháilte, do-bhogtha, dogmach, máistriúil, mórchúiseach, mórtasach, mursanta, mustrach,

---

Príomh-airí na Breataine

1721–1742 Sir Robert Walpole
1742–1743 Spencer Compton, Iarla Wilmington
1743–1754 Henry Pelham
1754–1756 Thomas Pelham-Holles, Diúc Newcastle
1756–1757 William Cavendish, Diúc Devonshire
1757–1762 Thomas Pelham-Holles, Diúc Newcastle
1762–1763 John Stuart, Iarla Bóid
1763–1765 George Grenville
1765–1766 Charles Wentworth, Marcas Rockingham
1766–1768 William Pitt "Sinsearach", Iarla Chatham
1768–1770 Augustus Henry Fitzroy, Diúc Grafton
1770–1782 Frederick Tiarna North
1782 Charles Wentworth, Marcas Rockingham
1782–1783 William Petty, Iarla Shelburne
1783 William Henry Cavendish Bentinck, Diúc Portland
1783–1801 William Pitt, "Sóisearach"
1801–1804 Henry Addington, Bíocunta Sidmouth
1804–1806 William Pitt, "Sóisearach"
1806–1807 William Wyndam Grenville, Tiarna Grenville
1807–1809 William Henry Cavendish Bentinck, Diúc Portland
1809–1812 Spencer Perceval
1812–1827 Robert Banks Jenkinson, Iarla Learphoill
1827 George Canning
1827–1828 Frederick John Robinson, Bíocunta Goderich
1828–1830 Arthur Wellesley, Diúc Wellington
1830–1834 Charles, Iarla Grey
1834 William Lamb, Bíocunta Melbourne
1834–1835 Sir Robert Peel
1835–1841 William Lamb, Bíocunta Melbourne
1841–1846 Sir Robert Peel
1846–1852 John Russell, Iarla Russell
1852 Edward George Stanley, Iarla Derby
1852–1855 George Hamilton Gordon, Iarla Obair Dheadhain
1855–1858 Henry John Temple, Bíocunta Palmerston
1858–1859 Edward George Stanley, Iarla Derby
1859–1865 Henry John Temple, Bíocunta Palmerston
1865–1866 John Russell, Iarla Russell
1866–1868 Edward George Stanley, Iarla Derby
1868 Benjamin Disraeli
1868–1874 William Ewart Gladstone
1874–1880 Benjamin Disraeli
1880–1885 William Ewart Gladstone
1885–1886 Robert Arthur Talbot Cecil, Marcas Salisbury
1886 William Ewart Gladstone,
1886–1892 Robert Arthur Talbot Cecil, Marcas Salisbury
1892–1894 William Ewart Gladstone
1894–1895 Archibald Philip Primrose, Iarla Rosebery
1895–1902 Robert Arthur Talbot Cecil, Marcas Salisbury
1902–1905 Arthur James Balfour
1905–1908 Sir Henry Campbell-Bannerman
1908–1916 Herbert Henry Asquith
1916–1922 David Lloyd George
1922–1923 Andrew Bonar Law
1923–1924 Stanley Baldwin
1924 James Ramsay MacDonald
1924–1929 Stanley Baldwin
1929–1935 James Ramsay MacDonald
1935–1937 Stanley Baldwin
1937–1940 Neville Chamberlain
1940–1945 Winston Churchill
1945–1951 Clement Atlee
1951–1955 Winston Churchill
1955–1957 Anthony Eden
1957–1963 Harold Macmillan
1963–1964 Alec Douglas-Home
1964–1970 Harold Wilson
1970–1974 Edward Heath
1974–1976 Harold Wilson
1976–1979 James Callaghan
1979–1990 Margaret Thatcher
1990–1997 John Major
1997–2007 Tony Blair
2007–2010 Gordon Brown
2010–2016 David Cameron
2016–2019 Theresa May
2019–2022 Boris Johnson
2022 Liz Truss
2022– Rishi Sunak

prionta
neamhghéilliúil, róchinnte, ródhearfa, sotalach, strádúsach, teanntásach, tiarnasach, uaibhreach, údarásach.

prionta noun ❶ *print:* cló. ❷ *print (of painting, etc.):* cóip, fótacóip, fótastat, grianghraf, macasamhail. ❸ *printed writing:* ábhar clóbhuailte, ábhar clóite. ❹ *type:* cló, clófhoireann.

priontáil verb *print:* clóbhuail, cuir i gcló; cuir amach, foilsigh.

prios noun *press, cupboard:* prios éadaigh, prios leabhar; almóir, caibhéad, cófra, cófra tarraiceán, cupard, curpad, prios, vardrús.

priosla noun *dribble, slobber:* pislín, pislíneacht, priosláil, prislín, prislíneacht, *pl.* ramaí, ronna, silín, silíneacht, slabhra, sramadas, sramadh, *pl.* sramaí; coch, cochaille, cráisiléad, crannseile, crochaille, múcas, *pl.* muiní réama, prachaille, réama, réamán, ronna, seile, seileagar, seileog, smaois, smuga, smugairle.

prioslach adjective *dribbling, slobbering:* pislíneach, prislíneach, ronnach, ronntach, siolgair, sramach.

prioslachán noun *dribbler, slobberer:* duine liopach, liopa duine, prioslálaí, prioslaire, siolgaire, slabálaí, slaimice, sramachán, sramaide.

prioslóir noun *dribbling bib, bib:* bib, bibe, bráideog, bráidín, prioslálaí, sciúlán, smigéadach.

príosún noun *prison:* carcair, cillín, géibheann, doinsiún, an poll dubh; cosacán, geimheal, *pl.* loirgneáin, píolóid; daorsmacht, braighdeanas, géibh, géibheannas.

príosúnach noun *prisoner:* brá, brá gill, *literary* broid, braighdeanach, cime, géibheannach, geimhleach, giall; coireach, coirpeach, feileon; daoirseach, daor, daoránach, sclábhaí.

príosúnacht noun *imprisonment, captivity:* príosúntacht; braighdeanas, *literary* cacht, cimeachas, cimíocht, daoirse, daoirseacht, daoirsine, daorbhroid, daorsmacht, gabhann, géibh, géibheannas, moghsaine.

prislín noun *dribble (from mouth):* pislín, pislíneacht, priosla, priosláil, prislíneacht, *pl.* ramaí, ronna, silín, silíneacht, slabhra, sramadas, sramadh, *pl.* sramaí; coch, cochaille, cráisiléad, crannseile, crochaille, múcas, *pl.* muiní réama, prachaille, réama, réamán, seile, seileog, smaois, smuga, smugairle.

próca noun *crock, jar:* árthach, ballán, beiste, calán, canna, ceaintín, cíléar, crocán, crúiscín, crúsca, cuach, giústa, gogán, leastar, pigín, pota, potán, scála, searróg, soitheach, *literary* stábh, stópa; *literary* caileach, cailís, *literary* cingid, cupa, cupán, muga, séibe.

prochóg noun ❶ *hole, den, cave:* ábhach, adhbha, áfach, aice, brocach, broclach, canachán, *literary* fochla, gnáthóg, lonnachán, pluais, poll, talmhóg, uachais. ❷ *hollow:* cabhóg, cró, croí, cuas, cuasán, cuasóg, eagán, easca, gleann, gleanntán, lag, lagán, log, logall, logán, mám, poll. ❸ *hovel:* both, bothainín, bothán, bothóg, bráca, bráicín, cábán, cró, cró tí, cróicín, cróitín, múchán, proch, prochán, prochlais, púirín, scáthlán, scailp, seantán, siúntán, teach beag, teachín, tigín, úirín; raingléis tí, riclín tí, spéalán tí.

prognóis noun *prognosis:* fáistine, ionchas, réamhaisnéis, réamhthuairimíocht, tairngireacht, tátal, tuar.

proibhinse noun *province:* cúige, dlínse; limistéar, líomatáiste, ceantar, réigiún.

proifid noun *profit:* airgead buaite, balachtáil, brabach, brabús, díbhinn, éadáil, earraíocht, fáltas, fís, gnóthachan, gnóthú, ioncam, luach saothair, pá, *literary* poinn, sochar, *literary* sola, teacht isteach, tuarastal.

proifisiúnta noun *professional:* gairmiúil, sciliúil, traenáilte, ceart, oilte.

proinn noun *meal (food):* béile, béilín, biaiste, cuid, roisín, scamhard, séire, tráth, tráth bia; bia na maidine, bricfeast, bricfeasta, briseadh céadlonga, briseadh céalacain, céadbhéile, céadlongadh, céadphroinn, céadtomhailt, cuid mhaidine, cuid na maidine; bolgam eadra, cuid eadra, dinnéar, giota, loinsiún, lóinse, lón, meán lae, pronnlach, raisín, scroid; tae beag, tae beag an tráthnóna; cuid na hoíche, cuid oíche, dinnéar, scroid airneáin, séaras, suipéar, *familiar* jigear; béile beag, blaisín, bolgam beag, bonnachán, deoladh, diocán, gogán is spúnóg, gráinseáil, greim is bolgam, mír is deoch, scíobas, scruig, smailc, snapadh.

proinnteach noun *refectory:* proinnseomra, seomra bia, seomra itheacháin.

próiseas noun *process:* cúrsa, dul ar aghaidh, oibriú; bealach, modh, modh oibre, modheolaíocht, nós imeachta, slí.

prólatáireach adjective *proletarian:* íochtaránach, den ísealaicme, **adjectival genitive** ísealaicme; anuasal, cábógach, coiteann, coitianta, comónta, cothrom, daoscair, forleathan, forleithleadach, gaelach, garbh, gnách, gnáth-, íseal, lábánta, luarga, moghach, neamhshuntasach, pleibeach, sclábhánta, suarach, tútach, uiríseal. noun *proletarian:* íochtarán; amhas, bathlach, bodach, buailtíneach, búr, cábóg, closmar, fleascach, lábánach, lóma, mogh, moghaidh, sclábhaí, spailpín, tuathalán, tuathánach, tútachán, túitín.

prolatáireacht noun *proletariat:* *pl.* bochtáin, *pl.* bodaigh, *pl.* cábóga, codraisc, cosmhuintir, daoscarshlua, gramaisc na sráide, ísealaicme, *pl.* lábánaigh, *pl.* miondaoine, *pl.* híochtaráin, *pl.* lábánaigh, *pl.* miondaoine, *pl.* spailpíní, *pl.* tuathaláin, *pl.* túitíní, *pl.* tútacháin; Clann Lóbais, Clann Tomáis.

promanáid noun *promenade:* cosán spaisteoireachta; siúl, siúlóid; coisíocht, spaisteoireacht, troithíocht.

promh verb *prove, test:* dearbháil, féach, tástáil, seiceáil, triail; iniúch, scrúdaigh; cuir faoi scrúdú.

promhadh noun *proof, test:* féachaint, seiceáil, tástáil, teist, triail; iniúchadh, scrúdú.

prompa noun *rump:* cairín, gaireanáta, geadán, gimide, giorradán, gúnga, *pl.* más, rumpa, tiarpa, tóin; bundún, clais, *familiar* cráic.

prósach adjective *prosaic, prosy:* aontonach, coitianta, comónta, fadálach, lagmheasartha, leamh, leamhthuirsiúil, liosta, litriúil, malldícheallach, marbh, marbhánta, neamhbheo, seanchaite, smolchaite, spadach, spadánta, stálaithe, tiarálach, tirim, tuirsiúil, tur; gan spréach, gan tinfeadh.

prosóid noun *prosody:* *pl.* aistí, *pl.* aistí filíochta, filíocht, meadaracht, *pl.* meadarachtaí, véarsaíocht.

Protastúnach adjective *Protestant:* Anglacánach, de chuid Eaglais na hÉireann, Easpagóideach, Sasanach; Meitidisteach, Modhach; Albanach, Cailvíneach, Preispitéireach; Liútarach; eiriciúil, leasaithe. noun *Protestant:* Protastún; Anglacánach, ball d'Eaglais na hÉireann, Easpagóideach, Sasanach, *colloquial* Clann Liútair; Meitidisteach, Modhach; Albanach, Cailvíneach, Preispitéireach; Baisteach; Liútarach; eiriceach.

puball noun *tent:* bealscáthlán, cábán, pailliún, teálta, tint.

púca noun ❶ *hobgoblin, pooka:* badhbh badhbh, bobogha, bocán, bocánach, clutharachán, ealbh, gruagach, ginid, hobad, leipreachán, lúcharachán, lúcharbán, lúchargán, lucharpán, luchramán, mórphúca, orc, síofra, síofróg, sióg, troll, *literary* siride. ❷ *surly uncommunicative person:* brúisc, bundún, duasmánaí, durdálaí, gruamachán, gruamaire, grusaí, púca, púicearlach, púicirliún, púdarlach, splíonach; dúrapóg.

púca peill noun *toadstool*: beacán bearaigh, púcán beireach; bolg béice, bolg buachair, bolg loscainn, bolgán béice, (*i gContae Mhaigh Eo*) buíocán; bracfhungas, fungas.

puchóid noun *pustule*: faisce, faisneog, fuchóid, goirín; *colloquial* aodh, briseadh amach, bruth, gríos, íth.

púdar noun *powder*: ceo, minmheilt, múrán, pailin, plúr, smúdar, smúit, snaois; bóithreán, ceo, deannach, dusta, luaithreamhán, luaithreach.

púdrach adjective *powdery, powdered*: deannachúil, plúrach, smúdrach, smúitiúil.

púdraigh verb *pulverize*: brúigh, meil, minmheil, mionaigh, mionbhrúigh, muirligh, oirnigh; déan grabhróga de, déan mionbhruar de, déan plúr de, déan púdar de, déan sligreach de, déan smionagar de.

púic noun ❶ *blind over eyes, mask*: daillicín, dalladh púicín, dallbheart, dallóg, púicín; *pl.* léaróga. ❷ *covering*: binn, blaosc, bradhall, bradóg, brat, cabhar, cadó, carapás, cás, cásáil, ciseal, claibín, clár, clúdach, clúid, coirt, craiceann, croitheadh, cumhdach, dídean, díon, éadach, faighin, faighneog, fial, folach, forchlúid, forún, foscadh, imchasal, imchumhdach, ladar, mogall, púic, púicín, rapar, scaoilteog, scaraoid, sceo, screamh, *literary* araoid, tlacht. ❸ *morose demeanour, state of being glum*: ainnise, atuirse, beagmhisneach, beaguchtach, ceas, ceo, ciach, ciamhaire, cian, cumha, dearchaoineadh, dochma, domheanmna, drochmhisneach, duairceas, dubhachas, duifean, duifean croí, dúlagar, dúlionn, éadóchas, gruaim, gruamacht, lagar spride, lionn dubh, *pl.* lionnta dubha, maoithneachas, meirtne, mídhóchas, mímheanma, mímhisneach, míshuairceas, néal, smúit, tocht, tromchroí. ❹ *frown, scowl*: cár, cnaig, duifean, gnúis, grainc, gruig, grus, iolchaing, meill, mídhreach, místá, pus, scaimh, strainc, strabhas, straois, streill.

púiceach adjective *morose, glum*: anaoibhiúil, atuirseach, brónach, brúite, bundúnach, ceanníseal, ciachmhar, cianach, cianúil, doilbh, doilbhir, domheanmnach, dorcha, duairc, duaiseach, dubhach, dúlagrach, dúlaí, dúlíonnach, dúnéaltach, éadóchasach, gan dóchas, gruama, lagsprideach, lionndubhach, mairgiúil, míshuairc, modartha, smúiteach, smúitiúil, smúitiúnta, tromchroíoch. ❷ *frowning, scowling*: bagrach, dorrga, dúr, dúrúnta, gruama, mosach.

púicín noun ❶ *blind over eyes, mask*: daillicín, dalladh púicín, dallbheart, dallóg, púic, réasún. ❷ *frown, scowl*: cár, cnaig, gnúis, gramhas, gruig, grus, iolchaing, mídhreach, místá, muc ar mhala, múchna, néal, pus; cab, cáirín, cár, caradánacht, clab, meill, scaimh, strabhas, strainc, straois, streill.

púiciúil adjective ❶ *dark, gloomy*: ciachmhar, dobhartha, dorcha, duairc, dubh, easolasta, gorm, gruama, idirdhorcha, modartha, smúiteach, smúitiúil, teimhleach, *literary* dobhar. ❷ *glum, sullen*: anaoibhiúil, atuirseach, brónach, brúite, bundúnach, ceanníseal, ciachmhar, cianach, cianúil, doilbh, doilbhir, domheanmnach, dorcha, drae, duairc, duaiseach, dubhach, dúlagrach, dúlaí, dúlíonnach, dúnéaltach, éadóchasach, gan dóchas, gruama, lagsprideach, mairgiúil, modartha, púiceach, smúitiúil, smúitiúnta, tromchroíoch, tromghnúiseach.

puilín noun *pulley*: glinnfhearas, ulóg, unlas; castainn, tochard; crann cnáibe, crann snátha, crann tochrais, glinne.

puilpid noun *pulpit*: crannóg; ardán.

puinn pronoun (*with negative*) *nothing, not much*: burral, dada, faic, tada; a dhath, a dhuth ná a dhath, aon ní, aon rud, éinní, rud ar bith, screatall, smid ná smeaid, seoid; adamh, blas, cáithnín, coirpín, corpán, dúradán, fionna feanna, fríd, frídín, leid, mír, móilín; is beag ní, ní mórán.

puins noun *punch* (*tool*): pritil.

puinseáil verb *punch*: poll, toll, treáigh; cuir poll i.

puipéad noun *puppet*: bábliac, máireoigín, téadphuipéad; bábóg, brídeog, gairlín, gilleagán.

púir noun ❶ *loss, tragedy*: atuirse, bris, briseadh croí, brón, caillteanas, cinniúint, cumha, léan, tragóid, tubaiste. ❷ *tribulation*: buaireamh, buairt, díomá, dobrón, doilíos, dólás, doghrainn, duairceas, iarghnó, léan, tocht, treabhlaid, tromchroí, *literary* fochaidh, nuar; aiféala, aithreachas, aithrí, cathú, crá croí, cróibhrú, mairg, méala; ciach, cian, dubhachas, duainéis, éadóchas, gruaim.

púirín noun ❶ *cote* (*for lambs, birds*): cró; colmlann. ❷ *hut, hovel*: both, bothánín, bothán, bothóg, bráca, bráicín, cábán, cróicín, cróitín, prochlais, prochóg, scáthlán, teach beag, teachín, teálta, tigín, úirín; raingléis tí, riclín tí, spéalán tí.

puisín noun ❶ *lip*: béal, *pl.* beola, liopa, pus; breall, bruaisín, bruas, cab, liobar, meill. ❷ *calf's muzzle*: féasrach, féastrach, mantóg. ❸ *tá puisín air he is pouting*: tá pus air, tá smut air, tá sé ina stailc, tá stainc air, tá stuaic air.

puisín noun *pussy-cat, kitten*: cat, caitín, piscín, piscín cait, pisín.

puiteach noun *boggy ground, mud*: abar, bogach, bogán, boglach, corcach, corrach, criathar, criathrach, lodar, múilleog, portach, riasc, riascach, slaprach, sloda; clábar, dóib, draoib, glár, greallach, guta, láib, lábán, lathach, lodar, moirt, pluda, sláthach.

púitse noun *pouch*: bolg, curraoin, geois, máilín, mála, mang, mealbhóg, pocán, púitsín, saitsil, spaga, sparán, tiachán, tiachóg, tiagh, tiarpán, tiarpóg.

pulc verb ❶ *stuff, gorge*: brúigh, calc, ding, líon, luchtaigh, pacáil, sac, sáigh, stánáil, teann; sáithigh, sásaigh. ❷ *crowd, throng*: plódaigh, plúch, tranglái; bailigh i sluaite, cruinnigh i sluaite.

pulcadh noun ❶ *crush, throng*: drong, plód, plódú, slógadh, slua; conlán, dreabhlán, éillín, grathain, lota, saithe, scaoth, scata, scúd, sealbhán, tréad. ❷ *large mass*: an dúrud, bulc, burla, carn, carnáil, carnán, ceallamán, cnap, cnapán, cnuasach, crocán, cruach, cual, gróigeadh, gróigeán, gruagán, lab, leacht, maoil, maois, maoiseog, moll, mothar, múr; cuimse, dalladh, éacht, flúirse, foiscealach, foracan, foracún, gliúrach, lab, lámháil, lánchuid, lasta, lear, lóicéad, luthairt lathairt, meall, maidhm, *pl.* múrtha, púir, réimse, scaoth, seó, slaod, slua, tolmas, tulca, *familiar* an t-uafás.

pumpa noun *pump*: caidéal, crann taomtha, inneall taosctha, pumpa, taomaire, taomán, taoscaire.

pumpáil verb *pump*: caidéalaigh; taom, taosc, taoscaigh, taoscaigh le caidéal; cuir isteach le teannaire, teann.

punann noun *sheaf*: corróg; burla, cual, dornán, scuabóg, stuca, *literary* grinne.

punt noun *pound* (*money*): punta; sabhran.

puntán noun *stocky person*: balcaire, béinneach, bleitheach, bollatach, bológ, bológ fir, bromach, bunastán, buta, cliobaire, dalcaire, fairceallach, guntán, mullachán, preabaire, puntánaí, sacadán, smachtín, sorchán, staicearlach, stiorc, stoipéad, stollaire, strogán, struisire, tolcaire, tollaire, tréanfhear, tuairgnín fir.

puntánach adjective *stocky*: comhleathan, daingean, dingthe, suite, tacúil, talmhaí.

pupa noun *pupa*: crisilid.

púrach adjective ❶ *tragic, calamitous*: anacrach, cinniúnach, coscrach, damáisteach, doleigheasta, éagmhar, léanmhar, marfach, míchinniúnach, millteach, nimhneach, oidhiúil, taismeach, tragóideach, treascrach, tubaisteach. ❷ *grief-stricken*: aiféalach, atuirseach, briseadh-croíúil, brúite, buartha, ceanníseal, cianach, cianúil, cráite, croíbhriste, croíbhrúite, cumhach, deorach, diachrach, dobrónach, doilbh, doilbhir, doilíosach, domheanmnach, dorcha, duairc, duaiseach, dubhach, dúlagrach, dúlaí, dúlionnach, dúnéaltach, éadóchasach, fadchumhach, gruama, gubhach, iarghnóch, in ísle brí, léanmhar, lionndubhach, mairgiúil, mairgneach, maoithneach, smúitiúil, smúitiúnta, taidhiúir, tromchroíoch, truamhéalach; tá a chroí briste, tá a chroí cráite.

púráil noun (*act of*) *beating, trouncing*: batráil, clárú, cleathadh, clogadadh, cnagadh, greadadh, lascadh, leadhbadh, leadradh, léasadh, liúradh, liúradh Chonáin, plancadh, sliseadh, smíochtadh, smiotadh, smísteáil, spóiléireacht, stánáil, súisteáil, tuargaint.

purgadóir noun ❶ *purgatory*: prugadóir, purgadóireacht. ❷ *purgatorial pains, expiatory suffering*: céasadh, *pl.* peiríocha; amaróid, anacair, anachain, anás, anchaoi, angar, anró, anróiteacht, anshó, beophianadh, carghas, céasadh, ciotrainn, conaphian, crá, crá croí, cráiteacht, cránán, cránas, diachair, díblíocht, dochracht, dochraide, dócúl, doghrainn, doic, dóing, dóinmhí, dola, donacht, donas, dothairne, duainéis, éagomhlann, eirleach, *pl.* freangaí, fulaingt, *pl.* íona, martra, *pl.* peiríocha, pian, pianadh, pianpháis, piolóid, priacal, racáil, tóiteáil, treabhlaid, treighid, trioblóid, truántacht, tubaiste, turraing, *literary* cacht; leac ifrinn, leac na bpian.

purgaigh verb *purge*: tabhair purgóid do; glan, íonghlan, saorghlan.

purgóid noun ❶ *purgative*: deoch scaoilteach, druga scaoilteach, *literary* lagthach. ❷ *unpleasant experience*: anachain, amaróid, ciotrainn, donacht, donas, eirleach, matalang, mífhortún, mísheoladh, míthapa, timpiste, tubaiste, turraing, *literary* dursan.

purláin plural noun *purlieus, precincts*: ceantar, comharsanacht, dúiche, timpeallacht, *literary* comhfhoisce.

púróg noun *pebble*: cloch, cloch dhuirlinge, méaróg, póirín, póirín cloiche, púrthóg, rapa; fadhbairne cloiche, fáiméad cloiche, géarán.

pus noun ❶ *protruding mouth, mouth*: béal, cab, clab; bruas, liobar; smuilcide. ❷ *sulky expression, pout*: cáirín, cár, caradánacht, clab, gnúis, grainc, gramhas, gruig, grus, iolchaing, mídhreach, místá, rothán, scaimheog, smut, stainc, strabhas, strainc, straois, streill, stuaic. ❸ *snout*: smaois, smuilc, smut, soc; cainc, caincín, cincín, gaosán, geanc, srón.

pusach adjective ❶ *pouting, in a huff*: rothánach, spuaiceach, stailceach, stainceach, staincíneach, stalcach, stuacach, stuacánach, stuacánta, stuaiceach; ar na mups. ❷ *whimpering, about to cry*: caointeach, deorach, smeachach, snagach.

pusachán noun ❶ *pouter, sulky person*: dodaire, pusaire, smuilceachán, smutachán staincín, stuacachán, stuacán, tormasaí; cancrán, cantalóir, cnádán, cnádánaí, cnáimhseálaí, cnáimhseoir, deimheastóir, doirfeach, griobaltach, searbhán, smuilceachán, smutachán, speig neanta. ❷ *blubberer, whimperer*: caointeachán, golspaire, meamhlachán, plobaire, sceamhlachán, screadachán. ❸ *sucking calf*: gamhain deoil, gamhain diúil, lao deoil, lao diúil; lao, laoidín. ❹ *muzzle for calf*: puisín, puslach; féasrach.

púscán noun *ooze*: láisteadh, múscán, priosla, púscadh, sileadh; láib, síothlú, sní, tál, úsc, úscadh; braon aníos, braon anuas.

puth noun ❶ *puff, whiff*: fleaim, gal, puithín, seadán, séideán, séideog, smeámh, smid, *literary* tréifid; anáil, falrach, gearranáil, plúchadh, riospráid, smúrthacht, snag, snag anála, tinfeadh, tinfise, uspóg. ❷ *pl.* **putha patha** *incessant coughing*: síorchasacht; cársán, ciach, cliath, gearranáil, piachán, píoblach, seordán, siollfarnach, siollfartach, slócht, tocht; asma, cnedaíl, plúchadh; bhí ga seá ann, bhí saothar air.

puthaíl noun (*act of*) *puffing*: cneadaíl, ga seá, gearranáil *pl.* putha patha, puthadaíl, puthláil, puthanaíl, saothar, siotaíl; cársán ciach, cliath, piachán, píoblach, plúchadh, seordán, slócht, tocht.

putóg noun ❶ *gut, intestine*: aoineán, caolán, drólann, *pl.* gibléid, gipis, *pl.* inní, ionathar, putóg, putóg mhór, stéig, stéig mhór. ❷ *pudding*: drisín, inreachtán, lúbán dubh, maróg, putóg bhán, putóg dhubh, scéag; hagaois, proinseach.

puzal noun *puzzle*: *pl.* míreanna mearaí, tomhas míreanna mearaí, puzal; cruacheist, fadhb.

Rr

rá noun *saying, utterance*: aitheasc, allagar, canstan, ceiliúr, cuntas, cur síos, deilín, focal, forrán, fuigheall, labhairt, labhra, léacht, oideam, óráid, ráiteas, salmaireacht, seanmóir, seanfhocal, seanrá, spéic, trácht, tráchtaireacht, tuairisc, urlabhra, *literary* scoth.

rábach adjective ❶ *bold, dashing*: dána, scóipiúil, spleodrach, preabúil; aigeanta, anamúil, ardaigeanta, athlamh, bagánta, beo, beoga, bíogúil, biorbach, braiteach, brasach, breabhsach, breabhsánta, breasnaí, brufar, éirimiúil, fuinniúil, lúfar, meanmnach, mear, meidhreach, móruchtúil, preabanta, scafánta, slatra, truslógach. ❷ *reckless*: andána, anfhaiteach, deifreach, dána, dásach, dásachtach, díchéillí, dithneasach, doscaí, doscúch, driopásach, éigiallta, éigríonna, fuadrach, meardhána, meargánta, místuama, neamhaireallach, neamhairdiúil, neamhaireach, neamhchúiseach, obann, ráscánta, ríogach, roiseach, ruthagach, sconnach, sconnasach, spadhrúil, taghdach, tallannach, teasaí, tintrí, tobann; gan chústás. ❸ *rank, luxuriant*: borb, buacach, clannach, clannógach, eascarthach, fás, fiáin, saibhir, uaibhreach; bláfar.
adverb **go rábach** *easily*: ar bogshiúl, ar do bhogadam, ar do bhogstróc, gan deacracht, gan dua, gan mhasla gan bhraodar, go furasta, go haosáideach, go héasca, go saoráideach, go sásta.

rábaire noun *active person, dashing fellow*: fear breá rábach, preabaire, ráib, ruagaire reatha, scafaire; bocaileá, bocailiú, bocaileaidí.

rabairne noun *prodigality, extravagance*: caifeachas, cur amú, díobhal, díobhlacht, díobhlas, díobhlás, díomailt, doscaíocht, drabhlás, frasaíl, ídiú, reic, scaipeadh maoine, vásta; mustar, straibhéis, taibhseacht.

rabairneach adjective *prodigal, extravagant*: baothchaifeach, caifeach, cailliúnach, caiteach, díobhlachtach, díobhlaiseach, díobhlásach, diomailteach, doscaí, doscaidh, doscaidheach, doscaitheach, drabhlásach, míchuimseach, neamhbharainneach, neamhchoigilteach, railleach, reibhléiseach, scabáistiúil, scaipeach, scaiptheach, scaoilteach; costasach, daor.

rabhach adjective *forewarning, premonitory*: fógrach, forógrach, forálach, **adjectival genitive** rabhaidh.

rabhadh noun *warning, forewarning*: tabhairt rabhaidh; fógra, foláireamh, forógra, leid, fáistine, tairngireacht, tuar; bagairt, comhairle.

rabhán¹ noun ❶ *spasm, fit*: freang, freanga, preab, racht, ríog, taom, tocht, trítheamh; cor, cradhscal, creathán. ❷ *doggerel, vulgar rhyme*: burdún, loinneog, deilín na mbacach, rabhcán, ramás, rannaireacht, sráidéigse, *pl.* véarsaí, véarsaíocht.

rabhán² noun *thrift (Armeria maritima)*: caoróg mhara, *pl.* neoiníní an rabháin, *pl.* nóiníní an ruáin, nóinín an chladaigh, nóinín cladaigh, tonn an chladaigh, tonóg an chladaigh.

rabharta noun ❶ *spring tide*: airde mara, ardlán, barr taoide, barrlán, lán mara; taoide rabharta, taoille rabharta. ❷ *figurative flood, torrent*: buinne, caise, díle, dobhar, railí, scairdeán, sconna, sruth, tuile, tuile gan trá, *pl.* tuilte, tulca, uisce, *pl.* uiscí, *literary* lia, tóla.

rabhlaer noun *overall*: aprún, bairbéal, bráiscín, bruaintín, bruan, naprún, pilirín, práiscín.

rabhlaí noun *child's hoop*: fonsa, lúbán, rabhlaí babhlaí, rabhlamán, rollóir.

rabhlóg noun *tongue-twister*: casfhocal.

rabhnáilte adjective *round*: ciorclach, comhchruinn, corr, cruinn, cruinneogach, cuar, cuarlíneach, cuartha, fáinneach, meallach, sféarúil, timpeallach.

raca¹ noun ❶ *rack*: iomprán, seastán; seilf, (*i gContae na Gaillimhe*) teilp, *literary* alchaing. ❷ *bench, settle*: binse, cathaoir, forma, saoiste, saoisteog, stalla, stól, suíochán.

raca² noun *comb*: raca gruaige, raca cinn; cíor, cíor chruach, cíor chúil, cíor mhín, círín, raicín.

ráca noun *rake*: racán.

racán noun ❶ *racket, uproar*: borrán, bruíon chaorthainn, bruithshléacht, cambús, caorthainn cárthainn, carabóm, carabuaic, carabunca, clampar, cibeal, cipeadraíl, cíor thuathail, círéib, círéip, clibirt, cliobach, cliobaram hob, clisiam, diúra dheabhra, frum fram, fuilibiliú, fuirseadh má rabhdalam, furú, gírle guairle, giorac, glamaireacht, gleadhradh, gleorán, glórmhach, greatharnach, griobach, holam halam, hólam tró, hurlamaboc, hurla harla, hurlama giúrlama, liútar éatar, liútar léatar, mearú, moirín marc, pililiú, raiple húta, rancás, réabadh reilige, rírá, ruaille buaille, toirnéis, trachlais, tranglam, troistneach, trumach tramach, *literary* treathan. ❷ *brawl, rumpus*: achrann, afrasc, bachram, bruíon, caismirt, cath, cibeal, clampar, clibirt, cogadh, comhlann, comhrac, easaontas, geamhthroid, glaschomhrac, greadán, greadaíl, greatharnach, griolladh, griolsa, iaróg, iorghal, maicín, raic, rúscam raindí, scléip, spochaireacht, troid, tromfháscadh, *literary* trodán.

ráchairt noun *run, demand*: éileamh, glao, glaoch, iarraidh, iarratas, imeacht, muist, rith; sciob sceab.

rachmall noun ❶ *lust, desire*: ainmhian, *pl.* ainmhianta na colainne, áilíos, ainriantacht, andúil, anmhacnas, anrachán, antoil, antoil na colainne, cíocras, collaíocht, díocas, diogait, droch-chlaonadh, drúis, drúisiúlacht, dúil, dúilmhireacht, macnas, miangas, paisean, ragús, sámhas, saobhnós, súnás, teaspach, *literary* éadradh. ❷ *playfulness, excitement*: áibhéireacht, cabhlachas, gleoiréis, greann, macnas, meidhir, meidhréis, pléaráca, rancás, scléip, scoraíocht, siamsa, spórt, spraíúlacht, spraoi, súgradh, sult, *literary* muirn.

rachmas noun *wealth, abundance*: *pl.* acmhainní, airgead, bracht, bruithshléacht, bunairgead, conách, crodh, éadáil, gabháltas an tsaoil, gustal, iarmhais, ionnas, ionnús, maoin, maoin an tsaoil, maoin shaolta, ollmhaitheas an tsaoil, ór na cruinne, rachmall, rath, rathúnas, saibhreas, saol na bhfuíoll, saoltacht, saoltas, sochar, *pl.* sócmhainní, somhaoin, speansas, speilp, speilp an tsaoil, spré, strus, tábhacht, teann ar a chúl, teaspach, toice, toice an tsaoil, *literary* díoghainne, intleamh, ionnlas, tóla; tá a chóta bán buailte *'his fortune is made'*.

rachmasach adjective *rich*: acmhainneach, bunúil, deisiúil, diongbháilte, éadálach, gustalach, iarmhaiseach, ionnúsach, láidir, neamhuireasach, neamhuireaspach, rachmallach, rathúil, saibhir, séadach, sómhar, strusúil, tábhachtach, tathagach, téagartha, toiceach, toiciúil, tréan, *literary* foltach; faoi bhrothall, ina shuí go te; go maith as, go maith sa saol, os cionn a bhuille; tá an saol ar a mhéis aige, tá an saol ar a thoil aige, tá bonn aige, tá brabach air, tá bun air, tá bunús air, tá caoi mhaith air, tá cóir mhaith air, tá deis mhaith air, tá dóigh leacanta air, tá fáltas mór airgid aige, tá lán na lámh aige, tá somhaoin air, tá speilp air, tá treo maith air; tá sé ar a shástacht, tá sé ina saoil seoil le deis, tá sé teann in airgead, tá taoscán airgid aige.

rachmasaí noun *rich person, capitalist*: saibhir, toicí; billiúnaí, ilmhilliúnaí, milliúnaí; caipitlí.

racht noun *paroxysm, fit, outburst:* abhóg, eatal, fonn, fuadar, míthaom, priocadh, ráig, ríog, spadhar tobann, spang, spreagadh, spreacadh, taghd, tallann, taom, tapóg, tocht, treall, tritheamh.

rachtúil adjective *emotional, passionate:* ainmhianach, deorach, díocasach, luchtmhar, maoithneach, maoth, mothúchánach, paiseanta, sobhogtha, sochorraithe, tochtach, *literary* iodhlannach.

radacach adjective *radical:* absalóideach, dian, domhain, fairsing, géar, iomlán, leathan, mór; amach is amach; **adjectival genitive** bunaidh, bunúsach, daingean, diongbháilte, eisintiúil, intreach; forásach, forchéimnitheach, leasaitheach; reábhlóideach, sóisialach; antoisceach, díograiseach, fanaiceach, míleatach. noun *radical:* antoisceach, díograiseoir, fanaiceach, réabhlóidí, sóisialaí; leasaitheoir.

radaíocht noun *radiation:* astaíocht, raidiú; spré, gathú, idirleathadh, leathadh, leathnú, réscaipeadh, scaipeadh, síolú.

radaireacht noun ❶ (*act of*) *ranting, prating:* baothaireacht, baothchaint, bladhmadóireacht, bladhmaireacht, bladhmann, bóibéis, bóisceáil, bolgán béice, bollaireacht, bolmánacht, bolmántacht, bolscaireacht, bomannacht, braig, braigeáil, bromaireacht, scaothaireacht trumpadóireacht; brilléis, gaotaireacht, geabairlíneacht, geabantacht, geabstaireacht, geocaíl, giob geab, giofaireacht, giolcaireacht, giostaireacht, glagaireacht, glamaireacht, gleoiréis, gleoisíneacht, gliadar, gligíneacht, gliogaíl, gliogaireacht, gliogar, gliogarnach, gliogarnáil, gliogarnaíl, gliogarnsach, gogalach, ladús, pápaireacht, radamandádaíocht, rá mata, reacaireacht, sifil seaifil, síofróireacht, síogaíocht, siollaireacht. ❷ (*act of*) *strolling, revelling:* falaire, falaireacht, fálróid, fánaíocht, feádóireacht, fuaidireacht, ragaireacht, rianaíocht, seachrán, siúl, spaisteoireacht, sráideoireacht, srathaireacht, sruthaireacht, tunladh, válcaeireacht, vardaíl; áineas, ainriantacht, carbhas, craos is carbhas, craosaireacht, drochbheatha, druncaeireacht, meisceoireacht, pléaráca, póitéis, pótaireacht, ragús óil, truaillíocht; banaíocht, *pl.* béasa ainrianta, bodaíocht, macnas, radaíocht, ragaireacht, ragairne, ragús, slataíocht, teaspúlacht. ❸ (*act of*) *courting, flirting:* cliúsaíocht, cúirtéireacht, faoileáil, giolamas, giollamas, manaois, spallaíocht, suirí, tláithínteacht, *literary* tochmharc; imirt ceaintíní ar a chéile.

radaitheoir noun *radiator:* teasaire, téiteoir.

radharc noun ❶ *sight, vision:* aithne, amhanc, dearcadh, feiceáil, feiscint, féachaint, grinniú, léargas, léas, radharc na súl. ❷ *look:* amhanc, amharc, breathnú, dearcadh, dreach, féachaint, gliúc, gliúcaíocht; mearamharc, sciorrach, spléachadh, sracfhéachaint. ❸ *range of sight:* amharc, lánléargas, léargas, raon súl, solas, súil. ❹ *thing seen, view:* aisling, aislingíocht, amhanc, amharc, brionglóid, feic, feic saolta, fís, pictiúr, seó, seó bóthair, taispeántas; deisiúr, tuathúr; cúlra, réamhionad. ❺ *eye, eyes:* dearc, rosc, leathshúil, *literary* seall, súil,; amharc, imreasc, tinteán na súile; mac airmis, mac eilmistín, mac imleasáin, mac imreasa, mac imris, mac imrisc.

radharcach adjective ❶ *seeing, observant:* cronaitheach, dearcasach, friochanta, géar, géarchúiseach, géarshúileach, glanradharcach, glinnsúileach, grinn, grinnsúileach, súilaibí; níl dada le himeacht air. ❷ *visual, optical:* optúil, **adjectival genitive** radhairc, **adjectival genitive** súl.

radharceolaí noun *optician:* gloinire, spéacladóir; radharcmheastóir.

rafar adjective ❶ *prosperous, flourishing:* éadálach, rathúil, réimeach, réimiúil, séanmhar, somhaoineach, *literary* sorthanach; faoi bhláth, faoi rath, faoi shéan, faoi shó. ❷ *prolific:* bisiúil, breisiúil, clannach, cruthaitheach, méiniúil, méith, raidhsiúil, saibhir, síolraitheach, sliochtach, táirgiúil, torthúil.

ráfla noun ❶ (*act of*) *warbling, singing:* cantain, cantaireacht, ceiliúr, ceol, cuachaireacht, dántaireacht, duanaireacht, fonnadóireacht, giolcaireacht, portaireacht, scolaíocht, tríleach. ❷ *chattering, gossiping:* athiomrá, béadán, béadchaint, bleadracht, bleadráil, briosc-chaint, cabaireacht, cadragáil, cadráil, cafaireacht, caint, cardáil, ciblis, clab, cúlchaint, cúlghearradh, geab, geabaireacht, geabairlíneacht, geabantacht, geabstaireacht, giob geab, gliog gleag, gliogar, gliogarnach, gobaireacht, gogalach, luadráil, mionchaint, ráfláil, ráifléis, scéalaíocht, suainseán. ❸ *rumour, report:* clostrácht, cuilithe cainte, dúirse dáirse, dúirt bean liom go ndúirt bean léi, luaidreán, monabhar, ráfláil, scéal, scéal reatha, scéal scéil, siomóid, siosarnach, tuaim támha, *literary* deilm, ris, tuaileas; cuntas, cur síos, gáir, iomrá, port, tuairisc, tuarascáil.

ráflálaí noun ❶ *rumour-monger:* béadánaí, luadrálaí, monabhrach, rásaí, reacaire, scéalaí, sceithire, socadán, socaire; béal gan chaomhnú, béal gan foscadh, béal gan scáth. ❷ *chatterer, gossip:* béalastán, bladhmaire, bleid, bolgán béice, bolscaire, brasaire, cabaire, cafaire, cadrálaí, cág, callaire, clab troisc, clabaire, clabóg, claibéir, claibín, claibín muilinn, claibseach, dradaire, drandailín, geabadán, geabaire, geabstaire, giolcaire, giostaire, glafaire, glagaire, gleoiseach, gleoisín, gleothálaí, gligín, gliogaire, gliogarnálaí, glór i gcóitín, gobachán, gobadán, gobaire, grabaire, leagaire, liopaire, luadrálaí, meigeadán, meiltire, plobaire, roiseálaí, reathálaí, scaothaire, scrathóg, siollaire, síofróir, siosaire, staraí.

rafta noun *raft:* cliath, cliath iompair, rachta, slaod; snámhán.

raga noun ❶ *worthless person:* duine gan mhaith, duine gan rath gan fónamh, fágálach, fear gan aird, fear gan chríoch, iarlais fir, iarlais mná, rabhdalam, ragaíoch, ragairneálaí, raipleachán, scraiste; bruachaire, caifeachán, cailliúnaí, caiteoir, codaí, cuaille, diomailteoir, drabhlásaí, giolla na leisce, leadaí, leadaí na luatha, learaire, liairne, liúdaí, lúmaire, mac mallachta, mac soipín, péist, sceathrachán, sciodar, sciotrachán, scuaille, sliomach, smeathaire, smugachán, spreas, staic, staic gan mhaith, staic i dtalamh; coilíneach, cuilthín, cúl le rath, mac drabhlásach, mac na míchomhairle, mogall gan chnó; ainniseoir, créatúr, suarachán, troch, truán, *figurative* leá Dia. ❷ *worthless thing, useless matter:* gnó gan bun ná barr, iarlais, rud gan éifeacht, rud gan mhaith, rud gan rath gan fónamh; *ironic* féirín; braich gan leann, cur gainimh i ngad, feadaíl ag lorg gaoithe, gabháil de ribe ar iarann fuar, marú míoltóg ar leith a ngeire. ❸ *worthlessness, dissipation:* ainriantacht, carbhas, craos is carbhas, craosaireacht, drabhlás, drochbheatha, druncaeireacht, meisceoireacht, raga, ragús óil, truaillíocht; banaíocht, *pl.* béasa ainrianta, bodaíocht, macnas, neamhghlaineacht, peacúlacht, radaíocht, radaireacht, raga, ragaireacht, ragairne, ragús, slataíocht, teaspúlacht; meirdreachas, striapachas; caifeachas, caiteachas, cur i bhfaighid, díleá, diomailt, diomailteacht, doscaíocht, rabairne, scaipeadh, scaipeacht, vásta; duáilce, suarachas.

ragairne noun ❶ (*act of*) *revelling at night, roistering, rakishness:* banaíocht, carbhas, craos is carbhas, drabhlás, druncaeireacht, meisceoireacht, pléaráca, póitéis, pótaireacht, rabairne, radaireacht, ragaireacht, ragús óil, raillíocht, ráistéireacht, réicíocht, ríobóideacht, rírá, scléip, scléipíocht, scléipireacht. ❷ *late hours, loss of sleep:* airneál, airneán, easpa codlata, ola na hoíche; déanaí, deireanaí, deireanas.

ragairneach adjective ❶ *revelling, rakish:* carbhasach, drabhlásach, rabairneach, railleach, reibhléiseach, réiciúil, ríobóideach; craosach, meisciúil. ❷ *keeping late hours:* airneálach, airneánach; neamhchodlatach.

ragairneálaí noun ❶ *reveller, roisterer:* drabhlásaí, pléaráca, ragaire, raibiléir, raille, railleachán, rastaire, ráistéir, ráistéir mná, réic, réice, ríobóid, scléipeach, scléipire; druncaeir, meisceoir; airneálach, airneálaí, airneánach, airneánaí. ❷ *wastrel:* cailliúnaí, caiteoir, coilíneach, cuilthín, cúl le rath, diomailteoir, drabhlásaí, leiciméir, loiciméir, mac díobhlásach, mac na míchomhairle, ragaíoch, scaiptheoir, slámálaí, spíonadóir; bruachaire, búiste, caidéir, codaí, falsóir, fámaire, feádóir, giolla na leisce, goróir, langa, leadaí, leadaí na luatha, learaire, leiscneoir, leisíneach, leoiste, leota, liairne, liúdaí, liúdramán, ríste, scaoinse, scraiste, sínteach, smíste, srathaire, stangaire, stróinse.

ragús noun ❶ *urge, sensual desire:* áilíos, airc, caitheamh, cíocras, deárcas, díocas, dúil, dúrúch, dúthracht, éileamh, faobhar, fíoch, flosc, fuadar, fonn, gábhair, goimh, mian, miangas, praeic, saint, scamhadh, teaspach; adhall, catachas, catamas, clíth, eachmairt, eachmairc, éastras, haidheas, láth, rachmall, ratamas, snafach. ❷ *fit:* freang, freanga, racht, ríog, taom, tocht, tritheamh.

ráib noun ❶ *dash, sprint:* ráig, ríog, ruthag, scinneadh, scinneog, sciurd, stáir; abhóg, eitleog, geit, léim, pocléim, preab, preabóg, rúchladh, scabhait, truslóg, urróg. ❷ *loose-limbed person, dashing fellow:* fear breá rábach, preabaire, rábaire, ruagaire reatha, scafaire, slaisire; bocaileá, bocailiú, bocaileaidí.

raic¹ noun ❶ *wreck, wreckage:* longbhriseadh, raiceáil; bascadh, milleadh, scrios. ❷ **raic mhara** *flotsam and jetsam:* muirchur, *pl.* muirchurtha, snámhraic.

raic² noun *racket, uproar:* borrán, bruíon chaorthainn, cambús, caorthainn cárthainn, carabuaic, carabunca, cibeal, cíor thuathail, cipeadráil, ciréib, ciréip, clampar, clibirt, cliobach, cliobaram hob, clisiam, diúra dheabhra, forrú, fuilibiliú, fuirseadh má rabhdalam, furú, gírle guairle, giorac, glamaireacht, gleadhradh, gleorán, glisiam, glórmhach, greatharnach, griobach, holam halam, hólam tró, hurlamaboc, hurla harla, hurlama giúrlama, liútar éatar, liútar léatar, mearú, muin marc, pililiú, racán, rachlas, ragáille, raiple húta, rancás, réabadh reilige, rírá, ruaille buaille, scliúchas, toirnéis, trachlais, tranglam, troistneach, trumach tramach, *literary* treathan.

raicéad noun *racket:* raicéad leadóige; bata, camán.

raiceáil noun ❶ *wrecking, wreck:* longbhriseadh, raic; aimhleas, anachain, ár, bárthainn, bascadh, caill, coscairt, cur isteach, damain, damáiste, diachair, díobháil, dochar, dochracht, dola, donacht, donas, goilleadh, goilliúint, goimh, gortú, leonadh, lot, milleadh, olc, scrios, urchóid. ❷ *ill-usage, maltreatment:* ainíde, anaiste, anoircheas, cáibleáil, cargáil, cuimil an mháilín, drochíde, drochláimhseáil, drochúsáid, íde na muc is na madraí, ídiú, íospairt, masla, maslú, mí-úsáid, oidhe, treabhlaid, treascairt, *literary* lochar. verb *wreck, ruin:* arg, basc, bris, brúigh, coscair, creach, díothaigh, goin, gortaigh, íospair, léirigh, léirscrios, loit, mill, réab, rois, sclár, sáraigh, scrios, srac, stróic, treascair, *literary* mudh; déan brachán de, déan camalanga de, déan cíor thuathail de, déan ciseach de, déan cocstí de, déan cusach de, déan cuimil an mháilín de, déan fudairnéis de, déan meascán mearaí de, déan meidrisc de, déan prácás de, déan praiseach de.

raicíteas noun *rachitis, rickets;* aos teannta; mairbhití cos.

raicleach noun *brawling woman, termagant:* ainscian mná, ainsprid, badhb, badhbaire, báilléaraí mná, báirseach, báirseoir mná, bearrbóir, bearrthachán mná, cáinseach, callaire mná, cancairt mná, caorthanach, deimheastóir mná, drochbhean, fiachailleach, fuachaid, gáirseach, heictar, laisceach, raip, ráipéar mná, raiteog, ruibhseach, ruip, ruipleach, scibhear, scubaid, stiúireachán, stiúireoir, strabóid, straip, streachaille, toice.

raidhfil noun *rifle:* gunna; muscaed, cairbín; gunnán, piostal.

raidhse noun *abundance, profusion:* a lán, an-chuid, an-ladhar, bleachtanas, bun maith, carn, *pl.* cairn dubha, clais, cothrom, cuid mhaith, cuid mhór, cuimse, dalladh, fairsinge, fairsingeacht, féile, flaithiúlacht, flúirse, flúirseacht, flúirsí, fuíoll na bhfuíoll, iarracht mhaith, iarracht mhór, iomláine, iontas, láine, lear, líonmhaireacht, lochadradh, luthairt lathairt, maidhm, *pl.* mámannaí, mórán, neart, púir, raidhsiúlacht, réimse, saibhreas, scanradh, seó, slám, steancán, stráice, suaitheantas, suim mór, taoscán, téagar, *literary* díoghainne, intleamh, tóla, *familiar* an t-uafás, tolmas, tonn mhaith.

raidió noun *radio:* craolachán, craoladh; gléas craolacháin, gléas raidió.

raidis noun ❶ *radish (Raphanus sativus):* meacan raidigh, meacan rua. ❷ **raidis fhiáin** *horse radish (Armoracia rusticana):* meacan each, meacan ragaim, meacan reagaim, rácadal, meacan raidis, ragam, uisce beatha na mbráithre.

raifil noun *raffle:* raifeal; crannchur, scuabgheall; caitheamh crann, imirt bioráin sop.

ráig noun ❶ *sudden rush:* abhóg, cathú, eatal, fonn, fuadar, priocadh, racht, raig, ríog, scabhait, sonnadh, spadhar tobann, spreagadh, spreacadh, taghd, tallann, taom, tapóg, treall. ❷ *fit, bout, attack:* babhta, cúrsa, dreas, fuadar, geábh, greas, rabhait, raig, scaitheamh, sciuird, sraith, sea, seal, seans, taom, treas, treall; amas buille, fóbairt, fogha, ionsaí, ruathar, sá, urchar, ulpóg.

raiméis noun *rigmarole, nonsensical talk:* deilín na mbacach, deilín, deilínteacht, futa fata, gliogar, Laidin, paidir chapaill, placadh siollaí, raiméis, ramás, rá mata, rith seamanna, salmaireacht, sámsáil, *pl.* seamanna cainte, seamsán, sifil seaifil, streoille cainte; áiféis, amaidí, baothaireacht, baothchaint, baothmhagadh, béalastánacht, blaoiscéireacht, bleadar, bleadaracht, bleadracht, bleadráil, bolgán béice, breallaireacht, breilliceáil, breilsce, breilscireacht, brille bhreaille, brilléis, buaileam sciath, buinneachántacht, frois frais cainte, geabaireacht, geabairlíneacht, geabstaireacht, geocáil, gibiris, gleoiréis, gleoisíneacht, gliogar, gliogarnach, ladús, lapaireacht, leibidírteacht, liopaireacht, máloideacht cainte, pápaireacht, pislíneacht, prislíneacht, radamandádaíocht, randamandáíocht, scaothaireacht, seadráil chainte, treillis breillis, seafóid, sobalchaint.

raiméiseach adjective *nonsensical:* aimhghlic, ainbhiosach, aineolach, amadánta, amaideach, baoiseach, baoth, bómánta, breallach, breallánta, brilléiseach, bundúnach, dall, dallcánta, dallaigeanta, dícheillí, dobhránta, éaganta, gamalach, glígíneach, leamh, leamhcheannach, leathmhgeabhrach, leibideach, óinsiúil, pleidhciúil, ramhar sa cheann, seafóideach, sifleáilte.

raimhre noun *fatness, thickness:* bealaitheacht, beathaitheacht, cun, méithe, méitheas, raimhre,

ráipéar

raimhead, raimheadas, raimhreacht, toirtiúlacht; ainmhéid, fairsinge, leathantas, leithe, leithead, leithne, tibhe, tiús; méad, méid, ollmhéid, toirt.

ráipéar noun *rapier*: pionsa; arm, colg, daigéar, faobhar, géarlann, glaid, lann, miodóg, scian.

raiple húta noun ❶ *rousing call, stirring tune*: rápal húta; gáir, gairm, glaoch, toghairm; aláram. ❷ *commotion, confusion*: bruíon chaorthainn, bruithshléacht, cambús, caorthainn cárthainn, carabóm, carabuaic, carabunca, cibeal, cíor thuathail, cipeadraíl, círéib, círéip, clampar, clibirt, cliobach, cliobaram hob, clisiam, diúra dheabhra, fuilibiliú, fuirseadh má rabhdalam, furtla fartla, furú, gírle guairle, giorac, giordam, gleadhradh, gleorán, glórmhach, greatharnach, griobach, holam halam, hólam tró, hurlamaboc, hurla harla, hurlama giúrlama, imghleo, liútar éatar, liútar léatar, mearú, muin marc, pililiú, rabhait, racán, rancás, réabadh reilige, rírá, ruaille buaille, suathrán, tamhach táisc, toirnéis, trachlais, tranglam, troistneach, trumach tramach, turlabhait, *literary* eascal.

raisín noun *workman's luncheon, snack*: béile beag, blaisín, bolgam beag, bonnachán, deoladh, diocán, gogán is spúnóg, gráinseáil, greim is bolgam, mír is deoch, roisín, scíobas, scruig *'refreshment for night workers'*, smailc, snapadh, *familiar* jigear.

raispín noun ❶ *brat, rascal*: agóidín, brasaire, dailtín, maicín, plucaire, smuilcín, somachán, stúraí, teallaire; boicín, braobaire, brasaire, bruadaire, coc, cocaire, crostóir, dosaire, fachmaire, gastaire, gearraighneasóir, gíománach, giostaire, plucaire, prapaire, rud suarach, sceathrachán, smeirle, suarachán, *figurative* piollaire; áibhirseoir, amhas, bacach, bithiúnach, bligeard, clabhaitéir, cneámhaire, corpadóir, crochadóir, diabhal, diabhlánach, díolúnach, eiriceach, leábharaic, leidhcéir, rógaire, ruagaire reatha, sionaglach, stráisiúnaí. ❷ *miserable person, wretch*: ainniseoir, ainriochtán, angarúinneach, ceanrachán bocht, cráiteachán, créatúr, díol trua, díothachtach, donán, dreoilín, geospal, gortachán, ocrachán, rama, ruidín, rud, sampla bocht, samplóir, sclábhaí, staga, suarachán, tráill, troch, truailleachán, truán, truanaid, truanairt, *figurative* lom-angar.

ráisteachas noun *witty remarks, repartee*: abarthacht, aibíocht, aicearracht, aisfhreagra, cabantacht, clisteacht chainte, *pl.* carúil, coc, cóngaracht chainte, deaschaint, deisbhéalaí, eagnaíocht, gearraíocht, nathaireacht, nathaíocht, nathántacht, tráthúlacht.

ráistéir noun *roisterer, rake*: drabhlásaí, fraedóir, pléaráca, ragairneálaí, raibiléir, raille, railleachán, railleamán, rastaire, réic, réice, ríobóid, scléipeach, scléipire; bachaire, diúgaire, druncaeir, druncaire, meisceoir, pótaire, sclóitéir, súgaire, súmaire; drabhlásaí, ragaíoch, scaiptheoir, slámálaí, spíonadóir; cúl le rath; an mac drabhlásach, mac na míchomhairle.

ráistéireacht noun *roistering, rakishness*: banaíocht, carbhas, craos is carbhas, drabhlás, druncaeireacht, druncaireacht, meisce, meisceoireacht, pléaráca, póit, póitéis, pótaireacht, rabairne, radaireacht, ragaireacht, ragairne, ragús óil, raillíocht, réicíocht, ríobóideacht, rírá, scléip, scléipíocht, scléipireacht, sclóitéireacht; airneál, airneán, (*i gContae Phort Láirge*) istoícheadóireacht.

ráiteachas noun ❶ *expression, utterance*: focal, gnáthfhocal, nath, nathán, rá, ráiteas, leagan cainte, oideam, seanfhocal, sean-nath, seanrá, seanfhocal. ❷ *saying, report*: focal, rá, ráiteas, scéal, scéala; cuntas, cur síos, trácht, tráchtaireacht, tuairisc, tuarascáil, *literary* ris.

raithneach noun *fern, bracken* (order *Filicopsida*).

Raithneacha na hÉireann

adder's-tongue (*Ophioglossum vulgatum*): lus na teanga
beech fern (*Phegopteris connectilis*): raithneach *f.* feá
black spleenwort (*Asplenium adiantum-nigrum*): fionnchad dubh
bracken (*Pteridium aquilinum*): raithneach *f.* mhór
brittle bladder-fern (*Cystopteris fragilis*): raithneach *f.* bhriosc
broad buckler-fern (*Dryopteris dilatata*): raithneach *f.* leathan
forked spleenwort (*Asplenium septentrionale*): fionncha ladhrach
green spleenwort (*Asplenium viride*): fionncha glas
hard fern (*Blechnum spicant*): raithneach *f.* chrua
hard shield-fern (*Polystichium aculeatum*): ibheag *f.* chrua
hart's-tongue (*Phyllitis scolopendrium*): creamh na muice fia
hay-scented buckler fern (*Dryopteris aemula*): raithneach *f.* chumhra
holly fern (*Polystichum lonchitis*): ibheag *f.* dheilgneach
intermediate polypody (*Polypodium interjectum*): scim *f.* mheánach
Irish spleenwort (*Asplenium onopteris*): fionncha biorach
Killarney fern (*Trichomanes speciosum*): raithneach *f.* Chill Airne
lady-fern (*Athyrium filix-femina*): raithneach *f.* Mhuire
lanceolate spleenwort (*Asplenium billotii*): fionncha lansach
lemon-scented fern (*Oreopteris limbosperma*): raithneach *f.* bhuí
limestone fern (*Gymnocarpium robertianum*): raithneach *f.* aolchloiche
maidenhair fern (*Adiantum capillus-veneris*): dúchosach *f.*
maidenhair spleenwort (*Asplenium trichomanes*): lus na seilge
male-fern (*Dryopteris filix-mas*): raithneach *f.* mhadra
marsh fern (*Thelypteris palustris*): raithneach *f.* chorraigh
moonwort (*Botrychium lunaria*): lus na míosa
mountain male-fern (*Dryopteris oreades*): raithneach *f.* shléibhe
narrow buckler-fern (*Dryopteris carthusiana*): raithneach *f.* chaol
oak fern (*Gymnocarpium dryopteris*): raithneach *f.* dharach
ostrich fern (*Matteuccia struthiopteris*): raithneach *f.* mhothallach
parsley fern (*Cryptogramma crispa*): raithneach *f.* chas
pillwort (*Pillularia globulifera*): lus an phiollaire
polypody (*Polypodium vulgare*): scim *f.* chaol
royal fern (*Osmunda regalis*): raithneach *f.* ríúil
rustyback (*Ceterach offinarum*): raithneach *f.* rua
scaly male-fern (*Dryopteris affinis*): raithneach *f.* ghainneach
sea spleenwort (*Asplenium marinum*): fionncha mara
small adder's tongue (*Ophioglossum azoricum*): lus na teanga beag
soft shield-fern (*Polystichium setiferum*): ibheag *f.* bheag
southern polypody (*Polypodium australe*): scim *f.* leathan
Tonbridge filmy-fern (*Hymenophyllum tunbrigense*): dallán coille
wall-rue (*Asplenium ruta-muraria*): luibh *f.* na seacht ngábh
water fern (*Azolla filiculoides*): raithneach *f.* uisce
Wilson's filmy-fern (*Hymenophyllum wilsonii*): dallán sléibhe

rálach noun ❶ *loose woman, harlot*: banadhaltrach, bean choitianta, bean siúil, bean sráide, bitseach, cailín pléisiúir, cuitléir, gáirseach, léirmheidreach, *pl.* mná maithe, meirdreach, raibiléir, raibiléir mná, raicleach, raiteog, ráitseach, rata, rubaits, scuaideog, strabalach, strabóid, straip, streabóid, striapach, struipear, *literary* eachlach. ❷ *unmannerly woman*: ainscian mná, ainsprid, badhb, badhbaire, báilléaraí mná, báirseach, báirseoir mná, bearrbóir, bearrthachán mná, bitseach, cáinseach, callaire mná, cancairt mná, caorthanach, deimheastóir mná drochbhean, fia-chailleach, fuachaid, fuipstar, gairmneach, heictar, laisceach, magarlach, raicleach, raip, ráipéar mná raiteog, ruibhseach, ruip, ruipleach, scibhear, scubaid, sraoill, sraoilleog, stiúireachán, stiúireoir, stiúsaí, straboid, straip, streachaille, toice.

ramallae noun *slime*: glae, glóthach, glóthán, gumalacht, lathach, leo, liongar, óirthí, pic, ronn, ronna, slampar, slaoiste, sláthach, smuga, smugairle, sram, sramadh, sronna, *pl.* stalcaisí, úsc.

rámh noun *oar*: céasla, bata rámha, bata iomartha, maide gualann, maide idir dhá sheas, maide rámha; bos maide rámha, lámh maide rámha, doirnín maide rámha, glac maide rámha.

rámhaí noun *rower*: iomramhach, iomramhaí, rámhadóir, rámhóir; céaslóir.

rámhaille noun ❶ *raving, delirium*: rámhailleach, rámhaillí, rámhailligh, rámhaillíocht; *pl.* haras, *pl.* harasaí, mearadh, mearaí, mearaíocht, mearathal, mearbhall, mearchiall, mearú, saobhadh céille, saochan céille, seachrán, seachrán céille, siabhrán, siabhránacht, *pl.* speabhraídí, *pl.* spéireataí, spearbal; báiní, buile, éigiall, gealtachas, gealtacht, histéire, meabhairghalar, mire, saobhchiall; scitsifréine, síocóis. ❷ *fancies, notions*: *pl.* ciapóga, dallach dubh, dallamullóg, fóidín mearaí, meascán mearaí; éiclips, fantais, fantaise, fantaisíocht, *pl.* nóisin, seachmall, tógaíocht.

rámhailleach adjective ❶ *raving, delirious*: confach, adjectival genitive buile, adjectival genitive mire, siabhránach; ar buile, ar mire, as a mheabhair; fíochmhar, fraochmhar. ❷ *rambling, fanciful*: corrach, corrmhéineach, éaganta, gogaideach, guagach, guanach, luaineach, luathintinneach, malartach, míshocair, meonúil, neamhsheasmhach, ríogach, scinnideach, seafóideach, siabhránach, spadhrúil, spéiriúil, taghdach, tallannach, taomach, treallach, treallánach, uallach.

rámhainn noun ❶ *spade*: laí, spáid; ráistín, sluasaid.

rámhaíocht noun *rowing, oarsmanship*: iomramh, rámhachtaint, rámhadh, rámhóireacht; céaslaíocht, céaslóireacht.

ramhar adjective ❶ *fat, thick*: bealaithe, biamhar, biata, bláfar, blonagach, feolmhar, forlíonta, lodartha, marógach, méadlach, méith, mór, otair, otraithe, páinteach, plobánta, plobartha, plucach, rite le feoil, róramhar, sách, staiceáilte, téagartha, téagrach, toirtiúil, trom, *literary* díoghainn; dlúth, domhain, leathan, tiubh; righin, slaodach, teimhneach. ❷ **ramhar sa cheann** *thick-headed, stupid*: aimhghlic, amadánta, amaideach, baoiseach, baoth, bómánta, breallach, breallánta, bundúnach, dall, dallacánta, dallaigeanta, díchéillí, dímheabhrach, diúid, dobhránta, dúr, dúramánta, éaganta, gamalach, guanach, lagintinneach, leadhbach, leamh, leamhcheannach, leathmheabhrach, leibideach, mallintinneach, míghlic, mímheabhrach, neamhthuisceanach, óinsiúil, pleidhcíúil, saonta, seafóideach, simplí, soineanta, spadintinneach. ❸ **ramhar le** *thick with, covered with*: brata le, breac le, clúdaithe le, dubh le, foirgthe le, lán le, pacáilte le, plódaithe le, pulctha le, ar snámh le. noun *thick part*: ceartlár, corp, lár, tiubhlach, tiús.

rámhóireacht noun ❶ *rowing, oarsmanship*: iomramh, rámhachtaint, rámhadh, rámhaíocht; céaslaíocht, céaslóireacht. ❷ *rhythmical movement*: ascalú, bogadaíl, bogadh, broidearnach, corraí, eitilt, eitleog, faoileáil, foluain, gluaiseacht, gluaisne, imeacht, luail, luascadh, luascadh anonn is anall, siúl. ❸ *wandering, roving*: falaire, falaireacht, fálróid, fánaíocht, feadóireacht, fuaidireacht, radaireacht, raimleáil, rámhordaíocht, rianaíocht, seachrán, siúl, spaisteoireacht, srathaireacht, sruthaireacht, tunladh, válcaeireacht.

ramhraigh verb ❶ *fatten (an animal, etc.)*: beathaigh, biathaigh, cothaigh; déan forlíonadh le bia ar; lánaigh, stuáil, tiubhaigh, tromaigh. ❷ *fatten, become thick*: téigh i dtibhe, téigh i dtiús, téacht, tiubhaigh; reoigh, righnigh; cuir meáchan suas, otraigh, téigh i dtroime, tromaigh. ❸ *batter*: batráil, broicneáil, buail, burdáil, cnag, failp, flípeáil, giolc, gleadhair, gread, greasáil, lasc, leadair, leadhb, léas, líndráil, liúr, planc, riastáil, rúisc, slatáil, smeadráil, smíocht, smíst, súisteáil, suaith, tuairteáil, tuargain. ❹ *stupefy*: bodhraigh, caoch, dall, fág gan aithne, mearaigh, sioc, spéiceáil, suaith, tuairteáil.

ramhrú noun ❶ *fattening*: beathú, biathú, cothú, potbhiathú, pulcadh; forlíonadh, lánú, líonadh, stuáil, tiúchan, tromú. ❷ *coagulation*: téachtadh; reo, righniú. ❸ *dulling, stupefying*: bodhrú, dalladh, mearbhall, mearú, spéiceáil; balbhú, laghdú, maolú, múchadh, plúchadh.

rampaire noun ❶ *sportive person, playboy*: banaí, bó, bó aonaigh, bó mhór, boc, bocaí, bocaileá, bocailiú, bocaileodó, boc báire, boicín, brín óg, buachaill báire, boicín, cleasaí, cliúsaí, cliútach, cluanaí, cluanaire, cróián, cuilceach, fleascach, geamstaire, gliodaí, jacaí, lacstar, mealltóir, ógánach, stail; drabhlásaí, piollardaí, pléaráca, pocaide, ragairneálaí, raibiléir, raille, railleachán, rastaire, ráistéir, ráistéir mná, rancásaí, réic, réice, ríobóid, scléipeach, scléipire, sionaglach; druncaeir, meisceoir, pótaire. ❷ *large creature, large object*: ablach, arrachtach, burla, caldar, cránaí, fadhbaire, fáiméad, fáiméar, gíoplach, piarda, plíoma, torpán, torpóg; ailp, balc, baodhg, baog, caob, caorán, cnaiste, cnaistín, cnap, cnapán, corránaí, crampán, dairt, fadhb, fadhbairne, gamba, geampa, goblach, meall, scailp, scaob, scaobóg, smíste, spóla, spreota, staiféalach, stalc, taoisleadh.

ramscéalaí noun ❶ *storyteller, romancer*: bréagadóir, cumadóir, dathadóir, fiannaí, finscéalaí, léaspartaí, radaire, scéalaí, seanchaí, staraí. ❷ *silly talker*: béalastán, bladhmaire, bleadrachán, bleadrálaí, bleid, bolgán béice, bolscaire, brasaire, brealsaire, brealsán, brealsún, breastaire, breilleachán, breillire, cabaire, cafaire, cadrálaí, cág, callaire, clab, clab troisc, clabaire, claibéir, claibín, claibín muilinn, claibseach, dradaire, drandailín, geabadán, geabaire, geabsaire, giolcaire, giostaire, cleigear, glafaire, glagaire, glagbhéal, gleoiseach, gleoisín, gleothálaí, gligín, gliogaire, gliogarnálaí, glór i gcóitín, gobachán, grabaire, liopaire, meigeadán, meiltire, plobaire, raiméisí, reathálaí, roiseálaí, scaothaire, scloitéir, scrathóg, sifil, síodrálaí, síofróir, síofráin, siollaire, siosaire, trumpadóir, *familiar* gandal, gandal.

ránaí noun ❶ *thin, lank person or animal*: caiteachán, cliathramán, clifeartach, cnámharlach, cuail cnámh, deilbhéir, geosadán, langa, leathóg, leicneán, loimíneach, loimirceach, lománach, padhsán, railse, ráilse, raispín, ranglach, ranglachán, ranglamán, reangaide, reangaire, reangartach, reanglach, reanglachán, reanglamán, rúcach, scáil

rancás
i mbuidéal, sclotrach, séacla, séaclach, séaclóir, síofra, síogaí, síothnaí, speireach, spidéalach, splíota, spreanglachán, *familiar* scadán; níl ann ach a chomharthaíocht, níl ann ach a scáth, níl ann ach na ceithre huaithne; níl deilbh luiche air, níl feoil ná foilse air. ❷ *ranger, rover:* bacach, bonnaire, bóithreoir, fálródaí, fámaire, fánaí, feamaire, fiaire, fuaidire, giofóg, jaingléir, raimleálaí, rantaeir, rianaí, seachránaí, séadaí, siúlóir, spailpín, srathaire, sreothaí, taistealaí, traibhléir, turasóir, válcaeir, *literary* loingseach. ❸ *loafer:* codaí, crochadóir, crochaire, fámaire, langa, leadaí, leadaí na luatha, leisceoir, liúdaí, liúdramán, righneálaí, ríste, scraiste, sínteach, síntealach; giolla na leisce.

rancás noun *frolicks, high jinks:* áibhéireacht, cabhlachas, fraecsáil, fuilibiliú, fuirseadh má rabhdalam, gleoiréis, gleois, greadhain, greann, holam halam, hólam tró, hulach halach, hurlamaboc, liú, liútar éatar, macnas, meidhir, meidhréis, oireachtas, pléaráca, rachmall, ragairne, rampaireacht, rírá, ruaille buailte, rúscam raindí, scléip, *literary* muirn.

rancásach adjective *frolicsome, frisky:* beo, beoga, croíúil, damhsach, éaganta, éanúil, earráideach, foléimneach, giodamach, giústalach, gogaideach, guagach, intinneach, luaineach, macnasach, meanmnach, meidhreach, meidhréiseach, pramsach, scinnideach, scóipiúil, siortógach, spéiriúil, spleodrach, spórtúil, spraíúil, subhach, súgrach, teaspúil.

randam noun ❶ *diversion, sport:* craic, croíléis, eachmaíocht, fastaím, eachmaíocht, greann, imirt, pléaráca, scléip, scoraíocht, siamsa, siamsaíocht, spórt, spraíúlacht, spraoi, súgradh, sult, *literary* spleadh. ❷ *relaxation:* éideannas, faoiseamh, oiriseamh, sáimhe, sámh, síocháin, scíth, suaimhneas, téigle, *literary* seitheamh; codladh, suan; áibhéireacht, gáibhéireacht.

rang noun ❶ *rank, row, line:* ciú, comhshraith, eireaball, líne, ró, scuaine, seicheamh, sraith, treas. ❷ *order, status:* aicme, céim, céimíocht, dínit, grád, gradam, oirirceas, onóir, ord, seasamh, uaisleacht, *literary* ordan. ❸ *class* (in school, etc.): bliain, cúrsa; *pejorative* cleas.

rangaigh verb *classify, grade:* aicmigh, catalógaigh, cláraigh, códaigh cogairsigh, córasaigh, cuir in ord, eagraigh, grádaigh, réimnigh, *literary* srathnaigh; cuir eagar ar, tabhair chun eagair, tabhair chun sistéim.

rann noun *quatrain, stanza:* ceathrú, stéibh, stróf, véarsa.

rannaireacht noun *composing of verse, versification:* duanaireacht, filíocht, rannaíocht, ranntaíocht, véarsaíocht; cumadh, cumadóireacht; meadaracht, prosóid.

rannóg noun *section:* caibidil, cuid, dabhaid, earnáil, imleabhar, mír, páirt, rannóg, roinn, roinnt, sliocht, sraith, teascán, teascóg, *literary* urrann.

rannpháirteach adjective *participating, partaking:* bainteach, páirteach; tá rannpháirt aige ann; tá bhaint aige leis.

ransaigh verb ❶ *ransack:* bánaigh, coscair, creach, díothaigh, fásaigh, foghlaigh, inghreim, léirscrios, mill, lom, lomair, plucáil, scrios, slad, *literary* lochair; cuir ó chrích, cuir ó rath, déan an donas ar, déan raic de. ❷ *rummage, search:* cíorláil, cuardaigh, cuartaigh, piardáil, póirseáil, púitseáil, rútáil, saibhseáil, saibhsigh, scag, siortáil.

ransaitheoir noun *rummager, searcher:* cíorlálaí, cuardaitheoir, lorgaire, paidhceálaí, piaráilí, piardálaí, póirseálaí, polladóir, saibhseálaí, séirseálaí, siortaitheoir, siortálaí, taighdeoir, tóraí; bleachtaire.

rantaeir noun *rambler, rover:* bacach, bonnaire, bóithreoir, coisí, coisíoch, cóstóir, fálródaí, fámaire, fánaí, feadóir, feamaire, fiaire, fuaidire, giofóg, jaingléir, raimleálaí, ránaí, rianaí, ródaí, ruathaire, seachránaí, séadaí, siúlaí, siúlóir, siúltóir, spailpín, spaisteoir, srathaire, sreothaí, taistealaí, traibhléir, turasóir, válcaeir, *literary* loingseach.

rantaeireacht noun *rambling, roving:* fuaidreamh, bacachas, bóithreoireacht, deoraíocht, falaire, falaireacht, fálróid, fánaí, fánaíocht, feadóireacht, raimleáil, ránaíocht, rantaeireacht, rianaíocht, ruathaireacht, seachrán, séadaíocht, siúl, spaisteoireacht, srathaireacht, sruthaireacht, traibhléireacht, tunladh, válcaeireacht.

raon noun ❶ *way, path:* bealach, bóithrín, bóthar, conair, cosán, eanach, lána, paráid, póirse, rian, ród, scabhat, scóidín, séad, siúlán, slíocht, slí, teoróid. ❷ *range:* achar, áit, fad, foisceacht, gaobhar, ionad, lé, limistéar, réim, réimse, spás.

rap noun *rap:* boiseog, bos, broideadh, clabhta, clabhtóg, cnagaide, cniogaide cnagaide, cniogóg, leadhbóg, leadóg, leadradh, leandóg, leang, leangaire, leiceadar, leidhce, liúdar, liúr, priocadh, sceiteadh, smac, smag, smailc, smalóg, smeach, smitín, snag, soncáil.

rapáil verb *rap:* calc, cniog, clabhtáil, snag, smailc, smeach, soncáil.

rás noun ❶ *race:* coimhlint, coingleic, comhlann, comhrac, comórtas, dréim, géarchoimhlint, iomaidh, iomaíocht, iomarbhá, rásaíocht, sáraíocht. ❷ *short period:* aga, am, babhta, bomaite, cairde, lá, linn, móiméad, nóiméad, píosa, ré, scaitheamh, seal, sealad, soicind, tamaillín, tamall, téarma, tráth, treall, tréimhse, uair.

rásaí noun ❶ *racer:* rábálaí, reathaí, reathaire; iomaitheoir, lúthchleasaí, lúithnire. ❷ *gadabout, vagrant:* bacach, fámaire, feamaire, fánaí, fear siúil, fiaire, fraedóir, fuad, fuaidire, giofóg, jaingléir, ráigí, raimleálaí, ránaí, rantaeir, rianaí, ruagaire reatha, scódaí, seachránaí, siúlóir, sodaire, spailpín, srathaire, sreothaí, taistealaí, traibhléir, tramp, vagabón, vagabún, válcaeir. ❸ *tale-bearer:* béadánaí, luadrálaí, monabhrach, ráflálaí, scéalaí, socadán, socaire, staraí; béal gan chaomhnú, béal gan foscadh, béal gan scáth.

rásaíocht noun *(act of) racing:* reathaíocht, reathaireacht, rith, *literary* éarmaíocht; coimhlint, coingleic, comhlann, comhrac, comórtas, dréim, géarchoimhlint, iomaidh, iomaíocht, iomarbhá, rás.

rascail noun *rascal:* áibhirseoir, amhas, bacach, bithiúnach, bligeard, clabhaitéir, cneámhaire, corpadóir, crochadóir, diabhal, diabhlánach, díolúnach, eiriceach, leábharaic, leidhcéir, rásaí, rógaire, ruagaire reatha, sionaglach.

raspa noun *rasp, coarse file:* gaoin, líomhán, oighe, oighe chuimilte.

raspáil verb *rasp:* líomh; gránaigh, grátáil, scrabh, scríob; díosc.

rásúr noun *razor:* altan scine, altán scine, bearrscian, scian bhearrtha; píobánsclárach.

ráta noun ❶ *rate:* caighdeán, céim, cion, cóimheas, riar, scála; luas, siúl, tomhas. ❷ *pl. rátaí rates:* sraith; cáin, ceannairgead, cíos. **adverbial phrase faoi ráta** *at a discount, not in demand:* ar lacáiste; faoi bhun cothroim, faoina luach.

ratamas noun ❶ *rut, heat* (in deer, etc.): éastras, láth, óirthí, rachmall; fonn cúplála; tá an láir faoi eachmairt, faoi eachmairc, faoi shéasúr, faoi shnafach, faoi stail; tá an t-asal ag spraoi, tá an t-asal thart; tá an bhó ar dáir, faoi dháir; tá an bhitse faoi adhall, tá an bhitse faoi shoidhir; tá an chráin ar clíth, faoi chlíth; tá an chaora faoi reithe; tá an cat faoi chatachas, faoi chatamas; tá an gabhar faoi imreas; tá an gabhar faoi phoc, an giorria baineann faoi phoc. ❷ **ratamas oibre** *eagerness for work:* confadh chun oibre, fonn oibre, guilm chun oibre; deárcas, dícheall, díocas, díocas oibre, díograis, dúthracht, faobach, faobhar, flosc, fonn.

rath noun ❶ *literary grace, bounty:* beannacht, caoimhe, caoine, cineáltas, cneastacht, comaoin, grásta, láíocht, logha, mánlacht, míne, miochaire, séimhe, tláithe, trócaire; cóir, córtas, féile, fialmhaireacht, fialmhaitheas, fiúntas, flaithiúlacht, mórchroí, oineach. ❷ *prosperity:* bail, beannacht, biseach, bláth, brothall, conách, deis, raidhse, rathúlacht, rathúnachas, rathúnas, ró, saibhreas, séan, toice, *literary* sorthan. ❸ *abundance:* flúirse, flúirseacht, flúirsí, iomad, iomadúlacht, iomláine, láine, líonadh, líonmhaire, líonmhaireacht, méithe, raimhre, saibhreas, *literary* díoghainne; bleachtanas, bun maith, carn, *pl.* cairn dubha, cuid mhaith, cuid mhór, cuimse, dalladh, fairsinge, fairsingeacht, féile, flaithiúlacht, fuíoll na bhfuíoll, láine, lear, líonmhaireacht, lochadradh, luthairt lathairt, maidhm, *pl.* mámannaí, mórán, neart, púir, raidhse, réimse, seó, slám, steancán, stráice, suaitheantas, téagar, tolmas, tonn mhaith, *literary* intleamh, tóla. ❹ *usefulness, good:* áisiúlacht, buntáiste, earraíocht, éifeacht, feidhm, fiúntas, fóint, fónamh, fóntas, leas, luach, an craiceann is a luach, maith, maitheas, sochar, rathúnas, séan, somhaoin, tairbhe, úsáid.

ráth noun ❶ *earthen ring-fort, rath:* lios, lisín, ráithín; fail, fál, lann; bábhún, caiseal, daingean, dún, dúnfort, longfort, port. ❷ *drift (of snow):* muc shneachta, ráthach shneachta; cáitheadh sneachta.

rathaigh verb ❶ *succeed, thrive:* bisigh, soirbhigh; déan go maith, éiríonn leat. ❷ *make successful, make prosper:* beannaigh, bisigh, cothaigh, soirbhigh; cuir ar aghaidh, cuir chun cinn, tabhair tosaíocht do.

ráthaigh verb *guarantee:* freagair ar son, geall; téigh i mbannaí ar, téigh in urrús ar; cuir geall ar, dearbhaigh, deimhnigh, tabhair urraíocht do; slánaigh; mise mar cheap leis, mise faoi duit.

ráthaíocht noun *guarantee:* urra, *pl.* bannaí, cor, ráthú, slánaíocht, *literary* slán; baránta, barántas, cinnteacht, conradh, dearbhú, éarlais, focal, geall, gealltanas.

ráthóir noun *guarantor:* bannaí, urra.

rathúil adjective ❶ *prosperous, thriving:* buntáisteach, éadálach, éifeachtach, fónta, luachmhar, rafar, réimeach, réimiúil, sochrach, somhaoineach, tairbheach; bisiúil, bláfar, borb, breisiúil, buacach, clannach, eascarthach, rábach, raidhsiúil, séanmhar, spleodrach, torthúil, uaibhreach, táirgiúil, torthúil, *literary* sorthanach. ❷ *lucky, fortunate:* ádhúil, ámhar, amharach, amhantrach, éiritheach, fortúnach, rathúil, séanmhar, sona; ar mhuin na muice, go maith as, ina shuí go te; tá an t-ádh leis, tá mil ar chuiseogach aige, tá rith an ráis leis.

rathúlacht noun *prosperity, success:* acmhainn, áirge, airgead, bracht, bruithshléacht, bunairgead, coibhche, conách, crodh, deis, éadáil, Éire fré chéile, Éire gan roinnt, flúirse, gustal, iarmhais, ionnas, ionnús, maoin, raidhse, rath, rath is rathúnas, rathúnachas, rathúnas, saibhreas, sochar, sócmhainn, spré, stór, strus, tábhacht, teaspach, toice, *literary* intleamh, ionnlas; bail, beannacht, biseach, bláth, caoi, cinniúint, dea-chinniúint, fortún, pláinéad, séan, seans, só; ádh, ádh dearg, amhantar, dán, dea-uain, dea-uair.

rathúnas noun ❶ *prosperity:* acmhainn, áirge, airgead, bracht, bruithshléacht, bunairgead, coibhche, conách, crodh, deis, éadáil, Éire fré chéile, Éire gan roinnt, flúirse, gustal, iarmhais, ionnas, ionnús, maoin, raidhse, rath, rathúlacht, rathúnachas, saibhreas, séan, sochar, sócmhainn, spré, stór, strus, tábhacht, toice, *literary* intleamh, ionnlas. ❷ *plenty, abundance:* flúirse, flúirseacht, flúirsí, iomad, iomadúlacht, iomláine, láine, líonadh, líonmhaire, líonmhaireacht, méithe, raimhre, rath, saibhreas, *literary* díoghainne; bleachtanas, bun maith, carn, *pl.* cairn dubha, cuid mhaith, cuid mhór, cuimse, dalladh, fairsinge, fairsingeacht, féile, flaithiúlacht, fuíoll na bhfuíoll, láine, lear, líonmhaireacht, lochadradh, luthairt lathairt, maidhm, *pl.* mámannaí, mórán, neart, púir, raidhse, réimse, seó, slám, steancán, stráice, suaitheantas, téagar, tolmas, tonn mhaith, *literary* intleamh, tóla.

ré noun ❶ *moon:* an ré ghealaí; éasca, gealach luan; an ré nua, an ré sholais; tá an ré gointe anocht, tá an ré ginte anocht; tá sí ina leathré; tá an ré lán, tá sí ina lánré; an duibhré, an ré dhorcha, seanghealach. ❷ *period, portion of time:* aga, am, nóiméad, seal, sealad, tamall, téarma, tráth, tréimhse, uair. ❸ *span of life, career:* aimsir, am, aois, beatha, *pl.* blianta, lá, linn, saol, saolré, téarma, tráth, tréimhse; gníomhréim, réim, réimeas; le mo sholas. ❹ *age, era:* aois, céad, glúin, *pl.* laethanta, linn, tréimhse, *literary* ceannaimsir.

réab verb ❶ *tear, rend:* rois, sclár, scoilt, srac, stiall, stoll, srac, stróic, *literary* lochair; déan círéibeacha de. ❷ *shatter, violate:* bearnaigh, blogh, bris, ciorraigh, gearr, giotaigh, léirscrios, mill, mionaigh, pléasc, scrios, treascair, *literary* lochair; arg, coill, creach, éignigh, sáraigh.

réabadh noun ❶ *tearing, tear, rip:* réablach, roiseadh, scláradh, scoilt, sracadh, stialladh, stolladh, stróiceadh, *literary* lochar. ❷ *violation:* argain, creachadh, éigean, éigniú, milleadh, scrios, treascairt, *literary* lochar, turbhródh. ❸ **réabadh reilige** *violent upheaval:* ceannairc, círéib, éirí amach, muirtheacht, mórchlaochlú, réabhlóid, reibiliún, suaitheadh, treascairt.

réabhlóid noun ❶ *(political) revolution:* muirtheacht; ceannairc, éirí amach, éiritheacht, reibiliún; suaitheadh, treascairt. ❷ *revolution, radical change:* athrú bunúsach, athrú ó bhun, athrú radacach, claochlú bunúsach, claochlú ó bhun; aistriú, athchóiriú, athleasú, leasú, mórathrú, mórchlaochlú, nuáil.

réabhlóideach adjective ❶ *revolutionary (in politics):* muirtheachtach; antoisceach, ceannairceach, éiritheach, radacach, reibiliúnach; dosmachtaithe, easumhal, míréireach. ❷ *drastic, innovative:* bunúsach, dian-, difriúil, éagsúil, nuálach, radacach; nua, nua-aimseartha, nua-aoiseach; forásach, trialach, turgnamhach.

réabhlóidí noun *revolutionary:* antoisceach, ceannairceach, radacach, reibiliúnach, reibiliúnaí; ainrialaí cumannaí, Marxach.

réabóir noun *violator:* éigneoir, réabthóir, sáraitheoir; airgtheoir, argthóir, creachadóir, creachaire, loitiméir, millteoir, scriostóir, sladaí, sladaire.

reacaire noun ❶ *seller, vendor:* díoltóir, gáinneálaí, giurnálaí, hocstaeir, hucstaeir, huigisteár, jabaire, mangadaeir, mangadóir, mangaire, margálaí, ocastóir, pacaire, peidléir, reiceadóir, siopadóir, tráchtálaí, trádálaí. ❷ *reciter of poems:* aithriseoir, duanaire, reiceadóir; ramásaí. ❸ *declaimer, ranter:* béalastán, béiceadán, bladhmaire, bolgán béice, bolscaire, callaire, cleataire, geocach, glafaire, glagaire, glagbhéal, meigeadán, pápaire, radaire, reiceadóir, roiseálaí, scaothaire, siollaire, trumpadóir. ❹ *newsmonger, gossip:* béadánaí, leagaire, luadrálaí, monabhrach, ráflálaí, rásaí, reiceadóir, scéalaí, socadán, socaire; béal gan chaomhnú, béal gan foscadh, béal gan scáth.

reacaireacht

reacaireacht noun ❶ *selling, offering for sale*: creic, díolaíocht, díoltóireacht, gáinneáil, mangaireacht, ocastóireacht, peidléireacht, reic, reiceadóireacht, tráchtáil, trádáil. ❷ *recitation, narration*: aithris, aithriseoireacht, duanaireacht, reic, reiceadóireacht; inseacht, insint, scéalaíocht. ❸ *ranting*: béalastánacht, bladhmann, callaireacht, glafaireacht, glaomaireacht, radaireacht, reiceadóireacht, scaothaireacht, siollaireacht. ❹ *tale-bearing, gossip*: athiomrá, béadán, béadchaint, cúlchaint, cúlghearradh, dúirse dáirse, luadráil, ráfláil, ráifléis, reic, reiceadóireacht, scéal reatha, scéal scéil, scéalaíocht, staraíocht, suainseán.

reacht noun ❶ *law, statute*: acht, bille, dlí, *literary* statúid. ❸ *accepted rule*: ceannas, dlínse, réimeas, riail, rialú, ríocht, smacht, svae, údarás.

reachtaigh verb *legislate, enact, decree*: achtaigh; aithin, fógair, foráil, foraithin, forógair, fuagair, ordaigh.

reáchtáil noun ❶ (*act of*) *running*: reachtáil, rith, reathaíocht, reathaireacht; cúrsáil. ❷ *running, administration*: bainisteoireacht, feidhmiú, feitheoireacht, maoirseacht, reachtáil, rialú, riarachán, riaradh, stiúradh; cur i bhfeidhm.

reachtaíocht noun *legislation*: achtú; *pl.* achtanna, *pl.* billí, *pl.* dlíthe, *pl.* ionstraimí reachtúla, *pl.* rialacháin.

reachtaire noun ❶ *historical administrator, steward*: maor, stíobhard; aibhéardaí, athmháistir; feidhmeannach, riarthóir. ❷ *rector* (*of parish*): pearsa, cléireach; biocáire, viocáire; cruifir, ministir, sagart, sagart paróiste. ❸ *auditor* (*of society*): cathaoirleach, rúnaí, uachtarán. ❹ *master of ceremonies*: fear an tí, fear ceannais.

reachtaireacht noun ❶ *historical stewardship*: maoirseacht, reachtas, stíobhardacht. ❷ *office of rector, rectory*: beathúnas, beinifís, biocáireacht, cúram, cúram anamacha, paróiste.

reachtúil adjective *statutory*: dleathach, dlisteanach, dlíthiúil, statúideach; ceadaithe, ceadúnaithe, dearbhaithe, deimhnithe, foirmeálta, foirmiúil, maorlathach, oifigiúil, údaraithe, údarásach.

réad noun ❶ *literary thing*: ní, rud, ruidín. ❷ *object*: ní, ruid, ruidín; cuspa, cuspóir; frithne; oibiacht. ❸ *penis*: bachall, ball fearga, biach, bodán, boidín, geineadán, péineas, sceidín, scibirlín, slat, toilfhéith. *familiar terms*: bata, beaignit, bliúcán, capall bán, cara na mban, cleith, coinneal, cóngar, crann clis, crann súgartha, cuideal, diúdamáin, diúidiliom, diúidl, dúid, earc luachra, éinín, falcaire an tinteáin, feam, feirc, féith, flíuit, ga, gimidiúit, giota, gléas, iall, leaid, maide bradach, maide milis, máilléad, maiste, meamar, meana, moncaí, Páidín Ó Raifeartaigh, píce, pílí, pilibín, pionna, píosa, piostal póca, pruic, rógaire, sáfach, sáiteán, scadán, scathachán, scoithín, sconnaire, scothach, slibire, smachtín, snáthaidín táilliúra, stáca, súiste, tailíbhaigear, tairne tiarpa. *pejorative* cuiteog.

réadach adjective *real, objective*: bailí, barántúil, dílis, fíor, fíor-, fírinneach, intreach, oibiachtúil, réalaíoch, réalta; cinnte, dearfa, deimhin, siúráilte; ceart, dáiríre, féaráilte, fuarchúiseach, macánta, neamhchlaonta, neamhleatromach.

réadóir¹ noun ❶ *star-gazer*: réalteolaí; asarlaí, draoi. ❷ *weather-prophet*: caileantóir; aitheantóir, fáidh, fáidheadóir, fáistineach, fear fáistine, tairngire. ❸ *opinionated person, dogmatic person*: duine barúlach, duine dobhogtha, duine neamhghéilliúil, duine teanntásach.

réadóir² noun "Pioneer", *teetotaler*: staonaire.

réadúil adjective *real, realistic*: bailí, barántúil, beoga, dílis, fíor, fíor-, fírinneach, nádúrtha, oibiachtúil, réalta; céillí, ciallmhar, réasúnta, stuama.

réal noun *sixpenny bit, sixpence*: bonn sé pingine; bonn airgid, bonn geal; leathréal, pingin, toistiún.

réalta noun ❶ *star*: réaltán, réaltóg, réilteann, réiltín, *literary* réad; reann, rinn; *pl.* na reanna neimhe. ❷ *star on animal's forehead*: blár, ceannainne, ceannann, scead; paiste, smál, réaltóg, spota. ❸ *asterisk*: réiltín. ❹ (*of person*) *star*: réalta scannáin, réalta teilifíse, réaltóg, réiltín; aisteoir, banaisteoir; duine cáiliúil, duine clúiteach, duine mór le rá, piarda.

réaltach adjective ❶ *starry, starlit*: réaltógach, reannach, réiltíneach. ❷ *astral, stellar*: **adjectival genitive** na réaltaí, **adjectival genitive** na reann. ❸ *starlike, beautiful*: drilseach, álainn, loinneartha, lonrach, neamhaí, niamhrach, sciamhach, soilseach, solasach, solasta, *literary* éadracht.

réaltán órga noun *lesser celandine* (*Ficaria verna*): aonscoth, crann arcáin, grán arcáin lus na gcnapán, suán buí.

réama noun ❶ *rheum, phlegm, catarrh*: cáithleach, coch, cochaille, cráisiléad, crannseile, crochaille, múcas, prachaille, réamán, réim, smaois, smuga, smugairle. ❷ *mucus, slime*: glae, glóthach, glóthán, gumalacht, lathach, leo, óirthí, ramallae, réamán, réim, ronn, ronna, slampar, sláthach, slaoiste, sram, sramadas, sramadh, sronna, *pl.* stalcaisí, úsc.

réamach adjective ❶ *rheumy, catarrhal*: múcasach, smaoiseach, smugach, sramach. ❷ (*of fish*) *slimy*: glaech, glaeúil, glóthach, gumalach, ramallach, ronnach, ronntach, sleamhain, sramach.

réamhchlaonadh noun *prejudice*: réamhthuairim; biogóideacht, ciníochas, éadulaingt, frithghiúdachas, homafóibe, seineafóibe, seicteachas, seobhaineachas.

réamhrá noun *introduction, preface, preamble*: réamhfhocal; brollach, díonbhrollach.

réamhráite adjective *aforesaid, aforementioned*: thuasluaite; céanna; thuas.

réamhstairiúil adjective *prehistoric*: ársa, **adjectival genitive** pailé-onteolaíochta; ó aimsir na dílleann, ón díle, roimh an díle.

reangartach noun *lanky creature, scrawny creature*: caiteachán, cnámharlach, cnáfairt, cuail cnámh, cringleach, deilbhéir, geosadán, langa, léanscach, leicneán, leathóg, loimíneach, loimirceach, lománach, próiste, raispín, ránaí, ranglach, ranglachán, ranglamán, reangaide, reangaire, reanglach, reanglachán, reanglamán, rúcach, scáil i mbuidéal, scailleagán, sclotrach, scruta, séacla, séaclach, séaclóir, síofra, síogaí, síothnaí, speireach, spidéalach, splíota, spreanglachán, spruicearlach, taiseachán, triuchaide.

reanglamán noun *long-limbed, languid person*: brísteachán, cleith, cleithire, cliathramán, cnábaire, cnuachaire, coinnleoir, cuirliún, cuirliúnach, gailléan, gallán, gíománaí, gleidire, ioscadán, langa, léanscach, píle, pílí, próiste, rúpach, rúplach, ranglach, ranglachán, ranglamán, reangaide, reangaire, reanglach, reanglachán, scodalach, sconnartach, sinéalach, spíce, spidéalach, spreota, sreangaire, *figurative* réitheach.

reasta noun *rest*: cónaí, luí, reast, scís, scíth, *literary* seicheamh, sochard, sos, stad; faoiseamh, randam, sáimhe, sámh, síocháin, suaimhneas; codladh, suan.

réasún noun ❶ *reason, faculty of reasoning*: breithiúnas, clifearthacht, clisteacht, clistíocht, eagna, éargna, éirim, gaois, gastacht, géarchúis, guaim, inchinn, intinn, intleacht, loighic, réasúnaíocht, stuaim, stuamacht, tuiscint. ❷ *sense, reasonableness*: breithiúnas, ciall, ciall cheannaithe, ciallmhaireacht, críonnacht, eagna, éargna, gaois, guaim, measarthacht, stuaim, stuamacht, toighis, tuiscint.

réasúnach adjective *reasonable, rational:* céillí, ciallmhar, críonna, loighciúil, praitinniúil, réasúnta, stuama, tuisceanach.

réasúnaíocht noun *(act) of reasoning:* breithiúnas, clisteacht, clistíocht, eagna, éargna, éirim, géarchúis, guaim, inchinn, intinn, intleacht, loighic, praitinniúlacht, réasúnaíocht, stuaim, stuamacht, tuiscint

réasúnta adjective ❶ *sane, sensible:* céillí, ciallmhar, críonna, fódúil, eagnaí, fadcheannach, foirmniseach, gaoiseach, gaoisiúil, gaoismhear, loighciúil, meabhrach, praitinniúil, staidéarach, staidéartha, stuama, tuisceanach; tá an chúiléith i bhfad siar aige. ❷ *fair, moderate:* cuibheasach, cuibheasach gan a bheith maíteach, cuíosach, measartha.

réasúntacht noun ❶ *reasonableness:* cothroime, cuibheasacht, meánaíocht, meánúlacht, measarthacht, neamhchlaonadh, séimhe, socracht, sriantacht, staidéaracht, staidéarthacht, stuamacht. ❷ *tolerable amount:* cuibheasacht, meánaíocht; cuid mhaith, páirt mhaith, scair mhaith; dóthain, sáith.

reathaí noun *runner:* reathaire; bonnaire, sodaire, sodarthóir, sodrálaí, teachtaire.

réchaite adjective *half worn, partly worn away:* barrchaite, (*i gContae Chorcaí*) léanaithe, scáinte, sean, sean-, smolchaite, spíonta.

réchonn noun *literary foresight:* dearcadh, oireas; fáistine, tairngreacht, tuar.

réchúiseach adjective ❶ *easy-going, placid:* bog, boigéiseach, búch, caoin, caomh, ceansa, ciúin, macánta, mánla, maothchroíoch, maránta, méiniúil, mín, miochair, míonla, modhúil, meamhthógálach, réagánta, sámh, sásta, séimh, sítheach, sochma, sómasach, suaimhneach. ❷ *unconcerned, indifferent:* dochorraithe, fuairnéalach, fuaraigeanta, fuarálach, fuarchúiseach, fuarintinneach, fuarspreosach, neamhchorrabhuaiseach, neamhchúiseach, neamhshuimiúil, patuar, réchúiseach; ar nós cuma liom.

reibiliún noun *rebellion:* ceannairc, comhéirí, éirí amach, éiritheacht, reibiliún, tréas; muirthéacht, réabhlóid; easumhlaíocht, mícheansacht, míréir, suaitheadh, treascairt.

reibiliúnach adjective *rebellious:* ceannairceach, easumhal, éiritheach, neamhghéilliúil; ainriata, docheansaithe, dochomhairleach, domhúinte, dúshlánach, easurramach, mícheansa, miréireach.

reibiliúnaí noun *rebel:* ceannairceach, réabhlóidí, reibiliúnaí, antoisceach; guairille, sceimhlitheoir, treallchogaí; ainrialaí.

reic noun ❶ *sale:* díolachán, díolaíocht, díoltóireacht, gáinneáil, mangaireacht, ocastóireacht, peidléireacht, reacaireacht, reiceadóireacht, trádáil, trádáil; aonach, margadh, saor-reic. ❷ *public narration, public recital:* aithris, aithriseoireacht, duanaireacht, reacaireacht, reiceadóireacht; inseacht, insint, scéalaíocht. ❸ *gossip:* athiomrá, béadán, béadchaint, cúlchaint, cúlghearradh, dúirse dáirse, luadráil, ráfláil, ráifléis, reacaireacht, reiceadóireacht, scéal reatha, scéal scéil, scéalaíocht, suainseán. ❹ *waste, lavish spending:* caifeachas, caiteachas, cur amú, cur i bhfaighid, díleá, díobhal, díobhlacht, díobhlas, díobhlás, diomailt, diomailteacht, doscaíocht, drabhlás, ídiú, míbhainistí, rabairne, scabáiste, scaipeadh, scaipeadh maoine, scaipeacht, vásta. verb ❶ *sell, peddle:* reac; díol, malartaigh. ❷ *recite, narrate:* reac; ársaigh, cuir síos ar, eachtraigh, faisnéis, inis, luaigh, nocht, reac, ríomh, tabhair cuntas ar, tagair do, tuairiscigh. ❸ *proclaim, broadcast:* reac; craobhscaoil, craoil, craol, cuir in iúl, fógair, foilsigh, forógair, fuagair, inis; glaoigh, scairt, tabhair comhairc. ❹ *inform, betray:* reac; braith, déan scéal ar, díol, feall ar, sceith ar, tréig; meabhlaigh. ❺ *waste, squander:* reac; bánaigh, caith, creach, díomail, ídigh, meath, meil, scaip, scaoil, snoigh, spíon, tnáigh; caith i vásta, cuir amú, cuir faoi bhruth, cuir i bhfaighid, tabhair gaoth do.

réice noun *rake, rover:* réic; adharcachán, ainrianach, ainrianaí, banaí, banadóir, boicín, cliúsaí, cluanaí, cluanaire, craiceann gan choinníoll, Diarmaid Ó Duibhne, drabhlásaí, dradaire, fear slaite, gliodaí, jacaí, meabhlaire, mealltóir, pléaráca, radaire, ragairneálaí, raibiléir, raille, railleachán, rastaire, ráistéir, ríobóid, scléipeach, scléipire, stail, *literary* táitheach; bachaire, diúgaire, druncaeir, druncaire, meisceoir, pótaire, scloitéir, súgaire, súmaire; fálródaí, fámaire, fánaí, feádóir, feamaire, fiaire, fuaidire, giofóg, jaingléir, raimleálaí, rantaeir, ránaí, rianaí, ruathaire, spailpín, srathaire, sreothaí, *literary* loingseach.

réidh adjective ❶ *smooth, level:* comhréidh, cothrom, cothromúil, leacaithe, leibhéalta, líofa, mín, siméadrach, sleamhain; chomh cothrom le clár; ar lomán. ❷ *easy, free, facile:* aosáideach, éasca, furasta, líofa, luath, mear, neamhchas, pras, saoráideach, scafánta, sciobtha, scóipiúil, socair, soghluaiste, tapa, *literary* sodhaing. ❸ *unrestrained, free:* neamhspleách, saor; ceannscaoilte, lúsáilte, marbh, rábach, scaoilte; gan bhac, gan cheangal, gan chosc, gan laincis, gan srian. ❹ *careless, indifferent:* faillitheach, faillíoch, mainneachtach, mainneachtnach, neamartach, neamh-aireach, neamhairdeallach, neamhchúiseach, neamhchúramach, neamhshuimiúil, réchúiseach, siléigeach, sleamchúiseach, sleamhchúiseach; ar nós cuma liom; fuarálach, fuarchúiseach, fuarspreosach, neamhchorrabhuaiseach, neamhshuimiúil patuar, réchúiseach. ❺ *mild, clement:* beannaithe, béasach, búch, caoin, caomh, caonrasach, ceansa, cineálta, lách, maith, máithriúil, mánla, maothchroíoch, maránta, méiniúil, miochair, míonla, modhúil, séimh, suairc, tláith, *literary* soithimh. ❻ *ready, prepared:* réitithe, rianta, tinneallach, ullamh; claonta, díograiseach, dúthrachtach, sásta, toilteanach. ❼ *finished:* aibí, críochnaithe, réitithe, rianta, ullamh; tá an cipín mín air, tá an tslis mhín air; tá bailchríoch air.

réidhe noun ❶ *smoothness:* bogúire, boige, boigéis, maoithe, míne, míneadas, sciorracht, séimhe, tláithe, *literary* bláithe. ❷ *easiness, readiness:* éascaíocht, fusacht, líofacht, saoráid, simplíocht, soghluaisteacht, soiléireacht, solúbthacht. ❸ *indifference:* fuacht, fuaraigne, fuaraigeantacht, fuaráil, fuarálacht, fuarchúis, fuarspreosaí, fuarthé, neamhchorrabhuais, neamhchúis, neamhfhonn, neamhiontas, neamhshuim, patuaire, spadántacht; bheith ar nós cuma liom.

Reifirméisean noun *historical Reformation:* Athrú Creideamh, Leasú Creidimh, Leasú Protastúnach; Caibléireacht; Cailvíneachas, Liútarachas, Protastúnachas; Frith-Leasú Creidimh, Frith-Reifirméisean.

reifreann noun *referendum:* pobalbhreith, suirbhé, vóta, vótáil; guth an phobail.

réigiún noun *region:* barúntacht, ceantar, comharsanacht, contae, críoch, cúige, dúiche, dúthaigh, fearann, limistéar, líomatáiste, oirear, paiste, ruta, sír, síreacht, *pl.* tailte, talamh, taobh tíre, tír, *pl.* tríocha céad, triúcha, tuath, *literary* déis.

réigiúnach adjective *regional:* áitiúil, **adjectival genitive** na háite, **adjectival genitive** ceantair, ceantrach, **adjectival genitive** contae, cúigeach, logánta, paróisteach, **adjectival genitive** réigiúin; máguaird.

réigiúnachas noun *regionalism:* áitiúlachas, canúnachas, cúigeachas, náisiúnachas, paróisteachas, tuathúlacht, réigiúnachas; dílseacht don cheantar, dílseacht don réigiún.

réileán

réileán noun ❶ *level space, sports' green:* báinseach, báinseog, bán, faiche, féar, léana, páirc, páirc imeartha, plás, plásán, plásóg. ❷ *expanse:* achar, áit mhór, fad, fairsinge, fairsingeacht, fánlach, ionad, leithead, leithne, limistéar, limistéar, má, machaire, raon, ré, réiléis, réiteach, spás.

reilig noun *graveyard:* cealdrach, ceallúir, ceallúnach, ceallúrach, éaglios, lisín leanbh, teampall, úirleachas.

reiligíneach adjective *club-footed:* bacach, cithréimeach, crapchosach, crúbach, daorbhacach, stabhach; tá céim bhacaí ann, tá coiscéim bhacaí ann, tá éislinn bhacaí ann, tá steip bhacaíola ann, tá tarraingt bhacaíola ann; is bacachán é.

reiligiún noun *religion:* crábhadh, cráifeacht, cré, creideamh, fíorchreideamh, *literary* iris; baothchreideamh, fuarchreideamh, geasrógacht, págántacht, piseogacht, saobh-adhradh.

réim noun ❶ *course, career:* aistear, bealach, bóthar, caithréim, conair, cúrsa, fithis, raon, rian, séad, slí, triall, turas. ❷ *sway, authority:* ardcheannas, ardchumhacht, ardfhlaitheas, ardríocht, ardtiarnas, ceannaireacht, ceannasaíocht, cinnireacht, coimirce, coimirceas, cumhacht, dlínse, flaitheas, flaithiúnas, forlámhas, impireacht, máistreacht, maoracht, príomhcheannas, réimeas, riail, rialtas, rialú, ríocht, stiúir, smacht, svae, teann, tiarnas, tiarnúlacht, treoir, údarás, urlámhas, *literary* ríghe. ❸ *succession, line:* comharbacht, comharbas, gabháil chine, líne, oidhreacht, príomhghintiúr, réimeas, ríora. ❹ *range, extent:* achar, fad, fadú, fairsinge, foisceacht, gaobhar, leathnú, leithead, leithne, raon, réimse, síneadh, sínteacht, spás. ❺ *course, regimen:* aiste, cúrsa, sceideal, scéim.

réimeas noun ❶ *reign:* aimsir, am, *pl.* blianta, lá, *pl.* laethanta, linn, ré, tréimhse, *literary* ríghe. ❷ *sway, authority:* ardcheannas, ardchumhacht, ardfhlaitheas, ardríocht, ardtiarnas, ceannaireacht, ceannasaíocht, cinnireacht, coimirce, coimirceas, cumhacht, dlínse, flaitheas, flaithiúnas, forlámhas, impireacht, máistreacht, maoracht, príomhcheannas, réim, riail, rialtas, rialú, ríocht, stiúir, smach svae, tiarnas, tiarnúlacht, treoir, údarás, urlámhas.

réimiúil adjective ❶ *holding sway:* ceannasach, cumhachtach, flaithiúnta, impiriúil, máistriúil, ríoga, tiarnasach, tiarnúil, údarásach. ❷ *imposing, dignified:* ardaigeanta, biliúil, céimiúil, cuibhiúil, cúirtéiseach, cúirtiúil, díniteach, foirmiúil, grástúil, maorga, mórga, mórgach, nósúil, oirirc, réimeach, réimiúil, ríoga, ríogúil, ríthiúil, rúil, ríonaí, síodúil, sollúnta, stáidiúil, tiarnúil, uasal, *literary* séaghainn. ❸ *flourishing:* bisiúil, bláfar, breisiúil, buacach, clannach, éadálach, éifeachtach, fiúntach, fónta, rábach, rafar, raidhsiúil, rathúil, réimeach, saibhir, sochrach, somhaoineach; spleodrach, torthúil, uaibhreach; breisiúil, tairbheach, táirgiúil, torthúil.

réimiúlacht noun *stateliness, dignity:* céimiúlacht, cúirtéiseacht, dínit, foirmiúlacht, grástúlacht, maorgacht, mórgacht, oirirceas, ríogacht, rúlacht, sollúntacht, stáidiúlacht, uaisle, uaisleacht.

réimnigh verb ❶ *advance, progress:* céimnigh, díotáil, marcaigh, siúil, taistil, téigh, téigh ar aghaidh, téigh chun tosaigh, tiomáin. ❷ *arrange in order, grade:* aicmigh, catalógaigh, cláraigh, códaigh, cogairsigh, córasaigh, eagraigh, grádaigh, rangaigh, *literary* srathnaigh; cuir eagar ar, cuir in ord, tabhair chun eagair, tabhair chun sistéim.

réimse noun ❶ *stretch, tract:* achar, fairsinge, leathnú, leithead, leithne, limistéar, spás. ❷ *range, field:* ceantar, fad, fadú, foisceacht, gaobhar, má, machaire, raon, síneadh, sínteacht.

reiptíl noun *reptile:* earc, péist; earc luachra, laghairt, nathair, ollphéist, toirtís, turtar.

réir noun ❶ *will, wish, command:* mian, toil; aithne, ceannas, dlínse, foráil, foráileamh, mandáil, ordú, riail, rialú, smacht, svae, údarás. **adverbial phrase faoi réir** *free, available, ready:* saor; ar fáil, le fáil; réidh, réitithe, rianta, tinneallach, ullamh, ullmhaithe. **preposition de réir** *in accordance with, according to:* in aice le, ag cur le; dar le.

réiteach noun ❶ *clearance:* cartadh, glanadh, glantachán, glantóireacht, leagan. ❷ *clearing, level space:* má, machaire, ré, réiléis, spás; báinseach, báinseog, bán, faiche, plás, plásán, plásóg; achar, áit mhór, fairsinge, fairsingeacht. ❸ *disentanglement:* dícheangal, roiseadh, scaoileadh; glanadh. ❹ *solution, settlement:* fuascailt, scaoileadh; aontú, comhaontú, comhréiteach, conradh, socrú.

réiteoir noun ❶ *arbitrator, conciliator, peacemaker:* ceann réitigh, eadránaí, fear eadrána; abhcóide, basadaeir, breitheamh, idirbheartaí, idirghabhálaí, idirghuítheoir, teagmhálaí. ❷ *referee, umpire:* moltóir; breitheamh, meastóir, measúnóir. ❸ *cleaner (device):* glantóir.

reith noun *heat (in sheep, goat):* imreas, poc; éastras, láth, óirthí, rachmall. verb tup, rut: poc.

reithe noun *ram:* caora fhireann; molt, moltachán.

réitigh verb ❶ *level, smooth:* bláthnaigh, leibhéal, mínigh, slíoc, slíom; líomh, líomhaigh. ❷ *facilitate:* réitigh an bóthar, réitigh an tslí; éascaigh; bog, ciúnaigh, déan éascaíocht, maolaigh. ❸ *unravel, disentangle:* dícheangail, rois, scaoil, scóráil; bain an casadh as. ❹ *adjust, arrange, put in order:* aicmigh, códaigh, cogairsigh, coigeartaigh, cóirigh, córasaigh, eagraigh, gléas, rangaigh, socraigh; cuir eagar ar, cuir in eagar, cuir in ord, tabhair chun córais, tabhair chun eagair, tabhair chun sistéim. ❺ *solve, resolve, elucidate:* fuascail, scaoil, socraigh; caith léas solais ar, ciallaigh, cuir i léire, léirigh, léirmhínigh, mínigh, mínigh focal ar fhocal, simpligh, tabhair mioninsint ar, taifigh. ❻ **réitigh le** *agree with, settle with:* aontaigh le, géill do, socraigh, tar le, toilígh le; bí ar aon fhocal le, bí ar aon intinn le.

reitric noun *rhetoric:* óráidíocht, solabharthacht; áibhéil, bladar, bladhmann, clódóireacht, cumadóireacht, dathadóireacht, deisbhéalaí, foclachas, foclaíocht, galamaisíocht, gaotaireacht, pápaireacht, plámás, scáiléathan; rosc, roscadh file, roscaireacht; *pl.* córacha catha, cóiriú catha, rithlearg, *familiar* cóití bhárms.

reitriciúil adjective *rhetorical:* milisbhriathrach, solabhartha; bastallach, bladhmannach, bláfar, briathrach, craobhlasrach, foclach, gáifeach, ornáideach, taibhseach.

réleaba noun *shake-down:* sóchar, sopachán, sráideog, teacht síos.

reo noun *frost:* cuisne, sioc; oighear, oighreogach.

reoch adjective *frosty:* cuisneach, cuisniúil, fuar, oighreata, reoite, reoiteach, siocdhóite, siocfhuar, siocta, siocúil.

reoigh verb *freeze:* cuisnigh, oighrigh, reoigh; fuaraigh.

rí[1] noun ❶ *king:* ardrí, monarc, *literary* ruire, tuathach, uirrí; prionsa, flaith, uathlathaí; impire, sár. ❷ **an Rí** *the King of Heaven, God:* Ardrí Neimhe, an Tiarna; Dia na bhFeart, Dia Uilechumhchtach, an Coimdhe, an Cruthaitheoir, an Diagacht, an Dúileamh, Iáivé, an Tionscnóir; an tAthair Síoraí, Dia an tAthair, ár nAthair, an tAthair, an Mac is an Spiorad Naomh; Dia an Mac, Mac Dé, an Briathar, Críost, an Meisias; an Spiorad, an Spiorad Naomh, an Tríonóid Ró-Naofa, *familiar* an Fear Thuas. ❸ *king (in chess, etc.):* branán.

rí² noun *forearm:* *literary* lámhdhóid; bunrí, caol na láimhe, alt na láimhe, cuisle, rosta; uillinn.

riabhach adjective ❶ *streaked, striped, brindled:* riastach, síogach, stríocach; breac, breacbhallach, breachtrach, cleathach, cliathach, eangach, roilleach, sliogánach, straidhpeach, straidhpiúil. ❷ *(speckled) grey:* breacliath, bricliath, brocliath, glas, glasliath. ❸ *dun, drab:* bláthbhuí, buí, ciarbhuí, glasodhar, lachna, odhar, osbhuí.

riach noun *deuce (euphemism):* deamhan, deamhas, dear, diabhal, diach, diar, diúcs, scian, sleabhac.

riachtanach adjective *necessary:* riachtanasach; éigeantach, oibleagáideach; tá gá leis, is gá é; caithfear é a dhéanamh, ní foláir é a dhéanamh, ní mór é a dhéanamh; níl an dara suí sa bhuaile ann; *literary* rigim a leas.

riachtanas noun ❶ *necessity, need:* éigean, éigeantas, gá, oibleagáid; gátar, easnamh, easpa, gainne, gannchar, gannchúis, gannchúisí, ganntan, ganntanas, ganntar, géibheann, *pl.* pócaí folmha, uireasa. ❷ *pl.* **riachtanais** *necessities, necessary things:* cuid an riachtanais, *pl.* bunriachtanais; acraí tí.

riail noun ❶ *regulation, principle:* caighdeán, cleachtas, foirmle, gnáthamh, nós imeachta, polasaí, prionsabal; dlí, follúnacht, follúnú, rialachas, rialachán, rialúchán. ❷ *sway, authority:* ardcheannas, ardchumhacht, ardfhlaitheas, ardríocht, ardtiarnas, ceannaireacht, ceannasaíocht, cinnireacht, cinsealacht, coimirce, coimirceas, cumhacht, dlínse, flaitheas, flaithiúnas, forlámhas, impireacht, máistreacht, maoracht, príomhcheannas, réim, réimeas, rialtas, rialú, ríocht, stiúir, smacht, svae, tiarnas, tiarnúlacht, treoir, údarás, urlámhas, *literary* ríghe. ❸ *code of discipline:* ord; cód smachta. ❹ *grad-uated measure, ruler:* méadar, miosúr, rialóir, ribín tomhais, tomhas, treoir; *literary* díorna.

rialachán noun *regulation:* aithne, dlí, fógra, foláireamh, follúnacht, follúnú, forógra, ordú, riachtanas, riail, *literary* foráil.

rialaigh verb ❶ *govern, control:* coinnigh faoi smacht, follúnaigh, smachtaigh, *literary* codhnaigh, til. ❷ *rule (in law):* achtaigh, aithin, fógair, forógair, foraithin, ordaigh. ❸ *line (paper):* línigh; cuir línte ar, scríobh línte ar; breac, breachnaigh.

rialaitheoir noun *control (of device):* rialtán, rialtóir, rialúchán; cianrialú.

rialóir noun *ruler (of implement):* méadar, miosúr, riail, ribín tomhais, tomhas, treoir; *literary* díorna.

rialta adjective ❶ *bound by rule (of monk, nun):* manachúil; faoi riail; **adjectival genitive** na mban rialta, **adjectival genitive** na mbráithre, **adjectival genitive** na manach. ❷ *habitual, regular:* coitianta, gnách, **adjectival genitive** gnáith, gnáth-, **adjectival genitive** gnáthaimh, iondúil, laethúil, nósmhar, poncúil, reigleáilte, riailbhéasach. ❸ *regular (in grammar):* de réir na rialacha; éasca, furasta, reigleáilte, simplí.

rialtas noun *government:* ceannas, ceannasaíocht, dlí, dlínse, follúnacht, *pl.* gobharnóirí, réim, riail, *pl.* rialtóirí, rialú, rialúchán, riarachán, ríocht, smacht, stát, státaireacht, svae, údarás, urlámhas; feidhmchumhacht, feidhmeannas, mineastráil, mineastrálacht, réimeas; aireachas, aithne, ardcheannas, bainisteoireacht, córas, máistreacht, maoirseacht, ordú, rialúchán, stiúir, stiúradh, treoir, treorú.

rialtóir noun *ruler (person):* ceannaire, ceannasaí, deachtóir, gobharnóir, rialaitheoir, taoiseach, tiarna, treoraí; banimpire, banphrionsa, banríon, bansár, flaith, impire, monarc, prionsa, rí, sár.

Ríthe na nAlbanach

Ríteaghlach Ailpín
842–858 Coinneach I mac Ailpín
858–862 Domhnall I
  (a dheartháir)
862–876 Constaintín I
  (mac Coinnigh I)
876–878 Aodh (a dheartháir)
878–889 Giric agus ?Eochadh
  (garmhac Coinnigh I)
889–900 Domhnall II
  (mac Constaintín I)
900–943 Constaintín II
  (mac Aodha; d'éirigh as, †952)
943–954 Maolcholaim I
  (mac Domhnaill II)
954–962 Indulf
  (mac Constaintín II)
962–966 Dubh
  (mac Mhaolcholaim I)
966–971 Cuiléan (mac Indulf)
971–995 Coinneach II
  (mac Mhaolcholaim I)
995–997 Constaintín III
  (mac Cuiléin)
997–1005 Coinneach III
  (mac Duibh) agus ?Giric (a mhac)
1005–1034 Maolcolaim II
  (mac Coinnigh II).

Ríteaghlach Dhún Chaillinn
1034–1040 Donnchadh I
  (mac Beathóg iníon Mhaolcholaim II agus Chrionáin, ab Dhún Chaillinn)

Ríteaghlach Mhoireibh
1040–1057 Mac Bheatha
  (mac Fionnlaoich, mórmhaor Mhoireibh; phós sé Gruoch, gariníon Choinnich II [nó III])
1057–1058 Lulach (mac Gruoch agus Ghille Chomhghain, mórmhaor Mhoireibh)

Ríteaghlach Dhún Chaillinn
1058–1093 Maolcholaim III Ceannmhór (mac Dhonnchaidh I)
1093–1094 Domhnall III
  (a dheartháir; baineadh an ríocht de)
1094 Donnchadh II
  (mac Mhaolcholaim III)
1094–1097 Domhnall III (fuair an ríocht arís; baineadh de arís í)
1097–1107 Éadgar
  (mac Mhaolcholaim III)
1107–1124 Alastar I (a dheartháir)
1124–1153 Dáibhí Naofa
1153–1165 Maolcholaim IV, an Mhaighdean (a gharmhac)
1165–1214 Uilliam, an Leon
  (a dheartháir)
1214–1249 Alastar II (a mhac)
1249–1286 Alastar III (a mhac)

Ríteaghlach Iorua
1286–1290 Mairéad
  (iníon Mhairéad, iníon Alastair III agus Eiric II na hIorua; tréimhse gan rí 1290–1292)

Ríteaghlach na mBailleolach
1292–1296 Seán (mac Sheáin Bailleol; garmhac Mhairéad, neacht Uilliam, ar thaobh a mháthar; baineadh an ríocht de 1212; tréimhse gan rí 1296–1306)

Ríteaghlach na mBrúsach
1306–1329 Roibeard I
  (iarua Isibéal, neacht Uilliam, agus Roibeaird Brús)
1329–1371 Dáibhí II (mac)

Ríteaghlach na mBailleolach
1332–1356 Éadbhard (mac Seáin; frithéilitheori; d'éirigh as, †1364)

Ríteaghlach na Stíobhardach
1371–1390 Roibeard II
  (mac Mháille, iníon Roibeaird I, agus Uáitéir Ardstíobhard na hAlban)
1390–1406 Roibeard III (a mhac)
1406–1437 Séamas I (a mhac)
1437–1460 Séamas II (a mhac)
1460–1488 Séamas III (a mhac)
1488–1513 Séamas IV (a mhac)
1512–1542 Séamas V (a mhac)
1542–1567 Máire (a iníon; baineadh an ríocht di, †1587)
1567–1625 Séamas VI
  (mac Mháire agus Anraí Stíobhard, iarla Darnley, rí nuachair 1565–1567; rí Shasana faoin teideal Séamas I tar éis 1603)

rialú

rialú noun ❶ *rule, regulation:* aithne, dlí, fógra, foláireamh, follúnú, forógra, ordú, riachtanas, riail, *literary* foráil. ❷ *control, government:* ceannas, ceannasaíocht, dlí, dlínse, follúnacht, réim, riail, rialúchán, riarachán, ríocht, smacht, stát, svae, údarás, urlámh, urlámhas; feidhmchumhacht, mineastráil, mineastrálacht, réimeas; aireachas, aithne, ardcheannas, bainisteoireacht, córas, máistreacht, maoirseacht, ordú, stiúir, stiúradh, treoir, treorú.

riamh adverb *ever, never (with negative):* ariamh; roimhe seo, cheana; go dtí seo, go nuige seo.

rian noun ❶ *course, path:* bealach, bóithrín, bóthar, conair, cosán, cúrsa, eanach, fithis, rianán, raon, ród, siúlán, siúlóid, slí, teoróid. ❷ *trace, track:* comhartha, eang, lorg, marc, rianán, sliocht, teimheal, tréas, *literary* foilleacht. ❸ *power of movement, vigour:* brí, cumas, éifeacht, éitir, feidhm, fuinneamh, gus, inmhe, inniúlacht, lúth, lúth na gcos, neart, sea, séitreachas, séitreacht, séitrí, sitheag, treise, urra, urrús. ❹ *(traditional) genealogy:* pl. géaga ginealaigh, ginealach, ginealas; folaíocht, ginealeolaíocht, sloinnteoireacht; pórtheastas.

rianaí noun ❶ *wayfarer, wanderer:* bacach, bonnaire, bóithreoir, deoraí, dídeanaí, fear siúil, fiaire, fuaidire, giofóg, imirceach, jaingléir, luaineadóir, raimleálaí, ránaí, ródaí, seachránaí, siúlóir, spailpín, srathaire, sreothaí, taistealaí, teifeach, traibhléir, turasóir, válcaeir, *literary* loingseach, *colloquial* lucht siúil, lucht taistil. ❷ *tracker, tracer:* bolaitheoir, lorgaire; cuardaitheoir, fiosraitheoir, fiosróir, ransaitheoir, taighdeoir, tóraí, tóraitheoir; bleachtaire. ❸ *genealogist:* fear ginealais, gineolaí, sloinnteoir.

Ríthe na Fraince

Rítheaghlach na gCairilínseach
751–768 Pepin Gearr (*mac Shéarlais Martel; toghadh ina rí ar na Frainc 751*)
766–771 Carloman (*a mhac*)
768–814 Séarlas Mór (*a dheartháir; impire 800*)
814–840 Lughaidh I Cráifeach (*a mhac; impire 813*)
840–877 Séarlas I Maol (*a mhac; rí na bhFranc 843; impire 875*)
877–879 Lughaidh II Stadaire (*a mhac*)
879–882 Lughaidh III (*a mhac*)
879–884 Carloman (*a dheartháir*)
885–888 Séarlas II Ramhar (*garmhac Lughaidh I; impire 881–887*)

Rítheaghlach na Roibeardach
888–898 Eudes (*mac Roibeaird, marcas Neustria*)

Rítheaghlach na gCairilínseach
893–923 Séarlas III Saonta (*mac Lughaidh II; frithéilitheoir; baineadh an ríocht de; †929*)

Rítheaghlach na Roibeardach
922–923 Roibeard I (*dearthár Eudes; frithrí*)
923–936 Ráulf (*diúc na Burgúinne; phós sé Emma, iníon Roibeaird I*)

Rítheaghlach na gCairilínseach
936–954 Lughaidh IV thar Loch isteach (*mac Shéarlais III*)
954–986 Lotar (*a mhac*)
986–987 Lughaidh V Leisceoir (*a mhac; comhrí 979*)

Rítheaghlach na gCaipéiteach
987–996 Úgó Capet (*garmhac Roibeaird I*)
996–1031 Roibeard II Cráifeach (*a mhac; comhrí 987*)
1017–1025 Úgó (*a mhac; comhrí*)
1031–1060 Anraí (*a dheartháir; comhrí 1027*)
1060–1108 Pilib I (*a mhac; comhrí 1059*)
1108–1137 Lughaidh VI Ramhar (*a mhac*)
1129–1131 Pilib (*a mhac; comhrí*)
1137–1180 Lughaidh VII Óg (*a dheartháir; comhrí 1131*)
1180–1223 Pilib II Ágastas (*a mhac; comhrí 1179*)
1223–1226 Lughaidh VIII Leon (*a mhac*)
1226–1270 Lughaidh IX Naofa (*a mhac*)
1270–1285 Pilib III Cróga (*a mhac*)
1285–1314 Pilib IV Dathúil (*a mhac*)
1314–1316 Lughaidh X Ceannláidir (*a mhac*)
1316 Seán I (*a mhac*)
1316–1322 Pilib V Fada (*mac Pilib IV*)
1322–1328 Séarlas IV Dathúil (*a dheartháir*)

Rítheaghlach Valois
1328–1350 Pilib VI (*cunta Valois; garmhac Philib III*)
1350–1364 Seán II Fónta (*a mhac*)
1364–1380 Séarlas V Críonna (*a mhac*)
1380–1422 Séarlas VI na Buile (*a mhac*)
1422–1461 Séarlas VII Buaiteach (*a mhac*)
1461–1483 Lughaidh XI (*a mhac*)
1483–1498 Séarlas VIII (*a mhac*)

Fine Orléans
1498–1515 Lughaidh XII (*diúc Orléans; iarua Shéarlais V*)

Fine Angouleme
1515–1547 Proinsias I (*cunta Angouleme; iarua Shéarlais V*)
1547–1559 Anraí II (*a mhac*)
1559–1560 Proinsias II (*a mhac*)
1560–1574 Séarlas IX (*a dheartháir*)
1574–1589 Anraí III (*a dheartháir*)

Rítheaghlach na mBurbónach
1589–1610 Anraí IV (*diúc Burbón-Vendome; deichiú sliochtach ó Lughaidh IX*)
1610–1643 Lughaidh XIII (*a mhac*)
1643–1715 Lughaidh XIV (*a mhac*)
1715–1774 Lughaidh XV (*iarua*)
1774–1792 Lughaidh XVI (*garmhac; baineadh an ríocht de; †1793*)
1793–1795 Lughaidh XVII (*a mhac; ní raibh sé riamh ina rí*)

An Chéad Phoblacht
1792–1795 An Comhthionól Náisiúnta
1795–1799 An Direachtóireacht
1799–1804 An Chonsalacht: Napoleon Bonaparte ina Chéad Chonsal (*ina chonsal saoil 1802*)

Rítheaghlach Bonaparte — An Chéad Impireacht
1804–1814 Napoleon I (*rí na hIodáile 1805; baineadh an impireacht de; cuireadh i gcumhacht arís; baineadh an impireacht de; †1821*)
1815 Napoleon II (*a mhac; baineadh an impireacht de, †1832*)

Rítheaghlach na mBurbónach
1814–1824 Lughaidh XVIII (*dearthráir Lughaidh XVI*)
1824–1830 Séarlas X (*a mhac; baineadh an ríocht de, †1836*)

Fine Orléans
1830–1848 Louis Philippe I (*diúc Orléans; séú sliochtach ó Lughaidh XIII; baineadh an ríocht de; †1850*)

Dara Poblacht
1848–1852 Louis Napoleon Bonaparte, Uachtarán (*mac dearthár Napoleon I*)

Rítheaghlach Bonaparte — An Dara hImpireacht
1852–1870 Napoleon III (*baineadh an impireacht de, †1873; fógraíodh an Tríú Poblacht*)

rianaigh verb *mark out, trace:* ceap, comharthaigh, cruthaigh, cum, dear, fíoraigh, imlínigh, leag amach, léirigh, marcáil.

rianta adjective ❶ *marked out:* ceaptha, comharthaithe, deartha, fíortha, imlínithe, leagtha amach, léirithe, marcáilte. ❷ *prepared, ready:* réidh, réitithe, tinneallach, ullamh, ullmhaithe; faoi réir. ❸ *settled, accomplished:* aontaithe, cinnte, críochnaithe, déanta, réidh, socair, socraithe; i gcrích; glanta.

riar noun ❶ *administration, management:* aireachas, bainisteoireacht, eagar, eagraíocht, eagras, fearas, feighlíocht, ord, lámhsmacht, luamhaireacht, maoirseacht, mineastráil, mineastrálacht, reáchtáil, reachtáil, rialú, rialúchán, riaracháchán, riaradh, riarthóireacht, saoistíocht, smacht, stiúir, stiúradh, stiúrthóireacht, treoir, treorú. ❷ *provision, service:* gléas, lón, lónadóireacht, soláthar, ullmhúchán; cóir, cúram, iostas, lóistín; aire, aireachas,

---

Ríthe Shasana agus na Breataine Móire

Ríteaghlach Wessex
802–839 Egbert (*ardtiarna na ríochtaí Sasanacha 829–830*)
839–855 Aethelwulf (*a mhac; gan ríocht aige ach Kent 856–858*)
855–860 Aethelbald (*a mhac; Wessex*)
860–866 Aethelbert (*a dheartháir; Kent 856–860*)
866–871 Aethelred I (*a dheartháir*)
871–899 Alfred Mór (*a dheartháir*)
899–924 Éadbhard Sinsear (*a mhac*)
924 Aelfweard
924–939 Athelstan (*a dheartháir*)
940–946 Edmund (*a dheartháir*)
946–955 Eadred (*a dheartháir*)
955–959 Eadwig (*mac Edmund I; gan ríocht aige ach Wessex 957–959*)
959–975 Éadgar Síochánta (*a dheartháir; Mercia agus Northumbria 957–959*)
975–978 Éadbhard Mairtíreach (*a mhac*)
978–1016 Aethelred II Éigríonna (*a dheartháir; bhain Svein Gabhalfhéasógach an ríocht de 1013–1014*)
1016 Edmund Iarnaí

Ríteaghlach na nDanar
1016 Svein Gabhalfhéasógach
1016–1035 Cnúd Mór (*a mhac*)
1035–1040 Harald I Chos an Ghiorria (*a mhac; leasrí 1035–1037*)
1040–1042 Hardacnúd (*a dheartháir*)

Ríteaghlach Wessex
1042–1066 Éadbhard Naofa (Éadbhard Coinfeasóir) (*mac Aethelred II*)
1066 Harald II (*mac Godwin, iarla Wessex*)

Ríteaghlach na Normainne
1066–1087 Liam I Concaire
1087–1100 Liam II Rúfas (*a mhac*)
1100–1135 Anraí I (*a dheartháir*)

Ríteaghlach Blois
1135–1154 Stiofán (*mac Adela, iníon Liam I, agus Stiofáin, cunta Blois*)

Ríteaghlach Plantagenet
1141 Maitilde Banimpire (*iníon Anraí I*)
1154–1189 Anraí II (*mac Maitilde agus Gofraidh, cunta Anjou*)
1189–1199 Risteard I Croí an Leoin (*a dheartháir*)
1199–1216 Seon (*a dheartháir*)
1216–1272 Anraí III (*a mhac*)
1272–1307 Éadbhard I (*a mhac*)
1307–1327 Éadbhard II (*a mhac; baineadh an ríocht de; †1327*)
1327–1377 Éadbhard III (*a mhac*)
1377–1399 Risteard II (*a gharmhac; baineadh an ríocht de; †1400*)

Ríteaghlach Lancaster
1399–1413 Anraí IV (*diúc Lancaster, garmhac Éadbhaird III*)
1413–1422 Anraí V (*a mhac*)
1422–1461 Anraí VI (*a mhac; baineadh an ríocht de; ar ais aige 1470–1471; baineadh de arís; †1471*)

Ríteaghlach Eabhrac
1461–1470 Éadbhard IV (*diúc Eabhrac; ceathrú sliochtach ó Éadbhard III; baineadh an ríocht de; ar ais aige 1471–1483*)
1483 Éadbhard V (*a mhac; baineadh an ríocht de; †1483*)
1483–1485 Risteard III (*deartháir Éadbhaird IV*)

Ríteaghlach na dTúdarach
1485–1509 Anraí VII (*mac Mhairéad, ceathrú sliochtach ó Éadbhaird III, agus Éamainn Túdar, iarla Richmond*)
1509–1547 Anraí VIII (*a mhac*)
1547–1553 Éadbhard VI (*a mhac*)

Ríteaghlach Suffolk
1553 Lady Jane Grey (*iníon le Frances, gariníon Anraí VII ar thaobh a máthar, agus Anraí diúc Suffolk*)

Ríteaghlach na dTúdarach
1553–1558 Máire I (*iníon Anraí VIII*)
1558–1603 Eilís I (*a deirfiúr*)

Ríteaghlach na Stíobhardach
1603–1625 Séamas I (*garmhac Shéamais V na hAlban ar thaobh a mháthar, arbh é garmhac Anraí VII é ar thaobh a mháthar*)
1625–1649 Séarlas I

An Comhlathas
1649–1653 Comhlathas
1653–1658 Oilibhéar Cromail (*Tiarna Cosantóir*)
1658–1659 Risteard Cromail (*a mhac; Tiarna Cosantóir; d'éirigh as oifig; †1712*)
1659–1660 Comhlathas

Ríteaghlach na Stíobhardach
1660–1685 Séarlas II (*mac Shéarlais I*)
1685–1688 Séamas II (*a dheartháir*)

Ríteaghlach na nOráisteach agus na Stíobhardach
1689–1702 Liam III (*mac Mháire, iníon Shéarlais I, agus Liam II, Prionsa Oráiste*)
1689–1695 Máire II (*iníon Shéamais II; phós sí Liam III*)

Ríteaghlach na Stíobhardach
1702–1714 Anne (*deirfiúr Mháire II*)

Ríteaghlach Hanóvar
1714–1727 Seoirse I (*mac le Sóifia, gariníon Shéamais I ar thaobh a máthar, agus le hErnst Ágastas, toghdóir Hanóvar*)
1727–1760 Seoirse II (*a mhac*)
1760–1820 Seoirse III (*a gharmhac*)
1820–1830 Seoirse IV (*a mhac; leasrí 1811–1820*)
1830–1837 William IV (*a dheartháir*)
1837–1901 Victoria (*a neacht*)

Ríteaghlach Saxe-Coburg-Gotha
1901–1910 Éadbhard VII (*mac le Victoria*)

Ríteaghlach Windsor
1910–1936 Seoirse V (*mac Éadbhaird VII*)
1936 Edward VIII (*a mhac; d'éirigh as; †1972*)
1936–1952 Seoirse VI (*a dheartháir*)
1952–2022 Eilís II (*a iníon*)
2022– Séarlas III (*a mac*)

riarachán

faire, faireachas, freastal, friotháil, giollaíocht, seirbhís, mineastráil, tindeáil. ❸ *distribution, allocation:* dáil, dáileachán, dáileadh, imdháileadh, raisneáil, roinnt, scaipeadh. ❹ *share, supply:* bronnadh, ciondáil, cuid, dáil, dáileachán, deonú, raisín, riaradh, roinnt, scaipeadh, soláthar. ❺ *sufficiency:* dóthain, go leor, leordhóthain, sáith; a lán, dalladh, flúirse, méid chun do shástachta, mórán. **verb** ❶ *administer, manage:* ainligh, cóireáil, eagraigh, feidhmigh, innill, ionramháil, láimhseáil, láimhsigh, mineastráil, reachtáil, reáchtáil, rialaigh, rith, stiúir, stiúraigh, treoraigh. ❷ *provide:* cuir ar fáil, fear, feistigh, ofráil, soláthair, tabhair, tairg, táirg, trealmhaigh. ❸ *distribute:* ciondáil, dáil, forscaoil, leag amach, roinn, scaip. ❹ *serve, obey:* bí umhal dó, fóin do, freastail ar, friotháil ar, géill do; comhlíon, déan de réir, déan rud ar.

riarachán noun *administration:* aireachas, bainisteoireacht, eagar, eagraíocht, eagras, fearas, feidhmeannas, feidhmiú, feighlíocht, ord, lámhsmacht, luamhaireacht, maoirseacht, mineastráil, mineastrálacht, reachtáil, reáchtáil, rialú, rialúchán, riarthóireacht riaradh, saoistíocht, smacht, státseirbhís, stiúir, stiúradh, stiúrthóireacht, treoir, treorú.

riarthóir noun *administrator:* bainisteoir, feidhmeannach, feighlí, maor, mineastrálaí, saoiste, státseirbhíseach, stiúrthóir.

riasc noun *marsh, bogland:* corcach, corrach, eanach, gaothlach, puiteach, riascach, riasclach, seascann; bogach, ceachrach, criathrach, portach.

riascbhláth órga noun *marsh marigold (Caltha palustris):* bláth Bealtaine, lus buí, lus buí Bealtaine, lus buí na Bealtaine, lus Mhuire, pleibistín, pleibistín buí, plobairsín, plobaistín.

riast noun ❶ *welt:* fearb; colm; lascadh, lorg, rian, scoradh. ❷ *streak, stripe:* banda, fuilteach, fústa, riabh, síog, síoma, stiall, stríoc; féith, líne.

riastáil verb ❶ *flog:* buail, fuipeáil, gread, lasc, léas, péirseáil, sciúirseáil, sciúrsáil; gabh d'fhuip ar, tabhair lascadh do. ❷ *score, furrow:* eitseáil, gearr, grean, scor, scríob, siséal, stríoc, treabh; cuir eitre i, déan eitre i, treabh claiseanna i.

rib verb ❶ *ensnare:* beir ar, dol, gabh, gaistigh, meall, sáinnigh. ❷ *snatch:* alp, cantáil, crúcáil, cúbláil, glac, glám, grabáil, greamaigh, scealp, sciob, sliop.

ribe noun ❶ *single hair, bristle:* dealg, colg, foiltnín, gaoisid, guaire, ribeog, rón, ruainne, *colloquial* guaireach. ❷ *blade (of grass, etc.):* barrann, coinlín, cos, cuiseog, deocán, duilleog, foithnín, fúinín, gas, geocán, seamaide, sifín, sop, tráithnín. ❸ *shred, tuft:* gearrthóg, leadhb, leadhbán, ruainne, scioltar, slis, slisín, slisne, stiall; bobailin, bobán, brobh, cuircín, curca, dos, dosán, loca, ribeog, scoth, scothán, seamaide, slam, slamán, sop, sopóg, táithín, táth, *literary* dlochtán.

ribe róibéis noun ❶ *shrimp (Crangon):* fios ribe, pis an ribe, pus ribe, ribe ráibéis, ribe róin, ribe rónáin, (i gContae Mhaigh Eo) ribe rórain, séacla, sreabhlach. ❷ *prawn (Palaemon):* cloicheán, cloicheog, piardán.

ribeach adjective ❶ *hairy, bristly:* clibíneach, clúmhach, cochallach, fionnaitheach, foltach, giobach, glibeach, gliobach, grágánach, gruagach, guaireach, mongach, mosach, mothallach, peallach, ribeogach, scothánach, stothallach, ulchach; colgach, féasógach, gráinneogach, greannach, guaireach, ribeogach, stuacach. ❷ *tufted:* cocach, dosach, ribeogach, scothánach, stothach, tomach. ❸ *shredded, tattered:* mionghearrtha, stiallta, ribeogach; gioblach; bratógach, ceamach, ceamánta, cifleogach, giobach, glibeach, gliobach, leadhbánach, leadhbógach, liobarnach, líobóideach, luideach, ribeogach, ribíneach, scifleogach, scothánach, scrábach, slaimiceach, sraoilleach, stiallach, streachlánach. ❹ *nipping, bitterly cold (of weather):* duibheacach, faobhrach, feannta, feanntach, géar, goimhiúil, goinideach, polltach, ribeanta.

ribeanta adjective ❶ *sharp, severe:* aithrinneach, binbeach, biorach, colgach, daigheachánach, faobhrach, feannaideach, feannta, fiamhach, géar, géaránach, géarghoineach, géarlannach, goimhiúil, goineach, goinideach, gonta, greadánach, nimhneach, polltach, rinneach, searbh, *literary* féigh. ❷ *bitterly cold (of weather):* duibheacach, faobhrach, feannta, feanntach, géar, goimhiúil, goinideach, polltach, ribeach.

ribhéar noun *river-mouth, estuary:* béal abhann, bun abhann, bunán, caolsáile, crompán, cuan, cuas, gob, inbhear.

ribín noun ❶ *ribbon, tape, string:* banda, corda, filléad, stiall, stiallóg, suaithne, téip; ceangal. ❷ pl. **ribíní** *tatters:* pl. balcaisí, pl. bratóga, bréid, pl. ceamacha, pl. ceirteacha, pl. cifleoga, pl. géiríní, pl. giobail, pl. giolcaisí, pl. paicinéadaí, pl. scóiléadaí, pl. stiallacha, pl. stiallóga.

ríchíos noun *royalty (of author, etc.):* dleacht, dleacht chumadóra, dleacht údair.

ríd noun ❶ *reed (Phragmites):* biorach, cuilc, cuilce, giolcach, pl. rídeanna, *colloquial* cuiscreach; deocán, faidhf, fíf, geocán, píb, píopa. ❷ *stuff, material:* ábhar, coimpléasc, pl. comhábhair, pl. comhdhamhnaí, pl. comhpháirteanna, comhshuíomh, damhna, déanamh, dúil, éadach, earra, eilimint, mianach, stuif, substaint. ❸ *inherent quality:* airí, aitheantas, anam, bealach, pl. béasa, cáilíocht, céannacht, eiseadh, eisint, indibhidiúlacht, féiniúlacht, nádúr, pl. nósanna, pearsantacht, pl. saintréithe, pl. tréithe, uathúlacht.

ridire noun ❶ *knight, cavalier:* cniocht, marcach; curadh, fear calma, fear cróga, gaiscíoch, galach, laoch; cúirteoir, giolla cúirte. ❷ *man of property:* ridire an pharóiste; ball mór, boc mór, boicín duine uasail, caipitlí, glasbhoicín, gróintín, iasc mór, lus mór, piarda, pluga, rachmasaí, sracdhuine uasal, toicí, torclach, *figurative* tapar.

ridireacht noun *knighthood, chivalry, romance:* curatacht, curúlacht, gaiscíocht, gaisciúlacht, laochas, niachas, rómánsaíocht; cúirtéis, síodúlacht.

ridiriúil adjective *knightly, chivalrous:* calma, cróga, curata, fianúil, gaisciúil, galach, laochta, laochúil; córtasach, cúirtiúil, cúirtéiseach, cúirtiúil, deabhéasach, dea-mhúinte, mánla, maorga, mórga, mórgach, múinte, nósúil, oirirc, sibhialta, stáidiúil, uasal.

ríféalaí noun ❶ *fussy person:* fuadrálaí, fústaire, fústrálaí, griothalánaí; séirseálaí, socadán. ❷ *voluble person:* béadánaí, bladhmaire, bolgán béice, bolmán, bolscaire, brasaire, broimseánaí, bromaire, cabaire, clabaire, claibéir, claibín muilinn, dradaire, geabaire, geabstaire, glafaire, glagaire, glamaire, gleoiseach, gleoisín, gleothálaí, gligín, gliogaire, gobachán, meigeadán, plobaire, scaothaire, scrathóg, siollaire, siosaire, strambánaí, trumpadóir; luadrálaí, ráflálaí; béal gan chaomhnú, béal gan foscadh, béal gan scáth.

righ verb *tighten, stretch:* daingnigh, docht, sín, straidhneáil, teann; ceangail go teann.

righin adjective ❶ *tough, tenacious:* cadránta, calctha, cnagach, crua, dian, docht, dúr, miotalach; broganta, buanseasmhach, daingean, dílis, diongbháilte, do-bhogtha, doscaoilte, fódúil, foisteanach, foistineach, seasmhach, seasta, síoraí, stuama, tairiseach. ❷ *unyielding, stubborn:* chomh righin le gad; cadránta, ceanndána, ceannláidir, ceanntréan, ceapánta, codramánta, cruamhuineálach, dáigh, daingean, dána, dígeanta, diongbháilte, dodach, dobhogtha, doghluaiste, dolúbtha, dúr, ládasach, neamhghéilliúil, stailciúil, staincíuil, stálaithe, stalcach, stangánach, stobarnáilte, stobarnta, stóinsithe, stuacach, stuacánach. ❸ *slow, tardy:* adhastrach, aimhleasc, céimleasc, fadálach, falsa, leadránach, leasc, leisciúil, liosta, mall, mallacharach, mallbheartach, malldícheallach, mallghluaiste, malltriallach, marbhánta, murtallach, siléigeach, sionsach, spadánta, támáilte, támhach, torpánta, *literary* laiste. ❹ *viscous, stringy (of fluids):* glóthánach, ramhar, slaodach, tiubh.

righneáil noun (*act of*) *lingering, dawdling:* fadáil, mágaíocht, máinneáil, moilleadóireacht, reanglamánacht, righneacáil, righneadóireacht, righnealtaíocht, seilmideáil, siléig, siléigeacht, slaodaíocht, snámhacáil, snámhaíocht; bruachaireacht, codaíocht thart, cúinnéireacht, fálróid, fámaireacht, fánaíocht, leadaíocht, leisceoireacht, liúdaíocht, lófáil, losaíodóireacht, ránaíocht, rathlaíocht, rístíocht, scraisteacht, scraistíocht, srathaireacht, sreangaireacht, stangaireacht.

righneálaí noun *lingerer, dawdler:* cnúalaí, codaí, fágálach, fágálaí, fámaire, feádóir, feamaire, giolla na leisce, langa, leadránaí, leiciméir, leisceoir, leisíneach, leoiste, leota, liairne, liúdramán, lófálaí, loiceadóir, mágaí, máinneálaí, malltriallach, malluaireach, moilleadóir, raingléir, righneadóir, ríste, scaoinse, scraiste, síománach, síománaí, sínteach, síntealach, slabhrálaí, slaodaí, smíste, snámhaí, srathaire, sreangaire, stangaire, stróinse, súmaire, trataí, tratanálaí. ❷ *stubborn person:* cadramán, dúradán, gadrach, gadrálaí, stalcaire, stangaire, stollaire.

righneas noun ❶ *toughness, tenacity:* buaine, buanadas, buanseasamh, buanseasmhacht, cruas, daingne, dianseasmhacht, diongbháilteacht, dochloíteacht, dochorraitheacht, foighde, foighne, leanúnachas, neart, righneas, seasmhacht, síoraíocht, stóinséailteacht, stóinsitheacht, teacht abhaile, teacht aniar teinne, treise. ❷ *stubbornness:* cadrán, cadrántacht, ceanndáine, ceanndánacht, ceanndánaíocht, ceanntréine, cruas, dígeantacht, diúltú, diúnas, dodairseacht, dolúbthacht, dúire, éaradh, easumhlaíocht, eiteachas, muineál righin, neamhghéilleadh, obadh, séanadh, stailc, stainc stalcacht, stuacacht, stuacánacht, stuaic. ❸ *slowness, tardiness:* fadálacht, leadrán, leiciméireacht, malltriall, marbhántacht, moill, moille, righneachas, righneacht, righneadas, righneadóireacht, righneáil, siléig, siléigeacht, spadántacht, támáilteacht; drogall, falsacht, fuarthé, leisce, leisciúlacht, leoistíocht, losaíodóireacht, mágaíocht, rístíocht, srathaireacht. ❹ *viscosity:* raimhre, slaodacht, tibhe, tiús.

riglí noun *impotent person:* cábún, cábúnach, plúithid, ringear; gabhal folamh; coillteán, coillteánach.

rímead noun ❶ *gladness:* ábhacht, aeracht, áibhéireacht, aiteas, antlás, aoibh, aoibhneas, ardú meanman, áthas, bród, eacstais, gairdeachas, gairdeas, gealadh croí, gealán, gealchroí, gealgháire, gliondar, laighce, lainne, lúcháir, meidhir, meidhréis, móraigeantacht, mórgacht, ollás, pléisiúr, sáile, sámhas, sásamh, sástacht, scóip, séan, só, sóchas, soilmhreas, sólás, sonas, suairceas, subhachas, sult, sultmhaire, taitneamh, tanfairt, *literary* airear, subha; lóchrann ar do chroí, ola ar do chroí. ❷ *joyous pride:* bród, móráil.

rince noun *dance:* bál, ceáfráil, córagrafaíocht, damhsa.

rinn¹ noun ❶ *point, tip:* barr, bior, biorán, ceann, colg, dias, gob, péac, soc, spíce. ❷ *top, apex:* barr, bior, buaic, círín, dlaoi mhullaigh, dlaióg mhullaigh, droim, lomán, maoileann, mullach, splinc, spuaic, uachtar, *literary* forar, inn. ❸ *cape, promontory:* ceann tíre, gob, pointe, ros, scoth. ❸ *pointed weapon, sharp instrument:* barr, bior, biorán, colg, dias, gob; claíomh, ráipéar, ga, lansa; faobhar, géire, lann. ❹ *coldness of weather:* feanntacht, fuacht, glaise, goimh, goimh fuachta; reo, sioc.

rinn² noun *star, planet:* reann, *pl.* na reanna neimhe, réalta, réaltán, réaltóg, réilteann, réiltín; ardreann, pláinéad, réalt shiúlach.

rinseáil noun ❶ *rinse:* sruthlú; fliuchadh, níochán, sabhsa, uisciú. ❷ *sprinkling:* croitheadh, crothán, imchroitheadh, spré, spreachall; *pl.* braonacha, *pl.* gráinní; fliuchlach, sileadh, sreabh. **verb** *rinse:* sruthlaigh; fliuch, nigh, uiscigh.

ríochan noun ❶ *tautness:* riteacht, teannáil, teannas, teinne; doichte, fáscadh. ❷ *restraint, control:* bac, bacainn, coisceadh, cosc, friofac, srian, stad, stop, stopadh, toirmeasc; ceannaireacht, ceannas, ceannasacht, ceannasaíocht, cinnireacht, diansmacht, dlínse, forlámhas, máistreacht, maoracht, príomhcheannas, rialtas, rialú, smacht, stiúir, svae, tiarnas, údarás, urlámhas.

ríocht noun ❶ *form, shape, guise:* cló, cóiriú, cosúlacht, crot, cruth, cuma, cumraíocht, cuntanós, déanmhaíocht, deilbh, dreach, eagar, éagasc, fíor, fíoraíocht, foirm, gné, gnúis, leagan, scoth, stíl, toirt. ❷ *state, condition:* aiste, bail, bealach, caoi, cóiriú, cruth, cuma, dála, dóigh, gléas, oidimil, slí, staid, táin. ❸ *fill, capacity:* iomláine, iomlán, láine, lán, líonadh; ceapaíocht, toilleadh; ábaltacht, brí, cumas, éifeacht, inmhe, inniúlacht, neart, urrús. conjunction **i ríocht agus go, i ríocht go** *in such a way that, so that:* ar chuma go, sa chaoi go, sa chruth go, sa dóigh go, ionas go; chun go, le go.

ríocht noun *kingdom:* ardfhlaitheas, ardríocht, flaitheas, flaithiúnas, *literary* ríghe; impireacht.

ríoga adjective *royal:* rí-, ríúil; impiriúil.

ríomh verb ❶ *count, enumerate:* áirigh, cuntais, déan amach, meas; cuir san áireamh. ❷ *recount, narrate:* abair, aithris, ársaigh, eachtraigh, inis, scaoil chuig; cuir in iúl, déan cur síos ar, tabhair cuntas ar.

ríomhaire noun ❶ *counter, enumerator:* áiritheoir; cuntasóir. ❷ *calculator (machine):* áireamhán. ❸ *computer (machine):* brúisceoir uimhreacha, mór-ríomhaire; ríomhaire glúine, ríomhaire pearsanta; próiseálaí focal, próiseálaí sonraí.

ríomhaireacht noun ❶ *counting, enumeration:* áireamh, comhaireamh, cuntas, cuntasaíocht, leabharchoimeád, meas, mionáireamh, ríomh, suimiú. ❷ *computing:* cibirnitic; próiseáil sonraí; an gréasán, an t-idirlíon, cibearspás.

ríon noun ❶ *queen:* banríon; banimpire, bansár, bean an rí. ❷ *noble lady:* banfhlaith, banmhál, banphrionsa, bantiarna; bandiúc, banmharcas, bean uasal, bíocuntaois, cuntaois. ❸ *fair maiden:* áilleacht, áilleagán mná, ainnir, báboigín, bamsóigín, bánchnis, bé, béasach, bréagán, brídeach, brídeach mná, bruinneall, caile, céirseach, cúileann, gearrchaile, gile na gile, girseach óg, gealoiteog, guamóg, lachóigín, láireog, láireoigín, leannán sí, maighdean, maighre mná, maiseog, pabhsae, plúr na mban, plandóg, plúróg, réilteann, sciamhaí, sciamhaí mná, spéirbhean, spéirbhruinneall, stáidbhean, stuaire, *literary* céileann.

rírá noun *hubbub, uproar:* borrán, bruíon chaorthainn, cambús, caorthainn cárthainn, carabuaic, carabunca, cibeal, cíor thuathail, cipeadráil, ciréib, círéip, clampar, clibirt, cliobach, cliobaram hob, clisiam, diúra dheabhra, forrú, fuile faile, fuilibiliú, fuirseadh má rabhdalam, furú, gírle guairle, giorac, glamaireacht, gleadhradh, gleorán, glisiam, glórmhach, greatharnach, griobach, holam halam, hólam tró, hurlamaboc, hurla harla, hurlama

rís giúrlama, liútar éatar, liútar léatar, mearú, muin marc, pililiú, racán, rachlas, ragáille, raic, raiple húta, rancás, réabadh reilige, ruaille buaille, scliúchas, toirnéis, trachlais, tranglam, *literary* treathan, troistneach, trumach tramach.

ris adjective *bare, exposed:* leis, lom, lomartha lamartha, lomnocht, nocht, nochta, scártha, sceirdiúil, séidte, stéigiúil, tarnocht, tarnochta; aimlithe, aimrid, carraigeach, creagach.

rite¹ adjective ❶ *taut, tense:* teann; fáiscthe, tarraingthe; docht; ar bís, ar tinneall. ❷ *sharp, steep:* ard, ceartingearach, colgdhíreach, crochta, díreach, géar, géarchrochta, ingearach, ingearachlóch. ❸ **rite (chun)** *eager (for):* díbhirceach, díocasach, díograiseach, dúilmhear, dúthrachtach, faobhrach, fíochmhar, fonnmhar, griofadach, griothalach, guilmeach, scafa, scamhaite, síoraí, tiarálach, tograch, *literary* friochnamhach.

rite² adjective ❶ *exhausted, extinct:* cloíte, pléite, sáraithe, seangaithe, síleáilte, spíonta, tnáite, traochta; básaithe, caillte, díofa, éagtha, imithe, scriosta; ar ceal, ar neamhní, ar shiúl, as. ❷ **rite síos, rite anuas** *run down (in health):* cnaíte, eitinneach, lag, leice, meata, meathlaithe, meaththinn, mílítheach, sáraithe, spíonta, suaite, tisiúil, tnáite, traochta, trochailte; in ísle brí; níor fhan sea ná seoladh ann.

rith noun ❶ *run, running:* cúrsa, cúrsáil, rása, reáchtáil, reath, reathaíocht, ruthag. ❷ *course, career:* cúrsa, cúrsáil; aistear, bealach, bóthar, caithréim, fithis, raon, rian, sciuird, slí, triall, turas. ❸ *freedom, free range:* cead, liobairtí, saoirse, saoráid, saorchead. ❹ *rapid flow, flux:* caise, gluaiseacht, mire, scaird, síorathrú, sruth, taoide, tuile, tulca. ❺ *stretch, spell:* babhta, cúrsa, dreas, geábh, greas, ráig, scaitheamh, sciuird, sea, seal, sealad, spuaic, sreabh, tamall, taom, treall, treas. ❻ *demand:* éileamh, glao, iarraidh, iarratas, ráchairt. preposition **i rith** *during:* **i gcaitheamh, ar feadh, le linn.** verb ❶ *cúrsáil,* gluais, téigh, téigh go tapa, teith; imigh leat, tabhair do na boinn é. ❷ *flow freely:* brúcht, doirt, gluais, sceith, sil, snigh, sreabh, téigh go héasca. ❸ *spread quickly:* gluais, leathnaigh, scar, srathnaigh, téigh i leithne. ❹ *diffuse:* forleath, leath, leathnaigh, scaip, spréigh. ❺ *extend:* leath, leathnaigh, srathnaigh. ❻ *be current:* bí bailí, bí i bhfeidhm, bí in úsáid; glactar le. ❼ *slip:* sciorr, sleamhnaigh. ❽ *run out:* clis, loic, meath, teip. ❾ **rith le** *occur to:* tar chuig; feictear do; cuimhnigh ar. ❿ *control, manage:* ainligh, cóireáil, eagraigh, innill, ionramháil, láimhseáil, láimhsigh, reáchtáil, reachtáil, rialaigh, riar, smachtaigh, stiúir, stiúraigh, treoraigh, *literary* codhnaigh. ⓫ *convert, process:* athraigh, claochlaigh, déan.

rith ar verb ❶ *attack:* déan ionsaí ar, ionsaigh, leag ar, léim ar, tabhair amas faoi, tabhair breabhaid faoi, tabhair faoi, tabhair fogha faoi, *literary* saigh, tubh. ❷ *come quickly upon:* tar aniar aduaidh ar, tar gan choinne ar, tar gan fhios ar.

rith as verb *run out of:* bí in easpa ruda, bí gan ruda; tá rud ó, teastaíonn rud ó.

rith le verb ❶ *vie with:* bí ag iomaíocht le, bí ag sáraíocht le, téigh ag dréim le, téigh i dtreis le, sín le. ❷ *be favourable to, succeed:* éirigh le, tar le.

rith ó verb *escape from:* cúlaigh ó, éalaigh ó, glinneáil as, gliondáil as, imigh ó, seachain, tar slán ó, téigh ó, teith ó.

rith síos verb *disparage:* aithisigh, cáin, cáinsigh, caith anuas ar, damnaigh, daor, déan a bheag de, dímhol, feann, guthaigh, imcháin, imdhearg, iomardaigh, lochtaigh, milleánaigh, scall, scioll, scól, tarcaisnigh, tarraing drochmheas ar.

rithim noun *rhythm:* bualadh, buille, fonn, frithbhualadh, luas, meadaracht, peiriadacht; ascalú, bogadaíl, bogadh, broidearnach, corraí, eitilt, eitleog, faoileáil, foluain, gluaiseacht, gluaisne, imeacht, luail, luascadh, luascadh anonn is anall, preabadh.

rithimeach adjective *rhythmic:* frithbhuailteach, meadarach, peiriadach, preabach, reigleáilte, rialta.

ró¹ noun *row:* líne, sraith; ciú, scuaine, treas.

ró² noun ❶ *literary too much, excess:* ainiomad, anbharr, anlucht, barrachas, barraíocht, iomad, iomarca, farasbarr, fuílleach, fuíoll, *literary* foráil, forbhann, forbhrí, forcra. ❷ *prosperity, success:* bail, beannacht, biseach, bláth, conách, deis, raidhse, rath, rathúlacht, rathúnachas, rathúnas, saibhreas, séan, soirbhreas, spré, stór, strus, tábhacht, toice; ádh mór, dea-fhortún, fortún.

róba noun *robe:* aimicín, bradhall, brádóg, brat, bratóg, cába, caipisín, casal, casóg, ceardán, clóca, cóta, cótán, dolmán, fallaing, gúna, imchasal, ionarbhréid, mainte, matal, racaid, seál, *literary* céadach, cubhal.

robáil verb *rob:* bearr, creach, feann, foghlaigh, lom, nocht, saill, slad, slíob, struipeáil, *literary* lochair; clifeáil, cluicheáil, goid.

robálaí noun *robber:* creachadóir, creachaire, feannadóir, foghlaí, gadaí, gadaí bradach, íditheoir, lomaire, peasghadaí, robaire, rógaire, ropaire, scriostóir, sladaire, *literary* díbheargach, ladrann.

roc noun *wrinkle, ruck, pucker:* caise caisirnín, clais, clupaid, clupaide, cluipíde, crapadh, cruinniú, fáirbre, filltín, furca, muc ar mala, reang, rocán. verb *wrinkle, crease, corrugate:* athfhill, corn, crap, cuir roc i, cuir roic i, dúbail, fill, lúb, pill.

rocach adjective *wrinkled, creased, corrugated:* caisirníneach, casta, clasach, cleathach, clupaideach, craptha, fáirbreach, feoite, feosaí, fillte, fithíneach, méirscreach, pillte, reangach, roicneach, rúscach; lán d'fhilltíní.

ród noun ❶ *road:* bóthar, bealach, bealach mór, bóithrín, conair, cóngar, cosán, cuarbhóthar, cúrsa, imrim, lána, mótarbhealach, pasáiste, póirse, raon, rian, rianán, scabhat, seach-chonair, seachród, siúlóid, slí, sráid, tóchar. ❷ *roadstead:* acarsóid, caladh, calafort, céibh, lamairne, leaba ancaire, port; feistiú.

ródach noun ❶ *scarification, bloodletting:* scrabhadh, scríobadh; cuisleoireacht, fleibeatómaíocht, foladóireacht, fuiliú. ❷ *destruction:* bascadh, briseadh, céasadh, ciapadh, cíothach, coscairt, creachadh, cuimhil an mháilín, drochbhláth, drochíde, éigean, éigniú, léirscrios, lomadh, lomairt, milleadh, millteanas, mí-úsáid, rácáil, réabadh, reaiceáil, scrios, sléacht, treascairt, trochlú, truailliú, *literary* comach, lochar, sleachtadh, urbhaidh.

ródaí noun *wayfarer, rover:* bacach, bóithreoir, fálródaí, fámaire, fánaí, feádóir, feamaire, fiaire, foghlaeir, fuaidire, geocach, jaingléir, ráigí, raimleálaí, rantaeir, rianaí, ruathaire, seachránaí, séadaí, siúlóir, strathaire, sreothaí, sruthaire, taistealaí, tincéir, traibhléir, tramp, turasóir, válcaeir.

ródaidéandrón noun *rhododendron (Rhododendron ponticum):* róslabhras, crann róslabhrais, ródaideandran.

ródáil verb *moor, anchor:* ceangail, cuir ar ancaire, feistigh, múráil.

ródaíocht noun ❶ *wayfaring, travelling:* bacachas, bóithreoireacht, deoraíocht, falaire, falaireacht, fálróid, fánaí, fánaíocht, feádóireacht, fuaidreamh, imirce, raimleáil, ránaíocht, rantaeireacht, rantaíocht, seachrán, seachránacht, séadaíocht, síománaíocht, siúl, spaisteoireacht, strathaireacht, sruthaireacht, traibhleáil, traibhléireacht, tunladh, turasóireacht, válcaeireacht, *literary* tairdeal. ❷ *tale-bearing*: béadán, béadchaint, bitseachas, cabaireacht, clúmhilleadh, cúlcháineadh, cúlchaint, ithiomrá, scéalaíocht, scéalaíocht éithigh, *literary* guilmne. ❸ *(act of) riding at anchor*: acarsóid, ancaireacht, múráil.

rodta adjective ❶ *rotted*: críon, damáisteach, dreoite, feoite, feosaí, lofa, seargtha. ❷ *flat, stale (of drink)*: spadach, leamh, neamhbhlasta, stálaithe.

rógaire noun *rogue, rascal*: áibhirseoir, aisiléir, amhas, arc nimhe, bacach, bithiúnach, bligeard, clabhaitéir, cneámhaire, corpadóir, crochadóir, diabhal, diabhlánach, díolúnach, eiriceach, leábharaic, leidhcéir, pasadóir, rifíneach, ruagaire reatha, scaimpéir, sclíotar, scliútar, scabhaitéir, scuit, scuitsear, sealánach, sionaglach, *figurative* corrchoigilt.

rógaireacht noun *roguery, swindling*: áibhirseoireacht, ainghníomh, aingíocht, bastardaíocht, *pl.* bealaí, bithiúntacht, bithiúntáil, bithiúntaíocht, bithiúntas, bligeardacht, bligeardaíocht, camadh, camastaíl, camiléireacht, cealg, cluain, cneámhaireacht, coiriúlacht, coirpeacht, dailtíneacht, drochaigne, drochbheart, droch-chroí, drochintinn, dúbláil, feall, feall ar iontaoibh, fealltacht, fealltóireacht, gangaid, íogán, mailís, maistíneacht, mallaitheacht, meabhlaireacht, meabhlú, meang, meilm, meirleachas, mínáire, míchoinníoll, mioscais, miréir, mírún, olc, oilbhéas, olcas, peaca, peacúlacht, ropaireacht, séitéireacht, suarachas, urchóid, urchóideacht.

rógánta adjective *roguish, knavish*: beartach, bréagach, calaoiseach, cam, cealgach, ciniciúil, claon, cluanach, coireach, éadairiseach, éagórach, éigneasta, falsa, fealltach, fimíneach, glic, incháinte, lúbach, mailíseach, mealltach, meabhlach, meangach, mícheart, míchneasta, mídhílis, mí-ionraic, mímhacánta, mímhorálta, nathartha, neamhfhírinneach, neamhphrionsabálta, neamhscrupallach, nimhneach, olc, peacúil, seachantach, sleamhain, slítheach, slítheánta, urchóideach.

rogha noun ❶ *choice, choosing*: rogha is togha, roghain, roghnachas, roghnú, togha, toghadh. ❷ *alternative*: a athrach de phlean, a mhalairt de phlean; an dara rogha, an dara suí sa bhuaile; ceann den dá rud. ❸ *the choicest, the best*: cróch na craoibhe, plúr, rogha is togha, scoth, togha, *literary* gaoine; climirt, cíoná; an chuid is fearr. ❹ *do rogha rud anything you like*: an rud is áil leat, an rud is ansa leat, an rud is mian leat, an rud is fearr leat; mian do chroí, rud ar do mhian.

roghnach adjective *optional, facultative*: lánroghnach; de réir mar is mian leat, de réir do thola.

roghnaigh verb *choose, select*: pioc, togh, togair.

roghnóir noun *selector*: roghnaitheoir; toghdóir, toghthóir.

roicéad noun *rocket*: tine ealaíne, tine ghealáin; diúracán.

roille noun *darnel (Lolium)*: baoileán, breallán, dithean.

roilleach adjective *variegated*: breac, breacbhallach, breachtrach, eangach, riabhach, seicear, sliogánach, títheach; riastach, síogach, stríocach. noun *oyster-catcher (Haematopus ostralegus)*: giolla Bhríde, riabhán, roilleog, scaladóir.

roinn noun ❶ *share, portion, part*: candam, cion, ciondáil, cionmhaireacht, cothrom, cuid, fáltas, páirt, píosa, roinnt, scair, sciar, suim, *literary* urrann. ❷ *distribution*: dáileadh, dáileachán, scaipeadh. verb ❶ *separate into parts, divide*: diosc, dluigh, gearr, scar, scoilt, srac, stróic, teasc; craobhaigh, eisréimnigh, gabhlaigh, imscar. ❷ *deal, distribute*: dáil, forscaoil, riar, scaip; ciondáil. ❸ **roinn le** *involve, entail*: bain le, bí bainteach le.

roinnt noun ❶ *division, apportionment*: dáileadh, riaradh, scaipeadh. ❷ *some, a number of*: beagán, cion, corrcheann, cuid, cúpla, giota, glac, méid, beagán, cúpla, glac, (*in Oirialla*) ónaitrí (< "dhó nó trí"), ruainne, slam, slám, smut.

roinnteoir noun ❶ *divider*: rannadóir. ❷ *dispenser, apportioner (person)*: dáileoir, riarthóir; buitléir, dáileamh, *literary* rannaire. ❸ *dispenser (device)*: rannóir.

rois noun ❶ *volley*: cith, rúisc. ❷ *blast, burst*: blosc, bloscadh, bloscarnach, pléasc, pléascadh, sinneán, siorradh, soinneán, urchar. verb ❶ *ravel out, unravel*: dícheangail, réitigh, scaoil, spíon; cardáil, siostalaigh. ❷ *rend, tear*: leadhb, réab, sclár, scoilt, srac, stiall, stróic; ingnigh.

roiseadh noun ❶ *tear, rent*: bearnú, bloghadh, deighilt, giotú, réabadh, réablach, scáineadh, sclárad, scoilt, scoilteadh, sracadh, stiall, stolladh, stróiceadh, *literary* lochar; cac snáthaide. ❷ *ragged cutting, flaying*: feannadh, gearradh, sceanach, sceanartáil, sracadh, stialladh, stolladh, stróiceadh. ❸ *rush, spate*: caise, díle, duartan, gluaiseacht, ionradh, líonadh, rith, ropadh, ruaig, ruathar, sconna, sciuird, sruth, sruthú, tuile, tulca.

roisín noun ❶ *resin*: bí, súlach. ❷ *biblical balm*: balsam, íoc, íocshláinte, *literary* triacla; ola ar do chroí.

róistín noun *gridiron*: branra, greille, grideall.

roithleán noun ❶ *wheel, revolving circle, revolving disc*: eiteán, lúbán, roth, spól; áilleagán intreach, caiseal roithleagáin. ❷ *pulley, roller*: castainn, glinne, ulóg, puilín, tochard, unlas; rabhlamán, rollamán, rollán, rollóir, sorcóir. ❸ *revolving motion*: bulla bó báisín, casadh, cor, coradh, cuilithe, fáinneáil, guairdeall, guairne, guairneáil, guairneán, imcasadh, rince, roithleadh, roithleagadh, roithleáil, rolladh, rothlam, rothlú, sníomh.

roll noun *roll*: ceirtlín, corna, cornán, cuach, cuaile, rollán, rollóg, spól; castainn, eiteán, fuairnín, glinne, glionda, tochard; caismeacht, caismearnacht, caismirneach, casadh, fáinneáil, fáinniú, faoileáil, gaothráil, guairdeall, guairneáil, guairneán, imcasadh, roithleacán, roithleadh, roithleagadh, roithleagán, roithleáil, rolladh, rollógacht, rothlam, rothlú; dul timpeall, teacht timpeall, timpeallú. verb *roll*: cas, faoileáil, imchas, iompaigh, roithligh, rolláil, rothlaigh, tiontaigh; ciorclaigh, téigh timpeall, timpeallaigh.

rolla noun ❶ *rolled document, scroll*: scrolla. ❷ *rolled object, roll*: ceirtlín, corna, cornán, cuach, cuaile, roll, rollán, rollóg, spól; castainn, eiteán, fuairnín, glinne, glionda, tochard. ❸ *official record, list*: cáipéis, cairt, comhad, doiciméad, liosta, meabhrán, meamram, taifead, teastas, tuarascáil, tuairisc.

rolladh noun (*act of*) *rolling, roll*: caismeacht, caismearnacht, caismirneach, casadh, fáinneáil, fáinniú, faoileáil, gaothráil, guairdeall, guairneáil, guairneán, imcasadh, roithleacán, roithleadh, roithleagán, roithleáil, rollógacht, rothlam, rothlú; dul timpeall, teacht timpeall, timpeallú.

rollaigh verb *enrol*: cláraigh, earcaigh, fostaigh, fruiligh, liostáil.

rollóir noun ❶ *roller*: sorcóir; castainn, eiteán, glinne, glionda, tochard. ❷ *child's hoop*: fonsa, lúbán, rabhlaí, rabhlaí babhlaí, rabhlamán.

rómánsach adjective ❶ *romantic*: rómánsúil, romásach; caithiseach, fileata, geanúil, meallacach, taitneamhach, tarraingteach; aduain, allúrach, diamhair, mistéireach, spéisiúil; corraitheach, deorach, maoithneach, maoth, mothúchánach, aoibhinn, deas, finscéalach, pictiúrtha; áiféiseach, aislingeach, dóchasach, idéalaíoch, neamhphraiticiúil, útóipeach. ❷ *Romance*: **adjectival genitive** Laidine, Laidineach, Nua-Laidineach.

rómánsaíocht

rómánsaíocht noun ❶ *romanticism*: rómáns, rómánsachas; idéalachas, saontacht, soineantacht, soirbhíochas. ❷ *romancing, fantastic nonsense*: aislingeacht, aislingíocht, finscéalaíocht, ramscéalaíocht; fantaisíocht, fastaím, gibiris, raiméis, ráiméis, ramás, seafóid, treillis breillis.
rómhair verb *dig*: cart, clasaigh, tochail; gortghlan, réitigh, rútáil.
rón noun *seal* (*Phoca*): *colloquial* rónach; tarbh róin; bainirseach, banais; éan róin, lao mara, oisín róin; leon mara, mór-rón; capall mara, rosualt.
ronna noun *dribble, slobber, mucus*: pislín, pislíneacht, priosla, priosláil, prislín, prislíneacht, seile, seileagar, seiligear, seileog, silín, silíneacht, slabhra; coch, cochaille, cráisiléad, crannseile, crochaille, múcas, *pl.* muiní réama, *pl.* ramaí, prachaille, réama, réamán, smaois, smuga, smugairle, sramadas, sramadh, *pl.* sramaí.
ronnach adjective *dribbling, slobbering, mucous*: pislíneach, prioslach, prislíneach, siolgair; múcasach, réamach, ronntach, smaoiseach, smugach, sramach. noun *mackerel* (*Scomber scombrus*): maicréal, murlas, murlasc, reanga.
rop noun ❶ *thrust, stab*: ropadh; buille, péac, priocadh, sá, sacadh, sáiteán, sonc, tolgán, turraing, *literary* tuinseamh. ❷ *dart, dash*: ropadh; iarracht, léim, preab, preabóg, rábóg, ráib, ráig, ríog, rúchladh, ruthag, scabhait, scinneadh, scinneog, sciuird, scodal, siota. verb ❶ *thrust, stab*: brúigh, ding, péac, réab, sac; goin, gortaigh, lot, poll, sáigh, scean, treáigh. ❷ *dart, dash*: brostaigh, deifrigh, lasc, réab, rith, sciurd.
rópa noun *rope*: cábla, cadhla, scód, srian, téad, *literary* reifeadh; adhastar, gad, srian.
ropaire noun ❶ *stabber, violent person*: áibhirseoir, aisiléir, amhas, arc nimhe, bithiúnach, bligeard, clabhaitéir, cladhaire, cneámhaire, coireach, coirpeach, coirpeoir, corpadóir, crochadóir, damantach, damantán, damantóir, daor, daoránach, diabhal, diabhlánach, diolúnach, diúlúnach, eiriceach, feileon, fleascach, oilghníomhaí, rifíneach, scabhaitéir, scaimpéir, sclíotar, sclíútar, scuit, scuitsear, sealánach, speig neanta. ❷ *cutpurse, robber*: creachadóir, creachaire, faladhúdaí, feannadóir, foghlaí, gadaí, gadaí bradach, lomaire, mionghadaí, peasghadaí, robaire, robálaí, scriostóir, sladaí, sladaire, *literary* díbheargach, ladrann. ❸ *scoundrel*: áibhirseoir, aisiléir, amhas, anchúinse, arc nimhe, bacach, bithiúnach bligeard, clabhaitéir, cneámhaire, corpadóir, crochadóir, diabhal, diabhlánach, diolúnach, drochairteagal, eiriceach, feillbhithiúnach, leábharaic, leidhcéir, rifíneach, rógaire, ruagaire reatha, scaimpéir, sclíotar, sclíútar, scabhaitéir, scuit, scuitsear. ❹ *historical rapparee*: tóraí; eisreacht, eisreachtaí; Éamann an Chnoic, Éamann Mágaine.
ropánta adjective ❶ *stabbing, piercing*: áith, aithrinneach, bearrtha, daigheartha, faobhrach, géar, íogair, polltach, rinneach, sáiteach, sceamhach, siosúrtha, *literary* féigh. ❷ *violent*: ainchríostúil, ainmheasartha, ainrianta, aintréan, allta, anfhorlannach, barbartha, brúidiúil, brúisciúil, coirpe, crua, cruachroíoch, cruálach, damanta, danartha, dásachtach, díbheirgeach, dobhéasach, dúnmharfach, éigneach, fíanta, fiata, fiáin, fíochmhar, foghach, foréigneach, fraochmhar, fraochta, fuilteach, gairbhéiseach, gangaideach, garbh, ionsaitheach, mídhaonna, mínádúrtha, mínáireach, míshibhialta, tolgach, tréamanta, turraingeach, *literary* tairpeach, tuilmhear.
ros noun ❶ *wood*: cnóchoill, coill, coillearnach, coilleog, doire, dufair, fáschoill, fiodh, foraois, fothair, garrán, mothar, roschoill. ❷ *headland, promontory*: ceann tíre, gob, pointe, rinn, scoth.
rós noun ❶ **rós-sceach na mbánta** *dog-rose* (*Rosa canina*): condraighean, condris, conrós, donndraighean, dris na mogóirí, feiledhris, feirdhris, foirdhris, oirdhris, sceach mhadra. ❷ *pl.* **róisíní muine** *burnet rose* (*Rosa pimpinellifolia*): briúlán, puchóire muc, sceach gheal, stancán. ❸ **rós na banríona Muire** *sweet-briar* (*Rosa rubiginosa*): cuirdhris, dris chumhra, feirdhris chumhra, sceach chumhra.
rosc[1] noun *eye*: dearc, súil, *literary* seall; leathshúil; amharc, imreasc, tinteán na súile; mac airmis, mac imleasáin, mac imreasa, mac imris, mac imrisc.
rosc[2] noun ❶ *rhetorical composition, rhapsodical chant*: roscadh file, roscaireacht; *pl.* córacha catha, cóiriú catha, rithlearg; foclachas, foclaíocht, gaotaireacht, óráidíocht, plámás, scáiléathan, solabharthacht, reitric; deilín, portaireacht, salmaireacht, seamsán.
róst verb *roast*: rós; bácáil, bruith, cócaráil, frioch, grioll, griosc, *literary* fuin.
rosta noun *wrist*: alt na láimhe, bunrí, caol na láimhe, cuisle; rí.
rósta noun *roast, roast meat*: feoil rósta; áighe, rósadh, róstadh, spóla; *literary* inneonadh.
rosualt noun *walrus* (*Obodenus*): capall farraige, capall mara; leon mara, mór-rón.
roth noun ❶ *wheel*: rotha, rothán, rothóg; ciorcal, roithleán. ❷ *familiar bicycle*: capall iarainn, gearrán iarainn, rothar, *familiar* boesaicil.

Rónta

Atlantic seal (*féach* grey seal)
Antarctic fur seal (*Arctocephalus gazella*): rón fionnaidh Antartach
Australian sea lion (*Neophoca cinerea*): mór-rón Astrálach
Baikal seal (*Phoca sibirica*): rón Sibéarach
bearded seal (*Erignathus barbatus*): rón féasógach
Californian sea lion (*Zalophus californianus*): mór-rón Calafóirneach
Caspian seal (*Phoca caspica*): rón Caispeach
common seal (*féach* harbour seal)
crabeater seal (*Lobodon carcinophagus*): rón portán
elephant seal (*Mirounga* sp.): rón eilifintiúil
grey seal (*Halichoerus grypus*): rón glas
harbour seal (*Phoca vitulina*): rón beag
harp seal (*Phoca groenlandica*): rón Graonlannach
hooded seal (*Cystophora cristata*): rón cochallach
leopard seal (*Hydrurga leptonyx*): liopard mara
Mediterranean monk seal (*Monachus monachus*): manach mara
New Zealand sea lion (*Phocarctos hookeri*): mór-rón Nua-Shéalannach
northern fur seal (*Callorhinus ursinus*): rón fionnaidh tuaisceartach
ringed seal (*Phoca hispidus*): rón fáinneach
South African fur seal (*Arctocephalus pusillus*): rón fionnaidh na hAfraice Theas
South American fur seal (*Arctocephalus australis*): rón fionnaidh deisceartach
South American sea lion (*Otaria byronia*): mór-rón Mheiriceá Theas
Steller sea lion (*Eumetopias jubatus*): mór-rón Steller
walrus (*Odobenus rosmarus*): rosualt
Weddell seal (*Leptonychotes weddellii*): rón Weddell

rothaí plural noun rothaí tí household equipment, furniture: acmhainn tí, airnéis, pl. áiseanna, pl. ciútraimintí, cóiríocht, cóngar, earra, earra tí, pl. fearais, feisteas, feistiú, feistiú tí, gaireas, pl. giuirléidí, pl. gléasanna, gléasra, inleog, sás, trealamh, trioc, troscán, pl. uirlisí, literary tionchar.

rothán noun fit of petulance, huff: aincis, aingíocht, ainleoireacht, cancracht, cantal, colg, crostacht, cuil, drisíneacht, fearg, fiarán, greannaitheacht, pus, rothán, stailc, stuaic, taghd.

rothar noun bicycle: capall iarainn, gearrán iarainn, familiar boesaicil, roth; pingin go bhfeoirling.

rothlaigh verb rotate, whirl, spin: roithligh; cas, imchas, iompaigh, téigh timpeall, tiontaigh; faoileáil, rolláil; glinneáil, gliondáil, ciorclaigh, maighndeáil, timpeallaigh, tochrais.

rua¹ adjective ❶ red-haired: donnrua, órdhonn; buírua. ❷ reddish brown: donn, donnrua, odhar; buírua, ciarbhuí; ruánach. noun ❶ red-haired person: bean rua, fear rua. ❷ reddish-brown colour, russet colour: donnrua, ruacht, ruadas; ruaim, ruamann, ruamantacht.

rua² noun an rua erysipelas: an rós, ruachtach, tine Dhia.

ruacan noun cockle (family Cardiidae): gruán, (i gContae na Gaillimhe) rócam, (i gContae na Gaillimhe) ruacán, sruthlachán trá, colloquial cocas.

ruadhóigh verb scorch, singe: dóigh, fionn, gread, loisc, rualoisc, scall, scól.

ruagaire noun ❶ chaser, hunter: fear fiaigh, fear seilge, fiagaí, riascaire, sealgaire, tóraí; fáiteallaí. ❷ ruagaire reatha vagabond, devil-may-care person: falmaire, fánaí, fánaire, giolla gan aire, ráigí, scódaí, seachránaí, sreothaí, sruthaire, straeire, straedóir, straethaire, vagabón, vagabún, familiar foghlaeir.

ruaig noun ❶ rout, chase: briseadh, brisleach, comhruathar, madhmadh, maidhm, rabhaiteáil, raon maidhme, ruaigeadh, literary scainnear; cluicheadh, fiach, gáir faoi tholl, sealg, táin, tóir, tóraíocht. ❷ incursion, foray: ionradh, ruaigeadh, ruathar, sciuird. ❸ onset, attack: áladh, amas, breabhaid, coinscleo, farra, fóbairt, fogha, foighdeán, fras, inghreim, ionsaí, ruaig, ruagán, ruathar, literary fuachtain, saighe, tairdeal, tubha. verb ❶ chase, put to flight: cluich, díbir, cuir teitheadh ar, cuir tóir ar; caith amach, cuir amach, díchuir. ❷ attack: ionsaigh, literary fóbair, saigh; déan ionsaí ar, tabhair faoi, tabhair amas faoi, tabhair breabhaid faoi, tabhair fogha faoi, literary tubh.

ruaigh verb redden: dearg, deargaigh, ruaimnigh, spall; éirigh dearg; cuir breasal ar, cuir dath dearg ar.

ruaill noun ❶ rush, dash: gaiseadh, iarracht, léim, preab, preabóg, rábóg, ráib, ráig, ríog, ropadh, rúchladh, ruaim, ruthag, scabhait, scinneadh, scinneog, sciuird, seáp, turraing. ❷ hurried visit: cuairt ghearr, geábh, ruaig, sciorrach, sciuird.

ruaille buaille noun hubbub, commotion: bruithléach, cambús, carabuaic, carabunca, cibeal, cipeadráil, clampar, clibirt, cliobach, cliobaram hob, clisiam, conaghreabhaidi, fuile faile, fuilibiliú, fuirseadh má rabhdalam, gáróid, giordam, gleadhradh, gleorán, glisiam, griobach, holam halam, hólam tró, húirte háirte, hulach halach, hurlamaboc, hurla harla, hurlama giúrlama, liútar éatar, liútar léata, pililiú, húirte, racán, rachlas, ragáille, raic, raiple húta, rancás, rírá, ruaille buaille, toirnéis, turlabhait, literary eascal.

ruaim¹ noun ❶ red dye, reddish colour: breasal, dearg, deirge, donnrua, rua, ruachan, ruaimneacht, ruamann, scarlóid. ❷ flush of colour: deargadh, deirge, flainne, lasadh, luisne, ruamantacht.

ruaim² noun fishing-line: dorg, dorga, dorgha, doruga, dorú drae, ruaimneach; glinne, glionda; dúán.

ruainne noun ❶ single hair: ribe, ribeog, rón, ruainneog, ruainseachán. ❷ fibre, thread: snáithe, snáth; abhras, fí, fíochán. ❸ scrap, fragment: beag, beagmhéid, blaiseadh, blaisín, blúire, blogh, bolgam, canda, candam, canta, cion, codán, cuid, daba, gaimbín, giota, goin, gráinne, greim, iongóg, mionrud, miotóg, páirt, píosa, ruainneog, scair, scealp, scealpóg, sciar, smiodar, smidirín, smut, sprúille, stiall, stiallóg, literary boim, colloquial brínleach.

ruainneach adjective made of hair, hairy: clibíneach, cochallach, fionnaitheach, foltach, giobach, glibeach, gliobach, gruagach, guaireach, mongach, mosach, mothallach, peallach, scothánach, stothallach. noun ❶ long hair, horse-hair: rón; fionnadh, folt, gruaig, guaireach, moing, mothall, muirearfholt, stolla gruaige, stoithín gruaige, stoth gruaige, suasán, súisín. ❷ wispy creature: caoladán, sopachán.

ruaircín noun kink (in rope): caisirnín, caislimín, caise, cas, casadh, castainn, cor, fiar, lúb.

ruais noun fickleness, giddiness: aeracht, aeraíl, áibhéis, áiféis, amadántacht, amaidí, baois, baothántacht, baothántaíocht, dith céille, éadroime, éagantacht, fastaím, gamalacht, gaotaireacht, giodam, giongacht, íorthacht, leibideacht, luaineacht, luas croí, pleotaíocht, ruaiseacht, pl. sceitimíní, seafóid, sifil seaifil.

ruaiseach adjective giddy, flighty: aerach, alluaiceach, arduallach, athraitheach, bainte amach, baoiseach, baoth, barréadrom, corrthónach, dodach, éadairiseach éadrom, éaganta, éanúil, earráideach, giodamach, giodramach, giongach, gligíneach, gogaideach, guagach, gúngach, luaineach, luascánach, luascánta, luathaigeanta, luathintinneach, mear, mireogach, míshuaimhneach, neamhsheasmhach, obann, ráscánta, ríogach, roisiúil, scinnideach, scinniúil, seafóideach, searrachúil, spadhrúil, spéiriúil, taghdach, tallannach, tapógach, tobann, treallach, treallánach, uallach.

ruathaire noun ❶ gadabout, rover: bacach, bonnaire, bóithreoir, fálródaí, fámaire, fánaí, feádóir, feamaire, fiaire, foghlaeir, fraedóir, fuaidire, geocach, jaingléir, ráigí, raimleálaí, ránaí, rantaeir, rianaí, seachránaí, séadaí, siúlóir, sodaire, spailpín, srathaire, sreothaí, sruthaire, taistealaí, traibhléir, tramp, turasóir, vagabón, vagabún, válcaeir, literary loingseach. ❷ flighty person: éagann, eitleachán, gealbhan duine, giodam, gligín, guagaire, leithéisí, liongán, mearaí, straiméad; baothóg, eitleog, fuaidrimín, giodróg, giofairlín, guagóg, meidhreog, pramsóg, scinnid, struipear, uallóg.

ruathaireacht noun (act of) gadding about, roving: aermaíocht, áibhéireacht, aoibheall, baitsiléireacht, ceáfráil, corraíl, feamaíl, fíbín, scódaíocht; fuaidreamh, bacachas, bóithreoireacht, deoraíocht, falaire, falaireacht, fálróid, fánaí, fánaíocht, feádóireacht, ráigíocht, raimleáil, ránaíocht, rantaeireacht, rianaíocht, ruathaireacht, seachrán, séadaíocht, spaisteoireacht, srathaireacht, sruthaireacht, traibhléireacht, tunladh, válcaeireacht; bheith ar an dúidín réice. ❷ flightiness: aeracht, aeraíl, éadaingne, éadairise, éagantacht, earráid, éideimhne, éiginnteacht, fainne, faoine, giodam, giodamaíocht, guagacht, luaineacht, luathaigeantacht, luascán, luathintinneacht, neamhsheasmhacht, ruais, ruaiseacht, scinnide, taghdáil, treallaí, uallachas, literary eadarbhuas.

ruathar noun rush, onrush, attack: ráib, ráig, ríog, ruthag, scinneadh, scinneog, sciuird; truslóg, urróg; áladh, amas, coinscleo, farra, fogha, foighdeán,

ruatharach

fras, inghreim, ionsaí, ruagán, séirse, *literary* fuachtain, saighe.

ruatharach adjective *rushing, impulsive*: ceapánta, corrthónach, dodach, guagach, luaineach, luascánach, luascánta, luathintinneach, meargánta, obann, ráscánta, ríogach, roisiúil, ruthagach, spadhrúil, spreangach, taghdach, tallannach, tobann. noun *(act of) rushing about, (act of) charging*: brostú, cruóg, corraí, deabhadh, deifir, deifre, dithneas, eadarluas, faobach, fíbín, flosc, flústar, foighdeán, forrú, fuadar, furú, rabhaiteáil, ruthag, struip, suaitheadh, teaspach, téirim.

rubar noun ❶ *rubber (material)*: cúr-rubar, cuitiúc, cúitsiúc. ❷ *rubber, eraser*: cuimleachán, scriosán, scriostóir. ❸ *rubber, drying-cloth, dish-cloth*: rubar na lámh, rubar na soithí; ceirt, éadach na n-áraistí, éadach cuimilte, éadach triomaithe; clabhta, éadach, garbhóg, suán glacach.

rúbarb noun *rhubarb* (Rheum x cultorum): biabhóg, purgóid na manach.

rúcach noun ❶ *rook* (Corvus frugilegus): caróg, cnámhfhiach, préachán dubh, rúca. ❷ *raw, inexperienced person*: aineolaí, duine anársa, duine neamhchleachtach, duine neamhoilte, duine gan taithí, earcach, foghlaimeoir, mac léinn, nóibhíseach, nuíosach, printíseach, rúca, tosaitheoir. ❸ *rawboned creature*: abarlach, ablach, caldar, cránaí, fáiméad, fiannachtaí, gíoplach, piarda, plíoma, torpán, rúca; bollstaic, cuairsce magarlach, torpóg. ❹ *rawness in throat*: casacht, cársán, ciach, ciachán, piachán píobarnach, rúca, slócht.

rúchladh noun *rush, dash, dart*: gaiseadh, ráib, ráig, ríog, rúchladh, ruthag, scinneadh, scinneog, sciúrd, siota; abhóg, eitleog, geit, léim, preab, preabóg, scabhait, truslóg, urróg.

rucht noun *rumble, rattle*: búir, búireach, búirthíl, dord, dordán, geonaíl, ruchtach, ruchtaíl, ruchtladh, toirneach bhalbh, torann, tormáil, tormán; cling, clingireacht, clogarnach, cloigíneacht, cnagadh, cnagarnach, glígíneacht, gligleáil, gligin glincín, gliogarnach, gliogarnáil, gliogarnaíl, gliogarsnach, gliogram, gliográn, glothar, glotharnach.

rud noun ❶ *thing, object*: ní, réad, ruidín; cuspa, cuspóir; oibiacht. ❷ *creature (in contempt or pity)*: ainniseoir, créatúr, díthreabhach, díthriúch, dreoilín, ruidín, sampla bocht, troch, truán. ❸ *means, substance*: acmhainn, gustal, maoin, maoin an tsaoil, maoin shaolta. ❹ *benefit, gain*: brabach, brabús, buntáiste, an craiceann is a luach, maith, tairbhe. ❺ **rud beag** *a little*: beagán, blaiseadh, blaisín, blúire, blogh, bolgam, giota, gaimbín, goin, gráinne, greim, miotóg, mír, mírín, ruainne, sáilín. ❻ **an rud sin eile** *thingummy, whatsit*: an boc, an figear feaigear.

ruga noun *rug*: blaincéad, pluid, pluideog, peallóg, pealltóg, sráideog, súisín, súsa; cáiteog, mata, pardóg; brat urláir, cairpéad.

ruibh[1] noun *sulphur*: brimstiún, briomstón, bromastún, ruibhchloch, sulfar.

ruibh[2] noun *venom, sting*: binb, goimh, goimhiúlacht, nimh, nimheadas, nimhneadas, nimhneas, nimhní, olc, ruibh, tocsain; cealg, ga, goin, goineog, griogadh, pian, prioc, priocadh.

ruibheanta adjective *venomous, sharp-tongued*: nimhiúil, nimhneach; achrannach, ainciseach, aingí, anacrach, bearrtha, binbeach, colgach, crosta, crua, dalba, deannachtach dian, dochrach, dochraideach, doicheallach, doiligh, doirbh, dóite, dona, fornimheach, frithir, gangaideach, géarfhoclach, goineach, goiniúil, goirt, míthaitneamhach, pianmhar, piolóideach, rinneach, searbh, siosúrtha, urchóideach, *literary* féigh.

ruibhseach noun ❶ *sharp-tongued woman*: ainscian mná, ainsprid, badhb, badhbaire, badhbóir, báilléaraí mná, báirseach, bearrthachán mná, cáinseach, callaire mná, cancairt mná, caorthanach, deimheastóir mná, fia-chailleach, fuachaid, heictar, laisceach, ráipéar mná, ruibhleach, stiúireachán mná. ❷ *jilt, jade*: claitseach, cuitléir, gáirseach, greallóg, raibiléir, raicleach, raiteog, ráitseach, rálach, rata, rubaits, ruibhleach scuaideog, scubaid, striapach, *familiar* bitse, *familiar* bitseach.

rúid noun *spurt, sprint*: eitleog, iarracht, péac, preab, preabóg, rábóg, ráib ráig, ríog, rúchladh, rúideog, ruthag, scinneadh, scinneog, sciuird.

rúidbhealach noun *runway*: aerstráice.

ruifíneach noun *ruffian*: áibhirseoir, amhas, bithiúnach, bligeard, bodach, breillice, bromach, buailtíneach, búr, cadramán, ceithearnach, clabhta, cladhaire, closmar, cneámhaire, coirpeach, coirpeoir, corpadóir, crochadóir, daba, dailtín, damantán, damantóir, diabhal, diabhlánach, diolúnach, guilpín, lábánach, léaspach, liúdaí, lóma, maistín, mulpaire, rifíneach, rógaire, scabhaitéir, smíste, speig neanta, teallaire.

ruipleog noun *tripe*: caolán, tríopas.

rúisc noun ❶ *discharge, volley*: cith, rois; urchar. ❷ *loud report, loud bang*: blosc, bloscadh, dronghair, plab, plabadh, pléasc, pléascadh, pleist, plimp, rois, torann, tormán, tuairt. ❸ *large rough person*: ablach, aingiall, burla, caldar, cránaí, fáiméad, gíoplach, piarda, plíoma, torpán, torpóg. verb ❷ *strip, shell*: bearr, feann, glan, lom, nocht, scamh, scon, seithigh, struipeáil; bain an craiceann de, bain an tseithe de, *literary* fadhbh; *literary* lochair. ❷ *poke, stir*: bog, broid, corraigh, gread, griog, gríosaigh, measc, poit, soncáil, suaith; tabhair buille do, tabhair ding do, tabhair poc do, tabhair priocadh, tabhair sonc do. ❸ *pelt, trounce*: caith le, rad le; crústaigh, péirseáil; basc, batráil, buail, cnag, gleadhair, gread, greasáil, lasc, leadair, leadhb, léas, léirigh, liúr, planc, slis, smíoch, smíocht, smiot, smist, stánáil, steall, súisteáil, tarraing buille ar, tuargain.

ruitheál rí noun *herb robert* (Geranium robertianum): ceann corréisce, créachtach bréan, crobh dearg, eireaball rí, luibh an chreatha, luibh an mhún fula, luibh an uisce fola, luibhín the, rial cuaill, rial cuil, rial rí, rian rí, ríbhéilrí, ruibhéal, ruabhéil rí, ruthal rí.

ruithne noun *radiance, glitter*: breo, dealán, dealramh, drithle, drithliú, faghairt, ga, gealán, gealas, gealra, glioscarnach, glóir, léar, léar solais, léaró, léas, léasán, léaspairt, loinnearthacht, loinnir, lonrú, luan, luisne, mórsholas, niamh, scalladh, soilsiú, solas, spréachadh, spréacharnach, taibhseacht, taitneamh.

ruithneach adjective *radiant, gleaming*: bladhmach, breoch, dealrach, **adjectival genitive** dreachsholais, drilseach, drithleach, drithleánach, *literary* éadracht, galbánach, glanruithneach, glórmhar, laomtha, loinneartha, lonrach, niamhrach, luisiúil, réaltach, ruitheanta, ruithneach, ruithní, ruithnitheach, soilseach, solasach, solasmhar, solasta.

rúitín noun ❶ *ankle*: murlán, murnán; bonnaid; seir. ❷ pl. **rúitíní** *game of knucklebones*: pl. clocha péire, pl. clocha screaga, pl. clocha screige, pl. faochain, pl. murláin. pl. póiríní, pl. rúitíní.

rúm noun ❶ *room*: seomra; púirín de sheomra. ❷ *floor space, space*: áit, bealach, fairsinge, ionad, scóip, slí.

rumpa noun *rump*: bundún, cairín, clais, geadán, gaireanáta, gimide, giorradán, gúnga, pl. más, prompa, tiarpa, tóin, *familiar* cráic.

rún[1] noun *letter of the runic alphabet*: rúnscríbhinn, fútharc; aibidil, aibítir, ogham, oghamchraobh.

rún² noun ❶ *mystery, secret:* cruacheist, diamhair, diamhracht, dorchacht, dothuigtheacht, doilfeacht, dubhfhocal, dúcheist, duifean, dúrún, dúthomhas, gintlíocht, mistéir, rúndiamhair, sicréid. **❷** *intention, purpose:* aidhm, bara, cuspóir, dúil, fonn, fuadar, intinn, mana, méin, meon, mian, miangas, toil, toisc; claonadh, cúinse, fíbín, flosc. **❸** *(formal) resolution, motion:* moladh, tairiscint. **❹** *love, affection:* ansacht, bá, cairdeas, caithis, carthain, carthanacht, ceanas, ceanúlacht, céileachas, cion, coimhir-

An Rúnscríbhinn

Sean-Rúnscríbhinn			Rúnscríbhinn Shasanach			Rúnscríbhinn Nua na mBeangán Fada			Rúnscríbhinn Nua na mBeangán Gearr			Rúnscríbhinn Nua gan Bheangáin			Rúnscríbhinn Mheánaosach	
ᚠ	f	*fehu	ᚠ	f	feoh	ᚠ	f	fé	ᚠ	f	fé	ᛆ	f	fé	ᚠ	f
.	.	.	.	.	.	.	.	.	.	.	.	.	.	.	ᚡ	v
.	.	.	.	.	.	.	.	.	.	.	.	.	.	.	ᚢ	ng
ᚢ	u	*ūruz	ᚢ	u	úr	ᚢ	u	úr	ᚢ	u	úr	ᛁ	u	úr	ᚢ	u
ᚦ	þ	*þurisaz	ᚦ	þ	þorn	ᚦ	þ	þurs	ᚦ	þ	þurs	ᛁ	þ	þurs	ᚦ	þ
.	.	.	.	.	.	.	.	.	.	.	.	.	.	.	ᚧ	ð
ᚫ	a	*ansuz	ᚬ	o	ós	ᚭ	ą	óss	ᚭ	ą	óss	ᛌ	ą	óss	ᚯ	o
.	.	.	.	.	.	.	.	.	.	.	.	.	.	.	ᚯ	ø
ᚱ	r	*raidō	ᚱ	r	rád	ᚱ	r	reið	ᚱ	r	reið	ᛚ	r	reið	ᚱ	r
ᚲ	k	*kauną	ᚳ	c	cén	ᚴ	k	kaun	ᚴ	k	kaun	ᛁ	k	kaun	ᚴ	k
.	.	.	.	.	.	.	.	.	.	.	.	.	.	.	ᚵ	g
ᚷ	g	*gebō	ᚷ	g	gyfu	.	.	.	.	.	.	.	.	.	.	.
ᚹ	w	*wunjō	ᚹ	w	wynn	.	.	.	.	.	.	.	.	.	.	.
ᚺ	h	*haglaz	ᚻ	h	hægl	ᚼ	h	hagall	ᚼ	h	hagall	ᛙ	h	hagall	ᚼ	h
ᚾ	n	*naudiz	ᚾ	n	nýd	ᚾ	n	nauðr	ᚾ	n	nauðr	ᛌ	n	nauðr	ᚾ	n
ᛁ	i	*īsaz	ᛁ	i	ís	ᛁ	i	íss	ᛁ	i	íss	ᛁ	i	íss	ᛁ	i
.	.	.	.	.	.	.	.	.	.	.	.	.	.	.	ᛂ	e
ᛃ	j	*jērą	ᛄ	j	gér	ᛅ	a	ár	ᛅ	a	ár	ᛌ	a	ár	ᛆ	a
.	.	.	.	.	.	.	.	.	.	.	.	.	.	.	ᛆ	æ
ᛇ	ė	*īwaz	ᛇ	i	éoh	.	.	.	.	.	.	.	.	.	.	.
ᛈ	p	*perþō	ᛈ	p	peorð	.	.	.	.	.	.	.	.	.	ᛕ	p
.	.	.	ᛢ	cw	cweorð	.	.	.	.	.	.	.	.	.	.	.
ᛉ	z	*algiz	ᛉ	x	eolh	ᛦ	y	yr	ᛦ	y	yr	ᛁ	y	yr	ᛦ	y
ᛋ	s	*sōwilō	ᛋ	s	sigel	ᛌ	s	sól	ᛌ	s	sól	ᛁ	s	sól	ᛋ	s
.	.	.	.	.	.	.	.	.	.	.	.	.	.	.	ᛉ	x
.	.	.	.	.	.	.	.	.	.	.	.	.	.	.	ᛎ	c
.	.	.	.	.	.	.	.	.	.	.	.	.	.	.	ᛎ	z
ᛏ	t	*Tīwaz	ᛏ	t	Tír	ᛏ	t	Týr	ᛐ	t	Týr	ʼ	t	Týr	ᛐ	t
.	.	.	.	.	.	.	.	.	.	.	.	.	.	.	ᛑ	d
ᛒ	b	*berkanan	ᛒ	b	beorc	ᛒ	b	bjarkan	ᛒ	b	bjarkan	ᛕ	b	bjarkan	ᛒ	b
.	.	.	.	.	.	.	.	.	.	.	.	.	.	.	ᛔ	p̃
ᛗ	e	*ehwaz	ᛗ	e	eh	.	.	.	.	.	.	.	.	.	.	.
ᛘ	m	*mannaz	ᛘ	m	man	ᛘ	m	maðr	ᛘ	m	maðr	ᛁ	m	maðr	ᛙ	m
ᛚ	l	*laguz	ᛚ	l	lagu	ᛚ	l	lögr	ᛚ	l	lögr	ᛁ	l	lögr	ᛚ	l
ᛝ	ŋ	*Ingwaz	ᛝ	ŋ	Ing	.	.	.	.	.	.	.	.	.	.	.
ᛞ	d	*dagaz	ᛞ	d	dæg	.	.	.	.	.	.	.	.	.	.	.
ᛟ	o	*ōþalą	ᛟ	œ	éþel	.	.	.	.	.	.	.	.	.	.	.
.	.	.	ᚪ	a	ác	.	.	.	.	.	.	.	.	.	.	.
.	.	.	ᚫ	æ	æsc	.	.	.	.	.	.	.	.	.	.	.
.	.	.	ᚣ	y	ýr	.	.	.	.	.	.	.	.	.	ᚣ	y
.	.	.	.	.	.	.	.	.	.	.	.	.	.	.	ᚣ	w
.	.	.	ᛠ	ea	ear	.	.	.	.	.	.	.	.	.	.	.
.	.	.	ᛡ	io	ior	.	.	.	.	.	.	.	.	.	.	.
.	.	.	ᚸ	ḡ	gár	.	.	.	.	.	.	.	.	.	.	.
.	.	.	ᛤ	k	calc	.	.	.	.	.	.	.	.	.	.	.
.	.	.	ᛥ	k̄	cealc	.	.	.	.	.	.	.	.	.	.	.
.	.	.	ᛨ	st	stán	.	.	.	.	.	.	.	.	.	.	.
.	.	.	.	.	.	.	.	.	.	.	.	.	.	.	ᛩ	q

Ba lomaistriúchán an Rúnscríbhinn Mheánaoiseach ar aibítir na Laidine móide siombailí breise. Seo í in ord aibítr:

ᛆ ᛒ ᛎ ᛑ ᚧ ᛂ ᚠ ᚡ ᚵ ᚼ ᛁ ᚴ ᛚ ᛙ ᚾ ᚢ ᚯ ᛕ ᛔ ᛩ ᚱ ᛋ ᛐ ᚢ ᚡ ᚣ ᛦ ᛎ ᚦ ᛆ ᚯ
a b c d ð e f g h i k l m n ŋ o p̃ p q r s t u v w x y z þ æ ø

rúnaí
se, connailbhe, cumann, dáimh, dáimhiúlacht, dile, dílseacht, díograis, díograisí, dúil, fialchaire, gaolacht, gean, gnaoi, grá, grámhaireacht, greann, ionúine, méadaíocht, muintearas, muirn, nádúr, páirt, searc, síorghrá, taitneamh, toil, *literary* dailbhe. ❺ *beloved, sweetheart*: anam, ansacht, croí, cumann, díograis, duine mo chroí, gealghrá, grá, grá geal, lao, leannán, maoineach, muirnín, rúnach, rúnsearc, searc, searcóg, taisce; bráthair, deartháir, deirfiúr, siúr.

rúnaí noun ❶ *secretary*: rúnaire; cléireach, cléireach-chlóscríobhaí, clóscríobhaí; cúntóir cléireachais, cúntóir pearsanta; feidhmeannach, riarthóir. ❷ *confidant*: anamchara, comhairleoir, rúnchara; cara dil, compánach, comrádaí; duine inrúin.

rúnaíocht noun ❶ *secretarial work*: cléireachas, obair rúnaí, riarachán, riarthóireacht, rúnaireacht. ❷ *secretariat*: feidhmeannas, maorlathas, státseirbhís.

rúnda adjective ❶ *mystical, mysterious*: diamhair, doilfe, domhain, dorcha, dothomhaiste, dothuigthe, dúfhoclach, dúrúnda, dúrúnta, folaithe, folaitheach, mistéireach, rúndiamhair, rúndiamhrach; **adjectival genitive** asarlaíochta, **adjectival genitive** draíochta. ❷ *secret, confidential*: ceilte, coimhthíoch, diamhrach, duaithnithe, **adjectival genitive** rúin, rúnmhar, sicréideach, *literary* díchealta, duaithní; faoi cheileatram, faoi cheilt, faoi choim, os íseal, gan fhios, i bhfolach, faoi rún; fáilí, formhothaithe, iargúlta, príobháideach, scoite, uaigneach; ar an iargúil, ar an uaigneas.

rúndiamhair adjective *mystical, mysterious*: diamhair, doilfe, domhain, dorcha, dothomhaiste, dothuigthe, dúfhoclach, dúrúnda, dúrúnta, folaithe, folaitheach, mistéireach, rúnda, rúndiamhrach; **adjectival genitive** asarlaíochta, **adjectival genitive** draíochta. noun *mystery (of faith)*: diamhair, mistéir, rún.

runga noun *rung (of ladder), tie (of chair)*: barra, céim, maide, trasnán.

rúnmhar adjective *close, secretive*: béalfhothanúil, ceilteach, ciúin, coimhthíoch, cúlráideach, deoranta, discréideach, dorcha, druidte, dúnarásach, dúnta, **adjectival genitive** inrúin, seachantach, tostach.

ruóg noun *waxed cord, tanned cord, cord*: coirdín, corda, iall, barriall, ruainseachán, ruóg, sloigín, snáithe, snáth, sreang, sreangán, suaitheadh; rópa téad.

rúp ráp noun *confusion, din*: borrán, caismirt, cambús, carabuaic, carabunca, cibeal, cipeadraíl, clampar, clibirt, cliobach, cliobaram hob, clisiam, conaghreabhaid, díthreoir, easordú, fuilibiliú, fuirseadh má rabhdalam, furtla fartla, gáróid, gleadhradh, gleorán, glisiam, griobach, holam halam, hólam tró, hurlamaboc, hurla harla, hurlama giúrlama, liútar éatar, liútar léatar, míríaltacht, pililiú, racán, rachlas, ragáille, raic, raiple húta, rírá, ruaille buaille, stánáil, toirnéis, tranglam, *literary* eascal, monghar.

rúpach noun *big stout woman*: bonsach girsí, cliobóg, corróg de bhean, gairmneach, láir mná láireog, steafóg girsí, torpóg.

rúpáil noun *fast, unmethodical work*: abláil, mucaireacht, mucáil, sceanartáil, scrábáil; gnó gabha an tsoic

rúscach adjective *rough, wrinkled*: achrannach, carrach, corrach, corraiceach, creagach, éagothrom, garbh, iomardúil, méirscreach, starragánach; caisirníneach, clupaideach, craptha, fáirbreach, feoite, feosaí, reangach, rocach, roicneach.

rúscadh noun ❶ *(act of) decortication*: bearradh, feannah, glanadh, lomadh, nochtadh, scamhadh, scilligeadh, struipeáil. ❷ *(act of) poking, stirring, shaking*: broideadh, poiteadh, priocadh, dogadáil, soncáil; corraí, greadadh, meascadh, suaitheadh; croitheadh, fáscadh. ❸ *rough handling, trouncing*: ainíde, anoircheas, cargáil, cuimil an mháilín, íde, íospairt, raiceáil, treascairt; broicneáil, bualadh, burdáil, cnagadh, cuimil an mháilín, deamhsáil, failpeadh, flípeáil, fuimine farc, giolcadh, gleadhradh, greadadh greadlach, greadóg, greasáil, lascadh, leadhbairt, leadradh, léasadh, léidearnach, liúradh, liúradh Chonáin, plancadh, rapáil, riastáil, rúscadh, sceilpeáil, slatáil, smeadráil, smíochtadh, smísteáil, súisteáil, tiomp, tuargaint, tuirne Mháire.

rúspáil noun ❶ *(act of) rummaging*: cuardach, cuartú, fiach, fiataíl, paidhceáil, póirseáil, ransú, rianaíocht, séirseáil, tóraíocht. ❷ *(act of) poking*: broideadh, dogadáil, poiteadh, pocáil, priocadh, soncáil.

ruta noun ❶ *rut, beaten track*: ciseach, lintreog, sclaig; an cosán buailte, an cosán dearg. ❷ *place, district*: áit, ball, ceantar, comharsanacht, dúiche, dúthaigh, fearann, fód, limistéar, líomatáiste, páirt, paiste, réigiún, taobh tíre, *pl.* triúcha.

rúta noun ❶ *root*: bun, fréamh, pnéamh, préamh, riosóm, *colloquial* fréamhach. ❷ *stump, stock*: buadán, bun, bunán, camhcaid, dúid, grágán, múdán, nuta, sciotán, staic, stocán, stumpa, stupa.

rútáil verb *root, search, rummage*: cíorláil, cuardaigh, cuartaigh, piardáil, póirseáil, púitseáil, ransaigh, saibhseáil, saibhsigh, scag, siortáil.

ruthag noun ❶ *run, sprint, dash*: cúrsa, cúrsáil, rása, reáchtáil, reath, reathaíocht, rith; áladh, fogha, iarracht, rábóg, ráib, ráig, ríog, ropadh, rúchladh, scabhait, scinneadh, scinneog, sciuird. ❷ *run (in folktale)*: *pl.* córacha catha, cóiriú catha, *familiar* cóití bhárms; *pl.* ciútaí, foclachas, rithlearg, uaim.

ruthagach adjective ❶ *dashing, impulsive*: ceapánta, corrthónach, dodach, guagach, luaineach, luascánach, luascánta, luathintinneach, meargánta, obann, ráscánta, ríogach, roisiúil, ruatharach spadhrúil, spreangach, taghdach, tallannach, tobann. ❷ *substantial*: fódúil, foirmniseach, fuaimintiúil, scamhardach, soladach, stóinsithe, substaintiúil, taosmhar, tathagach, teann, toirtiúil, tréan, úimléadach, úimléideach. substaintiúil, taoisleannach, tathagach, toirtiúil, *literary* tothachtach.

sá noun ❶ *thrust, stab*: buille, péac, priocadh, rop, ropadh, sáiteán, sonc, tolgán, turraing. ❷ *push, press*: brú, fáscadh, dingeadh, gaiseadh, péac, pulcadh, rop, ropadh, sacadh, sonc, truilleán. ❸ *dart, lunge*: áladh, amas, farra, fogha, foighdeán, fras, ionsaí, sciobadh, siota, *literary* fuachtain.

sabaitéir noun *saboteur*: creachadóir, creachaire, foghlaí, loitiméir, meilteoir, millteoir, scriostóir, sladaí, sladaire.

sabaitéireacht noun *sabotage*: argain, coscairt, creachadh, creachadóireacht, cur isteach, foghail, foghlaíocht, loitiméireacht, loitmhilleadh, milleadh, millteoireacht, scrios, scriostóireacht, slad, sladaíocht, sladaireacht, treascairt.

sábh noun *saw*: toireasc. verb *saw*: bearr, gearr, leadhb, sclár, stiall.

sábhadóireacht noun (*act of*) *sawing*: gearradh, sábhadh, teascadh.

sábháil noun ❶ *saving, rescue, deliverance*: fuascailt, saoradh, saoradh, scaoileadh, slánú, teasargan. ❷ *preservation*: buanú, caomhnú, coigilt, coimeád, coinneáil, cothabháil, slánú, taifeadadh, taisceadh. ❸ *security*: sábháilteacht, slándáil; saoirse ó bhaol, saoirse ó chontúirt; anacal, coimirce, cosaint, cumhdach, daingean, daingne, gardáil, imchosaint, scáth, sciath, tarrtháil, *literary* coimhdhe, glinne. verb ❶ *rescue, deliver*: fuascail, saor, scaoil, slánaigh. ❷ *preserve, secure*: buanaigh, caomhnaigh, coigil, coimeád, coinnigh, cosain, cothaigh, daingnigh, slánaigh, *literary* glinnigh. ❸ *harvest (crop)*: bailigh, bain, cnuasaigh, cruinnigh, gearr, lom, pioc, tacair, teaglamaigh, tiomsaigh. ❹ *keep, save (money)*: coimeád, coinnigh, lóisteáil, taisc; cuir i dtaisce, cuir i leataobh.

sábháilte adjective *safe*: gan chithréim, gan ghortú, gan lot, slán, slán sábháilte, slánaithe; gan cháim, gan díobháil, gan dochar, i gcruth maith: cosanta, faoi dhídean, foscúil, fothainiúil; daingean, doghafa, do-ionsaithe, dothógtha; dílis, muiníneach, iontaofa, iontrust, tairiseach; aireach, céillí, ciallmhar, críonna, eagnaí, fadcheannach, gaoiseach, gaoisiúil, gaoismhear, siosmaideach, stuama.

sábháilteacht noun *safeness, safety*: slándáil, slánú; saoirse ó bhaol, saoirse ó chontúirt; caomhnú, cosaint, *literary* innille.

sabhaircín noun *primrose (Primula vulgaris)*: buíocán, buíocán bó bleacht, fearcán, lus na múiseán, padhcán, padhcán buí, péacán buí, pósae bó bleacht, priomrós, sadharcán, saercán, samharcán, seichearlán, seichirgín, seimhirín, sobhairche, sobhaircín, soibhircín, soirigh; bainne bó bleacht, bainne bó bleachtain, bainne bó buí.

sabhdán noun *sultan*: cailif, *grand seigneur*.

sabhran noun *sovereign (a coin)*: sabhrain; gine, gine buí, gine óir, píosa óir.

sabhsa noun *sauce*: anlann, blaistiú, blastán; bealaíocht, cóngar, tarsann; cineál.

sabhsáilte adjective ❶ *soused, drenched, bedraggled*: báite, dubhfhliuch, fliuch báite, ina líb, ina líbín; draoibeáilte, úcaiste; ar maos, maosta. ❷ *knocked about*: a fuair drochíde, a fuair greadadh, a fuair tuairteáil; a ndearnadh cuimil an mháilín de.

sabóid noun *sabbath*: an Domhnach, an tsaoire, lá an Tiarna; sabóid na nGiúdach, an Satharn.

sac[1] noun ❶ *sack*: sacán; bolg, curraoin, geois, mang, mála, mealbhóg, pocán, púitse, sacán, saitsil, spaga, tiachán, tiachóg, tiarpán, tiarpóg, trucaid. ❷ *familiar* fuair sé an sac *he got the sack, he was dismissed*: briseadh as a phost é, (*in Ultaibh*) cuireadh chun an bhealaigh mhóir é, cuireadh chun siúil é, díbríodh é, ruaigeadh é, scaoileadh é, scaoileadh leis, *familiar* caitheadh amach é; tugadh bata is bóthar dó, tugadh an bóthar dó, tugadh an tópar dó; fuair sé an doras, fuair sé "glan leat!", fuair sé a pháipéar bóthair, fuair sé a thópar, *familiar* fuair sé teailí hó is an bóthar amach. ❸ *familiar* **rinne sí sac salainn leis an leanbh** *she dandled the child in her arms*: luasc sí an leanbh, rinne sí capaillín leis an leanbh; rinne sí láinteacht leis an leanbh, mhuirnigh sí an leanbh.

sac[2] verb ❶ *pack, cram, stuff*: pacáil, cuir i málaí, déan beartáin de; brúigh, ding, líon, pulc, sáigh, stuáil, teann. ❷ *thrust, shove*: brúigh, broid, griog, péac, prioc, sáigh, soncáil.

sacadán noun *stocky little person*: bunastán, buta, cnagadán, dalcaire, guntán, puntán, stoipéad, strogán, struisire.

sacadh noun *thrust, shove*: buille, péac, priocadh, rop, ropadh, sá, sáiteán, sonc, tolgán, turraing; brú, dingeadh, pulcadh, truilleán.

sacáil verb *sack, dismiss*: bris, bris as a phost, díbir, ruaig, scaoil, scaoil leis, *familiar* caith amach; (*in Ultaibh*) cuir chun an bhealaigh mhóir, cuir chun siúil, tabhair bata is bóthar do, tabhair an bóthar do, tabhair an doras do, tabhair an tópar do.

sacar noun *soccer*: caid, cluiche caide, cluiche peile, peil.

sacéadach noun *sackcloth*: sacán; anairt, éadach cnáibe, heiseán, rabhaisc, siúit.

sách adjective *full, sated*: dóthanach, lán, líonta, sách subhach, sactha sásta, sásta, teannsách; biata, ramhar. adverb *enough, sufficiently*: a dhóthain, a sháith; go leor. noun *well-fed person*: duine ramhar, fear líon lán, saibhir; páinteach.

sácraifís noun *literary sacrifice (of the Mass)*: íobairt, íobartach; an Abhlann Choisricthe, Corp Chríost, Eocairist, Naomhabhlann.

sácráil noun (*act of*) *consecration*: coisreacan, naomhú, oirniú, tiomnú; beannachadh, beannú.

sacrailéid noun *sacrilege*: dia-aithis, diamhasla, easurraim, mínaomhú, naomhaithis; aincreideamh, díchreideamh, éagrábhadh, éagráifeacht, eiriceacht; duáilceas, mailís, mímhoráltacht, drochiompar, mioscais, peacúlacht, urchóid.

sacraimint noun *sacrament*: sacraiméid, sácraimint.

sacraistí noun *sacristy*: beistrí, eardhamh.

sácrálaí noun *easy-going person, self-indulgent person*: codaí, Conán, duine gan mhuláid, duine sáil, duine sómasach, giolla gan aire, sámhaí, sámhánaí, sómasán; fraedóir, scódaí; eipiciúrach, sibiriteach.

sádach adjective *sadistic*: ainchríostúil, ainiochtach, ainrianta, aintréan, allta, barbartha, cadránta, crua, cruálach, cruachroíoch, danartha, díbheirgeach, dúr, dúrchroíoch, éadrócaireach, fiánta, fiata, fiáin, fíochmhar, fraochmhar, fraochta, fuilteach, gan trua gan taise, inghreimtheach, mallaithe, mínádúrtha, mínáireach, míthrócaireach, neamhghoilliúnach, neamhthrócaireach, turcánta, urchóideach; tá an chéadrith den iarann ann; tá an chuid is fearr den iarann ann. noun *sadist*: ainchríostaí, barbarach, ciapaire, cruálaí, danarthachán do-dhuine; céasadóir, céastúnach, clipire, pianadóir.

sádar noun *solder*: goras, sádráil, táthán, táthú; liúitín, maisteog.

sadhlas noun *silage*: féar, féar tirim; farae, fodar.

sádráil verb *solder*: cruashádráil, táthaigh; aontaigh, comhaontaigh, comhcheangail, comhtháthaigh, dlúthaigh, nasc, snaidhm.

sáfach

sáfach noun ❶ *axe-handle*: crann, lámh, lámhchrann, lorga, maide. ❷ *battle-axe*: tua catha. ❸ *long handle*: crann, cuaille, lámh, seafta, urla, urlann.

sága noun *saga*: scéal, scéalaíocht, seanchas, stair, staróg; Fiannaíocht, Rúraíocht.

sagart noun *priest*: sagart cúnta, sagart paróiste; aoire, tréadaí, cruifir, curáideach, preispitéar; canónach, déan, moinsineor; biocáire, ministir, viocáire, reachtaire.

sagartacht noun *priesthood*: oifig an tsagairt; an chléir, an cliarlathas.

sagartúil adjective *priestly, sacerdotal*: sagartach; canónda, canónta, cléiriúil, cliarlathach, eaglasta, tréadach.

saghas noun ❶ *kind, sort*: aicme, cineál, gné, samhail, seort, sórt, speiceas; cuma, foirm, leithéid, nádúr. ❷ *size*: méid, oiread, ollmhéid, saghas, toirt, tomhas; fad, doimhneacht, doimhneas, leithead, leithne.

saghdar noun *cider*: ceirtlis, leann úll.

saibhir adjective ❶ *rich, wealthy*: acmhainneach, bunúil, deisiúil, diongbháilte, éadálach, gustalach, iarmhaiseach, ionnúsach, láidir, neamhuireasach, neamhuireaspach, rachmallach, rachmasach, rathúil, sómhar, strusúil, tábhachtach, tathagach, téagartha, tíreach, toiceach, toiciúil, trean, *literary* foltach; faoi bhrothall, ina shuí go te; go maith as, go maith sa saol, os cionn a bhuille; tá an saol ar a mhéis aige, tá an saol ar a thoil aige, tá bonn aige, tá brabach air, tá bun air, tá bunús air, tá caoi mhaith air, tá cóir mhaith air, tá deis mhaith air, tá dóigh leacanta air, tá fáltas mór airgid aige, tá lán na láimhe aige, tá somhaoin air, tá speilp air, tá treo maith air; tá sé ar a shástacht, tá sé ina racht seoil le deis, tá sé teann in airgead, tá taoscán airgid aige. ❷ *rich, luscious, luxuriant*: bláfar, borb, créúil, méith, mótúil, oiltiúil, rábach, sóúil, súmhar, trom, uaibhreach. ❸ *fertile*: bisiúil, breisiúil, diasach, méiniúil, méith, mótúil, rafar, síolmhar, suthach, táirgiúil, torthúil. noun *rich person*: rachmasaí, ridire, saibhir, toicí; billiúnaí, ilmhilliúnaí, milliúnaí, caipitlí, gróintín, torclach.

saibhreas noun ❶ *riches, wealth*: airgead, bracht, bruithshléacht, bunairgead, caipiteal, coibhche, conách, crodh, éadáil, Éire fré chéile, Éire gan roinnt, flúirse, gustal, inmhe, iarmhais, ionnas, ionnús, maoin, maoin an tsaoil, maoin shaolta, ollmhaitheas, ollmhaitheas an tsaoil, ór na cruinne, rachmall, rachmas, raidhse, rath, rathúnas, sochar, *pl.* sócmhainní, somhaoin, speansas, speilp, spré, stór, strus, tábhacht, teaspach, toice, *literary* intleamh, ionnlas. ❷ *richness, fertility*: bisiúlacht, boirbe, costasúlacht, daoire, méithe, méitheas, rathúnas, saibhre, síolmhaireacht, táirgiúlacht, torthúlacht, uabhar, uaibhreacht, uaibhreas.

saibhseáil verb ❶ *sound, test the depth of*: grinneall, grúntáil, sondáil. ❷ *rummage*: cíorláil, cuardaigh, cuartaigh, piardáil, póirseáil, púitseáil, ransaigh, rútáil, saibhsigh, scag, siortaigh.

saidléir noun *saddler*: diallaiteoir.

sáigh verb ❶ *thrust, push*: brúigh, ding, péac, réab, rop, sac, truilleán. ❷ *stab*: goin, gortaigh, lot, poll, rop, scean, sleáigh, treáigh. ❸ *dart, lunge*: lasc, réab, rith, rop, sciurd; brostaigh, deifrigh.

saighdeadh noun *incitement*: brostú, dreasacht, dreasú, greannú, greasacht, griogadh, gríosú, priocadh, saighead, séideadh faoi, spreagadh, sporaíocht, tathant, tóint.

saighdeoir noun *archer, bowman*: boghadóir, boghdóir, fear bogha, gáinneoir.

saighdiúir noun ❶ *soldier*: ceithearnach, cogaí, mílísteoir, óglach, trodaí, trodaire, trúipéir, *literary* suaitreach; coinscríofach, earcach, feidhneoir;
oifigeach, oifigeach coimisiúnta, oifigeach neamhchoimisiúnta; guairille, treallchogaí; amhas, amhsán, díolúnach, giliúnach. ❷ *dogged, courageous person*: calmfhear, duine buanseasmhach, duine móruchtúil, duine síoraí, fear misnigh, laoch, strácálaí, tiarálaí. ❸ *ribwort plantain (Plantago lanceolata)*: bileog na saor, bodach dubh, ceann táthair, lus an tslánaithe, lus na saighdiúirí, slánas, slándas, slánlus. ❹ **saighdiúir singil** *private*: gnáthshaighdiúir.

saighdiúireacht noun ❶ *soldiering, military service*: cogaíocht, slógadh, tóstal, troid; coinscríobh, seirbhís mhíleata, *literary* suaitreacht; míleatachas. ❷ *dogged courage*: calmacht, crógacht, foirtile, miotal, miotalaí, misneach; buanseasmhacht, síoraíocht, spreacúlacht, spriolladh, sracadh, tiaráil.

saighdiúrtha adjective *dogged, courageous*: buan, buanseasmhach, croíúil, crua, dian, meanmnach, miotalach, righin, seasmhach; dáigh, cadránta, ceanndána, codramánta, dobhogtha, doghluaiste, neamhghéilliúil, righin; calma, coráisteach, coráistiúil, cróga, curata, laochta, laochúil, meanmnach, misniúil, spionnúil, *literary* léideanach, léidmheach.

saighead noun ❶ *arrow, dart*: dairt, ga, gáinne, sleá, *literary* goithne; urchar. ❷ *pang*: arraing, cailg, cealg, deann, dioch, ga, geit, goin, greadadh, pian, preab, ríog, turraing. ❸ *incitement*: brostú, dreasacht, dreasú, greannú, greasacht, griogadh, gríosú, priocadh, saighdeadh, séideadh faoi, spreagadh, sporaíocht, tathant, tóint.

saighid verb ❶ *incite, provoke*: adhain, ardaigh, bog, broid, brostaigh, brúigh, corraigh, deifrigh, dreasaigh, dúisigh, fadaigh, géaraigh, griog, gríosaigh, las, meanmnaigh, muinnigh, muscail, sáigh, spreag, tathantaigh, tiomáin, *literary* laoidh; cuir iachall ar, cuir d'fhiacha ar, cuir faoi deara do, séid faoi. ❷ *spear, pierce*: poll, puinseáil, toll, treáigh; cuir sleá trí, cuir poll i.

saighneáil verb *sign, put signature to*: sínigh; cuir d'ainm le, cuir do lámh le.

saighneáil verb *shine*: dealraigh, fionn, geal, gealaigh, las, lonraigh, niamh, saighneáil, scal, soilsigh, taitin.

saighneán noun ❶ *flash (of lightning, light)*: bladhm, caoráil, laom, lasair, léas, loinnir, splanc, spréach; *pl.* fosclaidh, *pl.* fosclaíocha; tine ghealáin. ❷ *sudden blast*: blosc, bloscadh, bloscarnach, pléasc, rois, sinneán, siorradh, spadhar, splanc, taom, urchar. ❸ *pl.* **na saighneáin** *the Northern Lights, Aurora Borealis*: an chaor aduaidh, an fáinne ó thuaidh, *pl.* na gealáin thuaidh.

sail[1] noun ❶ *beam*: balc, béim, bíoma, boimbéal, cearchaill, crann, crompán, cuaille, fearsaid, garma, giarsa, maide, maide garman, maide buaice, maide droma, maide mianaigh, maide mullaigh, páil, rachta, rata, seafta, spreota, táláid, *literary* ochtach. ❷ *heavy stick, cudgel*: bastún, bata, cleith, cleith ailpín, cleitheog, lorga, maide, maide coill, maide draighin, smachtín, smíste, smíste maide. ❸ *figurative prop, support*: crann cosanta, crann seasta, crann taca, cúl, cúlaistín, cúl taca, cúntóir, páirtí, tacaí, tacaíocht, ursain. ❹ *big, strong person*: balcaire, bambairne fir, béinneach, bramaire, bromach, bromaire, bromaistín, carraig, cleithire fir, cliobaire fir, fairceallach fir, falmaire fir, fámaire fir, fathach fir, gaiscíoch, griolsach, heictar, preabaire fir, pulcachán, rábaire, rúscaire, scafaire, scriosúnach, smalcaire, smíste, stollaire fir, tolcaire, tolchaire, tollaire fir; alaisceach, alaisceach mná, bambairne mná, bollstaic mná, fairceallach mná, falmaire mná, fámaire mná, graimpéar, grampar, grátachán, scafaire mná, stollaire mná, torpóg. ❺ *huge thing:* caidhte, caldar, cránaí, coillearán, fáiméad, piarda, plíoma, staiféalach.

sail² noun ❶ *dirt, impurity:* brach, bréantas, broc, brocamas, buinneach, cac, cacamas, cainniúr, camras, corbadh, éaglaine, eisíontas, fochall, garr, miodamas, morgadh, morgthacht, neamhghlaine, neamhghlaineacht, salachar, smál, smearadh, smúit, súicheacht, teimheal, truailliú. ❷ **sail chnis** *dandruff, scurf:* can, codam; aicíd an tochais, bruth, carr, carraí, claimheacht, clamh, galar carrach, galar craicinn, galar scrathach, gearb, gríos, grís, screamh ar chraiceann, tochas. ❸ *stain, defilement:* corbadh, salachar, salú, smál, smalairic, teimheal, trochlú, truailliú.

sáil¹ noun ❶ *heel:* sáilín. ❷ *heel, stub:* sáilín; comhdhuille, duillín. ❸ *pl.* **sála fuiseoige** *larkspur (Delphinium):* deilfiniam.

sáil² adjective ❶ *easy, restful, comfortable:* éasca, foistineach, saoráideach, suaimhneach suaimhneasach, suaimhnitheach; cluthar, compoirdeach, compóirteach, compordach, compordúil, guamach, guamáiseach, sámh, scístiúil, seascair, séimh, sóch, sócúil, sócúlach, soirbh, sóiseálta, sólásach, sómasach, sómásach, suáilceach, suairc, taitneamhach, *literary* sodhaing. ❷ *fond of ease and comfort, self-indulgent:* macnasach, rabairneach, róchaiteach, sácráilte, sómasach, sómásach; eipiciúrach, sibiriteach; leisciúil, siléigeach, sóch, sócúlach. ❸ *voluptuous:* áilíosach, ainmhianach, collaí, craiceannach, drúiseach, drúisiúil, gnéasach, macnasach, rachmallach, ragúsach, sámhasach, teaspúil, *literary* suiríoch.

sailchuach noun *violet (Viola):* bíodh a leithéid, cogal gorm, failchuach, fanaigse, sailchuachóg, *pl.* saileogaí cuach, saileog cuaiche, sailín cuach, sal chuach, sal cuach, sál cuach, silín má cuach, vióla.

sáile¹ noun ❶ *sea-water, sea:* farraige, loch, mórmhuir, muir; aigéan, bóchna, duibheagán, duibheagán na farraige, *familiar* gairdín an iascaire; teiscinn; an teiscinn mhór. ❷ *salt water, brine:* sailíona, uisce goirt; salandacht; *pl.* deora.

sáile² noun ❶ *ease, comfort, luxury:* fóillíocht, macnas, sáimhríocht, só, sóchas, sócúl, sócúlacht, sómas; brothall, cluthaireacht, compord, saoráid, sólás, seascaireacht, suáilceas, suaimhneas, teolaíocht; bheith ar do chraodó, bheith ar do sháimhín só, bheith ar do sháimhín suilt. ❷ *self-indulgence:* aer an tsaoil, baitsiléireacht, pléisiúr, sácráilteacht, sámhas, sámhas na gcéadfaí, scódaíocht, só, sóchas; eipiciúrachas. ❸ *voluptuous nature:* ainmhian, *pl.* ainmhianta na colainne, áilíos, anmhacnas, antoil, antoil na colainne, collaíocht, drúis, drúisiúlacht, *literary* éadradh, macnas, miangas, paisean, rachmall, ragús, sámhas, teaspach.

saileach noun *willow (Salix):* crann saileoige, crann sailí, saighleánach, sail, saileán, saileog, sliotharnach; crann sníofa.

saileachán noun *willow herb (Epilobium):* luibh na liaithe buí, lus na tine, lus tine, rós-saileog.

saileánach noun *osier (Salix viminalis):* biorghas, crann tuigithe, *pl.* gabhaltuigíos, maothán, saileach, saileog, seileog, slat saileoige, tuige, *pl.* tuigíos; *colloquial* fualascach.

saill noun ❶ *salted meat:* feoil ar salann, feoil shaillte; goirteamas. ❷ *fat meat:* feoil bhán, feoil mhéith; bealadh, bloinig, blonag, geir, gréis, gréisc, méathras, smearadh, úsc, *literary* ionmhar. verb ❶ *salt, cure:* leasaigh; cuir ar sailleadh, cuir ar salann, picil. ❷ *season (speech, story):* *figurative* cuir salann ar; cuir cosa faoi, cuir craiceann ar, cuir cuma ar, cuir dealramh ar, cuir dreach air, cuire eireaball maith leis, dathaigh. ❸ *grossly overcharge, fleece:* *figurative* bearr, feann; creach, robáil.

sailleach adjective *adipose:* bealaithe, blonagach, geireach, olartha, úscach; biata, dabhchach, feolmhar, lodartha, marógach, méadlach, méith, murtallach, otair, otartha, otraithe, páinteach, plobánta, plobartha, ramhar, róramhar, stáidiúil, téagartha, téagrach, toirtiúil, trom.

sailleadh noun *salting, curing, pickle:* leasú, picil, picilt; cur ar sailleadh, cur ar salann.

sáimhe noun *peacefulness, tranquillity:* calm, ciúnas, sáimhríocht, sámh, sámhnas, scíth, síocháin, sócúlacht, sos, suaimhneas, téigle, tost, *literary* reithíne, taithleach; éideannas, faoiseamh, random, só, socracht; codladh, suan, suanán, táimhe, támhshuan, toirchim.

sáimhín noun ❶ *peaceful mood:* sáimhe, suaimhneas. ❷ **bheith ar do sháimhín só** *be happy and at ease, enjoy oneself in comfort:* bheith ar do sháimhín suilt, bheith subhach sách.

sáimhrigh verb *quieten, tranquillize:* cealg, ceansaigh, ciúnaigh, fuaraigh, giúmaráil, lagaigh, laghdaigh, maolaigh, measraigh, séimhigh, síothaigh, socraigh, suaimhnigh, tláthaigh; cuir suaimhneas i, cuir srian le, tabhair chun síochána.

sáimhríoch adjective ❶ *tranquil, easy:* ciúin, neamhbhuartha, neamhchorrabhuaiseach, neamhchorrach, neamhchorraithe, neamhchúiseach, réchúiseach, réidh, sámh, socair, staidéartha, suaimhneach; gan bhuaireamh. ❷ *drowsy:* codlatach, míogach, múisiamach, néalmhar, suanach, suanmhar, támhach, támhleisciúil, toirchimeach; liosta, marbhánta, murtallach, spadánta, támáilte, trom, tromshúileach, tuirseach

sáimhríocht noun ❶ *ease, tranquillity:* calm, ciúnas, *literary* reithíne, sáimhe, sámh, sámhnas, scíth, síocháin, só, socracht, sócúlacht, suaimhneas, *literary* taithleach, téigle; éideannas, faoiseamh, fóillíocht, random, socracht. ❷ *drowsiness:* codladh, codlatacht, *pl.* mótaí codlata, múisiam, néal, sámhán, sámhántaíocht, suan, suanán, táimhe, támhshuan, toirchim, tuirse.

sain- prefix *special, particular, characteristic:* indibhidiúil, páirticleártha, pearsanta, príobháideach, sainiúil, sonrach, speisialta, tipiciúil, tréitheach; ar leith, faoi leith; áirithe, ceapáirithe.

saineolaí noun *specialist, expert:* duine oilte, duine sciliúil, eolaí, máistir, rímháistir, saoi, scoláire, speisialtóir, údar, údarás, *colloquial* lucht ceirde, *ironic* scolardach.

saineolas noun *expert knowledge, special knowledge:* eolas, eolas faoi leith, eolas speisialta, fios, saincheird, saineolaíocht, speisialtacht.

sainiúil adjective ❶ *specific, characteristic:* pearsanta, sain-, sonrach, speiceasach, tipiciúil, tréitheach; ar leith, faoi leith; idirdhealaithe. ❷ *specially good, special:* an-mhaith, fíormhaith, sármhaith; speisialta; ar leith, faoi leith; thar barr, thar cionn.

sainmhíniú noun *definition:* ciall, ciallú, deifníd, léiriú, léirmhíniú, míniú, míniúchán, soiléiriú; breithiúnas, díchódú.

sáinn noun ❶ *corner, nook, recess:* ascaill, cailleach, clúid, cluthair, coirnéal, cuas, cúil, cúilín, cúinne, cúláire, cúlán, cúláis, cúláisean, cúlaon, glota, landair, lúb, lúbainn, nideog, póicéad, puicéad, *literary* imscing. ❷ *trap, fix, predicament:* abar, achrann, adhastar, an anró, aimhréidh, anchaoi, arán crua, cantaoir, cathair ghríobháin, cruachás, cúngach, deacracht, géibheann, habal, nead ghríbhe, ponc, súil an ribe, súil an rópa, teannta, treampán, umar na haimléise; tá sé idir dhá cheann na meá, tá sé idir dhá thine Bheáltaine. ❸ *check (in chess):* marbhsháinn; leamhsháinn.

sáinnigh verb ❶ *corner, trap, put in a fix:* cuir/fág ar an bhfaraor, ar an trá fholamh, i bponc, idir an leac

saint is an losaid, idir dhá cheann na meá, idir dhá chomhairle, idir dhá thine Bhealtaine, i dteannta, i gcás, i gcathair ghríobháin, i gceapa, i gcruachás, i gcúngach, i ndol, i nead ghríbhe, i ngéibheann, i bpranc, i bponc, i dteannta, i súil an ribe, i súil an rópa, in abar, in adhastar an anró, in aibéis, in aimhréidh, in arán crua, in umar na haimléise, ina bhaileabhair, ina bhambairne, sa chúngach, san fhaopach. ❷ *check (in chess)*: cuir i sáinn.

saint noun ❶ *avarice, covetousness*: ampla, antlás, cíocras, cnuaisciúin, craos, craosaireacht, dúil, dúil chráite, gortaíl, santacht, saoltacht, scanradh, sprionlaitheacht; cníopaireacht, cúngach croí, gorta, ocras, péisteánacht, picéireacht, suarachas, truailleachas, tútachas. ❷ *great eagerness, desire*: ainmheasarthacht, ainriantacht, airc, antoil, cíocras, confadh, dásacht, deárcas, déine, díocas, dúil, dúil chráite, dúrúch, dúthracht, faobhar, fíoch, fiuchadh foinn, flosc, fonn, *literary* friochnamh, griothal, guilm, scamhadh, teaspach, tnúth, tnúthán, toil.

saintréith noun *distinctive trait, characteristic*: airí, comhartha, comhartha sóirt, déata, gné, mianach, féiniúlacht, sainchomhartha, sainiúlacht, sonra, sonraíocht, tréith.

saíocht noun ❶ *learning, erudition*: foghlaim, léann, léannacht, oilteacht, saineolas, scoláireacht. ❷ *literary mastery, accomplishment*: ábaltacht, bua, cumas, cumhacht, éifeacht, eolas, éirim, greim, inniúlacht, máistreacht, oilteacht, scil, taithí, tuiscint.

sáiste noun ❶ *sage (Salvia)*: tormán. ❷ **sáiste chnoic** *mountain sage (Teucrium)*: iúr sléibhe, lus na bhfeá, lus na bhfia, sáiste fhiáin, sáiste fiáin, sáiste muice

sáiteach adjective ❶ *thrusting, stabbing*: áith, aithrinneach, bearrtha, faobhrach, géar, íogair, ionsaitheach, polltach, rinneach, ropánta, siosúrtha, *literary* féigh. ❷ *intrusive, nagging*: binbeach, colgach, faobhrach, géar, géaránach, goimhiúil, nimhneach, searbh, treallúsach.

sáiteachán noun ❶ *intruder*: sáiteoir, socaidán, socaire, stocaire; sárachán. ❷ *nagging person*: agóid, ainciseoir, ainle, ainleog, ainscian mná, ainsprid, badhb, badhbaire, badhbóir, báiléir, báiléir mná, báirseach, báirseoir, banránaí, bearrbóir, bearrthachán, bearrthachán mná, cáinseach, cáinseoir, callaire, callaire mná, cancairt mná, cancrán, canránaí, cantalán, cantalachán, cantalóir, caorthanach, ceolán, cianaí, ciarsánaí, clamhsánaí, cnádán, cnádánaí, cnáimhseálaí, cnáimhseoir, deimheastóir, deimheastóir mná, drantánaí, dris, fia-chailleach, fiacantóir, fuachaid, gearánaí, heictar, laisceach, meirgeach, meirgíneach, míchaidreamhach, neascóid, ráipéar mná, ruibhleach, ruibhseach, scalladóir, scallaire, scallóid, scamhailéir, sceimhealtóir, scólachán, stiúireachán, stiúireachán mná, straip, tormasaí, *literary* glámh.

sáiteán noun ❶ *stake*: cuaille, stáca, stacán, staic, standal maide, taca. ❷ *thrust, jibe*: aisfhreagra, focal fonóide, freasfhreagra, gastóg, géaróg, goineog, leasfhreagra.

sáith noun ❶ *literary food*: beatha, beathú, *pl.* béilí, bia, cothú, fodar, greim, greim is bolgam, lón, lónadóireacht, lónú, marthain, marthanacht, rótham, scamhard, soláthar bia, tomhaltas, *literary* coth. ❷ *fill, sufficiency*: láine, lán, riar sáithiú; a lán, dalladh, flúirse, méid chun do shástachta, mórán. ❸ *enough*: dóthain, go leor, leordhóthain.

saithe noun *swarm, multitude*: saithnín, scaoth; ál, baicle, dreabhlán, ealbha, ealbhán, ealta, eilbhín, éillín, grathain, lota, scata, scuaine, scúd, sealbhán, tréad.

salach adjective ❶ *soiled, unclean*: bréan, brocach, broghach, **adjectival genitive** caca, cáidheach, camrach, camrúil, ceachrach, clábarach, crosach, déistineach, draoibeach, fochallach, gránna, gutach, lodartha, lofa, morgtha, múisciúil, otair, smeartha, truaillí. ❷ *base, sordid*: anuasal, caillte, cloíte, comónta, díblí, íseal, lábánta, lábúrtha, lodartha, moghach, otair, suarach, táir, táiríseal, truaillí, uiríseal. ❸ *impure, obscene*: anghrách, barbartha, collaí, drúiseach, drúisiúil, *literary* drúth, gáirsiúil, garbh, gráiscíneach, gráisciúil, gránna, graosta, madrúil, míchumhra, mígheanasach, mígheanmnaí, mígheanúil, peacach, peacúil; brocach, broghach, cáidheach, neamhghlan. ❹ *wet and windy*: fleách, fliuch gaofar, garbh, scrábach, sramach, stamhlaí. ❺ *rough, choppy (of sea)*: bréitseach, coipthe, corraithe, scaobach, sceanúil, scréachta, suaite. ❻ **salach ar a chéile** *conflicting, falling foul of one another*: codarsnach, contrártha, naimhdeach dá chéile; ar mhuin mhairc a chéile, trína chéile; traiseáilte.

salachar noun ❶ *dirt, ordure*: bréantas, brocamas, cacamas, cáidheadas, caihniúr, camras, ceachair, ciobar, clábar, draoib, éaglaine, fochall, garr, garraíl, godamat, greallach, guta, láib, lábán, liongar, lodar, otrach, otras, roide, salachar, slod, sloda, smeadar, smúit, súicheacht. ❷ *impurity, obscenity*: barbarthacht, brocamas, cáidheadas, draostacht, éaglaine, gairbhe, gáirsiúlacht, gráiscíneacht, gráisciúlacht, gráistiúlacht, graostacht, míchuibheasacht, mígheanas, mígheanmnaíocht, mígheanúlacht, mínáire, sailíocht. ❸ *dross*: deascán, dríodar, gríodán, grúdarlach, grúnlach, grúnlais; barraíl, barraíolach, brios bruar, broc, brocamas, bruan, bruar, bruscar, brúscar, cáithleach, *pl.* ciolaracha, ciolar chiot, *pl.* ciolaracha chiot, *pl.* cnámhóga, conamar, deasca, deascainn, fuílleach, fuíoll, *pl.* grabhróga, graiseamal, luspairt, miodamas, mionrach, moirt, scaid, sceanairt, sciot sceat, scileach, sceallach, scroblach, slaidhreadh, *pl.* smidiríní, *pl.* smiodair, smionagar, spruadar, *pl.* spruáin, sprúilleach, *pl.* sprúillí, trachlais, *pl.* traipisí, treilis, treilis breilis, truflais, *literary* brúireach. ❹ *spattering, sprinkling*: breacaireacht, salacharáil, scuaid, smeadráil, spreachall, steallóg.

salachar craicinn noun *skin eruption*: salachar rásúir; an rua, aodh (íth), aodh thochais, barr dearg, briseadh amach, carr, borrphéist, bruth, bruthán, claimhe, clamhach, fiolún dearg, fiolún dubh, fiolún reatha, fiolún saith, galar carrach, gearb, gríos, oighear, *pl.* puchóidí, rais, saimhín oighreach, sáimhín oighreach, scraith, screamh, tine aodh, tine dhia, urtacáire; salachar béil.

salacharáil noun ❶ *smattering*: slathairt, smeadar, smeadráil; breacaireacht; breaceolas, smeareolas. ❷ *drizzling*: ceobhrán, scuaid, spreachall, steallóg; barrchith, brádán, brádarnach, cafarnach, ceobháisteach, ceobrán, ceobharnach, ceofrán, dramhaíl báistí, draonán báistí, salacharáil bháistí, síobráil bháistí, spréacháil báistí, spreachall báistí, sriabhán báistí.

salaigh verb *dirty, defile*: corb, morg, truailligh; coill, creach, éignigh, foréignigh, mill, sáraigh; smeadráil, smear, smúitigh.

salamandar noun ❶ *salamander (Salamandra)*: sailimeandar, teideallas, tinteog. ❷ *resounding blow*: boiseog, bos, buille, cíonán, clabhta, clabhtóg, cnag, cnagán, dundarlán, faic, grugam, leadhb, leadhbóg, leadóg, leandóg, leang, leangaire, leiceadar, leidhce, liúr, paltóg, planc, smac, smag, smailc, smalóg, smeach, smitín, snag, sonc, stráiméad, tailm, tiomp.

salann noun *salt*: sailleadh, saillteacht, salandacht; sailíona; sailtéar.

sall adverb *to the far side, across:* anonn, trasna; chuig an taobh eile, go dtí an taobh thall.

salmaire noun ❶ *psalmist, psalm-singer:* sailmeadóir, salmach, salmcheolach, salmchiallach, salmadóir, salmaí, *literary* salmcheadlach. ❷ *ranter:* béalastán, béiceadán, bladhmaire, bolgán béice, bolscaire, callaire, geocach, glafaire, glaomaire, meigeadán, pápaire, radaire, reacaire, roiseálaí, scaothaire, siollaire, trumpadóir

salmaireacht noun (*act of*) *psalm-singing:* saltaireacht, *literary* salmcheadal; cantaireacht. ❷ *preaching, prating:* seanmóireacht, praeitseáil; baothaireacht, baothchaint, bladhmadóireacht, bladhmaireacht, bladhmann, bóibéis, bóisceáil, bolgán béice, bollaireacht, bolmánacht, bolmántacht, bolscaireacht, bomannacht, braig, braigeáil, bromaireacht, pápaireacht, radaireacht, sámsáil, scaothaireacht, trumpadóireacht. ❸ *talking in a sing-song fashion:* deilíneacht, deilíntacht.

saltair noun *psalter:* leabhar na salm, *pl.* na sailm, *pl.* sailm Dháibhí; *literary* salmcheadal.

sámh noun adjective ❶ *peaceful, tranquil:* ciúin, sáimhríoch, síochánta, sítheach, síthiúil, suaimhneach, suaimhneasach; ar do chraodó. ❷ *restful, pleasant:* éasca, sáil, saoráideach, suaimhneach, suaimhneasach, suaimhnitheach; cluthar, compordach, compordúil, guamach, scístiúil, seascair, séimh, sóch, sócúil, soirbh, sólásach, sómasach, sómásach, suáilceach, suairc, taitneamhach. noun ❶ *tranquillity, gentle sleep:* calm, ciúnas, sáimhe, sáimhríocht, sámhnas, scíth, síocháin, suaimhneas, sos, téigle, tost; éideannas, faoiseamh, randam, *literary* reithine, socracht; marbhchodladh, codladh, sámhán, sámántacht, sámhántaíocht, sámhchodladh, suan, suanaíocht, suanán, támh, támhchodladh, támhnéal, támhshuan, toirchim, toirchim suain.

sámhaí noun ❶ *easy-going person:* codaí, Conán, duine gan mhuláid, duine sáil, duine sómasach, giolla gan aire, sácrálaí, sámhánaí, sómasán. ❷ *sleepy person, lazy person:* codladh mór, codlatach, codlatán, codlatánach, codlatóir, sámhánaí, suanaí, támhán; bruachaire, búiste, caidéir, codaí, falsóir, fámaire, feádóir, fear fuar lá te, giolla na leisce, langa, leadaí, leadaí na luatha, leadránaí, leiciméir, leisceoir, leisíneach, leoiste, leota, lófálaí, liúdramán, raingléir, righneálaí, ríste, sámhánaí, scaoinse, scraiste, sínteach, síntealach, sliastán, sloitheán, smíste, somóg, srathaire, stangaire, straiméad, streachaille, stróinse, súmaire, traonaí.

samhail noun ❶ *likeness, similitude:* amhlachas, cosúlacht, íomhá, samhailt, samhlachas, samhlú, *literary* iontsamhail, iontamhlacht; líníocht, péintéireacht, pictiúr, portráid, sceitse; dreachadh, grianghraf; cló, craiceann, crot, cruth, cuma, cumraíocht, dealramh, éagasc, fíor, fíoraíocht, friothamh, gné, greanadh, imchruth; scáil, scáile, scáth. ❷ *phantom, spectre:* amhail, amhailt, gósta, samhailt, samhlaoid, spioradh, sprid, taibhse, támhas; aisling, aislingíocht, aislingíocht, bréagchéadfa, brionglóid, fantaise, fantaisíocht, fís, fisíocht, fuath, siúlacht, *pl.* speabhraídí, *pl.* speabhraoidí, *pl.* spéireataí, *literary* brionn.

samhailteach adjective *imaginary:* íomháineach, bréagach, adjectival genitive bréige, cumtha, fantaisíoch, fáthchiallach, ficseanúil, miotasach, miotaseolaíoch, osréalach, samhalta, samhlaíoch, adjectival genitive samhlaíochta; mar dhea.

Samhain noun *Halloween, All Saints' Day:* almas, Lá na Naomh Uile.

sámhán noun *nap, doze:* sámhán codlata; codladh, dairt, dairt chodlata, míog, míog codlata, míogarnach, míogarnach codlata, néal, néal codlata, néalfairt, néalfartach, sáimhríocht, sáimhríocht chodlata, sámhántacht, sámhántaíocht, snapáil, suan, suanán, táimhe, támh codlata, tionnúr.

samhlaigh adjective ❶ *imagine:* ceap, coincheap, cuimhnigh, machnaigh; creid, síl, smaoinigh; feictear do, taibhsítear do; táthar á thaibhreamh do. ❷ **samhlaigh le** *liken to:* cosúlaigh le, dealraigh le. ❸ **samhlaigh le** *suppose of:* síl de; ní chuirfinn thairis é.

samhlaíocht noun *imagination:* íomháineacht, íomháíocht, samhaltacht; aisling, bua na cumadóireachta, cruthaitheacht, éagoitinne, fís, inspioráid, síleadtáil, síleadh, tinreamh; intleacht, intleachtacht, intlíocht, nuáil, seiftiúlacht; indibhidiúlacht; ardéirim, bua ar leith.

samhlaoid noun ❶ *figurative illustration:* beophictiúr, cosúlacht, deilbh, pictiúr, samhail, samhaltán, samhlú, siombail, siombalú, solaoid; athlaithriú, comharthú, léiriú, samhailchomharthú; íomhá, meafar, parabal, tróp; fáthchiall, fáthscéal. ❷ *pl.* **samhlaoidí** *imagery:* íomháineachas, íomháíneas, samhlaíocht.

samhnas noun *nausea, disgust:* adhascaid, aiseag, casadh aigne, déistean, déistin, éiseal, glonn, masmas, múisc, múisiam, samhlas, samhnás, sléidíocht.

sámhnas noun ❶ *ease, respite:* aoitheo, aothú, biseach, cairde, faoiseamh, lagra, lagsaine, laigse, lamhaíl, lascaine, maitheamh, spás, truiáil, *literary* turbhaidh. ❷ *lull:* aiteall, deibhil, sánas, snag, sos.

samhnasach adjective ❶ *nauseating, disgusting:* déistineach, glonnmhar, masmasach, múisiciúil, samhnasach, samhnásach, urlacach; cradhscalach, gráiniúil. ❷ *queasy, squeamish:* beadaí, cáiréiseach, cáitiniúil, consaeitiúil, cúirialta, éisealach, féata, íogair, lagáiseach, laideanta, meonúil, pointeáilte, samhnasach, samhnásach, scrupallach, tormasach.

samhóg noun *sorrel* (*Rumex acetosa, R. acetosella*): *pl.* bileoga milse, copóg mhilis, samhadh, samsóg, *pl.* samsóga; samhadh caorach, samhadh corrach, samhadh corraigh, scamha caorach, scamhóg caorach.

sampla noun ❶ *example, sample:* eiseamláir, solaoid, sompla; cuspa. ❷ *sign, portent:* céalmhaine, comhartha, cosúlacht, cuma, dreach, leid, lorg, mana, rian, sín, sliocht, taispeánadh, tuar. ❸ *wretched, afflicted person:* ainniseoir, angarúinneach, ceanrachán bocht, cráiteachán, créatúr, díol trua, díothachtach, dreoilín, geospal, gortachán, ocrachán, rama, raispín, ruidín, rud, samplóir, troch, truán, truanaid, truanairt, *figurative* lom-angar.

samplach adjective *exemplifying, typical:* eiseamláireach, samhlachúil, tipiciúil.

sampláil noun *sampling:* samplóireacht, tástáil. verb *sample:* blais, tástáil; tóg sampla de; bain triail as, féach.

sanas noun ❶ *whisper:* cluasaíl, cluasaíocht, cogar, cogar mogar, focal i gcluas, sifearnaíl, siosarnach, siosarnaíl, siosc, sioscadh, sioscaireacht, siosma, siosmaireacht, siosmairt, siosmarnach, siosmarnaíl, siosóg; míchogar. ❷ *hint, suggestion:* sanas cogair; cogar, gaoth an fhocail, leathfhocal, leid, leide, leideadh, nod, nod don eolach, údragáil, údramáil. ❸ *glossary:* gluais foclóir, foclóirín, innéacs, liosta focal, sanasán, stór focal. ❹ **Lá Fhéile Muire na Sanaise** *the feast of the Annunciation* (*25th March*): Sanas na Maighdine Beannaithe Muire, An Teachtaireacht chun na hÓighe Beannaithe Muire; Lá Fhéile Muire Mór san Earrach, Lá Fhéile Muire Mór na Féile Pádraig.

sanasaíocht noun *etymology:* focalfhréamhacht, foras focal, sanas na bhfocal.

sanctóir

sanctóir noun *sanctuary (part of church)*: caingeal, crannchaingeal, crann saingil, saingeal; córlann; crannaíl.

santach adjective ❶ *covetous, avaricious*: aimirneach, amplach, cíocrach, craosach, díocasach, faobhrach, gabhálach, maoinchíochrach, tnúthánach. ❷ *intensely eager*: áilíosach, aimirneach, amplach, antoisceach, confach, cíocrach, craosach, deárcaisiúil, díocasach, díograiseach, dúilmhear, dúthrachtach, faobhrach, fíochmhar, fonnmhar, géar, griofadach, griothalach, guilmeach, íotach, scafa, scamhaite, síoraí, tiarálach, tnúthánach, tograch, *literary* friochnamhach.

santaigh verb *covet, desire*: mianaigh, tnúth le, tothlaigh; cuir dúil i, bí ag tnúth le; tá tnáthán agam le; ba mhaith liom, is mian liom, is teannach liom.

saobh adjective ❶ *slanted, twisted, askew*: caisirníneach, cam, cas, casta, corach, fiar, fiarach, lúbach, ruaircíneach; claon, claonta, cocach, cocáilte, fiarsceabhach, fiarsceoch, gocach, goiciúil; ar a leathcheann, ar fiar, ar fiarsceabha, ar gearradh baghas, ar leathstuaic, ar sceabha, ar sliú, ina chamstáca, ina chamstarrán; tá coc air, tá feirc air, tá goic air, tá leathmhaing air. ❷ *wayward, capricious*: ábhailleach, aimhleasta, ainrianta, ceannairceach, ceanndána, ceannláidir, ceanntréan, dáigh, dígeanta, docheansa, docheansaithe, dochomhairleach, dodach, dosmachtaithe, ládasach, míréireach, neamhghéilliúil, spadhrúil; gan riail, gan smacht; aerach, alluaiceach, athraitheach, baoth, éadairiseach, éaganta, éanúil, earráideach, fánach, gaigiúil, gligíneach, gogaideach, guagach, luaineach, luathintinneach, mídhilis, scinnideach, seafóideach spéiriúil, teidheach. ❸ *crooked, perverse*: cam, camtha, cas, casta, claon, crom, cruiteach, cuar, cuartha, fiar, lúbtha; chomh cam le cam lúbáin; buanearráideach, calctha i bpeaca, cearr, contráilte, daingean san earráid, earráideach, frisnéiseach, mícheart, saobh, saofa, urchóideach.
verb ❶ *slant, twist*: cam, claon, crom, cuir diall, goic ar, cuir maig ar, fiar, saobh, téigh ar fiarlán, téigh ar sceabha, téigh le fána; cor, cuir casadh i, cuir cor i, cuir freang i, cuir snaidhm i, freang, iompaigh, lúb, snaidhm, sníomh, tiontaigh. ❷ *lead astray, pervert*: cam, corb, crom, cuir diall, goic ar, cuir maig ar, fiar, truailligh.

saobhadh noun *aberration, distortion, perversion*: camadh, casadh, claonadh, cur as riocht, díchumadh, dul amú, earráid, éislis, fabht, fiaradh, iomrall, lúb ar lár, lúbadh, mearbhall, mearathal, míthuiscint, mí-úsáid, saofacht seachmall, seachrán, tuaiplis, tuathal; anchuma, athchumadh, contráilteacht, earráid, eiriceacht, fallás, faillí, urchóid, urchóideacht.

saobhghrá noun *infatuation*: mearghrá; mearú, saobhadh, saobhnós, saofacht.

saochan céille noun *mental aberration*: mearbhall, mearbhall aigne, mearbhall céille, mearbhall intinne, mearchiall, mearú, saobhadh, saobhchiall, saofacht, seachrán céille, siabhrán, siabhránacht; báiní, buile, gabhairéis, gealtachas, gealtacht, máine, mearaí, mire, néaróis, rámhaille, réaltóireacht, saobhchiall, taom buile.

saofacht noun ❶ *waywardness, aberration*: ceanndánacht, ceanntréine, ceapántacht, danarthacht, dodaireacht, dúire, stailc, stainc, stalcacht, stuacacht, stuaic; anchuma, athchumadh, camadh, casadh, claonadh, fiaradh, lúbadh; contráilteacht, earráid, eiriceacht, urchóid, urchóideacht, dul amú, earráid, éislis, fabht, fallás, faillí, iomrall, lúb ar lár, mearbhall, mearathal, míthuiscint, saobhadh, seachmall, seachrán, tuaiplis, tuathal. ❷ *crookedness, perversity*: caime, caimiléireacht, calaois, camadaíl, camastaíl, camastóireacht, camadh, cambheart, camrasáin, cealg, cealgaireacht, cluain, cuaire, falsú, feall, feall ar iontaoibh, feallaireacht, fealltóireacht, feillbheart, feillghníomh, fiar, íogán, lúbaireacht, meabhlaireacht, meabhlú, mealltóireacht, meang, meilm, mícneastacht, míchoinníoll, mí-ionracas, mímhacántacht, séitéireacht.

saoi noun ❶ *wise man, learned man*: éigeas, eolaí, eolgaiseoir, fáidh, fáidheadóir, fealsamh, fear feasa, fear léinn, máistir, múinteoir, ollamh, saineolair, scoláire, smaointeoir, speisialtóir, taighdeoir, tairngire, teagascóir, *literary* físí, *colloquial* aos léinn, lucht léinn. ❷ *eminent, distinguished person*: duine uasal; ball mór, boc mór, bodach mór, cnapán duine uasail, duine mór le rá, gróintín, *pl.* maithe agus móruaisle, oirirceach, piarda, piarda duine uasail, ridire, sárdhuine, torclach, *pl.* uaisle, *figurative* tapar; bean uasal; boicín, glasbhoicín; is mór an lán béil é.

saoire noun ❶ *feast, church festival*: féile, lá croídhílis, lá féile, sollúin; lá aifrinn; ceiliúradh, comóradh, *literary* lá líotha, líth. ❷ *day of rest, sabbath*: an Domhnach, an tsaoire, lá an Tiarna, lá scíthe, sabóid; sabóid na nGiúdach, an Satharn. ❸ *vacation, holiday, leave of absence*: lá saoire, *pl.* laethanta saoire, lá scoirthe, scíth; aimsir scoir, cead scoir; bliain shabóideach. ❹ *cheapness*: conradh, margadh maith, saoirse, saorchonradh, sladchonradh, sladmhargadh, sladphraghas.

saoirse[1] noun *literary craftsmanship, workmanship*: ceardaíocht ceardúlacht, ceird, ceirdne, clisteacht, clistíocht, ealaíon, gaois, scil, stuaim; cearpantóireacht, saoirseacht, saoirseacht admhaid, saoirseacht bháid, saoirseacht loinge, siúinéireacht, snoíodóireacht.

saoirse[2] noun ❶ *literary nobility*: saoirseacht; uaisle, uaisleacht; oireachas, oirirceas, uasaicme, uaslathas, *literary* uaise, uaiseacht. ❷ *freedom, independence*: féinriail, neamhspleáchas, saoirseacht; liobairtí, Repéil. ❸ *exemption, immunity*: díolúine, saoirseacht, *literary* turbhaidh. ❹ *privilege*: ceart, pribhléid, uirdhlí. ❺ *cheapness*: conradh, margadh maith, saoire, saorchonradh, sladmhargadh.

saoirseacht noun ❶ *craftsmanship*: ceardaíocht ceardúlacht, cearpantóireacht, ceird, ceirdne, clisteacht, clistíocht, ealaíon, gaois, saoirse, scil, stuaim. ❷ *(act of) working as mason, (act of) working in building materials*: saoirsiú, saoirseacht chloiche; saoirseacht admhaid, siúinéireacht; bríceadóireacht.

saoirsigh[1] verb *work (stone, metal)*: dealbhaigh, déan saoirseacht ar, deilbhigh, gaibhnigh, múnlaigh, oibrigh, snoigh, teilg; cruthaigh, cum, foirmigh.

saoirsigh[2] verb ❶ *cheapen*: ísligh a chostas, a luach, a phraghas; laghdaigh a chostas, a luach, a phraghas. ❷ *become cheap*: téigh i saoire, téigh i saoirse.

saoiste noun ❶ *seat (of plaited straw or rushes)*: saoisteog, suíochán. ❷ *boss, ganger, gaffer*: bas, geafar, geaingear; captaen, máistir, ardmháistir, bainisteoir, cathaoirleach, ceann, ceann feadhna, ceann urra, ceannaire, ceannasaí, cinnire, fear ceannais, feitheoir, léadar, maoirseoir, maor, oifigeach, príomhfheidhmeanach, príomhoifigeach, reachtaire, stiúrthóir, stiúrthóir bainistíochta, taoiseach, tiarna, tiarna talún, treoraí, uachtarán, úinéir; boc mór, lus mór. ❸ *roll*: ceirtlín, corna, cornán, cuach, cuaile, rolla, rollán, rollóg, spól. ❹ **saoiste farraige** *rolling wave*: saoiste mara; bréidín, bréitse, bréitse, bréitsín, *pl.* bristí, maidhm, scaileog, uain farraige.

saoisteog noun ❶ *low, soft seat, pouffe*: saoiste; cúiste, stól, suíochán, tolg. ❷ *dumpy little woman*: búis, braimleog, bunbhean, flapóg, lapóg, lapróg, leathnóg, lúrapóg, múis, páideog, patalóg, plobóg mná, rabhndairín, ringiléad, samhdóg, sodóg, stumpa mná, stopóg.

saoithín noun ❶ *pedant*: bromaire, éigsín, scaothaire léinn, teagascán. ❷ *prig*: duine ceartaiseach; fimíneach; cráifeachán, vóitín.

saoithíneacht noun ❶ *pedantry*: saoithínteacht; forcamás cainte. ❷ *priggishness*: saoithínteacht; béalchrábhadh, béalchráifeacht, bréagchrábhadh, bréagchráifeacht, ceartaisí, fimíneacht, fimínteacht, praeitseáil.

saoithiúil adjective ❶ *learned, wise*: ardintleachtúil, ardléannta, cultúrtha, eagnaí, éargnaí, foghlamtha, gaoiseach, gaoisiúil, gaoismhear, intleachtach, intleachtúil, leabhrach, liteartha, oilte, scolártha, sofaisticiúil, *literary* suadhach. ❷ *skilled, accomplished*: ábalta, aclaí, áitithe, cleachta, cliste, cumasach, cumasúil, cumhachtach, deaslámhach, éifeachtach, glic, ildánach, inniúil, luathlámhach, oilte, praitinniúil, pribhléideach, sciliúil, stuama, tallannach, tréitheach. ❸ *humorous, entertaining*: ábhachtach, áiféiseach, barrúil, gleoiréiseach, greannmhar, **adjectival genitive** grinn, leithéiseach, magúil, meidhreach, meidhréiseach, pléisiúrtha, siamsúil. ❹ *pleasant, agreeable*: aoibhinn, caithiseach, deas, fáilí, pléisiúrtha, sibhialta, suairc, taitneamhach; cairdiúil, caoin, carthanach, ceansa, ceanúil, céilúil, cineálta, coimhirseach, connail, córtasach, cuidiúil, dáimheach, dáimhiúil, dil, díograiseach, garúil, geanúil, lách, muinteartha, oibleagáideach, páirteach, tíriúil. ❺ *funny, peculiar*: aduain, **adjectival genitive** aineoil, áirid, aisteach, aistíoch, ait, corr, corraiceach, deoranta, éagoitianta, éagsamhalta, éagsúil, éagsúlta, **adjectival genitive** éigineáil, groí, neamhchoitianta, neamhghnách, urghnách.

saoithiúlacht noun ❶ *learning, wisdom*: foghlaim, léann, léanntacht, múinteoireacht, oideachas, oideas, oiliúint, scoil, scolaíocht, scoláireacht, teagasc; breithiúnas, ceann, ciall, clisteacht, clistíocht, críonnacht, discréid, eagna, eagnaíocht, éargna, fadcheann, fios, fios feasa, gaois, guaim, intleacht, meabhair, réasún, stuaim, toighis, tuiscint. ❷ *humour, mirth*: ábhacht, áibhéireacht, anstrólaíocht, antlás, craic, cúis gháire, gáibhéireacht, gleoiréis, greann, greannmhaire, greannmhaireacht, greanntaíocht, laighce, léaspartaíocht, leithéis, magadh, meidhir, meidhréis, pléaráca, rancás, scige, scigireacht, scléip, spórt, spraoi, sultmhaire, *literary* iontlas, sibheanradh. ❸ *oddness, peculiarity*: aduaine, áiféis, áiféiseacht, aisteachas, aistíl, aistiúlacht, aiteas, barúilteacht, barrúlacht, coimhthíos, corraiceacht, deorantacht, éagoitiantacht, neamhghnáthaí.

saol noun ❶ *life, period of existence*: aimsir, aois, beatha, ré, saolré, téarma; glúin, *literary* díne. ❷ *way of life, sphere of life*: beatha, *pl.* cúrsaí, *pl.* gnóthaí, saol pearsanta. ❸ *enjoyable life, enjoyable time*: am breá, craic, lá dár saol, *familiar* toeim. ❹ *the world of human affairs*: an domhan mór, fód na bpeacach, an saol poblí. ❺ *all creation, all people*: an saol Fódlach, an cine daonna, Ádhamhchlann; cách, gach uile dhuine, an pobal; an chruinne, an domhan.

saolach adjective *long-lived*: fadtéarmach, ilbhliantúil, marthanach, saolmhar, bithbheo, bithbhuan, bithnua, bithshíoraí, buan, buan-, buanfasach, buanúil, leanúnach, neamhbhásmhar, síoraí, sithiúil, suthain; is iontach an caitheamh/teilgean atá ann.

saolaigh verb ❶ *deliver (a baby)*: tabhair páiste ó bhean. ❷ **saolaítear** *is born*: tar ar an saol, tar chun baile; tar chun cinn; beirtear.

saolta adjective ❶ *earthly, mundane, temporal*: domhanda, talmhaí, teamparálta; básmhar, daonna, somharaithe; ábhartha, céadfach, céadfaíoch, collaí, corpartha, suarach, táir. ❷ *lay, secular*: teamparálta, tuata; págánta. ❸ *worldly*: caoinbhéasach, cathartha, cultúrtha, grástúil, múinte, neamhchorrbhuaiseach, oilte, sibhialta, síodúil, snasta, sofaisticiúil, soilbhir; críonna, dea-eolach, eolach, fadcheannach, feasach, géarchúiseach, grinn, tuisceanach. ❹ *respectable, decent*: creidiúnach, fiúntach, ionraic, macánta, maith, measúil, onórach, uasal, urramach, urramúil. ❺ *intensifying utter, total*: áitithe, bunaithe, corónta, corpanta, cruthanta, daingean, daingnithe, dearbh-, dearg-, dearbhaithe, deimhnithe, dian-, diongbháilte, do-bhogtha, docheartaithe, doleigheasta, domhúinte, dosmachtaithe, láidir, seanbhunaithe, tréan; amach is amach.

saoltacht noun ❶ *worldly matters*: *pl.* cúrsaí an tsaoil, *pl.* gnóthaí an tsaoil. ❷ *worldliness*: dúil sa saol. ❸ *worldly wealth*: *pl.* acmhainní, airgead, duille an domhain, maoin, maoin an tsaoil, maoin shaolta, ollmhaitheas, rachmall, rachmas, saibhreas, *pl.* sócmhainní, somhaoin, speansas, speilp, strus, tábhacht, teaspach, toice.

saolú noun *birth, nativity*: breith, teacht ar an saol; giniúint.

saonta adjective *naive, gullible*: sónta; creidmheach, géilliúil, mothaolach, neamhamhrasach, neamhfhaichilleach, neamhoilte, róchreidmheach, simplí, sochomhairlithe, soineanta, somheallta.

saontacht noun *naivety, gullibility*: géilliúlacht, mothaolacht, mothaolaí, mothaolaíocht, róchreidmheacht, simplíocht, soineann, soineannaí, soineantacht, soineantas.

saor¹ noun ❶ *artificer, craftsman*: ceardaí, ceard, fear ceirde, *colloquial* lucht ceirde; dealbhóir, dealbhadóir, dearthóir, ealaíontóir, snoíodóir; *literary* údar saoirse. ❷ **saor cloiche** *mason*: (i gContae na Gaillimhe) máisiún. ❸ **saor adhmaid** *carpenter*: cearpantóir, saor crainn, siúinéir; saoir loinge. ❹ **saor brící** *bricklayer*: bríceadóir, briciléir, bríocaire, fear leagtha brící.

saor² adjective ❶ *literary noble*: **adjectival genitive** deachine, uasal, *literary* uais; folúil, oirirc, *historical* paitríoch. ❷ *independent, free*: féinrialaitheach, neamhspleách. ❸ *disengaged*: díomhaoin, lúsáilte, scaoilte; gan cheangal. ❹ *unrestricted*: gan chuing, gan teorainn; gan bhac, gan chosc, gan srian; díolúin, lúsáilte, réidh, scaoilte. ❺ *immune, exempt*: díonta (ar); díolúin. ❻ *cheap*: beagluachach, neamhchailliúnach, neamhchostasach, neamhchostasúil; ar sladmhargadh. verb ❶ *free, liberate*: fuascail, lámhscaoil, lig amach, scaoil, scaoil le, tabhair saoirse do, *literary* díolmhainigh; fuair sé a cheann leis. ❷ *save, redeem*: sábháil, slánaigh, tarrtháil; fóir ar, tabhair faoiseamh do, tabhair tarrtháil ar; cabhraigh le, cuidigh le, fortaigh ar, fortaigh do, seas le, tabhair cairde do, tabhair cúnamh do, tabhair lámh chuidithe do, tabhair lámh chúnta do; lig scód le, lig srian le. ❸ *acquit, exonerate*: éigiontaigh, lig saor, *literary* díolmhainigh; fuascail. ❹ **saor de** *rid of*: cuir X díot, glan ó; díbir, ruaig.

saoradh noun ❶ *liberation, deliverance*: fuascailt, sábháil, tarrtháil; *pl.* cearta sibhialta. ❷ *release, acquittal*: fuascailt, saoire, saoirse, scaoileadh saor, *literary* taithmheach. ❸ *assurance, confirmation*: cinntiú, daingniú, dearbhú, deimhniú, neartú.

saoráid noun ❶ *ease, facility*: aosáid, éascaíocht, saoráil, scóipiúlacht; áisiúlacht; luas, mire, réidhe, scafántacht, siúl. ❷ *freedom from restraint*: lúsáil, saoire, saoirse; áit, ceadúnas, saoráil, saorchead, solúbthacht, spás; lig scód le, lig srian le.

saoráideach

saoráideach adjective *easy, facile:* aosáideach, éasca, furasta, saorálach, scóipiúil; líofa, luath, mear, neamhchas, pras, réidh, scafánta, sciobtha, soghluaiste, tapa, *literary* sodhaing.

saoráil noun ❶ *freedom, easiness:* saoire, saoirse, saoráid; liobairtí; éascaíocht, fusacht, líofacht, réidhe, saoráid, simplíocht, soghluaisteacht, solúbthacht. ❷ *bargain:* conradh, conradh maith, sladmhargadh, sochar.

saoránach noun *citizen:* áititheoir, áitreabhach, borgaire, buirgéiseach, buirghéiseach, cathardhach, cathránach, cathraitheoir, cathróir, dúchasach coilíneach, cónaitheoir, géillsineach, gnáthóir, lonnaitheoir.

saorchead noun *full permission:* lánchead.

saorga adjective *artificial, man-made:* airtifisialta, **adjectival genitive** bréige, sintéiseach, **adjectival genitive** tacair.

saorthoil noun *free will:* deoin, lántoil, toil.

saothar noun ❶ *work, labour:* fostaíocht, obair, obair chrua, sclábhaíocht, tiaráil. ❷ *exertion, stress, effort:* aclaíocht, anró, anró oibre, coimhlint, coraíocht, dícheall, dua, duainéis, duais, dúthracht, gleacaíocht, gleic, gníomhaíocht, iarracht, sracadh, stró, tiaráil, treallús, *literary* lubhair; allas do ghrua. ❸ *laboured breathing:* asma, gearranáil, plúchadh, *pl.* putha patha, puthaíl, puthanaíl; bhí ga seá ann; asma. ❹ *achievement:* éacht, gaisce, gníomh. ❺ *literary, artistic work:* dán, dráma, foilseachán, gearrscéal, leabhar, scéal, scríbhinn, úrscéal; pictiúr, portráid; dealbh.

saothrach adjective ❶ *laborious, toilsome:* anróiteach, callshaothach, duainéiseach, duaisiúil, maslach, tiarálach, trom. ❷ *laboured (of breathing):* asmach, cársánach, cneadach, gearranálach, piachánach, puthannach, seadánach, séideánach, séideogach, smeachach. ❸ *hard-working, industrious:* déanfasach, deárcaisiúil, dian, díbhirceach, dícheallach, díocasach, díograiseach, dlúsúil, duamhar, dúthrachtach, faobhrach, fonnmhar, gnóthach, griofadach, griothalach, ionnasach, saothrach, scafa, scamhaite, tiarálach, tionsclach, treallúsach.

saothraí noun ❶ *labourer, toiler:* brácálaí, crácálaí, oibrí, sclábhaí, síleálach, smísteoir, strácálaí, tiarálaí; náibhí, spailpín. ❷ *earner, bread-winner:* fáiteallaí, fear cothaithe teaghlaigh.

saothraigh verb ❶ *labour, toil:* oibrigh; bí ag obair, bí ag sclábhaíocht. ❷ *till, cultivate:* oibrigh, *literary* treabh. ❸ *bring into cultivation, reclaim:* míntírigh; tabhair chun míntíreachais. ❹ *cultivate, develop:* cleacht, cothaigh, forbair, oil, taithigh. ❺ *earn:* cosain, tabhaigh, tuar, tuill. ❻ **bí ag saothrú an bháis** *in the throes of death:* bí i gcróilí an bháis, bí i ndéanaí a bháis, bí in airteagal, bí sna gáinní báis, téigh sna céadéaga.

sáraigh verb ❶ *transgress, infringe:* bris, éignigh, réab; ciontaigh. ❷ *violate, ravish:* bearnaigh, coill, creach, éignigh, foréignigh, fuadaigh, gabh le foréigean, mill; déan fórsa ar, tabhair drochiarraidh ar. ❸ *thwart, frustrate:* bac, coisc, cuir bac le, cuir de dhroim seoil, cuir ó rath, cuir stop le, stop, toll faoi. ❹ *belie, confute:* bréagnaigh, cabáil, frisnéis. ❺ *overcome:* cloígh, coscair, treascair; faigh an lámh in uachtar ar. ❻ *harass, worry:* beophian, buair, cancraigh, céas, ciap, clip, cráigh, griog, pian, prioc. ❼ *exhaust:* díscigh, ídigh, spíon, tnáith, traoch, tuirsigh. ❽ **sháraigh orm** *I failed:* chlis mé, theip orm; chuaigh díom, níor éirigh liom.

sáraíocht noun ❶ *contending:* coimhlint, coinghleic, comhlann, comhrac, comórtas, dréim, géarchoimhlint, iomaidh, iomaíocht, iomarbhá, rás, sárú. ❷ *disputation, argument:* aighneas, anbhroic, argáil, argóint, briatharchath, caibidil, cailicéireacht, caismirt, cibeal, caitleáil, cóideabhaid, coingleic, cointinn, conspóid, construáil, cur is cúiteamh, díospóid, díospóireacht, easaontas, eisíocháin, eisíth, foclaíocht, formad, giorac, griobsach, haigleáil, imreas, imreasán, iomarbhá, scliúchas, siosma, troid, *literary* argaimint, easard, gleidean, imnise.

sás noun ❶ *snare, trap:* bobghaiste, cliabhán éan, dol, gaiste, geirnín, inneall, inleog, líon, paintéar, ribe, súil ribe, *literary* fiodhchat. ❷ *device, contrivance:* gléas; *pl.* acmhainní, airnéis, áis, *pl.* ciútraimintí, cóir, cóngar, deise, *pl.* fearais, feisteas, gaireas, *pl.* giuirléidí, gléasra, inleog, ionstraim, trealamh, *pl.* uirlisí. ❸ *right person for something:* duine ceart, máistir, saineolaí, údar, údarás.

sásaigh verb *satisfy, please:* cúitigh le, déan leorghníomh le, tabhair sásamh do, íoc; cuir aoibhneas ar, tabhair pléisiur do, taitin le, téigh síos le.

sásamh noun ❶ *satisfaction, gratification:* ábhacht, áibhéireacht, aiteas, aoibhneas, ardú croí, ardú meanman, áthas, bród, gáibhéireacht, gairdeas, lúcháir, pléisiúr, ríméad, sásamh intinne, sástacht, scóip, sonas, taitneamh, *literary* airear. ❷ *reparation, atonement:* aiseag, aisíoc, cúiteamh, díre, éiric, fís, leorghníomh; comhar, comhardú, luach saothair. ❸ *revenge:* agairt, díbheirg, díoltas, éiric, mioscais, olc, pionós, *literary* díoghail.

sásar noun *saucer:* fochupán.

sáspan noun ❶ *saucepan:* panna, pota, sciléad, soitheach; coire, friochtán. ❷ *tin mug:* canna, canna stáin, ceaintín, muga, peaindí.

sásta adjective ❶ *contented, pleased:* aerach, aigeanta, áiléideach, aiteasach, áthasach, croíúil, gairdeach, gáiriteach, gealchroíoch, gealgháireach, gliondrach, intinneach, lúcháireach, meanmnach, meidhreach, meidhréiseach, ríméadach, scóipiúil, séanmhar, soilbhir, somheanmnach, sona, spéiriúil, spleodrach, stróúil, suairc, subhach, súgach. ❷ *agreeable, willing:* cairdiúil, caithseach, caoin, carthanach, ceansa, ceanúil, céilúil, cineálta, coimhirseach, connail, córtasach, cuidiúil, dáimheach, dáimhiúil, dil, díograiseach, fáilí, garúil, geanúil, lách, muinteartha, oibleagáideach, páirteach; deonach, fonnmhar, sásta, toiliúil, toilteanach, umhal. ❸ *manageable:* soláimhsithe, sostiúrtha; béasach, ceansa, dea-bhéasach, dea-mhúinte, modhúil, múinte, socheansaithe, soghluaiste. ❹ *convenient:* achomair, acrach, áisiúil, caoithiúil, cóngarach, fearastúil, feiliúnach, fóinteach, fóirsteanach, freagrach, oiriúnach, soláimhsithe, tairbheach, teachtmhar, úsáideach. ❺ *clever with one's hands:* aclaí, aibí, clifeartha, cliste, gasta, dealámhach, deaslámhach, imeartha, innealta, sciliúil, sásta, stuama, *literary* reabhrach. **adverb go sásta** *easily:* ar bogshiúl, ar do bhogadam, ar do bhogstróc, gan deacracht, gan dua, gan mhasla gan bhraodar, go haosáideach, go héasca, go furasta, go rábach, go saoráideach.

sástacht noun ❶ *satisfaction, contentment, ease:* sásamh, sásamh intinne; aiteas, aoibh, aoibhneas, ardú croí, ardú meanman, áthas, bród, gairdeachas, gairdeas, gliondar, lúcháir, pléisiúr ríméad, sáile, sámhas, sásamh, scóip, só, sóchas, soilbhreas, soilíos, sólás, sonas, suairceas, subhachas, sult, sultmhaire, *literary* airear; balsam, faoiseamh, íocshláinte, suaimhneas; lóchrann ar do chroí, ola ar do chroí. ❷ *willingness:* dea-thoil, dícheall, dúthracht, fonn, toil, toilteanas. ❸ *handiness, convenience:* áisiúlacht, caoithiúlacht, cóngar, conláiste, deis, éascaíocht, feiliúnacht, fóint, fóirsteanacht, fónamh.

sásúil adjective *satisfactory, satisfying:* bailí, barántúil, bríoch, bríomhar, ceart, cóir, dealraitheach, dlisteanach, éifeachtach, feidhmiúil, feiliúnach, fiúntach, fóirsteanach, fónta, inchreidte, iontaofa, muiníneach, oiriúnach, údarásach; cothúil, folláin, fónta, sláintiúil, slán; ar fónamh.

satail verb *tread, trample on*: pasáil, taltaigh; gabh de chosa i; déan cis ar easair de; seas ar, siúil ar.

satailt noun ❶ *tread, tramp*: cosaráil, gliogram cos, taltú, trampáil, trost, trúipéireacht, trup cos; starrfach. ❷ *tread (of spade)*: bróigín, cluas, cúilín, gimseán.

scabhaitéir noun *blackguard, scoundrel*: áibhirseoir, amhas, anchúinse, arc nimhe, bacach, bastard, bithiúnach, bligeard, clabhaitéir, cneámhaire, coireach, corpadóir, crochadóir, diabhal, diabhlánach, díolúnach, do-dhuine, drochairteagal, eiriceach, feillbhithiúnach, fleascach, leábharaic, leidhcéir, rifíneach, rógaire, ropaire, ruagaire reatha, scaimpéir, sclíotar, scliútar, scuit, scuitsear, sealánach, smolaire, *familiar* focaeir.

scabhat noun ❶ *narrow passage, gap, defile*: bearna, bearnas, caolbhealach, conair, cúngach, cúngrach, pasáiste, scrogall. ❷ *alley*: bealachas, bóithrín, cabhsa, caolsráid, culsráid, lána, pasáiste, póirse, scabhat, (*i gContae na Gaillimhe*) scóidín, sráidín.

scafa adjective *eager, avid*: cíocrach, confach, déarcaisiúil, dian, díbhirceach, díocasach, díograiseach, dúilmhear, dúthrachtach, faobhrach, fíochmhar, fonnmhar, géar, griofadach, griothalach, guilmeach, santach, síoraí, tiarálach, tnúthánach, tograch, *literary* friochnamhach; ar bior, ar bís, ar buile, ar caorthainn.

scafaire noun ❶ *strapping fellow*: balcaire, bambairne, béinneach, bramaire, bromach, bromaire, bromaistín, carraig, cleithire, cliobaire, crobhaire, Earcail, fairceallach, falmaire, fámaire, fathach, féithíoch, forránach, gaiscíoch, griolsach, heictar, laoch, mascalach, preabaire, rábaire, rúscaire, sail, scolbaire, scriosúnach, smalcaire, smíste, spalpaire, stollaire, tolcaire, tolchaire, tollaire. ❷ **scafaire mná** *strapping girl*: bodóg, braimleog, fámaire cailín, láireog, piarda cailín, pramsach, torpóg; banghaiscíoch.

scáfaireacht noun ❶ *frightfulness*: adhfhuafaire, adhfhuafaireacht, fuafaire, fuafaireacht, gráiniúlacht, gráinne, gránnacht, míofaireacht, uafaire, uafaireacht, uafás, uamhnacht, urghráiniúlacht, urghránnacht. ❷ *timidity*: adhnáire, ceartaí, cotadh, ceartán, critheagla, cúthaileacht, éadánacht, geit, lagaísí, lagspridiúlacht, náire, neirbhís, scáithínteacht, scinnide, tapóg, timíocht, *literary* neoid; eagla, faitíos, líonrith, scanradh, scáth, scaoll, sceimhle, scéin, uafás, uamhan.

scafall noun *scaffolding, staging*: ardán, fléig, léibheann, stáitse.

scafánta adjective ❶ *strapping, tall and vigorous*: ábalta, acmhainneach, bíogúil, bisiúil, bríoch, bríomhar, calma, calmánta, cróga, cumasach, cumhachtach, éifeachtach, fearúil, feilmeanta, féitheach, féitheogach, foirtil, fórsúil, fuinniúil, inniúil, láidir, látharach, lúfar, mascalach, matánach, meanmnach, misniúil, móruchtúil, muscalach, neartmhar, oirbheartach, spreacúil, sracúil, tathagach, torthúil, tréan, treisiúil, tréitheach, urrúnta, urrúsach. ❷ *speedy*: aibéil, aigeanta, anamúil, athlamh, bagánta, beoga, bíogúil, foilscí, fuinniúil, gasta, géar, grod, imeachtach, luascánach, luascánta, luath, lúfar, mear, pras, preabanta, sciobtha, tapa; deifreach, dithneasach, driopásach, fuadrach, obann, sconnach, sonnasach, tobann.

scáfar adjective ❶ *frightful, dreadful*: adhuafar, cradhscalach, creathnach, critheaglach, fuascrach, gáifeach, géibheannach, gráiniúil, líonritheach, scanrúil, scéiniúil, uaiféalta, uafar, uafásach,

uamhnach. ❷ *timid, apprehensive*: cearthaíoch, corrabhuaiseach, critheaglach, cúthail, éadána, eaglach, faiteach, faitíosach, geiteach, giongach, glídiúil, lagáiseach, lagspridiúil, léirsteanach, neirbhíseach, scanrúil, scinnideach, tapógach, tim, uamhnach.

scag verb ❶ *strain, filter*: síothlaigh, snigh. ❷ *drain off*: díscigh, diúg, draenáil, scinceáil, síothlaigh, sniog, taom, taosc, triomaigh; ídigh. ❸ *sift*: criathraigh, rill, séalaigh, síothlaigh; mionscrúdaigh. ❹ *derive, spring from*: díorthaigh, fréamhaigh, síolraigh, téarnaigh; tar ó.

scagaire noun *filter*: scagachán, scagadóir, scagán, síothlán, síothlóir, stráinín; criathar, rilleán.

scagtha adjective *thin, sparse*: caol, gágach, gann, scagach, scáineach, scáinte, singil, speathánach, tanaí, tearc; críon, dreoite, feosaí, feoite, sciotach, seargtha.

scaif noun ❶ *scarf*: cochall, cóirséad, muifléad, scairf. ❷ *long strip of cloth*: leadhb, sraoilleán, steanlán, stiall, streoille.

scáil noun ❶ *shade, darkness, obscurity*: diamhracht, dorchacht, duifean, dothuigtheacht, scáile, scáth, uaigneas, *literary* foscadh. ❷ *shadow*: scáile, scáth, *literary* foscadh. ❸ *reflection, image*: dealbh, deilbh, friotham, gósta, íomhá, macasamhail, pictiúr, portráid, scáile. ❹ *brilliant reflection, gleam*: dealramh, friotham, ga, glioscarnach, léar, léar solais, léaró, léas, léasán, léaspairt, loinnearthacht, loinnir, lonrachas, lonracht, lonrú, mórsholas, niamhracht, ruithne, scáile, soilseacht, soilsiú, taitneamh. ❺ *shade, ghost*: amhailt, gósta, samhail, samhailt, samhlaoid, spiorad, sprid, taibhse, taise, támhas, *literary* foscadh; aisling, fís, siúlacht, taibhreamh.

scáileathan noun *wild exaggeration*: áibhéil, áibhéis, áibhliú, áiféis, clódóireacht, dathadóireacht, dathaireacht, gáifeacht, forbhann, forbhrí; chuir sé leis an scéal; chuir sé seacht gcosa faoin scéal; dhathaigh sé an scéal; rinne sé míol mór de mhíoltóg, rinne sé lán béil de shuarachas, rinne sé mórán de bheagán; dhéanfadh sé scéal de chlocha trá.

scaimh noun ❶ *peeled skin, peeled bark*: pl. craicne, scamhachán, scamhadh. ❷ *shavings, filings*: scamhachán, scamhadh, scamhadh miotail, pl. séibhíní, snoíogar; cáitheadh sáibh, mionrabh, min sáibh. ❸ *grimace, snarl*: cab, cáirín, cár, caradánacht, clab, dorraíl, dorránacht, dorsán, drannadh, drannaireacht, drantán, glam, glamaireacht, gnúis, gnúsacht, grúscán, grainc, gramhas, gruig, grus, iolchaing, meill, mídhreach, místá, púic, pus, scamhaíl, scaimheog, strabhas, strainc, straois, streill.

scáin verb ❶ *crack, split, sever*: cnag, craiceáil, dluigh, eamhain, eamhnaigh, réab, rois, scoilt, siosc; bris, dealaigh, deighil, oirnigh, scaoil, scar, scoir, scoith; basc, blogh, bris, meath, tit as a chéile. ❷ *thin out, scatter*: caolaigh, tanaigh; coscair, forscaoil, leáigh, leath, scaip, scaoil, scar, spréigh.

scáineadh noun ❶ *(act of) thinning out, parting*: dealú, scaradh, singleáil, tanaíochaint, tanaíochan. ❷ *crack, split, interstice*: bearna, bearnú, bloghadh, deighilt, eamhnú, idirscaradh, imscaradh, réabadh, roinnt, roiseadh, scaradh, scarúint, scoilteadh, sracadh, stialladh, stolladh, stróiceadh, *literary* ionnlach.

scáineamh noun *shingly strand, shingle*: cladach, duirling, scaineagán, scaineamh, scairbh, scairbheach, scairbheán.

scáinte adjective ❶ *thin, sparse*: annamh, caol, easnamhach, fánach, gann, gannchúiseach, scagach, scáineach, sceadach, sciotach, speathanach, tanaí, tearc, uireasach. ❷ *skinny, scraggy*: caite,

scáinteacht
creatach, creatlom, cúng, éadrom, feosaí, lom, reangach, scailleagánta, scroigeach, scrutach, seang, seangchruthach, tanaí, trua. ❸ *threadbare*: barrchaite, caite, (*i gContae Chorcaí*) léanaithe, sean, seanchaite, smolchaite, spíonta, súchaite; ar an bhfáithim; ainimheach, bocht, bratógach, cailliúnach, ceamach, creatlom, éalangach, easnamhach, éislinneach, leadhbach, máchailleach, scrábach, slaimiceach, sraoilleach, streachlánach, suarachtréigthe.

scáinteacht noun ❶ *thinness, sparseness*: annamhacht, caiteacht, caoile, gainne, gannchúisí, tanaíocht, teirce. ❷ *scragginess, state of being threadbare*: caiteacht, creatloime, feosaíocht, seinge, smolchaiteacht, tanaíocht.

scaip verb ❶ *scatter, spread*: forleath, forscaoil, leath, leathnaigh, rith, scar, sceith, spréigh, srathnaigh; téigh i leithne, téigh thart, téigh timpeall. ❷ *squander, dissipate*: bánaigh, caith, creach, díomail, ídigh, meath, meil, reac, reic, scaoil, snoigh, speal, spíon, tabhair gaoth do, tnáigh; caith i vásta, cuir amú, cuir faoi bhruth, cuir i bhfaighid. ❸ *disperse, dissipate*: bánaigh, imigh, imigh as, imigh as amharc, imigh as radharc, leáigh, téaltaigh, téigh as.

scaipeach adjective ❶ *scattered, wide apart*: scaipthe, scaiptheach, scartha óna chéile, spásáilte. ❷ *squandering, thriftless*: baothchaifeach, caifeach, cailliúnach, caiteach, díomailteach, doscaí, drabhlásach, rabairneach, reibhléiseach, scaiptheach. ❸ *disconnected, incoherent, confused*: scaipthe, scaiptheach; aimhréidh, amú, buartha, bunoscionn, ciafartach, éadáite, éadlúth, fánach, mearaithe, mearbhlach, measctha, míréasúnach, neamhleanúnach, scaoilte; in anord, ina chíor thuathail, ina chiseach, ina éagruth, trína chéile.

scaipeadh noun ❶ *dissemination*: craobhscaoileadh, cur chun cinn, fógraíocht, leathnú, síoladóireacht, síolchur, síolrú, síolú. ❷ *dissipation, dispersion*: bánú, caitheamh, díomailt, ídiú, imeacht, leá, meath, meilt, raga, reic, scaipeadh, scaoileadh, spíonadh.

scaipthe adjective ❶ *scattered, dispersed*: scáinte, scaipeach, scartha, sceadach; arna scaipeadh. ❷ *scatterbrained*: aerach, aimhghlic, alluaiceach, amadánta, amaideach, baoiseach, baoth, barréadrom, blaoscach, breallach, breallánta, bundúnach, dall, díchéillí, éadrom, éaganta, earráideach, éiginnte, fánach, gaigiúil, gamalach, giodamach, giodramach, gligíneach, guagach, lagintinneach, leadhbach, leamh, leamhcheannach, leathmheabhrach, leibideach, luaineach, luascánach, luascánta, luathaigeanta, luathintinneach, maingléiseach, míghlic, neamhsheasmhach, nuallach, obann, óinsiúil, pleidhciúil, rámhailleach, ramhar, roisiúil, ruaiseach, saonta, scinnideach, seafóideach, soineanta, spadhrúil, spéiriúil, tallannach, tobann, treallach, treallánach, uallach. ❸ *confused, wandering, disconnected*: ciafartach, clagfhiáin, corr, corraiceach, corrmhéineach, corrmhéiniúil, éadáite, éanúil, earráideach, giodamach, gogaideach, guagach, luaineach, neamhleanúnach, neamhrialta, scaipeach scinnideach, spéiriúil, taomach, taomannach, treallach, treallánach; míréasúnach, míréasúnta, raiméiseach, ráiméiseach, seafóideach; ar míthreoir, bunoscionn, trína chéile.

scair noun ❶ *share*: candam, cion, cionmhaireacht, cothrom, cuid, fáltas, páirt, píosa, roinn, roinnt, scair, sciar, suim. ❷ *layer, stratum*: brat, bréidín, ciseal, cóta, cúrsa, dúshraith, scannán, sraith; buinne, ceobhrán.

scairbh noun ❶ *shallow (in river, lake, sea) with shingly bottom*: tanaí, tanalacht. ❷ *shingly beach*: cladach, duirling, scaineagán, scaineamh, scairbheach, scairbheán. ❸ *reef*: fochais, líonán, sceir, scoth, scothach.

scaird noun ❶ *squirt, jet*: buinne, buinneog, caise, doirteadh, doirteán, scairdeán, sconna, sconnóg, steall, stealladh, steallóg, tulca. verb *squirt, gush, pour rapidly*: brúcht, buinnigh, doirt, foinsigh, maidhm, rill, sceith, sead, sil, steall, tonn.

scairdeach adjective *squirting, gushing*: brúchtach, buinneach, caiseach, caisiúil, sconnach, sconnasach, sconnógach, slaodach, sruthach, steallógach, taoscach, tulcach. noun (*act of*) *squirting, gushing*: brúchtadh, brúchtáil, doirteadh, madhmadh, maidhm, scairdeadh, sceitheadh, seadráil, stealladh, sileadh, tulcaíl.

scairt[1] noun ❶ *caul, omentum*: bairéad sonais, caipín an tséin, caipín sonais, calla, droimiall, duillinn, scannán, seol sonais; léine bhán a bhí ar mhac an rí agus í gan ní, gan fí, gan filleadh, gan fua; brat searraigh, scamall; scannán saille, sreabhann, seicin. ❷ *diaphragm, midriff*: diaframa, scannán, scannán scagach, scéithín; béal an ghoile. ❸ *sheltering thicket, shelter, cover*: fáfall, foscadh, fothain, mothar, muine; leaba dhearg.

scairt[2] noun *shout, call*: achainí, ailleog, béic, blao, blaoch, éamh, gáir, gairm, géim, glam, glao, glaoch, glór, goldar, graith, guth, gutháire, impí, labhairt, liach, liú, nuall, scairteach, scairteadh, sceamh, scol, scréach, scréach, toghairm, uaill. verb ❶ *shout, call*: agair, éigh, gair, géim, glam, glaoigh, liúigh, scol, scréach, scread; cuir béic asat, cuir blao asat, cuir éamh asat, cuir gáir asat, cuir géim asat, cuir glam asat, cuir glao asat, cuir liú asat. ❷ *burst out (crying, laughing, etc.)*: bris; crom ar, tosaigh.

scaitheamh noun ❶ *space of time, while, spell*: aga, am, atha, babhta, bomaite, lá, móiméad, nóiméad, píosa, rud beag, seal, soicind, tamaillín, tamall, tamall gearr, téarma, tráth, tréimhse, uair. ❷ *pl*.

scaití (*as adverb*) *at times, occasionally*: amanna, amanta, anois agus arís, corruair, fo-uair, ó am go chéile, ó am go ham, uaireanta; ar uainibh, ar uairibh; go hannamh.

scáithínteach adjective *timid, shy*: cearthaíoch, critheaglach, éadána, eaglach, faiteach, faitíosach, geiteach, geitiúil, giongach, glídiúil, lagáiseach, lagspridiúil, neirbhíseach, scáfar, scanrúil, scaollmhar, scinnideach, tapógach, uamhnach; cotúil, cúlánta, cúthail, náireach, seachantach, támáilte; adhnáireach, corrabhuaiseach.

scal noun *burst, flash, blast*: bladhaire, bladhm, bléas, breo, caoráil, coinneal, laom, lasair, léaspaire, lóchrann, loinnir, loise, luisne, lonrú, saighneán, scalán, scaladh, splanc; briseadh amach, brúchtach, brúchtaíl, madhmadh, maidhm sceathrach, sceith, sceitheadh, *literary* tomhaidhm; blosc, bloscadh, bloscarnach, pléasc, rois, sinneán, siorradh, soinneán, urchar. verb *burst out, flash*: bris amach, brúcht, scáin, scairt, sceith, pléasc; bladhm, dealraigh, las, lonraigh, saighneáil, soilsigh, taitin.

scála[1] noun ❶ *basin, bowl*: babhal, babhla, báisín, cuach, gogán, méisín, mias, naigín. ❷ *pl*. **scálaí** *scales, balance*: meá; ainsiléad, stilliúr, tuilmheá.

scála[2] noun *scale*: cailibriú, córas grádaithe, córas tomhais, grádáil, tástáil; cóimheas, coinnealg, comh-ard, comórtas, comparáid, comhréir, comhréireacht, cosúlacht, cuimse, cuimseacht, gaolmhaireacht, iomaíocht, ráta; méad, méid, oiread, ollmhéid, saghas, toirt, tomhas; dréimire, leanúnachas, leanúint, ord, rangú, speictream, seicheamh, sraith, taosaíocht; claonas, contanam, cointeanóid, raon, réimse; ar an táin sin.

scalán noun ❶ *burst, flash*: bladhaire, bladhm, bléas, breo, caoráil, coinneal, laom, lasair, léaspaire, lóchrann, loinnir, loise, luisne, lonrú, saighneán, scal, scaladh, splanc; briseadh amach, brúchtach, brúchtaíl, madhmadh, maidhm sceathrach, sceith, sceitheadh, *literary* tomhaidhm. ❷ *sudden dispersion, panic:* líonrith, scanrú, scaoll, scéin, sceon, táinrith, teitheadh, uafás, uamhan, *literary* fuascar.

scall verb ❶ *scald:* beirigh, dóigh (le huisce), gargaigh, gread, loisc, scól. ❷ *scold:* aifir, aithisigh, cáin, caith anuas ar, cáithigh, cas le, cluich, díbligh, guthaigh, imdhearg, lochtaigh, mallaigh, mallachtaigh, maslaigh, scioll, spaill, tabhair achasán do, tabhair amach do, tarcaisnigh, *literary* glámh, tathaoir, *familiar* cíosaigh.

scalladh noun ❶ *scald, scalding sensation:* beiriú, dó, dó uisce, greadloscadh, loscadh, scóladh. ❷ **scalladh croí** *torment of heart:* clipeadh, ciapadh, crá, crá croí, cráiteacht, griogadh, pian, priocadh; ainnise, amaróid, anacair, anachain, anás, anchaoi, angar, anró, anróiteacht, anshó, buaireamh, buairt, cráiteacht, cruachás, díblíocht, dochracht, dochraide, doghrainn, doic, dóing, dóinmhí, dola, donacht, donas, dothairne, duainéis, duais, frithireacht, géarbhroid, géarghoin, mí-ádh, mífhortún, mírath, pian, pianadh, piolóid, suaitheadh, trioblóid, truántacht, *literary* galghad. ❸ **mo scalladh!** *alas!:* ababún!, abhó!, a chiachais!, a Mhuire, is trua!, a thiarcais!, faraor!, faraor cráite!, faraor géar!, faraor géar goirt!, m'aigh ó!, Dia le m'anam!, mo bhrón!, mo chaduaic!, mo chreach!, mo chreach chrua!, mo chreach chrua chráite!, mo chreach is mo léan!, mo chreach nimhneach!, mo chreach nimhneach mhaidine!, mo chreach thinn dóite!, mo chumha!, mo dhiachair!, mo dhíth!, mo dhíth is mo dhothairne!, mo dhoic!, mo ghreadán!, mo lagar!, mo léan!, mo léan cráite!, mo léan géar!, mo léan goirt!, mo léan, mo lom is mo lagar!, mo léan is m'atuirse thraochta!, mo léir!, mo lom!, mo lom dubh dubhach!, mo mhairg!, monuar!, monuar géar!, mo scalladh!, mo sceimhle!, mo scóladh!, mo thuirse!, mo thrua!, och!, ochón!, ochón ó!, ochón ochón ó!, ochóna go deo!, óch óch óch a naoi!, olagón ó!, uileacán! ❷ *(act of) scolding:* scalladh teanga, scalladóireacht, scallaireacht, scallóid; báirseoireacht, bearradh teanga, bearrthóireacht, cáinseoireacht, callaireacht, clamhairt, deisiú, gearradh teanga, glámhán, goineogacht, iomardú, priocaireacht, sciolladh, sciolladh teanga, sciolláíocht, sciolladóireacht, sclamhaíl, sclamhaireacht, sclamhairt, scoladóireacht, spídiúchán.

scalladóir noun *scold, abusive person:* agóid, ainciseoir, ainle, ainleog, ainscian mná, ainsprid, badhb, badhbaire, badhbóir, báiléir, báiléir mná, báirseach, báirseoir, banránaí, bearrbóir, bearrthachán, bearrthachán mná, cáinseach, cáinseoir, callaire, callaire mná, cancairt mná, cancrán, canránaí, cantalán, cantalachán, cantalóir, caorthanach, ceolán, cianaí, ciarsánaí, clamhsánaí, cnádán, cnádánaí, cnáimhseálaí, cnáimhseoir, deimheastóir, deimheastóir mná, drantánaí, dris, fia-chailleach, fiacantóir, fuachaid, gearánaí, *literary* glámh, heictar, laisceach, meirgeach, meirgíneach, míchaidreamhach, neascóid, ráipéar mná, ruibhleach, ruibhseach, sáiteachán, scallaire, scallóid, scamhailéir, sceimhealtóir, stiúireachán, stiúireachán mná, tincéir, tormasaí.

scalladóireacht noun *abuse, vituperation:* deimheas béil, báirseoireacht, bearradh teanga, bearrthóireacht, cáinseoireacht, callaireacht, clamhairt, gearradh teanga, gearraíocht, gearraíocht chainte, géiríneacht, glámhán, goineogacht, iomard, iomardú, priocaireacht, scallaireacht, sciolladh, sciolladh teanga, scallaireacht, scallóid, scamhailéireacht, sciolladh, sciolladh teanga, sciollaíocht, sciolladóireacht, sclamhaíl, sclamhaireacht, sclamhairt,

spídiúchán, *literary* glámh; aifirt, aithis, aoir, cáineadh, caitheamh is cáineadh, cáithiú, cámas, castóireacht, cnáid, cúrsú, díspeagadh, eascaine, easómós, fochaid, fonóid, gáirmhagadh, guth, íde béil, íde na muc agus na madraí, imcháineadh, imdheargadh, lochtú, mallacht, masla, scigireacht, scorn, spailleadh, steallmhagadh, táinseamh, tarcaisne, tarcaisníl, toibhéim, *literary* aisc, cúrsachadh; thug sí aghaidh a caoraíochta orm, bhí sí ag bardaíocht orm, thug sí sceimhle teanga dom, bhain sí sclamh asam, thug sí sclamh orm.

scallamán noun *fledgling, nestling:* éan, garlach, gearrcach, neadachán, prántach, rearagán, scalltaire, scalltán, smolachán; botún; éan circe; éan eala; éan gé, góislín; éan lachan.

scallta adjective ❶ *callow, featherless:* gan chleití, gan chlúmh, lom, lomnocht. ❷ *puny, paltry:* anbhann, beag, dearóil, éidreorach, lag, leochaileach, míthreorach, ríbheag, scrobanta, soghonta, soleonta, suarach; ag dul in ísle brí, á ghoid as; beagmhaitheach, beagmhaitheasach, beagthábhachtach, díomhaoin, éadairbheach, fánach, neafaiseach, neamhbhríoch, neamhfhiúntach, neamhshuimiúil, neamhthábhachtach, suarach; gan aird, gan tábhacht; ní fiú biorán é, ní fiú tráithnín é.

scalltach adjective *scalding, boiling hot:* beirithe, fiuchta, galach, scólta; ar gal, ar fiuchadh; bánbhruithneach, bruithneach, loiscneach, te, teasaí.

scalltán noun ❶ *fledgling, nestling:* éan, garlach, gearrcach, neadachán, rearagán, scallamán, scalltaire, smolachán; botún; éan circe; éan eala; éan gé, góislín; éan lachan. ❷ *insignificant person:* arc, beigeadán, beigaidín, ceairliciú, cleiteachán, cleiteoigín, drabhsóg, feithid, geobal, gilidín, gilmín, sceoidín, scidil, sneamhaire, táiseachán.

scamall noun ❶ *cloud:* ceo, clabhta, dlúimh, frasnéal, néal; bearradh caorach, caisleán, *pl.* caisleáin bhána, cumalas, lomra, *pl.* moltacháin; dlúimh. ❷ *cloud on the mind, gloom:* ainnise, atuirse, beagmhisneach, beaguchtach, ceas, ceo, ciach, cian, clóic, cumha, dochma, domheanma, drochmhisneach, duairceas, dubhachas, duifean, duifean croí, dúlagar, dúlionn, éadóchas, gruaim, gruamacht, lagar spride, lionn dubh, *pl.* lionnta dubha, maoithneachas, meirtne, mídhóchas, mímheanma, mímhisneach, múchna, smúit, tocht, tromchroí, *literary* dearchaoineadh. ❸ *cloud in liquid, film on milk:* ceo, modartacht; barr broghach, barr casta, screamh, screamhóg; ceobhrán, ciseal, cóta, craiceann, crústa, scair, scannán, sceo, scraith. ❹ *film on eye:* scamall ar shúil, cailicín, fionn, líonra roisc. ❺ *web (joining bird's toes):* ladhar dúnta.

scamallach adjective ❶ *cloudy, clouded:* ceoch, ceomhar, ciachmhar, gruama, múisiúnta; murtallach, *literary* ciachta. ❷ *clouded (of mind):* brúite, ceannaíseal, ciachmhar, cianach, doilbh, doilbhir, doiléir, dorcha, duairc, duaiseach, dubhach, dúlagrach, dúlaí, dúlionnach, gruama, lionndubhach, mairgiúil, modartha, smúitiúil, smúitiúnta, tromchroíoch. ❸ *bleary (of eyes):* caoch, geamhchaoch, gearrbhreathnaitheach, gearr-radharcach, lagshúileach, múcasach, réamach, sramach, sramshúileach. ❹ *webbed (of bird's feet):* dúnta, lapach.

scamh verb ❶ *peel, strip, lay bare:* bearr, dluigh, feann, glan, lom, nocht, rúisc, seithigh, snamh, struipeáil, *literary* fadhbh, lochair; bain an craiceann de, bain an tseithe de. ❷ *become bare, become exposed:* nocht, téigh i loime; bí leis, bí rise. ❸ *pare, shave down:* bearr, lom, plánáil, snoigh.

scamhachán noun ❶ *(act of) peeling, exfoliation:* bearradh, feannadh, glanadh, nochtadh, rúscadh, scamhadh, seithiú, struipeáil. ❷ *peeled, shredded ma-*

scamhadh
terial: *pl.* craicne, *pl.* diomlacha, *pl.* séibhíní, *pl.* slisíní, *pl.* stiallacha, *pl.* stiallóga.
scamhadh noun ❶ (*act of*) *peeling, exfoliation*: bearradh, feannadh, glanadh, nochtadh, rúscadh, scamhachán, seithiú, struipeáil. ❷ *peelings, shavings, peeled material*: *pl.* craicne, *pl.* diomlacha, *pl.* seanairt, *pl.* séibhíní, *pl.* slisíní, snoíogar, *pl.* stiallacha, *pl.* stiallóga.
scamhailéireacht noun *scolding*: deimheas béil, báirseoireacht, bearradh teanga, bearrthóireacht, cáinseoireacht, callaireacht, clamhairt, gearradh teanga, gearraíocht, gearraíocht chainte, glámhán, goineogacht, iomard, iomardú, priocaireacht, scallaireacht, scalladh, scalladh teanga, scalladóireacht, scallaireacht, scallóid, scallóid, scolladh, scolladh teanga, sciollaíocht, sciolladóireacht, sclamhaíl, sclamhaireacht, sclamhairt, *literary* glámh.
scamhard noun *nutriment, nourishment*: beatha, bia, cothú, oiliúint, solamar, soláthar.
scamhóg noun *lung, lights*: scairteach, scamhán.
scanadh noun *scansion*: meadaracht, prosóid; fíliocht, véarsaíocht.
scannal noun *scandal*: cion, coir, drochiompar, *pl.* gníomhartha mínáireacha, míbhéasaí, mímhoráltacht, mí-iompar, neamhoiriúnacht, oil in úir, peaca, urchóid; aifirt, aithis, drochainm, drochtheist, easmailt, easómós, easonóir, míchlú, náire, neamhonóir, oilbhéim, táirchéim; béim síos, cáineadh, caitheamh is cáineadh, cáithiú, cámas, clúmhilleadh, cnáid, dispeagadh, drochmheas, éagóir, eascaine, easurraim, fochaid, fonóid, masla, guth, imdheargadh, iomard, ísliú, lochtú, masla, spailleadh, táinseamh, tarcaisne, tarcaisní, truailliú, *literary* aisc, glámh; éagóir, éigeart, leatrom, náire shaolta, *literary* oil agus aithis.
scannalach adjective *scandalous*: aincheart, ainspianta, aithiseach, bithiúnta, béadánach, béadchainteach, binbeach, brocach, cam, cearr, clúmhillteach, cúlchainteach, deamhanta, díolúnta, doleithscéil, domhaite, drochaigeanta, drochchroíoch, éagórach, easonórach, éigeart, fuafar, gráiniúil, leabhalach, leatromach, mailíseach, mallaithe, mícheart, míchuibheasach, míchlúiteach, mighreannach, mímhacánta, mímhorálta, mínáireach, mínósach, mioscaiseach, nathartha, neamhcheart, neamhscrupallach, olc, peacúil, salach, táir, urchóideach, *literary* guilmneach.
scannán noun ❶ *membrane, pellicle, velum*: duillinn, seicin, sreabhann; dallán. ❷ *caul*: bairéad sonais, caipín an tséin, caipín sonais, calla, droimiall, duillinn, scairt, seol sonais; léine bhán a bhí ar mhac an rí agus í gan ní, gan fí, gan filleadh, gan fua; brat searraigh, scamall. ❸ *film* (*cinema, photographic*): pictiúr; rolla scannáin, scimeal.
scannánaíocht noun ❶ (*the*) *cinema*: *pl.* na pictiúir, *pl.* na scannáin; cineama, pictiúrlann. ❷ (*act of*) *filming*: déanamh scannáin, scannánú.
scanradh noun ❶ *literary rout, scattering, dispersal*: brisleach, imruagadh, maidhm, raon maidhme, ruaig, scaoll, *literary* scainnear. ❷ *fright*: critheagla, eagla, faitíos, geit, líonrith, scaoll, scard, scáth, sceimhle, scéin, sceon, uafás, uamhan. ❸ *familiar astonishing thing*: ionadh, iontas, iontas na n-iontas, an rud is annamh is iontach; éacht, earmaise, gaisce, mioruilt; *literary* spleadh.
scanraigh verb ❶ *literary rout*: cluich, díbir, cuir teitheadh ar, cuir tóir ar; caith amach, cuir amach, díchuir, ruaig. ❷ *literary become scattered, break asunder*: coscair, leáigh, leath, scáin, scaip, scaoil, scar, spréigh; blogh, bris ina dhá chuid, bris ina chiolaracha, bris ina chonamar, bris ina phíosaí, bris ina smidiríní; meath, tit as a chéile. ❸ *frighten*: eaglaigh, sceimhligh, uamhnaigh; bain geit as, cuir eagla ar, cuir faitíos ar, cuir scanradh ar, cuir sceimhle ar, cuir uafás ar, tabhair sceimhle do. ❹ *take fright*: eaglaigh, sceimhligh, uamhnaigh; is eagal le, is uamhan le, tá eagla ar, tá faitíos ar, tá scaoll faoi, tá scéin ar; baineadh scanradh as, thóg sé scanradh, fuair sé scanradh, ghlac sé scanradh, ghlac scáth é, tháinig líonrith air, thit an t-anam as.
scanraithe adjective ❶ *frightened*: faoi scéin; eaglach, beaguchtúil, cearthaíoch, critheaglach, éagalma, faiteach, faitíosach, lagáiseach, lagspridiúil, neirbhíseach, scáfar, scáithínteach, scanrúil, scaollmhar, scéiniúil, scinnideach, tapógach, uamhnach; tá scaoll faoi, tá sceimhle air; níl croí circe aige. ❷
scanraithe (**chun**) *greedy* (*for*), *avaricious* (*for*): dúilmhear (i), fonnmhar (le), guilmeach (chun), scafa (chun), tnúthánach (le). ❸ *glaring, lurid* (*of colour, light*): dallraitheach, flasach, gairéadach, gréagach, scéiniúil; feiceálach, péacach, pléascach, scléipeach, suntasach, taibhseach.
scanróir noun ❶ *greedy person, avaricious person*: ailpéir, alpaire, amplachán, amplóir, anrachán, bláistéir, bleadrachán, bleitheach, bleitheachán, bolgadán, calcaire, cíocrachán, cíocrasán, cráisiléad, craosachán, craosaí, craosaire, craosánach, gainéan, geoiseach, gionachán, glacsam, gliúrach, gliúrachán, glutaire, goileadán, goilíoch, gorb, graoisín, longaire, málaeir, méadlach, ocrachán, ocrasán, peasánach, placaire, póitreálaí, slamaire, slogaire, slogamóir, slogánach, suthaire, tomhaltóir. ❷ *miser, skinflint*: ainriochtán, bochtán, cágaire, ceachaire, ceacharán, cnat, cnatachán, cneámhaire cníopaire, coigleálaí, coigleoir, creagaire, cruaiteachán, crústa, feallaire, gortachán, néigear, ocrachán, péisteánach, raispín, ruidín gorta, scanrabóid, scanrachóid, scanradóir, scrabhadóir, scramaire, scríbín, scríobálaí, sprionlóir, staga, stiocaire, suarachán, taisceoir, toimhseachán, truailleachán, truán, tútachán; sprionlóg.
scanrúil adjective ❶ *frightening, frightful*: adhuafar, cradhscalach, creathnach, critheaglach, fuascrach, gáifeach, géibheannach, líonritheach, scáfar, scéiniúil, uaiféalta, uafar, uafásach, uamhnach. ❷ *easily frightened*: anbhách, anfúil, beaguchtúil, cearthaíoch, cladhartha, critheaglach, crithir, cúthail, éagalma, eaglach, faiteach, faitíosach, lagáiseach, lagspridiúil, meata, mílaochta, neirbhíseach, scáfar, scáithínteach, scanrúil, scaollmhar, scéiniúil, scinnideach, tapógach, uamhnach; faoi scéin; tá scaoll faoi, tá sceimhle air; níl croí circe aige. ❸ *remarkable, familiar awful*: diail, iontach, sonraíoch, suaithinseach, suaithní, suntasach, *familiar* creathnach, diabhalta, diabhaltach, diabhaltaí, uafásach.
scanrúlacht noun ❶ *frightfulness*: adhfhuafaire, adhfhuafaireacht, col, déistin, fuafaire, fuafaireacht, gloinn, gráiniúlacht, gráinne, gránnacht, míofaireacht, samhnas, scáfaireacht, uafaire, uafaireacht, uafás, uamhnacht, urghráiniúlacht, urghránnacht. ❷ *fearfulness, alarm*: ceartaí, creathán, critheagla, eagla, faitíos, geit, lagaísí, neirbhís, scáfaireacht, scáithínteacht, scinnide, tapóg; anbhuain, buaireamh, buairt, corraíl, imní, imníthí, imshníomh, líonraith, mishuaimhneas, scaoll, trintealach, urghráin.
scaob noun *scoop, shovelful*: caob, lán sluaiste, scaobóg; ailp, fód, meall, scailp, torpán. verb *scoop*: cart, sluaisteáil, taosc, tochail, tóch.
scaobach adjective ❶ *swirling, sweeping*: bíseach, guairneánach, scuabach, coipeach, coipthe, suaite; cúrsach, faoileanda, slaodach, snítheach, sraoilleach, sruthach, tulcach; ina rothlán. ❷ *lumpy*: cnámhógach, cnapánach, cnapógach, cranrach, dualach, fadhbach, fairbreach, garbh, gruánach,

meallach, stalcach, stalctha. ❸ *choppy (of sea)*: bréitseach, coipthe, corraithe, salach, scréachta, suaite, treathnach, tonnach; ag éirí ina thonnta.

scaoil verb ❶ *untie, release, open*: fuascail, lig amach, oscail, lig amach; bain an ceangal de, *literary* taithmhigh. ❷ *unfurl, spread*: leath, leathnaigh, oscail, oscail amach, scaoil le gaoth. ❸ *let go, discharge*: fuascail, lig amach, lig de, saor, scaoil de, scaoil le, scoir, scoráil, tabhair saoirse do. ❹ *disband, break loose*: bris suas, dianscaoil, imigh leat, scaip, scar, scoir. ❺ *dissolve, terminate*: críochnaigh, cuir deireadh le, lánscoir, scoir, *literary* taithmhigh. ❻ *resolve, solve*: freagair, fuascail, réitigh, socraigh, téigh amach ar, tuig; aimsigh freagra do, faigh freagra do; ciallaigh, léirmhínigh, mínigh. ❼ *make known, reveal*: craobhscaoil, craol, cuir in iúl, cuir os ard, fógair, foilsigh, fuagair, inis, nocht, léirigh, poibligh, scaip, tabhair chun solais, tabhair le fios, taispeáin. ❽ *discharge, fire, shoot*: caith, gabh de philéir ar, lámhach, lámhaigh, loisc, caith, lámhaigh, loisc, scaoil le, tabhair faoi.

scaoil anuas verb ❶ *let down*: lig anuas, tabhair anuas. ❷ *set down*: leag anuas, lig síos.

scaoil chuig, scaoil chun verb ❶ *let have*: bronn ar, cuir chuig, seol chuig, tabhair chuig, tabhair do. ❷ *leave (matter) to*: fág ag, fág faoi.

scaoil faoi verb ❶ *set about*: cuir chuig, luigh isteach ar, téigh i gceann; crom ar, tosaigh ar.

scaoil le verb ❶ *free from restraint*: fuascail, lig amach, lig de, saor, scaoil de, tabhair saoirse do, *literary* díolmhainigh. ❷ *cast to, cast into*: caith chuig, caith isteach i, teilg isteach i. ❸ *fire at*: caith le. ❹ *scaoil leat fire away, go ahead*: tiomáin leat!; ar aghaidh leat!

scaoil tharat verb *let pass*: lig tharat; ná cuir chuig X ná uaidh, dún súil air, ná tabhair aird ar X, ná tabhair X faoi deara.

scaoileadh noun ❶ *releasing, discharge*: scaoileadh saor; fuascailt, ligean amach, sábháil, saoire, saoirse, saoradh, tarrtháil. ❷ *solution, alleviation*: freagairt, freagra, fuascailt, réiteach, tuiscint; fóirithint, laghdú, maolú; faoiseamh. ❸ *discharging, firing, shooting*: aimsiú, amas, caitheamh, crústach, diúracadh, radadh, rúisc, rúscadh, teilgean; lámhach, lámhachas, loscadh, rois urchar, scaoileadh urchar.

scaoilte adjective ❶ *loose*: ceannscaoilte, corrach, liobarnach, marbh, saor, scaoilteach, sraoilleach; crochta, lúsáilte, silteach, siogairlíneach, siogarlach; ar crochadh, ar liobarna, ar sileadh. ❷ *free, uncontrained*: díolúin, gan bhac, gan cheangal, gan chosc, gan laincis, gan srian, neamhspleách, saor; lúsáilte, ceannscaoilte, rábach. ❸ *lithe, supple*: aclaí, folúthach, gasta, leabhair, ligthe, líofa, lúbach, lúfar, oscartha, scafánta, scolbánta, slatra, sleamhain, solúbtha, umhal, *literary* reabhrach.

scaoilteach adjective ❶ *loose*: ceannscaoilte, corrach, liobarnach, marbh, saor, scaoilte, sraoilleach; crochta, lúsáilte, silteach, siogairlíneach, siogarlach; ar crochadh, ar liobarna, ar sileadh; gan bhac, gan cheangal, gan chosc, gan laincis, gan srian. ❶ *scattered, dispersed*: fánach, scaipthe, scartha lena chéile, scartha óna chéile, sceadach, spréite, tearc. ❸ *lavish*: duaiseach, fairsing, fial, flaithiúil, mórchroíoch, oscailteach, preabúil, rábach, sínteach, tabhartasach; caifeach, caiteach, diomailteach, rabairneach, scaipeach, scaiptheach. ❹ *loose-tongued, tattling*: ardghlórach, béalchlabach, béalscaoilte, béalsceiteach, callánach, dícheillí, glórach, míchaothúil, mídhiscréideach, neamhairdeallach, neamhaireach, neamhchríonna. ❺ *loose-living, dissolute*: ainmhianach, ainrianta, drabhlásach, draosta, drúiseach, drúisiúil, gáirsiúil, macnasach, neamhghlan, peacúil, ragairneach, reibhléiseach, teaspúil, truaillithe. ❻ *laxative*: purgóideach.

scaoilteacht noun ❶ *looseness, slackness*: boige, boigéis, liobarnaíl, mairbhe; éiginnteacht, neamhchinnteacht, neamhchruinneas. ❷ *slackness, laxity*: boigéis, éislis, faillí, mainneachtain, mípointeáilteacht, neamhaird, neamh-aire, neamart, neamhchúram, neamhshuim, siléig, sleamhchúis. ❸ *looseness of bowels, diarrhoea*: buinneach, dinnireacht, rup rap, sciodar, tinneas boilg; dobuan, dobuar, scaoing. ❹ *generosity, lavish spending*: cóir, croíúlacht, fáilte, fairsinge, féile, fialmhaireacht, fialmhaitheas, flaithiúlacht, mórchroí, oineach; caifeachas, cur amú, díobhal, díobhlacht, díobhlas, díobhlás, díomailt, doscaíocht, drabhlás, rabairne, scaipeadh maoine, vásta; mustar, straibhéis, taibhseacht, toirbheartas.

scaoilteog noun *wrapper (garment)*: rapar

scaoll noun *panic, alarm*: critheagla, imeagla, líonrith, scanrú, scard, scéin, sceon, uafás, uamhan, *literary* fuascar; gealtachas, *pl.* haras, *pl.* harasaí, histéire, sceimhle; buaireamh, buairt, imní; táinrith.

scaollmhar adjective *panicky, alarmed*: critheaglach, scéiniúil, uamhnach, faoi scéin; tá scaoll faoi, tá sceimhle air; cearthaíoch, eaglach, faitíosach, geiteach, neirbhíseach, scáfar, scanrúil, tapógach, uamhnach.

scaoth noun ❶ *swarm*: saithe, scata; ál, baicle, dreabhlán, ealbha, ealbhán, ealta, eilbhín, éillín, grathain, lota, scuaine, scúd, sealbhán, tréad.

scaothaire noun *bombastic talker, windbag*: bladhmaire, bóibéisí, bollaire, bolmán, bragaire, broimseánaí, broimsilín, bromaire, buaiceálaí, buaileam sciath, bumaire, dosaire, floscaí, gaige, gaigín, gaisceachán, gaisceoir, gaotaire, glamaire, glaomaire, strambánaí, trumpadóir.

scaothaireacht noun *extravagant talk, bombast*: bladhmadóireacht, bladhmhaireacht, bladhmann, bóibéis, bóisceáil, bolscaireacht, buaiceáil, buaileam sciath, díomas, gairéadú, gaisce, gaisciúlacht, gaotaireacht, glagaireacht, gliogaireacht, glóir dhíomhaoin, leithead, maíomh, maíteacht, móráil, mórtas, mustar, ollás.

scar verb ❶ *separate, part, diverge*: diosc, gearr, roinn, scoilt, teasc; craobhaigh, eisréimnigh, gabhlaigh, imscar. ❷ *spread*: leath, leathnaigh, scaip, srathnaigh.

scar le verb *relinquish, part with*: éirigh as, fág i do dhiaidh, tabhair cúl le, tabhair uait, tréig.

scaradh noun ❶ *separation, parting*: imeacht ó, scarúint, scoilt, scoilteadh; craobhú, dealú, gabhlú. ❷ *spacing*: spásáil. ❸ *spreading*: leathadh, leathnú, srathnú.

scaraoid noun ❶ *tablecloth*: scaraoid bhoird; scaráid, scaróid; éadach boird, éadach cláir. ❷ *scaraoid leapa quilt*: colcaidh, cuilce, cuilt, peall, peallóg, pealltóg, sciortán, súisín, súsa.

scarbháil noun *(act of) hardening, drying, incrustation*: balcadh, calcadh, cruachan, cruacht, cruadas, cruas, crústa, screamh, stalcacht, stalcaíocht, stalcaíl, stalcaireacht, stálú, stolpacht, stolpadh, téachtadh, triomú. verb *harden, dry, form a crust*: cruaigh, righnigh, stálaigh, stalc, stolp, stromp, triomaigh; tagann crústa ar, tagann screamh ar.

scard noun *fright, terror*: critheagla, eagla, faitíos, líonrith, scanradh, scáth, scaoll, sceimhle, scéin, uafás, uamhan; cradhscal.

scata noun ❶ *crowd, pack*: baicle, béinne, buíon, cipe, coimhdeacht, cóip, comhghuaillíocht, comhlacht, comhluadar, comhthionól, compántas, comrádaíocht, conairt, córaid, criú, cruinniú, cuallacht, cuid-

scáth
eachta, cumann, díorma, dream, drong, feadhain, fianlach, foireann, fracht, gasra, grinne, grúpa, guaillíocht, meitheal, oireacht, paca, páirteachas, páirtíocht, rang, scaoth, scata, scuad, scuaine, slógadh, slua, tascar, tionlacan, tréad, trúpa, *literary* cuain. ❷ *large number (of things):* ainmhéid, an dúrud, anmhórán, carn, dalladh, flít, flúirse, flúirsí, lab, lámháil, lánchuid, lasta, lear, lochadradh, lóicéad, luthairt lathairt, meall, moll, *pl.* na múrtha, neamhmheán, neart, raidhse, scata, scuaine, seó, *pl.* slaoda, tréan, tulca, *familiar* an t-uafás; lán phúirín na háithe.

scáth noun ❶ *shade, shadow:* scáil, scáile, *literary* foscadh. ❷ *covering, protection:* anacal, bardacht, cabhair, caomhnú, coigilt, coimeád, coimhdeacht, coimirce, coimircíocht, cosaint, cumhdach, cúnamh, dídean, díon, fóirithint, foscadh, fothain, garda, imchosaint, patrúnacht, sciath, *literary* coimhdhe, imdheaghail, tlacht. ❸ *reflected image:* dealbh, deilbh, friothamh, íomhá, macasamhail, pictiúr, portráid, scáil, scáile. ❹ *fear, dread:* anbhá, anfa, critheagla, eagal, eagla, faitíos, geit, greadadh na bhfiacal, imeagla, líonrith, scanradh, scaoll, scard, sceimhle, scéin, sceon, uafás, uamhan, *literary* guasacht. ❺ **scáth báistí** *umbrella:* cábán, foscadán, scáileog, scáilín, scáth fearthainne, séithleog; scáilín gréine, parasól.

scáthaigh verb ❶ *darken, obscure:* dorchaigh, dubhaigh, múch, smálaigh; ceil, cuir i bhfolach, folaigh. ❷ *cover, protect:* caomhnaigh, clúdaigh, cosain, cumhdaigh, díon, fothainigh, sciath, tabhair coimirce do, tabhair dídean do, tabhair foscadh do, tearmannaigh.

scáthán noun ❶ *mirror, looking-glass:* gloine, gloine dhealraitheach. ❷ **scáthán gach súile** *centre of attraction:* craobh aonaigh, cuid súl cách.

scáthlán noun ❶ *shelter, hut:* bráca, seantán, seid, siúntán, teálta; fáfall, foscadh, fothain. ❷ *screen:* crann saingil, fial, laitís, scáileán, scáthbhrat.

scáthshúilí noun ❶ *dimness of vision:* caochshúilí, caoiche, daille, dallachar, dalladh, dallamullóg, éiclips, geamhchaoiche, gearr-radharc; *pl.* léaspáin, *pl.* sclimpíní. ❷ **chuirfeadh sé scáthshúilí ort** *it would shock you:* bhainfeadh sé geit asat, chuirfeadh sé náire ort, ghlacfá scannal leis, ghoillfeadh sé ar do chluas.

sceabha noun *skew, slant, obliquity:* claon, claonán, fána, fánán, goic, ísleán, leathmhaing, leathspleic, maig, maing, sleabhac, sléim, speic, spleic. **adverbial phrase ar sceabha** *askew, slantwise:* ar fiarlán, ar fiarsceabha, ar gearradh baghas, ar lorg a thaoibh, ar sceabha; go claon, go fánánach, go fiarlánach, go saobh.

sceach noun ❶ *whitethorn, hawthorn (Crataegus):* bláth Bealtaine, crann sceiche, draighean geal, dris sí, sceach gheal, sceachóg, sciachóg. ❷ *bramble (Rubus fruticosus):* crann na sméar, dreasán, dreasóg, dris, dris fhiáin, driseog, druiseog, eachrann, sceach sméara dubha, sceach talún, tom sméara dubha, *colloquial* drisleach, sceachra. ❸ *prickly, quarrelsome person:* ainciseoir, cancrán, cianaí, deimheastóir, gargaire, gráinneog, nimheadóir, duine dáigh, nathair, peasánach, sceachaire, searbhán, speig neanta, trodaí, trodaire, tuaifisc. ❹ **sceach i scornach** *frog in the throat:* cársán, ciach, ciachán, cliath, piachán, píobarnach, píopáil, píopaireacht, rúcach, scarbhach, seordán, slóchtú, *familiar* píoblach; scornach nimheach.

sceachóir noun *fruit of hawthorn, haw:* sceachóir madra, sceachóir muc; caor sceiche, sceachóg, sceachóid, sceicheoid, sciochóir.

scead noun ❶ *blaze on animal:* blár, ceannainne, ceannann, réalta, réaltóg; ball, paiste, smál, spota. ❷ *bare, bald patch:* loime, lomaíocht, plait, plaitín; blagadán, blagaid, maoile, maolán. ❸ **scead talún** *patch of ground:* geadán, leadhb, paintéar, paiste, preabán; áit, ionad, spás, stiall, stráice, treall.

sceadach adjective ❶ *blazed, starred:* ceannann, sceadógach ❷ *patchy, blotchy:* balscóideach; ballach, breac, breicneach, bricíneach, brocach, crosach, gearbach, goiríneach, smeartha. ❸ *scratchy (of drawing):* scrábach, scrábánach, scríobach. noun ❶ *animal with blaze:* ceannann, sceadóg, sceadóigín.

sceadamán noun *throat:* clais anála, craos, diúch, diúlfaíoch, geocán, giobús, gionchraos, góilín, píb, píobán, scornach, slogaid, slogaide, slogaideach, slogán, smiolgadán, súsán, *literary* gibhis; faraing, laraing; eagaois, prócar.

scéal noun ❶ *history, story:* stair; finstair, foras feasa, seanchas, traidisiún. ❷ *narrative, anecdote:* aithris, finscéal, scéilín, siscéal, stair, staireog, staróg, *literary* tinreamh, tuirtheacht. ❸ *piece of news, report:* cuntas, cur síos, scéala, tuairisc, tuarascáil, *literary* ris, tuaileas. ❹ *matter, state of affairs:* ábhar, cás, *pl.* cúinsí, *pl.* cúrsaí, *pl.* dála, *pl.* imthosca, ní, rud. ❺ **scéal i mbarr bata** *cock-and-bull story:* bunscéal, scéal an chaipín dheirg, scéal an ghamhna bhuí, scéal mhadra na n-ocht gos, scéal ó Shamhain go Bealtaine, siollóg; mura bréag é is mór an scéal é; tuar cait agus féasóg air; dathadóireacht, scáiléathan.

scéala noun ❶ *news, word, message:* cogar, focal, gaoth, gaoth an fhocail, leid, leideadh, nod, scéal, teachtaireacht. ❷ *information, disclosure:* cuntas, cur síos, eolas, faisnéis, fios, mioneolas, *pl.* mionsonraí, *pl.* sonraí, tuairisc, tuarascáil.

scéalach adjective *news-bearing, gossiping:* béadánach, béadchainteach, briosc-chainteach, cabanta, cágach, cainteach, clabach, geabach, geabanta, glafaireach, gleoiréiseach, gliogach, gliograch, iomráiteach, labharthach, ráflach, reacach, suainseánach.

scéalaí noun ❶ *story-teller:* scéaltóir, seanchaí, staraí, *literary* oiriseach; finscéalaí, léaspartaí; taibhseoir. ❷ *bringer of news:* fear inste scéil, staraí; luadrálaí, ráflálaí, sceithire; béal gan chaomhnú, béal gan foscadh, béal gan scáth.

scéalaíocht noun ❶ *story-telling:* fiannaíocht, finscéalaíocht, seanchas; bréagadóireacht, cumadóireacht, léaspairtíocht, léaspartaíocht. ❷ *(act of) tale-bearing, gossip:* athiomrá, béadán, béadchaint, bleadracht, bleadráil, cabaireacht, cadragáil, cadráil, cafaireacht, caint, cardáil, ciblis, clab, cúlchaint, cúlghearradh, geab, geabaireacht, geabairlíneacht, geabantacht, geabstaireacht, giob geab, gliog gleag, gliogar, gliogarnach, gobaireacht, gogalach, luadráil, mionchaint; clostrácht, cuilithe cainte, dúirse dáirse, dúirt bean liom go ndúirt bean léi, luaidreán, monabhar, ráfláil, scéal, scéal reatha, scéal scéil, siomóid, siosarnach, suainseán, tuaim támha, *literary* deilm, tuaileas.

sceall noun *flake, chip, thin slice:* bratóg, calóg, pleidhce, sceallog, sceamhlóg, sceamhóg, slis, sliseán, sliseog, slisín, slisneog, spalla, spreota.

sceallán noun ❶ *potato set:* sciollán, scoilteán, scoilteog. ❷ *small potato:* creachán, ginidín, lobhar creacháin, póirín, screamhachóir práta, sciollán, screamhachóir, scriochaide, scriochán. ❸ *pip, stone of fruit:* eithne, cnó, dearcán, gráinne, pór, síol.

scealp noun ❶ *splinter, chip, flake:* blogh, caisne, cáithne, cáithnín, fleasc, fleasán, giota, meathán, písín, sleá; sceall, sceallóg, scealpóg, scolb, spíontóg, spleantar, spliota; alóg, bratog, calóg, lóipín, lubhóg, pleidhce, sleanntach, sliseán, sliseog. ❷ *pinch, nip:* liomóg, miotóg, niopóg, scealpóg, tiocóg. verb *break piece from, snatch:* blogh, bris; cantáil, crúcáil, glac, glám, grabáil, greamaigh, sciob.

scealpóg noun ❶ *small splinter*: blogh, caisne, cáithne, cáithnín, fleasc, fleasán, giota, meathán, písín, sleá, spíontóg; sceall, sceallóg, scealp, spleantar. ❷ *pinch, nip*: liomóg, miotóg, niopóg, sceal, tiocóg.

sceamh noun *yelp, squeal*: geoin, glao, liú, sceamhaíl, sceamhlach, sian, sianaíl. verb ❶ *yelp, squeal*: lig liú asat, lig sceamh asat, lig sian asat; bí ag geonaíl, bí ag liú, bí ag sceamhaíl, bí ag sianaíl. ❷ **sceamh ar** *yell at, scold*: aifir, aithisigh, cáin, caith anuas ar, cáithigh, cas le, cluich, díbligh, guthaigh, imdheang, lochtaigh, mallaigh, mallachtaigh, maslaigh, scioll, spaill, tabhair achasán do, tarcaisnigh, *literary* glámh.

sceamhlachán noun *yelper, squealer*: béiceachán, bolscaire, caointeachán, caointeoir, ceolán, éimheoir, geocach, golspaire, meamhlachán, plobaire, pusachán, sciúgaire, scréachaire, screadachán.

scean verb ❶ *knife, stab*: sac, sáigh, goin, gortaigh, lot, poll, treáigh. ❷ *cut up, flay*: ciorraigh, gearr, gearr suas, sclár, snoigh, teasc; bain an craiceann de, bain an tseithe de, lom, seithigh, *literary* lochair. ❸ *berate, scold severely*: aithisigh, aor, bearr, cáinsigh, cáin, caith anuas ar, ciontaigh, damnaigh, daor, dímhol, feann, guthaigh, imcháin, imdhearg, iomardaigh, lochtaigh, lom, milleánaigh, rith síos, scall, scioll, scól, tarcaisnigh, *literary* tathaoir.

sceanach noun ❶ *cutting, destruction*: bascadh, coscairt, íospairt, leadradh, milleadh, oirneachadh, réabadh, roiseadh, sceanadh, scláradh, scrios, sléacht, sleachtadh, stialladh, sracadh, stracadh, stróiceadh, treascairt, *literary* urbhaidh. ❷ *severe scolding*: beachtaíocht, cáineadh, cáinseoireacht, ciontú, coiriú, damnú, daoradh, eascaine, feannadóireacht gearrachán, guth, guthaíl, imcháineadh, imchreachadh, imdheargadh, iomardú, lochtú, mallacht, milleán, priocaireacht, roiseadh den teanga, scioladh, sciolladóireacht, scóladh, tarcaisne.

sceanairt noun ❶ *cuttings, peelings, refuse*: pl. craicne, pl. diomlacha, pl. gearrthóga, scamhadh, pl. séibhíní, pl. slisíní, snoíogar, pl. stiallacha, pl. stiallóga; barraíl, cáith, cáithleach, luifearnach; brocamas, bruan, bruar, bruscar, brúscar, cacamas, pl. ciolaracha chiot, conamar, deannach, drámhaíl, dríodar, fuílleach, pl. grabhróga, graiseamh, gramaisc, gríodán, grúdarlach, grúnlach, grúnlais, lóch, lóchán, miodamas, mionrach, oirneach, pracar, práib, scadarnach, scaid, sciot sceat, scileach, screallach, scroblach, pl. smidiríní, pl. smiodair, smionagar, spíonach, spruadar, pl. spruáin, sprúilleach, trachlais, pl. traipisí, treilis, treilis breilis, truflais, *literary* brúireach. ❷ *surgical operation*: dul faoi scian, obráid, oscailt ar dhuine.

sceanartach noun ❶ *sharp-featured person*: gobachán, gobaí, gobóg, socadán, socán; duine lomghnúiseach. ❷ *skinny, scraggy person or animal*: caiteachán, créice, créice críon, cringeach, crincleach, duine caite, cuail cnámh, geataire, geospal, geospalán, gortachán, loimíneach, loimirceach, ocrachán, reangaide, reangaire, reangartán, scailleagán, sciollbhach, séacla, séaclach, séaclóir, taiseachán, truán, *familiar* creachán; nil air ach an craiceann.

sceanartáil noun ❶ *(act of) cutting, hacking, mangling*: sceanairt; ciorrú, feannadh, gearradh, goin, gortú, leadhbadh, leadhbairt, leadradh, martrú, milleadh, réabadh, roiseadh, sceanach, sceanairt, scilligeadh, scrios, slascairt, spóladh, sracadh, stialladh, stolladh, stróiceadh, treascairt, *literary* lochar. ❷ *(act of) botching, botched work*: abláil, leotáil, méiseáil, sluaistriú, streillireacht, tuaipleáil, tuapléireacht, útamáil.

sceanartálaí noun ❶ *hacker, mangler*: búistéir, coscróir, gearrthóir, scriostóir. ❷ *botch*: abláil, ciotóg, gliocsálaí, méiseálaí, mille bata, mille maide, (*i gContae Mhaigh Eo*) práibín, práisc, sliopachán, spoitseálaí, útamálaí, *ironic* Gobán Saor.

sceanra noun *knives, cutlery*: pl. sceana; cuitléireacht.

sceanúil adjective ❶ *sharp, biting*: aithrinneach, bearrtha, biorach, caol, faobhrach, géar, rinneach, rinnghéar, siosúrtha; binbeach, colgach, feannta, feanntach, fiamhach, géar, géaránach, géarghoineach, géarlannach, goimhiúil, goineach, gonta, greadánach, nimhneach, polltach, sceanúil, searbh, *literary* áith, amhainseach, grodach, féigh. ❷ *angry, choppy (of sea)*: **adjectival genitive** cuthaigh, feargach, fíochmhar, fraochta, oibrithe; bréitseach, coipthe, corraithe, salach, scaobach, sceanúil, scréachta, suaite.

sceathrach noun ❶ *(act of) spewing, vomiting*: bréitseáil, brúchtach, brúchtadh, brúchtaíl, caitheamh amach, caitheamh aníos, sceith, sceitheadh, taoisceáil, urlacan. ❷ *spew, vomit*: aiseag, bréitse, múisc, orla, sceith, urlacan. ❸ *spawn, spawning*: sceitheadh; síol, pl. uibheacha; atáirgeadh, giniúint, iolrú, síolrú. ❹ **sceathrach fhroig** *frog-spawn*: glóthach fhroig, pór froganna, (*i gContae Mhaigh Eo*) pró froganna, púr froganna, sceith fhroganna, sceith fhroig, síol froganna, síol lispín, slampar. ❺ *discharge, discharging*: brúcht, brúchtadh, brúchtaíl, cur amach, ligean, scaipeadh, sceith, sceitheadh.

sceathraigh verb ❶ *vomit, discharge*: bréitseáil, brúcht, caith amach, caith aníos, maidh, maidhm, maistrigh, pléasc, sceith, sead, urlaic. ❷ *spawn*: sceith; atáirg, gin, iolraigh, síolraigh. ❸ *scatter, strew about*: dáil, forscaoil, leath, leathnaigh, roinn, scaip, scar, srathnaigh.

sceideal noun *schedule*: amchlár, clár, clár ama, plean, scéim, tráthchlár, uainchlár; clár oibre, pl. coinní, dialann; catalóg, eagar, fardal, leagan amach; cúrsa, cúrsa staidéir, siollabas.

sceideal noun *flurry, excitement*: corraí, driopás, eadarluas, fíbín, flosc, foilsceadh, fosaoid, fothragadh, fuascradh, fuirseadh, fústar, gleithreán, gríosú, griothalán, macnas, mearú, preabarnach, pl. sceitimíní, scóip, spreagadh, teaspach; bí a chroí i mbarr a mhéire aige.

sceidealach adjective ❶ *excited, excitable*: anbhuaineach, corraithe, eadarluasach, fosaoideach, fothragach, fuadrach, fuaiscneach, fústrach, griothalánach, macnasach, rancásach, sochorraithe, so-lasta, téirimeach; ar bís, ar tinneall; tá piobar lena thóin, tá sceitimíní air. ❷ *lively, animated*: bagánta, bainte amach, beo, beoga, ceolmhar, croíúil, éadromaigeanta, gáiriteach, gealchroíoch, gealgháireach, gusmhar, intinneach, meanmnach, meidhreach, meidhréiseach, preabanta, scóipiúil, soilbhir, spleodrach, suairc, subhach, teaspúil, *literary* cluicheachair.

sceidín noun *skim milk, thin milk*: anglais, bainne bearrtha, scileagailí, sciodar; meadhg; scíobún, scioldram, uiscealach.

sceilfid noun *half-wit*: amadán, abláí, abhlóir, amadán, amaid, amal, baileabhair, bobaide, bobarún, bómán, breallaire, breallán, brealsán, brealscaire, brealsún, briollaire, búbaí, búbaire, ceann cipín, ceann maide, ceap magaidh cligear, clogadán, cloigeann cabáiste, cloigeann cipín, cloigeann pota, cloigneachán, cluasachán, cluasánach, cluasánaí, dallachán, dallamlán, dallarán, dobhrán, dúdálaí, dúid, dúiripí, dundarlán, dunsa, éagann, éifid, gámaí, gamal, gamairle, glaigín, glaomaire, gligear, gligín, gogaille, guaig, guaigín, leadhb, leadhbaire, leadhbán, leamhsaire, leathleibide, leib, leibide, leibide ó leó, leidhce, leota, leoitéir,

sceilg
mucaire, pastae de chloigeann, péicearlach, pleib, pleidhce, pleota, pleotaire, simpleoir, tuathalán, *literary* easconn, *familiar* leathcheann; agóid, amaid, amlóg, breallóg, cloigis, gamalóg, málóid, óinseach.

sceilg noun *steep rock, crag:* aill, creag, creig, screag, splinc, stacán cloiche, starraicín

sceilp noun *skelp, slap:* béim, boiseog, bos, buille clabhta, clabhta, clabhtóg, cnag, cnagaide, cniogaide cnagaide, cnagán, habhaistín, halaboc, hap, leadhbóg, leadóg, leadradh, leandóg, leang, leangaire, leiceadar, leidhce, liúr, priocadh, sceiteadh, scilfín, smac, smag, smailc, smalóg, smeach, smitín, snag, sonc, trostal.

sceilpeáil verb *skelp, slap:* buail, cnag, gread, clabhtáil, leadair, leadhb, léas, péirseáil, planc, rapáil, smiot, smíst, snag, stánáil, súisteáil, tuargain.

sceilpín gabhair noun *scapegoat:* gabhar tiomanta; ceap milleáin, crann crústa.

scéim noun *scheme:* beart, beartas, dúnghaois, oirbheart, plean, polasaí, seift, togra.

scéiméir noun *schemer, intriguer:* scéimire; cogarnach, comhchealgaire, pleanadóir, plotaire; bradhadóir, cealgaire, feallaire, plotaire, tréatúir; áilteoir, aisiléir, alfraits, anstrólaí, boc, bocaí, bocaileá, bocailiú, bocaileodó, boc báire, buachaill báire, caimiléir, ceáfrálaí, ceaifléir, cleasaí, cluanaire, cneámhaire, coileach, cuilceach, draíodóir, ealaíontóir, geamstaire, gleacaí, gleacaí milis, gleacaire, gliceadóir, lacstar, leábharaic, leidhcéir, lúbaire, meabhlaire, mealltóir, óganach, paintéar, pasadóir, sciorrachán, sleamhnánaí, slíbhín, slíodóir, slíomadóir, sliúcaidéir, sliúcaiméir, sliúdrálaí, truiceadóir, truicseálaí, tumlálaí.

scéiméireacht noun *(act of) scheming, intriguing:* beartaíocht, brathadóireacht, cealgaireacht, pl. cleasa, cleasaíocht, cluanaireacht, comhcheilg, comhchogar, dúbláil, fealladh, feallaireacht, fealltóireacht, feillbheart, feillghníomh, imeartas, lúbaireacht, meabhlaireacht, plotáil, plotaireacht, tréatúireacht, uisce faoi thalamh.

scéimh¹ noun ❶ *beauty:* áille, áilleacht, bláth na hóige, breáthacht, caithis, cantacht, caoimhe, córaí, cruthúlacht, cuannacht, cumthacht, dathúlacht, dealraitheacht, dealramh, dea-mhaise, deiseacht, dóighiúlacht, galántacht, glémhaise, gleoiteacht, gnaíúlacht, gnaoi, grástúlacht, greanadh, loise, macaomhacht, maise, maisiúlacht, meallacacht, sciamhacht, slacht, slachtmhaireacht, snúúlacht, tarraingteacht. ❷ *look, appearance:* aghaidh, cló, cóiriú, cosúlacht, crot, cruth, cuma, cumraíocht, cuspa, dealraitheacht, dealramh, deilbh, dreach, éadan, eagar, éagasc, fíor, fíoraíocht, foirm, gné, gnúis, leagan, leagan amach, riocht, scoth, stíl.

scéimh² noun *overhang, projecting rim, projecting edge:* buinne, caitheamh, rádal, sceimheal.

sceimheal noun ❶ *eaves:* scimeal, scimheal, pl. bunsileáin tí, urla tí; bunsop, cleitín. ❷ *projecting rim, flange:* buinne, caitheamh, rádal, scéimh. ❸ *outer wall, rampart:* dúnchla, imphort, móta, múr, rampar.

sceimhealtóir noun ❶ *raider, skirmisher:* creachadóir, creachaire, eascara, foghlaí, ionsaitheoir, loitiméir, millteoir, namhaid, robálaí, ruathaire, scriostóir, sladaí, sladaire, trodaí, trodaire, *literary* díbheargach, *colloquial* lucht ionsaithe. ❷ *barge, scold:* agóid, ainciseoir, ainle, ainleog, ainscian mná, ainsprid, badhb, badhbaire, badhbóir, báiléir, báiléir mná, báirseach, báirseoir, banránaí, bearrbóir, bearrthachán, bearrthachán mná, cáinseach, cáinseoir, callaire, callaire mná, cancairt mná, cancrán, canránaí, cantalán, cantalachán, cantalóir, caorthanach, ceolán, cianaí, ciarsánaí, clamhsánaí, cnádán, cnádánaí, cnáimhseálaí, cnáimhseoir, deimheastóir, deimheastóir mná, drantánaí, dris, fia-chailleach, fiacantóir, fuachaid, gearánaí, heictar, laisceach, meirgeach, meirgíneach, míchaidreamhach, neascóid, ráipéar mná, ruibhleach, ruibhseach, sáiteachán, scalladóir, scallaire, scallóid, scamhailéir, scólachán, stiúireachán, stiúireachán mná, tincéir, tormasaí, *literary* glámh.

sceimhle¹ noun ❶ *raid, foray, sudden incursion:* creach, fogha, foghail, foighdeán, ionramh, ionsaí, ruathar, sciuird, *literary* táin, tairdeal. ❷ *raiding party:* pl. foghlaithe, pl. ionróirí, pl. ionsaitheoirí, lucht ionsaithe.

sceimhle² noun ❶ *terror:* critheagla, eagla, faitíos, líonrith, scanradh, scard, scáth, scaoll, sceilmis, scéin, uafás, uamhan. ❷ **sceimhle ocrais** *raging hunger:* aimirne, alpaireacht, ampla, anlucht, cíocras, confadh, craosaireacht, díocas, dúil, dúil chráite, faobhar, fíoch, flosc, fonn, gionach méadláil, placamas, saint, santacht, scamhadh, slogáil, slogaireacht, suthaíocht, suthaireacht.

sceimhligh verb ❶ *frighten, terrorize:* eaglaigh, scanraigh, sceimhligh, uamhnaigh; bain geit as, cuir eagla ar, cuir faitíos ar, cuir scanradh ar, cuir sceimhle ar, cuir uafás ar, tabhair sceimhle do. ❷ *take fright:* eaglaigh, uamhnaigh; is eagal le, is uamhan le, tá eagla ar, tá faitíos ar, tá scaoll faoi, tá scéin ar; baineadh scanradh as, thóg sé scanradh, fuair sé scanradh, ghlac sé scanradh, ghlac scáth é, tháinig líonrith air, thit an t-anam as.

sceimhlitheor noun *terrorist:* antoisceach, fanaiceach, feallmharfóir, gunnadóir; ainrialaí, ceannairceach, guairille, réabhlóidí, reibiliúnach, reibiliúnaí, treallchogaí.

scéin noun ❶ *fright, terror:* critheagla, eagla, faitíos, líonrith, scanradh, scard, scáth, scaoll, sceimhle, uafás, uamhan. ❷ *wild look, glare:* féachaint fheargach, féachaint fhiáin, súil fhiata.

scéiniúil adjective ❶ *frightened-looking, wild, glaring (of eyes):* geitiúil, scáfar, scanraithe; scéansúileach. ❷ *frightening:* adhuafar, cradhscalach, creathnach, critheaglach, gáifeach, géibheannach, líonritheach, scáfar, scanrúil, uaiféalta, uafar, uafásach, uamhnach. ❸ *glaring, garish (of light, colour):* bladhmannach, buaiceálach, dallraitheach, flasach, gáifeach, gairéadach, gréagach, mustrach, péacach, scanraithe, scléipeach, spiagaí.

sceipteach noun *sceptic:* agnóisí, ainchreidmheach, ainchríostaí, aindiachaí, aindiagaí, díchreidmheach, eiriceach, eiritic, neamhchreidmheach, nihilí, réasúnaí, saoltaí, siosmach.

sceipteachas noun *scepticism:* amhras, dabht, éidearbhú, éidearfacht, éideimhne, éideimhníocht, éiginnteacht; ainchreideamh, aindiachas, aindiagacht, díchreideamh, díreiligiún, éagrábhadh, éagráifeacht, eiriceacht, fuarchrábhadh, mícháifeacht, mídhílseacht, neamhchráifeacht, saoltachas, saoltacht, séanadh creidimh

sceiptiúil adjective *sceptical:* agnóisíoch, ainchreidmheach, amhrasach, amhrasta, amhrastúil, braiteach, ceisteach, dabhtúil, diashéantach, díchreidmheach, díreiligiúnach, éagráifeach, éidearfa, éideimhin, éiginnte, éigreidmheach, eiriciúil, mícháifeach, mídheimhnitheach, neamhchinnte, neamhchráifeach.

sceir noun *low rocky island or reef, skerry:* fochais, líonán, scairbh, scoth, scothach.

sceirdiúil adjective *bleak, windswept:* aimlithe, aimrid, carraigeach, creagach, diolba, leis, lom, ris; anfach, feothanach, gaofar, scártha, séidte, stamhlaí, stéigiúil, stoirmeach, stolltach.

sceiteach adjective *crumbling, brittle, powdery:* aibrisc, sobhriste, sprusach; deannachúil, plúrach, púdrach, smúdrach, smúitiúil.

sceith noun ❶ *vomit:* aiseag, bréitse, múisc, orla, sceathrach, urlacan. ❷ *spawning, spawn:* sceathrach, sceitheadh; síol, *pl.* uibheacha; atáirgeadh, giniúint, iolrú, síolrú. ❸ **sceith fhroig** *frog-spawn:* glóthach fhroig, pór froganna, (*i gContae Mhaigh Eo*) pró froganna, púr froganna, sceathrach fhroig, sceith fhrogana, síol frogana, síol lispín, slampar. ❹ *overflow, discharge:* brúcht, brúchtadh, brúchtáil, cur amach, ligean, scaipeadh, sceathrach, sceitheadh. ❺ *disintegration:* bascadh, bearnú, bloghadh, briseadh, coscairt, dealú ó chéile, gearradh, giotú, ídiú, leá, leá cúráin, pléascadh, réabadh, roiseadh, scoilteadh, sracadh, stialladh, stolladh, stróiceadh, titim as a chéile, *literary* comach. ❻ **sceith aincise** *quinsy:* sceith ainscis, sceith chuinséis, sine siain. verb ❶ *spew, vomit:* bréitseáil, brúcht, caith amach, caith aníos, sceith, urlaic; maistrigh. ❷ *spawn:* sceathraigh; atáirg, gin, iolraigh, síolraigh. ❸ *overflow, discharge:* bréitseáil, brúcht, maidh, maidhm, maistrigh, pléasc. ❹ *divulge, spread:* craobhscaoil, craol, dáil, leath, leathnaigh, roinn, scaip, spréigh; téigh i leithne, téigh thart, téigh timpeall. ❺ *crumble, disintegrate:* eamhain, eamhnaigh, scoilt, siosc; bris, dealaigh, deighil, mionaigh, oirnigh, scaoil, scar, scoir, scoith; blogh, bris, meath, tit as a chéile.
sceithire noun *tell-tale, tattler:* béadánaí, leagaire, luadrálaí, rásaí, reacaire, scéalaí, socadán, socaire, staraí, trumpadóir; béal gan chaomhnú, béal gan foscadh, béal gan scáth.
sceitimíní plural noun *raptures, ecstasies, rapturous excitement:* eadarluas, fíbín, foilsceadh, geidimín, lainne, lainne áthais, sceideal, sceleondar, scóip, támhnéal áthais; tá cluaisíní croí uirthi; chuirfeadh sé na smóilíní ag sclimpireacht i do chroí.
sceitse noun ❶ *sketch, rough picture:* breacaireacht, cartún, léaráid, líníocht, rianú, scriobláil, sracléaráid. ❷ *sketch, outline: pl.* bunphrionsabail, *pl.* cnámha an scéil, creatlach, imlíne, plean, sceideal.
sceitseáil verb *sketch:* comharthaigh, dear, fíoraigh, línigh, imlínigh, tarraing; dréachtaigh, leag amach, léirigh, pleanáil, réitigh, rianaigh, tabhair rédhéanamh ar, ullmhaigh.
sceo noun *light covering, film:* brat, ceo, ceobhrán, ciseal, cóta, craiceann, crústa, scannán, scim, sciomóg, scraith screamh, screamhóg, scrios.
sceoigh verb *wither, wilt:* aosaigh, caoch, claochlaigh, críon, dreoigh, feoigh, meath, meathlaigh, orchraigh, téigh in aois, téigh i léig.
sciamhach adjective *beautiful:* álainn, breá, brionnach, caithiseach, canta, caomh, conláisteach, cuanna, cuidsúlach, cumtha, dathúil, dea-chruthach, dealfa, dealraitheach, dea-mhaisiúil, deas, deismir, dóighiúil, fíortha, galánta, glémhaiseach, gleoite, gnaíúil, gnúiseach, grástúil, greanta, innealta, iomálainn, lachanta, leacanta, maisiúil, meallacach, naíonda, slachtmhar, tarraingteach, *literary* cadhla, mas, sochraidh.
scian noun ❶ *knife:* scian fhada; bléid, botún, lann; daigéar, duirc, miodóg. ❷ *edge, side:* ciumhais, colbha, corr, taobh, uillinn, *literary* ur.
scian mhara noun *razor shell (family Solenidae):* sceanacan, scian con, scian murúch, scian murúchann.
sciata noun *skate (Raja batis):* buachaillí na scadán, scat, scát, scolabard, sornán; roc.
sciath noun ❶ *shield:* targa, targaid; eochairsciath. ❷ *protection, cover:* brat, clúdach, coigilt, coimeád, coimirce, comhad, cosaint, cumhdach, imchoimeád, scáth, sciath. ❸ *wicker-work door, wicker-work screen:* cliath, comhla; scaball, spiara.
sciathán noun ❶ *wing:* eite, eiteog. ❷ *side, extension, part:* cuid, páirt, taobh; fortheach. ❸ *arm:* géag, géagán, lámh, rí, *literary* brac, lámhdhóid.

sciathán leathair noun *bat (order Chiroptera):* amadáinín, bás dorcha, éan dall, éinín an dá chluas, éinín na gcluas, eiteleog, eiteog leathair, feascarluch, ialtán, ialtán leathair, ialtóg, ialtóg leathair, leadhbán leathair, leadhbóg, leadhbóg leathair, líomán múta, púca na hoíche.
scibhéar noun ❶ *skewer:* briogún; bior, biorán, snáthaid, spíce; gob, rinn. ❷ *sharp-pointed object:* bior, biorán, gob, rinn; gleidire scine. ❸ *sharp-tongued person:* ainsprid, badhbaire, báiléir, báirseoir, bearrbóir, bearrthachán, cáinseach, callaire, deimheastóir, fiacantóir, heictar, scalladóir, scallaire, scallóid; báirseach, sáiteachán, *literary* glámh.
scidil noun *skittle:* cibleachán, pionna.
scigaithris noun *parody, burlesque:* aithris magaidh, fuirseacht, fuirseoireacht.
scigdhráma noun *farce:* fronsa; fuirseacht, fuirseoireacht; coiméide, geandráma.
scige noun ❶ (*act of*) *giggling, tittering:* scig-gháire, scigireacht, sciotaíl, sciotaíl gháire, sciotar, sciotar gáire. ❷ *jeering, mockery, derision:* aithris magaidh, aoir, beithé, cnáid, cráinmhagadh, díspeagadh, fachnaoid, fáireach, fochaid, fonóid, frimhagadh, gáirmhagadh, geoin mhagaidh, imdheargadh, magadh, scig, scig-gháire, scigireacht, scigmhagadh, spailleadh, spochadh, spochadóireacht, spochaireacht, spocharnaíl, steallmhagadh, tarcaisne, tarcaisníl.
scigire noun ❶ *giggler:* sciotaire, sciotarálaí. ❷ *scoffer, mocker:* aithiseoir, aorthóir, fonóideach, magadóir, *colloquial* lucht magaidh; scigaithriseoir, scigealaíontóir.
scigireacht noun (*act of*) *giggling:* scig-gháire, sciotaíl, sciotaíl, sciotaráil, sciotaraíl. ❷ (*act of*) *scoffing, mockery, derision:* aithris magaidh, aoir, beithé, cnáid, cráinmhagadh, díspeagadh, fachnaoid, fáireach, fochaid, fonóid, frimhagadh, gáirmhagadh, geoin mhagaidh, imdheargadh, magadh, scig, scige, scig-gháire, scigmhagadh, seitear, seitear gáire, seitgháire, seitireacht, seitríl, seitríl gháire, seitreacht, spailleadh, spochadh, spochadóireacht, spochaireacht, spocharnaíl, steallmhagadh, tarcaisne, tarcaisníl; ábhacht.
scigiúil adjective *giggling, mocking, derisive:* aithiseach, aorach, aorúil, cnáideach, cnáidiúil, fochaideach, fonóideach, frimhagúil, laighciúil, magúil, maslach, scigmhagúil, searbhasach, spídiúil, tarcaisneach.
scigphictiúr noun *caracature:* caracatúr, cartún; aoir, scigaithris, scige, scigireacht, steallmhagadh.
scil[1] noun *skill:* ábaltacht, bua, clisteacht, clistíocht, cumas, éifeacht, éirim, *pl.* feánna, gus, inmhe, inniúlacht, lámh, mianach, oilteacht, stuaim, *pl.* tréithe.
scil[2] verb ❶ *hull, husk:* bain, bearr, feann, glan, lom, rúisc, scamh, scillig, scoith; scar, sceith, tit. ❷ *divulge:* fógair, lig amach, sceith, tabhair le fios. ❸ *prate, prattle:* bí ag cabaireacht, bí ag giolcaireacht, bí ag glagaireacht, bí ag lapaireacht, bí ag salmaireacht, bí ag siodráil, labhair seafóid, scillig.
scileach noun ❶ *flaky rock, scree:* briosc bruar, bruscar, *pl.* sciorrthaí, screathan, *literary* brúireach. ❷ *shelled husks: pl.* blaosca, cosamar, *pl.* craicne, *pl.* diomlaosca, *pl.* faighneoga, *pl.* mogaill, scaid, scamhachán, scamhadh; cáithleach, lóchán.
sciliúil adjective *skilful:* aclaí, cliste, críonna, dealámhach, deaslámhach, eolach, foghlamtha, gasta, imeartha, innealta, lannach, meabhrach, oilte, praitinniúil, stuama, traenáilte, tuisceanach, *literary* eangnamhach.
scilligeadh noun ❶ *shelling:* bearradh, feannadh, glanadh, lomadh, nochtadh, rúscadh, scamhadh,

scim

scileadh, struipeáil. ❷ *flaking, shredding:* bloghadh, briseadh, scealpadh, scileadh; mionghearradh, stolladh, stialladh. ❸ *mangling:* ciorrú, feannadh, gearradh, goin, gortú, leadhbadh, leadhbairt, milleadh, roiseadh, sceanach, sceanairt, sceanartáil, scotráil, slascairt, sracadh, stialladh, stolladh, stróiceadh, *literary* lochar. ❹ *incessant talk, prattle:* béalastánacht, bleadracht, bleadráil, breasnaíocht, brilléis, briosc-chaint, cabaireacht, cadráil, cafaireacht, clab, clabaireacht, clisiam, cuachaireacht, dradaireacht, geab, geabaireacht, geabairlíneacht, geabantacht, geabstaireacht, geamhaireacht, geocaíl, giob geab, giofaireacht, giolcaireacht, giostaireacht, glafaireacht, glagaireacht, gleoiréis, gleoisíneacht, gliadar, gligíneacht, gliogar, gliogarnach, glisiam, gliog gleag, gobaireacht, gogalach, liopaireacht, meilt, pápaireacht, placadh siollaí, pléisiam, plobaireacht, plob plab, rith seamanna, scilligeadh, síofróireacht, siollaireacht.

scim *noun* ❶ *film, thin coating:* brat, ceo, ceobhrán, ciseal, cóta, craiceann, crústa, leo ola, scannán, sceo, scimeal, sciomóg, scraith screamh, screamhóg. ❷ *anxiety, worry:* anbhuain, buaireamh, buairt, cailm, corraíl, crá croí, giodam, griothal, guairdeall, guairneán, imní, imníthí, imshníomh, líonraith, mishuaimhneas, neirbhís, *pl.* peiríocha, pianpháis, scaoll, suaitheadh aigne, tocht, trintealach, tromchroí; an chloch is mó ar mo phaidrín; rud atá ag dó na geirbe aige, rud atá ag déanamh tinnis dó.

scimeach *adjective* ❶ *filmy, hazy:* scannánach; ceobhránach, ceoch, ceomhar, smúitiúil, *literary* ciachta; éadrom, tanaí. ❷ *drowsy:* codlatach, marbhánta, míogach, néalmhar, sámhánta, spadánta, suanach, suanmhar, támhach, támhleisciúil, toirchimeach, tromshúileach, tuirseach; tá mótaí codlata air. ❸ *anxious, solicitous:* cearthaíoch, eaglach, faiteach, faitíosach, geiteach, imníoch, scáfar, scanrúil, scinnideach, sníomhach, tapógach, uamhnach; corrabhuaiseach, critheaglach, cúthail, giongach, lagáiseach, neirbhíseach, scáithínteach.

scimeáil *verb* ❶ *skim, remove the top from:* bain an barr de, bearr; glan, lom, scil. ❷ *skim, move over the surface of, read in perfunctory fashion:* eitil thar, gluais thar, gluais os cionn, scinn de bharr; tabhair mearamharc ar, tabhair sracfhéachaint ar, tabhair súil thapa ar.

scinc *noun* *watery tea, weak porridge:* anglais tae, scileagailí, scíobún, sciodar, scioldram, uiscealach.

scinceáil *verb* *pour off liquid, decant:* diúg, doirt amach, draenáil, scaoil amach, síothlaigh, taom, taosc, triomaigh; díscigh.

scine *noun* *scale, flake, thin piece:* lann, gainne, *colloquial* scineach; bratóg, cáithne, calóg, pleidhce; sceall, sceallog, sceamhlóg, sceamhóg slis, sliseán, sliseog, slisneog; scealp, scealpóg.

scinn *verb* ❶ *start, spring:* preab, scanraigh; baineadh geit as, baineadh preab as; ghlac faitíos é, ghlac scáth é. ❷ *spring, gush, fly up out:* damhsaigh, éirigh, foinsigh, geit, léim, ling, preab, rinc; brúcht, buinnigh, doirt, maidhm, rill, scaird, sceith, sil, steall. ❸ *glance, bounce off:* eitil, léim, ling, preab, sciurd; bocáil. ❹ *escape, depart suddenly:* cúlaigh, éalaigh, glinneáil as, gliondáil as, imigh, teith. ❺ *recover from illness, improve:* bisigh, faigh biseach, gnéithigh, téarnaigh, tar as, tar chugat féin, tar aniar, tar ón tinneas, tar slán, téigh i bhfeabhas; bí ar fainnéirí; bí i do chló féin arís, bí ar do sheanléim, bí i do lánrith, bí i do tháinrith sláinte arís.

scinnide *noun* ❶ *nervousness:* anbhuain, buaireamh, buairt, ceartaí, corraíl, cradhscal, creathán, critheagla, éagantacht, eagla, faitíos, falsaer, geit, giongach, griothal, guairdeall, guairneán, *pl.* haras, *pl.* harasaí, imní, lagáisí, líonraith, mágra, mishuaimhneas, neirbhís, scáithínteacht, scanrúlacht, scaoll, suaitheadh intinne, tapóg, teannas, tinneallaí, trintealach; bheith ar tinneall, bheith ar bís. ❷ *flightiness:* aeracht, aeraíl, éadaingne, éadairise, éagantacht, earráid, éideimhne, éiginnteacht, fainne, faoine, giodam, giodamaíocht, guagacht, luaineacht, luathaigeantacht, luascán, luathintinneacht, neamhsheasmhacht, ruais, ruaiseacht, ruathaireacht, taghdáil, treallaí, uallachas, *literary* eadarbhuas.

scinnideach *adjective* ❶ *easily frightened, nervous:* beaguchtúil, cliseach, critheaglach, cúthail, éadána, éagalma, faiteach, faitíosach, fuaiscneach, geitiúil, lagáiseach, lagspridiúil, meata, mílaochta, neirbhíseach, scáfar, scáithínteach, scanrúil, scaollmhar, scéiniúil, tapógach, uamhnach. ❷ *flighty:* aerach, alluaiceach, arduallach, athraitheach, bainte amach, baoiseach, baoth, barréadrom, corrthónach, dodach, éadairiseach, éadrom, éaganta, éanúil, earráideach, giodamach, giodramach, giongach, gligíneach, gogaideach, guagach, gúngach, luaineach, luascánach, luascánta, luathaigeanta, luathintinneach, mear, mireogach, míshuaimhneach, neamhsheasmhach, obann, ríogach, roisiúil, ruaiseach, scinniúil, seafóideach, searrachúil, spadhrúil, spéiriúil, taghdach, tallannach, tapógach, tobann, treallach, treallánach, uallach.

sciob *noun* ❶ *snatch, grab:* aimsiú, áladh, alpadh, amas, gabháil, glám, greamú, sciobadh, séap, snapadh, tapú, tógáil. ❷ **sciob sceab** *scramble:* sciútam. *verb* ❶ *snatch, grab:* aimsigh, alp, beir ar, beir greim ar, gabh, glám, scaob, sciob, snap, tabhair áladh faoi, tapaigh. ❷ **sciobadh í** *she faded away:* cheiliúir sí, chuaigh sí as, shíothlaigh sí; bhí sí á goid as.

sciobadh *noun* *snatch, grab:* aimsiú, áladh, alpadh, amas, gabháil, glám, glámadh, greamú, séap, snapadh, tapú, tógáil.

sciobalta *adjective* ❶ *smart, spruce:* beacht, bláfar, breá, comair, conláisteach, cuanna, cúirtialta, deas, deismir, fáiscthe, galánta, innealta, mín, néata, ordanáilte, ordúil, oirní, pioctha, piocúil, pointeáilte, slachtmhar, triopallach; gan barr cleite isteach ná bun cleite amach. ❷ *quick, prompt:* aibéil, athlamh, bagánta, beo, beoga, gasta, foilscí, luath, mear, prap, prapúil, pras, preabúil, scafánta, sciobtha, tapa, tric; grod, obann, tobann, ullamh; deifreach, dithneasach, driopásach, fuadrach, sonnach, sonnasach.

scíobas *noun* *sup, sip:* béalóg, blaiseadh, blaisín, blas, bolgam beag, diurnán, feothan, fiúigil, fliúit, gáilleog, galmóg, greim, lom, plaic, scalach, slogóg, snáthadh, snáthán, sruthdheoch, súimín, *literary* loim.

scioból *noun* *barn:* gairnéal, gráinseach, iothlainn, sabhall, stóras; banrach de theach, haingear.

sciobtha *adjective* ❶ *fast, prompt:* aibéil, athlamh, bagánta, beo, beoga, bíogúil, foilscí, fuinniúil, gasta, géar, grod, imeachtach, luath, mear, prap, prapúil, pras, preabanta, scafánta, sciobalta, tapa, tric; deifreach, dithneasach, driopásach, fuadrach, obann, sonnach, sonnasach, tobann. ❷ **sciobtha scuabtha** *spick and span:* glan sciomartha, sciobalta; ar deil, innealta.

sciodar *noun* ❶ *dregs:* deasca, deascainn, deascán, diura, drifisc, dríodar, fuílleach, gríodán, grúdarlach, lathairt, luspairt, moirt, peicín; *pl.* cnámhóga. ❷ *weak tea, thin porridge:* anglais tae, scileagailí, scinc, scíobún, scioldram, stearaí, uiscealach. ❸ *diarrhoea, scour:* buinneach, dinnireach, rup rap, scaoilteacht, tinneas boilg; dobuan, dobuar, scaoing, scuaid. ❹ *contemptible, worthless person:* duine gan mhaith, duine gan rath gan fónamh, fágálach, fear gan aird, fear gan chríoch, iarlais fir, iarlais mná, rabhdalam, ragaíoch, ragairneálaí, raipleachán, scraiste; bruachaire, caifeachán, cailliúnaí, caiteoir, codaí, cuaille, diomailteoir, drabhlásaí, giolla na leisce, leadaí, leadaí na luatha, learaire, liairne, liúdaí, lúmaire, péist, raga, ragaíoch, sceathrachán, sciotrachán, scuaille, sliomach, smeathaire, spaice, spreas, sramaide, staic, staic gan mhaith, staic i dtalamh; coilíneach, cuilthín, cúl le rath, mogall gan chnó; an mac drabhlásach, mac na míchomhairle, *figurative* leá Dia; ainniseoir, créatúr, suarachán, troch, truán.

scioll verb *scold:* aifir, aithisigh, cáin, caith anuas ar, cáithigh, cas le, díbligh, easmail, guthaigh, imcháineadh, imdhearg, lochtaigh, mallaigh, mallachtaigh, maslaigh, sclamh, spaill, tarcaisnigh, tabhair achasán do, tabhair íde béil do, tabhair íde na muc is na madraí do, *literary* glámh.

scioladh noun *scolding, abuse:* scioladh teanga; báirseoireacht, bearradh teanga, bearrthóireacht, cáineadh, cáinseoireacht, caitheamh is cáineadh, callaireacht, clamhairt, deisiú, gearradh teanga, glámhán, goineogacht, iomard, iomardú, priocaireacht, scalladh, scalladh teanga, scallaireacht, scallóid, scalladóireacht, sciollaíocht, sciolladóireacht, sclamhaíl, sclamhaireacht, sclamhairt, spídiúchán, *literary* glámh; aifirt, aithis, aoir, badhbhaireacht, badhbóireacht, cáithiú, cámas, castóireacht, cnáid, crístín, díspeagadh, eascaine, easmailt, easómós, fochaid, fonóid, gáirmhagadh, guth, íde béil, íde na muc agus na madraí, imcháineadh, imdheargadh, lochtú, magadh, mallacht, masla, scigireacht, scorn, spailleadh, steallmhagadh, táinseamh, tarcaisne, tarcaisníl, toibhéim, *literary* aisc, cúrsú.

sciolladóir noun *reviler, abuser, scold:* sciollaire; agóid, ainciseoir, ainle, ainleog, ainscian mná, ainsprid, badhb, badhbaire, badhbóir, báiléir, báiléir mná, báirseach, báirseoir, banránaí, bearrbóir, bearrthachán, bearrthachán mná, cáinseach, cáinseoir, callaire, callaire mná, cancairt mná, cancrán, canránaí, cantalán, cantalachán, cantalóir, caorthanach, ceolán, cianaí, ciarsánaí, clamhsánaí, cnádán, cnádánaí, cnáimhsealaí, cnáimhseoir, deimheastóir, deimheastóir mná, drantánaí, dris, fia-chailleach, fiacantóir, fuachaid, geáránaí, heictar, laisceach, meirgeach, meirgíneach, míchaidreamhach, neascóid, raicleach, raip, ráipéar mná, ruibhleach, ruibhseach, sáiteachán, scallaire, scallóid, scamhailéir, sceimhealtóir, stiúireachán, stiúireachán mná, tincéir, tormasaí, *literary* glámh.

sciolladóireacht noun *abuse, reviling, scolding:* aifirt, aithis, aoir, badhbaireacht, badhbóireacht, báirseoireacht, bearradh teanga, bearrthóireacht, cáineadh, cáinseoireacht, caitheamh is cáineadh, cáithiú, callaireacht, cámas, castóireacht, clamhairt, cnáid, deisiú, díspeagadh, eascaine, easmailt, easómós, fochaid, fonóid, gáirmhagadh, gearradh teanga, glámhán, goineogacht, guth, íde béil, íde na muc agus na madraí, imcháineadh, imdheargadh, iomard, iomardú, lochtú, magadh, mallacht, masla, priocaireacht, scalladh, scalladh teanga, scallaireacht, scallóid, scalladóireacht, scigireacht, scioladh, scioladh teanga, sciollaíocht, sclamhaíl, sclamhaireacht, sclamhairt, scollóireacht, scorn, spailleadh, steallmhagadh, táinseamh, tarcaisne, tarcaisníl, toibhéim, *literary* aisc, cúrsú, glámh.

scioltar noun *strip, shred:* bratóg, bréid, ceirt, cifle, cifleog, círéib, crothóg, dlaoi, dual, géire, géirín, giob, giobal, leadhb, leadhbán, leadhbóg, liobar, paiste, plispín, preabán, radalach, sceidín, scifle,

scifleog, stiall, stráice, streachlán, streoille, struip, struipeog, tointe, trilseán, trilsín.

sciomair verb ❶ *scour, scrub:* sciúr, scuab; aimridigh, cart, díghalraigh, íonghlan, ionnail, mapáil, nigh, rinseáil, scart, sruthlaigh, úraigh. ❷ *burnish, polish:* líomh, locair, mínigh, slíob, slíom, snasaigh.

sciorr verb ❶ *slip, slide, skid:* rith, scinn sleamhnaigh; eitil thar, gluais thar, gluais os cionn.

sciorrach adjective *slippery:* líofa, sleamhain, slíobach, sliopach, snasta; cothrom, leibhéalta, réidh; bealaithe, gréisciúil, olúil, úscach.

sciorradh noun *slip, slide, skid:* rith, sleamhnán, sleamhnú.

sciorta noun ❶ *skirt:* gúna, íochtar; cóta, cóta beag, cóta dearg, peireacót, (*i gContae Mhaigh Eo*) peiteacót; filleadh beag. ❷ *edge, border:* binn, ciumhais, colbha, corr, cúinne, eochair, *pl.* fabhraí, imeall, imeallbhord, leathimeall, sciortán, taobh, teorainn, *literary* braine, ur. ❸ *strip, piece, patch:* dlaoi, dual, leadhb, leadhbán, leadhbóg, scioltar, struip, struipeog, stiall, stráice, streoille, tointe, trilseán, trilsín; gearrthóg, gríscín, ribe, ribeog, slis, slisín, slisne; cliath, paiste, preabán.

sciortán noun ❶ *edge, border:* binn, ciumhais, colbha, corr, cúinne, eochair, *pl.* fabhraí, imeall, imeallbhord, leathimeall, sciorta, taobh, teorainn, *literary* braine, ur. ❷ *coverlet:* colcaidh, cuilce, cuilt, peall, peallóg, pealltóg, scaraoid leapa, súisín, súsa.

sciot noun ❶ *bob tail, scut:* giomp, sciotachán, sciotán. ❷ *snippet:* beagán, blogh, blúire, candam, cion, codán, cuid, giota, mír, páirt, píosa, roinn, roinnt, scair, sciotachán, smiodar, smidirín, sprúille, suim. ❸ **sciot sceat** in phrase **déan sciot sceat de** *mess up:* déan brachán de, déan camalanga de, déan ceamraisc de, déan cíor thuathail de, déan ciseach de, déan cocstí de, déan cuimil an mháilín de, déan fudairnéis de, déan meascán mearaí de, déan meidrisc de, déan prácás de, déan praiseach de. verb *snip, lop, prune:* bain, bearr, ciorraigh, gearr, lom, sclár, scoith, snoigh, teasc, *literary* tall; giorraigh, laghdaigh.

sciotach adjective ❶ *bobbed, clipped:* bearrtha, lomartha lamartha, lomcheannach, lomtha, maol. ❷ *skimpy:* caol, easnamhach, eisbheartach, gairid, gann, gearr, giortach, gortach, neamhshubstaintiúil, scáinte, tanaí, tearc.

sciotaíl noun (*act of*) *tittering, giggling:* scig-gháire, scige, scigireacht, sciotaíl gháire, sciotar, sciotar gáire, sciotaráil, seitgháire, siodgháire.

sciotán noun *stump (of tail):* sciot, sciotachán. **adverbial phrase de sciotán** *suddenly, dartingly:* de hap, de mhíthapa, de phlap, de phléasc, de phreab; go hobann, go mear, go tobann.

sciotar¹ noun *titter:* scige, scig-gháire, seitgháire, siodgháire.

sciotar² noun *skitter, skip:* **déan sciotar uisce** *skitter a stone on water, play ducks and drakes:* déan sciotairín uisce; scideáil.

sciotaráil noun (*act of*) *tittering, giggling:* scige, scig-gháire, scigireacht, sciotaíl, sciotaíl gháire, sciotar, sciotar gáire.

sciotrachán noun *worthless person:* duine gan mhaith, duine gan rath gan fónamh, fágálach, fear gan aird, fear gan chríoch, iarlais fir, iarlais mná, ragaíoch, ragairneálaí, scraiste; bruachaire, caifeachán, cailliúnaí, caiteoir, codaí, cuaille, diomailteoir, drabhlásaí, giolla na leisce, leadaí, leadaí na luatha, learaire, liairne, liúdaí, lúmaire, rabhdalam, raipleachán, sceathrachán, sciodar, scuaille, sliomach, smeathaire, spaice, spreas, sramaide, staic, staic gan mhaith, staic i dtalamh; coilíneach, cuilthín, cúl le rath, mac drabhlásach, mac na

scipéad

míchomhairle, mogall gan chnó, *figurative* leá Dia; ainniseoir, créatúr, suarachán, troch, truán.

scipéad noun *skippet, drawer:* scipéad airgid, scipéad litreacha; cóifrín, drár, tarraiceán.

scipeáil verb ❶ *skip, jump:* bí ag princeam, caith foléin, déan leipreach, léim, ling. ❷ *jump over:* léim, léim thar, scimeáil; eitil thar, gluais thar, sciorr thar; fág amach. ❸ *skip (with rope):* léim an téad; bí ag téadléimneach.

scipéir noun ❶ *skipper of ship:* caiftín, caiptín, captaen, máistir. ❷ *leader of team, boss:* caiptín, captaen, ceann, ceannaire, ceannasaí, ceann feadhna, ceann foirne, ceannfort, ceann urra, cinnire, gobharnóir, máistir, maoirseoir, maor, príomhoifigeach, saoiste, stiúrthóir, taoiseach, treoraí, *literary* braine, céadar, léadar.

scirmis noun *skirmish: literary* imruagadh, trodán; bruíon, comhrac, imreas, *literary* iorghal.

scís noun ❶ *literary tiredness, fatigue:* atuirse, cor, corachas, corthacht, scíste, scíth, tnáitheadh, traochadh, tuirse; anbhainne, cloíteacht, lagar, leimhe, maoithe, marbhántacht, meirbhliú, spadántacht, spíonadh, téiglíocht, *literary* scís. ❷ *rest:* cónaí, luí, reast, reasta, scíth, sochard, sos, sosadh, stad; faoiseamh, randam, sáimhe, sámh, síocháin, suaimhneas; codladh, suan. ❸ *weariness of mind, sorrow:* atuirse, briseadh croí, brón, buaireamh, buairt, crá croí, cumha, díomá, dobrón, doilíos, dólás, doghrainn, duairceas, iarghnó, lean, mairg, méala, tocht, tromchroí, tromchroíocht, *literary* nuar; ciach, ciamhaire, cian, dubhachas, duainéis, éadóchas, gruaim.

scíth noun ❶ *tiredness, fatigue:* atuirse, cor, corachas, corthacht, tnáitheadh, traochadh, tuirse, *literary* scís; anbhainne, cloíteacht, lagar, leimhe, maoithe, marbhántacht, meirbhliú, spadántacht, spíonadh, téiglíocht. ❷ *rest:* cónaí, luí, reast, reasta, scís, sochard, sos, stad; faoiseamh, randam, sáimhe, sámh, síocháin, suaimhneas; codladh, suan.

sciúch noun ❶ *windpipe, throat:* craos, diúch, diúlfaíoch, geocán, giobús, gionchraos, góilín, píb, píobán, sceadamán, scornach, slogaid, slogaide, slogaideach, slogán, smiolgadán, súsán, *literary* gibhis; faraing, laraing; eagaois, prócar. ❷ *figurative voice:* faí, faíreach, glór, guth, scol. verb *throttle:* tacht; beir greim scóige ar; múch, plúch.

sciúg noun ❶ *choking, gasping:* díogarnach, falrach, sciúig, sciúng; slogadh, sclogaíl, sclogaireacht; múchadh, plúchadh, uspóg; cneadail, saothar anála, scornaíl, súiteadh, tachtadh. ❷ *hissing sound:* giosáil, sciúgáil, siosa, siosadh, siosaireacht, siosarnaíl, siosarnach, sioscadh, sioscaireacht, siosma. ❸ **tháinig sciúg ann** *he was gasping for breath:* bhí saothar anála air, bhí ga seá ann; bhí sé ag cneadach, bhí sé ag snagaíl.

sciúgaire noun *squealer, squaller:* béiceachán, bolscaire, caointeachán, caointeoir, ceolán, éimheoir, geocach, glamaire, golspaire, meamhlachán, sceamhlachán, scréachaire, screadachán, gárthóg.

sciuird noun ❶ *rush, dash:* gaiseadh, iarracht, léim, preab, preabóg, rábóg, ráib, ráig, ríog, ropadh, ruaill, rúchladh, ruaim, ruthag, scabhait, scinneadh, scinneog, siota. ❷ *flying visit:* cuairt ghearr, geábh, ruaig, ruaill, sciorrach.

sciúirse noun ❶ *scourge:* eachlasc, fuip, lasc, *literary* máloid, sroigheall. ❷ *affliction:* aimléis, bearrán, buairt, ceatán, ciapadh, crá croí, ceirín, deacracht, dochraide, duainéis, duais, fostú, giobadh, griogadh, místá, núis, oighear, straidhn, stró, strus, *literary* teidhm. ❸ *cause of affliction:* bearránach, ceatánaí, ciapadh, clipeadh, crá, crá croí, fadharcán, núis, plá. ❹ *tall, thin, wiry person:* brísteachán, cleith, cleithire, cliathramán, clifeartach, cnábaire,

cnuachaire, coinnleoir, cuirliún, cuirliúnach, fadaíoch, gágaire, gailléan, gallán, geosadán, gleidire, ioscadán, langa, léanscach, léanscaire, pícealach, pídéalach, píle, piléar, pílí, próiste, radalach, railse, ráilse, reanglamán, rúpach, rúplach, scailleagán, scailliúnach, scodalach, sconnartach, sínealach, speireach, spiacán, spíce, spícéad, spreachlach, *pl.* spreangaidí cos, spreota, sreangaire, sreangán, struipléad, *figurative* réitheach.

sciúr verb ❶ *scour, scrub, polish:* sciomair, scuab; aimridigh, cart, díghalraigh, íonghlan, ionnail, mapáil, nigh, rinseáil, scart, sruthlaigh; líomh, locair, mínigh, slíob, slíom, snasaigh. ❷ *cane, lash, trounce:* buail, coip, fuipeáil, gread, lasc, léas, péirseáil, riastáil, sciúirseáil, sciúrsáil; gabh d'fhuip ar, tabhair lascadh do.

sciurd verb *rush, dash, hurry:* beoigh amach do chos, brostaigh, corraigh ort, déan deabhadh, déan deifir, deifrigh, géaraigh ar do luas, gread leat, lasc, rith.

sciúrsáil noun ❶ *(act of) scourging:* sciúirseáil; bualadh, cúradh, fuipeáil, greadadh, lásáil, lascadh, léasadh, péirseáil, slaiseáil. ❷ *severe affliction:* arraing, beophianadh, broid, céasadh, ciapadh, clipeadh, cnámhghearradh, cnámhghoin, crá, crá croí, cránas, diachair, doghrainn, duainéis, éagomhlann, géarbhroid, géarghoin, lean, leatrom, páis, pianadh, pianphais, *pl.* pianta, *pl.* peiríocha, pioldid, purgadóir, racáil, *literary* teidhm. verb *scourge, flog, flagellate:* sciúirseáil; cúr, fuipeáil, gread, lasc, léas, péirseáil, riastáil, slaiseáil; gabh d'fhuip ar, tabhair lascadh do.

sclábhaí noun ❶ *slave:* daoirseach, daoirsineach, daor, daoránach, mogh, moghaidh, seirfeach, tráill; *literary* cumhal, ionailt. ❷ *labourer, toiler:* buailtíneach, cábóg, crácálaí, criaire, oibrí, saothraí, smísteoir, spailpín, strácálaí, tiarálaí; náibhí. ❸ *hack, drudge:* rábálaí, úspaire; amhas, druiste, anuasal, bodach, buailtíneach, búr, giolla, searbhónta, seirbhíseach. ❹ *mean, miserable person:* ainniseoir, ainriochtán, bochtán, cráiteachán, créatúr, donán, dreoilín, geospal, gortachán, ocrachán, péisteánach, raispín, sampla bocht, staga, stiocaire, suarachán, troch, truailleachán, truán.

sclábhaíocht noun ❶ *slavery:* anfhorlann, ansclábhaíocht, ansmacht, daoire, daoirse daorbhroid, daorsmacht, leatrom, meirse, moghsaine, seirfeachas, smachtúlacht, tráilleacht, tromdhaoirse. ❷ *labour, toil, drudgery:* callshaoth, crácamas, dua, duainéis, obair, pádóireacht, saothar, straidhn, stró, strus, tiaráil, úspáil, úspaireacht, úspairt, *literary* lubhair.

sclábhánta adjective ❶ *slavish, servile, subservient:* cábógach, cloíte, daoscair, géilliúil, moghach, pleibeach, sclábhúil, uiríseal, umhal. ❷ *mean:* anuasal, coiteann, coitianta, comónta, gaelach, garbh, íseal, lábánta, lodartha, luarga, otair, suarach, táir, táiríseal.

sclaig noun *rut, wheel-track:* cainéal, cis, clais, clasaidh, clasán, eag, eang, eitre, gearradh, iog, iomaire, linntreog, logán, lorg rotha, ruta, scoradh, scroig i mbóthar, silteán.

sclaimhínteacht noun ❶ *(act of) biting:* gobaireacht, mantú, miotú, piocadh, sclamhadh, snapadh; alpadh, cogaint, creimeadh. ❷ *(act of) abusing:* aifirt, aithis, aoir, badhbhaireacht, badhbhreacht, cáineadh, caitheamh is cáineadh, cáithiú, cámas, castóireacht, cnáid, díspeagadh, eascaine, easmailt, easómós, fochaid, fonóid, gáirmhagadh, guth, íde béil, íde na muc agus na madraí, imcháineadh, imdheargadh, iomard, lochtú, magadh, mallacht, masla, maslú, scalladóireacht, scallaireacht, scalloíd, scigireacht, sciolladh, sciolladh teanga, scorn, spailleadh, steallmhagadh, táinseamh, tarcaisne, tarcaisníl, toibhéim, *literary* aisc, cúrsú, glámh.

scláitéir noun ❶ *slater*: sclátóir, slinneadóir, slinnteoir. ❷ *big, hefty person*: ablach, arrachtach, burla, caldar, cliabhrach, cránaí, fáiméad, gíoplach, piarda, plíoma, staiféalach, torpán, torpóg.

sclamh noun ❶ *bite, nip, snap*: bealóg, bolgam, greim, plaic, scíobas; miotóg, scealp, scealpóg, tiocóg; áladh, snab, snap, sclamhadh, sclamhóg. ❷ *verbal attack*: aifirt, cáineadh, díspeagadh, íde béil, imcháineadh, ionsaí, scalladóireacht, scalloid, sciolladh, sciolladh teanga, spailleadh, tarcaisne, tarcaisníl. verb ❶ *snap (at)*: alp, snab, snap, tabhair áladh faoi. ❷ *abuse, scold*: aifir, aithisigh, cáin, caith anuas ar, cáithigh, cas le, dibligh, easmail, guthaigh, imcháineadh, imdhearg, ionsaigh, lochtaigh, mallaigh, mallachtaigh, maslaigh, scioll, spaill, tarcaisnigh, tabhair achasán do tabhair íde béil do, tabhair íde na muc is na madraí do, *literary* glámh.

sclamhach adjective *abusive, snappish*: achasánach, aithiseach, cáinteach, cnáideach, cnáidiúil, drochmheastúil, drochmheasúil, easmailteach, easonórach, fochaideach, fonóideach, frimhagúil, gadhrúil, glámhach, goibéalta, iomardach, magúil, maslach, scigiúil, sclamhógach, searbhasach, spídiúil, spuaiceach, tarcaisneach; cancrach, cantalach, cochallach, coilgneach, colgach, cuileadach, deafach, dorrga, driseogach, drisíneach, gairgeach, garg, geancach, giorraisc, gráinneogach, greannach, iarógach, *literary* dreannach.

sclamhaire noun *abusive person*: achasánaí, ainciseoir, ainle, ainleog, ainsprid, badhbaire, báirseach, báirseoir, bearrbóir, bearrthachán, cáinseach, cáirín, canránaí, ceasnaí, deimheastóir, feannadóir, fiacantóir, glámhánach, goineadóir, heictar, scamhailéir, sciolladóir, sciollaire, spochadóir, spochaire, stiúireachán.

sclár verb *cut, tear, lacerate*: ciorraigh, gearr, sciot, scoith, snoigh, teasc; coscair, creach, íospair, leadair, leadhb, réab, rois, sáraigh, scrios, spleantráil, srac, stiall, stróic, *literary* lochair.

scláta noun *slate, shingle, tile*: slinn, slinnteog, *colloquial* slinnteach; leacán, leacóg, tíl.

sclátaí noun *slater, woodlouse (order Isopoda)*: cailleach chrainn, cailleach an tsagairt, cailleach sagairt, cláirseach, *familiar* críonmhíol, míol crion, míoltóg chríon; cláirseach thrá, míol trá.

scléip noun ❶ *showiness, ostentation*: buaiceáil, gáifeacht, gaigíocht, gairéad, gairéadaí, galamaisíocht, galántacht, galántas, giodal, maingléis, mustar, péacacht, scléipireacht, taibhseacht; forcamás, scaothaireacht, scóid, straibhéis, stró, stróúlacht, toirtéis. ❷ *gaiety, hilarity*: ábhacht, áibhéireacht, aiteas, áthas, aoibh, aoibhneas, gairdeas, gealgháire, gleoiréis, gleois, gliadar, gliondar, greann, laighce, leithéis, meidhir, meidhréis, oireachtas, ollghairdeas, pléaráca, rampaireacht, rancás, sáile, sámhas, só, sóchas, sólás, suairceas, subhachas, sult, taitneamh, tanfairt. ❸ *riotous behaviour*: bachram, caismirt, cambús, caorthainn cárthainn, carabuaic, carabunca, ceannairc, cibeal, cipeadráil, círéib, clampar, clibirt, cliobach, cliobaram hob, clisiam, círéip, diúra dheabhra, easordú, éirí amach, fuilibiliú, glisiam, glórmhach, greatharnach, griobach, holam halam, hólam tró, hurlamaboc, hurla harla, hurlama giúrlama, liútar éatar, liútar léatar, manglait, mearú, mí-eagar, mí-ord, muirthéacht, pililiú, rabhait, ragáille, raiple húta, réabadh reilige, reibiliún, rírá, roithleán, ruaille buaille, rúscam raindí, toirnéis, tranglam, trumach tramach. ❹ *row, scrap*: achrann, afrasc, bachram, bruíon, cath, cibeal, cipíneach, comhlann, comhrac, easaontas, greadán, greadaíl, griolladh, griolsa, racán, raic, rangaireacht, scliúchas, scrimisc, spochadóireacht, spochaireacht, troid, tromfháscadh.

scléipeach adjective ❶ *showy, ostentatious*: buaiceálach, craobhlasrach, flasach, gáifeach, gaigiúil, gairéadach, galánta, maingléiseach, mustrach, scéiniúil, straibhéiseach, stróúil, taibhseach, taispeántach, toirtéiseach. ❷ *festive, sportive, hilarious*: coirmeach, cóisireach, cuideachtúil, féastach, féiliúil, féiltiúil, fleách, meidhreach; géimiúil, macnasach, rancásach, scóipiúil, spórtúil, spraíúil, súgrach, teaspúil, *literary* litheach.

scléipire noun ❶ *ostentatious person*: aibhseoir, baothaire, baothán, bladhmaire, bóibéisí, bollaire, bragaire, bromaire, buaiceálaí, bumaire, floscaí, gaige, gaigín, gaisceachán, gaisceoir, gaotaire, geamstaire, scaothaire. ❷ *roisterer, reveller, harum scarum*: drabhlásaí, pléaráca, ragaire, ragairneálaí, raibiléir, raille, railleachán, rastaire, ráistéir, ráistéir mná, réic, réice, ríobóid, scléipeach; druncaeir, meisceoir. ❸ *scrapper, rowdy*: amhas, bithiúnach, bligeard, glamaire, guilpín, maistín, mulpaire, racánaí, rifíneach, scabhaitéir, trodaí.

scleondar noun ❶ *excitement, elation, high spirits*: aeracht, aeraíl, aiteas, aoibhneas, áthas, eadarluas, fíbín, geidimín, gairdeas, girréis, leithéis, meidhir, meidhréis, móraigeantacht, pléisiúr, rímead, pl. sceitimíní, scóip, scóipiúlacht, sonas, spriolladh, stróúlacht, *literary* airear; támhnéal áthais, toirtéis, uabhar, uaibhreacht, uaibhreas; tá cluaisíní croí uirthi; chuirfeadh sé na smóilíní ag sclimpireacht i do chroí. ❷ *boastfulness*: bladhmadóireacht, bladhmaireacht, bladhmann, bóibéis, bollaireacht, bomannacht, braig, braigeáil, buaiceáil, buaileam sciath, cacamas, déanfas, éirí in airde, gairéadú, gaisce, gaisciúlacht, gláiféisc, glaomaireacht, laochas, leadram lúireach, maíomh, móiréis, mórchúis, mórtas thóin gan taca, mustar, poimpéis, postúlacht, rá mata, scaothaireacht, scleondar, siollaireacht, sotal, stocaireacht, toirtéis, trumpadóireacht, *familiar* cóití bhárms.

sclimpíní plural noun ❶ *dancing lights before eyes*: pl. léaspáin. ❷ **tháinig sclimpíní ar mo shúile** *I was dazzled*: caochadh mé, dalladh mé, dallraíodh mé; bhain sé na súile asam, chuir sé léaspáin ar mo shúile, chuir sé réiltíní ar mo shúile; chuirfeadh sé scáthshúilí ort.

scliúchas noun *brawl, rumpus*: aighneas, briatharchath, bruíon, callán, callóid, cambús, carabóm, carabuaic, carabunca, cibeal, cipeadráil, clampar, cliathach, clibirt, cliobach, cliobaram hob, clisiam, cogadh, coimheascar, coimhlint, cointinn, comhrac, conaghreabhaid, construáil, cosair easair, easaontas, fuirseadh má rabhdalam, fuilibiliú, geamhthroid, giorac, glaschomhrac, griobsach, holam halam, hólam tró, hulach halach, hurla harla, hurlamaboc, hurlama giúrlama, imreas, ionsaí, liútar éatar, pililiú, racán, rachlas, ragáille, raic, raiple húta, rírá, ruaille buaille, rúscam raindí, scirmis, siosma, spairn, troid, toirnéis, *literary* conghail, easard, gleidean, imruagadh, iorghal, trodán.

sclog verb ❶ *gulp, gasp, choke*: cnead, tacht; múch, plúch; tháinig sciúg ann, lig sé uspóg; bhí saothar anála air, bhí ga seá ann; bhí sé ag cneadach, bhí sé ag snagaíl. ❷ **ag sclogadh gáire** *suppressing a laugh, chuckling*: ag déanamh maolgháire.

scloitéir noun ❶ *gluttonous person*: ailpéir, alpaire, amplachán, amplóir, anrachán, béiceadán, bláistéir, blaochán, bleadrachán, bleitheach, bleitheachán, bolgadán, calcaire, cíocrachán, cíocrasán, cráiséad, craosachán, craosaí, craosaire, craosán-

scloitéireacht

ach, gainéan, geoiseach, gionachán, gliúrach, gliúrachán, gluitéir, glutaire, goileadán, goilíoch, gorb, graoisín, longaire, málaeir, méadlach, méadlachán, ocrachán, ocrasán, peasánach, placaire, póitreálaí, riteachán, slamaire, slogaire, slogamóir, slogánach, suthaire, tomhaltóir. ❷ *heavy drinker*: bachaire, diúgaire, druncaeir, druncaire, fear meisce, fear ólta, geochtóir, meisceoir, póiteoir, pótaire, súgaire, súmaire, súmaire dí; alcólach. ❸ *silly gabbler*: béalastán, bladhmaire, bleadrachán, bleadrálaí, bleid, bolgán béice, bolscaire, brasaire, breallaire, brealsán, brealsún, breastaire, breilleachán, breillire, cabaire, cafaire, cadrálaí, cág, callaire, clab, clab troisc, clabaire, claibéir, claibín, claibín muilinn, claibseach, dradaire, drádán, drandailín, geabadán, geabaire, geabstaire, giolcaire, giostaire, cleigear, glafaire, glagaire, glagbhéal, gleoiseach, gleoisín, gleothálaí, gligín, gliogaire, gliogarnálaí, glór i gcóitín, gobachán, grabaire, liopaire, meigeadán, meiltire, plobaire, raiméisí, ramscéalaí, reathálaí, roiseálaí, scaothaire, scrathóg, síodrálaí, síofróir, siollaire, siosaire, trumpadóir.

scloitéireacht noun ❶ *(act of) swigging, (act of) swilling*: bóidéis, diúgaireacht, druncaeireacht, druncaireacht, meisce, meisceoireacht, ól, ólachán, póit, póitéis, pótaireacht. ❷ *silly talk, gabbling*: áiféis, amaidí, badhbaiséireacht, baothaireacht, baothchaint, baothmhagadh, béalastánacht, blaoiscéireacht, bleadar, bleadaracht, bleadracht, bleadráil, bolgán béice, breallaireacht, breilliceáil, breilsce, breilscireacht, brille bhreaille, brilléis, buaileam sciath, buinneachántacht, frois frais cainte, geabaireacht, geabairlíneacht, geabstaireacht, geocaíl, gibiris, gleoiréis, gleoisíneacht, gliogar, gliogarnach, ladús, lapaireacht, leibidínteacht, liopaireacht, málóideacht chainte, pápaireacht, pislíneacht, pléiseam, plobaireacht, prislíneacht, radamandádaíocht, raiméis, ráiméis, ramás, rá mata, randamandádaíocht, rith seamanna, scaothaireacht, seadráil chainte, pl. seamanna cainte, treillis breillis, seafóid, sifil seaifil, sobalchaint.

scód noun ❶ *rope*: cábla, cadhla, rópa, srian, téad, *literary* reifeadh; adhastar, gad, srian. ❷ *freedom, scope*: saoirse, saorchead; cead, cead raide, ceadú, ceadúnas, faomhadh, lamháil, lamháltas, liobairtí.

scódaí noun ❶ *person without restraint, gadabout*: fámaire, feamaire, fánaí, fear siúil, fiaire, fraedóir, fuaidire, jaingléir, ráigí, raimleálaí, fánaí, rantaeir, rásaí, rianaí, ruagaire reatha, seachránaí, siúlóir, sodaire, spailpín, srathaire, sreothaí, taistealaí, traibhléir, vagabón, vagabún, válcaeir. ❷ *loose-tongued person, gossip-seeker*: béadánaí, luadrálaí, monabhrach, ráflálaí, scéalaí, sceithire, socadán, socaire; béal gan chaomhnú, béal gan foscadh, béal gan scáth, trumpadóir; míghreannaí.

scódaíocht noun ❶ *gadding-about, pleasure-seeking*: aeracht, aeráil, aermaíocht, áibhéireacht, aoibheall, baitsiléireacht, ceáfráil, corráil, feamaíl, fíbín, scódaíocht; fuaidreamh, bacachas, bóithreoireacht, deoraíocht, falaire, falaireacht, fálróid, fánaí, fánaíocht, feadóireacht, feamaíl, fíbín, gáibhéireacht, gairdeas, gleoiréis, gleois, gliadar, meidhir, meidhréis, oireachtas, ollghairdeas, pléaráca, pocfeáireacht, raimleáil, rampaireacht, ránaíocht, rantaeireacht, rianaíocht, ruathaireacht, spaisteoireacht, srathaireacht, sruthaireacht, traibhléireacht, válcaeireacht; bheith ar an dúidín réice. ❷ *gossip-seeking*: athiomrá, béadán, béadchaint, cúlchaint, cúlghearradh, dúirse dáirse, luadráil, ráfláil, reacaireacht, reic, reiceadóireacht, scéal reatha, scéal scéil, scéalaíocht, suainseán.

scodal noun *dash, activity*: gaiseadh, giústal, iarracht, léim, preab, preabóg, rábóg, ráib, ráig, ríog, rop, ropadh, rúchladh, ruthag, scabhait, scinneadh, scinneog, sciuird, scodal, siota.

scóig noun *neck*: bráid, broinne, brollach, muineál, píb, píobán, sceadamán, sciúch, scornach, scrogall, smiolgadán, súsán.

scoil noun ❶ *school*: bunscoil, meánscoil; cliarscoil, coláiste; oideachas, foghlaim, scolaíocht. ❷ *literary schoolmen, scholars*: pl. saoithe, pl. scoláirí, *colloquial* aos léinn, lucht léinn. ❸ *group of gamblers*: pl. cearrbhaigh, pl. geaimleálaithe. ❹ *shoal*: báire, bráiteach, cluichreán, cóch, páirc, port, rath.

scoilt noun ❶ *cleavage, fissure*: bréitse, gág, maidhm, scáineadh; clais na gcíoch, *familiar* cosán an ghiorria 'woman's cleavage'. ❷ *breach in relations, rupture*: achrann, briseadh, easaontas, eascairdeas, eisíocháin, míthuiscint; d'éirigh eatarthu; níl siad ar na hóí le chéile. ❸ *parting in hair*: stríoc. verb ❶ *break apart, crack, cleave*: cnag, dluigh, eamhain, eamhnaigh, scáin, siosc. ❷ *part, divide*: diosc, dluigh, gearr, roinn, scar, teasc; craobhaigh, dealaigh, eisréimnigh, gabhlaigh.

scoilteacha plural noun *rheumatism*: aicíd na gcnámh, pl. pianta cnámh, pl. daitheacha, pl. na rinntí, tinneas cnámh.

scoiltire noun *slitter, cleaver, chopper (tool)*: tua, *literary* uirceann.

scóip noun ❶ *scope*: airde, éirim, fad, fairsinge, leithead, leithne, limistéar, ord, rang, raon, réim, réimse, sraith, sraithraon, toise. ❷ *aim, ambition*: críoch, cuspóir; aidhm; ardaidhm, ardmhian, glóirmhian, uaillmhian; dúil, fonn, fuadar, intinn, mian, miangas, rún, toil. ❸ *eagerness, hurry*: airc, cíocras, confadh, dásacht, deárcas, déine, díbhirce, díocas, díograis, dúrúch, dúthracht, faobhar, fíoch, fiuchadh foinn, flosc, fonn, griothal, guilm, ratamas, scamhadh, teaspach, tnúth, tnúthán, toil, *literary* friochnamh; broid, brostú, deabhadh, deifir, deifre, dithneas, dlús, driopás, drip, eadarluas, féirsce, fuadar, fústar, práinn, ráchairt, rith, saothar, séirse, tapa, téirim, tinneanas. ❹ *joy, elation, high spirits*: aeracht, aeráil, aiteas, aoibhneas, áthas, gairdeas, girréis, leithéis, meidhir, meidhréis, móraigeantacht, pléisiúr, ríméad, pl. sceitimíní, sceondar, scóipiúlacht, sonas, spriolladh, strúlacht, *literary* airear, subha; támhnéal áthais, uabhar, uaibhreacht, uaibhreas.

scóipiúil adjective ❶ *wide, spacious*: análach, aerach, aeráilte, fairsing, leathan, oscailte, spásmhar. ❷ *loose-limbed, agile*: aclaí, éasca, folúthach, ligthe, lúfar, oscartha, scafánta, sofhillte, solúbtha. ❸ *dashing, eager*: aigeanta, anamúil, ardaigeanta, athlamh, bagánta, bíogúil, biorbach, braiteach, brasach, breabhsach, breabhsánta, breasnaí, brufar, éirimiúil, fuinniúil, lúfar, meanmnach, mear, meidhreach, preabanta, preabúil, rábach, scafánta, spleodrach; cíocrach, confach, deárcaisiúil, díbhirceach, díocasach, díograiseach, dúilmhear, dúthrachtach, faobhrach, fonnmhar, scafa, scamhaite, tnúthánach, tograch. ❹ *joyous, cheerful*: aerach, áiléideach, aiteasach, aoibhinn, áthasach, croíúil, gáideach, gáiriteach, gealchroíoch, gealgháireach, gliondrach, intinneach, loinneogach, lúcháireach, meanmnach, meidhreach, misniúil, ríméadach, sásta, séanmhar, soilbhir, somheanmnach, sólásach, sona, suairc, subhach.

scóipiúlacht noun ❶ *spaciousness, amplitude*: aeráil, áirgiúlacht, ceapaíocht, fairsinge, iomláine, leithead, leithne, líonmhaireacht, raidhse, flúirse, fuíoll na bhfuíoll, láine, lear, méad, saibhreas, scóip, toilleadh. ❷ *high spirits*: aeracht, aeráil, áibhéireacht, aigeantacht, aiteas, aoibhneas, ardaigeantacht, áthas, beocht, beogacht, bruithean, croí, éirí croí, éadroime, éirí in airde, flosc, fóisíocht, gáibhéireacht, gairdeas, gealadhram, gealgháirí, géim, girréis, giústal, gleoiréis, gus, laighce, lainne, leithéis, lúcháir, macnas, meanma, meidhir, meidhréis, misneach, móraigeantacht, pléisiúr, ríméad, *pl.* sceitimíní, scléip, scleondar, scóip, soilbhreas, soirbheas, sonas, spéiriúlacht, spiorad, spleodar, sprid, spriolladh, subhachas, súgachas, súgaíocht, súgradh, suairceas, teaspach, uabhar, uaibhreacht, uaibhreas, *literary* subha.

scoir verb ❶ *unyoke, unharness, detach:* bain de, díscoir, scaoil, scar. ❷ *separate, take apart:* bain as a chéile, dealaigh, deighil, díscaoil, imscar, scar, scoith óna chéile. ❸ *release, dismiss:* lig amach, lig de, saor, scaoil, scaoil le, scoráil, tabhair saoirse do, *literary* taithmhigh; fuair sé a cheann leis. ❹ *stop, terminate:* bí réidh le, críochnaigh, cuir deireadh le, cuir stad le, cuir stop le, stad, stop; druid, dún. ❺ *halt, rest:* fan, fuirigh, seas, stad, stop; glac do shuaimhneas, lig do scíth. ❻ *cease, desist:* éirigh as, lig de, stad, stop.

scoite adjective ❶ *detached, discrete:* discréideach, éagsúil, leithleach, scartha, teasctha, uathúil; ar leith, ar leithligh, ar leithrigh, faoi leith; as féin, leis féin. ❷ *scattered far apart, separated:* scáinte, scaipthe, scartha, spréite; i bhfad óna chéile. ❸ *isolated, sequestered:* aistreach, aistreánach, cúlánta, cúlráideach, eascairdiúil, iargúlta, iartharach, imeachtrach, imigéiniúil, ionadach, uaigneach; ar an iargúil, ar an iargúltacht, san iargúltacht; ar chúl éaga, in iarthar dúiche, sna hiarthair seo; ar leathimeall, ar na leathimill, i bhfad siar. ❹ *solitary, lone:* aonánach, aonarach, aonaránach, aonartha, aonarúil, aonracánach, aonrach, aonraic, aonta, singil, uaigneach, uathúil; leis féin; ar an iargúil, ar an uaigneas; ina aonar, in aontumha, in uatha.

scoith verb ❶ *cut off, lop, sever:* bain, dealaigh, dícheann, gearr, teasc, *literary* tall. ❷ *break apart, disconnect:* bris as a chéile, dealaigh; díscaoil, díscoir, scaoil; díchónaisc. ❸ *pull up, tear from ground:* bain, bain aníos, tarraing aníos. ❹ *shed, cause to shed:* bain de, caith díot, cuir díot, teilg. ❺ *leave behind, outdistance:* fág i do dhiaidh, téigh thar. ❻ *isolate, sequestrate:* aonraigh, leithlisigh; cuir ar an uaigneas, fág ar an uaigneas.

scóitséir noun ❶ *dashing fellow:* fear breá rábach, rábaire, ruagaire reatha, sárachán; bocaileá, bocailiú, bocaileaidí, preabaire, scóitséir. ❷ *fop, dandy:* boicín, buachaill Domhnaigh, buaiceálaí, coileach péacóige, croíán, gaige, gaige na feirce, gaige na maige, gaigín.

scól verb ❶ *scald:* beirigh, dóigh (le huisce), gargaigh, gread, loisc, scall. ❷ *torment, torture:* beophian, céas, cráigh, ciap, clip, goin, gortaigh, greannaigh, griog, páisigh, pian, pláigh, prioc, suaith, *literary* lochair. ❸ *warp, crack (of timber):* stang; scoilt.

scólachán noun ❶ *scold:* agóid, ainciseoir, ainle, ainleog, ainscian mná, ainsprid, badhb, badhbaire, badhbóir, báiléir, báiléir mná, báirseach, báirseoir, banránaí, bearrbóir, bearrthachán, bearrthachán mná, cáinseach, cáinseoir, callaire, callaire mná, cancairt mná, cancrán, canránaí, cantalán, cantalachán, cantalóir, caorthanach, ceolán, cianaí, ciarsánaí, clamhsánaí, cnádán, cnádánaí, cnáimhseálaí, cnáimhseoir, deimheastóir, deimheastóir mná, drantánaí, dris, fia-chailleach, fiacantóir, fuachaid, gearánaí, grágaire, heictar, laisceach, meirgeach, meirgíneach, míchaidreamhach, neascóid, ráipéar mná, ruibhleach, ruibhseach, sáiteachán, scalladóir, scallaire, scallóid, scamhailéir, stiúireachán, stiúireachán mná, tormasaí, *literary* glámh. ❷ *thin, worn-out person:* caiteachán, créice, cringeach, crincleach, duine caite, cuail cnámh, geataire, geospal, geospalán, gortachán, graisíneach, loimín-

each, loimirceach, ocrachán, sceanartach, séacla, séaclach, séaclóir, taiseachán, truán; nil air ach an craiceann.

scóladh noun ❶ *scalding:* beiriú, dó, dó uisce, greadloscadh, loscadh, scalladh. ❷ *torment, torture:* beophianadh, céasadh, ciapadh, clipeadh, cnámhghearradh, cnámhghoin, conaphian, crá, cránas, diachair, *pl.* freanga, *pl.* íona, martra, oighear, páis, pianadh, pianpháis, *pl.* pianta, *pl.* peiríocha, pioló id, racáil. ❸ *abuse, scolding:* aifirt, aithis, aoir, badhbaireacht, badhbóireacht, cáineadh, caitheamh is cáineadh, cáithiú, cámas, casadh an chorcáin leis an gciteal, castóireacht, clúmhilleadh, cnáid, crístín, díspeagadh, eascaine, easmailt, easómós, fochaid, fonóid, gáirmhagadh, glámhán, guth, íde béil, íde na muc agus na madraí, imcháineadh, imdheargadh, iomard, leabhal, lochtú, magadh, mallacht, masla, scalladóireacht, scallaireacht, scallóid, scigireacht, sclaimhínteacht, scorn, spailleadh, steallmhagadh, táinseamh, tarcaisne, tarcaisníl, tóibhéim, *literary* aisc, cúrsú, glámh. ❹ *warping (of timber):* feascairt, stangadh.

scolaíocht noun *schooling, school education:* bunoideachas, bunscolaíocht, iar-bhunoideachas, meánoideachas, meánscolaíocht, oideachas, oideachas dara leibhéil.

scolaíocht noun ❶ *(act of) calling, shouting:* béiceach, béicfeach, béicíl, béiciúch, bladhrach, casliúireach, éamh, faíreach, gártachach, gárthaíl, géimneach, grágaíl, grágarnach, grágarsach, liúireach, scréachach, scréachaíl, screadach, screadaíl, uallfairt, uallfartach. ❷ *(act of) singing snatches of songs:* spallaíocht cheoil; amhránaíocht, gabháil fhoinn.

scoláire noun ❶ *school-going child, schoolchild:* dalta, buachaill scoile, cailín scoile, gasúr scoile, páiste scoile. ❷ *learned person:* eagnaí, éigeas, fealsamh, fear léinn, ollamh, saineolaí, saoi, *literary* léighnidh, *colloquial* aos léinn, lucht léinn.

scoláireacht noun ❶ *scholarship, bursary:* deontas, sparántacht; comhaltacht. ❷ *learning:* éigse, eolas, foghlaim, léann, léanntacht, oideachas, oiliúint, saoithiúlacht, scolaíocht, teagasc.

scolb noun ❶ *indentation:* béim, clais, eag, eang, eangú, iog, logán, loigín, lúb, mant, mantóg, mantú, neag, tiocóg. ❷ *splinter:* blogh, caisne, cáithne, cáithnín, fleasc, fleasán, giota, meathán, písín, sceall, sceallóg, scealp, scealpóg, sleá, spíontóg, spleantar, spliota. ❸ *scollop (in thatching):* cléithín, camóg, lúb. ❹ *nick, crack, chip:* eang, tiocóg; craic, scoilt, slis, sliseog. ❺ *lean wiry person, strapping fellow:* cliobaire, féithíoch, forránach, gaiscíoch, laoch, mascalach, preabaire, scafaire, scolbaire, spreachlach.

scolbáil verb *scallop:* eangaigh.

scolbánta adjective *lithe and strong, strapping:* ábalta, acmhainneach, balcánta, bíogúil, bisiúil, bríoch, bríomhar, bulcánta balcánta, calma, calmánta, cróga, cumasach, cumhachtach, éifeachtach, fearúil, feilmeanta, féitheach, féitheogach, foirtil, fórsúil, fuinniúil, inniúil, láidir, lúfar, mascalach, matánach, meanmnach, misniúil, móruchtúil, muscalach, neartmhar, oirbheartach, scafánta, spreacúil, sracúil, tathagach, torthúil, tréan, tréitheach, urrúnta, urrúsach.

scolfairt noun ❶ *(act of) shouting, guffawing:* bladhrach, casliúireach, éamh, gárthach, gárthaíl, glamaíl, glaoch, liúireach, scairteadh, uallfairt, uallfartach; glamgháire, scairteadh gáire, scotbhach. ❷ *(loud) bird-song:* cantain, cantaireacht, ceiliúr, scol.

scolgháire noun *loud laugh, guffaw:* falrach gáire, glamgháire, scairteadh gáire, scotbhach, scotbhach gáire.

scológ

scológ noun ❶ *literary pupil, servant of holy man*: giolla, mac léinn, mac-chléireach. ❷ *tenant of church land: historical* airchinneach. ❸ *small farmer*: criaire, feirmeoir beag, talmhaí. ❹ *hard-working young man*: tiarálaí; cábóg, crácálaí, oibrí, saothraí, spailpín.

sconna noun ❶ *spout, water-spout*: buinne, buinneog, caise, doirteán, scaird, scairdeán, sconnóg, steall, steallóg. ❷ *tap*: buacaire, coca, comhla, fóiséad, spiogóid, stopaide, strúp. ❸ *gush, rapid flow*: brúcht, caise, doirteadh, scaird, steall, stealladh, tulca.

sconsa noun ❶ *fence, sconce*: balla, bunchlaí, cladán, claí, fál, falla, imfhál, imfhálú, imphort, móta, múr, páil, *literary* cleathchur, ime. ❷ *drain, trench*: caoth, clais, clasaidh, díog, draein, trinse; cainéal, canáil, gáitéar, gropa, léata, lintéar, sconsa, silteán, suinc.

scor noun ❶ *unyoking, disconnecting*: dealú, díscaoileadh, díscor, scaoileadh, díchónascadh. ❷ *release, dismissal*: briseadh, díbirt, fuascailt, saoradh, scaoileadh, *literary* taithmheach. ❸ *termination*: críoch, críochnú, deireadh, foirceann, stad, stopadh. ❹ *retirement, cessation of work*: briseadh, éirí as, faoiseamh, saoire, sos, staonadh. ❺ *adjectival genitive scoir final, last*: deireanach, **adjectival genitive** deiridh. **verb** ❶ *cut, slash, slice*: ciorraigh, gearr, goin, leadhb, rois, scoith, slaiseáil, srac, stiall, stoll, stróic, teasc, *literary* lochair. ❷ *score, notch*: cuir béim i, cuir eang i; bain tiocóg as, marcáil, scrabh.

scór noun ❶ *notch*: béim, clais, eag, eang, iog, neag, tiocóg; lorg, marc, rian, scrabha. ❷ *reckoning, tally*: comhaireamh, cuntas, reicneáil, scot. ❸ *score (in game)*: pl. cúil, pl. cúilíní, pl. pointí. ❹ *twenty*: fiche. **adverbial phrase ar aon scór** *in the same boat, in the same position*: ar an gcaoi chéanna; is é an dála céanna agamsa é.

scorach noun *stripling, youth*: aosánach, boiteallach, bromach, brusaire, duine óg, geataire, óg, ógánach, ógfhear; déagóir, glas-stócach, stócach; spáinnéar.

scoraíocht noun *evening pastime, social evening*: céilí; feis, fleá, fleá cheoil; aeraíocht; airneál, airneán, bothántaíocht, céilíocht, cuartaíocht, (*i gContae Phort Láirge*) istoícheadóireacht.

scorán noun *pin, toggle*: bacán, clib, cluas, cluasóg, cnoga, crainnín, crúca, duán, dúid, feirc, feire, figín, lúb, pionna.

scorbach noun *scurvy*: claimhe, gríos, *familiar* cos dhubh.

scorn noun *scorn, disdain*: dímheas, díomas, díspeagadh, domheas, drochmheas, fonóid, lagmheas, seanbhlas, spíd, tarcaisne, *literary* dímhigin.

scornach noun *throat*: clais anála, craos, diúch, diúlfaíoch, geocán, giobús, gionchraos, góilín, píb, píobán, sceadamán, slogaid, slogaide, slogaideach, slogán, smiolgadán, súsán, *literary* gibhis; faraing, laraing; eagaois, prócar.

scot noun ❶ *scot, reckoning*: áireamh, bille, comhaireamh, cuntas, reicneáil, scór. ❷ *picnic party (on raided food)*: picnic; féasta.

scoth¹ noun ❶ *flower, blossom*: bláithín, blás, bláthra, bláthú, cocán, coróinín, coróla, plúirín, plúr, plúrú, pabhsae, pabhsaer, pósae, scothóg, *literary* flós; flór de lúis, lile, nóinín, rós, sabhaircín, salchuach. ❷ *flower, pick, choice*: fíorscoth, gléire, plúr, rogha, rogha is togha, togha, *literary* forgla, formna, gaoine; climirt, cíoná, an chuid is fearr. ❸ *tuft, bunch*: bobailin, bobalán, braisle, brobh, clibín, crobhaing, curca, dos, dosán, gearrthóg, loca, mogall, ribeog, scothán, seamaide, slám, slámán, sop, sopóg, táithín, táth, triopall. ❹ *arrangement, cut, style*: cóir, cóiriú, fíor, déanamh, eagar, leagan amach, socrú, stíl.

scoth² noun ❶ *point, tip*: barr, bior, biorán, ceann, colg, dealg, gob, péac, pointe, mullach, rinn, snáthaid, soc, spíce, splinc, *literary* eo. ❷ *projection,*

ridge: buaic, cíor, círín, coiricín, droim, dromlach, eiscir, iomaire, lomán, muing, mullach, rinn, sceir, starr.

scoth- prefix *semi-, fair, middling*: breac-, leath-, meán-; cáiliúil, cuibheasach, lagmheasartha, measartha, réasúnta.

scothach adjective ❶ *flowery*: bláthach, bláfar, bláthbhreac, plúrach, plúrmhar, scothúil; faoi bhláth. ❷ *tufted*: cocach, curcach, dosach, ribeach, ribeogach, scothánach, stothach, tomach.

scothóg noun ❶ *flower, blossom*: bláithín, blás, bláth, bláthra, bláthú, cocán, plúirín, plúr, pabhsae, pabhsaer, pósae, scoth, *literary* flós. ❷ *little tuft*: cochaillín, cuircín, dosán, ribeog, scothán, stothóg, táithín, táth, tomóg. ❸ *tassel*: bobailín, frainse, glib, glibín, mabóg, plispín, siogairlín.

scothúil adjective ❶ *flower-like*: bláthach, bláfar, plúrach, plúrmhar. ❷ *beautiful*: álainn, breá, caithiseach, canta, cuidsúlach, dathúil, dea-chruthach, dealfa, dealraitheach, dea-mhaisiúil, deas, deismir, dóighiúil, fíortha, galánta, glémhaiseach, gleoite, gnaíúil, gnúiseach, grástúil, greanta, innealta, iomálainn, lachanta, leacanta, maisiúil, sciamhach, slachtmhar, *literary* mas. ❸ *select, choice*: tofa, toghach, toghaí; den chéad choth, den scoth, den togha.

scrábach adjective ❶ *scratchy, scrawly*: sceadach, scríobach. ❷ *ragged, untidy*: bratógach, ceamach, ceamánta, cifleogach, giobach, gioblach, glibeach, gliobach, leadhbánach, leadhbógach, leibéiseach, leibideach, liobarnach, líobóideach, liopasta, lóipíneach, lópach, luideach, scifleogach, scothánach, slaimiceach, sraoilleach, streachlánach. ❸ *knock-kneed*: isteach sna glúine; ioscadach, sliastach. ❹ *broken (of weather), showery*: béalfhliuch, bog, braonach, breac, cáidheach, ceathach, ceathaideach, fearthainneach, fliuch, frasach, moiglí, múraíleach, múraíolach, salach, scrabhaiteach, slaimiceáilte, sramach, táirfhliuch. ❺ *miserly*: baileach, barainneach, ceachartha, ceapánta, cnuasaitheach, cruinn, cruinneasach, cúngchroíoch, doicheallach, gann, gortach, greamastúil, greamasúil, lompasach, meánaitheach, spárálach, sprionlaithe, suarach, tíosach, truaillí, tútach. **noun** ❶ *ragged thing*: balcais, bratóg, bréid, ceamach, ceirt, cifle, cifleog, círéib, crothóg, géire, géirín, giob, giobal, giolcais, lainnéar, leadhb, liarlóg, plispín, preabán, radalach, sceidín, scifle, scifleog, pl. scóiléadaí, scrábán, streachlán, suán glacach. ❷ *untidy person*: breallán, ceamach, ceamachán, cifleachán, ciofarlán, ciolartán, círéib, clogán streille, clupais, coigealach, cuifeach, cuileachán, giobachán, giobailín, gioblachán, glibire, gliobachán, lainnéar, leibide, liarlóg, liobar, liobarnálaí, liarlóg, magarlán, pana, pleibistín, radalach, scifleachán, scothánach, scrábach, slaimice, sláimín, slapaire, slibire, sraoilleachán, sraoilleán, sraoillín, sruthlach, stoithneachán, straille, strailleán, streachaille; braimleog, breallóg, claimhseog, claitseach, giobóg, gliobóg, leadhbóg, liobóg, peallóg, slámóg, slapóg, slapróg, sraoill, sraoilleog, straillleog.

scrábachán noun *knock-kneed person*: duine scrábach, ioscadach, ioscadachán, ioscadán, ioscadánaí, scrábán, scráibíneach.

scrábáil noun ❶ *scratchy work*: obair scrábach, scríobadach. ❷ *scribble, scrawl*: breacaireacht, scríobadach, scríobláil; crúbáil le peann. **verb** ❶ *scratch*: gránaigh, scrabh, scríob; crúcáil. ❷ *scribble*: breac, scríoblái.

scrábálaí noun ❶ *scribbler*: breacaire, scríobláí. ❷ *untidy worker*: ablálaí, ciotóg, gliocsálaí, lapadán, lapaire, méiseálaí, mille bata, mille maide, muclach, muicealach, muicearlach, plástrálaí, (*i gContae Mhaigh Eo*) práibín, prócálaí, sceanartálaí,

scotrálaí, slabálaí, slibreálaí, sliopachán, slupairt, útamálaí, *ironic* gobán, Gobán Saor.
scrabh verb ❶ *scratch, scrape:* gránaigh, scrábáil, scríob; crúcáil. ❷ *score:* scor; cuir béim i, cuir eang i, marcáil.
scrabha noun ❶ *scratch, scrape:* scrabhadh, scríobadach, scríobadh, scríobóg. ❷ *piece torn or cut:* cifle, cifleog, gearrthóg, géire, géirín, leadhb, liobar, plispín, sceidín, sracadh, stiall, streachlán. ❸ *eager attempt:* obainn, péac, rábóg, ráig, ríog, rúchladh, rúid, rúideog, ruthag, sciuird.
scráib noun ❶ *scrape, scratch:* scamhadh, scrabha, scrabhadh, scríob, scríobadach, scríobadh, scríobaireacht, scríobóg. ❷ *scrapings, scrap:* scamhadh, screaball, scríobadh, scríobáil, *pl.* scríobóga, scrios. ❸ *shower:* balcadh, búisteog, cámar, ceathán, cith, craobhcith, craobhmhúr, fras, gailbh, gailfean, múr, *colloquial* múráil, ráig bháistí, ráig de mhúr, sprais fearthainne.
scráidín noun ❶ *good-for-nothing, worthless person:* ainniseoir, bruachaire, caifeachán, cailliúnaí, caiteoir, codaí, coilíneach, créatúr, cuaille, cuilthín, cúl le rath, diomailteoir, drabhlásaí, duine gan mhaith, duine gan rath gan fónamh, fágálach, fear gan aird, fear gan chríoch, giolla na leisce, iarlais fir, iarlais mná, leadaí, leadaí na luatha, *figurative* leá Dia, learaire, liairne, liúdaí, lúmaire, mac drabhlásach, mac na míchomhairle, mogall gan chnó, rabhdalam, raga, ragaíoch, ragairneálaí, raipleachán, sceathrachán, sciodar, sciotrachán, scraiste, scrata, scuaille, sliomach, smeathaire, spaice, spreas, sramaide, staic, staic gan mhaith, staic i dtalamh, suarachán, troch, truán. ❷ *worthless thing:* braich gan leann, *ironic* féirín, iarlais, rud gan éifeacht, rud gan mhaith, rud gan rath gan fónamh, raga, scrata.
scráidíneach adjective *scraggy, scrawny:* caite, creatach, creatlom, creatach, cúng, éadrom, feosaí, lom, reangach, scáinte, sciotach, scroigeach, scrutach, seang, seangchruthach, stéigthe, tanaí, trua.
scraimíneach noun *insignificant little person:* arc, beigeadán, beigaidín, ceairliciú, cleiteachán, cleiteoigín, draoidín, feithid, frídeoir, gilidín, gilmín, sceoidín, scidil, taiseachán.
scraiste noun *loafer, layabout:* bruachaire, búiste, falsóir, giolla na leisce, giústa, leadaí na luatha, learaire, leisceoir, liairne, lionsca, liúdramán, lófálaí, lorgánach, losadóir, ránaí, rídealach, ríste, scrádaí, sínteach, slúiste, smíste, srathaire, stróinse.
scraith noun ❶ *scraw; sod, turf:* scraithín, scrathán; cré, créafóg, fód, ithir; móin. ❷ *layer, covering, coating:* ciseal, cóta, craiceann, crústa, ladar, scrathán, screamh, screamhóg, *literary* tlacht. ❸ *rash, scabs:* aodh, briseadh amach, bruth, carr, claimhe, galar carrach, gríos, gríosóg, íth, rais, screamh; *pl.* gearba, gearbach, *pl.* gearbóga, *pl.* puchóidí.
scrathachán noun *lazy, slow-moving person:* cnuálaí, codaí, fágálach, fágálaí, fámaire, feádóir, feamaire, giolla na leisce, langa, leadránaí, leiciméir, leisceoir, leisíneach, leoiste, leota, liairne, liúdramán, loiceadóir, lófálaí, máinneálaí, malluaireach, moilleadóir, raingléir, righneadóir, righneálaí, ríste, scaoinse, scraiste, sínteach, síntealach, síománach, síománaí, sliastán, sloitheán, smíste, snámhaí, srathaire, stangaire, stróinse, súmaire.
scrathóg noun ❶ *bladder:* bleadar, éadromán, lamhnán, lamhnán fuail; bolg snámha, bolgán. ❷ *windbag:* béalastán, bladhmaire, bleadrachán, bleadrálaí, bolgán béice, bolmán, bolscaire, brasaire, breastaire, breilleachán, breillire, broimseánaí, broimsilín, bromaire, cabaire,

scríobach

clabaire, claibéir, claibín muilinn, claibín muilinn, cleigear, dosaire, dradaire, geabaire, geabstaire, glafaire, glagaire, glagbhéal, gleoiseach, gleoisín, gleothálaí, gligín, gliogaire, gobachán, liopaire, meigeadán, plobaire, scaothaire, síodrálaí, síofróir, siollaire, siosaire, strambánaí, trumpadóir, trumpaire.
screab noun *hard coating, crust:* crústa, craiceann, screabán, screamh, screamhán, screamhóg.
scréach noun *screech, scream:* scréachach; béic, éamh, faí, fuachas, glao, glaoch, *literary* géis, liú, scairt, scol, scread, screadach, screadaíl, screadalach, screadamach, sian, uaill, uallfairt, uallfartach. verb *screech, scream:* béic, éigh, gáir, *literary* géis, glam, glaoigh, liúigh, scairt, scread; lig béic asat, lig gáir asat, lig scol asat, lig scréach asat, lig scread asat, lig uaill asat.
scréachaire noun *screecher:* glamaire, sceamhlachán, screadachán, caointeachán, caointeoir, ceolán, éimheoir, geocach, golspaire, meamhlachán, sciúgaire; gárthóg.
scréachóg noun ❶ **scréachóg choille** *jay (Garrulus glandarius):* scréachóg; liatraisc. ❷ **scréachóg reilige** *barn owl (Tyto alba):* mulchán, ulagadán. ❸ **scréachóg thrá** *tern (Sterno hirunda):* geabhróg.
scread noun *scream:* screadach, screadadh, screadaíl, screadalach, screadamach; béic, éamh, faí, fuachas, liú, scol, scréachach, uaill, uallfairt, uallfartach, *literary* géis. verb *scream, screech:* béic, gáir, glam, liúigh, *literary* géis; lig scol asat, lig scréach asat, lig scread asat, lig uaill asat.
screamh noun *coating, crust, scum:* brat, cailimhineog, carr, ciseal, codam, coirleannógach, coirt, cóta, draoib, ladar, leo, forún, ruamáile, scannán, scim, scimeal, scraith, screamhán, screamhóg, screamhú; slaoiste.
scríbhinn noun ❶ *writing, written document:* caidrim, cáipéis, cairt, doiciméad, eascaire, meabhrán, meamram, páipéar, scríobh, scríbhneoireacht, teastas. ❷ *inscription:* forscríbhinn, inscríbhinn, scríbhneoireacht. ❸ **an Scríbhinn Dhiaga** *Holy Writ:* briathar Dé, an Scrioptúr Naofa, *pl.* screaptra; canóin. ❹ *literary composition:* saothar, scríbhneoireacht, scríbhneoireacht chruthaitheach; filíocht, véarsaíocht; prós; gearrscéalaíocht, úrscéalaíocht.
scríbhneoir noun ❶ *scribe, penman:* graifneoir, grafnóir, peannaire, scríobhaí; breacaire, cléireach, scrábálaí, scrioblálaí. ❷ *author:* údar; eagarthóir.
scríbhneoireacht noun ❶ *handwriting, penmanship:* graifneoireacht, lámhscríbhneoireacht, peannaireacht; lámh. ❷ *literary work:* saothar, scríbhneoireacht chruthaitheach; filíocht, véarsaíocht; prós; gearrscéalaíocht, úrscéalaíocht.
scrimisc noun *scrimmage:* achrann, afrasc, bachram, bruíon, cath, cibeal, cipíneach, comhlann, comhrac, easaontas, greadán, greadaíl, griolladh, griolsa, racán, raic, rangaireacht, scliúchas, spochadóireacht, spochaireacht, troid, tromfháscadh.
scrín noun *shrine (of relic):* taiseagán; clúdach, cumhdach
scríob noun *scrape, scratch, score:* scrabhadh, scríobadach, scríobóg; scor, scoradh. ❷ *stroke, effort, spell:* buille, iarracht, sracadh, stróc; babhta, scaitheamh, seal, sealad. ❸ *course to be run:* cúrsa, raon, rian, sprioc. ❹ **ceann scríbe** *destination:* ceann aistir, ceann cúrsa, ceann riain, ceann sprice, ceann turais. ❺ *rush, dash:* gaiseadh, péac, rábóg, ráig, ríog, rúchladh, rúid, rúideog, ruthag, sciuird. verb *scrape, scratch:* gránaigh, scrábáil, scrabh; crúcáil.
scríobach adjective *scratchy:* sceadach, scrábach, scrábánach.

scríobadach

scríobadach noun ❶ *act of scraping, scratching*: scrabha, scrabhadh, scríobadh. ❷ *scrawl*: breacaireacht, scrábáil, scriobláil; crúbáil le peann.

scríobadh noun ❶ *scratch, scrape*: scrabha, scrabhadh, scríobadach, scríobóg. ❷ *scrapings*: scamhadh, scráib, screaball, scríobáil, *pl.* scríobóga, scrios.

scríobálaí noun ❶ *scraper, miser*: ainriochtán, bochtán, cágaire, ceachaire, ceacharán, cnat, cnatachán, cníopaire, coigleálaí, coigleoir, crústa, gláimhín, gortachán, néigear, ocrachán, péisteánach, raispín, ruidín gorta, sainteoir, santachán, scrabhdóir, scanrabóid, scanrachóid, scanradóir, scanróir, scrabhadóir, scramaire, scríbín, sprionlóir, staga, stiocaire, suarachán, taisceoir, toimhseachán, truailleachán, truán, tútachán; cailteog, sprionlóg. ❷ *scribbler*: breacaire, scrábálaí, scrioblálaí; cléireach, grafnóir, graifneoir, peannaire, scríbhneoir, scríobhaí.

scríobh noun *handwriting, writing*: grafnóireacht, lámh, lámh litreach, lámhscríbhneoireacht, peannaireacht, scríbhneoireacht; lorg a láimhe. verb ❶ *write*: breac, breac síos, caith síos, graf, scríobh síos, scriobláil. ❷ *fill in (form, etc.)*: líon isteach. ❸ *compose, write a literary composition*: ceap, cruthaigh, cuir i dtoll a chéile, cuir le chéile, cum.

scríobhaí noun *scribe, amanuensis*: cléireach, grafnóir, graifneoir, peannaire, scríbhneoir; rúnaí, rúnaire; cléireach-chlóscríobhaí, clóscríobhaí.

scriobláil noun *scribbling, scribble*: breacaireacht, scrábáil, scríobadach; peannaireacht, scríobh, scríbhneoireacht; crúbáil le peann.

scrioblálaí noun *scribbler*: breacaire, scrábálaí, scríobálaí; cléireach, grafnóir, graifneoir, peannaire, scríbhneoir, scríobhaí

scríobóg noun *niggardly woman*: cailteog, cráiteog, sprionlóg.

scrioptúr noun *scripture*: an Scrioptúr Naofa; bíobla, briathar Dé, scríbhinn dhiaga, *pl.* screaptra; an dlí, an cúnant, Beitearlach, Peintiteoch, Seanreacht, Sean-Tiomna; soiscéal, *pl.* na soiscéalta sionoptacha; *pl.* na heipistlí; canóin.

scrios noun ❶ *destruction, ruin*: bánú, bascadh, coscairt, creachadh, creachadóireacht, faobach, foghail, ídiú, léirscrios, lomadh, lomairt, lomscrios, milleadh, millteoireacht, sceanach, sceanairt, scriosadh, scriostóireacht, slad, sladaíocht, sladaireacht, treascairt, *literary* lochar, toghail. ❷ *scrapings, parings*: scamhadh, scráib, screaball, scríobadh, scríobáil, *pl.* scríobóga; can, *pl.* diomlacha, *pl.* séibhíní, *pl.* slisíní, snoíogar. ❸ *light covering*: brat, ceo, ceobhrán, ciseal, cóta, craiceann, crústa, scannán, sceo, scim, sciomóg, scraith, screamh, screamhóg. verb ❶ *scrape, tear off*: bain, scríob, srac, stoith, stróic. ❷ *scratch out, erase*: cealaigh, dealaigh, díothaigh, díscigh, glan amach. ❸ *destroy, ruin*: arg, basc, bris, coscair, creach, díothaigh, goin, gortaigh, ídigh, íospair, léirigh, léirscrios, loit, maraigh, mill, múch, neamhnigh, raiceáil, réab, slad, treascair, *literary* mudh, sléacht; déan brachán de, déan camalanga de, déan ceamraisc de, déan cíor thuathail de, déan ciseach de, déan cocstí de, déan cuimil an mháilín de, déan fudairnéis de, déan meascán mearaí de, déan meidrisc de, déan prácás de, déan praiseach de; rinneadh a chabhóg.

scriosach adjective *destructive, ruinous*: cnaíteach, coscrach, craosach, creimeach, créimeach, creimneach, damáisteach, díobhálach, díothaitheach, dochrach, dochraideach, doghrainneach, foghlach, ídeach, íditheach, loiscneach, loiteach, marfach, meilteach, millteach, millteach, nimhneach, seargthach, treascrach, tubaisteach, *literary* urbhadhach.

scriosaire noun ❶ *scraper*: scríobaire, scriostóir. ❷ *destroyer, devastator*: airgtheoir, argthóir, creachadóir, creachaire, éigneoir, foghlaí, íditheoir, loitiméir, millteoir, réabóir, réabthóir, sáraitheoir, scriostóir, scriosúnach, sladaí, sladaire.

scriosúnach noun *strong active person*: balcaire, bambairne fir, béinneach, bramaire, bromach, bromaire, bromaistín, cleithire fir, cliobaire fir, fairceallach fir, falmaire fir, fámaire fir, fathach fir, gaiscíoch, griolsach, preabaire fir, rábaire, rúscaire, scafaire, smalcaire, smíste, stollaire fir, tolcaire, tolchaire, tollaire fir.

script noun *script*: scríbhinn; leabhróg.

scriú noun *screw*: bís, scrobha.

scriúáil verb *screw*: cas, glinneáil, gliondáil, maighndeáil, tochrais; iompaigh sníomh, tiontaigh.

scriúire noun *screwdriver*: bísire; castaire.

scrobaire noun *undersized creature, underfed creature*: abhac, abhcán, aircín, beagadán, beagaidín, camhcaid, ceairliciú, céasánach, cnádaí, crabadán, crampánach, crandán, cruachán, draoidín, fíothal, gréiscealachán, meatachán, padhsán, sceoidín, séacla, síobhra, síofra, síogaí, sleabhcán.

scrobanta adjective ❶ *scrubby*: sceadach, screabach. ❷ *undersized, underfed*: cranda, craptha, gearr, giortach, sceoite.

scrobarnach noun ❶ *brushwood, undergrowth*: caschoill, casmhoing, caithreáil, cantarna, casarnach, caschoill, casmhoing, crannlach, drischoill, moing, mongach, mothar, muine, muineach, rosán, scairt. ❷ *scrubby growth of beard*: bruth féasóige, cluimhreach féasóige, coinleach féasóige, féasóg gharbh, giúnachán, guaireach féasóige.

scroblach noun ❶ *remnants of food, refuse*: barraíl, barraíolach, broc, brocamas, broghaíl, bruscar, cáithleach, conamar, dramhaíl, dríodar, fuílleach, graiseamal, gramaisc, greasmal, gríodán, grúnlach, grúnlais, maothlach, miodamas, mionrach, pracar, práib, ribheirsean, scadarnach, scaid, sceanairt, sciot sceat, scileach, screallach, spíonach, treilis, treilis breilis. ❷ *riff-raff*: brablach, brataing, bratainn, bruscar, cloigis, codraisc, cóip, cóip na sráide, conairt, daoscar, daoscarshlua, drifisc, glamrasc, gráisc, gramaisc, gramaraisc, gráscar, grathain, luifearnach, luspairt, malra, sloigisc, trachlais; Clann Lóbais, Clann Tomáis.

scrogaire noun *eavesdropper*: cluas le heochair, cluasaí, cúléisteoir, dúdaire, éisteoir; spiadóir, spiaire.

scrogaireacht noun *eavesdropping*: cluasaíocht, cluaséisteacht, cúléisteacht, dúdaireacht, liúdaíocht.

scrogall noun ❶ *long neck*: muineál fada, sclog, scroig, scroigín, scrogóg; scóig. ❷ *neck of bottle*: scrogall buidéil; scloigín, sclog, scóig, scrog. ❸ **scrogall talún** *neck of land*: caol tíre, crúbán talún, scóig talún; glasoileán, leathinis.

scrogallach adjective *long-necked*: scrogach, scroigeach.

scroglachán noun *person with long neck*: dúdaire, scrogaire, scrogallach, scrogartach, *familiar* corr éisc.

scroibliún noun *worthless person*: duine gan mhaith, duine gan rath gan fónamh, fágálach, fear gan aird, fear gan chríoch, iarlais fir, iarlais mná, raga, ragaíoch, ragairneálaí, raipleachán, scraiste; bruachaire, caifeachán, cailliúnaí, caiteoir, codaí, cuaille, diomailteoir, drabhlásaí, giolla na leisce, leadaí, leadaí na luatha, learaire, liairne, liúdaí, lúmaire, rabhdalam, sceathrachán, sciodar, sciotrachán, scuaille, sliomach, smeathaire, spaice, staic, staic gan mhaith, staic i dtalamh, suarachán; coilíneach, cuilthín, cúl le rath, mac drabhlásach, mac na míchomhairle, mogall gan chnó, *figurative* leá Dia.

scrolla noun *scroll*: rolla.

scrúd verb *try severely, torment:* tástáil, triail, scrúdaigh; beophian, céas, cráigh, ciap, clip, goin, gortaigh, griog, páisigh, pian, prioc, scól, *literary* lochair.

scrúdaigh verb *examine:* breithnigh, géarscrúdaigh, glinnigh, grinndearc, grinnigh, grinnscrúdaigh, iniúch, mionchuardaigh, mionscrúdaigh, scag, tástáil; cuir faoi scrúdú, déan scrúdú ar; breathnaigh, cuardaigh, cuartaigh, fair, féach; piardáil, ransaigh.

scrúdaitheoir noun *examiner:* breitheamh, iniúchóir, cigire, croscheisteoir, meastóir, measúnóir, moltóir, monatóir, tástálaí.

scrúdú noun *examination:* scrúdúchán; cigireacht, croscheistiú, iniúchadh, meastóireacht, measúnóireacht, moltóireacht, monatóireacht, tástáil.

scrupall noun ❶ *scruple: pl.* scrupaill choinsiasa; cogús, coinsias, coinsiasacht, mionchúis, pointeáilteacht. ❷ *compunction, pity:* aiféala, mairg, trócaire, trua, *literary* neimhéile.

scrupallach adjective *scrupulous:* beacht, cogúsach, coinsiasach, cruinn, mionchúiseach, pointeáilte, prionsabálta.

scruta noun *scraggy, scrawny creature:* caiteachán, créice, créice críon, cringeach, crincleach, duine caite, cuail cnámh, geataire, geospal, geospalán, gortachán, loimíneach, loimirceach, ocrachán, reangaide, reangaire, reangartach, sceanartach, scólachán, séacla, séaclach, séaclóir, taiseachán, triuchaide, truán, *familiar* creachán; nil air ach an craiceann.

scrutach adjective *scraggy, scrawny:* caite, creatach, creatlom, cúng, éadrom, feosaí, lom, reangach, scáinte, sciotach, scráidíneach, scroigeach, seang, seangchruthach, stéigthe, tanaí, trua.

scuab noun ❶ *broom, brush:* scuab bhroic, scuab sháible; scuabán, scuabóg, scuaibín; bruis, cleiteán, rónóg. ❷ *scuab eich horsetail (Equisetum):* brobh i dtóin, clois uisce, cuiridín coille, cuiridín gabhair, cuiridín gadhair, eireaball an eich, eireaball capaill, eireaball cait, eireaball eich, eireaball searraigh, gliogar. verb ❶ *sweep, brush:* glan, glan le scuab. ❷ *sweep along, carry along:* beir, fuadaigh, iompair, sciob, tabhair. ❸ *scuab leat dash off:* bailigh leat, imigh de ruathar, imigh leat, rith leat, sciurd chun siúil, scuab chun siúil.

scuabach adjective ❶ *sweeping, flowing:* borb, cúrsach, faoileanda, géagach, mongach, scaoilte, slaodach, snítheach, sraoilleach, sreabhach, sruth-

ach, sruthánach, tulcach. ❷ *gusty:* anfach, feothanach, gaofar, garbh, scártha, sceirdiúil séideánach, séideogach, séidte, stamhlaí, stoirmeach, straidhpeach.

scuabadh noun *(act of) sweeping, sweep:* scuabachán; cor, lúb, scabha.

scuabadóir noun *sweeper:* scuabaire; glantóir.

scuabaire noun *dashing creature:* preabaire, rábaire, rábálaí, rásaí, reathaí, reathaire, ruagaire reatha, scóitséir.

scuad noun ❶ *squad:* baicle, béinne, buíon, cipe, comhlacht, criú, dream, feadhain, foireann, fracht, gasra, grúpa, meitheal, scata, scuaine. ❷ *brood, swarm:* saithe, scata; ál, baicle, dreabhlán, ealbha, ealbhán, ealta, eilbhín, éillín, grathain, lota, scaoth, scuaidrín, scuaine, scúd, sealbhán, tréad.

scuaid noun ❶ *spatter, splash:* lapadáil, plobarnach, slaparnach, splais, sprais, spreachall, steall, steallóg. ❷ *diarrhoea (in animals):* dobuan, dobuar, scaoing, sciodar, scuaid. ❸ *sloppy, slovenly person:* broghchán, muclach, muicealach, muicearlach, muc, rud salach, rúisceachán, scuaideálaí, slaba, slupairt, smugachán, smugaire, túitín; méiseálaí, mucaire, plabaire, práibeachán, práisc, práisceálaí, praiseachán, puiteálaí, rúisceachán, scrábálaí, slabálaí, slapaire, slibreálaí, slupairt.

scuaideáil noun *(act of) spattering, (act of) splashing:* fliuchadh, salacharáil, splaiseáil, splaisearnach, stealladh, stealladóireacht, steallaireacht; lapadáil, lapaireacht, laparnach, plabáil, plabaireacht, plabarnach, plobáil is plabáil, plobarnach, scairdeadh, slabáil, slabaíl, slabaireacht, slabaráil, slaipistéireacht, slapaireacht, slubáil slabáil, slupar slapar, sprais, steancadh.

scuaideálaí noun ❶ *spatterer:* stealladóir, steallaire. ❷ *sloppy, slovenly person:* broghchán, muclach, muicealach, muicearlach, muc, rud salach, scuaid, slaba, slupairt, smugachán, smugaire, túitín; méiseálaí, mucaire, plabaire, práibeachán, práisc, práisceálaí, praiseachán, puiteálaí, rúisceachán, scrábálaí, slabálaí, slupairt.

scuaideog noun *slovenly woman, slattern:* braimleog, breallóg, bréantóg, claimhseog, claitseach, cuachán mná, cuairsce, eachlais, giobóg, gliobóg, leadhbóg, liobóg, lúidseach, múiscealach, peallóg, ruailleach, scleoid, slapóg, slapróg, sraoill, sraoilleog, straillleog, strupais, suairtle.

scuaine noun ❶ *drove, flock:* ál, baicle, dreabhlán, ealbha, ealbhán, ealta, eilbhín, éillín, grathain, lota, saithe, scaoth, scata, scuad, scúd, sealbhán, tréad, uail; stadhan, *literary* speil. ❷ *queue:* ciú, comhshraith, eireaball, líne, rang, seicheamh, sraith, treas.

scun scan adverbial phrase *completely, outright:* go díreach, go neamhbhalbh, plinc pleainc; amach is amach, ar fad, ar fad ar fad, go huile is go hiomlán, uile go léir, *familiar* uiliug uiliug.

seabhac noun ❶ *hawk, falcon (Accipiter):* ruán aille, speirsheabhac, spioróg; *(Falco):* fabhcún. ❷ *figurative warrior:* barraí, calmfhear, cathaí, cathmhíle, comhraiceoir, comhraicí, curadh, gaiscíoch, galach, laoch, laochmhíle, míle, seaimpín, *literary* caimpear, cú, cuing, féinní, láth, mál, nia, oscar, ruanaidh, scál, *colloquial* laochra.

seabhrán noun ❶ *buzzing in head, diziness:* ceol sna cluasa; meadhrán, mearbhlán, míobhán, roithleán, *pl.* speabhraídí, spearbal; tá mé barréadrom. ❷ *buzz, hum, whir:* bús, ciarsán, cogarnaíl, crónán, dord, dordán, dordánacht, drandam, drantán, drantánacht, fuamán, manrán, monabar, monabhar, seastán, seordán, sian, siansán, siosarnach, sioscadh, siosma, siúrsán.

Scuaba Eich na hÉireann (Equisetaceae)

field horsetail (*Equisetum arvense*): scuab *f.* eich ghort

great horsetail (*Equisetum telmateia*): feadóg *f.*

Mackay's horsetail (*Equisetum hyemale* x *variegatum*): scuab *f.* eich Mhic Aoidh

marsh horsetail (*Equisetum palustre*): scuab *f.* eich chorraigh

Moore's horsetail (*Equisetum hyemale* x *ramosissimum*): scuab *f.* eich an Mhóraigh

rough horsetail (*Equisetum hyemale*): bioróg *f.*

shade horsetail (*Equisetum pratense*): scuab *f.* eich mhóinéir

shore horsetail (*Equisetum arvense* x *fluviatile*): scuab *f.* eich chladaigh

variegated horsetail (*Equisetum variegatum*): scuab *f.* eich bhreac

water horsetail (*Equisetum fluviatile*): scuab *f.* eich uisce

wood horsetail (*Equisetum sylvaticum*): scuab *f.* eich choille.

seac noun *jack (tool, implement)*: crann ardaithe, ulóg, unlas; giolla rósta.

seach noun. adverbial phrase **faoi seach** ❶ *in turn*: ar a sheal, ar shealaíocht, ar uanaíocht; ina cheann is ina cheann, ina dhuine is ina dhuine; gach duine i ndiaidh a chéile; cuirfimid le scaitheamh é, déanfaimid babhtáil. ❷ *respectively*: de réir mar a oireann. ❸ *in confusion*: in achrann, in aimhréidh, ina bhambairne, ina bholgán béice, ina bhruíon chaorthainn, trína chéile, ina chiolarchiot, ina chíor thuathail, ina chíréib, ina chiseach, ina chocstí, ina chosair easair, ina dhiúra dheabhra, ina fhuile faile, ina fhuta fata, ar mí-ordú, ar mhuin marc a chéile, ina phraiseach, ina rachlas, ina thrachlais; tromach tramach, deiseal agus treiseal.

seachadadh noun ❶ *delivery, handover*: leagan, tabhairt suas, traiseoladh; carraeireacht, dáileadh, iompar, seoladh. ❷ *handout*: cabhair, carthanacht, cuidiú, cúnamh, deonachán, deontas, deonú, fóirdheontas, íocaíocht, maoiniú, tacaíocht, seoltán. ❸ *present, tip*: bronntanas, féirín, séisín, síneadh láimhe, síntiús láimhe.

seachaid verb ❶ *deliver (goods, letter, etc.)*: beir, iompair, leag, seol, tabhair (chuig). ❷ *present*: bronn (ar), deonaigh (do), tabhair (do) ❸ *pass (football)*: cuir chuig imreoir eile.

seachain verb ❶ *avoid, evade, shun*: éalaigh ó, fan amach ó, imigh ó, rith ó, téigh ó, teith ó, teith roimh. ❷ *beware, take care to avoid*: fainic, cosain tú féin ar; bí san airdeall, tabhair aire.

seachantach adjective ❶ *evasive, elusive*: doghabhála, éalaitheach. ❷ *stand-offish, diffident*: coimhthíoch, doicheallach, dúnarásach, leithleach; cotúil, cúlánta, cúthail, scáfar.

seachas preposition ❶ *besides, other than*: cé is moite de, fairis, lasmuigh de, taobh amuigh de; gan trácht ar. ❷ *rather than*: níos túisce ná, de rogha ar. ❸ *compared with*: ar ghualainn le hais, le taobh, taobh le; i gcomórtas le, i gcomparáid le.

seachmall noun *literary evasion, omission*: éalú, seachaint; easpa, fágáil ar lár, faillí, uireasa. ❷ *aberration, illusion*: ciméara, earráid, fallás, iomrall, mearaí, mearbhall, mearchiall, mearú, meascán mearaí, mire, *pl.* nóisin, rámhaille, saobhadh céille, saochan céille, seachrán, seachrán céille, *pl.* speabhraídí, *pl.* spéireataí, tógaíocht.

seachnóin preposition *throughout*: seachnón; ar feadh, ar fuaid; i lár, trí lár, i measc; idir.

seachrán noun ❶ *wandering, straying*: bóithreoireacht, dul amú, dul ar strae, earráid, fán, fánaíocht, ródaíocht, seachmall, seachránacht. ❷ *aberration, error*: botún, breall, dearmad, dearmhad, dul amú, earráid, iomrall, lúb ar lár, meancóg, mearbhall, mearathal, míthuiscint, seachmall, tuaiplis, tuathal. ❸ *delusion, derangement*: seachrán céille; ciméara, earráid, fallás, iomrall, mearaí, mearbhall, mearchiall, mearú, meascán mearaí, mire, *pl.* nóisin, rámhaille, saobhadh céille, seachmall, *pl.* speabhraídí, *pl.* spéireataí, tógaíocht.

seachránach adjective ❶ *wandering, straying*: earráideach, **adjectival genitive** fáin, fánach, **adjectival genitive** iomraill, iomrallach; ar seachrán, ar strae. ❷ *misguided, erroneous*: earráideach, amú, breallach, buanearráideach, bunoscionn, cam, cearr, contráilte, éagórach, earráideach, éigeart, mícheart, neamhcheart, **adjectival genitive** tuathail; ar seachrán, ar strae. ❸ *deranged*: aerach, aertha, craiceáilte, éadrom sa cheann, eaganta, gealtach, íortha, mear, chomh mear le míol Márta, seachmallach; ar mearbhall, ar seachrán céille; as a chéill, as a chraiceann, as a mheabhair, as a stuaim, imithe dá bhosca, thar barr a chéille; tá cor ann, tá cearr beag air, tá mearadh air, tá saochan céille air, tá seachrán air.

seachród noun *by-pass (road)*: seach-chonair; séalán.

seachtain noun *week*: seacht lá, seacht lá is seacht n-oíche.

seachtar persnum *seven (persons)*: mórsheisear.

seachtó numeral *seventy*: deich is trí fichid, deich is trí scór.

seachtrach adjective *external, exterior*: eachtrach, forimeallach, imeachtrach, imeallach, lasmuigh.

séacla noun ❶ *shrimp (Crangon)*: fíos ribe, pis an ribe, pus ribe, ribe ráibéis, ribe róibéis, ribe róin, ribe rónáin, (*i gContae Mhaigh Eo*) ribe róráin, sreabhlach. ❷ *emaciated person*: caiteachán, cnámharlach, cnuachaire, coinnleoir, conablach, creatachán, cringleach, cuail cnámh, deilbhéir, geosadán, langa, léanscach, léanscaire, leicneán, leathóg, loimíneach, loimirceach, lománach, raispín, ránaí, ranglach, ranglachán, ranglamán, reangaide, reangaire, reangartach, reanglach, reanglachán, reanglamán, rúcach, scáil i mbuidéal, scloit, sclotrach, séaclach, séaclóir, silteánach, síogaí, síothnaí, speireach, splíota, spreangclachán, taibhse, taiseachán, truán; níl ann ach a chomharthaíocht, níl ann ach na ceithre huaithne, níl ann ach a scáth; níl deilbh luiche air, níl feoil ná foilse air.

seacláid noun *chocolate*: seaclait, siocaláid; cócó.

séad noun ❶ *path, way*: bealach, bóithrín, bóthar, conair, cosán, eanach, lána, paráid, póirse, raon, rian, ród, scabhat, scóidín, siúlán, siúlóid, slí, teoróid. ❷ *course, journey*: aistear, bealach, bóthar, coisíocht, conair, imchuairt, imrim, rás, rith, sciuird, siúl, slí, taisteal, triall, truip, turas, *literary* uidhe; filleadh, frithing na conaire.

seadaigh verb ❶ *settle*: áitrigh, bain fút, cónaigh, cuir fút, fan, feith, fuirigh, lonnaigh, mair, neadaigh, sealbhaigh, seas, socraigh síos, stad, stop, suigh, *literary* oiris. ❷ *settle down to (work, etc.)*: socraigh síos; crom ar, tosaigh ar. ❸ *prolong*: bain síneadh as, cuir fad le, fadaigh, sín.

seadán[1] noun *parasite*: paraisít; sapraifít.

seadán[2] noun ❶ *breeze, draught*: aithleá gaoithe, briota, bruíos, deannóid ghaoithe, fleá gaoithe, feothan, fuaramán, fuarghaoth, gaoth, leoithne, pléata gaoithe, puis ghaoithe, scailp ghaoithe, séideán, séideog, sinneán gaoithe, siolla gaoithe, siota gaoithe, smeámh, soinneán gaoithe. ❷ *breath, puff*: anáil, dé, díogarnach, falrach, fleaim, gal, puth, snag, snag anála, uspóg, *literary* tinfeadh, tréifid. ❸ *wheeze*: cársán, casacht, ciach, cliath, piachán, píoblach, plúchadh, *pl.* putha patha, seadadh, seordán, siollfarnach, siollfartach, slócht, tocht.

séadchomhartha noun *commemorative object, monument*: cuimhneachán; comhartha is cuimhne, comhartha chuimhne, leacht cuimhne; carn, leac.

seafaid noun *heifer*: bearach, bodóg, céileog, colpach, dairt, samhaisc, seanfach.

seafóid noun ❶ *nonsense*: áiféis, amaidí, baothaireacht, baothchaint, béalastánacht, blaoiscéireacht, bleadaracht, bleadracht, bleadráil, bolgán béice, breallaireacht, breilliceáil, breilsce, breilscireacht, brille bhreaille, brilléis, briollamas, buaileam sciath, bundún, geabaireacht, geabairlíneacht, geabstaireacht, gleoiréis, gleoisíneacht, leibidínteacht, máloideacht chainte, pápaireacht, pislínteacht, pléisiam, prislíneacht, radamandádaíocht, raiméis, ráiméis, ramás, rá mata, randamandádaíocht, rith seamanna, *pl.* seamanna cainte, treillis breillis. ❷ *nonsensical talker, silly person*: béalastán, bladhmaire, bleadrachán, bleadráil, bolgán béice, bolmán, bolscaire, brasaire, breastaire, breilleachán, breillire, bromaire, cabaire, clabaire, claibéir, claibín muilinn, cleigear, dradaire, geabaire, geabstaire, glafaire, glagaire, glagbhéal, gleoiseach, gleoisín, gleothálaí, gligín, gliogaire, gobachán, liopaire, meigeadán, plobaire, raiméisí, reathálaí, scaothaire, scrathóg, sifil, síodrálaí, síofróir, siollaire, siosaire; amadán, baothán, bobaide, bobarún, bodhrán, brealsán, brealsún, brealscaire, búbaí, búbaire, cligear, cloigeann cipín, cloigneachán, cluasachán, cluasánach, cluasánaí, dallarán, éifid, glaigín, gligear, leadhb, leadhbaire, leadhbán, leamhsaire, leathcheann, leathleibide, leib, leibide, leibide ó leó, leidhce, leota, leoitéir, mucaire, péicearlach, pleib, pleotaire, tuathalán.

seafóideach adjective *nonsensical, silly*: aimhghlic, ainbhiosach, aineolach, amadánta, amaideach, baoiseach, baoth, bómánta, breallach, breallánta, brilléiseach, bundúnach, dall, dallacánta, dallaigeanta, díchéillí, dobhránta, éaganta, gamalach, gligíneach, leadhbach, leadhbánach, leamh, leamhcheannach, leathmheabhrach, leibideach, óinsiúil, pleidhciúil, raiméiseach, ramhar, sifleáilte, simplí.

seafta noun *shaft (of vehicle)*: crann, fearsaid, leathlaí, sliasaid; carra.

seaicéad noun *jacket*: bléasar, casóg, cóta, gearrchasóg, seircín; anarac.

seaimpín noun *champion (in sport)*: curadh; buaiteoir, gaiscíoch, laoch.

seal noun ❶ *turn*: babhta, cor, deis, deis istigh, geábh, greas, iarracht, sea, speatar, tamall, turas, turn, uain. ❷ *while, spell, period*: aga, am, atha, babhta, bomaite, lá, móiméad, nóiméad, paiste, píosa, rud beag, scaitheamh, sealad, soicind, tamaillín, tamall, tamall gearr, téarma, tráth, tréimhse, uain, uair.

seál noun *shawl*: aimicín, brat, cába, clóca, cóirséad, fallaing, rapar, scaoilteog, *literary* céadach.

séala noun ❶ *seal*: ceangal, séalú; armas, bulla, comhartha, pl. síneacha, suaitheantas. ❷ *mark*: comhartha, iarsma, lorg, rian, slíocht, teimheal, tréas. **adverbial phrase ar shéala** ❶ *about to, purporting to*: ag dul ag, ag dul a, ar tí. ❷ *with the apparent intention of*: amhail is dá; ar dhúmas.

sealad noun *turn, while, period*: aga, am, atha, babhta, bomaite, lá, móiméad, nóiméad, paiste, píosa, rud beag, scaitheamh, soicind, seal, tamaillín, tamall, tamall gearr, téarma, tráth, tréimhse, uair.

sealadach adjective *temporary, provisional*: coinníollach, neamhbhuan, teoranta; díomuan, duthain.

séalaigh verb *seal*: ceangail, daingnigh, druid, dún, feistigh, greamaigh, nasc, snaidhm.

sealaíocht noun *(act of) alternating, taking turns, alternation*: ailtéarnú, babhtáil, imaistriú, iomlaoid, malartú.

sealán noun *noose, loop, ring*: casadh, dol, drol, geirnín, lúb, lúbán, lúbóg, lúibín, máille, súil, *colloquial* lúbra, *figurative* igín; fail, fáinne, fonsa, heits, scorán, snaidhm.

sealbhach adjective ❶ *having possessions*: acmhainneach, bunúil, cluthar, compordach, deisiúil, dóighiúil, éadálach, fáltasach, gustalach, iarmhaiseach, láidir, maoineach, neamhghátarach, neamhuireasach, rachmasach, rafar, saibhir, seascair, sóch, sócúil, toiciúil, tréan. ❷ *possessive, grasping*: aimirneach, amplach, cíocrach, craosach, díocasach, faobhrach, fostaíoch, gabhálach, glacach, glámach, maoinchíocrach, santach, tnúthánach.

sealbhaigh verb ❶ *gain possession, gain*: bain amach, buaigh, faigh, gabh, gnóthaigh; tar i seilbh, gabh seilbh ar, glac seilbh ar, tóg. ❷ *literary make over to*: bronn ar, deonaigh do, tabhair do; fág ag, tiomnaigh do.

sealbhaíocht noun *possession, tenure*: gabháltas, sealbhú, sealúchas, seilbh, tionacht, tionóntacht, tionóntaíocht, úinéireacht; áitiú, lonnú; feo simplí, saorghabháltas, teideal.

sealbhán noun *flock, herd*: ealbha, ealbhán, ealta, eilbhín, líne, macha, scaoth, scata, scuadrún, scuaine, táin, tréad, uail, *literary* speil; stadhan.

sealbhóir noun *occcupier, possessor, owner*: áititheoir, dílseánach, fear an tí, máistir, saorghabhálaí, tiarna talún, úinéir.

sealbhú noun *possession, occupancy*: áitiú, gabháil, gabháltas, sealúchas, seilbh, tionacht, tionóntacht, tionóntaíocht, úinéireacht; dílseánacht, feo simplí, saorghabháltas.

sealgaire noun ❶ *huntsman*: fear fiaigh, fear seilge, fiagaí, *colloquial* lucht na seilge; riascaire. ❷ *searcher, forager*: cuardaitheoir, lorgaire, polladóir, ransaitheoir, toraí; fáiteallaí, scroblachóir, sirtheoir, soláthraí.

sealgaireacht noun ❶ *(act of) hunting*: fiach, seilg. ❷ *(act of) searching, foraging*: fáiteall, foráiste, soláthar; cuardach, lorgaireacht, tóraíocht, *literary* súr; scroblachóireacht.

sealúchas noun *property, enjoyment of property*: áitiú, áitreabh, dílseánacht, gabháltas, sealúchas, seilbh, tionacht, tionóntacht, tionóntaíocht, úinéireacht; feo simplí, saorghabháltas.

seam noun *rivet*: seama, seamán, seamsán; cnó, tairne, sciú.

seamaide noun ❶ *blade, sprig, frond*: bileog, duille, duillín, duilleog, duilleoigín; beangán, buinne, buinneán, buinneog, craobhóg, géagán, péac, péacán, slapar. ❷ *moping, listless person*: búiste, gáibín, leoiste, leota, ríste, scaoinse, scraiste, sínteach, smíste; bás ina sheasamh, bodhrán, cluasánach, daoi, dobhrán, dúdálaí, duine leathbheo, dúramán, éagbhás, niúdar neádar, síománach, síománaí, smúrthannach, spadaire, spadán, splangadán.

seamhrach adjective ❶ *sappy*: brachtach, méith, suánach, súch, súiteánach, súitiúil, súmhar. ❷ *hale, hearty, full of life*: aerach, aigeanta, ardaigeanta, bagánta, beo, beoga, breabhsánta, breabhsach, breabhsánta, bríomhar, croíúil, éadromaigeanta, éirimiúil, gáiriteach, gealchroíoch, gealgháireach, girréiseach, greadhnach, gusmhar, intinneach, láidir, macnasach, meanmnach, meidhreach, meidhréiseach, preabanta, scóipiúil, smiorúil, soilbhir, somheanmnach, spéiriúil, spleodrach, suairc, subhach, súgach, teaspúil, urrúnta, *literary* cluicheachair.

seamlas noun ❶ *slaughter-house, abattoir*: teach coscartha. ❷ *soft, pulpy mass*: brúitín, glár, laíon, liothrach, prácás, práib, práibín, práipín, praiseach; brachán, leite.

seamróg noun *shamrock, clover (Trifolium)*: beairtín Mhuire, cleobhar, clóbhar, seamair.

sean adjective *old, aged, mature*: sean-; aosta, ársa, cianaosta, cnagaosta, cranda, críon, críonna, foirfe, lánaosta, liath, scothaosta, seanórtha, seargtha; aibí; tá seithe righin air. noun *senior, ancestor*: ardathair, patrarc, sin-seanathair, sinsear, sinsearach, uasalathair.

séan[1] noun ❶ *sign, omen*: céalmhaine, comhartha, leid, mana, sín, teir, tuar. ❷ *good luck, prosperity*: ádh mór, dea-fhortún, fortún, rath, rathúlacht, rathúnachas, rathúnas; acmhainn, áirge, airgead, bracht, bruithshléacht, bunairgead, coibhche, conách, crodh, deis, éadáil, flúirse, gustal, iarmhais, ionnas, ionnús, maoin, raidhse, saibhreas, sochar, sócmhainn, soirbhreas, spré, stór, strus, tábhacht, toice, *literary* intleamh, ionnlas, sobharthan, sorthan. verb *mark with a sign*: comharthaigh, fíoraigh, marcáil, rianaigh, siosc; cuir comhartha ar, cuir marc ar.

séan

séan² verb ❶ *deny, declare untrue*: bréagnaigh. ❷ *reject, repudiate*: cuir suas do, diúltaigh (do), éar, eitigh, tabhair diúltú do, tabhair éaradh do. ❸ *séan ar withhold from*: ceil (ar), coimeád ó, coinnigh ó.

seanad noun *senate*: teach uachtarach; comhdháil, comhthionól, parlaimint, sionad, tionól, *literary* seanadh.

seanadh noun *literary* ❶ *synod*: caibideáil, caibideal, caibidil, comhairle, sionad. ❷ *assembly*: comhdháil, comhthionól, comóradh, cruinniú, oireachtas, ollchruinniú, parlaimint, seisiún, sionad, siosón, tionól; ardfheis.

séanadh noun *denial*: bréagnú, diúltú, éaradh, éimiú, eiteach, eiteachas, *literary* freiteach.

seanaimseartha adjective ❶ *old-fashioned*: seanchaite, seanfhaiseanta; as dáta, as feidhm, i léig; ársa, sean; seanórtha. ❷ *experienced*: áitithe, cleachta, cleachtach, sinsearach, taithíoch.

seanaimsir adverbial phrase *sa tseanaimsir in olden times*: sa tsean-am, sna cianta (cairbreacha), *pl.* sna seanlaethanta; anallód, fadó, fadó fadó, i bhfad ó shin.

seanaois noun *old age*: ársacht, ársaíocht, bunaois, crandacht, críne, críonnacht, foirfeacht, scothaois; cróilí, dreoiteacht, feoiteacht, feosaíocht, meath, meathlaíocht, orchra, seanórthacht, *literary* sruithe; sinsearacht.

séanas noun ❶ *gap between upper front teeth*: bearna, folmhach. ❷ *harelip*: bearna mhíl, béal ribe, bearna ghiorrta, failc.

seanathair noun *grandfather*: athair críonna, athair mór, daid mór, daid críonna, daideo, deaideo; seanbhuachaill, seanfhear, seanleaid, *familiar* seanchoc.

seanbhean noun ❶ *old woman*: bean aosta, cabóg, cailleach, cailleoigín, cráintín, crannbhean, leathéan, ruacán caillí, seanbhéasach, seanchailín, seanmhaighdean. ❷ *old-womanish person*: cailleach, piteog, *familiar* seanchearc d'fhear.

seanbhlas noun ❶ *stale, mouldy taste*: drochbholadh, seanbholadh. ❷ *disgust, disdain*: adhascail, casadh aigne, cradhscal, déistin, fuath, glonn, gráin, masmas, múisc, múisiam, samhnas; beagmheas, dímheas, díspeagadh, domheas, drochmheas, lagmheas, scorn, spíd, tarcaisne, *literary* dímhigin.

seanbhuachaill noun ❶ *old bachelor*: seanbhaitsiléir; pocleanár. ❷ *old man, father*: aostach, ársach, crandúir, crannfhear, duine aosta, foirfeach, pinsinéir, riadaire, seanfhear, seanfhondúir, seanóir, sinsear, sinsearach, stócar; seanfhear, seanleaid, *familiar* seanchoc. ❸ *an Seanbhuachaill Old Nick*: an Boc Dubh, an Fear atá thíos, an Fear Dubh, an Fear Mór, Béalzabúl, Fear na gCrúb, Fear na nAdharc, Fear na Ruibhe, Sátan.

seanchaí noun ❶ *literary custodian of tradition, historian*: annálaí, croiniceoir, croinicí, cróineolaí, fear léinn, ollamh, seanchaí, staraí, *literary* oiriseach. ❷ *traditional story-teller*: fiannaí, scéalaí; aithriseoir, léaspartaí, *literary* oiriseach.

seanchailín noun ❶ *old maid*: cailín stálaithe, leathéan, puisbhean, seanmhaighdean; cailleach, seanbhean. ❷ *old-maidish person*: cailleach, piteog; seanchearc d'fhear. ❸ *an seanchailín the old woman, the wife*: bean an tí, an bhean, mo bhean, an mháistreás, í féin.

seanchaite adjective ❶ *worn out*: caillíúnach, caite, locartha, lomchaite, sáraithe, snoite, speathánach, seangaithe, seargtha, spíonta, tnáite, traochta, traoite, tréigthe, trochailte. ❷ *figurative antiquated*: aosta, ársa, sean, seanaimseartha, seanda, seanórtha, seanfhaiseanta; as dáta, as feidhm, i léig. ❸ *trite*: seanráite, smolchaite, súchaite; comhghnásach, comónta, gnách, gnáth-, liosta, seargtha,

spadach, stálaithe, suarach, tur; gan spréach, gan tinfeadh.

seanchas noun ❶ *traditional lore, history*: finstair, stair; béalaithris, béaloideas, litríocht bhéil, traidisiún, *literary* tuirtheacht. ❷ *(act of) storytelling*: scéalaíocht, seanchaíocht; Fiannaíocht, Rúraíocht; finscéalaíocht, miotaseolaíocht, staraíocht. ❸ *(act of) chatting, discussion*: agallamh, allagar, bleadar, bleadracht, briosc-chaint, cabaireacht, caibidil, caint, ceiliúr, clab, clabaireacht, comhrá, conbharsáid, cumarsáid, cur is cúiteamh, díospóireacht, geab, geabaireacht, giob geab, plé, spruschaint.

seanchríonna adjective ❶ *precocious (of child)*: cocach, seanaimseartha, seanórtha. ❷ *knowing, wise, experienced*: céillí, ciallmhar, cliste, críonna, discréideach, eagnaí, fadcheannach, gaoiseach, gaoisiúil, gaoismhear, meabhrach, praitinniúil, réasúnta, sciliúil, stuama, tuisceanach, *literary* gaoth, suadhach; áitithe, cleachtach, clifeartha, cumasach, éifeachtach, taithíoch.

seanda adjective ❶ *old, aged, antique*: aosta, ársaidh, cianaosta, críonna, foirfe, lánaosta, liath, sean, seanórtha, seargtha, sinsearach; tá seithe righin air. ❷ *stale*: bréan, crion, damáisteach, dreoite, feoite, feosaí, lofa, iompaithe, rodta, stálaithe; spadach, leamh, neamhbhlasta.

seandacht noun ❶ *old age, antiquity*: ársaíocht, bunaois, crandacht, críonnacht, dreoiteacht, feoiteacht, feosaíocht, foirfeacht, léithe, seanaois, seanórthach, tonnaois, *literary* sruithe; sinsearacht. ❷ *pl.* **seandachtaí** *antiques*: *pl.* rudaí ársa, *pl.* seanrudaí.

seandálaíocht noun *archaeology*: ársaíocht, seandacht, seandaíocht, seaneolas.

seandraoi noun ❶ *crafty old person*: seandraíodóir, seanduine glic, seanchneámhaire, seanlúbaire. ❷ *precocious child*: páiste seanórtha, síofra, síofróir, tairngire.

seanduine noun *old person, old man*: ársach, cnoba, crandán, crandúir, crannfhear, créice críon, críonán, críontachán, crunca, dromhlaíoch, feoiteachán, feosachán, foirfeach, geafar, giostaire, gogaire, patrarc, pinsinéir, riadaire, seanfhear, seanfhondúir, seanóir, seargán, seargánach, sinsear, sinsearach, *pejorative* seanrud.

seanfhaiseanta adjective *old-fashioned, unfashionable*: seanaimseartha, seanchaite, sean-nósach; as cleachtadh, as dáta, as feidhm, i léig, gan tóir air; ársa, sean; den seandéanamh, den seansaol; ón díle.

seanfhear noun *old man*: ársach, cnoba, crandán, crandúir, crannfhear, créice críon, críonán, críontachán, crunca, dromhlaíoch, feoiteachán, feosachán, foirfeach, geafar, giostaire, gogaire, patrarc, pinsinéir, riadaire, sean-ancaire, seanduine, seanfhondúir, seanóir, seanphlanda, seargán, seargánach, sinsear, sinsearach, *pejorative* seanrud.

seanfhocal noun *old saying, proverb*: gnáthfhocal, leagan cainte, nath, nathán, ráiteas, sean-nath, seanrá, soiléirse; aicsím, eipeagram, léireasc.

seanfhondúir noun *old inhabitant, old timer*: ársach, cnoba, crandán, crandúir, crannfhear, créice críon, críonán, críontachán, crunca, dromhlaíoch, feoiteachán, feosachán, foirfeach, geafar, giostaire, gogaire, patrarc, pinsinéir, riadaire, seanchnámh, seanduine, seanfhear, seanóir, seanphlanda, seanseadaire, seargán, seargánach, sinsear, sinsearach, *pejorative* seanrud.

seang adjective ❶ *slender, slim*: caol, cúng, fada, leabhair, seangchruthach, slim, slisneach, tanaí, *literary* seada; fíneálta, leochaileach, mín, mion, míonla; aclaí, folúthach, ligthe, lúfar, solúbtha. ❷ *thin, meagre*: caite, dreoite, feoite, feosaí, locartha, lom, lomchaite, ocrach, seargtha, snoite, spíonta, tnáite, traochta, traoite, trochailte; caol, easnamhach, gann, gortach, giortach, neamhshubstaintiúil, scáinte, sciotach, tearc, uireasach, uireaspach. noun ❶ *slender person*: duine caol, duine fada, duine tanaí; clifeartach, *figurative* coinnleoir, gágaire, langa, léanscach, léanscaire, ránaí, ranglach, ranglachán, ranglamán, reangaide, reangaire, reangartach, reanglach, reanglachán, reanglamán, speireach. ❷ *lean, emaciated person*: caiteachán, cnámharlach, cnuachaire, conablach, creatachán, cringleach, cuail cnámh, deilbhéir, leathóg, leicneán, loimíneach, loimirceach, lománach, raispín, rúcach, scáil i mbuidéal, scloit, sclotrach, séacla, séaclach, séaclóir, síogaí, síothnaí, splíota, spreanglachán, taiseachán, truán; níl ann ach a chomharthaíocht, níl ann ach na ceithre huaithne, níl ann ach a scáth; níl deilbh luiche air, níl feoil ná foilse air.

seangaigh verb ❶ *slim, grow thin, shrink*: caill meáchan, caolaigh, tanaigh, téigh i gcaoile, téigh i gcúinge, téigh i laghad, téigh i seinge; conlaigh, crap, crion, cúngaigh, giorraigh, giortaigh, laghdaigh, meath, meathlaigh, sceoigh, searg, téigh i léig. ❷ **seangaigh as** *slip away, disappear*: cúlaigh, déan as, éalaigh, glinneáil as, gliondáil as, imigh as, síothlaigh, sleamhnaigh as, slíoc leat, téigh as, téigh as amharc, teith; bain as na boinn é, tabhair do na boinn é.

seangán noun *ant*: díbheach, sneagán, seagán.

seanlámh noun *figurative old hand, practised workman*: riadaire, seanphlanda; tá seanchleachtadh aige air.

seanléim in adverbial phrase **ar do sheanléim** *completely recovered*: i do chló féin arís; fuair tú aisíoc do shláinte, tá biseach iomlán ort, d'éirigh tú ón tinneas; tá an tinneas curtha díot agat, tá tú i do sheanrith, tá tú i do tháinrith sláinte arís.

seanmhaighdean noun *old maid*: cailín stálaithe, leathéan, puisbhean, seanchailín; cailleach, seanbhean.

séanmhaireacht noun *luck, prosperity*: ádh, ádh dearg, amhantar, bail, bláth, caoi, cinniúint, conách, dán, dea-chinniúint, dea-uain, dea-uair, deis, fortún, pláinéad, séan, seans, só; beannacht, rath, rath is rathúnas, rathúlacht, rathúnachas, rathúnas, ró, saibhreas, toice, *literary* sorthan.

séanmhar adjective *lucky, prosperous, happy*: ádhúil, ámhar, ámharach, amhantrach, bláfar, buacach, buntáisteach, éadálach, éiritheach, fortúnach, rábach, rafar, raidhsiúil, rathúil, sochrach, somhaoineach, spleodrach, *literary* sorthanach; aerach, aigeanta, áiléideach, aiteasach, aoibhinn, áthasach, croíúil, gairdeach, gáiriteach, gealchroíoch, gealgháireach, gliondrach, intinneach, lúcháireach, meanmnach, meidhreach, meidhréiseach, rímeadach, sámh, sásta, scóipiúil, soilbhir, sólásach, somheanmnach, sona, suairc, subhach.

seanmháthair noun *grandmother*: mamó, máthair chríonna, máthair mhór, móraí, *literary* geamar.

seanmóir noun ❶ *sermon*: aitheasc, seanmóin, soiscéal, soiscéalaíocht. ❷ *tedious, moralizing discourse*: praeitseáil, seanmóireacht; béalchráifeacht.

seanmóirí noun ❶ *preacher*: fear seanmóra, seanmóiní, seanmóintí, seanmónaí, seanmóraí, soiscéalaí. ❷ *moralizer, sermonizer*: praeitseálaí; cráifeachán, fimíneach; gaotaire, scaothaire; vóitín.

seanóir noun ❶ *old person, senior, elder*: ársach, cnoba, crandán, crandúir, crannfhear, créice críon, crionán, críontachán, crunca, dromhlaíoch, feoiteachán, feosachán, foirfeach, foirfeach, geafar, giostaire, gogaire, patrarc, pinsinéir, riadaire, seanduine, seanfhear, seanfhondúir, seargán, seargánach, sinsear, sinsearach, *pejorative* seanrud. ❷ *alderman*: bardasach.

seanórtha adjective ❶ *aged, elderly*: aosta, ársa, cianaosta, cnagaosta, cranda, crion, críonna, foirfe, lánaosta, liath, scothaosta, sean-, sean, seargtha, tonnaosta. ❷ *old for one's years, precocious*: cocach, seanaimseartha, seanchríonna.

seanphlanda noun *old stager*: riadaire, seanlámh; sean-ancaire, seanfhondúir.

seanrá noun *old saying, aphorism*: aicsím, gnáthfhocal, leagan cainte, léireasc, nath, nathán, ráiteas, seanfhocal, sean-nath, soiléirse.

seanré noun ❶ *old times, former times*: seanaimsir, sean-am, seanlaethanta, seansaol. ❷ adjectival genitive *period*: ársa, stairiúil.

seanrith in adverbial phrase **i do sheanrith** ❶ *(going) at full speed*: (ag imeacht) ar luas lasrach, (ag imeacht) ar teaintíví, (ag imeacht) ar tinneanas; (ag imeacht) i dtréinte, (ag imeacht) sna gáinní, (ag imeacht) sna gáinní báis, (ag imeacht) sna ruarásaí, (ag imeacht) sna seala babhtaí; (ag imeacht) sna featha fásaigh, (ag imeacht) sna gaiseití, (ag imeacht) lasta, (ag imeacht) sna tréinte. ❷ *fully or completely recovered*: ar do sheanléim, i do chló féin arís; fuair tú aisíoc do shláinte, tá biseach iomlán ort, d'éirigh tú ón tinneas; tá an tinneas curtha díot agat, tá tú i do tháinrith sláinte arís.

seans noun ❶ *chance*: amhantar, baol, bearna baoil, contúirt, dainséar, fiontar, guais, priacal, riosca. ❷ *luck*: ádh, ádh dearg, eireaball den ádh, fraisín den ádh, sciorta den ádh; amhantar, bail, bláth, caoi, cinniúint, conách, dán, dea-chinniúint, dea-uain, dea-uair, deis, fortún, pláinéad, rath, rath is rathúnas, séan, séanmhaireacht, só.

seansáil verb *chance, risk*: cuir i mbaol, cuir i gcontúint, cuir i ndainséar, cuir i bhfiontar, téigh in amhantar le, téigh i bhfiontar le, téigh sa seans le; téigh i mbaol, téigh i gcontúirt, téigh i ndainséar.

seansaol noun *ancient world, former times*: seanaimsir, sean-am, *pl.* seanlaethanta, seanré.

seanscéal noun *old story, ancient legend*: fabhal, fabhalscéal, fáthscéal, finscéal, finscéalaíocht, miotas, miotaseolaíocht, seanchas, traidisiún, *literary* tuirtheacht.

seansúil adjective ❶ *chancy, risky*: baolach, contúirteach, dainséarach, fiontrach, guaiseach, guaisiúil, priaclach. ❷ *lucky, fortunate*: ádhúil, ámhar, ámharach, amhantrach, éiritheach, fortúnach, rathúil, séanmhar, sona; ar mhuin na muice, go maith as, ina shuí go te; tá an t-ádh leis, tá mil ar chuiseogach aige, tá rith an ráis leis.

séanta adjective ❶ *charmed, blessed*: beannaithe, coisricthe, naofa, *literary* feachtnach; faoi shéan. ❷ *lucky, prosperous, happy*: ádhúil, ámhar, ámharach, amhantrach, éiritheach, fortúnach, rathúil, séanmhar, sona, *literary* sorthanach; ar mhuin na muice, go maith as, ina shuí go te; tá an t-ádh leis, tá mil ar chuiseogach aige, tá rith an ráis leis; aerach, aigeanta, áiléideach, aiteasach, aoibhinn, áthasach, croíúil, gairdeach, gáiriteach, gealchroíoch, gealgháireach, gliondrach, intinneach, lúcháireach, meanmnach, meidhreach, meidhréiseach, rímeadach, sámh, sásta, scóipiúil, séanmhar, soilbhir, sólásach, somheanmnach, sona, spéiriúil, spleodrach, suairc, subhach.

séantach adjective *denying, disclaiming*: diúltach, éarthach, obthach; ainneonach, doicheallach, drogallach, mífhonnmhar, neamhfhonnmhar, neamhthoilteanach.

seantán noun *shanty, shack*: both, bothán, bothán, bothóg, bráca, bráicín, cábán, cró, cró tí, cróicín, cróitín, múchán, proch, prochán, prochlais, prochóg, púirín, scáthlán, scailp, seid, siúntán,

séantóir
teach beag, teach gobáin, teachín, tigín; raingléis tí, riclín tí, spéalán tí.

séantóir noun *renegade, apostate*: séantóir creidimh; díchreidmheach, easaontóir, eiriceach, eiritic, siosmach, tréigtheoir; feallaire, fealltóir, Iúdás, Tadhg an dá thaobh.

seáp noun *dash, rush*: gaiseadh, iarracht, léim, preab, preabóg, rábóg, ráib, ráig, ríog, ropadh, rúchladh, ruaill, ruaim, ruthag, scabhait, scinneadh, scinneog, sciuird.

seápáil noun *(act of) posturing*: gothaíocht, gaigíocht, galamaisíocht, galamás, geáitsíocht.

séarachas noun *sewerage*: camras, eisileach, séaracht; aoileach, broghais, bualtrach, buinneach, cac, cacamas, cainniúr, dreoiteacht, garr, garraíl, giodar, lobhadas, lobhadh, lofacht, morgadh, otrach, salachar, sciodar.

searbh adjective ❶ *bitter, sour, acid*: aicéiteach, aigéadach, géar; creamhach, garg, goinbhlasta, goirt. ❷ *bitter, acrimonious*: achrannach, aincíseach, aingí, bearrtha, binbeach, colgach, coscrach, crosta, crua, dalba, deacair, deannachtach, dochrach, dochraideach, dócúlach, doghrainneach, doiligh, doirbh, dóite, dóiteach, dólásach, dona, duaisiúil, frithir, gangaideach, géarfhoclach, goineach, goiniúil, goirt, míthaitneamhach, pianmhar, pioróideach, rinneach, ruibheanta, siosúrtha, tinn, tioránta, treascrach, urchóideach, *literary* féigh.

searbhán noun ❶ *bitter person*: *figurative* caisearbhán, deimheastóir, domlas, duine dáigh, míchaidreamhach, nathair, nimheadóir, searbhán, speig neanta. ❷ *bitter herb*: luibh shearbh; ceadharlach, dréimire Mhuire, mormónta, searbh-bhiolar.

searbhas noun ❶ *acidity sourness*: aigéadacht, gairge, géire, goinbhlastacht, searbhaíocht, seirbhe, seirfean. ❷ *bitterness*: aicis, binb, doicheall, drochaigne, droch-chroí, eascairdeas, fala, faltanas, fíoch, fuath, gangaid, gráin, íorpais, mailís, mioscais, naimhdeas, nimh, nimh san fheoil, olc, seirbhe, seirfean; *pl.* seansíomálacha.

searbhasach adjective *bitter, acrimonious*: géar, searbh; aiciseach, ailseach, aingí, binbeach, crúalach, doicheallach, dóite, dóiteach, drochaigeanta, drochbheartach, droch-chroíoch, eascairdiúil, fealltach, goibéalta, íorpaiseach, mailíseach, mallaithe, mínáireach, mioscaiseach, naimhdeach, nathartha, nimhiúil, nimhneach, olc, ribeanta, searbh, urchóideach.

searbhónta noun *servant*: amhas, amhsán, ara, bonnaire, buachaill, cábóg, ceithearnach, coimhdire, dáileamh, druiste, eachlach, fearóglach, fóinteach, fostúch, giolla, giománach, gíománaí, leacaí, péitse, postaire, seirbhíseach, spailpín, timire; cailín aimsire, banóglach, banseirbhíseach, *literary* cumhal, ionailt; acalaí.

searc noun ❶ *love*: amarac, armacas, ansacht, bá, búiche, búíocht, cairdeas, caithis, carthain, carthanacht, céileachas, cion, coimhirse, connailbhe, cumann, dáimh, dáimhiúlacht, dile, dílseacht, dúil, fialchaire, gaolacht, gean, gnaoi, grá, grámhaireacht, greann, ionúine, méadaíocht, muintearas, muirn, nádúr, páirt, síorghrá, taitneamh, toil, *literary* dailbhe. ❷ *beloved*: anam, ansacht, croí, cumann, duine mo chroí, grá, grá geal, grá mo chroí, lao, leannán, maoineach, muirnín, rún, rúnach, rúnsearc, searcóg, taisce; bráthair, dearthair; deirfiúr, siúr.

searg adjective *literary withered, wasted*: cranda, críon, craptha, crólí, crólithe, dreoite, feoite, feosaí, rodta, sceoite, scrobanta, seargtha, sleabhcánta, speathánach. noun *literary* ❶ *wasting sickness, decline*: cailleadh, cnáfairt, díomailt, donú, dreo, dul ar gcúl, dul i léig, fánú, feo, meath, meathanas, meathlú, seargadh, seirglí, snoí, spíonadh, trochlú; cnaí, cnaíghalar, coinsinseam, créachta, eitinn, tisis; mionaerach, seirglí. ❷ *atrophy*: crandacht, crapadh, críonadh, dreo, feo, lagachan, meath, meathlú, orchra. verb *wither, dry up, shrivel*: aosaigh, críon, dreoigh, feoigh, imigh, lagaigh, leáigh, meath, meathlaigh, orchraigh, tréig, triomaigh, trochlaigh; téigh in aois, téigh chun críonnachta, téigh i gcríonnacht, téigh i léig.

seargadh noun ❶ *(act of) wasting, decline, atrophy*: cailleadh, cnáfairt, cnaí, cnaíghalar, coinsinseam, créachta, díomailt, donú, dreo, dul ar gcúl, dul i léig, eitinn, fánú, feo, meath, críonadh, meath, meathanas, meathlú, mionaerach, searg, seirglí, snoí, spíonadh, tisis, trochlú; crandacht, crapadh, lagachan, orchra, trochlú.

searmanas noun *ceremony*: deasghnáth, searmóin; adhradh, bun-nós, ceiliúradh, comhghnás, cultas, liotúirge, gnás, gníomh, mistéir, nós, nós adhlactha, nós imeachta, oifig, poimp, rúndiamhair, sacraimint, seirbhís, sollúin, sollúnú, traidisiún.

searr verb *stretch, extend*: cuir amach, leath, leathnaigh, righ, sín, spréigh.

searrach noun *foal*: bromach, cliobóg, láireog; capall óg.

searradh noun *bain searradh asat féin stretch one's limbs*: righ do ghéaga; déan do chosa.

searróg noun *jar (vessel)*: árthach, ballán, beiste, calán, canna, ceaintín, cílear, crocán, crúiscín, crúsca, cuach, giústa, gogán, leastar, pigín, pota, potán, próca, scála, soitheach, stópa, *literary* stábh.

seas¹ noun *thwart (in boat)*: tabhta, tafta, tochta; clord; suíóg.

seas² verb ❶ *stand, stop, stay*: cónaigh, fan, feith, fuirigh, lonnaigh, mair, stad, stop, *literary* oiris, tairis; buail do chos fút, cuir fút. ❷ *last, keep, remain valid*: coimeád, coinnigh, fan, lean, mair. ❸ *bear, endure*: broic, ceadaigh, cur suas le, foighnigh, fulaing, tar trí, téigh trí, *literary* feidhligh.

seas ar verb ❶ *depend upon*: braith ar; bí i dtuilleamaí; tá sí ina chleith, tán sé ina mhuinín; tá sí de gheall leis. ❷ *insist upon, maintain*: dearbhaigh, deimhnigh, maígh, suigh.

seas do verb ❶ *stand for, represent*: déan ionadaíocht do, feidhmigh ar son, ionadaigh; tá sé ina theachta ó; tá sé in áit X, tá sé in ionad X. ❷ *stand up for*: ainic, caomhnaigh, coigil, coimeád, coinnigh, cosain, cothaigh, cumhdaigh, foithnigh, gardáil, imchosain, sábháil, sciath, slánaigh, *literary* ionghair.

seas le verb ❶ *stand by, support*: baiceáil, cabhraigh le, coimeád suas, coinnigh suas, cothaigh, cuidigh le, tacaigh le, teanntaigh; tabhair tacaíocht do. ❷ *act as sponsor, groomsman to*: bí i do chairdeas Chríost ag, téigh chun baiste le; bí i do vaidhtéir ag.

seasamh noun ❶ *upright position*: colgsheasamh, suí. ❷ *stationary position, wait*: cónaí, cuairt, fanacht, fosadh, fuireach, fuireachas, lonnú, moill, stad, staidiúir, stop, stopadh. ❸ *endurance*: acmhainn, buaine, buanadas, buanseasamh, buanseasmhacht, cruas, dianseasmhacht, daingne, dianseasmhacht, diongbháilteacht, dochlóiteacht, fadaraí, fadfhulaingt, foighde, foighne, foighid, foighidne, foras, fulaingt, láidreacht, leanúnachas, neart, neartmhaire, neartmhaireacht, seasmhacht, staidéaracht, teacht aniar, treise. ❹ *resistance, defence*: cosaint, cur in aghaidh, cur i gcoinne, friotaíocht; anacal, cabhair, coimirce, coimeád, cumhdach, cúnamh, dídean, faire, feitheamh, garda, gardáil, imchosaint, scáth, sciath, *literary* imdheaghail. ❺ *dependence, reliance*: cleithiúnas, iontaobh, muinín, scáth, spleáchas, taobhú, tuilleamaí. ❻ *status*: ardchéim, ardmheas, barrchéimíocht, céim, céimíocht, dínit, grád, gradam, meas, oineach, oireachas, oirirceas, onóir, ord, rang, uaisle, uaisleacht, urraim, *literary* ordan.

seasc adjective ❶ *barren, infertile*: aimrid, folamh, neamhthorthúil; aimridithe, steirilithe. ❷ *dry, milkless*: tirim; i ndísc; tá an bhó ag ligean as an mbainne, ag dul amach dá bainne, tá sí ag teacht gann sa bhainne.

seasca numeral *sixty*: trí fichid, trí scór.

seascair adjective ❶ *cosy, snug*: cluthar, compoirdeach, compóirteach, compordach compordúil, gorach, guamach, sámh, sócúil, soirbh, sóisealta, sómasach, sómásach, suairc, suaimhneach, taitneamhach, téagartha, teolaí. ❷ *in comfortable circumstances*: acmhainneach, bunúil, cluthar, deisiúil, diongbháilte, dóighiúil, éadálach, gustalach, iarmhaiseach, láidir, neamhuireasach, neamhghátarach, rachmasach, rafar, saibhir, tréan; faoi bhrothall, go maith as, i measarthacht den tsaol, ina shuí go te; tá bólacht aige, tá bonn aige, tá sé os cionn a bhuille; tá caoi mhaith air, tá cóir mhaith air, tá dóigh air, tá lán na lámh aige, tá an saol ar a mhias féin aige.

seascaireacht noun ❶ *cosiness, snugness*: cluthaireacht, compord, cumhdach, foscadh, fothain, gor, goradh, sáile, saoráid, só, sólás, téamh, tearmann, teas, teocht, teolaíocht; bheith ar do sháimhín só, bheith ar do chraodó. ❷ *state of being comfortably off*: acmhainn, caoi mhaith, cóir mhaith, conách, deis, deisiúlacht, dóigh, gustal, iarmhais, ionnús, maoin, rachmas, rath, rathúnas, saibhreas, sochar, sócmhainn, tábhacht.

seascann noun *sedgy bog, marsh, swamp*: corcach, corrach, gaothlach, puiteach, riasc, riascach, riasclach; bogach, ceachrach, criathrach, portach.

seasmhach adjective *steadfast, firm, constant*: buan, buanseasmhach, bunúsach, dáigh, daingean, dígeanta, dílis, diongbháilte, do-aistrithe, do-athraithe, dochaite, dochealaithe, dochlaoiithe, doscaoilte, doscriosta, doshannta, dothruaillithe, docht, fíriúil, fulangach, gnách, gnáth-, leanúnach, neamhchorrach, rúndaingean, seasta, tairiseach, teann.

seasmhacht noun *firmness, constancy*: brogantacht, buaine, buanadas, buanseasmhacht, cinnteacht, cobhsaíocht, daingne, diongbháilteacht, do-aistritheacht, do-athraitheacht, do-chlaochlaitheacht, fíriúlacht, foras, leanúnachas, sonairte, stóinseacht, tairise, teacht aniar, *literary* glinne.

seasta adjective *steady, permanent, regular*: buan, buanseasmhach, dáigh, daingean, dígeanta, dílis, diongbháilte, do-aistrithe, do-athraithe, dochaite, dochealaithe, dochlaoiithe, doscaoilte, doscriosta, doshannta, dothruaillithe, docht, foistineach, fulangach, leanúnach, neamhchorrach, reigleáilte, rúndaingean, tairiseach, taoisleannach, teann; ceart, dlisteanach, gnách, gnáth-, fuaimintiúil, pointeáilte, pointiúil, poncúil, rialta, tráthrialta, tráthúil, tréimhseach.

séasúr noun ❶ *season*: ionú, ráithe, tráth, tréimhse; earrach, samhradh, fómhar, geimhreadh. ❷ *(season of) good weather*: aimsir mhaith, dea-aimsir, dea-uain dea-uair; samhradh. ❸ *fatness, sap*: bealaitheacht, beathaitheacht, gréisceacht, méithe, méitheas, raimhre, smearthacht; súmhaireacht. ❹ *seasoning, relish*: anlann, blaistiú, blas, blastán, blastanas, cineál, tarsann. ❺ **faoi shéasúr** *in heat (of mare, she-ass)*: faoi eachmairc, faoi eachmairt, faoi shéasúr, faoi shnafach, faoi stail; tá sí ag spraoi, tá sí thart.

séasúrach adjective ❶ *seasonable, seasonal*: áisiúil, caoithiúil cóngarach, conláisteach, cuí, feiliúnach, fóinteach, fóirsteanach, oiriúnach, tráthúil. ❷ *suitable for growth*: bisiúil, bláfar, buacach, eascarthach, rábach, raidhsiúil, rathúil, saibhir, síolraitheach, spleodrach, táirgiúil, torthúil, uaibhreach. ❸ *fat, juicy, sappy*: blasta, brachtach, méith, suánach, súch, súiteánach, súitiúil, súmhar, úscach.

séibe adverbial phrase *i mbéal na séibe suddenly, unexpectedly*: gan choinne, gan súil leis; go hobann, go tobann.

seibineach noun *large plump creature*: ablach, bleitheach, bléitheach, bleitheachán, bolaistín, bolaistrín, bolgadán, bolgaire, bolgairne, bológ, broicealach, broicleach, burla, clogáiste, collach, feolamán, geois, geoiseach, gorb, mart, méadail mhór, méadlach, méadlachán, páinseach, páinteach, pait, pataire, patalachán, patalán, patán, patarán, patarún, patlachán, plobaire, plobar, plobrachán, prúntach, púdarlach, púdarlán, riteachán, samhdaí, samhdán, sceartán, sceartachán, somach, somachán, tioblach; muirleog, páideog, patalóg, samhdóg, sodóg, torpóg.

seic noun *cheque (financial)*: dréacht bainc; bille malairte; ordú airgid, ordú poist.

seiceáil verb *check, test*: dearbháil, féach, promh, tástáil, triail, iniúch, scrúdaigh; cuir faoi scrúdú.

seiceamar noun *sycamore (Acer pseudoplatanus)*: crann bán, crann Bealtaine, crann fionn, crann sice, crann siocamaire, fíorchrann, mailp bhán, seiceamóir, sice, siceamóir, sicimín, sicimír.

seicear adjective *chequered*: eangach, páircíneach, títheach; breac, breacbhallach, breachtrach, ilpháirteach, riabhach; riastach, síogach, stríocach.

seicheamh noun ❶ *(act of) following, imitating*: cloí le, adhradh de, adhradh do, greamú de, dul i ndiaidh, leanúint; aithris, cac ar aithris, lorgaireacht, cóipeáil; *ecclesiastical* searcleanúint. ❷ *sequence*: cointeanóid, comhleanúint, contanam, leanúint, leanúnachas, leanúntas, sraith.

seicin noun *integument, membrane*: clúdach, cumhdach, dallán, scannán, sreabhann.

seict noun *sect*: cultas, eaglais eiriciúil, *pl.* easaontóirí, faicsean, gluaiseacht eiriciúil, *pl.* páirtínigh, sainaicme, sainchreideamh, siosma.

seicteach adjective *sectarian*: antoisceach, biogóideach, caolaigeanta, caolaigeantach, clannach, claonta, cúngintinneach, docht, dogmach, dolúbtha, faicseanach, fanaiceach, leithleach, sainchreidmheach, siosmach.

seid noun *shed*: bráca, claonsiúntán, scáthlán, seantán, siúntán; both, bothán, bothóg, púirín.

séid verb ❶ *blow, inflate*: at, boilscigh, bolg, borr, brúigh amach, gob amach, líon, sead, seas amach, séid suas. ❷ *emit*: bréitseáil, brúcht, caith amach, cuir amach, pléasc, sceathraigh, sceith, teilg amach, urlaic. ❸ *puff, pant*: cnead, easanálaigh, sead, smúr, *literary* iacht; bí ag puthaíl; lig cnead, lig osna; tá ga seá, tá saothar air. ❹ *inflame*: adhain, athlas, gor, gríosaigh, las. ❺ **séid faoi** *incite, rouse*: broid, brostaigh, calmaigh, cothaigh, cuir chun cinn, dreasaigh, dúisigh, griog, gríosaigh, meanmnaigh, muinnigh, múscail, saighid, spor, spreac, spreag, tathantaigh, tóg; coinnigh an héing le.

séideadh noun ❶ *draught of wind, windiness*: séadán, séideog; anfacht, fuaramán, fuarghaoth, gaofaireacht, gaoth, sceirdiúlacht, seoidire, seoidire gaoithe. ❷ *inflation, distension*: at, bolgadh, boiric, borradh, comhaille, éidéime, iorpais. ❸ *inflammation*: athlasadh, deirge, galrú, greannú, griogadh, gríos, ionfhabhtú.

séideán noun ❶ *gust of wind*: aithleá gaoithe, briota gaoithe, bruíos, cuaifeach, deannóid ghaoithe, fleá, fleá gaoithe, feothan, fuaramán, gaotalach, gaoth, leoithne, pléata gaoithe, puis ghaoithe, *pl.* réablacha gaoithe, rois ghaoithe, *pl.* roistegaoithe, scailp ghaoithe, seadán, séideog siota gaoithe, soinneán gaoithe. ❷ *blown matter, spume*:

séidearnach
bruth, briota, *pl.* bristeacha, cáith, cáitheadh, *pl.* capaill bhána, cúr, farraige cháite. ❸ *puff, pant:* ceilpeadh, falrach, fleaim, gal, puithín, puth, seadán, séideog, smeámh, *literary* treifead, tréifid. ❹ *snort:* cuach, cuachaíl, séideog, seitear, seitreach, srann, srannfach, sraoth, storfadh.

séidearnach noun (*act of*) *blowing,* (*act of*) *snorting:* séideadh, séideogacht, séidfil, srannfach, srannfartach, storfadh; cuachaíl, seitreach.

seift noun *shift, expedient:* beart, beartaíocht, beartas, cleas, coincheap, comhairle, gliceas, oirbheart, plean, scéim, smaoineamh.

seifteoir noun *provider, resourceful person:* fáiteallaí, fiagaí, soláthróir; fiontraí, pleanálaí, tionscnóir.

seiftigh verb *contrive, procure, provide:* beartaigh, innill, pleanáil, réitigh, tionscain, ullmhaigh; cuir ar fáil, faigh, soláthair.

seiftiúil adjective *resourceful:* amhantrach, bainistíoch, barrainneach, cliste, críonna, eachtrúil, fadbhreathnaitheach, fadcheannach, fadradharcach, fiontrach, géarchúiseach, glic, guasach, gusmhar, gustalach, gusúil, ionnúsach, praitinniúil, seiftithe, treallúsach.

seiftiúlacht noun *resourcefulness, practical ingenuity:* dul ar aghaidh, dul chun cinn, éifeacht, fiontar, gus, gustal, inniúlacht, tathag, tionscal, treallús.

seilbh noun ❶ *occupancy, possession:* áitíocht, áitiú, áitreabh, coilíniú, cónaí, gabháil, gabháltas, lonnú, sealbh, sealbhaíocht, sealbhú, sealúchas, tionóntacht, tionóntaíocht, úinéireacht; feo simplí, saorghabháltas. ❷ *property, estate:* dúchas, dúiche, eastát, feirm, gabháltas, stát, státa, *pl.* tailte, talamh, *literary* tothacht.

seile noun *spittle, saliva:* pislín, pislíneacht, priosla, priosláil, prislín, prislíneacht, seileog; *pl.* ramaí, ronna, silín, silíneacht, slabhra, sramadas, sramadh, *pl.* sramaí.

seileán noun (*wild*) *honey-bee:* beach, beach fhiáin, beach mheala; beachóg; bláthbheach, bumbóg, meach, mothallóg, smeach.

séiléir noun *gaoler:* séileoir; carcaire.

seilf noun *shelf:* (i gContae na Gaillimhe) teilp; iomprán, raca, seastán, *literary* alchaing.

seilg noun ❶ *hunt, chase, quest:* cuardach, cuartú, fiach, fiataíl, lorgaireacht, paidhceáil, póirseáil, ransú, rianaíocht, sealgaireacht, tóir, tóraíocht. ❷ *game, prey, quarry:* creach, éadáil, fáiteall, foráiste, gabháil, géim, marú, mionseilg, scroblach, soláthar, *literary* díochmharc. ❸ (*act of*) *foraging, search for food:* fáiteall, foráiste, scroblachóireacht, sealgaireacht, soláthar.

seilide noun ❶ *snail* (Helix): poigheachán, seilchide, seilmide, slimide. ❷ *slug* (*family Limacidae*): drúchtin, seilide drúchta; púca dubh.

seilmideáil noun (*act of*) *dawdling, going at snail's pace:* fadáil, mágaíocht, máinneáil, moilleadóireacht, reanglamánacht, righneacáil, righneadóireacht, righneáil, righnealtaíocht, siléig, siléigeacht, slaodaíocht, snámhacáil, snámhaíocht, sreangaireacht.

séimh adjective ❶ *literary thin, fine, subtle:* fíneálta, íogair, leochaileach, mín, mion, tláith, tanaí, caol, caolchúiseach. ❷ *mild, gentle, placid:* banúil, béasach, bog, boigéiseach, búch, caomh, ceansa, cineálta, cneasta, deas, geanúil, lách, macánta, mánla, maothchroíoch, méiniúil, mín, miochair, míonla, múinte, seaghsach, tláith, *literary* soithimh; ciúin, calma, gan chorraí, luite, maolaithe, marbhánta, réagánta, réchúiseach, sámh, síochánta, sítheach, sochma, sómasach, suaimhneach, *literary* féithiúil, sochraidh.

séimhe noun *mildness, gentleness:* caoimhe, *pl.* caoinbhéasa, caoine, caoineas, caoithiúlacht, ceansacht, cineáltacht, cneastacht, láíocht, macántacht, mánlacht, míne, míneadas, miochaire, míonlacht, modhúlacht, tláithe.

seinm noun ❶ *playing of musical instrument:* casadh, seinniúint, seinnt; ceoltóireacht, oirfide. ❷ *warbling:* cantain, cantaireacht, ceiliúr, durdáil, giolcaireacht, tríleach. ❸ *chattering, chatter:* agallamh, allagar, béadán, béadchaint, béalastánacht, bleadar, bleadracht, bleadráil, breasnaíocht, brilléis cainte, briosc-chaint, buinne cainte, cabaireacht, cadráil, caint, ceiliúr, clab, clabaireacht, comhrá, geab, geabaireacht, geabairlíneacht, geabantacht, geabstaireacht, geocáil, geab, giofaireacht, giolcaireacht, giostaireacht, glagaireacht, gleoiréis, gleoisíneacht, gliadar, gligíneacht, gliog gleag, gliogar, gliogarnach, glisiam, gobaireacht, gogalach, pairlí, plé, síofróireacht, siollaireacht, spruschaint.

seinn verb ❶ *play music:* buail, buail cláirseach, buail druma, buail píob, buail téada; cas, séid, séid buabhall, séid feadóg; bí ag fidléireacht, bí ag píobaireacht, bí ag trumpadóireacht; tá sí ag cur leis an gcruit 'she is playing the harp'. ❷ *sing, warble:* can, ceiliúir, gabh; bí ag amhrán, bí ag amhránaíocht, bí ag cantain, bí ag cantaireacht, bí ag ceol, bí ag gabháil fhoinn. ❸ *chatter:* caintigh; bí ag cabaireacht, bí ag caint, bí ag comhrá, bí ag geabaireacht, ⁊rl.

séipéal noun *chapel, church:* sáipéal, séipéilín, teach Dé, teach an phobail, teach pobail; ardeaglais, baisleac, cill, domhnach, eaglais, reigléas, teaghais; teampall.

séiplíneach noun *chaplin, curate:* curáideach, sagart, sagart cúnta, *literary* sagart méise.

seipteach adjective *septic:* athlasta, bréan, camhraithe, fabhtach, fochallach, foirgthe, lofa, morgtha, nimhiúil, trochailte.

seirbhe noun ❶ *acidity, sourness:* aigéadacht, gairge, géire, goinbhlastacht, searbhaíocht, searbhas, seirfean. ❷ *bitterness:* aicis, binb, doicheall, drochaigne, droch-chroí, eascairdeas, fala, faltanas, fíoch, fuath, gangaid, gráin, íorpais, mailís, mioscais, naimhdeas, nimh, nimh san fheoil, olc, searbhas; *pl.* seansíomálacha.

seirbhís noun ❶ *service:* aimsir, daoirse, daorbhroid, daorsmacht, dualgas, feidhmeannas, fónamh, fostaíocht, freastal, géillsine, sclábhaíocht, spailpínteacht, uirísle, umhlaíocht, vasáilleacht, *literary* céilsine, eiseamal, ionaltas. ❷ *church service:* liotúirge, *pl.* urnaithe poiblí; aifreann, ardaifreann, comaoineach, comaoineach naofa, eocairist, íobairt naofa, rúndiamhair, Suipéar an Tiarna; coimpléid, easparta, iarmhéirí, iarmhéirí an mheán oíche, urnaí na maidine, urnaí na nóna.

seirbhíseach noun *servant:* amhas, amhsán, bonnaire, buachaill, cábóg, ceithearnach, coimhdire, druiste, eachlach, fearóglach, fóinteach, fostúch, giolla, giománach, gíomanaí, leacaí, péitse, searbhónta, spailpín, timire; cailín aimsire, banóglach, banseirbhíseach, *literary* cumhal, ionailt.

séire noun *meal, repast:* béile, béilín, biaiste, cuid, proinn, roisín, tráth, tráth bia; bia na maidine, bricfeast, bricfeasta, briseadh céadlonga, briseadh céalacain, céadbhéile, céadlongadh, céadphroinn, céadtomhailt, cuid mhaidine, cuid na maidine; bolgam eadra, cuid eadra, dinnéar, giota, loinsiún, lóinse, lón, meán lae, pronnlach, raisín, scroid; tae beag, tae beag an tráthnóna; cuid na hoíche, cuid oíche, dinnéar, scroid airneáin, séaras, suipéar, *familiar* jigear; béile beag, blaisín, bolgam beag, bonnachán, deoladh, diocán, gogán is spúnóg, gráinseáil, greim is bolgam, mír is deoch, scíobas, scruig, smailc, snapadh.

seirfeach noun *serf*: daoirseach, daoirsineach, daor, daoránach, géillsineach, mogh, moghaidh, sclábhaí, tráill.

seirfean noun *bitterness, indignation*: aicis, binb, doicheall, drochaigne, droch-chroí, eascairdeas, fala, faltanas, fíoch, fuath, gangaid, gráin, íorpais, mailís, mioscais, naimhdeas, nimh, nimh san fheoil, olc, searbhas, seirbhe; ainscian, cochall, coilichín, colg, colgaí, dásacht, fearg, fíoch, fiuch, fiúir, fiúnach, fraoch, greannaitheacht, rothán, spadhar.

seirgtheach noun *wizened person, withered person*: cnoba, crandán, crandúir, crannfhear, créice, créice críon, críonán, críontachán, crunca, dromhlaíoch, feoiteachán, feosachán; cráintín.

séirse noun *charge, impetuous rush*: gaiseadh, ráib, ráig, ríog, ruathar ruthag, scinneadh, scinneog, sciuird; truslóg, urróg; áladh, amas, farra, fogha, foighdeán, fras fuachtain, inghreim, ionsaí, ruagán, *literary* saighe.

séirseáil noun ❶ *(act of) hurrying, bustling*: brostú, brú, cruóg, corraí, deabhadh, deifriú, dithneas, eadarluas, faobach, fíbín, flosc, flústar, forrú, fosaoid, fuadar, furú, líonraith, scaoll, struip, suaitheadh, taparsach, teaspach, téirim, tinneanas. ❷ *(act of) foraging, rummaging*: fáiteall, fiach, foráiste, rianaíocht, scroblachóireacht, seilg, soláthar, tóraíocht; crágáil, crúbáil, crúbaireacht, crúbáil, crúcáil, dallacáil, glíomáil, gliúmáil, ladhráil, póirseáil póirseáil, ransú, scrabhadh, scríobadh, stróiceadh, útamáil.

séirseálaí noun ❶ *bustler*: ceáfrálaí, fraecsálaí, fústaire, preabaire, rábaire, ruagaire reatha, tranglálaí; sárachán. ❷ *searcher, rummager*: cíorlálaí, cuardaitheoir, lorgaire, paidhceálaí, piaráití, piardálaí, póirseálaí, polladóir, ransaitheoir, saibhseálaí, siortaitheoir, siortálaí, taighdeoir, tóraí.

séis noun ❶ *strain, melody*: ainteafan, aintiún, amhrán, bailéad, caintic, cantáid, cantain, cantaireacht, cairche, cairche cheoil, caoince, caoinche, ceol, fonn, cuaichín ceoil, ceol na sféar, ceolchaire, cuach, oirfide, siansa, síreacht, *literary* scoth. ❷ *hum of speech, discourse*: bús, cabaireacht, caint, comhrá, crónán, geoin, geoin chainte, geoin chomhrá, gleoiréis, gleois, gliogarnach, seastán, sian, *literary* scoth.

seisce noun *barrenness, dryness (of cattle)*: aimride, dísc, seisceacht, triomach, triomacht, tuire.

seisiún noun *session, assembly*: siosón, suí, suíochán; aonach, ardfheis, cóisir, comhdháil, comhthionól, oireachtas, ollchruinniú, parlaimint, seanad, sionad, tionól, *literary* seanadh.

seisreach noun ❶ *plough-team*: seisreach ocht gcapall; seasrach, seistreach. ❷ *plough*: céacht. ❸ **an tSeisreach** *the Plough, the Great Bear (constellation)*: an Camchéachta, an Céachta, an Céachta Cam.

séitéartha adjective *cheating, fraudulent*: bealachtach, béalchráifeach, beartach, bréagach, **adjectival genitive** bréige, caimseach, calaoiseach, cam, cambheartach, cealgach, ciniciúil, claon, cluanach, creipeartha, éadairse, éadairseach, éagórach, éigneasta, eisionraic, falsa, feallaitheach, fimíneach, glic, liom leat, lúbach, meallach, meabhlach, mealltach, meangach, mícheasta, mídhílis, mí-ionraic, mímhacánta, mímhorálta, nathartha, neamhfhírinneach, neamhphrionsabálta, neamhscrupallach, rógánta, seachantach, sleamhain, slítheach, slítheánta.

séitéir noun *cheat, defrauder*: dúblálaí, faladhúdaí, gleacaí, gleacaí milis; bréagachán, bréagadóir, cealgaire, cleasaí, cleithire, cliúsaí, cluanaí, cluanaire, cneámhaire, lúbaire, meabhlaire, mealltóir, meangaire; gliodaí, ladúsaí, leadhbhálaí, líodóir,

lútálaí, pláibistéir, plámásaí, slíbhín, slíodóir, sliúdrálaí.

séitéireacht noun ❶ *(act of) cheating (at cards), defrauding*: caimiléireacht, calaois, camastaíl, cleasaíocht, cliútráil, cluanaireacht, cneámhaireacht, cúbláil, cúinseacht, *literary* diúbairt, feallaireacht, fealltacht, gleacaíocht, lúbaireacht, meabhal, meabhlaireacht, mealladh, mícheastacht, míchoinníoll, mí-ionracas, mímhacántacht, paintéaracht, rógaireacht, slíodóireacht, slíomadóireacht, slópáil, *literary* plaic faoi choim. ❷ *deception*: béal bán, bladaireacht, bladar, blandar, blitsíneacht, bob, bréagadóireacht, cealg, cealgadh, cealgaireacht, cleasaíocht, cluanaíocht, cluanaireacht, cuimilt bhoise, cor, cúig, dalladh púicín, dallamullóg, ealaín, faladhúdaíocht, falcaireacht, flústaireacht, gleacaíocht, gliodaíocht, ladús, leathbhróg, líodóireacht, lúbaireacht, mealltóireacht, paintéaracht, pláibistéireacht, plámás, plásaíocht, plásántacht, plásántas, sladarús, slíbhíneacht, slíodóireacht, slíomadóireacht, súdaireacht, tláithínteacht, *familiar* gallúnach.

seitgháire noun *derisive laugh, snigger*: scig, scige, scig-gháire, scigireacht, scigmhagadh, seitear, seitear gáire, seitireacht, seitríl, seitríl gháire, seitreacht; aithris magaidh, aoir, beithé, cnáid, cráinmhagadh, díspeagadh, fachnaoid, faireach, fochaid, fonóid, frimhagadh, gáirmhagadh, imdheargadh, magadh, spailleadh, spochadh, spochadóireacht, spochaireacht, spocharnaíl, steallmhagadh, tarcaisne, tarcaisniú.

seithe noun *skin, hide*: craiceann, cneas, leathar, peall, seithe, úrleathar, *literary* bian; *literary* scing.

seitreach noun ❶ *neigh, whinny*: seitear; cuach, cuachaíl, grág. ❷ *snort*: cuach, cuachaíl, séideán, séideog, seitear, seitreach, srann, srannfach, sraoth, storfadh.

seó noun ❶ *show, spectacle*: amharc, feic, léiriú, pictiúr, radharc, suaitheantas, taispeántas, tóstal; dráma, drámaíocht; ceoldráma. ❷ *fun, sport*: áibhéireacht, anstrólaíocht, antlás, bainis, coirm, cóisir, craic, croiléis, cuideachta, cúis gháire, féasta, fleá, gleoiréis, greann, greannmhaire, greannmhaireacht, laighce, léaspartaíocht, leithéis, magadh, meidhir, meidhréis, pléaráca, rancás, scige, scigireacht, scléip, scoraíocht, siamsa, spórt, spraoi, sultmhaire. ❸ *profusion, great number*: ainmhéid, an dúrud, carn, clais, cuimse, dalladh, dúlíonach, éacht, flúirse, foiscealach, foracan, foracún, gliúrach, iontas, lab, lámháil, a lán, lánchuid, lasta, lear, lóicéad, luthairt lathairt, meall, maidhm, mathshlua, pl. mílte, moll, mórán, pl. múrtha, neamhmheán, púir, réimse, roinnt mhaith, scanradh, scaoth, slaod, slua, teaiíl, tolmas, tulca.

seodmhar adjective *jewelled, gemmed*: péarlach, seodach.

seodóir noun *jeweller*: gabha buí, gabha óir, órcheard, órcheardaí; gabha geal.

seoid[1] noun ❶ *jewel, precious object*: buachloch, cloch bhua, cloch lómhar, cloch luachmhar, cloch uasal, geam, *literary* séad, uscar; diamant, rúibín, saifír; smarag, smaragaid, smeargóid. ❷ *seoid linbh darling child*: buachaill bán, ceanán, gearrcach bhéal neide, grá geal, lao, leanbh cumhra, leoinín, maicín, maoineach, muirneog, muirnín, péarlachán, peata, smóilín.

seoid[2] noun *jot, whit (with negative)*: adamh, blas, burral, cáithnín, coirpín, corpán, dada, dath, dúradán, faic, fionna feanna, fríd, frídín, leid, mír, móilín, smid ná smeaid, tada; a dhath, aon ní, aon rud, éinní, rud ar bith.

seoigh adjective ❶ *wonderful*: éachtach, éagsamhalta, feartach, míorúilteach, neamhchoitianta, neamh-

seoithín

ghnách, suaithinseach, suaithní, suntasach. ❷ *(attributively)* **lá mór seoigh** *a great day's fun*: an-lá, an-lá spóirt, lá dár saol.

seoithín *noun sough, whispering sound*: seabhrán, seordán, siolla gaoithe, siosarnach, siosarnaíl, siosc, sioscadh, sioscaireacht, siosma, siosmaireacht, siosmairt, siosmarnach, siosmarnaíl, siosóg.

seol¹ *noun* ❶ *sail*: anairt, canbhás, éadach, culaith; bairbíneach, jib, seol mór, seol tosaigh. ❷ *drift, trend*: claonadh, diall, laofacht, taobhacht, treo, treocht. ❸ *course*: babhta, bealach, buinne, cur, cúrsa, imeacht, raon, rian, slí. *verb* ❶ *sail*: stiúir, téigh i long; tabhair aghaidh na loinge. ❷ *send, dispatch, ship*: cuir, leag, seachaid; beir, tabhair (chuig). ❸ *address*: scríobh seoladh ar.

seol² *noun loom*: seol fíodóra; lonna.

seol³ *noun* ❶ *literary bed, couch*: ámóg, cúiste, iomaí, leaba, leabachán, sráideog, *literary* airéal, tolg; long lánúnais. ❷ **bean seoil** *woman in childbirth, woman in labour*: bean seolta, bean i dtinneas clainne, bean i dtinneas linbh.

seoladh *noun* ❶ *(act of) sailing*: cúrsa, seoltóireacht, stiúradh. ❷ *course, direction*: aird, aistear, bealach, ceard, cearn, cúrsa. leath, ród, slí, stiúir, treo, turas. ❸ *opening statement*: *pl.* focail tosaigh, ráiteas tosaigh; brollach, díonbhrollach, réamhfhocal, réamhrá. ❹ *address*: baile, cónaí, teach.

seolta *adjective* ❶ *well directed, smooth running*: cóirithe, eagraithe, socair; faoi réir, in ord agus in eagar. ❷ *easy, graceful*: aosáideach, éasca, saoráideach, scóipiúil, *literary* sodhaing; aiteasach, álainn, aoibhinn, breá, brionnach, caithiseach, canta, caomh, conláisteach, cruthúil, cuanna, cumtha, dathúil, dea-chruthach, dealfa, dealraitheach, deamhaisiúil, deas, deismir, dóighiúil, fíortha, galánta, glémhaiseach, gleoite, gnaíúil, grástúil, maiseach, maisiúil, meallacach, modhúil, múnlaithe, naíonda, sciamhach, slachtmhar, taitneamhach, tarraingteach, triopallach, *literary* cadhla, seada. ❸ *skilful, adept*: cleachta, cliste, dea-lámhach, deaslámhach, imeartha, innealta, oilte, praitinniúil, sciliúil, stuama, *literary* séaghainn. ❹ *satisfied, pleased*: aiteasach, gealchroíoch, gealgháireach, gliondrach, intinneach, lúcháireach, meanmnach, ríméadach, sásta, séanmhar, sona, spleodrach, stróúil, suairc, subhach.

seoltóir¹ *noun* ❶ *sailor*: farraigeach, fear farraige, loingseoir, loingseoir, mairnéalach, maraí, seoltóir; luamhaire. ❷ *sender, remitter*: seachadóir; íocóir. ❸ *drover, cattle-drover*: dráibhéir, tiománaí, tiománaí bó; aoire, cinnire.

seoltóir² *noun basking-shark (Cetorhinus maximus)*: ainmhí na seolta, cearbhán, liamhán gréine, liamhán mór, liopadaileap.

seoltóireacht *noun (act of) sailing*: seoladh; farraigeoireacht, loingseoireacht, mairnéalacht, mairnéalaíocht, maraíocht; luamhaireacht.

seomra *noun chamber, room*: seomra codlata, seomra leapa; *literary* iomdha, rúm.

seordán *noun* ❶ *rustling sound, rustle*: seabhrán, seoithín, siollántacht, siollfarnach, siollfartach, siosarnach, siosarnaíl, siosc, sioscadh, sioscaireacht, siosma, siosmaireacht, siosmairt, siosmarnach, siosmarnaíl. ❷ *wheeze*: cársán, casacht, ciach, cliath, piachán, píoblach, plúchadh, *pl.* putha patha, seadadh, seadán, siollfarnach, siollfartach, slócht, tocht.

sféar *noun sphere*: bál, caor, caoróg, coirnín, cruinne, cruinneán, cruinneog, liathróid, liathróidín, meall, meallán, meallóg, mónarn, mónóg, peil, sféaróideach.

sféarúil *adjective spherical*: comhchruinn, cruinn, cruinneogach, meallach, rabhnáilte, sféaróideach

sí *noun* ❶ *fairy mound*: lios, sián, síbhrugh, síbhruíon, Tír na nÓg. ❷ **aos sí** *fairies*: *pl.* daoine beaga, *pl.* daoine maithe, *pl.* daoine sián, *pl.* púcaí, *pl.* síofraí, *pl.* sióga, *pl.* na huaisle, *colloquial* lucht na gcnoc, an slua sí. ❸ **bean sí** *banshee, fairy woman*: badhbh chaointe, síbhean, síofra, síofróg, síog; *literary* gailtean.

sí gaoithe *noun whirlwind*: camfheothan, camghaoth, cioclón, cuaifeach, cuaranfa, frith-chuaranfa, gaoth ghuairneáin, hairicín, iomghaoth, soinneán cuaifigh, soinneán gaoithe, tíofún.

siabhrán *noun derangement, mental confusion*: dímhearbhall, íorthacht, mearbhall, mearbhall aigne, mearbhall céille, mearbhall intinne, mearchiall, mearú, réaltóireacht, saobhadh, saobhchiall, saochan céille, saofacht, seachrán céille, siabhrán, siabhránach; báiní, buile, gabhairéis, gealtachas, gealtacht, máine, mearaí, mire, néaróis, rámhaille, réaltóireacht, saobhchiall, síocóis, taom buile.

siabhránach *adjective deranged, eccentric, delirious*: aduain, aisteach, ait, clagfhiáin, coimhthíoch, corraiceach, neamhchoitianta, neamhghnách; bán, bán geal, craiceáilte, dásachtach, éadrom sa cheann, éadrom sa chloigeann, éaganta, fiáin, íortha, mear, chomh mear le míol Márta, mearaithe, rámhailleach, seachmallach, seafóideach, splanctha; ar an daoraí, ar mire, ar na craobhacha, ar na stártha, ar na stártha buile, ar seachrán, ar shiúl leis, as a chiall, as a chraiceann, as a mheabhair, as a stuaim, le báiní, le buile, thairis féin. *noun eccentric person, deranged person*: ceann na geilte, craic, craiceálaí, duine buile, duine mire, éagann, éan corr, fear báiní, fear gealaí, fear mire, gealt, gealtach, gealtán, geilt, siabhránach.

siad *noun swelling, growth (medical)*: ailse, at, boilsc, boilsce, bolgadh, borradh, bradán, clog, fiolún fuar, giorradán, meall, sceachaill, séideadh.

siamsa *noun (musical) entertainment, pleasant diversion, amusement*: áibhéireacht, anstrólaíocht, antlás, coirm, cóisir, craic, croiléis, cuideachta, féasta, fleá, gleoiréis, greann, greannmhaire, greannmhaireacht, laighce, léaspartaíocht, leithéis, meidhir, meidhréis, pléaráca, rancás, randam, scléip, scódaíocht, scoraíocht, seó, siamsaíocht, spórt, spraoi, suairceas, sult, sultmhaire, tanfairt, *literary* sibheanradh.

sian *noun* ❶ *whistling sound*: fead, feadaíl, feadalach, feadán, giolcadh, píobarnach, píoblach, scol, seabhrán, seordán, siansán. ❷ *plaintive sound, whine, squeal*: éamh, faí, fuachas, geoin, geonaíl, gol, golchás, iachtach, iarmhéil, liú, ochlán, ochón, olagón, scol, scréachach, scread, screadach, screadadh, screadaíl, uaill, uallfairt. ❸ *hum of voices*: bús, cabaireacht, caint, comhrá, crónán, geoin, geoin chainte, geoin chomhrá, gleoiréis, gleois, gliogarnach, plobaireacht, seastán, séis, *literary* scoth.

sianach *adjective whining, squealing*: acaointeach, banránach, béiceach, brónach, canránach, caointeach, ceasnúil, ceolánach, éagaointeach, fuasaoideach, gearánach, gluaireánach, golchásach, grágach, iarmhéileach, ochlánach, olagónach, pusach, scréachach.

sianaíl *noun (act of) whining, squealing*: acaoineadh, béiceadh, canrán, caoineadh, ceasnaíl, ceolánacht, cnáimhseáil, diúgaireacht chaointe, éagaoineadh, fuasaoid, gearán, gluaireán, golchás, iarmhéil, ochlán, olagón, pusaíl, pusaíocht, pusaireacht, scréachach, smutaireacht chaointe.

sianaí *noun* ❶ *whiner, whinger*: banránaí, canránaí, ceolán, cnáimhseálaí, gearánaí, gluaireánaí, pusachán, pusaire. ❷ *wretch*: ainniseoir, ainríochtán, bochtán, cealdrach, ceanrachán bocht, cincíseach, cráiteachán, créatúr, díothachtach, díthreabhach, donán, dreoilín, eiseamláir, geospal, geospalán, gortachán, péisteánach, raiblín, rama, sampla bocht, sclábhaí, seangaire, staga, suarachán, tráill, truailleachán, truán, truanaid, truanairt.

siansa noun *strain, melody:* ainteafan, aintiún, amhrán, bailéad, caintic, cantáid, cantain, cantaireacht, cairche, cairche cheoil, caoince, caoinche, ceol, fonn, cuaichín ceoil, ceol na sféar, ceolchaire, cuach, oirfide, séis, *literary* scoth.

siansach adjective *melodious, harmonious:* binn, ceolmhar, álainn; binnbhéalach, binnbhriathrach, binnghlórach, binnghuthach, bogbhriathrach, duanach, fogharbhinn, milisbhriathrach, oirfideach, portach, séiseach, siollánach, síreachtach. noun *ringing sound:* ceolán, cling, clingíneacht, clingireacht, cloigíneacht, gligín, gligíneacht, gligleáil, gliogar, gliográn.

siansán noun ❶ *whistling sound, humming sound:* fead, feadaíl, feadalach, feadán, giolcadh, píobarnach, píoblach, scol, seabhrán, seordán; bús, cnádán, dántaireacht, dordán, dordánacht, drantán, geonaíl, mianán, seabhrán, seastán, seordán, sian, siosarnach, sioscadh, siosma. ❷ *clamour:* blosc, bloscadh, búir, búireach, callán, callóid, clagairneach, clagarnach, clagarnaíl, cleatar, clisiam, clogarnach, coigeadal dord, dordán, dordánacht, fothram, fuaim, fuilibiliú, gáróid, geoin, geonaíl, glamaireacht, gleadhradh, gleo, gliogar, glisiam, glór, glóraíl, holam halam, hólam tró, hulach halach, hurlamaboc, liú, liútar éatar, pléasc, pléascadh, pléascarnach, racán, rachlas, raic, rírá, ruaille buaille, rúp ráp, rúscam raindí, siansa, toirnéis, torann, tormán, troimpléasc, troistneach, trost, trostal, trostar, trup, trupáis, trupás, truplásc, *literary* géis, seastán.

siansánach adjective ❶ *humming, whistling, whining:* crónánach, dordach, dordánach, drantánach, seastánach; feadánach; acaointeach, banránach, canránach, caointeach, ceasnúil, ceolánach, éagaointeach, fuasaoideach, gearánach, gluaireánach, golchásach, iarmhéileach, ochlánach, olagónach, pusach, sianach. ❷ *crying, clamorous:* ardghlórach, béiceach, caismirteach, callánach, clisiamach, fothramach, fothramánach, gáireachtach, garbhghlórach, gáróideach, gárthach, glaoiteach, gleoch, gleoránach, glórach, grágach, greadhnach, lánghlórach, mórghuthach, scréachach, *literary* géiseachtach.

siar adverb ❶ *to the west, westward:* anoir, *literary* siarain; chuig an iarthar. ❷ *back, to the rear:* ar ais, ar gcúl; i ndiaidh do chúil, ar lorg do chúil.

sibhialta adjective ❶ *civil, of civil institutions:* adjectival genitive an bhaile, adjectival genitive na cathrach, adjectival genitive stáit. ❷ *polite, courteous:* béasach, caoinbhéasach, córtasach, cúirtéiseach, cúirtiúil, cúiseach, cuntanósach, dea-bhéasach, dea-mhúinte, fíosúil, mín, modhúil, múinte, síodúil, sobhéasach.

sibhialtach noun *civilian:* cathraitheoir, cathránach, cathróir, gnáthdhuine, gnáthshaoránach, *colloquial* muintir na tíre.

sibhialtacht noun ❶ *civilization:* cultúr, saíocht; *pl.* béasa, *pl.* nósanna. ❷ *civility: pl.* béasa, *pl.* caoinbhéasa, córtas, cúirtéis, cúirtéiseacht, cuntanós, *pl.* dea-bhéasa, dea-bhéasaíocht, dea-mhúineadh, modh agus múineadh, modhúlacht, múineadh, síodúlacht.

síbín noun ❶ *illicit whiskey:* poitín; an braon crua, sú na heorna; bolcán. ❷ *shebeen, speak-easy:* tábhairne gan cheadúnas.

síceolaí noun *psychologist:* aigneolaí; síciatraí; síocanailísí.

síceolaíocht noun *psychology:* aigneolaíocht; síciatracht, sícitéiripe; síocanailís.

sicín noun *chicken:* éan, éan circe, éinín; gearrcach, neadachán, scallamán; cearc.

sicréid noun *secret:* cruacheist, diamhair, diamhracht, dorchacht, dothuigtheacht, doilfeacht, dubhfhocal, dúcheist, duifean, dúrún, dúthomhas, gintlíocht, mistéir, rún, rúndiamhair.

sicréideach noun *secret, private:* ceilte, coimhthíoch, diamhair, dorcha, folaithe, ganfhiosach, folaitheach, mistéireach, adjectival genitive rúin, rúnda, *literary* díchealta; faoi cheilt, i bhfolach; pearsanta, pribhléideach, príobháideach.

sifil noun ❶ *silly talker, chatterer:* béalastán, bladhmaire, bleadrachán, bleadrálaí, bleid, bolgán béice, bolscaire, brasaire, breallaire, brealsán, brealsún, breastaire, breilleachán, breillire, cabaire, cafaire, cadrálaí, cág, callaire, clab, clab troisc, clabaire, claibéir, claibín, claibín muilinn, claibseach, dradaire, drandailín, geabadán, geabaire, geabstaire, giolcaire, giostaire, cleigear, glafaire, glagaire, glagbhéal, gleoiseach, gleoisín, gleothálaí, gligín, gliogaire, gliogarnálaí, glór i gcóitín, gobachán, grabaire, liopaire, meigeadán, meiltire, plobaire, ramscéalaí, raiméisí, reathálaí, roiseálaí, scaothaire, scloitéir, scrathóg, síodrálaí, síofróir, síofróir, siollaire, siosaire, trumpadóir. ❷ **sifil seaifil** *fiddle-faddle:* áiféis, amaidí, baois, baothchaint, baothaireacht, baothántacht, baothántaíocht, brille bhreaille, brilléis, deilín, díth céille, fantaisíocht, fastaím, gaotaireacht, gligíneacht, gliogar, guanacht, leibidínteacht, máloideacht, pápaireacht, pleotaíocht, prislíneacht, raiméis, ráiméis, ramás, rith seamanna, salmaireacht, seafóid, *pl.* seamanna cainte, sifearnaíl, sifleáil, sobalchaint, truflais.

sifín noun *stalk, straw:* barrann, coinlín, cuiseog, das, deocán, foithnín, fúinín, gas, geocán, seamaide, sop, stopóg, tráithnín.

sil noun *drip, trickle, drop:* braon, deoir, drithlín, mónóg, scalach, sileadh, sileán, silín, sní, sreabh, stioc; an táir anuas, braon anuas, fraighfhliuchas. verb ❶ *drip, trickle:* doirt, frasaigh, rith, steall, tit. ❷ *shed:* caith, doirt, fear, sceith, steall, tabhair. ❸ *drain:* díscigh, diúg, draenáil, ídigh, sinceáil, sniog, súigh, taosc, triomaigh. ❹ *hang down, droop:* crom, ísligh, sleabhac, tit; bí ag liobarna. ❺ *decline, diminish, weaken:* anbhainnigh, éinirtigh, fánaigh, géill, lagaigh, laghdaigh, loic, maolaigh, meath, meathlaigh, meirtnigh, sleabhac; clis, cúb, cúlaigh, teip, tit, téigh ar gcúl.

síl verb ❶ *think, consider:* barúil, ceap, coincheap, creid, cuimhnigh, déan, machnaigh, meáigh, *literary* meanmnaigh, meas, samhlaigh, saoil, smaoinigh, taibhrigh, tuairimigh, tuig; is dóigh leis, feictear dó, taibhsítear dó. ❷ *expect, intend:* cinn ar, cuir romhat, meas, socraigh, tá sé ar aigne aige, tá sé ar intinn aige, tá rún aige, tá súil aige; *literary* meanmnaigh.

Síle proper noun as noun ❶ *effeminate person, sissy:* duine baineanda, geospailín, piteachán, piteán, piteog, *familiar* beití, bideach, bleitheog, blíge, cábún, péileacán, seanchearc d'fhear, síóg. ❷ **Síle an phíce** *earwig (order Dermaptera):* ailseog, ceilpeadóir, ciaróg lín, colg lín, cuileog lín, dallán lín, dearg gabhlóg, gailseach, gailseog, gearradh gabhláin, geillic, roilseach; deargadaol.

sileadh noun ❶ *drip, discharge:* braon, deoir, drithlín, mónóg, scalach, sil, sileán, silín, siolgaireacht, sní, sreabhadh; cur amach, doirteadh, uisce; an táir anuas, braon anuas, fraighfhliuchas; *literary* teibearsain. ❷ *pus:* ábhar, ábhar buí, bánábhar, brach, brachadh, gor, máthair ghor; carrmhogal, easpa, neascóid. ❸ *hang, droop:* claonadh, cromadh, fána, feo, ísliú, maig, maing, sleabhac, sleabhcadh, sleaic, sléim, titim.

síleáil

síleáil noun ❶ *ceiling:* síneáil, síonáil; boghta. ❷ *wainscotting:* vuinsciú. ❸ *partition (in house, etc.):* laindéal, landa, landaíl, landair, landaoir, portbhalla, spiara, *literary* fochra.

sileán noun *drip, trickle:* braon, deoir, drithlín, mónóg, scalach, sil, sileadh, silín, sní, sreabh; an táir anuas, braon anuas, fraighfhliuchas.

siléig noun *procrastination, negligence:* fadáil, máinneáil, moilleadóireacht, reanglamáncht, righneacáil, righneadóireacht, righneáil, righnealtaíocht, seilmideáil, siléigeacht, snámhacáil, snámhaíocht; dearmad, éislis, faillí, mainneachtain, míphointeáilteacht, neamhaird, neamh-aire, neamart, neamhchúram, neamhshuim, scaoilteacht, sleamchúis.

siléigeach adjective *negligent, dilatory, procrastinating:* anaireach, bóiléagrach, eadarluasach, faillíoch, faillitheach, leibéiseach, mainneachtach, mainneachtnach, neamartach, neamh-aireach, neamhairdeallach, neamhchúramach, neamhshuimiúil, réchúiseach, sleamchúiseach, sleamhchúiseach, *literary* seachmallach; drogallach, fuarchúiseach, fuarspreosach; ar nós cuma liom; adhastrach, céimleasc, falsa, leadránach, leisciúil, mallbheartach, malldícheallach, malltriallach.

silín noun ❶ **silín fiáin** *wild cherry (Prunus avium):* crann silín dubh, crann silíní; crann siris, crann siríse, seilín, seirín, sirín. ❷ *bird cherry (Prunus padus):* donnroisc, crann fiolún saithe.

sill verb *look, glance, behold:* amhanc, amharc, breathnaigh, breithnigh, caith do shuil thar, dearc, féach, feic, grinnigh, iniúch.

silleadh noun *look, glance:* amhanc, amharc, breathnú, dearcadh, féachaint, gliúc, gliúcaíocht, súilfhéachaint; mearamharc, sciorrach, spléachadh, sracfhéachaint.

silteach adjective ❶ *dripping, trickling:* braonach, braonúil, fliuch, fras, silte, tais, uisciúil; ar bogadh, ar maos, ar sileadh, ina líbín. ❷ *hanging, flowing:* faíoch, fairsing, flúirseach, fras, géagach, leanúnach, rábach, slaodach, sreabhach, uaibhreach; ar crochadh, ar liobarna. ❸ *prodigal, spendthrift:* baothchaifeach, caifeach, cailliúnach, caiteach, díobhlachtach, díobhlaiseach, díobhlásach, diomailteach, doscaí, doscaidh, doscaidheach, doscaitheach, drabhlásach, míchuimseach, neamhbharainneach, neamhchoigilteach, rabairneach, railleach, reibhléiseach, scabáistiúil, scaipeach, scaiptheach, scaoilteach.

silteacht noun ❶ *fluidity:* éascaíocht, éideimhne, éiginnteacht, líofacht, neamhbhuaine, saoráid. ❷ *enfeeblement, lack of spirit:* anbhainne, anbhainneacht, cloíteacht, fainne, faoine, faoineacht, lagachar, lagáisí, lagar, laige, mairbhítí, maoithe, marbhántacht, meirtean, meirtne, meirtní, téiglíocht, tréithe, tréithleachas.

silteán noun ❶ *small drain, channel:* caidhséar, cainéal, canáil, clais, clasaidh, gáitéar gearradh, gropa, léata, lintéar, panc, suinc, trinse. ❷ *rill, rivulet:* buinne, caislín, caochán, caológ, cláideach, craosán, díobhóg, glaise, glas, sreabh, srúill, sruth, srutháinín, sruthán, sruthlán.

silteánach noun ❶ *dead-and-alive person:* bás gorm, bás ina sheasamh, básachán, básadán, braoinseachán, breoiteachán, breoiteán, catamán, duine leathbheo, éagbhás, marbhán, niúdar neádar, niúide neáide, niúidí neáidí, sacshrathair, seithide, síománach, síománaí, smúrthannach, splangadán. ❷ *emaciated person:* caiteachán, cnámharlach, cnuachaire, coinnleoir, conablach, creatachán, cringleach, cuail cnámh, deilbhéir, langa, léanscach, léanscaire, leathóg, leicneán, loimíneach, loimirceach, lománach, raispín, ránaí, ranglach, ranglachán, ranglamán, reangaide, reangaire, reangartach, reanglach, reanglachán, reanglamán, rúcach, scáil i mbuidéal, scloit, sclotrach, séacla, séaclach, séaclóir, síogaí, síothnaí, speireach, splíota, spreanglachán, taiseachán, truán; níl ann ach a chomharthaíocht, níl ann ach na ceithre huaithne, níl ann ach a scáth; níl deilbh luiche air, níl feoil ná foilse air.

siméadrach adjective *symmetrical:* ailínithe, aonfhoirmeach, aonghnéitheach, comhchosúil, comhfhadaithe, comhionann, comhréidh, congruach, cothrom, cothromaithe, cothromúil, freagrach, leibhéalta, rialta; ar mheá chothrom.

simléar noun *chimney, chimney-stack:* simléir, simné; feadán deataigh, múchán, poll deataigh, poll toite, toiteachán.

simpeansaí noun *chimpanzee (Pan troglodytes):* ápa; giobún, goraille, orang-útan; piteacantróp, piteacóideach; ápa Barbarach, moncaí, simiach.

simpleoir noun *simple person, simpleton:* abhlóir, amadán, amaid, amal, amlóir, baileabhair, bobarún, bómán, breallaire, breallán, brealsán, brealscaire, brealsún, ceann cipín, ceann maide, ceap magaidh, clogadán, cloigeann cabáiste, cloigeann cipín, cloigeann pota, dallachán, dallarán, deargamadán, dobhrán, dúdálaí, dúid, dúiripí, dundarlán, dunsa, déagann, faidhfileá, gaimse, galldúda, gámaí, gamal, gamairle, glaigín, gligín, gogaille, guaig, guaigín, leathamadán, leathbhrín, leathdhuine, leib, leibide, liobar, napachán, óinmhid, pastae de chloigeann, pleib, pleidhce, pleota, sceilfid, uascán, *figurative* glasóg.

simpleoireacht noun *simplemindedness, foolishness:* aimhghliceas, amadántacht, amadántaíocht, amaidí, amlóireacht, baois, bómántacht, breallántacht, brealsacht, brealscaireacht, brealsúnacht, daille, dallacántacht, dallacántaíocht, dallaigeantacht, dúire, éagantacht, gamalacht, guanacht, íorthacht, leibideacht, leimhe, leimheas, míghliceas, óinmhideacht, óinseacht, óinsíneacht, óinsíocht, óinsiúlacht, pleidhcíocht, pleotaíocht, raimhre réasúin, seafóid, simplíocht, uascántacht.

simplí noun ❶ *not complicated, easy:* áiseach, aosáideach, bog, doloicthe, éasca, furasta, neamhchas, neamhthrioblóideach, pras, réidh, saoráideach, *literary* sodhaing. ❷ *simple-minded, foolish:* aimhghlic, ainbhiosach, aineolach, amaideach, amadánta, amaideach, baoiseach, baoth, bómánta, breallach, breallánta, bundúnach, dall, dallacánta, dallaigeanta, díchéillí, diúid, dobhránta, dúr, dúramánta, éaganta, gamalach, ladúsach, leamh, leamhcheannach, leathmheabhrach, leibideach, míghlic, neamhthuisceanach, óinmhideach, óinsiúil, pleidhcíuil, ramhar sa cheann, saonta, seafóideach, soineanta, spadintinneach, tútach, uascánta.

simpligh verb *simplify:* éascaigh, réitigh, ciallaigh, léirigh, léirmhínigh, mínigh; cuir i léire, déan simplí, mínigh focal ar fhocal.

simplíocht noun ❶ *simplicity:* éascaíocht, fusacht, saoráid. ❷ *simplemindedness:* aimhghliceas, amadántacht, amadántaíocht, amaidí, amlóireacht, baois, bómántacht, breallántacht, brealsacht, brealscaireacht, brealsúnacht, daille, dallacántacht, dallacántaíocht, dallaigeantacht, dúire, éagantacht, gamalacht, guanacht, íorthacht, leibideacht, leimhe, leimheas, míghliceas, óinseacht, óinsíneacht, óinsíocht, óinsiúlacht, pleidhcíocht, pleotaíocht, raimhre réasúin, saontacht, seafóid, simpleoireacht, soineantacht.

sín¹ noun *literary sign, token:* marc, lógó, nod, samhlán, siombail, stearnal, suaitheantas, trádmharc; céalmhaine, cosúlacht, cuma, dreach, leid, lorg, mana, rian, sliocht, taispeánadh, tuar.

sín² verb ❶ *stretch, make taught:* righ, teann; daingnigh, docht; ceangail go teann. ❷ *lie flat, lay flat:* luigh, luigh síos; cuir, cuir ina luí, cuir ina shuí, leag; cóirigh, deasaigh, gléas, socraigh, suigh. ❸ *lengthen:* bain síneadh as, cuir fad le, fadaigh, seadaigh; téigh i bhfad. ❹ *hold out, proffer:* bronn, deonaigh, ofráil, tairg, toirbhir. ❺ *sín le compete with:* bí ag iomaíocht le, bí ag sáraíocht le, rith le, téigh ag dréim le, téigh i dtreis le.

sine noun ❶ *nipple, teat:* ballán, did, dide, dideog; brollach, cín, cíoch, faireog mhamach, *literary* mama; úth. ❷ *sine siain uvula:* teanga bheag. ❸ *sine bó leid sea anemone* (order *Actiniaria*): bundún leice, cac ar leicín, cíoch charraige, hata an tsagairt, seire.

sineach adjective *having (large) teats, mamillary:* cíochach, cíochmhar, mamach, úthach, úthanach. noun ❶ *mammal:* mamach. ❷ *mastitis:* fiabhras bainne, gabhálshraoth, maistíteas, tiontú sreibhe.

síneadh noun ❶ *stretch, stretch:* rí, tarraingt, teannadh. ❷ *extension, prolongation:* fad, fadú, seadú; forlíonadh.

singil adjective ❶ *unmarried:* neamhphósta, *familiar* díomhaoin; gan phósadh, in aontumha. ❷ *thin, slender:* caol, cúng, éadrom, leabhair, lom, seang, seangchruthach, slisneach, tanaí, *literary* seada. ❸ *meagre, tenuous, poor:* bocht, caol, easnamhach, easpach, fánach, gann, scagtha, scáinte, sciotach, tanaí, tearc, uireasach. ❺ *lone, solitary:* **adjectival genitive** aonair, aonánach, aonarach, aonaránach, aonrach, aonraic, scoite, singil, uatha, uaigneach, uathúil.

sínigh verb ❶ *sign:* saighneáil; cuir do lámh le, scríobh d'ainm ar. ❷ *literary signify, indicate:* ciallaigh, comharthaigh, cuir in iúl, fíoraigh, imlínigh, leag amach, léirigh, marcáil, taispeáin.

síniú noun *signature:* ainm, lorg láimhe.

sin-seanathair noun *great-grandfather:* garathair, patrarc, sinsear, sinsearach.

sinsear noun ❶ *senior, elder:* sean, seanóir; an té is sine; ceann, taoiseach, uachtarán. ❷ *ancestor, progenitor:* ardathair, athair, patrarc, sin-seanathair, seanathair, sinsearach, uasalathair; ollathair.

sinsearach adjective ❶ *senior:* ársa, sean, seanda, uachtarach; is sine, in uachtar. ❷ *ancestral:* **adjectival genitive** dúchais, dúchasach, **adjectival genitive** oidhreachta, oidhreachtúil; ó ghinealach. noun ❶ *senior person:* sean, seanóir; an té is sine; ceann, taoiseach, uachtarán. ❷ *ancestor:* ardathair, athair, patrarc, sin-seanathair, seanathair, uasalathair; ollathair.

sinsearacht noun ❶ *seniority:* ársacht, aois; airde céime, barrchéimíocht, ceannas, príomhaíocht, príomhcheannas, róchéimíocht, ró-oirirceas, sinsearacht, tús, tús cadhnaíochta; ceart tosaíochta. ❷ *ancestry:* dúchas, ginealacht, ginealas, *colloquial* sinsear.

sínteach adjective ❶ *extending, growing fast:* atáirgeach, bisiúil, borrúil, fásmhar, rábach, táirgiúil, torthach, torthúil, uaibhreach. ❷ *prolonged, drawn-out:* fada, fadálach, leadránach, leamh, liosta, mall, mallacharach, mallghluaiste, marbhánta, réidh, righin, spadánta, támáilte, tuirsiúil. ❸ *generous, liberal:* cóir, dóighiúil, fáilteach, fairsing, fial, fiúntach, flaithiúil, flaithiúlach, gnaíúil, lách, mórchroíoch neamh-mhion, oscailteach, preabúil, rábach, tabhartasach, teochroíoch, tíolacthach, toirbheartach, *literary* flaithbheartach, gartach. noun ❶ *laid-out body, corpse:* corp, corpán, éagach, marbh, marbhán, spéiceadán, stiúgaí; ablach, conablach. ❷ *layabout, lazybones:* bruachaire, búiste, caidéir, camán luatha, cnaiste fir, cnaiste mná, cnuálach, codaí, crochadóir, crochaire, fágálach, fágálaí, falsóir, fámaire, feadóir, feamaire, fear fuar lá te, giolla na leisce, giústa, goróir, langa, leadaí, leadaí na luatha, leadránaí, learaire, leicméir, leisceoir, leisíneach, leoiste, leota, liairne, liúdaí, liúdramán, lófálaí, loiceadóir, loiciméir, luircín cheann an teallaigh, lúmaire, máinneálaí, malluaireach, malltriallach, maraíodóir, meathlóir, moilleadóir, rainglléir, ránaí, righneacálaí, righneadóir, righneálach, righneálaí, righneartálaí, ríste, scaoinn, scaoinse, scrádaí, scraiste, scrathachán, scúille, síntealach, síománach, síománaí, slabhrálaí, slaodaí, sliastán, sloitheán, smíste, snámhaí, somóg, spadaire, spadalach, spadán, srathaire, stangaire, straipleach, stróinse, súmaire.

sínteán noun *stretcher:* árach, cleith, cróchar, eileatram, leaba shínteáin, palaincín, sínteoir.

sintéiseach adjective *synthetic:* airtifisialta, **adjectival genitive** bréige, saorga, **adjectival genitive** tacair.

síntiús noun ❶ *subscription:* lámhaíocht, sínteanas. ❷ *síntiús láimhe gratuity, tip:* bronntanas, féirín, seachadadh, séisín, síneadh láimhe.

síob noun ❶ *drift:* claonadh, imeacht, muc, muc shneachta, ráthach, síobadh, síobán. ❷ *ride, lift:* marcaíocht, suíochán. verb ❶ *blow away, drive* (wind, snow): cuir ag teitheadh, cuir chun siúil, díbir, ruaig, scaip, séid, tiomáin. ❷ *blow up:* blosc, pléasc, séid, séid suas. ❸ *drift:* imigh, scaip, séid, téigh romhat, tiomáin.

Siobháinín propn ❶ *Siobháinín bhuí yellowhammer* (*Emberiza citrinella*): bod buí, buíán, buíóg, buíóg an chinn óir, buíog léana, gealbhan buí, cuach bhuí. ❷ *Siobháinín an bhóthair wagtail* (*Motacilla*): breac an tsíl, éan beannaithe, éan sagailse, glaiseog, glasóg, iníon sagairt, Siobháinín an charn aoiligh, Siobhán ghlas, *literary* bualáinle. ❸ *Siobháinín an chlúimh hairy caterpillar:* diairmín clúmhach, Dónall an chlúimh, Máirín an chlúimh, Máirín chlúmháin, Seáinín an chlúimh, speig neanta, spiorad neantóg, sprid neanta.

sioc noun *frost:* cuisne, reo, siocán; oighear, oighreogach. verb ❶ *freeze:* cuisnigh, oighrigh, reoigh. ❷ *congeal, set:* calc, cruaigh, stálaigh, stalc, stolp, stromp, táthaigh, téacht.

siocair noun ❶ *cause, occasion:* ábhar, bonn, bun, bunús, cad chuige, ceannfháth, ciall, cionsiocair, cúis mhaith dhóthanach, leorchúis, réasún, siocair, údar, *literary* fachain. ❷ *pretext:* cúis súl, iarraim cúis, leithscéal; mar dhea. ❸ *makeshift:* ainm (with the genitive), ainm is, leithscéal de, trua Mhuire de.

siocán noun ❶ *frost:* cuisne, reo, sioc; oighear, oighreogach. ❷ *frosty, cold person:* fuairnéal, fuairnéalach, fuaramán, fuaránach, fuarthé, gormaire.

síocháin noun *peace:* athchairdeas, athmhuintearas, caradas, eadráin, eadrascáil, eadrascáin, idirghabháil, muintearas, calm, ciúnas, éideannas, faoiseamh, oiriseamh, reasta, sáimhe, sámh, síothóilteacht, síth, suaimhneas, téigle, *literary* reithine, seitheamh, taithleach.

síochánta adjective *peaceful:* calma, ciúin, sámh, síothóilte, síothúil, sítheach, suaimhneach, téiglí, *literary* féithiúil, reithineach.

siocúil adjective *frosty:* cuisneach, cuisniúil, fuar, oighreata, reoch, reoite, siocdhóite, siocfhuar, siochta.

síoda noun *silk:* seiric; saimít, sról.

síodúil adjective ❶ *silky:* mín, séimh, sleamhain, slim, *literary* bláith. ❷ *suave, urbane:* caoinbhéasach, cathartha, cuanna, cultúrtha, grástúil, maorga, neamhchorrbhuaiseach, saolta, sibhialta, snasta, sofaisticiúil, soilbhir. ❸ *gentle, courteous:* caoin, ceansa, cneasta, cúiseach, mánla, mín, séimh, sibhialta; béasach, caoinbhéasach, córtasach, cúirtéiseach, cuirtiúil, cúiseach, cuntanósach, dea-bhéasach, deaiomprach, dea-labhartha, dea-mhúinte, fiosúil,

síodúlacht
galánta, giúlánta, grástúil, iomprach, modhúil, múinte, nósmhar, nósúil, ómósach, ridiriúil, séimh, sibhialta, sobhéasach, urramach; banúil, mánla.

síodúlacht noun ❶ *silkiness*: boige, séimhe, sleamhaine, slime, *literary* bláithe. ❷ *suavity, urbanity*: *pl.* caoinbhéasa, cuannacht, grástúlacht, maorgacht, saoltacht, sibhialtacht, snastacht, sofaisticiúlacht, soilbhreas. ❸ *gentleness, courteousness*: *pl.* béasa, boige, caoideanas, caoimhe, *pl.* caoinbhéasa, caoineas, ceansacht, cineáltacht, cneastacht, córtas, cúirtéis, cúirtéiseacht, cuntanós, daonnacht, *pl.* deabhéasa, dea-bhéasaíocht, dea-iompar, dea-mhúineadh, duineatacht, láíocht, macántacht, miochaire, modh agus múineadh, modhúlacht, múineadh, ómós, séimhe, sibhialtacht, suairceas, tláithe, urramacht.

síofra noun ❶ *elf, sprite*: ealbh, hobad, leipreachán, lucharachán, lucharbán, lucharpán, lúchorpán, luchramán, lúircín, mórphúca, orc, púca, siride, síofróg, sióg, síogaí; *pl.* na daoine beaga, *pl.* na daoine maithe, *pl.* na huaisle, *colloquial* aos sí, lucht sí. ❷ *elf-child, changeling*: corpán sí, cosúlacht, fágálach, iarlais, leanbh malartánach, malartán, síogaí linbh. ❸ *weakling*: arc, bás ina sheasamh, básachán, básadán, croithleán, deibhleán, donaisín, donán, éagbhás, fágálach, graisíneach, iarlais, lagrachán, marla, meathach, meathán, meathlóir, niúdar neádar, raispín, séacla, séaclóir, séithle, séithleach, silteánach, síogaí, splangadán, *colloquial* mionbhach.

síofróg noun ❶ *elf-woman, fairy*: bean sí, leannán sí, síbhean, síofra, sióg; badhbh chaointe; *literary* gailtean. ❷ *enchantress*: banchumhachtach, bandraíodóir, bandraoi, bean feasa, bean Ultach, cailleach feasa, cailleach phiseogach, cailleach Ultach, fia-chailleach, geasadóir mná, síofrach, upthóg; gliartán, piseogaí.

síofrógach adjective ❶ *elfin, fairy-like*: **adjectival genitive** sí, síofrúil, siógach, síúil; aerachtúil, uasal. ❷ *practising charms, bewitching*: geasrógach, piseogach, pisreogach, upthach.

síofróir noun ❶ *precocious person, know-all*: giostaire, seandraoi, síofra, tairngire; beachtaí, coc, cocaire, dosaire, gastaire, prapaire, saoithín, stráisiúnaí. ❷ *silly talker, gossip*: béalastán, bladhmaire, bleadrachán, bleadrálaí, bolgán béice, bolscaire, brasaire, breallaire, brealsún, breastaire, breilleachán, breillire, cadrálaí, cafaire, cág, callaire, ceolán, clab, clab troisc, clabaire, claibéir, claibín muilinn, claibseach, cleigear, clogarán, clogán streille, cuachaire, dradaire, drandailín, geabadán, geabaire, geabstaire, giolcaire, giostaire, glafaire, glagaire, glagbhéal, glaomaire, gleoiseach, gleoisín, gleothálaí, gligín, gliogaire, gliogarnálaí, glór i gcóitín, gobachán, grabaire, ladúsaí, liopaire, meigeadán, meiltire, plobaire, raiméisí, reathálaí, scaothaire, scrathóg, síodrálaí, siollaire, siosaire, strambánaí, trumpadóir.

síofróireacht noun ❶ *fairy lore*: geasadóireacht, geasrógacht, *pl.* piseoga, piseogacht, síofrogacht; síscéalaíocht. ❷ *precocious talk*: seanchríonnacht, seanórthacht. ❸ *silly talk*: áiféis, amaidí, badhbaiséireacht, baothaireacht, baothchaint, baothmhagadh, béalastánacht, blaoiscéireacht, bleadar, bleadaracht, bleadracht, bleadráil, bolgán béice, breallaireacht, breilliceáil, breilsce, breilscireacht, brille bhreaille, brilléis, buaileam sciath, buinneachántacht, frois frais cainte, geabaireacht, geabstaireacht, geabstaireacht, geocaíl, gibiris, gleoiréis, gleoisíneacht, gliogar, gliogarnach, ladús, lapaireacht, leibidínteacht, liopaireacht, máloídeacht chainte, pápaireacht, pislíneacht, pléiseam, ploba- ireacht, prislíneacht, radamandádaíocht, raiméis, ráiméis, ramás, rá mata, randamandádaíocht, rith seamanna, scaothaireacht, scloitéireacht, seadráil chainte, *pl.* seamanna cainte, treillis breillis, seafóid, sifil seaifil, sifleáil, siod sead, síodráil, sobalchaint.

síofrúil adjective ❶ *elf-like*: **adjectival genitive** sí, síofrógach, siógach; aerachtúil, uasal. ❷ *spectral, ghostly*: fantaiseach, taibhsiúil.

sióg noun *fairy*: síofra, síofróg, síogaí; *pl.* na daoine beaga, *pl.* na daoine maithe, *pl.* na huaisle, *colloquial* aos sí, lucht sí; *literary* gailtean; aosán, ealbh, hobad, mórphúca, orc, púca, siride; leipreachán, lucharachán, lucharbán, lucharpán, lúchorpán, luchramán, lúircín.

sióg noun ❶ *streak, stripe*: banda, riast, síoma, stiall, stríoc; féith, líne. ❷ *seam, lode (in mine)*: ciseal, cuisle, féith, siúnta, snáithe, snáth, sraith. verb ❶ *streak*: stríoc. ❷ *stroke out, cancel*: cealaigh, cuir ar ceal, cuir ar neamhní, díchuir, díobh, maith, scrios.

síogach adjective ❶ *streaky, striped*: riabhach, riastach, síogach, stríocach, títheach; breac, breacbhallach, breachtrach, cleathach, cliathach, roilleach, treallach. ❷ *elongated*: fadaithe, fada, leathfhada, sínte.

síogaí noun ❶ *elf, fairy*: ealbh, leipreachán, lucharachán, lucharbán, lucharpán, lúchorpán, luchramán, lúircín, mórphúca, orc, púca, siride, síofra, síofróg, sióg, síogaí; *pl.* na daoine beaga, *pl.* na daoine maithe, *pl.* na huaisle, *colloquial* aos sí, lucht sí; aosán; hobad. ❷ *delicate little person, weakling*: arc, bás ina sheasamh, básachán, básadán, croithleán, deibhleán, donaisín, donán, éagbhás, fágálach, frídeoir, graisíneach, iarlais, lagrachán, marla, meathach, meathán, meathlóir, niúdar neádar, raispín, séacla, séaclóir, séithle, séithleach, silteánach, síofra, splangadán, *colloquial* mionbhach. ❸ *precocious person, very knowledgeable person*: giostaire, seandraoi, síofra; gastaire, prapaire, saoithín. ❹ *interfering gossip*: gobachán, gobadán, gobadóir, gobaire, priocsmut, sceithire, socadán, socaire, míghreannaí.

síogaigh verb *fail, fade away*: anbhainnigh, lagaigh, laghdaigh, maolaigh, meath, meathlaigh, meirtnigh, sceoigh, síothlaigh, smiog; bris, clis, cúb, cúlaigh, teip, tit.

siogairlín noun ❶ *hanging ornament, pendant*: crochadán, scothóg. ❷ *pendulous flowers, flowers of fuchsia (Fuchsia magellanica)*: deora Dé, deoiríní Dé, fiúise, *pl.* mileanna dearga, *pl.* mileanna fiúsaí, *pl.* milíní, *pl.* smuga dearga.

siogarlach adjective ❶ *pendent*: siogairlíneach; ar crochadh, crochta, ar liobarna, ar sileadh. ❷ *tasselled*: bobailíneach, frainseach, mabógach, scothógach, siogairlíneach. noun ❶ *tall, stooped person*: camalóid; cnuchaire, coirbeach, cruiteachán, cruitíneach, dronnachán, droimíneach, droinníneach, gogaire. ❷ *drooping, languishing creature*: crunca; croithleán, donaisín, donán, donasaí, fágálach, meathach, meathán, meathlóir; fothrach.

síol noun ❶ *seed*: pór, síolbhach; gráinne, *pl.* gráinní, grán, *pl.* spóir. ❷ *progeny*: bunadh, cine, cineál, clann, fialas, fine, fuil, iardraí, iarmhar, líne, muintir, pór, rás, síolbhach, síolrach, sliocht, stoc, teaghlach, treibh. ❸ *semen, sperm*: leacht seamhnach, seamhan, speirm, *pl.* speirmiteasóin, *literary* sílne.

síolaí noun *disseminator, propagator*: craobhscaoilteoir, síoladóir, síolaire; seanmóirí, soiscéalaí.

síolchuir verb ❶ *sow seed*: croith, cuir, síolaigh. ❷ *propagate*: craobhscaoil, foilsigh, leathnaigh, scaip, síolaigh, soiscéalaigh; múin, teagasc; cuir chun cinn.

síolchur noun ❶ *propagation*: craobhscaoileadh, leathnú, scaipeadh, síoladóireacht, síolrú, síolú. ❷ *propaganda*: bolscaireacht, fógraíocht, poiblíocht, seanmóireacht, soiscéalaíocht, teagasc.

siolla noun ❶ *syllable*: smid; focal. ❷ *note (of music)*: fuaim, foghar, guth, seothó, siansán, siot. ❸ **siolla gaoithe** *puff of wind*: aithleá gaoithe, briota gaoithe, bruíos, deannóid ghaoithe, fleá gaoithe, feothan, fuaramán, gaoth, leoithne, pléata gaoithe, puis ghaoithe, scailp ghaoithe, séideán, séideog, siota gaoithe, smeámh, soinneán gaoithe.

siollabas noun *syllabus*: amchlár, clár, clár ama, cúrsa, cúrsa staidéir, eagar, leagan amach, sceideal.

siollaire noun ❶ *strong, well-built man*: balcaire, bambairne fir, bromach, bromaire, carraig de dhuine, cleithire fir, cliobaire fir, fairceallach fir, gaiscíoch, griolsach, sail, scafaire, smalcaire, stollaire fir, tolcaire, tollaire fir. ❷ *vain person, swaggerer*: bóibéisí, buaiceálaí, gaige, gaige na maige, geáitseálaí, geamstaire, geosadán, péiceallach, piarálach, piaránach; saoithín, uaill. ❸ *verbose person, boaster*: bolmán, trumpadóir; bladhmaire, bollaire, bolscaire, bragaire, bromaire, bumaire, floscaí, gaisceachán, gaisceoir, gaiscíoch, galach, gaotaire, glagaire, glaomaire, gliogaire, scaothaire.

siollaireacht noun *big talk, bombast, boasting*: bladhmadóireacht, bladhmaireacht, bladhmann, bóibéis, bollaireacht, bolmánacht, bolmántacht, bolscaireacht, bomannacht, braig, braigeáil, bromaireacht, buaiceáil, buaileam sciath, cacamas, callaireacht, déanfas, gairéadú, gaisce, gaisciúlacht, gláiféisc, glamaireacht, glaomaireacht, laochas, leadram, lúireach, maíomh, mórtas thóin gan taca, scailéathan, scaothaireacht, siollógacht, stocaireacht, toirtéis, trumpadóireacht.

siollógach adjective *bragging, boastful*: baoth, bastallach, bladhmannach, bogásach, bóibéiseach, borrach, glórdhíomhaoineach, laochasach, maingléiseach, maíteach, móiréiseach, mórálach, mórchúiseach, mórfhoclach, mórtasach, mustrach, poimpéiseach, postúil, sotalach, taibhseach, toirtéiseach.

síolmhaireacht noun *fertility, fruitfulness*: bisiúlacht, méiniúlacht, méithe, méitheas, saibhre, saibhreas, táirgiúlacht, torthúlacht.

síolmhar adjective *fertile, fruitful*: bisiúil, breisiúil, cruthaitheach, diasach, méiniúil, méith, rafar, saibhir, síolmhar, suthach, táirgiúil, torthúil.

siolp verb ❶ *suck*: cnámhair, cráin, diúl, ionsúigh, súigh, súraic; slog. ❷ *milk dry, drain*: díscigh, diúg, sniog, taosc; draenáil, triomaigh.

síolrach noun *breed, progeny*: bunadh, cine, cineál, clann, fialas, fine, fuil, iardraí, iarmhar, líne, muintir, pór, rás, síol, síolaicme, síolbhach, sliocht, stoc, teaghlach, treibh.

síolraigh verb ❶ *breed, propagate*: atáirg, bisigh, clannaigh, fás, iolraigh, iomadaigh, leitheadaigh, méadaigh, póraigh, *literary* iomdhaigh; bachlaigh, borr, fabhraigh, forbair, geamhraigh, gin, ginidigh, péac; bí bisiúil, bí torthúil, téigh i líonmhaireacht. ❷ **síolraigh ó** *descend from, spring from*: tar ó; is de shliocht X é.

síolrú noun ❶ *propagation, reproduction*: atáirgeadh, bisiú, dul i líonmhaire, geanas, iolrú, iomadú, méadú, síolú; borradh, fairsingiú, fás, leathnú, méadaíocht, neartú, treisiú. ❷ **síolrú (ó)** *descent (from)*: bheith de shliocht, síolú (ó), teacht (ó); ginealach.

síománaí noun ❶ *dawdler, loiterer*: síománach; cnuálaí, codaí, fágálaí, fágálaí, fámaire, feádóir, feamaire, giolla na leisce, langa, leadránaí, leicméir, leisceoir, leisíneach, leoiste, leota, liairne, liúdramán, lófálaí, loiceadóir, mágaí, máinneálaí, malltriallach, malluaireach, moilleadóir, rainglléir, righneadóir, righneálaí, ríste, scaoinse, scraiste, sínteach, síntealach, slaodaí, smíste, snámhaí, srathaire, sreangaire, stangaire, stróinse, súmaire, trataí, tratanálaí. ❷ *dead-and-alive creature*: bás gorm, bás ina sheasamh, básachán, básadán, braoinseachán, breoiteachán, breoiteán, catamán, duine leathbheo, duine neamhbheo, éagbhás, marbhán, niúdar neádar, niúide neáide, niúidí neáidí, seithide, silteánach, síománach, smúrthannach, splangadán.

siombail noun *symbol*: comhartha, marc, lógó, nod, samhlán, *literary* sín; armas, círín, stearnal, suaitheantas trádmharc; beophictiúr, cosúlacht, deilbh, íomhá, pictiúr, solaoid; athlaithriú, comharthú, léiriú, samhail, samhailchomhartha, samhailchomharthú, samhlú, siombalú.

siombalach adjective *symbolic*: comharthach, fabhlach, fáthchiallach, fáthach, fíortha, meafarach, miotasach, misteach, samhailteach, samhaltach, trópach; allabhrach, tipiciúil, tromchiallach.

síon noun *weather (usually bad)*: aimsir, cruashíon, deardain, deardal, déardal, deardan, doineann, drochaimsir, fliuchlach, gailfean, garbhshíon, uain, uair; anfa, cuaranfa, gála, stoirm.

síonchaitheamh noun *weathering*: creimeadh, síonmheilt.

sionnach noun *fox (Vulpes vulpes)*: mada rua, madadh rua, madra alla, madra rua; Donnchadh rua, *literary* Reynard; lois, loise.

siopa noun *shop*: ilsiopa, ollmhargadh, stóras; aonach, basár, margadh, marglann, siopalann.

siopadóir noun *shopkeeper*: díoltóir, miondíoltóir, hocstaeir, huigistéar, mangadaeir, mangadóir, mangaire, margálaí, ocastóir, tráchtálaí, trádálaí.

siopadóireacht noun *(act of) shopping*: ceannach, ceannacht, ceannaíocht; braigléireacht, mangaireacht, margáil, margáintíocht, margaireacht, stangaireacht.

síor adjective ❶ *eternal, perpetual, continual*: bithbheo, bithbhuan, bithnua, bithshíoraí, buan, buanfasach, buanúil, fada, fadsaolach, fadtéarmach, buan-, ilbhliantúil, leanúnach, marthanach, ar marthain, neamhbhásmhar, saolach, síoraí, sithiúil, suthain. adverb **de shíor** *continually*: go brách, go buan, go deo, go lá a bháis, go lá Philib an Chleite, go rachaidh soir siar, i gcónaí, i dtólamh, trí bhíoth síor, trí shaol na saol, *literary* de ghréas; gan críoch gan foirceann; le cuimhne na ndaoine, ó thús suthaineachta.

síoraí adjective ❶ *eternal, perpetual*: bithbheo, bithbhuan, bithnua, bithshíoraí, buan, buanfasach, buanúil, buan-, leanúnach, marthanach, ar marthain, neamhbhásmhar, saolach, síoraí, sithiúil, suthain. ❷ *constant, persevering*: bith-, bithbheo, bithbhuan, bithnua, buan, buan-, buanseasmhach, buanúil, bunúsach, cónaitheach, dáigh, daingean, dian, dianseasmhach, dígeanta, dílis, diongbháilte, dlúsach, dlúsúil, do-aistrithe, do-athraithe, dochaite, dochealaithe, doscaoilte, doscriosta, doshannta, dothruaillithe, fada, fadfhulangach, fadsaolach, fadtéarmach, firiúil, foighdeach, foighneach, fulangach, fulangthach, ilbhliantúil, leanúnach, marthanach, neamhbhásmhar, neamhchorrach, neartmhar, rúndaingean, saolach, seasmhach, seasta, síor, síor-, sitheach, sithiúil, suthain, tairiseach, teann.

síoraíocht noun ❶ *eternity, perpetuity*: bithbhuaine, buaine, buanadas, do-athraitheacht, do-chlaochlaitheacht, marthanacht, neamhbhásmhaireacht, seasmhacht, suthaine, suthaineacht, *literary* sith; saol na saol, slí na fírinne. ❷ *permanence, constancy*: bithbhuaine, buaine, buanadas, buanfas, buanseas-

síorghnách

mhacht, cinnteacht, daingne, diongbháilteacht, do-athraitheacht, do-chlaochlaitheacht, foras, do-athraitheacht, do-chlaochlaitheacht, fadsaolaí, fíriúlacht, seasmhacht; conlacht, dílse, dílseacht, seanadh, tairise, tairiseacht, taoisleann.

síorghnách adjective *commonplace, humdrum:* coiteann, comónta, gnách, gnáth-, laethúil; gaelach, garbh, **adjectival genitive** tíre, **adjectival genitive** tuaithe, tuatach; aontonach, fadálach, leadránach, leamh, liosta, malldícheallach, marbh, marbhánta, neamhbheo, seanchaite, smolchaite, spadach, spadánta, stálaithe, súchaite, tirim, tuirsiúil, tur; gan anam, gan spréach, gan tinfeadh.

síor-rá noun ❶ *continuous talk:* béalastánacht, bleadracht, bleadráil, breasnaíocht, brilléis, brioscchaint, cabaireacht, cadráil, cafaireacht, clab, clabaireacht, clisiam, cuachaireacht, dradaireacht, geab, geabaireacht, geabairlíneacht, geabantacht, geabstaireacht, geocaíl, giob geab, giofaireacht, giolcaireacht, giostaireacht, glafaireacht, glagaireacht, gleoiréis, gleoisíneacht, gliadar, glighineacht, gliog gleag, gliogar, gliogarnach, glisiam, gobaireacht, gogalach, liopaireacht, meilt, pápaireacht, placadh siollaí, pléisiam, plobaireacht, plob plab, rith seamanna, scilligeadh, síofróireacht, siollaireacht, síorchaint. ❷ *jabbering, talking to oneself:* alamais chainte, camalama, camalanga, clabaireacht, cogaint chainte, cogarnaíl, futa fata, geabadánacht, mantaíl, meiliteáil, monabhar, mungailt.

siorradh noun *blast, draught:* blosc, bloscarnach, daighear, pléasc, rois, sinneán, soinneán; feothan, fuaramán, gaoth, leoithne, seadán, séideán, séideog, siota

siortaigh verb ❶ *rummage, ransack:* cíorláil, cuardaigh, cuartaigh, piardáil, póirseáil, púitseáil, ransaigh, rútáil, saibhseáil, saibhsigh, scag, siortáil. ❷ *search, forage:* cuardaigh, cuartaigh, fiach, iarr, lorg, lorgair, sir; bí ag tóraíocht, déan fáiteall, déan foráiste, soláthair.

siortáil verb *knock about, mistreat:* basc, céas, ciap, clip, cráigh, gortaigh, griog, scól, scrúd, *literary* lochair; déan cuimil an mháilín de, tabhair drochíde do, tabhair mí-úsáid do.

siosach adjective *hissing, sibilant:* díoscach, díoscánach, gíoscach, gíoscánach, siosánach.

siosarnach noun *(act of) hissing, whispering, rustling:* giosáil, siosa, siosadh, siosaireacht, siosamar, siosarnaíl, sioscadh; cluasaíl, cluasaíocht, cogar, cogar mogar, cogarnach, cogarnaíl, focal i gcluas, sanas, sifearnaíl, siosarnaíl, sioscadh, sioscaireacht, siosma, siosmaireacht, siosmairt, siosmarnach, siosmarnaíl, údragáil, údramáil.

siosc verb ❶ *fizz, sizzle:* brach, coip, déan broidearnach, déan giosáil, déan siosarnach, fiuch, giosáil, spréach. ❷ *whisper, chatter:* bí ag cogarnaíl, bí ag sifearnach, déan siosarnaíl, déan sioscadh; bí ag cabaireacht, bí ag gliogarnach, bí ag caint, srl.

siosma noun ❶ *schism:* dealú, deighilt, easaontas, scaradh, scoilt. ❷ *dissension, quarrel:* achrann, aighneas, argáil, argóint, bruíon, cáiríneacht, caitleáil, cath, cibeal, clampar, cogadh, conabhrú, conghail, coinghleic, cointinn, conspóid, construáil, eisíocháin, eisíth, giorac, griobsach, griolladh, iaróg, imreas, imreasán, iomarbhá, maicín, raic, troid, *literary* gleidean, imnise.

siosmaid noun *common sense, wisdom:* breithiúnas, ceann, ciall, clifearthacht, clisteacht, clistíocht, críonnacht, discréid, eagna, eagnaíocht, éargna, fadcheann, fios, fios feasa, gaois, gastacht, guaim, intleacht, intlíocht, meabhair, réasún, saoithiúlacht, stuaim, toighis, tuiscint.

siosmaideach adjective *wise, sensible:* céillí, ciallmhar, cliste, críonna, eagnaí, fadcheannach, fódúil, foirmniseach, gaoiseach, gaoisiúil, gaoismhear, meabhrach, praitinniúil, réasúnta, staidéarach, staidéartha, stuama, tuisceanach, *literary* suadhach; tá an chúiléith i bhfad siar aige.

siosúr noun *scissors:* siosúirín; deimheas.

siota¹ noun ❶ *gust:* siota gaoithe; aithleá gaoithe, briota gaoithe, bruíos, cuaifeach, deannóid ghaoithe, fleá, fleá gaoithe, feothan fuaramán, gaoth, leoithne, pléata gaoithe, puis ghaoithe, *pl.* réablacha gaoithe, rois ghaoithe, *pl.* roisteacha gaoithe, scailp ghaoithe, seadán, séideán, siolla gaoithe, soinneán gaoithe. ❷ *rush, dart:* gaiseadh, léim, preab, preabóg, rábóg, ráib, ráig, ríog, ropadh, ruaill, rúchladh, ruaim, ruthag, scabhait, scinneadh, scinneog, sciuird, scríob.

siota² noun *child, brat:* agóidín, brasaire, contrálaí linbh, crostóir, dailtín, maicín, pastaí, pastaire, pastrachán, plucaire, raispín, rata linbh, siotóg, smuigín, smuilcín, somachán, sotachán, sotaire, sutach, teallaire, *figurative* piollaire.

siotaíocht noun *childish, pettish behaviour:* ábhaillí, abhlóireacht, amhasóireacht, anmhailís, breathas, cantal, crostáil, dalbacht, diabhlaíocht, iarógacht, iomlat, leanbaíocht, mí-iompar, millteanas, mímhúineadh, mínós, oilbhéas, páistiúlacht, peataireacht, pleidhcíocht.

síothaigh verb *pacify:* ceansaigh, ciúnaigh, cloígh, coisc, cuir suaimhneas i, giúmaráil, sásaigh, socraigh, suaimhnigh, tabhair chun suaimhnis, tabhair chun síochána.

síothlaigh verb ❶ *strain, filter:* scag; criathraigh, rill; mionscrúdaigh. ❷ *drain away:* díscigh, diúg, draenáil, scinceáil, sniog, taom, taosc, triomaigh. ❸ *subside, settle:* ísligh, lagaigh, laghdaigh, maolaigh, sleamhnaigh, socraigh, tit; fuaraigh. ❹ *expire, die:* faigh bás, éag, imigh as, snigeáil, *literary* fuin, *figurative* cuir do bhradán beatha amach.

síothlán noun *strainer, filter, colander:* scagachán, scagadóir, scagaire, scagán, síothlóir, stráinín; criathar, rilleán.

síothóilte adjective *settled, peaceful:* calma, ciúin, sámh, síochánta, síothúil, sítheach, socair, suaimhneach, téiglí, *literary* féithiúil, reithineach.

sip noun *zip:* sipdhúntóir; fáiscín reatha.

sípéir noun ❶ *shepherd:* aoire, sréadaí, tréadaí. ❷ *sheep-dog, collie:* madra sípéara; madra caorach.

sirriam noun *sheriff:* báille, oifigeach; constábla, póilín, sáirsint, síothmhaor.

sirtheoir noun ❶ *seeker, petitioner:* achainíoch, achomharcóir, agróir, casaoideoir, clamsánaí, éilitheoir, gearánaí, iarrthóir, impíoch, pléadálaí. ❷ *beggar:* bacach, bacachán, beigéir, beigéir siúil, bóithreoir, díleoir, fear déirce, fear siúil; diúgaire, failpéir, scramaire, stocaire, súdaire, súmaire, bochtán, truán, *literary* foigheach. ❸ *prowler, forager:* cuardaitheoir, lorgaire, ransaitheoir, tóraí; fáiteallaí, scroblachóir, sealgaire, soláthraí.

siséal noun *chisel:* gearrthóir; scríobaire.

sistéal noun *cistern:* dabhach, soitheach, tobán, taiscumar, umar.

síth noun ❶ *peace:* calm, ciúnas, éideannas, faoiseamh, oiriseamh, randam, reasta, sáimhe, sámh, sámhnas, scíth, síocháin, só, socracht, sóculacht, síothóilteacht, suaimhneas, téigle, *literary* reithine, seitheamh, taithleach; athmhuintearas, caradas, eadráin, idirghabháil, muintearas. ❷ *literary peace offering, appeasement:* síthofráil; ceansú, sásamh, *literary* taithleach. ❸ *literary pardon, forgiveness:* loghadh, maifeachas, maiteachas, maiteanas, maitheamh, maithiúnas, pardún, *literary* díolghadh.

sítheach adjective *peaceful, harmonious:* ciúin, sámh, síochánta, síthiúil, suaimhneach, suaimhneasach; sásta, socair.

sitheadh noun ❶ *rush, dash:* gaiseadh, iarracht, léim, preab, preabóg, rábóg, ráib, ráig, ríog, ropadh, ruaill, rúchladh, ruaim, ruthag, scabhait, scinneadh, scinneog, sciuird, siota, sitheag. ❷ *onrush, swoop:* áladh, amas, farra, fogha, foighdeán, fras, ionsaí, sá, *literary* fuachtain.

siúcra noun *sugar:* siúchra, siúicre; deastrós, fruchtós, léabhalós, siúcrós; molás, sioróip, síoróip, triacla; mil, milse, milseacht, milseán, milseog.

siúcraigh verb *sugar, sweeten:* milsigh; cuir siúcra ar, déan milis.

siúcrúil adjective *sugary:* **adjectival genitive** meala, milis; beadaí; bogúrach, caointeach, deorach, maoth, mothúchánach, maoithneach.

siúil verb ❶ *walk, come or go on foot:* céimnigh, coisigh, cóstáil, crágáil, imigh, máirseáil, pramsáil, satail, spágáil, taltaigh, tuisligh, *literary* cinn; bí ag siúlóid, bí ag spaisteoireacht, téigh de shiúl cos. ❷ *travel:* corraigh, cuir díot, gluais, imigh, taistil, téigh, téigh ar do bhealach, téigh ar do shlí, téigh ar d'aistear, téigh ag marcaíocht, bí ag traibhleáil, triall. ❸ *conduct oneself:* bí, déan, iompair thú féin, tar i láthair. ❹ *siúil ar tread on:* satail, taltaigh. **adverbial phrase** ❶ *ar siúl going on:* á dhéanamh, ar bun, sa tsiúl, faoi lán seoil. ❷ *ar shiúl gone, away:* bailithe, crochta leis, imithe, imithe abhaile, imithe chun siúil; chun bealaigh.

siúil le verb *accompany:* tar in éineacht le, téigh in éineacht le, tar le, téigh le, tionlaic.

siúil adjective *fairy, elfin:* **adjectival genitive** sí, síofrógach, síofrúil, síógach; aerachtúil, uasal.

siúinéir noun *joiner, carpenter:* cearpantóir, saor adhmaid, saor crainn.

siúinéireacht noun *carpentry, joinery:* cearpantóireacht, saoirseacht adhmaid

siúl noun ❶ *walk, manner of walking:* céim, céimniú, coiscéim, coisíocht, géata, imeacht, iompar, siúlóid, spaisteoireacht, troithíocht, válcaeireacht. ❷ *movement, speed:* bogadach, bogadh, corraí, corraíl, foilsceadh, gluaiseacht, imeacht, luail; aibéil, beocht, deabhadh, deifir, dithneas, dlús, driopás, drip, eadarluas, gastacht, luaithe, luas, mire, obainne, práinn, scafaireacht, scafántacht, scapúlacht, tobainne. ❸ *travel, journey:* aistear, bóthar, comóradh, feacht, séad, slí, slógadh, sluaíocht, táin, toisc, traibhleáil, traibhléireacht, turas, *literary* tairdeal, uidhe.

siúlach adjective ❶ *walking, roaming:* corrach, deoraíoch, **adjectival genitive** fáin, fánach, ionnarbthach, seachránach, siúlóideach, taistealach. ❷ *moving, swift:* gluaisteach, **adjectival genitive** siúil, soghluaiste; éasca, luath, mear, mearshiúlach, pras, saoráideach, scafánta, sciobtha, scóipiúil, tapa.

siúlóid noun *(act of) walking; walk, stroll:* bóithreoireacht, camchuairt, coisíocht, falaire, falaireacht, fálróid, fánaíocht, feadóireacht, fianaíocht, fuaidireacht, radaireacht, raimleáil, rámhóireacht, rámhordaíocht, rianaíocht, ródaíocht, seachrán, siúl, spaisteoireacht, sráideoireacht, srathaireacht, sruthaireacht, troithíocht, tunladh, válcaeireacht.

siúlóir noun ❶ *walker, stroller:* siúlóidí, siúltóir; bonnaire, cóstaeir, cóstóir, crágálaí, raimleálaí, rianaí, ródaí, ruathaire, taistealaí, válcaeir. ❷ *itinerant, wanderer:* bacach, bóithreoir, fánaí, fear siúil, luaineadóir, seachránaí, sráidí, sreothaí, sruthaire, tincéir.

siúnta noun ❶ *joint, seam:* ciseal, cuisle, féith, síog, snáithe, snáth, sraith. ❷ *cleft, crevice:* bearna, deighilt, gnás, scoilt, séanas; gág, scailp, scáineadh, sceir.

siúr noun ❶ *sister, kinswoman:* deirfiúirín, deirfiúr; bean ghaoil, deirfiúr chleamhnais. ❷ *sister (nun):* bean rialta, cailleach; ban-ab, banphrióir; *pl.* Siúracha na Carthanachta, *pl.* Siúracha na Toirbhirte, *pl.* Siúracha na Trócaire. ❸ *nursing sister:* siúr bhanaltrais; banaltra, banaltra cheantair, banaltra ospidéil, bean friothála, mátrún.

siúráilte adjective ❶ *sure, certain:* cinnte, dearbh, dearbh-, dearfa, dearfach, deimhin, deimhneach, deimhnitheach, lándearfa, seasmhach, seasta; chomh siúráilte is atá bia sa bhfaocha, chomh siúráilte is atá Dia sna flaithis, chomh siúráilte is atá cac san asal; gan amhras, gan aon agó, gan dabht. ❷ *dependable:* bithdhílis, buan, buanseasmhach, daingean, dílis, diongbháilte, fódúil, foirmniseach, fuaimintiúil, leanúnach, macánta, seasmhach, seasta, siosmaideach, staidéarach, staidéartha, stuama, tairiseach.

siúráilteacht noun *sureness, certainty:* cinnteacht, dearfacht, deimhne, deimhníocht, deimhniú, diongbháilteacht, seasmhacht, siúráil, siúráltas; conlacht, dílse, dílseacht, seanadh, tairise, tairiseacht; buaine, buanadas, buanseasamh, buanseasmhacht, cruas, daingne, dianseasmhacht.

siúrsán noun *whizz, buzz, hum:* bús, ciarsán, cogarnaíl, crónán, dord, dordán, dordánacht, drandam, drantán, drantánacht, fuamán, manrán, monabar, monabhar, seabhrán, seastán, seordán, sian, siansán, siosarnach, sioscadh, siosma.

siústráil noun *(act of) fumbling, fiddling:* artabháil, bogadúradh, bogadúram, cipiléireacht, cipleáil, cliopaireacht, crágáil, crúbáil, crúbaireacht, crúcáil, dallacáil, fidleáil, fidléireacht, fidlíneacht, gíotáil, glacaíocht, glacaireacht, glíomáil, glíúmáil, ladhráil, laidhrínteacht, manaois, méaraíocht, méarnáil, méiríntacht, méiseáil, póirseáil, pricínteacht, scrabhadh, scríobadh, spreotáil, stróiceadh, útamáil.

slaba[1] noun *slab:* leac, leacán, leacóg, slabóg; balc, dromchla, éadan.

slaba[2] noun ❶ *mud, ooze:* abar, clábar, cré, créafóg, dóib, draoib, draoibeal, glár, greallach, guta, láib, lábán, lathach, lodar, marla, moirt, múilleog, pluda, pludar pladar, práib, puiteach, púscán, sláthach; láisteadh, múscán, priosla, púscadh, sileadh, síothlú, sní, tál, úsc, úscadh; braon aníos, braon anuas. ❷ *slob, slovenly person:* clogán streille, cunús, práisc, prioslachán, rúisceachán, scuaideálaí, slaimice, sláimín, slapaire, slibire, slupairt, sraoilleachán, sraoilleán, sraoillín, sruthlach, straille, strailleán, streachaille; breallóg, claimhseog, claitseach, cuairsce, gíobóg, leadhbóg, liobóg, peallóg, slamóg, slapóg, slapróg, slibire, slupairt, sraoill, sraoilleog, strailleog.

slabáil noun ❶ *(act of) puddling:* slabáil, slabaireacht, slabaráil, slubáil slabáil; brocadh, bróis, fluparnach, lapadáil, lapaireacht, plabáil, plabaireacht, plabarnach, plobáil is plabáil, plobarnach, scairdeadh, slaipistéireacht, slapaireacht, slup slap, slupar slapar, sprais, stealladh, steancadh. ❷ *sloppy work:* ainnise, amlógacht, amlóireacht, amscaíocht, ciotaíl, driopás, liopastacht, *pl.* méara ime, *pl.* méara maide, méiseáil, míchaothúlacht, míchóngar, míshásamh, místuaim, sibleáil, slibreáil, sliopamach, sluaistriú, spágáil, sraimleáil, tuathalacht, tútachas, úspántacht, útamáil.

slabálaí noun ❶ *puddler:* meadrálaí, méiseálaí, muicearlach, plabaire, plabarálaí, práibeachán, plástrálaí, slaimiceálaí, slupairt. ❷ *sloppy worker:* ablálaí, ciotóg, gliocsálaí, lapadán, lapaire, méiseálaí, mille bata, mille maide, muclach, muicealach, muicearlach, plástrálaí, (i gContae Mhaigh Eo) práibín, prócálaí, sceanartálaí, scotrálaí, slibreálaí, sliopachán, slupairt, útamálaí, *ironic* gobán, Gobán Saor.

slabhra noun *chain:* ceangal, cónasc, cosacán, crapall, cuibhreach, geimheal, iodh, laincis, nasc, snaidhm, urchall.

slabhráil noun *(act of) shuffling, trudging:* cosaráil, scuabáil, tarraingt na gcos; crágáil, strácáil, strampáil, streachailt, streachladh, tiaráil.

slacairt noun *(act of) beating, battery:* bascadh, batar, batráil, broicneáil, bualadh, burdáil, cleathadh, clogadadh, cnagadh, deamhsáil, failpeadh, flípeáil, fuimine farc, giolcadh, gleadhradh, greadadh, greasáil, greidimín, lascadh, leadhbairt, leadradh, léasadh, léideamach, liúradh, liúradh Chonáin, orlaíocht, plancadh, riastáil, rúscadh, sceilpeáil, slatáil, smeadráil, smíochtadh, smísteáil, spéiceáil, spóiléireacht, súisteáil, tóileáil, tuairteáil, tuargaint; cuimil an mháilín, tuirne Mháire.

slacht noun *finish, polish, good appearance:* cóir, cóiriú, creatúlacht, dea-chuma, deasú, deisiú, drithle, eagar, eagrú, gléasadh, leagan amach, loinnir, luisne, maise, maisiú, ornú, niamh, ruithne, slachtmhaireacht, snas.

slachtmhaireacht noun *neatness, tidiness:* bláfaireacht, coimre, conláiste, cúirialtacht, innealtacht, néatacht, ordúlacht, piocúlacht, piocthacht, pointeáilteacht.

slachtmhar adjective ❶ *neat, tidy:* beacht, comair, conláisteach, cuimseach, cuimseartha, cúirialta, fáiscthe, innealta, néata, oirní, ordúil, piocha, piocúil, pointeáilte, sprúisiúil, triog, triopallach; gan barr cleite isteach ná bun cleite amach. ❷ *well-fashioned, good-looking:* ceardúil; álainn, breá, caithiseach, canta, caomh, conláisteach, córach, cruthach, cuanna, cuidsúlach, cumtha, dathúil, dea-chruthach, dea-chumtha, dea-dhéanta, dealfa, dealraitheach, dea-mhaisiúil, deas, deismir, dóighiúil, fíoránta, fíortha, galánta, geanúil, glémhaiseach, gleoite, greanta, innealta, iomálainn, lachanta, leacanta, maisiúil, meallacach, naíonda, plúrach, sciamhach, snúúil, taitneamhach, tarraingteach, *literary* cadhla, mas, sochraidh.

slad noun ❶ *plundering, pillage:* argain, coilleadh, coillteoireacht, creachadh, creachadóireacht, éigniú, ionradh, réabadh, sárú, scrios, sladaíocht, sladaireacht, *literary* lochar, scabáiste. ❷ *spoil, loot:* coscar, creach, éadáil, foghail, fuadán, goid, inghreim, meirle, prae, seilg, *literary* brad, scabáiste, táin. ❸ *devastation, havoc:* bánú, bascadh, coscairt, creachadh, creachadóireacht, díothú, disciú, ídiú, léirscrios, lomairt, lomscrios, milleadh, sceanach, sceanairt, scrios, scriosadh, scriostóireacht, slascairt, sladaíocht, sladaireacht, treascairt, *literary* lochar, slaidhe.
verb ❶ *plunder, pillage, loot:* bánaigh, creach, fásaigh, foghlaigh, inghreim, *literary* lochair, lom, lomair, plucáil, ransaigh, robáil, sáraigh. ❷ *devastate, destroy:* basc, bris, buail buille na tubaiste ar, cloígh, cniog, coscair, cuir deireadh le, cuir den saol, cuir ó chrích, cuir ó rath, déan an donas ar, déan raic de, díothaigh, díscigh, fásaigh, ídigh, leag ar lár, léirscrios, mill, múch, neamhnigh, réab scrios, scuab, tóg ó thalamh na hÉireann, treascair.

sladmhargadh noun *great bargain:* an-phraghas, conradh, margadh maith, saoire, saoirse, sladchonradh, sladphraghas.

slaghdán noun ❶ *cold (in the head):* fliú, fuacht. ❷ **slaghdán teaspaigh** *hay fever:* fiabhras léana.

slaimice noun ❶ *lump, chunk, mouthful:* ailp, baog, blúire, caob, clabhta, cnap, cnapán, crompán, daba, dailc, dairt, dalcán, dóid, dóideog, fód, gamba, goblach, meall, meascán, moll, scailp, scaob, scealp, scealpóg, slis, sliseog, smagaire, smíste, smut, smután, spreota, stéig, torpán; béalóg, bolgam, gáilleog, greim, plaic, scíobas, *literary* loim. ❷ *ragged piece, tatter:* balcais, bratóg, bréid, ceamach, ceirt, cifle, cifleog, círéib, crothóg, géire, géirín, giob, giobal, giolcais, lainnéar, leadhb, leadhbóg, paiste, plispín, preabán, scifle, scifleog, *pl.* scóileadaí, scrábán, stiall, stiallóg, streachlán, strupais, suán glacach. ❸ *untidy person, messy eater:* clogán streille, cunús, práisc, slapaire, slibire, slupairt, sraoilleachán, sraoilleán, sraoillín, straille, stroilleán, streachaille; breallóg, claimhseog, claitseach, cuairsce, giobóg, leadhbóg, liobóg, peallóg, sláimín, slamaire, slamóg, slapóg, slapróg, slupairt, sraoill, sraoilleog, sruthlach, stoithneachán, stroilleog; prioslachán, prioslálaí, prioslaire, siolgaire, slabálaí.

slaimiceáil noun ❶ *(act of) messing:* brocadh, lapadáil, lapaireacht, méiseáil, plobáil is plabáil, plobarnach, práisceáil, puiteáil, scairdeadh, slabáil, slabáil, slabaireacht, slabaráil, slabarnaíl, slubáil slabáil, slapar, slaparnach, slupar slapar, sprais, stealladh, steancadh, únfairteach. ❷ *(act of) gobbling:* alpadh, placadh, slamairt, slóbairt, slogadh, smalcaireacht.

sláine noun ❶ *wholeness, completeness:* beaichte, críochnúlacht, cruinneas, feabhas, foirfeacht, glaine, iomláine, láine, léire, slánú. ❷ *soundness, good health:* coimpléasc, cuntanós na sláinte, rogha dóighe, sláinte, sláinte an bhradán, sláintiúlacht, spreacadh.

sláinte noun ❶ *health:* sláinte an bhradáin, sláintiúlacht; coimpléasc, cuntanós na sláinte, fothram na sláinte, rogha dóighe, sláine, spreacadh. ❷ *toast (drink to a person's health):* cuspa sláinte. ❸ *salvation:* fuascailt, saoirse, saoradh, slánú, tarrtháil.

sláintiúil adjective ❶ *healthy:* folláin, chomh folláin le breac, maith, seamhrach, slán; creatúil, snúúil, úrchneasach, úrchraiceach; ar fónamh. ❷ *wholesome, salubrious:* geanasach, geanmnaí, glan, íon, modhúil; ceart, cóir, cothrom, cruinn, cuí, cuibheasach, cuibhiúil, dual, fiúntach, feiliúnach, fóirsteanach, inghlactha, iomchuí, oiriúnach, óraice, sásúil, *literary* oircheasach.

sláintiúlacht noun ❶ *healthiness:* coimpléasc, cuntanós na sláinte, fothram na sláinte, rogha dóighe, sláine, sláinte, sláinte an bhradán, spreacadh. ❷ *wholesomeness:* geanas, geanmnaíocht, glaine, glaineacht; ceart, ceartas, cirte, cóir, cóiriúlacht, cuibheas, cuibhiúlacht, feiliúnacht, fóirsteanacht, modhúlacht, oiriúnacht, *literary* oircheasacht.

slaiseáil verb *slash, lash:* cúr, fuipeáil, gread, lasc, léas, péirseáil, riastáil, sciúirseáil.

slám noun ❶ *lock, tuft:* bachall, ciabh, ciabhóg, dlaíóg, duailín, dual, glib, loca, lúibín, scoth, trilseán, triopall, *colloquial* ciabhra; bobailin, bobán, braisle, brobh, clibín, crobhaing, curca, dos, dosán, gearrthóg, loca, mogall, ribeog, scothán, seamaide, slámán, sop, sopóg, táithín, táth, triopall. ❷ *handful, amount:* bos, bosóg, crág crobh, dóid, doirnín, dorn, dornán, gabháil, glac, glacán, glaclach, lámh, mám. ❸ *wisp, cloud:* dos, dosán, loca, scoth, scothán, seamaide, slámán, sop, sopóg; ceo, clabhta, dlúimh, néal, scamall.

slamaire noun *gobbler, voracious eater:* ailpéir, alpaire, amplachán, amplóir, anrachán, bláistéir, bleadrachán, calcaire, cíocrachán, cíocrasán, cráisiléad, craosachán, craosaí, craosaire, craosánach, gainéan, geoiseach, gionachán, glíúrach, glíúrachán, gluitéir, glutaire, goileadán, goilíoch, gorb, graoisín, longaire, málaeir, ocrachán, ocrasán, peasánach, placaire, póitreálaí, slogaire, slogamóir, slogánach, suthaire.

slamairt noun *(act of) gobbling:* alpadh, placadh, slaimiceáil, slóbairt, slogadh, smalcaireacht.

slamfhocal noun *vulgar expression:* crístín, diairmín, drochfhocal, eascaine, focal gan chuibheas, *pl.* jioranna agus crístíní, mallacht, mallachtach, mallaitheoireacht, mionn is móid, mionn mór, smachladh, *literary* smeirlis; blaisféim, dia-aithis, diamhasla.

slán adjective ❶ *sound, healthy:* ceart, folláin, fónta, maith, seamhrach, sláintiúil, snúúil, úrchraicneach; ar fónamh. ❷ *whole, complete, perfect:* aibí, críochnaithe, críochnúil, déanta, fásta, foirfe, glan, lán, lándéanta, *literary* neamh-mhiolamach. ❸ *free, exempt:* díolúin, saor. noun ❶ *healthy person:* duine folláin, duine slán; cliobaire, féithíoch, forránach, gaiscíoch, mascalach, preabaire, scafaire. ❷ *soundness, health:* folláine, maitheas, sláinte, sláintíocht. ❸ *farewell:* ceiliúradh; slán agat!, slán leat! ❹ **slán codlata!** *good night!:* codladh sámh!, oíche mhaith! ❹ *challenge, defiance:* dúshlán; neamhchead.

slánaigh verb ❶ *make whole:* íoc, iomlánaigh, leigheas; athleasaigh, ceartaigh, coigeartaigh, cóirigh, deasaigh, deisigh. ❷ *save, redeem:* fuascail, saor, *literary* íoc. ❸ *attain, complete (age):* bain amach, caith, sroich. ❹ *indemnify:* cúitigh le; téigh i mbannaí ar, téigh in urrús ar.

slánaitheoir noun *saviour, redeemer:* fuascailteoir, saorthóir; fear sábhála, fear tarrthála; tairngeartach.

slándáil noun *security:* neamhbhaol, sábháil, sábháilteacht; cosaint, daingne, siúráil, *literary* coimhdhe, glinne.

slánlus noun *ribwort plantain (Plantago lanceolata):* bileog na saor, bodach dubh, ceann táthair, lus an tslánaithe, lus na saighdiúirí, saighdiúir, slánas, slándas, slánlus.

slánú noun ❶ *redemption, salvation:* fuascailt, saoirse, saoradh, sláinte, tarrtháil. ❷ *healing, recuperation:* cóireáil, fóirithint, íoc, leasú, leigheas; biseach, bisiú, fainnéirí, mainís, teacht aniar, teacht chuige féin, téarnamh. ❸ *completion:* críochnú, cur i gcrích, iomlánú. ❹ *indemnification:* díolúine, saoirse. ❺ *afterbirth, placenta:* beireatas, broghais, brúán, glanadh, grúdarlach, placaint, salachar, slánadh, *pl.* smaistí, streachlán.

slaod noun ❶ *swath, layer:* sraith; ciseal, brat, buinne, cóta, cúrsa, dúshraith, sraith. ❷ *flowing mass:* borradh, brúcht, caise, rith, scaird, sileadh, sreabh, sruth, tál, tuile, tulca. ❸ *prostration, stupefaction:* anbhainne, atuirse, cloíteacht, corthacht, lagar, leagan, maoithe, marbhántacht, meirbhliú, spadántacht, spíonadh, téiglíocht, tnáitheadh, traochadh, tuirse. ❹ *float, raft:* cliath, cliath iompair, rachta, rafta, snámhán; baoi, bolbóir, bulla, corc. verb ❶ *mow down, lay low:* bain anuas, basc, caith chun talaimh, faon, gearr anuas, leag, leag amach, leag anuas, leag ar lár, maraigh, scrios, tabhair anuas, tarraing anuas, treascair. ❷ *flow (of hair, etc.):* sil, tit. ❸ *drag, trail:* bí ag liobarna, bí ag slapáil, sil, sraoill, streachail, tarraing. ❹ *trudge:* crágáil, sraoill, streachail; bí ag strácáil, siúil go saothrach.

slaodach adjective ❶ *in swaths, layered:* i gcisil, i sraitheanna. ❷ *flowing (of hair, etc.):* craobhach, cúrsach, dualach, géagach, géagánach, mongach, scaoilte, scuabach; silteach, sníteach, sraoilleach, sreabhach, sruthach, sruthánach, tulcach. ❸ *prostrating:* cloíteach, coscrach, treascrach, tuirsiúil. ❹ *heavy, oppressive:* dúntach, marbhánta, meirbh, spadánta, trom. ❺ *viscous:* bealaithe, geilitíneach, geilitíneach, glaeúil, glóthánach, glútanach, gréisceach, gumalach, muiríneach, olúil, ramhar, righin, roisíneach, támáilte, tiubh, úscach.

slaodaí noun ❶ *trudger:* crágálaí, sliastán, sliataire, strácálaí, tiarálaí. ❷ *slowcoach, lazybones:* bruachaire, búiste, caidéir, camán luatha, cnaiste fir, cnaiste mná, cnuálach, codaí, fágálach, fágálaí, falsóir, fámaire, feadóir, feamaire, fear fuar lá te, giolla na leisce, giústa, goróir, langa, leadaí, leadaí na luatha,

leadránaí, learaire, leiciméir, leisceoir, leisíneach, leoiste, leota, liairne, liúdaí, liúdramán, lófálaí, loiceadóir, loiciméir, luircín cheann an teallaigh, lúmaire, máinneálaí, malluaireach, malltriallach, maraíodóir, meathlóir, moilleadóir, raingléir, ránaí, righneacálaí, righneadóir, righneálach, righneálaí, righneartálaí, ríste, scaoinn, scaoinse, scrádaí, scraiste, scrathachán, scúille, sínteach, síntealach, síománach, síománaí, slabhrálaí, sliastán, sloitheán, smíste, snámhaí, somóg, spadaire, spadalach, spadán, srathaire, stangaire, straipleach, stróinse, súmaire.

slaodaíocht noun ❶ *(act of) trudging:* crágáil, strácáil, streachailt, tiaráil. ❷ *slowness, laziness:* codaíocht, drogall, fadáil, falsacht, leadaíocht, leiciméireacht, leisce, leisciúlacht, leoiníocht, leoistíocht; fámaireacht, fuarthé, losaíodóireacht, marbhántacht, siléig, siléigeacht, srathaireacht, stág.

slapach adjective *sloppy, slovenly:* eadarluasach, faillitheach, faillíoch, gibléideach, leibéiseach, lóipíneach, mainneachtach, mainneachtnach, neamartach, neamh-aireach, neamhairdeallach, neamhchúramach, neamhshuimiúil, réidh, réchúiseach, siléigeach, sleamchúiseach, sleamhchúiseach; ar nós cuma liom; bratógach, ceamach, ceamánta, cifleogach, giobach, gioblach, glibeach, gliobach, leadhbánach, leadhbógach, liobarnach, liobóideach, lóipíneach, lópach, scifleogach, scothánach, scrábach, slaimiceach, sraoilleach, streachlánach.

slapaire noun *sloppy person, slovenly person:* broghchán, méiseálaí, muc, mucaire, muclach, muicealach, muicearlach, plabaire, práibeachán, práisc, práisceálaí, praiseachán, puiteálaí, rud salach, rúisceachán, scrábálaí, scuaid, scuaideálaí, slaba, slabálaí, slupairt, smugachán, smugaire, túitín.

slapaireacht noun ❶ *(act of) slopping:* brocadh, bróis, fluparnach, lapadaíl, lapaireacht, plabáil, plabaireacht, plabarnach, plobáil is plabáil, plobarnach, scairdeadh, slabáil, slabaíl, slabaireacht, slabaráil, slaipistéireacht, slubáil slabáil, slup slap, slupar slapar, sprais, stealladh, steancadh. ❷ *sloppiness, slovenliness:* amlógach, amlóireacht, amscaíocht, ceal cúraim, cifleogacht, ciotaíl, díobháil aire, driopás, faillí, giobacht, gioblachas, gioblacht, gioblaíocht, leadhbaireacht, leibideacht, liobarnacht, liopastacht, *pl.* méara ime, *pl.* méara maide, méiseáil, míchaothúlacht, míchóngar, míshásamh, místuaim, neamh-aire, neamart, neamhchorrabhuais, neamhchúram, réchúis, siléig, siléigeacht, sleamchúis, sleamhchúis, sibléail, slibreáil, slioparnach, sluaistriú, spágáil, sraimleáil, sraoilleachas, sraoilleacht, tuathalacht, tútachas, úspántacht, útamáil.

slapar noun ❶ *loose garment:* rapar, scaoilteog. ❷ *loose fold of skin:* liobar, meilleog. ❸ **slapar bó** *dewlap of cow:* clibín, preiceall, sprochaille, sprochall, sprogall. ❹ *flapping sound:* bualadh, fluparnach, cleitearnach, clupaideach, slaparnach, slupar slapar. ❺ *(hanging) branch, slip (of plant):* beangán, beanglán, brainse, buinne, buinneán, buinneog, craobh, craobhóg, craoibhín, géagán, péac, péacán, seamaide; bileog, duille, duillín, duilleog, duilleogín; siogairlín, siogarla.

slaparnach noun *(act of) splashing, lapping:* lapadaíl, lapaireacht, laparnach, plabáil, plabaireacht, plabarnach, plobáil is plabáil, plobarnach, scairdeadh, slabáil, slabaíl, slabaireacht, slabaráil, slaipistéireacht, slapaireacht, slubáil slabáil, slupar slapar, slaparnach, splaiseáil, splaisearnach, sprais, stealladh, stealladóireacht, steallaireacht, steancadh.

slapóg noun *slovenly woman:* slapróg; braimleog, breallóg, bréantóg, bulsach, claimhseog, claitseach,

slat

giobóg, gliobóg, leadhbóg, liobóg, scleoid, scuaideog, sraoill, sraoilleog, strailleog.

slat noun ❶ *rod, cane, switch:* baitín, bata, camóg, cána, fleasc, lasc, maide, slaitín, slatóg; bachall, cipín, cleith, cuaille, lorg, smístín. ❷ *rail:* bruach, ciumhais, cliathán, cnaiste, colbha, imeall, ráille, taobh. ❸ *sapling:* buinneán, meathán, péacán; crann óg. ❹ *scion:* beangán, dias, gas, glas-stócaire, oidhre, planda, slataire, slatóir. ❺ *yard:* trí troithe; stannart. ❻ *penis:* bachall, ball fearga, biach, bod, bodán, boidín, feam, geineadán, péineas, sceidín, scibirlín, toilfhéith; breall, caiseal, *familiar* bata, bliúcán, capall bán, cara na mban, cleith, coinneal, cóngar, crann clis, cuideal, diúdlamán, diúidiliom, diúidl, earc luachra, éinín, falcaire an tinteáin, feirc, fliúit, ga, gimidiúit, giota, gléas, leaid, maide bradach, maide milis, maiste, meamar, meana, moncaí, píce, pílí, pilibín, pionna, píosa, pruic, rógaire, sáfach, sáiteán, scadán, scathachán, scoithín, sconnaire, scothach, slibire, smachtín, snáthaidín táilliúra, súiste, tailí-bhaigear, tairne, *pejorative* cuiteog. ❼ pl. **slat mhara** *strap wrack (Laminaria hyperborea):* leathach; feam; scothach, pl. ceanna slat. ❽ pl. **slata gorma** *bittersweet (Solanum dulcamara):* bréandraighean, dréimire gorm, fuath gorm, lus na hoíche, lus na muc, míog bhuí, míogaí, miotóg bhuí, searbhóg mhilis. ❾ pl. **slata dearga** *spotted knot-grass (Polygonum persicaria):* cluanach dhearg, pl. glúine dearga, glúineach, glúineach dhearg, glúiníneach, luanach dhearg, luibh an tinneas uisce, rúta dearg, pl. rútaí dearga. verb *beat with rods, switch, scourge:* buail le slat, tabhair an maide do, tabhair an tslat do; cnag, giolc, giulc, gread, lasc, leadair, leadhb, léas, léirigh, liúr, péirseáil, slatáil, smíoch, smíocht, smiot, smíst, stánáil, súisteáil.

slatach adjective *made of rods, wickered:* **adjectival genitive** caolaigh; **adjectival genitive** caoladóireachta.

slatáil verb *beat with rods, switch, scourge:* buail le slat, tabhair an maide do, tabhair an tslat do; cnag, giolc, giulc, gread, lasc, leadair, leadhb, léas, léirigh, liúr, péirseáil, slat, smíoch, smíocht, smiot, smíst, stánáil, súisteáil.

slataire noun *tall, supple youth:* cliobaire, crobhaire, féithíoch, forránach, gaiscíoch, mascalach, preabaire, scafaire, slatóir.

sleá noun ❶ *spear, lance, javelin:* bonsach, craoiseach, dairt, deart, ga, lansa, treá, *literary* gabhlach, gaithleann. ❷ *large splinter:* fleasc, meathán, scealp, scealpóg, spíontóg.

sleabhac noun ❶ *droop, slouch:* cromadh, cruit, feo, ísliú, maig, maing, meath, meathlú, sleabhac, sleabhcadh, sleaic, speic, spleic, titim. ❷ *laver, sloke (Porphyra, Ulva):* sleabhcán; glasán, sleaidí. verb ❶ *droop, incline:* cam, crom, fiar, lagaigh, saobh, téigh le fána, tit. ❷ *flag, become limp:* clis, crandaigh, crap, críon, dreoigh, feoigh, ísligh, lagaigh, laghdaigh, meath, meathlaigh, searg, téigh i léig, téigh ar gcúl, teip, tráigh.

sleabhcán noun ❶ *core of horn, horn-stump:* buadán. ❷ *drooping person:* fágálach, feoiteachán, feosachán, iarlais, meathlóir, seargán, síofra, síogaí, síothnaí. ❸ *wilting plant:* speathán, *colloquial* speathánach; críonach.

sleabhcánta adjective ❶ *drooping, slouching:* cranda, críon, craptha, dreoite, feoite, feosaí, rodta, sceoite, scrobanta, seargtha, *literary* searg. ❷ *slinking, sly:* sleamhain, sleamhnánach, slíbhíneach, slim, spleách; bealachtach, beartach, cam, cealgach, cílíonta, claon, cleasach, cluanach, ealaíonta, fiar, glic, ilchleasach, lúbach, meabhlach, meangach, mealltach, meangach, mí-ionraic, mímhacánta, nathartha, olc, paintéarach, séitéartha, tréatúrtha.

sléacht noun *slaughter, destruction, havoc:* ár, argain, bánú, bascadh, búistéireacht, coscairt, creachadh, creachadóireacht, deargár, eirleach, ídiú, íospairt, leadradh, léirscrios, lomairt, lomscrios, marfach, marú, milleadh, oirneachadh, réabadh, roiseadh, sceanach, sceanairt, scláradh, scrios, scriosadh, scriostóireacht, slad, sladaíocht, sladaireacht, slascairt, sleachtadh, sracadh, stialladh, stracadh, stróiceadh, treascairt, *literary* lochar; damáiste, aimhleas, aimliú, anachain, bárthainn, damain, díobháil, dochar, donas, lot, matalang, urchóid, *literary* urbhaidh. verb *kneel, genuflect, bow:* feac do ghlúin, lig glúin fút; déan cúirtéis.

sléachtadh noun *genuflection, prostration:* feacadh glúine; cúirtéis, síneadh, umhlaíocht, umhlú; adhradh, uirísle.

sleádóir noun ❶ *spearman:* lansaí. ❷ *turf-cutter:* bainteoir móna, *colloquial* meitheal mhóna.

sleaingeáil noun *(act of) staggering:* stangarnaíl, truisleáil, truisliú, tuisliú.

sleamchúis noun *negligence:* boigéis, dearmad, éislis, faillí, mainneachtain, míphointeáilteacht, neamhaird, neamh-aire, neamart, neamhchúram, neamhshuim, scaoilteacht, siléig.

sleamchúiseach adjective *remiss, negligent:* sleamhchúiseach; anaireach, bóiléagrach, éagúramach, faillíoch, failliitheach, leibéiseach, mainneachtach, mainneachtnach, neamartach, neamh-aireach, neamhairdeallach, neamhchúramach, neamhshuimiúil, réchúiseach, siléigeach, *literary* seachmallach; drogallach, eadarluasach, fuarchúiseach, fuarspreosach; ar nós cuma liom.

sleamhain adjective ❶ *smooth, slippery:* líofa, sciorrach, slíobach, sliopach, snasta; cothrom, leibhéalta, réidh. ❷ *sleek:* glé, gléasta, gléineach, gleorach, leabhair, leabhairchruthach, lonrach, niamhrach, slim, slíobach, slíoctha, snasta; drithleach, *literary* éadracht. ❸ *slippery, sly:* sleabhcánta, sleamhnánach, slíbhíneach; bealachtach, beartach, cam, cealgach, cílíonta, claon, cleasach, cluanach, ealaíonta, fiar, glic, ilchleasach, lúbach, meabhlach, meangach, mealltach, meangach, mí-ionraic, mímhacánta, nathartha, olc, paintéarach, séitéartha, tréatúrtha.

sleamhnaigh verb ❶ *slide, slip:* rith, sciorr. ❷ *go unnoticed:* caolaigh, éalaigh, glinneáil as, glinneáil leat, snámh. ❸ *smooth:* líomh, locair, maolaigh, mínigh, slachtaigh, slíom, snasaigh; iarnáil, smúdáil. ❹ *become calm:* lagaigh, lig fút, maolaigh, síothlaigh, socraigh, suaimhnigh, tit chun suaimhnis.

sleamhnán[1] noun ❶ *slide, slider:* reathaí, rollóir. ❷ *slipway:* fánán. ❸ *slippery person:* sciorrachán, sleamhnánaí, slíbhín, slíodóir, slíomadóir, sliúcaidéir, sliúcaiméir; áilteoir, alfraits, anstrólaí, boc, bocaí, bocaileá, bocailiú, bocaileodó, boc báire, buachaill báire, caimiléir, ceáfrálaí, ceaifléir, cílí, cleasaí, cluanaire, cneámhaire, coileach, cuilceach, draíodóir, ealaíontóir, geamstaire, gleacaí, gleacaí milis, gleacaíodóir, gliceadóir, lacstar, leábharaic, leidhchéir, lúbaire, meabhlaire, mealltóir, óganach, paintéar, pasadóir, plucálaí, sliúdrálaí, truiceadóir, truicseálaí, tumlálaí.

sleamhnán[2] noun *stye on the eye:* craobhabhar, leamhragán, (i gContae Mhaigh Eo) smailcín.

sleamhnánaí noun *slippery person:* sciorrachán, sleamhnán, slíbhín, slíodóir, slíomadóir, sliúcaidéir, sliúcaiméir, sliúdrálaí; áilteoir, alfraits, anstrólaí, boc, bocaí, bocaileá, bocailiú, bocaileodó, boc báire, buachaill báire, caimiléir, ceáfrálaí, ceaifléir, cílí, cleasaí, cluanaire, cneámhaire, coileach, cuilceach, draíodóir, ealaíontóir, geamstaire, gleacaí, gleacaí milis, gleacaíodóir, gliceadóir, lacstar, leábharaic, leidhchéir, lúbaire, meabhlaire, mealltóir, óganach, paintéar, pasadóir, plucálaí, truiceadóir, truicseálaí, tumlálaí.

sleasach adjective *many-sided, faceted*: ilsleasach, iltaobhach.

sléibhteánach noun *mountain-dweller*: cnocadóir, cnocaire, fear sléibhe, sléibhteoir, *colloquial* lucht sléibhe.

sléibhteoireacht noun *mountaineering*: dreapadóireacht, dreapadóireacht sléibhe; cnocadóireacht, cnocaireacht; speancaireacht.

sléibhtiúil adjective ❶ *mountainous, hilly*: cnocach, sléibhteach; ard, crochta. ❷ *mountainous, huge*: ábhal, ábhalmhór, áibhéalta, aibhseach, arrachtach, dearmháil, dímhór, fathachúil, ollmhór, tamhanda, *literary* anba; in ainmhéid. ❸ *moorlike, containing moorland*: móinteach, móintiúil.

slí noun ❶ *road, track, passage*: bealach, bóithrín, bóthar, conair, cosán, cuarbhóthar, lána, mótarbhealach, póirse, raon, rian, rianán, ród, scabhat, seach-chonair, seachród, siúlóid, sráid, tóchar; aicearra, aichearra, cóngar, cúrsa, pasáiste. ❷ *journey, direction, distance*: aistear, biaiste, cuairt, cúrsa, geábh, imrim, léim, siúl, taisteal, turas, *literary* uidhe; treo, treoir; achar, fad. ❸ *room, space*: achar, áit, bealach, fad, spás; airde, doimhne, doimhneas, leithead, limistéar, toilleadh. ❹ *means, method, manner*: áis, bealach, caoi, córas, deis, dóigh, meán, modh, oidimil, sás, sistéim.

sliabh noun ❶ *mountain*: altán, ard, brí, cnoc, corr, droimín, droimnín, maoileann, maolán, maolchnoc, mullán, *literary* cnucha; sliabhraon. ❷ *moor*: caorán, móinteach, móintean.

sliasaid noun ❶ *thigh*: láirig, leis, *colloquial* leasrach; corróg, más, scoróg. ❷ *side*: cliathán, corr, corróg, leis, scian, scoróg, taobh. ❸ *ledge, shelf*: dreap, dreapa, laftan, leac, leachtán, lofán, scéimh, sliastán, strapa; seilf, teilp. ❹ *shaft (of vehicle)*: crann, fearsaid, leathlaí, seafta; pl. sáilíní.

slíbhín noun *sly person*: sciorrachán, sleamhnán, sleamhnánaí, slíodóir, slíomadóir, slíúcaidéir, sliúcaiméir, sliúdrálaí; áilteoir, alfraits, anstrólaí, boc, bocaí, bocailéa, bocailiú, bocaileodó, boc báire, buachaill báire, caimiléir, ceáfrálaí, ceaifléir, cíli, cleasaí, cluanaire, cneámhaire, coileach, cuilceach, draíodóir, ealaíontóir, geamstaire, gleacaí, gleacaí milis, gleacaíodóir, gliceadóir, lacstar, leábharaic, leidhcéir, lúbaire, meabhlaire, mealltóir, óganach, paintéar, pasadóir, plucálaí, truiceadóir, truicseálaí, tumlálaí.

slibire noun ❶ *pliant rod, osier*: gallsaileach, slat sailí, tuige, *colloquial* sailearnach; gad, gad sailí, *colloquial* gadrach. ❷ *trailing object*: leadhb, líbín, liobar, radalach, sraoill éadaigh, streachlán, sraoillín, straillean, streachlán, strillín. ❸ *bedraggled person*: líbíneach, liobar, mucais, radalach, scrábachán, slupairt, sraoill, sraoilleán, streachlán; leadhbóg, sraoilleog, strailleog. ❹ *slipshod person*: ablálaí, ciotóg, gliocsálaí, lapadán, lapaire, méiseálaí, mille bata, mille maide, mucaire, mucálaí, muclach, práibeachán, (i gContae Mhaigh Eo) práibín, práisc, práisceálaí, puiteálaí, sceanartálaí, slabálaí, slibreálaí, sliopachán, útamálaí.

slibreálaí noun *slipshod worker*: ablálaí, ciotóg, gliocsálaí, lapadán, lapaire, méiseálaí, mille bata, mille maide, mucaire, mucálaí, muclach, (i gContae Mhaigh Eo) práibín, práisc, práisceálaí, praiseachán, sceanartálaí, scrábálaí, slabálaí, slaimiceálaí, slibire, slupairt, útamálaí, *ironic* gobán, Gobán Saor.

slim adjective ❶ *smooth, sleek*: cothrom, leibhéalta, líofa, réidh, sciorrach, slíobach, snasta; fínéalta, leochaileach, mín, mion, míonla; glé, gléasta, gléineach, gleorach, leabhair, leabhairchruthach, lonrach, niamhrach, slíochta, snasta. ❷ *slim, slender*: caol, cúng, fada, leabhair, seang, seangchruthach, slisneach, tanaí, *literary* seada. ❸ *sly, cunning*: sleabhcánta, sleamhain, sleamhnánach, slíbhíneach, slíocach, slíocánta; bealachtach, beartach, cam, cealgach, cílíonta, claon, cleasach, cluanach, eadarnaíoch, ealaíonta, fiar, glic, ilchleasach, lúbach, lúibíneach, meabhlach, meangach, mealltach, meangach, mí-ionraic, mímhacánta, nathartha, olc, paintéarach, séiteartha, tréatúrtha, *literary* tuaicheall. ❹ *slight, weak, inadequate*: anbhann, bacach, beagmhaitheach, beagmhaitheasach, beagthábhachtach, díomhaoin, éadairbheach, éidreorach, fann, faon, faonlag, féigh, lag, lagáiseach, leamh, neafaiseach, neamaitheach, neamhbhailí, neamhchumhachtach, neamhéifeachtach, neamhéifeachtúil, neamhfhiúntach, neamh-infheidhme, neamhinniúil, neamhthairbheach, suarach; gan bun ná barr, gan éifeacht, gan fónamh; easnamhach, easpach, gann, gearr, giortach, sciotach, uireasach, uireaspach, *literary* triamhain; ní fiú biorán é, ní fiú bogán spideoige é, ní fiú tráithnín é.

slinn noun *shingle, slate, tile*: scláta, slinnteog, *colloquial* slinnteach; leacán, leacóg, tíl.

slinneadóir noun *slater (of a building)*: scláitéir, slinnteoir.

slinneán noun *shoulder-blade*: bos slinneáin, bos an tslinneáin, clár gualainne; cnámh an smiolgadáin, dealrachán, gealrachán; formna, gualainn.

slinneánach adjective *broad-shouldered*: leathanghuailleach, leathanslinneánach, mórshlinneánach.

slíob verb ❶ *rub, buff, polish*: líomh, locair, mínigh, niamhghlan, sciomair, slíom, snasaigh. ❷ *literary strip, denude*: bearr, bain de, creach, feann, glan, lom, rúisc, scamh, scon, seithigh, snamh, struipeáil, *literary* fadhbh, lochair; cluimhrigh, pioc.

slíobach adjective *burnished, polished*: líofa, niamhghlanta, sciomartha, snasta; glé, gléineach, gluair, lonrach, luisiúil, mín, niamhrach, soilseach, solasach, solasmhar, taitneamhach.

slíoc verb ❶ *stroke, smooth*: bláthnaigh, déan mán mán le, mínigh, muirnigh, slíom, *literary* sliacht; cochlaigh, diurnaigh. ❷ *soothe, blandish*: cealg, ceansaigh, ciúnaigh, déan gliodaíocht le, giúmaráil, ionramháil, meall, mínigh, sásaigh, síothaigh, socraigh, suaimhnigh. ❸ **slíoc leat** *slink, slip away*: cúlaigh, déan as, éalaigh, glinneáil as, gliondáil as, imigh as, síothlaigh, seangaigh as, sleamhnaigh as, téigh as, téigh as amharc.

slíocach adjective *cunning*: sleabhcánta, sleamhain, sleamhnánach, slíbhíneach, slim, slíocánta; bealachtach, beartach, cam, cealgach, cílíonta, claon, cleasach, cluanach, eadarnaíoch, ealaíonta, fiar, glic, ilchleasach, lúbach, lúibíneach, meabhlach, meangach, mealltach, meangach, mí-ionraic, mímhacánta, nathartha, olc, paintéarach, séiteartha, slim, tréatúrtha, *literary* tuaicheall.

sliocht noun ❶ *mark, trace*: iarsma, lorg, rian, séala, teimheal, tréas, tuairisc. ❷ *offspring, progeny*: sliocht sleachtaí; clann, clann clainne, pl. gasúir, pl. ginte, iardraí, iarmhar, pl. leanaí, maicne, muirear, muirín, pl. páistí, pl. sliochtaigh; bunadh, cine, cineál, fine, fuil, iarmhairt, líne, muintir, pobal, pór, rás, síol, síolrach, teaghlach, treibh. ❸ *passage, extract*: áit, ball, ionad; caibidil, leathanach, líne, rann, véarsa.

sliochtach noun *descendant*: fionnó, iaró, ó; de shliocht X é.

sliochtmhar adjective *prolific*: atáirgeach, bisiúil, clannach, fásmhar, rábach, rafar, síolmhar, táirgiúil, torthach, torthúil.

slíoctha

slíoctha adjective *plausible, ingratiating:* bladarach, bladrach, cealgach, cluanach, mealltach, plámásach, plásánta, sladarúsach, slíománta, tláithíneach.

slíodóir noun ❶ *sly, ingratiating person:* sleamhnán, sleamhnánaí, slíbhín, slíomadóir, sliúcaidéir, sliúcaiméir; cleasaí, cluanaire, gleacaí, gleacaí milis, gleacaire, gliceadóir, meabhlachán, meabhlaire, mealltóir. ❷ *skulker, sneak:* caimiléir, cílí, feallaire, fealltóir, snámhaí; brathadóir, Iúdás, lúbadóir, lúbaire, plotaire, sceithire, spiaire, tréatúir.

sliogán noun ❶ *shell, shellfish:* blaosc, cairbreán, carapás, poigheachán; faoisce, iasc sliogánach, maorach, moileasc, sliogánach; bairneach, cuachma, diúilicín, faocha, muirín, oisre, ruacan. ❷ *frail boat:* báidín, bád beag, coite, eathar. ❸ *artillery shell:* urchar; buama, piléar.

sliogánach adjective ❶ *testaceous, shelly:* blaoscach, sligreach. ❷ *dappled, mottled:* alabhreac, ballach, bánbhreac, breac, breachnaithe, breactha, breachtach, breicneach, bricíneach, brocach, cearnógach, crosach, ilghnéitheach, mionbhreac, riabhach, seicear, spotach, títheach, *literary* bomannach.

slíomadóireacht noun *flattery, dissimulation:* béal bán, bladar, bréagadóireacht, bréagaireacht, *pl.* briathra milse, cealgaireacht, cluanaíocht, cluanaireacht, failpéireacht, faladhúdaíocht, gliodaíocht, láinteacht, líodóireacht, lúbaireacht, lúitéis, meabhlaireacht, meallacacht, mealltacht, mealltóireacht, milseacht, milseacht chainte, míolcaireacht, moladh bréige, placadh siollaí, pláibistéireacht, plámás, plás, plásaíocht, plásántacht, sladarús, slíbhíneacht, slusaíocht, spleáchas, tláithínteacht, *figurative* gallúnach.

sliop verb *take by stealth, snatch:* clifeáil, cluicheáil, goid, póitseáil, robáil, téaltaigh; crúcáil, cúbláil, rib, scealp, sciob.

sliopach adjective ❶ *slippery:* líofa, sciorrach, sleamhain, slíobach, snasta; cothrom, leibhéalta, réidh; bealaithe, gréisciúil, olúil, úscach. ❷ *fumbling, butter-fingered:* anásta, aibhéiseach, amscaí, ciotach, ciotrainneach, ciotrúnta, driopásach, leibideach, liobarnach, liopasta, míshlachtmhar, místuama, sliopach, strampáilte, tuaisceartach, tuatach, tuathalach, útamálach. ❸ *inarticulate, tongue-tied:* balbh, briotach, doiléir, dothuigthe, plúchta, stadach, tutbhalbh, tutbhéalach, *literary* meann. noun *numbness of fingers:* barrliobar, eanglach, fuairnimh, fuarthanach, griogán, mairbhe, mairbhití, marbhfhuacht, marbhleathar, neamh-mhothú.

slios noun ❶ *side:* cliathán, ciumhais, colbha, imeall, imeallbhord, learg, leiceann, mala, taobh. ❷ *inclination, slope:* claon, claonadh, claonán, diarach, fána, fánán, feirc, goic, maig, maing, sleaint, sléim, speic, spleic. ❸ *bent, longing:* claon, claonadh, diall, dúil, dúil chráite, dúilíocht, fabhar, fonn, grá, laofacht, lé, luí, mian, miangas, páirt, taobhacht, tnúthán, treocht. ❹ *strip:* giobóg, leadhb, paiste, pléata, stráice, streoille.

slip noun ❶ *slip, young pig:* arc, arcán, bainbhín, banbh, banbhán, céis, céis mhuice, muicín, orc, orc cránach, porcadán, porcán, sabhán, slipeánach, slipín, torcán. ❷ *slip (of paper, etc.):* blúire, giota, píosa, písín, stiall.

slipéar noun *slipper:* bróg teallaigh, cuarán, pampútaí; buimpéis, buimpís.

slis noun ❶ *chip, shaving, sliver:* cáithne, cáithnín, géirín, giota, gearrthóg, leadhb, mír, píosa. písín, ruainne, sceall, sceallóg, scealp, scealpóg, sciorta, sciotachán, scoilteán, *pl.* séibhíní, sliseog, slisín, slisne, stiall, *colloquial* snoíogar. ❷ *lath, slat:* cleith, fleasc, lata, slat, taobhán. ❸ *battledore, beetle:* farcha, máilléad, tuairgín, tuairgín.

slítheánta adjective *sly, ingratiating:* sleabhcánta, sleamhain, sleamhnánach, slíbhíneach, slim; bealachtach, beartach, cam, cealgach, cíliónta, claon, cleasach, cluanach, ealaíonta, fiar, glic, ilchleasach, lúbach, meabhlach, meangach, mealltach, meangach, mí-ionraic, mímhacánta, nathartha, olc, paintéarach, séitéartha, tréatúrtha.

sliúdrálaí noun *slippery person, sly person:* sciorrachán, sleamhnán, sleamhnánaí, slíbhín, slíodóir, slíomadóir, sliúcaidéir, sliúcaiméir; caimiléir, cleasaí, cluanaire, cneámhaire, gleacaí, gleacaí milis, gleacaíodóir, gliceadóir, lúbaire, meabhlaire, mealltóir.

sloc noun ❶ *pit, shaft:* mianach, poll; duibheagán, fodhomhain. ❷ *rut, groove, cavity:* caidhséar, cainéal, camrachán, caológ, clais, clasaidh, clasán, craosán, gáitéar, gearradh, iomaire, léata, lintéar, panc, sclaig, sílteán, suinc, trinse; cuas, cuasacht, cuasán, cuasóg, folúntas, folús, log, logán, loigín, poll.

slócht noun *hoarseness, throatiness:* cársán, ciach, ciachán, cliath, gearranáil, piachán, píobarnach, píopáil, píopaireacht, rúcach, scarbhach, sceach i scornach, seordán, slócht.

slog noun *gulp, swallow:* alpadh, diurnán, dúdaireacht, slogadh, slogarnach, súrac. verb ❶ *swallow, engulf:* alp, báigh, long, súigh isteach, súraic isteach; cloígh, treascair. ❷ *accept eagerly, credulously:* glac go fonnmhar le, glac go soineanta le. ❸ *slur:* cogain, sciorr thar, sleamhnaigh thar.

slogach adjective ❶ *swallowing, engulfing:* craosach, longach, slógánta, súiteach, tomhaltach. ❷ *gluttonous:* alpartha, amplach, amplúil, cíocrach, craosach, goiliúil, longach, ocrach, ocrasach, peasánach, suthach, tomhaltach.

slógadh noun *mobilization, hosting:* mustar, slua, sluaíocht, tóstal.

slogaide noun ❶ *swallow-hole:* slogaire; ceachrach, long, poll slogaide, poll súraic, súmaire; abar, poll móna. ❷ *gullet:* slogaid, slogaideach, slogán; craos, díbheachán, diúch, diúgadh, diúlfaíoch, giobús, gionchraos, góilín, eagaois, píobán, prócar, sceadamán, scornach, súsán, *literary* gibhis.

slogaire noun *swallower, glutton:* ailpéir, amplachán, amplóir, anrachán, béiceadán, bláistéir, blaochán, bleadrachán, bleitheach, bleitheachán, bolgadán, calcaire, cíocrachán, cíocrasán, cráisiléad, craosachán, craosaí, craosánach, fursaeir, gainéan, geoiseach, gionachán, gliúrach, gliúrachán, glutaire, goileadán, goilíoch, gorb, graoisín, longaire, málaeir, méadlach, méadlachán, ocrachán, ocrasán, peasánach, placaire, póitreálaí, riteachán, slamaire, slogamóir, slogánach, smalcaire, suthaire, tomhaltóir.

slogaireacht noun *gulping, gluttony:* alpaireacht, ampall, ampar, ampla, amplacht, cíocras, craosaireacht, gionach, méadláil, placamas, póitreáil, raobhaíocht, saint, slogáil, suthaíocht, suthaireacht.

slogánta adjective *sluggish, dull, heavy:* aimhleasc, céimleasc, fadálach, falsa, leadránach, leasc, leiscíúil, liosta, mall, mallacharach, mallbheartach, malldícheallach, mallghluaiste, malltriallach, marbhánta, meirbh, múisiúnta, murtallach, neamh-aigeanta, neamh-anamúil, neamhéasca, righin, sionsach, spadánta, támáilte, támhach, torpánta, trom, *literary* laiste.

slogóg noun *gulp, swig, draught:* bolgam, béalóg, diurnán, fídeog, fiúigil, fliúit, gáilleog, galmóg, scáilléad, scalach, scíobas, súimín, taoiscín, taoscán; díneach.

sloigisc noun *riff-raff, rabble:* brablach, brataing, bratainn, bruscar, cloigis, codraisc, cóip, cóip na sráide, conairt, cuimleasc, daoscar, daoscarshlua, drifisc, glamrasc, gráisc, gramaisc, gramaraisc, gráscar, grathain, luifearnach, luspairt, malra, rablach, scroblach, sloigisc, slua, trachlais; Clann Lóbais, Clann Tomáis.

sloinne noun *family name, surname:* ainm athar, ainm sinsearachta, patrainimic, sloinneadh.

sloinnteoireacht noun *tracing of genealogies:* craobhscaoileadh ginealaigh; ginealas, ginealeolaíocht.

slópáil noun ❶ *(act of) cheating:* caimiléireacht, calaois, camastaíl, cleasaíocht, cliútráil, cluanaireacht, cneámhaireacht, cúbláil, cúinseacht, feallaireacht, fealltacht, gleacaíocht, lúbaireacht, meabhal, meabhlaireacht, mealladh, mícheastacht, míchoinníoll, mí-ionracas, mímhacántacht, paintéaracht, rógaireacht, slíodóireacht, slíomadóireacht, séitéireacht, *literary* diúbairt, plaic faoi choim. ❷ *(act of) sloping off, absconding:* éalú, glinneáil as, téaltú; dul as, dul as amharc, imeacht.

slua noun ❶ *host, force, army:* armáil, armshlua, ceithearn, ceithearn choille, *pl.* ceithearnaigh, *pl.* coisithe, cos-slua, eachra, fiann, *pl.* fianna, fórsa, *pl.* fórsaí cosanta, *pl.* fórsaí slándála, marcshlua, *pl.* saighdiúirí, *pl.* trúpaí, *literary* coibhdhean. ❷ *crowd, multitude, throng:* conlán, dreabhlán, drong, drongbhuíon, éillín, grathain, lota, plód, saithe, scaoth, scata, scúd, sealbhán, slógadh, tréad.

sluaisteáil verb ❶ *shovel:* cart, dearg, sluaistrigh, rómhar, taosc, tochail. ❷ *gather in quantities, scoop:* bailigh, cruinnigh, cuir le chéile.

sluamhar adjective *multitudinous:* fairsing, flúirseach, forleitheadach, iolartha, iomadúil, leanúnach, leitheadach, líofa, líonmhar, rábach, raidhseach, raidhsiúil, saoráideach, silteach, slaodach, uaibhreach; ina slaoda.

sluasaid noun *shovel, shovelful:* sluaisteog; ráistín; láí, rámhainn, spád, spáid.

slúiste noun *layabout, sluggard:* bruachaire, búiste, falsóir, giolla na leisce, giústa, leadaí na luatha, learaire, leisceoir, liairne, liúdramán, lófálaí, lorgánach, losadóir, ránaí, ríste, scrádaí, scraiste, sínteach, smíste, stróinse.

slúisteoireacht noun *(act of) lounging, idling:* bruachaireacht, caidéireacht, codaíocht, falsóireacht, fámaireacht, feádóireacht, leadaíocht, learaireacht, leiciméireacht, leisceoireacht, leoistíocht, liudaíocht, liúdramántacht, lófáil, loiceadh oibre, loiciméireacht, losaíodóireacht, rístíocht, scraisteacht, scraistíocht, scraistíneacht, scraistiúlacht, sínteoireacht, srathaíocht, srathaireacht, stangaireacht.

sluma noun *slum:* cúlshráid shuarach, plódcheantar, plódteach; bráca, cró, cró tí, múchán, proch, prochán, prochlais, prochóg, púirín, teach gobáin; raingléis tí, riclín tí, spéalán tí.

slupar slapar noun *continuous splashing, swashing of water:* fluparnach, lapadaíl, lapaireacht, plabáil, plabaireacht, plabarnach, plobáil is plabáil, plobarnach, scairdeadh, slabáil, slabaíl, slabaireacht, slabaráil, slaipistéireacht, slapaireacht, slubáil slabáil, slup slap, sprais, stealladh, steancadh.

slusaí noun ❶ *dissembler, dissimulator:* alfraits, bréadaire, bréagachán, bréagadóir, buachaill báire, cealgaire, cleasaí, cleithire, cluanaí, cneámhaire, cnúdánaí, cuilceach, cumadóir, dathadóir, draíodóir, faladhúdaí, flústar, gleacaí, gleacaí milis, líodóir, lúbaire, lútálaí, mealltóir, meangaire, piollardaí, pláibistéir, pocaide, sciorrachán, slíbhín, slíodóir. ❷ *flatterer, toady:* bladaire, bladarálaí, blitsín, gliodaí, gobachán le béal cuaiche, leadhbálaí, líodóir, lústrán, lútálaí, maidrín lathaí, mealltóir, pláibistéir, plámásaí, plásaí, plásán, sáilghiolla, Seoinín, slíodóir, slíomadóir, slúcaidéir, slúcaiméir, sliúdrálaí, súdaire, táthaire.

smachladh noun *coarse, vulgar expression:* crístín, daoirmín, drochfhocal, eascaine, focal gan chuibheas, *pl.* jioranna agus crístíní, mallacht, mallachtach, mallaitheoireacht, mionn is móid, mionn mór, slamfhocal, *literary* smeirlis; blaisféim, dia-aithis, diamhasla.

smacht noun ❶ *literary rule, regulation, ordinance:* caighdeán, cleachtas, foirmle, follúnú, gnáthamh, nós imeachta, ordú, polasaí, prionsabal, riail, rialachán, rialachas, rialúchán, *literary* forbhann. ❷ *dominion, sway, subjection:* ardcheannas, ardchumhacht, ardfhlaitheas, ardríocht, ardtiarnas, ceannaireacht, ceannasaíocht, ceansú, cinnireacht, cinsealacht, coimirce, coimirceas, cumhacht, diansmacht, dlínse, flaitheas, flaithiúnas, forlámhas, impireacht, máistreacht, maoracht, príomhcheannas, réim, réimeas, rialtas, rialú, ríocht, stiúir, svae, tiarnas, tiarnúlacht, treoir, údarás, urlámhas, *literary* ríghe. ❸ *literary penalty, fine:* cúiteamh, díre, éiric, fíneáil, pionós.

smachtaigh verb ❶ *control, discipline:* ceansaigh, cinnir, coinnigh faoi smacht, follúnaigh, rialaigh, *literary* codhnaigh, tíl. ❷ *subdue, subjugate:* cloígh, cuir faoi smacht, cuir srian le, máistrigh, mínigh, traoch; tabhair chun míneadais.

smachtín noun ❶ *bludgeon, club:* bastún, bata, béatar, cleith, cleith ailpín, cleitheog, lorg, lorga, lorga maide, maide coill, maide draighin, smíste, smíste maide. ❷ *short thickset person:* ablach, bleitheach, bléitheach, bleitheachán, bolaistín, bolaistrín, broicealach, broicleach, bulcais, burla, dailc, ding, giomstaire, mart, mullachán, páinseach, páinteach, pataire, patalachán, patalán, púdarlach, púdarlán, samhdán, sceartachán, somach, somachán, tioblach, tulcais.

smailc noun *mouthful, bite:* bealóg, bolgam, flúit, gailleog, gáilleog, galmóg, greim, loim, plaic, scíobas, slog, slogóg, smeachán, *literary* lán béil. verb *smack:* buail, cnag, clabhtáil, rapáil, snag.

smál noun ❶ *tarnish:* ainimh, ciobar, cron, máchail, salachar, teimheal, smearadh, smol, smól, smúit. ❷ *moral stain, blemish:* cáim, cion, cron, peaca, truailliú ainghníomh, calaois, coir, coiriúlacht, drochghníomh, éagóir, feall, feileonacht, míghníomh, mímhodh, oilbhéas, oilbhéim, oilghníomh, olc, urchóid. ❸ *darkness, gloom:* ainnise, atuirse, beagmhisneach, beaguchtach, ceo, cian, clóic, cumha, dochma, domheanma, drochmhisneach, duairceas, dubhachas, duifean, dúlagar, dúlionn, éadóchas, gruaim, gruamacht, lagar spride, lionn dubh, *pl.* lionnta dubha, mídhóchas, mímhisneach, néal, púic, smúit, tocht, tromchroí. ❹ *misfortune:* aimléis, ainnise, ainríocht, anacair, anachain, anás, anchaoi, angar, anró, anróiteacht, anshó, bochtaineacht, bochtanas, boichte, ceasna, crá croí, crácáil, cráiteacht, cránán, cránas, cruatan, deacair, dealús, dearóile, díblíocht, dochma, dochonách, dochracht, dochraide, dócúl, doghrainn, doic, dóing, dóinmhí, dola, dothairne, drochbhail, duainéis, éagomhlann, fulaingt, gábh, gannchuid, gátar, géarbhroid, géarghoin, iomard, leatrom, matalang, mí-ádh, mífhortún, pioláid, suarachas, suaraíocht, teipinn, toirmeasc, trioblóid, truántacht, uireasa, *literary* cacht, galghad. ❺ *disgrace:* béim síos, céim síos, ísliú, méala, míchlú, náire, náiriú, neamhonóir, oilbhéim, scannal, táircheim, tarcaisne; briseadh teastais.

smalán noun *billet, stump of wood:* cearchaill, crompán, lorg, lorga, sail, smután, spreota, stacán, staic; bíoma, crann, cuaille, garma, geá, páil, plabhta, polla, *literary* ochtach.

smalcaire¹ noun ❶ *greedy eater:* ailpéir, amplachán, amplóir, anrachán, béiceachán, bláistéir, blaochán, bleadrachán, bleitheach, bleitheachán, bolgadán, calcaire, cíocrachán, cíocrasán, cráisiléad, craosa-

smalcaire
chán, craosaí, craosánach, gainéan, geoiseach, gionachán, gliúrach, gliúrachán, glutaire, goileadán, goilíoch, gorb, graoisín, longaire, málaeir, méadlach, méadlachán, ocrachán, ocrasán, peasánach, placaire, póitreálaí, riteachán, slamaire, slogaire slogamóir, slogánach, suthaire, tomhaltóir.

smalcaire² noun ❶ *smacker, striker*: buailteoir, lascaire, smísteoir. ❷ *strong man*: balcaire, bambairne fir, béinneach, bramaire, bromach, bromaire, bromaistín, carraig, cleithire fir, cliobaire fir, crobhaire, fairceallach fir, falmaire fir, fámaire fir, fathach fir, gaiscíoch, griolsach, heictar, preabaire fir, rábaire, rúscaire, sail, scafaire, scriosúnach, stollaire fir, tolcaire, tolchaire, tollaire fir.

smaoineamh noun *thought, reflection, idea*: aigne, barúil, ceapadh, ciall, coincheap, coinne, cuimhneamh, eagna, intleacht, mearsmaoineamh, nóisean, tuairim, tuiscint; athmhachnamh, athsmaoineamh, cuimhneamh, machnamh, marana, meabhair, meabhrú, rinnfheitheamh, scáthántacht, *pl.* smaointe, spéacláireacht, staidéar, *literary* midheamhain, teoir.

smaoinigh verb ❶ *reflect, think*: barúil, coincheap, creid, cuimhnigh, déan, machnaigh, meáigh, meas, samhlaigh, saoil, síl, taibhrigh, tuairimigh, tuig, *literary* meanmnaigh; is dóigh leis, feictear dó, taibhsítear dó. ❷ **smaoinigh ar** *think about, consider*: breithnigh, cíor, grinndearc, grinnigh, machnaigh, meas, scrúdaigh; caith súil ar, cuimhnigh ar, cuir san áireamh, déan machnamh ar, déan do mharana ar, féach, meáigh.

smaointeach adjective *thoughtful, reflective, pensive*: céillí, machnamhach, maranach, meabhrach, spéacláireach, staidéarach, staidéartha, tuisceanach.

smaointeoir noun *thinker*: fealsamh, machnóir, saoi, smaointeoir; draoi, eagnaí, eolaí, eolgaiseoir, fáidh, fáidheadóir, fear feasa, fear léinn, físí, máistir cosmeolaí, loighceoir, meitifisicí, onteolaí; ábharaí, eisí, idéalaí, nihilí, posaitíbhí; agnóisí, aindiachaí, diagaí, diasaí.

smaointeoireacht noun *thinking, reflecting, considering*: dearcadh, eagna, eagnaíocht, éargna, fealsúnacht, *pl.* smaointe, smaointeachas; creideamh, diagacht, eitic, idé-eolaíocht, *pl.* luacha, moráltacht, *pl.* prionsabail, seasamh, teagasc, teoiric.

smaois noun ❶ *snout*: pus, smurlach, smut, soc, srón; geanc. ❷ *snot, mucus*: cáithleach, coch, cochaille, cráisiléad, crannseile, crochaille, múcas, prachaille, réama, réamán, réim, smuga, smugairle, sneatar.

smaoiseach adjective *snotty, snivelling*: múcasach, réamach, smugach, smúsach, sramach.

smaoiseachán noun *sniveller, snotty-nosed person*: baoiteachán, brocachán, smearachán, smugach, smugachán, smugaire, smugarlach, smugarlachán, sniotar, sreaimleachán.

smaoisíl noun (*act of*) *snivelling, sniffing*: smaoisireacht, smugaíl, smugráil, smuigiléireacht, smuigíneacht, smuigirlíneacht.

smeach noun ❶ *flip, flick, snap (of fingers)*: smalóg, speach; casadh, cor; blosc, snabadh, snab, snap, snapadh. ❷ *click (of tongue)*: smeachaíl; clic, clic cleaic, gliog gleag. ❸ *gasp, sob*: díogarnach, falrach, glam, gnúsacht, grág, osna, snag, snag anála, súiteadh, tocht, uspóg. verb ❶ *flip, flick*: déan smalóg, déan smeach. ❷ *click, smack*: cliceáil, cnag, cniog, gliog, gliogáil. ❸ *gasp*: lig cnead, lig osna, lig smeach, sead, séid, smúr.

smeachach adjective *gasping, sobbing*: deorach, pusach, séideánach, séideogach, snagach, tochtach.

smeachóid noun *live coal, ember*: smeachaid, smeachaide, sméaróid, smól; aibhleog, aithinne, gríos, gríosach, splanc, spréach.

smeadar noun ❶ *daub, mess*: brocamas, brúitín, dríodar, frois frais, laíon, liothrach, méiseáil, prabhait, pracar, prácás, práib, práibín, práipín, práisc, praiseach, scaid, sceanairt, sciot sceat, scileach, screallach, scroblach, seamlas, smeadráil, smearadh, splíonach, slubáil slabáil, trachlais, *pl.* traipisí, treilis, treilis breilis, truflais; dóib, draoib, glár, láib, lathach, marla, moirt. ❷ *smattering*: ceobhrán, salacharáil, salacharáil, slathairt, smeadráil, spallaíocht; breacaireacht; breaceolas, smeareolas.

smeadráil noun ❶ (*act of*) *smearing, daubing, mess*: brocamas, brúitín, dríodar, frois frais, laíon, liothrach, méiseáil, prabhait, pracar, prácás, práib, práibín, práipín, práisc, praiseach, scaid, sceanairt, sciot sceat, scileach, screallach, scroblach, seamlas, smeadar, smearadh, splíonach, slubáil slabáil, trachlais, *pl.* traipisí, treilis, treilis breilis, truflais; dóib, draoib, glár, láib, lathach, marla, moirt. ❷ *smattering*: salacharáil, salacharáil, slathairt, smeadar; breacaireacht; breaceolas, smeareolas. ❸ (*act of*) *drubbing pasting*: bascadh, batar, batráil, broicneáil, bualadh, burdáil, cleathadh, clogadadh, cnagadh, deamhsáil, failpeadh, flípeáil, fuimine farc, giolcadh, gleadhradh, greadadh, greasáil, greidimín, lascadh, leadhbairt, leadradh, léasadh, léidearnach, liúradh, liúradh Chonáin, orlaíocht, plancadh, riastáil, rúscadh, sceilpeáil, slacairt, slatáil, smíochtadh, smísteáil, spéiceáil, spóiléireacht, súisteáil, tóileáil, tuairteáil, tuargaint; cuimil an mháilín, tuirne Mháire. verb ❶ *smear, daub, mess up*: dóbáil, dóibeáil, plástráil, práib, salaigh, smálaigh, smear, smúitigh; déan brachán de, déan camalanga de, déan ceamraisc de, déan cíor thuathail de, déan cocstí de, déan cosair easair de, déan cuimil an mháilín de, déan cusach de, déan fudairnéis de, déan meascán mearaí de, déan meidrisc de, déan prácás de, déan praiseach de; clamhair, corraigh, cuir in aimhréidh, cuir trína chéile, mearaigh, smear, suaith. ❷ *thrash, drub*: basc, batráil, buail, buail duncaisí ar, cnag, gleadhair, gread, lasc, leadair, leadhb, léas, léirigh, liúr, péirseáil, planc, slis, smíoch, smíocht, smiot, smíst, stánáil, súisteáil, tarraing buille ar, tuargain.

smeadrálaí noun *dauber, messer*: lapadán, lapaire, meadrálaí, méiseálaí, mucaire, mucálaí, muclach, plabaire, plástrálaí, práibeachán, práisc, práisceálaí, praiseachán, scrábálaí, slabálaí, slaimiceálaí, slupairt, smearachálaí, smearthóir, únfartálaí, útamálaí.

smeámh noun *breath, puff*: ceilpeadh, fleaim, feothan, gal, puithín, puth, seadán, séideán, séideog, siollfarnach ghaoithe, *literary* tréifid.

smear verb *smear, daub, smudge*: dóbáil, dóibeáil, plástráil, práib, salaigh, smálaigh, smeadráil, smúitigh;

sméar noun *blackberry (Rubus fruticosus)*: corachán (*an unripe berry*), *pl.* crúibíní, *pl.* crúibíní cait, *pl.* puiteacha, *pl.* sméara dubha, *pl.* sméaraíos.

smearachán noun ❶ *grimy-faced person*: brocachán, brocais, brocóg, ciobarlán, crosachán, draoibeog, guta, gutachán, lábánach, muclach, muicearlach, práibeachán. ❷ *greasy, unctuous person*: bladaire, bladarálaí, blitsín, gliodaí, gobachán le béal cuaiche, leadhbálaí, lútálaí, maidrín lathaí, plámásaí, plásaí, plásán, sleamhnánaí, slíbhín, slíodóir, slíomadóir, sliúcaidéir, sliúcaiméir.

smearadh noun ❶ (*act of*) *smearing, daubing*: dóbáil, dóibeáil, plástráil, salacharáil, salú, smál, smálú, smeadar, smeadráil, ungadh. ❷ (*act of*) *greasing, grease*: bealadh, bealáil, bealú, gréis, gréisceadh, ola, oláil, olú, troighean. ❸ *polishing material, polish*: blaicín, céir, snas, snasú.

sméaróid noun *live coal, ember*: smeachaid, smeachaide, smeachóid, smól; aibhleog, aithinne, gríos, gríosach, splanc, spréach.

smearsholas noun *dim light*: breacsholas, clapsholas, lagsholas, meathsholas, smearsholas; amhdhoircheacht, amhdhorchacht, amhscarnach, amhscarthanach, breacdhorchadas.

sméid verb ❶ *wink, nod, beckon, signal*: bagair do mhéar, bagair do shúil, caoch leathshúil caoch súil, comharthaigh, déan comhartha, luigh leathshúil; cuir forrán ar.

sméideadh noun ❶ *nod, beckoning sign*: sméidearnach; bagairt cinn, bagairt láimhe, claonadh cinn, comhartha, comharthú, sméideog. ❷ *(act of) winking, wink*: sméideadh súl, sméideog; caochadh súl, caochadh leathshúile

smid noun ❶ *breath, puff*: anáil, fleaim, gal, puithín, puth, seadán, séideán, séideog, smeámh, snag, snag anála, *literary* tréifid. ❷ *syllable, word*: focal, siolla.

smideadh noun *make-up (theatrical, etc.)*: dreachadh; *pl.* cosmaidí.

smidiríní plural noun *smithereens*: bruscar, brúscar, *pl.* ciolaracha chiot, ciolar chiot, conamar, cosnach, *pl.* jéiníos, mionbhach, *pl.* píosaí, sligreach, *pl.* smiodair, smionagar, sprúilleach.

smig noun *chin*: smigead; geolbhach, giall; athsmig, preiceall, sprochaille, tiolar.

smiog verb *pass out, expire*: anbhainnigh, lagaigh, meath, meathlaigh, meirtnigh, sceoigh, síogaigh, síothlaigh, tit i laige; básaigh, éag, faigh bás, síothlaigh, snigeáil, stiúg, téaltaigh as, *literary* teastaigh.

smiolgadán noun ❶ *throat, gullet*: clais anála, craos, díbheachán, diúch, diúgadh, diúlfaíoch, giobús, gionchraos, góilín, píb, píobán, sceadamán, scornach, slogaid, slogaide, slogaideach, slogán, súsán, *literary* gibhis; faraing, laraing; eagaois, prócar. ❷ **cnámh an smiolgadáin** *collar-bone, clavicle*: dealrachán, gealrachán, gualainn.

smionagar noun *shattered pieces, fragments*: bruscar, brúscar, *pl.* ciolaracha chiot, ciolar chiot, conamar, cosnach, *pl.* jéiníos, mionbhach, *pl.* píosaí, sligreach, *pl.* smidiríní, *pl.* smiodair, sprúilleach, steig meig.

smior noun *marrow, pith*: smuas, smús, smúsach; bia, laíon, má gáinne, múscán; máthair bhúidh.

smiot verb ❶ *hit, strike*: batráil, cnag, gleadhair, gread, greasáil, lasc, leadair, leadhb, léas, léirigh, liúr, péirseáil, planc, pocáil, slis, smíoch, smíocht, smíst, stánáil, súisteáil, tarraing buille ar, tuargain. ❷ *smash*: arg, basc, bris, brúigh, ciorraigh cnag, coscair, creach, dochraigh, donaigh, éignigh, íospair, martraigh, mill, oirnigh, réab, rois, sclár, sáraigh, scotráil, scrios, sléacht, srac, stróic, treascair, *literary* lochair; déan cuimil an mháilín de. ❸ *chip, chop*: bain scead as, bain slis de, bain sliseoga de, bain tiocóg as, scáin, snoigh, cneáigh, gearr, goin, leadair, leadhb, sclár, spleantráil, stiall, *literary* spól. ❹ *pare, whittle*: bearr, feann, glan, laghdaigh, lom, nocht, rúisc, scamh, snoigh. ❺ *fritter away*: caith, cuir amú, diomail, ídigh, leáigh, lig amach, meath, meil, scaip, scaoil uait, spíon, tnáith, tomhail, *literary* uathaigh.

smíste noun ❶ *beetle, pestle, maul*: béatar, farcha, máilléad, slis, smachtín, tuairgín, tuairgnín. ❷ *heavy blow*: buille, clabhta, cnag, crústa, faic, failm, grugam, habhaistín, halaboc, leadhb, leadhbóg, liúspa, paltóg, planc, plancadh, pléasc, rúspa, smíste, stráiméad, tailm, tiomp, tulbhéim. ❸ *lump, chunk*: ailp, baog, blúire, canta caob, clabhta, cnap, cnapán, crompán, daba, dailc, dairt, dalcán, dóid, dóideog, fód, gamba, goblach, leota, lóta, maiste, meall, meascán, moll, scailp, scaob, scealp, scealpóg, slaimice, slis, sliseog, smagaire, smut, smután,

spreota, stéig, torpán. ❹ *lumpish person, lout*: amhas, amhlán, amhsóir, bambairne, bodach, buailtíneach, ceamalach, clabhta, daba, dailtín, daoiste, duine goirt, gambairne, breillice, bromach, bromaistín, búr, cábóg, cábún, cadramán, ceithearnach, ciolcán, closmar, dúramán, gamal, géibirne, glíomán múta, léaspach, liúdaí, pleib, leibide, liúdramán, lóimín, lóimíneach, lóma, maicín, maistín, maol, maolagán, mulpaire, napachán, pleota, pleotramán, pleib, scraiste, smuilcín, smíste, stróinse, teallaire, trumpadóir, tuathalán, túitín, tútachán.

smísteáil noun *(act of) pounding, trouncing*: broicneáil, bualadh, burdáil, cleathadh, clogadadh, cnagadh, cuimil an mháilín, deamhsáil, failpeadh, flípeáil, fuimine farc, giolcadh, gleadhradh, greadadh greadlach, greadóg, greasáil, lascadh, leadhbairt, leadradh, léasadh, léidearnach, liúradh, liúradh Chonáin, plancadh, rapáil, riastáil, rúscadh, sceilpeáil, slatáil, smeadráil, smíochtadh, súisteáil, tiomp, tuargaint, tuirne Mháire.

smísteoir noun ❶ *pounder, cudgeller*: buailteoir, lascaire, smalcaire. ❷ *slogger*: brácálaí, crácálaí, oibrí, saothraí, sclábhaí, síleálach, tailmeálaí, tiarálaí, úspaire.

smol noun *blight, decay*: aicíd dhubh, bleaist, cníosc, dúchan, smoirt, smoladh; dreo, dreochan, dreoiteacht, fabht, fochall, lobhadas, lobhadh, lofacht, morgadh, morgthacht, morgthas, trochlú. verb *blight*: bleaisteáil, dubhaigh, dreoigh, feoigh, lobh, loisc, mill, morg, trochlaigh.

smól noun ❶ *live coal, ember*: smeachaid, smeachaide, smeachóid, sméaróid; aibhleog, aithinne, gríos, gríosach, splanc, spréach. ❷ *burnt out, charred object*: luaith, luaithreach, luaithreamán, luaithreamhán, luaithreán; cnámhóg, marbhsméaróid, smeachóid mhúchta, sméaróid dubh.

smólach noun *thrush (Turdus)*: smólach ceoil; smaolach, smól; liatráisc.

smolchaite adjective ❶ *threadbare, shabby*: barrchaite, caite, *(i gContae Chorcaí)* léanaithe, scáinte, sean, seanchaite, spíonta, súchaite; ar an bhfáithim; ainimheach, bocht, bratógach, cailliúnach, ceamach, creatlom, éalangach, easnamhach, éislinneach, leadhbach, máchailleach, scrábach, slaimiceach, sraoilleach, streachlánach, suarach, tréigthe. ❷ *burning low, smouldering*: ag brúideáil, ag cnádú, ag cnáfairt, ag cráindú.

smolchaiteacht noun *state of being threadbare*: caiteacht, creatloime, feosaíocht, loime, scáinteacht, seinge, tanaíocht.

smúdáil verb *iron (clothes)*: iarnáil; cuir iarann ar; preasáil.

smúdar noun *powdered matter, dust, grit*: brioscbhruan, brioscbhruar, ceo, deannach, dusta, min, mionrabh, múrán, plúr, púdar, smionagar, snaois; graidiléis, grean, piocadús.

smúdrach adjective *mouldered, powdery*: deannachúil, plúrach, púdrach, smúitiúil; briosc, luaithriúil; gainmheach, greanach.

smuga noun ❶ *mucus, snot*: smugairle; múcas, *pl.* muiní réama, *pl.* ramaí, réama, réamán, réim, ronna, smaois, sneatar, sramadas, sramadh, *pl.* sramaí. ❷ *thick spittle*: cáithleach, coch, cochaille, cochaille réama, cráisiléad, crannseile, crochaille, prachaille; pislín, pislíneacht, priosla, priosláil, prislín, prislíneacht, seile, seileagar, seiligear, seileog, silín, silíneacht, slabhra.

smugach adjective ❶ *mucous, snotty*: múcasach, réamach, ronnach, ronntach, smaoiseach, sramach. ❷ *dirty-nosed*: brocach, crosach; broghach, clábarach, draoibeach, fochallach, gutach, lodartha, modartha, salach, smeartha, smúitiúil, sraoilleach. ❸

smugachán

mean, insignificant: beagmhaitheach, beagmhaitheasach, beagthábhachtach, diomaibhseach, díomhaoin, éadairbheach, fánach, neafaiseach, neamhbhríoch, neamhfhiúntach, neamhshuimiúil, neamhthábhachtach, suarach, táir; gan aird, gan tábhacht; ní fiú biorán é, ní fiú tráithnín é. ❹ *bumptious (of youth):* aisfhreagrach, brusanta, cabanta, clóchasach, cunórach, deaschainteacht, deiliúsach, deisbhéalach, gasta, gearrchainteach, ladúsach, maigiúil, nathanta, neamhnáireach, prapanta, soibealta, sonnta, sotalach, stráisiúnta, teanntásach, téisiúil, toghail, uaibhreach, údarásach.

smugachán noun ❶ *snotty-nosed person:* baoiteachán, smaoiseachán, smuigiléir, smuigín, smuigirlín, sniotar, sreaimleachán; brocachán, brocais, broghchán, ciobarlán, crosachán, gruibearlach, meadrálaí, méiseálaí, muicearlach, otrachán, pleib, smearachán, tónacán, úis. ❷ *contemptible person:* arc nimhe, bastard, bithiúnach, buinneachán, buinneán caca, bundún, cac ar oineach, cimleachán, cloíteachán, duine gan mhaith, duine gan rath gan fónamh, fágálach, loiceach, mac mallachta, mac soipín, míolachán, míolán, péist, raga, ragaíoch, ragairneálaí, sceathrachán, scraiste, smolaire, spreasadán, spreasán, suarachánsúfartach, tráill, truán; coilíneach, cuilthín, cúl le rath, mac drabhlásach, mac na míchomhairle, *figurative* leá Dia. ❸ *bumptious youth:* smuigiléir, smuigín, smuigirlín; beachtaí, braobaire, bruachaire, bruadaire, brusaire, coc, cocaire, dailtín, deiliúsachán, dosaire, fachmaire, gastaire, gearr-aighneasóir, ladúsaí, plucaire, prapaire, smuilcín, spáinnéar, stráisiúnaí.

smugairle noun ❶ *mucus, snot:* smuga; múcas, *pl.* muiní réama, *pl.* ramaí, réama, réamán, réim, ronna, smaois, sneatar, sramadas, sramadh, *pl.* sramaí. ❷ *thick spittle:* smuga; cáithleach, coch, cochaille, cochaille réama, cráisiléad, crannseile, crochaille, prachaille; pislín, pislíneacht, priosla, prioslail, prislín, prislíneacht, seile, seileagar, seiligear, seileog, silín, silíneacht, slabhra. ❸
smugairle róin *jellyfish (genus Scyphozoa):* sceith róin, smug róin; beatha an éisc, bolgán leice.

smuigleáil verb *smuggle:* smugláil.

smuigléir noun *smuggler:* contrabhannaí, smuglálaí, *colloquial* lucht ganfhiosaíochta.

smuilc noun ❶ *ugly nose, nose:* cainc, caincín, cincín, gaosán, geanc, smut, soc, srón. ❷ *surly expression:* cár, duifean, gnúis, grainc, gruig, grus, iolchaing, meill, mídhreach, místá, púic, pus, scaimh, smuilcide, strainc, strabhas, straois, streill.

smuilceach adjective ❶ *snooty:* airdiúil, béalteann, bogásach, bóibéiseach, borrach, ceannard, ceartaiseach, consaeitiúil, maingléiseach, móiréiseach, postúil, sotalach, stróinéiseach, suimiúil, toirtéiseach, uaibhreach. ❷ *surly, sulky:* achrannach, ainciseach, araiciseach, aranta, cancrach, cantalach, cochallach, coilgneach, colgach, crosta, cuileadach, danartha, deafach, dodach, driseogach, drisíneach, feargach, forghruama, fraochmhar, gairgeach, geancach, goilliúnach, gráinneogach, grusach, iarógach, íortha, mosánach, peasánach, pusach, rothánach, smutach, spuaiceach, stailceach, stainceach, staincíneach, stalcach, stalcánta, stuacach, stuacánta, stuaiceach, *literary* dreannach, íorach.

smuilceachán noun ❶ *snooty person:* bladhmaire, bóibéisí, buaiceálaí, gaige, gaisceachán, gaisceoir, gaotaire, glagaire, glaomaire, gliogaire, scaothaire. ❷ *sulky person:* dodaire, drantánaí, dris, gráinneog, grusaí, pusachán, smutachán, staincín, stuacachán, stuacán, tormasaí; cancrán, cantalóir, cnádán, cnádánaí, cnáimhseálaí, cnáimhseoir, deimheastóir, searbhán, smutachán, speig neanta.

smúit noun ❶ *smoke, vapour, mist:* smúiteán; deatach, toit; ceo, smúitcheo, toitcheo; múr ceo, ró samh; pluimín, sriabhán. ❷ *gloom, despondent look:* beagmhisneach, beaguchtach, ceo, cian, clóic, cumha, dochma, domheanmna, drochmhisneach, duairceas, dubhachas, duifean, dúlagar, dúlionn, éadóchas, gruaim, gruamacht, lagar spride, lagsprid, lionn dubh, *pl.* lionnta dubha, mídhóchas, mímhisneach, néal, púic, smál, tocht, tromchroí. ❸ *dirt, grime:* ainimh, ciobar, cron, máchail, salachar, teimheal, smál, smeadar, smearadh, smol, smól, smúiteán, súicheacht.

smúitiúil adjective ❶ *smoky, vaporous, misty:* smúiteach; ceoch, ceomhar, ciachmhar, deatúil, galach, gruama, múchta, múisiúnta, néaltach, plúchta, plúchta le deatach, scamallach, toiteach, toitiúil. ❷ *murky, dark:* smúiteach; ciachmhar, dorcha, duairc, dubh, gruama, modartha, modarcheoch, murtallach, púiciúil, teimhleach, *literary* dobhar.

smúr¹ noun ❶ *ash, dust:* luaith, luaithreamán, luaithreamhán, luaithreán, *colloquial* luaithreach; deannach, dusta, min, mionrabh, piocadús, púdar, smúdar, snaois. ❷ *dross, rust:* bruscar mianaigh, conamar, meirg, moirt, salachar, slaig, smál, teimheal. ❸ *soot, grime:* sal, salachar, smúdar, smúit, smúrabhán, súiche.

smúr² verb *sniff:* bolaigh de; bí ag srónacánacht le.

smúrthacht noun ❶ *(act of) sniffing:* bolaíocht, bolaireacht, bolú, smaoisíl, smaoisireacht, smúsaíl, snagaíl, snagaireacht, snagarsach, sróinínteacht, srónacánacht. ❷ *(act of) prowling:* póirseáil, sealgaireacht.

smúsach noun *marrow, pith, pulp:* smuas, smús; bia, laíon, má gáinne, máthair bhúidh, múscán, smior.

smut noun ❶ *stump, short piece:* bun, camhcaid, dúid, dúdóg. giota, nuta, sciot, sciotachán, smiodar, stoda, stumpa. ❷ *snout:* caincín, cincín, gaosán, pus, smaois, smúchail, smurlach, soc, srón; geanc. ❸ *sulky expression, huff:* cár, gramhas, rothán, pus, stainc, stoda, stodam, strainc, straois, streill, stuaic, stuaicle. verb *shorten:* caolaigh, ciorraigh, cosc, cuir srian le, cuir teorainn le, gairidigh, giorraigh, giortaigh, laghdaigh, *literary* uathaigh.

smutach adjective ❶ *stumpy, short:* gairid, gearr, giorsanta, giortach, gonta, nutach, nutach. ❷ *snouty, pug-nosed:* smutúil; caincíneach, geancach, srón-leathan. ❸ *sulky:* achrannach, ainciseach, araiciseach, aranta, cancrach, cantalach, cigilteach, cochallach, coilgneach, colgach, crosta, cuileadach, danartha, deafach, dodach, driseogach, drisíneach, feargach, forghruama, fraochmhar, gairgeach, geancach, goilliúnach, gráinneogach, grusach, iarógach, íortha, mosánach, peasánach, pusach, rothánach, spuaiceach, stailceach, stainceach, staincíneach, stalcach, stalcánta, stuacach, stuacánta, stuaiceach, *literary* dreannach, íorach.

smutachán noun ❶ *pug-nosed person:* geancachán. ❷ *sulky person:* dodaire, pusachán, pusaire, smuilceachán, staincín, stuacachán, stuacán, tormasaí; cancrán, cantalóir, cnádán, cnádánaí, cnáimhseálaí, cnáimhseoir, deimheastóir, searbhán, smuilceachán, speig neanta.

smutaireacht noun *(act of) sulking:* pusaíl, pusaíocht, pusaireacht, staincíneacht, stalcacht, stalcaíl, stalcaíocht, stuacacht, stuacaíocht, stuacánacht, stuaicle, sulcáil.

smután noun *stump, chunk of wood:* bloc, blocán, ceap, cearchaill, crompán, ding, meall, plabhta, smut, stacán, stoc, tamhan.

snag¹ noun ❶ *gasp, sob:* snag anála; díogarnach, falrach, glam, gnúsacht, grág, osna, smeach, súiteadh, tocht, uspóg. ❷ *hiccup*: aileag, fail; tocht. ❸ *lull*: aiteall, deibhil, sámhnas, sánas, snag.

snag² noun ❶ *treecreeper* (*Certhia familiaris*): beangán. ❷ **snag breac** *magpie* (*Pica pica*): cabaire breac, colmán ard, Diarmaid beag na dTruslóg, Dónaillín Breac na dTruslóg, meaig, míogadán breag, préachán breac, sceagaire breac, scread breac, *familiar* éan péan, pocaire na mbánta, preabaire na mbánta. ❸ **snag darach** *woodpecker* (*Dendrocopus, Dryocopus*): cnagaire, snagaire darach.

snagach adjective ❶ *sobbing, hiccuping*: osnaíoch, smeachach; a bhfuil fail air. ❷ *jerky, staccato*: corrach, giongach, giorraisc, gogaideach, guagach, luaineach, preabach, ríogach, tapógach, treallach.

snaidhm noun *knot*: dol, lúb. ❷ *bond*: acomhal, banda, banna, ceangal, cónasc, cuibhreach, cuing, geimheal, nasc, nascadh, snaidhmeadh. ❸ *contortion, constriction*: arraing, baspairt, camadh, casadh, claon, claonadh, cor, coradh, cradhscal, creathán, goic, freanga, lúb, maig, preab, rabhán, racht, ríog, spaspas, taom, trítheamh, *literary* riastradh. ❹ **snaidhm (le scaoileadh)** *problem, difficulty*: cruacheist, an t-oighear, oighear an scéil, pointe cruóige, cnámh le creimeadh, éigeandáil, tomhas. verb *tie, bind, unite*: ceangail, cuir ceangal ar, cuir corda ar, cuir rópa ar, cuir ruóg ar, cuir téad ar, daingnigh, greamaigh; aontaigh, comhaontaigh, comhcheangail, comhtháthaigh, nasc.

snaidhmeadóir noun *binder, knotter*: ceangaltóir, ceanglóir, nascaire.

snáithe noun ❶ *single thread, filament*: ribe, ribeog, rón, ruainne, snáithín, tointe, *colloquial* snáth. ❷ *granular texture, grain*: gráinne; fionnadh, stuif, fíochán.

snáitheach adjective *grained, fibrous*: snáithíneach; cnámhógach, righin, sreangach, sreangánach.

snamh noun ❶ *bark*: cnúmh, coirt, craiceann, rúsc. ❷ *skin, complexion*: cneas, craiceann, feoil, leathar, seithe; aghaidh, dreach, éadan, snua.

snámh noun ❶ *swimming, swim*: dul tríd an uisce; caitheamh bang. ❷ *stroke in swimming*: bang, oscar. ❸ *float, flotation*: imeacht leis an uisce, snámh an duine mhairbh. ❹ *creep, crawl*: dromadáil, éalú, lámhacán, sleamhnú, snámhaíocht, sníomhadaíocht.

snámhaí noun ❶ *creeper, crawler*: lámhacánach, lámhacánaí. ❷ *dawdler*: cnuálaí, codaí, fágálach, fágálaí, fámaire, feádóir, feamaire, giolla na leisce, langa, leadránaí, leiciméir, leisceoir, leisíneach, leoiste, leota, liairne, liúdramán, lófálaí, loiceadóir, mágaí, máinneálaí, malltriallach, moilleadóir, raingléir, righneadóir, righnealaí, ríste, scaoinse, scraiste, sínteach, síntealach, síománaí, slabhrálaí, smíste, srathaire, sreangaire, stangaire, stróinse, súmaire, trataí, tratanálaí. ❸ *sneak*: cílí, sciorrachán, sleamhnán, sleamhnánaí, slíbhín, slíbhín, slíodóir, slíomadóir, sliúcaidéir, sliúcaiméir.

snámhóir noun *swimmer*: snámhaí.

snaois noun ❶ *snuff*: snaoisín. ❷ *dry powdered matter, powder*: brioscbhruan, brioscbhruar, deannach, dusta, min, mionrabh, múrán, piocadús, plúr, púdar, smionagar, smúdar.

snap noun ❶ *snap, bite*: áladh, alp, greim, miotóg, plaic, scealp, scealpóg, sciobadh, sclamhadh snab, snabadh, snapadh. ❷ *snatch, short spell*: achar, aga, am, babhta, bomaite, geábh, lá, linn, móiméad, nóiméad, paiste, píosa, scaitheamh, seal, soicind, tamaillín, tamall, téarma, treall, tréimhse, uair. ❸ *snapping sound, snap*: snapadh; cnag, cniog, blosc, pléasc, smeach, snabadh, snab. verb *snap, snatch*: aimsigh, alp, beir ar, beir greim ar, gabh, scaob, sciob, snab, tabhair áladh faoi, tapaigh.

snas noun ❶ *finish, polish*: drithle, gléas, loinnir, luisne, niamh, ruithne, slacht; blaicín, snasán. ❷ *accent, mannerism, lisp*: barróg, blas, canúint, mantáil, meiliteáil, mungailt, stad sa chaint, stad; géata, gothaíocht. ❸ *slime, scum, mould*: glae, glóthach, glóthán, gumalacht, lathach, leo, pic, ramallae, ronn, ronna, slampar, slaoiste, sláthach, smuga, smugairle, sram, sramadh, sronna, úsc; caileannógach, cailimhineog, coirleannógach, líneáil ghorm, líneáil uaine, líonáil, níonáil, roille bhuí, scannán, scraith, screamh, screamhóg; caonach, caonach liath, coincleach.

snasaigh verb *polish, gloss*: cuir snas ar; líomh, locair, mínigh, sciúr, slíob, slíom; cuir gléas i.

snasán noun *polish*: blaicín, céir, snas.

snasta adjective ❶ *literary cut, trimmed*: gearrtha, lomartha lamartha, lomtha, ❷ *finished, polished, glossy*: caoin, cothrom, leibhéalta, mín, réidh, sleamhain, slíobach; coinnleach, dealraitheach, dreachlíofa, drilseach, galbánach, glasta, gléasta, laideanta, loinneartha, lonrach, niamhrach, ruithneach, slíobach, soilseach, solasach, solasmhar, solasta, *literary* éadracht.

snáth noun ❶ *colloquial thread, yarn*: snáithe, ruainne; abhras, fí, fíochán, uige. ❷ **snáth damháin alla** *spider's web*: (i gContae Phort Láirge) bréidín, gréasán damháin alla, leaba damháin alla, líon damháin alla, líonra damháin alla, nead damháin alla, sreangadh, pl. téada damháin alla, pl. téadracha damháin alla; (i gContae na Gaillimhe) téadán.

snáthadán noun ❶ *knitting-needle*: biorán cniotála, dealgán. ❷ *cranefly, daddy-long-legs* (family Tipulidae): snáthadán cogaidh, snáthadán an diabhail; brobh i dtóin, corrchuil, creabhar caol, fíodóir, galán, galán gasach, Pilib an gheataire, pilibín eitre, ruamann na gcoinneal, seanduine na gcos, snáthadóir cogaidh, snáthaid an diabhail, snáthaid an phúca, snáthaid phúca, tuirne Mhuire. ❸ *thin, long-legged person*: brísteachán, cleith, cleithire, cliathramán, cnábaire, cnuachaire, coinnleoir, cuirliún, cuirliúnach, fuaithneartach, gágaire, gailléan, gallán, geosadán, gleidire, ioscadán, langa, léanscach, léanscaire, liútar, lorgadán, píle, pílí, próiste, ránaí, ranglach, ranglachán, ranglamán, reangaide, reangaire, reangartach, reanglach, reanglachán, reanglamán, rúpach, rúplach, reanglamán, scodalach, sconnartach, sínealach, slibire, pl. spanlaí cos, spealaire, spíce, speireach, spidéalach, spreanglachán, spreota, sreangaire, *figurative* réitheach.

snáthaid noun ❶ *needle*: snáthad; bior, biorán, dealgán. ❷ *pointer, hand*: biorán, lámh, méar. ❸ **snáthaid an diabhail** *cranefly, daddy-long-legs* (family Tipulidae): snáthaid an phúca, snáthaid phúca; brobh i dtóin, corrchuil, creabhar caol, fíodóir, galán, galán gasach, Pilib an gheataire, pilibín eitre, ruamann na gcoinneal, seanduine na gcos, snáthadán, snáthadán cogaidh, snáthadán an diabhail, snáthadóir cogaidh, tuirne Mhuire. ❹ **snáthaid mhór** *dragon-fly* (fo-ord Anisoptera): snáthadán cogaidh, snáthaid an diabhail, snáthaid chogaidh, tarbhnathrach.

sneách adjective *nitty*: treaghdánach; fíneogach, foirgthe le míola, míolach.

sneachta noun *snow*: *literary* ladhg; calóg shneachta, spitheog shneachta; cloch shneachta, flichshneachta.

sneamhaire noun *insignificant person*: duine gan aird, neamhdhuine, pearsachán, *familiar* mogal gan chnó; arc, ceairliciú, cleiteachán, cleiteoigín, drabhsóg, feithid, geobal, gilidín, gilmín, scalltán, sceoidín, scidil, táiseachán.

sní noun ❶ *flow, pouring*: brúchtadh, brúchtáil, caise, doirteadh, madhmadh, maidhm, rilleadh, scaird,

snigh
scairdeach, sceitheadh, seadráil, sileadh, stealladh, tál, tulcaíl. ❷ *downpour:* bailc báistí, bailc fearthainne, clagar, clagarnach, clagarnaíl, clascairt báistí, díle báistí, doirteán báistí, duartan, gailbh, gailfean, gailfean báistí, leidearnach chlagair, liagarnach báistí, maidhm bháistí, péatar báistí, rilleadh báistí, sconna báistí, spútrach, tuairt bháistí, tuile liag, *literary* forlacht. ❸ *percolation:* láisteadh, púscadh, scagadh, scinceáil, sileadh, síothlú, tál, úscadh.

snigh verb ❶ *pour, pour down:* brúcht, doirt, rill, sil, tit. ❷ *flow, course:* cúrsáil, foinsigh, gluais, leath, rith, sceith, sreabh, tál. ❸ *percolate:* láist, púsc, rith, scag, sil, síothlaigh, úsc.

sniodh noun *nit:* treaghdán; míol, sceartán crúbach, *familiar* badhdán, búdán.

sniog verb *milk dry, drain completely:* díscigh, diúg, draenáil, ídigh, súigh, taosc, triomaigh.

sníomh noun ❶ *spinning, twisting:* casadh, cor, coradh, fáinneáil, guairdeall, guairne, guairneáil, guairneán, imchasadh, rince, roithleadh, roithleáil, rolladh, rothlú. ❷ **sníomh croí** *heart-wringing:* aimléis, ainnise, ainríocht, anacair, anachain, anás, anchaoi, angar, anró, anróiteacht, anshó, crá croí, cráiteacht, cránán, cránas, deacair, díblíocht, dochracht, dochraide, dócúl, doghrainn, doic, dóing, dóinmhí, dola, dothairne, drámh, drochbhail, duainéis, éagomhlann, fulaingt, gábh, géarbhroid, géarghoin, leatrom, matalang, mí-ádh, mífhortún, piolóid, trioblóid, truántacht, *literary* cacht, galghad. verb ❶ *spin, twist:* cam, cas, cor, crom, cuir casadh i, cuir cor i, cuir freang i, cuir snaidhm i, fiar, freang, iompaigh, lúb, saobh, snaidhm, tiontaigh; ceirtleáil, crioslaigh, glinneáil, gliondáil, maighndeáil, scriúáil, sníomh. ❷ *strain, wrench:* cuir amach, cuir as áit, freang, gortaigh, leon, stang, tarraing. ❸ **sníomh le** *strive with, struggle with:* bí ag dréim le, déan do dhícheall le, streachail le, téigh ag coraíocht le, téigh i nglacamas le, téigh i ngleic le, téigh chun spairne le, troid le.

sniosarnach noun *(act of) snipping, trimming (with scissors):* gearradh, scoitheadh, tobghearradh, lomadh.

snipéir noun *sniper:* naoscaire; aimsitheoir, fear raidhfil.

snítheach adjective *flowing, coursing, gliding smoothly:* cúrsach, gluaisteach, silteach, slaodach, snámhach, sraoilleach, sreabhach, sruthach, tulcach.

snoí noun ❶ *cutting, hewing, carving:* baint, gearradh, grábháil, greanadh, scoitheadh, snoíodóireacht. ❷ *paring down, refining:* bearradh, scamhadh; cóiriú, feabhsú, leasú, míniú, snasú. ❸ *wearing away, wasting:* caitheamh, cnáfairt, cnaí, creimeachán, creimeadh, crinneadh, díomailt, laghdú, seargadh, spíonadh.

snoigh verb ❶ *cut, hew:* bain, bearr, gearr, grábháil, grean, sciot, sclár, scoith, teasc. ❷ *shape, fashion, sculpt:* cruthaigh, cum, damhnaigh, dealbh, dealbhaigh, déan, deilbhigh, foirmigh, múnlaigh. ❸ *refine:* cóirigh, feabhsaigh, gléas, leasaigh, maisigh, oirnigh, snasaigh, prapáil, saibhrigh, sciamhaigh, tabhair chun foirfeachta. ❹ *thin, waste away:* caith, caolaigh, lom, tanaigh; bánaigh, cnáigh, críon, donaigh, díomail, dreoigh, feoigh, laghdaigh, meath, meathlaigh, searg, spíon, téigh ar gcúl, téigh i léig, truaigh.

snoíodóir noun *sculptor:* dealbhadóir, dealbhóir; cruthaitheoir, dearthóir, ealaíontóir.

snua noun *complexion, colour, appearance:* aghaidh, dreach, éadan, gnúis, snamh; craiceann, dath, lí; cló, cóiriú, cosúlacht, crot, cruth, cuma, dealraitheacht, dealramh, éagasc, fíor, fíoraíocht, foirm, gné, riocht.

snúúil adjective *of good complexion, healthy looking:* craicneach, dealfa, dealraitheach; córach, cruthúil, cuidsúlach, cumtha, dathúil, dea-chruthach, deamhaisiúil, dóighiúil, fíortha, glémhaiseach, gnaíúil, gnúiseach, maisiúil, slachtmhar, úrchneasach, úrchraicneach; folláin, sláintiúil.

só noun ❶ *comfort, ease:* cluthaireacht, compord, faoiseamh, imchumhdach, sáile, saoráid, sólás, seascaireacht, sómas, suáilceas, suaimhneas, téamh, teas, teocht, teolaíocht; macnas, sáile, sáimhín, sáimhín só, sáimhín suilt, sáimhríocht, sóchas, sócúl, sócúlacht, sómas. ❷ *satisfaction, enjoyment:* ábhacht, áibhéireacht, aiteas, aoibhneas, ardú croí, ardú meanman, áthas, bród, gairdeas, lúcháir, pléisiúr, ríméad, sásamh, sásamh intinne, sástacht, scóip, sonas, taitneamh, *literary* airear. ❸ *prosperity:* ádh mór, bail, beannacht, biseach, bláth, conách, dea-fhortún, deis, fortún, rath, rathúlacht, rathúnachas, rathúnas, soirbheas; acmhainn, áirge, airgead, bracht, bruithshléacht, bunairgead, coibhche, conách, crodh, deis, éadáil, flúirse, gustal, iarmhais, ionnas, ionnús, maoin, raidhse, saibhreas, séan, sochar, sócmhainn, spré, stór, strus, tábhacht, toice, *literary* intleamh, ionnlas, sorthan.

so-aitheanta adjective *recognizable:* aithnidiúil, feiceálach, idirdhealaithe, inaitheanta, inbhraite, indealaithe, infheicthe, insonraithe, intuigthe, intugtha chun grinnis, intugtha faoi deara, sofheicthe, suntasach.

so-athraithe adjective *adjustable:* claochlaitheach, inathraithe, malartach, soghluaiste, sóinseálach, solúbtha.

sobal noun *foam, froth, lather:* coipeadh, cúr, cúrán, gorán, ladar, sosta, uanán; cáitheadh.

sobhéasach adjective *mannerly, well-bred:* béasach, caoin, caoinbhéasach, cathartha, ceansa, cneasta, córtasach, cúirtéiseach, cúirtiúil, cúiseach, cuntanósach, dea-bhéasach, dea-iomprach, dea-mhúinte, dea-labhartha, dea-mhúinte, fiosúil, galánta, giúlánta, iomprach, macánta, modhúil, múinte, nósmhar, nósúil, ómósach, ridiriúil, séimh, sibhialta, síodúil, urramach.

so-bhlasta adjective *tasty:* beadaí, blasta, caithiseach, goiliúil, goinbhlasta, so-chaite, sóil, solamarach, súch, súmhar; milis.

sobhogtha adjective ❶ *easily moved, emotional:* bogúrach, caointeach, corraitheach, deorach, fuaiscneach, luchtmhar, maoithneach, maoth, mothúchánach, paiseanta, rachtúil, rómánsach, sochorraithe, tochtach, tochtmhar. ❷ *pliable, elastic:* athléimneach, athscinmeach, fleascach, géilliúil, inrite, inteannta, leabhair, leaisteach, lingeach, sofhillte, somhúnlaithe, soshínte, solúbtha.

sobhriste adjective ❶ *fragile:* anbhann, éagrua, éidreorach, fann, faon, íogair, lag, lagáiseach, lagbhríoch, leice, leochaileach, maoth, meata, meatach, meirtneach, neamhinniúil, tréith, tréithlag. ❷ *brittle:* aibrisc, briosc, lag, leochaileach, sceiteach, sprusach, tanaí; deannachúil, plúrach, púdrach, smúdrach, smúitiúil.

sobhuailte adjective *vulnerable:* éislinneach, íogair, lag, leochaileach, neamhdhaingean, neamhdhiongbháilte, soghonta, soghortaithe, soleonta, soloite; éidreorach; gan chaomhnú, gan chosaint, gan dídean; mar a bheadh coinín i measc conairte.

sóbráilte adjective *sober:* céillí, measartha, neamhmheisciúil, staidéarach, stuama; ar a chiall.

soc noun ❶ *nozzle, snout:* béal, gob, smut, srón. ❷ *beak, sharp nose (of person):* cainc, caincín, gaosán, gob, srón.

socadán noun ❶ *person with pointed face:* gobachán, gobadán; gobóg. ❷ *busybody:* duine cunórach, duine déanfasach, geafaire, pl. gnaithe gan iarraidh, gnó gan iarraidh, gobachán, gobadán, gobaire, griothalánaí, ladhrálaí, láimhseálaí, maide in umar, maide measctha, péadóir, priocsmut, siopach, sithire, smúiríneach, socaire, tréipéiseach.

socair adjective *quiet, calm, unruffled:* ciúin, féith, mánla, neamhbhuartha, neamhchorrach, neamhchorraithe, neamhshuaite, réchúiseach, sámh, seasta, séimh, síochánta, sochma, staidéartha, stuama, suaimhneach, téiglí, tostach, *literary* fosaidh, reithineach; céillí, daingean.

sochaí noun ❶ *host, multitude:* bailiúchán, brúdán, bulc mór daoine, coifeálán, comhthionól, cruinniú, daoscarshlua, lear, mathshlua, ollslua, plód, plód daoine, pobal, *pl.* scaotha, scata mór, slua, *pl.* na sluaite, tionól, tóstal, tréad. ❷ *social community, society:* comhluadar, pobal; *pl.* daoine, dream, drong, grúpa, náisiún.

sochar noun ❶ *benefit, advantage:* barr tairbhe, brabús, buntáiste, conách, éadáil, earraíocht, féirín, leas, maith, rathúnas, séan, sleaint, sochracht, somhaoin, tairbhe, toradh. ❷ *bargain:* conradh, conradh maith, saoráil, sladmhargadh.

sochraid noun *funeral, funeral procession:* adhlacadh, comhairí, tórramh, traighean; crócharn, crócharnaid, crócharnán, cróchnaid, crócrann.

sochroíoch adjective *kind-hearted:* bráithriúil, cairdiúil, caoideanach, caoin, caomh, caoithiúil, caomh, caonrasach, carthanach, ceansa, céilúil, cineálta, cneasta, coimhirseach, coimhirseanach, comhluadrach, comrádúil, córtasach, cuidiúil, dáimhiúil, daonna, díograiseach, garúil, grádiaúil, lách, macánta, maiteach, maith, máithriúil, mánla, maránta, méiniúil, miochair, míonla, mórchroíoch, muinteartha, oibleagáideach, páirteach, páirtiúil, preabúil, séimh, soghníomhach, soilíosach, somhaiteach, suairc, taisiúil, tláith, trócaireach, truachroíoch, úrchroíoch, *literary* gartach.

sócmhainn noun *asset:* acmhainn, buntáiste, cabhair, cuidiú, cúnamh, geall, maoin, sochar, somhaoin.

socracht noun *quietness, stillness, settled state:* calm, ciúnas, sáimhe, sáimhríocht sámh, sámhnas, síocháin, scíth, só, sos, suaimhneas, téigle, tost, *literary* reithine; éideannas, faoiseamh, randam.

socraigh verb ❶ *calm, quiet, still:* ceansaigh, coisc, ciúnaigh, cuir suaimhneas i, cuir srian le, giúmaráil, measraigh, sásaigh, séimhigh, síothaigh, srian, suaimhnigh, tabhair chun síochána. ❷ *calm down, be put at rest:* ciúnaigh, séimhigh, suaimhnigh, tláthaigh; téigh chun suaimhnis, tit chun suaimhnis. ❸ *arrange, decide, determine:* beartaigh, cinn, cinntigh, comhairligh, daingnigh, leag amach, réitigh. ❹ **socraigh síos** *settle down:* áitigh, cónaigh, cuir fút, lonnaigh. ❺ *pay, settle (bill, debt):* díol, glan, íoc. ❻ *lay low, kill:* básaigh, cuir chun báis, cuir deireadh leis, leag ar lár, maraigh, *literary* slaidh.

socrú noun *settlement, arrangement:* aontú, cinneadh, comhaontú, comhréiteach, conradh, leagan amach, margadh, réiteach, *literary* taithleach

sócúl noun *ease, comfort:* macnas, sáile sáimhín, sáimhín só, sáimhín suilt, sáimhríocht, só, sóchas, sócúlacht, sómas; brothall, cluthaireacht, compord, saoráid, seascaireacht, soirbheas, sólás, suáilceas, suaimhneas, teolaíocht; bheith ar do sháimhín só, bheith ar do chraodó.

sócúlach adjective *easy, comfortable:* éasca, sáil, saoráideach, suaimhneach, suaimhneasach, suaimhnitheach; cluthar, compoirdeach, compóirteach, compordach, compordúil, guamach, guamáiseach, sámh, seascair, séimh, sóch, sócúil, soirbh, sóisealta, sólásach, sómasach, sómásach, suáilceach suairc, taitneamhach, *literary* sodhaing.

sodaire noun ❶ *trotter:* sodarthóir, sodrálaí; reathaí. ❷ *bustler, gadabout:* bacach, bonnaire, bóithreoir, fálródaí, fámaire, fánaí, feadóir, feamaire, fiaire, fraedóir, fuaidire, jaingléir, ráigí, raimleálaí, ránaí, rianaí, rantaeir, ruathaire, seachránaí, séadaí, siúlóir, spailpín, srathaire, sreothaí, taistealaí, traibhléir, tranglálaí, turasóir, vagabón, vagabún, válcaeir.

sodamán noun *heavily built creature, slow moving creature:* ablach, búiste, giústach, liúdramán, scraiste, sínteach, smíste, spadaire, spadán.

sodar noun *trotting, trot:* falaireacht, geamhshodar, gearrshodar, sodaraíl, sodarnaíl, sodarnach.

sodhéanta adjective *easily done, practicable:* éasca, féideartha, furasta, inchurtha i gcrích, inchurtha i bhfeidhm, indéanta, inoibrithe, inrásta; is féidir é, tá gealladh faoi.

sodhíolta adjective *easy to sell, marketable:* indíolta, lasta; tá éileamh mór air, tá iarraidh air, tá ráchairt mhór air.

sofaisticiúil adjective *sophisticated:* cathartha, cultúrtha, múinte, oilte, sibhialta, síodúil; faiseanta, faisiúnta, galánta, nósúil, nuafhaiseanta, nuanósach; críonna, dea-eolach, eolach, fadcheannach, feasach, géarchúiseach, grinn, tuisceanach; comhaimseartha, nua-aimseartha, nua-aoiseach, úrnua; suas chun dáta.

sofheicthe adjective *visible, manifest, obvious:* dealraitheach, feiceálach, feisceanach, follas, follasach, for-réil, infheicthe, poiblí, soiléir, suaithinseach, suntasach, *literary* airdhirc, eagnach, suaithní; is cuid suntais é.

sofhriotal noun *euphemism:* liotóid, maolaisnéis.

soghafa adjective *negotiable (of path, passage):* inseolta, intaistil, intrasnaithe, sothriallta.

soghluaiste adjective ❶ *movable, mobile:* aistreach, aistreánach, gluaisteach, imeachtach, imirceach, inaistrithe, indéanta, so-aistrithe, so-iompair, **adjectival genitive** taistil. ❷ *inconstant, transient:* aerach, calaoiseach, cluanach, díomuan, éadairiseach éaganta, earráideach, falsa, fealltach, gaigiúil, giodamach, giodramach, guagach, iomluath, luaineach, luascánach, luath, luathaigeanta, luathintinneach, meallach, mísheasmhach, neamhsheasmhach, treallach; básmhar, díomuan, duthain, gairid, gearr, gearrshaolach, neamhbhuan, sealadach, so-mharaithe. ❸ *accessible:* inaimsithe, insroichte. ❹ *responsive, amenable:* cigilteach, freagrach, géilliúil, goilliúnach, íogair, leochaileach, mothálach, sobhogtha, sofhreagrach, sochorraithe; ceansa, umhal.

soghníomh noun *good deed, benefaction:* carthanacht, cineáltacht, cineáltas, comaoin, dea-bheart, deaghníomh, gar, garaíocht, oibleagáid, oiriúntas; daonchairdeas, daonnacht, daonnachtúlacht; caoimhe, caoineas, caoithiúlacht, ceansacht, cneastacht, féile, flaithiúlacht, láíocht, macántacht, miochaire, mórchroí, séimhe, suairceas, tláithe, *literary* daonchaire.

soghníomhach adjective *beneficent:* beannaithe, bráithriúil, cabhrach, caoin, caomh, ceansa, ceanúil, cineálta, cneasta, comharsanúil, comhbhách, connail, dáimheach, dáimhiúil, daonna, daonnachtúil garúil, grádiaúil, grámhar, lách, macánta, maith, máithriúil, mánla, maothchroíoch, maránta, méiniúil, miochair, míonla, mórchroíoch, oibleagáideach, séimh, suairc, tláith, trócaireach, tuisceanach.

soghonta adjective *vulnerable:* éislinneach, íogair, lag, leochaileach, neamhdhaingean, neamhdhiongbháilte, sobhuailte, soghortaithe, soleonta, soloite; éidreorach; gan chaomhnú, gan chosaint, gan dídean; mar a bheadh coinín i meas conairte.

soghortaithe

soghortaithe adjective *easily hurt:* goilliúnach, leochaileach, mothálach, sobhuailte, soghonta,

soghrách adjective ❶ *lovable:* caithiseach, carthanach, cineálta, geanúil, grách, grámhar, inmhianaithe, insantaithe, lách, meallacach, tarraingteach. ❷ *loving:* búch, caithiseach, ceanúil, croíúil, geanúil, grách, grámhar, greannmhar, lách, nádúrtha, teochroíoch, *literary* búidh.

soibealta adjective *impudent, saucy:* abartha, aisfhreagrach, braobanta, cabanta, cocach, cunórach, deiliúsach, deaschainteach, deisbhéalach, gasta, gearrchainteach, gíománta, maigiúil, nathanta, seiceallach, sotalach, straeabhógach, teanntásach, téisiúil, uaibhreach, údarásach.

soicéad noun *socket:* cró, lochall, logall, mogall, slocán, sócad, *literary* ionsma; cuas, fail, leaba, log.

soicheallach adjective *liberal, hospitable, welcoming:* aíoch, aíochtach, bordach, bronntach, caoin, cineálta, cóir, dáilteach, fáilteach, fairsing, fial, fiúntach, flaithiúil, gnaíúil, lách, mórchroíoch, oscailteach, preabúil, rábach, sínteach, tabhartasach, teochroíoch, úr, *literary* flaithbheartach, gartach.

sóil adjective *palatable, tasty:* beadaí, blasta, caithiseach, goinbhlasta, so-bhlasta, so-chaite, solamarach, súch, súmhar; milis.

soilbhir adjective ❶ *pleasant:* aiteasach, beannaithe, béasach, búch, caoin, caomh, caonrasach, ceansa, cineálta, cneasta, connail, daonna, garúil, grádiaúil, grástúil, lách, macánta, maith, mánla, maránta, méiniúil, mín, miochair, míonla, modhúil, oibleagáideach, preabúil, sásta, séimh, soghníomhach, soirbh, somhaiteach, suairc, tiríúil, tláith. ❷ *jovial, merry:* aerach, áiléideach, aiteasach, aoibhinn, áthasach, croíúil, gairdeach, gáiriteach, gealgháireach, gliadrach, gliondrach, intinneach, leithéiseach, loinneogach, lúcháireach, meanmnach, meidhreach, meidhréiseach, ríméadach, sásta, scóipiúil, séanmhar, somheanmnach, sólásach, sona, suairc, subhach, súgach. ❸ *ready of speech, well-spoken:* abartha, aibí, aicearrach, brasach, buafhoclach, cabanta, cliste, cocach, dea-chainteach, dea-labhartha, deaschainteach, deisbhéalach, eagnaí, líofa, luathbhéalach, luathchainteach, nathánach, nathanta, tráthúil.

soilbhreas noun ❶ *pleasantness:* caoimhe, caoineas, caoithiúlacht, ceansacht, cineáltacht, cneastacht, conlacht, daonnacht, duineatacht, láíocht, macántacht, miochaire, séimhe, suairceas, tláithe. ❷ *joviality, merriment:* ábhacht, áibhéis, áiféis, aiteas, áthas, aoibh, aoibhneas, croíléis, éagantacht, gairdeas, gealgháire, giodam, girréis, gleoiréis, gleois, gliadar, gliondar, greann, laighce, leithéis, meidhir, meidhréis, oireachtas, ollghairdeas, pléaráca, rampaireacht, sáile, sámhas, *pl.* sceitimíní, scléip, só, sóchas, sólás, suairceas, subhachas, sult, *literary* sibheanradh. ❸ *readiness of speech:* abarthacht, aibíocht, aicearracht, aisfhreagra, cabantacht, *pl.* carúil, clisteacht chainte, coc, deachaint, deaschaint, deisbhéalaí, eagnaíocht, luathchaint, nathaireacht, nathaíocht, nathántacht, tráthúlacht.

soiléas noun *brightness, clarity:* gile, gileacht, soilseacht, gléine, gléineacht, glinne, gluaire, léire, paiteantacht, soiléire, soiléireacht, soilseacht, solasmhaire, solasmhaireacht, solastacht, sorcha, spréacharnach, taitneamhacht, trédhearcacht, tréshoilseacht, *literary* soirche; beaichte, dearfacht, dírí, fírinne, foilse, glinne, léire, pointeáilteacht.

soiléasta adjective *bright, clear, lucid:* ainglí, bán, baoisceánta, coinnleach, crithreach, fionn, galbánach, geal, gléghlan, gleoir, gleorach, gloiní, lonrach, soilseach, solasach, solasmhar, solasta, trédhearcach, tréshoilseach, trilseach, *literary* éadracht, eagnach; feiceálach, follas, follasach, for-réil, glé, gléineach, glinn, greanta, grinn, léir, réalta, sofheicthe, soiléir.

soiléir adjective ❶ *clear, distinct, obvious:* baoisceánta, dealraitheach, feiceálach, follas, follasach, for-réil, geal, glan, glé, gléghlan, gléigeal, gléineach, glinn, grianánach, léir, lóchrannach, loinneartha, lonrach, niamhrach, paiteanta, réalta, soiléasta, soilseach, solasach, solasmhar, solasta, *literary* eagnach, suaithní. ❷ *easy:* aosáideach, éasca, furasta, saoráideach, saorálach, scóipiúil, *literary* sodhaing.

soiléireacht noun ❶ *clarity, lucidity:* soiléire; foilse, gléacht, gléine, gléineacht, glinne, gluaire, léire, soiléas, soilse, soilseacht, solasmhaire, solasmhaireacht, solastacht, trédhearcacht, tréshoilseacht. ❷ *easiness:* éascaíocht, fusacht, líofacht, réidhe, saoráid, simplíocht, soghluaisteacht, soiléire, solúbthacht.

soiléirigh verb *clarify, make manifest:* ciallaigh, deimhnigh, maisigh, léirigh, léirmhínigh, mínigh, soiléirigh; craobhscaoil, craol, cuir in iúl, cuir os ard, dearbhaigh, foilsigh, nocht, léirigh, poibligh, réal, tabhair chun solais, tabhair le fios, taispeáin.

soléirse noun *axiom:* aicsím, aicsíom, bunphrionsabal, gnáthfhocal, léireasc, nathán, oideam, prionsabal, riail, seanfhocal, seanrá, tairiscint.

soilíos noun ❶ *contentment, pleasure:* ábhacht, aeracht, áibhéireacht, aiteas, aoibh, aoibhneas, ardú croí, ardú meanman, áthas, aoibh, aoibhneas, bród, eacstais, gáibhéireacht, gairdeachas, gairdeas, gealán, gealchroí, gealgháire, gliondar, laighce, lainne, lúcháir, meidhir, meidhréis, pléisiúr, rímead, sáile, sámhas, sásamh, sásamh intinne, sástacht, scóip, séan, só, sóchas, soilbhreas, sólás, sonas, suairceas, subhachas, sult, sultmhaire, taitneamh, *literary* airear, subha; balsam, faoiseamh, íocshláinte, suaimhneas. ❷ *ease, comfort:* clúid, cluthaireacht, compord, cumhdach, faoiseamh, gor, goradh, imchumhdach, macnas, sáile, sáimhín, sáimhín só, sáimhín suilt, sáimhríocht, saoráid, seascaireacht, sólás, só, sócúl, sócúlacht, sómas, suáilceas, suaimhneas, téamh, teas, teocht, teolaíocht. ❸ *benefit, favour:* beannacht, carthanacht, cineáltas, comaoin, córtas, dea-ghníomh, deamhéin, dea-thoil, díogras, dúthracht, gar, garaíocht, láchas, láíocht, muintearas, oibleagáid, oiriúntas, tláithe.

soilíosach adjective *obliging:* cabhrach, caoin, caonrasach, ceansa, cineálta, comharsanúil, cothaitheach, cuidítheach, cuidiúil, cúntach, fóinteach, garach, garúil, lách, oibleagáideach, tacúil; bráithriúil, mórchroíoch, *literary* gartach.

soilire noun ❶ *celery (Apium graveolens):* meirse gharraí, siléirí. ❷ *wild celery (Apium graveolens):* lus na smaileog, smaileog; peirsil milis, peirsil mhór.

soilse noun ❶ *brightness, light:* soilseacht, soilsiú; dealramh, drithle, drithliú, gealán, gile, gléine, gléineacht, glioscarnach, gluaire, greadhnán, loinneartha, loinnir, lonrú, loise, luisne, scal, scaladh, soiléas, solas, solasmhaire, solasmhaireacht, solastacht, sorcha, spréacharnach, taitneamhacht, trédhearcacht, tréshoilseacht, *literary* éadrachta, soirche. ❷ *flash of lightning:* caor thine, caor thintrí, lasair thintrí, saighneán, saighneán tintrí, splanc ghabhlach, splanc thoirní, tine ghealáin; *pl.* fosclaidh, *pl.* fosclaíocha; spéirling, tintreach is toirneach. ❸ **soilse na súl** *eyebright (Euphrasia):* deirfiúr bhán, glanrosc, líon radhairc, lus an Phápa, lus na leac, radhaircín, rinn an roisc, rinn roisc, roisnín. ❹ **a Shoilse** *your Excellency:* a Ambasadóir; a Chairdinéil, a Uachtaráin; a dhuine uasail; a bhean uasal.

soilseach adjective *bright, luminous, effulgent:* breoch, crithreach, dealraitheach, feiceálach, follas, geal,

glan, glé, gléghlan, gléigeal, gléineach, greanta, grianánach, léir, lóchrannach, loinneartha, lonrach, niamhrach, paiteanta, soiléasta, soiléir, solasach, solasmhar, solasta, sorcha, trilseach, *literary* éadracht, luchair.

soilseacht noun *brightness, effulgence:* soilse; breo, gile, gileacht, gléine, gléineacht, gléire, glioscarnach, gluaire, léire, loinnir, lonrachas, lonracht, lonradh, lonrú, niamh, niamhracht, paiteantacht, soiléas, soiléireacht, solasmhaire, solasmhaireacht, solastacht, sorcha, spréacharnach, taitneamhacht, *literary* éadrachta, soirche.

soilsigh verb ❶ *shine, light, brighten:* dealraigh, fionn, geal, gealaigh, gléghlan, las, lonraigh, niamh, saighneáil, scal, sorchaigh, taitin; *literary* ionsorchaigh. ❷ *enlighten:* cuir ar an eolas, tabhair léargas do.

soineann noun ❶ *clemency of weather, good weather:* breáthacht aimsire, aimsir bhreá, aimsir mhaith. ❷ *calmness, pleasantness:* ciúnas, sáimhe, suaimhneas; caoimhe, caoineas, ceansacht, cineáltacht, cneastacht, láíocht, macántacht, miochaire, séimhe, soilbhreas, suairceas, tláithe. ❸ *lack of guile:* soineannaí, soineantacht, soineantas; ionracas, macántacht, mothaolacht, mothaolaí, mothaolaíocht, neamhurchóid, róchreidmheacht, saontacht, simplíocht.

soineanta adjective ❶ *calm, clement, fair:* breá, calma, cineálta, mánla, sámh, séimh, síochánta, sítheach, suaimhneach. ❷ *pleasant, serene (of expression):* caoin, caomh, ceansa, cneasta, cineálta, connail, lách, macánta, maith, méiniúil, miochair, míonla, séimh, soirbh, suairc, tláith. ❸ *innocent, guileless, naive:* beannaithe, creidmheach, éigiontach, géilliúil, ionraic, macánta, mothaolach, neamhurchóideach, neamhamhrasach, neamhfhaichilleach, neamhoilte, róchreidmheach, saonta, simplí, sochomhairlithe, somheallta, sónta.

soinneán noun *blast:* soinneán gaoithe; daighear, daighear gaoithe, pléasc, pléascadh, réabadh, saighneán, séideán, sinneán, siorradh, siorradh gaoithe.

sóinseáil noun *change (of money):* briseadh, sinseáil, sóinseáil bheag, sprus sinseála. verb *change (money):* bris, malartaigh.

so-iompair adjective *portable:* inaistrithe, iniompair, iniompartha, **adjectival genitive** póca, **adjectival genitive** siúil, **adjectival genitive** taistil.

soipeachán noun *straw mattress, pallet:* leaba bheag, leaba chocháin, leaba shoip, leaba thuí, peall, sráideog, tocht, tocht clúimh, tocht tuí.

soiprigh verb *nestle, snuggle down:* neadaigh; conlaigh tú féin.

soir adverb *to the east, eastwards:* aniar, chuig an oirthear.

soirbheas noun ❶ *ease, convenience:* aosáid, éascaíocht, saoráil, scóipiúlacht; áis, áisiúlacht, caoi, caoithiúlacht, deis. ❷ *pleasantness, cheerfulness:* ábhacht, áibhéis, áiféis, aiteas, áthas, aoibh, aoibhneas, croíléis, éagantacht, gairdeas, gealgháire, giodam, girréis, gleoiréis, gleois, gliadar, gliondar, greann, laighce, leithéis, meidhir, meidhréis, oireachtas, ollghairdeas, pléaráca, rampaireacht, sáile, sámhas, *pl.* sceitimíní, scléip, só, sóchas, soilbhreas, sólás, spleodar, suairceas, subhachas, sult. ❸ *prosperity:* ádh mór, bail, beannacht, biseach, bláth, conách, dea-fhortún, deis, fortún, rath, rathúlacht, rathúnachas, rathúnas; acmhainn, áirge, airgead, bracht, bruithshléacht, bunairgead, coibhche, conách, crodh, deis, éadáil, flúirse, gustal, iarmhais, ionnas, ionnús, maoin, rachmas, saibhreas, séan, só, sochar, sócmhainn, spré, stór, strus, tábhacht, toice, *literary* intleamh, ionnlas, sorthan.

soirbhigh verb ❶ *prosper:* rathaigh; cuir rath ar, tabhair chun cinn. ❷ **go soirbhí Dia duit** *I wish you God-speed:* go dté tú slán, go n-éirí an bóthar leat, go ngnóthaí Dia duit.

soirbhíochas noun *optimism:* croíúlacht, dea-chroí, dóchas, dóchasúlacht, gairdeas, gus, meanma, *literary* meanmanra, soilbhreas, spiorad.

soiscéal noun ❶ *gospel:* beatha Chríost, dea-scéala, briathar Dé, Tiomna Nua, *pl.* scríbhinní na soiscéalaithe; cré, creideamh, fírinne, *pl.* prionsabail, teagasc. ❷ *sermon, discussion:* aitheasc, seanmóin, seanmóir, soiscéal, soiscéalaíocht; caibidil, cur is cúiteamh, díospóireacht, plé.

sóisear noun *junior:* duine is óige, óg, sósar; leanbh, naíonán, páiste.

sóisearach adjective *junior:* beag, is óige, níos óige, óg; leanbaí, páistiúil.

soisialach adjective *socialist:* sóisialaíoch; Boilséiveach, cumannach, Marxach; Útóipeach. noun *socialist:* daonlathaí sóisialta; Boilséiveach, cumannach, cumannaí, Marxach.

sóisialachas noun *socialism:* daonlathas sóisialta; Boilséiveachas, cumannachas, Marxachas; siondacáiteachas.

sóisialta adjective *social:* comhdhaonnach, sóisialach; **adjectival genitive** na ndaoine, **adjectival genitive** an phobail, **adjectival genitive** pobail.

soitheach noun ❶ *vessel, container, dish:* ampaill, ancairt, áras, árthach, babhla, páisín, beiste, bleidhe, buicéad, ceaintín, canna, cíléar, cilfing, cingid, ciolarn, clogad, clogaidín, croca, crúiscín, crúsca, cailís, cuach, cupa, cupán, dearbhóg, feadhnach, feircín, giústa, gogán, leastar, méisín, mias, mornán, muga, paol, peaindí, pigín, pota, potán, próca, scála, searróg, séibe, stópa, tancard, umar, *literary* drochta, síothal, stábh; áras fuail, breallán, fuálán. ❷ *barrel, cask:* bairille, casca, ceaig, cearnmheadar, oigiséad, scartaire, stainnín, stanna, tobán, tunna; dromhlach. ❸ *ship:* árthach, carbhal, clipéar, cúrsóir, frigéad, gaileon, húicéir, impróir aerárthach, línéar, long, luamh, scriostóir, scúnar, slúpa, tríréim, *literary* cnarr, scafa; bád, báirse, bárc, bioracán, birling, ciomba, cocbhád, coite, curach, curachán, eathar, geolta, gleoiteog, iomlacht, leathbhád, liúir, nae, naibí, naomhóg, púcán, *literary* scafa. ❹ *womb (of cow):* áras, bolg, broinn, máithreach, pis, pit, útaras.

sól noun *sole (Solea solea):* leathóg bhán, teanga chait; leadhbóg.

solabhartha adjective ❶ *affable:* cairdiúil, caoithiúil, carthanach, céiliúil, coimhirseach, coimhirseanach, comhluadrach, comrádúil, cuidiúil, cúirtéiseach, cúiseach, dáimhiúil, díograiseach, lách, mín, miochair, muinteartha, páirteach, páirtiúil, sibhialta, suairc. ❷ *fluent, eloquent:* dea-chainteach, dea-labhartha, deaschainteach, deisbhéalach, éasca, glinn, líofa, milisbhriathrach, nathánach, nathanta, pras, réidh, reitriciúil, soilbhir, so-thuigthe, tráthúil; abartha, aibí, aicearrach, cabanta, cliste.

soladach adjective *solid:* calctha, crua, cruánach, daingean, dea-dhéanta, dobhogtha, docht, doscaoilte, fódach, fuaimintiúil, righin, stalcach, stalcánta, stóinsithe, stolpach, teann, *literary* díoghainn, dron, sonairt, tailc; buan, buanseasmhach, diongbháilte, dlúth, láidir, tiubh, tréan.

soláimhsithe adjective *easily handled, manageable:* aosáideach, éasca, furasta, saoráideach; caoithiúil, feiliúnach, fóirsteanach, oiriúnach; ceansa, géilliúil, géilliúnach, sásta, socheansaithe, sochomhairlithe, soghluaiste, somhúinte, sostiúrtha, uiríseal, umhal; lúitéiseach, lústrach.

sólaistí

sólaistí plural noun *dainties, delicacies:* beadaíocht, *pl.* béalóga milse, cineál, *pl.* deolaíocha, goblaigh mhilse, *pl.* ollmhaitheasaí, *pl.* sócamais, tarsann.

solamar noun ❶ *rich food, nourishing food:* beatha, bia, bia taoisleannach, cothabháil, cotháil, cothú, scamhard, *literary* coth. ❷ *abundance (of good things):* bleachtanas, dalladh, fairsinge, fairsingeacht, féile, flaithiúlacht, flúirse, flúirseacht, flúirsí, fuíoll na bhfuíoll, láine, lear, líonmhaireacht, raidhse, saibhreas, taoscán, téagar, *literary* tóla.

solámhach adjective *deft, dextrous:* ábalta, aclaí, cliste, dea-lámhach, deas, deaslámhach, gasta, glic, imeartha, innealta, lannach, luathlámhach, meabhrach, praitinniúil, sciliúil, seolta, stuama, tuisceanach, *literary* reabhrach, séaghainn.

solaoid noun ❶ *illustration, example:* cuspa, deismireacht, eiseamláir, fasach, idéal, léiriú, múnla, patrún, pictiúr, sampla. ❷ *likeness, semblance:* amhlachas, cló, cosúlacht, craiceann, crot, cruth, cuma, cumraíocht, dealramh, éagasc, fíor, fíoraíocht, gné, greanadh, imchruth, íomhá, samhail, samhailt, samhlachas, samhlú, *literary* iontamhail, iontamhlacht.

solas noun ❶ *light, brightness:* solasmhaire, solasmhaireacht, solastacht; dealramh, drithle, drithliú, *literary* éadrachta, faghairt, gealán, gile, gléineacht, glioscarnach, greadhnán, léire, loinnir, lonrú, scal, soiléas, soiléireacht, soilseacht, soilsiú, sorcha, spréacharnach, taitneamh, taitneamhacht, trédhearcacht, tréshoilseacht, *literary* soirche. ❷ *light, lamp:* laindéar, lampa, léaspaire, lóchrann; branda, coicheán, coicín, gleorachán, lasán, lasóg, soilseán, sop, sopóg, teannáil, tóirse, trilseán, *literary* sútrall. ❸ *flame:* bladhaire, bladhm, bléas, bléasóg, breo, dó, dóiteán, lasán, lasóg, lóchrann, tine. ❹ *enlightenment, insight:* amharc, breathnú, dearcadh, féachaint, léar, léargas, léaró, léas, radharc; iarchonn, iomas, léirstean, réchonn, tuaileas, tuiscint; inspioráid, tinfeadh.

sólás noun ❶ *consolation, comfort:* ceansú, comhfhortacht, coráiste, croí, faoiseamh, misneach, suaimhneas; cásamh, comhbhá, comhbhrón, trua, tuiscint, *literary* díodhnadh. ❷ *joy:* aiteas, áthas, aoibh, aoibhneas, fáilte, gairdeas, gealgháire, gliondar, laighce, lainne, lúcháir, meidhir, meidhréis, ola ar do chroí, pléisiúr, ríméad, sáile, sámhas, sásamh, só, sóchas, somheanma, subhachas, súgachas, sult, taitneamh, tanfairt, *literary* subha.

sólásach adjective ❶ *consoling, comforting, cheering:* caonrasach, cásmhar, cineálta, comhbhách, compordach, séimh, suáilceach, suaimhneasach, suaimhnitheach. ❷ *joyous:* aerach, áiléideach, aiteasach, aoibhinn, áthasach, fáilteach gairdeach, gealchroíoch, gliondrach, loinneogach, lúcháireach, meidhreach, pléisiúrtha, rímhaith, ríméadach, sámh, sásta, séanmhar, soilbhir, somheanmnach, sona, suairc, subhach, taitneamhach.

solasmhar adjective ❶ *bright, luminous:* soilseach, solasach, solasta; breoch, crithreach, dealraitheach, *literary* éadracht, feiceálach, follas, geal, glan, glé, gléghlan, gléigeal, gléineach, greanta, griánánach, léir, lóchrannach, loinneartha, lonrach, *literary* luchair, niamhrach, paiteanta, soiléasta, soiléir, sorcha, trilseach. ❷ *clear, lucid:* soilseach, solasach, solasmhar, solasta; ainglí, bán, baoisceánta, coinnleach, crithreach, *literary* éadracht, *literary* eagnach, feiceálach, fionn, follas, follasach, for-réil, galbánach, geal, glé, gléghlan, gléineach, gleoir, gleorach, glinn, gloiní, greanta, grinn, léir, lonrach, réalta, sofheicthe, soiléasta, soiléir, trédhearcach, tréshoilseach.

so-lasta adjective ❶ *inflammable:* bloscach, bolcánach, faghartha, inlasta, lasánta, lasartha, lasartha, lasúil, lasúnach, soghalaithe. ❷ *excitable:* driopásach, drithleach, drochruthagach, éadrom, fosaoideach, fuaiscneach, gárthach, guagach, obann, sceidealach, sochorraithe, soshaigheadta, sothógtha, tintrí, tobann; ar bís, ar tinneall; bhí a chroí i mbarr a mhéire aige, bhí sceitimíní air.

soláthair verb ❶ *collect, gather:* bailigh, bain, cnuasaigh, cruinnigh, tacair, teaglamaigh, tiomsaigh; cuir i dtoll a chéile, cuir le chéile. ❷ *provide:* cuir amach, cuir ar fáil, táirg.

soláthar noun ❶ *collection, procurement:* bailiúchán, cnuasach, cruinneagán, cruinniú, deascán, díolaim, foirisiún, glac, stór, tacar, taisce, teaglaim, tiomsachán, tiomsú, tionól. ❷ *supply, provision:* ciondáil, dáileadh, dáileachán, deonú, riar, riaradh, roinnt, scaipeadh. ❸ *pl.* **soláthairtí** *provisions:* ábhar bia, bia, *literary* coth, greim, lón, lónadóireacht, lónú, lónú bia, rótham, *pl.* sócmhainní, solamar, *pl.* sólaistí, tomhaltas.

soléite adjective ❶ *readable:* inspéise, spéisiúil, suimiúil; meallacach, tarraingteach. ❷ *legible:* inléite; follas, follasach, glé, léir, soiléir.

soleonta adjective *easily wounded, vulnerable:* leochaileach, sobhuailte, soghonta, soghortaithe, soloite; gan chaomhnú, gan chosaint, gan dídean; mar a bheadh coinín i measc conairte.

sollúnta adjective *solemn:* céimiúil, cuibhiúil, cúirtéiseach, cúirtiúil, díniteach, foirmiúil, foistineach, grástúil, maorga, mórga, mórgach, nósúil, oirirc, réimiúil, réimiúil, ríoga, ríogúil, ríthiúil, ríúil, ríonaí, *literary* séaghainn, síodúil, stáidiúil, tiarnúil, uasal.

solúbtha adjective *flexible, supple, adaptable:* aclaí, folúthach, leabhair, ligthe, luaineach, lúfar, oscartha, scafánta, slatra, sofhillte; cumasach, ilbheartach, ilbhuach, ilchumasach, ildánach, iléirimiúil, iltréitheach, seiftiúil.

somachán noun *plump youngster:* mamailíneach, páinteach, pataire linbh, patlachán, plobóg, plucachán, plucaí, pluicín, seibineach, somóg.

sómas noun *ease, comfort:* cluthaireacht, compord, faoiseamh, gor, goradh, imchumhdach, sáile, saoráid, sólás, seascaireacht, suáilceas, suaimhneas, téamh, teas, teocht, teolaíocht; macnas, sáimhín, sáimhín só, sáimhín suilt, sáimhríocht, só, sócúl, sócúlacht.

somhaoin noun ❶ *profit, benefit:* áisiúlacht, balachtáil, brabach, brabús, buntáiste, éadáil, earraíocht, éifeacht, fáltas, feidhm, fís, fiúntas, fónamh, fóntas, gnóthachan, gnóthú, ioncam, leas, luach, luach saothair, maith, maitheas, pá, *literary* poinn, proifid, sochar, *literary* sola, tairbhe, úsáid; an craiceann is a luach. ❷ *(with the genitive) the best part, the most of:* an chuid is fearr, plúr, scoth; an chuid is mó, bunús, formhór, móramh.

sómhar adjective *comfortable, luxurious:* brothallach, compordach, ilmhaitheasach, maoineach, saibhir, sáil, seascair, sóch, sócúil, sóisealta, sómasach, tábhachtach, te, toiciúil, tréan, toiciúil; go maith as, i measarthacht den tsaol, ina shá den tsaol, ina shuí go te; tá gléas maith air, tá gléas maith beo air.

so-mharaithe adjective *easy to kill, mortal:* básmhar, sobhuailte, soghonta, soghortaithe, soleonta, lag, leochaileach; díomuan, duthain, gearrshaolach, neamhbhuan, sealadach.

somheallta adjective *easy to deceive, gullible:* boigéiseach, creidmheach, gamalach, géilliúil, leibideach, mothaolach, neamhamhrasach, neamhfhaichilleach, neamhoilte, róchreidmheach, saonta, simplí, sochomhairlithe, soineanta, somheallta.

somheanma noun *good spirits, cheerfulness:* aigeantacht, beocht, beogacht, bruithean, croíúlacht, éirí croí, gealadhram, gealgháirí, gliondar, intinn, laighce, lainne, lúcháir, meanma, meidhir, soilbhreas, soirbheas, spéiriúlacht, spiorad, spleodar, sprid, spriolladh, subhachas, súgachas, súgaíocht, suairceas, teaspach.

somheanmnach adjective *in good spirits, cheerful*: aerach, aigeanta, áthasach, beo, beoga, breabhsánta, croíúil, gairdeach, gáiriteach, gealchroíoch, gealgháireach, gliondrach, greadhnach, intinneach, láidir, lúcháireach, macnasach, meanmnach, meidhreach, meidhréiseach, misniúil, ríméadach, sásta, scóipiúil, seamhrach, séanmhar, soilbhir, sólásach, sona, spéiriúil, spleodrach, suairc, subhach, súgach.

somhúinte adjective *easily taught, docile*: inmhúinte, so-oilte, sotheagaisc; ceansa, comhoibritheach, dícheallach, díograiseach, géilliúil, umhal.

somhúnlaithe adjective *ductile, plastic*: plaisteach, sofhillte, solúbtha, so-oibrithe; claochlaitheach, inathraithe, leabhair, leaisteach, so-athraithe, soghluaiste.

sona adjective *happy, fortunate*: sonasach; ádhúil, aerach, aigeanta, aiteasach, ámhar, ámharach, amhantrach, áthasach, croíúil, fortúnach, gairdeach, gáiriteach, geal, gealchroíoch, gealgháireach, gliondrach, intinneach, lúcháireach, meanmnach, meidhreach, meidhréiseach, rathúil, ríméadach, sásta, scóipiúil,séanmhar, soilbhir, sólásach, somheanmnach, spéiriúil, spleodrach, suairc, subhach, súgach; ar mhuin na muice, go maith as, ina shuí go te; tá an t-ádh leis, tá mil ar chuiseogach aige, tá rith an ráis leis.

sonaídeach adjective *easy, untroubled*: aerach, aigeantach, alluaiceach, ciúin, éagorrach, gliondrach, neamhbhuartha, neamhchorrabhuaiseach, neamhchúiseach, sámh, suaimhneach, *literary* sodhaing; gan bhuaireamh.

sonas noun *happiness, good fortune*: ádh, ádh dearg, aiteas, aoibh, aoibhneas, ardú croí, ardú meanman, áthas, bail, bláth, bród, caoi, cinniúint, conách, dán, dea-chinniúint, dea-uain, dea-uair, deis, fortún, gairdeachas, gairdeas, gliondar, leas, lúcháir, pláinéad, pléisiúr, rath, rath is rathúnas, rathúlacht, rathúnachas, rathúnas, ríméad, sásamh, sásamh intinne, sástacht, scóip, séan, séanmhaireacht, seans, só, sóchas, soilbhreas, soilíos, sólás, suairceas, subhachas, sult, *literary* airear, sobharthan.

sonc noun ❶ *thrust, poke*: buille, péac, priocadh, rop, ropadh, sá, sáiteán, sonnadh, turraing. ❷ *nudge, push*: brú, dingeadh, péac, pulcadh, sacadh, truilleán.

sondáil verb *sound (depth)*: grinneall, grúntáil, saibhseáil.

sonn noun ❶ *stake, post*: cleith, crann, cuaille, cuailleán, geá, laí, páil, polla, sáiteán, staic, stacán, standal, stodaire, *literary* ochtach, sithbhe. ❷ *shaft, handle*: cleith, cos, crann, geá, hanla, lámhchrann, lorga, maide, sabh, sáfach, urla, urlann. ❸ *pillar, support (person)*: áighe, crann cosanta, crann seasta, crann taca, cuiditheoir, cúl taca, cúntóir, fear taca, taca, tacaí, *familiar* cúlaistín.

sonnta adjective ❶ *forceful*: ábalta, bríoch, bríomhar, cumasach, cumhachtach, dána, éifeachtach, fearúil, feilmeanta, foirtil, fórsúil, fuinniúil, inniúil, láidir, misniúil, móruchtúil, neamheaglach, neamhfhaiteach, neartmhar, spreacúil, treallúsach, tréan, *literary* ruanata, séitreach, soinnimh. ❷ *cheeky, impertinent*: abartha, aisfhreagrach, braobanta, brusanta, cabanta, clóchasach, cocach, cunórach, deaschainteach, deiliúsach, deisbhéalach, easurrúsach, gasta, gearrchainteach, ladúsach, maigiúil, nathanta, prapanta, smuilcíneach, soibealta, sotalach, stradúsach, stráisiúnta, tagrach, teanntásach, téisiúil, tiarnúil, toghail, uaibhreach, údarásach.

sonra noun ❶ *characteristic, particular*: airí, comhartha, comhartha sóirt, déata, gné, mianach, sainchomhartha, saintréith, tréith. ❷ *pl.* **sonraí** *data*: *pl.* dálaí, eolas, *pl.* mionsonraí, *pl.* tosca. ❸ *shape, ghostly appearance*: amhailt, cruth, fíor, gósta, neach, spiorad, sprid, taibhse, támhas; siúlacht.

sonraigh verb ❶ *define, specify*: deifnídigh, sainigh, sainmhínigh; ainmnigh, ceap, cinn, imlínigh, leag amach, luaigh, socraigh. ❷ *perceive, distinguish*: airigh, aithin, braith, meabhraigh, mothaigh, tabhair faoi deara, tabhair leat, tuig; coinnigh óna chéile, dealaigh, idirdhealaigh, tabhair chun grinnis, tabhair i ngrinneas.

sonraíoch adjective ❶ *noticeable, remarkable*: éachtach, feiceálach, suaithinseach, suaithní, suntasach; is cuid suntais é, is díol suntais é; an rud is annamh is iontach. ❷ *extraordinary*: áibhéalach, áibhéalta, áibhéiseach, áiféiseach, aisteach, dochreidte, domhínithe, éagoitianta, éagsamhalta, éagsúil, fabhlach, feartach, finscéalach, gáifeach, iontach, neamhchoitianta, neamhghnách, suaithinseach, suaithní, suntasach, urghnách; gan réamhshampla. ❸ *abnormal, grotesque*: adhfhuafar, ainspianta, anchúinseach, arrachtach, arrachtúil, éanormalach, fuafar, mínormálta.

sonraíocht noun ❶ *specification*: deifnídiú, leagan amach, sainchuntas, sainmhíniú, sainiú, socrú, sonrú. ❷ *peculiarity, remarkable characteristic*: airí, comhartha, comhartha sóirt, déata, gné, sainchomhartha, saintréith, sonra, tréith; féiniúlacht, mianach, sainiúlacht. ❸ *abnormality, anomaly*: contráilteacht, éanormalacht, earráid, mírialtacht, neamhbhuaine, neamhfhreagracht, neamhrialtacht, neamhréir; lúb ar lár.

sonrasc noun *invoice*: bille, cuntas, scór, scot.

sonuachar noun *spouse*: banchéile, bean, bean chéile; fear, fear céile, fearchéile; caoifeach, caoifeach leapa, céile, leannán, nuachar, páirtnéir.

so-oilte adjective *easily trained*: inmhúinte, somhúinte, sotheagaisc; ceansa, comhoibritheach, géilliúil, umhal.

so-ólta adjective *drinkable, potable*: inólta, so-óla; aimrid, aimridithe, glan, steirilithe.

sop noun ❶ *wisp, small bundle (of straw, etc.)*: sopóg; binsín, birtín, dos, dosán, glúinín, seamaide. ❷ *straw bedding, bed*: leaba; réleaba, sóchar, sopachán, sráideog, teacht síos. ❸ **sop in áit na scuaibe** *makeshift, substitute*: ainm (*with the genitive*), ainm is; leithscéal de. ❹ *sop de dhuine* *wispy person, unkempt person*: caiteachán, loimíneach, séacla, sopachán; ciafart, ceamach, ceamachán, cifleachán, cuifeach, cuileachán, giobachán, gliobachán, liobairíneach, liobar, liobarnálaí, scifleachán, scothánach, scrábachán, sraoilleachán, sraoilleán, sraoillín.

sópa noun *soap*: gallaoineach, gallaoileach, gallaoireach, gallúnach, *literary* sóp nite; glantaí, glantóir.

sor noun *animal louse, tick*: során; ceartán, míol caorach, míol ceartáin, sceartán.

so-ranna adjective *sociable, companionable*: caidreamhach, cairdiúil, céiliúil, coimhirseach, cóisireach, comhluadrach, cuideachtúil, tíriúil.

sorcas noun *circus*: seó, seó bóthair; amharclann, carnabhal, taispeántas.

sorcóir noun *cylinder*: corna, cornán, rollóg, rollóir.

sorn noun *furnace*: foirnéis, áith, bácús, oigheann, sornóg.

soroinnte adjective *divisible*: inroinnte.

sórt noun ❶ *sort, kind*: aicme, cineál, foirm, gné, leithéid, nádúr, saghas, samhail, seort, speiceas. *adverb* *a bit, somewhat*: ábhar, beagán, iarracht, pas beag, rud beag, roinnt.

sórtáil verb *sort*: aicmigh, catalógaigh, cláraigh, códaigh, cogairsigh, córasaigh, cuir eagair ar, cuir

sos
in ord, eagraigh, grádaigh, innéacsaigh, liostaigh, rangaigh, tabhar chun eagair, tabhair chun sistéim, togh.

sos noun ❶ *rest, cessation:* cónaí, faoiseamh, luí, reast, reasta, scís, scíth, sochard, sosadh, stad, staonadh, stop, *literary* turbhaidh; codladh, suan. ❷ *respite:* cairde, faoiseamh, randam, sáimhe, sámh, sámhnas, síocháin, sosadh, suaimhneas, *literary* turbhaidh. ❸ *interval:* achar, eatramh, idirchéim, idirlinn, idirspás, seal, sosadh, spás, stad, *literary* ea.

soscéala noun *good news:* dea-scéal; is maith scéal gan drochscéal.

soshásta adjective *easily pleased:* beagshách; sásta, sochma.

soshínte adjective *easily stretched, elastic:* athléimneach, athscinmeach, géilliúil, inrite, inteannta, leabhair, leaisteach, lingeach, sobhogtha, sofhillte, somhúnlaithe, solúbtha.

sotal noun ❶ *pride, arrogance:* anuaill, bród, bródúlacht, ceartaiseacht, ceartaisí, cinseal, díomas, éirí in airde, gaisce, gaisciúlacht, iarlaitheacht, iomarcaíl, leithead, méirnéis, mór is fiú, móráil, mórchúis, mórtas, mórtais thóin gan taca, mustar, postúlacht, suimiúlacht, uabhar, uaibhreacht, uaibhreas, uaill, uallachas, *familiar* cóití bhárms. ❷ *cockiness, impudence:* buannaíocht, clóchas, consaeit, cuidiúlacht, cunórtas, deiliús, éirí in airde, gíomántacht, iarlaitheacht, postúlacht, stráisiún, suimiúlacht, teallaireacht, teanntás, uabhar, údarás.

sotalach adjective ❶ *proud, arrogant:* bóibéiseach, bladhmannach, bogásach, borrach, bródúil, clóchasach, consaeitiúil, foruallach, gaisciúil, iomarcach, leitheadach, méirnéiseach, móiréiseach, móralach, mórchúiseach, mórtasach, mustrach, postúil, teanntásach, teaspúil, téisiúil, toirtéiseach, tóstalach, uaibhreach, uailleach, uallach, údarásach. ❷ *cocky, impudent:* abartha, aisfhreagrach, anbharúlach, cabanta, clóchasach, cocach, cuidiúil, cunórach, deiliúsach, gasta, gearrchainteach, giodalach, gíománta, ladúsach, lánmhar, maigiúil, nathanta, seiceallach, soibealta, sonnta, stradúsach, streabhógach, teanntásach, toghail, tréipéiseach.

sothógtha adjective ❶ *easily lifted:* éadrom, iniompair, iniompartha. ❷ *excitable:* driopásach, drithleach, drochruthagach, éadrom, fosaoideach, fuaiscneach, guagach, obann, sceidealach, sochorraithe, so-lasta, soshaigheadta, tintrí, tobann; ar bís, ar tinneall.

sothriallta adjective *negotiable (of path, etc.):* inseolta, intaistil, intrasnaithe, soghafa.

sothuigthe adjective *comprehensible, simple:* intuigthe; doloicthe, éasca, furasta, neamhchas, saoráideach, simplí.

sóúil adjective ❶ *comfortable, luxurious:* compordach, costasach, macnasach, saibhir, sócúlach, sóisealta, sómhar. ❷ *satisfying, delicious (of food, etc.):* beathúil, biatach, cothaitheach, cothúil, oiliúnach, sásúil, scamhardach, scamhardúil, taoisleannach; blasta, caithiseach, dea-bhlasta, milis, so-bhlasta.

sóúlacht noun ❶ *comfort, luxury:* compord, macnas, sáile, sáimhín, sáimhín só, sáimhín suilt, sáimhríocht, só, sócúl, sócúlacht, sómas. ❷ *delicious taste:* blastacht, dea-bhlastacht, milseacht, so-bhlastacht.

spád noun *spade:* spáid; laí, rámhainn, sluasaid, sluaisteog.

spadaire noun *sluggish, lethargic person:* spadán; bruachaire, búiste, camán luatha, codlatán, crochadóir, crochaire, goróir, leadaí na luatha, liairne, luircín cheann an teallaigh, meathlóir, niúdar neádar, sámhánaí, scraiste, sínteach, síománaí, slaodaí, smíste, snámhaí, spaid, spaidín, stróinse, suanaí.

spadalach noun *sodden, soggy substance:* spaid, spairt, spairteach, spartán; líbín.

spadánta adjective *sluggish, lethargic:* ceanntrom, céimleasc, fuarbhruite, leadránach, leasc, liosta, mairbhiteach, mall, mallacharach, mallbheartach, malldícheallach, mallghluaiste, malltriallach, marbhánta, meirbh, múisiúnta, murtallach, neamhaigeanta, neamh-anamúil, neamhéasca, righin, sionsach, slogánta, spadach, suanach, támáilte, támhach, torpánta, *literary* laiste.

spadchluasach adjective ❶ *lop-eared:* maolchluasach. ❷ *hard of hearing:* cluasbhodhar; bodhar; tá moill éisteachta air.

spadchosach adjective *flat-footed:* báltach, bosach, leifteánach, pasúrach, spágach; réchosach; tá leifteán air, tá pasúr coise aige.

spadhar noun *fit (of temper):* néal, rabharta, racht, ráig, spréach, spreang, straidhn, taghd, taom, treall. verb *exasperate, enrage:* corraigh, cuir ar deargbhuile, cuir le cuthach, cuir fearg ar, cuir olc ar, cuir sna céadéaga, cuir taghd ar, feargaigh, greannaigh, oibrigh.

spadhrúil adjective ❶ *quick-tempered:* achrannach, agóideach, aighneasach, argóinteach, buailteach, caismirteach, coilgneach, cointinneach, colgach, comhlannach, conspóideach, cuileadach, frochanta, gairgeach, gleoch, goilliúnach, gráinneogach, greannach, imreasach, imreasánach, iomarbhách, iarógach, meirgeach, mícheadfach, obann, siosmach, spreangach, taghdach, tobann, trodach. ❷ *erratic, mentally unbalanced:* aerach, alluaiceach, athraitheach, baoth, éadairiseach, éaganta, earráideach, gligíneach, gogaideach, guagach, luaineach, luathintinneach, saobh, saofa, scinnideach, taomach; ar buile, ar mire.

spadintinneach adjective *slow-witted, muddle-headed:* aimhghlic, amadánta, amaideach, baoiseach, baoth, bómánta, breallach, breallánta, bundúnach, dall, dallacánta, dallaigeanta, dobhránta, dúr, éaganta, gamalach, lagintinneach, leathmheabhrach, leibideach, mallintinneach, óinsiúil, pleidhciúil, ramhar, seafóideach, simplí, támhánta, áiféiseach, ainbhiosach, aineolach, dichéillí, dúrámanta, leamh, míghlic, neamhthuisceanach, scaipthe, seachmallach; bunoscionn, trína chéile.

spág noun *broad flat foot, big clumsy foot:* bálta, báltóg, clabhca, leifteán, pasúr, sliútar.

spaga noun *pouch, purse:* púitse, púitsín, sparán, vallait; bolg, curraoin, geois, máilín, mála, mang, mealbhóg, tiachán, tiachóg, treaspac, treaspag.

spágáil verb *walk clumsily:* cosaráil, crágáil, cosaráil, slabhráil, sliútráil, strácáil, strampáil, streachail, tiaráil.

spágaire noun *clumsy-footed person, ungainly walker:* spágachán, spágaí, spágálaí, spágán; bosachán, clabhstrálaí, cosarálaí, crágálaí, crúbachán, crúbálaí, gladhbóg, gúngaire, lapadán, lapaire, laprachán, lathartach, leifteánach, plapstaire, sliútrachán, strácálaí, strampálaí, streachlán; lapóg, lapróg.

spailp noun *spell, bout, turn:* achar, babhta, cor, cúrsa, deis, deis istigh, dreas, geábh, greas, iarracht, píosa, scaitheamh, sea, seal, sealad, tamall, tréimhse, turas, turn, uain.

spailpín noun ❶ *migratory farm labourer:* cábóg; fear oibre, fostaí, giolla, náibhí, saothraí, sclábhaí; oibrí, crácálaí, strácálaí. ❷ *person of low degree, rude person:* bodach, buailtíneach, búr, cábóg, caobach, closmar, fleascach, giolla, íochtarán, íseal, lábánach, lóma, maistín, miondhuine, mogh, moghaidh, pleibeach, searbhónta, seirbhíseach, seirfeach, suarachán, tuathalán, tuathánach, tútachán, túitín, *familiar* maidrín lathaí.

spairn noun ❶ *fight, contention struggle*: achrann, agóid, aighneas, argóint, briatharchath, bruíon, cogadh, cogaíocht, coinbhleacht, coimhlint, cointinn, comhlann comhrac, comórtas, conaghreabhaid, conspóid, construáil, díospóid, dréim, easaontas, easaontas, eisíth, géarchoimhlint, giorac, griobsach, iaróg, imreas, iomaíocht, imreasán, iomarbhá, ionsaí, maicín, raic, sáraíocht, scirmis, scliúchas, siosma, spairníocht, spochadh, spochadóireacht, trasnaíocht, troid, *literary* conghail, easard, gleidean, imnise. verb *fight, contend*: comhraic, ionsaigh, troid; fear cogadh, seas an fód, tabhair cath; *literary* sín chun catha. ❷ **téigh chun spairne le** *contend with, cross swords with*: téigh chun sleanntracha le.

spaisteoir noun ❶ *stroller, promenader*: fálródaí, fámaire, fánaí, feadóir, feamaire, fiaire, leadaí, raimleálaí, ránaí, seachránaí, síománaí, siúlóir, sráidí, sreothaí, sruthaire, strambánaí, válcaeir, *familiar* foghlaeir. ❷ *childishly mischievous person, prankster*: áilteoir, alfraits, anstrólaí, buachaill báire, cleasaí, ealaíontóir, gealtán, ógánach; gealtóg.

spaisteoireacht noun ❶ (*act of*) *strolling, walking*: falaire, falaireacht, fálróid, fánaíocht, feadóireacht, fuaidireacht, radaireacht, raimleáil, rámhóireacht, rámhordaíocht, rianaíocht, ródaíocht, seachrán, siúl, sráideoireacht, srathaireacht, sruthaireacht, válcaeireacht, vardaíl. ❷ *childish mischief, devilment*: ábhaillí, abhlóireacht, amhasóireacht, anmhaillís, breathas, crostáil, dalbacht, diabhlaíocht, iarógacht, iomlat, mí-iompar, millteanas, mímhúineadh, mínós, oilbhéas, pleidhcíocht.

spall verb ❶ *scorch, parch, shrivel*: breoigh, bruith, cráindóigh, dóigh, fionn, loisc, ruadhóigh, rualoisc, searg, tíor, triomaigh; scall, scól. ❷ *redden, blush*: dearg, deargaigh, las, ruaigh, ruaimnigh; luisnigh.

spalla noun ❶ *chip, pebble*: sceall sceallog, scealp, scealpóg, sceamhlóg, sceamhóg, slis, sliseán, sliseog, slisín, slisneog; cloch, cloichín, méaróg, póirín, póirín cloiche, púróg, rapa, spalla. ❷ *cheville, word*: caint, focal, leagan, rá, ráiteas; *pl.* seoraí.

spalladh noun ❶ *scorching, drought*: fordhó, loscadh, ruadh, rualoscadh, spalpach, triomach, triomacht. ❷ *flush*: deargadh, deargú, deirge, flainne, lasadh, luisne.

spallaíocht noun ❶ (*act of*) *trifling, flirting*: cealgaireacht, cleasaíocht, cliútráil, cluanaireacht, cluanaíocht, gliodaíocht, ladús, líodóireacht, lúbaireacht, mealltóireacht, pláibistéireacht, plámás, slíomadóireacht, spriongar; cliúsaíocht, cúirtéireacht, faoileáil, giolamas, giollamas, manaois, radaireacht, suirí, tláithínteacht, *literary* tochmharc. ❷ (*act of*) *bickering*: achrann, agóid, aighneas, argóint, beachtaíocht, cailicéireacht, cáiríneacht, cnádán, cnádánacht, cointinn, construáil, cráiféal, deargadh beara, feannadóireacht, foclaíocht, géaradas cainte, géiríneacht, goineogacht, íde béil, íde na muc is na madraí, imreas, imreasán, iomarbhá, leadhbairt den teanga, oidhe bhéil, oirbhire, priocaireacht, scioladóireacht, spochadh, spochadóireacht, stangaireacht, tarcaisne, trasnaíocht, troid. ❸ *bits, snatches*: *pl.* blúirí, brus, bruscar, mionrach, mionbhruar, smionagar; scolaíocht. ❹ *smattering*: salacharáil, salacharaíl, slathairt, smeadar, smeadráil; breacaireacht; breaceolas, smeareolas.

spalp verb ❶ *burst forth*: bris amach, doirt amach, doirt aníos, foinsigh, maidhm, pléasc, scaird, scaird amach, sceathraigh, sceith. ❷ *pour forth, rap out*: cuir amach, doirt amach, caith aníos, foinsigh, scaird amach.

spalpadh noun *burst, eruption, outpouring*: brúcht, brúchtadh, brúchtaíl, cur amach, doirteadh, ligean, scaipeadh, scairdeadh, scaoileadh, sceathrach, sceith, sceitheadh.

spalpaire noun ❶ *big, strong man*: balcaire, bambairne fir, béinneach, bramaire, bromach, bromaire, bromaistín, carraig, cleithire fir, cliobaire fir, crobhaire, Earcail, fairceallach fir, falmaire fir, fámaire fir, fathach fir, gaiscíoch, griolsach, heictar, preabaire fir, rábaire, rúscaire, sail, scafaire, scriosúnach, smalcaire, smíste, stollaire fir, tolcaire, tolchaire, tollaire fir. ❷ *witless talker, loudmouth*: bladhmaire, bolgán béice, bolscaire, brasaire, cabaire, clabaire, claibéir, claibín muilinn, dradaire, geabaire, geabstaire, glafaire, glagaire, glagbhéal, glamaire, gleoiseach, gleoisín, gleothálaí, gligín, gliogaire, glórachán, gobachán, meigeadán, plobaire, salmaire, scaothaire, scrathóg, síodrálaí, siollaire, siosaire, strambánaí, trumpadóir. ❸ **spalpaire éithigh** *whopper*: bréag, caimseog, cnapán bréige, fadhbóg, gailleog, gáilleog, gailleog bhréige, gaimseog, gó, pait, pait bhréige, sceireog, stompa bréige, scaits éithigh, straiméad.

spalpas noun *abashment, shame*: adhnáire, adhnáireacht, aiféaltas, cotadh, náire.

spalptha adjective *parched*: dóite, íotach, loiscthe, spallta, súite, tirim, triomaithe, tíortha; básaithe ag an tart, ag fáil bháis lei an tart, píopáilte leis an tart, sclogtha leis an tart, spallta leis an tart, stiúgtha leis an tart, tachta ag an tart.

spang noun ❶ *fit, paroxysm*: racht, ráig, ríog, spadhar, spaspas, taghd, tallann, taom, tapóg, treall; abhóg, eatal, fonn, fuadar, míthaom, priocadh. ❷ *dangerous bout of illness*: ráig, taom, ulpóg; gabhlán tinnis, teog. ❸ *whim, notion*: aeracht, aeráid, éagantacht, guagacht, guaig, luaineacht, nóisean, ruais, ruaiseacht, scinnide, spadhar, taghd, teidhe.

spanla plural noun **spanlaí cos** *spindle-shanks, spindly legs*: *pl.* loirgne píopa, *pl.* bunsifíní cos, *pl.* gága, *pl.* speala cos, *pl.* spéicí cos, *pl.* spreangaidí cos, *pl.* sparraí caola, *pl.* sparraí cos, *pl.* spealóga cos, *pl.* spúinní cos.

spáráil verb *spare*: coigil, tarraing caol ar; déan cúis gan.

spárálach adjective *sparing, frugal*: baileach, bainistíoch, barainneach, coigilteach, tíosach; ceachartha, ceapánta, cnuasaitheach, cúngchroíoch, gortach, neamhchaifeach, sprionlaithe, taogasach, teilgeach, toimhseach.

sparán noun *purse*: bosán, curraoin, peas, peasán, póca, púitse, púitsín, spaga, spliúchán, tiach, tiachán, tiagh, treaspac, treaspag, *literary* peillic.

sparánaí noun *bursar, treasurer*: cisteoir; airgeadóir, prócadóir, scríbín.

sparr verb *bar, secure, batten*: boltáil, daingnigh, feistigh, glasáil, neartaigh, socraigh, *literary* glinnigh.

sparra noun *bar, batten*: bíoma trasna, bráicín, crann, maide, maide éamainn, sabh, sabh dorais, trasnán.

spártha adjective *spared, spare*: saor; **adjectival genitive** breise, le cois.

spás noun ❶ *space, room*: áit, bealach, bearna, fad, fairsinge, ionad, rúm, rúma, rúmáil, scóip, scópúlacht. ❷ *interval of time*: achar, eatramh, fad aimsire, idirchéim, idirlinn, idirspás, seal, sos, sosadh, suaimhneas, *literary* ea. ❸ *period of grace*: cairde, maitheamh, tríáil; faoiseamh, lamhail, lascaine.

speabhraídí plural noun *hallucinations, delusions, fantasies*: *pl.* bréagchéadfaí, *pl.* haras, *pl.* harasaí, *pl.* spéireataí, tógaíocht; dalbhadh, mearaí, mearbhall, mearchiall, mearú, mire, saobhadh céille, seachmall, tógaíocht.

speach

speach noun ❶ *kick (of animal)*: cic, raideog; truip. ❷ *snap (of fingers)*: smalóg, smeach. verb *kick*: ciceáil, rad, spréach, spriúch, truipeáil; buail speach ar.

spéaclaí plural noun *spectacles*: pl. gloiní, pl. spéaclairí, pl. spéaclóirí.

speal noun *scythe*: speilín; corrán. verb ❶ *mow, scythe*: bain, bearr, gearr, leag, lom. ❷ *strip, shed*: feann, glan, lom, scamh, struipeáil, *literary* fadhbh. ❸ *scatter, squander*: bánaigh, caith, caith i vásta, cuir amú, cuir faoi bhruth, cuir i bhfaighid, díomail, forscaoil, ídígh, meath, meil, reac, reic, scaoil, snoigh, spíon, tabhair gaoth do, tnáigh.

speanc noun *crag, cliff*: carraig, carracamán, carracán, creig, sceilg, screig, speanc, splinc, spuaic charraige.

speancaire noun *rock climber*: cnocadóir, cnocaire, dreapadóir, dreapaire, sléibhteoir.

speár noun *spar, bout of sparring*: bocsáil, dódóireacht, dornáil, dornálaíocht; griolsa, spairn, speáráil

speic noun ❶ *peak (of cap)*: feirc, píce, speic, spleic. ❷ *inclination, slant*: camadh, casadh, claon, claonadh, coc, cor, coradh, cromadh, cuar, cúinne, dronn, fiar, feirc, goic, laobhadh, leathcheann, leathmhaig, leathmhaing, leathspeic, leathspleic, leathstuaic, lúb, maig, maing, sleabhac, sleaint, sléim, spleic. ❸ *sidelong glance, furtive look*: amharcaíl, briollac, briollacadh, caidéis, cunórtas, fiafraitheacht, fiosracht, físeoireacht, gliúcáil, gliúcaíocht, gliúmáil, speiceáil, speicéireacht.

spéic noun *speech*: aitheasc, caint, léacht, óráid, seanmóir.

spéice noun ❶ *pole, stick*: crann, cuaille, lámh, lámhchrann, lorga, sabh, sáfach, seafta. ❷ **rinneadh spéice de** *he was knocked unconscious*: fágadh gan aithne gan urlabhra é; fágadh gan mheabhair é, fágadh gan mhothú é, rinneadh stiúda marbh de.

speiceáil verb *look furtively*: bí ag gliúcaíocht, bí ag gliúmáil; féach go fáilí, féach i nganfhios.

speiceas noun *species*: cineál, gné; aicme, saghas, seort, sórt; cuma, éagasc, foirm, leithéid, nádúr, samhail.

speiceasach adjective *specific*: gnéitheach; áirithe, páirticleártha, sonraíoch suaithinseach, suntasach.

speicéir noun ❶ *furtive watcher, prying person*: gliúmálaí, gobachán, gobaire, priocsmut, smúiríneach, socadán, socaire.

spéicéir noun ❶ *matchmaker*: stócach, *familiar* basadaeir, basadóir; eadránaí, fear eadrána. ❷ *speaker (in parliament)*: cathaoirleach, ceann comhairle.

speictream noun *spectrum*: pl. dathanna an bhogha ceatha.

speig neanta noun ❶ *caterpillar, hairy caterpillar*: ailseog, bolb, bratóg, cruimh chabáiste, cruimh chóilís, duillmhíol, larbha, luibhphéist, luschnuimh, luschuach, péist an eolais, péist cháil, péist chabáiste; diairmín clúmhach, Dónall an chlúimh, Seáinín an chlúimh, Máirín an chlúimh, Máirín chlúmháin, Siobháinín an chlúimh, spid neanta, spiorad neantóg, sprid neanta. ❷ *figurative malicious person*: áibhirseoir, aisiléir, amhas, arc nimhe, cneámhaire, corpadóir, damantach, damantán, damantóir, deimheastóir, duine dáigh, nathair, nimheadóir, scabhaitéir, sealánach, searbhán, *figurative* caisearbhán; tá nimh san fheoil aige donn.

speir noun ❶ *shank, shin, hough*: lorga; cnámh na lorga, cnámh na lorgan, cos, géag, ioscaid; láirig, leis, sliasaid, *colloquial* leasrach. ❷ *spur of rock*: carracamán, carracán, sáil, speirín, spiora carraige, splinc. ❸ *stern (of boat)*: cúl, deireadh, post, post deiridh. verb ❶ *hamstring, cripple*: craplaigh, martraigh, míchumasaigh; fág faoi chithréim, fág ainimh ar, fág cithréim ar. ❷ *bend, droop*: cam, cas, crom, feoigh, cúb, lúb, tit.

spéir noun ❶ *sky, air*: aer, atmaisféar, bogha bán, firmimint, pl. glinnte an aeir; pl. flaithis, neamh, *literary* blaosc an aeir. ❷ *airiness*: aeráil, fairsinge, scóipiúlacht. ❸ *brightness*: gile, gileacht, gléineacht, léire, loinnir, soiléas, soiléire, soilseacht, solasmhaire, solasmhaireacht, solastacht, sorcha, spréacharnach, taitneamh, taitneamhacht, *literary* soirche. ❹ *literary orbit*: conair, diathair, fithis; cuairt, cúrsa, raon, réim, rian, scóip.

spéirbhean noun *beautiful woman*: áille na háille, babóigín, bamsóigín, béasach, brídeach, brídeach mná, buinneán mná, céirseach, cúileann, gile na gile, gleoiteog, guamóg, lachóigín, láireog, láireoigín, láithreog, lúibín, maighre, maiseog, mamsóg, néamhann, pabhsae, péacóg, plandóg, plúróg, sciamhaí, sciamhaí mná, spéirbhruinneall, stáidbhean, stuaire, *familiar* plúirín; áilleacán, áilleacht, áilleagán, áilleán, féileacán parlúis.

speireadh noun *crippling blow, crippling injury*: brathbhéim, buille marfach.

speirgeas noun *aspergillum*: aisréad, isréad; spréire.

spéiriúil adjective ❶ *airy*: aerach, aeráilte, análach, éanúil, fairsing, oscailte, scóipiúil, spásmhar, spéiriúil. ❷ *bright, cheerful*: aigeanta, beo, beoga, croíúil, gáiriteach, gealchroíoch, gealgháireach, greadhnach, intinneach, meanmnach, meidhreach, meidhréiseach, scóipiúil, somheanmnach, seamhrach, spleodrach, suairc, subhach, súgach, urrúnta. ❸ *graceful, beautiful*: álainn, breá, caithiseach, canta, caomh, córach, cruthach, cruthúil, cuanna cuidsúlach, cumtha, dathúil, dea-chruthach, dealfa, dealraitheach, dea-mhaisiúil, deas, deismir, dóighiúil, fíortha, galánta, glémhaiseach, gleoite, gnaíúil, gnúiseach, grástúil, greanta, innealta, iomálainn, lachanta, leacanta, maisiúil, meallacach, naíonda, sciamhach, slachtmhar, tarraingteach, *literary* cadhla, mas, seada.

spéirling noun ❶ *thunderstorm*: stoirm, stoirm thoirní; tintreach is toirneach; aimsir stoirmeach, doineann, deardal, deardan, gailfean, garbhshíon. ❷ *violence*: aintiarnas, anfhorlann, ansmacht, antrom, cos ar bolg, ceannasaíocht, cumhacht, daorbhroid, daordháil, daorsmacht, diansmacht, éagomhlann, foréigean, forneart, forrach, fórsa, géarbhroid, géarsmacht, inghreim, lámh láidir, leatrom, neart, tíorántacht. ❸ *strife contest*: achrann, agóid, aighneas, bruíon, cogadh, cogaíocht, coinbhleacht, coimhlint, coingleic, cointinn, comhlann, comhrac, comórtas, conspóid, construáil, dréim, díospóid, díospóireacht, easaontas, easaontas, eisíth, géarchoimhlint, giorac, griobsach, iaróg, imirt, imreas, imreasán, iomaíocht, iomaraíl, iomarbhá, ionsaí, maicín, raic, rás, sáraíocht, scirmis, scliúchas, siosma, spairn, spairníocht, spochadh, spochadóireacht, trasnaíocht, troid, *literary* conghail, easard, gleidean, imnise.

spéis noun ❶ *fondness, affection*: ansacht, cion, díograis, díograisí, dúil, grá, luiteachas, luiteacht, luiteamas, luiteanas, mian, miangas, páirt, tóir, taitneamh, toil. ❷ *interest*: aird, dúil, suim, suntas.

speisialta adjective *special, especial*: ar leith, faoi leith; áirithe, sonrach.

speisialtóir noun *specialist*: duine oilte, duine sciliúil, eolaí, máistir, rímháistir, saoi, saineolaí scoláire, údar, údarás, *colloquial* lucht ceirde, *ironic* scolardach.

spéisiúil adjective ❶ *interesting*: inspéise, suimiúil; meallacach, tarraingteach. ❷ *neat and clean*: bláfar, comair, cuimseach, cúirialta, deas, deismir, fáiscthe, néata, ordúil, pioctha, piocúil, pointeáilte, slachtmhar, triopallach; gan barr cleite isteach ná bun cleite amach. ❸ *comely, attractive*: álainn, breá, córach cruthach, cuanna, cuidsúlach, cumtha, dathúil, dea-chruthach, dealfa, dealraitheach, dea-mhaisiúil, deas, deismir, dóighiúil, fíortha, galánta, glémhaiseach, gleoite, gnaíúil, gnúiseach, grástúil, greanta, innealta, iomálainn, lachanta, leacanta, maisiúil, meallacach, péacach, sciamhach, slachtmhar, *literary* cadhla, mas, sochraidh; caithiseach, geanúil, meallacach, taitneamhach, tarraingteach.

spiagaí adjective *showy, flashy, gaudy:* cuidsúlach, feiceálach, flasach, gairéadach, gréagach, péacach, pléascach, straibhéiseach, suntasach, taibhseach, taispeántach, toirtéiseach; buaiceálach, gaigiúil, mustrach, scéiniúil, scléipeach.

spiaire noun *spy, informer:* spiadóir, spiadhaire; brathadóir, fealltóir, Iúdás, néaladóir, Tadhg an Dá Thaobh, tréatúir.

spiara noun *partition wall:* balla, laindéal, landa, landaíl, landair, landaoir, portbhalla, síleáil, *literary* fochra.

spíce noun ❶ *spike:* bior, biorán, colg, dealg, gob, péac, pointe, rinn, snáthaid, scoth, soc, spéara, spiacán, spícéad, *literary* eo; cailg, cealg, ga, lansa, sleá. ❷ **spíce de dhuine** *tall thin person:* brísteachán, camalóid, cleith, cleithire, cliathramán, clifeartach, cnábaire, cnuachaire, coinnleoir, cuirliún, cuirliúnach, fadaíoch, gágaire, gailléan, gallán, geosadán, gleidire, ioscadán, langa, léanscach, léanscaire, pícealach, pídealach, píle, piléar, pílí, próiste, radalach, railse, ráilse, reanglamán, rúpach, rúplach, scailleagán, scailliúnach, scodalach, sconnartach, sínéalach, speireach, spiacán, spícéad, spreachlach, *pl.* spreangaidí cos, spreota, sreangaire, sreangán, struipléad, *figurative* réitheach. ❸ **spíce solais** *pencil of light:* ga solais, garaon solais.

spíd noun *detraction, slander:* aifirt, aithis, aoir, badhbaireacht, badhbóireacht, cáineadh, caitheamh is cáineadh, cáithiú, cámas, castóireacht, cnáid, crístín, díspeagadh, eascaine, easmailt, easómós, fochaid, fonóid, gáirmhagadh, guth, imcháineadh, imdheargadh, iomard, lochtú, magadh, mallacht, masla, scalladóireacht, scallaireacht, scallóid, scigireacht, sclaimhínteacht, scóladh, scorn, spailleadh, spídiúchán, steallmhagadh, táinseamh, tarcaisne, tarcaisníl, toibhéim, *literary* aisc, cúrsú, glámh; athiomrá, béadán, béadchaint, clúmhilleadh, ithiomrá, leabhal, scéalaíocht éithigh.

spídiúchán noun *(act of) reviling, abuse, (act of) slandering:* aifirt, aithis, aoir, badhbaireacht, badhbóireacht, cáineadh, caitheamh is cáineadh, cáithiú, cámas, castóireacht, cnáid, crístín, díspeagadh, eascaine, easmailt, easómós, fochaid, fonóid, gáirmhagadh, glámhán, guth, imcháineadh, imdheargadh, iomard, lochtú, magadh, mallacht, masla, scalladóireacht, scallaireacht, scallóid, scigireacht, sclaimhínteacht, scóladh, scorn, spailleadh, spíd, steallmhagadh, táinseamh, tarcaisne, tarcaisníl, toibhéim, *literary* aisc, cúrsú, glámh; athiomrá, béadán, béadchaint, clúmhilleadh, ithiomrá, leabhal, scéalaíocht éithigh.

spíon noun ❶ *spine, thorn:* bior, briogadán, colg, dealg, deilgín, guaire, spíne. ❷ *colloquial thorns:* coilgne, deilgne, guaireach, spíonlach. ❸ *thorny shrub:* dris, driseog, sceach, sceachóg, sciachóg. verb ❶ *tease, comb:* cardáil, cíor, scamh, siostalaigh, slaon. ❷ *search, ransack:* ransaigh, scag, cuardaigh, cuartaigh, mionchuardaigh, piardáil, tástáil. ❸ *spend, exhaust:* caith, cloígh, cnaígh, coir díscigh, ídigh, sáraigh, snoigh, tnáith, traoch, truaigh, tuirsigh; cealaigh, meath, meil, scaip, tomhail.

spíonán noun *gooseberry (Ribes uva-crispi):* groiseog, grósaid, spíonóg, spíontóg, spriúnán, spiúnán.

spionnadh noun ❶ *vigour, vitality:* beocht, brí, bua, cumas, cumhacht, éifeacht, éirim, éitir, *pl.* feánna, feidhm, fuinneamh, gus, inmhe, inniúlacht, láidreacht, luadar, lúth, máistreacht, mianach, neart, sea, séitreachas, séitreacht, séitrí, sitheag, smiorúlacht, spreacadh, sracúlacht, tathag, téagar, tréan, treise, *pl.* tréithe, urra, urrús. ❷ *liveliness, animation:* aigeantacht, beocht, beogacht, bruithean, croí, éirí croí, croíúlacht, éirí in airde, fóisíocht, macnas, meanma, meidhir, preabaireacht, scleondar, scóip, spéiriúlacht, spiorad, spleodar, sprid, subhachas, súgachas, súgaíocht, teaspach.

spionnúil adjective ❶ *vigorous, strong:* ábalta, acmhainneach, bailí, balcánta, bisiúil, bríoch, bríomhar, bulcánta balcánta, ceolmhar, cumasach, cumhachtach, éifeachtach, fuinniúil, inniúil, láidir, látharach, neartmhar, oirbheartach, scafánta, séitreach, sracúil, tathagach, torthúil, tréan, treisiúil, tréitheach, urrúnta, urrúsach. ❷ *spirited, lively:* aigeanta, anamúil, ardaigeanta, athlamh, bagánta, bainte amach, beo, beoga, bíogúil, biorbach, breabhsach, breabhsánta, brufar, éirimiúil, friochanta, fuinniúil, lúfar, meanmnach, mear, meidhreach, preabanta, scafánta, smiorúil, uaibhreach. ❸ *hardy:* cadránta, calctha, cnagach, crua, cruadhéanta, dian, docht, dúr, miotalach, righin, seochrua.

spior spear verb **déan spior spear de** *minimize, make light of, pooh-pooh:* déan beagní de, déan file fuar de, déan fuis fais de, déan neamhshuim de.

spiorad noun ❶ *spirit, ghost:* amhail, samhail, samhailt, samhlaoid, sprid, taibhse, támhas; aisling, fís, gósta; siúlacht; *pl.* speabhraídí, *pl.* speabhraoidí, *pl.* spéireataí. ❷ *spirit, vigour:* aigeantacht, anam, anamúlacht, beocht, beogacht, brí, bruithean, flosc, éitir, fuinneamh, géim, gus, scleondar, scóip, spleodar, spreacadh, spréach, sprid, sprioladh, sracúlacht, teaspach. ❸ *courage:* calmacht, coráiste, coráistiúlacht, crógacht, croí, dánacht, gal, gaisce, gaiscíocht, laochas, laochdhacht, laochtacht, meanma, meanmnacht, misneach, misniúlacht, oiread Chnoc Mordáin de chroí, scairt láidir, smior, spionnadh, sponc, spreacadh, spréach, spreacúlacht, spriolladh, uchtach, uchtúlacht, *literary* déadlacht, meanmanra.

spioradálta adjective *spiritual:* beannaithe, cráifeach, diaga, diagaithe, diaganta, diagasúil, naofa, naomh, reiligiúnach, *literary* cáidh; **adjectival genitive** coisreacain, coisricthe, críostúil, grádiúil.

spíosra noun ❶ *spice, colloquial spices:* spíos, spís. ❷ *flavouring:* anlann, blastán, cineál, tarsann. ❸ *sweetmeats:* milseog, *pl.* sólaistí, *colloquial* milseogra.

splaideog noun ❶ *spark:* aibhleog, aithinne, crithir, drithle, drithleog, drithlín, splaideog, splanc, spré, spréach, spéachán, spréóg, sprinle, sprinlín. ❷ **splaideog (chéille)** *spark of sense (used with negative):* léas, luid, oscar, smailc, smeachóid, sméaróid, splanc, splinc, spréach, spút.

splanc noun ❶ *flash, spark:* aibhleog, aithinne, crithir, drithle, drithleog, drithlín, splanc, spré, spréach, spréachán, spréóg, sprinle, sprinlín. ❷ **splanc codlata** *wink of sleep:* dairt, dairt chodlata, dreas codlata, miog codlata, míogarnach, míogarnach codlata, néal, néal codlata, néalfairt, néalfartach, snapáil, tionnúr, *literary* locadh. ❸ *fiery person:* speach, speachaire. verb ❶ *flash, spark:* bladhm, dealraigh, drithligh, las, lonraigh, scal. ❷ *flame, blaze:* adhain, breoigh, dearg, las, loisc.

spleách adjective ❶ *dependent, subservient, obsequious:* cleithiúnach, géilliúil, géilliúnach, umhal; i dtuilleamaí; ceansa, socheansaithe, sochomhairlithe, soghluaiste, soláimhsithe, somhuinte, ómósach, urramach; lúitéiseach, lústrach. ❷ *sly:* sladarúsach, sleabhcánta, sleamhain, sleamhnánach, slíbhíneach, slim; cealgach, cílíonta, claon, cleasach,

spléachadh

cluanach, glic, lúbach, meangach, mealltach, meangach, mí-ionraic, mímhacánta, nathartha.

spléachadh noun *glance, glimpse*: claonamharc, catsúil, cúlamharc, leacam, liathshúil, mearamharc, mearfhéachaint, sciorrach, silleadh, sracfhéachaint, súilfhéachaint, *literary* seall.

spleáchas noun ❶ *dependence, subservience*: cleithiúnas, géilleadh, géilliúlacht, géillsine, ómós, scáth, tuilleamaí, umhlaíocht, umhlú, urraim; iontaobh, muinín. ❷ *flattery*: béal bán, bladaireacht, bladar, blaindéis, bréagadóireacht, bréagaí, bréagaíl, bréagaireacht, pl. briathra milse, cluanaireacht, gliodaíocht, láinteacht, meallacacht, mealltacht, milseacht, milseacht chainte, míolcaireacht, plámás, plás, plásántacht, plásántas, sladarús, slíomadóireacht, súdaireacht, tláithínteacht, *figurative* gallúnach.

spleodar noun ❶ *cheerfulness, vivacity*: aigeantacht, beocht, beogacht, bruithean, croí, éirí croí, croíúlacht, fóisíocht, gealadhram, gealgháirí, gliondar, intinn, laighce, lainne, lúcháir, macnas, macnas, meanma, meidhir, scleondar, scóip, soilbhreas, somheanma, soirbheas, spéiriúlacht, spiorad, sprid, subhachas, súgachas, súgaíocht, suairceas, teaspach. ❷ *exuberance, boisterousness*: aeracht, aoibhneas, baitsiléireacht, gairdeas, gealgháire, gleoiréis, gleois, gliadar, meidhir, meidhréis, oireachtas, ollghairdeas, pléaráca, pléireacht, pocféaireacht, ragairne, rampaireacht, rancás, rírá, ruaille buaille, sáile, sámhas, scléip, siamsaíocht, só, sóchas, suairceas, subhachas, sult, taitneamh, tanfairt.

spleodrach adjective ❶ *cheerful, vivacious*: aerach, bagánta, beo, beoga, croíúil, éadromaigeanta, éirimiúil, gáiriteach, gealchroíoch, gealgháireach, girréiseach, greadhnach, gusmhar, intinneach, macnasach, meanmnach, meidhreach, meidhréiseach, preabanta, scóipiúil, smiorúil, soilbhir, somheannach, spéiriúil, suairc, subhach, súgach, teaspúil, *literary* cluicheachair. ❷ *exuberant, boisterous*: borb, brothallach, buacach, gleoiréiseach, gliondrach, líonmhar, macnasach, pléascánta, rábach, rabairneach, rancásach, scléipeach, scóipiúil, spórtúil, spraíúil, súgrach, teaspúil, uaibhreach.

splinc noun *gleam, glimmer*: breo, dealramh, gealán, gealas, gealra, glóir, léar, léargas, léaró, léas, loinnir, lonrú, luan, luisne, marbhloinnir, niamh, soilse, soilsiú, solas.

splincéir noun ❶ *blinker, purblind person*: caochán, dall, dallacán, dallarán, duine caoch, duine dall, duine geamhchaoch, fear dorcha, gliúcach, gliúcaí, gliúcálaí, gliúmálaí, gliúncach, goll. ❷ *squint-eyed person*: duine camshúileach, duine claonsúileach, duine fiarshúileach, duine saobhshúileach.

splíonach noun ❶ *peevish, melancholy person*: ainciseoir, cancrán, cantalóir, cnádán, cnádánaí, cnáimhseálaí, cnáimhseoir, deimheastóir, drantánaí, dris, gráinneog, grusaí, nimheadóir, nathair, peasánach, searbhán, speig neanta, staincín, stuacachán, stuacán, tormasaí; duine dáigh, duine, púca, púicearlach, púicirliún, púdarlach, seachantóir. ❷ *thin, wretched creature*: ainniseoir, ainriochtán, bochtán, caiteachán, cealdrach, ceanrachán bocht, conablach, creachán, créatúr, cringleach, cuail cnámh, eiseamláir, geospal, geospalán, gortachán, íomhá, loimíneach, ocrachán, raibilín, rama, scáil i mbuidéal, sampla bocht, séaclóir, síogaí, suarachán, taiseachán, truán. ❸ *carrion*: ablach, conablach, corp, corpán, feoil, graiseamal, muirneach, sceanairt.

spoch verb ❶ *castrate, geld*: bain as, coill, gearr, neodraigh; aimridigh, steiriligh. ❷ *expurgate*: ciorraigh, déan cinsireacht ar, glan suas, íonghlan, scag. ❸ **spoch as** *tease*: ciap, clip, cráigh, griog, prioc.

spochadóireacht noun ❶ (*act of*) *castration*: baint as, coilleadh, coillteoireacht, gearradh, spochadh; aimridiú, steiriliú. ❷ (*act of*) *teasing, annoying*: bobaireacht, ciapadh, cleithireacht, cleithmhagadh, fochaid, fonóid, goin, goineogacht, griogadh, leithéis, magadh, priocadh, scigaithris, scige, scigireacht, spochadh, steallmhagadh.

spóirtín noun ❶ *playful, amusing person*: duine spórtúil, duine spraíúil; abhlóir, áilteoir, amhlóir, airleacán, cleasaí, crosán, fear grinn, fuirseoir, geamaire, geocach, peadairín, ráscán, scigire. ❷ *playboy*: áilteoir, anstrólaí, banaí, bobaire, boc, bocaí, bocaileá, boc báire, bocailiú, bocaileodó, boicín, breastaire, buachaill báire, ceaifléir, cleasaí, cliúsaí, cliútach, cluanaire, cneámhaire, croíán, cuilceach, doilfeoir, ealaíontóir, fear grinn, fleascach, geamstaire, gleacaí, gleacaí milis, gleacaire, gliceadóir, gliodaí, jacaí, lacstar, leábharaic, leidhcéir, lúbaire, mealltóir, pasadóir, piollardaí, pocaide, radaire, ragairneálaí, raibiléir, rampaire, réice, stail, truiceadóir, truicseálaí, tumlálaí.

spoitseáil noun (*act of*) *botching*: abláil, amlógacht, amscaíocht, ciotail, fuirseadh fairseadh, leotáil, méiseáil, milleadh oibre, praiseach, puiteáil, sceanartáil, slioparnach, sluaistriú, sraimleáil, streillireacht, tuaipleáil, tuaipléireacht, úspántacht, útamáil; camalanga.

spól^1 noun ❶ *spool*: eiteán, fearsaid, fiteán, próiste, smól; glinne, glionda, roithleán. ❷ *shuttle*: eiteán, smól.

spól^2 verb *cut into joints*: gearr; déan spólaí de.

spóla noun ❶ *joint of meat*: áighe, spóla feola. ❷ *mass of raw flesh*: feoil, feolmhach, splíonach; ablach, conablach, folracht.

sponc noun ❶ *touchwood, tinder*: sponcán; sprios. ❷ *coltsfoot (Tussilago farfara)*: adhainn, adhann, bileog an spoinc, bileog spoinc, cluas liath, copóg áin, copóg shleamhain, copóg spoinc, duilliúr spoinc, gallán, gormliath, luibh in aghaidh casachtaí. ❸ *spunk, spirit, courage*: aigeantacht, anam, anamúlacht, beocht, beogacht, brí, bruithean, calmacht, coráiste, coráistiúlacht, crógacht, croí, dánacht, flosc, fuinneamh, gal, gaisce, gaiscíocht, géim, gus, laochas, laochdhacht, laochtacht, meanma, meanmnacht, misneach, misniúlacht, scairt láidir, scleondar, scóip, smior, spionnadh, spiorad, spreacadh, spréach, spreacúlacht, sprid, spriolladh, teaspach, uchtach, uchtúlacht, *literary* déadlacht, meanmanra; oiread Chnoc Mordáin de chroí.

sponcúil adjective *courageous*: calma, calmánta, coráisteach, coráistiúil, cróga, curata, dána, foirtil, fortúil, gaisciúil, galach, gusmhar, gusúil, láidir, laochta, laochúil, meanmnach, miotalach, misniúil, spionnúil, spioradúil, spreacúil, spreagúil, spridiúil, tréan, uchtúil, *literary* déadla, léideanach, léidmheach.

spontáineach adjective *spontaneous*: deonach, spleodrach, toilteanach, toiliúil; as féin, uaidh féin; gan iarraidh, gan ullmhú, ar an toirt; instinneach, neamhairdiúil, neamhaireach, ríogach, spadhrúil, taghdach.

spor noun *spur*: brod, prioca; birín, géarán. verb *spur, incite*: brostaigh, dreasaigh, greannaigh, griog, gríosaigh, prioc, saighid, séid faoi, spreac, spreag, tathantaigh; coinnigh an héing le.

spórt noun ❶ *sport, fun*: aeracht, áibhéireacht, aiteas, anstrólaíocht, antlás, aoibhneas, craic, cuideachta, gáibhéireacht, gleoiréis, greann, greannmhaire, greannmhaireacht, laighce, léaspartaíocht, leithéis, meidhir, meidhréis, pléaráca, rancás, scléip, spórtaíocht, spraoi, suairceas, sult, sultmhaire, taitneamh, tanfairt, *literary* spleadh. ❷ **ag spórt** *making fun, joking*: ag déanamh grinn, ag magadh, ag rancás,

Cineálacha Spóirt

American football: peil f. Mheiriceánach
archery: boghdóireacht f.
association football (*féach soccer*)
athletics: lúthchleasaíocht f.
Australian football: peil f. Astrálach
badminton: badmantan
baseball: cluiche corr; daorchluiche
basketball: cispheil f.
billiards: plural noun billéardaí
boules: plural noun bollaí Francacha
bowls: plural noun bollaí
boxing: dornálaíocht f.
camogie: camógaíocht f.
canoeing: curachóireacht f.
cricket: cruicéad
croquet: cróice
curling: curláil f.
darts: plural noun dairteanna
fencing: pionsóireacht f.
fives: liathróid f. cúirte; liathróid f. láimhe
golf: galf
gymnastics: gleacaíocht f.
hockey: haca
horse racing: rásaíocht f. chapall
hurdle jumping: cliathreathaíocht f.
hurling: iomáint f.
ice hockey: haca oighir
ice skating: scátáil f. oighir
judo: júdó
karate: karate, cearáité
lacrosse: crosógaíocht f.
marathon: maratón
netball: líonpheil f.
pelota: peileota
polo: póló
real tennis: leadóg f. ríoga
rifle shooting: lámhach raidhfil
rounders: plural noun daorthaí; plural noun daoracha
rowing: rámhaíocht f.
rugby football: rugbaí
running: reathaíocht f.
show jumping: léimneach f. seó
skiing: sciáil f.
sleigh racing: rásaíocht charr sleamhnáin
snooker: snúcar
soccer: sacar
sprinting: ráibeáil f.
squash: scuais f.

ag scigireacht, ag spraoi, ag súgradh. ❸ *is mór an spórt é it is lovely*: is álainn an ní é, is an-deas atá sé; is é an eorna nua é.

spórtaíocht noun (*act of*) *sporting, recreation, pastime*: aeracht, áibhéireacht, áilteoireacht, aiteas, anstrólaíocht, antlás, aoibhneas, caitheamh aimsire, craic, cróiléis, cuideachta, eachmaíocht, fastaím, gáibhéireacht, gleoiréis, greann, greannmhaire, greannmhaireacht, imirt, laighce, léaspartaíocht, leithéis, meidhir, meidhréis, piollardaíocht, pléaráca, rancás, reabhradh, scléip, scoraíocht, siamsa, siamsaíocht, spórt, spraoi, suairceas, súgradh, sult, sultmhaire, tanfairt, *literary* spleadh.

spórtúil adjective *sportive, playful, amusing*: ábhailleach, aerach, ceáfrach, cleasach, cluicheach, fastaímeach, géimiúil, siamsúil, spraíúil, sultmhar, *literary* cluicheachair; áiféiseach, áirid, barrúil, corr, corraiceach, gleoiréiseach, gliadrach gliondrach, greannmhar, leithéiseach, magúil, meidhréiseach, rancásach, scigiúil, tréitheach, *literary* reabhrach.

spórtúlacht noun *sportiveness, playfulness*: spóirtiúlacht, spórt; ábhacht, ábhaille, áibhéis, áiféis, anstrólaíocht, ceáfráil, cleasaíocht, cluichíocht, cróiléis, éagantacht, fastaím, giodam, girréis, gleoiréis, gleois, gliadar, greann, imeartas, laighce, leithéis, meidhir, meidhréis, oireachtas, pléaráca, rampaireacht, rancás, scléip, só, sóchas, soilbhreas, spraoi, spraíúlacht, suairceas, subhachas, súgracht, súgraíocht, sult, tanfairt.

spota noun ❶ *spot (of colour, etc.)*: ball breac, balscóid, bricín, paiste, scead. ❷ *speck, stain*: ainimh, ciobar, cron, máchail, neamhghlaine, neamhghlaineacht, salachar, smál, smearadh, smol, smól, smúit, teimheal. ❸ *spot, place*: áit, áit na mbonn, alt, ball, fód faoi leith, ionad, ionadh, leaba, log, planc, suíomh.

spotach adjective *spotted, speckled*: alabhreac, ballach, bánbhreac, breac, breacghlas, breachnaithe, breactha, breachtach, breicneach, bricíneach, brocach, cearnógach, crosach, ilghnéitheach, mionbhreac, riabhach, seicear, sliogánach, títheach, *literary* bomannach.

sprae noun *spray*: scairdire, spréire, steallaire, aisréad, aisréadóir, isréad, speirgeas.

spraeáil verb *spray*: scaird, steall, steanc, streall, streanc, taosc; caith, scaip, spréigh.

spraic noun ❶ *accosting, address*: beannacht, beannú, bleid, caidéis, ceiliúr, fáilte, fíorchaoin fáilte, forrán, spéic. ❷ *reprimand*: cáineadh, damnú, íde béil, íde na muc agus na madraí, iomardú, lochtú, milleán, sciolladh, táinseamh. ❸ *control*: ceannaireacht, ceannasaíocht, cinnireacht, cinsealacht, cumhacht, diansmacht, dlínse, forlámhas, máistreacht, maoracht, príomhcheannas, réim, réimeas, rialtas, rialú, smacht, stiúir, svae, tiarnas, tiarnúlacht, treoir, údarás, urlámhas.

sprais noun *spattering, splash*: lapadaíl, plobarnach, scuaid, slaparnach, splais, spreachall, steall, steallóg.

spraíúil adjective *playful, sportive*: ábhailleach, aerach, ceáfrach, cleasach, cluicheach, fastaímeach, géimiúil, spórtúil, súgach, sultmhar, *literary* cluicheachair; áiféiseach, áirid, barrúil, corr, corraiceach, gleoiréiseach, gliadrach gliondrach, greannmhar, leithéiseach, magúil, meidhréiseach, rancásach, scigiúil, *literary* reabhrach.

spraoi noun *fun, sport*: áibhéireacht, anstrólaíocht, antlás, bainis, coirm, cóisir, craic, cróiléis, cuideachta, cúis gháire, féasta, fleá, gáibhéireacht, gleoiréis, greann, greannmhaire, greannmhaireacht, laighce, léaspartaíocht, leithéis, magadh, meidhir, meidhréis, pléaráca, rancás, scige, scigireacht, scléip, scoraíocht, seó, siamsa, spórt, sultmhaire, tanfairt.

spré[1] noun ❶ *cattle, wealth*: airnéis, pl. ba, pl. beithígh, beostoc, bólacht, buar, eallach, stoc, *literary* slabhra; airgead, bracht, bruithshléacht, bunairgead, caipiteal, coibhche, conách, crodh, éadáil, flúirse, gustal, inmhe, iarmhais, ionnas, ionnús, maoin, maoin an tsaoil, maoin shaolta, ollmhaitheas, ollmhaitheas an tsaoil, ór na cruinne, rachmall, rachmas, raidhse, rath, rathúnas, sochar, *pl.* sócmhainní, somhaoin, speansas, speilp, stór, strus, tábhacht, *pl.* táinte, teaspach, toice, *literary* intleamh, ionnlas; Éire fré chéile, Éire gan roinnt. ❷ *dowry*: coibhche, crodh. ❸ *literary fee, reward*: cáin, ceart, ceartas, cúiteamh, díol, díolaíocht, díre, dleachtanas, dliteanas, dualgas, éileamh, íoc, íocaíocht, luach saothair, pá, táille, tuarastal, *literary* fochraig.

spré[2] noun *spark*: aibhleog, aithinne, crithir, drithle, drithleog, drithlín, splaideog, splanc, spréach, spréachán, spréog, sprinle, sprinlín.

spré[3] noun *spreading, dispersion*: leathnú, réscaipeadh, scaipeadh; dáil, dáileachán, dáileadh, imdháileadh, roinnt; síoladóireacht, síolchur; craobhscaoileadh.

spreab noun *sod, shovelful*: fód, sluasaid, spáid.

spreabáil noun (*act of*) *turning sods, digging*: baint, cartadh, clasú, deargadh, rómhar, sluaisteáil, taoscadh, tochailt.

spreacadh noun *vigour, energy, strength and spirit*: acmhainn, aigeantacht, anamúlacht, beocht, beogacht, brí, bríomhaireacht, bruithean, bua, croí, cumas, cumhacht, éifeacht, éitir, flosc, fórsa, fuinneamh, géim, gus, inmhe, inniúlacht, láidreacht, lán-neart, meanma, misneach, móiminteam, neart, neartmhaire, neartmhaireacht, scleondar, scóip, sea, séitreachas, séitreacht, séitrí, sitheag, smiorúl-

spréach
acht, sonairte, spiodal, spiorad, spleodar, spréach, sprid, spriolladh, sracúlacht, teaspach, tréan, tréine, treise, urrúntacht, urrús, *literary* tothacht.

spréach noun ❶ *spark:* aibhleog, aithinne, crithir, drithle, drithleog, drithlín, splaideog, splanc, spré, spréachán, spréóg, sprinle, sprinlín. ❷ *fire, spirit:* beogacht, brí, calmacht, coráiste, crógacht, croí, dea-mhianach, déine, díbhirce, díocas, dánacht, diongbháilteacht, díograis, dúthracht, faghairt, faobhar, fiuchadh foinn, flosc, fórsa, fuinneamh, gus, lasair, loinne, loisceantacht, meanma, mianach, miotal, misneach, neamheagla, paisean, pléascántacht, rúndaingne, spionnadh, spiorad, spleodar, sponc, spreacadh, sprid, spriolladh, teas, teasaíocht, teaspach, tintríocht, tréine. verb ❶ *spark:* bladhm, dealraigh, déan glioscarnach, déan spréacharnach, drithligh, las, lonraigh, scal. ❷ *sputter, splutter:* preab, spriúch. ❸ *spray, sprinkle, spatter:* croith, easraigh, leath, scaip, scaoil, scar, spréigh, spreachallaigh, *literary* eisréidh. ❹ *lash out:* speach, spriúch. ❺ *infuriate:* corraigh, cuir ar deargbhuile, cuir le báiní, cuir le cuthach, cuir fearg ar, cuir olc ar, cuir sna céadéag, cuir taghd ar, feargaigh, greannaigh, oibrigh, spadhar. ❻ *become infuriated:* feargaigh, spriúch, téigh le báiní; caill do stuaim; tagann cuthach ar, tagann fearg ar, téann le báiní; beireann an fhearg bua ar.

spreachall noun *sprinkling, spattering:* breacaireacht, salacharáil, scuaid, smeadráil, spreachallú, stealladh, steallóg

spéacharnach noun (*act of*) *sparkling, scintillating:* dealramh, drithliú, faghairt, glioscarnach, loinnir, lonrú, scaladh, sclimpireacht, soilsiú, spréachadh, taitneamh.

spreacúil adjective *vigorous, energetic, spirited:* ábalta, aclaí, acmhainneach, bailí, beoga, bisiúil, breabhsánta, bríoch, bríomhar, ceannasach, ceilméartha, ceolmhar, cumasach, cumhachtach, éifeachtach, féitheach, foirtil, fuinniúil, groí, inniúil, láidir, látharach, matánach, neartmhar, oirbheartach, oscartha, scafánta, séitreach, sracúil, tathagach, tréan, tréitheach, urrúnta, urrúsach, *literary* ruanata; calma, calmánta, ceolmhar, coráisteach, coráistiúil, cróga, curata, dána, díolúnta, fortúil, gaisciúil, galach, gusmhar, gusúil, láidir, laochta, laochúil, meanmnach, miotalach, misniúil, spionnúil, spioradúil, spreagúil, spridiúil, treisiúil, uchtúil, *literary* léideanach, *literary* léidmheach.

spreag verb ❶ *urge, incite, arouse:* adhain, ardaigh, bog, brostaigh, brúigh, corraigh, deifrigh, dúisigh, fadaigh, géaraigh, griog, gríosaigh, las, muscail, sáigh, saighid, séid faoi, tiomáin; coinnigh an héing le. ❷ *literary rebuke:* aifir, aithisigh, cáin, caith anuas ar, cáithigh, cas le, díbligh, easmail, guthaigh, imdhearg, lochtaigh, mallaigh, mallachtaigh, maslaigh, spaill, tabhair achasán do, tarcaisnigh, *literary* cronaigh, cúrsaigh, glámh, tathaoir.

spreagadh noun (*act of*) *urging, incitement, incentive:* brostú, dreasacht, dreasú, greannú, greasacht, griogadh, gríosú, priocadh, saighdeadh, sporaíocht, tathant, tóint.

spreagthóir noun ❶ *inciter, prompter:* brostaitheoir, dreasadóir, gríosaitheoir, gríosóir; griogaire. ❷ *stimulant:* brostaitheach, gríosaitheach.

spreagúil adjective ❶ *rousing, encouraging:* corraitheach, **adjectival genitive** gríosaithe, gríosaitheach, spreagthach; croiúil, loinneach, spleodrach, **adjectival genitive** teasa. ❷ *spirited:* aigeanta, ardaigeanta, bagánta, beo, beoga, ceolmhar, croiúil, éadromaigeanta, gáiriteach, gealchroíoch, gealgháireach, gusmhar, intinneach, meanmnach, meidhreach, meidhréiseach, scóipiúil, soilbhir, spleodrach, suairc, subhach, teaspúil, *literary* cluicheachair.

spreang noun ❶ *spring, jump:* abhóg, eitleog, geit, léim, pocléim, preab, ruthag, truslóg, urróg. ❷ *impulse, fit, caprice:* eatal, fonn, guaig, racht, raig, ráig, ríog, spreacadh, spreagadh, taom, tapóg, treall; fuadar, priocadh, spadhar, taghd, tallann, treallaí.

spreangadh noun *wrench, sprain:* casadh, léim ailt, léim rúitín, leonadh, lot, sreangadh; damáiste, goin, gortú.

spreas noun ❶ *dry twig, stick:* braidhleog, brainse, craobhán, craobhóg, géagán, slat, slatóg, spreasán, sprionla, tuige. ❷ *effete, worthless person:* duine gan mhaith, duine gan rath gan fónamh, fágálach, fear gan aird, fear gan chríoch, iarlais fir, rabhdalam, sciodar, sciotrachán, spreasán; bruachaire, caifeachán, cailliúnaí, caiteoir, codaí, coilíneach, cuilthín, cúl le rath, mac drabhlásach, mac na míchomhairle, mogall gan chnó, *figurative* leá Dia; ainniseoir, créatúr, sramaide, suarachán, troch, truán.

spreasánta adjective *good-for-nothing, worthless:* ainnis, beagmhaitheach, beagmhaitheasach, beagthábhachtach, beagthairbheach, bruite, éadairbheach, díomhaoin, fánach, folamh, gan bhrí, gan éifeacht, gan tábhacht, leamh, neafaiseach, neamhéifeachtach, neamhfhiúntach, neamhnitheach, neamhthábhachtach, neamhthairbheach, streabhógach, suarach, uireasach, uireaspach.

spréigh verb *spread, disperse:* leathnaigh, rith, scaip, scar, srathnaigh; téigh i leithne, téigh thart, téigh timpeall

spréire noun *sprinkler:* aisréad, aisréadóir, isréad, speirgeas.

spreota noun ❶ *length of timber:* cearchaill, crompán, cuaille, ding, plabhta, smut, smután, stacán, stoc, tamhan. ❷ *chip, slice:* pleidhce, sceall, sceallog, sceamhlóg, sceamhóg, slis, sliseán, sliseog, slisín, slisneog, spalla. ❸ **spreota fir** *tall thin man:* brísteachán, cleith, cleithire, cliathramán, clifeartach, cnábaire, cnuachaire, coinnleoir, cuirliún, cuirliúnach, fadaíoch, gailléan, gallán, gleidire, ioscadán, langa, léanscach, léanscaire, píle, piléar, pílí, radalach, railse, ráilse, rúpach, rúplach, reanglamán, sciúirse, scodalach, sconnartach, spíce, sreangaire. ❹ **spreota coise** *long thin leg:* pl. loirgne píopa, pl. bunsifiní cos, gág, pl. speala cos, pl. spéicí cos, pl. spanlaí cos, pl. spreangaidí cos, pl. sparraí caola, pl. sparraí cos, pl. spúinní cos.

spreotaíl noun (*act of*) *hacking, chopping:* bascadh, coscairt, íospairt, oirneachadh, réabadh, roiseadh, sceanadh, scláradh, sracadh, stialladh, stracadh, stróiceadh, treascairt.

sprid noun ❶ *sprite, ghost:* amhail, samhail, samhailt, samhlaoid, spiorad, taibhse, támhas; aisling, fís, gósta, pl. speabhraídí, pl. speabhraoidí, pl. spéireataí; siúlacht. ❷ *worn-out person, wraith-like person:* caiteachán, cnámharlach, cnuachaire, coinnleoir, cuail cnámh, deilbhéir, íomhá, langa, leicneán, leathóg, loimíneach, loimirceach, lománach, raispín, ránaí, ranglach, ranglachán, ranglamán, reangaide, reangaire, reangartach, reanglach, reanglachán, reanglamán, rúcach, scáil i mbuidéal, scloit, sclotrach, séacla, séaclach, séaclóir, síogaí, síothnaí, speireach, splíota, spreanglachán, taiseachán, truán; níl ann ach a chomharthaíocht, níl ann ach na ceithre huaithne, níl ann ach a scáth; níl deilbh luiche air, níl feoil ná foilse air. ❸ *spirit, courage:* aigeantacht, anam, anamúlacht, beocht, beogacht, brí, bruithean, calmacht, coráiste, coráistiúlacht, crógacht, croí, dánacht, flosc, fuinneamh, gal, gaisce, gaisciocht, géim, gus, laochas, laochdhacht, laochtacht, meanma, meanmnacht, misneach, misniúlacht, scairt láidir, scleondar, scóip, smior, spionnadh, spiorad, sponc, spreacadh, spréach, spreacúlacht, spriolladh, teaspach, uchtach, uchtúlacht, *literary* déadlacht, meanmanra; oiread Chnoc Mordáin de chroí.

spridiúil adjective ❶ *spirited, courageous:* calma, calmánta, ceolmhar, coráisteach, coráistiúil, cróga, curata, dána, fortúil, gaisciúil, galach, gusmhar, gusúil, láidir, laochta, laochúil, meanmnach, miotalach, misniúil, spionnúil, spioradúil, spreacúil, spreagúil, tréan, uchtúil, *literary* déadla, léideanach, léidmheach. ❷ *high-spirited:* aigeanta, ardaigeanta, bagánta, beo, beoga, croíúil, éadromaigeanta, gáiriteach, gealchroíoch, gealgháireach, gusmhar, intinneach, meanmnach, meidhreach, meidhréiseach, scóipiúil, soilbhir, spleodrach, suairc, subhach, teaspúil, *literary* cluicheachair.

sprioc noun ❶ *mark, butt, target:* aidhm, ceann sprice, cuspa, cuspóir, marc, sprioc, targaid. ❷ *boundary, landmark:* críoch, marc, teorainn. ❸ *appointed place, appointed spot:* fód faoi leith, ionad coinne. ❹ *appointed time:* spriocdháta, sprioclá, spriocuair, uair, uair na cinniúna. ❺ *destination:* bun an bhóthair, ceann aistir, ceann cúrsa, ceann riain, ceann scríbe, ceann sprice, ceann turais; ceannstáisiún, críochfort, deireadh an bhóthair. verb ❶ *mark out, stake:* marcáil, rianaigh; cuir cuaillí faoi, cuir sáiteáin faoi. ❷ *fix, arrange:* cinn, ceap, daingnigh, leag amach, leag síos, ordaigh, rialaigh, socraigh.

spriocúil adjective *prompt, punctual:* beo, gasta, grod, mear, luath, prap, prapúil, pras preabúil, sciobtha, tapa, tric; tráthrialta, tráthúil; beacht, féiltiúil pointeáilte, pointiúil, poncúil, rialta, sprioctha.

spriocúlacht noun *promptness, punctuality:* beocht, diaireacht, sciobthacht, tapúlacht; pointeáilteacht, poncúlacht, spriocthacht, rialtacht, tráthúlacht; beaichte, cruinneas.

spriolladh noun *spirit, manliness:* calmacht, coráiste, croí, gus, mascaltacht, meanma, miotal, smior, spiorad, sponc, spreacadh, uchtach, *literary* déadlacht, meanmanra; fearúlacht, fireannacht, oirbheart.

sprionga noun *spring:* preabán, spriongán, tuailm.

sprionlaithe adjective *mean, miserly:* beagchroíoch, ceachartha, ceapánta, cnuasaitheach, crua, cruinn, cúngchroíoch, díbheach, doicheallach, dúlaí, gann, gortach, greamaitúil, greamasúil, lompasach, meánaitheach, ocrach, ocrasach, santach, spárálach, suarach, tíosach, toimhseach, truaillí, tútach, *literary* neoid.

sprionlaitheacht noun *meanness, miserliness:* ceachaireacht, ceachardhacht, ceacharthacht, cinnteacht, cneámhaireacht, cníopaireacht, cruacht, cruáil, cruálacht, cruas, cúngach croí, doghracht, gorta, ocras, péisteánacht, picéireacht, scanradh, scrabhaireacht, scrabhdáil, scrabhdóireacht, spárálacht, sprionlóireacht, staigíneacht, stiocaireacht, suarachas, suaraíocht, tíos, tíosaíocht, truailleachas, tútachas, *literary* neoid.

sprionlóir noun *miser:* ainriochtán, baorthach, bochtán, cágaire, ceachaire, ceacharán, cnat, cnatachán, cníopaire, coigleálaí, coigleoir, crústa, gláimhín, gortachán, néigear, ocrachán, péisteánach, raispín, ruidín gorta, sainteoir, santachán, scrabhdóir, scanrabóid, scanrachóid, scanradóir, scanróir, scrabhadóir, scramaire, scríbín, scríobálaí, sprionlaitheoir, staga, stiocaire, suarachán, taisceoir, toimhseachán, truailleachán, truán, tútachán; cailteog, cráiteog, scríobóg, sprionlóg.

spriúch verb ❶ *kick (of animal):* speach; ciceáil, rad, spréach; buail speach ar. ❷ *fly into a rage:* feargaigh; éirigh ar stól feirge; tagann cuthach feirge air, tagann cuil air; tá sé forbheirithe, tá straidhn air. ❸ *splutter, sputter:* preab, spréach.

sprochaille noun ❶ *gill, wattle, dewlap:* sprochall, sprogall; clibín, meilleog, preiceall, seicimín, slapar. ❷ *loose, baggy skin:* filleadh feola, meilleog, seicimín. ❸ *wart, tumour:* faithne, garta, cnap, creagán, criogán, cruas craicinn, fadhb; ailse, at, fiolún fuar, meall, sceachaill, siad. ❹ *projection, spur:* bior, buaic, corraic, rinn, scoth, starr, starraicín, starrán. ❺ **sprochaille sróine** *snot:* (i gContae na Gaillimhe) baoite, (i gContae na Gaillimhe) baoite is smaois, coch, cochaille, múcas, smaois, smuga, smugairle, sneatar.

sprot noun *riff-raff, rabble:* brablach, brataing, bratainn, bruscar, codraisc, cóip, cóip na sráide, conairt, cuimleasc, daoscar, daoscarshlua, drifisc, glamrasc, gráisc, gramaisc, gramaraisc, gráscar, grathain, luifearnach, luspairt, malra, rablach, scroblach, sloigisc, slua, trachlais; Clann Lóbais, Clann Tomáis.

spruadar noun ❶ *crumbled matter, bits, remnants:* pl. blúirí, bruar, brablach, brios brún, brioscbhruan, brioscbhruar, bruan, bruscar, brúscar, ciolar chiot, pl. ciolaracha chiot, conamar, cosnach, deannach, dusta, grabhar, pl. grabhróga, gráscar, pl. jéiníos, min sáibh, pl. mionacha, mionachar, mionbhach, mionbhruar, miongrach, mionrabh, oirneach, ribheirsean, sligreach, pl. smidiríní, smiodair, smionagar, smúdar, smutraíl, spruáin, sprúileach, sprúilleach, pl. sprúillí, sprúireach, pl. steigears, pl. steigearás, pl. steigíní, *literary* brúireach. ❷ **cúil spruadair** *refuse dump:* láithreán fuíllaigh; banc dramhaíola.

spruán noun *fragment:* blogh, blúire, candam, céatadán, cion, codán, cuid, giota, páirt, píosa, roinn, roinnt, scair, smiodar, smidirín, sprúille, suim, *literary* boim, *colloquial* brínleach; ailp, baog, blogh, blúire, caob, caorán, cnap, cnapán, crompán, daba, dairt, feadán, gamba, goblach, iongóg, lab, leota, lóta, maiste, meall, meallóg, meascán, moll, scailp, scaob, scealp, scealpóg, slis, sliseog, smíste, smut, smután, spreota, torpán.

sprúille noun ❶ *crumb:* grabhróg, sprúilleog, *colloquial* sprúilleach; blúire, ruainne. ❷ *tiny person:* abhac, abhcán, aircín, arcán, beagadán, beagaidín, boiric ó ciú, ceairlíciú, cnádaí, crabadán, cruachán, cruiteachán, draoidín, dreancaid, dúidlín, duine beag, fear beag, fíothal, firín, gilidín, gilmín, pilibín, sceoidín, scidil, triuchaide, *figurative* fiodóir; bean bheag, beainín, caillichín, gortóg.

sprúisiúil adjective *spruce, dapper:* comair, comhdhlúite, conláisteach, cúirialta, deas, deismir, dlúth, fáiscthe, galánta, néata, ordanáilte, ordúil, oirní, pioctha, piocúil, pointeáilte, slachtmhar, tanaí, triopallach; gan barr cleite isteach ná bun cleite amach.

sprusach adjective ❶ *brittle:* aibrisc, briosc, lag, leochaileach, sobhriste, sceiteach; tanaí; deannachúil, plúrach, púdrach, smúdrach, smúitiúil. ❷ *lively, eager to talk:* bladhmannach, briosc-chainteach, cabanta, cágach, cainteach, caismirteach, canmhar, ceiliúrach, clabach, geabach, geabanta, glafaireach, gleoiréiseach, gliogach, gliograch, labharthach, síodrálach. ❸ *quick to laugh:* aerach, croíúil, aiteasach, gairdeach, gáirideach, gealgháireach, gliondrach, intinneach, lúcháireach, meanmnach, meidhreach, ríméadach, sásta, soilbhir, somheanmnach, sólásach, suairc, subhach, súgach.

spruschaint noun *small talk, chatter:* mionchaint; bleadráil, briosc-chaint, cadráil, clab, clisiam, dradaireacht, geab, giob geab, glafaireacht, glagaireacht, gleoiréis, gliog gleag, gliogar, gobaireacht, gogalach, plobaireacht, plob plab, siollaireacht.

spuaic noun ❶ *blister:* clog, clogán, léas, pusca, spliúchán, spuacán; bolb, bolgach, goirín, puchán, puchóid; bonnbhualadh, bonnleac. ❷ *pinnacle:* barr, barr binne, mullach, rinn, splinc, staca, uachtar. ❸ *huff:* colg, danarthacht, dochma, dod, duasmántacht, fearg, fraoch, rothán, spadhar,

spuaiceach stailc, stoda, stodam, taghd, treall; cár, gramhas, smut, stainc, strainc. ❹ *spell, short period:* babhta, cúrsa, dreas, geábh, greas, ráig, scaitheamh, sciuird, sea, seal, sealad, tamall, taom, treall, treas.

spuaiceach *adjective* ❶ *blistered:* clogach; balscóideach, goiríneach, puchóideach. ❷ *pinnacled:* biorach, gobach, rinneach. ❸ *pettish:* dodach, pusach, rothánach, stailceach, stainceach, staincíneach, stalcach, stuacach, stuacánach, stuacánta, stuaiceach.

spúinse *noun sponge:* machdual; múscán; sponc.

spúnóg *noun spoon:* spáin, spanóg; liach.

spút *noun* ❶ *spout:* buinne, caise, scaird, scairdeán; buacaire, comhla, fóiséad, sconna, soc, spiogóid, strúp. ❷ **spút fearthainne** *downpour:* bailc báistí, bailc fearthainne, clagairt báistí, clagar, clagarnach, clagarnach bháistí, clagarnaíl, clascairt báistí, díle báistí, doirteán báistí, gailbh, gailfean, gailfean báistí, leidearnach chlagair, liagarnach báistí, maidhm bháistí, péatar báistí, rilleadh báistí, sconna báistí, spútrach, tuairt bháistí, tuile liag; tá an bháisteach ag baint deataigh, tá an bháisteach ag baint toite as an talamh; tá sé ag báisteach mar a ligfí tríd an gcriathar í, tá sé ag cur de dhíon is de dheora, tá sé ag cur sceana gréasaí, tá sé ag doirteadh báistí, tá sé ag gleadhradh báistí, tá sé ag greadadh báistí, tá sé ag lascadh báistí, tá sé ag raideadh báistí, tá sé ag roilleadh báistí, tá sé ag stealladh báistí, tá sé ag taoscadh báistí, tá sé ag teilgean báistí, tá sé ag taomadh fearthainne, tá sé ag titim ina tulcaí; tá sé ina chlagarnaíl, tá sé ina sceana gréasaí.

srac *verb* ❶ *tear:* leadhb, réab, rois, sclár, scoilt, srac, stiall, stróic; ingnigh. ❷ *pull, drag:* sreabh, tarraing, teann. ❸ *strain, struggle:* bí ag dréim, streachail, téigh ag coraíocht le, téigh i nglacamas, téigh i ngleic, téigh chun spairne, troid.

sracadh *noun* ❶ *pull, jerk:* tarraingt; casadh; ráig, ríog, spadhar, spreang, sreangadh, taom, tapóg, treall, urróg. ❷ *drag, haul:* dol, greadóg. ❸ *piece, strip:* gearrthóg, gríscín, leadhb, leadhbán, ribe, ribeog, slis, slisín, slisne, stiall. ❹ *strength and spirit:* aigeantacht, anamúlacht, bagántacht, beocht, beogacht, brí, bruithean, croí, flosc, fuinneamh, géim, gus, meanma, miotal, misneach, scleondar, scóip, spiorad, spleodar, spreacadh, spréach, sprid, teaspach.

sraceolas *noun cursory knowledge:* buneolas, smeareolas; salacharáil eolais.

sracfhéachaint *noun cursory glance:* catsúil, claonamharc, cúlamharc, leacam, liathshúil, mearamharc, mearfhéachaint, sciorrach, silleadh, spléachadh, súilfhéachaint, *literary* seall.

sráid *noun* ❶ *street:* bóthar; aibhinne, búlbharad, céide, slí. ❷ *level ground around house:* clós, macha.

sráidbhaile *noun village:* fobhaile, grágán, gráig, gráigbhaile, sráid; clochán.

sráideánach *noun villager, townsman:* buirgéiseach, cathraitheoir, *colloquial* muintir an bhaile; Tadhg an mhargaidh.

sráideog *noun shake-down, pallet:* réleaba, sóchar, sop sopachán, teacht síos; tocht.

sráideoireacht *noun (act of) strolling about:* falaire, falaireacht, fálróid, fánaíocht, feadóireacht, fuaidireacht, radaireacht, rianaíocht, seachrán, siúl, spaisteoireacht, srathaireacht, sruthaireacht, válcaeireacht, vardaíl.

sraimle *noun untidy, slovenly person:* breallán, ceamachán, cifleachán, círéib, clogán streille, cuifeach, cuileachán, giobachán, giobailín, gioblachán, glibire, gliobachán, leibide, liobar, liobarnálaí, magarlán, pana, pleibistín, prioslachán, radalach, rúisceachán, scifleachán, scothánach, scrábachán, scuaideálaí, slaimice, sláimín, slapaire, slibire,
sramachán, sraoilleachán, sraoilleán, sraoillín, straille, strailleán, streachaille; braimleog, breallóg, bulsach, claimhseog, claitseach, giobóg, gliobóg, leadhbóg, liobóg, slapóg, slapróg, sraimleog, sraoill, sraoilleog, straillleog.

sraimleáil *noun slapdash work:* ainnise, amlógacht, amlóireacht, amscaíocht, ciotaíl, driopás, liopastacht, *pl.* méara ime, *pl.* méara maide, méiseáil, míchaothúlacht, míchóngar, míshásamh, místuaim, slabáil, slibleáil, slibreáil, sliopárnach, sluaistriú, spágáil, tuathalacht, tútachas, úspántacht, útamáil.

sraith *noun* ❶ *swath, layer, stratum:* bá, bairbín, bánchríoch, píosa, stiall; brat, buinne, ciseal, cóta, cúrsa, dúshraith, slaod, truncáil. ❷ *series, sequence, row:* comhshraith, líne, scuaine, seicheamh, treas; ciú, eireaball, rang. ❸ *imposition, rate, tax:* cáin, cánachas, custam, diúité, dleacht, dola, gearradh, mál, *pl.* rátaí.

sram *noun* ❶ *gum in eyes:* brach, sramadas, sramadh, *pl.* sramaí. ❷ *mucus, slime:* cáithleach, coch, cochaille, cráisiléad, crannseile, crochaille, glae, glóthach, glóthán, gumalacht, lathach, leo, múcas, *pl.* muiní réama, óirthí, pic, prachaille, réama, réamán, ronn, ronna, seile, seileog, slampar, slaoiste, sláthach, smaois, smuga, smugairle, sronna, úsc.

sramach *adjective* ❶ *gummy, bleary (of eyes):* greamaitheach, gumach, ronnach, ronntach, sronnach; múcasach, réamach, smaoiseach, smugach. ❷ *rheumy, slimy:* múcasach, smaoiseach, smugach; glaech, glaeúil, glóthach, gumalach, ramallach, réamach ronnach, ronntach, sleamhain. ❸ *clammy, damp:* greamaitheach, lodartha, maoth, práibeach, slámach; bog, fliuch, tais. ❹ *shoddy, contemptible:* anuasal, comónta, íseal, lábánta, oitir, otair, otartha, suarach, uiríseal; beagmhaitheasach, cloíte, lodartha, neamhfhiúntach, péisteogach, péistiúil, suarach, táir, táiriúil, truaillithe.

sramachán *noun* ❶ *blear-eyed person:* duine sramshúileach; duine geamhchaoch, gliúcálaí, gliúmálaí, splincéir. ❷ *untidy, slovenly person:* breallán, ceamachán, cifleachán, círéib, clogán streille, cuifeach, cuileachán, giobachán, giobailín, gioblachán, glibire, gliobachán, leibide, liobar, liobarnálaí, magarlán, pana, pleibistín, prioslachán, radalach, rúisceachán, scifleachán, scothánach, scrábachán, scuaideálaí, slaimice, sláimín, slapaire, slibire, sraimle, sraoilleachán, sraoilleán, sraoillín, sruthlach, straille, strailleán, streachaille; braimleog, breallóg, bulsach, claimhseog, claitseach, giobóg, gliobóg, leadhbóg, liobóg, slapóg, slapróg, sraimleog, sraoill, sraoilleog, strailleog.

srann *noun* ❶ *snore:* srannadh, srannfach, srannfadhach, srannfaíl, srannfairt, srannfartach sranntaíl, sranntarnach, sranntarnaíl. ❷ *rushing sound, humming sound:* bús, ciarsán, crónán, dántaireacht, déadadh, dordán, dordánacht, drantán, geoin, geonaíl, seabhrán, seastán, seordán, sian, siansán, siosarnach, sioscadh, siosma. *verb* ❶ *snore:* bí ag srannadh, bí ag srannfach, srl. ❷ *snort:* cuir cuach asat, déan srannán. ❸ *wheeze:* déan cársán, déan piachán; tá cársán ann, tá piachán ann. ❹ *sough, sigh (of wind):* déan crónán, déan monabhar, déan seabhrán; séid go héadrom, séid go séimh.

srannánach *adjective wheezy:* cársánach, feadánach, gearranálach, piachánach, puthannach, seadánach, séideánach, séideogach, smeachach.

sraoill *noun* ❶ *ragged person, sloven:* breallán, ceamachán, cifleachán, círéib, clogán streille, cuifeach, cuileachán, giobachán, giobailín, gioblachán, glibire, gliobachán, leibide, liarlóg, liobairíneach, liobar, liobarnálaí, magarlán, pana, pleibistín, prioslachán, radalach, ribleachán, scifleachán, scothánach, scrábachán, slaimice, sláimín, slapaire, slibire, sraimle, sramachán, sraoilleachán, sraoilleán, sraoillín, straille, strailleán, streachaille. ❷ *sluttish woman*: sraoill mná; braimleog, breallóg, bréantóg, claimhseog, claitseach, cuachán mná, cuairsce, eachlais, giobóg, gliobóg, leadhbóg, liobóg, lúidseach, múiscealach, peallóg, ruailleach, scleoid, scuaideog, slapóg, slapróg, sraoilleog, strailleog, strupais. ❸ *trailing object*: leadhb, líbín, liobar, radalach, slibire, sraoill éadaigh, sraoilleán, sraoillín, strailleán, streachlán, strillín. verb ❶ *flog, scourge*: cúr, fuipeáil, gread, lasc, léas, péirseáil, riastáil, sciúirseáil, sciúrsáil sleaiseáil; gabh d'fhuip ar, tabhair lascadh do. ❷ *tear apart*: réab as a chéile, rois, srac as a chéile, stróic as a chéile. ❸ *drag, trail*: sil, slaod, streachail, tarraing; bí ag liobarna, bí ag slapáil. ❹ *straggle, trudge*: crágáil, slaod, srac, streachail; bí ag strácáil, siúil go saothrach.

sraoilleach adjective ❶ *ragged, tattered*: bratógach, ceamach, ceamánta, cifleogach, giobach, gioblach, glibeach, gliobach, leadhbánach, leadhbógach, liobarnach, líobóideach, luideach, ribeach, ribeogach, ribíneach, scifleogach, scothánach, scrábach, slaimiceach, streachlánach, stiallach. ❷ *bedraggled, sluttish*: leibéiseach, leibideach, liobarnach, líobóideach, liopasta, lóipíneach, slaimiceach, streachlánach; bréan, brocach, broghach, **adjectival genitive** caca, camrach, camrúil, ceachrach, cáidheach, crosach, draoibeach, gutach, lodartha, múisciúil, otair, salach, smeartha.

sraoth noun ❶ *sneeze*: sraothartach. ❷ *snort*: cuach, cuachaíl, séideán, séideog, seitreach, storfadh.

srath noun *river valley, low-lying land along river*: caladh, caológ, crompán, curchas, gaorthadh, inse, inseachas, inseán, léana, sraith.

srathach adjective ❶ *layered, tiered*: leagtha amach i sraitheanna; a bhfuil cisil ann. ❷ *serial*: sraith-; leanúnach; as a chéile, ar leanúint, i ndiaidh a chéile. ❸ *showery*: béalfhliuch, bog, braonach, breac, cáidheach, ceathach, ceathaideach, fearthainneach, fliuch, frasach, moiglí, múraíleach, múraíolach, salach, scrábach, scrabhaiteach, slaimiceáilte, sramach, táirfhliuch.

srathair noun *straddle*: srathar; coirb srathrach; tramar.

srathaire noun *layabout, loafer*: bruachaire, búiste, falsóir, giolla na leisce, giústa, leadaí na luatha, learaire, leisceoir, liairne, liúdramán, lófálaí, lorgánach, losadóir, ránaí, ríste, scrádaí, scraiste, sínteach, slúiste, smíste, stróinse.

srathnaigh verb ❶ *spread, stretch out*: gluais, leath, leathnaigh, scar, téigh i leithne; forleath, luath, scaip, spréigh. ❷ *literary arrange in order*: aicmigh, cláraigh, códaigh, cogairsigh, cuir eagair ar, cuir in ord, eagraigh, leag amach, liostaigh, rangaigh, sórtáil, tabhar chun eagair, tabhair chun sistéim.

sreabh noun ❶ *stream*: abhainn, caise, caislín, caochán, cláideach, díobhóg, glaise, glas, sreabhán, srúill, sruth, sruthán; coire guairneáin, coire guairdil, cuilithe, slogaide, súmaire. ❷ *current, flow*: brúcht, buinne, caise, eas, sruthú, taoide, tuile, tulca; brúchtadh, brúchtaíl, doirteadh, madhmadh, maidhm, rilleadh, scaird, scairdeach, sceitheadh, sconna, seadráil, sileadh, steall, stealladh, tál, tulca, tulcaíl. ❸ *trickle, drip, drop*: braon, deoir, drithlín, mónóg, scalach, sil, sileadh, sileán, silín, sní, stioc. ❹ *stretch, spell*: babhta, cúrsa, dreas, geábh, greas, ráig, rith, scaitheamh, sciuird, sea, seal, sealad, spuaic, stáir, tamall, taom, treall, treas. verb *stream flow*: brúcht, cúrsáil, doirt, gluais, rith, sceith, sil, snigh.

sreabhann noun *membrane*: dallán, scannán, seicin; clúdach, cumhdach.

sreang noun ❶ *string, wire, cord*: sreangán; coirdín, corda, iall, ruainseachán, ruóg, sloigín, snáithe, snáth, suaithne, téad. ❶ *line, queue*: ciú, comhshraith, eireaball, líne, rang, scuaine, seicheamh, sraith, treas. verb *draw, pull*: tarraing, teann; ciorraigh, crap, giorraigh, giortaigh.

sreangach adjective *bloodshot*: dearg, **adjectival genitive** fola, sreangshúileach

sreangadh noun *pull, wrench*: casadh, cor, freang, freangadh, stangadh, tarraingt, teannadh; leonadh.

sreangánach noun ❶ *stringy, fibrous*: sreangach; cnámhógach, righin, snáitheach, snáithíneach. ❷ *in strings, shredded*: mionstiallta, sclártha, stiallach, stiallta.

srian noun ❶ *bridle, rein*: araí; adhastar, braighdeach, braighdeachán, braighdeán, ceangal, ceannrach, cuibhreach, iall, igín, rópa, tácla, téad, srian, úim, *literary* lomhain. ❷ *curb, restraint*: bac, bacainn, branra, buairichín, buairthín, buarach, cis, coisceadh, cornasc, cosc cros, cruimeasc, éaradh, friofac, gradhan, glaicín, iodh, laincide, laincis, laingeal, fos, gabháil, oilbhéim, ríochan, sochtadh, sos, stad, stop, stopadh, toirmeasc, urchall. verb *curb, restrain*: bac, barr, blocáil, brúigh faoi, cis, coimeád ó, coinnigh amach, coinnigh ó, coigil, cros, cuir bac le, cuir cosc le, cuir faoi chois, cuir stop le, dambáil, fuirigh, oclúidigh, toirmisc, *literary* tiomairg; cuir rud suas is síos ar dhuine, cuir rud soir siar ar dhuine; tabhair ar dhuine gan rud a dhéanamh; tar roimh dhuine ar rud a dhéanamh.

srianadh noun *restraint, control*: bac, bacainn, branra, buairichín, buairthín, buarach, cis, coisceadh, cornasc, cros, cruimeasc, éaradh, friofac, gradhan, glaicín, iodh, laincide, laincis, laingeal, fos, gabháil, oilbhéim, ríochan, sochtadh, stad, stop, stopadh, teacht roimh, toirmeasc, urchall; ceannas, ceannasaíocht, dlí, dlínse, máistreacht, maoirseacht, ordú, réim, riail, rialúchán, riarachán, ríocht, smacht, stiúir, stiúradh, svae, treoir, treorú, údarás, urlámhas.

sroich verb ❶ *reach, attain*: bain amach, faigh, ráinigh, roich, srois, tar fad le, teagmhaigh le, téigh chomh fada le. ❷ *achieve, accomplish*: bain amach, ceap, cuir i gcrích, faigh, faigh greim ar, gabh.

sróinínteacht noun (*act of*) *nosing, nuzzling*: bolaíocht, bolaireacht, bolú, smúrthacht, sróináil, smaoisíl, smaoisireacht, smúsáil, srónacánacht.

srón noun ❶ *nose*: smaois, smut, soc, srubh; geanc. ❷ *sense of smell*: bolaíocht, bolaireacht, bolú, smúrthacht.

srónach adjective ❶ *nasal, nasalized*: **adjectival genitive** sróine. ❷ *nosey, inquisitive*: bleidiúil, caidéiseach, ceisteach, ceistiúil, cúistiúnach, cunórach, fiafraitheach. ❸ *disdainful*: achasánach, aithiseach, cáinteach, cnáideach, cnáidiúil, dímheastúil, dímheasach, dímheasúil, drochmheasta, drochmheastúil, drochmheasúil, easmailteach, easonórach, fochaideach, fonóideach, frimhagúil, lagmheasúil, leitheadach magúil, maslach, móiréiseach, mórálach, mórchúiseach, mustrach, neamhshuimiúil, postúil, scigiúil, searbhasach, sotalach, spídiúil, tarcaisneach, uaileach, uallach.

sronáil noun ❶ *talking through the nose, nasality*: srónaíocht. ❷ (*act of*) *sniffing, inquisitiveness*: sróinínteacht, srónaíocht; caidéis, fiosracht, cunórtas, fiafraitheacht, físeoireacht, gliúcaíocht, gliúmáil.

srúill noun *river, stream, current*: abhainn, caise, caislín, caochán, cláideach, díobhóg, glaise, glas, sreabh, sreabhán, srúill, sruth, sruthán; brúcht, buinne, caise, eas, sruthú, taoide, tuile, tulca; brúchtadh, brúchtaíl, doirteadh, madhmadh, maidhm, rilleadh, scaird, scairdeach, sceitheadh,

sruth
sconna, seadráil, sileadh, steall, stealladh, tál, tulca, tulcaíl.

sruth noun ❶ *stream, current:* abhainn, caise, caislín, caochán, cláideach, díobhóg, glaise, glas, sreabh, sreabhán, srúill, sruthán; buinne, caise, eas, sruthú, taoide, tuile, tulca. ❷ *flow:* brúchtadh, brúchtaíl, doirteadh, madhmadh, maidhm, rilleadh, scaird, scairdeach, sceitheadh, sconna, seadráil, sileadh, sruth, sruthú, steall, stealladh, tál, tulca, tulcaíl.

sruthach adjective ❶ *streaming, flowing:* cúrsach, scaoilte, slaodach, sraoilleach, sreabhach, sruthánach, tulcach. ❷ *full of streams:* sruthánach; inseach.

sruthlaigh verb *rinse, wash out, flush:* rinseáil; fliuch, nigh, uiscigh.

stá noun *good appearance, bloom:* áilleacht, bláth na hóige, creatúlacht, cruthaíocht, cuntanós na sláinte, dea-chuma, dea-chruth, dealramh.

stábla noun *stable:* eachlann, marclann; eachra, groí.

stáca noun ❶ *stake, post:* cuaille, colún, páil, piléar, polla, post, sáiteán, stacán, staic, standal, stodaire, *literary* ochtach. ❷ *stack, rick:* carn, carnán, cruach; bulc, burla, carnáil, ceallamán, cnap, cnapán, cnuasach, crocán, cual, gróigeadh, gróigeán, gruagán, lab, leacht, maoil, maois, maoiseog, moll, múr, ricil, stualainn, *literary* dais.

stacán noun *pale, stake:* páil, cleith, crann, cuaille, sáiteán, stáca, staic, standal, *literary* ochtach.

stad noun *stop, halt, pause:* fanacht, feitheamh, fosadh, fuireach, sochtadh, stopadh; cónaí, luí, reast, reasta, scís, scíth, sochard, sosadh. verb ❶ *halt, cease:* caith tharat, cuir díot, cuir uait, éirigh as, fág uait, lig díot, lig tharat, socht, staon, stop. ❷ *stay:* cónaigh, fan, fuirigh, stop. ❸ *make to stop:* bac, barr, blocáil, brúigh faoi, coisc, cuir stop le, coinnigh ó, coigil, cros, cuir bac le, cuir cosc le, cuir deireadh le, cuir faoi chois, cuir stop le, fuirigh, dambáil, oclúidigh, socht, toirmisc.

stadach adjective *faltering, stammering:* ainimheach, ainriochtach, anchruthach, briotach, briste, cithréimeach, éagruthach, éalangach, easnamhach, easpach, éislinneach, leamh, lochtach, máchaileach, míchruthach, neamhfhoirfe, uireasach; briotach, doiléir, gotach, luathbhéalach, mantach, míshoiléir, tutbhalbh, tutbhéalach, *literary* meann.

stadaire noun *stammerer:* briotachán, briotaire, glafaire, gotán, mantachán, mantán, mantachánaí, mantaire, meiliteálaí, meiliteoir, mungarlach, stadachán, trudaire, tútaire.

stadaireacht noun *stammering:* amhlabhra, barróg, béalmháchail, briotaireacht, glafaireacht, luathbhéalaí, meiliteáil, mungailt, mungailt focal, plobaireacht, plucsáil, snagadáil, snagaireacht, snagarsach, stad, stadaíl, stadarnaíl, starragánacht chainte, teanga bhachlógach, trudaireacht, trudarsach, tutáil, tutbhéalaí; bundún teanga, caint na mbodhar is na mbalbhán, maolteanga.

stádar noun *walking to and fro:* fálróid, feadóireacht, raimleáil, siúlóid, spaisteoireacht, srathaireacht, válcaeireacht.

stádas noun *status:* ardchéim, ardmheas, barrchéimíocht, céim, céimíocht, dínit, grád, gradam, meas, oineach, oireachas, oirirceas, onóir, ord, rang, seasamh, uaisle, uaisleacht, urraim, *literary* ordan.

staf noun ❶ *stiffness:* dolúbthacht, righneas, stág, stalcacht, stalcánacht, teannaireacht; aindiúid, cruas, turaireacht. ❷ *staff, pole:* bachall, bata, cleith, cleith ailpín, liúr, lorg, lorga, maide, sabh, slat; crann, cuaille, páil, sáiteán, sonn, stacán, staic, steafóg, trostán, *literary* ochtach.

staga noun ❶ *old nag:* stagún, staigín; cairiún, clibín, clibistín, gearrán. ❷ *worthless creature:* staigín; féirín, rud gan mhaith; ainmhí gan mhaith, iarlais chapaill.

stágach adjective ❶ *slow, stiff:* bómánta, liosta, mall, mallacharach, mallghluaiste, malltriallach, marbhánta, spadánta, spadchosach, támáilte; calctha, ceapánta, crua, dolúbtha, dúr, fadálach, neamhaclaí, righin. ❷ *lumbering, halting:* bacach, báltach, bosach, costrom, crapchosach, crúbach, leifteánach, spágach, stadach, tuisleach.

staic noun ❶ *stake, post:* cuaille, colún, páil, piléar, polla, post, sáiteán, stáca, stacán, standal, stodaire, *literary* ochtach. ❷ *stock, stump:* staicín; buadán, bun, bunán, camhcaid, dúid, grágán, múdán, nuta, rúta, sciotán, stacán, stocán, stumpa, stupa.

staid[1] noun *stadium:* spórtlann; faiche peile, páirc peile; páirc imeartha, raon, raon rásaí.

staid[2] noun *state, condition:* aiste, bail, caoi, cóiriú, cruth, cuma, dála, dóigh, gléas, oidimil, riocht, slí.

stáid noun ❶ *trail, track:* bonn, eang, lorg, raon, rian, slíocht. ❷ *streak, line:* banda, riast, síog, síoma, stiall, straidhp, stríoc; féith, líne.

stáidbhean noun *stately woman:* banfhlaith, banphrionsa, banríon, bantiarna, bean uasal; bé, béasach, bruinneall, céirseach, cúileann, gile na gile, girseach óg, maighre mná, maiseog, plúr na mban, plandóg, plúróg, réilteann, sciamhaí, sciamhaí mná, spéirbhean, spéirbhruinneall, *literary* céileann.

staidéar noun *(act of) studying, study:* foghlaim, léann; aire, cúram. ❷ *steadiness, level-headedness:* breithiúnas, ciall, cobhsaíocht, críonnacht, daingne, diongbháilteacht, discréid, eagna, eagnaíocht, fadcheann, foistine, foras, guaim, féinsmacht, reasún, stuaim, tuiscint. ❸ *stay, station, habitat:* aicíocht, áitiú, áitreabh, áras, baile, cónaí, gnáthóg, nideog, suíochán, tearmann.

staidéarach adjective ❶ *studious:* acadúil, dúilmhear sa léann, tugtha don leann, dícheallach, díograiseach. ❷ *level-headed, sensible:* staidéartha, céillí, ciallmhar, críonna, fódúil, eagnaí, fadcheannach, foirmniseach, gaoiseach, gaoisiúil, gaoismhear, meabhrach, praitinniúil, réasúnta, stuama, tuisceanach; tá an chúileith i bhfad siar aige.

stáidiúil adjective ❶ *stately:* biliúil, céimiúil, cuibhiúil, cúirtéiseach, cúirtiúil, díníteach, foirmiúil, grástúil, maorga, mórga, mórgach, nósúil, oirirc, réimiúil, ríoga, ríogúil, ríthiúil, ríúil, ríonaí, síodúil, sollúnta, státúil, tiarnúil, uasal, *literary* séaghainn. ❷ *portly:* bealaithe, biamhar, bláfar, blonagach, dabhchach, feolmhar, forlíonta, lodartha, marógach, méadlach, méith, mór, otair, otraithe, plucach, ramhar, staiceáilte, téagartha, téagrach, toirtiúil, trom. ❸ *pompous:* anbharúlach, beadaí, bogásach, borrach, ceartaiseach, clóchasach, consaeitiúil, déanfasach, díomasach, leitheadach, iarlaithe, lán de féin, mórálach, mórchúiseach, mórtasach, móiréiseach, mórtasach, poimpéiseach, postúil, suimiúil, sotalach, teanntásach, údarásach, uaibhreach, uallach.

staidreamh noun *statistics:* staitistic, *pl.* staitisticí; *pl.* figiúirí, *pl.* uimhreacha; *pl.* mionsonraí, *pl.* sonraí.

staighre noun ❶ *stairs:* log staighre; *pl.* céimeanna. ❷ *storey:* stór, urlár; leibhéal, sraith.

stail noun *stallion:* stailín, stalán; capall fireann; cairiún, gearrán.

stailc noun ❶ *sulk, sulkiness:* pusáil, pusaíocht, pusaireacht, smuilc, smutaireacht, stalcacht, stuacacht, stuacaíocht, stuaic, stuaicle, sulcáil. ❷ *strike (of workers):* saotharstad.

stainc noun *huff, pique:* aincis, aingíocht, ainleoireacht, cancracht, cantlamh, colg, crostacht, cuil, drisíneacht, fearg, fiarán, goilliúnacht, greannaitheacht, iarógacht, míchéadfa, míghiúmar, pusaireacht, stailc, stalcacht, stancard, stuaic.

stainceach adjective *piqued, petulant, peevish*: staincíneach, stainciúil; achrannach, ainciseach, araiciseach, aranta, cancrach, cantalach, cochallach, coilgneach, colgach, crosta, cuileadach, danartha, deafach, dodach, driseogach, drisíneach, feargach, fraochmhar, gairgeach, goilliúnach, gráinneogach, grusach, iarógach, íortha, peasánach, pusach, rothánach, smuilceach, splíonach, spuaiceach, stailceach, stalcach, stancánach, stuacach, stuacánach, stuacánta, stuaiceach, *literary* dreannach, íorach.

stainnín noun ❶ *stand, stall, booth*: botaí, both, bothán, bothóg, seastán, stalla. ❷ *small barrel*: bairille, casca, ceaig, dromhlach, stanna, tobán.

stair noun ❶ *history*: croinic, seanchas; seanstair na hÉireann, finstair na hÉireann, foras feasa, *literary* oireas; *pl.* na hAnnála, Foras Feasa ar Éirinn, Leabhar Gabhála. ❷ *account, story*: cuntas, cur síos, faisnéis, nuacht, nuaíocht, scéal, scéala, scéilín, staróg, trácht, tráchtaireacht, tuairisc, tuarascáil, *literary* tuirtheacht.

stáir noun ❶ *turn, spell, stretch*: babhta, cúrsa, dreas, geábh, greas, ráig, rith, scaitheamh, sciuird, sea, seal, sealad, spuaic, tamall, taom, treall, treas. ❷ *run, dash*: ráib, ráig, ríog, ruthag, scinneadh, scinneog, sciurd, stáir; abhóg, eitleog, gaiseadh, geit, léim, pocléim, preab, preabóg, rúchladh, scabhait, truslóg, urróg. ❸ *fit, frenzy*: abhóg, eatal, fonn, fuadar, priocadh, racht, raig, ráig, ríog, spadhar, spreagadh, spreacadh, spreang, taghd, tallann, taom, tapóg, treall; ainscian, aonach, baosra, buile, caor, cinnmhire, cochall, coilichín, colg, colgaí, confadh, cuthach, dásacht, fearg, fiántas, fíoch, fíochmhaire, fiuch, fiúir, fiúnach, flosc, fraoch, fualang, ginideacht, meanchiall, mire, straidhn, teaspach. ❹ **ar na stártha** *blind drunk*: caoch, caochta, dall, dallta, lán, lán go drad, lán go poll an phaidrín, lán go smig; ar a chrampa, ar buile le meisce, ar deargmheisce, ar leathstuaic, ar leathstiúir, ar na cannaí, ar na stoic stárthacha, báite i bhfíon, faoi lántseol, ina chamstáca, ina smíste; níl aithne a bheart aige, níl aithne na bhfeart aige, tá a chosa ag imeacht uaidh, tá sé ag imeacht ar a bhéal is ar a fhiacla.

stáirse noun *starch*: stailc, stairs, stáirsín; treiscín; carbahiodráit.

stáisiún noun ❶ *railway station*: teach na dtraenach. ❷ *bus station*: busáras. ❸ *station (in general)*: áit, ionad, lárionad, port.

staitisticí plural noun *statistics*: staidreamh, *pl.* staitisticí; *pl.* figiúirí, *pl.* uimhreacha; *pl.* mionsonraí, *pl.* sonraí.

stáitse noun ❶ *platform, vantage point*: ardán, clár, fléig, lamairne, lantán; ionad faire. ❷ *stage*: ardán, scafall; amharclann, téatar; póidiam.

stáitsigh verb *put on the stage*: cuir ar an ardán, cuir ar an stáitse, léirigh.

stáitsíocht noun *play-acting*: aisteoireacht, drámaíocht; cleamaireacht, fuirseoireacht, geáitsíocht, geamaireacht, leidhcéireacht.

stálaigh verb ❶ *become stale*: éirigh leamh, lobh, téigh i ngéire, téigh i leimhe; chaill sé a bhlas. ❷ *season, toughen*: galaigh, stéagaigh; cruaigh, righnigh, tuar.

stálaithe adjective ❶ *stiff, obstinate, unbending*: buiniceach, bundúnach, cadránta, ceanndána, ceannláidir, ceanntréan, ceapánta, ciotrúnta, cruamhuineálach, dígeanta, diúnasach, dodach, doghluaiste, dolúbtha, dúr, ládasach, muiniceach, neamhghéilliúil, righin, chomh righin le gad, stailcciúil, stainciúil, stóinsithe, stuacach; is air atá an muineál. ❷ *stale*: géar, géaraithe, rodta, spadach, leamh, neamhbhlasta, sean, seanda; tá fuarbhlas air, tá seanbhlas air.

stalc noun *stiff, stodgy thing*: balc, calc, rud stalcánta, stalca, stalcán, stolp, strompa, strompach. verb ❶ *set, harden*: calc, cruaigh, righnigh, stolp, stromp. ❷ *stuff*: calc, ding, líon, luchtaigh, pacáil, sac, sáigh, stánáil, stang, teann.

stampa noun ❶ *stamp, impress*: cló, lorg, marc, rian, stampán; gléas stampála. ❷ *postage stamp*: stampa greamaitheach, stampa poist; postas.

stán¹ noun *tin, can*: canna, canna stáin; árthach, calán, ceaintín, peaindí, potán, soitheach.

stán² verb **stán ar** *stare at*: stánaigh; cuir na súile trí, bain lán súl as; amharc le halltacht ar, féach go grinn ar; tá a shúile sáite ann; bí ag gácáil.

stánadóireacht noun *(act of) tinkering*: bogadúradh, bogadúram, fidléireacht, fidlínteacht, gíotáil, glacaíocht, glacaireacht, gliomáil, gliúmáil, ladhráil, laidhrínteacht, meandáil, méaraíocht, méirínteacht, póirseáil, scrabhadh, scríobadh, siústráil, spreotáil, stróiceadh, útamáil.

stánadh noun *stare, gaze*: amhanc, amharc, breathnú, féachaint, grinndearcadh, grinniú, lán na súl, scrúdú, silleadh; gácáil.

stang noun ❶ *peg, dowel*: bacán, biorán, cnoga, cranntairne, dual, peig, pionna, scorán. ❷ *parcel of land*: leadhb, paiste, pléata, stráice. ❸ *large piece*: ailp, baog, blúire, canta, caob, clabhta, cnap, cnapán, crompán, daba, dailc, dairt, dalcán, fód, gamba, goblach, leota, lóta, maiste, meall, meascán, moll, scailp, scaob, scealp, scealpóg, slaimice, slis, sliseog, smíste, smut, smután, spreota, stéig, torpán. verb ❶ *peg*: cuir peigeanna i, cuir pionnaí i; ceangail le peigeanna, ceangail le pionnaí, socraigh le peigeanna, socraigh le pionnaí. ❷ *charge, load*: ládáil, lastáil, líon, lódáil, luchtaigh. ❸ *stuff*: calc, ding, líon, luchtaigh, pacáil, sac, sáigh, stalc, stánáil, teann. ❹ *bend, sag*: cam, cas, cor, cúb, fiar, laobh, lúb.

stangadh noun ❶ *bend, sag*: casadh, cor, géilleadh, lúbadh, staon, tabhairt. ❷ *warp, strain*: saobhadh, stompadh; lúbadh, stró, strus, tarraingt, teannadh.

stangaire noun ❶ *troublesome person, haggler*: cadramán, cailicéir, dúradán, gadrach, righneálaí, stalcaire, steandar; braigléir, mangaire, margaire, margálaí. ❷ *shirker, idler*: cnaiste, codaí, falsóir, fámaire, feamaire, giolla na leisce, langa, leadránaí, leiciméir, leisceoir, leoiste, liúdaire, lófálaí, lorgánach, lóma, lúmaire, maraíodóir, raingléir, righneadóir, righneálaí, scaoinse, scraiste, sínteach, síntealach, slaodaí, smíste, snámhaí, sráidí, stróinse. ❸ **rinneadh stangaire díom** *I was dumbfounded*: rinneadh balbhán díom, rinneadh stacán díom, rinneadh staic díom.

stangaireacht noun ❶ *haggling, quibbling*: braigléireacht, mangaireacht, margáil, margáintíocht, margaireacht; cailicéireacht, caolagróireacht, míníneacht, sceidínteacht, strucáil. ❷ *shirking, idling*: bruachaireacht, caidéireacht, codaíocht, falsóireacht, fámaireacht, feadóireacht, leadaíocht, learaireacht, leiciméireacht, leisceoireacht, leoistíocht, liudaíocht, liúdramántacht, lófáil, loiceadh oibre, loiciméireacht, losaíodóireacht, rístíocht, scraisteacht, scraistíocht, scraistíneacht, scraistiúlacht, sínteoireacht, slúisteoireacht, srathaíocht, srathaireacht.

staon verb ❶ *stop, desist*: cuir díot, éirigh as, lig díot, scar le, stad, stop. ❷ *abstain*: déan tréanas, déan troscadh. ❸ *draw back, flinch*: clis, cúb, cúlaigh, loic, tréig.

staonadh noun ❶ *abstention*: neamhláithreacht. ❷ *cessation, stop*: faoiseamh, stad, sos, stopadh; aiteall, deibhil, eatramh, snag, *literary* turbhaidh. ❸ *restraint,*

staonaire

check: bac, bacainn, branra, coisceadh, cosc, cros, sochtadh, sos, srian, stad, stop, stopadh, toirmeasc.

staonaire noun *total abstainer, teetotaller:* réadóir; anphotaire.

staraí noun ❶ *historian:* annálaí, croiniceoir, croinicí, cróineolaí, seanchaí, *literary* oiriseach. ❷ *tattler, gossip:* béadánaí, leagaire, luadrálaí, monabhrach, ráflálaí, rásaí, scéalaí, sceithire, socadán, socaire; béal gan chaomhnú, béal gan foscadh, béal gan scáth.

staraíocht noun ❶ *story-telling, romancing:* aislingeacht, aislingíocht, eachtraíocht, fantaisíocht, finscéalaíocht, ramscéalaíocht, rómánsaíocht, scéalaíocht. ❷ *tittle-tattle, gossip:* briosc-chaint, cabaireacht, cadráil, geab, giob geab, gliog gleag, gobaireacht, mionchaint ráfláil, scéal reatha, scéal scéil, scéalaíocht, spruschaint; athiomrá, béadán, béadchaint, cúlchaint, cúlghearradh, dúirse dáirse, luadráil, ráfláil, reacaireacht, reic, reiceadóireacht, sithe seatha, suainseán.

staróg noun *anecdote, yarn:* eachtra, mionscéal, scéal, scéilín.

starr noun *prominence, projection:* corraic, gradhan, scéimh, scoth, starragán, starraicín, starrán.

starrach adjective ❶ *projecting, prominent:* corr-, corrach, cúinneach, spíceach, spiorach, stacánach; feiceálach, neamhghnách, sonrach, suntasach. ❷ *rugged, uneven:* achrannach, ainmhín, cnapánach, cnapógach, corrach, cranrach, creagánta, fadhbach, fairbreach, fiaclach, graifleach, greanach, inbheach, iomaireach, méirscreach, rocach, starragánach. ❸ *uncouth, clumsy:* ainmhín, allta, bodachúil, bodúil, borb, brománta, brúisciúil, dobhéasach, dorrga, drochbhéasach, drochmhúinte, gairbhéiseach, garbh, garbhánta, grusach, lámhbhaosach, míbhéasach, starragánach, tuaisceartach, tuatach, tuathalach, tútach; anásta, aibhéiseach, amscaí, ciotach, ciotrainneach, ciotrúnta, driopásach, leibideach, liobarnach, liopasta, mágach, míshlachtmhar, místuama, strampáilte, úspánta, útamálach.

starraic noun *prominence, pinnacle of rock:* carracamán, carracán, creag, creig, sceilg screag, splinc, stacán cloiche, starraicín.

stát noun ❶ *(political) state:* státa; daonlathas, dlínse, poblacht, reacht, rialtas, ríocht; náisiún, tír. ❷ *state, dignity:* céimíocht, cúirtéis, dínit, foirmiúlacht, grástúlacht, gradam, mórgacht, oirirceas, réim, ríogacht, sollúntacht, stáidiúlacht, státa, uaisle, uaisleacht. ❸ *estate:* eastát, státa; gabháltas, *pl.* tailte.

státaire noun *statesman:* ceannaire polaitiúil, polaiteoir; aire, taoiseach, uachtarán; ambasadóir, taidhleoir.

státseirbhís noun *civil service:* maorlathas, riarachán, riarthóireacht, *pl.* státseirbhísigh; feidhmeannas.

státúil adjective *stately, dignified:* biliúil, céimiúil, cuibhiúil, cúirtéiseach, cúirtiúil, díniteach, foirmiúil, grástúil, maorga, mórga, mórgach, nósúil, oirirc, réimiúil, ríoga, ríogúil, ríthiúil, ríúil, rionaí, síodúil, sollúnta, stáidiúil, tiarnúil, uasal, *literary* séaghainn.

stéad noun *steed:* capall, capall cogaidh, each, *literary* gabhar, marc; (*i gContae Dhún na nGall*) beathach, bromach, capall, capaillín, clibistín, gearrán; stail, stailín, stalán, láir, láirín.

steafóg noun *staff, stout stick:* bastún, bata, béatar, cleith, cleith ailpín, cleitheog, liúr, lorg, lorga, maide, maide coill, maide draighin, smachtín, smíste, smíste maide, staf, trostán.

steall noun ❶ *splash:* fliuchadh, plab, spleais, spreachadh, stealladh, steallóg. ❷ *dash (of liquid):* braon, braonán, coirnín, deoir, dil, driog, flip, mónóg, sil, sileán, sniog, smeachadh, steallóg, steanc, steancán, stioc, striog. ❸ *gush, flow:* brúcht, buinne, caise, doirteadh, scaird, sconna, sruth, stealladh, taoisc, tulca. verb ❶ *splash, pour:* doirt, gluais, sceith, sil, snigh, spreachallaigh, sreabh, steanc. ❷ *dash, bash:* basc, batráil, buail, cnag, gleadhair, gread, greasáil, lasc, leadair, leadhb, léas, léirigh, liúr, planc, slis, smíoch, smíocht, smiot, smíst, stánáil, súisteáil, tuargain.

stealladh noun ❶ *(act of) splashing:* fliuchadh, lapadáil, plobarnach, scairdeach, scairdeadh, scuaideáil, slaparnach, spleaiseáil, spréachadh, spreachallú. ❷ *outpouring, downpour:* bailc báistí, bailc fearthainne, clagar, clagarnach, clagarnaíl, clascairt báistí, díle báistí, doirteán báistí, duartan, gailbh, gailfean, gailfean báistí, leidearnach chlagair, liagarnach báistí, maidhm bháistí, péatar báistí, rilleadh báistí, sconna báistí, spútrach, stealltarnach, taoisc, tuairt bháistí, tuile liag, *literary* forlacht. ❸ *bashing, fight:* broicneáil, bualadh, burdáil, cleathadh, clogadhadh, cnagadh, cuimil an mháilín, deamhsáil, failpeadh, flípeáil, fuimine farc, giolcadh, gleadhradh, greadadh, greadlach, greadóg, greasáil, lascadh, leadhbairt, leadradh, léasadh, léidearnach, liúradh, liúradh Chonáin, plancadh, rapáil, riastáil, rúscadh, sceilpeáil, slatáil, smeadráil, smíochtadh, smísteáil, stánáil, súisteáil, tiomp, tuargaint, tuirne Mháire.

steallmhagadh noun *(act of) mocking, jeering:* aithris magaidh, aoir, cnáid, fochaid, fonóid, frimhagadh, gáirmhagadh, geoin, magadh, scigaithris, scige, scigireacht, *literary* sionnadh.

stéig noun ❶ *slice (of meat):* gearrthóg, greim, stiall, slis, slisín. ❷ *pl.* **stéigeacha** *guts, intestines: pl.* inní, *pl.* ionathair, *pl.* putóga; *pl.* gibléid, gipis, scairt; *colloquial* inmheánach.

steip noun ❶ *step:* abhóg, céim, coiscéim, truslóg. ❷ **déan steip** *dance a step:* damhsaigh, rinc; déan damhsa, déan rince.

steirilígh verb *sterilize:* aimridigh, seascaigh; dífhabhtaigh, díghalraigh, frithsheiptigh.

stiall noun ❶ *strip, slice:* sceall, scealla, sciolla, slis, sliseán, sliseog, slisín, slisneog, spalla, stiallóg, stráice, streoille. ❷ *cut, stroke, lash:* béim, bualadh, buille, clabhta, cnag, cnagán, gearradh, leadhbóg, leadóg, leadradh; fuipeáil, greadadh, lásáil, lascadh, léasadh, péirseáil, sciúirseáil, sciúrsáil. verb ❶ *cut into strips:* gearr, sclár, stoll. ❷ *rend, tear:* ciorraigh, gearr, sciot, scoith, snoigh, srac, stróic, teasc; ingnigh. ❸ *cut, lash, wound:* basc, cneáigh, coscair, creach, dochraigh, donaigh, gearr, goin, gortaigh, íospair, leadair, leadhb, martraigh, mill, réab, rois, sclár, sáraigh, scrios, spól, *literary* lochair, sléacht.

stialladh noun *laceration:* bascadh, coscairt, íospairt, leadradh, oirneachadh, réabadh, roiseadh, sceanadh, scláradh, spreotaíl, sracadh, stracadh, stróiceadh, treascairt, *literary* lochar.

stíbheadóir noun *stevedore:* dugaire.

stíl noun *style:* cóir, cóiriú, deasú, eagar, eagrú, feistiú, gléas, gléasadh, leagan amach, maisiú, ord, ornáidíocht, ornú, ríocht, socrú.

stiléir noun *distiller:* driogaire.

stiléireacht noun *distillation, poteen-making:* driogaireacht, téamh; dúbláil, singeáil, singlín; bríbhéireacht, grúdaireacht; poitín, síbín.

stíobhard noun *steward:* aibheárdaí, áidsint, athmháistir, báille, bairdéir, bardach, caomhnach, caomhnóir, coimeádaí, coimhéadaí, formán, gairdian, garda, maor, mórmhaor, *literary* custás; maor coille, maor seilge, maor uisce.

stiocaire noun *niggardly person:* ainriochtán, bochtán, cágaire, ceachaire, ceacharán, cnat, cnatachán, cágaire, cníopaire, coigleálaí, coigleoir, creagaire, cruaiteachán, crualaí, crústa, drochghoilíoch, gortachán, néigear, ocrachán, péisteánach, raispín, ruidín gorta, sainteoir, santachán, scanrabóid, scanrachóid, scanradóir, scanróir, scrabhadóir, scrabhdóir, scramaire, scríbín, scríobálaí, sprionlaitheoir, sprionlóir, staga, suarachán, taisceoir, toimhseachán, truailleachán, truán, tútachán; caillteog, cráiteog, scríobóg, sprionlóg.

stiúg verb ❶ *expire, perish*: básaigh, éag, faigh bás, síothlaigh, smiog, spéiceáil, téaltaigh as, téigh chun na cille, téigh thar teorainn, téigh i gcré, tit, *literary* teastaigh. ❷ **stiúgtha leis an ocras** *perished with hunger*: caoch leis an ocras, scrútaithe leis an ocras, siolgair leis an ocras, sleabhctha leis an ocras; tá déidín tite agam le hocras. ❸ **stiúgtha leis an tart** *perished with thirst*: básaithe ag an tart, ag fáil bháis lei an tart, píopáilte leis an tart, sclogtha leis an tart, spallta leis an tart, spalptha leis an tart, tachta ag an tart; tá íota air, tá spalladh air.

stiúir noun ❶ *rudder, helm*: failm, falmaire, halmadóir. ❷ *direction, control*: bainisteoireacht, ceannaireacht, ceannas, díriú, giollacht, giollaíocht, luamhaireacht, monatóireacht, múineadh, riar, stiúradh, stiúrthóireacht, teagasc, treoir, *pl.* treoracha, treorú; ceannas, ceannasaíocht, dlí, dlínse, réim, riail, rialú, rialúchán, riarachán, ríocht, smacht, stát, svae, údarás, urlámhas; feidhmchumhacht, mineastráil, mineastrálacht, réimeas; aireachas, aithne, ardcheannas, máistreacht, maoirseacht, ordú. ❸ *inclination, posture*: claon, claonadh; cor, dóigh, geáitse, goic, imeacht, iompar, seasamh, teacht i láthair. verb ❶ *steer*: stiúraigh, tiomáin, treoraigh. ❷ *direct, control*: coinnigh faoi smacht, deachtaigh, ordaigh, rialaigh, smachtaigh, treoraigh, *literary* codhnaigh.

stiúireachán noun ❶ *bad-tempered person*: agóid, ainciseoir, ainle, ainleog, ainsprid, badhbaire, báiléir, báirseoir, banránaí, bearrbóir, bearrthachán, brúisc, brúiscéir, cáinseoir, callaire, cancrán, canránaí, cantalán, cantalachán, cantalóir, ceolán, cianaí, ciarsánaí, clamhsánaí, cnádán, cnádánaí, cnáimhseálaí, cnáimhseoir, Conán, Conán críon, deimheastóir, drantánaí, dris, fiacantóir, gargaire, gearánaí, glámh, heictar, meirgeach, míchaidreamhach, neascóid, sceach, sceachaire, sceimhealtóir, searbhán, speachaire, speig neanta, tormasaí. ❷ **stiúireachán mná** *virago*: ainsprid, badhbaire, báirseach, bearrbóir, bearrthachán mná, cáinseach, callaire mná, cancairt mná, caorthanach, drochbhean, fia-chailleach, fuachaid, gáirseach, heictar, laisceach, raicleach, raip, raiteog, ruibhseach, ruip, ruipleach, scubaid, strabóid, streachaille, toice.

stiúradh noun ❶ (*act of*) *steering*: stiúir, stiúrú; píolótú; tiomáint. ❷ *guidance, direction, control*: aire, aireachas, feighlíocht, geafaireacht, lámhsmacht, luamhaireacht, maoirseacht, mineastráil, mineastrálacht, monatóireacht, reachtáil, rialú, rialúchán, riarachán, riaradh, saoistíocht, smacht, stiúir, stiúrthóireacht, treoir, treorú.

stiúrthóir noun ❶ *steersman*: fear stiúrach, liagóir. ❷ *director, controller*: bainisteoir, captaen, ceann, ceannaire, ceannasaí, ceann feadhna, ceann foirne, ceannfort, ceann urra, cinnire, fear ceannais, geafaire, geafar, geaingear, gobharnóir, máistir, maoirseoir, maor, oifigeach, príomhoifigeach, reachtaire, rialtóir, riarthóir, saoiste, scipéir, taoiseach, tiarna, treoraí, uachtarán, *literary* braine, léadar; boc mór, bodach mór, iasc mór, lus mór.

stiúsaí noun *saucy girl, hussy*: gustóg, leagaire, raiteog, scib, scubaid, strabalach, strabóid, strapairlín, streabhóg, toice; baothóg, giodróg.

stobarnáilte adjective *stubborn*: cadránta, ceanndána, ceannláidir, ceanntréan, ceapánta, cruamhuineálach, dáigh, dána, dígeanta, dodach, dobhogtha, doghluaiste, dolúbtha, dúr, ládasach, neamhghéilliúil, stailciúil, stainciúil, stálaithe, stalcach, stangánach, stobarnta, stóinsithe, stuacach, stuacánach.

stoc¹ noun ❶ *stock, trunk*: bun, ceap, crampóg, stocán, stumpa, tamhan. ❷ *stock, race (of people)*: bunadh, cine, cineál, clann, fialas, fine, fuil, líne, muintir, pór, rás, síol, síolrach, sliocht, teaghlach, treibh, *literary* díne. ❸ *stock, livestock*: airnéis, *pl.* ba, *pl.* beithígh, beostoc, bólacht, buar, eallach, spré, *literary* slabhra. ❹ *stock (of goods)*: *pl.* earraí, stór.

stoc² noun *bugle, trumpet*: adharc, alpchorn, bonnán, bonnán cóiste, buabhall, corn, déchorn, galltrumpa, gléasbhuabhall, postchorn, sliodtrumpa, stoc comhraic, tiúba, troimpéad, trombón, trumpa, *literary* storgán.

stoca noun *sock, stocking*: giosán, lóipín, máirtín, miotán, lópa, troithín; *pl.* níolóin, *pl.* riteoga.

stócach noun ❶ *young unmarried man*: aosánach, boiteallach, bromach, brusaire, duine óg, óg, ógánach, ógfhear; déagóir, glas-stócach, scorach. ❷ *go-between (in match-making)*: spéicéir, *familiar* basadaeir, basadóir; eadránaí, fear eadrána. ❸ *pole, mast*: barrchrann, crann, cuaille, cuailleán, páil, polla, sabh, staic, stacán, *literary* ochtach.

stócáil noun ❶ (*act of*) *stoking*: adú, breoslú, fadú; soláthar breosla. ❷ *preparations (as for a journey)*: déanamh réidh, oirchill, réiteach, téisclim, tiargáil, ullmhú, ullmhúchán; bheith faoi réir. verb ❶ *stoke*: adaigh, breoslaigh, fadaigh, las; coinnigh dó-abhar le, coinnigh breosla le, soláthair ábhar tine. ❷ *make preparations*: déan ullmhú, faigh faoi réir, réitigh, ullmhaigh.

stocaire noun ❶ *trumpeter*: stocadóir, trumpadóir, trumpaire, trumpóir, *literary* storgánaí; buabhallach, buabhallaí, buabhallóir. ❷ *odd man out*: éan corr, duine corraiceach, stocadóir; tá sé corraiceach, tá sé le cois. ❸ *gate-crasher, sponger, scrounger*: *pl.* cosa fuara, failpéir, duine dóchúil, gailín, gaoilín, geocach, geocaire, líodrálaí, scramaire, seipléir, siolpaire, sruthaire, stocadóir, súdaire, súmaire, táthaire, tnúthánaí, trumpa, *figurative* diúgaire.

stocaireacht noun ❶ (*act of*) *trumpeting*: trumpadóireacht, trumpaireacht, trumpóireacht. ❷ (*act of*) *blowing one's own trumpet*: bolscaireacht, fógraíocht, poiblíocht; bladhmadóireacht, bladhmaireacht, bóisceáil, buaileam sciath, gairéadú, gaisce, glóir dhíomhaoin, maíomh, mustar, scaothaireacht. ❸ (*act of*) *scrounging, sponging*: bacachas, bacadas, déircínteacht, diúgaireacht, failpéireacht, liostacht, madraíocht scramaireacht, siorriarraidh, sirtheoireacht, súdaireacht, súmaireacht, táthaireacht, tnúthán.

stócántacht noun (*act of*) *importuning*: achainí, achairt, déircínteacht, diansireadh, diúgaireacht, éileamh, iarratas, impí, síoriarraidh, *literary* fóchtadh.

stoda noun ❶ *stud*: bacán, bocóid, cabhradh, cnaipe, cnaipín, cnap, cnapán, cnoga, crainnín, crúca, dronnóg, figín, meall, mol, pionna, scorán. ❷ *stump*: bun, camhcaid, dúid, dúdóg. giota, nuta, sciot, sciotachán, smiodar, smut, stumpa. ❸ *pale, stake*: cabar, cleith, crann, cuaille, geá, páil, polla, sáiteán, stacán, staic, taobhán. ❹ *huff, huffiness*: colg, dochma, dod, duasmántacht, fearg, fraoch, rothán, pus, smut, spadhar, stailc, stainc, stodam, stuaic, stuacacht, taghd, treall; cár, gramhas, smut, stainc, strainc.

stodam noun *huff, huffiness*: colg, dochma, dod, duasmántacht, fearg, fraoch, rothán, pus, smut, spadhar, stailc, stainc, stuaic, stuacacht, taghd, treall; cár, gramhas, smut, stainc, strainc.

stóinse

stóinse noun *stanchion, pillar:* áighe, colún, cuaille, frapa, piara, píléar, taca, uaithne, *literary* ochtach.

stóinseach adjective ❶ *staunch:* brogánta, buan, buanseasmhach, dílis, daingean, diongbháilte, dúshlánach, fódúil, foirmniseach, fuaimintiúil, seasmhach, seasta, siosmaideach, staidéarach, staidéartha, stuama, tairiseach. ❷ *solid, strong:* balcánta, bulcánta balcánta, caisealta, daingean, diongbháilte, doscaoilte, fódach, fódúil, foirtil, láidir, neartmhar, tréan, *literary* díoghainn, dron, fosaidh, sonairt, tailc. ❸ *robust (in speech):* díreach, neamhbhalbh, oscailte.

stóinsigh verb *make staunch, strengthen:* athneartaigh, breisigh, daingnigh, láidrigh, neartaigh, treisigh; buanaigh, cobhsaigh, comhdhlúthaigh, táthaigh; cuir taca le, tacaigh le, tabhair misneach do.

stóinsithe adjective ❶ *solidly built:* buan, buanseasmhach, daingean, dea-dhéanta, diongbháilte, dlúth, dobhogtha, docht, doscaoilte, fódach, fuaimintiúil, láidir, righin, seasmhach, seasta, síoraí, talcánta, talcmhar, teann, tiubh, tréan, *literary* díoghainn, tailc. ❷ *stubborn, unyielding:* cadránta, ceanndána, ceannláidir, ceanntréan, ceapánta, cruamhuineálach, dáigh, dána, dodach, dobhogtha, doghluaiste, dolúbtha, dúr, ládasach, neamhghéilliúil, stailciúil, stainciúil, stálaithe, stalcach, stangánach, stobarnáilte, stobarnta, stuacach, stuacánach.

stoirm noun ❶ *storm:* doineann, deardal, deardan, dóstacht, drochaimsir, gailbh, gailfean, gála garbhshíon, spéirling; aimsir shalach, aimsir stoirmeach. ❷ *storm of anger, rage:* ainscian, aonach, báiní, baosra, buile, buile feirge, caor bhuile, cinnmhire, cochall, coilichín, colg, colgaí, confadh, cuthach, dásacht, faghairt, fearg, fiatacht, fíoch, fiuch, fiúir, fiúnach, fraoch, mearchiall, oibriú, ruamantacht, spadhar, straidhn, taghd, teasaíocht, teaspach, tintríocht, toirneach.

stoirmeach adjective *stormy, inclement:* stoirmiúil; deardanach, doineanta, dósta, fiáin, gailbheach, gailearánta, gailfeanach, garbh, salach, scuabach.

stoith verb ❶ *pull, pluck, uproot:* bain, bain ó fhréamh, tarraing.

stól noun ❶ *stool:* saoiste, saoisteog, stóilín, stól coise; binse, cathaoir, cúiste, suíochán, tolg. ❷ **stól de dhuine** *low-sized person:* abhac, abhcán, aircín, arcán, beagadán, beagaidín, boiric ó ciú, ceairliciú, cnádaí, crabadán, cruachán, cruiteachán, draoidín, dreancaid, dúidlín, fíothal, firín, gilidín, gilmín, sceoidín, scidil, sprúille; búis, braimleog, bunbhean, flapóg, múis, pataróg, ringiléad, sodóg, stopóg.

stoll verb ❶ *tear, rend:* ciorraigh, gearr, sciot, sclár, scoith, snoigh, srac, stiall, stróic; íospair, leadair, leadhb, réab, rois, *literary* lochar. ❷ **ag stolladh airgid** *spending money lavishly:* ag baint deataigh as airgead, ag baint smúite as airgead, ag caitheamh airgid i vásta, ag cur airgid amú, ag cur drochchríche ar airgead, ag díomailt airgid, ag dul chun slamáis ar airgead, ag dul trí airgead, ag ídiú airgid, ag leá airgid, ag meilt airgid, ag scaipeadh airgid le gaoth, ag scoitheadh airgid, ag tabhairt gaoithe don airgead. ❸ **ag stolladh fearthainne** *lashing rain:* ag caidhleadh báistí, ag clagadh báistí, ag cloigneadh fearthainne, ag cur de dhíon is de dheora, ag doirteadh báistí, ag gleadhradh báistí, ag greadadh báistí, ag lascadh báistí, ag raideadh báistí, ag roilleadh báistí, ag stealladh báistí, ag taoscadh báistí, ag teilgean báistí, ag taomadh fearthainne.

stolladh noun ❶ *(act of) tearing, laceration:* bascadh, coscairt, íospairt, leadradh, oirneachadh, réabadh, roiseadh, sceanadh, scláradh, spreotaíl, sracadh, stialladh, stolladh, stracadh, stróiceadh, treascairt, *literary* lochar. ❷ **stolladh feirge** *tearing rage:* ainscian, aonach, báiní, baosra, buile, buile feirge, caor, cochall, confadh, cuthach, dásacht, fearg, fíoch, fiuch, fiúir, fiúnach, fraoch, mire, ruamantacht, spadhar, taghd, treall; bheith ar an daoraí, bheith ar buile, bheith ar mire, bheith ar steallaí mire, bheith as a chranna cumhachta, bheith le ceangal, bheith sna firmimintí. ❸ *blustery wind:* aithleá gaoithe, briota gaoithe, bruíos, cuaifeach, deannóid ghaoithe, feothan, fleá, fleá gaoithe, fuaramán, gailbh, gaotalach, leoithne, pléata gaoithe, puis ghaoithe, *pl.* réablacha gaoithe, rois ghaoithe, *pl.* roisteacha gaoithe, scailp ghaoithe, seadán, séideán, siolla gaoithe, siota gaoithe, soinneán gaoithe, stamhladh gaoithe. ❹ **stolladh (bia)** *lashings (of food):* ainmhéid, an dúrud, carn, clais, cuimse, dalladh, dúlíonach, éacht, flúirse, foiscealach, foracan, foracún, gliúrach, greadlach, lánchuid, lear, lóicéad, luthairt lathairt, meall, maidhm, mórán, *pl.* múrtha, púir, réimse, slaod, tolmas, tulca, *familiar* an t-uafás.

stollaire noun ❶ *big, strong person:* balcaire, bambairne, béinneach, bramaire, bromach, bromaire, bromaistín, carraig, cleithire, cliobaire, crobhaire, Earcail, fairceallach, falmaire, fámaire, fathach, féithíoch, folcachán, forránach, gaiscíoch, griolsach, heictar, preabaire, pulcachán, rábaire, rúscaire, scafaire, scriosúnach, smalcaire, smíste, spalpaire, tolcaire, tolchaire, tollaire, tréanfhear, *figurative* damh, sail. ❷ *stubborn person:* cadramán, dúradán, gadrach, gadrálaí, righneálaí, stalcaire, stollaire. ❸ *standing stone:* cloch seasaimh, gallán, lia, liag, liag sheasta, liagán, stocalán, stolla, stualaire.

stollaireacht noun *obstinacy, sulkiness:* ceanndánacht, ceanntréine, contráilteacht dáighe, dígeantacht, diúnas, dodaireacht, dolúbthacht, ládas, muclaíocht, stailc, stainc, stálaíocht, stalcacht, stuacacht, stollaireacht, stuaic, stuaicle; easumhlaíocht, mícheansacht, místiúradh, neamhghéilleadh, neamhurraim.

stolltach adjective *blustery:* feothanach, gailbheach, gailfeanach, gaofar, garbh, scuabach, seadánach, séideánach, séideogach, séidte, siotach, stamhlaí, straidhpeach, straidhpiúil.

stolp noun ❶ *stodge, stiff inert thing:* balc, calc, calcaid, rud stalcánta, stalc, stalca, stalcán, stolpacht, strompa, strompach. verb *become stodgy, harden, thicken:* calc, cruaigh, righnigh, stalc, stromp.

stolpach adjective ❶ *stodgy, stiff:* stalcach, stalcánta, trom; crua, righin, stocach. ❷ *costive, constipating:* ceangailteach, triomaitheach, iatach. noun *constipation:* calcadh goile, ceangailteacht, ceangal meáin, cruatan boilg, cruatan goile, glas ar na putóga, iatacht, triomach.

stolpacht noun *stodginess, stiffness:* calcadh, stalcácht, stalcánacht, teannaireacht; cruacht, cruas, righneas.

stop noun *stop, cessation, standstill:* briseadh, éirí as, fosadh, scor, sos, stad, staonadh, stopadh, *literary* turbhaidh. verb ❶ *bring to a halt, bring to an end:* (i gContae Mhaigh Eo) balaigh, bí réidh le, comhaill, comhlíon, críochnaigh, cuir deireadh le, cuir i gcrích, cuir ó lámh, cuir stop le. ❷ *cease, discontinue:* éirigh as, lig díot, stad de, tabhair suas. ❸ *stay, lodge:* cónaigh, fan, feith, fuirigh, lonnaigh, mair, seas, stad, *literary* oiris, tairis; buail do chos fút, cuir fút. ❹ *stop up, block:* bac, barr, calc, cuir bac le, cuir cosc le, dambáil, oclúidigh, stad, urbhac.

stopadh noun *stop, stoppage, cessation:* cónaí, fosadh, luí, reast, reasta, scíth, sos, sosadh, stad, staonadh, cairde, faoiseamh.

stopallán noun *stopper, plug:* dúnstopadh, piollaire, plocóid, pluga, spiogóid, stoipéad, stopaide, stopán.

stór¹ noun ❶ *stock, provision:* pl. earraí; beatha, beathú, bia, cothú, lónadóireacht, lónú, marthain marthanacht, rótham, soláthar, soláthar bia, tomhaltas. ❷ *treasure, riches:* ciste, órchiste, taisce, *literary* intleamh; airgead, bracht, bruithshléacht, coibhche, conách, crodh, éadáil, flúirse, gustal, inmhe, iarmhais, ionnas, ionnús, maoin, maoin an tsaoil, maoin shaolta, ollmhaitheas, ollmhaitheas an tsaoil, ór na cruinne, rachmall, rachmas, raidhse, rath, rathúnas, saibhreas, sochar, pl. sócmhainní, somhaoin, speansas, speilp, spré, strus, tábhacht, teaspach, toice, *literary* intleamh, ionnlas. ❸ *place of storage, warehouse:* earralann, stóras, taisceadán. ❹ **a stór** *darling:* a mhíle stór; a chroí, a dhílis, a ghrá, a lao, a mhaoineach, a mhuirnín, a rún, a stóirín, a thaisce, a théagair, m'anam, mo ghraidhin, mo chuach, mo chuid den saol.

stór² noun *storey:* staighre, urlár; leibhéal.

stóráil verb *store:* stuáil, taiscigh; cuir ar stór, cuir i gcoimeád, cuir i dtaisce; coimeád, coinnigh; bailigh, cnuasaigh, cruinnigh.

stóras noun ❶ *storehouse, depository:* earralann, stór, taisce, taisceadán. ❷ *stores, provisions:* beatha, bia, costadh, cothú, gléas, lón, lónadóireacht, soláthar, soláthar bia, *literary* coth.

stórchiste noun *thesaurus:* teasáras; stór focal; foclóir, gluais, liosta focal, sanas; bunachar sonraí.

storrúil adjective ❶ *strong, vigorous, bold:* ábalta, bailc, balcánta, bríoch, bríomhar bulcánta balcánta, ceilméartha, cumasach, cumhachtach, dána, éifeachtach, fearúil, feilmeanta, folcánta, fórsúil, fuinniúil, inniúil, láidir, látharach, matánach, misniúil, móruchtúil, muscalach, neamheaglach, neamhfhaiteach, neartmhar, oscartha, spreacúil, sracúil, téagartha, tréan, treisiúil, urrúnta, urrúsach, *literary* ruanata; calma, calmánta, coráisteach, coráistiúil, cróga, curata, díolúnta, foirtil, fortúil, gaisciúil, galach, gusmhar, gusúil, laochta, laochúil, meanmnach, oscartha, saighdiúrtha, spionnúil, spioradúil, spridiúil, uchtúil, *literary* ánrata, conghalach, léideanach, léidmheach. ❷ *stirring:* beo, beoga, bríoch, bríomhar croíúil, éifeachtach, fuinniúil, gáiriteach, gusmhar, inniúil, láidir, meanmnach, meidhreach, meidhréiseach, oirbheartach, scóipiúil, soilbhir, spionnúil, spleodrach, suairc, subhach, tréan.

stoth noun ❶ *tuft:* bobailin, bobán, brobh, cuircín, curca, *literary* dlochtán, dos, dosán, loca ribe, ribeog, scoth, scothán, seamaide, slám, slámán, sop, sopóg, táithín, táth. ❷ **stoth gruaige** *mop of hair:* ceann, ciabh, cúl, cúl gruaige, folt, gruaig, mapa gruaige, moing, mothall, muirearfholt, stothall, stothóg, suasán, suasán cinn, súisín, urla.

strabhas noun *grimace, ugly expression of mouth:* cab, cáirín, cár, caradánacht, clab, grainc, meill, pus, scaimh, scaimheog, strainc, straois, streill.

strabhsach adjective ❶ *grimacing, having an ugly mouth:* strainceach, streilleach. ❷ *snaggle-toothed:* garbhfhiaclach, scagfhiaclach, (i *gContae Dhún na nGall*) scrábach; mantach, graibeach.

strácáil noun (*act of*) *striving, struggling:* coraíocht, streachailt, tiaráil; dréim, gleic, spairneadh.

strae noun ❶ *straying:* fán, dul amú, seachrán; fánaíocht. ❷ **ar strae** *astray:* amú, ar fán, ar míthreoir, ar seachrán, ar straiféad.

straibhéis noun *ostentation, show:* bladhmaireacht, bladhmann, buaiceáil, gáifeacht, gaigíocht, gairead, gaireadaí, galamaisíocht, galántacht, galántas, giodal, mustar, péacacht, scaothaireacht, scléip, scléipireacht, scóid, spiagaíocht, stróúlacht, taibhseacht.

straibhéiseach adjective *ostentatious, showy:* craobhlasrach, gáifeach, gaireadach, mórthaibhseach, mustrach, péacógach, scéiniúil, scléipeach, spiaga, spiagach, spiagaí, stróúil, taispeántach.

stráice noun ❶ *strip:* gearrthóg, gríscín, leadhbán, ribe, ribeog, slis, slisín, slisne, sracadh, stiall, straiméad, streoille. ❷ **stráice fir** *tall thin man:* brísteachán, cuaille, cuirliún, cuirliúnach, cleithire, cliathramán, cnábaire, coinnleoir, croch, gágaire, gailléan, geosadán, langa, píle, pílí, radalach, railse, ráilse, reanglamán, scodalach, sconnartach, sínealach, sreangaire. ❸ *flamboyance:* bladhmaireacht, bladhmann, buaiceáil, gáifeacht, gaigíocht, gairéad, gairéadaí, galamaisíocht, galántacht, galántas, giodal, mustar, péacacht, scaothaireacht, scléip, scléipireacht, straibhéis. ❹ *conceit:* anbharúil, bogás, buannaíocht, ceartaiseacht, ceartaisí, cinseal, díomas, éirí in airde iarlaitheacht, leithead, leitheadas, móiréis, mórchás, mórchúis, mórtas, mórtas thóin gan taca, postúlacht, saoithíneacht, sotal, stróúlacht.

stráiciúil adjective ❶ *flamboyant, foppish:* craobhlasrach, gáifeach, gairéadach, mórthaibhseach, péacach, péacógach, pléascach, scéiniúil, spiaga, spiagach, spiagaí. ❷ *conceited:* anbharúlach, bogásach, bródúil, ceartaiseach, clóchasach, consaeitiúil, cuidiúil, lánmhar, leitheadach, leitheadúil, mór ann féin, mórálach, mórluachach, mórmheasúil, mórtasach, postúil, sotalach, stradúsach, stróúil, suimiúil, teanntásach, tóstalach, uaibhreach, údarásach, undrach; i mborr le mórtas, sna hairdeoga; *familiar* tá sé chomh rud.

straidhn noun ❶ *strain:* anró, brú, éigean, maslú, maslúchán, sníomh, stró, strus, teann, teannas. ❷ *frenzy, fury:* straidhn bhuile, straidhn feirge; ainscian, aonach, báiní, baosra, buile feirge, caor, cochall, confadh, cuthach, dásacht, dobhuile, fearg, fíoch, fiuch, fiúir, fiúnach, forrach, fraoch, fualang, mire, ruamantacht, spadhar, stolladh feirge, taghd, treall.

straidhneáil verb *strain:* righ, teann; cuir strus ar, lig strus ar.

straidhpeach adjective ❶ *striped:* straidhpiúil; riabhach, riastach, síogach, stríocach; breac, breacbhallach, breachtrach, cleathach, cliathach, roilleach, sliogánach. ❷ *blustery (of weather):* straidhpiúil; anfach, feothanach, gailbheach, gailfeanach, gaofar, garbh, sceirdiúil, scuabach, séideach, séideogach, séidte, stamhlaí, stoirmeach, stolltach. ❸ *bellicose, aggressive:* straidhpiúil; achrannach, aintiarnúil, anfhorlannach, ansmachtúil, antrom, cumhachtach, foréigneach, forránach, fórsúil, gleacach, leatromach, tiarnúil, tíoránta, trodach, *literary* fóbartach, iorghalach, saighitheach.

straigléir noun *straggler:* fágálach, sciontachán, straeire, stráille, strambánaí.

strainc noun *grimace, contortion of face:* cáirín, cár, grainc, gramhas, gruig, grus, iolchaing, meill, mídhreach, mística, púic, pus, scaimh, scaimheog, smuilcide, strabhas, straois, streill; bhí sé ag cur cumaí air féin liom.

stráinín noun *strainer, colander:* scagachán, scagadóir, scagaire, scagán, síothlán, síothlóir; criathar, rilleán.

strainséartha adjective ❶ *strange, foreign:* strainséarach; allúrach, anaithnid, andúchasach, coigríochach, coimhthíoch, deoranta, eachtartha, eachtrach, eachtrannach, **adjectival genitive** iasachta; as baile amach, thar loch isteach, thar triuchas, *literary* diongna.

strainséir noun *stranger, foreigner:* allúrach, coigríochach, coimhthíoch, danar, deoraí, eachtrannach; duine thar loch isteach, duine thar tír isteach; gall, gintlí, págán, págánach; *familiar* préachán dubh; cuairteoir, fámaire, turasóir.

straip

straip noun ❶ *harlot:* bean acrach, bean choitianta, bean siúil, bean sráide, bitseach, cailín pléisiúir, cuitléir, gáirseach, léirmheirdreach, mios, *pl.* mná maithe, meirdreach, raibiléir, raibiléir mná, raicleach, raiteog, ráitseach, rálach, rata, rubaits, scuaideog, strabóid, straip, streabóid, struipear, *literary* eachlach; banadhaltrach. ❷ *termagant, vixen:* ainscian mná, ainsprid, badhb, badhbaire, báilléaraí mná, báirseach, báirseoir mná, bearrbóir, bearrthachán mná, bitseach, cáinseach, callaire mná, cancairt mná, caorthanach, deimhneastóir mná drochbhean, fia-chailleach, fuachaid, fuipstar, gairmneach, heictar, laisceach, magarlach, raicleach, raip, ráipéar mná raiteog, ruibhseach, ruip, ruipleach, scubaid, sraoill, sraoilleog, stiúireachán, stiúireoir, stiúsaí, strabóid, streachaille, toice.

strambán noun ❶ *tedious talk:* béalastánacht, bleadar, bleadráil, breallaireacht, foclachas, foclaíocht, geabaireacht, gibiris, gleoiréis, pápaireacht, randamandádaíocht, rith seamanna, scaothaireacht, seadráil chainte, *pl.* seamanna cainte, treillis breillis, seafóid, sifil seaifil, sobalchaint. ❷ *protracted stay, undue delay:* cuairt fhada, stráisiún; moill fhada.

strampáil noun ❶ *(act of) stamping with feet:* pasáil, satailt, taltú; gabháil de chosa. ❷ *(act of) jerking, tossing about:* casadh, lúbadh, snabadh, sníomh, sracadh, tarraingt. ❸ *(act of) struggling along:* cosaráil, crágáil, slabhráil, spágáil, strácáil, strangláil, streachailt, tiaráil.

straois noun *grin, grimace:* cab, cáirín, cáiríneacht, cár, caradánacht, clab, grainc, meill, pus, scaimh, scaimheog, strabhas, strainc, streill.

straoiseachán noun *grinner, grimacer:* cáirín, cáraí, clabaire, draideachán, pusachán, pusaire, strabhsachán, straisceachán, streilleachán.

strapa¹ noun *strap, strop:* iall, iallóg, igín, iris, strap.

strapa² noun ❶ *stile:* dreapa, imstrapa; céim, coiscéim, coispeán; bearna. ❷ *cliff-path:* conair, cosán, raon, rian, scabhat.

strapaire noun *strapping person:* cliobaire, féithíoch, forránach, gaiscíoch, laoch, mascalach, preabaire, scafaire, stunaire; bodóg, bornóg, braimleog, fámaire cailín, láireog, piarda cailín, pramsach, scafaire mná, torpóg.

streachail verb ❶ *pull, drag:* srac, sreabh, tarraing, teann; righ. ❷ *strive, struggle:* bí ag dréim, srac, téigh ag coraíocht le, téigh i nglacamas, téigh i ngleic, téigh chun spairne, troid.

streancán noun ❶ *strain of music:* cairche, cairche cheoil, caoince, caoinche, ceol na sfear, ceolchaire, ceolmhaireacht, cliaraíocht, cuach oirfide, séis, siansa, siolla ceoil. ❷ *strum, twang:* greadadh, mearú; pleanc.

streill noun ❶ *silly expression, foolish grin:* straois; cár, gramhas, pus, strainc. ❷ *simper, smirk:* leamhgháire, leamh-mheangadh.

streilleach adjective *grinning, grimacing:* grainceach, gramhsach, strabhsach, strainceach.

streilleachán noun ❶ *grinner, grimacer:* cáraí, clabaire, draideachán, gramhsaire, strabhsachán, strainceachán, straoiseachán; gramhsóg. ❷ *blubberer:* ainle, caointeachán, ceolán, golspaire, liopa, meamhlachán, plobaire, pusachán, sceamhlachán, screadachán.

striapach noun ❶ *harlot:* bean acrach, bean choitianta, bean siúil, bean sráide, bitseach, cailín pléisiúir, cuitléir, gáirseach, léirmheirdreach, mios, *pl.* mná maithe, meirdreach, raibiléir, raibiléir mná, raicleach, raiteog, ráitseach, rálach, rata, rubaits, scuaideog, strabóid, straip, streabóid, struipear, *literary* eachlach; banadhaltrach. ❷ **striapach fir** *whoremaster, fornicator:* fualán, sciorrachán; adhaltrach, ainrianach, ainrianaí, banadóir, cliúsaí, craiceann gan choinníoll, Diarmaid Ó Duibhne, dradaire, meabhlaire, mealltóir, radaire, ragairneálaí, raibiléir, réice, stail, *literary* táitheach.

stríoc noun ❶ *streak, stripe:* banda, riast, síog, síoma, stiall. ❷ *stroke, line:* dais, féith, fleiscín, líne. ❸ *parting in hair:* scoilt. verb ❶ *strike, lower (a flag):* bain anuas, ísligh, lig anuas. ❷ *reach (port):* sroich, tar chuig. ❸ *submit:* bog, lúb, stang, géill, umhlaigh; bí umhal do, déan rud ar, geall riar do, tabhair isteach do, *literary* staon do.

stríocach adjective ❶ *streaked, striped:* riabhach riastach, síogach, straidhpeach, straidhpiúil; breac, breacbhallach, breachtrach, cleathach, cliathach, eangach, roilleach, sliogánach. ❷ *lined:* líneach, línithe, títheach. ❸ *submissive:* ceansa, géilliúil, géilliúnach, ómósach, socheansaithe, sochomhairlithe, soghluaiste, soláimhsithe, somhúinte, spleách, uiríseal, umhal, urramach; lúitéiseach, lústrach.

stríocadh noun *submission:* géilleadh, géilliúlacht, géillsine, ómós, umhlaíocht, umhlú; adhradh, onóir, stríoc, tairise, tairiseacht, urraim.

stríocáil noun *(act of) scoring, drawing lines:* breacadh, breacaireacht, líniú, marcáil, scoradh, scrábáil, scríobadh.

stró noun ❶ *stress, exertion:* aclaíocht, anró, anró oibre, coimhlint, coraíocht, dícheall, dua, dúthracht, gleacaíocht, gleic, gníomhaíocht, iarracht, saothar, sracadh, strus, tiaráil, treallús. ❷ *interruption, delay:* briseadh, fanacht, faoiseamh, fuireach, moill scíth, scíste, sos, stad, staonadh, stop, stopadh, strambán. ❸ *means, wealth: pl.* acmhainní, áirge, airgead, bracht, bruithshléacht, bunairgead, coibhche, conách, crodh, éadáil, gustal, iarmhais, ionnas, ionnús, maoin, ollmhaitheas, ollmhaitheas an tsaoil, ór na cruinne, rachmall, rachmas, raidhse, rath, rathúnas, saibhreas, sochar, *pl.* sócmhainní, somhaoin, speansas, spré, strus, tábhacht, teaspach, toice, *literary* intleamh, ionnlas. ❹ *ostentation, pride:* buaiceáil, gáifeacht, gaigíocht, gairéad, gairéadaí, galamaisíocht, galántacht, galántas, giodal, maingléis, méirnéis, mustar, péacacht, scléip, scléipireacht, scóid, taibhseacht; forcamás, scaothaireacht, straibhéis, stróúlacht, toirtéis. ❺ *elation:* ábhacht, airear, aiteas, aoibhneas, áthas, bród, gairdeas, móraigeantacht, mórgacht, pléisiúr, rímead, scóip, sonas, stróúlacht.

stróic noun ❶ *stroke (of work):* babhta, buille, iarracht. ❷ *tear, rent:* réabadh, réablach, roiseadh, scláradh, scoilt, sracadh, stialladh, stolladh, *literary* lochar. ❸ *tatter:* bratóg, bréid, brobh, ceirt, cifle, cifleog, crothóg, dos, géire, géirín, giob, globail, láinnéar, leadhb, leadhbóg, pana, scifle, scifleog, scothóg, scrábán, slaimice, slám, stialllóg, straiméad, streachlán, strupais. verb ❶ *tear, rend:* réab, rois, sclár, scoilt, srac, stiall, stoll, srac, *literary* lochair; déan círéibeacha de.

stroighin noun *cement:* moirtéal, suimint; coincréit; glae, glíu, greamachán, taos, táthán.

stróinse noun ❶ *vagrant:* bacach, fánaí, fear siúil, fiaire, fuad, fuaidire, jaingléir, raimleálaí, ránaí, rantaeir, rianaí, ruagaire reatha, seachránaí, siúlóir, spailpín, srathaire, sreothaí, taistealaí, traibhléir, tramp, vagabón, vagabún, válcaeir. ❷ *idler, good-for-nothing:* bruachaire, caifeachán, cailliúnaí, caiteoir, codaí, diomailteoir, drabhlásaí, giolla na leisce, leadaí, leadaí na luatha, learaire, leoiste, liairne, lúmaire, maraíodóir, ragaíoch, ragairneálaí, scaiptheoir, slámálaí, spíonadóir, sráidí, srathaire, stangaire; cúl le rath, mac drabhlásach, mac na míchomhairle, *figurative* leá Dia.

struchtúr noun *structure:* cóiriú, cló, cosúlacht, creat, creatlach, crot, cruth, cuma, cumraíocht, dearadh,

struipeáil verb *strip*: bearr, bain de, creach, dluigh, feann, glan, lom, rúisc, scamh, scon, seithigh, slíob, snamh, *literary* fadhbh, lochair; cluimhrigh, pioc.

strus noun ❶ *stress, strain*: ainnise, anchaoi, anró, anró oibre, brú, coimhlint, coraíocht, crá croí, cráiteacht, cránas, cruatan, dícheall, dócúl, doghrainn, dola, duainéis, dua, dúthracht, éagomhlann, géarbhroid, géarghoin, piolóid, saothar, sracadh, stró, suaitheadh, tiaráil, treallús, trioblóid, *literary* cacht. ❷ *means, wealth*: pl. acmhainní, áirge, airgead, bracht, bruithshléacht, bunairgead, coibhche, conách, crodh, éadáil, gustal, iarmhais, ionnas, ionnús, maoin, ollmhaitheas, ollmhaitheas an tsaoil, ór na cruinne, rachmall, rachmas, raidhse, rath, rathúnas, saibhreas, sochar, pl. sócmhainní, somhaoin, speansas, speilp, spré, stró, tábhacht, teaspach, toice, *literary* intleamh, ionnlas.

stua noun ❶ *arch*: áirse, lúb, stuara; súil droichid. ❷ **stua ceatha** *rainbow*: bogha báistí, bogha ceatha, bogha frais, bogha leatha, bogha leaca, bogha neimhe, bogha sín, bogha síne, bogha uisce, tua ceatha, tuar ceatha; tá bogha ar an ngrian; léasán, léas caortha, léas doininne; madra gaoithe, madra gaoithe boglaigh, madra gaoithe doininne, madra gaoithe gála.

stuacach adjective ❶ *peaked, pointed at the top*: barrghéar, barrchaol, biorach, gobach, péacach, péacánach, rinneach, spiorach. ❷ *bristly*: colgach, féasógach, gráinneogach, greannach, guaireach, ribeach, ribeogach, ruainneach, ulchach. ❸ *ill-tempered, sulky*: stuacánach, stuacánta, stuaiceach; achrannach, ainciseach, araiciseach, aranta, cancrach, cantalach, cochallach, coilgneach, colgach, crosta, cuileadach, danartha, deafach, dodach, driseogach, drisíneach, feargach, fraochmhar, gairgeach, goilliúnach, gráinneogach, grusach, iarógach, íortha, peasánach, pusach, rothánach, smuilceach, spuaiceach, stailceach, staínceach, staincíneach, stalcach, stalcánta, *literary* dreannach, íorach. ❹ *obstinate*: stuacach, stuacánta, stuaiceach; buiniceach, cadránta, ceanndána, ceannláidir, ceanntréan, ceapánta, cruamhuineálach, dáigh, dána, diúnasach, dodach, dobhogtha, doghluaiste, dolúbtha, dúr, ládasach, muiniceach, neamhghéilliúil, ogal, stailciúil, stainciúil, stálaithe, stobarnta, stóinsithe.

stuaic noun ❶ *peak, tip*: barr, bior, biorán, colg, gob, mullach, péac, pointe, rinn, soc, speic, spíce, splinc. ❷ *spire*: clogás, spíle, túr. ❸ *top of head*: baithis, mullach an chinn; *literary* inn. ❹ *inclination (of head)*: claon, claonadh, coc, goic, leathmhaing, leathmhaing, leathspeic, leathspleic, maig, maing, sleaint, speic, spleic. ❺ *sullen appearance, sulk*: anaoibh, cár, duifean, gnúis, grainc, gruig, grus, iolchaing, meill, mídhreach, místá, muc ar mhala, múchna, néal, púic, pus, pusáil, pusaíocht, pusaireacht, scaimh, smuilc, stailc, stalcacht, strabhas, strainc, stuacacht, stuacaíocht, stuacánacht, stuaicle, sulcáil.

stuáil noun ❶ *packing*: ábhar pacála, pacáil; páipéar, cairtchlár. ❷ *stuffing, padding*: búiste, líonadh; líneáil, líonáil, líonán; cuilteáil, cuiltiú. ❸ *storage*: stóráil, taisce. verb ❶ *stow, pack*: pacáil; cuir isteach, ládáil, lastáil, lódáil, luchtaigh; cuir lasta ar, cuir lód ar; cuir i málaí, déan beartáin de. ❷ *stuff, pad*: ding, líon, pulc, sac, sáigh; cuilteáil, cuiltigh, líneáil. ❸ *store*: stóráil, taiscigh; cuir i dtaisce; cuir ar stór, cuir i gcoimeád, cuir i dtaisce; coimeád, coinnigh.

stuaim noun ❶ *self-control*: féinsmacht, guaim, smacht, smacht ort féin, stiúir, toilsmacht. ❷ *good sense, prudence*: breithiúnas, ceann, ciall, cobhsaíocht, cothromaíocht, críonnacht, daingne, diongbháilteacht, discréid, eagna, eagnaíocht, éargna, fadcheann, fosaíocht, gaois, guaim, intleacht, ionghabháil, meabhair, réasún, seasmhacht, toighis, tuiscint. ❸ *ingenuity*: beartaíocht, clisteacht, clistíocht, cúinseacht, cúinsiúlacht, eagna, eagnaíocht, éirim, gaois, gliceas, intleacht, intleachtacht, intliúlacht, seiftiúlacht.

stuama adjective ❶ *sensible, prudent*: céillí, ciallmhar, cliste, críonna, eagnaí, fadcheannach, foirmniseach, gaoiseach, gaoisiúil, gaoismhear, meabhrach, praitinniúil, réasúnta, tuisceanach; tá an chúiléith i bhfad siar aige. ❷ *skilful*: beartach, cliste, cúinseach, gasta, glic, ilchleasach, intleachtach, sciliúil, seiftiúil. ❸ *patient, steady*: fadaraíonach, fadfhulangach, foighdeach, foighneach, foistineach; buanseasmhach, cobhsaí, daingean, diongbháilte, dobhogtha, éagorrach, foisteanach, foistineach, forasta, seasmhach, seasta, síoraí.

stuca noun *stook*: stualainn; gróigeán, gróigín; corróg; burla, cual, dornán, punann, scuabóg, *literary* grinne.

stuif noun *stuff, material*: ábhar, coimpléasc, pl. comhábhair, pl. comhdhamhnaí, pl. comhpháirteanna, comhshuíomh, damhna, déanamh, dúil, éadach, earra, eilimint, mianach, ríd, substaint.

stuifiúil adjective *strong, mettlesome*: balcánta, buanseasmhach, bríomhar, bulcánta balcánta, calma, calmánta, ceolmhar, coráisteach, coráistiúil, cróga, curata, dána, díolúnta, foirtil, fortúil, gaisciúil, galach, gusmhar, gusúil, láidir, laochta, laochúil, meanmnach, miotalach, misniúil, spionnúil, spioradúil, spreacúil, spreagúil, spridiúil, tréan, uchtúil, *literary* léideanach, léidmheach.

stumpa noun *stump*: buadán, bun, bunán, camhcaid, dúid, grágán, múdán, nuta, rúta, sciotán, smut, stacán, stocán, stupa.

sú[1] noun ❶ *juice, sap*: suán, súlach, súlachas, súram, sútram, úsc; bainne, bleacht, lacht, laitéis. ❷ *vigour, energy*: ábaltacht, acmhainn, beocht, brí, bríomhaireacht bua, cumas, cumhacht, cumas, éifeacht, éirim, éitir, pl. feánna, feidhm, fuinneamh, fuinniúlacht, gus, inmhe, inniúlacht, láidreacht, luaíocht, lúth, máistreacht, mianach, neart, oirbheartas, pabhar, sea, séitreachas, séitreacht, séitrí, sitheag, smiorúlacht, spiodal, spreacadh, svae, tábhacht, tathag, téagar, tionchar, treise. ❸ *soup*: anraith, brat, bróis, súp; prácás, práibín, praiseach, stobhach, súram, sútram, urbhruith; boighreán, cáfraith, sríobún, suán.

sú[2] noun ❶ **sú craobh** *raspberry (Rubus idaeus)*: maothán conaire, subh chraobh. ❷ **sú talún** *strawberry (Fragaria vesca)*: sú thalún, subh láir, subh na talún, subh salúinn, subh salún, pl. suig salúns, pl. súnnaí salún, pl. súnaí salúna, tlachtshubh.

sú[3] noun ❶ *(act of) sucking, absorption*: cnáimhreadh, cráineadh, ionsú, súchán, súiteán, súmaireacht, súrac; diúgaireacht, diúl, diurnú, slogadh, slogaireacht, tarraingt.

suaibhreos noun *ridicule*: aithris magaidh, aoir, beithé, cnáid, cráinmhagadh, díspeagadh, faíreach, fachnaoid, fochaid, fonóid, frimhagadh, gáirmhagadh, geoin, imdheargadh, magadh, scig, scige, scigghaire, scigireacht, scigmhagadh, spailleadís, spochadh, spochadóireacht, spochaireacht, spocharnaíl, steallmhagadh, tarcaisne, tarcaisníl.

suáilce noun ❶ *virtue*: cneastacht, cogús, coinsias, díríocht, fíréantacht, fírinne, fiúntas, ionracas, iontaofacht, luaíocht, macántacht, maitheas; geanasacht, modhúlacht; ardchaighdeán morálta, eitic, pl. idéil, moráltacht, pl. prionsabail, pl. scrupaill. ❷ *joy, pleasure*: ábhacht, aeracht, áibhéireacht, aiteas,

suáilceach
antlás, aogall, aoibh, aoibhneas, bród, eacstais, gairdeachas, gairdeas, gealán, gealchroí, gealgháire, gliondar, laighce, lainne, lúcháir, meidhir, meidhréis, móraigeantacht, mórgacht, pléisiúr, ríméad, sáile, sámhas, sásamh, sástacht, scóip, séan, só, sóchas, soilbhreas, sólás, sonas, suairceas, subhachas, sult, sultmhaire, taitneamh, tanfairt, *literary* airear, subha.

suáilceach adjective ❶ *virtuous, good-living:* beannaithe, ceart, cneasta, cóir, cothrom, fíréan, fíréanta, fíreata, fírinneach, fiúntach, fónta, grádiaúil, ionraic, iontaofa, macánta, maith, morálta, soghníomhach, trócaireach; gan chleas gan chlaon, gan chor gan cham. ❷ *joyful, happy:* aerach, aigeanta, aiteasach, aoibhinn, áthasach, croíúil, gairdeach, gáiriteach, geal, gealchroíoch, gealgháireach, gliondrach, intinneach, lainneach, lúcháireach, meanmnach, meidhreach, meidhréiseach, ríméadach, sámh, sásta, scóipiúil, seaghsach, séanmhar, soilbhir, sólásach, somheanmnach, sólásach, sona, sonasach, spéiriúil, spleodrach, suairc, subhach, súgach, taitneamhach; tá cluaisíní croí air. ❸ *pleasant:* ait, aoibhinn, beannaithe, caithiseach, caoin, caomh, ceansa, cineálta, cneasta, connail, córtasach, cuideachtúil, cuntanósach, deas, fáilí, garúil, gealgháireach, geanúil, grámhar, lách, macánta, maitheasach, máithriúil, mánla, maránta, meallach, meallacach, méiniúil, miochair, míonla, oibleagáideach, pléisiúrtha, seaghsach, séimh, sibhialta, soirbh, spórtúil, suairc, taitneamhach, tíriúil, tláith.

suaimhneach adjective ❶ *peaceful, tranquil, quiet:* calma, ciúin, éasca, féithiúil, neamhshuaite, réchúiseach, sáil, sáimhríoch, sámh, séimh, síochánta, sítheach, síthiúil, sóch, sócúil, soirbh, sólásach, sómasach, sómásach, suaimhneasach, suaimhnitheach.

suaimhneas noun ❶ *peace, tranquillity:* calm, ciúnas, sáimhe, sáimhríocht, sámh, sámhnas, síocháin, scíth, sos, téigle, tost, *literary* reithine, taithleach; éideannas, faoiseamh, randam, socracht. ❷ *quiet, rest:* cónaí, luí, reast, reasta, scís, scíth, sochard, sos, stad, *literary* seicheamh; faoiseamh, randam, sáimhe, sámh, síocháin; codladh, suan.

suaimhnigh verb ❶ *quiet, pacify, calm:* cealg, ceansaigh, ciúnaigh, fuaraigh, giúmaráil, lagaigh, laghdaigh, maolaigh, measraigh, sáimhrigh, séimhigh, síothaigh, socraigh, tláthaigh; cuir suaimhneas i, tabhair chun suaimhnis.

suairc adjective ❶ *pleasant, agreeable:* ait, beannaithe, búch, caidreamhach, cairdiúil, caoin, caoithiúil, caomh, caonrasach, carthanach, ceansa, céiliúil, cineálta, cneasta, coimhirseach, cóisireach, comhluadrach, comrádúil, connail, córtasach, cuideachtúil, cuidiúil, cúntach, dáimhiúil, díograiseach, garúil, lách, macánta, máithriúil, mánla, maránta, méiniúil, miochair, míonla, muinteartha, oibleagáideach, páirteach, páirtiúil, pléisiúrtha, séimh, taitneamhach, tíriúil. ❷ *cheerful:* aigeanta, beo, beoga, breabhsánta, croíúil, gáiriteach, gealchroíoch, gealgháireach, greadhnach, intinneach, láidir, macnasach, meanmnach, meidhreach, meidhréiseach, scóipiúil, somheanmnach, seamhrach, spéiriúil, spleodrach, subhach, súgach, urrúnta.

suairceas noun ❶ *pleasantness, agreeableness:* aiteas, cairdiúlacht, caoimhe, caoine, caoineas, caoithiúlacht, ceansacht, cineáltacht, cneastacht, comrádaíocht, córtas, cuidiúlacht, dile, díograis, fáilíocht, láchas, láíocht, mánlacht, miochaire, míonlacht, modhúlacht, muintearas, páirtíocht, séimhe, taithíocht, tláithe. ❷ *cheerfulness:* aigeantacht, aiteas, áthas, aoibh, aoibhneas, beocht, beogacht, croíúlacht, gairdeas, gealgháirí, gliondar, laighce, lainne, lúcháir, meidhir, meidhréis, ríméad, só, sóchas, sólás, somheanma, spéiriúlacht, spleodar, subhachas, súgachas, súgaíocht, sult.

suaiteacht noun ❶ *confusion, agitation:* buaireamh, buairt, *pl.* ciapóga, corraí, corraíl, croitheadh, dallach dubh, dallamullóg, dallcheo, dímhearbhall, duairceas, imní, mearaí, mearbhall, mearú, neamhmheabhair, saochan céille, seachrán, seachrán céille, siabhrán, siabhránacht, suaitheadh, suathrán, tocht, tromchroí, *familiar* meascán mearaí. ❷ *weariness, exhaustion:* anbhainne, atuirse, cloíteacht, corthacht, lagar, leimhe, maoithe, marbhántacht, meirbhliú, scíth, spadántacht, spíonadh, téiglíocht, tnáitheadh, traochadh, tuirse, *literary* scís.

suaith verb ❶ *mix, knead:* clamhair, corraigh, mearaigh, measc, suaith; lúb, maothaigh, mínigh; cruthaigh, déan, deilbhigh, foirmigh, fuin, múnlaigh. ❷ *shuffle (cards):* bocsáil, déan, measc, pocáil. ❸ *exercise:* aclaigh, cleacht, gnáthaigh, saothraigh. ❹ *toss about, distress, tire:* batráil, beophian, broicneáil, buail, burdáil, céas, ciap, clip, cloígh, cnag, cnaígh, coir, cráigh, díscigh, failp, flipeáil, giolc, gleadhair, goin, gread, greannaigh, greasáil, griog, ídigh, lasc, leadair, leadhb, léas, liúdráil, liúr, páisigh, pian, pláigh, planc, pléigh, prioc riastáil, rúisc, sáraigh, slatáil, smeadráil, smíocht, smíst, snoigh, spíon, súisteáil, tnáith, traoch, tuairteáil, tuargain, tuirsigh, *literary* lochair. ❺ *agitate, disturb:* cuir as do, cuir imní ar, cuir isteach ar, cuir trí chéile, goill ar, forbair ar, tar aniar aduaidh ar; buair, cancraigh, ciap, corraigh, cráigh, goin, greannaigh, griog, prioc, spreag. ❻ *discuss, debate:* cíor, cuir trí chéile, pléigh, tar thar, trácht; agair, pléadáil.

suaitheadh noun ❶ *(act of) mixing, shaking:* corraí, greadadh, meascadh, meascán, rúscadh; broideadh, croitheadh, fáscadh, poiteadh, priocadh, dogadáil, soncáil. ❷ *confusion, disturbance:* ainriail, anord, callóid, cíor tuathail, círéib, clampar, clibirt, cliobach, corraí, corraíl, cosair easair, easordú, easpa oird, iomlua, mearbhall, mí-eagar, mí-ordú, mírialtacht, racán, rírá, ruaille buaille, suaitheadh, suathrán toirnis, trachlais, tranglam, trumach tramach. ❸ *discussion:* argáil, argóint, caibidil, cardáil, cíoradh, cóideabhaid, conspóid, construáil, cur is cúiteamh, díospóid, díospóireacht, easaontas, plé, pléid, ransú, scagadh, scrúdú.

suaitheantas noun ❶ *badge, emblem, coat of arms:* comhartha, inchomhartha, marc, lógó, nod, samhlán, siodal, siombail, stearnal, trádmharc, *literary* sín; armas, círín, fíor, sciath. ❷ *banner, flag:* brat, bratach, bratainn, fleaige, gonfainne, meirge, onchú, sról, stannard, *literary* earr. ❸ *display, show, spectacle:* seó, taispeántas; amharc, feic, pictiúr, radharc; sorcas.

suaithinseach adjective *remarkable, distinctive, unusual:* éachtach, éagsamhalta, feartach, míorúilteach, neamhchoitianta, neamhghnách, seoigh, suaithní, suntasach.

suan noun *sleep, slumber:* codladh, codladh na Caillí Béarra, codladh mhná Dhoire Né ó Dhéardaoin go Domhnach; dreas codlata, marbhchodladh, míog, míog chodlata, míogarnach, míogarnach chodlata, néal, néal codlata, néal an fhaoileáin, néal an phréacháin, néalfairt, néalfartach, sámh, sámhán, sámántacht, sámhántaíocht, suanaíocht, suanán, támh, támhchodladh, támhnéal, támhshuan, toirchim, toirchim suain.

suanach adjective ❶ *lethargic, sluggish, apathetic:* ceanntrom, céimleasc, fuarbhruite, leadránach, leasc, liosta, mairbhiteach, mall, mallbheartach, mallghluaiste, malltriallach, marbhánta, neamhéasca, sionsach, spadach, spadánta, támáilte, támh-

ach, torpánta, *literary* laiste. ❸ *dormant:* ina chodladh, faoi shuan; ar scor; díomhaoin, neamhghníomhach.

suanán noun *doze, nap:* codladh, dairt, dairt chodlata, dreas codlata, míog, míog codlata, míogarnach, míogarnach codlata, néal, néal codlata, néalfairt, néalfartach, sáimhríocht, sámhán, sámhán codlata, sámhántacht, sámhántaíocht, snapáil, suan, táimhe, tionnúr, *literary* locadh.

suanbhruith noun *(act of) simmering:* bogfhiuchadh, gearrfhiuchadh, meathbhruith. verb *simmer:* bogfhiuch; bain bogfhiuchadh as, cuir ar suanbhruith; coinnigh ar bogfhiuchadh, coinnigh ar meathbhruith, coinnigh ar suanbhruith.

suanmhar adjective *sleepy, drowsy, somnolescent:* suanach; leisciúil, marbhánta, míogach, néalmhar, sáimhríoch, sámhánta, spadánta, támhach, támhleisciúil, toirchimeach, tromshúileach, tuirseach.

suantraí noun *lullaby:* fonn suain, laoi suain, seoithín, seoithín seo, seothó; crónán.

suarach adjective ❶ *paltry, insignificant:* beagmhaitheach, beagmhaitheasach, beagthábhachtach, diomaibhseach, díomhaoin, éadairbheach, fánach, neafaiseach, neamhbhríoch, neamhfhiúntach, neamhshuimiúil, neamhthábhachtach, smugach; gan aird, gan tábhacht; ní fiú biorán é, ní fiú tráithnín é. ❷ *mean, contemptible:* beagmhaitheasach, cloíte, drochmheasúil, gránna, neamhfhiúntach, neamhshuimiúil, péisteogach, péistiúil, táir, táiriúil, tarcaisneach, truaillithe, tútach, *literary* dímhigneach; gan maith.

suarachán noun ❶ *insignificant person:* drabhsóg, duine gan aird, fear gan aird, fear gan chríoch, geobal, neamhdhuine, neamhní, pearsachán, *familiar* mogall gan chnó. ❷ *mean, contemptible person:* arc nimhe, bastard, bithiúnach, buinneachán, buinneán caca, bundún, cac ar oineach, cimleachán, cloíteachán, duine gan mhaith, duine gan rath gan fónamh, fágálach, loiceach, mac mallachta, mac soipín, míolachán, míolán, péist, raga, ragaíoch, ragairneálaí, sceathrachán, scraiste, smolaire, smugachán, spreasadán, spreasán, súfartach, tráill, truán; coilíneach, cuilthín, cúl le rath, mac drabhlásach, mac na míchomhairle, *figurative* leá Dia.

suaraigh verb *demean:* íslígh; náirigh, uiríslígh; bain an forcamás de.

suas adverb ❶ *up, upwards:* in airde, suas an cnoc. ❷ *southwards:* ó dheas, aduaidh; chuig an deisceart. ❸ *offered for sale:* ar díol, ar an margadh. ❹ *in existence:* ar fáil, le fáil, ar marthain, ar an saol; amuigh.

subh noun *jam:* subh mhilis; marmaláid.

subhach adjective *glad, joyful, cheerful:* aerach, aigeanta, aiteasach, aoibhinn, áthasach, gairdeach, beoga, breabhsánta, gáiriteach, gealchroíoch, gealgháireach, gliondrach, greadhnach intinneach, lainneach, lúcháireach, meanmnach, meidhreach, pléisiúrtha, meidhréiseach, ríméadach, sámh, sásta, scóipiúil, seaghsach, séanmhar, soilbhir, somheanmnach, sólásach, sona, spéiriúil, spleodrach, suairc, súgach.

substaint noun ❶ *essential nature:* ábhar, damhna, earra, eiseadh, eisint, mianach, nádúr, pearsantacht, ríd, *pl.* saintréithe, stuif; anam, céannacht, indibhidiúlacht, ionannas, féiniúlacht, uathúlacht, *literary* ionnas. ❷ *body, solidity:* ábhar, corp, daingne, damhna, fíochán, mianach, sonairte, stuif, taithneasc, talcantacht, talcántacht, talcmhaireacht, talmhaíocht, tathag, uige, *literary* díoghainne, tailce. ❸ *solid worth:* creidiúint, díol, feabhas, fiúntas, fónamh, luach, maitheas, meas, measúlacht, oineach, onóir, tuilleanas, urraim. ❹ *possessions, property: pl.* acmhainní, *pl.* áirgí, airnéis, coibhche, conách, crodh, éadáil, gustal, iarmhais, ionnús,

maoin, maoin an tsaoil, maoin shaolta, ollmhaitheas, rachmall, rachmas, raidhse, saibhreas, sochar, *pl.* sócmhainní, somhaoin, speansas, speilp, spré, strus, tábhacht, teaspach, toice, *literary* intleamh, ionnlas, tothacht.

súchán noun *(act of) sucking, absorption:* diurnú, ionsú, slogadh, slogaireacht sú, súiteán, súrac.

súdaire¹ noun *tanner:* custaire, toinnleasaitheoir, tonnadóir; leasaitheoir seithí.

súdaire² noun ❶ *cajoler, sponger:* bacach, diúgaire, duine dóchúil, failpéir, líodrálaí, scramaire, seadán, seipléir, siolpaire, stocaire, súmaire, tnúthánaí, trumpa. ❷ *toady:* bladaire, bladarálaí, blitsín, gliodaí, gobachán le béal cuaiche, leadhbálaí, líodóir, lútálaí, maidrín lathaí, plámásaí, plásaí, plásán, sáilghiolla, Seoinín, slíomadóir, sliúcaidéir, sliúcaiméir, slusaí, táthaire.

súdaireacht¹ noun *(act of) tanning:* leasú, tonnleasú; teanús, tionús.

súdaireacht² noun ❶ *(act of) cajoling, sponging:* bacachas, diúgaireacht, failpéireacht, liostacht, madraíocht, scramaireacht, seipléireacht, siolpáil, siolpaireacht, siorriarraidh, sirtheoireacht, stocaireacht, súmaireacht, táthaireacht, tnúthán. ❷ *toadyism:* béal bán, bladaireacht, bladar, blandar, blitsíneacht, flústaireacht, gliodaíocht, líodóireacht, lúitéis, lústar, lútáil, madraíocht, plámás, plásaíocht, plásántacht, sladarús, slíbhíneacht, slíodóireacht, slíomadóireacht, slusaíocht, táthaireacht, *figurative* gallúnach.

súgach adjective ❶ *merry, tipsy:* bog, meidhreach; ar leathmheisce; tá braon sa chuircín aige, tá círín dearg air. ❷ *cheerful, happy:* aerach, aigeanta, aiteasach, aoibhinn, áthasach, gairdeach, beoga, breabhsánta, gáiriteach, gealchroíoch, gealgháireach, gliondrach, greadhnach intinneach, lúcháireach, meanmnach, meidhreach, pléisiúrtha, meidhréiseach, ríméadach, sámh, sásta, scóipiúil, seaghsach, séanmhar, soilbhir, somheanmnach, sólásach, sona, spéiriúil, spleodrach, suairc, subhach.

súgradh noun ❶ *(act of) playing, sporting:* cluichíocht, eachmaíocht, imirt, reabhradh, spórt, spórtaíocht, spraoi, tanfairt; gléachas. ❷ *amusement:* aeracht, áibhéireacht, aiteas, anstrólaíocht, antlás, aoibhneas, craic, croíléis, cuideachta, fastaím, gleoiréis, greann, greannmhaire, greannmhaireacht, laighce, léaspartaíocht, leithéis, meidhir, meidhréis, piollardaíocht, pléaráca, rancás, random, scléip, scoraíocht, siamsa, siamsaíocht, spórt, spraíúlacht, spraoi, suairceas, sult, sultmhaire, taitneamh, tanfairt, *literary* spleadh.

suí noun ❶ *state of being up and about, state of being roused:* seasamh; tá sé ar a chosa, tá sé ina dhúiseacht, tá sé muscailte, tá sé suas. ❷ *session:* seisiún, siosón, suíochán. ❸ *seat, location:* áit, ball, fód, ionad, ionadh, láthair, láithreach, láithreog, leaba, log, páirc, spota, suíochán, suíomh. ❹ *letting (for rent):* cur ar cíos, ligean ar cíos.

suigh verb ❶ *sit:* bí i do shuí, fan i do shuí. ❷ *take up position, settle:* áitigh, áitrigh, cónaigh, fan, feith, lonnaigh, mair, socraigh, socraigh síos, seadaigh, stad, stop, *literary* oiris; cuir fút. ❸ *let, rent:* cuir ar cíos, lig ar cíos. ❹ *place, locate:* cuir, deasaigh, leag, lonnaigh, socraigh. ❺ *fix, establish:* bunaigh, cuir ar bun, daingnigh, fódaigh, plandaigh, socraigh, tionscain, tosaigh, túsaigh; chuir sé bun air féin.

súigh verb *absorb, suck:* cnámhair, cráin, diúl, ionsúigh, siolp, súraic; slog.

súil noun ❶ *eye:* dearc, rosc, *literary* seall; leathshúil; amharc, imreasc, tinteán na súile; mac airmis, mac imleasáin, mac imreasa, mac imris, mac imrisc. ❷ *expectation, hope:* súil in airde; dóchas, dóigh, dúil,

súilfhéachaint
ionchas, oirchill, súilíocht, *literary* freiscise; araíocht, brath, coinne, cuimhne, dréim, misneach, síleadh. ❸ **súil bhuí** *corn marigold (Chrysanthemum segetum):* buían, buían buí, ceannbhán buí, súilín buí.

súilfhéachaint noun *glance:* claonamharc, catsúil, cúlamharc, leacam, liathshúil, mearamharc, mearfhéachaint, silleadh, spléachadh sracfhéachaint, *literary* seall.

súilín noun ❶ *bubble:* boilgeog, bolgán, clog, cloigín, súil, súileog. *colloquial* cúr, coipeadh, cúrán, ladar, sobal, sudsa, uanán. ❷ *globule, bead:* boilgeog cloch, cloichín, coirnín, deoir, drúchtín, mónóg, súileog.

suim noun ❶ *sum, amount:* cainníocht, cnapshuim, cuid, méad, méid, oiread. ❷ *account, value:* cuntas, feabhas, maitheas, meas, oineach, onóir, suim, tuillteanas, urraim; creidiúint, diongbháil, fiúntas, luach, luachmhaireacht, luaíocht. ❸ *summary:* achoimre, aicearra, coimre, coimriú, ciorrú, creatlach an scéil, díolaim, gearrchuntas, gearrthuairisc, giorrú, giorrúchán, laghdú, meánchoimre, teaglaim. ❹ *interest, regard:* suim ná suaiméad, suim soip; aird, dúil, spéis, suntas; ceanas, cion, dúil, gean, grá, meas, taitneamh, toil.

suimigh verb *add:* cuir le, cuir le chéile.

súimín noun *sip, sup:* béalóg, blaiseadh, blaisín, blas, bolgam beag, diurnán, feothan, fiúigil, fliúit, gáilleog, galmóg, greim, lom, plaic, scalach, scíobas, slogóg, snáthadh, snáthán, sruthdheoch, *literary* loim.

suimint noun *cement:* glae, gliú, greamachán, taos, táthán; moirtéal, stroighin; coincréit.

suimiúil adjective ❶ *interesting:* inspéise, spéisiúil. ❷ *considerable:* fiúntach, sách mór, suntasach; cuid mhaith, riar maith. ❸ *particular:* beadaí, cáiréiseach, consaeitiúil, cúirtialta, éisealach, íogair, laideanta, meonúil, mionchúiseach, nósúil, pointeáilte, toighseach, tormasach, triollata. ❹ *vain, conceited:* arduallach, bladhmannach, bogásach, borrach, ceartaiseach, díomasach, gaisciúil, glóirdhíomhaoineach, iarlaithe, lán de féin, leitheadach, maíteach, móiréiseach, mór, mórálach, mórchúiseach, mórluachach, mórmheasúil, mórtasach, postúil, sotalach, stráiciúil, stróúil, tóstalach, uallach, undrach.

suíochán noun ❶ *seat:* binse, cathaoir, forma, piú, saoiste, saoisteog, stalla, stól. ❷ *sitting, session:* suí, seisiún, siosón. ❸ **cuir ar suíochán** *establish:* beartaigh, bunaigh, cinn, cinntigh, cuir ar bun, leag amach, réitigh, socraigh, suigh; chuir sé bun air féin.

suíomh noun ❶ *site, location:* áit, ball, fód, log, ionad, ionadh, láthair, láithreach, láithreog, leaba, log, páirc, spota, suíochán. ❷ *settlement, arrangement:* cóir, cóiriú, deasú, eagar, eagrú, feistiú, gléas, gléasadh, leagan amach, ord, ornú, riocht, socrú, stíl. ❸ *establishment:* bunú, bunúchán, fondúireacht, fothú, fréamhú, socrú.

suipéar noun *supper:* cuid na hoíche, cuid oíche, séaras, séire, scroid airneáin; dinnéar.

suirbhé noun *survey:* suirbhéireacht; athbhreithniú, breithniú, ceistiúchán, cigireacht, croscheistiú, daonáireamh, fiosrú, fiosrúchán, iniúchadh, luacháil, measúnóireacht, monatóireacht, pobalbhreith scrúdú, scrúdúchán, taighde, tástáil.

suirí noun *(act of) wooing, courtship:* cúirtéireacht, *literary* tochmharc.

súiste noun *flail:* máloid; buailteán, buailtín; colpa, colpán, lámhchrann.

súisteáil noun *(act of) flailing, beating, thrashing:* broicneáil, bualadh, burdáil, cleathadh, cnagadh, cuimil an mháilín, deamhsáil, failpeadh, flípeáil, fuimine farc, fuipeáil, giolcadh, gleadhradh, greadadh, greadlach, greadóg, greasáil, lascadh, leadhbairt, leadradh, léasadh, liúradh, liúradh Chonáin, péirseáil, plancadh, rapáil, riastáil, rúscadh, sceilpeáil, sciúirseáil, sciúrsáil, slatáil, smeadráil, smíochtadh, smísteáil, spóiléireacht, tiomp, traiseáil, tuargaint, tuirne Mháire. verb *thresh, thrash:* batráil, buail, cnag, gleadhair, gread, lasc, leadair, leadhb, léas, léirigh, liúr, péirseáil, planc, sciúrseáil, sciúrsáil, slis, smíoch, smíocht, smiot, smíst, stánáil, súisteáil; gabh d'fhuip ar, tabhair lascadh do tarraing buille ar, tuargain.

suite adjective ❶ *situated, fixed, established:* ina shuí, ina sheasamh, socraithe; ar bun, bunaithe, fréamhach, socraithe, tuiní. ❷ *certain, convinced:* cinnte, dearbh, dearfa, dearfach, deimhin, deimhneach, deimhnitheach, lándearfa, siúráilte.

súiteach adjective *absorbent:* óltach, *literary* ibheach; slogach, **adjectival genitive** súraic.

súiteán noun ❶ *suction, absorption:* cnáimhreadh, cráineadh, sú, súchán, súiteán, súmaireacht, súpláil, súrac; diúgaireacht, diúl, slogadh, slogaireacht. ❷ *undertow (of current):* cúlsruth, sruth; súrac.

súlach noun ❶ *sap, juice:* sú, suán, súlachas, súram, sútram, úsc; bainne, bleacht, lacht, laitéis. ❷ *gravy:* dip, sú, súlach feola; anlann, tarsann.

súlachas noun ❶ *juice:* sú, suán, súlach, súram, sútram, úsc. ❷ *filthiness, filth:* aoileach, brach, bréantas, brocamas, bualtrach, buarán, buinneach, cac, cacamas, cáidheadas, canúinir, camras, ceachair, éaglaine, eiscréidiú, eisfhearadh, eisligeadh, fearadh, garr, garraíl, giodar, liongar, lobhadas, lobhadh, lofacht, miodamas, morgadh, otrach, otras, roide, salachar, saothar, sciodar, séarachas, salachar, slod, sloda, smeadar, smúit.

sulfar noun *sulphur:* brimstiún, briomstón, bromastún, ruibh, ruibhchloch.

sult noun ❶ *satisfaction, enjoyment, pleasure:* ábhacht, áibhéireacht, aiteas, aoibhneas, ardú croí, ardú meanman, áthas, bród, gáibhéireacht, gairdeas, lúcháir, pléisiúr, rímead, sásamh, sásamh intinne, sástacht, scóip, sóchas, sonas, taitneamh, *literary* airear. ❷ *amusement, fun:* aeracht, áibhéireacht, aiteas, anstrólaíocht, antlás, aoibhneas, craic, croíléis, cuideachta, fastaím, gleoiréis, greann, greannmhaire, greannmhaireacht, laighce, léaspartaíocht, leithéis, meidhir, meidhréis, pléaráca, rancás, randam, scléip, scoraíocht, siamsa, siamsaíocht, spórt, spraíúlacht, spraoi, suairceas, sugradh, sultmhaire, taitneamh, *literary* spleadh.

súmadóir noun *tadpole:* eathadán, foloscain, foloscán, gallagún, óglosacann, súmaire, torbad, torbán; *colloquial* pór froganna.

súmaire noun ❶ *leech:* conach, diúgaire, géaraide goinide, seadán, súdaire, súmaire. ❷ *tippler, drinker:* bachaire, diúgaire, druncaeir, druncaire, geochthóir, meisceoir, pótaire, scloitéir, súgaire, súmaire; alcólach. ❸ *scrounger, sponger:* bacach, duine dóchúil, failpéir, geocach, líodrálaí, scramaire, seipléir, siolpaire, stocaire, súdaire, táthaire, tnúthánaí, trumpa, *figurative* diúgaire. ❹ *swallow-hole, slough:* ceachrach, long, poll slogaide, poll súraic, slogaide, slogaire; abar, poll móna.

súmhar adjective *sappy, juicy, succulent:* brachtach, seamhrach, suánach, súch, súiteánach, súitiúil; blasta, cumhra, glas, méith, séasúrach.

súmóg noun *sup, sip, draught:* blaiseadh, blaisín, blas, bolgam beag, feothan, fliúit, loim, lom, plaic, scíobas; bolgam, béalóg, diurnán, fiúigil, fliúit, gáilleog, galmóg, greim, slogóg, sruthdheoch, snáthadh, snáthán, súimín, *literary* scalach; díneach.

suncáil verb ❶ *sink:* báigh, cuir go grinneall, cuir go tóin poill, cuir faoi uisce; ísligh, tum. ❷ *invest:* frithgheall, infheistigh, maoinigh; caith airgead, ceannaigh scaireanna, cuir airgead isteach; soláthair airgead, tabhair tacaíocht airgid.

suntas noun *notice, attention:* aird, airdeall, aire, aireachas, aoidh, beann, cronú, intinn, iúl, sea, sonrú, úidh, *literary* deithide.

suntasach adjective ❶ *noticeable, remarkable:* éachtach, feiceálach, sonraíoch, suaithinseach, suaithní; is cuid suntais é, is díol suntais é; an rud is annamh is iontach. ❷ *prominent, distinctive:* éachtach, éagsamhalta, feartach, míorúilteach, neamhchoitianta, neamhghnách, seoigh, suaithinseach, suaithní.

súp noun ❶ *soup:* anraith, brat, bróis, sú; prácás, práibín, praiseach, stobhach, súram, sútram, urbhruith; boighreán, cáfraith, sríobún, suán. ❷ **bain súp as** *enjoy:* bain sult as, bain taitneamh as.

súrac noun ❶ *suction:* cnáimhreadh, cráineadh, ionsú, sú, súchán, súiteán, súmaireacht; diúgaireacht, diúl, diurnú, slogadh, slogaireacht. ❷ **poll súraic** *swallow-hole:* abar, ceachrach, gaineamh súraic, long, poll móna, poll slogaide, slogaide, slogaire, súmaire. ❸ **poll súraic** *whirlpool:* caise chúil, coire guairdill, coire guairneáin, coire tuathail, cuilithe, guairne, guairneán, linn guairdill, poll guairneáin, poll tuathail, saobhchoire, súmaire.

súraic verb *suck:* cnámhair, cráin, diúl, ionsúigh, siolp, súigh; slog.

súsa noun ❶ *rug, blanket:* ruga; blaincéad, peall peallóg, pealltóg, pluid, pluideog, sráideog, súisín. ❷ **sa súsa** *in bed:* ina luí, ina leaba, sa leaba.

sutach noun *youngster, brat:* bonsaire, garlach, garsún, gartaire, gasóg, gilidín, giosa, giotachán, grabaire, imeachtaí linbh, leaid, leanbh, leanbh mic, leanbán, leanbhán, luibhdín, mac, macaomh, malra, malrach, mamailíneach, pataire, peáitse, péitse, putach, scorach; agóidín, brasaire, contrálaí linbh, crostóir, dailtín, maicín, plucaire, raispín, rata linbh, smuigín, smuilcín, somachán, sotaire, teallaire.

sútar noun *wooden-soled shoe, sabot:* bróg adhmaid, bróg maide, paitín.

suth noun ❶ *produce:* soláthar, táirge, táirgeadh, toradh, tuismeadh; *literary* ionnlas. ❷ *progeny:* bunadh, cine, cineál, clann, dúchas, fialas, fine, folaíocht, fuil, giniúint, líne, muintir, pobal, pór, rás, síol, síolrach, sliocht, stoc, teaghlach, treibh. ❸ *embryo:* féatas, gin, gineog, ginidín, giniúint.

suthain adjective *perpetual, eternal:* bithbheo, bithbhuan, bithnua, bithshíoraí, buan, buanfasach, buanúil, fada, fadsaolach, fadtéarmach, buan-, ilbhliantúil, leanúnach, marthanach, ar marthain, neamhbhásmhar, saolach, síor, síoraí, sithiúil.

suthaire noun *guzzler, gormandizer:* ailpéir, amplachán, amplóir, anracán, béiceadán, bláistéir, blaochán, bleadrachán, bleitheach, bleitheachán, bolgadán, calcaire, cíocrachán, cíocrasán, cráisiléad, craosachán, craosaí, craosánach, gainéan, geoiseach, gionachán, gliúrach, gliúrachán, glutaire, goileadán, goilíoch, gorb, graoisín, longaire, málaeir, méadlach, méadlachán, ocrachán, ocrasán, peasánach, placaire, póitreálaí, slamaire, slogaire, slogamóir, slogánach, smalcaire, tomhaltóir.

svae noun ❶ *sway:* ardcheannas, ardchumhacht, ardfhlaitheas, ardríocht, ardtiarnas, buannaíocht, ceannaireacht, ceannasaíocht, cinseal, cinsealacht, cumhacht, flaitheas, forlámhas, impireacht, an lámh uachtair, lámh in uachtar, maoracht, oirbheartas, pabhar, príomhcheannas, réim, réimeas, riail, rialtas, rialú, riar, ríocht, smacht, stiúir, tábhacht, tiarnas, tiarnúlacht, tionchar, treoir, údarás. ❷ *victory:* áitheas, barr, barr bua, bua, buachan, caithréim, comhramh, concas, gnóthachan, treise, *literary* cearn.

svaeid noun *swede (Brassica napus):* meacan ráibe; tornaip, tornap, tornapa; meaingeal.

tábhacht noun ❶ *importance:* troiméis, trom, tromchúis, úimléid, *literary* tothacht; aird, brí, bun, bunús, suim. ❷ *industry, thrift:* allas do ghrua, croídhícheall, dícheall, díograis, díocas, dúthracht, griongal, saothar, treallús; baileachas, bainistí, bainistíocht, barainn, coigilt, coigilteas, fearachas, taogas, tíos, tíosaíocht, tíosúlacht.

tábhachtach adjective ❶ *important, consequential:* fiú le rá, mór le rá, troiméiseach, trom, tromaí, tromchiallach, tromchúiseach, úimléadach, úimléideach, *literary* tothachtach; práinneach, reachtmhar. ❷ *industrious:* déanfasach, deárcaisiúil, dian, díbhirceach, dícheallach, díocasach, díograiseach, dlúsúil, duamhar, dúthrachtach, faobhrach, fonnmhar, gnóthach, griofadach, griothalach, ionnasach, saothrach, scafa, scamhaite, tiarálach, tionsclach, treallúsach. ❸ *thrifty:* baileach, bainistíoch, barainneach, cnuaisciúnach, cnuaisciúnta, coigilteach, críonna, féachtanach, meánaitheach, neamhchaifeach, sábhálach, spárálach, taogasach, teilgeach.

tabhaigh verb *earn, deserve:* cosain, saothraigh, tuar, tuill; is airí air é, is maith an díol air é, is é an méid atá amuigh aige é; tá sé ag dul dó.

tabhair verb ❶ *give, bestow:* bronn, dearlaic, deonaigh, ofráil, sín, tairg, tíolaic, *literary* dánaigh, éirnigh, rad. ❷ *express, voice:* abair, can, caintigh, cogair, cuir i bhfocail, cuir i bhfriotal, gabh, labhair, luaigh. ❸ *wage:* cuir, déan, fear, troid. ❹ *provide, yield (as produce):* beir, cruthaigh, cuir ar fáil, fear, gin, riar, soláthair, táirg, tál. ❺ *bring:* beir, cuir, leag, seachaid, seol, treoraigh.

tabhair amach verb ❶ *give out, issue:* ciondáil, dáil, eisigh, roinn; cuir amach, foilsigh, seol. ❷ *give out, scold:* aifir, aithisigh, cáin, caith anuas ar, cáithigh, cas le, cluich, díbligh, glámh, guthaigh, imdhearg, lochtaigh, mallaigh, mallachtaigh, maslaigh, scall, scioll, spaill, tabhair achasán do, tarcaisnigh, *familiar* cíosaigh.

tabhair ar verb ❶ *exchange for:* déan iomlaoid faoi, faigh ar, glac ar, malartaigh ar, tóg ar. ❷ *call, name:* ainmnigh, baist, gair de, glaoigh ar, muinnigh, sloinn. ❸ *cause, compel:* éignigh, foréignigh, forsáil, *literary* tiomairg; cuir faoi deara do, cuir iachall ar, cuir iallach ar; údaraigh.

tabhair faoi verb ❶ *attempt, undertake, set about:* féach le, iarr, tabhair iarraidh faoi, tabhair iarracht ar, triail; aimsigh, bain triail as; crom ar, tosaigh ar. ❷ *attack:* déan ionsaí ar, ionsaigh, leag ar, léim ar, rith ar, tabhair amas faoi, tabhair breabhaid faoi, tabhair fogha faoi, *literary* saigh, tubh. ❸ **tabhair faoi deara** *notice:* airigh, aithin, braith, consaigh, mothaigh, sonraigh, tabhair suntas do, tóg ceann de, tuig; *literary* nod leat.

tabhair isteach verb ❶ *introduce, import:* beir isteach, cuir isteach; allmhairigh, iompórtáil. ❷ *give in, yield:* bog, géill, lúb, stang, stríoc; bí umhal (do), déan rud (ar), umhlaigh do; lig (le), scaoil (le).

tabhair le verb ❶ *devote to:* caith le, tiomnaigh do. ❷ *turn towards:* cas le, iompaigh le; tabhair d'aghaidh le. ❸ **tabhair leat** *take away, carry off:* beir leat, croch leat; imigh le, goid, *literary* gad.

tabhair ó verb ❶ *bring out of, free from:* fuascail ó, saor ó; cosain ar, sábháil ar, tarrtháil ar. ❷ **tabhair uait** *give way, collapse:* tit, tit anuas, tit as a chéile, tit i do chnap, tit i ngabhail a chéile; níor fhan sea ná seoladh ann, rinneadh pleist de. ❸ **tabhair uait** *make, deliver (talk, etc.):* déan; abair, labhair.

tabhair suas verb ❶ *relinquish:* éirigh as, fág i do dhiaidh, fág i leataobh, tabhair cúl le, tabhair uait, tréig. ❷ **tabhair tú féin suas do** *abandon yourself to:* lig leat féin le, tiomnaigh tú féin do.

tabhairne noun *tavern, public house:* ósta, teach beorach, teach leanna, teach an óil, teach ósta, teach tabhairne; síbín.

tabhairneoir noun *tavern-keeper, publican:* fear an leanna, fear an tí, óstach, óstóir; bean an leanna; fíoncheannaí.

tabhall noun *sling (for throwing):* crann tabhaill, *literary* tailm; catafalt.

tabhairt noun ❶ *grant, bestowal, delivery:* tabhairt amach, tabhartas; bronnadh, bronntanas, ciondáil, dámhachtain, dearlacadh, deonachán, deontas, deonú, féirín, fóirdheontas, fordheontas, tíolacadh; dáileadh, riaradh, seachadadh. ❷ *yield:* dáileadh, giniúint, riar, riaradh, soláthar, táirge, táirgiúlacht, tál, toradh, torthúlacht; flúirse, raidhse, raidhsiúlacht, saibhreas, *literary* díoghainne. ❸ **tabhairt isteach** *introduction, importation:* allmhairiú, iompórtáil. ❹ **tabhairt suas** *yielding, surrender:* géilleadh, umhlaíocht, umhlú. ❺ **tabhairt suas** *upbringing:* oiliúint, tógáil; múineadh, oideachas, scalaíocht, teagasc, traenáil.

tabhartas noun *gift, donation:* ainsile, aisce, bronnadh, bronntanas, dearlacadh, dearlaic, deonachán, deontas, deonú, féirín, síneanas, síntiús, teanntaíocht, tíolacadh, toirbheartas.

tabhartasach adjective *generous:* cóir, córtasach, dáilteach, dathúil, dearlaiceach, dóighiúil, duaiseach, fáilteach, fairsing, fial, fiúntach, flaithiúil, flaithiúlach, gnaíúil, lách, mórchroíoch, neamhmhion, oscailteach, preabúil, rábach, síneach, teochroíoch, tíolacthach, toirbheartach, *literary* flaithbheartach, gartach.

tábla noun ❶ *table:* bord, clár, leac. ❷ *table, list:* clár, liosta; catalóg, bunachar sonraí, fardal, rolla, sceideal.

táblaigh verb *tabulate:* cláraigh, cogairsigh, leag amach, liostaigh; aicmigh, áirigh, catalógaigh, códaigh, eagraigh, innéacsaigh, iontráil, rangaigh, sórtáil, taifead, uimhrigh.

taca noun ❶ *prop, support:* crann cosanta, crann seasta, crann taca, cúl, cúlaistín, cúl taca, cúntóir, tacaí, tacaíocht, teannta, uaithne, *figurative* sail. ❷ *point of time:* am, aimsir, uair. **compound preposition** *concerning, as regards:* dála, fá dtaobh de, i bpáirt, i dtaobh le, maidir le, mar gheall ar; chomh fada is a bhaineann le.

tacaí noun *supporter, backer:* ceithearnach, cuiditheoir, cúl, cúlaistín, cúl taca, cúntóir, taobhaí, teanntóir, *figurative* crann cosanta, crann seasta, crann taca, sail.

tacaigh verb *support, back, hold up:* baiceáil, cabhraigh le, coimeád suas, coinnigh suas, cothaigh, cuidigh le, seas le, teanntaigh; tabhair tacaíocht do; coimeád, coimeád suas, coinnigh, coinnigh suas, iompair.

tacaíocht noun ❶ *support, backing:* baiceáil, cabhair, cuidiú, cúl taca, cúl toraic, cúnamh, oirchiseacht, taca, taobhaíocht, teann, urraíocht. ❷ *security, guarantee:* pl. bannaí, barántas, cor, fíor, geall, gealladh, geallúint, urra, urradh, urraíocht, *literary* glinne.

tacar[1] noun *gleaning, collection:* cnuasach, diasra, deascadh, deascainn, deascán, díolaim, piocarsach, teaglaim; bailiú, bailiúchán, carn, carnáil, carnán, ceallamán, cruachadh, cruinniú, cúbóg, gróigeadh.

tacar[2] noun ❶ *literary art, contrivance:* beartaíocht, ceird, cleas, ealaín, scil; acra, aireagán, áis, gléas, inleog, sás, uirlis. ❷ **adjectival genitive tacair** *artificial, synthetic:* airtifisialta, **adjectival genitive** bréige, saorga, sintéiseach.

tachrán noun ❶ *orphan, waif*: dílleachta, leanbh gan athair ná máthair; garlach, leanbh tréigthe, páiste tréigthe, tuilí. ❷ *small child*: báb, babaí, bábán, báibín, buinne, buinneán, bunóc, leanbh, gasúr, gineog, ginidín, giorún, giosa, naí, naíonán, páiste, peitirne, *familiar* gearrcach.

tacht verb *choke, strangle, suffocate*: folathacht, forthacht, múch, plúch; smiog.

tácla noun ❶ *tackle*: pl. aidhlicí, airnéis, pl. áiseanna, pl. ciútraimintí, pl. fearais, feisteas, gaireas, pl. giuirléidí, pl. gléasanna, gléasra, trealamh, pl. uirlisí. ❷ pl. **táclaí** *trappings, harness*: airnéis, pl. úmacha, úmadh; cuing. ❸ pl. **táclaí** *rigging (of ship)*: culaith loinge, culaithirt, rigeáil, rigín, pl. táclálacha.

tacóid noun *tack*: neac, neaic, teaic; pionna, tairne.

tacúil adjective ❶ *supporting, reliable*: cabhrach, comharsanúil, cothaitheach, cuiditheach, cuidiúil, cúntach, fóinteach, garach, garúil, oibleagáideach, óraice, preabúil; barántúil, cneasta, creidiúnach, dílis, diongbháilte, díreach, fiúntach, ionraic, iontaofa, macánta, muiníneach, urramach; beacht, creatúil, dealraitheach, dócha, dóchúil, fíor, fírinneach, inchreidte, sochreidte. ❷ *opportune, timely*: acrach, áisiúil, caoithiúil, cóngarach, conláisteach, feiliúnach, féiltiúil, fóinteach, fóirsteanach, oiriúnach, poncúil, tráthúil.

tadhall noun *touch, contact*: teagmháil; baint, imbhualadh, *literary* tubha.

Tadhg propn ❶ **Tadhg an mhargaidh** *the man in the street*: an gnáthdhuine, fear cothrom tíre. ❷ **Tadhg Ó Rodaí** *Mr So-and-so*: cách, cibé é féin, é féin, Mac Uí Rodaí, Seán Ó Rodaí, seo, siúd. ❸ **Tadhg an dá thaobh** *two-faced person*: brathadóir, bréagadóir, caimiléir, camadán, feallaire, fealltóir, Iúdás, lúbadóir, lúbaire, meabhlachán, meabhlaire, nathair, plotaire, saofóir, séitéir, slúdrálaí, spiaire.

tadhlach adjective ❶ *touching, adjoining*: cóineasach, comharsanach, cóngarach, teorannach, teorantach; sínte le. ❷ *tactile*: **adjectival genitive** teagmhála; ábhartha, fisiciúil.

tadhlaí noun *tangent (in geometry)*: mothachán.

tae noun ❶ *tea*: anglais tae, scál, scileagailí, scinc, sciodar; súram tae, sútram tae, pl. cnámhóga tae, pl. duilleoga tae, *familiar* (*i gContae na Gaillimhe*) taelí; insileadh, *literary* siosan. ❷ **tae an chnoic** *heart's-ease* (*Viola tricolor*): curach cuaiche, goirmín, goirmín searc, goirmín searraigh, gormán searraigh, luibh na Tríonóide, lus cré, lus croí, tae maide. ❸ **tae na ngarraithe** *self-heal* (*Prunella vulgaris*): ceannbhán beag, ceannmán dúchosach, ceanramán na dúchoise, duáinín beag, duáinín an tseanchais, duán ceannchosach, tae na gcailleach, tae na ngarraíonta, tae na ngarrantaí.

tafann noun (*act of*) *barking, bark*: amhastrach, amhastraíl, glafadh, glafaireacht, glafarnach, glam, glamaireacht, glamairt, glamar, glamarscáil, gloimneach; sceamh, sceamhaíl.

tagair do verb *refer, allude to, mention*: ainmnigh, caintigh ar, luaigh, sainigh, tar thar, trácht ar, *literary* iomráidh; déan tagairt do.

tagairt noun *reference, allusion*: ainmneachas, ainmniú, cuntas, insint, lua, trácht, tráchtadh, tuairisc, *literary* alléideach.

taghd noun *fit, impulse*: abhóg, cathú, drochfhuadar, eatal, fonn, fuadar, priocadh, racht, raig, ráig, ríog, spadhar tobann, spreagadh, spreacadh, spreang, tallann, taom, tapóg, treall, tuaifisc.

taghdach adjective ❶ *impulsive, capricious*: aerach, alluaiceach, athraitheach, baoth, ceapánta, corrthónach, dodach, éadairiseach, éaganta, éanúil, earráideach, fánach, gaigiúil, gligíneach, gogaideach, guagach, luaineach, luascánach, luascánta, luathintinneach, meargánta, obann, ráscánta, ríogach, roisiúil, ruatharach, ruthagach, scinnideach, seafóideach, spadhrúil, spéiriúil, spreangach, tallannach, tobann. ❷ *quick-tempered*: achrannach, agóideach, aighneasach, aranta, argóinteach, builteach, caismirteach, cancrach, cantalach, coilgneach, cointinneach, colgach, comhlannach, conspóideach, crosta, cuileadach, deafach, dorránach, driseogach, drisíneach, eascairdiúil, feargach, francaíne, friochanta, frisnéiseach, gadhrúil, gairgeach, gleoch, goilliúnach, gráinneogach, greannach, iarógach, imreasach, imreasánach, iomarbhách, íortha, lasánta, meirgeach, mícheádfach, neantúil, niogóideach, rocúil, siosmach, spadhrúil, spreangach, spuaiceach, te, teasaí, teidheach, tintrí, trodach, tuaifisceach, *literary* dreannach, íorach; níl sé inbhearrtha.

tagrach adjective *smart-tongued, impertinent*: aisfhreagrach, braobanta, cabanta, clóchasach, cocach, deiliúsach, gasta, gearrchainteach, ladúsach, maigiúil, nathanta, prapanta, smuilcíneach, soibealta, sonnta, sotalach, stráisiúnta, teanntásach, téisiúil.

taibhreamh noun ❶ *dream*: aisling, aislingeacht, brionglóid, brionglóideach, bruadar, *literary* brionn; tromchodladh, tromluí. ❷ *literary vision*: aisling, aislingeacht, aislingíocht, amharc, apacailipsis, baothaibhse, fís, taibhse; eipeafáine, feiscint, fisíocht, nóisean, radharc, rámhaille, speabhraíd, pl. spéireataí, taispeánadh.

taibhrigh verb ❶ *dream*: bí ag brionglóid, déan taibhreamh; déantar brionglóid do, déantar taibhreamh do; bhí brionglóid aige, bhí taibhreamh aige. ❷ *show, manifest*: léirigh, soiléirigh, taispeáin; cuir ar a shúile do.

taibhse noun ❶ *ghost, apparition*: amhailt, *literary* foscadh, gósta, samhail, samhailt, samhlaoid, scáil, scáth, spiorad, sprid, taise, támhas; aisling, fís, siúlacht, taibhreamh. ❷ *emaciated person*: caiteachán, cnámharlach, cnuachaire, coinnleoir, conablach, creatachán, cringleach, cuail cnámh, deilbhéir, geosadán, langa, léanscach, léanscaire, leicneán, leathóg, loimíneach, loimirceach, lománach, raispín, ránaí, ranglach, ranglachán, ranglamán, reangaide, reangaire, reangartach, reanglach, reanglachán, reanglamán, rúcach, scáil i mbuidéal, scloit, sclotrach, séacla, séaclach, séaclóir, silteánach, síogaí, síothnaí, speireach, splíota, spreanglachán, taiseachán, truán; níl ann ach a chomharthaíocht, níl ann ach na ceithre huaithne, níl ann ach a scáth; níl deilbh luiche air, níl feoil ná foilse air. ❸ *display, ostentation*: buaiceáil, forcamás, gáifeacht, gaigíocht, gairéad, gairéadaí, galántacht, galántas, maingléis, mustar, scóid, straibhéis, strúlacht, taibhseacht, taibhsiúlacht, toirtéis.

taibhseach adjective *showy, flamboyant, pretentious*: taibhsiúil; craobhlasrach, gáifeach, gairéadach, mórthaibhseach, péacach, péacógach, scéiniúil, spiaga, spiagach, spiagaí, straibhéiseach, toirtéiseach; anbharúlach, blaoscach, bogásach, borrach, ceannard, ceartaiseach, cinsealach, díomasach, iarlaithe, iarlaitheach, leitheadach, móiréiseach, mórchúiseach, mórluachach, mórtasach, postúil, saoithíneach, sotalach, *literary* borr; i mborr le mórtas, sna hairdeoga.

taibhsigh verb ❶ *loom*: éirigh aníos, nocht, tar aníos, tar i láthair. ❷ *appear, seem*: amharc, breathnaigh, dealraigh, dearc, féach, taispeáin tú féin; tá an chuma ar. ❸ **taibhsítear dom** *it seems to me*: feictear dom, is dóigh liom, samhlaítear dom; is é mo bharúil, is é mo thuairim.

taibhsiúil adjective *ghostly, spectral*: fantaiseach, síofrúil.

táibléad noun ❶ *tablet (of wax, stone, etc.):* táibhléad; cláirín, clár, leac, leac cloiche. ❷ *tablet, pill:* piolla, piollaire; capsúl.

taidhleoir noun *diplomatist, diplomat:* ambasadóir, leagáid, leagáideach, teachta, teachtaire; státaire.

taidhleoireacht noun *diplomacy: pl.* caibidlí, *pl.* comhráití, margáil; leagáideacht, státaireacht, toscaireacht;.

taifeach noun *analysis:* anailís, briseadh síos, léirléamh, léirmheas, miondealú, mionscrúdú, parsáil.

taifead noun *record:* cáipéis, cairt, comhad, doiciméad, meabhrán, meamram, nóta, páipéar, scríbhinn, teastas, teistiméireacht, tíolacas, tuarascáil; cartlann. verb *record:* breac, cuir ar phár, cuir ar taifead; (in verse) cuir i míotar.

taifigh verb *analyse, resolve:* anailísigh, miondealaigh, parsáil; fuascail, léirmhínigh, mínigh, réitigh.

taighd verb ❶ *probe, root:* cart, cíorláil, tochail; cuardaigh, cuartaigh, mionchuardaigh, ransaigh, saibhseáil, scag, tástáil, tóraigh. ❷ *investigate, research:* glinnigh, grinndearc, grinnigh, iniúch, mionscrúdaigh, scrúdaigh.

taighde noun *research:* cuardach, mionstáidéar, scrúdú, staidéar; fiosrú, fiosrúchán, iniúchadh; bleachtaireacht.

táille noun ❶ *tally, score:* scór, teailí; comhaireamh, cuntas. ❷ *charge, tariff:* costas, praghas, luach; airgead; muirear. ❸ *fee:* díol, díolaíocht, fís, *literary* fochraig, luach saothair, pá, tuarastal. ❹ *premium, reward:* aisíoc, cúiteamh, duais, éiric, luach saothair, praghas.

tailm noun ❶ *literary sling (for throwing):* tabhall, crann tabhaill; catafalt. ❷ *resounding blow, thump:* buille, clabhta, clabhtóg, cnag, crústa, dundarlán, faic, failm, grugam, habhaistín, halaboc, leadhb, leadhbóg, leadóg, leandóg, leang, leangaire, liúr, liúspa, paltóg, planc, rúspa, smac, smag, smailc, smalóg, smíste, smitín, straiméad, tiomp, tulbhéim.

táimhe noun *torpidity, sluggishness:* mairbhe, mairbhití, malltriall, marbhántacht, moille, murtall, righne, spadántacht, támáilteacht; falsacht, leadrán, leisce.

táin noun ❶ *literary plundering expedition, plunder:* creachadh, creachadóireacht; argain, coilleadh, coillteoireacht, réabadh, sárú, scrios, sladaíocht, sladaireacht, *literary* lochar, scabáiste; brad, coscar, creach, éadáil, foghail, fuadán, goid, inghreim, prae, seilg, slad, *literary* scabáiste. ❷ *pl.* **táinte** *cattle, wealth:* airnéis, *pl.* ba, *pl.* beithígh, beostoc, bólacht, buar, eallach, stoc, *literary* slabhra; airgead, bracht, bruithshléacht, bunairgead, caipiteal, coibhche, conách, crodh, éadáil, flúirse, gustal, inmhe, iarmhais, ionnas, ionnús, maoin, maoin an tsaoil, maoin shaolta, ollmhaitheas, ollmhaitheas an tsaoil, rachmall, rachmas, raidhse, rath, rathúnas, sochar, *pl.* sócmhainní, somhaoin, speansas, speilp, spré, stór, strus, tábhacht, teaspach, toice, *literary* intleamh, ionnlas. adverbial phrase **ar an táin sin** *at that rate:* ar an gcaoi sin, ar an gcuma sin; dá réir sin.

táinrith noun *stampede:* fianscar, líonrith, scaoll; ruathar, *literary* fuascar.

táinseamh noun ❶ *reproach, censure:* aifirt, aithis, cáineadh, caitheamh is cáineadh, cáithiú, cámas, casadh an chorcáin leis an gciteal, castóireacht, cnáid, díspeagadh, easmailt, easómós, fochaid, fonóid, gáirmhagadh, glámh, guth, íde béil, íde na muc agus na madraí, imcháineadh, imdheargadh, iomard, lochtú, mallacht, masla, scigireacht, scorn, spailleadh, spíd, spídiúchán, spídiúlacht, steallmhagadh, tarcaisne, tarcaisní, toibhéim, *literary* aisc, cúrsú, tallann. ❷ *accusation:* cáineadh, cáinseoireacht, cás, ciontú, cúiseamh, damnú, díotáil,

éileamh, gearán, ionchúiseamh, líomhain, lochtú, milleán, milleánú, *literary* lítheachas.

taipéis noun *tapestry:* taipís; fíghréas; gréas, órghréas.

táiplis noun *draughts, backgammon:* táiplis bheag; táibhleas, táibhléis, táimhleasc, táiplis mhór, *literary* geaman agus aon; beartrach, brannamh.

táir adjective *mean, base, wretched:* anuasal, beagmhaitheasach, caillte, cloíte, comónta, drochmheasúil, íseal, lábánta, lábúrtha, lodartha, neamhfhiúntach, oitir, otair, otartha, suarach, táiriúil, truaillithe, tútach, uiríseal, *literary* dímhigneach; gan mhaith.

tairbhe noun *benefit, profit:* áisiúlacht, brabach, brabús, buntáiste, buntáistíocht, conláisteacht, cuibheas, éadáil, earraíocht, éifeacht, feabhas, feidhm, feiliúnacht, fiúntas, fóirsteanacht, fónamh, fóntas, leas, luach, maith, maitheas, oiriúnacht, seirbhís, sochar, somhaoin, toradh, úsáid, *literary* poinn; an craiceann is a luach.

tairbheach adjective *beneficial, profitable:* brabúsach, buntáisteach, éifeachtach, fiúntach, fóinteach, fónta, luachmhar, praeúil, sochrach, somhaoineach, úsáideach; acrach, áisiúil, cóiriúil, cóngarach, conláisteach, feiliúnach, fóirsteanach, oiriúnach, sásúil, tráthúil.

táirbhéim noun *degrading blow, degradation:* béim síos, ísliú, ísliú céime, masla, maslú, náire, neamhonóir, oilbhéim, smál, táirchéim, tarcaisne; easmailt, easonóir, easurraim, imdheargadh, táinseamh, truailliú.

tairbhigh verb ❶ **tairbhigh do** *be of use to, profit:* bí áisiúil do, cuidigh le, déan seirbhís do, déan leas, déan maitheas do, déan sochar do, fóin do, fóir do, freastail ar. ❷ **tairbhigh de** *benefit by:* bain leas as, bain sochar as, bain tairbhe as.

táire noun ❶ *meanness, baseness:* anuaisleacht, claidhreacht, cloíteacht, drochmhianach, ísle, ísleacht, lábánacht, neamhfhiúntas, staigíneacht, suarachas, suaraíocht, truailleachas, uirísle. ❷ *reproach, disgrace:* aifirt, aithis, cáineadh, caitheamh is cáineadh, cáithiú, cámas, cnáid, díspeagadh, easmailt, easómós, fochaid, fonóid, glámh, guth, íde béil, íde na muc agus na madraí, imcháineadh, imdheargadh, iomard, lochtú, mallacht, masla, maslú, scorn, spailleadh, spíd, spídiúchán, spídiúlacht, táinseamh, *literary* aisc, cúrsú, tallann; adhnáire, imdheargadh, ísliú, ísliú céime, masla, míchlú, náire, scannal, táirbhéim, táirchéim, táirmheas, tarcaisne, tarcaisnaí, toibhéim, *literary* oilbhéim.

tairg verb ❶ *offer:* ofráil, toirbhir; deonaigh. ❷ *attempt, essay:* aimsigh, bain triail as, féach, triail; tástáil, teisteáil.

táirg verb *produce, manufacture:* cuir amach, cuir ar fáil, déan, gin, monaraigh, soláthair.

táirge noun *product:* déantús, soláthar, toradh; déantán, déantúsán, lámhdhéantúsán.

táirgiúil adjective *productive:* bisiúil, breisiúil, cruthaitheach, raidhsiúil, rathúil, síolraitheach, soláthrach, suthach, torthúil.

tairiscint noun *offer, bid:* ofráil, toirbhirt; deontas, síneanas, síntiús, síntiús láimhe; praghsáil.

tairise noun ❶ *literary trust, confidence:* creidiúint, iontaoibh, muinín, taobhacht, trust; creideamh, géilleadh. ❷ *faithfulness, reliability:* cneastacht, dáiríreacht, conlacht, dílse, dílseacht, fíre, fírinne, fírinneacht, ionracas, iontaofacht, leanúnachas, macántacht monagamas, seanadh, tairiseacht.

tairiseach adjective *faithful, reliable:* tairismheach, tairisneach; dílis, leanúnach, macánta, seasmhach; inmhuiníne, inrúin, iontaofach; barántúil, fírinneach, ionraic, muiníneach, seasmhach. noun *trustworthy person, faithful person:* duine inmhuiníne, duine iontaofa, duine ionraic, duine macánta; dílseach, dílseánach, dílseoir.

tairiseamh noun *stand, stop, stay:* cónaí, fanacht, feitheamh, fosadh, fuireach, lonnú, maireachtáil, moill, seasamh, sosadh, stad, stop, stopadh, *literary* oiriseamh.

tairne noun *nail:* durnán, neac, neaic, tacóid, teaic.

tairneáil verb *nail:* greamaigh le tairní.

tairngire noun ❶ *prophet:* fáidh, fáidheadóir, fáidheoir, fáisteanach, fáistineach, fear feasa, *colloquial* lucht fáistine, *literary* físí, mathmharc; banfháidh, bantairngire. ❷ *wise man, sage:* éigeas, eolaí, eolgaiseoir, fáidheadóir, fealsamh, fear feasa, fear léinn, máistir, múinteoir, saineolair, saoi, scoláire, smaointeoir, speisialtóir, taighdeoir, teagascóir, *colloquial* aos léinn, lucht léinn, *literary* físí, ollamh, sruith. ❸ *precocious child:* páiste seanórtha, seandraoi, síofra, síofróir.

tairngreacht noun *prediction, prophecy:* aitheascal, céalmhaine, fáidheadóireacht, fáidheoireacht, fáistine, fáistineacht, fáistiníocht, oireas, oracal, réamhaithris, réamheolas, réamhinsint, tuar, *literary* mathmharcóireacht.

tairseach noun ❶ *threshold:* leac an dorais; idir dhá laí an dorais, idir dhá ursain an dorais. ❷ **tairseach fuinneoige** *window-sill:* leac fuinneoige, leac na fuinneoige; bonn na fuinneoige, urlár na fuinneoige.

tais adjective ❶ *damp, moist, humid:* bog, fleaite, fliuch báite, fliuch, forfhliuch, maosta, maoth, slámach, sramach, táirfhliuch, taisíoch, uisciúil, úr; ar bogadh, ina líbín. ❷ *soft, smooth, tender:* anbhann, bog, fíneálta, maoth, mín, séimh, sleamhain, slíobach, tláith, *literary* bláith. ❸ *mild, gentle, kind:* caoin, caomh, caonrasach, ceansa, cineálta, cneasta, daonna, garúil, grádiaúil, lách, macánta, maith, máithriúil, mánla, maránta, méiniúil, miochair, míonla, oibleagáideach, seaghsach, séimh, soghníomhach, soirbh, suairc, tláith, *literary* sochraidh, soithimh. ❹ *soft, weak, indulgent:* bog, éidreorach, fann, faon, faonlag, féigh, lag, lagáiseach, *literary* díolghadhach, triamhain; atruach, bogchroíoch, boigéiseach, boigiméiseach, caonrasach, fadfhulangach, foighneach, maiteach, maoth, somhaiteach, trócaireach, truach, truachroíoch, tuisceanach. ❺ **ní taise domsa é** *it is the same with me:* is é an dála céanna agamsa é, is mar an gcéanna agamsa é.

taisc verb ❶ *lay up, store:* stóráil, stuáil, taiscigh; cuir ar stór, cuir i gcoimeád, cuir i dtaisce; bailigh, cnuasaigh, cruinnigh. ❷ *deposit (money):* cuir sa bhanc, cuir i dtaisce, lóisteáil.

taisce noun ❶ *store, treasure, hoard:* ceallóg, cillín, ciste, folachán, órchiste, stór, stórchiste. ❷ *storehouse, treasury:* iosta, stór, stóras, taisceadán, *literary* seodcha; earralann. ❸ **a thaisce** *my dear:* a chroí, a dhílis, a ghrá, a lao, a mhaoineach, a mhuirnín, a rún, a stór, a stóirín, a théagair.

taiscéal verb *explore, reconnoitre:* déan taiscéalaíocht; cuardaigh, iniúch, ransaigh, scrúdaigh; déan spiadóireacht.

taisdíonach adjective *damp-proof:* díonach ar thaise, díonach ar uisce, díonmhar, uiscedhíonach, uiscedhiúltach, uisce-obach.

taise[1] noun ❶ *dampness, moistness:* drúcht, fliuchras, fliche, sabhsa, sabhsáil, taisleach, taisriú, úire, úireadas, úireacht, úireadas, uisce, uisciúlacht; an táir anuas, braon anuas, fraighfhliuchadh, fraighfhliuchas, sileán, sreabh, sreabhán, taislobhadh. ❷ *softness, smoothness:* bogúire, boige, boigéis, maoithe, míne, míneadas, séimhe, síodúlacht, sleamhaine, slime, tláithe, *literary* bláithe. ❸ *mildness, gentleness, kindness:* boige, caoideanas, caoimhe, caoine, caoineas, caoithiúlacht, ceansacht, cineáltacht, cneastacht, daonnachtúlacht, daonchairdeas, daonnacht, dóighiúlacht, duineatacht, féile, fiúntas, flaithiúlacht, garúlacht, láíocht, macántacht, maoithe, miochaire, oibleagáideacht, séimhe, síodúlacht, suairceas, tláithe, *literary* daonchaire. ❹ *weakness, faintness:* anbhainne, cloíteacht, fainne, lagachar, lagáisí, lagachar, lagar, laige, mairbhití, maoithe, marbhántacht, míneart, sleaic, téiglíocht, tláithe, tlás, tréithe.

taise[2] noun ❶ *fetch, wraith:* tais; amhailt, gósta, samhail, samhailt, scáil, scáth, séansaí, síofra, támhas, *literary* foscadh. ❷ *pl.* **taisí** *relics, remains:* martra, *literary* creadair, mionn; taiseagán. ❸ *pl. ruins:* ballóg, bathalóg, batálach, bathalach, bathlach, cábhail, fothrach, seanfhothrach; raingléis tí, riclín tí, spéalán tí; banrach, manrach.

taiséadach noun *shroud:* aibíd mhairbh, aiséadach, aisléine, braillín, braitleog, braitlín, culaith bháis, taisléine, tilleadh teannaidh.

taisleach noun *damp, moisture:* drúcht, fliuchras, fliche, sabhsa, sabhsáil, taise, taisriú, úire, úireadas, úireacht, úireadas, uisce, uisciúlacht; an táir anuas, braon anuas, fraighfhliuchadh, fraighfhliuchas, sileán, sreabh, sreabhán, taislobhadh.

taisme noun *accident, mishap:* aimléis, ainnis, amaróid, anachain, bárthainn, cat mara, cinniúint, ciotrainn, coinmhí, donacht, donas, drochrath, eirleach, iomard, matalang, mí-ádh, mífhortún, mísheoladh, mírath, míthapa, óspairt, tapaigean, teipinn, timpiste, tionóisc, tragóid, tubaiste, turraing.

taismeach adjective *accidental, tragic:* cinniúnach, coscrach, diachrach, dobrónach, doilíosach, duaiseach, dubhach, léanmhar, lionndubhach, mairgiúil, mí-ádhúil, mí-ámharach, míchinniúnach, mífhortúnach, mírathúil, oidhiúil, timpisteach, tionóisceach, tragóideach, truamhéalach, tubaisteach. noun *casualty:* duine gonta, duine gortaithe, *pl.* easpaí, marbh, othar.

taispeáin verb ❶ *show, indicate, exhibit:* ciallaigh, comharthaigh, cuir in iúil, cuir ar a shúile, fíoraigh, imlínigh, leag amach, léirigh, marcáil, nocht, sonraigh, *literary* sínigh. ❷ *make clear, prove:* léirigh, léirmhínigh, mínigh, cruthaigh, suigh. ❸ *disclose publicly:* foilsigh, poibligh; cuir os comhair an phobail, dírigh aird an phobail ar. ❹ *offer:* ofráil, tairg, toirbhir; deonaigh.

taispeánadh noun ❶ *revelation, (supernatural) manifestation:* apacailipsis, eipeafáine, foilsiú; aisling, fís, tinfeadh; Aisling Eoin. ❷ *demonstration:* cruthú, dearbhú, deimhniú, léirchruthú, léiriú, soiléiriú.

taispeántas noun ❶ *show, exhibition:* feic, léiriú, seó, seó bóthair, taispeáint. ❷ *indication, evidence:* ciallú, comharthú, cruthú, cruthúnas, dearbhú, deimhniú, fianaise, taispeánadh, údar.

taisriú noun *dampness, moisture:* drúcht, fraighfhliuchadh, fraighfhliuchas, taise, taisleach, taislobhadh, úire, úireadas, úireacht, úireadas; an táir anuas, braon anuas, sileán, sreabh, sreabhán; fliuchras, fliche, sabhsa, sabhsáil, uisce, uisciúlacht.

taisteal noun *travel:* aistear, fánaíocht, fianaíocht, gluaiseacht, imeacht, imrim, marcaíocht, traibhleáil, traibhléireacht, triall, turas, *literary* tairdeal; eitilt, marcaíocht, seoladh, seoltóireacht; bealach, bóthar, comóradh, séad, siúl, slí.

taistealaí noun *traveller:* taistealach; paisinéir, traibhléir, triallaire, turasóir; imeachtaí, fear siúil, giofóg, siúlóir, *colloquial* lucht taistil.

taistil verb *travel:* eitil, marcaigh, téigh, téigh ar aistear, téigh ar thuras, tiomáin; bí ag turasóireacht.

taithí noun ❶ *frequentation*: cleachtadh, freastal, gnáth, gnáthú. ❷ *habit, practice*: cleachtadh, cleachtas, gnáth, gnáthaíocht, gnáthamh, nós, nós imeachta, praitic. ❸ *experience*: cleachtadh, eispéireas; aithne, cúrsa, eachtra, seanaithne, seaneolas.

taithigh verb ❶ *frequent, resort to*: cleacht, freastail, gnáthaigh, minicigh. ❷ *experience, practise*: cleacht, eispéirigh, gnáthaigh; airigh, bí cleachtach le, fulaing, mothaigh, téigh tríd.

taithíoch adjective **(ar)** *accustomed (to), conversant (with)*: cleachta, cleachtach, tuartha; ní fada go dtiocfaidh tú isteach air.

taitin verb ❶ *shine*: dealraigh, las, lonraigh, niamh, saighneáil, soilsigh. ❷ **taitin le** *please*: is áil le, is aoibhinn, is deas le, is maith le, is mian le, is teannach le; cuireann sé aoibhneas ar, cuireann sé áthas ar, cuireann sé lúcháir ar, cuireann sé ríméad ar, téann sé síos le; is cúis áthais do, is pléisiúr mór do.

taitneamh noun ❶ *shine, brightness*: dealramh, drithle, drithliú, gealán, gile, gléine, gléineacht, glioscarnach, gluaire, greadhnán, loinnir, lonrú, loise, luisne, niamh, niamhracht, scal, scaladh, soiléas, soilseacht, soilsiú, solasmhaire, solasmhaireacht, solastacht, sorcha, spréacharnach, trédhearcacht, tréshoilseacht, taitneamhacht, *literary* éadrachta, soirche. ❷ *liking, enjoyment*: taitneachtáil; ábhacht, áibhéireacht, aiteas, aoibhneas, ardú croí, ardú meanman, áthas, bród, gáibhéireacht, gairdeas, lúcháir, pléisiúr, ríméad, sásamh, sásamh intinne, sástacht, scóip, só, sonas, *literary* airear.

taitneamach adjective ❶ *bright, shining*: bladhmach, breoch, coinnleach, crithreach, dealrach, dealraitheach, drilseach, drithleach, drithleánach, *literary* éadracht, galbánach, glasta, glórmhar, grianach, grianmhar, laomtha, loinneartha, lonrach, niamhrach, réaltach, ruitheanta, ruitheach, ruithní, ruithnitheach, snasta, soiléasta, soilseach, solasach, solasta. ❷ *pleasing, likeable, enjoyable*: ait, aiteasach, álainn, aobhdha, aoibheallach, aoibhinn, aoibhiúil, áthasach, beannaithe, binn caithiseach, caoin, caomh, ceansa, cineálta, cneasta, compordúil, connail, córtasach, cuideachtúil, cuntanósach, deas, fáilí, gairdeach, galánta, garúil, gealgháireach, geanúil, gliondrach, grámhar, lách, lúcháireach, macánta, maitheasach, máithriúil, mánla, maránta, meallach, meallacach, méiniúil, miochair, míonla, oibleagáideach, pléisiúrtha, ríméadach, sármhaith, seaghsach, séimh, sibhialta, sóch, soilbhir, soirbh, sólásach, spórtúil, suairc, subhach, taitneamhach, tláith.

tál noun ❶ *lactation, yield of milk*: bleacht, bleachtanas, bleachtas, bleánach, bleoghan, crú, crúthach, lacht, lachtas, lachtadh; climirt, climseáil. ❷ *secretion*: doirteadh, sileadh, sní, sreabhadh, táirgeadh; sil, sileán, silín, siolgaireacht. verb ❶ *yield (milk)*: cuir ar fáil, tabhair. ❷ **tál ar** *suckle*: tabhair an chíoch do, tabhair tál do.

talamh noun ❶ *earth, world*: cruinne, domhan, saol, *literary* bith, *literary* bith críoch. ❷ *surface of the earth, ground*: lár, tonn talún; cré, créafóg, ithir. ❸ *territory, country*: ceantar, comharsanacht, contae, críoch, cúige, dúiche, dúthaigh, fearann, limistéar, líomatáiste, oirear, réigiún, taobh tíre, tír, *pl.* triúcha, tuath, *literary* déis. ❹ *property (in land)*: áitreabh, congbháil, diméin, eastát, fearann, feirm, forba, gabháltas, státa, *pl.* tailte. ❺ **ó thalamh** *fundamentally, thoroughly*: ón talamh aníos; amach is amach, ar fad, ar fad ar fad, go hiomlán, uiliug, uiliug uiliug. ❻ **déan talamh** *make ground, progress*: déan go maith, díotáil, tar ar aghaidh. ❼ **déan talamh slán de** *assume*: glac le, tuig.

talcánta adjective *strong, stout, solid*: talcmhar; balcánta, bulcánta balcánta, ceilméartha, crua, cruánach, daingean, diongbháilte, do-bhogtha, donn, foirtil, láidir, neartmhar, stóinseach, tréamanta, tréan, *literary* díthoghla, díoghainn, dron, ruanata, sonairt.

tallann noun ❶ *talent, gift*: ábaltacht, acmhainn, bua, cumas, gifte, giofta, mianach, pribhléid, ríd, tabhartas, tíolacadh, tréith. ❷ *impulse, fit*: eatal, fonn, racht, raig, ráig, ríog, spreagadh, spreacadh, taom, tapóg, treall; fuadar, priocadh, spadhar, spreang, taghd, taom.

talmhaí adjective ❶ *earthly, terrestrial*: domhanda, **adjectival genitive** talaimh. ❷ *worldly*: básmhar, ábhartha, céadfach, céadfaíoch, collaí, corpartha, damhnúil, saolta, so-mharaithe, teamparálta; suarach, táir. ❸ *thick-set, stocky*: comhleathan, daingean, dingthe, puntánach, suite, tacúil. noun *agriculturalist, husbandman*: criaire, curadóir, feilméara, feirmeoir, scológ; fear tíre, fear tuaithe, tuatach, tuathánach, *literary* brughaidh; *pl.* trudairí triúch.

talmhaíocht noun *agriculture*: curadóireacht, feirmeoireacht, saothraíocht, saothrú, treabhair, treabhaire, treabhaireacht, treabhrach, *literary* treabhchas; déiríocht, grásaeireacht, rainseoireacht.

talmhóg noun ❶ *earth, burrow*: ábhach, adhbha, áfach, aice, brocach, broclach, canachán, coinicéar, lonnachán, pluais, poll, rapach, uachais, *literary* fochla. ❷ *cache*: carnáil, ceallóg, cillín, cnuasach, crocán, cruinniú, cuasnóg, cúbóg, deascán, díolaim, folachán, gnáthóg, stór, taisce, teaglaim, tiomsú; bunachar airgid, bunchúil.

talpa noun *mole (Talpa europaea)*: caochán, dallán, luch chaoch, luch dhall.

támáilte adjective ❶ *sluggish, slothful*: aimhleasc, céimleasc, leadránach, leasc malltriallach, marbhánta, múisiúnta, neamhaigeanta, neamhanamúil, righin, sionsach, slogánta, spadánta, támh, *literary* laiste. ❷ *heavy, sticky (of soil, dough)*: dóibiúil, glaeúil, greamaitheach, ramhar, righin, slaodach, taosmhar, trom. ❸ *tepid, insipid (of drink)*: alabhog, bog, bogthe, lagspreosach, patuar, teipliúin, toifliúin; do-bhlasta, leamh, neamhbhlasta. ❹ *reluctant, shy*: aimhleasc, ainneonach, doicheallach, diúltach, drogallach, éartach, mífhonnmhar, neamhfhonnmhar, neamhthoilteanach, obthach, séantach; cearthaíoch, critheaglach, eaglach, faiteach, faitíosach, geiteach, geitiúil, giongach, lagáiseach, neirbhíseach, scáfar, scáithínteach, scanrúil, uamhnach; cotúil, cúlánta, cúthail, náireach, seachantach.

támáilteacht noun ❶ *sluggishness*: drogall, falsacht, leisce, mairbhe, mairbhití, malltriall, marbhántacht, moille, murtall, righne, spadántacht, táimhe. ❷ *stickiness*: greamaitheacht, raimhre, righne, slaodacht, troime. ❸ *insipidity*: leamhas, leimhe, míbhlastacht, tuire; turaíocht, turaireacht, turbhia. ❹ *reluctance, shyness*: doicheall, doicheallaí, doilíos, drogall, fadáil, fadálacht, fuarthé, leadrán, leisce, malltriall, marbhántacht, mífhonn, moill, neamhfhonn, neamhthoil, righneadóireacht, righneáil, righneas, siléig, siléigeacht; cotadh, cotúlacht, cúlántacht, cúthaileacht, cúthaileacht, cúthaileas, faiteachas, faitíos, leamhnáire, náire, scáfaireacht, scáithínteacht, scinnide, seachantacht, spalpas, strainséarthacht, *literary* neoid.

tamall noun ❶ *while, spell*: achar, aga, am, atha, babhta, bomaite, lá, móiméad, nóiméad, paiste, píosa, rud beag, scaitheamh, soicind, seal, sealad, snap, tamaillín, téarma, tráth, tréimhse, uair. ❷ *short loan*: iasacht, iasacht ar feadh tamaill ghearr. ❸ *distance*: achar, fad, raon, réimse, spás.

támh noun ❶ *literary plague, pestilence:* aicíd, calar, claimhe, galar mór, plá, támhghalar, *literary* teidhm. ❷ *swoon, stupor:* fanntais, lagachar, lagaísí, lagar, laige, stipéar, támhnéall, támhshuan. ❸ **támh codlata** *doze, nap:* codladh, dairt, míog, míog codlata, míogarnach, míogarnach codlata, néal, néal codlata, néalfairt, néalfartach, sáimhríocht, sámhán, sámhán codlata, sámhántacht, sámhántaíocht, snapáil, suan, suanán, táimhe, tionnúr, *literary* locadh. ❹ *rest, silence:* aiteall, calm, ciúnadas, ciúine, ciúnas, ciúnú, deibhil, ísliú, laghdú, maolú, marbhchiúnas, míne, míniú, sáimhe, sámhnas, snag, suaimhneas, téigle, *literary* seitheamh. ❺ *lethargy, apathy:* fuaraigne, fuaraigeantacht, fuaráil, fuarálacht, fuarchúis, fuarspreosaí, fuarthé, leisce, malltriall, mairbhe, mairbhití, marbhántacht, moille, murtall, neamhchorrabhuais, neamhchúis, neamhfhonn, neamhiontas, neamhshuim, patuaire, réidhe, righne, spadántacht, táimhe, támáilteacht.

támhach adjective ❶ *torpid, sluggish:* adhastrach, céimleasc, falsa, leasc, leisciúil, mall, mairbhiteach, mallbheartach, mallghluaiste, malltriallach, marbhánta, neamhéasca, sionsach, spadánta, támhach, *literary* laiste. ❷ *inert, feeble:* cloíte, éidreorach, marbh, míthreorach, sáraithe, seangaithe, síleáilte, spíonta, tnáite, traochta; anbhainneach, anbhann, caite, crólag, fann, fannlag, faon, lag, meirtneach, sleaiceáilte, támhlag, tréith.

támhchodladh noun *heavy slumber:* támh, támhnéal, támhshuan; codladh na Caillí Béarra, codladh mhná Dhoire Né ó Dhéardaoin go Domhnach; marbhchodladh, sámh, sámhán, sámántacht, sámhántaíocht, sámhchodladh, suan, suanaíocht, suanán, toirchim, toirchim suain, tromchodladh, tromnéal, tromshuan.

tamhan noun ❶ *trunk, torso:* cabhail, cliabh, cliabhrach, cliath, cliathach, coim, coirpéis, compar, corp, corplach, creat, fonnadh, fráma, greilleach, lár. ❷ *stock, stem:* bun, ceap, crampóg, stoc, stocán, stumpa.

támhnéal noun *swoon, trance:* fanntais, lagachar, lagaísí, lagar, laige, támh.

tanaí adjective ❶ *thin:* caol, cúng, éadrom, leabhair, lom, seang, seangchruthach, singil, slisneach, tearc, *literary* seada. ❷ *fine, flimsy:* fíneálta, íogair, leochaileach, mánla, mín, mion, míonla, séimh, slim, sreabhnach, tláith; gan substaint, gan tathag, barrchaite, caite, (*i gContae Chorcaí*) léanaithe, sean, seanchaite, smolchaite, spíonta, súchaite; ar an bhfáithim; ainimheach, cailliúnach, éalangach, easnamhach, éislinneach, gágach, máchailleach, scagach, spíonta, tearc, tréigthe. ❸ *sparse:* easnamhach, fánach, gann, gannchúiseach, scagach, scáinte, sciotach, speathanach, tearc, uireasach, uireaspach. ❹ *weak, watery:* báite, baoth, caite, caol, dobhartha, lag, uisciúil. ❺ *shallow:* caol, dromchlach, éadomhain, éadrom, folamh, mídhomhain; gan doimhneacht, gan fód, gan fuaimint.

tanaigh verb ❶ *thin:* caolaigh, lom, scag, scamh, snoigh, truaigh. ❷ *slim, become lean:* caill meáchan, caolaigh, éirigh seang, éirigh tanaí, téigh i gcaoile, téigh i gcúinge, téigh i laghad, téigh i léig, téigh i seinge; conlaigh, crap, crion, cúngaigh, giorraigh, giortaigh, laghdaigh, meath, meathlaigh, sceoigh, seangaigh, searg, truaigh.

tanaíochan noun (*act of*) *thinning:* caolú, cúngú, laghdú, meath, meathlú, scáineadh, seargadh, snoí, tanú, tanúchán.

tanaíocht noun ❶ *thinness, leanness:* caoile, éineart, gainne, laige, leabhaire, leabhaireacht, scáinteacht, seangachas, seinge, sláthaí, slime. ❷ *sparseness:* annamhacht, caiteacht, caoile, gainne, gannchúiseach, scáinteacht, teirce. ❸ *flimsiness, tenuity:* caoile, cúinge, seangacht, seinge, slime. ❹ *shallowness:* caoile, éadoimhne, tanalacht; líonán, sciúnach.

tánaiste noun ❶ *tanist, heir presumptive:* oidhre; feitheoir. ❷ *deputy prime-minister:* leas-phríomhoide. ❸ *second in rank, runner-up:* an dara duine is airde; an dara duine is fearr. ❹ *third finger:* an mhéar fhada, an mhéar láir, an mhéar mheáin. ❺ **i dtánaiste do** *next to, nearly:* in aice le, le hais, taobh le; beagnach, ag ionsaí ar, i ngar a bheith, nach mór.

tancard noun *tankard:* flagún, giústa; adharc, ballán, buabhall, cailís, corn, cuach, cupa, cupán, gogán, scála, stópa, *literary* caileach, cingid, stábh.

taobh noun ❶ *side, flank:* bruach, ceann, ciumhais, cliathán, cnaiste, colbha, corr, imeall, imeallbhord, leiceann, leis, sciathán, slios, *literary* braine. ❷ *border, edge:* banc, béal, binn, boirdréis, bord, bruach, ciumhais, coirnéal, colbha, corr, corthair, críoch, cúinne, eochair, fabhra, faobhar, feire, feoir, feorainn, fíor, fóir, frainse, frinse, grua, gruaimhín, imeall, imeallbhord, oirear, port, scéimh, sciorta, teorainn, *literary* braine, ur. ❸ *direction:* aird, bealach, ceard, cearn, cuid, leath, páirt, slí, stiúir, treo. ❹ *part of country, region:* ball, ceantar, comharsanacht, cúige, dúiche, dúthaigh, fearann, fód dúchais, limistéar, líomatáiste, páirt, paiste, réigiún, taobh tíre. ❺ *party, team, faction:* dream, drong, grúpa, páirtí; ceithearn, complacht, criú, cuallacht, foireann. ❻ *reliance, dependence:* spleáchas, tuilleamaí; iontaoibh, muinín, taobhacht. ❼ **taobh le, i dtaobh le** *relying upon, depending upon:* ag brath ar, i gcleith, ag dréim le, geall le, i ngeall le, i leith, i muinín, i dtuilleamaí. ❽ **i dtaobh** *concerning, about:* dála, maidir le, mar gheall ar, fá dtaobh de, i dtaca le.

taobhach adjective ❶ *lateral:* **adjectival genitive** taoibhe. ❷ *trusting:* dóchasach, muiníneach; lán muiníne. ❸ *partial:* claon, claonpháirteach, fabhrach, leatromach, páirtiúil.

taobhaí noun *adherent, supporter:* ceithearnach, cuiditheoir, cúl, cúlaistín, cúl taca, cúntóir, leantóir, leanúnaí, tacaí, teanntóir, *colloquial* campa.

taobhaigh verb (*often with* le) ❶ **taobhaigh** *draw near to, approach:* tar in aice le, tar cóngarach do, tar chuig. ❷ *side with, support:* baiceáil, cabhraigh le, cuidigh le, seas le, tabhair tacaíocht do, tacaigh le. ❸ *rely upon, trust:* braith ar, seas ar, *literary* tairisnigh as/i; bí i gcleith, bí de gheall le, bí i muinín, bí i dtuilleamaí; bí cleithiúnach ar, bí spleách ar. ❹ *urge on, persuade:* broid, brostaigh, calmaigh, dúisigh, griog, gríosaigh, meanmnaigh, múscail, séid faoi, spreag, tinneasnaigh; cuir ina luí ar, téigh i gcion ar.

taobhthrom adjective ❶ *lopsided:* cam, cearr, claon, claonach, corr, fiar, laofa, leatromach, neamhshiméadrach; ar leathmhaing, ar leathspleic, ar leathstuaic. ❷ *pregnant:* ag iompar chlainne, ag súil le páiste, (*i gContae Chorcaí*) fé shlí, leatromach, muiríneach, **adjectival genitive** tórmaigh, torrach, trom, *familiar* i ngéibheann, leagtha suas, suas an cnoc.

taoide noun ❶ *tide:* taoille; airde mara, ardlán, barr taoide, barrlán, lán mara, rabharta; aife, briseadh aife, díthrá, díthrá mallmhara, lag trá, lag trá mallmhara, mallmhuir, taoide mhallmhara, taoide mhallmhuireach. ❷ *time, spell:* achar, aga, am, babhta, bomaite, lá, linn, móiméad, nóiméad, paiste, píosa, scaitheamh, seal, snap, soicind, tamaillín, tamall, téarma, tréimhse, uair.

taoisc noun ❶ *gush, flow:* brúcht, buinne, caise, doirteadh, scaird, sconna, sruth, stealladh, tulca. ❷ *downpour:* bailc báistí, bailc fearthainne, clagar, clagarnach, clagarnaíl, clascairt báistí, díle báistí, doirteán báistí, duartan, gailbh, gailfean, gailfean

taoiseach
báistí, leidearnach chlagair, liagarnach báistí, maidhm bháistí, péatar báistí, rilleadh báistí, sconna báistí, spút, spúta, spútrach, stealladh stealltarnach, tuairt bháistí, tuile liag, *literary* forlacht.

taoiseach noun ❶ *historical leader, chief*: ardrí, ceann, ceann fine, ceannaire, ceannasaí, ceann feadhna, ceann urra, máistir, rí, tiarna, treoraí, *literary* braine, céadar, léadar, tuathach. ❷ *man of substance, important person*: ball mór, boc mór, boicín, cnapán duine uasail, gearrbhodach, glasbhoicín, gróintín, iasc mór, lus mór, piarda, pluga, ridire an pharóiste, sracdhuine uasal, torclach, *figurative* tapar. ❸ *prime minister*: ceann an rialtais, príomhaire; cathaoirleach chomhairle na n-airí; uachtarán.

Taoisigh na hÉireann
Uachtarán na hArdchomhairle roimh 1936.

1922–1932	Liam T. Mac Coscair (*W. T. Cosgrave*)
1932–1948	Éamon de Valera
1948–1951	Seán Mac Coisteala (*John A. Costello*)
1951–1954	Éamon de Valera
1954–1957	Seán Mac Coisteala
1957–1959	Éamon de Valera
1959–1966	Sean Lemass
1966–1973	Seán Ó Loinsigh (*Jack Lynch*)
1973–1977	Liam Mac Coscair (*Liam Cosgrave*)
1977–1979	Seán Ó Loinsigh
1979–1981	Cathal Ó hEochaidh (*Charles Haughey*)
1981–1982	Gearóid Mac Gearailt (*Garret FitzGerald*)
1982	Cathal Ó hEochaidh
1982–1987	Gearóid Mac Gearailt
1987–1992	Cathal Ó hEochaidh
1992–1994	Ailbhe Mac Raghnaill (*Albert Reynolds*)
1994–1997	Seán de Briotún (*John Bruton*)
1997–2008	Parthalán Ó hEachthairn (*Bertie Ahern*)
2008–2011	Brian Ó Comhain (*Brian Cowen*)
2011–2017	Éanna Ó Coinnigh (*Enda Kenny*)
2017–2020	Leo de Varad (*Leo Varadkar*)
2020–2022	Mícheál Ó Máirtín (*Mícheál Martin*)
2022–	Leo de Varad

---

taom¹ noun ❶ *fit, paroxysm*: racht, ráig, ríog, spadhar, spang, spaspas, taghd, tallann, tapóg, teog, treall; abhóg, eatal, fonn, fuadar, míthaom, priocadh. ❷ **taom feirge** *fit of anger*: taom buile; báiní, buile, buile feirge, caor bhuile, caor mhire, confadh, cuthach, fraoch, mire, spadhar, straidhn, taghd, teasaíocht, tintríocht, treall.

taom² verb *empty of water, pour off, bail*: díscigh, diúg, draenáil, scinceáil, síothlaigh, sniog, taosc, triomaigh.

taomach adjective ❶ *fitful, spasmodic (of illness)*: athraiteach, luaineach, malartach, neamhbhuan, treallach. ❷ *moody, erratic*: aerach, alluaiceach, athraiteach, baoth, éadairiseach, éaganta, earráideach, glígíneach, gogaideach, guagach, luaineach, luathintinneach, saobh, saofa, scinnideach, spadhrúil. ❸ *hysterical*: histéireach; gárthach, rachtúil, spadhrúil; ar buile, ar mire, as a meabhair.

taos noun *dough, paste*: taosc, taosrán; leafaos, meascán, smeadar, treiscín.

taosc verb ❶ *bail, pump out*: díscigh, diúg, draenáil, pumpáil, scinceáil, síothlaigh, sniog, taom, triomaigh. ❷ *shovel*: cart, rómhar, scaob, sluaisteáil, sluaistrigh, tochail, tóch.

taoscán noun ❶ *quantity of liquid, draught*: diurnán, fiúigil, fliúit, gáilleog, galmóg, scalach, scíobas, súimín, taoiscín, taoscán; bolgam, béalóg, slogóg; díneach. ❷ *fairly large quantity*: cuimse dalladh, do dhóthain, do sháith, gearrchuid, lear, neart, riar, mórán, roinnt mhaith.

taosmhar adjective ❶ *heavy*: ramhar, righin, slaodach, trom; glaeúil, greamaitheach. ❷ *solid, substantial*: fódúil, foirmniseach, fuaimintiúil, láidir, neartmhar, ruthagach, soladach, stóinseach, stóinsithe, substainteach, substaintiúil, taoisleannach, tathagach, teann, toirtiúil, tréan, *literary* díoghainn, fosaidh; cobhsaí, crua, cruánach, daingean, diongbháilte, doscaoilte.

tapa adjective ❶ *quick, ready*: aibéil, beo, deifreach, gasta, grod, luath, mear, obann, pras, preabúil, scafánta, sciobtha, tapa, tapúil, tobann, *literary* udmhall. ❷ *active*: aigeanta, anamúil, ardaigeanta, athlamh, bagánta, beo, beoga, bíogúil, biorbach, breabhsach, breabhsánta, brufar, friochanta, fuinniúil, gusmhar, imeachtach, luadrach, luascánach, luascánta, lúfar, meanmnach, mear, pléascánta, preabanta, scafánta, scóipiúil, smiorúil, spleodrach, tapúil, teaspúil. noun ❶ *quickness, speed*: aibéil, athlaimhe, beocht, cruashiúl, deifir, diaireacht, dithneas, dlús, driopás, drip, eadarluas, foilsceadh, gastacht, gearradh, gearradh siúil, luaithe, luas, mire, obainne, práinn, rith, rása, scafaireacht, scafántacht, sciobthacht, siúl, tapúlacht, tobainne, *literary* daithe. ❷ *activity, vigour*: brí, bríomhaireacht, brú, dus, éitir, fórsa, fuinneamh, giústal, gus, inmhe, láidreacht, lán-neart, neart, neartmhaire, neartmhaireacht, sea, séitreachas, séitreacht, séitrí, sitheag, smiorúlacht, spreacadh, sracúlacht, tapúlacht.

tapaigean noun ❶ *sudden start, jump*: geit, léim, preab, tapaigean; critheagla, eagla, faitíos, líonrith, scanradh, scaoll, scard, scáth, sceilmis, sceimhle, scéin, sceon, scinneadh, scinneog, uafás, uamhan. ❷ *mishap*: cinniúint, ciotrainn, doinmhí, donacht, donas, drochrath, eirleach, iomard, matalang, míádh, mífhortún, mírath, mísheoladh, míthapa, óspairt, taisme, timpiste, tionóisc, tragóid, tubaist, tubaiste, turraing; aimléis, ainnis, amaróid, anachain, cat mara.

tapaigh verb ❶ *quicken*: beoigh, brostaigh, deifrigh, géaraigh, luathaigh; cuir dlús le. ❷ *grasp quickly, seize*: beir ar, beir greim ar, fostaigh, gabh, greamaigh, sciob, snap.

tapóg noun ❶ *nerviness, tendency to jump*: cearthaigh, critheagla, geit, líonrith, mishuaimhneas, neirbhís, scaoll, scáth, scinnide. ❷ *sudden impulse*: eatal, fonn, racht, raig, ráig, ríog, spadhar, spreacadh, spreagadh, spreang, taghd, tallann, taom, treall.

tar verb ❶ *come, move, travel*: gluais, sroich, taistil, téigh, triall; céimnigh, cuir díot, imigh, máirseáil, spágáil. ❷ *come into existence, appear*: taibhsigh, tar chun cinn, tar ar an saol, tar chun solais, tar i láthair; feictear. ❸ *return*: cas, imchlóigh, iompaigh, pill, téarnaigh, till; cas abhaile, cas ar ais, gabh ar ais, tar abhaile, tar ar ais, téigh ar ais. ❹ *survive, recover*: mair, tar slán; bisigh, faigh biseach, gnéithigh, scinn, téarnaigh, tar, tar as, tar chugat féin, tar aniar, tar ón tinneas, tar slán, téigh i bhfeabhas; bí ar fainnéirí; bí i do chló féin arís, bí ar do sheanléim, bí i do tháinrith sláinte arís. ❺ *come about, happen*: tarlaigh, tit amach; ráinigh, bain do, éirigh do; tá i ndán, tá ar bun, tá ar siúl; d'imigh ar, tháinig ina shlí.

tar amach verb *come forth, appear*: fás, forbair; bí ann; taibhsigh, tar chun cinn, tar ar an saol, tar chun solais, tar i láthair.

tar ar verb ❶ *come upon, find*: faigh, tar crosta ar, tar trasna ar; cas ar, tar ina airicis. ❷ *overtake, befall*: bain do, éirigh do, imigh ar, tar do, tarlaigh do, teagmhaigh do, tit amach do. ❸ *be compelled to*: caithfidh sé; is éigean dó, is riachtanach dó, ní foláir do, ní mór dó; tá air, tá dualgas air.

tar as verb ❶ *originate from:* tar de, tar ó; bí de bhunadh, bí de shliocht; tosaigh ó. ❷ *escape, recover:* éalaigh as, éalaigh ó, tar ó, tar slán as, tar slán ó; tar, tar chugat féin, bisigh, faigh biseach, gnéithigh, scinn, téarnaigh. ❸ *stretch, increase:* bisigh, borr, eascair, fadaigh, fás, forbair, méadaigh, sín, tar chun cinn, téigh i bhfad, *literary* fuill.

tar do verb ❶ *happen to:* bain do, éirigh do, imigh ar, tar ar, tarlaigh do, teagmhaigh do, tit amach do. ❷ *suit:* bí feiliúnach, bí fóirsteanach, bí oiriúnach, caoithigh, feil, fóin, fóir, friotháil, luigh le, oir, oiriúnaigh, réitigh le, rith le, téigh do.

tar isteach verb ❶ *enter:* buail isteach, gabh isteach, téigh isteach. ❷ *come to pass:* tarlaigh, tit amach; ráinigh. ❸ **tar isteach ar** *become accustomed to:* clóigh tú féin le, éirigh cleachtach le, éirigh clóite le, éirigh taithíoch le, faigh taithí ar; foghlaim. ❹ *inherit:* faigh mar oidhreacht; tar i X mar oidhreacht; titeann X ar.

tar le verb ❶ *accompany:* siúil le, tar in éineacht le, téigh le, tionlaic. ❷ *agree with:* aontaigh le, cuir le, géill do, glac le; bí ar aon fhocal le, bí ar aon tuairim le. ❸ *put up with, do with:* broic, cuir suas le, foighnigh le, fulaing; déanfaidh sé mo ghnósa, déanfaidh sé cúis. ❹ **tagann le, tig le** *is able:* bí ábalta, bí in ann, bí in inmhe, faigh, féad; is féidir le, tá ar a chumas.

tar roimh verb *intercept, interrupt:* ceap, téigh roimh, triosc; bain as a bhéal.

tar thar verb ❶ *come over:* siúil anall, téigh anonn, tar anall. ❷ *encroach, transgress:* cúngraigh ar, cuir isteach ar, téigh thar scríob; bris, sáraigh. ❸ *mention, discuss:* ainmnigh, áirigh, luaigh, sainigh, sonraigh, tagair do; cíor, cuir trí chéile, pléigh suaith.

tar thart verb ❶ *come round, revolve:* cas thart, cor, faoileáil, iompaigh thart, téigh thart, tiontaigh. ❷ *recover:* bisigh, faigh bisigh, gnéithigh, tar aniar, tar chugat féin, tar ón tinneas, téarnaigh, téigh i bhfeabhas; bí ar fainnéirí; bí i do chló féin arís, bí ar do sheanléim, bí i do tháinrith sláinte arís.

tarathar noun *auger:* bíomal, bíomlóg, gimléad, meana, treáire.

tarathraigh verb *bore with auger:* poll, toll, treáigh; cuir poll i, puinseáil.

tarbh noun *bull:* tarbhán; bullán, bullóg damh, damhán, mart.

tarbhadóir noun *toreador:* matadóir, tarbhchomhraiceoir.

tarbhánta adjective *massive, powerful:* ábhal, ábhalmhór, aibhseach, áibhéalta, arrachtach, fathachúil, méadúil, ollmhór, téagartha, téagrach, toirteach, toirtiúil, *literary* dearmháil, dearmháir, mochta; ábalta, bailc, bríoch, bríomhar, calma, calmánta, ceilméartha, cumasach, cumhachtach, dána, éifeachtach, fearúil, feilmeanta, foirtil, folcánta, fórsúil, fortúil, fuinniúil, inniúil, láidir, matánach, muscalach, neartmhar, séitreach, spreacúil, téagartha, tréamanta, tréan, urrúnta, urrúsach, *literary* ruanata, tothachtach.

tarcaisne noun ❶ *contempt, scorn:* beagmheas, dímheas, díomas, díspeagadh, domheas, drochmheas, fonóid, lagmheas, scige, scorn, seanbhlas, spíd, spídiúchán, spídiúlacht, tairéim, *literary* dímhigin. ❷ *affront, insult:* achasán, aifirt, cáithiú, cámas, cnáid, díspeagadh, eascaine, fochaid, fonóid, glámh, guth, guthaíl, íde béil, íde na muc agus na madraí, iomard, iomardú, masla, maslú, maslúchán, sciolladh, scioladóireacht, scóladh, spailleadh, spíd, spídiúchán, spídiúlacht, táinseamh, tarcaisníl, tromaíocht.

tarcaisneach adjective ❶ *contemptuous, scornful:* tarcaisniúil; achasánach, aithiseach, cáinteach, cnáideach, cnáidiúil, dímheastúil, dímheasach, dímheasúil, díomasach, drochmheasta, drochmheastúil, drochmheasúil, easmailteach, easonórach, fochaideach, fonóideach, frimhagúil, lagmheasúil, magúil, maslach, scigiúil, searbhasach, sotalach, spídiúil, uaibhreach. ❷ *contemptible, despised:* tarcaisniúil; anuasal, beagmhaitheasach, cloíte, comónta, domlasta, gránna, íseal, lábánta, míchlúiteach, míolach, náireach, neafaiseach, neamhfhiúntach, péisteogach, péistiúil, salach, spreasánta, sramach, suarach, táir, táiriúil, truaillithe, uiríseal, *literary* dímhigneach; neamhchúntach, neamhéifeachtach; gan mhaith; níl sé thar mholadh beirte.

tarcaisnigh verb ❶ *scorn, disparage:* aithisigh, aor, cáin, cáinsigh, caith anuas ar, ciontaigh, damnaigh, daor, dímhol, guthaigh, imcháin, imdhearg, iomardaigh, lochtaigh, milleánaigh. ❷ *affront, insult:* aifir, aithisigh, cáin, cáithigh, díbligh, easmail, easonóraigh glámh, goill ar, gortaigh, guthaigh, imcháineadh, imdhearg, lochtaigh, mallaigh, mallachtaigh, maslaigh, spaill, tabhair achasán do; tabhair achasán do, tabhair íde béil do, tabhair íde na muc is na madraí do.

tarlaigh verb *happen, occur:* tit amach, teagmhaigh; bí ann; déantar.

tarnocht adjective *naked:* tarnochta; leis, lom, lomnocht, nocht, nochta, ris, struipeáilte, ina craiceann, gan snáithe air, gan snáithe éadaigh air.

tarr noun *belly:* bolg, collaid, corcán, cuadal, feirc, geaitse, geois, glota, goile, maróg, méadail, sceart, stomán.

tarra noun *tar:* biotúman, bitiúman; asfalt; bí, pic.

tarraiceán noun *drawer (of table, etc.):* drár; cófra tarraiceán; scipéad, scipéad airgid, scipéad litreacha.

tarraing verb ❶ *pull, tug at:* righ, srac, teann. ❷ *pick, pluck, extract:* bain, bain amach, bain ó fhréamh, pioc, stoith. ❸ *cause to flow, distill:* doirt, driog, fear, scaoil amach, sceith, sniog, steall. ❹ *delineate:* línigh, sceitseáil; cruthaigh, cum, dealbhaigh, deilbhigh, dear, dréacht, leag amach, múnlaigh.

tarraing anuas verb *introduce, bring forward:* cuir ar aghaidh, cuir chun cinn, luaigh, mol, tairg, tar thar

tarraing ar verb ❶ *try to strike with:* aimsigh le; féach le bualadh le. ❷ *draw towards, approach:* druid i leith, druid le, ionsaigh, tar cóngarach do, tar in aice le, tar i dtreo, téigh in aice le, téigh i dtreo; sroich, tar fad le, teagmhaigh le, *literary* saigh; *literary* sín chun. ❹ **tarraing ort** *begin (to discuss):* crom ar, tosaigh ar.

tarraing as verb ❶ *draw out, unsheath:* bain amach, nocht, taispeáin. ❷ *conclude from:* bain conclúid as, bain adhmad as, bain meabhair as, bain tátal as, conclúidigh, tuig; déan amach, glac le.

tarraing le verb *be in accord with, agree with:* bí ar aon fhocal le, bí ar aon intinn le; glac le, luigh le réitigh le, socraigh, tar le, toilligh le.

tarraing siar verb *withdraw, retract:* tabhair ar gcúl, tarraing ar ais, téigh siar ar; cúlaigh.

tarraingt noun ❶ *pull, tug:* sracadh, teannadh. ❷ *extraction:* stoitheadh; asbhaint, baint as. ❸ *draught, suction:* cnáimhreadh, cráineadh, ionsú, sú súchán, súiteán, súmaireacht, súrac. ❹ *blow, stroke:* béim, buille, clabhta, cnag, cnagán, habhaistín, halaboc, hap, sonc, trostal. ❺ *drawing, delineation:* imlíne, léaráid, léiriú, líníocht, maisiúchán, pictiúr, plean, sceitse, sceitseáil, stríocáil, tarraingeoireacht, *literary* grafadh. ❻ *attraction, lure:* caithis, draíocht, glao, mealladh, scairt; deismireacht, meallacacht, tarraingteacht, taitneamhacht. ❼ **tarraingt siar** *withdrawal:* cealú, culú, dul ar gcúl, éirí as.

tarraingteach adjective *attractive:* caithiseach, inmhianaithe, geanúil, insantaithe, meallacach,

tarrtháil

mealltach, taitneamhach; cluanach, plámásach, tláithíneach; álainn, breá, brionnach, canta, caomh, conláisteach, cuanna, cuidsúlach, cumtha, dathúil, dea-chruthach, dealfa, dealraitheach, deamhaisiúil, deas, deismir, dóighiúil, fíortha, glémhaiseach, gleoite, gnaíúil, gnúiseach, grástúil, greanta, innealta, iomálainn, lachanta, leacanta, maisiúil, naíonda, sciamhach, slachtmhar, spéisiúil, *literary* cadhla, *literary* mas.

tarrtháil noun ❶ *rescue, help, deliverance:* fuascailt, íoc, sábháil, saoradh, scaoileadh, sláinte, slánú. ❷ *salvage:* tarrthálas; costas tarrthála, éadáil tarrthála. verb ❶ *rescue, save, deliver:* ceannaigh, fuascail, sábháil, saor, scaoil, slánaigh.

tarrthálaí noun *rescuer:* fear sábhála, fear tarrthála; fuascailteoir, saorthóir, slánaitheoir, tairngeartach.

tarsann noun *kitchen, anything tasty with bread or potatoes:* anlann, bealaíocht, cineál, cóngar, greim miangasach, *pl.* sólaistí; milisín.

tart noun ❶ *thirst:* íota, íota tarta, spalladh, tartmhaireacht, turaireacht, úthach, úthach tarta. ❷ *dryness, drought:* spalladh, spalpach, triomach, triomacht; loscadh triomaigh, tuire.

tartmhar adjective *thirsty:* calctha leis an tart, íotach, íotmhar, píopáilte leis an tart, sclogtha leis an tart, spallta leis an tart, spalptha, spalptha leis an tart, stiúgtha leis an tart, tachta leis an tart, tirim.

tasc noun ❶ *task:* cúram, dualgas, gnó, fiontar, freagracht, misean, obair; aidhm, cuspóir, feidhm, gairm. ❷ *task-work, piece-work:* tascobair.

táscmhar adjective *famous, renowned: literary* táscach; ainmniúil, aitheanta, aithnidiúil, cáiliúil, clúiteach, dea-mheasta, forórga, gartha, glórmhar, iomráiteach, molfach, mór le rá, nótáilte, oirirc, oirní, tábhachtach, *literary* áirmheach, bladhach, ollbhladhach, sochla.

tástáil noun ❶ *(act of) tasting, sampling:* blaiseadh, sampláil, féachaint, triail. ❷ *test, experiment:* féachaint, iniúchadh, promhadh, scrúdú, seiceáil, teist, triail, turgnamh. verb ❶ *taste:* bain triail as, blais, féach, sampláil; tóg sampla de. ❷ *test, try:* dearbháil, féach, iniúch, promh, scrúdaigh, seiceáil, sondáil, teisteáil, triail; cuir faoi scrúdú.

tátal noun *inference, deduction:* conclúid, infeireas, meabhair, tát, tuiscint; barúil, breithiúnas, buille faoi thuairim, iomas, oipineon, tomhas, tuaileas, tuairim, tuairimíocht.

táth noun ❶ *tuft, bunch:* bobailin, bobán, braisle, brobh, clibín, crobhaing, curca, dos, dosán, gearrthóg, loca, mogall, ribeog, scoth, scothán, seamaide, slám, slámán, sop, sopóg, táithín, triopall. ❷ *lock (of hair):* bachall, ciabh, ciabhóg, dlaíóg, duailín, dual, glib, loca, lúibín, trilseán, *colloquial* ciabhra.

tathag noun *solidity, substance, body:* ábhar, cobhsaíocht, corp, daingne, damhna, diongbháilteacht, fíochán, foras, fuaimint, géibhís, mianach, neart, sonairte, stuif, substaint, taithneasc, talcantacht, talcántacht, talcmhaireacht, talmhaíocht, urradh, urrús, *literary* díoghainne, tailce.

tathagach adjective *solid, substantial, full-bodied:* fódach, fuaimintiúil, substaintiúil, taosmhar, toirtiúil, úimléadach, úimléideach; buan, crua, cruánach, daingean, stóinseach, stóinsithe, teann; scamhardach.

táthaigh verb ❶ *weld, solder, bind:* cruashádráil, sádráil; aontaigh, comhaontaigh, comhcheangail, comhtháthaigh, dlúthaigh, nasc, snaidhm. ❷ *set, solidify:* calc, cruaigh, stálaigh, stalc, stolp, stromp, téacht. ❸ *coalesce, unite:* aontaigh, ceangail, comhaontaigh, snaidhm; comhbhrúigh, comhdhlúthaigh, comhfháisc, ding, dlúthaigh, fáisc.

tathant noun *incitement, exhortation:* brostú, dreasacht, dreasú, greasacht, griogadh, gríosú, priocadh, saighdeadh, sporaíocht, spreagadh, tóint, tuineadh; aitheasc, gáir chatha, mana, ráiteas misin, rosc catha, seanmóir, searmóin, sluaghán, spreagadh.

tathantaigh verb *urge, incite:* brostaigh, brúigh, dreasaigh, griog, gríosaigh, prioc, saighid, séid faoi, spor, spreac, spreag, tinneasnaigh, *literary* laoidh; coinnigh an héing le.

táthfhéileann noun ❶ *honeysuckle, woodbine (Lonicera periclymenum):* bainne gamhna, bainne gamhnach, ceis fá chrann, duilliúr féile, duilliúr féithle, duilliúr féithleann, féithleann, féithleog, féithleog faoi chrann, lus an chraois, lus an chrois, lus na meala, mil ghabhair, *pl.* mileanna gabhar, saileog fá chrann. ❷ *convolvulus (Calystegia, Convolvulus):* cac an ghandail bhuí, carrán casta, colmán casta, corrán casta, corrán craipleach, ialus; ainleog, ainleog chasta, casadh faoi gcuairt, crios ceangail, goire guairdeall, luibh chasta, tuaifeallán.

te adjective ❶ *hot, warm:* cluthar, cluthmhar, gorach, seascair, teolaí. ❷ *ardent, hot-tempered:* cíocrach, confach, déanfasach, déarcaisiúil, dian, díbhirceach, díocasach, díograiseach, dúilmhear, dúthrachtach, faobhrach, fíochmhar, fonnmhar, géar, gorthach, griofadach, griothalach, guilmeach, scafa, scamhaite, síoraí, tnúthánach, santach, *literary* friochnamhach; ainciseach, araiciseach, aranta, cancrach, cantalach, cochallach coilgneach, colgach, cuileadach, deafach, driseogach, drisíneach, feargach, gairgeach, gleoch, goilliúnach, gráinneogach, greannach, iarógach, íortha, lasánta, spuaiceach, trodach, *literary* dreannach, íorach. ❸ *vehement, hotfoot:* aibéil, beoga, borb, **adjectival genitive** buile, dian, forránta, fuinniúil, gasta, ligthe, lonn, mear, scafánta, scaollmhar, sciobtha, tapa, *literary* díoghair. ❹ *affectionate:* caithiseach, ceanúil, croíúil, geanúil, grách, greannmhar, lách, muirneach, muirnéiseach, nádúrtha, teochroíoch.

teach noun ❶ *house, dwelling:* áitiú, áitreabh, áras, baile, cónaí, iostas, measáiste, stáblachán, teallach, tinteán, treafas, únacht, *literary* teaghais. ❷ *building, public building:* ceap árasán, ceap oifigí, foirgint, foirgneadh, foirgneamh, halla; tionóntán; teach spéire. ❸ **teach mór** *mansion:* caisleán, mainéar, pálás, teach tiarna. ❹ **teach beag** *lavatory, privy:* leithreas, losán, pruibí, *familiar* teach an asail; clóiséad uisce, fiailteach, ionnaltán, ionlann. ❺ **teach pobail** *chapel, church:* cill, sáipéal, séipéal, séipéilín, teach Dé, teach an phobail.

teacht noun ❶ *approach, arrival:* sroicheadh, teacht i láthair; *literary* tárrachtain. ❷ *access, reach:* rochtain. ❸ **teacht aniar** *resilience:* misneach, seasamh, somheanma; athléimneacht. ❹ **teacht ar aghaidh, teacht chun cinn** *progress:* céim ar aghaidh, céim chun tosaigh, dul chun cinn. ❺ **teacht as** *way out, escape:* bealach amach, bealach éalaithe, éalú, slí amach; dul as, imeacht as, téarnamh, teasargan, teitheadh.

téacht verb *freeze, congeal:* calc, cruaigh, sioc, stálaigh, stalc, stolp, stromp, táthaigh.

teachta noun ❶ *messenger, envoy:* ambasadóir, basadaeir, basadóir, eadránaí, fear eadrána, idirghabhálaí, stócach, teagmhálaí; leagáid, taidhleoir, teachtaire, toscaire. ❷ *deputy (in parliamentary body):* ball parlaiminte, feisire, ionadaí.

téachtadh noun ❶ *congealment:* oighriú, reo; cuisniú. ❷ *coagulation, solidification:* balcadh, calcadh, cruachan, cruachaint, dochtadh, scarbháil, stalcaíl, stangadh, stolpadh, triomú.

teachtaire noun *messenger:* ambasadóir, leagáid, taidhleoir, toscaire; ionadaí, teachta; bonnaire, dáileamh, dioscaire, giolla, giosa, peáitse, péitse, pursuant, searbhónta, seirbhíseach, *familiar* giosa gisí.

teachtaireacht noun ❶ *message:* scéal, scéala; fios, focal. ❷ *errand:* toscaireacht, turas, *literary* toisc.

téacs noun ❶ *text:* cáipéis, doiciméad, scríbheann, scríbhinn; alt, píosa, sliocht. ❷ *citation, verse:* athfhriotal; véarsa, tagairt.

téad noun ❶ *rope:* cábla, cadhla, rópa, srian, téadán, *literary* lomhain, reifeadh; adhastar, gad, srian. ❷ *string, cord:* barriall, braighdeán, coirdín, corda, iall, ruainseachán, ruóg, sloigín, snáithe, snáth, sreang, sreangán, suaithne, sursaing.

téagar noun ❶ *substance, bulk:* ábhar, bulc, corp, damhna, fuaimint, géibhís, meáchan, meádúlacht, mianach, substaint, suim, taithneasc, tathag, toirt, troime, úimléid. ❷ *shelter, warmth, comfort:* cluthaireacht, clúid, compord, cumhdach, dídean, díon, fáfall, fóisciún, foscadh, fothain, gor, goradh, imchumhdach, scáth, seascaireacht, téamh, tearmann, teas, teocht, teolaíocht; sáile, só, sólás, sómas, suáilceas, suaimhneas. ❸ *substantial amount:* cosúlacht, cuibheasacht, dalladh, flúirse, gearrchuid, lear, neart, raidhse, suim, roinnt, roinnt mhaith, slam.

téagartha adjective ❶ *substantial, bulky:* téagrach; fuaimintiúil, soladach, stóinsithe, substaintiúil, taoisleannach, taosmhar, tathagach, teann, toirtiúil; ábhal, ábhalmhór, aibhseach, áibhéalta, arrachtach, fathachúil, méadúil, mór, ollmhór, tarbhánta, toirteach, toirtiúil, *literary* dearmháil, dearmháir; domhain, fada, leathan, leitheadach, scóipiúil, spásmhar. ❷ *sheltered, warm, comfortable:* cluthar, cluthmhar, compoirdeach, compoirteach, compordach, compordúil, gorach, seascair, sóisealta, te, teolaí; ar foscadh, ar thaobh na fothana.

teagasc noun ❶ *teaching, instruction:* múineadh, múinteoireacht, oideachas, oiliúint, scolaíocht, traenáil, treoir, treorú, *literary* ionchosc; anamchairdeas. ❷ *doctrine:* foirceadal, teagasc Críostaí; *pl.* airteagail an chreidimh. ❸ *pl.* **teagasca** *magic formula, incantation:* breachtradh, briocht, briotais, deismireacht, dícheadal, fíothnaise, geasadóireacht, geasrógacht, geis, *pl.* geasa droma draíochta, lusróg, ortha, piseog, pisreog, síofrógacht; asarlaíocht, buitseachas, diabhlaíocht, diamhracht, doilfeacht, draíocht, dubhealaín, ealaín dhubh, gintlíocht, piseogacht. verb *teach, instruct:* foghlaim, múin, oil, traenáil; caiticeasmaigh; treoraigh.

teagascóir noun *tutor:* múinteoir, oide, máistir, máistir scoile, traenálaí; banoide, máistreás, máistreás scoile; oiliúnóir.

teaghlach noun ❶ *household:* líon tí, muintir; comhluadar, cónaí, soit, teach, teallach, treabhlach, treabhlacht, treibh. ❷ *family:* ál, cine, clann, fine, muirear, muirín, pór, stoc, scuainín, sliocht, treibh.

teaghlachas noun *domestic economy, housekeeping:* tíos; baileachas, bainistí, bainistíocht, tíos, tíosaíocht.

teaghrán noun *tether, rope:* adhastar, árach, buarach, ceangal, gad, geimheal; cadhla, rópa, srian, téad, téadán, *literary* lomhain.

teaglaim noun ❶ *collection, gathering:* bailiú, bailiúchán, cnuasach, comhthionól, cruinneagán, cruinniú, deascán, díolaim, foirisiún, glac, peallacáil, stór, stórchiste, tacar, taisce, tiomsú, tionól. ❷ *compilation:* bailiú, bailiúchán, cnuasach, díolaim, duanaire.

teagmhaigh verb ❶ *chance, happen:* tarlaigh, tit amach; bain do, éirigh do, imigh ar. ❷ **teagmhaigh ar, teagmhaigh do, teagmhaigh le** *meet:* buail le, cas le; casadh orm é, tháinig mé trasna air, tháinig mé crosta air. ❸ **teagmhaigh do, teagmhaigh le** *strike, touch:* bain do, buail, leag lámh ar, leag méar ar, *literary* tibh le, tubh le; cuir isteach ar, pléigh le.

teagmháil noun ❶ *meeting, encounter:* araicis, coinne, comhdháil, cruinniú, dáil, *literary* oiris. ❷ *communication, intercourse:* baint, caidreamh, cairdeas, céilíocht, coimhdeacht, coimhirse, comhar, comhchaidreamh, comhchairdeas, comrádaíocht, conbharsáid, comhlachas, cumann, cumarsáid, muintearas, páirt, páirteachas, páirtíocht, plé, mórtachas, rannpháirtíocht, taithíocht, truc. ❸ *touch, contact:* baint, tadhall.

teagmhálaí noun ❶ *go-between:* eadránaí, fear eadrána, idirbheartaí, idirghabhálaí; abhcóide, idirghuítheoir; spéicéir, stócach, *familiar* basadaeir, basadóir. ❷ *interferer, meddler:* gobachán, gobadán, gobaire, ladhrálaí, láimhseálaí, péadóir, priocsmut, socadán, socaire, teagmhálaí.

teallach noun *fireplace, hearth:* fadú, fadúchán, fadús, iarta, tinteán; áit fadúcháin, cladach tine, leac teallaigh, leac tine, leac tinteáin.

teallaire noun *impudent person, brat:* tallaire; beachtaí, braobaire, bruachaire, bruadaire, coc, cocaire, dosaire, fachmaire, gastaire, gearr-aighneasóir, giostaire, ladúsaí, pastaire, plucaire, prapaire, stráisiúnaí, táthaire; agóidín, contrálaí linbh, crostóir, dailtín, maicín, raispín, rata linbh, smuigín, smuilcín, sotaire, stráisiúnaí, sutach; streabhóg.

teallaireacht noun *impudence, impertinence:* tallaireacht; braobaireacht, brusaireacht, buannaíocht, clóchas, coc achrainn, *pl.* cóipíos, consaeit, cuidiúlacht, cunórtas, dailtíneacht, deiliús, dosaireacht, freasfhreagra, géarchaint, gearr-aighneas, gearraíocht, gearrchaint, gíomántacht, pastaireacht, plucaireacht, prapaireacht, smuigiléireacht, smuigíneacht, smuigirlíneacht, sotal, stráisiún, tagracht, teanntás, uabhar, údarás.

téaltaigh verb ❶ *creep, slink:* éalaigh, sleamhnaigh, snámh, snigh; bí ag dromadáil, bí ag lámhacán, bí ag snámaíocht, bí ag sníomhadaíocht; glinneáil as, glinneáil leat. ❷ *expire, die:* básaigh, éag, faigh bás, síothlaigh, smiog, snigeáil, spéiceáil, stiúg, téarnaigh, *literary* fuin; cailleadh é, d'imigh an séideán as, thit an t-anam as.

téama noun *theme:* ábhar, bunsmaoineamh, móitíf, smaoineamh, toipic; argóint, ceist, coincheap, croí, eisint, snáithe, teachtaireacht, téis.

téamh noun ❶ *heating, warming:* beirfean, bruithne, bruth, gor, goradh, teas, teocht. ❷ *distillation:* driogaireacht, stiléireacht; dúbláil, singleáil, singlín.

teampall noun ❶ *temple:* teampall Éigipteach, teampall Gréagach, teampall Rómhánach; teampall págánach; pagóda. ❷ *(medieval) church:* baisleac, cill, domhnach, eaglais, reigléas, *literary* teaghais; ardeaglais, mainistir. ❸ *Protestant church:* teampall gallda, teampall paróiste; ardeaglais, mainistir. ❹ *churchyard:* cill, éaglios, reilig; cealdrach, ceallúir, ceallúnach, ceallúrach, lisín leanbh.

teamparálta adjective *temporal:* saolta, tuata; domhanda, talmhaí; básmhar, daonna, so-mharaithe; ábhartha, céadfach, céadfaíoch, collaí, corpartha; suarach, táir.

teanchair noun ❶ *tongs:* maide briste, teangas, tlú, ursal, *familiar* timire tine. ❷ *pincers, pliers, forceps:* peansúr, pionsar, pionsúr, pionsúirín; greamaire, teanchairín.

teanga noun ❶ *tongue:* teangóg. ❷ *language:* béarla, caint, canúint, friotal; dioscúrsa; Laidin.

teangaire noun *interpreter:* aistritheoir, fear friotail, fear teanga, friotaire, iompaitheoir, mínitheoir, teangadóir, tiontaitheoir.

teangeolaíocht noun *linguistics:* gramadach; focleolaíocht; fóineolaíocht, moirfeolaíocht, séimeantaic.

teann

teann adjective ❶ *tight, taut:* crua, cúng, dingthe, dlúth, pacáilte, rite, róchúng, teannta. ❷ *well filled:* lán, líonta, pulctha, ramhar, sách, sásta, stuáilte. ❸ *firm, strong, solid:* balcánta, bulcánta balcánta, buanseasmhach, calctha, cnapánach, corrach, cranrach, cruánach, daingean, diongbháilte, dlúth, dobhogtha, docht, fadharcánach, fadhbach, righin, seasmhach, seasta, síoraí, stálaithe, stalcach, stangtha, stóinseach, stóinsithe, stolpánta, stolptha, *literary* díoghainn, glinn, sonairt. ❹ *well-to-do:* acmhainneach, brachtach, bunúil, cuideach, deisiúil, diongbháilte, éadálach, gustalach, iarmhaiseach, ionnúsach, láidir, neamhuireasach, neamhuireaspach, rachmallach, rachmasach, rathúil, saibhir, sómhar, tábhachtach, tathagach, téagartha, toiceach, toiciúil, tréan, *literary* foltach; faoi bhrothall, i measarthacht den tsaol, ina shuí go te, go maith as, go maith sa saol, os cionn a bhuille; tá bonn aige, tá brabach air, tá brá gill aige, tá bun air, tá bunús air, tá caoi mhaith air, tá cóir mhaith air, tá deis mhaith air, tá dóigh leacanta air, tá fáltas mór airgid aige, tá lán na lámh aige, tá an saol ar a mhéis aige, tá an saol ar a thoil aige, tá somhaoin air, tá speilp air, tá treo maith air; tá sé ina racht seoil le deis, tá sé ar a shástacht, tá taoscán airgid aige. ❺ *forceful, emphatic:* ábalta, acmhainneach, bríoch, ceannasach, cumasach, éifeachtach, foirtil, fórsúil, fuinniúil, gusmhar, gusúil, inniúil, láidir, máistriúil, neartmhar, oscartha, réimeach, spionnúil, spioradúil, spreacúil, spreagúil, spridiúil, tréan, tréitheach, údarásach, *literary* soinnimh. ❻ *confident, assured:* buannúil, clóchasach, consaeitiúil, cunórach, mórálach, mórtasach, muiníneach, pribhléideach, réimeach, slatra, stradúsach, teanntásach, téisiúil, uaibhreach, údarásach. noun ❶ *strength, force:* acmhainn, brí, bríomhaireacht, bua, cumas, cumhacht, daingne, daingneacht, éifeacht, fuinneamh, inmhe, láidreacht, lán-neart, neart, neartmhaire, neartmhaireacht, oirbheart, sea, sonairte, tréan, tréine, treise, urra, urrúntacht, urrús, *literary* druine, tothacht. ❷ *stress, strain:* anró, brú, éigean, maslú, sníomh, straidhn, stró, strus. ❸ *stress, emphasis:* béim, treise, treisiú; beocht, brí, láidreacht, neart. ❹ *backing, support:* baiceáil, cabhair, cuidiú, cúl taca, cúl toraic, cúnamh, oirchiseacht, taca, tacaíocht, taobhaíocht, urraíocht. ❺ *assurance, confidence, boldness:* andóchas, buannaíocht, coráiste, coráistiúlacht, dánacht, dóchas, meanma, misneach, misniúlacht, muinín, stróinéis, taobhacht, teanntás, treallús, uchtach, uchtúlacht, ugach. ❻ *power, authority:* ceannaireacht, ceannas, cumhacht, flaitheas, máistreacht, réimeas, riail, rialtas, svae, tiarnas, treise, urlámhas. ❼ **le teann oilc** *for sheer spite:* le corp oilc. ❾ **le teann nirt** *by sheer strength:* le corp nirt. verb ❶ *tighten, tauten:* daingnigh, docht, righ, sín, straidhneáil. ❷ *press, squeeze:* brúigh, comhbhrúigh, comhdhlúthaigh, ding, dlúthaigh, fáisc, léirigh, pulc. ❸ *make fast, secure:* ceangail, daingnigh, feistigh, greamaigh, láidrigh, nasc, neartaigh, séalaigh, snaidhm, socraigh, sparr, táthaigh, treisigh, *literary* glinnigh. ❹ **teann ar, teann**

Teangacha Ind-Eorpacha

Afrikaans: an Afracáinis
Albanian: an Albáinis
Ancient Greek: an tSean-Ghréigis
Anglo-Saxon/Old English: an Angla-Shacsainis; an tSean-Bhéarla *m.* (*marbh*)
Armenian: an Airméinis
Assamese: an Assaimis
Avestan: An Aivéistis (*marbh*)
Baluchi: an Bhalúitsis
Belarusian: an Bhealarúisis
Bengali: an Bheangáilis
Bhojpuri: an Vóispiris
Bihari: an Bhioháiris
Breton: an Bhriotáinis
Bulgarian: an Bhulgáiris
Catalan: an Chatalóinis
Cornish: an Choirnis
Croatian: an Chróitis
Czech: an tSeicis
Danish: An Danmhairgis
Dutch: an Ollainnis
English: an Béarla *m.*
Faeroese: an Fharóis
Flemish: an Phléimeannais
French: an Fhraincis
Frisian: an Fhreaslainnis
Friulian: an Fhriúilis
Galician: an Ghailísis
Gaulish: an Ghaillis (*marbh*)
German: an Ghearmáinis
Gothic: an Ghotais (*marbh*)
Gujarati: an Ghúiseráitis
Hindi: an Hiondúis
Hindustani: an Hiondústáinis
Hittite: An Hitis (*marbh*)
Icelandic: an Íoslainnis
Persian: an Pheirsis
Irish: an Ghaeilge
Italian: an Iodáilis
Kashmiri: an Chaismíris
Kashubian: an Chaisiúibis
Konkani: an Choncáinis
Kurdish: an Choirdis
Ladin: an Laidínis
Ladino/Judezmo: an Laideanóis
Lahnda/Western Punjabi: an Phuinseáibis Iartharach
Latin: Laidin (*marbh*)
Latvian: an Laitvis
Luxembourgish: an Lucsambuirgis
Lithuanian: an Liotuáinis
Low German: an Ghearmáinis Íochtarach
Luwian: an Lúibhis (*marbh*)
Lycian: an Licis (*marbh*)
Lydian: an Lidis (*marbh*)
Macedonian: an Mhacadóinis
Magahi: an Mhagaidis
Maithili: an Mhaitilis
Maldivian: an Divéihis, an Mhaildívis
Manx: Gaeilge Mhanann
Marathi: an Mharaitis
Marwari: an Mharmhairis
Modern Greek: an Nua-Ghréigis
Moldavian: an Mholdáivis
Nepali: an Neipeailis
Norn: an Nórnais (*marbh*)
Norwegian: an Ioruais
Occitan/Provençal: an Ocsatáinis
Old Church Slavonic: an tSean-Slaivis Eaglasta (*marbh*)
Old Norse: an tSean-Lochlainnis (*marbh*)
Old Prussian: an tSean-Phrúisis (*marbh*)
Odia/Oriya: an Oirísis
Ossetian: an Oiséitis
Pahlavi: an Phachlavais (*marbh*)
Pali: an Pháilis (*marbh*)
Pashto: an Phaistis
Phrygian: an Phrigis (*marbh*)
Pictish: an Chruithnis (*marbh*)
Polish: an Pholainnis
Portuguese: an Phortaingéilis
Prakrit: an Phracrait (*marbh*)
Punjabi: An Puinseáibis
Romanian: an Rómáinis
Romansh: an Rómainis
Romany: an Romainis
Russian: an Rúisis
Sanskrit: an tSanscrait (*marbh*)
Scots: an Albainis
Scottish Gaelic: Gaeilge na hAlban
Serbian: an tSeirbis
Shelta: an tSeiltis
Sindhi: an tSindis
Sinhalese: an Siolóinis
Slovak: an tSlóvaicis
Slovenian: an tSlóivéinis
Sogdian: an tSogdais (*marbh*)
Sorbian: an tSorbais
Spanish: an Spáinnis
Swedish: an tSualainnis
Swiss German: Gearmáinis na hEilvéise
Tajik: an Táidsícis
Tocharian A: Tocáiris A (*marbh*)
Tocharian B: Tocáiris B (*marbh*)
Ukrainian: an Úcráinis
Urdu: an Urdúis
Welsh: an Bhreatnais
Yiddish: an Ghiúdais

le *close upon*: druid i leith, druid le, tarraing ar, tar cóngarach do, tar in aice le, tar i dtreo, téigh in aice le, téigh i dreo. ❺ *make way, move*: corraigh, cúlaigh, gluais, imigh, lean, siúil, taistil, tar, téigh, triall, *literary* luaidh.

teannadh noun *tightening, squeeze*: brú, cungach, cúngrach, cúngú, fáscadh, plódú, ríochan, teannas; brúdán, brúisc, brúscadh, brútam, plód, plúchadh, straidhn, strus.

teannáil noun *stiffness, tension*: teannaireacht, teannas, teanntacht, teinne; cruas, doichte, righneas, riteacht.

teannaire noun ❶ *tightener*: bís, clampa, fáiscire, teanntán. ❷ *inflator, pump*: séidire; caidéal, pumpa.

teannas noun ❶ *tightness, tautness*: teannadh, teannáil, teannaireacht, teanntacht, teinne; ceangal, cruas, cúinge, daingne, díonaí, dochtadh, doichte, fáscadh, righneas, riteacht. ❷ *strain, tension*: brú, éigean, sníomh, straidhn, stró, strus, teann, teinne; anró, imní, maslú, maslúchán, suaitheadh.

teannfhoclach adjective *outspoken, arrogant in speech*: bastallach, béalscaoilte, bladhmannach, borrach, clóchasach, glaoiteach, glórach, laochasach, maíteach, mórtasach, mustrach, sotalach.

teannta noun ❶ *prop, support*: crann cosanta, crann seasta, crann taca, cúl, cúlaistín, cúl taca, cúntóir, taca, tacaí, tacaíocht, *figurative* sail. ❷ *foothold, grip*: greim, ionad coise; cos i dtaca, cos i dteannta. ❸ **i dteannta** *in a difficulty, in a fix*: san fhaopach in an awkward predicament, in a fix: i bponc, i dteannta, i gcantaoir, i gcás, i gcathair ghríobháin, i gceapa, i gcruachás, i gcúngach, i ladhair an chasúir, i ndol, i ndreapa, i nead ghríbhe, i ngéibheann, i sáinn, i súil an ribe, i súil an rópa, in achrann, in adhastar an anró, in aibéis, in aimhréidh, in arán crua, in umar na haimléise, ina bhaileabhair, ina bhambairne; ar an bhfaraor, ar an trá fholamh, idir an leac is an losaid, idir dhá cheann na meá, idir dhá chomhairle, idir dhá thine Bhealtaine, sa chúngach, *familiar* bugaráilte. ❹ **i dteannta le** *along with*: bail, i gcosamar, i bhfarradh, in éineacht le, in éindí le, i bhfochair, maille le, mar aon le.

teanntaigh verb *hem in, corner*: cúngaigh, sáinnigh, cuir i bponc, cuir i dteannta, cuir i gcathair ghríobháin, cuir i gceapa, cuir i gcruachás, cuir i gcúngach, cuir i ndol, cuir i nead ghríbhe, cuir i ngéibheann, cuir i súil an ribe, cuir i súil an rópa, cuir in aimhréidh, cuir sa chúngach.

teanntán noun *brace, clamp*: teanntrán; bís, cantaoir, ceangal, clampa, fáiscéan, snaidhm.

teanntás noun *boldness, assurance*: andóchas, buannaíocht, coráiste, coráistiúlacht, dánacht, dóchas, meanma, misneach, misniúlacht, muinín, stróinéis, téisiúlacht, treallús, uchtach; ródhóchas.

teanntásach adjective ❶ *bold, assured*: calma, calmánta, coráisteach, coráistiúil, curata, dána, foirtil, fortúil, gaisciúil, galach, gusmhar, gusúil, láidir, meanmnach, miotalach, misniúil, muiníneach as féin, spionnúil, spioradúil, sponcúil, spreacúil, spreagúil, spridiúil, tréan, uchtúil, *literary* déadla. ❷ *forward, audacious*: buannúil, dána, diorraingeach, forránach, gusmhar, gustalach, gusúil, neamhchúthail, stróinéiseach, teanntásach, téisiúil, treallúsach, údarásach, urrúsach, *literary* láimhtheach. ❸ *familiar*: caidreamhach, cairdiúil, cleachtach, coimhirseach, comharsanúil, comhluadrach, cuideachtúil, muinteartha.

tearc adjective ❶ *few, scarce*: annamh, easnamhach, fánach, gann, gannchúiseach, scáinte. ❷ *meagre, scanty*: easnamhach, gann, gannchúiseach, gearreireaballach, giortach, gortach, scáinte, sciotach, tanaí, uireasach, uireaspach. ❸ *sparse, thin*: caol, gágach, gann, scagach, scagtha, scáinte, sciotach, speathánach, tanaí.

tearcamas noun *scarcity*: easnamh, easpa, gainne, gannchar, gannchúis, ganntan, ganntanas, ganntar, gátar, teirce, uireasa; bochtaineacht, bochtaineas, boichte, dealús, dearóile, meathfháltas, *pl.* pócaí folmha.

téarma noun ❶ *time, time-limit*: am, dáta; spriocam, sprioclá, spriocuair; cairde. ❷ *period*: aois, linn, ré, tráth, tréimhse, uair. ❸ *term, expression*: focal, leagan, slonn, *literary* son; abairtín, frása, nath. ❹ *pl.* **téarmaí** *conditions*: *pl.* coinníollacha, conradh; acht, agó, agús, comha, cúinse, cuntar.

téarmaíocht noun ❶ *terminology*: foclóireacht; foclaíocht, foclóir, gluais, stór focal. ❷ *period for settlement of debt*: cairde; am, tréimhse.

tearmann noun ❶ *sanctuary, place of refuge*: clúid, cuan, dídean, díon, díseart, díseartán, díthreabh, fóisciún, foscadh, fothain, *literary* neimheadh. ❷ *refuge, protection*: anacal, caomhnú, coigilt, coimeád, coimirce, coimircíocht, cosaint, cumhdach, dídean, díon, imchosaint, scáth, sciath, *literary* eineachras, imdheaghail.

téarnaigh verb ❶ *come out of, escape*: tar amach as, tar as, tar ó, téigh ó; éalaigh, glinneáil as, gliondáil as, imigh ó, scinn, teith. ❷ *recover, survive*: bisigh, faigh biseach, gnéithigh, scinn, mair, tar as, tar chugat féin, tar aniar, tar ón tinneas, tar slán, téigh i bhfeabhas. ❸ *come back, return*: cas, fill, imchlóigh, iompaigh, pill; cas abhaile, cas ar ais, gabh ar ais, tar ar ais, tar thar n-ais, tar abhaile, téigh ar ais. ❹ *come, derive*: díorthaigh, fréamhaigh, síolraigh; tar ó; is as X a scagadh. ❺ *depart, die*: básaigh, éag, faigh bás, síothlaigh, smiog, snigeáil, spéiceáil, stiúg, téaltaigh, *literary* fuin; cailleadh é, d'imigh an séideán as, thit an t-anam as.

téarnamh noun ❶ *escape*: dul as, éalú, imeacht as, scinneadh, scinnfeadh, teacht as, teacht slán, teasargan, teitheadh; fuascailt, saoirse, saoradh. ❷ *recovery, convalescence*: bisiú, fainnéirí, teacht aniar. ❸ *departure, death*: fágáil, imeacht, scaradh; bás, críoch dhéanach, díothú, éag, éaglach, oidhe, síothlú, snigeáil, uair dhéanach, *literary* trocha.

téarnamhach adjective *convalescent*: tá sé ar fainnéirí, tá sé lag slán, tá sé ag teacht chuige féin; tá sé ina tháinrith chun sláinte.

teas noun ❶ *heat, warmth*: beirfean, bruithne, bruth, gor, goradh, téamh, teasaíocht, teocht. ❷ *ardour, passion*: áilíos, airc, andúil, caitheamh, cearbh, cíocras, confadh, deárcas, déine, díbhirce, díocas, dúil, dúthracht, faobhar, fíoch, fiuchadh foinn, flosc, fonn, fuadar, gábhair, goimh, griothal, guilm, lainne, lasarthacht, luí, mian, miangas, *pl.* mothúcháin, paisean, ratamas, saint, scamhadh, teaspach, tintríocht, tnúth, tnúthán, toil, *literary* lonnbhruth.

teasaí adjective ❶ *hot, warm*: gorach, te, seascair, teolaí. ❷ *hot, feverish*: fiabhrasach, te. ❸ *ardent, passionate*: cíocrach, confach, déanfasach, deárcaisiúil, dian, díbhirceach, díocasach, díograiseach, dúilmhear, dúthrachtach, faobhrach, fíochmhar, fonnmhar, géar, gorthach, griofadach, griothalach, guilmeach, paiseanta, paisiúnta, scafa, scamhaite, síoraí, tnúthánach, santach, *literary* friochnamhach; ar bior, ar bís, ar buile, ar caorthainn. ❹ *hot-tempered, fiery*: ainciseach, araiceamhach, aranta, cancrach, cantalach, cochallach, coilgneach, colgach, cuileadach, deafach, driseogach, drisíneach, feargach, gairgeach, gleoch, goilliúnach, gráinneogach, greannach, iarógach, íortha, lasánta, paiseanta, paisiúnta, trodach, *literary* dreannach, íorach.

teasaíocht noun ❶ *heat, warmth*: beirfean, bruithne, bruth, gor, goradh, téamh, teas, teocht. ❷ *ardour, passion*: áilíos, airc, andúil, caitheamh, cearbh,

teasairg

ciocras, confadh, deárcas, déine, díbhirce díocas, dúil, dúthracht, faobhar, fíoch, fiuchadh foinn, flosc, fonn, fuadar, gábhair, goimh, griothal, guilm, lainne, lasarthacht, luí, mian, miangas, *pl.* mothúcháin, paisean, paisiún, ratamas, saint, scamhadh, teaspach, tnúth, tnúthán, toil, *literary* lonnbhruth. ❸ *feverishness: literary* teasach; fiabhras, teocht. ❹ *hot-temper, fire:* aimirne, ainmheasarthacht, aingíocht, ainleoireacht, confadh, crostacht, dásacht, díocas, dúil, faghairt, faobhar, fearg, fíoch, flosc, fonn, paisean, paisiún, iarógacht, spadhar, taghd, tintríocht.

teasairg verb *save, rescue:* fuascail, sábháil, saor, scaoil, slánaigh, tarrtháil, *literary* taithmhigh.

teasargan noun *deliverance, rescue:* fuascailt, íoc, sábháil, saoirse, saoradh, scaoileadh, slánú, tarrtháil.

teasc verb ❶ *cut off, lop:* bain, bearr, ciorraigh, dícheann, eisc, scoith, *literary* tall, tamhain. ❷ *chop, hack, hew:* arg, basc, coscair, creach, éignigh, íospair, leadair, oirnigh, réab, rois, sclár, sáraigh, scrios, srac, stróic, *literary* leoidh, lochair.

teascadh noun ❶ *severance, amputation:* dealú, deighilt, dícheannadh, eisceadh, scaradh, scoitheadh; bearradh, gearradh.

teascán noun *section, segment:* cuid, deighleog, mír, páirt, rannóg, roinn, teascóg, *literary* urrann.

teaspach noun ❶ *heat, sultry weather:* ainteas, beirfean, brothall, galtheas, teas; lá sceite an rois, lá scilligthe an rois, sceitheadh rois. ❷ *comfort, well-off circumstances:* acmhainn, brothall, cluthaireacht, gléas maith, maoin, rathúnas, saibhreas. ❸ *spirit, tendency to gad (of animal):* aoibheall, fíbín, macnas. ❹ *animal spirits, exuberance (of person):* boirbe, borbas, borbracht, brothall, fíbín, gliondar, macnas, pléascántacht, rabairne, scóip, scóipiúlacht, spleodar, teaspúlacht, uabhar.

teaspúil adjective ❶ *well off:* acmhainneach, brothallach, bunúsach, láidir; go maith as, i measarthacht den tsaol, ina shuí go te, maoineach, saibhir, tábhachtach, toiciúil, tréan; tá gléas maith air, tá gléas maith beo air. ❷ *full of animal spirits, exuberant:* beo, beoga, ceáfrach, croíúil, damhsach, éaganta, éanúil, earráideach, gáiriteach, gealchroíoch, gealgháireach, giodamach, gogaideach, guagach, intinneach, luaineach, macnasach, meanmnach, meidhreach, meidhréiseach, scinnideach, scóipiúil, spéiriúil, spleodrach, subhach, súgach. ❸ *uppish, arrogant:* bródúil, bóibéiseach, bladhmannach, bogásach, borrach, clóchasach, consaeitiúil, foruallach, gaisciúil, iomarcach, leitheadach, móiréiseach, mórálach, mórchúiseach, mórtasach, mustrach, postúil, sotalach, teannfhoclach, teanntásach, téisiúil, toirtéiseach, uaibhreach, uailleach, uallach, údarásach. ❹ *wanton, lewd:* adharcach, áiliosach, ainmhianach, collaí, craiceannach, drúiseach, drúisiúil, gnéasach, macnasach, rachmallach, ragúsach, sáil, sámhasach, *literary* drúth, suiríoch.

teastaigh verb ❶ *be wanted, be needed:* bí de dhíobháil, bí de dhíth, bí ó, bí riachtanach, *figurative* cuir do bhradán beatha amach. ❷ *literary die:* básaigh, éag, faigh bás, imigh as, síothlaigh, smiog, snigeáil, spéiceáil, stiúg, téaltaigh, téarnaigh, *literary* fuin; cailleadh é, d'imigh an séideán as, thit an t-anam as; tá a chaiscín meilte, tá a chosa nite; tá sé réidh, tá deireadh leis.

téastar noun *canopy, tester:* ceannbhrat, clúdach, díonbhrat, forscáth, scáthbhrat, *literary* scing.

teastas noun ❶ *literary testimony:* dearbhú, deimhniú, faisnéis, fiadhain, fianaise, finnéacht, fínnéacht, teist, teistíocht. ❷ *certificate, testimonial:* cairt, meamram, paitinn, praitinn; *pl.* dintiúir; teistiméireacht; dearbhú, deimhniú. ❸ *report:* cuntas, cur síos, filleachán, luaiteachas, trácht, tráchtaireacht, tuarascáil,

tuairisc, *literary* ris; alt, faisnéis, ráiteas, nuacht, nuaíocht, scéal, scéala.

téatar noun *theatre:* amharclann, taibhearc; amfaitéatar; léiriú, seó, stáitsiú; drámaíocht; ardán, stáitse.

teibí adjective *abstract:* acadúil, barúlach, coincheapúil, fealsúnach, fealsúnta, meath-thuairimeach, meitifisiciúil, spéacláireach, teoiriciúil; fáthchiallach, impriseanaíoch, neamhphictiúrtha, samhaltach, siombalach; neamhdhamhnach.

teicneoir noun *technician:* ceardaí, eolaí, saineolaí, teicneolaí; innealtóir, meicneoir; innealtóir bogearraí.

teicneolaíocht noun *technology:* eolaíocht, innealtóireacht, meicniú, teicníc; cibirnitic, leictreonaic, ríomhaireacht, teileachumarsáid.

teicstíl noun *textile:* éadach, eanglaim, fabraic, uige; ábhar, fíochán, mianach, stuif; snáth.

teideal noun ❶ *title:* ainm, ceannteideal, ceannscríbhinn, fotheideal, scríbhinn; nath, rosc, gáir chatha, inscríbhinn, rúibric, teideal creidiúna. ❷ **teideal uaisleachta** *title of nobility:* ainm, lipéad, céim, céimíocht, gradam, rang, oifig, stádas, uaisle, uaisleacht; ainmniú, gairm. ❸ *entitlement, right to possess:* ceart, dílseánacht, éileamh, sealbhaíocht, úinéireacht; caomhnú, coimeád, riar. ❹ **tá sé ina theideal** *he is entitled to it:* tá ceart aige air, tá éileamh aige air, tá sé ag dul dó.

teifeach adjective *fugitive:* éalaitheach; **adjectival genitive** fáin, fánach, seachantach. **noun** *runaway, fugitive:* deoraí, díbeartach, dídeanaí, éalaitheach, ionnarbthach, tórán; duine ar a theitheadh.

téigh¹ verb ❶ *heat, warm:* gor, tabhair goradh do; faghair. ❷ *kindle, inflame:* adaigh, cuir ar lasadh, cuir faoi thine, cuir tine le, fadaigh, forloisc, las; ábhraigh, athlas, griog, gríosaigh; dúisigh, múscail, spreag.

téigh² verb ❶ *go, move, proceed:* téigh ar d'aistear, téigh ar do bhealach, téigh ar do shlí; ascain, bog, bonnaigh, corraigh, gluais, imigh, lean leat, tar, siúil, taistil, teann, tiomáin leat, triall. ❷ *extend:* téigh i leithne, téigh thart, téigh timpeall; gluais, leath, leathnaigh, rith, scaip, scar, srathnaigh.

téigh amach ar verb ❶ *become cognizant with:* éirigh cleachtach leis, foghlaim, fuascail, léirigh, léirmhínigh, mínigh, sondáil, réitigh, tuig. ❷ **chuaigh sé amach air** *it was reported of him:* dúradh faoi, insíodh faoi, tuairiscíodh faoi; fuair sé ainm, fuair sé cáil.

téigh as, de verb *fail:* clis, cúlaigh, loic, teip; meath, meathlaigh, téigh i ndísc.

téigh do verb ❶ *suit, agree with:* feil do, oir ar, oir do; réitigh le. ❷ **tá sé ag dul duit** *you deserve it:* tá sé tuillte agat; is maith an aghaidh ort é, is maith an airí ort é.

téigh faoi verb *submit to:* bí faoi, bí umhal do, fulaing, gabh leor le, géill do, glac le, stríoc do, tabhair isteach do, umhlaigh do.

téigh gan verb *go without:* déan gan, déan in éagmais, tar gan; bí ar díth, bí in easnamh, bí gan; diúltaigh do.

téigh le verb ❶ *accompany:* bí in éineacht le, tar in éineacht le, téigh in éineacht le, siúil le, tar le, tionlaic. ❷ *take after, resemble:* bí cosúil le; tá cosúlacht aige le, tá dealramh aige le; is aithriúil an mac é. ❸ *engage in, take to:* bí gnóthach i, caith do chuid ama le, luigh isteach ar; bíonn baint aige le. ❹ **téann leat** *succeed:* éiríonn leat; is féidir leat, tig leat.

téigh roimh verb *interrupt, forestall:* bris isteach ar, tar roimh, triosc; bain tosach de.

téigh siar ar verb *go back upon, repudiate:* téigh ar gcúl i; diúltaigh do, séan; tréig.

Teiripí Comhlántacha

acupressure: lámhbhrú
acupuncture: snáthaidpholladh
Alexander technique: teicníc f. Alexander
aromatherapy: cumhartheiripe f.
autosuggestion: féininmheabhrú
Bach flower remedies: bláth-theiripe f. Bach
balneotherapy: folctheiripe f.
Bates method: modh Bates
bodywork: saothrú colainne
bush medicine: leigheas tíre
chiropractic: círichleachtadh
colour therapy: teiripe f. dathanna
craniosacral therapy: teiripe f. chráinsacrach
crystal healing therapy: leigheas trí chriostail
electro-acupuncture: leictrea-snáthaidpholladh
eurhythmics: sorithimic f.
faith healing: leigheas trí chreideamh
Feldenkrais method: modh Feldenkrais
Gerson theory: teoiric f. Gerson
Hay diet: aiste f. bia Hay
herbalism: luibhliacht f.
homeopathy: hoiméapaite f.
hydropathy: hidreapaite f.
iridology: imreasceolaíocht f.
McTimoney chiropractic: círichleachtadh Mhic Thiománaí
nature cure: leigheas nádúrtha
naturopathy: nádúrphaite f.
neurolinguistic programming: ríomhchlárú néartheangeolaíoch
organotherapy: orgánteiripe f.
osteopathy: oistéapaite f.
osteotherapy: oistéiteiripe f.
psionic medicine: leigheas psíonach
radionics: raidiónaic f.
rebirthing: athshaolú
reflexology: frithluaileolaíocht f.
reiki: reiki
Rolfing: Rolfing
shiatsu: shiatsu
structural integration: iomlánú struchtúrtha
thalassotherapy: muirtheiripe f.
zone therapy: criosteiripe f.

téigh thar verb ❶ *pass by*: téigh thar bráid, téigh thart. ❷ *miss, omit*: lig uait, téigh ar strae ó; fág ar lár, fág as. ❸ *exceed, transgress*: sáraigh.

téigh trí verb ❶ *penetrate, pierce*: poll, tarathraigh, toll, treaghd, treáigh. ❷ *endure*: broic, ceadaigh, cur suas le, fulaing foighnigh, lamháil, seas. ❸ *consume, exhaust*: caith, cealaigh, cnaigh, creim, cuir amú, ídigh, ith, leáigh, lig amach, ól, meath, meil, scaip, scaoil uait, spíon, tnáith, tomhail.

téigle noun *calmness, stillness*: calm, ciúnas, sáimhe, sámh, sámhnas, síocháin, scíth, suaimhneas, sos, tost, *literary* reithine, taithleach; éideannas, faoiseamh, randam, socracht.

teile noun *lime, linden (Tilia)*: crann teile, crann teileoige, teileog.

teileafón noun *telephone*: guthán; guthán póca, teileafón soghluaiste; siúlscéalaí.

teileascóp noun *telescope*: ciandearcán, cianradharcán, fadamharcán, fadradharcán, radharcghloine, súilghloine; *pl.* déshúiligh.

teilg verb ❶ *cast, throw*: tlig, caith, crústaigh, diúraic; raid, steall. ❷ *cast (in a mould)*: cruthaigh, damhnaigh, dealbhaigh, déan, deilbhigh, múnlaigh. ❸ *convict, condemn*: ciontaigh, damnaigh, daor.

teilgean noun ❶ *cast, throw, projection*: amas, caitheamh, diúracadh, rúisc, urchar. ❷ *durability*: buaine, righne, seasamh. ❸ **teilgean cainte** *idiom*: cor cainte, leagan cainte, tróp cainte; canúint. ❹ **teilgean cinn** *intelligence*: breithiúnas, ceann, ciall, ciall cheannaithe, clifearthacht, clisteacht, clistíocht, críonnacht, discréid, eagna, eagnaíocht, éargna, éirim, fadcheann, fios, fios feasa, gaois, gastacht, géarchúis, géarchúisí, guaim, meabhair, réasún, siosmaid, stuaim, toighis, tuiscint.

teimheal noun ❶ *darkness, gloom*: clóic, doilbhreas, dorchacht, duairceas, duifean, dúlaíocht; ainnise, atuirse, beagmhisneach, beaguchtach, ceo, cian, cumha, dochma, domheanmna, drochmhisneach, dubhachas, dúlagar, dúlionn, éadóchas, gruaim, gruamacht, lagar spride, lionn dubh, *pl.* lionnta dubha, mídhóchas, mímhisneach, néal, púic, smál, smúit, tocht, tromchroí. ❷ *tarnish, stain, smudge*: ainimh, ciobar, cron, máchail, salachar, smearadh, smol, smól, smúit. ❸ *trace, sign*: comhartha, eang, lorg, rian, sliocht, tréas; comhartha, cosúlacht, cuma, dreach, leid, lorg, mana, rian, sliocht, taispeánadh, tuar, *literary* sín.

teimhleach adjective ❶ *dark, gloomy*: ciachmhar, dobhartha, dorcha, duairc, dubh, easolasta, gorm, gruama, idirdhorcha, modhartha, púiceach, púiciúil, smúiteach, smúitiúil, *literary* dobhar. ❷ *tarnished, stained*: salach, crosach, smeartha, truaillí, truaillithe; faoi smál; brocach, broghach, cáidheach, draoibeach, fochallach.

teinne noun *tightness, rigidity*: doichte, dochtadh, dolúbthacht, fáscadh, righneas, riteacht, teannadh, teannáil, teannaireacht, teannas teanntacht; cruas, daingne, díonaí.

teip noun *failure*: cliseadh, loiceadh. verb *fail*: clis; cúlaigh, lagaigh, loic, meath, meathlaigh, tit.

téip noun *tape*: banda, corda, filléad, ribín, stiall, stiallóg.

teir noun ❶ *evil omen*: drochthuar; céalmhaine, comhartha, leid, mana, sín, tuar. ❷ *taboo*: bang, cosc, cros, geis, toirmeasc; geasróg, piseog, pisreog.

teirce noun *fewness, scarcity*: easnamh, easpa, gainne, gannchar, gannchúis, ganntan, ganntanas, ganntar, gátar, tearcamas.

téirim noun *urgency, haste*: cruóg, cruachás, cúngach, cúnglach, cúngrach, dianghá, éigeandáil, gá, gáróid, gátar, géarchéim, géarghá, ponc, práinn, priacal, riachtanas, sáinn; broid, brostú, brú, cruóg, deabhadh, deifir, deifre, dithneas, eadarluas, faobach, fuadar, giodar, griothal, scabhait, struip.

téirimeach adjective *urgent, hurried*: cruógach, deifreach, dithneasach, driopásach, fuadrach, gáróideach, grod, práinneach, mear, obann, sconnach, sconnasach, tobann.

téis noun *thesis*: áitiú, argóint, hipitéis, tairiscint, teoir, teoiric, tuairimíocht; cur i gcás, foshuíomh, postaláid; coincheap, creideamh, moladh, oipineon, smaoineamh, tuairim; ábhar, téama, toipic.

téisclim noun *(act of) preparing, preparation*: oirchill, réamhullmhúchán, réiteach, stócáil, tiargáil, ullmhúchán, *literary* foimhdin, fúr.

teist noun ❶ *witness*: fiadhain, fianaise, finné, teisteoir; mionnadóir. ❷ *testimony*: dearbhú, deimhniú, faisnéis, fiadhain, fianaise, finnéacht, fínnéacht, teastas, teistiméireacht, teistíocht. ❸ *report, record*: cuntas, cur síos, faisnéis, nuacht, nuaíocht, scéal, scéala, stair, teastas, trácht, tráchtaireacht, tuairisc, tuarascáil, *literary* ris; ainm, alladh, cáil, dea-ainm, gairm, iomrá, meas, tuairisc, *literary* bladh, cloth, toirm; meabhrachán, nod, nóta, taifead. ❹ *recommendation*: moladh, teistiméireacht; dearbhú, deimhniú.

teistiméireacht noun ❶ *testimony*: dearbhú, deimhniú, faisnéis, fiadhain, fianaise, finnéacht, fínnéacht, teastas, teist, teistíocht. ❷ *testimonial, reference*: moladh, teist; dearbhú, deimhniú.

teiteanas noun *tetanus*: glas fiacal.

teith

teith verb ❶ *run away, flee, retreat:* éalaigh, glan leat, imigh, rith, sleamhnaigh as, tréig; cúlaigh, téigh ar gcúl, téigh siar. ❷ **teith ó, teith roimh** *shun, avoid:* éalaigh ó, fan amach ó, imigh ó, rith ó, seachain, téigh ó, téarnaigh, teith ó, teith roimh.
teitheadh noun ❶ *flight, retreat:* cúlú, féithiú, imeacht, tréigean. ❷ *escape, evasion:* éalú, imeacht; seachaint.
téitheoir noun *heater:* teasaire; coire, dóire, gaileadán, radaitheoir, sornchoire, tine gáis, tine leictreach.
teochreasach adjective *tropical:* trópaiceach; te.
teochreasa plural noun *tropics:* an treochrios; pl. na Trópaicí.
teochroíoch adjective *warm-hearted, affectionate:* búch, cairdiúil, caithiseach, caoin, caonrasach, carthanach, ceanúil, céilúil, cineálta, coimhirseach, coimhirseanach, connail, dáimheach, dáimhiúil, dil, geanúil, grách, grámhar, greannmhar, lách, lánúnach, leanúnach, muirneach, muirnéiseach, nádúrtha, páirteach, páirtiúil, práinneach, searcach, searcúil, te.
teocht noun ❶ *warmth, heat:* beirfean, bruithne, bruth, gor, goradh, téamh, teas teasaíocht. ❷ *temperature:* airde teasa, teas; fiabhras, *literary* teasach.
teoiric noun *theory:* hipitéis, spéacláireacht, teoir; smaoineamh, tairiscint, téis; áitiú, barúil, buille faoi thuairim, coincheap, oipineon, tuairim, tuairimíocht.
teoiriciúil adjective *theoretical:* hipitéiseach, spéacláireach, tuairimeach; teibí, fealsúnta, meitifisiciúil.
teolaí adjective ❶ *warm, cosy, comfortable:* cluthar, cluthmhar, compoirdeach, compoirteach, compordach, compordúil, gorach, seascair, sóisealta, te, téagartha. ❷ *fond of comfort, coddled:* compordach, macnasach, sácráilte, sáil, sibiriteach, sómasach. ❸ *delicate, unrobust:* coinbhreoite, goilliúnach, leice, leochail, leochaileach, meata, meath-thinn, mífholláin, mílítheach, mothálach.
teolaíocht noun ❶ *cosiness, comfort:* cluthaireacht, compord, cumhdach, foscadh, fothain, gor, goradh, sáile, saoráid, seascaireacht, só, sólás, téamh, tearmann, teas, teocht. ❷ **teolaíocht sláinte** *delicate health:* drochshláinte, éagruas, easláinte, meathshláinte, meath-thinneas, mílítheacht.
teorainn noun ❶ *boundary, limit, border, frontier:* bruach, ciumhais, colbha, corthair, eochair, fóir, imeall, imeallbhord, leathimeall, oirear, taobh, *literary* forar; cósta, feorainn. ❷ **i dteorainn le** *bordering on:* buailte le, teorannach le, teorantach le; tadhlach. ❸ **níl teorainn leis** *there is no end to it:* níl críoch leis, níl deireadh leis. ❹ **níl teorainn leis** *he's the limit:* níl dé ná ríochan leis, téann sé thar cailc ar fad, téann sé thar fóir ar fad; téann sé thar an cheasaí ar fad.
teorannaigh verb *limit, restrict:* cuir srian le, cuir téarma le, cuir teorainn le; cúngaigh, srian, srianaigh.
teoranta adjective *limited, restricted:* cúngaithe, srianta; cúng.
teorantach adjective ❶ *limiting, restrictive:* teorannach, teorannaitheach; coisctheach, constaiceach, toirmeascach. ❷ *bordering, contiguous:* teorannach, teorannaitheach; comharsanach, cóngarach, tadhlach; in aice a chéile, ar theorainn a chéile, sínte le chéile; ag bordáil ar a chéile.
thall adverb & adjective ❶ *over, beyond:* ansiúd, ar an taobh eile, ar an taobh thall, lastall.
thart adverb ❶ *round, about:* máguaird, thart timpeall, timpeall. ❷ *by, past:* thar bráid.
theas adverb & adjective *south, in the south:* san aird ó dheas, san aird theas, sa deisceart, thuas; deisceartach.
thiar adverb & adjective ❶ *west, in the west:* san aird thiar, san iarthar. ❷ *back, at the rear:* ar deireadh, ar gcúl, sa chúl. ❸ *behindhand:* déanach, mall; as dáta, thar téarma. ❹ **taobh thiar de** *behind, in support:* ar chúl, laistiar de; mar thaca.
thíos adverb & adjective ❶ *down, in lower place:* san íochtar. ❷ *in the north:* san aird ó thuaidh, san aird thuaidh, sa taobh ó thuaidh, sa tuaisceart, thuaidh, ó thuaidh. ❸ *further on (in book):* anseo thíos, níos faide anonn. ❹ *written down, entered:* arna bhreacadh síos, arna nótáil, arna scríobh síos, breactha síos, nótáilte, scríofa, scríofa síos; ar taifead.
thoir adverb & adjective *east, in the east:* san aird thoir, san oirthear.
thuaidh adverb & adjective *north, in the north:* sa tuaisceart, thíos.
thuas adverb & adjective ❶ *up, in a higher place:* in airde, ar barr. ❷ *in the south:* ó dheas, theas; san aird ó dheas, san aird theas, sa deisceart, sa taobh ó dheas. ❸ *put up, constructed:* arna dhéanamh, arna thógáil, ina sheasamh; déanta, foirgnithe, tógtha. ❹ *worn, on one's person:* á chaitheamh agat, i ngabháil leat, ort. ❺ *on top, successful:* in airde, ar mhuin na muice, faoi bhláth, faoi rath, faoi rath is faoi shéan; éiritheach.
thuasluaite adjective *above-mentioned:* réamhráite; a luadh cheana; thuas.
tiachóg noun *small bag, wallet, satchel:* bolg, curraoin, geois, máilín, mála, mang, mealbhóg, púitse, púitsín, spaga, sparán, tiachán, tiarpán, tiarpóg, vallait.
tiaráil noun *toiling, slogging, laborious work:* callshaoth, crácamas, dua, duainéis, obair, pádóireacht, saothar, straidhn, stró, strus.
tiarálach adjective ❶ *toilsome, laborious:* anróiteach, callshaothach, duainéiseach, duaisiúil, maslach, saothrach. ❷ *hard-working:* déanfasach, deárcaisiúil, dian, díbhirceach, dícheallach, díocasach, díograiseach, dlúsúil, duamhar, dúthrachtach, faobhrach, fonnmhar, gnóthach, griofadach, griothalach, ionnasach, saothrach, scafa, scamhaite, tionsclach, treallúsach.
tiaralaí noun *toiler, slogger:* brácálaí, crácálaí, criaire, náibhí, saothraí, sclábhaí, síleálach, spailpín, tailmeálaí, úspaire.
tiargáil noun *preparatory work, preparing:* oirchill, réamhullmhúchán, réiteach, stócáil, téisclim, ullmhúchán.
tiargálaí noun *preparator worker, pioneer:* bunaitheoir, ceannródaí, fondaire, fondúir, téisclimí, tosaitheoir.
tiarna noun ❶ *master, ruler:* ceannaire, ceannasaí, ceann feadhna, ceann foirne, ceannfort, ceann urra, cinnire, fear ceannais, gobharnóir, máistir, maor, rialtóir, riarthóir, taoiseach, uachtarán, *literary* braine, léadar. ❷ *peer:* flaith, prionsa, triath; barún, bíocúnta, diúc, iarla, marcas, piara. ❸ **an Tiarna** *the Lord, God:* ár dTiarna; Dia, Dia na bhFeart, Dia Uileachumhchtach, an Coimdhe, an Cruthaitheoir, an Diagacht, an Dúileamh, Iáivé, an Tionscnóir; an Rí, Ardrí Neimhe, an tAthair Síoraí, Dia an tAthair, *familiar* an Fear Thuas; Críost, Dia an Mac, Íosa, Mac Dé, an Meisias; an Briathar.
tiarnas noun ❶ *lordship, rule:* ardcheannas, ardchumhacht, ardfhlaitheas, ardríocht, ardtiarnas, ceannaireacht, ceannas, ceannasaíocht, cinnireacht, cinseal, coimirce, coimirceas, cumhacht, dlínse, flaith, flaitheas, flaithiúnas, follúnacht, forlámhas, impireacht, máistreacht, maoracht, príomhcheannas, réimeas, riail, rialtas, rialú, ríocht, stiúir, smacht, svae, tiarnúlacht, treoir, údarás, *literary* codhnachas. ❷ *dominion, domain:* áitreabh, áras, baile, brugh, congbháil, críoch, diméin, eastát, fáras, fearann, gabháltas, limistéar, suíochán, státa, pl. tailte, talamh.

tiarnúil adjective ❶ *lordly, masterful:* anlathach, ansmachtúil, anúdarásach, cumhachtach, fuinniúil, máistriúil, mursanach, mursanta, mursantach, réimeach, sotalach, tiarnach, tiarnasach, tíoránta, údarásach, údarásúil, *literary* codhnach. ❷ *overbearing, domineering:* bóibéiseach, bladhmannach, bogásach, borrach, clóchasach, consaeitiúil, forlámhach, gustalach, gusúil, iomarcach, maíteach, mórchúiseach, móiréiseach, mórtasach, mustrach, poimpéiseach, postúil, sotalach, stróinéiseach, teanntásach, téisiúil, toirtéiseach, uaibhreach, údarásach. ❸ *cheeky:* aisfhreagrach, braobanta, cabanta, cocach, cunórach, deiliúsach, deaschainteacht, deisbhéalach, gasta, gearrchainteach, ladúsach, maigiúil, nathanta, soibealta, sonnta, sotalach, stráisiúnta, teanntásach, téisiúil, uaibhreach, údarásach.

tiarpa noun ❶ *posterior, buttocks:* giorradán, gúnga, más, prompa, rumpa, tóin, toll, tónóg; bundún, geadán, gimide, *familiar* cráic. ❷ *big-bottomed person:* láirigeach, másach, másaire, prompaire. ❸ *large object:* fadhbaire, fáiméad, piarda, plíoma, sail, staiféalach. ❹ *load carried on back:* eire, lód, muirear, muirín, teanneire, tiarpán, tiarpóg, traidín, ualach.

ticéad noun *ticket:* duillín, greamóg, lipéad, stampa; clóchead, ceadúnas, pas.

tíl noun *tile:* leacán, leacóg, licín, scláta, slinn.

tim adjective ❶ *soft, tender:* bog, bogúrach, boigéiseach, caoin, maoth, maothlach, mín, tláith. ❷ *weak, yielding:* anbhann, cloíte, crólag, cróloite, éagumasach, éidreorach, fann, fannlag, faon, faonlag, féigh, lag, lagáiseach, leochaileach, meirtneach, sáraithe, slámach, soghonta, soleonta, spíonta, stéigthe, traochta, tréith, tréithlag; ceansa, géilliúnach, géilliúnach, socheansaithe, spleách, uiríseal, umhal. ❸ *timid:* cearthaíoch, corrabhuaiseach, critheaglach, cúthail, éadána, eaglach, faiteach, faitíosach, geiteach, giongach, glídiúil, lagáiseach, lagspridiúil, neirbhíseach, scáfar, scanrúil, scinnideach, tapógach, uamhnach.

tím noun *thyme (Thymus praecox):* tím chreige, tím shléibhe; luibh an fhraoigh, lus an rí, lus mhic rí Breatain, lus mhic rí na mbrat, lus na mbrat.

timire noun ❶ *attendant, messenger:* amhas, amhsán, ara, bonnaire, buachaill, cábóg, coimhdire, dáileamh, eachlach, fearóglach, fóinteach, fostúch, giolla, giománach, gíománaí, leacaí, péitse, postaire, searbhónta, seirbhíseach; pursuant, reacaire, teachta, teachtaire, *colloquial* giollanra; aralt, callaire, fógróir. ❷ *familiar* **timire tine** *fire-tongs:* maide briste, teanchair, teangas, tlú, ursal.

timireacht noun ❶ *(act of) running errands:* dul le teachtaireachtaí. ❷ *(act of) doing odd jobs, chores, household tasks:* geidineáil, gíotáil, giotamáil, giurnáil, giurnálaíocht, gliocsáil, potráil, sibiléireacht, spidireacht; scamhadh geatairí. ❸ *attendance, ministration:* aireachas, faireachas, feighlíocht, fosaíocht, freastal, friotháil, giollacht, giollaíocht, mineastráil, tindeáil, umhlóid, *literary* goire.

timpeall adverb *round, round about:* máguaird, thart, thart timpeall, thimpeall. noun ❶ *round, circuit, roundabout:* ciorcad, ciorcal, compal, compás, fáinne, fáinneán, imchuairt, imfhál, roithleagán, roth, timpeallán. ❷ *circuitous route:* an bóthar timpeall, *pl.* na bealaí neamhdhíreacha, míchóngar, mórthimpeall. ❸ *circumference, girth:* coimpléasc, compás, giorta, forimeall, imchiorcal, imlíne, méad, toise, *literary* tacmhang. preposition ❶ *around, round about:* thart ar, timpeall ar, thimpeall ar; isteach is amach le, tuairim, tuairim ar, tuairim is. ❷ **i dtimpeall** *about, concerning:* fá dtaobh de, faoi, i dtaobh, i ngeall ar, maidir le, um.

timpeallach adjective ❶ *roundabout, circuitous:* neamhdhíreach; casta, fada, lúbach. ❷ *ambient, surrounding:* máguaird, thart timpeall; ar gach aon taobh.

timpeallacht noun *surroundings, environment:* imshaol; ceantar, comharsanacht, comhfhoisce, compal, cóngaracht, *pl.* gaobhair, gnáthóg, limistéar, nideog, *pl.* purláin.

timpeallaigh verb ❶ *go round, encircle:* ciorclaigh, fáinnigh, fonsaigh, imdhruid, imfhálaigh, imlínigh, iniaigh, gabh mórthimpeall ar, téigh mórthimpeall ar, tar timpeall ar, téigh timpeall ar. ❷ *belt, gird:* crioslaigh, cuir thart, cuir timpeall, fonsaigh, giortáil; cochlaigh. ❸ *circumvent:* tar timpeall ar; seachain; buail bob ar, faigh an ceann is fearr ar, sáinnigh.

timpeallghearradh noun *circumcision:* imghearradh, *literary* baisteadh gintlí.

timpiste noun *acccident, mishap:* aimléis, ainnis, amaróid, anachain, bárthainn, cat mara, cinniúint, ciotrainn, doinmhí, donacht, donas, drochrath, eirleach, iomard, matalang, mí-ádh, mífhortún, mísheoladh, mírath, míthapa, óspairt, taisme, tapaigean, teipinn, tionóisc, tragóid, tubaist, tubaiste, turraing.

timpisteach adjective *accidental:* teagmhasach; míádhúil, mí-ámharach, mífhortúnach, mírathúil, taismeach, tionóisceach, tubaisteach; cinniúnach, coscrach, diachrach, dobrónach, doiliosach, duaiseach, dubhach, léanmhar, lionndubhach, mairgiúil, tragóideach, truamhéalach.

tincéir noun *tinker: colloquial* lucht taistil; bacach, bóithreoir, fánaí, fear siúil, siúlóir, sreothaí, sruthaire; giofóg.

tindeáil noun *(act of) tending, attending, care attention:* aireachas, faireachas, feighlíocht, fosaíocht, freastal, friotháil, giollacht, giollaíocht, mineastráil, timireacht, *literary* goire.

tine noun ❶ *fire, flame:* bladhaire, bladhmann, bléas, bléasóg, breo, daighear, dó, greadhnach thine, lasair, lasadh, loscadh, tine, *literary* daigh. ❷ *conflagration:* dó, dóiteán, falscaidh, falscaí, falscaoth. ❸ *luminosity, glow:* deirge, laom, lasadh, léaspaire, lóchrann, loinneartacht, loinnir, loise, luisne, lonrachas, lonrú, saighneán, scal. ❹ **tine ghealáin** *Will-o'-the-wisp, ignis fatuus:* fear na sopóige, fóidín mearaí, Liam na Lasóige, Liam na sop, Liam na sopóige, lóchrann solais na sí, Páidín Mearbhaill, Seán na Gealaí, solas ar shop, solas sí na bportach, sop reatha, tine gealacháin, tine sí, tine sionnaigh.

tinfeadh noun ❶ *(act of) breathing, breath:* anáil, análú, dé, díogarnach, fleaim, puth, seadán, uspóg. ❷ *inspiration:* inspioráid, *literary* treifídeacht; aisling, ardintleacht, bua, bua na cumadóireachta, ceardúlacht, cruthaitheacht, ealaín, inspreagadh, léargas, samhlaíocht, tuiscint.

tinn adjective ❶ *sore, painful:* daigheachánch, daigheartha, doghrainneach, frithir, pianmhar, tinneasach, tinneasmhar. ❷ *sick, unwell:* aicídeach, breoite, éagrua, easlán, éiglí, eitinneach, fiabhrasach, fiabhrasta, fiabhrasúil, galrach, lag, mífhollán, othrasach, támhbhreoite, *literary* liúntach, saothach; níl sé ar fónamh.

tinneall adjectival phrase **ar tinneall** ❶ *cocked, at the ready:* ar inneall, cocáilte; faoi réir, i gcaoi is i gcóir, i gcóir, in eagar, in ord, tinneallach; cóirithe, eagraithe, feistithe, innealta, leagtha amach, réidh, réitithe, socair, socraithe, ullamh, ullmhaithe. ❷ *on edge, in a state of nerves:* ar bís; anbhuaineach, buartha, corraithe, giodamach, guairneánach, imníoch, míshuaimhneach, neirbhíseach, scaollmhar, suaite, tapógach.

tinneas noun ❶ *soreness, pain:* arraing, broidearnach, deann, diachair, diúracadh, *pl.* freangaí, greim,

tinneasnach
greim reatha, pian, pianadh ríog, saighead reatha, tinníocht, treighdeán, treighid, *literary* gúire, iodha. ❷ *sickness, illness:* aicíd, breoiteacht, cloíteacht, donacht, éagruas, easláinte, galar, gearán, othras, plá, *literary* saoth, teidhm; támhghalar, *literary* támh. ❸ *distress:* aimléis, ainnise, ainríocht, anacair, anachain, anás, angar, anró, anróiteacht, anshó, bochtanas, boichte, crá croí, cráiteacht, cránán, cránas, cruatan, deacair, dealús, dearóile, díblíocht, dochma, dochracht, dochraide, dócúl, doghrainn, doic, dóing, dóinmhí, dola, dothairne, drámh, drochbhail, drocheagar, drochstaid, duainéis, éagomhlann, fulaingt, gábh, gannchuid, géarbhroid, géarghoin, leatrom, matalang, mí-ádh, míbhail, mífhortún, ocras, piolóid, suarachas, suaraíocht, trioblóid, truántacht, *literary* cacht, galghad. ❹ **tinneas cinn** *headache:* cloigeann tinn, scoilteach chinn. ❺ **tinneas fiacaile** *toothache:* daigh fiacaile, déideadh. ❻ **tinneas clainne** *pangs of childbirth:* pian linbh, priacal linbh; *pl.* fáscaí.

tinneasnach adjective ❶ *hasty, hurried, urgent:* cruógach, deifreach, dithneasach, driopásach, fuadrach, gáróideach, grod, luascánach, luascánta, práinneach, téirimeach, tobann. ❸ *sudden, violent:* ainchríostúil, ainmheasartha, ainrianta, aintréan, allta, aithorlannach, barbartha, bruidiúil, brúisciúil, coirpe, crua, cruachroíoch, cruálach, damanta, danartha, dásachtach, díbheirgeach, dobhéasach, dúnmharfach, éigneach, fiánta, fiata, fiáin, fíochmhar, foghach, foréigneach, forneartach, fraochmhar, fraochta, fuilteach, gairbhéiseach, gangaideach, garbh, ionsaitheach, mear, obann, ropánta, sconnach, sconnasach, tobann, tolgach.

tinreamh noun ❶ *service, attendance:* cúram, fóirithint, fónamh, friotháil, friotháileamh, giollacht, giollaíocht, mineastrálacht, riar, seirbhís, tindeáil, *literary* eiseamal, ionaltas. ❸ *(school) attendance:* bheith i láthair, freastal.

tint noun *tent:* béalscáthlán, cábán, pailliún, puball, teálta.

tinteán noun *fireplace, hearth:* fadú, fadúchán, fadús, iarta, teallach; áit fadúcháin, cladach tine, leac teallaigh, leac tine, leac tinteáin.

tintreach noun ❶ *lightning:* caor thine, caor thintrí, *pl.* fosclaidh, *pl.* fosclaíocha, lasair thintrí, saighneán, saighneán tintrí, *pl.* soilse na splaince, splanc ghabhlach, splanc thoirní, tine ghealáin. ❷ *pl.* tintreacha *flashes, sparks: pl.* aibhleoga, *pl.* aithinní, *pl.* crithreacha, *pl.* drithlí, *pl.* drithleoga, *pl.* drithlíní, *pl.* splancacha, *pl.* spréacha, *pl.* sprinlí, *pl.* sprinlíní.

tintrí adjective ❶ *fiery, hot-tempered:* ainciseach, araiciseach, aranta, cancrach, cantalach, coilgneach, colgach, cuileadach, deafach, driseogach, drisíneach, feargach, gairgeach, gleoch, goilliúnach, gráinneogach, greannach, iarógach, íortha, lasánta, paiseanta, paisiúnta, te, teasaí, trodach, *literary* dreannach, íorach. ❷ *flashing:* bladhmach, breoch, crithreach, dathannach, dealraitheach, drithleach, drithleánach, faghartha, gealánach, laomtha, lasrach, loinneartha, lonrach, luisiúil, luisneach. ❸ *ardent, fierce:* cíocrach, confach, déanfasach, deárcaisiúil, dian, díbhirceach, díocasach, díograiseach, dúilmhear, dúthrachtach, faobhrach, fíochmhar, fonnmhar, géar, gorthach, gríobhach, griofadach, griothalach, guilmeach, paiseanta, paisiúnta, saighneánta, scafa, scamhaite, síoraí, tnúthánach, santach, *literary* díogháirí, friochnamhach; ar bior, ar bís, ar buile, ar caorthainn.

tiocóg noun *nick, incision:* eag, eang, iog, mant, mantóg; logán, loigín, scolb.

tíofún noun *typhoon:* séideán bruithne; hairicín, imghaoth, tornádó; cioclón, cuaranfa, frithchioclón, frith-chuaranfa.

tíolacadh noun ❶ *grant, bestowal:* bronnadh, bronntanas, deonachán, deontas, deontú, féirín, fóirdheontas, fordheontas, ofráil, tabhartas, tairiscint. ❷ *divine gift:* bua, gifte, grásta, tabhartas. ❸ *tradition:* oidhreacht, traidisiún; béalaithris, béaloideas, buanchuimhne, gnáthchuimhne, seanchas, seanchuimhne; gnáthamh, gnáthú, nós, nós imeachta.

tíolaic verb ❶ *bestow:* bronn, dearlaic, deonaigh, ofráil, tabhair, tairg, tiomnaigh, toirbhir, *literary* dánaigh, éirnigh. ❷ *dedicate:* coisric, ofráil, tabhair, tairg, tiomnaigh, toirbhir.

tiomain verb *curse, swear:* damnaigh, eascainigh, mallachtaigh, mallaigh; bí ag diabhlaíocht, caith diairmíní le; abair mionnaí móra, luaigh mionnaí, tabhair mionnaí móra; déan oirithis ar, déan oirithisí ar.

tiomáin verb ❶ *drive (cattle), urge along:* bagair, brostaigh, dreasaigh, saighid, seol. ❷ *drive (vehicle):* stiúir, treoraigh. ❸ *push forward:* brostaigh, brúigh ar aghaidh, brúigh chun cinn, dreasaigh, sáigh, saighid, treoraigh. ❹ *compel, impel:* éignigh, forsáil, *literary* tiomairg; cuir faoi deara do, cuir iallach ar, cuir iallach ar, tabhair ar.

tiomáint noun ❶ *(act of) driving (of cattle):* bagairt, seoladh. ❷ *(act of) steering:* stiúradh, treorú. ❸ *rush, haste, bustle:* brostú, brú, cruóg, corraí, deabhadh, deifir, deifre, dithneas, driopás, eadarluas, faobach, fíbín, flosc, flústar, forrú, fuadar, furú, giodar, líonraith, ruatharach, scaoll, *pl.* sceitimíní, struip, suaitheadh, tapársach, teaspach, téirim.

tiománaí noun ❶ *cattle-driver:* tiománaí bó; dráibhéir, seoltóir, seoltóir bó. ❷ *driver (of vehicle):* cóisteoir, gíománach, gíománaí; cairteoir, carraeir, carróir.

tiomanta adjective *sworn, determined:* áitithe, bunaithe, corónta, corpanta, cruthanta, daingean, daingnithe, dearbh-, dearg–, dearbhaithe, deimhnithe, dian-, diongbháilte, do-bhogtha, docheartaithe, doleighesta, domhúinte, dosmachtaithe, láidir, saolta, seanbhunaithe, tréan; amach is amach.

tiomargadh noun *gathering, collection:* bailiúchán, cnuasach, deascán, díolaim, foirisiún, glac, meall, moll, tacar, teaglaim, tiomsú, tionól.

tiomna noun ❶ *will, testament:* tiomnacht, uacht, uachta. ❷ **Tiomna Nua** *New Testament:* an Soiscéal, *pl.* na heipistlí. ❸ **Sean-Tiomna** *Old Testament:* an dlí, an cúnant, Seanreacht, *literary* Beitearlach, Featarlaic, Peitearlach. ❹ *literary command, precept:* aithne, foláireamh, foráil, foráileamh, foraithne, ordú, rabhadh, teagasc, urghaire.

tiomnaigh verb ❶ *bequeath:* fág le huacht, fág mar oidhreacht, oidhrigh, uachtaigh. ❷ *commend:* cuir faoi choimirce, cuir faoi chúram; mol. ❸ *dedicate:* coisric, ofráil, tairg, toirbhir. ❹ *delegate, entrust:* tabhair údarás do; cuir ar, tabhair ar iontaoibh do.

tiomnóir noun *testator:* uachtóir.

tiomsaigh verb ❶ *gather up, glean, accumulate:* bailigh, carn, carnáil, cladáil, cnuasaigh, coigil, conlaigh, cruach, cruinnigh, cuir i dtoll a chéile, gróig, tabhair le chéile, tacair, teaglamaigh, tiomairg, tionóil, togh, toibhigh. ❷ *come together, assemble:* bailigh, comóir, cruinnigh, tiomairg, tionóil; tar le chéile.

tionchar noun ❶ *literary household goods, equipment:* acmhainn tí, airnéis, *pl.* áiseanna, *pl.* ciútraimintí, cóiríocht, cóngar, earra, earra tí, *pl.* fearais, feisteas, feistiú, feistiú tí, gaireas, *pl.* giuirléidí, *pl.* gléasanna, gléasra, inleog, *pl.* rothaí tí, sás, trealamh, trioc, troscán, *pl.* uirlisí. ❷ *influence:* anáil, brí, cion, cumhacht, draíocht, éifeacht, feidhm, iomartas, scáth, svae, údarás.

tionlacan noun *accompaniment, escort, convoy:* coimhdeacht, comóradh; sochraid; garda gradaim.

tionlaic verb ❶ *go with, escort:* tionlacaigh; comóir, gabh le, tar in éineacht le, téigh in éineacht le. ❷ *accompany (on the piano, etc.):* seinn.

tionóil verb ❶ *collect, gather, bring together:* bailigh, carn, carnáil, cladáil, cnuasaigh, coigil, conlaigh, cruach, cruinnigh, cuir i dtoll a chéile, cuir le chéile, gróig, tabhair le chéile, tacair, teaglamaigh, tiomairg, tiomsaigh, toibhigh. ❷ *assemble, muster, come together:* bailigh, comóir, cruinnigh, tiomairg, tiomsaigh; tar le chéile.

tionóisc noun *accident, mishap:* aimléis, ainnis, amaróid, anachain, bárthainn, cat mara, cinniúint, ciotrainn, doinmhí, donacht, donas, drochrath, eirleach, iomard, matalang, mí-ádh, mífhortún, mísheoladh, mírath, míthapa, óspairt, taisme, tapaigean, teipinn, timpiste, tragóid, tubaiste, turraing.

tionól noun *gathering, assembly:* ardfheis, comhdháil, comhthionól, cruinniú, ollchruinniú, mustar, parlaimint, seanadh, sionad, slógadh, tóstal.

tionónta noun *tenant:* teananta; gabhálaí, gabháltaí, léasaí; scológ, *historical* airchinneach.

tionóntán noun *tenement:* bloc árasán, ceap árasán; sluma.

tionscadal noun *project, contrivance:* beart, beartú, plean, scéim, tionscnamh, togra; airnéis, áis, acra, cóngar, deis, fearas, gaireas, gléas, gléasra, inleog, sás, trealamh, uirlis.

tionscain verb ❶ *begin, originate:* tosaigh, tosnaigh, túsaigh; fréamhaigh, síolraigh. ❷ *initiate:* cuir tús le, toisigh, tosaigh, tosnaigh, túsaigh. ❸ *establish:* bunaigh, cuir ar bun, fódaigh, foirgnigh, foirmigh, plandaigh, suigh, toisigh, tosaigh, tosnaigh, túsaigh. bunaigh; cruthaigh, cum, daingnigh, deilbhigh, *literary* ordaigh.

tionscal noun *industry:* fostaíocht, obair, saothar, saothrú, tábhacht; eacnamaíocht, geilleagar, gníomhaíocht.

tionscantach adjective ❶ *initial, original:* bun-, bunúsach, nua, úrnua, **adjectival genitive** tosaigh; as an maide, as an bpíosa. ❷ *possessing initiative, enterprising:* amhantrach, eachtrúil, fiontrach, guaisbheartach, guasach, gusmhar, gustalach, gusúil, ionnúsach, seiftiúil, treallúsach.

tionsclach adjective *industrious:* déanfasach, deárcaisiúil, dian, díbhirceach, dícheallach, díocasach, díograiseach, dlúsúil, duamhar, dúthrachtach, faobhrach, fonnmhar, gnóthach, griofadach, griothalach, ionnasach, saothrach, scafa, scamhaite, tábhachtach, tiarálach, treallúsach.

tionscnamh noun ❶ *beginning, origin:* bunadh, bunrúta, bunús, ceannfháth, cionsiocair, foinse, fréamh, máthair, toiseacht, tosach, tús. ❷ *institution, establishment:* bunú, fothú, fréamhú, tosach, tosú; bunáit, fondúireacht, foras, institiúid, údarás.

tiontaigh verb ❶ *revolve, change direction:* cam, cas, cor, crom, cuir casadh i, cuir cor i, fiar, freang, iompaigh, lúb, saobh, snaidhm, sníomh. ❷ *invert, reverse:* aisiompaigh, cuir bunoscionn, cuir droim arais, iompaigh. ❸ *return:* fill, iompaigh, pill, tar ar ais, tar thar n-ais, téigh abhaile. ❹ *change colour, form, etc.:* athraigh, claochlaigh, iomalartaigh, iompaigh, malartaigh. ❺ *convert, be converted:* iompaigh. ❻ *translate:* aistrigh; cuir Béarla ar, cuir Gaeilge ar.

tiontaitheoir noun *translator:* aistritheoir, iompaitheoir; fear friotail, fear teanga, friotaire, mínitheoir, teangadóir, teangaire.

tiontú noun ❶ *turning, turn:* camadh, casadh, cor, coradh, cromadh, iompú, laobhadh, laofacht, lúb, lúbadh. ❷ **tiontú focal** *translation:* aistriúchán, leagan.

tíor verb *dry up, scorch:* breoigh, bruith, dóigh, fionn, loisc, searg, spall, triomaigh; cráindóigh, ruadhóigh, rualoisc; scall, scól.

tíoránach noun *tyrant, oppressor, bully:* aintiarna, anlaith, ansmachtaí, barraí, bulaí, mursaire, rúscaire, smachtaí.

tíoránta adjective *tyrannical, oppressive:* aintiarnúil, aintréan, anlathach, antrom, brúiteach, cinsealach, máistriúil, meirsiúil, mursanta, ollsmachtach, smachtúil, tiarnasach.

tíoránacht noun ❶ *tyranny, oppression:* ainneart, aintiarnas, aintreise, anchumhacht, anfhorlann, anlathas, ansclábhaíocht, ansmacht, anstró, antrom, basaíocht, bulaíocht, cos ar bolg, daoirse, daorbhroid, daordháil, daorsmacht, diansmacht, éagomhlann, forlámhas, forrachtadh, géarbhroid, géarleanúint, géarsmacht, inghreim, máistreacht, máistríocht, meirse, mursantacht, sclábhaíocht, smachtúlacht, tromas, urlámh, urlámhas, *literary* cacht, daorchíos, forbhrí. ❷ *intensity, violence (of heat, etc.):* cíocras, confadh, cumhacht, dásacht, déine, díbhirce, díocas, éifeacht, faobhar, fiuchadh, fórsa, fuinneamh, géire, inniúlacht, láidreacht, lán-neart, méad, neart, neartmhaire, neartmhaireacht, teaspach, tréine, treise.

tíortáil noun *(act of) knocking about, rough treatment:* ainíde, anoircheas, bascadh, batar, batráil, broicneáil, bualadh, burdáil, cargáil, castaíocht, cleathadh, clogadadh, cnagadh, cuimil an mháilín, deamhsáil, failpeadh, flípeáil, fuimine farc, giolcadh, gleadhradh, greadadh, greasáil, greidimín, íde, íospairt, lascadh, leadhbairt, leadradh, léasadh, léidearnach, liúradh, liúradh Chonáin, orlaíocht, plancadh, raiceáil, rancás, riastáil, rúscadh, sceilpeáil, siortáil, slacairt, slatáil, smeadráil, smíochtadh, smísteáil, spéiceáil, súisteáil, tóileáil, treascairt, tuairteáil, tuargaint, tuirne Mháire.

tíos noun ❶ *home economics (school subject):* eacnamaíocht bhaile. ❷ *household, home:* baile, cónaí, líon tí, muintir, muirear, muirín, teach, teaghlach, teallach, treabhlach, treabhlacht. ❸ *thrift, economy:* baileachas, bainistí, bainistíocht, barainn, barainneacht, cnuaisciúin, coigilt, coigilteas, críonnacht, fadcheann, spáráil, sprionlaitheacht, stuaim, tábhacht, taogas, tíosaíocht, tíosúlacht.

tíosach adjective ❶ *economical, thrifty, frugal:* baileach, bainistíoch, barainneach, cnuaisciúnach, cnuaisciúnta, coigilteach, críonna, féachtanach, meánaitheach, neamhchaifeach, sábhálach, spárálach, taogasach, teilgeach. ❷ *hospitable, generous:* aíoch, aíochtach, bordach, bronntach, caoin, cineálta, cóir, dáilteach, fáilteach, fairsing, fial, fiúntach, flaithiúil, gnaíúil, lách, mórchroíoch, neamhmhion, oscailteach, preabúil, rábach, soichealltach, tabhartasach, teochroíoch, toirbheartach, *literary* flaithbheartach, gartach. noun ❶ *householder:* áitreabhach, áitritheoir, ceann an teaghlaigh, cónaitheoir, fear an tí, fear tí, máistir, máistir an tí, úinéir, tiarna, tiarna talún; *familiar* é féin. ❷ *housekeeper:* bean an tí, bean tí, máistreás an tí. ❸ *host, entertainer:* fear an tí, fear an leanna, óstach, óstóir, *literary* brughaidh; banóstach; bean an tí; *familiar* í féin.

tipiciúil adjective *typical:* caighdeánach, coitianta, gnách, gnáth-, normálta, rialta, tréitheach; comhghnásach, eiseamláireach; is sampla maith é.

tír noun ❶ *country, state:* ballstát, náisiún, náisiúnstát, stát, státa, stát neamhspleách; flaitheas, ríocht. ❷ *region, district, territory:* comharsanacht, críoch, dúthaigh, dúiche, fearann, limistéar, líomatáiste, réigiún, taobh tíre, tír-raon, barúntacht, contae, cúige, tríocha céad, *pl.* triúcha. ❸ *rural district:* ceantar, dúiche, tuath. ❹ *land (as opposed to sea):* talamh. ❺ **tar i dtír ar** *make a living from, at expense*

tírdhreach
of: bain do bheatha as, mair ar. ❸ **tír mór** *mainlaind*: mórthír.

tírdhreach noun *landscape*: dreach na tíre, radharc tíre, taobh tíre, tírphictiúr, tír-raon.

tíreachas noun *domesticity*: teaghlachas; luí leis an mbaile, nádúr leis an mbaile.

tíreolaíocht noun *geography*: cruinneolas, geografaíocht, geograife, tíreolas, tlachtghrabhacht; topagrafacht, dinnseanchas; tuatheolaíocht.

tírghrá noun *patriotism*: dílseacht don náisiún, dílseacht don tír, grá tíre, náisiúnachas, tírghrá; bladhmann tírghráthóra, ciníochas, eitnealárnacht, impireánacht, seineafóibe, seobhaineachas; leithliseachas.

tírghráthóir noun *patriot*: náisiúnaí; mairtíreach, poblachtánach; dílseoir, impireán.

tirim adjective ❶ *dry*: triomaithe, tur; aimrid, neamhthorthúil, seasc. ❷ *parched, thirsty*: íotach, spallta, spalptha, súite, tíortha; dóite, loiscthe. ❸ *milkless*: seasc; i ndísc.

tíriúil adjective ❶ *homely*: gaelach, nádúrtha, pléineáilte; dúchasach, coitianta, comónta, gnách, gnáthóraice. ❷ *pleasant, sociable*: ait, beannaithe, búch, caidreamhach, cairdiúil, caoin, caoithiúil, caomh, caonrasach, carthanach, ceansa, céiliúil, cineálta, cneasta, coimhirseach, cóisireach, comhluadrach, comrádúil, connail, córtasach, cuideachtúil, cuidiúil, cúntach, dáimhiúil, díograiseach, garúil, lách, macánta, mánla, maránta, méiniúil, miochair, míonla, muinteartha, oibleagáideach, páirteach, páirtiúil, pléisiúrtha, séimh, so-ranna, suairc, taitneamhach.

tit verb ❶ *fall, drop down, descend*: tar anuas, téigh le fána, téigh síos; doirt, frasaigh, rith, sil, steall; leagtar, ligtear anuas, scaoiltear, scaoiltear anuas. ❷ *deteriorate*: claochlaigh, donaigh, meath, meathlaigh, téigh i léig, téigh in olcas; thug an gabhar leis é. ❸ *be overthrown, be killed*: caill cumhacht; baintear cumhacht de, cuirtear an ruaig ar, díbrítear; básaigh, faigh bás; cailltear, leagtar, treascraítear.

tit amach verb ❶ **tit amach le** *quarrel with*: difrigh le, easaontaigh le, scansáil le, téigh chun sleanntracha; bí ar mhalairt aigne le, ná bí ar aon fhocal le, ná bí ar aon tuairim le, ná haontaigh le, ná réitigh le, ná tar le; d'éirigh eatarthu; níl siad ar na hóí le chéile. ❷ **tit amach do** *happen to*: bain do, éirigh do, imigh ar, tar ar, tarlaigh do.

tit isteach le verb ❶ *fall in with, conform to*: éirigh cleachta le, glac le; tar isteach ar. ❷ *become friendly with*: éirigh mór le, éirigh cairdiúil le, snaidhm cairdeas le.

tit le verb ❶ *chance to get*: faigh, faigh trí sheans, tar ar, tar crosta ar, tar trasna ar.

tit thart verb *drop off*: tit i do chodladh; thit a chodladh air, *literary* tionnabhair, tuil.

titim noun ❶ *fall, falling*: dul síos, teacht anuas; bascadh, cloí, leagan, scrios, treascairt. ❷ *decline, depreciation*: fánú, meath, meathlú; cliseadh, lagú, laghdú, teip, trá, trálacht. ❸ **titim cainte** *expression, idiom*: leagan cainte; *pl.* cora cainte, dul na cainte, nath, ráiteas; friotal.

titimeas noun *epilepsy*: galar Póil, galar titimeach, mórshaoth; an tinneas beannaithe, an tinneas mór, tinneas Póil, tinneas talún, *literary* galar talmhaí.

tiúb noun *tube*: feadán; píobán, píopa, sorcóir.

tiubh adjective ❶ *thick*: mór, otair, otraithe, ramhar, téagartha, téagrach; righin, slaodach, teimhneach. ❷ *dense, close*: calctha, dlúmhaí, dlúth, docht, dúntach, *literary* díoghainn; soladach, stalcach, stalcánta, stóinsithe, stolpach, teann. ❸ *fast, quick*: beo, beoga, gasta, luath, mear, scafánta, sciobtha, tapa, tobann. noun ❶ *thick part*: cabhail, corp, lár; an chuid ramhar. ❷ *throng, press*: drong, plód, plódú, slógadh, slua; brú, fáscadh, dingeadh, gaiseadh, pulcadh.

tiubhaigh verb *thicken*: ramhraigh, righnigh; téigh i dtiús.

tiúchan noun *thickening, concentration* (*of substance*): ramhrú, tiús; láidriú, neartú.

tiúin noun ❶ *tune*: cairche, cairche cheoil, caoince, caoinche, ceol, ceolchaire, cuach, cuach cheoil, fonn, oirfide, séis, siansa, *literary* scoth. ❷ *mood, humour*: fonn, giúmar, iúmar, meanma, méin, meon, mianach, spiorad, sprid, tallann. verb *tune* (*piano, radio, etc.*): cuir i dtiúin; socraigh.

tiús noun ❶ *thickness*: raimhre, tiúchan, tibhe; righne, slaodacht; toirt. ❷ *closeness, density*: daingne, dlús, doichte, teannas, teinne; cruadas, stalcacht, stolpacht.

tláith adjective ❶ *weak, wan*: anbhann, crólag, cróloite, éagumasach, easnamhach, éidreorach, fann, féigh, lag, lagáiseach, lagbhríoch, leáiteach, leamh, leochaileach, marbhánta, meirtneach, míchumasach, neamhábalta, neamhéifeachtach, neamhéifeachtúil, neamhfhiúntach, neamh-infheidhme, neamhinniúil, neamhoilte, neamhthairbheach, sleaiceáilte, soghonta, soleonta, tnáite, tréith, tréithlag; glasliath, leice, meata, meath-thinn, mífholláin, mílítheach, mothálach, teolaí. ❷ *soft, tender*: bog, bogúrach, boigéiseach, caoin, maoth, maothlach, mín, séimh, slámach, tim. ❸ *mild, gentle*: banúil, béasach, bog, búch, caomh, cineálta, cneasta, deas, geanúil, lách, macánta, mánla, míonla, múinte, seaghsach, séimh, *literary* sochraidh, soithimh.

tláithe noun ❶ *weakness, wanness*: tlás; anbhainne, anbhainneacht, cloíteacht, fainne, faoine, faoineacht, filleadh féigh, lag, lagachar, lagáisí, lagar, laige, mairbhití, maoithe, marbhántacht, meirtean, meirtne, meirtní, míneart, silteacht, sleaic, téiglíocht, tréithe, tréithleachas; leochaileacht, mífholláine, mílítheacht. ❷ *softness, tenderness*: boige, bogúire, boigéis, caoine, maoithe, míne, míneadas, séimhe, tlás. ❸ *mildness, gentleness*: caoimhe, *pl.* caoinbhéasa, caoine, caoithiúlacht, ceansacht, cineáltacht, cneastacht, láíocht, macántacht, mánlacht, míne, míneadas, miochaire, míonlacht, modhúlacht, séimhe, tlás.

tláithíneach adjective ❶ *soft-spoken*: ciúinbhriathrach; binnbhriathrach, milisbhriathrach. ❷ *wheedling, flattering*: adhmholtach, bladarach, bladartha, bladrach, bréagach, brionnach, cealgach, cluanach, draíochtach, lúitéiseach, lústrach, meallacach, meallatach, moltach, ómósach, plámásach, plásánta, sladarúsach, slíoctha, slíománta, *literary* meallach.

tláithínteacht noun *wheedling, flattery*: béal bán, bladar, bréagadóireacht, cealgaireacht, cleasaíocht, cluanaíocht, cluanaireacht, failpéireacht, faladhúdaíocht, gleacaíocht, gliodaíocht, líodóireacht, lúbaireacht, meabhlaireacht, mealltóireacht, míolcaireacht, moladh bréige, placadh siollaí, pláibistéireacht, plámás, plás, plásaíocht, plásántacht, sladarúsach, slíbhíneacht, slíomadóireacht, slusaíocht, *figurative* gallúnach.

tláthaigh verb *allay, appease, calm*: ceansaigh, ciúnaigh, cloígh, coisc, giúmaráil, sásaigh, síothaigh, slíoc, socraigh, suaimhnigh; cuir suaimhneas i, tabhair chun síochána.

tlú noun ❶ *tongs*: teanchair maide briste, teangas, ursal, *familiar* timire tine. ❷ **tlú cataíola** *curling tongs*: catóir, trilseachán; iarann gófrála.

tnáith verb *wear down, exhaust*: cloígh, coscair, ídigh, sáraigh, spíon, traoch, treascair, tuirsigh.

tnáitheadh noun *weariness, exhaustion*: anbhainne, atuirse, cloíteacht, cor, corachas, corthacht, lagar, leimhe, maoithe, marbhántacht, meirbhliú, scíste, scíth, spadántacht, spíonadh, suaiteacht, téiglíocht, traochadh, tuirse, *literary* scís.

tnúth noun ❶ *envy:* aicis, doicheall, drochaigne, droch-chroí, éad, eascairdeas, fala, faltanas, fíoch, formad, fuath, gangaid, gráin, imthnúth, mailís, maíomh, mioscais, mírún, naimhdeas; nimh san fheoil, olc, searbhas. ❷ *vying, jealous rivalry:* ceartas, coimhlint, coingheic, cointinn, comhlann, comhrac, comórtas, dréim, éad, formad, géarchoimhlint, iomaíocht, iomaíocht, iomarbhá, iompairc, iompairt, sárú, sáraíocht, spairn, *literary* coinbhleacht; *pl.* seansíomálacha. ❸ *expectation, longing:* araíocht, brath, coinne, dóchas, dealraithí, dréim, dúil, fuireachas, ionchas, oirchill, síleadh, súil, súil in airde, súilíocht, *literary* freiscise. verb ❶ *envy:* imthnúth; bí in éad le, bí ag móradh; tá éad agam leis, tá formad agam leis. ❷ *long for, desire:* mianaigh, santaigh, tothlaigh; cuir dúil i, bí ag tnúth le; tá tnúthán agam le; ba mhaith liom, ba mhian liom.

tnúthach adjective *envious:* éadmhar, formadach, lán éada, maíteach; doicheallach, neamúch. noun *envious person:* formadach; duine éadmhar, duine formadach; duine doicheallach.

tnúthán noun ❶ *(act of) expecting; longing:* dóchas, dúil, ionchas, súil; éagmais, tnúth, *literary* síreacht; cumha, taom connailbhe, uaigneas. ❷ *(act of) sponging:* bacachas, diúgaireacht, failpéireacht, madraíocht, míoladóireacht, seipléireacht, siolpáil, siolpaireacht, stocaireacht, súdaireacht, súmaireacht, táthaireacht.

tobainne noun ❶ *suddenness, hastiness:* aibéil, obainne, práinn; deabhadh, deifir, dithneas, dlús, driopás, drip, eadarluas, gastacht, luaithe, luas, mire, tapúlacht. ❷ *quickness of temper:* éadulaingt, easpa foighde, easpa foighne, mífhoighne, neamhfhoighidí, neamhfhoighne, obainne, *literary* deinmhne; cearthaí, corraitheacht, tnúthán, aincis, cancracht, cantal, colg, cuil, lasántacht, spadhar, taghd, teasaíocht, tintríocht.

tobairín noun *dimple:* loigín, smigín, tibhre; caisirnín.

tobán noun ❶ *tub:* bairille, dabhach, dromhlach, scartaire, sistéal, soitheach umar, *literary* drochta; beiste, bleidhe, casca, cearnmheadar, crúsca, druma, gogán, mornán, oigiséad, pigín, scála, scartaire, stópa, tunna. ❷ *dumpy person:* tobadán; flapstar, lapaire, laprachán, laprachánaí, leastar, móta, páinseach, páinteach, pánaí, pantar, sadall, toimidín, tóin le talamh, tónacánaí; flapóg, lapóg, lapróg, lúrapóg, taoiseoigín.

tobann adjective ❶ *sudden, unexpected:* grod, obann, tric; gan choinne. ❷ *hasty, impulsive:* ceapánta, corrthónach, dodach, grod, guagach, luaineach, luascánach, luascánta, luathintinneach, meargánta, obann, ráscánta, ríogach, roisiúil, ruatharach, ruthagach, spadhrúil, taghdach, tallannach. ❸ *quick-tempered:* achrannach, agóideach, aighneasach, argóinteach, buailteach, caismirteach, coilgneach, cointinneach, colgach, comhlannach, conspóideach, cuileadach, friochanta, gairgeach, gleochgoilliúnach, gráinneogach, greannach, imreasach, imreasánach, iomarbhách, iarógach, meirgeach, míchéadfach, obann, siosmach, spadhrúil, spreangach, taghdach, trodach. adverb **go tobann** *suddenly, unexpectedly:* gan choinne, gan súil leis, go hobann, i mbéal na séibe; aniar aduaidh.

tobar noun *well, fountain:* fobhar, foinse, fóinsín, fuarán; scaird, scairdeán.

tobhach noun *levy, exaction:* cáin, cíos, éiric, fíneáil, pionós.

tóch noun *digging, rooting:* rómhar, tochailt; baint, cartadh, clasú, deargadh, sluaisteáil, spreabáil. verb *root, dig:* cart, rómhair, rútáil, scart, tochail; glan, gortghlan, réitigh.

tochail verb ❶ *dig, excavate:* cart, rómhair, scart, tóch. ❷ *root, burrow:* déan poll, poll, rútáil, tóch, toll.

tochais verb *scratch (itchy skin):* scrabh, scríob.

tochas noun *itch:* cigilt, dinglis, frimheardán, míolfairt; aicíd an tochais, aodh thochais, galar carrach, galar scrathach, claimhe, gearb, salachar rásúir, urtacáire.

tochrais verb *wind:* cas, ceirtleáil, glinneáil, gliondáil, maighndeáil, tochard; corn, roll, rollaigh, rolláil.

tocht[1] noun *mattress:* tocht clúimh, tocht tuí; peall, soipeachán; leaba chocháin, leaba shoip, leaba thuí.

tocht[2] noun ❶ *stoppage, (medical) obstruction:* bac; strangual. ❷ *emotional catch, deep emotion:* corraí, eatal, racht, socht, spadhar, taghd, taom.

tochta noun *thwart:* seas, tabhta, tafta; clord; suíóg.

tochtmhar adjective *deeply emotional:* deorach, luchtmhar, maoithneach, maoth, mothúchánach, rachtúil, sochorraithe, tochtach.

todhchaí noun ❶ *future:* an t-am atá le teacht, an saol atá romhainn; aimsir fháistineach. ❷ **sa todhchaí** *in the future:* ar ball, feasta, gan rómhall; amach anseo, atá chugainn; romhainn, le teacht; lá is faide anonn.

tofa adjective *choice:* dá fheabhas, den chéad scoth, den scoth; plúr (+ *gen.*), scoth (+ *gen.*), togha (+ *gen.*).

tóg verb ❶ *lift, raise:* ardaigh, cuir in airde, cuir suas, tabhair aníos. ❷ *build:* ardaigh, cuir ina sheasamh, cuir suas, déan, foirgnigh, suigh. ❸ *rear:* oil, tabhair aníos; beathaigh, biathaigh, cothaigh. ❹ *rouse, excite, stir up:* broid, brostaigh, cothaigh, cuir chun cinn, dúisigh, griog, gríosaigh, meanmnaigh, múscail, séid faoi, spreag. ❺ *utter, sing:* abair, ceol, cuir guth le, gabh; caintigh, labhair, luaigh, *literary* fuighill. ❻ *ascend, climb:* dréim, siúil suas, téigh suas. ❼ *collect, levy:* bailigh, cnuasaigh, toibhigh. ❽ *learn, understand:* cuir eolas ar, faigh amach, foghlaim, *literary* eagnaigh, tacmhaing; tabhair leat, tar isteach ar, tuig. ❾ *take to be:* tóg in amhlachas; ceap gur X é, síl gur X é. ❿ *be infected with:* faigh; cuireadh X ar. ⓫ *take possession of:* faigh, gabh, gnóthaigh, sealbhaigh; gabh seilbh ar, glac seilbh ar, tar i seilbh. ⓬ *use up, require:* caith, cealaigh, cnaígh, ídigh, ith, meil, tnáith, tomhail; éiligh; ní foláir do, ní mór do, teastaíonn ó; is riachtanach do. ⓭ *arrest:* gabh, gabh ar láimh, tabhair ar láimh, tabhair i láimh.

tóg ar verb *blame for:* agair X ar, ciontaigh i, cuir X i leith, cuir milleán X ar, éiligh ar Y faoi X, fág X ar, leag X ar; ní táithriúg air é.

tógáil noun ❶ *lifting, raising:* ardú, crochadh, *literary* turgbháil. ❷ *taking:* gabháil, gabháltas, glacadh, greamú, sealbhú. ❸ *construction, building:* déanamh, foirgníocht, foirgniú; bildeáil; foirgint, foirgneadh foirgneamh, teach; ceap árasán, ceap oifigí, ceap tithe. ❹ **tógáil croí** *uplifting of the spirits:* ardú meanman, aiteas, aoibh, aoibhneas, áthas, bród, cúis áthais, eacstais, gairdeachas, gealán, gealchroí, gliondar, laighce, lainne, lóchrann ar do chroí, lúcháir, meidhir, meidhréis, ola ar do chroí, pléisiúr, ríméad, sásamh, sástacht, sóchas, soilbhreas, sólás, sonas, suairceas, subhachas, sult, sultmhaire, taitneamh, tanfairt tógáil intinne.

togair verb *desire, choose:* mianaigh, santaigh, tothlaigh; pioc, roghnaigh, togh.

tógálach adjective *infectious, contagious:* gabhálach; eipidéimeach, paindéimeach, pláúil.

tógálaí noun ❶ *lifter, raiser:* ardaitheoir; duine a thógann. ❷ *builder:* foirgeantóir, foirgneoir, foirgnitheoir; bildeálaí. ❸ *breeder:* síolraitheoir; oiliúnóir.

togh verb ❶ *choose, select, elect:* pioc, prioc, roghnaigh; buail crann ar. ❷ *sort:* aicmigh, eagraigh, grádaigh,

togha rangaigh, sórtáil. ❸ *gather:* bailigh, carnáil, cnuasaigh, cruach, cruinnigh, teaglamaigh, tiomsaigh.

togha noun *pick, choice:* fíorscoth, gléire, rogha, rogha is togha, plúr, scoth, tús, *literary* forgla; an chuid is fearr, cíoná, climirt.

toghadh noun ❶ *choice, selection:* rogha, roghnú, togha; plúr, scoth, *literary* forgla; an sméar mhullaigh. ❷ *election:* toghchán, vótáil; olltoghchán; ballóid.

toghairm noun *summons:* cuireadh, fógra, gairm, glao, próis, próiseas, seirbheáil.

toghchán noun *election:* roghnú, toghadh, vótáil; olltoghchán; ballóid.

toghlach noun *constituency:* dáilcheantar.

toghthóir noun *elector:* toghdóir; vótálaí, vótaeir, vótóir.

toibhigh verb *levy, collect:* bailigh, cnuasaigh, tóg.

toice¹ noun *wealth, prosperity:* pl. acmhainní, áirge, airgead, bracht, bruithshléacht, bunairgead, coibhche, conách, crodh, éadáil, Éire fré chéile, Éire gan roinnt, flúirse, gustal, iarmhais, ionnas, ionnús, maoin, maoin an tsaoil, maoin shaolta, ollmhaitheas, ollmhaitheas an tsaoil, ór na cruinne, rachmall, rachmas, raidhse, rath, rathúlacht, rathúnas, saibhreas, sochar, pl. sócmhainní, somhaoin, speilp, spré, stór, strus, tábhacht, teaspach, *literary* intleamh, ionnlas, sorthan; tá a chóta bán buailte 'his fortune is made'.

toice² noun *pert girl, hussy:* gustóg, leagaire, raiteog, scib, scubaid, stiúsaí, strabalach, strabóid, strapairlín, streabhóg; baothóg, giodróg.

toicneáil noun ❶ *(act of) fulling:* ramhrú, úcadh, úcaireacht, úcamáil. ❷ *(act of) pottering, doing odd jobs:* breallógacht, geidineáil, giollacht, gíotáil, giotamáil, giurnáil, gliocsáil, potráil, prócáil, sibiléireacht, spidireacht, timireacht, útamáil; creachlaois, pl. creachlaoisí oibre.

toighis noun *taste, fancy:* breithiúnas, cáiréis, ciall, dúil, mian, miangas, toil.

toighseach adjective *tasteful, particular:* cáiréiseach, ciallmhar, oiriúnach, tuisceanach; cúirialta, íogair, laideanta, meonúil, nósúil, pointeáilte.

toil noun ❶ *will:* togradh, toiliú, toilteanas. ❷ *desire, wish:* claon, claonadh, díograis, dúil, dúil chráite, dúilmhireacht, fonn, guí, mian, miangas, mianú, rogha, santú, taitneamh, tnúthán, tothlú.

toiligh verb *consent, agree:* aontaigh, géill, glac le, réitigh le.

toiliúil adjective *wilful, intentional:* beartaithe, intinneach, toilghnústa, toilteanach, tolach; d'aon turas, d'aon ghnó.

toilleadh noun *capacity:* ceapaíocht, doimhneacht, fairsinge, fairsingeacht, leithne, luchtmhaireacht, méad, scóipiúlacht, spás; áit, ionad, slí, spás.

toilteanach adjective *willing, voluntary:* beartaithe, deonach, intinneach, toiliúil, toilghnústa; dá dheoin féin, dá leointe féin, dá shaortthoil féin.

toimhde noun *supposition, presumption:* toimhdiú; barúil, cur i gcás, tuairim, tuiscint; glacan, hipitéis; déantar talamh slán go.

toimhseach adjective *sparing, niggardly:* baileach, bainistíoch, barainneach, coigilteach, críonna, tíosach; ceachartha, ceapánta, cinnte, cnuasaitheach, cnuaisciúnach, cnuaisciúnta, cúngchroíoch, díbheach, doicheallach, dúlaí, féachtanach, gann, gortach, greamastúil, greamasúil, lompasach, meánaitheach, míghnaíúil, ocrach, spárálach, sprionlaithe, suarach, taogasach, teilgeach, tíosach, truaillí, tútach, *literary* neoid.

tóin noun ❶ *backside, posterior:* áthán, bundún, clais, cráic, deireadh, geadán, gimide, giorradán, gúnga, más, prompa, rumpa, tiarpa, tóin, tónóg; ánas, poll na tóna, timpireacht. ❷ *lower part, bottom:* bonn, bun, íochtar. ❸ *lower end:* bun, deireadh, íochtar.

tointe noun ❶ *thread:* ribe, ribeog, rón, ruainne, snáithe, snáithín, *colloquial* snáth. ❷ *strand, stitch:* snaidhm, sraith, ribe, ruainne, snáth.

tóir noun *pursuit, hunt, chace:* cluicheadh, fiach, gáir faoi tholl, sealg, seilg, táin, tóraíocht.

toirbhir verb ❶ *hand over:* seachaid, tabhair ar lámh; cuir i lámha. ❷ *give, present:* bronn, deonaigh, tabhair. ❸ *dedicate:* coisric, ofráil, tabhair, tairg, tíolaic, tiomnaigh.

toirbhirt noun ❶ *delivery, presentation:* seachadadh, bronnadh, deonadh, tíolacadh. ❷ *gift, offering:* bronntanas, deonú, ofráil, tairiscint, tíolacadh, *literary* dán. ❸ *dedication:* ofráil, tiomnú. ❹ **an Toirbhirt sa Teampall** *the Presentation in the Temple (festival, 2nd February):* Toirbhirt Chríost sa Teampall; Lá Fhéile Muire Beag san Earrach, Lá Fhéile Muire na gCoinneal, Lá Fhéile Muire na Féile Bríde; Glanadh na Maighdine Beannaithe Muire, Glanadh na hÓighe Beannaithe Muire.

toircheas noun ❶ *pregnancy:* torachas; riocht duine clainne; tórmach. ❷ *fruit of the womb, offspring:* gin, leanbh, páiste, pór, síol, síolrach, sliocht, suth; ceann óg, coileán, pl. óga.

toirchim noun *heavy sleep, slumber:* toirchim suain; codladh na Caillí Béarra, codladh mhná Dhoire Né ó Dhéardaoin go Domhnach, támhchodladh, támhshuan.

toirchigh verb *make pregnant, impregnate:* fág torrach; déan máthair de, tabhair páiste do, *familiar* cuir i ngéibheann, cuir maróg ar, cuir suas an cnoc, leag suas; doir, poc, reith.

toireasc noun *saw:* sábh.

tóirínteacht noun *(act of) inquiring, inquiry:* ceistiúchán, cuntas, fiafraí, fiosrú, fiosrúchán, géarscrúdú, grinniú, imchomharc, iniúchadh, mionscrúdú, scrúdú; ceastóireacht, cúistiúnacht.

toirm noun *noise, tumult:* borrán, bruíon chaorthainn, cambús, caorthainn cárthainn, carabuaic, carabunca, cibeal, cíor thuathail, cipeadraíl, cipíneach, círéib, círéip, clampar, clibirt, cliobach, cliobaram hob, clisiam, diúra dheabhra, forrú, fuilibiliú, fuirseadh má rabhdalam, furú, gírle guairle, giorac, gleadhradh, gleorán, glisiam, glórmhach, greatharnach, griobach, holam halam, hólam tró, hurlamaboc, hurla harla, hurlama giúrlama, liútar éatar, liútar léatar, mearú, muin marc, pililiú, racán, rachlas, ragáille, raic, raiple húta, rancás, réabadh reilige, rírá, ruaille buaille, scliúchas, toirléaspadh, toirnéis, trachlais, tranglam, troistneach, trumach tramach, *literary* eascal, treathan.

toirmeasc noun ❶ *prohibition:* bang, cosc, cros, teir, urghaire. ❷ *prevention, hindrance:* bac, bacainn, branra, buairichín, buairthín, buarach, cis, coisceadh, cornasc, cosc, costadh, cros, cruimeasc, éaradh, friofac, gradhan, glaicín, iodh, laincide, laincis, laingeal, fos, gabháil, oilbhéim, ríochan, sochtadh, sos, srian, stad, stop, stopadh, urchall. ❸ *mischief, dissension:* achrann, aighneas, aimhleas, ainghníomh, aingíocht, anachain, anmhailís, argáil, argóint, bárthainn, bruíon, cáiríneacht, caitleáil, cath, cibeal, clampar, cogadh, conabhrú, conghail, coinghleic, cointinn, coir, coiriúlacht, conspóid, construáil, damáiste, díobháil, díth, dochar, dochracht, dochras, doghníomh, drochbheart, drochghníomh, drochobair, eisíocháin, eisíth, feall, fealltacht, gangaid, giorac, griobsach, griolladh, iaróg, imreas, imreasán, iomarbhá, maicín, mailís, milleadh, mínáire, mínós, mioscais, mírún, mísc oilbhéas, oilghníomh, olc, peaca, raic, siosma, troid, urchóid, urchóideacht, *literary* gleidean, imnise. ❹ *mishap, misfortune:* aimléis, ainnise, ainriocht, anacair, anachain, anás, anchaoi, angar, anró, anróiteacht, anshó, bochtaineacht, bochtanas, boichte, ceasna, crá croí, crácáil, cráiteacht, cránán, cránas, cruatan, deacair, dealús, dearóile, díblíocht, dochma, dochonách, dochracht, dochraide, dócúl, doghrainn, doic, dóing, dóinmhí, dola, dothairne, drochbhail, duainéis, éagomhlann, fulaingt, gábh, gannchuid, gátar, géarbhroid, géarghoin, iomard, leatrom, matalang, mí-ádh, mífhortún, óspairt, pioilóid, smál, suarachas, suaríocht, teipinn, trioblóid, truántacht, uireasa, *literary* cacht, galghad.

toirmisc verb *prohibit, prevent, hinder:* bac, barr, blocáil, brúigh faoi, coisc, cros, cros, stad, stop, urbhac; cuir bac le, cuir cosc le, cuir deireadh le, cuir faoi chois, cuir stop le.

toirneach n ❶ *thunder:* torann mór, *literary* torann, treathan; spéirling, stoirm thoirní; tintreach is toirneach. ❷ *violent rage:* ainscian, aonach, báiní, buile, buile feirge, caor, cinnmhire, cochall, colg, colgaí, confadh, cuthach, dásacht, fearg, fiántas, fíoch, fíochmhaire, fiuch, fiúir, fiúnach, flosc, fraoch, oibriú, ruamantacht, spadhar, taghd.

tóirse noun ❶ *torch:* breo, branda, coicheán, coichín, coinneal, coinneal ghiúise, lasóg, léaspaire, lóchrann, soilseán, sop, sopóg, teannáil, trilseán, *literary* sutrall. ❷ *luminary:* crann solais, réalta eolais; léaspaire.

toirt noun ❶ *volume, bulk:* cainníocht, doimhne, doimhneacht, fad, leithead, leithne, mais, meáchan, méad, méadúlacht, méid, oiread, saghas, tathag, téagar, toilleadh, tomhas, troime, tromacht. ❷ *form, shape:* cló, cóiriú, cosúlacht, crot, cruth, cuma, cumraíocht, cuntanós, déanmhaíocht, deilbh, dreach, eagar, éagasc, fíor, fíoraíocht, foirm, gné, gnúis, leagan, riocht, scoth, stíl. ❸ *mass, body:* bulc, carn, carnáil, carnán, cladach, cnuasach, cruach, cual, daba, dalladh, fras, lab, lámháil, lasta, lear, líon, mais, maoil, maois, maoiseog, meall, moll, múr, oiread, raidhse, rois, slaod, sruth, suim, tathag, téagar, tuile, tulca.

toirtéis noun ❶ *haughtiness, self-importance:* anbharúil, bogás, borrachas, bródúlacht, bromuabhar, buannaíocht, ceartaiseacht, ceartaisí, cinseal, díomas, éirí in airde, iarlaitheacht, leithead, móiréis, móráil, mórchúis, mórtas, mórtas thóin gan taca, mustar, postúlacht, saoithíneacht, sotal, tromchúis, *familiar* cóití bhárms. ❷ *elation:* aeracht, aeraíl, aiteas, aoibhneas, áthas, eadarluas, fíbín, geidimín, gairdeas, girréis, leithéis, meidhir, meidhréis, móraigeantacht, pléisiúr, rímead, *pl.* sceitimíní, sceleondar scóip, scóipiúlacht, sonas, strólacht, *literary* airear; támhnéal áthais.

toirtéiseach adjective ❶ *haughty, self-important:* anbharúlach, beadaí, borrach, bródúil, clóchasach, consaeitiúil, déanfasach, díomasach, foruallach, gusmhar, gustalach, gusúil, mórálach, mórchúiseach, mórtasach, postúil, sotalach, suimiúil, teanntásach, teidealach, uaibhreach, údarásach. ❷ *boastful:* baoth, bastallach, bladhmannach, bogásach, bóibéiseach, borrach, glórdhíomhaoineach, laochasach, maíteach, móiréiseach, mórfhoclach, mórtasach, mustrach, poimpéiseach, postúil, siollógach, sotalach.

toirtís noun *tortoise (family Testudinidae):* tortóis; tiripín; turtair, turtar; *literary* sceallbholg.

toirtiúil adjective *larg-sized, bulky:* toirteach; ábhal, ábhalmhór, aibhseach, áibhéalta, arrachtach, domhain, fada, fathachúil, fuaimintiúil, leathan, leitheadach, méadúil, mór, ollmhór, scóipiúil, soladach, spásmhar, stóinsithe, substaintiúil, taoisleannach, taosmhar, tarbhánta, tathagach, téagartha, teann, *literary* dearmháil, dearmháir.

toisc noun ❶ *literary expedition, errand:* aistear, amhantar, comóradh, eachtra, feacht, feachtas, fiontar, slógadh, sluaíocht, teachtaireacht, tóstal, turas, *literary* tairdeal. ❷ *pl.* **tosca** *circumstances:* pl. coinníollacha, *pl.* dála, *pl.* imthosca, scéal, staid, suíomh. preposition **toisc, de thoisc** *because of, on account of:* de bharr, de bhrí, i ngeall ar, as siocar.

toise noun *measurement, dimension:* miosúr, miosúireacht, tomhas, trácht, *literary* díorna, tura; treo.

toit noun ❶ *smoke:* deatach, gal, gal soip, plúchadh, pluimín, smúid, smúit. ❷ *vapour, steam:* ceo, gal, galuisce, néal, ró samh, smúid. ❸ **toit tobac** *tobacco smoke:* gal tobac, deatach tobac, púir dheataigh.

tóithín noun ❶ *porpoise (Phocoena phocoena):* toithín; cráin mhara, muc mhara, searrach gorm. ❷ *rotund person:* balcaire fir, bloc fir, blocán fir, bollatach, ceaigín, crúsca fir, dailc fir, flapstar, lapaire, laprachán, laprachánaí, leastar, mamailíneach, móta, stumpa fir, stuimpíneach, tobadán, tobán, tóirpeachán, toirpín, tóirpín, tóithín, tuairgín fir; balcaire mná, dailc mná, flapóg, lapóg, lapróg, lúrapóg, páideog, saoisteog, stopóg, stumpa mná, taoiseoigín.

toitrigh verb *smoke, fumigate:* deataigh.

tolach adjective *intentional, wilful:* beartaithe, intinneach, toilghnústa, toiliúil, toilteanach; d'aon turas, d'aon ghnó.

tólamh adverbial phrase **i dtólamh** *always, all the time:* d'acht is d'áirithe, de shíor, go brách, go buan, go deo na ndeor, go síoraí, *literary* de ghréas; ar fad; i gcónaí, riamh is choíche; gan sos, gan stad; an t-am ar fad, an t-am go léir, ar feadh na faide.

tolg[1] noun ❶ *literary sleeping compartment, bed:* iomaí, leaba, seol, sráideog, *literary* airéal; cillín, rúm, seomra. ❷ *sofa, couch:* cúiste, dibheán, iomaí, otamán, saoiste, saoisteog, *literary* airéal, imscing; binse.

tolg[2] verb ❶ *attack, buffet:* ionsaigh; tabhair amas faoi, tabhair faoi, tabhair breabhaid faoi, tabhair fogha faoi; batráil, buail, cnag, gleadhair, gread, greasáil, lasc, leadair, leadhb, léas, léirigh, liúr, péirseáil, planc, pocáil, slis, smíoch, smíocht, smiot, smíst, stánáil, súisteáil, tuargain. ❷ *gather, brew:* cruinnigh, déan othras, forbair, tar chun cinn. ❸ *contract, develop (disease):* faigh, glac, tóg.

tolgach adjective *violent, buffeting:* ainchríostúil, ainmheasartha, ainrianta, aintréan, allta, anfhorlannach, barbartha, béimneach, brúidiúil, brúisciúil, buailteach, coirpe, coscrach, cnagach, crua, cruachroíoch, cruálach, damanta, danartha, dásachtach, díbheirgeach, dobhéasach, dúnmharfach, éigneach, fiánta, fiata, fiáin, fíochmhar, foghach, foréigneach, fraochmhar, fraochta, fuilteach, gairbhéiseach, gangaideach, garbh, ionsaitheach, meilteach, mídhaonna, mínádúrtha, mínáireach, míshibhialta, ropánta, tréamanta.

tolgán noun *thrust, jolt:* buille, priocadh, rop, sá, sacadh, sáiteán, sonc, turraing; daigh, deann, pian, ríog, saighead, turraing, *literary* tuinseamh.

toll adjective ❶ *pierced, perforated:* bréifneach, criathrach, crosach, pollach, pollta, tollta, trétholl; faoi phoillíní. ❷ *hollow, empty:* cuasach, folamh, folmhaithe. ❸ *deep, hollow (of sound):* domhain, torannach, tormánach. noun ❶ *hole, hollow:* cró, cuas, cuasán, cuasóg, gleann, gleanntán, lag, lagán, log, logán, logall, logán, mám, póca, póicéad, poll. ❷ *posterior, buttocks:* bundún, geadán, gimide, giorradán, gúnga, más, prompa, rumpa, tiarpa, tóin, tónóg, *familiar* cráic. ❸ **i dtoll a chéile** *together, all together:* le chéile, ar mhuin a chéile, ar mhuin marc a chéile; cruinn, cruinnithe; arna mbailiú, arna gcruinniú, arna dtiomsú. verb *bore, pierce, perforate:* poll, puinseáil, saighid, taratraigh, treáigh; cuir poll i.

tollán

tollán noun *tunnel:* pasáiste faoin talamh; coinicéar, pluais, poll; brocach.
tolltach adjective *piercing, penetrating:* áith, aithrinneach, bearrtha, biorach, colgach, faobhrach, feannaideach, feannta, géar, géaránach, géarghoineach, géarlannach, goimhiúil, goineach, goinideach, gonta, íogair, nimhneach, polltach, ribeanta, rinneach, ropánta, sceamhach, siosúrtha, *literary* féigh, goithneach.
tolmas noun *abundance:* a lán, an-chuid, an-ladhar, bleachtanas, bun maith, carn, *pl.* cairn dubha, clais, cothrom, cuid mhaith, cuid mhór, cuimse, dalladh, fairsinge, fairsingeacht, féile, flaithiúlacht, flúirse, flúirseacht, flúirsí, fuíoll na bhfuíoll, iarracht mhaith, iarracht mhór, iomláine, iontas, láine, lear, líonmhaireacht, lochadradh, luthairt lathairt, maidhm, *pl.* mámannaí, mórán, neart, púir, raidhse, raidhsiúlacht, réimse, saibhreas, scanradh, seó, slám, steancán, stráice, suaitheantas, suim mór, taoscán, téagar, tonn mhaith, *familiar* an t-uafás, *literary* díoghainne, intleamh, tóla.
tom noun ❶ *bush, shrub:* dos, tor, sceach; creachán, driseog, drisín, sceachín, tomóg. ❷ *clump, tuft, tussock:* braisle, brobh, dos, dosán, dosóg, scoth, scothán, seamaide, sop, sopóg, táithín, táth, tor, tortóg, triopall.
tomhail verb *eat, consume:* caith, cealaigh, cnaígh, creim, ith, long, ól, meil, tnáith, *literary* ibh.
tomhais verb ❶ *measure, weigh, estimate:* meáigh, meas, measraigh, measúnaigh; leabhraigh, luacháil; déan beachtaíocht ar, déan meastóireacht ar, tabhair breith ar, tabhair breithiúnas ar, tabhair tuairim ar. ❷ *guess:* caith tuairim, tabhair buille faoi thuairim.
tomhaltas noun ❶ *consumption of food:* caitheamh, cealú, ídiú, ithe, ól, meilt. ❷ *eatables, food:* beatha,

---

Toirtísí agus Turtair

African helmeted turtle (*Pelomedusa subrufa*): turtar clogaid Afracach
African mud turtle (*Pelusios subniger*): turtar lathaí Afracach
alligator snapping turtle (*Macroclemys temminckii*): snapthurtar ailigéadrach
angulate tortoise (*Chersina angulata*): toirtís *f.* uilleach
Asian leaf turtle (*Cyclemys dentata*): duillturtar Áiseach
black marsh turtle (*Siebenrockiella crassicolis*): turtar dubh corraigh
bowsprit tortoise (*féach* angulate tortoise)
broad-shelled turtle (*Macrochelodina expansa*): turtar sciathleathan
Carolina box turtle (*Terrapene carolina*): turtar boscach
Central American river turtle (*Dermatemys mawii*): turtar abhann Mheiriceá Láir
Chinese box turtle (*Cistoclemmys flavomarginata*): turtar boscach Síneach
Chinese soft-shelled turtle (*Trionyx sinensis*): bogthurtar Síneach
common snake-necked turtle (*Chelodina longicollis*): turtar muineálach coiteann
common snapping turtle (*Chelydra serpentina*): snapthurtar coiteann
desert tortoise (*Gopherus agassizii*): toirtís *f.* gaineamhlaigh
diamond-back terrapin (*Malaclemys terrapin*): tiripín diamantach
East African sidenecked turtle (*féach* African mud turtle)
Eastern long neck tortoise (*féach* common snake-necked turtle)
Eastern river cooter (*Pseudemys concinna*): turtar abhann oirthearach
forest hingeback tortoise (*Kinixys erosa*): toirtís *f.* bacánach foraoise
Krefft's river turtle (*Emydura krefftii*): turtar abhann Krefft
Kwangtung river turtle (*féach* red-necked river turtle)
European pond terrapin (*féach* European pond turtle)
European pond turtle (*Emys orbicularis*): lochthurtar Eorpach
Florida soft-shelled turtle (*Apalone ferox*): bogthurtar Florida
Gaboon side-neck terrapin (*féach* African mud turtle)
Galapagos giant tortoise (*Geochelone elephantopus*): olltoirtís *f.* Ghalapágach
gopher tortoise (*Gopherus polyphemus*): toirtís *f.* gófair
green turtle (*Chelonia mydas*): turtar glas
hawksbill turtle (*Eretmochelys imbricata*): turtar frithghobach
Hermann's tortoise (*Testudo hermanni*): toirtís *f.* Hermann
hinge-back Tortoise (*Kinixys sp.*): toirtís *f.* bhacánach
Indian black turtle (*Melanochelys trijuga*): turtar dubh Indiach
leatherback turtle (*Dermochelys coriacea*): turtar droimleathair
leathery turtle (*féach* leatherback turtle)
loggerhead turtle (*Caretta caretta*): turtar ceannmhór
Macquarie turtle (*Emydura macquarii*): turtar Mhic Guaire
Malayan flat-shelled turtle (*Notochelys platynota*): turtar cothrom Malaech
matamata (*Chelus fimbriatus*): matamata
midland painted turtle (*Chrysemys picta marginata*): turtar dathannach lárnach
Murray turtle (*féach* Macquarie turtle)
oblong turtle (*Chelodina oblongata*): turtar leathfhada
olive ridley turtle (*Lepidochelys olivacea*): tátó
painted turtle (*Chrysemys picta*): turtar dathannach
pancake tortoise (*Malacochersus tornieri*): toirtís *f.* phancógach
pig-nosed river turtle (*Carettochelys insculpta*): turtar smutach
red-bellied turtle (*Pseudemys rubriventris*): turtar bolgrua
red-crowned roofed turtle (*Kachuga kachuga*): díonturtar barrdhearg
red-eared slider (*féach* red-eared turtle)
red-eared turtle (*Trachemys scripta*): turtar cluasdearg
red-footed tortoise (*Gerochelone carbonaria*): toirtís *f.* chosdearg
red-necked pond turtle (*Chinemys nigricans*): lochthurtar deargmhuineálach
serrated hingeback tortoise (*féach* forest hingeback tortoise)
Seychelles giant tortoise (*Geochelone gigantea*): olltoirtís *f.* Shéiséalach
short-necked turtle (*Emydura sp.*): turtar gearrmhuineálach
speckled padloper (*Homopus signatus*): toirtís *f.* chosáin bhreac
spotted pond turtle (*Clemmys guttata*): turtar linne ballach
spur-thighed tortoise (*Testudo graeca*): toirtís *f.* Ghréagach
star tortoise (*Geochelone elegans*): toirtís *f.* réaltach
stinkpot (*Sternotherus sp.*): muscthurtar
Texas cooter (*Pseudemys texana*): turtar Texas
tropical slider (*Trachemys ornata*): sleamhnadóir trópaiceach
twist-neck turtle (*Platemys platycephala*): turtar casmhuineálach
wood turtle (*Clemmys insculpta*): turtar coille
yellow-marginated box turtle (*féach* Chinese box turtle)
yellow mud turtle (*Kinosternon flavescens*): turtar lathaí buí

bia, cothabháil, cotháil, cothú, lón, lónadóireacht, raisín, soláthar, *literary* coth; arán laethúil.

tomhaltóir noun ❶ *consumer:* caiteoir, ceannaitheoir, custaiméir, íditheoir. ❷ *big eater:* ailpéir, alpaire, amplachán, amplóir, anrachán, bláistéir, bleadrachán, calcaire, cíocrachán, cíocrasán, cráisiléad, craosachán, craosaí, craosaire, craosánach, gainéan, gionachán, gliúrach, gliúrachán, gluitéir, glutaire, goileadán, goilíoch, gorb, graoisín, longaire, málaeir, ocrachán, ocrasán, peasánach, placaire, póitreálaí, scloitéir, slamaire, slogaire, slogamóir, slogánach, suthaire.

tomhas noun ❶ *gauge, measure:* gléas tomhaiste, méadar, treoir; ribín tomhais; riail, rialóir, slat tomhais; caighdeán, *literary* díorna. ❷ *quantity:* cainníocht, fairsingeacht, meáchan, méid, oiread, toise, troime, tromacht. ❸ *guess, riddle:* tomhais; dubhfhocal, dúcheist, dúthomhas, fadhb, oighear an scéil, pointe cruóige.

ton noun ❶ *tone (sound):* fuaim, tuaim, tuin. ❷ *tone (colour):* imir, lí.

tónacán noun *(act of) moving on one's bottom, fidgeting:* proimpíneacht; corrabhuais, corraí, corraíl, corrthónacht, fíbín, flosc, fuadar, giodam, guagacht, guagaíl, guagaíocht, guairdeall, luaineacht, teaspach.

tónacánaí noun ❶ *fidgety person:* corrthónaí, fuadrálaí, fústaire, fústrálaí, griothalánaí; tá tinneas na circe air. ❷ *clumsy walker:* clabhstrálaí, cosarálaí, crágálaí, gladhbóg, gúngaire, lúnadán, plapstaire, spágachán, spágaí, spágálaí, spágán, strácálaí, strampálaí, streachlán. ❸ *squat, dumpy person:* flapstar, lapaire, laprachán, laprachánaí, leastar, móta, páinseach, páinteach, pánaí, pantar, sadall, tobadán, tobán, toimidín, tóin le talamh; flapóg, lapóg, lapróg, lúrapóg, taoiseoigín.

tonn noun ❶ *wave:* tonnadh, tonnán; saoiste farraige, saoiste mara; barróg, bréidín, bréiste, bréitse, bréitsín, *pl.* bristí, maidhm, uain; camóg, druga; clabán. ❷ *surface, skin:* aghaidh, clár, dreach, éadan, pláinéid, taobh, uachtar, *literary* tulmhong; craiceann, leathar, peall, seithe, *literary* bian. verb ❶ *billow, surge:* tonnaigh; bí ag brúchtadh, éirígh i dtonnta; borr, coip. ❷ *gush, pour:* brúcht, buinnigh, doirt, maidhm, rill, scaird, sceith, sead, sil, steall.

tonn tuile noun *tidal wave:* muirbhrúcht, sunamaí, tonn taoide.

tonnadóir noun *funnel:* fóiséad, (i gContae na Gaillimhe) fuinil, tundais.

tonnaosta adjective *getting on in years:* aosta, ársa, cianaosta, cnagaosta, cranda, críon, críonna, foirfe, lánaosta, liath, lomaosta, scothaosta, sean-, sean, seanórtha, seargtha.

tonnchrith noun *vibration:* cibhear, creathán, crith, croitheadh, luascadh, preabadh.

tonnmhar adjective *billowy:* treathnach; bréitseach, coipthe, corraithe, salach, scaobach, sceanúil, scréachta, suaite.

tonóg noun ❶ *duck:* lacha, lacha tí, lacha tíre; bardal, éan lachan. ❷ *dumpy little woman:* flapóg, lapóg, lapróg, lúrapóg, páideog, saoisteog, stopóg, stumpa mná, taoiseoigín; balcaire mná, dailc mná.

tor noun ❶ *bush, shrub:* dos, tom, sceach; creachán, driseog, drisín, sceachín, tomóg. ❷ *clump, tuft:* dos, dosán, dosóg, tom, tortóg; braisle, brobh, scoth, scothán, seamaide, sop, sopóg, táithín, táth, triopall.

toradh noun ❶ *fruit:* meas, *colloquial* measra; caor, cnó, úll; mogóir, sceachóir. ❷ *product, yield:* déantús, soláthar, táirge; tál, bleacht, bleachtanas. ❸ *result:* iardraí, iarmhairt; deasca, iarsma.

tóraí noun ❶ *pursuer, seeker:* cuardaitheoir, fiagaí, lorgaire, ransaitheoir, sealgaire, sirtheoir; bleachtaire. ❷ *historical bandit:* ceithearn choille, ceithearnach, ceithearnach coille, éaglann, easurra, eisreachtaí, meirleach, ropaire. ❸ *Tory:* caomhnach, coimeádach.

tóraigh verb *pursue, seek, search for:* cuardaigh, cuartaigh, fiach, iarr, lorg, lorgair, piardáil, ransaigh, siortaigh, sir.

tóraíocht noun *pursuit, hunt, search:* fiach, sealg, seilg, tóir, *literary* táin.

torann noun ❶ *noise:* callán, callóid, fothram, fuaim, gleo, glisiam, glór, glóráil, greadhain, pléasc, racán, raic, scréach, siot, toirnéis, tormán, troistneach, trost, trostal, trostar, trup, trupáis, trupás, truplásc. ❷ *literary thunder:* toirneach, torann mór, *literary* treathan; spéirling, stoirm thoirní; tintreach is toirneach.

torathar noun *monster, ogre:* airp, aisling, alltán, amhailt, anbheithíoch, anchúinse, anchúinseacht, arrachta, arrachtach, badhbh, basailisc, béist, bleidhmhíol, bocán, bocánach, bréagchéadfa, brúid, brúta, dragan, dragún, each uisce, fuath, ginid, greall, gríobh, Mionadúr, ollphéist, onchú, (i gContae na Gaillimhe) ongamhás, orc, péist, péist mhór, rínathair, séansaí, sfioncs, síofra, taibhse, torathar, vuibhearn; aitheach, arracht, arrachtach, fámaire, fathach, feannaire, fomhórach, gruagaire, *literary* scál.

torbán noun *tadpole:* torbad eathadán, foloscain, foloscán, gallagún, loscann, óglotoscann, (i gContae Mhaigh Eo) pró froganna, súmaire, súmadóir.

torc noun ❶ *boar:* collach, torcán; muc fhiáin, muc fhireann. ❷ *corpulent person:* torcán; ablach, béicheachán, béiceadán, bleadrachán, bleaistéir, bleitheach, bléitheach, bleitheachán, boilgíneach, bó mhagarlach, bolaistín, bolaistrín, bolgadán, bolgaire, bolgairne, bológ, bró, broicealach, broicleach, brúchtíneach, bruileach, bruilíneach, bruithleach, brúitín, brúitíneach, builtéar, builtéir, burla, burlaimín, burlamán, ceaigín, céis, claiséir, clogáiste, collach, cráisiléad, daba, damh, feolamán, geois, geoiseach, gillín, glugaí, glugaire, glugrachán, gluitéir, glutaire, gorb, griollach, griollachán, griollaire, lamhnán, lapaire, leacaí, lodar, luán, lúireach, mart, másach, másaire, méadail mhór, méadlach, méadlachán, móta, páin, páinseach, páinteach, pánach, pánaí, pántrach, pataire, patalachán, patalán, patán, patarán, patarún, patlachán, peasánach, plástar, plobaire, plobar, plobrachán, porc, práisiléad, práisléad, prúntach, púdarlach, púdarlán, putrachán, rabhndar, railliúnach, riteachán, samhdaí, samhdán, sceartán, sceartachán, scraith ghlugair, scrathachán, siotalach, somach, somachán, tioblach, toirt, tulcais. ❸ *man of substance:* ball mór, boc mór, boicín, cnapán duine uasail, gearrbhodach, glasbhoicín, gróintín, iasc mór, lus mór, piarda, pluga, ridire an pharóiste, sracdhuine uasal, torclach, *figurative* tapar.

tórmach noun *(act of) increasing, swelling, increase:* at, borradh, fás, forbairt, forthórmach, méadú, péacadh. ❷ *springing (of cow):* ionlaos, toircheas.

tormáil noun *(act of) rumbling, rumble:* búir, búireach, búirthíl, dord, dordán, geonaíl, rucht, ruchtach, ruchtaíl, ruchtladh, toirneach bhalbh, torann, tormán.

tormán noun *noise:* callán, callóid, fothram, fuaim, gleo, glisiam, glór, glóráil, greadhain, pléasc, racán, raic, scréach, siota, toirnéis, torann, troistneach, trost, trostal, trostar, trup, trupáis, trupás, truplásc, tuaim.

tormas noun *(act of) carping, grumbling:* aingíocht, banrán, cáinseoireacht, casaoid, cearbháil, ceasacht, ciarsán, clamhsán, cnádánacht, cnáimhseáil, cneáireacht, drantán, fuasaoid, gearán, tromaíocht,

tornáil

tornáil verb ❶ *tack (of ship)*: bordáil, leathbhordáil, tacáil; bain leathbhord aisti, caith cúrsa, téigh ar cúrsaí, tóg bord. ❷ *zigzag*: déan fiarlán, imigh fiarlán, téigh fiarlán, téigh go fiarlán; téigh ar fiarsceabha, téigh ar fiarsceo.
tornapa noun *turnip (Brassica rapa)*: tornaip, tornap; meacan ráibe; meaingeal.
tornóir noun *turner*: deileadóir, tornálaí.
tornóireacht noun *turnery*: deileadóireacht.
torpán noun ❶ *(small) clump, clod*: balc, baog, caob, caor, caorán, clabhta, cnap, cnapán, dailc, dalcán, dóideog, fód, gamba, goblach, leota, lóta, meall, meascán, moll, smut, smután, torpa. ❷ *roundish thing*: bál, caor, caoróg, coirnín, cruinne, cruinneán, cruinneog, liathróid, liathróidín, meall, meallán, meallóg, mónann, mónóg, sféar. ❸ *pot-bellied person*: bleitheach, bleitheachán, boglachán, bograchán, boilgíneach, bolgadán, bolgaire, bolmán, bolmán béice, bró, brúchtíneach, bruileach, bruilíneach, brúitín, brúitíneach, builtéar, builtéir, buimbiléad, búiste, búistéir, bumbailéir, burla, burlaimín, burlamán, ceaigín, ceailis, claiséir, daba, geoiseach, glutaire, lamhnán, méadlach, méadlachán, móta, páin, pántrach, peasánach, plobaire, plobar, plobrachán, pórc, riteachán, sceartachán, staic.
torpóg noun *plump woman*: bolgadán mná, bruithneog, búis, cearnóg, cleaití, flapóg, geasta ósta, lapóg, lapróg, leathnóg, múis, patalóg, ploból mná, rabhndairín, ringiléad, samhdóg, sodóg, taoiseoigín.
torrach adjective *pregnant*: ag iompar chlainne, ag súil le páiste, (*i gContae Chorcaí*) fé shlí, leagtha suas, leatromach, muiríneach, taobhthrom, *familiar i* ngéibheann, suas an cnoc, **adjectival genitive** tórmaigh, trom.
tórramh noun ❶ *wake*: faire. ❷ *funeral*: adhlacadh, comhairí, sochraid; crócharn, crócharnaid, crócharnán, crócnaid, crócrann. ❸ *literary (act of) ministering to, service*: fóir, fóirithint, fónamh, freastal, friochnamh, friotháil, giollacht, giollaíocht, ionramh, mineastráil, seirbhís, tindeáil, *literary* goire, ionaltas. ❹ *harvest-home, garnering of crops*: baint, cnuasach, fómhar, sábháil; meilséara.
tortán noun ❶ *clump, tussock*: braisle, brobh, dos, dosán, dosóg, scoth, scothán, seamaide, sop, sopóg, tom, tor, tortóg, triopall. ❷ *dumpy person*: flapstar, lapaire, laprachán, laprachánaí, leastar, móta, páinseach, páinteach, pánaí, pantar, sadall, tobadán, tobán, toimidín, tóin le talamh, tónacánaí; flapóg, lapóg, lapróg, lúrapóg, taoiseoigín, tortóg.
torthúil adjective *fruitful, fertile, rich*: atáirgeach, bisiúil, borrúil, breisiúil, clannach, fásmhar, inmheach, ionnúsach, rábach, rafar, séanmhar, síolmhar, sliochtach, strusúil, suthach, táirgiúil, torthach, torthúil, uaibhreach.

Torthaí Inite

ackee (*Blighia sapida*): acaí
alligator pear (*féach* **avocado pear**)
ananas (*féach* **pineapple**)
apple (*Malus* sp.): úll
apricot (*Prunus armeniaca*): aibreog *f.*
Asian pear (*Pyrus serotina*): piorra Áiseach
avocado (*Persea* sp.): piorra abhcóide
azarole (*Crataegus azarolus*): asaról
babaco (*Carica pentagona*): babacó
bael (*Aegle marmelos*): marmalas
bakeapple (*féach* **cloudberry**)
banana (*Musa* sp.): banana
beachplum (*Prunus maritima*): pluma cladaigh
bilberry (*Vaccinium myrtillus*): fraochán
blackberry (*Rubus fruticosus*): sméar *f.* dhubh
blackcurrant (*Ribes nigrum*): cuirín dubh
blood orange (*Citrus* x *aurantium*): oráiste fola
blueberry (*Vaccinium pennsylvanicum*): fraochán gorm
boysenberry (*Rubus ursinus*): sméar *f.* Chalafóirneach
breadfruit (*Artocarpus communis*): toradh aráin
bullace (*Prunus domestica*): baláiste
cape gooseberry (*Physalis peruviana*): órchaor *f.*
carambola (*Averrhoa carambola*): carambóla
cashew apple (*Anacardium occidentale*): úll caisiú
chayote (*Sechium edule*): peipinéal
checkerberry (*Gaultheria procumbens*): breacdhearc *f.*
cherimoya (*féach* **custard apple**)
cherry (*Prunus avium*): silín
cherry plum (*Prunus cerasifera*): miribéal *f.*
Chinese gooseberry (*féach* **kiwi fruit**)
citron (*Citrus medica*): ciotrón
clementine (*Citrus reticulata*): cleimintín
cloudberry (*Rubus chamaemorus*): eithreog *f.* shléibhe
coconut (*Cocos nucifera*): cnó cócó
cowberry (*Vaccinium vitis-idaea*): bódhearc *f.*
cranberry (*Vaccinium oxycoccos*): mónóg *f.*
currant (*Ribes* sp.): cuirín
custard apple (*Annona cherimola*): custardúll
damson (*Prunus institia*): daimsín
date (*Phoenix dactylifera*): dáta
dewberry (*Rubus caesius*): eithreog *f.*; gormdhearc *f.*
durian (*Durio zibethinus*): dúrán
elderberry (*Sambucus nigra*): caor *f.* troim
feijoa (*Feijoa sellowiana*): féiseo
fig (*Ficus carica*): fige
genip (*Melicoccus bijugatus*): céanapa
genipap (*Genipa americana*): ginipeap
gooseberry (*Ribes uva-crispi*): spíonán
granadilla (*Passiflora ligularis*): grainidile *f.*
grape (*Vitis vinifera*): caor *f.* fíniúna; fíonchaor *f.*
grapefruit (*Citrus* x *paradisi*): seadóg *f.*
greengage (*Prunus institia italica*): glasphluma
guava (*Psidium guajava*): guábha *f.*
hackberry (*Celtis* sp.): caor *f.* leamháin
huckleberry (*Gaylussacia*): breileog *f.*
jaboticaba (*Myrciaria cauliflora*): guápúrú
jackfruit (*Artocarpus heterophyllus*): iáca
jamun (*Eugenia jambolana*): iambúl
jujube (*Ziziphus jujuba*): dáta Síneach
kaki (*féach* **persimmon**)
kiwi fruit (*Actinidia deliciosa*): cíbhí; achtainíd *f.*
kumquat (*Fortunella* sp.): foirtinéal
lemon (*Citrus limon*): líomóid *f.*
lime (*Citrus aurantifolia*): líoma
lingonberry (*féach* **cowberry**)
loganberry (*Rubus loganobaccus*): lóganchaor *f.*; lógansméar *f.*
longan (*Euphorbia longan*): longán
loquat (*Eriobotrya japonica*): meispeal Seapánach
lychee (*Litchi chinensis*): lítsí
mammee (*Mammea americana*): maimí
mandarin (*Citrus reticulata*): mandairín
mango (*Mangifera indica*): mangó
mangosteen (*Garcinia mangostana*): mangaistín
maypop (*féach* **passionfruit**)
medlar (*Mespilus germanica*): meispeal
melon (*Cucumis melo*): mealbhacán
minneola (*Citrus paradisi* x *Citrus reticulata*): mineola *f.*
mombin (*Spondias mombin*): moimbín

mulberry (*Morus* sp.): maoildearg *f.*
musk melon (*Cucumis melo*): muscmhealbhacán
myrobalan (*Terminalia* sp.): miorabalán
naseberry (*Manilkara zapota*): sapaidile *f.*
nashi (*Pyrus pyrifolia, P. bretschneideri, P. ussuriensis*): náisí
navel orange (*Citrus x aurantium*): oráiste imleacáin
nectarine (*Prunus persica nectarina*): neachtairín
olive (*Olea europaea*):ológ *f.*
orange (*Citrus x aurantium*): oráiste
papaya (*Carica papaya*): pápá
partridgeberry (*féach* **cowberry**)
passionfruit (*Passiflora edulis*): páiseog *f.*
pawpaw (*féach* **papaya**)
peach (*Prunus persica*): péitseog *f.*
pear (*Pyrus communis*): piorra
persimmon (*Diospyros kaki*): dátphluma
physalis (*féach* **Cape gooseberry**)
pineapple (*Ananas comosus*): anann
pistachio nut (*Pistacia vera*): cnó pistéise
pitahaya (*Hylocereus triangularis*): toradh dragain
plantain (*Musa paradisiaca*): plantán
plum (*Prunus* sp.): pluma
pomegranate (*Punica granatum*): gránúll
pomelo (*Citrus grandis*): pomaló
pumpkin (*Cucurbita pepo*): puimcín
quandong (*Santalum acuminatum*): cuandang
quince (*Cydonia oblonga*): cainche *f.*
rambutan (*Nephelium lappaceum*): rambútan
raspberry (*Rubus idaeus*): sú *f.* craobh
redcurrant (*Ribes rubrum*): cuirín dearg
roseapple (*Syzygium jambos*): rósúll
salmonberry (*Rubus spectabilis*): sú *f.* bradáin
sapodilla (*féach* **naseberry**)
satsuma (*Citrus reticulata*): satsúma
sea grape (*Coccoloba uvifera*): caor *f.* chladaigh
serviceberry (*Amelanchier* sp.): sorb
sharon fruit (*féach* **persimmon**)
sloe (*Prunus spinosa*): airne *f.*
sorb (*féach* **serviceberry**)
sour cherry (*Prunus cerasus*): silín searbh
sour gourd (*Adansonia gregorii*): gurd searbh
sour orange (*Citrus x aurantium*): oráiste searbh
sour plum (*Owenia venosa*): searbhphluma
soursop (*Annona muricata*): guánabána
star apple (*Chrysophyllum cainito*): réaltúll
starfruit (*féach* **carambola**)
strawberry (*Fragaria vesca*): sú *f.* talún
sugar apple (*Annona squamosa*): anón siúcra
sweetsop (*féach* **sugar apple**)
tamarillo (*Cyphomandra betacea*): tráta crainn
tamarind (*Tamarindus indica*): tamarain *f.*
tangelo (*Citrus paradisi* x *Citrus reticulata*): taingealó
tangerine (*Citrus reticulata*): tainséirín
tayberry (*Rubus*): taesméar *f.*
thimbleberry (*Rubus parviflorus*): sú *f.* méaracáin
tomatillo (*Physalis philadelphica*): tamatailín
tomato (*Lycopersicon esculentum*): tráta
tree tomato (*féach* **tamarillo**)
Ugli fruit™: taingealó; Ugli
veitchberry (*Rubus rusticanus* x *R. idaeus*): sú *f.* Veitch
victoria plum (*Prunus*): pluma Victoria
watermelon (*Citrullus lanatus*): mealbhacán uisce
white currant (*Ribes sativum*): cuirín bán
whortleberry (*féach* **bilberry**)
wineberry (*Rubus phoenicolasius*): sú *f.* craobh fíona
youngberry (*Rubus*): ógchaor *f.*

tosach noun ❶ *beginning, origin:* tosú; bunadh, bunrúta, bunús, ceannfháth, cionsiocair, foinse, fréamh, máthair, tionscnamh, tús. ❷ *early part:* buntús, tionscnamh, tosú, tús. ❸ *forward part, leading position:* aghaidh, broinne, brollach, éadan, fronta, tul, tús, ucht, urgharda, urthosach; tosaíocht, tús cadhnaíochta.

tosaigh verb *begin, start:* tionscain, toisigh, tosnaigh, túsaigh; cuir tús le, fréamhaigh, síolraigh.

tosáil verb *toss, bounce:* caith, bocáil croith, leag, tuairteáil.

tosaíocht noun *precedence, priority:* airde céime, barrchéimíocht, ceannas, príomhaíocht, príomhcheannas, róchéimíocht, ró-oirirceas, sinsearacht, tús, tús cadhnaíochta; ceart tosaíochta.

tosaitheoir noun *beginner:* aineolaí, duine anársa, duine neamhchleachtach, duine neamhoilte, duine gan taithí, foghlaimeoir, nóibhíseach, nuíosach, printíseach, rúcach.

toscaire noun *delegate, deputy:* ambasadóir, coimisinéir, consal, gníomhaire, fear ionaid, ionadaí, lánchumhachtóir, leagáid, léagáid, léagáideach, nuinteas, taidhleoir, teachta, teachtaire, urlabhraí, *familiar* misidear; ball parlaiminte, feisire.

toscaireacht noun *delegation, deputation:* ambasáid, coimisiún, consalacht, ionadaíocht, leagáideacht, nuinteasacht, taidhleoireacht, teachtaireacht.

tost noun *silence:* bailbhe, balbhántaíocht, ciúnas, ciúnadas, dúnárasacht, socht, sos, suaimhneas. **verb** *become silent:* stad de chaint; bí i do thost, *abusive* dún do chlab, *abusive* éist do bhéal; ná habair dada; fuist!, soisc!

tostach adjective *taciturn:* beagchainteach, ciúin, dúnárasach, féith, seachantach, *literary* taoitheanach.

tóstal noun ❶ *assembly, muster:* ardfheis, comhdháil, comhthionól, cruinniú, mustar ollchruinniú, parlaimint, seanadh, sionad, slógadh, tionól. ❷ *pageant:* seó, taispeántas, taispeántas taibhseach; dord na hoíche.

tóstalach adjective *arrogant, conceited:* anbharúlach, bóibéiseach, bogásach, borrach, bródúil, ceartaiseach, clóchasach, consaeitiúil, cuidiúil, foruallach, gaisciúil, iomarcach, lánmhar, leitheadach, leitheadúil, móiréiseach, mór ann féin, mórálach, mórchúiseach, mórluachach, mórmheasúil, mórtasach, mustrach, postúil, sotalach, stradúsach, stráiciúil, stróúil, suimiúil, teannfhoclach, teanntásach, teaspúil, téisiúil, toirtéiseach, uaibhreach, uailleach, uallach, údarásach, undrach; i mborr le mórtas, sna hairdeoga; *familiar* tá sé chomh rud.

tothlú noun *appetite, craving:* goile, ampla, cíocras, craos, fraoch fiacla, ocras; andúil, claon, claonadh, díograis, dúil, dúil chráite, fonn, gábhair, mian, mianchumha, miangas, mianú, tnúthán, toil, tothlaíocht.

trá¹ noun *strand, beach:* trá ghainimh, trá ghrin; cladach, cladrach, duirling, feorainn, muirbheach, muiríoch, scairbh, *literary* trácht.

trá² noun ❶ *ebb:* aife, taoide aife; casadh mara, lagtrá; teacht agus imeacht na taoide. tuile agus trá. ❷ *subsidence, decline:* aife, meath, meathlú, titim; cliseadh, fánú, laghdú, teip, trálacht, tréigean, trochlú.

trachlais noun ❶ *trash, rubbish:* barraíl, barraíolach, bréanóg, brocamas, bruscar, brúscar, bruscarnach, cacamas, cáith, cáithleach, dramhaíl, dríodar, fuíll-

trácht¹
each, graiseamal, gramaisc, gríodán, grúdarlach, grúnlach, grúnlais, miodamas, mionrach, pracar, práib, scadarnach, scaid, sceanairt, sciot sceat, scileach, screallach, scroblach, spíonach, *pl.* traipisí, treilis, treilis breilis, truflais, turscar. ❷ *rabble:* brablach, brataing, bratainn, bruscar, codraisc, cóip, cóip na sráide, conairt, cuimleasc, daoscar, daoscarshlua, drifisc, glamrasc, gráisc, gramaisc, gramaraisc, gráscar, grathain, luifearnach, luspairt, malra, rablach, scroblach, sloigisc, slua, sprot; Clann Lóbais, Clann Tomáis.

trácht¹ noun ❶ *sole (of foot):* bonn; buimpéis; sáil. ❷ *base, width, dimension:* bonn, bun; leithead, leithne, *literary* tura; méad, méid, saghas, toise, tomhas.

trácht² noun ❶ *going, travelling:* aistear, cuairt, cúrsa, fánaíocht, fianaíocht, gluaiseacht, imrim, marcaíocht, taisteal, traibhléireacht, turas, *literary* tairdeal. ❷ *traffic (on roads, etc.):* pl. carranna, pl. leoraithe; pl. longa; pl. eitleáin; broidtráth. ❸ *traffic (in goods, trade):* ceannaíocht, ceantáil, déileáil, díolachán, díoltóireacht, gáinneáil, hácaeireacht, jabaireacht, mangaireacht, margáil, margaíocht, margántaíocht, ocastóireacht, peidléireacht, reacaireacht, tráchtáil, trádáil. verb *go, proceed, journey:* cuir díot, gluais, imigh, rothaigh, siúil, taistil, téigh, téigh ar do bhealach, téigh ar do shlí, téigh ar d'aistear, téigh ag marcaíocht, tiomáin, triall; bí ag traibhleáil.

trácht³ noun ❶ *mention:* ainmneachas, ainmniú, cuntas, insint, lua, luaiteachas, tagairt, tráchtadh, tuairisc *literary* ailléideach. ❷ *discourse, comment:* aitheasc, caint, cuntas, dioscúrsa, insint, léacht, seanmóir, tráchtadh, tráchtaireacht. verb ❶ *trácht ar mention:* ainmnigh, áirigh, luaigh, sainigh, sonraigh, tagair do, tar thar, *literary* ailléidigh do. ❷ *discuss:* cardáil, cíor, cuir faoi chaibidil, cuir trí chéile, pléigh, suaith, tar thar.

tráchtáil noun *(act of) trading, commerce:* ceannaíocht, ceantáil, déileáil, díolachán, díoltóireacht, gáinneáil, hácaeireacht, jabaireacht, mangaireacht, margáil, margaíocht, margántaíocht, ocastóireacht, peidléireacht, reacaireacht, trácht, trádáil.

tráchtaire noun *commentator:* comhfhreagraí, craoltóir, iriseoir, léiritheoir, scéalaí; bolscaire; anailísí, cainteoir, criticeoir, eolaí, léirmhínitheoir, mínitheoir, scríbhneoir, údar.

tráchtaireacht noun *comment, commentary:* cuntas, cur síos, lua, luaiteachas, ráiteas, tagairt, tuairisc, tuarascáil; gluais, léirmhíniú, míniú, míníuchán.

tráchtas noun *treatise, dissertation, thesis:* aiste, cuntas, leabhrán, paimfléad, páipéar, prótacal, scríbhinn, téis, trácht.

trádáil noun *(act of) trading, trade:* ceannaíocht, ceantáil, déileáil, díolachán, díoltóireacht, gáinneáil, hácaeireacht, jabaireacht, mangaireacht, margáil, margaíocht, margántaíocht, ocastóireacht, peidléireacht, reacaireacht, trácht, tráchtáil.

traein noun *train:* bóthar iarainn, iarnród.

traenáil noun *training:* múineadh, oideachas, oiliúint, scolaíocht, tabhairt suas teagasc, tógáil, treorú; briseadh, ceansú. verb *train:* oil, múin, tabhair suas teagasc, tóg, treoraigh; caiticeasmaigh; foghlaim; bris, ceansaigh.

tragóid noun *tragedy:* bris, mí-ádh, míchonách, mífhortún, mírath, mirathúnas, míshéan, míthapa, sceimhle, taisme, teipinn, timpiste, trioblóid, tubaiste, turraing; briseadh croí, brón, buaireamh, buairt, caillteanas, ciach, cian, cinniúint, crá croí, cumha, díomá, dobrón, doilíos, dólás, doghrainn, duainéis, duairceas, dubhachas, gruaim, iarghnó, léan, mairg, méala, treabhlaid.

tragóideach adjective *tragic:* anacrach, cinniúnach, coscrach, damáisteach, doleigheasta, éagmhar, léanmhar, marfach, míchinniúnach, millteach, nimhneach, oidhiúil, púrach, treabhlaideach, treascrach, tubaisteach.

traibhléireacht noun *(act of) travelling:* bacachas, bóithreoireacht, deoraíocht, falaire, falaireacht, fálróid, fánaí, fánaíocht, feadóireacht, fuaidreamh, imirce, raimleáil, ránaíocht, rantaeireacht, rianaíocht, ródaíocht, seachrán, séadaíocht, siúl, spaisteoireacht, srathaireacht, sruthaireacht, traibhleáil, tunladh, turasóireacht, válcaeireacht, *literary* tairdeal.

tráidire noun *tray:* clár, trae, truill.

traidisiún noun *tradition:* oidhreacht, tíolacadh; béalaithris, béaloideas, buanchuimhne, gnáthchuimhne, seanchas, seanchuimhne; gnáthamh, gnáthú, nós, nós imeachta.

traidisiúnta adjective *traditional:* **adjectival genitive** béaloidis, dúchasach, gnáth-, **adjectival genitive** tíre.

traigéide noun *(theatrical) tragedy:* brónchluiche, goldráma, méaldráma.

tráigh verb ❶ *ebb:* caolaigh, cas. ❷ *abate, recede, decline:* caolaigh, cnaígh, cúb, cúlaigh, fánaigh, fuaraigh, géill, lagaigh, laghdaigh, loic, maolaigh, meath, meathlaigh, múch, scoir, sleabhaic, stad, stop, téigh ar gcúl, téigh as, teilg, teip, tit, tréig.

tráill noun ❶ *thrall, slave:* daoirseach, daoirsineach, daor, daoránach, mogh, moghaidh, sclábhaí, seirfeach; *literary* cumhal, ionailt. ❷ *slavish person, wretch:* suarachán clóiteachán, duine gan mhaith, duine gan rath gan fónamh, fágálach, loiceach, míolachán, míolán, raga, ragaíoch, ragairneálaí, rama, sceathrachán, scraiste, spreasadán, spreasán, súfartach, truán.

traipisí plural noun ❶ *personal belongings:* pl. balcaisí, pl. boirdréisí, pl. callaí, pl. ciútraimintí, pl. cleathainsí, culaithirt, pl. fearais, feisteas, pl. froigisí, pl. giúirléidí, pl. gréibhlí; pl. acmhainní, pl. castromhaics, pl. deideigheanna, lumpar agus lampar, pl. mangaisíní, *literary* fualas. ❷ *rags:* pl. balcaisí, pl. bratóga, pl. bréid, pl. ceamacha, pl. ceirteacha, pl. cifleoga, pl. géiríní, pl. giobail, pl. giolcaisí, pl. mangaisíní, pl. paicinéadaí, pl. preabáin, pl. ribíní, pl. scóiléadaí, pl. stiallacha, pl. stiallóga. ❸ *discarded articles:* brios bruar, bruan, bruar, bruscar, pl. ciolaracha chiot, conamar, drámhaíl, dríodar, fuílleach, lumpar agus lampar, mangarae, oirneach, sciot sceat, pl. smidiríní, pl. smiodair, smionagar, spíonach, spruadar, pl. spruáin, sprúilleach, trachlais, treillis breillis, truflais, *literary* brúireach. ❹ *caite i dtraipisí discarded, scrapped:* caite amach, caite i vásta, tréigthe; ar ceal, cealaithe.

traiseáil noun *(act of) thrashing, beating:* broicneáil, bualadh, burdáil, cleathadh, cnagadh, cuimil an mháilín, deamhsáil, failpeadh, flípeáil, fuimine farc, fuipeáil, giolcadh, gleadhradh, greadadh, greadlach, greadóg, greasáil, lascadh, leadhbairt, leadradh, léasadh, liúradh, liúradh Chonáin, péirseáil, plancadh, rapáil, riastáil, rúscadh, sceilpeáil, sciúirseáil, sciúrsáil, slatáil, smeadráil, smíochtadh, smísteáil, spóiléireacht, súisteáil, tuargaint, tuirne Mháire.

tráithnín noun ❶ *dry grass-stalk:* cuiseog, deocán, deosadán, foithnín, fúinín, gaosadán, gas, geosadán, seamaide, sifín, sop. ❷ *crested dog's-tail (Cynosurus cristatus):* coinnfhéar.

trálacht noun *subsidence, decline:* crapadh, cúlú, dul i laghad, dul i léig, fánú, giorrú, ísliú, laghdú, lagú, léig, meath, meathlaíocht, meathlú, meathlúchán, seargadh, sleabhcadh, titim, trá, turnamh.

tralaí noun ❶ *trolley:* bugaí, cairrín. ❷ pl. **tralaithe** *junk:* bagáiste, pl. baigisíní, pl. creanais, pl. gleothálacha, pl. maingisíní, mangarae, trangaláil; barrail, barraíolach, brocamas, bruscar, cacamas, cáith, cáithleach, dramhaíl, dríodar, fuílleach, graiseamal, gramaisc, gríodán, sciot sceat, scileach, screallach, scroblach, trachlais, *pl.* traipisí, *pl.* tralaithe, treilis, treilis breilis, truflais.

tramp noun ❶ *tramp, vagrant:* bacach, beigéir, beigéir siúil, bóithreoir, fear déirce, fear siúil, fálródaí, fámaire, fánaí, feadóir, feamaire, fear siúil, fiaire, fraedóir, fuad, geocach, giofóg, jaingléir, raimleálaí, rianaí, ródaí, ruathaire, seachránaí, siúlóir, spailpín, srathaire, sreothaí, sruthaire, taistealaí, tincéir, traibhléir, vagabón, vagabún, válcaeir, *familiar* foghlaeir. ❷ **ar an tramp** *tramping the roads, walking:* ag bacachas, ag bóithreoireacht, ag falaireacht, ag fánaíocht, ag feadóireacht, ag raimleáil, ag ránaíocht, ag rantaeireacht, ag rianaíocht, ag ródaíocht, ag séadaíocht, ag srathaireacht, ag sruthaireacht, ag traibhléáil, ag traibhléireacht, ag tunladh, ag válcaeireacht.

trampáil verb *tramp:* crágáil, pasáil, satail, siúil go trom, spágáil, taltaigh; gread cos.

tranglail noun ❶ *bustle, confusion:* brostú, brú, cruóg, corraí, deabhadh, deifir, deifre, dithneas, eadarluas, faobach, fíbín, flosc, flústar, forrú, fuadar, furtla fartla, furú, giodar, líonraith, scaoll, *pl.* sceitimíní, struip, suaitheadh, taparsach, teaspach, téirim; bruíon chaorthainn, cambús, caorthainn cárthainn, carabuaic, carabunca, cibeal, cíor thuathail, cipeadraíl, cipíneach, círéib, círéip, clampar, clibirt, cliobach, cliobaram hob, clisiam, diúra dheabhra, forrú, fuilibiliú, fuirseadh má rabhdalam, furú, gírle guairle, giorac, gleadhradh, gleorán, glisiam, glórmhach, greatharnach, griobach, holam halam, hólam tró, hurlamaboc, hurla harla, hurlama giúrlama, imghleo, liútar éatar, liútar léatar, mearú, muin marc, pililiú, racán, rachlas, ragáille, raic, raiple húta, rancás, réabadh reilige, rírá, ruaille buaille, sclíúchas, suathrán, toirm, toirnéis, trachlais, tranglam, troistneach, trumach tramach, *literary* eascal. ❷ *clutter, lumber:* bagáiste, *pl.* baigisíní, *pl.* creanais, *pl.* gleothálacha, *pl.* maingisíní, mangarae; barráil, barraíolach, brocamas, bruscar, cacamas, cáith, cáithleach, dramhaíl, dríodar, fuílleach, graiseamal, gramaisc, gríodán, sciot sceat, scileach, screallach, scroblach, trachlais, *pl.* traipisí, *pl.* tralaithe, treilis, treilis breilis, truflais.

tranglam noun ❶ *crowded confusion:* achrann, aimhréidhe, ainriail, anord, bolgán béice, brachán, bruíon chaorthainn, caismirt, camalama, camalanga, cambús, caorthainn cárthainn, carabuaic, carabunca, cibeal, cíor thuathail, cipeadraíl, círéib, círéip, ciseach, clampar, clibirt, cliobach, cliobaram hob, clisiam, diúra dheabhra, easordú, easpa oird, fudairnéis, fudar, fuilibiliú, fuile faile, fuirse fairse, fuirseadh má rabhdalam, furtla fartla, gírle guairle, giorac, gleadhradh, gleorán, glórmhach, greatharnach, griobach, holam halam, hólam tró, hurlamaboc, hurla harla, hurlama giúrlama, imghleo, liútar éatar, liútar léatar, mearbhall, mearú, meascán mearaí, meidrisc, mí-eagar, mí-ordú, mírialtacht, muin marc, muirthéacht, pililiú, praiseach, ragáille, raiple húta, rírá, réabadh reilige, ruaille buaille, sclíúchas, seachmall, suathrán, toirnéis, trachlais, trumach tramach. ❸ *tangle, disorder:* achrann, achrannán, aimhréidhe, cathair ghríobháin, cíor thuathail, díthreoir, fostú, gréasán, iarnán gríobháin, líonra, lúbra.

traoch verb ❶ *overcome, subdue:* cloígh, cuir faoi smacht, cuir srian le, máistrigh, mínigh, sáraigh, smachtaigh; ceansaigh, cinnir, coinnigh faoi smacht, rialaigh, tabhair chun míneadais, *literary* codhnaigh, til. ❷ *wear out, exhaust:* bánaigh, bochtaigh, clip, cor, dealbhaigh, díscigh, folmhaigh, ídigh, sáraigh, seangaigh, spíon, tnáith, tuirsigh.

traochta adjective *exhausted:* cloíte, marbh, pléite, sáraithe, seangaithe, síleáilte, spíonta, tnáite; caochthuirseach; ina chnap; níor fhan sea ná seoladh ann.

traoith verb ❶ *abate, subside:* caolaigh, cnáigh, cúb, fuaraigh, géill, lagaigh, laghdaigh, loic, maolaigh, meath, meathlaigh, múch, scoir, sleabhaic, stad, stop, teilg, teip, tit, tréig; téigh ar gcúl, téigh as. ❷ *reduce:* bánaigh, caolaigh, cnáigh, lagaigh, laghdaigh, maolaigh, múch, scoir, stad, stop, *literary* uathaigh; bain an faobhar de, bain anuas, brúigh faoi, brúigh síos, íslígh, leag, lig anuas, stríoc, tabhair anuas. ❸ *waste, consume (of disease):* caith, cnáigh, creim, crinn, donaigh, díomail, ith, laghdaigh, searg, snoigh, spíon.

traoitheadh noun ❶ *abatement, reduction:* bogadh, caolú, faoiseamh, lacáiste, laghdú, lagra, lagú, laigse, maolú, meánaíocht, tanaíochan, titim, trá, trálacht. ❷ *wasting, consumption:* cnaí, cnáighalar, coinsinseam, créachta, eitinn, tisis; mionaerach, seirglí; cailleadh, cnáfairt, díomailt, donú, dreo, dul ar gcúl, dul i léig, feo, meath, meathanas, meathlú, seargadh, seirglí, snoí, spíonadh, trochlú.

traonach noun ❶ *corncrake (Crex crex):* gearr goirt, tradhna, traona. ❷ **ceol an traonaigh sa ghort** *the tune the old cow died of:* míbhinneas; scrob scrába, scrob scrab.

trap noun *trap, snare:* bobghaiste, cliabhán éan, dol, gaiste, geirnín, inneall, inleog, líon, paintéar, sás, sás éin, súil ribe, *literary* fiodhchat.

trasna adjective *transverse:* crosach, fiar, fiarlaoideach; cam, cearr, fiarsceabhach. adverb ❶ *across:* anonn, anall, crosta, i leith, sall; ar fiarlaoid, fiarthrasna; ar fiar, ar fiarsceabha, ar fiarsceo, ar gearra baghas. ❷ **tar trasna ar** *come across:* tar ar, tar crosta ar; faigh. preposition *across:* crosta, thar, trí; ar feadh, ar fud; os cionn. noun *breadth, width:* ainmhéid, fairsinge, leathantas, leithe, leithead, leithne, méad, méid, ollmhéid; raimhre, tibhe, tiús, *literary* tura.

trasnaigh verb ❶ *cross, intersect:* cros, crosáil, diosc, gearr; téigh trasna. ❷ *contradict:* bréagnaigh, construáil, cros, eitigh, gearr roimh, labhair i gcoinne, labhair in aghaidh, sáraigh, séan, tabhair cor an fhocail do, tabhair an t-éitheach do, tabhair gach re sea do. ❸ *interrupt, heckle:* tar roimh, téigh roimh, tar trasna ar, triosc; cuir isteach ar.

trasnaíocht noun ❶ *contradiction:* beachtaíocht, bréagnú, cailicéireacht, cointinn, construáil, goineogacht, priocaireacht, stangaireacht. ❷ *interference:* bacadh, cur isteach, éaradh, idirghabháil, toirmeasc, trasnáil, trasnú; ladar, agall.

trasnán noun ❶ *cross-piece:* bíoma trasna, crann trasna, garma, maide éamainn, sabh dorais, traisnín. ❷ *diagonal:* fiarthrasnán; bandán; fiarlán, tornáil.

trasnú noun ❶ *(act of) crossing:* trasnáil; crosadh, crosáil, pasáiste; dul anonn, dul trasna, teacht anall, teacht trasna; *literary* tairmtheacht. ❷ *crossing, intersection:* crosadh, crosáil, dioscadh, gearradh. ❸ *contradiction, interruption:* trasnáil, trasnaíocht; bacadh, cur isteach, beachtaíocht, bréagnú, cailicéireacht, cointinn, construáil, éaradh, goineogacht, idirghabháil, priocaireacht, stangaireacht, toirmeasc.

tráth noun ❶ *time, occasion, period:* achar, aga, aimsir, am, cairde, fad aimsire, ionú, linn, moill, ócáid, píosa, ré, scaitheamh, sealad, spás, tamall, téarma, tréimhse; bomaite, coicís, lá, mí, nóiméad, seachtain, soicind. ❷ *pl.* **na trátha canónta** *the canonical hours:* coimpléid; easparta; iarmhéirí, maitin; nóin, tráth nóna; príomh; seist; teirt; portús. ❸ **tráth (bia)** *meal:* béile, béilín, biaiste, cuid, proinn, pronnlach, roisín, sáibhirne, séire; bia na maidine, bricfeast, bricfeasta, briseadh céadlonga,

tráthail
briseadh céalacain, céadbhéile, céadlongadh, céadphroinn, céadtomhailt, cuid mhaidine, cuid na maidine; bolgam eadra, cuid eadra, dinnéar, giota, loinsiún, lóinse, lón, meán lae, pronnlach, raisín, scroid; tae beag, tae beag an tráthnóna, *familiar* jigear; cuid na hoíche, cuid oíche, dinnéar, scroid airneáin, séaras, suipéar; béile beag, blaisín, bolgam beag, bonnachán, deoladh, diocán, gogán is spúnóg, gráinséail, greim is bolgam, mír is deoch, scíobas, scruig, smailc, snapadh.

tráthail verb *take advantage of, attend to*: bain leas as, bain sochar as, freastail, tapaigh do dheis; friotháil, tabhair aire do, tindeáil.

tráthnóna noun *afternoon, evening*: iarnóin, nóin; ard-tráthnóna, tráthnóna beag; deireadh lae, easparta, feascar, tús oíche.

tráthúil adjective ❶ *timely, opportune*: caoithiúil, cuí, feiliúnach, fóinteach, fóirsteanach, oiriúnach; acrach, áisiúil, cóngarach, conláisteach, éasca, sásúil, tacúil. ❷ *apt, witty*: abartha, aibí, aicearrach, cabanta, cliste, cunaí, dea-chainteach, dea-labhartha, deas-chainteach, deisbhéalach, dosartha, eagnaí, gasta, gearrchainteach, eagnaí, glic, líofa, luathbhéalach, luathchainteach, nathánach, nathanta, soilbhir, solabhartha.

treá noun *spear*: craoiseach, ga, lansa, *literary* gabhlach, gaithleann.

treabh verb ❶ *plough*: *literary* air. ❷ *advance steadily*: tiomáin leat, téigh ar aghaidh, téigh chun cinn. ❸ *work*: oibrigh, saothraigh; déan curadóireacht; mínigh, míntírigh, tabhair chun míntíreachais, tabhair chun tíreachais. ❹ **treabh le** *work harmoniously with, co-operate with*: comhoibrigh le, tarraing le, téigh i gcomhar le; aontaigh le, cabhraigh le, cuidigh le.

treabhach noun *literary* ❶ *householder*: áitreabhach, fear an tí, fear tí, máistir, tiarna talún; an máistir, é féin. ❷ *ploughman, farmer*: coinneálaí, fear treafa, treabhdóir treafach, treafóir; criaire, curadóir, feilméara, feirmeoir grásaeir, saothraí, scológ, talmhaí; fear tíre, fear tuaithe, tuatach, tuathánach, *literary* brughaidh.

treabhdóir noun *ploughman*: coinneálaí, fear treafa, treafach, treafóir, *literary* treabhach.

treabhsar noun *(pair of) trousers*: bríste, bríste gairid, bríste gearr, bríste glún; *pl.* brístí, brístín, pantalún, triúis, triús, triúsa, triúsaer, triúsán.

tréad noun ❶ *flock, herd*: ál, baicle, conairt, cuain, dreabhlán, ealbha, ealbhán, ealta, groí, eilbhín, éillín, grathain, lota, macha, paca, saithe, scaoth, scuaine, scúd, sealbhán, táin, uail, *literary* speil. ❷ *band, community*: buíon, baicle, béinne, cipe, cóip, comhlacht, criú, cruinniú, cuallacht, cumann, cuid-eachta, dream, feadhain, foireann, fracht, gasra, grúpa, meitheal, paca, rang, scata, scuaine, slógadh, slua, treibh, *literary* cuain.

tréadaí noun ❶ *shepherd*: aoire, sípéir, sréadaí. ❷ *pastor*: aoire, ceannaire, sréadaí, treoraí; biocáire, viocáire, reachtaire; cruifir, curáideach, ministir, preispitéar, sagart; ardeaspag, easpag; anamchara.

tréadúil adjective *gregarious*: caidreamhach, cairdiúil, carthanach, céiliúil, coimhirseach, coirmeach, cóisireach, comhluadrach, comrádúil, connail, córtasach, cuideachtúil, cuidiúil, dáimhiúil, díograiseach, féastach, féiliúil, féiltiúil, fleách, garúil, lách, meidhreach, muinteartha, oibleagáideach, páirteach, scléipeach.

treaghd verb ❶ *pierce, transfix*: poll, tarathraigh, téigh trí, treáigh. ❷ *wound*: basc, cneáigh, dochraigh, donaigh, gearr, goin, gortaigh, leadair, leadhb, martraigh, mill, sclár, spól, stiall, tinnigh, *literary* sléacht.

treaghdán noun *nit*: míol, sceartán crúbach, sniodh, *pl.* sneá, *familiar* badhdán, *familiar* búdán.

treáigh verb *pierce, penetrate*: poll, tarathraigh, téigh trí, toll, treaghd.

treáire noun *piercer, borer*: bíomal, bíomlóg, druilire, gimléad, meana, polladóir, pollaire, tarathar, tolladóir.

trealamh noun ❶ *equipment, gear*: acmhainn, aireagán, airnéis, áis, cóngar, feisteas, gaireas, gléas, gléasra, inleog, sás, stuif, tácla, trioc, troscán, *literary* innile, intreabh. ❷ *pl.* **trealaimh** *appliances*: *pl.* aidhlicí, *pl.* áiseanna, *pl.* ciútraimintí, *pl.* fearais, *pl.* gabhálais, *pl.* giuirléidí. *pl.* gléasanna, gléasra, *pl.* inleoga, *pl.* uirlisí, *pl.* úmacha.

treall noun ❶ *short period, spell*: treallán; aga, am, babhta, cairde, linn, píosa, rás, ré, scaitheamh, seal, sealad,, tamaillín, tamall, téarma, tráth, tréimhse; bomaite, lá, móiméad, nóiméad, soicind, uair, uair an chloig. ❷ *fit, caprice*: treallaí, treallaíocht; eatal, fonn, guaig, racht, raig, ráig, ríog, spreacadh, spreagadh, spreang, taom, tapóg; abhóg, fuadar, priocadh, spadhar, spadhar tobann, taghd, tallann. ❸ *streak, patch*: banda, féith, líne, riast, síog, síoma, stiall, stríoc; cliath, geadán, leadhb, leadhbán, leadhbóg, paiste, preabán, scead, sciorta, stráice.

treallach adjective ❶ *fitful, spasmodic*: ainrialta, corr, corraiceach, éagoitianta, éalaitheach, fánach, luainach, míraialta, neamhleanúnach, neamhrialta, ócáidiúil, sraoilleach, sraoillí, taomach, taomannach, teagmhasach, treallánach, *literary* iodhlannach. ❷ *changeable, capricious*: corrach, corrmhéineach, corrmhéiniúil, éanúil, giodamach, gogaideach, guagach, guanach, iompúch, luaineach, luath-intinneach, malartach, meonúil, míshocair, neamhsheasmhach, rámhailleach, ríogach, saobh, scinnideach, sóinseálach, spadhrúil, taghdach, taomach, tallannach, teidheach. ❸ *streaky, patchy*: riabhach, riastach, síogach, stríocach, títheach, treallach; breac, breacbhallach, breachtrach, cleathach, cliathach, eangach, roilleach, síogach.

treallús noun ❶ *industry, enterprise, push*: dul ar aghaidh, dul chun cinn, éifeacht, fiontar, gustal, inniúlacht, ionnús, seiftiúlacht, tábhacht, tathag, tionscal. ❷ *self-assertion, conceit*: buannaíocht, ceannasaíocht, clóchas, cocaireacht, consaeit, cunórtas, déanfas, deiliús, éirí in airde, iarlaitheacht, móráil, mórchúis, postúlacht, sotal, stráice, strólacht, suimiúlacht, teanntás, uabhar, údarás.

treallúsach adjective ❶ *industrious, enterprising*: déanfasach, deárcaisiúil, dian, díbhirceach, dícheallach, díocasach, díograiseach, dlúsúil, duamhar, dúthrachtach, faobhrach, fonnmhar, gnóthach, griofadach, griothalach, ionnasach, saothrach, scafa, scamhaite, tiarálach, tionsclach; amhantrach, eachtrúil, fiontrach, guasach, gusmhar, gustalach, gusúil, seiftiúil. ❷ *forward, assertive, conceited*: anbharúlach, beadaí, borrach, bródúil, clóchasach, consaeitiúil, déanfasach, díomasach, forránach, gusmar, gustalach, gusúil, móralach, mórmheasúil, mórtasach, postúil, sotalach, stráiciúil, strólúil, suimiúlacht, teanntásach, téisiúil, tiarnúil, toirtéiseach, tréipéiseach, tréipléiseach, tréipréiseach, uaibhreach, údarásach, undrach.

treallmhaigh verb *fit out, equip*: cóirigh, fearastaigh, feistigh, gléas, maisigh, réitigh; clúdaigh, coigeartaigh, cumhdaigh, eagraigh.

tréamanta adjective ❶ *strong, powerful*: ábalta, bailc, balcánta, bríoch, bríomhar, bulcánta balcánta, calma, ceilméartha, cróga, cuisleach, cumasach, cumhachtach, dána, éifeachtach, fearúil, feilmeanta, foirtil, folcánta, fórsúil, forthréan, fortúil, fuinniúil, inniúil, láidir, matánach, misniúil, móruchtúil, muscalach, neamheaglach, neamhfhaiteach, neartmhar, oscartha, spreacúil, téagartha, tréan, tualangach, urrúnta, urrúsach, *literary* ruanata, sonnda, tothachtach. ❷ *intense, violent:* ainmheasartha, ainrianta, aintréan, allta, anfhorlannach, barbartha, brúidiúil, brúisciúil, coirpe, cráite, crua, cruálach, daingean, dásachtach, dearbh-, dian, dian-, díbheirgeach, diongbháilte, doleigheasta, dosmachtaithe, éigneach, fiánta, fiata, fiáin, fíochmhar, foghach, foréigneach, forneartach, fraochmhar, fraochta, fuilteach, gairbhéiseach, gangaideach, garbh, géar, láidir, mallaithe, marfach, ropánta, seanbhunaithe, tolgach, tréan.

treampán noun *trouble, difficulty:* ceataí, cur siar, deacracht, díluaíocht, fabht, fadhb, locht, lúb ar lár, míbhuntáiste; abar, achrann, adhastar an anró, aimhréidh, anchaoi, arán crua, cantaoir, cathair ghríobháin, cruachás, cúngach, géibheann, habal, nead ghríbhe, ponc, sáinn, straimp, súil an ribe, súil an rópa, teannta, umar na haimléise; cruacheist, dúcheist, an t-oighear, oighear an scéil, pointe cruóige, snaidhm te scaoileadh, stangán, tomhas; éigeandáil, géarchéim.

tréan adjective ❶ *strong, powerful:* ábalta, bailc, balcánta, bríoch, bríomhar, bulcánta balcánta, calma, ceilméartha, cróga, cumasach, cumhachtach, dána, éifeachtach, fearúil, feilmeanta, foirtil, folcánta, fórsúil, forthréan, fortúil, fuinniúil, inniúil, láidir, matánach, misniúil, móruchtúil, muscalach, neamheaglach, neamhfhaiteach, neartmhar, oscartha, spreacúil, téagartha, tréamanta, urrúnta, urrúsach, *literary* ruanata, sonnda, tothachtach. ❷ *intense, violent:* ainmheasartha, ainrianta, aintréan, allta, anfhorlannach, barbartha, brúidiúil, brúisciúil, coirpe, cráite, crua, cruálach, daingean, dásachtach, dearbh-, dian, dian-, díbheirgeach, diongbháilte, doleigheasta, dosmachtaithe, éigneach, fiánta, fiata, fiáin, fíochmhar, foghach, foréigneach, forneartach, fraochmhar, fraochta, fuilteach, gairbhéiseach, gangaideach, garbh, géar, láidir, mallaithe, marfach, ropánta, seanbhunaithe, tolgach, tréamanta. noun ❶ *strong man, hero:* barraí, calmfhear, cú, curadh, gaiscíoch, galach, gríobh, laoch, laochmhíle, laochra, míle, seaimpín, tréanfhear, *literary* caimpear, cuing, féinní, láth, mál, nia, onchú, oscar, ruanaidh, scál. ❷ *strength, power:* acmhainn, brí, bua, cumas, cumhacht, daingne, daingneacht, éifeacht, fuinneamh, inmhe, láidreacht, lán-neart, neart, neartmhaire, neartmhaireacht, oirbheart, sea, sonairte, tréan, tréine, treise, urra, urrúntacht, urrús, *literary* druine, tothacht. ❸ *intensity:* beocht, brí, cíocras, cumhacht, déine, díocas, éifeacht, fórsa, fuinneamh, géire, gus, inmhe, inniúlacht, láidreacht, méad, neart, spionnadh, spreacadh, tathag, téagar, teaspach, treise, *pl.* tréithe, urra, urrús. ❹ **le tréan X** *by sheer X:* le corp X, le teann X. ❺ *plenty, abundance:* a lán, an-chuid, an-ladhar, bleachtanas, bun maith, carn, *pl.* cairn dubha, clais, cothrom, cuid mhaith, cuid mhór, cuimse, dalladh, fairsinge, fairsingeacht, féile, flaithiúlacht, flúirse, flúirseacht, flúirsí, fuíoll na bhfuíoll, iarracht mhaith, iarracht mhór, iomláine, iontas, láine, lear, líonmhaireacht, lochadradh, luthairt lathairt, maidhm, *pl.* mámannaí, mórán, neart, púir, raidhse, réimse, saibhreas, scanradh, seó, slám, steancán, stráice, suaitheantas, suim mhór, taoscán, téagar, tolmas, tonn mhaith, *familiar* an t-uafás, *literary* díoghainne, intleamh, tóla.

tréanas noun *abstinence from flesh meat: literary* abstaine, abstanaid; carghas, peannaid, troscadh.

tréanfhear noun *warrior, champion:* barraí, calmfhear, cú, curadh, gaiscíoch, galach, gríobh, laoch, laochmhíle, laochra, míle, seaimpín, tréan, *literary* caimpear, cuing, éigne, féinní, láth, mál, nia, onchú, oscar, ruanaidh, scál.

tréaniarracht noun *strong attempt, forcible attempt:* an-iarracht, sáriarracht; a dhícheall.

treas noun *combat, battle:* aighneas, bruíon, callóid, cath, cliathach, cogadh, coingleic, cointinn, comhrac, cosaint, easaontas, feacht, feachtas, géarchoimhlint, iaróg, imreas, iomaíocht, ionsaí, scirmis, spairn, troid, *literary* coinbhleacht, conghail, easard, imnise, imruagadh, iorghal, níth.

tréas noun ❶ *treason, disloyalty:* tréasún; anbhrath, *pl.* bealaí, brath, calaois, cealg, cealgaireacht, ceileatram, ceilt, cluain, cluanaíocht, cluanaireacht, comhcheilg, cur i gcéill, dúbláil, éadairise, éigneastacht, falsacht, feall, feall ar iontaoibh, fealladh, feallaireacht, feillbheart, feillghníomh, meabhal, meabhlaireacht, meabhlú, mídhílseacht, mí-ionracas, mímhacántacht, uisce faoi thalamh. ❷ *rebellion:* tréasún; ceannairc, comhéirí, easumhlaíocht, éirí amach, éiritheacht, reibiliún; muirthéacht, réabhlóid.

treascair verb ❶ *overthrow, vanquish:* cnag, cloígh, coscair, cuir faoi smacht, máistrigh, sáraigh, tnáith, traoch, smachtaigh. ❷ *lay low, prostrate:* bain anuas, basc, caith chun talaimh, leag, leag ar lár, leag amach, maraigh, scrios, tabhair anuas, tarraing anuas.

treascairt noun ❶ *demolition, fall:* baint anuas, bris, briseadh, cartadh, ísliú, leagan, leagarnach, léirscrios, ligean anuas, neamhniú, scartáil, scrios, tabhairt anuas, tarraingt anuas, *literary* comach; titim, truisle, truisleadh, truisleáil, tuisle, tuisleach. ❷ *overthrow, defeat:* briseadh, cloí, concas, coscairt, greadlach, maidhm chatha.

tréaslaigh verb *congratulate:* déan comhghairdeas le, mol; go maire tú do nuaíocht, go maire tú an lá, go mba sheacht bhfearr a bheidh tú.

tréaslú noun *(act of) congratulation:* comhghairdeas.

treaspás noun *trespass:* argain, creachadóireacht, creachadh, creachaireacht, foghail foghlaíocht, *literary* fuachtain, *literary* lochar, *literary* scabáiste, scrios, slad, sladaíocht, treaspás.

tréasúil adjective *rebellious:* ainriata, ceannairceach, docheansaithe, dochomhairleach, domhúinte, dúshlánach, easumhal, easurrúsach, éiritheach, mícheansa, míréireach, neamhghéilliúil, reibiliúnach, tréatúrtha. ❷ *outrageous:* ainchríostúil, ainmheasartha, ainrianta, aintréan, allta, anfhorlannach, barbartha, coirpe, cruachroíoch, cruálach, damanta, danartha, dásachtach, díbheirgeach, dobhéasach, éigneach, fiánta, fiata, fiáin, fíochmhar, foghach, foréigneach, fraochmhar, fraochta, fuilteach, gairbhéiseach, gangaideach, garbh, ionsaitheach, mídhaonna, mínádúrtha, mínáireach, míshibhialta, ropánta, tréamanta.

tréatúir noun *traitor, treacherous person:* brathadóir, caimiléir, comhchealgaire, feallaire, fealltóir, Iúdás, lúbadóir, lúbaire, meabhlachán, meabhlaire, nathair, plotaire, séitéir, sliúdrálaí.

trédhearcach adjective *transparent:* baoisceánta, gloineach, gloineata, gloiní, tréshoilseach; criostalach, criostalta, loinnireach, lonrach, soilseach.

treibh noun ❶ *house, homestead:* áras, both, bothán, foirgneamh, foirgint, foirgníocht, iostán, mainéar, pálás, teach, teachín, teaghais, tigh, toigh; feilm, feirm, gabháltas, treabh, treafas. ❷ *household, family:* líon tí, muintir; clann, comhluadar, cónaí, soit, teach, teaghlach, teallach, treabhlach, treabhlacht. ❸ *tribe, race:* ál, bunadh, cine, cineál, clann, fine, fuil, líne, muintir, muirear, muirín, pór, síol, síolrach, stoc, scuainín, sliocht, *historical* tuath. ❹ *class, set:* aicme, cineál, earnáil, fíleam, fine, géineas, gné, grád, grúpa, saghas, sórt, seort; speiceas, tacar;

tréidlia
baicle, béinne, buíon, cleaicín, cóip, comhlacht, compántas, complacht, criú, cruinniú, cuallacht, cumann, cuideachta, dream, drong, feadhain, foireann, fracht, gasra, meitheal, paca, rang, scaoth, scata, scuaine, slógadh, slua, *literary* cuain.

tréidlia noun *veterinary surgeon, vet*: bódóir, dochtúir na mbeithíoch, eachlia, lia eallaigh.

tréig verb ❶ *abandon, forsake*: caith suas, cuir uait, éirigh as, éirigh ó, fág, fág amach, fuathaigh, imigh ó, leag, lig anuas, scaoil, scar le, tabhair cúl do, tabhair suas, téigh ó. ❷ *fade*: ceiliúir, clis, imigh, imigh as, leáigh, téigh as. ❸ *fail, fail away*: clis, lagaigh, meath, meathlaigh, sleabhac, teip; galaigh, leáigh.

treighid noun ❶ *shooting pain, pang*: arraing, daigh, deann, greadán, greadfach, grodphian, pian, ríog, saighead reatha, treighdeán, *literary* gúire, iodha. ❷ *colic pains, gripes*: aileacó, coilice, coiliceam, daigh bhoilg, daigh imleacáin; arraing, dó croí, greim, *pl.* íona goile, pian sa bholg, tinneas boilg, tinneas goile.

tréigtheoir noun *deserter*: éalaitheoir, loiceach, meatachán, múitseálaí, teifeach; duine liom leat, feallaire, Iúdás, nathair, séantóir, séantóir creidimh, séantóir cúise, Tadhg an dá thaobh, tréatúir.

tréimhse noun *period, term*: aimsir, am, aois, dáta, linn, ré, téarma, tráth, uair.

tréimhseachán noun *periodical*: blianiris, iris, irisleabhar, míosachán, seachtanán; nuachtán, páipéar, páipéar nuachta, páipéar nuaíochta; foilseachán.

tréimhsiúil adjective *periodical*: rialta, séasúrach, tráthrialta, tráthúil, tréimhseach; féiltiúil, timthriallach; ócáideach, tallannach, treallach, uaineach.

tréine noun ❶ *strength, power*: acmhainn, brí, bua, cumas, cumhacht, daingne, daingneacht, éifeacht, fuinneamh, inmhe, láidreacht, lán-neart, neart, neartmhaire, neartmhaireacht, oirbheart, sea, sonairte, tréan, treise, urra, urrúntacht, urrús, *literary* druine, tothacht. ❸ *intensity*: beocht, brí, cíocras, déine, díocas, éifeacht, fórsa, fuinneamh, géire, gus, inmhe, inniúlacht, láidreacht, méad, neart, spionnadh, spreacadh, tathag, téagar, teaspach, treise, *pl.* tréithe, urra, urrús. ❷ *intensity*: beocht, brí, cíocras, cumhacht, déine, díocas, éifeacht, fórsa, fuinneamh, géire, gus, inmhe, inniúlacht, láidreacht, méad, neart, spionnadh, spreacadh, tathag, téagar, teaspach, treise, *pl.* tréithe, urra, urrús.

treis noun ❶ *tar i dtreis grow powerful, grow strong*: cruinnigh neart, tar chun cumhachta, tar i gcumhacht, tar i réim. ❷ *téigh i dtreis le come into conflict with*: téigh i gcoimhlint le, téigh i ngleic le; bí in aghaidh, tar salach ar. ❸ *i dtreis in dispute, at stake*: faoi chaibidil, ina chnámh spairne.

treise noun *strength, power, dominance*: acmhainn, brí, bua, cumas, cumhacht, daingne, daingneacht, éifeacht, fuinneamh, inmhe, láidreacht, lán-neart, neart, neartmhaire, neartmhaireacht, oirbheart, sea, sonairte, tréan, tréine, urra, urrúntacht, urrús, *literary* druine, tothacht; ardcheannas, ardchumhacht, ardfhlaitheas, ardríocht, ardtiarnas, ceannaireacht, ceannasaíocht, cinseal, cinsealacht, cumhacht, flaitheas, forlámhas, impireacht, maoracht, príomhcheannas, réimeas, riail, rialtas, rialú, ríocht, stiúir, svae, tiarnas, tiarnúlacht, treoir, údarás.

treiseal noun in adverbial phrase *deiseal is treiseal in all directions*: i ngach treo; ar fud an bhaill, siar agus aniar, suas agus anuas; gan ord gan eagar.

treisigh verb ❶ *strengthen, reinforce*: athneartaigh, breisigh, daingnigh, láidrigh, neartaigh, stóinsigh, tacaigh le; cuir taca le. ❷ *gather strength*: cruinnigh neart, téigh i láidreacht.

tréith¹ noun ❶ *trait, characteristic*: airí, *pl.* airíonna, comhartha, comhartha sóirt, déata, gné, mianach, féiniúlacht, mórmhaitheas, ríd, sainchomhartha, sainiúlacht, saintréith, sonra, sonraíocht. ❷ *accomplishment, achievement*: aicsean, beart, bua, caithréim, curiarracht, éacht, earmaise, gaisce, gníomh gaile is gaisce, laochas; conách, oirbheart, rath, sáriarracht, *literary* spleadh.

tréith² adjective *weak, feeble*: anbhainneach, anbhann, caite, cloíte, crólag, éidreorach, fann, fannlag, faon, lag, meirtneach, míthreorach, sáraithe, sleaiceáilte, spíonta, tláthlag, traochta, tréithlag; níor fhan sea ná seoladh ann.

tréitheach adjective ❶ *accomplished, gifted*: ábalta, aclaí, áitithe, cleachta, cliste, bríoch, bríomhar, cumasach, cumasúil, cumhachtach, deaslámhach, éifeachtach, glic, ildánach, inniúil, luathlámhach, oilte, praitinniúil, pribhléideach, saoithiúil, sciliúil, stuama, tallannach. ❷ *playful, sportive*: ábhailleach, aerach, ceáfrach, cleasach, cluicheach, fastaímeach, spraíúil, sultmhar, *literary* cluicheachair; áiféiseach, áirid, barrúil, corr, corraiceach, géimiúil, gleoiréiseach, gliadrach, gliondrach, greannmhar, leithéiseach, magúil, meidhréiseach, rancásach, scigiúil, spórtúil, *literary* reabhrach. ❸ *tricky*: bealachtach, beartach, cam, cas, cealgach, cílíonta, claon, cleasach, cluanach, cúinseach, ealaíonta, fealltach, fiar, glic, imeartha, inleogach, lán castaí, lúbach, lúibíneach, meabhlach, mealltach, meangach, nathartha, sleamhain, sleamhnánach, slíbhíneach. ❹ *characteristic, common*: caighdeánach, gnách, gnáth-, gnáthúil, normálta, rialta, tipiciúil; comhghnásach, eiseamláireach; coiteann, coitianta, comónta, fairsing, forleathan, forleitheadach, ginearálta, leitheadach, uilíoch.

tréitheadóir noun *joker, trickster*: abhógaí, áilteoir, anstrólaí, bobaire, breastaire, buachaill báire, ceaifléir, cleasaí, cluanaire, doilfeoir, drochairleacán, ealaíontóir, fear grinn, fleascach, gleacaí, gleacaí milis, gleacaíre, gliceadóir, leábharaic, leidhcéir, leorthóir, lúbaire, mealltóir, pasadóir, ráscán, sionaglach, spaisteoir, truiceadóir, truicseálaí.

treo noun ❶ *direction, way*: aird, ceard, cearna, leath, stiúir, stiúradh, taobh; bealach, conair, cúrsa, raon, rian, ród, seol, slí; *pl.* imeachtaí. ❷ *trend, drift*: claon, claonadh, diall, laofacht, seol, treocht, tugthacht. **compound preposition** *i dtreo towards, near*: d'airicis, chuig, chun, faoi bhráid, go dtí, in airicis, i ndáil; achomair do, in achomaireacht do, cóineasach do, cóngarach do, faoi thuairim, gar do, i bhfogas do, i bhfoisceacht de, in aice le, i ngar do, i ngiorracht do, lámh le, *literary* iongar do; cois, de chois.

treoir noun ❶ *guidance, direction*: aire, aireachas, feighlíocht, geafaireacht, lámhsmacht, maoirseacht, mineastráil, mineastrálacht, monatóireacht, reachtáil, rialú, rialúchán, riarachán, riaradh, saoistíocht, smacht, stiúir, stiúradh, stiúrthóireacht, treorú. ❷ *indicator, index*: comhartha, leid, nod, rabhadh, solas; catalóg, clár, eolaire, innéacs. ❸ *movement, progress*: bealach, dul chun cinn, gluaiseacht, slí. ❹ *effort, strength*: iarracht, rábóg, ráig, ríog, rúchladh, rúid, rúideog, ruthag, sacadh, sciuird; brí, cumas, éifeacht, feidhm, fuinneamh, gus, inmhe, inniúlacht, lúth, neart, sea, sitheag, treise, urra, urrús. ❺ *i dtreoir in order, ready*: ar deil, ar a chóir féin, i gcóir mhaith, i bhfearas, innealta, in ord; feistithe fáiscthe, réidh, faoi réir, ullamh.

treoraí noun *guide, leader*: cinnire, coimhdeacht, eolaí, fear eolais, garda, píolóta, stiúrthóir; béal múinte, comhairleoir, máistir, múinteoir, teagascóir; caiptín, captaen, ceann, ceannaire, ceannasaí, ceann feadhna, ceann foirne, ceannfort, ceann urra, maoirseoir, maor, príomhoifigeach, saoiste, scipéir, *literary* braine, céadar, léadar, luamh.

treoraigh verb *guide, lead, direct:* comóir, giollaigh, tabhair, tionlaic; stiúraigh, tiomáin; coinnigh faoi smacht, deachtaigh, ordaigh, rialaigh, smachtaigh, *literary* codhnaigh.

triacla noun *treacle:* triacail; molás, siúcra cána.

triail noun ❶ *trial, test:* féacháil, féachaint, promhadh, scrúdú, seiceáil, tástáil, teist. ❷ *trial (in court):* caingean, cás, cúis, díotáil, éisteacht, féacháil, pléadáil, táinseamh; binse fiosrúcháin, coiste, fiosrú, scrúdú. verb ❶ *try, test:* blais, dearbháil, féach, promh, sondáil, scrúdaigh, seiceáil, tástáil, teisteáil; bain triail as. ❷ *try (in court):* díotáil; cuir chun trialach, tabhair chun trialach, tabhair os comhair na cúirte.

trialach adjective *experimental, tentative:* turgnamhach, triaileach; amhrasach, éadaingean, éadarfa, éiginnte, mídheimhnitheach, neamhchinnte, neamhdhaingean.

triall noun *journey, expedition:* aistear, bóthar, comóradh, siúl, sluaíocht, táin, toisc, turas, *literary* uidhe. verb *journey, travel:* corraigh, cuir díot, eitil, gluais, imigh, siúil, taistil, téigh, téigh ar do bhealach, téigh ar do shlí, téigh ar d'aistear, téigh ar muin capaill, téigh ag marcaíocht, téigh de shiúl cos, tiomáin, tiomáin leat, traibhleáil, triall; bí ag marcaíocht, bí ag rothaíocht, bí ag siúlóid, marcaigh, rothaigh.

trian noun ❶ *third:* treaschuid, tríú cuid ❷ *historical division, quarter (of town):* ceathrú, cartúr, páirt, roinn..

triantánach adjective *triangular:* tríchúinneach, tríshleasach, trí-uilleach.

trillín noun *burden, encumbrance:* asclán, beart, eire, gabháil, lasta, lód, luascán, lucht, muirín, teannaire, trillín, ualach, uchtán, uchtó; bac, buairichín, cúram, dualgas, laincis, mortabháil, muirear muirín, ualach.

trilseán noun ❶ *tress, plait:* bachall, ciabh, ciabhóg, cuach, dlaoi, dlaíóg, duailín, dual, loca, lúibín, scoth, trilis, triopall, urla, *colloquial* ciabhra; fí, pleata. ❷ *plaited rush-light:* coinneal feaga, fáideog, geataire, geitire, íotharna, páideog, snabóg, sútróg, tapar. ❸ *torch:* branda, breo, lóchrann, soilseán, sop, sopóg, teannáil, tóirse, *literary* sutrall. ❹ *string, long bunch:* corda, ruainseachán, sreang, sreangán, strapa, suaithne, téad, téadán; giobal, leadhb, liarlóg, stiall, trilsín.

trinse noun *trench:* clais, clasaidh, díog, draein; cainéal, canáil, caoth, gáitéar, léata, lintéar, sconsa, seoch, silteán, suinc.

trioblóid noun *trouble, affliction:* deacracht, doic, doilíos, dua, éigeandáil, fadhb, géarchéim, trioblóid; aimléis, ainnise, ainríocht, amaróid, anacair, anachain, anás, anchaoi, angar, anró, anróiteacht, anshó, bhrú, caduaic, callshaoth, cat mara, céasadh, ceasna, ciapadh, ciotrainn, crá, crá croí, cráiteacht, cránán, cránas, cros, cruachás, cruatan, díblíocht, dochracht, dochraide, dócúl, doghrainn, doic, dóing, dóinmhí, dola, donacht, donas, dothairne, drámh, drochbhail, drochrath, duainéis, éagomhlann, éigeandáil, eirleach, fulaingt, gá, gábh, géarbhroid, géarchéim, géarghoin, léan, leatrom, matalang, mí-ádh, míchaoi, mífhortún, mírath, mísheoladh, míthapa, piolóid, priacal, sáinn, straimp, strus, suaitheadh, taisme, timpiste, tragóid, treabhlaid, truántacht, tubaiste, turraing, *literary* cacht, galghad, teidhm.

trioblóideach adjective *troublesome:* achrannach, aimiléiseach, aingí, anacrach, anróiteach, brácúil, callóideach, casta, crosta, crua, deacair, deannachtach, dian, dochrach, dochraideach, docht, dócúlach, dodhéanta, doghrainneach, doiligh, dóingeach, doirbh, dólásach, doréidh, doréitithe, droibhéalach, duaisiúil, duamhar, iomardúil, maslach, míchompordach, nimhneach, pioliódeach, saothrach, strusúil, tinn, tónáisteach, treascrach.

trioc noun *furniture:* pl. rothaí tí, *literary* tionchar, trealamh tí, troscán; acmhainn tí, airnéis, pl. áiseanna, pl. ciútraimintí, cóiríocht, cóngar, earra, earra tí, pl. fearais, feisteas, feistiú, feistiú tí, gaireas, pl. giuirléidí, pl. gléasanna, gléasra, inleog, sás, pl. uirlisí.

tríocha adjective & noun *thirty:* triocha; deich gcinn fichead.

triomach noun *dry weather, drought:* spalladh, spalpach, spalpach triomaigh, triomacht;; turadh.

triomadóir noun *dryer:* triomadán, triomaitheoir; castriomadóir.

triomaigh verb *dry:* spall, tíor, tuar; díscigh, éirigh tirim, téigh i ndísc; breoigh, bruith, dóigh, loisc, searg, seasc, triomaigh; cráindóigh, ruadhóigh, rualoisc.

triomú noun *drying, drying capacity:* tíoradh, triomach.

trínóid noun ❶ *trinity:* tré, triúr, triúracht. ❷ *an Trínóid Ró-Naofa the Most Holy Trinity:* Dia, Dia na gCríostaithe; an tAthair, an Mac agus an Spiorad Naomh.

triopall noun ❶ *cluster, bunch:* badán, braisle, clibín, cloigín, cocán, crobhaing, crothán, cruinneán, cruinneog, curca, mogall, scothóg, siogairlín, trioplóg; burla, cruinneán, cruinneog, curca, meall. ❷ *train, tail:* earr, eireaball, feam, feimín, los, raiblín, ruball, scofall, scothachán, scothán, scuab, scuabóg, streachlán, *literary* caircheach. ❸ **triopall treapall** *disorder, confusion:* ainriail, cíor thuathail, díthreoir, easordú, easpa oird, fuile faile, furtla fartla, gírle guairle, holam halam, hólam tró, hurlamaboc, hurla harla, hurlama giúrlama, imghleo, mearú, mí-eagar, mí-ordú, míríaltacht, rachlas, raiple húta, ruaille buaille, réabadh reilige, suathrán, trachlais, tranglam.

triopallach adjective ❶ *clustered, bunched, neatly gathered:* cnuasaithe, crobhaingeach, cruinnithe, drongach, mogallach; clupaideach, fillte. ❷ *neat, tidy, trim:* beacht, comair, conláisteach, cuimseach, cuimseartha, cúirialta, fáiscthe, innealta, néata, oirní, ordúil, pioctha, piocúil, pointeáilte, slachtmhar, sprúisiúil, triog; gan barr cleite isteach ná bun cleite amach.

triosc noun *brewer's grains, draff:* (i gContae na Gaillimhe) buraimbíor, triosclach; grúdarlach.

tripéad noun *tripod, trivet:* branra, tacas, tríchosach, tristéal, troiste.

tritheamh noun ❶ *fit, paroxysm:* abhóg, eatal, fonn, fuadar, míthaom, priocadh, racht, ráig, ríog, spadhar tobann, spang, spreagadh, spreacadh, taghd, tallann, taom, tapóg, tocht, treall. ❷ **sna trithí gáire** *convulsed with laughter:* sna trithí dubha gáire; in arraingeacha ag gáire, ag briseadh a chroí ag gáire, ag cur a anama amach ag gáire, sínte ag gáire, ag titim siar le fáscaí gáire, i dtinneálaí gáire; tá pian ina thaobh ag gáire, tá sé lag ag gáire, tá sé marbh ag gáire, tá falrach gáire air, tá rachtanna gáire air.

tríú adjective & noun ❶ *third:* treas. ❷ *third part:* trian, treaschuid, tríú cuid.

triúr noun ❶ *three persons, trio:* triúracht; tré. ❷ *three (things):* tré, trí cinn.

triús noun ❶ *trousers:* bríste, pl. brístí, brístín, pantalún, treabhsar, triúis, triúsa, triúsaer, triúsán. ❷ **Máirín an triúis** *female stone-chat (Saxicola torquata):* caislín cloch, caistín cloch, caistín fa chloch, clochrán, gaistín faoi chloch; caislín dearg, Donncha an chaipín.

trócaire noun *mercy, clemency:* coimirce, taise, trua, truamhéala; anacal, cairde, ceathrú.

trócaireach adjective *merciful, compassionate*: caoin, caomh, caonrasach, ceansa, cineálta, cneasta, daonna, garúil, grádiaúil, grástúil, lách, macánta, maiteach, maith, máithriúil, mánla, maránta, méiniúil, miochair, míonla, muinteartha, oibleagáideach, séimh, soghníomhach, soilíosach, somhaiteach, suairc, taisiúil, tláith, truachroíoch, úrchroíoch, *literary* iochtmhar.

trochailte adjective *enfeebled, broken down, in wretched state*: ainnis, anbhainneach, anbhann, basctha, caillte, caite, cloíte, cortha, coscartha, crólag, fann, fannlag, faon, lag, lagáiseach, meirtneach, míchreatúil, millte, raiceáilte, sáraithe, scriosta, scuabtha, sleaiceáilte, spíonta, traochta, tréith, tréithlag, *literary* triamhain; ag titim as a sheasamh, ar an trá fholamh, imithe chun raice, in anchaoi, i gcruachás, ina bhathalóg, ina bhathlach, ina fhochtrach, in ísle brí, in umar na haimléise, tite as a chéile, tite i ngabhal a chéile; níor fhan sea ná seoladh ann.

trochlú noun *dilapidation, decay*: ainnise, anchaoi, díblíocht, drochbhail, droch-chaoi, droch-chuma, fothrach, laige, raic; clis, cliseadh, dreo, dreochan, dreoiteacht, feo, feochan, imleá, leá, meath, meathlú.

trodach adjective *pugnacious, quarrelsome*: achrannach, agóideach, aighneasach, aighneastúil, aighneasúil, ainciseach, araiciseach, aranta, argóinteach, bagrach, cancrach, cantalach, cochallach, cogúil, coilgneach, cointinneach, comhlannach, comhraiceach, comórtasach, conghleacach, conspóideach, cuileadach, deafach, docheansa, docheansaithe, doriartha, doshrianta, dréimeach, dréimneach, driseogach, drisíneach, feargach, formadach, gairgeach, giorracach, gleoch, goilliúnach, gráinneogach, greannach, iarógach, imreasach, imreasánach, iomaíoch, iomarbhách, ionsaitheach, iortha, siosmach, spairneach, spairniúil, spídiúil, spuaiceach, straidhpeach, straidhpiúil, tarcaisneach, teagmhálach, *literary* dreannach, íorach.

trodaí noun ❶ *fighter, combatant*: cathaí, cathmhíle, ceithearnach, cogaí, comhraiceoir, comhraicí, mílísteoir, óglach, trodaire, *literary* suaitreach; guairille, treallchogaí. ❷ *quarrelsome person, brawler*: trodaire; ainciseoir, caisearbhán, cancrán, cianaí, deimheastóir, doirbhíoch, domlas, dris, duine dáigh, gargaire, gráinneog, míchaidreamhach, nathair, nimheadóir, peasánach, pusaire, racánaí, sceach, sceachaire, sceimhealtóir, searbhán, smutachán, speachaire, speig neanta, stiúireachán.

troid noun *fight, quarrel*: achrann, aighneas, argáil, argóint, bruíon, cáiríneacht, caitleáil, cath, cibeal, clampar, cogadh, conabhrú, conghail, coinghleic, cointinn, conspóid, construáil, eisíocháin, eisíth, giorac, griobsach, griollladh, iaróg, imreas, imreasán, iomarbhá. maicín, raic, siosma, siúite, troid, *literary* gleidean, imnise. verb *fight, quarrel*: comhraic, ionsaigh, scansáil, spairn; fear cogadh, seas an fód, tabhair cath; *literary* sín chun catha; difrigh le, easaontaigh le; bí ar mhalairt aigne le, ná bí ar aon fhocal le, ná bí ar aon tuairim le, ná haontaigh le, ná réitigh le, ná tar le, téigh chun sleanntracha le, tit amach le; d'éirigh eatarthu.

troigh noun ❶ *foot*: clabhca, coisín, cos, sliútar, spág. ❷ *foot (measurement of length)*: dhá orlach déag, tríocha ceintiméadar go leith.

troighean noun ❶ *fish-oil*: ola ae troisc, ola mhíl mhóir. ❷ *oil, grease*: íle, ola, ola bhealaithe; bealadh, blonag, geir, gréis, gréisc, saill, smearadh, úsc. ❸ *greasy coating, sludge*: leo, leo ola; clábar, dóib, draoib, dríodar, glár, lábán, láib, lathach, moirt, pluda, práib, sloda, slodach, tuiltreach.

troime noun *weightiness, heaviness*: eire, meáchan, méad, oiread, toirt, tromacht, tromán, ualach; tábhacht, troiméis, trom, trombhrí, tromchúis, úimléid.

troimpéad noun *trumpet*: stoc, stoc comhraic, trumpa, *literary* storgán; adharc, bonnán, buabhall, corn, galltrumpa.

troimpléasc noun *loud noise, explosion*: blosc, bloscadh, maidhm, maidhmneach, plab, plabadh, pléasc, pléascadh, pleist, plimp, rois, rúisc, tuairt, *literary* gadán.

troistneach noun *noise, commotion*: borrán, caismirt, cambús, carabuaic, carabunca, cibeal, cipeadraíl, clampar, clibirt, cliobach, cliobaram hob, clisiam, conaghreabhaid, cosair easair, díthreoir, easordú, fuilibiliú, fuirseadh má rabhdalam, gáróid, giordam, gleadhradh, gleorán, glisiam, griobach, holam halam, hólam tró, hurlamaboc, hurla harla, hurlama giúrlama, liútar éatar, liútar léatar, mírialtacht, pililiú, racán, rachlas, ragáille, raic, raiple húta, rírá, ruaille buaille, rúp ráp, stánáil, tamhach táisc, toirnéis, tranglam, *literary* eascal, monghar.

troitheach noun ❶ *foot soldier*: coisí, saighdiúir coise; ceithearnach, saighdiúir singil. ❷ *pedestrian*: bonnaire, coisí, coisíoch, siúlaí, siúlóir, siúltóir, spaisteoir, válcaeir; crágálaí.

troitheán noun *pedal, treadle*: troithín; cosán, éilic, maide cos, maide lústair, maide tuirne, tromán; sataoilt.

trom[1] adjective ❶ *heavy*: tromaí; tá meáchan ann. ❷ *stodgy*: stalcach, stalcánta, stolpach; crua, righin, slaodach. ❸ *dense, thick*: cóngarach, crua, cruafháiscthe, cruafhuinte, cuimse, dlúmhaí, dlúth, docht, fáiscthe, fuinte, teann, *literary* díoghainn; biamhar, bláfar, blonagach, feolmhar, forlíonta, lodartha, méith, mór, plobánta, plobartha, plucach, staiceáilte, taosmhar, téagartha, téagrach, toirtiúil. ❹ *abundant*: drongach, fairsing, fial, flaithiúil, flúirseach, fras, iomadúil, líonmhar, rábach, rabhartach, raidhseach, raidhsiúil, saibhir, ina slaoda, *literary* díoghainn. ❺ *laborious*: anróiteach, callshaothach, duainéiseach, duaisiúil, maslach, saothrach, tiarálach, trom. ❻ *grievous, severe*: tromaí, trombhríoch, tromchiallach, tromchúiseach; crua, daigheachánach, dearg-, dian, dócúlach, drochgéar, guilmeach, láidir, mór, rí-, tréan. ❼ *sultry, oppressive*: brothallach, dúntach, marbh, marbhánta, meirbh, múchta, plúchta, spadánta, téiglí; múisciúil. ❽ *dull, tedious*: fada, fadálach, leadránach, leamh, liosta, mall, mallacharach, mallghluaiste, marbhánta, sínteach, strambánach, strusúil, sionsach, spadánta, támáilte, tuirsiúil, *literary* eimhilt. ❾ *drowsy*: liosta, marbhánta, múisiamach, murtallach, spadánta, támáilte; codlatach, sáimhríoch, suanmhar, támhach, tromcheannach, tromshúileach. ❿ *oppressed, sad*: acaointeach, atuirseach, brónach, brúite, buartha, ceanníseal, céasta, ciamhair, cianach, ciaptha, cráite, croíbhriste, cumhach, danaideach, deoirghinteach, deorach, diachrach, dobrónach, doghrach, doilíosach, dólásach, duaiseach, dubhach, dúlagrach, dúlionnach, fadchumhach, golbhéarach, golchásach, gruama, gubhach, iarghnóch, iarmhéileach, léanmhar, lionndubhach, mairgiúil, ochlánach, olagónach, taidhiúir, tromaí, tromaigeantach, tromchroíoch, *literary* triamhnach. ⓫ *trom ar leanbh* pregnant: ag iompar chlainne, ag súil le páiste, (*i gContae Chorcaí*) fé shlí, leatromach, muiríneach, taobhthrom, adjectival genitive tórmaigh, torrach, *familiar* i ngéibheann, leagtha suas, suas an cnoc. noun ❶ *weight*: meá, meáchán, troime, tromacht, tromán; oiread; toirt; eire, ualach. ❷ *burden, oppression*: eire, ualach; antrom, atuirse, buaireamh, buairt, ciach, cian, dubhachas, daoirse, daorbhroid, daorsmacht, dobrón, doilíos, dólás, duairceas, forlámhas, gruaim, léan, mairg, méala, néal, tromas, tromchroí, *literary* cacht. ❸ *bulk, preponderance:* bunáite, an chuid is mó, cúnamh maith, formhór an mhórchuid, tromchuid, tromlach, urmhór. ❹ *blame, censure:* aifirt, beachtaíocht, béal na ndaoine, cáineadh, cáinseoireacht, cáithiú, cámas, ciontacht, ciontú, damnú, daoradh, dímholadh, díspeagadh, easmailt, easómós, fonóid, guth, imcháineadh, imdheargadh, iomard, iomardú, locht, lochtú, maslú, milleán, milleánú, sciolladh, sciolladóireacht, spíd, spídiúchán, spídiúlacht, táinseamh, tarcaisne, tromaíocht, *literary* aisc, glámh. ❺ **trom trom** (*game of*) *forfeits:* geall; cniogaide cnagaide.

trom² noun *elder, elder tree (Sambucus nigra):* bualtraí, crann troim, dromán, píobaire, tromán.

tromaigh verb ❶ *become heavy:* cuir meáchan suas, téigh i dtroime. ❷ *make heavier:* cuir meáchan le, luchtaigh, ualaigh. ❸ *intensify:* faobhraigh, géaraigh, méadaigh, neartaigh; cruinnigh neart; cuir bior ar, cuir dlús le, cuir faobhar ar; téigh i ndéine. ❹ **tromaigh ar** *burden, oppress:* cuir meáchan ar, luchtaigh, ualaigh; basc, brúigh faoi, cuir faoi chois, luigh ar, meil.

tromaíocht noun *(act of) blaiming, censuring; condemnation:* beachtaíocht, béal na ndaoine, cáineadh, cáinseoireacht, caitheamh anuas, cáithiú, cámas, castóireacht, ciontú, cnáid, coiriú, cúiseamh, damnú, daoradh, díotáil, díotálach, gearán, guth, guthaíl, imcháineadh, imdheargadh, iomard, iomardú, ionchúiseamh, lochtú, milleán, milleánú, scorn, spailleadh, spíd, spídiúchán, spídiúlacht, táinseamh, tarcaisne, tarcaisníl, toibhéim, *literary* cúrsú.

tromán¹ noun ❶ *weight, sinker:* meáchan, troime, trom, aigeach, cloch ancaire, cloch róid, cloch théide, luaidhe, luaidhe feádóireachta. ❷ *weight (of scales):* prás.

tromán² noun *dwarf elder (Sambucus ebulus):* abhacthromán, bolfart, crann casfháis, fliodh an bhalla, lus na nDanar, molairt, *literary* peith.

tromchroí noun *heavy heart, melancholy:* atuirse, beagmhisneach, beaguchtach, briseadh croí, brón, buaireamh, buairt, ceas, ceo, ciach, ciamhaire, cian, clóic, cumha, díomá, dobrón, dochma, doilíos, dólás, domheanmna, drochmhisneach, duairceas, dubhachas, duifean croí, dúlagar, dúlionn, éadóchas, gruaim, gruamacht, iarghnó, léan, tocht; beagmhisneach, ciach, cian, dubhachas, duainéis, dúlagar, éadóchas, gruaim, gruamacht, lagar spride, lagsprid, lionn dubh, *pl.* na lionnta dubha, meirtne, mídhóchas, mímheanma, mímhisneach, múchna, néal, smúit, tocht, *literary* dearchaoineadh.

tromchroíoch adjective ❶ *heavy-hearted:* atuirseach, briseadh-croíúil, bristechroíúil, brónach, brúite, buartha, ceanníseal, ciachmhar, ciamhair, cianach, cráite, croíbhriste, croíbhrúite, cumhach, deorach, diachrach, dobrónach, doilíosach, duaiseach, dubhach, dúlionnach, fadchumhach, gruama, gubhach, iarghnóch, léanmhar, lionndubhach, mairgiúil, maoithneach, taidhiúir, trom, tromintinneach, truamhéalach, truamhéileach, *literary* triamhain, *literary* triamhnach. ❷ *indigestible, heavy (of food):* borb, ceasúch, ceasúil, géar, láidir, masmasach, mótúil, oiltiúil, samhnasach.

tromchúis noun ❶ *grave matter:* ábhar trom, scéal mór. ❷ *gravity, importance:* *literary* tothacht, tábhacht, troiméis, trom, úimléid; aird, brí, bun, bunús, suim.

tromchúiseach adjective ❶ *grave, important:* mór le rá, tábhachtach, troiméiseach, trom, úimléadach, úimléideach; práinneach, reachtmhar; cruógach, deifreach, gáróideach, téirimeach. ❷ *self-important:* anbharúlach, beadaí, borrach, bródúil, clóchasach, consaeitiúil, déanfasach, díomasach, gusmhar, gustalach, gusúil, mórálach, mórtasach, postúil, sotalach, suimiúil, teanntásach, toirtéiseach, treallúsach, uaibhreach, údarásach; tá sé tuairimiúil de féin.

tromlach noun *greater part, majority:* bunáite, bunús, an chuid is mó, cúnamh maith, formhór, mórchuid, móramh, urmhór; barraíocht, breis, farasbarr.

tromluí noun *nightmare:* drochbhrionglóid, tromchodladh.

tromshuan noun *heavy sleep:* codladh na Caillí Béarra, codladh mhná Dhoire Né ó Dhéardaoin go Domhnach; marbhchodladh, sámh, sámhán, sámántacht, sámhántaíocht, sámhchodladh, suan, suanaíocht, suanán, támh, támhchodladh, támhnéal, támhshuan, toirchim, toirchim suain, tromchodladh, tromnéal.

trópaiceach adjective *tropical:* teochreasach; te.

troscadh noun *fast:* troscadh is tréanas; aoine, carghas, peannaid; tréanas, *literary* abstaine, abstanaid; bigil, moirtniú.

troscán noun *furniture: pl.* rothaí tí, trealamh tí, trioc, *literary* tionchar; acmhainn tí, airnéis, *pl.* áiseanna, *pl.* ciútraimintí, cóiríocht, cóngar, earra, earra tí, *pl.* fearais, feisteas, feistiú, feistiú tí, gaireas, *pl.* giuirléidí, *pl.* gléasanna, gléasra, inleog, sás, *pl.* uirlisí.

trost noun ❶ *noise, report:* blosc, bloscadh, plab, plabadh, pléasc, pléascadh, pleist, plimp, rois, rúisc, siot, troimpléasc, tuairt. ❷ *thump, tramp of feet:* cosaráil, gliogram cos, sataill, starrfach, taltú, tiomp, trampáil, trost, trúipéireacht, trup cos, trut trat, *literary* tuinseamh.

trua a ❶ *pitiable, wretched:* ainnis, ainriochtach, anacair, anacrach, anásta, angarach, anróiteach, bocht, cásmhar, dealbh, dealúsach, dearóil, díblí, mí-ádhúil, mí-ámharach, míchreatúil, millte, ocrach, suarach, truánta, *literary* doim. ❷ *lean (of meat):* dearg, dubh, tanaí; tairteoil, truafheoil. ❸ *thin, emaciated:* caite, craplaithe, críon, dóite, dreoite, feoite, feosaí, gágach, locartha, lom, lomchaite, ocrach, pléite, rocach, scólta, seargtha, síleáilte, snoite, speathánach, spíonta, suaite, tnáite, traochta, traoite, tréigthe, trochailte, truánta. noun ❶ *pity, compassion:* coimirce, taise, trócaire, truamhéala, *literary* neimhéile; anacal, cairde, ceathrú. ❷ *matter for regret:* ábhar bróin, ábhar gearáin, cúis bhróin, cúis ghearáin, cúis ghoil. ❸ *object of pity:* díol trua. ❹ **mo thrua!** *alas!:* faraor! faraor cráite!, faraor géar!, faraor géar goirt!, ababún!, abhó!, a chiachais!, a Mhuire, is trua!, a thiarcais!, m'aigh ó!, Dia le m'anam!, mo bhrón!, mo chaduaic!, mo chreach!, mo chreach chrua!, mo chreach chrua cráite!, mo chreach is mo ló!, mo chreach nimhneach!, mo chreach nimhneach mhaidine!, mo chreach thinn dóite!, mo chumha!, mo dhiachair!, mo dhíth!, mo dhíth is mo dhothairne!, mo dhoic!, mo ghreadán!, mo lagar!, mo léan!, mo léan cráite!, mo léan géar!, mo léan goirt!, mo léan, mo lom is mo lagar!, mo léan is m'atuirse thraochta!, mo léir!, mo lom!, mo lom dubh dubhach!, mo mhairg!, monuar!, monuar géar!, mo scalladh!, mo sceimhle!, mo scóladh!, mo thuirse!, och!, ochón!, ochón ó!, ochón ochón ó!, ochóna go deo!, óch óch óch a naoi!, olagón ó!, uileacán!

truacánta adjective *piteous, plaintive:* acaointeach, brónach, caointeach, ceanníseal, croíbhriste, cumhach, dobrónach, dubhach, éagaointeach, fuachasach, golchásach, iarmhéileach, mairgiúil, maoithneach, ochlánach, olagónach, sianach, triamhnach, truamhéalach, truamhéileach, *literary* neimhéalach.

truachroíoch adjective ❶ *kind-hearted, compassionate:* caoideanach, caoin, caoithiúil, caomh, caonrasach, ceansa, cineálta, cneasta, daonna, garúil, grádaiúil,

truafheoil
grástúil, lách, macánta, maiteach, maith, máithriúil, mánla, maránta, méiniúil, miochair, míonla, oibleagáideach, séimh, soghníomhach, soilíosach, somhaiteach, suairc, taisiúil, tláith, trócaireach, úrchroíoch, *literary* iochtmhar. ❷ *heart-rending, piteous*: brónach, coscrach, diachrach, dobrónach, doilíosach, duaiseach, dubhach, léanmhar, lionndubhach, mairgiúil, maoithneach, mí-ámharach, mífhortúnach, mírathúil, taismeach, triamhnach, truamhéalach, tubaisteach.

truafheoil noun *lean meat*: tairteoil, tairtfheoil; feoil dhearg, feoil thrua.

truaigh verb ❶ *emaciate*: caith, caolaigh, lom, scag, scamh, snoigh, tanaigh. ❷ *become thin, waste away*: caill meáchan, caolaigh, éirigh seang, éirigh tanaí, téigh i gcaoile, téigh i gcúinge, téigh i laghad, téigh i léig, téigh i seinge, téigh i dtruacht; conlaigh, crap, crion, cúngaigh, giorraigh, laghdaigh, meath, meathlaigh, sceoigh, seangaigh, searg.

truaill noun ❶ *sheath, scabbard*: faighin. ❷ *covering, case, envelope*: binn, blaosc, bradhall, bradóg, brat, cabhar, cadó, carapás, cás, cásáil, ciseal, claibín, clár, clúid, coirt, craiceann, croitheadh, cumhdach, dídean, díon, éadach, faighin, faighneog, fial, folach, forchlúid, forún, foscadh, imchasal, imchumhdach, ladar, mogall, púic, púicín, rapar, scáth, scaraoid, sceo, screamh, *literary* araoid, tlacht ❸ **an truaill chré** *the human body*: an truaill talún, an truaill thalmhaí; truaill an anama; an cholainn, an cholainn dhaonna, an corp, an corp daonna.

truailleachas noun ❶ *meanness, miserliness*: ceachaireacht, ceachardhacht, ceacharthacht, cinnteacht, cneámhaireacht, cníopaireacht, cruacht, cruáil, cruálacht, cruas, cúngach croí, doghracht, gorta, ocras, péisteánacht, picéireacht, scanradh, scrabhdóireacht, sprionlaitheacht, sprionlóireacht, staigíneacht, stiocaireacht, suarachas, suaraíocht, tútachas, *literary* neoid. ❷ *wretchedness*: aimléis, ainríocht, anacair, anás, anchaoi, angar, anró, anróiteacht, anshó, anuaisleacht, beagéifeacht, beagmhaitheas, beagthairbhe, bochtaineacht, bochtanas, boichte, ceasna, cloíteacht, crá croí, cráiteacht, cruatan, dealús, dearóile, deilbhíocht, díblíocht, dímrí, dócúl, doghrainn, dola, donaireacht, duainéis, éagomhlann, éagumas, éidreoir, fainne, fulaingt, gábh, gátar, géarbhroid, géarghoin, ísle, ísleacht, lábánacht, laige, leatrom, mí-ádh, míchumas, míthreoir, neamhbhuíocht, neamhéifeacht, neamhfhiúntas, ocras, piolóid, suarachas, suaraíocht, táire, tréithe, truailleachas, truántacht, uireasa, uirísle, *literary* cacht.

truaillí adjective ❶ *corrupt, defiled*: coirpe, éillitheach, lofa, morgtha, salach, salaithe, scriosta, truaillithe; bréan, camhraithe, fabhtach, fochallach, foirgthe, trochailte. ❷ *base, vile*: anuasal, cábógach, cloíte, coiteann, coitianta, comónta, cothrom, daor, daoscair, forleathan, forleitheadach, gaelach, garbh, gnách, gnáth-, íseal, lábánta, lábúrtha, lodartha, luarga, moghach, otair, pleibeach, sclábhánta, suarach, táir, táiríseal, uiríseal, umhal. ❸ *mean, miserly*: beagchroíoch, ceachartha, ceapánta, cnuasaitheach, crua, cruinn, cúngchroíoch, díbheach, doicheallach, dúlaí, gann, gortach, greamastúil, greamasúil, lompasach, meánaitheach, ocrach, ocrasach, santach, spárálach, sprionlaithe, suarach, tíosach, toimhseach, tútach, *literary* neoid.

truailligh verb ❶ *corrupt, contaminate, defile*: corb, morg, mill, nimhigh, salaigh, scrios, táir, teimhligh, trochlaigh. ❷ *desecrate*: éignigh, réab, sáraigh; arg, ciorraigh, coill, creach, mill, scrios, treascair, *literary* lochair.

truailliú noun ❶ *corruption, contamination*: corbadh, lobhadh, morgadh, sail, salachar, salú, truaillíocht.
❷ *pollution*: salú, truaillíocht; salachar; bréantas, brocamas, cainniúr, camras, eisileadh, eisilteach, eisligeadh, lobhadas, lobhadh, lofacht, miodamas, morgadh, séarachas, súlachas.

truamhéala noun ❶ *piteousness, plaintiveness*: acaoineadh, atuirse, bascarnach, briseadh croí, buaireamh, buairt, caoineachán, caointeoireacht, ceasacht, ceasachtach, ceasnaí, ceisneamh, cumha, deoiríneacht, deoirínteacht, díomá, dobrón, doghrainn, doilíos, dólás, donáil, duairceas, éighdeán, diúgaireacht, gol, golchás, golfairt, gológ, éagnach, iachtach, iarghnó, iarmhéil, léan, liacharnach, lóg, lógóireacht, mairgneach, marbhna, méala, ochlán, ochón, olagón, ong, seolán, tocht, tromaíocht, tromchroí, tuireamh, *literary* lámhchomhairt, nuar. ❷ *pity, compassion*: coimirce, taise, trócaire, truamhéala, *literary* neimhéile; anacal, cairde, caoideanas, caoimhe, caoineas, caoithiúlacht, ceansacht, ceathrú, cineáltacht, cneastacht, daonchairdeas, daonnacht, daonnachtúlacht, féile, flaithiúlacht, láíocht, macántacht, miochaire, séimhe, suairceas, tláithe, *literary* daonchaire.

truamhéalach adjective *piteous, pathetic*: truamhéileach; ainnis, ainríochtach, anacair, anacrach, anásta, angarach, anróiteach, bocht, brónach, coscrach, dealbh, dealúsach, dearóil, diachrach, dobrónach, doilíosach, duaiseach, dubhach, léanmhar, lionndubhach, mairgiúil, maoithneach, mí-ámharach, mífhortúnach, mírathúil, taismeach, triamhnach, tubaisteach.

truán noun ❶ *miserable, person, wretch*: ainniseoir, ainríochtán, bochtán, cealdrach, ceanrachán bocht, cincíseach, cráiteachán, créatúr, díothachtach, díthreabhach, donán, dreoilín, eiseamláir, geospal, geospalán, gortachán, péisteánach, raiblín, rama, sampla bocht, sclábhaí, seangaire, sianaí, staga, suarachán, truailleachán, truanaid, truanairt. ❷ *thin, emaciated creature*: caiteachán, cnámharlach, cnuachaire, coinnleoir, conablach, cringleach, cuail cnámh, deilbhéir, geosadán, gortachán, íomhá, léanscach, léanscaire, leicneán, leathóg, loimíneach, loimirceach, lománach, ocrachán, raispín, ránaí, ranglach, ranglachán, ranglamán, reangaide, reangaire, reangartach, reanglach, reanglachán, reanglamán, rúcach, scáil i mbuidéal, scloit, sclotrach, séaclach, séaclóir, silteánach, síogaí, síothnaí, speireach, splíota, spreanglachán, taibhse, taiseachán, *familiar* creachán; níl ann ach a chomharthaíocht, níl ann ach na ceithre huaithne, níl ann ach a scáth; níl deilbh luiche air, níl feoil ná foilse air. ❸ *importunate person*: dilleoir, diúgaire, failpéir, scramaire, stocaire, súdaire, súmaire; achainíoch, clamsánaí, éilitheoir, gearánaí, iarrthóir, impíoch, pléadálaí, sirtheoir; bacach, bacachán, beigéir, fear déirce.

truánta adjective ❶ *wretched*: ainnis, ainríochtach, anacair, anacrach, anásta, angarach, anróiteach, bocht, beo bocht, caillte, caite, daibhir, dealbh, dealúsach, dearóil, díblí, folamh, gátarach, lag, íseal, lom, mí-ádhúil, mí-ámharach, míchreatúil, millte, ocrach, stéigthe, suarach, trua, truamhéalach, uiríseal, *literary* doim; ar an gcaolchuid, ar an trá fholamh, go holc as, i bhfiacha, i ngátar, sna miotáin, sportha spíonta. ❷ *thin, emaciated*: caol, cúng, éadrom, gágach, leabhair, seang, seangchruthach, slisneach, tanaí, *literary* seada; caite, craplaithe, críon, dóite, dreoite, feoite, feosaí, locartha, lom, lomchaite, ocrach, pléite, rocach, scólta, seargtha, síleáilte, snoite, speathánach, spíonta, tnáite, traochta, traoite, tréigthe, trochailte, trua.

trucaid noun *kit-bag*: cnapsac, curraoin, geois, mealbhóg, sac, saitsil; bianán, maingín, mála, mangán, pocán, púitse, saicín, spaga, tiachán, tiachóg.

trucail noun ❶ *truck, trolley, cart*: trucailín; bugaí, cairrín, cairt, carbad, carr, cóiste, jaint, tralaí. ❷ *pl.* **trucailí** *belongings*: *pl.* trucalacha; *pl.* giuirléidí knick-knacks, *personal belongings*: *pl.* acmhainní, *pl.* callaí, *pl.* castromhaics, *pl.* cleathainsí, *pl.* deideigheanna, *pl.* ciútraimintí, *pl.* gabhálais, *pl.* gréibhlí, lumpar agus lampar, *pl.* mangaisíní, *literary* fualas.

trudaire noun ❶ *stammerer, stutterer*: briotachán, briotaire, glafaire, gotán, mantachán, mantán, mantachánaí, mantaire, meiliteálaí, meiliteoir, mungarlach, stadachán, stadaire, tutaire. ❷ *pl.* **trudairí triúch** *country bumpkins*: *pl.* talmhaithe; *pl.* bodaigh, *pl.* coiteoirí, farcaigh, *pl.* geoistí, *pl.* tuaitíní, *pl.* tuathánaigh; Clann Lóbais, Clann Tomáis.

trudaireacht noun (*act of*) *stammering, stuttering*: trudarsach; amhlabhra, bachlóg, barróg, béalmháchail, briotaireacht, luathbhéalaí, plobaireacht, snagadaíl, snagaireacht, snagarsach, stad, stadaíl, stadaireacht, stadarnaíl, starragánacht chainte, tutáil, tutbhéalaí; bailbhe, balbhacht, balbhaíocht, balbhántaíocht, bundún teanga, caint na mbodhar is na mbalbhán, maolteanga.

truflais noun *waste matter, rubbish, trash*: truiféis, truifléis; barraíl, barraíolach, bréanóg, brocamas, bruscar, brúscar, bruscarnach, cacamas, cáith, cáithleach, dramhaíl, dríodar, fuílleach, graiseamal, gramaisc, gríodán, grúdarlach, grúnlach, grúnlais, miodamas, mionrach, pracar, práib, scadarnach, scaid, sceanairt, sciot sceat, scileach, screallach, scroblach, spíonach, trachlais, *pl.* traipisí, treilis, treilis breilis.

truiceadóir noun *trickster*: abhógaí, áilteoir, aisiléir, alfraits, anstrólaí, boc, bocaí, bocaileá, bocailiú, bocaileodó, boc báire, buachaill báire, caimiléir, ceáfrálaí, ceaifléir, cleasaí, cluanaire, cneámhaire, coileach, cuilceach, draíodóir, drochairleacán, ealaíontóir, geamstaire, gleacaí, gleacaí milis, gleacaire, gliceadóir, lacstar, leábharaic, leidhcéir, leorthóir, lúbaire, meabhlaire, mealltóir, óganach, paintéar, pasadóir, sciorrachán, sleamhnánaí, slíbhín, slíodóir, slíomadóir, slíúcaidéir, slíúcaiméir, spaisteoir, truicseálaí.

truiceadóireacht noun (*act of*) *playing tricks*: aisiléireacht, caimiléireacht, camastaíl, ciolmamúta, cleasaíocht, cluanaireacht, cneámhaireacht, cúbláil, cúinseacht, draíodóireacht, ealaín, fealltacht, gleacaíocht, gliceas, leidhcéireacht, leorthóireacht, lúbaireacht, paintéaracht, rógaireacht, slíodóireacht, slíomadóireacht, *literary* plaic faoi choim.

truicear noun *trigger*: casúirín.

trúig noun *cause, occasion*: ábhar, bonn, bun, bunús, cad chuige, ceannfháth, ciall, cionsiocair, cúis, leorchúis, réasún, siocair, údar, *literary* fachain; am, faill, ócáid, uair.

truip noun ❶ *trip, journey*: aistear, bealach, bóthar, conair, imchuairt, imrim, rás, rith, sciuird, séad, siúl, slí, taisteal, triall, truip, turas, *literary* uidhre. ❷ *stumble*: barrthuisle, cur ó chothrom, iompú, leagan, titim ó chothrom, truisle, tuisle ❸ *kick*: barrthruip, cic, buile le cos, preab, preab le cos, speach.

truipeáil verb ❶ *trip*: tit, truisligh, tuisligh; bain truisle as, bain tuisle as. ❷ *kick*: buail barrchos ar, buail le cos, ciceáil, gabh de chos, preab, speach.

trumpa noun ❶ *trumpet*: stoc, stoc comhraic, troimpéad, *literary* storgán; adharc, bonnán, buabhall, corn, galltrumpa. ❷ *Jew's-harp*: trúmpa.

trumpadóir noun ❶ *trumpeter*: stocaire, *literary* storgánaí; buabhallaí. ❷ *loudmouth, prater*: bladhmaire, bóibéisí, bolgán béice, bollaire, bolscaire, bragaire, brasaire, buaicealaí, buaileam sciath, cabaire, clabaire, claibéir, claibín muilinn, dradaire, duine mórbhéalach, geabaire, geabstaire, glafaire, glagaire, glagbhéal, glamaire, glaomaire, gleoiseach, gleoisín, gleothálaí, glígín, gliogaire, glórachán, gobachán, meigeadán, plobaire, salmaire, scaothaire, scrathóg, síodrálaí, siollaire, siosaire, spalpaire, strambánaí.

trunc noun ❶ *trunk*: bosca, cás, cása, cófra. ❷ *elephant's trunk*: probasc, próbascas, srón.

truncáil verb ❶ *fill in, pack in*: ding, líon, pulc, sac, sáigh, stuáil, truncáil. ❷ *throng, clutter*: plódaigh, plúch, pulc, trangláil; bailigh i sluaite, cruinnigh i sluaite; líon suas.

trup noun ❶ *tramp*: trup cos; cosaráil, gliogram cos, satailt, starrfach, taltú, trampáil, trost, trúipéireacht, trut trat, *literary* tuinseamh. ❷ *noise, din*: blosc, bloscadh, callán, callóid, cleatar, clisiam, clogarnach, fothram, fuaim, fuilibiliú, gáróid, geoin, geonaíl, gleadhradh, gleo, gliogar, glisiam, glór, glóraíl, holam halam, hólam tró, hulach halach, hurlamaboc, liú, liútar éatar, pléasc, pléascadh, pléascarnach, racán, rachlas, raic, rírá, ruaille buaille, rúp ráp, rúscam raindí, stánáil, toirnéis, torann, tormán, troimpléasc, troistneach, trost, trostal, trostar, trup, trupáis, trupás, truplásc, *literary* géis.

trusáil verb ❶ *truss*: déan beart, déan burla; ceangail, dlúthaigh, docht, fáisc, righ, teann. ❷ *tuck up, roll up*: crap, fill, fill aníos, fill isteach, pill, pill aníos, pill isteach; cas, corn, ceirtleáil, giortáil, glinneáil, gliondáil, roll, rollaigh, rolláil; clutharaigh, cluthmharaigh, soiprigh.

truslóg noun *hop, long bounding stride*: abhóg, beannóg, boc, eitim, eitleog, eitreog, foléim, léim, oscar, pocléim, preab, tuslóg, urróg.

trust noun *trust, confidence*: creideamh, creidiúint, géilleadh, iontaoibh, muinín, taobhacht, *literary* tairise. verb *trust*: bíodh iontaoibh agat as, bíodh muinín agat as; creid do, géill do; braith ar, seas ar, tairisnigh i, *literary* tairisnigh as; bí i muinín, bí i dtuilleamaí.

tua noun *axe, hatchet*: tua chatha, tua chogaidh; scoiltire, tua, *literary* uirceann; pitséar.

tuaileas noun ❶ *literary false report, slander*: athiomrá, béadán, béadchaint, clúmhilleadh, ithiomrá, leabhal, líomhain, scéalaíocht éithigh, spíd, spídiúchán. ❷ *presentiment, idea*: mana, meanma, tuar; fáistine, tairngreacht; barúil, breithiúnas, buille faoi thuairim, iomas, oipineon, tomhas, tuairim, tuairimíocht; nóisean.

tuáille noun *towel*: naipcín, brat láimhe, éadach lámh; éadach tuáillí.

tuaiplis noun *blunder*: botún, breall, dearmad, dearmhad, dul amú, earráid, fabht, fallás, iomrall, meancóg, mearbhall, mearathal, míthuiscint, seachrán, tuathal, tuiseal, tuisle.

tuairgnín noun ❶ *beetle, pounder, pestle*: farca, farcha, máilléad, máinléad, slis, tuairgín, tuairgín; béatar, smíste. ❷ **tuairgnín fir** *solid block of a man*: balcaire, béinneach, bleitheach, bollatach, bológ, bológ fir, bromach, bunastán, buta, cliobaire, dalcaire, fairceallach, guntán, mullachán, preabaire, puntán, sacadán, staicearlach, stoipéad, stollaire, struisire, tolcaire, tollaire, tréanfhear.

tuairim noun ❶ *opinion*: aigne, barúil, breith, breithiúnas, buille faoi thuairim, comhairle, creideamh, intinn, iomas, meas, oipineon, seintimint, smaoineamh, tomhas, tuaileas; dar leis, is dóigh leis. ❷ (*with genitive*) *about, around*: tuairim ar, tuairim is; thart ar, timpeall ar; isteach is amach le. ❸ **faoi thuairim** *towards, for*: d'airicis, chuig, chun, faoi bhráid, faoi dhéin, go dtí, i dtreo, in airicis, i ndáil,

tuairimeach
i dtreo, go dtí; le haghaidh, i gcomhair, ar mhaithe le, ar son.

tuairimeach adjective ❶ *speculative*: spéacláireach; hipitéiseach, meabhraitheach, teoiriciúil; meitifisiciúil, teibí. ❷ *discerning*: céillí, ciallmhar, cliste, connail, críonna, discréideach, eagnaí, éargnaí, fadcheannach, gaoiseach, gaoisiúil, gaoismhear, géarchúiseach, intleachtach, intleachtúil, meabhrach, praitinniúil, réasúnta, stuama, tuisceanach.

tuairimigh verb *opine, conjecture*: barúil, ceap, coincheap, creid, cuimhnigh, déan, machnaigh, meáigh, meas, samhlaigh, saoil, síl, smaoinigh, tabhair buille faoi thuairim, taibhrigh, tomhais, tuig.

tuairimíocht noun (*act of*) *guessing, guesswork, speculation*: buille faoi thuairim, hipitéis, spéacláireacht, teoir, teoiric, tomhas; barúil, iomas, meaththuairim, oipineon, smaoineamh, tuaileas, tuairim.

tuairisc noun ❶ *information, tidings*: eolas, faisnéis, fios, mioneolas, *pl*. mionsonraí, nuacht, nuaíocht, *pl*. sonraí, scéal, scéala, teachtaireacht, *literary pl*. tuirtheachtaí. ❷ *account, report*: cuntas, cur síos, tuairisciú, tuarascáil; cogar, gaoth an fhocail, leid, leideadh, nod, stair, trácht, tráchtaireacht, *literary* ris.

tuairisceoir noun *reporter, journalist*: comhfhreagraí, tuarascálaí, tráchtaire; colúnaí, iriseoir, nuachtóir.

tuariscigh verb *report, cover*: tabhair cuntas, tabhair tuairisc; abair, aithris, cuir amach scéal, maígh, scríobh.

tuairt noun *thud, crash*: blosc, bloscadh, plab, plabadh, pléasc pléascadh, pleist, plimp, rois, rúisc, troimpléasc, trost, turlabhait.

tuairteáil verb *pound, buffet*: batráil, carn, cnag, gread, lasc, leadair, leadhb, léas, léirigh, liúr, planc, slis, smíoch, smíocht; smiot, smíst, stánáil, súisteáil, tuargain.

tuaisceart noun ❶ *north, northern part*: íochtar, íochtar tíre, taobh ó thuaidh, taobh thuaidh; an aird ó thuaidh, an aird thuaidh; an chuid thuaisceartach; tuathal. ❷ **Tuaisceart Éireann** *Northern Ireland*: na Sé Chontae, an Taobh ó Thuaidh, an Tuaisceart; Cúige Uladh; Ríocht Aontaithe na Breataine Móire agus Thuaisceart Éireann.

tuaisceartach adverb ❶ *northern, northerly*: íochtarach, thuaidh, **adjectival genitive** an tuaiscirt; tuathalach. ❷ *awkward*: anásta, bosach, bundúnach, ciotach ciotógach, cadramánta, crúbach, driopásach, lapach, liopasta, mí-áisiúil, místuama, sliopach, sliopánta, spágach, sraimlí, tuatach, tuathalach, tútach, úspánta, útamálach. ❸ *rude*: amhlánta, athúlta, bodachúil, bodúil, brománta, brúisciúil, daidhceach, daoithiúil, drochbhéasach, drochmhúinte, garbh, geancach, grusach, míbhéasach, míchuntanósach, mí-iomprach, mímhúinte, mínósach, míshibhialta, otair, púcúil, tuatach, tuathalach, tútach. **noun** *northerner*: duine ón tuaisceart; Conallach, Ultach; Béal Feirsteach.

tuama noun *tomb*: adhnacal, feart, leacht, lusca, uaigh, *literary* meamra.

tuar¹ noun ❶ *sign, omen*: céalmhaine, comhartha, leid, mana, séan, sín, teir. ❷ **tuar báistí** *rainbow*: stua noun ❶ *arch*: áirse, lúb, stuara; súil droichid. ❷ *rainbow*: bogha báistí, bogha ceatha, bogha frais, bogha leatha, bogha leaca, bogha neimhe, bogha sín, bogha síne, bogha uisce, stua ceatha, tua ceatha; tá bogha ar an ngrian; léasán, léas caortha, léas doininne, madra gaoithe. **verb** ❶ *augur, presage*: réamhaithris, réamhchomharthaigh, réamhinis, réamhthaispeáin, tairngir; is comhartha, is fáistine, is rabhadh, is tuar; déan fáistine, déan tairngreacht; bagair, comharthaigh, fógair, geall. ❷ *deserve, merit*: saothraigh, tabhaigh, tuill; ceannaigh, cosain.

tuar² noun ❶ *dung, manure*: aoileach, bualtrach, múnlach, otrach, súlach; leas, leasachán, leasú. ❷ *cattle-field, pasture*: bólann, buaile, cúlmhacha, gabhann, macha, otrann; féarach, féarmhá, iníor, innilt, talamh féir, talamh féaraigh; bán, cimín, coimín, cluain, fosaíocht, fothair, léana, míodún, móinéar, páirc innilte.

tuar³ noun *bleaching-green, bleaching*: tuairín, tuarghort; tuarachán. **verb** ❶ *bleach, whiten*: bánaigh, fionn, geal, gealaigh. ❷ *dry by exposure*: cuir amach ar tuar; tíor, triomaigh; aeráil. ❸ **tuar le** *inure, accustom to*: clóigh le, connaigh le; taithigh.

tuarascáil noun *account, description, report*: cuntas, cur síos, trácht, tráchtaireacht; faisnéis, nuacht, nuaíocht, scéal, scéala, stair, teastas, tuairisc, teist.

tuarastal noun *salary, hire*: pá, stípinn, tuilleamh, *literary* fochraig; airgead, díol, díolaíocht, fís, íoc, íocaíocht, luach saothair, saothrú, táille; dleacht, dliteanas; comha, cúiteamh.

tuargain verb ❶ *pound, batter*: batráil, carn, cnag, gread, lasc, leadair, leadhb, léas, léirigh, liúr, planc, slis, smíoch, smíocht; smiot, smíst, stánáil, súisteáil, tuairteáil. ❷ *crush*: basc, brúigh, fáisc, meil, mionbhrúigh, oirnigh, teann; comhdhlúthaigh, dlúthaigh; déan bruscar de, déan bruar de, déan brúitín de.

tuaslagadh noun ❶ *literary release, deliverance*: fuascailt, sábháil, saoirse, saoradh, tarrtháil, *literary* taithmheach; ceannacht, díol fiach, éiric; éalú, teacht slán. ❷ *solution, resolution (of problem)*: freagairt, freagra, fuascailt, réiteach, scaoileadh, tuiscint. ❸ *solution, dissolution (in liquid)*: leá, *literary* taithmheach; tuaslagán.

tuata adjective *lay, secular*: saolta, teamparálta. **noun** ❶ *member of the laity*: duine tuata, neamheaglaiseach, *literary* laoch. ❷ *non-professional, non-expert*: aineolaí, duine gan foghlaim, gnáthdhuine; núíosach.

tuath noun ❶ *historical people, tribe*: bunadh, cine, cineál, clann, fine, fuil, líne, muintir, pobal, pór, síol, síolrach, stoc, treibh. ❷ *historical country, territory*: ceantar, comharsanacht, dúiche, dúthaigh, fear-

---

Tuaisceart Éireann:
Limistéir Riaracháin ó 1973 anuas

Antrim: Aontroim *f*.
Ards: an Aird *f*.
Armagh: Ard Mhacha
Ballymena: an Baile Meánach
Ballymoney: Baile Monaidh
Banbridge: Droichead na Banna
Belfast: Béal Feirste
Carrickfergus: Carraig *f*. Fhearghais
Castlereagh: an Caisleán Riabhach
Coleraine: Cúil *f*. Raithin
Cookstown: an Chorr *f*. Chríochach
Craigavon: Craigavon
Derry/Londonderry: Doire
Down: an Dún
Dungannon: Dún Geanainn
Fermanagh: Fir Mhanach
Larne: Latharna
Limavady: Léim *f*. an Mhadaidh
Lisburn: Lios na gCearrbhach
Magherafelt: Machaire Fíolta
Moyle: Maol
Newry and Mourne: an tIúr agus Múrna
Newtonabbey: Baile na Mainistreach
North Down: an Dún Thuaidh
Omagh: an Ómaigh *f*.
Strabane: an Srath Bán

ann, limistéar, líomatáiste, oirear, réigiún, *pl.* tailte, talamh, taobh tíre, tír, *literary* déis; barúntacht, *pl.* tríocha céad, *pl.* triúcha. ❸ *laity:* pobal Dé, *pl.* na tuataí. ❹ *rural area, country:* limistéar tuaithe, an tír.

tuathal adverb *tuathal, anti-clockwise, withershins:* ar dtuathal, ar tuathal. noun ❸ **an taobh tuathail** *the wrong side, the left-hand side:* an taobh contráilte, an taobh mícheart. ❹ *error, blunder:* botún, breall, dearmad, dearmhad, dul amú, earráid, fabht, fallás, iomrall, meancóg, mearbhall, mearathal, míthuiscint, seachrán, tuaiplis.

tuathalach adjective ❶ *anti-clockwise, sinister:* ar dtuathal, ar tuathal; **adjectival genitive** tuathail. ❷ *left-handed, awkward:* ciotach, ciotógach, sciathach, tútach; ainnis, anásta, bosach, bundúnach, cadramánta, crúbach, driopásach, lapach, liopasta, místuama, sliopach, sliopánta, spágach, sraimlí, tuatach, tútach, úspánta, útamálach. ❸ *blundering, tactless:* botúnach, ciotach, místuama, tútach. ❹ *slovenly:* bratógach, ceamach, ceamánta, cifleogach, eadarluasach, failltitheach, faillíoch, gibléideach, giobach, gioblach, glibeach, gliobach, leadhbánach, leadhbógach, leibéiseach, liobarnach, líobóideach, lóipíneach, lópach, luideach, mainneachtach, mainneachtnach, neamartach, neamh-aireach, neamhairdeallach, neamhchúramach, neamhshuimiúil, réidh, réchúiseach, scifleogach, scothánach, scrábach, siléigeach, slaimiceach, slapach, sleamchúiseach, sleamhchúiseach, slibrí, sraoilleach, streachlánach; ar nós cuma liom.

tuathánach noun *countryman, rustic:* fear tíre, fear tuaithe, feirmeoir, talmhaí; *pl.* trudairí triúch, tuaitín.

tuathúil adjective *rustic:* **adjectival genitive** tuaithe; **adjectival genitive** tíre.

tubaiste noun *calamity, disaster:* tubaist; amaróid, anachain, cat mara, cinniúint, ciotrainn, doinmhí, donacht, donas, drochrath, eirleach, longbhriseadh, matalang, mí-ádh, mífhortún, mírath, mísheoladh, míthapa, taisme, tapaigean, teipinn, timpiste, tionóisc, tragóid, turraing, *literary* dursan, teidhm.

tufar adjective *malodorous, smelly:* bréan, brocach, broghach, **adjectival genitive** caca, ceachrach, clábarach, cáidheach, damáisteach, dreoite, fabhtach, fochallach, gránna, lodartha, lofa, míchumhra, morgtha, múisciúil, múisiúnta, otair, salach, smeartha, trochailte.

tugtha adjective ❶ *spent, exhausted:* caite, cloíte, craplaithe, críon, dóite, dreoite, feoite, ídithe, locartha, lom, lomchaite, ocrach, pléite, rocach, scólta, sáraithe, seangaithe, seargtha, síleáilte, snoite, speathánach, spíonta, tnáite, traochta, traoite, tréigthe, trochailte; níor fhan sea ná seoladh ann. ❷ **tugtha do** *given to, prone to:* ceanúil ar, dúilmhear i, scafa chun, scamhaite chun; tá claonadh aige le, tá dúil aige ar.

tuí noun *straw, thatch:* cochán, sop, sopachán, sopóg; ceannóg, coinleog, coinlín, sifín, tráithnín; ceann tuí, fuanacht.

tuig verb ❶ *understand, comprehend:* bain brí as, bain ciall as, bain scil as, *literary* eagnaigh, tacmhaing; tá léargas aige ar. ❷ *assume, infer:* bain as, déan amach, déan talamh slán de, glac le.

tuile noun *flood, flow: pl.* tuilte; díle, caise, dobhar, duartan, *pl.* frasa, roiseadh, sconna, sruth, tulca, tulcaíl, uisce, *pl.* uiscí, *literary* lia, tóla.

tuilí noun ❶ *illegitimate child:* bastard, faigín, garlach, iníon carbaid, leanbh raithní, leanbh tabhartha, mac tabhartha, mac tabhartais, mac tabhartanais, mac ar thabhartanas, mac bastaird, mac díomhaointis, mac ar dhíomhaoineas, mac gréine, mac tuir, mac raithní, páiste díomhaoin, páiste díomhaoinis, páiste gréine, páiste raithní, páiste seoigh, páiste suirí, páiste tabhartha, páiste tabhartanais, páiste toir, putach raithní; *colloquial* clann ar díomhaointeas, clann bhastaird. ❷ *abandoned child, foundling:* leanbh tréigthe, *literary* frith; dílleachta; garlach, tachrán. ❸ *outsider, interloper:* coilíneach, eachtrannach, éan corr, éan cuideáin, strainséir; duine cunórach, duine déanfasach, geafaire, *pl.* gnaithe gan iarraidh, gnó gan iarraidh, gobachán, gobadán, gobaire, griothalánaí, ladhrálaí, láimhseálaí, péadóir, priocsmut, smúiríneach, socadán, socaire; siopach.

tuill verb *earn, deserve:* cosain, saothraigh, tabhaigh, tuar.

tuilleadh noun *addition, increase, more:* babhta, barrachas, biseach, bónas, breis, corradh, farasbarr, fás, fuílleach, gaimbín, íce, incrimint, méadú, neartú;

tuilleamaí noun in compound preposition **i dtuilleamaí** *dependent upon, beholden to:* cleithiúnach, i muinín, spleách ar; ag brath ar, i gcleith, de gheall le.

tuilleamh noun ❶ *desert, merit:* bua, cúis, feabhas, fiúntas, grásta, luach, luaíocht, tuillteanas. ❷ *earnings, wages:* formáil, pá, stípinn, tuarastal; airgead, díol, díolaíocht, fís, íoc, íocaíocht, luach saothair, saothrú, táille; dleacht, dliteanas; comha, cúiteamh.

tuillteanach adjective *deserving:* creidiúnach, fiúntach, inmholta; díograiseach, dúthrachtach.

tuillteanas noun *desert, merit:* bua, cúis, feabhas, fiúntas, grásta, luach, luaíocht, tuilleamh.

tuin noun *tone, accent:* blas, caint, canúint, foghraíocht, friotal, fuaim, *pl.* fuaimeanna, ton, urlabhra.

tuire noun ❶ *dryness, aridity:* spalladh, spalpach, seisce, tart, triomach, triomacht, turaireacht. ❷ *insipidity:* leamhas, leimhe, míbhlastacht, támáilteacht; turaíocht, turaireacht, turbhia.

túirín noun *turret:* gairéad.

túiríneach adjective *turreted:* gairéadach, túrach; faoi thúir, faoi thúiríní.

tuirling verb *descend, alight:* ísligh, tar anuas; éirigh de.

tuirlingt noun *(act of) landing, descent:* tuirleacan; teacht anuas, tuirleac, turnamh; titim.

tuirne noun *spinning-wheel:* tuirne lín, tuirne olla; turann, turn; gliogaire tuirne.

tuirse noun ❶ *weariness, fatigue:* atuirse, cor, corachas, corthacht, scíste, scíth, tnáitheadh, traochadh, *literary* scís; anbhainne, cloíteacht, lagar, leimhe, maoithe, marbhántacht, meirbhliú, spadántacht, spíonadh, téiglíocht. ❷ *(act of) sorrowing, sorrow:* atuirse, briseadh croí, brón, buaireamh, buairt, caoineadh, cathú, céasadh intinne, ciach, ciamhaire, cian, crá croí, cráiteacht, croíbhriseadh, cumha, diachair, díomá, dobrón, doghra, doghrainn, doilíos, duainéis, duairceas, dubhachas, éadóchas, gruaim, iarghnó, ísle brí, léan, mairg, mairgneach, méala, seolán, taithleach, tocht, treabhlaid, tromchroí, tromchroíoch, tuireamh.

tuirseach adjective ❶ *tired, weary, fatigued:* buailte suas, caite, cortha, ídithe, leamh, marbh, sáraithe, spíonta, tnáite, traochta, trochailte, tromshúileach. ❷ *burdened with sorrow:* atuirseach, briseadh-croíúil, bristechroíoch, brónach, brúite, buartha, ceanníseal, ciachmhar, ciamhair, cianach, cráite, croíbhriste, cumhach, deorach, diachrach, dobrónach, doilíosach, duaiseach, dubhach, fadchumhach, gubhach, iarghnóch, léanmhar, lionndubhach, mairgiúil, maoithneach, taidhiúir, trom, tromchroíoch, tromintinneach, truamhéalach, *literary* triamhain, triamhnach. noun *tired, weary person:* duine cortha, duine traochta, duine tuirseach; codladh mór, codlatach, codlatán, codlatánach, codlatóir, spadaire, suanaí, támhán, traonaí.

tuirsigh

tuirsigh verb *tire, weary, fatigue:* clip, cloígh, coir, sáraigh, snoigh, spíon, tnáith, traoch.

tuirsiúil adjective *tiring, wearying, fatiguing:* cloíteach, fada, fadálach, leadránach, leamh, liosta, sínteach, strambánach, strusúil, suaiteach, traochta, tuirseach, tur.

túisce comparative adjective *a thuisce is a* as soon as: a luaithe is a, an dá luas is a, chomh luath is a, dá luas dá.

tuisceanach adjective ❶ *understanding, wise:* aithneach, ciallmhar, clifeartha, cliste, críonna, eagnaí, éargnaí, fadcheannach, fáidhiúil, gaoiseach, gaoisiúil, gaoismhear, meabhrach, praitinniúil, réasúnta, sciliúil, siosmaideach, stuama, *literary* suadhach. ❷ *thoughtful, considerate:* cabhrach, caoin, caonrasach, cásmhar, ceansa, cineálta, comharsanúil, cothaitheach, cuiditheach, cuidiúil, cúntach, fóinteach, garach, garúil, lách, oibleagáideach, soilíosach, tacúil.

tuiscint noun ❶ *understanding, wisdom:* breithiúnas, ceann, ciall, clisteacht, clistíocht, críonnacht, discréid, eagna, eagnaíocht, éargna, fadcheann, fios, fios feasa, gaois, guaim, intleacht, meabhair, réasún, saoithiúlacht, stuaim, toighis. ❷ *thoughtfulness, consideration:* cairdiúlacht, caoimhe, *pl.* caoinbhéasa, caoine, caoineas, caoithiúlacht, carthanacht, ceansacht, cineáltacht, cineáltas, cneastacht, conlacht, cuidiúlacht, dea-chroí, garúlacht, láíocht, mánlacht, méiniúlacht, míne, míneadas, miochaire, míonlacht, modhúlacht, muintearas, oibleagáideacht, séimhe, tláithe.

tuisle noun ❶ *fall, stumble:* truisle, truisleadh, truisleáil, tuiseal; leagan, titim, treascairt. ❷ *blunder:* botún, breall, dearmad, dearmhad, dul amú, earráid, fabht, fallás, iomrall, meancóg, mearbhall, mearathal, míthuiscint, seachrán, tuaiplis, tuathal, tuiseal. ❸ *mishap:* amaróid, anachain, bárthainn, ciotrainn, donacht, donas, eirleach, matalang, mífhortún, mísheoladh, míthapa, óspairt, taisme, teipinn, timpiste, tionóisc, tubaiste, tuiseal, turraing. ❹ *moral lapse:* coir, colaí, donas, drochiompar, locht, olc, peaca, tuiseal; anbhainne, cliseadh, faillí, laige, loiceadh, teip.

tuisleach adjective *faltering, unsteady:* baolach, baoth, barrbhaoiseach, ceanntrom, cleasach, contúirteach, corrach, corraiceach, creathach, cróilí, díodánach, éagobhsaí, éagothrom, forbhásach, gingideach, gloinceálach, guaiseach, longadánach, lúbach, mallbhreathach, míshocair, neamhbhuan, neamhchinnte, neamhdhaingean, neamhdhiongbháilte, neamhfhuaimintiúil, neamhshocair, stamrógach, teipeanach, treallach; ar a bhoige bhaige, ar bogadh, ar forbhás, ar sinebhogadh.

tuisligh verb ❶ *stumble, trip:* truisligh; tit, truipeáil; baintear truisle as, baintear tuisle as. ❷ *falter, stagger:* bí ag bacadaíl, bí ag stamrógacht; crith, déan braiteoireacht, loic; siúil go tuisleach; bhí dhá thaobh an bhóthair leis.

tuismeadh noun ❶ *procreation, begetting:* atáirgeadh, coimpeart, gabháil, giniúint, iolrú, síolrú, *literary* geanas. ❷ *childbirth, birth:* breith, breith clainne, breith linbh, luí seoil, saolú, teacht ar an saol, *literary* lámhnadh. ❸ *production, creation:* cur amach, cur ar fáil, déanamh, soláthar, táirgeadh; bunú, ceapadh, cruthú, cur ar bun, geineasas, tionscnamh, tosnú, tosú.

tuismitheoir noun *parent:* gineadóir, ginteoir, tuiste; athair, máthair.

tulach noun *low hill, hillock, mound:* tulchán, tulóg; ard, ardán, cabhán, céide, cnocán, droimín, droimnín, maoil, maoileann, maolán, maológ, meall, mullán, tortóg, *literary* cnucha.

túlán noun *kettle:* citeal, citil; coire, pota, sciléad, sáspan.

tulca noun ❶ *flood, deluge, outpouring:* caise, díle, dobhar, duartan, *pl.* frasa, roiseadh, sconna, sconnóg, sruth, tuile, *pl.* tuilte, tulcaíl, uisce, *pl.* uiscí, *literary* lia, tóla. ❷ *gust:* aithleá gaoithe, briota gaoithe, bruíos, cuaifeach, deannóid ghaoithe, feothan, fleá, fleá gaoithe, fuaramán, gaoth, leoithne, pléata gaoithe, puis ghaoithe, *pl.* réablacha gaoithe, rois ghaoithe, *pl.* roisteacha gaoithe, scailp ghaoithe, seadán, séideán, siolla gaoithe, siota, siota gaoithe, soinneán gaoithe, stolladh gaoithe.

tum verb ❶ *dip, immerse:* báigh, dipeáil, fliuch, folc, fothraig, nigh. ❷ *plunge, dive:* léim, snámh; slogtar.

tumaire noun *diver:* onfaiseoir, tumadóir; frogaire.

tump noun *butt, thump:* buille, poc, sonc.

tur adjective ❶ *dry, arid, without relish:* gan anlann, gan tarsann. ❷ *cold, unsympathetic:* dothuisceanach, éaduisceanach, fuar, fuaránta, fuarbhruite, fuarchúiseach, neamhbháúil, neamhchásmhar, neamhchúiseach, neamh-mhothálach, tirim; cúlráideach, deoranta, dorcha, dúnarásach, eascairdiúil, fuaránta, rúnmhar, seachantach, tostach; is cuma leis; is ríchuma leis. ❸ *tur te immediately, at once:* ar an bpointe, ar an hap, ar hap an tairne, ar an toirt, gan mhoill, láithreach, láithreach bonn.

túr noun *tower:* túirín, *literary* tor; clogás, cloigtheach; spuaic.

turadh noun *cessation of rain:* aiteall, deibhil, eatramh, sámhnas, sánas, snag; triomach.

turaireacht noun ❶ *dryness, stiffness:* dísc, seisce, triomach, triomacht, tuire; dolúbthacht, righneas, staf, stalcacht, stalcánacht. ❷ *humourlessness:* cancar, dorrgacht, dúire, géire, seirbhe; easpa grinn.

turas noun ❶ *journey:* aistear, bealach, bóthar, comóradh, pasáiste, séad, siúl, slí, triall, *literary* uidhe. ❷ *pilgrimage:* oilithre, oilithreacht. ❸ *d'aon turas on purpose:* d'aon ghnó, d'aon oghaim, d'aon úim; go toilghnústa. ❹ *d'aon turas in jest:* ar son grinn, mar mhagadh; idir mhagadh agus dáiríre, idir shúgradh agus dáiríre.

turasóir noun *tourist:* cuairteoir, cuartaí, fámaire, strainséir; "lá breá", Gaeilgeoir.

turcaí noun *turkey (Meleagris gallopavo):* turcach; cearc fhrancach; coileach francach.

turcánta adjective *cruel:* ainiochtach, cadránta, crua, cruachroíoch, cruálach, danartha, dúr, dúrchroíoch, éadrócaireach, fíochmhar, fuilteach, inghreimtheach, mínádúrtha, míthrócaireach, neamhghoilliúnach, neamhthrócaireach; gan trua gan taise.

turgnamh noun ❶ *literary (act of) preparing, providing:* gléasadh, réiteach, ullmhú, ullmhúchán; dáileadh, dáileachán, deonú, riar, riaradh, soláthar. ❷ *experiment (in chemistry):* promhadh, tástáil, triail; iniúchadh, scrúdú, seiceáil, teist.

turgnamhach adjective *experimental:* triaileach, trialach; amhrasach, éadaingean, éadarfa éiginnte, mídheimhniteach, neamhchinnte, neamhdhaingean.

turn noun ❶ *turn, spell:* babhta, cor, deis, deis istigh, geábh, greas, iarracht, sea, seal, sealad, speatar, tamall, turas, uain. ❷ *bout of illness:* babhta, gabhlán tinnis, poc, ráig, spang, taom, teog, ulpóg.

turnaimint noun *tournament:* giústáil; comórtas, dréim, imirt, iomaíocht, iomarbhá, rás, sáraíocht.

turnamh noun ❶ *literary (act of) lowering, abating, reducing:* cliseadh, laghdú, lagra, lagú, léig, maolú, meath, meathlú, mionú, tearcú, teip, titim, trá, traoitheadh. ❷ *(act of) descending, descent, fall:* teacht anuas, titim, tuirleac, tuirleacan, tuirlingt; táirchéim.

turraing noun ❶ *rush, dash:* gaiseadh, iarracht, léim, preab, preabóg, rábóg, ráib, ráig, ríog, ropadh, ruaill, ruaim, rúchladh, ruthag, scabhait, scinneadh, scinneog, sciuird, seáp. ❷ *attack, onslaught*: amas, breabhaid, coinscleo, fóbairt, fogha, foruathar, iarracht, iarraidh, ionsaí, ruaig, ruagán, ruathar, treasruathar, *literary* ruathar rátha. ❸ *lurch, stumble, fall*: treascairt, truisle, truisleadh, truisleáil, truisliú, tuiseal, tuisle, tuisliú; leagan, titim. ❹ *(electric) shock*: geit, preab, suaitheadh.

turraingeach adjective *jolting, violent*: cradhscalach, creathach creathánach, crothach, scáfar, scéiniúil; ainmheasartha, ainrianta, aintréan, crua, cruachroíoch, cruálach, damanta, danartha, dásachtach, díbheirgeach, éigneach, fiánta, fiata, fiáin, fíochmhar, foghach, foréigneach, forneartach, fraochmhar, fraochta, gangaideach, garbh, ionsaitheach, tolgach, tréamanta.

turscar noun ❶ *cast-up seaweed, wrack*: barrchonlach, ceilp, faimleach, feam, feamainn, feamnach. ❷ *scourings, scrap, refuse*: barraíl, barraíolach, bréanóg, brocamas, bruscar, brúscar, bruscarnach, cacamas, cáith, cáithleach, dramhaíl, dríodar, fuílleach, graiseamal, gramaisc, gríodán, grúdarlach, grúnlach, grúnlais, miodamas, mionrach, pracar, práib, scadarnach, scaid, sceanairt, sciot sceat, scileach, screallach, scroblach, spíonach, trachlais, *pl.* traipisí, treilis, treilis breilis, truflais. ❸ *literary trappings, belongings*: *pl.* acmhainní, *pl.* callaí, *pl.* castromhaics, *pl.* cleathainsí, *pl.* deideigheanna, *pl.* ciútraimintí, *pl.* gabhálais, *pl.* giuirléidí, *pl.* gréibhlí, lumpar agus lampar, *pl.* mangaisíní, *pl.* trucailí, *pl.* trucalacha, *literary* fualas.

tús noun ❶ *beginning, commencement*: bunú, cruthú, tionscnamh, toiseacht, tosach, tús; bunadh, bunrúta, bunús, foinse, fréamh, máthair. ❷ *leading position, precedence*: ceart tosaíochta, príomhaíocht, sinsearacht, tosaíocht, tús cadhnaíochta; airde céime, ardcheannas, ardchéim, barrchéimíocht, ceannaireacht, ceannas, céimíocht, dearscnaíocht, feabhas, oirirceas, príomhcheannas, suntasacht, tábhacht, *literary* ordan. ❸ *pick, choice*: gléire, plúr, rogha, scoth, togha, toghadh, *literary* forgla.

túslitir noun *initial, initial letter*: iniseal.

tútach adjective ❶ *crude, awkward*: anásta, bosach, bundúnach, ciotach ciotógach, cadramánta, crúbach, driopásach, lapach, liopasta, mí-áisiúil, místuama, sliopach, sliopánta, spágach, sraimlí, tuathalach, tuathúla, úspánta, útamálach. ❷ *rude*: amhlánta, athúlta, bodachúil, bodúil, brománta, brúisciúil, daidhcheach, daoithiúil, drochbhéasach, drochmhúinte, garbh, geancach, grusach, míbhéasach, míchuntanósach, mí-iomprach, mímhúinte, mínósach, míshibhialta, otair, púcúil, tuaisceartach, tuatach, tuathalach. ❸ *senseless, stupid*: amhghlic, ainbhiosach aineolach, amadánta, amaideach, baoiseach, baoth, bómánta, breallach, breallánta, bundúnach, dall, dallacánta, dallaigeanta, dícheillí, dímheabhrach, dobhránta, dúr, dúramánta, éaganta, gamalach, leamh, leamhcheannach, leathmheabhrach, leibideach, míghlic, mímheabhrach, neamhthuisceanach, pleidhciúil, ramhar, seafóideach, simplí, spadintinneach. ❹ *mean*: ceachartha, ceapánta, cnuasaitheach, cúngchroíoch, díbheach, doicheallach, dúlaí, gann, gortach, greamastúil, greamasúil, lompasach, meánaitheach, ocrach, spárálach, sprionlaithe, suarach, tíosach, truaillí, *literary* neoid. ❺ *churlish, rude*: bodúil, borb, braobanta, brománta, brúidiúil, brúisciúil, brúite, cadránta, cámasach, camphusach, daidhceach, danartha, doicheallach, doilbh, doilbhir, drae, drochbhéasach, drochmhúinte, duairc, duasmánta, dúlaí, dúlionnach, dúr, gairgeach, giorraisc, grusach, mídheas, mígharach, míghárúil, mímhúinte, mínósach, mí-oibleagáideach, mithaitneamhach, neamhcharthanach, púcúil, pusach, stalcánta, tuaisceartach, tuathalach.

tútachas noun ❶ *clumsiness, awkwardness*: ainnise, amlógacht, amlóireacht, amscaíocht, ceatán, ciotaí, ciotaíl, ciotrainn, driopás, liopastacht, *pl.* méara ime, *pl.* méara maide, méiseáil, míchaothúlacht, míchóngar, míshásamh, místuaim, slabáil, sliopartnach, spágáil, sraimleáil, tuathalacht, úspántacht, útamáil. ❷ *meanness*: ceachaireacht, ceachardhacht, ceacharthacht, cinnteacht, cneámhaireacht cníopaireacht, cruacht, cruáil, cruálacht, cruas, cúngach croí, doghracht, doicheall, doicheallaí, gorta, ocras, scanradh, sprionlaitheacht, sprionlóireacht, staigíneacht, suarachas, tíosaíocht, truailleachas. ❸ *churlishness, rudeness*: bodachúlacht, bodúlacht, braobaireacht, broimseán, bromannacht, bromántacht, bromántas, brúisciúlacht, daoithiúlacht, dímhúineadh, *pl.* dobhéasa, dochma, doicheall, doicheallaí, doilíos, draighean, *pl.* drochbhéasa, drochmhúineadh, drogall, dubhachas, duairceas, duasmántacht, dúire, éaradh, eascairdeas, eiteach, eiteachas, fuacht, gangaíocht, *pl.* míbhéasa, míbhéasaíocht, mícheadfa, míchuntanós, mímhúineadh, mímhúinteacht, mí-iompar, modarthacht, neamhfhiúntas, neamhthoil, obadh, pusaíocht, pusaireacht, suarachas, tuaisceartacht, tuathalacht.

tutaíl noun *(act of) stuttering, stammering*: amhlabhra, bachlóg, barróg, béalmháchail, briotaireacht, luathbhéalaí, plobaireacht, snagadaíl, snagaireacht, snagarsach, stad, stadaíl, stadaireacht, stadarnáíl, starragánacht chainte, trudaireacht trudarsach, tutbhéalaí; bailbhe, balbhacht, balbhaíocht, balbhántaíocht, bundún teanga, caint na mbodhar is na mbalbhán.

tutaire noun *stutterer*: briotachán, briotaire, glafaire, mantachán, mantán, mantachánaí, mantaire, meiliteálaí, meiliteoir, mungarlach, stadachán, stadaire, trudaire.

tútán noun *smother, smoke*: deatach, múch, múchán, plúchadh, smúid, smúit, smúiteán, toit, toitcheo, toitriú.

tutbhéalach adjective *stuttering, stammering*: briotach, doiléir, gotach, luathbhéalach, mantach, *literary* meann, míshoiléir, stadach, tutbhalbh.

tuth noun *odour, stench*: boladh bréan, boladh géar, boladh láidir, bolaíocht, boltanas, bréantas, bréine, drochbholadh, miasma, mos; brach, cac, camras, dreoiteacht, garr, garraíl, liongar, lobhadas, lobhadh, lofacht, morgadh, otrach, séarachas.

tuthóg noun *puff, fart*: tufóg; broim, gíogóg, ruagán.

tuthógach adjective *farting, malodorous*: bréan, gránna, míchumhra, lofa, morgtha, múisiúnta, tufar; brocach, broghach, **adjectival genitive** caca, ceachrach, clábarach, cáidheach, lodartha, múisciúil, otair, salach, smeartha.

Uu

uabhar noun ❶ *pride, arrogance*: anuaill, bród, bródúlacht, buaileam sciath, cacamas, déanfas, díomas, éirí in airde, gaisce, gaisciúlacht, iomarcaíl, leithead, méirnéis, móiréis, mór is fiú, móráil, mórchúis, mórtas, mórtas thóin gan taca, mustar, poimpéis, postúlacht, sotal, steámar, suimiúlacht, uaibhreacht, uaibhreas, uaill, uallachas, *familiar* cóití bhárms. ❷ *wounded pride, offence*: goilliúnacht, mothálacht; pusaíl; pusaíocht, pusaireacht, smutaireacht, staincíneacht, stalcacht, stalcaíl, stalcaíocht, stuacacht, stuacaíocht, stuacánacht. ❸ *exuberance, high spirits*: aigeantacht, ardaigeantacht, beocht, beogacht, bruithean, croí, éirí croí, éirí in airde, flosc, fóisíocht, gairdeas, gealadhram, gealgháirí, géim, girréis, giústal, gliondar, gus, laighce, lainne, lúcháir, macnas, meanma, meidhir, misneach, scleondar, scóip, scóipiúlacht, soilbhreas, soirbheas, spéiriúlacht, spiorad, spleodar, sprid, subhachas, súgachas, súgaíocht, suairceas, teaspach, uaibhreacht, uaibhreas. ❹ *luxuriance of growth, rank growth*: boirbe, buacacht, fásach, fás rábach, saibhreas, uaibhreacht, uaibhreas. ❺ *eeriness, feeling of loneliness*: aduantas, aonaracht, aonaránacht, buairt, clochránacht, diamhair, éagmais, neamhshocracht, uaibhreacht, uaibhreas, uaigneas.

uachais noun ❶ *cavity*: cró, cuas, cuasán, cuasóg, glota, lag, lagán, log, logall, logán, poll; clúid, cluthair, cúil, cúlán, cúláis, póicéad, puicéad. ❷ *burrow, lair, den*: ábhach, adhbha, áfach, aice, brocach, broclach, canachán, coinicéar, foraois, lonnachán, pluais, poll, rapach, talmhóg, *literary* fochla.

uacht noun ❶ *will, testament*: uachta; tiomna, tiomnacht. ❷ **fág le huacht** *declare solemnly*: dearbhaigh, fógair, mionnaigh, móidigh. ❸ **uacht an tsagairt** *the last rites*: an ola dhéanach, ungadh. ❹ **in uacht an bháis** *preparing for death*: in airteagal an bháis, ag saothrú an bháis; ar an dé deiridh.

uachtaigh verb ❶ *will, bequeath (property)*: fág le huacht, fág mar oidhreacht, oidhrigh, tiomnaigh. ❷ *bequeath (as obligation)*: fág mar dhualgas; tiomnaigh. ❸ *swear solemnly*: dearbhaigh, dearbhaigh ar mhóid an leabhair, dearbhaigh ar mhóid an phortúis dhiaga, leabhraigh, mionnaigh, móidigh; glac móid, tabhair an Bíobla, tabhair an leabhar, tabhair comhairc, tabhair Dia agus dúile, tabhair do Dhia, tabhair do mhóid is do mhionn, tabhair mionn, tabhair móid, *literary* luigh; tiomain; seo mo lámh duit ar.

uachtar noun ❶ *top, upper part*: barr, buaic, cíor, círín, dlaoi mhullaigh, dlaíóg mhullaigh, droim, lomán, mullach, rinn, spuaic, *literary* inn. ❷ *cream*: climirt, climreadh, climseáil, óguachtar; gruth. ❸ *southern part, south*: an chuid ó dheas, deisceart, an taobh ó dheas, uachtar. ❹ **an lámh in uachtar, an lámh uachtair** *the upper hand*: ardcheannas, ardchumhacht, ardfhlaitheas, ardríocht, ardtiarnas, ceannaireacht, ceannas, ceannasaíocht, ceannsmacht, cinnireacht, cumhacht, flaitheas, impireacht, flaithiúnas, forlámhas, maide na leitean, maide an phota, máistreacht, maoirseacht, maoracht, ollsmacht, príomhcheannas, réimeas, riail, stiúir, smacht, svae, tiarnas, tiarnúlacht, uachtaránacht, údarás, *literary* codhnachas. ❺ **uachtar reoite** *ice-cream*: reoiteog.

uachtarach adjective ❶ *upper, top*: **adjectival genitive** uachtair; in airde, eadarbhuasach, in uachtar, lasnairde, thuas. ❷ *superior, higher*: ard, ard-, **adjectival genitive** mullaigh, sár-, uas-, uasal.

uachtarán noun ❶ *president, head, superior*: captaen, ceann, ceannaire, ceannasaí, ceann feadhna, ceann foirne, ceannfort, ceann urra, cinnire, fear ceannais, gobharnóir, máistir, príomhoifigeach, rialtóir, saoiste, stiúrthóir, taoiseach, tiarna, *literary* léadar. ❷ **pl. na huachtaráin** *the authorities, the powers that be*: *pl*. na húdaráis; an Chinsealacht, maorlathas, *pl*. na poirt oireachais; na boic mhóra.

Uachtaráin na hÉireann

1938–1945	Dúghlas de hÍde (Douglas Hyde)
1945–1959	Seán T. Ó Ceallaigh (Seán T. O'Kelly)
1959–1973	Éamon de Valera
1973–1974	Erskine Hamilton Childers
1974–1976	Cearbhall Ó Dálaigh
1976–1990	Pádraig Ó hIrighile (Patrick Hillery)
1990–1997	Máire Mhic Róibín (Mary Robinson)
1997–2011	Máire Mhic Giolla Íosa (Mary McAleese)
2011–	Mícheál D. Ó hUigínn (Michael D. Higgins)

uachtarlann noun *creamery*: bleánlann, déirí.

uachtóir noun *testator*: tiomnóir, tiomnóir mná.

uafaireacht noun *dreadfulness, horror*: uafaire; adhfhuafaire, adhfhuafaireacht, fuafaire, fuafaireacht, gráinne, gránnacht, míofaireacht, samhnas, scáfaireacht, scanrúlacht, uafás, uaiféaltas, uamhan, uamhnacht, urghráiniúlacht, urghránnacht.

uafar adjective *dreadful, horrible*: adhfhuafar, colúil, déistineach, fuafar, gráiniúil, gránna, millteanach mínáireach, scáfar, uafásach, uaiféalta, urghráiniúil, urghránna.

uafás noun ❶ *horror, terror*: critheagla, líonrith, scanradh, scaoll, sceimhle, scéin, sceon, uaiféaltas, uamhan. ❷ *(cause of) astonishment*: cúis iontais; alltacht, ionadh, iontas. ❸ *familiar* **an t-uafás** *vast number, huge amount*: ainmhéid, carn, clais, cuimse, dalladh, dúlíonach, éacht, flúirse, foiscealach, greadadh, iontas, lear, lochadradh, maidhm, *pl*. mílte, mórán, *pl*. múrtha, neamh-mheán, púir, réimse, scanradh, scaoth, seó, slua, tolmas.

uafásach adjective ❶ *horrible, terrible*: adhfhuafar, colúil, déistineach, fuafar, gráiniúil, gránna, millteanach, mínáireach, scáfar, uafar, uaiféalta, urghráiniúil, urghránna. ❷ *vast, astonishing*: an-, anmhór, dú-, fíor-, millteach, millteanach, ollmhór, rí-, *literary* anbháil, dearmháil, dearmháir; as cuimse, thar na bearta.

uaibhéaltacht noun *astonishment*: alltacht, ionadh, iontas, uafás.

uaibhreach adjective ❶ *proud, arrogant*: bródúil, bóibéiseach, bladhmannach, bogásach, borrach, clóchasach, consaeitiúil, foruallach, gaisciúil, iomarcach, leitheadach, méirnéiseach, móiréiseach, mórálach, mórchúiseach, mórtasach, mustrach, postúil, sotalach, stróinéiseach, teannfhoclach, teanntásach, teaspúil, téisiúil, toirtéiseach, tóstalach, uailleach, uallach, údarásach. ❷ *spirited*: aigeanta, anamúil, ardaigeanta, athlamh, bagánta, beo, beoga, bíogúil, biorbach, breabhsach, breabhsánta, brufar, éirimiúil, friochanta, fuinniúil, lúfar, meannach, mear, meidhreach, preabanta, scáfanta, smiorúil, spionnúil. ❸ *rank, luxuriant*: borb, buacach, clannach, clannógach, eascarthach, fiáin, rábach, saibhir. ❹ *easily offended, over-emotional*: cigilteach, íogair, goilliúnach, leochaileach, mothálach, sofhreagrach, soghonta, soleonta; ainmhianach,

Uachtaráin na Stáit Aontaithe Mheiriceá

1789–1797	George Washington
1797–1801	John Adams
1801–1809	Thomas Jefferson
1809–1817	James Madison
1817–1825	James Monroe
1825–1829	John Quincy Adams
1829–1837	Andrew Jackson
1837–1841	Martin Van Buren
1841	William Henry Harrison
1841–1845	John Tyler
1845–1849	James K. Polk
1849–1850	Zachary Taylor
1850–1853	Millard Fillmore
1853–1857	Franklin Pierce
1857–1861	James Buchanan
1861–1865	Abraham Lincoln
1865–1869	Andrew Johnson
1869–1877	Ulysses S. Grant
1877–1881	Rutherford B. Hayes
1881	James A. Garfield
1881–1885	Chester A. Arthur
1885–1889	Grover Cleveland
1889–1893	Benjamin Harrison
1893–1897	Grover Cleveland
1897–1901	William McKinley
1901–1909	Theodore Roosevelt
1909–1913	William Howard Taft
1913–1921	Woodrow Wilson
1921–1923	Warren G. Harding
1923–1929	Calvin Coolidge
1929–1933	Herbert Hoover
1933–1945	Franklin D. Roosevelt
1945–1953	Harry S. Truman
1953–1961	Dwight D. Eisenhower
1961–1963	John F. Kennedy
1963–1969	Lyndon B. Johnson
1969–1974	Richard Nixon
1974–1977	Gerald Ford
1977–1981	Jimmy Carter
1981–1989	Ronald Reagan
1989–1993	George H. W. Bush
1993–2001	Bill Clinton
2001–2009	George W. Bush
2009–2017	Barack Obama
2017–2021	Donald Trump
2021–	Joe Biden

deorach, díocasach, luchtmhar, maoithneach, maoth, mothúchánach, paiseanta, rachtúil, sobhogtha, sochorraithe, tochtach. ❺ *eerie, lonely:* aerach, aerachtúil, aonarach, aonaránach, diamhair, éagmaiseach, iarmhaireach, íogair, neamhshaolta, síúil, uaigneach.

uaiféalta adjective *awful, dreadful:* adhfhuafar, colúil, déistineach, fuafar, gráiniúil, gránna, millteanach, mínáireach, scáfar, uafar, uafásach, urghráiniúil, urghránna.

uaigh noun *grave:* adhnacal, feart, leacht, lusca, tuama, *literary* meamra, otharluí.

uaigneach adjective ❶ *unfrequented:* aistreach, aistreánach, iargúlta, iartharach, imeachtrach, imigéiniúil, ionadach, scoite; ar an iargúil, ar an iargúltacht, san iargúltacht, in iarthar dúiche, i bhfad siar, ar leathimeall, ar na leathimill. ❷ *lonesome, eerie:* aerach, aerachtúil, aonarach, aonaránach, éagmaiseach, iarmhaireach, íogair, neamhshaolta, síúil, uaibhreach. ❸ *solitary, companionless:* aonánach, aonarach, aonaránach, aonartha, aonarúil, aonracánach, aonrach, aonraic, aonta, scoite, singil, uatha, uathúil; leis féin; ar an iargúil, ar an uaigneas; ina aonar, in aontumha; cumhach, fadchumhach. ❹ *retiring, reserved:* beagfhoclach, béaldruidthe, ciúin, cúlánta, cúthail, discréideach, dúnárasach, greamúsach, inrúin, seachantach, tostach. ❺ *secret:* ceilte, diamhair, coimhthíoch, dorcha, folaithe, folaitheach, mistéireach, rúnda; faoi cheilt, i bhfolach, *literary* díchealta; pribhléideach, príobháideach.

uaigneas noun ❶ *lonely place:* aistreán, áit aistreach, áit aistreánach, áit scoite, cúlráid, iargúil, iargúltacht, iarthar dúiche, imeachtar; baile i bhfad siar; cúlriasc. ❷ *solitude, feeling of loneliness:* aduantas, aonaracht, aonaránacht, aonrú, aonta, aontumha, clochránacht, díseart, díthreabh, díthreabhacht, éagmais, singilteacht, uabhar, uaibhreacht, uaibhreas, uathúlacht. ❸ *seclusion, privacy:* culráideacht, iargúil, iargúltacht, príobháid, príobháideacht; aonarachas, clochránacht, reigléas, *literary* dearraide.

uaill[1] noun ❶ *wail, howl, yell:* béic, béicfeach, béicíl, blao, blaoch, bonnán, béic, béicfeach, béicíl, búir, búireach, éamh, faí, faíreach, fuaim, gáir, gárthach, gárthaíl, géim, géimneach, glam, glamadh, glamaíl, glao, glaoch, golchás, liú, nuall, scairt, scol, scolaíocht, scréach, scréach, scread, screadach, screadaíl, torann, tormán, tuaim, uallfairt.

uaill[2] noun ❶ *scatterbrained person:* amaid, amal, baileabhair, blaoiscéir, blaoscánach, bobarún, breallaire, breallán, brealsán, brealscaire, brealsún, ceann cipín, ceann maide, ceann mailléid, cloigeann cabáiste, cloigeann cipín, cloigeann pota, dúdálaí, diúid, dúid, éagann, faidhfíleá, gámaí, gamal, gamairle, gealbhan duine, giodam, glaigín, gligín, gogaille, guaig, guaigín, leathdhuine, leithéisí, liobar, liúdaí, mearaí, óinmhid, paor, pastae de chloigeann, pleib, pleota, sceilfid, scloit, scloitéir, simpleoir, straiméad, uaill, *figurative* éan beannaithe; ágóid, amaid, amlóg, breallóg, cloigis, gamalóg, giodróg, giofairlín, guagóg, máloid, meidhreog, óinseach, pramsóg, ruaiseog, scinnid, uallóg. ❷ *vain person:* bladhmaire, bóibéisí, bolscaire, bollaire, bragaire, bromaire, buaiceálaí bumaire, floscaí, gaige, gaige na maige, gaigín, gaisceachán, gaisceoir, gaiscíoch, gaotaire, geáitseálaí, geamstaire, geosadán, glagaire, glaomaire, gliogaire, péiceallach, piarálach, piaránach, scaothaire, siollaire; saoithín.

uaillbhreas noun (*grammatical*) *exclamation:* agall, intriacht; crístín, diairmín, glao, liú, mallacht, slamfhocal.

uaillmhian noun *ambition:* ardaidhm, ardmhian, glóirmhian; aidhm, cuspóir, dúil, fonn, fuadar, intinn, mian, miangas, rún, toil.

uaimh noun ❶ *cave:* fochla, pluais, uachais. ❷ *underground chamber, crypt, cellar:* clóiséad, cuas, lusca, pluais, poll, prochóg, siléar, soiléar. ❸ *den:* ábhach, adhbha, áfach, aice, brocach, broclach, canachán, gnáthóg, lonnachán, pluais, talmhóg, uachais, *literary* fochla.

uain noun ❶ *opportune time, opportunity:* caoi, deis, eitim, faill, ionú, uair. ❷ *occasion:* babhta, cuairt, deis, faill, geábh, ócáid, scaitheamh, sea, seal, seans, uair. ❸ *space, respite:* cairde, faoiseamh, randam, sáimhe, sámh, sámhnas, síocháin, sos, sosadh, suaimhneas, *literary* turbhaidh. ❹ *turn, spell:* achar, babhta, cor, cúrsa, deis, deis istigh, dreas, geábh, greas, iarracht, píosa, scaitheamh, sea, seal, sealad, spailp, tamall, tréimhse, turas, turn. ❺ *weather, season:* aer, aeráid, aimsir, clíoma, doineann, síon, soineann, uair; ionú, ráithe, séasúr, tráth, tréimhse; earrach, samhradh, fómhar, geimhreadh.

uaine adjective *green, verdant:* bánghlas, dúghlas, glas, *literary* treathanghlas; dubhuaine, foruaine, glas-

uaineadh

uaine. noun ❶ *green colour:* glaise, glaiseacht, glas, uaineacht. ❷ *greenness, verdure: pl.* duilleoga, duilliúr, fásra, fásra glas, glasfhás, glasra, úire coille.

uaineadh noun *interval between showers:* aiteall, aoinle, dealán, gealán, lascaine.

uainíocht noun *alternation, rotation:* ailtéarnú, babhtáil, malartú, sealaíocht; aistriú, imaistriú, iomlaoid, luaidreán.

uair noun ❶ *hour, time, occasion:* áiméar, caoi, deis, ionú, seans; am, aonuair, cor, deis, feacht, ócáid, tráth, uain. ❷ *appointed time:* spriocdháta, sprioclá, spriocuair, uair na cinniúna; coinne, dáta. ❸ *weather:* aer, aeráid, aimsir, clíoma, doineann, síon, soineann, uain. **adverbial phrase ar uairibh** *occasionally:* uaireanta; amanna, amanta, anois agus arís, corruair, fo-uair, ó am go chéile, ó am go ham, scaití; go hannamh.

uaisle noun ❶ **an uaisle** *nobility, persons of rank: pl.* na huachtaráin, *pl.* na huaisle; *pl.* na huaisle is na mionuaisle; maithe agus móruaisle na tíre; an Chinsealacht, an uasaicme; uaisle an tsaoil seo; uaslathas, *literary* uaise, uaiseacht. ❷ *nobility (of character):* uaisleacht; céimiúlacht, maorgacht, mórgacht, oirirceas, ríogacht, ríúlacht, cúirtéiseacht, dínit, galántacht, grástúlacht, réimiúlacht, sollúntacht, stáidiúlacht.

uaisleacht noun *nobility, gentility:* uaisle; céimiúlacht, maorgacht, mórgacht, oirirceas, ríogacht, ríúlacht; cúirtéiseacht, dínit, galántacht, grástúlacht, réimiúlacht, sollúntacht, stáidiúlacht.

uaisligh verb *ennoble, exalt, elevate:* ardaigh i gcéim, déan uasal de, foruaisligh, tabhair céim uaisleachta do; adhmhol, mol, mór, oirircigh, tabhair adhmholadh do, tabhair moladh do.

uaithne noun ❶ *prop, support:* crann cosanta, crann seasta, crann taca, cúl, taca, tacaíocht, teannta. ❷ *post, pillar:* áighe, colún, cuaille, frapa, páil, piara, píléar, polla, post, posta, sáiteán, stáca, stacán, staic, *literary* ochtach.

ualach noun *load, burden:* asclán, beart, eire, gabháil, lasta, lód, lódáil, luascán, lucht, muirear, muirín, osar, taoscán, teanneire, tiarpa, tiarpán, tiarpóg, traidín, trillín, uchtán, uchtóg.

uallach adjective ❶ *giddy, scatterbrained, skittish:* aerach, aimhghlic, alluaiceach, amadánta, amaideach, baoiseach, baoth, barréadrom, blaoscach, breallach, breallánta, bundúnach, dall, díchéillí, éadrom, éaganta, earráideach, éiginnte, fánach, gaigiúil, giodamach, giodramach, gligíneach, guagach, leadhbach, leamh, leibideach, luaineach, luascánach, luascánta, luathaigeanta, luathintinneach, maingléiseach, míghlic, neamhsheasmhach, nuallach, obann, óinsiúil, pleidhcíuil, rámhailleach, roisiúil, ruaiseach, saonta, scaipthe, scoineach, seafóideach, soineanta, spadhrúil, spéiriúil, tallannach, tobann, treallach, treallánach. ❷ *vain, proud:* arduallach, bladhmannach, bogásach, borrach, ceartaiseach, díomasach, gaisciúil, glóirdhíomhaoineach, iarlaithe, lán de féin, leitheadach, maíteach, méirnéiseach, móiréiseach, mór, móráileach, mórchúiseach, mórtasach, postúil, sotalach, suimiúil, tóstalach.

uallachas noun ❶ *giddiness, skittishness:* aeraíl, áibhéis, áiféis, amadántacht, amaidí, athbhaois, baois, baothchaint, baothaireacht, baothántaíocht, brille bhreaille, brilléis, díth céille, éagantacht, fastaím, gaotaireacht, gamalacht, gligíneacht, gliogar, íorthacht, leamhas, leibideacht, leimhe, leibidínteacht, leithéis, máloideacht, maingléis, míghliceas, pleidhcíocht, pleotaíocht, raiméis, ráiméis, roisiúlacht, rómánsaíocht, ruais, ruaiseacht, scloitéireacht, seafóid, sifil seaifil, spadhrúlacht. ❷ *excitement:* aeraíl, aeráil, aermaíocht, áibhéireacht, aoibheall, baitsiléireacht, ceáfráil, corráil, feamaíl, fíbín, fraecsáil, gleoiréis, macnas, pléaráca, pocléim, pocléimneach, princeam, rampaireacht, rancás, *pl.* sceitimíní, scódaíocht. ❸ *vanity, vainglory:* baosra, bladhmadóireacht, bladhmaireacht, bladhmann, bláibhéisc, bláiféisc, bóibéis, bóisceáil, bollaireacht, bomannacht, braig, braigeáil, buaiceáil, buaileam sciath, déanfas, díomas, éirí in airde, gairéadú, gaisce, gaisciúlacht, glagaireacht, gláiféisc, gliogaireacht, glóir dhíomhaoin, laochas, leadram lúireach, leithead, maíomh, maíteacht, móiréis, móráil, mórchúis, mórtas, mórtas thóin gan taca, mustar, poimpéis, postúlacht, scailéathan, scaothaireacht, steámar, stocaireacht, toirtéis, trumpadóireacht, uaill.

uallfairt noun ❶ *howl, yell:* uaill, uallfartach; acaoineadh, ailleog, béic, béicfeach, béicíl, blao, blaoch, bonnán, béic, béicfeach, béicíl, búir, búireach, éamh, faí, faíreach, fuaim, gáir, gárthach, gárthaíl, géim, géimneach, glam, glamadh, glamaíl, glao, glaoch, golchás, liú, nuall, scairt, scol, scolaíocht, scréach, scréach, scréachach, scréachaíl, scréachaireacht, scread, screadach, screadaíl, torann, tormán, tuaim. ❷ *grunt:* cnead, cneadaíl, gnúiseacht, gnús, gnúsacht, gnúsachtach, griotháil, griothaíl, griotharnáil, *literary* grith.

uamhan noun ❶ *fear, awe, dread:* uamhnacht; anbhá, anfa, critheagla, eagal, eagla, faitíos, geit, greadadh na bhfiacal, imeagla, líonrith, scanradh, scaoll, scard, scáth sceilmis, sceimhle, scéin, sceon, uafás, *literary* guasacht. ❷ *horror, object of dread:* rud uafásach, uafaire, uafaireacht, uafás. ❸ **uamhan clóis** *claustrophobia:* clástrafóibe.

uamhnach adjective ❶ *dreadful, terrifying:* adhuafar, cradhscalach, creathnach, critheaglach, gáifeach, géibheannach, líonritheach, scáfar, scanrúil, scéiniúil, uaiféalta, uafar, uafásach. ❷ *fearful, timid:* anbhách, anfúil, beaguchtúil, cearthaíoch, cladhartha, cliseach, corrabhuaiseach, critheaglach, crithir, cúthail, éadána, éagalma, eaglach, faiteach, faitíosach, fuascrach, geiteach, giongach, glídiúil, lagáiseach, lagspridiúil, meata, míchurata, mílaochta, neirbhíseach, scáfar, scáthinteach, scanrúil, scaollmhar, scéiniúil, scinnideach, tapógach, tim; tá scaoll faoi, tá sceimhle air; níl croí circe aige.

uamhnaigh verb *terrify:* eaglaigh, scanraigh, sceimhligh; bain geit as, cuir eagla ar, cuir faitíos ar, cuir scanradh ar, cuir sceimhle ar, cuir sceon ar, cuir uafás ar, cuir uamhan ar, tabhair sceimhle do.

uan noun *lamb:* luán, méadán, méilígín; fóisc, uascán.

uanán noun *froth (on milk, beer, etc.):* cúr, cúrán; coipeadh, gorán, ladar, sobal.

uasal adjective ❶ *noble, aristocratic:* ardaigeanta, biliúil, céimiúil, díniteach, grástúil, maorga mórga, mórgach, nósúil, oirirc, réimiúil, ríoga, ríogúil, ríthiúil, ríúil, ríonaí, saorchlannda, stáidiúil, státúil, tiarnúil, uaslathach, *literary* rán, saordha, séaghainn, triathach, uais. ❷ *gentle, gentlemanly:* béasach, caoinbhéasach, córtasach, cuibhiúil, cúirtéiseach, cúirtiúil, dea-bhéasach, dea-iomprach, dea-mhuinte, díniteach, mánla, modhúil, múinte, nósmhar, nósúil, ridiriúil, sibhialta, síodúil. ❸ *precious, fine:* costasach, daor, luachmhar, mórluachach, praeúil, **adjectival genitive** sóchais, *literary* lómhar; aiteasach, álainn, breá, canta, conláisteach, cuanna, deamhaisiúil, deas, deismir, dóighiúil, fíortha, galánta, gnaíúil, innealta, rímhaith, sármhaith, suairc, *literary* cadhla. ❹ *inhabited by the fairies:* aerach, aerachtúil, iarmhaireach, íogair, neamhshaolta, síúil, uaibhreach, uaigneach. noun ❶ *nobleman, gentleman:* duine uasal, fear uasal; flaith, piara, prionsa, tiarna, triath, uaslathaí, *literary* donn; barún, bíocúnta, diúc, iarla, marcas. ❷ *pl.* **na huaisle** *the good people, the* *fairies*: an t-aos sí, *pl.* na daoine beaga, *pl.* na daoine maithe, *pl.* na daoine sián, *pl.* na púcaí, *pl.* na síofraí, *pl.* na sióga, *colloquial* lucht na gcnoc, an slua sí.

uascán noun ❶ *hogget*: uan, luán; fóisc. ❷ *sheepish person, simpleton*: abhlóir, amadán, amaid, amal, amlóir, baileabhair, bobarún, bómán, breallaire, breallán, brealsán, brealscaire, brealsún, ceann cipín, ceann maide, ceap magaidh, clogadán, cloigeann cabáiste, cloigeann cipín, cloigeann pota, dallachán, dallarán, deargamadán, dobhrán, dúdálaí, dúid, dúiripí, dundarlán, dunsa, déagann, gaimse, galldúda, gámaí, gamal, gamairle, glaigín, gligín, gogaille, guaig, guaigín, leathamadán, leathbhrín, leathdhuine, leib, leibide, liobar, napachán, óinmhid, pastae de chloigeann, pleib, pleidhce, pleota, sceilfid, simpleoir, *figurative* glasóg.

uasphointe noun *highest point, peak*: ardphointe, barr, barrchéim buacán, buaic, mullach, spuaic; apaigí, cianphointe; uasmhéid.

uasta adjective *highest, maximum*: is airde, is mó; sár-, scoth-, uas-.

uathlathaí noun *autocrat*: aintiarna, anlaith, deachtóir, tíoránach; ansmachtaí, mursaire, smachtaí.

uathoibríoch adjective *automatic*: uathoibritheach; spontáineach; cumhacht-tiomáinte, féinghluaiste, inneallghluaiste, meicniúil, mótarghluaiste; ríomh-. adverb **go huathoibríoch** *automatically*: as féin, uaidh féin; go meicniúil, go spontáineach; gan smaoineamh, i ngan fhios dó féin.

ubh noun *egg*: *familiar* gogaí; blaosc; buíocán, gealacán, ubhán.

ubhach adjective *oval*: ubhchruthach; eilipseach.

ucht noun ❶ *chest, bosom, lap*: bráid, broinne, cliabh, cliabhrach, crioslach, croí; binn, glúin, *pl.* glúine. ❷ *breast, upper front*: learg, mala, taobh, uachtar, uchtach. compound preposition **as ucht** *for the sake of, on behalf of*: in ainm; le haghaidh, i gcomhair, ar mhaithe le, ar son.

uchtach noun *courage*: calmacht, coráiste, coráistiúlacht, crógacht, croí, dánacht, fortile, fortileacht, gal, gaisce, gaiscíocht, gus, laochas, laochdhacht, meanma, meanmnacht, misneach, misniúlacht, niachas, oirbheart, oiread Chnoc Mordáin de chroí, scairt, scairt láidir, smior, spiorad, sponc, spiorad, sprid, spriolladh, uchtúlacht, *literary* déadlacht, meanmanra.

uchtaigh verb *adopt (as child)*: glac mar uchtleanbh, glac mar uchtmhac; gabh ar altramacht; altramaigh.

uchtán noun ❶ *small load, armful*: uchtóg; asclán, asclann, gabháil, luascán, luchtar, ultach; beart, eire, lód, lucht, teanneire, traidín, ualach. ❷ *small upward slope, rise*: ard, ardán, diarach, fána, learg, leiceann, mala, strapa, taobh, uchtóg.

uchtúil noun *courageous*: calma, calmánta, coráisteach, coráistiúil, cróga, curata, dána, foirtil, fortúil, gaisciúil, galach, gusmhar, gusúil, láidir, laochta, laochúil, meanmnach, misniúil, spionnúil, spioradúil, sponcúil, spreacúil, spreagúil, spridiúil, tréan, *literary* déadla, léideanach, léidmheach.

udalán noun *pivot, swivel*: bacán, lúdrach, lúndrach, maighdeog, míolaire, mol, sclóin.

údar noun ❶ *originator*: bunaitheoir, ceapadóir, cruthaitheoir, cumadóir, tosaitheoir, ❷ *author, writer*: scríbhneoir; gearrscéalaí, scéalaí, úrscéalaí; file; croinicí, croiniceoir, léaspartaí, seanchaí, staraí. ❸ *authority, expert*: duine oilte, duine sciliúil, eolaí, máistir, rímháistir, saineolaí, saoi, scoláire, speisialtóir, údarás, *ironic* scolardach. ❹ *reliable evidence*: cruthú, cruthúnas, dearbhú, deimhniú, fianaise, taispeánadh. ❺ *cause, reason*: ábhar bunús, ceannfháth, cionsiocair, cúis, cuntar, fáth, siocair, *literary* fachain. ❻ **údar sagairt** *clerical student*: ábhar sagairt, mac-chléireach, mac léinn.

údarach adjective *authentic*: barántúil, dóchúil, fíor, fírinneach, inchreidte, iontaofa, le trust, muiníneach, sochreidte, údarásach; baileach, beacht, ceart, dílis, dócha, **adjectival genitive** fíre, tathagach; gan bhréag ann; tá cuma na fírinne air.

údaraigh verb ❶ *authorize*: ceadaigh, faomh, lamháil, toiligh le; tabhair cead, tabhair údarás. ❷ *bring about, cause*: cuir faoi deara, cuir tús le, tabhair, tarraing, tosaigh, túsaigh; cruthaigh, soláthair; eisean is bun leis, eisean is ciontach leis, eisean is cúis leis; eisean faoi deara é.

údarás noun ❶ *authority, jurisdiction, power*: ardcheannas, ardchumhacht, ardfhlaitheas, ardríocht, ardtiarnas, ceannaireacht, ceannasacht, cinnireacht, coimirce, coimirceas, cumhacht, dlínse, flaitheas, flaithiúnas, forlámhas, impireacht, máistreacht, maorlacht, príomhcheannas, réim, réimeas, riail, rialtas, rialú, ríocht, stiúir, smacht, svae, tiarnas, tiarnúlacht, treoir, urlámhas, urra. ❷ *presumption*: údarásacht; andóchas, baothdhóchas, buannaíocht, ceanndánacht, clóchas, deiliús, éirí in airde, iarlaitheacht, postúlacht, teanntás, uabhar, urrúsacht. ❸ *authoritative body*: bord, coimisiún, coiste, comhairle, fondúireacht, foras, institiúid, maorlathas; parlaimint, rialtas, riaracháin. ❹ *pl.* **na húdaráis** *the authorities*: an Chinsealacht, maorlathas, *pl.* na poirt oireachais, *pl.* na huachtaráin, *pl.* na boic mhóra, *pl.* na cumhachtaí móra.

údarásach adjective ❶ *authoritative, authentic*: barántúil, dóchúil, fíor, fírinneach, inchreidte, iontaofa, le trust, muiníneach, sochreidte, údarach; baileach, beacht, ceart, dílis, dócha, **adjectival genitive** fíre, tathagach; gan bhréag ann; tá cuma na fírinne air. ❷ *dictatorial, presumptious*: údarásúil; anlathach, ansmachtúil, anúdarásach, máistriúil, mursanach, mursanta, mursantach, tiarnach, tiarnasach, tiarnúil, *literary* codhnach; buannúil, clóchasach, dána, deiliúsach, iomarcach, postúil, sotalach, stróinéiseach, teanntásach, treallúsach, téisiúil, uaibhreach, urrúsach.

údramáil noun ❶ *whispered talk, rumour*: bunscéal, clostrácht, cogar, cuilithe cainte, dúirse dáirse, iomrá, luaidreán, ráfla, scéal scéil, siomóid, údragáil, *literary* deilm; dúirt bean liom go ndúirt bean léi. ❷ *conspiracy*: anbhrath, brathadóireacht, cealg, cealgaireacht, cluanaireacht, comhcheilg, comhchogar, feall, feall ar iontaoibh, fealladh, feallaireacht, fealltóireacht, feillbheart, feillghníomh, meabhlaireacht, míchogar, plota, plotaireacht, tréas, tréatúireacht, údragáil, uisce faoi thalamh, *literary* imdeall. ❸ **le gach uile údramáil** *when all was said and done*: i ndeireadh na dála, i ndiaidh an iomláin.

ugach noun ❶ *encouragement*: brostú, éisteacht, gríosú, spreagadh; córas. ❷ *confidence, courage*: andóchas, buannaíocht, coráiste, coráistiúlacht, dánacht, dóchas, meanma, misneach, misniúlacht, muinín, spriolladh, stróinéis, teanntás, treallús, uchtach, uchtúlacht, urrús.

uige noun ❶ *woven fabric, web*: fí, fíochán, fíodóireacht, gréas, greasán, líonra; dlúth, dlúth is inneach, éadach, eanglaim, inneach. ❷ *literary composition, poem*: aircheadal, aiste amhrán, ceathrú, dán, duan, fearsaid, filíocht, gréas, laoi, meadaracht, prosóid, rann, rannaíocht, rannaireacht, reacaireacht, véarsa, véarsaíocht.

uigingeach adjective *viking*: Lochlannach; Danmhargach, Ioruach, Íoslannach. noun *viking*: uiging; Lochlannach; *historical* Gall; *literary* díbheargach; Dúghall, Lochlannach; Danar, Ioruach, Íoslannach.

uile adjective *all, whole*: ar fad, go léir, uile go léir, uilig; gach aon, gach uile. **adverb** *entirely*: amach is amach, ar fad, ar fad ar fad, go hiomlán, go huile is go hiomlán, uile go léir, *familiar* uiliug uiliug. **noun** **an uile** *all, all things*: gach uile ní, gach uile rud; an chruinne, an domhan, an saol, an saol Fódlach; a bhfuil ann.

uileghabhálach adjective *comprehensive, compendious, exhaustive*: cuimsitheach, fairsing, forleathan, iomlán, lán-, leathan, uilefhóinteach; uilíoch; córasach, críochnúil, rianúil, sistéamach.

uilíoch adjective *universal*: comhchoiteann, comhchoitianta, cuimsitheach, domhanda, idirnáisiúnta, uileláithreach, uilí; coiteann, coitianta, fairsing, forleata, forleathan, leitheadach.

uillinn noun ❶ *elbow*: bacán, bacán na láimhe, ioscaid na cuislinne. ❷ *corner, angle*: coirnéal, cúinne, lúb, lúbainn; ascaill.

úim¹ noun ❶ *harness*: airnéis, culaith capaill. ❷ *gear, tackle*: úmadh; fearas, gléas, tácla, trealamh. ❸ *pl.* **úmacha** *panniers*: *pl.* bardóga, *pl.* cléibh, *pl.* cléibhíní, *pl.* feadhnaigh, *pl.* feadhnóga, *pl.* lóid, *pl.* painnéir, *pl.* painnéirí, *pl.* pardóga.

úim² adverbial phrase **d'aon úim** *on purpose*: d'aon oghaim; d'aon ghnó, d'aon turas, in aon turas; go toilghnústa.

uimhir noun ❶ *number, count*: áireamh, líon, méid, suim; comhaireamh, cuntas. ❷ *numeral, figure*: digit, luibhean; figiúr, *pl.* figiúirí, suim.

uimhrigh verb *number*: áirigh, comhair, cuntais, meas, ríomh, suimigh.

uimhríocht noun *arithmetic*: áireamh, ealaín comhairimh, eolas ar áireamh, comhaireamh, cuntas, matamaitic, ríomh.

úimléid noun *substance, importance*: ábhar, damhna, fuaimint, géibhís, meáchan, mianach, substaint, tathag, téagar, toirt, troime; tábhacht, taithneasc, troiméis, trom, tromchúis, *literary* tothacht; aird, brí, bun, bunús, suim.

úimléideach adjective ❶ *substantial, important*: úimléadach; fódúil, fuaimintiúil, substainteach, substaintiúil, taosmhar, tathagach, téagartha, teann, toirtiúil; riachtanach, tábhachtach, troiméiseach, trom, tromchiallach, tromchúiseach; éifeachtach, fuaimintiúil. ❷ *valuable, useful*: luachmhar, mórluachach, praeúil, *literary* lómhar; brabúsach, buntáisteach, éifeachtach, fiúntach, fónta, luachmhar, maith, praeúil, sochrach, somhaoineach, tairbheach, úsáideach.

úinéir noun *owner, proprietor*: dílseánach, sealbhaire, sealbhóir; tiarna talún; an duine ar leis é, an té ar leis é.

úinéireacht noun *ownership, proprietorship*: sealbh, sealbhaíocht, sealbhú, sealúchas, seilbh, tionacht; dílse, dílseánacht, gabháltas; ceart, eastát, maoin, tionóntacht, tionóntaíocht; áitiú, lonnú.

úir noun *earth, soil*: cré, créafóg, dúrabhán, gaíon, glár, grian, húmas, ithir, láib, marla, talamh, tír.

uirbeach adjective *urban*: **adjectival genitive** cathrach, faoi fhoirgnimh, foirgnithe; bruachbhailteach, fouirbeach; bardasach.

úire noun ❶ *freshness, newness*: glaise, úireacht, úireadas; fionnuaire friseáilteacht, fuaire, fuaireacht; nuacht, nuáil, nuaíocht, úrnuacht; cóir, córtas, croíúlacht, fáilte, fairsinge, féile, fiúntas, flaithiúlacht, mórchroí, oineach, toirbheartas.

uireasa noun *lack, want, deficiency*: fuireasa, uireasbhaidh, uireaspa; bochtaineacht, bochtaineas, boichte, ceal, drochshaol, easnamh, easpa, gainne, gannchar, gannchúis, gannchúisí, ganntan, ganntanas, ganntar, gátar, gorta, meathfháltas, ocras, *pl.* pócaí folmha, teirce, teirceacht ainimh, breall, cáim, cithréim, díth, éagnairc, éagruth, éalang, éasc, easnamh, fabht, feasbhaidh, laige, lear, locht, lóipín, lúb ar lár, máchail, míchuma, míghnaoi, miolam, neamhfhoirfeacht, neamhiomláine, orchra, smál, *literary* meann. **compound preposition d'uireasa** *for want of, without*: cheal, de cheal, de dhíobháil; gan.

uireasach adjective ❶ *lacking, wanting*: annamh, fánach, gann, gannchúiseach, giortach, gortach, scáinte, sciotach, tanaí, tearc; bocht, dealbh, dealúsach, folamh, feidheartha, féimheach, gátarach, lom, sportha, spíonta, *literary* doim; ar an gcaolchuid, ar an trá fholamh, gan phingin, gan cianóg rua, go holc as, i bhfiacha, i ngátar, sna miotáin; gan ceairliciú. ❷ *deficient, defective*: ainimheach, bearnach, briste, cáimeach, camtha, cithréimeach, díobhálach, éalangach, easnamhach, éislinneach, mí-éifeachtach, fabhtach, fiartha, lag, lochtach, máchaileach, míchumtha, millte, neamhfhoirfe, neamhiomlán, orchrach, saofa, *literary* urbhearnach. **noun** *person in want, needy person*: ainniseoir, ainriochtán, bocht, bochtán, díol trua, díothachtach, dreoilín, gortachán, ocrachán, sampla, síolgaire, troch, truán, *figurative* lom-angar; an rud bocht.

uiríoll noun *surplus, superabundance*: barrachas, biseach, bónas, brabach, brabús, breis, corradh, farasbarr, fás, fuílleach, gaimbín, méadú, neartú, proifid, sochar, tuilleadh; ainiomad, an iomarca, anlucht, ceas, barraíocht; an craiceann is a luach; bleachtanas, carn, *pl.* cairn dubha, clais, cuimse, dalladh, fairsinge, fairsingeacht, féile, flaithiúlacht, flúirse, flúirseacht, flúirsí, fuíoll na bhfuíoll, iomláine, iontas, láine, lear, líonmhaireacht, lochadradh, luthairt lathairt, maidhm, *pl.* mámannaí, neart, púir, raidhse, réimse, saibhreas, scanradh, seó, slám, stráice, suaitheantas, téagar, tolmas, tréan, *familiar* an t-uafás, *literary* díoghainne, intleamh, tóla.

uiríseal adjective ❶ *lowly, humble*: anuasal, foríseal, íochtarach sclábhánta, umhal. ❷ *base, servile*: coiteann, coitianta, comónta, gaelach, garbh, íseal, lábánta, lábúrtha, lodartha, luarga, otair, sclábhánta, suarach, táir, táiríseal.

uirísligh verb ❶ *humble*: ísligh; ceansaigh, cloígh, umhlaigh; bain anuas, brúigh faoi, brúigh síos, tabhair anuas. ❷ *abase, humiliate*: ísligh; méalaigh, náirigh, suaraigh; bain an forcamás de.

uirlis noun *tool, implement*: oirnis, uirléis, uirnéis, uirnis; acra, *pl.* aidhlicí, aireagán, áis, *pl.* ciútraimintí, cóngar, *pl.* fearais, feisteas, *pl.* giuirléidí, gléas, inleog, sás, trealamh.

uisce noun ❶ *water*: dobhar, fíoruisce, *literary* bual; leacht, lionn. ❷ *body of water*: linn, loch, lochán, poll; aigéan, farraige, muir. ❸ *rain*: báisteach, fearthainn; ceathán, cith, múr, sprais fearthainne. ❹ *urine*: fual, mún; steámar. ❺ *figurative* **uisce faoi thalamh** *intrigue*: anbhrath, brathadóireacht, cealg, cealgaireacht, cluanaireacht, comhcheilg, comhchogar, feall, feall ar iontaoibh, fealladh, feallaireacht, fealltóireacht, feillbheart, feillghníomh, meabhlaireacht, míchogar, plota, plotaireacht, tréas, tréatúireacht, údragáil, údramáil, *literary* imdeall.

uisce beatha noun *whiskey*: beathuisce, biotáille, fuisce, parlaimint, poitín, síbín; an braon crua, sú na heorna; bolcán; scailtín.

uiscealach noun *diluted drink, weak drink*: anglais, bainne bearrtha, sceidín, scileagailí, sciodar, meadhg; scíobún, scioldram.

uiscedhíonach adjective *waterproof*: díonach ar thaise, díonach ar uisce, taisdíonach uiscedhiúltach, uisce-obach.

Uirlisí Ceoil

accordion: cairdín; bosca ceoil
Aeolian harp:
 cláirseach f. aeólach
Alpine horn: alpchorn
alto clarinet: altchláirnéid f.
alto flute: altfhliúit f.
autoharp: uathchláirseach f.
baby grand: mion-mhórphianó
bagpipes: píb f. mhála;
 plural noun na píoba
balalaika: balalaika
banjo: bainseó
barrel organ: orgán bairille
bass clarinet: dordchláirnéid f.
bass flute: dordfhliúit f.
bass drum: dord-druma
bassoon: basún
bass recorder:
 dordfhliúit f. Shasanach
bass tuba: dordtiúba
bass viol: dordvíol
block flute: blocfhliúit f.
bombardon: bombardon
bone whistle: feadóg f. chnáimhe
bugle: buabhall; stoc
button accordion: cairdín cnaipe;
 cnaipchairdín
castanets: plural noun castainéid
celesta: ceileiste f.
cello: dordveidhil f.
choir organ: córorgán
cimbalom: ciombalam
cinema organ: orgán cineama
clarinet: cláirnéid f.
clarion: galltrumpa
clavier: claibhéar
clavioline: clavioline
concert grand:
 mórphianó ceolchoirme
concert harp:
 cláirseach f. cheolchoirme
concertina: consairtín
cor d'olifant (féach olifant)
cornet: coirnéad
cowhorn: corn bó
cymbal: ciombal
double bass: olldord
double bassoon: ollbhasún
drum: druma
dulcimer: téadchlár; dulcaiméir
dulcitone: dulcatón
English flute: fliúit f. Shasanach
English horn: corn Sasanach
Estey organ: orgán Estey
fipple flute: fiobalfhliúit f.
flageolet: feadóg f.
flute: fliúit f.
French horn: corn Francach
full organ: lánorgán

Gemshorn: Gemshorn
German flute:
 fliúit f. Ghearmánach
gittern: giotaran
glass harmonica:
 armónach gloine
grand piano: mórphianó
great bass recorder: fliúit f.
 Shasanach mhórdhoird
great organ: mórorgán;
 orgán mór
guitar: giotár
Hammond organ:
 orgán Hammond
harmonica: armónach
harmonium: armóin f.
harp: cláirseach f.
harplute: cruitliúit f.
harpsichord: clárchruit f.
hautbois, hautboy: hautbois
Hawaian guitar: giotár Haváíoch
heckelphone: heicealfón
hi-hat cymbal: ciombal ard-hata
horn: corn
hunting horn: corn fiaigh
idiophone: ideafón
Jew's harp: trumpa
Kent bugle: buabhall Khent
kettledrum: citealdruma
key bugle: gléasbhuabhall
klavier: klavier
lyre: lir f.
mandola: mandóla
mandoline: mandailín
maracas: maracas
marine trumpet: trumpa muirí
mellophone: meallafón
melodeon: meileoidean
military drum: druma míleata
mini piano: mionphianó
mouth harmonica
 (féach mouth organ)
mouth organ: orgán béil
musette: múiséid f.
natural horn: corn nádúrtha
oboe: óbó
oboe d'amour: oboe d'amour
ocarina: ócairín
olifant: olafant
one-keyed flute: fliúit f. aon ghléis
orchestral bells:
 plural noun ceoláin cheolfhoirne
panpipe: panphíb f.
pedal clarinet: ollchláirnéid f.
phonola: fonóla
piano-accordion: cairdín pianó;
 pianóchairdín
piccolo: fliúiteog f.
pipe: píb f.
pipe organ: píborgán
post horn: postchorn

psaltery: salmchruit f.
rebab: reabab
rebec: reibeic f.
recorder: fliúit f. Shasanach
reed organ: feagorgán
reed pipe: feagphíb f.
Russian bassoon: basún Rúiseach
Russian horn: corn Rúiseach
sackbut: sackbut
sarrusophone: sarúsafón
saxophone: sacsafón
sax tuba: sacstiúba
serpent: péist f.
side-drum: taobhdhruma
single-sided drum:
 druma aon chinn
slide trumpet: sliodtrumpa
snare-drum: sreangdhruma
soprano recorder:
 fliúit f Shasanach sopráinín
steel guitar: giotár cruach
suspended cymbal:
 ciombal crochta
tabor: tabúr
tambour: tambór
tambourine: tambóirín
tenor drum: druma teanóir
tenor recorder:
 teanórfhliúit f. Shasanach
tenor tuba: tiúba teanóir
tenor viol: víol teanóir
timpan: tiompán
timpani: plural noun timpani
tin whistle: feadóg f. stáin
transverse flute: fliúit f. thrasnach
treble recorder:
 fliúit f. Shasanach tribile
treble viol: víol tribile
triangle: triantán
trombone: trombón
trumpet: troimpéad; trumpa
tuba: tiúba
tubular bells:
 plural noun clogfheadáin
ukelele: úcailéile f.
upright piano: pianó ingearach
valve horn: corn comhlach
valve trumpet: trumpa comhlach
vibraphone: vibreafón
viol: víol
viola: vióla f.
violin: veidhlín
virginal: virgineal
water organ: orgán uisce
woodwind instrument:
 crann ceoil
xylophone: xileafón
zither: siotar

uiscigh verb *water, irrigate*: cuir uisce ar; báigh, fliuch, iombháigh; caith san uisce, cuir faoi uisce; cuir ar maos.

uisciúil adjective *watery*: báite, báiteach, ceathach, ceathaideach, dobhartha, fliuch, líbíneach, maosta, silteach, sreabhach.

uisinn noun *temple (of head)*: ara, camóg ara; grua.

ula noun ❶ *tomb, sepulchre*: adhlacadh, adhlacan, adhnacal, cónra, leacht, sarcófagas, tuama, *literary* meamra. ❷ *vault, charnel-house*: lusca. ❸ **ula mhagaidh** *object of ridicule, butt*: beithé, ceap magaidh, staicín áiféise; ceap milleáin, crann crústa, paor; lastram aonaigh.

ulchabhán noun *owl (Tyto, Asio, etc.)*: cailleach oíche, ceann cait, corr scréacha, corr scréachóg, corr screadóige, scréachóg, scréachóg reilige.

úll noun ❶ *apple (Malus)*: úillín; *pl.* crabaí, fia-úll, goirteog, gortóg. ❷ *globular object, ball*: caor, caoróg, coirnín, cruinne, cruinneán, cruinneog, liathróid,

ullamh

liathróidín, meall, meallán, meallóg, sféar, sféaróideach. ❸ **úll gráinneach** *pomegranate (Punica granatum)*: gránúll, pomagránait. ❹ **úll na brád** *Adam's apple*: úll an phíobáin, úll an sceadamáin, úll an tslogaide, úll scornaí; meall an tslogtha. ❺ **úll an mhadra rua** *tutsan (Hypericum androsaemum)*: meas an toirc, meas torc allta, *pl.* paidríní madra rua, *pl.* súilíní madra rua. ❻ **crann úill** *apple tree*: abhaill, cumhróg, úlltóir; corrabhaill, crann crabaí, crann fia-úll; úllord.

ullamh adjective ❶ *ready, prepared*: ullmhaithe; réidh, réitithe, rianta, socraithe. ❷ *willing, prompt*: díograiseach, dúthrachtach, sásta, toilteanach; beo, gasta, mear, luath, prap, prapúil, pras, preabúil, sciobtha, tapa, sciobalta. ❸ *finished*: críochnaithe, réidh, réitithe, rianta; aibí; tá bailchríoch air, tá an cipín mín air, tá an tslis mhín air.

ullmhaigh verb *make ready, prepare*: cuir faoi réir, déan réid, déan ullamh, gléas, réitigh, socraigh.

ullmhú noun *(act of) preparation*: oirchill, réiteach, stócáil, teisclim, tiargáil, ullmhúchán, úmachan, *literary* foimhdin, fúr.

ulóg noun *pulley*: glinnfhearas, puilín, unlas; castainn, tochard; crann cnáibe, crann snátha, crann tochrais, glinne.

ulpóg noun *(bout of) infectious disease*: gabhlán breoiteachta, galar tógálach, poc tinnis, ráig thinnis, ruaig thinnis, taom breoiteachta, taom tinnis, teog, tolgán, tolgán tinnis, *literary* teidhm; aicíd, drochní, éagruas, galar, tinneas.

ultach noun ❶ *armful*: asclán, asclann, gabháil, luascán, luchtar, uchtán, uchtóg. ❷ *load, burden*: beart, eire, lasta, lód, lódáil, lucht, muirear, muirín, osar, teanneire, traidín, trillín, ualach.

úmadh noun *harnessing, tackle*: airnéis, culaith capaill, úim; fearas, gléas, tácla, trealamh.

umar noun ❶ *trough*: beiste, sistéal. ❷ *font*: umar baiste, umar uisce coisreacain. ❸ *vat, tank*: bairille, casca, cearnmheadar, dabhach, dromhlach, druma, oigiséad, stópa, tobán, tunna, *literary* drochta. ❹ *sink, sump*: doirteal; gláib, slogaide, suinc.

umha noun ❶ *copper*: copar. ❷ *bronze*: cré-umha, *literary* fiondruine; prás.

umhal adjective ❶ *humble, obedient*: ceansa, foríseal, géilliúil, géilliúnach, ómósach, sléachtánach, socheansaithe, sochomhairlithe, soghluaiste, soláimhsithe, somhúinte, spleách, stríocach, uiríseal, urramach. ❷ *willing, ready*: fonnmhar, sásta, toiliúil, toilteanach; aibéil, beo, díograiseach, dúthrachtach, gasta, luath, mear, pras, preabúil, réidh, sásta, scafánta, sciobtha, toilteanach. ❸ *lithe, supple*: aclaí, folúthach, gasta, leabhair, ligthe, líofa, lúbach, lúfar, oscartha, scafánta, scaoilte, scolbánta, slatra, sleamhain, solúbtha, *literary* reabhrach. noun ❶ *submissive, obedient person*: duine ceansa, duine géilliúil, duine, duine umhal, géillsineach. ❷ *willing person*: deonach; duine dúthrachtach, duine fonnmhar, duine toiliúil, duine toilteanach. ❸ *lithe, supple person*: duine aclaí; gleacaí, lúithnire, lúthchleasaí, scafaire, scolbaire.

umhlaigh verb ❶ *humble*: iníslígh, íslígh, méalaigh, uiríslígh; ceansaigh, cloígh; bain an forcamás de, bain anuas, tabhair anuas. ❷ *bow, bend the knee*: crom, feac glúin, íslígh, sléacht; déan cúirtéis. ❸ *submit, obey*: géill, stríoc; bí umhal do, déan rud ar, geall riar do, tabhair isteach do, *literary* staon do.

umhlaíocht noun ❶ *humility*: inísle, ísle, ísleacht, uirísle, umhlóid. ❷ *obedience, submission*: géilleadh, géilliúlacht, géillsine, stiúraíocht, stríoc, stríocadh, umhlú; ceansacht, ceansaíocht. ❸ *respect, duty*: adhradh, meas, ómós, onóir, stríoc, stríocadh, tairise, tairiseacht, urram; comaoin, cúram, diúité, dualgas.

umhlóid noun ❶ *humility, submission*: ísle, ísleacht, uirísle, umhlaíocht; géilleadh, géilliúlacht, géillsine, umhlú; ceansacht, ceansaíocht. ❷ *attendance, ministration*: aireachas, faireachas, feighlíocht, fosaíocht, freastal, friotháil, giollacht, giollaíocht, mineastráil, timireacht, tindeáil, *literary* goire. ❸ *pliancy, pliability*: aclaíocht, deaslámhaí, gastacht, leabhaireacht, leaisteachas, lúfaireacht, scafántacht, sofhillteacht, solúbthacht, scil, stuaim. ❹ *(act of) exercising, exercise*: aclaíocht, aclú, cleachtadh, iomlua, lúthaíocht, lúthchleasaíocht, spórt, suaitheadh coirp.

uncail noun *uncle*: deartháir athar, deartháir máthar; uncal.

undrach adjective *conceited*: anbharúlach, beadaí, blaoscach, bogásach, borrach, bródúil, ceannard, ceartaiseach, clóchasach, consaeitiúil, cuidiúil, gusmhar, gusúil, lánmhar, móiréiseach, mórálach, mórluachach, mórmheasúil, mórtasach, postúil, sotalach, stráiciúil, stróúil, suimiúil, teanntásach, tóstalach, uaibhreach, údarásach; i mborr le mórtas, sna hairdeoga; *familiar* tá sé chomh rud.

únfairt noun ❶ *(act of) wallowing, (act of) tossing about*: caismirlíneacht, caismirneach, casadh, claonadh, coradh, laobhadh, lodairt, lúbadh, lúbarnaíl, iompú, sníomh, tiontú. ❷ *(act of) fumbling, pottering*: artabháil, breallógacht, cipiléireacht, cipleáil, cliopaireacht, fidléireacht, fidlínteacht, geidineáil, giollacht, gíotáil, giotamáil, giurnáil, gliocsáil, gliúmáil, ladhráil, leiciméireacht, manaois, meandáil, méaraíocht, méiseáil, potráil, prócáil, sibiléireacht, slibreáil, spidireacht, spreotáil, timireacht, tincéireacht, toicneáil, útamáil.

ung verb *anoint*: bealaigh, íligh, olaigh, smear; cuir ola ar, cuir ola le.

ungadh noun ❶ *unguent, ointment*: íle, ola, ola bhealaithe, smearadh, troighean, uachtar, úsc; gréis, gréisc, saill, smearadh. ❷ **ungadh éadain** *face cream*: snua-ungadh; smideadh.

ungthach noun **an tUngthach** *the Annointed, the Messiah*: an Críost, an Meisias.

unlas noun *windlass, winch*: glinnfhearas, puilín, ulóg; castainn, tochard.

upa noun *love-charm, philtre*: upa seirce; ortha seirce; cac an ghandail bháin.

upthóg noun *charm-worker, witch*: bandraoi, bean Ultach, cailleach, cailleach feasa, cailleach phiseogach, cailleach Ultach, fáidhbhean, fiachailleach, fuachaid, piseogaí, síofróg.

úr adjective ❶ *fresh*: friseáilte, glan, glas, íonghlan, milis, naíonda, nua. ❷ *new*: nódh, nua, nuabhainte, nuabheirthe, nuadhéanta, nuafhaiseanta, nuaghinte, nuaghlan, nuaghlas, nuanósach, núíosach, úrnua; as an maide. ❸ *liberal, hospitable*: aíoch, aíochtach, bordach, bronntach, caoin, cineálta, cóir, dáilteach, fáilteach, fairsing, fial, fiúntach, flaithiúil, gnaíúil, lách, mórchroíoch, oscailteach, preabúil, rábach, soicheallach, tabhartasach, teochroíoch, *literary* flaithbheartach, gartach. ❹ *moist*: bog, fliuch, fliuch báite forfhliuch, maoth, táirfhliuch, tais, taisíoch, uisciúil, úrmhar; ar bogadh, ina líbín, ar maos, maosta.

úraigh verb ❶ *freshen, sweeten*: cumhraigh, díbholaigh, díghalraigh, íonghlan, milsigh, rinseáil; balsamaigh. ❷ *scour, cleanse*: glan, nigh, sciomair sciúr, scuab, sruthlaigh; aimridigh. ❸ *become moist*: fliuch, taisrigh; éirigh fliuch; fliuchtar é.

uraiceacht noun *primer; elements, rudiments*: bunleabhar, priméar; aibidil, aibítir, *pl.* bunphrionsabail, buntús, céadtosach, *pl.* cnámha, creatlach.

urchall noun *spancel (for front legs)*: buairichín, buairthín, buarach, cornasc, cruimeasc, glaicín, habal, laincide, laincis, laingeal, loncaird, *literary* iodh.

urchar noun *cast, shot:* amas, caitheamh, crústa, diúracadh, rúisc, teilgean.

urchóid noun ❶ *harm, iniquity:* aimhleas, anachain, ár, bárthainn, bascadh, caill, coscairt, cur isteach, damain, damáiste, diachair, díobháil, dochar, dochracht, dola, donacht, donas, goilleadh, goilliúint, goimh, gortú, leonadh, lot, milleadh, olc, scrios. ❷ *iniquity, wickedness:* urchóideacht; áibhirseoireacht, ainghníomh, aingíocht, binb, bithiúntacht, bithiúntaíl, bithiúntaíocht, bithiúntas, bligeardacht, bligeardaíocht, claidhreacht, cneámhaireacht, coir, coiriúlacht, coirpeacht, dailtíneacht, drochaigne, drochbheart, droch-chroí, drochintinn, eascairdeas, fala, faltanas, feall, fealltacht, fiamh, fíoch, fuath, gangaid, goimhiúlacht, gráin, mailís, maistíneacht, mallaitheacht, meirleachas, mínáire, mioscais, míréir, mírún, naimhdeas, nimheadas, nimhiúlacht, olc, oilbhéas, oilceas, oilghníomh, olc, olcas, peaca, peacúlacht, pleidhcíocht, ropaireacht. ❸ *malignancy malignant growth:* ailse, donacht, fás, sceachaill, siad. ❹ *malignant person:* áibhirseoir, ainciseoir, ainle, arc nimhe, bithiúnach, clabhaitéir, coirpeach, coirpeoir, corpadóir, crochadóir, damantach, damantán, damantóir, diabhal, diabhlánach, diabhlóir, feileon, gráinneog, millteach, oilghníomhaí, rifíneach, ropaire, scabhaitéir, sealánach, speig neanta.

urchóideach adjective *harmful, malignant:* aimhleasach, baolach, contúirteach, coscrach, dainséarach, damáisteach, díobhálach, dochrach, dochraideach, doghrainneach, goilliúnach, iarógach, ídeach, íditheach, loiscneach, marfach, meilteach, nimhneach, scriosach, treascrach, tubaisteach, *literary* biniúil, urbhadhach.

urghráin noun ❶ *loathing, abhorrence:* col, cradhscal, déistin, doicheall, dearg-ghráin, drochaigne, drochchroí, drogall, fala, faltanas, fuath, fuathú, glonn, gráin, íorpais, mailís, mioscais, nimh san fheoil, olc, paor. ❷ *fearfulness, terror:* cearthaí, creathán, critheagla, eagla, faitíos, geit, lagáisí, mágra, neirbhís, scáfaireacht, scáithínteacht, scanradh, scanrúlacht, scard, scáth, scaoll, sceimhle, scéin, scinnide, tapóg; anbhuain, buaireamh, buairt, corraíl, imní, imníthí, imshníomh, líonraith, mishuaimhneas, scaoll, trintealach, uafás, uamhan.

urghránna adjective *hideous, ghastly:* adhfhuafar, anchúinseach, anchumtha, arrachtach, arrachtúil, colúil, cradhscalach, déistineach, éagruthach, éidigh, forghránna, freangach, gráiciúil, gráiniúil, gránna, míofar, mísciamhach; in anchruth, gan chruth, gan déanamh, in ainríocht; adhfhuafar, colúil, déistineach, fuafar, gráiciúil, gráiniúil, líonritheach, masmasach, millteanach, míofar, uafar, uafásach, uaiféalta, uamhnach, urghráiniúil.

urla noun ❶ *lock of hair, forelock:* bachall, dlaoi, dlaíóg, duailín, dual, glib, loca, lúibín, scoth, trilseán, triopall; céas. ❷ *urla tí eaves (of house):* sceimheal, scimeal, scimheal, *pl.* bunsileáin tí; bunsop, cleitín. ❸ *butt, haft, handle:* cos, crann, crannán, cuaille, hanla, lámhchrann, lorga sáfaí, sáfach, urlann.

urlabhra noun ❶ *faculty of speech, utterance:* caint, friotal, labhairt, labhra, teanga, uiríoll. ❷ *manner of speech, diction:* blas, canúint, foghraíocht, fóineolaíocht, fuaimniú; forcamás cainte.

urlabhraí noun *spokesman:* fear labhartha.

urlacan noun *vomit:* aiseag, bréitse, múisc orla, sceathrach.

urlámh noun *custody, control, authority:* urlámhas; ardcheannas, ardchumhacht, ardfhlaitheas, ardríocht, ardtiarnas, ceannaireacht, ceannasaíocht, cinnireacht, coimirce, coimirceas, cumhacht, dlínse, flaitheas, flaithiúnas, forlámhas, impireacht, máistreacht, maoracht, príomhcheannas, réim, réimeas, riail, rialtas, rialú, ríocht, stiúir, smacht, svae, tiarnas, tiarnúlacht, treoir, údarás.

urlár noun ❶ *floor:* lár, talamh; *pl.* cláir an urláir. ❷ *level surface:* clár, craiceann, dreach, droim, droimín, droimne, droimnín, dromchla, dromlach, éadan, léibheann, tonn, uachtar, *literary* tlacht.

úrmhar adjective ❶ *fresh, new, green:* friseáilṭe, glan, íonghlan, milis, naíonda, nua, úr; glas, glasuaine; bánghlas, dúghlas; coillteach, fásmhar, féarmhar, torthúil. ❷ *moist:* bog, fliuch, fliuch báite, forfhliuch, líbíneach, maosta maoth, táirfhliuch, tais, taisíoch, uisciúil, úr; ar bogadh, ina líbín, ar maos.

urnaí noun (*act of*) *praying, prayer:* guí, guíodóireacht, paidreachas, paidreáil, paidreoireacht; caoindúthracht, deabhóid.

urnaitheach adjective *prayerful, devout:* beannaithe, caoindúthrachtach, creidmheach, deabhóideach, diaga, diagaithe, diaganta, diagasúil, díograiseach, dúthrachtach, naofa, scrupallach, *literary* iriseach.

urra noun ❶ *literary freeman, landowner:* saoirseach, saorfhear; úinéir talún. ❷ *guarantor, surety:* ráthóir; *pl.* bannaí. ❸ *security, guarantee:* pl. bannaí, barántas, cor, geall, tacaíocht, urraíocht, urrús, *literary* glinne. ❹ *authority:* ardcheannas, ardchumhacht, ardfhlaitheas, ardríocht, ardtiarnas, ceannaireacht, ceannasaíocht, cinnireacht, coimirce, coimirceas, cumhacht, dlínse, flaitheas, flaithiúnas, forlámhas, impireacht, máistreacht, maoracht, príomhcheannas, réim, réimeas, riail, rialtas, rialú, ríocht, stiúir, smacht, svae, tiarnas, tiarnúlacht, treoir, údarás, urlámhas. ❺ *strength:* acmhainn, brí, cumas, cumhacht, daingne, daingneacht, éifeacht, fuinneamh, inmhe, láidreacht, lán-neart, neart, neartmhaire, neartmhaireacht, oirbheart, sea, sonairte, tréan, tréine, treise, urrúntacht, urrús, *literary* druine, tothacht. ❻ **ceann urra** *head, chief:* ardrí, ceann, ceann fine, ceannaire, ceannasaí, ceann feadhna, ceannfort, máistir, rí, taoiseach, tiarna, treoraí, *literary* braine, céadar, léadar.

urraim noun *respect, esteem:* urramacht; aird, ardmheas, ceanas, cion, creidiúint, dileagla, gairm, gradam, ionracas, meas, ómós, onóir, sea, toradh, *literary* cás, oirmhidin.

urramach adjective ❶ *respectful, reverential:* béasach, cúirtéiseach, dúthrachtach, géilliúil, géilliúnach, measúil, ómósach, sclábhánta, umhal; lúitéiseach, lústrach. ❷ *respected, revered:* ardchéimneach, cáiliúil, cátúil, clúiteach, creidiúnach, fiúntach, gradamach, oirirc, onórach, uasal, urramach. noun **an tUrramach** *the Reverend:* an tOirmhinneach.

urramaigh verb ❶ *respect, revere, honour:* oirmhidnigh, oirmhinnigh, onóraigh, *literary* miadhaigh; tabhair gradam do, tabhair ómós do, tabhair onóir do, tabhair urraim do; taispeáin meas do. ❷ *observe, act in accordance with:* cleacht, coinnigh, comhaill, comhlíon, déan de réir, gnáthaigh, lean, taithigh; géill do.

urróg noun *heave, jerk:* sracadh, tarraingt; casadh, ráig, ríog, spadhar, spreang, sreangadh, taom, tapóg, treall.

urrúnta adjective *strong, robust:* balcánta, bríoch, bríomhar, bulcánta balcánta, calma, calmánta, ceilméartha, folcánta, feilmeanta, fórsúil, fuinniúil, inniúil, matánach, muscalach, neartmhar, oscartha, téagartha, tréan, urrúsach, *literary* ruanata; broganta, buan, bunúil, diongbháilte, doscaoilte, dúr, fódach, fódúil, stóinsithe, teann, tuiní, *literary* fosaidh.

urrús noun ❶ *security, guarantee:* urra, urraíocht; *pl.* bannaí, barántas, cor, geall, tacaíocht, *literary* glinne. ❷ *strength:* urra, urrúntacht; acmhainn, brí,

ursain
bríomhaireacht, brú, cumas, cumhacht, daingne, daingneacht, éifeacht, foirtile, fórsa, fuinneamh, inmhe, láidreacht, lán-neart, neart, neartmhaire, neartmhaireacht, oirbheart, sea, sonairte, tréan, tréine, treise, *literary* druine, tothacht. ❸ *confidence:* andóchas, buannaíocht, coráiste, coráistiúlacht, dánacht, dóchas, meanma, misneach, misniúlacht, muinín, stróinéis, teanntás, treallús, uchtach, uchtúlacht, ugach.

ursain noun ❶ *doorpost, jamb:* ursa; giall an dorais; post, posta. ❷ *figurative prop, support:* crann cosanta, crann seasta, crann taca, cúl, cúlaistín, cúl taca, cúntóir, páirtí, tacaí, tacaíocht.

úrscéal noun *novel:* úrscéal dírbheathaisnéiseach, úrscéal bleachtaireachta, úrscéal rómánsúil, úrscéal stairiúil; úrscéal móréilimh; rómáns, scéal grá; scéal bleachtairfeachta; leabhar mór-ráchairte, leabhar móréilimh, leabhar sárdhíola; ficsean.

úrscéalaí noun *novelist:* scéalaí, scríbhneoir, údar.

úrshaillte adjective ❶ *lightly salted, saltish:* goirt. ❷ *mild (of weather):* bog, calma, cneasta, gan chorraí, ciúin, luite, maolaithe, marbh, marbhánta, moiglí, sámh, séimh, síochánta, sítheach, suaimhneach, *literary* féithiúil, soithimh.

urthosach noun ❶ *very beginning:* bunú, tionscnamh, tosach, tosú, tús. ❷ *forefront:* aghaidh, broinne, brollach, éadan, fronta, tul, tús, ucht, urgharda; tosaíocht, tús cadhnaíochta.

urú noun ❶ *eclipse:* éiclips; grianbhá. ❷ *eclipsis:* sróneil.

ús noun *interest (on money):* biseach, brabús, breis, gaimbín; airgead ag déanamh airgid.

úsáid noun *use, usage:* áis, béas, cleachtadh, cleachtas, feidhm, gnás, gnáthamh, gnáthbhéas, gnáthú, gnó, nós, nós imeachta, taithí. verb *use:* bain éifeacht as, bain feidhm as, bain gairmint as, bain leas as, bain úsáid as; cuir ag obair, cuir i bhfeidhm; déan dóigh de; freastail, friotháil.

úsáideach adjective *useful:* acrach, áisiúil, caoithiúil, cóiriúil, cóngarach, fearastúil, feiliúnach, fóinteach, fóirsteanach, oiriúnach, soláimhsithe, tairbheach.

úsáideoir noun *user, consumer:* úsáidire; custaiméir, custamóir, gnáthcheannaitheoir, tomhaltóir.

úsaire noun *usurer:* fear gaimbín, úsúire, *colloquial* lucht gaimbín.

úsaireacht noun *usury:* úsúireacht; gaimbín, ús.

úsc noun ❶ *fat, grease:* blonag, geir, gréis, gréisc, ionmhar, íoth, saill; bealadh, íle, ola, ola bhealaithe, olar, smearadh, troighean. ❷ *sap, juice:* úscra; sú, suán, súlach, súlachas, súram, sútram; bainne, bleacht, lacht, laitéis. ❸ **úsc na heorna** *whiskey:* an braon crua, sú na heorna; beathuisce, biotáille, fuisce, parlaimint, poitín, síbín, uisce beatha; bolcán.

úscach adjective ❶ *oily, greasy, fatty:* bealaithe, blonagach, geireach, gréisciúil, méith, olartha, olúil, sailleach, smeartha. ❷ *juicy, sappy:* séasúrach, suánach, súch, súiteánach, súitiúil, súmhar; blasta, brachtach, méith.

úspaireacht noun *heavy unskilled work, drudgery:* úspáil, úspairt; callshaoth, crácamas, dua, duainéis, obair, pádóireacht, saothar, sclábhaíocht, straidhn, stró, strus, tiaráil.

úspánta adjective *clumsy:* anásta, aibhéiseach, amscaí, ciotach, ciotrainneach, ciotrúnta, driopásach, lámhbhaosach, leibideach, liobarnach, liopasta, mágach, míshlachtmhar, místuama, starrach strampáilte, útamálach.

uspóg noun *gasp:* cnead, díogarnach, falrach, osna, saothar, séideán, snag, snag anála, súiteadh, tocht.

útamáil noun ❶ *(act of) fumbling, bungling:* ábhaillí, artabháil, cipiléireacht, cipleáil, cliopaireacht, fidléireacht, fidlínteacht, gíotáil, gliúmáil, ladhráil, leiciméireacht, manaois, meandáil, méaraíocht, méiseáil, sibiléireacht, slibreáil, sluaistriú, spidireacht, spreotáil, tincéireacht. ❷ *(act of) pottering:* breallógacht, geidineáil, giollacht, gíotáil, giotamáil, giurnáil, gliocsáil potráil, prócáil, sibiléireacht, spidireacht, timireacht, toicneáil; creachlaois oibre, *pl.* creachlaoisí oibre.

útamálach adjective *fumbling, bungling:* anásta, aibhéiseach, amscaí, ciotach, ciotrainneach, ciotrúnta, driopásach, leibideach, liobarnach, liopasta, míshlachtmhar, místuama, sliopach, strampáilte, tuaipleáil, tuaipléireacht, tuaisceartach, tuatach, tuathalach.

útamálaí noun ❶ *fumbler, bungler:* méiseálaí, mucaire, mucálaí, muclach, mútálaí, plabaire, práibeachán, práibín, práisc, práisceálaí, praiseachán, puiteálaí, scrábálaí, slabálaí, slaimiceálaí, slupairt, tuaipleálaí, tuaipléir; ciotóg, gliocsálaí, lapadán, lapaire, mille bata, mille maide, sceanartálaí, únfartálaí. ❷ *potterer:* gíotálaí, leiciméir, locadóir, loiceadóir, potrálaí, prócálaí.

úth noun *udder:* ballán, dide, dideog, faireog mhamach, sine.

Vv

vacsaín noun *vaccine*: gearradh an tsionnaigh, gearradh na bolgaí; galrú, imdhíonadh, ionaclú.

vacsaínigh verb *vaccinate*: cuir an bholgach ar, cuir an galar breac ar, dean gearradh na bolgaí ar, gearr an bholgach ar; galraigh, imdhíon, ionaclaigh.

vaidhtéir noun ❶ *groomsman, best man*: vaidhtéaraí; finné fir, fear tionlacain; seas sé liom lá mo phósta. ❷ *coastguard*: garda cósta, garda farraige.

vaighid noun ❶ *imithe i vaighid gone to loss*: caillte, imithe ar ceal, imithe ar fán, imithe i vásta. ❷ *tá tú i vaighid ar fad you are completely wrong*: ní fíor duit ar chor ar bith é; tá breall ort, tá dul amú ort, tá mearbhall ort, tá do thóin leis an scéal, tá tú contráilte ann; is fada ó bhaile a tháinig tú chun a leithéid a rá.

vaigín noun *waggon*: carr, carráiste, cóiste, jaint; cairrín, cairt, trucail, trucailín, *literary* féan.

válcaeireacht noun *(act of) walking, strolling*: falaire, falaireacht, fálróid, fánaíocht, feadóireacht, fuaidireacht, radaireacht, ragaireacht, rianaíocht, seachrán, siúl, spaisteoireacht, sráideoireacht, srathaireacht, sruthaireacht, tunladh, vardaíl.

vallait noun *wallet (for money)*: púitse, púitsín, spaga, sparán.

vardrús noun *wardrobe*: clóiséad; almóir, caibhéad, cófra, cupard, curpad, prios, *literary* imscing.

vása noun *vase*: bláthchuach; crúiscín, crúsca, mias, scála, soitheach.

vásta noun ❶ *waste*: caifeachas, cur amú, díomailt, doscaíocht, drabhlás, ídiú, rabairne, reic, scaipeadh maoine. ❷ *ag dul i vásta going to waste*: ag dul amú, ag dul le hanaiste, ag dul i léig, ag dul i vaighid, ag imeacht ar faraor, ag imeacht ar an bhfaraor, ag imeacht gan chríoch, ag imeacht gan mhaith, ag imeacht ina roide buaile; á chaitheamh go hanaisteach. ❸ *caite i vásta discarded*: caite amach, caite i dtraipisí, tréigthe; ar ceal, cealaithe.

vástchóta noun *waistcoat*: bástchóta, veast coirp, veist coirp, veist, veiste; (*i gContae Mhaigh Eo*) váscaed; duibhléid.

veain noun *van*: leoraí; cairrín, cairt, carbad, carr, carráiste, feithicil, trucail.

vearnais noun *varnish*: gléas, laicear, loinnir, snas, snasán.

véarsaíocht noun ❶ *versification*: aiste, meadaracht, prosóid. ❷ *familiar verse*: duanaireacht, filíocht, rannaíocht, ranntaíocht, rannaireacht; cumadóireacht.

veidhleadóireacht noun *playing the violin*: fidléireacht, fidlínteacht; seinm.

veidhlín noun *violin*: fidil; veidheal, vióla.

veist verb ❶ *vest*: léine chnis, fo-chabhail; camasól, T-léine. ❷ *waistcoat*: bástchóta, vástchóta, veast coirp, veist coirp, veist, veiste; (*i gContae Mhaigh Eo*) váscaed; duibhléid.

víreas noun *virus*: galrú, infhabhtú; baictéar, frídín, geirm, gineog, ginidín, péistín galair.

vóta noun *vote*: ballóid, guth an phobail, guthaíocht, reifreann, olltoghchán, pobalbhreith, toghchán, vótáil.

vótáil noun *voting, poll*: ballóid, guth an phobail, guthaíocht, reifreann, olltoghchán, pobalbhreith, toghchán, vóta. verb *vote*: caith vóta, tabhair guth, tabhair vóta.

vótálaí noun *voter*: toghdóir, toghthóir; roghnaitheoir.

Zz

zó-eolaíocht noun *zoology*: míoleolaíocht; dúileolas, eolas ar an dúlra; bitheolaíocht, bitheolas, éiceolaíocht, eitnibhitheolaíocht; iasceolaíocht, éaneolaíocht, feithideolaíocht.

zú noun *zoo*: gairdín na n-ainmhithe; tearmann éan, tearmann fia-dhúlra.

Tuilleadh leabhar Gaeilge le fáil ó Evertype

Stórchiste: Teasáras Aibítreach na Gaeilge (Nicholas Williams, 2023)

Foclóir Gaeilge-Spáinnise (David Barnwell & Carmen Rodríguez Alonso, 2022)

Eachtraí Eilíse i dTír na nIontas: Eagrán Dátheangach (Lewis Carroll, aist. Nicholas Williams, 2022

An Dhammapada: Nathanna an Bhúda (aist. Scott Oser, 2019)

Gíta Ashtávakra: Aṣṭāvakra Gītā (Aṣṭāvakra, aist. Gabriel Rosenstock, 2019)

An Fáidh (Kahlil Gibran, aistr. Gabriel Rosenstock, 2019)

Tine sa Chácóin (Panu Petteri Höglund, 2018)

Asarlaí Iontach Oz (L. Frank Baum, aist. Colin Parmar, 2018)

Armas: Sracfhéachaint ar Araltas na hÉireann (Nicholas Williams, 2017)

Eachtra Eibhlíse i dTír na nIontas (Lewis Carroll, aist. Pádraig Ó Cadhla, 2015)

Cogadh na Reann (H. G. Wells, aist. Leon Ó Broin, 2015)

Éist leis an gCruinne (Gabriel Rosenstock, 2014)

An Fhondúireacht (Isaac Asimov, aist. Panu Petteri Höglund, 2014)

Cás aduain an Dr Jekyll agus Mhr Hyde (R. L. Stevenson, aist. Conall Ceárnach, 2014)

An Leabhar Nimhe (Panu Petteri Höglund & S. Albert Kivinen, 2014)

Slí an Eolais agus Eagna an Ghaeil (Cormac Ó Cadhlaigh, 2013)

An tSlaivéin (Panu Petteri Höglund, 2013)

An Leabhar Craicinn (Panu Petteri Höglund, 2013)

Cú na mBaskerville (Arthur Conan Doyle, aist. Nioclás Tóibín, 2012)

An Hobad, nó Anonn agus Ar Ais Arís (J. R. R. Tolkien, aist. Nicholas Williams, 2012)

Sciorrfhocail (Panu Petteri Höglund, 2009)

Lastall den Scáthán agus a bhFuair Eilís Ann Roimpi (Lewis Carroll, aist. Nicholas Williams, 2009)

Cuairt na Cruinne in Ochtó Lá (Jules Verne, aist. Torna (Tadhg Ua Donnchadha), 2009)

Eachtraí Eilíse i dTír na nIontas (Lewis Carroll, aist. Nicholas Williams, 2007)

www.ingramcontent.com/pod-product-compliance
Lightning Source LLC
Chambersburg PA
CBHW060242240426
43673CB00047B/1863